Hermeneutische Linguistik

Jochen A. Bär

Hermeneutische Linguistik

Theorie und Praxis
grammatisch-semantischer Interpretation

Grundzüge einer Systematik des Verstehens

DE GRUYTER

ISBN 978-3-11-057911-6
e-ISBN (PDF) 978-3-11-040519-4
e-ISBN (EPUB) 978-3-11-040539-2

Library of Congress Cataloging-in-Publication Data
A CIP catalog record for this book has been applied for at the Library of Congress.

Bibliografische Information der Deutschen Nationalbibliothek
Die Deutsche Nationalbibliothek verzeichnet diese Publikation in der Deutschen Nationalbibliografie; detaillierte bibliografische Daten sind im Internet über http://dnb.dnb.de abrufbar.

© 2015 Walter de Gruyter GmbH, Berlin/München/Boston
Dieser Band ist text- und seitenidentisch mit der 2015 erschienenen gebundenen Ausgabe.
Druck und Bindung: CPI books GmbH, Leck
♾ Gedruckt auf säurefreiem Papier

Printed in Germany

www.degruyter.com

Für Kirsten

Vorwort

Von Beginn meines Studiums an war es faszinierend für mich, wenn jemand als Interpret virtuos mit Texten umzugehen wusste. In manchem der literaturwissenschaftlichen Seminare, die ich in Heidelberg besuchen konnte, beispielsweise bei Gerhard Buhr oder Peter Pfaff, war dies zu erleben. Zwar beeindruckte es mich auch, wenn jemand souverän über historische Hintergründe verfügte und diese für die Deutung nutzbar zu machen verstand, aber die systematisch-präzise Arbeit am Werk selbst – textimmanente Interpretation, close reading oder wie immer sonst benannt man diesen Ansatz kennenlernen konnte – schien mir für einen angehenden Philologen die größte handwerkliche Herausforderung zu sein. Den Text ernst zu nehmen, das hieß freilich nicht, außer dem Text gar nichts wahrzunehmen, aber es hieß, nach allem, was außer dem Text ist, erst dann zu fragen, wenn man den Text selbst hinreichend ausgelegt hatte. Und nachdrücklich wurde betont, dass „hinreichend" so rasch eben nicht zu erreichen ist.

Früh, in einem linguistischen Einführungsseminar bei Oskar Reichmann, lernte ich die Position des sprachlich-kognitiven Idealismus kennen, der in einer gemäßigten, (selbst)kritischen Variante plausibel macht, dass jeder Mensch immer nur mittels S p r a c h e Zugang zur Welt hat: dass er zwar die Grenzen „seiner" Sprache (der Muttersprache), aber nicht die der Sprache als solcher überschreiten kann und dass daher „die" Realität als solche und unmittelbar niemandem gegeben und jede Rede über Realität gegenüber der Rede über Sprache sekundär ist.

Textimmanente – richtiger: textprioritäre – Methode und Sprachrelativismus: diese Ansätze wurden für mich zu einer Art wissenschaftlichen Credos. Das führte dazu, dass, als ich später begann, mich mit Fragen der Semantik auseinanderzusetzen, bei mir eine gründliche Skepsis gegenüber allen Positionen entstand, welche die Bedeutung sprachlicher Zeichen in den bezeichneten Gegenständen (referentielle Semantik) oder – weniger platt – in deren mentalen Repräsentationen (mentalistische Semantik) vermuten. Der Gedanke begann mich zu beschäftigen, ob es nicht möglich sein sollte, die Sprache statt aus zwei Prinzipien – dem sprachlichen Ausdruck und dem Außersprachlich-Realen oder -Mentalen als Referenzobjekt – aus lediglich einem Prinzip zu erklären: aus der Relation sprachlicher Zeichen zu einander. Ansätze dazu glaubte ich nicht erst in der Gebrauchssemiotik des späten Wittgenstein und der auf ihn zurückgehenden zeichentheoretischen Tradition, sondern bereits bei Ferdinand de Saussure zu finden, der zwar mit Ausdruck (*signifiant*) und Bedeutung (*signifié*) ein bilaterales Zeichenmodell entwirft, der aber faktisch beide – als „Lautbild" (*image acoustique*) einerseits und als „Vorstellung" (*concept*) andererseits – als qualitativ gleich, nämlich als ‚innere Bilder' einführt.

Die Sprache aus einem Prinzip erklären – das Ergebnis eines insgesamt gut fünfzehn Jahre dauernden Versuchs der Umsetzung dieses Gedankens ist die vorliegende Arbeit. Sie geht aus von konkreten Problemen der historisch-empirischen Semantik. Diese steht prinzipiell vor der Aufgabe, sprachliche Zeichen in historischen Texten nicht nur zu erklären, sondern darüber hinaus herauszufinden und anzugeben, was sie zu dieser Deutung hat kommen lassen. Sie ist damit in der Situation, ihrer eigenen Arbeit nachzufragen, und gelegentlich, zum Beispiel in Vorworten, wird aus der Position der Metaebene sogar eine Position der zweiten Metaebene.

> „‚Ach', hörte ich ihn seufzend sagen, ‚ich möchte ein Adler sein. [...] Da könnte ich fliegen ... [...] Ich könnte auch zwei Adler sein! [...] Da könnte ich hinter mir herfliegen! [...] Ich könnte [...] sogar drei Adler sein! [...] Wenn ich nämlich drei Adler wäre', sagte er langsam, Wort um Wort, ‚dann – könnte – ich – mich – hinter – mir – herfliegen – sehen ...'" (Hagelstange 1967, 121 f.)

Einige Methoden für die kritische Überprüfung der eigenen Tätigkeit stehen seit den an der lexikographischen Praxis orientierten semantiktheoretischen Arbeiten Oskar Reichmanns (1983; 1989; 1993a u. ö.) zur Verfügung: Man kann im Text zum Beispiel nach bedeutungsverwandten Wörtern, nach charakteristischen Syntagmen oder nach Wortbildungen suchen und dadurch die Lesart des interessierenden Sprachzeichens erhärten. Man kann die Menge der in Frage kommenden Arten von Einheiten auch erweitern (vgl. Bär 1997; 1998a; 1999a u. ö.). Sobald man jedoch angeben soll, w a r - u m ein Wort mit einem anderen bedeutungsverwandt ist, w a r u m ein Syntagma oder eine Wortbildung eine bestimmte Bedeutung nahelegt, eine andere hingegen nicht, steht man wiederum vor den gleichen Schwierigkeiten und kann letztlich oft nur erfahrungsgegründete Intuition ins Feld führen.

Sprachliche Zeichen verweisen aber nicht beliebig, sondern nach (freilich sehr komplexen) Regeln aufeinander. Eben diese Regeln zumindest in Ansätzen aufzuspüren und an konkreten Beispielen vorzuführen, dass ihre Kenntnis tatsächlich dazu beitragen kann, die Bedeutung sprachlicher Zeichen zu eruieren, ist die selbstgestellte Aufgabe in der vorliegenden Arbeit. Dabei ist der eingeschlagene Weg nicht der von der Theorie zur Praxis, sondern führt in vielfacher Wiederholung von der Praxis in die Theorie und zur Praxis zurück.

Die semantischen Strukturen, die dabei zutage treten, durchziehen nicht nur einzelne Bereiche des Deutschen, z. B. den Verbwortschatz, sondern die ganze Sprache. In diesem Zusammenhang von ‚sprachlichen Universalien' zu sprechen, ein Gedanke, der mitunter nahezuliegen scheint, verbietet sich jedoch angesichts des eingeführten Gebrauchs dieses Ausdrucks. Sprachlichen Universalien als möglichem Gegenstand der Linguistik stehe ich zurückhaltend gegenüber. Sie werden von Leuten postuliert, die selbst dann, wenn sie über beeindruckend vielfältige Sprachenkenntnisse verfügen, doch immer nur einen Bruchteil a l l e r Sprachen überblicken. – Sind aber die menschlichen Sprachen in ihrer Gesamtheit ein U n i v e r s u m, so ist eine Einzelsprache wie das Deutsche eine W e l t, und daher könnte man vielleicht – mit einem recht zeitgeistig anmutenden, aber in einem leider gar nicht zeitgeistigen, nämlich Humboldt'schen Sinn gemeinten Ausdruck – von g l o b a l e n semantischen Strukturen sprechen. (Allerdings wird dieser Gedanke in der vorliegenden Arbeit nicht weiter verfolgt; sie ist weder vom Anspruch noch vom Ergebnis her eine Neuauflage oder Fortsetzung der „inhaltsbezogenen Grammatik" Leo Weisgerbers.)

Selbstverständlich ist nicht auszuschließen, dass mir vor lauter Begeisterung über Symmetrien und Analogien die Eigentümlichkeit und Divergenz mancher Phänomene aus dem Blick geraten ist und ich klassifikativ über einen Kamm geschoren habe, was unterschiedlicher Kämme bedurft hätte. Da diese Art von Betriebsblindheit allerdings so beschaffen ist, dass sie auch durch fünf oder zehn weitere Jahre des Schmorens im eigenen Saft nicht zu heilen wäre, will ich es wagen, die Arbeit mit all ihren mutmaßlichen Unzulänglichkeiten an die Öffentlichkeit zu geben, und hoffe zuversichtlich, durch Kritik von anderer Seite zu lernen, was die Selbstkritik bei aller Strenge nicht zu lehren vermochte. Immerhin lässt sich seit einigen Jahren zunehmend der Eindruck gewinnen, dass auch in wissenschaftsgeschichtlich ganz anders einzuordnenden Zusammenhängen ähnliche Anliegen verfolgt, dass auch aus ganz anderen Richtungen als aus der historischen Semantik her Antworten auf ähnliche Fragen gesucht werden. Der Gedanke jedenfalls, die Grenzen von Grammatik und Semantik als fließend aufzufassen, begegnet prominent auch in der von der germanistischen Linguistik erst seit einigen Jahren breiter rezipierten Konstruktionsgrammatik. Erste Hinweise auf dieses Forschungsparadigma verdanke ich meinen Kollegen Klaus-Peter Konerding und Marcus Müller; ihren Anregungen nachgehend fand ich allmählich heraus, dass ich wohl in mancher Hinsicht etliche Jahre lang Konstruktionsgrammatiker war, ohne es zu wissen. Ob meine Überlegungen aus konstruktionsgrammatischer Sicht als brauchbar empfunden werden, ob die Beschreibungsansätze kompatibel sind oder gemacht werden können, wird sich freilich zeigen müssen.

Insgesamt bin ich mir der Tatsache völlig bewusst, dass, wer einen weiten Blickwinkel sucht, sich weiter aus dem Fenster lehnen muss als ungefährlich scheinen mag. Die Position im Übergangsbereich von Semantik und Grammatik könnte es mit sich bringen, dass aus der Sicht jedes der beiden Gebiete Defizite dieser Arbeit zu monieren sind – vermutlich nicht zuletzt dort, wo aus jeder der beiden Sichten zu große Reminiszenzen an die jeweils andere Seite gemacht wurden. Was der einen Seite ein zu großes Zugeständnis an die andere dünkt, mag diese als ein zu kleines empfinden. Insbesondere könnte der Grad von Allgemeinheit bzw. Detailliertheit der Beschreibung als Manko empfunden werden. Wo einem semantischen Interesse zu wenige Spezifika und Sonderfälle berücksichtigt erscheinen, könnte ein grammatisches zu viele finden. Ein Beispiel hierfür ist die semantische Differenzierung von Genitivattributen. An der Grammatik von Helbig und Buscha kritisieren Hentschel/Weydt (2003, 174), dass dort „statt der üblichen fünf oder sechs Typen gleich zwölf" angenommen werden: „Eine so weitreichende Feingliederung des attributiven Genetivs ist sicher nicht sinnvoll und führt zu unnötigen Bestimmungsproblemen" (ebd., 175). Wenn aber schon zwölf Typen des attributiven Genitivs zu viele sind, was wäre dann zu gut der vierfachen Menge – wie sie in der vorliegenden Arbeit (S. 643 ff., vgl. S. 841 f.) stecken – zu sagen?

Demgegenüber mag, wer sich für empirische Semantik interessiert, kritisieren, dass ich die Differenzierung nicht noch weiter getrieben habe. Meine Position, die als eine des Übergangs gedacht ist, könnte sich also als Platz zwischen den Stühlen erweisen: Besser eine Seite ‚richtig' als beide unzulänglich, könnte das Urteil lauten.

Hierzu wäre zu bemerken: Es war nirgends das Anliegen, Semantik sowohl wie Grammatik in herkömmlicher Weise, d. h. unabhängig voneinander zu treiben und dabei weitgehend nur Altbekanntes zu wiederholen. Vielmehr ging es um den Versuch, durch die Verbindung beider zu einem teilweise neuen Ansatz zu gelangen. Es sei an dieser Stelle ausdrücklich erklärt, dass nichts mir ferner liegt als bewährte linguistische Erklärungsmuster, soweit sie sich von meinen Versuchen unterscheiden, für obsolet zu erklären. Eines der Vorzeichen, unter denen die gesamte Untersuchung durchgeführt wurde und auch zur Kenntnis genommen zu werden wünscht, ist das Bewusstsein, dass jedes theoretische Konzept nur für bestimmte, keines jedoch für a l l e Fragestellungen geeignet ist, und dass daher auch meines nicht oder nur vermindert greift, wo es um andere als hermeneutisch-linguistische Belange geht. Nicht geeignet ist es mit Sicherheit beispielsweise dort, wo Fragen der Sprachgenese, der Produktion sprachlicher Äußerungen im Mittelpunkt stehen.

An keiner Stelle verleugnet die Arbeit ihre Wurzeln: die Heidelberger Schule Oskar Reichmanns. Auch wenn sie sich über weite Strecken auf ein Terrain vorwagt, das aus dieser Richtung bislang kaum betreten wurde, so bleiben doch ihre festen Bezugspunkte stets die beiden Grundkonstituenten des Reichmann'schen Ansatzes: empirische Lexikologie und Gleichsetzung von Sprachwissenschaft und Kulturgeschichte – kurz gesagt: „Kulturlinguistik" (Kämper/Haslinger/Raithel 2014, 7). Das W o r t ist die Grundeinheit, von der aus das gesamte Sprachsystem von der Morphologie bis zur Text- und Diskursebene in den Blick genommen wird. Dass dies zu einer spezifischen Sicht auf manche Phänomene (z. B. im Bereich der Wortbildung) führt, muss kaum begründet werden.

*

Oskar Reichmann, über zwanzig Jahre mein akademischer Lehrer, hat meine Arbeit – auch die vorliegende – methodisch und intellektuell geprägt. Was ich an Dank seinem wissenschaftlichen Vorbild, seiner Offenheit und Begeisterungsfähigkeit ebenso wie seiner Fürsorge als Chef schulde, lässt sich kaum ermessen, viel weniger auch nur ansatzweise abstatten. Im klaren Bewusstsein dieser Unmöglichkeit sei es gleichwohl versucht.

Die Arbeit in unterschiedlichen Phasen ihrer Entstehung mit kritischem Wohlwollen begleitet und mich mit etlichen Denkanstößen, auch manchem Umdenkanstoß, von (noch) größeren Fehlern abgehalten haben Prof. Dr. Andreas Gardt (Kassel), Priv.-Doz. Dr. Fritz Hermanns † (Heidelberg), Prof. Dr. Anja Lobenstein-Reichmann (Heidelberg/Prag/Göttingen), Mag.[a] Jana-Katharina Mende (Vechta), Priv.-Doz. Dr. Marcus Müller (Heidelberg), Prof. Dr. Thorsten Roelcke (Berlin), Dr. Pamela Steen (Leipzig), Dr. Jana Tereick (Vechta) und Prof. Dr. Friedemann Vogel (Freiburg

i. Br.). Für diejenigen Fehler, die ich gleichwohl nicht vermieden habe, tragen sie selbstverständlich keinerlei Verantwortung.

Sehr herzlich verbunden bin ich Prof. Dr. Jörg Riecke, der mir als Nachfolger Oskar Reichmanns eine bruchlose Fortsetzung der guten Heidelberger Arbeitsbedingungen ermöglichte und als Zweitgutachter in meinem Habilitationsverfahren zur Verfügung stand. Ebenfalls herzlich sei den Heidelberger Kollegen Prof. Dr. Ekkehard Felder und Prof. Dr. Klaus-Peter Konerding gedankt, die mir mit mannigfacher Förderung und gutem Rat geholfen haben. Für seine Unterstützung als dritter Gutachter im Habilitationsverfahren sowie mit wertvollen Hinweisen zum Themenkomplex der linguistischen Hermeneutik bin ich Prof. Dr. Gerd Fritz (Gießen) dankbar.

Mein Dank für die freundliche und engagierte Betreuung von Verlagsseite gilt Daniel Gietz und Olena Gainulina.

Unmöglich gewesen wäre die Arbeit ohne die jahrelange, nicht selten bis an ihre Grenzen strapazierte, dennoch nie versagende Geduld meiner Frau Kirsten Grote-Bär, die meine Obsession, soweit es nur immer ging, verständnisvoll ertragen und, wo es nicht mehr ging, mich vor mir selbst in Schutz genommen hat. Es ist eine Dankesschuld, die Worte – auch die beiden auf Seite V – nicht abtragen können.

*

Das Buch in der vorliegenden Form ist eine vollständig umgearbeitete und in Teilen erweiterte Fassung derjenigen Arbeit, die im Wintersemester 2007/08 der Neuphilologischen Fakultät der Universität Heidelberg als Habilitationsschrift vorgelegen hat. In der vergleichsweise langen Zeit zwischen der Einreichung der Arbeit und ihrem Erscheinen habe ich das darin entwickelte grammatisch-semantische Regelwerk wiederholt in Lehrveranstaltungen erprobt. Den Teilnehmerinnen und Teilnehmern meiner Seminare in Heidelberg, Gießen, Darmstadt, Aachen und (seit 2012) Vechta danke ich für die Offenheit, mit der sie sich auf den Beschreibungsansatz einließen, für viele kritische Anmerkungen und die Klaglosigkeit, mit der sie meine wiederholten Revisionen erduldeten.

*

Da die Lesbarkeit, wie mir selbst wohlwollende Rezipienten nicht verhehlt haben, aufgrund der Systematizität der Darstellung und der teils neu eingeführten Termini streckenweise über das noch zumutbare Maß hinaus beinträchtigt ist, habe ich, abgesehen von den inhaltlichen Modifikationen, etliche Querverweise ein sowie ein Verzeichnis der Symbole und Notationsregeln und ein Register beigefügt. Ich hoffe, dass mit diesen Hilfsmitteln die Arbeit zumindest eine gewisse Brauchbarkeit als methodologisches Nachschlagewerk bewähren kann.

Vechta, im Januar 2015   Jochen A. Bär

Inhalt

Vorwort —— VII

1	**Philologie und ihr Gegenstand** —— 1	
1.1	Anliegen und Aufgabe der Philologie —— 2	
1.2	Grammatik und Semantik als Teilbereiche der Philologie —— 9	
1.2.1	Unterscheidung nach inner- und außersprachlicher Bedeutung —— 10	
1.2.2	Unterscheidung nach syntagmatischer und paradigmatischer Zeichenrelation als Beschreibungsgegenstand —— 12	
1.2.3	Unterscheidung nach Zeichendiversität bzw. -identität —— 14	
1.2.4	Unterscheidung nach der Verknüpfung von Zeichenfunktion und Zeichengestalt —— 14	
1.2.5	Unterscheidung nach dem Grad der Gültigkeit von Regeln —— 15	
1.3	Anliegen: Historische (Grammatiko-)Semantik —— 17	
1.4	Das Verhältnis von Langue und Parole —— 19	
1.5	Möglichkeiten des Semantikverständnisses —— 25	
1.6	Der pragmatisch-hermeneutische Ansatz: Bedeutung als Interpretation von Gebrauchsregeln —— 34	
1.7	Historische Semantik als Übersetzung —— 38	
2	**Bestimmungen des sprachlichen Zeichens** —— 43	
2.1	Relation als determinative Funktion: drei Aspekte —— 63	
2.2	Die Frage der Einheit —— 83	
2.2.1	Probleme der Polysemie —— 83	
2.2.1.1	Bedeutungseinheit(en) —— 84	
2.2.1.2	Polysemes Zeichen oder homonyme Zeichen? —— 91	
2.2.1.2.1	Disparatheit der Bedeutung (im engeren Sinn) —— 91	
2.2.1.2.2	Disparatheit der Valenz und der Bedeutung im engeren Sinn —— 92	
2.2.1.2.3	Disparatheit der Flexionsmorphologie und der Bedeutung im engeren Sinn —— 93	
2.2.1.2.4	Disparatheit der Herkunft und der Bedeutung —— 94	
2.2.1.2.5	Kombination der genannten Kriterien —— 95	
2.2.1.2.6	Homonymie und Polysemie —— 96	
2.2.2	Einfache und zusammengesetzte Zeichen —— 98	
2.2.2.1	Ebenen von Zeichengefügen —— 100	
2.2.2.2	Gebundene und nicht gebundene Konstituenten —— 101	
2.2.2.3	Mehrere Konstituenten mit Bedeutung im engeren Sinn —— 104	
3	**Allgemeine Gefüge- und Zeichenarten** —— 106	
3.1	Allgemeine Gliedzeichen- und Gliedergefügearten —— 106	

3.1.1	Gefügeverflechtungen —— 106	
3.1.2	Subordination und Koordination —— 109	
3.1.3	Nektion —— 119	
3.2	Allgemeine Zeichenarten —— 137	
3.2.1	Wortelemente —— 138	
3.2.2	Wörter und Wortgruppen —— 143	
3.2.2.1	Wörter —— 144	
3.2.2.2	Wortgruppen —— 153	
3.2.2.3	Übergangsbereiche zwischen Wörtern und Wortgruppen —— 155	
3.2.3	Wortverbünde —— 162	
3.3	Gliedarten, Zeichen- und Zeichengefügearten im Überblick —— 187	
4	**Konkrete Gliedergefügearten —— 194**	
4.1	Kompaxivgefüge —— 200	
4.1.1	Flexionsgefüge —— 200	
4.1.2	Aflexionsgefüge —— 209	
4.1.3	Transligationsgefüge —— 216	
4.1.4	Derivationsgefüge —— 219	
4.1.5	Amplifikationsgefüge —— 220	
4.1.6	Prädikationsgefüge —— 222	
4.1.7	Supprädikationsgefüge —— 225	
4.1.8	Kommentationsgefüge —— 233	
4.1.9	Adverbationsgefüge —— 238	
4.1.10	Komitationsgefüge —— 246	
4.1.11	Attributionsgefüge —— 251	
4.1.11.1	Attribution mittels Apposition —— 260	
4.1.11.2	Attribution mittels Juxtaposition —— 266	
4.1.12	Transzessionsgefüge —— 271	
4.1.13	Anzeptionsgefüge —— 286	
4.1.14	Dekussationsgefüge —— 289	
4.1.15	Adpositionsgefüge —— 291	
4.1.16	Sub- und Konjunktionsgefüge —— 298	
4.1.16.1	Subjunktionsgefüge —— 298	
4.1.16.2	Konjunktionsgefüge —— 303	
4.1.17	Kojunktionsgefüge —— 306	
4.1.18	Kostriktionsgefüge —— 309	
4.1.19	Interzeptionsgefüge —— 310	
4.2	Komplexivgefüge —— 312	
4.2.1	Flexionalgefüge —— 313	
4.2.2	Prädikationalgefüge —— 314	
4.2.3	Adverbationalgefüge —— 321	
4.2.4	Komitationalgefüge —— 323	

4.2.5	Attributionalgefüge	326
4.2.6	Transzessionalgefüge	331
4.2.7	Adpositionalgefüge	336
4.2.8	Subjunktionalgefüge	340
4.2.9	Kojunktionalgefüge	343
4.2.10	Kostriktionalgefüge	347
4.2.11	Transmissionalgefüge	348
4.2.11.1	Pro-Zeichen als Transmissionalien	351
4.2.11.2	Typgleiche Zeichen als Transmissionalien	353
4.2.11.3	Individualextensionsgleiche Zeichen als Transmissionalien	355
4.2.11.4	Ellipsen als Transmissionalien	356
4.2.11.5	Typverwandte Zeichen als Transmissionalien	357
4.2.11.6	Nullzeichen im engeren Sinne als Transmissionalien	361
4.2.12	Interkompaxalgefüge	364
4.2.13	Nodalgefüge	368
5	**Konkrete Zeichenarten**	**372**
5.1	Wortelementarten	373
5.1.1	Grammative	374
5.1.1.1	Präfixgrammative	374
5.1.1.2	Suffixgrammative	375
5.1.1.3	Konfixgrammative	383
5.1.1.4	Verbgrammative	384
5.1.1.5	Substantivgrammative	386
5.1.1.6	Adjektivgrammative	388
5.1.1.7	Artikelgrammative	390
5.1.1.8	Pronomengrammative	391
5.1.1.9	Partikelgrammative	391
5.1.2	Semantive	393
5.1.2.1	Intrafixe	393
5.1.2.2	Transfixe	394
5.1.2.3	Präfixe	396
5.1.2.4	Suffixe	397
5.1.2.5	Zirkumfixe	401
5.1.2.6	Konfixe	403
5.2	Wortarten	406
5.2.1	Verben	407
5.2.1.1	Allgemeines zur Wortart	408
5.2.1.2	Allgemeine Arten von Verben	412
5.2.1.2.1	Aktivitätsgrad	413
5.2.1.2.2	Verlaufsart	414
5.2.1.2.3	Bezugsgröße	416

5.2.1.2.4	Grad der semantischen Eigenständigkeit	419
5.2.1.2.4.1	Vollverben	419
5.2.1.2.4.2	Konverben	419
5.2.1.2.4.2.1	Infinitverben	420
5.2.1.2.4.2.2	Hilfsverben	422
5.2.1.2.4.2.3	Modalverben	423
5.2.1.2.4.2.4	Kopulaverben	427
5.2.1.2.4.2.5	Funktionsverben	428
5.2.1.3	Wortgruppenverben	434
5.2.1.4	Semantische Verbklassen	435
5.2.1.4.1	Handlungsverben	435
5.2.1.4.2	Vorgangsverben	454
5.2.1.4.3	Zustandsverben	468
5.2.1.5	Verben als Glieder	484
5.2.2	Substantive	488
5.2.2.1	Allgemeines zur Wortart	488
5.2.2.2	Semantische Substantivklassen	492
5.2.2.3	Substantive als Glieder	514
5.2.3	Adjektive	516
5.2.3.1	Allgemeines zur Wortart	516
5.2.3.2	Allgemeine Arten von Adjektiven	519
5.2.3.3	Semantische Adjektivklassen	520
5.2.3.4	Adjektive als Glieder	522
5.2.4	Artikel und Pronomina	525
5.2.4.1	Zur Problematik der Wortartbestimmung	525
5.2.4.2	Artikel	528
5.2.4.2.1	Allgemeines zur Wortart	528
5.2.4.2.2	Arten von Artikeln	529
5.2.4.2.3	Artikel als Glieder	546
5.2.4.3	Pronomina	547
5.2.4.3.1	Allgemeines zur Wortart	547
5.2.4.3.2	Arten von Pronomina	551
5.2.4.3.3	Pronomina als Glieder	562
5.2.5	Nicht flektierbare Wörter (Partikeln)	563
5.2.5.1	Allgemeines zur Wortart	563
5.2.5.2	Arten von Partikeln	568
5.2.5.3	Partikeln als Glieder	588
5.3	Wortgruppenarten	591
5.3.1	Verbgruppen	591
5.3.1.1	Allgemeines zur Struktur	591
5.3.1.2	Sätze	593
5.3.1.3	Perioden	598

5.3.1.4	Verbgruppen im engeren Sinn	600
5.3.1.4.1	α-Verbgruppen	601
5.3.1.4.2	β-Verbgruppen	602
5.3.1.4.3	γ-Verbgruppen	603
5.3.1.4.4	δ-Verbgruppen	604
5.3.1.4.5	ε-Verbgruppen	604
5.3.1.4.6	ζ-Verbgruppen	605
5.3.1.4.7	η-Verbgruppen	605
5.3.1.4.8	ϑ-Verbgruppen	606
5.3.1.4.9	Verbgruppen im engeren Sinn als Glieder	607
5.3.2	Substantivgruppen	608
5.3.2.1	Allgemeines zur Struktur	608
5.3.2.2	Allgemeine Arten von Substantivgruppen	609
5.3.2.2.1	α-Substantivgruppen	610
5.3.2.2.2	β-Substantivgruppen	610
5.3.2.2.3	γ-Substantivgruppen	611
5.3.2.2.4	δ-Substantivgruppen	611
5.3.2.2.5	ε-Substantivgruppen	611
5.3.2.2.6	ζ-Substantivgruppen	612
5.3.2.3	Substantivgruppen als Glieder	612
5.3.3	Adjektivgruppen	615
5.3.3.1	Allgemeines zur Struktur	615
5.3.3.2	Allgemeine Arten von Adjektivgruppen	616
5.3.3.2.1	α-Adjektivgruppen	616
5.3.3.2.2	β-Adjektivgruppen	616
5.3.3.2.3	γ-Adjektivgruppen	617
5.3.3.2.4	δ-Adjektivgruppen	618
5.3.3.2.5	ε-Adjektivgruppen	618
5.3.3.2.6	ζ-Adjektivgruppen	619
5.3.3.2.7	η-Adjektivgruppen	619
5.3.3.3	Adjektivgruppen als Glieder	620
5.3.4	Artikelgruppen	621
5.3.5	Pronomengruppen	624
5.3.5.1	Allgemeines zur Struktur	624
5.3.5.2	Allgemeine Arten von Pronomengruppen	624
5.3.5.2.1	α-Pronomengruppen	625
5.3.5.2.2	β-/γ-Pronomengruppen	625
5.3.5.2.3	δ-Pronomengruppen	626
5.3.5.2.4	ε-Pronomengruppen	626
5.3.5.2.5	ζ-Pronomengruppen	627
5.3.5.3	Pronomengruppen als Glieder	627
5.3.6	Partikelgruppen	629

5.3.6.1	Allgemeines zur Struktur ——	629
5.3.6.2	Allgemeine Arten von Partikelgruppen ——	629
5.3.6.2.1	α-Partikelgruppen —— 629	
5.3.6.2.2	β-Partikelgruppen —— 630	
5.3.6.2.3	γ-Partikelgruppen —— 631	
5.3.6.2.4	δ-Partikelgruppen —— 631	
5.3.6.2.5	ε-Partikelgruppen —— 632	
5.3.6.2.6	ζ-Partikelgruppen —— 632	
5.3.6.3	Partikelgruppen als Glieder —— 633	
5.3.7	Miszellangruppen —— 634	
5.4	Wortverbundarten —— 636	
5.4.1	Verbverbünde —— 637	
5.4.2	Substantivverbünde —— 638	
5.4.3	Adjektivverbünde —— 638	
5.4.4	Artikelverbünde —— 639	
5.4.5	Pronomenverbünde —— 640	
5.4.6	Partikelverbünde —— 641	
5.4.7	Miszellanverbünde —— 641	

6 Aspekte des Wertes in Gefügen —— 643

6.1	Propositionsgefüge und ihre Glieder —— 643	
6.2	Arten von Propositionsgefügen —— 648	
6.2.1	Agentive Propositionsgefüge —— 651	
6.2.1.1	Faktive Propositionsgefüge —— 651	
6.2.1.2	Produktive Propositionsgefüge —— 654	
6.2.1.3	Influktive Propositionsgefüge —— 659	
6.2.1.4	Adversive Propositionsgefüge —— 665	
6.2.1.5	Komplexere Propositionsgefüge —— 668	
6.2.2	Prozessive Propositionsgefüge —— 672	
6.2.2.1	Perkursive Propositionsgefüge —— 672	
6.2.2.2	Patientive Propositionsgefüge —— 674	
6.2.2.3	Generative (effektionsprozessive) Propositionsgefüge ——	675
6.2.2.4	Illative (affektionsprozessive) Propositionsgefüge ——	679
6.2.2.5	Adlative (adversionsprozessive) Propositionsgefüge ——	683
6.2.3	Stative Propositionsgefüge —— 686	
6.2.3.1	Adentive Propositionsgefüge —— 686	
6.2.3.2	Korrelative Propositionsgefüge —— 689	

7 Semantische Relationen —— 714

7.1	Bedeutungsverwandtschaft —— 717	
7.1.1	Gleichheit und Gegensätzlichkeit —— 720	
7.1.2	Ähnlichkeit und Verschiedenheit —— 725	

7.1.3	Über- und Unterordnung —— 726
7.2	Kotextuell Charakteristisches —— 728
7.2.1	Handlungsrelationen —— 728
7.2.2	Vorgangsrelationen —— 732
7.2.3	Zustandsrelationen —— 734
7.3	Semantische Relationen im Überblick —— 738

| 8 | **Nachbemerkung** —— **749** |

9	**Anhang I: Literatur** —— **751**
9.1	Erläuterungen zum Korpus —— 751
9.2	Zitierte Literatur —— 752
9.2.1	Quellen —— 755
9.2.2	Wissenschaftliche Literatur —— 817

10	**Anhang II: Zur Notation** —— **828**
10.1	Graphische Markierungen —— 828
10.2	Symbole —— 828
10.3	Notationsregeln —— 830
10.4	Verwendete Abkürzungen —— 831

| 11 | **Anhang III: Register** —— **841** |

1 Philologie und ihr Gegenstand

Nah ist und schwer zu fassen der Gott. — Dies nämlich dann sogar und vielleicht eben dann, wenn nur und allein jener göttliche Schelm es ist, der in Rede und Frage steht. Er, das Höhlenkind, auskunftsreich und um handlichen Rat nie verlegen, ein Helfer der Götter und der Menschen, ein Erfinder der Schrift und der klug beschwatzenden Rede, die auch den Trug nicht scheut (doch trügt sie mit Anmut), er, so berichtet ein kundiger Mann, sei ein Gott des freundlichen Zufalls und des lachenden Fundes, Segen spendend und Wohlstand, so redlich und ein bisschen auch fälschlich erworben, wie es das Leben erlaube, ein Ordner und Führer, der durch die Windungen führe der Welt, rückwärts lächelnd mit aufgehobenem Stabe; selbst die Toten führe er in ihr Mondreich, und selbst die Träume noch, denn der Herr des Schlafes sei er zu alldem, der die Augen der Menschen schließe mit jenem Stabe, ein milder Zauberer am Ende gar in aller Schläue. (TH. MANN, Joseph 1948, 1424.)

Dieser Vielgestaltige ist ein Patron des Handels und der Dieberei und nicht zuletzt auch – der Philologie. Denn obgleich sie den Namen nicht daher hat, dass – so Friedrich Rückert, den Araber al-Hariri nachdichtend – ihrer Vertreter viele logen, so ist doch seine ägyptische Erscheinungsform, jener weiße Pavian Thot oder Thaut, auf den manche Quellengrübler des 17. Jahrhunderts den Namen – und womöglich das Wesen – der Theutisken oder Deutschen zurückführen wollten[1], der Gott des Schreibens und der Schriftgelehrsamkeit; und philologisch ist auch die Kunst, die seinen griechischen Namen trägt, die Deut- und Dolmetschkunst: Hermeneutik. Selbst das Wesen des Gottes entspricht philologischem Wesen: eines dienenden Gottes, der als Bote und Mittler das Sprechen für andere übernimmt und auch als Hermes Psychopompos beim Übersetzen (beim Übergang der Toten über den Acheron) behilflich ist.

Ebenso ist der Hermeneus (›Sprecher, Unterhändler‹) ein Wegbegleiter. Er ist derjenige, der das Übersetzen vorbereitet und daran teilnimmt; nicht jedoch ist er selbst der Fährmann. Er ist ein Führer im Dunkeln, und bisweilen findet er einen Weg ans Licht – wie ja auch Hermes nicht nur in die Unterwelt hinein-, sondern gelegentlich auch wieder aus ihr herausführt. Zudem hat der Sohn des Zeus und der Maia, wie es natürlich ist, ein mütterliches Erbteil. Die Hermes-Kunst ist demnach zu einem Teil auch eine Maia-Kunst. Solche hermeneutische Maieutik, wie sie Platon im *Theaitet* (149a ff.) dem Sokrates zuschreibt, lässt den Verstehenshelfer als Geburtshelfer erscheinen:

> „Nein, das sagst du nur so und hast es mir nur so vorkommen lassen, als ein Schelmensohn', widersprach Amenhotep, ,als ob ich selber geweissagt hätte und meine Träume gedeutet. War-

---

[1] Vgl. SCHOTTELIUS, Ausf. Arb. 1663, 35.

um konnt' ich es denn nicht zuvor, ehe du kamst, und wußte nur, was falsch war, nicht aber, was recht? [...]'" (TH. MANN, Joseph 1948, 1433).

1.1 Anliegen und Aufgabe der Philologie

Das Wort *Philologie* vermag Ressentiments zu wecken. Gegen die souverän-beliebige Kasuistik der am sprachlichen Einzelphänomen – oft bevorzugt dem literarischen – orientierten *deutschen Philologie* wurde in der zweiten Hälfte des 20. Jahrhunderts, verstärkt seit den 1960er Jahren, die systembezogene *germanistische Linguistik* in Stellung gebracht. Bereits zu Beginn des 20. Jahrhunderts hatte Ferdinand de Saussure die *langue* (das Sprachsystem) für den einzig sinnvollen Gegenstand der Sprachwissenschaft gehalten und damit die Orientierung der Forschung an der *parole* (der einzelnen sprachlichen Äußerung) problematisiert. Kritik einer Langue-Linguistik an einer Parole-Philologie ist es demnach, was hier in Rede steht: Kritik einer Wissenschaft, die auf „Gesetze, Formen und Strukturen" (Busse/Teubert 1994, 12) ausgerichtet ist, an einer solchen, die sich als „Analyse von konkreten Texten und ihren Bestandteilen" versteht und der es „auch (wenngleich nicht nur) auf Inhalte ankommen kann" (ebd.).

Doch längst sind die Fronten nicht mehr klar. Der Beschäftigung mit Texten widmet sich eine seit den 1980er Jahren fest etablierte linguistische Teildisziplin, die Textlinguistik. Vollends mit einzelnen sprachlichen Äußerungen – nämlich mit der Interpretation derselben – hat eine in jüngerer Zeit Beachtung und Entfaltung erfahrende Fachrichtung zu tun: die so genannte linguistische Hermeneutik[2]. Wenig, so will es scheinen, spricht daher aus linguistischer Sicht dagegen, auch das ehemals verpönte Wort *Philologie* wieder in Gebrauch zu nehmen: sofern deutlich genug erkennbar wird, dass es hierbei selbstverständlich nicht um ein Zurückfallen hinter die Errungenschaften der modernen Linguistik geht, sondern um einen modifizierten, einen linguistisch tingierten Philologiebegriff.

Philologie im wörtlichen Sinne ist die Liebe zum Logos: zum Gesagten. Sie ist die Beschäftigung (will heißen: die systematische Beschäftigung, wie vorstehend erläutert) mit sprachlichen Äußerungen. Soll sie über die selbstgenügsame Liebe hin-

---

[2] Der Ausdruck *linguistische Hermeneutik* ist vermutlich erstmals belegt bei Fritz (1981, 1). Als wissenschaftliche Disziplin etabliert wurde die linguistische Hermeneutik seit Ende der 1980er Jahren durch Arbeiten beispielsweise von B. U. Biere (1989) und F. Hermanns (vgl. z. B. Hermanns 2003; Hermanns/Holly 2007). – Die vorliegende Arbeit versucht (so versteht sich ihr Titel) einen weiteren Schritt: Sie will nicht mehr nur Hermeneutik mit linguistischen Mitteln betreiben (so dass Hermeneutik als linguistische Teildisziplin erscheint), sondern die Linguistik insgesamt von der Hermeneutik her in den Blick nehmen.

aus eine Aufgabe haben, so ist es Hilfeleistung – bei dem, was üblicherweise unbeholfen mit sprachlichen Äußerungen zu geschehen pflegt: beim Verstehen.

Helfen setzt ein besseres Können voraus. Landläufig heißt heute *können* so viel wie ›zu tun imstande sein‹. Ursprünglich aber dachte man im *können* das wortverwandte *kennen* mit[3]; es war ein i n t e l l e k t u e l l e s Imstandesein, eines aufgrund von Wissen, von erworbener Kenntnis, und es wurde abgesetzt gegen die bloß körperliche oder materielle Fähigkeit: das *Vermögen* oder die *Macht*. Die mittelhochdeutschen Wörter *kunnen* und *mugen* zeigen diese Unterscheidung, und in einigen romanischen Sprachen existiert sie bis heute, z. B. im Französischen (*savoir/pouvoir*).

Der Rückgriff auf die Etymologie ist ein Rückgriff auf „die Vorleistung des Denkens, die vor uns vollbracht worden ist" (Gadamer 1977, 15). Er gibt Aufschluss über gedankliche Zusammenhänge, die im alltäglichen Sprachgebrauch abhanden gekommen sind. Im gegenwärtigen Zusammenhang hilft er beim Verstehen des Verstehenkönnens: Wenn *können* so viel heißt wie sich auf etwas zu verstehen, so heißt *verstehen können*, sich aufs Verstehen zu verstehen. Philologie ist also per se ein potenziertes Verstehen; sie ist – sieht man den Inbegriff des *Könnens* in der *Kunst* – die Kunst des Verstehens.

Verstehen (althochdeutsch *firstan*) seinerseits ist wörtlich so viel wie ›vor etwas stehen, ihm gegenüberstehen, es zum Gegenstand (der Wahrnehmung, der Betrachtung) machen‹. Es ist dem Verstehen wesentlich, dass es ein ihm Entgegengesetztes, ein Gegenüber hat – so wie das Licht nur leuchtet, wenn es auf einen Körper trifft, der es nicht durchlässt, sondern zurückwirft.

Nur durch das Licht, das ihn gleichwohl nur einseitig erhellt, tritt auch der Körper seinerseits aus dem Dunkel hervor; durchdränge ihn das Licht, wäre er als sichtbarer Körper nicht existent. Ebenso entsteht nur durch Verstand ein Gegen-

---

[3] Genau genommen ist *können*, mittelhochdeutsch *kunnen*, ein präteritopräsentisches Verb und heißt so viel wie ›erkannt, verstanden haben (und daher zu tun wissen)‹. Bei *kennen* hingegen handelt es sich um ein kausatives Verb zu *können*; *kennen* heißt ursprünglich also ›ein Erkannthaben bewirken‹, dann aber, nicht anders als *können*, ›erkannt, verstanden haben‹. Möglicherweise ist dieser Bedeutungswandel vermittelt über den reflexiven Gebrauch von *kennen* (DWB V, 536) im Sinne von ›etw. s i c h s e l b s t bekannt, bewusst machen‹, d. h. ›(wieder)erkennen‹. Erkennen ist, wie Hermanns (2003, 134) plausibel gemacht hat, stets in gewisser Weise ein W i e d e r e r k e n n e n, also ein Vorab-schon-Wissen. Der Mensch findet ja, indem er an einer bestimmten Sprache partizipiert, ein bestimmtes Wissen immer schon vor. Es scheint unter diesem Aspekt ein tieferer Sinn darin zu stecken, dass *können* ein präteritopräsentisches Verb ist, d. h., dass die eigentliche Präsensform, die für das Ereignis (vgl. Hermanns 2003, 137) des Erkennens selbst gestanden haben müsste, nicht vorhanden ist und also das ursprüngliche Präteritum *kann* (›erkannte‹) die Funktion des Präsens erfüllen muss. Für die Philologie freilich darf die Tatsache, dass sie aufgrund von Sprachkenntnis über irgendein hermeneutisches Vorwissen verfügt, kein Anlass sein, zur Tagesordnung überzugehen: Sie muss, da sie den Wert ihrer Übersetz-Leistung kennen sollte, sich und im Bedarfsfall auch anderen Rechenschaft geben können über die Art ihres Vorwissens – sie muss von „irgendeinem" zu einem bestimmten (oder zumindest bestimmbaren) Vorwissen gelangen. Eben dies ist das Thema der vorliegenden Arbeit.

stand. Verstehen ist nicht penetrant, sondern reflexiv; was man d u r c h schaut, versteht man nicht.

Zum Entgegenstehen gehört zugleich der Abstand: Wer etwas versteht, steht nicht i n seinem Gegenstand. Wer s i c h a u f e t w a s versteht, muss zudem sich selbst als Verstehendem gegenüberstehen. Das verständige Verstehen (das Sich-aufs-Verstehen-Verstehen) hat also einen doppelten Gegenstand: die zu verstehende sprachliche Äußerung und sich, das Verstehen, selbst.

Nur indem beides, Empirie und Theorie, gewährleistet ist, kann von Philologie im vollen Sinne die Rede sein. Damit ist Philologie das bewusste Heraustreten aus einem unmittelbaren Verständnis. Dieses gebrochene Verhältnis zu ihrem eigenen Geschäft bringt es mit sich, dass Philologie im zuvor erläuterten Sinne ihre eigene Kritik stets mitumfasst. Neben dem Phänomen des Verstehens thematisiert sie immer auch das des Nichtverstehens – eine Auffassung, die am radikalsten Ende des 18. und Anfang des 19. Jahrhunderts von einigen deutschen Frühromantikern (namentlich von Friedrich Schlegel) vertreten wurde.[4]

Das Verstehen bleibt aus der Sicht der Philologie gegenüber dem Verstandenen grundsätzlich auf Abstand. Verstehen ist nicht invasiv, es ist ek-sistentiell (›ausständig‹).[5] Das heißt zugleich, dass es niemals zu einem Abschluss zu bringen ist, sondern dass seine Vollendung prinzipiell aussteht; das In-sistieren auf einem bestimmten Verständnis wäre daher ein Widerspruch in sich. Zwar mag dem unreflektierten Verstehenwollen die Meinung zugrunde liegen, dass die Aufhebung des Abstandes möglich sei. Die Philologie hingegen versteht, dass die Grenze zwar fließend, aber doch stets vorhanden ist, dass es nur um ein Übersetzen über diesen Grenzfluss, um eine gewisse Verringerung des Abstandes gehen kann, und dass *aufheben* hier allenfalls ›behalten, bewahren‹ heißen kann. Denn wo der Abstand gänzlich fortfiele, wäre die unverständige Inständigkeit wiederhergestellt.

Verstehen im Sinne der Philologie ist eine stets von Neuem zu vollziehende Tätigkeit: die Vermittlung zwischen zwei getrennten Komponenten (dem Verstehenden und seinem Gegenstand), die als solche existent bleiben. Wer verständig zu verstehen sucht, ist daher auf der Suche nach einer Position der Mitte, die keiner Seite zu nahe tritt, denn nur aus der Distanz gelangt er zu einer Einschätzung beider Seiten (Unbeschadet aller Distanz impliziert die Position der Mitte allerdings, beiden Seiten jeweils näher zu stehen als diese einander selbst. Dabei steht der Mittler beiden Seiten aus je unterschiedlichen Gründen nahe: dem Gegenstand, weil er den

---

4 Vgl. hierzu Bär (1999a, 292 ff.).
5 Vgl. Heidegger (1930, 186), der (freilich in anderem, hier nicht mitimpliziertem Zusammenhang) das griechische ἐξίστησθαι bzw. das lateinische *existere* gleichfalls von den Wortbestandteilen her betrachtet: „Das Sicheinlassen auf die Entborgenheit des Seienden verliert sich nicht in dieser, sondern entfaltet sich zu einem Zurücktreten vor dem Seienden, damit dieses in dem, was es ist und wie es ist, sich offenbare [...]. Als dieses Sein-lassen setzt es sich dem Seienden als einem solchen aus [...]. Das Sein-lassen [...] ist in sich aus-setzend, ek-sistent."

Grenzfluss erfahren und erkundet hat, seiner daher kundig ist und die übersetzende Annäherung je und je vollzogen hat; dem Verstehenden, weil er seinesgleichen, auf seinem Ufer zu Hause ist.) — Das zwischeneintretende Wägen und Werten (im wörtlichen Sinne: *inter-pretatio*) hat allerdings unterschiedlichen Stellenwert: Seine Einschätzung des V e r s t e h e n d e n – Fremderkenntnis ebenso wie Selbsterkenntnis – muss die Philologie sich selbst vermitteln, ihre Einschätzung des G e g e n s t a n d e s hingegen dem Verstehenden, und das erste ist die Voraussetzung für das zweite.

Philologie Treibende müssen ebenso wie ihre Mit-Hermeskinder, die Handel Treibenden, Kunden und Ware kennen. Anders ist keine Wertbestimmung möglich. Das heißt zugleich, dass es einen absoluten Wert nicht gibt. Seine Bestimmung ist immer abhängig von der Einschätzung der Kundschaft, und es ist denkbar, dass ein und derselbe Gegenstand bei unterschiedlichen Interessierten unterschiedlich taxiert werden muss. Dabei kann es freilich – obgleich *Kunde* in der Tat zur Wortfamilie von *kennen* gehört und nichts anderes bedeutet als ›Bekannter; jemand, dessen man kundig ist‹ – geschehen, dass die Einschätzung nicht zutrifft, mit anderen Worten, dass die Kundschaft die Wertbestimmung nicht akzeptiert. Dies ist üblicherweise vor allem dann der Fall, wenn ihr zugemutet wird, etwas im Sack zu kaufen. Wer daher eine Wertbestimmung nachvollziehbar machen will, darf die Ware nicht im Dunkeln lassen, sondern muss sie recht ins Licht setzen. Man muss sie zeigen, ja mehr noch: sie auslegen, auseinanderbreiten, dem prüfenden Blick preisgeben.

Wie man sich dergleichen vorzustellen hat, zeigt Johann Gottlieb Fichte am Beispiel einer wenn nicht für das Selbstverständnis, so doch für das Selbstbewusstsein der Philologie zentralen Bibelstelle (Joh. 1,1):

> „Im Anfange war das Wort, der Logos [...]. Was ist nun, der Absicht des Schriftstellers nach, dieser Logos oder dieses Wort? Vernünfteln wir doch ja nicht über den Ausdruck; sondern sehen wir lieber unbefangen hin, was Johannes von diesem Worte aussagt: – die dem Subjecte beigelegten Prädicate [...] pflegen ja das Subject selbst zu bestimmen. Es war im Anfange, sagt er; es war bei Gott; Gott selbst war es; es war im Anfange bei Gott." (FICHTE, Anweisung 1806, 480.)

Nur solche auslegende Analyse erlaubt es, auf einzelne Aspekte zu deuten und ihre Qualität zu benennen, und wiederum nur solche Deutung im Detail vermag den angesetzten Wert im Ganzen plausibel zu machen. — Indem sich so allerdings das Ins-Licht-Setzen als Sache der Auslegung zeigt, erscheint ebenso auch die Frage, was in diesem Zusammenhang ‚recht' sei. Man muss keine ausgefeilte Dialektik bemühen, um zu wissen, dass *recht* auch ›falsch‹ bedeuten kann und es dabei allein auf die Perspektive ankommt. Es genügt ein Blick auf die vielschichtige Persönlichkeit des heiteren Gottes, in welcher der Trickbetrüger nur das Alter Ego des Kaufmanns darstellt: so dass *recht* in der Wendung *die Ware recht ins Licht setzen* sich auf die Qualität der Ware ebenso beziehen kann wie auf die Überzeugung des Kunden und beides einander nicht notwendig entsprechen muss.

Es ist demzufolge ebenfalls eine Sache der Auslegung, wie die Philologie ihr Geschäft versehen soll: ob es in Auslegung und analytischer Deutung allein, oder auch in listenreicher Beredsamkeit bestehen darf. Beide Positionen stehen einander dabei näher, als es eine respektable Alternative erlauben sollte. Das liegt in der Natur des philologischen Gegenstandes und des philologischen Umgangs mit demselben.

Dieser Gegenstand, das Gesagte (Dictum), hat den Charakter des Zeichens; lateinisch *dicere*, deutsch *zeihen* heißt eben nichts anderes als *zeigend* bzw. *zeichenhaft* handeln. Zeichen ist das, was auf etwas zeigt oder deutet (ursprünglich: ein Wahrzeichen oder Vorzeichen mit einer bestimmten Bedeutung). Das impliziert umgekehrt, dass etwas – konkret: ein Lautereignis, das wir hören, ein visuelles Ereignis, das wir sehen – dann k e i n Zeichen ist, wenn es u n bedeutend ist, wenn es n i c h t auf etwas verweist. Mit anderen Worten: Das Gezeigte oder Bedeutete gehört notwendig mit zum Zeichen. Eben dies betont Ferdinand de Saussure in seiner bekannten Unterscheidung von S i g n i f i a n t und S i g n i f i é, Bezeichnung und Bedeutung, die beide zusammen das Zeichen ausmachen und voneinander untrennbar sind wie die beiden Seiten eines und desselben Blattes Papier (de Saussure 1960, 157).

Die Bezeichnung wird damit nicht, wie vielfach üblich, als ‚Gefäß‘ mit dem ‚Inhalt‘ einer Bedeutung gesehen, die es ‚transportiert‘ und die man verstehend aus ihm ‚herausholen‘ könnte; de Saussures Blattmetapher impliziert kein Verhältnis von Innen und Außen, sondern eines von Vorder- und Rückseite, mit anderen Worten: zwei nicht voneinander zu trennende Aspekte eines Gegenstandes. Bei de Saussure (1960, 99) wird das Signifié als Vorstellung (*concept*) verstanden, die regelhaft mit einem bestimmten Lautbild (*image acoustique*) verknüpft ist, und nur beide zusammen machen das sprachliche Zeichen aus.

Die Bedeutung ist damit j e n s e i t s der Bezeichnung zu suchen (wiewohl sie im de Saussure'schen Sinne untrennbar zu ihr gehört); sie ist deren Weise: das Wie und das Worauf ihres Verweisens. Damit ist zugleich klar, dass die Bezeichnung nicht für sich allein steht, gewissermaßen kein Genügen in sich selbst hat, sondern etwas anderes vergegenwärtigt. Dieser Repräsentationscharakter des Zeichens ist bereits von Platon und Aristoteles erkannt worden, und auch die hochmittelalterliche Scholastik sah im *stare pro aliquo* ein entscheidendes Kriterium. Dabei soll hier vorerst gar nicht die Frage gestellt werden, was eigentlich und von welcher Qualität das sei, wofür eine Bezeichnung steht – ob es sich um ein reales Ding, eine Vorstellung oder um andere Bezeichnungen handelt. Vielmehr soll hier die Aufmerksamkeit der Tatsache des *stare pro* selbst gelten – einer Tatsache mit einer bemerkenswerten Implikation. Es ist nämlich nicht nur möglich, dass etwas Vorhandenes oder Gegenwärtiges repräsentiert wird (die Bundeskanzlerin kann in Anwesenheit des gesamten Kabinetts eine Regierungserklärung abgeben, und wer sich nicht an den Esel wagt, kann den Sattel prügeln), sondern auch, dass die Stelle eines nicht Vorhandenen oder Gegenwärtigen eingenommen wird (man kann einen Kollegen in dessen Urlaub oder Krankheit vertreten, und fehlende Liebe mag man durch Süßigkeiten zu ersetzen suchen). Entsprechend gilt für das sprachliche Zeichen: Das, worauf es verweist, kann sich in seiner unmittelbaren Nähe finden – so etwa bei Definitionen der Art *x ist y*, wo *y* als Bedeutungsangabe von *x* fungiert –, es kann aber auch jenseits des unmittelbaren Zusammenhangs existieren: im Gedächtnis des Sprechenden bzw. Hörenden, der ein Zeichen auch schon in anderen Zusammenhängen kennengelernt hat. Das gerade meint man, wenn man davon spricht, eine Sprache zu beherrschen: Man weiß um ihre Weise (ihre Verweisungsart) und kann daher ihre Zeichen, vom aktiven Gebrauch einmal ganz abgesehen, in unterschiedlichen Zusammenhängen verstehen.[6]

Dieses Vorwissen ist es, was den landläufigen Umgang mit Gesagtem ermöglicht. Wir lesen einen Text, wie man Weintrauben liest: wir s a m m e l n Zeichen, und indem wir deren Weise schon kennen oder zu kennen meinen, verstehen wir ihn. Eben daher indes v e r n e h m e n wir ihn in der Regel nicht. Denn Vernunft ist freilich zwar die Voraussetzung des Verstandes, die Basis gewissermaßen, auf der dieser sich entfalten kann, und man kann nichts verstehen, ohne es zuvor vernommen zu haben. Doch muss das Vernehmen nicht notwendig eine Vernehmung sein, ein Vornehmen des Textes mit investigatorischer Methodik, ein Auf- und Zu-Protokoll-Nehmen des Befundes – so dass man, was und wie gesagt ist, dokumentiert hat und die Weise später auslegend nachweisen kann. Verständnis ist nicht unabdingbar mit solch vernehmendem Befragen verknüpft, sondern kann auch Fragen an das vorab Vernommene richten. Nicht das, was ein Text selbst zu vernehmen gibt, steht dann im Mittelpunkt des Interesses, sondern das, was man über eine Weise aus anderen Zusammenhängen weiß oder von Dritten erfahren kann.

Als solches Gründeln im Vorvernommenen lässt sich das von Fichte angesprochene ‚Vernünfteln' begreifen. Doch ist der abschätzige Unterton keineswegs prinzipiell am Platze. Immerhin ist ja, was aufgrund von Vernehmung vernünftig nachzuweisen ist, für das Verständnis oft unzulänglich: dort, wo die Weise eines Zeichens nicht aus dem Text zu lernen ist. Was erfährt man etwa aus dem Satz „Ich saz ûf eime steine", wenn man nicht weiß, was *stein* bedeutet? Wer im strengen Sinne auslegen will, kann hier nur nach- und vorweisen, dass ein *stein* etwas ist, worauf man *sitzen* kann (in bestimmter Haltung, wenn man den weiteren Text mitberücksichtigt). Dass diese Interpretation den Wert von *stein* angemessen bestimmt, darf aber bezweifelt werden. Sehr viel besser wird ihn angeben, wer darlegt, dass *stein* im Mittelhochdeutschen so viel wie ›hochragender Felsen, Bergspitze‹ bedeuten kann und – gedacht sei auch an Gregorius auf dem *stein* – die Konnotation des Herausge-

---

[6] Die notwendige Einschränkung findet sich treffend formuliert bei Hermanns (2003, 137): „Das ‚Verstehen einer Sprache' ist wohl in der Regel nur ein durchschnittliches oder sogar unterdurchschnittliches Kennen dieser Sprache, d. h. der Phonemik und Graphemik, der geläufigsten Vokabeln und grammatischen Strukturen usw. Eine ‚natürliche Sprache' kennt ja total niemand. Weshalb jede natürliche Sprache immer wieder für noch eine Überraschung gut ist."

hobenen, Abgesonderten, des Rückzugs aus der Welt und der eben dadurch ermöglichten weiten Sicht mit sich führt.

Davon ist nun genau genommen überhaupt nichts nachweisbar. Dass Walther von der Vogelweide mit der genannten Bedeutung von *stein* vertraut war und sie an dieser Stelle auch gemeint hat, ist lediglich plausibel, weil er Mittelhochdeutsch konnte und der Text auf diese Weise einen guten Sinn ergibt; ob er Hartmanns *Gregorius* kannte und die Stelle daher mehr ist als eine bloße Koinzidenz, bleibt völlig ungewiss. Dennoch: Gerade das weiter Hergeholte ist hier das Naheliegende, so dass man dem Deuter seine Interpretation abkauft und Ware aus einem Korb – Zeichen aus einem Text – zum Wert der aus einem anderen vorgezeigten akzeptiert.

Dergleichen prinzipiell abzulehnen, weil es die Grenze zur Scharlatanerie freilich als etwas unscharf erscheinen lässt, wäre kein gutes Zeugnis für die Souveränität der handwerksstolzen Philologie (deren Methodik ihrerseits hier und da davon bedroht sein mag, nichtssagend zu werden). – Doch die Kontroverse ist dialektischer Natur, und die beiden antithetisch profilierten Erscheinungsformen der hermeneutischen Philologie, jene taschenspielerisch-inspirierte einerseits, die Wägen und Wagen verbindet und, ein Dienst des ‚Gottes der Stückchen', selbst Etymogeleien nicht scheut, sofern sie nur zu einer bestimmten Erkenntnis führen, und andererseits jene kunstmäßig-nüchterne, disziplinär-vernünftige, die den Text auslegt, sich die einzelnen Zeichen streng methodisch vornimmt, sie interpretiert, ihren Wert bestimmt, indem sie ihre Weise und Bedeutung nachweist, und damit zu einer systematischen Deutung findet – diese beiden Erscheinungsformen sind idealtypisch. Wagemut und Methode gehören in der Philologie zusammen. Der glückliche Fund – immerhin im Sinne Max Webers[7] – ist ein legitimes Prinzip der Philologie, und dass Etymologie, Wortspiele, Metaphorik und apropotische Assoziationskunst Erkenntnis und Verständnis fördern können (ebenso wie eine Abkürzung über verbotenes Gelände zum Ziel führen kann), hoffen wir im Vorigen selbst gezeigt zu haben. Wenn wir uns daher im Folgenden der strengen Methode zuwenden und den Versuch unternehmen, die philologische Hermeskunst – besser gesagt: einen bestimmten Teil derselben – auf dem „sicheren Gang einer Wissenschaft" (Kant) zu verfolgen, so geschieht das in dem Bewusstsein, dass Tricks und Träume, Erfindungen und Fundsachen zwar in den Hintergrund treten, aber nie ganz aus dem Unternehmen verbannt werden können. Wir getrösten uns in der Überzeugung, dass Ernst

---

[7] „Nur auf dem Boden ganz harter Arbeit bereitet sich normalerweise der Einfall vor. Gewiß: nicht immer. […] Der Einfall ersetzt nicht die Arbeit. Und die Arbeit ihrerseits kann den Einfall nicht ersetzen oder erzwingen, so wenig wie die Leidenschaft es tut. Beide – vor allem: beide z u s a m - m e n – locken ihn. Aber er kommt, wenn es ihm, nicht wenn es uns beliebt." (WEBER, Wiss. Beruf 1919, 589 f.)

und Spiel notwendig zusammengehören, wie Schiller wusste[8] und Herbert Marcuse zeigt[9], Ernst und Langweiligkeit hingegen nicht notwendig.

1.2 Grammatik und Semantik als Teilbereiche der Philologie

Philologie als methodische Beschäftigung mit sprachlichen Zeichen ist ein Untergebiet der Wissenschaft von den Zeichen überhaupt – zu denen auch Bilder, Verkehrszeichen usw. gehören –, ein Teilbereich also der Semiotik, der Semiologie (wie der französische Strukturalismus mit einem von de Saussure eingeführten Terminus lieber sagt) oder der Sematologie (wie sie bei Karl Bühler heißt).[10] Analog zu der Theorie von den zwei Seiten des sprachlichen Zeichens besteht dieser Teilbereich traditionell aus zwei Unterbereichen: der Grammatik, die sich mit der Gestalt sprachlicher

---

8 Schiller, der davon ausgeht, dass der Mensch „weder ausschließend Materie, noch [...] ausschließend Geist" ist (Ästh. Erzieh. 1795, 356), sieht die eigentliche Spezifik des Menschseins dort, wo beide Aspekte gleichermaßen im Spiel sind: „in einer glücklichen Mitte zwischen dem Gesetz und Bedürfniß" (ebd., 357). Hier aber sind im Wortsinn beide Seiten im S p i e l : „Diesen Nahmen rechtfertigt der Sprachgebrauch vollkommen, der alles das, was weder subjektiv noch objektiv zufällig ist, und doch weder äußerlich noch innerlich nöthigt, mit dem Wort Spiel zu bezeichnen pflegt" (ebd.). Daher ist es „unter allen Zuständen des Menschen gerade das Spiel und n u r das Spiel [...], was ihn vollständig macht, und seine doppelte Natur auf einmal entfaltet" (ebd., 358); „der Mensch spielt nur, wo er in voller Bedeutung des Worts Mensch ist, und e r i s t n u r d a g a n z M e n s c h , w o e r s p i e l t " (ebd., 359). Somit ist der Ernst für Schiller Bestandteil des Spiels, das seinerseits als transzendierter Ernst erscheint.

9 „Dem Spiel kommt im Gesamt des menschlichen Daseins keine Dauer und Ständigkeit zu: es geschieht wesentlich ‚zeitweise', ‚zwischen' den Zeiten eines anderen Tuns, das dauernd und ständig das menschliche Dasein beherrscht. Und wie das Leben im Spiel geschieht, das ist kein in und durch sich selbst vollendetes Geschehen; es ist wesentlich unselbständig und abhängig, verweist von sich selbst aus auf ein anderes Tun. Das Spiel ist Sich-zerstreuen, Sich-ausspannen, Sich-erholen *von* einer Gesammeltheit, Angespanntheit, Mühsal usw., und es ist Sich-zerstreuen, Sich-ausspannen, Sich-erholen *zum Zweck* einer neuen Sammlung, Anspannung usw. Das Spiel ist also als Ganzes notwendig bezogen auf ein Anderes, wovon es herkommt und wohin es zielt, – und dieses Andere ist auch schon vorgreifend durch die Charaktere der Gesammeltheit, Angespanntheit, Mühsal usw. als *Arbeit* angesprochen." (MARCUSE, Grundl. Arb. 1933, 564 f.)

10 Saussures Erläuterung der ihm vorschwebenden allgemeinen Zeichenlehre zeigt, dass er *sémiologie* (in H. Lommels Übersetzung: *Semeologie*) tatsächlich im Sinne dessen fasst, was heute in Anlehnung an Peirce und Morris unter *Semiotik* verstanden wird: „Elle nous apprendrait en quoi consistent les signes, quelles lois les régissent. [...] La linguistique n'est qu'une partie de cette science générale [...]." (Saussure 1960, 33.) – Demgegenüber führt Bühler (1976, 39) anstelle des von σημεῖον abgeleiteten Ausdrucks *Semiologie* den Terminus *Sematologie* ein, „weil das griechische Wort σῆμα eine reichere Sippe in moderne[r] Form gutklingender Ableitungen ermöglicht" – ein Vorschlag, der allerdings in der Sprachwissenschaft „nicht aufgegriffen wurde" (Rehbock 2000b, 623).

Zeichen befasst, d. h. mit ihrer ausdrucksseitigen Form und funktionalen Struktur[11], und der Semantik, die nach ihrer Bedeutung fragt (vgl. Rehbock 2000a, 618).

Dabei ist die Grenze zwischen diesen beiden Gebieten der Philologie fließend. Die Gegenüberstellung von Form, Funktion oder Struktur einerseits und Bedeutung andererseits führt nämlich nicht zu einer wirklichen Antithese. Der Gedanke von der Bilateralität des sprachlichen Zeichens beinhaltet nicht die Annahme zweier völlig verschiedener Gegenstände, sondern nur zweier verschiedener Ansichten eines und desselben Gegenstandes (de Saussure 1960, 157). Demzufolge ist die Beschäftigung mit der Bedeutung sprachlicher Zeichen nicht losgelöst von der Betrachtung ihrer Gestalt möglich, ebenso wenig wie umgekehrt. Die Semantik muss sich notwendig immer mit dem sprachlichen Zeichen in seiner Gesamtheit befassen[12], und ebenso auch die Grammatik.

Gleichwohl erscheint der Versuch einer näheren Bestimmung der Aufgaben von Grammatik und Semantik sinnvoll, insofern es um die Formulierung des Anliegens dieser Untersuchung – einer historisch-semantischen – geht. Zwar ist nach Köller (1988, 5) „ein allgemeiner und verbindlicher Grammatikbegriff in der Sprachwissenschaft wohl weder möglich noch wünschenswert […], weil ein solcher Begriff das Denken und Lernen eher blockiert als fördert"; und Gleiches gilt zweifellos auch für die Semantik. Wünschenswert sind jedoch präzise Definitionen „für definierte Erkenntnisinteressen und Forschungsstrategien" (ebd.), und um solche soll es im Folgenden gehen.

1.2.1 Unterscheidung nach inner- und außersprachlicher Bedeutung

Eine Unterscheidung zwischen Grammatik und Semantik, die häufig gemacht wird, greift auf die Gegenüberstellung von inner- und außersprachlicher Bedeutung zurück. Behauptet wird dabei, die grammatische Funktion sprachlicher Zeichen bestehe darin, auf andere sprachliche Zeichen, hingegen ihre semantische Funktion darin, auf Gegenstände oder Sachverhalte der außersprachlichen Realität zu verweisen. Wer so argumentiert, bezieht sich zumeist auf die bekannte Tatsache, dass es bei be-

---

11 Die Grammatik interessiert sich – auf prinzipiell allen hierarchischen Ebenen des Sprachsystems, vom Laut bis zum Text – für den „Bau der […] Sprache" (Duden 1998, 5), für ihre „regelhaft bzw. analogisch rekurrierenden Eigenschaften und Baumuster" (Knobloch 2000, 255), für die „Form sprachlicher Einheiten", ihre „Struktur" (Eisenberg 2000, 2) bzw. für „die Zusammenhänge zwischen Funktion und Form" (Erben 1972, 11).
12 Vgl. beispielsweise auch Lutzeier (2002, 8): „Das nicht zu übersehende Übergewicht an Arbeiten, die sich mit der Inhaltsebene beschäftigen, muss durch eine stärkere Einbeziehung von Fragen der Formebene korrigiert werden. Erscheinungen der Formebene und der Inhaltsebene gehen häufig Hand in Hand […]."

stimmten sprachlichen Zeichen, und zwar gerade bei denjenigen, die häufig als grammatische Funktionsträger angesehen werden, „nicht leicht [ist], die ontischen Einheiten anzugeben", die sie bezeichnen (Köller 1988, 76): bei den so genannten Synsemantika (z. B. Pronomina), aber auch bestimmten nicht selbständigen Sprachzeichen (z. B. Flexionsmorphemen). Diese Zeichen dienen andererseits vielfach gerade als Rektionsträger, d. h. als Mittel der Verknüpfung mit anderen Zeichen.

Wie sich zeigt, wäre man bei einer solchen Unterscheidung von Grammatik und Semantik keineswegs nur auf den Unterschied zwischen Morphemik und Lexik beschränkt, sondern hätte eine gleichsam quer dazu liegende Dichotomie konstruiert und könnte demnach, was ohne Zweifel sinnvoll ist, ebenso ein Wort mit grammatischer Funktion – ein so genanntes „Lexogrammem" (Henne 1972, 22) –, z. B. einen Artikel oder ein Hilfsverb, von einem Wort mit lexikalischer Bedeutung unterscheiden, wie andererseits ein bedeutungstragendes Morphem, z. B. {him} in *Himbeere*, von einem Morphem mit grammatischer Funktion, etwa einem pluralkennzeichnenden Grammativ.

Allerdings zeigt sich gerade an diesem Beispiel, wie problematisch die Unterscheidung nach inner- und außersprachlicher Bedeutung als Kriterium für die Unterscheidung von Grammatik und Semantik tatsächlich ist. Denn ohne weiteres kann man für die grammatische Kategorie des Plurals eine außersprachliche Referenz postulieren. Dass etwas nicht in einem, sondern in mehreren Exemplaren vorliegt, kann ohne weiteres als ein realer Sachverhalt bezeichnet werden.

Das Kriterium ist jedoch nicht nur problematisch, sondern überhaupt unbrauchbar, denn wie im Folgenden (vgl. Kap. 1.5) ausführlich dargelegt werden wird, führt die Annahme, sprachliche Zeichen könnten auf Außersprachliches referieren, prinzipiell in die Irre. Die Bedeutung eines sprachlichen Zeichens ist schon in einem alltagssprachlichen Gebrauch des Wortes *Bedeutung* keineswegs ein Gegenstand oder Sachverhalt der außersprachlichen Realität; anderenfalls könnte man auf einer Bedeutung sitzen (auf der Bedeutung von *Stuhl*), in ihr wohnen (in der Bedeutung von *Haus*), sie essen (die Bedeutung von *Brot*) oder sie erleiden (die Bedeutung von *Tod*). Hingegen kann man Bedeutungen kennen, wissen, erfragen, erfassen usw., so dass sich sagen lässt: Unter *Bedeutung* wird eine mentale, kognitive, begriffliche Einheit verstanden. Kenne ich z. B. die Bedeutung einer Handlung, so kenne ich ihre Relevanz, ihren Stellenwert; ich kann angeben, welche anderen Handlungen, Vorgänge oder Zustände sie impliziert. Ihre Bedeutung ist das Beziehungsgeflecht, in welchem sie in meinem Bewusstsein vorliegt.

Allerdings geht es im Zusammenhang der gegenwärtigen Fragestellung eben nicht um Bedeutungen realer Gegenstände und Sachverhalte, sondern sprachlicher Zeichen, und daher kann mit *Bedeutung* auch nicht der Stellenwert eines realen Gegenstandes oder Sachverhaltes, sondern nur derjenige eines sprachlichen Zeichens gemeint sein. Die Bedeutung eines Wortes wie *Demokratie* lässt sich also fassen als dasjenige an Handlungen, Vorgängen oder Zuständen – gemeint sind Gedankengebäude, Empfindungen, Wertungen usw. –, was dieses Wort impliziert.

Will man nun freilich nicht nur diejenige Relevanz und diejenigen Implikationen beschreiben, die ein Wort bei einem selbst (nach eigener, subjektiver Auffassung) hat, sondern diejenigen, die im Rahmen einer ganzen Sprachgemeinschaft (oder selbst nur eines Teils einer Sprachgemeinschaft) gelten, so kann es nicht genügen, wenn man sich selbst befragt. Es genügt auch nicht, wenn man bestimmte empirisch vorfallende Gegenstände oder Sachverhalte zur Bedeutung des Zeichens erklärt, denn jede Relation zwischen Zeichen und außersprachlicher Realität, die man herstellen kann, geht auf ein Vorwissen von der Zeichenbedeutung zurück, und dieses Wissen bleibt subjektiv, wenn nicht andere – wie viele auch immer – nach dem ihren befragt werden. Glaubt man beispielsweise, die Bedeutung eines Zeichens in bestimmten Handlungen derjenigen zu finden, die es benutzen, so kann dieses Glauben nur dadurch zum sicheren Wissen werden, dass es verifiziert wird; eine Verifikation jedoch ist nicht anders möglich als durch Nachfrage.

Von den Befragten nun ist auf diese Weise nie etwas anderes zu bekommen als Antworten, und Antworten sind nicht Gegenstände oder Sachverhalte der außersprachlichen Realität, sondern immer nur Worte, sprachliche Äußerungen. Die Semantik findet also Z e i c h e n als dasjenige, worauf Zeichen verweisen, und die vermeintlich außersprachliche Bedeutung, die sie beschreibt, ist tatsächlich nur eine innersprachliche. Sogar wenn man es dabei bewenden lassen könnte, sich selbst zu befragen: Bei jeder Frage, die man stellen, und bei jeder Antwort, die man geben kann, handelt es sich immer nur um sprachliche Äußerungen, ganz im Sinne des Wittgenstein'schen Diktums: „Wenn man aber sagt: ‚Wie soll ich wissen, was er meint, ich sehe ja nur seine Zeichen', so sage ich: ‚Wie soll *er* wissen, was er meint, er hat ja auch nur seine Zeichen.'" (Wittgenstein 1969 [PU], Nr. 504.)

In letzter Konsequenz hat damit die Bedeutung eines sprachlichen Zeichens keine außersprachliche Qualität (weil zu einer solchen mit den Mitteln der Semantik, die ja Sprache immer nur mittels Sprache beschreiben kann, nie vorzudringen ist), sondern besteht in der Gesamtheit aller derjenigen anderen sprachlichen Zeichen, auf die es nach bestimmten Regeln, also im Rahmen eines systematischen Gefüges verweist. Damit aber fällt auch die Unterscheidung nach inner- und außersprachlicher Bedeutung als Kriterium für die Unterscheidung von Grammatik und Semantik. Beide Disziplinen beschreiben das sprachliche Zeichen als eine Zeichengestalt, die funktional auf andere Zeichengestalten bezogen ist.

1.2.2 Unterscheidung nach syntagmatischer bzw. paradigmatischer Zeichenrelation als Beschreibungsgegenstand

Es wäre nun naheliegend, Grammatik und Semantik nach der A r t der funktionalen Beziehung einer Zeichengestalt auf andere Zeichengestalten zu unterscheiden. Als Kriterium scheint sich die de Saussure'sche Unterscheidung von syntagmatischer und paradigmatischer oder assoziativer Relation des sprachlichen Zeichens anzubieten (so, dass die Regularitäten, welche die Kookkurrenz eines Zeichens mit anderen Zeichen in der linearen Fügung determinieren, seine Grammatik betreffen, für seine Semantik hingegen diejenigen Zeichen eine Rolle spielen, die unter dem Aspekt kotextueller Substituierbarkeit mit ihm assoziiert werden können; vgl. Lyons 2002, 467). Doch auch dieser Ansatz führt nicht weit, denn die Paradigmatik ist ja nichts anderes als gewissermaßen eine weiter gefasste Syntagmatik: Die syntagmatische Relation ist „*in praesentia*" gegeben, so F. de Saussure (1960, 171), während die paradigmatische „*in absentia*" in einer möglichen Gedächtnisreihe („dans une série mnémonique virtuelle") besteht. Fragt man nun, welche sprachlichen Zeichen von ihrer Bedeutung her mit anderen assoziiert werden können, so muss man diese Korrelationen aus der Menge der im Rahmen eines Sprachsystems möglichen syntagmatischen Fügungen abstrahieren. Der Ausdruck *syntagmatisch* ist hier zwar nicht gleichbedeutend mit ›auf Satzebene‹, sondern es kann sich auch um Fügungen unterhalb oder oberhalb der Satzebene handeln; gleichwohl lässt sich anhand einiger Satzbeispiele besonders gut zeigen, was gemeint ist. Dass *Möwe* assoziativ mit Wörtern wie *weiß*, *fliegen*, *Meer*, *Fisch*, *Seeschwalbe* verknüpft ist, lässt sich an Kookkurrenzen (Bsp. 1) ebenso gut verifizieren wie an Kotextanalogien (Bsp. 2):

Bsp. 1: a) *Weiße Möwe, flieg nach Helgoland.*
b) *Die Möwe ist ein Vogel.*
c) *Die Möwe fliegt über dem Meer.*
d) *Die Möwe fängt einen Fisch.*
e) *Möwen und Seeschwalben stritten sich um die Fischabfälle.*

Bsp. 2: a) *Die Seeschwalbe ist ein Vogel.* (Kotext analog zu Bsp. 1b.)
b) *Die Seeschwalbe fliegt über dem Meer.* (Kotext analog zu Bsp. 1c.)
c) *Die Seeschwalbe fängt einen Fisch.* (Kotext analog zu Bsp. 1d.)

Wie sich an Bsp. 1 zeigt, können kookkurrierende, also syntagmatisch gefügte Einheiten durchaus semantisch relevant sein (vgl. auch Reichmann 1989, 133). Umgekehrt sind auch grammatische Einheiten, z. B. Flexionsmorpheme paradigmatisch bestimmt: Sie sind keine Einzelphänomene, sondern Bestandteile grammatischer Paradigmen (z. B. von Flexionsparadigmen; vgl. Eisenberg 2000, 4). Damit ist aber die Dichotomie von Syntagmatik und Paradigmatik ebenfalls nicht parallel mit der von Grammatik und Semantik zu setzen – was sich auch daran erkennen lässt, dass der Unterschied zwischen semantisch falschen Sätzen (Bsp. 3) und und grammatisch falschen Sätzen (Bsp. 4) auf diese Weise nicht erklärt werden kann.

Bsp. 3: a) **Das Flugzeug fängt einen Fisch.*
b) **Die Möwe hat einen Motorschaden.*
c) **Der Löwe fliegt über dem Meer.*
d) **Die Möwe brüllt.*

Bsp. 4: a) **Der Möwe fliegt über dem Meer.*
b) **Die Möwen fängt einen Fisch.*

1.2.3 Unterscheidung nach Zeichendiversität bzw. -identität

Ohne weiteres scheint einsichtig, dass die beiden Ausdruckspaare *Löwe – Löwen* und *Löwe – Möwe* von verschiedener Qualität sind und dass im ersten Fall eine grammatische Differenz angenommen wird, im zweiten hingegen eine semantische. Der naheliegende Gedanke, dass die Differenz der Differenzen eine der Zeichenidentität sei (da man im zweiten Fall, dem des semantischen Unterschiedes, zwei verschiedene sprachliche Zeichen ansetzt, im ersten, dem des grammatischen Unterschiedes, hingegen von zwei verschiedenen F o r m e n eines und desselben Zeichens ausgeht), greift jedoch wiederum zu kurz. Grammatik ist bereits im alltäglichen Wortverständnis mehr als nur Flexion. Sie umfasst unter anderem auch den Bereich der Wortbildung, und hier finden sich sofort Beispiele, die zeigen, dass morphologisch verschiedene Ausdrücke durchaus unterschiedliche Zeichen sein können (z. B. *gründen – gründlich, schlichten – schlicht, tagen – tags*) und nicht als Formen desselben Zeichens (wie bei *gründen – gründe, schlichten – schlichtet, tagen – tagte*) zu deuten sind. Zudem wird üblicherweise – und auch von uns im gegenwärtigen Zusammenhang (vgl. S. 83 ff.) – angenommen, dass ein und dasselbe sprachliche Zeichen unterschiedliche Bedeutungen haben kann, so dass ein semantischer Unterschied keineswegs notwendig die Zeichenidentität beeinträchtigen muss.

1.2.4 Unterscheidung nach der Verknüpfung von Zeichenfunktion und Zeichengestalt

Ins Auge fällt, dass der grammatische Unterschied von *Löwe* und *Löwen* ursächlich mit der gestaltseitigen Verschiedenheit zusammenhängt, nicht hingegen der semantische Unterschied von *Löwe* und *Möwe*. Phoneme (hier /l/ und /m/) bzw. Grapheme (hier <L> und <M>) sind ja per definitionem nicht bedeutungstragend, und daher kann man auch allenfalls sagen, dass die gestaltseitige Verschiedenheit mit dem semantischen Unterschied k o i n z i d i e r t , nicht aber, dass sie ihn k o n s t i t u i e r t .[13] Diese Beobachtung wird einerseits bestätigt durch das Phänomen der Homonymie (d. h. der ausdrucksseitigen Gleichheit bei semantischer Verschiedenheit, z. B. *Ball* ›Spielzeug‹ vs. *Ball* ›Tanzfest‹), zum anderen durch das Phänomen der Synonymie (d. h. der ausdrucksseitigen Verschiedenheit bei semantischer Entsprechung, z. B. *Schreiner* vs. *Tischler*): Weder gestaltseitige und semantische Variation noch gestaltseitige und semantische Gleichheit sind notwendig verknüpft.

---

13 Wie das Minimalpaar *Gams – Gans* zeigt, kann die Distinktion zwischen den semantischen Aspekten ›Säugetier‹ und ›Vogel‹ auch durch andere Phonem- bzw. Graphemoppositionen zum Ausdruck gebracht werden; daneben zeigt ein Minimalpaar wie *Laus – Maus*, dass die Opposition von *L* und *M* auch für andere semantische Merkmale als die genannten distinktiv sein kann.

Man könnte daher annehmen, für die Unterscheidung zwischen Grammatik und Semantik sei die Frage relevant, ob die funktionale Seite des sprachlichen Zeichens eine gestaltseitige Entsprechung findet, d. h., ob eine bestimmte Funktion im Rahmen eines Paradigmas an eine bestimmte Zeichengestalt gebunden ist. Damit ist keineswegs gesagt, dass ein Eins-zu-eins-Verhältnis vorliegen müsse, denn bekanntlich können bestimmte Zeichengestalten im Rahmen eines Paradigmas durchaus verschiedene Funktionen erfüllen – so im Deklinationsparadigma IX (Beispiel: *Frau*; vgl. Duden 1998, 224) das Nullmorphem die Funktion der Singularmarkierung, das Morphem *-en* die der Pluralmarkierung in allen vier Kasus. Gleichwohl kann man festhalten, dass die grammatische Kategorie ‚Kasus' mit bestimmten Morphemen verknüpft ist, ohne die sie nicht zum Ausdruck gebracht werden kann. Demgegenüber sind beispielsweise die semantischen Aspekte ›Säugetier‹ und ›Vogel‹ – und auch alle anderen, durch die sich die Bedeutungen von *Löwe* und *Möwe* unterscheiden – nicht an die Phoneme /l/ und /m/ bzw. die Grapheme <L> und <M> gebunden.

Erneut ist es aber der Bereich der Wortbildungsmorphologie, an dem sich das Gegenargument orientiert. Fragt man nämlich beispielsweise nach dem semantischen Unterschied von Wörtern wie *begehen*, *vergehen*, *entgehen* oder *zergehen*, so zeigt sich: Er ist an die Präfixe geknüpft, und die Behauptung, nur grammatische Funktionen seien im Rahmen eines Paradigmas mit bestimmten Zeichengestalten gekoppelt, trifft also nicht zu.

1.2.5 Unterscheidung nach dem Grad der Gültigkeit von Regeln

Interpretiert man das Unbehagen, das manche Grammatiker angesichts der Komplexität der sprachlichen Bedeutung empfinden (vgl. Köller 1988, 72), weniger als ein theoretisches Unbehagen – ob der Frage, was unter „Bedeutung" zu verstehen sei –, vielmehr als ein quantitatives – ob der großen Zahl divergenter Phänomene, die beschrieben werden müssten –, so kann man auf eine Spur kommen, die zwar nicht zu einem trennscharfen Unterscheidungskriterium führt, gleichwohl aber zu einem Kriterium, das besser als die zuvor diskutierten geeignet scheint, den fraglichen Unterschied zu begründen.

Die morphologischen Markierungen sind im Gegensatz zu den phonologischen bzw. graphematischen nicht allein für Einzelbeispiele relevant. Das *n*-Suffix als Kennzeichnung des Bedeutungsmerkmals ›Plural‹ findet sich nicht allein im Fall des genannten Minimalpaars *Löwe – Löwen*, sondern kommt auch in etlichen anderen Fällen in dieser Funktion vor (z. B. bei *Möwe – Möwen*, *Halle – Hallen*, *Lage – Lagen* usw.). Gleiches gilt für die wortartunterscheidenden Suffixe: Nicht nur *bestechen* und *bestechlich* verhalten sich zueinander als Verb und Adjektiv desselben Wortstamms, sondern beispielsweise auch *rechten* und *rechtlich* oder *grünen* und *grünlich*. Man kann die ausdrucksseitige wie die damit zusammenhängende bedeutungsseitige Variation also auf bestimmte beispielübergreifend gültige Regeln bringen.

Erst dort, wo sich im Rahmen eines bestimmten gestaltseitigen Paradigmas einzelfallspezifisch variierende Bedeutungen ergeben, lässt sich von Phänomenen der Semantik reden. Erfüllt das Morphem *-lich* in den drei Beispielwörtern *bestechlich, rechtlich* und *grünlich* jeweils die grammatische Funktion der Wortartkennzeichnung, so kann demgegenüber seine semantische Funktion für das jeweilige Komorphem nur in Abhängigkeit von diesem bestimmt werden: in *bestechlich* als Kennzeichnung der Möglichkeit des Leidens oder vielmehr des Duldens einer Handlung, in *rechtlich* als Kennzeichnung einer qualitativen Entsprechung, in *grünlich* hingegen als Kennzeichnung einer ungefähren qualitativen Entsprechung, d. h. einer qualitativen Abschwächung.[14]

Demnach scheint der Unterschied zwischen Grammatik und Semantik allein im Allgemeinheits- oder Abstraktionsgrad der von ihnen aufgestellten Zeichenverknüpfungsregeln zu suchen zu sein. Die Grammatik stellt Regeln auf, die in gleicher Weise für große Mengen verschiedener Zeichen gelten, dementsprechend jedoch recht abstrakt sind, die Semantik hingegen solche, die für sehr viel kleinere Mengen von Zeichen, oft sogar nur für ein einziges gelten, und die eben dadurch sehr konkret bzw. individuell ausfallen.[15]

Mithin können zwei Wörter, obwohl sie sich aufgrund ihrer Wortartzugehörigkeit zu einem grammatisch korrekten Satz problemlos verknüpfen lassen, semantisch einander ausschließen. Das deutsche Satzmuster ‚Subjekt + Prädikat' beispielsweise kann durch eine einfache Substantiv-Verb-Kombination realisiert werden, aber eben nicht durch jede beliebige. Man kann zwar sagen *Brot schmeckt*, aber nicht *Brot fühlt*. Das vermutlich bekannteste Beispiel für einen grammatisch korrekten, aber semantisch unsinnigen Satz gibt Noam Chomsky: *Farblose grüne Ideen schlafen wütend.*

Es ist offensichtlich, in welche Richtung diese Überlegungen führen: in die einer Unterscheidung von quantitativer und qualitativer Valenz. In der Tat ist, wie sich noch zeigen wird, der valenztheoretische Ansatz für unsere Untersuchung überaus wichtig. Vorläufig soll allerdings nur zweierlei festgehalten werden: Zum einen sind, wie oben postuliert, die Übergänge zwischen Grammatik und Semantik in der Tat fließend, weil ein b e s t i m m t e r Grad an Allgemeinheit oder Abstraktion

---

14 Vollends dort, wo semantische Aspekte nicht an gestaltseitige Einheiten gebunden sind, ist es nicht möglich, die Variation der konkreten gestaltseitigen Form auf irgendwelche beispielübergreifend gültigen Regeln zu bringen.
15 Allerdings zeigt sich am Beispiel des Suffixes *-lich*, dass die Abgrenzung von Grammatik und Semantik tatsächlich nicht trennscharf erfolgen kann, dass die Übergänge fließend sind, weil ein bestimmter Grad an Allgemeinheit oder Abstraktion als Grenze selbstverständlich nicht anzugeben ist. Nicht umsonst finden sich Erläuterungen zur semantischen Funktion von *-lich* nicht nur in Bedeutungswörterbüchern (z. B. Duden 1999, 2421), sondern auch in Grammatiken (z. B. Duden 1998, 541; 543; 546). – Übergangsbereiche bestehen beispielsweise auch im Fall der so genannten semantischen Wortklassen, die als Subkategorien der grammatischen Wortarten traditionell Gegenstand grammatischer Beschreibung sind (so etwa bei Duden 1998, 90 und 195 ff., wo „Bedeutungsgruppen" von Verben und Substantiven unterschieden werden).

als Grenze selbstverständlich nicht angegeben werden kann (vgl. Anm. 15); zum anderen sind einzelne sprachliche Phänomene nicht absolut als Gegenstände von Grammatik oder Semantik zu bestimmen, sondern eine solche Bestimmung kann jeweils nur einzelsprachspezifisch erfolgen. In zwei verschiedenen Sprachen kann ja ein und dasselbe Phänomen ganz unterschiedlich gedeutet werden.[16]

Damit ist offenkundig, dass beide, Grammatik wie Semantik, zwar unterschiedliche Schwerpunkte setzen, dass aber letztlich beide aus unterschiedlichem Blickwinkel doch denselben Gegenstand behandeln – und sofern es ihnen um diesen Gegenstand in seiner Gesamtheit geht, können sie Blicke aus dem jeweils anderen Winkel nicht vermeiden. Daher lässt sich mit Recht die Lehre vom sprachlichen Zeichen – insbesondere da sie hier eben philologisch im oben erläuterten Sinne, durch die Suche nach Deutung, motiviert ist – als Semantik bestimmen. Es handelt sich dabei dann explizit um eine die Grammatik integrierende Semantik; ihre Grundzüge sollen im Folgenden beschrieben werden.[17]

1.3 Anliegen: Historische (Grammatiko-)Semantik

Zwei verschiedene Arten solcher Semantik sind möglich: eine allgemein-theoretische, die sich für die Beschaffenheit, die Funktionen und Verwendungsmöglichkeiten sprachlicher Zeichen überhaupt interessiert, und eine historisch-empirische, deren Anliegen es ist, konkrete sprachliche Zeichen zu deuten (wobei sich *historisch* nicht allein auf weiter zurückliegende Zeiträume bezieht, sondern für jeden real – und damit in einem bestimmten historischen Zusammenhang – erfolgten Zeichengebrauch steht). Die historisch-empirische Semantik will wissen, wie ein sprachliches Zeichen an einer bestimmten Textstelle sowie an anderen, mit ihr in jeweils bestimmten Zusammenhängen stehenden Textstellen gebraucht ist. Konkret: Sie will beispielsweise wissen, was ein Autor wie Wilhelm von Humboldt an einer Stelle wie der folgenden mit dem Wort *Geist* meint:

„Ich nehme hier den geistigen Process der Sprache in seiner weitesten Ausdehnung, [...] auch in der Beziehung auf ihren Einfluss auf das Denk- und Empfindungsvermögen. Der ganze Gang kommt in Betrachtung, auf dem sie, von dem Geiste ausgehend, auf den Geist zurückwirkt. [...] Die Sprache ist das bildende Organ des Gedanken. Die intellectuelle Thätigkeit, durchaus geis-

---

16 In dem akustischen Phänomen [laːm] z. B. kann entweder das deutsche *lahm* oder das französische *l'âme* erkannt werden, und dementsprechend hat das [l] entweder den Status eines Phonems oder eines Lexems.
17 Nach dem zuvor Gesagten versteht sich von selbst, dass man dieselbe Lehre vom sprachlichen Zeichen auch als (dann ihrerseits die Semantik integrierende) Grammatik fassen kann – eine Möglichkeit, die hier allerdings aufgrund des spezifischen Untersuchungsinteresses vernachlässigt werden kann.

tig, durchaus innerlich, und gewissermassen spurlos vorübergehend, wird durch den Ton in der Rede äusserlich und wahrnehmbar für die Sinne, und erhält durch die Schrift einen bleibenden Körper." (W. v. HUMBOLDT, Versch. Sprachb. *⁷1827–29, 151.)

Auf der Grundlage seiner Beschreibung der Struktur und Verwendung sprachlicher Zeichen unternimmt es die historisch-empirische Semantik, einen den Texten zuzuschreibenden Sinn zu konstruieren. (Geht man davon aus, dass es möglich ist, die Intentionen eines Autors zu erkennen und einen Text trotz historischer Distanz zumindest annähernd so zu verstehen, wie ihn der Autor gemeint hat und verstanden wissen wollte, so ist das Anliegen eine Rekonstruktion des Textsinns, eine Auslegung und Deutung im Sinne des Autors.)

Die Unterscheidung von allgemein-theoretischer und historisch-empirischer Semantik ist nun ebenso wie die von Signifiant und Signifié keine separierende Unterscheidung, sondern eine, die zugleich auf die Zusammengehörigkeit des Unterschiedenen hinweist. Ihr liegt die kantische Überzeugung zugrunde, dass eine Trennung von Theorie und Empirie nicht sinnvoll ist, sondern vielmehr beide zusammenarbeiten und wechselseitig aufeinander wirken müssen.[18] Abstrakte, gewissermaßen im empiriefreien Raum erzeugte Zeichentheorien sind lediglich für Freunde der Logik interessant; konkret anwendbar sind sie ohne aufwändige Adaption (die oft genug einem förmlichen Neuentwurf gleichkommt) in aller Regel nicht, eben weil sie kein konkretes Fundament haben. — Demgegenüber fehlt der reinen Empirie der Maßstab für die beobachteten Erscheinungen; sie vermag nicht, sie ins rechte Licht der Relation zueinander zu setzen und im Ganzen zu bewerten, ja sie hat oft nicht einmal die Möglichkeit, sie überhaupt als Erscheinungen zu erkennen, da sie ohne den Schein des rechten Lichts im Dunkel bleiben.

Die vorliegende Arbeit sucht daher die Verbindung von Theorie und Empirie: Sie stellt auf der Basis eines konkreten historischen Korpus – literarischen, philosophischen und geisteswissenschaftlichen deutschsprachigen Texten der Zeit zwischen ca. 1750 und ca. 1950 – Überlegungen zu den Methoden an, mit denen wiederum historisch-empirische Untersuchungen durchzuführen sind. Die Beschreibungsansätze wurden – da es einen hermeneutischen Nullpunkt nicht gibt und eine Vorleistung des Wissens und Urteilens immer vorhanden sein muss, um wissen und urteilen zu können (vgl. Anm. 3) – auf der Basis bereits existierender methodologischer Reflexionen[19] entwickelt, wobei die Analyse jedes Einzelphänomens immer zugleich methodenkritisch reflektiert wurde. Die Ergebnisse dieser Reflexion fanden dann stets sofort unmittelbar Eingang in den weiteren Verlauf der empirischen Untersuchung, den sie entsprechend modifizierten; auch die bereits geleistete Arbeit wurde

---

18 „Gedanken ohne Inhalt sind leer, Anschauungen ohne Begriffe sind blind. [...] Nur daraus, daß sie sich vereinigen, kann Erkenntniß entspringen." (KANT, Crit. rein. Vern. ²1787, 75 f.)
19 Z. B. Reichmann 1983; ders. 1989; Lobenstein-Reichmann 1998; dies. 2002; Bär 1997; ders. 1998a; ders. 1999a; ders. 2000a; Gardt 2002.

unter dem Aspekt dieser Modifikation noch einmal überprüft. Auf diese Art ergab sich eine Wechselbestimmung von Empirie und Theorie, da letztere ebenfalls nicht im freien Raum entstand, sondern den Anforderungen des realen empirischen Befundes gemäß entworfen wurde.

1.4 Das Verhältnis von Langue und Parole

Ein sprachliches System (Langue) ist nach üblichem Verständnis die Voraussetzung für einen konkreten Sprechakt (Parole), da Kenntnis der Sprachzeichen und -regeln nötig ist, um sprechen zu können. Jeder Sprechakt ist nach sprachtheoretischer Auffassung eine konkrete Realisation einer Langue[20] und muss auch, um verstanden werden zu können, immer vor dem Hintergrund einer Langue gedeutet werden. Die Verhältnisse wären graphisch etwa darzustellen wie in Abb. 1: Der Produzent einer sprachlichen Äußerung verfügt über ein bestimmtes Zeichensystem, das in der sprachlichen Äußerung konkret realisiert wird. Der Rezipient versteht diese Äußerung, indem er seinerseits das Zeichensystem auf sie bezieht, d. h. sein Inventar- und Regelwissen auf sie anwendet.

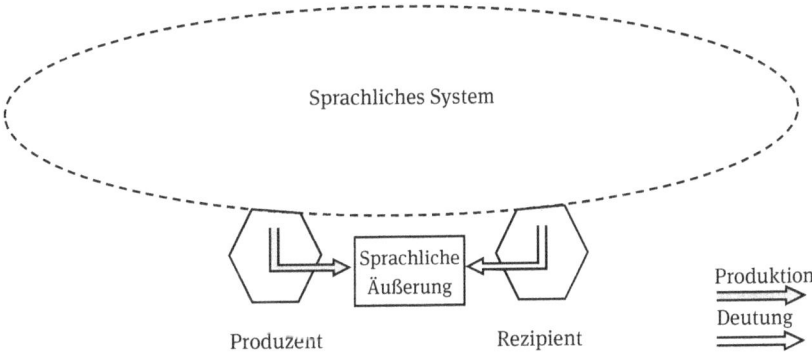

Abb. 1: Modell sprachlicher Semiose

Dieses Modell vereinfacht freilich die Verhältnisse in unzulässiger Weise. Es abstrahiert von der Tatsache, dass Produzent und Rezipient zwar an einem und demselben

---

20 Der unbestimmte Artikel ist hier bewusst verwendet, weil der systematische Bezugsrahmen einer sprachlichen Äußerung verschieden sein kann: Mit *Langue* sind neben dem Gesamtsystem einer Sprache auch Subsysteme oder Varietäten (z. B. räumliche, zeitliche, soziale, gruppenspezifische, personenspezifische und situative) gemeint.

Sprachsystem partizipieren können, dass aber damit das System, über das sie verfügen, noch keineswegs dasselbe ist. Alltagssprachlich ausgedrückt: Auch wenn zwei Menschen dieselbe Sprache sprechen, beherrschen sie doch beide nie die ganze Sprache, und zudem ist der Teil, den sie beherrschen, jeweils ein anderer. Das Modell sprachlicher Semiose ist also entsprechend zu modifizieren: Der Produzent einer sprachlichen Äußerung verfügt über eine Langue, die in der sprachlichen Äußerung konkret realisiert wird. Der Rezipient verfügt ebenfalls über eine Langue, die er im rezeptiven Akt auf die sprachliche Äußerung bezieht. Da beide Zeichensysteme, das des Produzenten und das des Rezipienten, partiell übereinstimmen, ist Verständigung möglich. Da sie beide nur partiell übereinstimmen, sind andererseits aber eben auch Missverständnisse möglich – Phänomene, die völlig alltäglich sind, dem in Abb. 1 entworfenen Modell zufolge aber nicht vorkommen dürften.

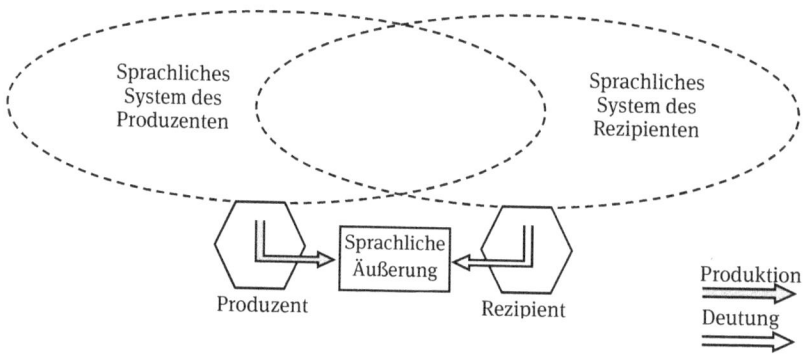

Abb. 2: Modell sprachlicher Semiose (vgl. auch Roelcke 1994, 13)

Spätestens damit wird die verbreitete Annahme einer Priorität der Langue vor der Parole[21] problematisch. Es gibt nun nämlich nicht mehr ‚die' Langue, sondern es

---

21 Verbreitet ist diese Annahme auch und gerade auf dem Gebiet der Lexik, das im gegenwärtigen Zusammenhang besonders interessiert. Typisch ist hier die Vorstellung eines als abstrakte Entität für sich existierenden Wortes, das zum Zweck einer kommunikativen Handlung in einem konkreten textuellen Umfeld Verwendung fände. So unterscheidet beispielsweise Pavlov (1972, 40) zwei verschiedene „Existenzweisen" des Wortes, indem er dieses einerseits als „aus den Sprechvorgängen herausgelöstes Sprachzeichen, als ‚Wörterbuchwort' sozusagen", andererseits als „ins aktuelle Sprechen hereinbezogene Einheit, als ‚Textwort'" versteht. Die „Determinierung (Einschränkung, Abgrenzung durch Konkretisierung oder Bestimmung)" des letzteren „erfolgt im Zuge jeder Übernahme des ‚Wörterbuchwortes' in den zusammenhängenden Text" (ebd.). Zwar ist hier das ‚Wörterbuchwort' ein aus den Sprechvorgängen „herausgelöstes" Sprachzeichen, was auf einen Primat der Wortverwendung im Textzusammenhang schließen lassen könnte, aber signifikant ist die Nennung des ‚Wör-

existieren unterschiedliche sprachliche Systeme, und ihr Verhältnis zur Parole ist perspektivenabhängig. Für jeden der beiden Kommunikationspartner ist seine eigene Langue der Parole vorgängig; der Rezipient bezieht beim Verstehen einer sprachlichen Äußerung eine andere Langue auf dieselbe, als es der Produzent bei ihrer Hervorbringung getan hat. Das, was er versteht, ist damit etwas prinzipiell anderes als das, was der Produzent geäußert hat.

Trotzdem geht es beim Verstehen natürlich um Übereinkunft, und sofern die sprachlichen Systeme des Produzenten und des Rezipienten einander weitgehend ähnlich sind, fällt die hermeneutische Differenz auch nicht weiter ins Gewicht. Die historische Semantik jedoch kann von ihr auf keinen Fall absehen. Die durch den zeitlichen Abstand bedingten Unterschiede zwischen der Langue der Textproduktion und der eigenen sind in aller Regel zu groß, als dass man letztere einfach auf die zu deutende sprachliche Äußerung beziehen könnte. Man muss sie vielmehr modifizieren und der historischen Langue annähern. Diese historische Langue aber ist als Gegenstand nicht unmittelbar gegeben, sondern kann nur aus einer Gesamtheit historischer Sprechakte abstrahiert werden.[22] Die historische Semantik beschreibt daher auch nicht sprachliche Zeichen, die polysem in der historischen Langue präexistent wären, als in einen konkreten Textzusammenhang gestellte und damit individuell determinierte (im Sinne der in Anm. 21 angeführten Sichtweisen), sondern sie interpretiert verschiedene in historischen Texten belegte Zeichengestalten als Belege für dasselbe Zeichen und beschreibt sie unter Vernachlässigung ihrer semantischen Verschiedenheit, vielmehr im Hinblick auf ihre semantische Gemeinsamkeit.

---

terbuchwortes' an erster Stelle, die Rede vom ‚Textwort' als einer ins aktuelle Sprechen *hereinbezogenen* Einheit und von der *Übernahme* des ‚Wörterbuchwortes' in den Text sowie die Verwendung weiterer auf *Textwort* bezogener Nomina actionis (*Determinierung, Einschränkung, Abgrenzung, Konkretisierung, Bestimmung*). Damit wird impliziert: Primär ist das Wort, wie es im Wörterbuch (gemeint ist offenbar: in adäquater Abbildung einer ‚realen' Beschaffenheit) steht, also in der Gesamtheit seiner Bedeutungen oder Bedeutungsmöglichkeiten; sekundär ist seine von nur einigen dieser Bedeutungsmöglichkeiten Gebrauch machende, die semantische Bandbreite einschränkende und damit das Wort ‚determinierende' Verwendung in einem bestimmten Textzusammenhang. – In ähnlicher Weise unterscheidet Kaempfert (1984, 6) zwischen *Lexemen* (d. h. Wörtern als Langue-Einheiten) und *Lexen* (d. h. Wörtern als Parole-Einheiten), die er als „aktualisierte Lexeme" fasst. Aufschlussreich für die Frage der Priorität ist hier wiederum die Nennung der Lexeme an erster Stelle, daneben die Beziehung eines präteritumpartizipialen Adjektivs (*aktualisiert*) auf *Lexem*. Ausgesagt wird damit: Das Lex ist mittels einer Handlung (der *Aktualisierung*) aus dem Lexem hervorgegangen. – Anstelle von *aktualisieren* könnten hier durchaus auch andere transitive Verben verwendet werden, z. B. *realisieren* oder *individualisieren*. Selbst die Rede von einer „durch den jeweiligen Textschreiber realisierte[n] und damit mehr oder weniger individualisierte[n] Sprache" als Gegenstand der Textlexikographie (Wiegand 1993 [1994], 233) lässt damit keinen anderen Schluss zu, als dass das Wort als Langue-Einheit die Voraussetzung für seinen konkreten Gebrauch im Rahmen der Parole ist.

22 Eben diesen Status hat eine historische Langue selbstverständlich auch, wo sie in wissenschaftlichen Untersuchungen (z. B. Wörterbüchern oder Grammatiken) bereits von anderen herausgearbeitet wurde.

Die Langue, der das historische Zeichen angehört, ist also für die historische Semantik der Parole nachgeordnet, sie ist immer erst Ergebnis von Interpretation.

Hans-Georg Gadamer hat dieser Erkenntnis eine zentrale Rolle in seiner hermeneutischen Theorie eingeräumt. Er weist darauf hin, dass jedes Verstehen sich im Rahmen eines konkreten, historisch bedingten und bestimmten Verstehenshorizontes vollzieht, der das Verständnis entscheidend prägt:

> „Wer einen Text verstehen will, vollzieht immer ein Entwerfen. Er wirft sich einen Sinn des Ganzen voraus, sobald sich ein erster Sinn im Text zeigt. Ein solcher zeigt sich wiederum nur, weil man den Text schon mit gewissen Erwartungen auf einen bestimmten Sinn hin liest. Im Ausarbeiten eines solchen Vorentwurfs, der freilich beständig von dem her revidiert wird, was sich beim weiteren Eindringen in den Sinn ergibt, besteht das Verstehen dessen, was dasteht." (Gadamer 1986, 271.)

Das heißt, das Verstandene ist nichts, was aus dem Text her genommen wäre, sondern vielmehr das Resultat eines an den Text h e r a n g e t r a g e n e n Verstehens. Die Deutung wird dann freilich am Text festgemacht, und der Grad des Gelingens oder Misslingens solcher Manifestation erlaubt es, die Adäquatheit des Verstehenshorizontes zu überprüfen. Es ist auch prinzipiell möglich, diesen Horizont zu erweitern, nicht hingegen, ihn zu verlassen oder gegen einen anderen einzutauschen. Wer sich interpretierend mit Texten beschäftigt, ist daher immer „der Beirrung durch Vor-Meinungen ausgesetzt", die sich gegebenenfalls „nicht an den Sachen selbst bewähren", mit anderen Worten: nicht anhand des Textes bestätigen lassen. Somit ist die „Ausarbeitung der rechten, sachangemessenen Entwürfe", also von „Vorwegnahmen [...], die sich ‚an den Sachen' erst bestätigen sollen", die „ständige Aufgabe des Verstehens" (ebd., 272).

Gadamer lässt keinen Zweifel daran, dass solche Versuche der interpretierenden Person, den eigenen Horizont zu erweitern oder zu verschieben, nichts an der grundsätzlichen Tatsache der Perspektivität ändern: Zwar muss

> „ein hermeneutisch geschultes Bewußtsein für die Andersheit des Textes von vornherein empfänglich sein. Solche Empfänglichkeit setzt aber weder sachliche ‚Neutralität' noch gar Selbstauslöschung voraus, sondern schließt die abhebende Aneignung der eigenen Vormeinungen und Vorurteile ein. Es gilt, der eigenen Voreingenommenheit innezusein, damit sich der Text selbst in seiner Andersheit darstellt und damit in die Möglichkeit kommt, seine sachliche Wahrheit gegen die eigene Vormeinung auszuspielen." (Ebd., 273 f.)

Selbst dort, wo die „sachliche Wahrheit" die Interpretierenden zur Modifikation einer einzelnen Vormeinung bringt, bleiben sie dem Kreis ihrer Vormeinungen im Ganzen verhaftet. Der eigenen Voreingenommenheit im Gadamer'schen Sinn innezuwerden bedeutet nämlich keine Behebung, sondern im Gegenteil eine Affirmation derselben. Ein Verständnis der eigenen Verstehensvoraussetzungen zu gewinnen, ist gleichbedeutend damit, dass diese in ihrer historischen Bedingtheit erkannt werden. So aber wird zugleich ihre Relativität gegenüber dem Gegenstand offensichtlich: Es gilt

„den Irrtum fernzuhalten, als wäre es ein fester Bestand von Meinungen und Wertungen, die den Horizont der Gegenwart bestimmen und begrenzen, und als höbe sich die Andersheit der Vergangenheit dagegen wie gegen einen festen Grund ab.

In Wahrheit ist der Horizont der Gegenwart in steter Bildung begriffen, sofern wir alle unsere Vorurteile ständig erproben müssen. Zu solcher Erprobung gehört nicht zuletzt die Begegnung mit der Vergangenheit und das Verstehen der Überlieferung, aus der wir kommen. Der Horizont der Gegenwart bildet sich also gar nicht ohne die Vergangenheit. Es gibt so wenig einen Gegenwartshorizont für sich, wie es historische Horizonte gibt, die man zu gewinnen hätte. *Vielmehr ist Verstehen immer der Vorgang der Verschmelzung solcher vermeintlich für sich seiender Horizonte.*" (Gadamer 1986, 311.)

Doch erhebt sich angesichts der Feststellung, dass es „diese voneinander abgehobenen Horizonte gar nicht gibt", zu Recht die Frage, weshalb dann überhaupt von Horizont v e r s c h m e l z u n g die Rede ist und nicht „einfach von der Bildung des einen Horizontes, der seine Grenze in die Tiefe der Überlieferung zurückschiebt" (ebd.). Gadamer beantwortet diese Frage mit dem Hinweis auf die spezifisch hermeneutische Aufgabe, die sich der Interpretation beim Umgang mit historischen Texten stellt: sich bewusst zu machen, dass sie zwar in einer Traditionslinie mit den Verstehenshorizonten steht, als deren ursprüngliche Manifestation sie begriffen werden müssen, dass aber eben die Tatsache der Tradierung – der aneignenden und damit auch verändernden Weitergabe – eine qualitative Differenz zu diesen Horizonten bedingt.

„Jede Begegnung mit der Überlieferung, die mit historischem Bewußtsein vollzogen wird, erfährt an sich das Spannungsverhältnis zwischen Text und Gegenwart. Die hermeneutische Aufgabe besteht darin, diese Spannung nicht in naiver Angleichung zuzudecken, sondern bewußt zu entfalten. Aus diesem Grunde gehört notwendig zum hermeneutischen Verhalten der Entwurf eines historischen Horizontes, der sich von dem Gegenwartshorizont unterscheidet. Das historische Bewußtsein ist sich seiner eigenen Andersheit bewußt und hebt daher den Horizont der Überlieferung von dem eigenen Horizont ab. Andererseits aber ist es selbst nur, wie wir zu zeigen versuchen, wie eine Überlagerung über einer fortwirkenden Tradition, und daher nimmt es das voneinander Abgehobene sogleich wieder zusammen, um in der Einheit des geschichtlichen Horizontes, den es sich so erwirbt, sich mit sich selbst zu vermitteln." (Ebd., 311 f.)

Der historische Horizont, den der Autor eines Textes oder auch seine zeitgenössische Rezeption gehabt haben könnte, ist demnach nichts als ein im Rahmen der Bestimmung des gegenwärtigen Interpretationshorizontes notwendiger interpretatorischer Entwurf. Er kann als solcher keinesfalls ein unabhängiger Maßstab für die Interpretation sein. Dies ist der Grund dafür, dass Gadamer sowohl die Frage nach dem Autor als auch die nach dem zeitgenössischen Rezipienten als hermeneutisch nicht relevant erachtet und lediglich die nach dem Text selbst stellt: „Der Sinnhorizont des Verstehens kann sich weder durch das, was der Verfasser ursprünglich im Sinne hatte, wirklich begrenzen lassen, noch durch den Horizont des Adressaten, für den der Text ursprünglich geschrieben war." (Ebd., 398.) Gegenstand der Interpretation ist also nur zweierlei: zum einen der eigene Verstehenshorizont, zum anderen aber der historische Text, auf den dieser Verstehenshorizont bezogen und an dem er überprüfbar und gegebenenfalls modifizierbar wird.

Wendet man diese Überlegungen auf den Prozess der historisch-semantischen Arbeit an, so lässt sich dieser idealtypisch auf einen Dreischritt bringen: Im ersten Schritt, der vorwissenschaftlichen Deutung, wendet die historische Semantik ihren Verstehenshorizont, d. h. ihr rezentes Sprachsystem, auf eine Reihe historischer sprachlicher Äußerungen an. Im zweiten Schritt überprüft sie, ob ihr Horizont zur Deutung der historischen Texte hinreicht[23]; wo er sich als unzulänglich erweist, d. h. wo die Deutung einer Sprachzeichenverwendung in heutiger Weise keinen plausiblen Sinn ergibt[24], modifiziert sie ihn. Das Ergebnis dieser Modifikation (das sie im Sinne des Gadamer'schen ‚Entwurfs' – wiewohl üblicherweise nicht in einem bewussten Akt, sondern unter der Hand – mit dem historischen Sprachsystem des Textproduzenten gleichsetzt bzw. von dem sie, wenn sie über hinreichend viel kritisches Bewusstsein verfügt, annimmt, dass es dem historischen Sprachsystem des Textproduzenten auf eine allerdings letztlich nicht überprüfbare Weise entspricht), wendet sie im dritten Schritt, der philologischen Deutung, wiederum auf die historischen Textstellen an, um so zu einer plausibleren Interpretation derselben zu gelangen.

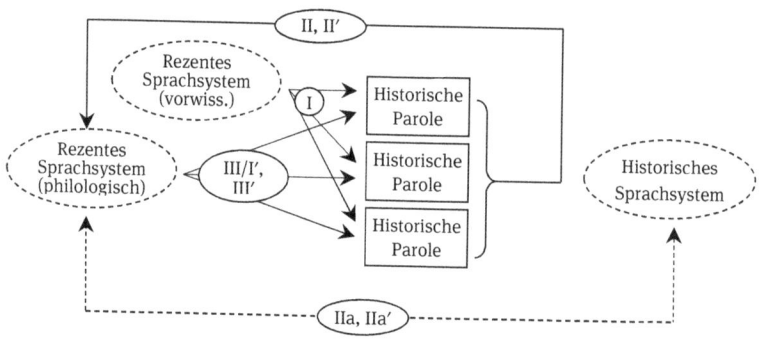

Abb. 3: Modell des historisch-semantischen Arbeitsprozesses
(I = vorwissenschaftliche Deutung; I' = vorläufige philologische Deutung,
II = Modifikation; IIa = Gleichsetzung/Annahme einer Entsprechung;
II' = erneute Modifikation; IIa' = erneute Gleichsetzung/Annahme einer Entsprechung
III = philologische Deutung, III' verbesserte philologische Deutung)

---

23 „Man wird sagen müssen, daß es im allgemeinen erst die Erfahrung des Anstoßes ist, den wir an einem Text nehmen – sei es, daß er keinen Sinn ergibt, sei es, daß sein Sinn mit unserer Erwartung unvereinbar ist –, die uns einhalten und auf das mögliche Anderssein des Sprachgebrauchs achten läßt." (Gadamer 1986, 272.)
24 Beispielsweise ist die Verwendung des Verbs *lassen* in der Wendung *etwas lässt ›steht‹ jemandem* – „es läßt ihr in der Tat nicht übel" (WIELAND, Rosalva 1772, 96) – im gegenwärtigen Deutsch ungebräuchlich; das zehnbändige Duden-Wörterbuch kennzeichnet sie als dem 18./19. Jahrhundert zugehörig (Duden 1999, 2358). Sämtliche heute üblichen Verwendungsmuster helfen zum Verständnis solcher Wendungen nicht.

Es versteht sich, dass ein mehrfach wiederholtes Durchlaufen dieser drei Schritte im Sinne eines hermeneutischen Zirkels möglich ist. Der letzte Schritt des vorangegangenen Durchgangs wäre dabei zugleich der erste des folgenden. Vom zweiten Durchgang an wären die Schritte zu charakterisieren als (I′) vorläufige philologische Deutung, (II′) erneute Modifikation, (IIa′) erneute Gleichsetzung/Annahme einer Entsprechung und (III′) verbesserte philologische Deutung.

Wie erwähnt, handelt es sich bei diesem Modell um eine idealtypische Fassung hermeneutischen Arbeitens, mit anderen Worten: der postulierte Dreischritt muss sich in der Praxis nicht in reiner Ausprägung, d. h. in zeitlicher Sukzession ergeben.

1.5 Möglichkeiten des Semantikverständnisses

Bestimmungen dessen, was die ‚Bedeutung' sprachlicher Zeichen genannt werden kann, füllen ganze Bücherregale. Einigkeit besteht dabei in aller Regel hinsichtlich des Repräsentationscharakters sprachlicher Zeichen: Sie ‚stehen für etwas', auf das sie direkt oder indirekt verweisen (referieren oder ‚deuten') und das daher in seiner Eigenschaft als Referenzobjekt als ihre ‚Bedeutung' verstanden wird. – Hier muss nun allerdings die oben (S. 6) zurückgestellte Frage nach der Qualität des Referenzobjekts sprachlicher Zeichen aufgegriffen werden. Drei prinzipielle Möglichkeiten, diese Qualität zu bestimmen, sind dabei nach unserer Auffassung gegeben: Es kann sich um reale Gegenstände und Sachverhalte, um mentale Konzepte oder um sprachliche Zeichen handeln. Im ersten Fall sprechen wir von einer r e a l i s t i s c h e n, im zweiten von einer m e n t a l i s t i s c h e n und im dritten von einer l i n g u a l i s t i s c h e n Semantik (vgl. Keller 1995, 36, wo analog von drei „Ebenen der Betrachtung", der „ontologische[n]", „epistemologische[n]" und „linguistische[n]", die Rede ist).

Diese drei Ansätze differieren nicht nur hinsichtlich der Auffassung von der Qualität des Referenzobjektes, sondern auch hinsichtlich einer unterschiedlich stark ausgeprägten erkenntnistheoretischen Skepsis. Am optimistischsten erscheint dabei die realistische Semantik, insofern sie einen unmittelbaren kognitiven Zugang zur Realität annimmt: „Die Welt mit ihren materiellen und geistigen Gegenständen und Sachverhalten ist unserer Erkenntnis objektiv vorgegeben, und die Wörter dienen der Bezeichnung dieser Gegenstände" (Gardt 2002, 111). Um beispielsweise im Sinne von Frege (1892, 24) Aussagen über die „Bedeutung" des Wortes *Abendstern* machen zu können, muss man den Gegenstand, den das Wort bezeichnet, d. h. die Realität des Planeten Venus a n s i c h kennen. Diese ist Frege zufolge zu unterscheiden von der Art, wie der Gegenstand begegnet oder vorliegt, und die als Referenzgröße bei ihm der „Sinn" eines sprachlichen Zeichens heißt (ebd.). Man muss also, um beim Beispiel zu bleiben, prinzipiell die Möglichkeit haben, zwischen der Wahrnehmbarkeit des Abendsterns und der des Planeten Venus kognitiv unterscheiden zu können.

Eben diese Möglichkeit bezweifelt die mentalistische Auffassung, der (explizit oder implizit) die kognitionstheoretischen Vorbehalte der transzendentalidealistischen Philosophie zugrunde liegen: Jede Erkenntnis ist demnach prinzipiell geprägt durch die Beschaffenheit des menschlichen Erkenntnisapparates; daher ist kein unmittelbarer Zugang zur Realität möglich, sondern lediglich zu den Resultaten kognitiver Akte, d. h. zu mentalen Repräsentationen. Allerdings muss, um nicht hinter Frege (1892, 26 f.) zurückzufallen, betont werden, dass es sich bei diesen mentalen Repräsentationen keineswegs um rein subjektive Gegebenheiten handeln darf, sondern dass sie intersubjektive Qualität haben müssen (wobei es dann keine Rolle mehr spielt, ob Übereinstimmung der Vorstellungen mit der Realität besteht oder ob es sich dabei um einen kollektiven Irrtum handelt, da, wie gesagt, die Möglichkeit bezweifelt wird, die Realität überhaupt zu kognoszieren). Einen auf dieser Grundannahme basierenden semantischen Ansatz vertreten beispielsweise de Beaugrande und Dressler (1981, 116): „Erstens können Textbenutzer sehr wohl eine Aussage verstehen, ohne sagen zu können, wo und wann sie wahr wäre; zweitens haben sie gar keinen so direkten Zugang zur ‚Wahrheit'". Die Autoren ziehen daher, statt „zu sagen, daß ‚Wörter auf Objekte referieren' oder ähnlich, [...] die Redeweise vor, daß ‚sprachliche Ausdrücke Wissen aktivieren'. Der Akt der Referenz ist dann ein verwickelter Prozeß des Mustervergleichs" (ebd., 117); diese „Muster" aber sind eben nicht anders denn als mentale Größen zu verstehen.

Noch stärker ausgeprägte erkenntnistheoretische Vorbehalte weist schließlich der linguistische Ansatz auf. Ihm liegt (wiederum: explizit oder implizit) die Theorie des sprachlichen Relativitätsprinzips zugrunde, d. h. die letztlich auf Herder und Humboldt zurückgehende Überzeugung, dass nicht allein der physische und mentale Erkenntnisapparat, sondern auch die Sprache die menschliche Erkenntnis prägt (und daher pro Einzelsprache zugleich relativiert). Ein sprachunabhängiger Zugang zu Gedankenbildern, Vorstellungen usw. ist demnach schon deshalb nicht möglich, weil diese ohne (einzel)sprachliche Fassung überhaupt nicht als solche existieren:

> „Psychologiquement, abstraction faite de son expression par les mots, notre pensée n'est qu'une masse amorphe et indistincte. Philosophes et linguistes se sont toujours accordés à reconnaître que, sans le secours des signes, nous serions incapables de distinguer deux idées d'une façon claire et constante. Prise en elle-même, la pensée est comme une nébuleuse où rien n'est distinct avant l'apparition de la langue." (De Saussure 1966, 155.[25])

Als Befürworter des linguistischen Ansatzes sind im 20. Jahrhundert neben den Theoretikern des sprachlich-semantischen Feldes (Trier, Porzig, Ibsen, Weisgerber

---

[25] „Psychologisch betrachtet ist unser Denken, wenn wir von seinem Ausdruck durch die Worte absehen, nur eine gestaltlose und unbestimmte Masse. Philosophen und Sprachforscher waren immer darüber einig, daß ohne die Hilfe der Zeichen wir außerstande wären, zwei Vorstellungen dauernd und klar auseinander zu halten. Das Denken, für sich allein genommen, ist wie eine Nebelwolke, in der nichts notwendigerweise begrenzt ist. Es gibt keine von vornherein feststehenden Vorstellungen, und nichts ist bestimmt, ehe die Sprache in Erscheinung tritt." (Übersetzung von H. Lommel.)

u. a.) vor allem die Vertreter pragmatischer (Wittgenstein II u. a.) und konstruktivistischer Auffassungen (v. Glasersfeld, S. J. Schmidt u. a.) zu nennen.

Die unterschiedlich stark ausgeprägte erkenntnistheoretische Skepsis führt dazu, dass eine lingualistische Semantik a u s s c h l i e ß l i c h sprachliche Zeichen als Referenzobjekte sprachlicher Zeichen annehmen kann, während eine mentalistische neben Vorstellungen auch sprachliche Zeichen und eine realistische neben Gegenständen und Sachverhalten zugleich Vorstellungen u n d / o d e r sprachliche Zeichen annehmen kann. Damit stellt sich das Verhältnis der drei Auffassungen wie folgt dar:

	Semantischer Ansatz		
Mögliche Referenz	realistisch	mentalistisch	lingualistisch
Sprachliche Zeichen			
Mentale Konzepte			
Reale Gegenstände und Sachverhalte			

Abb. 4: Mögliche Referenzobjekte aus der Sicht unterschiedlicher semantischer Theorien

Man muss also bei der Klassifikation einer semantischen Theorie nicht nur darauf achten, welche Art von Referenzobjekten sie vorrangig behandelt, sondern zugleich, welche Art(en) von Referenzobjekten sie a u c h für möglich hält.

Die Frage stellt sich nun, welches der erläuterten Semantikverständnisse für die h i s t o r i s c h e Semantik und damit zugleich für die gegenwärtige Untersuchung angemessen erscheint. Dabei wird, selbst unabhängig von den prinzipiellen kognitionstheoretischen Zweifeln gegenüber der Möglichkeit einer realistischen Semantik (die wir teilen), festzustellen sein, dass überhaupt diejenigen sprachlichen Zeichen, die aus historisch-semantischer Sicht vor allem interessieren, nicht solche sind, deren Referenzobjekte als reale Gegenstände oder Sachverhalte zu beschreiben wären. Nicht einmal bei den Konkreta ist dies der Fall. Zwar kann man, wenn beispielsweise in einem mittelalterlichen Text von einem *Petschaft* die Rede ist, ein mittelalterliches Petschaft betrachten, auch anfassen und überhaupt in seiner materiellen Beschaffenheit wahrnehmen. Man kann auch (sofern man es mit gleichfalls erhalten gebliebenen mittelalterlichen Siegelabdrücken zusammenbringt) wissen, wozu es mechanisch gedient hat. Seine gesamte soziale, rechtliche und ideologische Relevanz für die Zeit aber, aus der es stammt, erfährt man nicht aus seiner ‚realen Beschaffenheit', sondern nur aus sprachlichen Dokumenten (vgl. Lobenstein-Reichmann 2002, 84 f.). Und sogar ausschließlich gilt dies für abstrakte Gegenstände bzw. Sachverhalte: Um zu wissen, was im 16. Jahrhundert eine *Gülte*, ein *Lehen* oder eine *Morgengabe* ist, was man unter *Leben* (vgl. ebd., 74 ff.) oder *Lust* (vgl. Walter 1998, 449 f.) verstand, kann man ausschließlich die zeitgenössischen Texte heranziehen, in denen die betreffenden Ausdrücke verwendet werden.

Nicht einmal Dinge von vermeintlich überzeitlicher, ‚natürlicher' Beschaffenheit sind für die historische Betrachtung unabhängig von den Quellen verständlich. Beispielsweise genügt es, um die Realität ‚Wald' im 18. Jahrhundert zu beschreiben, keineswegs, zu wissen, dass ein Wald eine „größere, dicht mit Bäumen bestandene Fläche" (Duden 1999, 4414) bzw. in zeitgenössischer Definition ein „mit Oberholz bewachsener Bezirk von einem beträchtlichen Umfange" (ADELUNG, Gramm.-krit. Wb. IV ²1801, 1353) ist. Vielmehr muss man die Kollokationen des Wortes *Wald* in Texten des 18. Jahrhunderts untersuchen und kann dann beispielsweise feststellen, dass dieses vorkommt

- in Komposita wie *Waldamt*, *Waldbauer*, *Waldbereiter* ›berittener Forstaufseher‹, *Waldfrevel*, *Waldgedinge* ›Versammlung der Forstbeamten, in welcher die Holzverkäufe abgewickelt werden‹, *Waldgerechtigkeit*, *Waldgericht*, *Waldgesetz*, *Waldherr*, *Waldhüter*, *Waldknecht*, *Waldlehen*, *Waldmiete*, *Waldnutzung*, *Waldordnung*, *Waldrecht*, *Waldregal* ›Waldeigentum des Landesherrn‹, *Waldschreiber*, *Waldstrafe*, *Waldverbrechen*, *Waldwirtschaft* und *Waldzins*

sowie im Zusammenhang

- mit Verben wie *abbrennen*, *abholzen*, *aböden*, *abschlagen*, *abschwenden*, *anlegen*, *anpflanzen*, *aushauen*, *ausläutern*, *auslichten*, *ausmarken*, *ausmessen*, *ausrotten*, *beholzen*, *bejagen*, *durchjagen*, *einfehmen* ›Schweine mit Bewilligung des Waldeigentümers in die Buch- oder Eichelmast treiben‹, *hägen* ›hegen‹, *hauen*, *schwenden*, *spüren*, *überreiten* ›zu Pferde die Aufsicht führen‹, *umhauen*, *verhauen*, *verirren*, *verstecken*, *wagen*, *wirtschaften*,
- mit Adjektiven wie *dicht*, *dick*, *frei*, *grün*, *heilig*, *schattig*, *still*, *unwegsam*, *wild*, *wohlbestanden* und
- mit Substantiven wie *Abraum*, *Abtrieb*, *Beute*, *Bezirk*, *Buschklepper*, *Dunkel*, *Förster*, *Forsthut* ›Waldaufsicht‹, *Gehau*, *Halunke*, *Hau*, *Hauholz*, *Holzamt*, *Holzbau*, *Holzdieb*, *Holzmark*, *Holzmeister*, *Holzschlag*, *Holztag*, *Holztrift*, *Jagen*, *Landreiter*, *Landvogt*, *Mastgeld*, *Mastrecht*, *Reichsboden*, *Spangroschen* ›Abgabe für die Erlaubnis, Späne und Äste im Wald des Grundherrn sammeln zu dürfen‹, *Straftag*, *Unterholz*, *Wildbann*, *Wildbret*, *Wildmeister*, *Wildstand* sowie *Zweigrecht* ›Recht, in einem fremden Walde Zweige zum Behuf der Jagd abhauen zu dürfen‹ (vgl. jeweils Adelung, s. v.).

Es zeigt sich anhand dieses Befundes, dass der Wald im 18. Jahrhundert (ebenso wie in der frühen Neuzeit) hauptsächlich ein Wirtschaftsobjekt und im Zusammenhang damit ein Gegenstand des Rechts war; weniger stark ausgeprägt, aber gleichwohl greifbar sind Aspekte wie Bedrohlichkeit und Gefahr. Diese Gesichtspunkte sind im späten 20. und frühen 21. Jahrhundert zwar nicht vollständig verschwunden, treten aber in den Hintergrund.[26] Heute erscheint der Wald in erster Linie als Lebensraum für eine Vielfalt von Arten, als etwas Bedrohtes, zu Schützendes (und damit zugleich als Gegenstand politischer wie pädagogischer Arbeit) sowie als Ort für Freizeitaktivitäten, wie zeitgenössische Kotexteinheiten erkennen lassen:

- Wortbildungen: *Waldaktivist, Waldausflug, Waldbericht, Waldbilanz, Waldcamp, Walderhalter, Walderlebnis, Walderlebnispfad, Walderlebniswoche, Waldfest, Waldfreizeit, Waldführung, Waldgefährdung, Waldgesundheit, Waldgottesdienst, Waldhotel, Waldidylle, Waldinformationspfad, Waldjugendspiele, Waldlauf, Waldlehrpfad, Waldmisere, Waldnotstand, Waldnutzung, Waldpädagogik, Waldpark, Waldpflege, Waldpolitik, Waldrestaurant, Waldsanatorium, Waldsanierung, Waldschaden* (meist im Pl.: *Waldschäden*), *Waldschadensbericht, Waldschutz, Waldspaziergang, Waldsterben, Waldwirtschaft, Waldworkshop*.
- Kollokative Verben: *abholzen, bewirtschaften, erleben, gefährden, joggen, nutzen, pflegen, retten, roden, spazieren, spielen, sterben, vernichten, wandern, wohlfühlen, zerstören*.
- Kollokative Adjektive: *dicht, dunkel, finster, gesund, grün, intakt, krank, schön, sonnig, tiefverschneit, ursprünglich*.
- Kollokative Substantive: *Erholung, Erholungsraum, Gasthof, Geländespiel, Glücksgefühl, Grillhütte, Holz, Holzwirtschaft, Hund, Jagd, Klima, Landschaft, Lebensraum, Luftverschmutzung, Nationalpark, Naturpark, Naturschutz, Ökosystem, Pilze, Rast, Rucksack, Schutz, Schutzgemeinschaft, Spaziergang, Spaziergänger, Sport, Tiere, Umwelt, Umweltschule, Verbundenheit, Vielfalt, Wanderung, Wild*.[27]

Das Beispiel zeigt: Die schlichte Applikation von ‚Weltwissen' auf historische Realitäten verbietet sich aus historischer Perspektive, weil es sich dabei um nichts anderes handeln würde als um eine den historischen Abstand und die Relativität der eigenen Weltansicht ignorierende Gleichsetzung mit rezenten Realitäten. Dass jemand weiß, was ein Wald ist, bedeutet nur: Er kennt seine und seiner Zeitgenossen Realität ‚Wald'; damit aber ist er noch keineswegs kompetent in Bezug auf vergangene Zeiten (und in der Regel desto weniger, je länger diese zurückliegen).

Damit ist freilich noch nicht geklärt, ob die Bedeutungen der verwendeten Zeichen als h i n t e r den sprachlichen Äußerungen stehende mentale Konzepte oder als i n den sprachlichen Äußerungen sich manifestierende regelhaft verknüpfte Mengen von Zeichen zu verstehen sind. Hier allerdings braucht man keine komplizier-

---

26 Eine nicht geringe Rolle spielt lediglich noch der Aspekt der wirtschaftlichen Nutzung.
27 Zu diesen – hier in Auswahl präsentierten – Ergebnissen führte eine Recherche im digitalen Deutschen Referenzkorpus (DeReKo) des Instituts für Deutsche Sprache (Mannheim), im Januar 2005, die für *Wald* 58158 Belege ergab.

te kognitions- und sprachphilosophische Debatte zu führen, sondern lediglich zu fragen, wie die Bedeutung sprachlicher Zeichen beschaffen sein muss, damit die eines beliebigen Zeichens sinnvoll anzugeben sei, auch wenn derjenige, der es verwendet hat, nicht mehr am Leben ist und somit nicht mehr hinsichtlich seiner mentalen Konzepte untersucht bzw. nach ihnen befragt werden kann. Selbst wenn sprachlich-kommunikativ auf etwas zu referieren als ein intentionaler Akt verstanden und angenommen wird, dass dieses ‚Etwas' das mentale Konzept eines Kommunikationspartners sei, worauf durch den Urheber eines Sprechaktes gezielt würde: Auf die mentalen Konzepte der zeitgenössischen Kommunikationspartner hat die historische Semantik ebensowenig Zugriff wie auf die des Autors; sich selbst hingegen mit ihren eigenen mentalen Konzepten kann sie nicht sinnvoll als die Zielgröße eines historischen Autors sehen, zumal wenn dessen Lebenszeit Jahrhunderte zurückliegt.[28]

Das Referenzobjekt eines sprachlichen Zeichens kann also aus der Sicht der historischen Semantik kein Gegenstand der Realität und kein mentales Konzept sein, sondern immer nur ein anderes sprachliches Zeichen bzw. ein regelhaft verknüpftes Ensemble solcher Zeichen. Daher ist aus der gegenwärtig eingenommenen Perspektive Keller (1995, 13) zuzustimmen, dass „eine Identifikation der Bedeutung sprachlicher Zeichen mit den ihnen (möglicherweise) entsprechenden kognitiven Einheiten […] inadäquat ist", und es bleibt mithin nur eine linguistische Semantikauffassung als sinnvolle Basis historisch-semantischer Arbeit. Mit anderen Worten: Die für diese Arbeit essentielle Antwort auf die Frage nach der Bedeutung sprachlicher Zeichen kann nicht in einem Verweis auf mentale Konzepte historischer Kommunikationsteilnehmer bestehen, sondern wird „auf der linguistischen Ebene anzusiedeln" sein (Keller 1995, 61).[29]

Auch wenn man annimmt, dass von der Verwendung sprachlicher Zeichen auf mentale Konzepte rückgeschlossen werden kann: Die historische Semantik hat als u n m i t t e l b a r e s Objekt der wissenschaftlichen Untersuchung lediglich das sprachliche Zeichen selbst. Nach Bühler (1934, 28) steht dieses in einem Beziehungsgeflecht mit drei anderen Größen: dem Autor, dem Adressaten sowie den Gegenständen und Sachverhalten – Bühler verwendet anstelle von *Autor* und *Adressat* die Termini *Sender* und *Empfänger* –, und es erfüllt hinsichtlich jeder der drei Bezugsgrößen eine bestimmte Funktion: die des Ausdrucks in Bezug auf den Autor, die des Appells in Bezug auf den Adressaten und die der Darstellung in Bezug auf die Gegenstände und Sachverhalte. Dabei ist jedoch hinsichtlich des Autors und des Adressaten festzuhal-

---

[28] Man kann freilich Hermeneutik als „ars applicandi" betreiben (Gadamer 1986, 188; 312 ff.) und einen historischen Text in gegenwärtige Interessenszusammenhänge einbeziehen – wobei diese ‚Anwendung' „sowohl eine *Aktualisierung* als auch eine Relevanzherstellung für die (vom Text selber ursprünglich […] gar nicht gemeinten, also neuen) Adressaten" darstellt (Hermanns 2003, 131). Damit aber liest man den Text eben nicht mehr historisch.
[29] Zu Problemen, welche die mentalistische Sichtweise nicht nur für die historische Semantik, sondern überhaupt bereitet, vgl. Keller (1995, 58 f.).

ten, dass es hier nicht um idealtypische Personen, sondern gewissermaßen nur im logischen Sinne um Argumente von Funktionen geht. Im Adressaten ist nicht ein Individuum in seiner Komplexität angesprochen, sondern lediglich seine Reaktion; im Autor ist ebensowenig der ganze Mensch in seinem Denken und Wollen ausgedrückt, sondern lediglich sein innerer Zustand, seine „Innerlichkeit", wie Bühler (1934, 28) es nennt – womit er so etwas wie eine charakterliche Verfassung meint (ebd., 110).

Mit Rückgriff auf das bekannte Organon-Modell (ebd., 28) können die Verhältnisse so dargestellt werden, wie in Abb. 5 gezeigt. Der Blick fällt auf ein gleichseitiges Dreieck, das für das sprachliche Zeichen (Z) steht. Unterschieden werden drei Aspekte des Zeichens: Hinsichtlich seiner Ausdrucksfunktion ist es Symptom, hinsichtlich seiner Forderungsfunktion Signal und hinsichtlich seiner Darstellungsfunktion Symbol.

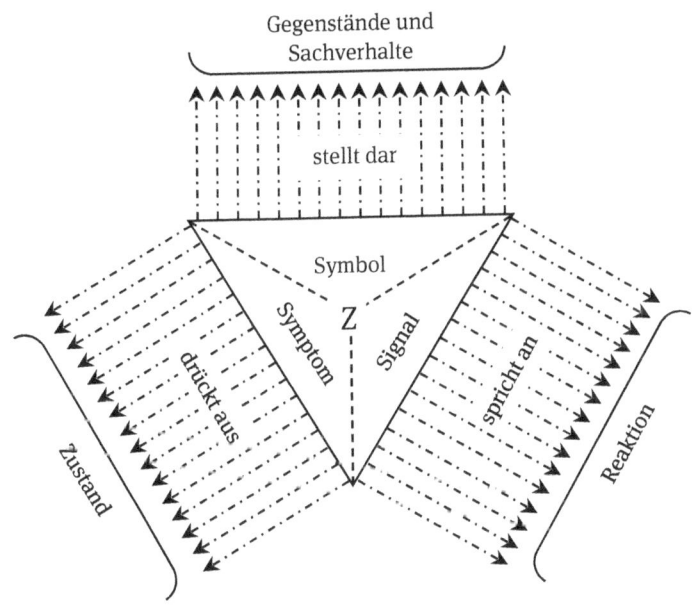

Abb. 5: Dimensionen des sprachlichen Zeichens (in Anlehnung an Karl Bühler)

Freilich ist diese Sicht des Zeichens rein strukturalistisch und blendet den Aspekt des sprachlichen Handelns völlig aus. Wie die Funktionspfeile verdeutlichen, ist es nicht j e m a n d, der sich ausdrückt, jemanden anspricht und etwas darstellt, sondern durch das Z e i c h e n ist etwas ausgedrückt, angesprochen und dargestellt. Es lässt sich durch dieses Modell folglich auch nicht zeigen, dass das sprachliche Zeichen ein Organon sei, „um einer dem anderen etwas mitzuteilen über die Dinge"

(Bühler 1934, 24), sondern eben allenfalls, um einem dreierlei mitzuteilen: etwas über den Zustand des Autors, etwas anderes über die Reaktion des Adressaten und schließlich etwas drittes über die Faktizität der Gegenstände und Sachverhalte. Der Eine, dem alles dies im sprachlichen Zeichen mitgeteilt wird, ist nicht der Adressat, wie er im Bühlerschen Modell erscheint (in unserer Adaption desselben aufgrund seiner Reduziertheit auf einen einzigen Aspekt hingegen gar nicht mehr erscheint), sondern der das Zeichen in seiner Gesamtheit betrachtende Rezipient, in unserem Fall also der historische Semantiker. Er ist in das Modell nur implizit einbezogen: als sein Gegenüber, qua Perspektive von außen.

Soll die landläufige und auch in der Linguistik übliche Ansicht, dass Sprechen Handeln, Interaktion sei, auf das Modell angewendet werden können, so ist der Aspekt des Handlungsträgers miteinzubeziehen. Wie dies möglich ist, hat Fritz Hermanns vorgeführt. Er versteht das sprachliche Zeichen explizit als „Zeigehandlung" (Hermanns 1995b, 140) und deutet deren drei Funktionen als Manifestationen des Autors – der bei ihm folgerichtig „Aktor" heißt (ebd., 141). Sich selbst drückt der Aktor nicht aus, wie er objektiv ist, sondern wie er sich subjektiv b e f i n d e t, nach Hermanns (ebd., 167, Anm. 6): wie er empfindet oder fühlt.[30] In Bezug auf den Adressaten zeigt das sprachliche Zeichen nicht schlechthin, was dieser tut, sondern „was der Sprecher möchte, daß der Hörer tun soll" (ebd., 141), also einen A n s p r u c h des Autors/Aktors an den Adressaten. Die Gegenstände und Sachverhalte schließlich werden nach Hermanns nicht dargestellt, „wie sie etwa ‚objektiv' bzw. ‚wirklich' wären, sondern so, wie sie der Sprecher denkt bzw. wahrnimmt, also wie sie sind in dessen *Kognition*" (ebd.). Ihre ‚Faktizität' wäre also wörtlich genommen dasjenige, wozu sie im Erkenntnisakt ‚gemacht' werden; will man das eigens hervorheben, so wäre statt von Gegenständen und Sachverhalten besser von V o r s t e l l u n g e n   u n d   B e g r i f f e n zu sprechen.

---

30 Allerdings ist der sprachliche Ausdruck per se keine Zeigehandlung, da er nicht absichtsvoll erfolgt, sondern ein Zeigevorgang; der Sender wäre daher auch nicht als Handlungsträger, sondern als Vorgangsträger zu bezeichnen. Die Ausdrucksleistung des sprachlichen Zeichens besteht darin, dass es etwas über den Sender zu wissen gibt, das dieser als solches nicht intendiert. Beispielsweise ist Rauhigkeit der Stimme als Anzeichen (Symptom) von Wut nicht absichtlich hervorzubringen. Kommt doch – dort, wo es möglich ist – Absicht ins Spiel, so handelt es sich nicht mehr um Ausdruck, sondern um Appell. Wer z. B. gruppenspezifische Wörter anstelle von alltagssprachlichen absichtslos und ganz selbstverständlich verwendet, ist daran ohne seinen Willen (oft genug sogar gegen ihn) als Angehörige/r der jeweiligen sozialen Gruppe zu erkennen. Wer es absichtsvoll tut, wer mit Bewusstsein und Prätention eine Gruppenzugehörigkeit ‚zum Ausdruck bringt', der a p p e l l i e r t an jemanden, ihn in bestimmter Weise wahrzunehmen. Wer *Ich bin exsikkiert* anstelle von *Ich habe Durst* sagt, kann entweder als Biologe oder Mediziner erkennbar sein oder an einen Adressaten appellieren: ‚Sieh, wie gebildet ich bin!' (Dass dabei gleichwohl ein Symptomwert im Spiel sein kann, ist klar: Wer so appelliert, ist zugleich – wiederum ohne seine Absicht – als Angeber zu erkennen.)

Setzt man dieses Gedankenensemble terminologisch um, so gelangt man zu einem modifizierten Bild:

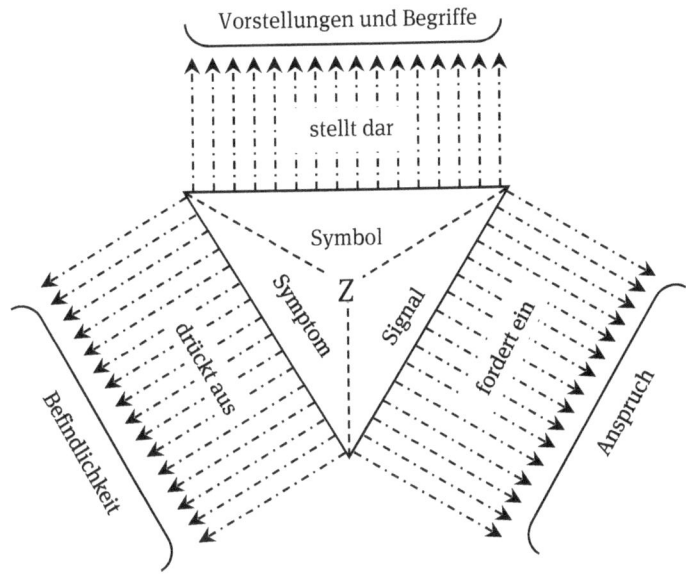

Abb. 6: Pragmatische Dimensionen des sprachlichen Zeichens (frei nach Karl Bühler)

Demnach erfüllt das sprachliche Zeichen die drei Funktionen des Ausdrucks, der Forderung und der Darstellung: Als Symptom drückt es eine Befindlichkeit des Autors aus, als Signal fordert es einen Anspruch ein – wobei die Subjektivität des Autors dadurch im Spiel ist, dass das Sollen des Einen „Äquivalent und [...] Resultat" des Wollens eines Anderen ist (Hermanns 2002a, 346) –, als Symbol stellt es (konkrete) Vorstellungen und (abstrakte) Begriffe dar. Ausdruck, Anspruch und Darstellung sind drei Weisen des sprachlichen Zeichens, drei Arten seines Verweisens – und damit zugleich drei Dimensionen seiner Bedeutung, die ja (S. 6) nicht sein ‚Inhalt' und also jenseits von ihm zu suchen ist. Indem nun freilich die Bedeutung des sprachlichen Zeichens für die historische Semantik keine außersprachliche Qualität hat (S. 27 ff.), darf sie in Befindlichkeiten, Ansprüchen, Vorstellungen und Begriffen nicht psychische oder mentale Größen sehen wollen, sondern nur sprachliche, d. h. jeweils ein bestimmtes Ensemble anderer sprachlicher Zeichen (das allenfalls erlaubt, auf eine dahinter stehende psychische oder mentale Größe rückzuschließen). Aus eben diesem Grund ist auch der Träger der Zeigehandlung bzw. (beim Ausdruck) des Zeigevorgangs als solcher im Modell nicht zu sehen. Man muss ihn sich gleichsam in der dritten Dimension, h i n t e r dem Dreieck denken, welches das sprachliche Zeichen repräsentiert – das sprachliche Zeichen, hinter das die historische Semantik nicht schauen kann. Sie findet den Autor nur schlussweise über das Zeichen: in seinem dreifachen Verweisen auf Befindlichkeit, Anspruch und Vorstellung/Begriff. Welche Arten von Zeichenensembles man sich darunter vorzustellen hat, vor allem aber, mit welchen konkreten Methoden es gelingen soll, sie zu analysieren und zu beschreiben, eben dies zu erwägen ist die Aufgabe im Folgenden.

1.6 Der pragmatisch-hermeneutische Ansatz: Bedeutung als Interpretation von Gebrauchsregeln

Die Bedeutung eines sprachlichen Zeichens sieht Wittgenstein (1969, § 43) in seinem G e b r a u c h. Die hieran anknüpfende pragmatische Semantik versteht unter Bedeutung die Gesamtheit regelhafter Verweise des Zeichens auf andere Zeichen. Es wird also nach den unterschiedlichen Zusammenhängen gefragt, in denen ein Zeichen verwendet werden kann, mithin nach seinen unterschiedlichen Beziehungen zu anderen Zeichen. Diese Annahme scheint für die historische Semantik die geeignete zu sein, da sie sich genau auf das beschränkt, was ihr zur Verfügung steht: auf Zeichen in ihrer konkreten Verwendung, d. h. in jeweils einem konkreten, mit linguistischen Mitteln beschreibbaren Kotext.

Die pragmatische Semantik vertritt die Annahme, dass die Bedeutung sprachlicher Zeichen „sich im Textstrom konstituiert, dass sie im Textstrom erworben wird, dass sie sich also im Text zeigen muss" (Heringer 1999, 10). Für die Kommunikation mittels sprachlicher Zeichen, für die Frage ihres Verständnisses heißt dies:

> „Kommunikation [hat] nichts mit dem Vorgang des Einpackens, Wegschickens und Wieder-Auspackens zu tun. Kommunizieren ist vielmehr ein inferentieller Prozeß. Kommunizieren heißt versuchen, den Adressaten zu bestimmten Schlüssen zu bewegen. Demgemäß haben Zeichen nicht den Charakter von Versandkartons, sondern vielmehr den von Prämissen für interpretierendes Schließen. [...] Kommunizieren besteht darin, sinnlich Wahrnehmbares zu tun bzw. hervorzubringen in der Absicht, einen anderen damit zu interpretierenden Schlüssen zu verleiten. Kommunizieren ist ein intelligentes Ratespiel." (Keller 1995, 12.)

Die Bedeutung eines sprachlichen Zeichens existiert also nicht sozusagen per se als ein bestimmter Kotext, sondern sie besteht in dem, was der Adressat bzw. Rezipient an Schlüssen aus der kotextuellen Verwendung zieht, in dem, was er von dieser Verwendung versteht. In einer Formulierung von Andreas Gardt (2007b, 265): „Texte haben keine ‚objektiven Bedeutungen', die vom Leser erschlossen werden könnten, weil Bedeutung erst vom Leser in der Rezeption geschaffen wird", bzw. „Bedeutungen liegen nicht in Texten, sondern werden vom Leser am Text geschaffen" (Gardt 2013, 36) bzw. „gebildet" (Gardt 2012, 62).

Ein Kotext ist lediglich eine Folge von Zeichen; inwiefern diese Zeichen v e r w e i s e n (auf andere Zeichen), ist eine Frage der Deutung, die Deutende – abhängig von dem jeweiligen Repertoire von Sprachregeln, über die sie verfügen – je unterschiedlich, zumindest partiell unterschiedlich beantworten. Mit anderen Worten: Ein sprachliches Zeichen hat nicht eine einzige Bedeutung, sondern prinzipiell so viele, wie es Rezipienten gibt (zu denen in diesem Fall auch der Produzent gehört). Abb. 7 zeigt: Der Produzent schafft eine bestimmte Sprachtatsache (einen Text) vor dem Hintergrund seiner systematischen Sprachverwendungskompetenz, vor deren Hintergrund er sie jedoch zugleich auch selbst deutet.[31] Alltagssprachlich formuliert: Er meint, mit seiner Äußerung etwas Bestimmtes zu sagen bzw. gesagt zu haben. Der Rezipient nimmt die Sprachtatsache seinerseits wahr und deutet sie vor dem Hintergrund seiner eigenen Regelkompetenz. Da die Sprachsysteme des Produzenten und des Rezipienten partiell übereinstimmen, stimmen auch die beiden Bedeutungen, d. h. die gedeuteten Referenzen des sprachlichen Zeichens, partiell überein.

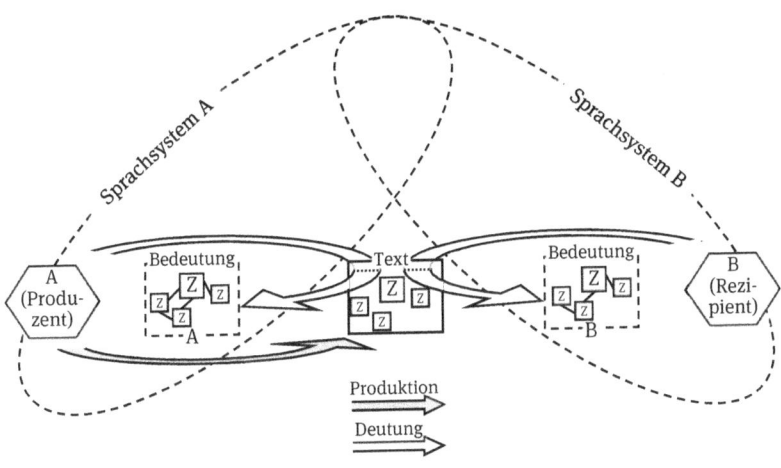

Abb. 7: Pragmatisch-semantisches Bedeutungsmodell (allgemein)

Wie sich zeigt und in Anm. 31 auch ausdrücklich hervorgehoben wurde, ist die hier angedeutete Zeichentheorie nicht produktions-, sondern rezeptionsbezogen, mit anderen Worten: Sie ist keine Sprecher- bzw. Schreiber-, sondern eine Hörer- bzw. Lesertheorie.[32] Das heißt für die Bedeutung des sprachlichen Zeichens: Sie besteht nicht in dem, was der Autor bei seiner Verwendung intendiert, sondern in dem, was der Rezipient an Schlüssen aus der Verwendung des Zeichens zieht; sie besteht in dem, was er von dieser Verwendung versteht. Diese Ausrichtung auf den Rezipienten ist bedingt durch das historisch-empirische Anliegen der Arbeit. Es geht hier eben nicht

---

31 Dabei muss hier nicht weiter erwogen werden, inwiefern Produktion und Verständnis/Deutung nicht überhaupt nur ein und derselbe Akt sind, da wir im gegenwärtigen Zusammenhang kein Modell der sprachlichen Produktion oder der sprachlichen Kommunikation erarbeiten, sondern lediglich untersuchen, was bei der Deutung sprachlicher Zeichen geschieht.
32 Die Möglichkeit einer derartigen Alternative für den Bereich der Grammatik deutet Ágel (2000, 7, Anm. 1) an.

um die Frage, wie die aktive Verwendung sprachlicher Zeichen funktioniert, sondern wie bereits verwendete zu deuten sind. Letztere sind für die historische Semantik, solange sie auf empirische Arbeit Wert legt, notwendig primär; sie sind alles, was ihr überhaupt als Gegenstand vorliegt. Die Frage nach ihrer Genese ist daher bei der Deutung historischer Texte zwar nicht auszuklammern, indes erst in einem nachgeordneten Schritt zu stellen.

Insbesondere im vorliegenden Fall – dem einer Untersuchung, deren Gegenstand Texte von nicht mehr lebenden Autoren sind –, erscheint ein generativer Ansatz als wenig sinnvoll. Aus demselben Grund kann aber eben auch kein Kommunikationsprozess zwischen dem Autor und einem ihm zeitgenössischen Adressaten untersucht werden. Es existiert lediglich eine Beziehung zwischen dem Text und seinem heutigen Rezipienten, dem historischen Semantiker. Mit ihm kommt zu der von ihm nur zu vermutenden Intention des Autors (d. h. dessen Selbstdeutung) und der ebenfalls nur zu vermutenden Deutung des historischen Rezipienten eine dritte Deutung des sprachlichen Zeichens hinzu, die zudem auf einer von der des Autors und seines zeitgenössischen Rezipienten stärker verschiedenen systematischen Sprachkompetenz beruht. Wie Abb. 8 zeigt, bestehen ggf. zwar durchaus nicht überhaupt keine Überschneidungen zwischen dem Regelwissen der historischen Kommunikationsteilnehmer und dem des rezenten Interpreten, indes normalerweise – und desto mehr, je größer der zeitliche Abstand ist – weitaus geringere als zwischen dem jewei-

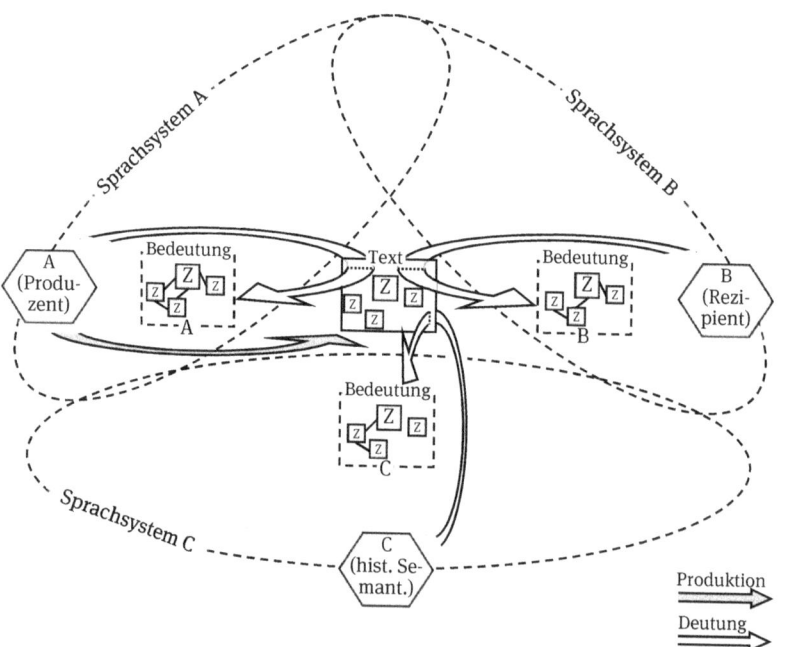

Abb. 8: Pragmatisch-semantisches Bedeutungsmodell (speziell für die historische Semantik)

ligen Regelwissen der historischen Zeitgenossen. Damit muss auch die Deutung des historischen Semantikers keine völlig inadäquate oder gar willkürliche sein, sondern kann der einen oder anderen historischen Bedeutung (der des Produzenten oder eines Rezipienten) durchaus nahekommen. Es gibt für ihn aber keine Möglichkeit, dieses Nahekommen zu überprüfen und festzustellen, wie weit es geht.

Aus allem Gesagten folgt: Die Bedeutung, zu der eine historisch-semantische Untersuchung gelangen kann, ist prinzipiell keine historische Realität, sondern ein hermeneutisches Konstrukt. Sie ist nicht Bestandteil der historischen Objektsprache – weder der Langue noch der Parole –, sondern der rezenten (allerdings philologischen im Sinne von Abb. 3, S. 24) Deutungssprache. Damit unterscheidet sich unsere Bedeutungsdefinition von derjenigen, die Roelcke (1992a, 183) vorgelegt hat. Dort heißt es:

„Die Gebrauchsregel, nach der ein [...] Wortzeichen verwendet werden kann, stellt die Bedeutung dieses Zeichens dar. Sie wird hier als Bestandteil des Sprachsystems verstanden, der durch Abstraktion des konkreten Wortgebrauchs erfaßt und metasprachlich beschrieben werden kann."

Demnach ist lediglich die metasprachliche B e s c h r e i b u n g der Bedeutung eine „hermeneutische Festlegung einer lexikalischen Gebrauchsregel", während diese Regel selbst objektsprachlichen Charakter hat und mithin „an der objektsprachlichen Verwendung des betreffenden Wortzeichens überprüft werden kann" (ebd., 184). Für uns hingegen gilt: Ein Zeichen hat aus Sicht der historischen Semantik nicht per se Bedeutung, sondern erhält sie immer nur durch die Deutung einer rezipierenden Instanz. Die Bedeutung eines sprachlichen Zeichens, wie sie die historische Semantik angeben kann, ist der von ihr auf der Grundlage philologischen Sprachwissens strukturierte Kotext des Zeichens: das Ensemble anderer Zeichen, mit denen das Zeichen nach ihrer Deutung funktional verknüpft ist, will sagen: auf die es nach bestimmten von ihr gesehenen Regeln verweist.

Die Bedeutung eines sprachlichen Zeichens, wie sie die historische Semantik angeben kann, ist damit keine objektsprachliche, sondern eine metasprachliche Zeichengebrauchsregel; sie gehört nicht dem Sprachsystem des historischen Textproduzenten an, sondern dem – im Sinne von Abb. 3 modifizierten – Sprachsystem der interpretierenden Person. Die Möglichkeit einer Entsprechung dieser Regel beim Textproduzenten (die in seinem Bewusstsein bzw. Bewusstseinshintergrund[33] anzu-

---

33 Zu dem von John Searle eingeführten Terminus *background* vgl Gardt (2002, 113): „*Hintergrund* ist für Searle eine kognitive Kategorie und meint die Summe all jener geistigen Fähigkeiten, die zwar selbst nicht intentionaler Natur sind, aber intentionales Handeln ermöglichen. [...] Diese Fähigkeiten einzusetzen setzt eine willentliche Entscheidung voraus, doch laufen sie, einmal erlernt, meist ohne bewusste Regelanwendung ab. Die Regeln, nach denen wir womöglich eine der Fähigkeiten erlernt haben, sind nun in den *Hintergrund* übergegangen, ohne dort als Summe klar abgrenzbarer Einzelregeln vorzuliegen [...]."

siedeln wäre) wird dabei nicht geleugnet, es wird lediglich behauptet, dass ein solches Korrelat für die historische Semantik allein positiv, will sagen: durch Setzung existiert.[34] Mit anderen Worten sind Bedeutungen „interpretativ gewonnene [...] Größen", von denen allerdings a n g e n o m m e n werden kann, „daß sie ein Analogon beim historischen Sprecher [...] haben" (Lobenstein-Reichmann 1998, 25).

Damit sind dann aber nicht historische B e d e u t u n g e n Gegenstand historischer Semantik, sondern historische Z e i c h e n (die jedoch Deutung und damit Bedeutung als das Ergebnis semantischer Auseinandersetzung mit ihnen schon insofern implizieren, als sie Zeichen sind). Diese Tatsache stimmt überein mit dem oben eingeführten Verständnis der Semantik als einer Wissenschaft vom g a n z e n sprachlichen Zeichen, welche die Beschäftigung mit der Ausdrucksseite notwendig mitumfasst.

1.7 Historische Semantik als Übersetzung

Die vorangegangenen Überlegungen machen plausibel, das Verstehen historischer Texte in die Nähe des Übersetzens aus einer Fremdsprache zu rücken (so Lobenstein-Reichmann 1998, 12). Dieser Gedanke hat eine lange hermeneutische Tradition; als sein radikalster Vertreter ist vermutlich Friedrich Schleiermacher (Meth. d. Übers. ¹1813) anzusehen, der jede sprachliche Rezeption, sogar diejenige eigener Texte, als Übersetzung deutet.

Trifft es zu, dass historische Semantik die Aufgabe hat, bestimmte Gebrauchsweisen sprachlicher Zeichen vergangener Zeiten vor dem Hintergrund gegenwärtigen Sprachregelwissens zu interpretieren, so ist es zugleich (idealtypisch gesehen sogar zuvor) ihre Aufgabe, sich über eben dieses gegenwärtige Sprachregelwissen Klarheit zu verschaffen. Sie muss mit anderen Worten ihr eigenes Sprachsystem und die in diesem vorgegebenen Verweismöglichkeiten von Zeichen studieren. Nur so kann sie sich gewissermaßen der verschiedenen ‚Schubfächer' bewusst werden, in die sie die zu beschreibenden sprachlichen Zeichen bzw. deren Verweise einordnen kann. Nur so ist andererseits auch zu gewährleisten, dass die ‚Übersetzung' eine ‚ausgangssprachlich' orientierte bleibt. — Allerdings heißt Interpretation historischer Texte v o r d e m H i n t e r g r u n d eines rezenten Sprachsystems nicht Transformation i n dasselbe. Es versteht sich von selbst, dass die Semantik, insoweit sie ihrem Gegenstand verpflichtet ist, einen kritischen Abgleich der historischen Zeichenverwendung und der rezenten Verwendungserwartung zu leisten, und, wo immer sich hier Differenzen ergeben, dies genau festzuhalten und im Bedeutungsansatz zu berücksichtigen hat: Semantische Arbeit muss mit anderen Worten eine Kontrolle der Anwendung ihrer von

---

[34] Die historische Semantik kann das sprachliche Zeichen, hinter dem sich (S. 33) der Autor verbirgt, nicht hintergehen.

rezentem Regelwissen geprägten Erwartungen auf den historischen Text durchführen. Gelingt diese Anwendung nicht ohne Störung, so muss das Regelwissen bezüglich des historischen Textes korrigiert werden. Dabei entsteht nach und nach ein interpretatives oder philologisches Regelwissen gewissermaßen zwischen dem des historischen und dem des rezenten Sprachteilhabers.[35]

Damit ist freilich noch nicht die Frage geklärt, w e l c h e s rezente Sprachsystem hier gemeint sein soll. Sie beantwortet sich mit Blick auf die oben (Kap. 1.1) beschriebene Aufgabe der Philologie. Sie ist H i l f e beim Verstehen; ihre Interpretation und Übersetzung muss daher stets für andere, zumindest a u c h für andere erfolgen. Es kann daher nicht darum gehen, den historischen Zeichengebrauch, der ihr Gegenstand ist, etwa in persönliche Individualsprache zu übersetzen (die man gleichwohl bei der Deutung einsetzt, um selbst zu Verständnis zu gelangen, vgl. S. 57); vielmehr muss man intersubjektiv nachvollziehbar arbeiten. Die Zielsprache der Übersetzung lässt sich daher angeben als die allgemeine Sprache der Sprachgemeinschaft, an der man mit dem eigenen Idiolekt partizipiert, an der aber auch das potentielle Publikum, d. h. die Angehörigen der philologischen Zielgruppe Teil haben – im vorliegenden Fall also als die spätneuhochdeutsche Schriftsprache[36]. Dieses Sprachsystem ist es, dessen spezielle Gepflogenheiten der Semiose, d. h. der regelhaften kotextuellen Deutung eines konkreten sprachlichen Zeichens, als Ausgangspunkt für die Herausbildung des angestrebten philologischen Regelwissens dienen müssen. Sie stellen die Hintergrundfolie dar, mit welcher der zu beschreibende Zeichengebrauch der Quellentexte abzugleichen ist. Gleichwohl heißt dies nicht, dass deshalb in der vor-

---

35 Wie n a h dieses philologische Regelwissen dem historischen kommt, lässt sich allerdings nicht überprüfen (auch nicht ex negativo nach dem Maß der Entfernung vom rezenten Regelwissen); eine spezifische Mischung aus Berufsethos, Zweckoptimismus („was sein muss oder soll, ist auch möglich") und hermeneutischer Alltagsgewohnheit (dass man einander versteht, wird solange unhinterfragt angenommen, wie man über Aussagen des Kommunikationspartners nicht stutzig wird oder er nicht protestiert) sorgt aber in der Regel dafür, dass sich historische Semantikerinnen und Semantiker der Realität ihrer Quellentexte (oder, wie sie es nicht selten auch fassen, der Intention ihrer Quellentextautoren) eher nah als fern fühlen. Stutzig machen sollte jedoch hier und da auch, wenn man nicht stutzig wird. Ein anderes Korrektiv hat die historische Semantik nicht, denn die Autoren historischer Texte können gegen interpretative Gewalt normalerweise nicht (mehr) protestieren.

36 Unter *Spätneuhochdeutsch* verstehen wir die deutsche Sprache nach 1950 (vgl. Bär 2009, 76 ff.). Eine Diskussion dieses Ansatzes einer sprachhistorischen Periode nach dem Neuhochdeutschen (ca. 1650 bis ca. 1950) muss hier nicht erfolgen. Relevant für unseren gegenwärtigen Zusammenhang ist nur die Tatsache, dass wir damit die Möglichkeit haben, terminologisch zwischen der Objektsprache unseres Untersuchungskorpus (Neuhochdeutsch der Zeit zwischen 1750 und 1950) und unserer Metasprache oder Beschreibungssprache (Spätneuhochdeutsch des frühen 21. Jahrhunderts) zu unterscheiden. Der prinzipielle Unterschied zwischen Objektsprache und Beschreibungssprache wäre zwar auch dann zu machen, wenn es sich bei beiden um Sprachformen einer und derselben historischen Epoche handelte; aber er tritt klarer und greifbarer hervor, wenn es sich um unterschiedliche Sprachen oder doch zumindest, wie eben in unserem Fall, um unterschiedliche Historiolekte einer Sprache handelt.

liegenden Arbeit eine Untersuchung spezifisch zur Semiose in der spätneuhochdeutschen Schriftsprache zu leisten wäre. Vielmehr geht es um die Präsentation von Ergebnissen bereits erfolgter Anwendung rezenten Sprachwissens auf historische Texte aus dem zuvor (S. 18) genannten Zeitraum von ca. 1750 bis ca. 1950. Mit anderen Worten: Es geht um die Darstellung eines bereits in der hermeneutischen Arbeit mit einem bestimmten Quellenkorpus modifizierten, eben eines p h i l o l o g i s c h e n rezenten Sprachsystems im Sinne von Abb. 3 (S. 24), das unter Berücksichtigung der in Anm. 35 vorgetragenen Einschränkungen als eine R e k o n s t r u k t i o n d e s h i s t o r i s c h e n S p r a c h s y s t e m s ‚k l a s s i s c h e/j ü n g e r e n e u h o c h d e u t s c h e S c h r i f t s p r a c h e' (1750–1950) angesehen werden kann.

Als sprachliches System verstehen wir hier im Sinne des sprachwissenschaftlichen Strukturalismus ein Ensemble von Regeln zur syntagmatischen (linearen) und paradigmatischen (assoziativen) Verknüpfung einer prinzipiell offenen Menge sprachlicher Zeichen (des Zeicheninventars). Diese Regeln – es seien allgemeinere, d. h. nach unserer Auffassung: grammatische, oder spezifischere, d. h. nach unserer Auffassung: semantische, wobei die Grenze zwischen ‚allgemein' und ‚spezifisch' als fließend anzusehen ist –, insofern sie hermeneutische Relevanz besitzen, will sagen: insofern sie die Deutbarkeit sprachlicher Äußerungen gewährleisten, sind potentieller Gegenstand der folgenden Untersuchung. Die Einschränkung *potentiell* erscheint deshalb sinnvoll, weil Vollständigkeit hier nicht angestrebt werden kann (vgl. auch S. 42). Im Sinne des zuvor über das Zusammenspiel von Theorie und Empirie Gesagten geht es vielmehr darum, diejenigen Regeln zusammenzutragen, die sich in der hermeneutischen Praxis tatsächlich als relevant erwiesen haben.

Selbstverständlich stellt sich diese vorgängige Praxis als ein zirkulärer Prozess im Sinne des S. 24 Ausgeführten dar. Faktisch wurde über mehrere Jahre hinweg ein gutes Dutzend immer wieder modifizierter theoretischer Ansätze in eigener Arbeit sowie im Rahmen von Lehrveranstaltungen erprobt. Das vorläufige Ergebnis wird im Folgenden in Form eines h e r m e n e u t i s c h - l i n g u i s t i s c h e n R e g e l w e r k s (HLR) präsentiert.

Die einzelnen Paragraphen dieses Regelwerks sind folgendermaßen gegliedert: Arabische Ziffern sowie lateinische Buchstaben kennzeichnen nichtexklusive Aspekte, römische Ziffern sowie griechische Buchstaben kennzeichnen Alternativen. Unterschieden werden können bis zu sieben verschiedene hierarchische Ebenen:

1. Abschnitt (arabische Ziffer) oder Alternativabschnitt (römische Ziffer),
2. Absatz (lateinischer Kleinbuchstabe) oder Alternativabsatz (griechischer Kleinbuchstabe),
3. Gliederungspunkt (hochgestellte arabische Ziffer) oder Alternative (hochgestellte römische Ziffer),
4. Unter-Gliederungspunkt (hochgestellter lateinischer Kleinbuchstabe) oder Subalternative (hochgestellter griechischer Kleinbuchstabe),

5. Unter-Gliederungspunkt zweiter Ordnung (hochgestellter doppelter lateinischer Kleinbuchstabe, bei dem die zweite Stelle die fortlaufende Zählung angibt) oder Subalternative zweiter Ordnung (hochgestellter doppelter griechischer Kleinbuchstabe, bei dem die zweite Stelle die fortlaufende Zählung angibt),
6. Unter-Gliederungspunkt dritter Ordnung (hochgestellter dreifacher lateinischer Kleinbuchstabe, bei dem die dritte Stelle die fortlaufende Zählung angibt) oder Subalternative dritter Ordnung (hochgestellter dreifacher griechischer Kleinbuchstabe, bei dem die dritte Stelle die fortlaufende Zählung angibt),
7. Unter-Gliederungspunkt vierter Ordnung (hochgestellter vierfacher lateinischer Kleinbuchstabe, bei dem die vierte Stelle die fortlaufende Zählung angibt) oder Subalternative vierter Ordnung (hochgestellter vierfacher griechischer Kleinbuchstabe, bei dem die vierte Stelle die fortlaufende Zählung angibt).

§ 1.1 HLR: Sowohl Grammatik als auch Semantik befassen sich mit der determinativen oder Verweisfunktion sprachlicher Zeichen: mit dem Worauf und dem Wie ihres Verweisens.

§ 1.2 HLR: Grammatik und Semantik werden nach dem Allgemeinheits- oder Abstraktionsgrad der von ihnen aufgestellten Zeichenverknüpfungsregeln – damit freilich nicht trennscharf, sondern prototypisch – unterschieden.

§ 1.3 HLR: Die Grammatik umfasst Regeln, die in gleicher Weise für große Mengen verschiedener Zeichen gelten und dementsprechend abstrakt sind; insofern diese Regeln unter Berücksichtigung ihrer semantischen Implikationen aufgestellt sind, erscheint die Grammatik als S e m a n t i k o g r a m m a t i k (§§ 2–101 HLR).

§ 1.4 HLR: Die Semantik umfasst Regeln, die für kleinere bis kleine Mengen verschiedener Zeichen, oft sogar nur für ein einziges gelten und dementsprechend konkret bzw. individuell sind; insofern diese Regeln gleichwohl einer nicht geringen Zahl sprachlicher Zeichen gemeinsam sind und somit als tendenziell grammatisch gelten können, erscheint die Semantik als G r a m m a t i k o s e m a n t i k (§§ 102–111 HLR).

Zu § 1 HLR: Das Anliegen hermeneutischer Linguistik im Sinne dieser Arbeit ist, wie gesagt, eine interpretations- oder deutungsorientierte Beschreibung sprachlicher Strukturen. Sie betrachtet sprachliche Zeichen als in Relation zueinander stehend und kann dabei zwei Perspektiven einnehmen: eine allgemeinere (S e m a n t i k o g r a m m a t i k) und eine spezifischere (G r a m m a t i k o s e m a n t i k). Beide unterscheiden sich aufgrund des deutungsbezogenen Anliegens teilweise von gängigen grammatischen bzw. semantischen Ansätzen, z. B. generativistischen, kognitivistischen oder sprachdidaktischen, die sie allerdings nicht ersetzen, sondern denen sie als mögliche Ergänzungen zur Seite gestellt sein sollen. Die nachfolgend gegebenen Definitionen beanspruchen daher über das hermeneutische Interesse hinaus keine Gültigkeit. Sie beziehen sich ausschließlich auf die schriftsprachliche Variante des mittleren und jüngeren Neuhochdeutschen (Bär 2009, 73) in der Zeit von ca. 1750 bis ca. 1950; eventuelle Möglichkeiten ihrer Anwendung auf andere Varietäten oder gar andere Sprachen können im Rahmen dieser Arbeit nicht diskutiert und sollen daher nicht behauptet werden.

Die hier allgemein zugrunde gelegte Position, Grammatik wie Semantik als eine Menge von Regeln und dabei die Grammatik tendenziell als eine allgemeinere Semantik, die Semantik umgekehrt und ebenso tendenziell als eine allgemeinere Grammatik anzusehen, bringt gewisse praktische Probleme mit sich. Nirgendwo als beim Versuch einer Beschreibung grammatisch-semantischen Regelinventars wird deutlicher erkennbar, wie sehr es zutrifft, dass die Sprache „von endlichen Mitteln einen unendlichen Gebrauch" mache (W. v. HUMBOLDT, Einl. Kawiwerk *1830–35, 99). Mag eine ausschließlich auf Grammatik bezogene Darstellung der Idee nach Vollständigkeit anstreben: unmöglich ist dies für die Semantik und ebenso auch für eine an der Semantik orientierte Grammatik. Bei jeder Beschäftigung mit der empirischen Realität sprachlicher Zeugnisse ergeben sich faktisch neue Beobachtungen, so dass ein grammatisch-semantisches Regelwerk wie das hier vorgelegte trotz empirischer Fundierung und Erprobung niemals etwas anderes sein kann als eine Momentaufnahme. Aus diesem Grund findet sich online (http://www.baer-linguistik.de/hlr) eine zwar (von Fallbeispielen abgesehen) unkommentierte, dafür aber jederzeit aktualisierbare (und ggf. erweiterbare) Fassung des Regelwerks, die zudem aufgrund ihrer Hypertextstruktur das Nachschlagen und ‚Blättern' erleichtert.

In den nachfolgenden Kapiteln werden die Paragraphen fortlaufend erläutert und mit Beispielen versehen. Dabei wird erstens bestimmt, was im gegenwärtigen Zusammenhang konkret unter einem sprachlichen Zeichen verstanden werden soll; zudem sind verschiedene Funktionen sprachlicher Zeichen zu unterscheiden (Kap. 2). Das entworfene Modell sprachlicher Semiose wird dann zweitens (Kap. 3–5) zur Erklärung konkreter Formen der Semiose in der klassischen und jüngeren neuhochdeutschen Schriftsprache herangezogen, die schließlich (Kap. 6–7) zu bestimmten Kategorien zusammengefasst werden.

2 Bestimmungen des sprachlichen Zeichens

Um ihr Ziel der Sinn(re)konstruktion zu erreichen, muss die empirisch-historische Semantik nicht die Frage stellen, welche Funktionen ein sprachliches Zeichen überhaupt erfüllt, sondern ausschließlich, welche Funktionen es in den Texten erfüllt, die sie ihrer Untersuchung zugrunde gelegt hat. Dementsprechend haben die folgenden theoretischen Anmerkungen zur Funktion und Beschaffenheit sprachlicher Zeichen an keiner Stelle Selbstzweckcharakter, sondern sollen lediglich den interpretierenden Umgang mit Texten von der zweiten Hälfte des 18. bis zur ersten Hälfte des 20. Jahrhunderts fundieren. Es ist daher nicht zu vermeiden, dass unsere Versuche der Gegenstandsbestimmung stets perspektivisch bleiben. Prinzipiell gilt die Feststellung von Adamzik (2004, 32):

> „Präzise Definitionen haben den Zweck, eine bestimmte Gebrauchsweise eines Ausdrucks in einem bestimmten Forschungskontext und für diesen festzusetzen, sie konstituieren damit ein Forschungsobjekt für einen bestimmten Zweck. Sie wollen dagegen nicht beschreiben (oder vorschreiben), wie der gewählte Ausdruck im Allgemeinen oder in anderen Kontexten verwendet wird, und sie können auch nicht den Anspruch erheben, das außersprachliche Objekt bzw. den Wirklichkeitsbereich, zu dem ihr Forschungsgegenstand gehört, (erschöpfend) auf seine wesentlichen Merkmale hin zu charakterisieren."

Keine der im hier vorzulegenden und zu erläuternden hermeneutisch-linguistischen Regelwerk (HLR) gegebenen Definitionen erhebt also Anspruch auf kommunikations- oder zeichentheoretische Gültigkeit jenseits der Fragestellungen der historischen Semantik, vor allem nicht die an erster Stelle stehenden Ausführungen zum sprachlichen Zeichen selbst.

---

§ 2.1 HLR: (a) Ein sprachliches Zeichen wird gefasst als eine im Bewusstsein der interpretierenden Person qua Interpretation konstituierte Einheit, bestehend aus einer Z e i c h e n g e s t a l t mit einem spezifischen W e r t.

(b) Zeichengestalt und Zeichenwert sind komplementär.

Zu § 2.1 HLR: Zeichen existieren nicht per se als objektsprachliche Einheiten, sondern im Bewusstsein des historischen Semantikers als eines über ein sprachliches Regelwissen – die Deutungssprache – verfügenden Rezipienten objektsprachlicher Phänomene (was selbstverständlich bedeutet, dass auch der nicht philologisch ausgebildete Leser in einem objektsprachlichen Text infolge regelbestimmter hermeneutischer Akte Zeichen ‚sieht'). Damit wird freilich nicht davon ausgegangen, dass unterschiedliche Rezipienten in einem objektsprachlichen Phänomen d a s s e l b e Zeichen erkennen, aber doch, insofern sie partiell oder auch weitgehend übereinstimmende Regeln anwenden (insofern ihre deutungssprachlichen Systeme sich überschneiden, vgl. Abb. 8, S. 36), e i n a n d e r   e n t s p r e c h e n d e Zeichen.

In diesem Zusammenhang stellt sich die Frage, worauf genau – auf Zeichengestalten, auf Zeichenwerte oder auf beides – sich der hermeneutische Akt bezieht, in einem Text ein Zeichen zu erkennen (man könnte auch sagen: die Leistung der kognitiven Zeichenkonstruktion). Da es sich dabei ja nach dem Anspruch der historischen Semantik nicht um einen N e u entwurf, sondern um einen deutenden N a c h vollzug, eine R e konstruktion handelt, könnte die Meinung sein, was interpretativ zustande komme, sei lediglich der Zeichenwert, wohingegen die Zeichengestalt als dasjenige, dem ein Wert beigemessen wird, objektsprachlichen Charakter habe. Die Zeichengestalt wäre also das, was zusammen mit anderen Zeichengestalten im historischen Text t a t s ä c h l i c h   s t e h t, und die hermeneutische Leistung bestünde darin, zwischen diesen verschiedenen Gestalteinheiten Relationen herzustellen, so dass diese Relationen im Gegensatz zu den Zeichengestalten metasprachlichen Charakter hätten.

Eine solche Meinung zu vertreten hieße aber, die Qualität der Zeichengestalt, die Art, wie sie der deutend mit ihr befassten Person ‚gegeben' ist, zu verkennen. Als komplementäre, voneinander nicht trennbare Größen können Zeichengestalt und Zeichenwert nicht unterschiedlichen Sprachsystemen angehören, wie dies bei einer Zuordnung einerseits zur Objekt-, andererseits zur Metasprache der Fall wäre. Daraus ergibt sich – wenn unsere Fassung des sprachlichen Zeichens als insgesamt metasprachliche Größe überhaupt als sinnvoll erachtet wird –, dass auch die Zeichengestalt als eine solche verstanden werden muss (vgl. § 3 HLR).

Die Komplementarität von Zeichengestalt und Zeichenwert ist im Sinne der de Saussure'schen Blattmetapher (vgl. S. 6) verstanden. Damit ist ausgesagt, dass es eine Zeichengestalt ohne Wert ebensowenig gibt wie einen Zeichenwert ohne Gestalt. Sie existieren nur in der Bezogenheit aufeinander, und sie sind – wiewohl nicht notwendig, sondern arbiträr verknüpft – im Rahmen eines bestimmten Sprachsystems nicht austauschbar. Anders gesagt: Es gibt keine zwei verschiedenen Zeichengestalten mit d e m s e l b e n Wert, ebensowenig wie zwei verschiedene Werte d e r s e l b e n Zeichengestalt. (Aus dieser Auffassung ergibt sich vor allem hinsichtlich des Langue-Zeichens eine Reihe von Problemen, auf die an anderer Stelle eingegangen wird; vgl. Kap. 2.2.)

---

§ 2.2 HLR: Ein sprachliches Zeichen (ein und dasselbe Zeichen) kann aus vier Perspektiven betrachtet werden:

(α) Als einzelnes Z e i c h e n p h ä n o m e n erscheint ein individuelles Parole-Zeichen oder b e l e g s p e z i f i s c h e s   Z e i c h e n (kurz: B e l e g z e i c h e n). Es wird verstanden als eine Parole-Zeichengestalt „a" mit einem Parole-Wert ‚a'.

(β) [1]Als Z e i c h e n t y p, gewonnen durch Abstraktion von verschiedenen typidentischen Parolezeichen, erscheint ein individuelles Langue-Zeichen oder k o r p u s s p e z i f i s c h e s   Z e i c h e n (kurz: K o r p u s z e i c h e n); es wird verstanden als eine Langue-Zeichengestalt *a* mit einem Langue-Wert ›a‹. [2α]Als t y p i d e n t i s c h werden solche Belegzeichen verstanden, deren Unterschiede angesetzt werden: [αα]allein hinsichtlich der Gestalt (Z e i c h e n v a r i a n t e n) oder [αβ]allein hinsichtlich des Wertes (dergestalt, dass dabei zugleich auch gemeinsame Wertaspekte zu beobachten sind: e i n z e l w e r t s p e z i f i s c h e   Z e i c h e n) oder [αγ]hinsichtlich der Gestalt und damit korrelierend des Wertes (dergestalt, dass die Wertunterschiede nicht im engeren Sinne semantischer Natur sind, sondern grammatischen Kategorien entsprechen: Z e i c h e n f o r m e n). $^{(\beta)}$Als t y p - v e r w a n d t werden zeichenformverschiedene Belegzeichen verstanden, die zugleich Wertunterschiede von im engeren Sinne semantischer Natur aufweisen: Z e i c h e n f a m i l i e n a n g e h ö r i g e).

(γ) $^{(1)}$Als G l i e d z e i c h e n (kurz: G l i e d) erscheint ein Belegzeichen, das nicht als Individuum, sondern als Vertreter einer Kategorie (G l i e d z e i c h e n a r t , kurz: G l i e d a r t) betrachtet wird. $^{(2)}$Dabei wird von seiner konkreten Zeichengestalt sowie von allen individuellen bzw. (i. S. v. § 1.4 HLR) semantischen Wertaspekten abgesehen; berücksichtigt werden nur solche Gestalt- und Wertaspekte, die i. S. v. § 1.3 HLR als grammatisch gefasst werden können.

(δ) $^{(1)}$Als E x e m p l a r z e i c h e n erscheint ein Korpuszeichen, das nicht als Individuum, sondern als Vertreter einer Kategorie (Z e i c h e n a r t) betrachtet wird. Als Zeichenart gilt eine Menge von Korpuszeichen mit gleichem kategorialem Wert (§ 4 HLR). $^{(2)}$§ 2.2γ^2 gilt entsprechend.

Zu § 2.2 HLR: Berücksichtigt wird hier die bereits behandelte zweifache Möglichkeit, den Begriff des Zeichens zu fassen: als konkretes Vorkommnis (mit anderen Worten: betrachtet unter Parole-Aspekt bzw., empirisch-philologisch gesprochen, unter Einzelbelegaspekt) oder als Idealtyp, als abstrahierende Zusammenfassung verschiedener Einzelbelege (mit anderen Worten: betrachtet unter Langue- bzw. Gesamtkorpusaspekt). Wie in Kap. 1.4 angedeutet, impliziert diese U n t e r s c h e i d u n g keine E n t s c h e i d u n g . Beide Aspekte sind für die historische Semantik unverzichtbar, da sie einerseits von den Einzelbelegen ihren Ausgang nehmen muss, andererseits dieselben nicht angemessen interpretieren kann, wenn sie sie nicht in ihrer Gesamtheit zur Kenntnis nimmt und in dieser Gesamtheit bestimmte Ähnlichkeiten und Analogien des Zeichengebrauchs feststellt. Es ist also wichtig, beide Aspekte zu berücksichtigen.

*

Zu § 2.2β HLR: Diejenigen Belegzeichen, aus denen durch Abstraktion ein Korpuszeichen gewonnen wird, sind typidentisch. Das schließt ein, dass sie sich sowohl gestaltseitig wie wertseitig voneinander unterscheiden können; diese Unterschiede sind es dann eben, wovon bei der Subsumption mehrerer Belegzeichen unter einen und denselben Typ abstrahiert wurde.

Legt man auf die Unterschiedlichkeit der einem Zeichentyp zugerechneten Belegzeichen unbeschadet dieser Zurechnung Gewicht, so führt dies zur Annahme zweier oder mehrerer Untermengen von Belegzeichen, d. h. von Subtypen des Zeichentyps. Ebenso wie der Zeichentyp selbst haben sie Langue-Charakter, weil sie prinzipiell als Mengen von Belegzeichen gegenüber anderen solchen Mengen betrachtet werden – auch dann, wenn es sich aufgrund der zufälligen (korpusbedingten) Beleglage um Mengen handelt, die lediglich ein einziges Element enthalten.

Die in § 2.2β^2 HLR vorgenommene Differenzierung der Subtypen trägt der zu den Alltagsmeinungen über Sprache zählenden Tatsache Rechnung, dass ein und derselbe Zeichentyp gestaltlich – in Aussprache und/oder Schreibung – unterschiedlich belegt sein kann (Zeichenvarianten, Bsp. 5), mit unterschiedlichem Wert belegt sein kann (einzelwertspezifische Zeichen, Bsp. 6) und in mit einem Wertunterschied einhergehender unterschiedlicher gestaltlicher Ausprägung belegt sein kann (Zeichenformen, Bsp. 7).

Bsp. 5:   a) „Du bist arm, i_ch_ bin arm" (Boy-Ed, Förster 1889, 5) – *ch*: Lautwert ›[ç]‹.
          b) „a_ch_, ich wage kaum auszudenken" (ebd., 255) – *ch*: Lautwert ›[x]‹.

Bsp. 6:   a) „Als die Dämmerung hereinsank verließ Gundula lautlos das _Haus_." (Duncker, Jugend ²1907, 198) – *Haus*: ›Wohnhaus‹.
          b) „Was boten denn die Raphalos groß? Sie machten kein _Haus_. [...] Und sie hielten nicht einmal einen Diener." (Dohm, Dalmar ²1897, 77) – *Haus*: ›Mehrzahl gesellschaftlicher Ereignisse in den eigenen vier Wänden‹.[37]

Bsp. 7:   a) „Wer hatte dem blinden Greise dieses Licht aufgesteckt? Ein Traumgeist, der _Geist_ des Weins, oder bloß das Frohgefühl der Genesung?" (François, Stufenj. 1877, 484 f.) – *Geist*: ›ein einzelner Geist‹.
          b) „[I]n Konrads Kopf brausten die _Geister_ des Weins" (Braun, Lebenssucher 1915, 85) – *Geister*: ›mehr als ein Geist‹.

Wie die Beispiele zeigen, arbeiten wir an dieser Stelle noch mit einem ganz unspezifischen Begriff des Zeichenwertes; zur differenzierenden Auseinandersetzung mit demselben vgl. S. 56 sowie v. a. Kap. 2.1. Bereits im gegenwärtigen Zusammenhang kann aber deutlich werden, dass Zeichentypen hinsichtlich ihrer Subtypen prinzipiell als Paradigmata, d. h. regelhaft geordnete Mengen von Subtypen, erscheinen: als Varianten-, Einzelwert- und/oder Formenparadigmata (vgl. § 3 HLR). Dabei können sich die verschiedenen Subtypenarten überlagern; wie Bsp. 8 zeigt, lassen sich u. a. Varianten von Zeichenformen annehmen.

Bsp. 8:   a) „Er gibt mir auch manchmal ein Glas guten _Weines_ zu trinken" (Meysenbug, Liebe 1905, 266).
          b) „Man gab ihr ein Glas starken _Weins_ zu trinken" (Dohm, Ruland 1902, 168).

Subtypen von Zeichen sind ebenso wie die Zeichentypen selbst Ergebnisse hermeneutischer Akte im Sinne der vorstehenden Erläuterungen zu § 2.1 HLR. Aus diesem Grund definieren wir Zeichenvarianten, einzelwertspezifische Zeichen und Zeichenformen in § 2.2β HLR nicht als Subtypen, deren Unterschiede nach bestimmten Kriterien (allein hinsichtlich der Gestalt, allein hinsichtlich des Wertes oder hinsichtlich beider gemeinsam) b e s t e h e n, sondern die nach diesen Kriterien a n g e s e t z t w e r d e n. Damit ist dann beispielsweise nicht gesagt, dass Zeichenvarianten keinen unterschiedlichen Wert h a b e n, sondern dass Unterschiede des Wertes bei der

---

[37] Vgl. auch: „Obgleich Weimar ein theurerer Ort ist als Jena, so kann ich von dem was mich der dortige Aufenthalt auf 6 Monate jährlich mehr kostet, doch alles das abrechnen, was es mich in Jena kostete, ein kleines Haus zu machen. Denn da ich nicht ausgehe, so sah ich alles bei mir, und mußte oft bewirthen." (Schiller, an Chr. G. Körner, 26. 9. 1799, NA 30, 98.) – „Eine Soiree ist mir ein Graus, ich kann mir halt nicht helfen. Ich begreife noch allenfalls, daß sich Leute finden, die ein Haus machen, aber nicht, daß es welche gibt, die hingehen." (Hofmannsthal, Schwier. 1920, 12.)

Unterscheidung von Zeichenvarianten für die historisch-semantische Interpretation keine Rolle spielen. (Allerdings können sie durchaus eine Rolle spielen, sobald die Zeichenvarianten erst einmal unterschieden sind; vgl. S. 65 f., insbes. Anm. 47.) Entsprechend gilt für zwei einzelwertspezifische Zeichen: Sobald sie hinsichtlich ihres Wertes unterschieden sind, kann festgestellt werden, dass sie sich auch gestaltseitig unterscheiden (vgl. S. 82). Ebenso entsprechend ist auch nicht gesagt, dass zwei Zeichenformen notwendigerweise unterschiedliche Gestalt haben müssen – letzteres ist beispielsweise nicht der Fall bei den Formen der 1. und 3. Person Singular Indikativ Präteritum Aktiv regelmäßiger Verben der neuhochdeutschen Schrift- und Standardsprache –, sondern nur, dass ihre Gestaltseite prinzipiell zur Unterscheidung mitherangezogen wird (woraus sich dann ergeben kann, dass Gestaltgleichheit konstatiert wird).

*

Zu § 2.2γ/δ HLR: Die Unterscheidung von Glied- und Exemplarzeichen entspricht derjenigen von Beleg- und Korpuszeichen, nur dass hier nicht individuelle, also das Einzelzeichen oder allenfalls kleine Mengen einzelner Zeichen betreffende Aspekte für die Betrachtung relevant sind, sondern kategoriale, also Klassen (und dann ggf. sehr große Mengen) von Zeichen betreffende. Hier greift die Unterscheidung von Grammatik und Semantik, wie sie in Kapitel 1.2 diskutiert und in § 1 HLR angesetzt wurde: Die Grammatik betrachtet sprachliche Zeichen als Gattungsvertreter, die Semantik betrachtet sie als Größen für sich. Dabei versteht sich, dass es sich hiebei lediglich um unterschiedliche Perspektiven auf einen und denselben Gegenstand handelt.

Bsp. 9:   a) „Sollte ich Ihnen mehr Stärke der <u>Seele</u> zugetraut haben, als Sie wirklich besitzen?" (AHLEFELD, Marie Müller ²1814, 89.)
b) „Vorurtheile trennen uns für diese Welt, aber nicht den ewigen Bund unsrer <u>Seelen</u>." (Ebd., 95.)
c) „Ihr Auge hatte keine Thräne, nur einen Blick voll <u>Seele</u>, der Treue gelobte, und um Treue bat." (Ebd., 101.)

Das Wort *Seele* in Bsp. 9 kann als Einzelnes betrachtet werden unter Parole-Aspekt (dann liegen d r e i v e r s c h i e d e n e B e l e g e vor, und man wird pro Beleg angesichts des jeweils verschiedenen Kotextes vermutlich eine zumindest tendenziell andere Bedeutung ansetzen wollen) ebenso wie unter Langue-Aspekt (dann liegt in allen drei Belegen d a s s e l b e W o r t vor und man kann die Frage stellen, ob man von der Unterschiedlichkeit der Kotexte nicht abstrahieren und grosso modo in allen drei Fällen dieselbe Bedeutung ansetzen sollte[38]). *Seele* kann aber auch als Ver-

---

38 Eine Antwort auf diese Frage lässt sich nicht unabhängig von einem konkreten Untersuchungsinteresse geben und soll daher an dieser Stelle auch nicht gegeben werden. Eine an semantischen Details interessierte lexikographische Untersuchung zu einem bestimmten Wortschatzausschnitt, würde eine semantische Differenzierung nahelegen; dagegen würde eine auf den Gesamtwortschatz

treter einer Kategorie betrachtet werden: entweder als Glied eines konkreten Gefüges – in allen drei Fällen als Komitat (§ 38.2b^{I} HLR) sowie als Kern eines Attributs (§ 39.3b$^{III\beta\alpha}$ HLR) in Bsp. 9a/b und als Kern eines Adponenden (§ 45.3b$^{II\beta}$) und mittelbarer Kern der satellitischen Konstituente eines Attributs (§ 39.3b$^{III\varphi\beta}$ HLR) in Bsp. 9c – oder als Exemplarzeichen, was hier so viel heißt wie ‚Vertreter der Wortart Substantiv'.

Die Frage nach der Bedeutung im engeren Sinn, also nach der Semantik, lässt sich nur mit Blick auf das individuelle Einzelzeichen *Seele* und seine individuellen Kotexteinheiten beantworten; die Frage nach Glied- und Zeichenart, also nach grammatischen Aspekten, hingegen kann von den individuellen Einheiten absehen: Als Vertreter derselben Kategorien lassen sich unzählige andere Wörter denken, etwa *Krankheit* (Bsp. 10a), *Hoffnung* (Bsp. 10b) und *Liebe* (Bsp. 10c).

Bsp. 10:   a) „die Stärke der Krankheit" (AHLEFELD, Marie Müller ²1814, 209.)
           b) „das Ziel unsrer Hoffnung" (ebd., 84.)
           c) „mein Herz voll Liebe" (ebd., 183.)

Die Bestimmung der Zeichenart als Menge von Korpuszeichen mit gleichem kategorialem Wert (§ 2.2δ HLR) setzt voraus, dass der Wert eines Zeichens als Ensemble von Wertaspekten verstanden wird (§ 4.1 HLR). Damit lassen sich verschiedene Werte durchaus als p a r t i e l l   g l e i c h fassen. Eine Zeichenart erscheint demnach als eine Menge von Zeichen, die e i n e   R e i h e   v o n   G l i e d f u n k t i o n e n erfüllen können, wobei keineswegs ausgeschlossen ist, dass m a n c h e dieser Gliedfunktionen auch von Angehörigen einer anderen Zeichenart erfüllt werden können. Die Zuordnung zweier Zeichen mit gleicher Gliedfunktion zu u n t e r s c h i e d l i c h e n Zeichenarten wird möglich, wenn jedes von beiden zudem mindestens eine Gliedfunktion erfüllen kann, die dem jeweils anderen nicht möglich ist. Beispielsweise können Vollverben (§ 82.5α$^{II\beta}$ HLR) ebenso wie Pronomina (§ 86.3β^{I} HLR) als Subjekte erscheinen. Sie stellen aber gleichwohl verschiedene Zeichenarten dar, weil Vollverben anders als Pronomina auch als Prädikate (§ 82.5α$^{I\beta}$ HLR), Pronomina hingegen anders als Vollverben auch als Komites (§ 86.3β^{V}) fungieren können.

---

§ 3.1 HLR: Unter der G e s t a l t eines sprachlichen Zeichens wird das lautlich-graphische E r s c h e i n u n g s b i l d verstanden: die deutungssprachliche lautlich-graphische Entsprechung eines objektsprachlichen Phänomens.

Zu § 3.1 HLR: Gemäß dem zuvor Gesagten ist eine Zeichengestalt nicht ein lautliches oder graphisches Phänomen, sondern das Bild – „image" (de Saussure 1960, 98) – eines solchen: eben das Ergebnis dessen, was man als Rezipient sprachlicher Hand-

---

einer Sprachgemeinschaft zielende Untersuchung auf Feindifferenzierungen wohl verzichten, sofern nicht andere lexikographische Interessen sie nahelegen (vgl. Bär u. a. 1999, 278 ff., insbes. 285).

lungen interpretativ leistet, das Ergebnis einer kognitiven Erfassung und Gliederung wahrgenommener Sprachereignisse³⁹ (in unserem Fall, in dem nicht gesprochene Sprache, sondern ein ausschließlich schriftlich dokumentiertes Textkorpus den Gegenstand der Untersuchung bildet: objektsprachlicher graphischer Phänomene, denen nur deutungssprachlich ein Lautwert entspricht). Freilich soll nicht behauptet werden, dass objektsprachliche Phänomene als solche ungegliedert seien; beispielsweise sind in gesprochenen Äußerungen Sprechpausen, in schriftlichen sind Leerstellen zu erkennen. So ist das objektsprachliche Phänomen in

Bsp. 11:   „Das Kriegsgericht hat gesprochen" (FONTANE, Wand. IV 1882, 116 f.)

durch drei Leerstellen in vier objektsprachliche Teilphänomene gegliedert:

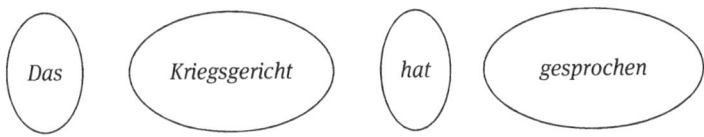

Abb. 9: Bsp. 11 als (graphisch) gegliedertes objektsprachliches Phänomen

Eine solche objektsprachliche Gliederung ist aber nicht signifikant: Sie unterteilt das Phänomen nicht in Zeichengestalteinheiten; allenfalls koinzidieren die Teilphänomene mit Zeichengestalteinheiten. Lediglich ein laienhaftes Alltagsverständnis wird in Bsp. 11 vier sprachliche Zeichengestalten auf Wortebene belegt sehen. Sprachwissenschaftlich betrachtet gibt es gute Gründe, auf der Wortebene nur drei Gestalteinheiten vorliegen zu sehen, weil „hat gesprochen" als Perfektform von *sprechen* zu deuten ist und daher als eine einzige lexikalische Einheit angesetzt werden kann. Wer so vorgeht, sieht dann aber in den vier objektsprachlichen Teilphänomenen ohne weiteres auch noch mehr als nur drei Zeichengestalteinheiten belegt. Er setzt unterhalb der Wortebene an, deutet „hat", „ge", „sproch" und „en" als Belege für vier signifikante Bestandteile der Wortform.⁴⁰ Ebenso gliedert er „Kriegsgericht" in „Krieg", „s", „ge" und „richt" und erkennt es zudem gleichfalls als Beleg einer Flexionsform. In dem Wissen, dass bestimmte Flexionsformen von *Gericht* regelhaft ein gestaltlich manifestiertes Flexiv aufweisen und daher das Fehlen eines solchen Flexivs signifikant ist für andere Formen (hier die des Nominativs Singular), ‚sieht' er

---

39 Von einem Ereignis zu reden könnte möglicherweise insofern missverständlich sein, als *Ereignis* dabei nicht im Sinne von ›Vorgang‹, sondern von ›Erkenntnisgegenstand‹ gemeint ist. Das hier zugrunde gelegte Zeichenverständnis ist nicht „dynamisch und prozessorientiert", sondern „statisch und produktorientiert" (Ágel/Kehrein 2002, 6) – so wie es eben für den historisch-empirischen Semantiker sinnvoll scheint (vgl. S. 35).
40 Der Einfachheit halber verzichten wir hier auf eine Zergliederung des Hilfsverbs „hat", die selbstverständlich ebenfalls möglich wäre.

eine Zeichengestalteinheit (eine virtuelle: die eines Nullflexivs) sogar dort, wo eine objektsprachliche Entsprechung überhaupt nicht gegeben ist. Er sieht also die Gestalten sprachlicher Zeichen, über die er im Rahmen seines deutungssprachlichen Systems verfügt, in das objektsprachliche Phänomen h i n e i n, wobei im Sinne von Bühler (1934, 28) die Prinzipien der abstraktiven Relevanz (Berücksichtigung nur derjenigen Eigenschaften des objektsprachlichen Phänomens, die für seine Deutung als Zeichen erforderlich sind) und der apperzeptiven Ergänzung (Berücksichtigung solcher Eigenschaften, die das objektsprachliche Phänomen nicht aufweist, die aber für seine Deutung als Zeichen erforderlich wären) zur Anwendung kommen können.

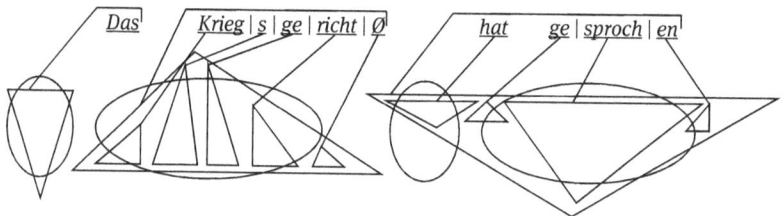

Abb. 10: Bsp. 11 als objektsprachliches Phänomen, das als zeichengestaltlich gegliedert (und damit als Abfolge von Zeichengestalten) interpretiert ist

Die Interpretation objektsprachlicher Phänomene als Abfolge von Zeichengestalten ist gemäß § 2.1b HLR nicht möglich, ohne dass die dabei hervortretenden einzelnen Einheiten zugleich miteinander in Beziehung gesetzt werden, da aus eben dieser In-Beziehung-Setzung der Wert resultiert (vgl. die Erläuterung zu § 4 HLR) und es sich bei Zeichengestalt und Zeichenwert eben um komplementäre Aspekte handelt. Anders gesagt: Eine gestaltliche Einheit ist durch die ihr zugeordnete Beziehung zu anderen Einheiten bestimmt, d. h. von diesen anderen Einheiten abgegrenzt und unterschieden.

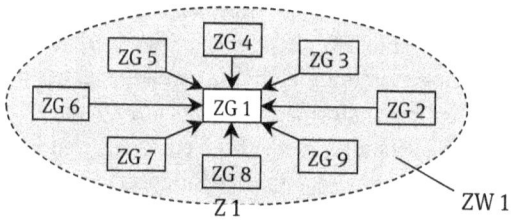

Abb. 11: Modell des sprachlichen Zeichens gemäß § 2 HLR

Z = Zeichen; ZG = Zeichengestalt; ZW = Zeichenwert (als Gesamtheit der Relate oder Determinanten, die mit dem Ausgangsrelational oder Determinat in Beziehung stehen). — Die Darstellung verzichtet darauf, kenntlich zu machen, dass es sich um ganz unterschiedliche Arten von Relationen handeln kann (was zugleich bedeutet, dass es sich bei den Relaten um die Gestalten ganz unterschiedlicher Arten von Zeichen handeln kann).

Die Beziehungen, die zwischen einer Zeichengestalt und anderen Zeichengestalten angesetzt werden, tragen freilich nicht nur zur Abgrenzung und Unterscheidung der einen Zeichengestalt bei, sondern auch zu derjenigen der anderen. Auch diese sind jeweils durch ihre Beziehungen zu anderen Zeichengestalten bestimmt, vermöge deren sie wiederum zur Abgrenzbarkeit und Unterscheidbarkeit von Gestalteinheiten beitragen.

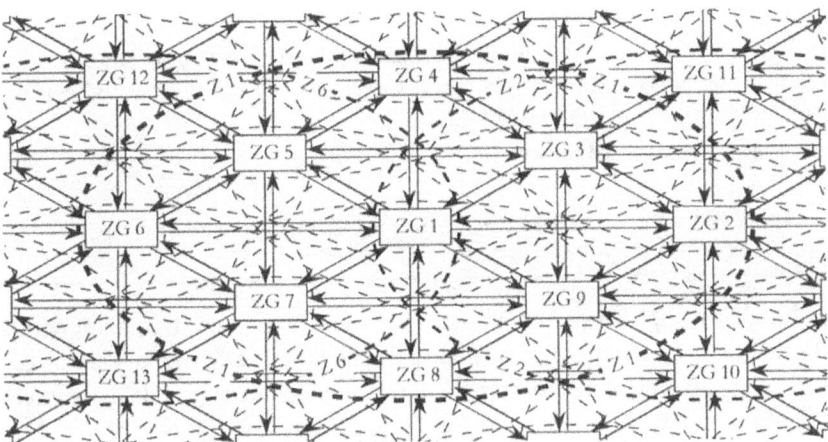

Abb. 12: Modell sprachlicher Zeichen in ihrer determinativen Funktionalität; vgl. die Erläuterungen zu Abb. 11.

Die Bezogenheit sprachlicher Zeichen aufeinander, durch die sie als einzelne hinsichtlich ihrer Gestaltseite Kontur gewinnen, stellt sich als eine mannigfache Überlagerung dar, als ein dichtes Geflecht, in dem es keineswegs ganz einfach ist, individuelle Einheiten und damit zugleich auch Strukturen zu erkennen. Es bedarf hierzu, wie gesagt, prinzipiell der Kenntnis eines Systems von Zeichen (i. S. v. § 2 HLR: Zeichengestalten und -werte), d. h. einer deutungssprachlichen Langue. Im Rahmen dieser Deutungssprache sind, das besagt die Formulierung „System von Zeichen", einzelne, jeweils idealtypische Zeichen gegeben. Sie sind ‚ante interpretationem', d. h. den verschiedenen konkreten Erscheinungsbildern als kognitive Muster vorgeordnet: Sie ermöglichen es, im objektsprachlichen Phänomen verschiedene Belegzeichengestalten als einander zuzuordnende, aufeinander wertseitig beziehbare Einheiten zu erkennen. Eine Belegzeichengestalt ist mithin tatsächlich nicht dasjenige, was im Text steht, sondern das, was man in dem im Text Stehenden sieht bzw. erkennt. Sie ist immer bereits das Produkt einer Interpretation, d. h. eines Rückbezugs des konkreten objektsprachlichen Phänomens auf ein systematisches Vorwissen.

---

§ 3.2 HLR: (α) Die Gestalt eines Zeichenphänomens i. S. v. § 2.2α HLR heißt b e l e g s p e z i f i s c h e Z e i c h e n g e s t a l t (kurz: B e l e g z e i c h e n g e s t a l t); sie wird verstanden als das im konkreten

Einzelfall belegte Erscheinungsbild eines objektsprachlichen Phänomens. Bei sehr komplexen sprachlichen Zeichen – konkret: bei Wortverbünden (§ 28 HLR) –, bei denen die Belegzeichengestalt eine Gesamtheit von Konstituentenzeichengestalten ist, kann sie durch die Gestalt einer dafür geeignet erscheinenden Konstituente, die so genannte P h ä n o m e n - N e n n f o r m, repräsentiert werden.

(β) [1]Die Gestalt eines Zeichentyps i. S. v. § 2.2β heißt k o r p u s s p e z i f i s c h e Z e i c h e n g e s t a l t (kurz: K o r p u s z e i c h e n g e s t a l t); darunter wird ein Gestaltparadigma verstanden (ein Ensemble aufeinander regelhaft beziehbarer Mengen von Gestalten typidentischer Belegzeichen), das in der Darstellung durch eine bestimmte Leitvariante bzw. Grundform – die so genannte T y p - N e n n f o r m – repräsentiert werden kann.

[2]Das Paradigma kann [a]mehrere verschiedene Zeichengestalten umfassen (p o l y h e n a d i s c h e s Paradigma), so bei Zeichenvarianten (§ 2.2β$^{2\alpha\alpha}$) oder Zeichenformgestalten (§ 2.2β$^{2\alpha\gamma}$), oder [β]nur eine einzige (m o n o h e n a d i s c h e s Paradigma).

(γ) Die Zeichengestalt eines Gliedzeichens i. S. v. § 2.2γ heißt G l i e d z e i c h e n g e s t a l t (kurz: G l i e d g e s t a l t).

(δ) Die Zeichengestalt eines Exemplarzeichens i. S. v. § 2.2δ heißt E x e m p l a r z e i c h e n g e s t a l t (kurz: E x e m p l a r g e s t a l t).

Zu § 3.2α HLR: Dass die Belegzeichengestalt, wie vorstehend erläutert, als Produkt einer Interpretation erscheint, lässt sie immer zugleich auch als Langue-Zeichengestalt erscheinen (als Korpuszeichengestalt oder Langue-Zeichengestalt ‚post interpretationem' in dem Maße, in dem die Deutungssprache anhand der historischen Objektsprache bereits modifiziert wurde), und sowohl der eine wie der andere dieser beiden qualitativen Aspekte kann in den Vordergrund treten, wenn von einer bestimmten Belegstelle die Rede sein soll. Denkbar und akzeptabel sind daher Aussagen nach folgenden Mustern:

Bsp. 12: a) Der Autor meint mit „Geister[n]" an der bewussten Stelle weniger ‚Intellektuelle' als vielmehr ‚Gelehrte'.
b) Der Autor verwendet *Geist* an der bewussten Stelle im Sinne von ›Gelehrter‹.

Die hier implizierte Priorität der Langue vor der Parole ist gemäß Abb. 3 (S. 24) zu verstehen: Zuerst ist für die historische Semantik eine vorwissenschaftliche Langue vorhanden, die sie zweitens auf das objektsprachliche Phänomen anwendet (in welcher Anwendung dasselbe als Parole erscheint), um aus dieser Anwendung dann drittens die philologische Langue zu gewinnen.

Dass eine Zeichengestalt nicht per se ‚vorhanden', sondern immer Ergebnis einer Interpretation oder Wertung ist, wurde bereits bei vorangegangenen Überlegungen berücksichtigt. So lassen Abb. 7 (S. 35) und Abb. 8 (S. 36) unmissverständlich erkennen: Bei der Deutung einer sprachlichen Zeichengestalt handelt es sich um eine rezeptionsseitig vorgenommene relational-funktionale Verknüpfung metasprachlicher Einheiten nach metasprachlichem Regelwissen; nur aufgrund dieser Verknüpfung, die zugleich eine Abgrenzung darstellt, ist man imstande, Zeichengestalten im objektsprachlichen Phänomen zu erkennen. Das gilt auch dort, wo es sich nicht um Einheiten handelt, welche die reine Alltagssprache als Erkenntnismuster bereithält.

Zwar verfügt die spätneuhochdeutsche Rezeption, die (in moderner Edition) den Anfang des *Iwein* (Bsp. 13a) oder der *Aeneis* (Bsp. 13b) liest, im Rahmen des spätneuhochdeutschen Sprachwissens nicht über mittelhochdeutsche oder lateinische Langue-Sprachzeichen, also beispielsweise nicht über die Lexeme *reht* oder *profugus*.

Bsp. 13: a) „Swer an rehte güete | wendet sîn gemüete, | dem volget sælde und êre."
b) „Arma virumque cano, Troiae qui primus ab oris | Italiam fato profugus Laviniaque venit | litora [...]."

Abgesehen aber davon, dass sie vermutlich nicht verstanden werden, weil ihr Zeichenwert nicht bekannt ist (im Falle von Bsp. 13a allenfalls erahnt wird), kann man im objektsprachlichen Phänomen durchaus Zeichengestalten sehen, auch wenn man bei dieser Erkenntnis kein philologisches Regelwissen anwenden kann. Wer nur die moderne Schreibgepflogenheit der Worttrennung mittels Spatien sowie die spätneuhochdeutschen Ausspracheregeln kennt, macht sich von den objektsprachlichen Phänomenen schon ein Bild und wird sie graphisch wie lautlich wiedergeben können. Dabei spielt keine Rolle, dass zumindest die lautliche Wiedergabe einem mit mittelhochdeutschen oder lateinischen Sprachregeln Vertrauten nicht adäquat scheinen würde: *reht* würde vermutlich nicht als [rɛçt], sondern als [reːt], *profugus* nicht als [ˈproːfugus] oder (im metrischen Zusammenhang) [ˈproːfuguːs], sondern als [proˈfuːgus] gelesen. Wenn jemand eine solche Aussprache als falsch empfindet, so freilich nur deshalb, weil er oder sie aufgrund philologischer Ausbildung und/oder Arbeit mit einem Quellenkorpus über bestimmtes zusätzliches Regelwissen verfügt. Die Zeichengestalten, die sich durch dessen Anwendung erkennen lassen, können damit zwar in mehr Relationen gesehen werden und erscheinen fundierter, sind aber prinzipiell ebensowenig ‚objektiv' wie die, zu denen die laienhafte Rezeption kommt.

Die Notwendigkeit philologischer Vorkenntnis zeigt sich dort, wo Objektsprache und vorwissenschaftlich-alltägliche Deutungssprache sich substantiell unterscheiden, denn hier ist das Erkennen von Zeichengestalten, d. h. die Interpretation eines objektsprachlichen Phänomens als Gestalt eines bestimmten deutungssprachlichen Zeichens, unter Umständen nicht einfach. So kann man in frühneuhochdeutschen Texten, in denen das graphische Phänomen „ofentür" begegnet, nicht ohne weiteres davon ausgehen, dass es sich dabei um einen Beleg für das Wort *ofentür* ›Tür eines Ofens‹ handelt. Es könnte vielmehr auch ein Beleg für eine Variante des Wortes *abenteuer* (mittelhochdeutsch *âventiure*) vorliegen (in Bsp. 14 in der Bedeutung ›Unrechtmäßigkeit, Unsittlichkeit, Betrug, Gaunerei, übles Treiben, Machenschaften‹, nach FWB/1 1989, 65).

Bsp. 14: „Die blat er vff dem disch vmb schibt | [...] | Das mancher treib sölch ofentür." (S. Brant, *Narrenschiff*, Basel 1494; vgl. FWB/1 1989, 65.)

Die Entscheidung, „ofentür" in diesem Beispiel als Beleg für *abenteuer* zu interpretieren, wird ausschließlich durch den Belegzeichenwert gestützt: Das Wort erscheint kotextuell als Komitat (§ 38.2b¹ HLR) und interner Transmissionsadressat (§ 61.2a HLR) des Qualitativartikels (§ 85.3γ HLR) *solch/sölch*, d. h., es wird als Bezeichnung einer Gattung erkennbar, unter welche die durch den externen Transmissionsadressaten *die blat* (›Spielkarten‹) *vff dem disch vmb schiben* ausgedrückte Handlung ihrer Qualität nach fällt. Damit aber e n t fällt die Möglichkeit, „ofentür" als Nomen rei im Sinne von ‚Tür eines Ofens' zu deuten – eine Möglichkeit, die bereits dadurch in Frage stehen musste, dass die Substantivgruppe *sölch ofentür* als direktes Objekt zum Handlungsverb *treiben* ›verrichten, verüben‹ erscheint.

*

Zu § 3.2β HLR: Dass ein Langue-Zeichen als die Menge aller als typidentisch interpretierter Parole-Zeichen interpretiert wird, lässt angesichts der potentiellen gestaltlichen Verschiedenheit dieser Parole-Zeichen eine einheitliche Gestalt des Langue-Zeichens wünschenswert scheinen. Andere als praktische Gründe lassen sich dafür freilich kaum anführen; diese jedoch erscheinen triftig genug, wenn man bedenkt, dass man andernfalls sämtliche Flexionsformen eines Substantivs, Adjektivs, Artikels, Pronomens oder gar Verbs aufzählen müsste, wenn es um die Nennung lediglich eines konkreten Wortes geht, und dass dazu, sofern es um historische Genauigkeit bezüglich einer Objektsprache zu tun ist, die keine einheitliche Orthographie kennt, eine im Einzelfall alles andere als kleine Anzahl von Schreibvarianten kommen kann (z. B. „*habe mitgeteilt*", „*mittheilen*", „teilt mit" oder „Charakter", „Karakters", „Charactere" usw.).

Man wird es praktikabler finden, anstelle von *Haus-Hauses-Haus(e)-Haus-Häuser-Häuser-Häusern-Häuser* schlicht die Form *Haus* zu verwenden und damit eine Nennform zu meinen, die das gesamte Flexionsformenparadigma repräsentiert. Ebenso ist es praktikabler, anstelle der vier belegten „Vorkommensformen" (Reichmann 1989, 64) *abplewn, abpleuen, abbleyen* und *abblewen* eine einzige Nennform zu wählen. Wie diese konkret ausfällt – z. B. *abbleuen* im Fall von Reichmann (ebd.) –, hängt von einer Reihe philologischer Entscheidungen ab, die an dieser Stelle nicht diskutiert werden müssen. Zu erwähnen ist nur, dass es sich durchaus um eine idealtypische Konstruktform handeln kann, so dass die Nähe zur historischen Realität der Einzelbelege nicht als feste Größe erscheint.

Für die Repräsentationen der grammatischen Paradigmata flektierbarer Wörter orientieren wir uns an der gängigen Praxis der deutschsprachigen Lexikographie: Verben haben als Nennform den Infinitiv I Präsens (*denken, fühlen, wollen* usw.)[41], Substantive den Nominativ Singular (*Leib, Seele, Geist* usw.), Adjektive den Inflektiv Positiv (*weiß, sanft, wollicht* usw.), Artikel und Pronomina jeweils den maskulinen

---

[41] Der Infinitiv ist in der deutschsprachigen Lexikographie die traditionellste und am weitesten verbreitete Verbgrundform. In der Lexikograpie der klassisch-antiken Sprachen Griechisch und Latein wird hingegen üblicherweise die erste Person Singular Indikativ Präsens Aktiv als Nennform angegeben.

Nominativ Singular (*der, dieser, jener* usw.), sofern es sich nicht um Sonderfälle wie *man* oder *etwas* handelt.

Eine besondere Rolle spielt die Nennform bei komplexen Zeichen jenseits der Wortgruppenebene (vgl. Kap. 3.2.3). Es ist offensichtlich, dass es beispielsweise bei einem Wortverbund, dessen Zeichengestalt (§ 28.2α² HLR) in der Gesamtheit der Zeichengestalten seiner Konstituenten besteht, kaum möglich wäre, diese Gesamtheit von Zeichengestalten jeweils zu benennen, wenn es um die Benennung des Zeichens im Ganzen geht. Bereits ein kleiner Ausschnitt aus einem Wortverbund, wie ihn Bsp. 15 vorstellt, zeigt dies deutlich.

Bsp. 15: „Es soll also auf den Namen der Stadt kein besonderer Wert gelegt werden. Wie alle großen Städte bestand sie aus Unregelmäßigkeit, Wechsel, Vorgleiten, Nichtschritthalten, Zusammenstößen von Dingen und Angelegenheiten, bodenlosen Punkten der Stille dazwischen, aus Bahnen und Ungebahntem, aus einem großen rhythmischen Schlag und der ewigen Verstimmung und Verschiebung aller Rhythmen gegeneinander, und glich im ganzen einer kochenden Blase, die in einem Gefäß ruht, das aus dem dauerhaften Stoff von Häusern, Gesetzen, Verordnungen und geschichtlichen Überlieferungen besteht. Die beiden Menschen, die darin eine breite, belebte Straße hinaufgingen, hatten natürlich gar nicht diesen Eindruck." (MUSIL, Mann ohne Eigensch. I 1930, 10.)

Alle Transmissionalien (§ 61.2 HLR) des hier vorliegenden Transmissionalgefüges aufzuzählen, würde zu der Belegzeichengestalt *Stadt-Städte-sie-darin* führen – was weder besonders ökonomisch noch besonders aussagekräftig erschiene. Demgegenüber erscheint eine Belegnennform wie STADT (§ 3.2α) geeignet, den gesamten Wortverbund in prägnanter Weise gestaltseitig zu fassen und dann beispielsweise die linguistisch fundierte Rede vom Begriff STADT oder auch vom Motiv STADT im Roman *Der Mann ohne Eigenschaften* zu ermöglichen.

*

Zu § 3.2γ/δ HLR: Da die Betrachtung eines Zeichens als Gliedzeichen oder Exemplarzeichen (ebenso wie auch die Betrachtung als Beleg- oder Korpuszeichen), wie zuvor erläutert, nur Perspektiven sind, unter denen dasselbe Zeichen betrachtet werden kann, sind Glied- und Exemplarzeichengestalt lediglich aus systematischen Gründen zu differenzieren: Gemäß § 2.1a HLR hat jedes Zeichen eine Zeichengestalt, folglich auch jedes Gliedzeichen eine Gliedzeichen- und jedes Exemplarzeichen eine Exemplarzeichengestalt, auch wenn diese Gestalten ihrer konkreten Erscheinung nach identisch sind. Unterschieden werden können sie, wo dies wünschenswert ist, durch besondere Kennzeichnungen: In Bsp. 9b (S. 47) etwa kommt das Belegzeichen „Seelen" vor, das als Form des Korpuszeichens *Seele* erscheint (wobei *Seele* die Nennform des Flexionsparadigmas *Seele-Seele-Seele-Seele-Seelen-Seelen-Seelen-Seelen* ist), zugleich aber als Gliedzeichen *Seele*$_{Kmt}$ (›Komitat‹: § 38.2b¹ HLR) und als Exemplarzeichen *Seele*$_{Sb}$ (›Substantiv‹: § 83 HLR).

§ 4.1 HLR: Unter dem W e r t eines sprachlichen Zeichens wird die Gesamtheit der nach Auffassung bzw. Kenntnis der interpretierenden Person mit seiner Gestalt in einer je bestimmten Relation der Kookkurenz stehenden Zeichengestalten verstanden. Der Zeichenwert erscheint als Menge von W e r t - k o m p o n e n t e n oder - a s p e k t e n: von einzelnen Zeichengestalten oder Zeichengestalten-Ensembles, die mit ‚seiner' Zeichengestalt in je bestimmter Weise kookkurieren. Die Angabe des Wertes einer Zeichengestalt besteht in der von der interpretierenden Person unternommenen beschreibungssprachlichen Fassung ihrer Kookkurenzen.

Zu § 4.1 HLR: Einen Wert schreiben wir sprachlichen Zeichen auf allen systematischen Ebenen zu, insofern sie Gegenstand von Interpretation sein können. Dies ist nicht nur bei morphologischen, lexikalischen, syntagmatischen oder textlichen Einheiten der Fall, sondern auch bereits auf der Ebene der Graphematik. Einem graphischen Zeichen wird, indem es gedeutet wird, eine bestimmte Graphemzugehörigkeit, aber auch ein bestimmter Lautwert – seine deutungssprachliche lautliche Entsprechung – zugeschrieben, und beides kann dazu beitragen, das Zeichen als variantendistinktiv oder aber typdistinktiv zu interpretieren (vgl. unten die Erläuterung zu § 6 HLR). So ist es beispielsweise relevant zu wissen, dass das frühneuhochdeutsche Graphem *v* in bestimmten Zusammenhängen den Lautwert ›[u]‹ und das Graphem *u* den Lautwert ›[f]‹ haben kann, um ein Belegzeichen wie „vnuerzagt" als Beleg einer graphischen Variante von *unverzagt* deuten zu können. Ebenso erlaubt das Wissen um die Tatsache, dass das ostoberdeutsche Graphem *b* im Frühneuhochdeutschen als Variante des Graphems *w* erscheinen kann, das Belegzeichen „bagen" als Beleg einer Variante von *wagen* ›wogen‹ statt als Beleg für *bagen* ›schelten‹ (FWB/2 1994, 1708 f.) zu deuten.

Begreifen wir sprachliche Zeichen, wie in Kap. 1 (S. 6) ausgeführt, als repräsentativ, stehend für etwas, so kann ihr Gebrauch – damit bewegen wir uns im Rahmen semantischer opinio communis – als ein Akt der Referenz auf dieses Etwas interpretiert werden. Wie an anderer Stelle (Kap. 1.5) dargelegt, kommen für die Qualität des Etwas drei Möglichkeiten in Betracht: reale Gegenstände und Sachverhalte, mentale Bilder und Vorstellungen sowie sprachliche Zeichen. Traditionell ist von *Referenz* im Zusammenhang eines realistischen Semantikverständnisses (vgl. hierzu Heringer 1974, 10 ff.), einer so genannten „Ontosemantik" (Köller 1988, 50 u. ö.) die Rede. Es wurde jedoch erläutert (S. 27 ff.), dass weder dieser Ansatz noch auch die mentalistische Auffassung aus Sicht der historischen Semantik sinnvoll erscheinen. Eine mögliche Konsequenz daraus wäre eine definitorische Festlegung in dem Sinne, dass im Folgenden ausschließlich der Verweis auf sprachliche Zeichen gemeint sein soll, wenn von *Referenz* die Rede ist. Allerdings scheint in der semantischen Fachliteratur der Gebrauch von *Referenz* im Sinne der Ontosemantik derart üblich zu sein, dass es, um Missverständnisse zu vermeiden, mit einer einmaligen Festschreibung kaum getan wäre; terminologisch gegen den Strom schwimmen zu wollen, würde daher vermutlich einen unverhältnismäßigen Aufwand an sich wiederholenden Erläuterungen erfordern. Als Alternative bietet sich an, auf Termini wie *Referenz, referieren* usw. zu verzichten und statt dessen die assoziativ unproblematischeren Ausdrücke aus dem Präteritumpartizipstamm von lat. *referre* (*Relation, relativ, relational* usw.) zu verwenden. Der damit ins Spiel gebrachte Aspekt der Perfektivität scheint zudem sinnvoll für das in der vorliegenden Untersuchung verfolgte Anliegen einer Beschäftigung mit historischen Texten, in denen sprachliche Zeichen nicht als Ereignis, sondern als Produkt zu betrachten sind (vgl. S. 35 sowie Anm. 39, S. 49). Das sprachliche Zeichen wird damit nicht hypostasierend als eine Größe behandelt, die aktiv selbst auf andere Zeichen verweist, sondern als eine, die bei der historisch-semantischen Arbeit als in Kookkurrenzverhältnissen (die aufgrund sprachlichen Regelwissens der interpretierenden Person eine relationale Verknüpfung nahelegen) stehend im Belegmaterial vorgefunden wird. Die Analyse dieser belegten Kookkurrenzen, der Rückschluss von ihnen auf mögliche (wenn auch nicht belegte) Kookkurrenzen vor dem Hintergrund philologisch-beschreibungssprachlichen Systemwissens sowie die beschreibungssprachliche Fassung all dessen ist die konkrete Aufgabe der historischen Semantik.

Hinsichtlich der Interpretation sprachlicher Zeichen kann unterschieden werden zwischen ihrem bloßen Verständnis einerseits und der Verfügbarmachung des Verstandenen (seiner sprachlichen Fassung) andererseits; nur die letztere macht die Philologie zur Verstehens-Dienstleistung im Sinne von Kap. 1.1 (vgl. auch Kap. 1.7). Für beides, das Verständnis sprachlicher Zeichen wie die Fassung des Verstandenen, ist ein metasprachliches System, eine philologische Deutungs- und Beschreibungssprache, Voraussetzung. Die terminologische Doppelung ist hier beabsichtigt, denn zwar handelt es sich prinzipiell um ein und dasselbe Sprachsystem, aber seine konkrete Beschaffenheit kann je nach der gestellten Aufgabe variieren. Die philologische Deutungssprache kann Zeichengestalten umfassen, die zu unterschiedlichen Sprachsystemen gehören – so bei einer spätneuhochdeutschen Philologie, die sich mit mittelhochdeutschen oder lateinischen Texten befasst, solche des Spätneuhochdeutschen als der eigenen Primär- und Alltagssprache ebenso wie solche des Mittelhochdeutschen oder Lateinischen, die sie durch philologische Ausbildung bzw. im hermeneutischen Zirkel philologischer Arbeit erworben hat und durch die überhaupt nur ein Bezug zum objektsprachlichen Phänomen möglich wird (vgl. S. 52 f.). Die philologische Deutungssprache kann also, je nach der Objektsprache, mit welcher man philologisch befasst ist, eine Mischsprache sein, die, sollte sie zu Kommunikationszwecken eingesetzt werden, allenfalls eine mit der gleichen Objektsprache vertraute Person verstehen könnte. Dies ist aber völlig unproblematisch, denn ihrer Deutungssprache bedient sich die Philologie nur, um selbst zu verstehen, nicht, um von anderen verstanden zu werden. Ihre Beschreibungssprache hingegen zielt genau auf dies: Verständlichkeit für andere.[42] Sie ist dasjenige Sprachsystem, in wel-

---

42 Trotz des schlichten Indikativs dieser Aussage übersehen wir nicht, dass hier möglicherweise eher ein Soll(te)- als ein Ist-Zustand der Philologie beschrieben wird. Im Übrigen steht selbstver-

ches sie ihre Deutung (konkret: den Wert, den sie für eine Zeichengestalt ansetzt) übersetzt, im Falle spätneuhochdeutscher Philologie – unserem eigenen Fall – eben das Spätneuhochdeutsche.

Die Unterscheidung von Deutungs- und Beschreibungssprache ist dort besonders relevant, wo die Objektsprache der Philologie sich von ihrer Alltagssprache substanziell unterscheidet. So sieht die Beschäftigung mit Texten des Spätmittelhochdeutschen und Frühneuhochdeutschen, wenn sie sich für den Wert des Wortes *arbeit* interessiert und dazu Belege wie in Bsp. 16a und Bsp. 17a untersucht, Relationen zwischen *arbeit* und anderen Zeichengestalten (u. a. *rouch*, *widerkriec*, *prasteln*, *strît*, *viure* und *holze* in Bsp. 16a sowie *werfen*, *geschoße* und *sich vigentlichen zu gewere stellen* in Bsp. 17a); wer etwas über deren Wert weiß oder zu wissen annimmt, kann den Wert von *arbeit* recht genau bestimmen (vgl. die Übersetzung, Bsp. 16b und Bsp. 17b).

Bsp. 16:   a) „sô ist dâ iemer ein rouch, ein widerkriec, ein prasteln, ein <u>arbeit</u> und ein strît zwischen viure und holze" (Meister Eckhart, Ende 13./Anf. 14. Jh.; vgl. FWB/2 1994, 34).
         b) ‚so ist da immer ein Rauch, ein Krieg, ein Prasseln, ein <u>Kampf</u> und ein Streit zwischen Feuer und Holz'.

Bsp. 17:   a) „stalten sich vigentlichen zu gewere mit werfen, mit geschoße unde ander große <u>arbeit</u>, unde dreben di uß herlichen" (Limburger Chronik, 2. Hälfte 14. Jh.; vgl. ebd.).
         b) ‚[Sie] setzten sich feindlich zur Wehr mit Werfen, mit Beschuss und anderem großem <u>Kampf</u> und trieben die [Gegner] glanzvoll hinaus'.

Damit ist aber eben noch nicht gewährleistet, dass eine im Umgang mit frühneuhochdeutschen Zeichengestalten nicht geübte und über ihre möglichen Werte nicht informierte Person mit der philologischen Deutung etwas anfangen kann. Dies ist erst dann der Fall, wenn man den Wert von *arbeit* mittels einer spätneuhochdeutschen Entsprechung – z. B. ›Kampf‹ (vgl. Bsp. 16b, Bsp. 17b) – angibt.

Bei derartigen beschreibungssprachlichen Entsprechungen handelt es sich um Zeichengestalten, die für die Gestalt des zu beschreibenden Zeichens stehen, also deren Stelle vertreten können. Kriterium für solche Stellvertreterschaft (Repräsentativität, vgl. S. 6) ist dabei die minimalkotextuelle Substituierbarkeit: die im Rahmen eines möglichst kleinen Kotextes gegebene Austauschbarkeit mit mindestens einem anderen oder Ersetzbarkeit durch mindestens ein anderes Zeichen. So steht beispielsweise spätneuhochdeutsch ›Kampf‹ in bestimmten Kotexten für das spätmittelhochdeutsche/frühneuhochdeutsche *arbeit*, weil es in der spätneuhochdeutschen Übersetzung (Bsp. 16b, Bsp. 17b) die Stelle einnehmen kann, die *arbeit* im historischen Text einnimmt.

---

ständlich außer Frage, dass die philologische Beschreibungssprache von der Zielgruppe abhängt und dass daher, wenn man für ein Fachpublikum spricht oder schreibt, Deutungs- und Beschreibungssprache enger beieinanderliegen bzw. sich stärker überschneiden können, als wenn man sich an ein Laienpublikum wendet. (Vgl. Bär 2002, 234.)

Wie die Beispiele zeigen, ist nicht nur das substituierte Zeichen eine beschreibungssprachliche Einheit, sondern die Substitution selbst erfolgt in der Beschreibungssprache. Das heißt, dass auch die Kotexteinheiten, in deren Rahmen die Ersetzung erfolgen soll, nicht deutungssprachliche Analoga objektsprachlicher Phänomene, sondern beschreibungssprachliche Einheiten sein müssen. Die Analogie zum objektsprachlichen Phänomen ist damit allerdings nicht prinzipiell ausgeschlossen, denn die Unterscheidung zwischen Deutungssprache und Beschreibungssprache ist in der Praxis dort kaum relevant, wo Objekt- und Beschreibungssprache nahe verwandte sprachliche Subsysteme sind (zum Beispiel, wie im Falle der vorliegenden Untersuchung, zwei Ausformungen des Deutschen, die nur ca. 100–200 Jahre auseinanderliegen). Wie in Kap. 1.7 angedeutet, findet zwar auch hier eine ‚Übersetzung' des philologisch Verstandenen in eine für das Publikum verständliche Sprache statt. Dies fällt nur üblicherweise nicht weiter auf, weil im Prinzip jeder deutungssprachlichen Einheit (Analogon eines objektsprachlichen Phänomens) eine gestaltgleiche beschreibungssprachliche Einheit entspricht.[43]

§ 4.2 HLR: (α) Der Wert eines Zeichenphänomens i. S. v. § 2.2α HLR heißt **belegspezifischer Zeichenwert** (kurz: **Belegzeichenwert**); er wird verstanden als die Gesamtheit der Relationen zu anderen Belegzeichengestalten, in denen die interpretierende Person die Belegzeichengestalt im Rahmen eines bestimmten Belegkotextes sinnvoll sehen kann. Der Wert eines Zeichenphänomens ist damit **konkret kotextuell bestimmt** – er erscheint in **syntagmatischer Dimension**.

(β) Der Wert eines Zeichentyps i. S. v. § 2.2β HLR heißt **korpusspezifischer Zeichenwert** (kurz: **Korpuszeichenwert**); er wird verstanden als ein Wertparadigma (ein Ensemble von Einzelwerten bzw. Zeichenformwerten: aufeinander regelhaft beziehbaren Mengen von unterschiedlichen Werten typidentischer Belegzeichen gemäß § 2.2β^{2αβ} bzw. § 2.2β^{2αγ} HLR). Der Wert eines Zeichentyps ist damit **kotextabstraktiv bestimmt** – er erscheint in **paradigmatischer Dimension**.

(γ) $^{(1)}$Der Wert eines Gliedzeichens i. S. v. § 2.2γ HLR heißt **Gliedartwert** oder **Gliedfunktion**; er wird verstanden als die Gesamtheit der Relationen zu anderen Gliedgestalten, in denen

---

[43] Es kann auch Wertentsprechungen zwischen gestaltverschiedenen Einheiten (heteronymische Entsprechungen) sowie zwischen deutungssprachlichen Einheiten und beschreibungssprachlichen Einheitengruppen (periphrastische Entsprechungen) geben. – Die gestaltgleiche Entsprechung auch für die zu interpretierende Zeicheneinheit selbst zu wählen – also beispielsweise *Geist* durch die Bedeutungsangabe ›Geist‹ zu erklären – verbietet sich freilich in der Regel, weil die historische Semantik den Wert der Einheit, die sie beschreiben will, nicht nur kennen, sondern eben auch angeben, vermitteln, inter-pretieren (S. 5) soll. Hingegen ist es möglich, eine heteronymische Entsprechung zu wählen, also beispielsweise die Bedeutung von *Geist* mit ›Esprit‹ anzugeben, wenn sich der Ausdruck *Esprit* als Synonym zu *Geist* im Belegkotext findet. Diese Möglichkeit besteht selbstverständlich nur dann, wenn nicht nur die Gestalt, sondern auch der Wert der deutungssprachlichen Einheit und der beschreibungssprachlichen Entsprechung übereinstimmen bzw. nicht relevant voneinander abweichen (wenn also z. B. das historische *Geist*-Synonym *Esprit* und das beschreibungssprachliche *Geist*-Heteronym ›Esprit‹ mehr oder weniger gleichbedeutend sind).

die interpretierende Person die Gliedgestalt im Rahmen eines bestimmten Belegkotextes sinnvoll sehen kann. Der Wert eines Gliedes ist damit k o n k r e t k o t e x t u e l l b e s t i m m t – er erscheint in s y n t a g m a t i s c h e r D i m e n s i o n. [2α]Exemplarzeichen von unterschiedlicher Zeichenartzugehörigkeit (§ 2.2δ HLR), die gleiche Gliedfunktionen erfüllen können, heißen hinsichtlich dieser Gleichheit g l i e d a r t k o n f o r m. [β]Nicht gliedartkonforme Exemplarzeichen heißen g l i e d a r t d i v e r g e n t.

(δ) Der Wert eines Exemplarzeichens i. S. v. § 2.2δ HLR heißt Z e i c h e n a r t w e r t oder E x e m p l a r f u n k t i o n; er wird verstanden als ein Wertparadigma (ein Ensemble der Funktionen unterschiedlicher, zeichenartidentischer Glieder). Der Wert einer Zeichenart ist damit k o t e x t a b s t r a k t i v b e s t i m m t – er erscheint in p a r a d i g m a t i s c h e r D i m e n s i o n.

Zu § 4.2 HLR: Das Verhältnis von Langue-Zeichenwert (§ 4.2β/δ) und Parole-Zeichenwert (§ 4.2α/γ) entspricht dem in den Erläuterungen zu § 3 HLR zum Verhältnis von Langue- und Parole-Zeichengestalt Gesagten: Vorgängig ist als interpretatives Muster ein Langue-Zeichenwert ‚ante interpretationem', also vor der empirischen Korpusarbeit, die auf vorwissenschaftlich-alltagssprachlichem oder auf erlerntem philologischem Sprachregelwissen beruhen kann, die jedenfalls eben keine philologische Beschäftigung mit einem zu untersuchenden Quellenkorpus voraussetzt. Anhand dieses vorgängigen Langue-Zeichenwertes können durch ebensolche Beschäftigung dann konkrete Belegzeichenwerte herausgearbeitet werden; deren Vergleich und Reduktion auf ein spezifisches Bündel gemeinsamer Wertaspekte ergibt dann den Korpuszeichenwert als einen sekundären, einen Langue-Zeichenwert ‚post interpretationem'. Es versteht sich, dass er, als eine Abstraktion von konkreten Belegzeichenwerten, diesen nur im Allgemeinen entspricht, da er ihnen allen gemein sein soll und sie selbst sich im Einzelnen durchaus unterscheiden können. Es muss daher nicht notwendig einen a l l e n zu einem Korpuszeichenwert zusammenzufassenden Belegzeichenwerten gemeinsamen Wertaspekt (oder sogar mehrere solcher Aspekte) geben, sondern zwischen diesen Belegzeichenwerten kann auch eine Familienähnlichkeit im Wittgenstein'schen Sinne bestehen (vgl. Keller 1995, 89 f.), so dass im Extremfall ein Belegzeichenwert mit einem zweiten hinsichtlich eines anderen Aspektes übereinstimmen kann als mit einem dritten und zugleich der zweite und der dritte in nichts anderem übereinstimmen als in der Tatsache einer jeweils partiellen Übereinstimmung mit dem ersten. Somit kann es Wertaspekte geben, die, obwohl sie für den Korpuszeichenwert als Abstraktion konstitutiv sind, doch nur jeweils für einige der konkreten Belegzeichenwerte zutreffen. Umgekehrt kann ein Belegzeichenwert dann als prototypisch für den Korpuszeichenwert gelten, wenn er mehrere der fraglichen Wertaspekte (idealiter: alle) aufweist.

Für Einzelwerte und Zeichenformwerte gilt nicht anders als für prinzipiell jeden Zeichenwert, dass es sich dabei um Größen handelt, die durch Interpretation zustande kommen. Als Einzelwerte erscheinen solche Ensembles von Wertaspekten i. S. v. § 4.1 HLR, die einander partiell ausschließen, als Zeichenformwerte solche besonderen Einzelwerte, die einer bestimmten Zeichenform oder Menge von Zeichenformen (also nicht dem gesamten Formenparadigma eines Zeichens) zugeordnet werden können. Aspekte von Zeichenformwerten sind beispielsweise ›Einzahl‹

(bei Singularformen), ›Mehrzahl‹ (bei Pluralformen) oder ›Prädikatsfähigkeit‹ (bei flektierten Verbformen), aber auch so etwas wie ›konkretes Individuum (im Gegensatz zu abstrakter Qualität)‹ (bei Substantiven im Individualplural: § 83.1f^1 HLR; vgl. Bsp. 18a im Gegensatz zu Bsp. 18b).

Bsp. 18: a) „Nicht mehr, wie der Wilde, für den es solche Mächte gab, muß man zu magischen Mitteln greifen, um die Geister zu beherrschen oder zu erbitten." (WEBER, Wiss. Beruf 1919, 594.)

b) „Weit entscheidender für die Zukunft Deutschlands ist [...] die Frage: ob das Bürgertum in seinen Massen einen neuen verantwortungsbereiteren und selbstbewußteren p o l i t i - s c h e n Geist erziehen wird. Bisher herrschte seit Jahrzehnten der Geist der ‚S e - k u r i t ä t': der Geborgenheit im obrigkeitlichen Schutz, der ängstlichen Sorge vor jeder Kühnheit der Neuerung, kurz: der feige W i l l e z u r O h n m a c h t." (WEBER, Dtld. Staatsform ^{ü}1919, 454.)

Die Gesamtheit aller Einzelwerte und Zeichenformwerte erscheint als das Wertparadigma eines Zeichens.

Die Werte unterschiedlicher Zeichen können sich partiell überlagern, mit anderen Worten: bestimmte Wertaspekte unterschiedlicher Zeichen können übereinstimmen. Solche Wertgemeinsamkeiten können die Bedeutungen von Zeichen im engeren Sinn (§ 9.2α HLR) betreffen, aber auch beispielsweise ihre Gliedfunktionen. In diesem Fall ist die Rede von Gliedartkonformität (§ 4.2γ^{2α} HLR). Gliedartkonform hinsichtlich des Wertaspektes ›Subjektsfähigkeit‹ sind beispielsweise Pronomina im Nominativ (§ 34.3b^{Iα} HLR: Bsp. 19a), Verben im *zu*-Infinitiv (§ 34.3b^{Iβ} HLR: Bsp. 19b) und bestimmte Substantivgruppen im Nominativ (§ 34.3b^{IIβ} HLR: Bsp. 19c).

Bsp. 19: a) „E r liebte die M e n s c h h e i t, aber die M e n s c h e n verachtete e r." (MEREAU, Blüth. d. Empf. 1794, 32.)

b) „Zu leben ist doch süß!" (GRILLPARZER, Wellen 1840, 86.)

c) „Der Italiener zog sich mit spiralenförmiger Verbeugung zurück." (KLABUND, Bracke 1918, 27.)

---

§ 5.1 HLR: Jede Zeichengestalt, die nach Ansicht der interpretierenden Person in einer bestimmten Relation potentieller Konkurrenz mit einer anderen Zeichengestalt steht, heißt R e l a t i o n a l oder (da sie der interpretierenden Person zur B e s t i m m u n g eines Zeichenwertaspektes dient) D e - t e r m i n a t i v.

§ 5.2 HLR: (α) Dasjenige Relational bzw. Determinativ, das von der interpretierenden Person zum Ausgangspunkt ihrer Betrachtung gewählt wird, heißt A u s g a n g s r e l a t i o n a l bzw. (als die Gestalt des von der interpretierenden Person relational über seine Relate – § 5.2β HLR – b e s t i m m - t e n Zeichens) D e t e r m i n a t.

(β) Jede mit dem Ausgangsrelational bzw. Determinat als relational verknüpft angesehene Zeichengestalt heißt R e l a t bzw. (als die Gestalt eines von der interpretierenden Person zur B e s t i m - m u n g des Determinats herangezogenen Zeichens) D e t e r m i n a n t.

Zu § 5 HLR: Signifikative Relationalität bzw. Determinativität ist prinzipiell rückbezüglich: Das Verhältnis, in dem eine Zeichengestalt zu einer anderen steht, findet seine direkte Entsprechung in derjenigen Relation, in der die andere Zeichengestalt zu ihr steht (vgl. die Erläuterung zu § 3.1 HLR). In der semantischen Analyse, die ihren Ausgangspunkt jeweils von einer bestimmten Zeichengestalt nimmt, wird diese Rekursivität aufgelöst. Ihre Gegenstände erscheinen als das Ausgangsrelational, als sein Relat (Determinant) und als die zwischen beiden angesetzte Relation bzw. determinative Funktion. Letztere wird im Sinne des unter 1.6 sowie in den Erläuterungen zu § 3 HLR Gesagten verstanden: nicht als objektsprachliche Gegebenheit, sondern als hermeneutische Leistung. Sie ist die Regel bzw. Teilregel, nach der die rezipierende Person einen bestimmten Kotext strukturiert und aufgrund deren sie in der Tatsache, dass eine Zeichengestalt einer anderen (unmittelbar oder mittelbar) benachbart ist, mehr sieht als bloße Koinzidenz. Ein sprachliches Zeichen ist demnach aus der Sicht der relationalen Semantik nicht prinzipiell mit a l l e n sprachlichen Zeichen v e r k n ü p f t, die sich in seiner engeren oder weiteren kotextuellen Umgebung finden, sondern nur mit b e s t i m m t e n Zeichen dieser Umgebung v e r k n ü p f b a r: mit denjenigen, zu denen es nach den für die Deutungssprache geltenden Regeln von der interpretierenden Person in ein funktionales Verhältnis gesetzt werden kann.

Es versteht sich, dass jedes Relat seinerseits wiederum als Ausgangsrelational, jeder Determinant seinerseits als Determinat betrachtet werden kann. Es ist nur eine Frage der Perspektive: Wird ein Sprachzeichen A zum Ausgangspunkt der Betrachtung gemacht, so ist das Sprachzeichen B, das zu ihm in der Relation bzw. determinativen Funktion x steht, sein Relat bzw. Determinant. Wird B als Ausgangsrelational bzw. Determinat genommen, verhält es sich umgekehrt: A, das zu ihm in der Relation bzw. Determinationsfunktion x' steht, ist sein Relat bzw. Determinant.

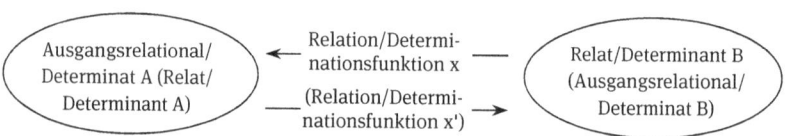

Abb. 13: Bidirektionalität der signifikativen Relationalität/Determinativität

An einigen Beispielen mag, späteren Definitionen und Erläuterungen vorgreifend, deutlich werden, was gemeint ist:

Bsp. 20: a) Wenn zum Ausgangsrelational *Obst* ein Relat *Apfel* in der Relation der Hyponymie steht, so muss umgekehrt zum Ausgangsrelational *Apfel* das Relat *Obst* hyperonym sein.

b) Lässt sich das Verhältnis zwischen zwei Zeichen als Bedingungsgefüge deuten, so erscheint das eine Zeichen als das Bedingende des anderen, dieses hingegen als das Bedingte des ersten. In dem folgenden Textausschnitt sind *Volksversammlung* bedingendes, *persönliche Stellungnahme* und *Partei nehmen* bedingte Zeichen: „Wenn man in einer Volksversammlung über Demokratie spricht, so macht man aus seiner persönlichen Stellungnahme kein Hehl: gerade das: deutlich erkennbar Partei zu nehmen, ist da die verdammte Pflicht und Schuldigkeit" (WEBER, Wiss. Beruf. 1919, 601).
c) Setzt man das Lexem *Geist* als Ausgangsrelational und betrachtet das Gefüge „Geist des Lesers" (NIETZSCHE, Menschl. I ²1886, 164), so steht *des Lesers* in attributiver Relation zu *Geist*; setzt man *Natur* als Ausgangsrelational und betrachtet das Gefüge „Natur des Geistes" (NIETZSCHE, I. Unzeit. Betr. 1873, 199), so steht *Natur* in attribuierter Relation zu *des Geistes*.

Die Rückbezüglichkeit der signifikativen Relationalität ist allerdings nicht gleichzusetzen mit bloßer Tautologie, weil sprachliche Relations- oder Determinationsgefüge nie geschlossen, d. h., weil die in ihnen verknüpften Zeichen nie ausschließlich miteinander verknüpft sind. Wird ein Determinant B, der ein Determinat A bestimmt, seinerseits als determiniert betrachtet, so ist zwar A sein Determinant, aber daneben können auch noch beispielsweise C und D Determinanten sein. Ebenso gilt: A ist nicht allein durch B determiniert, sondern auch beispielsweise durch E und F. Die potentielle Komplexiät der Verhältnisse ist andeutungsweise in Abb. 12 (S. 51) erkennbar. Damit erscheint empirisch-semantische Arbeit immer als Text-Arbeit: als Untersuchung des Verlaufs von Fäden innerhalb eines Gewebes oder Geflechts, und entsprechend ist sie als Methode der Hermeneutik, des Verstehens und Interpretierens von Texten (vgl. 1.1, v. a. S. 7), in besonderer Weise geeignet.

2.1 Relation als determinative Funktion: drei Aspekte

Von der Relationalität bzw. Determinativität eines sprachlichen Zeichens war bislang noch ganz unspezifisch die Rede; wie andere Gestalteinheiten auf eine Zeichengestalt funktional bezogen werden können, bedarf einiger weiterer Ausführungen.

§ 6.1 HLR: Drei Aspekte der Determinativität sprachlicher Zeichen lassen sich unterscheiden: K o n s t i t u t i v i t ä t , D i s t i n k t i v i t ä t und K o l l o k a t i v i t ä t . Dabei handelt es sich nicht um einander ausschließende, sondern um einander implizierende funktionale Kategorien. Allerdings liegt eine hierarchisch gestufte einseitige Implikation vor: Kollokativität impliziert Distinktivität, Distinktivität impliziert Konstitutivität. Damit impliziert auch Kollokativität Konstitutivität. Umgekehrt muss hingegen ein konstitutives Zeichen weder distinktiv noch kollokativ sein, und auch ein distinktives Zeichen muss nicht kollokativ sein.

§ 6.2 HLR: Von Konstitutivität ist die Rede, wenn ein Zeichen, das K o n s t i t u e n s , aus der Sicht der interpretierenden Person mindestens ein anderes Zeichen, ein K o - K o n s t i t u e n s , als gemeinsam mit ihm zur Bildung eines dritten Zeichens, des K o n s t i t u t s , beitragend bestimmt. Ein Konstituens kann g e s t a l t k o n s t i t u t i v sein (seine Gestalt kann als beitragend zur Bildung der Gestalt des Konstituts – anders gesagt: als Bestandteil derselben – interpretiert werden), w e r t -

konstitutiv (sein Wert kann als beitragend zur Bildung des Wertes des Konstituts interpretiert werden) oder beides.

§ 6.3 HLR: Von Distinktivität ist die Rede, wenn ein Zeichen, das D i s t i n k t i v, ein anderes, das D i s t i n k t, zu dessen Konstitution es beiträgt, als von dritten Zeichen verschieden bestimmt, mit anderen Worten: aus der Sicht der interpretierenden Person von ansonsten in Gestalt und/oder Wert gleichen Zeichen unterscheidbar macht.

§ 6.4 HLR: Von Kollokativität ist die Rede, wenn ein Zeichen, der K o l l o k a n t, den Wert mindestens eines anderen (als sein Ko-Konstituens oder Konstitut erscheinenden) Zeichens, des K o l l o k a t s, a s p e k t ü b e r g r e i f e n d determiniert, d. h. hinsichtlich eines anderen Wertaspekts als dessen, den es selbst konstituiert; mit anderen Worten: wenn die Kookkurrenz seiner Gestalt mit einer anderen Zeichengestalt es aus der Sicht der interpretierenden Person nahelegt, die Kookkurrenz dieser anderen Zeichengestalt mit den Gestalten dritter Zeichen, der K o - K o l l o k a n t e n, auf bestimmte Regeln zu bringen.

Zu § 6.2 HLR: Gemäß der Bidirektionalität signifikativer Relationalität lässt sich der Aspekt der Konstitutivität im Sinne einer Teil-Ganzes-Relation fassen. Indem ein sprachliches Zeichen als Konstituens eines anderen Zeichens erscheint, wird dieses zugleich als durch jenes (mit)konstituiert gesehen. Konstitutive Zeichen können prinzipiell auf jeder strukturellen Kategorienebene des Sprachsystems vom Laut und Buchstaben bis zum (Sub-)Text vorkommen; dabei ist zu unterscheiden zwischen Zeichen, die rein gestaltkonstitutiv sind (faktisch: Laute/Buchstaben)[44], Zeichen, die rein wertkonstitutiv sind – die eine Wertkomponente bzw. einen Wertaspekt im Sinne von § 4.1 HLR konstituieren –, indem sie nicht als Bestandteil der Zeichengestalt des Konstituts zu deuten sind (faktisch: kookkurrierende Einheiten von der morphologischen Ebene an)[45], und Zeichen, die sowohl gestalt- als auch wertkonstitutiv sind (faktisch: je nach der Ebene, auf der das Konstitut angesetzt wird, ebenfalls Einheiten von der morphologischen Ebene an)[46].

Ein Konstitut hat Zeichencharakter: Es ist seinerseits determinativ funktional für andere Zeicheneinheiten. Sofern als solche Einheiten ausschließlich die Konstituenten des Konstituts in den Blick genommen werden (d. h., sofern das Konstitut nur hinsichtlich seiner Zusammengesetztheit, seines Bestehens aus Zeicheneinheiten, betrachtet wird), erscheint es als Z e i c h e n g e f ü g e. Konstitute sind somit immer beides, Zeichen und Zeichengefüge; wird das Konstitut als Zeichen betrachtet, so steht die Außenperspektive, wird es als Gefüge betrachtet, die Innenperspektive im Vordergrund.

---

[44] So sind die Phoneme /s/, /a:/ und /l/ bzw. die Grapheme <S>, <aa> und <l> reine Gestaltkonstituenten des Lexems *Saal*.

[45] So sind die Wortgruppen ⸢schön geschmückt⸣, ⸢reich gedeckte Tafel⸣, ⸢auf das beste gekleidet sein⸣ und ⸢zahlreiche und feine Gesellschaft⸣ reine Wertkonstituenten des Lexems *Saal* (vgl. EBNER-ESCHENBACH, Božena 1876, 171 f.: „Da sitze ich im schön geschmückten Saale, an reich gedeckter Tafel, [...] bin auf das beste gekleidet, befinde mich in zahlreicher und feiner Gesellschaft").

[46] So sind *Saal* und *Tür* zugleich Gestalt- und Wertkonstituenten des Praseolexems *Saaltür* (vgl. KEYSERLING, Beate 1903, 70: „An der Saaltür mußte sie stehen bleiben").

Konstitutivität – auch solche einer Zeichen g e s t a l t – ist ein Aspekt des W e r -
t e s eines Zeichens für ein anderes. Da dieser Wert reziprok ist (vgl. Abb. 13) und da
Zeichengestalt und Zeichenwert wechselseitig voneinander abhängen (vgl. § 2.1b
HLR und die Erläuterungen zu § 3 HLR), so muss festgestellt werden, dass selbst ein
rein gestaltkonstitutives Zeichen den Wert eines Konstituts oder einer Ko-Konstituente beeinflusst: Die Konstituiertheit bzw. Ko-Konstitutivität, die es (mit) zustande bringt, sind Aspekte ihres Wertes. Eben deshalb – um den Unterschied zwischen
der Wertbestimmung, die ein konstitutives und ebenso auch ein distinktives Zeichen leistet, von derjenigen eines kollokativen deutlich zu machen – ist in § 6.4 HLR
von a s p e k t ü b e r g r e i f e n d e r Determination die Rede: Zeichen, die allein konstitutiv oder distinktiv sind, haben nur unter dem Aspekt Einfluss auf den Wert des
Zeichens, zu dessen Bestimmung sie beitragen, der ihrem eigenen Wert für das so
bestimmte Zeichen entspricht (will sagen: der ihm im Sinne von Abb. 13 reziprok
ist). Demgegenüber bestimmt ein kollokatives Zeichen den Wert seines Kollokats hinsichtlich mindestens eines weiteren Zeichens: Es trägt dazu bei, die Tatsache, dass
das Kollokat mit diesem weiteren Zeichen, einem Ko-Kollokanten, kookkuriert – und
ebenso möglicherweise, dass es mit anderen Zeichen n i c h t kookkuriert –, für die
interpretierende Person verständlich (im Sinne von: nicht zufällig erscheinend) zu
machen; vgl. hierzu die Erläuterungen zu § 6.4 HLR.

*

Zu § 6.3 HLR: Distinktive sprachliche Zeichen können ebenfalls auf prinzipiell jeder
systematischen Kategorienebene vorkommen. Allerdings sind aufgrund der unterschiedlichen Kategorien von Zeichen mit distinktiver Funktion auch Unterschiede in
der Distinktivität selbst festzustellen.

– V a r i a n t e n d i s k t i n k t i v nennen wir hier jedes gestaltkonstitutive Zeichen,
  das es erlaubt, das komplexere Zeichen, zu dessen Konstitution es beiträgt, als
  Variante eines Zeichentyps (§ 2.2β) anzusetzen. Zwei Varianten eines sprachlichen Zeichens werden nicht aufgrund irgendeines Wertaspektes unterschieden,
  und prinzipiell unterscheiden sie sich nicht hinsichtlich ihres kollokativen Wertes.[47] Damit haben variantendistinktive Zeichen also keinen Einfluss auf den

---

[47] Allerdings können sich zwei Varianten eines Zeichens hinsichtlich ihres Symptomwertes im Sinne von Reichmann (1976, 4) unterscheiden, indem sie sich einer bestimmten sprachlichen Varietät
zuordnen lassen (und es damit zugleich erlauben, den Zeichenbenutzer einer bestimmten Gruppe von
Sprachbenutzern zuzuordnen). Wie relevant die Erkenntnis und die Beschreibung von Symptomwer-
ten für den historischen Semantiker ist, zeigt Reichmann (1989, 26 f.): Symptomfunktional markiert
sind sprachliche Zeichen „in Abhängigkeit von der Geographie, der Zeit, der sozialen Schicht, der
sozialen Gruppe und des Situationstyps, in denen ein Text entstand und/oder rezipiert wurde. Man
muß annehmen, daß die zeitgenössischen Leser solche Bindungen erkannten, demnach eine Möglichkeit hatten, den Verfasser/Schreiber/Drucker des Textes räumlich, zeitlich, sozial, in seiner situativen Handlungsabsicht zu orten, den Textinhalt damit nicht nur auf der propositionalen Ebene
als gleichsam geschichtslosen reinen Inhalt aufzufassen, sondern ihn in ein jeweils spezifisches

Wert der von ihnen (mit)konstituierten Zeichen, wenn man von demjenigen Wertaspekt absieht, den sie selbst darstellen (und der eben darin besteht, das Konstitut zu einer Variante zu machen); mit anderen Worten: Sie haben keinen im Sinne von § 6.4 HLR aspektübergreifenden Einfluss auf den Wert des Konstituts. Sie können auf allen systematischen Kategorienebenen zumindest bis zur Wortebene vorkommen; wir unterscheiden demnach Allographe[48], Allomorphe[49], Allolexe[50], Allophrasen[51] und – auf Wortverbundebene – Allokonglomerate[52].

- **Wertdistinktiv** nennen wir hier jedes wertkonstitutive Zeichen, das es erlaubt, das Zeichen, zu dessen Wertkonstitution es beiträgt, als ein einzelwertspezifisches Zeichen (§ 2.2β^{2αβ} HLR) von einem anderen einzelwertspezifischen Zeichen desselben Typs zu unterscheiden, mit anderen Worten: das es erlaubt, zwei Wert-Subtypen eines Zeichens zu unterscheiden. Wertdistinktive Zeichen haben immer auch kollokative Funktion; sie können nicht auf Phonem- bzw. Graphemebene vorkommen.
- **Formdistinktiv** nennen wir hier jedes gestalt- und/oder wertkonstitutive Zeichen, das es erlaubt, das komplexere Zeichen, zu dessen Konstitution es beiträgt, als Form eines Zeichentyps (§ 2.2β^{2αγ} HLR) anzusetzen. So unterscheiden sich die Formen der 3. Person Plural Indikativ Präsens Aktiv von *singen* – *singen* – und der 3. Person Plural Indikativ Präteritum Aktiv desselben Verbs – *sangen* – durch die formdistinktiven Phoneme /i/ und /a/, die Formen der 1. und der 3. Person Singular Indikativ Präsens Aktiv desselben Verbs – *singe* bzw. *singt* – durch die formdistinktiven Wortelemente {e} und {t}, die Formen der 1. und der 3. Person Plural Indikativ Präsens Aktiv desselben Verbs – *(wir) singen* bzw. *(sie) singen* – durch die formdistinktiven Wertaspekte ›Sprecherreferenz‹ und ›Gegenstandsreferenz ohne Adressierung des Gegenstandes‹. – Es versteht sich,

---

kommunikationsgeschichtliches Kräftefeld zu stellen und so überhaupt erst seine Handlungsbedeutung (Illokution) zu erkennen. Für den heutigen Leser geschichtlicher Texte bietet die Kenntnis der Symptomwerte [...] entsprechende Möglichkeiten: er kann den Text vor allem beim Fehlen von Verfasserangaben und sonstigen textgeschichtlich relevanten Zeugnissen nach den oben genannten Dimensionen einordnen, er kann zum Beispiel erkennen, daß er grob dialektal ist, daß er in eine bestimmte Zeit gehört, daß er bestimmten textlichen Traditionen und damit bestimmten Trägern zuzuschreiben ist. Dies alles ist unabdingbare Voraussetzung dafür zu verstehen, wie er kommunikativ gemeint war."

48 Beispielsweise <ph> und <f> in dem Graphievariantenpaar *Telephon/Telefon*.
49 Beispielsweise {chen} und {lein} in dem Wortvariantenpaar *Kindchen/Kindlein* oder {es} und {s} in dem Wortformvariantenpaar *Buches/Buchs*.
50 Beispielsweise *Samstag* und *Sonnabend* in dem Satzvariantenpaar *Wir sehen uns nächsten Samstag/Wir sehen uns nächsten Sonnabend*.
51 Beispielsweise die Wortgruppen *etw. ist jm. gleichgültig* und *etw. geht jm. am Arsch vorbei*.
52 Gemeint sind Wortverbünde, die sich in ihrer Nennform unterscheiden, aber ansonsten als einander entsprechend angesehen werden können – beispielsweise, wenn bei unterschiedlichen Fassungen literarischer Stoffe eine Figur unterschiedliche Namen hat: Sigurd/Siegfried, Arthur/Artus usw.

dass eine Zeichenform nicht notwendig ein formdistinktives Zeichen als gestaltliche (Ko-)Konstituente aufweisen muss. Auch gestaltlich einfache kollokative Zeichen, d. h. solche, die nicht als Verbindung kollokativer Zeichen zu beschreiben sind, können als Zeichenformen erscheinen, beispielsweise die Pronomenformen *er/sie/es*. — Zeichenformen sind nach herkömmlichem Verständnis auf Wortebene anzutreffen, gestaltkonstitutive formdistinktive Zeichen daher bis zur Wortelementebene: *gehe*, *gehst* und *geht* sind drei Formen desselben Wortes, {e}, {st} und {t} sind daher formdistinktive Wortelemente. Man kann aber beispielsweise auch Formen von Wortgruppen annehmen, nämlich dann, wenn sie mindestens eine Wortform als Konstituente aufweisen und sich im Übrigen nur hinsichtlich dieser Konstituente unterscheiden. So ist in *er geht zu weit* und *sie geht zu weit* mit *geht* nur eine einzige Wortform (3. Person Singular) des Verbs *gehen* anzusetzen, aber *er* und *sie* sind zwei verschiedene Formen des Personalpronomens; *er geht zu weit* und *sie geht zu weit* sind daher zwei verschiedene Wortgruppenformen (nicht zwei verschiedene Wortgruppen)[53], *er* und *sie* sind formdistinktive Zeichen.[54] Wie sich zeigt, besteht ein Wortgruppenformparadigma in der Kombination der Formparadigmata der die Phrase konstituierenden Wörter.

— T y p d i s t i n k t i v nennen wir hier solche gestalt- und/oder wertkonstitutiven Zeichen, die es nahelegen, bei den Zeichen, zu deren Konstitution sie beitragen, nicht nur eine Verschiedenheit der Form, sondern des Zeichens selbst (will sagen: des Zeichentyps) anzunehmen. Typdistinktive Zeichen können auf allen systematischen Ebenen vorkommen; so unterscheiden sich die Wörter *Ernst* und *ernst* durch die typdistinktiven Grapheme <E> und <e>, die Wörter *Gram* und *Kram* durch die typdistinktiven Phoneme /g/ und /k/, die Wörter *ernsthaft* und *ernstlich* durch die typdistinktiven Wortelemente {haft} und {lich}, die Wort-

---

53 Die Diskussion, ob Personalpronomina als Bestandteile von Verbformen (und dann ebenso auch, ob Artikel als Bestandteile von Substantivformen) zu interpretieren sind – so dass mit *er geht* und *sie geht* nicht zwei Wortgruppenformen, sondern zwei Wortformen vorlägen –, muss hier nicht geführt werden. Es mag sein, dass eine solche Interpretation in bestimmten grammatikographischen Zusammenhängen (z. B. in der Sprachdidaktik) sinnvoll erscheint: In unserem, von der historischen Semantik her motivierten Zusammenhang ist relevant, dass Pronomina ebenso wie Artikel semantisch eigenständige Zeichen sind: In Phrasen wie *er geht* kann das Pronomen durch ein anderes ersetzt werden (z. B. *dieser geht*, *meiner geht* ...), ohne dass sich die grammatische Form ändert, nicht hingegen, ohne dass sich der Sinn ändert. Man kann also nicht davon ausgehen, dass *er* allein die Funktion habe, die Verbform hinsichtlich Person und Numerus zu bestimmen. Wir interpretieren es daher nicht als Bestandteil dieser Wortform, sondern als eigenständiges Wort.
54 Wortgruppenformen liegen auch vor, wenn sie zwei oder mehr verschiedene, jedoch kongruente Wortformen als Konstituenten aufweisen und sich nur hinsichtlich dieser Konstituenten unterscheiden. So sind in *der Herr des Hauses* und *den Herrn des Hauses* zwei verschiedene Formen des bestimmten Artikels und zwei verschiedene Formen des Substantivs *Herr* anzusetzen, entsprechend sind in *er geht zu weit* und *ihr geht zu weit* mit *er* und *ihr* zwei verschiedene Formen des Personalpronomens und mit *geht* und *geht* zwei verschiedene Formen des Verbs anzusetzen.

gruppen *heißer Gram*[55] und *stiller Gram*[56] durch die typdistinktiven Wörter *heiß* und *still* usw.

*

Zu § 6.4 HLR: Bei kollokativen Zeichen kann es sich nach der gegebenen Definition um Zeichen von der Wortelementebene an aufwärts handeln, sofern sie den Wert mindestens eines Zeichens (faktisch ebenfalls einer Einheit der genannten Ebenen) bestimmen bzw. zu dessen Bestimmung beitragen hinsichtlich mindestens eines anderen als des von ihnen selbst für das Kollokat dargestellten Wertaspektes – mit anderen Worten: sofern sie über das Kollokat den Wert mindestens eines Ko-Kollokanten bestimmen. So erscheint in

Bsp. 21: „In Deutschland für die politischen Rechte der Frauen zu kämpfen, mag vorläufig eine Thorheit, eine radikale Anticipation der Zukunft sein" (DOHM, Emancip. 1874, 1)

das Wort *politisch* als ein kollokatives Zeichen, indem es über das Kollokat *Recht(e)*, zu dessen Wertbestimmung es im Rahmen eines Attributionsgefüges beiträgt, den Wert eines weiteren Wortes, nämlich *Frau*, (mit)bestimmt, das seinerseits als Kern einer attributiven Substantivgruppe zur Bestimmung des Wertes von *Recht(e)* – und damit indirekt auch wiederum von *politisch* – beiträgt. Das Adjektiv *politisch* und das Substantiv *Frau* erfüllen somit in Bsp. 21 für einander die Funktion von Ko-Kollokanten.[57]

Der ausschlaggebende Unterschied zwischen kollokativen Zeichen einerseits und konstitutiven ebenso wie distinktiven Zeichen andererseits besteht darin, dass nur kollokative Zeichen den Wert ihres Determinats im vollen Umfang, nämlich spezifisch, determinieren. Konstitutive und distinktive Zeichen determinieren ihre Determinate lediglich allgemein als konstituierte oder ko-konstitutive bzw. als distinkte Größen, nicht aber als konkrete Einheiten. Beispielsweise ist keine Regel anzugeben, nach der in dem Konstitut *Regel* mit dem Graphem <g> die ko-konstitutiven Einheiten <R>, <e>, <e> und <l> koinzidieren. Mit <g> können auch ganz andere Ko-Konstituenten koinzidieren, z. B. <S>, <e>, <e> und <n> (in *Segen*), aber auch <T> und <a> (in *Tag*) usw. Ebensowenig ist eine Regel anzugeben, nach der das (typ)distinktive Graphem <l> die Lexeme *Regel* und *Regen* unterscheidet, da es ja auch für ganz andere Lexempaare (z. B. *Wahl/Wahn*, *legen/regen* usw.) distinktiv ist. Demge-

---

55 „Neben dieser Angst vor der Armut überwallte sie so manches Mal ein heißer Gram über ihr erdrücktes Frauenschicksal" (MEISEL-HESS, Intellekt. 1911, 136); „unnahbar in ihrem heißen Gram" (FRAPAN, Arbeit 1903, 30).
56 „Leidensjahre [...], in denen sein Weib sich in stillem Gram um den Sohn verzehrt hatte" (EBNER-ESCHENBACH, Agave 1903, 443); „hat mich der stille Gram gewandelt um den Zorn des Vaters und die Trauer der Mutter?" (FREYTAG, Ahnen I 1872, 227).
57 Beide Wörter können einander selbstverständlich auch unmittelbar kollokativ determinieren, z. B. in diesem Beleg: „Den Frauen soll das Stimmrecht vorenthalten werden, weil die Männer an politischen Frauen kein Gefallen finden." (DOHM, Frauen 1876, 137.)

genüber bestimmt ein kollokatives Zeichen wie die Wortgruppe „hatte [...] einen Sitz befestigt" den konkreten Relatkomplex des Wortes „Phantasie" als des Kerns des zugehörigen Satzsubjekts in

Bsp. 22: „[E]in Felsen bog sich über das Wasser und eine <u>kühne</u> <u>Phantasie</u> hatte auf dem schroffen Abhange einen Sitz befestigt." (MEREAU, Kl. Gemälde 1, 7.)

Es ist interpretativ nachvollziehbar, dass sich in Kollokation mit *Phantasie* ein Adjektiv wie *kühn* findet. Kaum nachvollziehbar wäre im selben Zusammenhang ein Adjektiv wie *allmächtig*. Dies liegt eben an dem – durch *auf dem schroffen Abhange einen Sitz befestigen* und *kühn* wechselseitig bestimmten – Wert von *Phantasie*, der sich metasprachlich folgendermaßen angeben lässt: ›jemand [...], der sich durch kreative, außergewöhnliche Einfälle sowie deren Umsetzung auszeichnet‹ (vgl. Bär 2000a, 76). Ein Adjektiv wie *allmächtig* erscheint demgegenüber nachvollziehbar in

Bsp. 23: „Die <u>allmächtige</u> <u>Fantasie</u> hat diese wesenlosen Schatten mit ihrem Zauberstabe berührt, damit sie ihr Innerstes offenbaren." (F. SCHLEGEL, Lucinde 1799, 18.)

In diesem Beleg hat *Phantasie* einen anderen Wert als in Bsp. 22[58]; er ließe sich ohne nähere Bestimmung zunächst angeben als ›allegorische Figur‹ (vgl. Bär 2000a, 76). Eine Rolle für die unterschiedliche Wertbestimmung spielt dabei auch die Tatsache, dass im einen Fall (Bsp. 22) ein unbestimmter, im anderen (Bsp. 23) ein bestimmter Artikel als zusätzliches Relat zu „Phantasie" erscheint. Auf die hier in den Blick fallenden unterschiedlichen Formen kollokativer Determination wird ausführlich in Kap. 4 einzugehen sein.

Die Tatsache, dass das, was wir hier *kollokativ* nennen, in anderen theoretischen Zusammenhängen als *signifikativ* bezeichnet wird (Henne 1972, 18) macht deutlich, dass es sich hierbei um eine eminente, ja sogar um die prototypische Art von Zeichen handelt. Zwar vermeiden wir an dieser Stelle die Termini *signifikativ* bzw. *Signifikativität*, weil durch sie fälschlich der Eindruck entstehen könnte, allein die kollokative Funktion sei geeignet, ein Zeichen auszumachen (*signum facere*). Wir räumen aber ein, dass wir kollokative Zeichen durchaus als Zeichen im engeren Sinne betrachten (§ 7.1 HLR) und dass wir uns im Rahmen der vorliegenden Untersuchung in der Tat hauptsächlich für sie interessieren. Wir meinen daher nur sie, wenn von nun an ohne weitere Differenzierung von *Zeichen* die Rede ist. Ebenso verstehen wir fortan *Determination*, sofern nicht näher spezifiziert, im engeren Sinne als ›kollokative Bestimmung‹.

---

[58] Dass in Bsp. 22 „Phantasie", in Bsp. 23 hingegen „Fantasie" belegt ist, macht für die kollokative Funktion beider Zeichen keinen Unterschied; es handelt sich um reine Zeichenvarianten.

§ 7.1 HLR: Als sprachliche Zeichen im engeren Sinn erscheinen k o l l o k a t i v e   Z e i c h e n (§ 6.4 HLR). Ihre Zeichengestalt heißt A u s d r u c k, ihr Zeichenwert heißt B e d e u t u n g.

§ 7.2 HLR: Analog zu § 2.2β HLR wird unterschieden zwischen

(α) Zeichenvarianten (§ 2.2$β^{2αα}$ HLR),

(β) einzelbedeutungsspezifischen Zeichen, d. h. Zeichen in einer bestimmten Einzelbedeutung (§ 2.2$β^{2αβ}$ HLR) sowie

(γ) Zeichenformen (§ 2.2$β^{2αγ}$ HLR).

§ 8.1 HLR: Als A u s d r u c k wird die Gestalt des kollokativen sprachlichen Zeichens gemäß § 3.1 HLR verstanden: das lautlich-graphische Erscheinungsbild eines objektsprachlichen lautlichen oder graphischen Phänomens.

§ 8.2 HLR: (α) Als Belegzeichengestalt (§ 3.2α HLR) heißt ein Ausdruck B e l e g a u s d r u c k.

(β) Als Korpuszeichengestalt (§ 3.2β HLR) heißt ein Ausdruck K o r p u s a u s d r u c k. Ein Korpusausdruck, insofern er pro angesetzte Einzelbedeutung betrachtet wird – mit anderen Worten: insofern er als Gestalt eines einzelbedeutungsspezifischen Zeichens gemäß § 7.2β HLR betrachtet wird, heißt e i n z e l b e d e u t u n g s s p e z i f i s c h e r   A u s d r u c k; sofern er eigens pro angesetzter Zeichenform gemäß § 7.2γ HLR betrachtet wird, heißt er F o r m a u s d r u c k.

(γ) Als Gliedzeichengestalt (§ 3.2γ HLR) heißt ein Ausdruck G l i e d a u s d r u c k.

(δ) Als Zeichenartgestalt (§ 3.2δ HLR) heißt ein Ausdruck Z e i c h e n a r t a u s d r u c k.

Zu § 8 HLR: Der Ausdruck stellt sich (§ 3.1 HLR entsprechend) als eine Größe dar, die durch Deutung eines objektsprachlichen Vorkommnisses zustande kommt. Als Korpusausdruck betrachtet stellt er sich (§ 3.2β HLR entsprechend) als ein beschreibungssprachlich durch eine Nennform (vgl. S. 54) zu fassendes Gestaltparadigma dar: ein Ensemble von Belegausdrücken, die hinsichtlich ihrer Bedeutung nach ausschließlich kategorialen Regeln aufeinander beziehbar sind. Bedenkt man, dass Gestalt und Wert des sprachlichen Zeichens komplementär sind (§ 2.1b HLR), so liegt es nahe, zwei Belegzeichen, die nicht nach individuellen, allein für sie als Zeichenpaar spezifischen, sondern nur nach allgemeinen, für große Mengen anderer Zeichenpaare ebenfalls gültigen Mustern als voneinander unterschieden erkannt werden, zu einer Einheit zusammenzufassen und (unter Langue-Aspekt) als typidentisch zu verstehen. Dies entspricht der landläufigen Auffassung, dass zwei (Parole-) Zeichen, die sich allein grammatisch unterscheiden, als zwei Formen eines und desselben (Langue-) Zeichens gelten können; auf ebendieser Auffassung beruht unsere Unterscheidung von Form- und Typdistinktivität (S. 66 ff.). Am konkreten Beispiel: Die drei Belegausdrücke „*denken*", „*denkt*", „*gedacht*" lassen sich hinsichtlich ihrer Bedeutung allein nach Aspekten unterscheiden, die sie ganz allgemein in ihrer Eigenschaft als Verbformen des Deutschen aufweisen und die sie jeweils mit einer großen Menge anderer Verbformen des Deutschen – mit der entsprechenden Form jedes Verbs – gemeinsam haben. Anders gesagt: Nicht allein „*denken*" lässt sich als Infinitiv bestimmen, sondern auch beliebig viele andere Formen, z. B. „*gehen*", „helfen" usw. Solche Bedeutungsaspekte (Valenzaspekte i. S. v. § 9.2β HLR) können nun eben deshalb, weil sie nicht individuell sind, bei der Unterscheidung individueller sprachlicher Zeichen unberücksichtigt bleiben. Das heißt umgekehrt: Belegzeichen, die sich allein in ihnen unterscheiden, können zwar als ausdrucksseitig unterschiedlich, in ihrer Bedeutung aber als konvergent gedeutet werden. Ihnen wird damit keineswegs dieselbe Bedeutung zugeschrieben, aber es wird ein Unterschied zwischen zeichenübergreifend gültigen und einzelzeichenspezifischen Bedeutungsaspekten gemacht und nur die letzteren werden unter Langue-Aspekt als typdistinktiv betrachtet.

Zu Sinn und Zweck eines Ansatzes von einzelbedeutungsspezifischen Ausdrücken bzw. Formausdrücken (§ 8.2β HLR) vgl. unten (S. 81).

§ 9.1 HLR: Als Bedeutung wird der Wert (gemäß § 4 HLR) eines Ausdrucks (gemäß § 8 HLR) verstanden: seine Bestimmtheit durch die Gesamtheit seiner Determinanten im engeren Sinne – also seiner kollokativen Relate (§ 6.4 HLR) – nach Auffassung der interpretierenden Person. Die Angabe der Bedeutung besteht gemäß § 4.1 HLR in der von der interpretierenden Person unternommenen beschreibungssprachlichen Fassung dieser Bestimmtheit.

Zu § 9.1 HLR: Wie bereits festgestellt (S. 69), meinen wir in dieser Arbeit (v. a. im Folgenden) in der Regel, wenn wir von Zeichen sprechen, kollokative Zeichen, und wenn von der determinativen Funktion von Zeichen für andere Zeichen die Rede ist, so ist ihre Bestimmung des kollokativen Wertes derselben (ihre Bedeutung) gemeint. Die Bedeutung eines Zeichens ist also das Resultat der Interpretation eines Zeichens als determiniert durch andere Zeichen; als Relational ist es unter diesem Aspekt Determinat, wohingegen seine Relate – hinsichtlich der jeweiligen Relation, in der sie zu ihm gesehen werden können – als Determinanten erscheinen. Im Gegensatz zu den Zeichengestalten selbst, die historisch, in den Quellen belegt sind – so dass man sie als deutungssprachliche Einheiten (Interpretate) anhand von objektsprachlichen Phänomenen überprüfen kann –, sind die angesetzten Relationen rein metasprachlich in dem Sinne, dass sie nicht ‚im Text stehen' (vgl. S. 37). Die Bedeutung eines sprachlichen Zeichens hat damit zwei verschiedene Komponenten: eine, durch die sie als Ergebnis letztlich subjektiver Interpretation erscheint, und eine andere, durch die sie intersubjektiv überprüfbar und der beliebigen Interpretierbarkeit entzogen ist.[59]

---

[59] Theoretisch mag diese Unterscheidung von interpretativ gesetzter Relation und objektsprachlich überprüfbaren (wiewohl gleichfalls als Ergebnis von Interpretation anzusehenden) Relaten als Selbstverständlichkeit erscheinen; in der Praxis der historischen Semantik, vor allem in den lexikographischen Nachschlagewerken, ist sie dies jedoch zumindest bislang noch keineswegs. Sie verlangt vom historischen Semantiker nicht weniger, als alles, was er an Bedeutung eines sprachlichen Zeichens ansetzt, in seinem Quellenkorpus durch kotextuelle Einheiten nachzuweisen, die sich zu dem fraglichen Zeichen sinnvoll (gemäß bekannten oder neu zu erschließenden Regeln) in Beziehung setzen lassen. Theoretisch begründet wurde diese Belegpraxis für die historische Lexikogra-

Unsere Entscheidung, die Bedeutung sprachlicher Zeichen als rein sprachinternes Beziehungsgefüge aufzufassen, trifft sich scheinbar mit der Auffassung, dass „the sense of a lexeme is the product of, and indeed can be identified with, the sense relations that hold between it and other lexemes in the vocabulary of a language" (Lyons 2002, 466). Wenn diese Aussage einer strukturalistischen Sichtweise entspricht („a structuralist, more specifically a post Saussurean, approach", ebd.), so wäre hier zwischen dem Strukturalismus und der gebrauchsorientierten Semantik in der Tradition von Wittgenstein II ein Brückenschlag vollzogen: „Sense relations" können kaum anders verstanden werden denn als Arten der Verwendung eines Wortes in Relation zu anderen Einheiten des Wortschatzes. Sie werden folgerichtig als „word-to-word relations" charakterisiert (ebd., 467) und den „word-to-world relations" der „denotation" – hier vielleicht am ehesten zu übersetzen mit ›Begriff‹ – bzw. der „reference" gegenübergestellt (ebd.).[60]

Freilich ist damit der Brückenschlag nur halb (und damit letztlich eben doch nicht) gelungen, denn neben den „word-to-word relations" wird den „word-to-world relations" durchaus ein Ort im Rahmen des theoretischen Gefüges eingeräumt: Erstere gelten als Angelegenheiten der Langue, d. h. als rein sprachintern (und damit kontextunabhängig), letztere hingegen als Angelegenheiten der Parole, d. h. als kontextabhängig (und damit dann logischerweise sprachtranszendierend); erstere werden als Gegenstände der Semantik („in a narrow sense of the term"), letztere als Gegenstände der Pragmatik verstanden (ebd.). Die Tatsache, dass der Strukturalismus sich vorrangig für die Langue interessiert und die Parole als Gegenstand der Beschreibung mehr oder weniger ausblendet[61], bedeutet nicht, dass sprachtranszendierende Relationen geleugnet werden: „It must be emphasi[z]ed [...] that sense and denotation [...] are the two complementary components of lexical meaning that are encoded in the vocabulary of a language" (ebd.).

Demgegenüber vertritt die pragmatische Semantik in dem Verständnis, das der gegenwärtigen Untersuchung zugrunde liegt, keine Unterscheidung zwischen Wort-Wort-Relationen und Wort-Welt-Relationen. Als Bedeutung eines Wortes sehen wir hier (wie oben, Kap. 1.6, erläutert) nicht eine Kombination von sprachinternen und sprachtranszendierenden Relationen, sondern ein Gefüge rein sprachinterner Relationen. Zwar leugnen wir keineswegs die Möglichkeit, dass ein Wort sich auf etwas anderes als ein Wort, also auf ein außersprachliches Ding (oder vermutlich doch eher ein mentales Bild eines solchen Dings) beziehen könnte. Wir leugnen lediglich die Möglichkeit, eine solche Beziehung mit den Mitteln der Sprachwissenschaft zu be-

---

phie von Reichmann (1989), der sie im *Frühneuhochdeutschen Wörterbuch* (FWB 1989 ff.) auch erstmals konsequent angewendet hat.

60 „Both of these [sc. *denotation* and *reference*] (whatever further distinction, if any, is drawn between them) are applied to relations that hold – typically and basically – between units of the language system and entities, properties, processes etc. in the outside world." (Lyons 2002, 467.)

61 „Neither denotation nor reference is of direct concern to us in this article." (Lyons 2002, 467.)

schreiben. Wenn wir also die Lyons'sche Auffassung teilen, dass der Sinn (*sense*) eines Wortes gleichbedeutend sei mit den Beziehungen, die zwischen diesem Wort und anderen Einheiten des Sprachsystems bestehen, zu dem es gehört, so legen wir zugleich Wert darauf, dass dann nicht lediglich „an aspect of lexical meaning" (Lyons 2002, 466) gemeint ist – und zwar derjenige Teilaspekt, der „wholly internal to the language-system" ist (ebd., 466 f.) –, sondern die lexikalische Bedeutung als solche.

Indem wir Lyons' Unterscheidung zwischen Bedeutung (*meaning*) und Sinn (*sense*) nicht nachvollziehen und somit auch auf ihre terminologische Markierung verzichten können – wir verwenden folglich im Rahmen dieser Arbeit für die genannten Beziehungen zwischen sprachlichen Zeichen bewusst nicht den Terminus *Sinnrelation*, sondern den Terminus *Bedeutungsrelation* –, sehen wir uns frei, den Terminus *Sinn* in ganz anderer Weise zu verwenden, nämlich so, wie in § 9.2 HLR angegeben.

---

§ 9.2 HLR: Hinsichtlich des Determinantenkomplexes können idealtypisch unterschieden werden:

(α) konkret-individuelle Determinanten. Der durch sie bestimmte Wert wird B e d e u t u n g i m e n g e r e n S i n n e oder S i n n genannt. Er erscheint [(I)] als B e l e g s i n n entsprechend dem Belegzeichenwert im Sinne von § 4.2α HLR oder [(II)] als K o r p u s s i n n entsprechend dem Korpuswert im Sinne von § 4.2β HLR.

(β) Kategorien von Determinanten. Der durch sie bestimmte Wert wird g r a m m a t i s c h e B e d e u t u n g oder V a l e n z genannt. Er erscheint [(I)] als B e l e g v a l e n z entsprechend der Gliedfunktion im Sinne von § 4.2γ HLR oder [(II)] als K o r p u s v a l e n z entsprechend der Zeichenartfunktion im Sinne von § 4.2δ HLR.

§ 9.3 HLR: Ein Zeichen, das keine oder allenfalls eine allgemeine, unspezifische Bedeutung im engeren Sinne (§ 9.2α HLR) aufweist, das in einer bestimmten Gliedfunktion (§ 4.2γ^1 HLR) stellvertretend für ein beliebiges gliedartkonformes (§ 4.2γ^2 HLR) Zeichen mit spezifischerer Bedeutung im engeren Sinne verwendet werden kann und für genau diese Stelle dann dessen Bedeutung im engeren Sinne übernimmt, heißt P r o - Z e i c h e n . Die ‚vertretene' Einheit heißt S u b s t i t u t .

§ 9.4 HLR: Gemäß § 9.2 und § 7.2 HLR werden bei Korpussinn und Korpusvalenz unterschieden:

(α) E i n z e l b e d e u t u n g e n , d.h. [(I)] E i n z e l s i n n e (§ 9.2α, § 7.2β HLR) und [(II)] E i n z e l v a l e n z e n (§ 9.2β, § 7.2β HLR) sowie

(β) F o r m b e d e u t u n g e n , d.h. [(I)] F o r m s i n n e (§ 9.2α, § 7.2γ HLR) und [(II)] F o r m v a l e n z e n (§ 9.2β, § 7.2γ HLR).

Zu § 9.2–4 HLR: Der Meinung, dass es einen qualitativen Unterschied zwischen Grammatik und Semantik gebe, hatten wir bereits an anderer Stelle (Kap. 1.2; § 1 HLR) widersprochen und stattdessen einen lediglich graduellen Unterschied zwischen beiden Disziplinen angenommen. Aus eben diesem Grund sehen wir im gegenwärtigen Zusammenhang das grammatische Phänomen der Valenz (die wir in einem weiten Sinne verstehen und somit nicht allein Verben zuschreiben) als einen ebenso legitimen wie relevanten Gegenstand semantischer Untersuchung an und sprechen demzufolge von ‚grammatischer Bedeutung'.

Den gängigen Valenzkonzepten zufolge besteht die Valenz eines sprachlichen Zeichens darin, „daß in der Umgebung eines Wortes bzw. einer Wortklasse nicht beliebige, sondern vielfach nur best[immte] syntakt[ische] Einheiten bzw. Klassen von syntakt[ischen] Einheiten mögl[ich] sind" (Welke 2000a, 767). Dieses Verständnis von Valenz vertreten im Grundsatz auch wir; allerdings unterscheidet sich aufgrund des spezifischen Anliegens unserer Untersuchung unser Verständnis von Valenz in einem wichtigen Punkt von den gängigen Valenzkonzepten. Indem wir Valenz als eine Art von Relationalität im oben erläuterten Sinne einführen, verzichten wir ausdrücklich darauf, sie in den Kontext von „Theorien der Erzeugung des grammatischen Satzes" zu stellen (Ágel 2000, 7). Die historisch-empirische Semantik interessiert sich für das Phänomen der Valenz nicht unter dem Aspekt, sprachliche Äußerungen regelgerecht h e r v o r z u b r i n g e n, sondern es geht ihr um das Verständnis (d. h. die interpretative Strukturierung) v o r h a n d e n e r Äußerungen. Dementsprechend fassen wir im Rahmen dieser Arbeit Valenz nicht als Einschränkung der Kollozierbarkeit, sondern als Bestimmtheit der tatsächlichen Kollokation sprachlicher Zeichen. Valenz ist mit anderen Worten in unserem Verständnis nicht die Fähigkeit eines sprachlichen Zeichens, seine Umgebung in bestimmter Weise zu determinieren (vgl. Welke 2000a, 767), sondern umgekehrt die Art, wie es von seiner Umgebung – den Einheiten seiner Umgebung – faktisch determiniert wird (will sagen: als determiniert plausibel interpretiert werden kann).

Der kategoriale Zeichenwert (die Valenz) besteht nach dieser Auffassung darin, dass in der Umgebung eines Determinats bestimmte Vertreter allgemeiner (Bsp. 24a) oder spezifischerer (Bsp. 24b) Klassen von Determinanten – anzugeben gleichsam als Determinanten-Variablen – vorkommen (so dass das Determinat seinerseits als Vertreter einer Klasse erscheint); der konkrete Zeichenwert (die Bedeutung im engeren Sinne) hingegen darin, dass in dieser Umgebung bestimmte einzelne, individuelle Determinanten nachweisbar sind (Bsp. 24c).

Bsp. 24: a) Das Wort *Geist* kann (als ein Substantiv) Kern eines Subjekts mit einem Verb als Prädikat sein.
b) Das Wort *Geist* kann (als ein Nomen agentis) Kern eines Subjekts mit einem Handlungsverb als Prädikat sein.
c) Das Wort *Geist* kann (in der Bedeutung ›Gespenst‹) Kern eines Subjekts mit dem Verb *erscheinen* als Prädikat sein.

Es versteht sich angesichts der Beispiele, dass Valenz, insofern sie aus historisch-semantischer Sicht interessiert, nichts weiter als ein allgemeiner gefasster Sinn, Sinn hingegen nur eine spezifischer gefasste Valenz ist.[62] Je spezifischer bzw. kon-

---

[62] Selbstverständlich ist damit nichts gegen den Wert und die Tauglichkeit abweichender Valenzkonzepte in anderen Zusammenhängen gesagt. Die graduelle, nicht qualitative Unterscheidung zwischen Valenz und Bedeutung entspricht allerdings der in der Valenztheorie gängigen Auffassung, dass sich die Bedeutung eines Wortes durch die Annahme so genannter Selektionsbeschränkungen fassen lässt. Demnach ist Bedeutung üblicherweise als eine spezifischere – im Einzelfall sehr spezifische – Valenz begriffen, welche die syntaktische bzw. textuelle Kombinierbarkeit eines sprachlichen Zeichens von einer größeren auf eine kleinere Menge anderer Zeichen reduziert.

kreter man die Relate eines sprachlichen Zeichens als solche benennt (was selbstverständlich impliziert, dass man auch die Relationen angibt, in denen sie zu ihrem Relational stehen), desto spezifischer fasst man die Bedeutung dieses Zeichens. Als eine spezielle Ausprägung der Valenz erscheint die Pro-Valenz, d. h. die Tatsache, dass ein Zeichen ohne Bedeutung im engeren Sinne (bzw. allenfalls mit einer sehr allgemeinen, eher in Richtung der Grammatik als der Semantik tendierenden Bedeutung) erscheint, dabei aber die Gliedfunktion bestimmter anderer Zeichen erfüllen kann und an der Stelle, an der es die Gliedfunktion eines bestimmten Zeichens erfüllt, dessen Bedeutung im engeren Sinn übernimmt (§ 9.3 HLR).

Die Verbindung der Unterscheidung zwischen Valenz und Bedeutung im engeren Sinne mit der Unterscheidung zwischen Parole- und Langue-Zeichen ergibt vier mögliche Perspektiven auf sprachliche Zeichen. Ein Zeichen kann als konkrete Einheit (Individuum) oder kategoriale Einheit (Vertreter einer Klasse) der Parole wie der Langue betrachtet werden.

Bsp. 25: „Stilpe-Vater war ein starker Geist" (BIERBAUM, Stilpe 1897, 11).

a) Als individuelle Einheit der Parole erscheint das Zeichen in Relation zu individuellen kotextuellen Einheiten; in Bsp. 25 erscheint *ein starker Geist* als Determinat (u. a.) von *Stilpe-Vater*.
b) Als individuelle Einheit der Langue erscheint das Zeichen in Relation zu Kotexteinheitentypen (d. h. zu einer von allen konkreten belegspezifischen Kotexteinheiten abstrahierten, idealtypischen korpusspezifischen Umgebung); in Bsp. 25 erscheint *ein starker Geist* als Determinat eines Personen bezeichnenden Ausdrucks (Nomen personae, § 83.2β$^{3α cα}$ HLR).
c) Als kategoriale Einheit der Parole erscheint das Zeichen in Relation zu kategorialen kotextuellen Einheiten; in Bsp. 25 erscheint *ein starker Geist*, ein Vertreter der Kategorie ‚Subjektentranszessional' (§ 56.2b^{I} HLR), als Determinat eines Vertreters der Kategorie ‚Subjektektranszessional' (ebd.).
d) Als kategoriale Einheit der Langue erscheint das Zeichen in Relation zu kategorialen Kotexteinheitentypen; in Bsp. 25 erscheint *ein starker Geist*, ein Vertreter der Kategorie ‚Substantivgruppe' (§ 89.3β^{VIII} HLR), als Determinat einer Substantivgruppe (§ 89.3γ^{VI} HLR).

Im Sinne des oben (S. 74) Gesagten sind die Ausdrücke *Subjektentranszessional* und *Subjektektranszessional* sowie *Substantivgruppe* Zeichenvariablen.

Das Beispiel lässt erkennen, dass einem sprachlichen Zeichen sowohl eine Bedeutung im engeren Sinne als auch eine Valenz oder grammatische Bedeutung zugeschrieben werden kann, und dasselbe gilt auch für Zeichenformen im Sinne von § 2.2β^{2αγ} HLR. Bei solchen kollokativen Zeichen bzw. Zeichenformen, denen beides gleichermaßen zugeschrieben werden kann, sprechen wir von s e m a n t i s c h e n Zeichen (z. B. bei Ableitungsmorphemen wie {lich} oder ‚Vollwörtern' wie *sehen, rot, Abend*) bzw. Zeichenformen (z. B. bei Separatpluralformen wie *Wörter/Länder/Män-*

ner und Kontinenzpluralformen wie *Worte/Lande/Mannen*, bei denen zusätzlich zur grammatischen Bedeutung ›Mehrzahl‹ ein spezieller Bedeutungsaspekt erkennbar wird: ›separate, von anderen, vergleichbaren Einheiten klar unterscheidbare Einheit‹ bzw. ›Einheit, die mit anderen, vergleichbaren Einheiten zusammenhängt und ein größeres Ganzes bildet, bei dem die einzelnen Bestandteile als solche nicht hervortreten‹; vgl. auch S. 93). – Es gibt demgegenüber auch solche Zeichen bzw. Zeichenformen, bei denen entweder die grammatische Bedeutung oder die Bedeutung im engeren Sinne deutlich im Vordergrund steht. Im ersten Fall sprechen wir von grammatischen Zeichen – z. B. bei grammatischen Wortelementen (§ 65.Ia HLR) oder ‚Funktionswörtern' wie Hilfsverben – bzw. grammatischen Zeichenformen – z. B. bei Flexionsformen wie *Haus/Hauses/Häuser* –, im zweiten, in dem ein Zeichen oder eine Zeichenform ausschließlich für eine kleine Anzahl anderer Zeichen, idealiter für ein einziges, determinativ sein darf, von restringierten (idealiter: unikalen) Zeichen – z. B. bei {him} und {brom} in *Him-/Brombeere* oder {schor} + {Fugen-n} in *Schornstein* – oder ebensolchen Zeichenformen – z. B. bei der Genitivform *Grund* statt *Grund(e)s* in der flektierten Paarformel *Grund und Bodens*[63], der Akkusativform *Aufhebens* neben *Aufheben* in der Funktionsverbgruppe *Aufheben(s) machen*[64], der maskulinen Dativform *ein* neben *einem* in *ein und derselbe*[65] oder der Wortbildungsform *Fleisches-* in *Fleischeslust* gegenüber *Fleisch-* als Determinante in sonstigen Komposita[66]).

Damit ist faktisch (wenngleich vor anderem zeichentheoretischem Hintergrund) eine Differenzierung in partieller Übereinstimmung mit Henne (1972, 21 f.) getroffen, der Zeichen, die bei uns kollokative Zeichen heißen, „Plereme" nennt und spezifischer solche mit Bedeutung im engeren Sinne („Lexeme") und solche mit grammatischer Bedeutung („Gramememe") unterscheidet. Allerdings ist anzumerken, dass eine vollständige Äquivalenz der Henne'schen Termini mit unseren schon dadurch nicht besteht, dass wir Bedeutung – und damit auch Bedeutung im engeren Sinne – nicht lediglich auf Wortebene ansetzen, sondern auch unterhalb und oberhalb der Wortebene. Im Rahmen unseres Entwurfes wäre es daher nicht adäquat, bei Zeichen mit Bedeutung im engeren Sinne von *Lexemen* zu sprechen; vielmehr verwenden wir den Ausdruck *Lexem* in anderer, eingeschränkterer Weise (vgl. 3.2.2).

Dass wir als Synonym zu *Bedeutung im engeren Sinn* den Terminus *Sinn* gebrauchen, hat rein stilistische Gründe: Wiewohl es in manchen Zusammenhängen aus Gründen der Deutlichkeit sinnvoll ist, von *Bedeutung im engeren Sinn* zu sprechen,

---

63 „[...] die Verstaatlichung des Grund und Bodens" (BRAUN, Mem. I 1909, 452); vgl. Duden (1998, 252).
64 „Es ist [...] zu gewöhnlich, um Aufhebens davon zu machen" (WASSERMANN, Juden 1897, 171); demgegenüber: „Die Frau Wendeline machte nicht das geringste Aufheben beim Anblick des Hofrats" (RAABE, Alt. Eis. 1887, 435).
65 „[W]ie von ein und demselben Gefühl getrieben" (RINGELNATZ, Woge 1922, 175); demgegenüber: „An einem und demselben Tage erlitten Graf Ludwig Bathyani und noch zwölf andere vornehme Ungarn mit ihm den Tod durch den Strang" (LUISE BÜCHNER, Dt. Gesch. 1875, 487).
66 Vgl. Duden (1999, 1257 ff.).

wirkt es in anderen Zusammenhängen außerordentlich umständlich, so dass ein möglichst einfaches Äquivalent wünschenswert scheint. Selbstverständlich ist das Wort *Sinn* als Terminus ähnlich problematisch wie jeder andere polyseme allgemeinsprachliche Ausdruck (z. B. *Wort, Begriff, Satz, Text*), und er begegnet daher in der Forschung in völlig unterschiedlicher Weise – z. B. bei Frege (1892), der als *Bedeutung* eines sprachlichen Zeichens einen außersprachlichen Gegenstand, als *Sinn* die „Art des Gegebenseins" (ebd., 24) desselben ansetzt, bei Lyons (vgl. S. 73), der unter *Bedeutung* eines sprachlichen Zeichens ein außersprachliches Referenzobjekt, unter *Sinn* die Relationen des sprachlichen Zeichens zu anderen sprachlichen Zeichen versteht, oder bei Coseriu (1994, 63), der unter *Bedeutung* „die Gesamtheit dessen" versteht, „was eine bestimmte Sprache als solche ausdrückt, [...] was allein durch [...] eine bestimmte Sprache verstanden wird" (ebd.), unter *Sinn* hingegen „die Gesamtheit dessen, was gerade durch den Text und nur durch den Text verstanden wird, die Gesamtheit der Inhalte, die nur als Textinhalte gegeben sind" (ebd.), den „spezifische[n] Inhalt der Texte" ebd., 92).

Keine Verwendungsweise von *Sinn* dürfte in der sprachwissenschaftlichen Diskussion derart verbreitet und konsensfähig zu sein, dass es unumgänglich schiene, sie zu übernehmen, so dass wir uns ohne allzu große Bedenken für eine andere terminologische Festlegung – *Sinn* als ›Bedeutung im engeren Sinne‹ – entscheiden. Es geht uns dabei, wie stets in solchen Fällen, nicht darum, eine Verwendungsweise eines Terminus als ‚richtig' oder allgemein verbindlich einzuführen, auch nicht darum, andere Verwendungsweisen in Frage zu stellen, sondern lediglich um eine konsistente Redeweise im Rahmen der vorliegenden Arbeit.

§ 9.5 HLR: Kollokative Determinanten, sofern sie funktionstypweise als Ensembles betrachtet werden, heißen B e d e u t u n g s a s p e k t e ; dabei werden gemäß § 9.2 HLR Aspekte der Valenz und des Sinns unterschieden. Bei Parole- wie bei Languebedeutungen ist zu unterscheiden zwischen

(α) t e x t i n d i z i e r t e n (d. h. aufgrund textueller Indizien, nämlich der tatsächlich belegten konkreten bzw. kategorialen Relate und der zwischen ihnen und dem Relational angesetzten Relationen erkennbaren) Aspekten und

(β) t e x t i n d u z i e r t e n (d. h. ohne textuelle Indizien aufgrund von philologischem Sprachwissen erschlossenen) Aspekten.

Zu § 9.5 HLR: Aspekte der Korpusbedeutung können prinzipiell auf zwei verschiedene Arten aus den Aspekten der Belegbedeutungen gewonnen werden: durch Kumulation oder durch Abstraktion. Beim kumulativen Vorgehen werden Aspekte verschiedener Belegbedeutungen zusammengetragen (so dass die dabei entstehende Korpusbedeutung mehr semantische Aspekte aufweist als jede einzelne Belegbedeutung für sich); beim abstraktiven Vorgehen werden semantische Aspekte vernachlässigt (so dass die dabei entstehende Korpusbedeutung weniger semantische Aspekte aufweist als die Gesamtheit der Belegbedeutungen). Die semantische Praxis sieht in der Regel so aus, dass beide Möglichkeiten kombiniert werden: Man kumuliert bei der Konstruktion der Korpusbedeutung diejenigen semantischen Aspekte, die sich gegenseitig zu ergänzen, zumindest nicht auszuschließen scheinen, und man sieht von denjenigen semantischen Aspekten ab, die aus welchem Grund auch immer vernachlässigbar scheinen. Eine besondere Art der Abstraktion ist die Zusammenfassung mehrerer gleich erscheinender semantischer Aspekte verschiedener Belegbedeutungen (unter Absehung von deren prinzipieller Unizität) zu einem einzigen Korpusbedeutungsaspekt.

Die Unterscheidung zwischen textindizierten und textinduzierten semantischen Aspekten ergibt sich aus folgender, bereits oben (S. 7) vorbereiteter Überlegung: Im Normalfall sind keineswegs alle Aspekte des Zeichenwertes, die man im Text ‚sieht' und beschreibungssprachlich zu fassen versucht, auch wirklich in diesem greifbar, oder anders gesagt: Nicht alles Vorwissen bezüglich des Zeichenwertes, das der historische Semantiker oder die historische Semantikerin mitbringt, ist tatsächlich anhand des Textes zu überprüfen. Vielmehr kann eine solche Überprüfung oft genug allenfalls ex negativo erfolgen (indem sich im Text keine Indizien dafür finden lassen, dass das Vorwissen unzutreffend sei). Diesem Problem ist freilich nicht dadurch zu entkommen, dass man die Definition der belegspezifischen Bedeutung auf die im Text tatsächlich manifesten Relate beschränkt. Vielfach steht wirklich das für die semantische Interpretation Wesentliche gerade n i c h t im Text, weil es für den Autor oder die Autorin wie für die zeitgenössische Rezeption selbstverständlich gewesen sein dürfte. Die Tatsache, dass ein Text nicht eigens angibt, was an einer bestimmten Stelle mit *Geist*, *Seele*, *Natur*, *Leben* usw. gemeint ist, lässt daher eben nicht den Schluss zu, dass das Verschwiegene für das Verständnis der Äußerung irrelevant sei. In einem Beleg wie dem folgenden etwa kommt das Wort *Geist* gleich dreimal vor; dennoch wird man allein aufgrund des Kotextes nicht sagen können, was mit *Geist* gemeint ist:

Bsp. 26: „Die Natur ist der *Embryo* des Geistes.
Der Geist ist die *endentwickelte* Natur.
Der Geist muss die Natur in sich besiegen, wie der reife Mensch seine unsinnigen Kindlichkeiten!" (ALTENBERG, Pròdromos 1906, 7.)

Um zu einer sinnvollen (Be)deutung zu gelangen, muss mehr an interpretatorischem Vorwissen bezüglich der Möglichkeiten des Zeichengebrauchs an den Kotext herangetragen werden, als sich dort an tatsächlichem Zeichengebrauch nachweisen lässt. Es versteht sich, dass mit Vorwissen hier kein unreflektiert-heutiges Sprachwissen, sondern ein auf möglichst genauer Kenntnis des spezifischen auktorialen Sprachgebrauchs oder Sprachgebrauchs der betreffenden Zeit beruhendes, also ein in mehreren Durchgängen durch den hermeneutischen Zirkel erworbenes philologisches Wissen gemeint ist: Man versucht die Belegbedeutung vor dem Hintergrund der bis zu diesem Zeitpunkt erarbeiteten Korpusbedeutung zu erschließen. Gleichwohl ändert die Tatsache, dass man möglicherweise andere Stellen im Werk des Autors oder der Autorin finden kann, die vermeintlich den fraglichen Beleg erhellen helfen, nichts daran, dass die Interpretation auf einem Transfer beruht, anders formuliert, dass man seine interpretationsleitenden Informationen nicht aus dem Kotext selbst bezieht. Man könnte auch sagen, dass die kotextuellen Anknüpfungspunkte für die Deutung Leerstellen sind.[67] Dieses Problem wird auch dadurch nicht prinzipiell gelöst, dass man den Kotext größer wählt. Selbst wenn man als Kotext eines Belegs die gesamte Texteinheit versteht, also beispielsweise die Abhandlung oder den Roman, in dem ein Wort wie *Geist* vorkommt, ist nicht gesagt, dass die Informationen, die man dabei gewinnt, die Interpretation sehr viel weiterbringen. In vielen Fällen ist man immer noch auf andere Texteinheiten eines Autors angewiesen, nicht selten sogar auf Texteinheiten anderer Autorinnen und Autoren, die ebenfalls zum Untersuchungskorpus gehören (sei es, dass sie tatsächlich Bestandteil desselben sind oder dass sie aufgrund ihrer hermeneutischen Relevanz erst nachträglich aufgenommen werden). Und selbst dann hat man keine Gewähr dafür, a l l e für relevant erachteten Bedeutungsaspekte indiziert zu finden. Die Unterscheidung von indizierten und induzierten Bedeutungsaspekten gilt auch für Korpusbedeutungen, weil es selbstverständlich Bedeutungsaspekte geben kann, die für a l l e in einem Korpus zu findenden Belege nur ex negativo, durch Induktion zu erschließen sind.

---

§ 9.6 HLR: (a) Die Gesamtheit aller Einzelbedeutungen (§ 9.4α HLR) und/oder Formbedeutungen (§ 9.4β HLR) ›a_1‹ … ›a_n‹ eines Korpuszeichens *a* heißt sein B e d e u t u n g s f e l d ›a‹. [^(i)]Handelt es sich um Bedeutungen im engeren Sinn (§ 9.4α^I bzw. § 9.4β^I HLR), so heißt es s e m a n t i s c h e s   F e l d. [^(ii)]Handelt es sich um Valenzen (§ 9.4α^{II} bzw. § 9.4β^{II} HLR), so heißt es g r a m m a t i s c h e s   F e l d.

(b) Das Bedeutungsfeld stellt sich dar als eine Gesamtheit von Bedeutungsaspekten gemäß § 9.5 HLR.

Zu § 9.6a/b HLR: Das Bedeutungsfeld ist d i e Gesamtheit aller Einzelbedeutungen und/oder Formbedeutungen eines Korpuszeichens, aber e i n e (nicht d i e) Gesamtheit von Bedeutungsaspekten. Hier ist daran zu erinnern, dass die Korpusbedeutung eines Zeichens als Abstraktion von der Gesamtheit der Belegbedeutungen bestimmt worden war – als Reduktion auf ein spezifisches Bündel ihnen gemeinsamer Bedeutungsaspekte. Dabei kann es sich einerseits um Aspekte handeln, die nur für einige, nicht für alle Belegbedeutungen (ko-)konstitutiv sind, und andererseits muss keineswegs jeder Aspekt einer Belegbedeutung bei der Bestimmung der Kor-

---

[67] Diese Sichtweise liegt auch nahe, wenn man das in § 9.4 HLR Gesagte berücksichtigt: Bedeutungsaspekte werden verstanden als die funktionstypweise betrachteten kollokativen Relationen und zugehörigen Relate. Textinduzierte Bedeutungsaspekte wären demnach Relationen/ Relate, die real nicht vorhanden sind. Von etwas real nicht Vorhandenem aber lässt sich sinnvoll nur dann sprechen, wenn sein Vorhandensein unter Berücksichtigung bestimmter Regelhaftigkeiten – d. h. unter systematischem Aspekt (Langue-Aspekt), empirisch: mit Blick auf das gesamte Korpus der Untersuchung – als m ö g l i c h angenommen werden kann. Indem man textinduzierte semantische Aspekte als semantische Nullrelationen/-relate versteht, fasst man sie als regelhaft erwartbare Gegebenheiten.

pusbedeutung berücksichtigt werden (zumal dann nicht, wenn es sich um einen Aspekt nur einer einzigen Belegbedeutung handelt).

Bei der Gliederung des semantischen Feldes gelten die gleichen Prinzipien: Bei der Herausarbeitung der Einzelbedeutungen fasst man bestimmte Aspekte unterschiedlicher Belegbedeutungen zusammen (in der Regel solche, die sich gegenseitig zu ergänzen, zumindest nicht auszuschließen scheinen), auch dann, wenn es sich jeweils nur um Komponenten einiger, nicht aller dabei berücksichtigten Belegbedeutungen handelt; und man sieht von bestimmten Aspekten ab (in der Regel von solchen, die nicht zueinander zu passen scheinen[68]).

Für das Verhältnis der verschiedenen Einzelbedeutungen zueinander gilt das Gleiche wie für das Verhältnis der zu einer Korpusbedeutung zusammengefassten Belegbedeutungen zueinander (vgl. die Erläuterung zu § 4.2 HLR, S. 60): Sie müssen nicht alle das haben, was Henne (1972, 132) ein „Semasem" nennt: einen gemeinsamen Bedeutungsaspekt (oder mehr als einen), sondern sie können auch Familienähnlichkeit im Wittgenstein'schen Sinne aufweisen, was insbesondere bei polymetaphorisch verwendeten sprachlichen Zeichen[69] und bei Diversbildungen[70] wahrscheinlich ist. Der Korpussinn eines Zeichens im Sinne von § 9.2α^{II} HLR muss daher nicht notwendig in eine für alle Belegzeichen gleichermaßen gültige Angabe (im Sinne von § 9.1 HLR) gefasst werden können, gewissermaßen die Angabe eines semantischen ‚Kerns', sondern er kann ggf. – dort, wo ein solcher ‚Kern' nicht vorhanden ist – auch in der aufzählenden Angabe der verschiedenen Einzelbedeutungen bestehen, und Entsprechendes gilt für die Korpusvalenz (§ 9.2β^{II} HLR).

Die das Bedeutungsfeld konstituierenden Einzelbedeutungen können in Relation zueinander gesetzt und ihre Angaben können zur Kennzeichnung dieser Relation indiziert werden. Gemeint ist damit die in vielen Wörterbüchern gängige Praxis, das Bedeutungsfeld (alpha)numerisch zu gliedern. Dabei gibt es (in Abhängigkeit zur

---

68 Solche Aspekte müssen freilich nicht schlechthin unterdrückt werden, sondern können auch dazu dienen, andere Einzelbedeutungen anzusetzen. Weist die Bedeutung eines Belegs Aspekte auf, die Konstituenten unterschiedlicher Einzelbedeutungen zu sein scheinen, so können hinsichtlich jeder Einzelbedeutung die nicht passenden Aspekte jeweils ignoriert werden. Sie können gleichwohl Berücksichtigung finden, nämlich hinsichtlich der anderen Einzelbedeutung(en). Der Beleg als solcher wird dann als polytaxisch im Sinne von § 10.3β HLR interpretiert.
69 Unter Polymetaphorik verstehen wir hier und im Folgenden die Tatsache, dass mindestens zwei verschiedene Bedeutungen eines polysemen sprachlichen Zeichens in unterschiedlicher Weise (hinsichtlich verschiedener tertia comparationis) metaphorisch verwendet werden.
70 Unter Diversbildung verstehen wir hier und im Folgenden die Tatsache, dass ein polysemes sprachliches Zeichen in mindestens einer seiner Bedeutungen als Bildung (Derivation, Konversion o. Ä.) zu einem anderen sprachlichen Zeichen gedeutet wird als in mindestens einer anderen. So liegt beispielsweise bei dem Wort *Biomüll* in seiner herkömmlichen Bedeutung ›organische (Haushalts)abfälle‹ (Duden 1999, 605) eine Kurzwortbildung auf der Grundlage des Adjektivs *biologisch* vor; wenn hingegen im *Rheinischen Merkur* (9. 10. 2003, S. 1) die autobiographischen Platitüden von Dieter Bohlen, Stefan Effenberg, Nadja „Naddel" Abd el Farrag, Daniel Küblböck u. a. als *Biomüll* bezeichnet werden, handelt es sich um eine Bildung auf der Grundlage des Adjektivs *biographisch*.

vorgenommenen Gliederung des semantischen Feldes; vgl. Reichmann 1989, 102 ff.) verschiedene Möglichkeiten. Wir verwenden in dieser Arbeit (überall dort, wo nicht nicht auf Untersuchungen, die anders gliedern, Bezug genommen wird) eine lineare Gliederung, die in der Bedeutungsangabe durch tiefgestellte arabische Indexziffern zum Ausdruck gebracht werden kann: Das Bedeutungsfeld ›a‹ ist eine Gesamtheit von Korpusbedeutungen ›a_1‹ bis ›a_n‹; es kann mithin auch ausgedrückt werden als ›a_{1-n}‹.[71]

Je nach gewählter Kennzeichnung der Einzelbedeutungen kann auch ein einzelbedeutungsspezifischer Ausdruck oder ein Formausdruck (§ 8.2β HLR) durch Indizierung kenntlich gemacht werden. Bei einfach numerischer Gliederung des Bedeutungsfeldes ließe sich damit beispielsweise von den einzelbedeutungsspezifischen Ausdrücken bzw. Formausdrücken a_1 bis a_n eines Korpusausdrucks a sprechen. Der Korpusausdruck bleibt damit zwar bestimmt als Paradigma von Zeichenvarianten bzw. Zeichenformgestalten (gemäß § 2.2$\beta^{2\alpha\alpha/\alpha\gamma}$ HLR, vgl. auch zu § 8.2β HLR, S. 70 f.), aber er lässt sich auch als Paradigma von einzelbedeutungsspezifischen Ausdrücken fassen; einzelbedeutungsspezifische Ausdrücke erscheinen daher nicht anders als Zeichenvarianten und Zeichenformgestalten als Subtypen von Ausdruckstypen. Diese Perspektive mag zwar unüblich sein und auf den ersten Blick überflüssig scheinen, weil, wie zuvor gesagt, nach herkömmlicher Vorstellung **ein und derselbe** (will sagen: typidentische) Langue-Ausdruck in mehreren unterschiedlichen Einzelbedeutungen vorliegen kann. Es kann aber unter Umständen durchaus sinnvoll sein, die Abstraktion von den einzelnen Belegzeichengestalten nicht ganz so weit zu treiben, d. h. nicht prinzipiell alle, vielmehr nur diejenigen typidentischen Belegausdrücke auf einen gemeinsamen Nenner zu reduzieren, die auch bedeutungsseitig auf einen gemeinsamen Nenner zu bringen sind, und also pro angesetzter Einzelbedeutung einen eigenen Ausdruck anzunehmen. Dies empfiehlt sich besonders dort, wo es – z. B. aus Gründen der Platzersparnis und/oder der Übersichtlichkeit – um möglichst große Knappheit der Darstellung zu tun ist. In einem solchen Zusammenhang wird es wünschenswert scheinen, anstatt von einem (Korpus-) Ausdruck a in der (Einzel-)Bedeutung ›n‹ einfach von a_n (mit Bezug auf die angesetzte Gliederung des semantischen Feldes, wie oben erwähnt) zu sprechen.

Es versteht sich, dass von einzelbedeutungsspezifischen Ausdrücken nur bei polysemen Zeichen sinnvoll die Rede sein kann, weil bei monosemen Zeichen von einem einzigen bedeutungsspezifischen Ausdruck ausgegangen werden muss und dieser mit dem Korpusausdruck insgesamt identisch zu setzen ist. Es versteht sich des Weiteren, dass der einzelbedeutungsspezifische Ausdruck nicht weniger Langue-

---

71 Diese trivial erscheinende Feststellung ist aus Sicht der empirischen Arbeit alles andere als trivial, da die Transformation von ›a‹ zu ›a_{1-n}‹ faktisch erst dann möglich ist, wenn die gesamte semantische Beschreibung abgeschlossen ist. Die Feststellung, dass ›Geist‹ bei Max Weber als ›$Geist_{1-10}$‹ beschrieben werden kann (samt der Möglichkeit, genau anzugeben, welche Bedeutungen sich konkret hinter den Kürzeln ›$Geist_1$‹, ›$Geist_2$‹ usw. verbergen), setzt die semantische Analyse von 525 Belegen bzw. die Arbeit von knapp zwei Wochen voraus (vgl. Bär 2014/15).

Charakter hat als der Korpusausdruck. Zudem sind (da auf e i n e n einzelbedeutungsspezifischen Ausdruck als einen Ausdruckss u b typ nicht a l l e typidentischen Belegausdrücke gebracht werden können und die übrigbleibenden typidentischen Belegausdrücke sich daher auf weitere bedeutungsspezifische Ausdrücke verteilen müssen) die verschiedenen bedeutungsspezifischen Ausdrücke eines und desselben Korpuszeichens typidentisch. Sie stellen nichts weiter dar als den jeweils aus besonderem Winkel in den Blick genommenen Korpusausdruck im Ganzen – mit dem sie deshalb in aller Regel auch formgleich (nämlich in der angesetzten Nennform gemäß § 3.2β HLR) angesetzt werden. Gleichwohl schließt dies formale Unterschiede nicht aus. Es gibt Fälle, in denen einzelbedeutungsspezifisch ein abweichender Ausdruck sinnvoll angesetzt werden kann, und zwar genau dann, wenn es sich um einen Formausdruck handelt: wenn ein Korpuszeichen bedeutungsspezifisch nur in einer bestimmten Form bzw. einer bestimmten Formenkategorie belegt ist, z. B. ein Substantiv nur im Plural[72] oder nur als Bestandteil eines Kompositums[73] begegnet, ein Verb nur im Partizip[74] oder ein Adjektiv nur in attributiver Verwendung und daher reduziert auf eine Nennform wie den starken Nominativ Singular anstatt der inflektivischen Form[75].

---

[72] So im *Wörterbuch Deutsch als Fremdsprache* s. v. *Kleid*: Während die dort angesetzte Bedeutung 1 (›einteiliges Kleidungsstück der Oberbekleidung von Frauen und Mädchen‹) ohne zusätzlichen lexikographischen Kommentar angegeben wird, geht der Angabe der Bedeutung 2 der Hinweis voran, dass *Kleid* in dieser Bedeutung als Pluraletantum gebraucht wird: „2. <nur im Pl.> ›Gesamtheit dessen, was man als Kleidung anhat‹" (Kempcke 2000, 555). Die beschreibungssprachlich paraphrasierende Angabe der bedeutungsspezifischen Formenkategorie ist prinzipiell gleichwertig mit der Angabe dieser Formenkategorie durch eine Grundform, etwa die Nominativ-Plural-Form: „~er [= Kleider] *Gesamtheit der auf dem Körper getragenen Kleidungsstücke*" (Wahrig 1966, 2046).

[73] So im *Großen Wörterbuch der deutschen Sprache* (Duden 1999, 4497: -wesen „bezeichnet in Bildungen mit Substantiven einen Bereich, eine Gesamtheit, die etw. in seiner Vielfalt umfasst: Bildungs-, Gesundheits-, Fernmelde-, Hochschulwesen") – wobei mit *-wesen* gegenüber *Wesen* ein völlig neues Lemma angesetzt und damit fälschlich (und auch mit Blick auf die ebd., 28, vorgestellten lexikographischen Prinzipien inkonsequenterweise) nicht eine weitere Bedeutung von *Wesen* (in der Zählung dieses Wörterbuchs die sechste), sondern ein Homonym zu *Wesen* suggeriert wird. – Freilich könnte eingewendet werden, dass Bestandteile eines Kompositums nicht als eigenständige Wörter, sondern als Morpheme (Konfixe) zu deuten sind, so dass mit *-wesen* ein sprachliches Zeichen von anderer Qualität vorläge als mit *Wesen* und daher auch keine Zeichenidentität gegeben wäre. Pavlov (1972) hat jedoch plausibel gemacht, dass die deutsche Determinativkomposition, wie sie im Fall von Komposita auf der Basis *-wesen* vorliegt, zumindest teilweise als syntaktisches statt als lexikalisches Phänomen zu deuten ist, so dass *-wesen* hier von der Qualität her ebensogut (wenn nicht überzeugender) als Lexem wie als Morphem gesehen werden kann. (Vgl. die weiteren Ausführungen unter 2.2.)

[74] So im *Frühneuhochdeutschen Wörterbuch* s. v. *arten*: Während für die Bedeutungen 1–3 nur Bedeutungsangaben gemacht werden, erfolgt unter Bedeutung 4 zuerst eine modifizierte Lemmazeichengestaltangabe mit vorangestelltem lexikographischem Kommentar: „als Partizip II: *geartet* ›beschaffen, geartet, angelegt‹" (FWB 2, 189). Demnach kommt *arten* in einer bestimmten, hier als Nr. 4 angegebenen Einzelbedeutung nur in der ausdrucksseitigen Form *geartet* vor.

[75] Vgl. FWB 2, 119, s. v. *arm* 16 sowie ebd., 1607, s. v. *bäbstlich* 4 und 5.

2.2 Die Frage der Einheit

Erörtert wurde, dass und inwiefern die Frage, welche Phänomene als Zeichen verstanden werden können, eine Sache der Interpretation ist. Diskutiert wurden auch bestimmte Gesichtspunkte, unter denen diese Frage sich beantworten lässt. Offen ist bislang aber noch die Frage, wie entschieden werden kann, ob zwei oder mehr Phänomene als e i n Zeichen gedeutet werden können. Wir behandeln in diesem Zusammenhang zunächst Probleme, die mit der Disparatheit semantischer Aspekte zu tun haben (Fragen der Polysemie, 2.2.1), danach solche, die sich aufgrund unterschiedlicher ausdrucksseitiger Komplexität ergeben (2.2.2).

2.2.1 Probleme der Polysemie

> **§ 9.6 HLR:** (c) Die Einzelbedeutungen sind als Subtypen ihrerseits jeweils bestimmte Bündel von Bedeutungsaspekten, die sich überlagern können (die Rede ist dann von O f f e n h e i t der Einzelbedeutungen zueinander), die sich jedoch auch hinsichtlich bestimmter, dann bedeutungsdistinktiver Aspekte unterscheiden. Ob und wie sie sich überlagern bzw. unterscheiden, ist interpretationsabhängig.

Zu § 9.6c HLR: Ein kollokatives sprachliches Zeichen (§ 7.1 HLR) ist eine (gemäß § 2.1a HLR) im Bewusstsein der es deutenden Person vorhandene Einheit von Ausdruck und Bedeutung, wobei unter Bedeutung (§ 9.1 HLR) der Wert des Ausdrucks verstanden wird: seine Bestimmtheit durch die Gesamtheit seiner kollokativen Relate nach Auffassung der deutenden Person (im Fall der wissenschaftlichen Deutung: des Philologen oder der Philologin).

Damit scheint zunächst klar zu sein, dass e i n e m Ausdruck e i n e Bedeutung zuordnen ist. Schon einem laienhaft-alltäglichen Zeichenverständnis entspricht aber die Vorstellung, dass ein Ausdruck mehrere Bedeutungen haben kann, und diese Vorstellung wird bestätigt durch die Unterscheidung zwischen Langue-Zeichen und Parole-Zeichen. Ein Langue-Zeichen ist ein ideal-abstraktes Zeichen, dessen konkrete Realität in verschiedenen Akten der Parole bzw. deren Produkten (verschiedenen Texten bzw. Textsegmenten) besteht, und ein solches kotextabstraktiv bestimmtes Zeichen ist dann mehrdeutig (polysem), wenn seine verschiedenen realen Einzelmanifestationen als in unterschiedlicher Bedeutung vorliegend interpretiert werden. Eben dieser Gedanke ist es, der (§ 7.2β HLR) dazu führt, von bedeutungsspezifischen Subtypen eines Zeichens (einem Zeichen in verschiedenen Einzelbedeutungen) zu sprechen.

Dabei allerdings stellt sich die Frage, nach welchen Kriterien bedeutungsspezifische Zeichentypen von bedeutungsspezifischen Zeichensubtypen zu unterscheiden sind, mit anderen Worten: wie sich die Unterschiedlichkeit zweier Einzelbedeutungen e i n e s Zeichens im Unterschied zur Unterschiedlichkeit zweier Bedeutungen zweier (ausdrucksgleicher) Zeichen ansetzen lässt. Freilich könnte man auf den

Gedanken kommen, zwei ausdrucksgleiche Parole-Zeichen mit unterschiedlicher Bedeutung seien prinzipiell als Manifestationen verschiedener – homonymer – Langue-Zeichen zu sehen. Abgesehen von der Ungewöhnlichkeit einer solchen Auffassung, die jeder herkömmlichen, laienhaften wie wissenschaftlichen, Meinung über die Bedeutung sprachlicher Zeichen entgegengesetzt wäre, schiene sie jedoch kaum praktikabel: In der lexikographischen Realität hätte sie in vielen Fällen zur Folge, dass ein eigenes Lemma nahezu pro Einzelbeleg angesetzt werden müsste, so dass in der Darstellung keinerlei Übersichtlichkeit erreicht werden könnte.

Erwägungen wie diese sind es, die uns dazu bringen, den Wert sprachlicher Langue-Zeichen als ein Wertparadigma (ein Ensemble aufeinander regelhaft beziehbarer Mengen von unterschiedlichen Werten typidentischer Belegzeichen, den Einzelwerten bzw. Zeichenformwerten) zu bestimmen (§ 4.2β HLR) und damit entsprechend die Bedeutung kollokativer Langue-Zeichen als ein Bedeutungsparadigma, nämlich ein Ensemble aufeinander regelhaft beziehbarer Mengen von unterschiedlichen Bedeutungen typidentischer Belegzeichen, den Einzelbedeutungen bzw. Zeichenformbedeutungen.

Das Problem der Unterscheidung polysemer und homonymer Zeichen ist damit keineswegs gelöst; es wird an anderer Stelle (Kap. 2.2.1.2) ausführlich diskutiert. Zunächst steht hier die Frage an, nach welchen Kriterien sich zwei Einzelbedeutungen e i n e s Zeichens unterscheiden lassen.

2.2.1.1 Bedeutungseinheit(en)

§ 10.1 HLR: (a) $^{(I)}$ M o n o s e m i e heißt die Tatsache, dass ein semantisches Feld (i. S. v. § 9.6a^I HLR) nicht in verschiedene Einzelbedeutungen im engeren Sinn (Einzelsinne) untergliedert wird. $^{(II)}$ P o l y s e m i e heißt die Tatsache, dass ein semantisches Feld in mindestens zwei Einzelbedeutungen im engeren Sinn (Einzelsinne) und/oder Formbedeutungen (Formsinne) untergliedert wird.

(b) Nur ein Korpuszeichen (§ 2.2β^I HLR) kann monosem oder polysem sein.

§ 10.2 HLR: (a) $^{(I)}$ M o n o v a l e n z heißt die Tatsache, dass ein grammatisches Feld (i. S. v. § 9.6a^{II} HLR) nicht in verschiedene grammatische Einzelbedeutungen (Einzelvalenzen) untergliedert wird. $^{(II)}$ P o l y v a l e n z heißt die Tatsache, dass ein grammatisches Feld in mindestens zwei grammatische Einzelbedeutungen (Einzelvalenzen) und/oder Formbedeutungen (Formvalenzen) untergliedert wird.

(b) Nur ein Exemplarzeichen (§ 2.2δ^I HLR) kann monovalent oder polyvalent sein.

§ 10.3 HLR: (α) Ein Belegzeichen heißt m o n o t a x i s c h, wenn seine Bedeutung die Zuordnung zu lediglich einer angesetzten Einzelbedeutung desjenigen Korpuszeichens zulässt, als dessen Manifestation es von der interpretierenden Person gedeutet wird.

(β) **P o l y t a x i s c h** heißt ein Belegzeichen, wenn seine Bedeutung die (zumindest partielle) Zuordnung zu mehr als einer angesetzten Einzelbedeutung zulässt.[76]

Zu § 10 HLR: In § 9.2 HLR waren (in Anlehnung an § 4.2 HLR) verschiedene Aspekte der Bedeutung sprachlicher Zeichen unterschieden worden. Die Bedeutung eines Ausdrucks besteht (§ 9.1 HLR) in der Gesamtheit seiner Determinanten im engeren Sinne (also seiner kollokativen Relate) nach Auffassung der ihn deutenden Person. Dies gilt für die Bedeutung eines Belegausdrucks ebenso wie für die Bedeutung eines Korpusausdrucks. Berücksichtigt man, dass ein Korpuszeichen als ein durch Abstraktion von verschiedenen Parolezeichen (Belegzeichen) gewonnener Zeichentyp eingeführt worden war (§ 2.2β HLR), was gleichermaßen für die Zeichengestalt (den Ausdruck) wie für den Zeichenwert (die Bedeutung) gilt, so erscheint die Korpusbedeutung als die Gesamtheit der Determinanten verschiedener – idealiter: aller – Belegausdrücke, mithin als die Gesamtheit verschiedener – idealiter: aller – Belegbedeutungen.

Nun war zugleich der Korpuszeichenwert als ein Ensemble aufeinander regelhaft beziehbarer Mengen von unterschiedlichen Werten typidentischer Belegzeichen, den Einzelwerten bzw. Zeichenformwerten, bestimmt worden (§ 4.2β HLR), was selbstverständlich auch für den kollokativen Zeichenwert, also die Bedeutung, gilt. Die Korpusbedeutung erscheint damit als Bedeutungsfeld i. S. v. § 9.6a HLR: als die Gesamtheit von Einzelbedeutungen bzw. Zeichenformbedeutungen.

Es versteht sich, dass diese beiden Sichtweisen der Korpusbedeutung (als Gesamtheit von Belegbedeutungen und als Gesamtheit von Einzelbedeutungen bzw. Zeichenformbedeutungen) nicht identisch sind, denn eine Einzelbedeutung ebenso wie eine Zeichenformbedeutung ist (gemäß § 2.2b$^{2\alpha}$ und § 9.4 HLR) eine zeichen(sub)typspezifische Bedeutung und erscheint daher ebenso wie die Korpusbedeutung als abstrahiert aus verschiedenen Belegbedeutungen; sie hat Langue-Status im Gegensatz zur Belegbedeutung, der Parole-Status zukommt (vgl. S. 45). Allerdings wurden Subtypen von Zeichen als Mengen von Belegzeichen bestimmt, die hinsichtlich Gestalt und Wert zwar einerseits ähnlich sind, andererseits jedoch auch wiederum sich unterscheiden (§ 2.2b$^{2\alpha}$ HLR), und daher könnte die Vermutung nahe liegen, dass es jeweils gleiche oder zumindest einander entsprechende (auffallend ähnliche) Belegbedeutungen sind, die zu einer Einzelbedeutung oder ggf. zu einer Zeichenformbedeutung zusammengefasst werden.

---

76 An anderer Stelle (Bär 2001, 156) war das, was wir hier *Polytaxe* nennen, als *Polyvalenz* bezeichnet worden – ein Terminus, der im vorliegenden Zusammenhang unglücklich wäre, weil er als parallel zu unserem Terminus *Valenz* (›grammatische Bedeutung‹: § 9.2β HLR) gebraucht verstanden werden könnte. Das Phänomen der Mehrdeutigkeit von Belegen steht aber mit ihrer grammatischen Bedeutung in keinem besonderen Zusammenhang; die Assoziation wäre also irreführend.

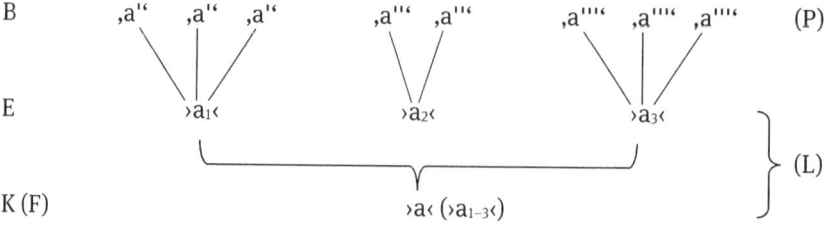

Abb. 14: Mögliches Verhältnis von Belegbedeutung (B), Einzelbedeutung (E) und Korpusbedeutung (K). Ersteres hat Parole-Qualität (P), die beiden letzteren haben Langue-Qualität (L); die Korpusbedeutung als Gesamtheit von Einzelbedeutungen erscheint daher als Bedeutungsfeld (F).

Wären die Verhältnisse so, wie in Abb. 14 dargestellt, dann hätte ein Korpusausdruck potentiell mehrere Einzelbedeutungen, aber ein Belegausdruck läge immer in e i n e r bestimmten Einzelbedeutung vor; die Frage der empirischen historischen Semantik, welcher Einzelbedeutung ein bestimmter Beleg zuzuordnen sei, ließe sich also in jedem konkreten Fall eindeutig beantworten, sobald (nach Sichtung aller Belege) das Spektrum des semantischen Feldes erkennbar geworden ist.[77]

Allerdings ist es eine Erfahrung jeder empirisch-semantischen Arbeit, dass eine solche Eindeutigkeit von Belegen zwar häufig, aber keineswegs selbstverständlich ist. Sie hängt unmittelbar mit der Gliederung des semantischen Feldes, d. h. mit der Entscheidung für den Ansatz bestimmter Einzelbedeutungen zusammen: Werden

---

[77] Erst dann, wenn alle im Korpus dokumentierten Belege (im Sinne des hermeneutischen Zirkels: vorläufig) semantisch interpretiert sind, kann (in einem erneuten Durchgang durch den Zirkel) eine angemessenere, auf wechselseitiger Erhellung basierende Interpretation einzelner Belegzeichen vorgenommen werden, insofern diese gemeinsam mit als ähnlich gedeuteten zu einer semantischen Kategorie (einer Einzelbedeutung) zusammengefasst und gegen andere abgegrenzt werden können (vgl. auch Reichmann 2006, 166 f.). — Allerdings ist hier daran zu erinnern, dass (S. 23) der hermeneutische Zirkel bzw. die Abfolge der Schritte in ihm als „idealtypisch" bezeichnet worden war. Die methodische Priorität der Parole ist selbstverständlich keine zeitliche, sondern eine qualitative Priorität. In diesem Sinne ist auch eine Korpusbedeutung nicht das Resultat einer abstraktiven Reduktion von Belegbedeutungen, die als solche bereits fertig herausgearbeitet wären. Vielmehr sind in der empirisch-semantischen Praxis die beiden idealtypischen Arbeitsschritte ‚Konstruktion von Einzelbedeutungen (auf Korpusebene) aus Belegbedeutungen' und ‚(modifizierende) Interpretation von Belegbedeutungen durch Projektion auf einzelne Korpusbedeutungen' nicht voneinander getrennt. Üblicherweise wird in der praktischen Arbeit die erste angesetzte Belegbedeutung unter der Hand identisch mit der zu erarbeitenden Korpusbedeutung gesetzt (von der es ja zudem ein hermeneutisches Vorverständnis gibt); dann wird diese (Proto-)Korpusbedeutung durch die Interpretation der nächsten in Frage kommenden Belege jeweils modifiziert, und auch hinsichtlich der einzelnen Belegbedeutung selbst erfolgen – kleine hermeneutische Zirkel im großen – immer wieder partielle Neufassungen, um sie der allmählich sich herauskristallisierenden Korpusbedeutung noch zuordnen zu können. Unter Umständen ist die Zuordnung freilich nicht aufrecht zu erhalten; der Beleg muss dann einer anderen Einzelbedeutung zugeordnet bzw. zur Grundlage eines neuen Einzelbedeutungsansatzes werden (hinsichtlich dessen dann wiederum die verschiedenen Belegbedeutungen zu prüfen sind).

zwei Einzelbedeutungen ›xy‹ und ›z‹ angesetzt, so kann eine Belegbedeutung ‚xy' der Einzelbedeutung ›xy‹ eindeutig zugeordnet werden. Entscheidet sich der historische Semantiker oder die historische Semantikerin hingegen aus bestimmten Gründen für den Ansatz zweier Einzelbedeutungen ›x‹ und ›yz‹, so macht dies die Belegbedeutung ‚xy' zu einer polytaxischen (sie muss notwendig als uneindeutig interpretiert werden), weil sie sowohl ›x‹ als auch ›yz‹ partiell zugeordnet werden kann und ›xy‹ als Einzelbedeutung ja nicht vorhanden ist.

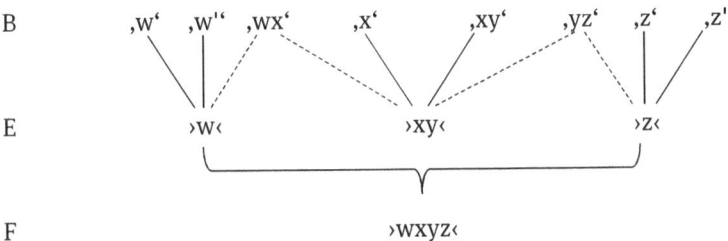

Abb. 15a: Mögliche Gliederung eines semantischen Feldes (F) ›wxyz‹ in drei Einzelbedeutungen (E) ›w‹, ›xy‹ und ›z‹ angesichts einer bestimmten Menge von Belegbedeutungen (B). Die Belegbedeutung ‚xy' ist einer der angesetzten Einzelbedeutungen (›xy‹) eindeutig zuzuordnen, die Belegbedeutungen ‚wx' und ‚yz' sind jeweils zwei Einzelbedeutungen (›w‹ und ›xy‹ bzw. ›xy‹ und ›z‹) partiell zuzuordnen. (Vgl. Abb. 15b.)

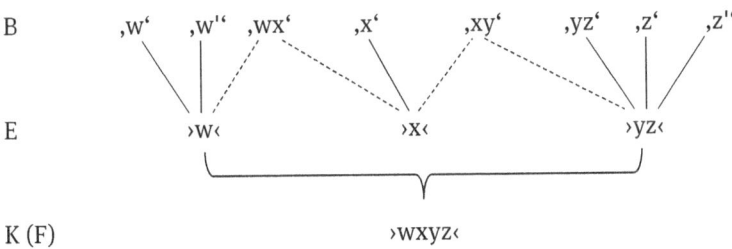

Abb. 15b: Ebenfalls mögliche Gliederung desselben semantischen Feldes wie in Abb. 15a in drei Einzelbedeutungen ›w‹, ›x‹ und ›yz‹. In diesem Fall ist die Belegbedeutung ‚yz' einer der angesetzten Einzelbedeutungen (›yz‹) eindeutig zuzuordnen, während die Belegbedeutungen ‚wx' und ‚xy' jeweils zwei Einzelbedeutungen (›w‹ und ›x‹ bzw. ›x‹ und ›yz‹) partiell zuzuordnen sind.

Selbstverständlich kann in einem Fall wie diesem gefragt werden, ob das semantische Feld nicht sinnvoller viel differenzierter zu gliedern wäre:

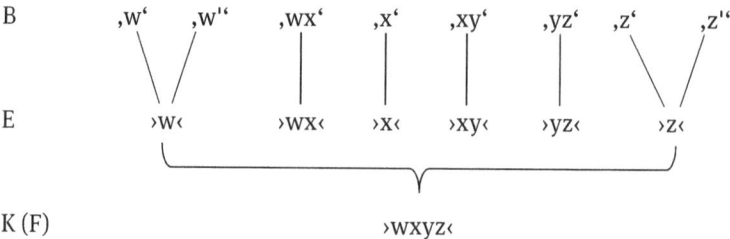

Abb. 15c: Gleichfalls mögliche Gliederung desselben semantischen Feldes wie in Abb. 15 a/b, hier in sechs Einzelbedeutungen ›w‹, ›wx‹, ›x‹, ›xy‹, ›yz‹ und ›z‹.

Eine derartige Gliederung, bei der alle Belegbedeutungen monotaxisch sind, bei der aber zugleich eine ausgeprägte Offenheit (§ 9.6c HLR) der unterschiedlichen Einzelbedeutungen zueinander vorliegt, ist zweifellos möglich, da der Ansatz von Bedeutungen und damit zugleich die Gliederung semantischer Felder eine Sache der Interpretation des historischen Semantikers oder der historischen Semantikerin ist (ebd.).[78]

Bei einem solchen zu möglichst fein differenzierter Gliederung semantischer Felder tendierenden Verfahren käme, triebe man es „auf seine äußerste logische Spitze", eine semantische Analyse zustande, die „für jeden Beleg eine eigene Bedeutungsposition ansetzte" (Reichmann 1993a, 163). Dergleichen ist, wie gesagt, prinzipiell möglich und mag „besonders für klar umgrenzte und wenig umfangreiche Korpora geeignet" scheinen (Bär 2001, 158), wie sie beispielsweise in der Einzeltext- oder Autorensemantik anfallen – weniger, weil sich bei deren Analyse die Anzahl der Belege und damit auch der potentiell anzusetzenden Einzelbedeutungen in überschau-

---

[78] Das bedeutet zugleich, dass verschiedene historische Semantiker/-innen prinzipiell zu unterschiedlichen Interpretationen und damit auch zu unterschiedlich vielen und verschieden angesetzten Einzelbedeutungen gelangen können. Andererseits ist festzustellen, dass die Beschreibungssprachen zumindest solcher historischer Semantiker/-innen, die in einer und derselben Sprachgemeinschaft sozialisiert wurden, nicht unerhebliche Übereinstimmungen aufweisen, so dass eine vergleichsweise große Übereinstimmung hinsichtlich der Gliederung eines semantischen Feldes zustande kommen kann. – Vgl. Reichmann (1993a, 166): „Der Grad der sog. Subjektivität, d. h. der einzelpersonenbedingten Abweichung eines Interpretationsergebnisses von einem als handhabbar und objektiv unterstellten kollektiven Durchschnittsergebnis, wird in aller Regel übertrieben. Ein rundes Dutzend von Heidelberger Seminararbeiten, die darin bestanden, daß von verschiedenen Studenten zu einem vorgegebenen Belegmaterial Artikel im pragmatischen Rahmen des FWB zu schreiben waren, führte zu sehr weitgehenden Übereinstimmungen in den entstehenden Artikeln." Insgesamt lässt sich feststellen: „Übereinstimmungen der Belegverarbeitung durch zwei Lexikographen [...] einerseits und Differenzen in der Belegverarbeitung [...] andererseits halten sich in der Schwebe, wobei es hier unter wissenschaftstheoretischen Aspekten nicht darauf ankommt, ob sich die Gewichte einmal mehr in die eine, ein anderes Mal mehr in die andere Richtung neigen oder ob auch mal ein Waagezustand gegeben ist" (Reichmann 2006, 163).

baren Grenzen hält (was zumindest bei hochfrequenten Ausdrücken keineswegs der Fall sein muss), sondern vielmehr, weil eine solche Analyse in der Regel möglichst differenziert ausfallen soll, so dass der mit einer hohen Anzahl angesetzter Einzelbedeutungen einhergehende Mangel an Übersichtlichkeit einen Erkenntnisgewinn darstellt. Wo es hingegen – wie in der empirisch-semantischen Untersuchung von Diskursen oder gar historischen Sprachstufen – um ‚große Linien' geht und also feine Unterschiede in den Belegbedeutungen vernachlässigt werden können, wird es sinnvoller scheinen, in der Darstellung auf eben diese Unterschiede nicht abzuheben, sondern eine größere Anzahl von Belegen unter einer geringeren Anzahl von Einzelbedeutungen zu subsumieren.

Die Phänomene der Polysemie und der Polytaxe sind, wie sich gezeigt hat, unmittelbar miteinander verknüpft. Polytaxe von Belegzeichen kommt durch den Versuch zustande, die Belegbedeutung auf die angesetzten Einzelbedeutungen zu projizieren. Polytaxe ist keine Eigenschaft eines Belegzeichens per se, sondern eine semantische Tat-Sache, etwas, das die semantisch tätige Person durch ihre Gliederung des Bedeutungsfeldes erst schafft und das anders ausfallen würde, wenn sie andere Einzelbedeutungen als Bezugsgrößen oder Deutungshintergründe für die jeweilige Belegbedeutung ansetzte.

Damit ist der „Auffassung, das ‚aktuelle Textzeichen' [in unserer Redeweise: das Belegzeichen; jab] sei monosem" (G. D. Schmidt 1982, 2), nur dann „grundsätzlich zuzustimmen" (ebd.), wenn „grundsätzlich" so viel bedeutet wie ‚im Allgemeinen'. Man mag dabei durchaus einmal unterstellen, dass „der Sprachproduzent in der Regel [!] mit den verwendeten Sprachzeichen einen eindeutigen Referenzbezug anstrebt, um den Kommunikationsakt im Sinne seiner Intention gelingen zu lassen" (ebd.).[79] Doch besteht aus der Sicht der Interpretation – und nur diese ist der historischen Semantik tatsächlich möglich, während die Intentionen der Sprachproduktion immer Gegenstand eben von Unterstellungen bleiben müssen (vgl. S. 30 ff.) – oft genug das Problem, dass „Ko- und Kontext, d. h. die syntagmatischen Verbindungen mit anderen Sprachzeichen und die Gegebenheiten der Kommunikationssituation" zwar „zu einer bestimmten Deutung eines vorliegenden Sprachzeichens [führen], indem sie andere Möglichkeiten [...] ausschließen" (G. D. Schmidt 1982, 2), dabei aber gleichwohl „der Kontext keine differenzierende Qualität besitzt" und/oder der Kotext uneindeutig ist, indem beispielsweise „die Textzeichen mit Prädikaten verbunden werden, die so beschaffen sind, dass sie sich mit mehreren Bedeutungen vertragen" (ebd.). Die Deutung des Sprachzeichens ist dann zwar immer noch ‚bestimmt', aber eben nur als eine polytaxische.

Die Frage, ob man bei der Gliederung eines semantischen Feldes eher zur Minimierung der Polytaxe und damit zur Maximierung der Polysemie oder eher zur Maximierung der Polytaxe und damit zur Minimierung der Polysemie tendiert, hängt

---

[79] Zu systematischen Ausnahmen von dieser Regel vgl. jedoch Bär 1999a, 345 ff.

jeweils von den Erkenntnisinteressen ab, die man mit einer empirisch-semantischen Untersuchung verfolgt. Im Fall einer Untersuchung, die einem historischen Diskurs gilt und damit – um der herauszuarbeitenden semantischen Gemeinsamkeiten willen – zwar Abstraktion von den einzelnen Akten der Parole erfordert, gleichzeitig aber doch auch an spezifischen Positionen einzelner Autoren, Texte oder Textstellen und daher ein Stück weit an semantischer Feindifferenzierung interessiert ist, scheint ein mittlerer Grad an Polysemie bzw. Polytaxe erstrebenswert: Bei einem Lexem wie *Geist* in der Literatur und Kunstreflexion der Goethezeit tendiert man eher dazu, 20 Einzelbedeutungen als 200 anzusetzen, und eher dazu, 200 polytaxische Belege als 2000 zu haben.

Damit bleibt für unsere Arbeit das Problem der Abgrenzung auf der Ebene der Einzelbedeutungen erhalten. Es ist freilich prinzipiell nicht zu lösen. Eine Einzelbedeutung war bestimmt worden als ein vom historisch-semantischen Subjekt angesetztes Bündel der n a c h   s e i n e r   I n t e r p r e t a t i o n dafür in Frage kommenden Bedeutungsaspekte, d. h. der jeweils einem bestimmten Funktionstyp zugerechneten kollokativen Determinanten (§ 9.1 HLR); verbindliche Kriterien für eine ‚Bündelspezifik' wurden nicht genannt und können nach unserer Auffassung letztlich auch nicht genannt werden.[80] Der Ansatz von Einzelbedeutungen bzw. die Gliederung des semantischen Feldes ist grundsätzlich problematisch (vgl. Reichmann 1989, 112 ff.) und es kann nicht per definitionem festgelegt werden, welche (und wieviele) Einzelbedeutungen anzusetzen sind.[81] Im Gegenteil ist zu betonen, dass „die vorgenommene Abgrenzung" der einzelnen Korpusbedeutungen immer nur eine „mit anderen Gründen auch anders mögliche Gliederung eines Kontinuums" durch die historische Semantik ist (ebd., 156), über die man – auch wenn die Unterschiede zwischen den Ansätzen verschiedener Semantikerinnen und Semantiker sich in Grenzen halten (vgl. Anm. 78) – prinzipiell diskutieren kann.

---

[80] Einige Hinweise, wie die historische Semantik bei ihrer Entscheidung verfahren und woran sie sich orientieren kann, gibt Reichmann (1989, 102 ff.; 1993a; 2006, 167 ff.). Wichtig ist der Hinweis, dass beim Ansatz einer Einzelbedeutung keineswegs nur die Frage eine Rolle spielt, ob es sich um ein gegenüber anderen Einzelbedeutungen hinreichend klar abgrenzbares Bündel von Bedeutungsaspekten handelt, sondern dass dabei auch kulturhistorische wie -historiographische Überzeugungen und Ideologien relevant sein können (vgl. Bär u. a. 1999, 284 ff.).
[81] Eine andere Auffassung scheint hier G. D. Schmidt (1982, 2) zu vertreten, der davon ausgeht, man könne die Bedeutung(en) eines sprachlichen Zeichens „richtig" bzw. „nicht richtig abgrenzen". Der Autor nennt allerdings keine Kriterien für eine „angemessene" bzw. „nicht angemessene Abgrenzung dessen [...], was als zeichenkonstituierende Bedeutung gelten kann": „Ich möchte auf das wichtige Problem der Sememseparierung nicht näher eingehen" (ebd.).

2.2.1.2 Polysemes Zeichen oder homonyme Zeichen?

Unter Typidentität von Belegausdrücken wird in dieser Arbeit, wie gesagt, die Tatsache verstanden, dass diese Belegausdrücke ein Ensemble nicht bedeutungsseitig bzw. nur hinsichtlich grammatischer Bedeutungsaspekte miteinander in Differenzbeziehungen gesetzter Einheiten bilden. Typidentisch nennen wir mit anderen Worten solche Belegzeichengestalten, die lediglich hinsichtlich der Schreibung und/oder der Flexionsform variieren. Sie können als Erscheinungsformen eines und desselben Langue-Zeichens gedeutet werden. Dabei ist bislang jedoch das Problem der Homonymie noch nicht berücksichtigt: die Tatsache, dass sprachliche Zeichen trotz ausdrucksseitiger Gleichheit[82] nicht als typidentisch, sondern als typverschieden, d. h. nicht als ein und dasselbe, sondern als verschiedene (Langue-)Zeichen gedeutet werden können. – Das Problem steckt in der Tat genau in diesem „können", denn die Kriterien für die Entscheidung sind keineswegs gesichert und als allgemein verbindlich anerkannt. Man stellt fest, dass keines von ihnen in der empirisch-semantischen Praxis konsequent befolgt wird (vgl. Kempcke 2001, 63 ff.), d. h., dass ausdrucksgleiche Zeichen mit unterschiedlicher Bedeutung nach einem und demselben Kriterium im einen Fall als homonyme, im anderen als identische (und damit polyseme) Einheiten angesetzt werden. Folgende Fälle sind zu unterscheiden (vgl. auch Behrens 2002, 322):

2.2.1.2.1 Disparatheit der Bedeutung (im engeren Sinn)

Um bei ausdrucksseitig gleichen Zeichen von Homonymie sprechen zu können, muss die Differenz ihres Sinns so groß sein, dass keinerlei Gemeinsamkeit festzustellen ist[83]; dagegen geht man bei einer geringeren semantischen Differenz von zwei Be-

---

[82] Gemeint ist hier nicht ausdrucksseitige Varianten- oder Formgleichheit, d. h. die letztlich zufällige gestaltliche Übereinstimmung zweier Zeichen, die zu ansonsten völlig unterschiedlichen Varianten- bzw. Formenparadigmata gehören, in je einer Variante – so bei frnhd. *ofentür* ›Tür eines Ofens‹ und *ofentür* ›Abenteuer‹ (vgl. S. 53 f.) – bzw. Form – so bei *Band* ›Verbindung‹ und *band*, Prät. von *binden*, das in bestimmten Zusammenhängen, etwa am Satzanfang, sogar mit initialer Großschreibung erscheinen kann und dann tatsächlich völlig ausdrucksgleich mit *Band* ist –, sondern in einem strengen Sinne (vgl. Zöfgen 1989, 782) nur ausdrucksseitige Typgleichheit, also Gleichheit des ganzen Formenensembles (wie im Falle von *Base* ›Cousine‹ und *Base* ›chemische Verbindung‹), und in einem etwas weniger strengen Sinne auch Typähnlichkeit, d. h. partielle Typgleichheit, Gleichheit von Teilen des Formenensembles (wie im Falle von *Kiefer*, Pl. *Kiefern* ›Föhre‹ und *Kiefer*, Pl. *Kiefer* ›Schädelknochen‹).
[83] Behrens (2002, 324) nennt vier mögliche Anhaltspunkte für semantische Gemeinsamkeit: (a) zwei Bedeutungen können unter einer allgemeiner gefassten subsumiert werden; (b) zwei Bedeutungen weisen mindestens ein gemeinsames semantisches Merkmal, ein „Semasem" (Henne 1972, 132; vgl. ebd., 159 f.) auf; (c) in der Relation zwischen den beiden Bedeutungen kann ein Sprecher ein

deutungen einer und derselben Einheit aus. Allerdings wird im konkreten Einzelfall die Frage „homonym oder polysem?" aus einer Reihe von Gründen durchaus unterschiedlich beantwortet, nicht zuletzt deshalb, weil die Kriterien für semantische Gemeinsamkeit differieren (vgl. Anm. 83), und auch, weil dort, wo eine synchron orientierte Sprachbetrachtung keine semantischen Gemeinsamkeiten fände, eine diachron orientierte durchaus Zusammenhänge feststellen kann (vgl. Behrens 2002, 322). So werden beispielsweise *Ente* ›Schwimmvogel‹ und *Ente* ›falsche Pressemeldung‹ gleichermaßen angesetzt als zwei verschiedene Wörter (EWD 1989, 363) wie als zwei Bedeutungen eines und desselben Wortes (Duden 1999, 1033). – Ein Sonderfall der semantischen Disparatheit liegt bei Zeichen vor, die aus ihrerseits semantisch disparaten Bestandteilen gefügt sind. So sind z. B. bei *Untiefe* ›sehr flache Stelle im Wasser‹ und *Untiefe* ›sehr tiefe Stelle im Wasser‹ zwei verschiedene Bedeutungen des Morphems *un-* zu konstatieren: ›nicht‹ und ›übermäßig‹.

2.2.1.2.2 Disparatheit der Valenz und der Bedeutung im engeren Sinn

Tritt zur Disparatheit des Sinns gemäß 2.2.1.2.1 eine Disparatheit auch der Valenz im Sinne von § 9.2β HLR, so kann sich ein deutlicherer Anhaltspunkt für Homonymie ergeben. Bei Substantiven ist hier vor allem Disparatheit des Genus zu nennen, insbesondere bei substantivierten Adjektiven, bei denen die adjektivische Genus-Triplizität erhalten bleibt. Dies – die Tatsache nämlich, dass das zugrunde liegende Adjektiv, gleich in welchem Genus es konkret vorliegt, prinzipiell als e i n Zeichen verstanden wird und eine Deutung der durch Transposition aus ihm entstandenen Substantive als homonym folglich immer als sekundär erscheint – lässt schon vermuten, dass ein allgemein als verbindlich erachtetes Kriterium für Homonymie hier nicht vorliegt; dies bestätigt ein Beispiel wie *der Junge* ›Knabe‹ und *das Junge* ›noch nicht ausgewachsenes Tier‹, das gleichermaßen als zwei verschiedene Wörter (WDG 1964–77, 2003 f.) wie als zwei Bedeutungen eines und desselben Wortes (Paul 2000, 513) gedeutet wird.

Bei Verben spielt interessanterweise die Valenz in der Regel keine Rolle für den Ansatz homonymer Einheiten; so werden beispielsweise *aufbrechen* ›fortgehen‹ und *etw. aufbrechen* ›etw. gewaltsam öffnen‹, *sich befinden* ›sein‹ und *über etw. befinden* ›über etw. entscheiden‹, *kochen* ›den Siedepunkt erreicht haben‹ und *etw. kochen* ›Wärme zuführen; gar machen‹ sowie *auf jn./etw. warten* ›jn./etw. erwarten‹ und

---

produktives oder zumindest vertrautes Grundmuster der semantischen Erweiterung erkennen; (d) ein Sprecher kann vermuten, dass die Relation zwischen den beiden Bedeutungen in irgendeiner (nicht näher spezifizierbaren Weise) motiviert ist. – Es ist deutlich, dass die Kriterien hinsichtlich ihrer Argumentstärke in abfallender Reihe stehen. Kriterium (b) ist schwächer als (a), weil „semantically unrelated senses may also share common features" (Behrens 2002, 324).

etw. warten ›etw. betreuen, pflegen‹ üblicherweise als jeweils zwei Bedeutungen eines und desselben Wortes aufgefasst.

2.2.1.2.3 Disparatheit der Flexionsmorphologie und der Bedeutung im engeren Sinn

Ein anderes Homonymie-Kriterium, das zur Disparatheit des Sinns treten kann, ist – bei flektierbaren Zeichen – die Disparatheit der Flexionsmorphologie, d. h. des Formenparadigmas. Bei Verben geht es dabei insbesondere um disparate Formen in den Tempora, bei Substantiven um solche in den Numeri (in der Regel im Plural). Auch dieses Kriterium wird nicht einheitlich berücksichtigt: So finden sich *bewegen* (3. Pers. Sg. Prät. *bewegte*) ›Bewegung verursachen‹ und *bewegen* (3. Pers. Sg. Prät. *bewog*) ›veranlassen‹ sowie *schleifen* (3. Pers. Sg. Prät. *schleifte*) ›niederreißen‹ und *schleifen* (3. Pers. Sg. Prät.) *schliff* ›scharf machen‹ gleichermaßen als jeweils zwei verschiedene Wörter (Duden 1999, 580; ebd., 3375) wie als jeweils zwei Bedeutungen eines und desselben Wortes (EWD 1989, 163; DWB IX, 590 ff.). Beispiele für gegensätzliche Einschätzungen finden sich auch im substantivischen Bereich, so *Mark* (Pl. *Marken*) ›Grenzgebiet‹ und *Mark* (ohne Pl. bzw. mit umgangssprachlichem Plural *Märker*) ›Währungseinheit‹ oder auch *Mutter* (Pl. *Mütter*) ›weibliches Elternteil‹ und *Mutter* (Pl. *Muttern*) ›Schraubenmutter‹ als zwei verschiedene Wörter (Duden 1999, 2516; ebd., 2667), jedoch auch als zwei Bedeutungen eines und desselben Wortes (DWB VI, 1633 ff.; ebd., 2804 ff.).

Die Disparatheit des Numerus wird vergleichsweise selten als Kriterium für Homonymie herangezogen (vgl. Behrens 2002, 325), möglicherweise deshalb, weil die Numerusdifferenzierung teilweise semantisch distinktive Qualität hat (vgl. Duden 1998, 235) und dann kein zusätzliches Unterscheidungsmoment mehr darstellt. Um gegenüber 2.2.1.2.1 ein neues Kriterium zu haben, dürfen nämlich beide Aspekte – Disparatheit des Flexionsparadigmas und Disparatheit des Sinns – nur koinzidieren, nicht hingegen dürfen die grammatischen Unterschiede die des Sinns implizieren. Mit anderen Worten: Zwei unterschiedliche Zeichenformen, die als homonymendistinktiv gewertet werden sollen, müssen grammatische und dürfen keine semantischen Zeichenformen (vgl. S. 76) sein; wären sie letzteres, so wäre es erneut der semantische Aspekt, der den Ausschlag in der Homonymiefrage gäbe. Fälle wie *Gesicht*[84] oder *Wort*[85] kommen daher trotz ihrer unterschiedlichen Flexionsmorpho-

---

[84] *Gesicht* ›Vision‹, Kontinenzplural *-e* („himmlische Gesichte und teuflische Hallucinationen", Dohm, Schicks. 1899, 343) vs. *Gesicht* ›Antlitz‹, Separatplural *-er* („Sophie konnte auf das deutlichste die Gesichter erkennen", Boy-Ed, Ehe 1915, 43).
[85] *Wort* ›sprachliche Äußerung‹, Kontinenzplural *-e*: („Bewundernde Worte raschelten ihr zu", Meisel-Hess, Intellekt. 1911, 55) vs. *Wort* ›lexikalische Einheit‹, Separatplural *-er* + Umlaut („Der Leser wird [...] mit Verwunderung zwei Wörter entdeckt haben", Panizza, Vis. 1893, 268).

logie nicht als Beispiele für Homonymie in Betracht, wenn man der Meinung ist, dass allein die semantischen Unterschiede dafür nicht ausreichen.

2.2.1.2.4 Disparatheit der Herkunft und der Bedeutung

Unter ‚Herkunft' eines sprachlichen Zeichens subsumieren wir zunächst ganz unterschiedliche Phänomene: zum einen die historische Herkunft, will sagen die Etymologie und ggf. die Entlehnungsgeschichte, zum anderen die strukturelle Herkunft, die bei zusammengesetzten bzw. abgeleiteten Sprachzeichen danach bestimmt wird, aus welchen Bestandteilen diese bestehen bzw. von welchem Ausgangszeichen sie abgeleitet sind. Beispiele für die Disparatheit der strukturellen Herkunft – Diversbildungen i. S. v. Anm. 70 (S. 80) – sind *Rad* ›Rota‹ bzw. *Bahn* ›Weg‹ und *Rad* ›Velociped‹ bzw. *Bahn* ›Verkehrsmittel‹: Letztere sind durch Rückkürzung aus *Fahrrad* bzw. *Eisenbahn* entstanden (wofür erstere die Basis darstellten).

Das Kriterium der unterschiedlichen historischen Herkunft ist für die diachron orientierte Sprachbetrachtung wichtig, kann aber auch in der synchron orientierten eine Rolle spielen, sofern dabei die historische Dimension mitberücksichtigt werden soll. Trennscharf ist es jedoch keineswegs, denn auch bei eindeutiger etymologischer Verwandtschaft kann eine unterschiedliche Wortgeschichte vorliegen. Lyons (1977, 551) führt das Beispiel von engl. *port* ›Hafen‹ und *port* ›Portwein‹ an. Obwohl beide auf dasselbe Wort (lat. *portus*) zurückgehen, handelt es sich um zwei zu ganz unterschiedlichen Zeitpunkten und zudem aus zwei verschiedenen Sprachen entlehnte Ausdrücke; *port* ›Hafen‹ ist ein altes, unmittelbar aus dem Lateinischen übernommenes Wort, *port* ›Portwein‹ hingegen „came into English fairly recently" und geht auf den (seinerseits vom lateinischen *portus* stammenden) portugiesischen Ortsnamen *Oporto* zurück.

Seitens der lexikologischen und lexikographischen Theoriebildung wird zudem immer wieder darauf hingewiesen, dass etymologische Aspekte im alltäglichen, nichtwissenschaftlichen Sprachbewusstsein kaum eine Rolle spielen, so dass sie zumindest dann, wenn für einzelne Beispiele festgestellt werden soll, wie die Sprachgemeinschaft über Homonymie bzw Polysemie befindet, unberücksichtigt bleiben können (vgl. Lyons 1977, 551; Kempcke 2001, 62; ebd., 66).[86] — Doch nicht nur, weil

---

[86] Ob zwei ausdrucksseitig gleiche Zeichenvorkommen bei unterschiedlicher Bedeutung als typidentisch (dann als Beispiele für Polysemie) oder nicht typidentisch (dann als Beispiele für Homonymie) gewertet werden, hängt in der Tat nicht von der Etymologie, sondern ausschließlich von den Traditionen und Auffassungsgewohnheiten innerhalb einer Sprachgemeinschaft ab. Man findet ebenso Beispiele dafür, dass zwei etymologisch völlig unterschiedliche Zeichen als eines und dasselbe angesehen und daher auch ausdrucksseitig einander angenähert werden (Volksetymologie oder – nach Keller/Kirschbaum 2003, 112 – „Homonymenfusion", so ahd./mhd. *sin(t)* ›gesamt, ganz, allumfassend‹ an *Sünde* in frnhd./nhd. *Sündflut*), wie umgekehrt, dass ein und dasselbe Zeichen,

sie als Kriterium im allgemeinen Sprachbewusstsein kaum verankert, sondern auch weil sie zum Teil keineswegs gesichert sind (vgl. Behrens 2002, 323), tragen etymologische Zusammenhänge im Einzelfall nicht zu einer einheitlichen Antwort auf die Homonymiefrage bei. Beispielsweise erscheinen *Futter* ›Nahrung‹ und *Futter* ›Auskleidung‹, *gerade* ›durch zwei ohne Rest teilbar‹ und *gerade* ›nicht krumm‹, *Gericht* ›Rechtsprechung, Rechtsinstitution‹ und *Gericht* ›Speise, Gang‹, *Grütze* ›Griesbrei‹ und *Grütze* ›Verstand‹, *Hecke* ›Reihe von Sträuchern‹ und *Hecke* ›Brut‹ sowie *Reif* ›Ring‹ und *Reif* ›gefrorener Tau‹ gleichermaßen als jeweils zwei verschiedene Wörter (Duden 1999, 1356; ebd., 1465; ebd., 1469; EWD 1989, 616 f.; ebd., 660; Duden 1999, 3149) wie als jeweils zwei Bedeutungen eines und desselben Wortes (DWB IV/1.1, 1065 ff.; ebd. IV/1.2, 3542 ff.; 1951, BBWB 1951, 240; Duden 1999, 1612; DWB IV/2, 742 ff.; Kempcke 2000, 806).

Noch weniger stark als das Kriterium der historischen Herkunft wird beim Ansatz von Homonymie insgesamt das der strukturellen Herkunft berücksichtigt; Fälle wie *Rad/Rad* werden in der Regel als solche von Polysemie gesehen. Immerhin gibt es auch hier Uneinigkeit. So werden beispielsweise für *Bahn* ›Weg, Straße‹ und *Bahn* ›Verkehrsmittel, Transportvehikel‹ (rückgekürzt aus *Eisenbahn*) zwei Bedeutungen eines Wortes (Duden 1999, 443 f.) und zwei verschiedene Wörter (Götz/Haensch/Wellmann 1998, 115) angesetzt.

2.2.1.2.5 Kombination der genannten Kriterien

Auch wenn mehrere der genannten Kriterien zusammentreten, ändert sich die Uneinheitlichkeit des Bildes nicht. Folgende Kombinationen sind möglich:

– **Disparatheit der Valenz, der Flexionsmorphologie und des Sinns.** So finden sich *das Maß* (Gen. *des Maßes*) ›Einheit bzw. Instrument zum Messen von Größen‹ und *die Maß* (Gen. *der Maß*) ›Menge von einem Liter Bier‹ sowie *der See* (Gen. *des Sees*) ›größeres stehendes Binnengewässer‹ und *die See* (Gen. *der See*) ›Meer‹ gleichermaßen als zwei verschiedene Wörter (EWD 1989, 1071; Duden 1999, 3500) wie als zwei Bedeutungen eines und desselben Wortes (Duden 1999, 2528; EWD 1989, 1601 f.). – Da bei Verben die Disparatheit der Valenz als Kriterium für Homonymie keine Rolle spielt (vgl. 2.2.1.2.2), werden valenz-, form- und sinndifferierende Verben nicht weniger uneinheitlich interpretiert als Verben, bei denen nur das Formenparadigma und der Sinn sich unterscheidet (vgl. 2.2.1.2.3): So begegnen *bleichen* (3. Pers. Sg. Prät. *blich*) ›heller, farblos

---

das in zwei unterschiedlichen Bedeutungen vorliegt, im Laufe der Zeit als zwei unterschiedliche Zeichen gedeutet und daher auch ausdrucksseitig unterschieden wird (Homonymentrennung, so *Otter* ›Giftschlange‹ und *Natter* ›ungiftige Schlange‹, *Mal* ›Zeichen, Punkt, Zeitpunkt‹ und *Mahl* ›Zeitpunkt des Essens, Mahlzeit‹ oder *Statt* ›Ort, Platz‹ und *Stadt* ›Ortschaft, Ansiedlung‹).

werden‹ und *etw. bleichen* (3. Pers. Sg. Prät. *bleichte*) ›heller, farblos machen‹ sowie *hängen* (3. Pers. Sg. Prät. *hing*) ›in hängendem Zustand sein‹ und *jn./etw. hängen* (3. Pers. Sg. Prät. *hängte*) ›in hängenden Zustand bringen‹ gleichermaßen als jeweils zwei verschiedene Wörter (Duden 1999, 617; ebd., 1675) wie als zwei Bedeutungen eines und desselben Wortes (EWD 1989, 187; ebd., 644).
- **Disparatheit der Valenz, der Herkunft und des Sinns.** So werden z. B. *jm. grauen* ›Angst empfinden‹ und *grauen* ›dämmern‹ ebenso als zwei verschiedene Wörter (Duden 1999, 1574) wie als zwei Bedeutungen eines und desselben Wortes (Kempcke 2000, 426) gesehen. Dasselbe gilt für *ausspannen* ›sich erholen‹ und *jm. jn. ausspannen* ›jm. jn. abspenstig machen‹ sowie für *j. (Subj.) etw. (eine Speise) kosten* ›den Geschmack prüfen‹ und *etw. (Subj.) etw. (einen Betrag) kosten* ›einen Kaufpreis haben‹: Auch hier werden sowohl zwei verschiedene Wörter (DWB I, 121 f.; Duden 1999, 2251) wie zwei Bedeutungen eines und desselben Wortes (Paul 2002, 125 f.; BBWB 1951, 364) angesetzt.
- **Disparatheit der Flexionsmorphologie, der Herkunft und des Sinns.** Beispielsweise findet man *Bank* (Pl. *Bänke*) ›Sitzmöbel‹ und *Bank* (Pl. *Banken*) ›Finanzhaus‹ als zwei unterschiedliche Wörter (Duden 1999, 454) ebenso wie als zwei Bedeutungen eines und desselben Wortes (DWB I, 1105 ff.; Kempcke 2000, 101).
- **Disparatheit der Valenz, der Flexionsmorphologie, der Herkunft und des Sinns.** Beispielsweise werden *reifen* (Subjekt: unpersönliches *es* bzw. „Pseudoaktant" i. S. v. Duden 2005, 830 f.) ›Rauhreif bilden‹ und *reifen* (Subjektkern: ein Substantiv, z. B. *Obst, Käse, Wein, Plan*) ›sich entwickeln, reif werden‹ als zwei verschiedene Wörter (EWD 1989, 1400) ebenso wie als zwei Bedeutungen eines und desselben Wortes (Kempcke 2000, 806) gebucht.

2.2.1.2.6 Homonymie und Polysemie

Wie sich zeigt, ist die „Grenzziehung zwischen Polysemie und Homonymie [...] sowohl theoretisch wie auch in vielen Einzelfällen problematisch" (Ágel 2000, 58). Aus diesem Grund kommt keine empirisch-semantische Untersuchung umhin, in der Homonymiefrage Position zu beziehen, so dass folglich zu klären ist, wie im Rahmen der vorliegenden Arbeit in dieser Sache verfahren werden soll.

Das semantische Kriterium allein halten wir – in Übereinstimmung mit Lyons (1977, 552), Zöfgen (1989, 784), Kempcke (2001, 66) u. a. – für nicht hinreichend zur Entscheidung. Es müssen ja keineswegs alle Bedeutungen eines Wortes semantische Gemeinsamkeiten mit allen anderen aufweisen; vielmehr kann schon eine Familienähnlichkeit (vgl. S. 60 u. S. 80) zwischen den verschiedenen Bedeutungen genügen, um sie als Einzelbedeutungen eines und desselben Zeichens zu sehen. Zudem lässt sich ein Kriterium für semantische Gemeinsamkeit nicht verbindlich festlegen, sondern die Entscheidung, ob zwei Bedeutungen ‚etwas miteinander zu tun haben', hängt von Interpretation und letztlich subjektivem Empfinden ab: „[D]ie semantische Grenzziehung ist schwierig und läuft schnell Gefahr, subjektiven Urteilen geopfert zu werden" (Kempcke 2001, 62).

Die Unschärfe des Sinn-Kriteriums gilt in gleicher Weise auch für das Kriterium ‚Differenz von Valenz und Sinn', weil auch die Valenz eines Zeichens als Aspekt seiner Bedeutung zu sehen ist (vgl. § 9.5 HLR). Man hätte zudem, wollte man dieses Kriterium heranziehen, zumindest bei den Verben alles Herkommen gegen sich (vgl. 2.2.1.2.2).

Demgegenüber scheint die Koinzidenz von semantischen und flexionsmorphologischen Unterschieden eine schärfere Grenzziehung zu erlauben, insofern dabei der problematische G r a d der semantischen Differenz unberücksichtigt bleiben kann. Es ist in Erinnerung zu rufen, dass nur grammatische Zeichenformen, nicht semantische (vgl. S. 76) als Kriterium für Homonymenunterscheidung herangezogen werden sollten.

Ginge es um eine diachrone Betrachtung, so könnte man bei der Beantwortung der Frage „polysem oder homonym?" zusätzlich auch noch auf etymologische Zusammenhänge zurückgreifen. Für eine synchrone Betrachtung wie die unsere spielen sie aber in der Regel – sofern nicht ein Bewusstsein solcher Zusammenhänge in Texten des Untersuchungskorpus nachzuweisen ist – keine Rolle.

Wie sich zeigt, vertreten wir eine vergleichsweise restriktive Homonymieauffassung und neigen damit zu der von Lyons (1977, 553 ff.) erhobenen Forderung nach Homonymieminimierung bzw. Polysemiemaximierung. Sie scheint für die Zwecke unserer Arbeit pragmatisch sinnvoll zu sein, weil mit jedem Kandidaten für Homonymie zugleich ein (je unterschiedlich gelagerter) Zweifelsfall eliminiert wird. — Vor dem Hintergrund dieser Überlegungen steht

---

§ 11.1 HLR: Belegzeichen sind h o m o n y m, wenn sie, bei unterschiedlichem Sinn gemäß § 9.2α HLR, ausdrucksgleich sind und dabei

(α) hinsichtlich des grammatischen Formenparadigmas, dem sie sich zuordnen lassen, sich ausdrucksseitig unterscheiden oder

(β) sie etymologisch gesehen Vertreter unterschiedlicher Zeichentypen sind, wobei sich im Untersuchungskorpus ein Bewusstsein der entsprechenden Herkunftsverhältnisse nachweisen lassen muss, oder

(γ) beide vorgenannten Bedingungen gleichzeitig für sie gelten.

§ 11.2 HLR: Korpuszeichen sind homonym, wenn sie, bei unterschiedlichem Sinn gemäß § 9.2α HLR, eine ausdrucksgleiche Grundform (§ 3.2β^1 HLR) aufweisen, aber

(α) zugleich ein hinsichtlich mindestens einer Form ausdrucksseitig unterschiedliches Formenparadigma haben oder

(β) etymologisch gesehen nicht typidentisch (§ 2.2β^{2α} HLR) sind, wobei sich im Untersuchungskorpus ein Bewusstsein der entsprechenden Herkunftsverhältnisse nachweisen lassen muss, oder

(γ) beide vorgenannten Bedingungen gleichzeitig für sie gelten.

Zu § 11 HLR: Damit interpretieren wir als typidentisch (d. h. als Belege für verschiedene Einzelbedeutungen eines und desselben polysemen Korpuszeichens)

- ausdrucksgleiche (auch hinsichtlich des Formenparadigmas, dem sie sich zuordnen lassen, absolut gleiche) Belegzeichen derselben Herkunft, die disparat hinsichtlich der Bedeutung im engeren Sinn sind;
- ausdrucksgleiche (auch hinsichtlich des Formenparadigmas, dem sie sich zuordnen lassen, absolut gleiche) Belegzeichen derselben Herkunft, die disparat hinsichtlich der Valenz und der Bedeutung im engeren Sinn sind;
- Belegzeichen, die ausdrucksgleich (auch hinsichtlich des Formenparadigmas, dem sie sich zuordnen lassen, absolut gleich) und dabei disparat hinsichtlich der Bedeutung im engeren Sinn, ggf. auch der Valenz, sowie verschiedener Herkunft sind, sofern ein Bewusstsein der Herkunftsverschiedenheit im Untersuchungskorpus nicht nachweisbar ist;
- ausdrucksgleiche Belegzeichen, die hinsichtlich des grammatischen Formenparadigmas, dem sie sich zuordnen lassen, und/oder ihrer Valenz verschieden sind, wenn sie nicht gleichzeitig Unterschiede in der Bedeutung im engeren Sinn erkennen lassen. Derartige Belegzeichen interpretieren wir als Varianten eines und desselben Zeichentyps, nicht anders als solche, die sich a l l e i n ausdrucksseitig (also nicht hinsichtlich des grammatischen Formenparadigmas, dem sie sich zuordnen lassen, und/oder der Valenz, sondern nur in der Schreibung und/oder Aussprache) unterscheiden.

Homonyme in unserem Sinn können (müssen aber nicht) unabhängig von den Kriterien, nach denen sie gemäß § 11 HLR unterschieden werden, sich auch sonst ausdrucksseitig partiell unterscheiden. Partiell heißt hier: e n t w e d e r hinsichtlich der Schreibung (Homophonie: *der Mohr/das Moor*) o d e r hinsichtlich der Aussprache (Homographie: *der Kredit* [krɛˈdɪt bzw. ...ˈdiːt] ›Darlehen‹ und *das Kredit* [ˈkreːdɪt] ›Habenseite eines Kontos‹; *der Rentier* [rɛnˈtjeː] ›von Kapitalerträgen Lebender‹ und *das Rentier* [ˈrɛntiːr bzw. ˈreːn...] ›Rangifer tarandus‹; *modern* ›verrotten, verwesen‹ und *modern* ›neuartig, neu‹). Bei solchen Zeichen handelt es sich um Homonyme im weiteren Sinn; sie sind nicht ausdrucksgleich, sondern ausdrucksähnlich.

2.2.2 Einfache und zusammengesetzte Zeichen

Da Zeichengestalt und Zeichenwert komplementär sind (§ 2.1b HLR), geht mit der unterschiedlichen Qualität der ersteren immer auch eine des letzteren einher. Indem kollokative Zeichen immer zugleich auch konstitutiv sind (vgl. S. 63), d. h. als Konstituenten komplexerer, ihrerseits kollokativer Zeichen fungieren können, ergeben sich verschiedene mögliche Perspektiven.

Zunächst unterscheiden wir gestaltseitig verschieden dimensionierte Zeichen. Ein kollokatives sprachliches Zeichen kann gestaltseitig einfach oder zusammengesetzt sein.

§ 12.I HLR: Unter einem **einfachen Zeichen** wird ein kollokatives Zeichen gemäß § 7.1 HLR verstanden, das nicht gemäß § 6.2 HLR als Konstitut mehrerer kollokativer Zeichen beschrieben werden kann.

§ 12.II HLR: Als **zusammengesetztes Zeichen** wird ein kollokatives Zeichen gesehen, das gemäß § 6.2 HLR als konstituiert durch andere kollokative Zeichen beschrieben werden kann.[87]

§ 13.1 HLR: Hinsichtlich ihres Wertes können zusammengesetzte Zeichen unter zweierlei Aspekt betrachtet werden:

(α) im Gefüge, d. h. als determiniert durch andere Zeichen (mit denen gemeinsam sie für dritte, nämlich zusammengesetzte Zeichen einer höheren Ebene konstitutiv sind) und, für sich betrachtet,

(β) als Gefüge.

§ 13.2 HLR: (α) Werden Zeichen als determiniert durch andere Zeichen betrachtet (§ 13.1α HLR), so ist die Rede von ihrem **äußeren Wert** – der gleichzusetzen ist mit ihrer Bedeutung i. S. v. § 9 HLR –,

(β) werden sie als Gefüge betrachtet (§ 13.1β HLR), so ist von ihrem **inneren Wert** oder ihrer **Bedeutungsstruktur** die Rede.

§ 13.3 HLR: Analog zu § 9.2 HLR lässt sich hinsichtlich des inneren Zeichenwertes unterscheiden:

(α) eine **Sinnstruktur** (die Gesamtheit der Relationen aller individuellen Konstituenten eines Gefüges), die [I] als **Belegsinnstruktur** oder [II] als **Korpussinnstruktur** betrachtet werden kann, und

(β) eine **Valenzstruktur** (die Gesamtheit der Relationen aller kategorialen Konstituenten eines Gefüges), die [I] als **Belegvalenzstruktur** (**Gliederfunktionsstruktur**, kurz: **Gliederstruktur**) oder [II] als **Korpusvalenzstruktur** (**Exemplarstruktur**) betrachtet werden kann.

§ 13.4 HLR: (α) [I] Wird ein Zeichengefüge hinsichtlich seiner Belegsinnstruktur (§ 13.3α[I] HLR) betrachtet, so erscheint es als **Belegzeichengefüge**; [II] wird es hinsichtlich seiner Korpussinnstruktur (§ 13.3α[II] HLR) betrachtet, so erscheint es als **Korpuszeichengefüge**.

(β) [I] Wird ein Zeichengefüge hinsichtlich seiner Gliederstruktur (§ 13.3β[I] HLR) betrachtet, so erscheint es als **Gliedzeichengefüge**, kurz: **Gliedergefüge**; [II] wird es hinsichtlich seiner Exemplarstruktur (§ 13.3β[II] HLR) betrachtet, so erscheint es als **Exemplarzeichengefüge**, kurz: **Exemplarengefüge**.

---

[87] Indem als Wert eines kollokativen Zeichens seine Bedeutung bestimmt worden war (§ 7.1, § 9.1 HLR), können zusammengesetzte Zeichen auch als gegliedert im Sinne der ersten Artikulation nach Martinet beschrieben werden. Martinet (1960) unterscheidet in Anlehnung an Georg v. d. Gabelentz zwei Arten der Gliederung sprachlicher Zeichen (so genanntes Prinzip der *double articulation*). Sprachliche Zeichen sind demnach erstens in bedeutungstragende Bestandteile gegliedert, diese Bestandteile, sofern sie nach diesem Prinzip nicht weiter gegliedert werden können, sind dann zweitens nach Einheiten zu gliedern, die nicht mehr als bedeutungstragend beschrieben werden können (d. h. in Silben und schließlich in Laute oder Buchstaben).

Zu § 12.I HLR: Einfache Zeichen begegnen ausschließlich auf der Ebene der Wortelemente (z. B. bei Transfixen und bei Grammativen). Wörter, auch vermeintlich einfache wie *an*, *aus* oder *vor*, interpretieren wir als zusammengesetzt.

Zu § 13.1/2 HLR: Die Unterscheidung zwischen zusammengesetzten Zeichen und Zeichengefügen ist nicht exklusiv. Komplexe Zeichen sind vielmehr immer z u g l e i c h   a u c h Zeichengefüge; sie werden als das eine oder das andere nur, wie gesagt, unter verschiedenen Aspekten betrachtet.

2.2.2.1 Ebenen von Zeichengefügen

Im Gegensatz zu einfachen Zeichen können zusammengesetzte, als Gefüge betrachtet, in unterschiedlicher Weise strukturiert sein. Prinzipiell gilt

---

§ 14.1 HLR: Zeichengefüge sind zusammengesetzt aus mindestens zwei u n m i t t e l b a r e n K o n s t i t u e n t e n (UK); diese können

(α) einfach sein – dann ist das Zeichengefüge e i n s t u f i g, d. h., man kann ausgehend von der G r u n d e b e n e (G) des Gefüges als solchen lediglich die Ebene der unmittelbaren Konstituenten ansetzen –, oder

(β) ebenfalls zusammengesetzt; dann ist das Zeichengefüge m e h r s t u f i g, d. h., zusätzlich zu derjenigen Ebene, die, von der Grundebene aus betrachtet, als die der unmittelbaren Konstituenten erscheint, lässt sich noch mindestens eine Ebene ansetzen, die von der Grundebene aus betrachtet als Ebene m i t t e l b a r e r K o n s t i t u e n t e n (MK) erscheint.

§ 14.2 HLR: Mehrstufige Zeichengefüge sind hierarchisch gegliedert: Jede ihrer Ebenen verhält sich zur unmittelbar vorgeordneten als Ebene unmittelbarer Konstituenten.

Zu § 14 HLR: Die unmittelbaren Konstituenten von mehrstufigen Zeichengefügen bestehen ebenso wie das Gefüge selbst aus mindestens zwei Konstituenten. Auch für diese gilt, dass ihre Konstituenten zusammengesetzte Zeichen sein können, usw. Die Frage, ob eine Konstituente als unmittelbare Konstituente eines Gefüges oder als mittelbare (als Konstituente einer seiner Konstituenten) zu betrachten sei, lässt sich folgendermaßen beantworten: Wenn die Kollokativität der entsprechenden Konstituente für ihre Ko-Konstituenten ihr als einzelnem Zeichen zugeschrieben werden kann, handelt es sich um eine unmittelbare Konstituente; kann sie ihr lediglich als im Verbund mit einem oder mehreren anderen Zeichen funktional zugeschrieben werden, handelt es sich um eine mittelbare Konstituente. So ist in Bsp. 27 das Substantiv *Wort* keine unmittelbare Konstituente des gesamten Satzes, sondern nur eine mittelbare, weil es nicht allein als Subjekt des Prädikats *ist eine öffentliche Angelegenheit ersten Ranges* fungiert, sondern nur zusammen mit dem bestimmten Artikel *das*.

Bsp. 27: „Das Wort [...] ist eine öffentliche Angelegenheit ersten Ranges" (BALL, Manifest ¹1916, 40).

Ebenso ist *ist* keine unmittelbare Konstituente des gesamten Satzes, weil es hier als Kopulaverb erscheint und nur zusammen mit dem Transzedenten (§ 42.3c$^{II\beta}$ HLR) *eine öffentliche Angelegenheit ersten Ranges* als Prädikat des Subjekts *das Wort* fungiert.

Somit lassen sich mehrstufige Zeichengefüge als auf unterschiedlichen Ebenen gegliedert beschreiben. Zu unterscheiden sind die Grundebene des Gefüges selbst (G), als erste Stufe die der unmittelbaren Konstituenten (UK) sowie als zweite Stufe die der mittelbaren Konstituenten erster Ordnung (MK-1), als dritte die der mittelbaren Konstituenten zweiter Ordnung (MK-2) usw.

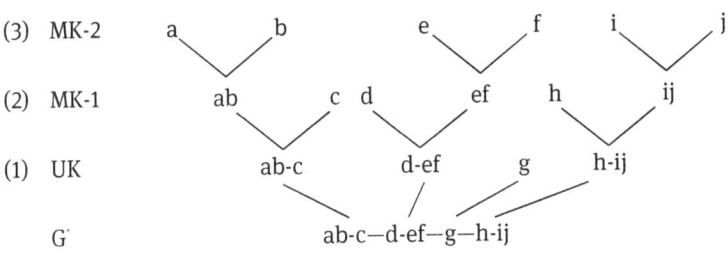

Abb. 16: Schema eines dreistufigen Zeichengefüges

In diesem Schema stellt die zusammengesetzte kollokative Konstituente „ab-c" des Zeichengefüges „ab-c—d-ef—g—h-ij" nur als ganze eine unmittelbare Konstituente desselben, nicht aber stellen ihre kollokativen Konstituenten „ab" und „c" solche dar.

Es versteht sich, dass die Betrachtungsperspektive jederzeit verändert und beispielsweise die Konstituente „a-bc" ihrerseits als Gefüge unabhängig von kotextuellen Einheiten betrachtet werden kann. In diesem Fall verlagern sich die Ebenen: „ab-c" wird als Grundebene (G) angesetzt, unmittelbare Konstituenten sind „ab" und „c", als mittelbare Konstituenten erster Ordnung erscheinen „a" und „b"; mittelbare Konstituenten höherer Ordnung liegen dann nicht vor.

2.2.2.2 Gebundene und nicht gebundene Konstituenten

§ 15.I HLR: (a) K o l l i g a t heißt ein Exemplarzeichen, das einem bestimmten anderen Zeichen (in aller Regel demjenigen, auf das es sich als unmittelbare Ko-Konstituente eines Gliedergefüges wertdeterminativ bezieht) positionsfest kotextuell unmittelbar benachbart ist.

(b) Zeichengefüge, zu deren unmittelbaren Konstituenten mindestens ein im Sinne von § 15.Ia HLR kolligates Zeichen zählt, heißen k o n s i s t e n t.

§ 15.II HLR: (a) S o l u t werden Exemplarzeichen genannt, die positional nicht unmittelbar an ein bestimmtes anderes Zeichen gebunden sind.

(b) Zeichengefüge, deren unmittelbare Konstituenten solute Zeichen im Sinne von § 15.IIa HLR sind, heißen d i s s o l u t.

Zu § 15 HLR: Die Konstituenten von Zeichengefügen können unterschiedlich fest miteinander verknüpft sein, anders gesagt: manche Zeichen können kotextuell an diejenigen Zeichen gebunden sind, die für sie unmittelbar wertdeterminativ sind, so dass sie in ihrer unmittelbaren Nachbarschaft erscheinen (Bsp. 28), andere hingegen nicht (Bsp. 29 bis Bsp. 32).

Bsp. 28: „Ver|sinn|lich|ung" (DILTHEY, Einl. Geisteswss. 1883, 274).

Bsp. 29: „Sehen wir das unheimliche Wort näher an" (BÖLSCHE, Naturwss. Grundl. 1887, 8).

Bsp. 30: „der Sohn, den du verstießest, muß so von dir sein Erbe fordern" (HOFFMANN, Räuber 1821, 482).

Bsp. 31: „es ergab natürlich kein Buch" (TH. MANN, Betr. Unpol. 1918, 10).

Bsp. 32: „Ruhig floß und klar seine stille Rede" (HESSE, Siddh. 1922, 391).

Kolligatheit und Solutheit von Zeichen (als Gefügekonstituenten) und ebenso Konsistenz und Dissolutheit von Gefügen sind Aspekte des Zeichenwertes, die nur unter Langue-Aspekt hervortreten. Ob ein Zeichen in fester Position unmittelbar neben einem anderen Zeichen erscheint, ist nur zu beurteilen, wenn man (idealiter) alle Belege überprüft. Ein kolligates Zeichen ist prinzipiell, d. h. in allen Einzelkotexten, kolligat – so beispielsweise ein Präfix wie {be} (ein Morphem, das in seinem Wert unmittelbar determiniert wird nicht nur durch ein einziges Zeichen, sondern durch eine Kategorie von Zeichen, nämlich die Wortart Verb, mit der es nichts anderes konstituieren kann als konsistente Zeichengefüge, konkret: Amplifikationsgefüge), oder ein unikales Morphem wie {Brom} (ein individuelles kolligates Zeichen, das lediglich durch eine einzige Einheit – das Substantiv /Beere\ – unmittelbar in seinem Wert determiniert wird und mit ihr gleichfalls nichts anderes als ein konsistentes Zeichengefüge – konkret: ein Attributionsgefüge – konstituieren kann).

In aller Regel sind kolligate Zeichen denjenigen Zeichen positionsfest unmittelbar benachbart, mit denen sie zusammen ein Gliedergefüge – konkret: ein Flexionsgefüge (§ 29 HLR), Aflexionsgefüge (§ 30 HLR), Derivationsgefüge (§ 32 HLR), Amplifikationsgefüge (§ 33 HLR) oder, wie im Fall von *Him-* oder *Brombeere*, ein Attributionsgefüge (§ 39 HLR) – bilden. Die Ausnahme bilden die unmittelbaren Konstituenten von Transligationsgefügen (§ 31 HLR), mit anderen Worten: die Bestandteile von Zirkumfixen (§ 79 HLR). Sie sind nicht e i n a n d e r unmittelbar benachbart, sondern jeweils demjenigen Zeichen, das als Derivand zusammen mit dem Zirkumfix ein Derivationsgefüge bildet (vgl. beispielsweise Abb. 39 und Abb. 40, S. 141); diesem allerdings positionsfest. Wir interpretieren daher auch die Bestandteile von Zirkumfixen als kolligate Zeichen.

Solute Zeichen k ö n n e n in Distanzstellung zu einer Einheit erscheinen, durch die sie unmittelbar determiniert werden, sie können ihr aber auch kotextuell unmittelbar benachbart sein. Mit anderen Worten: Unter Parole-Aspekt können Zeichen, z. B. Verbpartikeln, als kolligat erscheinen (Bsp. 33), die es unter Langue-Aspekt – d. h. mit Blick auf andere im Untersuchungskorpus belegte Verwendungen (Bsp. 34) – nicht sind.

Bsp. 33: a) „[...] von der Tatsache aus|gehen, daß wir ein Gesetz in uns vorfinden, welches uns [...] gebietet, wie wir handeln sollen." (LANGE, Gesch. d. Mat. ²1875, 506.)

b) „Die Auflösung [...] geht aus von der ganz radikalen Frage der Möglichkeit des Seins" (NATORP, Plat. Ideenl. ²1921, 284).

Bsp. 34: „ein billiges Parfüm geht von diesen Büchern aus" (TUCHOLSKY, Keuschh. 1930, 395).

Konstituenten eines konsistent scheinenden Parolegefüges müssen also nicht notwendig tatsächlich kolligat, sondern können auch solut sein, und entsprechend müssen auch nicht alle konsistent erscheinenden Parolegefüge tatsächlich konsistent, sondern können dissolut sein. Es ist festzuhalten: Ein Gefüge, das in selbst nur einem einzigen Beleg als dissolut erscheint, kann unter Langue-Aspekt prinzipiell nicht als konsistent, sondern muss als dissolut gelten[88], und ebenso eines, bei dem der Vergleich von Belegen Positionsvarianz der unmittelbaren Konstituenten erkennen lässt.

Damit ist allerdings nicht gesagt, dass ein konsistentes Zeichengefüge nur kolligate Zeichen zu seinen unmittelbaren Konstituenten zählen könne. Es gibt vielmehr auch den Fall, dass ein solutes Zeichen – z. B. *gehen* (Bsp. 33 f.) – als unmittelbare Konstituente eines konsistenten Gefüges erscheint, indem es sich bei ihrer Ko-Konstituente – z. B. dem Präfix {be} – um ein kolligates Zeichen handelt.

Bsp. 35: „Das Weib begeht [...] aus Liebe zu einem Feind [...] den Verrat an der Polis, der eigenen Heimat" (BURCKHARDT, Grch. Kulturgesch. IV 1902, 140).

---

[88] Ausnahmen (Gefüge, die konsistent sind, obwohl der Zusammenhang Dissolutheit erwarten ließe) bestätigen die Regel. So kann zwar das Partikelverb *vorfinden* in Verbzweitstellung einmal wie ein Präfixverb gebraucht erscheinen – „Keineswegs [...] wird durch Geschichte ein verborgener Sinn [...] offenbar; sondern Geschichte ist Geschichteschreibung, das heißt die Stiftung dieses Sinnes [...]. Sie vorfindet nicht den Sinn der Welt; sie gibt ihn." (LESSING, Gesch. 1919, 7) –, aber genügend viele andere Textstellen belegen die zu erwartende Dissolutheit: „Aber findet [...] ein Gerstenkorn die für es normalen Bedingungen vor, [...] so geht unter dem Einfluß der Wärme und der Feuchtigkeit eine eigne Veränderung mit ihm vor, es keimt" (ENGELS, Dühring 1878, 126); „Nach Arbela gab es keine persische Regierung mehr, sowie aber Alexander es mit Turan zu tun hat, findet er kräftige Naturbarbaren vor, sogenannte Skythen, welche über den Jaxartes ihre Pfeile gegen ihn senden" (BURCKHARDT, Grch. Kulturgesch. I 1898, 295); „In der Tat findet [...] Numa [...] keineswegs den Kommunismus als bestehende Rechtsordnung vor" (PÖHLMANN, Gesch. d. soz. Fr. II ³1925, 331); usw.

Im konkreten Gefüge mit {be}, das nicht solut sein kann, erscheint auch das ansonsten solute Verb *gehen* nicht als solut; das Verb *begehen* ist folglich als Gefüge konsistent, obwohl es eine unmittelbare Konstituente hat, die – zwar nicht i n diesem Gefüge, aber doch unabhängig von ihm – solut ist.

Anders als bei den dissoluten Zeichengefügen, die als Gefüge bestimmt werden können, deren unmittelbare Konstituenten n u r solute Zeichen sind, müssen daher konsistente Zeichengefüge als Gefüge bestimmt werden, zu deren unmittelbaren Konstituenten m i n d e s t e n s   e i n kolligates Zeichen zählt. An soluten unmittelbaren Konstituenten kann ein konsistentes Gefüge null (z. B. bei *-mals*, vgl. S. 139, Abb. 38) oder eine (z. B. bei *bekommen*, vgl. S. 138) aufweisen.

2.2.2.3 Mehrere Konstituenten mit Bedeutung im engeren Sinn

---

§ 16.I HLR: Kann der Sinn (§ 9.2α HLR) eines zusammengesetzten Zeichens (§ 12.II HLR), das mehr als eine Konstituente mit Bedeutung im engeren Sinne gemäß § 9.2α HLR aufweist, nicht restlos aus den Konstituenten erklärt werden – mit anderen Worten: entspricht sein Sinn nicht eins zu eins seiner Sinnstruktur gemäß § 13.3α HLR –, so ist die Rede von einem s e m a n t i s c h   u n i t ä r e n Zeichen.

§ 16.II HLR: Kann der Sinn eines zusammengesetzten Zeichens, das mehr als eine Konstituente mit Bedeutung im engeren Sinne aufweist, restlos aus der Verbindung der Konstituenten verstanden werden – mit anderen Worten: entspricht sein Sinn eins zu eins seiner Sinnstruktur –, so liegt ein s e m a n t i s c h   d e k o m p o n i e r b a r e s Zeichen vor.

Zu § 16 HLR: Zusammengesetzte Zeichen mit Bedeutung im engeren Sinne haben mindestens eine Konstituente mit Bedeutung im engeren Sinne. Haben sie mehr als eine, so kann das Konstitut hinsichtlich seiner Bedeutung im engeren Sinne entweder vollständig oder aber nicht vollständig als Verbindung der Konstituentenbedeutungen verstanden werden.

Bsp. 36: a) „[W]enn es euch angenehm ist, nehmen wir jetzt unser kleines <u>Abendmahl</u> und ich gehe dann mit dir [...] nach deiner Wohnung." (JANITSCHEK, Ninive 1896, 195.)
b) „<u>Heilige Nacht</u> vom 21. zum 22. Februar" (ALTENBERG, Tag ²1902, 47).

Bsp. 37: a) „Vor der Beichte versöhnten sich die Konfirmandinnen untereinander [...], um in vollem Frieden mit aller Welt das <u>Abendmahl</u> zu nehmen." (REVENTLOW, Olestj. 1903, 59.)
b) „Sie können [...] wie der Maler der <u>Heiligen Nacht</u> den Schein vom neugeborenen Erlöser in der Krippe ausgehen lassen" (RAABE, Alt. Nest. 1879, 25).

In der Bedeutung des Kompositums „Abendmahl" (Bsp. 36a) ist die Bedeutung der beiden Konstituenten *Abend* und *Mahl* unverändert (d. h. ohne Abstriche oder zusätzliche Aspekte) erkennbar; „Abendmahl" lässt sich adäquat paraphrasieren als ‚Mahl am Abend'. Ebenso ist „Heilige Nacht" (Bsp. 36b) zu deuten als ‚eine Nacht, die heilig ist' bzw. ‚in der etwas Heiliges sich ereignet'; die Bedeutung des Konstituts entspricht der Gesamtheit der Bedeutungen der Konstituenten. In Bsp. 37 dagegen handelt es sich beim „Abendmahl" um die ‚Kommunion' und bei der „Heiligen Nacht" um die ‚Weihnacht' – genauer gesagt: um ein ‚Gemälde, das die Weihnachtsgeschichte darstellt' (metonymische Verwendung) –: Bedeutungen, die zumindest nicht restlos in die Bedeutungen der Konstituenten aufzulösen sind. Zwar sind auch hier die Komponenten ›Abend‹ und ›Mahl‹ bzw. ›heilig‹ und ›Nacht‹ zu erkennen, aber es geht nicht um irgendein Abendmahl, sondern um den symbolischen Nachvollzug eines ganz bestimmten, nicht um irgendeine, sondern um eine ganz bestimmte heilige Nacht, und dieser zusätzliche Bedeutungsaspekt ‚Vermächtnis Christi' bzw. ‚Geburt Christi' des Gesamtzeichens ist nicht mit einer der beiden Konstituenten *Abend* und *Mahl* bzw. *heilig* und *Nacht* verbunden. — Gemäß § 16 HLR erscheinen somit *Abendmahl* und *Heilige Nacht* in Bsp. 36 als semantisch dekomponierbare, in Bsp. 37 dagegen als semantisch unitäre Zeichen.

Zu den semantisch unitären Zeichen gehören morphosemantisch demotivierte Wortbildungen im Sinne von Fleischer/Barz (1995, 15) und idiomatische Wortgruppen im Sinne von Fleischer (1997, 30 ff.) und Burger (2003, 15; ebd., 31 f.) bzw. „Wortgruppenlexeme" im Sinne von Duden (1998, 420). Zu den semantisch dekomponierbaren Zeichen gehören morphosemantisch motivierte Wortbildungen im Sinne von Fleischer/Barz (1995, 15 ff.), syntaktische Gefüge (nicht idiomatische Wortgruppen) und Wortverbünde.

Wie die Gegenüberstellung von Bsp. 36 und Bsp. 37 deutlich macht, können ausdrucksgleiche Zeichen hinsichtlich ihrer Bedeutung zu unterschiedlichen Kategorien im Sinne der hier getroffenen Differenzierung gehören. *Abendmahl*, obwohl nach alltäglichem Verständnis immer ein Wort, erscheint nur im zweiten Fall (Bsp. 37a) als lexikalische Einheit, im ersten (Bsp. 36a) hingegen als syntaktische Einheit im Sinne von Pavlov (1972, 35); *Heilige Nacht*, obwohl jeweils aus zwei Wörtern zusammengesetzt, erscheint im zweiten Fall (Bsp. 37b) selbst als lexikalische Einheit (als Phraseolexem), im ersten (Bsp. 36b) hingegen als syntaktische Einheit oberhalb der Wortebene (‚Wortgruppe').

Durch die in § 16 HLR vorgenommene Unterscheidung wird derartige Ambiguität in besonderer Weise fokussiert. Dies ist gleichbedeutend damit, das breite Übergangsfeld zwischen Wortbildung und Syntax (vgl. hierzu auch Bär 2007) als einen Gegenstandsbereich eigener Qualität anzuerkennen.

3 Allgemeine Gefüge- und Zeichenarten

3.1 Allgemeine Gliedzeichen- und Gliedergefügearten

3.1.1 Gefügeverflechtungen

§ 17.I HLR: K o m p a x i v heißen Zeichengefüge, deren unmittelbare Konstituenten zum Teil oder sämtlich zugleich auch unmittelbare Konstituenten anderer – nämlich komplexiver (§ 17.II HLR) – Zeichengefüge sein können (allerdings nicht sein müssen). Ein als kompaxives Zeichengefüge strukturiertes Zeichen kann als unmittelbare Konstituente eines kompaxiven und/oder komplexiven Zeichengefüges erscheinen.

§ 17.II HLR: K o m p l e x i v heißen Zeichengefüge, deren unmittelbare Konstituenten ausnahmslos zugleich auch unmittelbare Konstituenten anderer – nämlich kompaxiver (§ 17.I HLR) sowie ggf. anderer komplexiver – Zeichengefüge sind. Ein als komplexives Zeichengefüge strukturiertes Zeichen kann als unmittelbare Konstituente eines komplexiven Zeichengefüges erscheinen.

Zu § 17 HLR: Ein und dasselbe Zeichen kann als unmittelbare Konstituente verschiedener Zeichengefügetypen erscheinen. Es kann erstens zu einem k o m p a x i v e n Gefüge gehören, dessen unmittelbare Bestandteile alle auf derselben Hierarchieebene i. S. v. § 14.2 HLR angesiedelt sind. Zu den kompaxiven Gefügen zählen Flexions- (§ 29 HLR), Aflexions- (§ 30 HLR), Transligations- (§ 31 HLR), Derivations- (§ 32 HLR), Amplifikations- (§ 33 HLR), Prädikations- (§ 34 HLR), Supprädikations- (§ 35 HLR), Kommentations- (§ 36 HLR), Adverbations- (§ 37 HLR), Komitations- (§ 38 HLR), Attributions- (§§ 39–41 HLR), Transzessions- (§ 42 HLR), Anzeptions-, (§ 43 HLR), Dekussations- (§ 44 HLR), Adpositions- (§ 45 HLR), Subjunktions- (§ 46 HLR), Konjunktions- (§ 47 HLR), Kojunktions- (§ 48 HLR), Kostriktions- (§ 49 HLR) und Interzeptionsgefüge (§ 50 HLR).

Es kann zweitens – zugleich – zu einem k o m p l e x i v e n Gefüge gehören, dessen unmittelbare Bestandteile auf unterschiedlichen Hierarchieebenen angesiedelt sein können. Zu den komplexiven Gefügen zählen Flexional- (§ 51 HLR), Prädikational- (§ 52 HLR), Adverbational- (§ 53 HLR), Komitational- (§ 54 HLR), Attributional- (§ 55 HLR), Transzessional- (§ 56 HLR), Adpositional- (§ 57 HLR), Subjunktional- (§ 58 HLR), Kojunktional- (§ 59 HLR), Kostriktional- (§ 60 HLR), Transmissional- (§ 61 HLR), Interkompaxal- (§ 62 HLR) und Nodalgefüge (§ 63 HLR).

Ein kompaxives Gefüge kann, als Zeichen betrachtet, seinerseits die unmittelbare Konstituente eines übergeordneten kompaxiven oder auch komplexiven Gefüges sein. Jede unmittelbare Konstituente eines kompaxiven Gefüges gehört als solche immer nur e i n e m kompaxiven Gefüge an; sie kann nicht z u g l e i c h als unmittelbare Konstituente eines anderen kompaxiven Gefüges erscheinen. Kompaxive Gefüge bestehen in aller Regel aus einer einstelligen, häufig genau festgelegten Anzahl von unmittelbaren Konstituenten, die zumeist in unmittelbarer oder naher kotextueller Nachbarschaft zueinander erscheinen.

Ein komplexives Gefüge kann, als Zeichen betrachtet, seinerseits die unmittelbare Konstituente eines übergeordneten komplexiven, nicht aber kompaxiven Gefüges sein. Komplexive Gefüge bestehen teils aus zwei (Flexional-, Prädikational-, Adverbational-, Komitational-, Attributional-, Transzessional-, Adpositional- und Subjunktionalgefüge), teils aus einer im Prinzip unbegrenzten Anzahl von unmittelbaren Konstituenten (Kojunktional-, Kostriktional-, Transmissional-, Interkompaxal- und Nodalgefüge), die in prinzipiell jeder kotextuellen Distanz zueinander erscheinen können. Komplexive Gefüge sind damit prinzipiell dissolut (§ 15.IIb HLR). — Am konkreten Beispiel werden die unterschiedlichen Gefügestrukturen erkennbar.

Bsp. 38: „Die Frage, wo und wie ein Volk beginnt, bleibt dunkel, wie alle Anfänge." (BURCKHARDT, Grch. Kulturgesch. I 1898, 53.)

Das Gesamtzeichen erscheint der Zeichenart nach als Satz (§ 88.2a HLR) und ist strukturiert als Kommentationsgefüge (§ 36.1b^I HLR). Seine unmittelbaren Konstituenten sind als Kommentat (§ 36.2b$^{I\alpha}$ HLR) ein Satz – *die Frage, wo und wie ein Volk beginnt, bleibt dunkel* – und als Kommentar (§ 36.3b$^{II\alpha\alpha}$ HLR) ebenfalls ein Satz – *wie alle Anfänge* ⊗‚dunkel‘ ⊗‚bleiben‘ –, der als zweifach elliptisch interpretiert wird (eine, wenn man dem Komma vor *wie* Relevanz beimisst, wohl nicht zu fern liegende Deutungsmöglichkeit).

Das Kommentationsgefüge ist ein kompaxives Gefüge: Seine beiden unmittelbaren Konstituenten sind auf derselben Hierarchieebene angesiedelt. Mit ihm verflochten sind zwei komplexive, nämlich Transmissionalgefüge (§ 61.1 HLR), bestehend aus je zwei Transmissionalien: im einen Fall dem Kopulaverb *bleiben* (§ 61.2b$^{I\alpha\beta/\beta}$ HLR) und der ihm entsprechenden Ellipse (§ 61.2c$^{I\delta}$ HLR), im anderen Fall dem Adjektiv *dunkel* (§ 61.2b$^{I\beta}$ HLR) und der ihm entsprechenden Ellipse. Die Transmissionalgefüge sind als konkrete Einheiten nicht identisch mit dem Kommentationsgefüge, aber auch nicht mit einer von dessen beiden unmittelbaren Konstituenten; sie erscheinen der Zeichenart nach nicht als Sätze und überhaupt nicht als Wortgruppen (§ 27 HLR), sondern als Wortverbünde (§ 28 HLR), genauer: als Verbverbund (§ 95.2ε, § 19.1c$^{II\beta}$ HLR: alle Transmissionalien sind oder entsprechen Verben) bzw. Adjektivverbund (§ 97.2δ, § 19.1c$^{II\beta}$ HLR: alle Transmissionalien sind Adjektive oder entsprechen Adjektiven). Ihre beiden unmittelbaren Konstituenten sind jeweils nicht auf derselben Hierarchieebene angesiedelt und erscheinen sämtlich zugleich als unmittelbare Konstituenten nicht identischer Kompaxivgefüge.

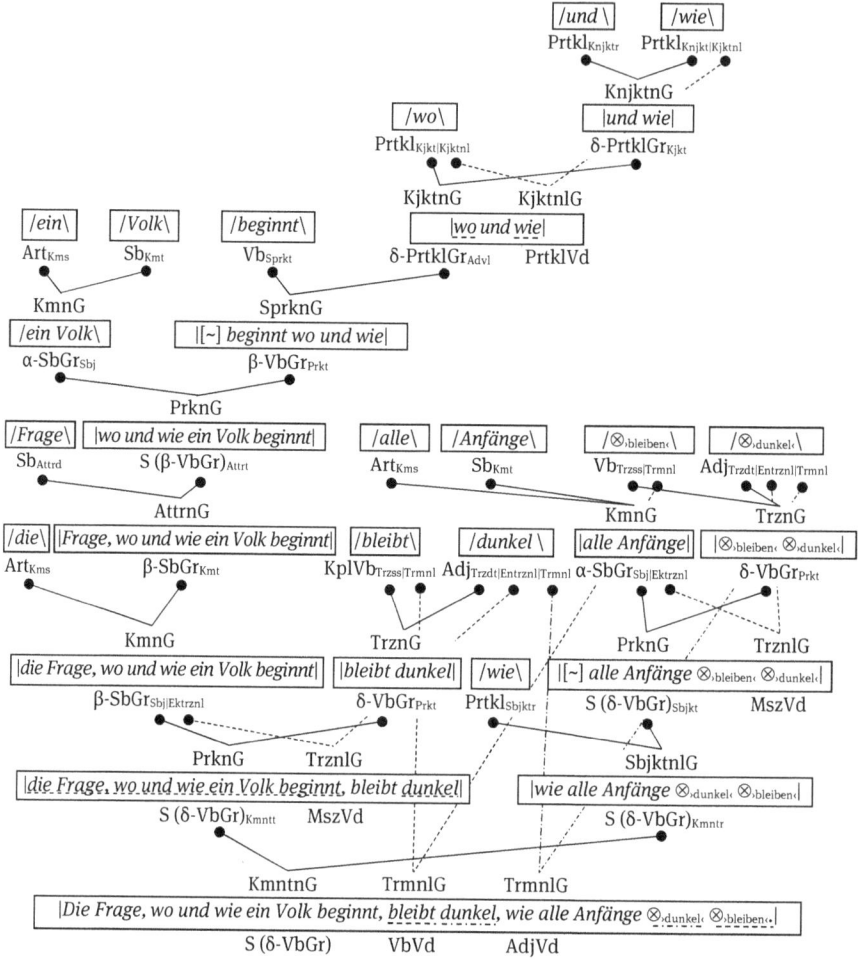

Abb. 17: Gefügestrukturen in Bsp. 38

Adj = (Voll-)Adjektiv; β-AdjGr = β-Adjektivgruppe; AdjVd = Adjektivverbund; Art = Artikel; Attrd = Attribuend; AttrnG = Attributionsgefüge; Attrt = Attribut; Ektrznl = Ektranszessional; Entrznl = Entranszessional; Kjkt = Kojunkt; KjktnG = Kojunktionsgefüge; Kjktnl = Kojunktional; KjktnlG = Kojunktionalgefüge; KmnG = Komitationsgefüge; KmntnG = Kommentationsgefüge; Kmntr = Kommentar; Kmntt = Kommentat; Kms = Komes; Kmt = Komitat; Knjkt = Konjunkt; KnjktnG = Konjunktionsgefüge; Knjktr = Konjunktor; KplVb = Kopulaverb; MszVd = Miszellanverbund; PrknG = Prädikationsgefüge; Prkt = Prädikat; Prtkl = Partikel; δ-PrtklGr = δ-Partikelgruppe; PrtklVd = Partikelverbund; S = Satz; Sb = Substantiv; α-/β-SbGr = α-/β-Substantivgruppe; Sbj = Subjekt; Sbjkt = Subjunkt; SbjktnlG = Subjunktionalgefüge; Sbjktr = Subjunktor; SprknG = Supprädikationsgefüge; Sprkt = Supprädikat; TrmnlG = Transmissionalgefüge; Trmnl = Transmissional; Trzdt = Transzedent; TrznG = Transzessionsgefüge; TrznlG = Transzessionalgefüge; Trzss = Transzess; Vb = (Voll-)Verb; β-/δ-VbGr = β-/δ-Verbgruppe; VbVd = Verbverbund. — Zu den allgemeinen Notationsregeln vgl. Anhang II (S. 828 ff.)

Die kompaxiven Strukturen lassen sich bis in die letzten Verästelungen hinein auf insgesamt acht Stufen darstellen (vgl. Abb. 17), worum es im gegenwärtigen Zusammenhang allerdings nicht geht. Hingewiesen sei lediglich auf die Tatsache, dass an unterschiedlichen Stellen Verflechtungen kompaxiver und komplexiver Gefüge vorkommen. Beispielsweise ist der Kommentat-Satz (ein kompaxives, nämlich ein Prädikationsgefüge: § 34.1 HLR) verflochten mit einem komplexiven, nämlich einem Transzessionalgefüge (§ 56.1b^I HLR). Die unmittelbaren Konstituenten des Prädikationsgefüges sind – als Subjekt (§ 34.3b$^{III\beta}$ HLR) – eine β-Substantivgruppe (§ 89.3β^I HLR: *die Frage, wo und wie ein Volk beginnt*) und – als Prädikat (§ 34.2b^{II} HLR) – eine δ-Verbgruppe (§ 88.4b$^{IV\alpha}$ HLR: *bleibt dunkel*). Die unmittelbaren Konstituenten des Transzessionalgefüges sind – als Ektranszessional (§ 56.2b^I HLR) – die gleiche β-Substantivgruppe, die auch als Subjekt des Prädikationsgefüges erscheint, und – als Entranszessional (§ 56.3b^I HLR) – das Adjektiv (§ 84.4α^{III} HLR) *dunkel*. Letzteres war freilich zuvor bereits als unmittelbare Konstituente eines Transmissionalgefüges eingeführt worden. Es zeigt sich, dass komplexive Gefüge nicht nur mit kompaxiven, sondern zusätzlich auch mit anderen komplexiven Gefügen verflochten sein können: Ein und dasselbe Zeichen kann die unmittelbare Konstituente sowohl eines kompaxiven als auch eines o d e r   m e h r e r e r   v e r s c h i e d e n e r komplexiver Gefüge sein. Nicht möglich hingegen ist eine Verflechtung verschiedener kompaxiver Gefüge: Ein und dasselbe Zeichen kann nicht als unmittelbare Konstituente mehrerer verschiedener kompaxiver Gefüge in Erscheinung treten. Konstitutive Beziehungen zwischen kompaxiven Gefügen sind nicht durch Verflechtung, sondern nur durch Verschachtelung möglich (indem ein Zeichen, das die unmittelbare Konstituente eines kompaxiven Gefüges ist, als m i t t e l b a r e Konstituente eines anderen kompaxiven Gefüges erscheint).

3.1.2 Subordination und Koordination

Die Konstituenten von Zeichengefügen können in unterschiedlicher Weise aufeinander und auf andere Zeichen wertdeterminativ bezogen werden. Dadurch ergeben sich verschiedene Kategorien von Konstituenten: zum einen Gefügekerne und Gefügekernsatelliten, die zueinander in einem Verhältnis von Über- und Unterordnung stehen, zum anderen Koordinate, die als einander gleichrangig erscheinen. Nach diesen beiden Grundmustern lassen sich Gefüge von der Ebene der Wortelemente über die Ebene der Wörter und Wortgruppen bis hin zur Ebene der Wortverbünde beschreiben. Die Überzeugung, dass man auf allen diesen Ebenen p r i n z i p i e l l gleiche Strukturen annehmen kann und Unterschiede lediglich im Detail hervortreten, entspricht Ansichten, wie sie sich in der Grammatikographie auch an anderer Stelle finden lassen – so beispielsweise der Meinung, „daß man in der Morphologie nicht einen gänzlich anderen Strukturbegriff braucht als in der Syntax" (Eisenberg 2000, 31).

§ 18.1 HLR: (a) Ein Zeichengefüge, dessen unmittelbare Konstituenten ein K e r n und mindestens ein S a t e l l i t sind, heißt s u b o r d i n a t i v   s t r u k t u r i e r t e s   Z e i c h e n g e f ü g e oder S u b ordinationsgefüge.

(b) [1]Subordinationsgefüge werden, was ihre konkrete Gliedergefügeart (§§ 29–47, § 63 HLR) betrifft, jeweils nach ihrem Kern klassifiziert und benannt. [2]Was die konkrete Zeichenart (§§ 77–93 HLR) von Subordinationsgefügen betrifft, so [a]entspricht diese der konkreten Zeichenart des Gefügekerns, sofern der Kern eine Einheit niedrigerer Ordnung ist (§ 24.2 HLR) oder [b]ist identisch mit ihr, sofern der Kern eine Einheit gleicher Ordnung ist.

§ 18.2 HLR: (a) Als K e r n eines Subordinationsgefüges erscheint diejenige seiner unmittelbaren Konstituenten, die unmittelbar wertdeterminativ ist nicht nur für alle anderen unmittelbaren Ko-Konstituenten, sondern zugleich für das Konstitut selbst als Zeichen.

(b) [1]Der Kern eines Subordinationsgefüges kann (§ 18.1a HLR) mehr als einen Satelliten aufweisen, jedoch in aller Regel keine zwei oder mehr von gleicher Zeichenart (§ 2.2δ HLR) in gleicher Gliedfunktion (§ 2.2γ HLR). [2]Für Objekte (§ 35.3b[I] HLR) gilt: Ein Supprädikat (§ 35.2 HLR) kann als Kern in bestimmten Fällen zwei Objekte von gleicher Zeichenart haben, aber niemals zwei mit gleicher Kasusform. [3]Für Adverbialien (§ 35.3b[II] HLR) gilt: Ein Supprädikat kann als Kern mehr als ein Adverbial von gleicher Zeichenart haben, aber niemals zwei oder mehr mit gleichem propositionalem Wertaspekt (§ 102.2a⁴, §§ 103–105 HLR).

§ 18.3 HLR: Als S a t e l l i t im Rahmen eines Subordinationsgefüges erscheint jede seiner unmittelbaren Konstituenten, die unmittelbar wertdeterminativ ist für den Kern, nicht aber (vielmehr nur mittelbar über den Kern) für eventuelle Ko-Satelliten oder das Konstitut selbst als Zeichen.

Zu § 18 HLR: An Arten subordinativ strukturierter Zeichengefüge können im Vorgriff auf weitere Bestimmungen genannt werden: Flexionsgefüge (§ 29 HLR), Aflexions- (§ 30 HLR), Transligations- (§ 31 HLR), Derivations- (§ 32 HLR), Amplifikations- (§ 33 HLR), Prädikations- (§ 34 HLR), Supprädikations- (§ 35 HLR), Kommentations- (§ 36 HLR), Adverbations- (§ 37 HLR), Komitations- (§ 38 HLR), Attributions- (§ 39 HLR), Appositions- (§ 40 HLR), Juxtapositions- (§ 41 HLR), Transzessions- (§ 42 HLR), Anzeptions- (§ 43 HLR), Dekussations- (§ 44 HLR), Adpositions- (§ 45 HLR), Subjunktions- (§ 46 HLR), Konjunktions- (§ 47 HLR) und Flexionalgefüge (§ 51 HLR). Mit anderen Worten: Eine Reihe von kompaxiven Gefügen erscheinen als subordinativ strukturiert; lediglich ein komplexives Gefüge – das Flexionalgefüge – erscheint als subordinativ strukturiert (vgl. S. 312).

Bsp. 39: „[E]s war uns allen herzlich lieb, daß wir zusammen bleiben konnten." (Unger, Bekenntn. schön. Seele 1806, 29.)

Die Analyse der Gefügestrukturen in Abb. 18 (S. 111) macht deutlich, wie die Festlegung zu verstehen ist, dass der Kern eines Zeichengefüges determinativ für den Zeichenwert des ganzen Gefüges sein muss. Die Einheit *herzlich* verhält sich im Ganzen als Adjektiv (§ 84.4α[119] HLR: als attributives, allerdings, da nicht auf ein Substantiv, sondern auf ein anderes Adjektiv bezogen, inflektivisches Adjektiv); dieses Verhalten wird aber nicht durch den Derivanden /Herz\, der für sich genommen ein Substantiv ist, sondern durch das adjektivspezifische Suffix (§ 78.1b[V] HLR) ermöglicht,

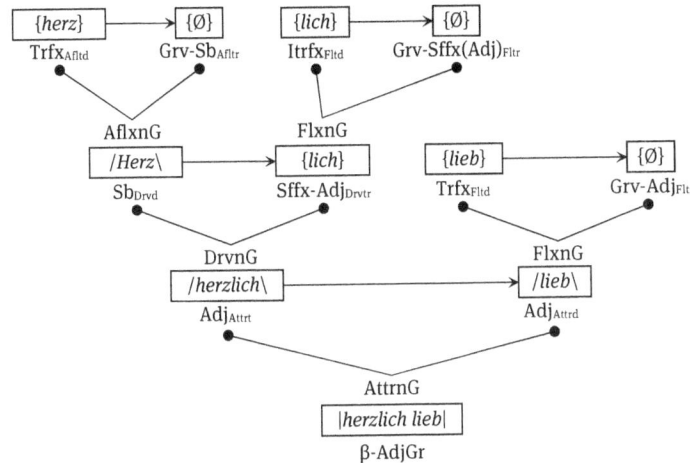

Abb. 18: Subordinative Gefügestrukturen in der Adjektivgruppe |herzlich lieb| (Bsp. 39)
Adj = (Voll-)Adjektiv; β-AdjGr = β-Adjektivgruppe; Afltd = Aflektand; Afltr = Aflektor; AflxnG = Aflexionsgefüge; Attrd = Attribuend; AttrnG = Attributionsgefüge; Attrt = Attribut; Drvd = Derivand; DrvnG = Derivationsgefüge; Drvtr = Derivator; Fltd = Flektand; Fltr = Flektor; FlxnG = Flexionsgefüge; Grv-Adj = Adjektivgrammativ; Grv-Sb = Substantivgrammativ; Grv-Sffx(Adj) = adjektivspezifisches Suffixgrammativ; Itrfx = Intrafix; Sb = Substantiv; Sffx-Adj = adjektivisches Suffix; Trfx = Transfix. — Zu den allgemeinen Notationsregeln vgl. Anhang II (S. 828 ff.).

das seinerseits als zusammengesetztes Zeichen erscheint: Seine Konstituenten sind das Intrafix (§ 75 HLR) {lich} und ein adjektivspezifisches Suffixgrammativ (§ 67.1ε HLR). Dieses Suffixgrammativ bestimmt die Zeichenart ‚adjektivspezifisches Suffix' seines Konstituts; das adjektivspezifische Suffix wiederum bestimmt die Zeichenart ‚Adjektiv' seines Konstituts.

Einzuräumen ist, dass wir von einer in der Grammatikographie verbreiteten Meinung abweichen: Suffixe wie {{lich}·{Grv-Sffx(Adj)}} werden üblicherweise nicht als K e r n e, sondern als s a t e l l i t i s c h e Konstituenten von Derivata angenommen; als Kerne gelten vielmehr „wortfähige" Morpheme – d. h. ‚freie' Morpheme mit lexikalischer Bedeutung – oder „basisfähige" Morpheme – d. h. ‚gebundene' Morpheme mit lexikalischer Bedeutung, so genannte Konfixe[89] (Erben 2000, 26; vgl. auch Fleischer/Barz 1995, 24 f.). Hier liegt freilich ein anderer Kern-Begriff zugrunde, wie bei Eisenberg (2000, 215 f.) erkennbar wird: Demnach wird als Kern einer morphologischen Einheit „diejenige ihrer Teileinheiten" gefasst, „die – als Morphem – die Grundbedeutung des entsprechenden Wortes trägt". Kerne sind daher

---

[89] Die hier begegnende Verwendung des Terminus *Konfix* entspricht grosso modo, wenngleich nicht in allen Einzelheiten der unsrigen in § 80 HLR und auch sonst in der vorliegenden Arbeit. (Die Unterschiede sind hier nicht von Belang.)

„nur solche Einheiten, denen eine nichtleere lexikalische Bedeutung zugeordnet ist, die sog. Autosemantika". Folgerichtig unterscheidet Eisenberg zwischen dem Kern und dem „Kopf einer morphologischen Einheit" und versteht unter letzterem „diejenige ihrer Teileinheiten, die die Grammatik der Gesamteinheit nach außen bestimmt" (ebd., 215).

Eine solche Unterscheidung setzt voraus, dass lexikalische Bedeutung und grammatische Funktion als zwei voneinander völlig verschiedene Phänomene angesehen werden – eine Auffassung, die wir, wie vorstehend erläutert, gerade nicht vertreten. Wir machen uns daher die herkömmliche Unterscheidung von Autosemantika und Synsemantika nicht zu eigen[90] und sind vielmehr der Ansicht, dass – gegenteiligen Aussagen (vgl. Erben 2000, 26 f.) zum Trotz – einem Suffix wie *-lich* neben einer grammatischen Bedeutung (Valenz) durchaus auch eine Bedeutung im engeren Sinne zugeschrieben werden kann und dass es sich folglich um ein vollwertig semantisches Zeichen (vgl. S. 76) handelt.[91]

Damit bliebe, um eine solche Konstituente n i c h t als Kern anzusetzen, das Kriterium ‚nicht wortfähig', also die Tatsache, dass sie nicht für sich allein anstelle irgendeines mit ihr als Ko-Konstituente gebildeten Konstituts in komplexeren Gefügen erscheinen kann. Dieses Kriterium greift aus zwei Gründen jedoch überhaupt nicht.

Zum einen: Soll der Kern einer Ableitung oder eines Kompositums notwendigerweise ‚wortfähig' sein, so müsste (wenn man, wie wir es tun, für zusammengesetzte Wörter wie für Syntagmen gleiche Grundstrukturregeln annimmt) auch für den Kern eines Syntagmas prinzipiell zutreffen, dass er allein die unmittelbare Konstituente auch eines komplexeren Gefüges darstellen könne. So müsste beispielsweise der Kern einer satzgliedfähigen Wortgruppe prinzipiell selbst satzgliedfähig sein, was jedoch nicht der Fall ist.[92]

Zum anderen gehen wir nicht nur bei einem Suffix wie {{lich}·{Grv-Sffx(Adj)}}, sondern auch bei einem vermeintlich freien Morphem wie {herz} nicht davon aus, es

---

[90] Unter Synsemantika werden üblicherweise kollokative Zeichen verstanden, die keine Bedeutung im engeren Sinne, sondern lediglich eine (nur im Zusammenwirken mit anderen Zeicheneinheiten zum Vorschein kommende) grammatische Funktion aufweisen; Autosemantika haben hingegen eine Bedeutung im engeren Sinne, die ihnen auch unabhängig von anderen Zeichen zukommt. — Wir verzichten auf diese Unterscheidung, insofern sie disjunktiv ist; hingegen verkennen wir, wie oben (S. 76) erläutert, selbstverständlich nicht die Möglichkeit, dass bei bestimmten sprachlichen Zeichen die grammatische Funktion (Valenz) gegenüber der Bedeutung im engeren Sinne s t ä r k e r i m V o r d e r g r u n d s t e h t.
[91] Dieser semantische Wert sichert dem Morphem *-lich* u. a. zurecht die Aufnahme in Bedeutungswörterbücher wie beispielsweise das *Große Wörterbuch der deutschen Sprache* (Duden 1999, 2421).
[92] Substantive, die (selbst nach Alltagsverständnis) ohne Zweifel als Kerne satzgliedfähiger Syntagmen erscheinen können – nämlich von Substantivgruppen wie *der Kies*, z. B. in „Der Kies knirschte hinter mir" (LICHTENSTEIN, K. Kohn 1910, 12) –, sind nicht allein, d. h. ohne Artikel, als Satzglieder anzusetzen. (Wo dies doch der Fall zu sein scheint – z. B. in einem Satz wie *Kies knirschte hinter mir* –, gehen wir von einem Nullartikel aus.)

könne allein als Wort auftreten. Es erscheint im Rahmen eines (flektierbaren) Wortes vielmehr immer in Verbindung mit einem anderen Morphem, sei es mit einem Suffix wie bei *herzlich* oder mit einem Grammativ wie beim vermeintlich einfachen Substantiv *Herz*: /{herz}·{Grv-SbNeutr}\, z. B. /{herz}·{Ø$_{Sb-Neutr:NomSg}$}\.[93]

Zum dritten schließlich räumt Erben (2000, 26) selbst ein, dass als Kerne von Derivata auch Morpheme in Betracht kommen, die nicht ‚wortfähig' sind, nämlich eben die Konfixe (z. B. {bio}, {therm}, {werb}, {behr} in *probiotisch, Thermik, Werbung, entbehrlich*).

Konfixe werden im Gegensatz zu den Affixen zu den „basis- oder kompositionsgliedfähigen Einheiten" (ebd.) gezählt, so dass zuletzt dieser Aspekt – ‚nicht basisfähig' – übrig zu bleiben scheint, wenn man begründen will, dass ein Suffix kein Kern sein könne. Unter Basisfähigkeit wird, was die kotextuelle Distribution betrifft, verstanden, dass sich ein Morphem mit einem Wort, einem Konfix oder einem Affix zu einem eigenständigen Wort verbinden kann. Für Affixe gilt dies prinzipiell nicht: Sie können nicht zusammen mit „ihresgleichen" ein Wort bilden (Duden 2005, 666). Nun ist aber Kombinierbarkeit mit ‚seinesgleichen' keine notwendige Voraussetzung dafür, dass ein Zeichen als Kern eines Gefüges fungieren kann. Auch auf Wortgruppenebene finden sich Beispiele, dass Zeichen, die ohne weiteres als Kern von Gefügen interpretiert werden, nicht mit ‚ihresgleichen' ein Gefüge bilden können; beispielsweise sind Substantive die Kerne von Substantivsyntagmen, aber zwei Substantive ohne zusätzliche Konstituenten (etwa Artikel) stellen (ausgenommen in Determinativkomposita mit Wortgruppencharakter) kein regelhaftes Syntagma dar.

Als Bestimmungen der Kernfunktion bleiben somit nur die in § 18.2a HLR genannten Aspekte: unmittelbare Wertdeterminativität für alle Ko-Konstituenten und unmittelbare Wertdeterminativität für das Konstitut selbst als Zeichen.

Im Übrigen entspricht die Auffassung, Suffixe wie *-lich* seien Kerne, nicht Satelliten von Derivata, einer Beobachtung, die auch bei anders gearteten Subordinationsgefügen zu machen ist. Gleich ob bei Verbgefügen wie *hat ... gesehen* (Kern: *hat*) oder bei Substantivgefügen wie *Geist der Freiheit* (Kern: *Geist*): Der Kern steht für das Allgemeinere, Unbestimmtere – im Sinne der aristotelischen Definitionsdefinition: für das Genus proximum –, der Satellit hingegen für das der näheren Bestimmung Dienende, das Konkretere, die Differentia specifica.

Der Zeichenkern ist diejenige unmittelbare Konstituente eines Subordinationsgefüges, mit der notwendig alle anderen unmittelbaren Konstituenten desselben wertdeterminativ verknüpft sind. Er kann unter diesem Aspekt als den übrigen unmittelbaren Konstituenten (den Satelliten) übergeordnet, diese hingegen als ihm untergeordnet (subordiniert) betrachtet werden.

Im Gegensatz zu einem Nektor (§ 20.1 HLR) kann dem Zeichenkern als solchem keine gefügetranszendente Wertdeterminativität zugeschrieben werden. Ein Kern wie

---

[93] Vgl. hierzu Kap. 3.2.1.

{*lich*} (Bsp. 39, S. 110) determiniert u n m i t t e l b a r kein Zeichen außerhalb des Gefüges, als dessen Kern er fungiert, und wird seinerseits von keinem unmittelbar determiniert, vielmehr werden Zeichen außerhalb des Gefüges nur durch das Ganze determiniert, dessen Zeichenwert der Kern bestimmt: Nicht {*lich*} determiniert in Bsp. 39 als Attribut den Attribuenden /*lieb*\, sondern /*herzlich*\. Dem Gefügekern kommt jedoch eine mittelbare gefügetranszendente Wertdeterminativität insofern zu, als er eben (§ 18.1b HLR) die Zeichenart seines Konstituts bestimmt. So erscheint /*herzlich*\ in Bsp. 39 als Adjektiv, weil sein Kern ein adjektivspezifisches Suffix – {*lich*} – ist; {*lich*} seinerseits ist deshalb ein adjektivspezifisches Suffix und kann als solches ein Adjektiv (ko)konstituieren, weil sein Kern ein adjektivspezifisches Suffixgrammativ[94] ist. Das Attributionsgefüge |*herzlich lieb*| (Bsp. 39) wiederum erscheint deshalb als Adjektivgruppe, weil sein Kern – /*lieb*\ – ein Adjektiv ist.

---

§ 19.1 HLR: (a) Ein Zeichengefüge, dessen unmittelbare Konstituenten ausschließlich K o o r d i n a t e (§ 19.2 HLR) sind, heißt k o o r d i n a t i v   s t r u k t u r i e r t e s   Z e i c h e n g e f ü g e (kurz: K o o r d i n a t i o n s g e f ü g e).

(b) Kompaxive (§ 17.I HLR) Koordinationsgefüge sind ihrer konkreten Zeichenart (§§ 88–101 HLR) nach [(I)]identisch mit der konkreten Zeichenart ihrer unmittelbaren Konstituenten, wenn diese unmittelbaren Konstituenten ihrer allgemeinen Zeichenart nach [(α)]Wörter (§ 26 HLR) oder [(β)]Wortgruppen (§ 27 HLR) – mit Ausnahme von Sätzen (§ 88.2a HLR) – sind und alle derselben konkreten Zeichenart angehören, [(II)]Perioden (§ 88.3a HLR), wenn ihre unmittelbaren Konstituenten der konkreten Zeichenart nach Sätze und/oder Perioden sind, oder [(III)]Koordinationsgruppen, wenn sie als koordinativ gefügte Wortgruppen (§ 27 HLR) erscheinen und ihre unmittelbaren Konstituenten unterschiedlichen konkreten Zeichenarten angehören. [(IV)]Sie entsprechen der konkreten Zeichenart ihrer unmittelbaren Konstituenten, wenn diese unmittelbaren Konstituenten ihrer konkreten Zeichenart nach Einheiten niedrigerer Ordnung sind (§ 24.2 HLR) und dabei alle [(α)]derselben Zeichenart oder [(β)]einander entsprechenden Zeichenarten angehören. [(V)]Sie sind identisch mit der konkreten Zeichenart der hierarchisch höchsten (§ 24.2 HLR) ihrer unmittelbaren Konstituenten, wenn zu ihren unmittelbaren Konstituenten sowohl Wörter als auch hinsichtlich der allgemeinen Zeichenart diesen entsprechende Wortgruppen – mit Ausnahme von Sätzen – gehören.

(c) Komplexive (§ 17.II HLR) Koordinationsgefüge sind Wortverbünde. Sie [(I)]sind identisch mit der konkreten Zeichenart ihrer unmittelbaren Konstituenten, wenn diese unmittelbaren Konstituenten ihrer allgemeinen Zeichenart nach Wortverbünde sind und alle derselben konkreten Zeichenart angehören, [(II)]entsprechen der konkreten Zeichenart ihrer unmittelbaren Konstituenten, wenn diese unmittelbaren Konstituenten Einheiten niedrigerer Ordnung sind und alle [(α)]derselben konkreten Zeichenart oder [(β)]einander entsprechenden konkreten Zeichenarten angehören, oder [(III)]sind Koordinationsverbünde, genauer: Miszellanverbünde (§ 101.1a HLR), wenn ihre unmittelbaren Konstituenten unterschiedlichen konkreten Zeichenarten angehören.

§ 19.2 HLR: Als K o o r d i n a t erscheint diejenige unmittelbare Konstituente eines Gefüges, die gefügeintern mindestens eine unmittelbare Ko-Konstituente als solche, jedoch weder als Kern noch als Satellit, sowie gefügeextern kein Zeichen unmittelbar determiniert.

---

94 In Bsp. 39 erscheint dieses Suffixgrammativ, da es die Gliedfunktion eines Aflektors erfüllt, als Nullzeichen ($\emptyset_{Grv\text{-}Sffx(Adj)\text{-}Afltr}$), in anderen Beispielen, etwa in „die wahre, herzlich<u>e</u> Liebe meines Vaters" (MEREAU, Amd. u. Ed. 1803, II, 102), hingegen ist es ausdrucksseitig erkennbar.

Zu § 19 HLR: Zu den koordinativ strukturierten Gefügen gehören Kojunktionsgefüge (§ 48 HLR), Kostriktionsgefüge (§ 49 HLR), Interzeptionsgefüge (§ 50 HLR) sowie mit einer Ausnahme alle Komplexivgefüge (§§ 52–63 HLR; vgl. S. 312): Prädikational-, Adverbational-, Komitational-, Attributional-, Transzessional-, Adpositional-, Subjunktional-, Kojunktional-, Kostriktional-, Transmissional-, Interkompaxal- und Nodalgefüge. Sie bestehen jeweils aus mindestens zwei unmittelbaren Konstituenten, die einander nicht, wie bei subordinativen Gefügen, über- oder untergeordnet, sondern die einander gleichgeordnet sind. Koordinationsgefüge haben demnach als unmittelbare Konstituenten weder Kerne noch Satelliten; paradox ließe sich auch formulieren: sie haben als unmittelbare Konstituenten n u r Kerne, da jede unmittelbare Konstituente für jede andere unmittelbar wertdeterminativ ist, oder aber auch nur Satelliten, da keine unmittelbare Konstituente sich, was die Bestimmung der Zeichenart des Konstituts betrifft, gegen die anderen ‚durchsetzen' kann. Zwar erscheint beispielsweise ein Gefüge, das zwei α-Substantivgruppen (§ 89.2β^{IIa} HLR) als Kojunkte verbindet, seinerseits als α-Substantivgruppe (§ 89.2β^{III} HLR), weil beide unmittelbaren Konstituenten in gleicher Weise zur Zeichenartbestimmung des Konstituts beitragen und dabei nicht in Konflikt geraten.

Bsp. 40: In einem solchen Werk kann <u>entweder eine Person oder eine Begebenheit</u> das Hauptwerk seyn." (BLANCKENBURG, Roman 1774, 254.)

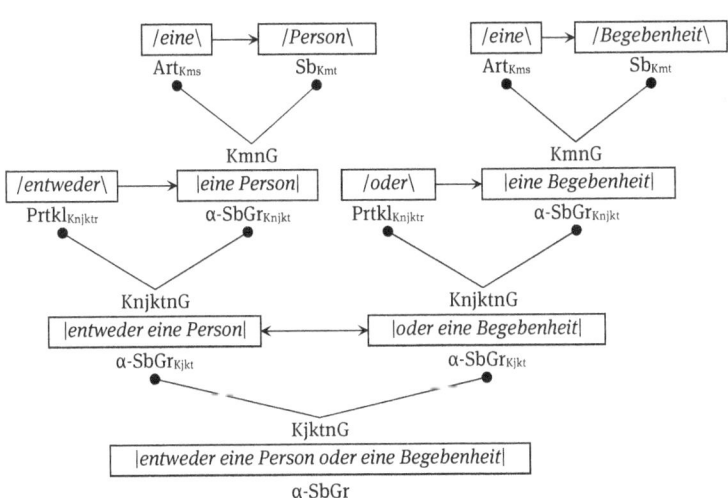

Abb. 19: Gefügestrukturen in der Substantivgruppe |entweder eine Person oder eine Begebenheit| (Bsp. 40)

Art = Artikel; Kjkt = Kojunkt; KjktnG = Kojunktionsgefüge; Knjkt = Konjunkt; KnjktnG = Konjunktionsgefüge; Knjktr = Konjunktor; Prtkl = Partikel; Sb = Substantiv; α-SbGr = α-Substantivgruppe. — Zu den allgemeinen Notationsregeln vgl. Anhang II (S. 828 ff.).

In dem Augenblick jedoch, in dem zwei (oder mehr) zeichenart v e r s c h i e d e n e Einheiten als Koordinate erscheinen, es also einen Konflikt in der Determination der Zeichenart des Konstituts gibt, ist keines der Koordinate gegenüber dem bzw. den anderen vorrangig und daher imstande, seine Zeichenart an das Konstitut zu ‚vererben'. In solchen Fällen ist für das Konstitut eine Zeichenart anzusetzen, die sich von der Zeichenart jeder seiner unmittelbaren Konstituenten unterscheidet: die Zeichenart ‚Miszellangruppe' (§ 94 HLR) oder ‚Miszellanverbund' (§ 101 HLR).

Bsp. 41: „Wer sich jetzt an euch herandrängt, um euch Irrsinnstaten anzuraten, ist <u>entweder bezahlt oder ein Wahnsinniger</u>." (TUCHOLSKY, Dollar 1922, 219.)

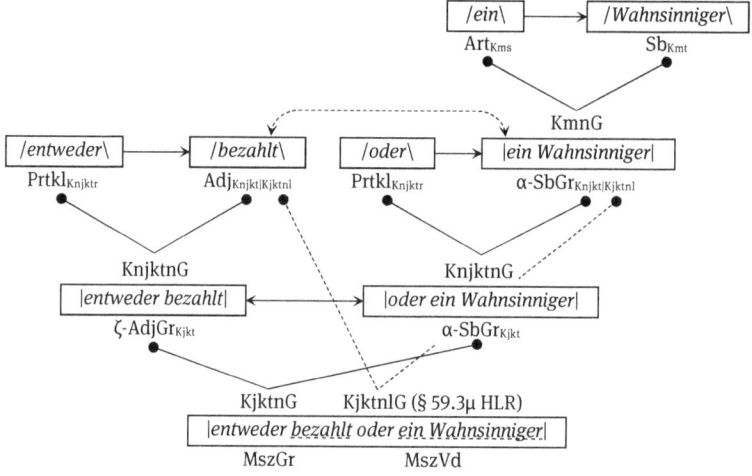

Abb. 20: Gefügestrukturen in der Miszellangruppe |entweder bezahlt oder ein Wahnsinniger| (Bsp. 41)

Adj = Adjektiv; ζ-AdjGr = ζ-Adjektivgruppe; Art = Artikel; Kjkt = Kojunkt; KjktnG = Kojunktionsgefüge; Kjktnl = Kojuntional; KjktnlG = Kojunktionalgefüge; Knjkt = Konjunkt; KnjktnG = Konjunktionsgefüge; Knjktr = Konjunktor; MszGr = Miszellangruppe; MszVd = Miszellanverbund; Prtkl = Partikel; Sb = Substantiv; α-SbGr = α-Substantivgruppe. — Zu den allgemeinen Notationsregeln vgl. Anhang II (S. 828 ff.).

Weder die Adjektivgruppe |entweder bezahlt| noch die Substantivgruppe |oder ein Wahnsinniger| erscheint in Bsp. 41 als Kern, so dass keine von beiden die Zeichenart der Gesamteinheit |entweder bezahlt oder ein Wahnsinniger| allein bestimmen kann.

Ebensowenig kann der Wortverbund ⟨der Frosch · er⟩ in Bsp. 42, der als Transmissionalgefüge (§ 61 HLR) erscheint, aufgrund der Zeichenart eines Kerns bestimmt werden: Jedes seiner unmittelbaren Konstituenten ist gleichrangig mit der anderen; indem sie aber unterschiedliche Zeichenarten (Substantivgruppe und Pronomen) vertreten und das Konstitut nicht verschiedenerlei (Substantivverbund und Pronomenverbund) zugleich sein kann, werden die Koordinate als einander neutralisierend interpretiert hinsichtlich ihrer Zeichenartdeterminativität für das Konstitut.

Bsp. 42:   „Der Frosch schnappt nach den fliegenden Insekten, von welchen er sich nährt" (MACH, Erk. u. Irrt. ³1917, 108).

Auch in diesem Fall entscheiden wir uns, für das aus zeichenartdivergenten unmittelbaren Konstituenten bestehende Koordinationsgefüge eine besondere Zeichenart anzusetzen: die des Miszellanverbundes (§ 101 HLR).

Die Möglichkeit der koordinativen Fügung erlaubt die Festlegung, dass ein Kern i. d. R. nur einen einzigen Satelliten einer bestimmten Art haben könne (§ 18.2b HLR). Wo mehrere koordinativ gefügte Zeichen in Satellitenfunktion erscheinen, interpretieren wir das gesamte Koordinationsgefüge als einen einzigen Satelliten, nicht seine einzelnen unmittelbaren oder mittelbaren Konstituenten jeweils als Satelliten (vgl. Flämig 1991, 268). So hat in

Bsp. 43:   „eigne oder fremde Forschungsergebnisse" (NATORP, Plat. Ideenl. ²1921, 5)

das Substantiv /Forschungsergebnisse\ nur ein einziges Attribut: die ζ-Adjektivgruppe (§ 90.2ζ^{IIIβ} HLR) |eigen oder fremd|. Eine analoge Deutung ermöglicht bei Gefügen wie in Bsp. 44 zugleich die Aussage, dass ein subordinativ strukturiertes Gefüge nur e i n e n Kern hat (§ 18.1a HLR): Als Prädikat erscheint in Bsp. 44a eine als Kojunktionsgefüge strukturierte Verbgruppe (§ 88.4b^{IIγ} HLR), deren Kojunktkerne jeweils Supprädikationsgefüge sind und die damit einem Supprädikationsgefüge entspricht (ebd.). In Bsp. 44b hat das attributive Adjektiv /deutsch\ einen einzigen Attribuenden: die ε-Substantivgruppe (§ 89.2ε^{III} HLR) |Dichter und Denker|.

Bsp. 44:   a) „[D]ie Ambrakioten verjagten die makedonische Besatzung und richteten eine Demokratie ein." (DROYSEN, Gesch. Hell. I 1877, 72.)
b) „deutscher Dichter und Denker" (HAECKEL, Welträtsel ¹¹1919, 10).

Ausgeschlossen wird also, dass eine Gliedfunktion (z. B. Prädikat, Subjekt, direktes Objekt oder ein bestimmtes Adverbial) mehrfach besetzt sei. Dadurch werden verschiedene Probleme vermieden, die sich bei einer solchen Interpretation ergäben. Beispielsweise ließe sich bei einem Satz wie „Der Hürdenläufer und der Weitspringer beeindrucken durch ihre Leistungen" (Duden 2005, 782) die Pluralform des Verbs, die nach allgemeiner Auffassung subjektskongruent sein soll, nicht überzeugend erklären, wenn man zwei eigenständige, parallele Subjekte ansetzen wollte, denn diese stünden dann jeweils im Singular. Der Plural kann hier nur begründet werden, wenn man „eine Reihung zweier Nominalphrasen" annimmt, „die zusammen eine komplexe Nominalphrase mit Merkmal Plural bilden" (ebd.), und wenn man dann konsequenterweise letztere, die komplexe Nominalphrase, als das alleinige Subjekt des Satzes ansieht.

*

Kein Konflikt in der Determination der Zeichenart des Gesamtgefüges entsteht dort, wo Koordinate einander hinsichtlich ihrer Zeichenart auf unterschiedlichen Hierarchieebenen (§ 24.2 HLR) entsprechen (§ 64 HLR). So erscheint die Wortgruppe |groß und sehr traurig| (Bsp. 45) als β-Adjektivgruppe, weil ihre unmittelbaren Konstituenten ein Adjektiv (§ 84.2α HLR) und eine β-Adjektivgruppe (§ 90.2β^{IIα} HLR) sind und bei solchen in der konkreten Zeichenart einander (gemäß § 64.2γ HLR) entsprechenden unmittelbaren Konstituenten die konkrete Zeichenart des Gesamtgefüges (gemäß § 19.1b^V HLR) identisch ist mit der konkreten Zeichenart der (gemäß § 24.2b HLR) hierarchisch höchsten unmittelbaren Konstituenten.

Bsp. 45: „Ihre Liebe zu Wodmar [...] war ihr zu gewaltsam entrissen und vernichtet worden, als daß sie nicht hätte sollen eine <u>große und sehr traurige</u> Leere in ihrem Innern fühlen" (AHLEFELD, Marie Müller ²1814, 214).

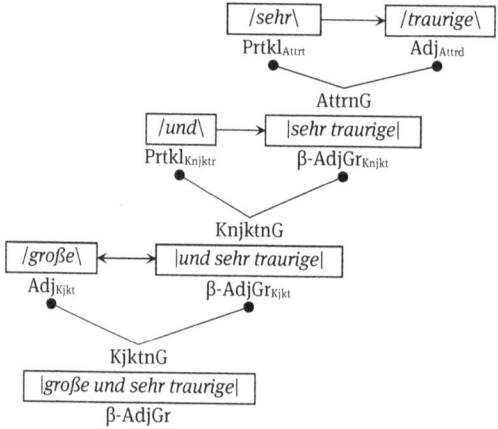

Abb. 21: Gefügestrukturen in der β-Adjektivgruppe |große und sehr traurige| (Bsp. 45)

Adj = Adjektiv; β-AdjGr = β-Adjektivgruppe; Art = Artikel; Attrd = Attribuend; AttrnG = Attributionsgefüge; Attrt = Attribut; Kjkt = Kojunkt; KjktnG = Kojunktionsgefüge; Knjkt = Konjunkt; KnjktnG = Konjunktionsgefüge; Knjktr = Konjunktor; Prtkl = Partikel. — Zu den allgemeinen Notationsregeln vgl. Anhang II (S. 828 ff.).

*

Koordinationsgefüge können kompaxiv oder komplexiv sein (§ 19.1b/c HLR). Im ersten Fall handelt es sich konkret um Kojunktionsgefüge (§ 48 HLR) oder Kostriktionsgefüge (§ 49 HLR), im zweiten Fall um Prädikational-, Adverbational-, Komitational-, Attributional-, Transzessional-, Adpositional-, Subjunktional-, Kojunktional-, Kostriktional-, Transmissional-, Interkompaxal- und Nodalgefüge (§§ 52–63 HLR). Ihre Zeichenart richtet sich, wie oben ausgeführt, nach der Zeichenart ihrer Koordinate, sofern diese derselben Zeichenart angehören. So ist in Bsp. 40 das Kojunktionsgefüge |entweder eine Person oder eine Begebenheit| gemäß § 19.1b^I HLR deshalb eine α-Substantivgruppe (§ 89.2α^{III} HLR), weil seine beiden Kojunkte |ent-

weder eine Person| und *|oder eine Begebenheit|* ihrerseits jeweils α-Substantivgruppen sind (§ 89.2α^{II} HLR). Das Kostriktionsgefüge *|Für ihn existirt ein Ding entweder, oder es existirt nicht|* in Bsp. 46a ist gemäß § 19.1b^{II} HLR deshalb eine Periode (§ 88. 4b^{III} HLR), weil seine Kostrikte *|Für ihn existirt ein Ding entweder|* und *|oder es existirt nicht|* jeweils Sätze (§ 88.2a HLR) sind. Das Kojunktionalgefüge ⟨*feucht und trocken · warm und kalt*⟩ in Bsp. 46b ist gemäß § 19.1c^{II} HLR deshalb ein Adjektivverbund (§ 97.2γ), weil seine beiden Kojunktionalien *|feucht und trocken|* und *|warm und kalt|* Adjektivgruppen sind; diese sind es als Kojunktionalgefüge ihrerseits gemäß § 19.1c^{II} HLR deshalb, weil ihre Kojunktionalien Adjektive sind.

Bsp. 46: a) „Für ihn existirt ein Ding entweder, oder es existirt nicht" (HOLZ, Kunst N. F. 1892, 119).
b) „feucht und trocken oder warm und kalt" (DILTHEY, Einl. Geisteswss. 1883, 180).

Demgegenüber erscheint das Kojunktionsgefüge *|entweder bezahlt oder ein Wahnsinniger|* in Bsp. 41 gemäß § 19.1b^{III} HLR als Miszellangruppe (§ 94 HLR), weil sein eines Kojunkt eine ζ-Adjektivgruppe (§ 90.2ζ^{I} HLR), sein anderes eine α-Substantivgruppe (§ 89.2α^{II} HLR) ist, und analog gilt für das Kojunktionalgefüge ⟨*bezahlt · ein Wahnsinniger*⟩ im selben Beispiel, dass es gemäß § 19.1c^{III} HLR als Miszellanverbund (§ 101 HLR) erscheint, weil sein eines Kojunktional ein Adjektiv, sein anderes eine α-Substantivgruppe (§ 89.2α^{I} HLR) ist.

3.1.3 Nektion

Waren bislang Gefüge nur hinsichtlich ihrer internen Wertdeterminativität betrachtet worden, so kommt nunmehr ein Aspekt externer Wertdeterminativität in den Blick. Das Phänomen der Nektion, d. h. der Verbindung eines Zeichens mit einem anderen Zeichen mittels einer seiner unmittelbaren Konstituenten (des Nektors), quert sich mit den zuvor behandelten Kategorien der Subordination und der Koordination. Auf diese Weise ergeben sich drei mögliche Arten der Nektion: die Supernektion, bei der sich das einen Nektor enthaltende Zeichen zu dem mit ihm verbundenen Zeichen als Kern verhält, die Subnektion, bei der es sich zu ihm als Satellit verhält, und die Konnektion, bei der es sich zu ihm als Koordinat verhält.

Das Prinzip der Nektion ist für grammatikosemantische Fragestellungen in besonderer Weise relevant, da es ermöglicht, semantische Zusammenhänge zwischen einzelnen sprachlichen Zeichen ausdrucksseitig ‚dingfest' zu machen. Es bietet damit eine Möglichkeit für textindizierte Interpretation im Sinne von § 9.5α HLR (vgl. auch S. 78 f.), woran der an intersubjektiver Nachvollziehbarkeit und Überprüfbarkeit ihrer Deutungen interessierten Philologie stets gelegen sein muss.[95]

---

[95] Es versteht sich, dass selbst die elaborierteste Methode niemals im Stande sein wird, so etwas wie philologische ‚Intuition' völlig verzichtbar zu machen. Eben weil die Sprache – oder besser: die Gesamtheit der Sprechenden und Schreibenden – im Humboldt'schen Sinne „von endlichen Mitteln

§ 20.1 HLR: Jede unmittelbare Konstituente eines kompaxiv strukturierten Gefüges (§ 17.I HLR), die kein Pro-Zeichen (§ 9.3 HLR), aber gleichwohl neben ihrer Wertdeterminativität für eine unmittelbare (Ko-)Konstituente – das N e k t (Nkt) – wertdeterminativ für mindestens ein Zeichen außerhalb des konstituierten Kompaxivgefüges ist, erscheint als N e k t o r (Nktr). Hinsichtlich des Nekts ist die Rede von i n t r a k o m p a x i v e r, hinsichtlich des Determinativs bzw. der Determinative (§ 5.1 HLR) außerhalb des Kompaxivgefüges von t r a n s k o m p a x i v e r W e r t d e t e r m i n a t i v i t ä t bzw. W e r t d e t e r m i n i e r t h e i t des Nektors.

§ 20.2 HLR: Hat ein kompaxiv strukturiertes Zeichengefüge als unmittelbare Konstituente einen Nektor, so ist es ein N e k t i o n s g e f ü g e (NktnG).

§ 20.3 HLR: Nektoren können als Kerne oder als Satelliten von Nektionsgefügen fungieren.

§ 20.4 HLR: Das Nekt und alle transkompaxiven Determinative eines Nektors heißen zusammengefasst N e k t i o n a l i e n (Nktnl). In ihrer Gesamtheit bilden sie ein komplexiv strukturiertes Zeichengefüge (§ 17.II HLR): ein N e k t i o n a l g e f ü g e (NktnlG).

Zu § 20.1 und § 20.2 HLR: Als Nektoren erscheinen Zeichen unterschiedlicher Art. Offenkundig können zunächst bestimmte Partikeln (§ 87 HLR) Nektoren sein, indem sie neben einer gefügeinternen (intrakompaxiven) Wertdeterminativität auch eine gefügeexterne (transkompaxive) Wertdeterminativität erkennen lassen. In

Bsp. 47:   „Descartes sowohl als Baco" (LANGE, Gesch. d. Mat. ²1875, 203),

einem Kojunktionsgefüge (§ 48 HLR), das zwei Konjunktionsgefüge (§ 47 HLR), die beiden α-Substantivgruppen (§ 89.2β^{II} HLR) |Ø$_{Art}$ Descartes sowohl| und |als Ø$_{Art}$ Baco| verbindet, finden sich die beiden Nektorpartikeln /sowohl\ und /als\; von ihnen determiniert /sowohl\ gefügeintern die α-Substantivgruppe (§ 89.2β^{I} HLR) |Ø$_{Art}$ Descartes| und gefügeextern die analoge α-Substantivgruppe |Ø$_{Art}$ Baco|, während es sich bei /als\ genau umgekehrt verhält. Somit sind beide Substantivgruppen Nektionsgefüge gemäß § 20.2 HLR.

---

einen unendlichen Gebrauch" macht (vgl. S. 42), wird es nie möglich sein, alle semantischen Aspekte mittels eines Interpretationsregelwerkes zu erfassen. Es kann dabei immer nur um ein Netzwerk gehen, zwischen dessen Maschen, so eng sie im Einzelfall geknüpft sein mögen, manch Deutungsrelevantes hindurchschlüpft. Es kann also nicht darum gehen, das auf philologischer Erfahrung beruhende ‚Gespür' durch eine bestimmte Menge von Richtlinien ersetzen zu wollen – etwa dergestalt, dass am Ende auch ein ausgefeiltes Computerprogramm vollautomatisch beispielsweise aus einem Quellenkorpus ein Wörterbuch machen könnte. Es geht aber sehr wohl darum deutlich zu machen, dass es einen gut sortierten hermeneutischen Werkzeugkasten gibt und dass die ‚Eingebung', das *philologische Genie* (F. SCHLEGEL, Philolog. II *1797, 63, Nr. 39) ihrerseits das wohlverstandene Handwerk nicht ersetzen kann.

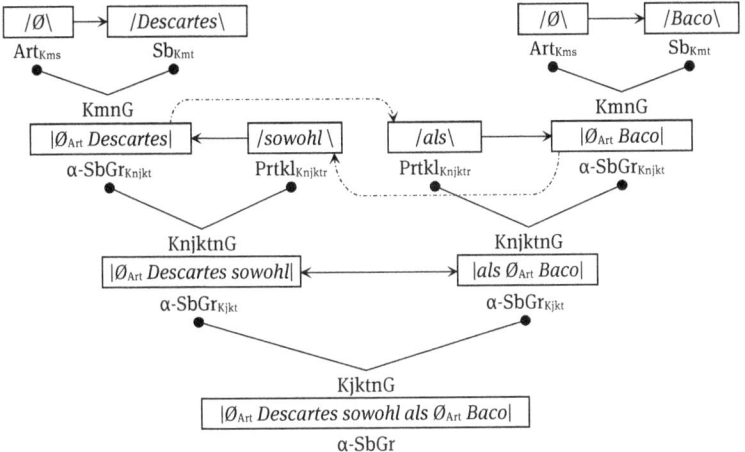

Abb. 22: Gefügestrukturen in der α-Substantivgruppe |Descartes sowohl als Baco| (Bsp. 47).
Art = Artikel; Kjkt = Kojunkt; KjktnG = Kojunktionsgefüge; KmnG = Komitationsgefüge; Kms = Komes; Kmt = Komitat; Knjkt = Konjunkt; KnjktnG = Konjunktionsgefüge; Knjktr = Konjunktor; Prtkl = Partikel; Sb = Substantiv; α-SbGr = α-Substantivgruppe. — Zu den allgemeinen Notationsregeln vgl. Anhang II (S. 828 ff.).

*

Zu § 20.3 HLR: Nektoren können im Rahmen ihrer Nektionsgefüge als Satelliten (wie in Bsp. 47) oder als Kerne (wie in Bsp. 48) erscheinen.

Bsp. 48: „Luthers [...] Bibelübersetzung ist die letzte Tat gotischen Deutschtums" (SPENGLER, Einf. Droem 1920, 57).

Anders als in Bsp. 47 können Konjunktionsgefüge auch so beschaffen sein, dass sie strukturell verschiedenartige Kojunkte verbinden. Der prototypische Fall eines Kojunktionsgefüges, der einer partiell syndetischen Reihung, zeigt dies, etwa die beiden Kojunktionsgefüge |Schriftsteller und Dichter| und |Graveur oder Putzhändler| in

Bsp. 49: „da man Schriftsteller und Dichter nicht wie Graveur oder Putzhändler werden könne" (LEWALD, Frauen 1870, 5).

Die Strukturgraphen in Abb. 23 (S. 122) und Abb. 24 (S. 123) lassen erkennen, dass im ersten Fall – Bsp. 47 oder auch

Bsp. 50: „weder läugnen noch beweisen" (HOLZ, Kunst N. F. 1892, 82) –

symmetrische, im zweiten (Bsp. 49) hingegen asymmetrische Kojunktionsgefüge vorliegen.

Symmetrische Kojunktionsgefüge verbinden ausschließlich Zeichen, die als Nektionsgefüge strukturiert sind (§ 20.2 HLR); asymmetrische Kojunktionsgefüge verbin-

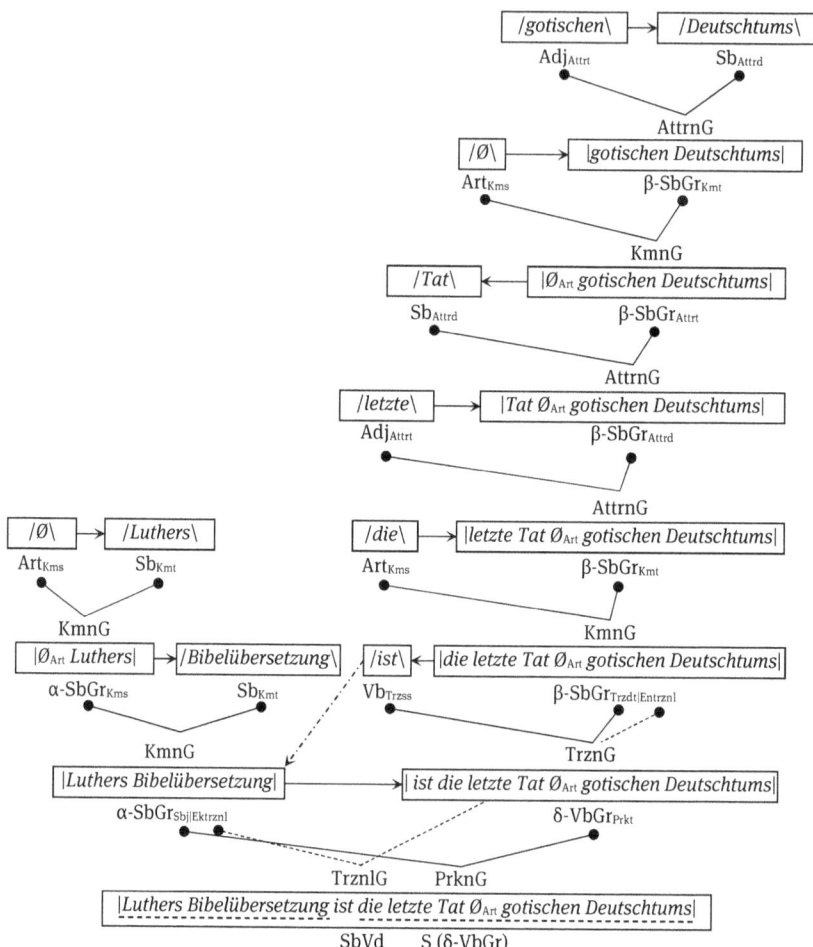

Abb. 23: Gefügestrukturen in dem Satz |Luthers Bibelübersetzung ist die letzte Tat gotischen Deutschtums| (Bsp. 48).

Adj = Adjektiv; Art = Artikel; Attrd = Attribuend; AttrnG = Attributionsgefüge; Attrt = Attribut; Ektrznl = Ektranszessional; Entrznl = Entranszessional; KmnG = Komitationsgefüge; Kms = Komes; Kmt = Komitat; PrknG = Prädikationsgefüge; Prkt = Prädikat; S = Satz; Sb = Substantiv; Sbj = Subjekt; α-/β-SbGr = α-/β-Substantivgruppe; Trzdt = Transzedent; TrznG = Transzessionsgefüge; TrznlG = Transzessionalgefüge; Trzss = Transzess; Vb = Verb; δ-VbGr = δ-Verbgruppe. — Zu den allgemeinen Notationsregeln vgl. Anhang II (S. 828 ff.).

den ein als Nektionsgefüge strukturiertes Zeichen koordinativ mit – mindestens – einem anderen Zeichen, das nicht als Nektionsgefüge strukturiert ist. Wir setzen diese letztere Gefügestruktur, die etwa in

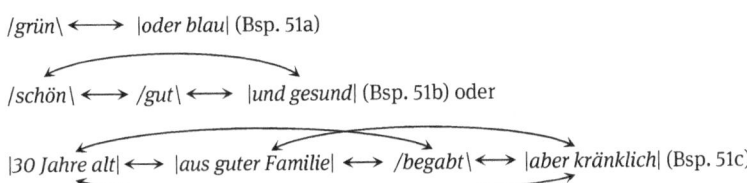

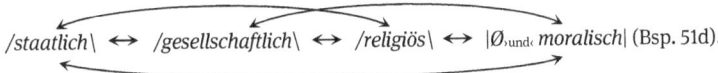

erkennbar ist, in allen Fällen an, in denen keine symmetrischen Kojunktionsgefüge im oben erläuterten Sinne vorliegen – so auch in

/staatlich\ ⟷ /gesellschaftlich\ ⟷ /religiös\ ⟷ |Ø ›und‹ moralisch| (Bsp. 51d).

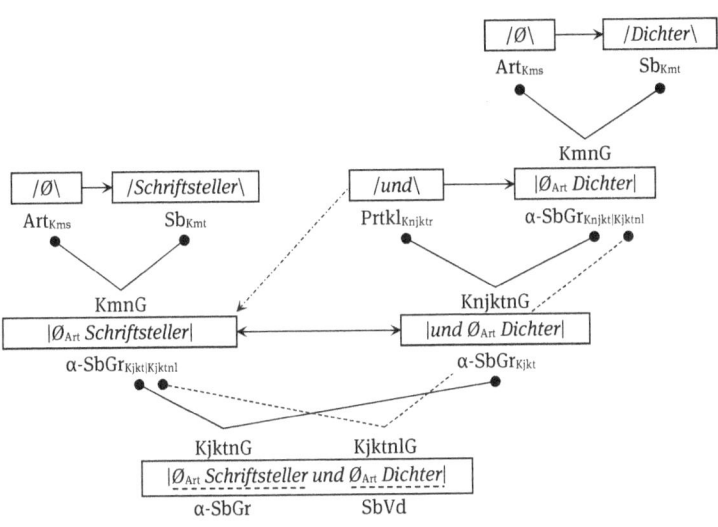

Abb. 24: Gefügestrukturen in der α-Substantivgruppe |Schriftsteller und Dichter| (Bsp. 49)

Art = Artikel; Kjkt = Konjunkt; KjktnG = Kojunktionsgefüge; Kjktnl = Konjunktional (§ 59.37, HLR); KjktnlG = Kojunktionalgefüge; KmnG = Komitationsgefüge; Kms = Komes; Kmt = Komitat; Knjkt = Konjunkt; KnjktnG = Konjunktionsgefüge; Knjktr = Konjunktor; Prtkl = Partikel; Sb = Substantiv; α-SbGr = α-Substantivgruppe; SbVd = Substantivverbund. – Zu den allgemeinen Notationsregeln vgl. Anhang II (S. 828 ff.).

Bsp. 51: a) „Diese Häuser [...] sind rot mit <u>grünem oder blauem</u> Fachwerk, überhäuft von dicken schweren Strohdächern und gleichsam in die Erde hineingedrückt von ihrer massigen, pelzartigen Last." (RILKE, Worpsw. 1903, 29 f.)
b) „Zu allen diesen <u>schönen, guten und gesunden</u> Dingen" (ALTENBERG, Wie ich es sehe ⁴1904, 110).
c) „Tiberius Sempronius Gracchus, <u>30 Jahre alt, aus guter Familie, begabt, aber kränklich</u>" (PANIZZA, Psichop. 1898, 55).

d) „uns und der staatlichen, gesellschaftlichen, religiösen, moralischen Autorität ins Gesicht hinein" (BALL, Wedekind 1914, 16).

Das Nekt eines Nektionsgefüges bildet zusammen mit allen transkompaxiven Determinativen seines Nektors ein Nektionalgefüge, das dann als komplexives Gefüge erscheint (§ 20.4 HLR). Beispiele dafür zeigen Abb. 23, in der ein Nektionalgefüge in Form eines Transzessionalgefüges (§ 56 HLR) erkennbar wird, und Abb. 24, in der sich eines als Kojunktionalgefüge (§ 59.3ζ HLR) darstellt. Die in solchen Komplexivgefügen verbundenen Zeichen sind, zusammenfassend betrachtet, ihrer Gliedart nach sämtlich Nektionalien.

Wie Bsp. 51c oder auch

Bsp. 52:   a) „Geistergeschichten und wunderbare Heilungen" (LICHTENSTEIN, Fam. 1913, 21) und
b) „Die Marschallin war dumm" (C. F. MEYER, Knabe 1883, 260)

zeigt, können die durch einen Nektor verbundenen Zeichen (Nektionalien) von unterschiedlicher Art und/oder Struktur sein. Dies ist zwar nicht abhängig von der spezifischeren Art eines Nektionsgefüges (indem auch Nektionsgefüge derselben Art unterschiedliche Nekte aufweisen können), lässt sich aber durchaus in Relation zu ihr sehen.

Nektionsgefüge lassen sich zunächst in zwei, bei etwas genauerer Betrachtung dann in drei spezifischere Arten untergliedern: in solche, die gemeinsam mit dem transkompaxiven Determinativ des Nektors ein subordinatives Gefüge bilden – hierzu gehören erstens Supernektionsgefüge (§ 21 HLR), die im Rahmen des Subordinativgefüges als Kerne, und zweitens Subnektionsgefüge (§ 22 HLR), die im Rahmen des Subordinativgefüges als Satelliten erscheinen – und in solche, die gemeinsam mit dem transkompaxiven Determinativ bzw. den transkompaxiven Determinativen des Nektors ein koordinatives Gefüge bilden: die Konnektionsgefüge (§ 23 HLR).

§ 21.1 HLR: (a) Ein Nektionsgefüge i. S. v. § 20.2 HLR, dessen Nektor lediglich ein einziges transkompaxives Determinativ (§ 20.1 HLR) hat und das sich zu eben diesem transkompaxiven Determinativ als Gefügekern (§ 18.2 HLR) verhält, heißt Supernektionsgefüge (SpnktnG).

(b) Sein Nekt erscheint als Supernekt (Spnkt), sein Nektor als Supernektor (Spnktr).

(c) Supernektionsgefüge sind der konkreten Gliedergefügeart nach Transzessionsgefüge (§ 42.1a HLR).

(d) Zur konkreten Zeichenart von Supernektionsgefügen vgl. § 42.1b HLR.

§ 21.2 HLR: (a) Ein Supernekt i. S. v. § 21.1b HLR bildet zusammen mit dem transkompaxiven Determinativ seines (Super-)Nektors ein Supernektionalgefüge (SpnktnlG).

(b) Supernektionalgefüge sind Komplexivgefüge (§ 20.4).

(c) Supernektionalgefüge erscheinen der konkreten Gliedergefügeart nach als Transzessionalgefüge (§ 56 HLR).

(d) Supernektionalgefüge können dieselben konkreten Zeichenarten aufweisen wie Transzessionalgefüge (§ 56.1b HLR).

Zu § 21 HLR: Beispiele für Supernektionsgefüge i. S. v. § 21.1 HLR finden sich in Abb. 17 (S. 108) und Abb. 23 (S. 122); beide sind gemäß § 21.1c HLR Transzessionsgefüge. Sie erscheinen jeweils als Gefügekerne (nämlich Prädikate) im Rahmen von Subordinationsgefügen (nämlich Prädikationsgefügen i. S. v. § 34 HLR):

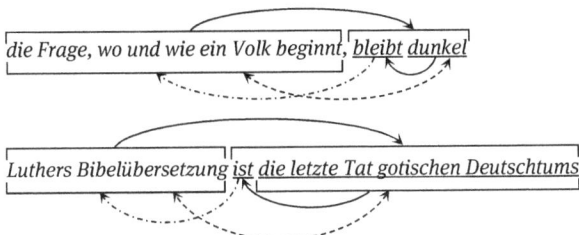

Die genannten Abbildungen zeigen zugleich, dass und wie jeweils die beiden Nektionalien – einerseits |die Frage, wo und wie ein Volk beginnt| bzw. |Luthers Bibelübersetzung| und andererseits /dunkel\ bzw. |die letzte Tat gotischen Deutschtums| – komplexiv in Supernektionalgefügen gemäß § 21.2 HLR, d. h. in Transzessionalgefügen, verbunden sind.

§ 22.1 HLR: (a) Ein Nektionsgefüge i. S. v. § 20.2 HLR, dessen Nektor lediglich ein einziges transkompaxives Determinativ (§ 20.1 HLR) hat und das sich zu eben diesem transkompaxiven Determinativ als Satellit (§ 18.3 HLR) verhält, heißt S u b n e k t i o n s g e f ü g e (SbnktnG).

(b) Sein Nekt erscheint als S u b n e k t (Sbnkt), sein Nektor als S u b n e k t o r (Sbnktr).

(c) Subnektionsgefüge können der konkreten Gliedergefügeart nach (I)Adpositionsgefüge (§ 45 HLR) oder (II)Subjunktionsgefüge (§ 46 HLR) sein.

(d) Der konkreten Zeichenart nach können Subnektionsgefüge (I)Sätze (§ 88.2a HLR), (II)α-Substantivgruppen (§ 89.2α^{II} HLR), (IIIα)δ-Adjektivgruppen (§ 90.2δ HLR) oder (β)ε-Adjektivgruppen (§ 90.2ε HLR), (IV)δ-Pronomengruppen (§ 92.2δ HLR), (V)β-Partikelgruppen (§ 93.2β HLR) oder γ-Partikelgruppen (§ 93.2γ HLR) sein.

§ 22.2 HLR: (a) Ein Subnekt i. S. v. § 22.1b bildet zusammen mit dem transkompaxiven Determinativ seines (Sub-)Nektors ein S u b n e k t i o n a l g e f ü g e (SbnktnlG). Das Subnekt erscheint unter diesem Aspekt als E n s u b n e k t i o n a l (Ensbnktnl), das transkompaxive Determinativ als E k s u b n e k t i o n a l (Eksbnktnl).

(b) Subnektionalgefüge sind Komplexivgefüge (§ 20.4).

(c) Subnektionalgefüge können der konkreten Gliedergefügeart nach als (I)Prädikationalgefüge (§ 52 HLR) oder (II)Attributionalgefüge (§ 55 HLR) erscheinen.

(d) Der konkreten Zeichenart nach können Subnektionalgefüge (I)Verbverbünde (§ 95.2α HLR), (II)Substantivverbünde (§ 96.2α/γ HLR), (III)Pronomenverbünde (§ 99.2α/β HLR), (IV)Partikelverbünde (§ 100.2α HLR) oder (V)Miszellanverbünde (§ 101.2α/δ HLR) sein.

Zu § 22.1 HLR: Anhand zweier Beispiele wird am einfachsten erkennbar, wie Subnektionsgefüge strukturiert sind und sich in übergeordneten Gefügen verhalten.

Bsp. 53: a) „der Turm auf dem Berge" (WILLE, Glasberg °1920, 126).
b) „eine als gut erkannte Sache" (OTTO, Recht d. Fr. 1866, 92).

Bsp. 53a zeigt ein Adpositionsgefüge (§ 22.1c^I HLR), Bsp. 53b ein Subjunktionsgefüge (§ 22.1c^{II} HLR). In beiden Fällen haben die Nektoren lediglich ein einziges transkompaxives Determinativ; in beiden Fällen erscheint das Nektionsgefüge als Satellit. Es sind keine Beispiele denkbar, in denen beides anders sein könnte.

Das Subnektionsgefüge in Bsp. 53a ist seiner konkreten Zeichenart nach eine β-Substantivgruppe (§ 22.1d^{II} HLR), das in Bsp. 53b eine ε-Adjektivgruppe (§ 22.1ε$^{III\beta}$ HLR). Auch Vertreter anderer konkreter Zeichenarten können jedoch als Subnektionsgefüge strukturiert sein: Sätze (§ 22.1d^I HLR, Bsp. 54a), δ-Adjektivgruppen (§ 22.1ε$^{III\beta}$ HLR, Bsp. 54b), δ-Pronomengruppen (§ 22.1d^{IV} HLR, Bsp. 54c), β-Partikelgruppen (§ 22.1d$^{V\alpha}$ HLR, Bsp. 54d) oder γ-Partikelgruppen (§ 22.1d$^{V\beta}$ HLR, Bsp. 54e).

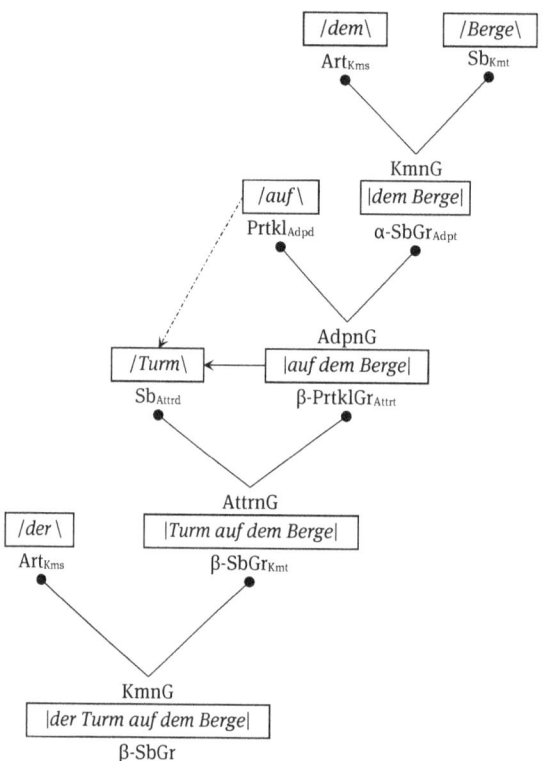

Abb. 25: Gefügestrukturen in der β-Substantivgruppe |der Turm auf dem Berge| (Bsp. 53a).

Adj = Adjektiv; γ-/ε-AdjGr = γ-/ε-Adjektivgruppe; Adpd = Adponend; AdpnG = Adpositionsgefüge; Adpt = Adposit; Art = Artikel; Attrd = Attribuend; AttrnG = Attributionsgefüge; Attrt = Attribut; KmnG = Komitationsgefüge; Kms = Komes; Kmt = Komitat; Prtkl = Partikel; β-PrtklGr = β-Partikelgruppe; Sb = Substantiv; α-/β-SbGr = α-/β-Substantivgruppe; Sbjkt = Subjunkt; SbjktnG = Subjunktionsgefüge; Sbjktr = Subjunktor; Trzdt = Transzedent; TrznG = Transzessionsgefüge; Trzss = Transzess. — Zu den allgemeinen Notationsregeln vgl. Anhang II (S. 828 ff.).

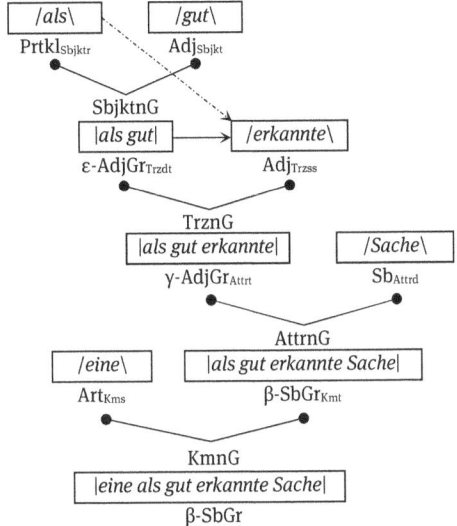

Abb. 26: Gefügestrukturen in der δ-Verbgruppe |eine als gut erkannte Sache| (Bsp. 53b); zur Legende vgl. Abb. 25)

Bsp. 54: a) „die Zeit, <u>als ich in dem von Deutschland neugewonnenen Straßburg studirte</u>" (PANIZZA, Vis. 1893, 189).

b) „die indischen Sagen von dem paradiesischen Lande der Uttara Kûrû <u>nördlich des Himalaya</u>" (PÖHLMANN, Gesch. d. soz. Fr. I ³1925, 293).

c) „ein heiliger Mann <u>wie du</u>!" (ANZENGRUBER, Einsam 1881, 310).

d) „<u>an der Spitze</u> seiner Kompagnie" (M. WEBER, Lebensbild 1926, 83).

e) „so <u>wie damals</u>" (BLEIBTREU, Größenw. 1888, I, 129).

*

Zu § 22.2 HLR: Analog zu den Supernektionsgefügen lassen sich auch Subnektionsgefüge als Kompaxivgefüge interpretieren, die mit Komplexivgefügen (hier: Subnektionalgefügen) verflochten sind: Adpositionsgefüge mit Attributionalgefügen (§ 22.2c^I HLR, Bsp. 55b/e) und Subjunktionsgefüge mit Subjunktionalgefügen (§ 22.2c^{II} HLR, Bsp. 55a/c–d/f). In beiden Fällen liegen der Zeichenart nach Wortverbünde vor, deren konkrete Zeichenart sich, da Subnektionalgefüge als komplexive Gefüge koordinativ strukturiert sind (vgl. S. 312), nach der konkreten Zeichenart ihrer unmittelbaren Konstituenten bestimmt. Sie sind Verbverbünde, (§ 22.2d^I HLR), wenn beide unmittelbaren Konstituenten Verben und/oder Verbgruppen sind (Bsp. 55a), Substantivverbünde (§ 22.2d^{II} HLR), wenn sie beide Substantive und/oder Substantivgruppen sind (Bsp. 55b), Pronomenverbünde (§ 22.2d^{III} HLR), wenn sie beide Pronomina und/oder Pronomengruppen sind (Bsp. 55c), Partikelverbünde (§ 22.2d^{IV} HLR), wenn es sich bei beiden um Partikeln und/oder Partikelverbünde handelt (Bsp.

269e, S. 327), oder Miszellanverbünde (§ 22.2d^V HLR), wenn beide unterschiedlichen und einander nicht entsprechenden Zeichenarten angehören (Bsp. 55d–h).

Bsp. 55: a) „Nachher <u>gingen</u> sie in die Tempel, um <u>zu beten</u>" (TUCHOLSKY, Gripsholm 1931, 61).
b) „<u>ein künstliches Homunculuschen</u> in <u>der Flasche</u>" (HEYKING, Briefe 1903, 19).
c) „Ein solcher Pony trug mein Gepäck, der Führer und ich gingen daneben her, und war <u>einer</u> von <u>uns</u> müde, so mußte das gute Pferdchen ihn ebenfalls tragen." (PÜCKLER-MUSKAU, Brf. Verstorb. ^{2}1831, I, 311.)
d) „<u>dort</u> an <u>der Thür</u>" (BARTSCH, Sag. Meklenb. I 1879, 469).
e) „Justine [...] <u>ging</u> wie <u>taumelnd</u>" (KELLER, Seldw. II 1874, 564).
f) „dabei war er <u>dumm</u> wie <u>ein Heuroß</u>" (BIERBAUM, Stilpe 1897, 142).
g) „<u>ich</u> als <u>bescheidener Mann</u>" (BOY-ED, Ehe 1915, 382).
h) „ein Bild, dessen Vorhandensein sie schon ganz vergessen hatte: <u>sie und Agathe</u> gemeinschaftlich als <u>ganz junge Mädchen</u>" (Schnitzler, Garlan 1901, 416).

Die graphische Darstellung macht die Gefügestrukturen am einfachsten nachvollziehbar.

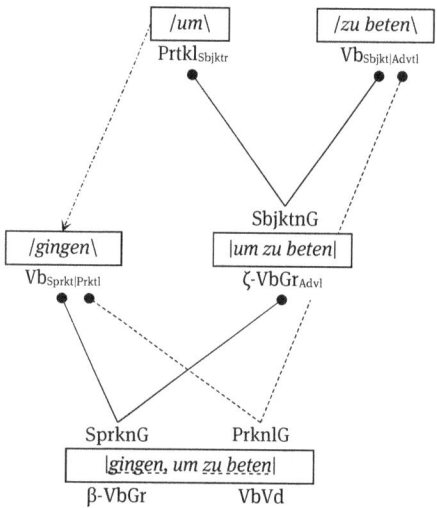

Abb. 27: Gefügestrukturen in der β-Verbgruppe |gingen [...], um zu beten| (Bsp. 55a)

Adj = Adjektiv; Adpd = Adponend; AdpnG = Adpositionsgefüge; Adpt = Adposit; Advl = Adverbial; Advtl = Adverbiatial; Art = Artikel; Attrd = Attribuend; Attrdl = Attribuendal; AttrnG = Attributionsgefüge; AttrnlG = Attributionalgefüge; Attrt = Attribut; Attrtl = Attributial; KmnG = Komitationsgefüge; Kms = Komes; Kmt = Komitat; PrknlG = Prädikationalgefüge; Prktl = Prädikatial; Prtkl = Partikel; β-PrtklGr = β-Partikelgruppe; Sb = Substantiv; α-/β-SbGr = α-/β-Substantivgruppe; Sbjkt = Subjunkt; SbjktnG = Subjunktionsgefüge; Sbjktr = Subjunktor; SprknG = Supprädikationsgefüge; Sprkt = Supprädikat; Vb = Verb; ζ-VbGr = ζ-Verbgruppe; VbVd = Verbverbund. — Zu den allgemeinen Notationsregeln vgl. Anhang II (S. 828 ff.).

Allgemeine Gliedzeichen- und Gliedergefügearten: nektive — 129

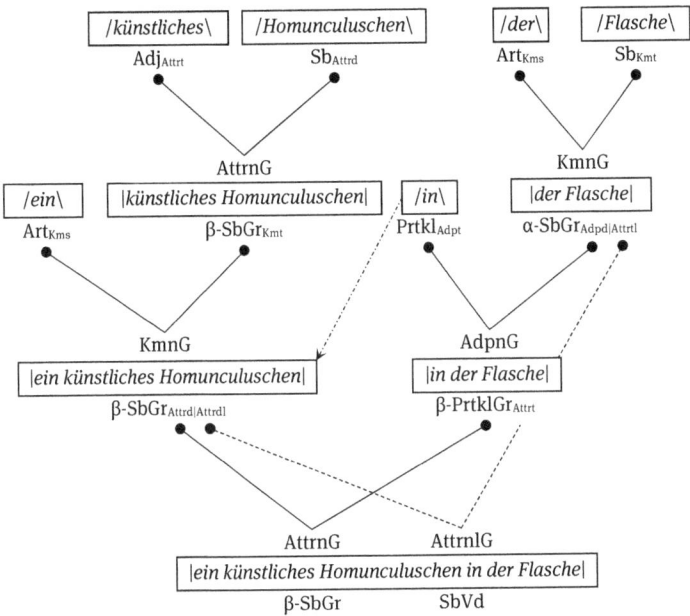

Abb. 28: Gefügestrukturen in der β-Substantivgruppe |ein künstliches Homunculuschen in der Flasche| (Bsp. 55b); zur Legende vgl. Abb. 27.

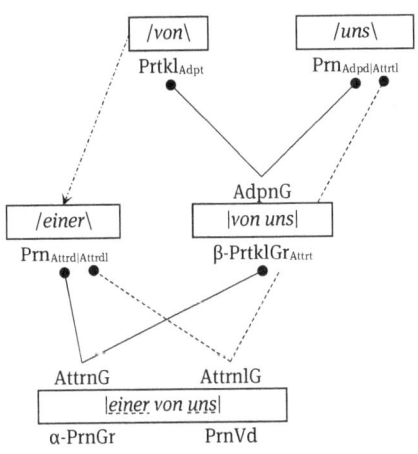

Abb. 29: Gefügestrukturen in der α-Pronomengruppe |einer von uns| (Bsp. 55c)

Adpd = Adponend; AdpnG = Adpositionsgefüge; Adpt = Adposit; Attrd = Attribuend; Attrdl = Attribuendal; AttrnG = Attributionsgefüge; AttrnlG = Attributionalgefüge; Attrt = Attribut; Attrtl = Attributial; Prn = Pronomen; α-PrnGr = α-Pronomengruppe; PrnVd = Pronomenverbund; Prtkl = Partikel; β-PrtklGr = β-Partikelgruppe. — Zu den allgemeinen Notationsregeln vgl. Anhang II (S. 828 ff.).

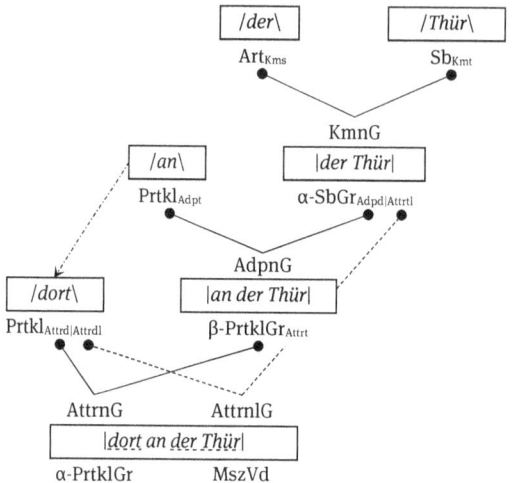

Abb. 30: Gefügestrukturen in der α-Partikelgruppe |dort an der Thür| (Bsp. 55d)

Adj = Adjektiv; β-AdjGr = β-Adjektivgruppe; Adpd = Adponend; AdpnG = Adpositionsgefüge; Adpt = Adposit; Art = Artikel; Attrd = Attribuend; Attrdl = Attribuendal; AttrnG = Attributionsgefüge; AttrnlG = Attributionalgefüge; Attrt = Attribut; Attrtl = Attributial; KmnG = Komitationsgefüge; Kms = Komes; Kmt = Komitat; MszVd = Miszellanverbund; Prn = Pronomen; α-PrnGr = α-Pronomengruppe; Prtkl = Partikel; α-/β-PrtklGr = α-/β-Partikelgruppe; Sb = Substantiv; α-/β-SbGr = α-/β-Substantivgruppe; Sbjkt = Subjunkt; SbjktnG = Subjunktionsgefüge; Sbjktr = Subjunktor. – Zu den allgemeinen Notationsregeln vgl. Anhang II (S. 828 ff.).

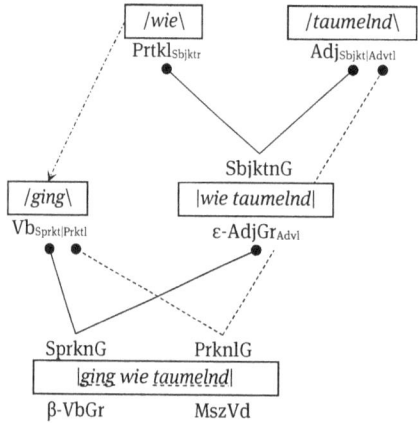

Abb. 31: Gefügestrukturen in der β-Verbgruppe |ging wie taumelnd| (Bsp. 55e)

Adj = Adjektiv; ε-AdjGr = ε-Adjektivgruppe; Advl = Adverbial; Advtl = Adverbiatial; MszVd = Miszellanverbund; Prktl = Prädikatial; Prtkl = Partikel; Sbjkt = Subjunkt; SbjktnG = Subjunktionsgefüge; Sbjktr = Subjunktor; SprknG = Supprädikationsgefüge; Sprkt = Supprädikat; Vb = Verb; β-VbGr = β-Verbgruppe. – Zu den allgemeinen Notationsregeln vgl. Anhang II (S. 828 ff.).

Allgemeine Gliedzeichen- und Gliedergefügearten: nektive — 131

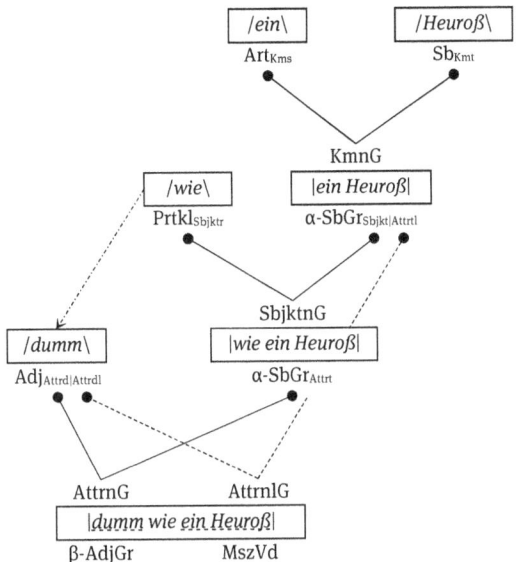

Abb. 32: Gefügestrukturen in der β-Adjektivgruppe |dumm wie ein Heuroß| (Bsp. 55f); zur Legende vgl. Abb. 30.

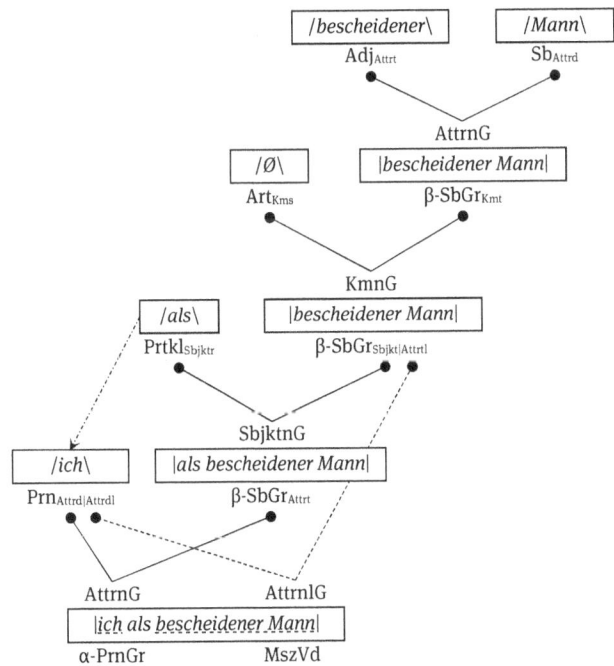

Abb. 33: Gefügestrukturen in der α-Pronomengruppe |ich als bescheidener Mann| (Bsp. 55g); zur Legende vgl. Abb. 30.

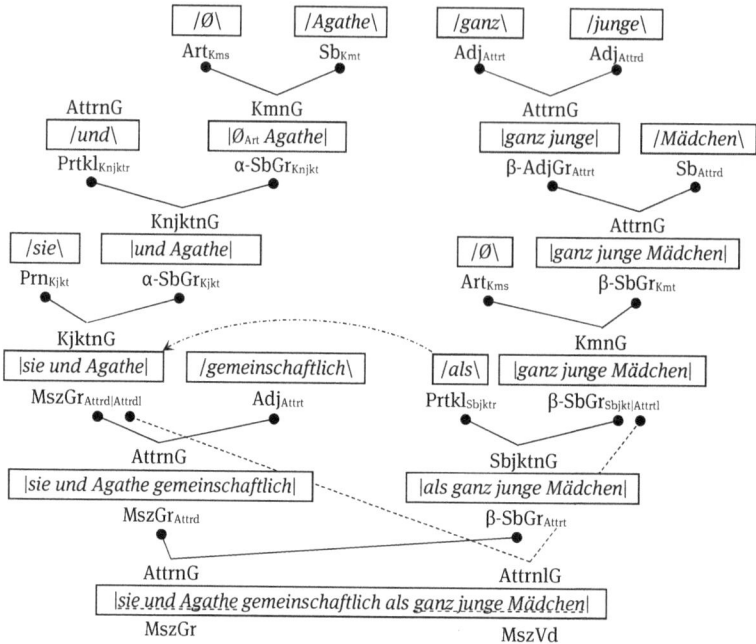

Abb. 34: Gefügestrukturen in der Miszellangruppe |sie und Agathe gemeinschaftlich als ganz junge Mädchen| (Bsp. 55h)

Kjkt = Kojunkt; KjktnG = Kojunktionsgefüge; Knjkt = Konjunkt; KnjktnG = Konjunktionsgefüge; Knjktr = Konjunktor; MszGr = Miszellangruppe. — Zur Legende im Übrigen vgl. Abb. 30.

Subnektionalgefüge lassen Ausdrücke für handlungs-, vorgangs- oder zustandsbeteiligte Größen in unmittelbarer Beziehung zueinander erscheinen. In ihnen manifestieren sich propositionale Grundmuster, nicht anders (wenngleich auf andere Weise) als z. B. in Prädikationsgefügen. Sie können daher – falls unsere Grundannahme zutrifft, dass die Bedeutung konkreter sprachlicher Zeichen durch die spezifischen determinativen Verhältnisse beschreibbar ist, in denen sie zu anderen konkreten sprachlichen Zeichen stehen – ebenso wie andere Gefügearten dazu herangezogen werden, semantische Relationen zwischen den Ausdrücken, die als ihre Konstituenten bestimmt werden, nach grammatischen, also einzelbelegübergreifenden Regeln zu erfassen.

§ 23.1 HLR: (a) Ein Nektionsgefüge i. S. v. § 20.2 HLR, dessen Nektor mindestens ein transkompaxives Determinativ (§ 20.1 HLR) hat und das hinsichtlich aller seiner transkompaxiven Determinative, soweit sie nicht ihrerseits als Konnektionsgefüge erscheinen, Koordinat-Charakter (§ 19.2 HLR) hat, heißt K o n n e k t i o n s g e f ü g e (KnnktnG).

(b) Sein Nekt erscheint als K o n n e k t (Knnkt), sein Nektor als K o n n e k t o r (Knnktr).

(c) Konnektiongefüge können der konkreten Gliedergefügeart nach [(I)]Kommentationsgefüge (§ 36.3c[III] HLR) oder [(II)]Konjunktionsgefüge (§ 47 HLR) sein.

(d) Der konkreten Zeichenart nach können Konnektionsgefüge ⁽ᴵ⁾Sätze (§ 88.2a HLR), ⁽ᴵᴵ⁾Verbgruppen (§ 88.4bᴵᴵ HLR), ⁽ᴵᴵᴵ⁾α-Substantivgruppen (§ 89.2αᴵᴵ HLR), ⁽ᴵⱽ⁾Adjektivgruppen (§ 90 HLR), ⁽ⱽ⁾Artikelgruppen (§ 91 HLR), ⁽ⱽᴵ⁾Pronomengruppen (§ 92 HLR) oder ⁽ⱽᴵᴵ⁾Partikelgruppen (§ 93 HLR) sein.

§ 23.2 HLR: (a) Ein Konnekt i. S. v. § 23.1b HLR bildet zusammen mit allen transkompaxiven Determinativen seines (Kon-)Nektors ein K o n n e k t i o n a l g e f ü g e (KnnktnlG). Das Konnekt ebenso wie jedes transkompaxive Determinativ erscheint unter diesem Aspekt als K o n n e k t i o n a l (Knnktnl).

(b) Konnektionalgefüge sind koordinative Komplexivgefüge.

(c) Konnektionalgefüge können der konkreten Gliedergefügeart nach als ⁽ᴵ⁾Kojunktionalgefüge (§ 59 HLR) oder ⁽ᴵᴵ⁾Kostriktionalgefüge (§ 60 HLR) erscheinen.

(d) Der konkreten Zeichenart nach können Konnektionalgefüge ⁽ᴵ⁾Verbverbünde (§ 95.2γ/δ HLR), ⁽ᴵᴵ⁾Substantivverbünde (§ 96.2ε HLR), ⁽ᴵᴵᴵ⁾Adjektivverbünde (§ 97.2γ HLR), ⁽ᴵⱽ⁾Pronomenverbünde (§ 99.2δ HLR), ⁽ⱽ⁾Partikelverbünde (§ 100.2δ HLR) oder ⁽ⱽᴵ⁾Miszellanverbünde (§ 101.2η HLR) sein.

§ 23.3: (a) Wenn ein kompaxives (§ 17.I HLR) Koordinationsgefüge (§ 19 HLR) zu seinen unmittelbaren Konstituenten mindestens ein als Konnektionsgefüge (§ 23.1a HLR) strukturiertes Zeichen zählt, so heißt es K o n e k t i o n s g e f ü g e (KnktnG). Die unmittelbaren Konstituenten eines Konektionsgefüges heißen K o n e k t a t e (Knktt).

(b) Konektionsgefüge können der konkreten Gliedergefügeart nach ⁽ᴵ⁾Kojunktionsgefüge (§ 48 HLR) oder ⁽ᴵᴵ⁾Kostriktionsgefüge (§ 49 HLR) sein.

(c) ⁽ᴵ⁾§ 19.1bᴵ HLR gilt entsprechend. ⁽ᴵᴵ⁾Koordinationsgruppen (§ 19.1bᴵᴵᴵ HLR), die als Konektionsgefüge strukturiert sind, heißen K o n e k t i o n s g r u p p e n (KnktnGr). Sie erscheinen als Miszellangruppen (§ 94 HLR).

Zu § 23.1 HLR: Konnektionsgefüge unterscheiden sich von Supernektionsgefügen und Subnektionsgefügen dadurch, dass ihr Nektor m i n d e s t e n s ein transkompaxives Determinativ hat, rein theoretisch aber unbegrenzt viele haben kann (wobei realiter eine Anzahl von drei kaum je überschritten wird: vgl. Bsp. 51c/d, S. 123).

Konnektionsgefüge verhalten sich zu allen ihren transkompaxiven Determinativen als Koordinate, sofern diese nicht selbst als Konnektionsgefüge erscheinen: In diesem Fall verhalten sie sich zu den Gefügen im Ganzen als Koordinate.

Zwei Beispiele können die Aussage veranschaulichen: erstens die Wortgruppe |*30 Jahre alt, aus guter Familie, begabt, aber kränklich*| (Bsp. 51c, S. 123), zweitens die Wortgruppe |*Schutz und Schirm und Gleichgewicht*| (Bsp. 56).

Bsp. 56: „[E]s ward ihr bald die heiligste und süßeste Angelegenheit ihres Lebens [...], [...] dem [...] Gemüth die Richtung zu geben, die [...] in allen Freuden und Leiden [...] nur in sich Schutz und Schirm und Gleichgewicht findet." (AHLEFELD, Erna 1820, 39.)

Die Koordinate sind jeweils die Glieder der Aufzählung (die Konektate i. S. v. § 23.3a HLR). Während im ersten Fall das insgesamt viergliedrige Konektionsgefüge nur ein Konnektionsgefüge (|*aber kränklich*|) zu seinen Konektaten zählt, sind es im zweiten Fall deren zwei (|*und Schirm*| sowie |*und Gleichgewicht*|). Die transkompaxiven Determinative des Konnektors /aber\ im ersten Fall sind die Adjektivgruppe |*30 Jahre alt*|, die Partikelgruppe |*aus guter Familie*| und das Adjektiv /*begabt*\, d. h. eben jene Einheiten, die zugleich Konektate des Konektionsgefüges |*aber kränklich*| sind. Im zweiten Fall sind die transkompaxiven Determinative des Konnektors /und\ in |und Gleichgewicht| die Substantivgruppen |Ø$_{Art}$ Schutz| und |Ø$_{Art}$ Schirm|, die Koordinate (Konektate) von |und Gleichgewicht| sind jedoch |Ø$_{Art}$ Schutz| und |und Ø$_{Art}$ Schirm|. Die transkompaxiven Determinative des Konnektors /und\ in |und Schirm| sind die Substantivgruppen |Ø$_{Art}$ Schutz| und |Ø$_{Art}$ Gleichgewicht|, die Konektate von |und Schirm| sind |Ø$_{Art}$ Schutz| und |und Gleichgewicht|.

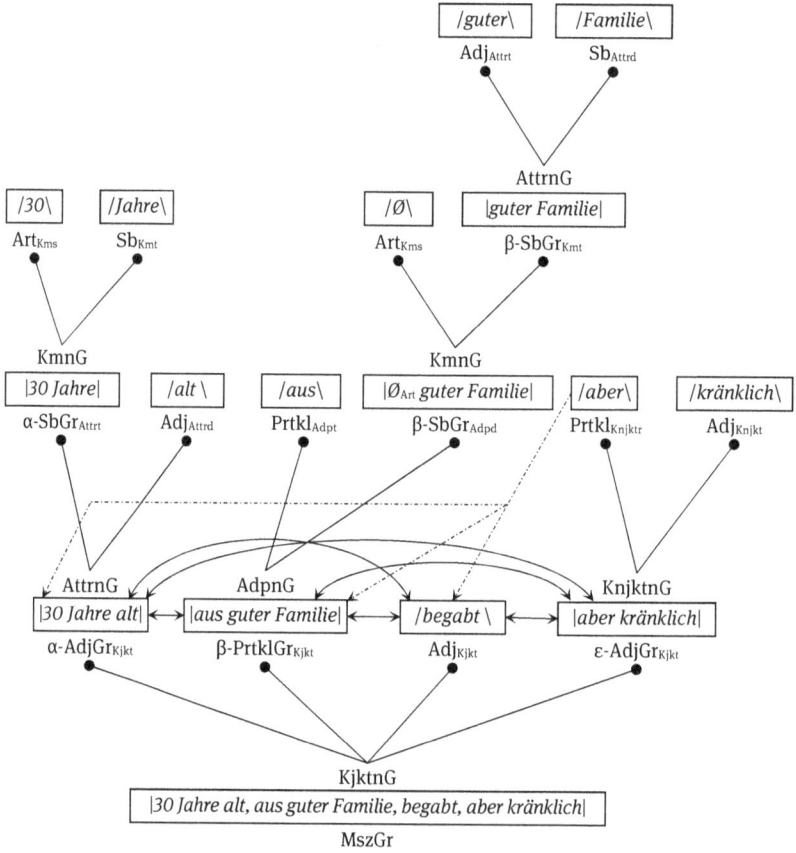

Abb. 35: Gefügestrukturen in der Miszellangruppe |30 Jahre alt, aus guter Familie, begabt, aber kränklich| (Bsp. 51c, S. 123)

Adj = Adjektiv; β-/ε-AdjGr = β-/ε-Adjektivgruppe; Adpd = Adponend; AdpnG = Adpositionsgefüge; Adpt = Adposit; Art = Artikel; Attrd = Attribuend; AttrnG = Attributionsgefüge; Attrt = Attribut; Kjkt = Kojunkt; KjktnG = Kojunktionsgefüge; KmnG = Komitationsgefüge; Kms = Komes; Kmt = Komitat; Knjkt = Konjunkt; KnjktnG = Konjunktionsgefüge; Knjktr = Konjunktor; MszGr = Miszellangruppe; Prtkl = Partikel; β-PrtklGr = β-Partikelgruppe; Sb = Substantiv; α-/β-SbGr = α-/β-Substantivgruppe; Sbjkt = Subjunkt; SbjktnG = Subjunktionsgefüge; Sbjktr = Subjunktor; Trzdt = Transzedent; TrznG = Transzessionsgefüge; Trzss = Transzess; Vb = Verb. — Zu den allgemeinen Notationsregeln vgl. Anhang II (S. 828 ff.).

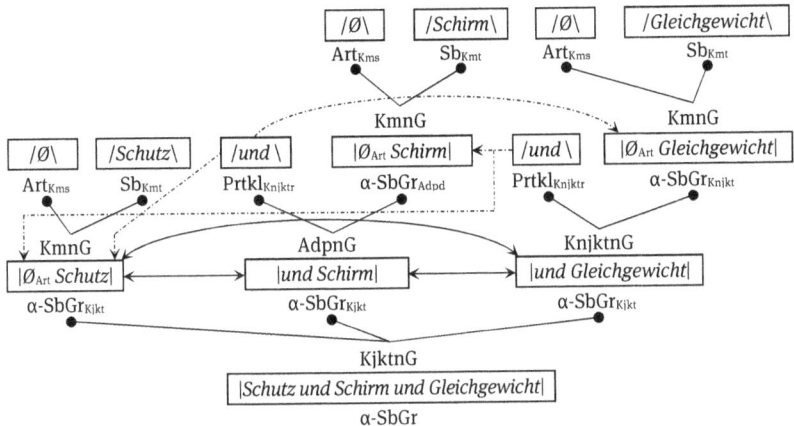

Abb. 36: Gefügestrukturen in der α-Substantivgruppe |*Schutz und Schirm und Gleichgewicht*| (Bsp. 56); zur Legende vgl. Abb. 35

Während die hier dargestellten Konnektionsgefüge jeweils als Konjunktionsgefüge erscheinen (§ 23.1c^{II} HLR), können auch Kommentationsgefüge Konnektionsgefüge sein (§ 23.1c^{I} HLR), insofern auch Kommentare Konnektorfunktion haben können (§ 36.3c^{III} HLR). In einem Satz wie in

Bsp. 57:   „Es hatten <u>aber</u> meine Eltern beschlossen, mich die Rechte studieren zu lassen und aus mir einen Advokaten zu machen." (KNIGGE, Noldmann 1791, 108)

erfüllt die Kommentarpartikel /*aber*\ ebendiese Funktion: eine – in diesem Fall adversative – Verknüpfung des Satzes mit dem vorangegangenen.

Das Beispiel zeigt, dass Konnektionsgefüge ihrer Zeichenart nach Sätze sein können (§ 23.1d^{I} HLR). Auch Konnektionsgefüge, die Substantivgruppen (§ 23.1d^{III} HLR: Bsp. 56, Abb. 36) oder Adjektivgruppen (§ 23.1d^{IV} HLR: Bsp. 51c, Abb. 35) sind, wurden bereits vorgestellt. Sie können darüber hinaus Verbgruppen (§ 23.1d^{II} HLR: Bsp. 58a), Artikelgruppen (§ 23.1d^{V} HLR: Bsp. 58b), Pronomengruppen (§ 23.1d^{VI} HLR: Bsp. 58c) oder $^{(VII)}$Partikelgruppen (§ 23.1d^{VII} HLR: Bsp. 58d) sein.

Bsp. 58:   a) „,So will ich dies zum Andenken mitnehmen, weil Ihr Euch doch nicht sehen lassen wollet', rief Peter, steckte die Zapfen in die Tasche, <u>und ging nach Hause</u> [...]." (Hauff, Märchen III 1828, 320.)

b) „Ihr leset die <u>oder die</u> Seite von Herrn Heine, wo ihr eine falsche, abgeschmackte, lächerliche Behauptung findet; beeilet euch nicht, sie zu widerlegen, wendet das Blatt um, Herr Heine hat umgewendet und widerlegt sich selbst." (BÖRNE, Heine [Dtld.] *1835, 65.)

c) „[E]r gab ihm ohne Umstände eine Menge Aufträge [...] und fügte bei jedem Auftrage die Ursache hinzu, warum Dieses <u>und Jenes</u> geschehen müsse." (TIECK-BERNHARDI, Evremont 1836, I, 19.)

d) „Er ist ein Jüngling und wird sicherlich heute <u>oder morgen</u> seine Fesseln durchfeilt haben und wieder aus dem Orkus steigen, um ganz Italien zu verwirren." (C. F. MEYER, Borgia 1891, 810.)

*

Zu § 23.2 HLR: Konnektionsgefüge interpretieren wir ebenso wie Super- und Subnektionalgefüge als durchflochten von Komplexivgefügen: in diesem Fall Konnektionalgefügen. Da Beispiele für solche Gefüge bereits an anderer Stelle begegnet sind (Bsp. 41 mit Abb. 20, S. 116; Bsp. 49, S. 121, mit Abb. 24, S. 123), können weitere Erläuterungen hier unterbleiben.

*

Zu § 23.3 HLR: Zeichen, die als Konnektionsgefüge strukturiert sind, erscheinen als Konstituenten übergeordneter Gefüge, die wir als Konektionsgefüge bezeichnen. Wie zuvor verdeutlicht, bestehen Konektionsgefüge zwar nicht ausschließlich aus konnektiv strukturierten Zeichen; sie müssen aber mindestens eines als unmittelbaren Bestandteil aufweisen.

§ 19.1b[I] HLR gilt für Konektionsgefüge entsprechend, d. h., sie sind der Zeichenart nach identisch mit der konkreten Zeichenart ihrer unmittelbaren Konstituenten, wenn letztere ihrer allgemeinen Zeichenart nach Wörter, Wortgruppen (mit Ausnahme von Sätzen und Perioden) oder Wortverbünde sind und alle derselben konkreten Zeichenart angehören. Handelt es sich bei den Konektaten um Sätze (Perioden begegnen überhaupt nicht als Konektate), so liegt beim Konektionsgefüge im Ganzen gemäß § 88.3a[Iα] HLR eine Periode vor. Handelt es sich um Vertreter unterschiedlicher Zeichenarten, so liegt gemäß § 19.1b[III] HLR eine Konektionsgruppe vor.

Jedes Konektionsgefüge gilt als ein Zeichen, das als solches syntaktische Funktionen erfüllen kann. Die Substantivgruppe |*Gemeinschaftshandeln, Einverständnishandeln und Gesellschaftshandeln*| in Bsp. 59a ist als solche der Kern des seinerseits konektiv strukturierten Satelliten |*zahlreich und immer anders*|; dieser bezieht sich auf die Gruppe als ganze, nicht auf eines der Konnekte insbesondere. Analog gilt für die elliptische Substantivgruppe |*Geschlechts-*⊗*,-leiden‹ und Männerleiden*| in Bsp. 59b: Sie ist als solche der Satellit der Adpositpartikel /*über*\.

Bsp. 59: a) „Der einzelne Mensch ist [...] bei seinem Handeln fortwährend an zahlreichem und immer anderem <u>Gemeinschaftshandeln, Einverständnishandeln und Gesellschaftshandeln</u> beteiligt." (WEBER, Kateg. Soziolog. 1913, 461.)

b) „als sie aus einer Vorlesung über <u>Geschlechts- und Männerleiden</u> traurig zurückkam" (LICHTENSTEIN, Jungfr. 1919, 68).

3.2 Allgemeine Zeichenarten

Mittels der in § 12 bis § 16 HLR (vgl. 2.2.2) eingeführten Kriterien lassen sich im Sinne einer komplexeren Kreuzklassifikation verschiedene Arten sprachlicher Zeichen bestimmen. Es versteht sich, dass dabei nur von kollokativen Zeichen (i. S. v. § 7 HLR) die Rede ist.

---

§ 24.1 HLR: Unterschieden werden vier allgemeine Zeichenarten: Wortelemente (§ 25 HLR), Wörter (§ 26 HLR), Wortgruppen (§ 27 HLR) und Wortverbünde (§ 28 HLR).

§ 24.2 HLR: Die allgemeinen Zeichenarten sind einander hierarchisch über- bzw. untergeordnet.

(a) Die niedrigste Ebene ist die der Wortelemente; ihr ist die Wortebene unmittelbar übergeordnet. (Mit anderen Worten: Wortelemente erscheinen im Verhältnis zu Wörtern als Einheiten unmittelbar niedrigerer, Wörter im Verhältnis zu Wortelementen als Einheiten unmittelbar höherer Ordnung.)

(b) Der Wortebene unmittelbar übergeordnet ist die Ebene der Wortgruppen. (Wörter erscheinen im Verhältnis zu Wortgruppen als Einheiten unmittelbar niedrigerer, Wortgruppen im Verhältnis zu Wörtern als Einheiten unmittelbar höherer Ordnung.)

(c) Der Wortgruppenebene unmittelbar übergeordnet ist die Ebene der Wortverbünde. (Wortgruppen erscheinen im Verhältnis zu Wortverbünden als Einheiten unmittelbar niedrigerer, Wortverbünde im Verhältnis zu Wortgruppen als Einheiten unmittelbar höherer Ordnung.)

Zu § 24 HLR: Die Unterscheidung hierarchischer Ebenen ist eine idealtypische Unterscheidung nach dem Grad der Zusammengesetztheit: Wortelemente sind demnach einfache oder aus wenigen Bestandteilen zusammengesetzte Zeichen; Wörter, Wortgruppen und Wortverbünde können aus einer jeweils größeren Anzahl von Bestandteilen zusammengesetzt sein. Idealtypisch (im Sinne Max Webers) ist die Unterscheidung deshalb, weil k ö n n e n nicht m ü s s e n heißt, mit anderen Worten: weil Wörter durchaus auch in geringerem Grade zusammengesetzt erscheinen können als Wortelemente – viele Wörter bestehen nur aus zwei unmittelbaren Konstituenten (einem Transfix und einem Grammativ), wohingegen manche Wortelemente, z. B. Zirkumfixe (§ 79 HLR), aus zusammengesetzten Zeichen bestehen und damit mehrstufige Gefüge sein können –, aber auch in höherem Grade als Wortgruppen; und auch manche Wortverbünde können weniger zusammengesetzt sein als manche Wortgruppen, ja sogar als manche Wörter.

Die Grenzen zwischen den Zeichenarten sind freilich nicht allein aus diesem Grund im Einzelfall fließend: Obwohl der Grad der Zusammengesetztheit keineswegs den einzigen Unterschied zwischen den Kategorien darstellt, reicht keines der diversen Unterscheidungskriterien hin, um eine scharfe Trennung zu ermöglichen. Demnach ist nicht allein die Unterscheidung hierarchischer Ebenen, sondern auch die Unterscheidung der Zeichenarten als solche idealtypisch: Es gibt sowohl Zeichen, bei denen die Zuordnung völlig unfraglich ist, als auch solche, die diesbezüglich vor nicht unerhebliche Probleme stellen.

3.2.1 Wortelemente

§ 25.1 HLR: (a) Ein Wortelement ist ein kollokatives Zeichen gemäß § 7.1 HLR, das als Zeichen ausschließlich kolligat (§ 15.Ia HLR), ausschließlich subordinativ fügbar (§ 18.1a HLR) sowie $^{(I)}$einfach (§ 12.I HLR) oder $^{(II)}$zusammengesetzt (§ 12.II HLR), dabei als Gefüge kompaxiv strukturiert (§ 17.I HLR), höchstens eine unmittelbare Konstituente mit Bedeutung im engeren Sinn (§ 9.2α HLR) aufweisend und konsistent (§ 15.Ib HLR) ist.

(b) Wortelemente können als unmittelbare Konstituenten von $^{(I)}$Wortelementen oder $^{(II)}$Wörtern erscheinen.

Zu § 25.1 HLR: Wortelemente sind immer kolligat, d. h., sie sind in aller Regel den Zeichen, mit denen gemeinsam sie als unmittelbare Konstituenten ein Gefüge bilden, kotextuell unmittelbar benachbart. Selbst dort, wo sie zu ihren unmittelbaren Ko-Konstituenten in Distanzstellung erscheinen – dies ist der Fall bei den Konstituenten von Zirkumfixen (§ 79 HLR) –, handelt es sich um eine positionsfixierte Distanzstellung: Die Bestandteile von Zirkumfixen können ihre Stellung zueinander und zu dem zirkumfigierten Zeichen nicht verändern.

Die Bestimmung „kolligat" ist (§ 15.Ia HLR) ein Charakteristikum unter Langue-Aspekt, d. h.: Wortelemente erscheinen n i e m a l s als solut; und ein Zeichen, das auch nur in einem einzigen Beleg als solut erscheinen kann, ist demnach kein Wortelement. Wir fassen damit eine Konstituente wie /zurück\ in /zurückgehen\ (Bsp. 60a) nicht als Wortelement auf, da es sich, wie Bsp. 60b zeigt, um ein solutes Zeichen handelt.

Bsp. 60: a) „Ich wollte rasch bis ganz ans Ende laufen und von dort zurück|gehen und suchen" (RILKE, Aufzeichn. 1910, 815)

b) „keinenfalls geht es weit in die Vorgeschichte zurück" (FONTANE, Wand. III 1873, 369)

Ein solutes Zeichen ist auch dann kein Wortelement, wenn es etwa im Gefüge mit einem b e s t i m m t e n anderen Zeichen durchgehend (will sagen: in allen Belegen) als kolligat erscheint. So ist beispielsweise /kommen\ in /bekommen\ kein Morphem, obwohl es sich bei /bekommen\ immer um ein konsistentes Gefüge handelt (vgl. S. 103). Es gibt aber selbstverständlich andere Gefüge, in denen /kommen\ als solutes Zeichen begegnet, etwa /vorkommen\ (Bsp. 61).

Bsp. 61: „sie kommen mir vor, wie zwei rot angemalte Zuckerstengel" (BIERBAUM, Stilpe 1897, 197).

Folglich kann hinsichtlich der Zeichenart nicht behauptet werden, dass /kommen\ ein Wortelement sei; vielmehr handelt es sich um ein Wort (vgl. 3.2.2). Wir halten diese Beobachtung hier zunächst nur fest und greifen sie an anderer Stelle – im Rahmen der Behandlung von Wörtern als Konstituenten von Wörtern (S. 146) – wieder auf.

*

Dass Wortelemente nur subordinativ fügbar, anders gesagt: nur für subordinativ strukturierte Gefüge (ko)konstitutiv sind, heißt so viel wie: Sie sind entweder Kern oder Satellit eines Gefüges. Einige Beispiele:

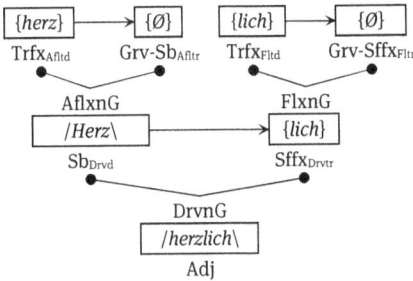

Abb. 37: Gefügestrukturen in dem Adjektiv /herzlich\; zur Legende vgl. Abb. 38.

Das Suffix {lich} ist im Rahmen eines Derivationsgefüges (§ 32 HLR) Kern des Substantivs /Herz\. Dieses besteht aus zwei unmittelbaren Konstituenten, die (im vorliegenden Fall) zusammen ein Aflexionsgefüge (§ 30 HLR) bilden: dem satellitischen Transfix (§ 76 HLR) {herz} und einem Substantivgrammativ (§ 70 HLR), das den Gefügekern darstellt und hier als Nullzeichen erscheint. Das Suffix {lich} seinerseits besteht ebenfalls aus zwei unmittelbaren Konstituenten, die zusammen ein Flexionsgefüge (§ 29 HLR) ausmachen: dem Transfix {lich} und einem Suffixgrammativ (§ 67 HLR), das hier ebenfalls als Nullzeichen erscheint, in den flektierten Formen – *herzlicher, herzliche, herzliches, herzlichen* usw. – jedoch ausdrucksseitig erkennbar wird.

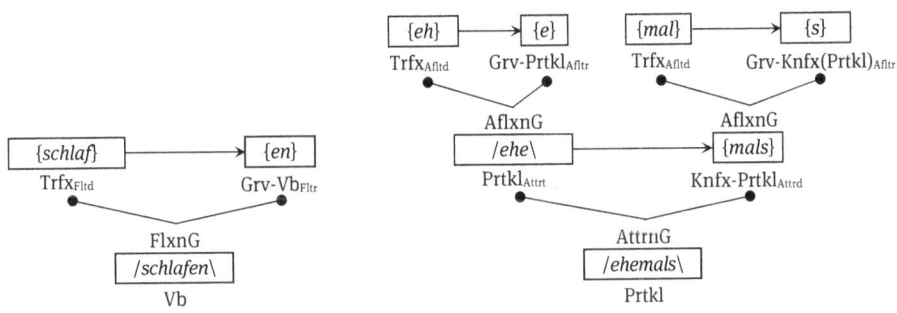

Abb. 38: Gefügestrukturen in dem Verb /schlafen\ und in der Partikel /ehemals\

Adj = Adjektiv; Afltd = Aflektand; Afltr = Aflektor; AflxnG = Aflexionsgefüge; Attrd = Attribuend; AttrnG = Attributionsgefüge; Attrt = Attribut; Drvd = Derivand; DrvnG = Derivationsgefüge; Drvtr = Derivator; Fltd = Flektand; Fltr = Flektor; FlxnG = Flexionsgefüge; Grv-Knfx(Prtkl) = Grammativ eines partikelspezifischen Konfixes; Grv-Prtkl = Partikelgrammativ; Grv-Sb = Substantivgrammativ; Grv-Sffx = Suffixgrammativ; Grv-Vb = Verbgrammativ; Knfx-Prtkl = partikelspezifisches Konfix; Prtkl = Partikel; Sffx = Suffix; Trfx = Transfix; Vb = Verb. — Zu den allgemeinen Notationsregeln vgl. Anhang II (S. 828 ff.).

Das Transfix {schlaf} ist im Rahmen eines Flexionsgefüges der Satellit eines Verbgrammativs (§ 69 HLR), das seinerseits den Gefügekern darstellt. Die Partikel /ehemals\ erscheint als Attributionsgefüge (§ 39 HLR), dessen Kern das Kompositumszweitglied, das partikelspezifische Konfix (§ 80.1c^{III} HLR) {mals} ist. Dieses wiederum bildet ein Aflexionsgefüge, ebenso wie das Kompositumserstglied, die Partikel /ehe\; beide Gefüge bestehen jeweils aus einem Transfix als Satellit und einem Grammativ als Kern.

Determinativkomposita deuten wir, wie an anderer Stelle (S. 255 f.) auszuführen, immer als Attributionsgefüge. Bei Attributionsgefügen handelt es sich um Subordinationsgefüge, so dass in dem Augenblick, in dem als Kompositumsglied ein Wortelement (prinzipiell: ein Konfix) vorliegt[96], dieses Wortelement notwendigerweise entweder als Kern (Attribuend) oder als Satellit (Attribut erscheint.

Wir verlieren hier freilich nicht die Tatsache aus dem Auge, dass Komposita auch koordinativ gefügt sein können (so genannte Kopulativkomposita). Wir deuten solche Gefüge jedoch nicht als Zeichen mit Wortcharakter, sondern als Zeichen mit Wortgruppencharakter und ihre unmittelbaren Konstituenten daher nicht als Wortelemente (§ 25.1b HLR), sondern durchweg als Wörter. Analoges gilt für Fälle, in denen Kopulativkomposita als Bestandteile von Derivata erscheinen, z. B. Numeraladjektive wie *dreizehn* in Ordinalderivata (*dreizehnt*): Wir sehen die koordinativ gefügte Wortkonstituente ihrer Zeichenart nach nicht als Wort, sondern als Wortgruppe an. (Zu ausführlicheren Erläuterungen dieser Zusammenhänge vgl. S. 155 ff.)

*

Wortelemente können einfach oder zusammengesetzt sein. Es ist offensichtlich, dass ein Wortelement wie {mals} in *ehemals* (Abb. 38) zusammengesetzt ist und zwei einfache Wortelemente als unmittelbare Konstituenten aufweist. Wortelemente können somit nicht nur als Konstituenten von Gefügen mit Wortcharakter erscheinen, sondern auch von Gefügen, die ihrerseits Wortelementcharakter haben (so genannten Segmenten: § 25.3 HLR).

*

Zusammengesetzte Wortelemente sind als Gefüge (Segmente) immer konsistent. Dies gilt augenfällig für Wortelemente wie {mals} – ihre Konstituenten sind in allen Belegen, in denen sie als unmittelbare (Ko-)Konstituenten aufeinander bezogen sind, kolligate Zeichen –, es gilt aber auch (vgl. S. 102) für jene Fälle von „kombinatorische[r] Derivation" (Fleischer/Barz 1995, 46 u. ö.), die üblicherweise als Zirkumfixe bezeichnet werden (vgl. § 79 HLR und Kap. 5.1.2.5), beispielsweise für {{ge$^)$·$^($Sffx-Sb}} in /Gerede\ (Abb. 39), {{be$^)$·$^($Sffx-Zrkfx(Vb)}} in /beerdigen\ (Abb. 40) oder auch {{ge$^)$·$^($Sffx-Zrkfx(VbAdj)}}, z. B. in /geredet\ (Abb. 43).

---

96 Als Kompositumsglieder können Wortelemente, Wörter oder Wortgruppen vorliegen; vgl. S. 256.

Allgemeine Zeichenarten: Wortelemente — 141

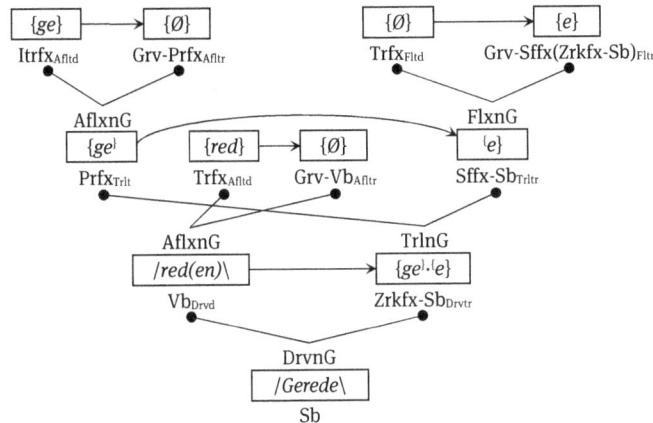

Abb. 39: Gefügestrukturen in dem Substantiv /Gerede\

Afltd = Aflektand; Afltr = Aflektor; AflxnG = Aflexionsgefüge; Drvd = Derivand; DrvnG = Derivationsgefüge; Drvtr = Derivator; Fltd = Flektand; Fltr = Flektor; FlxnG = Flexionsgefüge; Grv-Prfx = Präfixgrammativ; Grv-Sffx(Zrkfx-Sb) = substantivzirkumfixspezifisches Suffixgrammativ; Grv-Vb = Verbgrammativ; Itrfx = Intrafix; Prfx = Präfix; Sb = Substantiv; Sffx-Sb = substantivspezifisches Suffix; Trfx = Transfix; TrlnG = Transligationsgefüge; Trlt = Transligat; Trltr = Transligator; Vb = Verb; Zrkfx-Sb = substantivspezifisches Zirkumfix. — Zu den allgemeinen Notationsregeln vgl. Anhang II (S. 828 ff.).

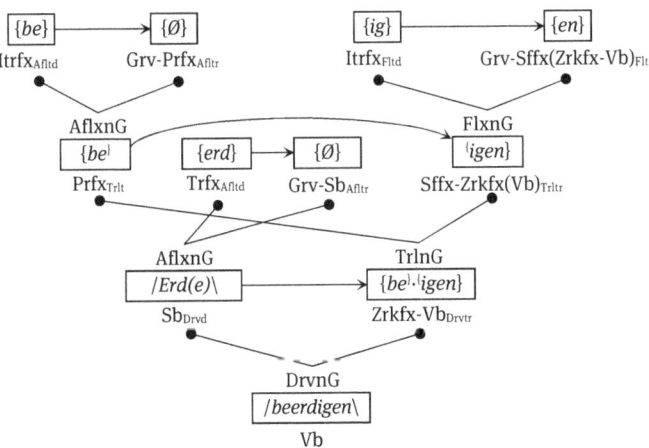

Abb. 40: Gefügestrukturen in dem Verb /beerdigen\

Afltd = Aflektand; Afltr = Aflektor; AflxnG = Aflexionsgefüge; Drvd = Derivand; DrvnG = Derivationsgefüge; Drvtr = Derivator; Fltd = Flektand; Fltr = Flektor; FlxnG = Flexionsgefüge; Grv-Prfx = Präfixgrammativ; Grv-Sb = Substantivgrammativ; Grv-Sffx(Zrkfx-Vb) = verbzirkumfixspezifisches Suffixgrammativ; Itrfx = Intrafix; Prfx = Präfix; Sb = Substantiv; Sffx-Zrkfx(Vb) = verbzirkumfixspezifisches Suffix; Trfx = Transfix; TrlnG = Transligationsgefüge; Trlt = Transligat; Trltr = Transligator; Vb = Verb; Zrkfx-Vb = verbspezifisches Zirkumfix. — Zu den allgemeinen Notationsregeln vgl. Anhang II (S. 828 ff.).

§ 25.2 HLR: (α) W o r t e l e m e n t   a l s   B e l e g z e i c h e n (§ 2.2α HLR): Sofern ein Wortelement als hinsichtlich seines Wertes konkret kotextuell bestimmt durch mindestens eine individuelle Determinante (§ 4.2α HLR), d. h. als bestimmt durch mindestens ein anderes Belegzeichen betrachtet wird (§ 9.2α$^\text{I}$ HLR), erscheint es als b e l e g s p e z i f i s c h e s   W o r t e l e m e n t (kurz: B e l e g w o r t e l e m e n t) oder M o r p h.

(β) W o r t e l e m e n t   a l s   K o r p u s z e i c h e n (§ 2.2β HLR): Sofern ein Wortelement als hinsichtlich seines Wertes kotextabstraktiv bestimmt durch mindestens einen individuellen Determinantentyp (§ 4.2β), d. h. als bestimmt durch mindestens ein anderes Korpuszeichen betrachtet wird (§ 9. 2α$^\text{II}$ HLR), erscheint es als k o r p u s s p e z i f i s c h e s   W o r t e l e m e n t (kurz: K o r p u s w o r t e l e m e n t) oder M o r p h e m.

(γ) W o r t e l e m e n t   a l s   G l i e d z e i c h e n (§ 2.2γ HLR): Sofern ein Wortelement als hinsichtlich seines Wertes konkret kotextuell bestimmt durch mindestens eine kategoriale Determinante (§ 4.2γ HLR), d. h. als bestimmt durch mindestens ein anderes Gliedzeichen betrachtet wird (§ 9.2β$^\text{I}$ HLR), erscheint es als G l i e d w o r t e l e m e n t (will sagen: ›Glied-Wortelement‹, nicht ›Gliedwort-Element‹), mit anderen Worten: als Vertreter einer G l i e d w o r t e l e m e n t a r t.

(δ) W o r t e l e m e n t   a l s   E x e m p l a r z e i c h e n (§ 2.2δ HLR): Sofern ein Wortelement als hinsichtlich seines Wertes kotextabstraktiv bestimmt durch mindestens einen kategorialen Determinantentyp (§ 4.2δ HLR), d. h. als bestimmt durch mindestens ein anderes Exemplarzeichen betrachtet wird (§ 9.2β$^\text{II}$ HLR), erscheint es als E x e m p l a r w o r t e l e m e n t, mit anderen Worten: als Vertreter einer W o r t e l e m e n t a r t.

§ 25.3 HLR: Als Zeichengefüge können Wortelemente nur betrachtet werden, sofern sie zusammengesetzte Zeichen sind; in diesem Fall heißen sie S e g m e n t e.

§ 25.4 HLR: (α) S e g m e n t   a l s   B e l e g z e i c h e n g e f ü g e (§ 13.4α$^\text{I}$ HLR): Als b e l e g s p e z i f i s c h e s   S e g m e n t (kurz: B e l e g s e g m e n t) oder S e g m e n t a t erscheint ein Segment, sofern es hinsichtlich seiner individuellen unmittelbaren Konstituenten und deren wertdeterminativen Relationen betrachtet wird.

(β) S e g m e n t   a l s   K o r p u s z e i c h e n g e f ü g e (§ 13.4α$^\text{II}$ HLR): Als k o r p u s s p e z i f i s c h e s   S e g m e n t (kurz: K o r p u s s e g m e n t) oder S e g m e n t a t e m erscheint ein Segment, sofern es hinsichtlich seiner individuellen unmittelbaren Konstituententypen und deren wertdeterminativen Relationen betrachtet wird.

(γ) S e g m e n t   a l s   G l i e d e r g e f ü g e (§ 13.4β$^\text{I}$ HLR): Als G l i e d e r s e g m e n t (Vertreter einer G l i e d e r s e g m e n t a r t) erscheint ein Segment, sofern es hinsichtlich seiner kategorialen unmittelbaren Konstituenten und deren wertdeterminativen Relationen betrachtet wird.

(δ) S e g m e n t   a l s   E x e m p l a r e n g e f ü g e (§ 13.4.β$^\text{II}$ HLR): Als Exemplarensegment (Vertreter einer S e g m e n t a r t) erscheint ein Segment, sofern es hinsichtlich seiner kategorialen unmittelbaren Konstituententypen und deren wertdeterminativen Relationen betrachtet wird.

Zu § 25.2–4 HLR: Wortelemente können als Belegzeichen, als Korpuszeichen, als Gliedzeichen oder als Exemplarzeichen betrachtet werden; sie können, sofern sie zusammengesetzt sind, zudem als Zeichengefüge angesprochen werden. Jeder einzelne Fall lässt sich, falls erforderlich, durch die terminologischen Regelungen in § 25.2–4 HLR gesondert ansprechen.

3.2.2 Wörter und Wortgruppen

Wörter und Wortgruppen werden in einem und demselben Unterkapitel behandelt, weil es zwar etliche Fälle gibt, in denen sich die beiden Kategorien klar voneinander unterscheiden lassen, aber auch eine ganze Reihe von Fällen, in denen eine klare Abgrenzung als problematisch erscheint. Wir betrachten zunächst die eindeutigen Fälle (Kap. 3.2.2.1 und 3.2.2.2), um dann die Übergangsbereiche zu diskutieren (Kap. 3.2.2.3).

Ein solches Verfahren ist keineswegs selbstverständlich. Im Allgemeinen wird angenommen, dass die Dinge so kompliziert nicht seien, dass vielmehr all dasjenige nicht als Wortgruppe anzusehen ist, was sich als Zeichen – d. h. als Gesamteinheit – morphosyntaktisch wie ein Wort verhält. In allen gängigen Grammatiken der deutschen Sprache, die sich mit den Bereichen Wortbildung u n d Syntax beschäftigen, werden diese Bereiche getrennt behandelt. Allenfalls finden sich am Rande Hinweise wie der, die Grenze zwischen „Wortbildungen" und „Wortverbindungen" oder „Wortgruppen" sei als „Übergangszone" zu verstehen (Duden 1998, 419), oder es ist vorsichtig die Rede von einer „gewisse[n] Parallelität" bestimmter Formen der Wortbildung zur Konstruktion von syntaktischen Wortverbindungen (Wortgruppen)" (Fleischer/Barz 1995, 1). Wortbildungsprodukte müssen dieser Auffassung zufolge „nach ihrer morphosyntaktischen Struktur grundsätzlich als W o r t bestimmt werden, unabhängig vom Grad ihrer Komplexität" (ebd., 21) und auch unabhängig davon, ob sie „als lexikalische Einheiten ‚reproduziert' oder im Prozeß der Kommunikation ‚produziert' werden" (Fleischer 1997, 64).

Schon K. Brugmann hat jedoch konstatiert, dass „[e]ine feste Grenze zwischen s y n t a k t i s c h e m   W o r t v e r b a n d und C o m p o s i t u m [...] nicht zu ziehen" (Brugmann 1889, 3; Hervorhebungen original) bzw. „ein Punkt, wo der syntaktische Complex ins Compositum übergeht, [...] nicht zu fixieren" ist (ebd., 4): „Auf jeder Stufe der Sprachentwicklung gibt es w e r d e n d e C o m p o s i t a, und ganz natürlich ist es, dass man oft gar nicht entscheiden kann, hat man es schon mit einer einheitlichen Zusammensetzung zu thun oder noch mit einer syntaktischen Wortbildung" (ebd., Hervorhebung original). V. M. Pavlov hat dann gezeigt, dass die Unterscheidung zwischen zusammengesetzten Wörtern und Wortgruppen funktionalgrammatisch kaum zu rechtfertigen ist: Es gibt nicht nur (was jeweils der prototypische Fall ist) zusammengesetzte Wörter, die lexikalischen Charakter, und Wortgruppen, die syntaktischen Charakter haben, sondern auch umgekehrt zusammengesetzte Wörter, die syntaktischen, und Wortgruppen, die lexikalischen Charakter haben (Pavlov 1972, 35). Daraus folgt, dass bestimmte komplexe Wörter – semantisch dekomponierbare Komposita wie *Transzendentalpoesie* (F. Schlegel) und Wortkomplexe – Syntagmen wie *transzendentale Poesie* – als nicht prinzipiell, sondern nur dem Grad nach verschieden zu verstehen sind. Semantisch dekomponierbare Komposita sind sprachliche Zeichen, die auf den ersten Blick den Eindruck erwecken mögen, sie seien Wörter (ebenso wie es Wörter gibt, die auf den ersten Blick den Eindruck erwecken, sie seien Wortgruppen: die so genannten idiomatisierten Phraseologismen), die aber tatsächlich als Wortgruppen anzusehen sind. Denn zwar teilen sie eine Reihe von Eigenschaften mit den ‚echten' Wörtern, indes nur solche, die auch Wortgruppen eignen können: die Möglichkeit, bestimmte syntaktische Funktionen zu erfüllen.

Das oft genannte Kriterium der bei Wörtern ausgeschlossenen ‚Binnenflexion' hat keine absolute Gültigkeit. Tatsache ist zwar, dass zusammengesetzte Wörter i n d e r R e g e l nicht intern flektiert werden (will sagen: dass nur der Kern – das Zweitglied – flektiert wird), aber erstens gibt es hier Ausnahmen (vgl. Bsp. 349, S. 388), und zweitens werden auch bei Wortgruppen keineswegs durchgängig die Satelliten in Abhängigkeit von den Kernen mitflektiert. Beispiele hierfür sind Attributionsgefüge mit genitivischem Attribut (*das Fenster des Hauses* vs. *den Fenstern des Hauses* – nicht: **den Fenstern der Häuser*) oder mit engem Apposit bzw. – in der Terminologie der IDS-Grammatik (Zifonun/Hoffmann/Strecker 1997, 2043) – mit Erweiterungsnomen (*eine Art Haus* vs. *einer Art Haus* – nicht: **einer Art Hauses*).

Allein mit grammatischen Kriterien lässt sich, wie sich zeigt, eine saubere Unterscheidung von Wort und Wortgruppe nicht durchführen. Man muss ein semantisches Kriterium mit heranziehen: die Unterscheidung zwischen semantischer Unitarität und semantischer Dekomponierbarkeit. Tut man dies, so wird es möglich, die Grenzlinie zwischen Wörtern und Wortgruppen in folgender Weise zu ziehen: Einheiten, die semantisch unitär sind, sehen wir, sofern sie als Zeichen solut sind, als Wörter an, gleich ob sie als Gefüge konsistent (/*Schäferstunde*\, Bsp. 62a) oder dissolut (/*die Flinte ins Korn werfen*\, Bsp. 62b) sind. Als W o r t g r u p p e n sehen wir Einheiten an, die als Zeichen solut und dabei semantisch dekomponierbar sind, ebenfalls gleich ob sie als Gefüge konsistent (|*Schäfersohn*|, Bsp. 62c) oder dissolut (|*die Flinte auf die Achsel werfen*|, Bsp. 62d) sind.

Bsp. 62: a) „eine vertrauliche <u>Schäferstunde</u>" (SAAR, Nov. 1893, X, 160).
b) „Ich will ja nicht leugnen, daß sie anfangs nahe daran gewesen ist, <u>die Flinte ins Korn zu werfen</u>" (MARLITT, Magd 1881, 110).
c) „das hätte der [...] <u>Schäfersohn</u> in seinem staubigen Leinenkittel sich aber nicht träumen lasssen" (FRANÇOIS, Stufenj. 1877, 200).
d) „Sein Sohn <u>warf [...] die Flinte auf die Achsel</u>" (MAY, Schatz 1890–91, 117).

3.2.2.1 Wörter

Obgleich ‚das Wort' zu den zentralen Gegenständen der Sprachwissenschaft gehört, ist die Frage, was ein Wort sei, niemals letztgültig geklärt worden, und es gibt eine Reihe von Gründen, anzunehmen, dass sie es auch niemals werden wird. Der Versuch, eine Kategorie des Alltagswissens wissenschaftlich beschreiben zu wollen, muss scheitern, weil wissenschaftliche Beschreibung vom Grundanspruch her auf trennscharfe Definitionen abzielt, während das Alltagswissen auf alle möglichen

Details ohne weiteres verzichten kann, daher einen gewissen Grad an Unschärfe und Vagheit bei weitem weniger aufwendig zu bewältigen findet und eine wissenschaftlich wünschenswerte Exaktheit der Rede in der Regel vermeidet. Dadurch kommt es zu einigen landläufigen Verwendungen des Wortes *Wort*, die für sich genommen jeweils unproblematisch sind und in der alltäglichen Kommunikation ihren Zweck erfüllen, die sich aber bei näherer Betrachtung gegenseitig ausschließen. Man muss den Blick nur auf solch vermeintlich einfache Fragen richten wie die, ob ein Hilfsverb ein Wort ist, um zu bemerken, dass es keineswegs einfach ist zu entscheiden, ob eine Verbform wie *hat gesagt* ihrerseits ein Wort ist (oder vielmehr möglicherweise eine Wortgruppe).

Es ist aus den genannten Gründen sicherlich nicht sinnvoll, eine a l l g e m e i n v e r b i n d l i c h e terminologische Klärung anzustreben. Für das Wort als sprachliche Einheit gilt dasselbe, was Adamzik (2004, 47 f.) für den Text postuliert: Indem es sich, wie gesagt, nicht um eine primär wissenschaftliche Kategorie, sondern zunächst um eine Kategorie des Alltagswissens mit all der für eine solche Kategorie charakteristischen Bestimmungsunschärfe handelt (vgl. auch Adamzik 2004, 31), kann von *Wort*, will man den Bezug zur Alltagssprache nicht völlig aufgeben, immer nur näherungsweise die Rede sein. *Wort* erscheint damit ebenso wie *Text* – und übrigens auch *Satz*, *Sprache* oder *Begriff* (vgl. hierzu S. 175 ff.) – als Ausdruck mit prototypischer Bedeutung: Es lassen sich ‚bessere' Vertreter der Kategorie (nach alltäglichem Verständnis z. B. Substantive wie *Geist*) und ‚weniger gute' (nach alltäglichem Verständnis z. B. Phraseolexeme wie *Öl ins Feuer gießen*) unterscheiden. Eine solche Unterscheidung kann allerdings ebenso wenig trennscharf sein wie die Abgrenzung dessen, was ‚noch', von dem, was ‚nicht mehr' als Wort, vielmehr als Wortgruppe gelten soll (vgl. z. B. Fleischer 1997, 64 f., ebenso Burger 2003, 15).

---

§ 26.1 HLR: (a) Ein W o r t ist ein kollokatives Zeichen (§ 7.1 HLR) mit folgenden Eigenschaften: Es ist als Zeichen solut (§ 15.IIa HLR), zusammengesetzt (§ 12.II HLR) und als Gefüge kompaxiv strukturiert (§ 17.I HLR) sowie $^{(I)}$konsistent (§ 15.Ib HLR) und $^{(\alpha)}$eine einzige unmittelbare Konstituente mit Bedeutung im engeren Sinn (§ 9.2α HLR) aufweisend oder $^{(\beta)}$mehr als eine unmittelbare Konstituente mit Bedeutung im engeren Sinn aufweisend und semantisch unitär (§ 16.I HLR) oder $^{(II)}$dissolut (§ 15.IIb HLR) und $^{(\alpha)}$eine einzige unmittelbare Konstituente mit Bedeutung im engeren Sinn aufweisend oder $^{(\beta)}$mehr als eine unmittelbare Konstituente mit Bedeutung im engeren Sinn aufweisend und semantisch unitär. $^{(III)}$Einzelne Wortformen, konkret: analytisch gebildete Verbformen (§ 82.1d^{II} HLR), können unter bestimmten Bedingungen – wenn ihr Hilfsverb-Bestandteil als Kern einer α-Verbgruppe (§ 88.4b^{I} HLR) erscheint – komplexiv (§ 17.II HLR), nämlich als Flexionalgefüge (§ 51 HLR) strukturiert sein.

(b) Konsistente Wörter können als prototypisch gelten.

Zu § 26.1 HLR: Wörter sind s o l u t e Z e i c h e n : Es gibt mindestens einen Beleg, in dem sie n i c h t u n m i t t e l b a r neben dem Zeichen oder Zeichentyp stehen, dessen Wert sie unmittelbar determinieren, und/oder mindestens zwei Belege, in denen sie i n u n t e r s c h i e d l i c h e r P o s i t i o n unmittelbar neben einem solchen Zeichen bzw. Zeichentyp – unmittelbar links bzw. rechts von ihm – stehen. Das schließt nicht aus (vgl. S. 102 und S. 138), dass Wörter in positionsfester unmittelbarer Nachbarschaft zu den Zeichen bzw. Zeichentypen auftreten können, die sich unmittelbar wertdeterminativ auf sie beziehen. Aus diesem Grund ist es möglich, dass Wörter zusammen mit bestimmten Ko-Konstituenten nicht als unmittelbare Konstituenten dissoluter Gefüge, sondern konsistenter Gefüge erscheinen, will sagen: dass Wörter als Bestandteile von Gefügen mit Wortcharakter (Formaten) auftreten können. Das heißt: Wörter können nicht nur Wortelemente, sondern auch Wörter als unmittelbare Ko-Konstituenten haben. (Das heißt zugleich für die Kategorie der Wortelemente: Es ergibt sich kein Widerspruch zu der Bestimmung, dass ihre Vertreter – § 25.1a HLR zufolge – i m m e r als kolligate Zeichen begegnen. Enthält ein Wort eine Konstituente, die in anderem Zusammenhang auch als solutes Zeichen in Erscheinung treten kann, so handelt es sich bei dieser Konstituente n i c h t um ein Wortelement, sondern eben seinerseits um ein Wort.)

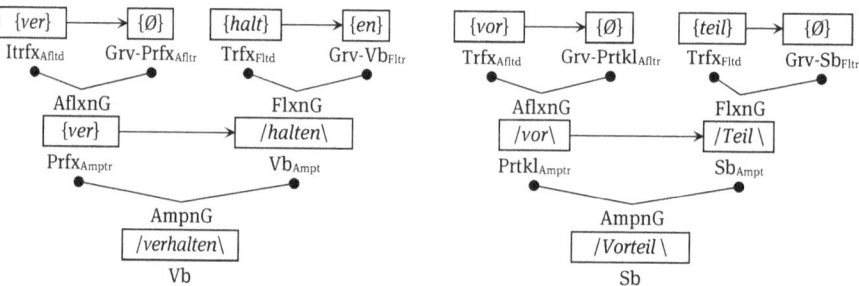

Abb. 41: Gefügestrukturen in dem Verb /verhalten\ und in dem Substantiv /Vorteil\

Afltd =Aflektand; AflxnG = Aflexionsgefüge; Afltr = Aflektor; AmpnG = Amplifikationsgefüge; Ampt = Amplifikat; Amptr = Amplifikator; Fltd = Flektand; Fltr = Flektor; FlxnG = Flexionsgefüge; Grv-Prfx = Präfixgrammativ; Grv-Prtkl = Partikelgrammativ; Grv-Sb = Substantivgrammativ; Grv-Vb = Verbgrammativ; Itrfx = Intrafix; Prfx = Präfix; Prtkl = Partikel; Sb = Substantiv; Trfx = Transfix; Vb = Verb. — Zu den allgemeinen Notationsregeln vgl. Anhang II (S. 828 ff.).

Das Verb /verhalten\ hat als unmittelbare Konstituenten ein Wortelement (ein Präfix) und ein Wort (ein Verb); das Substantiv /Vorteil\ hat als unmittelbare Konstituenten zwei Wörter (eine Partikel und ein Substantiv).

*

Wörter können keine e i n f a c h e n Z e i c h e n sein. Dies scheint auf den ersten Blick unzutreffend angesichts von Wörtern wie dem Demonstrativpronomen bzw. dem bestimmten Artikel /der\ oder dem Personalpronomen /er\. Historisch gesehen handelt es bei ihnen aber nicht um einfache Zeichen; so ist das Demonstrativpronomen bzw. der bestimmte Artikel /der\ ursprünglich zusammengesetzt aus „einem Pronominalstamm i[ndo]e[uropäisch] *te-, *to-" (EWD 1989, 271) und einem Flexionsgrammativ. Und eine vermeintlich einfache Partikel wie /her\ ist ebenfalls nicht einfach, sondern „eine Bildung mit *r*-Suffix [...] zu dem [...] Pronominalstamm germ[anisch] *hi-, i[ndo]europäisch] *k(e)i- ‚dieser, jener'" (ebd., 677). Solche historischen Bildungsmuster sind zwar in der jüngeren Sprachgeschichte und der Gegenwart so undurchsichtig geworden, dass ihnen nur noch mit Hilfe etymologischer Nachschlagewerke auf die Spur zu kommen ist; es lässt sich aber auch noch ein systematischer Grund angeben, warum es prinzipiell sinnvoll ist, Wörter als zusammengesetzte Einheiten anzunehmen. Vermeintlich einfache Zeichen können nämlich in manchen Fällen homonym verwendet werden, als Angehörige verschiedener Zeichenarten. So erscheint *über* in *übersẹtzen* ›aus einer Sprache in die andere übertragen‹ als Präfix, hingegen in *übersetzen* ›hinüberfahren‹ als Partikel, und ebenso *um* in *umfahren* ›um etw. herumfahren‹ bzw. in *ụmfahren* ›etw. über den Haufen fahren‹. Man kann den Unterschied zwischen den Zeichenarten Präfix und Partikel an einem angenommenen grammativen Wortelement festmachen, das zwar nicht ‚sichtbar' ist, das aber den grammatischen Wert der Einheit bestimmt, zu der es als Konstituente gehört. Das Präfix {um} und die Partikel /um\ sind demnach jeweils keine einfachen Zeichen, sondern zusammengesetzt aus einem ‚sichtbaren' und einem ‚unsichtbaren' Morphem. Da es nicht sinnvoll scheint, in anderen Fällen von einer anderen Struktur auszugehen, nehmen wir prinzipiell bei allen scheinbar einfachen Wörtern denselben Bau an und interpretieren sie als zusammengesetzt. Oder anders: Jedes Wort, ob flektierbar oder nicht, weist ein Grammativ auf (auch wenn dieses ein Nullzeichen ist). Demgegenüber sehen wir Wortelemente dann als einfach an, wenn sie keine als Wortelement e r k e n n b a r e bzw. analogisch ableitbare Einheit zu ihren Konstituenten zählen. So deuten wir beispielsweise ein Transfix wie {wart} in *Warte* ›Ausguck, Wachturm‹, *warten* ›harren; pflegen‹ oder *-wart* ›Hüter‹ als ein einfaches Wortelement, obgleich es etymologisch gesehen aus zwei Bestandteilen – einer indoeuropäischen Wurzel *uer- ›gewahren, achtgeben‹ und einem „*t*-haltigen Suffix" (EWD 1989, 1940) – besteht: Weder die Wurzel noch das Suffix sind aus heutiger Sicht als kollokative Einheiten erkennbar, und sie lassen sich folglich nicht sinnvoll – will sagen: als sinnvolle – getrennt voneinander betrachten.

*

An Zeichen mit Wortcharakter – als kompaxive Gefüge konsistent oder dissolut – unterscheiden wir solche, die maximal eine solute unmittelbare Konstituente mit Bedeutung im engeren Sinne aufweisen, und solche, die zwei solute unmittelbare Konstituenten mit Bedeutung im engeren Sinne erkennen lassen. Letztere müssen, damit wir sie als Wörter einstufen, semantisch unitär sein. — Wörter in diesem Sinne sind

- Flexionsgefüge wie /Geist\ (Abb. 42), die kein solutes Zeichen zu ihren unmittelbaren Konstituenten zählen,
- Derivationsgefüge wie /herzlich\ (Abb. 37, S. 139), die zwar ein prinzipiell solutes Zeichen zu ihren unmittelbaren Konstituenten zählen, das aber im Rahmen dieses speziellen Gefüges gleichwohl immer als kolligat erscheint,

- Flexionsgefüge wie *reden*, also Verba simplizia, die in bestimmten Zeichenformen, etwa *redet* (Abb. 43) genau ein einfaches kolligates Zeichen mit Bedeutung im engeren Sinn als unmittelbare Konstituente aufweisen, in bestimmten anderen Zeichenformen hingegen, etwa *habe geredet* (ebd.), genau ein zusammengesetztes solutes Zeichen mit Bedeutung im engeren Sinn,
- Amplifikationsgefüge wie /verhalten\ (Abb. 41, S. 146), also Präfixverben, bei denen jede Zeichenform genau ein zusammengesetztes solutes Zeichen mit Bedeutung im engeren Sinn, das Wort- bzw. Wortformencharakter hat, als unmittelbare Konstituente enthält, und
- Gefüge wie /aufgeben\ (Abb. 44) oder /Dachstuhl\ (ebd.), also Partikelverben und Determinativkomposita, die mehr als eine solute unmittelbare Konstituente mit Bedeutung im engeren Sinn aufweisen und dabei semantisch unitär sind (was *aufgeben* oder *Dachstuhl* bedeutet, weiß man nicht, wenn man lediglich die Bedeutung von *auf* und *geben* bzw. *Dach* und *Stuhl* kennt).

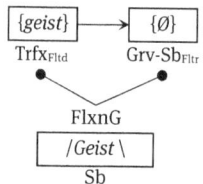

Abb. 42: Gefügestrukturen in dem Substantiv /Geist\; zur Legende vgl. Abb. 44.

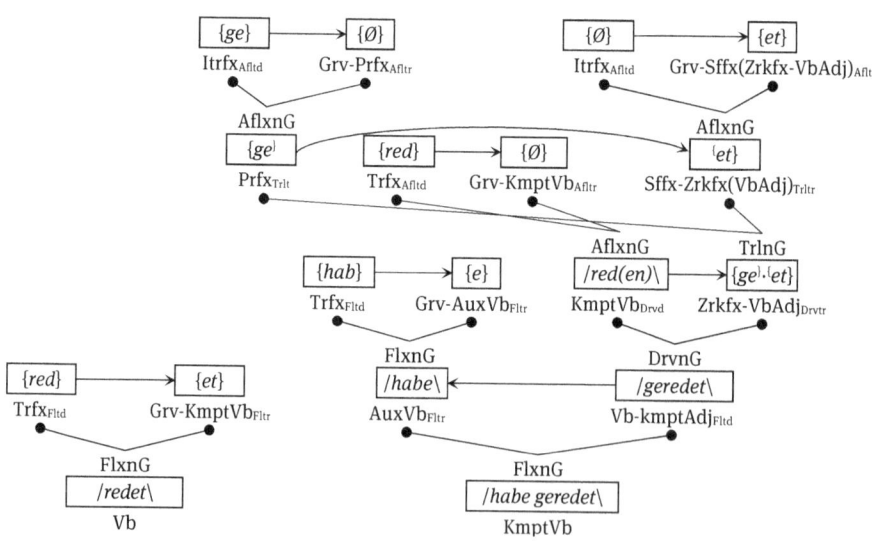

Abb. 43: Gefügestrukturen in den Verbformen /redet\ und /habe geredet\; zur Legende vgl. Abb. 44.

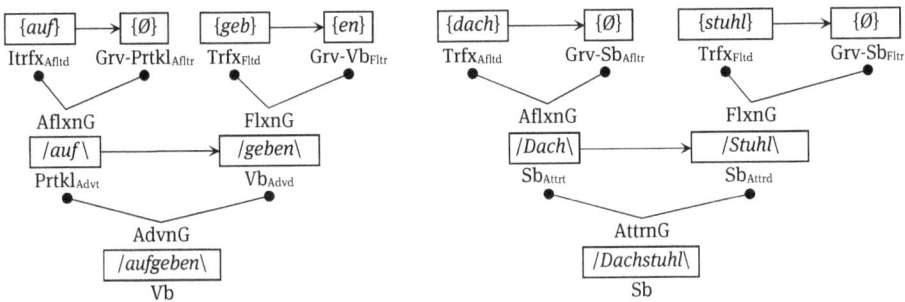

Abb. 44: Gefügestrukturen in dem Verb /*aufgeben*\ und in dem Substantiv /*Dachstuhl*\

Advd = Adverband; AdvnG = Adverbationsgefüge; Advt = Adverbat; Afltd = Aflektand; AflxnG = Aflexionsgefüge; Afltr = Aflektor; Attrd = Attribuend; AttrnG = Attributionsgefüge; Attrt = Attribut; AuxVb = Hilfsverb; Drvd = Derivand; DrvnG = Derivationsgefüge; Drvtr = Derivator; Fltd = Flektand; Fltr = Flektor; FlxnG = Flexionsgefüge; GrvAuxVb = Hilfsverbgrammativ; Grv-KmptVb = Vollverbgrammativ; Grv-Prfx = Präfixgrammativ; Grv-Prtkl = Partikelgrammativ; Grv-Sb = Substantivgrammativ; Grv-Sffx(Zrkx-VbAdj) = Grammativ eines verbadjektivzirkumfixspezifischen Suffixes; Grv-Vb = Verbgrammativ; Itrfx = Intrafix; KmptVb = Vollverb; Prfx = Präfix; Prtkl = Partikel; Sb = Substantiv; Sffx-Zrkfx(VbAdj) = verbadjektivzirkumfixspezifisches Suffix; Trfx = Transfix; TrlnG = Translationsgefüge; Trlt = Transligat; Trltr = Transligator; Vb = Verb; Vb-kmptAdj = Vollverbadjektiv; Zrkfx-VbAdj = Verbadjektiv-Zirkumfix. — Zu den allgemeinen Notationsregeln vgl. Anhang II (S. 828 ff.).

Ebenfalls zu den Wörtern zählen dieser Definition zufolge die so genannten „Wortgruppenlexeme" (Duden 1998, 414 u. 420), „Phraseolexeme" (Fleischer 1997, 63 u. ö.) oder idiomatischen bzw. teilidiomatischen Ausdrücke (Burger 2003, 31 f.) wie /*Öl ins Feuer gießen*\ ›einen Streit verschärfen, jemandes Erregung verstärken‹.[97] Auch Einheiten dieser Art sind semantisch unitär: „Es gibt [...] keine semantische Regel, die es erlauben würde, aus der [...] Bedeutung der Komponenten und deren Zusammenfügung die phraseologische Bedeutung ‚einen Streit noch verschärfen' abzuleiten." (Burger 2003, 31 f.) Damit entsprechen sie allerdings nicht nur unserer, sondern auch einer der in der Forschung gängigsten Wort-Definitionen, wonach ein Wort verstanden wird als kleinstes selbständig bedeutungstragendes sprachliches Zeichen (vgl. Reichmann 1976, 7, in Anlehnung an W. Schmidt, H. Henne, H. E. Wiegand und A. Reichling). Gleichwohl wird man nicht fehlgehen, wenn man konstatiert, dass es sich dabei nicht um prototypische Wörter handelt, sondern dass als Prototyp konsistent gefügte Wörter gelten können.

*

Dass die Grenze zwischen Wörtern und Wortgruppen, wie erläutert, als unscharf angesetzt wird, mag Liebhabern klarer Dichotomien unseren Beschreibungsansatz be-

---

[97] „Die Exzellenz, die während der ganzen Zeit Öl ins Feuer gegossen hatte, indem sie jetzt Friedrich und jetzt Ludwig zurief: ‚Da haben Sie recht!' — ‚Da haben wieder Sie recht!' hielt sich die Seiten vor Lachen." (EBNER-ESCHENBACH, Frhr. 1879, 299.)

reits verdächtig machen. Es wird die Dinge kaum verbessern, wenn wir einräumen müssen, dass diesem Ansatz zufolge Wörter nicht einmal nur die Gestalt von Wortgruppen, sondern scheinbar sogar die Gestalt von Wortverbünden annehmen können, so dass auch diese letztere Kategorie für nicht völlig trennscharf abgegrenzt gehalten werden könnte. Bei dem in Rede stehenden Phänomen handelt es sich um einen Sonderfall der analytischen Verbflexion: Dort, wo sich ein Hilfsverb nicht nur auf einen einzigen Vollverbbestandteil bezieht, sondern auf zwei oder mehr – also bei zeugmatischen Flexionsgefügen wie in Bsp. 63 –, können die vollständigen Vollverbformen (im Beispiel: *wurde gegessen* und *wurde getrunken*) jeweils nicht als Flexionsgefüge interpretiert werden.

Bsp. 63: „Es wurde gegessen und getrunken" (VULPIUS, Rinald. ⁵1824, 162).

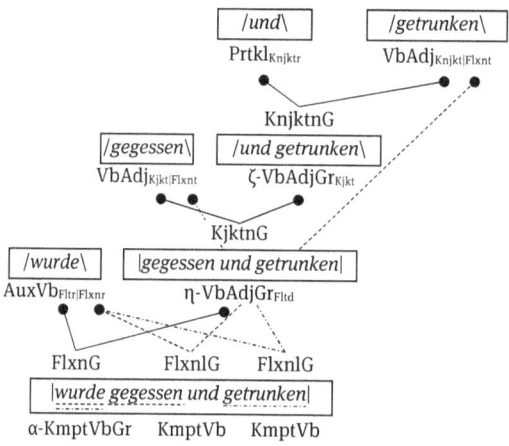

Abb. 45: Gefügestrukturen in der α-Vollverbgruppe |wurde gegessen und getrunken|

AuxVb = Hilfsverb; Fltd = Flektand; Fltr = Flektor; FlxnG = Flexionsgefüge; FlxnlG = Flexionalgefüge; Flxnr = Flexionar; Flxnt = Flexionat; Kjkt = Kojunkt; KjktnG = Kojunktionsgefüge; KmptVb = Vollverb; α-KmptVbGr = α-Vollverbgruppe; Knjkt = Konjunkt; KnjktnG = Konjunktionsgefüge; Knjktr = Konjunktor; Prtkl = Partikel; VbAdj = Verbadjektiv; ζ-/η-VbAdjGr = ζ-/η-Verbadjektivgruppe. — Zu den allgemeinen Notationsregeln vgl. Anhang II (S. 828 ff.).

Vielmehr erscheint als unmittelbare Bezugsgröße (Flektand) des Hilfsverbs die gesamte Verbadjektivgruppe *gegessen und getrunken*. Die beiden Vollverbformen *wurde gegessen* und *wurde getrunken* lassen sich damit dann nicht mehr als kompaxive, sondern nur als komplexive Gefüge, genauer: als Flexionalgefüge (§ 51 HLR) deuten. Mit anderen Worten: Es gibt kein einziges Kriterium für den Ansatz von Wortverbünden – Solutheit, Zusammengesetztheit, komplexive sowie dissolute Struktur, Bestehen aus mindestens zwei unmittelbare Konstituenten mit Bedeutung im engeren Sinne und semantische Dekomponierbarkeit (§ 28.1 HLR) –, das a u s s c h l i e ß l i c h der Kategorie Wortverbund zugeordnet wäre. Hinsichtlich der Grenze zwischen Wortgruppen und Wortverbünden ist die Unterscheidung zwischen Kompaxivität und Komplexivität zwar trennscharf, hinsichtlich der Grenze zwischen Wörtern und Wortverbünden hingegen kann man allenfalls angeben, dass erstere p r o t o t y p i s c h kompaxiv[98] und nur in einem – eben dem zuvor erläuterten – Sonderfall komplexiv, letztere hingegen ausschließlich komplexiv gefügt sind.

Verbformen der beschriebenen Art lassen sich gleichwohl fraglos als Wörter ansehen, denn Wörter und Wortverbünde sind durch eine spezifische K o m b i n a t i o n von Kriterien klar unterschieden. Die Rede ist von der Bestimmung in § 26.1a^{II} HLR: Wörter, sofern sie als dissolute Gefüge erscheinen, haben entweder nur eine unmittelbare Konstituente mit Bedeutung im engeren Sinn (§ 26.1a^{IIα} HLR), oder sie haben zwei unmittelbare Konstituenten mit Bedeutung im engeren Sinn und sind dann semantisch u n i t ä r (§ 26.1a^{IIβ} HLR). Wortverbünde haben demgegenüber m i n d e s t e n s zwei unmittelbare Konstituenten mit Bedeutung im engeren Sinn und sind darüber hinaus semantisch d e k o m p o n i e r b a r (§ 28.1 HLR).

Hilfsverben sind dadurch gekennzeichnet, dass sie k e i n e Bedeutung im engeren Sinn haben (§ 82.2d^{IIβa}). Damit sind analytisch gebildete Vollverbformen immer Einheiten, die nur eine unmittelbare Konstituente mit Bedeutung im engeren Sinn aufweisen. Selbst wenn sie, wie in Abb. 45 gezeigt, als Flexionalgefüge erscheinen, lassen sie sich also nicht als Wortverbünde fassen, vielmehr unter § 26.1a^{IIα} HLR und somit unter die allgemeine Zeichenart ,Wort' subsumieren.

Die Verben, auf den ersten Blick gleichsam Quantenobjekte der deutschen Grammatik, die zwischen den Kategorien zu oszillieren scheinen (ähnlich wie bestimmte Größen in der Kernphysik den bekannten Welle-Teilchen-Dualismus zeigen), können offensichtlich dennoch im Sinne herkömmlicher grammatischer Auffassungen behandelt werden; allerdings ist dafür einiges an definitorischem Aufwand nötig.

---

§ 26.2 HLR: (α) W o r t   a l s   B e l e g z e i c h e n (§ 2.2α HLR): $^{(I)}$Sofern ein Wort als hinsichtlich seines Wertes konkret kotextuell bestimmt durch mindestens eine individuelle Determinante (§ 4.2α HLR), d. h. als bestimmt durch mindestens ein anderes Belegzeichen betrachtet wird (§ 9.2α^{I} HLR), erscheint es als b e l e g s p e z i f i s c h e s   W o r t (kurz: B e l e g w o r t) oder L e x. $^{(II)}$Zusammengesetzte Belegwörter, die als Gefüge dissolut, mehr als eine unmittelbare Konstituente mit Bedeutung im engeren Sinne aufweisend und semantisch unitär sind (§ 26.1a^{IIβ} HLR), heißen P h r a s e o l e x e.

(β) W o r t   a l s   K o r p u s z e i c h e n (§ 2.2β HLR): $^{(I)}$Sofern ein Wort als hinsichtlich seines Wertes kotextabstraktiv bestimmt durch mindestens einen individuellen Determinantentyp (§ 4.2β HLR), d. h. als bestimmt durch mindestens ein anderes Korpuszeichen betrachtet wird (§ 9.2α^{II} HLR), erscheint es als k o r p u s s p e z i f i s c h e s   W o r t (kurz: K o r p u s w o r t) oder Lexem. $^{(II)}$Zusammengesetzte Korpuswörter, die als Gefüge dissolut, mehr als eine unmittelbare Konstituente mit Be-

---

[98] Unter anderem dies impliziert die Aussage, dass einfache sowie zusammengesetzte und dabei konsistente Wörter als prototypisch gelten können (§ 26.1b HLR), da komplexive Gefüge immer dissolut sind (vgl. S. 107): also n i c h t konsistent (§ 15 HLR).

deutung im engeren Sinne aufweisend und semantisch unitär sind (§ 26.1a$^{II\beta}$ HLR), heißen P h r a - s e o l e x e m e. $^{(III)}$Zusammengesetzte Lexemformen (§ 7.2γ HLR), die mehr als eine solute unmittelbare Konstituente mit Bedeutung im engeren Sinne aufweisen, semantisch unitär und als Gefüge dissolut sind, heißen p h r a s e m a t i s c h e W o r t f o r m e n.

(γ) W o r t a l s G l i e d z e i c h e n (§ 2.2γ HLR): Sofern ein Wort als hinsichtlich seines Wertes konkret kotextuell bestimmt durch mindestens eine kategoriale Determinante (§ 4.2γ HLR), d. h. als bestimmt durch mindestens ein anderes Gliedzeichen betrachtet wird (§ 9.2β^{I} HLR), erscheint es als G l i e d w o r t, mit anderen Worten: als Vertreter einer G l i e d w o r t a r t.

(δ) W o r t a l s E x e m p l a r z e i c h e n (§ 2.2δ HLR): Sofern ein Wort als hinsichtlich seines Wertes kotextabstraktiv bestimmt (§ 4.2δ HLR) durch mindestens einen kategorialen Determinantentyp, d. h. als bestimmt durch mindestens ein anderes Exemplarzeichen betrachtet wird (§ 9.2β^{II} HLR), erscheint es als E x e m p l a r w o r t, mit anderen Worten: als Vertreter einer W o r t a r t.

§ 26.3 HLR: Ein Wort (§ 26.1a HLR) als Gefüge gesehen heißt W o r t g e b i l d e. Seine unmittelbaren Konstituenten können Einheiten mit Wortelement- und/oder Wortcharakter sein.

§ 26.4 HLR: (α) W o r t g e b i l d e a l s B e l e g z e i c h e n g e f ü g e (§ 13.4α^{I} HLR): $^{(I)}$Als b e l e g - s p e z i f i s c h e s W o r t g e b i l d e (kurz: B e l e g w o r t g e b i l d e) oder F o r m a t erscheint ein Wortgebilde, sofern es hinsichtlich seiner individuellen unmittelbaren Konstituenten und deren wertdeterminativen Relationen betrachtet wird. $^{(II)}$Ein Phraseolex (§ 26.2α^{II} HLR), als Wortgebilde betrachtet, heißt S y n t a g m a t o f o r m a t.

(β) W o r t g e b i l d e a l s K o r p u s z e i c h e n g e f ü g e (§ 13.4α^{II} HLR): $^{(I)}$Als k o r p u s s p e z i f i - s c h e s W o r t g e b i l d e (kurz: K o r p u s w o r t g e b i l d e) oder F o r m a t e m erscheint ein Wortgebilde, sofern es hinsichtlich seiner individuellen Konstituententypen und deren wertdeterminativen Relationen betrachtet wird. $^{(II)}$Ein Phraseolexem (§ 26.2β^{II} HLR), als Wortgebilde betrachtet, heißt S y n t a g m a t o f o r m a t e m.

(γ) W o r t g e b i l d e a l s G l i e d e r g e f ü g e (§ 13.4β^{I} HLR): Als G l i e d e r w o r t g e b i l d e (Vertreter einer G l i e d e r w o r t g e b i l d e a r t) erscheint ein Wortgebilde, sofern es hinsichtlich seiner kategorialen Konstituenten und deren wertdeterminativen Relationen betrachtet wird.

(δ) W o r t g e b i l d e a l s E x e m p l a r e n g e f ü g e (§ 13.4β^{II} HLR): Als E x e m p l a r e n w o r t g e - b i l d e (Vertreter einer W o r t g e b i l d e a r t) erscheint ein Wortgebilde, sofern es hinsichtlich seiner kategorialen Konstituententypen und deren wertdeterminativen Relationen betrachtet wird.

Zu § 26.2–4 HLR: Analog zu den Wortelementen können Wörter als Belegzeichen, als Korpuszeichen, als Gliedzeichen oder als Exemplarzeichen und, sofern sie zusammengesetzt sind, zudem als Zeichengefüge betrachtet werden. Sofern sie als Gefüge dissolut sind, ist die Rede von Phraseolexen (konkretes Belegzeichen: „ins Gras biß"[99]) bzw. Phraseolexemen (vom Einzelbeleg abstrahiertes Korpuszeichen: *ins Gras beißen*). Von phrasematischen Wortformen (§ 26.2β^{III} HLR) sprechen wir bei solchen flektierten Formen von Partikelverben, bei denen die beiden unmittelbaren Konstituenten (Verb und Partikel) getrennt voneinander und ggf. in Distanzstellung erscheinen (vgl. u. a. Bsp. 60b, S. 138, und Bsp. 61, S. 138).

---

99 BRÄKER, Tockenb. (1788–89), 216: „daß noch mancher vor und neben mir ins Gras biß".

Die unmittelbaren Konstituenten zusammengesetzter Wörter können Wortelemente und/oder Wörter sein (vgl. z. B. S. 148).

3.2.2.2 Wortgruppen

§ 27.1 HLR: Eine Wortgruppe ist ein kollokatives Zeichen mit folgenden Eigenschaften: Es ist als Zeichen solut (§ 15.IIa HLR), zusammengesetzt (§ 12.II HLR), ist als Gefüge kompaxiv strukturiert (§ 17.I HLR), weist mindestens eine unmittelbare Konstituente mit Bedeutung im engeren Sinne (§ 9.2α HLR) auf, kann zu seinen unmittelbaren oder mittelbaren Konstituenten solche zählen, die ihrerseits mehr als zwei unmittelbare Konstituenten mit Bedeutung im engeren Sinne aufweisen, ist bei mehr als einer unmittelbaren Konstituente mit Bedeutung im engeren Sinne semantisch dekomponierbar (§ 16.II HLR) sowie

(α) konsistent (§ 15.Ib HLR) oder

(β) dissolut (§ 15.IIb HLR) – wobei dissolute Wortgruppen als prototypisch gelten können.

§ 27.2 HLR: (α) Wortgruppe als Belegzeichen (§ 2.2α HLR): (I)Sofern eine Wortgruppe als hinsichtlich ihres Wertes konkret kotextuell bestimmt durch mindestens eine individuelle Determinante (§ 4.2α HLR), d. h. als bestimmt durch mindestens ein anderes Belegzeichen betrachtet wird (§ 9.2α^I HLR), erscheint sie als belegspezifische Wortgruppe (kurz: Belegwortgruppe) oder Phrase. (II)Phrasen, die als Gefüge konsistent sind (§ 27.1α HLR), heißen Lexeophrasen.

(β) Wortgruppe als Korpuszeichen (§ 2.2β HLR): (I)Sofern eine Wortgruppe als hinsichtlich ihres Wertes kotextabstraktiv bestimmt durch mindestens einen individuellen Determinantentyp (§ 4.2β HLR), d. h. als bestimmt durch mindestens ein anderes Korpuszeichen betrachtet wird (§ 9.2α^II HLR), erscheint sie als korpusspezifische Wortgruppe (kurz: Korpuswortgruppe) oder Phrasem. (II)Phraseme, die als Gefüge konsistent sind (§ 27.1α HLR) sind, heißen Lexeophraseme.

(γ) Wortgruppe als Gliedzeichen (§ 2.2γ HLR): Sofern eine Wortgruppe als hinsichtlich ihres Wertes konkret kotextuell bestimmt durch mindestens eine kategoriale Determinante (§ 4.2γ HLR), d. h. als bestimmt durch mindestens ein anderes Gliedzeichen betrachtet wird (§ 9.2β^I HLR), erscheint sie als Gliedwortgruppe (will sagen: ›Glied-Wortgruppe‹, nicht ›Gliedwort-Gruppe‹), mit anderen Worten: als Vertreter einer Gliedwortgruppenart.

(δ) Wortgruppe als Exemplarzeichen (§ 2.2δ HLR): Sofern eine Wortgruppe als hinsichtlich ihres Wertes kotextabstraktiv bestimmt (§ 4.2δ HLR) durch mindestens einen kategorialen Determinantentyp, d. h. als bestimmt durch mindestens ein anderes Exemplarzeichen betrachtet wird (§ 9.2β^II HLR), erscheint sie als Exemplarwortgruppe, mit anderen Worten: als Vertreter einer Wortgruppenart.

§ 27.3 HLR: Eine Wortgruppe als Gefüge gesehen heißt Syntagma.

§ 27.4 HLR: (α) Syntagma als Belegzeichengefüge (§ 13.4α^I HLR): (I)Als belegspezifisches Syntagma (kurz: Belegsyntagma) oder Syntagmat erscheint ein Syntagma, sofern es hinsichtlich seiner individuellen Konstituenten und deren wertdeterminativen Relationen betrachtet wird. (II)Eine Lexeophrase (§ 27.2α^II HLR), als Syntagma betrachtet, heißt Formatosyntagmat.

(β) Syntagma als Korpuszeichengefüge (§ 13.4α^II HLR): (I)Als korpusspezifisches Syntagma (kurz: Korpussyntagma) oder Syntagmatem erscheint ein Syntagma, sofern es hinsichtlich seiner individuellen Konstituententypen und deren wertdeterminativen Relationen betrachtet wird. ⁽ᴵᴵ⁾Ein Lexeophrasem (§ 27.2β^II HLR), als Syntagma betrachtet, heißt Formatosyntagmatem.

(γ) Syntagma als Gliedergefüge (§ 13.4β^I HLR): Als Gliedersyntagma (Vertreter einer Gliedersyntagmenart) erscheint ein Syntagma, sofern es hinsichtlich seiner kategorialen Konstituenten und deren wertdeterminativen Relationen betrachtet wird.

(δ) Syntagma als Exemplarengefüge (§ 13.4β^II HLR): Als Exemplarensyntagma (Vertreter einer Syntagmenart) erscheint ein Syntagma, sofern es hinsichtlich seiner kategorialen Konstituententypen und deren wertdeterminativen Relationen betrachtet wird.

Zu § 27 HLR: Wortgruppen sind prinzipiell zusammengesetzte Zeichen. Zudem haben Wortgruppen mindestens eine unmittelbare Konstituente mit Bedeutung im engeren Sinn, während Wörter höchstens zwei haben. Damit ist ein Zeichen wie |Schutz und Schirm und Gleichgewicht| (Bsp. 56, S. 133, mit Abb. 36, S. 135), das drei derartige Konstituenten hat, eindeutig als Wortgruppe erkennbar, und ebenso wäre ein Zeichen wie in

Bsp. 64:   „Ich gab ihm Geld" (LA ROCHE, Brf. Rosal. ²1797, III, 131)

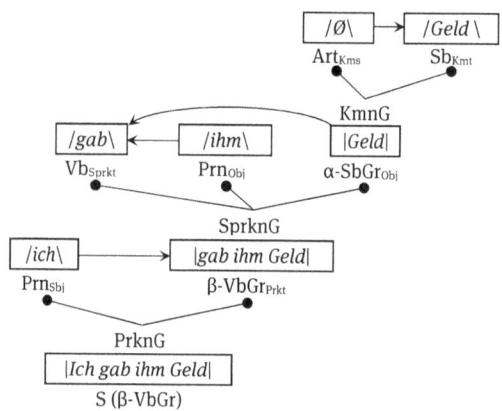

Abb. 46: Gefügestrukturen in dem Satz |Ich gab ihm Geld| (Bsp. 64); zur Legende vgl. Abb. 47

eine Wortgruppe, da es ein dreigliedriges Zeichen zu seinen (in diesem Fall: unmittelbaren) Konstituenten zählt.

Es ist aber klar, dass bei einer großen Zahl von Zeichen diese Kriterien nicht greifen, so etwa bei dem Satz

Bsp. 65:   „Ich sah ihn!" (GUTZKOW, Zauberer 1858–61, II, 271).

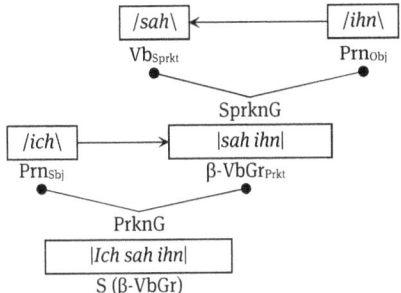

Abb. 47: Gefügestrukturen in dem Satz |Ich sah ihn| (Bsp. 65)

Art = Artikel; KmnG = Komitativgefüge; Kms = Komes; Kmt = Komitat; Obj = Objekt; PrknG = Prädikationsgefüge; Prkt = Prädikat; Prn = Pronomen; S = Satz; Sb = Substantiv; α-SbGr = α-Substantivgruppe; Sbj = Subjekt; SprknG = Supprädikationsgefüge; Sprkt = Supprädikat; Vb = Verb; β-VbGr = β-Verbgruppe. — Zu den allgemeinen Notationsregeln vgl. Anhang II (S. 828 ff.).

Um diesen Satz der gegebenen Definition nach als Wortgruppe einordnen zu können, muss das Kriterium der semantischen Dekomponierbarkeit herangezogen werden: Es ist offensichtlich, dass man, wenn man die Bedeutung der Zeichen /ich\, /sah\ und /ihn\ sowie die allgemeinen Verknüpfungsregeln kennt, auch weiß, was das Zeichen |ich sah ihn| bedeutet; das Ganze ist in diesem Fall nicht mehr und nichts anderes als die Summe seiner Teile.

3.2.2.3 Übergangsbereiche zwischen Wörtern und Wortgruppen

Wörter, die, um es alltagssprachlich auszudrücken, ‚aus mehreren Wörtern bestehen', nennen wir P h r a s e o l e x e m e (§ 26.2β^{II} HLR) bzw. als Gefüge S y n t a g m a t o f o r m a t e m e (§ 26.4β^{II} HLR); zu ihnen gehören nicht nur Phraseologismen im engeren Sinn wie /schwarzes Brett\, /grüner Junge\, /Öl ins Feuer gießen\ oder /ein Auge auf jemanden werfen\, sondern auch Funktionsverbgefüge wie /zu Gehör bringen\, /zur Verlesung kommen\ oder /in Rede stehen\ sowie die so genannten trennbaren Verben (Partikelverben) wie /aufgehen\, /absehen\ oder /nachtragen\. Syntagmatoformateme haben strukturell die gleichen Eigenschaften wie entsprechende Wortgruppen, sind aber, wie gesagt, semantisch unitär, d. h. im Sprachgebrauch der Phraseologie: idiomatisiert (wobei selbstverständlich nicht erwähnt werden muss, dass die Grenze zwischen semantischer Unitarität und semantischer Dekomponierbarkeit, zwischen Idiomatizität und Nichtidiomatizität offen ist – vgl. hierzu z. B. Burger 2003, 56 –, so dass auch unter diesem Aspekt keine trennscharfe Unterscheidung möglich ist).

Wortgruppen, die (wiederum in alltagssprachlicher Formulierung) ‚aus nur einem Wort zu bestehen scheinen', nennen wir L e x e o p h r a s e m e (§ 27.2β^{II} HLR) bzw. als Gefüge F o r m a t o s y n t a g m a t e m e (§ 27.4β^{II} HLR); zu ihnen gehören semantisch dekomponierbare oder – in der Terminologie der Wortbildungslehre – motivierte Determinativkomposita (vgl. Fleischer/Barz 1995, 45 f.) wie *Geisteskrankheit* (›Krankheit des Geistes‹, Bsp. 66a), *Atomtheorie* (›Theorie bezüglich der Atome‹, Bsp. 66b), *halbgar* (›zur Hälfte noch roh‹ Bsp. 66d) oder *schwerverständlich* (›schwer zu verstehen‹, Bsp. 66e) inklusive solcher Determinativkomposita, zu deren Konstituenten nicht nur Wörter, sondern auch Konfixe (§ 80 HLR) gehören (*Deuterojesaja* ›Verfasser des zweiten Teils des biblischen Jesaja-Buches‹, Bsp. 66c), sowie alle so genannten Kopulativkomposita (vgl. Fleischer/Barz 1995, 46), etwa *Kaiserin-Königin* (›sowohl Kaiserin als auch Königin‹, Bsp. 67a), *Gottschöpfer* (›sowohl Gott als auch Schöpfer‹, Bsp. 67b), *taubstumm* (›sowohl taub als auch stumm‹, Bsp. 67c), *deutschfranzösisch* (›zwischen Deutschen und Franzosen‹, Bsp. 67d). Es bedarf erneut keiner Erwähnung, dass es zwischen „den beiden Polen ausgeprägter [...] Motivation einerseits und völliger Demotivation (Idiomatisierung) andererseits [...] allmähliche Übergänge" gibt (Fleischer/Barz 1995, 18).

Bsp. 66: a) „Wundersam [...] ist es, daß eine Art tieferer Ratio nicht einmal von der <u>Geisteskrankheit</u> erreicht und zerstört wird; ja diese Ratio nimmt bei fortschreitendem Verfall der Sprach- und Deutfähigkeit eher noch zu" (BALL, Künstler 1926, 118).

b) „Nachdem Lavoisier (1789) das Gesetz von der Erhaltung der Materie aufgestellt und Dalton (1808) mittelst desselben die <u>Atomtheorie</u> neu begründet hatte, war der modernen Chemie die Bahn eröffnet" (HAECKEL, Welträtsel ^{11}1919, 387).

c) „Der heute als ‚<u>Deuterojesaja</u>' bezeichnete Schriftsteller (Jesaja 40–55 [...]), [...] schrieb anonym offenbar mit Rücksicht auf die babylonische Zensur [...], welche er wegen seiner überaus leidenschaftlichen Hoffnungen auf die von ihm (zu Unrecht) erwartete Zerstörung Babels durch Kyros allerdings zu fürchten hatte" (WEBER, Wirtschaftseth. III 1917–19, 384 f.).

d) „Er machte sich ein Feuer und briet sich ein Stück Bärenfleisch, welches er <u>halbgar</u> verschlang" (MAY, Schut 1909, 145).

e) „Sie las die <u>schwerverständlichsten</u> Bücher" (ALTENBERG, Lebensabend, 351).

Bsp. 67: a) „Das war die [...] Zeit [...] des siebenjährigen Krieges, wo man [...] je nach der politischen Meinung entweder den König Fritz oder die <u>Kaiserin-Königin</u> hoch leben ließ" (RAABE, Innerste 1876, 238 f.).

b) „Prüfe ich mich genau, was mir denn innerlich beim Anblick des fliegenden <u>Gottschöpfers</u> in der Sixtina oder der zurücksinkenden Maria auf Grünewalds Kreuzigung bewußt wird, so finde ich nicht das geringste von Stadien vor und nach dem dargestellten Moment." (SIMMEL, Rembrandt 1916, 48.)

c) „Die Beschwerdebesuche häuften sich. Man machte mich ganz nervös. Ich ernannte einen <u>taubstummen</u> Vetter von mir zum Beschwerdekommissar zwecks Entgegennahme von Beschwerden." (KLABUND, Kunterb. 1922, 35.)

d) „Außenpolitik, die der <u>deutsch-französischen</u> Verständigung gilt" (TH. MANN, Dt. Anspr. ^{1}1930, 890).

Dass es sich bei Formatosyntagmatemen nicht um Einheiten mit Wortcharakter (Wortgebilde), sondern um solche mit Wortgruppencharakter (Syntagmen) handelt, zeigt deutlich eine syntaktische Besonderheit: Jede Komponente, nicht nur der Kern, kann

Bezugspunkt sein für gefügeexterne Determination; vgl. zu diesem Phänomen ausführlich Bär (2007).

Bsp. 68: „Die Sprache ist [...] ein Anregungs|mittel zum Denken" (HABRICH, Päd. Psych. I 1921, 294).

Bsp. 69: „eine Figur von solcher Geschlossenheit, wie die deutsche Literatur|geschichte keine zweite aufzuweisen hat" (HOFMANNSTHAL, Lessing 1929, 141).

Bsp. 70: „Und so machte sein junges Herz die heiße Eisen|probe auf das, woran es als gut und schön glaubte." (FLEX, Wanderer 1916, 219.)

Die Partikelgruppe |zum Denken| in Bsp. 68 ist nicht Determinans zu /Mittel\, sondern zu /Anregung\, das Adjektiv /deutsch\ in Bsp. 69 nicht zu /Geschichte\, sondern zu /Literatur\, ebenso wie in Bsp. 70 /heiß\ nicht zu /Probe\, sondern zu /Eisen\, auch wenn die formale Determinationsbeziehung – die der Kongruenz – zwischen dem Attribut und dem Zweitglied des Kompositums besteht (und nur so bestehen kann, da nur das Zweitglied, nicht das Erstglied ein Flektorgrammativ hat).

Nach verbreiteter Auffassung dürften Determinationsverschränkungen wie diese überhaupt nicht vorkommen bzw. hätten als grammatisch falsch zu gelten.[100] Die Annahme, dass Komposita grundsätzlich als lexikalische Einheiten zu verstehen sind, führt nämlich

> „zu der Überzeugung, dass sie auch nur als Einheiten – im Ganzen – im Rahmen syntaktischer Konstruktionen determiniert werden können. Dabei ist die ‚Adresse', die Bezugsgröße einer solchen Determination prinzipiell das Zweitglied des Kompositums, das Grundwort oder Determinat (vgl. z. B. Duden 1998, 432 f.; Duden 2001, 507; Eichinger 2000, 71; Eisenberg 2000, 218; Fleischer/Barz 1995, 88; Weinrich 2003, 924). Das bedeutet umgekehrt, dass das Erstglied, das Bestimmungswort, nicht Bezugsgröße einer syntaktischen Determination sein kann, wie sie insbesondere im Rahmen eines Attributionsgefüges vorgenommen wird. In Werken, die der Vermittlung einer grammatischen Norm dienen, finden sich daher Empfehlungen wie diese: ‚Es ist nicht korrekt, wenn man eine Zusammensetzung mit einer Beifügung verbindet, die inhaltlich nur zum ersten Bestandteil des Kompositums gehört' (Duden 2001, 507)." (Bär 2007, 319.)

---

[100] Hermann Paul, der im 4. Band seiner *Deutschen Grammatik* etliche Beispiele aufführt (Paul 1958, 388 f.), behandelt das Phänomen in einem Kapitel mit der Überschrift „Anomalien" (ebd., 378).

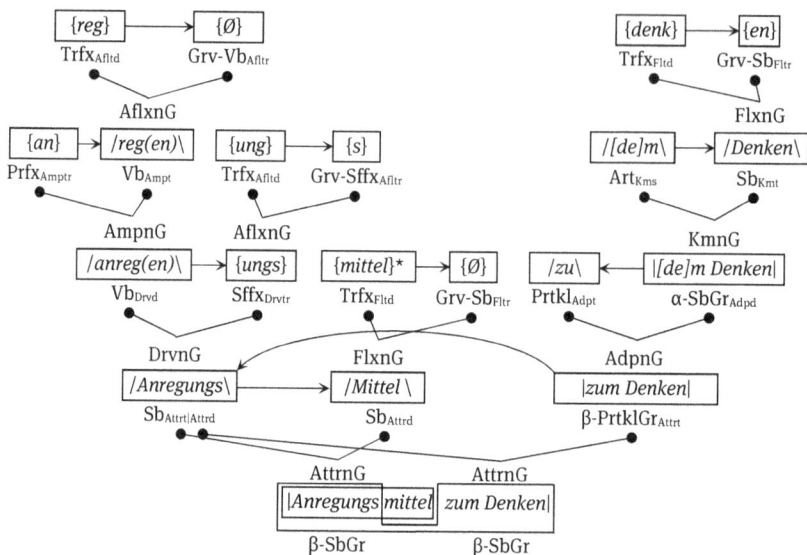

Abb. 48: Gefügestrukturen in der β-Substantivgruppe |*Anregungsmittel zum Denken*| (Bsp. 68)

Adj = Adjektiv; Adpd = Adponend; AdpnG = Adpositionsgefüge; Adpt = Adposit; Afltd = Aflektand; Afltr = Aflektor; AflxnG = Aflexionsgefüge; AmpnG = Amplifikationsgefüge; Ampt = Amplifikat; Amptr = Amplifikator; Art = Artikel; Attrd = Attribuend; AttrnG = Attributionsgefüge; Attrt = Attribut; Drvd = Derivand; DrvnG = Derivationsgefüge; Drvtr = Derivator; Fltd = Flektand; Fltr = Flektor; FlxnG = Flexionsgefüge; Grv-Sb = Substantivgrammativ; Grv-Sffx = Suffixgrammativ; Grv-Vb = Verbgrammativ; KmnG = Komitationsgefüge; Kms = Komes; Kmt = Komitat; Prfx = Präfix; Prtkl = Partikel; β-PrtklGr = β-Partikelgruppe; Sb = Substantiv; α-/β-SbGr = α-/β-Substantivgruppe; Sffx = Suffix; Trfx = Transfix; Vb = Verb. — Zu den allgemeinen Notationsregeln vgl. Anhang II (S. 828 ff.).

* Historisch gesehen wäre {*mittel*} als zusammengesetzt zu beschreiben – was als nicht mehr durchsichtig hier jedoch unbeachtet bleiben kann. (Vgl. S. 147.)

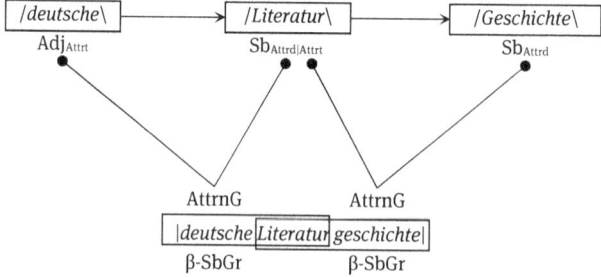

Abb. 49: Gefügestrukturen in der β-Substantivgruppe |*deutsche Literaturgeschichte*| (Bsp. 68); zur Legende vgl. Abb. 48

Die Tatsache, dass Konstruktionen wie die erwähnten (zu weiteren, ähnlichen Phänomenen vgl. Bär 2007 sowie Bsp. 71) aber doch vorkommen, und in b e s t i m m - t e n Fällen[101] als völlig ‚normal' empfunden werden, ist uns ein weiterer Grund, Formatosyntagmateme nicht als Wortgebilde, sondern als Syntagmen zu deuten.

Bsp. 71: „Elke war wiederum geschäftig, die gefüllten Kaffee|tassen den Gästen anzubieten; denn auch der wurde heute nicht gespart." (STORM, Schimmelr. 1888, 301.)

Insbesondere bei Kopulativkomposita ist anhand des objektsprachlichen Gebrauchs (anhand des Schwankens zwischen Getrennt- und Zusammenschreibung, in den Texten unseres Untersuchungskorpus nicht anders als in beliebigen Texten des späteren 20. und frühen 21. Jahrhunderts) deutlich zu erkennen, dass die für die Grammatikographie üblicherweise nicht in Frage stehende Zuordnung zur Kategorie ‚Wort' für die S p r a c h g e m e i n s c h a f t weitaus weniger nahe liegt.

Bsp. 72: a) „der zur Rechten Reitende, der lange, gelb und schwarz gestreifte Trikots und ein schwarzes, enganliegendes Samt- und Atlascollet trug" (FONTANE, Gr. Minde 1879, 15 f.)
b) „Dies Wort wurde, während der Schwarzundgelbgestreifte die Trompete hob, von einem ungeheuern Paukenschlage begleitet" (ebd., 16).
c) „ihr schwarz und graues Umschlagetuch" (FRAPAN, Elbe ³1908, 17).
d) „die bohrenden schwarzgrauen Augen" (REVENTLOW, Spirit. 1917, 381).

Insbesondere Bsp. 72c (zu beachten ist hier die ebenso wie bei Bsp. 72d fehlende Binnenflexion) zeigt, dass Kopulativkomposita konnektiv strukturierte Gefüge nicht anders als andere Syntagmen (etwa *gelb und schwarz* in Bsp. 72a) sind. Nektoren können dabei realisiert (Bsp. 72c) oder nicht realisiert (Bsp. 72d) sein. Konkret lässt sich die Struktur von Kopulativkomposita folgendermaßen interpretieren:

---

101 Erstens darf sich dabei kein semantischer Widerspruch zwischen Attribut und Kompositumszweitglied ergeben; Beispiele für derart widersprüchliche Fügungen – etwa *siebenköpfiger Familienvater, vierstöckiger Hausbesitzer, kleines Kindergeschrei* (alle z. B. bei Duden 2001, 507), *verregnete Feriengefahr* (Bergmann 1980) – finden sich in nahezu jeder normativ orientierten Grammatik oder Stillehre. Zweitens muss die semantische Einheit von Erst- und Zweitglied des Kompositums als locker aufgefasst werden können, mit anderen Worten: Das Kompositum muss als semantisch dekomponierbar erscheinen.

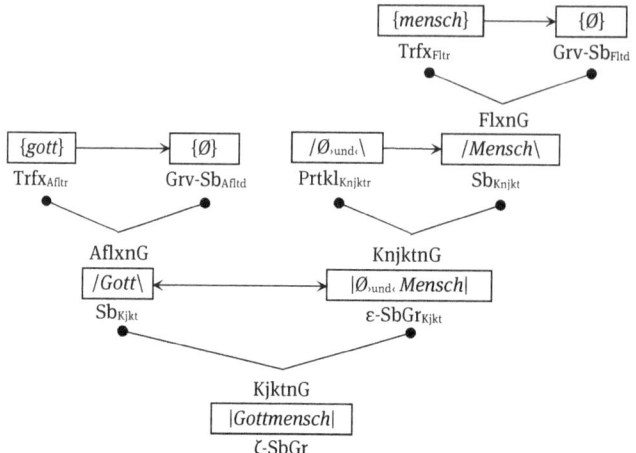

Abb. 50: Gefügestrukturen in dem Kopulativkompositum |Gottmensch| (Bsp. 73)

Aflktd = Aflektand; Aflktr = Aflektor; AflxnG = Aflexionsgefüge; Fltd = Flektand; Fltr = Flektor; FlxnG = Flexionsgefüge; Grv-Sb = Substantivgrammativ; Kjkt = Kojunkt; KjktnG = Kojunktionsgefüge; Knjkt = Konjunkt; KnjktnG = Konjunktionsgefüge; Knjktr = Konjunktor; Prtkl = Partikel; Sb = Substantiv; ε-/ζ-SbGr = ε-/ζ-Substantivgruppe; Trfx = Transfix. — Zu den allgemeinen Notationsregeln vgl. Anhang II (S. 828 ff.).

Bsp. 73: „Christus [...] war der Gottmensch" (MAY, Silb. Löw. IV 1909, 24).[102]

Wie groß im Übrigen die Offenheit der Grenze zwischen Wortgebilden und Syntagmen ist, wie tief der eine Bereich in den anderen greift, zeigen Fälle, in denen Kopulativkomposita zur Basis für Derivate werden (z. B. *Gottmensch* > *Gottmenschheit*, Bsp. 74a; > *gottmenschlich*, Bsp. 74b). Solche Derivate haben selbstverständlich, obgleich eine ihrer Konstituenten eine Wortgruppe ist, nicht den Charakter von Syntagmen, sondern von Wortgebilden, da als ihr Kern ein Suffix erscheint (§ 25.1b: Wortelemente können nicht als unmittelbare Konstituenten von Wortgruppen erscheinen). Setzen wir für Kopulativkomposita eine Struktur voraus wie in Abb. 50 dargestellt, so ergibt sich für Derivata folgende Struktur:

---

[102] Abgesehen von der Interpretation als Kopulativkompositum (›ebenso Gott wie Mensch‹) ist bei *Gottmensch* auch eine Deutung als Determinativkompositum (›Mensch mit göttlichen Eigenschaften oder Wesenszügen‹) möglich: „Ich höre [...] den Athemzug der Geschichte [...], der die Frau vorwärts getrieben hat aus dem dumpfen vegetirenden Pflanzenleben zum bewußten Fühlen und Denken. Und der Athemzug der Geschichte [...] wird sie vorwärts treiben, unaufhaltsam, bis auch ihre Stirn strahlen wird in der Glorie des Gottmenschen." (DOHM, Emancip. 1874, 183); „[P]lötzlich ging das Lächeln des Menschen in die Majestät eines Gottmenschen über ... Er war dahin ..." (JANITSCHEK, Kreuzf. 1897, 73).

Allgemeine Zeichenarten: Wörter und Wortgruppen (Übergangsbereiche) — 161

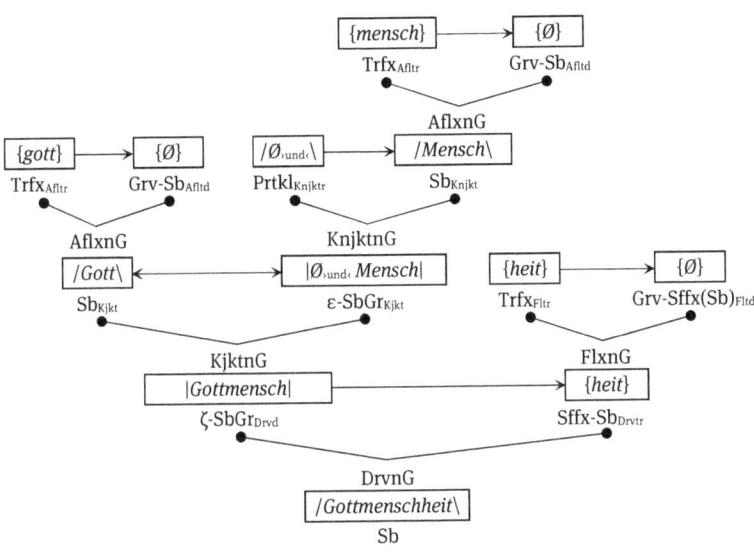

Abb. 51: Gefügestrukturen in dem Substantiv /*Gottmenschheit*\ (Bsp. 73a)

Adj = Adjektiv; Aflktd = Aflektand; Aflktr = Aflektor; AflxnG = Aflexionsgefüge; Drvd = Derivand; DrvnG = Derivationsgefüge; Drvtr = Derivator; Fltd = Flektand; Fltr = Flektor; FlxnG = Flexionsgefüge; Grv-Sb = Substantivgrammativ; Grv-Sffx(Adj) = Adjektivsuffixgrammativ; Grv-Sffx(Sb) = Substantivsuffixgrammativ; Kjkt = Kojunkt; KjktnG = Kojunktionsgefüge; Knjkt = Konjunkt; KnjktnG = Konjunktionsgefüge; Knjktr = Konjunktor; Prtkl = Partikel; Sb = Substantiv; ε-/ζ-SbGr = ε-/ζ-Substantivgruppe; Sffx-Adj = Adjektivsuffix; Sffx-Sb = Substantivsuffix; Trfx = Transfix. — Zu den allgemeinen Notationsregeln vgl. Anhang II (S. 828 ff.).

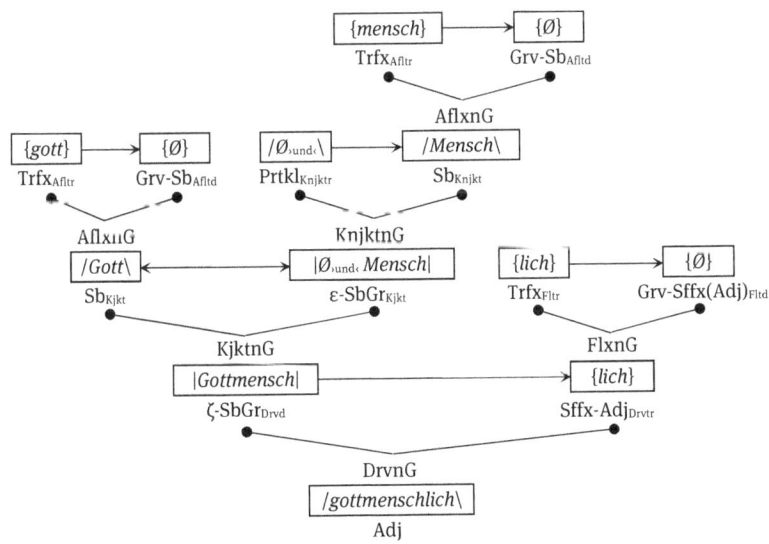

Abb. 52: Gefügestrukturen in dem Adjektiv /*gottmenschlich*\ (Bsp. 73b); zur Legende vgl. Abb. 51

Bsp. 74: a) „Es liegt außerhalb des Kreises unserer Erörterung zu betrachten, wie die metaphysische Gedankenarbeit Trinität, Gottmenschheit in klare und beweisbare Bestandteile aufzulösen den Versuch machte und die Unlöslichkeit des christlichen Dogma für den Verstand schließlich erkennen mußte." (Dilthey, Einl. Geisteswss. 1883, 271.)

b) „Zur christlichen Lehre [...] gehört [...] vor allem: [...] daß Gott mit einer Jungfrau einen gottmenschlichen Sohn gezeugt hat, dessen Taten und Leistungen für die Menschen heilsbedeutsam sind." (Weber, Wirtschaftseth. II 1916–17, 22.)

All diese Beobachtungen lassen aus der Sicht einer in erster Linie l e x i k a l i s c h orientierten historischen Semantik erkennen: Was W ö r t e r sind, ist in Texten keineswegs immer auf Anhieb zu sehen; wer die Bedeutung eines Wortes empirisch untersuchen will, muss ggf. auch solche Belege heranziehen, in denen eine lexikalische Einheit nicht Konstituente einer Wortgruppe, sondern eines Wortes ist oder vielleicht auch nur zu sein scheint. Gefüge wie *Subjekt-Objekt-Verhältnis* (Bsp. 75a), *Surrogats- oder Zusammengeschmolzenheitsbeziehung* (Bsp. 75b), *schwarzweißkariert* (Bsp. 75c) oder *Nur-Gott-Fürchter-und-sonst-niemand-in-der-Welt* (Bsp. 75d) könnten daher ohne weiteres genutzt werden, wenn es um die Semantik von *Subjekt*, *Beziehung*, *weiß* oder *Gott* ginge.

Bsp. 75: a) „Trotz des großen Scharfsinns und der Eleganz, mit welchen die Scheidung [...] der beiden [...] Wissenschaftskategorien durchgeführt wird, ist das so höchst verschiedener logischer Bedeutungen fähige Subjekt-Objekt-Verhältnis nicht restlos aufgeklärt [...]." (Weber, Roscher u. Knies III 1906, 76.)

b) „eine unbewußte und labile Surrogats- oder Zusammengeschmolzenheitsbeziehung" (Weber, Wirtschaftseth. I 1916, 563).

c) „die kurzen, schwarzweißkarierten englischen Pumphosen" (Klabund, Market. 1915, 15).

d) „wir Deutschen, wir Nur-Gott-Fürchter-und-sonst-niemand-in-der-Welt" (Holz, Kunst 1891, 9).

3.2.3 Wortverbünde

In welchem Grade die Erkenntnis der Welt sprachlich bedingt, geprägt oder gar konstituiert ist, wird in der Linguistik ebenso wie in der Sprachphilosophie diskutiert, seit im 18. Jahrhundert durch Autoren wie Vico, Hamann und Herder der Gedanke eines Einflusses der Sprache auf den Erkenntnisprozess aufgebracht und durch einige Autoren der deutschen Romantik und insbesondere Wilhelm von Humboldt elaboriert worden war (zur Geschichte des Ansatzes vgl. Werlen 2002). Der Mensch ‚hat' nach dieser Auffassung nicht einfach ‚die' Welt unmittelbar durch seine sinnliche Anschauung, sondern e i n e Welt ist ihm durch sprachliche Vermittlung g e g e b e n. Was als „weltbildende Kraft der Sprache" (Reichmann 2004a) bezeichnet wird, wirkt auf ihn durch seine unausgesetzte Teilhabe an kommunikativen Prozessen bzw. Akten:

„Ein Kleinkind geht nicht, sobald es laufen kann, in den Garten, um alle möglichen Gewächse zu beobachten, als z. B. ‚Bäume' oder ‚Sträucher' zu klassifizieren und voneinander abzugrenzen, und ein Heranwachsender bzw. Erwachsener geht nicht in die Schule oder in den Beruf, um die dort vorkommenden ‚Gegenstände' selbsttätig und ohne die Hilfe anderer wahrzunehmen und zu erkennen, man hält dem Kleinkind auch nicht ein in bestimmter Weise geformtes Stück Leder vor und sagt ihm ‚das ist ein Ball, und auf dieses Stück Leder musst Du immer mit dem Wort *Ball* Bezug nehmen und Dir dabei die konstitutiven Eigenschaften, Funktionen des Balls als den Begriff ‚Ball' einprägen (usw.), damit Du später, wenn Du mal Englisch oder Suaheli lernst, die Bezeichnungen austauschen kannst', sondern man verfährt ganz anders, nämlich wie folgt: Man redet endlos bereits auf den Säugling und im Beisein des Säuglings auf andere gerade anwesende Situationsbeteiligte ein, wobei in der Regel natürlich auch auf Gegenstände Bezug genommen wird; man erklärt dem Heranwachsenden in der Schule, was der Unterschied zwischen Bäumen und Sträuchern, Hunden und Kötern, Himmel und Wolken, Orient und Okzident ist, man bringt ihm bei, welche Sportarten es gibt und was den Verstand von der Vernunft unterscheidet; man tadelt ihn, wenn er dies alles in nicht soziomorpher Weise übernimmt und belobigt ihn, wenn er die gewünschten Klassifizierungen schnell und sozial konform internalisiert; man unterstützt diesen Prozess über Jahre hinweg vor allem durch Bücher und Autoritäten. Ebenso erklärt man dem Berufseinsteiger, in welcher Weise er seine ‚Gegenstände' zu behandeln und zu klassifizieren hat. Zusammengefasst: Durch die Allgegenwart der Kommunikation, d. h. durch unablässiges Ansprechen von Partnern und unablässiges Sprechen über etwas, das es möglicherweise nur deshalb gibt, weil man darüber redet, werden Kinder, Heranwachsende (usw.) in diese Welt der Kommunikation und ihr entsprechend sozialisiert." (Reichmann 2004a, 296 f.)

Es spielt im gegenwärtigen Zusammenhang keine Rolle, wie weit man die These von der sprachlichen Verfasstheit und Vermitteltheit der Welt tatsächlich reichen lassen will: ob man im Sinne eines radikalen Sprachidealismus davon ausgeht, dass jenseits dieser Verfasst- und Vermitteltheit g a r n i c h t s ist, oder ob man eine gemäßigtere Variante bevorzugt, die davon ausgeht, dass es auch eine Verarbeitung visueller, akustischer, olfaktorischer und haptischer Reize gibt, die mit sprachlichen Merk- und Mitteilungszeichen im Herder'schen Verständnis verbunden und durch sie ‚auf den Begriff gebracht' sind, während sie ohne dieselben lediglich vage und (im Sinne der rationalistischen Erkenntnistheorie) ‚dunkel' vorlägen. Wichtig ist uns hier lediglich die Feststellung, dass es b e s t i m m t e Gegenstände menschlicher Erkenntnis gibt, die ausschließlich oder zumindest doch so weitgehend soziokommunikativ bedingt sind, dass ein Absehen von dieser Beschaffenheit den Gegenständen nicht gerecht würde. Tatsächlich gibt es Gegenstände – im weitesten Sinne –, die es „nur deshalb gibt, weil man darüber redet" (Reichmann 2004a, s. o.), und die es zudem in dieser und jener bestimmten Weise nur gibt, weil man kollektiv in eben dieser Weise über sie redet. Dazu gehören beispielsweise

> „alle jene Konventionen, die unser soziales Leben regeln, seien sie explizit als normative Texte, seien sie implizit als stillschweigende, geteilte Annahmen über das, was die Wirklichkeit ist. [...] Wir sind umstellt von sozialen Tatsachen: von der staatlichen über die religiöse Organisation bis hin zu jenen alltäglichen Ge- und Verboten, die wir als selbstverständlich betrachten. Und diese soziale Welt beeinflusst unsere Wahrnehmung der Welt. Ein einfaches Beispiel:

wenn ich den Hahn des Waschbeckens öffne, kommt *Trinkwasser* heraus. [...] Sobald das Wasser im Siphon verschwindet, ist es *Abwasser* – nicht mehr trinkbar, verschmutzt, etwas Gefährliches. Das Wasser, das aus dem Hahnen fließt, ist das gleiche Wasser, das in den Siphon fließt – materiell gesehen. Sozial ist es etwas ganz Anderes." (Werlen 2002, 9 f.)

Es ist davon auszugehen, dass es verschiedene Arten des Redens über etwas (und damit zugleich der Konstituierung dieses Etwas) geben kann: individuelle, gruppenspezifische, (massen)medial gelenkte usw. – die zwar womöglich dieselben Ausdrücke verwenden und damit vermeintlich auch dieselben Gegenstände thematisieren, diese Ausdrücke aber potentiell in so unterschiedliche Kotextmuster einbinden, dass jeweils durchaus verschiedene Gegenstände dadurch konstituiert werden.

„,Helene Hegemann' – wir setzen sie in Anführungszeichen, weil es uns nicht um die Person geht, die wir ja auch gar nicht kennen, sondern um das Produkt selben Namens", schreibt Jürgen Kaube in der *FAZ* (10. Febr. 2010) in einem Beitrag über den Literaturhype des Jahres 2009. Die Formulierung zeigt: Es gibt auch jenseits der Sprachwissenschaft ein Bewusstsein dafür, dass Ausdrücke wie ANGELA MERKEL, BARACK OBAMA, MICHAEL SCHUMACHER oder eben HELENE HEGEMANN nicht ausschließlich für wirkliche Personen, vielmehr, was die Perspektive des öffentlichen Interesses betrifft, hauptsächlich für Medien- bzw. Diskursphänomene[103] stehen.

---

103 Unter *Diskurs* verstehen wir hier – in Anlehnung an Bär (1999a, 61) und inhaltlich in weitgehender Übereinstimmung mit Busse/Teubert (1994), Kämper (2006, 336), Gardt (2007a, 26) u. a. – die gedankliche Behandlung bestimmter Themen oder Gegenstände, durch die sie in topische Zusammenhänge mit bestimmten anderen Themen oder Gegenständen gebracht und durch die bestimmte Methoden, Darstellungsweisen, stereotype Denk- und Bewertungsmuster auf sie angewendet werden. Diese gedankliche Behandlung manifestiert sich in sprachlichen Äußerungen (vorliegend als Bestandteile von Texten, die das Untersuchungskorpus bilden und in dasselbe nach bestimmten Kriterien eben der Auswahl, Wertung usw. des Historiographen aufgenommen wurden). Ein Diskurs ist damit niemals eine unmittelbare Gegebenheit der oder (vorsichtiger formuliert) einer objektiv gegebenen historischen Realität, sondern immer ein hermeneutisches Konstrukt: das Ergebnis einer historiographischen Interpretation (die als solche stets auswählt, wertet, gewichtet, Bezüge herstellt). Er lässt sich als eine Art virtueller Diskussion zwischen potentiellen Kommunikationspartnern auffassen; ein Minimaldiskurs könnte sogar von einem einzigen Autor – gewissermaßen im Selbstgespräch – bestritten werden. ,Virtuell' soll heißen, dass kein tatsächliches Gespräch vorliegt, sondern eine Menge eigenständiger schriftlicher oder (bei Interviews oder Gesprächsberichten) schriftlich dokumentierter Äußerungen, die allenfalls replizierend aufeinander bezogen sind oder zumindest sein könnten. Letztere Bestimmung (die Möglichkeit, dass ein Beitrag zu einer solchen virtuellen Diskussion von jedem der Diskussionspartner kommentiert wird) impliziert Zeitgenossenschaft der Diskussionspartner: Hermanns (1994a, 50) findet den treffenden Ausdruck „Zeitgespräch". Diese Zeitgenossenschaft ist allerdings cum grano salis aufzufassen, da andernfalls ein Diskurs jeweils nur für eine einzige Generation anzusetzen wäre, maximal für zwei oder drei Generationen, die sich in einem Kernzeitraum überlagern müssten. Man wird aber zumindest für den großen Überblick auch von Diskursen wie ANTIKE MORALPHILOSOPHIE, SCHOLASTISCHE THEOLOGIE oder AUFKLÄRUNG sprechen wollen – im Bewusstsein, dass Binnendifferenzierungen unerlässlich sind –, so dass statt von realer Zeitgenossenschaft eher von „epochaler" Zeitgenossenschaft auszugehen ist – verstanden als Zugehörigkeit zu einem historiographisch nach bestimmten, als relevant erachteten historischen

Ausdrücke für Personen öffentlichen Lebens wie die genannten zählen dazu ebenso wie solche für historische Personen (z. B. *Maria Theresia*, *Otto von Bismarck* oder *Konrad Adenauer*) und solche für literarische Figuren (z. B. *Josef K.*, *Adrian Leverkühn* oder *Oskar Matzerath*): Alles, was wir über diese Personen oder Figuren wissen oder zu wissen glauben, erfahren wir nur aus Texten, ggf. verbunden mit Bild- und/oder Filmmaterial. Die Grenze zwischen (perspektivischer, durch Interessen oder Ideologien gefärbter) Realität und Fiktionalität ist dabei im Einzelfall fließend. *Wallenstein*, *Joseph Süß Oppenheimer* oder *Johann Friedrich Struensee* beispielsweise begegnen in historischen Zeugnissen ebenso wie in literarischen Darstellungen; doch dass die ‚wahre' Person in den ersteren eher zu finden ist, lässt sich durchaus nicht gegründet behaupten, da dies voraussetzte, über ‚die Wahrheit' als solche zu verfügen und sie zum Abgleich heranziehen zu können.

Nicht anders verhält es sich bei kontrovers diskutierten Sachen wie der *Berliner Mauer* (vgl. Felder 2007) bzw. Klassen von Sachen wie *dem Kopftuch* (im so genannten Kopftuchstreit) und bei komplexen Ereignissen wie *dem 11. September*, also den Terroranschlägen in New York und Washington am 11. 9. 2001 (vgl. Tereick 2008), oder *den Unruhen in den Pariser Vorstädten* von 2005 (vgl. Vogel 2009). In allen diesen und beliebig vielen ähnlichen Fällen wird man festhalten können, dass man es nirgendwo mit **den Sachen oder Ereignissen selbst** zu tun hat (dass

---

Ereignissen oder Rahmenbedingungen angesetzten Zeitabschnitt (selbst wenn dieser mehrere Jahrhunderte umfassen sollte). Eine derartige „Epochengenossenschaft" hängt freilich nicht nur von äußeren Faktoren ab, sondern kann auch als „Ideologiegenossenschaft" gefasst werden: als Teilhabe an einer insgesamt als einheitlich erscheinenden Weltansicht oder auch Mentalität (im Sinne von Hermanns 1995a). Eine solche Weltansicht bzw. Mentalität (d. h. eine Gesamtheit bewusster oder unbewusster Denkmuster und Werturteile) „herrscht" in der Regel ja länger als eine Generation. Dabei ist sie prinzipiell von gleicher Beschaffenheit wie der Diskurs (gesehen werden kann sie als ein Konglomerat von sich überlagernden Diskursen): Sie ist ein hermeneutisches Konstrukt. Sie vollständig herausarbeiten zu wollen – was utopisch erscheint –, würde bedeuten, sämtliche in einem Untersuchungskorpus belegbaren emotiven, appellativen und kognitiven Sprechakte systematisch nach Themen, Propositionen, Illokutionen, Bildwelten (Metaphernkomplexen), Topoi usw. geordnet zur Darstellung zu bringen. Indem zumindest einige – nach historiographischem Urteil besonders relevante – derartige Aspekte herausgestellt werden, lässt sie sich partiell modellieren und kann dann als Kriterium für die Zugehörigkeit zu einem bestimmten Diskurs angesetzt werden: Autoren, die unter den herausgestellten Aspekten den gleichen Weltansichts- oder Mentalitätshintergrund erkennen lassen, können als Partizipanten eines und desselben Diskurses auch dann gesehen werden, wenn sie hinsichtlich ihrer Lebensdaten keine Zeitgenossen sind. Unterscheiden sich die historischen Rahmenbedingungen bzw. die Ideologie- oder Mentalitätshintergründe bei sonstiger Diskursähnlichkeit (gleiche Themen, gleiche Werturteile bezüglich derselben usw.) in signifikanter Weise, so würde man sinnvollerweise wohl nicht von einem und demselben Diskurs ausgehen, sondern wohl besser von einer „Tradition" oder „Traditionslinie" (Bär 1999, 61), d. h. einer Reihe einander fortsetzender, ggf. sogar bewusst aneinander anknüpfender Diskurse sprechen – also beispielsweise nicht von einem einzigen Diskurs *Idealismus*, sondern einer idealistischen Tradition von der Antike bis zur Gegenwart. Dabei ist dann eine unmittelbare zeitliche Kontinuität kein notwendiges Kriterium.

diese a l s s o l c h e auch nicht fassbar sind, da sie auch von unmittelbar mit ihnen Befassten bzw. persönlich Involvierten ja immer nur in subjektiver Perspektivität, in bestimmten Ausschnitten wahrgenommen werden), sondern mit R e d e g e g e n s t ä n d e n. Damit wird noch keineswegs bestritten, dass das Reden über diese Gegenstände einen Bezug zu einer außersprachlichen Wirklichkeit aufweise.[104] Es wird lediglich betont, dass ein solcher Bezug nicht überprüfbar ist – jedenfalls nicht mit linguistischen Mitteln. Mit ihnen können nur sprachliche Zeichen beschrieben werden und dasjenige an Realität[105], was durch diese Zeichen konstituiert wird.

Es versteht sich, dass sprachliche Zeichen, die komplexen Gegenständen und Sachverhalten wie den zuvor erwähnten entsprechen, ihrerseits komplex sein müssen. Es handelt sich bei ihnen in der Regel nicht lediglich um Wörter oder Wortgruppen, sondern um Wort- bzw. Wortgruppenkonglomerate, die sich gleichsam netzartig durch Texte hindurchziehen und in ihrer Verflochtenheit mit anderen derartigen Zeichennetzen die Textur des Textes bilden.

Dass als sprachliche Zeichen jenseits der Wortgruppenebene – zu der wir auch Sätze und Perioden (kompaxiv gefügte Satzgruppen) rechnen – nicht Texte als solche erscheinen, sondern immer noch nur erst Bestandteile von Texten, wird ohne weiteres einleuchten. Zwar findet sich in der Forschung durchaus kein einheitlicher Textbegriff; durchsucht man einschlägige Beiträge zur Textlinguistik, so stößt man nach kurzer Zeit auf Aussagen wie die, dass „es bisher nicht gelungen ist, einen Konsens herzustellen hinsichtlich des [...] Begriffs ‚Text'" (Heinemann/Viehweger 1991, 13), oder dass „nicht einmal der Begriff ‚Text' [...] bei allen Autoren identisch [ist], und zuweilen [...] nicht einmal bei ein und demselben Autor" (Coseriu 1994, 8). Oder:

> „[Es] lassen sich mühelos Hunderte von Textdefinitionen zusammenstellen, die zwar in bestimmten Grundpositionen aufeinander beziehbar sind, im Einzelnen aber doch so weit auseinanderdriften, dass dem an der praktischen Verwendbarkeit von Texten Interessierten ein äußerst verwirrendes, heterogenes Bild des Phänomens ‚Text' entstehen muss" (Heinemann/Heinemann 2002, 96).

---

104 Sinnvoll und hilfreich dürfte in diesem Zusammenhang „die Unterscheidung von S. J. Schmidt zwischen Wirklichkeit und Realität" sein: „Unter *Wirklichkeit* wird die mit den originären Sinnen erfahrbare und begriffliche Welt verstanden, *Realität* ist das medial konstituierte und also zwangsläufig gestaltete Szenario davon. Vor diesem Hintergrund der Differenzierung sind wir als Medienrezipienten in erheblichem Maße mit Realität konfrontiert, also mit sprachlichen und anderen medialen Produkten, die Wirklichkeit zu zeigen vorgeben. In der Rezeption von gesellschaftspolitisch relevanten Ereignissen haben wir es demnach mit gestalteten Materialien in sprachlicher und bildlicher Form zu tun, die Wirklichkeit in Realität verwandelt haben. Massenmediale Sprach- und Bildzeichen sowie Zeichenverkettungen sind daher ein perspektivierter Ausschnitt von Welt zur interessengeleiteten Konstitution von Realität im Spektrum verschiedener Wirklichkeiten." (Felder 2007, 359.)
105 Vgl. Anm. 104.

Oder:

> „Es wäre vermessen, bei der [...] Zusammenstellung von Textdefinitionen und Begriffsumschreibungen auch nur annähernd Vollständigkeit anzustreben. Allein die Zahl der sprachwissenschaftlichen Textdefinitionen ist ungezählt, teilt der ‚Text' doch das Schicksal anderer linguistischer (und zugleich alltagssprachlicher) Basiskategorien wie ‚Zeichen', ‚Wort' oder ‚Satz'." (Klemm 2002, 18.)

Konsens ist, dass k e i n Konsens ist, „dass sich die Textlinguistik bislang noch nicht auf einen einheitlichen [Text-]Begriff hat einigen können" (Adamzik 2004, 31). Zumindest einigen führenden Vertreterinnen und Vertretern der Textlinguistik scheint die Menge an unterschiedlichen Auffassungen sogar immer noch zu gering; mit Fragen wie „Brauchen wir einen neuen Textbegriff?" (Fix u. a. 2002) regen sie zumindest implizit zum Nachdenken darüber an, das Spektrum weiter zu vergrößern.

Dennoch besteht wohl Einigkeit dahingehend, dass Texte l i n e a r e Gebilde sind, d. h., dass sie eine Rezeption fordern, die kontinuierlich nach der Reihe den sie konstituierenden Zeichen folgt.[106]

- *Text* kann erstens als Individualbezeichnung verwendet werden und ist dann determiniert durch einen Individualartikel (§ 85.2b$^{I\alpha}$ HLR: *der/ein Text*) oder durch ein Individualpluralgrammativ (§ 83.1f^1 HLR: *Texte*). „Alles, was Redeakt oder Gefüge von zusammenhängenden Redeakten ist", erscheint als Text in diesem Sinne (wir sprechen der Eindeutigkeit halber von *Texteinheiten*), „ob es sich nun um eine Begrüßungsformel wie *Guten Tag* oder um die *Divina Commedia* handelt" (Coseriu 1994, 10). Texteinheiten spielen für uns hauptsächlich als konstitutive Einheiten von Korpora (d. h. konkret: unseres eigenen Untersuchungskorpus) eine Rolle.
- *Text* kann zweitens gleichsam als Materialbezeichnung verwendet werden und ist dann determiniert durch einen Neutralartikel (§ 85.2b^{II} HLR: *der/Ø$_{Art}$ Text*) oder durch ein Nomen quantitatis als Apponend (z. B. *Stück Text*) oder Kompositumszweitglied (z. B. *Textmenge*); das Wort erscheint in allen diesen Fällen als Singularetantum. Wir nennen ‚Text' in diesem Sinne – verstanden als regelhaft zusammenhängende Menge linear angeordneter sprachlicher Zeichen auf Wort- bzw. Wortgruppenebene –, wo es um Eindeutigkeit geht, *Sequenz*. Sequenzen

---

106 Die Linearität der Zeichenfolge bzw. ihrer Rezeption wird auch durch das Prinzip der Hypertextualität, wie es beispielsweise jedem Text mit Fußnoten zugrunde liegt, nicht außer Kraft gesetzt. Hypertextstrukturen stellen Leserin und Leser lediglich vor die Wahl, bestimmte Teile eines Textganzen in unterschiedlicher Reihenfolge zur Kenntnis zu nehmen – oder aber (im Fall von elaborierten Hypertextstrukturen, wie sie die neuen Medien ermöglichen) bei unterschiedlicher Wahl im Akt der Rezeption jeweils einen anderen Text zu erzeugen. Jede Wahl führt aber zu einer für sich betrachtet linearen Rezeption.

können Texteinheiten entsprechen, sie können aber auch nur Teile (Abschnitte) von Texteinheiten darstellen.

Die Eigenschaft der Linearität nun gerade ist es, die Texte im gegenwärtigen Zusammenhang nicht in Betracht kommen lässt. In ihrem Verlauf, um es anschaulich auszudrücken, begegnen unmittelbar sukzessiv die Bestandteile u n t e r s c h i e d ‐ l i c h e r Zeichen; so in Bsp. 76 die ausdrucksseitigen Konstituenten von K͟Ö͟N͟I͟G͟S͟T͟O͟C͟H͟‐ T͟E͟R͟ und K͟U͟G͟E͟L͟.

Bsp. 76: „Es war einmal eine K͟ö͟n͟i͟g͟s͟t͟o͟c͟h͟t͟e͟r͟, d͟i͟e͟ ging hinaus in den Wald und setzte s͟i͟c͟h͟ an einen kühlen Brunnen. S͟i͟e͟ hatte eine goldene K͟u͟g͟e͟l͟, d͟i͟e͟ war i͟h͟r͟ liebstes Spielwerk, d͟i͟e͟ warf s͟i͟e͟ in die Höhe und fing s͟i͟e͟ wieder in der Luft und hatte i͟h͟r͟e͟ Lust daran. Einmal war die K͟u͟g͟e͟l͟ gar hoch geflogen, s͟i͟e͟ hatte die Hand schon ausgestreckt und die Finger gekrümmt, um s͟i͟e͟ wieder zufangen, da schlug s͟i͟e͟ neben vorbei auf die Erde, rollte und rollte und geradezu in das Wasser hinein." (J. G͟R͟I͟M͟M͟/W. G͟R͟I͟M͟M͟, Kinder- u. Hausm. I 1812, 1.)

Der Text erscheint somit als eine Verflechtung verschiedener komplexer Zeichen, wobei die Metapher, die etymologisch das Wort *Text* (›Geflecht, Gewebe‹) motiviert, sich als weitergehend stimmig erweist: Wie die Fäden, die in ihrem Zusammenwirken – oder besser: ihrem Zusammengewirktsein – ein Gewebe bilden, hier an der Oberfläche liegen und dabei andere Fäden verdecken, dort von anderen, ihrerseits an der Oberfläche liegenden Fäden verdeckt werden, so werden fadenartig die komplexen Zeichen, die einen Text bilden, an bestimmten Stellen im Text sichtbar, an anderen erscheinen sie gleichsam überlagert von anderen, ähnlich komplexen Zeichen.

Freilich sollte man Metaphern nie z u weitgehend vertrauen, weil sie ebenso leicht, wie sie Aspekte explizieren und damit das Verstehen in eine gute Richtung weisen können, auch dazu neigen, manchen Aspekt zu implizieren, der sich bei genauerem Nachdenken als unzutreffend herausstellt. Während man beim Stoffgewebe nicht ernsthaft bezweifeln wird, dass seine Bestandteile, die Fäden, einander tatsächlich wechselweise überlagern, dass also bei allen Fäden manche Abschnitte sichtbar, manche hingegen verdeckt sind, wird man beim Text durchaus in Frage stellen, dass die komplexen Zeichen, die ihn bilden, an denjenigen Stellen, an denen man sie nicht sieht, dennoch ‚anwesend' sind. Zumindest hinsichtlich ihrer Gestaltseite (§ 3, § 8 HLR) sind sie es nicht. Gibt es Gründe, anzunehmen, dass sie es hinsichtlich ihres Wertes (§ 4, § 9 HLR) doch sind, so ist aber d i e s e ‚Anwesenheit' eine D e u t u n g von Gegebenheiten des Textes, nicht eine Gegebenheit des Textes selbst – ebensowenig wie in Abb. 53 eine S-Linie, obgleich man sie in der Gesamtheit der weißen Punkte z u s e h e n m e i n t, tatsächlich in der Graphik ist.

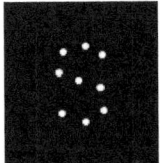

Abb. 53: Dies ist kein S

Damit ist selbstverständlich nicht bestritten, dass es zwischen einzelnen Textbestandteilen Beziehungen gibt, die es erlauben und möglicherweise sogar nahelegen, über andere Textbestandteile hinwegspringend so etwas wie Kontinuität auf einer zweiten Ebene anzunehmen. Diese Beziehungen sind allerdings ihrerseits k e i n e Textbestandteile, sondern werden in den Text – nach bestimmten intersubjektiv verfügbaren Regeln, versteht sich – h i n e i n gesehen (vgl. auch S. 34 ff.); die zweite Ebene liegt somit nicht im ‚Hintergrund' oder unter der ‚Oberfläche' des Textes, sondern ist eher als ein interpretativer ‚Überbau', ein ‚Gegenüber' anzusehen: Sie hat ihren Ort im Bewusstsein oder in der Ahnung des Lesers wie die Form im gepixelten Bild den ihren im Auge des Betrachters.

*

Komplexe Zeichen im Sinne des Vorstehenden lassen sich nach unserem Ansatz als komplexiv strukturiert beschreiben (§ 17.II HLR; vgl. die Erläuterungen S. 106 ff.). Wir nennen sie W o r t v e r b ü n d e.

§ 28.1 HLR: Ein W o r t v e r b u n d ist ein kollokatives Zeichen mit folgenden Eigenschaften: Es ist als Zeichen solut (§ 15.IIa HLR) und zusammengesetzt (§ 12.II HLR) sowie als Gefüge komplexiv strukturiert (§ 17.II HLR) und dissolut (§ 15.IIb HLR), weist mindestens zwei unmittelbare Konstituenten mit Bedeutung im engeren Sinne (§ 9.2α HLR) auf und ist semantisch dekomponierbar (§ 16.II HLR).

Zu § 28.1 HLR: Wie an anderer Stelle (Kap. 5.4) auszuführen, unterscheiden wir mehrere Arten von Wortverbünden: Verbverbünde (§ 95 HLR), Substantivverbünde (§ 96 HLR), Adjektivverbünde (§ 97 HLR), Artikelverbünde (§ 98 HLR), Pronomenverbünde (§ 99 HLR), Partikelverbünde (§ 100 HLR) und Miszellanverbünde (§ 101 HLR). Ihnen allen schreiben wir die zuvor erläuterten retiarischen (netzartigen) Strukturen zu; sie alle erscheinen daher notwendigerweise als zusammengesetzte Zeichen. Ihrer Struktur nach sind sie dissolute Gefüge, da sie aus soluten Zeichen – Wörtern (§ 26.1a HLR) bzw. Wortgruppen (§ 27.1a HLR) – bestehen. Sie sind ihrerseits solute Zeichen: Mit den Zeichen, die sich unmittelbar wertdeterminativ auf sie beziehen, sind sie in mannigfacher Weise verflochten, wobei zwar die Positionen der einzelnen Zeichenbestandteile (d. h. Verflechtungspunkte) nicht völlig beliebig sind, irgendeine Art von Positionsfestigkeit jedoch nicht zu erkennen ist. Wortverbünde bestehen aus mindestens zwei unmittelbaren Konstituenten mit Bedeutung im engeren

Sinn, die sämtlich unmittelbar zur Konstitution der Bedeutung des Wortverbundes im Ganzen beitragen; ihre Bedeutungen sind somit – in den Worten von Andreas Gardt (2013, 45) – nicht „punktuelle", sondern „flächige" Phänomene. Eine wie auch immer geartete Idiomatizität von Wortverbünden ist nicht gegeben; sie sind semantisch dekomponierbar, d. h., ihre Bedeutung lässt sich eins zu eins in die Bedeutungen ihrer unmittelbaren Konstituenten auflösen.

Bsp. 77: „Jetzt, da ich Dir alle Schwierigkeiten, die Du auf Deinem Wege antriffst, gezeigt habe, jetzt will ich Dir auch sagen, was ich gesonnen bin für Dich zu thun. Meine Lehren wären nichts werth, wenn ich sie blos ausgekramt hätte, um Dich mit Deiner Bitte abzuweisen. Nein! ich rede als Dein treuer Freund, und als ein solcher werde ich auch handeln. [...]
Jetzt sprich, junger Mensch! bist Du davon zufrieden? – So antworte mir denn bald!
Leidthal." (KNIGGE, Roman m. Leb. IV 1783, 60 ff.)

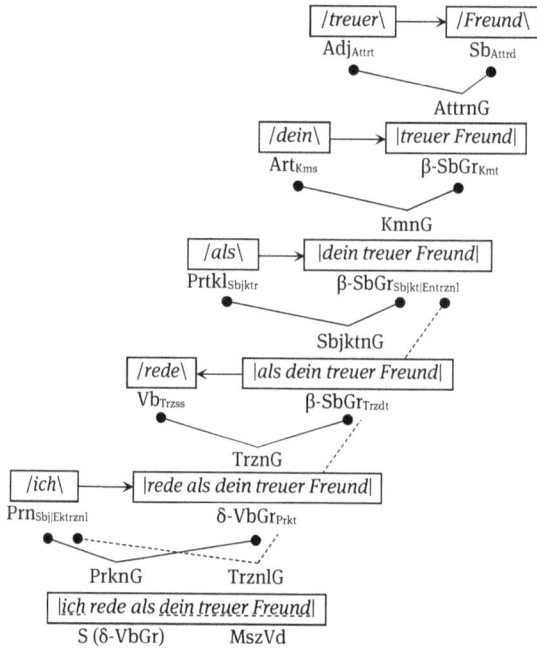

Abb. 54: Gefügestrukturen in dem Pronomenverbund ⟨ich · dein treuer Freund⟩ (Bsp. 77)
Adj = Adjektiv; Art = Artikel; Attrd = Attribuend; AttrnG = Attributionsgefüge; Attrt = Attribut; Ektrznl = Ektranszessional; Entrznl = Entranszessional; KmnG = Komitationsgefüge; Kms = Komes; Kmt = Komitat; MszVd = Miszellanverbund; PrknG = Prädikationsgefüge; Prkt = Prädikat; Prn = Pronomen; Prtkl = Partikel; S = Satz; Sb = Substantiv; β-SbGr = β-Substantivgruppe; Sbj = Subjekt; Sbjkt = Subjunkt = SbjktnG = Subjunktionsgefüge; Sbjktr = Subjunktor; Trzdt = Transzedent; TrznG = Transzessionsgefüge; TrznlG = Transzessionalgefüge; Trzss = Transzess; Vb = Verb; δ-VbGr = δ-Verbgruppe. — Zu den allgemeinen Notationsregeln vgl. Anhang II (S. 828 ff.).

Der Miszellanverbund ⟨ich · dein treuer Freund⟩ (Abb. 54) ist ein Beispiel für einen Wortverbund, der aus genau zwei unmittelbaren Konstituenten besteht. Er ist komplexiv verbunden mit dem Satz |ich rede als dein treuer Freund|, einem kompaxiven Gefüge, zudem jedoch auch mit zwei weiteren komplexiven Gefügen, nämlich den Miszellanverbünden FREYHERR VON LEIDTHAL (im vorliegenden Ausschnitt: ⟨ich · ich · ich · meine · ich · ich · mir · Leidthal⟩) und CARL VON HOHENAU (im vorliegenden Ausschnitt: ⟨Dir · Du · Deinem · Dir · Dich · Dich · Deiner · Dein · Du⟩) als die, betrachtet als sprachliche Zeichen im oben (S. 165) erläuterten Sinne, die gleichnamigen Figuren in Knigges *Roman meines Lebens* erscheinen. Im Gegensatz zum Miszellanverbund ⟨ich · dein treuer Freund⟩, der kotextuell klar begrenzt ist und sogar auf einen einzigen und nicht einmal sonderlich anspruchsvoll strukturierten Satzes beschränkt bleibt, ziehen sich die beiden Miszellanverbünde FREYHERR VON LEIDTHAL und CARL VON HOHENAU (zusammen mit etlichen weiteren Miszellanverbünden) durch den gesamten Text. Sie sind untereinander und mit anderen Wortverbünden in vielfältiger Weise verflochten, indem Bestandteile der Zeichengestalt des einen als Wertbestandteile des anderen erscheinen (und umgekehrt).

Beobachtungen wie diese, die ein erstes Licht auf Sinn und Zweck, mit anderen Worten: auf einen potentiellen hermeneutischen Nutzwert des Ansatzes von Wortverbünden werfen mögen, führen auf die Frage, wie die Zeichengestalt (Ausdruck) und der Zeichenwert (Bedeutung) eines Wortverbundes konkret beschaffen sein, worin im Einzelnen sie bestehen könnten. Diese Frage ist eng gekoppelt mit derjenigen nach der linguistischen Perspektivierung des Zeichens: der Frage, ob es sich um ein individuelles Einzelphänomen oder um eine vor dem Hintergrund eines Regelsystems erscheinende Größe handelt. Wenn Wortverbünde als sprachliche Zeichen im vollen Sinne des de Saussure'schen Zeichenmodells deutbar sein sollen, so müssen sie in der Tat zumindest diese beiden Grundanforderungen erfüllen: Sie müssen eine Signifiant-Seite sowohl wie eine Signifié-Seite erkennen lassen, und sie müssen als Einheiten der Parole ebenso wie als Einheiten der Langue erscheinen können.

§ 28.2 HLR: (α) W o r t v e r b u n d   a l s   B e l e g z e i c h e n (§ 2.2α HLR): [1]Sofern ein Wortverbund hinsichtlich seines Wertes konkret kotextuell bestimmt durch mindestens eine individuelle Determinante (§ 4.2α HLR), d. h. als bestimmt durch mindestens ein anderes Belegzeichen betrachtet wird (§ 9.2α^I HLR), erscheint er als b e l e g s p e z i f i s c h e r   W o r t v e r b u n d (kurz: B e l e g w o r t v e r b u n d) oder R e t i a r. [2]Die Zeichengestalt eines Belegwortverbundes besteht in der Gesamtheit der Zeichengestalten seiner Konstituenten; sie wird repräsentiert durch eine Nennform (§ 3.2 HLR).

(β) W o r t v e r b u n d   a l s   K o r p u s z e i c h e n (§ 2.2β HLR): [1]Sofern ein Wortverbund als hinsichtlich seines Wertes kotextabstraktiv bestimmt durch mindestens einen individuellen Determinantentyp (§ 4.2β HLR), d. h. als bestimmt durch mindestens ein anderes Korpuszeichen betrachtet wird (§ 9.2α^{II} HLR), erscheint er als k o r p u s s p e z i f i s c h e r   W o r t v e r b u n d (kurz: K o r p u s w o r t v e r b u n d) oder R e t i a r e m. [2]§ 28.2α^2 HLR gilt entsprechend.

(γ) W o r t v e r b u n d   a l s   G l i e d z e i c h e n (§ 2.2γ HLR): [1]Sofern ein Wortverbund als hinsichtlich seines Wertes konkret kotextuell bestimmt durch mindestens eine kategoriale Determinante (§ 4.2γ HLR), d. h. als bestimmt durch mindestens ein anderes Gliedzeichen betrachtet wird (§ 9.2β^I HLR), erscheint er als Gliedwortverbund (will sagen: ›Glied-Wortverbund‹, nicht ›Gliedwort-Verbund‹), mit anderen Worten: als Vertreter einer Gliedwortverbundart. $^{(2)}$§ 28.2α² HLR gilt entsprechend.

(δ) Wortverbund als Exemplarzeichen (§ 2.2δ HLR): $^{(1)}$Sofern ein Wortverbund als hinsichtlich seines Wertes kotextabstraktiv bestimmt (§ 4.2δ HLR) durch mindestens einen kategorialen Determinantentyp, d. h. als bestimmt durch mindestens ein anderes Exemplarzeichen betrachtet wird (§ 9.2β^{II} HLR), erscheint er als Exemplarwortverbund, mit anderen Worten: als Vertreter einer Wortverbundart. $^{(2)}$§ 28.2α² HLR gilt entsprechend.

§ 28.3 HLR: Ein Wortverbund als Gefüge gesehen heißt Wortkette.

§ 28.4 HLR: (α) Wortkette als Belegzeichengefüge (§ 13.4α^I HLR): Als belegspezifische Wortkette (kurz: Belegwortkette) oder Katenat erscheint eine Wortkette, sofern sie hinsichtlich ihrer individuellen Konstituenten und deren wertdeterminativen Relationen betrachtet wird.

(β) Wortkette als Korpuszeichengefüge (§ 13.4α^{II} HLR): Als korpusspezifische Wortkette (kurz: Korpuswortkette) oder Katenatem erscheint eine Wortkette, sofern sie hinsichtlich ihrer individuellen Konstituententypen und deren wertdeterminativen Relationen betrachtet wird.

(γ) Wortkette als Gliedergefüge (§ 13.4β^I HLR): Als Gliederwortkette (Vertreter einer Gliederwortkettenart) erscheint eine Wortkette, sofern sie hinsichtlich ihrer kategorialen Konstituenten und deren wertdeterminativen Relationen betrachtet wird.

(δ) Wortkette als Exemplarengefüge (§ 13.4β^{II} HLR): Als Exemplarenwortkette (Vertreter einer Wortkettenart) erscheint eine Wortkette, sofern sie hinsichtlich ihrer kategorialen Konstituententypen und deren wertdeterminativen Relationen betrachtet wird.

Zu § 28.2–4 HLR: Wie für alle anderen zusammengesetzten Zeichen gilt für Wortverbünde, dass sie einen äußeren wie einen inneren Zeichenwert gemäß § 13 HLR aufweisen. Als innerer Zeichenwert erscheint die determinative Beziehung der einzelnen Konstituenten des Wortverbundes auf- und untereinander; als äußerer Zeichenwert erscheint die Gesamtheit der determinativen Beziehungen, in denen jeder der Konstituenten des Wortverbundes für sich genommen außerhalb des Wortverbundes steht. Konkret: In dem Miszellanverbund ⟨*ich · dein treuer Freund*⟩ (Bsp. 77), in dem *ich* als Ektranszessional (§ 56.2 HLR) und *dein treuer Freund* als Entranszessional (§ 56.3 HLR) erscheint, sind beide Konstituenten füreinander determinativ, nicht anders als etwa die beiden Konstituenten *Abend* und *Mahl* in dem Kompositum *Abendmahl* ›Abendessen‹ (Bsp. 36a, S. 104) es füreinander sind. Diesem inneren Zeichenwert steht die Tatsache gegenüber, dass die unmittelbare Konstituente *ich* zugleich als Konstituente des Miszellanverbundes Freyherr von Leidthal und die mittelbare Konstituente *dein* zugleich als Konstituente des Miszellanverbundes Carl von Hohenau erscheint, so dass determinative Beziehungen der Wortverbundkonstituenten /ich\ und |dein treuer Freund| mit Zeichen außerhalb des Wortverbundes bestehen. Die Gesamtheit dieser Außenbeziehungen erscheint als sein äußerer Zeichenwert. Gemäß § 9.2 und § 13.3 HLR lassen sich ein äußerer bzw. innerer Sinn und eine äußere bzw. innere Valenz unterscheiden. Die Valenz besteht in der Tatsache, dass es sich bei dem Miszellanverbund ⟨*ich · dein treuer Freund*⟩ um ein Transzessionalgefüge (§ 56 HLR) handelt, in dem von einem (hier durch *ich* ausgedrückten) J e m a n d ausgesagt wird, dass er e t w a s i s t (innere Valenz); durch die Verflechtung des Transzessionalgefüges mit einem Prädikationsgefüge (§ 34 HLR) wird zugleich ausgesagt, dass derselbe Jemand e t w a s t u t (äußere Valenz). Der Sinn besteht in der Tatsache der Verflechtung des Pronomenverbundes mit k o n k r e t e n Zeichen (eben den genannten Miszellanverbünden und dem Satz |*ich rede als dein treuer Freund*|), also in der konkreten Füllung der semantischen Leerstellen[107] des Ausdrucksmusters *jemand ist/tut etwas*: FREYHERR VON LEIDTHAL ist (so sagt er von sich selbst) ein *Freund* CARL VON HOHENAUS und *redet* so, dass er als ein solcher erkennbar wird (oder zu werden glaubt).

Es ist offensichtlich, dass insbesondere bei koordinativ gefügten Wortverbünden, die mehr – und in der Regel sehr viel mehr – als zwei Ausdruckskonstituenten aufweisen, eine praktikable beschreibungssprachliche Fassung ihrer Ausdrucksseite nur durch Verwendung einer Nennform möglich ist. Dabei kann es sich entweder um einen objektsprachlichen Ausdruck handeln, wie bei FREYHERR VON LEIDTHAL (die Substantivgruppe *Freyherr von Leidthal* ist bei Knigge in unterschiedlichen Flexionsformen insgesamt 37 Mal belegt), oder um einen beschreibungssprachlichen, am objektsprachlichen Befund allenfalls orientierten Ausdruck, wie bei GENERAL WERTMÜLLER (eine entsprechende Wortgruppe ist in Conrad Ferdinand Meyers Novelle *Der Schuß von der Kanzel* an keiner einzigen Stelle belegt, die Figur erscheint vielmehr als *(der) General*, *Herr General*, *Vetter General*, *Wertmüller* oder *Rudolf Wertmüller*)[108].

Konstruktnennformen (beschreibungssprachliche Ausdrücke als Nennformen) erscheinen überall dort als sinnvoll, wo ‚sprechende', d. h. das Ausdrucksensemble eines Wortverbundes möglichst charakteristisch und pointiert repräsentierende Belegnennformen (objektsprachliche Ausdrücke) nicht aufzufinden sind. So vertreten beispielsweise einige deutsche Romantiker, vor allem A. W. Schlegel, wiederholt die These, die menschliche Sprache – von der behauptet wird, sie sei ursprünglich poetisch gewesen und mit der Zeit prosaisch geworden – müsse wieder poetisch werden (vgl. Bär 1999a, 116 ff.); nirgendwo jedoch verwenden sie in diesem Zusam-

---

[107] Zum Konzept der semantischen Leerstelle vgl. beispielsweise Pasch u. a. 2003, 7.
[108] Die Frage, weshalb nicht einer der objektsprachlichen Ausdrücke als Nennform des Miszellanverbundes herangezogen werden soll, beantwortet sich mit Blick auf die Signifikanz der Ausdrücke. Während *Herr General*, *Vetter General* und *Rudolf Wertmüller* selten, teils sogar lediglich unikal belegt sind und daher nicht prototypisch für die Figur stehen, sind die beiden im Text hauptsächlich verwendeten Ausdrücke *(der) General* und *Wertmüller* nicht eindeutig. Einen GENERAL gibt es in mehr als einem literarischen Werk, so dass eine nähere Spezifizierung (z. B. DER GENERAL IN MEYERS „SCHUSS VON DER KANZEL") unumgänglich scheint; in Meyers Novelle selbst kommen zwei Figuren namens *Wertmüller* vor: der bewusste General und sein Vetter, der schusswaffenbegeisterte *Wilpert Wertmüller* (PFARRER WERTMÜLLER).

menhang den prägnanten Ausdruck *Repoetisierung*. Da dieses Substantiv jedoch besser als jede der in den Quellen anzutreffenden Umschreibungen geeignet scheint, die sprachideologische Position zu fassen, kann sinnvollerweise die Rede sein vom *Konzept der Repoetisierung* (vgl. Bär 1999a, ebd.), und indem wir semantische Konzepte als Wortverbünde fassen, erscheint dann REPOETISIERUNG als eben dasjenige, was hier in Rede steht: als Konstruktnennform.

Indem durch Nennformen komplexe Zusammenhänge pointierter sprachlich zu fassen sind, werden diese Zusammenhänge zugleich auch leichter auffindbar, sobald sie in annotierten maschinenlesbaren Quellenkorpora recherchiert werden können. Sinn und Zweck von Konstruktnennformen wie REPOETISIERUNG werden hier besonders deutlich: Sowie sie als (auf der Benutzeroberfläche unsichtbare) ‚Randbemerkung' an irgendeiner Stelle in ein Quellendigitalisat eingeschrieben (getaggt) worden sind, ermöglichen sie es, eben diese Stelle jederzeit mithilfe eines einfachen Suchbefehls aufzufinden. Der Benutzer gelangt also, um beim Beispiel zu bleiben, durch Eingabe des Suchbefehls *Repoetisierung* zu Stellen wie in Bsp. 78, an denen es um ‹Repoetisierung› geht, obwohl der Ausdruck *Repoetisierung* im Text nicht vorkommt – sofern diesen Ausdruck nur irgendwann ein Bearbeiter virtuell ‚an den Rand geschrieben' hat.

Bsp. 78: a) „Ja man kann ohne Übertreibung und Paradoxie sagen, daß eigentlich alle Poesie, Poesie der Poesie sey; denn sie setzt schon die Sprache voraus, deren Erfindung doch der poetischen Anlage angehört, die selbst ein immer werdendes, sich verwandelndes, nie vollendetes Gedicht des gesamten Menschengeschlechtes ist. Noch mehr: in den früheren Epochen der Bildung gebiert sich in und aus der Sprache, aber eben so nothwendig und unabsichtlich als sie, eine dichterische Weltansicht, d. h. eine solche worin die Fantasie herrscht. Das ist die Mythologie. Diese ist gleichsam die höhere Potenz der ersten durch die Sprache bewerkstelligten Naturdarstellung; und die freye selbstbewußte Poesie, welche darauf fortbaut, für welche der Mythus wieder Stoff wird, den sie dichterisch behandelt, poetisirt, steht folglich noch um eine Stufe höher. So kann es nun weiter fortgehen, denn die Poesie verläßt den Menschen in keiner Epoche seiner Ausbildung (welche wirklich diesen Namen verdient, und nicht bloß Einseitigkeit und Ertödtung gewisser Anlagen ist) ganz; und <u>wie sie das Ursprünglichste ist, die Ur- und Mutterkunst aller übrigen, so ist sie auch die letzte Vollendung der Menschheit, der Ocean, in den alles wieder zurückfließt, wie sehr es sich auch in mancherley Gestalten von ihm entfernt haben mag</u>." (A. W. SCHLEGEL, Berl. Vorles. I ¹1801-02, KAV 1, 388.)

[*Repoetisierung*]

b) „Poesie entstand gemeinschaftlich mit Musik und Tanz, und das Sylbenmaaß war das sinnliche Band ihrer Vereinigung mit diesen verschwisterten Künsten. Auch nachdem sie von ihnen getrennt ist, muß sie immer noch Gesang und gleichsam Tanz in die Rede zu bringen suchen, wenn sie noch dem dichtenden Vermögen angehören, und nicht bloß Uebung des Verstandes seyn will. <u>Dieß hängt genau mit ihrem Bestreben zusammen, die Sprache durch eine höhere Vollendung zu ihrer ursprünglichen Kraft zurückzuführen</u>, und Zeichen der Verabredung durch die Art des Gebrauches beynah in natürliche und an sich bedeutende Zeichen umzuschaffen." (A. W. SCHLEGEL, Brf. Poes. I–II 1795, 88.)

[*Repoetisierung*]

[Repoeti-
sierung]   c) „Unsre Sprache [...] war zu Anfang viel musicalischer und hat sich nur nach gerade so prosaisirt – so *enttönt.* [...] Sie muß wieder *Gesang* werden" (NOVALIS, Allg. Brouill. *1798, NS 3, 283 f., Nr. 245).

Die hermeneutische Linguistik hat es, wie zuvor gesagt, mit Texten oder Mengen von Texten und mit den sie konstituierenden und von ihnen konstituierten sprachlichen Zeichen zu tun. Gleich ob es sich bei den ‚Gegenständen' von Texten bzw. Diskursen um faktuale oder fiktionale ‚Personen' oder ‚Kollektive', um Ensembles oder Konstellationen von ‚Personen', um ‚Dinge' oder Ensembles von ‚Dingen', um ‚Ereignisse', ‚Handlungen' oder Abfolgen von ‚Handlungen' (sei es von Einzelnen oder von Gruppen oder Kollektiven), um ‚Handlungsmuster', um ‚Qualitäten', ‚Orte', ‚Zeitpunkte' oder ‚-räume' usw. handelt: Linguistisch lassen sich solche Größen ebenso wie etliche weitere als sprachliche Zeichen fassen, die es in ihrer konkreten Verwendung, d. h. als s e m a n t i s c h e   K o n z e p t e (‚Begriffe', ‚Ideologeme', ‚Stereotype' o. Ä.) zu beschreiben gilt.

Die Beschäftigung mit semantischen Konzepten dieser Art ist durchaus nicht nur ein linguistisches Anliegen, sondern findet sich in der einen oder anderen Ausprägung in den meisten historischen Disziplinen (z. B. Literatur-, Philosophie- und Theologie-, Politik- und Sozialgeschichte). Eine methodische Absicherung der Erkenntnisse ist dabei freilich selten (Beliebigkeiten der Korpuszusammenstellung sind ebenso verbreitet wie kasuistische Einzelbelegbetrachtung), und oft genug ist nicht einmal hinreichend klar, was genau man unter semantischen Konzepten versteht. Dies zeigt – hinsichtlich der geläufigen Kategorie ‚Begriff' – beispielsweise ein Blick in eines der begriffshistorischen Standardwerke, die *Geschichtlichen Grundbegriffe*:

> „Die soziale und politische Sprache kennt eine Menge von Leitbegriffen, Schlüssel- oder Schlagwörtern. Manche tauchen plötzlich auf und verblassen schnell, viele Grundbegriffe haben sich dagegen seit ihrer Bildung in der Antike durchgehalten und gliedern noch heute – wenn auch in veränderter Bedeutung – unser politisch-soziales Vokabular. Neue Begriffe sind hinzugetreten, alte haben sich gewandelt oder sind abgestorben. Immer hat sich die Mannigfaltigkeit geschichtlicher Erfahrung vergangener oder gegenwärtiger Zeiten in Begriffen der verschiedenen Sprachen und in ihren Übersetzungen niedergeschlagen." (Brunner/Conze/Koselleck 1972, XIII.)

Begriffe sind demnach offensichtlich Wörter: Die Ausdrücke *Leitbegriff, Schlüsselwort* und *Schlagwort* werden synonym verwendet; *Begriffe* kann man übersetzen; *Begriffe* haben „Bedeutung". Allerdings „gliedern" sie auch das „Vokabular", also den Wortschatz – da aber nicht Wörter den Wortschatz gliedern können, sondern allenfalls semantische Aspekte, die zur Konstitution verschiedener Wortfelder beitragen, so scheint die Bedeutung von *Begriff* nicht nur ›Wort‹, sondern auch ›Bedeutung‹ bzw. ›semantischer Aspekt‹ zu sein.

Es wird deutlich, dass bei dieser alltagssprachlichen Verwendung des Wortes *Begriff* (vgl. Burkhardt 1993, 88) eine einfache linguistische Unterscheidung fehlt:

die zwischen Gestalt und Wert. Eine methodisch saubere Differenzierung zwischen dem – nachweislich – von einem Autor Gesagten und dem – mutmaßlich – von ihm Gemeinten ist dadurch nicht gewährleistet: Man kann Untersuchungen zu einem ‚Begriff' x finden, in denen das W o r t x an keiner Stelle belegt ist.[109] Damit wird eines der Grundprinzipien historischer und philologischer Arbeit verletzt: die klare Unterscheidung zwischen Quelle (d. h. hier: Wortlaut) und Interpretation.

In der linguistischen Semantiktheorie ebenso wie in der philosophischen, mit der sie hier eng zusammenhängt, wird das Wort *Begriff* aus gutem Grund in der Regel nur im wertseitigen Sinne verwendet. Oftmals wird es mehr oder weniger mit der Bedeutung eines Wortes gleichgesetzt (vgl. Bußmann 1990, 128).

> „Begriffe sind Bedeutungen von Ausdrücken (Stegmüller u. a.); ein Begriff ist die Bedeutung eines Terminus (Kamlah/Lorenzen); einen Begriff kann man nur als Bedeutung oder als Gebrauch eines Prädikats bestimmen (v. Kutschera)." (Lewandowski 1994, 142.)

Wo Unterschiede zwischen Begriff und Bedeutung gemacht werden, bestehen sie oft lediglich in einem unterschiedlichen Präzisionsgrad, der beiden Größen zugeschrieben wird: Der Begriff gilt als „präsizierte Bedeutung", die „für die Zwecke der Wissenschaftssprache klarer und präziser gefaßt und von unwesentlichem Beiwerk befreit" ist und daher nicht mehr „kontextabhängig und in bezug auf den Umfang bzw. die Extension des Bedeuteten unscharf" ist (ebd.).

Bei solchen ausdrücklichen oder faktischen Gleichsetzungen wird nun allerdings die Tatsache der S y n o n y m i e nicht genügend berücksichtigt. Dies eben ist es, was Begriffshistoriker an linguistischen Begriffsbegriffen zu vermissen scheinen: Sie stellen beim empirischen Arbeiten beispielsweise fest, dass ein Wort wie *Volk* mit anderen Einheiten wie *Nation*, *Nationalität* und *Masse* synonym oder zumindest partiell synonym ist, so dass es nur folgerichtig ist, diese in die Untersuchung mit einzubeziehen und Begriffe nicht allein als Wertseite von Einzelwörtern, sondern von Wortfeldern zu verstehen. Oft genug wird dann aber der Begriff tendenziell oder ausdrücklich mit einer rein mentalen Größe gleichgesetzt, die unabhängig von ihrer sprachlichen Fassung bestehen kann, und zwar sowohl unabhängig vom einzelnen Wort (Begriffe können durch unterschiedliche Wörter/Ausdrücke/Termini repräsentiert werden) als auch unabhängig von einer bestimmten Sprache (Begriffe können in verschiedenen Sprachen zum Ausdruck gebracht werden). Damit ist ein aufklärerisch-idealistischer Begriffsbegriff angesprochen, wie er schon bei Thomasius und Christian Wolff, später im gesamten deutschen Idealismus vorkommt. „Diese [...] Konzeption des B[egriffes] als vor-, außer- oder übereinzelsprachl[iche] Entität hat sich in Philosophie und Sprachwiss[enschaft] z. T. bis in die Gegenwart gehalten (z. B. K. Heger 1967)" (Burkhardt 1993, 88).

---

[109] Vgl. Busse 1987, 84: „Die Begriffshistoriker gehen davon aus, daß ein historischer Sachverhalt letztlich auch unabhängig von seiner sprachlichen Bezugnahme gewußt werden kann."

Ein solcher mentalistischer, vom sprachlichen Ausdruck abstrahierbarer und unabhängiger Begriffsbegriff kann indes nicht Gegenstand historisch-sprachwissenschaftlicher Erkenntnis sein, da die hermeneutische Sprachwissenschaft, wie zuvor gesagt, allein sprachliche Dokumente (Texte) zum Gegenstand hat und mithin, wenn sie über Begriffe sprechen will, diese als etwas sprachlich Dokumentiertes fassen muss. Daher sind auch Begriffsbegriffe wie der von Burkhardt (1983), wonach ein Begriff ein sprachlich vermitteltes kognitives Muster ist[110], für den hermeneutischen Sprachwissenschaftler wenig hilfreich, solange nicht angegeben wird, in welcher Weise ein Begriff sprachlich gefasst ist.[111]

Sucht man das Wort *Begriff* in einem Wörterbuch zur deutschen Gegenwartssprache, exemplarisch im zehnbändigen Duden (1999, 494), so findet man unterschiedliche Bedeutungen. *Begriff* steht demnach

1. für ›Gesamtheit wesentlicher Merkmale in einer gedanklichen Einheit; geistiger, abstrakter Gehalt von etwas‹,
2. für ›Vorstellung, Auffassung, Meinung von etwas‹,
3. in dem idiomatisierten Funktionsverbgefüge *im Begriff(e) sein/stehen* für ›gerade anfangen wollen, etwas zu tun‹.

Sieht man von der zuletzt genannten, phraseologischen Verwendung einmal ab, so bedeutet *Begriff* demnach stets so viel wie ›mentale Größe, kognitive Einheit‹, wobei augenscheinlich unterschieden wird zwischen einer Größe als Bündel bestimmter in der Realität vorhandener und überprüfbarer Merkmale und einer Größe, bei welcher das Ergebnis der kognitiven Aneignung, die mentale Repräsentation, mit der objektiv vorhandenen Realität nicht unbedingt übereinstimmen muss. Demnach wäre ein Begriff im ersten Sinne das Ergebnis einer adäquaten und daher objektiv richtigen, im zweiten Sinne das Ergebnis einer möglicherweise nicht adäquaten, jedenfalls aber subjektiven oder zumindest subjektiv gefärbten kognitiven Aneignung eines realen Gegenstandes oder Sachverhaltes.

Daneben gibt es eine weitere, insbesondere in der Alltagssprache bzw. in Varietäten, die dieser nahestehen, vorkommende Verwendung von *Begriff*, die spätestens

---

110 Konkret ist ein Begriff nach Burkhardt (1983) „eine an Sprache gebundene, sprachlich formulierte und geschichtlich bedingte Vorstellung, die wir aufgrund unseres je gegenwärtigen Erkenntnisstands an die uns umgebende Welt herantragen und die die Dinge als die Dinge, die sie für uns sind, jeweils überhaupt erst erscheinen läßt". Der Begriff ist danach „die subjektiv-kreative und kognitiv-konstitutive, die Bedeutung die intersubjektive, konservative und kommunikativ-konventionale Seite der Sprache".

111 Hervorzuheben ist, dass die hier vorgetragene Kritik lediglich innerhalb des durch die vorliegende Untersuchung gegebenen Rahmens erfolgt: Es wird nicht bezweifelt, dass die verschiedenen Begriffsbegriffe in den Zusammenhängen, für die sie entworfen sind, ihren Sinn und ihre Berechtigung haben, lediglich, dass sie für linguistisch fundierte empirische begriffshistorische Arbeit brauchbar sind.

seit dem Beginn des 20. Jahrhunderts gebräuchlich[112] und seit einigen Jahrzehnten derart ubiquitär ist, dass man sich über das Fehlen eines entsprechenden Bedeutungsansatzes im Duden[113] und in vergleichbaren Wörterbüchern nur wundern kann. *Begriff* steht dabei nicht für ›kognitive Einheit‹, sondern „für eine Spracheinheit [...], wo *Wort* (bzw. *Fachwort*, *Terminus* oder *Bezeichnung*) angebracht wäre" (Vater 2000, 10). Der Konjunktiv in diesem Zitat zeigt an, dass diese Verwendung seitens der Linguistik – besser: seitens mancher Vertreter der Linguistik – kritisch gesehen und als problematisch bzw. im schlimmsten Falle als „schlicht falsch" (ebd., 12) charakterisiert wird. Uns geht es jedoch vorerst nur darum, die Bedeutung ›Wort‹ des Wortes *Begriff* zu konstatieren und festzustellen, dass das Wort in diesem Gebrauch auch und gerade dort üblich ist, wo man es vermeintlich besser wissen müsste: in der Sprachwissenschaft und in der Begriffsgeschichte. Die Beispiele bei Vater (ebd. 10 f.) ließen sich beliebig erweitern; so findet sich die in Rede stehende Verwendung beispielsweise bei Brunner/Conze/Koselleck (1972, XIII; das Zitat s. o., S. 175) oder v. Polenz (1999, 335, 488 u. ö.).

Es scheint, dass dieses Faktum unabhängig von jeder Bewertung zunächst einmal zur Kenntnis genommen werden sollte: Es weist auf eine Tatsache hin, die für die Semantik des Wortes *Begriff* durchaus von Bedeutung ist. Unter *Begriff* im Sinne der vorstehend zitierten Duden-Bedeutungen 1 und 2 (Duden 1999, 494) wird nämlich in der Allgemeinsprache durchaus nicht das Gleiche verstanden wie beispielsweise unter *Gedanke*, *Vorstellung*, *Idee*, *Konzept* usw. Ein Begriff ist vielmehr diejenige „Gesamtheit wesentlicher Merkmale in einer gedanklichen Einheit" (Duden 1999, 494), die sich zugleich ausdrucksseitig prägnant fassen (*auf den Begriff bringen*) lässt. Idealiter handelt es sich dabei um die Fassung mittels eines einzelnen Wortes (prototypisch: eines Substantivs), aber auch knappe syntagmatische Fügungen (prototypisch: Substantivgruppen) sind möglich. Dieser Begriffs-Auffassung entspricht die gängige Praxis der so genannten ‚Begriffswörterbücher', in denen Begriffe über ausdrucksseitige Einheiten erschlossen werden und in denen sowohl einfache Lemmata (z. B. *Gattung*, *Moderne*, *Poesie*) wie auch zusammengesetzte (z. B. *poetische Diktion*, *progressive Universalpoesie*) zu finden sind.

Ein Wort als Terminus zu verwenden heißt, es als Instrument bei gedanklichen Operationen, insbesondere bei Analysen einzusetzen. Für diese Aufgabe sind mög-

---

112 Vgl. z. B.: „die Frage, ob der Begriff ‚princeps' bei Tacitus in einem doppelten Sinne – 1) Gaufürst, 2) Gefolgschaftsführer – gebraucht wurde" (WEBER, Altgerm. Sozialverf. 1904 [1905], 532, Anm. 3) oder „Wir nehmen hier den Begriff ‚Irrationalität' zunächst einfach in dem vulgären Sinn von [...] ‚Unberechenbarkeit'" (WEBER, Roscher u. Knies II 1905, 64). — Demgegenüber: „[Das Altertum] hat z. B. gar kein *Wort* für unseren Begriff: ‚Geselle' (der ja dem Kampf gegen die ‚Meister' – ebenfalls ein dem Altertum fremder Begriff – entsprang)" (WEBER, Agrarverh. 1897, 12).
113 Erst die nicht mehr in gedruckter Form, sondern nur noch als CD-ROM vorliegende vierte Auflage des großen Dudenwörterbuchs (Duden 2012) verzeichnet die in Rede stehende Bedeutung.

lichst präzise Instrumente erforderlich; wer auf terminologische Schärfung verzichtet, läuft Gefahr, zu verworrenen Ergebnissen zu kommen:

> „Der [wissenschaftliche] Gebrauch der undifferenzierten Kollektivbegriffe, mit denen die Sprache des Alltags arbeitet, ist stets Deckmantel von Unklarheiten des Denkens oder Wollens, oft genug das Werkzeug bedenklicher Erschleichungen, immer aber ein Mittel, die Entwicklung der richtigen Problemstellung zu hemmen." (WEBER, Obj. soz. Erk. 1904, 212.)

Präzision heißt hier aber keineswegs Eindeutigkeit (will sagen, ein Ausdruck dürfe nur auf eine einzige Art verwendet werden) oder gar mathematisch-logische Ein-Eindeutigkeit (will sagen, ein Ausdruck dürfe nur auf eine einzige Art verwendet werden und für diese Verwendung dürfe es zudem nur diesen einen Ausdruck, keinen anderen geben). Präzision heißt vielmehr Klarheit über eventuell verschiedene mögliche Verwendungsweisen, so dass in jedem Verwendungszusammenhang angegeben und/oder nachvollziehbar gemacht werden kann, was mit dem Ausdruck gemeint ist. Das bedeutet für den Gebrauch des Wortes *Begriff*: Keine der oben angegebenen Bedeutungen soll als solche kritisiert oder gar ‚verboten' werden. Es wird vielmehr ausdrücklich eingeräumt, dass sie in bestimmten Zusammenhängen – sei es in der logischen oder philosophischen Theorie (auch in der linguistischen Theorie, sofern sie auf jener basiert), sei es in der Alltagskommunikation – jeweils ihren Sinn und damit auch ihre Berechtigung haben mögen. Keine von ihnen ist daher auch für den um terminologische Schärfung bemühten Begriffshistoriker gleichgültig. Vielmehr sollte er – zumindest sofern er Wert darauf legt, seine Arbeit einem größeren Kreis von Interessenten zu vermitteln – einen Gebrauch von *Begriff* möglichst nahe am herkömmlichen Wortverständnis wählen (will sagen: an einer oder an mehreren der genannten Bedeutungen).

„Möglichst nahe" heißt aber zugleich: mit so viel Abstand wie nötig. Denn es liegt auf der Hand, dass unter den oben erläuterten Prämissen das herkömmliche Wortverständnis nur schlecht dazu taugt, einen terminologischen Gebrauch im Rahmen der begriffshistorischen Arbeit zu motivieren. Die alltagssprachliche Verwendung von *Begriff* im Sinne von ›Wort‹ ignoriert die linguistische Unterscheidung von Signifikant und Signifikat, die Verwendung im Sinne von ›gedankliche Einheit‹ hingegen ignoriert die Tatsache, dass gedankliche Einheiten ausschließlich in sprachlicher Fassung (in Texten) greifbar sind (vgl. oben). Eben diese Tatsache scheint geeignet, die zuvor problematisierte Verwendung im Sinne von ›Wort‹ unter einer bestimmten Voraussetzung doch brauchbar zu finden: sofern nämlich unterschieden wird zwischen einem Wort der zu beschreibenden Sprache, im Fall historischer Semantik also der historischen Objektsprache, und einem Wort der Beschreibungssprache, im Fall historischer Semantik also der Metasprache der Gegenwart.

Als Alternative zu den vorstehend problematisierten Begriffsbegriffen und unter Berücksichtigung der angestellten Überlegungen nehmen wir einen Begriffsbegriff auf, wie er in der historisch-semantischen Forschung, v. a. von Anja Lobenstein-Reichmann (1998), eingeführt wurde – einen Begriffsbegriff, der einerseits die Unterscheidung zwischen Ausdruck und Bedeutung, andererseits aber zugleich die Tatsache berücksichtigt, dass für die Untersuchung einer Bedeutung die Bedeutungen anderer, synonymer bzw. partiell synonymer (homoionymer) Ausdrücke relevant sein kann.

Zur Erinnerung: Dass nach Ferdinand de Saussure Ausdruck und Bedeutung nicht voneinander zu trennen sind (vgl. § 2.1b HLR und S. 44), impliziert erstens, dass es ebensowenig Ausdrücke ohne Bedeutungen wie Bedeutungen ohne Ausdrücke – also losgelöst von einem konkreten sprachlichen Zeichen – gibt, und zweitens, dass nicht zwei Ausdrücke *dieselbe* Bedeutung haben können, sondern dass man allenfalls von zwei *übereinstimmenden* Bedeutungen reden kann. Zudem ist (vgl. S. 30 ff.) die Bedeutung eines sprachlichen Zeichens nicht eine mit einem bestimmten Ausdruck korrelierte mentale oder kognitive Größe im Kopf eines Sprechers (Zeichenbenutzers), sondern eine bestimmte Menge von anderen Ausdrücken, auf die der in Frage stehende Ausdruck regelhaft verweist (in deren textueller Umgebung er regelhaft vorkommen kann). Dass ich weiß, was *Stuhl* bedeutet, liegt unter anderem daran, dass ich Wörter wie *Möbel*, *sitzen*, *Bein*, *Rücken* und *Lehne* regelgerecht verwenden kann. In ihrer textuellen Umgebung kann ich *Stuhl* korrekt gebrauchen. Nur dies konstatiert die Semantik. Sie behauptet also nicht, dass jemand weiß, was ein Stuhl i s t, sondern dass dieselbe Person weiß, wie man das Wort *Stuhl* und einige andere Wörter v e r w e n d e t. Nur dies behaupte ich als Semantiker auch von mir selbst zu wissen: Meine Bedeutungsangaben sind nichts anderes als mehr oder weniger elaborierte Ensembles von regelhaft aufeinander bezogenen Wörtern – im Falle von *Stuhl* beispielsweise die Substantivgruppe ›Sitzmöbel mit mindestens einem Bein, einer Sitzfläche sowie einer Rückenlehne‹ –, und die einzelnen Wörter, aus denen sich diese Bedeutungsangaben konstituiert, sind dasjenige, was in anderem Zusammenhang (§ 9.5 HLR) als Bedeutungsaspekte bezeichnet worden war. Anders gesagt: Wenn man feststellt, dass *Orange* ›Apfelsine‹ bedeutet, so handelt es sich bei *Orange* wie bei ›Apfelsine‹, beim Ausdruck wie bei der Bedeutung, um W ö r t e r (was daran zu erkennen ist, dass man auch umgekehrt formulieren kann: *Apfelsine* bedeutet ›Orange‹). Der Unterschied zwischen beiden ist ein Unterschied zwischen Objektebene und Metaebene: Ausdrücke sind Wörter derjenigen Sprache, die man beschreiben will oder soll, Bedeutungen sind Wörter oder Wortkomplexe derjenigen Sprache, deren man sich bei der Beschreibung bedient.

Damit sind die Voraussetzungen erläutert, die zugrunde liegen, wenn wir im Folgenden von *Begriffen* sprechen: Unter einem *Begriff* verstehen wir ein philologisches Wissen hinsichtlich der Semantik eines als Transmissionalgefüge (§ 61 HLR) strukturierten, der Zeichenart nach als Wortverbund (in aller Regel als Miszellanverbund: § 101 HLR) erscheinenden sprachlichen Makrozeichens, das sich in einem Text oder Diskurs manifestiert – prägnant fassbar mittels eines beschreibungssprachlichen (metasprachlichen) Wortes bzw. einer beschreibungssprachlichen Wortgruppe: einer Nennform i. S. v. § 3.2α bzw. § 3.2β¹ HLR, für die wir den Terminus *Begriffsaus-*

druck vorschlagen[114] –, zunächst unabhängig von der Frage, auf welches Ensemble konkreter lexikalischer Einheiten der zu beschreibenden Sprache (Objektsprache) sich dieses philologische Wissen bezieht (und damit zugleich: welchem Ensemble konkreter lexikalischer Einheiten der Objektsprache der Begriffsausdruck entspricht). Aus eben diesem Grund – da sie zunächst unabhängig von objektsprachlichen Äußerungen angesetzt werden und also bereits vor aller Beschäftigung mit Quellentexten als Einheiten des alltäglichen Sprachwissens bei demjenigen vorhanden sind, der mit semantischer Exegese sich zu beschäftigen sich anschickt – haben Begriffe die Qualität hermeneutischer Vor-Urteile (vgl. Kap. 1.4). Sie dienen als heuristische Muster, als Vorwissen von bestimmten Sprachverwendungsregeln, die ohne ein solches Vorwissen im objektsprachlichen Gebrauch überhaupt nicht bemerkt und zum Gegenstand der Beschreibung (bzw. der pointierten Benennung mittels Begriffsausdrücken) gemacht werden könnten. Begriffe erscheinen in diesem Zusammenhang als interpretative ‚Vorgriffe' auf den Objektsprachgebrauch – die es dann freilich im weiteren Verlauf der semantischen Arbeit anhand dieses Sprachgebrauchs zu überprüfen gilt (‚prospektive' Begriffe). Erfolgt dies – im idealerweise mehrfachen Durchlaufen eines hermeutischen Zirkels; vgl. S. 23 f.), so ergeben sich dabei modifizierte Begriffe. Sie sind das Produkt einer interpretativen Leistung im ‚Rückgriff' auf den Objektsprachgebrauch (‚respektive' Begriffe).

An einem Beispiel: Untersucht jemand begriffshistorisch den Begriff des ROMANTISCHEN, so handelt es sich bei der sprachlichen Einheit *romantisch* um den Begriffsausdruck, also um ein Wort seiner eigenen Sprache, der Beschreibungssprache. Der Begriff selbst, das Verwendungsregelwissen, das in dem Ausdruck *romantisch* gebündelt bzw. manifestiert erscheint, ist die Kenntnis der untersuchenden Person von möglichen Verwendungszusammenhängen (kotextuellen Umgebungen) dieses Wortes, mit anderen Worten: die Gesamtheit aller Konnotationen, die sie mit diesem Wort verbindet. Es ist eben dieses Regelwissen, das es ihr erlaubt, das Wort *romantisch* auch alltagssprachlich selbst zu gebrauchen und dann beispielsweise Syntagmen wie „romantisches Abenteuer", „romantische und verliebte Augenblicke" oder „romantische, leicht melancholische Atmosphäre"[115] zu bilden. Ob (in der Regel: dass) und wie dieser Wortgebrauch durch die unmittelbare oder indirekte Kenntnis historischer Quellen – hier beispielsweise literarischer oder literaturtheoretischer Texte der Romantik – beeinflusst ist, wird dabei noch nicht reflektiert; der Begriff ist

---

114 Von einem Begriffsausdruck im Unterschied zum Begriff selbst zu sprechen empfiehlt sich aufgrund des oben Gesagten: Die alltagssprachliche Bedeutung von *Begriff* (›Wort, Ausdruck‹), die es erlauben könnte, auch beschreibungssprachliche Ausdrücke *Begriffe* zu nennen, würde aus sprachwissenschaftlicher Sicht zu einer unzulässigen Verwischung des Saussure'schen Unterschiedes von *signifiant* und *signifié* führen.
115 Bei diesen Syntagmen handelt es sich um drei willkürlich ausgewählte Belege aus dem digitalen Deutschen Referenzkorpus (vgl. Anm. 27, S. 29). Zu weiteren Konnotationen, die mit dem Wort *romantisch* üblicherweise verknüpft sind, vgl. Bär (1999a, 19 f.).

folglich unhistorisch (will sagen: ohne Bewusstsein der Geschichtlichkeit) bzw. vorwissenschaftlich im hermeneutischen Sinne.

Setzt nun die historische Arbeit ein (im gegenwärtigen Fall referieren wir Untersuchungen eines Korpus von literarischen, kunsttheoretischen und philosophischen Texten der Goethezeit; vgl. Bär 2010 ff.), so kann sich zeigen – und zeigt sich bei *romantisch* tatsächlich –, dass

- der Begriffsausdruck in den Quellen eine Entsprechung hat (es finden sich Belege für den objektsprachlichen Ausdruck *romantisch*) und dass
- diese objektsprachliche Entsprechung in unterschiedlichen Verwendungszusammenhängen belegt ist und damit unterschiedlich gedeutet werden kann (es lassen sich verschiedene Bedeutungen für die objektsprachliche Entsprechung ansetzen).

Hier tritt allerdings ein Problem zutage: Wie die Formulierung „es lassen sich verschiedene Bedeutungen ansetzen" schon zeigt, spricht man in der Linguistik üblicherweise in dem Augenblick, in dem eine objektsprachliche Einheit ins Spiel kommt, hinsichtlich des auf sie bezüglichen semantischen Wissens eben nicht von einem *Begriff*, sondern von einer *Bedeutung*. Man könnte angesichts dessen auf den Gedanken kommen, der Begriff des Begriffs sei für den sprachwissenschaftlich fundierten Historiker obsolet, da dasjenige an ‚Begriffsgeschichte', was sich mit linguistischen Ansätzen vereinbaren lässt, ohne Verlust auf ‚Bedeutungsgeschichte' reduzierbar sei, während die Rede von *Begriffen* eine Beschäftigung nur mit ‚Inhalten' ohne Berücksichtigung ihrer ausdrucksseitigen Realisierung zu implizieren scheint.

Man bemerkt aber eben sehr rasch, dass einem beschreibungssprachlichen Begriffsausdruck als Wortverbundkonstituente oft mehr als ein objektsprachlicher Ausdruck entspricht. Am Beispiel von *romantisch*: Man stellt fest, dass

- hinsichtlich zumindest einiger Deutungsmöglichkeiten (Bedeutungen) des objektsprachlichen Wortes bestimmte objektsprachliche Synonyme bzw. partielle Synonyme, also bedeutungsverwandte Wörter belegt sind (zu *romantisch* beispielsweise *bizarr, heiter, individuell, modern, phantastisch, pittoresk, poetisch, progressiv, schön, sentimental, unendlich, wunderbar*; vgl. Bär 1999a, 486 ff.), und dass
- hinsichtlich einiger Bedeutungen einiger dieser Einheiten eine zumindest partielle Übereinstimmung festgestellt werden kann.

Hier spätestens zeigt sich der Unterschied zwischen B e g r i f f und B e d e u t u n g. Für Beispiele wie *romantisch* wird man behaupten können, dass die Bedeutung (das Bedeutungsspektrum) des jeweiligen Wortes ausführlich beschrieben werden kann, ohne dass deshalb schon der Begriff hinlänglich untersucht und beschrieben ist. Letzteres wäre erst dann der Fall, wenn neben der objektsprachlichen Entsprechung der Wortverbund-Nennform auch sämtliche anderen Konstituenten des Wortverbundes hinsichtlich ihrer Semantik untersucht und die semantischen Gemeinsamkeiten zwischen ihnen herausgearbeitet sind. Da aber eben solche semantischen Gemeinsamkeiten verschiedener Ausdrücke nicht als Bedeutungen gefasst werden können (indem sich eine Bedeutung nur pro Einzelausdruck, nicht für mehrere verschiedene Ausdrücke ansetzen lässt), bleibt der Begriff des Begriffs auch für die historische Semantik eine brauchbare Kategorie.

Die vorstehenden Überlegungen lassen sich folgendermaßen komprimieren: Unter einem B e g r i f f ‹a› als Gegenstand der historischen Semantik verstehen wir im Rahmen der vorliegenden Arbeit das ausdrucksseitig potentiell prägnant (mittels eines beschreibungssprachlichen B e g r i f f s a u s d r u c k s A, d. h. eines Wortes oder einer einfachen Wortgruppe) fassbare semantische Wissen (Gebrauchsregelwissen), das ein historischer Semantiker oder eine historische Semantikerin hinsichtlich eines objektsprachlichen Wortverbundes zu gewinnen sucht bzw. post interpretationem (vgl. S. 52 ff.) gewonnen hat. Dabei gibt es Fälle, in denen der Begriff des Begriffs extensional mit dem der Bedeutung übereinkommt[116]; es sind diejenigen, in denen als Ausdruckskonstituenten des objektsprachlichen Wortverbundes lediglich Formen eines einzigen Lexems vorkommen, darüber hinaus allenfalls noch Pro-Zeichen (§ 9.3 HLR), deren Substitut eine dieser Formen ist. Es gibt andere Fälle – diejenigen, in denen die Ausdrucksseite des objektsprachlichen Wortverbundes verschiedene, in ihrer Gesamtheit als onomasiologisches Feld beschreibbare Lexeme aufweist –, in denen der Begriff des Begriffs sich von dem der Bedeutung extensional klar abhebt.

Wo der Begriff des Begriffs extensional mit dem der Bedeutung übereinkommt, scheint es aus der Sicht der historischen Semantik nicht nötig, die traditionell übliche Redeweise von der Bedeutung und die damit verbundenen Methoden der Beschreibung aufzugeben. Prototypisch dafür ist die einzelwortbezogene Semantik, wie sie in der historischen Lexikologie und Lexikographie seit langem angewandt wird (hierzu exemplarisch Reichmann 1989). Dort, wo dies nicht der Fall ist und ‚Begriff' daher als heuristische und Deskriptionskategorie unverzichtbar scheint, ist auch eine gegenüber der semantischen Beschreibung einzelner Zeichen erweiterte Beschreibungsmethode in den Blick genommen. Da dort, wo es um die Untersuchung großer Textmengen geht[117], eine Wortverbundanalyse im strengen Sinne (d. h. detaillierter Aufweis der Gefügestrukturen), nicht möglich ist, kann das bekannte onomasiologische Verfahren angewendet werden: Man sucht, ausgehend von einem beschreibungssprachlichen Begriffsausdruck (ante interpretationem) nach verschiede-

---

[116] Intensional bleibt der Unterschied, dass, wie oben erläutert, bei *Begriff* der Aspekt ›ausdrucksseitige Einheit‹ mitschwingt und dass ein Begriff daher auf einen Begriffsausdruck zu bringen sein muss, eine Bedeutungsangabe hingegen auch phrastisch im Sinne von Reichmann (1989, 93 ff.) sein kann, was die Möglichkeit einschließt, dass „im Extremfall der syntaktische Rahmen unüberschaubar zu werden droht" (ebd., 94).

[117] In der Regel ist dies der Fall in der Diskurslexikographie; exemplarisch: Bär 2010 ff.

nen objektsprachlichen Ausdrücken, deren Bedeutung derjenigen dieses Begriffsausdrucks vollständig oder zumindest partiell entspricht; häufig, aber keineswegs notwendig, findet sich unter ihnen eine zugleich ausdrucksseitige Entsprechung, will sagen: ein objektsprachlicher Begriffsausdruck. Auf diese Weise gelangt man zu einem onomasiologischen Feld (ggf. sich gruppierend um den objektsprachlichen Begriffsausdruck als Kern), vor dessen Hintergrund dann der Begriff gefasst werden kann als die Gesamtheit der semantischen Gemeinsamkeiten der Bedeutungen unterschiedlicher objektsprachlicher Ausdrücke.

Will man die zunächst nur zufälligen Einzelbeobachtungen überprüfen und erhärten, so muss man die Einheiten des onomasiologischen Feldes einer systematischen semantischen Analyse unterziehen, d. h., man muss sie jeweils als einzelne semantisch untersuchen. Nach Abschluss dieser Untersuchung stellen sich die Verhältnisse von onomasiologischem Feld, einzelnen Zeichen in diesem Feld, Bedeutungen der einzelnen Zeichen und Begriffen folgendermaßen dar:

1. Die Bedeutungen einzelner objektsprachlicher Zeichen, deren Gesamtheit pro Einzelzeichen jeweils als Bedeutungsfeld gefasst wird (§ 9.6 HLR und S. 79 ff.), können zu Bedeutungen anderer objektsprachlicher Zeichen homosem (§ 106.3α HLR) oder homoiosem (§ 107.2α HLR) sein; zwischen Zeichen mit homosemen/homoiosemen Bedeutungen besteht Synonymie/Homoionymie, d. h., sie bilden ein onomasiologisches Feld. Onomasiologische Felder umfassen je nach dem Ausgangs- oder Basiszeichen, zu dem sie erstellt werden, unterschiedliche Zeichen.

2. Begriffe – genauer gesagt: Einzelbegriffe (Bär 2000a, 35 f. und 51) – sind die beschreibungssprachlichen Fassungen der Gemeinsamkeiten homosemer/homoiosemer Bedeutungen. Diese (Einzel-)Begriffe sind verbunden mit einem beschreibungssprachlichen Begriffsausdruck, welcher der Ausdrucksseite des objektsprachlichen Feld-Basiszeichens entsprechen kann. Die Gesamtheit der mit einem Begriffsausdruck verbundenen Einzelbegriffe ist das Begriffsfeld (Terminus nach Lobenstein-Reichmann 1998, 26). Ist für eine Einzelbedeutung des Basiszeichens keine homoseme/homoioseme Bedeutung eines anderen objektsprachlichen Zeichens belegt, so kann diese Bedeutung gleichwohl auch als Begriff interpretiert werden; sie entspricht dann eins zu eins einem Einzelbegriff, weil sie nicht mit anderen Bedeutungen verglichen und der Begriff nicht auf Gemeinsamkeiten zwischen mehreren Bedeutungen reduziert werden muss.

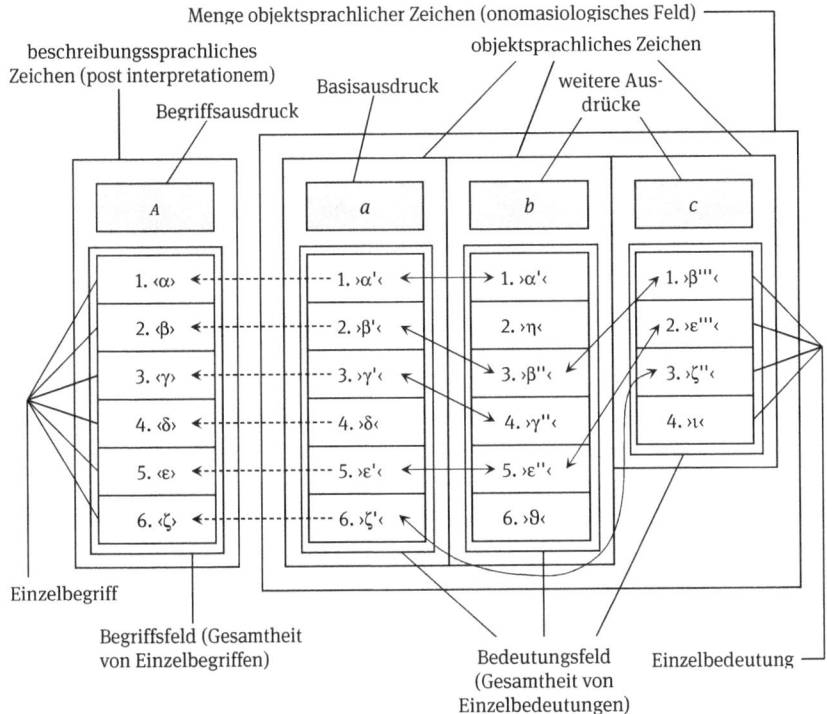

Abb. 55: Verhältnis von Begriff und Bedeutung, Zeichen und Zeichenfeld;
⟵⟶: Homosemie/Homoiosemie, ----->: Entsprechung

Ein Begriff ist damit weder identisch mit einem Wort noch mit der Bedeutung eines Wortes; er ist aber andererseits auch keine außersprachliche mentale oder kognitive Größe, die unabhängig von der Fassung durch diesen oder jenen einzelnen Ausdruck vorhanden wäre. Vielmehr ist er allein das Produkt einer auf genauer Textexegese beruhenden semantischen (Re)konstruktion: Verschiedene Bedeutungen einzelner sprachlicher Zeichen (die ihrerseits aus dem Vergleich verschiedener einzelbelegspezifischer Verwendungen dieser sprachlichen Zeichen abstrahiert sind) werden miteinander verglichen und auf einen gemeinsamen semantischen Nenner gebracht.

Ein Begriff ist demnach das Produkt einer semantischen Meta-Abstraktion: Verschiedene Bedeutungen einzelner Wörter (die ihrerseits aus dem Vergleich verschiedener einzelbelegspezifischer Wortverwendungen abstrahiert sind) werden miteinander verglichen und auf einen gemeinsamen semantischen Nenner gebracht. So sinngemäß auch bei Lobenstein-Reichmann (1998, 25):

„Der Schritt von der Größe ‚Bedeutung' zu der Größe ‚Begriff' vollzieht sich wie folgt: Innerhalb eines Einzellexems wird immer von *Bedeutungen* gesprochen [...]; die auf den Punkt gebrachte inhaltliche Gemeinsamkeit zweier oder mehrerer Einzelbedeutungen unterschiedlicher Lexeme wird [...] als *Begriff* bezeichnet."

Begriffe sind damit im Rahmen einer linguistisch fundierten Begriffsgeschichte nicht das, was historische Autorinnen und Autoren von der Welt, sondern das, was historische Semantik vom Sprachgebrauch historischer Autorinnen und Autoren, genauer: von ihrem Gebrauch einer bestimmten Menge aufeinander bezogener sprachlicher Zeichen, ‚begriffen' (d. h. beschreibungssprachlich gefasst) hat.

Streng genommen kann damit der Anspruch, Begriffe historischer Personen zu erforschen, überhaupt nicht erhoben werden, da Begriffe eben immer Einheiten der Beschreibungssprache, nicht der Objektsprache sind. Historische Semantik kann aber sehr wohl den Anspruch erheben, die Regeln eines bestimmten historischen Sprachgebrauchs möglichst zutreffend zu beschreiben und auf der Grundlage dieser Beschreibung auf bestimmte konzeptuelle Muster der Autoren rückzuschließen. Was ich dabei erarbeiten kann, bleibt immer mein Begriff (will sagen: Ergebnis meiner Deutung), aber wenn ich methodisch sauber gearbeitet habe, werde ich davon ausgehen können, dass meine Interpretation dem historischen Sprachgebrauch entspricht; ich werde annehmen können, dass meine „interpretativ gewonnene[n] kognitive[n] Größen [...] ein Analogon beim historischen Sprecher [...] haben" (Lobenstein-Reichmann 1998, 25), und ich werde daher verkürzend auch von Begriffen historischer Individuen oder Gruppen reden können, z. B. vom Phantasiebegriff der deutschen Frühromantik (Bär 2000a). Die Annahme, dass der historische Sprachgebrauch Rückschlüsse auf historische Denk- und Erkenntnismuster zulässt, ist jedenfalls insofern gerechtfertigt, als es zum Denken (ebenso wie auch zum Meinen, Glauben, Fühlen, Wollen usw.) von Menschen prinzipiell keinen anderen Zugang gibt als über die explizite oder implizite sprachliche Manifestation desselben. Historische Individuen unterscheiden sich dabei nicht von rezenten: Auch bei letzteren findet man Zugang zum ‚inneren Menschen' nur über die Interpretation dessen, was sie zum Ausdruck bringen (d. h.: was in der einen oder anderen Form Text wird). Wenn das ‚Denken' eines Menschen überhaupt sinnvoll zum Gegenstand hermeneutischer Beschäftigung gemacht werden kann – woran hier nicht gezweifelt wird –, dann auch das Denken historischer Individuen, da sich Texte früherer Epochen von zeitgenössischen Texten hinsichtlich ihrer Interpretierbarkeit allenfalls graduell, nicht prinzipiell unterscheiden.

*

Parallel zur Unterscheidung prospektiver und respektiver Begriffe (S. 181) kann die Qualität von Begriffsausdrücken unterschieden werden. Sie können als Einheiten der Beschreibungssprache ihre ausdrucksseitigen Entsprechungen in den Quellentexten finden, müssen dies aber nicht. Im ersten Fall lässt sich von analogen Begriffsausdrücken sprechen, im zweiten von konstruierten (also Konstruktnennformen: vgl. S. 173). Durch analoge Begriffsausdrücke ist die philologische Nähe zum historischen Sprachgebrauch gewährleistet, insbesondere dann, wenn ein analoger Begriffsausdruck nicht unmittelbarer Bestandteil der Beschreibungssprache ist (sondern als historischer einer älteren Sprachstufe oder aber einer anderen Sprache angehört, z. B. MILTE, VIRTUS oder KALOKAGATHIA); die Übereinstimmung mit dem Wortlaut der Quellen ist dabei zugleich ein deutlicher Hinweis auf die Notwendigkeit der hermeneutischen Distanz, auf die Tatsache, dass der Historiker sein eigenes Begriffssystem niemals unmittelbar auf die Quellen anwenden darf, sondern sich durch diese zunächst (und idealiter unausgesetzt) befremden lassen muss. Bei analogen Begriffsausdrücken, die zugleich Bestandteil der Beschreibungssprache sind (z. B. ROMANTISCH, s. o.), ist die Gefahr hermeneutischer Distanzlosigkeit weitaus größer; hier kann theoretische Reflexion im Sinne des vorliegenden Beitrags ebenso wie methodisches Vorgehen (eingehende Untersuchung der Semantik des objektsprachlichen Ausdrucks[118]) dazu beitragen den Abstand zu wahren, indem sie das Postulat bewusst macht bzw. in Erinnerung behalten hilft, historisch-objektsprachlichen Sprachgebrauch nicht mit beschreibungssprachlichem gleichzusetzen.

Was konstruierte Begriffsausdrücke betrifft, so setzen sie von selbst einen Abstand zu den Quellen und zeigen damit an, dass es sich bei Begriffen um Ergebnisse interpretativer Arbeit handelt (weshalb ein deutlicher Hinweis auf Analogizität oder aber Konstruiertheit von Begriffsausdrücken in der begriffshistorischen Arbeit prinzipiell sinnvoll erscheint). Konstruierte Begriffsausdrücke sind aber auch deshalb sinnvoll, weil sie es erlauben, bestimmte semantische Zusammenhänge, die in den Quellen nur indirekt, in Umschreibungen erscheinen, ausdrucksseitig prägnant zu fassen (vgl. S. 173 ff.).

3.3 Gliedarten, Zeichen- und Zeichengefügearten im Überblick

Die vier Perspektiven, unter denen jedes sprachliche Zeichen betrachtet werden kann (§ 2.2 HLR) lassen sich für die allgemeinen Zeichen- bzw. Zeichengefügearten in der Zusammenschau darstellen wie in Abb. 56. (gemäß § 25.2/4, § 26.2/4, § 27.2/4 und § 28.2/4 HLR).

Die vorstehend behandelten allgemeinen Zeichen- und Gefügearten können in der Synopse dargestellt werden, wie in Abb. 57 ersichtlich. Die zur Bestimmung der

---

[118] Eine solche Untersuchung ergibt für einen objektsprachlichen Ausdruck in der Regel ein zumindest partiell anderes Bedeutungsspektrum als es der analoge beschreibungssprachliche Ausdruck aufweist. Bei *romantisch* zeigt sich beispielsweise, dass dieses Wort im späten 18. und frühen 19. Jahrhundert mindestens zwei Bedeutungen aufweist, die es heute nicht mehr hat: ›romanhaft, romanspezifisch, auf den Roman bezüglich‹ (*romantisches Projekt* ›Romanprojekt‹) und ›romanisch‹ (*romantische Sprache*); vgl. Bär (1999a, 491 ff.).

unterschiedenen Zeichen- und Gefügearten herangezogenen Kriterien sind jeweils kategoriale Aspekte des Zeichenwertes (§ 4, § 9 HLR): des äußeren grammatischen Wertes – der Valenz – bei Zeichen und des inneren grammatischen Wertes – der Valenzstruktur – bei Zeichengefügen. Unterschieden werden dabei Kategorien von Zeichen bzw. Gefügen, die sich hinsichtlich der Valenz bzw. Valenzstruktur im konkreten Kotext, also im einzelnen Beleg, bestimmen lassen (Gliedzeichenarten bzw. Gliedergefügearten) und Arten von Zeichen, deren Valenz bzw. Valenzstruktur man losgelöst vom konkreten Kotext, also hinsichtlich mehrerer, gegebenenfalls verschiedenartiger Belege, bestimmen kann (Zeichenarten bzw. Zeichengefügearten).

Unterschieden werden können des weiteren allgemeinere Aspekte und spezifischere Aspekte der Valenz bzw. Valenzstruktur. Allgemeiner sind demnach diejenigen, hinsichtlich deren sich ein Zeichen bzw. ein Zeichengefüge als ein Vertreter einer der Kategorien fassen lässt, die wir hier allgemeine Arten (Gliedarten sowie Zeichen-/Zeichengefügearten) genannt haben: bei den Gliedarten als ein Subordinalkompaxivglied, Koordinalkompaxivglied, Subordinalkomplexivglied oder Koordinalkomplexivglied, bei den Zeichenarten bzw. Zeichengefügearten als ein Wortelement bzw. Segmentat, ein Wort bzw. Format, ein Wortgebilde bzw. Konstitut, eine Wortgruppe bzw. ein Syntagma oder ein Wortverbund bzw. eine Wortkette. Spezifischer sind diejenigen, die eine Zuordnung zu einer bestimmten Subkategorie zulassen; wir nennen sie konkrete Gliedarten bzw. Zeichen-/Zeichengefügearten. — An konkreten Gliedarten begegnen:

- Subordinalkompaxivgliedarten: Flektoren (§ 29.2 HLR), Flektanden (§ 29.3 HLR), Aflektoren (§ 30.2 HLR), Aflektanden (§ 30.3 HLR), Transligatoren (§ 31.2 HLR), Transligate (§ 31.3 HLR), Derivatoren (§ 32.2 HLR), Derivanden (§ 32.3 HLR), Amplifikate (§ 33.2 HLR), Amplifikatoren (§ 33.3 HLR), Prädikate (§ 34.2 HLR), Subjekte (§ 34.3 HLR), Supprädikate (§ 35.2 HLR), Objekte (§ 35.3b$^\text{I}$ HLR), Adverbialien (§ 35.3b$^\text{II}$ HLR), Kommentate (§ 36.2 HLR), Kommentare (§ 36.3 HLR), Adverbanden (§ 37.2 HLR), Adverbate (§ 37.3 HLR), Komitate (§ 38.2 HLR), Komites (§ 38.3 HLR), Attribuenden (§ 39.2 HLR), Attribute (§ 39.3 HLR), Transzesse (§ 42.2 HLR), Transzedenten (§ 42.3 HLR), Anzepte (§ 43.2 HLR), Anzipien (§ 43.3 HLR), Dekussatoren (§ 44.2 HLR), Dekussate (§ 44.3 HLR), Adposite (§ 45.2 HLR), Adponenden (§ 45.3 HLR), Subjunkte (§ 46.2 HLR), Subjunktoren (§ 46.3 HLR), Konjunkte (§ 47.2 HLR) und Konjunktoren (§ 47.3 HLR);
- Koordinalkompaxivgliedarten: Kojunkte (§ 48.2 HLR), Kostrikte (§ 49.2 HLR) und Interzepte (§ 50.2 HLR);
- Subordinalkomplexivarten: Flexionare (§ 51.2 HLR) und Flexionate (§ 51.3 HLR);
- Koordinalkomplexivgliedarten: Prädikationalien (§ 52 HLR), Adverbationalien (§ 53 HLR), Komitationalien (§ 54 HLR), Attributionalien (§ 55 HLR), Transzessionalien (§ 56 HLR), Adpositionalien (§ 57 HLR), Subjunktionalien (§ 58 HLR), Ko-

junktionalien (§ 59 HLR), Kostriktionalien (§ 60 HLR), Transmissionalien (§ 61 HLR), Interkompaxalien (§ 62 HLR) und Nodalien (§ 63 HLR).

An konkreten Zeichenarten sind zu nennen:

- Wortelementarten: Präfixgrammative (§ 66 HLR), Suffixgrammative (§ 67 HLR), Konfixgrammative (§ 68 HLR), Verbgrammative (§ 69 HLR), Substantivgrammative (§ 70 HLR), Adjektivgrammative (§ 71 HLR), Artikelgrammative (§ 72 HLR), Pronomengrammative (§ 73 HLR) und Partikelgrammative (§ 74 HLR), Intrafixe (§ 75 HLR), Transfixe (§ 76 HLR), Präfixe (§ 77 HLR), Suffixe (§ 78 HLR), Zirkumfixe (§ 79 HLR) und Konfixe (§ 80 HLR);
- Wortarten: Verben (§ 82 HLR), Substantive (§ 83 HLR), Adjektive (§ 84 HLR), Artikel (§ 85 HLR), Pronomina (§ 86 HLR) und Partikeln (§ 87 HLR);
- Wortgruppenarten: Verbgruppen (§ 88 HLR), Substantivgruppen (§ 89 HLR), Adjektivgruppen (§ 90 HLR), Artikelgruppen (§ 91 HLR), Pronomengruppen (§ 92 HLR), Partikelgruppen (§ 93 HLR) und Miszellangruppen (§ 94 HLR);
- Wortverbundarten: Verbverbünde (§ 95 HLR), Substantivverbünde (§ 96 HLR), Adjektivverbünde (§ 97 HLR), Artikelverbünde (§ 98 HLR), Pronomenverbünde (§ 99 HLR), Partikelverbünde (§ 100 HLR) und Miszellanverbünde (§ 101 HLR).

An konkreten Gefügearten sind zu nennen:

- Segmentarten: Präfixsegmente (§ 77.1c HLR), Suffixsegmente (§ 78.1c HLR), Zirkumfixsegmente (§ 79.1e HLR) und Konfixsegmente (§ 80.1d HLR);
- Wortgebildearten: Verbgebilde (§ 82.1f HLR), Substantivgebilde (§ 83.1b HLR), Adjektivgebilde (§ 84.1d HLR), Artikelgebilde (§ 85.1d HLR), Pronomengebilde (§ 86.1e HLR) und Partikelgebilde (§ 87.1f HLR);
- Syntagmenarten: Verbsyntagmen (§ 88.1c HLR), Substantivsyntagmen (§ 89.1b HLR), Adjektivsyntagmen (§ 90.1c HLR), Artikelsyntagmen (§ 91.1b HLR), Pronomensyntagmen (§ 92.1b HLR), Partikelsyntagmen (§ 93.1b HLR) und Kojunktionssyntagmen (§ 94.1c HLR);
- Wortkettenarten: Verbketten (§ 95.1b HLR), Substantivketten (§ 96.1b HLR), Adjektivketten (§ 97.1b HLR), Artikelketten (§ 98.1b HLR), Pronomenketten (§ 99.1b HLR), Partikelketten (§ 100.1b HLR) und Miszellanketten (§ 101.1b HLR).

Eine Synopse der konkreten Gliedarten und Zeichen- bzw. Gefügearten in Relation zueinander – d. h. hinsichtlich der Gliedfunktionen, die eine Zeichenart erfüllen kann – bietet Abb. 58.

Zeichenart (Gefügeart)	konkret – von individuellen: Konstituenten bestimmtes Zeichen	konkret – von individuellen: Einheiten des Kotextes bestimmtes Gefüge	abstraktiv – von individuellen: Konstituenten bestimmtes Zeichen	abstraktiv – von individuellen: Einheiten des Kotextes bestimmtes Gefüge	konkret – von kategorialen: Konstituenten bestimmtes Zeichen	konkret – von kategorialen: Einheiten des Kotextes bestimmtes Gefüge	abstraktiv – von kategorialen: Konstituenten bestimmtes Zeichen	abstraktiv – von kategorialen: Einheiten des Kotextes bestimmtes Gefüge	
Wortelement (Segment)	Belegwortelement/Morph *Lexeomorph* (Belegsegment/Segmentat) (Formatosegmental)		Korpuswortelement/Morphem *Lexeomorphem* (Korpus-Sgm/Segmentatem) (Formatosegmentatem)		Gliedwortelement (Gliedersegment)		Exemplarwortelement (Exemplarensegment)		P 1
Wort (Wortgebilde)	Belegwort/Lex *Phraseolex* (Belegwortgebilde/Format) (SyntFmt)		Korpuswort/Lexem *Phraseolexem* (Korpus-WGb/Formatem) (SyntFmtm)		Gliedwort (Gliederwortgebilde)		Exemplarwort (Exemplarenwortgebilde)		P 2
Wortgruppe (Syntagma)	Belegwortgruppe/Phrase *Lexeophrase* (Belegsyntagma/Syntagmat) (Formatosyntagmat)		Korpus-Synt/Phrasem *Lexeophrasem* (Korpus-Synt/Syntagmatem) (Formatosyntagmatem)		Gliedwortgruppe (Gliedersyntagma)		Exemplarwortgruppe (Exemplarensyntagma)		P 3
Wortverbund (Wortkette)	Belegwortverbund/Retiar (Belegwortkette/Katenat)		Korpus-WVd/Retiarem (Korpuswortkette/Katenatem)		Gliedwortverbund (Gliederwortkette)		Exemplarwortverbund (Exemplarenwortkette)		P 4

P 1: Perspektive des Belegzeichens (Zeichenphänomens) bzw. Belegzeichengefüges
P 2: Perspektive des Korpuszeichens (Zeichentyps) bzw. Korpuszeichengefüges
P 3: Perspektive des Gliedzeichens (als Vertreter einer Gliedzeichenart) bzw. Gliedzeichengefüges (als Vertreter einer Gliedzeichengefügeart)
P 4: Perspektive des Exemplarzeichens (als Vertreter einer Zeichenart) bzw. Exemplarzeichengefüges (als Vertreter einer Zeichengefügeart)

P 1, P 2: grammatikosemantische Perspektiven
P 3, P 4: semantikogrammatische Perspektiven

Sgm: Segment – SgmFmt: Segmentoformat – SgmFmtm: Segmentoformatem – Synt: Syntagma – SyntFmt: Syntagmatoformatem – SyntFmtm: Syntagmatoformatem – WGb: Wortgebilde – WEmt: Wortelement – WGr: Wortgruppe – WVd: Wortverbund

Abb. 56: Allgemeine Zeichen bzw. Zeichengefüge in grammatikosemantischer und semantikogrammatischer Perpektive

<table>
<tr><td rowspan="3">als Zeichen</td><td>kolligat</td><td colspan="3">solut</td></tr>
<tr><td>nur subordinativ fügbar</td><td colspan="2">subordinativ oder koordinativ fügbar</td><td>nur koordinativ fügbar</td></tr>
<tr><td>einfach oder zusammengesetzt</td><td colspan="3">nur zusammengesetzt</td></tr>
<tr><td rowspan="4">als Gefüge</td><td colspan="2">prototypisch konsistent</td><td>prototypisch dissolut</td><td>dissolut</td></tr>
<tr><td>kompaxiv strukturiert</td><td>prototypisch kompaxiv strukturiert</td><td>kompaxiv strukturiert</td><td>komplexiv strukturiert</td></tr>
<tr><td>höchstens eine Konstituente mit Bedeutung im engeren Sinn</td><td colspan="3">mindestens eine Konstituente mit Bedeutung im engeren Sinn</td></tr>
<tr><td colspan="2">semantisch unitär
(falls mehr als eine Komponente mit Bedeutung im engeren Sinn)</td><td colspan="2">semantisch dekomponierbar
(falls mehr als eine Komponente mit Bedeutung im engeren Sinn)</td></tr>
<tr><td>allgemeine Zeichenart (Gefügeart)</td><td>Wortelement (Segment)</td><td>Wort (Wortgebilde)</td><td>Wortgruppe (Syntagma)</td><td>Wortverbund (Wortkette)</td></tr>
<tr><td rowspan="4">allgemeine Gliedart (Gliedergefügeart)</td><td colspan="3">1a) Subordinalkompaxivglied</td><td>–</td></tr>
<tr><td>–</td><td colspan="2">1b) Koordinalkompaxivglied</td><td>–</td></tr>
<tr><td>–</td><td colspan="2">2a) Subordinalkomplexivglied</td><td>–</td></tr>
<tr><td>–</td><td colspan="3">2b) Koordinalkomplexivglied</td></tr>
<tr><td rowspan="2">als Zeichen</td><td colspan="2">a) subordinativ gefügt</td><td colspan="2">b) koordinativ gefügt</td></tr>
<tr><td colspan="2">1) kompaxiv gefügt</td><td colspan="2">2) komplexiv gefügt</td></tr>
</table>

Abb. 57: Allgemeine Gliedarten und Zeichen- bzw. Zeichengefügearten im Überblick

Abb. 58: Konkrete Gliedarten und Zeichen- bzw. Zeichengefügearten im Überblick

allgemeine Gliedart	allgemeine Zeichenart (Gefügeart)			
	Wortelement (Segment)	**Wort (Wortgebilde)**	**Wortgruppe (Syntagma)**	**Wortverbund (Wortkette)**
Subordinal-kompaxivglied	Präfix, Suffix, Konfix, Verb-, Substantiv-, Adjektiv-, Artikel-, Pronomen- und Partikelgrammativ; Intrafix, Transfix, Präfix (Präfixsegment), Suffix (Suffixsegment), Zirkumfix (Zirkumfixsegment), Konfix (Konfixsegment)	Verb (Verbgebilde), Substantiv (Substantivgebilde), Adjektiv (Adjektivgebilde), Artikel (Artikelgebilde), Pronomen (Pronomengebilde), Partikel (Partikelgebilde)	Verbgruppe (-syntagma), Substantivgruppe (-syntagma), Adjektivgruppe (-syntagma), Artikelgruppe (-syntagma), Pronomengruppe (-syntagma), Partikelgruppe (-syntagma), Miszellangruppe (-syntagma)	Verbverbund (-kette), Substantivverbund (-kette), Adjektivverbund (-kette), Artikelverbund (-kette), Pronomenverbund (-kette), Partikelverbund (-kette), Miszellanverbund (-kette)
	Aflektor, Aflektand, Transligator, Transligat, Derivator	Amplifikat, Subjunktor, Flexionar, Flexionat	Kommentat, Anzeps, Dekussator	
	Derivand, Amplifikator	Prädikat, Subjekt, Kommentar, Supprädikat, Objekt, Adverbial, Adverband, Komitat, Komes, Transzess, Transzedent, Anzept, Dekussat, Adposit, Adponend, Subjunkt, Konjunkt, Konjunktor		
Koordinal-kompaxivglied	—	Flektor, Flektand, Attribuend, Attribut		
Subordinal-komplexivglied	—	Interzept	Kostrikt	—
Koordinal-komplexivglied	—	Prädikational, Adverbational, Komitational, Attributional, Transzessional, Adpositional, Subjunktional, Konjunktional, Kostriktional, Transmissional, Interkompaxal	Kostriktional	—
	Kojunkt			
Nodal				

Es ist klar, dass damit keineswegs alle vorstehend behandelten Kategorien erfasst und abgebildet sind – was freilich auch das Anliegen keineswegs sein konnte. Ebensowenig konnte es darum gehen, für jede konkrete Zeichenart genau festzuhalten, welche Gliedfunktion sie erfüllen kann: Dies hätte die Übersicht mit derart vielen Details belastet, dass keinerlei Übersichtlichkeit mehr möglich gewesen wäre. Eine differenziertere Darstellung der Zusammenhänge versuchen statt dessen die folgenden Kapitel 4 und 5.

4 Konkrete Gliedergefügearten

Wie unter 2.1 erläutert, sind sprachliche Zeichen dadurch determinativ, dass sie als funktionale Kotexteinheiten interpretiert werden: als Zeichen, die im Umfeld anderer sprachlicher Zeichen erscheinen und in je bestimmter Weise regelhaft auf diese bezogen werden können. Dabei geht es im Folgenden ausschließlich um kollokative Determination (im Sinne von § 6.4 HLR).

Die kollokative Determination ist bidirektional (wie jede Zeichenrelation, vgl. S. 62): Sie impliziert immer zwei verschiedene, komplementäre Sichtweisen, je nachdem, welche der beiden beteiligten Komponenten (Determinative) als Determinant (d. h. als Ausgangspunkt der Betrachtung) und welche als Determinat gesetzt wird. Das Determinationsgefüge selbst bleibt dabei unabhängig von der eingenommenen Perspektive immer dasselbe. Es hat jeweils eine bestimmte Form, in welcher die Determinative als aufeinander bezogen erscheinen. Anders gesagt: Jedem Determinativ kann im Rahmen eines konkreten Determinationsgefüges immer eine bestimmte funktionale Rolle zugeschrieben werden, unabhängig davon, ob es Ausgangspunkt der Betrachtung ist; es erscheint z. B. im Rahmen eines Prädikationsgefüges als Prädikat, im Rahmen eines Attributionsgefüges als Attribut usw.

Nachfolgend werden konkrete semantikogrammatische Formen kollokativer Determination behandelt. Wir rufen in Erinnerung, dass es dabei um eine Betrachtung von Möglichkeiten der Semiose in unserer Beschreibungssprache (der spätneuhochdeutschen Schriftsprache) geht. Da diese Betrachtung keinen Selbstzweck hat, strebt sie Vollständigkeit nur in Relation zum Gegenstand an. Es werden also nicht alle denkbaren Formen kollokativer Determination behandelt, sondern nur diejenigen, die bei der empirischen Untersuchung unseres Quellenkorpus interpretativ angewendet wurden. Dabei werden jeweils konkrete Beispiele angeführt, bei denen es sich in aller Regel um Belege aus eben diesem Korpus handelt. Obwohl so scheinbar zwei Ebenen, die Objekt- und die Metasprachebene, vermischt werden, erscheint unser Verfahren aus Gründen der Einfachheit und Kürze zulässig. Zwar müssten streng genommen zwei unterschiedliche Schritte vollzogen werden: erstens eine Behandlung von spätneuhochdeutschen Belegbeispielen, um zu zeigen, dass es sich bei den angeführten Determinationsmustern tatsächlich um solche der spätneuhochdeutschen Schriftsprache handelt, und zweitens eine Anwendung auf Belegbeispiele des Untersuchungskorpus, um plausibel zu machen, dass durch diese Anwendung eine sinnvolle Interpretation der zu beschreibenden sprachlichen Äußerungen möglich ist. Wie in Kap. 1 und in den Erläuterungen zu § 4.1 HLR (S. 59) dargelegt, erfolgt aber beim zweiten Schritt ohnehin eine Übersetzung der objektsprachlichen Äußerungen in metasprachliche: Verstanden wird nicht der objektsprachliche Text, sondern die analoge deutungssprachliche Entsprechung. Wir können daher annehmen, dass in jedem Fall, in dem eine Äußerung aus unserem Untersuchungszeitraum (1750–1950) als Beispiel für ein bestimmtes Determinationsgefüge unmittelbar plausibel scheint, dieselbe Äußerung exakt so auch im Spätneuhochdeutschen möglich ist, und unterlassen daher, indem wir auf einige der gängigen Grammatiken der deutschen Gegenwartssprache referieren sowie unserer eigenen Sprachkompetenz trauen, den ersten Schritt.

Es geht im gegenwärtigen Kapitel 4 zunächst lediglich jeweils um eine Betrachtung der spezifischen kollokativ-determinativen Leistung, d. h. um eine Beschreibung des semantischen Wertes der jeweiligen Determinative. Insofern sich die semantischen Leistungen verschiedener Determinationsformen aufeinander projizieren lassen (d. h., insofern die beschreibungssprachlichen Wertangaben gleich oder einander entsprechend ausfallen), sind sie danach Gegenstand einer gesonderten Betrachtung (Kap. 6–7).

Als Subkategorien der Determination werden aufgefasst: erstens die wortinterne Determination[119], nämlich die Flexion (4.1.1) bzw. Flexionalität (4.2.1), Aflexion (4.1.2), Transligation (4.1.3), Derivation (4.1.4) und Amplifikation (4.1.5), zweitens die wortgruppeninterne Determination, nämlich die Prädikation (4.1.6), Supprädikation (4.1.7), Kommentation (4.1.8), Adverbation (4.1.9), Komitation (4.1.10), Attribution (4.1.11), Transzession (4.1.12), Anzeption (4.1.13), Dekussation (4.1.14), Adposition (4.1.15), Sub- und Konjunktion (4.1.16), Kojunktion (4.1.17), Kostriktion (4.1.18) und Interzeption (4.1.19), und drittens die wortverbundinterne Determination, nämlich die Prädikationalität (4.2.2), Adverbationalität (4.2.3), Komitationalität (4.2.4), Attributionalität (4.2.5), Transzessionalität (4.2.6), Adpositionalität (4.2.7), Subjunktionalität (4.2.8), Kojunktionalität (4.2.9), Kostriktionalität (4.2.10), Transmissionalität (4.2.11), Interkompaxalilität (4.2.12) und Nodalität (4.2.13).

*

Unser Anliegen ist eine empirisch fundierte Untersuchung. Dies bedeutet, dass das Beschreibungsmodell in seiner Systematizität nur Mittel zum Zweck, nicht Selbstzweck ist. Mit anderen Worten: Es geht zwar darum, ein möglichst konsistentes grammatisch-semantisches System als Hintergrundfolie für die Beschreibung und Interpretation einzelner sprachlicher Äußerungen zu entwerfen, aber dabei darf nicht der Einzelfall aus dem Auge verloren werden, der immer auch abweichend von demjenigen beschaffen sein kann, was das System nahezulegen scheint.

Sprachliche Zeichen interpretieren wir prinzipiell als funktional bezogen auf andere sprachlichen Zeichen. Bei der Frage, w e l c h e Funktion eine Zeicheneinheit im konkreten Belegzusammenhang habe, lassen wir uns in aller Regel von den Üblichkeiten der Grammatikographie leiten – denen freilich die Erscheinungen in den Quel-

---

[119] Durch Wortbildung entstehen „komplexe Wörter" (Eichinger 2000, 143), die „durch ihre kleinsten Bestandteile zumindest ungefähr in die Richtung ihrer Bedeutung und Textfunktion" führen (ebd.). Man kann also umgekehrt durch die Analyse dieser „kleinsten Bestandteile" oder Morpheme bestimmte Determinationsstrukturen in der Weise herausarbeiten, dass jedes einzelne Morphem als determinativ für jedes andere verstanden wird, und eben unter diesem Aspekt müssen morphologische Strukturen im Rahmen der vorliegenden Arbeit in den Blick geraten.

lentexten nicht immer entsprechen. Was grammatisch ‚richtig' wäre, ist keineswegs notwendigerweise das Leitbild für die Graphiegepflogenheiten eines Autors – ebensowenig wie übrigens für das Regelwerk zur neuen deutschen Rechtschreibung, dessen Verfasser beispielsweise der Meinung sind, eine β-Partikelgruppe (§ 93.2β HLR) wie *zur Zeit* orthographisch wie eine Partikel (*zurzeit*) behandeln zu müssen (vermutlich in der wohlmeinenden Absicht, durch die Analogie zu *derzeit* – einer tatsächlich zur Partikel gewordenen Substantivgruppe, wie die für eine Substantivgruppe unübliche Betonung *de̱rzeit* erkennen lässt – grammatisch Unausgebildeten das ‚richtige' Schreiben zu erleichtern).

Nun ist zwar die Gleichbehandlung des Ungleichen nicht deshalb gerecht, weil die Ungleichbehandlung des Gleichen ungerecht ist. Allerdings lässt sich die Frage, was gleich und was ungleich sei, durchaus nicht pauschal beantworten. Im hier gegebenen Zusammenhang wird man eine Antwort am ehesten mit Blick auf das Anliegen versuchen. In dem Bemühen, den konkreten sprachlichen Erscheinungen interpretativ gerecht zu werden, wagen wir daher im Einzelfall auch einmal eine funktionale Klassifikation von Textphänomenen ganz gegen mögliche systemorientierte Erwartungen, indem wir uns gerade doch an der vorliegenden Schreibung orientieren. Das heißt, wir interpretieren beispielsweise *einehandvoll* in „einehandvoll Glühwürmer" (HOLZ, Kunst 1891, 27) nicht nur als bloße Schreibvariante zu *eine Hand voll*[120], sondern gewissermaßen als die Leitvariante für die grammatische Klassifizierung: als univerbierte Einheit, konkret (gemäß § 39.3b^{IIγβ} und § 84.1a^{IV} HLR) als ein – im Sinne von Brugmann (1889, 4) könnte man sagen: ‚werdendes' – Adjektiv. Zur Leitvariante wird das so verstandene /einehandvoll\ angesichts der Tatsache, dass wir aus den auf S. 143 ff. erläuterten Gründen die Grenze zwischen Wort und Wortgruppe als fließend ansehen und aufgrund ihrer idiomatischen Bedeutung (›ein wenig; ein paar‹) auch die vermeintliche Wortgruppe *eine Hand voll* als W o r t , nämlich als adjektivisches Phraseolexem (/*eine Hand voll*\: § 84.1a^{IV} HLR) deuten. Das gesamte Gefüge |einehandvoll Glühwürmer| ist demnach ebenso ein Attributionsgefüge mit adjektivischem Attribut wie das Gefüge |eine Hand voll Schnee| (Anm. 120).

Da die kategoriale Einschätzung eines konkreten syntaktischen Gefüges, d. h. seine grammatische Interpretation, offen ist zur Einschätzung seiner Bedeutung im engeren Sinne, d. h. zu seiner semantischen Interpretation, kann sie durchaus gewinnbringend von dieser her gedacht und angesetzt werden. Damit lässt sich dann beispielsweise in Fällen, in denen eine Konstruktion mit gleich guten Argumenten auf zwei verschiedene Arten grammatisch interpretiert werden könnte, derjenigen Interpretation der Vorzug geben, die sich in Analogie zur Semantik der Textstelle setzen lässt (dergestalt, dass Grammatik und Semantik sich gegenseitig erhellen und

---

[120] „Die Stille aber, die hinter dem Dunst lauerte und ihn und mich umkrallte wie eine Schlange oder ein Ring, langte zuweilen mit der Hand hervor und stieß einen Kiefernzweig an, auf daß er <u>eine Hand voll</u> Schnee mit einem unterstickten dumpfen Ton und einem nachfolgenden heimlichen Rascheln fallen ließ und wir ihre Nähe nicht vergäßen" (SACK, Namenl. 1919, 233).

eine zusätzliche Sinnebene entsteht). So könnte man in Bsp. 79 (S. 197) die ζ-Adjektivgruppe (§ 90.2ζ$^{\text{III}\beta}$ HLR) |langsam und gebrechlich| entweder, wie Abb. 59 zeigt, als Bestandteil eines kojunktiv gefügten (§ 48.1b^{VII} HLR) Adverbials (§ 35.3b$^{\text{II}\beta\epsilon}$ HLR) zu der als Supprädikat (§ 35.2b$^{\text{II}\beta}$ HLR) fungierenden α-Verbadjektivgruppe (§ 90.2α^{I} HLR) |quer über das Zimmer gegangen| deuten – die β-Partikelgruppe (§ 93.2β^{I} HLR) |mit vernehmlichen Schritten| wäre dann aus der Perspektive von |langsam und gebrechlich| als Kojunkt, d. h. als zweiter, paralleler Adverbialbestandteil zu sehen –, oder man interpretiert, wie in Abb. 60 dargestellt, |langsam und gebrechlich| als Attribut – genauer: Juxtaposit (§ 41.3b$^{\text{II}\gamma}$ HLR) – zu der β-Substantivgruppe (§ 89.2β^{II} HLR) |Ø$_{\text{Art}}$ vernehmliche Schritte|.

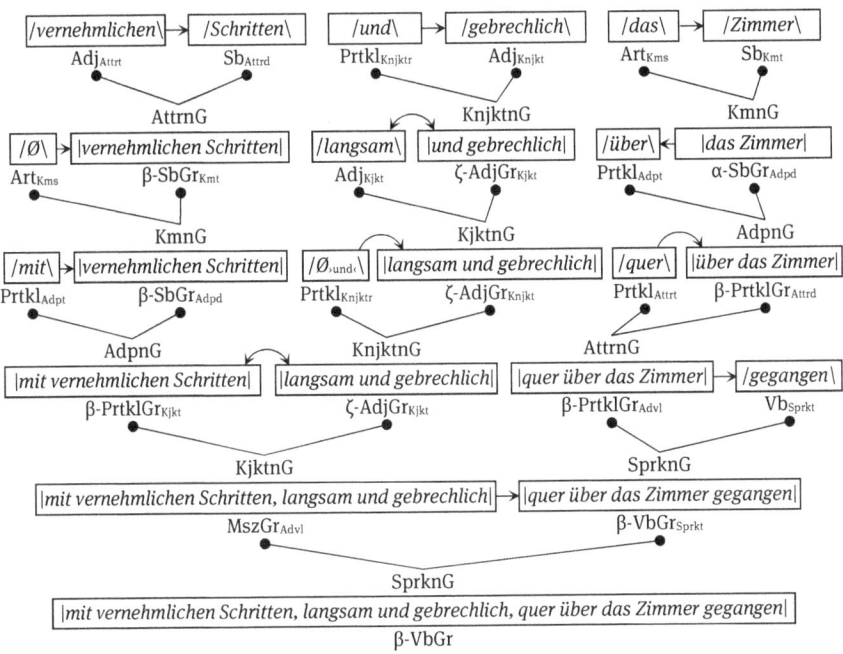

Abb. 59: Gefügestrukturen in der β-Verbgruppe |mit vernehmlichen Schritten, langsam und gebrechlich, quer über das Zimmer gegangen| (Deutungsmöglichkeit 1)

Adj = Adjektiv; ζ-AdjGr = ζ-Adjektivgruppe; Adpd = Adponend; AdpnG = Adpositionsgefüge; Adpt = Adposit; Advl = Adverbial; Art = Artikel; Attrd = Attribuend; AttrnG = Attributionsgefüge; Attrt = Attribut; Jxpd = Juxtaponend; JxpnG = Juxtapositionsgefüge; Jxpt = Juxtaposit; Kjkt = Kojunkt; KjktnG = Kojunktionsgefüge; KmnG = Komitationsgefüge; Kms = Komes; Kmt = Komitat; Knjkt = Konjunkt; KnjktnG = Konjunktionsgefüge; Knjktr = Konjunktor; MszGr = Miszellangruppe; Prtkl = Partikel; β-PrtklGr = β-Partikelgruppe; Sb = Substantiv; α-/β-SbGr = α-/β-Substantivgruppe; Vb = Verb; SprknG = Supprädikationsgefüge; β-VbGr = β-Verbgruppe. — Zu den allgemeinen Notationsregeln vgl. Anhang II (S. 828 ff.).

Bsp. 79 „Aber wie betreten war das Ehepaar, als der Ritter mitten in der Nacht, verstört und bleich, zu ihnen herunter kam, hoch und theuer versichernd, daß es in dem Zimmer spuke, indem etwas, das dem Blick unsichtbar gewesen, mit einem Geräusch, als ob es auf Stroh gelegen, im Zimmerwinkel aufgestanden, mit vernehmlichen Schritten, <u>langsam und gebrechlich</u>, quer über das Zimmer gegangen, und hinter dem Ofen, unter Stöhnen und Aechzen, niedergesunken sei." (KLEIST, Bettelw. v. Loc. 1810, 39 f.)

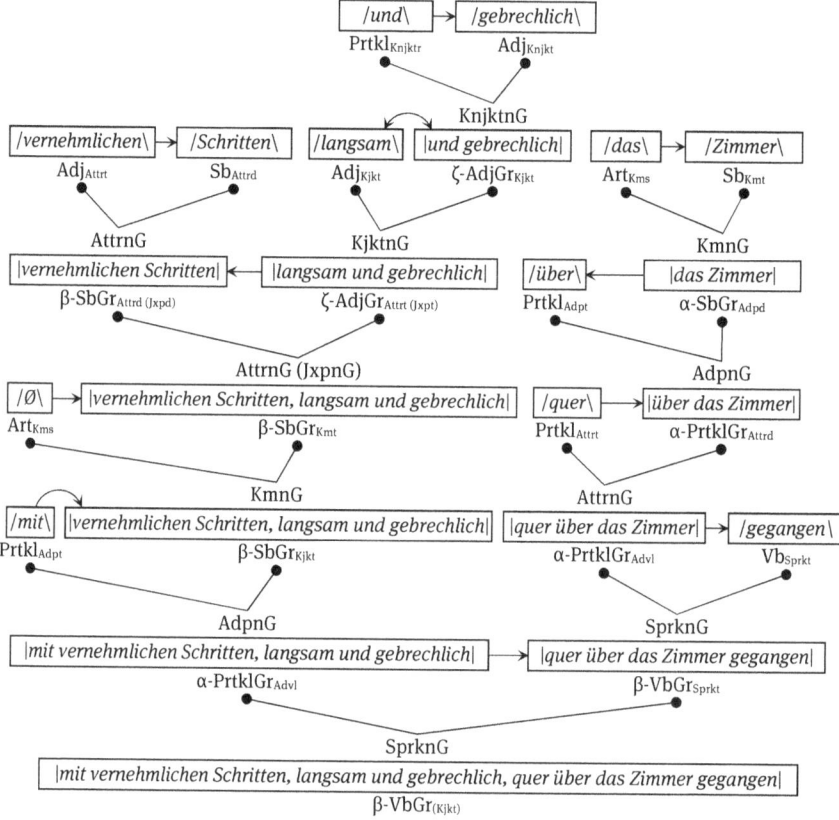

Abb. 60: Gefügestrukturen in der β-Verbgruppe |*mit vernehmlichen Schritten, langsam und gebrechlich, quer über das Zimmer gegangen*| (Deutungsmöglichkeit 2); zur Legende vgl. Abb. 59

Beide Möglichkeiten sind, für sich betrachtet, gleich einleuchtend; da aber nicht beide zugleich angesetzt werden können, muss man sich bei der grammatischen Interpretation des Gefüges für eine von beiden entscheiden. In diesem Zusammenhang nun könnte für die zweite Lesart ins Gewicht fallen, dass die Konstruktion mit nachgestelltem Attribut (Juxtaposit) ‚locker' gefügt erscheint, wie der Vergleich mit ihrer unmittelbaren grammatisch-semantischen Entsprechung, der Konstruktion mit vorangestelltem Attribut (**mit vernehmlichen, langsamen und gebrechlichen Schritten*) deutlich macht. Bei der juxtapositorischen Attribution gibt es keine Kongruenz und damit kein ausdrucksseitig unmittelbar erkennbares Band zwischen Attribuend und Attribut. Die Konstruktion wirkt damit weniger fest gefügt, also gleichsam ‚gebrechlicher', einerseits als die hypothetische Alternative mit vorangestelltem Attribut, andererseits aber eben auch als die tatsächliche Alternative, in der |*langsam und gebrechlich*| als Teil des Adverbials gedeutet werden könnte. Damit wäre eine Analogie zwischen der (grammatischen) Textstruktur und der (semantischen) Textaussage hergestellt – in beiden lässt sich der Aspekt ›Gebrechlichkeit‹ finden – und in dieser Analogie wiederum könnte eine zusätzliche Sinnebene – ein ‚Von-sich-selbst-Wissen' des Textes – gesehen werden.

Dass und inwiefern ein solches ‚Von-sich-selbst-Wissen' nicht nur an dieser Stelle, sondern durchgängig als Deutungsmöglichkeit des Kleist-Textes begegnet – so dass es sich kaum um ein kontingentes, vielmehr um ein evident sinnbietendes Phänomen handeln dürfte –, kann hier nicht ausgeführt werden. Ebensowenig kann erörtert werden, dass just an einer Stelle, an welcher der Text ‚von sich selbst weiß' (soll heißen: an welcher Autoreferentialität des sprachlichen Zeichens und damit das Zeichen selbst in r e i n e r Z e i c h e n h a f t i g k e i t sich manifestiert), keine Eindeutigkeit der grammatischen Konstruktion gegeben ist, sondern zwei Lesarten möglich sind. Dies – nur so viel sei angedeutet – mag wiederum als Tatsache von hermeneutischer Relevanz erscheinen, denn als ein zentrales Thema ebenso wie als Strukturprinzip des Textes lässt sich A m b i v a l e n z benennen: Die der Interpretation sich unmittelbar andienende real-kausale Sinnebene, vermeintlich robust, in Wahrheit aber durchaus g e b r e c h l i c h[121], lässt allenthalben logische Inkonsistenzen erkennen, wodurch jede solcherart problematisch werdende Einzelaussage des Textes (will man von demselben nicht lediglich annehmen, er sei ‚schlecht erzählt') für andere Deutungsansätze frei wird.

Für eine eingehendere Darstellung dieser Gegenstände ist hier, wie gesagt, nicht der Ort. Es mag genügen, dass es sich um eine mögliche und übrigens in der literaturwissenschaftlichen Forschung auch ernsthaft diskutierte Sicht auf den Text handelt. Dass eine bestimmte Lesart einer Gefügestruktur (nämlich eben die in Abb. 60 veranschaulichte) zu einer derartigen Sicht stimmt, wohingegen eine andere (die in Abb. 59) eine solche Sinnaffinität – die gleiche oder eine andere – nicht aufweist, spricht aus unserer Sicht für die affine Lesart; nur darauf sollte hier hingewiesen werden.

---

121 Aus gutem Grund sprechen Pastor und Leroy (1979) von „Brüchigkeit" als Erzählprinzip im *Bettelweib*.

4.1 Kompaxivgefüge

4.1.1 Flexionsgefüge

§ 29.1 HLR: (a) F l e x i o n s g e f ü g e (FlxnG) sind kompaxive (§ 17.I HLR) Subordinationsgefüge (§ 18 HLR), die $^{(I)}$konsistent (§ 15.Ib HLR) oder $^{(II)}$dissolut (§ 15.IIb HLR) strukturiert sind. Sie bestehen aus zwei Gliedern: einem Kern, dem F l e k t o r (Fltr), und einem Satelliten, dem F l e k t a n d e n (Fltd).

(b) Flexionsgefüge sind der Zeichenart nach $^{(I)}$Wortelemente, konkret: $^{(α)}$Suffixe (§ 78 HLR) oder $^{(β)}$Konfixe (§ 80.1b^{I} HLR), $^{(II)}$Wörter, konkret: $^{(α)}$Verben (§ 82.1b^{I} HLR), $^{(β)}$Substantive (§ 83.1cI HLR), $^{(γ)}$Volladjektive (§ 84.1b^{I} HLR), $^{(δ)}$Artikel (§ 85.1b^{I} HLR) oder $^{(ε)}$Pronomina (§ 86.1b^{I} HLR) oder $^{(III)}$Wortgruppen, konkret: α-Verbgruppen (§ 88.4b^{I} HLR, als Flektor fungiert in diesem Fall ein Hilfsverb, § 82.5γ^{I} HLR, oder eine α-Hilfsverbgruppe, § 88.4b^{IV} HLR).

§ 29.2 HLR: (a) Der Flektor steht zu seinem Flektanden in der Relation der F l e x i o n.

(b) Der Flektor ist der Zeichenart nach $^{(I)}$ein Wortelement: ein dem Flektanden unmittelbar nachgestelltes Grammativ (§ 65.Ib^{IIIbα} HLR), das, betrachtet als Morphem (§ 25.2β HLR), als polyhenadisches Wortelement-Formenparadigma (§ 3.2β^{2α}, § 7.2γ HLR) erscheint, konkret: $^{(α)}$ein Suffixgrammativ (§ 67.2α HLR), $^{(β)}$ein Konfixgrammativ (§ 68.2α HLR), $^{(γ)}$ein Verbgrammativ (§ 69.2α HLR), $^{(δ)}$ein Substantivgrammativ (§ 70.2α HLR), $^{(ε)}$ein Adjektivgrammativ (§ 71.2α HLR), $^{(ζ)}$ein Artikelgrammativ (§ 72.2α HLR) oder $^{(η)}$ein Pronomengrammativ (§ 73.2α HLR), $^{(II)}$ein Wort, konkret: ein Hilfsverb (§ 82.5γ^{Iα} HLR), oder, $^{(III)}$eine Wortgruppe, konkret: eine Hilfsverbgruppe (§ 88.4c^{Iα} HLR).

§ 29.3 HLR: (a) Der Flektand steht zu seinem Flektor in der Relation der F l e k t u r (des Flektiert-Werdens).

(b) Der Flektand ist der Zeichenart nach $^{(I)}$ein Wortelement, konkret: $^{(α)}$ein Intrafix (§ 75.3α HLR) – sofern das Flexionsgefüge seiner Zeichenart nach ein Suffix ist (§ 29.1b^{Iα} HLR) – oder $^{(β)}$ein Transfix (§ 76.3α HLR) – sofern das Flexionsgefüge seiner Zeichenart nach $^{(βα)}$ein Konfix (§ 29.1b^{Iβ} HLR), $^{(ββ)}$eine synthetisch gebildete Form eines Verbs (§ 82.1d^{I} HLR), $^{(βγ)}$ein Substantiv (§ 29.1b^{IIβ} HLR), $^{(βδ)}$ein Adjektiv (§ 29.1b^{IIγ} HLR), $^{(βε)}$ein Artikel (§ 29.1b^{IIδ} HLR) oder $^{(βζ)}$ein Pronomen (§ 29.1b^{IIε} HLR) ist –, $^{(II)}$ein Wort oder $^{(III)}$eine Wortgruppe, sofern das Flexionsgefüge seiner Zeichenart nach $^{(α)}$eine α-Verbgruppe ist (§ 29.1b^{III} HLR) – dann konkret: $^{(αα)}$eine η-Infinitverbgruppe (§ 88.4c^{IIα} HLR) oder $^{(αβ)}$eine Verbadjektivgruppe (§ 90.3β^{I} HLR) – oder sofern das Flexionsgefüge seiner Zeichenart nach $^{(β)}$ein Substantiv ist; dann z. B. ein Satz (§ 88.2e^{IIα} HLR).

Zu § 29.1 HLR: Flexionsgefüge sind überall dort gegeben, wo ein flektiertes Wort (zu den flektier b a r e n Wörtern vgl. § 81 HLR) als solches vorliegt (Bsp. 80a/b, Abb. 61 und Abb. 62) oder ein ausschließlich grammatischen Wert, genauer: Flexionsfunktion aufweisendes flektiertes Wort – konkret: ein Hilfsverb (§ 82.2d^{IIβ} HLR) – als Kern einer Wortgruppe vorliegt (Bsp. 80c, Abb. 63); zudem sind sie überall dort gegeben, wo flektierte Wortelemente – konkret: Suffixe (Bsp. 80d, Abb. 64) oder Konfixe (Bsp. 80e, Abb. 65) – als Bestandteile flektierter Wörter in den Blick kommen.

Flexionsgefüge machen auch die Transposition eines per se flektierbaren Zeichens in eine andere Zeichenart möglich (z. B. *wahr* → *das Wahre*); das Ausgangszeichen wird dann zum Flektanden eines neuen, für eine andere Zeichenart spezifischen Flektorgrammativs.

Flexionsgefüge sind immer kompaxive Subordinationsgefüge. Sie können konsistent sein – bei flektierten Wortelementen (Bsp. 80d, Abb. 64 und Bsp. 80e, Abb. 65) oder bei synthetischen Flexionsformen von Wörtern (Bsp. 80a, Abb. 61) – oder dissolut: bei anaylytischen Flexionsformen (Bsp. 80b, Abb. 62) und bei Wortgruppen (Bsp. 80c, Abb. 63).

Bsp. 80:
a) „Einige Mädchen der Aphrodite Pandemos mochten bemerkt haben, daß ich bei der Abzahlung des <u>Menschen</u> eine ziemliche Handvoll silberner Liren aus der Tasche gezogen hatte, und hingen sich, als der Bediente fort war und ich allein gemächlich nach Hause schlenderte, ganz freundlich und gefällig an meinen Arm." (SEUME, Spaz. n. Syrakus 1803, 250 f.)
b) „Ich <u>habe</u> es Dir schon einmal <u>gesagt</u>." (ALTENBERG, Tag ²1902, 142.)
c) „Ich <u>habe</u> es <u>gesagt</u> und meine Seele gerettet." (A. v. ARNIM, Dolores 1810, 45.)
d) „Was hilft alles Geld und Gut bei einem so harten und feind<u>lichen</u> Herzen?" (AHLEFELD, Ges. Erz. 1822, I, 12.)
e) „um einem invaliden Unteroffizier der Artillerie zur Sinekure eines <u>Zeugwartes</u> zu verhelfen." (SAAR, Nov. 1893, VII, 17.)

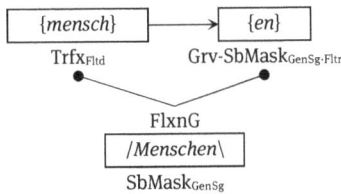

Abb. 61: Konstituentenstruktur eines Flexionsgefüges (Bsp. 80a)

Fltd = Flektand; FlxnG = Flexionsgefüge; Fltr = Flektor; Grv-SbMask$_{GenSg}$ = maskulinisches Substantivgrammativ im Genitiv Singular; SbMask$_{GenSg}$ = maskulinisches Substantiv im Genitiv Singular; Trfx = Transfix. – Zu den allgemeinen Notationsregeln vgl. Anhang II (S. 828 ff.).

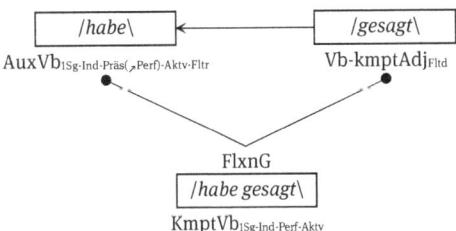

Abb. 62: Konstituentenstruktur eines Flexionsgefüges (Bsp. 80b)

AuxVb$_{1Sg-Ind-Präs(↗Perf)-Aktv}$ = Hilfsverb (Form: 1. Person Singular Indikativ Präsens [in der Vollverbform: Perfekt] Aktiv); Fltd = Flektand; FlxnG = Flexionsgefüge; Fltr = Flektor; KmptVb$_{1Sg-Ind-Perf-Aktv}$ = Vollverb (Form: 1. Person Singular Indikativ Perfekt Aktiv); Vb-kmptAdj = Vollverbadjektiv. – Zu den allgemeinen Notationsregeln vgl. Anhang II (S. 828 ff.).

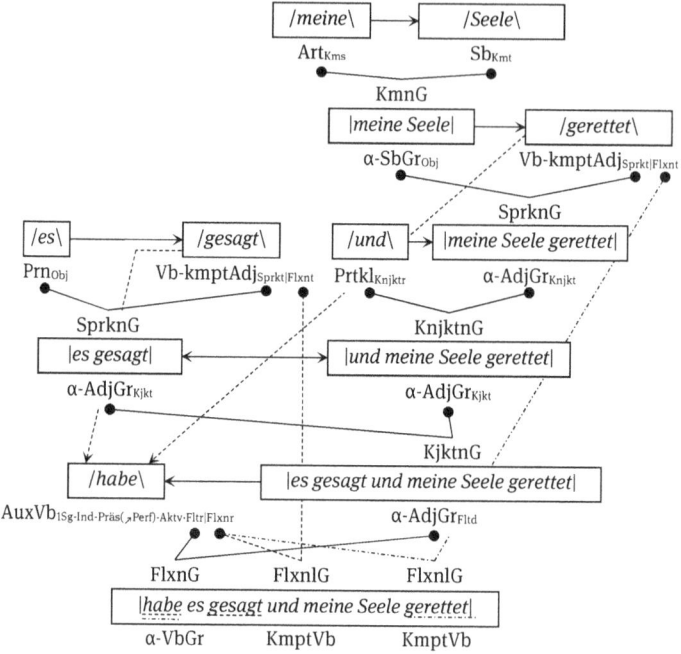

Abb. 63: Konstituentenstruktur eines Flexionsgefüges (Bsp. 80c)

Adj = Adjektiv; α-AdjGr = α-Adjektivgruppe; Art = Artikel; AuxVb$_{1Sg\text{-}Ind\text{-}Präs(\nearrow Perf)\text{-}Aktv}$ = Hilfsverb (Form: 1. Person Singular Indikativ Präsens [in der Vollverbform: Perfekt] Aktiv); Fltd = Flektand; Fltr = Flektor; FlxnG = Flexionsgefüge; FlxnlG = Flexionalgefüge; Flxnr = Flexionar; Flxnt = Flexionat; Kjkt = Kojunkt; KjktnG = Kojunktionsgefüge; KmnG = Komitationsgefüge; Kms = Komes; Kmt = Komitat; KmptVb = Vollverb; Knjkt = Konjunkt; KnjktnG = Konjunktionsgefüge; Obj = Objekt; Sb = Substantiv; α-SbGr = α-Substantivgruppe; SprknG = Supprädikationsgefüge; Sprkt = Supprädikat; α-VbGr = α-Verbgruppe; Vb-kmptAdj = Vollverbadjektiv. — Zu den allgemeinen Notationsregeln vgl. Anhang II (S. 828 ff.).

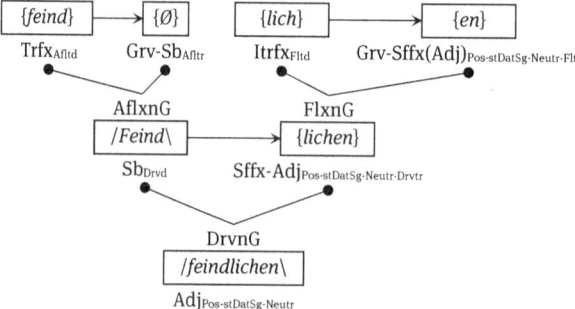

Abb. 64: Konstituentenstruktur eines Flexionsgefüges (Bsp. 80d); zur Legende vgl. Abb. 65.

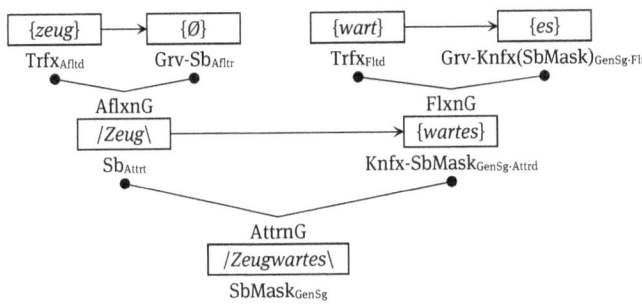

Abb. 65: Konstituentenstruktur eines Flexionsgefüges (Bsp. 80e)

Adj$_{Pos\text{-}stDatSg\text{-}Neutr}$ = Adjektiv (Form: Positiv, Dativ Singular des Neutrums der starken Flexion); Afltd = Aflektand; AflxnG = Aflexionsgefüge; Afltr = Aflektor; Attrd = Attribuend; AttrnG = Attributionsgefüge; Attrt = Attribut; Drvd = Derivand; DrvnG = Derivationsgefüge; Drvtr = Derivator; Fltd = Flektand; FlxnG = Flexionsgefüge; Fltr = Flektor; Grv-Sb = Substantivgrammativ; Grv-Sffx(Adj)$_{Pos\text{-}stDatSg\text{-}Neutr}$ = maskulinisches Substantivgrammativ im Genitiv Singular (Form: Positiv, Dativ Singular des Neutrums der starken Flexion); Grv-Knfx(SbMask)$_{GenSg}$ = maskulinisch-substantivspezifisches Konfixgrammativ im Genitiv Singular; Itrfx = Intrafix; Knfx-SbMask$_{GenSg}$ maskulinisch-substantivspezifisches Konfix im Genitiv Singular; Sb = Substantiv; SbMask$_{GenSg}$ = maskulinisches Substantiv im Genitiv Singular; Sffx-Adj$_{Pos\text{-}stDatSg\text{-}Neutr}$ = Adjektivsuffix (Form: Positiv, Dativ Singular des Neutrums der starken Flexion); Trfx = Transfix. — Zu den allgemeinen Notationsregeln vgl. Anhang II (S. 828 ff.).

Flexionsgefüge erscheinen der Zeichenart nach als Wortelemente – konkret: als Suffixe (Bsp. 80d, Abb. 64) oder Konfixe (Bsp. 80e, Abb. 65) –, als Wörter – konkret: als Verben (Bsp. 80b, Abb. 62), Substantive (Bsp. 80a, Abb. 61), Volladjektive (Bsp. 81a, Abb. 66), Artikel (Bsp. 81b, Abb. 67) oder Pronomina (Bsp. 81c, Abb. 68) – oder als Wortgruppen – konkret: als α-Verbgruppen (Bsp. 80c, Abb. 63), deren Flektor immer ein Hilfsverb ist.

Es versteht sich, dass im zuletzt genannten Fall, in dem eine (Hilfs-) V e r b g r u p p e als Flexionsgefüge strukturiert ist, die als prototypisch erscheinende Identität von Wort (hier: Vollverb) und Flexionsgefüge nicht gegeben ist. Verbgruppen dieser Art, die sich als Hilfsverb-Zeugmata beschreiben ließen, verschränken Vollverbformen, die als Flexionalgefüge (§ 51 HLR) erscheinen: Vgl. S. 150, Abb. 63 (S. 202) und S. 313.

Bsp. 81: a) „Henning sprach ruhig und klar, wie er es immer tat, wenn er eine [...] <u>ernste</u> Angelegenheit darzulegen hatte" (D. v. LILIENCRON, Leben 1900, 281).

b) „Es ist zufällig, daß Jago [...] gerade diesen Mann aufs Korn nahm, dessen Person <u>diese</u> durchaus nicht alltägliche Physiognomie besaß!" (SPENGLER, Unterg. d. Abendl. I 1923, 186.)

c) „Er gab dem vertriebenen König der Meder die Herrschaft von Kleinarmenien und dem parthischen Prätendenten Tiridates ein Asyl in Syrien, um durch <u>jenen</u> den in offener Feindseligkeit gegen Rom verharrenden König Artaxes in Schach zu halten, durch diesen auf den König Phraates zu drücken." (MOMMSEN, Röm. Gesch. V 1885, 372.)

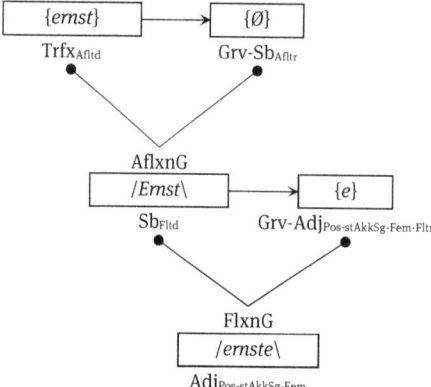

Abb. 66: Konstituentenstruktur eines Flexionsgefüges (Bsp. 81a)

$Adj_{Pos\text{-}stAkkSg\text{-}Fem}$ = Adjektiv (Positiv, Akkusativ Singular Femininum, starke Flexion); Afltd = Aflektand; Afltr = Aflektor; AflxnG = Aflexionsgefüge; $Art_{AkkSg\text{-}Fem}$ = Artikel (Akkusativ Singular Femininum); Fltd = Flektand; FlxnG = Flexionsgefüge; Fltr = Flektor; $Grv\text{-}Adj_{Pos\text{-}stAkkSg\text{-}Fem}$ = Adjektivgrammativ (Positiv, Akkusativ Singular Femininum, starke Flexion); $Grv\text{-}Art_{AkkSg\text{-}Fem}$ = Adjektivgrammativ (Akkusativ Singular Femininum); $Grv\text{-}Prn_{AkkSg\text{-}Mask}$ = Pronomengrammativ (Akkusativ Singular Maskulinum); Grv-Sb = Substantivgrammativ; $Prn_{AkkSg\text{-}Mask}$ = Pronomen (Akkusativ Singular Maskulinum); Sb = Substantiv; Trfx = Transfix. — Zu den allgemeinen Notationsregeln vgl. Anhang II (S. 828 ff.).

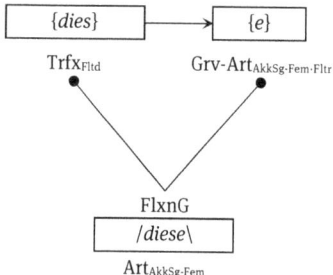

Abb. 67: Konstituentenstruktur eines Flexionsgefüges (Bsp. 81b); zur Legende vgl. Abb. 66.

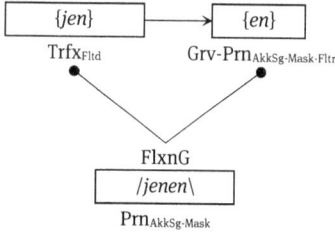

Abb. 68: Konstituentenstruktur eines Flexionsgefüges (Bsp. 81c); zur Legende vgl. Abb. 66.

*

Zu § 29.2 HLR: Da der Flektor den Kern des Flexionsgefüges darstellt, ist seine Zeichenart (gemäß § 18.1b HLR) ausschlaggebend für die Zeichenart des Gefüges im Ganzen. Als Flektor fungiert ein Suffixgrammativ (Bsp. 80d, Abb. 64), sofern das Flexionsgefüge im Ganzen als Suffix erscheint, ein Konfixgrammativ (Bsp. 80e, Abb. 65), sofern das Flexionsgefüge im Ganzen als Konfix erscheint, ein Verbgrammativ (Bsp. 82a, Abb. 69), sofern das Flexionsgefüge im Ganzen als synthetische Verbform (§ 82.1d^I HLR) erscheint, ein Substantivgrammativ (Bsp. 80a, Abb. 61), sofern das Flexionsgefüge im Ganzen als Substantiv erscheint (vgl. auch Bsp. 84, Abb. 73), ein Adjektivgrammativ (Bsp. 81a, Abb. 66), sofern das Flexionsgefüge im Ganzen als Adjektiv erscheint, ein Artikelgrammativ (Bsp. 81b, Abb. 67), sofern das Flexionsgefüge im Ganzen als Artikel erscheint, ein Pronomengrammativ (Bsp. 81c, Abb. 68), sofern das Flexionsgefüge im Ganzen als Pronomen erscheint, ein Hilfsverb (Bsp. 80b, Abb. 62), sofern das Flexionsgefüge im Ganzen als analytische Verbform (§ 82.1d^{II} HLR) oder als α-Verbgruppe wie in Bsp. 80c (Abb. 63) erscheint, oder eine Hilfsverbgruppe, sofern das Flexionsgefüge im Ganzen als α-Verbgruppe wie in Bsp. 82b (Abb. 70) erscheint.

Bsp. 82: a) „Das soziale Element der Ehe halten wir für ein ewiges Bedürfnis der Menschheit." (MEISEL-HESS, Sex. Krise 1909, 28.)

b) „Wilhelm I. und Friedrich III. haben, bzw. hätten ganz ebenso gehandelt (in den entscheidenden Punkten), nur vielleicht in der Form anders." (M. WEBER, Lebensbild 1926, 409.)

c) „den übrigen Küchenmenschen werde ich sagen, daß ich eine Gans mit allerlei besonderen Kräutern für den Herzog mäste" (HAUFF, Märchen II 1827, 131.)

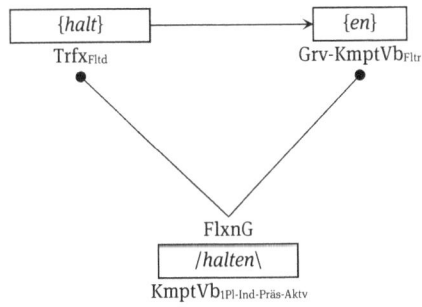

Abb. 69: Konstituentenstruktur eines Flexionsgefüges (Bsp. 82a)

Fltd = Flektand; FlxnG = Flexionsgefüge; Fltr = Flektor; Grv-KmptVb$_{1Pl\text{-}Ind\text{-}Präs\text{-}Aktv}$ = Vollverbgrammativ; KmptVb = Vollverb (Form: 1. Person Singular Indikativ Präsens Aktiv); Trfx = Transfix. — Zu den allgemeinen Notationsregeln vgl. Anhang II (S. 828 ff.).

*

Zu § 29.3 HLR: Die Zeichenart des Flektanden ist mit der Zeichenart des Flektors nicht unmittelbar korreliert. Flektoren einer bestimmten Zeichenart können Flektanden unterschiedlicher Zeichenart determinieren. Als Flektand kann erscheinen:

1. ein Intrafix, sofern das Flexionsgefüge im Ganzen seiner Zeichenart nach ein Suffix ist (Bsp. 80d, Abb. 64),
2. ein Transfix, sofern das Flexionsgefüge im Ganzen seiner Zeichenart nach ein Konfix (Bsp. 80e, Abb. 65), die synthetisch gebildete Form eines Verbs (Bsp. 82a, Abb. 69), ein Substantiv (Bsp. 80a, Abb. 61), ein Adjektiv (Bsp. 81a, Abb. 66), ein Artikel (Bsp. 81b, Abb. 67) oder ein Pronomen (Bsp. 81c, Abb. 68) ist,
3. ein Wort, z. B. ein Infinitverb, sofern das Flexionsgefüge im Ganzen seiner Zeichenart nach eine analytische Formen eines Verbs ist, die mit Infinitverb gebildet wird (Bsp. 82c, Abb. 71), oder ein Verbadjektiv, sofern das Flexionsgefüge im Ganzen seiner Zeichenart nach eine analytische Formen eines Verbs oder einer Verbgruppe ist, die mit Verbadjektiv gebildet wird (Bsp. 80b, Abb. 62; Bsp. 82b, Abb. 70),
4. eine η-Infinitverbgruppe im Sinne von § 88.4b^{VIIγ} HLR, sofern das Flexionsgefüge im Ganzen seiner Zeichenart nach eine mit η-Infinitverbgruppe gebildete α-Verbgruppe ist (Bsp. 83, Abb. 72),
5. eine Verbadjektivgruppe, sofern das Flexionsgefüge im Ganzen seiner Zeichenart nach eine mit Verbadjektivgruppe gebildete α-Verbgruppe ist (Bsp. 80c, Abb. 63), oder
6. eine substantivierbare Wortgruppe, z. B. ein Satz, sofern das Flexionsgefüge im Ganzen seiner Zeichenart nach ein Substantiv ist (Bsp. 84, Abb. 73).

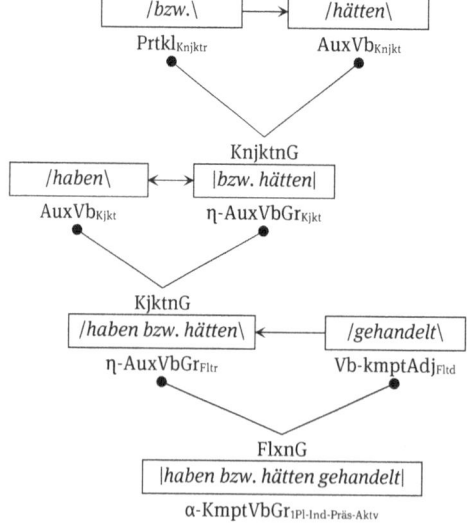

Abb. 70: Konstituentenstruktur eines Flexionsgefüges (Bsp. 82b); zur Legende vgl. Abb. 71

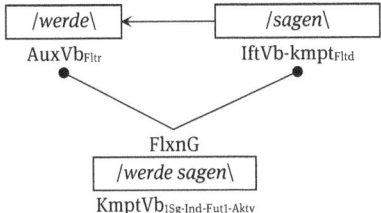

Abb. 71: Konstituentenstruktur eines Flexionsgefüges (Bsp. 82c)

AuxVb = Hilfsverb; η-AuxVbGr = η-Hilfsverbgruppe; Fltd = Flektand; FlxnG = Flexionsgefüge; Fltr = Flektor; IftVb-kmpl = Infinitvollverb; Kjkt = Kojunkt; KmptVb$_{1Sg\text{-}Ind\text{-}Fut1\text{-}Aktv}$ = Vollverb (Form: 1. Person Singular Indikativ Futur I Aktiv); α-KmptVbGr$_{1Pl\text{-}Ind\text{-}Präs\text{-}Aktv}$ = α-Vollverbgruppe (Form: 1. Person Plural Indikativ Präsens Aktiv); Knjkt = Konjunkt; KnjktG = Konjunktionsgefüge; Knjktr = Konjunktor; Prtkl = Partikel; Trfx = Transfix; Vb-kmptAdj = Vollverbadjektiv. – Zu den allgemeinen Notationsregeln vgl. Anhang II (S. 828 ff.).

Bsp. 83: „Ich werde essen und lachen." (BÖRNE, Brf. Paris V 1834, 602).

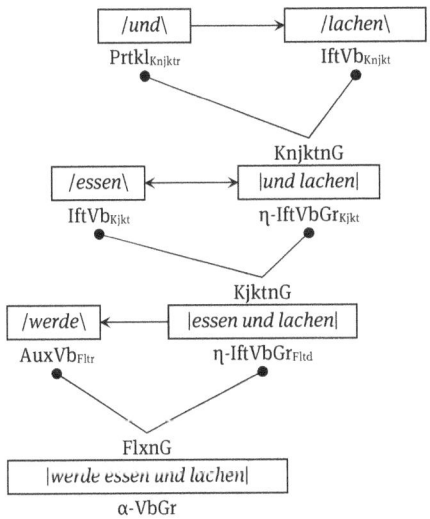

Abb. 72: Konstituentenstruktur eines Flexionsgefüges (Bsp. 83)

AuxVb = Hilfsverb; Fltd = Flektand; FlxnG = Flexionsgefüge; Fltr = Flektor; IftVb = Infinitverb; η-IftVbGr = η-Infinitverbgruppe; Kjkt = Kojunkt; KjktnG = Kojunktionsgefüge; Knjkt = Konjunkt; KnjktnG = Konjunktionsgefüge; Knjktr = Konjunktor; Prtkl = Partikel; α-VbGr = α-Verbgruppe. – Zu den allgemeinen Notationsregeln vgl. Anhang II (S. 828 ff.).

Bsp. 84: „Ort und Stunde des Stelldicheins wurden bestimmt." (EBNER-ESCHENBACH, Unsühnb. 1889, 483.)

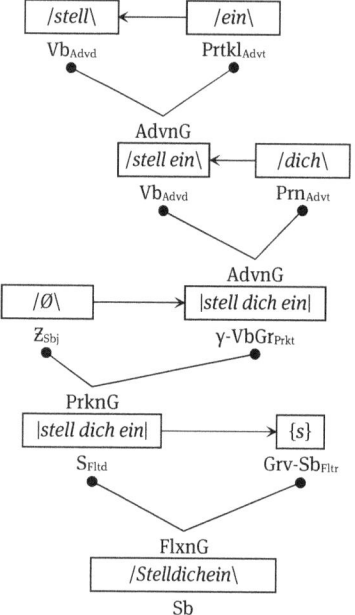

Abb. 73: Konstituentenstruktur eines Flexionsgefüges (Bsp. 84);

Advd = Adverband; AdvnG = Adverbationsgefüge; Advt = Adverbat; Fltd = Flektand; Fltr = Flektor; FlxnG = Flexionsgefüge; Grv-Sb = Substantivgrammativ; PrknG = Prädikationsgefüge; Prkt = Prädikat; Prn = Pronomen; Prtkl = Partikel; S = Satz; Sb = Substantiv; Sbj = Subjekt; Vb = Verb; γ-VbGr = γ-Verbgruppe. — Das Symbol Z steht als Variable für ein kategorial qua kotextueller Funktion näher zu bestimmendes Zeichen. — Zu den allgemeinen Notationsregeln vgl. Anhang II (S. 828 ff.).

Dass Sätze als Satelliten von Flexionsgefügen interpretiert werden, mag zunächst etwas ungewöhnlich anmuten. Es lassen sich dadurch aber solche ‚imperativischen Satzwörter' wie *Stelldichein* oder *Springinsfeld* am problemlosesten erklären, und auch in Fällen, in denen nichtsubstantivische Wortgruppen determiniert von einem Artikel zu sein scheinen (Bsp. 85) – was allerdings gemäß § 38.2b HLR nicht möglich ist –, dürfte es hilfreich sein, diese Wortgruppen als – sekundäre – Substantive fassen zu können (vgl. S. 249 und S. 386 f.).

Bsp. 85: „dieses ich weiß nicht was, welches wir [...] ganz ungescheut Liebe nennen wollen" (WIELAND, Agath. 1766–67, 499).

4.1.2 Aflexionsgefüge

§ 30.1 HLR: (a) A f l e x i o n s g e f ü g e (AflxnG), sind konsistente (§ 15.Ib HLR) kompaxive (§ 17.I HLR) Subordinationsgefüge (§ 18 HLR) und bestehen aus zwei Gliedern: einem Kern, dem A f l e k t o r (Afltr), und einem Satelliten, dem A f l e k t a n d e n (Afltd).

(b) Aflexionsgefüge sind der Zeichenart nach $^{(I)}$Wortelemente, konkret: $^{(\alpha)}$Präfixe (§ 77 HLR), $^{(\beta)}$Suffixe (§ 78 HLR), oder $^{(\gamma)}$Konfixe (§ 80.1b^{II} HLR), $^{(II)}$Wörter, konkret: $^{(\alpha)}$Verben (§ 82.1b^{II} HLR), $^{(\beta)}$Substantive (§ 83.1c^{II} HLR), $^{(\gamma)}$Adjektive (§ 84.1b^{II} HLR), $^{(\delta)}$Artikel (§ 85.1b^{II} HLR), $^{(\epsilon)}$Pronomina (§ 86.1b^{II} HLR) oder $^{(\zeta)}$Partikeln (§ 87.1b^{I} HLR).

§ 30.2 HLR: (a) Der Aflektor steht zu seinem Aflektanden in der Relation der A f l e x i o n.

(b) Der Aflektor ist der Zeichenart nach ein Wortelement, genauer: ein dem Aflektanden unmittelbar nachgestelltes Grammativ (§ 65.1b$^{IIb\beta}$ HLR), das, betrachtet als Morphem (§ 25.2β HLR), als monohenadisches Wortelement-Formenparadigma (§ 3.2$\beta^{2\beta}$, § 7.2γ HLR) erscheint, konkret $^{(I)}$ein Präfixgrammativ (§ 66.2 HLR), $^{(II)}$ein Suffixgrammativ (§ 67.2β HLR), $^{(III)}$ein Konfixgrammativ (§ 68.2β HLR), $^{(IV)}$ein Vollverbgrammativ (§ 69.2β HLR), $^{(V)}$ein Substantivgrammativ (§ 70.2β HLR), $^{(VI)}$ein Adjektivgrammativ (§ 71.2β HLR), $^{(VII)}$ein Artikelgrammativ (§ 72.2β HLR), $^{(VIII)}$ein Pronomengrammativ (§ 73.2β HLR) oder $^{(IX)}$ein Partikelgrammativ (§ 74.2 HLR).

§ 30.3 HLR: (a) Der Aflektand steht zu seinem Aflektor in der Relation der A f l e k t u r (des Nicht-Flektiert-Werdens).

(b) Der Aflektand ist der Zeichenart nach $^{(I)}$ein Intrafix (§ 75.3β HLR), sofern das Aflexionsgefüge seiner Zeichenart nach $^{(\alpha)}$als Präfix (§ 30.1b$^{I\alpha}$ HLR) oder $^{(\beta)}$als Suffix (§ 30.1b$^{I\beta}$ HLR) erscheint, $^{(II)}$ein Transfix (§ 76.3β HLR), sofern das Aflexionsgefüge seiner Zeichenart nach $^{(\alpha)}$als Präfix (§ 30.1b$^{I\alpha}$ HLR), $^{(\beta)}$als Konfix (§ 30.1b$^{I\gamma}$ HLR), $^{(\gamma)}$als Vollverb (§ 30.1b$^{II\alpha}$ HLR), $^{(\delta)}$als Substantiv (§ 30.1b$^{II\beta}$ HLR), $^{(\epsilon)}$als Adjektiv (§ 30.1b$^{II\gamma}$ HLR), $^{(\zeta)}$als Artikel (§ 30.1b$^{II\delta}$ HLR), $^{(\eta)}$als Pronomen (§ 30.1b$^{II\epsilon}$ HLR) oder $^{(\vartheta)}$als Partikel (§ 30.1b$^{II\zeta}$ HLR) erscheint, oder $^{(III)}$eine Wortgruppe, sofern das Aflexionsgefüge seiner Zeichenart nach als Substantiv (§ 30.1b$^{II\beta}$ HLR) erscheint.

Zu § 30.1 HLR: Aflexionsgefüge setzen wir überall dort an, wo ein nicht flektierbares Wort (eine Partikel: § 87 HLR) vorliegt, das wir als zusammengesetzt (§ 12.II HLR) interpretieren, oder wo wir – in bestimmten Gefügen, z. B. in solchen der Wortbildung oder in Phraseologismen – ein flektierbares Wort oder eine flektierbare Wortgruppe als kotextbedingt nicht flektierbar betrachten. Sie erscheinen immer als konsistente kompaxive Subordinationsgefüge und der Zeichenart nach als Präfixe (Bsp. 86a, Abb. 74), Suffixe (Bsp. 86b, Abb. 75), Konfixe (Bsp. 86c, Abb. 76), Verben (Bsp. 86d, Abb. 77), Substantive (Bsp. 86e, Abb. 78), Adjektive (Bsp. 86f, Abb. 79), Artikel (Bsp. 86g, Abb. 80), Pronomina (Bsp. 86h, Abb. 81) oder Partikeln (Bsp. 86i, Abb. 82).

Bsp. 86: a) „Allerdings <u>unter</u>läuft ihm immer, wenn er von ihnen spricht [...], ein kleiner Fehler" (KAFKA, Prozeß 1925, 242).
b) „Er prüfte mit Sorgfalt das Eisen, verfuhr behutsam, und so kam denn nach und nach etwas zustande, was wenig<u>stens</u> für die Skizze einer Frisur gelten durfte." (Immermann, Epigon. II 1836, 21.)
c) „Man fragt sich: wie ist es möglich, daß die Franzosen so wenig von der <u>Geo</u>graphie Deutschlands gelernt, da sie doch dieses Land fünfundzwanzig Jahre lang durchstri-

chen? Es scheint, daß man sie in ihren Schulen nur das Deutschland des Tacitus kennen lehrt." (BÖRNE, Schild. Paris XVII 1823, 81.)

d) „Ich bin auf dem Wege zum Bahnhofe und will Dir nur Lebewohl sagen" (BIERBAUM, Stilpe 1897, 153).

e) „Ich glitt mehr, als ich stieg, diese Steilung hinab und wand mich zwischen den Beerenranken hindurch" (MAY, Silb. Löw. IV 1909, 384).

f) „Im Munde hatte er eine kurzgebissene rotbraune Thonpfeife, und sein ganzes Benehmen war ungemein zeremoniell und feierlich." (BIERBAUM, Stilpe 1897, 177

g) „Durch diesen Gang nun besuchten die Münchlein die Nünnelein, und da trug sich's zu, daß auch die Frau Äbtissin [...] in andere Umstände kam [...]. Da nun der Täter unenthüllt blieb, so mußte der Allerweltsbuhlgeist, der arme Teufel, ihr Buhle gewesen sein, der eigentliche Sündenbock, auf dessen Rücken Last und Laster in Fülle geschoben wurden. Er trug auch diese neue Last geduldig, aber die Frau Äbtissin wurde [...] auf öffentlichem Markt verbrannt." (BECHSTEIN, Dt. Sag. 1853, 470 f.)

h) „Er [...] schlug die genauen diesbezüglichen Directiven in seinem Ordinale auf" (PANIZZA, Vis. 1893, 258).

i) „Ich fand sie einstens Abends im Garten auf dem Angesichte liegen, und erschrack, weil ich glaubte, es müsse ihr etwas zugestoßen seyn." (BRENTANO, Godwi 1801, 113 f.)

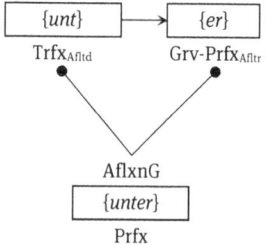

Abb. 74: Konstituentenstruktur eines Aflexionsgefüges (Bsp. 86a)

Adj = Adjektiv; Advl = Adverbial; Afltd = Aflektand; Afltr = Aflektor; AflxnG = Aflexionsgefüge; Attrd = Attribuend; AttrnG = Attributionsgefüge; Attrt = Attribut; Drvd = Derivand; DrvnG = Derivationsgefüge; Drvtr = Derivator; Fltd = Flektand; Fltr = Flektor; FlxnG = Flexionsgefüge; Grv-Adj = Adjektivgrammativ; Grv-Art = Artikelgrammativ; Grv-Prfx = Präfixgrammativ; Grv-Prtkl = Partikelgrammativ; Grv-Sb = Substantivgrammativ; Grv-Sffx = Suffixgrammativ; Grv-Knfx = Tranfixgrammativ; Grv-Vb = Verbgrammativ; Itrfx = Intrafix; Knfx = Konfix; Prfx = Präfix; Prtkl = Partikel; Sb = Substantiv; Sffx = Suffix; SprknG = Supprädikationsgefüge; Sprkt = Supprädikat; Trfx = Transfix; Vb = Verb. — Zu den allgemeinen Notationsregeln vgl. Anhang II (S. 828 ff.).

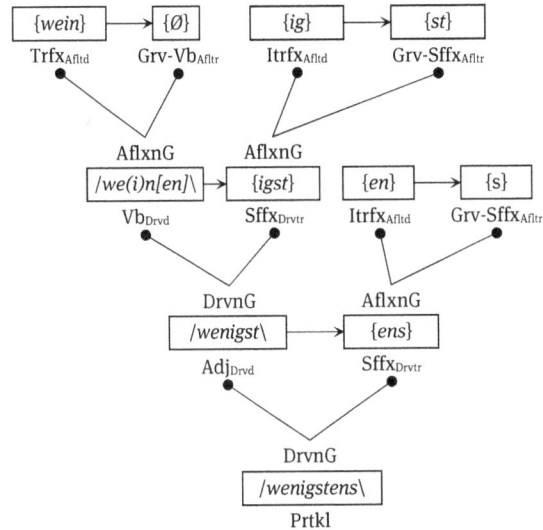

Abb. 75: Konstituentenstruktur von Aflexionsgefügen (Bsp. 86b); zur Legende vgl. Abb. 74; zur Etymologie vgl. EWD 3, 1961 f.

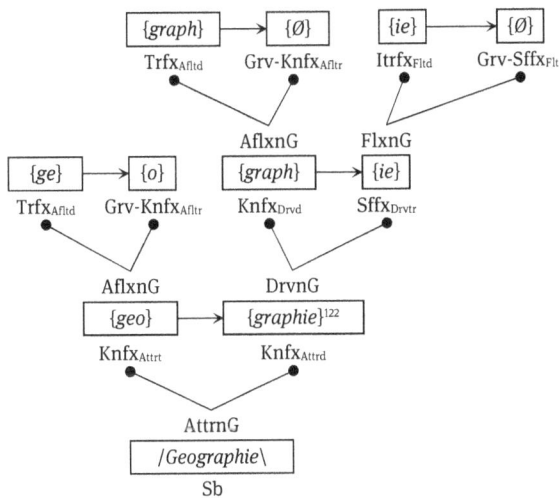

Abb. 76: Konstituentenstruktur von Aflexionsgefügen (Bsp. 86c); zur Legende vgl. Abb. 74.

---

[122] Dass wir das Zweitglied *-graphie* hier als Konfix und nicht als Lexem deuten, begründet sich durch das Fehlen von Belegen für ein eigenständiges Substantiv **Graphie* in unserem Untersuchungskorpus.

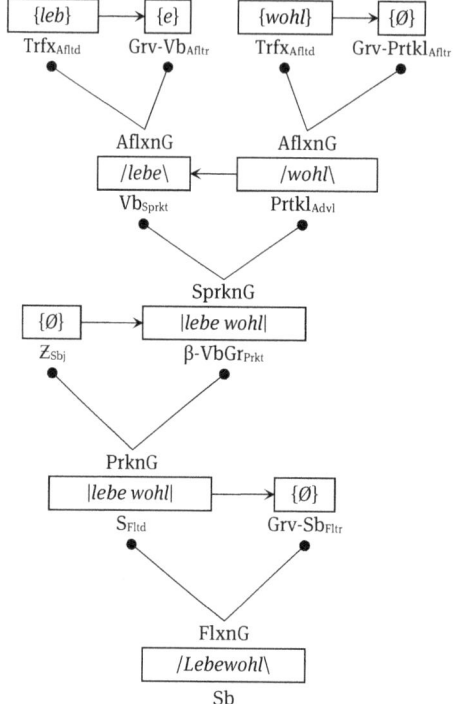

Abb. 77: Konstituentenstruktur von Aflexionsgefügen (Bsp. 86d)

Grv-Sb = Substantivgrammativ; PrknG = Prädikationsgefüge; Prkt = Prädikat; S = Satz; Sb = Substantiv; Sbj = Subjekt; β-VbGr = β-Verbgruppe. — Das Symbol Ƶ steht als Variable für ein kategorial qua kotextueller Funktion näher zu bestimmendes Zeichen. — Zur Legende im Übrigen vgl. Abb. 74.

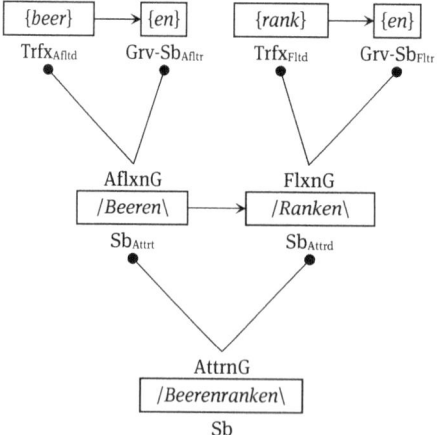

Abb. 78: Konstituentenstruktur eines Aflexionsgefüges (Bsp. 86e); zur Legende vgl. Abb. 74.

Kompaxivgefüge: Aflexionsgefüge —— 213

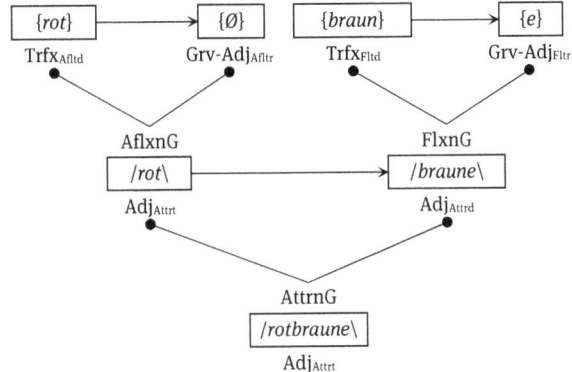

Abb. 79: Konstituentenstruktur eines Aflexionsgefüges (Bsp. 86f); zur Legende vgl. Abb. 74.

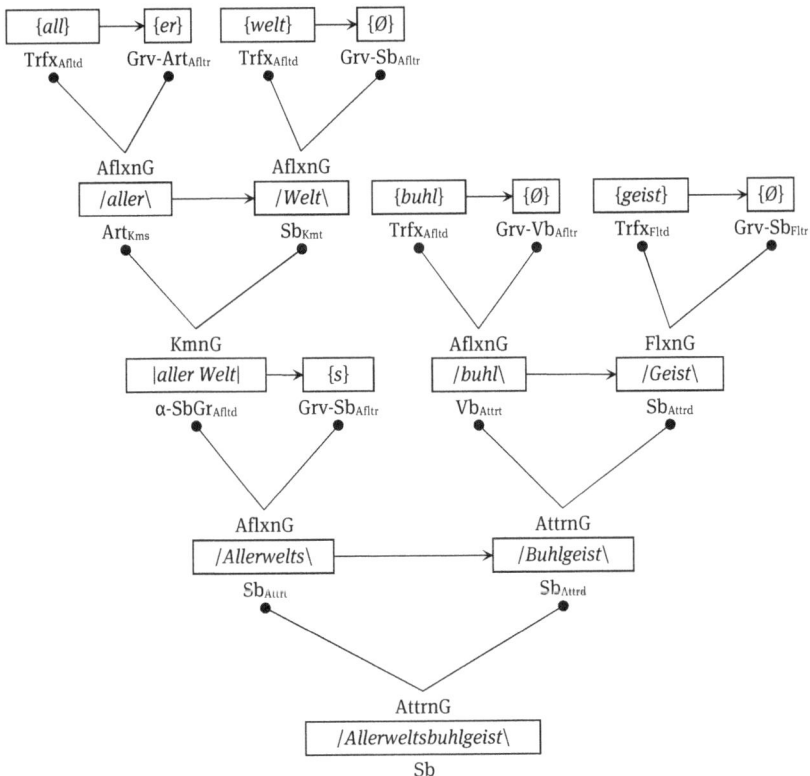

Abb. 80: Konstituentenstruktur von Aflexionsgefügen (Bsp. 86g)

Art = Artikel; KmnG = Komitationsgefüge; Kms = Komes; Kmt = Komitat; α-SbGr = α-Substantivgruppe.
— Zur Legende im Übrigen vgl. Abb. 74.

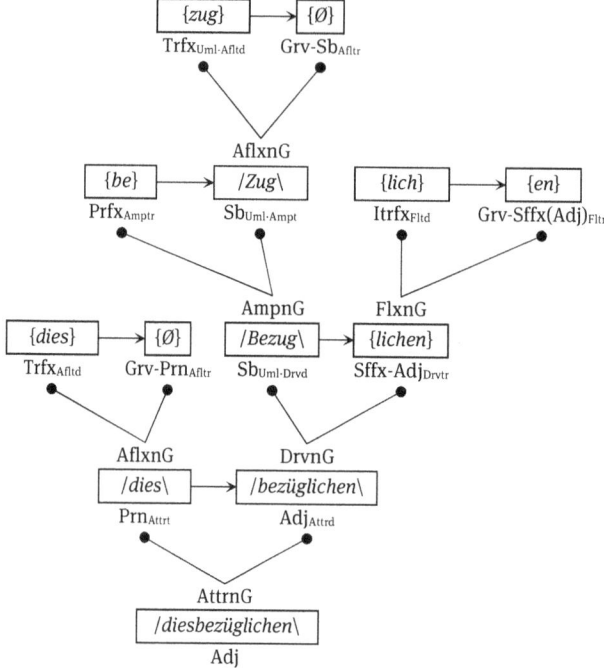

Abb. 81: Konstituentenstruktur eines Aflexionsgefüges (Bsp. 86h)

AmpnG = Amplifikationsgefüge; Ampt = Amplifikat; Amptr = Amplifikator; Grv-Prn = Pronomengrammativ; Grv-Sffx(Adj) = adjektivspezifisches Suffixgrammativ; Prn = Pronomen; Sffx-Adj = Adjektivsuffix; Uml = Umlaut. — Zur Legende im Übrigen vgl. Abb. 74.

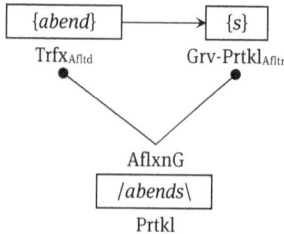

Abb. 82: Konstituentenstruktur eines Aflexionsgefüges (Bsp. 86i); zur Legende vgl. Abb. 74.

Analog zu der Möglichkeit, mittels eines Flektorgrammativs transponiert zu werden (vgl. S. 208), können Wortgruppen auch mittels eines Aflektorgrammativs als sekundäre Substantive erscheinen.

Bsp. 87: „Später verbrachte er viele schlaflose Nächte, weil er von irgendwoher unheimliche Machauf-Rufe zu hören vermeinte." (RINGELNATZ, Nerv. 1921, 225.)

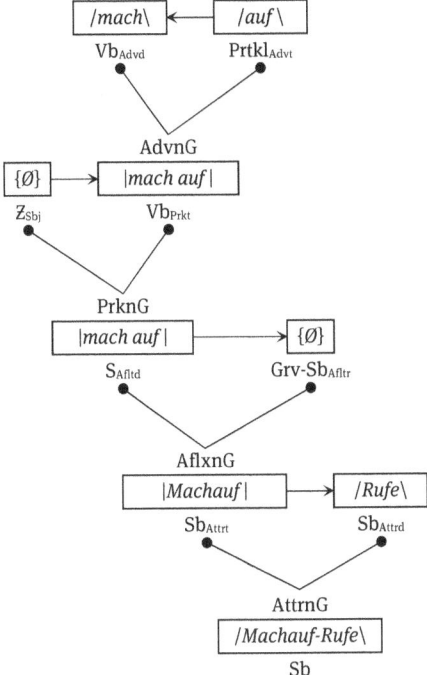

Abb. 83: Konstituentenstruktur eines Aflexionsgefüges (Bsp. 87)

Advd = Adverband; AdvnG = Adverbationsgefüge; Adverbat = Advt; Afltd = Aflektand; Afltr = Aflektor; AflxnG = Aflexionsgefüge; Attrd = Attribuend; AttrnG = Attributionsgefüge; Attrt = Attribut; Grv-Sb = Substantivgrammativ; PrknG = Prädikationsgefüge; Prkt = Prädikat; Prtkl = Partikel; S = Satz; Sb = Substantiv; β-SbGr = β-Substantivgruppe; Sbj = Subjekt; Vb = Verb. — Das Symbol Z steht als Variable für ein kategorial qua kotextueller Funktion näher zu bestimmendes Zeichen: Z_{Sbj} = ein Zeichen, das per definitionem Subjektsfunktion erfüllen kann (vgl. hierzu § 34.3b, § 103.IIIb^{IV} HLR). — Zu den allgemeinen Notationsregeln vgl. Anhang II (S. 828 ff.).

*

Zu § 30.2 HLR: Da der Aflektor den Kern des Aflexionsgefüges darstellt, ist seine Zeichenart (gemäß § 18.1b HLR) ausschlaggebend für die Zeichenart des Gefüges im Ganzen. Als Aflektor fungiert immer ein dem Aflektanden unmittelbar nachgestelltes Grammativ. Im Gegensatz zu Grammativen mit Flektorfunktion erscheint ein Grammativ mit Aflektorfunktion als monohenadisches (lediglich eine einzige Form umfassendes) Formenparadigma. Dort, wo ein und dasselbe Grammativ Flektor- oder Aflektorfunktion haben kann, erscheint das Formenparadigma dieses Grammativs, sobald es als Aflektor fungiert, auf eine einzige Form reduziert und fixiert. Die anderen Formen des Paradigmas sind dann gewissermaßen ‚abgeschaltet' – etwa bei bestimmten Fugenelementen, die sich als erstarrte Genitivendungen deuten lassen (*Tageslicht, Sonnenschein* usw.).

Ein Aflektorgrammativ kann sein: ein Präfixgrammativ (Bsp. 86a, Abb. 74), sofern das Aflexionsgefüge im Ganzen als Präfix erscheint, ein Suffixgrammativ (Bsp. 86b, Abb. 75), sofern das Aflexionsgefüge im Ganzen als Suffix erscheint, ein Konfixgrammativ (Bsp. 86c, Abb. 76), sofern das Aflexionsgefüge im Ganzen als Konfix erscheint, ein Vollverbgrammativ (Bsp. 86d, Abb. 77), sofern das Aflexionsgefüge im Ganzen als Vollverb erscheint, ein Substantivgrammativ (Bsp. 86e, Abb. 78), sofern das Aflexionsgefüge im Ganzen als Substantiv erscheint, ein Adjektivgrammativ (Bsp. 86f, Abb. 79), sofern das Aflexionsgefüge im Ganzen als Adjektiv erscheint, ein Artikelgrammativ (Bsp. 86g, Abb. 80), sofern das Aflexionsgefüge im Ganzen als Artikel erscheint, ein Pronomengrammativ (Bsp. 86h, Abb. 81), sofern das Aflexionsgefüge im Ganzen als Pronomen erscheint, oder ein Partikelgrammativ (Bsp. 86i, Abb. 82), sofern das Aflexionsgefüge im Ganzen als Partikel erscheint.

*

Zu § 30.3 HLR: Die Zeichenart des Aflektanden ist mit der Zeichenart des Aflektors nicht unmittelbar korreliert. Flektoren einer bestimmten Zeichenart können Aflektanden unterschiedlicher Zeichenart determinieren. Als Aflektand kann erscheinen:

1. ein Intrafix, sofern das Aflexionsgefüge im Ganzen seiner Zeichenart nach ein Präfix (Bsp. 86a, Abb. 74) oder ein Suffix (Bsp. 86b, Abb. 75) ist,
2. ein Transfix, sofern das Aflexionsgefüge im Ganzen seiner Zeichenart nach ein Präfix (Bsp. 91, Abb. 87: S. 221), ein Konfix (Bsp. 86c, Abb. 76), ein Vollverb (Bsp. 86d, Abb. 77), ein Substantiv (Bsp. 86e, Abb. 78), ein Adjektiv (Bsp. 86f, Abb. 79), ein Artikel (Bsp. 86g, Abb. 80), ein Pronomen (Bsp. 86h, Abb. 81) oder eine Partikel (Bsp. 86i, Abb. 82) ist, oder
3. eine Wortgruppe, sofern das Flexionsgefüge im Ganzen seiner Zeichenart nach ein Substantiv (Bsp. 86g, Abb. 80; Bsp. 87, Abb. 83) ist.

4.1.3 Transligationsgefüge

§ 31.1 HLR: (a) T r a n s l i g a t i o n s g e f ü g e (TrlnG) sind dissolute (§ 15.IIb HLR) kompaxive (§ 17.I HLR) Subordinationsgefüge (§ 18 HLR) und bestehen aus zwei Gliedern: einem Kern, dem T r a n s l i g a t o r (Trltr), und einem Satelliten, dem T r a n s l i g a t (Trlt).

(b) Transligationsgefüge sind der Zeichenart nach Wortelemente, konkret: Zirkumfixe (§ 79 HLR).

(c) Transligator und Transligat erscheinen prinzipiell in Distanzstellung; sie umrahmen dasjenige Zeichen – genauer: $^{(I)}$ein Konfix (§ 32.3b^I HLR) oder $^{(II)}$ein Wort (§ 32.3b^{II} HLR) –, das durch das als Transligationsgefüge erscheinende Zirkumfix (im Rahmen eines Derivationsgefüges, § 32 HLR) determiniert wird.

§ 31.2 HLR: (a) Der Transligator steht zu seinem Transligat in der Relation der T r a n s l i g a t i o n.

(b) Der Transligator ist der Zeichenart nach ein Wortelement, konkret: ein Suffix (§ 78.2α HLR).

§ 31.3 HLR: (a) Das Transligat steht zu seinem Transligator in der Relation der Transligatur (des Transligiert-Werdens).

(b) Das Transligat ist der Zeichenart nach stets ein Wortelement, konkret: ein Präfix (§ 77.2α HLR).

Zu § 31 HLR: Als Transligationsgefüge bezeichnen wir die Gefügestruktur von Zirkumfixen. Sie erscheinen immer als dissolute kompaxive Subordinationsgefüge; ihre beiden unmittelbaren Konstituenten, das Transligator-Suffix und das Transligat-Präfix, umrahmen das Konfix (Bsp. 88a, Abb. 84) oder Wort (Bsp. 88b/c, Abb. 85/Abb. 86), das zusammen mit dem Zirkumfix ein Derivationsgefüge bildet.

Bsp. 88: a) „Ich warf mich auf verschiedene Studien, um den Kummer in mir zu bewältigen." (JANITSCHEK, Kreuzf. 1897, 71)

b) „Nicht das parlamentarische Gerede und die Parteipolitik sind den Aufgaben gewachsen, wie sie hier vorliegen, sondern nur Persönlichkeiten, die sich und ihre Ziele durchzusetzen wissen." (SPENGLER, Einf. Korherr 1927, 137.)

c) „Die Natur läßt sich eben nicht vergewaltigen." (DOHM, Schicks. 1899, 265)

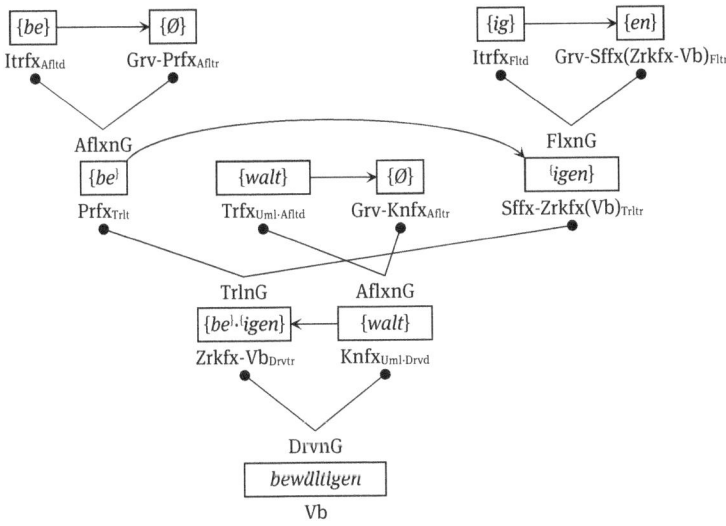

Abb. 84: Konstituentenstruktur eines Transligationsgefüges (Bsp. 88a)

Afltd = Aflektand; Afltr = Aflektor; AflxnG = Aflexionsgefüge; Drvd = Derivand; DrvnG = Derivationsgefüge; Drvtr = Derivator; Fltd = Flektand; Fltr = Flektor; FlxnG = Flexionsgefüge; Grv-Knfx = Konfixgrammativ; Grv-Prfx = Präfixgrammativ; Grv-Sffx(Zrkfx-Vb) = verbzirkumfixspezifisches Suffixgrammativ; Grv-Vb = Verbgrammativ; Itrfx = Intrafix; Knfx = Konfix; Prfx = Präfix; Sb = Substantiv; Sffx-Zrkfx(Vb) = Verbzirkumfixsuffix; Trfx = Transfix; TrlnG = Transligationsgefüge; Trlt = Transligat; Trltr = Transligator; Uml = Umlaut; Vb = Verb; Zrkfx-Vb = Verbzirkumfix. — Zu den allgemeinen Notationsregeln vgl. Anhang II (S. 828 ff.).

218 — Konkrete Gliedergefügearten

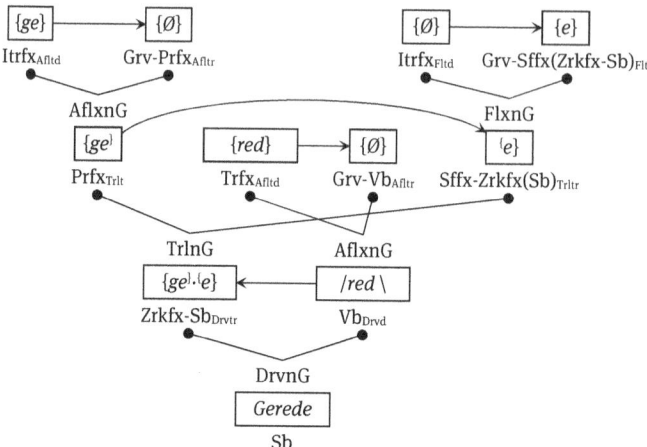

Abb. 85: Konstituentenstruktur eines Transligationsgefüges (Bsp. 88b)

Grv-Sffx(Zrkfx-Sb) = substantivzirkumfixspezifisches Suffixgrammativ; Sffx-Zrkfx(Sb) = Substantivzirkumfixsuffix; Zrkfx-Sb = Substantivzirkumfix. — Zur Legende im Übrigen vgl. Abb. 84.

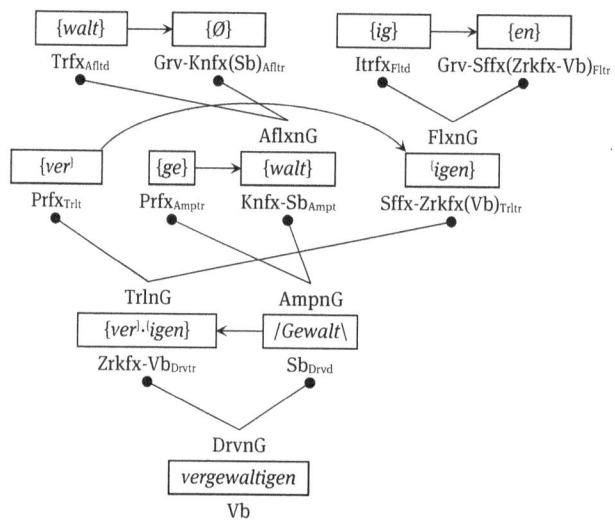

Abb. 86: Konstituentenstruktur eines Transligationsgefüges (Bsp. 88c); zur Legende vgl. Abb. 84.

Die im Rahmen von Transligationsgefügen verbundenen Zeichen determinieren einander nur unter grammatischem Aspekt. Für die Semantik im engeren Sinne ist die Frage, wie z. B. {ge⁾ und ⁽Sffx-Zrkfx(SbNeutr)} in *Gerede* zusammenhängen, nicht von Interesse. Was interessiert, ist die Frage, in welcher Weise sie das Konfix oder Wort determinieren, das sie einrahmen, und welchen Zeichenwert die auf diese Weise entstehende Einheit hat. Diese aber ist als Gefüge nicht transligativ, sondern derivativ strukturiert und also im folgenden Teilkapitel zu behandeln.

4.1.4 Derivationsgefüge

§ 32.1 HLR: (a) D e r i v a t i o n s g e f ü g e (DrvnG) sind konsistente (§ 15.1b HLR) kompaxive (§ 17.I HLR) Subordinationsgefüge (§ 18 HLR) und bestehen aus zwei Gliedern: einem Kern, dem D e r i v a t o r (Drvtr), und einem Satelliten, dem D e r i v a n d e n (Drvd).

(b) Derivationsgefüge sind in Abhängigkeit von der konkreten Zeichenart des Derivators (§ 32.2b, § 78.1b, § 79.1c HLR) der Zeichenart nach [(I)]Konfixe (§ 80.1b[III] HLR) oder [(II)]Wörter, konkret: [(α)]Vollverben (§ 82.1b[III] HLR), [(β)]Substantive (§ 83.1c[III] HLR), [(γ)]Adjektive (§ 84.1b[III] HLR) oder [(δ)]Partikeln (§ 87.1b[II] HLR).

§ 32.2 HLR: (a) Der Derivator steht zu seinem Derivanden in der Relation der D e r i v a t i o n.

(b) Der Derivator ist der Zeichenart nach ein Wortelement, konkret: [(I)]ein Suffix (§ 78.2β HLR) oder [(II)]ein Zirkumfix (§ 79.2 HLR).

§ 32.3 HLR: (a) Der Derivand steht zu seinem Derivator in der Relation der D e r i v a t u r (des Deriviert-Werdens).

(b) Der Derivand ist der Zeichenart nach [(I)]ein Wortelement, konkret: ein Konfix (§ 80.2β[I] HLR), [(II)]ein Wort, konkret: [(α)]ein Vollverb (§ 82.5α[IIα] HLR), [(β)]ein Substantiv (§ 83.4β[I] HLR), [(γ)]ein Volladjektiv (§ 84.4α[IIβ] HLR) oder [(δ)]eine Partikel (§ 87.4β[I] HLR) oder [(III)]eine Wortgruppe.

Zu § 32.1 HLR: Derivationsgefüge sind überall dort gegeben, wo durch Ableitung (mittels eines Suffixes oder eines Zirkumfixes) aus einem Konfix oder einem Wort die Bildung eines anderen Wortes erfolgt. Derivationsgefüge sind immer konsistente kompaxive Subordinationsgefüge. Sie erscheinen der Zeichenart nach als Konfixe (z. B. *-graphie*, Abb. 102, S. 378) oder als Wörter, konkret: Vollverben (Bsp. 88a, Abb. 84), Substantive (Bsp. 88b, Abb. 85), Volladjektive (Abb. 37, S. 139), Verbadjektive (Abb. 43, S. 148) oder Partikeln (Abb. 75, S. 211).

*

Zu § 32.2 HLR: Da der Derivator den Kern des Derivationsgefüges darstellt, ist seine Zeichenart (gemäß § 18.1b HLR) ausschlaggebend für die Zeichenart des Gefüges im Ganzen. Als Derivator fungiert entweder ein dem Derivanden unmittelbar nachgestelltes Suffix (Abb. 37, S. 139) oder ein den Derivanden in Form einer Klammer einschließendes Zirkumfix (Bsp. 88, Abb. 84 bis Abb. 86).

*

Zu § 32.3 HLR: Der Derivand erscheint als Basis der Derivation. Deriviert werden kann von einem Konfix (Bsp. 88a, Abb. 84), einem Vollverb (Abb. 39, S. 141), einem Substantiv (Bsp. 88c, Abb. 86), einem Volladjektiv (Abb. 75, S. 211), einer Partikel (Bsp. 89a) oder einer Wortgruppe (Bsp. 89b).

Bsp. 89: a) „Ich [...] wuchs auf in dem kleinen Städtchen Aussig in Böhmen bei meinem Pflegevater der für meinen Oheim galt und der Organist an der <u>dortigen</u> Kirche und ein tüchtiger Musiker war." (HAHN-HAHN, Sibylle 1846, II, 130.)

b) „dann blitzte aus seinen kleinen, schläfrigen Augen so viel schlaue <u>Max- und Moritzhaftigkeit</u>, als gelte es [...] der ganzen Bürgergesittung ein Schnippchen zu schlagen" (SUDERMANN, Bilderb. 1922, 199).

4.1.5 Amplifikationsgefüge

§ 33.1 HLR: (a) Amplifikationsgefüge (AmpnG) sind konsistente (§ 15.1b HLR) kompaxive (§ 17.1 HLR) Subordinationsgefüge (§ 18 HLR) und bestehen aus zwei Gliedern: einem Kern, dem Amplifikat (Ampt), und einem Satelliten, dem Amplifikator (Amptr).

(b) Amplifikationsgefüge sind der Zeichenart nach Wörter, konkret: [I]Vollverben (§ 82.1b^{IV}, § 33.2b^{I}, § 18.1b$^{2\beta}$ HLR), [II]Substantive (§ 83.1c^{IV}, § 33.2b^{II}, § 18.1b$^{2\beta}$ HLR) oder [III]Volladjektive (§ 84.1b^{IV}, § 33.2b^{III}, § 18.1b$^{2\beta}$ HLR).

§ 33.2 HLR: (a) Das Amplifikat steht zu seinem Amplifikator in der Relation der Amplifikatur (des Amplifiziert-Werdens).

(b) Das Amplifikat ist der Zeichenart nach ein Wort, konkret: [I]ein Vollverb (§ 82.5α$^{I\alpha}$ HLR), [II]ein Substantiv (§ 83.4α^{I} HLR) oder [III]ein Volladjektiv (§ 84.4α$^{I\alpha}$ HLR).

§ 33.3 HLR: (a) Der Amplifikator steht zu seinem Amplifikat in der Relation der Amplifikation.

(b) Er ist der Zeichenart nach [I]ein Wortelement, konkret: ein Präfix (§ 77.2β HLR) oder[II]ein Wort, konkret: eine Partikel (§ 87.4β^{II} HLR).

Zu § 33.1 HLR: Im Gegensatz zur Derivation, bei der die Bildung eines Wortes mittels einer die konkrete Zeichenart desselben beeinflussenden Einheit mit Kernfunktion erfolgt, wird bei der Amplifikation die Wortbildung durch eine satellitische Einheit bewirkt. Folglich ändert sich die Zeichenart des Wortbildungsproduktes bei der Amplifikation nicht: Es hat dieselbe Wortart wie das Amplifikat, sofern letzteres seinerseits ein Wort ist, bzw. – bei einem Konfix-Amplifikat – diejenige Wortart, die der Wortelementart des Amplifikats entspricht.

Amplifikationsgefüge sind immer konsistente kompaxive Subordinationsgefüge. Sie erscheinen der Zeichenart nach als Wörter, konkret: als Vollverben (Abb. 41/1, S. 146), Substantive (Abb. 41/2, ebd.) oder Volladjektive (Bsp. 90).

Bsp. 90: „Seit mehreren Jahren warte ich vergebens auf das Wort jener kühnen Redner, die einst in den Versammlungen der deutschen Burschenschaft so oft ums Wort baten, und mich so oft durch ihre rhetorischen Talente überwunden, und eine so vielversprechende Sprache gesprochen; sie waren sonst so <u>vorlaut</u>, und sind jetzt so <u>nachstill</u>." (HEINE, Reisebilder IV 1831, 270.)

*

Zu § 33.2 HLR: Da als Kern des Amplifikationsgefüges das Amplifikat fungiert, ist seine Zeichenart (gemäß § 18.1b HLR) ausschlaggebend für die Zeichenart des Gefüges im Ganzen. Das Amplifikat ist seiner konkreten Zeichenart nach ein Vollverb (Abb. 41/1, S. 146; Bsp. 91, Abb. 87), ein Substantiv (Abb. 41/2, S. 146) oder ein Volladjektiv (Bsp. 90).

Bsp. 91:   „Reden ist übersetzen – aus einer Engelsprache in eine Menschensprache, das heist, Gedanken in Worte, – Sachen in Namen, – Bilder in Zeichen" (HAMANN, Krzzg. d. Phlg. 1762, 199).

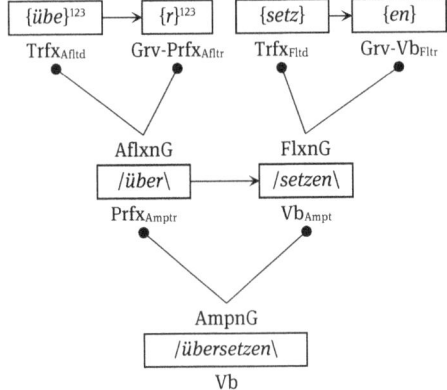

Abb. 87: Konstituentenstruktur eines Amplifikationsgefüges (Bsp. 91)

Afltd = Aflektand; Afltr = Aflektor; AflxnG = Aflexionsgefüge; AmpnG = Amplifikationsgefüge; Ampt = Amplifikat; Amptr = Amplifikator; Fltd = Flektand; Fltr = Flektor; FlxnG = Flexionsgefüge; Grv-Prfx = Präfixgrammativ; Grv-Vb = Verbgrammativ; Prfx = Präfix; Trfx = Transfix; Vb = Verb. — Zu den allgemeinen Notationsregeln vgl. Anhang II (S. 828 ff.).

*

Zu § 33.3 HLR: Als Amplifikator erscheint entweder ein Präfix (Bsp. 91, Abb. 87) oder eine Partikel (Abb. 41/2, S. 146; Bsp. 90). Präfixe amplifizieren prototypischerweise Verben (*betrachten*, *ernennen*, *gerinnen*, *verraten* ...; Bsp. 91, Abb. 87), können aber auch Substantive (*Geflügel*, *Gemüse* ...) bzw. Substantivkonfixe (Bsp. 92a, Abb. 86) oder Adjektive (Bsp. 92b) als Amplifikate haben.

Bsp. 92:   a) „Wie das übrige Gallien in römische Gewalt kam, ist [...] bereits erzählt worden" (MOMMSEN, Röm. Gesch. V 1885, 72).
          b) „Jeder wandle geruhig seine Wege, die das Schicksal ihm zugewiesen hat!" (ALTENBERG, Lebensabend 1919, 332.)

---

123 Zur Etymologie und Gefügestruktur von *über* vgl. EWD 3, 1866 ff.

Partikeln amplifizieren Substantive oder Adjektive, nicht Verben. Partikelverben wie *ausgehen* deuten wir nicht als Amplifikationsgefüge, sondern als Adverbationsgefüge (§ 37 HLR; Kap. 4.1.9), da sie als dissolute Gefüge erscheinen (vgl. S. 103), Amplifikationsgefüge aber (§ 33.1a HLR) immer konsistent sind.

4.1.6 Prädikationsgefüge

§ 34.1 HLR: (a) $^{(1)}$P r ä d i k a t i o n s g e f ü g e (PrknG) sind dissolute (§ 15.IIb HLR) kompaxive (§ 17.I HLR) Subordinationsgefüge (§ 18 HLR) und bestehen aus zwei Gliedern: einem Kern, dem P r ä d i k a t (Prkt) und einem Satelliten, dem S u b j e k t (Sbj). $^{(2)}$Das Prädikat ist seinerseits als Gefüge dissolut; es kann das Subjekt einschließen. $^{(3)}$Prädikat- und Subjektstellen können nicht durch Nullzeichen besetzt sein.

(b) Prädikationsgefüge sind der Zeichenart nach Wortgruppen, konkret: Sätze (§ 88.2a$^{2\alpha}$ HLR).

§ 34.2 HLR: (a) Das Prädikat steht zu seinem Subjekt in der Relation der P r ä d i k a t i o n.

(b) Das Prädikat ist der Zeichenart nach $^{(I)}$ein Wort, konkret: eine flektierte Form eines Vollverbs (§ 82.5$\alpha^{I\beta}$ HLR), oder $^{(II)}$eine Wortgruppe, konkret: eine Verbgruppe im engeren Sinn (§ 88.4c$^{I\beta}$ HLR) mit einer flektierten Verbform als unmittelbarem oder mittelbarem Kern bzw. mit flektierten Verben als Kojunkten bzw. unmittelbaren oder mittelbaren Kojunktkernen.

§ 34.3 HLR: (a) Das Subjekt steht zu seinem Prädikat in der Relation der P r ä d i k a t u r (des Prädiziert-Werdens).

(b) Das Subjekt ist der Zeichenart nach $^{(I)}$ein Wort, konkret: $^{(\alpha)}$ein Vollverb (§ 82.5$\alpha^{I\beta}$ HLR) im *zu*-Infinitiv oder $^{(\beta)}$ein Pronomen (§ 86.3β^{I} HLR) im Nominativ oder $^{(II)}$eine Wortgruppe, konkret: $^{(\alpha)}$eine Verbgruppe, genauer: $^{(\alpha\alpha)}$ein Satz (§ 88.2e$^{II\beta}$ HLR), $^{(\alpha\beta)}$eine Periode (§ 88.3c$^{II\alpha}$ HLR) oder $^{(\alpha\gamma)}$eine infinitivische Verbgruppe (§ 88.4c$^{II\beta}$ HLR), $^{(\beta)}$eine Substantivgruppe im Nominativ (§ 89.3β^{I} HLR), $^{(\gamma)}$eine Pronomengruppe im Nominativ (§ 92.3β^{I} HLR) oder $^{(\delta)}$eine Miszellangruppe (§ 94.2a HLR) mit mindestens einem Pronomen im Nominativ und mindestens einer als Komitationsgefüge erscheinenden (§ 38.1b^{I} HLR) Substantivgruppe im Nominativ als Kojunktkernen.

Zu § 34.1 HLR: Prädikationsgefüge bilden die prototypische Struktur von Sätzen. Sie sind dissolute Gefüge: Ihre unmittelbaren Konstituenten sind nicht positionsfest, sondern können relativ zueinander in unterschiedlicher Stellung erscheinen, ohne dass sich der Gefügestrukturwert ändert (Bsp. 93). Dabei kann das Prädikat in sich geteilt sein und das Subjekt einrahmen (Bsp. 93b).

Bsp. 93: a) „Er schläft noch." (FONTANE, Wand. III 1873, 177.)
b) „Schläft er noch?" (BALL, Flamm. 1918, 75.)

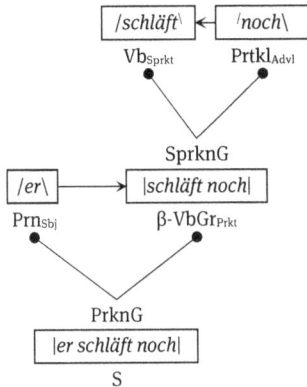
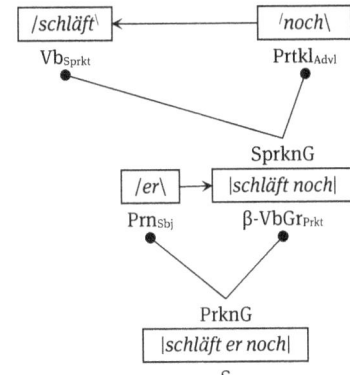

Abb. 88: Konstituentenstruktur von Prädikationsgefügen (Bsp. 93a/b)

Advl = Adverbial; PrknG = Prädikationsgefüge; Prkt = Prädikat; Prn = Pronomen; Prtkl = Partikel; S = Satz; Sbj = Subjekt; SprknG = Supprädikationsgefüge; Sprkt = Supprädikat; Vb = Verb; β-VbGr = β-Verbgruppe. — Zu den allgemeinen Notationsregeln vgl. Anhang II (S. 828 ff.).

*

Zu § 34.2 HLR: Als Prädikat deuten wir alles das im Prädikationsgefüge, was nicht Subjekt ist. Etwaige Objekte und Adverbialien gehören nach unserer Auffassung mithin zum Prädikat und sind keine unmittelbaren Konstituenten von Prädikationsgefügen (vielmehr solche von Supprädikationsgefügen: § 35 HLR; Kap. 4.1.7).

Als Prädikat erscheinen kann ein einfaches Vollverb in flektierter Form (Bsp. 94a) sein, aber auch eine Verbgruppe im engeren Sinne (d. h. eine solche Verbgruppe, die nicht ihrerseits ein Satz ist). Sie kann beispielsweise strukturiert sein als Supprädikationsgefüge (§ 35 HLR; Bsp. 93, Abb. 88; Bsp. 94b/c) oder als Transzessionsgefüge (§ 42 HLR; Bsp. 94d) und kann das flektierte Verb als unmittelbaren (Bsp. 94b–d) ebenso wie als mittelbaren (Bsp. 94e/f) Kern enthalten. Die Verbgruppe, die das Prädikat oder unmittelbar oder mittelbar den Kern desselben bildet, kann auch kojunktiv strukturiert sein (Bsp. 94g–i).

Bsp. 94: a) „Alle meine guten Engel schlafen." (ALTENBERG, Märchen ³1911, 217.)
  b) „Die Angsthaut steht ihm steil hinter den Ohren" (BALL, Tend. ⌜*1914\20; 1967⌝, 387).
  c) „Ich habe es dir gesagt" (C. F. MEYER, Heil. 1879, 637).
  d) „Er war ein Mann aus der Goethe'schen Schule" (LUISE BÜCHNER, Dt. Gesch. 1875, 34).
  e) „Ehrliche Frauen gehen in solcher Stunde nicht spazieren" (JANITSCHEK, Frauenkr. 1900, 155).
  f) „daß sie das Eingangsrezitativ der Norma mit tragischer und schmetternder Kraft zum Vortrag brachte" (SUTTNER, Mem. 1909, 29).
  g) „Man höre und staune" (BLEIBTREU, Größenw. 1888, III, 161).
  h) „Nun geht er hin und leistet Verzicht und lebt in Entbehrung" (WASSERMANN, Wahnschaffe 1919).
  i) „Er sieht und hört ihre laute Bewunderung für Alles, was für ihn zu den Alltäglichkeiten gehört" (MAY, Friede 1907, 46).

*

Zu § 34.3 HLR: Das Subjekt ist der Zeichenart nach ein Vollverb im *zu*-Infinitiv (Bsp. 95a), ein Pronomen im Nominativ (Bsp. 95b), ein Satz (Bsp. 95c), eine infinitivische Verbgruppe (Bsp. 95d), eine Periode (Bsp. 95e), eine Substantivgruppe im Nominativ (Bsp. 95f), eine Pronomengruppe im Nominativ (Bsp. 95g) oder eine Miszellangruppe mit mindestens einem Pronomen im Nominativ und mindestens einer als Komitationsgefüge erscheinenden Substantivgruppe im Nominativ als Kojunktkernen (Bsp. 95h).

Bsp. 95: a) „Zu imponieren ist eine so angenehme Beschäftigung" (KEYSERLING, Beate 1903, 49).
b) „Ich weiß nicht, was du von mir willst." (MÜHSAM, Samml. 1928, 256.)
c) „'Schießt das Scheusal nieder!' waren seine ersten Worte." (MAY, Lb. Ulan. 1883–85, 682.)
d) „Fremde Länder zu sehen ist allerdings mein Wunsch" (HAUFF, Märchen II 1827, 175).
e) „Ich komme, ich komme, ich komme! – waren seine letzten Worte." (HIPPEL, Querzg. II 1794, 255.)
f) „Der Mann trug größere Pakete." (BOY-ED, Ehe 1915, 167.)
g) „Er und ich sind oft hungrig schlafen gegangen" (EBNER-ESCHENBACH, Vorzugssch. 1898, 526).
h) „Der Hauptmann und ich setzten uns dann in Trab" (D. v. LILIENCRON, Adjut. 1883, 150).

Es zählt zu den Trivia grammatischen Wissens, ist aber von erheblichem Nutzen in der Praxis, dass sich nach dem Subjekt mit „wer oder was?" fragen lässt. Die Antwort auf diese Frage ist zur Bestimmung des Subjekts in aller Regel hinreichend. In Fällen, in denen das Subjekt zugleich als (Subjekts-)Ektranszessional eines Transzessionalgefüges (§ 56 HLR) erscheint und beide Gliedfunktionen durch Substantivgruppen erfüllt werden (die dann beide im Nominativ stehen und anhand des Kasus also nicht unterscheidbar sind), erlaubt die Frageprobe die Unterscheidung des Subjekts vom Entranszessional, da nach letzterem mit „was?" bzw. „was für ein?" gefragt werden kann (vgl. Abb. 23, S. 122). Als zwei Sonderfälle sind die beiden „*Es*-Konstruktionen" zu nennen: der Fall des so genannten Pseudoaktanten *es* (vgl. Duden 2005, 830) und der Fall des so genannten Vorfeldplatzhalters *es* (Duden 2005, 832).

Bsp. 96: a) „Es schneite Tag für Tag und die Nächte hindurch" (TH. MANN, Zauberb. 1924, 649).
b) „[1]Es kommt ja hoffentlich bald [2]die Zeit, wo solch altbacknes Phrasenwerk als überwundener Standpunkt gilt." (LUISE BÜCHNER, Frauen [4]1872, 53); [1]Vorfeldplatzhalter, [2]Subjekt.

Im ersten Fall, dem des Pseudoaktanten, erscheint *es* als Subjekt, wenngleich sich kaum sinnvoll mit „wer oder was?" danach fragen lässt, weil die Struktur des Prädikationsgefüges ausnahmslos eine Subjektstelle erfordert und diese nicht mit einem Nullzeichen besetzt sein kann (§ 34.1a[3] HLR); im zweiten Fall, dem des Vorfeldplatzhalters, erscheint nicht *es* als Subjekt, sondern diejenige Wortgruppe, nach der sich mit „wer oder was?" fragen lässt.

4.1.7 Supprädikationsgefüge

§ 35.1 HLR: (a) S u p p r ä d i k a t i o n s g e f ü g e (SprknG) sind dissolute (§ 15.IIb HLR) kompaxive (§ 17.I HLR) Subordinationsgefüge (§ 18 HLR) und bestehen aus mindestens zwei Gliedern: einem Kern, dem S u p p r ä d i k a t (Sprkt), und mindestens einem Satelliten, dem bzw. den S u p p r ä - d i k a n d e n (Sprkd).

(b) Supprädikationsgefüge sind der Zeichenart nach Wortgruppen, konkret: [(I)]Verbgruppen im engeren Sinn (§ 88.4 HLR) oder [(II)]α-Adjektivgruppen (§ 90.2α[I] HLR).

§ 35.2 HLR: (a) Das Supprädikat steht zu seinem bzw. seinen Supprädikanden in der Relation der S u p p r ä d i k a t i o n .

(b) Das Supprädikat ist der Zeichenart nach [(I)] ein Wort, konkret: [(α)]ein [(αα)]finites oder [(αβ)]infinitivisches Vollverb (§ 82.5α[IV] HLR), [(β)]ein [(βα)]finites oder [(ββ)]infinitivisches Modalverb (§ 82.5δ[Iα] HLR) oder [(γ)]ein [(γα)]Volladjektiv (§ 84.4α[Iβ] HLR) oder [(γβ)]Verbadjektiv (§ 84.4β[Iα] HLR) oder [(II)]eine Wortgruppe, konkret: eine Verbgruppe (§ 88.4c[IV] HLR), genauer: [(α)]eine [(αα)]finite oder [(αβ)]infinitivische α-Verbgruppe, [(β)]eine [(βα)]finite oder [(ββ)]infinitivische γ-Verbgruppe, [(γ)]eine [(γα)]finite oder [(γβ)]infinitivische δ-Verbgruppe oder [(δ)]eine η-Verbgruppe mit [(δα)]finiten oder [(δβ)]infinitivischen Verben als unmittelbaren oder mittelbaren Kojunktkernen.

§ 35.3 HLR: (a) Der Supprädikand steht zu seinem Supprädikat in der Relation der S u p p r ä d i k a t u r .

(b) Zu unterscheiden sind zwei Arten von Supprädikanden: [(I)]O b j e k t e (Obj), d. h. Zeichen, die sich als Ausdrücke für handlungs-, vorgangs- oder zustandsbeteiligte Größen (Propositionsinvolute: § 102.2a³ HLR) interpretieren lassen und die der Zeichenart nach erscheinen können [(α)]als Wörter, konkret [(αα)]als Vollverben (§ 82.5α[IIγ] HLR) im Infinitiv, [(αβ)]als Pronomina (§ 86.3β[II] HLR) [(αβα)]im Genitiv, [(αββ)]im Dativ oder [(αβγ)]im Akkusativ oder [(αγ)]als Partikeln (§ 87.4β[III] HLR), [(β)]als Wortgruppen, konkret [(βα)]als Sätze (§ 88.2e[IIγ] HLR), [(ββ)]als Perioden (§ 88.3c[IIβ] HLR), [(βγ)]als infinitivische Verbgruppen (§ 88.4c[IIγ] HLR), [(βδ)]als Substantivgruppen (§ 89.3β[II] HLR) [(βδα)]im Genitiv, [(βδβ)]im Dativ oder [(βδγ)]im Akkusativ, [(βε)]als Pronomengruppen (§ 92.3β[II] HLR) [(βεα)]im Genitiv, [(βεβ)]im Dativ oder [(βεγ)]im Akkusativ, [(βζ)]als Partikelgruppen (§ 93.3β[I] HLR) oder [(βη)]als Miszellangruppen (§ 94.2a HLR) mit Kojunktkernen [(βηα)]im Genitiv, [(βηβ)]im Dativ oder [(βηγ)]im Akkusativ und [(II)]A d v e r b i a l i e n (Advl), d. h. Zeichen, die sich als Ausdrücke für Umstände von Handlungen, Vorgängen oder Zuständen (Propositionsakzidenten: § 102.2a⁴ HLR) interpretieren lassen und die der Zeichenart nach erscheinen können [(α)]als Wörter, konkret: [(αα)]als infinitivische Vollverben (§ 82.5α[IIδ] HLR), [(αβ)]als inflektivische Volladjektive (§ 84.4α[IV] HLR) oder [(αγ)]als Partikeln (§ 87.4β[IV] HLR) oder [(β)]als Wortgruppen, konkret: [(βα)]als Verbgruppen, genauer [(βαα)]als Sätze (§ 88.2e[IIδ] HLR), [(βαβ)]als Perioden (§ 88.3c[IV] HLR) oder [(βαγ)]als infinitivische Verbgruppen (§ 88.4c[IIδ] HLR), [(ββ)]als Substantivgruppen (§ 89.3β[III] HLR) [(ββα)]im Genitiv oder [(βββ)]im Akkusativ, [(βγ)]als inflektivische Volladjektivgruppen (§ 90.3β[II] HLR), [(βδ)]als Partikelgruppen (§ 93.3β[II] HLR) oder [(βε)]als Miszellangruppen (§ 94.2a HLR).

Zu § 35.1 HLR: Die Tatsache, dass wir für Prädikationsgefüge prinzipiell lediglich zwei unmittelbare Konstituenten, Subjekt und Prädikat, annehmen, macht den Ansatz eines Gefüges unterhalb der Ebene des Prädikats – ‚sub praedicato' – erforderlich, um Objekte und Adverbialien, wenn solche vorkommen, erfassen zu können. (‚Unterhalb' ist im Sinne grammatischer Abhängigkeit, nicht graphisch-räumlich zu verstehen; in der strukturgraphischen Darstellung der Baumdiagramme freilich erscheint ‚unterhalb' des Prädikats dann oberhalb desselben.)

Supprädikationsgefüge bestimmen wir als dissolute kompaxive Subordinationsgefüge, die aus m i n d e s t e n s zwei Gliedern bestehen: einem Supprädikat als Kern und mindestens einem Supprädikanden – einem Objekt oder Adverbial – als Satellit; mehrere Satelliten, sowohl Objekte als auch Adverbialien, sind ohne weiteres möglich.

Der Zeichenart nach sind Supprädikationsgefüge Verbgruppen (Bsp. 97a), können jedoch auch – etwa bei Participium-coniunctum-Konstruktionen – als Adjektivgruppen (genauer: α-Adjektivgruppen i. S. v. § 90.2α^I HLR) erscheinen: Bsp. 97b/c.

Bsp. 97: a) „Er betrachtete ihn mißvergnügt." (DUNCKER, Mütter 1887, 139.)
b) „Dies gesagt, packte ihn der halbtrunkene Geselle und wies ihn zur Thür hinaus." (AURBACHER, Volksbüchl. I 1827, 86.)
c) „So sprechend küßte sie ihren Geliebten" (GRÄSSE, Sagenb. Preuß. I 1868).

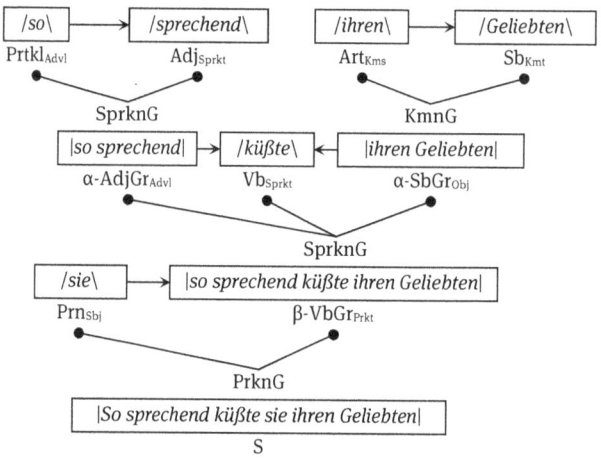

Abb. 89: Konstituentenstruktur eines Supprädikationsgefüges (Bsp. 97c)

Adj = Adjektiv; α-AdjGr = α-Adjektivgruppe; Advl = Adverbial; Art = Artikel; KmnG = Komitationsgefüge; Kms = Komes; Kmt = Komitat; Obj = Objekt; PrknG = Prädikationsgefüge; Prkt = Prädikat; Prn = Pronomen; Prtkl = Partikel; S = Satz; Sb = Substantiv; α-SbGr = α-Substantivgruppe; Sbj = Subjekt; SprknG = Supprädikationsgefüge; Sprkt = Supprädikat; Vb = Verb; β-VbGr = β-Verbgruppe. – Zu den allgemeinen Notationsregeln vgl. Anhang II (S. 828 ff.).

Wie Bsp. 97a zeigt, deuten wir, wenn ein Satz ein Objekt und/oder ein Adverbial aufweist, die Verbgruppe, die im Sinne von § 34 HLR das Prädikat bildet, als Supprädikationsgefüge. Weist eine Verbgruppe im engeren Sinne (d. h. eine Verbgruppe, die kein Satz ist) oder eine Adjektivgruppe, deren Kern ein partizipiales Adjektiv ist, ein Objekt oder Adverbial auf, so deuten wir sie gleichfalls als Supprädikationsgefüge. Es versteht sich, dass Supprädikationsgefüge wie in Bsp. 97b, Bsp. 97c oder

Bsp. 99a–c nicht die Gliedfunktion von Prädikaten, sondern von Adverbialien (Bsp. 97b/c), Attributen (Bsp. 99a) bzw. Objekten (Bsp. 99b/c) erfüllen. Auf diese Weise (bei Supprädikationsgefügen mit Objekt- oder mit Adverbialfunktion, da Objekte und Adverbialien Glieder von Supprädikationsgefügen sind) können Supprädikationsgefüge als eingebettet in andere Supprädikationsgefüge erscheinen. Abb. 89 verdeutlicht, dass ein Supprädikationsgefüge nicht notwendig einem Prädikationsgefüge u n m i t t e l b a r untergeordnet ist. Ebensowenig erscheint ein Supprädikationsgefüge notwendig als eine das Prädikat bildende und z. B. Objekte enthaltende Verbgruppe. Ist eine solche Verbgruppe nämlich als Kojunktionsgefüge strukturiert, so kann sie – teils als unmittelbare, teils als mittelbare Konstituenten – mehrere Supprädikationsgefüge umfassen.

Bsp. 98: „Er betrachtete ihn lange Zeit, und richtete Fragen an ihn." (LAUBE, Struensee 1846, 195.)

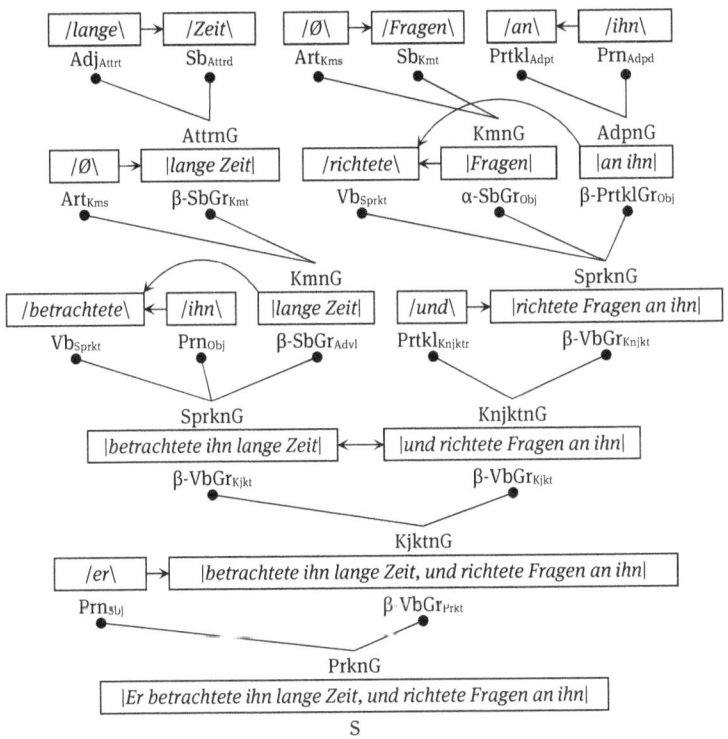

Abb. 90: Supprädikationsgefüge in einem Prädikationsgefüge (Bsp. 98)

Adpd = Adponend; AdpnG = Adpositionsgefüge; Adpt = Adposit; Attrd = Attribuend; AttrnG = Attributionsgefüge; Attrt = Attribut;-KjktnG = Kojunktionsgefüge; Kjkt = Kojunkt; KnjktnG = Konjunktionsgefüge; Knjkt = Konjunkt; Knjktr = Konjunktor; β-PrtklGr = β-Partikelgruppe; β-SbGr = β-Substantivgruppe. — Zur Legende im Übrigen vgl. Abb. 89.

*

Zu § 35.2 HLR: Das Supprädikat ist der Zeichenart nach ein finites (Bsp. 98, Abb. 90) oder infinitivisches Vollverb (Bsp. 99a), ein finites (Bsp. 99b) oder infinitivisches Modalverb (Bsp. 99c), ein Volladjektiv (Bsp. 97b/c) oder Verbadjektiv (Bsp. 99d), eine finite (Bsp. 99e) oder infinitivische (Bsp. 99f) α-Verbgruppe, eine finite (Bsp. 94f, S. 223) oder infinitivische (Bsp. 99g) γ-Verbgruppe, eine finite (Bsp. 99h) oder infinitivische (Bsp. 99i) δ-Verbgruppe, eine η-Verbgruppe mit finiten (Bsp. 99j) oder infinitivischen (Bsp. 99k) Verben als unmittelbaren oder mittelbaren Kojunktkernen.

Bsp. 99:   a) „Es war so wundervoll, endlich Boden unter den Füßen zu fühlen" (M. WEBER, Lebensbild 1926, 435).

b) „Die antike Mathematik als Lehre von anschaulichen Größen will ausschließlich die Tatsachen des Greifbar-Gegenwärtigen deuten" SPENGLER, Unterg. d. Abendl. I 1923, 91).

c) „Für den Urtypus des eigentlichen Tempels glauben wir den Peripteros halten zu müssen" BURCKHARDT, Grch. Kulturgesch. II 1898, 144).

d) „[I]ch hatte eben gut gegessen und Kaffee getrunken" (HEINE, Geständn. 1854, 34).

e) „Raspe verschwieg ihr nicht, daß er die Tochter gesehen und gesprochen habe." (BOY-ED, Ehe 1915, 70 f.)

f) „Sie werden es nicht bereuen, entgegnete sie, eine Freundin gesucht und gefunden zu haben." (C. DE LA MOTTE FOUQUÉ, Fr. d. Falkenst. II 1810, 155.)

g) „Konrad erzählte ihr von dem Plan, den Eckartshof erholungs- und ruhebedürftigen Künstlern zur Verfügung zu stellen." (BRAUN, Lebensucher 1915, 307.)

h) „Cäsar war lediglich ein Tatsachenmensch von ungeheurem Verstande." (SPENGLER, Unterg. d. Abendl. I 1923, 52).

i) „Ich habe gar nicht verlangt von dir, immer ein Ereignis zu sein" (KEYSERLING, Wellen 1911, 242).

j) „Etwas Gutes ißt und trinkt man gern in einer warmen Stube." (HEBEL, Schatzkästl. 1811, 174 [im Original gesperrt].)

k) „Wieder gelang es ihm, die Orsini entscheidend zu schlagen und zu demütigen." (KLABUND, Borgia 1928, 245.)

*

Zu § 35.3 HLR: Wir unterscheiden zwei Satelliten in Supprädikationsgefügen oder Supprädikanden: Objekte und Adverbialien. Mit Objektfunktion können (ebenso wie in Prädikationsgefügen mit Subjektfunktion) Ausdrücke für handlungs-, vorgangs- oder zustandsbeteiligte Größen erscheinen, mit Adverbialfunktion Ausdrücke für Umstände von Handlungen, Vorgängen oder Zuständen. Wie an anderer Stelle (S. 230 ff.) auszuführen, fällt die Zuordnung eines Ausdrucks zu einer dieser beiden Kategorien nicht immer ganz leicht; häufig ist sie jedoch unproblematisch.

Objekte können der Zeichenart nach erscheinen als Vollverben im Infinitiv (Bsp. 100a), als Pronomina im Genitiv, Dativ oder Akkusativ (Bsp. 100b), als Partikeln (Bsp. 100c), als Sätze (Bsp. 100d), als infinitivische Verbgruppen (Bsp. 100e), als Perioden (Bsp. 100f), als Substantivgruppen im Genitiv, Dativ oder Akkusativ (Bsp. 100g), als Pronomengruppen im Genitiv, Dativ oder Akkusativ (Bsp. 100h), als Partikelgruppen (Bsp. 100i) oder als Miszellangruppen mit Kojunkten bzw. Kojunktkernen im Genitiv, Dativ oder Akkusativ (Bsp. 100j).

Bsp. 100: a) „Karl will <u>essen</u>" (KANT, Anthrop. 1798, 127).
b) „Auch ich habe eben <u>seiner</u> gedacht." (JANITSCHEK, Frauenkr. 1900, 254.) — „In deinen Thälern wachte mein Herz <u>mir</u> auf" (HÖLDERLIN, Ged. 1800, SW 2.1, 17). — „[D]er Tod entzog <u>ihn</u> rechtzeitig den Folgen des Urtheilspruches" (MOMMSEN, Röm. Gesch. V 1885, 260).
c) „Es stört und peinigt mich, daß sie so undeutlich spricht und daß sie einen schiefen Mund hat. Wenn sie spricht, muß ich immer <u>danach</u> sehen. Das macht mich so nervös." (REVENTLOW, Krank 1925, 311)
d) „Er sagte, <u>daß er zum Nachtessen wieder zu Hause sein werde</u>" (WASSERMANN, Hauser 1907, 97).
e) „Ich will <u>dir etwas</u> schenken." (RINGELNATZ, Leben 1931, 312.)
f) „[M]an hat vielfach und wiederholt behauptet, <u>daß der König von Würtemberg der ganzen Sache nicht fremd gewesen und daß Koseritz nicht ohne Vorwissen des Königs das Militär bearbeitet habe</u>." (LUISE BÜCHNER, Dt. Gesch. 1875, 239.)
g) „Ich harre <u>Ihres Befehls</u>"(HAHN-HAHN, Faustine 1841, 156). — „Heinrich Hart stellte mich <u>seinem Bruder Julius</u> vor." (MÜHSAM, Unpolit. Erinn. 1927–29, 502.) — „Der Abend wiegte schon <u>die Erde</u>" (GOETHE, Ged. 1775, WA I, 1, 68).
h) „[E]r schämte sich <u>seiner selbst</u>" (A. v. ARNIM, Kronenwächt I 1817, 902). — „[I]ch gönn es <u>ihr und dir</u>." (FONTANE, Irr. Wirr. 1887, 113.) — „Er jagte <u>sie und ihn</u> aus dem Hause." JANITSCHEK, Ninive 1896, 41.)
i) „Man kann <u>auf gar nichts</u> mehr vertrauen." (GOETHE, Faust II 1832, 318, V. 11622.)
j) „Wie war es nur möglich, daß er <u>ihrer und der Geberin</u> so selten gedacht hatte?" (SUDERMANN, Sorge 1887, 169.) — „Durch mehrjährige opfervolle Tätigkeit gelang es <u>ihm und seinen Freunden</u> eine Partei zu schaffen, welche, als Tag und Stunde kamen, stark genug war, eine deutsche Regierung bei der neuen Arbeit für einen deutschen Staat zu beeinflussen und zu stützen." (FREYTAG, Erinn. 1887, 631.) — „Da salutierten die preußischen Wehrmänner ringsum, ehe sie <u>ihn und die wenigen Übriggebliebenen</u> abführten." (BRAUN, Lebenssucher 1915, 421.)

Adverbialien können der Zeichenart nach erscheinen als infinitivische Vollverben (Bsp. 101a), als inflektivische Volladjektive (Bsp. 101b), als Partikeln (Bsp. 101c), als Sätze (Bsp. 101d), als infinitivische Verbgruppen (Bsp. 101e), als Perioden (Bsp. 101f), als Substantivgruppen im Genitiv oder Akkusativ (Bsp. 101g), als inflektivische Volladjektivgruppen (Bsp. 101h), als Partikelgruppen (Bsp. 101i) oder als Miszellangruppen (Bsp. 101j).

Bsp. 101: a) „Niemand kam <u>zu öffnen</u>." (SCHÖPPNER, Sagenb. I 1852, 183.)
b) „Hinter mir scholl es <u>dumpf</u> von den Türmen." (WILLE, Abendburg 1909, 181.)
c) „Er saß <u>oben</u>." (MAY, Silb. Löw. IV 1909, 425.)
d) „Vor den Herren fühlt sich der Schwache *rechtlos*, <u>weil er *machtlos* ist</u>." (PÖHLMANN, Gesch. d. soz. Fr. I ³1925, 139)
e) „Ich komme <u>zu hohlen den Stein Opal</u>." (A. L. GRIMM, Kindermährchen 1809, 157.)
f) „<u>Indem somit die Vermögensgemeinschaft nicht mehr eine allgemeine war, sondern nur einen Teil der Vermögen der Beteiligten umfaßte, und indem, wie gesagt, die Beteiligung des Einzelnen damit in weitgehendem Maße die Natur einer Einlage, eines Konto, welches er bei der Gemeinschaft hat, annahm</u>, entstand auch das Bedürfnis, diesem Konto als Ganzem die Natur eines selbständigen Rechtsobjekts in höherem

Maße zuteil werden zu lassen, insbesondere die Möglichkeit von Verfügungen über dasselbe als solches für einzelne Fälle zuzulassen." (Weber, Handelsges. 1889, 354 f.)

g) „So war sie <u>eines schönen Tages</u> mit Detlev verschwunden, und stundenlang wurde nach den beiden Kindern gesucht." (Reventlow, Olestj. 1903, 22.). — „<u>Den ganzen Tag</u> hatte er gewartet" (Boy-Ed, Ehe 1915, 417).

h) „Die Dame lächelte <u>fast seelig</u>" (Altenberg, Wie wie es sehe ⁴1904, 194).

i) „Ich habe <u>heute morgen</u> meinen Bruder begraben." (François, Judith 1862, 170.)

j) „Mißverständnisse sind die Blüten des Bösen, nur die Guten verstehen sich mit Guten zum Guten <u>ganz und immer</u>." (A. v. Arnim, Dolores 1810, 253.)

Objekte als Ausdrücke für Propositionsinvolute, also handlungs-, vorgangs- oder zustandsbeteiligte Größen (§ 35.3b^I HLR), und Adverbialien als Ausdrücke für Propositionsakzidenten, also für Umstände von Handlungen, Vorgängen oder Zuständen (§ 35.3b^{II} HLR; vgl. auch Duden 2005, 793), lassen sich in vielen, aber keineswegs in allen Fällen problemlos unterscheiden. Ob etwas als handlungs-, vorgangs- oder zustandsbeteiligte Größe oder als Handlungs-, Vorgangs- oder Zustandsumstand zu deuten ist, erscheint nicht immer klar. In

Bsp. 102: „Limburga, Gemahlin des Erzherzogs Ernst des Eisernen von Oesterreich, eine geborene Prinzessin von Masovien, war so stark, daß sie einen Nagel mit der bloßen Hand <u>in die Wand</u> schlagen konnte" (Dohm, Emancip. 1874, 153)

könnte *in die Wand* ebenso gut als Bestimmung eines Umstands der Handlung (ihres Zielpunkts) interpretiert werden wie als Ausdruck einer handlungsbeteiligten Größe: Das, was durch *Wand* ausgedrückt wird, könnte man argumentieren, ‚erleidet' die Handlung des Schlagens nicht weniger als das durch *Nagel* – hier eindeutig in Objektfunktion – Ausgedrückte; man könnte demnach *in die Wand* entweder als Adverbial oder als adpositionales affiziertes Objekt interpretieren.

Immerhin gibt es eine Reihe von Regularitäten, deren Kenntnis bei der Unterscheidung helfen kann. Infinitivische Verben, Sätze, infinitivische Verbgruppen, Perioden, Substantivgruppen und Miszellangruppen mit Objektfunktion lassen sich durch Pronomina im Rahmen einer metasprachlichen Substitutionsprobe ersetzen oder im Rahmen einer metasprachlichen Frageprobe erfragen:

- *Karl will <u>essen</u>* (Bsp. 100a) → **Karl will <u>es</u> (<u>was</u>?)*
- *er sagte, <u>daß er zum Nachtessen wieder zu Hause sein werde</u>* (Bsp. 100d) → **er sagte <u>es</u> (<u>was</u>?)*
- *ich will <u>dir etwas schenken</u>* (Bsp. 100e) → **ich will <u>es</u> (<u>was</u>?)*
- *man hat behauptet, <u>daß der König von Württemberg der ganzen Sache nicht fremd gewesen und daß Koseritz nicht ohne Vorwissen des Königs das Militär bearbeitet habe</u>* (Bsp. 100f) → **man hat <u>es</u> (<u>was</u>?) behauptet*
- *ich harre <u>Ihres Befehls</u>* (Bsp. 100g) → **ich harre <u>seiner</u> (<u>wessen</u>?)*
- *Heinrich Hart stellte mich <u>seinem Bruder Julius</u> vor* (ebd.) → **Heinrich Hart stellte mich <u>ihm</u> (<u>wem</u>?) vor*

- *der Abend wiegte schon die Erde* (ebd.) → **der Abend wiegte sie (wen?)*
- *daß er ihrer und der Geberin so selten gedacht hatte* (Bsp. 100j) → **dass er ihrer (wessen?) so selten gedacht hatte*
- *durch mehrjährige opfervolle Tätigkeit gelang es ihm und seinen Freunden eine Partei zu schaffen* (ebd.) → **durch mehrjährige opfervolle Tätigkeit gelang es ihnen (wem?) eine Partei zu schaffen*
- *ehe sie ihn und die wenigen Übriggebliebenen abführten* (ebd.) → **ehe sie sie (wen?) abführten*

Bei Pronomina oder Pronomengruppen mit Objektfunktion, bei denen die Substitutionsprobe tautologisch wäre, greift immerhin die Frageprobe; auch sie lassen sich durch Personalpronomina erfragen:

- *ich habe seiner gedacht* (Bsp. 100b) → **wessen habe ich gedacht?*
- *in deinen Tälern wachte mein Herz mir auf* (ebd.) → **wem wachte mein Herz auf?*
- *der Tod entzog ihn rechtzeitig den Folgen des Urtheilsspruches* (ebd.) → **wen entzog der Tod rechtzeitig den Folgen des Urtheilsspruches?*
- *er schämte sich seiner selbst* (Bsp. 100h) → **wessen schämte er sich?*
- *ich gönn es ihr und dir* (ebd.) → **wem gönn ich es?*
- *er jagte sie und ihn aus dem Hause* (ebd.) → **wen jagte er aus dem Hause?*

Infinitivische Verben, Adjektive, Sätze, infinitivische Verbgruppen, Perioden, Substantivgruppen, Adjektivgruppen und Miszellangruppen mit Adverbialfunktion lassen sich demgegenüber durch Propartikeln oder Propartikelgruppen ersetzen bzw. durch Fragepartikeln oder Fragepartikelgruppen erfragen (vgl. Duden 2005, 824):

- *niemand kam zu öffnen* (Bsp. 101a) → **niemand kam hierzu (wozu?)*
- *hinter mir scholl es dumpf von den Türmen* (Bsp. 101b) → **hinter mir scholl es so (wie?) von den Türmen*
- *er saß oben* (Bsp. 101c) → **er saß dort (wo?)*
- *vor den Herren fühlt sich der Schwache rechtlos, weil er machtlos ist* (Bsp. 101d) → **vor den Herren fühlt sich der Schwache deshalb (weshalb?) rechtlos*
- *ich komme zu holen den Stein Opal* (Bsp. 101e) → **ich komme hierzu (wozu?)*
- *indem die Vermögensgemeinschaft nicht mehr eine allgemeine war, sondern nur einen Teil der Vermögen der Beteiligten umfaßte, und indem die Beteiligung des Einzelnen damit in weitgehendem Maße die Natur einer Einlage annahm, entstand das Bedürfnis ...* (Bsp. 101f) → **darum (warum?) entstand das Bedürfnis ...*
- *so war sie eines schönen Tages mit Detlev verschwunden* (Bsp. 101g) → **so war sie einmal (wann?) mit Detlev verschwunden [↛*sie war seiner (wessen?) mit Detlev verschwunden]*
- *den ganzen Tag hatte er gewartet* (ebd.) → **so lange (wie lange?) hatte er gewartet [↛*ihn (wen?) hatte er gewartet]*

- *die Dame lächelte fast seelig* (Bsp. 101h) → **die Dame lächelte so (wie?)*
- *ich habe heute morgen meinen Bruder begraben* (Bsp. 101i) → **ich habe da (wann?) meinen Bruder begraben*
- *die Guten verstehen sich mit Guten ganz und immer* (Bsp. 101j) → **die Guten verstehen sich mit Guten so und dann (wie und wann?)*

Partikeln und Partikelgruppen – die Rede ist hier insbesondere von β-Partikelgruppen im Sinne von § 93.2β$^{I/III}$ HLR, also von Partikelgruppen, die als Adpositionalgefüge strukturiert sind – können jedoch nicht nur Adverbialien, sondern auch Objekte sein (Bsp. 100c/i). In diesem Fall ist die Substitutions- bzw. Frageprobe weniger eindeutig. Das adqäquate Substitut bzw. die adäquate Frageform hängt nämlich von etwas anderem ab: davon, ob die zu ersetzende bzw. zu erfragende Einheit für eine als personal gedachte Größe steht oder nicht. Ausdrücke für Größen, die als personal gedacht sind, erfordern in beiden Proben meist Pronomina (Bsp. 103a, Bsp. 104a), Ausdrücke für Größen, die als nicht personal gedacht sind, tendenziell eher Partikeln (Bsp. 103b/c, Bsp. 104b), insbesondere in der Frageprobe. Dies gilt sowohl, wenn sie Objektfunktion (Bsp. 103), als auch, wenn sie Adverbialfunktion (Bsp. 104) erfüllen.

Bsp. 103: a) „[I]ch will in Dumala nach dem Baron sehen." (KEYSERLING, Dumala 1907, 48.) → **nach ihm (nach wem?)*
b) „Aber entschuldigen Sie, ich muß nach der Küche sehen." (SAAR, Nov. 1893, IX, 86.) → **nach ihr / danach (wonach?)*
c) „[E]s sind Herren von der Regierung, die im Moor nach dem Rechten sehen wollen." (SUDERMANN, Lit. Gesch. 1917, 189) → **danach (wonach?)*

Bsp. 104: a) „Szilaghin erschien bald nach Christian." (WASSERMANN, Wahnschaffe 1919, 323). → **nach ihm (nach wem? / wann?)*
b) „Nach dem Essen fahren wir hinüber in den Wald." (DUNCKER, Großstadt 1900, 112.) → **danach (wann?)*

Einen Hinweis auf adverbiale Verwendung kann bei β-Partikelgruppen, wenn sie für Größen stehen, die als personal gedacht sind, die Tatsache bieten, dass sie durch ein Pronomen o d e r durch eine Partikel erfragen (Bsp. 104a). Dies wäre bei entsprechenden Ausdrücken mit Objektfunktion nicht möglich (Bsp. 103a: *nach dem Baron ↛ *wonach?*).

Festzuhalten ist gleichwohl, dass in einer Reihe von Fällen, insbesondere bei β-Partikelgruppen, nicht mit letzter Sicherheit festgestellt werden kann, ob sie als Objekte oder als Adverbialien zu deuten sind, mit anderen Worten: dass Spielräume für die Interpretation bleiben. Auch andere Proben als die Substitutions- und die Frageprobe, beispielsweise die Permutationsprobe, helfen in dieser Frage nicht weiter. Prinzipiell können Supprädikanden im Vorfeld, im Mittelfeld oder im Nachfeld eines Satzgefüges erscheinen. In Aussagesätzen (Verbzweitstellung) kommt Vorfeldstellung in der Regel dem Subjekt zu.

Bsp. 105: „Du hast mir bei unserm vorjährigen Gespräch sehr deutlich zu verstehen gegeben, daß ich nur von der Frucht deiner Arbeit zehre." (WASSERMANN, Wahnschaffe 1919, 74.)

Die Vorfeldstellung ist aber auch bei einem besonders betonten Objekt (*mir hast du ... sehr deutlich zu verstehen gegeben, dass ... bzw. *dass ich nur von der Frucht deiner Arbeit zehre, hast du mir ... sehr deutlich zu verstehen gegeben) oder Adverbial (*sehr deutlich hast du mir ... zu verstehen gegeben, dass ...) möglich.

Im Nachfeld stehen bei unmarkierter Satzstellung Objektsätze (Bsp. 106a) ebenso wie Adverbialsätze (Bsp. 106a).

Bsp. 106: a) „Sie haben ja selbst gesehen, daß Hallwig nicht daran teilnahm" (REVENTLOW, Dame 1913, 222)

b) „Die Worpsweder Maler werden der Natur so sehr gerecht, weil sie dieselbe so sehr lieben" (ALTENBERG, Tag [2]1902, 312).

Supprädikanden, die keine Sätze sind, können jedoch, insbesondere in konzeptionell mündlichen Äußerungen, ebenfalls im Nachfeld stehen; beispielsweise eine β-Partikelgruppe als Objekt (Bsp. 107a) ebenso wie als Adverbial (Bsp. 107b).

Bsp. 107: a) „Ich habe drei, vier Jahre lang gewartet auf seine Wiederkehr" (MÜLLER-JAHNKE, Ich bekenne [2]1921, 120)

b) „Mein Mann ist heute morgen unversehens abgereist für drei Tage" (ALTENBERG, Märchen [3]1911, 189).

4.1.8 Kommentationsgefüge

§ 36.1 HLR: (a) [(1)]Kommentationsgefüge (KmntnG) sind dissolute (§ 15.IIb HLR) kompaxive (§ 17.I HLR) Subordinationsgefüge (§ 18 HLR) und bestehen aus zwei Gliedern: einem Kern, dem Kommentat (Kmntt) und einem Satelliten, dem Kommentar (Kmntr). [(2)]Das Kommentat ist seinerseits als Gefüge dissolut: Es kann den Kommentar einschließen.

(b) Kommentationsgefüge sind der Zeichenart nach Wortgruppen, konkret: [(I)]Verbgruppen (§ 36.2b[I], § 18.1b[2β] HLR), [(II)]Substantivgruppen (§ 36.2b[II], § 18.1b[2β] HLR), [(III)]Adjektivgruppen (§ 36.2bIII, § 18.1b[2β] HLR), [(IV)]Artikelgruppen (§ 36.2b[IV], § 18.1b[2β] HLR), [(V)]Pronomengruppen (§ 36.2b[V], § 18.1b[2β] HLR) oder [(VI)]Partikelgruppen (§ 36.2b[VI], § 18.1b[2β] HLR).

§ 36.2 HLR: (a) Das Kommentat steht zu seinem Kommentar in der Relation der Kommentatur (des Kommentiert-Werdens).

(b) Das Kommentat ist der Zeichenart nach eine Wortgruppe, konkret: [(I)]eine Verbgruppe, genauer: [(α)]ein Satz (§ 88.2e[Iα] HLR), [(β)]eine Periode (§ 88.3c[Iα] HLR) oder eine Verbgruppe im engeren Sinn (§ 88.4c[Iδ] HLR), [(II)]eine Substantivgruppe (§ 89.3α[I] HLR), [(III)]eine Adjektivgruppe (§ 90.3α[I] HLR), [(IV)]eine Artikelgruppe (§ 91.3α HLR), [(V)]eine Pronomengruppe (§ 92.3α[I] HLR) oder [(VI)]eine Partikelgruppe (§ 93.3α[I] HLR).

§ 36.3 HLR: (a) Der Kommentar steht zu seinem Kommentat in der Relation der Kommentation.

(b) Der Kommentar ist der Zeichenart nach $^{(I)}$ein Wort, konkret: $^{(\alpha)}$ein inflektivisches Volladjektiv (§ 84.4α$^{II\delta}$ HLR) oder $^{(\beta)}$eine Partikel (§ 87.4β^{V} HLR) oder $^{(II)}$eine Wortgruppe, konkret: $^{(\alpha)}$eine Verbgruppe, genauer: $^{(\alpha\alpha)}$ein Satz (§ 88.2e$^{II\epsilon}$ HLR) oder $^{(\alpha\beta)}$eine Periode (§ 88.3c$^{II\delta}$ HLR), $^{(\beta)}$eine Substantivgruppe (§ 89.3β^{IV} HLR), $^{(\gamma)}$eine inflektivische Volladjektivgruppe (§ 90.3β^{III} HLR) oder $^{(\delta)}$eine Partikelgruppe (§ 93.3β^{III} HLR).

(c) Der Kommentar erscheint $^{(I)}$als Bewertung des Kommentats, $^{(II)}$als Aussage über seine Gültigkeit oder Wahrheit oder $^{(III)}$hat Konnektorfunktion (§ 23.1c^{I} HLR).

Zu § 36.1 HLR: Die Annahme von Kommentationsgefügen ist motiviert durch die Beobachtung, dass manche Sätze Glieder aufweisen, die Adverbialien ähneln, ohne sich jedoch bei näherer Betrachtung als solche zu erweisen. Die Grammatikographie kennt solche Einheiten unter der Bezeichnung *Satzadverbien*, *Modalwörter* oder *Kommentaradverbien* (vgl. z. B. Duden 2005, 592 ff.); sie bestimmen nicht lediglich ein Satzglied, sondern den gesamten Satz.

Bsp. 108: „Auch der schwarze Leibrock, den er trug, hätte <u>füglich</u> Kantor Beyfußens Kleiderschrank entlehnt sein können" (FRANÇOIS, Stufenj. 1877, 206).

Nicht das Entlehnen wird hier als *füglich* gekennzeichnet, sondern der Gedanke, dass es hätte erfolgt sein können. Das Adjektiv *füglich* hat demnach nicht die Gliedfunktion eines Adverbials, sondern bezieht sich auf das gesamte Prädikationsgefüge.

Allerdings lässt sich das Konzept des Kommentationsgefüges grammatikographisch weitergehend nutzen. Wie Bsp. 108 zeigt, können Sätze noch andere Glieder enthalten, die sich gleichfalls nicht als Adverbialien interpretieren lassen, nämlich Nektoren wie *auch*. Bei solchen Einheiten kommt auch eine Interpretation als Konjunktor nicht in Frage: Konjunktoren, wenn ihre Konjunkte Sätze sind, stehen immer vor deren Vorfeld (§ 47.3c HLR). Dies trifft in Bsp. 108 für *auch* zwar zu, die Verschiebeprobe zeigt aber, dass andere Positionen ebenfalls möglich wären: → **der schwarze Leibrock <u>auch</u>, den er trug, hätte füglich ... / *der schwarze Leibrock ... hätte <u>auch</u> füglich ... / *der schwarze Leibrock ... hätte füglich auch ...* (wobei in den letzten beiden Fällen *auch* besondere Betonung trüge).

Die Gliedfunktion, die *auch* in Bsp. 108 erfüllt, ist nach unserer Auffassung ebenfalls die des Kommentars, so dass sich hier ein gleich doppeltes (geschachteltes) Kommentationsgefüge ansetzen lässt (vgl. Abb. 91).

Kommentationsgefüge sind dissolute kompaxive Subordinationsgefüge. Wie aus Bsp. 108 ersichtlich, ist ihr Kern, das Kommentat, als Gefüge seinerseits dissolut, da es in Klammerform den Satelliten (den Kommentar) einschließen kann.

In Abhängigkeit von der Zeichenart des Kommentats, das als Kern für den Wert des Gefüges im Ganzen bestimmend ist (§ 18.1b$^{2\beta}$ HLR), erscheinen Kommentationsgefüge ihrer Zeichenart nach als Wortgruppen, konkret: als Verbgruppen – genauer: als Sätze (Bsp. 108), Perioden (Bsp. 109a) oder Verbgruppen im engeren Sinn (Bsp. 109b) –, als Substantivgruppen (Bsp. 109c), Adjektivgruppen (Bsp. 109d), Artikelgruppen (Bsp. 109e), Pronomengruppen (Bsp. 109f) oder Partikelgruppen (Bsp. 109g).

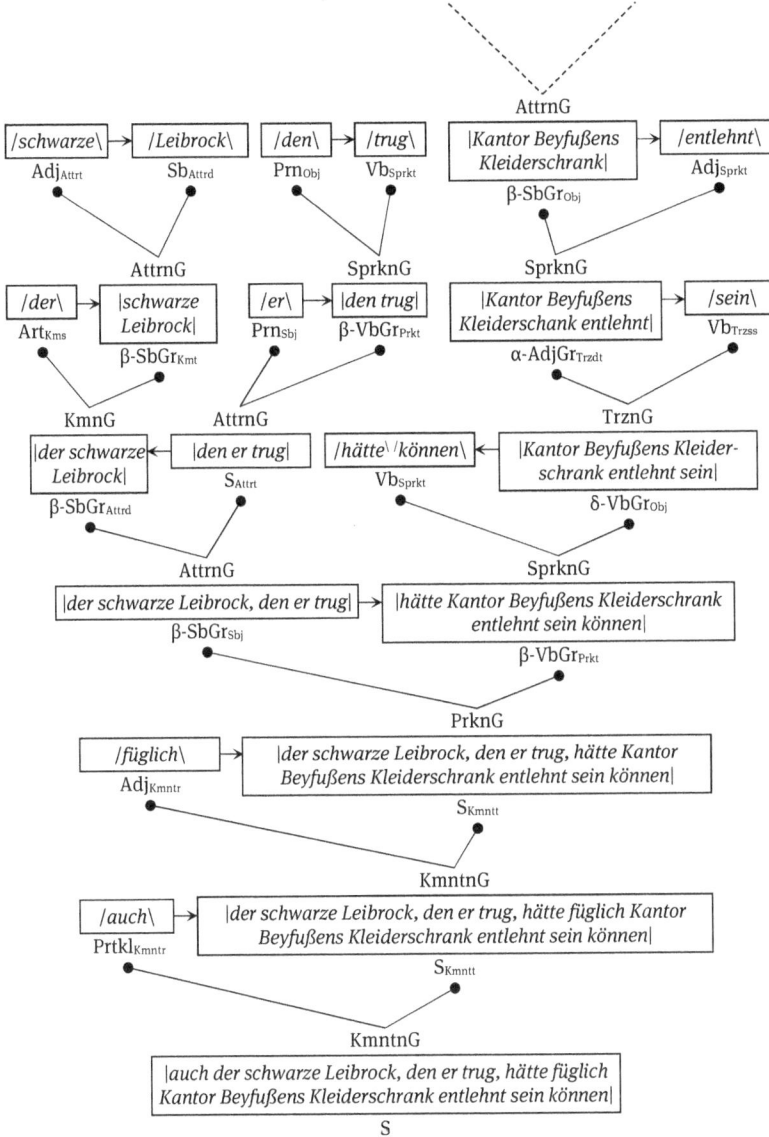

Abb. 91: Konstituentenstruktur eines Kommentationsgefüges (Bsp. 108)

Adj = Adjektiv; α-AdjGr = α-Adjektivgruppe; Art = Artikel; Attrd = Attribuend; AttrnG = Attributionsgefüge; Attrt = Attribut; KmnG = Komitationsgefüge; KmntnG = Kommentationsgefüge; Kmntr = Kommentar; Kmntt = Kommentat; Kms = Komes; Kmt = Komitat; PrknG = Prädikationsgefüge; Prkt = Prädikat; Prn = Pronomen; Prtkl = Partikel; S = Satz; Sb = Substantiv; β-SbGr = β-Substantivgruppe; Sbj = Subjekt; Trzdt = Transzedent; TrznG = Transzessionsgefüge; Trzss = Transzess; Vb = Verb; β-/δ-VbGr = β-/δ-Verbgruppe. — Zu den allgemeinen Notationsregeln vgl. Anhang II (S. 828 ff.).

Bsp. 109: a) „Zum Glück ward ich sterbenskrank und die Ärzte verboten mir Athen und alle Bücher." (DAHN, Rom 1876, 488.)
b) „Dennoch sandte ich das Manuskript an eine Redaktion, die es mit einer schmeichelhaften Erwiderung annahm und auch gut honorierte." (SAAR, Tragik 1906, 59.)
c) „Ich hatte nur eine Schürze, zwey Röcke und zum Glück ein Schlafwämschen" (LA ROCHE, Brf. Rosal. ²1797, II, 136).
d) „Wohl kann ich dir nennen ein edles Fräulein, das holdselig ist und auch gut, um das du werben kannst und sehen, ob sie dir bestimmt sei." (PLATEN, Rosensohn 1827, 41.)
e) „F i s c h e , eine Klasse der Wirbelthiere mit länglichen, walzen- oder spindelförmigen, meist von Schuppen bedeckten, schleimigen Körpern, leben nur im Wasser, athmen durch Kiemen, bewegen sich durch Flossen, haben eine oder auch zwei Schwimmblasen, kaltes, d. h. nur etwas wenig wärmeres Blut, als das Element, worin sie sich bewegen." (HERLOSSOHN, Dam. Conv. Lex. IV 1835, 134.)
f) „Sie bekommen Beide ihre Hiebe, er und auch sie!" (MAY, Weg z. Glück 1886–88, 1907.)
g) „Ich besuche die Salons seit Jahren nicht mehr; früher aber wirkten die Gesellschaften, die Soiréen hier und auch in Paris nicht so, nicht erschlaffend, nicht abspannend." (PICHLER, Denkw. 1844, II, 308.)

Kommentare – wie § 36.3 HLR ausweist, handelt es sich dabei nicht nur um Wörter, sondern auch um Wortgruppen, so dass die Bezeichnung *Kommentaradverb* (Duden 2005, 593 f.) nicht den vollen Sachverhalt umfasst – drücken „eine Stellungnahme, den ‚Kommentar' des Sprechers zum gesamten Sachverhalt" aus (ebd., 592); sie „entziehen sich dem Satzverband" (ebd., 594), was sie von Adverbialien unterscheidet, und „können in einen Satz über die Aussage umgeformt werden" (ebd.):

– Auch der schwarze Leibrock, den er trug, hätte füglich Kantor Beyfußens Kleiderschrank entlehnt sein können (Bsp. 108) → *es ist füglich (›es gibt Gründe für die Meinung‹), dass der schwarze Leibrock, den er trug, Kantor Beyfußens Kleiderschrank hätte entlehnt sein können
– Zum Glück ward ich sterbenskrank und die Ärzte verboten mir Athen und alle Bücher (Bsp. 109a) → *es ist ein Glück, dass ich sterbenskrank ward und mir die Ärzte Athen und alle Bücher verboten.

*

Zu § 36.2 und § 36.3 HLR: Das Kommentat ist, wie schon gezeigt, der Zeichenart nach ein Satz (Bsp. 108), eine Periode (Bsp. 109a), eine Verbgruppe im engeren Sinn (Bsp. 109b), eine Substantivgruppe (Bsp. 109c), Adjektivgruppe (Bsp. 109d), Artikelgruppe (Bsp. 109e), Pronomengruppe (Bsp. 109f) oder Partikelgruppe (Bsp. 109g). Der Kommentar kann der Zeichenart nach ein inflektivisches Volladjektiv (Bsp. 110a), eine Partikel (Bsp. 110b), ein Satz (Bsp. 110c), eine Periode (Bsp. 110d), eine Substantivgruppe (Bsp. 110e), eine inflektivische Volladjektivgruppe (Bsp. 110f) oder eine Partikelgruppe (Bsp. 110g) sein.

Bsp. 110: a) „Zwei Schweine waren eben dabei, mir die Ohren, die sie vermutlich für Pfifferlinge hielten, vom Kopfe zu fressen" (BUSCH, Schmetterl. 1895, 228).

b) „Er steckte eine Zigarre an, aber sie hatte <u>wohl</u> keine Luft, denn sie wollte absolut nicht brennen." (DUNCKER, Jugend ²1907, 86.)
   c) „Ihr wollt mich aus dem Weg haben, <u>vermute ich</u>." (WASSERMANN, Wahnschaffe 1919, 437.)
   d) „Große Gemüther hat, <u>wie ich glaube, und wie die Geschichte lehrt</u>, die Vorsicht darum von Zeit zu Zeit erweckt, und mit vorzüglichen Gaben ausgerüstet, daß sie gleich himmelanstrebenden Felsen die Gewitter, welche das Menschengeschlecht treffen, mit höherm Haupt tragen, und so den Uebrigen zum Schutz und zum Beispiel dienen sollen, woran ihre Schwäche sich erhebe und stärke." (PICHLER, Agathokles VI 1808, 8.)
   e) „<u>Meines Erachtens</u> wäre diese Auffassung natürlicher und eben deshalb sympathischer." (PAOLI, Ebner-Eschenbach 1881, 96)
   f) „Nun wird er <u>ganz gewiß</u> zurücktreten!" (BRAUN, Mem. II 1911, 375.)
   g) „Der Baulöwe war <u>meiner Ansicht nach</u> ein Hochstapler" (REVENTLOW, Geldkompl. 1916, 304).

Semantisch gesehen können Kommentare unterschiedliche Funktion haben: Sie lassen vielfach eine Einstellung (im Sinne von Hermanns 1995b und 2002b) des Sprechers bzw. Schreibers zum Ausgesagten erkennen. Sie können das Kommentat bewerten (Bsp. 111), seine Gültigkeit bzw. Wahrheit behaupten (Bsp. 112) oder relativieren (Bsp. 110[124]).

Bsp. 111:   a) „‚Das Stück fällt durch!' wiederholte Hebbel mit stärkerer Betonung, und er behielt <u>leider</u> vollständig recht." (HANSLICK, Leben 1894, 97.)
   b) „Das Zimmer war <u>erfreulicher Weise</u> kaum wiederzuerkennen, so fleißig war Frieda gewesen." (KAFKA, Schloß 1926, 141.)
   c) „Ich werde Schriftstellerin. Dazu gehört <u>Gott sei Dank</u> keine Erlaubnis. Im Notfalle wählt man ein Pseudonym." (DOHM, Ruland 1902, 39.)

Bsp. 112:   a) „Man begrüßt die Ankunft eines neuen Kindes in den Familien, deren Mittel beschränkt sind, <u>wie Jedermann weiß</u>, nicht mit Freuden" (LEWALD, Frauen 1870, 55).
   b) „In Europa gilt, <u>wie allgemein bekannt</u>, die Ehe als Sakrament, und noch nie hat in Europa eine Frau ihrem Gatten die Ehe gebrochen." (KLABUND, Kunterb. 1922, 143.)

Eine weitere, ebenso wichtige Funktion von Kommentaren ist die Konnektorfunktion. Sie sind darin den Konjunktoren (§ 47 HLR) vergleichbar, sind aber anders als diese, wie schon (S. 234) erwähnt, hinsichtlich ihrer Position innerhalb des Gefüges flexibel.

Bsp. 113:   a) P o s i t i o n   v o r   d e m   V o r f e l d : „<u>Zudem</u>, von Vierzig bis Fünfzig ist beste Lebenszeit." (FONTANE, 20–30 1908, 258.)
   b) P o s i t i o n   i m   V o r f e l d : „Und <u>zudem</u> hatte er sich vorhin schon mit der Laterne verraten." (FELDER, Reich u. arm 1868, 340.)

---

[124] Bsp. 110f erscheint als Relativierung, weil es das Ausgesagte als – wiewohl sichere – Vermutung kennzeichnet: im Gegensatz zum Anspruch auf objektive Gültigkeit, wie er in Bsp. 112 erkennbar wird.

c) Position im Mittelfeld: „[E]r hatte zudem aus Blödigkeit [›Schüchternheit‹] nicht genug gegessen" (KELLER, Zürch. Nov. I 1878, 19).

Kommentare können auch zusammen mit Konjunktoren auftreten (Bsp. 113b).

4.1.9 Adverbationsgefüge

§ 37.1 HLR: (a) Adverbationsgefüge (AdvnG) sind dissolute (§ 15.IIb HLR) kompaxive (§ 17.I HLR) Subordinationsgefüge (§ 18 HLR) und bestehen in der Regel aus zwei Gliedern: einem Kern, dem Adverbanden (Advd) und in der Regel einem Satelliten, dem Adverbat (Advt).

(b) Adverbationsgefüge sind der Zeichenart nach $^{(I)}$Verben (§ 82.1b^V HLR) oder $^{(II)}$γ-Verbgruppen (§ 88.4b$^{III\alpha}$ HLR), wobei nur Vollverbgruppen i. S. v. § 88.1b$^{1\alpha}$ HLR (§ 18.1b$^{2\alpha}$, § 37.2b$^{I\alpha}$ HLR) in Frage kommen.

§ 37.2 HLR: (a) Der Adverband steht zu seinem Adverbat in der Relation der Adverbatur (des Adverbiert-Werdens).

(b) Der Adverband ist der Zeichenart nach $^{(I)}$ein Wort, konkret: ein Verb, genauer: $^{(\alpha)}$ein Vollverb (§ 82.5α$^{I\delta}$ HLR) oder $^{(\beta)}$ein Funktionsverb (§ 82.5ζ^I HLR) oder $^{(II)}$eine Wortgruppe, konkret: eine Verbgruppe im engeren Sinn (§ 88.4c$^{I\epsilon}$ HLR), genauer: $^{(\alpha)}$eine α-Verbgruppe (§ 88.4b$^{I\alpha}$ HLR), $^{(\beta)}$eine γ-Verbgruppe (§ 88.4b$^{III\alpha}$ HLR) oder $^{(\gamma)}$eine η-Verbgruppe (§ 88.4b$^{VII\gamma}$ HLR).

(c) Der Adverband verhält sich – im Gegensatz zum Transzess (§ 42.2a HLR) – nicht als Nektor (§ 20.1 HLR).

§ 37.3 HLR: (a) Jedes Adverbat steht zu seinem Adverbanden in der Relation der Adverbation.

(b) Ein Adverbat ist der Zeichenart nach $^{(I)}$ein Wort, konkret: $^{(\alpha)}$ein infinitivisches Vollverb (§ 82.5α$^{II\epsilon}$ HLR), $^{(\beta)}$ein inflektivisches Volladjektiv (§ 84.4α$^{II\epsilon}$ HLR), $^{(\gamma)}$ein Reflexivpronomen (§ 86.2γ HLR) oder $^{(\delta)}$eine Partikel (§ 87.4β^{VI} HLR) oder $^{(II)}$eine Wortgruppe, konkret: $^{(\alpha)}$eine infinitivische Verbgruppe (§ 88.4c$^{II\epsilon}$ HLR), $^{(\beta)}$eine Substantivgruppe (§ 89.3β^V HLR) oder $^{(\gamma)}$eine β-Partikelgruppe (§ 93.3β^{IV} HLR).

(c) In bestimmten Fällen, in denen Adverbationsgefüge idiomatisierten Supprädikationsgefügen entsprechen, kann es mehr als ein Adverbat geben.

(d) Ein Adverbat verhält sich – im Gegensatz zum Transzedenten (§ 42.3a HLR) – nicht als Nekt (§ 20.1 HLR) und kann – im Gegensatz zum Objekt (§ 35.3b^I HLR) bzw. Adverbial (§ 35.3b^{II} HLR) – nicht als handlungs-, vorgangs- oder zustandsbeteiligte Größe bzw. Handlungs-, Vorgangs- oder Zustandsumstand erfragt werden.

Zu § 37.1 HLR: Der Ansatz von Adverbationsgefügen dient uns zur Erfassung dreier unterschiedlicher, aber grammatisch in bestimmter Hinsicht ähnlicher Phänomene: von Partikelverben, von weiteren Wortgruppenverben wie *teilnehmen* (zu denen wir auch Funktionsverbgefüge und Phraseologismen wie *Feuer fangen* oder *ins Gras beißen* zählen) und von ‚echten' reflexiven Verben wie *sich befinden* oder *sich verhalten*. Die Ähnlichkeit besteht in der Funktionalität ihrer Struktur, anders gesagt: in der Art und Weise, wie ihre unmittelbaren Konstituenten wertdeterminativ aufeinander bezogen sind.

Ein Adverbationsgefüge erscheint, paradox formuliert, wie ein Supprädikationsgefüge, das nicht als Supprädikationsgefüge gedeutet werden kann; will sagen: Das prädikative Verb[125] kommt nicht als Supprädikat, der Satellit nicht als Supprädikand[126] in Betracht. Die Verbgruppe, die als Adverbationsgefüge zu interpretieren ist, kann nur als Ganze Supprädikatfunktion erfüllen. In Fällen wie

Bsp. 114: a) „[E]in jäher Schreck durchzuckte mich, ich könnte am Ende zu spät ²zur Aufführung ¹kommen" (DOHM, Schicks. 1899, 165); ¹Supprädikat, ²Adverbial.
b) „Wir sahen Gerhart Hauptmanns ‚Versunkene Glocke', die zum erstenmal ²zur Aufführung ¹kam" (BRAUN, Mem. II 1911, 176); ¹Adverband, ²Adverbat.

werden die Unterschiede deutlich: Während in Bsp. 114a *kommen* als Supprädikat fungiert, das durch ein Adverbial – die Partikelgruppe *zur Aufführung* – näher bestimmt wird, erscheint in Bsp. 114b ⌐*zur Aufführung kommen*⌐ als Supprädikat. Man kann dies mittels Frage- bzw. Substitutionsproben zeigen (vgl. Duden 2005, 425):

a) Nach dem Adverbial in Bsp. 114a kann man mittels einer Partikel fragen (→ *Wozu/wohin könnte ich kommen?*), nicht hingegen nach dem Adverbat in Bsp. 114b (↛ *Wozu/wohin kam Gerhart Hauptmanns ‚Versunkene Glocke'?*).
b) Da das Funktionsverbgefüge idiomatisiert ist (vgl. Kap. 5.2.1.2.4.2.5, S. 428), kann der Artikel in Bsp. 114b nicht beliebig substituiert werden (↛ *Gerhart Hauptmanns ‚Versunkene Glocke', die zum erstenmal zu einer/dieser/ihrer Aufführung kam*); in Bsp. 114a wäre dies ohne weiteres möglich (→ *ich könnte zu spät zu einer/dieser/ihrer Aufführung kommen*).

Wie schon gesagt, handelt es sich bei Adverbationsgefügen nicht nur um Funktionsverbgefüge wie *zur Aufführung kommen* oder *zur Verfügung stellen* und sonstige Wortgruppenverben, sondern auch um Partikelverben wie *ausgehen* oder *darlegen* und um ‚echte' reflexive Verben wie *sich entschließen*, bei denen das Reflexivpronomen nicht als Objekt interpretiert werden (d. h. in der Substitutionsprobe nicht durch **jemand* ersetzt werden) kann. In allen Fällen ist erkennbar, dass Adverbationsgefüge dissolute Gefüge sind, mit anderen Worten: dass ihre beiden unmittelbaren Konstituenten in Distanz zueinander erscheinen können:

Bsp. 115: a) „Ja, dies vaterländische Schauspiel ¹kam sogar auf einem recht guten Vorstadts- oder Volkstheater ²zur Aufführung" (FONTANE, 20–30 1908, 218); ¹Adverband, ²Adverbat.

---

125 Den Ausdruck *prädikatives Verb* verwenden wir als Klammerterminus für die Tatsache, dass ein Verb unmittelbar oder mittelbar Kern eines Prädikationsgefüges ist, mit anderen Worten: dass es entweder für sich allein das Prädikat bildet oder als Kern einer Verbgruppe erscheint, die als zusammengesetztes Prädikat fungiert.
126 Erscheint das Adverbat als akkusativische Substantivgruppe, so „„sättigt' [es] gewissermaßen eine syntaktische Leerstelle beim Funktionsverb, wie das Akkusativobjekt des entsprechenden Vollverbs", hat aber „keine selbständig referierende Funktion, keinen Aktantenstatus" (Duden 2005, 425).

b) „Die brasilianische Regierung ¹stellt Land ²zur Verfügung, soviel man haben will." (BALL, Flamm. 1918, 46); ¹Adverband, ²Adverbat.

c) „Dann ¹geht Klaus dem Raubtier ²zu Leibe, das ihn überfallen hat." (GORCH FOCK, Seefahrt 1913, 250); ¹Adverband, ²Adverbat.

d) „Täglich ¹ging sie ²aus, Wurzeln zum kargen Mahle zu sammeln, und Wasser aus der fernen Quelle zu schöpfen." (AHLEFELD, Ges. Erz. 1822, I, 190); ¹Adverband, ²Adverbat.

e) „Sie ¹legte darauf umständlich ihrem Gemahl die beiden Verhältnisse ²dar" (GOETHE, Wahlverw. 1809, 169 f.); ¹Adverband, ²Adverbat.

f) „Aber er konnte ²sich zu keinem Handeln ²entschließen." (SUDERMANN, Lit. Gesch. 1917, 64); ¹Adverband, ²Adverbat.

Die Beispiele zeigen, dass Adverbationsgefüge der Zeichenart nach sowohl Wörter als auch Wortgruppen sein können. Als Wörter, konkret: Vollverben, interpretieren wir nicht nur Partikelverben (Bsp. 115d–e), sondern (nach § 26.1aII$^\beta$ HLR) u. a. auch Funktionsverbgefüge (Bsp. 114b, Bsp. 115a–c; vgl. Kap. 5.2.1.3). Als Wortgruppen, konkret: Vollverbgruppen, interpretieren wir ‚echte' reflexive Verben (Bsp. 115f).

*

Zu § 37.2 HLR: Der Adverband ist der Zeichenart nach ein Vollverb (*gehen* in Bsp. 115d, *legen* in Bsp. 115e, *entschließen* in Bsp. 115f), ein Funktionsverb (*kommen* in Bsp. 114b und Bsp. 115a, *stellen* in Bsp. 115b, *gehen* in Bsp. 115c), eine α-Verbgruppe (Bsp. 116a), d. h. eine Verbgruppe, die – § 88.4b$^{I\alpha}$ HLR – als Flexionsgefüge strukturiert ist, eine γ-Verbgruppe (Bsp. 116b), d. h. eine Verbgruppe, die – § 88.4b$^{III\alpha}$ HLR – als Adverbationsgefüge strukturiert ist, oder eine η-Verbgruppe i. S. v. § 88.4b$^{VII\gamma}$ HLR (Bsp. 116c: § 88.4b$^{VII\gamma\beta}$ HLR), d. h. eine Verbgruppe, die als Kojunktionsgefüge strukturiert ist.

Bsp. 116: a) „Nach dem Frühstück ¹wurde ²spazieren ¹gegangen oder gefahren" (EBNER-ESCHENBACH, Kl. Roman 1881, 39); ¹Adverband, ²Adverbat.

b) „Sie wollte ²sich ¹zurückhalten, aber der quälende Drang, auf eine Minute ihre eigene Last einem anderen zuzuwerfen, übermannte sie" (FRAPAN, Arbeit 1903, 418); ¹Adverband, ²Adverbat.

c) „Erfreulich [...] sind die Trochäen, durch welche die fünf Sinne das z u verwerfen in ‚kommen sehen, kommen hören, kommen fühlen'. Kommen s c h m e c k e n und kommen r i e c h e n sagte man wenigstens richtiger als z u k o m m e n s c h m e c k e n etc. ‚Dürfen, sollen, lassen, mögen, können, lernen, lehren, heißen, bleiben,' beschließen den zu kurzen Zug. Noch könnte man ‚gehen, führen, laufen' gelten lassen (z. B., ²betteln ¹gehen oder laufen, spazieren führen)." (JEAN PAUL, Vorsch. Ästh. 1804, 538 f.); ¹Adverband, ²Adverbat.

Ob es sich bei Beispielen dieser Art tatsächlich um Adverbationsgefüge handelt, mag diskutabel erscheinen. Allerdings ist die Alternative – sie als Supprädikationsgefüge zu deuten – wenig überzeugend, denn die als Adverbate interpretierten infinitivischen Verben *spazieren* und *betteln* kommen als Ausdrücke für Handlungsumstände und damit als Adverbialien kaum in Frage. Weder die Substitutions- noch die

Frageprobe (vgl. S. 231 f.) weist auf ein Adverbial: *spazieren/betteln gehen* ↛ **so/ dorthin gehen*, ↛ **wie?/wohin? gehen*.

Es wurde (S. 239) bereits erläutert, worin Adverbationsgefüge anders sind als Supprädikationsgefüge. Sie unterscheiden sich jedoch auch von einer anderen Gefügeart, bei der ebenfalls Verben als Kerne vorkommen können, nämlich von Transzessionsgefügen (§ 42 HLR): dadurch, dass sich der Adverband anders als das Transzess nicht als Nektor verhält, indem er keine transmittorische Determination seines Satelliten an eine Einheit außerhalb des Gefüges ‚weiterleitet'.

Bsp. 117: a) T r a n s z e s s i o n s g e f ü g e : „[I]ch ¹sprecke [...] ²als Dein Freund." (ALEXIS, Bredow 1846, II, 135); ¹Transzess, ²Transzedent.
b) A d v e r b a t i o n s g e f ü g e : „[E]iner von den Stammgästen [...] ¹brachte [...] die Wünsche der Gäste ²zum Ausdruck" (CHRIST, Erinn. 1912, 100); ¹Adverband, ²Adverbat.

Mit anderen Worten: Ein Adverbationsgefüge ist nicht, wie Transzessionsgefüge es sind, durchflochten von einem Komplexivgefüge (vgl. S. 122), das sich im Rahmen einer im Rahmen einer Transformationsprobe in ein Kopulaverbgefüge überführen lässt: *ich spreche als dein Freund* → **ich bin dein Freund* (Bsp. 117a); *einer von den Stammgästen brachte ... zum Ausdruck* ↛ **einer von den Stammgästen ist der Ausdruck* (Bsp. 117b).

*

Zu § 37.3 HLR: Das Adverbat erscheint der Zeichenart nach als infinitivisches Vollverb (Bsp. 118a), als inflektivisches Volladjektiv (Bsp. 118b[127]), als relatorisches Reflexivpronomen (vgl. S. 555), d. h. ein Relativpronomen, das zu einem ‚echten' relativen Verb gehört und daher nicht im Rahmen einer Erweiterungsprobe durch *selbst* ergänzt, im Rahmen einer Substitutionsprobe durch *jemand/etwas* ersetzt oder im Rahmen einer Frageprobe durch *wem?* bzw. *wen?/was?* erfragt werden kann (Bsp. 118c), als Partikel (Bsp. 118d), als infinitivische Verbgruppe (Bsp. 118e), als Substantivgruppe (Bsp. 118f: hier mit Nullartikel), oder als β-Partikelgruppe (Bsp. 118g), also als Partikelgruppe, die als Adpositionsgefüge erscheint (§ 93.2β¹ HLR).

---

[127] Es mag fraglich scheinen, ob *verloren gehen* in Bsp. 118b als Adverbationsgefüge einzuordnen sei. Ebenfalls denkbar wäre möglicherweise eine Interpretation als Transzessionsgefüge. Wir entscheiden uns hier allerdings aufgrund der semantischen ‚Schwäche' von *gehen* dafür, dieses als Funktionsverb und somit dann als Adverband zu deuten; Verben, die als Transzesse gedeutet werden sollen, müssen Kopulaverben oder Vollverben sein (§ 42.2b^(Iα) HLR). Damit sehen wir zugleich *verloren* für weniger eigenständig an, als dies der Fall wäre, wenn es als Transzedent erschiene. Es bildet nach unserer Auffassung zusammen mit *gehen* eine grammatische ebenso wie semantische Einheit, wofür auch die in unserem Korpus häufig belegte Zusammenschreibung spricht – z. B. bei SUDERMANN, Bilderb. 1922, 279: „Auf dem Verdecke hockend, hielt ich die zehn deckellosen Hefte, die mein Heiligstes auf ihren Blättern bargen, krampfhaft unter den Arm gepreßt, denn ich fürchtete, sie könnten mir durch irgendeinen Stoß verlorengehen." (Allerdings interpretieren wir hier gleichwohl gegen den quantitativen Befund: Für die Zusammenschreibung haben wir 629 Belege, für die Getrenntschreibung 1975, d. h. 24,2 % gegen 75,8 %.)

Bsp. 118:   a) „Lange Rübe ¹geht auf dem Korso ²spazieren und stochert sich mit eleganten Handbewegungen die Zähne." (ERNST, Komöd. 1928, 314); ¹Adverband; ²Adverbat.

b) „Eine Reihe blühender römischer Städte wurde damals von den einfallenden Barbaren öde gelegt und das rechte Rheinufer ¹ging den Römern auf immer ²verloren." (MOMMSEN, Röm. Gesch. V 1885, 151); ¹Adverband; ²Adverbat.

c) „Am Fuße der Alpen, bei Locarno im oberen Italien, ¹befand ²sich ein altes, einem Marchese gehöriges Schloß" (KLEIST, Bettelw. v. Loc. 1810, 39); ¹Adverband; ²Adverbat.

d) „Die Alte ¹sah der Dirne, über die lose Rede mißbilligend den Kopf schüttelnd, ²nach" (ANZENGRUBER, Einsam 1881, 283)[128]. — „Der Mensch ¹macht ein Ganzes ²aus, und es ist alte Pedanterei, denselben nur in zwei ganz entgegengesetzte verschiedne Hälften zu teilen, wie man hernach bei allen Tieren und der kleinsten Mücke tun muß." (HEINSE, Ardinghello 1787, 257); ¹Adverband, ²Adverbat.

e) „Bisweilen läßt sich der Bachreiter auch zu Fuße erblicken, dann hat der Schimmel Vakanz und ¹geht auf eignen Huf ²spazieren und spuken." (BECHSTEIN, Dt. Sag. 1853, 594); ¹Adverband, ²Adverbat.

f) „Er [...] ¹hielt von Zeit zu Zeit ²Ausschau über den Hof" (WASSERMANN, Wahnschaffe 1919, 445); ¹Adverband (Prädikatkern), ²Adverbat.

g) „Andeutungen ¹kamen mir ²in Erinnerung" (MÜLLER, Tropen 1915, 108); ¹Adverband, ²Adverbat.

Ein Adverbat bildet in Prädikationsgefügen bzw. Supprädikationsgefügen zusammen mit seinem Adverbanden das Prädikat bzw. Supprädikat; es erscheint also nicht als u n m i t t e l b a r e Konstituente eines Prädikations- bzw. Supprädikationsgefüges.

In Hauptsätzen mit Verbzweitstellung (Aussagesätzen) sowie in Nebensätzen erscheint ein Adverbat in der Regel unmittelbar vor der rechten Satzklammer, auch wenn – wie in in Hauptsätzen möglich – diese leer bleibt (Bsp. 115, Bsp. 117b, Bsp. 118a–b, d–g); es kann jedoch auch unmittelbar nach der linken Satzklammer stehen. Die Transformationsprobe zeigt es:

- A d v e r b a t   u n m i t t e l b a r   v o r   d e r   r e c h t e n   S a t z k l a m m e r : ᵛᶠ*dies vaterländische Schauspiel* ˡᵏˢᴷ*kam* ᴹᶠ*... auf einem recht guten Vorstadts- oder Volkstheater zur Aufführung* ʳˢᴷ∅ (Bsp. 115); VF = Vorfeld, lkSK = linke Satzklammer, MF = Mittelfeld, rSK = rechte Satzklammer.

- A d v e r b a t   u n m i t t e l b a r   v o r   d e r   r e c h t e n   S a t z k l a m m e r : → *ᵛᶠ*dies vaterländische Schauspiel* ˡᵏˢᴷ*ist* ᴹᶠ*... auf einem recht guten Vorstadts- oder Volkstheater zur Aufführung* ʳˢᴷ*gekommen*.

- A d v e r b a t   u n m i t t e l b a r   v o r   d e r   r e c h t e n   S a t z k l a m m e r " : → *ᵛᶠ*dass* ˡᵏˢᴷ∅ ᴹᶠ*dies vaterländische Schauspiel ... auf einem recht guten Vorstadts- oder Volkstheater zur Aufführung* ʳˢᴷ*gekommen ist*.

---

128 Demgegenüber ist *nach* in Beispielen wie „Er sah *nach* der Uhr" (BLEIBTREU, Größenw. III 1888, 25) nicht als Adverbat verwendet, sondern erscheint als Bestandteil eines Supprädikanden.

- Adverbat unmittelbar nach der linken Satzklammer: → *^VF*_dies vaterländische Schauspiel_ ^lkSK_kam_ ^MF_zur Aufführung ... auf einem recht guten Vorstadts- oder Volkstheater_ ^rSK∅.
- Adverbat unmittelbar nach der linken Satzklammer: → *^VF*_dies vaterländische Schauspiel_ ^lkSK_ist_ ^MF_zur Aufführung ... auf einem recht guten Vorstadts- oder Volkstheater_ ^rSK_gekommen_.

Das Adverbat kann jedoch auch in Nebensätzen im Mittelteil des Mittelfeldes sowie in Hauptsätzen im Vorfeld stehen; in beiden Fällen liegt markierte Satzstellung (besondere Betonung) vor:

- Adverbat im Mittelteil des Mittelfeldes: → *^VF*_dass_ ^lkSK∅ ^MF_dies vaterländische Schauspiel zur Aufführung ... auf einem recht guten Vorstadts- oder Volkstheater_ ^rSK_kam_.
- Adverbat im Mittelteil des Mittelfeldes: → *^VF*_dass_ ^lkSK∅ ^MF_dies vaterländische Schauspiel zur Aufführung ... auf einem recht guten Vorstadts- oder Volkstheater_ ^rSK_gekommen ist_.
- Adverbat im Vorfeld: → *^VF*_zur Aufführung_ ^lkSK_kam_ ^MF_dies vaterländische Schauspiel ... auf einem recht guten Vorstadts- oder Volkstheater_ ^rSK∅.
- Adverbat im Vorfeld: → *^VF*_zur Aufführung_ ^lkSK_ist_ ^MF_dies vaterländische Schauspiel ... auf einem recht guten Vorstadts- oder Volkstheater_ ^rSK_gekommen_.

Etwas anders verhalten sich Adverbate, die durch relatorische Reflexivpronomina gebildet werden. Auch sie können – sowohl im Haupt- als auch im Nebensatz – unmittelbar nach der linken oder unmittelbar vor der rechten Satzklammer im Mittelfeld stehen:

- Adverbat unmittelbar nach der linken Satzklammer: ^VF_am Fuße der Alpen, bei Locarno im oberen Italien,_ ^lkSK_befand_ ^MF_sich ein altes, einem Marchese gehöriges Schloß_ ^rSK∅ (Bsp. 118c); VF = Vorfeld, lkSK = linke Satzklammer, MF = Mittelfeld, rSK = rechte Satzklammer.
- Adverbat unmittelbar nach der linken Satzklammer: → *^VF*_am Fuße der Alpen, bei Locarno im oberen Italien,_ ^lkSK_hat_ ^MF_sich ein altes, einem Marchese gehöriges Schloß_ ^rSK_befunden_.
- Adverbat unmittelbar nach der linken Satzklammer: → *^VF*_dass_ ^lkSK∅ ^MF_sich am Fuße der Alpen, bei Locarno im oberen Italien, ein altes, einem Marchese gehöriges Schloß_ ^rSK_befand_.
- Adverbat unmittelbar nach der linken Satzklammer: → *^VF*_dass_ ^lkSK∅ ^MF_sich am Fuße der Alpen, bei Locarno im oberen Italien, ein altes, einem Marchese gehöriges Schloß_ ^rSK_befunden hat_.
- Adverbat unmittelbar vor der rechten Satzklammer: → *^VF*_am Fuße der Alpen, bei Locarno im oberen Italien,_ ^lkSK_hat_ ^MF_ein altes, einem Marchese gehöriges Schloß sich_ ^rSK_befunden_.

- Adverbat unmittelbar vor der rechten Satzklammer: → *^VF*dass* ^lkSK*Ø* ^MF*am Fuße der Alpen, bei Locarno im oberen Italien, ein altes, einem Marchese gehöriges Schloß sich* ^rSK*befand*.
- Adverbat unmittelbar vor der rechten Satzklammer: → *^VF*dass* ^lkSK*Ø* ^MF*am Fuße der Alpen, bei Locarno im oberen Italien, ein altes, einem Marchese gehöriges Schloß sich* ^rSK*befunden hat*.

Auch eine Position im Mittelteil des Mittelfeldes ist im Nebensatz möglich:

- → *^VF*dass* ^lkSK*Ø* ^MF*am Fuße der Alpen, bei Locarno im oberen Italien, sich ein altes, einem Marchese gehöriges Schloß* ^rSK*befand*.
- → *^VF*dass* ^lkSK*Ø* ^MF*am Fuße der Alpen, bei Locarno im oberen Italien, sich ein altes, einem Marchese gehöriges Schloß* ^rSK*befunden hat*.

Nicht möglich ist jedoch (anders als bei einem Objekt, als welches ein nicht-relatorisches Reflexivpronomen – z. B. *sich waschen* – erschiene) eine Position im Vorfeld bei Hauptsätzen mit Verbzweitstellung:

- ↛ *^VF*sich* ^lkSK*befand* ^MF*am Fuße der Alpen, bei Locarno im oberen Italien, ein altes, einem Marchese gehöriges Schloß* ^rSK*Ø*.
- ↛ *^VF*sich* ^lkSK*hat* ^MF*am Fuße der Alpen, bei Locarno im oberen Italien, ein altes, einem Marchese gehöriges Schloß* ^rSK*befunden*.

Die Beispiele zeigen, dass Adverbate in keinem Fall einen Teil der Satzklammer bilden. Gleichwohl gehören sie grammatisch ebenso wie semantisch eng zum Verb. Verbgruppen, die als Adverbationsgefüge erscheinen, sind in ihrer Gesamtheit einem einfachen Vollverb äquivalent; nicht anders als dieses können sie Prädikat- und insbesondere auch Supprädikatfunktion erfüllen.

Gelegentlich ist angenommen worden, dass diese Tatsache etwas zu tun habe mit der semantischen Qualität des Adverbats, sofern dieses durch eine Substantivgruppe (Bsp. 118f) oder eine β-Partikelgruppe (Bsp. 118g) gebildet wird – d. h., sofern das Adverbationsgefüge ein Funktionsverbgefüge ist (vgl. Kap. 5.2.1.2.4.2.5, S. 428 ff.). Es könne sich bei dem Substantiv, das den Kern der Substantivgruppe bzw. den Satellitenkern der β-Partikelgruppe darstellt, nicht um ein beliebiges, sondern müsse sich um ein ‚verbaffines' Substantiv handeln, d. h. um ein solches, das für einen Sachverhalt steht, wie ihn auch ein Verb ausdrücken könnte. Unter Berücksichtigung der Tatsache, dass es auch Zustandsverben gibt und dass Zustände prototypisch durch Adjektive ausgedrückt werden, kommen zudem dann noch ‚adjektivaffine' Substantive in den Blick. Zifonun/Hoffmann/Strecker (1997, 53) sprechen in diesem Zusammenhang von einem „deadjektivischen oder deverbalen Nomen", Helbig/Buscha (2001, 69) von „Verbal- bzw. Adjektivabstrakta". Duden (2005, 424 ff.) will nur deverbale Substantive als Komponenten von Adverbaten ansetzen, konterkariert jedoch diese Entscheidung durch die angeführten Beispiele (z. B. *Mut haben*, ebd. 426).

Festzustellen ist jedoch zunächst, dass die in Rede stehenden Substantive keineswegs immer von Verben (Bsp. 119a–b) bzw. Adjektiven abgeleitet sein müssen, sondern dass sie ebenso gut ihrerseits als Basis von Verbableitungen (Bsp. 119c) bzw. Adjektivableitungen (Bsp. 119d) dienen können.

Bsp. 119: a) „[Z]ugleich wies der Richter den Schreiber an, die Anklage gegen Tobias Klenk zur Verlesung zu bringen" (SCHNITZLER, Fr. d. Richters 1925, 399); *Verlesung ← verlesen* (*etw. zur Verlesung bringen* entspricht semantisch **etw. verlesen*).

b) „Amalie wurde es zumute, als ginge der Traum ihrer Seele in Erfüllung" (MEYSENBUG, Unerfüllt 1907, 72); *Erfüllung ←* (reflexives) *erfüllen* (*in Erfüllung gehen* entspricht semantisch *sich erfüllen).

c) „Strapinski aber tat einen guten Schlaf" (KELLER, Seldw. II 1874, 309); *Schlaf → schlafen* (*einen guten Schlaf tun* entspricht semantisch *gut schlafen).

d) „Jung Blut hat Mut!" (FRANÇOIS, Reckenb. 1870, 151); *Mut → mutig* (*Mut haben* entspricht semantisch *mutig sein).

Hinzu kommt dann noch, dass eine substantivische (unmittelbare oder mittelbare) Adverbatkomponente in überhaupt keiner potentiellen Ableitungsbeziehung zu einem Verb oder Adjektiv stehen muss. In idiomatischen Wendungen wie *Oberwasser haben* (Bsp. 120a), *Feuer fangen* (Bsp. 120b) oder *die Flinte ins Korn werfen* (Bsp. 62b, S. 144), in denen man kaum Supprädikationsgefüge wird sehen wollen und die daher als Adverbationsgefüge erscheinen[129], können die Substantive nicht sinnvoll als ‚verbaffin' bezeichnet werden: Auch wenn sich von *Feuer* durchaus ein Verb ableiten lässt (*feuern*), so ist es doch nicht dasjenige Verb, das in seiner Bedeutung der Bedeutung des Adverbationsgefüges im Ganzen entspricht.

Bsp. 120: a) „Das thut mir in der Seele weh. Jetzt hat der Pfaff Oberwasser." (AUERBACH, Schwarzw. Dorfg. IV 1854, 151.)

b) „Der alte Hagestolz hatte wirklich gestern beim ersten Spitzgläschen nach der Suppe Feuer gefangen und, Sonderling wie er nun einmal war, gegen allen Brauch und Anstand, ohne jegliche Präliminarien und Mittelspersonen seiner hübschen Nachbarin schon beim Braten einen Antrag gemacht" (FRANÇOIS, Urgroßv. 1855, 231).

Das Adverbat allein, wie sich zeigt, muss also keineswegs notwendigerweise den semantischen Wert des Adverbationsgefüges enthalten (auch wenn es ihn enthalten kann).

Das Beispiel *die Flinte ins Korn werfen* lässt im Übrigen erkennen, dass es Adverbationsgefüge mit mehr als einem Adverbat geben kann (§ 37.3c HLR).

---

[129] Wir interpretieren sie im Rahmen der vorliegenden Arbeit (vgl. S. 144) dementsprechend nicht als Wortgruppen, sondern als Wörter, genauer: als Wortgruppenverben (§ 82.3 HLR).

Hier wie in allen anderen Beispielen wird zugleich deutlich, was in Analogie zu der Aussage zu konstatieren ist, dass sich der Adverband nicht als Nektor verhält (S. 241): Ein Adverbat verhält sich nicht als Nekt. Während *aus* als Konstituente des Partikelverbs *ausmachen* in Bsp. 118d (2) als Adverbat erscheint, lässt sich *aus* in

Bsp. 121: „[A]ls sie fort war, machten wir das Licht aus" (REVENTLOW, Geldkompl. 1916, 320).

nur als Transzedent (§ 42.3c^I⁶ HLR) deuten: Es determiniert – mittelbar: durch das Transzess *machen* – das Objektektranszessional (§ 56.2b^II) *das Licht*; der Satz *wir machten das Licht aus* kann in der Transformationsprobe in ein Gefüge mit Kopulaverb überführt werden → *wir machten, dass das Licht aus war*.

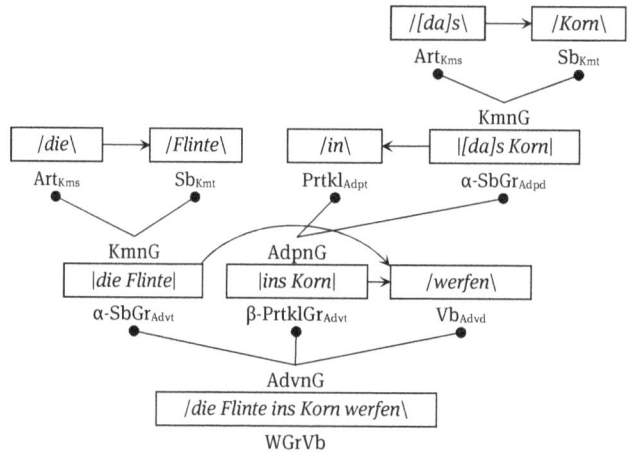

Abb. 92: Konstituentenstruktur eines Adverbationsgefüges (Bsp. 62b, S. 144)

Adpd = Adponend; AdpnG = Adpositionsgefüge; Adpt = Adposit; Advd = Adverband; AdvnG = Adverbationsgefüge; Advt = Adverbat; Art = Artikel; KmnG = Komitationsgefüge; Kms = Komes; Kmt = Komitat; Prtkl = Partikel; β-PrtklGr = β-Partikelgruppe; Sb = Substantiv; α-SbGr = α-Substantivgruppe; Vb = Verb; WGrVb = Wortgruppenverb. — Zu den allgemeinen Notationsregeln vgl. Anhang II (S. 828 ff.).

4.1.10 Komitationsgefüge

§ 38.1 HLR: (a) K o m i t a t i o n s g e f ü g e (KmnG) sind konsistente (§ 15.Ib HLR) kompaxive (§ 17.I HLR) Subordinationsgefüge (§ 18 HLR) und bestehen aus zwei Gliedern: einem Kern, dem K o m i t a t (Kmt) und einem Satelliten, dem K o m e s (Kms).

(b) Komitationsgefüge sind der Zeichenart nach immer Substantivgruppen: ^(I)α-Substantivgruppen (§ 89.2α^I; § 38.2b^I; § 18.1b^{2α} HLR), ^(II)β-Substantivgruppen (§ 89.2β^II; § 38.2b^II; § 18.1b^{2β} HLR), ^(III)γ-

Substantivgruppen (§ 89.2γ"; § 38.2b"; § 18.1b²ᵝ HLR), ⁽ᴵⱽ⁾δ-Substantivgruppen (§ 89.2δ"; § 38.2b"; § 18.1b²ᵝ HLR) oder ⁽ⱽ⁾ε-Substantivgruppen (§ 89.2ε"; § 38.2b"; § 18.1b²ᵝ HLR).

§ 38.2 HLR: (a) Das Komitat steht zu seinem Komes in der Relation der K o m i t a t u r (des Begleitet-Werdens).

(b) Das Komitat ist der Zeichenart nach ⁽ᴵ⁾ein Wort, konkret: ein Substantiv (§ 83.4α" HLR), oder ⁽ᴵᴵ⁾eine Wortgruppe, konkret: eine Substantivgruppe (§ 89.3α" HLR).

§ 38.3 HLR: (a) Der Komes steht zu seinem Komitat in der Relation der K o m i t a t i o n. Er ist dem Komitat unmittelbar vorangestellt und stimmt, wenn er ⁽ᴵ⁾ein Artikel (§ 38.3b^{Iα} HLR) oder ⁽ᴵᴵ⁾eine Artikelgruppe (§ 38.3b^{IIβ} HLR) ist, mit ihm in Kasus, Numerus und Genus überein (zu Ausnahmen vgl. § 85.1c HLR).

(b) Der Komes ist der Zeichenart nach ⁽ᴵ⁾ein Wort, konkret: ⁽ᵅ⁾ein Artikel (§ 85.4β HLR) oder ⁽ᵝ⁾ein Pronomen im Genitiv (§ 86.3β^{IV} HLR) oder ⁽ᴵᴵ⁾eine Wortgruppe, konkret: ⁽ᵅ⁾eine Substantivgruppe im Genitiv (§ 89.3β^{VI} HLR), ⁽ᵝ⁾eine Artikelgruppe (§ 91.3α HLR) oder ⁽ᵞ⁾eine Miszellangruppe (§ 94.2a HLR).

Zu § 38.1 HLR: In welcher Weise ein vermeintlich so einfaches (da so häufig vorkommendes) Phänomen wie die Determination eines Substantivs durch einen Artikel kategorial, d. h. als Gliedergefüge, zu fassen sei, wird in der Grammatikographie erstaunlich divergent eingeschätzt. Während beispielsweise Flämig (1991, 473) ein Flexionsgefüge anzusetzen scheint und Zifonun/Hoffmann/Strecker (1997, 76) von einer „Determinativphrase" sprechen, wird der Artikel bei Hentschel/Weydt (2003, 395 f.) als eine Sonderform des Attributs behandelt (ebenso bei Engel 2004, 15, der als Attribute die Satelliten aller Wortarten mit Ausnahme der Verben – also auch die Artikel – definiert). Zumindest eine bestimmte Art von Artikel, nämlich der propositive (§ 85.3α HLR: *sein* Gedanke, *ihre* Entwürfe usw.), wird auch im Duden (2005, 814) als Attribut angesetzt.

Wir schlagen im Rahmen dieser Arbeit eine eigene Gliedergefügeart vor: das Komitationsgefüge, das speziell die ‚Begleiter' von Substantiven fokussiert. Denn eine etwas eingehendere Beobachtung zeigt, dass ein solcher ‚Begleiter' nicht notwendig ein Artikel sein muss, sondern dass auch einige andere Zeichenarten diese Funktion erfüllen können.

Komitationsgefüge sind konsistente kompaxive Subordinationsgefüge: Sie bestehen prinzipiell aus einem Komes, der die vordere Stelle, und einem unmittelbar darauf folgenden Komitat, das die hintere Stelle des Gefüges einnimmt. Zwischen Komes und Komitat kann kein anderes Zeichen stehen; vermeintlich doch dazwischen stehende Zeichen – beispielsweise attributive Adjektive – gehören nach unserer Auffassung zum Komitat.

In Abhängigkeit von der Zeichenart seines Kerns (§ 18.1b² HLR), des Komitats, ist ein Komitationsgefüge der Zeichenart nach immer eine Substantivgruppe: eine α-Substantivgruppe, deren Kern ein Substantiv ist und die als die prototypische Form des Komitationsgefüges erscheint (Bsp. 122a), eine β-Substantivgruppe, deren Kern ihrerseits eine β-Substantivgruppe, nämlich eine als Attributionsgefüge strukturierte Substantivgruppe ist (Bsp. 122b), eine γ-Substantivgruppe, deren Kern ihrerseits eine γ-Substantivgruppe, nämlich eine als Transzessionsgefüge strukturierte Substantivgruppe ist (Bsp. 122c), eine δ-Substantivgruppe, deren Kern ihrerseits eine δ-Substantivgruppe i. S. v. § 89.2δ^I HLR, nämlich ein Anzeptionsgefüge (§ 43 HLR) ist (Bsp. 122d), oder eine ε-Substantivgruppe, deren Kern ihrerseits eine ε-Substantivgruppe, nämlich eine als Kojunktionsgefüge strukturierte Substantivgruppe i. S. v. § 89.2ε^{III} HLR ist (Bsp. 122e). Ein sekundäres, d. h. transpositiv gebildetes Substantiv (Bsp. 122f) bildet zusammen mit einem Komes ebenfalls eine α-Substantivgruppe.

Bsp. 122:   a) „^{1}Der ^{2}Agent hatte sich wieder seiner Arbeit zugewandt." (POLENZ, Büttnerb. 1885, 290); ^{1}Komes, ^{2}Komitat.

b) „^{1}Ein ^{2}großer Künstler ist eben so selten, als ein großer Mensch." (HAHN-HAHN, Faustine 1841, 226); ^{1}Komes, ^{2}Komitat.

c) „^{1}Meine ^{2}Arbeit als Testamentsvollstrecker meines Onkels brachte mich in diesen Monaten auch mit meinem Onkel Anton in nähere Berührung." (PETERS, Lebenserinn. 1918, 67); ^{1}Komes, ^{2}Komitat.

d) „daß der Prinz zu einem somnambulen Kranken gleich dem Käthchen von Heilbronn gemacht ist, und dieses Motiv wird nicht nur mit seinem Verliebtsein, sondern auch mit ^{1}seiner ^{2}Stellung als General und in einer geschichtlichen Schlacht verschmolzen" (HEGEL, Solger 1828, 218); ^{1}Komes, ^{2}Komitat.

e) „daß der junge Graf nicht sowohl Dein Herr, als ^{1}Dein ^{2}Freund und Wohlthäter zu nennen ist" (TIECK-BERNHARDI, Evremont, 1836, I, 288); ^{1}Komes, ^{2}Komitat.

f) „Aber der Wind blieb bei ^{1}seinem: ^{2}‚Ich riech' ich rieche Menschenfleisch!' und endlich mußte ihm die Alte gestehen, daß das Mädchen da sei, und erzählte ihm alles genau, warum es gekommen sei." (KUHN, Märk. Sag. 1843, 283); ^{1}Komes, ^{2}Komitat.

*

Zu § 38.2 HLR: Das Komitat kann der Zeichenart nach entweder ein Substantiv sein (Bsp. 122a/f; dann ist gemäß § 18.1b^{2α} HLR das Komitationsgefüge eine α-Substantivgruppe i. S. v. § 89.2α^I HLR) oder eine Substantivgruppe Bsp. 122b–e; dann ist gemäß § 18.1b^{2β} HLR das Komitationsgefüge ebenfalls eine Substantivgruppe der jeweils gleichen Art.

Diese Bestimmung ist gleichbedeutend damit, alles, was durch einen Komes determiniert wird und keine Substantivgruppe ist, als Substantiv zu interpretieren, also beispielsweise ein substantiviertes Verb (Bsp. 123a), ein substantiviertes Adjektiv (Bsp. 123b) oder eine substantivierte Partikel (Bsp. 123c); vgl. auch S. 515.

Bsp. 123:   a) „^{1}Ihr ^{2}Lachen klang fast rauh." (DOHM, Dalmar ^{2}1897, 44); ^{1}Komes, ^{2}Komitat.

b) „Für ^{1}das ^{2}Schöne hat man hier keine Zeit." (BLEIBTREU, Größenw. 1888, II, 9); ^{1}Komes, ^{2}Komitat.

c) „^{1}Das ^{2}Drüben kann mich wenig kümmern" (GOETHE, Faust I 1808, 80, V. 1660); ^{1}Komes, ^{2}Komitat.

Die Substantivierungen in Bsp. 123a–c lassen sich sämtlich als Flexionsgefüge mit einem Substantivgrammativ als Kern erklären.

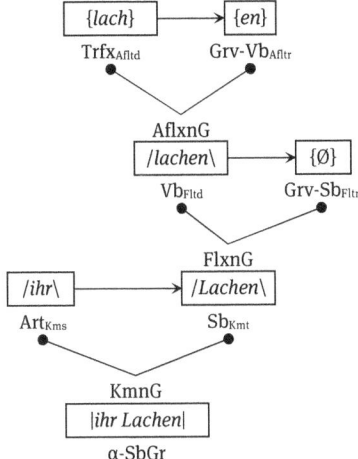

Abb. 93: Konstituentenstruktur eines Komitationsgefüges (Bsp. 123a);

Afltd = Aflektand; Afltr = Aflektor; AflxnG = Aflexionsgefüge; Art = Artikel; Fltd = Flektand; Fltr = Flektor; FlxnG = Flexionsgefüge; Grv-Sb = Substantivgrammativ; Grv-Vb = Verbgrammativ; KmnG = Komitationsgefüge; Kms = Komes; Kmt = Komitat; Sb = Substantiv; α-SbGr = α-Substantivgruppe; Trfx = Transfix; Vb = Verb. — Zu den allgemeinen Notationsregeln vgl. Anhang II (S. 828 ff.).

Wortgruppen, die per se keine Substantivgruppen sind (so *Ich denke* in Bsp. 124) lassen sich, wenn sie als Komitate erscheinen, analog deuten: Hier liegt dann ebenfalls ein Substantiv vor – zwar kein genuines, aber ein mittels Substantivgrammativs (§ 70 HLR) sekundär gebildetes Substantiv (vgl. S. 208 und S. 386 f.).

Bsp. 124: „¹Das: ²Ich denke, muß alle meine Vorstellungen begleiten können; denn sonst würde etwas in mir vorgestellt werden, was gar nicht gedacht werden könnte, welches eben so viel heißt, als die Vorstellung würde entweder unmöglich, oder wenigstens für mich nichts seyn." (KANT, Crit. rein. Vern. ²1787, 131 f.); ¹Komes, ²Komitat.

Sekundäre Substantive dieser Art sind primär Wortgruppen, die keine Substantivgruppen sind. Wie an anderer Stelle (S. 387) erläutert, ist nicht der Komes ausschlaggebend für die Transposition, d. h. die Überführung von einer Zeichenart in eine andere mittels Grammativ, sondern eben das als Flektor fungierende Substantivgrammativ; der Komes erscheint lediglich als Transpositionsi n d i z.

Die Aussage, dass nur Substantive oder Substantivgruppen ‚Begleiter' (Komites) haben können, ermöglicht in Kombination mit der Aussage, dass Substantive bzw. Substantivgruppen, sofern sie als Subjekte (§ 34.3b$^{III\beta}$ und § 89.3β^{I} HLR), Objekte (§ 35. 3b$^{II\beta\delta}$ und § 89.3β^{II} HLR) oder Adverbialien (§ 35.3b$^{II\beta\beta}$ und § 89.3β^{II} HLR) erscheinen, Komites haben m ü s s e n, in allen etwaigen Zweifelsfällen eine zuverlässige Bestimmung von Substantiven bzw. Substantivgruppen im Text.

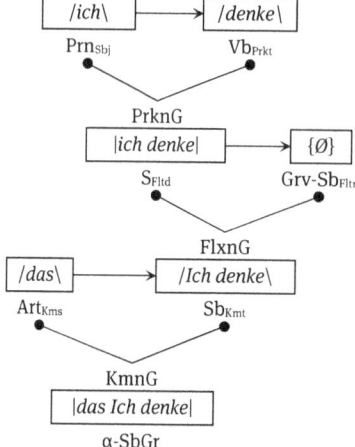

Abb. 94: Konstituentenstruktur eines Komitationsgefüges (Bsp. 124);

PrknG = Prädikationsgefüge; Prkt = Prädikat; Prn = Pronomen; S = Satz; Sbj = Subjekt. — Zur Legende im Übrigen vgl. Abb. 93.

*

Zu § 38.3 HLR: Wie gesagt, können nicht nur Artikel die Funktion des Komes erfüllen. Artikel sind allerdings prototypische Komites. Sie stimmen mit dem Komitat in aller Regel in Kasus, Numerus und Genus überein.

Bsp. 125: „Tief eingewurzelt ist der Widerwille ¹der ²Männer, ¹die ²Frau auf geistigem Gebiet anzuerkennen." (DOHM, Emancip. 1874, 45); ¹Komes, ²Komitat.

Als reguläre Ausnahmen erscheinen die unflektierbaren Artikel *jemand* (Bsp. 126a), *etwas* (Bsp. 126b) und *nichts* (Bsp. 126c).

Bsp. 126: a) „Dann [...] flüstert er leise zu ¹jemand ²Unsichtbarem hinter ihm" (BIERBAUM, Stilpe 1897, 42); ¹Komes, ²Komitat.

b) „Die Diskussionen führen niemals zu ¹etwas ²Gutem" (MEYSENBUG, Mem. II 1876, 411); ¹Komes, ²Komitat.

c) „Dabei ist ja nun ¹nichts ²Besonderes" (BIEDENBACH, Kelln. 1906, 230); ¹Komes, ²Komitat.

Ebenfalls dem Komitat in Kasus, Numerus und Genus kongruent sind Artikelgruppen.

Bsp. 127: „Dazu giebt es, beiläufig bemerkt, auch viele kränkliche, von Nervenleiden, von Migränen, von allen möglichen kleinen und großen Unbequemlichkeiten schwer geplagte Männer, die [...] um ihrer Kränklichkeit willen auch ¹diesem und jenem ²Amte nicht vorstehen können, ohne daß man deshalb es für nöthig erachtet hätte, diese Männer von der Gleichberechtigung mit den anderen stärkeren und robusteren Männern auszuschließen. (LEWALD, Frauen 1870, 145); ¹Komes, ²Komitat.

Keine derartige Kongruenz findet sich dort, wo die Komesfunktion durch ein genitivisches Pronomen (Bsp. 128a) oder durch eine genitivische Substantivgruppe (Bsp. 128b) erfüllt wird.

Bsp. 128: a) „Da sprang der Hund sogleich auf den Menschen los, legte seine Tatzen an ¹dessen ²Schultern und warf ihn um." (ALTENBERG, Tag ²1902, 219); ¹Komes, ²Komitat.

b) „Sie legte den linken Arm um ¹des Enkels ²Schultern" (BRAUN, Lebenssucher 1915, 28); ¹Komes, ²Komitat.

Nur partiell liegt eine Kongruenz in Kasus, Numerus und Genus zwischen dem Komes und dem Komitat vor, wenn der Komes in einer Miszellangruppe besteht, deren eines Kojunkt ein Artikel, das andere eine genitivische Substantivgruppe ist.

Bsp. 129: „in ¹seiner und seiner Zeitgenossen ²Begriffswelt" (TUCHOLSKY, Frühl. 1924, 376); ¹Komes, ²Komitat.

Dass es sich auch in Fällen wie denen in Bsp. 128 und Bsp. 129 um Komites handelt, wird klar anhand der Tatsache, dass die dort markierten Einheiten ihre Komitate anstelle eines Artikels oder einer Artikelgruppe begleiten. Die Ergänzungsprobe zeigt, dass jeweils kein Artikel ergänzt werden kann: ↛ *die dessen Schultern; ↛ *die des Enkels Schultern.

Demgegenüber wäre eine nicht wie in Bsp. 128b dem Gefügekern vorangestellte, sondern ihm nachgestellte genitivische Substantivgruppe nicht als Komes, sondern als Attribut zu deuten.

Bsp. 130: „Und plötzlich stand der Alte auf und legte seine wuchtigen Hände auf ¹die Schultern ²des Jünglings." (JANITSCHEK, Kreuzf. 1897, 64); ¹Attribuend, ²Attribut.

Die Komesstelle ist in solchen Fällen regelhaft durch eine andere Einheit (in Bsp. 130: einen Artikel) besetzt und kann nicht ungefüllt bleiben: ↛ *auf Schultern des Jünglings. Einwandfrei hingegen, wie in Bsp. 128b gezeigt, ist das Fehlen des Artikels im Fall der Voranstellung: → *auf des Jünglings Schultern.

4.1.11 Attributionsgefüge

§ 39.1 HLR: (a) A t t r i b u t i o n s g e f ü g e (AttrnG) sind kompaxive (§ 17.I HLR) Subordinationsgefüge (§ 18 HLR) mit mindestens zwei Gliedern: einem Kern, dem A t t r i b u e n d e n (Attrd), und mindestens einem Satelliten, dem A t t r i b u t (Attrt) bzw. den Attributen; sie sind ⁽ᴵ⁾konsistent (§ 15.Ib HLR) oder ⁽ᴵᴵ⁾dissolut (§ 15.IIb HLR).

(b) Attributionsgefüge sind der Zeichenart nach ⁽ᴵ⁾Wörter, konkret: ⁽ᵃ⁾Substantive (§ 83.1cⱽ HLR) oder ⁽ᵝ⁾Adjektive (§ 84.1bⱽ HLR) oder ⁽ᴵᴵ⁾Wortgruppen, konkret: ⁽ᵃ⁾Substantivgruppen, genauer: ⁽ᵃᵃ⁾α-Substantivgruppen (§ 89.2α^II HLR), ⁽ᵃᵝ⁾β-Substantivgruppen (§ 89.2β^I HLR), ⁽ᵃᵞ⁾γ-Substantivgruppen (§ 89.2γ^II HLR), ⁽ᵃᵟ⁾ε-Substantivgruppen (§ 89.2ε^II HLR) oder ⁽ᵃᵋ⁾ζ-Substantivgruppen (§ 89.2ζ^II HLR), ⁽ᵝ⁾Adjektivgruppen, genauer: ⁽ᵝᵃ⁾β-Adjektivgruppen (§ 90.2β^I HLR) oder ⁽ᵝᵝ⁾η-Adjektivgruppen (§ 90.2η^II HLR),

$^{(\gamma)}$Pronomengruppen, genauer: α-Pronomengruppen (§ 92.2α$^{I/II}$ HLR), sowie $^{(\delta)}$Partikelgruppen, etwa: $^{(\delta\alpha)}$α-Partikelgruppen (§ 93.2α^{I} HLR) oder $^{(\delta\beta)}$δ-Partikelgruppen (§ 93.2δ$^{III\beta}$ HLR).

§ 39.2 HLR: (a) Der Attribuend steht zu seinem Attribut bzw. seinen Attributen in der Relation der A t t r i b u t u r (des Attribuiert-Werdens).

(b) Der Attribuend ist der Zeichenart nach: $^{(I)}$ein Wortelement, konkret: ein Konfix (§ 80.2α HLR), $^{(II)}$ein Wort, konkret: $^{(\alpha)}$ein Substantiv (§ 83.4α^{III} HLR), $^{(\beta)}$ein Volladjektiv (§ 84.4α^{IV} HLR), $^{(\gamma)}$ein Pronomen (§ 86.3α^{I} HLR) oder $^{(\delta)}$eine Partikel (§ 87.4α^{I} HLR) oder $^{(III)}$eine Wortgruppe, konkret: $^{(\alpha)}$eine Substantivgruppe (§ 89.3α^{III} HLR), $^{(\beta)}$eine Volladjektivgruppe (§ 90.3α^{II} HLR), $^{(\gamma)}$eine Pronomengruppe (§ 92.3α^{II} HLR) oder $^{(\delta)}$eine Partikelgruppe (§ 93.3α^{II} HLR).

§ 39.3 HLR: (a) Ein Attribut steht zu seinem Attribuenden in der Relation der A t t r i b u t i o n .

(b) Ein Attribut ist der Zeichenart nach: $^{(I)}$ein Wortelement, konkret: ein Konfix (§ 80.2β^{II} HLR), $^{(II)}$ein Wort, konkret: $^{(\alpha)}$ein Vollverb (§ 82.5α$^{II\zeta}$ HLR) im *zu*-Infinitiv, das dem Attribuenden nachgestellt ist, $^{(\beta)}$ein (prinzipiell inflektivisches) Substantiv, das als Erstglied im Rahmen eines Determinativkompositums den Attribuenden determiniert (§ 83.4β^{II} HLR), $^{(\gamma)}$ein Volladjektiv (§ 84.4α$^{II\zeta}$ HLR), das $^{(\gamma\alpha)}$als flektierte Einheit dem Attribuenden unmittelbar vorangestellt ist und mit ihm in Kasus, Numerus und Genus kongruiert, das $^{(\gamma\beta)}$als unflektierte Einheit dem Attribuenden unmittelbar vorangestellt ist oder das $^{(\gamma\gamma)}$als Juxtaposit (§ 41.3b$^{I\alpha}$ HLR) fungiert, $^{(\delta)}$ein Pronomen (§ 86.3β^{V} HLR), das $^{(\delta\alpha)}$im Genitiv steht und dem Attribuenden nachgestellt ist oder das $^{(\delta\beta)}$als Juxtaposit (§ 41.3b$^{I\beta}$ HLR) fungiert, oder $^{(\epsilon)}$eine Partikel (§ 87.4β^{VII} HLR), die $^{(\epsilon\alpha)}$dem Attribuenden unmittelbar vorangestellt ist oder $^{(\epsilon\beta)}$nachgestellt ist, oder $^{(III)}$eine Wortgruppe, konkret: $^{(\alpha)}$eine Verbgruppe, genauer: $^{(\alpha\alpha)}$ein Satz (§ 88.2e$^{II\epsilon}$ HLR), der dem Attribuenden nachgestellt ist, $^{(\alpha\beta)}$eine Periode, die dem Attribuenden nachgestellt ist (§ 88.3c$^{II\epsilon}$ HLR), oder $^{(\alpha\gamma)}$eine Verbgruppe im *zu*-Infinitiv, die dem Attribuenden nachgestellt ist (§ 88.4c$^{II\zeta}$ HLR), $^{(\beta)}$eine Substantivgruppe (§ 89.3β^{VII} HLR) $^{(\beta\alpha)}$im Genitiv, die dem Attribuenden $^{(\beta\alpha\alpha)}$unmittelbar nachgestellt ist, selten auch $^{(\beta\alpha\beta)}$mittelbar nachgestellt ist, $^{(\beta\beta)}$die $^{(\beta\beta\alpha)}$als Apposit (§ 40.3b$^{II\alpha}$ HLR) oder $^{(\beta\beta\beta)}$Juxtaposit (§ 41.3b$^{II\beta}$ HLR) fungiert oder $^{(\beta\gamma)}$die als Erstglied im Rahmen eines Determinativkompositums den Attribuenden determiniert, $^{(\gamma)}$eine Volladjektivgruppe (§ 90.3β^{VI} HLR), die $^{(\gamma\alpha)}$als flektierte Einheit dem Attribuenden unmittelbar vorangestellt ist und mit ihm in Kasus, Numerus und Genus kongruiert oder $^{(\gamma\beta)}$als inflektivische Einheit dem Attribuenden unmittelbar vorangestellt ist, oder $^{(\gamma\gamma)}$als Juxtaposit (§ 41.3b$^{II\gamma}$ HLR) fungiert, $^{(\delta)}$eine Pronomengruppe (§ 92.3β^{III} HLR), die $^{(\delta\alpha)}$im Genitiv steht und dem Attribuenden nachgestellt ist oder $^{(\delta\beta)}$als Apposit fungiert (§ 40.3b^{II} HLR), $^{(\epsilon)}$eine Partikelgruppe (§ 93.3β^{V} HLR), die $^{(\epsilon\alpha)}$dem Attribuenden unmittelbar vorangestellt oder $^{(\epsilon\beta)}$nachgestellt ist, oder $^{(\zeta)}$eine Miszellangruppe (§ 94 HLR), die $^{(\zeta\alpha)}$im Genitiv steht und dem Attribuenden nachgestellt ist oder die $^{(\zeta\beta)}$als Apposit (§ 40.3b$^{II\gamma}$ HLR) fungiert.

Zu § 39.1 HLR: Grammatikosemantisch betrachtet, sind Attributionsgefüge – zusammen mit Prädikations- und Supprädikationsgefügen sowie (aufgrund der stilistischen Markiertheit und der daraus resultierenden geringeren Vorkommenshäufigkeit: zum Teil) den genitivischen Komitationsgefügen – die „Alleskönner" unter den Gliedergefügen: Es gibt kaum eine Sinnbeziehung zwischen zwei Wörtern oder Wortgruppen, die nicht mittels eines Attributionsgefüges ausgedrückt sein könnte.

Attributionsgefüge sind Subordinationsgefüge; sie bestehen aus einem Kern, dem Attribuenden, und einem Satelliten, dem Attribut, und erscheinen als konsistente (Bsp. 131a) oder dissolute (Bsp. 131b–c) Gefüge.

Bsp. 131:   a) „vom ^{2}Feld|^{1}rain schwirrten ^{2}Gras|^{1}hüpfer" (WILLE, Glasberg °1920, 72); ^{1}Attribuend, ^{2}Attribut.

b) „Verwirkt hat er, der tolle, eigensinnige Knabe, der nicht mehr ¹Voigt sein will ²des Reichs, der unsere Statuten, Satzungen, unsre alten Rechte freventlich zertritt, der adlig Blut vergießt um Lumpereien, der seine Grillen uns zu Gesetzen geben will, verwirkt hat er die Herrschaft." (ALEXIS, Bredow 1846, II, 332); ¹Attribuend, ²Attribut.

c) „Das wird das ¹Zeichen sein ²von des Friedens Wiederkehr" (GRÄSSE, Sagenb. Preuß. II 1871, 1072); ¹Attribuend, ²Attribut.

Da wir Determinativkomposita als Attributionsgefüge deuten (vgl. S. 255 f.) und zwischen das Erstglied (das Attribut) und das Zweitglied (den Attribuenden) eines Kompositums kein anderes Zeichen treten kann – Fugenzeichen wie in *Universitätsplatz* deuten wir als Aflektorgrammative, die zum Erstglied gehören (vgl. z. B. Abb. 80, S. 213) –, liegen beispielsweise bei Attributionsgefügen dieser Art immer konsistente Gefüge vor. Anders verhält es sich mit Attributionsgefügen, bei denen das Attribut beispielsweise eine genitivische Substantivgruppe (Bsp. 131b) oder eine β-Partikelgruppe (Bsp. 131c) ist: Hier können, wenngleich es sich dabei nicht um den Regelfall (die unmarkierte Konstruktion) handelt, Attribuend und Attribut in Distanzstellung erscheinen, so dass Attributionsgefüge d i e s e r Art prinzipiell als dissolut anzusehen sind.

In Abhängigkeit von der Zeichenart ihres Kerns (§ 18.1b² HLR) erscheinen Attributionsgefüge ihrer Zeichenart nach

– als Substantive, genauer: als substantivische Determinativkomposita (Bsp. 132a),
– als Adjektive (Volladjektive), genauer: als adjektivische Determinativkomposita (Bsp. 132b)
– als Substantivgruppen, genauer: als α-Substantivgruppen (Bsp. 132c), als β-Substantivgruppen (Bsp. 132d), als γ-Substantivgruppen (Bsp. 132e), als ε-Substantivgruppen (Bsp. 132f) oder als ζ-Substantivgruppen (Bsp. 132g)[130],
– als Adjektivgruppen, genauer: als β-Adjektivgruppen (Bsp. 132h) oder als ζ-Adjektivgruppen (Bsp. 132i),
– als Pronomengruppen, genauer: als α-Pronomengruppen (Bsp. 132j), oder
– als Partikelgruppen, etwa als α-Partikelgruppen (Bsp. 132k) oder δ-Partikelgruppen (Bsp. 132ℓ).

Bsp. 132: a) „Das ist der ²Tor|¹wart, der mit seinem Horn die Ankunft des Prinzen ankündigt." (CHRISTEN, Jungf. Mutter 1892, 184); ¹Attribuend (Konfix: § 80.2a^II HLR), ²Attribut.

b) „ein kleiner dicker Mann, ²schwarz|¹braun im Gesicht und in zerlumptem Anzug" (HAUFF, Märchen I 1826, 15); ¹Attribuend (Adjektiv: § 84.4α^IV HLR), ²Attribut.

c) „¹Diese Schrift, ²ein recht klarer Fingerzeig für das, was eine reactionäre Regierung zu thun habe" (LUISE BÜCHNER, Dt. Gesch. 1875, 105); ¹Attribuend (α-Substantivgruppe: § 89.2α^I HLR), ²Attribut.

---

[130] Theoretisch könnte ein Attributionsgefüge auch als δ-Substantivgruppe (§ 89.2δ^II HLR) erscheinen, wenn sein Kern eine δ-Substantivgruppe (§ 89.2δ^I HLR) ist; eine solche Konstruktion ist allerdings in unserem Untersuchungskorpus nicht nachzuweisen.

d) „¹ein famoses Haus, ²in dem niemand ‚Helf Gott!' zu sagen brauchte, wenn der Wandnachbar nieste." (EBNER-ESCHENBACH, Hofr. 1915, 423); ¹Attribuend (β-Substantivgruppe: § 89.2β^II HLR), ²Attribut.

e) „Hand in Hand mit seinem körperlichen Leiden ging eine tiefe Verstimmung des Gemüts, eine zunehmende Verbitterung und Vereinsamung. Hielt doch nur sein ²glänzendes ¹Wirken als Kritiker die Pariser in Respekt; der Komponist Berlioz blieb ignoriert und verspottet." (HANSLICK, Leben 1894, 43); ¹Attribuend (γ-Substantivgruppe: § 89.2γ^I HLR), ²Attribut.

f) „Es ist freylich schlimm genug, daß man in solchen Fällen sich und andere zur Geduld verweisen muß. Nur daß ich überzeugt bin, dein ²guter ¹Geist und Humor lasse dich das halbweg Erträgliche mit Heiterkeit und Resignation aufnehmen, das Einzige kann mir einigen Trost verleihen." (GOETHE, an O. v. Goethe [21. 7. 1820], WA IV, 33, 122); ¹Attribuend (ε-Substantivgruppe: § 89.2ε^III HLR), ²Attribut.

g) „daß ein ²jüdischer ¹Eunuche und Günstling des Königs, Nehemia, mit der Vollmacht eines Statthalters das Gemeinwesen in Jerusalem neu organisierte" (WEBER, Wirtschaftseth. III 1917–19, 365 f.); ¹Attribuend (ζ-Substantivgruppe: § 89.2ζ^I HLR), ²Attribut.[131]

h) „Sie stand in einem freundschaftlichen Verhältnis zu einem ²sehr ¹intelligenten Studenten" (RINGELNATZ, Leben 1931, 315); ¹Attribuend, ²Attribut.

i) „Dabei schien er ²überaus ¹satt und wohlgenährt, als ob für all den Hunger, den er in seinen socialen Romanen schilderte, ein derbes Gegengewicht in seiner Person suche." (BLEIBTREU, Größenw. 1888, I, 249); ¹Attribuend (ζ-Adjektivgruppe: § 90.2η^IIIβ HLR), ²Attribut.

j) „Und wie wird es ¹diesem ²da ergehen?" (FRANZOS, Pojaz 1905, 210); ¹Attribuend, ²Attribut.

k) „¹Dort ²drüben stand er bei einigen Bekannten" (FELDER, Reich u. arm 1868, 132); ¹Attribuend, ²Attribut.

ℓ) „¹Hier und da ²auf den schmalen Fußpfaden zwischen den Feldern bewegten sich die Gestalten von Arbeitern nach der Stadt zu" (SPIELHAGEN, Hamm. u. Amb. 1869, III, 222); ¹Attribuend (δ-Partikelgruppe, § 93.2δε^IIIβ HLR), ²Attribut.

Die in Bsp. 132a/b (ebenso auch in Bsp. 131a) vorliegenden Phänomene werden in der Grammatikographie üblicherweise nicht als Attributionsgefüge gedeutet. Dass es hier gleichwohl geschieht, hängt mit unserer grundsätzlichen Entscheidung zusammen, Wörter und Wortgruppen als nur graduell verschiedene Zeichenarten und die Übergänge zwischen beiden als fließend zu betrachten (vgl. Kap. 3.2.2). Bestimmte Phänomene der Wortbildung, genauer: der Kompositumsbildung, können ja leicht als syntaktische Phänomene gedeutet werden – konkret: die so genannten Kopulativkomposita wie *Kaiserin-Königin*, *Gottschöpfer*, *taubstumm* oder *deutschfranzösisch* (Bsp. 67, S. 156) und die semantisch dekomponierbaren Determinativkomposita wie *Geisteskrankheit*, *Atomtheorie*, *halbgar* und *schwerverständlich* (Bsp. 66,

---

131 Das Gefüge ließe sich freilich auch anders interpretieren: Das Attribut *jüdisch* ließe sich allein auf *Eunuche* beziehen, so dass *jüdischer Eunuche* und *Günstling des Königs* zwei parallele β-Substantivgruppen darstellten; oder aber *des Königs* bezieht attributiv auf *Eunuche und Günstling*, so dass *Eunuche und Günstling des Königs* als ε-Substantivgruppe (§ 89.2ε^III HLR) erscheint.

ebd.) oder auch *frühmorgens* oder *spätabends* (Bsp. 133a). Bei Partikelkomposita[132] wie den in Bsp. 133 genannten zeigt sich besonders deutlich, dass es sich bei dieser Art der Komposition um eine attributive Fügung handelt. Die Einheiten sind unmittelbar als Syntagmen erkennbar und können dementsprechend ohne weiteres auch getrennt geschrieben werden (Bsp. 133b).

Bsp. 133: a) „Das Gelächter der beiden hallte frühmorgens und spätabends durch das einsame Heidehaus" (SUDERMANN, Sorge 1887, 73).
b) „Dreimal die Woche, wie immer auch Weg und Wetter sein mochte, brach sie, je nach dem Postengange, früh morgens oder spät abends auf, empfing Briefe, Zeitungen, Pakete und kehrte zwölf Stunden später, sei es von Frankfurt oder von Küstrin, nach Hohen-Vietz zurück" (FONTANE, Sturm I 1878, 68).

Analog dazu nehmen wir Attributionsgefügestruktur zunächst auch für alle anderen semantisch dekomponierbaren Determinativkomposita an; wir sprechen in diesem Zusammenhang von „Wortbildungsattribution" (in Anlehnung an Bär 2007, 329 f.). Grundsätzlich kann davon ausgegangen werden, dass das, was das Kompositum als Gefüge von Basis und Determinante ausdrückt, auch durch (mindestens) ein anders strukturiertes Attributionsgefüge ausgedrückt sein könnte: durch eines mit adjektivischem, genitivischem[133], adpositionalem, appositivem, infinitivischem oder Satzattribut. Semantisch dekomponierbare Determinativkomposita können daher mit attributiv gefügten Wortgruppen kojunktional (i. S. v. § 59.3ζ HLR) verwendet werden (Bsp. 134; vgl. auch Bär 2007).

Bsp. 134: „zwey weimarische Conventionsthaler und eine Jubiläums Münze" (GOETHE, an J. G. Lenz [11. 6. 1822], WA IV, 36, 62); gemischte Ko-Attributionalität i. S. v. Kap. 4.2.12 (S. 366).

Dementsprechend lassen sich semantisch dekomponierbare Determinativkomposita analog zu anderen Attributionsgefügen in semantisch analoge Prädikationsgefüge überführen. Dabei sind zwischen Determinante (Satellit) und Basis (Kern) grundsätzlich alle Beziehungen möglich, die im Rahmen von Prädikationsgefügen zwischen handlungs-, vorgangs- oder zu-standsbeteiligten Größen bestehen können.

---

132 Partikelkomposita sind nur möglich mit solchen Partikeln als Zweitglied, die von Substantiven abgeleitet sind (*frühmorgens, spätabends, vormittags, dieserorts, jenseits, solcherart* usw.).
133 Historisch geht die Wortbildungsattribution auf die genitivische Attribution mit vorangestelltem Attribut zurück; Belege noch aus frühneuhochdeutscher Zeit zeigen, dass die vorangestellte genitivische Substantivgruppe als echtes Attribut verwendet wurde: *von ainem des herzogen castellan* oder *diese des Sonnengottes Aussprache* (vgl. Reichmann/Wegera 1993, 336). Das vorangestellte genitivischen Attribut hat sich aber in dieser sprachhistorischen Periode in aller Regel bereits zum Komes gewandelt, d. h., es ersetzt den Artikel des Attribuenden: *wo einer stat paumeister so vil arbeit zustunde* oder *mit der stat paumeisters wissen und willen* (vgl. ebd., 339). Bei Wortbildungsattributionsgefügen kongruiert demgegenüber der Komes im Kasus, Numerus und Genus mit dem Komitat: *mit laub eines stat paumeisters* (vgl. ebd.).

Nicht als Syntagmen, vielmehr als Wörter, sehen wir demgegenüber (gemäß § 26.1a^{IIβ} HLR) die semantisch unitären Determinativkomposita wie *Haustür* (›vordere Eingangstür eines Hauses‹) oder *Hochhaus* (›Gebäude mit vielen Stockwerken, dessen Höhe sowohl seine Länge als auch seine Breite übertrifft‹). Bei Einheiten dieser Art lässt sich die Bedeutung nicht auf die Bedeutung der Komponenten und deren Verknüpfung reduzieren. Wir deuten sie hier der Einfachheit halber dennoch analog als Attributionsgefüge, da ja auch die Grenzen zwischen semantischer Unitarizität und semantischer Dekomponierbarkeit nicht scharf zu ziehen sind (vgl. S. 155).

Determinativkomposita ihrer Gliederstruktur nach als Attributionsgefüge zu deuten, verträgt sich ohne weiteres mit den ansonsten für Attributionsgefüge zutreffenden Charakteristika. Als Kompositumsglieder können Wortelemente (Bsp. 135a), Wörter (Bsp. 135b) oder Wortgruppen (Bsp. 135c) vorliegen; dasselbe gilt für Attribute (vgl. § 39.3b HLR).

Bsp. 135: a) „Etwas nach zehn Uhr, schwarz gekleidet, wie es sich für die ²Kar|¹woche ziemt begaben wir uns[...] in den großen Ceremoniensaal der Burg" (SUTTNER, Waffen I 1889, 128); ¹Attribuend/Kompositumszweitglied, ²Attribut/Kompositumserstglied (Konfix, § 80.2β^{II} HLR).

b) „Ein noch junger Mann, namens Scherer, der mit seiner Stupsnase und mit seinem ewigen Räuspern und Brustbonbonwälzen meinem Onkel Eduard ähnelte, lehrte vor einer gewaltigen Hörerschaft deutsche ²Literatur|¹geschichte." (SUDERMANN, Bilderb. 1922, 228); ¹Attribuend/Kompositumszweitglied, ²Attribut/Kompositumserstglied (Substantiv, § 83.1c^{II} HLR).

c) „J e d e r , J e d e , suchen sich v o r s i c h s e l b s t und ihren U n z u l ä n g l i c h - k e i t e n (Entfernung vom möglichen Eigen-Ideale) in k ö r p e r l i c h e r vor allem, seelischer, geistiger, ökonomischer Sphäre ihres K l e i n - D a s e i n s zu verbergen, und ziehen die ²Vogel-Strauß-¹Politik vor, der, wenn er den Kopf in den Sand vergräbt und nichts sieht, glaubt, hofft, erwartet, infolgedessen vom Jäger a u c h n i c h t g e - s e h e n z u w e r d e n !" (ALTENBERG, Lebensabend 1919, 241); ¹Attribuend/Kompositumszweitglied, ²Attribut/Kompositumserstglied (β-Substantivgruppe, § 89.2β^{I} HLR).

Darüber hinaus können Attribute ihrerseits als Attributionsgefüge erscheinen:

Bsp. 136: „Beklommen erwartete ich die ¹Rückkunft ²ʳ⁽³⁾meines Vaters, ⁽⁴⁾der sich in seinen Geschäften auf der Präfektur befand⌉." (IMMERMANN, Mem. 1840-43, 100); ¹Attribuend, ²Attribut, ⁽³⁾Attribuend, ⁽⁴⁾Attribut.

Dies gilt (vgl. auch S. 157 ff.) in analoger Weise für die Erstglieder von Komposita, indem diese ihrerseits attribuiert sein können (so in Bsp. 135b/c). Dass solche Determinationsverschränkungen teilweise als nicht normgerecht angesehen werden müssen (so *Vogel-Strauß-Politik, der ...* in Bsp. 135c) ändert nichts daran, dass sie vorkommen (vgl. Bär 2007, 319 ff.) und dass sie in nicht wenigen Fällen – nämlich dort, wo eine mögliche Determinationsbeziehung zwischen Zweitglied nicht grammatisch, wie in Bsp. 135c, und/oder semantisch ausgeschlossen ist – auch als völlig unproblematisch angesehen werden können (ebd., 320 ff.).

*

Zu § 39.2 HLR: Der Attribuend kann der Zeichenart nach ein Konfix (Bsp. 132a), ein Substantiv (Bsp. 137a/b), ein Volladjektiv (Bsp. 132b/h), ein Pronomen (Bsp. 132j), eine Partikel (Bsp. 132k), eine Substantivgruppe (Bsp. 132c–g), eine Volladjektivgruppe (Bsp. 132i), eine Pronomengruppe (Bsp. 137c) oder eine Partikelgruppe (Bsp. 132ℓ) sein.

Bsp. 137:   a) „Wie gestaltet sich die ¹Lage ²eines absolvierten Studenten, der entschlossen ist, der Wissenschaft innerhalb des ²akademischen ¹Lebens sich berufsmäßig hinzugeben?" (WEBER, Wiss. Beruf. 1919, 582); ¹Attribuend, ²Attribut.
   b) „Die Radien [...] blitzen und schießen und spielen in tausend Farben, wie ein ²Nord|¹licht" (HAHN-HAHN, Mar. Reg. 1860 II, 136); ¹Attribuend, ²Attribut.
   c) „In den Heereszug drängte sich alles, was bisher in Warschau regiert oder mitgesprochen hatte, ¹dieser und jener, ²der bis daher ein vornehmer Mann gewesen war, trug sein Bündel, sein Kästchen, was er eben zunächst retten wollte" (LAUBE, Jg. Europ. II 1837, 277); ¹Attribuend, ²Attribut.

*

Zu § 39.3 HLR: Ein Attribut erscheint der Zeichenart nach

- als Wortelement, konkret: ein Konfix (Bsp. 138a),
- als Vollverb im *zu*-Infinitiv (Bsp. 138b),
- als Substantiv, das als Erstglied im Rahmen eines Determinativkompositums den Attribuenden determiniert (Bsp. 138c),
- als Volladjektiv, das dem Attribuenden unmittelbar vorangestellt ist und mit ihm in Kasus, Numerus und Genus kongruiert (Bsp. 138d), das als inflektivische Einheit dem Attribuenden unmittelbar vorangestellt ist (Bsp. 138e) oder das als Juxtaposit fungiert (Bsp. 138f),
- als Pronomen, das im Genitiv steht und dem Attribuenden nachgestellt ist (Bsp. 138g) oder das als Juxtaposit fungiert (Bsp. 138h),
- als Partikel, die dem Attribuenden unmittelbar vorangestellt ist (Bsp. 138i) oder nachgestellt ist (Bsp. 138j),
- als Satz, der dem Attribuenden nachgestellt ist (Bsp. 138k; erster und zweiter Fall: unmittelbare, dritter: mittelbare Nachstellung),
- als Verbgruppe im *zu*-Infinitiv, die dem Attribuenden nachgestellt ist (Bsp. 138ℓ; erster Fall: unmittelbare, zweiter: mittelbare Nachstellung),
- als Periode, die dem Attribuenden nachgestellt ist (Bsp. 138m),
- als Substantivgruppe, die im Genitiv steht und dem Attribuenden unmittelbar nachgestellt ist (Bsp. 138n), selten auch mittelbar nachgestellt ist (Bsp. 131b, S. 252), die als Apposit (Bsp. 138 o) oder Juxtaposit (Bsp. 138p) fungiert oder die als Erstglied im Rahmen eines Determinativkompositums den Attribuenden determiniert (Bsp. 135c),
- als Volladjektivgruppe, die als flektierte Einheit dem Attribuenden unmittelbar vorangestellt ist und mit ihm in Kasus, Numerus und Genus kongruiert (Bsp.

138q) oder als inflektivische Einheit dem Attribuenden unmittelbar vorangestellt ist (Bsp. 138r) oder als Juxtaposit fungiert (Bsp. 138s),
- als Pronomengruppe, die im Genitiv steht und dem Attribuenden nachgestellt ist (Bsp. 138t) oder die als Apposit erscheint (Bsp. 138u),
- als Partikelgruppe, die dem Attribuenden unmittelbar vorangestellt (Bsp. 138v) oder nachgestellt ist (Bsp. 138w), oder
- als Miszellangruppe, die im Genitiv steht und dem Attibuenden nachgestellt ist (Bsp. 138x) oder die als Apposit (Bsp. 138y) fungiert.

Bsp. 138: a) „Dieser ungeheure schwarze ²Schorn|¹stein ragte unheilverkündend in die Luft" (TUCHOLSKY, Dt. Kino. 1920, 390); ¹Attribuend, ²Attribut.

b) „der ¹Wunsch, ²zu sterben" (BRAUN, Mem. I 1909, 97); ¹Attribuend, ²Attribut.

c) „[E]in alter Ulmenbaum, der zur Seite steht, hat sein Wurzelgeäst derart über den ²Grab|¹stein hingezogen, daß es aussieht, als läge eine Riesenhand über dem Stein und mühe sich, diesen an seiner Grabesstelle festzuhalten." (FONTANE, Wand. III 1873, 238); ¹Attribuend, ²Attribut.

d) „Ich lag als Kriegsfreiwilliger wie hundert Nächte zuvor auf der ²granatenzerpflügten ¹Waldblöße als Horchposten und sah mit ²windheißen ¹Augen in das ²flackernde ¹Helldunkel der Sturmnacht" (FLEX, Wanderer 1916, 187) — „Cato war der ²einzige ¹Mann, der für das ²schwere ¹Amt die ²erforderliche ¹Hingebung, Energie und Autorität besaß; wenn er kein Militär war, so war es doch unendlich besser einen Nichtmilitär, der sich zu bescheiden und seine Unterfeldherrn handeln zu lassen verstand, als einen Offizier von ²unerprobter ¹Fähigkeit, wie Varus, oder gar einen von ²erprobter ¹Unfähigkeit, wie Metellus Scipio, zum Oberfeldherrn zu bestellen." (MOMMSEN, Röm. Gesch. III 1856, 414); ¹Attribuend, ²Attribut.

e) „²jung ¹Charley der Rebell" (BLEIBTREU, Größenw. 1888, I, 164) — „ein ²schön ¹Stück Geld" (WILLE, Abendburg 1909, 85); ¹Attribuend, ²Attribut.

f) „¹Mütterlein ²fein, nur Dir sage ich so meine geheimsten Gedanken, nur Dir allein" (DOHM, Dalmar ²1897, 274)

g) „Graf Adolph [...] hatte von seinem Kummer gehört, und ließ sich die ¹Veranlassung ²desselben recht umständlich erzählen" (AHLEFELD, Ges. Erz. 1822, I, 164); ¹Attribuend, ²Attribut.

h) „[E]r ging zu ihr in die Kammer und sagte: ,¹Prinzessin ²mein, denkt daran, dass [...]'" (U. JAHN, Volksm. 1891, 134); ¹Attribuend, ²Attribut.

i) „Meine Eltern führten eine ²durchaus ¹glückliche Ehe" (DOHM, Schicks. 1899, 20) — „Die Villa des Diomedes hatte vor zwei Jahrtausenden in einer bösen Stunde ²sehr ¹Schauerliches gesehen und gehört" (JENSEN, Gradiva 1903, 84); ¹Attribuend, ²Attribut.

j) „Wer mag ¹der junge Mann ²dort seyn?" (WOBESER, Elisa ⁴1799, 21) — „In Malchin haben viele den Drachen durch die Luft ziehen sehen, [...] mit ¹einem langen Schwanz ²hinten" (BARTSCH, Sag. Meklenb. I 1879, 259) — „an ¹dem Abende ²neulich" (FONTANE, Stine 1890, 208); ¹Attribuend, ²Attribut.

k) „Angesichts der gestellten Wahl muss er [sc. der Kritiker oder Dichter] die ganze, schwere Verantwortung empfinden, die in einem leichtsinnig heraufbeschworenen Streite zwischen Poesie und Naturwissenschaften läge. Er wird sich nicht stören an die werthlose ¹Phrase, ²dass ein solcher Conflict nothwendig im Wesen der beiden Geistesgebiete begründet sei." (BÖLSCHE, Naturwss. Grundl. 1887, 5 f.) — „In den Fragmenten umhersehend, fand er den ¹Satz: ²Wer rechten Sinn für den Zufall hat, der kann alles Zufällige zur Bestimmung eines unbekannten Zufalls benutzen. Auch der Zufall ist nicht unergründlich, er hat seine Regelmäßigkeit.'" (IMMERMANN, Epigon. 1836, 53); ¹Attribuend, ²Attribut. — „Was ¹die Chaussee betraf, ²die von Bäumen, knorrigen Buchen gesetzten Alters, flankiert wurde, so war sie zur Hälfte gepflastert, zur Hälfte war sie's nicht." (TH. MANN, Weg z. Friedh. 1900, 187); ¹Attribuend, ²Attribut. – Vgl. auch S. 270.

ℓ) „Nachts auf meinem Lager faßte mich die ¹Angst, ²sie zu verlieren" (SACHER-MASOCH, Venus 1870, 119) — „Kein Wort war gesprochen worden, aber nun wußte Allert es ganz gewiß, daß dieser Mann von der ¹Angst gepeitscht war, ²die Frau an ihn zu verlieren." (BOY-ED, Ehe 1915, 278); ¹Attribuend, ²Attribut.

m) „Zu Widerlegung der ¹Behauptung: ²daß die unwandelbaren moralischen Gesetze dem Menschen von der Natur eingepflanzt und aus ihr allein abzuleiten seyen und daß Verhältnisse, Umstände und die zu erwartende Würkung auf den Zweck, eigne und fremde Glückseligkeit zu befördern, gar nicht bey Bestimmung der sittlichen Pflichten in Betracht kommen dürfen, glaube ich doch Gründe angeführt zu haben." (KNIGGE, Undank 1796, 250); ¹Attribuend, ²Attribut.

n) „als ¹Eckpfeiler ²der schwäbischen Politik des nächsten Jahrzehnts" (FEUCHTWANGER, Jud Süß 1925, 245); ¹Attribuend, ²Attribut.

o) „Ihr unglücklichen Weiber! wie könnt ihr so thöricht seyn, eure ganze Glückseligkeit den Händen ¹eines Mannes, ²eines angebohrnen Feindes, zu vertrauen!" (FISCHER, Gust. Verirrg. 1801, 85 f.); ¹Attribuend, ²Attribut.

p) „Der Häuptling war in voller Kriegsrüstung; auf dem Kopf den bekannten mit starrenden Federn besetzten Kranz, dessen Enden auf die Schultern niederflossen; in den Ohren zwei große goldene Spangen; die nackten Körpertheile mit ¹einer Art ²pompejanisches Roth prachtvoll bemalt; im Hüft-Gürtel, der ein kurzes enganliegendes Beinkleid zusammenhielt, ein kostbar gearbeiteter Tomahawk [...]." (PANIZZA, Vis. 1893, 224); ¹Attribuend, ²Attribut.

q) „Ein nachen bringt uns über den ²wenig breiten ¹fluss" (GEORGE, Tg. u. Tat. ²1925, 8) — „ein ²großes und heroisches ¹Unternehmen" (BIERBAUM, Stilpe 1897, 51) — „den ²mit einer Equipage oder einem Pferd ausgerüsteten ¹Arzt" (DOHM, Antifem. 1902, 48); ¹Attribuend, ²Attribut.

r) „Denn er hat selber ein ²gut harzisch ¹Herz und ist ein Quedlinburger, wenn ich nicht irre" (FONTANE, Cécile 1886, 434) — „Über das Städtchen weg lag auch hier die Norddeutsche Ebene vor den Augen, das heißt ein ²gut und wohlbebaut ¹Stück von derselben mit Städten, Dörfern, Eisenbahnlinien bis in die weiteste Ferne hinaus" (RAABE, Fr. Salome 1875, 66); ¹Attribuend, ²Attribut.

s) „¹Die beiden Samanas, ²des Lebens im Walde gewohnt, fanden schnell und geräuschlos einen Unterschlupf" (HESSE, Siddh. 1922, 389); ¹Attribuend, ²Attribut.

t) „Auf Vernehmen, Anhörung und reifliches Erwägen des Streites der Herren von Leckebock und Saugefist, erkennt das Gericht, daß in ¹Betracht ²dessen und dessen [...] jene zu leisten schuldig sind" (WEERTH, Schnapph. 1849, 294 f.); ¹Attribuend, ²Attribut.

u) „Und statt dessen lauerte ¹er hier wie ein reißendes Tier, blutige Gedanken in der Seele, ²er, der einzige, dem ihre reine Seele sich einst anvertraut hatte" (SUDERMANN, Sorge 1887, 191); ¹Attribuend, ²Attribut.

v) „Es ist immer etwas ²über alle Maßen ¹Zartes und Großmütiges in dem Benehmen C h r i s t i." (CLAUDIUS, Asmus VI 1798, 485); ¹Attribuend, ²Attribut.

w) „ob mir gleich der Gedanke an etwas Spaßhaftes ganz unverträglich mit dem Anblick ¹des gespenstigen Wesens ²dort drüben am Tische schien" (C. DE LA MOTTE FOUQUÉ,

Resign. 1829, I, 254) — „Immer noch wird die sehr zweifelhafte ¹Hoffnung ²auf Separatfrieden mit Rußland gehegt." (M. WEBER, Lebensbild 1926, 570); ¹Attribuend, ²Attribut.

x) „Dies ausgetrocknete Flußbett hieß der Semenowskagrund. Wer angriff, mußte diesen Grund passieren, und in der Tat drehte sich die neunstündige Schlacht um den Besitz ²desselben und dreier teils am diesseitigen, teils am jenseitigen Rand gelegenen Positionen." (FONTANE, Sturm III/IV 1878, 134) — „Schreien kann nicht ein nothwendiger Charakterzug einer ²Helden- und menschlichen ¹Empfindung seyn" (HERDER, Krit. Wäld. I 1769, 3); ¹Attribuend, ²Attribut.

y) „Was konnte ¹er dafür, ²er oder ein anderer" (DUNCKER, Jugend ²1907, 83); ¹Attribuend, ²Attribut.

4.1.11.1 Attribution mittels Apposition

In der Grammatikographie „besteht keine Einigkeit darüber, was unter ‚Apposition' zu verstehen ist" (Eisenberg 1999, 249). Sie wird oft zur Kategorie der Attribution gerechnet (so bei Flämig 1991, 128 und Zifonun/Hoffmann/Strecker 1997, 2035), wird als eine „besondere Form" derselben (Duden 1998, 663) oder „ein Sonderfall der [...] Attribution" (Weinrich 2003, 361) gesehen; das Apposit erscheint als „eine Art Attribut" (Helbig/Buscha 2001, 510). Hingegen sieht Eisenberg (1999, 231) die Apposition nicht als Attribution im engeren Sinne, sondern zählt sie zu „einer Reihe verwandter Konstruktionen".

Ebenfalls kein Konsens besteht hinsichtlich der Frage, welche Phänomene zu den Appositionsgefügen zu zählen sind. So werden Juxtapositionen wie *Hans Meier*, die beispielsweise Helbig/Buscha (2001, 511) oder Hentschel/Weydt (2003, 405) den Appositionen zurechnen, bei Zifonun/Hoffmann/Strecker (1997, 2043) als Fälle von „Erweiterungsnomina" bezeichnet und von den Appositionen unterschieden. Uneinigkeit besteht auch bei Konstruktionen wie *ich als dein Freund* oder *eine Wissenschaftlerin wie du*, die z. B. bei Flämig (1991, 129) oder Duden (1998, 664: „In einem weiteren Sinn") als Appositionen gelten, hingegen z. B. bei Helbig/Buscha (2001, 515) und Duden (2005, 990) nicht zu den Appositionen gezählt werden.

Wir formulieren ohne weitere Auseinandersetzung mit einzelnen Positionen der Forschung

---

§ 40.1 HLR: A p p o s i t i o n s g e f ü g e (AppnG) heißt jedes Attributionsgefüge i. S. v. § 39 HLR, in dessen Rahmen ein Attribuend – der A p p o n e n d (Appd) – durch ein A p p o s i t (Appt) determiniert wird.

§ 40.2 HLR: (a) Der Apponend steht zu seinem Apposit in der Relation der A p p o s i t u r (des Apponiert-Werdens).

(b) Der Apponend ist der Zeichenart nach: $^{(I)}$ein Wort, konkret: ein Pronomen (§ 86.3α^I HLR), oder $^{(II)}$eine Wortgruppe, konkret: $^{(\alpha)}$eine Substantivgruppe (§ 89.3α^{III} HLR) oder $^{(\beta)}$eine Pronomengruppe (§ 92.3α^{II} HLR).

§ 40.3 HLR: (a) Das Apposit steht zu seinem Apponenden in der Relation der A p p o s i t i o n; es erscheint als Attribut, das seinem Attribuenden nachgestellt ist und mit ihm im Kasus kongruiert.

(b) Das Apposit ist der Zeichenart nach eine Wortgruppe, konkret: $^{(I)}$eine Substantivgruppe (§ 89.3β^{VII}, § 39.3b$^{III\beta\beta\alpha}$ HLR), $^{(II)}$eine Pronomengruppe (§ 92.3β^{III}, § 39.3b$^{III\delta\beta}$ HLR) oder $^{(III)}$eine Miszellangruppe (§ 48.1b^{VII}, § 39.3b$^{III\zeta\beta}$ HLR), zu deren Kojunktkernen mindestens ein Pronomen bzw. eine Pronomengruppe und mindestens eine als Komitationsgefüge erscheinende Substantivgruppe gehört.

Zu § 40.2 HLR: Der Apponend ist der Zeichenart nach ein Pronomen (Bsp. 139a), eine Substantivgruppe (Bsp. 139b) oder eine Pronomengruppe (Bsp. 139c).

Bsp. 139: a) „Du willst mich zwingen, meineidig zu werden, ^{1}Du, ^{2}ein Diener des Herrn?" (ASTON, Lb. Frau 1847); ^{1}Apponend, ^{2}Apposit.

b) „^{1}den Erzähler, ^{2}den raunenden Beschwörer des Imperfekts" (TH. MANN, Zauberb. 1924, 9); ^{1}Apponend, ^{2}Apposit.

c) „^{1}eines von diesen Elementen, ^{2}der Kohlenstoff" (HAECKEL, Welträtsel ^{11}1919, 9); ^{1}Apponend, ^{2}Apposit.

★

Zu § 40.3 HLR: Apposite sind unmittelbar oder mittelbar nachgestellte Attribute: Substantivgruppen (Bsp. 140a), Pronomengruppen (Bsp. 140b) oder Miszellangruppen, zu deren Kojunktkernen mindestens ein Pronomen bzw. eine Pronomengruppe und mindestens eine als Komitationsgefüge erscheinende Substantivgruppe gehört (Bsp. 140c).

Bsp. 140: a) „Das ist ^{1}Konstantin, ^{2}der Sonnenknabe" (REVENTLOW, Dame 1913, 143); ^{1}Apponend, ^{2}Apposit.

b) „Auch ^{1}die Toten, ^{2}sie, die in der Nacht lebendig und gefräßig mit dem Herzog Ferdinand [...] aufgebrochen, aber [...] unterwegs aus den Reihen gefallen waren, hatten ihre Kommißlaibe und sonstigen [...] Rationen noch ziemlich unangetastet bei sich" (RAABE, Odfeld 1889, 141); ^{1}Apponend, ^{2}Apposit.

c) „Ob ich ^{1}ihn kenne, ^{2}ihn und seine Leute –!" (DUNCKER, Jugend ^{2}1907, 170); ^{1}Apponend, ^{2}Apposit.

Ist der Kern des Apposits durch ein Adjektivattribut (Bsp. 141) näher bestimmt, so kann auch eine Ellipse dieses Appositkerns vorkommen.

Bsp. 141: „dass in der griechischen Welt ein ungeheurer Gegensatz [...] zwischen der Kunst des Bildners, der apollinischen [⊗‚Kunst], und der unbildlichen Kunst der Musik, als der des Dionysus, besteht" (NIETZSCHE, Geb. d. Trag. ^{3}1886, 25).

Das elibierte Substantiv ist dabei typidentisch (§ 2.2β$^{2\alpha}$ HLR) mit dem substantivischen Kern des Apponenden.

Nicht als elliptisch deuten wir hingegen Fälle, in denen der Appositkern durch ein genitivisches Attribut determiniert ist.

Bsp. 142: a) „Wir sehen PLATO hier zuerst in einer ganz neuen Rolle auftreten, der des religiösen Predigers und Propheten" (NATORP, Plat. Ideenl. ^{2}1921, 37).

Bsp. b) „der fünfte Stand, <u>der des Sclaven</u>, kommt, wenigstens der Gesinnung nach, jetzt zur Herrschaft" (NIETZSCHE, Geb. d. Trag. ³1886, 78).

In solchen Fällen liegt als Appositkern nicht ein elibiertes Substantiv, sondern ein Pronomen vor.

Nicht zu den Appositen mit elliptischem Kern gehören Fälle mit substantivierten Adjektiven.

Bsp. 143: „bis wir jene Doppelheit selbst als Ursprung und Wesen der griechischen Tragödie wiederfanden, als den Ausdruck zweier in einander gewobenen Kunsttriebe, <u>d e s A p o l l i n i s c h e n u n d d e s D i o n y s i s c h e n</u>" (NIETZSCHE, Geb. d. Trag. ³1886, 82).

Es ist offensichtlich, dass für die Entscheidung, hier keine elliptischen Kojunktkerne mit adjektivischen Attributen, sondern substantivierte Adjektive als Kojunktkerne anzusetzen, allein die Großschreibung der Adjektive den Ausschlag gibt; für ein Korpus zu einem Zeitraum der deutschen Sprachgeschichte, in dem eine bereits weitgehend einheitliche Groß- und Kleinschreibung von Substantiven bzw. Adjektiven herrscht, erscheint ein solcher Ansatz gerechtfertigt. Gegenüber Bsp. 143 deuten wir

Bsp. 144: „Erregungsmittel [...], die [...] nicht mehr innerhalb der beiden [...] Kunsttriebe, <u>des apollinischen [⊗‚Kunsttriebes‘] und des dionysischen [⊗‚Kunsttriebes‘]</u>, liegen" (NIETZSCHE, Geb. d. Trag. ³1886, 84)

als einen Fall von Apposit mit elliptischen Kojunktkernen, weil die bestimmten Artikel für die beiden Kojunkte jeweils ein Komitationsgefüge indizieren, Adjektive aber nicht als Komitate fungieren können (§ 38.2b HLR).

Ein weiterer Fall von elliptischem Apposit, bei dem ebenfalls das Grundmuster ‚Apposit: Substantivgruppe (§ 40.3b¹ HLR)' zugrunde liegt, ist

Bsp. 145: „Saustall, <u>verflixter</u>!" (CHRIST, Bauern 1919, 898),

bei dem wir in Analogie zum Apponenden (einer Substantivgruppe mit Nullartikel) im Apposit einen Nullartikel sowie ein mit dem Apponenden typgleiches elibiertes Substantiv annehmen: Ø$_{Art}$ Saustall, Ø$_{Art}$ verflixter ⊗‚Saustall‘.

Das Apposit, elibiert oder nicht, stimmt im Kasus jeweils mit dem Apponenden überein (vgl. Duden 2005, 991).

Bsp. 146: a) Nominativ: „¹<u>Der Untergang des Abendlandes</u>, ²<u>zunächst ein örtlich und zeitlich beschränktes Phänomen wie das ihm entsprechende des Untergangs der Antike</u>, ist [...] ein philosophisches Thema, das in seiner ganzen Schwere begriffen alle großen Fragen des Seins in sich schließt" (SPENGLER, Unterg. d. Abendl. I 1923, 4); ¹Apponend, ²Apposit.

b) Genitiv: „im Hause ¹<u>ihres neuen Gemahls</u>, ²<u>des späteren Augustus</u>" (MOMMSEN, Röm. Gesch. V 1885, 24); ¹Apponend, ²Apposit.

c) Dativ: „Es geht die alte Sage, dass König Midas lange Zeit nach ¹dem weisen S i l e n, ²dem Begleiter des Dionysus, im Walde gejagt habe, ohne ihn zu fangen" (NIETZSCHE, Geb. d. Trag. ³1886, 35); ¹Apponend, ²Apposit.

d) Akkusativ: „Das Rokoko [...] hatte zum letztenmal [...] ¹einen [...] eigenen Stil, ²Ausdruck eines einheitlichen Wesens" (GUNDOLF, George ³1930, 4 f.); ¹Apponend, ²Apposit.

Keine Kongruenz muss im Numerus (Bsp. 147) und im Genus (Bsp. 148) bestehen.

Bsp. 147: „von ¹den beiden Hälften des Lebens, ²der wachen und der träumenden Hälfte" (NIETZSCHE, Geb. d. Trag. ³1886, 38); ¹Apponend, ²Apposit.

Bsp. 148: „Der Contrast [...] zwischen ¹dem ewigen Kern der Dinge, ²dem Ding an sich, und der gesamten Erscheinungswelt" (NIETZSCHE, Geb. d. Trag. ³1886, 58 f.) – „Eigenschaften ¹der vor-apollinischen Zeit, ²des Titanenzeitalters" (NIETZSCHE, Geb. d. Trag. ³1886, 40); ¹Apponend, ²Apposit.

Kasus und Numerus, wie die Beispiele zeigen, hängen nicht vom Apponenden, sondern vom Kern des Apposits ab.

Zu beobachten ist, dass im Fall einer adjektivischen Attribution des Appositkerns die Flexion des Adjektivs variieren kann (Bsp. 149 vs. Bsp. 150).

Bsp. 149: a) „Endlich schenkte Hildegard aus einer ¹Flasche ²aromatisch duftendem Johannisberger die Gläser voll" (HEINSE, H. v. Hohenth. III 1796, 42); ¹Apponend, ²Apposit.

b) Maria, die eben mit einer ¹Flasche ²rotem Wein kam" (SCHNITZLER, Geron. 1900–01, 376); ¹Apponend, ²Apposit.

Bsp. 150: a) „Es kam eben damals der lezte Band des Messias heraus, der mir, Kaznern und Schwanen bei einer ¹Flasche ²alten Rheinwein, manche frohe ekstatische Stunde gewährte." (SCHUBART, Leb. u. Gesinng. I 1791, 188); ¹Apponend, ²Apposit.

b) „Sie schenkte dann aus einer ¹Flasche ²alten Hochheimer die Gläser voll." (HEINSE, H. v. Hohenth. I 1795, 129); ¹Apponend, ²Apposit.

c) „Bei uns hat man am ersten Tage für sie nach einer ¹Flasche ²alten Wein gefragt; schade daß ihn die Kerls schon allen ausgesoffen!" (AD. SCHOPENHAUER, Anna 1845, I, 30); ¹Apponend, ²Apposit.

Da Apposite mit ihrem Apponenden im Kasus kongruieren (s. o.) und der Apponend in Bsp. 150 nicht anders als in Bsp. 149 im Dativ steht, kommt es nicht in Betracht, den Apposit-Kasus in Bsp. 150 als Akkusativ zu interpretieren. Die abweichende Flexion in Bsp. 150 deuten wir als nicht starke Adjektivflexion (Duden 1998, 282 f.).

starke Flexion	schwache Flexion	gemischte Flexion
Ø_Art stilles Wasser	das/dieses stille Wasser	ein/mein/kein stilles Wasser
mit Ø_Art stillem Wasser	mit dem/diesem stillen Wasser	mit einem/meinem/keinem stillen Wasser

Tab. 1: Erscheinungsformen der Adjektivflexion

Adjektive sind dann stark flektiert, wenn sie als Attribute in einer Substantivgruppe auftreten, die durch einen Nullartikel als Kornes determiniert werden. Dies ist zunächst auch der Fall, wenn eine solche Substantivgruppe als Apposit erscheint:

Bsp. 151:   *mit einem Glas Ø*_{Art} *still<u>em</u> Wasser.*

Wird nun in einem Appositionsgefüge, das im Ganzen durch einen Nicht-Nullartikel determiniert wird, das Apposit nicht für sich allein als Wortgruppe interpretiert, sondern in enger Bindung an den Apponenden, so kann sich der Nicht-Nullartikel indirekt auf das Adjektiv auswirken.

Bsp. 152:   *mit einem Glas Ø*_{Art} *still<u>en</u> Wasser.*

Die nicht starke Flexion, die in solchen Fällen der Dudengrammatik zufolge „zuweilen schon" auftritt (Duden 2005, 975)[134], gilt als regelwidrig (ebd.). Wie die Belege in Bsp. 150 zeigen, lässt sie sich jedoch bereits im 18. Jahrhundert feststellen.

*

In der Forschung wird öfters postuliert, das Apposit sei mit dem Apponenden „referenzidentisch" (Helbig/Buscha 2001, 510; Weinrich 2003, 361), will sagen, es habe „keinen Einfluß auf die Extension" des Apponenden (Eisenberg 1999, 249). Wird dies, wie es nicht selten geschieht, als distinktives Kriterium für Apposition genommen, so können auch Adjektivattribute, Adverbattribute, Adpositionalattribute und Satzattribute appositiv verwendet werden (Zifonun/Hoffmann/Strecker 1997, 2035; zur appositiven Verwendung von Adjektivattributen vgl. auch Eisenberg 1999, 232). Dieser Fall der Attribution, bei dem das Attribut den Attribuenden zwar intensional bestimmt, die Extension des Attributionsgefüges insgesamt aber von der des Attribuenden für sich betrachtet sich nicht unterscheidet, wird auch ‚nichtrestriktiv' genannt, im Gegensatz zur ‚restriktiven' Verwendung, bei der die Extension des Attributionsgefüges insgesamt eine andere – nämlich engere – ist als die des Attribuenden.

Wir ziehen im gegenwärtigen Zusammenhang vor, die Kategorie der Apposition mit derjenigen der extensionalen Restriktion nicht zu vermischen, die letztere vielmehr als eigenständig anzusehen. Denn keineswegs alle Apposite sind extensional nichtrestriktiv;

Bsp. 153:   *Meier besetzte eine Schlüsselfunktion, <u>das Parteisekretariat</u>*

(wobei das *Parteisekretariat* eine von mehreren *Schlüsselpositionen* ist). Wird die Kategorie der extensionalen Restriktion als eigenständig behandelt, so lässt sie sich

---

[134] Aufgrund der Tatsache, dass der Dudengrammatik für dieses Phänomen nur Internetbelege zur Verfügung stehen, wird anscheinend eine sprachhistorisch neue (rezente) Entwicklung angenommen.

mit anderen Kategorien frei kombinieren. Auf diese Weise wird es möglich, nicht nur extensional restriktive und nichtrestriktive Adjektivattribute (Bsp. 154a), Genitivattribute (Bsp. 154b), Adpositionalattribute (Bsp. 154c), Partikelattribute (Bsp. 154d) sowie Satzattribute (Bsp. 154e), sondern auch extensional restriktive und nichtrestriktive Appositite (Bsp. 154f) zu unterscheiden.

Bsp. 154: a) extensional restriktiv: *mit seinem geizigen Freund hat er oft Streit, nicht hingegen mit seinem großzügigen Freund* (›einer seiner Freunde ist geizig; mit diesem hat er oft Streit, nicht hingegen mit demjenigen seiner Freunde, der großzügig ist‹) – extensional nichtrestriktiv: *mit seinem geizigen Vater hat er oft Streit* (›sein Vater ist geizig; mit ihm hat er oft Streit‹).
b) extensional restriktiv: *Londons U-Bahn-Netz ist das älteste der Welt* – extensional nichtrestriktiv: *Londons Big Ben ist eines der bekanntesten Bauwerke der Welt.*
c) extensional restriktiv: *die Peterskirche in Rom ist größer als die in Heidelberg* – extensional nichtrestriktiv: *der Papst in Rom hat die Messe in lateinischer Sprache wieder zugelassen.*
d) extensional restriktiv: *das Haus nebenan ist baufällig, das gegenüber wurde voriges Jahr renoviert* – extensional nichtrestriktiv: *ihre Vermieterin nebenan ist sehr freundlich.*
e) extensional restriktiv: *diejenigen Mitglieder des Kollegiums, die ich besonders gern mag, habe ich vorige Woche zu mir nach Hause eingeladen* – extensional nichtrestriktiv: *meinen Chef, den ich besonders gern mag, habe ich vorige Woche zu mir nach Hause eingeladen.*
f) extensional restriktiv: *ihre Schwester, die Architektin, besucht sie oft, nicht hingegen ihre andere Schwester, die Rechtsanwältin* – extensional nichtrestriktiv: *ihre Mutter, die Architektin, besucht sie oft.*

Offensichtlich muss die Frage, ob ein extensional restriktives oder ein extensional nichtrestriktives Apposit vorliegt, mit Blick auf den Apponenden entschieden werden, so dass also die semantische Determination auch im Appositionsgefüge als bidirektional zu deuten ist.

Es versteht sich, dass in vielen Fällen nicht klar ist, ob es sich um extensional restriktiven oder nichtrestriktiven Gebrauch handelt – so beispielsweise bei dem Adjektivattribut *meine weißen Ara* in dem bekannten Gedicht von Stefan George. Bei diesem Beispiel ist auch aus dem Kotext nicht ersichtlich (allenfalls durch den erweiterten des gesamten Gedichtzyklus vermutbar), ob das lyrische Ich verschiedenfarbige *Ara* oder nur *weiße* sein *Figen* nennt. Im ersten Fall wäre das Adjektiv *weiß* extensional restriktiv (*meine weißen Ara* ›diejenigen meiner Ara, die weiß sind‹), im zweiten extensional nichtrestriktiv (*meine weißen Ara* ›meine Ara, die alle weiß sind‹).

4.1.11.2 Attribution mittels Juxtaposition

Als Juxtapositionsgefüge fassen wir jedes Attributionsgefüge, in dem als Attribuend ein flektierbares Zeichen – mit Ausnahme von Verben oder Verbgruppen – erscheint, das unflektiert oder hinsichtlich der Flexionsform fixiert ist.

---

§ 41.1 HLR: J u x t a p o s i t i o n s g e f ü g e (JxpnG) heißt jedes Attributionsgefüge (§ 39 HLR), in dessen Rahmen ein Attribuend – der J u x t a p o n e n d (Jxpd) – durch ein Juxtaposit (Jxpt) determiniert wird.

§ 41.2 HLR: (a) Der Juxtaponend steht zu seinem Juxtaposit in der Relation der J u x t a p o s i t u r (des Juxtaponiert-Werdens).

(b) Der Juxtaponend ist der Zeichenart nach: $^{(I)}$ein Wort, konkret: $^{(α)}$ein Substantiv (§ 83.4α^{III} HLR) oder $^{(β)}$ein Pronomen (§ 86.3α^{I} HLR), oder $^{(II)}$eine Wortgruppe, konkret: eine Substantivgruppe (§ 89.3α^{III} HLR).

§ 41.3 HLR: (a) Das Juxtaposit steht zu seinem Juxtaponenden in der Relation der J u x t a p o s i t i o n. $^{(I)}$Es erscheint als Attribut, das seinem Attribuenden – prototypischerweise: unmittelbar – nachgestellt ist. $^{(II)}$Erfüllt das Juxtapositionsgefüge im Ganzen die Funktion eines Personennamens, so ist das Juxtaposit dem Juxtaponenden unmittelbar vorangestellt.

(b) Das Juxtaposit ist der Zeichenart nach $^{(I)}$ein Wort, konkret: $^{(α)}$ein inflektivisches Volladjektiv (§ 84.4α$^{II ε}$ HLR), $^{(β)}$ein unflektiertes Pronomen (§ 86.3β^{V} HLR), genauer: Propositivpronomen (§ 86.2β HLR), oder $^{(II)}$eine Wortgruppe, konkret: $^{(α)}$eine Substantivgruppe im fixierten Nominativ (§ 89.3β^{VII}, § 39.3b^{IIIββ} HLR) oder $^{(β)}$eine inflektivische Adjektivgruppe (§ 90.3β^{VI} HLR).

Zu § 41.2 HLR: Der Juxtaponend kann ein Substantiv (Bsp. 155a), ein Pronomen (Bsp. 155b) oder eine Substantivgruppe (Bsp. 156e) sein.

Bsp. 155:   a) „Johann, tragen Sie die Sachen auf das Zimmer des ^{1}Herrn ^{2}Doctor!" (SPIELHAGEN, Probl. Nat. I 1861, 2); ^{1}Juxtaponend, ^{2}Juxtaposit.

b) „^{1}Ich ^{2}Idiot glaubte, als ich in Foligno angekommen war, ich sei nun den Apennin durchwandelt, aber das ganze Tal von Klitumnus mit den Städten Foligno und Spoleto liegt in den Bergen." (SEUME, Spaz. n. Syrakus 1803, 292); ^{1}Juxtaponend, ^{2}Juxtaposit.

*

Zu § 41.3 HLR: Das Juxtaposit ist prototypischerweise dem Juxtaponenden unmittelbar nachgestellt (Bsp. 156), kann aber auch mittelbar nachgestellt sein (Bsp. 157). Erfüllt das Juxtapositionsgefüge insgesamt die Funktion eines Personennamens, so ist das Juxtaposit dem Juxtaponenden unmittelbar vorangestellt (Bsp. 158).

Das Juxtaposit erscheint immer als unflektierte Einheit bzw. in der Flexionsform fixierte Einheit; dabei kann es sich handeln: um ein inflektivisches Volladjektiv (Bsp. 138f, S. 258), ein unflektiertes Propositivpronomen (Bsp. 138h, ebd.), eine Substantivgruppe im fixierten Nominativ (Bsp. 156a–c) oder eine inflektivische Adjektivgruppe (Bsp. 156d).

Bsp. 156: a) „Am 2. September fuhr ich [...] zum Orientalistenkongreß nach Genf, wo ich im gastlichen Hause meines Freundes [...], des ¹Professors ²Paul Oltramare, überaus freundliche Aufnahme fand." (DEUSSEN, Leb. 1922, 300); ¹Juxtaponend, ²Juxtaposit.

b) „An geschikten Leuten hat es der ¹Universität ²Heidelberg niemals gefehlt" (SCHUBART, Leb. u. Gesinng. I 1791, 194); ¹Juxtaponend, ²Juxtaposit.[135]

c) „Den 3ten brachten wir auch auswärts zu; die alten Leute blieben zu Hause; nur die ¹Geschwister ²Hundefeld, Herr Meyer und ich machten uns auf den Weg." (KNIGGE, Roman m. Leb. I 1781, 214); ¹Juxtaponend, ²Juxtaposit.[135]

d) „ein ¹siebenjähriges Mädchen, ²keck, schön und lockig" (KELLER, Seldw. II 1874, 460); ¹Juxtaponend, ²Juxtaposit.

Bsp. 157: „Seltsam genug, daß im Reiche der Poesie der ¹Satz gilt: ²was der Dichter liebt, läßt er leiden." (PAALZOW, Godw.-Castle 1836, I , 11); ¹Juxtaponend, ²Juxtaposit.[135]

Bsp. 158: a) „Namentlich hat Neumann durch Parodieen ²Johannes ¹Müllers und ²Jean ¹Paul's gar Treffliches geleistet" (F. DE LA MOTTE FOUQUÉ, Lebensgesch. 1840, 284); ¹Juxtaponend, ²Juxtaposit.

b) „¹Frau ²Else handthierte am Backtroge" (SPINDLER, Jude 1827, II, 137) — „Ich fand nebenbei in der Kleinen Eschenheimer Gasse ein freundliches Zimmer bei der freundlichen Wirtin, ¹Frau ²Müller." (RINGELNATZ, Leben 1931, 201) — „²Doctor ¹Wolfs Glück war auf ewige Zeiten begründet." (J. SCHOPENHAUER, Jugendlb. u. Wanderb. 1839, I, 130); ¹Juxtaponend, ²Juxtaposit.

c) „Eine ihrer Töchter war ²Onkel ¹Maxens Frau" (BRAUN, Mem. I 1909, 36); ¹Juxtaponend, ²Juxtaposit.

Bei Juxtapositionsgefügen, die im Ganzen die Funktion von Personennamen erfüllen, sind verschiedene Sonderfälle zu unterscheiden. Das ‚klassische' Grundmuster des bürgerlichen Personennamens (‚Vorname + Familienname') stellt sich grammatisch als ‚Juxtaposit + Juxtaponend' dar. Das Juxtaposit deuten wir in diesen Fällen auch dann als Substantivgruppe – nämlich als α-Substantivgruppe (§ 89.2α^I HLR) mit Nullartikel –, wenn es lediglich aus einem einzigen Vornamen zu bestehen scheint (Bsp. 158a). Dasselbe gilt für Fälle, in denen das Juxtaposit nicht als Vorname, sondern als Titel (Bsp. 158b), als Verwandtschaftsbezeichnung (Bsp. 158c) o. Ä. erscheint.

Hat eine Person mehrere Vornamen, so bilden diese nach unserer Auffassung eine als Konjunktionsgefüge strukturierte α-Substantivgruppe (§ 89.2α^{III} HLR); einen Vornamen wie *Heinrich Wilhelm Hubert* (Bsp. 159) denken wir also nicht als Subordinationsgefüge, sondern als Koordinationsgefüge: Die Person heißt s o w o h l *Heinrich* a l s a u c h *Wilhelm* a l s a u c h *Hubert*.

Bsp. 159: „Pseudonyme sind da, daß man vor Neid erblassen könnte. [...] Einer heißt ²Heinrich Wilhelm Hubert ¹Evers, sein Pseudonym, das ihn der Menschheit verbirgt, ist: W. Heinz Evers. Nur ein Apotheker kann auf solche Idee kommen." (TUCHOLSKY, Kürschner 1928, 100); ¹Juxtaponend, ²Juxtaposit.

---

[135] Das Juxtaposit erscheint als Substantivgruppe (§ 89.2α^I HLR) mit Nullartikel.

Von Fällen, in denen ein Titel, eine Verwandtschaftsbezeichnung o. Ä. als Juxtaposit und damit gewissermaßen als Teil des Namens erscheint (Bsp. 158b/c), sind solche Fälle zu unterscheiden, in denen ein solcher Namenszusatz den Juxtaponenden darstellt. Hier kann das Juxtaposit ein einfacher Personenname sein (Bsp. 160a) oder ein zusammengesetzter Personenname, der als Koordinationsgefüge (Bsp. 160b), seinerseits als Juxtapositionsgefüge (Bsp. 160c) oder als sonstiges Attributionsgefüge (Bsp. 160d) strukturiert ist.

Bsp. 160: a) „nach Absterben seines ^{1}Bruders ^{2}Wilhelm" (BÜSCHING, Volks-Sag. 1812, 152); ^{1}Juxtaponend, ^{2}Juxtaposit.

b) „[D]ie Grundanlage des Schlosses ist seit den Tagen Arendts von Sparr und seines ^{1}Sohnes ^{2}Otto Christoph unverändert geblieben." (FONTANE, Wand. II 1863, 426); ^{1}Juxtaponend, ^{2}Juxtaposit.

c) „der Vater des ^{1}Generals $^{2'2}$Philipp ^{1}Schwerin'" (ARNDT, Erinn. 1840, 70); ^{1}Juxtaponend, ^{2}Juxtaposit.

d) „Melusine, die Wald-Quell-Nixe, Gattin des ^{1}Grafen $^{2'3}$Raimund ^{4}von Poitier'" (ALTENBERG, Tag ^{2}1902, 229); ^{1}Juxtaponend, ^{2}Juxtaposit; ^{3}Attribuend, ^{4}Attribut.

Raimund von Poitier in Bsp. 160d erscheint nicht als Juxtapositionsgefüge, da es sich dabei nicht um einen Personennamen des Grundmusters ‚Vorname + Familienname' handelt, sondern um einen Adelsnamen nach dem Grundmuster ‚Personenname + Angabe des Herrschaftsbereichs'. Das Muster ‚Vorname + Familienname' greift für Adelsnamen seit Beginn der Neuzeit erst nach und nach; im 18. Jahrhundert ist es bereits verbreitet; seit 1918, d. h. seit der der Abschaffung des Adels durch die Weimarer Republik, ist es für gegenwartsbezogene Aussagen als allein gültig anzusehen. In diesen Fällen erscheint das Syntagma *von/zu x* nicht als β-Partikelgruppe (§ 93.2β^I HLR), strukturiert als Adpositionsgefüge (§ 45.1b^{II} HLR), sondern als α-Substantivgruppe (§ 89.2α^{II} HLR), strukturiert als Attributionsgefüge (§ 39.2b^{IIIα}/3b^{IIeα} HLR); der Vorname erscheint (in Analogie zu Bsp. 158a) als Juxtaposit, der Familienname als Juxtaponend (Bsp. 161a). Dasselbe gilt (Bsp. 161b, analog zu Bsp. 158b) für Fälle, in denen das Juxtaposit die Bezeichnung einer sozialen Rolle ist.

Bsp. 161: a) „Da liegt uns zunächst ^{2}Walter ^{1}von Molos ‚Pankraz Lausebums' vor. Molo, der offenbar in seine dritte Schaffensperiode hineingetreten ist, hat uns hier sein Bestes, wo nicht Allerbestes gegeben." (TUCHOLSKY, Büchert. 1925, 263); ^{1}Juxtaponend, ^{2}Juxtaposit.

b) „daß sich ^{2}General ^{1}von Wrangel veranlaßt fühlte [...] sämmtliche Truppentheile bis hinauf zur jütländischen Grenze zu inspiciren" (ASTON, Rev. 1849, II, 252); ^{1}Juxtaponend, ^{2}Juxtaposit.

Die Frage, wie sich Appositionsgefüge und Juxtapositionsgefüge unterscheiden lassen, ist einfach zu beantworten: Ein Apposit ist kasuskongruent mit seinem Apponenden, ein Juxtaposit hingegen kongruiert nicht mit seinem Juxtaponenden. Entsprechend setzen wir überall dort k e i n Juxtapositionsgefüge an, wo Kasuskongruenz zwischen den beiden als Attribuend und Attribut in Frage kommenden Einheiten festzustellen ist (so in Bsp. 162: *des Herrn Pastors*, *die Herren Professoren*).

Bsp. 162: a) „daß [...] er von nun an das Denken wolle ganz und gar sein lassen, um sich um so blinder der Leitung des ¹Herrn ²Pastors hinzugeben" (MEYRINK, Wunderh. 1913, II, 167); ¹Apponend, ²Apposit.
b) „[W]enn die ¹Herren ²Professoren bei uns speisten, so gestanden sie alle aufrichtig, bei uns sei der beste Tisch." (TIECK-BERNHARDI, Evremont 1836, II, 220); ¹Apponend, ²Apposit.

Dies gilt auch überall dort, wo das Syntagma *Herr x* mit Nullartikel erscheint, da *Herr* in Verbindung mit Personennamen üblicherweise flektiert wird (Bsp. 163), mithin nicht als Juxtaposit in Betracht kommt.

Bsp. 163: a) „Als die Damen näher traten, gieng ein junger Mann mit ehrerbietigem Grüßen an ihnen vorüber, der bis dahin mit ¹Herrn ²Müller in anscheinend eifrigem Gespräch begriffen gewesen war." (J. SCHOPENHAUER, Tante 1823, I, 50); ¹Apponend, ²Apposit.
b) „Gleich am ersten Morgen nach jenem verfehlten Mittage war Christian Albrecht wiederholt auf seinen Steinhof hinausgegangen, um wie sonst über die niedrige Grenzmauer seinem Bruder den Morgengruß zu bieten; aber von ¹Herrn ²Friedrich war nichts zu sehen gewesen" (STORM, Söhne d. Sen. 1880, 280)[136]; ¹Apponend, ²Apposit.
c) „An einem Sonntagvormittage im November gingen die beiden Brüder, Herr Christian Albrecht und Herr Friedrich Jovers, in dem großen, ungeheizten Festsaale des Familienhauses schweigend auf und ab." ... „¹Herr ²Christian Albrecht rieb sich vergnügt die Hände. ‚Was wird Bruder Friedrich dazu sagen? [...]'" (STORM, Söhne d. Sen. 1880, 276 u. 298)[137]; ¹Apponend, ²Apposit.

Anders ist dies bei Titeln wie *Frau* oder *Graf*, die üblicherweise unflektiert bleiben (Bsp. 164), nur im älteren oder archaisierenden Sprachgebrauch bisweilen Flexion – und damit Kongruenz – erkennen lassen (Bsp. 165).

Bsp. 164: a) „Bitte und ein ganz leiser Vorwurf paarten sich in der sanften Stimme ²Frau ¹Alexandras." (DUNCKER, Mütter 1887, 109); ¹Juxtaponend, ²Juxtaposit.
b) „Noch in demselben Jahre schenkte ²Graf ¹Friedrichs Gemahlin ihm einen Erben" (BECHSTEIN, Dt. Sag. 1853, 280); ¹Juxtaponend, ²Juxtaposit.

Bsp. 165: a) „Herr Isenbard, Graf zu Altorff [...], welcher um das Jahr Christi 780 gelebt und Caroli M. Feldherr gewesen, hatte ¹Frauen ²Irmentraud, eine junge und hitzige Dame, der Kaiserin Hildegard Schwester, zur Gemahlin." (GRÄSSE, Sagenb. Preuß. I 1868, 10); ¹Apponend, ²Apposit.
b) „Auch fand ich alte schwedische Bekannte, unter ihnen den General ¹Grafen ²Armfelt, damals General-Statthalter Finnlands." (ARNDT, Erinn. 1840, 158); ¹Apponend, ²Apposit.

---

136 *Friedrich* ist hier der Vorname; die Figur heißt mit vollem Namen *Friedrich Jovers*; vgl. Bsp. 163c.
137 In *Bruder Friedrich* ist (analog zu Bsp. 158c) *Bruder* das Juxtaposit.

Aufmerksamkeit ist vonnöten, wo Juxtapositionsgefüge bzw. Juxtapositionsgefüge und Appositionsgefüge ineinander verschachtelt sind. Auch hier ist jeweils zu prüfen, ob das Attribut flektiert ist (*Pastor* in Bsp. 166a, *Professor* in Bsp. 166b, *Schelling* in Bsp. 166d, *Graf* in Bsp. 166e) oder nicht (*Stieffelius* in Bsp. 166a, *Renner* in Bsp. 166b, *Pastor* und *Richter* in Bsp. 166c, *Professor* in Bsp. 166d, *Drosselstein* in Bsp. 166e).

Bsp. 166:   a) „in Begleitung des $^{1r\,3}$Herrn ^{4}Pastors$^\urcorner$ ^{2}Stieffelius" (KÜGELGEN, Jugenderinn. 1870, 241); ^{1}Juxtaponend, ^{2}Juxtaposit; ^{3}Apponend, ^{4}Apposit.

b) „unter Direction des $^{1r\,3}$Herrn ^{4}Professors$^\urcorner$ ^{2}R e n n e r" (BURDACH, Rückbl. 1848, 328); ^{1}Juxtaponend, ^{2}Juxtaposit; ^{3}Apponend, ^{4}Apposit.

c) „Die Verhältnisse des $^{1r\,1}$Herrn ^{2}Pastor$^\urcorner$ ^{2}Richter verstatteten ihm nicht, mich länger als bis 1775 bey sich zu behalten" (IFFLAND, Theatr. Laufb. 1798, 25); ^{1}Juxtaponend, ^{2}Juxtaposit.

d) „Ich habe mich bisher möglichst fleißig gehalten und besonders an dem allgemeinen Schema der Farbenlehre fortgearbeitet, wobey mich $^{3r\,1}$Herrn ^{2}Professor$^\urcorner$ ^{4}Schellings Neigung zu meiner Arbeit nicht wenig gefördert hat." (GOETHE, an A. W. Schlegel [1. 1. 1800], WA IV, 15, 2); ^{1}Juxtaponend, ^{2}Juxtaposit; ^{3}Apponend, ^{4}Apposit.

e) „Ich war angewiesen, alles dies, behufs weiterer Veranlassung, zur Kenntnis unseres nächsten Nachbars, des $^{1r\,3}$Herrn ^{4}Grafen$^\urcorner$ ^{2}Drosselstein, zu bringen" (FONTANE, Sturm III/IV 1878, 312); ^{1}Juxtaponend, ^{2}Juxtaposit; ^{3}Apponend, ^{4}Apposit.

*

Nicht zur Kategorie ‚Juxtaposit' (wiewohl zur Kategorie ‚Attribut' i. S. v. § 39.3b^{IIIαα} HLR) rechnen wir Fälle von „absolute[m] Nominativ" (Duden 2005, 911), in denen eine Parenthese (Bsp. 167) mit Ellipse des Prädikats und des Subjekts (Bsp. 168) vorliegt.

Bsp. 167:   „So hatte [...] der Professor – er war Zoologe – einen fliegenden Fisch in Spiritus bei seinem Handgepäck" (REVENTLOW, Silberw. 1917, 394).

Bsp. 168:   „Demselben Gesetz, dem Pflanzen und Tiere unterliegen, unterliegt auch der Mensch, [⊗‚es‘ ⊗‚ist‘] ein Gesetz, dessen markierten Zügen wir bereits in der Vorwelt begegnet sind" (LUDW. BÜCHNER, Kraft u. Stoff 1885, 199).

Ebenfalls nicht zur Kategorie der Juxtaposite, sondern zu derjenigen der Satzattribute zählen wir Fälle wie

Bsp. 169:   a) „Was ist für einen Forschungsreisenden wie du [⊗‚bist‘] ein kleiner Umweg nach Mexiko?" (HEYKING, Tag 1905, 146).

b) „Er weiß, daß ich von Männern, wie Ihr [⊗‚seid‘], nicht gerne verlassen werde" (C. F. MEYER, Borgia 1891, 826).

4.1.12 Transzessionsgefüge

§ 42.1 HLR: (a) Transzessionsgefüge (TrznG) sind dissolute (§ 15.IIb HLR) kompaxive (§ 17.I HLR) Subordinationsgefüge (§ 18 HLR), genauer: Supernektionsgefüge (§ 21.1c HLR), und bestehen aus zwei Gliedern: einem Kern, dem Transzess (Trzss) und einem Satelliten, dem Transzedenten (Trzdt).

(b) Transzessionsgefüge sind der Zeichenart nach $^{(I)}$Verbgruppen, genauer: $^{(\alpha)}$α-Verbgruppen i. S. v. § 88.4b$^{I\beta}$ HLR (§ 18.1b$^{2\beta}$, § 42.2b$^{II\alpha}$ HLR), $^{(\beta)}$δ-Verbgruppen i. S. v. $^{(\beta\alpha)}$§ 88.4b$^{IV\alpha}$ HLR (§ 18.1b$^{2\alpha}$, § 42.2b$^{I\alpha}$ HLR) oder $^{(\beta\beta)}$§ 88.4b$^{IV\beta}$ HLR (§ 18.1b$^{2\beta}$, § 42.2b$^{II\alpha\beta}$ HLR), $^{(\gamma)}$ε-Verbgruppen i. S. v. § 88.4b$^{V\beta}$ HLR (§ 18.1b$^{2\beta}$, § 42.2b$^{II\alpha\delta}$ HLR) oder $^{(\delta)}$η-Verbgruppen i. S. v. § 88.4b$^{VII\beta}$ HLR (§ 18.1b$^{2\beta}$, § 42.2b$^{II\alpha\epsilon}$ HLR), $^{(II)}$Substantivgruppen, genauer: $^{(\alpha)}$β-Substantivgruppen i. S. v. § 89.2β^{II} HLR (§ 18.1b$^{2\beta}$, § 42.2b$^{I\beta}$ HLR), $^{(\beta)}$γ-Substantivgruppen i. S. v. § 89.2γ^{I} HLR (§ 18.1b$^{2\alpha}$, § 42.2b$^{I\beta}$ HLR) oder $^{(\gamma)}$ε-Substantivgruppen i. S. v. § 89.2ε^{II} HLR (§ 18.1b$^{2\beta}$, § 42.2b$^{II\beta}$ HLR), $^{(III)}$γ-Adjektivgruppen i. S. v. § 90.2γ^{I} HLR (§ 18.1b$^{2\alpha}$, § 42.2b^{IV} HLR) oder $^{(IV)}$Pronomengruppen, insbesondere β-Pronomengruppen i. S. v. § 92.2β^{I} HLR (§ 18.1b$^{2\alpha}$, § 42.2b$^{I\delta}$ HLR).

§ 42.2 HLR: (a) Das Transzess steht zu seinem Transzedenten in der Relation der Transzessur. Es erfüllt die Funktion eines Supernektors (§ 21.1b HLR).

(b) Das Transzess ist der Zeichenart nach $^{(I)}$ein Wort, konkret: $^{(\alpha)}$ein Verb, genauer: $^{(\alpha\alpha)}$ein Vollverb (§ 82.5α$^{I\epsilon}$ HLR) oder $^{(\alpha\beta)}$ein Kopulaverb (§ 82.5ε$^{I\alpha}$ HLR), $^{(\beta)}$ein Substantiv (§ 83.4α^{IV} HLR), $^{(\gamma)}$ein deverbales Volladjektiv (§ 84.4α$^{I\delta}$ HLR) oder $^{(\delta)}$ein Pronomen (§ 86.3α^{II} HLR) oder $^{(II)}$eine Wortgruppe, konkret: $^{(\alpha)}$eine Verbgruppe im engeren Sinn (§ 88.4c$^{I\zeta}$ HLR), genauer: $^{(\alpha\alpha)}$eine α-Verbgruppe, sofern ihr Flektand als $^{(\alpha\alpha\alpha)}$η-Infinitverbgruppe (§ 88.4b$^{VII\alpha}$ HLR) oder $^{(\alpha\alpha\beta)}$ε-Verbadjektivgruppe (§ 90.2ε^{III} HLR) erscheint, $^{(\alpha\beta)}$eine γ-Verbgruppe (§ 88.4b$^{III\alpha}$ HLR), $^{(\alpha\gamma)}$eine ε-Verbgruppe (§ 88.4b$^{IV\alpha}$ HLR), $^{(\alpha\delta)}$eine ε-Verbgruppe, $^{(\alpha\epsilon)}$eine η-Verbgruppe (§ 88.4b$^{VII\gamma}$ HLR), genauer: $^{(\alpha\epsilon\alpha)}$eine η-Vollverbgruppe oder $^{(\alpha\epsilon\beta)}$eine η-Kopulaverbgruppe, $^{(\beta)}$eine Substantivgruppe (§ 89.3α^{IV} HLR) oder $^{(\gamma)}$eine Pronomengruppe (§ 92.3α^{III} HLR).

§ 42.3 HLR: (a) Der Transzedent steht zu seinem Transzess in der Relation der Transzession. Er erfüllt die Funktion eines Supernekts (§ 21.1b HLR).

(b) Der Transzedent $^{(I)}$ist ein Zeichen, das zugleich im Rahmen eines Transzessionalgefüges als Entranszessional (§ 56.3 HLR) erscheint, oder $^{(II)}$weist als Konstituente ein Zeichen auf, das zugleich im Rahmen eines Transzessionalgefüges als Entranszessional (§ 56.3 HLR) erscheint.

(c) Der Transzedent ist der Zeichenart nach: $^{(I)}$ein Wort, konkret: $^{(\alpha)}$ein infinitivisches Vollverb (§ 82.5α^{IIn} HLR), $^{(\beta)}$ein inflektivisches Volladjektiv (§ 84.4α^{IIn} HLR), $^{(\gamma)}$ein Pronomen (§ 86.3β^{VI} HLR) oder $^{(\delta)}$eine Partikel (§ 87.4β^{VIII} HLR) oder $^{(II)}$eine Wortgruppe, konkret: $^{(\alpha)}$eine Verbgruppe, genauer: $^{(\alpha\alpha)}$ein Satz (§ 88.2e^{IIn} HLR), $^{(\alpha\beta)}$eine Periode (§ 88.3c^{IIZ} HLR) oder $^{(\alpha\gamma)}$eine Verbgruppe im engeren Sinn (§ 88.4c^{IIn} HLR), $^{(\beta)}$eine Substantivgruppe (§ 89.3β^{VIII} HLR), $^{(\gamma)}$eine Volladjektivgruppe (§ 90.3β^{V} HLR), $^{(\delta)}$eine Pronomengruppe (§ 92.3β^{IV} HLR), $^{(\epsilon)}$eine Partikelgruppe (§ 93.3β^{VI} HLR) oder $^{(\zeta)}$eine Miszellangruppe (§ 94.2a HLR).

Zu § 42.1 HLR: Die Tatsache, dass bestimmte Gliedzeichen nicht nur unmittelbar im Rahmen eines geschlossenen (nach unserer Terminologie: eines kompaxiven) Determinationsgefüges, sondern auch über Zwischenglieder determiniert werden können, ist der Grammatikographie insbesondere mit Blick auf Phänomene wie in Bsp. 170 vertraut.

Bsp. 170:  „Die Freiheit ist unteilbar!" (OTTO, Freiheit 1849, 40.)

Hinsichtlich eines Gliedes wie *unteilbar* in Bsp. 170 spricht die traditionelle Grammatikschreibung von einem Prädikatsnomen oder einem Prädikativ. Darunter fallen dann freilich (vgl. Duden 2005, 799) auch Phänomene wie in

Bsp. 171: „Sein Wirken als Prediger werden wir später zu schildern Gelegenheit haben" (PICHLER, Denkw. 1844, I, 306).

Da in solchen Fällen ein Terminus wie *Prädikativ*, der durch einen unmittelbaren Bezug auf das P r ä d i k a t motiviert ist, unzutreffend erscheinen muss, dieser Terminus als solcher jedoch eingeführt und allgemein gebräuchlich ist, entschließen wir uns, ihn beizubehalten und parallel zu *Transzedent* zu verwenden, allerdings nur dort, wo als Transzesse Verben (wie in Bsp. 170) oder Verbgruppen (wie in Bsp. 177) vorliegen. Erscheint ein Substantiv oder eine Substantivgruppe als Transzess, so sprechen wir hinsichtlich des Transzedenten nicht von einem Prädikativ.

Transzedent ist also der weiter, *Prädikativ* der enger gefasste Terminus. Insgesamt nennen wir die Art, wie sich ein Transzedent auf ein Transzess determinativ bezieht, T r a n s z e s s i o n. Dabei handelt es sich immer um die intrakompaxive Relation; geht es um die transkompaxive Relation, so ist die Rede von T r a n s z e d e n z (§ 56 HLR).[138] Zwar versteht sich von selbst, dass die Aspekte der Transzedenz und der Transzession nicht voneinander zu trennen sind, indem letztere nur mit Blick auf erstere als Phänomen interessant und überhaupt erst bestimmbar wird: Die Fassung des Transzessionsgefüges als Supernektionsgefüge i. S. v. § 21 HLR (vgl. S. 124 f.) zielt eben hierauf. Im gegenwärtigen Zusammenhang der Erläuterungen zu § 29 bis § 50 HLR, in dem es um kompaxive Gefüge geht, ist gleichwohl aus systematischen Gründen nur von Transzession die Rede; zur Transzedenz vgl. Kap. 4.2.6.

*

Transzessionsgefüge sind dissolut: Transzess und Transzedent sind nicht positionsfest und ihre Stellung zueinander kann variieren (Bsp. 172).

Bsp. 172: a) „Er ¹wurde ²Mensch, und ward mit Ruthen gegeißelt bis aufs Blut." (MUNDT, Madonna 1835, 388); ¹Transzess, ²Transzedent.

b) „Aus Barmherzigkeit ¹wurde Gott ²Mensch – er war also schon in sich selbst ein menschlicher Gott, ehe er ²wirklicher Mensch ¹ward" (FEUERBACH, Wes. d. Chr. ³1849, I, 104); ¹Transzess, ²Transzedent.

c) „Die Symmetrie und Organisazion der Geschichte lehrt uns, daß die Menschheit, so lange sie war und wurde, wirklich schon ein Individuum, eine Person war und wurde. In dieser großen Person der Menschheit ¹ist Gott ²Mensch ¹geworden." (F. SCHLEGEL, Ideen 1800, 8, Nr. 24); ¹Transzess, ²Transzedent.

---

[138] Zur Unterscheidung von Trans- und Intrakompaxivität vgl. §§ 20 ff. HLR und die Erläuterungen S. 120 ff.

Die subordinative Struktur von Transzessionsgefügen bestimmen wir in Analogie zur Struktur von Supprädikationsgefügen bzw. Attributionsgefügen, indem Transzessionsgefüge gewissermaßen als Supprädikations- bzw. Attributionsgefüge erscheinen, deren Kern jeweils – anders als es tatsächlich bei Supprädikations- bzw. Attributionsgefüge der Fall ist – die Qualität eines Supernektors hat.

Bsp. 173: a) T r a n s z e s s i o n s g e f ü g e : „Das ^{1}war ^{2}ein Produkt politischer Unerzogenheit der Nation" (WEBER, Dtdl. 1916, 160); ^{1}Transzess, ^{2}Transzedent.

b) S u p p r ä d i k a t i o n s g e f ü g e : „Ich ^{1}war ^{2}in einem neuen Stück." (ALTENBERG, Lebensabend 1919, 133); ^{1}Supprädikat, ^{2}Adverbial.

Bsp. 174: a) T r a n s z e s s i o n s g e f ü g e : „bis zu ihrer ^{1}Anstellung ^{2}als Telephonistin" (DUNCKER, Großstadt 1900, 21); ^{1}Transzess, ^{2}Transzedent.

b) A t t r i b u t i o n s g e f ü g e : „mit dem teuren Blut ^{1}Christi ^{2}als eines unschuldigen und unbefleckten Lammes." (CLAUDIUS, Asmus VI 1798, 489); ^{1}Attribuend, ^{2}Attribut.

Ein Transzessionsgefüge erscheint der Zeichenart nach (gemäß § 18.1b^2 HLR in Abhängigkeit von seinem Kern, dem Transzess)

- als α-Verbgruppe i. S. v. § 88.4b^{Iβ} HLR, wenn sein Transzess seinerseits eine α-Verbgruppe (i. S. v. § 88.4b^{Iα} HLR, d. h. eine als Flexionsgefüge strukturierte Verbgruppe) ist (Bsp. 175a),
- als δ-Verbgruppe i. S. v. § 88.4b^{IVα} HLR, d. h. als Verbgruppe, deren Kern ein Vollverb (Bsp. 175b) oder Kopulaverb (Bsp. 175c) ist und die als Transzessionsgefüge strukturiert ist,
- als δ-Verbgruppe i. S. v. § 88.4b^{IVβ} HLR, wenn das Transzess seinerseits eine δ-Verbgruppe im zuvor genannten Sinne (von § 88.4b^{IVα} HLR) ist (Bsp. 175d),
- als ε-Verbgruppe i. S. v. § 88.4b^{Vβ} HLR, wenn das Transzess seinerseits eine ε-Verbgruppe (i. S. v. § 88.4b^{Vα} HLR, d. h. eine als Anzeptionsgefüge strukturierte Verbgruppe ist (Bsp. 175e),
- als η-Verbgruppe i. S. v. § 88.4b^{VIIββ} HLR, wenn das Transzess seinerseits eine η-Verbgruppe (i. S. v. § 88.4b^{VIIγ} HLR, d. h. eine als Kojunktionsgefüge strukturierte Verbgruppe, die ausnahmslos Verben und/oder Verbgruppen als Kojunkte aufweist) ist (als η-Vollverbgruppe: Bsp. 175f, als η-Kopulaverbgruppe: Bsp. 175g),
- als β-Substantivgruppe i. S. v. § 89.2β^{II} HLR, wenn das Transzess seinerseits eine β-Substantivgruppe (i. S. v. § 89.2β^{II} HLR, d. h. eine als Attributionsgefüge strukturierte Substantivgruppe) ist (Bsp. 175h),
- als γ-Substantivgruppe i. S. v. § 89.2γ^I HLR, d. h. als Substantivgruppe, deren Kern ein Substantiv ist und die als Transzessionsgefüge strukturiert ist (Bsp. 175i),
- als ε-Substantivgruppe i. S. v. § 89.2ε^{II} HLR, wenn das Transzess seinerseits eine ε-Substantivgruppe (i. S. v. § 89.2ε^{III} HLR, d. h. eine als Kojunktionsgefüge strukturierte Substantivgruppe, die ausschließlich Substantive und/oder Substantivgruppen als Kojunkte aufweist) ist (Bsp. 175j), oder

- als γ-Adjektivgruppe (§ 90.1γ^I HLR), wenn das Transzess ein Adjektiv ist (Bsp. 177a).
- Pronomengruppen (v. a. β-Pronomengruppen i. S. v. § 92.2β^I HLR) sind möglich, aber in unserem Korpus nicht belegte Transzessionsgefüge (vgl. S. 275).

Bsp. 175: a) „[E]in solcher Forscher müßte jahrelang abwechselnd ^{2}als Leitender und als Insasse solcher Anstalten ^{1}gelebt und gearbeitet haben" (TUCHOLSKY, Anstalt 1929, 258); ^{1}Transzess, ^{2}Transzedent.

b) „[W]enn ich auch nicht an ihrer Seite gegen meine Landsleute focht, so widmete ich ihnen doch meine Kunst und ^{1}wirkte ^{2}als Arzt unter den Verwundeten und Sterbenden." (GOEDSCHE, Sebastopol 1856, I, 32); ^{1}Transzess, ^{2}Transzedent.

c) „Ihr Lieblingsheld ^{1}ist ^{2}Christian von Braunschweig" (PAOLI, Ged. Droste 1852, 6); ^{1}Transzess, ^{2}Transzedent.

d) „'^{1,2}Als Chemiker ^{1}ist' er ^{2}großartig." (BOY-ED, Ehe 1915, 116); ^{1}Transzess, ^{2}Transzedent.

e) „der Weise ^{1}ist auch ^{1}als Sklave und in Ketten ^{2}frei" (HEGEL, Enzykl. III ^{3}1830, 301); ^{1}Transzess, ^{2}Transzedent.

f) „Dem Morgenländer, wie eckelt ihm noch jetzt A c k e r b a u , S t ä d t e l e b e n , S k l a v e r e i i n K u n s t w e r k s t ä t e n ! wie wenig Anfänge hat er noch nach Jahrtausenden in alle dem gemacht: er ^{1}lebt und webt ^{2}als ein freies Thier des Feldes." (HERDER, Philos. Gesch. Bild. 1774, 488 f.; ^{1}Transzess, ^{2}Transzedent.

g) „Denn es ^{1}ist und bleibt ^{2}wahr, daß eine methodisch korrekte wissenschaftliche Beweisführung [...] auch von einem Chinesen als richtig anerkannt werden muß" (WEBER, Obj. soz. Erk. 1904, 155); ^{1}Transzess, ^{2}Transzedent.

h) „Er [Karl v. Rotteck] schrieb mit edler Wärme in neun Bänden seine ‚Allgemeine Geschichte vom Anfange der historischen Kenntniß bis auf unsere Zeiten', welche, und nachdem im J. 1830 das öffentliche Leben einen neuen Aufschwung genommen und R. auch durch sein ^{1}politisches Wirken ^{2}als Abgeordneter Celebrität erlangt hatte, die größte Ausbreitung unter allen Classen erhielt und seitdem 13 Auflagen erlebte." (BROCKHAUS, Bild.-Conv.-Lex. III 1939, 752.); ^{1}Transzess, ^{2}Transzedent.

i) „Obwohl meine ^{1}Verwendung ^{2}als Dolmetsch-Sekretär nicht im Zweck und Auftrag meiner Sendung lag, sah Sir Sidney doch bald ein, daß ihm meine Gegenwart als Dolmetsch-Sekretär nützlich sein könne" (HAMMER-PURGSTALL, Erinn. *1841–52, 56); ^{1}Transzess, ^{2}Transzedent.

j) „Sie war mir in meinem ^{1}freien Wirken und Schaffen ^{2}als Künstler sehr hinderlich" (ADAM, Leb. 1886, 277); ^{1}Transzess, ^{2}Transzedent.

*

Zu § 42.2 HLR: Über das Transzess hinaus oder durch es hindurch determiniert ein Transzedent – im Rahmen eines Transzessionalgefüges (§ 56 HLR) – ein anderes sprachliches Zeichen. Dabei versteht sich, dass diese Determinationsleistung des Transzedenten nicht unabhängig von der des Transzesses zu betrachten ist, anders gesagt: dass es eine Rolle spielt, wie das Transzess konkret besetzt ist.

Bsp. 176: a) „Man ^{1}ist ^{2}ein Mensch und erfrischt und erbaut sich gern an den kleinen Verdrießlichkeiten und Dummheiten anderer Leute. Selbst über sich selber kann man lachen mitunter, und das ist ein Extrapläsier, denn dann kommt man sich sogar noch klüger [...] vor als man selbst." (BUSCH, Von mir *1894, 210); ^{1}Transzess, ^{2}Transzedent.

b) „[D]er Schriftsteller [...] gehört der Öffentlichkeit an, diese hat ein Recht, ihn auch ²als Mensch ¹kennen zu lernen." (DUNCKER, Collegen 1894, 5); ¹Transzess, ²Transzedent.

Es ist semantisch ein Unterschied, ob jemand ein Mensch *ist* (Bsp. 176a) oder ob man jemanden als einen Menschen *kennenlernt* (Bsp. 176b). — Das Transzess ist der Zeichenart nach

- ein Vollverb (Bsp. 175b),
- ein Kopulaverb (Bsp. 176a),
- ein Substantiv (Bsp. 175i),
- ein deverbales Adjektiv (Bsp. 177a),
- eine α-Verbgruppe, deren Flektand eine als Kojunktionsgefüge strukturierte Infinitverbgruppe (eine Infinitvollverbgruppe, Bsp. 177b, oder Infinitkopulaverbgruppe: Bsp. 177c) oder Verbadjektivgruppe (eine Vollverbadjektivgruppe, Bsp. 175a, oder Kopulaverbadjektivgruppe: Bsp. 177d) ist,
- eine γ-Verbgruppe (Bsp. 188a, S. 284),
- eine δ-Verbgruppe (Bsp. 175d),
- eine ε-Verbgruppe (Bsp. 175e) oder
- eine η-Verbgruppe (Vollverbgruppe, Bsp. 175f, oder Kopulaverbgruppe: Bsp. 175g),
- eine Substantivgruppe (Bsp. 175j).

Pronomina und Pronomengruppen als Transzesse sind ebenfalls denkbar, aber in unserem Korpus nicht belegt.

Bsp. 177: a) „Nur sie Beide sollten von sich wissen, ²eng verbunden ¹bleibend, heimlich versteckt vor der Welt." (BLEIBTREU, Größenw. 1888, I, 86) — „Hier lernte sie, immer ²als Mann ¹geltend, eine alte reiche Wittwe kennen, die sie wirklich heirathete." (GRÄSSE, Sagenb. Preuß. II 1871, 1053); ¹Transzess, ²Transzedent.
b) „Ich habe ihn immer für einen Heiligen gehalten und kann daher nichts dagegen einwenden, wenn ihn die Kirche im Allgemeinen den Gläubigen ²als solchen ¹erklären und vorstellen wird" (GOETHE, Ital. Reise III 1829, 203); ¹Transzess, ²Transzedent.
c) „daß der Dozent hier beständig ²ein Lernender und Kommilitone ¹sein und bleiben wird" (BURCKHARDT, Grch. Kulturgesch. I 1898, 3); ¹Transzess, ²Transzedent.
d) „Gott, Mensch und Teufel ¹sind ²meine Lieblingsthemata ¹gewesen und geblieben" (MAY, Mein Leben 1910, 58); ¹Transzess, ²Transzedent.

Ein Verb, das als Transzess erscheint, nennen wir hier – im Gegensatz zu den prä-dikativen Verben (vgl. Anm. 125, S. 239) – Prädikativverb.[139] Bei solchen Verben lassen sich unterscheiden:

---

[139] Der Ausdruck *Prädikativverb* ist bei Duden (2005, 421) entlehnt, wird aber von uns extensional anders gefasst. (Die Duden-Grammatik nennt als Prädikativverben *scheinen*, *dünken* und *heißen*.)

- die Kopulaverben *sein, werden* und *bleiben* (§ 82.2d^{III6} HLR und Kap. 5.2.1.2.4.2.4, S. 427 ff.), die ausschließlich mit Transzessfunktion auftreten und von Substantivgruppen, Adjektiven oder Adjektivgruppen als Tranzedenten determiniert werden, *sein* und *werden* ggf. auch von Substantiv- oder Adjektivgruppen, die als Subjunktionsgefüge mit der Komparativpartikel (§ 87.3α HLR) *wie* als Subjunktor strukturiert sind, *werden* ggf. auch von einer β-Partikelgruppe (§ 93.2β^I HLR) mit *zu*,

und Vollverben, die nicht nur als Transzesse, sondern auch als Prädikate oder Supprädikate erscheinen können, beispielsweise

- *heißen*, das durch Vollverben (Bsp. 178a), Adjektive (Bsp. 178b), Partikeln (Bsp. 178c), Verbgruppen (Bsp. 178d), Substantivgruppen (Bsp. 178e), Adjektivgruppen (Bsp. 178f), Pronomengruppen (Bsp. 178g), Partikelgruppen (Bsp. 178h) oder Miszellangruppen (Bsp. 178i) als Transzedenten determiniert wird,
- *scheinen, dünken* (das Transzessionsgefüge erscheint immer als Supprädikat mit einem Dativobjekt, Bsp. 179e, oder einem Akkusativobjekt, Bsp. 179c), *sich erweisen* und *sich zeigen*, die durch Adjektive (Bsp. 179a), Substantivgruppen (Bsp. 179b/c), Adjektivgruppen (Bsp. 179d/e), Partikelgruppen (Bsp. 179f) oder Miszellangruppen (Bsp. 179g) als Transzedenten determiniert werden[140], *sich erweisen* und *sich zeigen* auch durch Subjunktionsgefüge mit der Superklassifikativpartikel *als* (§ 87.3ε^{IV} HLR) als Subjunktor (Bsp. 179h),
- *vorkommen* (das Transzessionsgefüge erscheint immer als Supprädikat mit einem Dativobjekt), das durch Adjektive (Bsp. 180a), Adjektivgruppen (Bsp. 180b), Subjunktionsgefüge mit der Komparativpartikel *wie* (§ 87.3α HLR) als Subjunktor (Bsp. 180c) als Transzedenten determiniert wird,
- *erscheinen*, das durch Adjektive (Bsp. 181a), Adjektivgruppen (Bsp. 181b), Subjunktionsgefüge mit der Superklassifikativpartikel *als* als Subjunktor (Bsp. 181c) oder Subjunktionsgefüge mit der Komparativpartikel *wie* als Subjunktor (Bsp. 181d) determiniert wird,
- *gelten*, das durch Subjunktionsgefüge mit der Superklassifikativpartikel *als* (Bsp. 182a) oder *für* (Bsp. 182b) als Subjunktor determiniert werden.

Bsp. 178: a) „dem Nichts [...] immer näher und näher kommen, ¹heißt ²*abnehmen*" (HEGEL, Phän. d. Geist. 1807, 573); ¹Transzess, ²Transzedent.

---

140 Die Verben *scheinen* und *dünken* können auch durch Verben oder Verbgruppen im *zu*-Infinitiv determiniert werden: „Alles scheint zu warten" (REVENTLOW, Olestj. 1903, 232); „Sie scheint unglücklich zu sein" (LICHTENSTEIN, Selbstmord 1913, 27); „[E]s dünkt mich keine Beleidigung zu sein" (MEYSENBUG, Unerfüllt 1907, 94); „Sie dünkte mir noch ebenso jung und schön zu sein wie damals" (MAY, Schut 1909, 493). Wir interpretieren solche Konstruktionen allerdings prinzipiell nicht als Transzessionsgefüge, sondern als Supprädikationsgefüge; die Verben bzw. Verbgruppen erscheinen demnach als Objekte (i. S. v. § 35.3a^{Iαα/ββ} HLR).

b) „Diejenige Anschauung, welche sich auf den Gegenstand durch Empfindung bezieht, ¹heißt ²empirisch." (KANT, Crit. rein. Vern. ²1787, 34); ¹Transzess, ²Transzedent.
c) „Vorläufig nenn ich ihn Heliodor, er wird wahrscheinlich ²anders ¹heißen." (SCHNITZLER, Weg 1908, 851); ¹Transzess, ²Transzedent.
d) „diese Indifferenz erkennen ¹heißt ²den absoluten Schwerpunkt und gleichsam jenes Urmetall der Wahrheit erkennen" (SCHELLING, Bruno 1802, 328); ¹Transzess, ²Transzedent.
e) „Über Berchtesgaden [...] ragt ein hoher Alpenberg, der Kirnberg, empor, der hat drei spitze Zacken, und diese Zacken ¹heißen ²die drei Jungfern." (BECHSTEIN, Dt. Sag. 1853, 641); ¹Transzess, ²Transzedent.
f) „daß Eine und dieselbe Sache ²gut und übel ¹heißen kann in verschiedener Rücksicht" (HERDER, Gott ²1800, 428); ¹Transzess, ²Transzedent.
g) „Ich ¹heiße ²wie du" (DAHN, Rom 1876, 407 f.); ¹Transzess, ²Transzedent.
h) „Man ¹heißt ²so und so!" (MAY, Fürst u. Leierm. 1881, 83); ¹Transzess, ²Transzedent.
i) „Indem das reine Ich selbst sich ausser sich und zerrissen anschaut, ist in dieser Zerrissenheit zugleich alles, was Continuität und Allgemeinheit hat, was ²Gesetz, gut und recht ¹heißt, auseinander und zu Grunde gegangen" (HEGEL, Phän. d. Geist. 1807, 462); ¹Transzess, ²Transzedent.

Bsp. 179:
a) „jeder Augenblick ¹scheint mir ²verlohren, den ich fern von meiner Bertha verlebe" (AHLEFELD, Nimph. d. Rh. 1822 [1812], 51); ¹Transzess, ²Transzedent.
b) „Das ¹scheint ²ein redlicher und verständiger Mann" (FRANZOS, Pojaz 1905, 266); ¹Transzess, ²Transzedent.
c) „Baden [...] ¹dünkt dich ²sträflicher Luxus, Töpferssohn?" (EBNER-ESCHENBACH, Agave 1903, 354); ¹Transzess, ²Transzedent.
d) „[D]as ¹scheint mir [...] ²mehr als zweifelhaft" (HOLZ, Kunst 1891, 115); ¹Transzess, ²Transzedent.
e) „²Nicht ehrenwerth ¹dünkt mir solche Rede" (FREYTAG, Ahnen I 1872, 46); ¹Transzess, ²Transzedent.
f) „²Sehr anders ¹erwiesen sich die beiden jüngeren Schwestern" (FONTANE, Poggenp. 1885–86, 317)
g) „²Zierlich gekräuselt und von eleganter Form ¹erweist sich der Wirbel des Gemeindeschreibers, während der Kronenwirt kurzes, struppiges Haar auf seinem echten Römerhaupte zeigt." (FEDERER, Lachw. Gesch. 1911) — „Sie ¹zeigt sich ²geräumig, lichtvoll und von einer Einfachheit, die nach der Überladenheit der Fassaden angenehm überrascht." (FONTANE, Wand. IV 1882, 159); ¹Transzess, ²Transzedent.
h) „Der Autor ¹erweist sich ²als Experte in Tuberkulose." (BOY-ED, Zauberbg. 1925, 157) — „Aber ¹zeigt sich der Barbar ²als ein Meister des Kunstwerks, wenn er es zerschlägt?" (ASTON, Lydia 1848, 174); ¹Transzess, ²Transzedent.

Bsp. 180:
a) „und doch finde ich viele Worte in diesem Briefe, die mir ²fremd ¹vorkommen" (BRENTANO, Godwi 1801, 195); ¹Transzess, ²Transzedent.
b) „Ich kann doch nicht auf jede Seite schreiben, daß die Leute mir ²ganz närrisch ¹vorkommen" (B. v. ARNIM, Frühlingskr. 1844, 139); ¹Transzess, ²Transzedent.
c) „Ich ¹würde mir ¹vorkommen ²wie die Eidergans." (HAHN-HAHN, Faustine 1841, 34); ¹Transzess, ²Transzedent.

Bsp. 181:
a) „Die größten Bildflächen werden hier mit einer Schnelligkeit kolorirt, welche ²staunenswerth ¹erscheint." (BLEIBTREU, Größenw. 1888, III, 281); ¹Transzess, ²Transzedent.

b) „Er sieht nichts wieder als die alte vertraute Welt seiner Jugend, und doch ¹erscheint sie ihm ²wie ein Wunder so neu." (BRAUN, Mem. II 1911, 481); ¹Transzess, ²Transzedent.

c) „Uns Westeuropäern ¹erscheint diese ungebrochene Farbenreinheit und Größe der Intuition ²als Romantik" (BALL, Kandinsky ⌐1917; 1977¬, 47); ¹Transzess, ²Transzedent.

d) „Mir ¹erscheint in dieser Beziehung die Sage ²wie ein alter gleichzeitig kolorierter Holzschnitt auf Pergament oder ein Miniaturbild." (BECHSTEIN, Dt. Sag. 1853, 12); ¹Transzess, ²Transzedent.

Bsp. 182: a) „Das ¹galt den Riesen ²als schlimme Vorbedeutung" (BARTSCH, Sag. Meklenb. I 1879, 27); ¹Transzess, ²Transzedent.

b) „Ihr stiller als gewöhnlich in sich gekehrtes Wesen ¹galt ²für eine natürliche Folge ihrer gehabten Ohnmacht" (AHLEFELD, Ges. Erz. 1822, I, 205); ¹Transzess, ²Transzedent.

Die unterschiedlichsten Vollverben können Transzessfunktion haben, wenn der Transzedent ein Subjunktionsgefüge mit der Superklassifikativpartikel *als* als Subjunktor ist.

Bsp. 183: a) „Er ¹lebt heute ²als gesuchter praktischer Arzt in einem Vorstadtbezirk Wiens" (SCHNITZLER, Jugend ⌐*1915–18; 1968¬, 117); ¹Transzess, ²Transzedent.

b) „Die Prinzipien der Logik, des Zentrums, Einheit und Vernunft wurden ²als Postulate einer herrschsüchtigen Theologie ¹durchschaut" (BALL, Kandinsky ⌐1917; 1977¬, 41); ¹Transzess, ²Transzedent.

c) „²Als Vorsitzender ¹fungierte der Besitzer des Bureaus" (SUTTNER, Martha 1902, 68); ¹Transzess, ²Transzedent.

d) „in dem Blumengeschäft von Schmidt, in dem Lena seit ein paar Tagen ²als Volontärin ¹arbeitete" (DUNCKER, Großstadt 1900, 98); ¹Transzess, ²Transzedent.

e) „Ich ¹verhielt mich während der ersten Versammlungen nur ²als Zuhörerin" (BRAUN, Mem. II 1911, 252); ¹Transzess, ²Transzedent.

f) „daß Toni [...] ²als große Dame ¹auftrat, verdroß sie" (POLENZ, Büttnerb. 1885, 434); ¹Transzess, ²Transzedent.

g) „er ¹sprach ²als Freund" (FRANÇOIS, Stufenj. 1877, 229 f.); ¹Transzess, ²Transzedent.

Bestimmte Prädikativverben scheinen nicht nur alternativ, sondern z u g l e i c h als Supprädikate fungieren zu können, indem neben einem Transzedenten ein Objekt auf sie bezogen ist; beispielsweise:

– *nennen* und *heißen*, deren Transzedent ein Adjektiv (Bsp. 184a), eine Partikel, eine Substantivgruppe (Bsp. 184b), eine Adjektivgruppe oder eine Partikelgruppe (Bsp. 184c) sein kann,

– *nehmen*, das durch Adjektive (Bsp. 184d), Adjektivgruppen (Bsp. 184e), Subjunktionsgefüge mit der Superklassifikativpartikel (§ 87.3ε^{IV} HLR: vgl. S. 574) *als* (Bsp. 184f), *für* (Bsp. 184g) oder *zu* (Bsp. 184h) als Subjunktor determiniert wird,

– *erklären*, das durch Subjunktionsgefüge mit der Superklassifikativpartikel *als* (Bsp. 184i) oder *für* (Bsp. 184j) oder *zu* (Bsp. 184k) als Subjunktor determiniert wird,

– *annehmen*, das durch Subjunktionsgefüge mit der Superklassifikativpartikel *als* (Bsp. 184ℓ) oder *zu* (Bsp. 184m) als Subjunktor determiniert wird,

- *ansehen* (Bsp. 184n), *betrachten* (Bsp. 184o), *sehen* (Bsp. 184p), reflexives *fühlen* (Bsp. 184q), *erkennen* (Bsp. 184r) und *behandeln* (Bsp. 184s), die durch Subjunktionsgefüge mit der Superklassifikativpartikel *als* determiniert werden,
- *halten*, das durch Subjunktionsgefüge mit der Superklassifikativpartikel *für* (Bsp. 184t) als Subjunktor determiniert wird,
- *machen*, das durch Adjektive (Bsp. 184u), Adjektivgruppen (Bsp. 184v) oder Subjunktionsgefüge mit der Superklassifikativpartikel *zu* (Bsp. 184w) als Subjunktor determiniert wird,
- *ernennen*, Subjunktionsgefüge mit der Superklassifikativpartikel *zu* als Subjunktor determiniert wird (Bsp. 184x).

Das Objekt bzw. sein Kern erscheint in diesen Fällen zugleich als Objektektranszessional (§ 56.2b^{IIα} HLR), d. h. als ‚Adressat' der transzessionalen Determination.

Wir interpretieren allerdings Gefüge wie in Bsp. 184 prinzipiell als Transzessionsgefüge, die in Supprädikationsgefüge e i n g e b e t t e t sind: Das Transzessionsgefüge bildet den Kern des Supprädikationsgefüges, also das Supprädikat (gemäß § 35.2b^{IIγ} HLR)[141], so dass auch in diesen Fällen § 42.2a HLR gilt, wonach das Transzess die Funktion eines Supernektors erfüllt.

Bsp. 184: a) „Na, ⁴das ³ʳ¹nenne⁷··· ich ⁻⁻⁽³⁾ʳ²gelungen⁷!" (FRANÇOIS, Stufenj. 1877, 190); ¹Transzess, ²Transzedent, ³Supprädikat, ⁴Objekt

b) „Man ³ʳ¹hieß⁷··· ⁴ihn ⁵allgemein ⁻⁻⁽³⁾ʳ²den ‚Amerikaner'⁷" (SAAR, Nov. 1893, IX, 65); ¹Transzess, ²Transzedent, ³Supprädikat, ⁴Objekt, ⁵Adverbial.[142]

c) „Stilpe, ⁴den wir ⁵einstweilen noch ³ʳ²so und nicht anders ¹nennen⁷ wollen" (BIERBAUM, Stilpe 1897, 178); ¹Transzess, ²Transzedent, ³Supprädikat, ⁴Objekt, ⁵Adverbial.

d) „Wir müssen ⁴das Christentum ³ʳ²ernst ¹nehmen⁷" (BRAUN, Mem. I 1909, 437); ¹Transzess, ²Transzedent, ³Supprädikat, ⁴Objekt.

e) „Bei Euch muß man also auch ⁴das Lächerliche ³ʳ²sehr ernst ¹nehmen⁷." (SCHEERBART, Lesab. 1913, 653); ¹Transzess, ²Transzedent, ³Supprädikat, ⁴Objekt.

f) „Ich [...] ³ʳ¹nehme⁷··· ⁴dich ⁻⁻⁽³⁾ʳ²als Zeltkameraden⁷ ⁵in meine bescheidene Hütte" (GUTZKOW, Ritter 1850–51, 1495); ¹Transzess, ²Transzedent, ³Supprädikat, ⁴Objekt, ⁵Adverbial.

g) „Nur die äusserlich *vollkommene* und innerlich sanftmütige edle Frau, kann den Mann um seines Fanatismus willen für sie achten und verehren. Die andere, unbewusst im Gefühle ihrer öden und lächerlichen Unzulänglichkeiten, verachtet in ihm eigentlich seinen begeisterten Idiotismus, hat wenig Anerkennung für den Tölpel, der ⁴ihre Leere ³ʳ²für voll ¹nimmt⁷!" (ALTENBERG, Pròdromos 1906, 20); ¹Transzess, ²Transzedent, ³Supprädikat, ⁴Objekt.

---

[141] Dass Transzess und Transzedent eine Einheit bilden, die als Ganze mit dem Objekt in einem Supprädikationsgefüge verknüpft ist, zeigen besonders deutlich Univerbierungen des Transzessionsgefüges wie in *ausmachen* (Bsp. 121, S. 246).

[142] Vgl. demgegenüber ein einfaches Supprädikationsgefüge: „Dann ergriff ich den Rädelsführer, ¹hieß ²ihn ²austrinken und schob ihn aus dem Lokal" (CHRIST, Erinn. 1912, 148); ¹Supprädikat, ²Objekt.

h) „³ʳ¹Nimm⁊⁾ ⁴mich ⁽⁽³⁾ʳ²zu Deinem Gesellen⁾" (C. DE LA MOTTE FOUQUÉ, Mag. d. Nat. 1812, 57); ¹Transzess, ²Transzedent, ³Supprädikat, ⁴Objekt.

i) „Costa ³ʳ¹hatte⁊⁾ ⁵trotzig ⁴sich ⁽⁽³⁾ʳ²als Ungar ¹erklärt⁾" (GOEDSCHE, Sebastopol 1856, I, 69); ¹Transzess, ²Transzedent, ³Supprädikat, ⁴Objekt, ⁵Adverbial.

j) „daß man ⁴Ancona ³ʳ²zu einem Freihafen ¹erklärt hat⁾" (SEUME, Spaz. n. Syrakus 1803, 278); ¹Transzess, ²Transzedent, ³Supprädikat, ⁴Objekt.

k) „Seine Freunde, welche die Composition seines Bildes (Kohlenzeichnung) ‚General Hoche stirbt in Folge geschlechtlicher Excesse' betrachten durften, ³ʳ¹erklärten⁊⁾ ⁴es ⁵einstimmig ⁽⁽³⁾ʳ²für genial⁾." (BLEIBTREU, Größenw. 1888, I, 206); ¹Transzess, ²Transzedent, ³Supprädikat, ⁴Objekt, ⁵Adverbial.

ℓ) „Es ist seit Adam her eine lange Reihe von Jahren – wenn wir nicht gar ⁴die Zeitrechnung der Chineser ³ʳ²als die gültige ¹annehmen⁾ wollen" (KLINGEMANN, Nachtw. Bonavent. 1805, 77); ¹Transzess, ²Transzedent, ³Supprädikat, ⁴Objekt.

m) „³ʳ¹Nimm⁊⁾ ⁴mich ⁽⁽³⁾ʳ²zu deinem Bruder ¹an⁾!" (TIECK, Sternbald 1798, 931); ¹Transzess, ²Transzedent, ³Supprädikat, ⁴Objekt.

n) „die Kinder, ⁴welche sie [...] ³ʳ²als bloße Plagen für die friedliebende Menschheit ¹ansah⁾" (LUISE BÜCHNER, Dichter 1878, 261); ¹Transzess, ²Transzedent, ³Supprädikat, ⁴Objekt.

o) „Die Piraten bewohnten noch immer ihren Schlupfwinkel, und man konnte doch nicht voraussagen, ob sie ⁴ihn ³ʳ²als Verräter ¹betrachten⁾ und zulassen würden, daß er lebend zum zweitenmal die Insel verließ." (WÖRISHÖFFER, Robert 1877, 476); ¹Transzess, ²Transzedent, ³Supprädikat, ⁴Objekt.

p) „Als Träger der Handlung sehe ich Einen aus der jungen Generation hochassimilierter, weltbürgerlich freier Juden. Ich ³ʳ¹sehe⁊⁾ ⁴ihn ⁽⁽³⁾ʳ²als eminenten Vertreter intellektuellen Ringens⁾. Sein Herz birgt noch die alte Inbrunst vom Sinai – seine Seele liebt vielleicht die Gesänge, zu denen an den Wassern des Euphrat die Harfen tönten, – von Tränen betaut, – aber seine Vernunft klettert kühn auf die Gipfel westlicher Kultur, bis zu Darwin, Nietzsche und Kant." (MEISEL-HESS, Intellekt. 1911, 500 f.); ¹Transzess, ²Transzedent, ³Supprädikat, ⁴Objekt.

q) „und ich kann Ihnen nur sagen, daß ich ⁴mich ⁵Ihnen und überhaupt meinem ganzen Volke gegenüber ³ʳ²als den Stellvertreter eines Gottes ¹fühle, ²dessen Liebe, Gnade und Barmherzigkeit das ganze All durchdringt⁾" (MAY, Sc. u. Hamm. 1879–80, 534); ¹Transzess, ²Transzedent, ³Supprädikat, ⁴Objekt, ⁵Adverbial.

r) „⁴Die Frucht eines arbeitsreichen Lebens ³ʳ¹erkennt⁊⁾ er ⁽⁽³⁾ʳ²als angefault⁾" (WASSERMANN, Wahnschaffe 1919, 83); ¹Transzess, ²Transzedent, ³Supprädikat, ⁴Objekt.

s) Ich ergriff nämlich den Gedanken, ⁴den Gegenstand der Nausikaa ³ʳ²als Tragödie ¹zu behandeln⁾." (GOETHE, Ital. Reise II 1817, 199); ¹Transzess, ²Transzedent, ³Supprädikat, ⁴Objekt.

t) „Er ³ʳ¹hält ²für politisch klug⁾, ⁴die Feinde so human und sorgfältig zu behandeln wie die eignen Volksgenossen" (M. WEBER, Lebensbild 1926, 532); ¹Transzess, ²Transzedent, ³Supprädikat, ⁴Objekt.

u) „Er aber ³ʳ¹machte⁊⁾ ⁴sich ⁽⁽³⁾ʳ²groß⁾" (HAUFF, Mem. d. Sat. I 1826, 386) — „Lotte ³ʳ¹machte⁊⁾ ⁴die Hosen ⁽⁽³⁾ʳ²naß⁾" (BALL, Flamm. 1918, 123); ¹Transzess, ²Transzedent, ³Supprädikat, ⁴Objekt.

v) „‚Ja,' sagte sie, ‚ihr braucht ⁴die Augen nicht ³ʳ²so groß ¹zu machen⁾, richtig ist es.'" (STRACKERJAN, Abergl. ²1909, II, 435); ¹Transzess, ²Transzedent, ³Supprädikat, ⁴Objekt.

w) „Du ³ʳ¹machst⁊⁾ ⁴dich ⁽⁽³⁾ʳ²zum Sklaven der Uhr⁾" (BRAUN, Lebenssucher 1915, 36); ¹Transzess, ²Transzedent, ³Supprädikat, ⁴Objekt.

x) „Der Landgraf [...] ³⸍¹ernannte⸌⁻ ⁴ihn ⁻⁽³⁾⸍²zu seinem Hofmaler⸌." (Tischbein, Leb. *ᵃᵇ1815; 1861, 16); ¹Transzess, ²Transzedent, ³Supprädikat, ⁴Objekt.

Im Prinzip kann jedes transitive Verb Kern einer als Transzessionsgefüge strukturierten Verbgruppe (δ-Verbgruppe) sein. Es ‚vererbt' dann seine Transitivität auf die Verbgruppe, die daher als Supprädikat fungieren kann.

Bsp. 185: a) „Er ³⸍¹hat ²als braver Soldat⸌⁻ ⁴seine Gesundheit ⁻⁽³⁾⸍¹hingegeben⸌" (FREYTAG, Ahnen VI 1880, 306)

b) „Er ³⸍¹putzte⸌⁻ ⁴seinen Himmel ⁻⁽³⁾⸍²blank und rein⸌" (SACK, Stud. 1917, 208)

Die Beispiele zeigen, dass der Transzedent in solchen Gefügen als Subjektektranszessional i. S. v. § 56.2b^I HLR (Bsp. 185a) wie als Objektektranszessional i. S. v. § 56.2b^{II} HLR (Bsp. 185b) erscheinen kann; die Struktur des kompaxiven Gefüges ist aber im einen wie im anderen Fall jeweils die gleiche: $^{δ\text{-VbGr:SprknG}}||^{δ\text{-VbGr:TrznG}}|Vb_{Trzss} \cdot Z_{Trzdt}|_{Sprkt} \cdot Z_{Obj}||$.

*

Als Transzess erscheinen kann auch ein elliptisches deverbales Adjektiv, nämlich die Ellipse des Präsenspartizips *seiend*. Ist der Transzedent in solchen Fällen eine Substantivgruppe, so handelt es sich dabei um einen so genannten „absolute[n] Nominativ" (Duden 2005, 911); die Substantivgruppe ließe sich in einen adverbialen Nebensatz transformieren: $a_{Trzdt/Trznt} \otimes_{\text{,seiend,}} \to$ **da/weil/indem/obwohl* usw. x_{Trznr} $a_{Trzdt/Trznt}$ *ist/war*.

Bsp. 186: a) „²Der Sprößling einer der ältesten Adelsfamilien Latiums ¹[⊗₍seiend₎], ²welche ihren Stammbaum auf die Helden der Ilias und die Könige Roms, ja auf die beiden Nationen gemeinsame Venus-Aphrodite zurückführte, waren seine Knaben- und ersten Jünglingsjahre vergangen, wie sie der vornehmen Jugend jener Epoche zu vergehen pflegten." (MOMMSEN, Röm. Gesch. III 1856, 428); ¹Transzess, ²Transzedent.

b) „²Ein geborener Herrscher ¹[⊗₍seiend₎] regierte er die Gemüther der Menschen wie der Wind die Wolken zwingt" (ebd., 433); ¹Transzess, ²Transzedent.

c) „²Von gewaltigster Schöpferkraft und doch zugleich vom durchdringendsten Verstande ¹[⊗₍seiend₎]; ²nicht mehr Jüngling und noch nicht Greis ¹[⊗₍seiend₎]; ²vom höchsten Wollen und vom höchsten Vollbringen ¹[⊗₍seiend₎]; ²erfüllt von republikanischen Idealen und zugleich geboren zum König ¹[⊗₍seiend₎]; ²ein Römer im tiefsten Kern seines Wesens und wieder berufen ¹[⊗₍seiend₎] ²die römische und die hellenische Entwickelung in sich wie nach außen hin zu versöhnen und zu vermählen, ist Caesar der ganze und vollständige Mann." (Ebd., 434 f.); ¹Transzess, ²Transzedent.

d) „²Ein seliger Mann ¹[⊗₍seiend₎], faßte er seine Braut in seine Arme, und sie mußte abwehren, sonst hätte er sie wahrhaftig die Treppe hinaufgetragen." (EBNER-ESCHENBACH, Lotti 1880, 964); ¹Transzess, ²Transzedent.

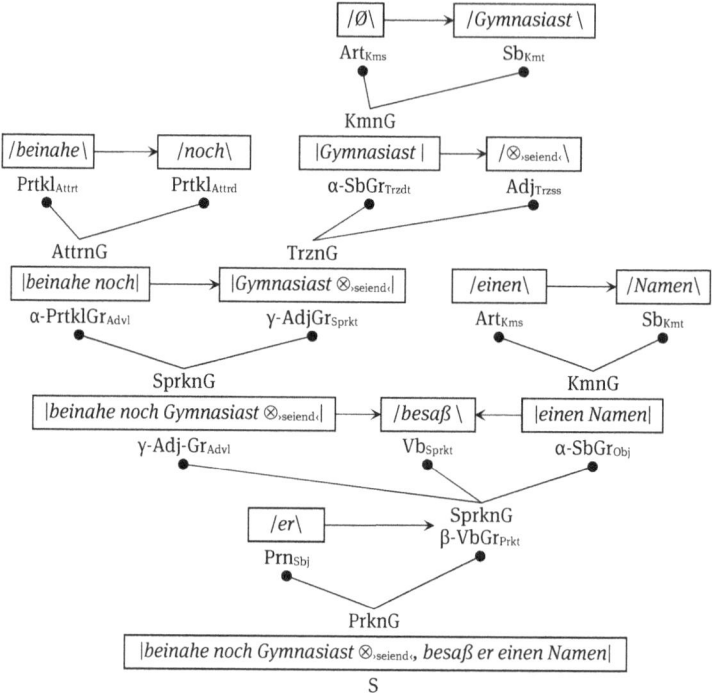

Abb. 95: Konstituentenstruktur und strukturelle Einbettung eines Transzessionsgefüges (Bsp. 186h);

Adj = Adjektiv; γ-AdjGr = γ-Adjektivgruppe; Advl = Adverbial; Art = Artikel; Attrd = Attribuend; AttrnG = Attributionsgefüge; Attrt = Attribut; KmnG = Komitationsgefüge; Kms = Komes; Kmt = Komitat; Obj = Objekt; Prn = Pronomen; PrknG = Prädikationsgefüge; Prkt = Prädikat; Prtkl = Partikel; α-PrtklGr = α-Partikelgruppe; S = Satz; Sb = Substantiv; α-SbGr = α-Substantivgruppe; SprknG = Supprädikationsgefüge; Sprkt = Supprädikat; Trfx = Transfix; Trzdt = Transzedent; TrznG = Transzessionsgefüge; Trzss = Transzess; Vb = Verb; β-VbGr = β-Verbgruppe. — Zu den allgemeinen Notationsregeln vgl. Anhang II (S. 828 ff.).

(Bsp. 186) e) „Der merkwürdigste Insasse des Lagers und wert, namentlich genannt zu werden, war der Hund Samuel. Er wurde (²eine Art Terrier mit leichtem Einschlag von Dackel ¹[⊗‚seiend‹]) vom Osteroder Landsturmbataillon in der Schlacht bei Tannenberg ‚erbeutet'." (KLABUND, Market. 1915, 55); ¹Transzess, ²Transzedent.

f) „Marheineke war wie ein Papst seiner Glaubenslehre. ²Ein schöner Mann ¹[⊗‚seiend‹], hätte er sich in einem Bischofsgewande wie *Pio nono* in dessen ersten Anfängen geben können." (GUTZKOW, Kast. *1869, 295); ¹Transzess, ²Transzedent.

g) „Er gab, was er hatte, und behielt kaum etwas Nennenswertes für sich selber übrig. ²Ein Proletarier ¹[⊗‚seiend‹], wandelte er unter den Proletariern, und die Felder waren kahl, und Schnee lag in den Furchen, und graue Nebel verhingen den Horizont nach allen Seiten." (RAABE, Hungerp. 1863–64, 177); ¹Transzess, ²Transzedent.

h) „Beinahe noch ²Gymnasiast ¹[⊗‚seiend‹], besaß er einen Namen." (TH. MANN, Tod in Ven. 1912, 450); ¹Transzess, ²Transzedent.

i) „²Ein Netz von Adern ¹[⊗,seiend] schnürten sich Straßen über das Land" (FEUCHTWAN-GER, Jud Süß 1925, 5); ¹Transzess, ²Transzedent; die Seins-Proposition ist in Beispielen wie diesem selbstverständlich nicht wörtlich, sondern metaphorisch zu interpretieren.

*

Zu § 42.3 HLR: Der Transzedent kann mit dem Entranszessional des mit dem Transzessionsgefüge verflochtenen Transzessionalgefüges identisch sein (Bsp. 187) oder er kann das Entranszessional als Konstituente aufweisen (Bsp. 188). Der Transzedent ist der Zeichenart nach:

- ein infinitivisches Vollverb (Bsp. 178a, S. 276),
- ein hinsichtlich Kasus, Numerus und Genus inflektivisches Volladjektiv (Bsp. 187a),
- ein Pronomen, das im Nominativ steht (Bsp. 187b) oder – bei Propositivpronomina (§ 86.2β HLR) – unflektiert ist (Bsp. 189),
- eine Partikel (Bsp. 178c, Bsp. 187c),
- ein Satz (Bsp. 187d),
- eine Periode (Bsp. 187e),
- eine Verbgruppe im engeren Sinne (Bsp. 178d),
- eine Substantivgruppe, die im Nominativ (Bsp. 187f) oder – bei bestimmten festen Fügungen wie *der/einer Ansicht/Meinung sein, des Todes/Wahnsinns sein, guter/schlechter Laune/Stimmung sein* (Bsp. 190)[143] – im Genitiv steht,
- eine inflektivische Volladjektivgruppe (Bsp. 178f, Bsp. 187g),
- eine Pronomengruppe (Bsp. 178g, Bsp. 187h),
- eine Partikelgruppe (Bsp. 178h, Bsp. 187i) oder
- eine Miszellangruppe (Bsp. 178i).

Bsp. 187 a) „der Oberkörper ¹bleibt ²ruhig" (ALTENBERG, Wie ich es sehe ⁴1904, 153) — „Sie schien allmählich aus dem Vordergrunde zu verschwinden, ihre Umrisse ¹wurden ²dunkel, ihr Gesicht ¹wurde ²kleiner." (HEYM, Dieb 1913, 78) — „Der Leser wird sich hoffentlich nicht ²gefoppt ¹vorkommen" (ERNST, Komöd. 1928, 95) — „Mein einfältiges Menschenherz ¹lag ²ungeschirmt vor ihr" (FEDERER, Lachw. Gesch. 1911, 216); ¹Transzess, ²Transzedent.

b) „Ich ¹bin ²ich und Du ¹bist ²Du" (DOHM, Ruland 1902, 202); ¹Transzess, ²Transzedent.

c) „²So ¹ist die Erinnerung – man spiegelt sich darin und badet und ertrinkt" (BLEIBTREU, Größenw. 1888, III, 468); ¹Transzess, ²Transzedent.

d) „Chaire [...] ist griechisch und ¹bedeutet: ²sei gegrüßt."(AUERBACH, Schwarzw. Dorfg. I/II 1843, 244); ¹Transzess, ²Transzedent.

---

143 Fügungen wie diese werden auch als Fälle von adverbialem Genitiv interpretiert (so Duden 2005, 829). Das erscheint allerdings dann inkonsequent, wenn man überhaupt zwischen transzedentischen und adverbialen Gliedarten unterscheidet, denn der Unterschied zwischen *er handelt guter Dinge* und *er ist guter Dinge* ist hinsichtlich der Nektorfunktion des Verbs kein anderer als der zwischen *sie redet klug* und *sie ist klug*.

e) „Dein Schweigen ¹heißt: ²Bleibe – und stirb." (EBNER-ESCHENBACH, Agave 1903, 426); ¹Transzess, ²Transzedent.

f) „der Geist ¹ist ²Materie" (SIMMEL, Phil. d. Geld. ³1920 [²1907], 158) – „[D]abei war der Hengst so überaus hoch, daß es dem Herzog, obwohl er ²ein großer Mann ¹war, sauer ward, darauf zu kommen" (TEMME, Volkssag. Pomm. 1840, 84) – „Wer alle Wunder der Physik und Chemie beherrscht, aber von Weltgeschichte und Weltliteratur nur oberflächliche Kunde erhielt, ¹bleibt ewig ²ein ungebildeter Mensch – nicht aber umgekehrt" (BLEIBTREU, Größenw. 1888, II, 144) – „Nun endlich ¹wird der Weg ²ein aufgeschütteter Damm" (FONTANE, Wand. III 1873, 313) – „Seine Assoziationstheorie ¹ist ²ein Versuch, nach dem Vorbild der Gravitationslehre Gesetze des Aneinanderhaftens von Vorstellungen zu entwerfen" (DILTHEY, Einl. Geistesws. 1883, 377); ¹Transzess, ²Transzedent.

g) „Das Wetter ¹ist ²sehr schön." (GOETHE, an Ch. v. Stein [8. 3. 1779], WA IV, 4, 20) – „²immer enger ¹wird der Kreis" (CHRISTEN, Rahel 1876, 21) – „Was aus der Mode kommen kann, ¹war nie ²wert, getragen zu werden" (ALTENBERG, Märchen ³1911, 70); ¹Transzess, ²Transzedent.

h) „[D]er da auf blauem Hintergrund steht, ¹ist ²alles, nur kein Franzose." (TUCHOLSKY, Clem. 1930, 96); ¹Transzess, ²Transzedent.

i) „Für den, der zu lesen weiß, ¹ist der Theaetet keineswegs ²ohne positives und in gewissem Sinne abschließendes Ergebnis" (NATORP, Plat. Ideenl. ²1921, 91); ¹Transzess, ²Transzedent.

Bsp. 188: a) „Was endlich den Rektor von Göttingen betrifft, der in London ¹eine Anstellung ²als ²König von England ¹hat, so kennt jeder seine Mäßigkeitspolitik" (HEINE, Reisebilder IV 1831, 256); ¹Transzess, ²Transzedent, ³Entranszessional.

b) „Wenn [...] du einen Tropfen Wein gießest in ein Faß mit Essig, so verliert er seine Natur und ¹wird ²zu ³Essig" (ERNST, Glück 1904, 81); ¹Transzess, ²Transzedent, ³Entranszessional.

c) „Damals ¹warst du ²wie ³ein Dichter" (ALTENBERG, Wie ich es sehe ⁴1904, 23)

d) „[D]ieser Platz hier ¹erschien ²als ³einfachstes [...] Versteck" (HEYKING, Tag 1905, 156); ¹Transzess, ²Transzedent, ³Entranszessional.

Bsp. 189: „Ich ¹bin ²dein." (TIECK-BERNHARDI, St. i. Wld. 1802, 55); ¹Transzess, ²Transzedent.

Bsp. 190: „Wenn zwei Ärzte ²derselben Meinung ¹sind, dann ist einer davon überhaupt kein Arzt" (TUCHOLSKY, Zeisig 1930, 255); ¹Transzess, ²Transzedent.

Die Frage, ob es sich bei einem sprachlichen Zeichen um einen Transzedenten oder ein Adverbial handelt, ist nicht immer eindeutig zu entscheiden (vgl. Duden 2005, 801). Hentschel/Weydt (2003, 72) geben beispielsweise zu bedenken, dass bei Verben wie *aussehen*, *schmecken* und *riechen* ein Adjektiv bzw. eine Adjektivgruppe oder ein Subjunktionsgefüge mit der Komparativpartikel *wie* (§ 87.3α HLR) als Subjunktor „eine nähere Bestimmung des Aussehens, Schmeckens, Riechens, also des im Verb ausgedrückten Vorgangs, und nicht eine Eigenschaft des Subjektes" leistet.

Anders als Flämig (1991, 111) sehen wir Transzedenten nicht prinzipiell als „notwendige Ergänzungen", d. h. als unabdingbaren Bestandteil des Prädikats oder Attribuenden an, ohne den das prädikative Verb bzw. der Attribuendenkern nicht stehen kann. In Übereinstimmung beispielsweise mit Duden (2005, 791) halten wir fest, dass Transzedenten zumindest bei bestimmten Transzess-Ausdrücken als Angaben erscheinen und also in analogen Zusammenhängen auch fehlen können: Bsp. 191a vs. Bsp. 191b, Bsp. 191c vs. Bsp. 191d.

Bsp. 191: a) „Dies alles habe ich Dir <u>als Freund</u> geschrieben" (RAABE, Alt. Nest. 1879, 79).
b) „Ich habe dir ja so viele Briefe geschrieben" (FONTANE, Irr. Wirr. 1887, 162).
c) „Sie hat [...] ihre Verpflichtung <u>als Mutter</u> ideal erfüllt" (ALTENBERG, Märchen ³1911, 142).
d) „[I]hre Verpflichtungen habe sie reichlich erfüllt" (SCHNITZLER, Therese 1928, 800).

N i c h t als transzedentisch interpretieren wir in Übereinstimmung mit Flämig (1991, 310 f.) bestimmte Gliedsätze, die zusammen mit Prädikativverben auftreten, konkret: indirekte Fragesätze mit Interrogativpronomen, Interrogativpartikel oder eingeleitet durch *ob* sowie Aussagesätze, die durch *dass* oder *wenn* eingeleitet sind oder in Verbzweitstellung erscheinen. Zu unterscheiden sind folgende Fälle:

a) Der vermeintlich als Transzedent erscheinende indirekte Fragesatz ist als Attribut zu einem elliptischen Demonstrativpronomen oder zu einer Partikel zu deuten – womit nicht der indirekte Fragesatz als solcher, sondern eine Pronominalgruppe bzw. Partikelgruppe mit elliptischem Kern als Transzedent anzusetzen ist.

Bsp. 192: a) „Dies allein ist [⊗‚das(jenige)‚], <u>was uns heute retten kann</u>" (DAHN, Rom 1876, 16).
b) „Jedes Ding ist, [⊗‚das(jenige)‚], <u>was es ist</u>" (FICHTE, Grundl. WL 1794–95, 165).
c) „Es ist [⊗‚so‚], <u>wie ich dir sagte</u>" (CHRIST, Mad. Bäurin 1920, 779).

b) Der vermeintlich als Transzedent erscheinende Fragesatze mit *ob* (Bsp. 193a) oder Aussagesatz mit *dass* (Bsp. 193b), *wenn* (Bsp. 193c) oder mit Verbzweitstellung (Bsp. 193d) sind nicht als Transzedenten, sondern als „Subjektsätze in Rhema-Position" (Flämig 1991, 311) zu deuten. Der Transzedent erscheint statt dessen in emphatischer satzinitialer Stellung.

Bsp. 193: a) „<u>Unsicher</u> ist, ob der Ratiz selbst die Rosse nimmt" (FREYTAG, Ahnen I 1872, 316).
b) „‚<u>Wahr</u> ist', rief sie, ‚daß auf dieser Welt die Besten unterliegen und die Schlechtesten obenauf sind'" (SPITTELER, Conrad 1898, 258).
c) „<u>Ihre höchste Seligkeit</u> ist, wenn ein paar dumme Gymnasiasten sich in sie verlieben und ihr nachlaufen" (DOHM, Dalmar ²1897, 30).
d) „Nun aber, meine Herren, wir mögen der inneren Kolonisation noch so weite Ziele stecken und sie uns soweit durchgeführt denken, wie wir wollen, <u>sicher</u> ist: wir k ö n n e n weder dem Großgrundbesitz im Osten den Garaus machen, noch w o l l e n wir es" (WEBER, Ländl. Arbeitsverf. 1893, 465).

c) Die zuvor genannten Phänomene fallen gewissermaßen zusammen: Der vermeintlich als Transzedent erscheinende indirekte Fragesatz ist als Attribut zu einem elliptischen Demonstrativpronomen oder zu einer Partikel zu deuten; zudem ist die Pronominalgruppe bzw. Partikelgruppe mit elliptischem Kern nicht einmal als Transzedent anzusetzen, sondern als Subjekt.

Bsp. 194:   a) „Ruf ist [⊗‹das(jenige)›], was man sich selbst zuzieht" (DOHM, Werde 1894, 92).
   b) „Schön ist [⊗‹das(jenige)›], was gesund ist" (ALTENBERG, Pròdromos 1906, 128).

Der Transzedent erscheint hier wiederum exponiert am Satzanfang.

4.1.13 Anzeptionsgefüge

Mit dem Terminus *Anzeptionsgefüge* fassen wir die Tatsache, dass bei einem Subordinationsgefüge der Satellit koordinativ strukturiert ist, wobei mindestens zwei der satellitischen Koordinate sich zum Kern des Subordinationsgefüges vergleichbar den Satelliten u n t e r s c h i e d l i c h e r Kompaxivgefüge verhalten. Wollte man ein solches Phänomen als Verschränkung verschiedener Kompaxivgefüge interpretieren, so wäre dies gleichbedeutend damit, den Kern als eine parallel auf zweifache Weise determinierte und determinierende Größe zu deuten. Eine solche Art der Determination anzunehmen, hätte jedoch weitreichende Konsequenzen für die grammatische Systematik. Die subordinative Determination müsste anders – viel komplizierter – konzipiert werden. Wir entscheiden uns daher, die Grundsätze unserer grammatischen Beschreibung beizubehalten und nicht davon auszugehen, dass eine und dieselbe Einheit als Kern mehrere Satelliten a u f   u n t e r s c h i e d l i c h e A r t (im gefügespezifischen Sinne) determinieren kann. Es ist demnach nicht möglich, ein Gliedergefüge zum Beispiel halb als Supprädikations- bzw. Attributionsgefüge, halb als Transzessionsgefüge zu klassifizieren, so dass der Ansatz einer eigenständigen Gliedergefügeart nötig wird.

---

§ 43.1 HLR: (a) A n z e p t i o n s g e f ü g e (AzpnG) sind dissolute (§ 15.IIb HLR) kompaxive (§ 17.I HLR) Subordinationsgefüge (§ 18 HLR) und bestehen aus zwei Gliedern: einem Kern, dem A n z e p t (Azpt), und einem Satelliten, dem A n z e p s (Azps).

(b) Anzeptionsgefüge sind der Zeichenart nach [I]Verbgruppen, insbesondere ε-Verbgruppen (§ 88. 4b^V HLR), [II]Substantivgruppen, insbesondere δ-Substantivgruppen (§ 89.2δ^I HLR) oder [III]Pronomengruppen, insbesondere γ-Pronomengruppen (§ 92.2γ HLR).

§ 43.2 HLR: (a) Das Anzept steht zu seinem Anzeps in der Relation der A n z e p t u r.

(b) Das Anzept ist der Zeichenart nach [I]ein Verb (§ 82.5α^{IX} HLR), [II]ein Substantiv (§ 83.4α^V HLR) oder [III]ein Pronomen (§ 86.3α^{III} HLR).

§ 43.3 HLR: (a) Das Anzeps steht zu seinem Anzept in der Relation der A n z e p t i o n.

(b) Das Anzeps ist der Zeichenart nach eine Wortgruppe, konkret: [I]eine als Kojunktionsgefüge strukturierte Substantivgruppe (konkret: eine α-Substantivgruppe i. S. v. § 89.2α^{III}, eine β-Substantivgruppe i. S. v. § 89.2β^{III} oder eine ζ-Substantivgruppe i. S. v. § 89.2ζ^I), deren Kojunkte als Komitationsgefüge strukturiert sind und als Satelliten verschiedenartiger Kompaxivgefüge erscheinen, wenn sie jeweils allein als Satelliten fungierten, [II]eine β-Partikelgruppe (§ 93.3β^{VII} HLR), in der mindestens zwei Kojunkte oder Kojunktkerne als Satelliten verschiedenartiger Kompaxivgefüge erschienen, wenn sie jeweils allein als Satelliten fungierten, oder ⁽ᴵᴵᴵ⁾eine Miszellangruppe (§ 94.2b HLR), in der mindestens zwei Kojunkte oder Kojunktkerne als Satelliten verschiedenartiger Kompaxivgefüge erschienen, wenn sie jeweils allein als Satelliten fungierten.

(c) ⁽ᴵ⁾Ein Anzeps-Bestandteil (Kojunkt oder Kojunktkern), der für sich genommen als Objekt erschiene, heißt A n z e p s o b j e k t (AzpsObj). ⁽ᴵᴵ⁾Ein Anzeps-Bestandteil (Kojunkt oder Kojunktkern), der für sich genommen als Adverbial erschiene, heißt Anzepsadverbial (AzpsAdvl). ⁽ᴵᴵᴵ⁾Ein Anzeps-Bestandteil (Kojunkt oder Kojunktkern), der für sich genommen als Adverbat erschiene, heißt A n z e p s a d v e r b a t (AzpsAdvt). ⁽ᴵⱽ⁾Ein Anzeps-Bestandteil (Kojunkt oder Kojunktkern), der für sich genommen als Attribut erschiene, heißt A n z e p s a t t r i b u t (AzpsAttrt). ⁽ⱽ⁾Ein Anzeps-Bestandteil (Kojunkt oder Kojunktkern), der für sich genommen als Transzedent erschiene, heißt A n z e p s t r a n s z e d e n t (AzpsTrzdt).

Zu § 43.1 HLR: Anzeptionsgefüge sind dissolut: Kern und Satellit müssen weder in unmittelbarer Nachbarschaft zueinander stehen noch sind sie positionsgebunden:

Bsp. 195:   a) „Sie ¹verlassen Bünden ²als Freunde und in kürzester Frist." (C. F. Meyer, Jenatsch ²1882, 521); ¹Anzept, ²Anzeps.

b) „daß er ²als Freund und in einem solchen Verhältnisse nicht ganz aufrichtig ¹handle" (Goethe, Wahlverw. 1809, 145); ¹Anzept, ²Anzeps.

Anzeptionsgefüge sind (gemäß § 18.1b² HLR in Abhängigkeit von ihrem Kern, dem Anzept) der Zeichenart nach

- Verbgruppen, insbesondere ε-Verbgruppen (Bsp. 195),
- Substantivgruppen, insbesondere δ-Substantivgruppen (Bsp. 196) oder
- Pronomengruppen, insbesondere γ-Pronomengruppen[144].

Bsp. 196:   „Ein Blick auf das thematische Verzeichniß seiner Compositionen nach dem Figaro zeigt, daß sie offenbar durch seine ¹Verhältnisse ²als Lehrer und in der musikalischen Gesellschaft hervorgerufen waren." (O. Jahn, Mozart IV 1859, 275); ¹Anzept, ²Anzeps.

*

Zu § 43.2 HLR: In Übereinstimmung mit dem zuvor Gesagten erscheint das Anzept der Zeichenart nach

- als Verb (Bsp. 195),
- als Substantiv (Bsp. 196) oder
- als Pronomen (Anm. 144).

---

144 In unserem Korpus nicht belegt; Beispiele wie das folgende lassen sich denken: *Eine Arbeit als Wissenschaftlerin könnte sie sich gut vorstellen, ¹eine ²als Sekretärin oder in der Öffentlichkeitsarbeit hingegen kaum (¹Anzept, ²Anzeps).

Darüber hinaus ist es auch möglich, dass Verbgruppen, Substantivgruppen oder Pronomengruppen als Anzepte fungieren; Beispiele dafür sind allerdings in unserem Untersuchungskorpus gleichfalls nicht belegt.

*

Zu § 43.3 HLR: Das Anzeps ist der Zeichenart nach häufig eine Miszellangruppe. Seine Bestandteile können funktional unterschiedlich beschaffen sein. So kann sich mindestens eines der Kojunkte analog einem Transzedenten (der Anzepstranszedent: Bsp. 197, Bsp. 198) verhalten, mindestens eines entweder analog einem Adverbial (das Anzepsadverbial: Bsp. 197) oder analog einem Attribut (das Anzepsattribut: Bsp. 198). Mit anderen Worten: Reduzierte man ein Anzeps lediglich auf den Anzepstranszedenten, so stellte sich das Anzeptionsgefüge als Transzessionsgefüge dar; reduzierte man es lediglich auf das Anzepsadverbial, so erschiene es als Supprädikationsgefüge; sähe man von allem ab außer dem Anzepsattribut, so erschiene das Anzeptionsgefüge als Attributionsgefüge.

Bsp. 197: a) „Ich hatte das Mädchen oft gesehen, mit ihr gesprochen, und ^{1}war oft $^{2\frown 3}$als Gast und ^{4}in Geschäften$^\urcorner$ in dem Hause seines reichen Vaters ^{1}gewesen." (STIFTER, Nachkomm. 1864, 60); ^{1}Anzept; ^{2}Anzeps, ^{3}Anzepstranszedent, ^{4}Anzepsadverbial.

b) „Ich ^{1}sah sie $^{2\frown 3}$als Julie, ^{3}als Donna Diana, ^{3}als Sappho, ^{3}als Gräfin Orsina, ^{3}als Gräfin Terzky und ^{4}in einem Raupach'schen historischen Trauerspiele$^\urcorner$." (LEWALD, Lebensgesch. II.2 1862, 47); ^{1}Anzept; ^{2}Anzeps, ^{3}Anzepstranszedent, ^{4}Anzepsadverbial.

c) „Käthe [...] ^{1}vertrat schon gut die Mutter $^{2\frown 3}$als Gesellschafterin und ^{4}in der Führung des Hauses$^\urcorner$" (WITKOWSKI, Erzähltes *1937–38, 174); ^{1}Anzept; ^{2}Anzeps, ^{3}Anzepstranszedent, ^{4}Anzepsadverbial.

Bsp. 198: „das ^{1}Leben der Polypen $^{2\frown 3}$als Einzelthiere und ^{4}in Kolonien oder Stöcken$^\urcorner$" (SCHMIDT, Brehm X 1887, 503); ^{1}Anzept; ^{2}Anzeps, ^{3}Anzepstranszedent, ^{4}Anzepsattribut.

Ein anderer Fall ist der, dass sich mindestens eine (un)mittelbare Anzeps-Konstituente analog einem Adverbial und mindestens eine analog einem Adverbat verhält; dann kann das Anzeps auch eine β-Partikelgruppe sein.

Bsp. 199: „Als er [...] mit Gewalt $^{2\frown 3}$aus den Federn, ^{3}in die Kleider und ^{4}zur Besinnung$^\urcorner$ ^{1}gebracht worden war" (FRANÇOIS, Stufenj. 1877, 220); ^{1}Anzept; ^{2}Anzeps, ^{3}Anzepsadverbial, ^{4}Anzepsadverbat.

Bei Konstruktionen wie diesen, in der Rhetorik seit alters als *Zeugmata* bekannt, sind auch Fälle möglich, in denen das Anzeps als Substantivgruppe erscheint, weil alle seine Kojunkte als Komitationsgefüge strukturierte Substantivgruppen sind; so z. B. in *Sie nahm Seife, Schwamm und ein Bad* (Duden 2001, 275). Sie werden in der normativen Stilistik häufig als fehlerhafte Ellipsen gedeutet (ebd.) – eine Auffassung, der wir weder hinsichtlich der Fehlerhaftigkeit noch hinsichtlich der Elliptik folgen. Genau genommen schließen die Begriffe des Zeugmas und der Ellipse einander aus, da man im ersten Fall nur ein Verb annimmt, das die Glieder des Kojunktionsgefüges ‚zusammenzwingt', im zweiten von mehreren Verben ausgeht, die zwar ausdrucksseitig nicht realisiert sind, in der Logik der Konstruktion aber als Nullstellen erscheinen. Wir wenden uns zwar durchaus nicht prinzipiell gegen die Annahme von Ellipsen, versuchen aber doch, sie dort zu vermeiden, wo es einfachere Erklärungsmöglichkeiten gibt (solche, die weniger voraussetzungsintensiv sind und weniger komplexe Strukturen ergeben). Andernfalls müsste man konsequenterweise an sehr vielen anderen Stellen der Grammatik ebenfalls mit Ellipsen arbeiten; man hätte es womöglich am Ende mit mehr Nullzeichen als realisierten Zeichen zu tun und die hypothetischen Leerstellen durchzögen die Sprache wie die dunkle Materie das Universum.

4.1.14 Dekussationsgefüge

Dekussationsgefüge – lat. *decussatio* ›Überkreuzung‹, nach der römischen Ziffer X (lat. *decem* ›zehn‹) – sind, ähnlich wie Anzeptionsgefüge (4.1.13), Konstruktionen, die als Verschränkung verschiedenartiger Gefüge (in diesem Fall: von Supprädikations- und Flexionsgefügen) interpretiert werden könnten. Anders als bei Anzeptionsgefügen, bei denen der Satellit die ‚Janusköpfigkeit' bewirkt, ist bei Dekussationsgefügen der Gefügekern dafür ursächlich.

---

§ 44.1 HLR: (a) D e k u s s a t i o n s g e f ü g e (DknG) sind dissolute (§ 15.IIb HLR) kompaxive (§ 17.I HLR) Subordinationsgefüge (§ 18 HLR) und bestehen aus zwei Gliedern: einem Kern, dem D e k u s - s a t o r (Dktr), und einem Satelliten, dem D e k u s s a t (Dkt).

(b) Dekussationsgefüge sind der Zeichenart nach Verbgruppen, genauer: η-Verbgruppen (§ 88.4b^{VIIβ} HLR).

§ 44.2 HLR: (a) Der Dekussator steht zu seinem Dekussat in der Relation der D e k u s s a t i o n .

(b) Der Dekussator ist der Zeichenart nach eine η-Verbgruppe (§ 88.4b^{VIIγ} HLR), in der mindestens ein Kojunkt oder Kojunktkern als Modalverb („Supprädikationsdekussator") und ein Kojunkt oder Kojunktkern als Hilfsverb („Flexionsdekussator") erscheint.

§ 44.3 HLR: (a) Das Dekussat steht zu seinem Dekussator in der Relation der D e k u s s a t u r .

(b) Dekussate sind der Zeichenart nach $^{(I)}$Verben, die als Vollverb im Infinitiv (hinsichtlich des Supprädikationsdekussators) bzw. als Infinitvollverb (hinsichtlich des Flexionsdekussators) erscheinen, oder $^{(II)}$Verbgruppen (mit Ausnahme von α-Verbgruppen, § 88.4b^{I} HLR, und 0-Verbgruppen, § 88.4b^{VIII} HLR), deren Kerne oder Kojunktkerne als Verben im Infinitiv (hinsichtlich des Supprädikationsdekussators) bzw. als Infinitverben (hinsichtlich des Flexionsdekussators) erscheinen.

Bsp. 200: a) „[D]er wechselseitige Rat ⌈^{1a}soll und ^{1b}wird⌉ ^{2}aufhelfen." KLINGER, Betr. u. Ged. 1809, 319); ^{1}Dekussator (^{1a}Supprädikationsdekussator, ^{1b}Flexionsdekussator), ^{2}Dekussat.

b) „Kein Zweifel! wir tragen dies Principium in uns und es ⌈^{1a}muß und ^{1b}wird⌉ ^{2}seiner Art gemäß wirken." (HERDER, Gesch. d. Menschh. III 1787, 215); ^{1}Dekussator (^{1a}Supprädikationsdekussator, ^{1b}Flexionsdekussator), ^{2}Dekussat.

c) „In der neuen Gesellschaft, ⌈^{2}die⌉ wir $^{(2)}$konstituieren ⌈^{1a}wollen und ^{1b}werden⌉ und der wir entgegengereift sind, auch wenn es noch nicht allgemein erkannt wäre, kann nicht mehr das rohe Recht des Stärkeren herrschen, das ein Geschlecht zum Eigentum des anderen gemacht hat, da gibt es nur Brüder und Schwestern, Arbeiter und Arbeiterinnen." (OTTO, Assoz. 1849, 60); ¹Dekussator (¹ᵃSupprädikationsdekussator, ¹ᵇFlexionsdekussator), ²Dekussat.

d) „Nur was Recht und Gebrauch ist, und nichts, weder zur Rechten noch zur Linken, ¹⎡¹ᵃkann und ¹ᵃsoll und ¹ᵇwird⎤ ²geschehen." (HIPPEL, Querzg. I 1793, 94); ¹Dekussator (¹ᵃSupprädikationsdekussator, ¹ᵇFlexionsdekussator), ²Dekussat.

e) „Doch die Zeit ¹⎡¹ᵇwird und ¹ᵃmuß⎤ ²anders werden" (ASTON, Lb. Frau 1847, 106); ¹Dekussator (¹ᵃSupprädikationsdekussator, ¹ᵇFlexionsdekussator), ²Dekussat.

Zu § 44.1 HLR: Dekussationsgefüge sind, wie der Vergleich von Bsp. 200c mit den anderen in Bsp. 200 aufgeführten Belegen deutlich macht, dissolut, da ihre beiden unmittelbaren Konstituenten nicht positionsfest sind; zudem zeigen sich, wie das Dekussat in Bsp. 200c erkennen lässt, die Gefügebestandteile auch für sich genommen nicht konsistent.

Ein Dekussationsgefüge erscheint als Subordinationsgefüge, da es einen Kern hat. Die Bestandteile des Dekussators bzw. deren Kerne wären, stünden sie allein, jeweils Kerne von Gefügen: der Supprädikationsdekussator wäre ein Supprädikat, der Flexionsdekussator ein Flektor. Sie ‚vererben' ihre Kernfunktion an ihr Konstitut, das dann sozusagen Supprädikat und Flektor in einem ist bzw. gewisse Züge sowohl eines Supprädikats als auch eines Flektors aufweist.

*

Zu § 44.2 HLR: Der Dekussator ist der Zeichenart nach eine η-Verbgruppe gemäß § 88.4b^{VIIγ} HLR, d. h. eine Verbgruppe, die als Kojunktionsgefüge (§ 48 HLR) strukturiert ist und deren Kojunkte allesamt als Konjunktionsgefüge (§ 47 HLR) strukturierte Verbgruppen oder allesamt ebensolche Verbgruppen und Verben (Bsp. 200a–e) sind. Mindestens ein Kojunkt (Bsp. 200a–d) oder Kojunktkern (Bsp. 200d–e) ist ein Modalverb und würde damit allein zusammen mit dem als Dekussat fungierenden Zeichen ein Supprädikationsgefüge bilden (daher „Supprädikationsdekussator"). Ein Kojunkt (Bsp. 200e) oder Kojunktkern (Bsp. 200a–d) ist ein Hilfsverb und würde damit allein zusammen mit dem als Dekussat fungierenden Zeichen ein Flexionsgefüge bilden (daher („Flexionsdekussator").

Es kann, wie Bsp. 200d dokumentiert, mehr als einen Supprädikationsdekussator geben.

*

Zu § 44.3 HLR: Dekussate sind der Zeichenart nach Verben (Bsp. 200a/c–d) oder Verbgruppen (Bsp. 200b/e). Es handelt sich prinzipiell um Infinitive, die kategorial allerdings als ambivalent erscheinen. Mit Blick auf den Supprädikationsdekussator lassen sie sich als Vollverben im Infinitiv bzw. als Verbgruppen mit infinitivischem Kern oder infinitivischen Kojunktkernen interpretieren. Mit Blick auf den Flexionsdekussator können sie gedeutet werden als Infinitvollverben i. S. v. § 82.2d^{IIαβα} HLR bzw. als Verbgruppen mit Infinitverben (i. S. v. § 82.2d^{IIα} HLR) als Kernen oder Kojunktkernen.

4.1.15 Adpositionsgefüge

Wie an anderer Stelle (Kap. 5.2.5) erläutert, behandeln wir in dieser Arbeit die Partikeln als eine einzige Wortart. Wir verwenden daher den Terminus *Adposition* nicht im Sinne einer Wortart (als Hyperonym zu *Präposition, Postposition, Ambiposition* und *Zirkumposition* wie beispielsweise bei Hentschel/Weydt 2003, 275 ff.) sondern im Sinne einer D e t e r m i n a t i o n s a r t. Entsprechend sehen wir die Partikel mit Adpositfunktion nicht als Wortart, sondern als Gliedart und vermeiden somit dort, wo es um Vertreter dieser Gliedart geht, Termini auf *-ion* (sprechen also eben nicht von *Adpositionen*, sondern von *Adpositen*). Der Terminus auf *-ion* bezieht sich bei uns auf die Funktion des Glieds; mit anderen Worten: Ein Adposit i s t im Rahmen dieser Arbeit nicht eine Adposition, sondern es l e i s t e t sie in einem konkreten Gefüge.

Dass an diesem Punkt ein Unterschied zwischen Wortart und Gliedart sinnvollerweise zu machen ist, zeigt sich schon daran, dass als Adposite keineswegs nur Partikeln wie *in*, *an* oder *auf* erscheinen können, sondern eben auch Adjektive wie *seitlich* (Bsp. 201a) oder *westlich* (Bsp. 201b) und Partikelgruppen wie *auf Grund* (Bsp. 202a) bzw. *aufgrund* (Bsp. 202b), die man nur mit mehr oder weniger großem theoretischem Aufwand einer Wortart ‚Adposition' zuordnen könnte.

Bsp. 201: a) „[S]ie ging gehorsam hinüber und stellte sich hinter den Bruder, seitlich der Mitte des Tisches" (HOFMANNSTHAL, Fr. o. Sch. 1919, 391)
b) „aus einem weit westlich der Elbe gelegenen Pfarrdorfe" (FONTANE, 20–30 1908, 63)

Bsp. 202: a) „Getrost könnte ich auf Grund meiner Kenntnisse die Bewirtschaftung eines großen Gutes selbständig übernehmen" (BOY-ED, Förster 1889, 44).
b) „Unser Ordinarius hieß Kutsch, ehemaliger Volksschullehrer und nur aufgrund altbewährter Ungebundenheiten – Preußen war damals noch nicht zu einer Maschine umreglementiert – zum Dienst auf Tertia zugelassen" (SUDERMANN, Bilderb. 1922, 64).

---

§ 45.1 HLR: (a) A d p o s i t i o n s g e f ü g e (AdpnG) sind dissolute (§ 15.IIb HLR) kompaxive (§ 17.I HLR) Subordinationsgefüge (§ 18 HLR), genauer: Subnektionsgefüge (§ 22.1c^I HLR), und bestehen aus zwei Gliedern: einem Kern, dem A d p o s i t (Adpt) und einem Satelliten, dem A d p o n e n d e n (Adpd).

(b) Adpositionsgefüge sind der Zeichenart nach $^{(I)}$β-Volladjektivgruppen (§ 90.2β^{II}; § 45.2b^{IIα}, § 18.1b^{2β} HLR), $^{(II)}$δ-Volladjektivgruppen (§ 90.2δ^I; § 45.2b^{Iα}, § 18.1b^{2α} HLR), $^{(III)}$η-Volladjektivgruppen (§ 90.2η^{II}; § 45.2b^{IIα}, § 18.1b^{2β} HLR), $^{(IV)}$β-Partikelgruppen (§ 93.2β^I; § 45.2b^{Iβ}, § 18.1b^{2α} bzw. § 45.2b^{IIβ}, § 18.1b^{2β} HLR) oder $^{(V)}$ε-Partikelgruppen (§ 93.2ε; § 45.2b^{IIβ}, § 18.1b^{2β} HLR).

(c) Als Subnektionsgefüge sind Zeichen, die als Adpositionsgefüge strukturiert sind, ihrer allgemeinen Gliedart nach Satelliten; konkret können sie fungieren als $^{(I)}$Objekte (§ 35.3b^I HLR), $^{(II)}$Adverbialien (§ 35.3b^{II} HLR), $^{(III)}$Kommentare (§ 36.3 HLR), $^{(IV)}$Attribute (§ 39.3 HLR) oder $^{(V)}$Transzedenten (§ 42.3.c^{IIε} HLR).

§ 45.2 HLR: (a) Das Adposit steht zu seinem Adponenden in der Relation der A d p o s i t u r (des Adponiert-Werdens).

(b) Das Adposit ist der Zeichenart nach ⁽ᴵ⁾ein Wort, konkret: ⁽ᵅ⁾ein inflektivisches Volladjektiv (§ 84. 4α⁽ᴵᵋ HLR), oder ⁽ᵝ⁾eine Partikel (§ 87.4α⁽ᴵᴵ HLR) oder ⁽ᴵᴵ⁾eine Wortgruppe, konkret: ⁽ᵅ⁾eine Volladjektivgruppe (§ 90.3α⁽ᴵᴵᴵ HLR) oder ⁽ᵝ⁾eine Partikelgruppe (§ 93.3α⁽ᴵᴵᴵ HLR).

(c) Das Adposit steht syntaktisch ⁽ᴵ⁾unmittelbar vor dem Adponenden (P r ä p o s i t), ⁽ᴵᴵ⁾unmittelbar nach dem Adponenden (P o s t p o s i t) oder ⁽ᴵᴵᴵ⁾in Klammerform um den Adponenden herum (Z i r k u m p o s i t).

(d) Das Adposit erscheint insofern als Kern des Adpositionsgefüges, als der Adponend hinsichtlich des Kasus von ihm determiniert wird, wo dies möglich ist – also dort, wo der Adponend ein Pronomen (§ 45.3b⁽ᴵⱽ HLR), eine Substantivgruppe (§ 45.3b⁽ᴵᴵᵝ HLR) oder eine Pronomengruppe (§ 45.3b⁽ᴵᴵᵟ HLR) ist.

§ 45.3 HLR: (a) Der Adponend steht zu seinem Adposit in der Relation der A d p o s i t i o n .

(b) Der Adponend ist der Zeichenart nach ⁽ᴵ⁾ein Wort, konkret: ⁽ᵅ⁾ein Vollverb im *zu*-Infinitiv (§ 82.5α⁽ᴵᴵᵟ HLR), ⁽ᵝ⁾ein inflektivisches Volladjektiv (§ 84.4α⁽ᴵᴵᵟ HLR), ⁽ᵞ⁾ein Pronomen (§ 86.3β⁽ⱽᴵᴵ HLR) oder ⁽ᵟ⁾eine Partikel (§ 87.4β⁽ᴵˣ HLR) oder ⁽ᴵᴵ⁾eine Wortgruppe, konkret: ⁽ᵅ⁾eine Verbgruppe im *zu*-Infinitiv (§ 88.4c⁽ᴵᴵᵟ HLR), ⁽ᵝ⁾eine Substantivgruppe (§ 89.3β⁽ˣ HLR), ⁽ᵞ⁾eine inflektivische Volladjektivgruppe (§ 90.3β⁽ⱽᴵ HLR), ⁽ᵟ⁾eine Pronomengruppe (§ 92.3β⁽ⱽ HLR) oder ⁽ᵋ⁾eine Partikelgruppe (§ 93.3β⁽ⱽᴵᴵᴵ HLR).

Zu § 45.1 HLR: Adpositionsgefüge sind dissolut, d. h., Adposit und Adponend sind nicht notwendig positional gebunden. Es gibt drei Möglichkeiten (§ 45.2c HLR): das Adposit ist als Präposit dem Adponenden unmittelbar vorangestellt (Bsp. 203a/b/e), als Postposit unmittelbar nachgestellt (Bsp. 203c/d) oder als Zirkumposit mit seinem ersten Bestandteil unmittelbar vorangestellt, mit seinem zweiten unmittelbar nachgestellt (Bsp. 203f). Bei Adpositen, die entweder Präposite oder Postposite (Bsp. 203b/c) oder Präposite oder Zirkumposite (Bsp. 203e/f) sein können, sprechen wir von A m b i p o s i t e n .

Bsp. 203: a) „¹bei ²den Einsiedlern" (SCHEERBART, Tarub 1897, 122); ¹Adposit, ²Adponend.
  b) „¹voll ²schimmernder Pracht" (DOHM, Schicks. 1899, 48); ¹Adposit, ²Adponend.
  c) „²edler Versprechungen ¹voll" (HESSE, Siddh. 1922, 386); ¹Adposit, ²Adponend.
  d) „²dieser Geschichte ¹halber" (BLEIBTREU, Größenw. 1888, II, 66); ¹Adposit, ²Adponend.
  e) „Drum laßt ¹um Willen ²Eures alten Freundes | Euch auch dies wilde Spiel empfohlen sein!" (TIECK, Zerbino 1799, 153); ¹Adposit, ²Adponend.
  f) „¹um ²meiner schönen Augen ¹willen" (SPIELHAGEN, Zeitvertr. 1897, 142); ¹Adposit, ²Adponend.

Der Zeichenart nach erscheinen Adpositionsgefüge als β-Volladjektivgruppen (Bsp. 204a), δ-Volladjektivgruppen (Bsp. 203b/c), η-Volladjektivgruppen (Bsp. 204b), β-Partikelgruppen (Bsp. 203a/d, Bsp. 205a/c/d) oder ε-Partikelgruppen (Bsp. 203e/f).

*

Zu § 45.2 HLR: Das Adposit ist der Zeichenart nach ein inflektivisches Volladjektiv (Bsp. 203b/c), eine Partikel (Bsp. 203a/d, Bsp. 205a/c), eine β-Volladjektivgruppe mit einem inflektivischen Adjektiv als Kern (Bsp. 204a), eine η-Volladjektivgruppe mit inflektivischen Adjektiven als Kojunkten bzw. Kojunktkernen (Bsp. 204b), eine β-Partikelgruppe (Bsp. 205d) oder eine ε-Partikelgruppe (Bsp. 203e/f).

Bsp. 204: a) „¹Etwa dreiviertel Stunden nördlich ²der vormaligen Veste Rothenberg liegt das kleine Dorf Osternohe in einem ziemlich engen, aber fruchtbaren Thale." (SCHÖPPNER, Sagenb. II 1853, 172); ¹Adposit, ²Adponend.

b) „in den ¹südlich und nördlich ²des Gebirges gelegenen Theilen von Mittelafrika" (BREHM, Thierleb. II ²1883, 246); ¹Adposit, ²Adponend.

Ein Adpositionsgefüge erscheint als Subnektionsgefüge: Sein Kern, das Adposit, fungiert als Subnektor, indem er das gesamte Adpositionsgefüge satellitisch – als Objekt (Bsp. 205a), Adverbial (Bsp. 205b), Kommentar (Bsp. 205c), Attribut (Bsp. 205d) oder Transzedent (Bsp. 187i, S. 284) – in ein übergeordnetes Gefüge einbindet.

Bsp. 205: a) „Der Arzt ⁴wartete ³ʳ¹auf ²das Erwachen des Kranken˥" (TIECK-BERNHARDI, Evremont 1836, I, 45); ¹Adposit, ²Adponend, ³Objekt, ⁴Supprädikat.

b) „Aber drüben im Dickicht ⁴verstummte ³ʳ¹von ²jetzt ¹an˥ der Ruf und wurde nicht weiter gehört." (GERSTÄCKER, Reg. 1846, 409); ¹Adposit, ²Adponend, ³Adverbial, ⁴Supprädikat.

c) „⁴Er hatte dem Staate ³ʳ¹nach ²seiner Auffassung˥ ⁴die letzten Reste seiner Jugend gewidmet." (GUTZKOW, Ritter 1850–51); ¹Adposit, ²Adponend, ³Kommentar, ⁴Kommentat.

d) „Man sprach sogar von der ⁴Wiederaufnahme der [...] sistierten demokratischen Anklagen ³ʳ¹auf Grund ²des Varischen Gesetzes˥" (MOMMSEN, Röm. Gesch. III 1856, 154); ¹Adposit, ²Adponend, ³Attribut, ⁴Attribuend.

Einige Beispiele für Einheiten, die potentiell als Adposite erscheinen können:

- als reine Präposite: *ab, abseits, abzüglich, an, angesichts, anlässlich, anstatt, anstelle/an Stelle, auf, aufgrund/auf Grund, aus, ausschließlich, außer, außerhalb, behufs, bei, betreffs, bezüglich, binnen, dank, diesseits, einschließlich, fern, für, gegen, gen, hinter, in, infolge, inmitten, innerhalb, jenseits, kraft, längs, laut, mangels, mit, mitsamt, mittels, nächst, neben, nebst, nördlich, ob, oberhalb, ohne, östlich, per, pro, samt, seit, seitens, seitlich, statt, südlich, trotz, um, unfern, unter, unterhalb, unweit, vermittels, vermöge, von, vor, während, westlich, wider, zeit, zugunsten, zuzüglich, zwecks, zwischen.*
- als reine Postposite: *halber, lang, zuliebe, zuwider.*
- als reine Zirkumposite: *um ... herum, von ... ab/an/aus/her.*
- als Ambiposite: *entgegen, entlang, exklusive, fern, gegenüber, gemäß, inklusive, nach, nahe, über, unbeschadet* (Bsp. 206), *ungeachtet, vis-à-vis* (Bsp. 207), *wegen, zu* (Bsp. 208), *zufolge* (Bsp. 209), *zunächst, um ... willen* (Bsp. 203e/f).

Es versteht sich, dass die meisten dieser Einheiten nicht ausschließlich Adposite sind, sondern auch andere Gliedfunktion(en) erfüllen können.

Bsp. 206: a) als Präposition: Jedenfalls sollte die Zeitung, wie dies auch bei einigen der Fall, so eingerichtet sein, daß man unbeschadet des übrigen Inhalts, das Feuilleton hinwegschneiden kann" (LUISE BÜCHNER, Frauen ⁴1872, 163).

b) als Postposition: „Nennt alle Dinge bey ihren Nahmen, liebt und haßt so südlich, so unheilig wie möglich. Allen Rosenkränzen und Heiligenbildern <u>unbeschadet</u>." (FISCHER, Honigm. 1802, II, 170.)

Bsp. 207: a) als Präposition: „seinen Stammsessel <u>vis-à-vis</u> dem ‚Für Damen'" (RINGELNATZ, ...liner Roma... 1924, 185).

b) als Postposition: „die kleine Mieze [...] saß dem kleinen Ole <u>vis-à-vis</u>" (HOLZ/SCHLAF, Papa Hamlet 1892, 61).

Bsp. 208: a) als Präposition: „Man vergegenwärtige sich nur einmal die Verschiedenartigkeit der Erscheinungen, die hier für die Vergleichung <u>zu</u> Gebote stehen" (PÖHLMANN, Gesch. d. soz. Fr. I ³1925, 6).

b) als Postposition: „Schon nach neun Monaten spülten mich die dünnen Wassersuppen der dicken Frau Meisterin wieder der Heimat <u>zu</u>" (BUSCH, Schmetterl. 1895, 214).

Bsp. 209: a) als Präposition: „[D]ie *Grimm's*, die man noch obendrein aus Kassel [...] auswies, <u>zufolge</u> der Seelenverwandtschaft, die zwischen hier und Hannover herrschte, folgten bald einem Rufe des Königs von Preußen nach Berlin" (LUISE BÜCHNER, Dt. Gesch. 1875, 255).

b) als Postposition: „Seinem ganzen Bildungs- und Lebensgang <u>zufolge</u> fehlte es ihm [J. Ph. Kirnberger] an der Gabe des schriftlichen Ausdrucks und wo ihm nicht seine Freunde [...] zu Hülfe kamen, gelang es ihm schwer seine Ansichten klar darzustellen" (O. JAHN, Mozart III 1858, 360).

Das Adposit erscheint insofern als Kern des Adpositionsgefüges, als es den Adponenden, sofern dieser kasusflektierbar ist, hinsichtlich des Kasus determiniert. Von den vorstehend genannten Einheiten in Adpositfunktion, die kasusflektierbare Adponenden haben können, bewirken

- den Genitiv: *abseits, abzüglich, angesichts, anlässlich, anstatt, anstelle/an Stelle, aufgrund/auf Grund, ausschließlich, außerhalb, behufs, betreffs, bezüglich, diesseits, einschließlich, exklusive, halber, infolge, inklusive, inmitten, innerhalb, jenseits, kraft, längs, mangels, mittels, nördlich, oberhalb, östlich, seitens, seitlich, südlich, um ... willen, ungeachtet, vermittels, vermöge, westlich, zeit, zuzüglich*;
- den Dativ: *ab, aus, außer, bei, entgegen, gegenüber, gemäß, mit, mitsamt, nach, nächst, nebst, ob, samt, seit, vis-à-vis, von, von ... ab/an/aus/her, vor, zu, zufolge, zuliebe, zunächst, zuwider*;
- den Akkusativ: *durch, entlang, für, gegen, gen, lang, ohne, per*[145]*, pro*[146]*, um, um ... herum, wider*;

---

[145] „Es genügt ihm, wenn er es <u>per</u> ersten April übernehmen kann." (ERNST, Komöd. 1928, 330); „er brachte es zu einem Alter, das ihn berechtigte, uns, die wir sämtlich zwischen dem fünften und dem sechsten Jahrzehnt herumhüpfen, <u>per</u> grüne Grasteufel und rote Erdzeisel zu traktieren [›als ‚grüne Grasteufel' und ‚rote Erdzeisel' anzureden‹]" (EBNER-ESCHENBACH, Mond 1884–85, 250).

- den Genitiv oder den Dativ: *binnen* (Bsp. 210), *dank* (Bsp. 211), *fern* (Bsp. 212), *laut* (Bsp. 213), *nahe* (Bsp. 214), *statt* (Bsp. 215), *trotz* (Bsp. 216), *unbeschadet* (Bsp. 206), *unfern* (Bsp. 217), *unterhalb* (Bsp. 218), *unweit* (Bsp. 219), *während* (Bsp. 220), *wegen* (Bsp. 221), *zugunsten* (Bsp. 222), *zwecks* (Bsp. 223);
- den Dativ oder den Akkusativ: *an, auf, hinter, in, neben, über, unter, vor, zwischen*.

Bsp. 210: a) mit Genitiv: „Er faßt sich zuvörderst in sich zusammen, und baut sich auf binnen seiner Hecken und Pfähle." (IMMERMANN, Düsseld. Anf. 1840, 29).
b) mit Dativ: „eine Gedichtsammlung, welche mit Genehmigung einer hochlöblichen Censur binnen Kurzem von mir publicirt werden würde" (ASTON, Emancip. 1846, 30).

Bsp. 211: a) mit Genitiv: „Geringes erwartete ich nicht, dank des unermüdlichen Lobes und Staunens meines Meisters" (SUTTNER, Mem. 1909, 87).
b) mit Dativ: „Die Bevölkerung Roms zählte, dank dem Präfekten, mehr waffenfähige und waffengeübte Männer denn seit manchem Jahrhundert" (DAHN, Rom 1876, 454).

Bsp. 212: a) mit Genitiv: „du hast Nachbarn in dem Walde und fern des Waldes besucht" (STIFTER, Witiko II 1866, 148)
b) mit Dativ: „Kinder, verkümmert Euch die Tage der Jugend nicht durch unzeitige Schwermuth, sagte er mir oft [...], sie eilen hinab, schnell wie der Felsenquell ins Thal, wo er ohnedem langsam fließen muß, fern dem erfrischenden Ursprung." (WOLZOGEN, Erz. 1826, II, 15.)

Bsp. 213 a) mit Genitiv: „Ihre höchst interessanten Briefe sind laut ihres Testamentes nach ihrem Tode verbrannt worden" (GRÄSSE, Sagensch. Sachs. 1855, II, 87).
b) mit Dativ: „wie bisweilen ja auch in der wirklichen Welt, laut dem Sprichworte, die Strafe der Missetat auf dem Fuße folgt" (C. F. MEYER, Borgia 1891, 844).

Bsp. 214: a) mit Genitiv (selten): „sie stand stets in einem finsteren Winkel nahe des rückwärtigen Einganges" (ROSEGGER, Waldh. III 1914, 238).
b) mit Dativ: „Cabaret Bonbonnière liegt im Mittelpunkte der Stadt, nahe dem Hauptbahnhof." (BALL, Zürich 1915, 30.)

Bsp. 215: a) mit Genitiv: „Geb' ich meine Meinung auf, so gestehe ich ein, daß ich statt eines geraden Baumes einen verkrüppelten gezogen habe, der umgehauen werden muß." (HAHN-HAHN, Faustine 1841, 54.)
b) mit Dativ: „statt einem Herrn hat man jetzt Dutzende" (HEYKING, Tschun 1914, 364).

Bsp. 216 a) mit Genitiv: „Bei all' ihrer Milde und Menschlichkeit, trotz des Segens, den sie überall verbreitete, konnte Madame Oburn doch bei den Werken der Wohlthätigkeit ein peinliches Gefühl nicht überwinden." (ASTON, Lb. Frau 1847, 128.)
b) mit Dativ: „trotz dem Verbot des Grafen" (AHLEFELD, Marie Müller ²1814, 143).

---

146 „Karl kam mit der Nachricht zurück, daß Roggen pro erste Septemberwoche neunzig stehe." (POLENZ, Büttnerb. 1885, 140).

Bsp. 217: a) „Renatus stand mit seinem Regimente <u>unfern</u> dem rechten Elbufer" (LEWALD, Geschl. 1864, VI, 119).

b) „<u>Unfern</u> des Grabhügels, auf den der Mond durch den Eingang der Schlucht seine bleichen Strahlen warf" (GOEDSCHE, Sebastopol 1856, III, 294).

Bsp. 218: a) m i t G e n i t i v : „Vorher wollte er sich einige Wochen der Erholung in dem idyllisch gelegenen Oertchen gönnen, das <u>unterhalb</u> des Klosters liegt." (DOHM, Ruland 1902, 298.)

b) m i t D a t i v : „Der Strudel unterhalb dem Wehr riß sie fort, ehe ihnen Hülfe werden konnte." (C. DE LA MOTTE FOUQUÉ, Resign. 1829, I, 112.)

Bsp. 219: a) m i t G e n i t i v : „<u>Unweit</u> des Städtchens Morin in der Neumark stehen auf dem Felde sieben große Steine beisammen, nur die sieben Steine genannt." (GRÄSSE, Sagenb. Preuß. I 1868, 90.)

b) m i t D a t i v : „<u>Unweit</u> dem Dorfe Thale, da wo jetzt die Fabrik steht, liegen die sogenannten Siebensringe, sieben klare sprudelnde Quellen." (Ebd., 514.)

Bsp. 220: a) m i t G e n i t i v : „sie gewann es nicht über sich <u>während</u> des kurzen Rests ihres Lebens, ihn [...] je wieder eines freundlichen Worts zu würdigen" (AHLEFELD, Erna 1820, 68).

b) m i t D a t i v : „der alte Anton rief <u>während</u> dem Gesange die jungen Burschen und Mädchen weg, welche zuhörten" (BRENTANO, Godwi 1801, 406).

Bsp. 221: a) m i t G e n i t i v : „<u>Wegen</u> des Femgerichts an dem Raubritter wurde Bracke zum Kurfürsten nach Berlin gerufen." (KLABUND, Bracke 1918, 54.)

b) m i t D a t i v : „ihr Abscheu vor der Arbeit, <u>wegen</u> dem sie von ihnen öfters hart behandelt worden war" (BRENTANO, Godwi 1801, 113).

Bsp. 222: a) m i t G e n i t i v : „Da machte der reiche Mann sogleich ein Testament <u>zugunsten</u> des ‚Vereins für mißhandelte Kinder'" (ALTENBERG, Märchen ³1911, 150).

b) m i t D a t i v : „ein schutzbefohlnes Volk verderben, ist nicht <u>zugunsten</u> dem eigenen Volk" (B. v. ARNIM, Gespr. Däm. 1852, 383).

Bsp. 223: a) m i t G e n i t i v : „Eingeweihte wollen wissen, oldenburgisches Militär, das bis 1843 in Vechta lag, habe <u>zwecks</u> militärischer Übungen diese Burganlage geschaffen" (STRACKERJAN, Abergl. ²1909, II, 312).

b) m i t D a t i v : „Revolutionäre wurden gesucht <u>zwecks</u> Abschluß eines vorteilhaften Friedens." (BALL, Freunde 1919, 255.)

Bewirkt ein Adposit beim Adponenden eine Genitiv- oder Dativform, so handelt es sich dabei um zwei alternative Varianten (von denen in manchen Fällen, etwa bei *nahe*, eine von beiden die Ausnahme darstellt). Bei denjenigen Adpositen, die einen Adponenden im Dativ oder im Akkusativ determinieren, bedingt diese Variation einen Wertunterschied: Erscheint bei *an, auf, hinter, in, neben, über, unter, vor* oder *zwischen* der Adponend im Dativ, so steht er für die Angabe eines Orts, eines Zeitpunkts, einer Situation o. Ä. und lässt sich mit *wo?* bzw. *wann?* erfragen; ein Adponend im Akkusativ steht demgegenüber für einen Zielpunkt im räumlichen, zeitlichen oder einem übertragenen Sinn und kann mit *wohin?* erfragt werden (vgl. Duden 2005, 615 ff.).

*

Zu § 45.3 HLR: Der Adponend erscheint der Zeichenart nach als Vollverb im *zu*-Infinitiv (Bsp. 224a), inflektivisches Volladjektiv (Bsp. 224b), Pronomen (Bsp. 224c), Partikel (Bsp. 224d), Verbgruppe im *zu*-Infinitiv (Bsp. 224e), Substantivgruppe (Bsp. 224f), inflektivische Volladjektivgruppe (Bsp. 224g), Pronomengruppe (Bsp. 224h) oder Partikelgruppe (Bsp. 224i).

Bsp. 224:
a) „daß der Mann ¹ohne ²zu zögern auf seine Haustür zuschritt" (HEISELER, Begl. 1919, 19); ¹Adposit, ²Adponend.

b) „daß dessen Worte doch mehr Eindruck auf ihn gemacht hatten, als er zu zeigen ¹für ²gut befand" (LEWALD, Geschl. 1864, V, 145) — „ich halte sie [...] ¹für ²geschmacklos" (CONRADI, Adam 1889, 59); ¹Adposit, ²Adponend.

c) „Ich habe eine recht elterliche Liebe ¹zu ²ihm" (GOETHE, an Ch. v. Stein, [5. 9. 1785], WA IV, 7, 86) — „Ich denke ¹an ²ihn" (SACK, Namenl. 1919, 131); ¹Adposit, ²Adponend.

d) „Das flackernde Licht ¹von ²drüben malte gespenstische Gestalten in mein Zimmer." (BRAUN, Mem. II 1911, 94) — „ein alter Gärtner oder Diener [...] kommt ¹von ²links hinter dem Gitter auf mich zu und fragt mich durch die Stäbe, was ich wünsche" (MEYRINK, Golem 1915, 348) — „Es ist der Landbewohner ¹von ²gestern, der seine Kerze so unvorsichtig ins Stroh gestellt" (BUSCH, Eduard 1891, 178); ¹Adposit, ²Adponend.

e) „Du hast meinen größten Wunsch erfüllt, ¹ohne ²es zu wissen." (AHLEFELD, Marie Müller ²1814, 3); ¹Adposit, ²Adponend.

f) „‚Der Mann hat längere Beine als die Frau', bemerkt sehr richtig Herr v. Bischof. | Ein Schlußsüchtiger könnte allenfalls daraus schließen, daß der Mann sich mehr zum Briefträger eigne, als die Frau, ihr aber ¹aus ²diesem Grunde die Fähigkeit zum Erlernen des Griechischen und Lateinischen absprechen zu wollen, ist mehr kühn als logisch gedacht. Dazu helfen lange Beine ein für allemal nichts." (DOHM, Emancip. 1874, 98) — „die Welt geht ¹aus ²ihren Fugen" (PANIZZA, Verbr. 1891, 168) — „Dann hatte er sie geküßt, und ¹über ²seinen Küssen hatte sie das Weiterfragen und noch viel mehr vergessen" (DUNCKER, Jugend ²1907, 50) — „ein graubärtiger Mann ¹von ²gedrungenem, kräftigem Körperbau" (ANZENGRUBER, Einsam 1881, 324) — „Der rein aktuelle und außeralltägliche Charakter des Charisma ist sehr stark traditionalisierend umgewandelt und auch der Begriff des ‚Gottesgnadentums' in seinem Sinne völlig verändert (= Herr zu eigenem vollem Recht, nicht ¹kraft ²durch die Beherrschten anerkanntem p e r s ö n l i c h e n Charisma)" (WEBER, Typ. leg. Herrsch. 1922, 486); ¹Adposit, ²Adponend.

g) „Sie kamen auf einen Einfall, den sie ¹für ²recht gut hielten" (LÖHR, Buch d. Mährch. °1820, I, 38) — „¹gegen ²eilf Uhr" (KLEIST, Bettelw. v. Loc. 1810, 41); ¹Adposit, ²Adponend.

h) „Aber mich trennt in diesem Augenblick eine unüberbrückbare Kluft ¹von ²dem da vor mir" (SACK, Stud. 1917, 160); ¹Adposit, ²Adponend.

i) „da hob er den Arm, deutete ¹nach ²dort, wo wir ihn gefunden hatten" (MAY, Jenseits 1912, 594); ¹Adposit, ²Adponend.

Als prototypische Adponenden können Substantivgruppen angesehen werden, die als Komitationsgefüge erscheinen (Bsp. 224f). Ein Adponend, der kein Verb bzw. keine Verbgruppe im *zu*-Infinitiv, kein inflektivisches Adjektiv bzw. keine inflektivische

Adjektivgruppe, kein Pronomen bzw. keine Pronomengruppe und keine Partikel bzw. Partikelgruppe ist, lässt sich als Substantivgruppe deuten, die als Komitationsgefüge strukturiert ist.

Bsp. 225: „O Pony, Humor ist eine schöne Gabe, aber deine [...] Späße ¹von ²<u>Hintenausschlagen, Wiehern, Stillstehn, vor jeder Felsnase Scheuen, jede Ginsterblume als gute Beute ansehn</u> – solche Scherze sind mir entschieden zuwider" (BLEIBTREU, Größenw. 1888, I, 152); ¹Adposit, ²Adponend.

Der Adponend erscheint in diesem Fall als ζ-Substantivgruppe i. S. v. § 89.2ζ^I HLR: als Kojunktionsgefüge, bestehend aus fünf Kojunkten, die jeweils α-Substantivgruppen i. S. v. § 89.2α^I HLR sind ($\emptyset_{Art}$ *Hintenausschlagen*$_{Sb}$, $\emptyset_{Art}$ *Wiehern*$_{Sb}$, $\emptyset_{Art}$ *Stillstehn*$_{Sb}$, $\emptyset_{Art}$ *Vor-jeder-Felsnase-Scheuen*$_{Sb}$ und $\emptyset_{Art}$ *Jede-Ginsterblume-als-gute-Beute-Ansehn*$_{Sb}$). Insbesondere in Fällen wie *Vor-jeder-Felsnase-Scheuen* und *Jede-Ginsterblume-als-gute-Beute-Ansehn* könnte man zögern, von Substantiven zu sprechen, und die Schreibung lässt erkennen, dass dies offenbar auch nicht der unmittelbare Gedanke des Autors war. Bleibt man jedoch bei der Grundannahme dieser Untersuchung – der Wert sprachlicher Zeichen wird durch die kotextuellen Zeichen konstituiert (§ 4.1 HLR) – und auch bei der Auffassung, dass die Zeichenartzugehörigkeit eines Zeichens (§ 2.2δ HLR) nichts anderes ist als ein Aspekt seines Wertes, und dass sie ihm daher auch nicht unabänderlich gegeben, sondern kotextabhängig ist, so wird man in den genannten Fällen zwar sicherlich nicht von prototypischen Substantiven, aber eben doch von Substantiven (sekundären, transpositiv gebildeten Substantiven: vgl. S. 208, S. 249 und S. 386 f.), nicht von Verbgruppen ausgehen.

4.1.16 Sub- und Konjunktionsgefüge

Analog zum vorigen Abschnitt gilt: Aufgrund unseres unter 5.2.5 erläuterten Verzichts auf eine Subklassifikation der Wortart ‚Partikel' setzen wir anders als die schulgrammatische Tradition keine Wortarten ‚Subjunktion' und ‚Konjunktion' (bzw. eine Wortart ‚Konjunktion' mit den Unterarten ‚unterordnende Konjunktion' und ‚nebenordnende Konjunktion') an. Die unter solche Kategorien herkömmlicherweise subsumierten Einheiten sehen wir als Partikeln mit der G l i e d f u n k t i o n des Subjunktors bzw. Konjunktors an. Die Termini *Subjunktion* bzw. *Konjunktion* stehen, nicht anders als *Adposition* (vgl. S. 291), in unserem Zusammenhang nicht für Wortarten, sondern für Determinationsarten.

4.1.16.1 Subjunktionsgefüge

§ 46.1 HLR: (a) Subjunktionsgefüge (SbjktnG) sind dissolute (§ 15.IIb HLR) kompaxive (§ 17.I HLR) Subordinationsgefüge (§ 18 HLR), genauer: Subnektionsgefüge (§ 22.1c^II HLR), und bestehen aus zwei Gliedern: einem Kern, dem S u b j u n k t (Sbjkt), und einem Satelliten, dem S u b j u n k t o r (Sbjktr).

(b) Subjunktionsgefüge sind entsprechend der Zeichenart ihrer Subjunkte (§ 18.1b² HLR) der Zeichenart nach [I]Verbgruppen, genauer: [α]Sätze (§ 88.2a²ᵞ HLR), [β]infinitivische Verbgruppen (§ 88.4 HLR) mit Ausnahme von α-Verbgruppen (§ 88.4b^I HLR), [II]Substantivgruppen, genauer: [α]α-Substantivgruppen (§ 89.2α^II HLR), [β]β-Substantivgruppen (§ 89.2β^II HLR), [γ]γ-Substantivgruppen (§ 89.2γ^II HLR), [δ]δ-Substantivgruppen (§ 89.2δ^II HLR), [ε]ε-Substantivgruppen (§ 89.2ε^II HLR) oder [ζ]ζ-Substantivgruppen (§ 89.2ζ^II HLR), [III]Adjektivgruppen, genauer: [α]α-Adjektivgruppen (§ 90.2α^II HLR) [β]β-Adjektivgruppen (§ 90.2β^II HLR), [γ]δ-Adjektivgruppen (§ 90.2δ^II HLR), [δ]ε-Adjektivgruppen (§ 90.2ε^I HLR), [ε]ζ-Adjektivgruppen (§ 90.2ζ^III HLR) oder [η]η-Adjektivgruppe (§ 90.2η^II HLR), [IV]Pronomengruppen, genauer: [α]α-Pronomengruppen (§ 92.2α^II HLR), [β]β-Pronomengruppen (§ 92.2β^II HLR), [γ]δ-Pronomengruppen (§ 92.2δ HLR), [δ]ε-Pronomengruppen (§ 92.2ε^III HLR) oder [ε]ζ-Pronomengruppen (§ 92.2ζ^II HLR) oder [V]Partikelgruppen, genauer: [α]α-Partikelgruppen (§ 93.2α^II HLR), [β]β-Partikelgruppen (§ 93.2β^II HLR), [γ]γ-Partikelgruppen (§ 93.2γ HLR), [δ]δ-Partikelgruppen (§ 93.2δ^III HLR) oder [ε]ζ-Partikelgruppen (§ 93.2ζ^II HLR).

(c) Als Subnektionsgefüge sind Zeichen, die als Subjunktionsgefüge strukturiert sind, ihrer allgemeinen Gliedart nach Satelliten; konkret können sie fungieren als [I]Subjekte (§ 34.3 HLR), [II]Objekte (§ 35.3b^I HLR), [III]Adverbialien (§ 35.3b^II HLR), [IV]Kommentare (§ 36.3 HLR), [V]Attribute (§ 39.3 HLR), [VI]Transzedenten (§ 42.3 HLR) oder [VII]Anzepttranszedenten (§ 43.3c^V HLR).

§ 46.2 HLR: (a) Das Subjunkt steht zu seinem Subjunktor in der Relation der S u b j u n k t u r.

(b) Das Subjunkt ist der Zeichenart nach [I]ein Wort [α]ein infinitivisches Vollverb (§ 82.5α^In HLR), [β]ein Volladjektiv (§ 84.4α^Iζ HLR), [γ]ein Pronomen (§ 86.3α^IV HLR) oder [δ]eine Partikel (§ 87.4α^III HLR) oder [II]eine Wortgruppe, konkret: [α]eine Verbgruppe, genauer [αα]ein Satz (§ 88.2e^Iβ HLR), [αβ]eine Periode (§ 88.3c^Iβ HLR), [γ]eine infinitivische Verbgruppe (§ 88.4c^In HLR), [β]eine Substantivgruppe (§ 89.3α^V HLR), [γ]eine Volladjektivgruppe (§ 90.3α^IV HLR), [δ]eine Pronomengruppe (§ 92.3α^IV HLR) oder [ε]eine Partikelgruppe (§ 93.3α^IV HLR).

§ 46.3 HLR: (a) Der Subjunktor steht zu seinem Subjunkt in der Relation der S u b j u n k t i o n.

(b) Der Subjunktor hat (Sub-)Nektorfunktion (§ 20.1, § 22.1b HLR); er ist der Zeichenart nach [I]eine Partikel (§ 87.4β^X HLR) oder [II]eine Partikelgruppe (§ 93.3β^IX HLR).

(c) Der Subjunktor eines Satz-Subjunkts (§ 46.2b^IIαα HLR) steht v o r dessen Vorfeld (§ 88.2b^6ε HLR).

Zu § 46.1 HLR: Subjunktionsgefüge in der Regel konsistent, da ihre beiden unmittelbaren Konstituenten stets positionsfest und einander unmittelbar benachbart sind; der Subjunktor ist dabei dem Subjunkt vorangestellt. Es gibt jedoch Ausnahmen (Bsp. 230a, S. 302), so dass festzuhalten ist: Subjunktionsgefüge erscheinen als dissolute Gefüge.

Bsp. 226: a) „Hänschen schwanden vor Körper- und Seelenschmerz eine Zeitlang völlig die Sinne, so daß er umsank und ¹wie ²tot am Wege lag." (BECHSTEIN, N. dt. Märchenb. 1856, 497); ¹Subjunktor, ²Subjunkt.

b) „Der Herr Florian von Bolwinski ist nicht bloß ein dicker Mann, er ist auch ein braver Mann. Und weil er noch Niemand Unrecht gethan hat, so fürchtet er sich auch vor Niemand, ausgenommen vor seiner Wirtschafterin, ¹obwohl ²er auch dieser niemals Unrecht gethan hat." (FRANZOS, Jud. v. Barn. ⁷1905, 63); ¹Subjunktor, ²Subjunkt.

c) „Weshalb zeigst du das mühselig in *endeloser Arbeit* dem Leben Abgerungene ¹als ²dein Schönstes?!? Siehe, deine übertriebenen Muskeln machen dich nur schwer und gewichtig und sind bestimmt, zu Fett zu werden, wenn deine Urkräfte im Laufe der Tage nachlassen!" (ALTENBERG, Pròdromos 1906, 114); ¹Subjunktor, ²Subjunkt.

Die Zeichenart eines Gefüges wird von seinem Kern bestimmt; ein Subjunktionsgefüge erscheint daher in Abhängigkeit von der Zeichenart seines Kerns, des Subjunkts,

- als Nebensatz (Bsp. 226b),
- als infinitivische Verbgruppe (Bsp. 227a),
- als Substantivgruppe (Bsp. 226c),
- als Adjektivgruppe (Bsp. 226a),
- als Pronomengruppe (Bsp. 178g, S. 276) oder
- als Partikelgruppe (Bsp. 227b).

Bsp. 227: a) „Ja, man ließ die Pestkranken verschmachten, weil man vorgab, ihnen zu helfen sei nicht besser, ¹als ²einen Dieb vom Galgen abzuschneiden." (RIEHL, Kult. Nov 1862, 1, 169); ¹Subjunktor, ²Subjunkt.

b) „¹wie ²immer thronte der Friede auf ihrer Stirn" (AHLEFELD, Erna 1820, 227); ¹Subjunktor, ²Subjunkt.

Als Subnektionsgefüge sind Zeichen, die als Subjunktionsgefüge strukturiert sind, ihrer allgemeinen Gliedart nach Satelliten; konkret können sie fungieren

- als Subjekt (Bsp. 228a),
- als Objekt (Bsp. 228b),
- als Adverbial (Bsp. 228c),
- als Kommentar (Bsp. 228d),
- als Attribut (Bsp. 228e),
- als Transzedent (Bsp. 228f) oder
- als Anzepstranszedent (Bsp. 228g).

Bsp. 228: a) „¹Daß Du aber, meine Theuerste, keiner Mannsperson mehr trauen willst, ist eine Lüge, die Dir blos deine Schwermuth in düstern Stunden eingiebt." (EHRMANN, Amalie 1788, 105.) — „Ob Papismus und Jesuitismus dahinter steckten, war damals fraglich und ist fraglich geblieben" (FONTANE, Wand. III 1873, 301).

b) „Wir wissen jetzt, daß dies Reich der Vernunft weiter nichts war, als das idealisierte Reich der Bourgeoisie" (ENGELS, Dühring 1878, 17).

c) „Man braucht nur die Anlage des altsächsischen und des römischen Hauses zu vergleichen, um zu fühlen, daß die Seele dieser Menschen und die Seele ihres Hauses ein und dasselbe sind" (SPENGLER, Unterg. d. Abendl. II 1922, 698).

d) „An der Partie, wie ich dir eben weitläufig demonstrirt, ist doch vernunftgemäß nichts auszusetzen" (FRANÇOIS, Stufenj. 1877, 593).

e) „Bei manchen Völkern findet sich die Meinung, daß die Seelen der Verstorbenen dauernd in gewissen Tieren weilen" (BURCKHARDT, Grch. Kulturgesch. II 1898, 7).

f) „Er wollte sich als Freund aufspielen." (ESSIG, Taifun 1919, 43.)

g) „Ich spreche als Mann zum Manne." (KEYSERLING, Dumala 1907, 79.)

*

Zu § 46.2 HLR: Subjunktfunktion erfüllen können Vertreter folgender Zeichenarten:

- Vollverben im Infinitiv (Bsp. 229a),
- Volladjektive (Bsp. 229b),
- Pronomina (Bsp. 229c),
- Partikeln (Bsp. 229d),
- Nebensätze (Bsp. 229e),
- Vollverbgruppen im Infinitiv (Bsp. 229f),
- Perioden (Bsp. 229g),
- Substantivgruppen (Bsp. 229h),
- Volladjektivgruppen (Bsp. 229i),
- Pronomengruppen (Bsp. 229j) oder
- Partikelgruppen (Bsp. 229k).

Bsp. 229:   a) „Iss ^{1}um ^{2}zu leben, lebe nicht ^{1}um ^{2}zu essen!" (ALTENBERG, Pròdromos 1906, 66); ^{1}Subjunktor, ^{2}Subjunkt.
b) „Sie hatte ihre Seele dermaßen an äußere Dinge gehängt, daß ihr Sinn ^{1}wie ^{2}tot für das Höhere war." (HAHN-HAHN, Mar. Reg. 1860, 1, 15); ^{1}Subjunktor, ^{2}Subjunkt.
c) „Ach! hätte ich einen Freund gehabt, ^{1}wie ^{2}Dich, ich wäre ja nicht zu solchem Elende herabgesunken" (TIECK-BERNHARDI, Evremont 1836, I, 165); ^{1}Subjunktor, ^{2}Subjunkt.
d) „Nirgends sonst sehen wir den Character des väterlichen Regiments, das den Fürsten als Herrn und Vater des Volkes darstellte, so scharf betont, ^{1}als ^{2}dort." (LUISE BÜCHNER, Dt. Gesch. 1875, 136); ^{1}Subjunktor, ^{2}Subjunkt.
e) „Der Idiot aber will jetzt plötzlich auch über Petroleumgewinnung besser Bescheid wissen als alle anderen, ^{1}nachdem ^{2}er vorher nur in Heiratspapieren kompetent war." (REVENTLOW, Geldkompl. 1916, 319); ^{1}Subjunktor, ^{2}Subjunkt.
f) „Die halbe Einwohnerschaft war hinausgestürzt, ^{1}um ^{2}zu helfen oder zu sehen." (ALEXIS, Bredow 1846, I, 315); ^{1}Subjunktor, ^{2}Subjunkt.
g) „er machte eine höfliche Verbeugung ^{1}indem ^{2}er zurücktrat und die Spanierin vorüberrauschte" (GOEDSCHE, Sebastopol 1856, IV, 46); ^{1}Subjunktor, ^{2}Subjunkt.
h) „Deine Augen sind größer ^{1}als ^{2}Dein Magen." (DOHM, Schicks. 1899, 416); ^{1}Subjunktor, ^{2}Subjunkt.
i) „Diese Mühsal, durch noch Ungetanes | schwer und wie gebunden hinzugehn, | gleicht dem ungeschaffnen Gang des Schwanes. || Und das Sterben, dieses Nichtmehrfassen | jenes Grunds, auf dem wir täglich stehn, | seinem ängstlichen Sich-Niederlassen –: || in die Wasser, die ihn sanft empfangen | und die sich, ^{1}wie ^{2}glücklich und vergangen, | unter ihm zurückziehn, Flut um Flut; | während er unendlich still und sicher | immer mündiger und königlicher | und gelassener zu ziehn geruht." (RILKE, Neue Ged. 1907, 510); ^{1}Subjunktor, ^{2}Subjunkt.
j) „Er ist Offizier ^{1}wie ^{2}ich und du!" (SAAR, Nov. 1893 IX, 63); ^{1}Subjunktor, ^{2}Subjunkt.
k) „Herr Raßler war stärker in guten Meinungen und Vorsätzen, ^{1}als ^{2}in deren Ausführung." (CONRAD, Isar 1887–90, II, 57); ^{1}Subjunktor, ^{2}Subjunkt.

★

Zu § 46.3 HLR: Der Subjunktor hat Subnektorfunktion: Er verbindet das Subjunktionsgefüge im Ganzen satellitisch mit einem anderen Zeichen. Der Zeichenart nach ist der Subjunktor eine Partikel (Bsp. 229) oder eine Partikelgruppe (Bsp. 230).

Bsp. 230: a) „^{1}Ob ^{2}ich $^{(1)}$gleich $^{(2)}$sehr jung war, sah ich die Wichtigkeit des Geheimnisses doch ein" (TIECK-BERNHARDI, Evremont 1836, II, 52); ^{1}Subjunktor, ^{2}Subjunkt.

b) „[E]ine Alltagsweisheit ist es, daß etwas wahr sein kann, ^{1}obwohl und indem ^{2}es nicht schön und nicht heilig und nicht gut ist." (WEBER, Wiss. Beruf. 1919, 604); ^{1}Subjunktor, ^{2}Subjunkt.

Subjunktoren haben als Subnektoren prinzipiell die gleiche Funktion wie Adposite, unterscheiden sich aber von ihnen hinsichtlich der konkreten Kotextstrukturen, in denen sie erscheinen können. Während Adposite aufgrund der Tatsache, dass sie Kasus regieren können, als K e r n e von Adpositionsgefügen anzusehen sind, stellen sich Subjunktoren, die keine Kasus regieren, als S a t e l l i t e n von Subjunktionsgefügen dar.

Die Frage, ob ein Subnektor ein Subjunktor ist oder nicht, lässt sich folgendermaßen beantworten: Subjunktionsgefüge sind solche Subnektionsgefüge, die nicht als Adpositionsgefüge erscheinen (§ 22.1c HLR); damit kann ein Subnektor entweder ein Subjunktor oder ein Adposit sein. Als Adposit deuten wir einen Subnektor, der sein Subnekt, sofern es sich dabei um eine kasusflektierbare Einheit – ein Pronomen (§ 45.3b$^{I\gamma}$ HLR), eine Substantivgruppe (§ 45.3b$^{II\beta}$ HLR) oder eine Pronomengruppe (§ 45.3b$^{II\delta}$ HLR) – handelt, hinsichtlich des Kasus determiniert (§ 45.2d HLR). Auch in Fällen, in denen andere Einheiten als die genannten als Subnekte vorliegen, gilt ein solcher Subnektor als Adposit. Als Charakteristikum von Adpositen deuten wir also die prinzipielle Kasusdeterminativität: die F ä h i g k e i t der Kasusrektion (belegbar in mindestens einem Fall). So deuten wir *ohne* in Bsp. 224a (S. 297) und *für* in Bsp. 224b (ebd.) als Adposite, weil sich parallel dazu auch Fälle wie in Bsp. 231 finden.

Bsp. 231: a) „So löste nun die beginnende griechische Wissenschaft [...] die Untersuchung der räumlichen und Zahlenverhältnisse ganz los von den praktischen Aufgaben und untersuchte dieselben ^{1}ohne ^{2}jede Rücksicht auf Anwendbarkeit." (DILTHEY, Einl. Geisteswss. 1883, 145 f.); ^{1}Adposit, ^{2}Adponend.

b) „Die Tatsache, daß im Osten der griechischen Welt, wo der Verkehr mit *Ägypten, Phönizien Persien* am lebhaftesten war, die wissenschaftliche Bewegung begann, spricht deutlicher ^{1}für ^{2}den Einfluß des Orients auf die griechische Kultur, als die sagenhaften Überlieferungen von den Reisen und Wanderstudien griechischer Philosophen." (LANGE, Gesch. d. Mat. ^{2}1875, 9); ^{1}Adposit, ^{2}Adponend.

Dagegen sehen wir in *als* (Bsp. 232) kein Adposit, sondern eben einen Subjunktor, weil der Kasus des kasusflektierbaren Subnekts nicht vom Subnektor abhängt, sondern sich – hier – im Rahmen eines Transzessionalgefüges (§ 56 HLR) nach dem Ektranszessional richtet.

Bsp. 232: a) „Schön und weihevoll erscheint ³die Gastlichkeit des frühen heroischen Zeitalters, ¹als ²ein Bedürfnis der einfachen Menschennatur zwischen ihre Kämpfe hinein" (BURCKHARDT, Grch. Kulturgesch. I 1898, 286); ¹Subjunktor, ²Subjunkt/Entranszessional, ³Ektranszessional.

b) „Ich sollte hier vieles sehen und erleben, was mich zur größten Achtung ³des russischen Volks ¹als ²eines einigen großen Volkes hinriß" (ARNDT, Wand. Stein 1858, 60); ¹Subjunktor, ²Subjunkt/Entranszessional, ³Ektranszessional.

4.1.16.2 Konjunktionsgefüge

§ 47.1 HLR: (a) K o n j u n k t i o n s g e f ü g e (KnjktnG) sind konsistente (§ 15.Ib HLR) kompaxive (§ 17.I HLR) Subordinationsgefüge (§ 18 HLR), genauer: Konnektionsgefüge (§ 23.1c^II HLR), und bestehen aus zwei Gliedern: einem Kern, dem K o n j u n k t (Knjkt), und einem Satelliten, dem K o n - j u n k t o r (Knjktr).

(b) Konjunktionsgefüge sind entsprechend der Zeichenart ihrer Konjunkte (§ 18.1b² HLR) der Zeichenart nach ^(I)Verbgruppen (§ 88 HLR), genauer: ^(α)Sätze (§ 88.2e^IIIα HLR), ^(β)Perioden (§ 88.3c^IV HLR) oder ^(γ)Verbgruppen im engeren Sinn (§ 88.4c^IIIα HLR), ^(II)Substantivgruppen (§ 89.3γ^I HLR), ^(III)Adjektivgruppen (§ 90.3ζ^I HLR), ^(IV)Artikelgruppen (§ 91.3β HLR), ^(V)Pronomengruppen (§ 92.3γ^I HLR) oder ^(VI)Partikelgruppen (§ 93.3γ^I HLR).

(c) Als Konnektionsgefüge sind Zeichen, die als Konjunktionsgefüge strukturiert sind, ihrer allgemeinen Gliedart nach Koordinate; konkret können sie fungieren als Kojunkte (§ 48.2 HLR).

§ 47.2 HLR: (a) Das Konjunkt steht zu seinem Konjunktor in der Relation der K o n j u n k t u r.

(b) Das Konjunkt ist der Zeichenart nach ^(I)ein Wort, konkret: ^(α)ein Verb, genauer: ^(αα)ein Vollverb (§ 82.5α^Iβ HLR), ^(αβ)ein Infinitverb (§ 82.5β^I HLR), ^(αγ)ein Hilfsverb (§ 82.5γ^Iβ HLR), ^(αδ)ein Modalverb (§ 82.5δ^Iβ HLR) oder ^(αε)ein Kopulaverb (§ 82.5ε^Iβ HLR), ^(β)ein Substantiv (§ 83.4α^VI HLR), ^(γ)ein Adjektiv, genauer: ^(γα)ein Volladjektiv (§ 84.4α^In HLR) oder ^(γβ)Vollverbadjektiv (§ 84.4β^Iβ HLR), ^(δ)ein Artikel (§ 85.4α HLR), ^(ε)ein Pronomen (§ 86.3α^V HLR) oder ^(ζ)eine Partikel (§ 87.4α^IV HLR) oder ^(II)eine Wortgruppe, konkret: ^(α)eine Verbgruppe, genauer: ^(αα)ein Satz (§ 88.2e^IV HLR), ^(αβ)eine Periode (§ 88.3c^IV HLR) oder ^(αγ)eine Verbgruppe im engeren Sinn (§ 88.4c^Iβ HLR), ^(β)eine Substantivgruppe (§ 89.3α^VI HLR), ^(γ)eine Adjektivgruppe (§ 90.3α^V HLR), ^(δ)eine Pronomengruppe (§ 92.3α^V HLR) oder ^(ε)eine Partikelgruppe (§ 93.3α^V HLR).

§ 47.3 HLR: (a) Der Konjunktor steht zu seinem Konjunkt in der Relation der K o n j u n k t i o n.

(b) Der Konjunktor hat Konnektorfunktion (§ 23.1b HLR); er ist der Zeichenart nach ^(I)eine Partikel (§ 87.4β^XI HLR) oder ^(II)eine Partikelgruppe (§ 93.3β^X HLR).

(c) Der Konjunktor eines Hauptsatz-Konjunkts (§ 47.2b^IIαα HLR) steht immer v o r dessen Vorfeld (§ 88.2b^6ζ HLR).

Zu § 47.1 HLR: Konjunktionsgefüge sind konsistente Subordinationsgefüge, d. h., ihr Kern – das Konjunkt – und ihr Satellit – der Konjunktor – sind einander unmittelbar benachbart und positionsfest; der Konjunktor ist dabei dem Konjunkt unmittelbar vorangestellt.

In Abhängigkeit von der Zeichenart ihres Kerns erscheinen Konjunktionsgefüge ihrer Zeichenart nach

- als Sätze: Hauptsätze (Bsp. 233a) oder Nebensätze (Bsp. 233b),
- als Verbgruppen im engeren Sinn (Bsp. 233c),
- als Perioden (Bsp. 233d),
- als Substantivgruppen (Bsp. 233e),
- als Adjektivgruppen (Bsp. 233f),
- als Artikelgruppen (Bsp. 233g),
- als Pronomengruppen (Bsp. 233h) oder
- als Partikelgruppen (Bsp. 233i).

Bsp. 233: a) „³⌐Die Jagd war sein einziges Vergnügen⌐, ³ʳ¹und ²er hing ihr mit Leidenschaft nach⌐, ³ʳ¹aber ²sie konnte doch nicht ganz die Wünsche seines Herzens stillen⌐" (AHLEFELD, Marie Müller ²1814, 124); ¹Konjunktor, ²Konjunkt, ³Kojunkt.

b) „³ʳWeil aber die Pferde des Mannes ganzen Reichtum ausmachten⌐ ³ʳ¹und ²weil er glaubte, Johann würde verständig sein und nicht allzuweit vom Wege abirren⌐, so beschloss er, vorerst die Tiere in Sicherheit zu bringen." (U. JAHN, Volksm. 1891, 108); ¹Konjunktor, ²Konjunkt, ³Kojunkt.

c) „Er gefiel mir in dem festlichen Gewand recht wohl, und ich empfand ganz plötzlich ein großes Verlangen, ³ʳihm um den Hals zu fallen⌐ ³ʳ¹und ²ihn zu küssen⌐, doch die vielen Menschen, die uns von allen Seiten umgaben, ließen mich davon abstehen." (CHRIST, Erinn. 1912, 215); ¹Konjunktor, ²Konjunkt, ³Kojunkt.

d) „³ʳSchneestaub umwirbelte ihn, Blitze umzuckten ihn; mit jedem flammte die Schneedecke der Dächer, der Berge, des Tals, die ganze Gegend in einer ungeheuern Flamme auf⌐, ³ʳ¹und ²nun schlug's zwei unter ihm, die Glockentöne heulten, vom Sturm gezerrt, hinaus in den Aufruhr⌐: ³ʳ¹und er stand, er stand schwindellos, er stürzte nicht⌐." (LUDWIG, Himm. u. Erd. 1856, 615); ¹Konjunktor, ²Konjunkt, ³Kojunkt.

e) „[I]ch versuche Menschen, Dinge, Zustände so zu sehen, als sähe ich sie zum ersten Mal, so einigermaßen wie ³ʳein Wilder⌐ ³ʳ(¹aber ²ein Wilder mit Gymnasialbildung)⌐, der im Urwald einschläft und in Berlin oder Paris aufwacht, gänzlich ohne Anempfundenes und Angedachtes, ohne erworbene Ideen." (DOHM, Ruland 1902, 196); ¹Konjunktor, ²Konjunkt, ³Kojunkt.

f) „[S]ie war ³arm⌐, ³ʳ¹aber ²ehrlich⌐" (ERNST, Komöd. 1928, 344) — „Was konnte man in den wundervollen durchsonnten Herbsttagen auch besseres thun, als die märchenhaft schönen Auslagen hinter den grossen Spiegelscheiben der Magazine bewundern, den herrlichen Tiergarten durchstreifen, Denkmäler und ³private⌐ ³ʳ¹sowie ²öffentliche⌐ Prachtgebäude beschauen?" (DUNCKER, Großstadt 1900, 15); ¹Konjunktor, ²Konjunkt, ³Kojunkt.

g) „Deine Liebe sey nun mein Himmel auf ³dieser⌐ ³ʳ¹und ²jener⌐ Welt" (EHRMANN, Nina 1788, 119); ¹Konjunktor, ²Konjunkt.

h) „Höre auf zu lachen, armseliger ausgebrannter Kopf, und sage mir [...], ob ³Du⌐ ³ʳ¹oder ²ich⌐ ³ʳoder irgend ein Mensch der Erde⌐ sich ein so reizendes Vergnügen ausdenken konnte, wie hier sich im Reiche des Zufalls gestaltete." (PAALZOW, Godw.-Castle 1836, II, 17); ¹Konjunktor, ²Konjunkt, ³Kojunkt.

i) „Auf ihn fiel nicht der mindeste Verdacht, ³ʳ¹weder ²hier⌐ ³ʳ¹noch ²in Venedig⌐." (HEINSE, Ardinghello 1787, 77); ¹Konjunktor, ²Konjunkt, ³Kojunkt.

Konjunktionsgefüge sind Konnektionsgefüge und als solche ihrer allgemeinen Gliedart nach Koordinate, konkret: Kojunkte (Bsp. 233).

*

Zu § 47.2 HLR: Konjunkte können Vertreter nahezu aller Zeichenarten sein:

- Verben – Vollverben (Bsp. 234a), Infinitverben (Bsp. 234b), Hilfsverben (Bsp. 234c), Modalverben (Bsp. 234d) oder Kopulaverben (Bsp. 234e) –,
- Substantive (Bsp. 234f),
- Adjektive – Volladjektive (Bsp. 233f) oder Vollverbadjektive (Bsp. 234g) –,
- Artikel (Bsp. 233g),
- Pronomina (Bsp. 233h),
- Partikeln (Bsp. 233i [1]),
- Sätze – Hauptsätze (Bsp. 233a) oder Nebensätze (Bsp. 233b) –,
- Verbgruppen im engeren Sinn (Bsp. 233c),
- Perioden (Bsp. 233d),
- Substantivgruppen (Bsp. 233e),
- Adjektivgruppen (Bsp. 234h),
- Pronomengruppen (Bsp. 234i) oder
- Partikelgruppen (Bsp. 233i [2]).

Bsp. 234: a) „Lenore errötete [1]und [2]lachte." (FREYTAG, Soll u. Hab. 1855, 661); [1]Konjunktor, [2]Konjunkt.

b) „Das überhand nehmende Maschinenwesen quält und ängstigt mich, es wälzt sich heran wie ein Gewitter, langsam, langsam; aber es hat seine Richtung genommen, es wird kommen [1]und [2]treffen." (GOETHE, Wanderjahre II 1829, 249); [1]Konjunktor, [2]Konjunkt.

c) „Den ruhigen Mann reißt keine Leidenschaft blindlings hin; was er thut, hat er überlegt, was er verspricht, will [1]und [2]wird er halten." (LEWALD, Jenny 1843, 298); [1]Konjunktor, [2]Konjunkt.

d) „Man kann [1]und [2]muß also die feinen Sprachwerkzeuge als das Steuerruder unsrer Vernunft und die Rede als den Himmelsfunken ansehen, der unsre Sinnen und Gedanken allmälich in Flammen brachte." (HERDER, Gesch. d. Menschh. I 1784, 139); [1]Konjunktor, [2]Konjunkt.

e) „Er ist [1]und [2]bleibt übrigens immer noch unruhig und verwirrt" (BLANCKENBURG, Roman 1774, 146); [1]Konjunktor, [2]Konjunkt.

f) „Dieser Haß [1]und [2]Neid stammt zum Teil aus dem alten Soldatenwesen, wie es vor zwanzig, dreißig Jahren noch bestand" (ARNDT, Erinn. 1840, 299); [1]Konjunktor, [2]Konjunkt.

g) „Herrmann war vor den Augen ihrer im Vorzimmer aufwartenden Leute gekommen [1]und [2]gegangen" (NAUBERT, H. v. Unna 1788, II, 21); [1]Konjunktor, [2]Konjunkt.

h) „Sie hatten indeß ein behaglich erwärmtes [1]und [2]sehr geschmackvoll möblirtes Zimmer betreten" (ASTON, Lydia 1848, 231); [1]Konjunktor, [2]Konjunkt.

i) „Ich [1]und [2]der da, wir reiten mit dir zum Herren." (GANGHOFER, Ochsenkr. 1914, 134); [1]Konjunktor, [2]Konjunkt.

*

Zu § 47.3 HLR: Der Konjunktor kann der Zeichenart nach eine Partikel (Bsp. 233 f.) oder eine Partikelgruppe (Bsp. 235) sein.

Bsp. 235: „Man wird aber wohl allgemein die Analogie zwischen Raum und Zeit zugeben, und zwar sowohl wenn man die Worte im physiologischen, als auch wenn man sie im physikalischen Sinne nimmt." (MACH, Erk. u. Irrt. ³1917, 393.)

Konjunktoren können in Konektionsgefügen als Paare (Bsp. 236a), Tripel (Bsp. 236b) bzw. n-Tupel auftreten.

Bsp. 236: a) „[L]ängst wußte man, daß die Korvette ‚Maria' im Herbst eine zweijährige Reise anzutreten habe, um die neuen Kolonien zu besuchen, und dort vielleicht so Schutz wie Besitzvermehrung bewirken solle" (BOY-ED, Förster 1889, 1)
b) „Demohngeachtet erregte weder diese Güte, noch so manche schöne geistige Anlage, die nur der Entwickelung bedurfte, noch auch ihr edles Aeußeres, das weit mehr sich in sich selbst zu verhüllen als sich geltend zu machen strebte, den Wunsch in seinem leichtsinnigen Herzen, sie in einer ernsten, ewigen Verbindung sich anzueignen." (AHLEFELD, Erna 1820, 26.)

4.1.17 Kojunktionsgefüge

§ 48.1 HLR: (a) K o j u n k t i o n s g e f ü g e (KjktnG) sind Konektionsgefüge (§ 23.3b^I HLR), bestehend aus mindestens zwei Koordinaten, den K o j u n k t e n (Kjkt).

(b) Kojunktionsgefüge sind der Zeichenart nach Wortgruppen, konkret: $^{(I)}$Verbgruppen, genauer: $^{(α)}$Perioden (§ 88.3a HLR) oder $^{(β)}$Verbgruppen im engeren Sinn (§ 88.4 HLR), $^{(II)}$Substantivgruppen, genauer: $^{(α)}$α-Substantivgruppen (§ 89.2α^{III} HLR), $^{(β)}$β-Substantivgruppen (§ 89.2β^{III} HLR), $^{(γ)}$γ-Substantivgruppen (§ 89.2γ^{III} HLR), $^{(δ)}$ε-Substantivgruppen (§ 89.2ε^{III} HLR) oder $^{(ε)}$ζ-Substantivgruppen (§ 89.2ζ^{I} HLR), $^{(III)}$Adjektivgruppen jeder Art (§ 90.2 HLR, im Einzelnen: § 90.2α^{III}, § 90.2β^{III}, § 90.2γ^{III}, § 90.2δ^{III}, § 90.2ε^{III}, § 90.2ζ^{III}, § 90.2η^{I}), $^{(IV)}$Artikelgruppen (§ 91.2α^{II} HLR), $^{(V)}$Pronomengruppen jeder Art (§ 92.2 HLR, im Einzelnen: § 92.2α^{III}, § 92.2β^{III}, § 92.2γ^{III}, § 92.2δ^{III}, § 92.2ε^{I}), $^{(VI)}$Partikelgruppen jeder Art (§ 93.2 HLR, im Einzelnen: § 93.2α^{III}, § 93.2β^{III}, § 93.2γ^{III}, § 93.2δ^{III}, § 93.2ε^{I}) oder $^{(VII)}$Miszellangruppen (§ 94 HLR).

§ 48.2 HLR: (a) Die Kojunkte stehen zueinander in der Relation der K o j u n k t i o n.

(b) Ein Kojunkt ist ein Wort oder eine Wortgruppe, das bzw. die als unmittelbare Konstituente eines Kojunktionsgefüges erscheint. Als Kojunkte können die gleichen Zeichen fungieren, die auch Konjunkte sein können (§ 47.2b HLR).

(c) Das letzte der Kojunkte eines Kojunktionsgefüges ist ein als Konjunktionsgefüge erscheinendes Zeichen (§ 47.1b/c HLR); potentiell sind es weitere.

Zu § 48.1 HLR: Kojunktionsgefüge sind Konektionsgefüge (vgl. S. 136) und bestehen aus mindestens zwei Kojunkten (Bsp. 237), können aber auch aus drei (Bsp. 56, S. 133), vier (Bsp. 51c, S. 123) oder mehr Kojunkten bestehen.

Bsp. 237: „Das Gehör vieler Säugetiere, besonders der in Wüsten lebenden Raubtiere, Huftiere, Nagetiere usw. ¹ist viel empfindlicher als das menschliche ²und nimmt leise Geräusche auf viel weitere Entfernungen wahr; darauf weist schon ihre ¹große ²und sehr bewegliche Ohrmuschel hin." (HAECKEL, Welträtsel ¹¹1919, 306); ¹erstes Kojunkt, ²zweites Kojunkt.

Rein theoretisch ist die Anzahl der möglichen Kojunkte unbegrenzt (vgl. Bär/Richter 2002, 178), allerdings nur bei Reihungen mit *und* und *oder* (Eisenberg 1999, 203).

Prinzipiell können nahezu alle Gliedfunktionen durch Zeichen besetzt sein, die als Kojunktionsgefüge strukturiert sind. Dies gilt allerdings nicht für Fälle, in denen sich ein Objekt, wie in Bsp. 238a, oder ein Adverbial, wie in Bsp. 238b, scheinbar auf zwei vollständige Prädikationsgefüge bezieht.

Bsp. 238: a) „[W]ir liebten und wir haßten einander" (MÜLLER, Tropen 1915, 205).
b) „[I]n der Fülle der Jugendkraft strahlte sein Auge und lachte sein Mund." (FREYTAG, Soll u. Hab. 1855, 18.)

Objekte ebenso wie Adverbialien sind unmittelbare Konstituenten von Supprädikationsgefügen, nicht von Prädikationsgefügen; als Supprädikationsgefüge strukturierte Zeichen können in Prädikationsgefüge eingebettet, nicht aber mit ihnen verflochten werden. Die Belege in Bsp. 238 sind daher nicht zu deuten als Sätze mit gedoppelten Prädikaten und Subjekten – Kojunktionsgefügen mit den beiden Satz-Kojunkten |wir liebten| und |und wir haßten| bzw. |strahlte sein Auge| und |und lachte sein Mund| –, auf die sich insgesamt ein Objekt oder Adverbial bezieht, sondern vielmehr als Perioden: Kojunktionsgefüge mit zwei parallel gebauten Kojunkten, nämlich Prädikationsgefügen – |wir liebten ⊗›einander‹| und |und wir haßten einander| bzw. |in der Fülle der Jugendkraft strahlte sein Auge| und |und ⊗›in der Fülle der Jugendkraft‹ lachte sein Mund| – mit Prädikaten, die als Supprädikationsgefüge strukturiert sind und von denen eines eine Ellipse des Objekts bzw. Adverbials aufweist.

Der Zeichenart nach handelt es sich bei Kojunktionsgefügen immer um Wortgruppen, konkret:

- Perioden, sofern alle Kojunkte Sätze sind (§ 19.1b^{II} HLR: Bsp. 239a),
- Verbgruppen im engeren Sinn, sofern alle Kojunkte Verbgruppen derselben Art (§ 19.1b^{Iβ} HLR: Bsp. 239b) oder Verben und Verbgruppen (§ 19.1b^{V} HLR: Bsp. 239c) sind,
- α-Substantivgruppen, sofern alle Kojunkte α-Substantivgruppen sind (§ 19.1b^{Iβ} HLR: Bsp. 239d),
- β-Substantivgruppen, sofern alle Kojunkte β-Substantivgruppen sind (§ 19.1b^{Iβ} HLR: Bsp. 239e),
- γ-Substantivgruppen, sofern alle Kojunkte γ-Substantivgruppen sind (§ 19.1b^{Iβ} HLR: Bsp. 239f),
- ε-Substantivgruppen, sofern alle Kojunkte Substantive und ε-Substantivgruppen sind (§ 19.1b^{V} HLR: Bsp. 239g),
- ζ-Substantivgruppen, sofern ihre Kojunkte Substantivgruppen unterschiedlicher Art sind (§ 19.1b^{III} HLR: Bsp. 239h),
- Adjektivgruppen, sofern alle Kojunkte Adjektivgruppen (Bsp. 239i) oder Adjektive und Adjektivgruppen (Bsp. 239j) sind,
- Artikelgruppen (Bsp. 239k),

- Pronomengruppen, sofern alle Kojunkte Pronomengruppen (Bsp. 239ℓ) oder Pronomina und Pronomengruppen (Bsp. 239m) sind,
- Partikelgruppen, sofern alle Kojunkte Partikelgruppen (Bsp. 239n) oder Partikeln und Partikelgruppen (Bsp. 239o) sind, oder
- Miszellangruppen (Bsp. 239p).

Bsp. 239: a) „^{1}Darüber war er traurig, ^{2}und er klagte es der Großmutter." (COLSHORN/COLSHORN, Märch. Hann. 1854, 174); ^{1}erstes Kojunkt, ^{2}zweites Kojunkt.

b) „Er ^{1}kam nach Hause ^{2}und legte sich krank hin." (WASSERMANN, Wahnschaffe 1919, 394); ^{1}erstes Kojunkt, ^{2}zweites Kojunkt.

c) „der Arzt würde ^{1}kommen ^{2}und ihm etwas gegen das Fieber verschreiben" (KUHN, Sag. Westf. 1859, I, 114); ^{1}erstes Kojunkt, ^{2}zweites Kojunkt.

d) „^{1}Der Bauer ^{2}und die Weiber warfen sich auf die Erde, rangen die Hände und heulten." (FLEX, Wanderer 1916, 246); ^{1}erstes Kojunkt, ^{2}zweites Kojunkt.

e) „Ich weiß, Sie sind ein ^{1}verschwiegener Mann ^{2}und treuer Freund." (TIECK-BERNHARDI, Evremont 1836, II, 277); ^{1}erstes Kojunkt, ^{2}zweites Kojunkt.

f) „Das Wiener Hofdekret, ^{1}meine Entlassung als Regisseur ^{2}und meine Beibehaltung als Hoftheaterdichter mit einem Gehalt von tausend Gulden betreffend" (KOTZEBUE, Merkw. Jahr 1801, 24); ^{1}erstes Kojunkt, ^{2}zweites Kojunkt.

g) „als dein ^{1}Freund ^{2}und Kriegskamerad brauch ich kein Blatt vor den Mund zu nehmen" (KURZ, Sonnenw. 1855, 584) – „mein [...] ^{1}Kindheits-, ^{2}Feld-, ^{3}Wald- ^{4}und Wiesenfreund" (RAABE, Stopfk. 1891, 26)[147]; ^{1}erstes Kojunkt, ^{2}zweites Kojunkt, ^{3}drittes Kojunkt, ^{4}viertes Kojunkt.

h) „Es kann zwar sehr leicht seyn, daß Shakespear nicht so genau vorher über Ursach und Wirkung philosophirt, und eines gegen das andre so bestimmt abgewogen habe, wie ich es zu finden glaube; aber ^{1}sein Beobachtungsgeist ^{2}und sein glückliches Genie, das durch keine Vorurtheile aufgehalten, und durch keine unnütze Speculationen verdorben war, fand alle diese Sachen, ohne daß er sie suchen durfte." (BLANCKENBURG, Roman 1774, 133); ^{1}erstes Kojunkt, ^{2}zweites Kojunkt.

i) „Bernhard von Jacobi und noch manches Mitglied eines Münchener Theaters nahmen bisweilen an unsern ^{1}sehr vergnügten ^{2}und überaus lauten Kunstübungen teil." (MÜHSAM, Unpolit. Erinn. 1927–29, 636); ^{1}erstes Kojunkt, ^{2}zweites Kojunkt.

j) „eine der ^{1}engen ^{2}und überaus geräuschvollen Straßen Kiels" (BOY-ED, Förster 1889, 2) – „^{1}welt- ^{2}und todsüchtige Jugend" (TH. MANN, Betr. Unpol. 1918, 72)[148]; ^{1}erstes Kojunkt, ^{2}zweites Kojunkt.

k) „Es folgten verschiedene Tänze, die ich in den Armen ^{1}dieses ^{2}und jenes jugendlichen Springinsfelds abhaspelte" (FRANÇOIS, Reckenb. 1870, 172); ^{1}erstes Kojunkt, ^{2}zweites Kojunkt.

---

147 In Bsp. 239g [2] liegt ein viergliedriges Kojunktionsgefüge vor, in dessen ersten drei Kojunkten als unmittelbare Konstituente jeweils eine Substantivellipse – ein Nullzeichen mit dem gleichen Wert wie das Kompositumszweitglied *-freund* im vierten Kojunkt – angesetzt werden kann: ^{1}*Kindheits*⊗›freund‹, ^{2}*Feld*⊗›freund‹, ^{3}*Wald*⊗›freund‹ ^{4}*und Wiesenfreund*.

148 In Bsp. 239j [2] liegt ein zweigliedriges Kojunktionsgefüge vor, in dessen erstem Kojunkt als unmittelbare Konstituente eine Adjektivellipse – ein Nullzeichen mit dem gleichen Wert wie das Kompositumszweitglied *-süchtig* – angesetzt werden kann: ^{1}*welt*⊗›süchtig‹ ^{2}*und todsüchtig*.

ℓ) „Nur ¹dieser da ²und die ich eben gesehen liegen wie eine ungeheure Last auf mir" (KLINGER, Faust ²1794, 200); ¹erstes Kojunkt, ²zweites Kojunkt.

m) „Ungeduldig regte sich ¹Dieser ²und Jener." (C. DE LA MOTTE FOUQUÉ, Resign. 1829, I, 212); ¹erstes Kojunkt, ²zweites Kojunkt.

n) „Man aß zur Winterzeit im Schloß, während des Sommers aber, sooft es das Wetter erlaubte, ¹im Freundschaftstempel ²oder auf der Remusinsel." (FONTANE, Wand. I 1862, 274); ¹erstes Kojunkt, ²zweites Kojunkt.

o) „Ueber das Pflaster hin lagen ¹hier ²und dort dunkelgelbe Reflexe gestreut." (CONRADI, Adam 1889, 84); ¹erstes Kojunkt, ²zweites Kojunkt.

p) Mir ist [...] noch innerlich, daß nach seinem [sc. Grabbes] ersten Auftreten in dem Berliner Dichterkreise ernsthafter Streit gewaltet haben soll über die Frage: ob dieser Mensch ¹verrückt ²oder ein Genie sei?" (IMMERMANN, Mem. 1840–43, 169); ¹erstes Kojunkt, ²zweites Kojunkt.

*

Zu § 48.2 HLR: Als Kojunkte können die gleichen Zeichen fungieren, die auch Konjunkte sein können (vgl. S. 305); mindestens ein Kojunkt, nämlich das letzte in einem Kojunktionsgefüge, erscheint aber als Konjunktionsgefüge, d. h., es muss einen Konjunktor aufweisen (Bsp. 240). Bei mehr als zwei Kojunkten kann dies auch für die letzten Kojunkte des Gefüges gelten. Fälle, in denen im letzten Kojunkt ein Konjunktor zu fehlen scheint – so genannte Asyndeta – interpretieren wir als Konjunktorellipsen (Bsp. 51d, S. 123).

Bsp. 240: „¹ʳ‚Heftige Kritiken von Seite der ¹katolischen [sic] ²ʳ³wie ⁴protestantischen⁻ kirchlichen Presse⁻ ²ʳ³sowie ⁴öffentliche Warnungen vor Ankauf⁻ schlossen sich an." (PANIZZA, Selbstbiogr. ¹1905, 15.); ¹erstes Kojunkt, ²zweites Kojunkt, ³Konjunktor, ⁴Konjunkt.

4.1.18 Kostriktionsgefüge

§ 49.1 HLR: (a) K o s t r i k t i o n s g e f ü g e (KstrnG) sind Konektionsgefüge (§ 23.3bᴵᴵ HLR), bestehend aus mindestens zwei Koordinaten, den K o s t r i k t e n (Kstrt).

(b) Kostriktionsgefüge sind der Zeichenart nach Wortgruppen, konkret: Verbgruppen, genauer: Perioden (§ 88.3a HLR).

§ 49.2 HLR: (a) Die Kostrikte stehen zueinander in der Relation der K o s t r i k t i o n.

(b) Kostrikte sind der Zeichenart nach ⁽ᴵ⁾Sätze (§ 88.2eᴵᴵᴵᵝ HLR) oder ⁽ᴵᴵ⁾Perioden (§ 88.3cᴵᴵᴵᵝ HLR).

(c) Mindestens eines der Kostrikte eines Kostriktionsgefüges ist ein Satz, der als Kommentationsgefüge strukturiert ist (§ 36.1bᴵ HLR) und dessen Kommentar Konnektorfunktion hat (§ 36.3cᴵᴵᴵ HLR).

(d) Weitere Kostrikte können Konjunktionsgefüge (§ 47.1bᴵᵅ HLR) sein.

Zu § 49 HLR: Die Ansicht, dass „Konjunktionen" (nach unserer Terminologie: Konjunktoren i. S. v. § 47.3 HLR), wenn sie Hauptsätze verknüpfen, immer vor dem Vorfeld desjenigen Hauptsatzes stehen, mit dem zusammen sie ein Kojunkt bilden (§ 47.3c HLR), ist in der Grammatikographie verbreitet: Vgl. z. B. Helbig/Buscha 2001, 391;

Hentschel/Weydt 2003, 305; Duden 2005, 590. Folgt man dieser Ansicht und vergleicht man daraufhin Sätze wie in

Bsp. 241: „<u>Aber</u> ich kann nicht anders" (FRANZOS, Pojaz 1905, 271)

und in

Bsp. 242: „Ich kann <u>aber</u> nicht anders" (B. v. ARNIM, Frühlingskr. 1844, 140),

so ergibt sich daraus die Notwendigkeit, analog zu den Kojunktionsgefügen, die als mittelbare Konstituente mindestens ein Zeichen mit Konjunktorfunktion aufweisen müssen, eine weitere Art Konektionsgefüge anzusetzen. Im Unterschied zu den Kojunktionsgefügen kann dabei der Nektor in anderen Positionen erscheinen als im Vor-Vorfeld.

Kostriktionsgefüge sind ein Mittel der Textkohäsion. Ebenso wie Kojunktionsgefüge mit den Konjunktoren *und* und *oder* können sie theoretisch unbegrenzt viele Glieder aufweisen. Sie sind Konektionsgefüge (§ 23.3b^{II} HLR), bei denen mindestens ein Konektat keinen Konjunktor, sondern einen Kommentar (§ 36.3c^{III} HLR) als Konnektor aufweist. Andere Konektate desselben Gefüges können – wie in Bsp. 243 – Konjunktoren zu ihren unmittelbaren Konstituenten zählen; dies ist aber keine Bedingung für ein Kostriktionsgefüge.

Bsp. 243: „^{1}<u>Die Leute hatten in ihrem Hinterhaus ein kleines Fenster, daraus konnte man in einen prächtigen Garten sehen, der voll der schönsten Blumen und Kräuter stand</u>, ^{2}<u>er war ⌈^{4}aber⌉ von einer hohen Mauer umgeben</u>, ^{3}⌈^{5}und⌉ <u>niemand wagte hinein zu gehen, weil er einer Zauberin gehörte, die große Macht hatte, und von aller Welt gefürchtet wurde.</u>" (J. GRIMM/W. Grimm, Kinder- u. Hausm. ^{3}1837, 75); ^{1}erstes Kostrikt, ^{2}zweites Kostrikt, ^{3}drittes Kostrikt, ^{4}Kommentar, ^{5}Konjunktor.

4.1.19 Interzeptionsgefüge

§ 50.1 HLR: (a) I n t e r z e p t i o n s g e f ü g e (IzptnG) sind konsistente (§ 15.1b HLR) kompaxive (§ 17.1 HLR) Koordinationsgefüge (§ 19 HLR) und bestehen aus zwei Koordinaten, den I n t e r z e p t e n (Izpt). Interzeptionsgefüge haben $^{(I)}$Wortcharakter oder $^{(II)}$Wortgruppencharakter.

(b) $^{(I)}$Interzeptionsgefüge mit Wortcharakter sind gemäß der Zeichenart ihrer Interzepte (§ 19.1bIα HLR) der Zeichenart nach $^{(\alpha)}$Artikel (§ 85.1b^{III}, § 50.2b^I HLR) oder $^{(\beta)}$Partikeln (§ 87.1b^{III}, § 50.2b^{II} HLR). $^{(II)}$Interzeptionsgefüge mit Wortgruppencharakter sind entsprechend der Zeichenart ihrer Interzepte (§ 19.1b^{IV} HLR) der Zeichenart nach $^{(\alpha)}$Artikelgruppen, genauer: β-Artikelgruppen (§ 91.2β, § 50.2b^I HLR) oder $^{(\beta)}$Partikelgruppen, genauer: ε-Partikelgruppen (§ 93.2ε, § 50.2b^{II} HLR).

(c) Als Interzeptionsgefüge strukturierte Zeichen erfüllen die Gliedfunktion von $^{(I)}$Kommentaren mit Konnektorfunktion (§ 36.3c^{III} HLR), $^{(II)}$Komites (§ 38.3b$^{Iα/IIβ}$ HLR), $^{(III)}$Adpositen (§ 45.2b^{IIβ} HLR), $^{(IV)}$Subjunktoren (§ 46.3b HLR) oder $^{(V)}$Konjunktoren (§ 47.3b HLR).

§ 50.2 HLR: (a) Die Interzepte stehen zueinander in der Relation der I n t e r z e p t i o n .

(b) Interzepte sind der Zeichenart nach $^{(I)}$Artikel (§ 85.4γ^{II} HLR) oder $^{(II)}$Partikeln (§ 87.4γ^{II} HLR).

Zu § 50 HLR: Mit dem Ansatz von Interzeptionsgefügen beschreiben wir die Struktur bestimmter Artikel bzw. Artikelgruppen sowie bestimmter Partikeln bzw. Partikelgruppen, die nicht selten erklärt werden können als entstanden durch ‚Eingriff' (‚interceptio') in unterschiedliche Gliedergefüge und Herauslösung jeweils bestimmter Bestandteile derselben, die dann miteinander ein neues Gefüge bilden.

Beispielsweise lässt sich in Bsp. 244 /so\ als Adverbial, /dass\ hingegen als Subjunktor deuten; |dass er schwieg| ist insgesamt Attribut zu /so\.

Bsp. 244: „Diese auf das geschwindeste und schärfste akzentuierten Worte störten [...] die Haltung des Korsen ¹so, ²daß er schwieg" (ARNDT, Erinn. 1840, 219); ¹Adverbial, ²Konjunktor.

Dagegen zeigen sich /so\ und /dass\ in Bsp. 245 zusammen als Subjunktor, und es fragt sich dann eben, in welcher Weise sie sich als Bestandteile einer Wortgruppe (Bsp. 245a) bzw. eines Wortes (Bsp. 245b) funktional aufeinander beziehen.

Bsp. 245: a) „Die Eroberer teilten die mit dem Schwert gewonnenen Länder und die Bewohner derselben unter sich, ¹so daß von dem Fürsten bis zu dem untersten Freien, der ihm gefolgt war, jeder nach dem Maße seiner Ansprüche oder Bedürfnisse sein gebührliches Los erhielt." (ARNDT, Erinn. 1840, 262); ¹Konjunktor.

b) „Leider war er jedoch in diesen Jahren öfter kränkelnd, ¹sodaß mehrere seiner Vorlesungen für uns halb verloren gingen." (Ebd., 61); ¹Konjunktor.

Ähnlich verhält es sich bei manchen Artikeln (Bsp. 246a) und Artikelgruppen (Bsp. 246b). Hier kann ursprünglich ein doppeltes Komitationsgefüge angenommen werden, wobei das eine in das andere eingebettet (als sein Komitat) erscheint. Die Beziehung zwischen dem ‚inneren' und dem ‚äußeren' Komes ist jedoch als derart eng anzusehen, dass beide in manchen Fällen (Bsp. 246a) als ein einziges Wort erscheinen – hier: als Demonstrativartikel, der noch, als Relikt des ursprünglichen Gefüges, die Binnenflexion (der̲selbe, des̲selben, dem̲selben usw.) erkennen lässt – und auch dort, wo die Univerbierung nicht vollzogen ist (Bsp. 246b), als eine unmittelbare grammatisch-semantische Einheit interpretiert werden können.

Bsp. 246: a) „Hiernächst muß der Redner sich auch von dem Schauspieler unterscheiden. Er tritt wol vorbereitet auf, hat auf einmal den ganzen Umfang seiner Materie vor sich, ist ganz und allein davon durchdrungen, und behandelt sie, als ein Mann, der alles auf das genaueste überlegt hat. Darum muß auch Einförmigkeit, Bedachtsamkeit und gute Fassung in seinen Gebehrden seyn. Bey dem Schauspieler verhält sich die Sache ganz anders. Er nimmt jeden Augenblick die Gebehrden desselben Augenblicks an; bald redet er, bald hört er zu. Die Handlung reißt ihn mit fort, da der Redner seines Vortrages Meister seyn muß." (SULZER, Allg. Theor. I 1771, 429.)

b) „Ein Mann, der Mann der guten Gesellschaft, ist ein Ritter, ein Gentleman, ein Ehrenmann vom Scheitel bis zur Sohle / für alle die, die ihn offiziell kennen. Dieser selbe Mann benimmt sich nicht selten / unter hundert Fällen neunundneunzigmal / einer Frau gegenüber, die sich seiner werbenden Liebe ohne Garantien und ohne die kontrollierende Aufsicht der Gesellschaft ergab, durchaus nicht als ein Gentleman." (MEISEL-HESS, Sex. Krise 1909, 42.)

Wir deuten Interzeptionsgefüge wie |so dass| bzw. /sodass\, |dergestalt dass|, /sowie\, /obgleich\, /derselbe\ usw. als Koordinationsgefüge, weil es bei keiner ihrer beiden unmittelbaren Konstituenten überzeugend scheint, ihr eine Kernfunktion zuweisen zu wollen.

Ob es so etwas wie Interzeptionsgefüge ‚gibt', zutreffender formuliert, ob es sinnvoll ist, sie anzunehmen, mag durchaus fraglich erscheinen. In der Tat stellt diese Annahme eine Art Notbehelf dar, um die ansonsten in der vorliegenden Arbeit vertretenen Positionen – insbesondere den zentralen § 17 des hermeneutisch-linguistischen Regelwerks mit seiner Unterscheidung von kompaxiven und komplexiven Gefügen – auch bei Phänomenen aufrecht erhalten zu können, die für sich allein betrachtet vermutlich einen anderen Beschreibungsansatz nahelegen würden. Da es hier indes um eine einheitliche, konsistente Modellbildung geht und die Beschreibung der Artikel- bzw. Artikelgruppenbildung sowie der Partikel- bzw. Partikelgruppenbildung nicht zu unseren Prioritäten gehört, halten wir den Ansatz für gerechtfertigt.

4.2 Komplexivgefüge

Da Komplexivgefüge als Konstruktionen gedacht werden, die verschiedene Kompaxivgefüge geflechtartig durchziehen, sind sie notwendigerweise durchweg dissolut (§ 15.IIb HLR); eine unmittelbare Nachbarschaft ihrer Glieder, sofern sie überhaupt vorkommt, wäre zufällig und wiese keine Positionsfestigkeit auf. Im Gegensatz zu den Kompaxivgefügen entfällt somit bei Komplexivgefügen die Bestimmung hinsichtlich Konsistenz bzw. Dissolutheit.

Komplexivgefüge werden unabhängig von den determinativen Strukturen innerhalb von Kompaxivgefügen angenommen; Verhältnisse wie das der Rektion, die den Ansatz subordinativer Gefüge begründen, kommen in ihnen nicht vor bzw. lassen sich, wenn sie doch vorkommen, als kontingent ansehen – will sagen: als bedingt durch die Überlagerung mit einem kompaxiven Gefüge und diesem letzteren, nicht dem Komplexivgefüge zuzurechnen. Komplexivgefüge interpretieren wir daher prinzipiell als koordinativ strukturiert. Die einige Ausnahme sind Flexionalgefüge, da diese als hinsichtlich der Gliederstruktur (§ 13.3β^I HLR) analog zu Flexionsgefügen konzipiert sind, um beispielsweise bei Hilfsverb-Zeugmata (vgl. S. 203) die verschränkten Verbformen jeweils für sich erfassen zu können.

Komplexivgefüge, die analog zu kompaxiven Gefügen angesetzt werden – Flexionalgefüge analog zu Flexionsgefügen, Prädikationalgefüge analog zu Prädikationsgefügen bzw. Supprädikationsgefügen, Komitationalgefüge analog zu Komitationsgefügen und Attributionalgefüge analog zu Attributionsgefügen – überlagern sich in bestimmten Fällen partiell mit ihren Entsprechungen, will sagen: ein und dasselbe Zeichen kann als Glied eines Komplexivgefüges und eines entsprechenden Kompaxivgefüges fungieren. Dort, wo die Überlagerung vollständig wäre, der Ansatz eines

Komplexivgefüges zusätzlich zu dem des entsprechenden Kompaxivgefüges also keinen hermeneutischen Mehrwert böte, sondern nur eine deskriptive Doppelung darstellte, verzichten wir auf diesen Ansatz.

4.2.1 Flexionalgefüge

§ 51.1 HLR: (a) F l e x i o n a l g e f ü g e (FlxnlG) sind komplexive (§ 17.II HLR) Subordinationsgefüge (§ 18 HLR) und bestehen aus zwei Gliedern: einem Kern, dem F l e x i o n a r (Flxnr) und einem Satelliten, dem F l e x i o n a t (Flxnt).
(b) Flexionalgefüge sind der Zeichenart nach Verben (§ 82.1b^{VI}, § 18.1b$^{2\beta}$, § 51.2c HLR); sie erscheinen als analytische Formen von Verben (§ 82.1d^{II} HLR), die komplexiv mit α-Verbgruppen (§ 88.4b$^{I\alpha}$, § 29.1b^{III} HLR) oder η-Verbgruppen (§ 88.4b$^{VII\beta}$, § 44.1b HLR) verflochten sind.
§ 51.2 HLR: (a) Der Flexionar steht zu seinem Flexionat in der Relation der F l e x u r .
(b) Der Flexionar ist ein Zeichen, das sich als Flektor (§ 29.2b^{II} HLR) verhielte, wenn es mit seinem Flexionat allein ein Gefüge unmittelbar konstituierte.
(c) Der Flexionar ist der Zeichenart nach ein Wort, konkret: ein Hilfsverb (§ 82.5γ^{IV} HLR).
§ 51.3 HLR: (a) Das Flexionat steht zu seinem Flexionar in der Relation der F l e k t a n z .
(b) Das Flexionat ist der Zeichenart nach ein Wort, konkret: $^{(I)}$ein Infinitverb (§ 82.5β$^{II\beta}$ HLR) oder $^{(II)}$ein Verbadjektiv (§ 84.4β$^{I\beta}$ HLR).

Zu § 51.1 HLR: Angesichts von Konstruktionen wie |*ich habe es gesagt und meine Seele gerettet*| (Bsp. 80c, S. 201, mit Abb. 63, S. 202) wird nachvollziehbar, wie der Ansatz von Flexionalgefügen motiviert ist. Als Kompaxivgefüge lassen sich nämlich die beiden Verbformen /*habe gesagt*\ und /*habe gerettet*\ in diesem Beispiel nicht erklären. Das anzusetzende Flektionsgefüge besteht aus den beiden unmittelbaren Konstituenten /*habe*\ (Flektor) und |*es gesagt und meine Seele gerettet*| (Flektand); die Verbformen als solche sind in verschiedenartige kompaxive Gefüge eingeflochten, nämlich einerseits in das genannte Flektionsgefüge (mit dem finiten Hilfsverb) und andererseits jeweils in ein Supprädikationsgefüge (mit den Infinitvollverben: |*es gesagt*| bzw. |*meine Seele gerettet*|).

Mittels eines Flexionalgefüges lassen sich auch Verbformen wie /*wird verderben*\ in Fällen wie

Bsp. 247: „Er will und wird keinen verderben, weil er Freund und Feind gebrauchen kann und will" (KLINGER, Betr. u. Ged. 1809, 209.)

fassen: Die Verbgruppe |*will und wird keinen verderben*| erscheint als Dekussationsgefüge (vgl. § 44 HLR und Kap. 4.1.14), dessen unmittelbare Konstituenten das Kojunktionsgefüge |*will und wird*| (Dekussator) und das Supprädikationsgefüge |*keinen verderben*| (Dekussat) sind; die Verbform /*wird verderben*\, deren beide Bestandteile sich auf unterschiedliche kompaxive Gefüge verteilen, kann also für sich genommen hier nicht als ein kompaxives Gefüge (Flexionsgefüge) beschrieben werden. Will man – in Analogie zu einem Flexionsgefüge – gleichwohl die Verbform /wird verderben\ als ein Gefüge mit den beiden unmittelbaren Konstituenten /wird\ und /verderben\ verstehen, so muss man sie als ein Gefüge deuten, welches das Dekussationsgefüge durchflicht, d. h. als ein komplexives Gefüge. Die komplexive Entsprechung eines Flexionsgefüges aber wäre eben das Flexionalgefüge.

*

Zu § 51.2 HLR: Flexionare sind immer Hilfsverben; allein zusammen mit ihrem Flexionat – will sagen: wenn das Flexionat seine unmittelbare kompaxive Ko-Konstituente wäre – würden sie ein Flexionsgefüge bilden, d. h. der Flexionar erschiene als Flektor, das Flexionat als Flektand. Mit dieser Bestimmung des Flexionars gelingt es auch, einzelne Verbformen aus Flexionsgefügen herauszulösen, in denen der Flektor als α-Verbgruppe erscheint: so in Bsp. 82b (S. 205) oder in

Bsp. 248: „Während wir hier sitzen, [...] ³ʳ¹ist oder ¹wird˺ von allen Kanzeln des ganzen Landes das Evangelium der armen Sünder ²/⁴verkündet." (AUERBACH, Schwarzw. Dorfg. III 1852, 15); ¹Flexionar, ²Flexionat, ³Flektor, ⁴Flektand.

*

Zu § 51.3 HLR: In Kombination mit § 51.2b HLR gilt auch für Flexionate, dass ihre Bestimmung als Infinitverb oder Verbadjektiv es erlaubt, einzelne Verbformen aus Gefügen interpretativ herauszuisolieren: in diesem Fall aus Flexionsgefügen, in denen (§ 29.3b^{IIIa} HLR) der Flektand durch eine Verbgruppe gebildet wird.

Bsp. 249: „Ein Held ¹/³wird ⁴ʳ²getötet oder ²gefangen˺, und dann ist es aus mit seiner Kraft." (BÖRNE, Immermann [Tirol] 1829, 344); ¹Flexionar, ²Flexionat, ³Flektor, ⁴Flektand.

In Bsp. 249 ermöglicht es der Ansatz zweier Flexionalgefüge, innerhalb des Flexionsgefüges *wird getötet oder gefangen* die beiden Verbformen *wird getötet* und *wird gefangen* zu greifen.

4.2.2 Prädikationalgefüge

Die Entscheidung, Prädikationsgefüge prinzipiell nur aus zwei Gliedern, nämlich Subjekt und Prädikat, gebildet anzusehen (§ 34 HLR) und die Determination durch ein Objekt und/oder ein Adverbial in einen anderen Gefügetyp (das Supprädikationsgefüge: § 35 HLR) ‚auszulagern', führt zu Umständlichkeiten, wenn es darum geht, grammatisch-semantische Relationen beispielsweise zwischen dem Subjekt und dem Objekt eines Satzes zu beschreiben: Sie erscheinen als Glieder unterschiedlicher Gefüge, von denen das eine in das andere eingebettet ist; ihre Beziehung ist daher eine indirekte. Der Ansatz von Prädikationalgefügen eröffnet die Möglichkeit, diese indirekte Beziehung unmittelbar zu fokussieren.

§ 52.1 HLR: (a) Prädikationalgefüge (PrknlG) sind komplexive (§ 17.II HLR) Koordinationsgefüge (§ 19 HLR) und bestehen aus zwei Gliedern: den Prädikationalien (Prknl).

(b) Prädikationalgefüge sind der Zeichenart nach Wortverbünde (§ 19.1c HLR), konkret: (I)Verbverbünde (§ 95.2α, § 19.1c^{II}, § 52.2b HLR), (II)Substantivverbünde (§ 96.2α, § 19.1c^{II}, § 52.2b HLR), (III)Adjektivverbünde (§ 97.2α; § 19.1c^{II}, § 52.2b HLR), (IV)Pronomenverbünde (§ 99.2α, § 19.1c^{II}, § 52.2b HLR) oder (V)Miszellanverbünde (§ 101.2α, § 19.1c^{III}, § 52.2b HLR).

§ 52.2 HLR: (a) Die Prädikationalien stehen zueinander in der Relation der Prädikationalität.

(b) Als Prädikationalien können die gleichen Zeichen fungieren, die auch Konjunkte sein können (§ 47.2b HLR), außer Infinitverben, Hilfsverben, Kopulaverben, Verbadjektiven und Artikeln.

§ 52.3 HLR: Unterscheiden lassen sich mehrere Arten von Prädikationalien.

(α) Als Subjekt-Prädikational oder Subjektual (Sbjtl) kann angesetzt werden (I)das Subjekt des von dem Prädikationalgefüge durchflochtenen Prädikationsgefüges oder (IIα)eine koordinativen Konstituente des Zeichens, das als Subjekt des von dem Prädikationalgefüge durchflochtenen Prädikationsgefüges erscheint, oder der (βα)unmittelbare oder (ββ)mittelbare Kern einer solchen koordinativen Konstituente.

(β) Als Prädikat-Prädikational oder Prädikatial (Prktl) kann angesetzt werden (I)das Verb oder die Verbgruppe, das bzw. die in dem von dem Prädikationalgefüge durchflochtenen Prädikationsgefüge das Prädikat bzw. (II)den Kern desselben bildet, oder das bzw. die (III)eine koordinative Konstituente eines als Kojunktionsgefüge strukturierten Prädikats bzw. Prädikatkerns oder (IV)den (α)unmittelbaren oder (β)mittelbaren Kern einer solchen koordinativen Konstituente darstellt. (V)Prädikatial kann – im Prädikationalgefüge mit einem Objektual (§ 52.3γ HLR) oder Adverbiatial (§ 52.3δ HLR) – auch ein nicht koordinativ strukturiertes Zeichen sein, das zugleich (α)den Kern eines Supprädikationsgefüges, (β)die koordinative Konstituente eines Supprädikationsgefügekerns oder (γ)den Kern einer solchen koordinativen Konstituente bildet.

(γ) Als Objekt-Prädikational oder Objektual (Objtl) kann dasjenige Zeichen angesetzt werden, das innerhalb des Prädikats des von dem Prädikationalgefüge durchflochtenen Prädikationsgefüges (I)als Objekt bzw. (IIα)unmittelbarer oder (β)mittelbarer Kern des Objekts, (III)wenn das Objekt eine β-Partikelgruppe (§ 93.2β^{I} HLR) ist, als (α)Satellit desselben oder (β)unmittelbarer oder (γ)mittelbarer Kern seines Satelliten oder (IV)als (α)koordinative Konstituente des Objekts oder (β)unmittelbarer oder (γ)mittelbarer Kern einer solchen koordinativen Konstituente bzw. – bei koordinativen Konstituenten, die β-Partikelgruppen sind – (δ)als ihre satellitische Konstituente oder (ε)als unmittelbarer oder (ζ)mittelbarer Kern eines solchen Satelliten erscheint. (V)Objektual kann – im Prädikationalgefüge mit einem Prädikatial oder Adverbiatial – auch ein nicht koordinativ strukturiertes Zeichen sein, das zugleich in einem Supprädikationsgefüge (α)als Objekt, (β)als Kern eines Objekts, (γ)als satellitische Konstituente eines Objekts, wenn dasselbe eine β-Partikelgruppe (§ 93.2β^{I} HLR) ist, (δ)als (δα)unmittelbarer oder (δβ)mittelbarer Kern eines solchen Objekts, (ε)als koordinative Konstituente eines Objekts, (ζ)als (ζα)unmittelbarer oder (ζβ)mittelbarer Kern einer solchen koordinativen Konstituente oder, (η)falls es sich bei dieser koordinativen Konstituente um eine β-Partikelgruppe (§ 93.2β^{I} HLR) handelt, als deren satellitische Konstituente oder (ϑ)als der (ϑα)unmittelbare oder (ϑβ)mittelbare Kern dieses Satelliten erscheint. (VI)Als Objektual kann auch – in Analogie zu den in § 52.3γ^{I-V} HLR genannten Fällen – ein Anzepsobjekt oder die unmittelbare oder mittelbare Konstituente eines Anzepsobjekts (§ 43.3c^{I} HLR) angesetzt werden.

(δ) Als Adverbial-Prädikational oder Adverbiatial (Advtl) kann dasjenige Zeichen angesetzt werden, das innerhalb des Prädikats des von dem Prädikationalgefüge durchflochtenen Prädikationsgefüges (I)als Adverbial bzw. (IIα)unmittelbarer oder (β)mittelbarer Kern des Adverbials, (III)wenn das Adverbial eine β-Partikelgruppe (§ 93.2β^{I} HLR) ist, als (α)Satellit desselben oder (β)unmittelbarer oder (γ)mittelbarer Kern seines Satelliten oder (IV)als (α)koordinative Konstituente des Adverbials oder (β)unmittelbarer oder (γ)mittelbarer Kern einer solchen koordinativen Konstituente bzw. – bei bei koordinativen Konstituenten, die β-Partikelgruppen sind – (δ)als ihre satellitische Konstituente oder (ε)als unmittelbarer oder (ζ)mittelbarer Kern eines solchen Satelliten erscheint. (IV)Adverbiatial kann – im Prädikationalgefüge mit einem Prädikatial oder Objektual – auch ein nicht koordinativ strukturiertes Zeichen sein, das zugleich in einem Supprädikationsgefüge (α)als Adverbial, (β)als Kern eines Adverbials, (γ)als satellitische Konstituente eines Adverbials, wenn dasselbe eine β-Partikelgruppe (§ 93.2β^I HLR) ist, (δ)als (δα)unmittelbarer oder (δβ)mittelbarer Kern eines solchen Adverbials, (ε)als koordinative Konstituente eines Adverbials, (ζ)als (ζα)unmittelbarer oder (ζβ)mittelbarer Kern einer solchen koordinativen Konstituente oder, (η)falls es sich bei dieser koordinativen Konstituente um eine β-Partikelgruppe (§ 93.2β^I HLR) handelt, als deren satellitische Konstituente oder (ϑ)als (ϑα)unmittelbare oder (ϑβ)mittelbare Kern dieses Satelliten erscheint. (V)Als Adverbiatial kann auch – in Analogie zu den in § 52.3δ^I–V HLR genannten Fällen – eine Anzepsadverbial oder die unmittelbare oder mittelbare Konstituente eines Anzepsadverbials (§ 43.3c^II HLR) angesetzt werden.

Zu § 52.1 HLR: Prädikationalgefüge durchflechten komplexiv Prädikationsgefüge. Dabei muss kein Eins-zu-eins-Verhältnis bestehen: Ein und dasselbe Prädikationsgefüge kann von mehreren Prädikationalgefügen durchgeben sein.

Bsp. 250:   „^{1}Jemand ^{2}schenkte ^{3}mir ^{3}zwanzig Kronen" (ALTENBERG, Lebensabend 1919, 13); ^{1}Subjektual; ^{2}Prädikatial; ^{3}Objektual; ^{3}Objektual.

Als komplexive Gefüge sind Prädikationalgefüge der Zeichenart nach immer Wortverbünde. Da sie koordinativ strukturiert sind, hängt ihre konkrete Zeichenart davon ab, ob alle Prädikationalien der gleichen konkreten Zeichenart oder einander entsprechenden konkreten Zeichenarten angehören. Sind alle Prädikationalien Verben und/oder Verbgruppen, so erscheint das Gefüge im Ganzen als Verbverbund (⟨kommen · danken⟩ in Bsp. 251a). Sind sie sämtlich Substantive und/oder Substantivgruppen, so erscheint das Gefüge im Ganzen als Substantivverbund (⟨Schiller · Lied ‚An die Freude'⟩ in Bsp. 251b); sind sie sämtlich Adjektive oder Adjektivgruppen, so erscheint es als Adjektivverbund (⟨scharf · musternd⟩ in Bsp. 251c).

Bsp. 251:   a) „Den Kindern ward beschert. ^{1}Sie ^{2}kamen, um ^{2}zu danken [...]." (GOETHE, Tageb. 1829, WA III, 12, 171); ^{1}Subjektual; ^{2}Prädikatial; ^{3}Adverbiatial.
   b) „Tausende wallfahrten nach Gohlis, um das Haus zu sehen, darin ^{1}Schiller ^{3}das Lied ‚an die Freude' ^{2}dichtete." (FONTANE, Wand. IV 1882, 254); ^{1}Subjektual; ^{2}Prädikatial; ^{3}Objektual.
   c) „‚Aßmus' schritt mit Würde die Front ab, ^{1}jeden Rekruten ^{2}scharf ^{3}musternd." (REHBEIN [GÖHRE], Landarb. 1911, 178); ^{1}Objektual, ^{2}Adverbiatial, ^{3}Prädikatial.

Sind alle Prädikationalien Pronomina (⟨jemand · ich⟩ in Bsp. 250) und/oder Pronomengruppen, so erscheint das Gefüge im Ganzen als Pronomenverbund; bei Prädikationalien verschiedener Zeichenart (⟨jemand · schenken⟩ und ⟨jemand · zwanzig Kronen⟩ in Bsp. 250, ⟨sie · danken⟩ in Bsp. 251a, ⟨Schiller · dichten⟩ in Bsp. 251b) erscheint es als Miszellanverbund.

Da § 52 HLR keine Festlegung trifft, welche Art von Prädikationalien (Subjektual, Prädikatial, Objektual oder Adverbiatial) in einem Prädikationalgefüge vertre-

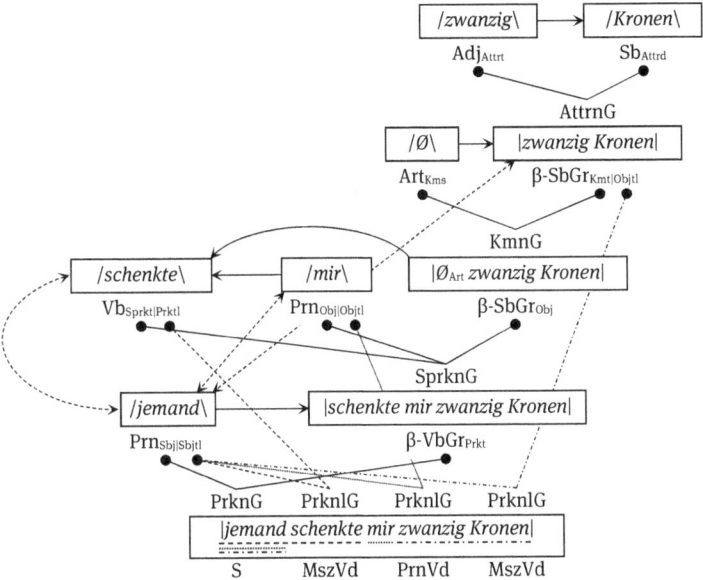

Abb. 96: Konstituentenstruktur von Prädikationalgefügen (Bsp. 250)

Adj = Adjektiv; Art = Artikel; Attrd = Attribuend; AttrnG = Attributionsgefüge; Attrt = Attribut; Kms = Komes; Kmt = Komitat; KmnG = Komitationsgefüge; MszVd = Miszellanverbund; Obj = Objekt; Objtl = Objektual; PrknG = Prädikationsgefüge; Prkt = Prädikat; Prktl = Prädikatial; PrknlG = Prädikationalgefüge; Prn = Pronomen; PrnVd = Pronomenverbund; S = Satz; Sb = Substantiv; β-SbGr = β-Substantivgruppe; Sbj = Subjekt; Sbjtl = Subjektual; SprknG = Supprädikationsgefüge; Sprkt = Supprädikat; Vb = Verb; β-VbGr = β-Verbgruppe. — Zu den allgemeinen Notationsregeln vgl. Anhang II (S. 828 ff.).

ten sein müssen, lassen sich zusätzlich zu den in Abb. 96 dargestellten in Bsp. 250 noch drei weitere Prädikationalgefüge ansetzen: *schenkte*$_{Prktl}$ ↔ *mir*$_{Objtl}$, *schenkte*$_{Prktl}$ ↔ *zwanzig Kronen*$_{Objtl}$, und *mir*$_{Objtl}$ ↔ *zwanzig Kronen*$_{Objtl}$.

*

Zu § 52.3 HLR: Da Komplexivgefüge zwar auch für die rein grammatisch interessierte Beschreibung hilfreich sein können, hauptsächlich jedoch für die grammatisch-semantische Interpretation konzipiert sind, bleibt die Bestimmung, welche Einheiten eines konkreten Gefüges als Prädikationalien anzusetzen sind, bewusst unscharf. Neben einem Subjekt, Prädikat, Objekt oder Adverbial im Ganzen kann auch sein unmittelbarer oder mittelbarer Kern als Prädikational interpretiert werden. Dies erlaubt es, diejenigen Ausdrücke als miteinander in grammatisch-semantischen Relationen stehend zu beschreiben, die man tatsächlich signifikant findet. Wenn man etwa in

Bsp. 252: „Zu gleicher Zeit schuf F e r n a n d o d e H e r r e r a, von seinen Zeitgenossen der ‚Göttliche' genannt, die ersten Oden." (HERLOßSOHN, Dam. Conv. Lex. IX 1837, 339).

das Subjektual mit dem Subjekt und das Objektual mit dem Objekt des Satzes gleichsetzen wollte, so müsste man im Prädikationalgefüge die Einheiten ⌜Fernando de Herrera, von seinen Zeitgenossen der ‚Göttliche' genannt⌝ und ⌜die ersten Oden⌝ ansetzen. Dies kann unter bestimmten Voraussetzungen durchaus sinnvoll sein; es könnte aber auch sinnvoll erscheinen, sich auf die Ausdrücke *Fernando de Herrera* und *Ode* zu beschränken: Ist das Anliegen beispielsweise eine Untersuchung zur Wahrnehmung und diskursiven Konzeption des spanischen Lyrikers Fernando de Herrera (ca. 1534–1597), so wird man es für die Semantik von *Fernando de Herrera* eher als relevant erachten, dass der Textbeleg dem Dichter *Oden*, als dass er ihm *die ersten Oden* zuschreibt. (Letzteres wäre freilich dann relevant, wenn Herrera allgemein als Begründer der Gattung ‚Ode' anzusehen wäre; hier aber geht es seine individuell ersten Arbeiten in dieser Gattung.)

Die Annahme von Prädikationalgefügen erlaubt es auch, determinative Beziehungen zwischen den Satelliten von Adpositionsgefügen und denjenigen Einheiten zu betrachten, mit denen ebendiese Adpositionsgefüge ihrerseits satellitisch verbunden sind. Dass dergleichen sinnvoll ist, zeigen am besten Supprädikationsgefüge mit adpositionalen Objekten und/oder Adverbialien, z. B. *auf dem Boden* liegen

Bsp. 253: „Auf dem Boden lag ein Teppich" (A. L. GRIMM, Lina's Mährchenb. 1816, I, 155: vgl. Abb. 97)

oder *auf jemanden* warten. Will man hier beispielsweise die determinative Beziehung zwischen *jemand* und *warten* untersuchen, so kann man (anders als bei Supprädikationsgefügen wie *jemanden* erwarten) nicht das Objekt als solches, sondern muss eine Konstituente desselben in den Blick nehmen. Eine auf solche Art in ein kompaxives Gefüge ‚eingreifende' funktionale Beziehung ist aber nur im Rahmen eines komplexiven Gefüges anzunehmen.

Dasselbe gilt für die determinativen Beziehungen zwischen zwei Objekten oder einem Objekt und einem Adverbial, wenn eine der Einheiten eine β-Partikelgruppe i. S. v. § 93.2β¹ HLR ist, also eine als Adpositionsgefüge strukturierte Partikelgruppe. Auch hier können die satellitischen Objekts- bzw. Adverbialkonstituenten nur im Rahmen von Prädikationalgefügen direkt betrachtet werden.

Bsp. 254: a) „Schon das Gedicht, das sie rezitirt, hatte ¹ihn auf ¹sie aufmerksam gemacht" (EICHENDORFF, Ahn. u. Ggw. 1815, 159); ¹Objektual.

b) „Da trat endlich die Försterin mit Licht herein und stellte ¹es auf den ²Tisch." (FRÖLICH, Virginia 1819 [1820], 63); ¹Objektual; ²Adverbiatial.

c) „Zu Hause heftete er dann das ¹Bild an die ²Wand" (HEYKING, Tschun 1914, 26); ¹Objektual; ²Adverbiatial.

d) Dies Lied weckte unserm Poeten viel Freude, aber was wichtiger ist, es stellte ¹ihn und sein ¹Talent an den ²|²rechten Fleck" (FONTANE, Wand. II 1863, 74); ¹Objektual; ²Adverbiatial.

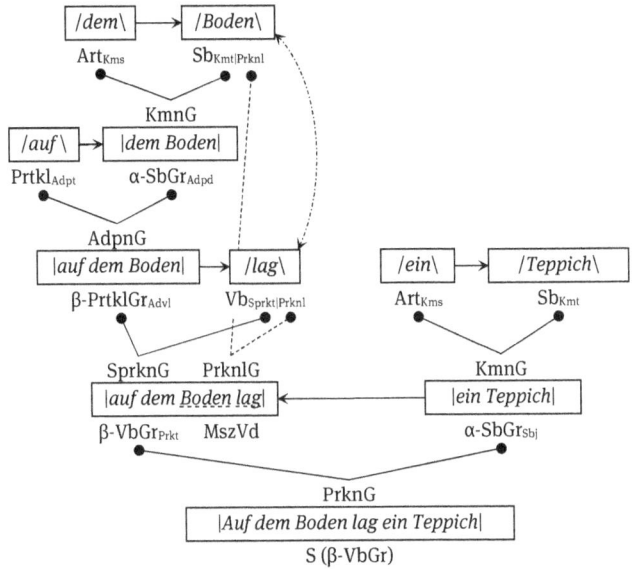

Abb. 97: Gefügestrukturen in dem Satz |Auf dem Boden lag ein Teppich| (Bsp. 253).

Adpd = Adponend; AdpnG = Adpositionsgefüge; Adpt = Adposit; Advl = Adverbial; Art = Artikel; KmnG = Komitationsgefüge; Kms = Komes; Kmt = Komitat; MszVd = Miszellanverbund; PrknG = Prädikationsgefüge; Prknl = Prädikational; PrknlG = Prädikationalgefüge; Prkt = Prädikat; Prtkl = Partikel; β-PrtklGr = β-Partikelgruppe; S = Satz; Sb = Substantiv; Sbj = Subjekt; α-SbGr = α-Substantivgruppe; SprknG = Supprädikationsgefüge; Sprkt = Supprädikat; Vb = Verb; β-VbGr = β-Verbgruppe; VbVd = Verbverbund. — Zu den allgemeinen Notationsregeln vgl. Anhang II (S. 828 ff.).

Bei Prädikationalgefügen geht es um determinative Verhältnisse innerhalb von Prädikationsgefügen. Dabei kann es sich um die Beziehung handeln, in der das Subjekt (oder seine Konstituente: Kern oder Kojunkt) eines Prädikationsgefüges zu einer der unmittelbaren oder mittelbaren Konstituenten des Prädikats steht, aber auch um Beziehungen dieser Konstituenten zueinander. Hat ein Prädikat mehrere Konstituenten (in der Regel dann, wenn es als Supprädikationsgefüge strukturiert ist), so können dementsprechend verschiedene Prädikationalgefüge angesetzt werden. Da die Prädikationalien auch mit koordinativ gefügten Konstituenten eines Prädikats (Bsp. 255), eines Supprädikats, eines Objekts (Bsp. 256) und/oder Adverbials (Bsp. 257) identisch sein können, sind ohne weiteres eine ganze Reihe von Prädikationalgefügen pro Prädikationalgefüge denkbar.

Bsp. 255: a) „Das Volk ¹harrte und ¹hoffte auf einen ²⁄²Prinzen" (HOFFMANN, Brambilla 1820, 734); ¹Prädikatial, ²Objektual: 2 Prädikationalgefüge.

b) „Er ächzete und krächzete wie ein Fuchs im Eisen, aber das hörte niemand; ¹⁾¹⁾¹⁾er ²winselte, ²wimmerte und ²betete, das hörte auch niemand [...]." (BECHSTEIN, Dt. Sag. 1853, 530); ¹Subjektual, ²Prädikatial: 3 Prädikationalgefüge.

c) „¹⁽¹⁽¹⁽Der Professor der Nationalökonomie Franz Xaver Cricetus ²ʳhielt inne⌐, ²ʳschnüffelte⌐⋯ Gedanken einsaugend in dem über ihm geschichteten Blätterhaufen ⋯⁽²⁾ʳherum⌐ – denn die Hamster-Versammlung konnte der Füchse, Eulen und Bussarde wegen nicht unter ganz freiem Himmel tagen – und ²ʳfuhr⌐⋯ in seinem Vortrage über ‚Die Feinde des Hamstergeschlechts' ⋯⁽²⁾ʳfort⌐" (MÜHSAM, Samml. 1928, 188); ¹Subjektual, ²Prädikatial: 3 Prädikationalgefüge.

Bsp. 256: a) „¹⁽¹⁽¹⁽Er sah die ²Teller, die ²Gläser, die ²geleerte Flasche." (SCHNITZLER, Spiel 1926–27, 580); ¹Subjektual, ²Objektual: 3 Prädikationalgefüge.

b) „Bald kannte ¹⁽¹⁽¹⁽er ²jedes Zimmer, ²jede Laube im Garten, ²den grünumbuschten Weiher mit der spiegelnden Glaskugel davor und ²die Sonnenuhr auf der Terrasse" (SUDERMANN, Sorge 1887, 17); ¹Subjektual, ²Objektual: 4 Prädikationalgefüge.

Bsp. 257: a) „als ¹⁽¹⁽sie ihn ²lächelnd und ²fragend ansah" (LUISE BÜCHNER, Vagab. 1878, 317); ¹Subjektual, ²Adverbiatial: 2 Prädikationalgefüge.

b) „¹⁽¹⁽Ich betrachtete ihn ²staunend und ²teilnehmend." (BORN, Erinn. 1898, 31); ¹Subjektual, ²Adverbiatial: 2 Prädikationalgefüge.

Ebenso kann die Tatsache, dass ein Subjekt aus mehreren Kojunkten zusammengesetzt ist, zu einer Vervielfältigung der Prädikationalgefüge führen.

Bsp. 258: a) „Nie, nirgends haben ¹Geist und ¹Macht einen Gegensatz gebildet ²⁽²im Leben der Völker, denn das, was diesem Leben zugrunde lag, was überhaupt staatsschaffend wirkte, war immer etwas Geistiges, etwas wie eine religiöse Idee" (TH. MANN, Betr. Unpol. 1918, 289); ¹Subjektual; ²Adverbiatial: 2 Prädikationalgefüge.

b) „Wir verstehen unter Südasien Vorder- und Hinterindien, Java, Sumatra und Borneo sowie die Molukken. ²⁽³³⁻ᵐᵃˡ⁾Hier leben der ¹Orang-Utan, die ¹Langarm- und ¹Schlankaffen, die meisten ¹Makaken oder Hundsaffen, die ¹Loris oder Faulaffen und das ¹Koboldäffchen, die ¹Flughunde, große ¹Fledermäuse, der ¹Halsband- und ¹Lippenbär, der ¹Ratel, viele ¹Zibet- und ¹Schleichkatzen oder Mangusten, viele ¹Hunde, der ¹asiatische Löwe, der ¹Tiger, ¹Panther, langschwänzige ¹Pardel, ¹Jagdpanther und noch mehrere andere ¹Katzen, die meisten und größten ¹Flughörnchen, mehrere ¹Schuppenthiere, der ¹wilde Esel, der ¹asiatische Elefant, das ¹indische Nashorn und der ¹indische Tapir, mehrere ¹Schweine, darunter der ¹Hirscheber, die echten ¹Moschusthiere, der ¹Nilgau, die ¹vierhörnige [Antilope] und die ¹Hirschantilope und mehrere ¹Rinder." (BREHM, Thierleb. I ²1883 25); ¹Subjektual; ²Adverbiatial: 33 Prädikationalgefüge.

Das grammatische Phänomen der Konektion ist für den grammatikosemantischen Beschreibungsansatz von eminenter Bedeutung. Es handelt sich dabei um die Tatsache der „Aktualisierung einer Kategorie beliebiger Ebene durch zwei oder mehr Elemente derselben Kategorie und derselben Ebene" (Teubert 1979, 15). In unsere Terminologie übertragen: Eine als Gefüge konnektiv strukturierte, aus mindestens zwei Konekten bestehende Wortgruppe erscheint als Konstituente eines determinativen Gefüges. Dabei kann nun zunächst zwar keineswegs die Rede von Aktualisierung einer Kategorie durch mehrere Elemente sein: Ein Satz wie

Bsp. 259: „Und so beschlossen denn Bismarck und Puttkamer [...] das Dümmste zu tun, was sie tun konnten, nämlich vom Reichstage eine wahrhaft drakonische Verschärfung des Sozialistengesetzes zu fordern" (BLOS, Denkw. II 1919, 166)

hat nicht zwei Subjekte, sondern nur eines: |Bismarck und Puttkamer| (vgl. auch S. 117). Gleichwohl steht selbstverständlich außer Frage, dass es für eine nicht rein grammatische, sondern an semantischer Interpretation interessierte Betrachtung relevant sein kann, die Beziehungen eines Bestandteils dieser Subjekt-Wortgruppe im Gefüge des Gesamtsatzes für sich genommen zu thematisieren. Beispielsweise würde eine historische Untersuchung, die nicht mit dem Puttkamer-Bild im ersten Weltkrieg und in der Weimarer Republik, sondern nur mit der zeitgenössischen Rezeption Bismarcks befasst wäre, die Aussage des Satzes ohne weiteres nur auf letzteren beziehen. Ein grammatikosemantisches Modell, das in der hermeneutischen Praxis brauchbar sein will, muss daher nicht nur die Tatsache berücksichtigen, dass Konektionsgefüge als Determinative auftreten, sondern muss auch die determinativen Leistungen ihrer Kostituenten, die über das unmittelbare Gefüge hinausweisen, in den Blick nehmen – mit anderen Worten: ihre komplexiven Gefügewerte.

4.2.3 Adverbationalgefüge

Der Ansatz von Adverbationalgefügen dient der Beschreibung determinativer Verflechtungen innerhalb von Adverbationsgefügen.

§ 53.1 HLR: (a) A d v e r b a t i o n a l g e f ü g e (AdvnlG) sind komplexive (§ 17.II HLR) Koordinationsgefüge (§ 19 HLR) und bestehen aus zwei Gliedern: den A d v e r b a t i o n a l i e n (Advnl), genauer: einem Adverband-Adverbational (§ 53.3α HLR) und einem Adverbat-Adverbational (§ 53.3β HLR).

(b) Adverbationalgefüge sind der Zeichenart nach Wortverbünde (§ 19.1c HLR), konkret: $^{(I)}$Verbverbünde (§ 95.2β, § 19.1c^{II}, § 53.2b HLR) oder $^{(II)}$Miszellanverbünde (§ 101.2β, § 19.1c^{III}, § 53.2b HLR).

§ 53.2 HLR: (a) Die Adverbationalien stehen zueinander in der Relation der A d v e r b a t i o n a l i t ä t.

(b) Als Adverbationalien können im Prinzip alle Zeichen fungieren, die auch (§ 53.3α^{I} HLR) als Adverbanden und/oder (§ 53.3β^{I} HLR) als Adverbate erscheinen können: als Adverband-Adverbationalien alle Zeichen, die auch Adverbanden (§ 37.2b HLR), als Adverbat-Adverbationalien alle, die auch Adverbate (§ 37.3b HLR) sein können. Ausgenommen sind Zeichen, die als Flexionsgefüge oder koordinativ strukturiert sind.

§ 53.3 HLR: Unterscheiden lassen sich zwei Arten von Adverbationalien.

(α) Das A d v e r b a n d - A d v e r b a t i o n a l (AdvtAdvnl) ist identisch $^{(I)}$mit einem Zeichen mit Adverbandenfunktion (§ 37.2 HLR), $^{(II)}$mit einer koordinativen Konstituente eines Zeichens mit Adverbandenfunktion oder $^{(III)}$mit dem Kern einer solchen koordinativen Konstituente.

(β) Das A d v e r b a t - A d v e r b a t i o n a l (AdvtAdvnl) ist identisch $^{(I)}$mit einem Zeichen mit Adverbatfunktion (§ 37.3 HLR), $^{(II)}$mit einer koordinativen Konstituente eines Zeichens mit Adverbatfunktion oder $^{(III)}$mit dem Kern einer solchen koordinativen Konstituente. $^{(IV)}$Ein Adverbat-Adverbational kann auch – in Analogie zu den in § 53.3β[I-III] HLR genannten Fällen – identisch sein mit einem Anzepsadverbat oder der unmittelbaren oder mittelbaren Konstituente eines Anzepsadverbats (§ 43.3c[III] HLR).

Zu § 53.1 HLR: Adverbationalgefüge können unter anderem dort sinnvoll angenommen werden, wo Konstruktionen vorliegen, die man in der Stilmittellehre als Zeugmata kennt.

Bsp. 260: „Man [1|3]bekommt sehr oft solche Ketten ²zu Gesicht und zum Kauf ⁴angeboten." (MAY, Verl. Sohn 1884–86, 1420); ¹Adverband-Adverbational, ²Adverbat-Adverbational, ³Flexionar, ⁴Flexionat.

Man kann das Zeugma hier als Verflechtung eines Adverbationalgefüges mit einem Flexionalgefüge deuten; ein und dasselbe Verb *bekommen* lässt sich demnach in diesem Beleg sowohl als Funktionsverb (im Rahmen des Adverbationalgefüges) als auch als Hilfsverb (im Rahmen des Flexionalgefüges) interpretieren.

Analog wäre auch eine Verschränkung von Adverbationalgefüge und Prädikationalgefüge zu beschreiben. Entschließt man sich, in Bsp. 261 das Funktionsverbgefüge *[jemandem] etwas zur Kenntnis bringen* (›[jemandem] etwas mitteilen‹) zu finden, so läge auch hier eine ambige Verbverwendung – in diesem Fall: eine Verwendung als Vollverb und als Funktionsverb –, d. h. ein Zeugma im obigen Sinne vor.

Bsp. 261: „Hofgärtner Baumann von Jena [1|1|4]brachte ²einen Zettel ³zur Unterschrift und einiges ⁵zur Kenntniß." (GOETHE, Tageb. 1828, WA III, 11, 244 f.); ¹Prädikatial, ²Objektual, ³Adverbiatial, ⁴Adverband-Adverbational, ⁵Adverbat-Adverbational.

(Freilich ließe sich *brachte einiges zur Kenntnis* hier auch im Sinne von ›brachte einiges, das zur Kenntnis genommen werden sollte‹ deuten, so dass das Verb *bringen* auch einheitlich als Vollverb gelesen werden kann. In diesem Fall läge dann kein Adverbationalgefüge, sondern lediglich eine Reihe von Prädikationalgefügen vor: auch *einiges* wäre dann Objektual und *Kenntnis* Adverbiatial.)

Die Zeichenart von Adverbationalgefügen hängt ab von der Zeichenart ihrer Konstituenten. Handelt es sich bei diesen ausschließlich um Verben, so ist das Adverbationalgefüge der Zeichenart nach ein Verbverbund (Bsp. 262a), ansonsten ein Miszellanverbund (Bsp. 262b).

Bsp. 262: a) „[E]r faulenzte tagtäglich und [1|1]lief immerzu ²spazieren oder ²kneipen." (BROMME, Lebensgesch. 1905, 78); ¹Adverband-Adverbational, ²Adverbat-Adverbational.
b) „Bey dem Ottfried *sliazan*, im Niders. *sliten*, und wenn es ²zu Ende und ²zu Stande [1|1]bringen bedeutet, *sluten*, im Schwed. *sluta*" (ADELUNG, Gramm.-krit. Wb. III ²1798, 1533); ¹Adverband-Adverbational, ²Adverbat-Adverbational.

*

Zu § 53.2 HLR: Adverbationalien können alle Zeichen sein, die auch als unmittelbare Konstituenten eines Adverbationsgefüges fungieren könnten. Ausgenommen sind Zeichen, die als Flexionsgefüge strukturiert sind (α-Verbgruppen), da bei ihnen jede

Verbform für sich genommen als (Adverband-)Adverbational zu interpretieren wäre. Ebenfalls ausgenommen sind alle koordinativ gefügte Zeichen, da bei ihnen jedes Koordinat bzw. jeder Koordinatkern für sich allein als Adverbational gedeutet werden müsste.

Als Adverband-Adverbational kann – mit den zuvor genannten Ausnahmen – jedes Zeichen erscheinen, das auch Adverbandenfunktion haben könnte (vgl. hierzu S. 239 f.), also ein Vollverb (Bsp. 262a) oder ein Funktionsverb (Bsp. 262b).

Als Adverbat-Adverbational kann – mit denselben Ausnahmen – jedes Zeichen erscheinen, das auch Adverbatfunktion haben könnte (vgl. S. 242), also ein infinitivisches Vollverb (Bsp. 262a), ein inflektivisches Adjektiv (Bsp. 263a), ein relatorisches Reflexivpronomen (Bsp. 263b), eine Partikel (Bsp. 263c), eine als Komitationsgefüge erscheinende Substantivgruppe (Bsp. 263d: hier mit Nullartikel), oder eine β-Partikelgruppe (Bsp. 262b).

Bsp. 263:   a) „Waschmann hatte 1904 von einzelnen Stücken Bronzegüsse angefertigt, so auch vom Mozartbildnis; leider ist dabei das Originalgipsmodell zugrunde und ²verlo- ren¹gegangen." (SCHURIG, L. Mozart 1920, 90); ¹Adverband-Adverbational, ²Adverbat-Adverbational.

b) „sie ¹befand und ¹befindet ²|²sich jetzt noch bei den Dawuhdijeh-Kurden" (MAY, Silb. Löw. II 1908, 508); ¹Adverband-Adverbational, ²Adverbat-Adverbational.

c) „Wir Knechte mußten [...] immer so lange mit unserem Zeug am Leibe im Bett liegen, bis es den Herrschaften wegzufahren oder umgekehrt unserem Bauern zurückzukommen beliebte; es war dann unseres Amtes, die Pferde ²an- oder ²aus|¹|¹zuspannen." (REHBEIN [GÖHRE], Landarb. 1911, 238); ¹Adverband-Adverbational, ²Adverbat-Adverbational.

d) „Wo er nach seinem Sterben | Noch ²Schutz und ²Wache ¹|¹hält." (TIECK, Getr. Eckart 1799, 48); ¹Adverband-Adverbational, ²Adverbat-Adverbational.

*

Zu § 53.3 HLR: Das Adverband-Adverbational ist identisch mit einem Zeichen, das Adverbandenfunktion hat (Bsp. 263a/c/d), mit einer koordinativen Konstituente eines solchen Zeichens (*befand* in Bsp. 263b) oder mit dem Kern einer solchen koordinativen Konstituente (*befindet* in Bsp. 263b).

Das Adverbat-Adverbational ist identisch mit einem Zeichen, das als Adverbat erscheint (Bsp. 263b), mit einer koordinativen Konstituente eines solchen Zeichens (*quitt* in Bsp. 263a, *an* in Bsp. 263c, *Schutz* in Bsp. 263d) oder mit dem Kern einer solchen koordinativen Konstituente (*verlustig* in Bsp. 263a, *aus* in Bsp. 263c, *Wache* in Bsp. 263d).

4.2.4 Komitationalgefüge

Komitationalgefüge dienen der Beschreibung der Relationen, in denen die mittelbaren Konstituenten komplexerer Komitationsgefüge untereinander stehen.

§ 54.1 HLR: (a) K o m i t a t i o n a l g e f ü g e (KmnlG) sind komplexe (§ 17.II HLR) Koordinationsgefüge (§ 19 HLR) und bestehen aus zwei Gliedern: den K o m i t a t i o n a l i e n (Kmnl), genauer: einem Komitial (§ 54.3α HLR) und einem Komitatial (§ 54.3β HLR).

(b) Komitationalgefüge sind der Zeichenart nach Wortverbünde (§ 19.1c HLR), konkret: [(I)]Substantivverbünde (§ 96.2β, § 19.1c[II], § 54.2b[I/III] HLR) oder [(II)]Miszellanverbünde (§ 101.2γ, § 19.1c[III], § 54.2b HLR).

§ 54.2 HLR: (a) Die Komitationalien stehen zueinander in der Relation der K o m i t a t i o n a l i t ä t.

(b) Als Komitationalien können fungieren [(I)]Substantive (§ 83.4γ[III] HLR), [(II)]Artikel (§ 85.4γ[III] HLR) oder [(III)]Substantivgruppen (§ 89.3γ[IV] HLR).

§ 54.3 HLR: Unterscheiden lassen sich zwei Arten von Komitationalien.

(α) Das K o m i t i a l (Kmtl) ist identisch [(I)]mit einem Zeichen mit Komesfunktion (§ 38.3 HLR), [(II)]mit dem Kern eines solchen Zeichens, [(III)]mit einer koordinativen Konstituente eines Zeichens mit Komesfunktion oder [(IV)]mit dem [(α)]unmittelbaren oder [(β)]mittelbaren Kern einer solchen koordinativen Konstituente.

(β) Das K o m i t a t i a l (Kmttl) ist identisch [(I)]mit einem Zeichen mit Komitatfunktion (§ 38.2 HLR), [(II)]mit dem Kern eines solchen Zeichens, [(III)]mit einer koordinativen Konstituente eines Zeichens mit Komitatfunktion, [(IV)]mit dem [(α)]unmittelbaren oder [(β)]mittelbaren Kern einer solchen koordinativen Konstituente oder [(V)]mit derjenigen Konstituente eines Zeichens mit Komitatfunktion, die sich zum Kern desselben Zeichens als Attributional (§ 55 HLR) verhält.

Zu § 54.1 HLR: Die Zeichenart von Komitationalgefügen (als von Koordinationsgefügen) hängt ab von der Zeichenart ihrer Glieder. Sind sowohl das Komitial als auch das Komitatial Substantive und/oder Substantivgruppen (Bsp. 264a, Bsp. 265a), so ist das Komitationalgefüge im Ganzen ein Substantivverbund.

Bsp. 264: a) „[1|1]Des Menschen ²Antlitz und ²Gestalt wandelt sich leider mit den Jahren, ein Nußknacker bleibt, was er war." (IMMERMANN, Münchh. 1838–39, 254); ¹Komitial, ²Komitatial.

b) „Warum ist denn ¹der oder ¹die ²|²‚Richtige' so schwer zu finden?" (MEISEL-HESS, Sex. Krise 1909, 10); ¹Komitial, ²Komitatial.

Liegen beim Komitial und beim Komitatial Zeichen unterschiedlicher und einander nicht entsprechender Zeichenart vor (Bsp. 264b), so ist das Komitationalgefüge im Ganzen ein Miszellanverbund.

*

Zu § 54.2 HLR: Als Komitationalien können Substantive, Artikel oder Substantivgruppen erscheinen – Substantive als Komitialien wie als Komitatialien (Bsp. 265a), Artikel nur als Komitialien (Bsp. 264b), Substantivgruppen, genauer: als Komitationsgefüge oder als Attributionsgefüge strukturierte Substantivgruppen, als Komitialien wie als Komitatialien (Bsp. 265b), wobei Substantivgruppen, die als Komitationsgefüge strukturiert sind, nur Komitialien sein können.

Bsp. 265: a) „Des ¹Lehrers ²Haselstecken, das muß man wissen, tut sehr weh." (FEDERER, Lachw. Gesch. 1911, 322); ¹Komitial, ²Komitatial.

b) „Eugen, nachdem er so viel Tröstliches, als die Lage der Dinge nur erlaubte, von seinem und ¹der Seinigen ²gegenwärtigen Zustande dem Freunde gemeldet" (J. SCHOPENHAUER, R. Wood 1837, II, 411); ¹Komitial, ²Komitatial.

*

Zu § 54.3 HLR: Das Komitial ist identisch mit einem Zeichen mit Komesfunktion (Bsp. 266a), mit dem Kern eines solchen Zeichens (Bsp. 265a), mit einem Kojunkt eines als Kojunktionsgefüge strukturierten Zeichens mit Komesfunktion (*der*: Bsp. 264b) oder mit dem unmittelbaren (*die*: Bsp. 264b) oder mittelbaren Kern eines solchen Kojunkts.

Bsp. 266: a) „Die ägyptische Seele, eminent historisch veranlagt und mit urweltlicher Leidenschaft nach dem Unendlichen drängend, empfand ¹|¹die ²Vergangenheit und ²Zukunft als ihre *ganze* Welt, und die Gegenwart, die mit dem wachen Bewußtsein identisch ist, erschien ihr lediglich als die schmale Grenze zwischen zwei unermeßlichen Fernen." (SPENGLER, Unterg. d. Abendl. I 1923, 16); ¹Komital, ²Komitatial.

b) „Sie erinnerte Marianen an ¹ihre und ¹seine ²|²Verlegenheit bei seiner Ankunft" (NICOLAI, Seb. Nothanker ⁴1799, 314); ¹Komital, ²Komitatial.

Das Komitatial ist identisch mit einem Zeichen mit Komitatfunktion (Bsp. 265a), mit dem Kern eines solchen Zeichens (Bsp. 266b), mit der koordinativen Konstituente eines Zeichens mit Komitatfunktion (*Vergangenheit*: Bsp. 266a) oder dem unmittelbaren (*Zukunft*: Bsp. 266a) oder mittelbaren Kern einer solchen koordinativen Konstituente. Es kann auch identisch sein mit derjenigen Konstituente eines Zeichens mit Komitatfunktion, die sich zum Kern desselben Zeichens als Attributional verhält (Bsp. 267).

Bsp. 267: a) „¹Sein Bedürfniß ²zu produciren, ¹seine Freude an der ²Ausführung war so groß, daß es eines geringen Impulses bedurfte ihn in Thätigkeit zu setzen" (O. JAHN, Mozart I 1856, 488); ¹Komitial, ²Komitatial.

b) „¹Sein Haß auf ²Napoleon hindert ihn nicht, dessen Institutionen den damaligen preußischen vorzuziehen." (M. WEBER, Lebensbild 1926, 13); ¹Komitial, ²Komitatial.

c) „Glauben Sie übrigens [...], daß es dem Friedrich ernst ist mit ¹seinen ²Reiseabsichten?" (SCHNITZLER, Weit. Ld. 1910, 247); ¹Komitial, ²Komitatial.

d) „Es ist schlimm, wenn ein Mensch, der sich ernste Aufgaben gestellt hat und mit ernstem Eifer ernsten Zielen zustrebt, ¹sein Bedürfnis, ²zu lachen und ²Lachen ⁽²ᵃ⁾zu wecken und ⁽²ᵇ⁾zu hören, unter anderen Menschen befriedigen muß als unter denen, die ihm im ideellen Wollen die Kameraden sind." (MÜHSAM, Unpolit. Erinn. 1927–29, 631); ¹Komitial, ²Komitatial.

e) „Hesekiel war priesterlicher Abkunft. ¹Sein Plan eines ²israelitischen Zukunftsstaates zeigt die Diskreditierung der Königsmacht." (WEBER, Wirtschaftseth. III 1917–19, 363); ¹Komitial, ²Komitatial.

Ein und dasselbe Zeichen kann Komitial unterschiedlicher Komitationalgefüge sein, indem es sich auf ein Komitatial bezieht, das als Konstituente eines Zeichens mit Komitatfunktion zugleich als Attribuendal erscheint, und zweitens auf mindestens ein weiteres, das als Konstituente desselben Zeichens zugleich als Attributial erscheint (vgl. hierzu den folgenden Abschnitt 4.2.5).

Bsp. 268: a) „Der Vater, der wohl wußte, wie tief und wie wohl begründet [1(I)]Wolfgangs [2]Abneigung gegen [2]Salzburg war, suchte ihn zu überzeugen, daß er jetzt dort eine bessere Stellung finden würde" (O. Jahn, Mozart II 1856, 315); [1]Komital, [2]Komitatial.

b) „der erbärmliche Schluß von [1a]meiner oder [1b]Fenks [2a|2b]Leichenrede auf einen [2a|2b]Fürstenmagen" (Jean Paul, Vorsch. Ästh. [2]1813, 253); [1]Komital, [2]Komitatial.

4.2.5 Attributionalgefüge

Attributionalgefüge werden angenommen, um die Relationen beschreiben zu können, in denen mittelbare Konstituenten komplexerer Attributionsgefüge untereinander und ggf. auch zu unmittelbaren Konstituenten derselben Gefüge stehen.

---

§ 55.1 HLR: (a) A t t r i b u t i o n a l g e f ü g e (AttrnlG) sind komplexive (§ 17.II HLR) Koordinationsgefüge (§ 19 HLR) und bestehen aus mindestens zwei Gliedern: den A t t r i b u t i o n a l i e n (Attrnl), genauer: einem Attribuendal (§ 55.3α HLR) und mindestens einem Attributial (§ 55.3β HLR).

(b) Attributionalgefüge sind der Zeichenart nach Wortverbünde (§ 19.1c HLR), konkret: [(I)]Substantivverbünde (§ 96.2γ, § 19.1c[II], § 55.2b HLR), [(II)]Adjektivverbünde (§ 97.2α, § 19.1c[II], § 55.2b HLR), [(III)]Pronominalverbünde (§ 99.2β, § 19.1c[II], § 55.2b HLR), [(IV)]Partikelverbünde (§ 100.2α, § 19.1c[II], § 55.2b HLR) oder [(V)]Miszellanverbünde (§ 101.2δ, § 19.1c[III], § 55.2b HLR).

§ 55.2 HLR: (a) Die Attributionalien stehen zueinander in der Relation der A t t r i b u t i o n a l i t ä t.

(b) Als Attributionalien können im Prinzip alle Zeichen fungieren, die auch (§ 55.3α[I] HLR) als Attribuenden und/oder (§ 55.3β[I] HLR) als Attribute erscheinen können: als Attribuendalien alle Zeichen, die auch Attribuenden (§ 39.2b HLR), als Attributialien alle, die auch Attribute (§ 39.3b HLR) sein können. Ausgenommen sind Konfixe und koordinativ strukturierte Zeichen.

§ 55.3 HLR: Unterscheiden lassen sich zwei Arten von Attributionalien.

(α) Das A t t r i b u e n d a l (Attrdl) ist identisch [(I)]mit einem Zeichen mit Attribuendenfunktion (§ 39.2 HLR), [(II)]mit dem Kern eines solchen Zeichens, [(III)]mit der koordinativen Konstituente eines solchen Zeichens oder [(IV)]mit dem [(α)]unmittelbaren oder [(β)]mittelbaren Kern einer seiner koordinativen Konstituenten.

(β) Das A t t r i b u t i a l (Attrtl) ist identisch [(I)]mit einem Zeichen mit Attributfunktion (§ 39.3 HLR), [(II)]mit dem Kern eines solchen Zeichens, [(III)]mit der satellitischen Konstituente eines solchen Zeichens, wenn dasselbe eine β-Partikelgruppe (§ 93.2β[I] HLR) ist, [(IV)]mit dem [(α)]unmittelbaren oder [(β)]mittelbaren Kern eines solchen Satelliten, [(V)]mit der koordinativen Konstituente eines Zeichens mit Attributfunktion, [(VI)]mit dem [(α)]unmittelbaren oder [(β)]mittelbaren Kern einer solchen koordinativen Konstituente oder, [(VII)]falls es sich bei dieser koordinativen Konstituente um eine β-Partikelgruppe (§ 93.2β[I] HLR) handelt, mit deren satellitischer Konstituente oder [(VIII)]dem [(α)]unmittelbaren oder [(β)]mittelbaren Kern dieses Satelliten. [(IX)]Ein Attributial kann auch – in Analogie zu den in § 55.3β[I-VIII] HLR genannten Fällen – identisch sein mit einem Anzepsattribut oder der unmittelbaren oder mittelbaren Konstituente eines Anzepsattributs (§ 43.3c[IV] HLR).

Zu § 55.1 HLR: Attributionalgefüge erscheinen als Substantivverbünde (wenn beide Attributionalien Substantive und/oder Substantivgruppen sind: Bsp. 269a), als Adjektivverbünde (wenn alle Attributionalien Adjektive und/oder Adjektivgruppen sind: Bsp. 269b–c), Pronominalverbünde (wenn alle Attributionalien Pronomina und/oder Pronomengruppen sind: Bsp. 269d), Partikelverbünde (wenn alle Attributionalien Partikeln und/oder Partikelgruppen sind: Bsp. 269e) oder Miszellanverbünde (wenn die Attributionalien unterschiedlichen und einander nicht entsprechenden Zeichenarten angehören: Bsp. 269f).

Bsp. 269:   a) „Man denke nur einmal tiefer über die ^{1}sprachliche Differenz ^{2}der Farbe, ^{2}des syntaktischen Bau's, ^{2}des Wortmaterial's bei Homer und Pindar nach" (NIETZSCHE, Geb. d. Trag. ^{3}1886, 49); ^{1}Attribuendal; ^{2}Attributial.

b) „Ich bin mir [...] ^{2}voll und ^{2}ganz ^{1}bewußt, welche Pflichten [...] mein Sieg mir auferlegt" (SUTTNER, Martha 1902, 278); ^{1}Attribuendal; ^{2}Attributial.

c) „ein $^{2|2|2}$unermeßlich ^{1}großes, ^{1}reiches und ^{1}schönes Land" (TUCHOLSKY, Märchen 1907, 29); ^{1}Attribuendal; ^{2}Attributial.

d) „Kaum waren wir von verschiedenen Seiten, da, wo wir eben gestanden hatten, an das Wasser getreten, so ließ ^{1}dieser und ^{1}jener von $^{2|2}$uns einen Ruf der Ueberraschung hören." (MAY, Silb. Löw. I 1912 [1911], 186); ^{1}Attribuendal; ^{2}Attributial.

e) „Können wir uns auf Turganys Brief verlassen (und ich glaube, daß wir es können), so treten die Küstriner Herren nicht eher als $^{1|1}$morgen ^{2}mittag oder ^{2}nachmittag zusammen." (FONTANE, Sturm III/IV 1878, 386); ^{1}Attribuendal; ^{2}Attributial.

f) „$^{2|2}$Sämtliche ^{1}Kinder und ^{1}Enkel" (FONTANE, Wand. V 1889, 204); ^{1}Attribuendal; ^{2}Attributial.

Während die Belege in Bsp. 269a/b ein Attribuendal und mehrere Attributialien aufweisen und daher jeweils nur ein einziges Attributionalgefüge darstellen, liegen in Bsp. 269c/d und Bsp. 269f jeweils mehrere Attribuendalien und nur ein Attributial vor: Es handelt sich dann jeweils um mehrere verschiedene, miteinander verflochtene Attributionalgefüge.

Mehr als ein Attributial liegt auch und insbesondere dann vor, wenn schon das zugrunde liegende Attributionsgefüge mehr als ein Attribut umfasst:

Bsp. 270:   „Die ^{1}Abneigung der ^{2}Polen gegen ^{2}Deutschland datiert aus der Zeit des Hohen Kaiserlichen Trampels (H. K. T.)" (TUCHOLSKY, Brf. bess. Hrn. 1925, 67); ^{1}Attribuendal; ^{2}Attributial.

*

Zu § 55.2 HLR: Als Attribuendalien können – ebenso wie als Attribuenden – Vertreter folgender Zeichenarten erscheinen:

– Substantive (Bsp. 269f) oder Substantivgruppen (Bsp. 269a),
– Volladjektive (Bsp. 269c, Bsp. 271a/b),
– Pronomina (Bsp. 269d) oder Pronomengruppen (Bsp. 271c),
– Partikeln (Bsp. 269e, Bsp. 271d) oder Partikelgruppen (Bsp. 271e).

Bsp. 271: a) „So lange ich aber leben mußte, wollte ich ¹streng nach den ²Vorschriften der Kirche leben." (MEYSENBUG, Mem. I 1876, 38); ¹Attribuendal; ²Attributial.

b) „Meine Leute sind gewöhnt, daß ich sie kommandiere; natürlich aber stehe ich unter deinem Oberbefehle und werde ¹streng und ¹genau nach ²|²deiner Weisung handeln." (MAY, Sklavenkaraw. 1889–90, 341); ¹Attribuendal; ²Attributial.

c) „¹Jener dort auf dem ²Schimmel ist Truchseß Waldburg" (HAUFF, Lichtenst. 1826, 16); ¹Attribuendal; ²Attributial.

d) „[S]ie liegen ¹dort auf dem ²Simse." (LEWALD, Geschl. 1864, VI, 122); ¹Attribuendal; ²Attributial.

e) „Dann wandte ich mich um; ¹da hinten auf ²einer der Hütten ragte ein Schild übers Dachstroh." (MÜLLER, Tropen 1915, 94); ¹Attribuendal; ²Attributial.

Als Attributialien können – ebenso wie als Attribute – Vertreter folgender Zeichenarten erscheinen:

– Vollverben oder Vollverbgruppen im *zu*-Infinitiv (Bsp. 272a),
– Substantive (Bsp. 272b, Bsp. 275) oder Substantivgruppen (Bsp. 269a),
– Volladjektive (Bsp. 272c) oder Volladjektivgruppen (Bsp. 272f),
– Pronomina (Bsp. 269d) oder Pronomengruppen (in Analogie zu Bsp. 138g/t/u, S. 258 f., wofür aber jeweils kein Beleg in unserem Korpus vorliegt[149]),
– Partikeln (Bsp. 272d) oder Partikelgruppen (Bsp. 660, S. 634),
– Sätze (Bsp. 272e).

Bsp. 272: a) „Als er an einem Gasthofe vorüberfuhr, kam ihm der ¹|¹Gedanke, ²zu halten und ²einen Branntwein zu fordern" (POLENZ, Büttnerb. 1885, 64); ¹Attribuendal; ²Attributial.

b) „Soweit mir bekannt, hat man bis jetzt [...] Kukukseier gefunden in den Nestern des Gimpels, [...] Hänflings, Leinzeisigs, Grünlings, Sperlings, [...] des Flüevogels, der ²Hauben-, ²Heide- und ²Feld¹|¹|¹lerche, der Elster, des Hehers, Dorndrehers und Rothkopfwürgers, der Nachtigall, [...] des feuer- und safranköpfigen Goldhähnchens, des Baumläufers und Fliegenfängers, der Finkmeise, [...] ja sogar des Lappentauchers." (BREHM, Thierleb. IV ²1882, 216); ¹Attribuendal; ²Attributial.

c) „In der Nähe von Tangermünde war früher ein ²großer und ²weitausgedehnter ¹|¹Forst" (BECHSTEIN, Dt. Sag. 1853, 242); ¹Attribuendal; ²Attributial.

d) „Er schien nun ²durchaus und ganz mit mir ¹einig, nur daß ich etwa noch die Lichter heller, die Schatten dunkler als Er zu sehen liebe." (GERVINUS, Leben ⌈*1860; 1893⌉, 138); ¹Attribuendal; ²Attributial.

e) „Aber wovon ich nicht überzeugt worden bin und es nie sein werde, das ist die ¹|¹Annahme, ²daß die Wahrheit ein für allemal gegeben sei, und ²daß eine dogmatische Kirche sie für immer umschließe." (MEYSENBUG, Lebensabend 1898, 271); ¹Attribuendal; ²Attributial.

f) „Ich gesteh' es sehr aufrichtig, daß ich glaube, ein Roman könne zu einem ²sehr angenehmen, und ²sehr lehrreichen ¹|¹Zeitvertreibe gemacht werden; und nicht etwan für

---

[149] Zwei parallele Attributionalgefüge mit Pronomina als Attribut-Attributionalien könnte man theoretisch in Bsp. 138t (S. 259) ansetzen – was aber aufgrund der Lexemidentität der Pronomina und auch aufgrund der phraseologischen Qualität des Attributs nicht sinnvoll scheint.

müßiges Frauenzimmer, sondern auch für den denkenden Kopf." (BLANCKENBURG, Roman 1774, VII); ¹Attribuendal; ²Attributial.

Zwar als Attribuenden (§ 39.2b¹ HLR) und auch als Attribute (§ 39.3b¹ HLR), nicht aber als Attributionalien können Konfixe erscheinen. Da Wortelemente nur unmittelbare Konstituenten von Wortelementen und Wörtern sein können (§ 25.1b HLR), nicht von Wortverbünden, lassen sich Fälle wie in Bsp. 273 nicht als Attributionalgefüge erklären.

Bsp. 273: „[U]nsre Aufgabe ist es [...], zu zeigen, daß die Theologie nichts ist als eine sich selbst verborgene, als die esoterische Patho-, Anthropo- und Psychologie und daß daher die wirkliche Anthropologie, die wirkliche Pathologie, die wirkliche Psychologie weit mehr Anspruch auf den Namen: Theologie haben als die Theologie selbst, weil diese doch nichts weiter ist als eine eingebildete Psychologie und Anthropologie." (FEUERBACH, Wes. d. Chr. ³1849, I, 155 f.) — „Hinsichtlich der Nahrung unterscheidet sich das Birkhuhn wesentlich vom Auerhuhne [...]. Baumknospen, Blütenkätzchen, Blätter, Beeren, Körner und Kerbthiere bilden seine Aesung. Im Sommer pflückt es Heidel-, Preißel-, Him- und Brombeeren, im Winter Wacholderbeeren, verzehrt nebenbei die Knospen des Heidekrautes, der Birken, Haselstauden, Erlen, Weiden und Buchen, lebt auch wohl ausnahmsweise von jungen grünen Kieferzapfen, wie uns Untersuchung der Kröpfe alter Hähne gelehrt hat, verschmäht dagegen Nadeln fast immer." (BREHM, Thierleb. VI ²1882, 43).

Wir interpretieren sie vielmehr, ebenso wie

Bsp. 274: „Bei uns zu Lande stellen Katzen, Füchse, Marder, Iltisse, Wiesel, Igel, Wild- und Hausschweine, in südlicheren Gegenden die Schleichkatzen und namentlich die Mangusten den Schlangen eifrig nach" (BREHM, Thierleb. VII ²1883, 289)

als elliptische Attributionsgefüge, bei denen der durch das parallel strukturierte Gefüge indizierte Attribuend jeweils durch den Ersatzbindestrich symbolisiert wird: |Patho[logie], Anthropo[logie] und Psychologie|, |Heidel[beeren], Preißel[beeren], Him[beeren] und Brombeeren| bzw. |Wild[schweine] und Hausschweine|.¹⁵⁰

Im Fall von Bsp. 274 ist der Grund dafür, keinen Wortverbund anzusetzen, die Tatsache, dass es sich bei *Wildschwein* ebenso wie bei *Hausschwein* um semantisch unitäre Zeichen handelt: *Wildschwein* ist unter Beibehaltung der Bedeutung nicht umzuformen in ›Schwein, das wild ist‹, ebensowenig wie *Hausschwein* unter Beibehaltung der Bedeutung transformiert werden kann in ›Schwein, das im Haus lebt‹. *Wildschwein* und *Hausschwein* sind also nicht als Wortverbünde interpretierbar, weil Wortverbünde (§ 28.1 HLR) keine semantisch unitären Zeichen sind. — Anders verhält es sich in Fällen wie in

---

150 Ebenso sind im Übrigen vermeintlich kojunktiv gefügte Derivanden nicht als solche, sondern als parallele Derivanden zu deuten; „das eigentliche Gebiet des Wiss- und Kennbaren" (CASSIRER, Symb. Form. I, 1923, 7): |des Wiss[baren] und Kennbaren|.

Bsp. 275: „Mehrere kleine ²Geld- und andere ¹Geschäfte besorgt und in's Gleiche gebracht." (GOETHE, Tageb. 1831, WA III, 13, 146); ¹Attribuendal; ²Attributial.

Das Determinativkompositum *Geldgeschäft* lässt sich als semantisch dekomponierbare Einheit betrachten (es kann ohne semantischen Verlust aufgelöst werden in ›Geschäft, bei dem es um Geld geht‹), so dass wir es per se als Attributionsgefüge mit Wortgruppencharakter (vgl. S. 144), hingegen in komplexiver Verflechtung mit einer anderen Wortgruppe eben als Attributionalgefüge, d. h. als Wortverbund deuten.

*

Zu § 55.3 HLR: Das Attribuendal ist ein Zeichen, das zugleich als Attribuend erscheint (Bsp. 269a), der Kern (Bsp. 276), die koordinative Konstituente (Bsp. 269d: *dieser*) eines solchen Zeichens oder ihr unmittelbarer (Bsp. 269d: *jener*) oder mittelbarer Kern.

Bsp. 276: a) „Die Liebe [...] überwallt und durchbricht hier die bisherigen ¹Bindungen ²der Mächte und ²des Geistes" (GUNDOLF, George ³1930, 237); ¹Attribuendal; ²Attributial.

b) „Ein ¹glühender Haß gegen die ²Familie Accoromboni war in ihm entbrannt" (TIECK, V. Accoromb. 1840, 763); ¹Attribuendal; ²Attributial.

Ein Attributial ist ein Zeichen, das zugleich Attributfunktion hat (Bsp. 269c) oder der Kern eines solchen Zeichens (Bsp. 277a) oder die satellitische Konstituente eines solchen Zeichens, wenn es sich bei diesem Zeichen um eine β-Partikelgruppe handelt (Bsp. 269d), oder der unmittelbare oder mittelbare Kern eines solchen Satelliten (Bsp. 277c). Es kann auch als koordinative Konstituente eines Zeichens mit Attributfunktion (Bsp. 277a), als unmittelbarer oder mittelbarer Kern einer solchen koordinativen Konstituente (Bsp. 277b) oder – sofern die koordinative Konstituente eine β-Partikelgruppe ist – als deren satellitische Konstituente (Bsp. 277d) oder der unmittelbare oder mittelbare Kern eines solchen Satelliten (Bsp. 277e) erscheinen.

Bsp. 277: a) „Darüber entstand ²große und verderbliche ¹Spaltung im Heer, und Achilles verweigerte lange, zum verderblichen Nachtheil der Griechen, die Hilfe seines tapfern Armes." (HERLOßSOHN, Dam. Conv. Lex. I 1834, 36); ¹Attribuendal; ²Attributial.

b) „die ¹Dächer der Häuser und ²Ställe" (BARTSCH, Sag. Meklenb. II 1880, 189); ¹Attribuendal; ²Attributial.

c) „Die äußerlichen Dinge selbst flößen mir Hochachtung ein, wenn sie in ihrer Art tüchtig sind, und du wirst am Ende noch frohlockende ¹Lobreden auf den ²Wert eines eignen Herdes und über die ²Würde der Häuslichkeit von mir hören." (F. SCHLEGEL, Lucinde 1799, 62); ¹Attribuendal; ²Attributial.

d) „Deine ¹Reflexion über ²dich und dein Geschlecht, lieber Berganza, zeugt von deinem philosophischen Geiste"[151] (HOFFMANN, Berganza 1814, 155); ¹Attribuendal; ²Attributial.

---

151 Gefüge dieser Art deuten wir als elliptisch: *Reflexion über dich und* ⊗›über‹ *dein Geschlecht.*

e) „Die Freude des ¹Vaters und des ¹Sohnes, über dieses ²|²Ereigniß, das sie sich einander wieder schenkte, war ohne Grenzen" (STAHL, Fab. 1818, 122); ¹Attribuendal; ²Attributial.

4.2.6 Transzessionalgefüge

Transzessionalgefüge nehmen wir an, um einen unmittelbaren strukturanalytischen Zugriff auf die funktionalen Beziehungen zwischen dem Transzedenten eines Transzessionsgefüges (§ 42.3 HLR) und demjenigen Zeichen zu bekommen, auf das der Transzedent mittelbar, nämlich mittels seines Transzesses (§ 42.2 HLR) verweist.

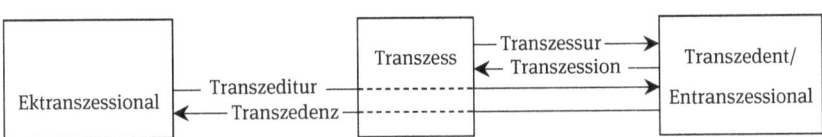

Abb. 98: Beziehungen in Transzessions- und Transzessionalgefügen

---

§ 56.1 HLR: (a) T r a n s z e s s i o n a l g e f ü g e (TrznlG) sind komplexive (§ 17.II HLR) Koordinationsgefüge (§ 19 HLR) und bestehen aus zwei Gliedern, den T r a n s z e s s i o n a l i e n (Trznl): einem E k t r a n s z e s s i o n a l (Ektrznl) und einem E n t r a n s z e s s i o n a l (Entrznl).

(b) Transzessionalgefüge sind der Zeichenart nach ⁽¹⁾Substantivverbünde (§ 96.2α', § 19.1c''ᵃ, § 56.2c''ᵝ und § 56.3b''ᵝ HLR), ⁽¹¹⁾Pronomenverbünde (§ 99.2α', § 19.1c'', § 56.2c'ᵛ/''ᵞ und § 56.3b'ᵛ/''ᵟ HLR) oder ⁽¹¹¹⁾Miszellanverbünde (§ 101.2ε, § 19.1c''' HLR).

§ 56.2 HLR: (a) Das Ektranszessional steht zu seinem Entranszessional in der Relation der T r a n s z e d i t u r.

(b) Das Ektranszessional ist ⁽¹⁾ein S u b j e k t - E k t r a n s z e s s i o n a l – entsprechend heißt das Entranszessional S u b j e k t - E n t r a n s z e s s i o n a l –: ein Zeichen, ⁽ᵃ⁾das sich als direktes Subjekt-Ektranszessional, d. h. zu einer als Transzessionsgefüge (§ 42 HLR) erscheinenden Verbgruppe als Subjekt (§ 34.3 HLR) oder, bei einem kojunktiv gefügten Subjekt, als Kojunkt oder Kojunktkern desselben verhält, oder ⁽ᵝ⁾das sich als indirektes Subjekt-Ektranszessional verhält, d. h. als Subjekt (bzw. Kojunkt oder Kojunktkern eines solchen) zu einer Verbgruppe, deren mittelbare Konstituente eine als Transzessionsgefüge erscheinende Wortgruppe ist, ⁽¹¹⁾ein O b j e k t - E k t r a n s z e s s i o n a l – entsprechend heißt das Entranszessional O b j e k t - E n t r a n s z e s s i o n a l –: ein Zeichen, ⁽ᵃ⁾das sich zu einer als Transzessionsgefüge erscheinenden Verbgruppe als Objekt (§ 35.3b' HLR) oder, bei einem kojunktiv gefügten Objekt, als Kojunkt oder Kojunktkern desselben verhält, oder ⁽ᵝ⁾das als Objekt Bestandteil einer Verbgruppe ist, zu der sich eine Substantivgruppe mit einem als Transzessionsgefüge strukturierten Kern als Subjekt verhält, oder als Kojunkt oder Kojunktkern eines derartigen, als Kojunktionsgefüge strukturierten Objekts erscheint, ⁽¹¹¹⁾ein K o m e s - E k t r a n s z e s s i o n a l – entsprechend heißt das Entranszessional K o m e s - E n t r a n s z e s s i o n a l –: ein Zeichen, das sich zu einer γ-Substantivgruppe (§ 89.2γ' HLR) als Komes (§ 38.3 HLR) verhält oder als Kojunkt oder Kojunktkern eines derartigen, als Kojunktionsgefüge strukturierten Komes erscheint, oder $^{(IV)}$ein Attribut-Ektranszessional – entsprechend heißt das Entranszessional Attribut-Entranszessional –: eine genitivische, als Komitationsgefüge strukturierte Substantivgruppe (§ 38.1b HLR), die sich zu einer γ-Substantivgruppe (§ 89.2γ^I HLR) als Attribut (§ 39.3b^{IIIγ} HLR) verhält oder als Kojunkt oder Kojunktkern eines derartigen, als Kojunktionsgefüge strukturierten Attributs erscheint.

(c) Das Ektranszessional ist der Zeichenart nach: $^{(I)}$ein Wort, konkret: $^{(α)}$ein Verb im Infinitiv (§ 82.5α^{IIIε} HLR), $^{(β)}$ein Artikel (§ 85.4γ^{IV} HLR) oder $^{(γ)}$ein Pronomen (§ 86.3γ^V HLR) oder $^{(II)}$eine Wortgruppe, konkret: $^{(α)}$eine Verbgruppe, genauer: $^{(αα)}$ein Satz (§ 88.2e^{IIIε} HLR), $^{(αβ)}$eine Periode (§ 88.3c^{IIIδ} HLR) oder $^{(αγ)}$eine infinitivische Verbgruppe im engeren Sinne (§ 88.4c^{IIIγ} HLR), $^{(β)}$eine Substantivgruppe (§ 89.3γ^{VI} HLR), $^{(γ)}$eine Pronomengruppe (§ 92.3γ^{IV} HLR) oder $^{(δ)}$eine Miszellangruppe (§ 94.2a HLR).

§ 56.3 HLR: (a) Das Entranszessional steht zu seinem Ektranszessional in der Relation der T r a n s z e d e n z.

(b) Das Entranszessional ist der Zeichenart nach: $^{(I)}$ein Wort, konkret: $^{(α)}$ein infinitivisches Vollverb (§ 82.5^{IIIα} HLR), $^{(β)}$ein inflektivisches Volladjektiv (§ 84.4α^{IIIε} HLR), $^{(γ)}$ein Pronomen (§ 86.3γ^{VI} HLR) oder $^{(δ)}$eine Partikel (§ 87.4γ^{VI} HLR) oder $^{(II)}$eine Wortgruppe, konkret: $^{(α)}$eine Verbgruppe, genauer: $^{(αα)}$ein Satz (§ 88.2e^{IIIζ} HLR), $^{(αβ)}$eine Periode (§ 88.3c^{IIIε} HLR) oder $^{(αγ)}$eine infinitivische Verbgruppe im engeren Sinn (§ 88.4c^{IIIδ} HLR), $^{(β)}$eine Substantivgruppe (§ 89.3γ^{VII} HLR), $^{(γ)}$eine Volladjektivgruppe (§ 90.3γ^{IV} HLR), $^{(δ)}$eine Pronomengruppe (§ 92.3γ^V HLR) oder $^{(ε)}$eine Partikelgruppe (§ 93.3γ^V HLR).

(c) $^{(1)}$Bei einem Zeichen in Entranszessionalposition, das als Kojunktionsgefüge strukturiert ist, gelten die einzelnen Kojunkte bzw. Kojunktkerne als Entranszessionalien. $^{(2)}$Ein Entranszessional kann auch identisch sein mit einem Anzepstranszedenten oder der unmittelbaren oder mittelbaren Konstituente eines Anzepstranszedenten (§ 43.3c^V HLR).

Zu § 56.1 HLR: Transzessionalgefüge könnten als Subordinationsgefüge interpretiert werden, da sie scheinbar Verhältnisse der Rektion erkennen lassen: Das Entranszessional kongruiert in bestimmten Fällen im Kasus mit dem Ektranszessional.

Bsp. 278:   a) N o m i n a t i v k o n g r u e n z : „^{1}Er ist ^{2}ein Essayist von höchstem analytischen Vermögen" (BOY-ED, Th. Mann 1925, 177). – „^{1}Er war vor fünf Jahren als ^{2}Maschinist von Hamburg fortgegangen" (HEYM, Dieb 1913, 41); ^{1}Ektranszessional, ^{2}Entranszessional.

b) G e n i t i v k o n g r u e n z : „Fännchens intimste Freundin war [...] das junge Mädchen, ^{1}dessen ich früher beiläufig als ^{2}des verdrossenen Erwähnung tat, Ida König" (SCHNITZLER, Jugend ⌐*1915–18; 1968⌐, 109). – „Sie [...] gedachte ^{1}seiner wie ^{2}eines Todten" (CONRADI, Adam 1889, 283); ^{1}Ektranszessional, ^{2}Entranszessional.

c) D a t i v k o n g r u e n z : „Amalaswintha, [...] nach ^{1}der Liebe der Römer als ^{2}ihrem schönsten Ziele trachtend, gab ihre Einwilligung" (DAHN, Rom 1876, 79). – „^{1}Ihm war zu Muth wie ^{2}Einem, der zu starke Cigarren geraucht" (BLEIBTREU, Größenw. 1888, I, 234); ^{1}Ektranszessional, ^{2}Entranszessional.

d) A k k u s a t i v k o n g r u e n z : „[I]ch setze ^{1}Euch [...] als ^{2}Pförtner ein" (KLABUND, Bracke 1918, 128) – „Ich [...] glaubte [...] ^{1}das unermüdliche Gangwerk zu spüren wie ^{2}den Pulsschlag von etwas Lebendigem" (FLEX, Wanderer 1916, 253) – „Der Autor nennt ^{1}ihn ^{2}einen Phantasten" (BALL, Tend. ⌐*1914\20; 1967⌐, 410); ^{1}Ektranszessional, ^{2}Entranszessional.

Allerdings lässt sich diese Beobachtung nur dort machen, wo das vermittelnde Transzess ein Verb oder eine Verbgruppe ist. Handelt es sich um ein Substantiv, so erscheint das Entranszessional prinzipiell im Nominativ (vgl. Duden 2001, 109 f.).

Bsp. 279: a) „Als ich in späteren Jahren eine recht passable Hausfrau geworden war, z. B. in der Kunst Menü's zusammenzustellen, geradezu hervorragendes leistete, stand ¹mein Ruf als ²schlechte Hausfrau schon so fest, daß nichts ihn mehr zu erschüttern vermochte" (DOHM, Schicks. 1899, 149); ¹Ektranszessional, ²Entranszessional.

c) „¹Rudolfs Auftreten als ²öffentlicher Redner hatte in Wien nicht das Aufsehen erregt, das seine Freunde und er selber davon erwartet hatten" (SUTTNER, Martha 1902, 253). — „¹Aschenbrödels Erwachen als ²Prinzessin" (FONTANE, Effi Briest 1894, 28); ¹Ektranszessional, ²Entranszessional.

b) „[E]r [...] hielt [...] ein so reichliches Mittagsmahl wie noch nie in ¹seinem Leben als ²Geißbub" (SPYRI, Heidi I 1880, 53); ¹Ektranszessional, ²Entranszessional.

d) „Bei den allgemeinen großen Umänderungen, welche zu Anfange des jetzigen Jahrhunderts Deutschland trafen, behielt zwar Nürnberg, dem Hauptschluß der Reichs-Deputation v. 1803, gemäß, ¹seine Existenz als ²freie Reichsstadt – allein zu Folge der Bundesacte der Rheinischen Staaten vom 12. Jul. 1806. ward die S t a d t N ü r n b e r g u n d i h r G e b i e t [...] dem König von Baiern zu Theil, welcher den 15. Sept. davon Besitz nahm, und wodurch die zeitherige Verfassung aufhörte." (BROCKHAUS, Conv.-Lex. VIII 1811, 158); ¹Ektranszessional, ²Entranszessional.

Man kann somit die Kasusrektion in den vorstehend (Bsp. 278) angeführten Fällen nicht als eine Leistung des Ektranszessionals, sondern muss sie als eine des Transzesses fassen – womit sie jedoch ein Aspekt der Gliederstruktur von Transzessionsgefügen, nicht von Transzessionalgefügen ist.

Als koordinatives Gefüge kann ein Transzessionalgefüge (§ 56.1b HLR) der konkreten Zeichenart nach als Substantivverbund (§ 96.1a¹ HLR), als Pronomenverbund (§ 99.1a¹ HLR) oder als Miszellanverbund (§ 101.2 α HLR) erscheinen: als Substantivverbund dann, wenn Ektranszessional und Entranszessional Substantivgruppen sind (Bsp. 280a/b), als Pronomenverbund dann, wenn Ektranszessional und Entranszessional Pronomina und/oder Pronomengruppen sind (Bsp. 280f, Bsp. 286b), und als Miszellanverbund in allen anderen Fällen.

Bsp. 280: a) „¹der Mann war ²Schuhmacher" (ERNST, Glück 1904, 125); ¹Ektranszessional, ²Entranszessional.

b) „ich fand in ¹meiner Tätigkeit als ²Journalist [...] Befriedigung" (FREYTAG, Erinn. 1887, 590); ¹Ektranszessional, ²Entranszessional.

c) „¹Er ist ²ein undankbarer, heimtückischer Tyrann" (DAHN, Rom 1876, 690); ¹Ektranszessional, ²Entranszessional.

d) „¹Sie und er waren ²Nachbarn" (RAABE, Vogelsang 1896, 756); ¹Ektranszessional, ²Entranszessional.

e) „¹Ich und Elfriede waren ²überrascht" (WILLE, Abendburg 1909, 67); ¹Ektranszessional, ²Entranszessional.

f) „¹Ich bin ²Ich." (FICHTE, Grundl. WL 1794–95, 94); ¹Ektranszessional, ²Entranszessional.

g) „Der pessimistische Philosoph bemerkt nicht, wie er vor allem auch sein eigenes, die ¹ᵃWelt für ²ᵃschlecht erklärendes ¹ᵇDenken für ²ᵇschlecht erklärt; ist aber ein ¹ᶜDenken, das die ¹ᵈWelt für ²ᵈschlecht erklärt, ein ²ᶜschlechtes Denken, so ist ja die ¹ᵉWelt vielmehr ²ᵉgut." (NIETZSCHE, I. Unzeit. Betr. 1873, 191); ¹Ektranszessional, ²Entranszessional.

*

Zu § 56.2 HLR: Wir nennen das Ektranszessional S u b j e k t - E k t r a n s z e s s i o n a l, wenn es sich entweder zu einer als Transzessionsgefüge strukturierten Verbgruppe als Subjekt verhält (Bsp. 280a: direktes Subjekt-Ektranszessional) oder als Subjekt zu einer Verbgruppe erscheint, deren mittelbare Konstituente eine als Transzessionsgefüge strukturierte Wortgruppe ist (Bsp. 281: indirektes Subjekt-Ektranszessional).

Bsp. 281: „Seit zwei Tagen hat ¹der zweite Sohn Arbeit als ²Handlanger" (B. v. Arnim, Dies Buch 1843, 562); ¹Ektranszessional, ²Entranszessional.

Ebenso gilt als Subjektektranszessional jedes Kojunkt bzw. jeder Kojunktkern derartiger Subjekte, sofern diese als Kojunktionsgefüge strukturiert sind.

Bsp. 282: „¹Kleine, selbst gegrabene Höhlen und ¹natürliche Felsenritzen sind ²|²die Wohnungen der Pfeifhasen." (BREHM, Thierleb. II ²1883, 482); ¹Ektranszessional, ²Entranszessional.

O b j e k t - E k t r a n s z e s s i o n a l heißt ein Zeichen, das sich zu einer als Transzessionsgefüge strukturierten Verbgruppe als Objekt verhält (Bsp. 278b) oder als Objekt Bestandteil einer Verbgruppe ist, zu der sich eine Substantivgruppe mit einem als Transzessionsgefüge strukturierten Kern als Subjekt verhält[152]; ebenso ist auch jedes Kojunkt bzw. jeder Kojunktkern derartiger Objekte, sofern dieselben als Kojunktionsgefüge strukturiert sind, ein Objekt-Ektranszessional.

Von einem K o m e s - E k t r a n s z e s s i o n a l sprechen wir, wenn ein Ektranszessional sich, wie in Bsp. 283, zu einer als Transzessionsgefüge strukturierten Substantivgruppe als Komes verhält.

Bsp. 283: „¹Rubinsteins Wirken als ²Künstler" (WAGNER, Leben ⌜*1870–80; 1911⌝, 728); ¹Ektranszessional, ²Entranszessional.

Bei einem kojunktiv gefügten Komes gelten die einzelnen Kojunkte bzw. Kojunktkerne als Komes-Ektranszessionalien.

Ein A t t r i b u t - E k t r a n s z e s s i o n a l nennen wir eine genitivische, als Komitationsgefüge strukturierte Substantivgruppe, die sich (wie in Bsp. 284) zu einer als Transzessionsgefüge strukturierten Substantivgruppe als Attribut verhält. Bei einem kojunktiv gefügten Attribut gelten die einzelnen Kojunkte bzw. Kojunktkerne als Attribut-Ektranszessionalien.

---

152 Mangels eines Belegs in unserem Korpus hier ein konstruiertes Beispiel: *Die Arbeit als ²Wissenschaftlerin macht ¹ihr Vergnügen* (¹Ektranszessional, ²Entranszessional).

Bsp. 284: „Es war, glaube ich, in einer Probe zu den ‚Hugenotten', wo [...] nach ganz kurzem Wirken ¹Lortzings als ²Dirigent die Empörung zum Ausbruch kam." (A. RICHTER, Glanzzt. *1913, 83); ¹Ektranszessional, ²Entranszessional.

Das Ektranszessional ist der Zeichenart nach

- ein Verb im Infinitiv (Bsp. 285a),
- ein Artikel (Bsp. 280b),
- ein Pronomen (Bsp. 280c/f),
- ein Satz (Bsp. 285b)
- eine Periode (Bsp. 285c)
- eine Verbgruppe im Infinitiv (Bsp. 285d),
- eine Substantivgruppe (Bsp. 280a),
- eine Pronomengruppe (Bsp. 280d) oder
- eine Miszellangruppe (Bsp. 280e).

Bsp. 285: a) „Muß man der Liebe entsagen, so entsagt man dem Leben, denn ¹leben heißt ²lieben." (MAY, Dt. Herzen 1885–87, 1773); ¹Ektranszessional, ²Entranszessional.
b) „¹Daß du nicht König warst ist ²gut." (GOETHE, Faust II 1832, 151, V. 7948); ¹Ektranszessional, ²Entranszessional.
c) „²Die Wahrheit ist, ¹daß ich den Simon während seiner Soldatenzeit nur selten [...] gesehen, [...] und daß es mir lieb war, meine Anfechtungen ohne seine Zeugenschaft durchzustreiten." (FRANÇOIS, Judith 1862, 87); ¹Ektranszessional, ²Entranszessional.
d) „¹Eine Begebenheit richtig beurtheilen, heißt ²festsetzen, in wie fern ein Mensch strafbar oder nicht darinn gehandelt" (BLANCKENBURG, Roman 1774, 292); ¹Ektranszessional, ²Entranszessional.

*

Zu § 56.3 HLR: Das Entranszessional ist in vielen, aber nicht in allen Fällen dasselbe Zeichen, das als Transzedent des mit dem Transzessionalgefüge verflochtenen Transzessionsgefüges erscheint. Der Zeichenart nach kann ein Entranszessional sein:

- ein infinitivisches Vollverb (Bsp. 285a),
- ein inflektivisches Volladjektiv (Bsp. 286a),
- ein Pronomen (Bsp. 286b)
- eine Partikel (Bsp. 286c)
- ein Satz (Bsp. 286d),
- eine Periode (Bsp. 187e, S. 283)
- eine infinitivische Verbgruppe im engeren Sinn (Bsp. 285d),
- eine Substantivgruppe (Bsp. 286e),
- eine Volladjektivgruppe (Bsp. 286f),
- eine Pronomengruppe (Bsp. 286g) oder
- eine Partikelgruppe (Bsp. 286h).

Bsp. 286: a) „¹Den von der Kirche gesegneten Bund zu brechen und herd- und landflüchtig zu werden, halte ich für ²falsch" (WASSERMANN, Wahnschaffe 1919, 136); ¹Ektranszessional, ²Entranszessional.

b) „²Dein bin ¹ich!" (HAHN-HAHN, Mar. Reg. 1860, I, 216); ¹Ektranszessional, ²Entranszessional.

c) „¹Es ist ²so!" (Th. Mann, Buddenbr. 1901, 759); ¹Ektranszessional, ²Entranszessional.

d) „‚¹Es ist, ²wie es ist', entschied sie." (EBNER-ESCHENBACH, Agave 1903, 430); ¹Ektranszessional, ²Entranszessional.

e) „So ein ruppiger alter Junge schnüffelte an allen Bildern herum und suchte nach Zweideutigkeiten, um sich sittlich zu entrüsten. Man nannte ¹ihn ²den ‚Mann mit der schmutzigen Brille', weil er überall den Unrat wittert, den er mitbringt." (BUSCH, Eduard 1891, 181); ¹Ektranszessional, ²Entranszessional.

f) „¹Dieß war ²sehr gut und achtungswerth." (IFFLAND, Theatr. Laufb. 1798, 70); ¹Ektranszessional, ²Entranszessional.

g) „Hier habe ich einen Sack voll Geld; wollen wir wetten; wer auf meinem Höllhorn am stärksten blasen kann, dem soll Alles, ¹was ²dein und mein ist, gehören." (SCHÖNWERTH, Oberpfalz II 1858, 274 f.); ¹Ektranszessional, ²Entranszessional.

h) „¹Es ist ²so, wie ich Dir sage" (ASTON, Rev. 1849, II, 219); ¹Ektranszessional, ²Entranszessional.

Erscheint ein als Kojunktionsgefüge strukturiertes Zeichen als Transzedent, so gelten die Kojunkte bzw. Kojunktkerne als Entranszessionalien.

Bsp. 287: „Der alte, würdige Stadtpräsident [...] sagte, ich solle ganz ruhig sein; ¹|¹|die Orgel solle zu meiner Zeit ²mein sein und ²keines andern, er werde selber in der Kirche sein und meine schöne Musik [...] anhören." (ZELTER, ¹Selbstbiogr. *bis1820, 124); ¹Ektranszessional, ²Entranszessional.

4.2.7 Adpositionalgefüge

Adpositionalgefüge (§ 57 HLR) werden insbesondere dort sinnvoll angesetzt, wo das Adposit und/oder der Adponend eines Adpositionsgefüges koordinativ strukturiert ist und es darum geht, determinative Beziehungen zwischen den Koordinaten bzw. deren Konstituenten und anderen mittelbaren oder auch unmittelbaren Konstituenten des Adpositionsgefüges in den Blick zu nehmen.

---

§ 57.1 HLR: (a) A d p o s i t i o n a l g e f ü g e (AdpnlG) sind komplexive (§ 17.II HLR) Koordinationsgefüge (§ 19 HLR) und bestehen aus zwei Gliedern, den A d p o s i t i o n a l i e n (Adpnl).

(b) Adpositionalgefüge sind der Zeichenart nach ⁽ᴵ⁾Partikelverbünde (§ 100.2β, § 19.1cᴵᴵ, § 57.2b HLR) oder ⁽ᴵᴵ⁾Miszellanverbünde (§ 101.2ζ, § 19.1cᴵᴵᴵ, § 57.2b HLR).

§ 57.2 HLR: (a) Die Adpositionalien stehen zueinander in der Relation der A d p o s i t i o n a l i t ä t.

(b) Als Adpositionalien können alle Zeichen fungieren, die auch (§ 57.3aᴵ HLR) als Adposite und/oder (§ 57.3βI HLR) als Adponenden erscheinen können: als Adposit-Adpositionalien alle Zeichen, die auch Adposite (§ 45.2 HLR), als Adponend-Adpositionalien alle, die auch Adponenden (§ 45.3 HLR) sein können. Ausgenommen sind koordinativ strukturierte Zeichen.

§ 57.3 HLR: Unterscheiden lassen sich zwei Arten von Adpositionalien:

(α) Das A d p o s i t - A d p o s i t i o n a l (AdptAdpnl) ist identisch ⁽ᴵ⁾mit einem Zeichen mit Adpositfunktion (§ 45.2 HLR), ⁽ᴵᴵ⁾mit dem Kern eines solchen Zeichens, ⁽ᴵᴵᴵ⁾mit der koordinativen Konstituente eines solchen Zeichens oder ⁽ᴵⱽ⁾mit dem ⁽ᵅ⁾unmittelbaren oder ⁽ᵝ⁾mittelbaren Kern einer seiner koordinativen Konstituenten.

(β) Das A d p o n e n d - A d p o s i t i o n a l (AdpdAdpnl) ist identisch ⁽ᴵ⁾mit einem Zeichen mit Adponendenfunktion (§ 45.3 HLR), ⁽ᴵᴵ⁾mit dem Kern eines solchen Zeichens, ⁽ᴵᴵᴵ⁾mit der koordinativen Konstituente eines solchen Zeichens oder ⁽ᴵⱽ⁾mit dem ⁽ᵅ⁾unmittelbaren oder ⁽ᵝ⁾mittelbaren Kern einer seiner koordinativen Konstituenten.

Zu § 57.1 HLR: Angesichts von Adpositionalgefügen wie den beiden in Bsp. 288a – ⟨*in · der Ehe*⟩ und ⟨*außer · der Ehe*⟩ – mag sich die Frage stellen, ob solche Gefüge tatsächlich koordinativ strukturiert sind, bzw. was sie von Adpositionsgefügen wie in Bsp. 288b – |*in der Ehe*| – unterscheiden soll, die subordinativ strukturiert sind und bei denen wir dem Adposit die Kernfunktion zuschreiben (§ 45.1a HLR). In Bsp. 288a liegt tatsächlich ebenfalls ein Adpositionsgefüge vor, allerdings eines, bei dem das Adposit als koordinativ strukturiertes Zeichen erscheint und als solches den Gefügekern darstellt: |¹*in oder außer* ²*der Ehe*| (¹Adposit, ²Adponend).

Dass das Adposit den Kasus im Adponenden bestimmt, hatten wir (S. 294) als Kriterium herangezogen, um dem Adposit die Rolle des Kerns zuzuschreiben. Diese Kasusbestimmung ist bei einem Gefüge wie |*in oder außer der Ehe*| nicht von bestimmten Adpositteilen (hier: *in* und *außer*) j e w e i l s f ü r s i c h, sondern vom g e s a m t e n Adposit abhängig. Wenn aber die einzelnen Adpositteile für sich genommen keine Kernfunktion haben, so erscheinen auch die Gefüge nicht als subordinativ strukturiert, deren unmittelbare Konstituenten sie jeweils zusammen mit dem Zeichen bilden, das im Adpositionsgefüge als Adponend erscheint.

Bsp. 288: a) A d p o s i t i o n a l g e f ü g e : „Die Ehe ist nur verboten zwischen Personen in auf- und absteigender Linie, zwischen voll- und halbbürtigen, ¹in oder ¹außer ²|²der Ehe erzeugten Geschwistern und zwischen Stief- und Schwiegerältern mit ihren Stief- und Schwiegerkindern ohne Unterschied des Grades; in allen übrigen Graden der Verwandtschaft und Schwägerschaft ist sie erlaubt, ohne daß es einer Dispensation bedürfte." (BROCKHAUS, Bild.-Conv.-Lex. I 1837, 626); ¹Adposit-Adpositional, ²Adponend-Adpositional.

b) A d p o s i t i o n s g e f ü g e : „Die Italienerin ist treu in der Liebe, nicht aber so ¹in ²der Ehe." (HERLOßSOHN, Dam. Conv. Lex. VI 1836, 2); ¹Adposit, ²Adponend.

Wenn Adpositionalgefüge als Koordinationsgefüge zu betrachten sind, so gilt hinsichtlich ihrer Zeichenart: Sie sind Partikelverbünde, wenn ihre unmittelbaren Konstituenten sämtlich Partikeln (Bsp. 289) oder Partikeln und Partikelgruppen sind.

Bsp. 289: „Ich werde eines Tages aus ihrer Existenz verschwinden, wie ich gekommen bin. Wie ich fühle, daß das Ende kommt, reise ich ab und schreibe ihr dann ¹|¹von ²da oder ²dort, aber ohne ihr zu sagen, daß ich eigentlich eine Komödie gespielt." (SCHNITZLER, Kl. Kom. 1895, 198); ¹Adposit-Adpositional, ²Adponend-Adpositional.

In allen anderen Fällen – in denen die Adpositionalien jeweils unterschiedliche und einander nicht entsprechende Zeichenarten vertreten – erscheinen die Adpositionalgefüge als Miszellanverbünde.

*

Zu § 57.2 HLR: Als Adpositionalien können alle Zeichen vorkommen, die auch unmittelbare Konstituenten von Adpositionsgefügen sein können: als Adposit-Adpositionalien solche Zeichen, die auch als Adposite, als Adponend-Adpositionalien solche, die auch als Adponenden fungieren können. Ausgenommen sind koordinativ strukturierte Zeichen, weil diese hinsichtlich ihrer Konstituenten jeweils gesondert betrachtet werden: Ein koordinativ gefügtes Adposit wie *in oder außer* (Bsp. 288a) wird nicht z u g l e i c h als e i n Adposit-Adpositional betrachtet, sondern als b e s t e h e n d aus z w e i Adposit-Adpositionalien. Analog gilt für einen koordinativ gefügten Adponenden wie *dem Seminar und dem Vereine* in Bsp. 290: Er umfasst zwei Adponend-Adpositionalien.

Bsp. 290: „$^{1|1}$Auf ^{2}dem Seminar und ^{2}dem Vereine beruhte der frische Aufschwung, den die Göttinger Philologie nahm." (WILAMOWITZ-MOELLENDORFF, Erinn. 1928, 207); ^{1}Adposit-Adpositional, ^{2}Adponend-Adpositional.

Als Adposit-Adpositionalien können demnach Zeichen folgender Art erscheinen (vgl. S. 292): inflektivische Volladjektive (Bsp. 291a/b), Partikeln (Bsp. 291c–e), β-Volladjektivgruppen mit einem inflektivischen Adjektiv als Kern, β-Partikelgruppen (Bsp. 291f) oder ε-Partikelgruppen (Bsp. 291g).

Bsp. 291: a) „Die größte Mannigfaltigkeit herrscht natürlich in dem mittleren heißesten Gürtel, zwischen funfzehn bis achtzehn Grad ^{1}nördlich und ^{1}südlich $^{2|2}$des Aequators, wo die Temperatur nicht unter 18 ½ Grad Réaumur fällt." (SCHMIDT, Brehm X 1887, 505); ^{1}Adposit-Adpositional, ^{2}Adponend-Adpositional.

b) „In Nordfriesland zeigt nicht nur die Sprache, sondern auch der eigentliche Aberglaube starke Einwirkung des dänischen. $^{1|1}$Südlich ^{2}der Schlei und ^{2}der Trene ist es zwar in einzelnen Ortsnamen zu spüren, aber ich wüste keine Spur desselben sonst anzugeben" (MÜLLENHOFF, Sag. 1845, IX); ^{1}Adposit-Adpositional, ^{2}Adponend-Adpositional.

c) „in allen Ländern ^{1}diesseit und ^{1}jenseit $^{2|2}$des Meeres" (A. v. ARNIM, Isabella 1812, 539); ^{1}Adposit-Adpositional, ^{2}Adponend-Adpositional.

d) „Ist ein Kreuz ^{1}an oder ^{1}auf $^{2|2}$diesem Bauwerke zu erblicken?" (MAY, Cord. 1911, 363); ^{1}Adposit-Adpositional, ^{2}Adponend-Adpositional.

e) „Die Frauenwelt ist zu ihrer Versorgung $^{1|1}$auf ^{2}die Ehe oder ^{2}den eigenen Broterwerb angewiesen." (DOHM, Antifem. 1902, 119); ^{1}Adposit-Adpositional, ^{2}Adponend-Adpositional.

f) „$^{1|1}$Auf Grund ^{2}des Waffenstillstandsabkommens und ^{2}des Versailler Vertrages hat Deutschland ohne den materiellen Wert seiner Landverluste über 2 Milliarden Pfund in verschiedener Form abgegeben." (SPENGLER, Frankr. u. Europ. 1924, 86); ^{1}Adposit-Adpositional, ^{2}Adponend-Adpositional.

g) „Was du von meiner Iphigenie sagst ist in gewissem Sinne leider wahr. Als ich mich $^{1|1}$um ^{2}der Kunst und ^{2}des Handwerckes $^{1|1}$willen entschließen mußte das Stück umzuschreiben, sah ich voraus daß die besten Stellen verlieren mußten wenn die schlechten und mittlern gewannen." (GOETHE, an Ph. Seidel [15. 5. 1787], WA IV, 8, 213); ¹Adposit-Adpositional, ²Adponend-Adpositional.

Als Adponend-Adpositionalien können Zeichen folgender Art erscheinen (vgl. S. 297): Vollverben im *zu*-Infinitiv (Bsp. 292a), inflektivische Volladjektive (Bsp. 292b), Pronomina (Bsp. 292c), Partikeln (Bsp. 292d), Verbgruppen im *zu*-Infinitiv, konkret: β-Verbgruppen (Bsp. 292e), γ-Verbgruppen (Bsp. 292f) und δ-Verbgruppen (Bsp. 292g), Substantivgruppen (Bsp. 291a–g), inflektivische β-Adjektivgruppen (Bsp. 292h), Pronomengruppen (Bsp. 292i) oder Partikelgruppen (Bsp. 292j).

Bsp. 292: a) „Das Gewitter tobte immer heftiger, und eben als ich noch auf den Knien lag und eine Liebeserklärung hersagte, schlug der Blitz wirklich ins Haus ein, doch ¹|¹|ohne ²zu zünden oder ²zu töten." (HUFELAND, Selbstbiogr. *ᵇⁱˢ1831, 48); ¹Adposit-Adpositional, ²Adponend-Adpositional.

b) „[H]indere mich nicht, das zu thun, was ich ¹|¹|für ²gut und ²recht halte!" (MARLITT, Karfunk. 1885, 262); ¹Adposit-Adpositional, ²Adponend-Adpositional.

c) „[I]ch rede jezt nicht ¹|¹|von ²Dir und ²mir, sondern von Mann und Weib." (HAHN-HAHN, Sibylle 1846, II, 24); ¹Adposit-Adpositional, ²Adponend-Adpositional.

d) „¹|¹|Von ²da und ²dort wurde noch dazu getan und dann das Lokal gemietet, in dem noch heute in Danzig das Soldatenheim sich gesegnet weiterentwickelt hat." (A. v. LILIENCRON, Krg. u. Fried. 1912, 262); ¹Adposit-Adpositional, ²Adponend-Adpositional.

e) „Gegen halb 12 Uhr hörten sie ein Getöse wie vom wilden Heer durch die Lüfte ziehen, jedoch ¹|¹|ohne ²etwas zu sehen, oder ²sich dadurch irren zu lassen." (BAADER, Neuges. Volkss. 1859, 105); ¹Adposit-Adpositional, ²Adponend-Adpositional.

f) „Bei diesen einfachen Worten schritt Müller nach der Ecke, stellte sich vor den Bock und sprang, ¹ohne ¹Ansatz zu nehmen, oder die Hand als Stütze zu gebrauchen, über die ganze Länge desselben hinweg." (MAY, Lb. Ulan. 1883–85, 82); ¹Adposit-Adpositional, ²Adponend-Adpositional.

g) „Begraben in dem Kerker des Staubes vegetierte meine Seele nach den Instinkten und für die Leidenschaften der gefallenen Natur – und immense Kräfte hab' ich verschwendet, suchend, versuchend, traurig, unbefriedigt, rastlos, ¹ohne ²glücklich zu sein oder glücklich zu machen." (HAHN-HAHN, Mar. Reg. 1860, II, 418); ¹Adposit-Adpositional, ²Adponend-Adpositional.

h) „Vielleicht wird es für Herrn Dühring als eine überraschende Mitteilung gelten, wenn wir ihm sagen, daß [...] seine Forderung ¹für überraschend und ²äußerst streng [...] nur gelten kann – in *Preußen*." (ENGELS, Dühring 1878, 104); ¹Adposit-Adpositional, ²Adponend-Adpositional.

i) „Ob diese galligen Gedichte ¹von ²ihm selbst oder einem seiner Freunde stammten, erfuhr niemand von den Anwesenden." (DUNCKER, Großstadt 1900, 37); ¹Adposit-Adpositional, ²Adponend-Adpositional.

j) „Und nachhero geht Ihr ¹|¹|bis ²an den Koben oder ²an den Stall" (MAY, Weg z. Glück 1886–88, 521); ¹Adposit-Adpositional, ²Adponend-Adpositional.

*

Zu § 57.3 HLR: Das Adposit-Adpositional kann identisch sein mit demjenigen Zeichen, das auch als Adposit des Adpositionsgefüges fungiert, mit dem das Adpositionalgefüge verflochten ist (Bsp. 292a–j). Es kann sich dabei aber auch um den Kern eines solchen Adposit-Zeichens handeln (Bsp. 293a), um eine seiner koordinativen Konstituenten (*nördlich* in Bsp. 291a) oder um den unmittelbaren (*südlich* in Bsp. 291a) oder mittelbaren (Bsp. 293b) Kern einer seiner koordinativen Konstituenten.

Bsp. 293: a) „Sein nächster Nachbar war der Steinbauer, der sich darüber beklagte, daß er einen schlechten Platz habe, gerade [1|1]neben [2]der Feuerspritze und [2]dem großen Wasserfasse, die unter der Treppe standen." (AUERBACH, Schwarzw. Dorfg. V 1857, 17); [1]Adposit-Adpositional, [2]Adponend-Adpositional.

b) „Als die heilige Elisabeth zu dem Entschlusse gekommen, in Marburg eine Kirche zu bauen, war sie lange über das Wohin? im Zweifel. Zuerst hatte sie einen hohen Berg über der Stadt, der deshalb auch noch heutigen Tages die ‚Kirchspitze' heißt, und von dessen Gipfel man weithin die schöne Gegend überschauen kann, dazu ausersehen. Doch gab sie diesen Plan bald wieder auf und da sich ihr in oder nahe [1]bei [2]Marburg eben kein geschickter Platz darbot, so ward sie endlich mit sich eins, dem höchsten Herrn die Wahl selbst zu überlassen." (LYNCKER, Sag. u. Sitt. 1854, 199); [1]Adposit-Adpositional, [2]Adponend-Adpositional.

Das Adponend-Adpositional kann identisch sein mit demjenigen Zeichen, das auch als Adponend des Adpositionsgefüges fungiert, mit dem das Adpositionalgefüge verflochten ist (Bsp. 291a/c–d), mit dem Kern eines solchen Zeichens (Bsp. 294), mit der koordinativen Konstituente eines solchen Zeichens (*gut* in Bsp. 292b) oder mit dem unmittelbaren (*recht* in Bsp. 292b) oder mittelbaren (Bsp. 292i) Kern einer seiner koordinativen Konstituenten.

Bsp. 294: „Rosas Flucht wurde für Nannette ein Abschnitt in der Zeitrechnung, nicht mehr noch weniger. Sie sagte: ‚Das war vor oder nach unserm Familienunglück', wie die Mohammedaner sagen ‚[1]vor oder [1]nach der [2|2]Hedschra'." (EBNER-ESCHENBACH, Božena 1876, 129); [1]Adposit-Adpositional, [2]Adponend-Adpositional.

Wie die Beispiele zeigen, gibt es, ebenso wie bei anderen Gliedern komplexiver Gefüge, in vielen Fällen mehr als eine Möglichkeit, ein Adponential anzusetzen. Dies eröffnet Spielräume für die semantische Interpretation, indem man unterschiedliche Einheit fokussieren kann.

4.2.8 Subjunktionalgefüge

Subjunktionalgefüge (§ 58 HLR) beschreiben Beziehungen zwischen den unmittelbaren und/oder mittelbaren Konstituenten von Subjunktionsgefügen.

---

§ 58.1 HLR: (a) S u b j u n k t i o n a l g e f ü g e (SbjktnlG) sind komplexive (§ 17.II HLR) Koordinationsgefüge (§ 19 HLR) und bestehen aus zwei Gliedern, den S u b j u n k t i o n a l i e n (Sbjktnl).

(b) Subjunktionalgefüge sind der Zeichenart nach [(I)]Partikelverbünde (§ 100.2γ, § 19.1c[II], § 58.3, § 46.2b[(I)/IIε]/3b HLR) oder [(II)]Miszellanverbünde (§ 101.2η, § 19.1c[III], § 58.3, § 46.2b/3b mit Ausnahme von § 46.2b[(I)/IIε] HLR).

§ 58.2 HLR: (a) Die Subjunktionalien stehen zueinander in der Relation der S u b j u n k t i o n a l i t ä t .

(b) Als Subjunktionalien können alle Zeichen fungieren, die auch (§ 58.3α' HLR) als Subjunkte und/oder (§ 58.3β' HLR) als Subjunktoren erscheinen können: als Subjunkt-Subjunktionalien alle Zeichen, die auch Subjunkte (§ 46.2 HLR), als Subjunktor-Subjunktionalien alle, die auch Subjunktoren (§ 46.3 HLR) sein können. Ausgenommen sind koordinativ strukturierte Zeichen.

§ 58.3 HLR: Unterscheiden lassen sich zwei Arten von Subjunktionalien:

(α) Das S u b j u n k t - S u b j u n k t i o n a l (SbjktSbjktnl) ist identisch $^{(I)}$mit einem Zeichen mit Subjunktfunktion (§ 46.2 HLR), $^{(II)}$mit der koordinativen Konstituente eines solchen Zeichens oder $^{(III)}$mit dem $^{(α)}$unmittelbaren oder $^{(β)}$mittelbaren Kern einer seiner koordinativen Konstituenten.

(β) Das S u b j u n k t o r - S u b j u n k t i o n a l (SbjktrSbjktnl) ist identisch $^{(I)}$mit einem Zeichen mit Subjunktorfunktion (§ 46.3 HLR), $^{(II)}$mit der koordinativen Konstituente eines solchen Zeichens oder $^{(III)}$mit dem $^{(α)}$unmittelbaren oder $^{(β)}$mittelbaren Kern einer seiner koordinativen Konstituenten.

Zu § 58.1 HLR: Je nach der Zeichenart ihrer Glieder sind Subjunktionalgefüge Partikelverbünde – wenn beide Subjunktionalien Partikeln (Bsp. 295a) und/oder Partikelgruppen sind – oder Miszellanverbünde – wenn beide Subjunktionalien verschiedenen und einander auch nicht entsprechenden Zeichenarten angehören (Bsp. 295b).

Bsp. 295: a) „Daß der Löwe [...] vormals in Syrien und Palästina lebte, wissen wir durch die Bibel; über die Zeit der Ausrottung in dem heiligen Lande aber haben wir keine Kunde. $^{[1]}$Wie ^{2}hier oder ^{2}dort ergeht es dem gefährlichen Feinde der Herden allerorten: der Mensch tritt überall nach besten Kräften gegen ihn in die Schranken und wird ihn ebenso stetig wie bisher zurückdrängen und endlich vernichten." (BREHM, Thierleb. I ^{2}1883, 358); ^{1}Subjunktor-Subjunktional; ^{2}Subjunkt-Subjunktional.

b) „[H]ierher wallfahrten [...] die Freunde der Natur und Kunst, $^{[1]}$um ^{2}zu lernen und ^{2}zu genießen." (HERLOSSOHN, Dam. Conv. Lex. X 1838, 150); ^{1}Subjunktor-Subjunktional; ^{2}Subjunkt-Subjunktional.

*

Zu § 58.2 HLR: Subjunktionalien können Zeichen derselben Art sein, die auch als unmittelbare Konstituenten von Subjunktionsgefügen erscheinen können. Subjunkt-Subjunktionalien können solche Zeichen sein, die auch als Subjunkte, Subjunktor-Subjunktionalien solche, die auch als Subjunktoren fungieren können. Aus den gleichen Gründen, die in den Erläuterungen zu § 57.2 HLR (S. 338) dargelegt wurden, sind koordinativ strukturierte Zeichen als Subjunktionalien ausgeschlossen. Das bedeutet: Subjunkt-Subjunktionalien können Verben (Bsp. 295b), Adjektive (Bsp. 296a), Pronomina (Bsp. 296b), Partikeln (Bsp. 295a), Verbgruppen (Bsp. 296c), Substantivgruppen (Bsp. 296d), Adjektivgruppen (Bsp. 296e), Pronomengruppen (Bsp. 296f) oder Partikelgruppen (Bsp. 296g) sein.

Bsp. 296: a) „Findet ihr, daß euch ein Kunstrichter etwas, das ihr bey guter Aufmerksamkeit auf alles dazu gehörige schlecht, oder anstößig, oder unschiklich gefunden habt, durch sehr künstliche Entwiklung $^{[1]}$als ^{2}gut und ^{2}schiklich angepreißt; so vergleichet das, was ihr von seinen Gründen klar fühlet, gegen das, was ihr vorher von der Sache gefühlt habet. Hat dieses noch mehr Klarheit, als jenes, so sezet ein Mißtrauen in das Urtheil des Kunstrichters [...]." (SULZER, Allg. Theor. II 1774, 1098); ^{1}Subjunktor-Subjunktional; ^{2}Subjunkt-Subjunktional.

b) „Daß ich Georgen nicht ¹wie ²dich und die übrigen in deinem Hause im Geiste kann wandlen sehen thut mir leid." (GOETHE, an F. H. Jacobi [1. 2. 1793], WA IV, 10, 48); ¹Subjunktor-Subjunktional; ²Subjunkt-Subjunktional.

c) „Alles dieses thut er, ¹|¹weil ²jene sich fürchten und ²er selber sich fürchtet" (NIETZSCHE, I. Unzeit. Betr. 1873, 199); ¹Subjunktor-Subjunktional; ²Subjunkt-Subjunktional.

d) „Es folgt die Herrschaft des jüngern Dionys, der nicht viel anderes ¹|¹als ²ein Schwelger und ²ein entsetzlicher Tyrann war" (BURCKHARDT, Grch. Kulturgesch. IV 1902, 272); ¹Subjunktor-Subjunktional; ²Subjunkt-Subjunktional.

e) „Eins der kältesten deutschen Länder, hatte man es [sc. Westphalen] zwar sehr rauh und unfruchtbar verschrieen; allein es war dies nur zum Theil der Fall und außerdem, daß es sehr volkreich war, konnte man auch einen großen Theil ¹|¹als ²sehr fruchtbar und ²an treflicher Vieh-Weide und Viehzucht, an Holzung, an Mineralien etc. sehr gedeihlich preisen." (BROCKHAUS, Conv.-Lex. VIII 1811, 489); ¹Subjunktor-Subjunktional; ²Subjunkt-Subjunktional.

f) „Weil nun aber die traurigen Abgesandten des Herrn Hugenberg und der deutschnationalen Telegrafenagenturen nichts von Frankreich kennen ¹als ²sich selbst und vierzig Zeitungen, so ergäbe sich schon dann ein total falsches Bild, wenn diese Journalisten ehrlich arbeiteten. (TUCHOLSKY, Stammt. 1926, 342); ¹Subjunktor-Subjunktional; ²Subjunkt-Subjunktional.

g) „In den Gleicherländern, vorzüglich in Brasilien ¹|¹wie ²auf den Sundainseln und ²in Neuholland, leben in zahlreichen Arten wilde Bienen" (TASCHENBERG, Brehm IX 1887, 215); ¹Subjunktor-Subjunktional; ²Subjunkt-Subjunktional.

Als Subjunktor-Subjunktionalien können Partikeln (Bsp. 296) oder in Ausnahmefällen auch Partikelgruppen (Bsp. 297) erscheinen.

Bsp. 297: „Ich habe viel in der Kranckheit gelernt, das ich nirgends in meinem Leben hätte lernen können. Es ist vorbey, und ich binn wieder ganz munter, ¹|¹ob ²ᵃich ¹|¹gleich ²ᵃdrey volle Wochen nicht aus der Stube gekommen binn, und ²ᵇmich fast niemand besucht, als mein Docktor, der, Gott sey danck, ein liebenswürdiger Mann ist." (GOETHE, an A. K. Schönkopf [30. 12. 1768], WA IV, 1, 138); ¹Subjunktor-Subjunktional; ²Subjunkt-Subjunktional.

*

Zu § 58.3 HLR: Ebenso wie für Adponentialien (vgl. die Erläuterungen zu § 57.3 HLR, S. 339 f.) gilt auch für Subjunktionalien, dass man sie in unterschiedlicher Weise ansetzen kann. Für Subjunkt-Subjunktionalien kommen neben Zeichen, die zugleich das Subjunkt eines Subjunktionalgefüges bilden (Bsp. 298), auch koordinative Konstituenten solcher Zeichen (*gut* in Bsp. 296a, *dich* in Bsp. 296b, *ein Schwelger* in Bsp. 296d usw.) und die Kerne solcher koordinativer Konstituenten (*schicklich* in Bsp. 296a, *ein entsetzlicher Tyrann* in Bsp. 296d usw.) in Betracht. Analog dazu gilt für Subjunktor-Subjunktionalien: Neben Zeichen, die zugleich den Subjunktor eines Subjunktionsgefüges bilden (Bsp. 296), kommen auch die koordinativen Konstituenten solcher Zeichen (*weil* in Bsp. 298) oder die Kerne solcher koordinativer Konstituenten (*wenn* in Bsp. 298) in Betracht.

Bsp. 298: „Der Begriff der Liebe ist ein selbständiger Begriff, den ich nicht erst aus dem Leben Christi abstrahire; im Gegenteil, ich anerkenne dieses Leben nur, ¹*weil* und ¹*wenn* ²|²ich es übereinstimmend finde mit dem Gesetze, dem Begriffe der Liebe." (FEUERBACH, Wes. d. Chr. ³1849, II, 404); ¹Subjunktor-Subjunktional; ²Subjunkt-Subjunktional.

4.2.9 Kojunktionalgefüge

Das Modell ‚Kojunktionalgefüge' (§ 59 HLR) erlaubt es, unmittelbare Beziehungen zwischen den Gliedern und/oder den Gliedkernen von Kojunktionsgefügen herzustellen. Betrachtet man ein beliebiges Kojunktionsgefüge (vgl. § 48 HLR und die Erläuterungen, Kap. 4.1.16.2) wie

Bsp. 299:   „Ein widerlicher Geruch von ¹Karbol, ²Räucheressenzen, ³Cichorienkaffee ⁴und toten Blumen durchzog den Raum." (DUNCKER, Großstadt 1900, 5); Kojunktionsgefüge: ¹⁻⁴Kojunkte,

so zeigt sich, dass eine unmittelbare Beziehung innerhalb d i e s e s Gefügetyps nur zwischen den Kojunkten als solchen besteht. Will man die Parallelität der Glieder beschreiben, so ist es im vorliegenden Fall diejenige zwischen |$\emptyset_{Art}$ Karbol|, |$\emptyset_{Art}$ Räucheressenzen|, |$\emptyset_{Art}$ Cichorienkaffee| und |und $\emptyset_{Art}$ toten Blumen|. Will man hingegen – alltagssprachlich formuliert – die aufgezählten Größen für sich als gleichgeordnete in den Blick nehmen, so muss man beim letzten Kojunkt des Beispiels von der Konjunktorpartikel und absehen, d. h. sich auf den Kern des Kojunkts beschränken. Eben dies geschieht beim Ansatz eines Kojunktionalgefüges.

Bsp. 299':   „Ein widerlicher Geruch von ¹Karbol, ²Räucheressenzen, ³Cichorienkaffee und ⁴toten Blumen durchzog den Raum." (DUNCKER, Großstadt 1900, 5); Kojunktionalgefüge: ¹⁻⁴Kojunktionalien.

---

§ 59.1 HLR: (a) K o j u n k t i o n a l g e f ü g e (KjktnlG) sind komplexive (§ 17.II HLR) Koordinationsgefüge (§ 19 HLR) und bestehen aus mindestens zwei Gliedern: den K o j u n k t i o n a l i e n (Kjktnl).

(b) Kojunktionalgefüge sind der Zeichenart nach Wortverbünde (§ 19.1c HLR), konkret: ⁽ᴵ⁾Verbverbünde (§ 95.2γ, § 19.1c^{II}, § 59.2c HLR), ⁽ᴵᴵ⁾Substantivverbünde: (§ 96.2ε, § 19.1c^{II}, § 59.2c HLR), ⁽ᴵᴵᴵ⁾Adjektivverbünde (§ 97.2γ, § 19.1c^{II}, § 59.2c HLR), ⁽ᴵⱽ⁾Artikelverbünde: § 98.2, § 19.1c^{II}, § 59.2c HLR), ⁽ⱽ⁾Pronomenverbünde: (§ 99.2δ, § 19.1c^{II}, § 59.2c HLR), ⁽ⱽᴵ⁾Partikelverbünde ⁽ᵅ⁾§ 100.2δ, § 19.1c^{II}, § 59.2c Hl R) oder ⁽ⱽᴵᴵ⁾Miszellanverbünde: § 101.2η, § 19.1c^{III}, § 59.2c HLR).

§ 59.2 HLR: (a) Die Kojunktionalien stehen zueinander in der Relation der K o j u n k t i o n a l i t ä t.

(b) Von den Kojunktionalien eines Kojunktionsgefüges erscheint ⁽¹⁾mindestens eines zugleich (zusätzlich zu seiner Funktion als Kojunktional) im Rahmen eines Kojunktionsgefüges (§ 48 HLR) als Kojunkt und ⁽²⁾mindestens eines – indem es sich im Rahmen eines kompaxiven Gefüges (§ 17.I HLR) zu einer als Konjunktionsgefüge (§ 47 HLR) strukturierten Wortgruppe als Kern verhält – als ⁽ᵅ⁾unmittelbarer oder ⁽ᵝ⁾mittelbarer Kern eines Kojunkts.

(c) Als Kojunktionalien können die gleichen Zeichen fungieren, die auch Konjunkte sein können (§ 47.2b HLR).

§ 59.3 HLR: Je nach der zusätzlichen komplexiven Gliedfunktion, welche die Kojunktionalien desselben Konjunktionalgefüges übereinstimmend erfüllen, können sie näher bestimmt werden.

(α) Kojunktionalien, die sich als Subjektualien (§ 52.3α^{II} HLR) auf ein identisches Prädikational beziehen lassen, heißen S u b j e k t - K o j u n k t i o n a l i e n (SbjKjktnl).

(β) Kojunktionalien, die sich als Prädikatialien (§ 52.3β$^{III/IV/Vβ/γ}$ HLR) auf ein identisches Prädikational beziehen lassen, heißen P r ä d i k a t - K o j u n k t i o n a l i e n (PrktKjktnl).

(γ) Kojunktionalien, die sich als Objektualien (§ 52.3γ^{IV} HLR) auf ein identisches Prädikational beziehen lassen, heißen O b j e k t - K o j u n k t i o n a l i e n (ObjKjktnl).

(δ) Kojunktionalien, die sich als Adverbiatialien (§ 52.3δ^{IV} HLR) auf ein identisches Prädikational beziehen lassen, heißen A d v e r b i a l - K o j u n k t i o n a l i e n (AdvlKjktnl).

(ε) Kojunktionalien, die sich als Adverband-Adverbationalien (§ 53.3α$^{II/III}$ HLR) auf ein identisches Adverbat-Adverbational beziehen lassen, heißen A d v e r b a n d - K o j u n k t i o n a l i e n (AdvdKjktnl).

(ζ) Kojunktionalien, die sich als Adverbat-Adverbationalien (§ 53.3β$^{II/III}$ HLR) auf ein identisches Adverband-Adverbational beziehen lassen, heißen A d v e r b a t - K o j u n k t i o n a l i e n (AdvtKjktnl).

(η) Kojunktionalien, die sich als Komitialien (§ 54.3α$^{II/III}$ HLR) auf ein identisches Komitatial beziehen lassen, heißen K o m e s - K o j u n k t i o n a l i e n (KmsKjktnl).

(ϑ) Kojunktionalien, die sich als Komitatialien (§ 54.3β$^{III/IV}$ HLR) auf ein identisches Komitial beziehen lassen, heißen K o m i t a t - K o j u n k t i o n a l i e n (KmtKjktnl).

(ι) Kojunktionalien, die sich als Attribuendalien (§ 55.3α$^{III/IV}$ HLR) auf ein identisches Attributial beziehen lassen, heißen A t t r i b u e n d - K o j u n k t i o n a l i e n (AttrdKjktnl).

(κ) Kojunktionalien, die sich als Attributialien (§ 55.3β^{V-VIII} HLR) auf ein identisches Attribuendal beziehen lassen, heißen A t t r i b u t - K o j u n k t i o n a l i e n (AttrtKjktnl).

(λ) Kojunktionalien, die sich als Ektranszessionalien (§ 56.2 HLR) auf ein identisches Entranszessional beziehen lassen, heißen E k t r a n s z e s s i o n a l - K o j u n k t i o n a l i e n (EktrznlKjktnl); die weiteren Differenzierungen (§ 56.2b HLR) gelten entsprechend.

(μ) Kojunktionalien, die sich als Entranszessionalien (§ 56.3 HLR) auf ein identisches Ektranszessional beziehen lassen, heißen E n t r a n s z e s s i o n a l - K o j u n k t i o n a l i e n (EntrznlKjktnl).

(ν) Kojunktionalien, die sich als Adposit-Adpositionalien (§ 57.3α$^{III/IV}$ HLR) auf ein identisches Adponend-Adpositional beziehen lassen, heißen A d p o s i t - K o j u n k t i o n a l i e n (AdptKjktnl).

(ξ) Kojunktionalien, die sich als Adponend-Adpositionalien (§ 57.3β$^{III/IV}$ HLR) auf ein identisches Adposit-Adpositional beziehen lassen, heißen A d p o n e n d - K o j u n k t i o n a l i e n (AdpdKjktnl).

(ο) Kojunktionalien, die sich als Subjunkt-Subjunktionalien (§ 58.3α$^{II/III}$ HLR) auf ein identisches Subjunktor-Subjunktional beziehen lassen, heißen S u b j u n k t - K o j u n k t i o n a l i e n (SbjktKjktnl).

(π) Kojunktionalien, die sich als Subjunktor-Subjunktionalien (§ 58.3β$^{II/III}$ HLR) auf ein identisches Subjunkt-Subjunktional beziehen lassen, heißen S u b j u n k t o r - K o j u n k t i o n a l i e n (SbjktrKjktnl).

Zu § 59.1 HLR: Kojunktionalgefüge bestehen aus mindestens zwei und theoretisch aus unbegrenzt vielen Kojunktionalien; realiter ist die Anzahl jedoch immer beschränkt. Sie ist identisch mit der Anzahl der Kojunkte, die das mit dem betreffenden Kojunktionalgefüge verflochtene Kojunktionsgefüge aufweist.

Kojunktionalgefüge sind als komplexive Koordinationsgefüge der Zeichenart nach Wortverbünde (§ 19.1c HLR). Ihre konkrete Zeichenart hängt ab von der Zeichenart ihrer Kojunktionalien: Sie sind Verbverbünde, wenn alle Kojunktionalien Verben und/oder Verbgruppen sind (Bsp. 300a), Substantivverbünde, wenn alle

Kojunktionalien Substantive und/oder Substantivgruppen sind (Bsp. 300b), Adjektivverbünde, wenn alle Kojunktionalien Adjektive und/oder Adjektivgruppen sind (Bsp. 300c), Artikelverbünde, wenn alle Kojunktionalien Artikel sind (Bsp. 300d), Pronomenverbünde, wenn alle Kojunktionalien Pronomina und/oder Pronomengruppen sind (Bsp. 300e), Partikelverbünde, wenn alle Kojunktionalien Partikeln und/oder Partikelgruppen sind (Bsp. 300f), oder Miszellanverbünde, wenn die Kojunktionalien unterschiedlichen und einander nicht entsprechenden Zeichenarten angehören (Bsp. 300g).

Bsp. 300: a) „Meine Art ^{1}zu denken und ^{2}zu beobachten beschränkt sich auf die Physiognomik des Wirklichen." (SPENGLER, Unterg. d. Abendl. II 1922, 597); $^{1-2}$Kojunktionalien.

b) „Dieser Hahn soll sicherlich den Hahn vorstellen, der nach der dreimaligen Versündigung des Petrus an seinem ^{1}Herrn und ^{2}Meister seinen Mahnungsruf in die Ohren des verzagten Jüngers Jesu nach der Voraussagung desselben erschallen ließ." (GRÄSSE, Sagenb. Preuß. II 1871, 172); $^{1-2}$Kojunktionalien.

c) „Der Schreiber Lüdicke war [...] thätig und wirthschaftlich, übrigens ^{1}falsch wie eine Schlange und ^{2}dumm wie ein Schöps." (FONTANE, Wand. III 1873, 227); $^{1-2}$Kojunktionalien.

d) „Ich [...] erarbeite ^{1}meine und ^{2}deine Nahrung" (WEZEL, Belphegor 1776, 300); $^{1-2}$Kojunktionalien.

e) „Für ^{1}mich und ^{2}dich wird es Brot geben." (WASSERMANN, Juden 1897, 362); $^{1-2}$Kojunktionalien.

f) „^{1}Morgens und ^{2}Abends gehen die Gemsen heerdenweise auf die Weide" (BROCKHAUS, Bild.-Conv.-Lex. II 1838, 178); $^{1-2}$Kojunktionalien.

g) „Aber der Hirtenbub war ^{1}dumm und ^{2}ein halber Trottel." (EBNER-ESCHENBACH, Kinderj. 1904–05, 756); $^{1-2}$Kojunktionalien.

*

Zu § 59.2 HLR: Kojunktionalgefüge sind verflochten mit Kojunktionsgefügen; ihre Kojunktionalien erscheinen als dieselben Zeichen, die im zugehörigen Kojunktionsgefüge die Kojunkte bilden (jeweils die mit der Nummer 1 gekennzeichneten Kojunktionalien in Bsp. 300a–g). Ausgenommen sind dabei jedoch diejenigen Kojunkte, die als Konjunktionsgefüge strukturiert sind: Bei diesen erscheint ihr unmittelbarer oder mittelbarer Kern als Kojunktional (jeweils bei den mit der Nummer 2 gekennzeichneten Kojunktionalien in Bsp. 300a–g). Alle Zeichen, die als Kern eines Konjunktionsgefüges (Konjunkt) fungieren können – Verben/Verbgruppen, Substantive/Substantivgruppen, Adjektive/Adjektivgruppen, Artikel, Pronomina/Pronomengruppen und Partikeln/Partikelgruppen (§ 47.2b HLR; zu Beispielen vgl. S. 305) – können daher auch – ebenso wie sie Kojunkte sein können (§ 48.2b HLR) – Kojunktionalfunktion erfüllen.

*

Zu § 59.3 HLR: Das Kojunktionalgefüge ⟨Petrus · Christus⟩ in

Bsp. 301: „Petrus und Christus gingen mal über Feld und wollten nach Kapernaum" (BIRLINGER/ BUCK, Sag. 1861, 360)

ist verflochten mit einem Kojunktionsgefüge – |*Petrus und Christus*| –, das als Subjekt erscheint. Mit Blick auf diese Gliedfunktion des Kojunktionsgefüges lassen sich die Kojunktionalien /*Petrus*\ und /*Christus*\ als Subjekt-Kojunktionalien bestimmen. Entsprechend sind /*kam*\, /*sah*\ und /*siegte*\ in Bsp. 302a Prädikat-Kojunktionalien, |den Nagel| und |seinen Hammer| in Bsp. 302b Objekt-Kojunktionalien, /*morgens*\ und /*abends*\ in Bsp. 300f Adverbial-Kojunktionalien, /*befand*\ und /*befindet*\ in Bsp. 263b (S. 323) Adverband-Kojunktionalien, /*verloren*\ in Bsp. 263a (S. 323) ist ein Adverbat-Kojunktional, /*meine*\ und /*deine*\ in Bsp. 300d sind Komes-Kojunktionalien, /*Gebete*\ und /*Gesänge*\ in Bsp. 302c Komitat-Kojunktionalien, /*Schönheit*\ und /*Kraft*\ in Bsp. 302d Attribuend-Kojunktionalien, /*zu denken*\ und /*zu beobachten*\ in Bsp. 300a Attribut-Kojunktionalien, /*Wiederwärtigkeiten*\, /*Schmerz*\ und /*Mangel*\ in Bsp. 302e Ektranszessional-Kojunktionalien, /*leer*\ und /*öde*\ in Bsp. 302f Entranszessional-Kojunktionalien, /*vor*\ und /*nach*\ in Bsp. 294 (S. 340) Adposit-Kojunktionalien, /*da*\ und /*dort*\ in Bsp. 289 (S. 337) Adponend-Kojunktionalien, /*hier*\ und /*dort*\ in Bsp. 295a (S. 341) Subjunkt-Kojunktionalien und /*weil*\ und /*wenn*\ in Bsp. 298 (S. 342) Subjunktor-Kojunktionalien.

Bsp. 302: a) „Ich hätte wie Cäsar sagen können: ich ¹kam, ²sah und ³siegte!" (WILBRANDT, Erinn. II 1907, 36); ¹⁻³Prädikat-Kojunktionalien.

b) „Der flinke Schlossergeselle nahm ¹den Nagel und ²seinen Hammer" (HAUFF, Lichtenst. 1826, 110); ¹⁻²Objekt-Kojunktionalien.

c) „Das Starren der Erde, ihr Pochen in Qual und Freude, ihre Erneuerung in einem heiligen Herzen und durch ein heilig Herz die zusammenschlagen: das ist der Inhalt dieser ¹Gebete und ²Gesänge." (GUNDOLF, George ³1930, 216); ¹⁻²Komitat-Kojunktionalien.

d) „Unter den vielfachen Darstellungen der Einsetzung des heiligen Abendmahles ist das vom florentinischen Maler Leonardo da Vinci, vor ohngefähr 350 Jahren, auf einer Wand des Refectoriums im Kloster der Dominikaner zu Mailand gemalte, jetzt aber sehr beschädigte Freskogemälde durch ¹Schönheit und ²Kraft des Ausdrucks die ausgezeichnetste" (BROCKHAUS, Bild.-Conv.-Lex. I 1837, 7); ¹⁻²Attribuend-Kojunktionalien.

e) „¹Widerwärtigkeiten, ²Schmerz und ³Mangel sind große Versuchungen zu Übertretung seiner Pflicht." (KANT, Metaph. d. Sitt. 1797, 518); ¹⁻³Ektranszessional-Kojunktionalien.

f) „Alles war ¹leer und ²öde" (AHLEFELD, Marie Müller ²1814, 31); ¹⁻²Entranszessional-Kojunktionalien.

Für die empirisch-semantische Arbeit sind Kojunktionalgefüge immer dann aufschlussreich, wenn die Bedeutung eines als Kojunktional erscheinenden Ausdrucks prinzipiell oder im konkreten Belegzusammenhang fraglich ist. Voraussetzung dafür ist selbstverständlich, dass die Bedeutung des zweiten Kojunktionals oder der anderen Kojunktionalien bekannt ist oder zumindest vermutet werden kann. Stünde die konkrete Bedeutung von *Farbe* in Bsp. 269a (S. 327) zur Diskussion, so könnte die Beobachtung weiterhelfen, dass das Wort attributkojunktional zu *syntaktischer Bau* und *Wortmaterial* belegt ist – woraus sich zwar nicht seine gesamte Belegbedeutung, aber doch der Bedeutungsaspekt ›sprachliche Qualität‹ ergibt. — Ginge es um die Bedeutung von *Geist* in Bsp. 258a (S. 320), so wäre zu erörtern, dass das

Wort subjektkojunktional zu *Macht* in einem verneinten antithetischen Prädikationsgefüge erscheint; daraus ergibt sich wiederum zwar nicht die Belegbedeutung als solche, aber doch der semantische Aspekt der Ähnlichkeit des durch *Geist* und des durch *Macht* Bezeichneten.

4.2.10 Kostriktionalgefüge

Kostriktionalgefüge (§ 60 HLR) sind ebenso ein Sonderfall von Konnektionalgefügen (§ 23.2c[II] HLR) wie Kostriktionsgefüge (§ 49 HLR) ein Sonderfall von Konektionsgefügen (§ 23.3b[II] HLR). Kostriktionalgefüge sind ebenso mit Kostriktionsgefüge verflochten wie Kojunktionalgefüge (§ 59 HLR) mit Kojunktionsgefügen (§ 48 HLR).

§ 60.1 HLR: (a) K o s t r i k t i o n a l g e f ü g e (KstrnlG) sind komplexive (§ 17.II HLR) Koordinationsgefüge (§ 19 HLR) und bestehen aus mindestens zwei Gliedern: den K o s t r i k t i o n a l i e n (Kstrnl).

(b) Kostriktionalgefüge sind der Zeichenart nach Wortverbünde (§ 19.1c HLR), konkret: Verbverbünde (§ 95.2δ, § 19.1c[II], § 60.2c HLR).

§ 60.2 HLR: (a) Die Kostriktionalien stehen zueinander in der Relation der K o s t r i k t i o n a l i t ä t.

(b) Jedes Kostriktional erscheint zugleich (zusätzlich zu seiner Funktion als Kostriktional) im Rahmen eines Kostriktionsgefüges (§ 49 HLR) entweder als Kostrikt oder als Kern eines Kostrikts, sofern es sich im Rahmen eines kompaxiven Gefüges (§ 17.I HLR) [(I)]zu einer als Kommentationsgefüge mit Konnektorkommentar (§ 36.3c[III] HLR) strukturierten Wortgruppe als Kern verhält oder [(II)]zu einer als Konjunktionsgefüge strukturierten Wortgruppe als Kern verhält (§ 49.2d HLR).

(c) Als Kostriktionalien können die gleichen Zeichen fungieren, die auch Kostrikte sein können (§ 49.2b HLR), also [(I)]Sätze (§ 88.2e[III] HLR) oder [(II)]Perioden (§ 88.3c[IIβ] HLR).

Zu § 60.1 HLR: Da Kostriktionalgefüge koordinativ strukturiert sind und – nach § 60.2c HLR – ihre unmittelbaren Konstituenten ausnahmslos Verbgruppen (nämlich Sätze) sein können, erscheinen sie – § 19.1c[II] HLR zufolge – ihrer konkreten Zeichenart nach immer als Verbverbünde.

Bsp. 303: „¹<u>Die Rechte wie die Linke drängen den Kanzler zu klarer Formulierung der Kriegsziele, zu Entscheidungen in der inneren Politik.</u> ²′Er‴ aber ‴(2)′<u>will sich auch jetzt weder auf ein Eroberungs- noch ein Verzichtprogramm festlegen und schiebt die Erfüllung des Ostererlasses hinaus</u>ʾ." (M. WEBER, Lebensbild 1926, 601); ¹⁻²Kostriktionalien.

*

Zu § 60.2 HLR: Kostriktionalgefüge sind kohäsive Folgen von Sätzen. Sie sind durch Zeichen mit der Funktion von Konnektor-Kommentaren (beispielsweise Partikeln) verknüpft. Diese Kommentare sind nicht Bestandteile der Kostriktionalgefüge selbst, sondern der mit ihnen verflochtenen Kostriktionsgefüge. Mindestens ein Kostrikt des Kostriktionsgefüges muss als Kommentationsgefüge strukturiert sein (in Bsp. 303: |*er aber will sich auch jetzt weder auf ein Eroberungs- noch ein Verzichtprogramm festle-*

gen und schiebt die Erfüllung des Ostererlasses hinaus|). In diesem Kostrikt erscheint eine unmittelbare Konstituente, nämlich der Kern (das Kommentat – Bsp. 303: |*er will sich auch jetzt weder auf ein Eroberungs- noch ein Verzichtprogramm festlegen und schiebt die Erfüllung des Ostererlasses hinaus|*) als Kostriktional. Kostrikte, die keine derartigen Kommentare aufweisen, erscheinen selbst zugleich als Kostriktionalien, ausgenommen dann, wenn sie als Konjunktionsgefüge strukturiert sind. In diesem Fall gilt: Der Kern des Konjunktionsgefüges – das Konjunkt – erscheint zugleich als Konstriktional (Bsp. 304 [4] und [6]).

Bsp. 304: Ich hatte seit Jahren gewünscht, meiner Mutter, wie es damals Mode war, einen Pompadour in *petit point* zu sticken, hatte aber vom Vater weder die Erlaubniß, noch das Geld dazu erlangen können. ¹ʳEndlich im Sommer von sechs und zwanzig, als ich vor der Mutter Geburtstag meine Bitte erneuerte, mußte ich einen ‚Kostenanschlag' des Kannevas, der Stickseide, der Muster, Borten, Schnüre und des silbernen Schlosses machen, der sich zusammen auf sechs, sieben Thaler belief, was damals in unsern Verhältnissen allerdings eine sehr große Ausgabe für einen Luxusgegenstand war˥. ²ʳWeil ich˥ aber ‴⁽²⁾ʳeine förmliche Ehre darein setzte, die Mutter mit solch einer Handarbeit zu überraschen, erhielt ich das Geld, und machte mich an die Arbeit, an der ich jedoch nur Morgens, ehe die Mutter aufstand, und Nachmittags von zwei bis vier Uhr nähen konnte, wenn sie schlief˥.

³ʳUnglücklicher Weise hatte ich˥ jedoch, ‴⁽³⁾ʳum meinen Pompadour recht schön zu machen, den Kannevas so fein gekauft, daß sich Muster, die für große Rückenkissen ausreichend gewesen wären, auf den kleinen Raum eines Pompadours zusammenzogen˥, und ⁴ʳwährend ich in dem Gedanken schwelgte, daß die Taube, welche auf Rosen und Vergißmeinnicht lag, und der Kranz von Sommerblumen auf der andern Seite, wie gemalt aussehen würden, sah ich einen Tag um den andern verstreichen, und an jedem Tage die Unmöglichkeit wachsen, diese Arbeit bis zum zwanzigsten August, dem Geburtstag meiner Mutter, auch nur zur Hälfte fertig zu bekommen˥.

⁵ʳMit einer vorgesetzten Arbeit nicht fertig zu werden war˥ aber ‴⁽⁵⁾ʳetwas, was mein Vater ‚nicht statuirte'˥; und ⁶ʳobschon ich mir nicht klar machen mochte, was geschehen würde, wenn ich im Rückstand bliebe, so hatte ich doch die Ahnung eines mir drohenden Unheils, das ich um jeden Preis zu vermeiden wünschte˥." (LEWALD, Lebensgesch. I.2 1861, 81 ff.); ¹⁻⁶Kostriktionalien.

4.2.11 Transmissionalgefüge

Mit Kojunktionalgefügen und Kostriktionalgefügen sind bereits mögliche Formen satzübergreifender textueller Kohäsion angesprochen worden; es versteht sich jedoch, dass es darüber hinaus weitere Möglichkeiten gibt, wie Texte als zusammenhängende Folgen sprachlicher Zeichen strukturiert sein können. Neben demjenigen, was in der Textlinguistik üblicherweise als J u n k t i o n bezeichnet wird, müssen auch Phänomene der T e x t p h o r i k behandelt werden. Zu diesem letzteren Gegenstandsbereich gehört die Gliedergefügeart ‚Transmissionalgefüge'.

§ 61.1 HLR: (a) T r a n s m i s s i o n a l g e f ü g e (TrmnlG) sind komplexive (§ 17.II HLR) Koordinationsgefüge (§ 19 HLR), bestehend aus mindestens zwei Gliedern: den T r a n s m i s s i o n a l i e n (§ 61.2 HLR).

(b) Transmissionalgefüge sind der Zeichenart nach Wortverbünde, potentiell: Wortverbünde jeder Art (§ 19.1c^{II}, § 61.2b HLR), realiter in der Regel Miszellanverbünde (§ 101.2ι, § 19.1c^{III} HLR).

§ 61.2 HLR: (a) Ein Transmissional (Trmnl) ist ein Zeichen mit Nektorqualität (§ 20.1 HLR): Es vermittelt seine kompaxivgefügeinterne Wertdeterminiertheit kompaxivgefügeextern (im Rahmen des Transmissionalgefüges) an mindestens ein Ko-Transmissional (den/die externen Transmissionsadressaten) bzw. bezieht von diesem – insofern dasselbe seinerseits zugleich als Konstituente eines anderen kompaxiven Gefüges erscheint – dessen kompaxivgefügeinterne Wertdeterminiertheit.

(b) Ein Transmissional kann als Wort oder Wortgruppe prinzipiell jeder Art erscheinen.

(c) Die Transmissionalien stehen zueinander in der Relation der T r a n s m i s s i o n a l i t ä t. Sie entsprechen einander ^{(I)}unmittelbar, nämlich ^{(α)}als Pro-Zeichen (§ 9.3 HLR), ^{(β)}durch Typidentität (§ 2.2β^{2α} HLR), ^{(γ)}als Einheiten mit gleicher individualer Extension oder ^{(δ)}als Ellipsen oder ^{(II)}mittelbar, nämlich ^{(α)}durch Typverwandtschaft (§ 2.2β^{2β} HLR) oder ^{(β)}als Nullzeichen im engeren Sinne.

Zu § 61.1 HLR: Transmissionalgefüge sind weitaus ‚kohäsionsmächtiger' als Kojunktionalgefüge und Kostriktionalgefüge, die in der Regel immer nur eine begrenzte Anzahl von Sätzen verknüpfen. Transmissionalgefüge hingegen können nicht nur große Mengen von Sätzen (theoretisch unbegrenzt viele) miteinander verbinden, sondern können auch über einzelne Texte hinausgreifen und somit Verweisstrukturen innerhalb größerer Textmengen (Intertextualität) konstituieren. Sie können jedoch auch lediglich aus zwei unmittelbaren Konstituenten (Transmissionalien) bestehen. Da die Transmissionalien Wörter und/oder Wortgruppen prinzipiell jeder Art sein können, lässt sich auch für das Gefüge im Ganzen prinzipiell jede Wortverbundart annehmen. Wenn alle Transmissionalien derselben Zeichenart oder einander entsprechenden Zeichenarten angehören, so ist das Gefüge ein dieser Zeichenart bzw. diesen Zeichenarten entsprechender Wortverbund: bei Verben bzw. Verbgruppen beispielsweise ein Verbverbund (vgl. Abb. 17, S. 108), bei Adjektiven oder Adjektivgruppen ein Adjektivverbund (vgl. ebd.). Liegen Transmissionalien unterschiedlicher und einander nicht entsprechender Zeichenart vor, beispielsweise Substantivgruppen, Artikel und Pronomina (vgl. Bsp. 77, S. 170), so handelt es sich bei dem Gefüge im Ganzen um einen Miszellanverbund. Je größer ein Transmissionalgefüge ist, je mehr Transmissionalien es umfasst, desto näher liegt die Vermutung, dass es als Miszellanverbund erscheint.

*

Zu § 61.2 HLR: Als Glied eines kompaxiven Gefüges ist ein Transmissional immer zugleich auch Glied eines kompaxiven Gefüges (§ 17.II HLR). Es wirkt im Rahmen dieses Kompaxivgefüges als Nektor, indem es seinen intrakompaxiven (durch seine kompaxive(n) Ko-Konstituente(n) bestimmten) Wert über das Kompaxivgefüge hinaus an mindestens ein transkompaxives Determinativ – nämlich eben seine Ko-Konstituente(n) im Rahmen des Transmissionalgefüges – vermittelt (,transmittiert'). An

Bsp. 15 (S. 55) kann deutlich werden, wie diese determinative Verflechtung beschaffen ist. In dem dort zitierten Textabschnitt aus Musils *Mann ohne Eigenschaften* konstituiert sich als Transmissionalgefüge der Wortverbund (konkret: der Miszellanverbund) STADT: ⟨*Stadt · Städte · sie · darin*⟩. Jedes der Transmissionalien ist zugleich Glied eines kompaxiven Gefüges und wird in dessen Rahmen determiniert. *Stadt* ist Attributkern; im Rahmen des Attributionsgefüges, zu dem das Attribut gehört, erfährt man lediglich, dass die *Stadt*, von der die Rede ist, einen *Namen* hat. Dass sie *groß* ist, entnimmt man einem anderen Attributionsgefüge, in dem die Pluralform *Städte* als Attribuend erscheint. Die beiden Formen *Stadt*$_{\text{GenSg}}$ und *Städte*$_{\text{NomPl}}$ aufeinander zu beziehen und den kompaxiven Belegzeichenwert der einen wie der anderen als konstitutiv für den Wert des Lexems *Stadt* anzusehen, mag als unproblematisch angesehen werden; es bedarf dazu aber im Prinzip keiner anderen hermeneutischen Fertigkeit als dazu, die Belegzeichenwerte zweier ganz anderer Lexeme, nämlich des Pronomens *sie* – die Informationen ›besteht aus Unregelmäßigkeit, Wechsel, Vorgleiten, Nichtschritthalten, Zusammenstößen von Dingen und Angelegenheiten, bodenlosen Punkten der Stille dazwischen, aus Bahnen und Ungebahntem, aus einem großen rhythmischen Schlag und der ewigen Verstimmung und Verschiebung aller Rhythmen gegeneinander‹ und ›gleicht im Ganzen einer kochenden Blase, die in einem Gefäß ruht, das aus dem dauerhaften Stoff von Häusern, Gesetzen, Verordnungen und geschichtlichen Überlieferungen besteht‹ – sowie der Propartikel *darin* – die Informationen ›‚beinhaltet‘ (mindestens) zwei Menschen‹ und ›‚beinhaltet‘ (mindestens) eine breite, belebte Straße‹ –, gleichfalls für die Wertbestimmung von *Stadt* heranzuziehen. Die vermeintlich triviale Tatsache, dass es sich hierbei aber dann eben gleichsam um ‚Stellvertreterzeichen‘ handelt, dass man das eine Zeichen im hermeneutischen Akt für das andere gelten lässt, ist auf eine keineswegs triviale grammatisch-semantische Regel zu bringen. Sie lautet: Transmissionalien bestimmen sich aufgrund ihrer transmittorischen Qualität (ihrer Nektorqualität) dergestalt gegenseitig, dass jedes von ihnen jedem anderen diejenige Wertbestimmung mit zuteil werden lässt, die es selbst im Rahmen eines Kompaxivgefüges erfährt. Ist daher die Ausdrucksseite oder Zeichengestalt des Wortverbundes, als der sich das Transmissionalgefüge darstellt, die Gesamtheit seiner Transmissionalien (repräsentiert durch eine Nennform: § 28.2γ² HLR), so ist sein Wert die Gesamtheit der Werte aller seiner Transmissionalien.

Prinzipiell kann ein Transmissional als Wort jeder Wortart oder als Wortgruppe jeder Wortgruppenart erscheinen. Dies ist auch der Fall in einem und demselben Transmissionalgefüge (das dann der Zeichenart nach notwendigerweise ein Miszellanverbund ist). Ein Blick auf die unterschiedlichen Eigenschaften, kraft deren Transmissionalien zueinander im Verhältnis der Transmissionalität stehen können, macht deutlich, welche Möglichkeiten hier gegeben sind.

4.2.11.1 Pro-Zeichen als Transmissionalien

Eine der prominentesten Erscheinungsformen der Transmissionalität ist diejenige mittels Pro-Zeichen. Bei letzteren handelt es sich um Zeichen mit rein grammatischer Bedeutung, die allerdings in konkret kotextueller Verwendung jeweils als ‚Stellvertreter' eines Zeichens mit Bedeutung im engeren Sinn (in der Regel: eines Wortes oder einer Wortgruppe) fungieren. Das repräsentierte Zeichen erscheint dabei in der Regel im unmittelbaren oder näheren Kotext, so dass die Prozeichen in der Regel phorische (anaphorische oder kataphorische) Funktion haben. Derartige Pro- oder Stellvertreterzeichen können sein: Proadjektive (Bsp. 305), Pronomina (Bsp. 306, Bsp. 307), Proartikel (Bsp. 308) oder Propartikeln (Bsp. 309, Bsp. 310).

Bsp. 305: „Ein Rest von Rolle, Advokatentum, Spiel, Artisterei, Über-der-Sache-Stehen, ein Rest von Überzeugungslosigkeit und jener dichterischen Sophistik, welche den Recht haben läßt, der eben redet [...], – ein solcher Rest blieb zweifellos überall [...]." (TH. MANN, Betr. Unpol. 1918, 11.)

Bsp. 306: „Betrachte die Heerde, die an dir vorüberweidet: sie weiss nicht was Gestern, was Heute ist, springt umher, frisst, ruht, verdaut, springt wieder, und so vom Morgen bis zur Nacht und von Tage zu Tage, kurz angebunden mit ihrer Lust und Unlust, nämlich an den Pflock des Augenblicks und deshalb weder schwermüthig noch überdrüssig" (NIETZSCHE, II. Unzeit. Betr. 1874, 248).

Bsp. 307: Entweder [...] sieht der Verfasser das Problem, das seiner Arbeit als Object dient, [...] für gelöst an [...], oder aber er leugnet den Erfolg aller bisher unternommenen einschlägigen Versuche und bemüht sich nun, die betreffende Frage von Neuem zu beantworten" (HOLZ, Kunst 1891, 1 f.)

Bsp. 308: „Der Gehalt des Geistes erschließt sich nur in seiner Äußerung" (CASSIRER, Symb. Form. I, 1923, 18.)

Bsp. 309: „‚Wie enge wird es jetzt zu Hause sein,' flüsterte sie, ‚es wird dort nach Zwieback riechen und der Papa wird unangenehme Bemerkungen machen.'" (KEYSERLING, Abendl. Häuser 1914, 67.)

Bsp. 310: „Jedes Kind, [...] bevor es in sein Bett stieg, zog sein Nachttöpfchen hervor, setzte sich im Hemdchen darauf und machte Pipi" (PANIZZA, Dämmr. 1890, 92).

Pro-Zeichen der hier angeführten Art leiten als Transmissionalien die determinative Leistung der intrakompaxiv auf sie bezogenen Zeichen an diejenigen Zeichen weiter, deren Stelle sie vertreten. Auf diese Weise können – insbesondere bei größeren Transmissionalgefügen mit mehreren Pro-Zeichen – sehr komplexe Determinationscluster vorkommen. Die vorstehenden Beispiele geben davon lediglich eine schwache Andeutung. Immerhin erfährt man über die *Herde* in Bsp. 306 vermittels der Determination ihrer Transmissionalien, dass sie

- an jemandem (dem Adressaten) *vorüberweidet* (qua Relativpronomen),
- *nicht weiß, was Gestern, was Heute ist, umherspringt, frisst, ruht, verdaut, wieder springt* usw. (qua Personalpronomen),
- *Lust und Unlust hat* (qua Propositivartikel).

Von dem in Bsp. 309 in Rede stehenden *zu Hause* ist zu erfahren, dass es ein Ort ist, an dem es üblicherweise *nach Zwieback riecht* und einen *Papa* gibt, der *unangenehme Bemerkungen macht* (qua Pro-Partikel). Das *Nachttöpfchen* in Bsp. 310 ist nicht nur als Objekt determiniert (durch ein *Kind* wird es *hervorgezogen*), sondern auch transmissional: Man liest, es gehört einem *Kind* (qua Possessivartikel), und dieses *setzt sich im Hemdchen* auf dasselbe und *macht Pipi* (qua Pro-Partikel).

Erkenntnisse wie diese muten auf den ersten Blick wenig spektakulär an. Gesetzt jedoch den Fall, jemand, der die Ausdrücke oder doch zumindest ihre Bedeutung nicht kennt – und auf solche Unkenntnis zu prätendieren hat aus methodischen Gründen prinzipiell, auch in Fällen, in denen man hinreichend Bescheid zu wissen glaubt, die Ausgangsposition der historischen Semantik zu sein, die in genau dem Augenblick fürchten muss, sich selbst im Wege zu stehen, in dem sie eine zu interpretierende sprachliche Äußerung für selbstverständlich hält –, gesetzt also, jemand wolle erfahren oder herausarbeiten, was nach Ausweis eines Untersuchungskorpus, in dem die in Bsp. 306 bzw. Bsp. 310 zitierten Texte enthalten sind, unter einer *Herde* oder einem *Nachttöpfchen* verstanden ist: so wird er komplexen Determinationsgefügen der angeführten Art ein keineswegs gering zu schätzendes Bündel an Informationen entnehmen.

Pro-Zeichen ‚transmittieren' prinzipiell sämtliche auf sie bezogenen Determinative. Erscheint beispielsweise ein Relativpronomen als Subjekt, so wird diese Determiniertheit des Pronomens an dasjenige Zeichen weitergeleitet, auf das sich der gesamte Relativsatz als Attribut bezieht. Ein Attributionsgefüge wie *das Problem, das seiner Arbeit als Objekt dient* (Bsp. 307) entspricht unter diesem Aspekt einem Prädikationsgefüge (›das Problem dient seiner Arbeit als Objekt‹); dasselbe gilt beispielsweise, wenn ein Relativpronomen durch ein Adposit determiniert wird.

Bsp. 311: „sanft geschwungene Hügel, über die sich feierliche, schweigsame Tannenwälder ausdehnen" (TRAKL, Trauml. 1906, 109)

entspricht demnach: ›über sanft geschwungene Hügel dehnen sich feierliche, schweigsame Tannenwälder aus‹.

Was das Pro-Adjektiv *solch* (Bsp. 305) betrifft, so ist die Annahme, dass es sich bei diesem Wort tatsächlich um ein Adjektiv handelt, in der Grammatikographie nicht unumstritten. In Grammatiken, die einen weit gefassten Artikelbegriff zugrunde legen (z. B. bei Helbig/Buscha 2001 oder Duden 2005), erscheint *solch* in der Regel als Artikel, so etwa als „Identifikativ-Artikel" bei Weinrich (2003, 474). Allerdings wird im Allgemeinen auch darauf hingewiesen, dass das Wort eine besondere

Tendenz zur Verwendung als Adjektiv aufweise (z. B. Zifonun/Hoffmann/Strecker 1997, 1937; Eisenberg 1999, 147; Duden 2005, 330). Als (Pro-)Adjektiv kann es nach unserer Auffassung dort interpretiert werden, wo es (flektiert oder inflektivisch) als Attribut eines Substantivs erscheint, mit dem zusammen es den Kern eines Komitationsgefüges bildet: *ein solcher Rest* (Bsp. 305); ebenso auch in

Bsp. 312: a) „einen solchen Stolz und eine solche Furcht habe ich [...] nimmer wieder empfunden" (MÜLLER-JAHNKE, Ich bekenne ²1921, 15).
b) „Und das ist unser aller Hoffnung, ein solch Erwählter zu sein." (FONTANE, Quitt 1890, 404.)
c) „Mit welchem Mißtrauen muß ein Mensch der alten Erde an ein solch neues, künstlich geschaffenes Wesen herantreten" (PANIZZA, Dämmr. 1890, 56).

Demgegenüber kann Artikelfunktion dort behauptet werden, wo *solch* v o r dem unbestimmten Artikel *ein* bzw. dessen Pluralentsprechung, dem Nullartikel, erscheint (Bsp. 313), oder wo es a n s t e l l e eines anderen Artikels ein Substantiv oder eine Substantivgruppe begleitet (Bsp. 314).

Bsp. 313: a) „Vor solch einem Wunderwerk versank Alles." (HOLZ, Kunst 1891, 11.)
b) „Oben [...] lagen braune Filzschuhe auf dem Boden [...]. [...] Er aber war nicht genötigt, solche Schuhe anzuziehen, weil er von Natur Filzpantoffeln trug." (TUCHOLSKY, Rheinsb. 1912, 54 f.)
c) „du hast wirklich keine Fühlfäden für solche Dinge" (REVENTLOW, Selbstmordverein 1925, 375).

Bsp. 314: a) „Wir kennen [...] Geschöpfe solcher einfachsten Art" (BÖLSCHE, Naturwss. Grundl. 1887, 49/34).
b) „Wenn es solch praktische Dinge gibt, warum soll sie nicht jedermann haben?" (BALL, Wirtsch. 1919, 251.)

Zu *solch* und *solch ein* als Artikel (Qualitätsartikel) vgl. im Übrigen auch Kap. 5.2.4.2.2 (S. 529 ff.).

4.2.11.2 Typgleiche Zeichen als Transmissionalien

Eine „direkte Wiederholung von Elementen" (de Beaugrande/Dressler 1981, 57) nennt die Textlinguistik R e k u r r e n z . Es handelt sich dabei mit anderen Worten um die Wiederaufnahme eines sprachlichen Zeichen, seine im Textverlauf mehrfach erfolgende Verwendung (und das heißt faktisch immer: Determination). Aus der Sicht der empirischen Semantik, die es praktisch gesehen stets mit Einzelokkurenzen zu tun hat, unterscheidet man sinnvoll zwischen Rekurrenz (Verweis auf eine im linken Okkurenzkotext belegte Form desselben Typs) und P r o k u r r e n z (Verweis auf eine im rechten Okkurenzkotext belegte Form desselben Typs). Ein rekurrentes Zeichen erscheint mithin als Wiederaufnahme eines antezedierenden Zeichens, ein prokurrentes Zeichen wird wiederaufgenommen durch ein postzedierendes Zeichen.

Indem es sich bei re- bzw. prokurrenten Zeichen um Parole-Einheiten d e s s e l b e n Zeichentyps (desselben Langue- oder Korpuszeichens) handelt, können für die Deutung e i n e s Parole-Zeichens prinzipiell a l l e Determinative a l l e r zu ihm in Rekurrenzrelation stehenden Zeichen mit herangezogen werden. Rekurrente Zeichen fungieren mithin ebenso wie Prozeichen als Determinationstransmittoren.

Damit ist allerdings nicht behauptet, dass rekurrente Zeichen prinzipiell in d e r s e l b e n Bedeutung vorliegen müssen (vgl. de Beaugrande/Dressler 1981, 60[153]). Im Gegenteil kann sich ihre Bedeutung sowohl intensional wie extensional unterscheiden. So hat *Mann* in Bsp. 315 an den beiden ersten Stellen die gleiche Intension und auch die gleiche Extension (›starker, kühner Mensch, in der Regel sowie an der zitierten Stelle: männlichen Geschlechts‹, bedeutungsverwandt: das gleichfalls in Bsp. 315 belegte *Held*), an der dritten hingegen eine davon verschiedene Intension und auch Extension (›Mensch männlichen Geschlechts‹).[154]

Bsp. 315: „Wohlgefällig nickte der alte Waffenmeister: ‚Ja, Hildebad ist sehr stark [...]. Und gegen Nordmänner ist Stärke gut Ding. Aber dieses Südvolk,‘ fuhr er ingrimmig fort – ‚kämpft von Türmen und Mauerzinnen herunter. Sie führen den Krieg wie ein Rechenexempel und rechnen dir zuletzt ein Heer von Helden in einen Winkel hinein, daß es sich nicht mehr rühren noch regen kann. Ich kenne einen solchen Rechenmeister in Byzanz, der ist kein <u>Mann</u> und besiegt die <u>Männer</u>. Du kennst ihn auch, Witichis?' – so fragend wandte er sich an den <u>Mann</u> mit dem Schwert." (DAHN, Rom 1876, 10 f.)

In Bsp. 316 hat nicht nur *Mann* die gleiche Intension und Extension, sondern auch *dieser Mann*, will sagen: die kategoriale Extension und die individuale stimmen überein – es geht um dieselbe Person.

Bsp. 316: „Ich will meine Liebe nicht entschuldigen, sie bedarf es nicht, sie ist göttlich und notwendig wie die Sterne: die Liebe zu diesem <u>Mann</u> ist das Leben meines Lebens.
    Du kennst meine Seele: Wahrheit ist ihr Äther und ich sage dir, bei meiner Seele: nie werd' ich lassen von diesem <u>Mann</u>!" (DAHN, Rom 1876, 264 f.)

Anders in Bsp. 317: Hier liegt die gleiche Intension und die gleiche kategoriale Extension vor (›Mensch männlichen Geschlechts‹), aber nicht die gleiche individuale

---

[153] De Beaugrande und Dressler (ebd.) sprechen von gleichartiger und verschiedenartiger *Referenz*; sie meinen damit die Tatsache, dass ein rekurrierender Ausdruck „weiter dieselbe Einheit in der Textwelt oder Diskurswelt" bezeichnet oder eben nicht dieselbe Einheit. Auch wenn wir aus Gründen, die an anderer Stelle (S. 56 f.) erläutert wurden, den Begriff der Referenz im Rahmen dieser Arbeit vermeiden, kann der Hinweis der Autoren ohne weiteres adaptiert werden.
[154] Dass der an dieser Stelle im Roman zuerst eingeführte spätere Gotenkönig Witichis auch ein *Mann* im ersten Sinne ist und damit faktisch der dritte *Mann*-Beleg des Zitats eine Doppeldeutigkeit aufweist, erschließt sich dem Leser erst im weiteren Verlauf des Textes.

Extension; es geht um zwei unterschiedliche *Männer*, nämlich die beiden Figuren
ALLERT VON HELLBINGSDORF und DR. DORNE.

Bsp. 317: „Da lag in der dämmerigsten Ecke des Zimmers, tief eingebettet in all diese phantastischen, farbigen Kissen ein Weib [...] –
Und neben ihr saß vornübergebeugt ein ¹Mann [...] ...
Allert erhob sich auf der Stelle – peinlich betroffen – jäh von dem Gefühl erschreckt, daß ein Rasender ihn beschlichen habe – daß der ihn falsch sähe – mißdeutend –
‚Dorne!' sagte er; ‚also doch noch. Ich hoffte Sie hier zu finden. Und da Sie nicht gekommen zu sein schienen, besprachen wir schon, daß wir Sie um elf Uhr am Zug empfangen wollten.'
‚Das ist Lüge,' sprach der andere ²Mann. ‚Sie sind ein Lügner und ein Schuft.'" (BOY-ED, Ehe 1915, 317); ¹Allert von Hellbingsdorf, ²Dr. Dorne.

Es versteht sich, dass je nach Untersuchungsinteresse diese verschiedenen Arten der Re- bzw. Prokurrenz in unterschiedlicher Weise zu berücksichtigen sind. Geht es um die Semantik des Wortes *Mann*, so kann die Bedeutungsextension, zumindest die individuale, die ja immer nur eine der konkreten, okkasionellen Zeichenverwendung ist, in der Regel vernachlässigt werden. Geht es jedoch beispielsweise im Rahmen einer literaturwissenschaftlichen Textanalyse um die Modellierung literarischer Figuren, so wird die unterschiedliche individuale Bedeutungsextension in Bsp. 317 durchaus als relevant erscheinen.

4.2.11.3 Individualextensionsgleiche Zeichen als Transmissionalien

Auch Zeichen, die nicht typgleich sind, können als Transmissionalien fungieren, sofern sie eine identische individuale Extension aufweisen, mit anderen Worten: sofern sie kotextuell für dasselbe Individuum stehen. Die Voraussetzung dafür, dass zwei Zeichen dies können, ist, dass sie sich extensional über- bzw. untergeordnet zueinander verhalten. Ihr Verhältnis muss das einer einseitigen kategorialen Implikation sein, so wie bei *Marquise* und *Dame* ›weibliche Standesperson‹ in Bsp. 318: Jede *Marquise* ist auch eine *Dame*, aber nicht jede *Dame* per se eine *Marquise*. Auch bei *Marquise* und *solcher Raub* (ebd.) liegt ein derartiges Verhältnis vor: *Raub* kann metonymisch alles genannt werden, was man (im weitesten Sinne des Wortes) *rauben* kann: unter anderem ein Mensch. Da eine Marquise ein Mensch ist, gilt: Jede *Marquise* kann prinzipiell ein *Raub* sein, aber nicht jeder *Raub* ist per se eine *Marquise*.

Bsp. 318: „Vergebens rief die Marquise, von der entsetzlichen, sich unter einander selbst bekämpfenden, Rotte bald hier, bald dorthin gezerrt, ihre zitternden, durch die Pforte zurückfliehenden Frauen, zu Hülfe. Man schleppte sie in den hinteren Schloßhof, wo sie eben, unter den schändlichsten Mißhandlungen, zu Boden sinken wollte, als, von dem Zetergeschrei der Dame herbeigerufen, ein russischer Offizier erschien, und die Hunde, die nach solchem Raub lüstern waren, mit wüthenden Hieben zerstreute. Der Marquise

> schien er ein Engel des Himmels zu seyn. Er stieß noch dem letzten viehischen Mordknecht, der ihren schlanken Leib umfaßt hielt, mit dem Griff des Degens ins Gesicht, daß er, mit aus dem Mund vorquellendem Blut, zurücktaumelte; bot dann <u>der Dame</u>, unter einer verbindlichen, französischen Anrede den Arm, und führte sie, die von allen solchen Auftritten sprachlos war, in den anderen, von der Flamme noch nicht ergriffenen, Flügel des Pallastes, wo sie auch völlig bewußtlos niedersank. Hier – traf er, da bald darauf ihre erschrockenen Frauen erschienen, Anstalten, einen Arzt zu rufen; versicherte, indem er sich den Hut aufsetzte, daß sie sich bald erholen würde; und kehrte in den Kampf zurück." (KLEIST, Marquise ²1810, 219 f.)

Transmissionalgefüge können, wie sich zeigt, auch als dasjenige erscheinen, was die Textlinguistik üblicherweise I s o t o p i e l i n i e n nennt.

Zunächst scheint nahezuliegen, dass man, um eine Isotopie als solche erkennen zu können, die Bedeutung der Wörter, von denen das eine kotextuell das andere ‚repräsentiert', zumindest im Allgemeinen kennen muss: Man muss wissen, wofür *Marquise* und wofür *Dame* steht und dass das erste sich zu dem zweiten als Hyponym verhält. Die Vermutung, dass eine Isotopie vorliegt, ist also zumeist textinduziert im Sinne von § 9.5β HLR. Allerdings kann die zuvor formulierte Regel von der einseitigen kategorialen Implikation auch in umgekehrter Weise angewendet werden: Legt es der Kotext nahe, dass zwei unterschiedliche Ausdrücken für eine und dieselbe Größe stehen – liegt offenkundig kein thematischer Wechsel vor –, so kann davon ausgegangen werden, dass zwischen beiden ein Verhältnis der einseitigen kategorialen Implikation herrscht. Wer die Bedeutung des Wortes *Viztum* nicht kennt, kann einem Zusammenhang wie in Bsp. 319 immerhin entnehmen, dass es sich dabei um eine Art *Obrigkeit* handelt. Das mag vergleichsweise unspezifisch anmuten, aber da in der Regel mehrere Wortbelege zur Verfügung stehen, aus denen semantische Aspekte durch Kumulation gewonnen werden, kann eine Beobachtung dieser Art für die empirisch-semantische Arbeit durchaus von Wert sein.

> Bsp. 319: „Als sie [...] hörten, daß gerade jetzt bei dem Churf. Mainz. <u>Vitzthum</u>, Herrn Georg Oland, der Rechte Doctoren, viele ansehnliche Personen anwesend seien, [...] hat der gemeldte Pfarrherr sein Pfarrkind zu Herrn Nicolaus Ellgart, Weihbischof zu Erfurt geführt und haben sie [...] ihr dringendes Anliegen entdeckt. Darauf hat Se. Hochwürden [...] befohlen, diese Sache dem Herrn <u>Vitzthum</u>, als der ordentlichen <u>Obrigkeit</u> dieses Ortes, zu melden." (GRÄSSE, Sagenb. Preuß. I 1868, 407.)

4.2.11.4 Ellipsen als Transmissionalien

Ellipsen sind nicht die prototypischen Transmissionalien; allerdings lassen sich häufig dort, wo Ellipsen angesetzt werden können, auch Transmissionalgefüge ansetzen. Die Ergänzung hat in der Regel ihr Vorbild im unmittelbaren Kotext; durch sie ergibt sich gleichsam virtuell eine Rekurrenzstruktur (die real gegeben wäre, stünde das als ausgelassen angenommene Zeichen tatsächlich da).

Bsp. 320: „Zwei Knechte [...] mußten ein Paar Laternen anzünden und den beherzten Musikanten bis an das alte schaurige Schloß begleiten. Dann schickte er sie mit einer Laterne wieder zurück, er aber nahm die zweite ⊗›Laterne‹ in die Hand und stieg mutig eine hohe Treppe hinan." (BECHSTEIN, Dt. Märchenb. ¹³1857, 145 f.)

Transmissionale Ellipsen müssen im Übrigen keineswegs nur Wörter oder kleine Wortgruppen, sondern können auch ganze Textpassagen sein. Ein bekanntes Beispiel ist vermutlich der bedenkenswerteste Gedankenstrich der deutschen Literaturgeschichte: die Stelle in Heinrich von Kleists *Marquise von O.*, an welcher der die gesamte weitere Handlung motivierende sexuelle Missbrauch verübt, allerdings mit keinem Wort geschildert wird (Bsp. 318). Dass hier in der Tat eine Ellipse vorliegt, lässt sich daran festmachen, dass im unmittelbaren Anschluss, nämlich in dem kausalen Adverbialsatz |*da bald darauf ihre erschrockenen Frauen erschienen*| (ebd.) mit der ihrerseits adverbialen Propartikelgruppe |*bald darauf*| auf eben dieses Ausgelassene Bezug genommen wird. (Dass der Missbrauch tatsächlich just in dem Augenblick stattfindet, der im Text durch den Gedankenstrich markiert ist, dass der Gedankenstrich als elliptisches Transmissional zu deuten ist, als dessen Ko-Transmissional die Partikelgruppe |*bald darauf*| erscheint, und dass der zunächst als temporal erscheinende Adverbialsatz |*da bald darauf ihre erschrockenen Frauen erschienen*| ebenso sinnvoll wie abgründig als Kausalsatz interpretiert werden kann, erschließt sich freilich nur, wenn man den Text bereits im Ganzen kennt: Es ist der einzige Augenblick, in dem Graf F., der russische Offizier, zu seiner Tat Gelegenheit hat, der einzige, in dem er mit der bewusstlosen Marquise allein ist.)

4.2.11.5 Typverwandte Zeichen als Transmissionalien

De Beaugrande und Dressler (1981, 60) nennen eine Form der Rekurrenz, bei der die Typidentität der rekurrenten Zeichen nicht gewährleistet sein muss: die so genannte „partielle Rekurrenz". Darunter verstehen die Autoren eine „Verwendung desselben Wortmaterials mit Wortartveränderung" (ebd.), anders gesagt: das kotextuelle Erscheinen eines Wortes derselben Wortbildungsfamilie, zu der das Basiszeichen gehört.[155]

Bsp. 321: a) Partielle Rekurrenz bei entsprechender Bedeutungsintension:
„‚Gut,' sagte Witichis, ‚sieh, man hat mich gewarnt vor deiner Tücke: ich weiß viel von deinen schlauen Plänen: ich ahne noch mehr: und ich weiß, daß ich gegen Falschheit keine Waffe habe. Aber du bist kein Lügner. Ich wußte, ein männlich Wort ist unwiderstehlich bei dir: und Vertrauen entwaffnet einen Feind, der ein Mann.'" (DAHN, Rom 1876, 465.)

---

[155] Einen Überblick über partielle Rekurrenzen gibt Dressler (1979).

b) Partielle Rekurrenz bei nicht entsprechender Bedeutungsintension: „Um das Wesen des Weibes verstehen zu lernen, schien es ihm nur zwei Wege zu geben. Entweder der Mann wird selbst zum Weibe, oder das Weib paßt sich ihm an und wird männlich. Das erste wollte er nicht, und vor Frauen der letzteren Gattung empfand er Schauder." (JANITSCHEK, Kreuzf. 1897, 12.)

Allerdings werden aufgrund unserer an anderer Stelle erläuterten Ansicht der Komposita diejenigen Komposita nicht als Beispiele für partielle Rekurrenz (sondern für vollständige) gedeutet, bei denen es sich unserer Auffassung nach nicht um Wörter, sondern um Wortgruppen handelt: Kopulativkomposita und semantisch dekomponierbare Determinativkomposita.

Bsp. 322: „Einer sagte seinem Nachbar ins Ohr: ‚Mir kommt dieses Mädchen vor wie ein gehetztes Wild – –.' | ‚Jedenfalls raucht sie zu viel Zigaretten', erwiderte der Nachbarphilister." (ALTENBERG, Märchen ³1911, 125.)

Der semantische ‚Witz' dieser Stelle lässt deutlich werden, welche determinativen Leistungen mit Rekurrenz zu erzielen sind und mit welchen die Interpretation (nicht nur die Textexegese, sondern durchaus auch die Wort- oder Begriffssemantik) zu rechnen hat. Indem der zweite *Nachbar*-Beleg des Zitats als Erstglied eines semantisch dekomponierbaren Determinativkompositums erscheint und diese Determiniertheit sich qua Rekurrenz auch auf den ersten *Nachbar*-Beleg des Zitats beziehen lässt, kann auch umgekehrt die Parallelsetzung zwischen *Einer* und *sein Nachbar* auf *Nachbarphilister* bezogen werden. Damit wird dann nicht nur der *Nachbar*, sondern auch der *Eine*, von dem dies freilich überhaupt nicht ausdrücklich gesagt wird, als *Philister* deutbar, und seine Aussage – *Mir kommt dieses Mädchen vor wie ein gehetztes Wild* – erscheint in einem ganz spezifischen Licht. (Anders läge der Fall selbstverständlich, wenn Peter Altenberg an der fraglichen Stelle statt *Nachbarphilister* ›derjenige Philister, der ein (im Beleg: des *Einen*) Nachbar ist‹ *Philisternachbar* ›derjenige Nachbar, der ein Philister ist‹ geschrieben hätte: In diesem Fall wäre nur der *Nachbar*, nicht hingegen der *Eine* als *Philister* bestimmt.)

Auch partielle Rekurrenzen sind – insbesondere dann, wenn sie im unmittelbaren Kotext auftreten – eine Grundlage für Wortwitz und Wortspiel.

Bsp. 323: „Ich hätte gern Aufschluß über den Mann gehabt, und gefragt, wer er sei, nur wußt ich nicht, an wen ich mich richten sollte, denn ich fürchtete mich fast noch mehr vor den Herren Bedienten, als vor den bedienten Herren." (CHAMISSO, Schlemihl 1814, 20.)

Doch auch über größere Entfernungen hinweg kann ein solches Transmissionalgefüge nachvollziehbar bleiben. Einen anschaulichen Beleg dafür dürfen wir – auch wenn streng genommen die Quelle zeitlich nicht mehr in unser Untersuchungskorpus gehört – nicht unterdrücken.

Bsp. 324: „Nun zeigte der Wirt sein Gesicht, das auch ein Allerwertester sein konnte, so schnell, als hätte er hinter der Tür gewartet" (H. MANN, Henri Quatre II 1958, 227) – „In seinem allerwertesten Gesicht bedrängten die Fettsäcke die Augen, so dass sie zugedrückt wurden" (ebd., 228).

Was hier vorliegt, ist zunächst eine partielle Rekurrenz – das Substantiv *Allerwertester* und das ihm zugrunde liegende Adjektiv *allerwertest* sind nicht typidentisch – bei unterschiedlicher Intension sowie Extension; durch die Prokurrenz des Substantivs erfolgt nun allerdings eine okkasionelle semantische Modifikation des Adjektivs, und der Leser kann kaum umhin, bei der per se unmarkierten Fügung *allerwertestes Gesicht* an ein Hinterteil, eben ein A... gesicht zu denken.

Stellt man die Frage, ob es sich bei dergleichen tatsächlich um Semantik handle, so lautet die Antwort: In der Tat, das vorliegende Phänomen ist semantischer Natur und **kann** daher ein Gegenstand semantischer Beschreibung sein. Die Entscheidung darüber hängt selbstverständlich zusammen mit dem verfolgten Erkenntnisinteresse. Zwar würde die okkasionelle Doppeldeutigkeit von *allerwertest* kaum den Weg in ein Wörterbuch des Deutschen im 19. und 20. Jahrhundert finden, zumindest nicht in Form einer eigens angesetzten Bedeutungsposition; aber im Rahmen eines Heinrich-Mann-Wörterbuchs dürfte sie wohl kaum fehlen.

Beispiele für Transmissionalität durch typverwandte – in bestimmten Fällen sogar durch typgleiche – Zeichen bietet auch die so genannte Leitmotivtechnik, genauer gesagt: die Verwendung sprachlicher Leitmotive, die „in der bewußten Wiederholung gleichartiger Klangfolgen (Wörter Wendungen, Sätze oder größere Textpartien)" bestehen (Arnold/Sinemus 1973, 478). Ein prominentes Beispiel für die annähernd wörtliche Wiederholung einer Satzfolge findet sich in Thomas Manns *Buddenbrooks*. Dort wird die jeweils als schmerzlich und als Unterwerfung unter eine bedrückende Notwendigkeit empfundene Abreise zweier Hauptfiguren – Tony Buddenbrooks und Hanno Buddenbrooks – aus dem Ferienort Travemünde folgendermaßen erzählt:

Bsp. 325: a) „Tony drückte den Kopf in die Wagenecke und sah zum Fenster hinaus. Der Himmel war weißlich bedeckt, die Trave warf kleine Wellen, die schnell vor dem Winde daheineilten. Dann und wann prickelten kleine Tropfen gegen die Scheiben. Am Ausgang der Vorderreihe saßen die Leute vor ihren Haustüren und flickten Netze; barfüßige Kinder kamen herbeigelaufen und betrachteten neugierig den Wagen. *Die* blieben hier ..." (TH. MANN, Buddenbr. 1901, 155.)

b) „Hanno drückte den Kopf in die Wagenecke und sah [...] zum Fenster hinaus. Der Morgenhimmel war weißlich bedeckt, und die Trave warf kleine Wellen, die schnell vor dem Winde daheineilten. Dann und wann prickelten Regentropfen gegen die Scheiben. Am Ausgange der Vorderreihe saßen Leute vor ihren Haustüren und flickten Netze; barfüßige Kinder kamen herbeigelaufen und betrachteten neugierig den Wagen. *Die* blieben hier ..." (Ebd., 636.)

Die beiden annähernd 500 Seiten auseinanderliegenden Satzfolgen bilden nach unserer Interpretation ein binäres Transmissionalgefüge (der Zeichenart nach: einen Verbverbund gemäß § 19.1c^{IIα} HLR). Durch dieses Gefüge wird eine Verbindung zwischen den beiden Figuren – nach unserem Ansatz: ebenfalls Transmissionalgefügen – *To-*

NY BUDDENBROOK und *HANNO BUDDENBROOK* hergestellt, die freilich keineswegs die einzige im Gesamttext ist, die aber signifikant scheint, wenn man Tonys Aussage nach Hannos Tod danebenhält:

> „'Ich habe ihn so geliebt', schluchzte sie ... ‚Ihr wißt nicht, wie sehr ich ihn geliebt habe ... mehr als ihr alle ...'" (Ebd., 758.)

Das sprachliche Leitmotiv hat vor diesem Hintergrund die Funktion eines ‚Affinitätsmarkers': Auf kaum eine deutlichere Weise ließe sich die Innigkeit der Beziehung zwischen zwei Figuren zum Ausdruck gebracht denken als dadurch, dass sie existenzielle Situationen bis in den erzählerischen Wortlaut hinein identisch erleben.

Indem sie sich im Verlauf der Lektüre als Transmissionalien der geschilderten Art erweisen, können Textpassagen auch eine anaphorische Qualität gewinnen. So verweist in Thomas Manns Novelle *Der Tod in Venedig* die zu Beginn des Textes erzählte ‚Vision' der Hauptfigur *GUSTAV ASCHENBACH* – zunächst scheinbar nicht mehr als ein Ausdruck von Ferien- und Reiselust und allenfalls der Beweggrund, das Motiv für *ASCHENBACHS* anschließende Reise nach Venedig – vermittels etlicher Wortlautanalogien voraus auf jene Passage mehr als 60 Seiten weiter hinten im Text, in der die *INDISCHE CHOLERA* eingeführt wird: die Krankheit, mit der sich *ASCHENBACH* in Venedig infiziert und an der aller Wahrscheinlichkeit nach er am Ende der Erzählung stirbt.

Bsp. 326:   a) „Es war Reiselust, nichts weiter; aber wahrhaft als Anfall auftretend und ins Leidenschaftliche, ja bis zur Sinnestäuschung gesteigert. Seine Begierde ward sehend, seine Einbildungskraft, noch nicht zur Ruhe gekommen seit den Stunden der Arbeit, schuf sich ein Beispiel für alle Wunder und Schrecken der mannigfaltigen Erde, die sie auf einmal sich vorzustellen bestrebt war: er sah, sah eine Landschaft, ein tropisches Sumpfgebiet unter dickdunstigem Himmel, feucht, <u>üppig</u> und ungeheuer, eine Art <u>Urweltwildnis aus Inseln</u>, <u>Morästen</u> und Schlamm führenden Wasserarmen, – sah aus geilem Farrengewucher, aus Gründen von fettem, gequollenem und abenteuerlich blühendem Pflanzenwerk haarige Palmenschäfte nah und ferne emporstreben, sah wunderlich ungestalte Bäume ihre Wurzeln durch die Luft in den Boden, in stockende, grünschattig spiegelnde Fluten versenken, wo zwischen schwimmenden Blumen, die milchweiß und groß wie Schüsseln waren, Vögel von fremder Art, hochschultrig, mit unförmigen Schnäbeln, im Seichten standen und unbeweglich zur Seite blickten, sah zwischen den knotigen Rohrstämmen des <u>Bambusdickichts</u> die Lichter eines <u>kauernden Tigers</u> funkeln – und fühlte sein Herz pochen vor Entsetzen und rätselhaftem Verlangen." (TH. MANN, Tod in Ven. 1912, 446 f.)

b) „Seit mehreren Jahren schon hatte die indische Cholera eine verstärkte Neigung zur Ausbreitung und Wanderung an den Tag gelegt. Erzeugt aus den warmen <u>Morästen</u> des Ganges-Deltas, aufgestiegen mit dem mephitischen Odem jener <u>üppiguntauglichen</u>, von Menschen gemiedenen <u>Urwelt- und Inselwildnis</u>, in deren <u>Bambusdickichten</u> der <u>Tiger kauert</u>, hatte die Seuche in ganz Hindustan andauernd und ungewöhnlich heftig gewütet, hatte östlich nach China, westlich nach Afghanistan und Persien übergegriffen und, den Hauptstraßen des Karawanenverkehrs folgend, ihre Schrecken bis Astrachan, ja selbst bis Moskau getragen. Aber während Europa zitterte, das Gespenst möchte von dort aus und zu Lande seinen Einzug halten, war es, von syrischen Kauffahrern übers Meer verschleppt, fast gleichzeitig in mehreren Mittelmeerhäfen aufgetaucht, hatte in Toulon und Malaga sein Haupt erhoben, in Palermo und Neapel mehrfach seine Maske gezeigt und schien aus ganz Kalabrien und Apulien nicht mehr weichen zu wollen. Der Norden der Halbinsel war verschont geblieben. Jedoch Mitte Mai dieses Jahres fand man zu Venedig an ein und demselben Tage die furchtbaren Vibrionen in den ausgemergelten, schwärzlichen Leichnamen eines Schifferknechtes und einer Grünwarenhändlerin." (Ebd., 512.)

Das Motiv der INDISCHEN CHOLERA klingt also vermittels des Wortlautes schon mit Eröffnung der Erzählung an. Allerdings handelt es sich bei dieser Art von Anaphorik nicht um einen usuellen, sondern um einen okkasionellen Zeichengebrauch: Es bedarf der Wiederholung, der textuellen Rekurrenz, damit die Ausdrücke Verweischarakter gewinnen; und entsprechend braucht der Rezipient die Information aus dem weiteren Textverlauf, um die Information zu Beginn als solche deuten zu können.

4.2.11.6 Nullzeichen im engeren Sinne als Transmissionalien

Anders als im Fall der Ellipse, die als Auslassung oder „Ersparung" (Duden 1998, 709) verstanden werden kann, d. h. bei der aufgrund des grammatischen Zusammenhangs ein – verglichen in der potentiellen (hypothetischen) ‚Vollform' der Konstruktion fehlendes – konkretes objektsprachliches Zeichen ‚restituierbar' erscheint[156], lässt sich ein Nullzeichen im engeren Sinne als Transmissional kotextuell konstruieren: eine ausdrucksseitig nicht belegte Einheit, deren Wert durch die Nennform (§ 3.2 HLR) des transmissional gefügten Wortverbundes angegeben werden kann (insofern diese Nennform selbst für einen bestimmten Wert steht).

Im Gegensatz zur Ellipse lässt sich bei Nullzeichen im engeren Sinne keine Erweiterungsprobe, sondern nur eine Substitutionsprobe durchführen: Man ‚ergänzt' das zu interpretierende Gefüge nicht, sondern ersetzt das angenommene Nullzeichen im Rahmen eines bestimmten Paradigmas. Bei Null-Transmissionalien handelt es sich, anders als beispielsweise bei Null-Komites (§ 38.3b$^{I\alpha}$, § 85.2c^{IV} HLR) nicht um grammatische Paradigmata, sondern um semantische: solche, die als onomasiologische Felder erscheinen. Da die verschiedenen Transmissionalien eines Transmissionalgefüges einander wertseitig determinieren (vgl. S. 350), wird die Konstruktion eines Null-Transmissionals in solchen Textzusammenhängen möglich, in denen Ausdrücke vorkommen, die in anderen Textzusammenhängen als Wertkomponenten eines für dasselbe Transmissionalgefüge konstitutiven Transmissionals interpre-

---

[156] Allerdings gilt: „Man ‚repariert' dann nicht, sondern führt im Grunde eine Erweiterungsprobe aus" (Duden 2005, 909).

tiert worden waren, ohne dass ein derartiges Transmissional selbst erscheint. Entsprechend werden sie als Wertkonstituenten für eine Null-Konstituente interpretiert.

Schematisiert lässt sich das Verfahren so darstellen: Man interpretiert einen Wortverbund X als ausdrucksseitig bestehend aus der Zeichenkette $\langle x \cdot y \cdot x \cdot x \ldots \rangle$ und deutet den Wert von x aufgrund seiner Kollokanten a, b, c, d als ›abcd‹ und den von y aufgrund seiner Kollokanten b, c, d, e, i, j, k als ›bcdeijk‹ sowie den des Wortverbundes X als ‹abcde›. Findet man dann Textstellen, an denen b, c und d bzw. c, d und e vorkommen, nicht jedoch x oder y, so ist es möglich, diese Textstellen als ‚Belege' für ein vom Wortverbund X her konstruiertes Nullzeichen $\emptyset_{\langle X \rangle}$ zu deuten und mithin die Zeichengestalt von X erweitert zu denken: $\langle x \cdot y \cdot x \cdot x \cdot \emptyset_{›bcd‹} \cdot \emptyset_{›cde‹} \ldots \rangle$.

Alltagssprachlich formuliert: Man erkennt, dass es an einer bestimmten Textstelle um einen bestimmten Sachverhalt geht, auch wenn ein bestimmtes erwartbares ‚Schlagwort' nicht erscheint; man ist aufgrund bestimmter Textindizien imstande, die ‚Verschlagwortung' des Zusammenhangs selbst vorzunehmen (vgl. S. 174) und dann die bewusste Textstelle im Rahmen eines bestimmten Wortverbundes zu interpretieren. Mit anderen Worten: Man nimmt eine – und zwar nicht beliebige, sondern methodologisch begründete – Ausweitung der semantischen Analyse vor: man achtet gezielt auch auf solche inhaltlich relevanten Textstellen eines Untersuchungskorpus, auf die man, ausgehend lediglich von den Einzelausdrücken, um die herum man seinen Wortverbund hermeneutisch konstruiert, nicht kommen könnte.

Der Ansatz von Null-Transmissionalien spielt insbesondere dort eine Rolle, wo man für die hermeneutische Erstellung eines transmissional gefügten Wortverbundes nicht auf Belegnennformen zurückgreifen kann, sondern zu Konstruktnennformen seine Zuflucht nehmen muss (vgl. S. 173 ff.). Dies bedeutet nicht, dass überhaupt keine Transmissionalien außer Null-Transmissionalien bestimmbar seien, sondern in der Regel nur, dass es im Quellenmaterial an ‚griffigen' oder ‚sprechenden' Ausdrücken als potentiellen Transmissionalien mangelt: an Wörtern oder pointierten Wortgruppen, die keine Prozeichen sind oder enthalten (vgl. S. 174 f.).

Aber auch in Fällen, in denen solche Ausdrücke durchaus vorhanden sind – beispielsweise beim semantischen Konzept des Romantischen im klassisch-romantischen Literatur- und Kunstdiskurs das Lexem *romantisch* (zur Beleglage vgl. Bär 2010 ff., s. v. *romantisch*[157]) –, erscheint es sinnvoll, die Menge der hermeneutisch in Betracht kommenden Textstellen zu erweitern. In einem Textzusammenhang wie in

Bsp. 327: „Ihn [sc. den Verfasser] konnte übrigens nicht ahnen, daß er späterhin eine solche Mischung der Gattungen an andern Dichtern bewundern und sie auch sellbst [sic] üben würde, sich durch keine klassische Protestation irren lassend." (F. DE LA MOTTE FOUQUÉ, Lebensgesch. 1840, 44),

---

[157] Hier und im weiteren Kapitel 4.2.11.6: Stand der Internetseite vom 1. 1. 2015.

in dem das Lexem *romantisch* nicht – auch im weiteren Kotext nicht – belegt ist, erscheint es, wenn man mit dem in Rede stehenden Diskurs hinreichend vertraut ist, leicht möglich, dieses Lexem in der Bedeutung ›gemischt, zusammengefügt, aus unterschiedlichen Teilen bestehend‹ (Bär 2010 ff., s. v. *romantisch*$_6$) zu a s s o z i i e - r e n , wenn man das Adjektiv *klassisch* – als das prototypische Antonym zu *romantisch* – hier in der Bedeutung ›klassizistisch, die griechisch-römische Antike und/ oder das nach ihrem tatsächlichen oder vermeintlichen Vorbild Gearbeitete in besonderer Weise wertschätzend; an tradierten strengen Regeln orientiert, akademisch, formalistisch‹ interpretiert (vgl. Bär 2010 ff., s. v. *klassisch*$_7$). Die Behauptung eben dieser Assoziationsmöglichkeit und das daraus abgeleitete Interesse an der in Bsp. 327 zitierten Textstelle als einem Beleg e x n e g a t i v o für den Begriff des Romantischen manifestiert sich im Ansatz eines Transmissionals Ø›romantisch 6‹.

Da das Wortverbund-Modell sich nicht nur für die Semantik komplexer Zeichengefüge insgesamt anbietet, sondern auch für die Analyse einzelner semantischer Aspekte oder Aspektbündel – z. B. von Einzelbegriffen (vgl. S. 184 f.) – geeignet erscheint, kann der Ansatz von Null-Transmissionalien im Übrigen auch dort erfolgen, wo ein für einen transmissional gefügten Wortverbund ausdrucksseitig konstitutives Zeichen zwar belegt, aber in einer anderen als der konkret interessierenden Bedeutung belegt ist. So erscheint zwar in einer Äußerung wie

Bsp. 328:   „[Z]wischen den rohen Zeiten der Barbarey, und dem kunstreichen, vielwissenden und begüterten Zeitalter [hat sich] eine tiefsinnige und romantische Zeit niedergelassen, die unter schlichtem Kleide eine höhere Gestalt verbirgt" (NOVALIS, Ofterdingen 1802, 204)

das Lexem *romantisch*; es lässt sich hier deuten im Sinne von ›ideal, idealisch; geistig, abstrakt, immateriell, ätherisch; subjektiv, innerlich‹ bzw. ›idealisierend, überhöhend, mit Sinn für immaterielle Werte und innere Zusammenhänge‹ (Bär 2010 ff., s. v. *romantisch*$_8$). Die Stelle kann jedoch zugleich für eine andere Ausprägung des Begriffs ROMANTISCH als aufschlussreich angesehen werden: Das Adjektiv *romantisch* und eine Reihe anderer, semantisch verwandter Lexeme bedeuten auch so viel wie ›modern (den Zeitraum potentiell vom Beginn der Völkerwanderungszeit bis zum 18. Jahrhundert charakterisierend), in die oder zur Moderne (im angegebenen Sinn) gehörend, in ihr real oder fiktional zeitlich verortet‹ sowie im engeren Sinne: ›mittelalterlich bis frühneuzeitlich‹ (Bär 2010 ff., s. v. *romantisch*$_2$). Entschließt man sich tatsächlich, die in Bsp. 328 zitierte Stelle als Beleg für diesen ‚epochalen' Begriff des Romantischen heranzuziehen, so kann dies nicht deshalb erfolgen, weil in ihr Lexem *romatisch*$_{(8)}$ Verwendung findet, sondern allein deshalb, weil man aus a n d e - r e n Belegen die Bedeutung ›mittelalterlich bis frühneuzeitlich‹ von *romantisch*$_{(2)}$ kennt und daher das nicht belegte *romantisch*$_{(2)}$ als ‚mitgedacht' oder ‚mitgemeint' interpretiert. Eben dies – etwas nicht Gesagtes lässt sich interpretativ erschließen und die Aussage wird daher in der Interpretation verwertet – ist im Rahmen der Wortverbundanalyse gleichbedeutend damit, ein Nullzeichen als Transmissional anzusetzen.

4.2.12 Interkompaxalgefüge

Unmittelbar oder auch mittelbar benachbarte Textsegmente, in denen die gleichen syntagmatischen Muster rekurrieren, die syntaktischen Positionen aber jeweils mit ausdrucksseitig anderen Zeichen besetzt sind, nennt die Textlinguistik *Parallelismen* (vgl. de Beaugrande/Dressler 1981, 61 f.). Daran orientiert sich unser Ansatz von Interkompaxalgefügen (§ 62 HLR). Anders als bei dem Verhältnis sprachlicher Zeichen als unmittelbarer Konstituenten e i n e s u n d d e s s e l b e n kompaxiven Gefüges, in dem beispielsweise die Kojunkte eines Kojunktionsgefüges zueinander stehen, handelt es sich bei der Interkompaxalität um ein Verhältnis zwischen Zeichen, die als unmittelbare Konstituenten v e r s c h i e d e n e r kompaxiver Gefüge erscheinen.

---

§ 62.1 HLR: (a) Interkompaxalgefüge (IkpxlG) sind komplexive (§ 17.II HLR) Koordinationsgefüge (§ 19 HLR), bestehend aus mindestens zwei Gliedern: den Interkompaxalien (§ 62.2).

(b) Interkompaxalgefüge sind der Zeichenart nach $^{(I)}$Verbverbünde (§ 95.2ζ, § 19.1c^{IIα}, § 62.2a^{I} HLR) oder $^{(II)}$Substantivverbünde (§ 96.2η, § 19.1c^{IIα}, § 62.2a^{II} HLR).

§ 62.2 HLR: (a) Ein Interkompaxal (Ikpxl) kann $^{(I)}$als Verbgruppe, genauer: als Satz (§ 88.2e^{IIIλ} HLR) oder $^{(II)}$als Substantivgruppe (§ 89.3γ^{XII} HLR) erscheinen.

(b) Die Interkompaxalien eines Interkompaxalgefüges stehen zueinander im Verhältnis der Interkompaxalität. Sie sind zugleich je verschiedene, aber gleichgeordnete kompaxive Gefüge mit gleicher Gliedstruktur: $^{(I)}$Prädikationsgefüge (§ 34 HLR), $^{(II)}$Komitationsgefüge (§ 38 HLR) oder $^{(III)}$Attributionsgefüge (§ 39 HLR).

(c) $^{(1)}$Je nach der kompaxiven Gliederstruktur der Interkompaxalien sind mit einem Interkompaxalgefüge weitere Komplexivgefüge verbunden, die sich zueinander als K o - K o m p l e x i v g e f ü g e verhalten: $^{(α)}$pro Interkompaxal mindestens ein Prädikationalgefüge (§ 52 HLR), wenn die Interkompaxalien (§ 62.2b^{I} HLR) als Prädikationalgefüge erscheinen, $^{(β)}$pro Interkompaxal mindestens ein Komitationalgefüge (§ 54 HLR), wenn die Interkompaxalien (§ 62.2b^{II} HLR) als Komitationalgefüge erscheinen, oder $^{(γ)}$pro Interkompaxal mindestens ein Attributionalgefüge (§ 55 HLR), wenn die Interkompaxalien (§ 62.2b^{III} HLR) als Attributionalgefüge erscheinen. $^{(2)}$Diejenigen unmittelbaren Konstituenten mehrerer Ko-Komplexivgefüge, die einander aufgrund gleicher Gliedfunktion entsprechen, heißen K o - K o m p l e x i v g l i e d e r; bei ihnen handelt es sich um $^{(α)}$K o - P r ä d i k a t i o n a l i e n (KPrknl), wenn das Interkompaxivgefüge Prädikationalgefüge verknüpft (§ 62.2c^{1α} HLR), $^{(β)}$K o - K o m i t a t i o n a l i e n (KKmnl), wenn das Interkompaxivgefüge Komitationalgefüge verknüpft (§ 62.2c^{1β} HLR), oder $^{(γ)}$K o - A t t r i b u t i o n a l i e n (KAttrnl), wenn das Interkompaxivgefüge Attributionalgefüge verknüpft (§ 62.2c^{1γ} HLR). $^{(3)}$Durch ein Interkompaxalgefüge verknüpfte Komplexivgefüge stehen zueinander im Verhältnis der K o - K o m p l e x i v i t ä t: $^{(α)}$Prädikationalgefüge im Verhältnis der K o - P r ä d i k a t i o n a l i t ä t – die Differenzierungen von § 52.3 HLR gelten entsprechend –, $^{(β)}$Komitationalgefüge im Verhältnis der K o - K o m i t a t i o n a l i t ä t – die Differenzierungen von § 54.3 HLR gelten entsprechend – und $^{(γ)}$Attributionalgefüge im Verhältnis der K o - A t t r i b u t i o n a l i t ä t – die Differenzierungen von § 55.3 HLR gelten entsprechend.

Zu § 62.1 HLR: Interkompaxalgefüge erscheinen als Verbverbünde oder Substantivverbünde, da ihre unmittelbaren Konstituenten, die Interkompaxalien, Verbgruppen (Sätze und Verbgruppen im engeren Sinn) und Substantivgruppen sein können

(§ 62.2a HLR). Als Koordinationsgefüge sind Interkompaxalgefüge Wortverbünde, die der Zeichenart ihrer unmittelbaren Konstituenten entsprechen, wenn diese sämtlich von gleicher Art sind (§ 19.1c^{IIa} HLR) – also Verbverbünde bei Verbgruppen (Bsp. 329a), Substantivverbünde bei Substantivgruppen (Bsp. 329b/c).

Bsp. 329: a) „Die Gerechtigkeit [...] schleicht auf Erden als Aschenbrödel umher. Niemand will sie. <u>Lobt sie</u>, war's nie genug; <u>tadelt sie</u>, heißt sie gehässig." (BLEIBTREU, Größenw. 1888, III, 250.)

b) „Wie er liebt, mit dieser Stärke und dieser Zartheit, dieser Kraft und dieser Hingebung, so liebt nur ein Mann und ein Mädchen zugleich. Er vereinigt beide Empfindungen in seiner Brust, er denkt wie <u>ein Mann</u>, und fühlt wie <u>ein Weib</u>." (PICHLER, Agathokles II 1808, 74.)

c) „Zuletzt kam er zu einer Hütte, wo ein <u>hinkender Mann</u> und eine <u>verwachsene Frau</u> wohnten." (MÜLLENHOFF, Sag. 1845, 162.)

*

Zu § 62.2 HLR: Jedes Interkompaxal eines Interkompaxalgefüges stellt zugleich ein kompaxives Gefüge dar; dabei handelt es sich bei den Interkompaxalien eines und desselben Interkompaxalgefüges niemals um identische, sondern um einander gleichgeordnete Gefüge. Gleichordnung liegt vor, wenn die Gefüge, als Zeichen betrachtet, sich als Konektate i. S. v. § 23.3a HLR (Bsp. 330a) oder als indirekte Konektate (d. h. unmittelbare oder mittelbare Konstituenten von Konektaten: Bsp. 330b/c/h) zueinander verhalten, wenn sie gliedfunktionsgleiche Bestandteile gleichartiger Satelliten eines und desselben Kerns sind (Bsp. 330d) oder (un)mittelbare Konstituenten von Zeichen, die über ein Transmissionalgefüge verknüpft sind (Bsp. 330a/e–h). Auch mehrere dieser Kriterien können erfüllt sein (Bsp. 330a/h).

Bsp. 330: a) „Die <u>rothen Nelken</u> und die <u>weissen Nelken</u> [...] waren nass und schimmerten" (ALTENBERG, Wie ich es sehe ⁴1904, 176).

b) „Aus dem <u>Wesen der Kunst</u>, wie sie gemeinhin nach der einzigen Kategorie des Scheines und der Schönheit begriffen wird, ist das Tragische in ehrlicher Weise gar nicht abzuleiten; erst aus dem <u>Geiste der Musik</u> heraus verstehen wir eine Freude an der Vernichtung des Individuums" (NIETZSCHE, Geb. d. Trag. ³1886, 108).

c) „Aber die Regierung beschränkte sich nicht darauf die <u>Gauordnung</u> den Kelten zu lassen; sie ließ oder gab ihnen vielmehr auch eine <u>nationale Verfassung</u>, so weit eine solche mit der römischen Oberherrschaft sich vereinbaren ließ" (MOMMSEN, Röm. Gesch. V 1885, 84).

d) „Fortschritt von der bloßen <u>Empfindungswelt</u> zur <u>Welt der Anschauung und Vorstellung</u>" (CASSIRER, Symb. Form. I, 1923, 20).

e) „<u>Der Schauspieler braucht den Direktor</u>, denn wer sollte ihm wohl sonst die Gage zahlen? <u>Der Mann braucht die Frau</u>, denn wer kocht ihm sonst das Essen, flickt und wäscht seine Sachen? <u>Der Schuster braucht den Lederhändler</u>, denn wie soll er ohne Leder Schuhe machen? <u>Der Dichter braucht den Mäzen</u>." (ERNST, Komöd. 1928, 78.)

f) „<u>heute back ich</u>, <u>morgen brau ich</u>" (J. GRIMM/W. Grimm, Kinder- u. Hausm. ³1837, 317).

g) „Es hätte auch Andere erschreckt, die langen Reihen von Galgen, der Kopf auf der Eisenstange über dem Köpnicker Thore, der ihn schon von fern angrinste. Es war <u>Otterstädts Kopf. Ein Karren mit zerrissenen Gliedern peitschte an den Reitern vorüber. Es waren Otterstädts Glieder." (ALEXIS, Bredow 1846, II, 359 f.)

h) „Oberfläche ist des Weibes Gemüth, eine bewegliche stürmische Haut auf einem seichten Gewässer. | Des Mannes Gemüth aber ist tief, sein Strom rauscht in unterirdischen Höhlen [...]" (NIETZSCHE, Zarathustra I 1883, 86).

Die Interkompaxalien eines und desselben Interkompaxalgefüges haben die gleiche Gliedstruktur; sie können Prädikationsgefüge (Bsp. 330e), Komitationsgefüge (Bsp. 330f) oder Attributionsgefüge sein (Bsp. 330a–d). Interkompaxalgefüge durchflechten dabei immer mehrere Kompaxivgefüge. So ist ⟨sie lobt · sie tadelt⟩ in Bsp. 329a ein Interkompaxalgefüge, nicht aber ⟨fangen · werfen · binden⟩ in Bsp. 331, weil sich hier die drei Verben als unmittelbare Konstituenten d e s s e l b e n Kompaxivgefüges – eines Kojunktionalgefüges – darstellen und mithin als Kojunktionalien (möglicherweise auch als Prädikationalien) beschrieben werden können.

Bsp. 331:   „Er ist's! kreischte der Krämer, der mich fing, warf, band." (ALEXIS, Bredow 1846, II, 107.)

Indem sie Kompaxivgefüge verbinden, können Interkompaxalgefüge zugleich auch als verbunden betrachtet werden mit den anderen Komplexivgefügen, die mit denselben Kompaxivgefügen verflochten sind. Im Rahmen eines Interkompaxalgefüges sind also immer nicht nur mehrere Prädikationsgefüge, mehrere Komitationsgefüge oder mehrere Attributionsgefüge miteinander verknüpft, sondern entsprechend auch mehrere Prädikational-, Komitational- oder Attributionalgefüge. Diese erscheinen dann im Verhältnis zueinander als Ko-Prädikationalgefüge, Ko-Komitationalgefüge oder Ko-Attributionalgefüge, und diejenigen ihrer Glieder, denen die gleiche Gliedfunktion zukommt, stehen im Verhältnis der Ko-Komplexivität, d. h., sie verhalten sich zueinander als Ko-Prädikationalien – Ko-Subjektualien (*Schauspieler*, *Mann*, *Schuster* und *Dichter* in Bsp. 330e), Ko-Prädikatialien (*loben* und *tadeln* in Bsp. 329a), Ko-Objektualien (*Direktor*, *Frau*, *Lederhändler* und *Mäzen* in Bsp. 330e) oder Ko-Adverbiatialien (*heute* und *morgen* in Bsp. 330f) – bzw. Ko-Komitationalien – Ko-Komitialien (*Weib* und *Mann* in Bsp. 330h) oder Ko-Komitatialien (*Kopf* und *Glieder* in Bsp. 330g) – bzw. Ko-Attributionalien: Ko-Attribuendalien (*Wesen* und *Geist* in Bsp. 330b) oder Ko-Attributialien (*rot* und *weiß* in Bsp. 330a).

Angesichts der Tatsache, dass es verschiedene Erscheinungsformen der Prädikationalität, Komitationalität und Attributionalität gibt, mit anderen Worten: dass die Einheiten, die als Glieder von Prädikational-, Komitational- und Attributionalgefügen Verwendung finden, Vertreter unterschiedlicher Zeichenarten sein und sich positional und hinsichtlich der Rektion unterschiedlich verhalten können, lassen sich auch verschiedene Formen der Ko-Prädikationalität, der Ko-Komitationalität und der Ko-Attributionalität unterscheiden. Bei den Ko-Gliedern kann es sich um gleichartige, aber auch um verschiedenartige Zeichen handeln. Im ersten Fall (Bsp. 330a–b/f–h) sprechen wir von s t r u k t u r g l e i c h e r, im zweiten (Bsp. 330c/d) von g e m i s c h t e r Ko-Prädikationalität, Ko-Komitationalität bzw. Ko-Attributionalität.

Zudem können Ko-Glieder typidentische oder typverschiedene Zeichen sein. Im ersten Fall (*Nelken* in Bsp. 330a, *Welt* in Bsp. 330d, *brauchen* in Bsp. 330e, *ich* in Bsp. 330f, *Otterstedt* in Bsp. 330g, *Gemüt* in Bsp. 330h) sprechen wir von r e p e t i t o r i ‑ s c h e r Ko-Prädikationalität, Ko-Komitationalität bzw. Ko-Attributionalität (das Ko-Glied wird einmal oder mehrfach wiederholt), im zweiten (*rot* und *weiß* in Bsp. 330a, *Wesen* und *Geist* sowie *Kunst* und *Musik* in Bsp. 330b, *Ordnung* und *Verfassung* in Bsp. 330c, *Empfindung* und *Anschauung* und *Vorstellung* in Bsp. 330d usw.) von d i f f e r i e r e n d e r. Bei mehr als zwei Gliedern können differierende und repetitorische Ko-Prädikationalität, Ko-Komitationalität bzw. Ko-Attributionalität selbstverständlich auch in Kombination auftreten.

Die Wiederaufnahme eines Ko-Gliedes bei repetitorischer Ko-Prädikationalität, Ko-Komitationalität bzw. Ko-Attributionalität kann zudem rekurrent oder pronominal geschehen. Eine r e k u r r e n t e Wiederaufnahme findet sich dort, wo es sich bei beiden Zeichen um Formen desselben Typs handelt (*Nelken* und *Nelken* in Bsp. 330a usw.). Von p r o n o m i n a l e r Wiederaufnahme sprechen wir dort, wo es sich beim zweiten Ko-Glied um ein Pronomen handelt, das auf das erste verweist (Bsp. 332).

Bsp. 332: a) „die Welt der Kunst und die des Mythos" (CASSIRER, Symb. Form I, 1923, 18)
b) „[D]er plötzlich reich gewordene Pyrrhias erwies sich dem Alten sowohl sonst dankbar als auch brachte er ihm ein Rind zum Opfer dar" (BURCKHARDT, Grch. Kulturgesch. I 1898, 319)

Ko-Komplexivgefüge haben Erkenntniswert für die empirisch-semantische Arbeit: Dass in Bsp. 332a *Kunst* und *Mythos* in einem Verhältnis semantischer Ähnlichkeit stehen, lässt sich an ihrer Ko-Attributionalität im Verhältnis zu *Welt* ablesen. (Freilich lässt sich auch für die Bedeutung von *Welt* etwas daraus folgern, dass das Wort in gleicher Weise von *Kunst* wie von *Mythos* determiniert wird.)

Aus Bsp. 330c lässt sich nicht nur eine Bedeutungsverwandtschaft der Ko-Attribuendalien *Wesen* und *Geist*, sondern auch eine der Ko-Attributialien *Kunst* und *Musik* folgern. Dass die Bedeutungsverwandtschaft von *Wesen* und *Geist* größer ist als die von *Kunst* und *Musik*, so dass man es im ersten Fall eher mit Synonymie, im zweiten eher mit Homoionymie zu tun hätte (vgl. § 107.1 HLR), geht aus der durch die Nektor-Partikeln *nicht* und *erst* eröffneten Opposition hervor: Es ist keine Opposition der Ko-Attribuendalien, sondern eine der Ko-Attributialien, da nur durch diese eine nähere Determination und damit eben auch eine semantische Distinktion bewirkt wird.

Bestünde eine Aufgabe darin, plausibel zu machen, dass eine Opferhandlung etwas mit dem Abstatten von Dank zu tun haben kann, so könnte dies durch den Hinweis erfolgen, dass in Bsp. 332b die Verbgruppe *jm. etw. zum Opfer darbringen* ko-prädikational zu *sich jm. dankbar erweisen* belegt ist, und wäre die Bedeutung von *Verfassung* zu erläutern, so könnte es hilfreich sein zu konstatieren, dass das Syntagma *nationale Verfassung* in Bsp. 330c ko-attributional zu *Gauordnung* erscheint. (Es bedarf keiner Erwähnung, dass wiederum nicht von Synonymie, sondern eher von Homoionymie auszugehen ist, weil die Nektor-Partikeln – hier *nicht* und *vielmehr* – einen Unterschied konstituieren.)

4.2.13 Nodalgefüge

Durch die Möglichkeit figuraler und/oder motivischer Verflechtung (vgl. S. 359 ff.) kommen überaus komplexe sprachliche Zeichen zustande, Verbindungen mehrerer Wortverbünde wie beispielsweise MANN ZWISCHEN ZWEI FRAUEN (Frenzel 1988, 499 ff.) oder VATER-SOHN-KONFLIKT (ebd., 727 ff.). Wir fassen die Struktur solcher hyperkomplexen Wortverbünde mit der Kategorie ‚Nodalgefüge' (§ 63 HLR); es versteht sich, dass sie (wenngleich die Rede von *figuraler* und *motivischer* Verflechtung und die genannten Beispiele dies zunächst anzudeuten scheinen) nicht auf literarische Texte beschränkt sind, sondern ebenso gut auch in anderen Texten oder Textmengen, z. B. in philosophischen, politischen oder Alltagsdiskursen vorkommen. Zu denken wäre in diesen Zusammenhängen an Wortverbünde wie LEIB-SEELE-PROBLEMATIK, INVESTITURSTREIT, DEUTSCH-FRANZÖSISCHE FREUNDSCHAFT oder PAARPROBLEME.

---

§ 63.1 HLR: (a) N o d a l g e f ü g e (NdlG) sind komplexive (§ 17.II HLR) Koordinationsgefüge (§ 19 HLR), bestehend aus mindestens zwei Nodalien (§ 63.2 HLR).

(b) Nodalgefüge sind der Zeichenart nach Wortverbünde, konkret: in aller Regel Miszellanverbünde (§ 101.2к HLR).

§ 63.2 HLR: (a) Ein N o d a l (Ndl) ist der Zeichenart nach ein Wortverbund, der als Transmissionalgefüge (§ 61 HLR) strukturiert ist.

(b) Die Nodalien sind untereinander verbunden durch N o d a t o r e n . Nodator heißt eine Wert- oder Gestaltkonstituente eines Nodals, die zugleich als Gestalt- oder Wertkonstituente mindestens eines anderen Nodals erscheint.

Zu § 63.1 HLR: Nodalgefüge könnten theoretisch ebenso wie die Transzessionalgefüge, die sie verknüpfen, prinzipiell jeder Wortverbundart angehören. Sie sind faktisch jedoch in aller Regel Miszellanverbünde, weil sie derart weit gespannte und hinsichtlich der Ausdrucksseite ihrer Konstituenten vielgestaltige Zeichennetze bzw. -netzsysteme darstellen, dass diese Konstituenten auch der Zeichenart nach normalerweise verschieden sind. Damit sind dann die Konstitute ihrerseits eben Mischverbünde (§ 19.1c^{III} HLR).

*

Zu § 63.2 HLR: Die unmittelbaren Konstituenten eines Nodalgefüges – die Nodalien – sind Wortverbünde, die als Transmissionalgefüge strukturiert sind. Die unmittelbaren Konstituenten solcher Nodalien wiederum, die Nodatoren, die für sich betrachtet die Qualität von Transmissionalien (§ 61.2 HLR) haben, können zugleich als Konstituenten weiterer Transmissionalgefüge erscheinen, die eben dadurch dann ihrerseits zu Nodalien werden. Dabei lässt sich ein derartiger Nodator in aller Regel sinnvoll seinerseits als Transmissionalgefüge deuten, besser gesagt: als Transmissional eines Transmissionalgefüges, das ‚zwischen' den beiden Nodalien angesetzt werden kann und mit beiden verknüpft ist. — Mehrere Möglichkeiten sind gegeben:

a) Eine ausdrucksseitige Komponente eines Nodals – *Weg* als Ausdruckskomponente von WEG (Bsp. 333) – erscheint als Wertkomponente eines anderen Nodals – hier: von HUND (Bsp. 334).
b) Eine Wertkomponente eines Nodals – *Hund* (Bsp. 334) als Wertkomponente von WEG (Bsp. 334) – erscheint als ausdrucksseitige Komponente eines anderen Nodals: von HUND.
c) Eine Wertkomponente eines Nodals – *Chaussee* (Bsp. 333 f.) und *gelb* (Bsp. 334) als Wertkomponenten von HUND – erscheint auch als Wertkomponente eines anderen Nodals – *Chaussee* von WEG (Bsp. 333 f.), *gelb* von ALKOHOL (Bsp. 335); CHAUSSEE und GELB können ihrerseits ebenfalls als transmissional strukturierte Wortverbünde interpretiert werden.

Bsp. 333: „Der ¹Weg zum ²Friedhof lief immer neben der ²Chaussee, immer an ihrer Seite hin, bis ¹er ¹sein ²Ziel erreicht hatte, nämlich den ²Friedhof. [...] Was die ²Chaussee betraf, die von Bäumen, knorrigen Buchen gesetzten Alters, flankiert wurde, so war sie zur Hälfte gepflastert, zur Hälfte war sie's nicht. Aber der ¹Weg zum ²Friedhof war leicht mit Kies bestreut, was ¹ihm den Charakter eines angenehmen ²Fußpfades gab." (TH. MANN, Weg z. Friedh. 1900, 187.)

¹Ausdrucksseitige Komponenten, ²Wertkomponenten (Auswahl) des als Transmissionalgefüge strukturierten Wortverbundes (Miszellanverbundes) WEG (vgl. Bsp. 334).

Bsp. 334: „Auf der ²Chaussee schlich ein Wagen vom nächsten Dorfe her gegen die Stadt, er fuhr zur Hälfte auf dem gepflasterten, zur anderen Hälfte auf dem nicht gepflasterten Teile der Straße. [...] Am äußersten Hinterteile aber saß ein ²¹³gelbes ¹/⁴Hündchen, ¹das ihm den Rücken zuwandte und über ¹sein ²spitzes Schnäuzchen hinweg mit ²unsäglich ernster und gesammelter Miene auf den ²Weg zurückblickte, den ¹es gekommen war. ¹Es war ein ²unvergleichliches ¹Hündchen, ²Goldes wert, ²tief erheiternd; aber leider gehört ¹es nicht zur Sache, weshalb wir uns von ihm abkehren müssen." (Ebd.)

¹Ausdrucksseitige Komponenten, ²Wertkomponenten (Auswahl) des als Transmissionalgefüge strukturierten Wortverbundes (Miszellanverbundes) HUND; ³ausdrucksseitige Komponente, ⁴Wertkomponente des als Transmissionalgefüge strukturierten Wortverbundes (Adjektivverbundes) GELB (vgl. Bsp. 335); ⁵ausdrucksseitige Komponente des als Transmissionalgefüge strukturierten Wortverbundes (Miszellanverbundes) WEG (vgl. Bsp. 334).

Bsp. 335: „Es nützt nichts, daß der Mensch sich selbst seine Unschuld beteuert: in den meisten Fällen wird er sich für sein Unglück verachten. Selbstverachtung und Laster aber stehen in der schauderhaftesten Wechselbeziehung, sie nähren einander, sie arbeiten einander in die Hände, daß es ein Graus ist. So war es auch mit Piepsam. Er ²trank, weil er sich nicht achtete, und er achtete sich weniger und weniger, weil das immer erneute Zuschandenwerden aller guten Vorsätze sein Selbstvertrauen zerfraß. Zu Hause in seinem ²Kleiderschranke pflegte eine ²Flasche mit einer ²′⁴gift³gelben ¹Flüssigkeit zu stehen, einer ²verderblichen ¹Flüssigkeit, wir nennen aus Vorsicht nicht ¹ihren ²Namen. Vor diesem

²Schranke hatte Lobgott Piepsam buchstäblich schon auf den Knien gelegen und sich die Zunge zerbissen; und dennoch war er schließlich erlegen ..." (Ebd., 190).

¹Ausdrucksseitige Komponenten, ²Wertkomponenten (Auswahl) des als Transmissionalgefüge strukturierten Wortverbundes *ALKOHOL (Konstrukt-Nennform); ³ausdrucksseitige Komponente, ⁴Wertkomponente des als Transmissionalgefüge strukturierten Wortverbundes (Adjektivverbundes) GELB (vgl. Bsp. 334).

Wie die Beispiele zeigen, sind die Lokalitäten WEG und CHAUSSEE mit dem Figurenensemble HUND[158] und mit der Realie *ALKOHOL eng verwoben. Aufgrund der scheinbar zufälligen Tatsache, dass der HUND nicht anders als der *ALKOHOL durch die Farbe GELB charakterisiert ist, befindet sich der *ALKOHOL für die textkundige – also die zweite bis n-te – Lektüre bereits zu Beginn implizit (textindiziert-assoziativ) mit auf dem WEG, auf den er, wie der weitere Textverlauf zeigt, die Hauptfigur gebracht hat: auf dem *Weg zum Friedhof*, wie bereits der Titel verrät und wovon das Ende des Textes einen schwarzen Doppelsinn enthüllt: „Und dann fuhren sie Lobgott Piepsam von hinnen." (TH. MANN, Weg z. Friedh. 1900, 196).

Nodalien sind, auch das zeigen die Beispiele, vielfach nicht lediglich durch einen einzigen Nodator verknüpft. Zudem kann jedes von ihnen mit einer großen Zahl an weiteren Nodalien verbunden sein. Die Gesamtheit dieser Zeichengeflechte ist jeweils ein Text – bildlich fassbar als eine Menge aufeinanderliegender ausgebreiteter Netze (vgl. S. 166 ff.). Jedes Transmissionalgefüge erscheint als ein Netz für sich; als Nodal betrachtet, erweist es sich zudem an unterschiedlichen Punkten mit etlichen weiteren Netzlagen über oder unter ihm verknüpft. Der Text ist demnach ein komplexes Gefüge; und eine Analyse desselben lässt sich in der wörtlichen Bedeutung als ›Auflösung‹ verstehen. Man löst die Knoten zwischen den Netzen auf und kann diese dann einzeln abheben und zur Ansicht ausbreiten: Auslegung.

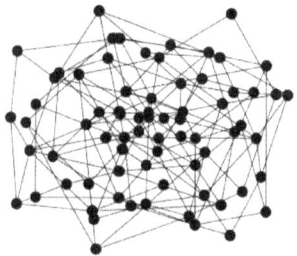

Abb. 99: Text als Menge ‚aufeinanderliegender' Zeichennetze (zu Nodalgefügen verknüpfter Transmissionalgefüge)

---

158 Es handelt sich im Laufe der kurzen Erzählung von Thomas Mann um zwei verschiedene Hunde, einerseits um das *gelbe Hündchen* vom Anfang, andererseits um den *Pinscherhund* (TH. MANN, Weg z. Friedh. 1900, 194 f.), der am Ende der Hauptfigur LOBGOTT PIEPSAM „mit eingeklemmtem Schwanze gerade ins Gesicht hinein" heult (ebd., 195); und als *alberner Hund* wird zudem der Radfahrer, der auf dem WEG anstatt auf der Straße fährt, von PIEPSAM beschimpft (ebd., 194).

Komplexivgefüge: Nodalgefüge — 371

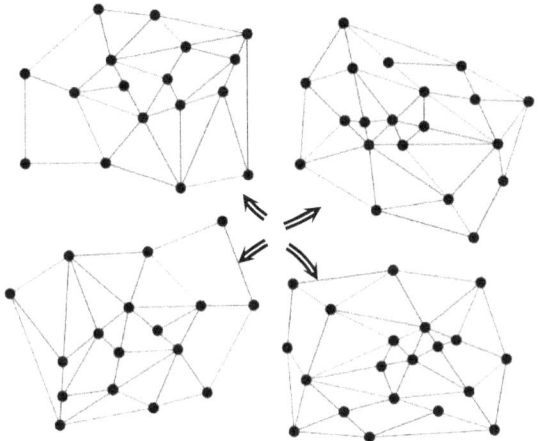

Abb. 100: Auslegung

5 Konkrete Zeichenarten

An allgemeinen Zeichenarten hatten wir Wortelemente (§ 25 HLR), Wörter (§ 26 HLR), Wortgruppen (§ 27 HLR) und Wortverbünde (§ 28 HLR) unterschieden. Sie sind einander hierarchisch unter- bzw. übergeordnet: Die unterste Ebene ist die der Wortelemente, die oberste die der Wortverbünde (§ 24 HLR), wobei die Grenzen zwischen den Ebenen teils fließend sind (vgl. insbesondere Kap. 3.2.2).

Auf jeder der genannten hierarchischen Ebenen lassen sich eine Reihe konkreter Zeichenarten ansetzen. Dabei gibt es – in Analogie zum Verhältnis der Ebenen, also der allgemeinen Zeichenarten zueinander – jeweils konkrete Verhältnisse, die sich in folgender Weise bestimmen lassen:

§ 64 HLR: Konkrete Zeichenarten unterschiedlicher Ordnung (i. S. v. § 24.2 HLR) können einander entsprechen. Im Einzelnen:

§ 64.1 HLR: (α) Verbgrammativen (§ 69 HLR) oder Segmenten mit einem Verbgrammativ als Kern entsprechen unmittelbar Verben (§ 82 HLR).

(β) Substantivgrammativen (§ 70 HLR) oder Segmenten mit einem Substantivgrammativ als Kern entsprechen unmittelbar Substantive (§ 83 HLR).

(γ) Adjektivgrammativen (§ 71 HLR) oder Segmenten mit einem Adjektivgrammativ als Kern entsprechen unmittelbar Adjektive (§ 84 HLR).

(δ) Artikelgrammativen (§ 72 HLR) entsprechen unmittelbar Artikel (§ 85 HLR).

(ε) Pronomengrammativen (§ 73 HLR) entsprechen unmittelbar Pronomina (§ 86 HLR).

(ζ) Partikelgrammativen (§ 74 HLR) entsprechen unmittelbar Partikeln (§ 87 HLR).

§ 64.2 HLR: (α) Verben entsprechen unmittelbar Verbgruppen (§ 88 HLR).

(β) Substantiven entsprechen unmittelbar Substantivgruppen (§ 89 HLR).

(γ) Adjektiven entsprechen unmittelbar Adjektivgruppen (§ 90 HLR).

(δ) Artikeln entsprechen unmittelbar Artikelgruppen (§ 91 HLR).

(ε) Pronomina entsprechen unmittelbar Pronomengruppen (§ 92 HLR).

(ζ) Partikeln entsprechen unmittelbar Partikelgruppen (§ 93 HLR).

§ 64.3 HLR: (α) Verbgruppen entsprechen unmittelbar Verbverbünde (§ 95 HLR).

(β) Substantivgruppen entsprechen unmittelbar Substantivverbünde (§ 96 HLR).

(γ) Adjektivgruppen entsprechen unmittelbar Adjektivverbünde (§ 97 HLR).

(δ) Artikelgruppen entsprechen unmittelbar Artikelverbünde (§ 98 HLR).

(ε) Pronomengruppen entsprechen unmittelbar Pronomenverbünde (§ 99 HLR).

(ζ) Partikelgruppen entsprechen unmittelbar Partikelverbünde (§ 100 HLR).

(η) Miszellangruppen (§ 94 HLR) entsprechen unmittelbar Miszellanverbünde (§ 101 HLR).

Zu § 64 HLR: Die hier aufgeführten Entsprechungen kommen dadurch zustande, dass Zeichen höherer Ordnung Zeichen niedrigerer Ordnung als Kerne oder als Koordinate enthalten, wodurch sich ihre Zeichenart bestimmt. Besonders für Wortgruppen gilt: Sie haben in vielen Fällen ähnliche syntaktische Eigenschaften wie die ihnen der Art nach entsprechenden Wörter, d. h, sie können vielfach die gleichen Gliedfunktionen erfüllen.

5.1 Wortelementarten

§ 65.I HLR: (a) Wortelemente mit vorrangig grammatischer Bedeutung gemäß § 9.2β HLR heißen G r a m m a t i v e. Sie haben Einfluss auf die kategoriale Bedeutung, d. h. die Art (§ 4.2δ HLR) der Zeichen, zu deren Determination sie beitragen. Grammative sind einfache Zeichen (§ 12.I HLR).

(b) $^{(I)}$Ein Grammativ, als Belegwortelement gemäß § 25.2α HLR betrachtet, heißt G r a m m a t o m o r p h. $^{(II)}$Ein Grammativ, als Korpuswortelement gemäß § 25.2β HLR betrachtet, heißt G r a m m a t o m o r p h e m. $^{(IIIa)}$Ein Grammativ als Gliedwortelement gemäß § 25.2γ HLR, d. h. hinsichtlich seiner Gliedfunktion gemäß § 4.2γ HLR betrachtet, heißt G l i e d g r a m m a t i v. $^{(b)}$Grammative erfüllen die Gliedfunktion von Gefügekernen, konkret: $^{(bα)}$Flektoren (§ 29.2b^{I} HLR), $^{(bβ)}$Aflektoren (§ 30.2b^{I} HLR) oder $^{(bγ)}$Transligatoren (§ 31.2b HLR). $^{(IVa)}$Ein Grammativ als Exemplarwortelement gemäß § 25.2δ HLR, d. h. hinsichtlich seines Zeichenartswertes gemäß § 4.2δ HLR betrachtet, heißt G r a m m a t i v a r t. $^{(b)}$Unterschieden werden neun Grammativarten: Präfixgrammative (§ 66 HLR), Suffixgrammative (§ 67 HLR), Konfixgrammative (§ 68 HLR), Verbgrammative (§ 69 HLR), Substantivgrammative (§ 70 HLR), Adjektivgrammative (§ 71 HLR), Artikelgrammative (§ 72 HLR), Pronomengrammative (§ 73 HLR) und Partikelgrammative (§ 74 HLR).

§ 65.II HLR: (a) Wortelemente mit Bedeutung im engeren Sinn gemäß § 9.2α HLR (die allerdings a u c h grammatische Bedeutung i. S. v. § 9.2β HLR haben können) heißen S e m a n t i v e.

(b) $^{(I)}$Ein Semantiv als Belegwortelement gemäß § 25.2α HLR betrachtet, heißt S e m a n t o m o r p h. $^{(II)}$Ein Semantiv als Korpuswortelement gemäß § 25.2β HLR betrachtet, heißt S e m a n t o m o r p h e m. $^{(IIIa)}$Ein Semantiv als Gliedwortelement gemäß § 25.2γ HLR, d. h. hinsichtlich seiner Gliedfunktion gemäß § 4.2γ HLR betrachtet, heißt G l i e d s e m a n t i v. $^{(b)}$Semantive können folgende Gliedfunktionen erfüllen: $^{(bα)}$die von Gefügekernen, konkret: $^{(bαα)}$Transligatoren (§ 31.2b HLR), $^{(bαβ)}$Derivatoren (§ 32.2b HLR), $^{(bαγ)}$Attribuenden (§ 39.2b^{I} HLR) oder $^{(bβ)}$die von Satelliten, konkret: $^{(bβα)}$Flektanden (§ 29.3b^{Iα} HLR), $^{(bββ)}$Aflektanden (§ 30.3b HLR), $^{(bβγ)}$Transligaten (§ 31.3b HLR), $^{(bβδ)}$Derivanden (§ 32.3b^{I} HLR), $^{(bβε)}$Amplifikatoren (§ 33.3b HLR) oder $^{(bβζ)}$Attributen (§ 39.3b^{I} HLR). $^{(IVa)}$Ein Semantiv als Exemplarwortelement gemäß § 25.2δ HLR, d. h. hinsichtlich seines Zeichenartswertes gemäß § 4.2δ HLR betrachtet, heißt S e m a n t i v a r t. $^{(b)}$Unterschieden werden sechs Semantivarten: Intrafixe (§ 75 HLR), Transfixe (§ 76 HLR), Präfixe (§ 77 HLR), Suffixe (§ 78 HLR), Zirkumfixe (§ 79 HLR) und Konfixe (§ 80 HLR).

Zu § 65.I HLR: Wortelemente mit vorrangig grammatischer Bedeutung bestimmen die Zeichenart der Wortelemente oder Wörter, zu deren Determination sie beitragen. So unterscheiden sich die Lexeme *Tag* – /{tag}·{Grv-SbMask}\ – und *tags* – /{tag}·{Grv-Prtkl}\ – in ihrer Wortart erkennbar nur hinsichtlich der beiden grammatischen Wortelemente, von denen das erstere als ein Formenparadigma – {Ø$_{NomSg}$}, {(e)s$_{GenSg}$} usw. –, das zweite als {s$_{Prtkl}$} erscheint. Einige weitere kategoriale Bedeutungsaspekte können je nach Zeichenart hinzutreten, beispielsweise bei Substantiven der Aspekt der Anzahl – {Grv-Sb$_{Sg}$} ›einmal vorliegend‹ vs. {Grv-Sb$_{Pl}$} ›mehrfach vorliegend‹ –

oder bei Verben der Aspekt der Zeit: {Grv-Vb$_{Präs}$} ›gegenwärtig‹ vs. {Grv-Vb$_{Prät}$} ›vergangen‹.

Grammative bilden zusammen mit den Intrafixen (§ 75.2 HLR) und den Transfixen (§ 76.2 HLR) die Klasse der einfachen Zeichen (§ 12.I HLR).

In Anlehnung an § 25.2 HLR berücksichtigen wir neben dem Aspekt der Wortelementart drei weitere Aspekte: Ein grammatisches Wortelement als Belegwortelement nennen wir ein Grammatomorph; als Korpuswortelement nennen wir es ein Grammatomorphem; wird es hinsichtlich seiner Gliedfunktion betrachtet (vgl. hierzu Kap. 4.1.1 bis 4.1.5), so sprechen wir von einem Gliedgrammativ.

Zu behandeln sind im Folgenden neun Grammativarten: Präfixgrammative (5.1.1.1), Suffixgrammative (5.1.1.2), Konfixgrammative (5.1.1.3), Verbgrammative (5.1.1.4), Substantivgrammative (5.1.1.5), Adjektivgrammative (5.1.1.6), Artikelgrammative (5.1.1.7), Pronomengrammative (5.1.1.8) und Partikelgrammative (5.1.1.9).

*

Zu § 65.II HLR: Wortelemente mit Bedeutung im engeren Sinn haben, sofern es sich um zusammengesetzte Zeichen (Segmentate) handelt, auch grammatische Bedeutung, da sie in diesem Fall immer ein Grammativ als unmittelbare Konstituente, genauer: als Kern, der sie hinsichtlich ihrer Zeichenart bestimmt, aufweisen.

Werden Wortelemente mit Bedeutung im engeren Sinn als Belegwortelemente betrachtet, so sprechen wir von S e m a n t o m o r p h e n (Belegintrafixen, -transfixen, -präfixen usw.); geht es um derartige Einheiten als Korpuswortelemente, so ist die Rede von S e m a n t o m o r p h e m e n (Korpusintrafixen, -transfixen, -präfixen usw.). Hinsichtlich der Gliedfunktion kann von G l i e d s e m a n t i v e n die Rede sein.

Zu behandeln sind im Folgenden sechs Semantivarten: Intrafixe (5.1.2.1), Transfixe (5.1.2.2), Präfixe (5.1.2.3), Suffixe (5.1.2.4), Zirkumfixe (5.1.2.5) und Konfixe (5.1.2.6). Präfixe, Suffixe und Zirkumfixe können zusammenfassend auch als A f f i x e bezeichnet werden; zusammen mit den Konfixen bilden sie die Gruppe der zusammengesetzten Wortelemente (Segmente).

5.1.1 Grammative

5.1.1.1 Präfixgrammative

§ 66.1 HLR: Ein P r ä f i x g r a m m a t i v (Grv-Prfx) ist dasjenige Grammativ, das als Kern eines Segments mit Präfixcharakter (§ 77.1a HLR) dieses hinsichtlich seiner Zeichenart determiniert.

§ 66.2 HLR: Präfixgrammative erfüllen die Gliedfunktion von Gefügekernen, konkret: Aflektoren (§ 30.2.b^i HLR).

Zu § 66 HLR: Bestimmte Präfixe, z. B. {be}, {emp} (Bsp. 336a), {er} (ebd.), {ge} oder {zer}, erscheinen ausschließlich als Präfixe, andere, z. B. {voll} (ebd.) oder {um} (Bsp. 336b) können auch Vertreter andere Zeichenarten sein (Bsp. 337).

Bsp. 336: a) „Will die Fürstinn, der ich mich unterthänig zu <u>emp</u>fehlen bitte, mir deshalb ihre Befehle <u>er</u>theilen; so werde ich solche auf das genauste und baldigste zu <u>voll</u>ziehen suchen." (GOETHE, an C. F. v. Reinhard [7. 10. 1810], WA IV, 21, 392.)

b) „Ich spanne alle Seegel meines Geists auf um diese Küsten zu <u>um</u>schiffen." (GOETHE, an Ch. v. Stein [3. 2. 1787], WA IV, 8, 157.)

Bsp. 337: a) „Kein Nachtquartier kann ich anbieten, da mein Haus <u>voll</u> ist." (GOETHE, an C. L. v. Knebel [3. 4. 1811], WA IV, 22, 74.)

b) „Ich werde dich heute nicht sehen. Durch meine Abwesenheit bin ich sehr zurück gesetzt. Mein erster Rechnungs Monat ist <u>um</u> und ich muß heute Abend nothwendig arbeiten und rechnen." (GOETHE, an Ch. v. Stein [1. 2. 1786], WA IV, 7, 174.)

Die Möglichkeit der Transposition ($voll_{Prfx} \rightleftarrows voll_{Adj}$, $um_{Prfx} \rightleftarrows um_{Prtkl}$) sehen wir gegeben aufgrund unterschiedlicher Grammativ-Konstituenten der betreffenden Zeichen. Sowohl bei den Präfixen wie bei den mit ihnen homonymen Wörtern gehen wir von zusammengesetzten Zeichen aus, die jeweils aus einem Transfix (vgl. Kap. 5.1.2.2) und einem Grammativ bestehen.

- $voll_{Prfx}$: /{voll}·{Ø$_{Grv\text{-}Prfx}$}\ — $voll_{Adj}$: /{voll}·{Grv-Adj}\
- um_{Prfx}: /{um}·{Ø$_{Grv\text{-}Prfx}$}\ — um_{Prtkl}: /{um}·{Ø$_{Grv\text{-}Prtkl}$}\

Die Grammative fungieren im einen wie im anderen Fall als Gefügekerne: Sie bestimmen die Zeichenart des Gefüges im Ganzen. Dabei erscheint das Präfixgrammativ ebenso wie das Partikelgrammativ immer als Aflektor ({Ø$_{Grv\text{-}Prfx\text{-}Afltr}$}, {Ø$_{Grv\text{-}Prtkl\text{-}Afltr}$}): Sowohl Präfixe als auch Partikeln können nicht flektiert werden. Adjektivgrammative hingegen erscheinen als polyhenadische Formenparadigmata (§ 3.2 $\beta^{2\alpha}$ HLR): Sie können flektiert werden. Dass sie es nicht werden, wenn sie als Transzedenten verwendet sind, wie in Bsp. 337a (hier wäre $voll$ als /{voll}·{Ø$_{Grv\text{-}Adj:Infl\text{-}Afltr}$}\, also als adjektivische Inflektivform zu interpretieren), ändert nichts an der prinzipiellen Möglichkeit.

Präfixgrammative erscheinen häufig als Null-Elemente, können aber auch eine erkennbare Zeichengestalt aufweisen (vgl. Abb. 87, S. 221).

5.1.1.2 Suffixgrammative

§ 67.1 HLR: Ein **Suffixgrammativ** (Grv-Sffx) ist dasjenige Grammativ, das als Kern eines Segments mit Suffixcharakter (§ 78 HLR) dasselbe hinsichtlich seiner Zeichenart determiniert. Unterscheiden lassen sich

(α) zirkumfixspezifische Suffixgrammative (Grv-Sffx(Zrkfx)), die als Kerne von zirkumfixspezifischen Suffixen (§ 78.1b^I HLR) fungieren und [(I)] als verbzirkumfixspezifische Suffixgrammative (Grv-Sffx (Zrkfx-Vb)) verbspezifische Zirkumfixe (§ 79.1c^I HLR), [(II)] als substantivzirkumfixspezifische Suffixgrammative (Grv-Sffx(Zrkfx-Sb)) substantivspezifische Zirkumfixe (§ 79.1c^{II} HLR) oder [(II)] als adjektivzirkumfixspezifische Suffixgrammative (Grv-Sffx(Zrkfx-Adj)) adjektivspezifische Zirkumfixe (§ 79.1c^{III} HLR) konstituieren, (β) konfixspezifische Suffixgrammative (Grv-Sffx(Knfx)), die als Kerne von konfixspezifischen Suffixen (§ 78.1b^{II} HLR) fungieren und sich je nach der spezifischen Art von Konfixsuffix, dessen Kern sie darstellen, untergliedern lassen in $^{(I)}$substantivkonfixspezifische Suffixgrammative (Grv-Sffx(Knfx-Sb)) und $^{(II)}$adjektivkonfixspezifische Suffixgrammative (Grv-Sffx(Knfx-Adj)),

(γ) verbspezifische Suffixgrammative (Grv-Sffx(Vb)), die als Kerne von verbspezifischen Suffixen (§ 78.1b^{III} HLR) fungieren,

(δ) substantivspezifische Suffixgrammative (Grv-Sffx(Sb)), die als Kerne von substantivspezifischen Suffixen (§ 78.1b^{IV} HLR) fungieren,

(ε) adjektivspezifische Suffixgrammative (Grv-Sffx(Adj)), die als Kerne von adjektivspezifischen Suffixen (§ 78.1b^{V} HLR) fungieren, und

(ζ) partikelspezifische Suffixgrammative (Grv-Sffx(Prtkl)), die als Kerne von partikelspezifischen Suffixen (§ 78.1b^{VI} HLR) fungieren.

§ 67.2 HLR: Suffixgrammative erfüllen die Gliedfunktion von Gefügekernen, konkret:

(α) Flektoren (§ 29.2b^{Iα} HLR) oder

(β) Aflektoren (§ 30.2b^{II} HLR).

Zu § 67.1 HLR: Suffixe sind prinzipiell zusammengesetzte Wortelemente (§ 78.1a HLR, vgl. Kap. 5.1.2.4). Sie bestimmen die Zeichen, deren Kern-Bestandteile sie sind, hinsichtlich der Zeichenart. Unterschieden werden Zirkumfixsuffixe, die Zirkumfixe konstituieren, Verbsuffixe, die Verben konstituieren, Substantivsuffixe, die Substantive konstituieren, und Adjektivsuffixe, die Adjektive konstituieren. Die unterschiedliche konstitutive Wertigkeit von Suffixen wird bewirkt durch ihre eigenen Kern-Bestandteile: die Suffix-Grammative. Jede Suffixart weist ein eigenes, artspezifisches Grammativ auf:

– ein zirkumfixspezifisches Suffixgrammativ, das als verbzirkumfixspezifisches Suffixgrammativ (z. B. in *bewältigen*, vgl. Abb. 84, S. 217, oder *vervollständigen*, vgl. Abb. 101, S. 377), substantivzirkumfixspezifisches Suffixgrammativ (z. B. in *Gerede*, Abb. 39, S. 141) oder adjektivzirkumfixspezifisches Suffixgrammativ (z. B. in *bewältigt*, Abb. 118, S. 400) erscheint,
– ein konfixspezifisches Suffixgrammativ, wobei zu unterscheiden ist zwischen substantivkonfixspezifischen Suffixgrammativen (z. B. in *Orthographie*, Bsp. 339a: Abb. 102) und adjektivkonfixspezifischen Suffixgrammativen (z. B. in *ehemalig*, Bsp. 339b: Abb. 103),
– ein verbspezifisches Suffixgrammativ (z. B. in *befehligte*, Bsp. 340a: vgl. Abb. 104),
– ein substantivspezifisches Suffixgrammativ (z. B. in *Regung*, Bsp. 340b: vgl. Abb. 105),
– ein adjektivspezifisches Suffixgrammativ (z. B: in *dümmliches*, Bsp. 340c, vgl. Abb. 106) oder
– ein partikelspezifisches Suffixgrammativ (z. B. in *ärschlings*, Bsp. 340d, vgl. Abb. 107).

Jedes der Suffixgrammative hat Werteigenschaften entsprechend der Zeichenart, die es konstituiert; so trägt beispielsweise ein substantivspezifisches Suffixgrammativ die Funktionsmerkmale ›Genus‹ und ›flektierbar nach Kasus und Numerus‹, und ein adjektivspezifisches Suffix die Funktionsmerkmale ›komparierbar‹ und ›flektierbar nach Kasus, Numerus und Genus‹. Suffixgrammative sind demnach polyhenadische Formenparadigmata i. S. v. § 3.2β^{2α} HLR.

Bsp. 338: „Gewiß finden sich mehr französische als deutsche Gerichte, und auch die englische Küche wird oft geplündert, ein deutsches Gastmahl zu vervollständigen." (HERLOßSOHN, Dam. Conv. Lex. III 1835, 136).

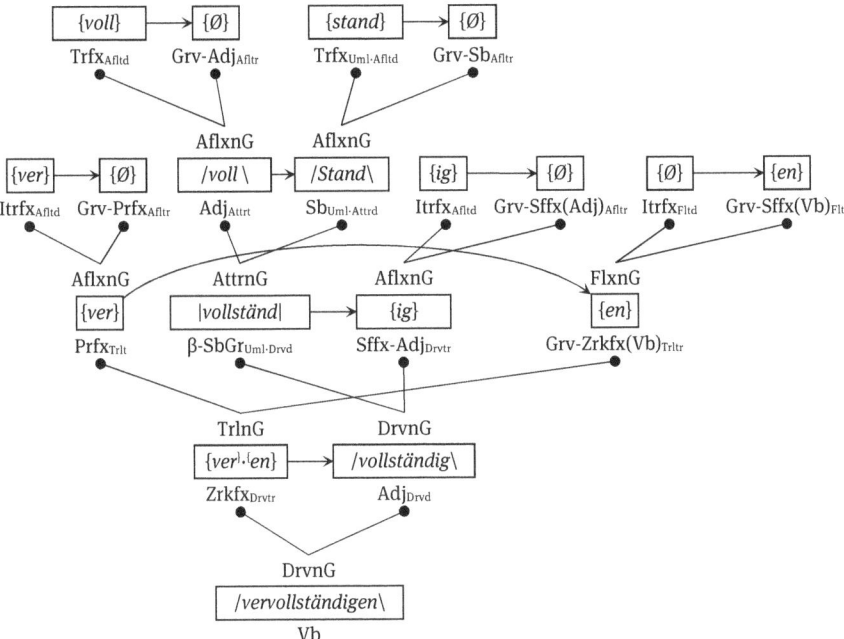

Abb. 101: Konstituentenstruktur von *vervollständigen* (Bsp. 338)

Adj = Adjektiv; Afltd = Aflektand; Afltr = Aflektor; AflxnG = Aflexionsgefüge; Attrd = Attribuend; AttrnG = Attributionsgefüge; Attrt = Attribut; Drvd = Derivand; DrvnG = Derivationsgefüge; Drvtr = Derivator; Grv-Adj = Adjektivgrammativ; Grv-Prfx = Präfixgrammativ; Grv-Sb = Substantivgrammativ; Grv-Sffx(Adj/Vb) = Adjektiv-/Verbsuffixgrammativ; Itrfx = Intrafix; Prfx = Präfix; Sb = Substantiv; β-SbGr$_{Uml}$ = β-Substantivgruppe mit Umlaut des Kernsubstantivs; Sffx-Adj = Adjektivsuffix; Trfx = Transfix; TrlnG = Transligationsgefüge; Trlt = Transligat; Trltr = Transligator; Vb = Verb; Zrkfx = Zirkumfix. — Zu den allgemeinen Notationsregeln vgl. Anhang II (S. 828 ff.).

Bsp. 339: a) „Er schreibt das Eigenschaftswort ‚deutsch' allemal groß und ‚polnisch' allemal klein, auch dann, wenn er die Polen etwas von ‚den Deutschen Schweinen' sagen läßt – wohl, um anzudeuten: waren die Deutschen einmal Schweine, dann sind sie eben recht große gewesen. Und wenn es ganz groß hergeht, dann schreibt Bronnen alles groß – so am Schluß, wenn Banalitäten über einen nebulosen Sieg in den Wind geschmettert werden, wo die Fahnen sich bauschend im Winde ... wie gehabt. Das Minderwertige wird klein geschrieben? Dann aber wollen wir von arnolt bronnen sprechen, bei dem dieser Deutsche Rechtschreibungssieg nicht nur eine gesuchte Äußerlichkeit ist wie die, alle zusammengesetzten Wörter auseinanderzureißen und die Teile ohne Bindestrich hinzuzusetzen: welch ein Bock Mist. Nein, seine nationale <u>Orthographie</u> hat ihre tiefere Bedeutung." (TUCHOLSKY, Bess. Herr 1929, 107 f.)

b) „Als Bonaparte durch die Schlacht bei Marengo Gebieter von Italien ward, und im J. 1801 eine Italiänische Republik und 1805 ein Italiänisches Königreich entstand, ward das <u>ehemalige</u> Herzogthum Mailand auch ein ansehnlicher Theil davon" (BROCKHAUS, Conv.-Lex. VIII 1811, 6).

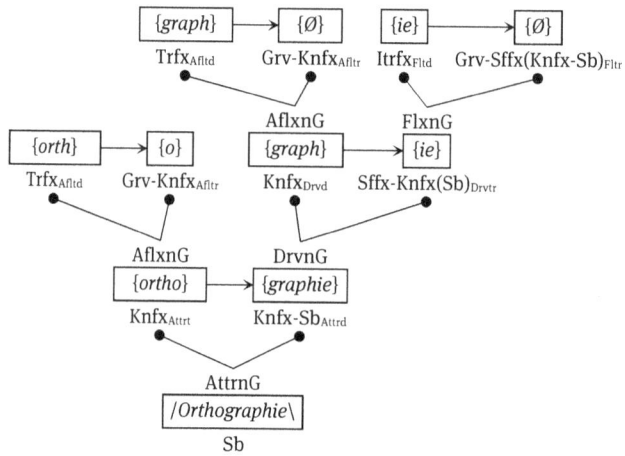

Abb. 102: Konstituentenstruktur von *Orthographie* (Bsp. 339a).

Adj = Adjektiv; Afltd = Aflektand; Afltr = Aflektor; AflxnG = Aflexionsgefüge; AmpnG = Amplifikationsgefüge; Ampt = Amplifikat; Amptr = Amplifikator; Attrd = Attribuend; AttrnG = Attributionsgefüge; Attrt = Attribut; Drvd = Derivand; DrvnG = Derivationsgefüge; Drvtr = Derivator; Fltd = Flektand; Fltr = Flektor; FlxnG = Flexionsgefüge; Grv-Adj = Adjektivgrammativ; Grv-Knfx = Konfixgrammativ (nicht näher spezifiziert); Grv-Knfx(Sb) = substantivspezifisches Konfixgrammativ; Grv-Prfx = Präfixgrammativ; Grv-Prtkl = Partikelgrammativ; Grv-Sb = Substantivgrammativ; Grv-Sffx(Adj) = Adjektivsuffixgrammativ; Grv-Sffx(Knfx-Adj) = adjektivkonfixspezifisches Suffixgrammativ; Grv-Sffx(Knfx-Sb) = substantivkonfixspezifisches Suffixgrammativ; Grv-Sffx(Prtkl) = Partikelsuffixgrammativ; Grv-Sffx(Sb) = Substantivsuffixgrammativ; Grv-Sffx(Vb) = Verbsuffixgrammativ; Grv-Vb = Verbgrammativ; Itrfx = Intrafix; Knfx = Konfix (nicht näher spezifiziert); Knfx-Adj = Adjektivkonfix; Knfx-Sb = Substantivkonfix; Prfx = Präfix; Prtkl = Partikel; Sb = Substantiv; Sffx-Adj = Adjektivsuffix; Sffx-Sb = Substantivsuffix; Sffx-Knfx(Adj) = adjektivkonfixspezifisches Suffix; Sffx-Knfx(Sb) = substantivkonfixspezifisches Suffix; Sffx-Vb = Verbsuffix; Trfx = Transfix; Uml = Umlaut; Vb = Verb. – Zu den allgemeinen Notationsregeln vgl. Anhang II (S. 828 ff.).

Wortelementarten: Suffixgrammative — 379

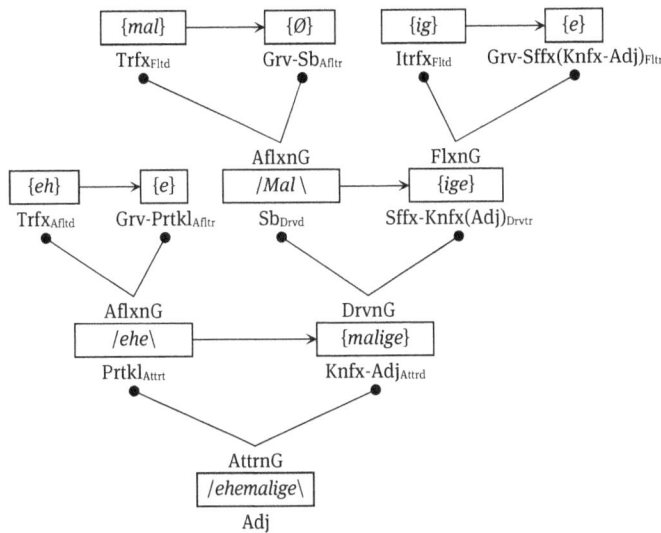

Abb. 103: Konstituentenstruktur von *ehemalige* (Bsp. 339b); zur Legende vgl. Abb. 102.

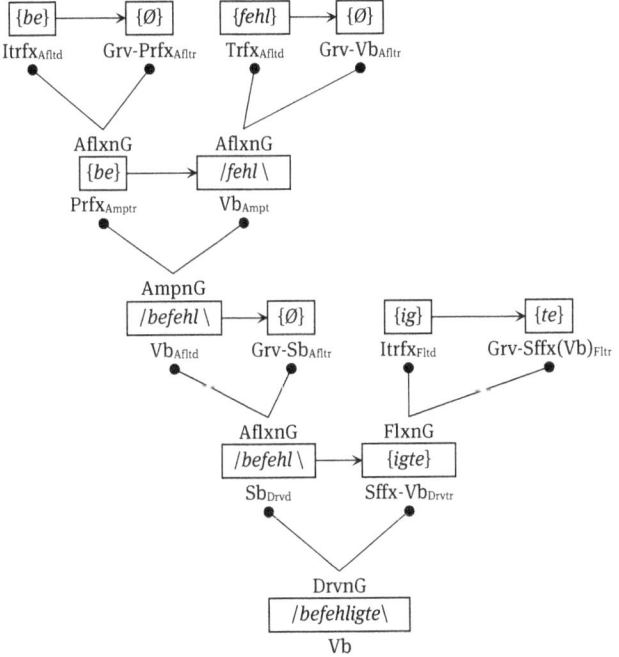

Abb. 104: Konstituentenstruktur von *befehligte* (Bsp. 340a); zur Legende vgl. Abb. 102.

380 — Konkrete Zeichenarten

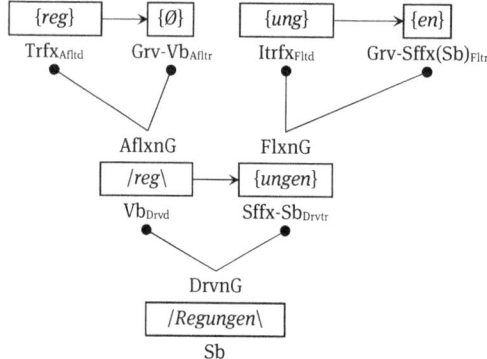

Abb. 105: Konstituentenstruktur von *Regungen* (Bsp. 340b); zur Legende vgl. Abb. 102.

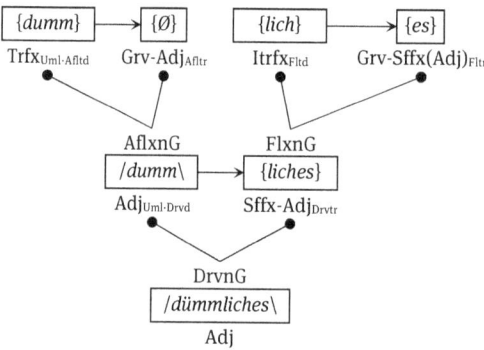

Abb. 106: Konstituentenstruktur von *dümmliches* (Bsp. 340c); zur Legende vgl. Abb. 102.

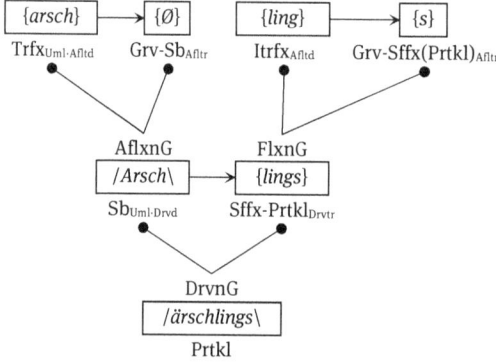

Abb. 107: Konstituentenstruktur von *ärschlings* (Bsp. 340d); zur Legende vgl. Abb. 102.

Bsp. 340: a) „Manius Manilius, der das Landheer befehligte" (MOMMSEN, Röm. Gesch. II ⁴1865, 31).
b) „Regungen eines mechanistischen Denkens über die Welt, das ganz und gar auf mathematische Begrenzung, logische Unterscheidung, auf Gesetz und Kausalität hinausgeht, tauchen sehr früh auf." (SPENGLER, Unterg. d. Abendl. I 1923, 132.)
c) „Was machst Du so ein kleines, dümmliches Gesicht?" (SPIELHAGEN, Zeitvertr. 1897, 5.)
d) „Die Plumpen schlagen Rad auf Rad | Und stürzen ärschlings in die Hölle." (GOETHE, Faust II 1832, 322, V. 11737 f.)

*

Zu § 67.2 HLR: Wie in Abb. 102 bis Abb. 106 dargestellt, können Suffixgrammative als Kerne von Suffixen Flektoren sein. Es ist auch möglich, dass sie als Aflektoren fungieren, beispielsweise, wenn das Wort, dessen Kern das Suffix ist, als Basis einer Ableitung oder einer Transposition dient, d. h., wenn es als Derivand in einem Derivationsgefüge (*festlich* in *Festlichkeit*, Bsp. 341a mit Abb. 108) oder als Flektand in einem Flexionsgefüge (*gewärtig* in *gewärtigen*, Bsp. 341.b mit Abb. 109) erscheint.

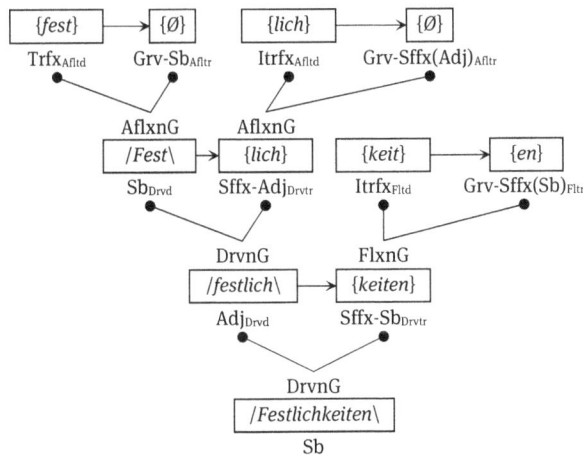

Abb. 108: Konstituentenstruktur von *Festlichkeiten* (Bsp. 341a); zur Legende vgl. Abb. 102.

Bsp. 341: a) „Für Festlichkeiten hatte ich keine Zeit." (BERGG [WELTER], Prolet. ²1913, 98.)
b) „Widerstand gegen diese Lösung war zu gewärtigen." (WEBER, Parl. 1918, 407.)

Wie an anderer Stelle dargelegt (S. 219 ff.), nehmen wir bei Derivationsgefügen an, dass als Derivand ein Konfix, ein Wort oder eine Wortgruppe erscheint (§ 32.3b HLR). Derivanden werden als solche nicht flektiert, müssen aber gleichwohl als Gefüge vollständig sein, d. h., sie müssen, sei es als unmittelbare oder ale mittelbare Konstituente, jeweils ein sie in ihrer Zeichenart bestimmendes Grammativ aufweisen. Ein solches Grammativ kann dann – um eben die Nichtflektierbarkeit seines unmittelbaren oder mittelbaren Konstituts zu bedingen – ausschließlich Aflektor-Funktion haben. Gleiches gilt bei Transpositionen, d. h. bei Überführung eines Zeichens in eine andere Zeichenart mittels Grammativ. Auch hier bleibt nach unserer Auffassung die Transpositionsbasis als solche erhalten – konkret: in *gewärtigen* ,steckt' das Adjektiv *gewärtig* –, ihr unmittelbarer oder mittelbarer Kern muss jedoch als Aflektor interpretiert werden.

Partikelspezifische Suffixgrammative können nur als Aflektoren erscheinen, da sie die mittelbaren Kerne von Partikeln darstellen und Partikeln per definitionem (§ 87.1c HLR) nicht flektierbar sind. Partikelspezifische Suffixe (§ 78.1b^VI HLR) sind demnach niemals Flexionsgefüge.

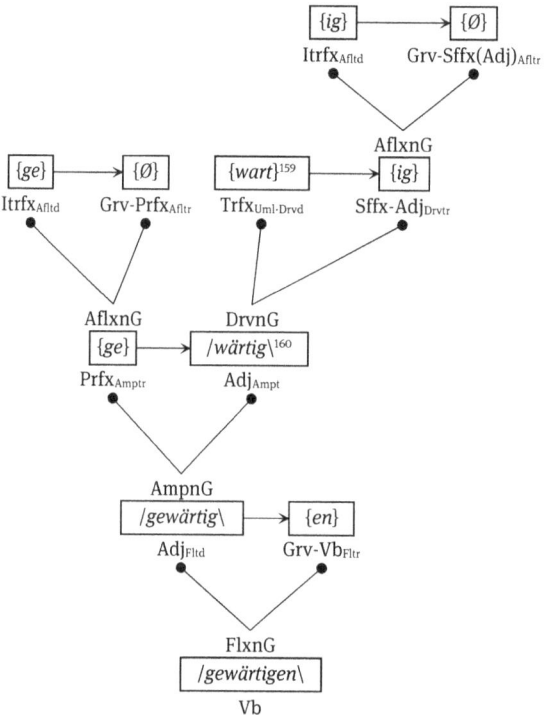

Abb. 109: Konstituentenstruktur von *gewärtigen* (Bsp. 341b); zur Legende vgl. Abb. 102.

---

159 Zur Interpretation der Struktur von {wart} vgl. S. 147.
160 Zu dem nicht mehr gebräuchlichen Adjektiv *wärtig*, das der Erweiterungsbildung *gewärtig* zugrunde liegt, vgl. DWB 27, 2175.

5.1.1.3 Konfixgrammative

§ 68.1 HLR: Ein K o n f i x g r a m m a t i v (Grv-Knfx) ist dasjenige Grammativ, das als Kern eines Segments mit Konfixcharakter (§ 80 HLR) dasselbe hinsichtlich seiner Zeichenart determiniert. Unterscheiden lassen sich

(α) s u b s t a n t i v s p e z i f i s c h e K o n f i x g r a m m a t i v e (Grv-Knfx(Sb)), die als Kerne von substantivspezifischen Konfixen (§ 80.1d^I HLR) fungieren,

(β) a d j e k t i v s p e z i f i s c h e K o n f i x g r a m m a t i v e (Grv-Knfx(Adj)), die als Kerne von adjektivspezifischen Konfixen (§ 80.1d^{II} HLR) fungieren, und

(γ) p a r t i k e l s p e z i f i s c h e K o n f i x g r a m m a t i v e (Grv-Knfx(Prtkl)), die als Kerne von partikelspezifischen Konfixen (§ 80.1d^{III} HLR) fungieren.

§ 68.2 HLR: Konfixgrammative erfüllen die Gliedfunktion von Gefügekernen, konkret:

(α) Flektoren (§ 29.2bIβ HLR) oder

(β) Aflektoren (§ 30.2bIII HLR).

Zu § 68.1 HLR: Konfixgrammative konstituieren Konfixe, d. h. Zeichen mit der Struktur flektierbarer Wörter, die jedoch keine Wörter, sondern stets kolligate Zeichen sind (§ 80 HLR): so *ehe*mals (Abb. 38, S. 139), *Deuterojesaja* (Bsp. 66c, S. 156), Zeug*wart* (Abb. 65, S. 203) oder *Geo/graphie* (Abb. 76, S. 211). Konfixe können als Flexionsgefüge (§ 80.1b^I HLR), Aflexionsgefüge (§ 80.1b^{II} HLR) oder Derivationsgefüge (§ 80.1b^{III} HLR) strukturiert sein. Ein Konfix mit Konfixgrammativ als Kern ist entweder ein Flexionsgefüge oder ein Aflexionsgefüge; es erscheint als Erst- oder Zweitkonstituente eines Wortgebildes (§ 80.1b HLR).

*

Zu § 68.2 HLR: Das Konfixgrammativ ist immer der Kern des Konfixes. Es erscheint als Flektor, wenn das Konfix als Zweitkonstituente, d. h. als Kern eines flektierbaren Wortes fungiert – z. B. Zeug*wart* (Abb. 65, S. 203) oder *Geo*graphie (Abb. 76, S. 211) – und dieses flektierbare Wort seinerseits nicht die E r s t konstituente eines anderen Wortes darstellt (so in *Geographiebuch*, Bsp. 342). In allen anderen Fällen erscheint das Konfixgrammativ als Aflektor: Konfixe, die Zweitglieder nicht flektierbarer Wörter (*ehe*mals: Abb. 38, S. 139) oder Erstglieder (*Geographie*: Abb. 76, S. 211) sind, werden nicht flektiert.

Bsp. 342: „Er hatte sich so gefreut! So zum ersten Male in die Schule gehn zu dürfen und dort so klug zu werden, daß man zuletzt ein *Geographiebuch* hatte und Afrika draus lernte, gewiß, das war zu schön!" (HOLZ/SCHLAF, Papa Hamlet 1892, 92 f.)

*

Zu § 68.3 HLR: Konfixe bestimmen, wenn sie als Kerne (Zweitkonstituenten) von Wortgebilden erscheinen, die Wortart des Konstituts (§ 80.1c HLR). Ein Wort, das ein mit Konfixgrammativ gebildetes Konfix als Zweitkonstituente aufweist, kann ein Substantiv (Zeug*wart*, Abb. 65, S. 203), ein Adjektiv (steno*therm*, Abb. 120, S. 405) oder eine Partikel (*ehe*mals: Abb. 38, S. 139) sein; entsprechend bestimmt sich das

Konfixgrammativ als ein Substantivkonfixgrammativ, ein Adjektivkonfixgrammativ oder ein Partikelkonfixgrammativ.

5.1.1.4 Verbgrammative

§ 69.1 HLR: Ein V e r b g r a m m a t i v (Grv-Vb) ist dasjenige Grammativ, das als möglicher Kern eines Wortgebildes mit Verbcharakter (§ 82.1b$^{I/II}$ HLR) dasselbe hinsichtlich seiner Zeichenart determiniert.

§ 69.2 HLR: Verbgrammative erfüllen die Gliedfunktion von Gefügekernen, konkret:

(α) Flektoren (§ 29.2b^{IV} HLR) oder

(β) Aflektoren (§ 30.2b^{IV} HLR).

Zu § 69.1 HLR: Verbgrammative sind m ö g l i c h e Kerne von Verben, genauer: Sie sind die Kerne bestimmter – nämlich synthetisch gebildeter (§ 82.1d^{I} HLR) – Verbformen. Analytisch gebildete Verbformen (§ 82.1d^{II} HLR) weisen als Kern demgegenüber ein Hilfsverb auf.

Verbgrammative determinieren die Einheiten, deren Kerne sie sind, als Verben. Dies spielt insbesondere dort eine Rolle, wo sie Transposition aus einer anderen Wortart, etwa aus einem Substantiv (Bsp. 343a) oder einem Adjektiv (Bsp. 343b) bewirken.

Bsp. 343: a) „‚Und Sie hier, Baron?' gegenfragte Richemonte." (MAY, Lb. Ulan. 1883–85, 700)

b) „Ich kann Ihnen nicht sagen, wie mich das elendet" (REVENTLOW, an E. Fehling [März 1890], 11)

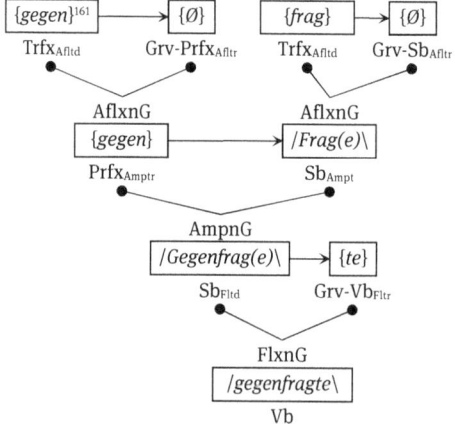

Abb. 110: Konstituentenstruktur von *gegenfragte* (Bsp. 343a); zur Legende vgl. Abb. 111.

---

161 Ob *gegen* ursprünglich ein Substantiv war (so DWB 5, 2202), muss hier nicht geklärt werden, da diese Frage auch in der jüngeren Forschung (EWD 1, 518) offen bleibt.

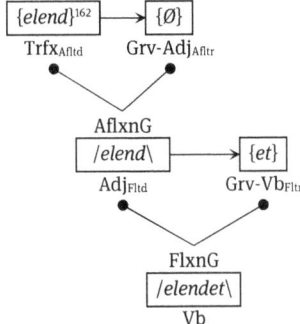

Abb. 111: Konstituentenstruktur von *elendet* (Bsp. 343b).

Adj = Adjektiv; Afltd = Aflektand; Afltr = Aflektor; AflxnG = Aflexionsgefüge; AmpnG = Amplifikationsgefüge; Ampt = Amplifikat; Amptr = Amplifikator; Drvd = Derivand; DrvnG = Derivationsgefüge; Drvtr = Derivator; Fltd = Flektand; Fltr = Flektor; FlxnG = Flexionsgefüge; Grv-Adj = Adjektivgrammativ; Grv-Sffx(Adj) = Adjektivsuffixgrammativ; Grv-Prfx = Präfixgrammativ; Grv-Sb = Substantivgrammativ; Grv-Vb = Verbgrammativ; Prfx = Präfix; Sb = Substantiv; Sffx = Suffix; Trfx = Transfix; Vb = Verb. – Zu den allgemeinen Notationsregeln vgl. Anhang II (S. 828 ff.).

*

Zu § 69.2 HLR: Verbgrammative haben die Funktion von Flektoren, wenn die Verbform, die sie konstituieren, syntaktisch eigenständig (Bsp. 343) oder als Kern eines Wortgebildes erscheint (so bei *übersetzen*, Bsp. 91, S. 221, mit Abb. 87, S. 221). Bildet die Verbform die Basis einer Ableitung (so bei *sterblich*, Abb. 112) oder einer Transposition (so bei *das Lächeln*, Bsp. 344a, S. 386), mit anderen Worten: fungiert sie im Rahmen eines Wortgebildes als Satellit, so zeigt sich das Verbgrammativ als Aflektor.

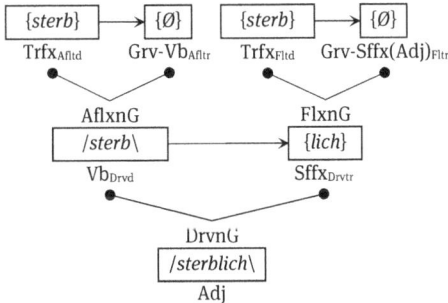

Abb. 112: Konstituentenstruktur von *sterblich*; zur Legende vgl. Abb. 111.

---

162 *Elend*~Adj~ geht etymologisch wohl auf eine Wortgruppe zurück: Zugrunde liegt indoeuropäisch **aljos* ›anderer‹ und **lendh-* ›Land‹. Das Wort „bezeichnet demnach eigentl. ‚den, dessen (Heimat)land ein anderes ist' als das, in dem er sich (schutzlos) aufhält" (EWD 1, 349). Dies kann hier jedoch unberücksichtigt bleiben, da die Bildung nicht mehr durchsichtig ist.

5.1.1.5 Substantivgrammative

§ 70.1 HLR: Ein S u b s t a n t i v g r a m m a t i v (Grv-Sb) ist dasjenige Grammativ, das als Kern eines Wortgebildes mit Substantivcharakter (§ 83.1c$^{I/II}$ HLR) dasselbe hinsichtlich seiner Zeichenart determiniert.

§ 70.2 HLR: Substantivgrammative erfüllen die Gliedfunktion von Gefügekernen, konkret:

(α) Flektoren (§ 29.2b^{I6} HLR) oder

(β) Aflektoren (§ 30.2b^V HLR).

Zu § 70.1 HLR: Da Substantive nach unserer Auffassung keine analytischen Formen aufweisen, nehmen wir als Kern eines Substantivs i m m e r ein Substantivgrammativ an. Das Substantivgrammativ bestimmt das Wort, dessen Kernbestandteil es ist, als Substantiv. Dies zeigt sich, analog zu den Verbgrammativen, dort besonders deutlich, wo Wörter anderer Wortartzugehörigkeit zu Substantiven werden.

Bsp. 344: a) „trotz dieses <u>Lächelns</u>" (FONTANE, 20–30 1908, 246).
b) „die Gemeinde der <u>Gläubigen</u>" (BIERBAUM, Stilpe 1897, 74).[163]
c) „Bittest du denn für dich oder eines der <u>Deinen</u>?" (FRANÇOIS, Reckenb. 1870, 52.)
d) „durch den wüsten Lärm des <u>Heute</u> vernehmen wir doch schon den noch fernen Heroldsruf des <u>Morgen</u>" (SUTTNER, Martha 1902, 248).
e) „weil ich mit einem <u>Ja</u> besser als mit einem <u>Nein</u> leben kann" (SACK, Stud. 1917, 298).

Auf dieselbe Art können auch Wortgruppen zu Wörtern transponiert werden (vgl. auch S. 208 und S. 249):

Bsp. 345: a) „Ort und Stunde des <u>Stelldicheins</u> wurden bestimmt." (EBNER-ESCHENBACH, Unsühnb. 1889, 483.)

---

[163] Substantivierte Adjektive nehmen wir auch in Fällen an wie „der <u>älteste</u> meiner Söhne" (MAY, Or. u. Datt. 1910, 400) oder „[d]er <u>jüngste</u> unter den großen Zweigen am lebendigen Baume der Biologie" (HAECKEL, Welträtsel ^{11}1919, 78). Damit widersprechen wir freilich einer Auffassung, wie sie u. a. der geltenden deutschen Orthographie zugrunde liegt. § 58 (1) des 1996 beschlossenen (und bei der Überarbeitung 2006 in diesem Punkt unverändert gebliebenen) Regelwerks der deutschen Rechtschreibung zufolge schreibt man „Adjektive, Partizipien und Pronomen" klein, „die sich auf ein vorhergehendes oder nachstehendes Substantiv beziehen" (Dt. Rechtschr., 1134), was auch gelten soll für Syntagmen wie „die aufmerksamste und klügste meiner Zuhörerinnen" (ebd.). Um in solchen Beispielen davon zu sprechen, dass sich Adjektive auf ein nachfolgendes Substantiv beziehen, müsste man jedoch eine Substantiv- E l l i p s e ansetzen: ein elliptisches Gefüge mit Null-Kern (*die aufmerksamste und klügste ⊗‚Zuhörerin‘ meiner Zuhörerinnen; *der älteste ⊗‚Sohn‘ meiner Söhne; *der jüngste ⊗‚Zweig‘ unter den großen Zweigen am lebendigen Baume der Biologie). – Eine solche Möglichkeit schließen wir als nicht einleuchtend aus. Nach unserer Auffassung sind die vermeintlichen Adjektive – da sie als mittelbare Kerne von Komitationsgefügen (§ 38.1b^{III} HLR) fungieren können – Substantive. Konsequent erschiene es daher, sie großzuschreiben – was allerdings den Bruch mit einem traditionellen, lange vor 1996 üblichen Schreibgebrauch bedeutete und hier nicht in Anregung gebracht werden soll.

b) „‚O, you are a bad boy!' sagte der mit dem heimtückischen Gesicht, worauf ich ihm ein Leckmich zurief." (RINGELNATZ, Leben 1931, 109).
c) „Andiols Sultanin stund auf der äußersten Abstufung der Menschengestalt, weit unter der berufenen Baschkirenphysiognomie, und schien das non plus ultra der Häßlichkeit zu sein" (MUSÄUS, Volksmärchen 1782–86, 132).

Wir deuten mithin die scheinbare Determination einer Wortgruppe durch einen Artikel, wie sie in Bsp. 345a–c jeweils vorliegt, nicht als ein primäres, für die Transposition ausschlaggebendes Phänomen, sondern lediglich als ein sekundäres, das allenfalls als Transpositionsindiz gelten kann. Tatsächlich liegen nach unserer Auffassung nämlich in Bsp. 345 gar keine Determinationen von Wortgruppen durch Artikel vor, weil es sich in diesen Fällen bei den Wortgruppen nicht um Substantivgruppen handelt, Artikel (im Rahmen von Komitationsgefügen) aber ausschließlich Substantive oder Substantivgruppen determinieren können (§ 38.2b HLR). Ein Zeichen wird also nicht dadurch zum Substantiv (oder zur Substantivgruppe), dass es durch einen Artikel determiniert wird, sondern kann umgekehrt nur dann durch einen Artikel determiniert werden, wenn es als Substantiv oder Substantivgruppe bereits erscheint. Dies aber ist bei Zeichen, die per se keine Substantive oder Substantivgruppen sind, nach unserer Auffassung nur dann der Fall, wenn sie als Flexionsgefüge oder als Aflexionsgefüge erscheinen und ihr Flektor oder ihr Aflektor ein Substantivgrammativ[164] ist. Wir setzen daher vor die Möglichkeit der Determination eines Zeichens durch einen Artikel die Notwendigkeit, dass es ein Substantivgrammativ als unmittelbaren oder mittelbaren Kern aufweist.

Wörter, die durch Transposition einer bestimmten Wortart usuell angehören, können durch Retransposition auch okkasionell in ihre ursprüngliche Wortart rücküberführt werden.

Bsp. 346: „Die Radikalen fordern alle Freiheiten und Rechte unbedingt und uneingeschränkt, in der Meinung, daß aus lauter Bischens (ein bischen Freiheit, ein bischen Beruf) doch nur etwas An- und Zusammengeflicktes wird" (DOHM, Antifem. 1902, 118).

*

Zu § 70.2 HLR: Substantivgrammative mit Aflektor-Funktion erscheinen im Gegensatz zu solchen mit Flektor-Funktion nicht als wortform- und wortartkonstitutive, sondern nur als wortartkonstitutive Zeichen. Obgleich sie nicht selten als historisch aus Flexionswortelementen hervorgegangen erklärt werden können – so das Fugenelement in substantivischen Komposita, beispielsweise {s$_{Afltr}$} in *Engelsgeduld* aus {s$_{Grv\text{-}Sb:GenSg}$} in *eines Engels Geduld* (vgl. Fleischer/Barz 1995, 136) –, gehören sie nicht (mehr) zu einem Flexionsparadigma – erkennbar wird dies bei {s$_{Afltr}$} in *Geschichtsbewusstsein*, also in Lexemen, die jeweils eine Flexionsform mit {s}-Flektorgrammativ

---

[164] Substantiv g r u p p e n grammative nehmen wir nicht an; somit wird jede derartige Einheit als (ggf. sekundäres) Substantiv – nicht als Substantivgruppe – deutbar.

nicht haben –, sondern erfüllen eigenständig eine determinative Funktion. (Vgl. auch Duden 2005, 722.)

5.1.1.6 Adjektivgrammative

§ 71.1 HLR: Ein Adjektivgrammativ (Grv-Adj) ist dasjenige Grammativ, das als Kern eines Wortgebildes mit Adjektivcharakter (§ 84.1b$^{I/II}$ HLR) dasselbe hinsichtlich seiner Zeichenart determiniert.

§ 71.2 HLR: Adjektivgrammative erfüllen die Gliedfunktion von Gefügekernen, konkret:

(α) Flektoren (§ 29.2b^{Iε} HLR) oder

(β) Aflektoren (§ 30.2b^{VI} HLR).

Zu § 71.1 HLR: Adjektivgrammative setzen wir bei allen Adjektiven an, die nicht als Derivate interpretierbar sind (so *klein*, Bsp. 347). Ebenso wie sich Verben und Substantive mittels entsprechender Grammative durch Transposition bilden lassen, ist dies auch bei Adjektiven möglich; sie können unter anderem zu Verben (Bsp. 348) oder Substantiven (Bsp. 81a mit Abb. 66, S. 204) gebildet werden.

Bsp. 347: „Sie ging in den Garten, an dessen Ende ein <u>kleines</u> Gartenhaus hinab auf den Fluß und die fruchtbare Gegend blickte." (AHLEFELD, Marie Müller ²1814, 25.)

Bsp. 348: „Sie machten es sich zur Pflicht, <u>verlassene</u> Kranke zu pflegen, Verunglückte und Hingerichtete zu begraben, Almosen zu sammeln und an Unglückliche und Leidende zu vertheilen." (HERLOSSOHN, Dam. Conv. Lex. II 1834, 203.)

*

Zu § 71.2 HLR: Liegt ein Adjektiv in flektierter Form vor, so fungiert sein Adjektivgrammativ als Flektor (Bsp. 347, Bsp. 348). Die Funktion eines Aflektors erfüllt es demgegenüber, wenn das Adjektiv unflektiert ist, z. B. wenn es ein Verbadjektiv ist, wenn es als Wortbildungsattribut i. S. v. § 39.3b$^{II\gamma\beta}$ HLR (Bsp. 86f, S. 209, mit Abb. 79, S. 213) oder – ohne selbst bereits deriviert zu sein – als Derivand (Bsp. 340c, S. 381, mit Abb. 106, S. 380) erscheint.

Als Flektor-Grammative interpretieren wir auch die so genannten ‚lebendigen' Fugenzeichen, d. h. die wenigen Fälle, in denen bei Komposita mit adjektivischer Erstkonstituente eine Flexion dieser Erstkonstituente (in Abhängigkeit von der Zweitkonstituente) begegnet bzw. begegnen kann – etwa bei *Hohepriester* (Bsp. 349a/b) und *Langeweile* (Bsp. 349c/d).

Bsp. 349: a) „wenn nicht ein weiser Hoh<u>er</u>priester ihm beizeiten davon abgeraten hätte" (BRAUN, Mem. I 1909, 290).

b) „Ebenezer ist ein Name für einen Hoh<u>en</u>priester" (FONTANE, L'Adultera 1880, 177).

c) „kein Moment der Lang<u>en</u>weile" (OTTO, Frauenl. 1876, 234).

d) „Ich stürbe ja vor Anstrengung und Lang<u>er</u>weile." (DOHM, Dalmar ²1897, 187.)

Ebenfalls als Flektor erscheint das Adjektivgrammativ in Phraseolexemen (vgl. S. 104 f.) wie *schwarzes Brett* (Bsp. 350). Auch hier begegnet also in lexikalischen Einheiten ‚Binnenflexion'.

Bsp. 350: „Dann schrieb sie Briefe, Zimmerangebote und trug sie selbst auf die Redaktion und zum Pedell, damit er sie am schwarz<u>en</u> Brett anschlage." (FRAPAN, Arbeit 1903, 49.)

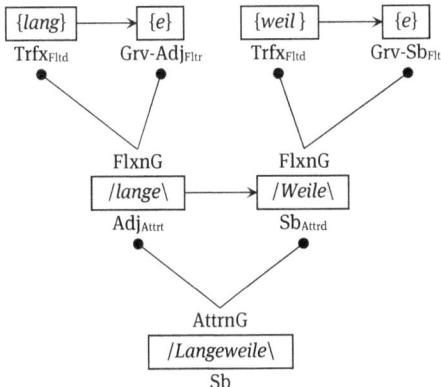

Abb. 113: Konstituentenstruktur von *Langeweile* (Bsp. 349c/d)

Adj = Adjektiv; Attrd = Attribuend; AttrnG = Attributionsgefüge; Attrt = Attribut; Fltd = Flektand; Fltr = Flektor; FlxnG = Flexionsgefüge; Grv-Adj = Adjektivgrammativ; Grv-Sb = Substantivgrammativ; Sb = Substantiv; Trfx = Transfix. — Zu den allgemeinen Notationsregeln vgl. Anhang II (S. 828 ff.).

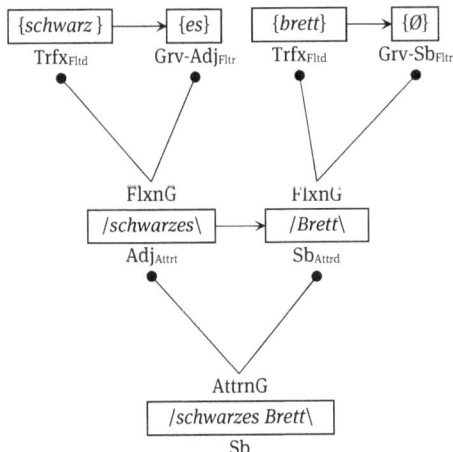

Abb. 114: Konstituentenstruktur von *schwarzes Brett* (Bsp. 350); zur Legende vgl. Abb. 113.

5.1.1.7 Artikelgrammative

§ 72.1 HLR: Ein A r t i k e l g r a m m a t i v (Grv-Art) ist dasjenige Grammativ, das als Kern bestimmter Wortgebilde mit Artikelcharakter (§ 85.1b^(I/II) HLR) dieselben hinsichtlich ihrer Zeichenart determiniert.

§ 72.2 HLR: Artikelgrammative erfüllen die Gliedfunktion von Gefügekernen, konkret:

(α) Flektoren (§ 29.2b^(IX) HLR) oder

(β) Aflektoren (§ 30.2b^(VII) HLR).

Zu § 72.1 HLR: Als flektierbare Wörter weisen auch Artikel Grammative auf. In den meisten Fällen ist die einfache Artikelstruktur[165] /{Trfx}·{Grv-Art}\ offensichtlich, so beispielsweise beim Demonstrativartikel *dieser*: Das Transfix (der ‚Stamm') bleibt unverändert, wohingegen das Grammativ (die ‚Flexionsendung') nach Kasus, Numerus und Genus variabel ist: *dies|er*$_{\text{NomSg-Mask}}$, *dies|es*$_{\text{GenSg-Mask}}$, *dies|em*$_{\text{DatSg-Mask}}$, *dies|en*$_{\text{AkkSg-Mask}}$, *dies|e*$_{\text{NomPl-Mask}}$, *dies|er*$_{\text{GenPl-Mask}}$, *dies|en*$_{\text{DatPl-Mask}}$, *dies|e*$_{\text{AkkPl-Mask}}$, *dies|e*$_{\text{NomSg-Fem}}$, *dies|er*$_{\text{GenSg-Fem}}$ usw.

Dieselbe Struktur nehmen wir auch dort an, wo das Transfix nur rudimentär erscheint, beim bestimmten Artikel *der*: *d|er*$_{\text{NomSg-Mask}}$, *d|es*$_{\text{GenSg-Mask}}$, *d|em*$_{\text{DatSg-Mask}}$ usw.

*

Zu § 72.2 HLR: Dass Artikelgrammative Flektoren sind, ist der Normalfall. Sie können jedoch auch als Aflektoren auftreten, beispielsweise dann, wenn der Artikel, den sie konstituieren, als Komes nicht Bestandteil eines Syntagmas, sondern Bestandteil eines substantivischen Wortgebildes ist (Bsp. 86g, S. 209, mit Abb. 80, S. 213).

Ebenfalls ein Aflektor-Grammativ lässt sich bei dem unflektierten Qualitativartikel *solch* (Bsp. 351) annehmen – /{solch}·{Ø$_{\text{Grv-Art·Afltr}}$}\ –, im Gegensatz zum flektierten Qualitativartikel *solcher* (Bsp. 352), der ein Flektor-Grammativ aufweist: /{solch}·{Grv-Art·Fltr}\.

Bsp. 351: a) „Nur kann ich die hurtige Bebung nicht leiden, die einigen jungen Sängern und Instrumentisten so eigen ist, daß man meynen sollte, sie wären bereits 60, oder 70 Jahre alt, und könnten folglich vor Zittern keinen Ton mehr unbeweglich aushalten. Sie halten <u>solch</u> Beben oder Zittern (es sey mit Beyhülfe der Lefzen oder Finger) für eine Schönheit, die ihnen schwer auszureden ist." (RIEPEL, Mus. Setzkunst V 1768, 56.)

b) „Wenn es <u>solch</u> praktische Dinge gibt, warum soll sie nicht jedermann haben?" (BALL, MWR 1919, 251.)

Bsp. 352: a) „Diese Aufführung die sie den ganzen Abend, und den ganzen Montag fortsetzte verursachte mir <u>solches</u> Aergerniß, daß ich Montags Abends in ein Fieber verfiel, das

---

[165] Demgegenüber lässt sich eine komplexere Artikelstruktur bei solchen Artikeln ansetzen, die als Interzeptionsgefüge (§ 50 HLR, vgl. Kap. 4.1.19) erscheinen.

mich diese Nacht mit Frost und Hitze entsetzlich peinigte, und diesen ganzen Tag zu Hause bleiben hieß" (GOETHE, an E. W. Behrisch [10. 11. 1767], WA IV, 1, 136).

b) „Richtig und falsch sind überhaupt nicht Begriffe, womit man über solche Annahmen zu urteilen hat; es handelt sich darum, ob sie [...] sich als brauchbar durchsetzt oder nicht." (SPENGLER, Unterg. d. Abendl. I 1923, 541.)

5.1.1.8 Pronomengrammative

§ 73.1 HLR: Ein P r o n o m e n g r a m m a t i v (Grv-Prn) ist dasjenige Grammativ, das als Kern von Wortgebilden mit Pronomencharakter (§ 86.1b HLR) dieselben hinsichtlich ihrer Zeichenart determiniert.

§ 73.2 HLR: Pronomengrammative erfüllen die Gliedfunktion von Gefügekernen, konkret:

(α) Flektoren (§ 29.2b^{In} HLR)

(β) Aflektoren (§ 30.2b^{VIII} HLR).

Zu § 73.1 HLR: Über Pronomengrammative ist in Analogie zu Artikelgrammativen zu sagen: Ein Pronomengrammativ bildet zusammen mit einem Transfix ein Pronomen. Dabei lassen sich homonyme Einheiten aufgrund ihrer Grammative unterschiedlichen Wortarten zuweisen, beispielsweise der Propositivartikel *mein* (Bsp. 353a) und das Propositivpronomen *meiner* (Bsp. 353b).

Bsp. 353: a) „Ich betrat mein Haus und fand es verödet." (TIECK-BERNHARDI, Evremont 1836, III, 224.)

b) „Das Gesicht, das ich vorband, roch eigentümlich hohl, es legte sich fest über meines, aber ich konnte bequem durchsehen, und ich wählte erst, als die Maske schon saß, allerhand Tücher, die ich in der Art eines Turbans um den Kopf wand [...]." (RILKE, Aufzeichn. 1910, 806.)

*

Zu § 73.2 HLR: Wie beim Artikelgrammativ ist beim Pronomengrammativ die Funktion als Flektor der Normalfall. Das Pronomengrammativ kann jedoch auch als Aflektor erscheinen, beispielsweise dann, wenn Pronomina Bestandteile (Erstglieder) von Wortgebilden sind (Abb. 81, S. 214).

5.1.1.9 Partikelgrammative

§ 74.1 HLR: Ein P a r t i k e l g r a m m a t i v (Grv-Prtkl) ist dasjenige Grammativ, das als Kern bestimmter Wortgebilde mit Partikelcharakter (§ 87.1b^{I} HLR) dieselben hinsichtlich ihrer Zeichenart determiniert.

§ 74.2 HLR: Partikelgrammative erfüllen die Gliedfunktion von Gefügekernen, konkret: Aflektoren (§ 30.2b^{IX} HLR).

Zu § 74.1 HLR: Partikelgrammative bilden den Kern derjenigen Partikeln, die nicht als Derivationsgefüge (§ 87.1b^{II} HLR) oder als Interzeptionsgefüge (§ 87.1b^{III} HLR) strukturiert sind. Partikeln dieser Art sind beispielsweise *anstatt*, *aus*, *dank*, *in*, *kraft*, *teils* und *zwecks* (Bsp. 539a–g, S. 565).

Determinieren Partikelgrammative Wörter – etwa bei *dank*, *kraft*, *teils*, *zwecks* und ebenso auch bei *wohllaut* (Bsp. 354a, Abb. 115) und *wunder* (Bsp. 354b) – oder Wortgruppen – beispielsweise bei *anstatt* (vgl. Abb. 129, S. 564) –, so bewirken sie die Veränderung der Wortart bzw. Zeichenart (Transposition).

Bsp. 354: a) „im Walde klang tief und <u>wohllaut</u> ein dunkler Eulenruf" (HESSE, Siddh. 1922, 405).
b) „Daß die [...] Herren gegen so schnöde Beleidigung [...] nicht reagiren, nimmt mich <u>Wunder</u>" (DOHM, Emancip. 1874, 135).

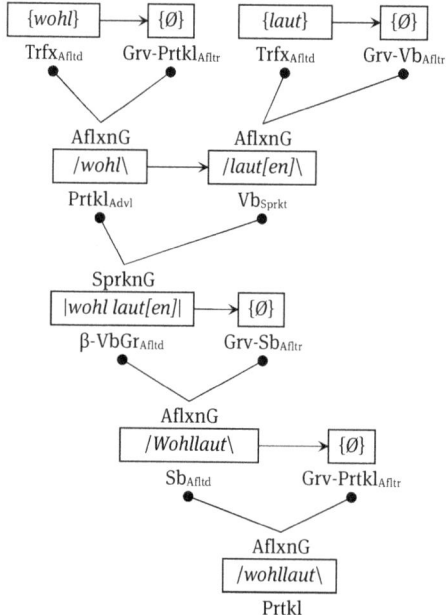

Abb. 115: Konstituentenstruktur von *wohllaut* (Bsp. 354a)

Advl = Adverbial; Afltd = Aflektand; Afltr = Aflektor; AflxnG = Aflexionsgefüge; Grv-Prtkl = Partikelgrammativ; Grv-Sb = Substantivgrammativ; Grv-Vb = Verbgrammativ; Prtkl = Partikel; Sb = Substantiv; SprknG = Supprädikationsgefüge; Sprkt = Supprädikat; Trfx = Transfix; Vb = Verb; β-VbGr = β-Verbgruppe. – Zu den allgemeinen Notationsregeln vgl. Anhang II (S. 828 ff.).

*

Zu § 74.2 HLR: Partikelgrammative haben ausschließlich Aflektor-Funktion, da die Wörter, die sie konstituieren, per definitionem nicht flektierbar sind (§ 87.1c HLR). Es könnte sich die Frage stellen, ob nicht bestimmte Ausnahmen von dieser Regel zu bemerken seien: ob es nicht einige zumindest komparierbare Partikeln gebe, z. B. *bald* (Bsp. 355a) und *oft* (Bsp. 355b).

Bsp. 355: a) „Mein Herz war voll von Muth und Hoffnung; und kräftiger und rascher schritt ich aus, als könnte ich bälder so das Glück erreichen." (STORM, Aquis Subm. 1876, 671.)

b) „Es sind schon öfter, seit die Welt steht, Staaten gegründet worden; das ist ein altes Stück." (NIETZSCHE, III. Unzeit. Betr. 1874, 365.)

Diese vermeintlichen Partikeln lassen dann aber auch noch andere funktionale Aspekte der Flexion erkennen (Kasus, Numerus und Genus) und erscheinen als flektierte Einheiten in attributiver Verwendung.

Bsp. 356: a) „Die Abwechslung dieser Figuren wird bis ans Ende fortgesetzt. Kurz vorher aber wiederholen die drey Stimmen das Anfangsthema hinter einander, ohne daß es durch eine Stimme ganz wieder vorgetragen wird. Welche nach und nach bäldere Eintretung des Anfangsthema, ein wesentliches Stück einer Fuge genennt werden kann." (DAUBE, Mus. Dilett. 1773, 246.)

b) „Zweymaliger Besuch des Geh. Hofraths Huschke und sehr ofter Besuch des Hofraths Rehbein." (GOETHE, Tageb. 1823, WA III, 9, 18.)

c) „Daß der öftere Wechsel ihrer Farbe, wenn er ihr insbesondere nahte, oder vorzugsweise s i e unvermuthet anredete, eher aus einer Aufwallung des Wohlwollens als der Abneigung oder des Unwillens entstand, durfte er, wenn er wahr gegen sich selbst seyn wollte, nicht bezweifeln." (AHLEFELD, Erna 1820, 156.)

Weit sinnvoller denn als irreguläre Partikeln lassen sie sich folglich als reguläre Adjektive deuten. Damit gilt für ihre Grammative: Es handelt sich um Adjektivgrammative; und für Partikelgrammative bleibt es dabei: Sie erfüllen nicht die Gliedfunktion von Flektoren.

5.1.2 Semantive

5.1.2.1 Intrafixe

---

§ 75.1 HLR: Ein I n t r a f i x (Itrfx) ist ein Wortelement, das

(α) gemeinsam allein mit einem Präfixgrammativ (§ 66 HLR) ein Gefüge mit Präfixcharakter (§ 77 HLR) oder

(β) gemeinsam allein mit einem Suffixgrammativ (§ 67 HLR) ein Gefüge mit Suffixcharakter (§ 78 HLR) bilden kann.

§ 75.2 HLR: Intrafixe sind einfache Zeichen (§ 12.I HLR).

§ 75.3 HLR: Intrafixe erfüllen die Gliedfunktion von Satelliten, konkret:

(α) Flektanden (§ 29.3b^{Iα} HLR)

(β) Aflektanden (§ 30.3b^{I} HLR).

Zu § 75 HLR: Als Intrafixe bezeichnen wir einfache (i. S. v. § 12.I HLR) Wortelemente, die zusammen mit einem entsprechenden Grammativ ein Präfix (Abb. 85, S. 218) oder ein Suffix (Abb. 64, S. 202) bilden können. Anders als Transfixe (vgl. 5.1.2.2) können Intrafixe nicht als unmittelbare Konstituenten von Wörtern oder Konfixen erscheinen. Intrafixe sind somit einige derjenigen Wortelemente, die als unmittelbare Konstituenten (Erstkonstituenten) von Präfixen begegnen, beispielsweise {be}, {er} und {ver}[166] und zudem alle Erstkonstituenten von Suffixen – beispielsweise {heit}, {ie}, {ier}, {ig}, {lich}, {nis}, {tum} und {ung} –, da Suffixe keine Transfixe als Konstituenten aufweisen können (§ 78.1a HLR).

Da Präfixgrammative immer Aflektoren sind (§ 66.2 HLR), erscheint jedes Intrafix, das unmittelbare Konstituente eines Präfixes ist, als Aflektand (vgl. z. B. Abb. 85, S. 218). Intrafixe, die unmittelbare Konstituenten von Suffixen sind, erscheinen prototypisch als Flektanden (vgl. Abb. 106, S. 380), können aber in bestimmten Zusammenhängen (vgl. z. B. Abb. 18, S. 111), auch Aflektanden sein.

5.1.2.2 Transfixe

Da wir von einer ‚Wortfähigkeit' von Wortelementen als solchen prinzipiell nicht ausgehen, also nicht annehmen, dass sie unter bestimmten Bedingungen Wörter sein (vgl. S. 146), vielmehr nur, dass sie im Gefüge mit mindestens einem anderen Wortelement oder einem Wort Zeichen mit Wortcharakter bilden können, kommen so genannte ‚freie Wortelemente' in unserem Systementwurf nicht vor. Transfixe ändern also nicht ihre Zeichenart, sondern bleiben ebenso wie Intrafixe immer Wortelemente; sie zeichnen sich aber dadurch aus, dass sie unmittelbare Konstituenten von Wörtern sein können und damit gewissermaßen in ihren Konstituten die Wortelement-Ebene verlassen. Intrafixe hingegen können immer nur unmittelbare Konstituenten anderer Wortelemente sein.

---

§ 76.1 HLR: Ein T r a n s f i x (Trfx) ist ein Wortelement, das gemeinsam allein mit einem Grammativ ein Gefüge mit

(α) Wortcharakter (§ 26 HLR),

(β) Präfixcharakter (§ 77 HLR) oder

(γ) Konfixcharakter (§ 80 HLR) bilden kann.

§ 76.2 HLR: Transfixe sind einfache Zeichen (§ 12.I HLR).

---

[166] Demgegenüber klassifizieren wir andere Präfix-Erstkonstituenten als Transfixe: solche, die auch als Erstkonstituenten von Wörtern erscheinen können – etwa {unt} in *unter-* (*unterlaufen*: Bsp. 86a mit Abb. 74, S. 210) oder {voll} in *vollziehen* (Bsp. 336a, S. 375).

§ 76.3 HLR: Transfixe erfüllen die Gliedfunktion von Satelliten, konkret:

(α) Flektanden (§ 29.3b^{Iβ} HLR) oder

(β) Aflektanden (§ 30.3b^{II} HLR).

Zu § 76.1 HLR: Ein Transfix bildet zusammen mit einem Grammativ ein Gefüge mit Wortcharakter, beispielsweise

- {schlaf} im Verb *schlafen* (vgl. Abb. 38/1, S. 139),
- {geist} im Substantiv *Geist* (vgl. Abb. 42, S. 148),
- {lieb} im Adjektiv *lieb* (vgl. Abb. 18, S. 111) oder
- {eh} in der Partikel *ehe* (vgl. Abb. 38/2, S. 139),

mit Präfixcharakter, beispielsweise

- {unt} im Präfix *unter-* (vgl. Abb. 74, S. 210),

oder mit Konfixcharakter, beispielsweise

- {wart} im Konfix *-wart* (vgl. Abb. 65, S. 203),
- {graph} im Konfix *-graphie* (vgl. Abb. 76, S. 211) oder
- {orth} im Konfix *Ortho-* (vgl. Abb. 102, S. 378).

Wortgebilde, die als Derivationsgefüge oder Amplifikationsgefüge strukturiert sind, enthalten demnach keine Transfixe als unmittelbare Konstituenten (vgl. z. B. Abb. 84, S. 217; Abb. 85, ebd.; Abb. 86, S. 218).

*

Zu § 76.2 HLR: Transfixe bilden zusammen mit den Intrafixen und den Grammativen die Klasse der einfachen Zeichen, da Wörter (§ 26.1a HLR), Wortgruppen (§ 27.1 HLR) und Wortverbünde (§ 28.1 HLR) sowie alle übrigen Wortelemente (vgl. S. 374) zusammengesetzte Zeichen sind. Wir interpretieren Transfixe vor dem Hintergrund unseres spezifischen Untersuchungsinteresses als einfache Zeichen auch dann, wenn sie historisch gesehen als zusammengesetzt zu betrachten wären (vgl. S. 147). Klar ist, dass vor dem Hintergrund eines anderen – beispielsweise eines etymologischen – Untersuchungsinteresses diese Entscheidung möglicherweise zu revidieren wäre.

*

Zu § 76.3 HLR: Transfixe können, da sie ausschließlich gemeinsam mit Grammativen als unmittelbaren Ko-Konstituenten auftreten (§ 76.1 HLR) und Grammative immer als Gefügekerne erscheinen (§ 65.Ib^{IIIb} HLR), ausschließlich Satelliten sein. Konkret sind sie entweder Flektanden (vgl. z. B. Abb. 69, S. 205) oder Aflektanden (vgl. z. B. Abb. 106, S. 380). In jedem Fall hängt vom Grammativ als Kern, nicht vom Transfix als Satellit ab, welche Wortart das Gesamtgefüge hat: Ein und dasselbe Transfix kann – je nach dem Grammativ, mit dem es ein Gefüge bildet – Wörtern unterschiedlicher Wortart zugrunde liegen: so /{licht}·{Grv-Sb}\ (Bsp. 357a) vs. /{licht}·{Grv-Adj}\ (Bsp. 357b).

Bsp. 357: a) „[D]ie Lichter waren längst heruntergebrannt" (REVENTLOW, Olestj. 1903, 70).
          b) „[D]er Himmel tat sich über ihnen auf in lichter blauer Ferne" (ebd., 91).

5.1.2.3 Präfixe

---

§ 77.1 HLR: Ein P r ä f i x (Prfx) ist ein

(a) zusammengesetztes (§ 12.II HLR) – aus $^{(I)}$einem Intrafix (§ 75.1α HLR) und einem Präfixgrammativ (§ 66 HLR) oder $^{(II)}$einem Transfix (§ 76.1β HLR) und einem Präfixgrammativ bestehendes – Wortelement, das

(b) gemeinsam $^{(I)}$allein mit einem ihm unmitelbar nachgestellten Wort im Rahmen eines Amplifikationsgefüges (§ 33 HLR) ein Gefüge mit Wortcharakter (§ 26 HLR) oder $^{(II)}$allein mit einem Suffix (§ 78 HLR) im Rahmen eines Transligationsgefüges (§ 31 HLR) ein Gefüge mit Zirkumfixcharakter (§ 79 HLR) konstituieren kann.

(c) Ein Präfix als Gefüge betrachtet, heißt P r ä f i x s e g m e n t .

§ 77.2 HLR: Präfixe erfüllen die Gliedfunktion von Satelliten, konkret:

(α) Transligaten (§ 31.3b HLR) oder

(β) Amplifikatoren (§ 33.3b^I HLR).

Zu § 77.1 HLR: Präfixe sind nach unserer Interpretation prinzipiell zusammengesetzte Zeichen, die entweder aus einem Intrafix und einem Präfixgrammativ (Abb. 40, S. 141) oder einem Transfix und einem Präfixgrammativ (Abb. 74, S. 210) bestehen. (Zum Unterschied zwischen Intrafix und Transfix vgl. Kap. 5.1.2.1 und 5.1.2.2.)

Präfixe bilden zusammen mit Wörtern, die ihnen positionsfest unmittelbar nachgestellt sind, im Rahmen von Amplifikationsgefügen Wörter (Abb. 87, S. 221), oder sie bilden zusammen mit Suffixen (Abb. 84 und Abb. 85, S. 217 f.) im Rahmen von Transligationsgefügen Zirkumfixe. Präfixe können folglich weder gemeinsam nur mit einem Transfix, einem Suffix oder einem anderen Präfix, noch nur mit einem Grammativ ein Wort bilden.

*

Zu § 77.2 HLR: Da Präfixgrammative immer Aflektorfunktion haben (§ 66.2 HLR), können Präfixe nicht als Gefügekerne auftreten: Das von ihnen ko-konstituierte Wort wäre sonst prinzipiell unflektiert. Präfixe sind vielmehr immer Satelliten: entweder Transligate im Rahmen von Transligationsgefügen (Abb. 84 und Abb. 85, S. 217 f.) oder Amplifikatoren im Rahmen von Amplifikationsgefügen (Abb. 41, S. 146).

Gemäß dem an anderer Stelle (S. 138) Gesagten begreifen wir Verbpartikeln wie *vor* in *vorgehen*, *über* in *überkochen* oder *um* in *umbringen* als eigenständige Wörter, nicht als Wortelemente (und folglich auch nicht, spezifischer, als Präfixe). In Fällen, in denen ein (dissolutes) Partikelverb homonym zu einem (konsistenten) Präfixverb erscheint, beispielsweise bei *übersetzen* ›über ein Gewässer fahren‹ vs. *übersetzen* ›dolmetschen‹ oder *umfahren* ›jn./etw. über den Haufen fahren‹ vs. *umfahren* ›um jn./etw. herumfahren‹, muss zwischen *über, um* usw. als Wörtern und den gleichen (nicht: denselben) Einheiten als Wortelementen unterschieden werden. (Vgl. auch S. 375.)

5.1.2.4 Suffixe

§ 78.1 HLR: (a) Ein S u f f i x (Sffx) ist ein konsistentes (§ 15.1b HLR) Segment (§ 25.3 HLR), das aus einem Intrafix (§ 75 HLR) und einem Suffixgrammativ (§ 67 HLR) besteht und als Zweitkonstituente (und nur als solche) gemeinsam ⁽ᴵ⁾allein mit einem Präfix (§ 77 HLR) ein Gefüge mit Zirkumfixcharakter (§ 79 HLR), ⁽ᴵᴵ⁾allein mit ⁽ᵅ⁾einem Wort (§ 26 HLR) oder ⁽ᵝ⁾einem Konfix (§ 80 HLR) ein Gefüge mit Konfixcharakter oder ⁽ᴵᴵᴵ⁾allein mit ⁽ᵅ⁾einem Wort oder ⁽ᵝ⁾einem Konfix ein Gefüge mit Wortcharakter bilden kann.

(b) Je nach der Art des ihren Kern bildenden Grammativs lassen sich unterscheiden: ⁽ᴵ⁾zirkumfixspezifische Suffixe (Sffx-Zrkfx), genauer: ⁽ᵅ⁾verbzirkumfixspezifische Suffixe (Sffx-Zrkfx(Vb)), ⁽ᵝ⁾substantivzirkumfixspezifische Suffixe (Sffx-Zrkfx(Sb)), oder ⁽ᵞ⁾adjektivzirkumfixspezifische Suffixe (Sffx-Zrkfx(Adj)), deren Kerne entsprechende zirkumfixspezifische Suffixgrammative (§ 67.1α HLR) sind und die ihrerseits als Kerne entsprechender Zirkumfixe (§ 79.1c HLR) fungieren, ⁽ᴵᴵ⁾konfixspezifische Suffixe (Sffx-Knfx), genauer: ⁽ᵅ⁾substantivkonfixspezifische Suffixe (Sffx-Knfx(Sb)) oder ⁽ᵝ⁾adjektivkonfixspezifische Suffixe (Sffx-Knfx(Adj)), deren Kerne entsprechende konfixspezifische Suffixgrammative (§ 67.1β HLR) sind und die ihrerseits als Kerne entsprechender Konfixe (§ 80.1c HLR) fungieren, ⁽ᴵᴵᴵ⁾verbspezifische Suffixe (Sffx-Vb), deren Kerne verbspezifische Suffixgrammative (§ 67.1γ HLR) sind, ⁽ᴵⱽ⁾substantivspezifische Suffixe (Sffx-Sb), deren Kerne substantivspezifische Suffixgrammative (§ 67.1δ HLR) sind, ⁽ⱽ⁾adjektivspezifische Suffixe (Sffx-Adj), deren Kerne adjektivspezifische Suffixgrammative (§ 67.1ε HLR) sind, und ⁽ⱽᴵ⁾partikelspezifische Suffixe (Sffx-Prtkl), deren Kerne partikelspezifische Suffixgrammative (§ 67.1ζ HLR) sind.

(c) Ein Suffix als Gefüge betrachtet, heißt S u f f i x s e g m e n t.

§ 78.2 HLR: Suffixe erfüllen die Gliedfunktion von Gefügekernen, konkret:

(α) Transligatoren (§ 31.2b HLR) oder

(β) Derivatoren (§ 32.2b¹ HLR).

Zu § 78 HLR: Ein Suffix besteht aus einem Intrafix und einem Suffixgrammativ und bildet als Zweitkonstituente

- gemeinsam mit einem Präfix ein Gefüge mit Zirkumfixcharakter (so in *beerdigen*, Abb. 40, S. 141)
- gemeinsam mit einem Konfix ein Gefüge mit Konfixcharakter (so in *-graphie*, Abb. 76, S. 211),
- gemeinsam mit einem Wort ein Gefüge mit Konfixcharakter (so in *Bildhaftig-*, Abb. 116, S. 398),
- gemeinsam mit einem Konfix ein Gefüge mit Wortcharakter (so in *Graphik*, Abb. 117, S. 399) oder

– gemeinsam mit einem Wort ein Gefüge mit Wortcharakter (so in *herzlich*, Abb. 37, S. 139).

Bsp. 358: a) „Die Panik hatte sie alle ergriffen – diese sonst zu unerschütterlicher Bildhaftigkeit erstarrten Menschen." (HEYKING, Tschun 1914, 181.)

b) „Mit diesen beiden Künstlern setzt die kommende religiöse Kunst auf dem Gebiet der Graphik ein." (DIEDERICHS, Leb. 1927, 80.)

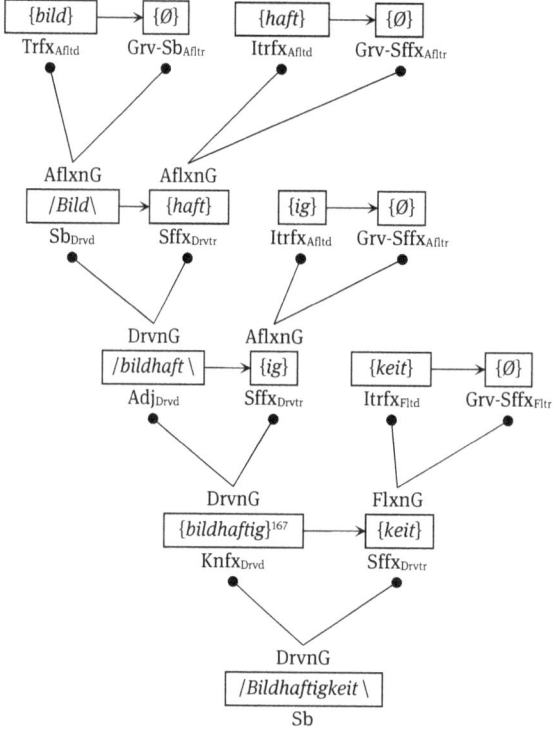

Abb. 116: Konstituentenstruktur von *Bildhaftigkeit* (Bsp. 358a) zur Legende vgl. Abb. 117.

---

167 Während *bildhaft* und *Bildhaftigkeit* sowohl in unserem Korpus belegt als auch im 10-bändigen Duden gebucht sind (im Grimm'schen Wörterbuch fehlen beide Lemmata), findet sich für *bildhaftig* kein Beleg. Dass es sich um ein zwar m ö g l i c h e s , aber völlig unübliches Wort handelt, zeigt die Tatsache, dass (bei einer am 31. 7. 2012 durchgeführten Recherche) auch im *Deutschen Referenzkorpus* des Mannheimer Instituts für Deutsche Sprache mit über 5,4 Milliarden Wörtern (Stand: 29. 02. 2012) lediglich ein einziger Beleg für *bildhaftig* (2005, aus der Wikipedia) zu finden war. — Für unseren Untersuchungszeitraum von ca. 1750 bis ca. 1950 kann auf der Basis unseres Untersuchungskorpus somit festgehalten werden, dass *bildhaftig* nicht als eigenständiges Wort, sondern lediglich in dem Wortgebilde *Bildhaftigkeit* vorkommt; wir interpretieren *bildhaftig* daher als Konfix.

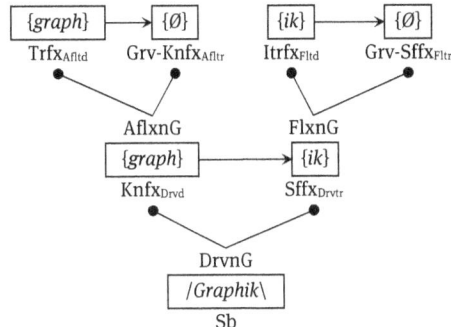

Abb. 117: Konstituentenstruktur von *Graphik* (Bsp. 358b).

Adj = Adjektiv; Afltd = Aflektand; Afltr = Aflektor; AflxnG = Aflexionsgefüge; Drvd = Derivand; DrvnG = Derivationsgefüge; Drvtr = Derivator; Fltd = Flektand; Fltr = Flektor; FlxnG = Flexionsgefüge; Grv-Adj = Adjektivgrammativ; Grv-Sb = Substantivgrammativ; Grv-Sffx = Suffixgrammativ; Grv-Knfx = Transfixgrammativ; Itrfx = Intrafix; Knfx = Konfix; Sb = Substantiv; Sffx = Suffix; Trfx = Transfix. — Zu den allgemeinen Notationsregeln vgl. Anhang II (S. 828 ff.).

Von der Art des Suffixgrammativs, das seinen Kern bildet, hängt die Art eines Suffixes ab. Man kann unterscheiden:

- zirkumfixspezifische Suffixe (kurz: Zirkumfixsuffixe), die als Kerne von Zirkumfixen erscheinen – nämlich erstens verbzirkumfixspezifische Suffixe (z. B. *bewältigen*, Abb. 84, S. 217), deren Kerne verbzirkumfixspezifische Suffixgrammative (§ 67.1α^I HLR) sind und die ihrerseits als Kerne von Verbzirkumfixen (§ 79.1c^{Iβ} HLR) fungieren, zweitens substantivzirkumfixspezifische Suffixe (z. B. *Gerede*, Abb. 39, S. 141), deren Kerne substantivzirkumfixspezifische Suffixgrammative (§ 67.1α^{II} HLR) sind und die ihrerseits als Kerne von Substantivzirkumfixen (§ 79.1c^{II} HLR) fungieren, und drittens adjektivzirkumfixspezifische Suffixe (z. B. *bewältigt*, Abb. 118, S. 400) deren Kerne adjektivzirkumfixspezifische Suffixgrammative (§ 67.1α^{III} HLR) sind und die ihrerseits als Kerne von Adjektivzirkumfixen (§ 79.1c^{III} HLR) fungieren –,
- konfixspezifische Suffixe (kurz: Konfixsuffixe), die konfixspezifische Suffixgrammative (§ 67.1β HLR) als Kerne haben und ihrerseits als Kerne von Konfixen erscheinen – nämlich erstens substantivkonfixspezifische Suffixe (z. B. *-graphie*, Abb. 102, S. 378) als Kerne von Konfixen, die ihrerseits Kerne von Substantiven sein können, und zweitens adjektivkonfixspezifische Suffixe (z. B. *-malig*, Abb. 103, S. 379) als Kerne von Konfixen, die ihrerseits Kerne von Adjektiven sein können –,
- verbspezifische Suffixe (kurz: Verbsuffixe), die verbspezifische Suffixgrammative (§ 67.1γ HLR) als Kerne haben und ihrerseits als Kerne von Verben erscheinen (z. B. *befehligen*, Abb. 104, S. 379),

- substantivspezifische Suffixe (kurz: Substantivsuffixe), deren Kerne substantivspezifische Suffixgrammative (§ 67.1δ HLR) und die ihrerseits Kerne von Substantiven sind (z. B. *Regung*, Abb. 105, S. 380),
- adjektivspezifische Suffixe (kurz: Adjektivsuffixe), deren Kerne adjektivspezifische Suffixgrammative (§ 67.1ε HLR) sind und die ihrerseits als Kerne von Adjektiven fungieren (z. B. *dümmlich*, Abb. 106, S. 380), sowie
- partikelspezifische Suffixe (kurz: Partikelsuffixe), die partikelspezifischen Suffixgrammativen (§ 67.1ζ HLR) zu Kernen haben und ihrerseits als Kerne von Partikeln erscheinen (z. B. *ärschlings*, Abb. 107, S. 380).

Bsp. 359: „Alle Nachforschungen, die man unverweilt nach glücklich bewältigtem Brande im Revier sowohl als in der ganzen Gegend anstellte, hatten keinen Erfolg." (SAAR, Nov. 1893, IX, 160)

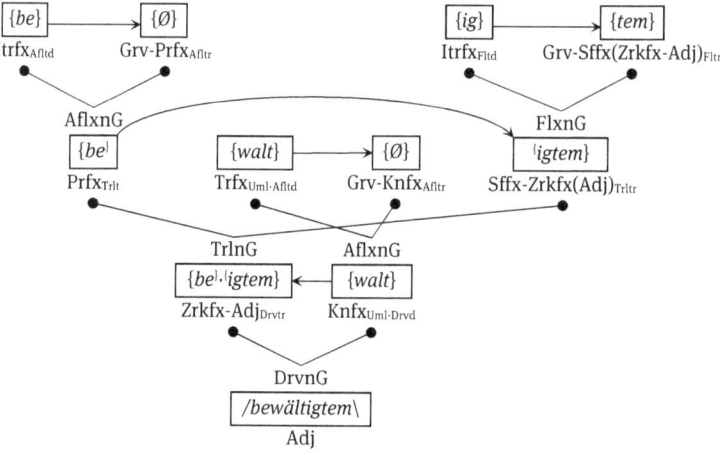

Abb. 118: Konstituentenstruktur eines Transligationsgefüges (Bsp. 359)

Adj = Adjektiv; Afltd = Aflektand; Afltr = Aflektor; AflxnG = Aflexionsgefüge; Drvd = Derivand; DrvnG = Derivationsgefüge; Drvtr = Derivator; Fltd = Flektand; Fltr = Flektor; FlxnG = Flexionsgefüge; Grv-Knfx = Konfixgrammativ; Grv-Prfx = Präfixgrammativ; Grv-Sffx(Zrkfx-Adj) = adjektivzirkumfixspezifisches Suffixgrammativ; Grv-Vb = Verbgrammativ; Itrfx = Intrafix; Knfx = Konfix; Prfx = Präfix; Sb = Substantiv; Sffx-Zrkfx(Adj) = adjektivspezifisches Zirkumfixsuffix; Trfx = Transfix; TrlnG = Transligationsgefüge; Trlt = Transligat; Trltr = Transligator; Uml = Umlaut; Vb = Verb; Zrkfx-Adj = Adjektivzirkumfix. — Zu den allgemeinen Notationsregeln vgl. Anhang II (S. 828 ff.).

Suffixe wie *-heit/-keit*, *-tum*, *-bar*, *-lich* oder *-haft* sind ursprünglich (und teilweise bis in die jüngere Sprachgeschichte hinein erkennbar) solute Zeichen gewesen, d. h., sie waren eigenständige flektierbare Wörter, die ihre Eigenständigkeit im Laufe der Zeit verloren haben. Beobachtungen dieser Art, die darauf führen, dass die Grenze zwischen flektierbarem Wort und Suffix relativ offen ist, könnten nahelegen, auch einige Wortelemente als Suffixe anzusehen, die üblicherweise anderen Kategorien zugeschlagen werden, beispielsweise *-fott* in *Hundsfott*.

Bsp. 360: „Ein Mann, ein Wort, oder ein Hundsfott!" (KURZ, Sonnenw. 1855, 472)

Um hinsichtlich solcher Fälle Klarheit zu schaffen, empfiehlt sich als weiteres Kriterium für den Ansatz von Suffixen: Sie müssen reihenbildend sein, d. h., sie dürfen nicht als unmittelbare Konstituente lediglich eines einzigen Wortes vorkommen. Das unikale Wortelement *-fott* deuten wir eben aufgrund seiner Unikalität nicht als Suffix, sondern als Konfix – {{fott}·{Grv-Knfx(SbMask)}}, vgl. 5.1.2.6 –, seine unmittelbare Konstituente {fott} daher nicht als Intrafix, sondern als Transfix.[168]

*

Zu § 78.2 HLR: Ein Suffix erscheint prinzipiell als Kern des Gefüges, dessen unmittelbare Konstituente es ist. Der konkreten Gliedart nach sind Suffixe entweder Transligatoren (nämlich dann, wenn sie unmittelbare Konstituenten von Zirkumfixen sind, beispielsweise *-igen* in *beerdigen*, Abb. 40, S. 141), oder sie sind Derivatoren: dann, wenn sie unmittelbare Konstituenten von Konfixen (z. B. *-ie* in *-graphie*, Abb. 102, S. 378) oder Wörtern (z. B. *-ung* in *Regung*, Abb. 105, S. 380) sind.

Suffixe können demnach keine Flexionsgefüge oder Aflexionsgefüge konstituieren. Da sie jedoch kraft ihrer Grammative immer Flexionsgefüge oder Aflexionsgefüge, also flektierte oder unflektierte Einheiten sind, w i r k e n sie gleichwohl als Flektoren oder Aflektoren: Die Suffixgrammative sind mittelbare Kerne von Wörtern bzw. Konfixen, die damit ihrerseits als flektierte oder unflektierte Einheiten erscheinen, auch wenn sie selbst nicht als Flexions- oder Aflexionsgefüge strukturiert sind.

5.1.2.5 Zirkumfixe

§ 79.1 HLR: (a) Ein Z i r k u m f i x (Zrkfx) ist ein aus zwei Bestandteilen zusammengesetztes (§ 12.II HLR) Wortelement: ein als Transligationsgefüge (§ 31 HLR) strukturiertes Segment (§ 25.3 HLR), das gemeinsam allein mit [(i)]einem Konfix (§ 80 HLR) oder [(ii)]einem Wort (§ 26 HLR) im Rahmen eines Derivationsgefüges (§ 32 HLR) ein Wortgebilde (§ 26.3 HLR) konstituieren kann.

(b) Die beiden Konstituenten eines Zirkumfixes sind [(i)]ein Präfix (§ 77 HLR) und ein Suffix (§ 78 HLR).

(c) Zirkumfixe können Wörter verschiedener Art (ko-)konstituieren: [(i)]Verben: in diesem Fall handelt es sich um verbspezifische Zirkumfixe (Zrkfx-Vb), deren Kerne verbzirkumfixspezifische Suffixe

---

168 Allerdings sind Konfixe nicht notwendig unikal. Ein nicht unikales Konfix ist beispielsweise {{therm}·{Grv}} (in *aerotherm, endotherm, exotherm* usw.). Es kann nicht als Suffix bestimmt werden, weil es nicht ausschließlich als Zweitglied vorkommt: vgl. *Thermik, thermisch, Thermometer* oder auch *Thermokalypse* ›Klimakatastrophe‹ (*FASoZ*, 9. 12. 2007, S. 1).

(§ 78.1b^Iα HLR) sind, ^(II)Substantive: in diesem Fall handelt es sich um substantivspezifische Zirkumfixe (Zrkfx-Sb), deren Kerne deren Kerne substantivzirkumfixspezifische Suffixe (§ 78.1b^Iβ HLR) sind, oder ^(III)Adjektive: in diesem Fall handelt es sich um adjektivspezifische Zirkumfixe (Zrkfx-Adj), deren Kerne adjektivzirkumfixspezifische Suffixe (§ 78.1b^IV HLR) sind.

(d) Die beiden Zirkumfixkonstituenten rahmen das Zeichen ein, mit dem zusammen das Zirkumfix ein Derivationsgefüge bildet (§ 31.1c HLR).

(e) Ein Zirkumfix als Gefüge betrachtet, heißt Z i r k u m f i x s e g m e n t.

§ 79.2 HLR: Zirkumfixe erfüllen die Gliedfunktion von Gefügekernen, konkret: Derivatoren (§ 32.2b^II HLR).

Zu § 79.1 HLR: Zirkumfixe sind stets als Transligationsgefüge strukturiert (vgl. Kap. 4.1.3); sie konstituieren zusammen mit einem Konfix (z. B. *bewältigen*, vgl. Abb. 84, S. 217) oder einem Wort (z. B. *Gerede*, vgl. Abb. 39, S. 141, oder *beerdigen*, vgl. Abb. 40, S. 141) ein Derivationswortgebilde (ein Derivationsgefüge mit Wortcharakter).

Die beiden unmittelbaren Konstituenten eines Zirkumfixes sind ein Präfix als Transligat und ein Suffix als Transligator (Abb. 84, S. 217; Abb. 101, S. 377). — Es ist offensichtlich, dass keineswegs alle Fälle, in denen gleiche Bildungsmuster zugrunde zu liegen scheinen, als gleich zu interpretieren sind. Während in *bewältigen* das Muster ‚Konfix {walt_Uml} + Zirkumfix {{be}·{ig}·{Grv-Sffx(Zrkfx-Vb)}}‘ (vgl. Abb. 84, S. 217) und in *bemächtigen* das Muster ‚Adjektiv /mächtig\ + Zirkumfix {{be}·{Ø}·{Grv-Sffx(Zrkfx-Vb)}}‘ (vgl. Abb. 119, S. 403) zu erkennen ist, wird sich *befehligen* eher auf der Grundlage von ‚Substantiv /Befehl\ + Suffix {{ig}·{Grv-Sffx(Vb)}}‘ deuten lassen (vgl. Abb. 104, S. 379), also überhaupt nicht als Zirkumfixbildung.

Bsp. 361: „In einem renommierten Wiener Pensionat erzogen, brauchte sie wenig Mühe, sich des Deutschen bald vollkommen zu bemächtigen." (HANSLICK, Leben 1894, 297.)

Zirkumfixe sind konstitutiv für Wörter unterschiedlicher Wortartzugehörigkeit: als verbspezifische Zirkumfixe (kurz: Verbzirkumfixe) konstituieren sie Verben (z. B. *ver*vollständig*en*, sich *ver*sündig*en*, *be*ruhig*en*, *ver*vielfältig*en*, *be*vormund*en*, *be*vorzug*en*, *um*nacht*en*, *ver*lautbar*en* (zugrunde liegt *lautbar*, vgl. DWB 12, 369), *ver*einbar*en* (zugrunde liegt *einbar*, vgl. DWB 3, 147), *be*erdig*en*, *ver*gewaltig*en*, sich *be*mächtig*en*, *be*vollmächtig*en*; als substantivspezifische Zirkumfixe (Substantivzirkumfixe) konstituieren sie Substantive (z. B. *Ge*red*e*, *Ge*raun*e*, *Ge*schrei(*-Ø*); als adjektivspezifische Zirkumfixe (kurz: Adjektivzirkumfixe) konstituieren sie Adjektive (z. B. *ge*sagt, *ge*fangen, *ver*gewaltigt).

Wie bereits an anderer Stelle (S. 102 u. 140) erläutert, sind Zirkumfixe konsistente Segmente. Dies entspricht der Definition, dass Wortelemente – in diesem Fall: die beiden Bestandteile des Zirkumfixes – ausschließlich kolligate Zeichen sind (§ 25.1a HLR). Die Bestandteile von Zirkumfixen sind die Ausnahme bei kolligaten Zeichen, da sie zwar zueinander positionsfest, jedoch einander nicht unmittelbar benachbart sind (vgl. § 15.Ia HLR): Sie rahmen das Konfix oder das Wort, mit dem zusammen sie ein Derivationsgefüge bilden, ein, d. h., sie stehen unmittelbar links (das Präfix) und rechts (das Suffix) von ihm.

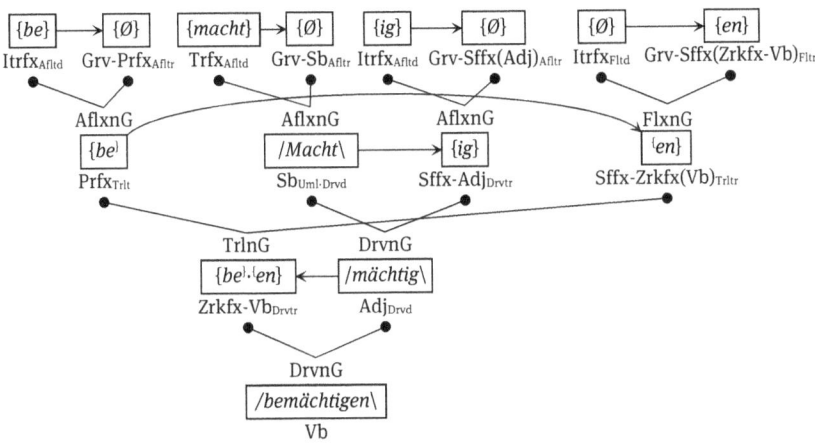

Abb. 119: Konstituentenstruktur von *bemächtigen* (Bsp. 361)

Adj = Adjektiv; Afltd = Aflektand; Afltr = Aflektor; AflxnG = Aflexionsgefüge; Drvd = Derivand; DrvnG = Derivationsgefüge; Drvtr = Derivator; Grv-Knfx(Sb) = Substantivkonfixgrammativ; Grv-Prfx = Präfixgrammativ; Grv-Sb = Substantivgrammativ; Grv-Sffx(Adj) = adjektivspezifisches Suffixgrammativ; Grv-Vb = Verbgrammativ; Grv-Sffx(Zrkfx-Vb) = verbzirkumfixspezifisches Suffixgrammativ; Itrfx = Intrafix; Prfx = Präfix; Sb = Substantiv; Sffx-Adj = Adjektivsuffix; Sffx-Zrkfx(Vb) = Verbzirkumfixsuffix; Trfx = Transfix; TrlnG = Transligationsgefüge; Trlt = Transligat; Trltr = Transligator; Uml = Umlaut; Vb = Verb; Zrkfx-Vb = Verbzirkumfix. — Zu den allgemeinen Notationsregeln vgl. Anhang II (S. 828 ff.).

*

Zu § 79.2 HLR: Zirkumfixe erscheinen prinzipiell als Gefügekerne von Derivationsgefügen. Ebensowenig wie Suffixe können Zirkumfixe Flexionsgefüge oder Aflexionsgefüge konstituieren. Es gilt für sie jedoch analog: Da sie kraft der unmittelbar oder mittelbar ihre Kerne bildenden Grammative immer flektierte oder unflektierte Einheiten sind, haben sie die Wirkung von Flektoren oder Aflektoren:

5.1.2.6 Konfixe

§ 80.1 HLR: (a) Ein K o n f i x (Knfx) ist ein Segment (§ 25.3 HLR), das zusammengesetzt (§ 12.II HLR) ist [(I)]aus einem Transfix (§ 76.1γ HLR) und einem Grammativ (§ 65.I, genauer: § 68 HLR) oder [(II)]aus einem anderen Konfix und einem Suffix (§ 78.1b[II] HLR) oder [(III)]aus einem Wort und einem Suffix (§ 78.1b[V] HLR).

(b) Konfixe sind strukturiert als [(I)]Flexionsgefüge (§ 29.1b[β] HLR), [(II)]Aflexionsgefüge (§ 30.1b[γ] HLR) oder [(III)]Derivationsgefüge (§ 32.1b[I] HLR).

(c) Ein Konfix kann [(I)]gemeinsam mit einem Suffix ein Gefüge mit Konfixcharakter, [(II)]gemeinsam mit einem Suffix ein Gefüge mit Wortcharakter, [(III)]als Erstkonstituente gemeinsam mit [(α)]einem anderen Konfix oder [(β)]einem Wort ein Gefüge mit Wortcharakter oder [(IV)]als Zweitkonstituente gemeinsam mit [(α)]einem anderen Konfix oder [(β)]einem Wort ein Gefüge mit Wortcharakter bilden.

(d) Sofern ein Konfix als Gefügekern fungiert, bestimmt es die Zeichenart des Gefüges (§ 18.2a HLR). Entsprechend lassen sich unterscheiden: [(I)]substantivspezifische Konfixe (Knfx-Sb), die als Gefügekern ihrem Konstitut substantivischen Charakter verleihen, [(II)]adjektivspezifische Konfixe (Knfx-Adj), die als Gefügekern ihrem Konstitut adjektivischen Charakter verleihen, [(III)]partikelspezifische Konfixe (Knfx-Prtkl), die als Gefügekern ihrem Konstitut Partikelcharakter verleihen.

(e) Ein Konfix als Gefüge betrachtet, heißt K o n f i x s e g m e n t.

§ 80.2 HLR: Konfixe können folgende Gliedfunktionen erfüllen:

(α) die von Gefügekernen, konkret: Attribuenden (§ 39.2b' HLR) oder

(β) die von Satelliten, konkret: [(I)]Derivanden (§ 32.3b' HLR) oder [(II)]Attributen (§ 39.3b' HLR).

Zu § 80.1 HLR: Ein Konfix ist ein aus einem Transfix und einem Grammativ – z. B. {{orth}·{o}}, Abb. 102, S. 378 – oder aus einem anderen Konfix und einem Suffix – z. B. {{{graph}·{∅$_{Grv\text{-}Knfx}$}}·{{ie}·{Grv-Sffx(Knfx-Sb)}}}, ebd. – oder aus einem Wort und einem Suffix – z. B. {/bildhaft\·{{ig}·{Grv-Sffx(Knfx)}}}, Abb. 116, S. 398 – zusammengesetztes Zeichen. Es weist damit prinzipiell gleiche Strukturen auf wie viele Gefüge mit dem Charakter eines flektierbaren Wortes (§ 81 HLR), hat jedoch selbst keinen Wortcharakter (§ 26 HLR), sondern ist immer ein kolligates (§ 15.1a HLR) Zeichen, mit anderen Worten: ein Wortelement. Somit ist es, als Gefüge betrachtet, ein Segment, das, wenn sein Kern ein Grammativ ist, als Flexionsgefüge (z. B. -therm, Abb. 120, S. 405) oder Aflexionsgefüge (z. B. steno-, ebd.), wenn sein Kern ein Suffix ist, als Derivationsgefüge (z. B. -graphie, Abb. 102, S. 378) strukturiert ist.

Unsere Verwendung des Terminus *Konfix* stimmt weitgehend mit dem in der Grammatikographie verbreiteten Gebrauch dieses Terminus überein. Konfixe können gemeinsam mit einem Suffix ein Konfix bilden (*-graph-* + *-ie* → *-graphie*, s. o.), gemeinsam mit einem Suffix ein Wort (*Astero-* + *-id* → *Asteroid*), als Erstkonstituente zusammen mit einem anderen Konfix (*Philo-* + *-logie* → *Philologie*) oder einem Wort (*Auer-* + *Hahn* → *Auerhahn*; *Brom-* + *Beere* → *Brombeere*; *Kar-* + *Woche* → *Karwoche*; *Schorn-* + *Stein* → *Schornstein*; *Stief-* + *Mutter* → *Stiefmutter*; *Thermo-* + *Physik* → *Thermophysik*) ein Wort oder als Zweitkonstituente zusammen mit einem anderen Konfix (*Philo-* + *-logie* → *Philologie*) oder mit einem Wort (*ein* + *-falt* → *Einfalt*; *Haus* + *-wart* → *Hauswart*) ein Wort. Wie die Beispiele zeigen, können Konfixe unikale Zeichen sein (z. B. *Brom-*, *Schorn-*), müssen es aber nicht (vgl. Anm. 168, S. 401).

Da Konfixe potentiell als Gefügekerne fungieren (§ 80.2α HLR), können sie die Zeichenart eines Gefüges bestimmen (§ 18.2a HLR), was in diesem Fall – nur gemäß § 80.1b[IV] HLR erscheinen Konfixe als Kerne – heißt: die Wortart. Demnach lassen sich verschiedene Arten von Konfixen unterscheiden:

- substantivspezifische Konfixe wie *-falt*, *-graphie*, *-logie*, *-metrie*, *-wart* oder *-wesen* (›Bereich, Sektor‹, so in *Bildungs-*, *Verkehrs-*, *Versicherungswesen*), die als Gefügekern ihrem Konstitut substantivischen Charakter verleihen und ihrerseits ein Substantivkonfixgrammativ (§ 68.3α HLR) oder ein Substantivkonfixsuffix (§ 78.1b^{IIα} HLR) als Kern aufweisen,
- adjektivspezifische Konfixe, wie *-therm* (vgl. Abb. 120, S. 405) oder *-malig* (vgl. Abb. 103, S. 379), die als Gefügekern ihrem Konstitut adjektivischen Charakter verleihen und ihrerseits ein Adjektivkonfixgrammativ (§ 68.3β HLR) oder ein Adjektivkonfixsuffix (§ 78.1b^{IIβ} HLR) als Kern aufweisen, und
- partikelspezifische Konfixe (Knfx-Prtkl) wie *-mals* (vgl. Abb. 38/2, S. 139), die als Gefügekern ihrem Konstitut Partikelcharakter verleihen und ihrerseits ein Partikelkonfixgrammativ (§ 68.3γ HLR) als Kern aufweisen.

Dort, wo Konfixe als Satelliten erscheinen, spielt ihre Wortartdeterminativität keine Rolle; sie bleiben daher hinsichtlich dieser Determinativität unbestimmt (vgl. Abb. 120).

Bsp. 362: „Ohne daß wir den Leser mit Namen beschweren, heben wir noch die Thatsache hervor, daß manche arktische Formen als <u>steno<i>therm</i></u> [›keine großen Temperaturschwankungen tolerierend‹] in südlichen Tiefen vorkommen" (SCHMIDT, Brehm X 1887, 83).

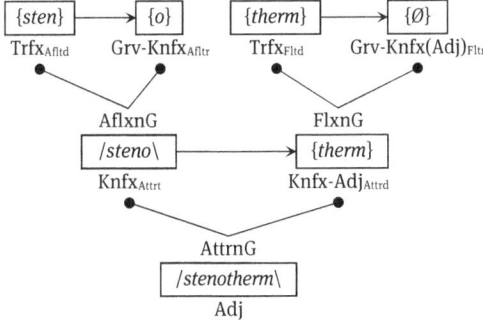

Abb. 120: Konstituentenstruktur von *stenotherm* (Bsp. 362).

Adj = Adjektiv; Afltd = Aflektand; Afltr = Aflektor; AflxnG = Aflexionsgefüge; Attrd = Attribuend; AttrnG = Attributionsgefüge; Attrt = Attribut; Fltd = Flektand; Fltr = Flektor; FlxnG = Flexionsgefüge; Grv-Knfx = Konfixgrammativ (ohne nähere Spezifizierung); Grv-Knfx(Adj) = Adjektivkonfixgrammativ; Knfx = Konfix (ohne nähere Spezifizierung); Knfx-Adj = Adjektivkonfix; Trfx = Transfix. — Zu den allgemeinen Notationsregeln vgl. Anhang II (S. 828 ff.).

*

Zu § 80.2 HLR: Konfixe können als unmittelbare Konstituenten subordinativer Gliedergefüge entweder Kerne, konkret: Attribuenden (z. B. *Zeug<u>wart</u>*, Abb. 65, S. 203, *steno<u>therm</u>*, Abb. 120, *Lehens<u>wesen</u>* usw.), oder Satelliten, konkret: Derivanden (z. B.

bewältigen, Abb. 84, S. 217) oder Attributen (z. B. *Geographie*, Abb. 76, S. 211, *stenotherm*, Abb. 120, *Karwoche*, *Sintflut* usw.) sein.

5.2 Wortarten

Wörter können aufgrund ihrer kategorialen Bedeutung oder Valenz, d. h. hinsichtlich der sie potentiell (in allen denkbaren bzw. belegbaren Kotexten) determinierenden und von ihnen determinierten Zeichen in verschiedene Arten untergliedert werden. Dabei kommen zunächst all diejenigen Zeichen in Betracht, die mit ihnen ko-konstitutiv sind für Zeichengefüge höherer Ordnung. Da Wörter prinzipiell zusammengesetzte Zeichen sind, kommen aber auch noch ihre eigenen Konstituenten hinzu. Wörter haben also nicht nur einen grammatischen Wert als Zeichen (einen äußeren Zeichenwert: § 13.2α HLR), sondern auch einen grammatischen Wert als Zeichengefüge (einen innen Zeichenwert § 13.2β HLR).

In einem ersten, eher unspezifischen Zugriff unterscheiden wir, wie traditionell üblich, flektierbare Wörter von nicht flektierbaren Wörtern.

---

§ 81.1 HLR: Flektierbare Wörter sind als Lexeme polyhenadische (§ 3.2β^{2α} HLR) Paradigmata von Wortformen, die sich wertseitig jeweils als spezifische Ensembles von Aspekten grammatischer Bedeutung (vgl. § 9.2β HLR) beschreiben lassen. Nach den Komponenten dieser Ensembles, d. h. nach den einzelnen Valenzaspekten, die ein Wortformenparadigma bestimmen, können zwei Arten flektierbarer Wörter unterschieden werden, nämlich

(α) konjugierbare Wörter oder Verben (§ 82.1c HLR) und

(β) deklinierbare Wörter, zu denen $^{(I)}$Substantive (§ 83.1d HLR), $^{(II)}$Adjektive (§ 84.1c HLR) sowie $^{(III)}$Artikel (§ 85.1c HLR) und $^{(IV)}$Pronomina (§ 86.1c HLR) zählen.

§ 81.2 HLR: (a) Flektierbare Wörter bestehen als Gefüge immer aus zwei unmittelbaren Konstituenten, wobei – gemäß § 14.1 HLR – entweder $^{(I)}$Einstufigkeit des Gefüges oder $^{(II)}$Mehrstufigkeit des Gefüges gegeben sein kann.

(b) Im Fall der Mehrstufigkeit erscheint jede Konstituente ihrerseits als aus maximal zwei unmittelbaren Konstituenten bestehend.

§ 81.3 HLR: Der Kern eines flektierbaren Wortes ist das wortformkonstitutive Grammativ (§ 65.1 HLR) bzw. diejenige Konstituente, die als unmittelbare oder mittelbare Konstituente das potentielle Flektor-Grammativ enthält.

Zu § 81.1 HLR: Während sich die nicht flektierbaren Wörter oder Partikeln (§ 87 HLR, vgl. Kap. 5.2.5) nicht als Formenparadigma – anders gesagt: als lediglich monohenadische Formenparadigmata i. S. v. § 3.2β^{2β} HLR – darstellen und allenfalls in verschiedenen Varianten (§ 7.2γ HLR) vorkommen, sind flektierbare Wörter Paradigmata von Wortformen (vgl. S. 66 f.), die sich wertseitig jeweils als spezifische Ensembles von Aspekten grammatischer Bedeutung oder Valenz (vgl. S. 73 ff.) beschreiben lassen. Nach den Valenzaspekten, die ein Wortformenparadigma im Einzelnen bestimmen, können zwei Arten flektierbarer Wörter unterschieden werden, nämlich konjugierbare Wörter oder Verben (Kap. 5.2.1) und deklinierbare Wörter, zu denen Substantive (5.2.2), Adjektive (5.2.3) sowie Artikel und Pronomina (5.2.4) zählen.

*

Zu § 81.2 HLR: Flektierbare Wörter sind Flexionsgefüge oder (in Abhängigkeit von ihrem äußeren Zeichenwert) Aflexionsgefüge oder weisen solche unmittelbar oder mittelbar als Gefügekerne auf; d. h., sie müssen als Belegzeichen nicht notwendigerweise flektiert sein, sondern nur als Korpuszeichen: Es muss mindestens ein Belegzeichen geben, in dem sie als Flexionsgefüge erscheinen. Flektierbare Wörter bestehen (§ 29.1a und § 30.1a HLR) immer aus zwei unmittelbaren Konstituenten und sind entweder einstufig (vgl. z. B. Abb. 61, S. 201) oder mehrstufig (vgl. z. B. Abb. 64, S. 202). Im Fall der Mehrstufigkeit erscheint jede Konstituente ihrerseits als aus maximal zwei unmittelbaren Konstituenten bestehend. Jede dieser Konstituenten kann ihrerseits als Flexions- oder Aflexionsgefüge (vgl. z. B. Abb. 64, S. 202), aber auch als Transligationsgefüge (vgl. z. B. Abb. 84, S. 217), Derivationsgefüge (vgl. z. B. Abb. 102, S. 378) oder Amplifikationsgefüge (vgl. z. B. Abb. 104, S. 379) erscheinen: durchweg Gefüge, die zweigliedrig sind.

*

Zu § 81.3 HLR: Der Kern eines flektierbaren Wortes ist bei einstufig strukturierten Einheiten als wortformkonstitutive Einheit prinzipiell das Grammativ, bei mehrstufig strukturierten Einheiten diejenige Konstituente, die als unmittelbare oder mittelbare Konstituente das potentielle Flektor-Grammativ enthält (will sagen: dasjenige Grammativ, das in mindestens einem Beleg desselben Korpuszeichens als Flektor erscheint).

5.2.1 Verben

Die Wortart ‚Verb' stellt für die grammatische Beschreibung in besonderem Maße eine Herausforderung dar. Aufgrund der Besonderheiten ihrer Flexion – bei analytischen Verbformen – und mehr noch bei bestimmten zusammengesetzten Verben, nämlich den so genannten ‚trennbaren' oder Partikelverben, stellt sich die Frage, ob es sich jeweils überhaupt um Wörter (oder nicht vielmehr um Wortgruppen) handelt; hinzu kommt eine ganze Reihe von Sonderfällen der Verwendung, die den Satz nötiger grammatischer Regeln sehr komplex werden lassen. Die damit in Zusammenhang stehende Tatsache, dass dem Verb in der jüngeren Grammatiktheorie besondere Aufmerksamkeit zuteil wurde, so dass das Wissen über diese Wortart umfangreich (und divergent) ist, macht zusätzlich die Beschäftigung mit ihr aufwendig.

5.2.1.1 Allgemeines zur Wortart

§ 82.1 HLR: (a) Ein V e r b (Vb) ist ein zusammengesetztes (§ 12.II HLR) Zeichen mit Wortcharakter (§ 26 HLR), das als Gefüge dissolut (§ 15.IIb HLR) strukturiert ist.

Zu § 82.1a HLR: Die Festlegung, dass Verben prinzipiell Wörter sind, versteht sich durchaus nicht von selbst, entspricht aber der landläufigen Sicht. Will man sie übernehmen, so sind einige gedankliche Operationen nötig.

Als flektierbare Wörter sind Verben immer zusammengesetzte Zeichen, da sie strukturell ein Flexions- (oder Aflexions-)wortelement aufweisen müssen. Hinsichtlich der Tatsache, dass jedes Verb analytische Flexionsformen zeigt, lassen sich Verben nur als dissolut gefügt beschreiben: Wenn *geht* (Bsp. 363a) und *sind gegangen* (Bsp. 363b) Flexionsformen desselben Wortes sind, wie man gemeinhin annimmt, so erscheint dieses – unter Langue-Aspekt, vgl. S. 102 – als dissolut.

Bsp. 363:   a) „Eine Stunde vor Cleve fängt ein schöner hochstämmiger Wald an, durch den eine gerade Allee geht" (HUBER, Holland 1811, 90).

b) „Bey den Zeichnungen zu Dichtern sind die Engländer in den neuesten Zeiten aus der Hogarthschen psychologischen Gattung in das entgegengesetzte Äußerste gegangen." (A. W. SCHLEGEL, Zeichn. 1799, 198.)

§ 82.1 HLR: (b) Verben können unterschiedliche Gliederstrukturen (§ 13.3β^I HLR) aufweisen: $^{(I)}$die von Flexionsgefügen (§ 29.1b^{IIα} HLR), $^{(II)}$die von Aflexionsgefügen (§ 30.1b^{IIα} HLR), $^{(III)}$die von Derivationsgefügen, $^{(IV)}$die von Amplifikationsgefügen (§ 33.1b^I HLR), $^{(V)}$die von Adverbationsgefügen (§ 37.1b^I HLR) oder $^{(VI)}$die von Flexionalgefügen (§ 51.1b HLR).

Zu § 82.1b HLR: Als flektiertes Wort stellt ein Verb in der Regel ein Flexionsgefüge dar (vgl. Abb. 110 f., S. 384 f.), als nicht flektiertes – wenn es die Basis einer Ableitung (*sterblich*, Abb. 112, S. 385) oder einer Transposition (*das Lächeln*, Bsp. 344a, S. 386) bildet oder wenn es sich um ein Infinitverb handelt – ein Aflexionsgefüge. Infinitivformen gelten als Flexionsformen. Die Formen des einfachen Infinitivs (Infinitiv I) werden als Flexionsgefüge interpretiert.

Verben, die als Derivationsgefüge strukturiert sind, weisen als Derivator ein Suffix (Abb. 104, S. 379) oder ein Zirkumfix (Abb. 84, S. 217, und Abb. 86, S. 218) auf. Sie erscheinen nicht als Hilfsverben, Kopulaverben oder Modalverben.

Als Amplifikationsgefüge sind Verben zu deuten, die mit einem Präfix auf der Basis eines anderen Verbs gebildet sind (Abb. 41/1, S. 146; Abb. 87, S. 220). Auch sie erscheinen nicht als Hilfsverben, Kopulaverben oder Modalverben.

Als Adverbationsgefüge interpretieren wir Partikelverben wie *ausgehen* oder *darstellen* und andere Wortgruppenverben wie *teilnehmen* oder *zur Verlesung bringen* (vgl. Kap. 4.1.9) sowie die Formen des Infinitivs II (*zu*-Infinitiv).

Als Flexionalgefüge interpretieren wir analytische Verbformen (§ 82.1d[II] HLR), deren Bestandteile unmittelbare Konstituenten unterschiedlicher kompaxiver Gefüge sind (vgl. Abb. 63, S. 202, sowie Kap. 4.2.1 und Kap. 5.4.1).

§ 82.1 HLR: (c) Verben sind die einzige konjugierbare Wortart (§ 81.1α HLR); ihre Formen weisen folgende Aspekte grammatischer Bedeutung auf: [(1)]›Person‹, [(2)]›Numerus‹, [(3)]›Modus‹, [(4)]›Tempus‹ und [(5)]›Genus verbi‹.

Zu § 82.1c HLR: Verben sind im Deutschen die einzige konjugierbare Wortart (Helbig/Buscha 2001, 23). Hinsichtlich der grammatischen Bedeutung von Verbformen lassen sich folgende Aspekte unterscheiden:

- Die Kategorie ›Person‹ differenziert im Deutschen drei alternative Aspekte: die erste Person oder den „Lokutiv" (der durch das Verb bezeichnete Sachverhalt wird bezogen auf den „Sprecher oder eine Menge, die den Sprecher einschließt"), die zweite Person oder den „Allokutiv" (der durch das Verb bezeichnete Sachverhalt wird bezogen auf den/die Adressaten) und die dritte Person oder den „Delokutiv" (der durch das Verb bezeichnete Sachverhalt wird bezogen auf „die Größe(n), über die man spricht"); vgl. Engel (2004, 213). Nur in der dritten Person und zudem nur im Singular (vgl. das Folgende) kommen „Witterungsverben" (Engel, ebd.) vor: *es hagelt/regnet/stürmt*. Dasselbe gilt für Verben des Geschehens (Verba eveniendi): *es geschieht/begibt sich/trägt sich zu …*
- Die Kategorie ›Numerus‹ differenziert im Deutschen üblicherweise zwei alternative Aspekte: den Singular (der durch das Verb bezeichnete Sachverhalt wird bezogen auf eine einzige Größe oder Gesamtmenge) und Plural (der durch das Verb bezeichnete Sachverhalt wird bezogen auf mehrere Größen); vgl. Engel (2004, 213). Der im Indoeuropäischen vorhandene Dual ist im Deutschen nur rudimentär erhalten und spielt im Rahmen unserer Arbeit keine Rolle.
- Die Kategorie ›Modus‹ differenziert im Deutschen in der Regel drei alternative Aspekte (vgl. Duden 1998, 156 ff.): den Indikativ (der durch das Verb bezeichnete Sachverhalt wird als Gegebenheit der Realität gesetzt, Bsp. 364a), den Konjunktiv (der durch das Verb bezeichnete Sachverhalt wird als Gegebenheit der Realität negiert bzw. relativiert, Bsp. 364b), und den Imperativ (der durch das Verb bezeichnete Sachverhalt wird dem/den Adressaten als Gegenstand einer Forderung präsentiert, Bsp. 364c).

    Bsp. 364: a) „Es gibt keine Geschichte an sich. [...] Der Deutsche sieht den Weltkrieg anders als der Engländer, der Arbeiter die Wirtschaftsgeschichte anders als der Unternehmer, der Historiker des Abendlandes hat eine ganz andre Weltgeschichte vor Augen als die großen arabischen und chinesischen Geschichtsschreiber" (SPENGLER, Unterg. d. Abendl. II 1922, 584).
    b) „Wenn ich Zeit gehabt hätt', auf der Universität zu bleiben [...]: Wissenschaft, das wäre mein Fach gewesen" (HOFMANNSTHAL, Schwier. 1920, 34).

c) „Die jungen Autoren wissen nicht, dass der gute Ausdruck, der gute Gedanke sich nur unter Seinesgleichen gut ausnimmt, dass ein vorzügliches Citat ganze Seiten, ja das ganze Buch vernichten kann, indem es den Leser warnt und ihm zuzurufen scheint: ‚Gieb Acht, ich bin der Edelstein und rings um mich ist Blei, bleiches, schmähliches Blei.'" (NIETZSCHE, Menschl. II ²1886, 600.)

– Die Kategorie ›Tempus‹ differenziert im Deutschen seit der frühen Neuzeit in der Regel sechs alternative Aspekte: das Präsens (der durch das Verb bezeichnete Sachverhalt wird angesetzt als mit dem Zeitpunkt der Aussage zusammenfallend oder mit ihm ihn bestimmter Weise in Zusammenhang stehend[169]), das Präteritum (der durch das Verb bezeichnete Sachverhalt wird angesetzt als vor dem Zeitpunkt der Aussage liegend), das Futur (der durch das Verb bezeichnete Sachverhalt wird angesetzt als nach dem Zeitpunkt der Aussage liegend[170]), das Präsensperfekt (der durch das Verb bezeichnete Sachverhalt wird angesetzt als vor dem Zeitpunkt der Aussage liegend[171]), das Präteritumperfekt (der durch das Verb bezeichnete Sachverhalt wird angesetzt als vor einem Bezugszeitpunkt liegend, der seinerseits vor dem Zeitpunkt der Aussage liegt) sowie das Futurperfekt (der durch das Verb bezeichnete Sachverhalt wird angesetzt als nach dem Zeitpunkt der Aussage, aber vor einem Bezugszeitpunkt liegend). (Zu den Termini *Präsensperfekt*, *Präteritumperfekt* und *Futurperfekt* vgl. Duden 2005, 437 f. u. ö.; zur Erläuterung der Tempusaspekte vgl. Eisenberg 1999, 110 f.).
– Die Kategorie ›Diathese‹ (Duden 2005, 550) oder ›Genus (verbi)‹ differenziert im Deutschen in der Regel zwei alternative Aspekte: Aktiv und Passiv.

Nicht hinsichtlich Person, Numerus und Modus, sondern nur hinsichtlich Tempus und Genus verbi bestimmt sind die Infinitivformen von Verben.

---

[169] Das so genannte historische Präsens bezeichnet einen Sachverhalt, der v o r dem Zeitpunkt der Aussage liegt, aber aus der Sicht desselben als unmittelbar aktuell empfunden wird (vgl. Duden 2005, 512). Das futurische Präsens bezeichnet einen Sachverhalt, der d a n a c h liegt, aber zum Zeitpunkt der Aussage bereits beabsichtigt ist (ebd., 512).
[170] Dazu, dem Futur auch eine ‚präsentische' Funktion zuzuschreiben, wie dies im Duden (2005, 503; ebd., 515) vorgeschlagen wird, können wir uns nicht entschließen. Wir sehen statt dessen in Beispielen wie „ihr werdet doch einen Stall für mein Pferd und eine Streu für mich haben" (U. JAHN, Volksm. 1891, 290), sofern sie assumptiv gedeutet werden sollen, in *werden* kein futurisches Hilfsverb, sondern ein konjektives Modalverb (vgl. Kap. 5.2.1.2.4.2.3, S. 423 ff.). Dabei leugnen wir nicht, dass die Frage, ob ein Satz wie der zitierte als präsentisches oder als futurisches Prädikationsgefüge zu deuten sei, durchaus nicht leicht zu entscheiden ist.
[171] Damit erfüllt das Präsensperfekt faktisch die gleiche Funktion wie das Präteritum, eine Beobachtung, die sich an vielen Beispielen erhärten lässt. Gleichwohl lässt sich in einigen Fällen vermuten, dass das Präsensperfekt im Gegensatz zum Präteritum als ‚Vergangenheitstempus' einen gewissen Gegenwartsbezug hat: „Wenn nichts dagegen spricht", darf daher „davon ausgegangen werden, dass das Geschehen aufgrund seiner Folgen oder der an ihm beteiligten Aktanten im Sprechzeitpunkt (noch) von Belang ist" (Duden 2005, 514).

§ 82.1 HLR: (d) Das Konjugationsparadigma von Verben umfasst [(I)]synthetische, d. h. als konsistente Gefüge (§ 15.Ib HLR) strukturierte Formen, und [(II)]analytische, will sagen: als dissolute Gefüge (§ 15.IIb HLR) strukturierte phrasematische Wortformen (§ 26.2β[III] HLR).

(e) Als Nennform (§ 3.2 HLR) von Verben erscheint die Form des Infinitiv Präsens Aktiv.

(f) Ein Verb als Gefüge betrachtet, heißt V e r b g e b i l d e.

Zu § 82.1d HLR: Bei synthetischen Verbformen, die als Flexions- bzw. Aflexionsgefüge strukturiert sind oder die ein als Flexions- oder Aflexionsgefüge strukturiertes Zeichen als Kern aufweisen, erscheint als Flektor bzw. Aflektor ein Grammativ (vgl. Abb. 43/1, S. 148). Demgegenüber weisen analytische Formen – ausgenommen die Formen des Infinitivs II, des so genannten *zu*-Infinitivs – immer ein Hilfsverb als unmittelbaren oder mittelbaren Kern auf (vgl. Abb. 43/2, ebd.).

Bei Vollverben (§ 82.2d[I] HLR; Kap. 5.2.1.2.4.1) werden die analytischen Flexionsformen gebildet

- aus der synthetischen Form eines Hilfsverbs (§ 82.2d[IIβ] HLR; Kap. 5.2.1.2.4.2.2) und einem Infinitvollverb (§ 82.2d[IIαa] HLR) – die finiten Futur-I-Aktiv-Formen (z. B. *wird sagen*) –,
- aus der synthetischen Form eines Hilfsverbs und einem Vollverbadjektiv (§ 84.2β[I] HLR): die finiten Formen des vorgangspassiven bzw. zustandspassiven Präsens (z. B. *wird gesagt* bzw. *ist gesagt*), des vorgangs- bzw. zustandspassiven Präteritums (z. B. *wurde gesagt* bzw. *war gesagt*), des aktiven Präsensperfekts (z. B. *hat gesagt*) und des aktiven Präteritumperfekts (z. B. *hatte gesagt*) sowie die Infinitivformen des aktiven Präteritums (z. B. *gesagt haben*) und des vorgangs- bzw. zustandspassiven Präsens (z. B. *gesagt werden* bzw. *gesagt sein*),
- aus der analytischen Form eines Hilfsverbs und einem Vollverbadjektiv: die finiten Formen des aktiven Perfektfuturs (z. B. *wird gesagt haben*), des vorgangs- bzw. zustandspassiven Futurs (z. B. *wird gesagt werden* bzw. *wird gesagt sein*), des vorgangspassiven Perfektfuturs (z. B. *wird gesagt worden sein*), des vorgangspassiven Präsensperfekts (z. B. *ist gesagt worden*) und Präteritumperfekts (z. B. *war gesagt worden*) sowie die Infinitivform des vorgangspassiven Präteritums (z. B. *gesagt worden sein*) oder
- aus der synthetischen Infinitiv-I-Form eines Vollverbs und der Partikel *zu*: die Form des Infinitivs II Präsens Aktiv (*zu sagen*).
- aus der analytischen Infinitiv-I-Form eines Vollverbs und der Partikel *zu*: die Formen des Infinitivs II Präsens Passiv (*gesagt zu werden*) sowie des Infinitivs II Perfekt Aktiv (*gesagt zu haben*) und Passiv (*gesagt worden zu sein*).

Bei Hilfsverben werden die analytischen Flexionsformen gebildet

- aus der synthetischen Form eines Hilfsverbs und einem Infinithilfsverb (§ 82. 2d^{IIaβ} HLR): die finiten Formen des aktiven Perfektfutors (*wird ... haben*) sowie des vorgangs- bzw. zustandspassiven Futurs (*wird ... werden* bzw. *wird ... sein*),
- aus der synthetischen Form eines Hilfsverbs und einem Hilfsverbadjektiv (§ 84. 2β^{II} HLR): die finiten Formen des vorgangspassiven Präsens- bzw. Präteritumperfekts (*ist ... worden* bzw. *war ... worden*) sowie die Infinitivform des vorgangspassiven Präteritums (*... worden sein*)
- oder aus der analytischen Form eines Hilfsverbs und einem Hilfsverbadjektiv: die finite Form des vorgangspassiven Perfektfuturs (*wird ... worden sein*).

Bei Modalverben (§ 82.2d^{IIγ} HLR; Kap. 5.2.1.2.4.2.3) werden die analytischen Flexionsformen gebildet

- aus der synthetischen Form eines Hilfsverbs und einem Infinitmodalverb (§ 82. 2d^{IIaby} HLR): die finiten Formen des Futurs (z. B. *wird ... wollen*), des Perfekts (z. B. *hat ... wollen*) und des Präteritumperfekts (z. B. *hatte ... wollen*) oder
- aus der analytischen Form eines Hilfsverbs und einem Infinitmodalverb: die finite Form des Perfektfuturs (z. B. *wird haben ... wollen*) sowie die Infinitivform des Präteritumsinfinitivs (z. B. *... wollen (zu) haben*).
- aus der synthetischen Infinitiv-I-Form eines Modalverbs und der Partikel *zu*: die Form des Infinitivs II Präsens Aktiv (*... zu wollen*).
- aus der analytischen Infinitiv-I-Form eines Modalverbs und der Partikel *zu*: die Formen des Infinitivs II Perfekt Aktiv (*... wollen zu haben*).

Bei Kopulaverben (§ 82.2d^{IIδ} HLR; Kap. 5.2.1.2.4.2.4) sowie bei Funktionsverben (§ 82. 2d^{IIε} HLR; Kap. 5.2.1.2.4.2.5) werden die analytischen Flexionsformen jeweils in Analogie zu den Vollverben gebildet.

*

Zu § 82.1e/f HLR: Bei der Festlegung der Nennform eines Verbflexionsparadigmas orientieren wir uns an den Gepflogenheiten der deutschsprachigen Lexikographie (vgl. S. 54). Der Terminus *Verbgebilde* ist an *Wortgebilde* (§ 26.3 HLR) angelehnt, wozu er ein Hyponym darstellt.

5.2.1.2 Allgemeine Arten von Verben

§ 82.2 HLR: Verben bringen einen zeitlich dimensionierten Sachverhalt zum Ausdruck.

Zu § 82.2 HLR: Verben „bezeichnen [...] ihrer ‚kategorialen Grundbedeutung' nach [...] ein Geschehen oder Sein" (Erben 1972, 62), d. h. einen zeitlich dimensionierten Sachverhalt. Dies gilt prinzipiell für alle Arten von Verben, unabhängig vom Grad ihrer semantischen Eigenständigkeit, d. h. nicht nur für Vollverben. So lassen sich beispielsweise Modalverben wie *wollen* oder *müssen* und die Kopulaverben *sein* und *bleiben* als Ausdrücke von Zuständen interpretieren, das Kopulaverb *werden* als Ausdruck eines Vorgangs. Selbst bei denjenigen Verben, denen üblicherweise lediglich eine grammatische Funktion zugeschrieben wird, bei den Hilfsverben, kann man den Aspekt ›Zustand‹ (als Temporal- oder Passivzustand) bzw. ›Vorgang‹ (Passivvorgang) erkennen: Die Grenze zwischen Semantik und Grammatik ist auch hier fließend.

Die Versuche der Grammatikographie, den deutschen Verbwortschatz kategorial zu gliedern, sind vielfältig und für die Zwecke der vorliegenden Untersuchung von unterschiedlichem Nutzwert (zumal selbst bei gängigen Unterscheidungen wie der zwischen Vollverben, Modalverben, Kopulaverben, Hilfsverben und Funktionsverben die Kriterien für die Bestimmung der einzelnen Klassen und damit auch ihr Zuschnitt variieren). Es kann hier folglich nicht darum gehen, einen Überblick über unterschiedliche und teils widersprüchliche Forschungspositionen zu geben, sondern lediglich darum, aus der Vielfalt dieser Positionen diejenigen auszuwählen, die sich mit den Zielsetzungen unserer Arbeit am besten vereinbaren lassen.

5.2.1.2.1 Aktivitätsgrad

§ 82.2 HLR: (a) Verben können nach dem Grad der Aktivität unterschieden werden, den der durch sie ausgedrückte Sachverhalt erkennen lässt. ⁽ᴵ⁾H a n d l u n g s v e r b e n oder V e r b a   a c t i o n i s (Vb-aktn), heißen solche Verben, die für eine bewusst, absichtsvoll, willentlich ausgeübte Tätigkeit stehen. ⁽ᴵᴵ⁾V o r g a n g s v e r b e n oder V e r b a   p r o c e s s ū s (Vb-prz) heißen solche Verben, die ein vom Vorgangsträger erlittenes, passiv erfahrenes Geschehen zum Ausdruck bringen. ⁽ᴵᴵᴵ⁾Z u s t a n d s - v e r b e n oder V e r b a   s t a t ū s (Vb-stat) heißen solche Verben, die einen Zustand, eine Seinsweise des Zustandsträgers zum Ausdruck bringen.

Zu § 82.2a HLR: Das Paradigma ›Aktivitätsgrad‹ umfasst die Aspekte ›Handlung, Tätigkeit‹, ›Vorgang, Geschehen‹ und ›Zustand, Seinsweise‹; entsprechend unterscheiden wir H a n d l u n g s -, V o r g a n g s - und Z u s t a n d s v e r b e n. Diese herkömmliche und weit verbreitete Unterscheidung (vgl. z. B. Duden 1998, 90; Duden 2005, 418; Engel 2004, 212; Helbig/Buscha 2001, 58 ff.; Hentschel/Weydt 2003, 36 ff.) ist zwar nach Ballmer/Brennenstuhl (1986, 3) „ungenügend [...] in dem Sinne, daß sich nicht alle Verben in eine dieser drei Kategorien einordnen lassen, wie zum Beispiel die Verben, die (logische) Eigenschaften, Relationen und Pseudovorgänge bezeichnen", also beispielsweise *sich wölben, grünen, zu etw. neigen, ähneln* und *gleichen*. Teilt man die Auffassung, dass Zustände „ruhende Prozesse" sind – solche, „die in einer wesentlichen Komponente zeitinvariant sind" (ebd., 106) –, so fallen Verben wie die genannten, die „keinesfalls prozessualen Charakter" haben (ebd., 32), in der Tat aus dem Raster. Zudem gibt es gewisse Übergangsbereiche zwischen den einzelnen Kategorien; so ist beispielsweise bei Verben des Wahrnehmens und Erkennens wie *sehen*, *hören* oder *begreifen* keineswegs immer deutlich, ob damit eine (absichtliche) Handlung oder ein (absichtsloser) Vorgang gemeint ist. Legt man allerdings, wie wir es tun, einen weiter gefassten Zustandsbegriff zugrunde, der auch das Qualität-Haben und das In-Relation-Stehen mitumfasst, und neigt man zudem dazu, die Kategorien als prototypisch zu verstehen und die Zuordnung etlicher Verben cum grano salis vorzunehmen, so erscheint die herkömmliche Einteilung durchaus praktikabel.

5.2.1.2.2 Verlaufsart

§ 82.2 HLR: (b) Verben können danach unterschieden werden, welchen Verlaufsaspekt der durch sie ausgedrückte zeitlich dimensionierte Sachverhalt erkennen lässt. (I)A t e l i s c h e Verben sind solche, die ein Handeln, einen Vorgang oder Zustand rein in seinem Verlauf bzw. in seiner Dauer, ohne Berücksichtigung eines Anfangs oder eines Endes, ausdrücken. (II)T e l i s c h e Verben sind solche, die (α)den Beginn eines Handelns, Vorgangs oder Zustandes (i n g r e s s i v e V e r b e n) oder (β)das Ende eines Handelns, Vorgangs oder Zustandes (e g r e s s i v e V e r b e n) ausdrücken. (III)A n t i t e l i s c h e Verben sind solche, die im Gegensatz zu den atelischen zwar den Aspekt des Endes einer Handlung, eines Vorgangs oder Zustandes zum Ausdruck bringen, jedoch im Gegensatz zu den telischen nicht in affirmativer, sondern in negativer Weise. Antitelische Verben kennzeichnen positiv den Aspekt des N i c h t - Aufhörens (der bei den hinsichtlich Anfang und Ende völlig indifferenten atelischen Verben keine Rolle spielt).

Zu § 82.2b HLR: Das Paradigma ›Verlaufsart‹ umfasst unterschiedliche Aspekte der zeitlichen Ausdehnung einer Handlung, eines Vorgangs oder Zustandes. Sie kann entweder rein als solche oder hinsichtlich ihres Anfangs bzw. Endes betrachtet werden. Entsprechend unterscheiden wir a t e l i s c h e , t e l i s c h e und a n t i t e l i s c h e Verben. Atelisch heißt in unserem Verständnis, dass ein Handeln, Vorgang oder Zustand rein in seinem Verlauf bzw. in seiner Dauer bezeichnet wird, ohne dass etwas über seinen Anfang oder sein Ende gesagt wird. Das bedeutet nicht, dass er „von unbegrenzter Dauer" sein müsse, sondern lediglich, dass der Anfang bzw. das Ende semantisch keine Rolle spielt (Duden 2005, 415). Zu den atelischen Verben in diesem Sinne können auch so genannte „p u n k t u e l l e o d e r m o m e n t a n e Verben" zählen, also solche, die „etwas bezeichnen, was ohne zeitliche Ausdehnung punkthaft geschieht" (Duden 1998, 91), z. B. *erblicken*, *finden*, *treffen*, *ergreifen*, *erschlagen*, *fassen*. Dasselbe gilt für bestimmte Verben, mit denen „eine stete Wiederholung gleichartiger Vorgänge ausgedrückt wird", die so genannten iterativen Verben (ebd.), z. B. *flattern* oder *streicheln*, sowie für Verben, die eine bestimmte Handlung als gewohnheitsmäßig oder aufgrund anderer Dispositionen des Handlungsträgers wiederholt kennzeichnen, die so genannten habituellen Verben (Duden 2005, 416).

Telische Verben sind solche, die entweder den Beginn eines Handelns, Vorgangs oder Zustandes oder sein Ende bezeichnen. Im ersten Fall sprechen wir von ingressiven Verben (z. B. *einschlafen, aufwachen, losgehen*), im zweiten von egressiven Verben (z. B. *ausreden, ausschlafen, ausschwingen, gerinnen*). — Nach unserem Verständnis geht es bei der Verlaufsart rein um dasjenige, was durch ein Verb ausgedrückt, nicht um dasjenige, was durch das Ausgedrückte impliziert wird. Anders gesagt: Es geht bei der Frage, ob ein Verb als telisch zu interpretieren ist, nicht darum, ob das mit ihm bezeichnete Handeln oder Geschehen g l e i c h b e d e u t e n d ist mit dem Anfang oder Ende des Zustandes einer Person oder Sache. Verben wie *ausziehen, töten* oder *zerschneiden*, die implizieren, dass jemand aufhört, wo zu wohnen, dass er einen anderen aufhören zu leben oder eine Sache zerteilt zu sein beginnen lässt, verstehen wir demnach – anders als Duden (1998, 91; 2005, 415) oder Helbig/Buscha (2001, 63) – nicht als telische Verben, sondern als atelische, weil es bei ihnen nicht um Tätigkeiten geht, die einen Anfang oder ein Ende h a b e n, sondern um solche, die ein Ende bzw. einen Anfang b e w i r k e n. Dasselbe gilt insbesondere für Verben wie *anfangen*, die einen Beginn a l s s o l c h e n ausdrücken. Derartige Verba incipiendi (vgl. S. 437) deuten wir als (punktuell-)atelische Verben: Das, was begonnen wird, drückt nicht das Verb aus, sondern es erscheint beispielsweise als Objekt (*etw. anfangen, mit etw. anfangen, etw. zu tun anfangen* usw.) oder Objektentsprechung (z. B. bei passivischen Konstruktionen) oder als Ellipse, d. h., es kann im Zusammenhang ergänzt werden.

Als antitelisch bezeichnen wir Verben, die im Gegensatz zu den atelischen zwar den Aspekt des Endes einer Handlung, eines Vorgangs oder Zustandes zum Ausdruck bringen, jedoch im Gegensatz zu den telischen nicht in affirmativer, sondern in negativer Weise. Anders gesagt: Antitelische Verben (z. B. *bleiben, fortfahren, fortbestehen, weitermachen, weitergehen, weiterlaufen, weiterfahren*) kennzeichnen positiv den Aspekt des N i c h t - Aufhörens, der bei den hinsichtlich Anfang und Ende völlig indifferenten atelischen Verben keine Rolle spielt.

Die Verlaufsart, die ein Verb ausdrückt, ist „in vielen Fällen nicht ein für alle Mal festgelegt, sondern eher als ein Potenzial aufzufassen, das je nach dem Zusammenhang, in dem das Verb erscheint, die eine oder andere Richtung nehmen kann" (Duden 2005, 416; vgl. auch Hentschel/Weydt 2003, 42).

Anders als bei den Aktivitätsgraden, bei denen wir uns einer in der Forschung weit verbreiteten Auffassung anschließen konnten, besteht hinsichtlich der Verlaufsarten kein solcher Konsens. „Generell ist die Fachterminologie zum Thema Aktionsart sehr uneinheitlich und verwirrend" (Duden 2005, 415, Anm.). Neben den von uns bevorzugten Bezeichnungen sind in der Literatur noch etliche andere zu finden, mit denen zudem nicht allenthalben exakt das Gleiche gemeint ist. Anstatt von *atelischen* Verben (dieser Terminus findet sich u. a. bei Duden 2005, 415; Eisenberg 1999, 108) kann auch von *durativen* (u. a. Duden 1998, 91; Eisenberg 1999, 108; Flämig 1991, 367; Helbig/Buscha 2001, 62; Hentschel/Weydt 2003, 38), *imperfektiven* (u. a. Duden 1998, 91; Duden 2005, 415; Eisenberg 1999, 108; Flämig 1991, 367; Helbig/Buscha 2001, 62; Hentschel/Weydt 2003, 38) oder *kursiven* (Duden 1998, 456) die Rede sein; anstelle von *telisch* (so u. a. Duden 2005, 415; Eisenberg 1999, 108) finden sich die Ausdrücke *perfektiv* (u. a. Duden 1998, 91; Helbig/Buscha 2001, 62; Hentschel/Weydt 2003, 38) und *terminativ* (Duden 1998, 91); für *ingressiv* (u. a. Duden 1998, 91; Flämig 1991, 367; Helbig/Buscha 2001, 62; Hentschel/Weydt 2003, 41; Weinrich 2003, 1040) ist auch *inchoativ* (u. a. Duden 1998, 91; Duden 2005, 415; Eisenberg 1999, 108; Flämig 1991, 367; Helbig/Buscha 2001, 62; Hentschel/Weydt 2003, 41; Weinrich 2003, 1040), für *egressiv* (u. a. Duden 1998, 91; Eisenberg 1999, 108; Flämig 1991, 367; Helbig/Buscha 2001, 62; Hentschel/Weydt 2003, 41) auch *resultativ* (u. a. Duden 1998, 91; Eisenberg 1999, 108; Flämig 1991, 367; Hentschel/Weydt 2003, 41), *effektiv* (Hentschel/Weydt 2003, 41), *finitiv* (Hentschel/Weydt 2003, 41) und *terminativ* (Hentschel/Weydt 2003, 41) gebräuchlich; statt *antitelisch* (unser Terminus) heißt es an anderer Stelle *intransformativ* (Duden 2005, 416).

5.2.1.2.3 Bezugsgröße

§ 82.2 HLR: (c) Verben können nach der Bezugsgröße bzw. den Bezugsgrößen unterschieden werden, die sie im Rahmen eines Propositionsgefüges (§ 102.1c HLR) determinieren können. ⁽ᴵ⁾U n p e r s ö n l i c h e Verben sind solche, die keine weitere Propositionskonstituente (§ 102.2b¹ HLR) determinieren. ⁽ᴵᴵ⁾R e l a t o r i s c h e Verben sind solche, die ausschließlich einen Proponenden (§ 102.2a² HLR) determinieren. ⁽ᴵᴵᴵ⁾K o r r e l a t i v e Verben sind solche, die einen Proponenden und zudem mindestens ein Propositionsinvolut (§ 102.2a³ HLR) determinieren.

Zu § 82.2c HLR: Im Paradigma ›Bezugsgröße‹ unterscheiden wir unpersönliche, relatorische und korrelative Verben. Unpersönlich sind Verben, die „entweder keine Subjektleerstelle eröffnen oder das Pronomen *es* als Subjekt verlangen, dem Subjekt jedoch keine klare semantische Rolle zuordnen" (Duden 2005, 412), also beispielsweise *frieren*[172], *grauen*[173] oder *schneien*[174]. Relatorische Verben beziehen sich ausschließlich auf den Träger der Handlung, des Vorgangs oder Zustandes; Beispiele dafür sind absolute Verben[175], also solche, die nur in Prädikationsgefügen (nur mit einem Subjekt) oder in Supprädikationsgefügen nur mit Adverbial(ien) erscheinen, z. B. *gehen, schweben, liegen* oder *einschlafen* (Bsp. 366a), und echte reflexive Verben, also solche, die in Adverbationsgefügen mit einem relatorischen Reflexivpronomen als Adverband erscheinen (vgl. S. 242), z. B. *sich verbeugen, sich ereignen, sich befinden* oder *sich erstrecken*. Korrelative Verben beziehen sich sowohl auf den Träger als auch auf einen Gegenstand der Handlung, des Vorgangs oder Zustandes (eine Person bzw. eine konkrete oder abstrakte Sache, die davon betroffen ist); Bei-

---

172 „Jetzt fror ihn, und er war müde" (Keyserling, Abendl. Häuser 1914, 75).
173 „Ihr graute vor der Vermessenheit seiner Worte" (Wassermann, Gänsemännchen 1915, 295).
174 „Es schneite Tag für Tag und die Nächte hindurch, dünn oder in dichtem Gestöber, aber es schneite" (Th. Mann, Zauberb. 1924, 649).
175 Vgl. Duden (1998, 106), Hentschel/Weydt (2003, 66).

spiele sind transitive Verben wie *erzeugen, treffen, besitzen,* „reziproke" Verben (Helbig/Buscha 2001, 56 f.), d. h. solche, die in Supprädikationsgefügen mit einer durch ein Reziprokpronomen (§ 86.2δ HLR) besetzten Akkusativobjektstelle erscheinen, z. B. *einander heiraten, sich trennen, einander/sich begegnen, einander/sich gegenüberstehen* oder *einander/sich stützen*[176] und intransitive Verben, also solche mit Dativobjekt wie *jm. gehorchen, jm. entfallen* oder *jm. gehören*, mit Genitivobjekt wie *js. harren* oder mit Adpositionalobjekt wie *auf jn. warten*.

Korrelative Verben ‚eröffnen' (mindestens) eine Objektstelle, wobei diese jedoch im konkreten Einzelfall nicht besetzt sein muss. So ist *singen* prinzipiell ein transitives Verb: nicht nur dann, wenn es tatsächlich mit einem Akkusativobjekt erscheint (Bsp. 365a), sondern auch dann, wenn es ohne ein solches erscheint (Bsp. 365b) und also s c h e i n b a r ein relatorisches Verb ist.

Bsp. 365: a) „Ein Knabe singt ein Lied [...]" (WASSERMANN, Gänsemännchen 1915, 599.)
b) „[D]er Franz mag es viel lieber, wenn ein Vogel singt, als wenn die dummen Menschen reden." (THOMA, Tante Frieda 1907, 111.)
c) „Das gesungene Lied ist fast wie das zu Köpenick gebräuchliche [...]." (KUHN, Märk. Sag. 1843, 310.)

Der Unterschied zu den tatsächlichen relatorischen Verben besteht darin, dass sich bei objektlosen korrelativen Verben ohne weiteres ein Objekt ergänzen ließe (so **wenn ein Vogel etwas singt* in Bsp. 365b). Zudem lassen sich korrelative Verben ins Passiv setzen. Das Objekt rückt dabei an die Subjektstelle (→ **ein Lied wird gesungen*, Bsp. 365a); bei objektlosen korrelativen Verben wird ein so genanntes unpersönliches Passiv mit einem Pseudoaktanten als Subjekt gebildet (→ **es wird gesungen*, Bsp. 365b). Relatorische Verben bilden demgegenüber kein Passiv bzw. eine Passivbildung wirkt ungrammatisch (↛*es wird gegangen/geschwebt/gelegen/eingeschlafen/sich verbeugt/sich ereignet/sich befunden/sich erstreckt*). Ein weiteres Indiz ist, dass partizipiale Adjektive, die von korrelativen Verben abgeleitet werden, sich in der Transformationsprobe nie auf die Einheit mit Subjektfunktion beziehen lassen, wenn das Verb im Aktiv steht (Bsp. 365a: *der Knabe singt* ↛ **der gesungene Knabe*), sondern nur auf die Einheit mit Objektfunktion, sofern eine solche vorhanden ist (Bsp. 365a: *der Knabe singt ein Lied* → *das gesungene Lied*, Bsp. 365c). Zumindest bei einigen relatorischen Verben – den so genannten ergativen oder unakkusativischen Verben, die für Handlungen oder Vorgänge stehen, bei denen der als Subjekt erscheinenden Größe eine Veränderung oder ein Zustandswechsel widerfährt – kann hingegen das partizipiale Adjektiv auf das Subjekt bezogen werden (*der Alte schläft ein* → *der eingeschlafene Alte*, Bsp. 366).

---

[176] „[...] ein [...] Zusammenhang sinnvollen Handelns [...], dessen Einzelbestandteile sich gegenseitig stützen" (WEBER, Roscher u. Knies II 1905, 98).

Bsp. 366: a) „Worauf der [...] Alte [...] die Zudecke über das Gesicht zog und <u>einschlief</u>." (CHRIST, Mad. Bäurin 1920, 800.)

b) „Zu dem über dem Schreiben <u>eingeschlafenen</u> Alten vgl. Grimm, Deutsche Sagen, Nr. 151 [...]." (KUHN, Sag. Westf. 1859, I, 71.)

Auf diese Weise lassen sich ergative von nicht ergativen relatorischen Verben unterscheiden: Letztere – *agieren* (Bsp. 384a, S. 436), *handeln* (Bsp. 384c), *werken* (Bsp. 384d), *wirtschaften* (Bsp. 384e) usw. – können nicht im Rahmen einer Transformationsprobe zu Partizipien umgeformt und auf ihre Subjekte bezogen werden (Bsp. 384a: *eine New Yorker Dame agiert ↛*eine agierte New Yorker Dame* usw.).

Einzelne Verben können sowohl relatorisch (ergatives *zerbrechen* ›entzwei gehen‹, Bsp. 367a) als auch korrelativ sein (transitives *zerbrechen* ›entzwei machen‹, Bsp. 367b).

Bsp. 367: a) „Ihr Cognakglas <u>zerbrach</u>." (ALTENBERG, Tag ²1902, 197.)

b) „Er <u>zerbrach</u> Zündhölzchen zwischen den Fingern [...]." (BALL, Flamm. 1918, 170.)

Ihre Bedeutung ist dann im einen und im anderen Fall klar unterschiedlich, wohingegen sie sich bei transitiven Verben, wenn sie objektlos gebraucht werden (so *singen* in Bsp. 365b) gegenüber der Verwendung mit besetzter Objektstelle (*singen* in Bsp. 365a) nicht verändert.

Verben, die in Prädikationsgefügen mit mehr als einem Objekt erscheinen oder erscheinen können, werden in diesem Fall entsprechend als transitiv-intransitiv[177] (z. B. *geben*[178], *erinnern*[179], *berauben*[180]), reflexiv-transitiv (z. B. *denken*[181]), reziprok-transitiv (z. B. *vorwerfen*[182]), reflexiv-intransitiv (z. B. *mitteilen*[183], *erinnern*[184]) oder reziprok-intransitiv (z. B. *entgegenhetzen*[185]) bezeichnet.

Ebenso wie für die Verlaufsart gilt auch für die Bezugsgröße, dass nicht alle Verben diesbezüglich festgelegt sind. Viele von ihnen können in unterschiedlichen Zusammenhängen unterschiedliche Bezugsgrößen haben, z. B. *machen*, das transitiv[186], transitiv-intransitiv[187], transitiv-reflexiv[188] oder transitiv-reziprok[189] verwendet werden kann.

---

[177] Duden (2005, 400) spricht von *ditransitiven* Verben.
[178] „Ich gebe dir noch drei Tage Bedenkzeit" (DAHN, Rom 1876, 276).
[179] „Das Holzstöckelpflaster erinnerte den Fuss an feste braune Waldwege" (ALTENBERG, Wie ich es sehe ⁴1904, 44).
[180] „Ein Schlaganfall beraubte den alten Herrn seiner Füße" (KEYSERLING, Beate 1903, 42).
[181] „[...] wie sie es sich denkt" (DUNCKER, Jugend 21907, 108).
[182] „Sie hatten ja freilich einander nichts vorzuwerfen" (BLEIBTREU, Größenw. III 1888, 276).
[183] „[...] einen Menschen [...], dem er sich mitteilen konnte" (SCHNITZLER, Gräsler 1917, 198).
[184] Norbert erinnerte sich eines [...] Rundganges" (JENSEN, Gradiva 1903, 41).
[185] „[...] daß wir Menschen [...] einander dem Tod entgegenhetzen" (SUTTNER, Waffen I 1889, 121).
[186] „Ich machte einen Luftsprung" (FRAPAN, Wir Frauen 1899, 122).
[187] „[I]ch machte ihm [...] doppelte Arbeit" (DOHM, Dalmar ²1897, 173).

5.2.1.2.4 Grad der semantischen Eigenständigkeit

§ 82.2 HLR: (d) Verben können nach dem Grad ihrer grammatisch-semantischen Eigenständigkeit unterschieden werden. Grammatisch und semantisch eigenständig ist ein Verb, wenn es im Kotext anderer Wörter – in der Regel: im Gefüge eines Satzes – ein Geschehen oder Sein f ü r s i c h a l l e i n ausdrücken kann (derart, dass es zum Ausdruck desselben keiner anderen Wörter bedarf).

Zu § 82.2d HLR: Als grammatisch-semantische Eigenständigkeit im angegebenen Sinne lässt sich die Tatsache interpretieren, dass ein Verb in einem Prädikationsgefüge für sich allein als Prädikat erscheinen kann (§ 34.2b^I, § 82.5^{Iβ} HLR).

5.2.1.2.4.1 Vollverben

§ 82.2d HLR: $^{(Ia)}$In vollem Umfang grammatisch und semantisch eigenständige Verben heißen V o l l - v e r b e n (KmptVb). $^{(b)}$Das Flexionsparadigma von Vollverben umfasst sowohl Formen des Aktivs als auch – in der Regel – des Passivs.

Zu § 82.2d^I HLR: Beispiele für Vollverben sind (in zufälliger Auswahl): *ängstigen, besinnen, drohen, entsprechen, freuen, gehen, lachen, rühmen, schicken, tun, wiederholen, zählen*. Vollverben zeichnen sich gemäß dem zuvor Gesagten dadurch aus, dass sie allein das Prädikat eines Satzes bilden können (vgl. z. B. Duden 1998, 92; Flämig 1991, 366; Hentschel/Weydt 2003, 70; Zifonun/Hoffmann/Strecker 1997, 50). Sie machen den bei weitem größten Teil des deutschen Verbwortschatzes aus.

Vollverben kommen sowohl im Aktiv als auch in der Regel im Passiv vor. Eine Ausnahme stellen unpersönliche Verben (§ 82.2c^I HLR; vgl. S. 416) wie *regnen, schneien* oder *stürmen* dar: Sie bilden kein Passiv.

5.2.1.2.4.2 Konverben

§ 82.2d HLR: $^{(II)}$Verben, die nicht allein, sondern nur im Gefüge mit einem oder mehreren anderen Wörtern als Prädikat erscheinen können, heißen K o n v e r b e n.

Zu § 82.2d^{II} HLR: Zu den Konverben zählen die Infinitverben (§ 82.2d^{IIα} HLR, vgl. nachfolgend Kap. 5.2.1.2.4.2.1), die infinitregierenden Verben (Duden, 2005, 432 ff.), denen einerseits die Hilfsverben (§ 82.2d^{IIβ} HLR, vgl. Kap. 5.2.1.2.4.2.2), andererseits die Modalverben (§ 82.2d^{IIγ}, vgl. Kap. 5.2.1.2.4.2.3) zugerechnet werden; weiter sind

---

188 „Daraufhin begann er, [...] sich [...] ein Programm zu machen" (BRAUN, Lebenssucher 1915, 62).
189 „Nach einem kurzen Wonnetaumel machten sich die Liebenden gegenseitig das Leben zur Hölle" (PAOLI, Sand 1882, 130).

die so genannten Kopulaverben (§ 82.2d^{IIδ}, Kap. 5.2.1.2.4.2.4) und schließlich die so genannten Funktionsverben (§ 82.2d^{IIε}, Kap. 5.2.1.2.4.2.5) zu nennen.

5.2.1.2.4.2.1 Infinitverben

§ 82.2d^{II} HLR: $^{(αa)}$Semantisch, aber nicht grammatisch eigenständig sind I n f i n i t v e r b e n (IftVb), die ausschließlich – zusammen mit Hilfsverben (§ 82.2d^{IIβ} HLR) oder der Partikel *zu* – als unmittelbare Konstituenten bestimmter analytischer Verbformen (§ 7.2γ, § 82.1d^{II} HLR) erscheinen. Jedes Verb, dessen analytische Form durch ein bestimmtes Infinitverb (ko-)konstituiert wird, heißt in Bezug auf dieses Infinitverb K o n s t i t u t v e r b. $^{(αb)}$Zu unterscheiden sind $^{(αbα)}$als unmittelbare Konstituenten von Vollverben (§ 82.2d^{I} HLR) I n f i n i t v o l l v e r b e n (IftVb-kmpt), $^{(αbβ)}$als unmittelbare Konstituenten von Hilfsverben (§ 82.2d^{IIβ} HLR) I n f i n i t h i l f s v e r b e n (IftVb-aux), $^{(αbγ)}$als Konstituenten von Modalverben (§ 82.2d^{IIγ} HLR) I n f i n i t m o d a l v e r b e n (IftVb-mod), $^{(αbδ)}$als unmittelbare Konstituenten von Kopulaverben (§ 82.2d^{IIδ} HLR) I n f i n i t k o p u l a v e r b e n (IftVb-kpl) sowie $^{(αbε)}$als unmittelbare Konstituenten von Funktionsverben (§ 82.2d^{IIε} HLR) I n f i n i t f u n k t i o n s v e r b e n (IftVb-fkt). $^{(αc)}$Infinitverben sind ihrer Gestalt nach identisch mit dem aktiven Präsensinfinitiv ihrer Konstitutverben, mit anderen Worten: Ihr Gestaltparadigma ist monohenadisch (§ 3.2β^{2β} HLR). Sie sind Aflexionsgefüge (§ 30.1b^{IIα} HLR).

Zu § 82.2d^{IIα} HLR: Da die grammatische u n d die semantische Eigenständigkeit als ein Kriterium für die Subklassifikation des Verbwortschatzes gilt, interpretieren wir die infinitivischen Bestandteile bestimmter analytischer Verbformen wie *wird sehen* als eine besondere Verbart: Solche I n f i n i t v e r b e n sind zwar semantisch eigenständig, so wie die Vollverben, zu deren Konstitution sie beitragen, nicht jedoch grammatisch. (Zu seiner grammatischen Eigenständigkeit bedarf das Konstitutverb seiner zweiten unmittelbaren Konstituente, des Hilfsverbs.)

Ein Infinitverb, das als unmittelbare Konstituente einer Vollverbform erscheint, heißt I n f i n i t v o l l v e r b. Es bildet zusammen mit einem Hilfsverb ein Flexionsgefüge, in dessen Rahmen es als Flektand erscheint (vgl. Abb. 71, S. 207). Infinitvollverben (ko)konstituieren beispielsweise Formen des Aktiv-Futurs von Vollverben.

Als unmittelbare Konstituenten von analytisch gebildeten Hilfsverbformen – solchen, die ihrerseits Formen von Konstitutverben beispielsweise im aktiven Perfektfutur (Bsp. 368a) sowie im vorgangspassiven (Bsp. 368b) und im zustandspassiven (Bsp. 368c) Futur bilden – erscheinen I n f i n i t h i l f s v e r b e n.

Bsp. 368: a) „Ich habe Sie zu beschützen, Elise, bis Sonnenaufgang, 5 Uhr früh, und bis das Haustor sich hinter Ihnen geschlossen <u>haben</u> wird!!!" (ALTENBERG, Märchen ³1911, 101.)
b) „Noch muß ich das Hauptverwahrungsmittel und das beynahe specifische Heilmittel gegen den furchtbaren Scharbock [›Skorbut‹] erwähnen, für deren Einführung auf langen Seereisen Cooks Name, so lange Großbritannien Flotten hat, mit Dankempfindungen und mit Ehrfurcht genannt <u>werden</u> wird." (FORSTER, Cook 1789, 191)
c) „Dir wird nichts geschehen, und uns wird geholfen <u>sein</u> ..." (EBNER-ESCHENBACH, Gemeindek. 1887, 90.)

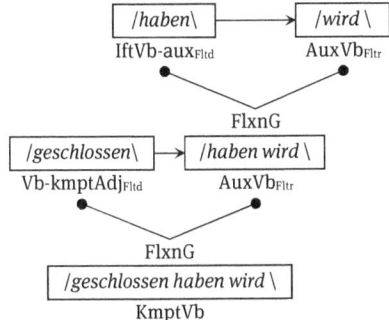

Abb. 121: Konstituentenstruktur eines Flexionsgefüges (Bsp. 368a)
AuxVb = Hilfsverb; Fltd = Flektand; FlxnG = Flexionsgefüge; Fltr = Flektor; IftVb-aux = Infinithilfsverb; KmptVb = Vollverb; Vb-kmptAdj = Vollverbadjektiv. — Zu den allgemeinen Notationsregeln vgl. Anhang II (S. 828 ff.).

Bei Modalverben werden durch I n f i n i t m o d a l v e r b e n beispielsweise die finiten Formen des Futurs (Bsp. 369a), des Perfekts (Bsp. 369b) und des Präteritumperfekts (Bsp. 369c) kokonstituiert.

Bsp. 369: a) „Wer durchaus in den Tartarus will, der tut wohl, sich französischen Spitzbuben anzuschließen; ich kann mir nicht denken, daß diese viel zu leiden haben werden. Sie sind so lieb in ihrer Schelmerei, daß Minos selbst wird lachen müssen." (BÖRNE, Schild. Paris XXVI 1824, 165.)
b) „[D]a erblickt' ich zuerst die Züge, die nichts seitdem in meiner Seele hat verlöschen können." (AHLEFELD, Selbstverl. 1813, 199.)
c) „Lamberti, der in Gemeinschaft mit seinen Brüdern mich hatte ermorden wollen" (TIECK-BERNHARDI, Evremont 1836, III, 183).

Bestimmte analytische Formen von Kopulaverben – etwa solche des aktiven Futurs (Bsp. 370) – weisen neben Hilfsverben I n f i n i t k o p u l a v e r b e n als unmittelbare Konstituenten auf.

Bsp. 370: „Die Wärme ihres Tones überraschte ihn, und er zweifelte nicht daran, daß ihre Versöhnung mit Michael nur noch eine Frage weniger Tage sein werde." (DOHM, Werde 1894, 133.)

Schließlich deuten wir analog die infinitivischen unmittelbaren Konstituenten analytisch gebildeter Formen von Funktionsverben als I n f i n i t f u n k t i o n s v e r b e n .

Bsp. 371: „Wenn dieser mein letzter Wille meinen innigst geliebten Kindern zu Gesicht kommen wird, bin ich nicht mehr unter ihnen und gehöre zu den Abgeschiedenen." (FONTANE, Wand. III 1873, 328.)

5.2.1.2.4.2.2 Hilfsverben

§ 82.2d^{II} HLR: ^(βa)H i l f s v e r b e n (AuxVb) haben keine Bedeutung im engeren Sinn, sondern lediglich grammatische Bedeutung. Sie bilden in der Regel zusammen mit Infinitverben (§ 82.2d^{IIα} HLR) oder präteritalen Partizipialadjektiven (§ 84.2β HLR) analytische Verbformen (§ 82.1d^{II} HLR) oder zusammen mit Infinitverbgruppen (§ 88.1b^{Iββ} HLR) oder Verbadjektivgruppen (§ 90.1b^{IIβ} HLR) Vollverbgruppen (§ 88.1b^{Iα} HLR). ^(βb)Das Flexionsparadigma von Hilfsverben umfasst nur Formen des Aktivs.

Zu § 82.2d^{IIβ} HLR: Hilfsverben (vgl. z. B. Eisenberg 1999, 58; Helbig/Buscha 2001, 109; Hentschel/Weydt 2003, 70; Zifonun/Hoffmann/Strecker 1997, 52) haben keine Bedeutung im engeren Sinn, sondern lediglich grammatische Bedeutung – sie bestimmen lediglich die Flexionskategorien Person, Numerus, Modus, Tempus und Genus verbi. Sie kommen als unmittelbare Konstituenten analytischer Verbformen in der Regel zusammen mit Infinitverben oder Verbadjektiven vor.[190] Für sich gesehen sind Hilfsverben also keine eigenständigen Verben, sondern nur Konstituenten von Vollverben – oder dort, wo sie gemeinsam mit Infinitverbgruppen oder Verbadjektivgruppen auftreten, von Vollverbgruppen (vgl. Kap. 5.3.1.4.1). Sie verhalten sich morphologisch dabei jedoch nicht anders als alle anderen Verben, indem sie ihre analytischen Formen ihrerseits mit Hilfe von Hilfsverben bilden (Bsp. 372d/e).

Zu den Hilfsverben gehören nach unserer Auffassung *haben, sein, werden, bekommen, erhalten, kriegen* (letzteres umgangssprachlich), die jeweils zusammen mit einem Verbadjektiv auftreten (Bsp. 372a–f), sowie *werden* + Infinitverb. Im letzteren Fall drückt das Hilfsverb allein den grammatischen Bedeutungsaspekt ›zukünftig‹ aus (Bsp. 372g; vgl. demgegenüber Anm. 309, S. 696).

Bsp. 372: a) „Sie hat in ihrem Leben nur die Arbeit [...] kennen gelernt" (Boy-Ed, Förster 1889, 47); vgl. auch d).
b) „Sie sind wohl eben erst aufgestanden?" (Dohm, Dalmar ²1897, 176).
c) „Die Frage der sachlichen Richtigkeit wird dadurch [...] nicht angerührt" (Simmel, Schopenh. 1907, 34).
d) „Ich habe eine Reliquie geschenkt bekommen" (Tucholsky, Pyr. 1927, 69).
e) „Sie erzählte von einem Öllämpchen, das sie geschenkt erhalten habe" (Altenberg, Märchen ³1911, 124).
f) „Zerreiß dich, wenn's dich freut, deswegen kriegst um keinen Kreuzer mehr bezahlt als ein anderer" (Ebner-Eschenbach, Gemeindek. 1887, 131).
g) „[B]ald [...] wird die innere Schönheit die äußere ersetzen" (Ball, Kandinsky ʳ1917; 1977ʳ, 53).

---

[190] Hilfsverben können zudem als Kerne von Hilfsverbgruppen (§ 88.2α HLR) fungieren: Vgl. z. B. Abb. 63, S. 202. Einzelne Verbformen in solchen Verbgruppen gesondert zu betrachten, wird durch den Ansatz von Flexionalgefügen (§ 51 HLR; Kap. 4.2.1, S. 313 f.) möglich.

Die Auffassung, *bekommen/erhalten/kriegen* + Partizip II seien zu den Hilfsverben zu zählen, ist in der Forschung nicht unumstritten. Dafür sprechen sich u. a. Duden (2005, 432), Eisenberg (1999, 132), Flämig (1991, 36) und Zifonun/Hoffmann/Strecker (1997, 52[191]) aus, dagegen u. a. Helbig/Buscha (2001, 45), die eine eigene Kategorie „*bekommen*-Verben" ansetzen, und Hentschel/Weydt (2003, 70: „Im Deutschen gibt es drei Hilfsverben: *haben*, *sein* und *werden*"), die allerdings *bekommen/erhalten/ kriegen* + Partizip II als „potentielle Hilfsverben" bezeichnen (ebd., 137).

Alle Hilfsverben können auch als Vollverben, teils auch als Modal- und Kopulaverben verwendet werden. Ihr Formenbestand ist in den verschiedenen Verwendungsweisen in der Regel identisch. Eine Ausnahme (vgl. Helbig/Buscha 2001, 111) stellt hier *werden*$_{AuxVb}$ dar, dessen mit Partizip II gebildete Formen nicht wie in der Verwendung als Kopulaverb (Bsp. 373) dem Muster ‚Hilfsverb + *geworden*', sondern dem Muster ‚Hilfsverb + *worden*' (Bsp. 374a) folgen. Allerdings finden sich auch Ausnahmen von der Ausnahme (Bsp. 374b).

Bsp. 373:   „So oft ich [...] Zeugin geworden bin der rohen Behandlung eines wehrlosen armen Hausgenossen, so oft hat die Empörung mir das Blut in jähen Wellen zum Gehirn getrieben" (MÜLLER-JAHNKE, Ich bekenne ²1921, 22)

Bsp. 374:   a) „Irgendein Junge aus dem Hause war hergeschickt worden" (SCHNITZLER, Sohn 1892, 92)
b) „[D]er Stoß war [...] gehört geworden, denn es ließen sich Schritte vernehmen, welche sich näherten" (MAY, Waldröschen 1882–84, 2034).

5.2.1.2.4.2.3 Modalverben

---

§ 82.2d^{II} HLR: ^(γa)M o d a l v e r b e n (ModVb) sind solche Verben, die den in einem anderen Verb ausgedrückten Sachverhalt als möglich, notwendig oder perspektivisch charakterisieren. Im Unterschied zu den Hilfsverben haben sie nicht nur grammatische Bedeutung, so dass sie für sich allein ein eigenständiges Verb darstellen. Sie können aber gleichwohl nicht allein als Prädikat erscheinen (§ 82.5γ HLR). ^(γb)Das Flexionsparadigma von Modalverben umfasst nur Formen des Aktivs.

Zu § 82.2d^{IIγ} HLR: Modalverben sind solche Verben, die „den Inhalt eines anderen Verbs modifizieren" (Duden 1998, 92) bzw. die zur „modalen Charakterisierung des Sachverhalts dienen", für den ein Verb steht (Duden 2005, 433): „Mit einem modalisierten Satz macht der Sprecher keine unmittelbare Aussage über die Wirklichkeit, sondern stellt einen Sachverhalt als notwendig oder möglich hin relativ zu [...] bestimmten Normen, Wünschen, Wissensbeständen, faktischen Umständen usw." (ebd., 562). Hinsichtlich dieser Normen, Wünsche usw. wird in der neueren Forschung

---

[191] Hier werden *bekommen*, *erhalten* und *kriegen* zuammmen mit *gehören* (letzteres in Fügungen wie *gehört vertraulich behandelt* ›muss vertraulich behandelt werden‹) zur „Peripherie der passivbildenden Hilfsverben" gerechnet.

häufig vom „Redehintergrund" (Zifonun/Hoffmann/Strecker 1997, 1882 ff.) gesprochen. Darüber hinaus ist es möglich, mit Hilfe der Modalverben einen Sachverhalt im Modus der Perspektivität darzustellen, d. h. als behauptet von einer Person, die nicht identisch mit dem Sprecher ist (bzw. von den Mitgliedern einer Personengruppe, zu der sich der Sprecher selbst nicht zählt).

Es ist diese modifizierende Determinationsfunktion, die für uns bei der Bestimmung der Modalverben im Vordergrund steht. Mit anderen Worten: Als Modalverben betrachten wir alle Verben, die diese Funktion erfüllen. Eine hauptsächlich auf morphosyntaktische Eigenschaften zurückgreifende Unterscheidung wie die zwischen Modalverben und so genannten Modalitätsverben (Duden 2005, 433) oder auch Halbmodalen (Zifonun/Hoffmann/Strecker 1997, 1282 ff.; Eisenberg 1999, 353) wie *drohen, haben, scheinen, sein, versprechen* (jeweils mit *zu*-Infinitiv) – die kategoriale Zuordnung schwankt hier ebenso wie die terminologische Fassung – scheint daher für die Zwecke unserer Untersuchung verzichtbar. Wir legen statt dessen einen extensional weiten Modalverbbegriff zugrunde, der Verben wie die genannten mitumfasst. Dafür spricht auch, dass alle morphologischen und syntaktischen Kriterien, auf die üblicherweise bei der Bestimmung der Modalverben zurückgegriffen wird, für sich betrachtet keine hinreichenden Bedingungen sind. Es handelt sich um Eigenschaften, welche die Modalverben jeweils mit bestimmten anderen Verben gemeinsam haben; daher sind sie als „Kriterium, um die Modalverben formal von den anderen Verben abzugrenzen, [...] nur dann geeignet, wenn man sie alle zusammenfasst" (Hentschel/Weydt 2003, 75). Im Einzelnen sind folgende Besonderheiten zu nennen:

- Einige der Modalverben unterscheiden sich in der ersten und dritten Person Singular Indikativ Präsens Aktiv von den Formen der meisten anderen Verben: *ich/er darf-Ø* gegenüber *ich sage/er sagt*. Diese Eigenschaft ist darauf zurückzuführen, dass es sich bei den betreffenden Verben historisch gesehen um Präteritopräsentia[192] handelt, also um solche starken (ablautenden) Verben, deren Präteritumformen in zurückliegenden Sprachstufen präsentische Bedeutung erlangt haben (*ich kann* bedeutet z. B. ursprünglich so viel wie ›ich habe erkannt, kennengelernt‹, vgl. Anm. 3, S. 3), so dass die ursprünglichen Präsensformen verschwunden sind und sich für die präteritale Bedeutung sekundäre Präteritumformen mit dem Suffix *-te* ausgebildet haben. – Nicht alle Modalverben sind jedoch Präteritopräsentia, und es gibt darüber hinaus im Deutschen zumindest ein Präteritopräsens (*wissen*), das nicht den Modalverben, sondern den Vollverben zuzurechnen ist.
- Die Perfektformen einiger Modalverben, sofern sie mit dem Infinitiv eines Vollverbs zusammen auftreten (vgl. unten), werden nicht mit Hilfsverb und Partizip

---

192 Konkret: *dürfen, können, mögen, müssen* und *sollen*.

II (*_habe_ sagen _gewollt_), sondern mit Hilfsverb und Infinitverb (_habe_ sagen _wollen_) gebildet. Dies haben sie jedoch mit einigen Vollverben gemeinsam, die gleichfalls zusammen mit dem einfachen Infinitiv eines Vollverbs auftreten können und die Perfektformen mit dem Hilfsverb _haben_ bilden (_habe_ kommen _sehen_, _habe_ sagen _hören_, _habe_ ausrichten _lassen_ usw.; zu den Details vgl. Duden 1998, 191 f.).

- Zu Modalverben kann „im Allgemeinen weder ein Imperativ noch ein Passiv gebildet werden" (Duden 1998, 93). Die Formulierung „im Allgemeinen" zeigt aber schon an, dass es Ausnahmen gibt; sie betreffen den Imperativ.

Bsp. 375: „Ich bitte dich, sage nicht nein, _wolle_ mir nicht widersprechen" (FONTANE, L'Adultera 1880, 131).

Im Passiv finden sich Verben, die als Modalverben verwendet werden können, nur dann, wenn sie n i c h t als Modalverben, sondern als Vollverben (will sagen: allein als Prädikat eines Satzes oder als Supprädikat) gebraucht sind.

Bsp. 376: a) „Das alles _war_ [...] _gewollt_" (EBNER-ESCHENBACH, Božena 1876, 183).
b) „[I]nsbesondere kann sich ergeben: daß der genau gleiche Zweck aus sehr verschiedenen [...] Gründen _gewollt wird_" (WEBER, Wertfr. 1917/18, 500).

Allerdings gilt auch für manche Verben, die nicht zu den Modalverben zählen, dass sie im Allgemeinen – abgesehen von der unpersönlichen Verwendung (Bsp. 377) – kein Passiv bilden können (z. B. _gehen_, _stehen_, _sitzen_), so dass auch hier kein hinreichendes Kriterium für die Modalverbbestimmung vorliegt.

Bsp. 377: „in der Kreuzwoche, wo mit dem Kreuze um die Saaten _gegangen wird_" (SCHÖNWERTH, Oberpfalz I 1857, 430).

Syntaktisch zeichnen sich Modalverben dadurch aus, dass sie ebenso wie die Hilfsverben zu den infinitregierenden Verben gehören. Im Unterschied zu den Hilfsverben haben sie nicht nur grammatische Bedeutung; sie erscheinen daher für sich allein als eigenständige Verben. Allerdings können sie in flektierter Form gleichwohl nicht allein das Prädikat eines Satzes bilden, sondern nur zusammen mit einer Infinitivform. Dabei kann es sich um einen einfachen Infinitiv im Präsens (_darf sagen_) oder im Perfekt (_soll gesagt haben_) oder um einen _zu_-Infinitiv (_braucht zu wissen_) handeln.

Zu den Modalverben rechnen wir: _bleiben, brauchen, dürfen, haben, können, reflexives lassen, mögen, müssen, sein, sollen, vermögen, werden, wollen_; von ihnen stehen _dürfen_ (Bsp. 378a), _können_ (Bsp. 378b), unpersönlich-reflexives _lassen_ (Bsp. 378c), _mögen_ (Bsp. 378d), _müssen_ (Bsp. 378e), _sollen_ (Bsp. 378f), _werden_ (Bsp. 378g) und _wollen_ (Bsp. 378h) mit einfachem Infinitiv, _bleiben_ (Bsp. 378i), _brauchen_ (Bsp. 378j), _haben_ (Bsp. 378k), _sein_ (Bsp. 378ℓ) und _vermögen_ (Bsp. 378m) mit _zu_-Infinitiv.

Bsp. 378: a) „<u>Darf</u> ich Dir schreiben?" (AHLEFELD, Marie Müller ²1814, 6.)
b) „Eine solche Versündigung <u>konnte</u> nicht ungerächt bleiben." (LYNCKER, Sag. u. Sitt. 1854, III.)
c) „Dagegen <u>lässt</u> sich nichts einwenden." (HOLZ, Kunst N. F. 1892, 17.)
d) „Er <u>mag</u> kommen!" (BRAUN, Lebenssucher 1915, 321.)
e) „Er war deshalb in Zweifel, ob er die Wahrheit sagen <u>müsse</u>." (ASTON, Rev. 1849, II, 45)
f) „Was <u>sollen</u> wir denn thun?" (PAALZOW, Godw.-Castle 1836, III, 129).
g) „Dort <u>wird</u> wohl der Spieß noch hängen" (BECHSTEIN, Dt. Märchenb. ¹³1857, 31).
h) „Ich <u>wollte</u> nur wiedergeben, was ich hörte" (MEIER, Dt. Volksmärch. 1852, 4).
i) „Auch Dietrich von Bern <u>bleibt</u> zu berücksichtigen" (KUHN, Sag. Westf. 1859, II, 13).
j) „Ich <u>brauche</u> nur zu schreiben und fünfhundert Franken sind da." (BALL, Flamm. 1918, 146.)[193]
k) „Ich <u>habe</u> zu arbeiten – Briefe zu schreiben." (ENGEL, L. Stark 1801, 13.)
ℓ) „Wir berieten, was zu tun <u>sei</u>." (BRAUN, Mem. II 1911, 217.)
m) „Er <u>vermag</u> zu hören, zu sehen, zu beurteilen und auch zu lieben." (MEISEL-HESS, Sex. Krise 1909, 160.)

Bsp. 379: a) „Nun, darüber <u>dürfte</u> wohl kein Zweifel obwalten, Gnädigste" (SPIELHAGEN, Probl. Nat. I 1861, 259).
b) „Das <u>muß</u> über Nacht gekommen sein, fuhr es ihm durchs Hirn" (FRANZOS, Leib Weihn. 1896, 108).
c) „Die Schwester <u>soll</u> gesagt haben, nun sei wahrscheinlich einer aus ihrer Familie gestorben" (STRACKERJAN, Abergl. ²1909, I, 140).
d) „[M]an <u>will</u> gesehen haben, daß er durch das Fenster ins Krankenzimmer geschaut hat." (STRACKERJAN, Abergl. ²1909, I, 22.)

Modalverben kennzeichnen eine Handlung, einen Vorgang oder einen Zustand

- im Rahmen von potentialen oder approbativen Propositionsgefügen (vgl. S. 693) als möglich – permissive Modalverben (ModVb-pmss): *dürfen* (Bsp. 378a), *können* (Bsp. 378b), unpersönlich-reflexives *lassen* (Bsp. 378c), *mögen* (Bsp. 378d), *vermögen* (Bsp. 378m) –,
- im Rahmen von nezessitiven oder obligativen Propositionsgefügen (vgl. S. 693) oder attitudinalen Propositionsgefügen (vgl. S. 693) als notwendig – postulative Modalverben (ModVb-pstl): *bleiben* (Bsp. 378i), *brauchen* (Bsp. 378j), *haben* (Bsp. 378k), *müssen* (Bsp. 378e), *sein* (Bsp. 378ℓ), *sollen* (Bsp. 378f), *wollen* (Bsp. 378h) –,
- als vermutet – konjektive Modalverben (ModVb-kjkt): *dürfen* (im Konjunktiv II: Bsp. 379a), *müssen* (Bsp. 379b), *werden* (Bsp. 378g) – oder

---

[193] Das Modalverb *brauchen* erscheint im Neuhochdeutschen i n d e r R e g e l mit einem *zu*-Infinitiv, gelegentlich jedoch auch – wie dann im Spätneuhochdeutschen, vor allem in der gesprochenen Sprache, häufiger (Duden 2001, 184) – mit einfachem Infinitiv: „Die Dragoner brauchte [...] man nicht fürchten" (MAY, Waldröschen 1882–84, 1598).

– im Rahmen von informativen Propositionsgefügen (vgl. S. 669) als Gegenstand einer Aussage, die nicht die des Sprechers/Schreibers ist – perspektivische Modalverben (ModVb-pspkt): *sollen* (Bsp. 379c), *wollen* (Bsp. 379d).

5.2.1.2.4.2.4 Kopulaverben

§ 82.2d^II HLR: ^(6a)Kopulaverben (KplVb) sind Verben mit nur grammatischer Bedeutung, die prototypisch als Transzesse erscheinen (§ 82.5ε^Iα HLR). ^(6b)Das Flexionsparadigma von Kopulaverben umfasst nur Formen des Aktivs.

Zu § 82.2d^IIδ HLR: Kopulaverben nennen wir hier solche Verben, die prototypisch als Transzesse (§ 42.2b^Iαβ HLR), d. h. als unmittelbare Determinate von Transzedenten fungieren (vgl. Kap. 4.1.12, insbes. S. 275). Dabei muss zudem gewährleistet sein, dass der Transzedent „den Hauptteil der Bedeutung" des Prädikats ausmacht, die Verben hingegen „bloß grammatische Funktion" haben (Engel 2004, 421).

Wie in vielen anderen Fällen, so besteht auch über die Extension dieser Kategorie in der Forschung kein allgemeiner Konsens. Einen weiten Begriff des Kopulaverbs findet man bei Eisenberg (1999, 85 f.), der dazu „zweifelsfrei" *sein*, *werden* und *bleiben* zählt, darüber hinaus eine „ganze Reihe" von Verben nennt, die ihnen „syntaktisch und semantisch ziemlich nahe" kommen: *aussehen*, *dünken*, *klingen*, *schmecken*, *heißen*, *gelten*, *sich vorkommen* und *sich erweisen*. *Sein*, *werden*, *bleiben*, *scheinen* und *heißen* werden bei Flämig (1991, 367) und Weinrich (2003, 115), *sein*, *werden*, *bleiben* und *scheinen* bei v. Polenz (1985, 85), *sein*, *werden* und *bleiben* bei Zifonun/Hoffmann/Strecker (1997, 53) und Helbig/Buscha (2001, 45) genannt. Duden (2005, 421) unterscheidet zwischen den Kopulaverben *sein*, *werden* und *bleiben* und sonstigen Verben mit potentieller Transzessfunktion (*scheinen*, *dünken* und *heißen*).

Offensichtlich lassen sich im Sinne der Prototypensemantik ‚bessere' von ‚weniger guten' Kopulaverben unterscheiden. Die prototypische Kopula ist demnach *sein*, das, „semantisch ein Leichtgewicht [...], [...] dazu dient, das Subjekt mit dem Prädikatsnomen zum Satz zu verbinden" (Eisenberg 1999, 85). Ebenfalls ‚gute' Vertreter der Kategorie sind *werden* und *bleiben*, die sich von *sein* hinsichtlich der in ihnen zum Ausdruck kommenden Verlaufsart (vgl. Kap. 5.2.1.2.2) unterscheiden. Während *sein* den Regelfall darstellt, sind *werden* und das antitelische *bleiben* demgegenüber „semantisch markiert" (Eisenberg 1999, 85); gleichwohl kann der Beitrag dieser Verben zur Bedeutung der Prädikate, deren Bestandteile sie sind, als vergleichsweise geringfügig angesehen werden.

Wir schließen uns hier der offenbar am stärksten konsensfähigen Meinung an und betrachten als Kopulaverben nur *sein*, *werden* und *bleiben*. Demgegenüber stellen wir fest, dass etliche weitere Verben gleichfalls in Transzessfunktion erscheinen können, ohne deshalb prinzipiell, d. h. ihrer Zeichenart nach, etwas anderes zu sein als Vollverben (z. B. *dünken, erscheinen, sich erweisen, gelten, halten, heißen, machen, nennen, scheinen* und *sich vorkommen*).

Eine klare Grenze zwischen Kopulaverben und Vollverben zu ziehen, ist schwierig, weil jedes Kopulaverb auch als Vollverb erscheinen kann. In Fällen wie *ich bin ich* (Bsp. 187b, S. 283), *er ist der Vater meines Kindes* (Bsp. 430d [1], S. 476) oder *zweimal zwei ist vier* (Bsp. 430d [2], ebd.), also überall dort, wo das Entranszessional und das Ektranszessional (§ 56 HLR) jeweils für ein Individuum stehen, weist das Verb *sein* die Bedeutung ›identisch sein mit, dasselbe sein wie‹ auf, d. h., es handelt sich somit um ein – von uns zu den Vollverben gezähltes – Verbum identitatis (vgl. S. 473). Anders verhält es sich dort, wo die Transzessionalien nicht für Individuen stehen, so in Fällen wie *geistige Arbeit ist eine Ablenkung* (Bsp. 176a, S. 274) oder in

Bsp. 380:   „Die Arglist unter den Menschen ist groß" (ALEXIS, Bredow 1846, II, 80).

Hier lässt sich das Transzess *sein* mit ›in die Kategorie fallen‹ bzw. ›die Eigenschaft haben‹ umschreiben; es ist damit aber kein Vollverb, da es die Kategorie bzw. die Eigenschaft, von der die Rede ist, nicht näher spezifiziert, sondern lediglich ganz allgemein die Relation der kategorialen Zugehörigkeit bzw. des Qualität-Habens als solche zum Ausdruck bringt. — Klar ist, dass bei so unscharfen Abgrenzungskriterien (es ist die unscharfe Grenze zwischen Grammatik und Semantik selbst, die hier in Rede steht) die Einordnung von *sein, werden* und *bleiben* als Kopulaverben oder als Vollverben im Einzelfall unterschiedlich ausfallen mag. Ob dies als Schwäche oder als Stärke zu interpretieren ist, soll hier nicht erörtert werden; es ist die Konsequenz einer nicht-binären Sprachauffassung, die auch in derartigen Detailfragen der Grammatik ihre Grundprinzipien nicht verleugnet.

5.2.1.2.4.2.5 Funktionsverben

§ 82.2d[II] HLR: [(εa)]Funktionsverben (FktVb) sind Verben mit nur oder weitgehend grammatischer Bedeutung im Rahmen bestimmter idiomatisierter Verbgruppen (Funktionsverbgruppen, die als kompaxive Gliedergefüge stets – § 82.5ζ[I] HLR – Adverbationsgefüge sind). [(εb)]Alle Funktionsverben können außerhalb von Funktionsverbgefügen auch als Vollverben erscheinen. [(εc)]Das Flexionsparadigma von Funktionsverben umfasst in der Regel – sofern es sich nicht um unpersönliche Verben (§ 82.2c[I] HLR) oder relatorische Verben (§ 82.2c[II] HLR) handelt – sowohl Formen des Aktivs als auch des Passivs.

Zu § 82.2d[IIε] HLR: Funktionsverben sind Verben im Rahmen bestimmter idiomatisierter bzw. teilidiomatisierter Verbgefüge wie *in Kenntnis setzen, in Verbindung treten* oder *Nachforschungen anstellen*. Funktionsverbgefüge bestehen aus einem Verb und einer Substantivgruppe im Akkusativ oder einer Partikelgruppe, „die beide zusammen eine semantische Einheit darstellen und als solche das Prädikat bilden" (Helbig/Buscha 2001, 68). Als Gliedergefüge sind Funktionsverbgruppen stets Adverbationsgefüge (§ 37 HLR; vgl. Kap. 4.1.9). Das Substantiv im Adverbat stellt den „sachverhaltsbeschreibenden lexikalischen Kern" dar, „während das Funktionsverb als Träger der verbalen Morphologie allgemeinere verbale Bedeutungsaspekte ausdrückt" (Duden 2005, 424). Alle Funktionsverben können außerhalb von Funktionsverbgefügen auch als Vollverben verwendet werden; die Grenze zwischen beiden Kategorien ist dabei nicht scharf, da sie eben im Übergangsbereich von Grammatik und Semantik (§ 1.2 HLR) verläuft: Es ist interpretationsabhängig, als wie allgemein (,noch grammatisch', § 1.3 HLR) oder spezifisch (,schon semantisch', § 1.4 HLR) man die Bedeutung eines Verbs ansetzt.

Die Frage, welche Verben als mögliche Funktionsverben anzusehen sind, wird daher in der Grammatikographie unterschiedlich beantwortet: „Die Übergänge zwischen Funktionsverbgefügen […] und Verbindungen von entsprechenden Vollverbvarianten mit gewöhnlichen Präpositional- bzw. Akkusativergänzungen sind fließend" (Duden 2005, 424). Es versteht sich, dass die Antwort auf die Fragen, ob ein Syntagma als idiomatisierte Phrase und ob eine Substantivgruppe im Akkusativ als Objekt, eine Partikelgruppe als Adverbial zu betrachten sei, nicht mit Anspruch auf allgemeine Verbindlichkeit beantwortet werden kann. Einen engen Funktionsverbbegriff mahnt v. Polenz (1985, 113) an; er zählt zu dieser Kategorie nur „eine begrenzte Anzahl von ZUSTANDS- und BEWEGUNGS-Verben in abstrakter Funktion" (ebd., 115), nämlich *bringen, geben, geraten, kommen, nehmen, sein, setzen, stehen, treten*. Wir neigen demgegenüber mit Helbig/Buscha (2001, 70 ff.) zu einem weiter gefassten Verständnis und deuten auch solche Verben als Funktionsverben, die nur allgemein die Funktion haben, den Kern eines Prädikatsausdrucks zu bilden.[194] Aus

---

194 Zum Verständnis des Funktionsverbbegriffs bei Peter von Polenz ist es sinnvoll zu wissen, dass seine Beschäftigung mit dem Thema sprachkritische – genauer: meta-sprachkritische – Wurzeln hat. Seine Abhandlung *Funktionsverben im heutigen Deutsch* (1963), durch die der Gegenstand in die Forschung eingeführt wurde, geht aus von einer Auseinandersetzung mit der älteren sprachkritischen Tradition, die das, was v. Polenz *Funktionsverbgefüge* nennt, als „,Hauptwörterkrankheit', ,Substantivitis', ,Wortmacherei', ,streckende Umschreibung', ,Aufblähung des Zeitwortes', ,Verbalaufschwemmung', ,Verbzerstörung' oder ,Entverbalisierung'" geschmäht hatte (v. Polenz 1963, 11). Einer solchen Position setzt der Linguist eine differenziertere Betrachtung entgegen, in der auf die spezifische semantische Leistung bestimmter Funktionsverbgefüge hingewiesen wird. Am Beispiel von *zur Entscheidung bringen* führt er vor, dass sie andere semantische Aspekte aufweisen als das einfache Vollverb, in diesem Fall *entscheiden* (ebd., 12 ff.). Dieser der Sache ebenso wie dem ganzen Duktus nach apologetische Ansatz bleibt aber gleichwohl der Sprachkritik verpflichtet; die Wendung gegen „sprachästhetisches Werturteil", das den „Weg zur Erkenntnis" versperrt (ebd., 13) schließt keineswegs die ihrerseits wertende Betrachtung aus – beispielsweise wenn v. Polenz konstatiert, man brauche Verben in den bewussten Gefügen „*nur noch* für rein formale Funktionen des Satzbaus", sie würden „als ,F u n k t i o n s v e r b e n' *verbraucht*" (ebd., 11; Kursivierungen von mir, jab). Entsprechend bleibt die Einstellung gegenüber dem Phänomen der „nominalisierenden Verbaufspaltung" (ebd.) grundsätzlich skeptisch. In der Tat verleugnet der Terminus *Funktionsverb* bei Peter von Polenz durchaus nicht eine Tendenz zum W e r t b e g r i f f: Funktionsverbgefüge, so scheint es, sind für ihn diejenigen Verbgruppen mit substantivischem Bestandteil, die sich noch am

unserer Sicht ist nämlich die Frage nach möglichen Funktionsverben nicht mit Blick lediglich auf das jeweilige Verb selbst, sondern immer nur mit Blick auf die Verbgruppe im Ganzen, d. h. auch und gerade auf ihren n i c h t verbalen Bestandteil, zu beantworten. Als substantivische Komponente desselben kommt (vgl. S. 244) ein Nomen actionis, ein Nomen progressūs oder ein Nomen statūs in Frage. Damit zählen wir zu den Funktionsverben u. a. *anstellen* (z. B. in *Betrachtungen anstellen*, Bsp. 381a), *aufnehmen* (z. B. in *den Verkehr aufnehmen*, Bsp. 381b), *ausüben* (z. B. in *Macht ausüben*, Bsp. 381c), *sich befinden* (z. B. in *sich in Gereiztheiten befinden*, Bsp. 381d), *bekommen* (z. B. in *Antwort bekommen*, Bsp. 381e), *besitzen* (z. B. in *die/eine Fähigkeit besitzen*, Bsp. 381f), *bleiben* (z. B. in *in Verbindung bleiben*, Bsp. 381g), *bringen* (z. B. in *zum Vortrag bringen*, Bsp. 381h), *erfahren* (z. B. in *eine Bestätigung erfahren*, Bsp. 381i), *erhalten* (z. B. in *eine Antwort erhalten*, Bsp. 381j), *erheben* (z. B. in *den Vorwurf erheben*, Bsp. 381k), *erteilen* (z. B. in *eine Weisung erteilen*, Bsp. 381ℓ), *finden* (z. B. in *Gehör finden*, Bsp. 381m), *fortsetzen* (z. B. in *den Verkehr fortsetzen*, Bsp. 381b), *führen* (z. B. in *den Beweis führen*, Bsp. 381n), *geben* (z. B. in *Befehl geben*, Bsp. 381ℓ), *gehen* (z. B. in *in Erfüllung gehen*, Bsp. 381o), *gelangen* (z. B. in *zur Aufführung gelangen*, Bsp. 381p), *genießen* (z. B. in *Unterstützung genießen*, Bsp. 381q), *geraten* (z. B. in *in Bedrängnis geraten*, Bsp. 381r), *haben* (z. B. in *Mut haben*, Bsp. 381s), *halten* (z. B. in *in Gang halten*, Bsp. 381t), *kommen* (z. B. in *in Gang kommen*, Bsp. 381u), *leisten* (z. B. in *Verzicht leisten*, Bsp. 381v), *liegen* (z. B. in *im Streit liegen*, Bsp. 381w), *machen* (z. B. in *Aufhebens machen*, Bsp. 381x), *nehmen* (z. B. in *Ärgernis nehmen*, Bsp. 381k), *sein* (z. B. in *in Besorgnis sein*, Bsp. 381h), *setzen* (z. B. in *in Szene setzen*, Bsp. 381f, oder *in Gang setzen*, Bsp. 381y), *stehen* (z. B. in *in Verdacht stehen*, Bsp. 381z), *stellen* (z. B. in *zur Diskussion stellen*, Bsp. 381α), *treffen* (z. B. in *eine Verfügung treffen*, Bsp. 381β), *treten* (z. B. in *in Verhandlungen treten*, Bsp. 381γ), *üben* (z. B. in *Verrat üben*, Bsp. 381δ), *unternehmen* (z. B. in *einen Versuch unternehmen*, Bsp. 381ε), *versetzen* (z. B. in *in Angst versetzen*, Bsp. 381ζ), *vornehmen* (z. B. in *Verbesserungen vornehmen*, Bsp. 381η), *ziehen* (z. B. in *in Zweifel ziehen*, Bsp. 381ϑ), *zuziehen* (z. B. in *jm. eine Strafe zuziehen*, Bsp. 381ι); vgl. auch Helbig/Buscha (2001, 70 ff.).

Bsp. 381:   a) „ganz wie ein Hofmeister, der seinen Zögling zu einem interessanten Schauspiel geleitet und Betrachtungen über die Art anstellt, in welcher der Junge sich wohl dabei benehmen wird" (EBNER-ESCHENBACH, Traum 1887–88, 97)

---

ehesten tolerieren lassen, denn wenngleich man unter ihnen „ausgesprochen hässlichen Beispielen" begegnet (ebd., 41), haben sie eben doch wenigstens eine F u n k t i o n (nämlich den angesprochenen semantischen Mehrwert gegenüber dem einfachen Verb), während andere, z. B. *Sorge tragen* anstelle von *sorgen*, „gar keine spezielle Funktion" haben (v. Polenz 1985, 113), sondern lediglich dazu dienen, „einen auch verbal möglichen Prädikatsausdruck [...] in ein Nominalprädikat aus Nominalverb und Substantiv ,aufzuspalten', zu ,strecken'" (ebd.). – Man muss kaum erwähnen, dass in einem Zusammenhang ohne sprachpflegerische Implikatur (wie dem unsrigen) solche sensiblen Unterscheidungen selbst keine Funktion haben und daher verzichtbar scheinen.

b) „In dieser etwas unaufrichtigen Art spielten die Beziehungen weiter, als der Verkehr in Wien aufgenommen und fortgesetzt wurde" (SCHNITZLER, Weg 1908, 646).
c) „Ich sehe, welch außerordentliche [...] Macht Ihr auf die Gemüter ausübt" (C. F. MEYER, Jenatsch ²1882, 495).
d) „Er befindet sich in ununterbrochenen unbewussten Gereiztheiten" (ALTENBERG, Pròdromos 1906, 26).
e) „Jeder wußte, daß er keine Antwort bekommen würde" (HEYM, Dieb 1913, 58).
f) „Unlängst [...] suchte [...] ein junger Mann eine Dame, welche die Neigung und Fähigkeit besitzen würde, mit ihm einen Roman im Genre meiner ‚Venus im Pelz' in Scene zu setzen" (SACHER-MASOCH, Autobiogr. 1879, 268).
g) „[W]ir müssen in ununterbrochener Verbindung bleiben" (SCHNITZLER, Weg 1908, 763).
h) „[E]r beschloß, die Feuernummer [...] öfter [...] zum Vortrag zu bringen" (BALL, Flamm. 1918, 62).
i) „[...] das sonderbare Gefühl, eine Bestätigung erfahren zu haben" (WASSERMANN, Wahnschaffe 1919, 326).
j) „[...] daß Sie so lange keine Antwort erhielten" (BLEIBTREU, Größenw. 1888, I, 215).
k) „Niemand hatte das Herz dazu, gegen ihn [...] den Vorwurf zu erheben, daß man Ärgernis nähme an seinem Wandel" (MEYRINK, Golem 1915, 76).
l) „Dann sah ich [...], wie [...] diese dem herbeigerufenen Diener eine Weisung erteilte. Ich lachte auf: jetzt hat sie Befehl gegeben, mich nicht vorzulassen, dachte ich" (BRAUN, Mem. II 1911, 354).
m) „Hiermit fand seine mühsame Buße endlich Gehör und Genüge" (SPITTELER, Imago 1906, 381).
n) „[M]an schlägt sich gegenseitig tot, um den Beweis zu führen, daß das Leben wirklich lebenswert ist" (SCHEERBART, Mutig 1902, 63)
o) „Amalie wurde es zumute, als ginge der Traum ihrer Seele in Erfüllung" (MEYSENBUG, Unerfüllt 1907, 72).
p) „‚Hoffmanns Erzählungen' [...] gelangte zum erstenmal [...] zur Aufführung" (BRAUN, Mem. I 1909, 241)
q) Ihr Mann habe sie nach dem Tode des Kindes verlassen; und da sie von dieser Seite trotz gerichtlichen Anspruches darauf keinerlei Unterstützung genieße, habe sie sich entschlossen, ihren Unterhalt als Erzieherin zu erwerben" (SCHNITZLER, Therese 1928, 751).
r) „Stanhope geriet in eine sonderbare Bedrängnis" (WASSERMANN, Hauser 1909, 282)
s) „[N]ach dieser Stunde hatte er den Mut, alles zu verteidigen, was er gethan" (BOY-ED, Förster 1889, 261).
t) „Was nützt es, wenn wir Tag aus Tag ein Wild schiessen [...] und ihr nicht einmal das Feuer in Gang halten könnt, dass wir die Hasen daran braten!" (U. JAHN, Volksm. 1891, 141)
u) „[D]ie burschenschaftlichen Untersuchungen scheinen wieder in Gang zu kommen" (LUISE BÜCHNER, Dichter 1878, 198).
v) „[...] als die Schauspieler [...] auf ihre Erbschaft Verzicht leisten" (ERNST, Komöd. 1928, 250).
w) „Der junge Diener der mit dem alten immer im Streit liegt" (HOFMANNSTHAL, Andr. ‚*1907–27; 1932', 142)
x) „[D]avon will ich [...] nicht viel Aufhebens machen" (C. F. MEYER, Jenatsch ²1882, 366).
y) „Da lüpfte der Kutscher die Schultern, erhob die Geißel und setzte den Wagen in Gang" (SPITTELER, Mädchenf. 1907, 29)

z) „[...] ein altes Weib [...], das in dem Verdacht stand, eine Hexe zu sein" (BARTSCH, Sag. Meklenb. I 1879, 117).

α) „Diese These [...] hat viel für sich, und ich stelle sie hier zur Diskussion" (KLABUND, Kunterb. 1922, 119)

β) „Die Potsdamer Regierung sah sich [...] veranlaßt, eine Verfügung zu treffen" (FONTANE, Wand. IV 1882, 273).

γ) „[...] die [...] Bevölkerung, die [...] mit [...] Johannes in geheime Verhandlungen getreten war" (DAHN, Rom 1876, 682)

δ) „Tatsache ist, daß der Professor schuldig befunden wird, an jenen [...] Dingen Verrat geübt zu haben" (REVENTLOW, Dame 1913, 241).

ε) „[...] ein erster schriftstellerischer Versuch, den er [...] unternommen hatte" (FRANÇOIS, Stufenj. 1877, 371).

ζ) „Wieviel verwegenen Unsinn muß ich vorgebracht haben, um meine geduldige Freundin in solche Angst und Bangigkeit zu versetzen!" (EBNER-ESCHENBACH, Kinderj. 1904–05, 851).

η) „Der junge Mann war der Ansicht, daß jetzt keine Verbesserungen mehr vorgenommen werden durften" (POLENZ, Büttnerb. 1885, 250).

ϑ) „[M]an begann meine Frömmigkeit in Zweifel zu ziehen" (SAAR, Nov. 1893, VII, 43).

ι) „Jedoch haben Sie [...] das Recht, die Aussage zu verweigern, wenn Sie glauben befürchten zu müssen, daß sie Ihnen oder einem Angehörigen eine Strafe zuziehen dürfte" (SUDERMANN, Sorge 1887, 145).

Wie sich zeigt, werden bei verschiedenen Funktionsverben unterschiedliche Aspekte grammatischer Bedeutung erkennbar. Im Überblick: Von den genannten Funktionsverben haben aktivische Bedeutung: *anstellen, aufnehmen, ausüben, sich befinden, besitzen, bleiben, bringen, erheben, erteilen, fortsetzen, führen, geben, haben, halten, leisten, liegen, machen, nehmen, sein, setzen, stehen, stellen, treffen, treten, üben, unternehmen, versetzen, vornehmen, ziehen* und *zuziehen*; demgegenüber haben *bekommen, erfahren, erhalten, finden, gehen, gelangen, genießen* und *geraten* passivische Bedeutung; *kommen* kann beide Bedeutungsaspekte aufweisen.

Ebenso treten bei den genannten Einheiten bestimmte verbklassenspezifische semantische Aspekte (i. S. v. § 82.2a–c HLR) hervor.

a) Den Aktivitätsgrad ›Handlung‹ zeigen *anstellen, aufnehmen, ausüben, bringen, erheben, erteilen, fortsetzen, führen, geben, halten, leisten, machen, nehmen, setzen, stellen, treffen, treten* (auch mit Aktivitätsgrad ›Vorgang‹), *üben, unternehmen, versetzen, vornehmen, ziehen*; den Aktivitätsgrad ›Vorgang‹ *bekommen, erfahren, erhalten, finden, gehen, gelangen, geraten, kommen, zuziehen*; den Aktivitätsgrad ›Zustand‹ *sich befinden, besitzen, bleiben, genießen, haben, liegen, sein, stehen*.

b) Hinsichtlich Verlaufsart und Bezugsgröße lassen sich unterscheiden: atelisch-relatorischer Bedeutungsaspekt bei *sich befinden, gelangen* (auch mit ingressiv-relatorischem Bedeutungsaspekt), *liegen, sein* und *stehen*; atelisch-korrelativer Bedeutungsaspekt bei *anstellen* (auch mit ingressiv-korrelativem Bedeutungsaspekt), *ausüben, bekommen, besitzen, bringen, erfahren, erhalten, erheben, erteilen, finden, führen, geben, genießen, haben, leisten, machen, nehmen, setzen, stellen, treffen, üben, unternehmen, versetzen, vornehmen, ziehen* und *zuziehen*; ingressiv-relatorischer Bedeutungsaspekt bei *gehen, gelangen, geraten, kommen* und *treten*; ingressiv-korrelativer Bedeutungsaspekt bei *aufnehmen* und *anstellen*; antitelisch-relatorischer Bedeutungsaspekt bei *bleiben*; antitelisch-korrelativer Bedeutungsaspekt bei *fortsetzen* und *halten*.

Damit lassen sich verschiedene Funktionsverbgefüge gleichsam als Aktiv- und Passivformen voneinander interpretieren (z. B. *Anweisung geben/erteilen* vs. *Anweisung bekommen/erhalten*), analog zu den Aktiv- und Passivformen einfacher Vollverben (z. B. *anweisen* vs. *angewiesen werden*). Ebenso lassen sich verschiedene Funktionsverbgefüge interpretieren als nach grammatisch-semantischen Aspekten aufeinander bezogen wie bestimmte einfache Vollverben, die in Verhältnissen der Derivation bzw. der Amplifikation zueinander stehen:

Bedeutungsaspektkombination	Funktionsverbgefüge	einfaches Vollverb
atelisch-relatorisch	*in Bewegung sein*	*wachen*
atelisch-korrelativ	*in Bewegung bringen/setzen*	*wecken*
ingressiv-relatorisch	*in Bewegung kommen/geraten*	*erwachen*

Tab. 2: Entsprechungen von Funktionsverbgefügen und einfachen Vollverben

Es versteht sich, dass hier nicht von einer systematischen Entsprechung die Rede sein kann, sondern allenfalls von einer solchen, die Ansätze von Systematizität erkennen lässt.

Funktionsverbgruppen können in unterschiedlichem Grade idiomatisiert sein: Während bei einer Verbgruppe wie *etw. in Szene/in Gang setzen* (Bsp. 381f/y) die nicht verbale Komponente einigermaßen wörtlich verstanden werden kann, wird man *jemandem/sich etw. in den Kopf setzen* (Bsp. 382a/b), *etw. ins Werk setzen* (Bsp. 382c) und *etw. in die Welt setzen* (Bsp. 382d) als allenfalls teilweise durchsichtig und *etw. ins Geld setzen* ›etw. veräußern, verkaufen, zu Geld machen‹ (Bsp. 382e) als kaum durchsichtig ansehen.

Bsp. 382: a) „Lampert hat mir wunderliche Dinge von dem Major in den Kopf gesetzt." (MUSÄUS, Grandison III 1762, 29.)
b) „Es ist unglaublich, was sich diese Leute für freche Abgeschmacktheiten in den Kopf setzen." (CONRAD, Isar 1887–90, II, 213.)
c) „Herr Bammer hat eine neue Gemeinheit gegen mich ins Werk gesetzt." (BLEIBTREU, Größenw. 1888, I, 82.)
d) „Er wußte ja nicht, daß der Mensch, den er in die Welt gesetzt, ein Lump war, wußte ja überhaupt nicht, daß er ein Kind hatte." (SCHNITZLER, Therese 1928, 866.)

e) „Beinahe seiner sämtlichen häuslichen Habe hat er sich entäußert, ein großer Teil <u>war</u> ohne Zweifel <u>ins Geld gesetzt</u>, ein anderer, der hier zurückblieb, entweder zu Geschenken bestimmt, oder sollte er durch Nolten verwertet und zu Befriedigung der Gläubiger verwendet werden." (MÖRIKE, Maler Nolten 1832, 221.)

Dass *setzen* in allen diesen Beispielen als Funktionsverb gedeutet wird, ist gleichbedeutend damit, dem Verb jeweils lediglich allgemeine Bedeutungsaspekte wie ›etw. beeinflussen, modifizieren, verändern‹ zuzuschreiben. Schätzt man den Sachverhalt anders ein, so folgt daraus, wie schon gesagt, dass man das Verb als Vollverb interpretieren muss. Es würde sich dann allerdings bei dem Gefüge im Ganzen immer noch um ein Adverbationsgefüge handeln (nun im Sinne von § 37.2b$^{\text{I}\alpha}$ HLR), und auch an seiner allgemeinen Zeichenart würde sich nichts ändern: Nach unserer Auffassung liegt auf jeden Fall ein W o r t vor (s. a. das Folgende).

5.2.1.3 Wortgruppenverben

§ 82.3 HLR: (a) Verben, die als idiomatisierte Wortgruppen (Phraseolexeme i. S. v. § 26.2β^{II} HLR) erscheinen, heißen W o r t g r u p p e n v e r b e n (WGrVb).

(b) Wortgruppenverben sind ihrer Gliedergefügeart nach Adverbationsgefüge (§ 37.1b^{I} HLR).

Zu § 82.3 HLR: Nach § 26.1a$^{\text{II}\beta}$ HLR sind idiomatische – auch teilidiomatische – polylexikalische Einheiten Wörter. Demnach sind (§ 18.1b$^{2\beta}$ HLR) solche Einheiten mit verbalem Kern Verben. Unterscheiden lassen sich dabei solche Verben, bei denen der Wortcharakter auch nach (mutmaßlicher) Auffassung des Sprechers bzw. Autors, also objektsprachlich besteht, und solche, bei denen dies nicht der Fall ist. Bei ersteren kann von U n i v e r b i e r u n g gesprochen werden. Da sich aber als Indiz dafür nur die Zusammenschreibung interpretieren lässt – ein unsicheres Kriterium selbst für sprachhistorische Perioden mit einheitlich geregelter Rechtschreibung (d. h. für einen in der Gesamtschau ohnehin nur kurzen Abschnitt der deutschen Sprachgeschichte) –, machen wir zwischen univerbierten und nicht univerbierten idiomatischen oder zumindest teilidiomatischen Einheiten mit verbalem Kern keinen kategorialen Unterschied und nennen sie durchgehend *Wortgruppenverben*. Es versteht sich, dass univerbierte Wortgruppenverben eher prototypische Wörter sind als nicht univerbierte; allerdings sind auch sie nicht vollständig prototypisch (i. S. v. § 26.1b HLR), da es sich auch bei ihnen um dissolute Zeichen handelt.

Zu ihnen gehören erstens Partikelverben wie *ausgehen* oder *darlegen* (Bsp. 115d/e, S. 239), zweitens weitere ‚trennbare' Verben, bei denen der Univerbierungsaspekt ebenfalls deutlich hervortritt, wie *achtgeben* (Bsp. 364c, S. 409) oder *teilnehmen* (Bsp. 383), drittens Funktionsverbgefüge (vgl. die Beispiele in Kap. 5.2.1.2.4.2.5) und viertens idiomatische Vollverbgefüge wie *die Flinte ins Korn werfen* (Bsp. 62b, S. 144, mit Abb. 92, S. 246) oder *Feuer fangen* (Bsp. 120b, S. 245).

Bsp. 383:   „An den Veranstaltungen der Frauenbewegung nahm sie ständig teil." (MEISEL-HESS, Intellekt. 1911, 21.)

5.2.1.4 Semantische Verbklassen

Nach den drei zuvor erläuterten semantischen Aspekten ›Aktivitätsgrad‹ (5.2.1.2.1), ›Verlaufsart‹ (5.2.1.2.2) und ›Bezugsgröße‹ (5.2.1.2.3) lassen sich verschiedene semantische Klassen von Verben unterscheiden. Wir streben dabei weder hinsichtlich der möglichen Subspezies noch hinsichtlich der genannten Beispiele Vollständigkeit an; vielmehr benennen wir nur solche Subspezies, die in der vorliegenden Untersuchung auch an anderer Stelle – bei der Unterscheidung semantischer Klassen anderer Wortarten und dann auch bei der Erläuterung der Propositionsgefügearten (Kap. 6) – eine Rolle spielen. Es versteht sich, dass ein Verb nicht nur einer einzigen Subspezies angehören muss, sondern je nach Zusammenhang als Vertreter unterschiedlicher Subspezies erscheinen kann. Für bestimmte Verben, vor allem dann, wenn sie als Supprädikate mehrere Objekte determinieren können, gilt darüber hinaus, dass sie je nach Perspektive (hinsichtlich des einen oder anderen Objekts) in unterschiedliche Klassen fallen.

5.2.1.4.1 Handlungsverben

§ 82.4α HLR: An Handlungsverben (§ 82.2a¹ HLR) lassen sich unterscheiden: ⁽ᴵ⁾Verben des Verrichtens oder Verba faciendi (Vb-fac), ⁽ᴵᴵ⁾Verben des Hervorbringens oder Verba producendi (Vb-prd), darunter ⁽ᵅ⁾Verben des Hervorbringens konkreter Gegenstände oder Verba creandi (Vb-cr), ⁽ᵝ⁾Verben des Hervorbringens sprachlicher Äußerungen oder Verba dicendi (Vb-dic), ⁽ᵞ⁾Verben des Hervorbringens mentaler Größen oder Verba concipiendi (Vb-cncp) und ⁽ᵟ⁾Verben des Beginnens oder Verba incipiendi (Vb-incp), ⁽ᴵᴵᴵ⁾Verben des Einflussnehmens oder Verba influendi (Vb-infl), darunter ⁽ᵅ⁾Verben des mentalen Einflussnehmens oder Verba inficiendi (Vb-infc), ⁽ᵝ⁾Verben des absichtlichen Bewirkens sinnlich wahrnehmbarer Veränderungen oder Verba formandi (Vb-frmd), ⁽ᵞ⁾Verben des Bewegens oder Verba movendi (Vb-mov), ⁽ᵟ⁾Verben des sozialen Einflussnehmens oder Verba socialiter influendi (Vb-sz), ⁽ᵋ⁾Verben der Beeinflussung einer zeitlichen Ausdehnung oder Verba temporaliter influendi (Vb-tmp) sowie ⁽ᴵⱽ⁾Verben des Bezugnehmens oder Verba advertendi (Vb-advn), darunter ⁽ᵅ⁾Verben des absichtsvollen Wahrnehmens oder Verba percipiendi (Vb-pcp), ⁽ᵝ⁾Verben des bewussten Thematisierens oder Verba proponendi (Vb-prp), ⁽ᵞ⁾Verben des absichtlichen Bezeichnens oder Verba indicandi (Vb-idc), ⁽ᵟ⁾Verben des Berührens oder Verba tangendi (Vb-tng), ⁽ᵋ⁾Verben der soziokommunikativen Bezugnahme oder Verba involvendi (Vb-invl), ⁽ᶻ⁾Verben des Erstrebens oder Verba appetendi (Vb-apt) und ⁽ᴴ⁾Verben des Verwendens oder Verba adhibendi (Vb-adh).

Zu § 82.4α¹ HLR: Verben des Verrichtens oder Verba faciendi stehen für Handlungen ohne konzeptionelle Berücksichtigung der angestrebten oder erzielten Resultate.

Mögliche Objekte solcher Handlungen kommen jeweils nicht näher in Betracht bzw. die Verben sind semantisch so unspezifisch, dass sich die konkrete Art der Handlung – beispielsweise als Produktionshandlung oder als Beeinflussungshandlung – nicht näher bestimmen lässt (so bei *arbeiten*, Bsp. 384b, oder *werken*, Bsp. 384d). – Verba faciendi können unter Berücksichtigung der in § 82.2b/c HLR behandelten Aspekte u. a. sein: atelisch-relatorisch – *agieren*[195] (Bsp. 384a), *handeln* (Bsp. 384c), *werken* (Bsp. 384d), *wirtschaften* (Bsp. 384e) usw. – oder atelisch-korrelativ mit einem Interrogativ- oder Indefinitpronomen als Objekt: *etw. arbeiten* (Bsp. 384b [1], auch ohne Objekt: Bsp. 384b [2]), *etw. machen* (Bsp. 385a), *etw. tun* (Bsp. 385b), *etw. unternehmen* (Bsp. 385c) usw.

Bsp. 384: a) „Eine New Yorker Dame ist eigentlich nie allein – sie <u>agiert</u> beständig vor Reportern, die der neugierigen Menge die wichtige Kenntnis aller Einzelheiten ihres Lebens vermitteln." (HEYKING, Briefe 1903, 108.)
b) „Da ich [...] die Wache beziehen muß, so werde ich unmöglich heute irgend etwas <u>arbeiten</u> können." (WEERTH: *Hum. Skizz.* *1847–48, 470 f.) – „Marie saß unter den Kastanien in ihrem Hofraum und <u>arbeitete</u>." (AHLEFELD, Marie Müller ²1814, 175.)
c) „<u>Handle</u> Deiner Klugheit gemäß, und laß übrigens Gott walten." (EHRMANN, Nina 1788, 7.)
d) „Sie zogen über das Gebirg ins Tal, wo die Aar rinnt, da <u>werkten</u> sie emsig zu Tag und Nacht und bauten Hütten." (J. GRIMM/W. GRIMM, Dt. Sagen II 1818, 487.)
e) „Vergessen war jetzt für mich alles, was einmal geschehen, und ich freute mich wieder des Elternhauses und ging munter an die Arbeit. Ich war jetzt auch wohl gelitten im Hause und niemand gab mir ein unrechtes Wort; ich <u>wirtschaftete</u> wieder wie vorher und gab selber auch keinen Anlaß zum Tadel." (CHRIST, Erinn. 1912, 171.)

Bsp. 385: a) „,Was <u>machst</u> du denn da?' schrie der Knabe." (ESSIG, Wetterfr. 1919, 90.)
b) „Ich wohne in einem jener Häuser, die wie Attrappen im Mondlicht stehen. Du siehst das Haus und sagst dir: da wohnen die reichen Leute, welche den lieben langen Tag und die liebe lange Nacht nichts <u>tun</u>." (KLABUND, Market. 1915, 119.)
c) „da ich von Ihrer Rechtschaffenheit hoffe, daß Sie nicht hinter meinem Rücken etwas <u>unternehmen</u> werden, um mein einziges Kind zum Ungehorsam zu verleiten." (J. SCHOPENHAUER, Tante 1823, I, 115.)

Verba faciendi können auch antitelisch sein: *fortarbeiten* (Bsp. 386a/b), *weiterarbeiten* (Bsp. 386c), *weitermachen* (Bsp. 386d) ... In solchen Fällen wird die Tätigkeit entweder als real ununterbrochen (Bsp. 386a/d), als potentiell, jedoch irrelevanterweise unterbrochen (Bsp. 386b), oder (Bsp. 386c) als unterbrochen aber nicht abge-

---

[195] Verben mit Suffix {ieren} sind häufig Handlungsverben: „Man versetze sich [...] in die Lage jemandes, [...] der [...] lange in brüderlicher Nähe einer [...] Geistigkeit gelebt hatte, welche das Deutschland der letzten vierzig Jahre zu einem Second empire à la Offenbach satirisch talentvoll hatte umfälschen wollen, das einer schmählichen débâcle <u>entgegencancanierte</u>" (TH. MANN, Betr. Unpol. 1918, 151 f.). – Zu Verben mit Suffix {ieren}, die als Zustandsverben erscheinen, vgl. jedoch unten (S. 484).

schlossen, d. h. als virtuell (z. B. als Absicht oder als Aufgabe) weiterhin bestehend gedacht.

Bsp. 386: a) „Bald genug [...] knatterte ein bleierner Platzregen um den seltsamen Holzhacker her, der aber noch ganz ruhig eine Zeit lang fortarbeitete." (GOEDSCHE, Sebastopol 1856, IV, 241).
b) „Soll ich immer so fortarbeiten, wie Sie; mich eben so tragen, eben so einschränken, wie Sie?" (ENGEL, L. Stark 1801, 18)
c) „Konnte er sich [...] mit einem Mann schlagen, mit dem er dann gleichen Tags zusammen weiterarbeiten mußte?" (BOY-ED, Ehe 1915, 331.)
d) „Susanne [...] rollte Kätzi in scheinbar rohem Spiel über die Länge des Diwans. [...] Weil [...] Susanne immer weitermachte, ohne von ihr Notiz zu nehmen, mußte sie das Maul auftun." (ESSIG, Taifun 1919, 220.)

*

Zu § 82.4α^{II} HLR: Verben des Hervorbringens oder Verba producendi stehen für eine absichtsvoll-willentliche Tätigkeit, bei der unmittelbar oder instrumentell ein zuvor nicht vorhandener Gegenstand oder Sachverhalt Existenz erlangt: *erzeugen* (Bsp. 387b), *hervorbringen* (Bsp. 387c), *machen* (Bsp. 387d), *schaffen* (Bsp. 387e) ... – Dabei können unterschiedliche semantische Aspekte in den Vordergrund treten. Verba producendi können usuell oder okkasionell beispielsweise verwendet werden

– als Verba creandi, bei denen es um die Hervorbringung konkreter Gegenstände geht – *bauen* (Bsp. 388a), *erbauen* (Bsp. 388b), *errichten* (Bsp. 388b), *produzieren* (Bsp. 388a)[196] ... –,
– als Verba dicendi, die Akte sprachlicher Produktion thematisieren – *ausreden* (Bsp. 389a), *reden* (Bsp. 389b), *sagen* (Bsp. 389c), *sprechen* (Bsp. 389d) ... –,
– als Verba concipiendi, die für geistig-seelische Produktionsakte (im weitesten Sinn: die Hervorbringung von Vorstellungen, Gedanken, Plänen usw.) stehen – *ausdenken* (Bsp. 390a), *entwerfen* (Bsp. 390b), *erdenken* (Bsp. 390c), *ersinnen* (Bsp. 390d)[197] ... – oder
– als Verba incipiendi, die einen Akt des Beginnens oder Beginnenlassens zum Ausdruck bringen: *anfangen* (Bsp. 391a/b), *beginnen* (Bsp. 391c), *begründen* (Bsp. 391d), *gründen* (Bsp. 391e), *loslegen* (Bsp. 391f) ...

Bsp. 387: a) „Das Gesicht blaß, die Stirn kahl, still und zurückhaltend im Verkehr ließ er alsbald den einsamen Denker erkennen, dem es viel leichter ist, neue und förderliche Gedanken zu erarbeiten, als sie seinen Mitmenschen zugänglich zu machen." (OSTWALD, Lebenslinien II 1927, 398.)

---

[196] Aufgrund des konkreten Kotextes sind auch die Verba producendi in Bsp. 387c–e als Verba creandi deutbar.
[197] Aufgrund des konkreten Kotextes kann auch *erarbeiten* in Bsp. 387a als Verbum concipiendi gedeutet werden.

b) „Ich eilte ans Fenster und sah zu meinem Erstaunen die Aufseher im Park Pulver, das sie mit Rasen bedeckt hatten, anzünden und so künstliche Böllerschüsse erzeugen." (BODE, Leb. I 1930, 34.)

c) „Die Mittel, welche der Mahler hat, wichtige Werke des Geschmaks hervorzubringen, hat auch der Balletmeister, und noch dazu in einem weitern Umfange." (SULZER, Allg. Theor. I 1771, 122.)

d) „Sie machte sich ein Bett von Laub und Ästen der Bäume." (PRÖHLE, Rheinl. Sag. 1886, 154.)

e) „Darum schuf Gott das All, indem er dem Körper die Seele, der Seele die Vernunft einsetzte." (NATORP, Plat. Ideenl. ²1921, 357.)

Bsp. 388: a) „Jetzt war ich in der Lage, flott zu produzieren. Ich baute zunächst 1-*PS*-Zweitaktmotoren für Pumpen." (BENZ, Lebensf. 1925, 44.) – „In dieser von der Natur so bevorzugten Stadtgegend wäre mir keine Architektur lieber, als diejenige, welche Ihre Münchener Baumeister an dieser Stelle produziert haben." (CONRAD, Isar 1887–90, II, 230.)

b) „Mit der Bewilligung ihres Vaters erbaute Veronica ein Kloster auf der Stelle, wo ihr Geliebter sein Leben unter den Streichen des Mörders verblutet hatte. Dort errichtete sie ihm ein Denkmal, das sie oft mit frommen Thränen bethaute." (AHLEFELD, Ges. Erz. 1822, II, 206.)

Bsp. 389: a) „Er ließ mich nicht ausreden." (BRAUN, Mem. II 1911, 91.)

b) „Sehr wacker und ohne Scheu vor den anwesenden Franzosen redete Dr. *Wirth*; er sagte es frei heraus, daß Frankreich's Gelüste nach dem linken Rheinufer noch lange nicht erloschen seien, daß man sich darum in Deutschland wohl zu behüten habe, und den Franzosen auch nicht in Freiheitssachen um seine Hülfe angehen dürfe, weil er sonst unbedingt den vaterländischen Strom als Kampfpreis fordern werde." (LUISE BÜCHNER, Dt. Gesch. 1875, 236.)

c) „Er sah sich auffordernd im Kreise um. Kein Mensch sagte ein Wort." (MAY, Weihnacht 1911, 451.)

d) „Draußen vor der versammelten Schwadron sprach Oppen noch glühende Krieger- und Ehrenworte in unsre Seelen." (F. DE LA MOTTE FOUQUÉ, Lebensgesch. 1840, 124.)

Bsp. 390: a) „,Dann möchte ich am liebsten Fuhrmann werden', sagte er zaghaft. ,Da kommt man weit herum, sieht viele Menschen, und während man die Pferde lenkt, kann man sich so Geschichten ausdenken.'" (FRANZOS, Pojaz 1905, 47.)

b) „Wer [...] keine hinreichende Kenntniß der Tonarten besitzet, der ist nicht im Stande, [...] eine regelmäßige oder ordentliche Melodie zu entwerfen" (SCHEIBE, Musik. Compos. 1773, 191).

c) „Sie bediente sich [...] einer Verwünschungsformel, die sie sich erdacht hatte, und die aus bedeutungsvoll klingenden, aber völlig sinnlosen Worten zusammengesetzt war." (WASSERMANN, Gänsemännchen 1915, 254 f.)

d) „Tief verwurzelt im Deutschen der Drang in Reih und Glied zu stehen, oder vielmehr die andern in Reih und Glied stehen zu lassen. Dieses Volk liebt es, Vorschriften zu ersinnen, die immer für die andern gelten." (TUCHOLSKY, Kasern. 1920, 374.)

Bsp. 391: a) „Wie's in dem Fibel-Sprüchlein heißt: Mit Gott fang' an, mit Gott hör' auf." (CONRAD, Isar 1887–90, II, 29.)

b) „Ein neues Handwerk kann er doch jetzt nicht anfangen." (FRANZOS, Pojaz 1905, 167.)

c) „Wir können das Werk beginnen." (GOEDSCHE, Sebastopol 1856, IV, 191.) — „Zornig wendete er sich um, und begann einen Streit; da er aber allein gegen so viele war, kam er natürlicher Weise zu kurz." (STAHL, Fab. 1818, 217.)

d) „Um 1780 herum gab es eine berühmte Kornspeicherei von ‚Goldammer und Schleich' bei Stettin, die einer meiner Vorfahren begründet hatte." (SCHLEICH, Bes. Verg. 1921, 3.)

e) „Im Verlaufe der Reise gründete die Mannschaft jener Schiffe sieben Ansiedelungen, und nur der Mangel an Nahrungsmitteln zwang sie, früher als man wollte, zurückzukehren." (BREHM, Thierleb. I ²1883, 55.)

f) „Sie haben mit dem Eintrittsgeld entschlüpfen wollen. War das eine bloße Künstlercaprice, und sind Sie veritabel der, für den wir Sie gehalten haben, so mögen Sie verzeihen. [...] Sie könnten ein G e w i s s e r sein, könnten mich betrogen haben; und wenn Sie der Gewisse wären, und wenn Sie mich betrogen hätten, würden Sie bedeutende Prügel genießen. [...] Hier steht das Clavicembalo! Hier ist ein Stuhl! – Jetzt legen Sie los, – oder i c h lege los!" (HOLTEI, Kalkbr. 1828, 162.)

Verba producendi können unter Berücksichtigung der in § 82.2b/c HLR behandelten Aspekte sein: atelisch-korrelativ (Bsp. 387, Bsp. 388, Bsp. 389c/d, Bsp. 390, Bsp. 391) oder egressiv-relatorisch (Bsp. 389a). Verba incipiendi deuten wir dabei prinzipiell als atelisch-korrelative Verben; dort, wo sie auf den ersten Blick als relatorisch erscheinen (Bsp. 391a/f), nehmen wir elliptische Bezugsgrößen an, die sich aus dem Zusammenhang textindiziert oder -induziert (§ 9.5 HLR) erschließen lassen: *mit Gott fang an* ⊗›was immer du tust‹ (Bsp. 391a: textinduzierte Ergänzung); *legen Sie los* ⊗›mit Probe-Klavierspiel‹, *oder ich lege los* ⊗›mit Prügeln‹ (Bsp. 391a: textindizierte Ergänzung[198]). Elliptische Konstruktionen sind insbesondere dort anzunehmen, wo Verba incipiendi als vermeintliche Verba dicendi begegnen.

Bsp. 392:
a) „Was ist denn? Was hab' ich gesagt? fing er an." (ENGEL, L. Stark 1801, 89.)

b) „‚Ei, was sagt Ihr zu der schrecklichen Geschichte', hub er an, ‚die heute nacht vorgefallen ist?'" (HAUFF, Märchen I 1826, 43.)

c) „‚Du lebst,' begann er nun nach einer Weile: ‚Du lebst – du bist frei, du bist mein!'" (PICHLER, Agathokles V 1808, 5.)

Wir interpretieren *anfangen, anheben, beginnen* u. ä. in solchen Belegen nicht in einer eigenen Verbum-dicendi-Bedeutung (›zu sprechen anfangen‹) und somit als ingressive Verben (vgl. S. 415), sondern ebenso wie in anderen Belegen (Bsp. 391) als atelische Verben, die nur allgemein einen Beginn ausdrücken. Das, womit begonnen wird, ist kein semantischer Aspekt des Verbs, sondern ließe sich jeweils vollständig substituieren: ... *fing er an* ⊗›zu sprechen‹ (Bsp. 392a), ... *hub er an* ⊗›zu sprechen‹ (Bsp. 392b) ..., ... *begann er nun nach einer Weile* ⊗›zu sprechen‹ ... (Bsp. 392c).

*

---

[198] Die Interpretation ergibt sich aus dem Zusammenhang: Der schlesische Kalkbrenner Lorenz Kegel wird für den berühmten Klaviervirtuosen Friedrich Kalkbrenner (1785–1849) gehalten.

Zu § 82.4α[III] HLR: Verben des Einflussnehmens oder Verba influendi stehen für eine absichtsvoll-willentliche Handlung, bei welcher der konkrete oder abstrakte Gegenstand dieser Handlung auf irgendeine Weise einer Einwirkung ausgesetzt und dadurch modifiziert, im Ganzen oder in bestimmter Hinsicht verändert wird: *ändern* (Bsp. 393a), *beeinflussen* (Bsp. 393b), *Einfluss nehmen* (Bsp. 393c)[199], *einwirken* (Bsp. 393d), *modifizieren* (Bsp. 393e), *verändern* (Bsp. 393f), *verbessern* (Bsp. 393g) ... – Dabei können wiederum unterschiedliche semantische Aspekte hervortreten. Verba influendi können usuell oder okkasionell beispielsweise verwendet werden

- als Verba inficiendi, die eine geistige, seelische, emotionale oder dem Bewusstseinszustand betreffende Einflussnahme ausdrücken – *belustigen* (Bsp. 394a), *belehren* (Bsp. 394b), *einschläfern* (Bsp. 394c), *erfreuen* (Bsp. 394d), *erschrecken* (Bsp. 394e), *informieren* (Bsp. 394f), *rühren* (Bsp. 394a), *trösten* (Bsp. 394b), *unterhalten* (Bsp. 394g), *unterrichten* (Bsp. 394a)[200], *wecken* (Bsp. 394h) ... –,
- als Verba formandi, die für – prototypischerweise – sinnlich wahrnehmbare Veränderungen stehen – *aufblasen* (Bsp. 395a), *sich/jn. ausziehen* ›entkleiden‹ (Bsp. 395b), *biegen* (Bsp. 395c), *färben* (Bsp. 395d), *heilen* (Bsp. 395e), *öffnen* (Bsp. 395f), *schließen* (Bsp. 395g), *verletzen* (Bsp. 395h), *verwunden* (Bsp. 395h), *weiten* (Bsp. 395i) ... –,
- als Verba movendi, die eine Bewegung (eine Veränderung der räumlichen Position) des beeinflussten Gegenstandes (oder von Teilen desselben) oder eine Veränderung seiner Bewegung ausdrücken – *anhalten* (Bsp. 396a), *ausziehen* ›aufbrechen, fortgehen‹ (Bsp. 396b), *beschleunigen* (Bsp. 396c), *bewegen* (Bsp. 396d), *bremsen* (Bsp. 396e), *darreichen* (Bsp. 396f), *eilen* (Bsp. 396g), *geben* (Bsp. 396h), *gehen* (Bsp. 396i), *hochheben* (Bsp. 396j), *kommen* (Bsp. 396k), *reichen* (Bsp. 396ℓ), *setzen* (Bsp. 396m), *sich verbeugen* (Bsp. 396n), *verreisen* (Bsp. 396o), *wandern* (Bsp. 396p), *weitergehen* (Bsp. 396q), *weiterschieben* (Bsp. 396r), *weiterschwimmen* (Bsp. 396s), *weitertreiben* (Bsp. 396t), *winken* (Bsp. 396u) ... – oder für eine Modifikation der (aktiven) Bewegungsfähigkeit oder der (passiven) Bewegbarkeit stehen – *ergreifen* (Bsp. 397a), *fangen* (Bsp. 397b), *fassen* (Bsp. 397c), *nehmen* (Bsp. 397d) ... –,
- als Verba socialiter influendi, welche die Modifikation einer rechtlichen, wirtschaftlichen oder sozialen Position zum Ausdruck bringen – *anklagen* (Bsp. 398a), *befördern* (Bsp. 398b), *behindern* (Bsp. 398c), *bitten* (Bsp. 398d), *degradieren* (Bsp. 398e), *fördern* (Bsp. 398f), *heiraten* (Bsp. 398g), *helfen* (Bsp. 398h), *hin-*

---

[199] Funktionsverbgefüge wie *Einfluss nehmen* und idiomatische Vollverbgefüge wie *Bankrott machen* interpretieren wir als Wortgruppenverben (vgl. Kap. 5.2.1.3), mithin als Verben, so dass Beispiele dieser Art hier ihren Platz finden.
[200] Aufgrund des konkreten Kotextes lässt sich auch *beeinflussen* in Bsp. 393b in diesem Sinne deuten: *beeinflusst* wird hier jemand hinsichtlich seiner Entscheidungen.

dern (Bsp. 398f), *kaufen* (Bsp. 398i), *nützen* (Bsp. 398j), *schaden* (Bsp. 398k[201]), *schenken* (Bsp. 398ℓ), *überlassen* (Bsp. 398m), *unterstützen* (Bsp. 398n), *vererben* (Bsp. 398o), *verkaufen* (Bsp. 398p) ... –,

– als Verba temporaliter influendi, mit denen die Beeinflussung einer zeitlichen Ausdehnung (eine Verlängerung: Bsp. 399f/g, Verkürzung: Bsp. 399e, oder Wiederaufnahme: Bsp. 399a–c) zum Ausdruck gebracht wird – *ergänzen* (Bsp. 399a[202]), *fortfahren* (Bsp. 399b/c), *fortsetzen* (Bsp. 399d), *verkürzen* (Bsp. 399e), *verlängern* (Bsp. 399f), *weiterführen* (Bsp. 399g) ...[203] – oder die für die zeitweilige – *einhalten* (Bsp. 400a), *innehalten* (Bsp. 400b), *unterbrechen* (Bsp. 400c) ... – oder finale – *ablassen* (Bsp. 401a), *abschließen* (Bsp. 401b), *auffressen* (Bsp. 401c), *aufhören* (Bsp. 401d), *aussaufen* (Bsp. 401e), *beenden* (Bsp. 401f), *ermorden* (Bsp. 401g), *essen* (Bsp. 401h), *töten* (Bsp. 401i), *wegfressen* (Bsp. 401e), *zerteilen* (Bsp. 401j) ... – Beendigung eines Sachverhalts oder der Existenz eines Gegenstandes stehen.

Bsp. 393: a) „Zu gleicher Zeit bitte ich Sie den Versuch zu machen, diese Briefe nach dem Faden, den ich Ihnen geben will, zu reihen, und hie und da zu ändern, damit mehr Einheit hinein kömmt." (BRENTANO, Godwi 1801, 274.)

b) „Weber nimmt lebhaften Anteil am Werdegang seiner Schülerin. Er beeinflußt den [...] Fabrikinspektor, sie künftig in seinen Beamtenstab einzureihen." (M. WEBER, Lebensbild 1926, 242.)

c) „Selbst gewisse krankhafte Zustände seines Körpers gaben Daumer Anlaß zur Vorführung oder wenigstens zum, Studium. Er suchte durch hypnotische Berührungen und mesmeristische Streichungen Einfluß zu nehmen, denn er war ein glühender Verfechter jener damals nagelneuen Theorien, die mit der Seele des Menschen hantierten wie ein Alchimist mit dem Inhalt einer Retorte." (WASSERMANN, Hauser 1907, 54.)

d) „Es ließe sich doch auch der Fall denken, daß es einer Frau gelänge, auf die rückständigen Ansichten des Mannes klärend einzuwirken und aus ihm ihren Mitarbeiter zu machen." (BOY-ED, Ehe 1915, 296.)

e) „Während wir aber das Gasgesetz bei weiteren Versuchen bald als eine Annäherung erkennen und dasselbe modifizieren müssen, um die Tatsachen genauer darzustellen, bleibt der Hebelsatz und der Winkelsatz mit diesen immer in so genauer Überein-

---

[201] Je nachdem, ob die in Bsp. 398k ausgedrückte Handlung als eine des Schadenszufügens in sozialer, wirtschaftlicher o. ä. Hinsicht oder in körperlicher (gesundheitlicher) Hinsicht interpretiert wird, kann *schaden* als Verbum socialiter influendi oder aber als Verbum formandi klassifiziert werden.

[202] Verba continuandi können ebenso wie Verba incipiendi (vgl. S. 439) als vermeintliche Verba dicendi erscheinen; so in Bsp. 399a/c. Aus den gleichen Gründen wie bei den Verba incipiendi erläutert, nehmen wir jedoch bei Verba continuandi, die sich auf Sprechakte beziehen, elliptische Konstruktionen an, so dass eine besondere Verbum-dicendi-Lesart von Verben wie *fortfahren* nicht als nötig erscheint.

[203] Verba continuandi verhalten sich semantisch ähnlich wie antitelische Verba faciendi (vgl. oben, S. 437), haben anders als diese jedoch immer eine bestimmte oder – als die elibierte Größe eines elliptischen Gefüges – bestimmbare Bezugsgröße.

stimmung, als dies bei den unvermeidlichen Versuchsfehlern erwartet werden kann" (MACH, Erk. u. Irrt. ³1917, 366.)

f) „Da Sie weg waren spürt ich, ich müsse die Dekoration verändern." (GOETHE, an Ch. v. Stein [10. 9. 1778], WA IV, 3, 247.)

g) „Erwägt man zum Beispiel, was Alles schon deutsch g e w e s e n i s t, so wird man die theoretische Frage: was i s t deutsch? sofort durch die Gegenfrage verbessern: ‚was ist j e t z t deutsch?' – und jeder g u t e Deutsche wird sie practisch, gerade durch Ueberwindung seiner deutschen Eigenschaften, lösen." (NIETZSCHE, Menschl. II ²1886, 511 f.)

Bsp. 394: a) „Will man durch die Beschreibung unterrichten, so muß sie ganz anders seyn, als wenn man rühren, oder belustigen will." (SULZER, Allg. Theor. I 1771, 155.)

b) „Du bist meine Mutter, Du verstehst, Du tröstest, Du belehrst mich, Du weißt wie mir zu Muth ist!" (HAHN-HAHN, Sibylle 1846, II, 146.)

c) „Nachher stand er auf, machte Schokolade und bot mir eine Tasse an; ich trank aber nicht, aus Furcht, er möge Opium hineingetan haben, um mich einzuschläfern [...]." (HOFFMANN, Irrungen 1820, 282.)

d) „Willst Du mich partout mit Etwas erfreuen, so gieb mir etwas zu essen; ich habe gewaltigen Hunger." (MAY, Waldröschen 1882–84, 2131.)

e) „Um ihn zu erschrecken, versteckte er sich und trat, als derselbe nahe war, halt! rufend, hervor." (BAADER, Volkss. 1851, 159.)

f) „Wir sind daran gewöhnt, über alle Dinge, die uns angehen, informiert zu werden und sie frei zu diskutieren" (HEYKING, Briefe 1903, 64.)

g) „Den Grafen unterhielt der Marchese sehr angenehm mit Abenteuern, die er ihm von Frauen aller Art erzählte" (A. v. ARNIM, Dolores 1810, 257).

h) „Des Nachts kommt das Mädchen an sein Bett, weckt ihn und sagt ihm, die Alte wolle ihn am andern Morgen vor Sonnenaufgang schlachten und kochen." (BARTSCH, Sag. Meklenb. I 1879, 129.)

Bsp. 395: a) „Herr von Dankwart blickte verwundert auf den Sprecher; doch da er dessen gleichmüthiges, unbewegliches Gesicht sah und sich gnädigst erinnerte, man müsse dessen beschränktem Verstande schon etwas zu gute halten, so begnügte er sich damit, die Achseln zu zucken, die Backen aufzublasen und alsdann aus seinem Pfeifenkopfe eine Menge Rauch zu stoßen." (HACKLÄNDER, Europ. Sklav. 1854, I, 108.)

b) „Hierauf mußte ich mich ausziehen und ihnen die Beulen und Striemen an meinem Körper zeigen." (CHRIST, Erinn. 1912, 96.)

c) „Wenn ein Hund im Begriff ist, seinen Koth abzulassen, so können zwei Menschen, jeder einen Finger krumm biegen und in einander haken; in dem Maße als sie stark anziehen, wird es dem Hunde schwer, den Koth los zu werden." (BARTSCH, Sag. Meklenb. II 1880, 138.)

d) „[S]ie verkleidete sich selber in eine alte Krämerin, färbte ihr Gesicht, daß sie auch kein Mensch erkannte, und ging hinaus vor das Zwergenhaus." (J. GRIMM/W. GRIMM, Kinder- u. Hausm. I 1812, 243.)

e) „Im 15. Jhdt. litt ein Wojewode von Posen an der fallenden Sucht und hatte schon vieles Geld an Quacksalber, die ihn zu heilen versprachen, unnütz verschwendet." (GRÄSSE, Sagenb. Preuß. II 1871, 655.)

f) „Marie, wenn wir weg sind, öffnen Sie alle Fenster!" (ALTENBERG, Tag ²1902, 92.)

g) „Der Junge schloß die Tür." (DUNCKER, Jugend ²1907, 21.)

h) „Herr Friedrich verwundete gleich auf den ersten Hieb den Grafen; er verletzte ihn mit der Spitze seines, nicht eben langen Schwertes da, wo zwischen Arm und Hand die Gelenke der Rüstung ineinander griffen [...]." (KLEIST, Zweikampf 1811, 270.)

i) „Kaum hatte er meine Krankheit aus mir herausgefragt [...], so warf er hastig seinen Mantel von sich, richtete mich auf, ließ den Postknecht halten und wickelte mich so derb in seinen roten Mantel ein, daß ich fast erstickte, holte eine zottichte Mütze aus der Tasche, weitete sie über das Knie und setzte sie mir auf meine Kappe darüber: ich bat ihn, seine Güte nunmehr nicht weiter zu treiben, allein er ruhte nicht, bis ich ein Paar wollne Handschuhe annahm, worein er meine Füße steckte." (WEZEL, Herm. u. Ulr. 1780, 381.)

Bsp. 396: a) „Der Boden war dicht mit Steinen bedeckt; ich rannte in vollem Galopp drüber fort, fiel aber oft auf den Hintern, und fuhr grosse Stück weit wie auf einem Schlitten. Endlich in einem Wald, wo's gäh' zwischen Felsen hinuntergieng, konnt' ich vollends nicht anhalten, und glitschte bis zu äusserst auf einen Rand, von dem ich, wenn mich nicht Gott und seine guten Engel behütet hätten, viele Klafter tief herabgestürzt und zermürst worden wäre." (BRÄKER, Tockenb. 1788–89, 102 f.) — „Am 14. Januar 1858 hatte in Paris, als Kaiser Napoleon mit seiner Gemahlin nach der großen Oper fuhr, und sein Wagen gerade vor derselben anhielt, ein Attentat auf denselben stattgefunden." (LUISE BÜCHNER, Dt. Gesch. 1875, 582.)[204] — „Einmal kam ich bei einer Abteilung von Gefangenen vorbei. Da wir uns in einer engen Dorfstraße begegneten, mußte ich mein Pferd anhalten, um sie vorüber zu lassen." (D. v. LILIENCRON, Leben 1900, 146.)

b) „Sonst ereufzte sie schmerzlich, wenn Jaromir auszog zu rauben, denn sie wußte, daß Grausamkeiten seine Spur bezeichneten." (AHLEFELD, Ges. Erz. 1822, II, 130.)

c) „Die Kälte war unerträglich. Ich wußte nicht, wie mir geschehen war, der erstarrende Frost zwang mich, meine Schritte zu beschleunigen" (CHAMISSO, Schlemihl 1814, 60).

d) „Giannina wußte sich nicht zu laßen vor innerer Lust, sie bewegte den kleinen Körper in tausend zierlichen Verdrehungen, spielte, sang und tanzte, und zwang Alexis, in ihre komische Liedchen und Geberdensprache mit einzustimmen." (C. DE LA MOTTE FOUQUÉ, Mag. d. Nat. 1812, 184 f.)

---

204 Es wäre auch denkbar, *anhalten* in diesem Beispiel nicht als Handlungsverb, sondern als Vorgangsverb zu interpretieren: Der Wagen *hält* nicht selbsttätig *an*, sondern ihm widerfährt (als Vorgang) die Handlung des Anhaltens; dies impliziert, eine eigene Bedeutung ›angehalten werden‹ als usuelle Verwendungsweise anzusetzen. — Das Verb *anhalten* als Handlungsverb zu verstehen, setzt die Annahme eines okkasionellen Subjektschubs (vgl. v. Polenz 1985, 186 ff.) voraus: Man geht davon aus, dass das Objekt eines als sachverhaltsadäquat supponierten Satzes (**Der Fahrer hält den Wagen an*) an die Stelle des Subjekts ,geschoben' wurde, von wo es den eigentlichen Handlungsträger – das Agens – ,verdrängt' hat. — Welche der beiden Möglichkeiten man bevorzugt, hängt vom Beschreibungsanliegen ab. Geht es um möglichst feine semantische Differenzierungen, so wird man zwischen ›zum Stehen bringen‹ und ›zum Stehen kommen‹ einen Unterschied machen; nimmt man zugunsten der im engeren Sinne semantischen Interpretation die Vernachlässigung grammatiko-semantischer Unterschiede in Kauf, so kann man ›zum Stehen bringen‹ und ›zum Stehen gebracht werden‹ als zwei Ausprägungen derselben Wortbedeutung sehen.

e) „Sie hielt sich indessen nicht mit einer Antwort auf, sondern gewann die Station, wo eben der Zug bremste." (SPITTELER, Conrad 1898, 263.)²⁰⁵ – „Ein Rad bremsen." (ADELUNG, Gramm.-krit. Wb. I ²1793, 1183).

f) „Als sie jedoch die Handschuhe, die ihr Morton darreichte, ergriff, sanken plötzlich ihre Arme an ihr nieder. (PAALZOW, Godw.-Castle 1836, I, 96.)

g) „Dann eilte er wieder über den Kirchhof zum Hügel zurück." (KLABUND, Bracke 1918, 139.)

h) „Man reichte ihm den Arm, man führte ihn zu einem bequemen Sessel, in den er sich niederließ, man gab ihm die ‚Augsburger Allgemeine Zeitung'." (BORN, Erinn. 1898, 31.)

i) „Du gehst ganz ruhig durch die Feldmark und hast nichts Böses im Sinne." (COLSHORN/COLSHORN, Märch. Hann. 1854, 209.)

j) „Nunmehr versuchte ich die Jalousie etwas hochzuheben." (RINGELNATZ, Leben 1931, 96.)

k) „Da der heilige Ulrich noch Bischof zu Augsburg war, kam alltäglich zur Mittagsstunde ein alter Bettler an die Pforte des Bischofhofes" (BECHSTEIN, Dt. Sag. 1853, 620).

ℓ) „Bei diesen Worten streckte sie ihre Hand aus, und Clara reichte ihr die angefangene Arbeit." (HACKLÄNDER, Europ. Sklav. 1854, V, 210.)

m) „Hans setzte sich ihr gegenüber." (ERNST, Glück 1904, 36.)

n) „Flametti verbeugte sich bärig" (BALL, Flamm. 1918, 107).

o) „Ich muß auf einige Tage verreisen." (CONRAD, Isar 1887–90, I, 348.)

p) „Clemens [...] mußte [...] in die Schenke wandern, um die gewünschten Quantitäten Schnaps und Bier herbeizuschaffen." (WILLKOMM, Sclav. 1845, I, 222.)

q) „Da durchfuhr mich ein kalter Schauer, und als ich weitergehen wollte, wurde mir schon nach wenigen Schritten so übel, daß ich mich erbrechen mußte und danach ohnmächtig auf der Landstraße hinfiel." (CHRIST, Erinn. 1912, 92.)

r) „Je mehr ich mich dem Glashause näherte [...] desto traumhafter wurde mir zu Sinne; ich hörte kaum noch, was Charlotte flüsterte, und ließ mich mechanisch von ihr weiterschieben ..." (MARLITT, Heidepr. 1871, 230.)

s) „Schon sah Peter die Bäume am Gestade nicht mehr; es war, als wenn sich ihm die Musik über das Meer nacharbeitete, und endlich matt und kraftlos nicht weiterzuschwimmen wagte, sondern zum einheimischen Ufer zurückschlich; denn jetzt hörte er den Gesang nur noch wie ein leises Wehen des Windes, und jetzt erlosch auch die letzte Spur, und die Wellen rieselten nur, und der Ruderschlag ertönte durch die einsame Stille. (TIECK, Schön. Magel. 1797, 153.)

t) „[M]eine Schafe hungerten, und ich mußte sie weitertreiben" (SACHSE, Dt. Gil Blas 1822, 155).

u) „Unsre liebe Frau [...] winkte einem Unbekannten in schwarzen Kleidern." (A. v. ARNIM, Wintergart. 1809, 433.) – „[D]er Jäger stand in einiger Entfernung, und winkte mit seinem Jagdspieß." (TIECK-BERNHARDI, Reh 1802, 273.)

Bsp. 397: a) „Ergreift die Waffen, ihr hochherzigen Verteidiger der Nationalehre, erobert das Elsaß wieder [...]. Allein bevor ihr euch den Gefahren des Ruhms aussetzt, fragt die Elsasser, ob sie einwilligen, wieder Deutsche zu werden, ob sie sich glücklich schätzen würden [...], die Freiheit der Presse gegen die schändliche Zensur, die Nationalgarde

---

²⁰⁵ Vgl. Anm. 204.

gegen die Gendarmerie, die Öffentlichkeit der gerichtlichen Verhandlungen gegen geheime Tribunäle, die Jury gegen abhängige Richter und die Gleichheit der Stände gegen den Hochmut und die Unverschämtheit des Adels und der Satrapen zu vertauschen. Fragt sie das, und sie werden euch antworten: wir sind die glühendsten und treuesten Patrioten unter allen Franzosen, gerade weil wir an der deutschen Grenze liegen." (BÖRNE, Menzel 1837, 912 f.)

b) „Lorenz versuchte das Eichhörnchen zu fangen. Nach einiger Mühe gelang es ihm." (DOHM, Werde 1894, 63.)

c) „Er faßte Leuchte und Schlüssel, und schlich über die Holztreppe in den engen Hof" (SPINDLER, Jude 1827, II, 254.)

d) „Da aber angestrengtes Lesen das zarte Mädchen zu sehr angriff, so nahm ihr die Mutter eine Zeit lang alle Bücher und ließ ihr nur die Bibel, später wurde ihr zuweilen die Bibliothek des Großvaters geöffnet." (HERLOßSOHN, Dam. Conv. Lex. V 1835, 304.)

Bsp. 398: a) „Matabruna [...] dachte auf nichts als Böses und beredete sich mit der Wehmutter, daß sie der Königin, wenn sie gebären würde, statt der Kinder junge Hunde unterschieben, die Kinder selbst töten und Beatrix einer strafbaren Gemeinschaft mit Hunden anklagen wollten." (J. GRIMM/W. GRIMM, Dt. Sagen II 1818, 531.)

b) „Ein General bemerkte ihn, zog ihn hervor, beförderte ihn bald zum Korporal, und endlich wurde er gar als Fähnrich mit nach Sardinien in Besatzung nach Cagliari geschickt." (VULPIUS, Rinald. ⁵1824, 306.)

c) „Er wird mir immer wieder in den Weg geführt, und es wird wohl schließlich meines Amtes sein, ihn – aus dem Wege zu schaffen, auf dem er nun auch Dich behindern zu wollen scheint." (LEWALD, Geschl. 1864, V, 324.)

d) „Ich bitte Dich, mich noch einmal aufzusuchen, wenn es Dir so recht ist." (DUNCKER, Jugend ²1907, 121.) — „Graf Perçy, ein Schüler von ihm, wünschte bey Maria eingeführt zu werden, und bat ihn darum." (FISCHER, Günstling 1809, 76.)

e) „Auf die Mitteilung des Beamten vom Geschehenen degradierte der König diese Kasten unter die Çudras." (WEBER, Wirtschaftseth. II 1916–17, 87.)

f) „Malke war ja kein gewöhnliches Weib, sie mußte sein Ziel verstehen und förderte ihn gewiß, statt ihn zu hindern." (FRANZOS, Pojaz 1905, 243.)

g) „Sie heiratete einen Cafétier, der in einem Jahre zu Grunde ging." (ALTENBERG, Wie ich es sehe ⁴1904, 10.) — „Sie wäre heutzutage wahrscheinlich eine gelehrte Frau geworden, aber das Frauenstudium war zu ihrer Zeit noch nicht üblich. Da sie schon mit 18 Jahren heiratete und in den nächsten 15 Jahren 8 Kinder zur Welt brachte, so war ihre Zeit durch andere Pflichten ausgefüllt." (E. FISCHER, Leb. 1922, 27.)

h) „Die Mutter sollte sich nun nicht mehr so plagen, dazu kam ich ja nach Hamburg, daß ich ihr half." (BISCHOFF, Jgdlb. 1905, 118.)

i) „Er nimmt eine Hypothek auf seine Güter und kauft alle Lose; natürlich hat er ein tüchtiges Aufgeld bezahlen müssen." (ERNST, Komöd. 1928, 158.)

j) „Hoffentlich ist es mir möglich, Dir auch noch sonst zu nützen." (BOY-ED, Ehe 1915, 113.)

k) „Durch feindselige Handlungen [...] suchen Hexen theils aus bloßer Lust am Bösen, theils aus Rache und anderen Leidenschaften dem Nächsten zu schaden." (BARTSCH, Sag. Meklenb. II 1880, 118.)

ℓ) „[B]esonders gewann er die kleine Marie lieb und schenkte ihr etliche Silberkreuzer." (AHLEFELD, Marie Müller ²1814, 214.)

m) „Die Ulmer überließen den Gefangenen der stolzen Gräfin, überzeugt, daß dieselbe sich und sie sattsam an ihm rächen werde." (GRÄSSE, Sagenb. Preuß. II 1871, 663.)

n) „Eine Witwe [...] hatte einen einzigen Sohn, und der ging in die Fremde nach Holland, wo er treu und fleißig arbeitete, die Mutter <u>unterstützte</u> und auch für sich etwas zurücklegte, was er aber alles nach Hause zur Mutter sandte, es ihm aufzubewahren." (BECHSTEIN, Dt. Sag. 1853, 208.)

o) „Es lebten zwar noch Anverwandte des Freiherrn, aber keiner, den er für würdig erachtete, daß er ihm den Besitz <u>vererbe</u>." (SAAR, Nov. 1893, IX, 339.)

p) „Ich hatte in der Kammer des Matrosen, in welcher ich die letzte Nacht zugebracht, einen vollständigen Fischeranzug hangen sehen; vielleicht <u>verkaufte</u> mir den die freundliche Alte." (SPIELHAGEN, Hamm. u. Amb. 1869, II, 152.)

Bsp. 399: a) „Ja – aber – lieber Herr' – fragte der Glasmann kleinlaut: ,– Ihr wollt doch nicht – Euern Esel – *mir* zu Liebe –? –' | ,Dem Müller verkaufen?' <u>ergänzte</u> der Reiter. ,Ei warum denn nicht, mein guter Geselle? Darauf kommt es mir nicht an; ich weiß noch mehr Esel.'" (BECHSTEIN, N. dt. Märchenb. 1856, 616.)

b) „Evremont ging nun wieder zu den öffentlichen Begebenheiten über, die er <u>fortfuhr</u> dem Grafen zu berichten" (TIECK-BERNHARDI, Evremont 1836, III, 168).

c) „Frau Holle ließ sich nicht abschrecken und <u>fuhr fort</u>: ,Wie heißt du denn, lieber Mann?'" (LUISE BÜCHNER, Weihn. 1868, 17.)

d) „Nachdem er sie mit einigen Worten beruhigt hatte, drang er von Neuem in sie, ihre Mittheilungen <u>fortzusetzen</u>." (ASTON, Lydia 1848, 223.)

e) „Da mein Vater teils selbst ein ehrliches Teil seiner früheren Jahre mit Reisen zugebracht hatte, teils manchen Winterabend durch die aufrichtige und ungeschminkte Erzählung seiner Abenteuer <u>verkürzte</u>, von denen ich Ihnen vielleicht in der Folge noch einige zum besten gebe, so kann man jene Neigung bei mir wohl mit ebenso gutem Grunde für angeboren als für eingeflößt halten." (BÜRGER, Münchhausen 1786, 66.)

f) „[I]ch sah Marien glücklich in ihrem Wahn, und gelobte mir, ihn <u>zu verlängern</u>, um ihrer Ruhe zu schonen." (AHLEFELD, Marie Müller ²1814, 205.)

g) „Er ließ den Einwand nicht gelten, daß ich unfähig sei, dem Kinde zu nützen, und behauptete, es habe sich unter meiner Leitung schon ein wenig zu seinem Vorteil verändert. Ich ließ mich endlich bestimmen, mein mühsames Erziehungswerk <u>weiterzuführen</u>." (EBNER-ESCHENBACH, Kl. Roman 1881, 21.)

Bsp. 400: a) „Die Sage [...] lautet: Vorzeiten, als man diese Kirche zu bauen angefangen, habe man mitten im Werk <u>einhalten</u> müssen aus Mangel an Geld." (J. GRIMM/W. GRIMM, Dt. Sagen I 1816, 209.)

b) „Ich knie vor einem Koffer und weide ihn aus. Das hört nie auf, weil ich immer wieder <u>innehalte</u> und mir ansehe, was ich da gefischt habe. Die alten Sachen stehen herum und wundern sich." (TUCHOLSKY, Umzug 1925, 131.)

c) „Sie machen mich ganz neugierig, liebe Tante, <u>unterbrach</u> sie Alexander scherzend." (AHLEFELD, Erna 1820, 5.)

Bsp. 401: a) „Er [...] wollte [...] den Fuchs töten und ihm den Balg abziehen. Der Fuchs sprach ,<u>laß ab</u>, ich will dirs vergelten!'" (J. GRIMM/W. GRIMM, Kinder- u. Hausm. ³1837, 773.)

b) „Wir können jedoch diese Betrachtungen [...] nicht <u>abschließen</u>, ohne zuvor deren wichtige, moralische Seiten in's Auge gefaßt zu haben." (LUISE BÜCHNER, Frauen ⁴1872, 41.)

c) „Die Hunde machten sich an den Teig, als wenn sie ihn <u>auffressen</u> wollten." (BARTSCH, Sag. Meklenb. II 1880, 478.)

d) „[Schiller] meint: ‚Den Deutschen muß man die Wahrheit so derb sagen, als möglich.' Ach! diese Wahrheit habe ich schon oft gesagt und derber als Schiller. Man muß nicht aufhören, sie zu ärgern; das allein kann helfen." (BÖRNE, Tageb. 1832, 812.)

e) „Hol mich der Teufel! ehe sie mir alle meine Schinken wegfressen und meine Weine aussaufen, so will ich doch lieber noch selbst mithalten, und Theil nehmen, so weit es reicht." (AURBACHER, Büchl. f. d. Jgd. 1834, 125.)

f) „Am Abend [...] hatte Valerius endlich seine Geschäfte beendet und auf den andern Morgen die Abreise festgesetzt." (DAHN, Rom 1876, 359.)

g) „Sein Bruder [...] hatte ihm diesen Schlupfwinkel aufgesucht, und für seine Absichten eingerichtet. Der Undankbare ermordete ihn, damit sein verborgener Aufenthalt desto weniger verrathen werden könnte." (BÜSCHING, Volks-Sag. 1812, 359 f.)

h) „Ich saß [...] unter einem Nußbaum und aß Obst, als sich ein Mann zu mir setzte, der rechts hereinwanderte." (SEUME, Spaz. n. Syrakus 1803, 583.) — „Man wird mir beistimmen, wenn ich behaupte, daß die meisten Menschen wie das Vieh essen, ohne klares Bewußtsein, ohne Überlegung, ohne Regel und ohne jene Anmut" (BÖRNE, Eßkünstl. 1829, 921).

i) „Sie nahm all ihre Kraft zusammen, um jeden Fisch mit einem Schlag zu töten" (FRAPAN, Elbe ³1908, 159).

j) „Es ist wirklich artig anzusehen, wie ein solcher Junge, dessen ganzer Kram und Geräthschaft in einem Bret und Messer besteht, eine Wassermelone, oder einen halben gebratenen Kürbis herumträgt, wie sich um ihn eine Schaar Kinder versammelt, wie er sein Bret niedersetzt und die Frucht in kleine Stücke zu zertheilen anfängt." (GOETHE, Ital. Reise II 1817, 256.)

Verba influendi können unter Berücksichtigung der in § 82.2b/c HLR behandelten Aspekte u. a. sein: atelisch-relatorisch – *anhalten* ›stehenbleiben‹ (Bsp. 396a [1/2]), *bremsen* (Bsp. 396e [1]), *einhalten* ›mit etw. zeitweise aufhören‹ (Bsp. 400a), *gehen* (Bsp. 396i), *innehalten* ›mit etw. zeitweise aufhören‹ (Bsp. 400b), *kommen* (Bsp. 396k), *sich verbeugen* (Bsp. 396n), *wandern* (Bsp. 396p) usw. –, atelisch-korrelativ – *jn./ etw. anhalten* (Bsp. 396a [3]), *jn. einer Sache anklagen* (Bsp. 398a), *etw. aufblasen* (Bsp. 395a), *sich/jn. ausziehen* ›entkleiden‹ (Bsp. 395b), *etw. beenden* (Bsp. 401f), *jn. befördern* (Bsp. 398b), *jn. behindern* (Bsp. 398c), *jn. belustigen* (Bsp. 394a), *jn. belehren* (Bsp. 394b), *etw. biegen* (Bsp. 395c), *jn. etw./um etw. bitten* (Bsp. 398d), *etw. bremsen* (Bsp. 396e [2]), *jn. degradieren* (Bsp. 398e), *jn. einschläfern* (Bsp. 394c), *jn. erfreuen* (Bsp. 394d), *etw. ergreifen* (Bsp. 397a), *jn. ermorden* (Bsp. 401g), *jn. erschrecken* (Bsp. 394e), *etw. essen* (Bsp. 401h, auch ohne Objekt), *etw. färben* (Bsp. 395d), *jn. fördern* (Bsp. 398f), *etw. fortsetzen* (Bsp. 399d), *jm. etw. geben* (Bsp. 396h), *jn. heilen* (Bsp. 395e), *jn. heiraten* (Bsp. 398g, auch ohne Objekt), *jm. helfen* (Bsp. 398h), *jn. hindern* (Bsp. 398f), *etw. hochheben* (Bsp. 396j) *jn. über etw. informieren* (Bsp. 394f), *etw. kaufen* (Bsp. 398i), *jm. nützen* (Bsp. 398j), *etw. öffnen* (Bsp. 395f), *jn. rühren* (Bsp. 394a), *jm. schaden* (Bsp. 398k[206]), *jm. etw. schenken* (Bsp. 398ℓ), *etw. schlie-*

---

[206] Je nachdem, ob die in Bsp. 398k ausgedrückte Handlung als eine des Schadenzufügens in sozialer, wirtschaftlicher o. ä. Hinsicht oder in körperlicher (gesundheitlicher) Hinsicht interpretiert wird, kann *schaden* als Verbum socialiter influendi oder aber als Verbum formandi klassifiziert werden.

ßen (Bsp. 395g), *jn./etw. töten* (Bsp. 401i), *jn. trösten* (Bsp. 394b), *jm. etw. überlassen* (Bsp. 398m), *jn. unterbrechen* (Bsp. 400c), *jn. unterhalten* (Bsp. 394g), *jn. unterrichten* (Bsp. 394a), *jn. unterstützen* (Bsp. 398n), *jm. etw. vererben* (Bsp. 398o), *jm. etw. verkaufen* (Bsp. 398p), *etw. verkürzen* (Bsp. 399e), *etw. verlängern* (Bsp. 399f), *jn. verletzen* (Bsp. 395h), *jn. verwunden* (Bsp. 395h), *jn. wecken* (Bsp. 394h), *etw. weiten* (Bsp. 395i), *etw. weiterführen* (Bsp. 399g), *jm. winken* (Bsp. 396u, auch ohne Objekt), *etw. zerteilen* (Bsp. 401j) usw. –, ingressiv-relatorisch – *ausziehen* ›aufbrechen‹ (Bsp. 396b), *verreisen* (Bsp. 396o) usw. –, egressiv-korrelativ – *etw. aussaufen* (Bsp. 401e), *jn./etw./sich setzen* (Bsp. 396m), *etw. wegfressen* (Bsp. 401e) usw. –, antitelisch-relatorisch – *weitergehen* (Bsp. 396q), *weiterschwimmen* (Bsp. 396s) usw. –, antitelisch-korrelativ: *jn./etw. weiterschieben* (Bsp. 396r), *jn./etw. weitertreiben* (Bsp. 396t) usw.

Transitiv-intransitive Verben wie *jm. etw. geben, jn. über etw. informieren, jn. etw./um etw. bitten* oder *jn. einer Sache anklagen* haben wir vorstehend nach ihrem Verhältnis zum direkten Objekt (Akkusativ-Objekt) klassifiziert: *informieren* als Verbum inficiendi, *geben* als Verbum movendi, *anklagen* und *bitten* als Verba socialiter influendi. Dies ist freilich eine willkürliche Entscheidung, denn sie ließen sich ebensogut auch hinsichtlich des indirekten Objekts bestimmen. *Geben* erschiene dann als Verbum socialiter influendi, *anklagen*, *bitten* und *informieren* könnten als Verba proponendi, d. h. als Verben des Aussagens von Sachverhalten (vgl. S. 449) gedeutet werden.

Die Tatsache, dass Verben hinsichtlich unterschiedlicher Bezugsgrößen semantisch unterschiedliche Funktion erfüllen können, ist hier zunächst nur festzuhalten; sie spielt jedoch eine Rolle bei der Betrachtung der Glieder von Propositionsgefügen (§§ 103–105 HLR) und auch bei der Bestimmung der semantischen Klasse von Wörtern anderer Wortartzugehörigkeit, die von Verben abgeleitet sind. So lassen sich beispielsweise *Informant* und *Informand* – in Analogie zur Klassifikation von *informieren* als Verbum inficiendi – als Nomen inficientis (vgl. S. 500) bzw. Nomen infecti (vgl. S. 500) klassifizieren, *Informant* jedoch ebenso auch als Nomen proponentis (vgl. S. 501): in Relation zu *Information* (›Gegenstand einer Mitteilung‹), das als Nomen propositi (vgl. S. 501) erscheint.

Eine besondere Mischform stellen Verben wie *jm. etw. ausrichten* (Bsp. 402a) oder *jm./an jn. etw. überbringen* (Bsp. 402b/c), die eine Handlung in fremdem Auftrag zum Ausdruck bringen. Sie erscheinen hinsichtlich dieses Aspekts zunächst als Verba socialiter influendi (sowohl hinsichtlich des Subjekts als auch hinsichtlich des direkten Objekts). Sofern die Handlung sich als Sprechakt darstellt (Bsp. 402a/b), verhalten sich solche Verben hinsichtlich der Mitteilung als Verba proponendi (vgl. S. 449), hinsichtlich des Empfängers der Mitteilung als Verba inficiendi. Geht es um das Überbringen eines Gegenstandes (Bsp. 402c), so verhalten sie sich hinsichtlich des Überbrachten als Verba movendi, hinsichtlich des Empfängers als Verba benefaciendi bzw. malefaciendi.

Bsp. 402: a) „Um so tiefer war ihre Enttäuschung, als Raden ihr dessen Auftrag <u>ausrichtete</u> und als sie erfuhr, wo er den Abend zubringe." (MEYSENBUG, Liebe 1905, 310.)
b) „Ich habe es nur übernommen, einen sehr wichtigen Auftrag an ihn zu <u>überbringen</u>." (BOY-ED, Ehe 1915, 63.)
c) „Kämmerier Wagner jedoch, der das Schreiben des Herzogs dem Commandanten <u>überbracht hatte</u>, glaubte das Allerbedenklichste in diesen Maßregeln zu sehen." (Goethe, Camp. Frankr. 1822, 128.)

*

Zu § 82.4α^{IV} HLR: Verben des Bezugnehmens oder Verba advertendi stehen für eine absichtsvoll-willentliche Tätigkeit, die sich auf einen konkreten oder abstrakten Gegenstand bezieht, ohne diesen hervorzubringen oder sonstwie zu beeinflussen. Unterarten der Verba advertendi sind beispielsweise

– die für willentliche Wahrnehmungs-, Kognitions- oder Deutungsakte stehenden Verba percipiendi[207] – *anhören* (Bsp. 403a), *ansehen* (Bsp. 403b), *belauschen* (Bsp. 403c), *betrachten* (Bsp. 403d), *horchen* (Bsp. 403e), *interpretieren* (Bsp. 403f), *lauschen* (Bsp. 403e), *lernen* (Bsp. 403g), *lesen* (Bsp. 403h), *schnuppern* (Bsp. 403i), *urteilen* (Bsp. 403j), *zuhören* (Bsp. 403k) ... –,
– die für Thematisierungshandlungen (im weitesten Sinne eines – auch nonverbalen – Zu-wissen-Gebens oder Zu-Erkennen-Gebens) stehenden Verba proponendi, – *befehlen* (Bsp. 404a), *erlauben* (Bsp. 404b), *erläutern* (Bsp. 404c), *erzählen* (Bsp. 404d), *fordern* (Bsp. 404e), *gestatten* (Bsp. 404f), *mitteilen* (Bsp. 404g), *sagen* (Bsp. 404h), *schildern* (Bsp. 404i), *verbieten* (Bsp. 404j), *verlangen* (Bsp. 404k), *zeigen* (Bsp. 404ℓ) ... –,
– die für eine Bezeichnungs- oder Zuschreibungshandlung stehenden Verba indicandi – *beilegen* (Bsp. 405a), *benennen* (Bsp. 405b), *bezeichnen* (Bsp. 405c), *eignen* (Bsp. 405d), *heißen* (Bsp. 405e), *nennen* (Bsp. 405b) ... –,
– die Verba tangendi, die für eine unmittelbare oder mittelbare Berührung der handlungsbeteiligten Größe stehen – *anfassen* (Bsp. 406a), *anstoßen* (Bsp. 406b),

---

[207] Bei den Verba percipiendi spielt teilweise – so bei *lernen* oder *interpretieren* – auch der bei den Verba inficiendi (vgl. S. 440) behandelte Aspekt der intellektuellen Einflussnahme eine Rolle: Wer etwas *lernt* (sich willentlich aneignet), zielt dabei auf eine Veränderung seiner selbst, seines Wissens und Könnens, seiner Vorstellungen oder Begriffe. Verba percipiendi wie *betrachten*, *horchen*, *schnuppern* usw. weisen diesen semantischen Aspekt hingegen nicht oder allenfalls sehr schwach ausgeprägt auf. – Legt man eine radikale erkenntnistheoretisch-transzendentalidealistische Auffassung zugrunde, wonach Gegenstände, wenn sie erkannt werden, nicht einfach nur kognitiv ‚abgebildet', sondern durch den Erkenntnisakt erst hervorgebracht werden, so könnte man geneigt sein, Verba percipiendi als Verba producendi zu deuten. Dieses Konzept von Erkenntnis ist aber in den von uns untersuchten Quellen nicht greifbar. Die Zeit zwischen 1750 und 1950 denkt den Erkenntnisakt in der Regel nicht als willentliche Hervorbringung einer zuvor nicht vorhandenen Größe, sondern als kognitive Beschäftigung mit einer schon gegebenen Größe. Allenfalls lässt sich ein Anteil der Erkenntnisorgane und -vermögen am Erkenntnisprozess feststellen, der dann aber eben prozessual konzipiert, d. h. nicht als willentlich gesteuert gedacht ist.

berühren (Bsp. 406b), *bewerfen* (Bsp. 406c), *schlagen* (Bsp. 406d), *werfen* ›bewerfen‹ (Bsp. 406e) ... –,
- die für soziokommunikative Bezugnahme stehenden Verba involvendi – *anreden* (Bsp. 407a), *anrufen* (Bsp. 407b), *ansprechen* (Bsp. 407c), *beten* (Bsp. 407d), *spielen* (Bsp. 407e/f) ... –,
- die Verba appetendi, die ein Streben nach Kontakt mit einer handlungsbeteiligten Größe, nach Macht oder Gewalt über dieselbe oder nach deren Realisierung ausdrücken – *anstreben* (Bsp. 408a), *erstreben* (Bsp. 408b), *suchen* (Bsp. 408c), *versuchen* (Bsp. 408d) ... –, auch egressive Verben – *erkämpfen* (Bsp. 408e), *erreichen* (Bsp. 408f), *erringen* (Bsp. 408g), *gewinnen* ›erringen‹ (Bsp. 408h) ... –,
- die Verba adhibendi, denen der semantische Aspekt einer Verwendung der handlungsbeteiligten Größe als Instrument oder Medium eignet – *anwenden* (Bsp. 409a), *benutzen* (Bsp. 409b), *einsetzen* (Bsp. 409c), *gebrauchen* (Bsp. 409d), *verwenden* (Bsp. 409e) ... –.

Bsp. 403: a) „Alles, alles kann ich von Ihnen anhören, nur das Einzige nicht, daß ich heuchle, denn das verdien' ich nicht." (SCHILLER, Weibl. Rache 1785, 190.)
b) „Ich hörte meinen Nahmen wiederhohlt nennen, sie sprachen eifrig, die Augen des Fremden suchten mich oft, und leuchteten mir wie ein Blitz in die Seele; bey jedem Stillstand des Gesprächs nahte er sich unserm Spiel immer mehr, und schien es mit Antheil anzusehen." (WOLZOGEN, A. v. Lilien 1798, I, 58.)
c) „Georg wußte recht wohl, was der Herzog meine, denn jene Szene, die er hinter der Türe belauschte, war ihm noch immer im Gedächtnis" (HAUFF, Lichtenst. 1826, 288.)
d) „Mograby deckte seinen Korb auf und hob die Baumblätter ab, die den Apfel verdeckten, welchen der Weßir mit großer Aufmerksamkeit betrachtete." (LÖHR, Buch d. Mährch. °1820, II, 214.)
e) „Grünthal lauschte mit Wohlgefallen auf Ihre Stimme, als ob er den Tönen einer entfernten Musik horchte." (UNGER, J. Grünthal ³1798, II, 206.)
f) „[W]as geht das Publikum eigentlich das an, was über die standesamtlichen Angaben hinausgeht? Ist man ein Vergänglicher, gewiß sehr wenig. Und den Unvergänglichen spürt die Nachwelt durch und durch; sie interpretiert hinein und heraus nach literarischem Feinschmeckervergnügen, nach vorgefaßten Meinungen, zu Umknetungszwecken, um eigene Weisheit leuchten zu lassen." (BOY-ED, Ich selbst 1922, 69.)
g) „Sie lernte Klavier" (AHLEFELD, Marie Müller ²1814, 1).
h) „Wir lasen Xenophons Denkwürdigkeiten" (SEUME, Leb. 1811, 100.) – „Sie machten große Spaziergänge, lasen zusammen und schienen bis zur Abschiedsstunde nicht fertig werden zu können mit eifrigen Gesprächen." (WILDERMUTH, Bild. u. Gesch. 1857, 151.)
i) „Ein großer weißer Pudel saß neben dem rothaarigen Mädchen, schnupperte in die Luft, schnappte nach den Fliegen, die im Bereich seiner Schnauze herumsurrten, und wehte mit der wolligen Rute nach rechts und links." (CHRISTEN, Heimk. 1884, 59.)
j) „Je mehr ich offenen Auges um mich sehe, desto mehr entwickelt sich bei mir ein Zug zum Fanatismus, und ich muß mir immerfort das Gebot der Toleranz und die Pflicht, leidenschaftslos zu urteilen, vorhalten." (BRAUN, Mem. I 1909, 455.)
k) „Luise hatte einen Jugendfreund gehabt, der vorzügliche Talente zum Vorlesen besaß; es war ihrer Mutter und ihr, bei ihren Krankheiten, oft eine Erleichterung gewesen, ihm zuzuhören." (HUBER, Luise 1796, 180.) – „Es geschah aber, daß der Herr

Christus und der heilige Petrus in der Welt herumwandelten. Und sie kamen in ein Dörflein, wo man in einem Hause so schön sang. Und der Herr Christus blieb stehen, um zuzuhören, der heilige Petrus ging aber immer weiter." (WILLKOMM, Sclav. 1845, I, 154.)

Bsp. 404:
a) „Ich befahl ihm und den übrigen Dienstboten eine abermalige Blumensendung sofort abzuweisen" (HAHN-HAHN, Sibylle 1846, I, 177.)
b) „[N]ach dem Verlaufe von sechs Wochen erlaubte ihr der Arzt endlich, das Krankenzimmer zu verlassen und an der gemeinsamen Tafel zu speisen." (TIECK-BERNHARDI, Evremont 1836, II, 111.)
c) „Man sollte bei jedem Theater einen Dramaturgen anstellen, der jedes neue Stück und die einzelnen Rollen darin den Schauspielern kritisch erläuterte." (BÖRNE, Krit. Vorr. 1829, 216.)
d) „Da ging der jüngere Bruder denn hin zu dem älteren Bruder und erzählte ihm diese Angelegenheit." (ALTENBERG, Lebensabend 1919, 1.)
e) „Am andern Tag kam der Blaubart zurück, und das erste war, daß er die Schlüssel von ihr forderte" (J. GRIMM/W. GRIMM, Kinder- u. Hausm. I 1812, 287).
f) „Der Graf gestattete ihm dies gern" (C. DE LA MOTTE FOUQUÉ, Rodrich I 1806, 111).
g) „Mir ist jetzt immer, als hätte ich Dir nichts mitzuteilen, Mutti." (DOHM, Dalmar ²1897, 173.)
h) „Adelaide liebte mich; ich wagte es aber nicht, ihm dies zu sagen, und dadurch erzeugte sich nach und nach ein zurückhaltendes Betragen gegen meinen Freund, das ich mir nie vergeben werde." (TIECK, P. Lebrecht 1795–96, 172.)
i) „Mit dem Instinkt eines Durstigen fand Onkel Peter bald in der Nähe des Bahnhofes, am Hafenbassin des Orne-Canals Das, was er suchte, nämlich eines der unzähligen Kaffeehäuser, an denen Frankreich so reich ist. Bald aber fand er zu seinem Entzücken noch mehr, und zwar ein dichtgedrängtes Publikum, dem er mit beredter Zunge und entsprechendem Geberdenspiel, halb englisch, halb französisch, das merkwürdige Schiffsduell, dessen Kunde kaum erst bis Caen gedrungen, schilderte." (LUISE BÜCHNER, Matr. 1878, 274.)
j) „Mischt Euch nicht darein, ich verbiete es Euch." (C. F. MEYER, Amulett 1873, 47.)
k) „Charlotte verlangte von Ottilien, sie solle in Kleidern reicher und mehr ausgesucht erscheinen." (GOETHE, Wahlverw. 1809, 67.)
ℓ) „Die Art, wie ich mich, auf sein Verlangen, allenthalben zeigen mußte, war mir oft lästig, so sehr sie auch der Eitelkeit schmeichelte." (MEREAU, Amd. u. Ed. 1803, I, 7.)

Bsp. 405:
a) „So wurde mir von der Polizei eine Wichtigkeit beigelegt, die ich selbst mir beizulegen nie gewagt hätte, denn wie kühn müßten die Träume einer Frau sein, welche sich für eine staatsgefährliche Person hielte." (ASTON, Emancip. 1846, 18 f.)
b) „Kurfürst Joachim der Erste, den man wegen seiner eifrigen Strenge auch Nestor benannte, war vor nicht langer Zeit gestorben und ihm war in der Mark sein Sohn Joachim der Zweite, den man wegen seiner jugendlich männlichen Herrlichkeit auch Hektor nannte, gefolgt." (WILDENBRUCH, Riechb. 1885, 3.)
c) „Das Herzogthum Würtemberg besaß noch bis zum Jahre 1797 eine alte erbländische *Verfassung*, die der berühmte englische Parlaments-Redner *Fox* als die beste in Europa nach der englischen, bezeichnet hatte." (LUISE BÜCHNER, Dt. Gesch. 1875, 91.)
d) „Er erscheint stets allein, ist in keiner Weise zu verwechseln mit den Bergmännchen, Erdkobolden, die zum Zwergenvolke gehören, die häufig in Scharen erscheinen, wäh-

rend die Sage den Riesen eignet, meist allein zu sein, höchstens zu zweien." (BECH-STEIN, Dt. Sag. 1853, 417.)

e) „Da ihn Victoria einen Ehrlosen hieß, biß sich Don Juan die Lippe." (C. F. MEYER, Pescara 1887, 724.)

Bsp. 406: a) „Das neugierige Mädchen öffnete nun den Koffer und fand eine kleine Puppe darin. Als sie diese anfaßte, guckte sich die Puppe ein paarmal um und machte allerlei Bewegungen." (MÜLLENHOFF, Sag. 1845, 224.)

b) „In diesem Augenblicke [...] fuhr mir plötzlich die oft gehörte Erzählung durch den Sinn, daß der Bär nie einen todten odemlosen Menschen berühren soll, und indem mich das Thier bereits mit der Schnauze anstieß, beschloß ich, mich todt zu stellen und hielt den Athem an." (GOEDSCHE, Sebastopol 1856, III, 113.)

c) „Wir mußten stets im geschlossenen Wagen fahren, denn das unwissende Volk schloß in seinen Haß gegen die einzig Schuldigen nicht nur meinen Vater ungerechterweise, sondern auch seine ganze Familie ein, und wir konnten es erwarten, daß man unsern Wagen mit Steinen bewerfen würde, hätte man uns erkannt." (MEYSENBUG, Mem. I 1876, 19.)

d) „Dann schlug ich sie mit meinem Ochsenziemer." (ALTENBERG, Wie ich es sehe ⁴1904, 327.)

e) „Sie legten sich wieder zum Schlaf, da warf der Schneider auf den zweiten einen Stein herab. ‚Was soll das?' rief der andere, ‚warum wirfst du mich?' ‚Ich werfe dich nicht,' antwortete der erste und brummte. Sie zankten sich eine Weile herum, doch weil sie müde waren, ließen sies gut sein, und die Augen fielen ihnen wieder zu." (J. GRIMM/ W. GRIMM, Kinder- u. Hausm. ³1837, 148.)

Bsp. 407: a) „Er schlug die Augen auf und wurde einen Mann gewahr, der ihn arabisch anredete." (WEZEL, Belphegor 1776, 261.)

b) „Schon wollte er die Türe wieder hinter sich zuziehen, als sie ihn anrief." (BRAUN, Lebenssucher 1915, 272.)

c) „Sie sprach ihn an, aber er hörte es nicht; sie tätschelte seine Hand, und er fühlte es nicht." (WASSERMANN, Juden 1897, 250.)

d) „Es dauerte nicht lange, da kam der Kaufmann, um nach seiner Gewohnheit an dem Grabe zu beten." (WOLF, Dt. Hausm. 1851, 179.)

e) „Die Kinder spielen auf den Straßen" (BRAUN, Mem. I 1909, 333).

f) „Am meisten machte sie sich mit den Kindern im Dorfe Hausen zu schaffen, mit diesen spielte sie auf den Hügeln, die unterhalb des Dorfes liegen, erzählte ihnen schöne Geschichten, den Mädchen schenkte sie Blumen und süße Beeren, den Knaben Haselnüsse und bunte Schneckenhäuser." (GRÄSSE, Sagenb. Preuß. II 1871, 759.)

Bsp. 408: a) „Diesen Ruhm der Familie womöglich noch zu steigern war das, was die schwesterliche Trias mit allen Mitteln anstrebte." (FONTANE, Poggenp. 1885–86, 319.)

b) „Erstreben was jeder reiche Lump haben kann, ist das noch erstrebenswert für den raffinierteren Kopf?" (CONRAD, Isar 1887–90, I, 28.)

c) „Roberts Hände bluteten, aber er ließ nicht ab, einen Weg zu suchen." (WÖRISHÖFFER, Robert 1877, 282.)

d) „Einmal versuchte ich mit meinem Vater über diese neugewonnenen Gesichtspunkte zu reden – aber vergebens." (SUTTNER, Waffen I 1889, 72.)

e) „Und als er dieses schöne Land erkämpfte, bin ich vor ihm hergeschritten, Fuß für Fuß, und habe den Schild über ihn gehalten in dreißig Schlachten." (DAHN, Rom 1876, 7.)

f) „Wie ich mit meinen versagenden Füßen die Bel- Etage wieder erreicht habe, kann ich bis heute nicht sagen" (MARLITT, Heidepr. 1871, 366.)

g) „Alles drängte sich durch und in einander, und suchte mit Höflichkeit oder mit Gewalt den Vortheil eines Platzes zu erringen, der dem Range oder Interesse des Geladenen entsprechend schien." (PAALZOW, Godw.-Castle 1836, II, 7.)

h) „Einen größeren Sieg gewann der Oberstleutnant Trost auf der Elbinsel, genannt der Stadtmarsch." (WILLE, Abendburg, 202.)

Bsp. 409: a) Durch einen sonderbaren Zufall befinde ich mich nun schon seit geraumer Zeit im Besitze eines Mittels gegen die Gicht, das, so oft ich es auch anwendete, nicht ein Mal ohne die besten Wirkungen war." (GOTTSCHALCK, Sag. u. Volksm. 1814, 320 f.)

b) „Die Sander heißen bei ihren Nachbaren Ohrensoager. Sie sollen einst von einem Backtroge die Ecken abgesägt und den Trog als Sarg benutzt haben." (STRACKERJAN, Abergl. ²1909, II, 400.)

c) „Ein neuer Mitkämpfer trat auf den Plan: Moritz von Egidy. Es war mein Stolz und meine Genugtuung, daß *ich* ihn dazu gewonnen, an dem Kongresse teilzunehmen und in der von diesem veranstalteten Volksversammlung die hinreißende Gewalt seiner Redekunst für unsere Sache einzusetzen." (SUTTNER, Mem. 1909, 384.)

d) „Wer mich sah, verweilte mit Wohlgefallen bei meinem Anblick; was man aber ganz laut bewunderte, war die Üppigkeit meines kastanienbraunen Haarwuchses; ich hätte ihn als Schleier gebrauchen können, so lang und dicht war er." (UNGER, Bekenntn. schön. Seele 1806, 25.)

e) „Der Gutsherr hatte nichts dagegen, daß sie die Summen, die ihr reichlich zur Verfügung standen, nach Gutdünken verwendete" (SCHNITZLER, Hirtenfl. 1911, 21).

Verba advertendi können unter Berücksichtigung der in § 82.2b/c HLR behandelten Aspekte u. a. sein: atelisch-relatorisch – *beten* (Bsp. 407d), *horchen* (Bsp. 403e), *spielen* (Bsp. 407e), *urteilen* (Bsp. 403j) usw. –, atelisch-korrelativ – *jn./etw. anfassen* (Bsp. 406a), *jn./etw. anhören* (Bsp. 403a), *jn. anrufen* (Bsp. 407b), *jn./etw. ansehen* (Bsp. 403b), *jn. ansprechen* (Bsp. 407c), *jn. anstoßen* (Bsp. 406b), *etw. anstreben* (Bsp. 408a), *etw. anwenden* (Bsp. 409a), *jm. etw. befehlen* (Bsp. 404a), *jm. etw. beilegen* (Bsp. 405a), *jn./etw. belauschen* (Bsp. 403c), *jn. wie benennen* (Bsp. 405b), *etw. (als etw.) benutzen* (Bsp. 409b), *jn./etw. berühren* (Bsp. 406b), *jn./etw. betrachten* (Bsp. 403d), *jn./etw. bewerfen* (Bsp. 406c), *jn./etw. als etw. bezeichnen* (Bsp. 405c), *jm. etw. eignen* ›als Eigenschaft zuschreiben‹ (Bsp. 405d), *etw. einsetzen* (Bsp. 409c), *jm. etw. erlauben* (Bsp. 404b), *jm. etw. erläutern* (Bsp. 404c), *etw. erstreben* (Bsp. 408b), *jm. etw. erzählen* (Bsp. 404d), *von jm. etw. fordern* (Bsp. 404e), *etw. (als etw.) gebrauchen* (Bsp. 409d), *jm. etw. gestatten* (Bsp. 404f), *jn. etw. heißen* (Bsp. 405e), *etw. lesen* (Bsp. 403h, auch ohne Objekt), *jm. etw. mitteilen* (Bsp. 404g), *jn. wie nennen* (Bsp. 405b), *jm. etw. sagen* (Bsp. 404h), *jm. etw. schildern* (Bsp. 404i), *jn./etw. schlagen* (Bsp. 406d), *mit jm. spielen* (Bsp. 407f), *etw. suchen* (Bsp. 408c), *jm. etw. verbieten* (Bsp. 404j), *von jm. etw. verlangen* (Bsp. 404k), *etw. versuchen* (Bsp. 408d), *etw. verwenden* (Bsp. 409e), *jn. werfen* ›bewerfen‹ (Bsp. 406e), *etw. zeigen* (Bsp.

404ℓ), *jm. zuhören* (Bsp. 403k, auch ohne Objekt) usw. – oder egressiv-korrelativ: *etw. erkämpfen* (Bsp. 408e), *etw. erreichen* (Bsp. 408f), *etw. erringen* (Bsp. 408g), *etw. gewinnen* ›erringen‹ (Bsp. 408h).

Unter den Verba advertendi nicht anders als unter den Verba influendi (vgl. S. 448) finden sich transitiv-intransitive Verben, die potentiell mehr als einer semantischen Klasse zugeordnet werden könnten. So ließen sich Verba proponendi (die hinsichtlich ihres direkten Objekts als solche erscheinen) wie *jm. etw. befehlen* (Bsp. 404a), *jm. etw. erlauben* (Bsp. 404b), *jm. etw. fordern* (Bsp. 404e), *jm. etw. gestatten* (Bsp. 404f), *jm. etw. verbieten* (Bsp. 404i) oder *von jm. etw. verlangen* (Bsp. 404j) hinsichtlich ihres indirekten Objekts auch als Verba socialiter influendi (vgl. S. 440) interpretieren; andere Verba proponendi wie *jm. etw. erläutern* (Bsp. 404c), *jm. etw. erzählen* (Bsp. 404d), *jm. etw. mitteilen* (Bsp. 404g), *jm. etw. schildern* (Bsp. 404h) legen hinsichtlich ihres indirekten Objekts eine Deutung als Verba inficiendi (vgl. S. 440) nahe.

5.2.1.4.2 Vorgangsverben

§ 82.4β HLR: An Vorgangsverben (§ 82.2a[II] HLR) lassen sich unterscheiden: [(I)]Verben des Geschehens oder **Verba percurrendi** (Vb-pcr), [(II)]Verben des Erleidens oder **Verba patiendi** (Vb-pat), [(III)]Verben des nicht intendierten Hervorbringens oder **Verba generandi** (Vb-gnr), darunter [(α)]Verben physischer Absonderung oder **Verba emittendi** (Vb-emtt), [(β)]Verben des unabsichtlichen Hervorrufens oder **Verba evocandi** (Vb-evc) und [(γ)]Verben des Entstehens oder **Verba oriendi** (Vb-or), [(IV)]Verben des nicht intendierten (zufälligen) Einflussnehmens oder **Verba fortuito influendi** (Vb-frtinfl), darunter [(α)]Verben der nicht intendierten mentalen Beeinflussung oder **Verba fortuito inficiendi** (Vb-frtinfc), [(β)]Verben des nicht intendierten Bewirkens sinnlich wahrnehmbarer Veränderung oder **Verba fortuito formandi** (Vb-frtfrmd), [(γ)]Verben des nicht intendierten Bewegens oder **Verba fortuito movendi** (Vb-frtmov), [(δ)]Verben der nicht willentlich kontrollierten sozialen Veränderung oder **Verba fortuito socialiter influendi** (Vb-frtsz), [(ε)]Verben der vorgangsmäßigen Beeinflussung einer Zeitspanne oder **Verba fortuito temporaliter influendi** (Vb-frttmp) sowie [(V)]Verben des nicht intendierten (zufälligen) Bezugnehmens oder **Verba fortuito advertendi** (Vb-frtadvn), darunter [(α)]Verben für Kognitionsvorgänge oder **Verba fortuito percipiendi** (Vb-frtpcp), [(β)]Verben für Thematisierungsvorgänge oder **Verba fortuito proponendi** (Vb-frtprp), [(γ)]Verben des absichtslosen, zufälligen Berührens oder **Verba fortuito tangendi** (Vb-frttng) und [(δ)]Verben der nicht intentionalen soziokommunikativen Bezugnahme oder **Verba fortuito involvendi** (Vb-frtinvl).

Zu § 82.4β[I] HLR: Verben des Geschehens oder Verba percurrendi drücken das Sichereignen oder Stattfinden eines Vorgangs (von unterschiedlicher Dauer und unterschiedlichem Konkretheits- bzw. Abstraktionsgrad) aus, beispielsweise *arbeiten* (Bsp. 410a), *sich begeben* (Bsp. 410b), *begegnen* (Bsp. 410c), *blitzen* (Bsp. 410d), *donnern* (Bsp. 410d), *sich ereignen* (Bsp. 410e), *geschehen* (Bsp. 410f), *hageln* (Bsp. 410d), *kochen* (Bsp. 410g), *krachen* (Bsp. 410d), *sich machen* ›geschehen‹ (Bsp. 410h), *passie-*

ren (Bsp. 410i), *regnen* (Bsp. 410j), *schneien* (Bsp. 96a, S. 224), *stattfinden* (Bsp. 410k), *stürmen* (Bsp. 410j), *tun* (Bsp. 410ℓ), *vorfallen* (Bsp. 410m), *vorkommen* (Bsp. 410n), *widerfahren* (Bsp. 410o), *sich zutragen* (Bsp. 410p) ...

Bsp. 410:
a) „Die feine Maschine hatte einen Treibriemen bekommen. Sie <u>arbeitete</u> präcise und mit Schwung." (ALTENBERG, Wie ich es sehe ⁴1904, 112.)

b) „Auch <u>begab sich</u> hier damals das Unerfreuliche, daß der größte Teil der Offiziere durch eignen Übermut und Unart von der bessern Gesellschaft der Stadt abgeschlossen leben mußte." (ARNDT, Erinn. 1840, 65.)

c) „Es <u>begegnete</u> mir, daß ich meiner vierjährigen Tochter Katharina Pompilia eine kindische Lüge, deren sie sich schuldig gemacht hatte, verweisen und sie auf die Notwendigkeit, immer wahr zu sein, hinführen wollte, und dabei die mir im Munde zuströmenden Begriffe plötzlich eine solche schillernde Färbung annahmen und so ineinander überflossen, daß ich den Satz, so gut es ging, zu Ende haspelnd, so wie wenn mir unwohl geworden wäre und auch tatsächlich bleich im Gesicht und mit einem heftigen Druck auf der Stirn, das Kind allein ließ, die Tür hinter mir zuschlug und mich erst zu Pferde, auf der einsamen Hutweide einen guten Galopp nehmend, wieder einigermaßen herstellte." (HOFMANNSTHAL, Brf. 1902, 49.)

d) „Kaum ausgesprochen, wankte der Boden unter seinen Füßen, es <u>donnerte</u>, <u>blitzte</u>, <u>krachte</u> und <u>hagelte</u>, der Bauer lief zwar schnell hinab, allein um ihn her thürmten sich Felsen auf, umschlossen ihn, stürzten mit Geprassel zusammen und zerschmetterten den Lügner und Habsüchtigen." (GRÄSSE, Sagenb. Preuß. I 1868, 444.)

e) „Kaum werdet Ihr ahnen, was jetzt <u>sich ereignete</u>." (PRÖHLE, Rheinl. Sag. 1886, 230.)

f) „Es <u>geschah</u> aber etwas ganz Wunderbares ... An der Korridortür küßte sie der Fremde." (ESSIG, Taifun 1919, 112.)

g) „Wir wurden zur Predigt der Liebe angeleitet und in unserm Innern <u>kochten</u> Haß und Rache." (GUTZKOW, Zauberer 1858-61, II, 225 f.)

h) „Pyramus hat den blutigen Schleier der Thisbe gefunden, der Löwin Fußstapfen im Sande entdeckt, zieht sein Schwert, um sich zu ermorden, singt aber vorher noch mit gezogenem Schwerte eine tragische Arie. Da hört ihn Thisbe, stürzt herbei – und alles weitere <u>macht sich</u> von selber." (RIEHL, Kult. Nov 1862, I, 93.)

i) „Gleich bei seiner zweiten Flamme <u>passierte</u> es, als sie in Umständen war, daß er sie zwang, sich von einem schlechten Weib behandeln zu lassen, mit dem er in gewissen Beziehungen stand, und daß das Mädchen daran starb." (WASSERMANN, Wahnschaffe 1919, 278.)

j) „Nun, und wenn keine Sonne schien, und es <u>regnete</u> und <u>stürmte</u>, dann fand sich doch in jedem guten Haus eine Halle, ein Flur, eine Diele, wo die Genossenschaft am Feuer sitzen und durch Scherz und Gespräch die Ungunst des Wetters vertreiben konnte." (ALEXIS, Bredow 1846, 1, 102 f.)

k) „Therese Fabiani war zu dem Zeitpunkt, als die Verhandlung <u>stattfand</u>, längst begraben." (SCHNITZLER, Therese 1928, 881.)

ℓ) „[A]lles was die gesunde Natur <u>thut</u> ist göttlich" (SCHILLER, Naiv. u. sent. Dicht. I 1795, 424.)

m) „Ernst ging zu dem Fürsten und meldete ihm alles, was <u>vorgefallen war</u>." (KLINGER, Gesch. Teutsch. 1798, 408.)

n) „Es <u>kam vor</u>, daß er im Tiergarten übernachtete." (BIERBAUM, Stilpe 1897, 332.)

o) „Und in Regensburg <u>widerfuhr</u> mir ein ähnliches Mißgeschick." (SCHNITZLER, Casanova 1918, 257.)

p) „Der Schreiber rührte die Feder, und machte immer eine Fratze, wenn er genöthigt war, Ginnistan um etwas zu fragen, die ein sehr gutes Gedächtniß hatte, und alles behielt, was sich zutrug." (NOVALIS, Ofterdingen 1802, 296.)

Verba percurrendi können unter Berücksichtigung der in § 82.2b/c HLR behandelten Aspekte u. a. sein: atelisch-unpersönlich – *blitzen* (Bsp. 410d), *donnern* (Bsp. 410d), *hageln* (Bsp. 410d), *krachen* (Bsp. 410d), *regnen* (Bsp. 410j), *schneien* (Bsp. 96a, S. 224), *stürmen* (Bsp. 410j) ... –, atelisch-relatorisch – *arbeiten* (Bsp. 410a), *sich begeben* (Bsp. 410b), *sich ereignen* (Bsp. 410e), *geschehen* (Bsp. 410f), *kochen* (Bsp. 410g), *sich machen* (Bsp. 410h), *passieren* (Bsp. 410i), *stattfinden* (Bsp. 410k), *vorfallen* (Bsp. 410m), *vorkommen* (Bsp. 410n), *sich zutragen* (Bsp. 410p) ... –, atelisch-korrelativ – *jm. begegnen* (Bsp. 410c), *etw. tun* (Bsp. 410ℓ), *jm. widerfahren* (Bsp. 410o).

*

Zu § 82.4β^{II} HLR: Verben des Erleidens oder Verba patiendi stehen für die Tatsache, dass eine als Vorgangssubjekt erscheinende Größe einen Einfluss erlebt oder erfährt, dass sie von einer Handlung oder einem Vorgang betroffen ist, beispielsweise *erdulden* (Bsp. 411a), *erfahren* (Bsp. 411b), *erleben* (Bsp. 411c), *erleiden* (Bsp. 411d) ...

Bsp. 411:   a) „Dieser [...] hatte auf dem Kaffeehaus einen Mann gesehen, der vor einiger Zeit die heftigsten Anfälle von Melancholie erduldete." (GOETHE, Wilh. Meister V 1795, 223.)
   b) „Ich erfuhr bei meinem Umgang mit Kraus und seinen Mitarbeitern und Begleitern mehr Toleranz als andere." (MÜHSAM, Unpolit. Erinn. 1927–29, 574.)
   c) „Lisette [...] erlebte eine neue Enttäuschung." (EBNER-ESCHENBACH, Unsühnb. 1889, 391.)
   d) „Und er glaube, daß er keine großen Anfechtungen erleiden werde." (ERNST, Glück 1904, 84.)

Verba patiendi können unter Berücksichtigung der in § 82.2b/c HLR behandelten Aspekte atelisch-korrelativ sein.

*

Zu § 82.4β^{III} HLR: Verben des nicht intendierten Hervorbringens oder Verba generandi stehen für ein Tun oder Verhalten, bei dem durch unmittelbare oder mittelbare Einwirkung eine zuvor nicht existierende Größe Existenz erlangt, ohne dass dies jedoch vom Hervorbringenden beabsichtigt wäre. Es ist eben diese fehlende Produktionsabsicht, durch die sich Verba generandi als Vorgangsverben von den Verba producendi als Handlungsverben unterscheiden. Wenigstens drei spezifischere Arten lassen sich unterscheiden:

– die Verba emittendi, die für Vorgänge physischer Absonderung stehen – *auswerfen* (Bsp. 412a), *ausschlagen* (Bsp. 412b), *ausstoßen* (Bsp. 412c), *bluten* (Bsp. 412d), *dampfen* (Bsp. 412e), *duften* (Bsp. 412f), *erzeugen* (Bsp. 412g), *gebären* (Bsp. 412h), *genesen* ›gebären‹ (Bsp. 412b), *heulen* (Bsp. 412i), *niesen* (Bsp. 412j),

qualmen (Bsp. 412k), *rußen* (Bsp. 412ℓ), *speien* (Bsp. 412m), *stinken* (Bsp. 412n), *treiben* (Bsp. 412o) ... –,
- die Verba evocandi, die für Vorgänge des (unabsichtlichen) Hervorrufens oder Bewirkens eines Gegenstandes oder Sachverhaltes stehen – *anrichten* (Bsp. 413a), *bewirken* (Bsp. 413b), *hervorrufen* (Bsp. 413c), *verursachen* (Bsp. 413d), *eine Wirkung ausüben* (als Wortgruppenverb, vgl. Anm. 199: Bsp. 413b) ... –,
- die Verba oriendi, die ein Werden oder Entstehen, einen Eintritt in die Existenz ausdrücken – *beginnen* (Bsp. 414a), *entbrennen* (Bsp. 414b), *entstehen* (Bsp. 414c), *sich entwickeln* (Bsp. 414d), *sich erheben* (Bsp. 414e), *werden* (Bsp. 414d), ... –.

Bsp. 412: a) „[E]r stieg den Aetna hinan, der so eben aus seinem weiten und tiefen Schlunde Feuer <u>auswarf</u>, das wie Blitze Gottes durch das Rauchgewölke leuchtete, während der Donner furchtbar aus seiner Tiefe herauf scholl." (AURBACHER, Volksbüchl. I 1827, 25.)

b) „Bald darauf, als draußen die Rosenknospen <u>ausschlugen</u>, <u>genas</u> die Gräfin eines Söhnleins." (STORM, Cypr. 1865, 461.)

c) „Die kürzere vierkantige Esse, die, von einer gedrungenen Basis aufsteigend, sich nach oben verjüngte, stieß auch aus ihrem eigenen Mundloch Rauch <u>aus</u>." (BOY-ED, Ehe 1915, 225.)

d) „Die Wunde <u>blutete</u> stark." (ASTON, Lydia 1848, 98.)

e) „Als die Schokolade gekommen war und duftig <u>dampfte</u>, saßen wir auf dem Sofa." (WILLE, Glasberg °1920, 341.)

f) „Das Heu <u>duftete</u> stark." (KEYSERLING, Schwüle Tage 1904, 255.)

g) „Ich fügte mich ohne Zwang und ohne Klage in diese Einsamkeit; ich lebte in Träumen, die meine Phantasie <u>erzeugte</u>" (TIECK-BERNHARDI, Evremont 1836, II, 30).

h) „Einem physischen Vorgang wird willkürlich eine sittliche oder geistige Basis gegeben. Weil die Frauen Kinder <u>gebären</u>, darum sollen sie keine politischen Rechte haben. Ich behaupte: weil die Männer keine Kinder <u>gebären</u>, darum sollen sie keine politischen Rechte haben und ich finde die eine Behauptung mindestens ebenso tiefsinnig wie die andere." (DOHM, Frauen 1876, 124.)

i) „Draußen <u>heulte</u> der Wind und trieb den Schnee in wildem Wirbel durch die mit Glatteis bedeckten Straßen." (LEWALD, Geschl. 1864, V, 317.)

j) „Ich hörte [...], wie er [...] kräftig und fidel <u>niese</u>, und Prosit sagte." (DOHM, Schicks. 1899, 114.)

k) „Die Lampe, in der nur noch wenig Petroleum war, <u>qualmte</u>" (DOHM, Schicks. 1899, 262).

ℓ) „Nachts weinte ich an Eichhörnchens Brust, und derweilen <u>rußte</u> wieder die Lampe, und alles, alles war auf einmal schwarz punktiert." (RINGELNATZ, Leben 1931, 297.)

m) „Vesuv und Stromboli <u>spien</u> Feuer." (KLABUND, Borgia 1928, 8.)

n) „Mensch! Du <u>stinkst</u> ja wie ein Dachs in der Ranzzeit!" (GANGHOFER, Lebensl. II 1910, 492.

o) „Endlich – endlich ist es Frühling geworden, und ich komme mir wirklich vor wie ein Baum, der Knospen <u>treibt</u>." (REVENTLOW, Olestj. 1903, 79.)

Bsp. 413: a) „Wie er erwachte und sah, welchen Schaden seine Schafe <u>angerichtet</u> hatten, geriet er in große Angst" (BARTSCH, Sag. Meklenb. I 1879, 345).

b) „Die Schwere der Geschütze war zu gering, um selbst in dieser Nähe <u>eine</u> gefährliche <u>Wirkung</u> auf die Fregatte <u>auszuüben</u>, der Rückstoß der Salve <u>bewirkte</u> jedoch, daß die Schiffe von einander prallten und einige Ketten der geworfenen Enterhaken sprangen" (GOEDSCHE, Sebastopol 1856, II, 112).

c) „Jede Aufregung kann einen neuen Anfall <u>hervorrufen</u>, der ihn tötet." (BRAUN, Mem. II 1911, 5.)

d) „Unter diesen Umständen mußte auch der Vorfall, welcher ihrer Tochter einen so großen Schreck <u>verursacht</u> hatte, für sie eine ganz andere und wichtigere Bedeutung gewinnen" (ASTON, Lydia 1848, 75.)

Bsp. 414: a) „Indessen hatten sich Gäste eingefunden, es <u>begann</u> ein geschäftiges Hinundherrennen in der kleinen Wirtschaft, und an den Tischen <u>erhob sich</u> ein Gemurmel und Gesumme." (ANZENGRUBER, Einsam 1881, 284.)

b) „Der Kampf <u>entbrannte</u> von Neuem." (ASTON, Rev. 1849, II, 134.)

c) „Daraus <u>entstand</u> neuer Zwist." (RINGELNATZ, Woge 1922, 158.)

d) „Zur kleinen schwarzhaarigen Scholastika, Schnucke Ceterums lieblichem Töchterlein, <u>entwickelte sich</u> in Alois frühzeitig eine tiefe Herzensneigung." (MEYRINK, Wunderh. 1913, II, 159.)

e) „Als ich den Bratspieß drehte, <u>ward</u> ein Gekrach über mir, als wolle das Haus zusammenbrechen, und ehe ich zur Seite springen konnte, stürzte ein Balken auf mich herab und schmetterte mich nieder." (COLSHORN/COLSHORN, März. Hann. 1854, 22.)

Es versteht sich, dass auch solche Verben als Verba generandi erscheinen können, die in anderem Zusammenhang als Verba producendi verwendet werden, so etwa *erzeugen* (Bsp. 412g, demgegenüber Bsp. 387b), *hervorbringen* (Bsp. 415a, demgegenüber Bsp. 387c) oder *schaffen* (Bsp. 415a, demgegenüber Bsp. 387e).

Bsp. 415: a) „Als Beleuchtung für das ganze [...] Dorf dienten drei Öl-Lampen, in Laternen eingeschlossen, die, an Schnüren aufgehangen, quer über die Straße von Haus zu Haus hinübergebunden waren, und deren Scharnierwerk bei dem leichten Süd-West-Wind ein kreischendes, ächzendes Geräusch <u>hervorbrachte</u>." (PANIZZA, Dämmr. 1890, 36.)

b) „Seine Unermüdlichkeit, sein Gedächtnis, seine Erfahrung trugen ihn über jedes Hindernis weg; nur sein Gedächtnis konnte auch zuweilen sein Feind sein: da er mit der glücklichsten Leichtigkeit lernte, verlangte er gern von den andren zu viel und verkannte wohl Schwierigkeiten, welche die Natur <u>geschaffen hatte</u>." (WILBRANDT, Erinn. I 1905, 72.)

Die Möglichkeit, ein und dasselbe Verb im einen Fall als Angehörigen dieser, im anderen als Angehörigen jener semantischen Klasse zu interpretieren, gibt eine verlässliche Handhabe für die Bedeutungsdifferenzierung und Gliederung seines semantischen Feldes: Man kann in solchen Fällen begründetermaßen zwei verschiedene Wortbedeutungen ansetzen – beispielsweise *schaffen* 1. ›in willentlichem Schöpfungsakt hervorbringen‹, 2. ›hervortreten, entstehen lassen‹ oder *entbrennen* 1. ›zu brennen anfangen‹ (Bsp. 418g), 2. ›einen Anfang nehmen‹ (phrasematisch u. a. von *Kampf* gesagt, Bsp. 414b) – oder zumindest zwei semantische Nuancen einer Wortbedeutung unterscheiden.

Verba generandi können unter Berücksichtigung der in § 82.2b/c HLR behandelten Aspekte u. a. sein: atelisch-relatorisch – *ausschlagen* (Bsp. 412b), *beginnen* (Bsp.

414a)²⁰⁸, *bluten* (Bsp. 412d), *dampfen* (Bsp. 412e), *duften* (Bsp. 412f), *entstehen* (Bsp. 414b), *sich entwickeln* (Bsp. 414d), *sich erheben* (Bsp. 414a), *heulen* (Bsp. 412i), *niesen* (Bsp. 412j), *qualmen* (Bsp. 412k), *rußen* (Bsp. 412ℓ), *stinken* (Bsp. 412n), *werden* (Bsp. 414d), ... – und atelisch-korrelativ – *etw. anrichten* (Bsp. 413a), *etw. auswerfen* (Bsp. 412a), *etw. ausstoßen* (Bsp. 412c), *etw. bewirken* (Bsp. 413b), *etw. erzeugen* (Bsp. 412g), *jn./etw. gebären* (Bsp. 412h), *js.* (eines Kindes) *genesen* ›gebären‹ (Bsp. 412b), *etw. hervorrufen* (Bsp. 413c), *etw. speien* (Bsp. 412m), *etw. treiben* (Bsp. 412o), *etw. verursachen* (Bsp. 413d) ... –.

*

Zu § 82.4β^IV HLR: Verben des nicht intendierten (zufälligen) Einflussnehmens oder Verba fortuito influendi entsprechen den Verba influendi, wiederum mit dem Unterschied, dass die in ihnen zum Ausdruck gebrachte Wirkung jeweils nicht beabsichtigt, d. h. nicht Ergebnis einer Handlung ist. Viele Verba influendi lassen sich kotextuell auch als Verba fortuito influendi verwendet finden, so etwa *ändern* (Bsp. 416a), *einwirken* (Bsp. 416b) oder *verbessern* (Bsp. 416c). Dasselbe gilt für die spezifischeren Verba influendi, so dass für die Verba fortuito influendi eine genau analoge Unterscheidung möglich wird:

– Verba fortuito inficiendi, die das Geschehen geistiger, seelischer oder emotionaler Beeinflussung einer vorgangsbeteiligten Größe ausdrücken – *ankommen* ›befallen, überkommen‹ (Bsp. 416b), *belustigen* (Bsp. 417a), *berühren* (Bsp. 417b), *erbittern* (Bsp. 417c), *erfreuen* (Bsp. 417d), *erschrecken* (Bsp. 417e), *grauen* (Bsp. 417f)²⁰⁹, *grausen* (Bsp. 417g), *gruseln* (Bsp. 417h), *kränken* (Bsp. 417i), *rühren* (Bsp. 417c), *träumen* (Bsp. 417h/j), *trösten* (Bsp. 417k) ... –,
– Verba fortuito formandi, die für das Geschehen prototypischerweise sinnlich wahrnehmbarer Veränderung einer vorgangsbeteiligten Größe stehen – *abmagern* (Bsp. 418b), *aufblähen* (Bsp. 418c), *bleichen* (Bsp. 418d), *brennen* (Bsp. 418e), *dehnen* (Bsp. 418f), *erbleichen* (Bsp. 418h), *erkranken* (Bsp. 418i), *färben* (Bsp. 418j), *rosten* (Bsp. 418ℓ), *schrumpfen* (Bsp. 418b), *verbrennen* (Bsp. 418m [1]), *verfallen* (Bsp. 418b), *sich verfärben* (Bsp. 418n), *verlöschen* ›den Glanz verlieren‹ (Bsp. 418d), *wachsen* (Bsp. 418o), *weiten* (Bsp. 418f) ... –, auch ingressive Verben – *anbrennen* (Bsp. 418a), *entbrennen* (Bsp. 418g) ... –, egressive Verben – *ver-*

---

208 Demgegenüber erscheint korrelatives, genauer: transitives *beginnen* (vgl. Bsp. 391c, S. 439) als Verbum incipiendi, d. h. als Handlungsverb.
209 Unpersönliche Verben, die ein Objekt determinieren – z. B. *grauen, grausen, gruseln, träumen* – wären zunächst ebenso wie rein unpersönliche Verben (vgl. Anm. 294, S. 673) als Verba eveniendi zu klassifizieren – die dann jedoch auch (nämlich hinsichtlich des Objekts) einer anderen semantischen Verbklasse (nämlich den Verba fortuito inficiendi) zuzuordnen wären. Wir ordnen sie den letzteren gleich zu, weil die Verbum-eveniendi-Deutung beispielsweise von *es graust jemanden* (›es ereignet sich, dass es jemanden graust‹) gegenüber der Verbum-fortuito-inficiendi-Deutung (›jemand empfindet ein Grausen‹) redundant schiene.

brennen (Bsp. 418m [2]) ... – und antitelische Verben – *fortwachsen* (Bsp. 418k), *weiterbrennen* (Bsp. 418p) ... –.
– Verba fortuito movendi, in denen das Geschehen der Bewegung (Veränderung der räumlichen Position) einer vorgangsbeteiligten Größe (oder von Teilen derselben) oder einer Veränderung ihrer Bewegung – *ablenken* (Bsp. 419a), *emporheben* (Bsp. 419b), *fallen* (Bsp. 419c), *fliegen* (Bsp. 419d), *führen* (Bsp. 419e), *gähnen* (Bsp. 419f), *gleiten* (Bsp. 419g), *stolpern* (Bsp. 419d), *stürzen* (Bsp. 419h), *taumeln* (Bsp. 419h), *treiben* (Bsp. 419i/j), *umbiegen* (Bsp. 419k), *werfen* (Bsp. 419ℓ) ... – oder ihrer (aktiven) Bewegungsfähigkeit oder (passiven) Bewegbarkeit – *erfassen* (Bsp. 420a), *ergreifen* (Bsp. 420b), *packen* (Bsp. 420c) ... – zum Ausdruck kommt,
– Verba fortuito socialiter influendi, die für die vorgangsmäßige Modifikation einer rechtlichen, wirtschaftlichen oder sozialen Position stehen – *Bankrott machen* (als Wortgruppenverb, vgl. Anm. 199: Bsp. 421a), *blamieren* (Bsp. 421b), *diskreditieren* (Bsp. 421c), *fallit gehen* ›zahlungsunfähig werden‹ (ebenfalls als Wortgruppenverb, Bsp. 421d), *fallieren* ›zahlungsunfähig werden‹ (Bsp. 421e), *gewinnen* ›Sieger werden‹ (Bsp. 421f), ›positiver wahrgenommen werden; größere Wertschätzung erreichen‹ (Bsp. 421g), *siegen* (Bsp. 421h), *verlieren* ›besiegt werden‹ (Bsp. 421f) ... –,
– Verba fortuito temporaliter influendi, mit denen eine vorgangsmäßige zeitliche Ausdehnung (unmittelbar oder nach Unterbrechung) oder Verkürzung zum Ausdruck gebracht wird – *abkürzen* (Bsp. 422a), *fortsetzen* (Bsp. 422b), *verlängern* (Bsp. 422c), *weiterlaufen* (Bsp. 422d) ... – oder die für die geschehende Beendigung eines Sachverhalts oder der Existenz eines Gegenstandes stehen: *dahinschwinden* (Bsp. 423a), *schwinden* (Bsp. 423b), *sterben* (Bsp. 423c), *verbrennen* (Bsp. 423d), *vergehen* (Bsp. 423e), *verschwinden* (Bsp. 423f), *verwehen* (Bsp. 423g), *zerfließen* (Bsp. 423e/h), *zergehen* (Bsp. 423i), *zerrinnen* (Bsp. 423j) ...

Bsp. 416: a) „Sie sah ihn wieder, und sein Anblick änderte ihren Entschluß." (AHLEFELD, Marie Müller ²1814, 64.)
b) „Wie aber die feinen Genüsse auch auf die Verfeinerung der Seelenvermögen, besonders der Vorstellungskraft, einwirken, so kam den Pfarrer bei Gänseleberpastete und Bordeaux, bei Rehbraten und Champagner, plötzlich ein Gedanke an, der glücklich genannt zu werden verdiente" (KURZ, Tubus 1859, 121).
c) „Der Mann, um der Trübsal seines Hauswesens zu entfliehen, verfiel auf den gewöhnlichen Ausweg der Leute seines Schlages: er legte sich aufs Trinken. Daß dies das Schicksal des armen Weibes nicht verbesserte, läßt sich denken." (WILDERMUTH, Bild. u. Gesch. 1857, 32.)

Bsp. 417: a) „Die Art des Fragens belustigte den Künstler" (CONRAD, Isar 1887–90, II, 351).
b) „Astrau war der erste Mann, der ihr nicht Zeit gelassen hatte ihn zu verlassen; er war ihr zuvorgekommen. Diese Ueberraschung berührte sie in so neuer Weise, daß sie ihr Herz tödtlich verwundet glaubte." (HAHN-HAHN, Sibylle 1846, I, 89.)

c) „Die Vorstellung, daß sie ihre Jugend hingebracht habe und, ohne sein Dazwischentreten, auch ferner hingebracht haben würde, ohne die Einödigkeit ihres Daseins nur innezuwerden, rührte ihn halb, und halb erbitterte sie ihn." (FRANÇOIS, Stufenj. 1877, 295.)

d) „Ich nähre mich jetzt hauptsächlich von Lyrikern, und was ich dann von mir gebe, ist das Entzücken meines reizenden Publikums. Nichts erfreut es so von Grund aus, als wenn man ihm einen gerupften Dichter vorsetzt." (BIERBAUM, Stilpe 1897, 312.)

e) „Klingeln erschreckte ihn. Der Postbote brachte einen Brief von dem Klub Clou." (LICHTENSTEIN, Sieger 1912, 43.)

f) „Heinrich! mir graut's vor dir." (GOETHE, Faust I 1808, 238, V. 4610.)

g) „Den Vater grauste es." (FRANÇOIS, Urgroßv. 1855, 276.)

h) „Mir träumte, ich wäre in den Fischteich gefallen – Brrr! Es gruselt mich, es gruselt mich!" (BECHSTEIN, Dt. Märchenb. ¹³1857, 370.)

i) „Ich bin so ärgerlich, es hat mich was gekränkt." (B. v. ARNIM, Frühlingskr. 1844, 12.)

j) „Der Herr von *Blunderbuß* lag im tiefsten Schlafe [...], schnarchte und träumte von den Späßen, die ihn des Nachts vorher bei dem Weinglase belustigten." (WEZEL, Kakerlak 1784, 75.)

k) „Sie sprachen von der Trennung, aber der Gedanke ans fleissige Briefwechseln, und der noch süssere ans Wiedersehn der Liebenden tröstete sie wieder." (MILLER, Siegwart 1776, 413.)

Bsp. 418:
a) „Das Holz wollte nicht recht anbrennen, der Rauch wirbelte auf und erfüllte die ganze Küche, der alten Frau lief das Wasser immer stärker aus den Augen, je emsiger sie anblies." (CHRISTEN, Heimk. 1884, 65.)

b) „Wenn der Vollmond in seiner Gestalt zu schrumpfen beginnt und seine rechte Seite fängt an zu verfallen, – wie ein Gesicht, das dem Alter entgegengeht, zuerst an einer Wange Falten zeigt und abmagert, – dann bemächtigt sich meiner um solche Zeit des Nachts eine trübe, qualvolle Unruhe." (MEYRINK, Golem 1915, 1.)

c) „Die Mittagssonne bedeckte ihn und ließ auf seiner Stirn die Totenflecken aufwachen; sie zauberte aus seinem nackten Bauch ein helles Grün und blähte ihn auf wie einen großen Wassersack." (HEYM, Dieb 1913, 35.)

d) „Ich durchstrich die Gärten, besuchte alle Theater, war auf allen Versammlungsplätzen, und thats vergebens. Meine Wangen bleichten, mein Auge verlosch. Der Dämon fehlgeschlagener Hoffnung zehrte sichtbarlich an meiner Lebenskraft." (MEREAU, Blüth. d. Empf. 1794, 43.)

e) „Sie traten durch die Pforte in einen kleinen von Mauern umgebenen Raum, in dessen Mitte ein Feuer brannte, von dem Knaben angeschürt, der ein Hammelviertel am Spieß briet." (GOEDSCHE, Sebastopol 1856, I, 58.)

f) „Eine sterbeselige Todessehnsucht dehnte und weitete seine kranke Brust." (BLEIBTREU, Größenw. 1888, II, 217.)

g) „das Nest [...], das bald vom Glanz der Sonne entbrannte" (BRENTANO, Mährch. v. Rhein *1810–12, 231).

h) „Wie von einer Ahnung der Wahrheit durchbebt, erbleichte er." (ASTON, Lydia 1848, 263.)

i) „Als er um sein fünfunddreißigstes Jahr in Wien erkrankte, äußerte ein feiner Beobachter über ihn in Gesellschaft: ‚Sehen Sie, Aschenbach hat von jeher nur so gelebt' – und der Sprecher schloß die Finger seiner Linken fest zur Faust –; ‚niemals so' – und er ließ die geöffnete Hand bequem von der Lehne des Sessels hängen." (TH. MANN, Tod in Ven. 1912, 451.)

j) „Schon wollte die Königstochter von Engelland das Ross besteigen, als ihr Schwager dazwischen sprang und dem Schimmel seinen Degen durch's Herz stach, dass er tot zusammenbrach und sein rotes Blut den weissen Seesand <u>färbte</u>." (U. Jahn, Volksm. 1891, 46.)

k) „Das Bein ward dadurch, da das gesunde in der Zeit bis das beschädigte heilte, <u>fortwuchs</u>, kürzer als das andere und Franz behielt für seine Lebenszeit einen hinkenden, schleppenden Gang." (Stahl, Fab. 1818, 97 f.)

ℓ) „Er durchstrich sieben Tage lang [...] die endlose Wildnis, und schlief sieben Nächte lang unter freiem Himmel, daß seine Waffen vom nächtlichen Tau <u>rosteten</u>." (Musäus, Volksmärchen 1782–86, 60.)

m) „Der Tee, den seine Gattin ihm aufnötigte, <u>verbrannte</u> ihm den Gaumen und die Wärmflasche die Fußsohlen." (Ebner-Eschenbach, Frhr. 1879, 290.) — „Da gab es eine große Schlacht, aber die Dänen mußten weichen, und das Königsschloß wurde eingenommen und in Brand gesteckt, daß auch die kranke alte Königin mit <u>verbrannte</u>." (Bartsch, Sag. Meklenb. I 1879, 474.)

n) „Ihr Gesicht <u>verfärbte sich</u> schwefelgelb." (Essig, Taifun 1919, 335.)

o) „Aber das Haar seines Hauptes fing wieder an <u>zu wachsen</u>, wo es beschoren war." (Heine, Schnabelewopski 1834, 194.)

p) „Dann nahm er drei kleine mit Rosen bemalte Wachskerzen aus seinem Schatzkasten, zündete sie an und klebte sie vor dem offenen Fenster auf die Fensterbank, wo sie bei der Stille der Luft ruhig <u>weiterbrannten</u>." (Storm, Königsk. 1884–85, 615 f.)

Bsp. 419 a) „Hier standen wir an dem ungeheuren Rachen, dessen Rauch eine leise Luft von uns <u>ablenkte</u>, aber zugleich das Innere des Schlundes verhüllte, der ringsum aus tausend Ritzen dampfte." (Goethe, Ital. Reise II 1817, 31.)

b) „Unbekümmert legte ich mich abends hin und schlief mitten auf dem Strome und war sehr verblüfft, als unsere ganz kleine Flotte des Morgens am Ufer ganz trocken dasaß, und wartete, bis die Flut sie wieder <u>emporhob</u> [...]." (Seume, Leb. 1811, 121.)

c) „Cethegus schoß; der Gote <u>fiel</u> vom Roß, durch den Hals geschossen." (Dahn, Rom 1876, 648.)

d) „Ich werf' ihn die vier Treppen hinunter, daß er nicht wissen soll, ob er <u>fliegt</u> oder <u>stolpert</u>." (Gutzkow, Ritter 1850–51, 1669.)

e) „[D]ie Nacht war dunkel und der Wind <u>führte</u> die ersten Schneeflocken über die trockene Erde." (A. v. Arnim, Isabella 1812, 466.)

f) „Er strich sich die haarigen Arme und <u>gähnte</u>." (Ball, Flamm. 1918, 7.)

g) „Sie fühlte eine Blutwoge über ihre Wangen <u>gleiten</u>." (François, Ph. Holl. 1857, 412.)

h) „Er <u>taumelte</u> auf dem Glatteis und machte Räder mit den Armen wie ein Seiltänzer, der vom gespannten Draht zu <u>stürzen</u> droht." (Ganghofer, Lebensl. III 1911, 135.)

i) „Behutsam erhub ich mich und schlich durch die Weidenbüsche zum Strome. Eine Leiche <u>trieb</u> auf ihm." (Wille, Abendburg 1909, 254.)

j) „Derweilen hatte mir aber das Wasser schon alle Kraft genommen und <u>trieb</u> mich nun unter der Waschbrücke hindurch grad unter die Hände meiner Großmutter." (Christ, Erinn. 1912, 15.)

k) „Die dicksten Bäume <u>bog</u> der Wind <u>um</u> und zerzauste sie, daß sie kaum mehr wußten, wohin sich wenden." (Luise Büchner, Weihn. 1868, 41.)

ℓ) „Da kam ein Pferdefuß durch das Fenster geflogen und <u>warf</u> ihn zu Boden." (Bartsch, Sag. Meklenb. I 1879, 16.)

Bsp. 420: a) „Geschah nun, daß jemand die Türe rasch aufriß, so daß das Fenster gegenüber aufsprang. Strömte alsbald ein starker Luftzug durch die Apotheke, erfaßte das Schneiderlein, und schnell wie der Wind war es fort durch das offne Fenster in alle Lüfte; niemand hat es wieder gesehen." (HOFFMANN, Meister Floh 1822, 130.)

b) „So ergriff der Wind den Handschuh und führte ihn durch die Lüfte über den Main hinüber." (SCHÖPPNER, Sagenb. I 1852, 224.)

c) „Da packte der Wind seine Reisemütze, wirbelte sie hoch und trug sie über die Dächer davon." (SACK, Stud. 1917, 297.)

Bsp. 421: a) „Der Direktor hat Bankrott gemacht. – Die Schuldner nahmen ihm sogar seine Garderobe hinweg." (EHRMANN, Amalie 1788, 124 f.)

b) „Ganswind tätschelte ihm [...], damit er sich durch seine Naivität nicht weiter blamierte, auf die Schulter." (ESSIG, Taifun 1919, 194.)

c) „Die politische Opposition, die Demokratie und vor allem die Sozialdemokratie haben sich gründlich diskreditiert." (TUCHOLSKY, Vormärz 1914, 195.)

d) „Viele achtbare Kaufleute gehen fallit." (KLABUND, Borgia 1928, 118.)

e) „Mit einer kleinen Summe fuhr sie nach Nizza. Von dort zitierte sie ein Alarmtelegramm zurück, und als sie in Locarno eintraf, hatte die Bank, eines der bedeutendsten Schweizer Institute, gerade falliert, war die Erbschaft vollständig beim Teufel." (MÜHSAM, Unpolit. Erinn. 1927–29, 599 f.)

f) „[W]eil er immer Sieger blieb und niemals einen Kampf verlor, so wurde er nicht mehr Friedrich, sondern Siegfried genannt." (U. JAHN, Volksm. 1891, 129.) — „Und mein Großvater hat als Erzieher des ehemaligen Kaisers sein Bestes dazu beigetragen, daß wir den Krieg verloren, aber statt dessen die Nationalsozialistische Freiheitspartei gewonnen haben. Das nächste Mal wird es uns hoffentlich umgekehrt gehen." (KLABUND, Gottesläst. 1925, 603.) — „Der Baron war so entzückt und verwirrt, als die Herzogin mit ihm sprach, obzwar deren Adel zwanzig Jahre jünger war als sie selbst, daß er, ohne es zu bemerken, mit dem Arme eine seiner vier Marken wegschob. Dadurch überholte ich ihn im nächsten Spiele, und er verlor die Partie, welches mir große Freude machte." (BÖRNE, Tageb. 1832, 845.) — „Er wäre ein großer Feldherr, wenn er nicht ein so großer Held wäre. Er hat noch jede Schlacht, die er verlor, aus zu viel Heldentum verloren." (DAHN, Rom 1876, 211.) — „Während ich mir sie in aller Ruhe besah und mich zugleich an der Neugier aller andern erfreute, verlor der Pastor ein Spiel nach dem andern." (HARTLEBEN, Pastor 1895, 130.) — „Er setzte sich hinter den Tisch zu den andern, und spielte und gewann und verlor hin und her, und so spielten sie, bis andere ehrliche Leute, als es Abend wurde, nach Hause gingen [...]." (HAUFF, Märchen III 1828, 235.)

g) „Graf De la Grange konnte bei näherer Bekanntschaft nur gewinnen." (PICHLER, Denkw. 1844, II, 225.) — „Darauf zog er mit dem Pferde und der Rüstung in den Krieg und gewann für den alten König die Schlacht." (SCHAMBACH/MÜLLER, Niedersächs. Sag. 1855, 280.)

h) „Friedrich's Heere und Schätze waren erschöpft, nicht aber sein Geist, sein unüberwindlicher Muth; er siegte bei Liegnitz und Torgau, und als inmittelst die russische Kaiserin starb und Peter III. seine Truppen zurückrief [...], erfolgte nur noch ein Treffen bei Freiberg, und 1763 kam der hubertsburger Friede zu Stande [...]." (HERLOßSOHN, Dam. Conv. Lex. IV 1835, 265.)

Bsp. 422: a) „Aber [...] der Direktor bewies mir beim ersten Anblik die Leere seines Kopfs, und seine wichtige Miene kürzte meinen Besuch ab." (EHRMANN, Amalie 1788, 179.)

b) „Was nützt es uns, durch die Physiologen auf's Genauste darüber belehrt zu werden, wie die nervös-hysterische Reizbarkeit so vieler Frauen, durch eine vernünftige Körperpflege in der Kindheit und Jugend könnte ausgerottet werden, wie damit auch zugleich so viele Verschrobenheit und Phantasterei, da, wo man mit Recht eine gesunde, vernünftige Lebensauffassung erwarten könnte, verschwinden müßten, namentlich aber jenes unbefriedigte Zagen, Bangen und Schmachten, welches sich oft bis in das spätere Lebensalter des weiblichen Geschlechtes <u>fortsetzt</u>." (LUISE BÜCHNER, Frauen ⁴1872, 156.)

c) „Ein bescheidenes, mildes und anständiges Benehmen, das eine edlere Natur voraussetzen ließ, erhöhte und <u>verlängerte</u> den angenehmen Eindruck der Erscheinung und ließ uns um so mehr die starre Zurückgezogenheit bedauern, in welcher sich der Dichter von jeder Annäherung hielt." (PICHLER, Denkw. 1844, II, 310 f.)

d) „[W]ie <u>lief</u> es <u>weiter</u> mit dir und deiner Predigt?" (CLAUDIUS, Asmus VIII 1812, 646.)

Bsp. 423: a) „Die Freiheit, mit der sie nichts anzufangen wüßten, wäre gewiß der jetzigen Generation ein höchst unbequemes Geschenk, und vielleicht muß noch mehr als Eine <u>dahinschwinden</u>, ehe sie lernen werden es gehörig zu würdigen." (J. SCHOPENHAUER, Jugendlb. u. Wanderb. 1839, I, 59.)

b) „Der junge Wallenheim, hörte Elisa einige Männer sagen, kann nur der Verführung nicht widerstehen; es ist zu viel Schwäche in seinem Charakter; ich weiß, daß er oft die besten Vorsätze nimmt, allein sie <u>schwinden</u> im andern Augenblicke, sobald einer seiner Freunde zu ihm sagt: komm mit mir zum Pharotische." (WOBESER, Elisa ⁴1799, 310.)

c) „Du mußt <u>sterben</u>!" (LYNCKER, Sag. u. Sitt. 1854, 113.)

d) „[E]in dunkler Nachtfalter [...] flog um das Licht und wußte, daß er verbrennen müsse, wenn er hineinfliege, und flog doch hinein, und das Licht <u>verbrannte</u> den Nachtfalter [...]." (SCHEFFEL, Ekkehard 1855, 360.)

e) „Ich bin kein Kind, mir übers Gesicht wehte scharf der Wind, daß mir der Bart aufging; die Jugend <u>verging</u>, ich hab sie nicht genossen, die süßen Gedanken sind alle zu nichts <u>zerflossen</u>." (A. v. ARNIM, Dolores 1810, 269.)

f) „Jeden Morgen stehe ich mit dem Vorsatze auf, frey, wie es einem Manne ziemt, mit ihr zu reden; aber beym Annähern der Stunde, wo ich sie sehen muß, fühle ich meinen Muth immer mehr <u>verschwinden</u>, die Nacht überfällt mich, und das schreckliche Verhältniß besteht wie vorher." (FISCHER, Günstling 1809, 13.)

g) „Und der sinnlose Gedanke, der dem Alten flüchtig durch den Kopf gefahren war, <u>verwehte</u> in nichts." (SCHNITZLER, Spiel 1926–27, 581.)

h) „Hypolits Bild kann in ihr nur noch in schwachen Umrissen existieren, und auch diese sollen bald in Duft <u>zerfließen</u>." (HOFFMANN, Magn. 1815, 270.

i) „Alle starrten nach der Landzunge. Dort, fast an der äußersten Spitze, <u>zerging</u> ein weißes Wölkchen und erschien gleich darauf ein zweites, rundes Wölkchen." (RINGELNATZ, Woge 1922, 159.)

j) Es thut weh, wenn man einmal sein Glück gefunden zu haben glaubt, und sieht es dann in Schaum und Nebelbilder <u>zerrinnen</u>; ach und doch war es ein so schöner Traum!" (GERSTÄCKER, Reg. 1846, 71.)

Verba fortuito influendi können unter Berücksichtigung der in § 82.2b/c HLR behandelten Aspekte u. a. sein: atelisch-unpersönlich-korrelativ (d. h. unpersönlich, aber mit mindestens einem Objekt) – *jm. (vor jm.) grauen* (Bsp. 417f), *jn. grausen* (Bsp. 417g), *jn. gruseln* (Bsp. 417h) ... –, atelisch-relatorisch – *abmagern* (Bsp. 418b),

Bankrott machen (Bsp. 421a)[210], *bleichen* (Bsp. 418d)[211], *brennen* (Bsp. 418e), *dahinschwinden* (Bsp. 423a), *erbleichen* (Bsp. 418h), *erkranken* (Bsp. 418i), *fallen* (Bsp. 419c), *fallit gehen* ›zahlungsunfähig werden‹ (Bsp. 421d), *fallieren* ›zahlungsunfähig werden‹ (Bsp. 421e), *fliegen* (Bsp. 419d), *gähnen* (Bsp. 419f), *gewinnen* (Bsp. 421g [1]), *gleiten* (Bsp. 419g), *rosten* (Bsp. 418ℓ), *schrumpfen* (Bsp. 418b), *schwinden* (Bsp. 423b), *siegen* (Bsp. 421h), *sterben* (Bsp. 423c), *stolpern* (Bsp. 419d), *stürzen* (Bsp. 419h), *taumeln* (Bsp. 419h), *treiben* (Bsp. 419i), *verfallen* (Bsp. 418b), *sich verfärben* (Bsp. 418n), *vergehen* (Bsp. 423e), *verlöschen* ›den Glanz verlieren‹ (Bsp. 418d), *verschwinden* (Bsp. 423f), *verwehen* (Bsp. 423g), *vorkommen* (Bsp. 410k), *wachsen* (Bsp. 418o), *zerfließen* (Bsp. 423e/h), *zergehen* (Bsp. 423i), *zerrinnen* (Bsp. 423j) usw. –, atelisch-korrelativ – *etw. ablenken* (Bsp. 419a), *jn. ankommen* ›befallen, überkommen‹ (Bsp. 416b), *etw. aufblähen* (Bsp. 418c), *jn. belustigen* (Bsp. 417a), *jn. berühren* (Bsp. 417b), *jn. blamieren* (Bsp. 421b), *etw. dehnen* (Bsp. 418f), *jn. diskreditieren* (Bsp. 421c), *jn./etw. emporheben* (Bsp. 419b), *jn. erbittern* (Bsp. 417c), *jn. erfreuen* (Bsp. 417d), *jn. erschrecken* (Bsp. 417e), *etw. färben* (Bsp. 418j), *etw. führen* (Bsp. 419e), *etw. (z. B. eine Schlacht) gewinnen* (Bsp. 421g [2], auch ohne Objekt: Bsp. 421f [6]), *jn. kränken* (Bsp. 417i), *jn. rühren* (Bsp. 417c), *jm. träumen* (Bsp. 417h), *etw./von etw. träumen* (Bsp. 417j), *jn./etw. treiben* (Bsp. 419j), *jn. trösten* (Bsp. 417k), *etw. umbiegen* (Bsp. 419k), *etw. verbrennen* (Bsp. 418m [1], Bsp. 423d)[212], *etw. (z. B. einen Kampf, einen Krieg, eine Partie, eine Schlacht, ein Spiel) verlieren* ›besiegt werden‹ (Bsp. 421f, auch ohne Objekt), *etw. weiten* (Bsp. 418f), *jn./etw. werfen* (Bsp. 419ℓ) usw. –, ingressiv-relatorisch – *anbrennen* (Bsp. 418a)[213], *entbrennen* (Bsp. 418g) usw. –, egressiv-relatorisch – *verbrennen* (Bsp. 418m [2])[214] usw. – oder antitelisch-relatorisch – *fortwachsen* (Bsp. 418k), *weiterbrennen* (Bsp. 418p) usw. –.

*

---

210 Die als Wortgruppenverb (vgl. Anm. 199, S. 440) interpretierte Einheit ist insgesamt relatorisch: Sie determiniert kein Objekt.
211 Demgegenüber erscheint korrelatives, genauer: transitives *bleichen* als Verbum formandi, d. h. als Handlungsverb: „In der Berggrube bleichte sie ihre Wäsche" (BECHSTEIN, Dt. Sag. 1853, 373). Der semantische Unterschied zwischen ergativem *bleichen* ›bleich werden‹ und transitivem *bleichen* (›bleich machen‹ bzw. ›bleich werden lassen‹) ist der zwischen Vorgang und Handlung.
212 Egressiv-relatorisches (genauer: ergatives) *verbrennen* ›zu Ende, bis zur Vernichtung brennen‹ (Bsp. 418m [2]) erscheint als Verbum fortuito formandi; transitives *verbrennen* kann als Verbum fortuito formandi (Bsp. 418m [1]: ›durch Hitze beschädigen, verletzen‹) oder als Verbum fortuito finiendi (Bsp. 423d: ›durch Feuer vernichten‹) interpretiert werden. Transitives *verbrennen* kann jedoch auch als Verbum finiendi, d. h. als Handlungsverb begegnen: „Zu Wilsnack in der Priegnitz verbrannte ein böser Edelmann Dorf und Kirche" (BECHSTEIN, Dt. Sag. 1853, 247).
213 Demgegenüber wäre *anbrennen* in transitiver Verwendung – „Hierauf ließ er zwei Wachslichter anbrennen und auf den Tisch setzen" (GRÄSSE, Sagensch. Sachs. 1855, I, 31) – als Verbum formandi, d. h. als Handlungsverb zu deuten; vgl. Anm. 211.
214 Vgl. Anm. 212.

Zu § 82.4β^V HLR: Verben des nicht intendierten (zufälligen) Bezugnehmens oder Verba fortuito advertendi entsprechen den Verba advertendi und heben sich von diesen nur durch den Bedeutungsaspekt der Absichtslosigkeit ab. Da bestimmte durch Verba advertendi ausgedrückte Handlung nicht als entsprechende Vorgänge denkbar sind – man kann nicht intentionslos etwas als etwas bezeichnen, etwas anstreben oder etwas benutzen –, gibt es zwischen den Verba advertendi und den Verba fortuito advertendi keine vollständige Analogie. Als Unterarten der Verba fortuito advertendi erscheinen:

- die für Kognitionsvorgänge, für unwillkürliche, absichtslose Wahrnehmungen oder Deutungen und für nicht angestrebten Wissensgewinn stehenden Verba fortuito percipiendi – *begreifen* (Bsp. 424a), *bemerken* (Bsp. 424b), *entdecken* (Bsp. 424c), *erfahren* (Bsp. 424d), *erkennen* (Bsp. 424e), *finden* (Bsp. 424f), *fühlen* (Bsp. 424g), *gewahr werden* (Bsp. 424h), *hören* (Bsp. 424i), *innewerden* ›bemerken‹ (Bsp. 417c, Bsp. 424j), *riechen* (Bsp. 424k), *schmecken* (Bsp. 424ℓ), *sehen* (Bsp. 424g), *spüren* (Bsp. 424ℓ), *verstehen* (Bsp. 424m), *wahrnehmen* (Bsp. 424n) … –,
- die für Thematisierungsvorgänge (im weitesten Sinne), also für nicht intentionales Zu-wissen-Geben oder Zu-erkennen-Geben stehenden Verba fortuito proponendi – *an den Tag legen* (als Wortgruppenverb, vgl. Anm. 199: Bsp. 425a), *Anzeichen geben* (ebenfalls als Wortgruppenverb, Bsp. 425b), *beweisen* (Bsp. 425c), *verraten* (Bsp. 425d), *zeigen* (Bsp. 425e) … –,
- die Verba fortuito tangendi, die eine absichtslose, zufällige unmittelbare oder mittelbare Berührung der vorgangsbeteiligten Größe ausdrücken – *anstoßen* (Bsp. 426a/b), *berühren* (Bsp. 426c), *treffen* (Bsp. 426d) … –,
- die für nicht intentionale soziokommunikative Bezugnahme stehenden Verba fortuito involvendi – *begegnen* (Bsp. 427a), *betreffen* (Bsp. 427b), *betreten* (Bsp. 427c), *ertappen* (Bsp. 427d), *ins Gespräch kommen* (als Wortgruppenverb, vgl. Anm. 199: Bsp. 427e), *treffen* (Bsp. 427f) … –.

Bsp. 424: a) „Wodmar lehrte sie Französisch und Marie begriff [...] alles mit erstaunender Leichtigkeit." (AHLEFELD, Marie Müller ²1814, 153.)

b) „Gestern Morgen öffnet Julie die Thür, und fliegt heftig erschrocken wieder zurück. ‚Was ist?' – frag ich nicht minder erschrocken, da ich die Todesblässe auf ihrem Gesicht bemerke." (FISCHER, Honigm. 1802, II, 48.)

c) „Als ich den Irrtum entdeckte, mochte ich die zwanzig Mark nicht zurückfordern." (BLOS, Denkw. I 1914, 269.)

d) „Erst nach langer, sehr langer Zeit erfuhr ich, was während dieser Spaziergänge geschehen war." (MAY, Mein Leben 1910, 206.)

e) „Da tauchten aus dem Nebel die Umrisse eines Menschen, der ihm entgegenkam; er erkannte seinen Todfeind und blieb zitternd stehen." (FRANZOS, Leib Weihn. 1896, 100.)

f) „Als Schreyvogl am nächsten Tage seine Kanzlei betrat, fand er auf seinem Schreibtische das Pensionsdecret mit sogleicher Dienstenthebung." (ANSCHÜTZ, Erinn. 1866, 381.)

g) „Es war etwas anwesend, ein Zweites, etwas Häßliches. Sie fühlte es, ohne es zu sehen." (JANITSCHEK, Amaz. 1897, 75.)

h) „Marie übernahm die Pflege des schönen Thiers, das sehr bald ihre Zuneigung gewahr wurde, und sie erwiederte." (AHLEFELD, Marie Müller ²1814, 10.) — „Aber allmählich sollt' ich doch meines Irrtums gewahr werden." (FONTANE, Wand. III 1873, 242.

i) „Lotte hörte es noch zwölf schlagen, ehe sie in einen tiefen Schlaf verfiel." (DUNCKER, Großstadt 1900, 13.)

j) „Sie war so sehr in ihr Vorhaben vertieft, daß sie [...] des Fluges der Stunden [...] nicht inneward [...]." (IMMERMANN, Münchh. 1838–39, 787 f.)

k) „Welch süßer Morgen! Riechst du die Kirschenblüten?" (KLABUND, Bracke 1918, 101.)

ℓ) „[D]er Gaumen schmeckte den Bissen nicht, die Finger spürten kein Ding." (WASSERMANN, Gänsemännchen 1915, 477.)

m) „Ich verstand kein Wort, was vorgetragen wurde." (ALTENBERG, Lebensabend 1919, 3.)

n) „Im Büro nahm Andreas, als er am folgenden Tage eintrat, unter seinen Kollegen eine ungewöhnliche Bewegung wahr." (EBNER-ESCHENBACH, Spätgeb. 1875, 654.)

Bsp. 425: a) „Die sprudelnde Heiterkeit, die er zuerst an den Tag legte, entwickelte sich bald zu einem ausgelassenen, fast genialischem Humor." (BRAUN, Lebenssucher 1915, 165.)

b) „Der Kaiser [...] sey von der ungeheuren Anstrengung während der hundert Tage und den folgenden Ereignissen so unglaublich abgespannt gewesen, daß er bei seiner Retraite von Waterloo [...] zwei bis dreimal auf dem Pferde eingeschlafen sey, so daß er ohne Zweifel heruntergefallen wäre, wenn ihn Graf F ... selbst nicht mehrmals gehalten hätte. Ausser dieser körperlichen Abspannung habe er aber [...] auch nicht das mindeste Anzeichen von innerer Agitation gegeben." (PÜCKLER-MUSKAU, Brf. Verstorb. ²1831, III, 370 f.)

c) „Mit fahlen Zügen und zitternden Lippen, den irren Blick auf einen Punkt gerichtet, hörte er die Worte Alicens, aber keine Veränderung in seinen Mienen bewies, daß er sie verstanden." (ASTON, Lydia 1848, 280.)

d) „Ihr Ton verriet [...] genau, was in ihr vorging." (BOY-ED, Ehe 1915, 104.)

e) „[D]er Wunsch ihres Vormundes, sie dereinst als die Gattin seines Alexanders zu sehen, war um so natürlicher, da sie schon als Kind eine entschiedene Vorliebe für ihn zeigte." (AHLEFELD, Ges. Erz. 1822, II, 71.)

Bsp. 426: a) „Rappolt befahl einigen Dienern, den Sohn in der Bettstelle herunter zu tragen, wobei Susanna Achtung gab, daß nirgends von den steifen alten Männern angestoßen wurde." (A. v. ARNIM, Kronenwächt. II *1812–17, 851.)

b) „Es hat ihn auf der Elbbrücke [...] ein starker Wirbelwind angestoßen, ihm den Mantel über den Kopf geworfen und so stark umgewickelt, daß er kaum Odem schöpfen konnte [...]." (GRÄSSE, Sagensch. Sachs. 1855, II, 38 f.)

c) „Bei dieser Brücke soll [...] in früherer Zeit eine Bande Wegelagerer ihr Schandgewerbe getrieben haben, indem sie über die Brücke eine Schnur, die zu ihrem Schlupfwinkel führte, gezogen. Sobald nun ein Reisender dieses Weges gekommen und mit den Füßen die Schnur berührt, hat ein daran befindliches Glöcklein die Räuber sogleich aufmerksam hierauf gemacht, die dann auch nicht gesäumt über den Armen herzufallen, ihn auszurauben und oft gar zu ermorden." (BARTSCH, Sag. Meklenb. I 1879, 341 f.)

d) „Sie trieb die Tiere an, daß sie nur so hüpften und von jedem Kieselstein, den ihr Huf traf, Funken spritzten." (WASSERMANN, Hauser 1907, 146.)

Bsp. 427: a) „Als sie das erstemal mit dem Mülleimer in den Hof ging, begegnete ihr die Portierfrau und sah ihr mißtrauisch nach." (MEISEL-HESS, Intellekt. 1911, 206.)

b) „Vor einem Jahre hatte er das Glück gehabt, seinen liederlichen Vater zu verlieren, seitdem ging es ihm gut; er erhielt sich und die Mutter von seiner Hände Arbeit und erlaubte der Alten nicht mehr, das Diebshandwerk zu treiben. Als sie es unlängst wieder versuchte und er sie dabei betraf, prügelte er sie erbarmungslos durch und schwor, er werde die alte Katze schon lehren, das Mausen aufzugeben." (EBNER-ESCHENBACH, Gemeindek. 1887, 73 f.)

c) „Warum verschleuderst du mein Vermögen an Lumpen und Straßenläufer? Hast du was mitgebracht ins Haus, das du wegschenken könntest? [...] Noch einmal laß dich betreten [›ertappen, erwischen‹], so sollst du meine Hand fühlen!" (HAUFF, Märchen III 1828, 311.)

d) „Einst trieb der Kuhhirt aus Vogelbeck seine Kühe an einen Platz nahe bei der Vogelsburg, wohin er sie nicht treiben durfte. Doch da er das schon mehrmals gethan hatte, ohne von dem Förster dabei ertappt zu werden, so war er dreist geworden und glaubte es wieder wagen zu dürfen." (SCHAMBACH/MÜLLER, Niedersächs. Sag. 1855, 191.)

e) „Sie war im Teeraum des Hotels Olymp mit einem Lederwarenfabrikanten ins Gespräch gekommen. Er hatte Lust, seinen Kriegsgewinn mit ihr zu verkleinern." (ESSIG, Taifun 1919, 45.)

f) „In Schifferstadt traf ich zu meiner Freude einige Schleswig-Holsteiner, die in ihrer altgewohnten Ruhe damit beschäftigt waren, Bier und Butterbrot in Mengen zu verzehren." (D. v. LILIENCRON, Leben 1900, 125.)

Verba fortuito advertendi können unter Berücksichtigung der in § 82.2b/c HLR behandelten Aspekte atelisch-korrelativ sein: *etw. an den Tag legen* (Bsp. 425a), *etw. anstoßen* (Bsp. 426b, auch ohne Objekt: Bsp. 426a), *Anzeichen von etw. geben* (Bsp. 425b), *jm. begegnen* (Bsp. 427a), *etw. begreifen* (Bsp. 424a), *etw. bemerken* (Bsp. 424b), *etw. berühren* (Bsp. 426c), *jn. betreffen* (Bsp. 427b), *jn. betreten* (Bsp. 427c), *etw. beweisen* (Bsp. 425c), *etw. entdecken* (Bsp. 424c), *etw. erfahren* (Bsp. 424d), *etw. erkennen* (Bsp. 424e), *jn. ertappen* (Bsp. 427d), *etw. finden* (Bsp. 424f), *etw. fühlen* (Bsp. 424g), *etw./einer Sache gewahr werden* (Bsp. 424h), *etw. hören* (Bsp. 424i), *etw./einer Sache innewerden* ›etw. bemerken‹ (Bsp. 417c, Bsp. 424j), *mit jm. ins Gespräch kommen* (Bsp. 427e), *etw. riechen* (Bsp. 424k), *etw. schmecken* (Bsp. 424ℓ), *etw. sehen* (Bsp. 424g), *etw. spüren* (Bsp. 424ℓ), *jn./etw. treffen* ›mehr oder weniger heftig berühren‹ (Bsp. 426d), *jn. treffen* ›jm. begegnen‹ (Bsp. 427f), *etw. verraten* (Bsp. 425d), *etw. verstehen* (Bsp. 424m), *etw. wahrnehmen* (Bsp. 424n), *etw. zeigen* (Bsp. 425e) usw.

5.2.1.4.3 Zustandsverben

§ 82.4γ HLR: An Zustandsverben (§ 82.2a[III]) lassen sich unterscheiden: [(I)]Verben des Seins oder Verba adentiae (Vb-adnt), darunter [(α)]Verben des Vorhandenseins oder Verba existentiae (Vb-exst) und [(β)]Verben des zeitweiligen Zustands oder Verba transitūs (Vb-trns), und

⁽ᴵᴵ⁾Verben des Verhältnisses oder Verba correlationis (Vb-crrl), darunter ⁽ᵅ⁾Verben der Identität oder Verba identitatis (Vb-id), ⁽ᵝ⁾Verben der Ähnlichkeit oder Verba similitudinis (Vb-sim), ⁽ᵞ⁾Verben der Unterschiedlichkeit oder Verba differentiae (Vb-diff), darunter ⁽ᵞᵅ⁾Verben der Überlegenheit oder Verba superioritatis (Vb-supr) und ⁽ᵞᵝ⁾Verben der Unterlegenheit oder Verba inferioritatis (Vb-infr), ⁽ᵟ⁾Verben der Gegensätzlichkeit oder Verba oppositionis (Vb-oppn), ⁽ᵋ⁾Verben des Zugehörens oder Verba pertentionis (Vb-ptn), darunter ⁽ᵋᵅ⁾Verben des Gehörens oder Verba propriopertentionis (Vb-prpptn), ⁽ᵋᵝ⁾Verben des sozialen Angehörens oder Verba sociopertentionis (Vb-sozptn), ⁽ᵋᵞ⁾Verben des Bereichseins oder Verba recturae (Vb-rctr), ⁽ᵋᵟ⁾Verben des Bestandteilseins oder Verba constitutionis (Vb-csttn) und ⁽ᵋᵋ⁾Verben der begrifflichen Unterordnung oder Verba casionis (Vb-cas), ⁽ᶻ⁾Verben des Habens oder Verba dispositionis (Vb-dispn), darunter ⁽ᶻᵅ⁾Verben des Besitzens oder Verba propriodispositionis (Vb-prpdispn), ⁽ᶻᵝ⁾Verben des sozialen Verfügens oder Verba sociodispositionis (Vb-sozdispn), ⁽ᶻᵞ⁾Verben des Bereichhabens oder Verba rectionis (Vb-rctn), ⁽ᶻᵟ⁾Verben des Konstituiertseins oder Verba constitionis (Vb-cstn) und ⁽ᶻᵋ⁾Verben der begrifflichen Überordnung oder Verba comprehensionis (Vb-cmprh), ⁽ᶯ⁾Verben des Auswirkunghabens oder Verba effectionis (Vb-effctn), ⁽ᶿ⁾Verben des Bewirktseins oder Verba resultationis (Vb-rsltn), ⁽ᶥ⁾Verben des In-Erscheinung-Treten-Lassens oder Verba indicationis (Vb-indc), ⁽ᵏ⁾Verben des In-Erscheinung-Tretens oder Verba manifestationis (Vb-mnfstn), ⁽ᵞ⁾Verben des Thematisierens oder Verba tractionis (Vb-trctn), ⁽ᵘ⁾Verben des Themaseins oder Verba tracturae (Vb-trctr), ⁽ᵛ⁾Verben des Funktion-Habens oder Verba fungendi (Vb-fng), ⁽ᶝ⁾Verben des Eigenschaftseins oder Verba qualificationis (Vb-qlfn), darunter ⁽ᶝᵅ⁾Verben des Form- bzw. Formaspekt-Seins oder Verba formationis (Vb-frmn) und ⁽ᶝᵝ⁾Verben des Name-Seins oder Verba nominationis (Vb-nomn), ⁽ᵒ⁾Verben des Eigenschafthabens oder Verba qualitatem habendi (Vb-qlhb), darunter ⁽ᵒᵅ⁾Verben des Aufweisens einer äußeren Form bzw. eines Aspektes äußerer Form oder Verba formam habendi (Vb-frmb), ⁽ᵒᵝ⁾Verben des Namentragens oder Verba nominem habendi (Vb-nomhb), ⁽ᵒᵞ⁾Verben des Herkunfthabens oder Verba originem habendi (Vb-orighb) und ⁽ᵒᵟ⁾Verben des Aufweisens einer Gepflogenheit oder Verba usum habendi (Vb-ushb), ⁽ᵑ⁾Verben der Implikation eines Modalitätsträgers oder Verba modalem implicandi (Vb-mdlimpl), darunter ⁽ᵑᵅ⁾Verben des Möglichkeithabens/der Fähigkeit oder Verba capabilitatis (Vb-cpb), ⁽ᵑᵝ⁾Verben des Erlaubnishabens oder Verba licentiae (Vb-lz), ⁽ᵑᵞ⁾Verben des Nötighabens oder Verba coacturae (Vb-ctr) und ⁽ᵑᵟ⁾Verben des Verpflichtetseins oder Verba debitionis (Vb-dbtn), ⁽ᵖ⁾Verben der Modalität oder Verba modalitatis (Vb-mdl), darunter ⁽ᵖᵅ⁾Verben des Möglichseins oder Verba possibilitatis (Vb-pssb), ⁽ᵖᵝ⁾Verben des Erlaubtseins oder Verba permissionis (Vb-pmn), ⁽ᵖᵞ⁾Verben des Nötigseins oder Verba necessitatis (Vb-nzss) und ⁽ᵖᵟ⁾Verben des Aufgabe- oder Verpflichtungseins: Verba obligationis (Vb-obln), ⁽ᵟ⁾Verben der Gesinnung oder Verba animi (Vb-anm), darunter ⁽ᵟᵅ⁾Verben der emotionalen und/oder moralischen Einstellung: Verba emotionis (Vb-emtn), ⁽ᵟᵝ⁾Verben der willensmäßigen Einstellung oder Verba expetitionis (Vb-exptn) und ⁽ᵟᵞ⁾Verben der kognitiven Einstellung oder Verba confidentiae (Vb-cnfd) sowie ⁽ᵗ⁾Verben der Verortung oder Verba mansionis (Vb-mans).

Zu § 82.4γ¹ HLR: Verben des Seins oder Verba adentiae bringen Seinsformen zum Ausdruck. Zu ihnen gehören die Verben der Existenz oder Verba existentiae, die das Da- oder Vorhandensein eines Zustandsträgers als solches zum Ausdruck bringen, und die Verben des zeitweiligen Zustands oder Verba transitūs, die für einen Zustand als Phase in einem Entwicklungs-, Veränderungs- oder Bewegungsvorgang stehen.

Verba existentiae können unter Berücksichtigung der in § 82.2b/c HLR behandelten Aspekte als atelisch-relatorische – *dasein* (Bsp. 428e), *existieren* (Bsp. 428g), *leben* (Bsp. 428k), *sein* (Bsp. 428ℓ) usw. – oder als antitelisch-relatorische Verben – *andauern* (Bsp. 428a), *anhalten* (Bsp. 428b), *bestehen* (Bsp. 428c), *bleiben* (Bsp. 428), *dauern* (Bsp. 428f), *fortdauern* (Bsp. 428h), *fortleben* (Bsp. 428i), *fortwähren* (Bsp. 428j), *währen* (Bsp. 428m), *weiterexistieren* (Bsp. 428n), *weiterleben* (Bsp. 428o) usw. – *erscheinen*.

Bsp. 428:   a) „Meine Anteilnahme für Sie gründet sich auf eine gute Meinung und wird so lange andauern wie diese." (BIERBAUM, Stilpe 1897, 192.)

b) „Die Stimmung wird bei dem Knaben nicht lange anhalten, dachte er." (ESSIG, Wetterfr. 1919, 66.)

c) „Sie wuste nicht, daß keine Nationaltracht so dauernd besteht, daß nicht selbst im Schooße unzugänglicher Gebirge ein vorüberschreitendes Jahrhundert hie und da eine Eigenthümlichkeit derselben verwischen sollte." (AHLEFELD, Ges. Erz. 1822, II, 66.)

d) „Eine große, wohlthätige Spur seines Lebens wird bleiben im Laufe der Zeiten." (WOLZOGEN, Erz. 1826, II, 17.)

e) „Jede Form, die hinzudrängt, hat Platz, findet ihren Platz im Kosmos. Nichts wird unterdrückt. Alles darf blühen, schweben, dasein, mit Jubel, Schrei und Trompete." (BALL, Kandinsky ⌈1917; 1977⌉, 49.)

f) „Warum soll'n wir nicht dauern können, ewig: oder doch solang diese Erde dauert?" (DAHN, Rom 1876, 250.)

g) „Gäbe es eine Intelligenz, die so über uns stände, wie wir über dem Halluzinanten stehen, sie könnte uns sagen, dass die Aussenwelt nicht real existirt, sondern unsere Halluzinazion ist, wie wir dem Halluzinanten sagen, dass seine Gestalt nicht existirt, sondern seine Halluzinazion ist. Wir würden es freilich nicht glauben, so wenig es der Halluzinant uns glaubt." (PANIZZA, Illusionism. 1895, 170.)

h) „Es war 3 Uhr nachmittags. Bei dem abscheulichen Nebel, der verfinsternd über der Stadt lag, meinte der gute Westfale aber nicht anders, als daß es 3 Uhr morgens sei, und es verstand sich von selbst, daß er als rücksichtsvoller Fremder zurück ins Zimmer kroch, um, nach einigen Unterbrechungen und schweren Träumen, abermals bis zu einem nächsten Tage im Bette zu liegen, wo er, da der Nebel noch immer fortdauerte, gewiß bis zu einem dritten Tage geweilt hätte, wenn er nicht durch den Hunger so sehr gepeinigt worden wäre, daß er sich schließlich ein Herz faßte und hinunter in die Gaststube stolperte." (WEERTH, Schnapph. 1849, 351.)

i) „Satan mußte ja bis zum Jüngsten Gericht fortleben." (GUTZKOW, Knab. 1852, 70.)

j) „Sehen wir wieder thatlos zu, so muß das Kind sterben, wie sein Brüderchen starb, weil die Sünde der Mutter fortwährt." (FRANZOS, Jud. v. Barn. ⁷1905, 288 f.)

k) „Befiehlt mir der Glaube an eine bessere Welt, und die Liebe der Meinen, zu leben, so sey es hinter düstern Klostermauern, entsagend auf ewig jeder Liebe, als der, an sein Andenken!" (WOLZOGEN, Erz. 1826, II, 44.)

ℓ) „Cresco, ergo sum! Ich wachse, also bin ich erst! Kein Mensch ist – – – er wird!" (ALTENBERG, Märchen ³1911, 127.)

m) „Danket dem Herrn, denn er ist freundlich, und seine Güte währet ewiglich." (JANITSCHEK, Lilienz. 1895, 63.)

n) „Unter ‚ich' verstehe ich [...] nicht die lebendige körperliche Form, in der dasselbe enthalten ist, sondern jenes Selbstbewußtsein, das sowohl in der ersten Kindheit, als auch öfters im ganzen Lauf des Lebens abwesend ist: im Schlaf, in der Ohnmacht, in der Narkose und in gar vielen Augenblicken, wo man nur atmet und nicht denkt, nicht schaut, nicht hört, wo man nur so vegetativ weiterexistiert, bis das Ich wieder in Funktion tritt." (SUTTNER, Mem. 1909, 16.)

o) „Wenn die Traurigkeit in Verzweiflung ausartet, soll man grotesk werden. Man soll spaßeshalber weiterleben. Soll versuchen, in der Erkenntnis, daß das Dasein aus lauter brutalen hundsgemeinen Scherzen besteht, Erhebung zu finden." (LICHTENSTEIN, Café 1919, 61.)

Verba transitūs können unter Berücksichtigung der in § 82.2b/c HLR behandelten Aspekte atelisch-relatorisch – *sich ängstigen* (Bsp. 429a), *blühen* (Bsp. 429b), *sich freuen* (Bsp. 429d), *frieren* (Bsp. 429e), *rasten* (Bsp. 429f), *ruhen* (Bsp. 429f), *schlafen* (Bsp. 429g) usw. – oder antitelisch-relatorisch – *fortschlafen* (Bsp. 429c), *weiterschlafen* (Bsp. 429h) usw. – sein.

Bsp. 429: a) „Ängstige dich nicht, du arme Seele!" (BRAUN, Lebenssucher 1915, 210.)
b) „Schaumkraut blüht auf der Wiese [...]." (SACK, Namenl. 1919, 82.)
c) Um drey Uhr sollten sie aufstehen und als sie nicht zur Arbeit kamen, ging der Bauer hin, sie zu wecken. Sie schliefen aber fort und der Bauer kam zum zweytenmale und war etwas weniger nachsichtig [...]." (SCHÖNWERTH, Oberpfalz III 1859, 301.)
d) „[D]ieß Glück schien ihm so groß, kam ihm so unerwartet, daß er noch nicht den Muth sich zu freuen finden konnte." (TIECK-BERNHARDI, Evremont 1836, I, 352.)
e) „Aus den gefrorenen Gräben, welche allmählich überschritten wurden, funkelte durch die scharfen Schilfspitzen der bleiche Schein der Nachmittagssonne; es fror mächtig, aber das Spiel ging unablässig vorwärts, und aller Augen verfolgten immer wieder die fliegende Kugel, denn an ihr hing heute für das ganze Dorf die Ehre des Tages." (STORM, Schimmelr. 1888, 283.)
f) „Nicht rasten will ich, noch ruhen, bis Otterstädts Haupt auf einer Stange über dem Thore von Berlin schwebt." (ALEXIS, Bredow 1846, II, 288.)
g) „Neun Uhr vorüber, Sir; Sie schliefen so fest, daß ich Sie nicht wecken mochte." (RUPPIUS, Vermächtn. 1859, 241.)
h) „Der Schlitten stand – und seine Herren schliefen weiter." (SUDERMANN, Sorge 1887, 192.)

*

Zu § 82.4γ^{II} HLR: Verben des Verhältnisses oder Verba correlationis stehen für Beziehungen zwischen dem Zustandsträger und einer zustandsbeteiligten Größe. Prinzipiell können solche Beziehungen von zwei Seiten betrachtet werden; für das sachliche Verhältnis der beiden korrelierten Größen spielt es keine Rolle, ob es vom einen oder vom anderen her gedacht wird. Dabei kann die Beziehung als gegenläufig (Abb. 122) oder als gleich (Abb. 123) erscheinen. Verben, die eine Beziehung aus einer bestimmten Perspektive ausdrücken, nennen wir k o n v e r s o n y m zu solchen anderen Verben, die aus entgegengesetzter Perspektive (bei Vertauschung des Zustandsträgers und der zustandsbeteiligten Größe) die gleiche Beziehung ausdrücken.[215] Verben, die eine und dieselbe Beziehung aus entgegengesetzten Perspektiven ausdrücken können, nennen wir demgegenüber k o n v e r s o s e m.[216]

Abb. 122: Konversonymie bei den Verhältnisverben *besitzen* und *gehören*

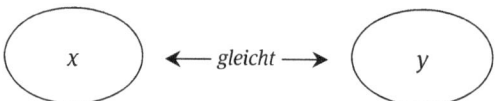

Abb. 123: Konversosemie beim Verhältnisverb *gleichen*

Die Gegenüberstellung von Konversonymie und Konversosemie impliziert keine Notwendigkeit: Nicht alle Verhältnisverben, die nicht konversosem sind, müssen also konversonym sein und umgekehrt. Es gibt vielmehr selbstverständlich auch Verben, die nicht konversosem sind und zu denen sich trotzdem kein konversonymes Verb finden lässt (z. B. *beherrschen*). Gleichwohl gibt es bei ihnen möglicherweise den Fall einer Konversonymie im weiteren Sinne (Abb. 124), d. h. die Tatsache, dass man konversonyme Ausdrücke angeben kann, die ihrerseits keine Verben sind. Ebenso in einem weiteren Sinne von Konversosemie lässt sich das Verhältnis zwischen Verbformen des Aktivs und des Passivs bestimmen (Abb. 125).

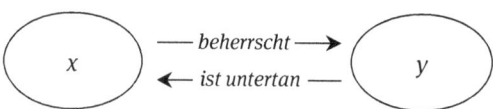

Abb. 124: Konversonymie im weiteren Sinne beim Verhältnisverb *beherrschen*

---

215 Von Konversonymie ist die Rede bei einer „Menge geordneter Paare von lexikalischen Gebrauchsregeln jeweils verschiedener Wortzeichen, für die jeweils gilt, daß die metasprachliche Festlegung einer der beiden Regeln diejenige der anderen bei vertauschten Argumenten impliziert und umgekehrt" (Roelcke 1992b, 323).
216 Nach Roelcke (1992b, 323): Unter Konversosemie versteht er eine „Menge geordneter Paare von lexikalischen Gebrauchsregeln jeweils desselben Wortzeichens, für die jeweils gilt, daß die metasprachliche Festlegung einer der beiden Regeln diejenige der anderen bei vertauschten Argumenten impliziert und umgekehrt".

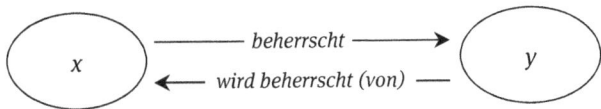

Abb. 125: Konversosemie im weiteren Sinne (grammatische oder Verbformen-Konversosemie) beim Verhältnisverb *beherrschen*

Wo im Folgenden Konversonymie thematisiert wird, ist nur Konversonymie im engeren Sinne gemeint: Es muss sich ein Verb finden lassen, das die gleiche Relation in entgegengesetzter Perspektive ausdrückt.

Je nach Art der Beziehung lassen sich – wiederum ohne Anspruch auf Vollständigkeit – unterscheiden:

- die konversosemen Verba identitatis, die für ein Verhältnis der Identität stehen – prototypischerweise *sein* (Bsp. 430d), auch *bleiben* (Bsp. 430b), *ergeben* (Bsp. 430c) und *machen* (Bsp. 430d)[217] –,
- die konversosemen Verba similitudinis, die für ein Verhältnis der Ähnlichkeit stehen – *ähneln* (Bsp. 431a), *gleichen* (Bsp. 431a), *gleichkommen* (Bsp. 431b), *entsprechen* (Bsp. 431c), *nahekommen* (Bsp. 431d) ... –,
- die Verba differentiae, die für ein Verhältnis der Unterschiedlichkeit stehen, wobei
    - die Verba superioritatis, die ein Verhältnis positiv bewerteter Unterschiedlichkeit ausdrücken – so *übertreffen* (Bsp. 432e) –, und
    - die diesen konversonymen Verba inferioritatis, die ein Verhältnis negativ bewerteter Unterschiedlichkeit ausdrücken – so *nachstehen* (Bsp. 432d) –
  sich unterscheiden lassen von den konversosemen Verba differentiae im engeren Sinn – *sich abheben* (Bsp. 432a), *abweichen* (Bsp. 432b), *differieren* (Bsp. 432c), *sich unterscheiden* (Bsp. 432f) ... –,
- die konversosemen Verba oppositionis, die für ein Verhältnis der Gegensätzlichkeit stehen – *ausschließen* (Bsp. 433a), *entgegenstehen* (Bsp. 433b), *widersprechen* (Bsp. 433c) ... –,
- die Verba pertentionis – *angehören* (Bsp. 434a), *dienen* (Bsp. 434e), *gehorchen* (Bsp. 434f), *gehören* (Bsp. 434g), *zugehören* (Bsp. 434k) ... –, die ein Verhältnis des Zugehörens, und die ihnen konversonymen Verba dispositionis – *beherr-*

---

217 Ob man *ergeben* und *machen* in Zusammenhängen mathematischer Gleichungen tatsächlich als Verba identitatis interpretiert oder ob man eher zu einer Deutung der Gleichung als Operation und damit der Verben als Vorgangsverben (Verba evocandi, vgl. S. 457) neigt, sei hier dahingestellt. Unserer Einordnung liegt die Auffassung zugrunde, das zwar vermutlich ursprünglich der Vorgangs-Gedanke im Vordergrund gestanden hat, mit der Zeit (d. h. mit zunehmender Routine, die das jedesmalige Neu-Rechnen überflüssig machte) jedoch verblasste.

schen (Bsp. 434b), *beschäftigen* (Bsp. 434c), *besitzen* (Bsp. 434d), *haben* (Bsp. 434h), *halten* (Bsp. 434i), *verfügen* (Bsp. 434j) ... –, die ein Verhältnis des Habens oder des Verfügens-über zum Ausdruck bringen. – Mehrere spezifischere Fälle lassen sich unterscheiden.
- Verben, die okkasionell oder auch usuell für Besitzverhältnisse stehen, erscheinen als Verba propriopertentionis – *angehören* (Bsp. 434a [1]), *gehören* (Bsp. 434g), *zugehören* (Bsp. 434k [1]) ... – bzw. Verba propriodispositionis – *besitzen* (Bsp. 434d [1]), *haben* (Bsp. 434h [1]), *halten* (Bsp. 434i [1]), *verfügen* (Bsp. 434j [1]) ... –,
- Verben, die okkasionell oder usuell soziale Verhältnisse im engeren Sinn (Beziehungen zwischen Personen) ausdrücken, erscheinen als Verba sociopertentionis – *angehören* (Bsp. 434a [2]), *dienen* (Bsp. 434e), *zugehören* (Bsp. 434k [2]) ... – bzw. Verba sociodispositionis – *beherrschen* (Bsp. 434b), *beschäftigen* (Bsp. 434c), *besitzen* (Bsp. 434d [2]), *haben* (Bsp. 434h [2]), *halten* (Bsp. 434i [2]), *verfügen* (Bsp. 434j [2]) ...
- Verben, die ein Bereichsverhältnis zum Ausdruck bringen, sind Verba recturae wie *unterliegen* (Bsp. 435d) und die ihnen konversonymen Verba rectionis wie *beherrschen* (Bsp. 435a), *gelten* (Bsp. 435b) oder *reichen* (Bsp. 435c).
- Durch Verba constitutionis wird ein Verhältnis des Bestandteilseins von etwas ausgedrückt – *ausmachen* (Bsp. 436a), *bilden* (Bsp. 436c) ... –, durch die ihnen konversonymen Verba constitutionis das reziproke Verhältnis des Bestehens oder Konstituiertseins aus etwas: *bestehen* (Bsp. 436b), *haben* (Bsp. 436d), *umfassen* (Bsp. 436e) ...
- Verba casionis (drücken ein Verhältnis der begrifflichen Unterordnung – *fallen* (Bsp. 437b), *gehören* (Bsp. 437c) ... –, die ihnen konversonymen Verba comprehensionis ein Verhältnis der begrifflichen Überordnung – *begreifen* (Bsp. 437a), *umfassen* (Bsp. 437d) ... – aus.
- Verba effectionis bringen ein Verhältnis des Grund- oder Ursächlichseins oder des Auswirkunghabens zum Ausdruck – *bedingen* (Bsp. 438a), *begründen* (Bsp. 438b), *bestimmen* (Bsp. 438c), *führen* (Bsp. 438d), *hinführen* (Bsp. 438e) ... –, die ihnen konversonymen Verba resultationis ein Verhältnis des Hervorgebracht-, Verursacht-, Begründet- oder Bewirktseins: *abhängen* (Bsp. 438f), *abstammen* (Bsp. 438g), *erfordern* (Bsp. 438h), *sich ergeben* (Bsp. 438i), *folgen* (Bsp. 438j), *sich gründen* (Bsp. 438k), *herrühren* (Bsp. 438ℓ), *kommen* (Bsp. 438m), *stammen* (Bsp. 438n), *voraussetzen* (Bsp. 438o), *zurückgehen* (Bsp. 438e) ...
- Verba indicationis drücken ein Verhältnis der Indikation, des Anzeichen- oder Erscheinungsform-Seins aus – *manifestieren* (Bsp. 439e), *offenbaren* (Bsp. 439f), *zeigen* (Bsp. 439g) ... –, die ihnen konversonymen Verba manifestationis ein Verhältnis des Manifestseins, Erscheinens, Sichzeigens: – *auftreten* (Bsp. 439a), *sich dokumentieren* (Bsp. 439b), *erscheinen* (Bsp. 439a), *sich manifestieren* (Bsp. 439c), *sich offenbaren* (Bsp. 439e), *sich zeigen* (Bsp. 439d) ...

- Verba tractionis bringen das Verhältnis zwischen dem Produkt einer Darstellung und seinem Gegenstand zum Ausdruck – *behandeln* (Bsp. 440a), *darstellen* (Bsp. 440b), *handeln* (Bsp. 440d) ... –, die ihnen konversonymen Verba tracturae das reziproke Verhältnis zwischen einem Gegenstand und dem ihn thematisierenden Produkt einer Darstellung (einem Text, Bild o. Ä.): *erscheinen* (Bsp. 440c), *stehen* (Bsp. 440e), *vorkommen* (Bsp. 440f) ...
- Verba fungendi drücken die Tatsache des Funktion-Habens aus: *dienen* (Bsp. 441a), *fungieren* (Bsp. 441b) ...
- Verba qualificationis bringen die Tatsache des Eigenschaft-Seins zum Ausdruck – *auszeichnen* (Bsp. 442c [1]), *charakterisieren* (Bsp. 442f), *kennzeichnen* (Bsp. 442i) ... –, die ihnen konversonymen Verba qualitatem habendi – *auffallen* (Bsp. 442b), *sich auszeichnen* (Bsp. 442c [2]) ... – die Tatsache des Eigenschaft-Habens. An Eigenschaften lassen sich unterscheiden:
    - eine bestimmte äußere Form oder ein bestimmter Aspekt äußerer Form[218], z. B. Farbe oder Gestalt – Verba formationis wie *anhaften* (Bsp. 442a) oder *verunzieren* (Bsp. 442a) und die ihnen konversonymen Verba formam habendi wie *bleichen* (Bsp. 442e), *grünen* (Bsp. 442g) oder *sich wölben* (Bsp. 442q) –,
    - ein Name – Verba nominationis wie *bezeichnen* (Bsp. 442d) oder *nennen* (Bsp. 442k [1]) und die ihnen konversonymen Verba nominem habendi wie *heißen* (Bsp. 442h) oder *sich nennen* (Bsp. 442k [2]) –,
    - einen Herkunfts- oder Entstehungsort – Verba originem habendi wie *kommen* (Bsp. 442j) oder *stammen* (Bsp. 442o) – und
    - eine Gepflogenheit, ein charakteristisches Verhalten: Verba usum habendi wie *pflegen* (Bsp. 442ℓ), *saufen* (Bsp. 442m), *schriftstellern* (Bsp. 442n) oder *studieren* (Bsp. 442p) ...
- Verba modalem implicandi drücken die Tatsache aus, dass ein Zustand einen Modalitätsträger impliziert, die ihnen konversonymen Verba modalitatis umgekehrt einen Zustand des modalen Verfasstseins; zu ihnen gehören
    - Verba capabilitatis – *können* (Bsp. 443j), *vermögen* (Bsp. 443n) ... –, durch welche ein Fähigsein, und die ihnen konversonymen Verba possibilitatis – *angehen* (Bsp. 443a), *gehen* (Bsp. 443h) ... –, durch welche die Tatsache des Möglichseins zum Ausdruck gebracht wird,
    - Verba licentiae – so *dürfen* (Bsp. 443f) – die für ein Erlaubnishaben, und die ihnen konversonymen Verba permissionis – so *freistehen* (Bsp. 443g) –, die für ein Erlaubtsein stehen,

---

218 Keine Hinweise finden sich auf Verben, die eine materielle Beschaffenheit ausdrücken. Derartige Verhältnisse scheinen im Deutschen ausschließlich durch Partikelgruppen mit einem entsprechenden Substantiv (z. B. *von/aus Eisen/Gold/Papier*) oder durch Adjektive (z. B. *eisern/golden/papieren*) zum Ausdruck gebracht werden zu können.

- Verba coacturae – *bedürfen* (Bsp. 443c), *benötigen* (Bsp. 443d), *brauchen* (Bsp. 443e), *müssen* (Bsp. 443k) ... –, durch die ein Nötighaben, und die ihnen konversonymen Verba necessitatis – so *nottun* (Bsp. 443ℓ) –, durch die ein Nötigsein zum Ausdruck kommt,
  - Verba debitionis, die für ein Verpflichtetsein stehen – *gehören* (Bsp. 443i [1]), *sollen* (Bsp. 443m) ... – und die ihnen konversonymen Verba obligationis – *anstehen* (Bsp. 443b), *sich gehören* (Bsp. 443i [2]), *(sich) ziemen* (Bsp. 443o) ... –, die ein Aufgabe- oder Verpflichtungsein ausdrücken.
- Verba animi stehen für eine innere Haltung oder Einstellung; zu ihnen gehören
  - Verba emotionis – *ablehnen* (Bsp. 444a), *hassen* (Bsp. 444c), *lieben* (Bsp. 444c) ... –, die eine gefühlsmäßige und/oder moralische Einstellung ausdrücken,
  - Verba expetitionis – *beabsichtigen* (Bsp. 444b), *wollen* (Bsp. 444f), *wünschen* (Bsp. 444b) ... –, die für eine willensmäßige Einstellung stehen, und
  - Verba confidentiae – so *glauben* ›gläubig sein‹ (Bsp. 444d) *kennen* (Bsp. 444e), *wissen* (Bsp. 444e) ... – durch die eine kognitive Einstellung zum Ausdruck kommt.
- Verben der Verortung oder Verba mansionis drücken einen Zustand des Zugegenseins an einem Ort oder in einer Zeitspanne aus: *sich aufhalten* (Bsp. 445a), *sich befinden* (Bsp. 445b), *sein* (Bsp. 445c), *verharren* (Bsp. 445d) ...

Bsp. 430: a) „Eins plus Null <u>bleibt</u> Eins, nach Adam Riese." (CONRADI, Adam 1889, 252.)
b) „2 und 3 <u>ergibt</u> 5." (ALTENBERG, Pròdromos 1906, 52.)
c) „Zwei mal Zwei <u>macht</u> Vier und nicht Fünf." (BLEIBTREU, Größenw. 1888, III, 592 f.)
d) „Wenn ein Papst mir sagt: zweimal zwei <u>ist</u> vier – glaube ich es ihm nicht, und habe ich es früher gewußt, fange ich an, daran zu zweifeln." (BÖRNE, Brf. Paris IV 1832, 429.) – „Er <u>ist</u> der Vater meines Kindes [...]" (AHLEFELD, Marie Müller ²1814, 163.)

Bsp. 431: a) Er glaubte in der Natur, der belebten und unbelebten, der beseelten und unbeseelten etwas zu entdecken, das sich nur in Widersprüchen manifestirte und deßhalb unter keinen Begriff, noch viel weniger unter ein Wort gefaßt werden könnte. Es war nicht göttlich, denn es schien unvernünftig; nicht menschlich, denn es hatte keinen Verstand; nicht teuflisch, denn es war wohlthätig; nicht englisch, denn es ließ oft Schadenfreude merken. Es <u>glich</u> dem Zufall, denn es bewies keine Folge; es <u>ähnelte</u> der Vorsehung, denn es deutete auf Zusammenhang." (GOETHE, Dicht. u. Wahrh. IV 1833, 173 f.)
b) „Noch nie hat es in der Welt eine Aufgabe gegeben, die dieser <u>gleichkam</u>." (HOLZ, Kunst 1891, 91.)
c) „Alle Worte haben andre erfunden. Ich will meinen eigenen Unfug, meinen eigenen Rhythmus und Vokale und Konsonanten dazu, die ihm <u>entsprechen</u>, die von mir selbst sind. Wenn diese Schwingung sieben Ellen lang ist, will ich füglich Worte dazu, die sieben Ellen lang sind. Die Worte des Herrn Schulze haben nur zweieinhalb Zentimeter." (BALL, Manifest ¹1916, 40.)
d) „Die schwarzen Pflanzer stehen an Betriebsamkeit den Weißen nicht nach und <u>werden</u> ihnen nach fünfzig Jahren vielleicht an Vermögen ziemlich <u>nahekommen</u>, da sie

fleißig die Schulen zu besuchen anfangen und ihre Bildung in der Nähe der Städte merklich fortschreitet." (FRÖLICH, Virginia 1820 [1819], 133.)

Bsp. 432: a) „Warum ist man denn so geärgert, überrascht, daß die Frauen sich nicht vorteilhafter von den Männern abheben, daß sie in denselben Situationen dieselben allzumenschlichen Qualitäten bekunden?" (DOHM, Antifem. 1902, 83.)
b) „Die Konfrontation der analytischen und der kirchlichen Theorie ergab, in welch fundamentalem Punkte die Lehre der Kirche von den Lehren der Psychiater abweicht." (BALL, Künstler 1926, 139.)
c) „Aus dem an Ort und Stelle angestelltem Verhör kam nichts heraus, als daß Elisabeth und Katharina wach gewesen in der Nacht und daß sich Beide verdächtig machten, weil ihre Stundenangaben differirten." (OTTO, Nürnb. ²1875, III, 144.)
d) „Wie traurig aber sah es jetzt in diesem Lande [sc. Württemberg] unter K ö n i g   F r i e d r i c h ' s Regierung aus, der seinen prunkenden Titel auch nur Napoleon's Gunst verdankte. Fast noch französischer gesinnt als der B a i e r n f ü r s t hatte der vorhinige Kurfürst seine eigne Tochter dem leichtsinnigen König von Westphalen zur Frau gegeben, dem er in der übertriebensten Prunk- und Verschwendungssucht kaum nachstand." (LUISE BÜCHNER, Dt. Gesch. 1875, 91 f.)
e) „Ihr Geschrei übertraf ihren Schmerz und die Wichtigkeit der Wunde [...]." (HUBER, E. Percy 1822, II, 136.)
f) „Der rhythmische Charakter der luther'schen Prosa bedarf aber einer besonders leisen und geschickten Berührung, weil er eine der Haupteigenthümlichkeiten ist, durch welche seine Bibelübersetzung von der klang- und melodielosen Steifheit der ihm vorangehenden sich unterschied." (MUNDT, Dt. Prosa 1837, 233 f.)

Bsp. 433: a) „Der Antifeminist ist der Meinung, daß Ehe und Berufstätigkeit sich ausschließen, daß die letztere das Glück der ersteren untergräbt." (DOHM, Antifem. 1902, 138.)
b) „Wie nennst du das, was dem Wissen entgegensteht, das also, was ich nicht weiß?" (SCHELLING, Bruno 1802, 255.)
c) „Daß Gott den Menschen schuf nach seinem Bilde, daß die Sünde die Ursache alles menschlichen Elends ist und es keine Erlösung daraus gibt, als durch die göttliche Gnade, – daß es unsre höchste Aufgabe ist, zu leben wie Jesus, den Schwachen zu helfen, den Niedrigen und Verachteten beizustehen, und daß der rohe Kampf ums Dasein überwunden werden wird durch die Liebe – widerspricht das nicht bis ins kleinste den Lehren Darwins?" (BRAUN, Mem. I 1909, 183 f.)

Bsp. 434: a) „Denn er liebte den Luxus, und sein Vermögen setzte ihn in den Stand, allem was ihm angehörte, den Stempel einer Eleganz aufzudrücken, die durch edle Auswahl um so lieblicher ins Auge fiel." (AHLEFELD, Erna 1820, 104.) – „Nie, nie könnte ich diesem Manne angehören!" (ASTON, Lb. Frau 1847, 5.)
b) „Groß ist das Reich, das ich beherrsche." (WEERTH, Langew. 1849, 195.)
c) „Bei dieser Einrichtung wird es dem Fabrikanten unmöglich, nur den redlichen, fleißigen und geschickten Arbeiter zu beschäftigen [...]." (FORSTER, Ansichten 1791–94, 478.)
d) „Wir besaßen nichts als die Uniform, die wir an uns trugen, und einige Silbermünzen von unbedeutendem Werth." (TIECK-BERNHARDI, Evremont 1836, III, 105.) – „Ganz allein war Caspar Hauser nicht; er besaß einen Kameraden." (WASSERMANN, Hauser 1907, 23.)

e) „Ein Bauer hatte einen gar getreuen und fleißigen Knecht, der <u>diente</u> ihm schon drei Jahre, ohne daß er ihm seinen Lohn bezahlt hatte." (J. GRIMM/W. GRIMM, Kinder- u. Hausm. II 1815, 133 f.)

f) „<u>Gehorche</u> deinem Könige und Lehensherrn [...], wie wir alle tun!" (C. F. MEYER, Heil. 1879, 678.)

g) „Dieses Stück ist in Rom gefunden und <u>gehörte</u> dem Kardinal Niccolo del Giudice, in dessen Palaste zu Neapel es stand." (WINCKELMANN, Empf. d. Schön. 1763, 153.)

h) „Ein Schuhmacher und ein Schneider sind einmal miteinander auf die Wanderschaft gegangen. Der Schuster <u>hatte</u> Geld, der Schneider aber war ein armer Schwartenhans." (BECHSTEIN, N. dt. Märchenb. 1856, 493.) — „Fräulein Maria <u>hatte</u> eine Schwester, welche zu Marienhausen wohnte." (STRACKERJAN, Abergl. ²1909, II, 399.) — „S c h o n a l s T h i e r , <u>h a t</u> d e r M e n s c h S p r a c h e ." (HERDER, Urspr. d. Spr. 1772, 5.)

i) „<u>Haltet</u> Ihr mehr Vieh als Euer Vorfahr?" (FONTANE, Wand. I 1862, 363.) — „Keinem Dorfbewohner wird gestattet, auf seine Landportion mehr als einen Knecht und eine Magd zu <u>halten</u>." (KNIGGE, Noldmann 1791, 379.)

j) „Das gnädige Fräulein <u>verfügt</u> über große Reichtümer." (ESSIG, Taifun 1919, 108.) — „Schöning [...] <u>verfügte</u> über wenig mehr als 1200 Reiter und Dragoner." (FONTANE, Wand. II 1863, 310.)

k) „Die Vase ist Euer, Herr. Sie ist voller Urkunden und Rollen, die Euch <u>zugehören</u>." (DAHN, Rom 1876, 404.) — „Ein braver Mann zu seyn, und einer braven Familie <u>zugehören</u> war aber im damaligen Zeitalter fast Eins, da der Sohn in vielem Betracht noch eigentlicher als bei uns seine Tugend und Tapferkeit vom Vater erbte, lernte, und der ganze Stamm überhaupt bei allen Gelegenheiten für Einen braven Mann stand." (HERDER, Urspr. d. Spr. 1772, 130.)

Bsp. 435: a) „Eine feindliche, hinter der Meierei Le Rouvray stehende Batterie <u>beherrschte</u> die Straße, darauf wir anrückten" (FONTANE, Wand. I 1862, 221).

b) „Dieses Gesetz <u>gilt</u> in allen Kreisen der Kunst" (WIENBARG, Aesth. Feldzg. 1834, 169).

c) „Wir steigen auf den Berg hinauf, und sehen, daß rings die weite Gegend, Berg, Tal und Schlucht, so weit das Auge <u>reicht</u>, umstellt ist." (TIECK, Aufr. Cevenn. 1826, 98.)

d) „Im letzten ist Kriegsgeschichtsschreibung doch nichts anderes als Geschichtsschreibung überhaupt und <u>unterliegt</u> denselben Gesetzen." (FONTANE, Kinderjahre 1894, 119.)

Bsp. 436: a) „Eine Arie hat also zwey Theile [...]. Die Schlußzeile des zweyten Theils muß [...] mit der Schlußzeile des ersten Theils sich reimen, denn beyde Theile <u>machen</u> ein Ganzes <u>aus</u>." (RIEPEL, Sylbenmaß II 1776, 56.)

b) „Das beste Abführmittel ist Autolax. Es <u>besteht</u> aus Pflanzenextrakten." (BALL, Tend. ⌜*1914\20; 1967⌝, 392.)

c) „Besonders zeichnet sich eine Felsengruppe auf der höchsten Spitze des Berges aus. Hier liegen mehrere, ziemlich regelmäßige Schichten solcher Granitfelsen, von sehr beträchtlichem Umfang, über einander aufgehäuft, zum Theil wie durch die Kunst abgerundet und geebnet. Sie <u>bilden</u> eine Art von Piramide, welche ganz isolirt da steht, und sich auf dreißig Fuß über den flachen Berggipfel erhebt." (NACHTIGAL, Volcks-Sagen 1800, 190.

d) „Das Haus <u>hat</u> ungewöhnlich viele Fenster, welche die ganze Höhe der Zimmer einnehmen und von denen jetzt mehr als die Hälfte vermauert sind." (BÖRNE, Brf. Paris VI 1834, 739.)

e) „Die Welt, als der geschlossene Kreis alles Wirklichen, lässt sich auf eine zwiefache Weise betrachten: einmal von den Gegenständen aus, die sie umfasst; dann von den Organen aus, womit der Mensch dieselben in sich aufnimmt. Denn nur insofern er entsprechende Organe besitzt, kann eine Aussenwelt für ihn vorhanden seyn." (W. v. HUMBOLDT, Herrm. u. Dor., 134.)

Bsp. 437: a) „Aber auch in der physischen Naturgeschichte des Menschen ist die Eintheilung in Racen, von welchen jede mehrere, ganz verschiedenartige Nationen unter sich begreift, sehr vielen Zweifeln und Einwendungen ausgesetzt." (W. v. HUMBOLDT, Versch. Sprachb. *²1827–29, 198.)

b) „Hier soll nur hervorgehoben werden, daß die ‚Deutung' phänomenologisch nicht einfach unter die Kategorie der Subsumtion unter Regeln fällt. Daß ihr erkenntnistheoretisches Wesen ein komplexes ist, werden wir später sehen." (WEBER, Roscher u. Knies II 1905, 70, Anm.)

c) „B a c k w e r k nennt man jede aus Mehl, Wasser, Milch und Butter, Hefen oder Sauerteig, auch wohl mit andern edlen Zusätzen vermengte Mischung, die im Backofen zu einer festen, kuchenartigen Masse gebacken wird. In diese Klasse gehört sowohl das Brot [...] mit seinen einfachen Bestandtheilen, als auch die feinern Erzeugnisse der Koch- und Backkunst [...]." (HERLOßSOHN, Dam. Conv. Lex. I 1834, 404.)

d) „Eine Geschichte der Griechischen Poesie in ihrem ganzen Umfange umfaßt auch die der Beredsamkeit und der historischen Kunst." (F. SCHLEGEL, Stud. grch. Poes. ʳ*1795; 1797ʾ, 205.)

Bsp. 438: a) „Wohl ist es möglich, sogar wahrscheinlich, daß schon im Mutterleibe die körperliche Organisation des neuen Individuums gewisse Anlagen, Prädispositionen bedinge, welche sich später, sobald die Eindrücke von außen hinzukommen, zu geistigen Qualitäten, Eigentümlichkeiten usw. entwickeln; niemals aber kann eine geistige Vorstellung, Idee, oder irgendein geistiges Wissen a n s i c h angeboren sein." (LUDW. BÜCHNER, Kraft u. Stoff 1885, 129.)

b) „Nun geht er auf das innere Mißverhältnis der Verlobten über, wie die Natur der Charaktere ein solches wesentlich und notwendig begründe, ohne daß einem der beiden Teile das geringste dabei zur Schuld falle." (MÖRIKE, Maler Nolten 1832, 57.)

c) „Dies mußte nun aber weiter darauf hinführen, daß ganz a l l g e m e i n d i e F o r m d e r E r k e n n t n i s e s i s t, welche den Inhalt bestimmt." (NATORP, Plat. Ideenl. ²1921, 28.)

d) „Diese beiden streitenden Kräfte zusammengefaßt, oder im Conflict vorgestellt, führen auf die Idee eines o r g a n i s i r e n d e n, die Welt zum S y s t e m bildenden, P r i n c i p s." (SCHELLING, Weltseele 1798, 4.)

e) „Dies ist die Lehre Wolffs, die rückwärts auf Pufendorf, Leibniz, Thomasius zurückgeht und vorwärts zu Kant hinführt." (DILTHEY, Aufb. gesch. Welt 1910, 220 f.)

f) „Man heirathet, wie die konventionellen Verhältnisse, von denen man abhängt, es wollen: – Stolz und Eigennutz knüpfen das Band der Ehe in der großen Welt." (AHLEFELD, Marie Müller ²1814, 35.)

g) „Nachdem er wieder zu mehrer Besonnenheit gelangt war, fiel er dem trauten Weibe herzig in die Arme, und tat ihr die zwote Liebeserklärung in seinem Leben, so warm als die erste, und ob sie wohl jetzt aus andern Beweggründen abstammte, so nahm sie Ilse doch für gut auf." (MUSÄUS, Volksmärchen 1782–86, 249.)

h) „Alles Nachsinnen <u>erfordert</u> die Vermittelung der Zeichen für die zu erweckende Ideen, um in deren Begleitung und Unterstützung diesen den erforderlichen Grad Klarheit zu geben." (Kant, Geisterseher 1766, 325 f., Anm.)

i) „Daß die Eibe in Thüringen ehemals einen wesentlichen Bestandteil der Wälder aus gemacht habe, <u>ergibt sich</u> aus den Ortsnamen ‚Ibenhain', ‚Taxberg', ‚Eiba' und anderen." (Fontane, Wand. III 1873, 125.)

j) „Man sieht hier den unmittelbaren Uebergang zwischen Hirnreflex und bewusster Seelenthätigkeit, wofür sich gar keine Grenze ziehen lässt. Es <u>folgt</u> hieraus die Einheit des allen diesen Erscheinungen zu Grunde liegenden Princips." (Hartmann, Phil. d. Unbew. 1869, I, 118.)

k) „Meine Anteilnahme für Sie <u>gründet sich</u> auf eine gute Meinung und wird so lange andauern wie diese." (Bierbaum, Stilpe 1897, 192.)

ℓ) „Kössel sagte mir mal, man müsse die ewige Wuth Kratzenthals nur bedauern, da sie von Hämorrhoiden <u>herrühre</u>." (Bleibtreu, Größenw. 1888, III, 40.)

m) „[I]ch habe Stunden, wo ich keiner Blume gleiche, wo mir der Spiegel ein herbes, unzufriedenes verblühtes Gesicht zeigt, mit scharfen Linien und schmalen blassen Lippen. Das <u>kommt</u> davon, wenn man die teuersten Spiegel kauft. Das sind die schärfsten und gröbsten." (Dohm, Dalmar ²1897, 332.)

n) „Das hatte er [...] nicht selber erfunden, sondern es <u>stammte</u> von Luther." (Ball, Tend. ⌈*1914\20; 1967⌉, 390.)

o) „So aber, im Augenblick auf ein bloßes Wort hin eine ganze Situation zu erschaffen und zu beleben, dazu gehört eine Schnelligkeit der Erfindung und eine Beherrschung der Form, die eine ganz besondere Anlage der Verstandesfähigkeiten <u>voraussetzt</u>." (Meysenbug, Liebe 1905, 319.)

Bsp. 439: a) „Die Sprache <u>erscheint</u> in der Wirklichkeit nur als ein Vielfaches. Wenn man allgemein von Sprache redet, so ist dies eine Abstraction des Verstandes; in der That <u>tritt</u> die Sprache immer nur als eine besondre, ja nur in der allerindividuellsten Gestalt, als Mundart, <u>auf</u>." (W. v. Humboldt, Versch. Sprachb. *?1827-29, 240.)

b) „Die innere Notwendigkeit ist es, auf die alles zuletzt ankommt, sie verteilt die Farben, Formen und Gewichte, sie trägt die Verantwortung auch für das gewagteste Experiment. [...] In ihr <u>dokumentieren sich</u> die drei Elemente, aus denen das Kunstwerk besteht: Zeit, Persönlichkeit und Kunstprinzip." (Ball, Kandinsky ⌈1917; 1977⌉, 46.)

c) „Bei der Einfachheit aller letzten Principien in der Natur dürfen wir nicht daran zweifeln, dass auch alle anderen Wirkungen des bewussten oder unbewussten Willens in der organischen Natur auf demselben Princip der Molecularpolarisation beruhen, zumal da die Beschaffenheit der Gebilde, in denen der Wille <u>sich</u> am unmittelbarsten <u>manifestirt</u>, wie wir sehen, diese Voraussetzung bestätigt." (Hartmann, Phil. d. Unbew. 1869, I, 148.)

d) „ E s   <u>z e i g t   s i c h</u>   d a h e r   i n   d e m   G r i e c h i s c h e n   C h a r a k t e r   m e i s t e n t h e i l s   d e r   u r s p r ü n g l i c h e   C h a r a k t e r   d e r   M e n s c h h e i t   ü b e r h a u p t [...]." (W. v. Humboldt, Stud. Alterth. *1793, 275.)

e) „Das S e y e n d e   w i r d   u n d   v e r ä n d e r t   s i c h, das Endliche   g e h t   i m   U n e n d l i c h e n   u n t e r, das Existirende   g e h t   a u s   s e i n e m   G r u n d e   h e r v o r   in die Erscheinung und   g e h t   z u   G r u n d e, die Accidenz <u>manifestirt</u> den R e i c h t h u m   d e r   Substanz so wie deren   M a c h t, im Seyn ist U e b e r g a n g   i n   A n d e r e s, im Wesen Scheinen an einem Anderen, wodurch die   n o t h w e n d i g e   Beziehung <u>sich offenbart</u>." (Hegel, Wiss. d. Log. II 1816, 77 f.)

f) „Daß der Wert sich uns als Ergebnis eines Opferprozesses darbietet, das <u>offenbart</u> den unendlichen Reichtum, den unser Leben dieser Grundform verdankt." (SIMMEL, Phil. d. Geld. ²1907, 37.)

g) „Dazu hat der Dichter [...] Züge gewählt, von denen der eine ihren Muth, der andre, die Pflege ihres alten Verwandten, ihre hülfreiche Güte <u>zeigt</u> [...]." (W. v. HUMBOLDT, Herrm. u. Dor. 1799, 184.)

Bsp. 440: a) „Der zweite Band dieses Werkes soll die griechische Geschichte und die Zeiten des Perserreichs, der dritte die hellenistische Zeit <u>behandeln</u>" (E. MEYER, Gesch. d. Alterth. I 1884, VII).

b) „Ich habe einen gar schönen und guten Brief von Meyer erhalten der seinen Zustand recht deutlich <u>darstellt</u>." (GOETHE, an Schiller [30. 1. 1796], WA IV, 11, 17.)

c) „Die Gestalt des jugendlichen Königs Agis <u>erscheint</u> bei Plutarch in moralischer wie in sozialpolitischer Hinsicht als das reine Gegenstück zur Tyrannis." (PÖHLMANN, Gesch. d. soz. Fr. I ³1925, 354.)

d) „Das dritte Buch <u>handelt</u> von den Eigenschaften und Wirkungen etlicher Edelsteine." (GÖRRES, Tt. Volksb. 1807, 183.)

e) „Eine ähnliche Sage <u>steht</u> bei Grimm, Deutsche Mythologie S. 280." (GRÄSSE, Sagenb. Preuß. II 1871, 821.)

f) „Der liebe Gott <u>kommt</u> in meiner Geschichte nicht <u>vor</u>." (RILKE, Lb. Gott ²1904, 380.)

Bsp. 441: a) „Die Wünschelruthe <u>dient</u>, um Schätze oder überhaupt Metall zu entdecken, auch um Wasserquellen aufzufinden." (BARTSCH, Sag. Meklenb. II 1880, 351.)

b) „Pavel <u>fungierte</u> als Brautführer." (EBNER-ESCHENBACH, Gemeindek. 1887, 189.)

Bsp. 442: a) „Ein König und eine Königin hatten eine Tochter, die war wunderschön, nur eins war, was sie arg <u>verunzierte</u>, nämlich eine Warze, die sie gerade auf der Oberlippe hatte; und zwar war dies keine gewöhnliche Warze, sondern vielmehr ein kleines Horn, das in alle Farben spielte und ein höchst widriges Ansehen hatte. [...] Nun traf es sich, daß in der Nähe des Königreiches ein fremder Prinz lebte, der herangereift gekommen war, weil man ihm gesagt, er würde hierselbst von einem häßlichen Übel, das ihm <u>anhaftete</u>, geheilt werden. Dies Übel war ein Höcker von ganz besonders häßlicher Form und starker Ausdehnung." (UNGERN-STERNBERG, Braun. März. 1850, 283 f.)

b) „Unter den Kindern, die gleich mir bei den Erwachsenen saßen, befand sich auch ein etwa zwölfjähriges Mädchen, das durch anspruchsvolle Unschönheit <u>auffiel</u>." (SAAR, Nov. 1893, X, 249.)

c) „,Alberne Person', rief Weise, sich der Höflichkeit begebend, die ihn sonst <u>auszeichnete</u>." (EBNER-ESCHENBACH, Unsühnb. 1889, 443.) — „Dieser Mann, der durch eine gewisse Spärlichkeit, sowohl in eigner Kleidung, als in Livreen und Equipagen <u>sich auszeichnete</u>, war vom siebenjährigen Kriege her als diplomatischer Held berühmt [...]." (GOETHE, Dicht. u. Wahrh. I 1811, 289.)

d) „Woenswagen und Hellewagen sind Namen des Bärengestirns, und letzterer Name <u>bezeichnet</u> auch die gespenstige Erscheinung, die mit Musik durch die Luft fährt [...]." (KUHN, Sag. Westf. 1859, I, 184.)

e) „Ihre Augen strahlten von einer eigenen Bläue, und in ihrem ganzen Wesen <u>bleichte</u> etwas, was an die Blumen erinnerte, welche eigentlich für Sonnenschein bestimmt, zufällig im Schatten aufbrechen mußten." (IMMERMANN, Münchh. 1838–39, 383.)

f) „Bekanntlich hat der Mensch vor den Thieren – den Affen etwa ausgenommen – unter vielen anderen Vorzügen hauptsächlich zwei, die ihn ganz besonders <u>charakterisiren</u>: das Lachen und das Weinen." (ASTON, Lydia 1848, 3 f.)

g) „Zwei [...] Knechte leiteten den Zug stattlicher Rinder von dem Anger auf dem Hügel nach den Ställen, indes der Ziegenbub [...] seine Schutzbefohlnen vorwärts trieb, die genäschig hier und da an dem salzigen Steinbrech nagten, der auf dem zerbröckelten Mauerwerk am Wege <u>grünte</u>." (DAHN, Rom 1876, 405.)

h) „Der Holzhauer machte sich auf, legte sich hin auf das Moos und rastete (davon <u>heißt</u> der Ort die Rast im Walde, W a l d r a s t)." (J. GRIMM/W. GRIMM, Dt. Sagen I 1816, 327.)

i) „Der Zug verzweifelter Angriffswuth aus tiefer seelischer Verbitterung, der ihn <u>kennzeichnete</u>, ging nicht aus äußerlichen und selbstischen Motiven hervor. Er kämpfte immerzu, heut mit der ganzen Welt, morgen aber auch mit sich selber." (BLEIBTREU, Größenw. 1888, III, 464.)

j) „In Bleystein heißt es: der Wind, der von Norden weht, <u>komme</u> aus dem Rosseschinderland; wo dieses liegt, weiß man nicht anzugeben." (SCHÖNWERTH, Oberpfalz III 1859, 179.)

k) „Namen <u>nennen</u> Dich nicht! | Ich schweige und nenne dich nicht, ob's auch süß wär', Dich bei Namen zu rufen." (B. v. ARNIM, Briefw. Kind 1835, III, 2.) — „Da drüben an der Insel Schütt ist ein kleines Gasthaus, <u>nennt sich</u> zum Peter Vischer." (WASSERMANN, Gänsemännchen 1915, 390.)

l) „Nach Tische <u>pflegte</u> Elisa noch mit ihrem Gatten zu plaudern, mit ihm umher zu gehen, oder einige Anordnungen in der Wirthschaft zu machen." (WOBESER, Elisa ⁴1799, 274.)

m) „Ja, man sagt, daß er <u>säuft</u>, und das stützt wieder meine Meinung von der Tragik, die hinter diesem Menschen steckt." (BIERBAUM, Stilpe 1897, 307.)

n) „Jetzt gab er Privatunterricht und <u>schriftstellerte</u> daneben." (DOHM, Schicks. 1899, 108.)

o) „Claus Hinze, der Hofnarr des Pommerschen Herzogs Johann Friedrich, <u>stammt</u> aus einem Dorfe bei Friedrichswalde, welches später nach ihm den Namen Hinzendorf bekommen hat." (GRÄSSE, Sagenb. Preuß. II 1871, 513.)

p) „Der Amtmann, das einzige Kind eines reichen Vaters, <u>hatte</u> in jungen Jahren <u>studiert</u>, aber wenig Geschmack an der Jurisprudenz gefunden." (WILDERMUTH, Frauenlb. 1855–57, 10.)

q) „Auf seiner mehr breiten als hohen Stirn, die aber glatt und fest wie von Erz <u>sich wölbte</u>, lag eine merkwürdige Klarheit und Ruhe[.]" (MARLITT, Apost. 1865, 226.)

Bsp. 443: a) „Ich wollte zwar gerne, daß mich der Magister traute; es wird aber wohl nicht <u>angehen</u>, weil er noch kein Pfarrer ist." (MUSÄUS, Grandison I 1760, 211.)

b) „Hohen Personen <u>steht</u> es wohl <u>an</u>, auf Seltsames zu verfallen, es vermehrt den Respekt." (HOFFMANN, Murr I 1820, 274.)

c) „Aber ich <u>bedurfte</u> keines Danks, mein schönster Lohn war die gute Tat und ihr glücklicher Erfolg, und die Erinnerung daran rechne ich zu den schönsten Erinnerungen meines ganzen Lebens." (HOVEN, Lebenserinn. 1840, 124.)

d) „Es könnte sich ja doch fugen, daß du bald eine geräumigere Wohnung <u>benötigst</u>." (SCHNITZLER, Flucht 1931, 919.)

e) „Das Buch von Dühring war nicht vorräthig. Ich habe es bestellt. In acht Tagen werden wir's haben. <u>Brauchst</u> Du's zu irgend einer Arbeit?" (CONRADI, Adam 1889, 25.)

f) „Mein schönes Fräulein, <u>darf</u> ich wagen, | Meinen Arm und Geleit Ihr anzutragen?" (GOETHE, Faust I 1808, 128, V. 2605 f.)

g) „‚Es <u>steht</u> euch <u>frei</u>, augenblicklich weiter zu reiten,' antwortete ich." (May, Frd. Pfad. 1910, 420.)

h) „Das ist unmöglich, Engel! Das tun Sie uns nicht an. Das <u>geht</u> nicht." (Ball, Flamm. 1918, 146.)

i) „Die vielgerühmten Genies, Newton ... waren feindliche Engländer, deren Denkmäler in den Kanal geworfen <u>gehörten</u>." (Essig, Taifun 1919, 202.) — „Das Gespräch beginnt, wie es <u>sich</u> für ein ordentliches Gespräch <u>gehört</u>, beim Wetter[.]" (Tucholsky, Besuch 1927, 232.)

j) „Hier liegen zwei mögliche Arten vor, wie der Mensch seine Umwelt innerlich besitzen und erleben <u>kann</u>." (Spengler, Unterg. d. Abendl. I 1923, 7.)

k) „Auch bin ich der Ruhe bedürftig, da ich früh Morgens mich schon auf die Reise begeben <u>muß</u>." (Aston, Rev. 1849, I, 54.)

ℓ) „Der Verstandesmensch ist gleich bei der Hand, wo Hülfe <u>noththut</u>. Der Gefühlvolle betet, wünscht uns das Beste hienieden und im Jenseits und geht, abscheulicher als der Pharisäer, an dem von Mörderhand getroffenen Wandrer vorüber, über den er nachher eine Elegie schreibt." (Gutzkow, Ritter 1850–51, 2416.)

m) „Ein Fürst <u>soll</u> seine Augen überall haben." (Alexis, Bredow 1846, II, 33.)

n) „Zu feierlich hatte seine Frage geklungen, als daß man mit irgendeiner inhaltslosen Phrase zu antworten <u>vermocht</u> hätte." (Braun, Lebenssucher 1915, 200.)

o) „Die lebt denn immer so fort, ganz im Stillen. – Wie's einer Witwe denn auch nicht anders <u>ziemt</u>." (Engel, L. Stark 1801, 246.) — „Er reicht auf eine ganz bestimmte Art die Hand zum Gruß mit weitabstehendem, rechtwinklig gebogenen Ellenbogen, die Hand verquer. So <u>ziemt</u> es <u>sich</u> für edle Jünglinge." (Dohm, Ruland 1902, 168.)

Bsp. 444: a) „Das ganze Geheimnis Kandinskys ist, daß er als der Erste und radikaler als die Kubisten alles Gegenständliche als unrein <u>ablehnte</u> und auf die wahre Form, den Klang der Dinge, ihre Essenz, ihre Wesenskurve zurückging. In Picasso, dem Faun, und in Kandinsky, dem Mönch, hat unsere Zeit ihre stärksten künstlerischen Nenner gefunden." (Ball, Kandinsky ⌐1917; 1977⌐, 44.)

b) „Genug, durch manches, was zum Teil gering und unscheinbar deuchte [...], ward Großes bewirkt, wenn auch Größeres, was er <u>gewünscht</u> und <u>beabsichtigt hatte</u>, nicht erreicht worden ist." (Arndt, Erinn. 1840, 356.)

c) „Sie <u>lieben</u> muntern Scherz, ich <u>hasse</u> ihn nicht; und wenn mir vielleicht das Talent fehlt, selbst anziehend zu scherzen, so bin ich doch gern bei Personen, die es besitzen." (Unger, J. Grünthal ³1798, II, 234.)

d) „Aber da erhoben sich mit feindlicher Kälte alle jene Zweifel und Unsicherheiten, welche durch die Lesung von irreligiösen Büchern und Anhörung solcher Gespräche sich nach und nach wie verfinsternde Nebel in mein Gemüt gelagert und mir den tröstlichen Ausblick in die Ewigkeit verdunkelt hatten. Ich <u>glaubte</u> nicht mehr und ich wußte doch nichts; – und diese Haltlosigkeit meines Innern vervielfachte auf die bitterste Weise den Schmerz, der dasselbe zerriß." (Pichler, Denkw. 1844, I, 128.)

e) „<u>Weiß</u> Hugo, daß Du sein Geheimniß <u>kennst</u>? fragte Adelgunde." (Ahlefeld, Ges. Erz. 1822, I, 210.)

f) „<u>Willst</u> du nicht von den Äpfeln dieses Baumes essen?" (U. Jahn, Volksm. 1891, 30.)

Bsp. 445: a) „Der Winter brachte Maskenbälle wie gewöhnlich, und auf einem dieser Bälle war es, daß Moritz von Rohr die Bekanntschaft Urania de Poincys machte, der schönen Tochter des Herrn und der Frau von Poincy, die <u>sich</u> damals, sei es erziehungs- oder zerstreuungs- oder gesundheitshalber, in Saarlouis aufhielten." (FONTANE, Wand. I 1862, 417.)

b) „An beiden Seiten der Estrade befanden sich die Sitze der besonders bevorzugten Gäste." (HEYKING, Tschun 1914, 276.)

c) „Wer jemals in Barnow gewesen ist, der hat gewiß auch die alte Frau Hanna, des Vorstehers Mutter, kennen gelernt und sich ehrlich gefreut an ihrer feinfühligen, grundgütigen Art, und wer nicht dort war, dem ist kaum eine Vorstellung davon zu geben, wie lieb und klug diese Greisin war." (FRANZOS, Jud. v. Barn. [7]1905, 95.)

d) „Unbeweglich verharrte Brigitta in ihrem Lehnstuhl." (CONRAD, Isar 1887–90, I, 81.)

Verba correlationis können unter Berücksichtigung der in § 82.2b/c HLR behandelten Aspekte u. a. sein: atelisch-relatorisch – *angehen* (Bsp. 443a), *differieren* (Bsp. 432c), *gehen* (Bsp. 443h), *gehören* (Bsp. 443i [1]), *sein* (Bsp. 430d) ... – atelisch-korrelativ – *von etw. abhängen* (Bsp. 438f), *sich von etw. abheben* (Bsp. 432a), *von etw. abweichen* (Bsp. 432b), *jm./etw. ähneln* (Bsp. 431a), *jm. angehören* (Bsp. 434a), *etw. ausschließen* (Bsp. 433a), *etw. bedingen* (Bsp. 438a), *etw. begründen* (Bsp. 438b), *etw. behandeln* (Bsp. 440a), *jn./etw. beherrschen* (Bsp. 434b), *jn. beschäftigen* (Bsp. 434c), *jn./etw. besitzen* (Bsp. 434d), *etw. bestimmen* (Bsp. 438c), *etw. darstellen* (Bsp. 440b), *jm. dienen* (Bsp. 434e), *einer Sache entgegenstehen* (Bsp. 433b), *jm./etw. entsprechen* (Bsp. 431c), *etw. erfordern* (Bsp. 438h), *etw. ergeben* (Bsp. 430b), *sich aus etw. ergeben* (Bsp. 438i), *aus etw. folgen* (Bsp. 438j), *auf etw. führen* (Bsp. 438d), *jm. gehorchen* (Bsp. 434f), *jm. gehören* (Bsp. 434g), *jm./etw. gleichen* (Bsp. 431a), *jm./etw. gleichkommen* (Bsp. 431b), *sich auf etw. gründen* (Bsp. 438k), *jn./etw. haben* (Bsp. 434h), *jn./etw. halten* (Bsp. 434i), *von etw. handeln* (Bsp. 440d), *von etw. herrühren* (Bsp. 438ℓ), *zu jm./etw. hinführen* (Bsp. 438e), *von etw. kommen* (Bsp. 438m), *etw. machen* (Bsp. 430c), *jm./etw. nachstehen* (Bsp. 432d), *jm./etw. nahekommen* (Bsp. 431d), *von jm. stammen* (Bsp. 438n), *jn./etw. übertreffen* (Bsp. 432e), *sich von etw. unterscheiden* (Bsp. 432f), *über jn./etw. verfügen* (Bsp. 434j), *etw. voraussetzen* (Bsp. 438o), *einer Sache widersprechen* (Bsp. 433c), *jm./etw. zugehören* (Bsp. 434k), *auf jn./etw. zurückgehen* (Bsp. 438e) ... – oder antitelisch-relatorisch – *bleiben* (Bsp. 430a), *verharren* (Bsp. 445d) ...

5.2.1.5 Verben als Glieder

§ 82.5 HLR: (α) Vollverben können folgende Gliedfunktionen erfüllen: [(I)]die von Gefügekernen, konkret: [(α)]Amplifikaten (§ 33.2b[I] HLR), [(β)]Prädikaten (§ 34.2b[Iβ] HLR), [(γ)]Supprädikaten (§ 35.2b[Iα] HLR), [(δ)]Adverbanden (§ 37.2b[Iα] HLR), [(ε)]Transzessen (§ 42.2b[Iαα] HLR), [(ζ)]Anzepten (§ 43.2b[I] HLR), [(η)]Subjunkten (§ 46.2b[Iα] HLR: nur infinitivische Vollverben) oder [(θ)]Konjunkten (§ 47.2b[Iαα] HLR), [(II)]die von Satelliten, konkret: [(α)]Derivanden (§ 32.3b[IIα] HLR), [(β)]Subjekten (§ 34.3b[IIαα] HLR), [(γ)]Objekten (§ 35.3b[IIαα] HLR), [(δ)]Adverbialien (§ 35.3b[IIαα] HLR), [(ε)]Adverbaten (§ 37.3b[Iα] HLR), [(ζ)]Attributen (§ 39.3b[IIα] HLR), [(η)]Transzedenten (§ 42.3c[Iα] HLR) oder [(θ)]Adponenden (§ 45.3b[Iα] HLR) oder [(III)]die von Koordinaten, konkret: [(α)]Kojunkten (§ 48.2b[Iα] HLR), [(β)]Prädikationalien (§ 52.2b HLR), [(γ)]Adverbationalien (§ 53.2b HLR), [(δ)]Attributionalien, genauer: Attributialien (§ 55.2b HLR: nur Vollverben im Infinitiv), [(ε)]Ektranszessionalien (§ 56.2c^{Iα} HLR), $^{(ζ)}$Entranszessionalien (§ 56.3b^{Iα} HLR), $^{(η)}$Adponend-Adpositionalien (§ 57.2b HLR), $^{(θ)}$Subjunkt-Subjunktionalien (§ 58.2b HLR), $^{(ι)}$Kojunktionalien (§ 59.2c HLR) oder $^{(κ)}$Transmissionalien (§ 61.2b HLR).

(β) Infinitverben können folgende Gliedfunktionen erfüllen: $^{(I)}$die von Gefügekernen, konkret: Konjunkten (§ 47.2b^{Iαβ} HLR), $^{(II)}$die von Satelliten, konkret: $^{(α)}$Flektanden (§ 29.3b^{IIα} HLR) oder $^{(β)}$Flexionaten (§ 51.3b^{I} HLR), oder $^{(III)}$die von Koordinaten, konkret: $^{(α)}$Kojunkten (§ 48.2b HLR), $^{(β)}$Kojunktionalien (§ 59.2c HLR) oder $^{(γ)}$Transmissionalien (§ 61.2b HLR).

(γ) Hilfsverben können folgende Gliedfunktionen erfüllen: $^{(I)}$die von Gefügekernen, konkret: $^{(α)}$Flektoren (§ 29.2b^{II} HLR), $^{(β)}$Konjunkten (§ 47.2b^{Iαγ} HLR) oder $^{(γ)}$Flexionaren (§ 51.2c HLR), oder $^{(II)}$die von Koordinaten, konkret: $^{(α)}$Kojunkten (§ 48.2b HLR), $^{(β)}$Kojunktionalien (§ 59.2c HLR) oder $^{(γ)}$Transmissionalien (§ 61.2b HLR).

(δ) Modalverben können folgende Gliedfunktionen erfüllen: $^{(I)}$die von Gefügekernen, konkret: $^{(α)}$Supprädikaten (§ 35.2b^{Iβ} HLR), deren direktes Objekt $^{(αα)}$ein Vollverb (§ 82.2d^{I} HLR) im Infinitiv I, oder $^{(αβ)}$eine Verbgruppe im engeren Sinn (§ 88.4 HLR) im Infinitiv I ist, oder $^{(β)}$Konjunkten (§ 47.2b^{Iαδ} HLR) oder $^{(II)}$die von Koordinaten, konkret: $^{(α)}$Kojunkten (§ 48.2b HLR), $^{(β)}$Prädikationalien (§ 52.2b HLR), $^{(γ)}$Kojunktionalien (§ 59.2c HLR) oder $^{(δ)}$Transmissionalien (§ 61.2b HLR).

(ε) Kopulaverben können folgende Gliedfunktionen erfüllen: $^{(I)}$die von Gefügekernen, konkret: $^{(α)}$Transzessen (§ 42.2b^{Iαβ}) oder $^{(β)}$Konjunkten (§ 47.2b^{Iαε}) oder $^{(II)}$die von Koordinaten, konkret: $^{(α)}$Kojunkten (§ 48.2b), $^{(β)}$Kojunktionalien (§ 59.2c) oder $^{(γ)}$Transmissionalien (§ 61.2b).

(ζ) Funktionsverben erfüllen die Gliedfunktion $^{(I)}$von Gefügekernen, konkret: Adverbanden (§ 37.2b^{Iβ}), deren Adverbat $^{(α)}$eine als Komitationsgefüge erscheinende oder einem Komitationsgefüge entsprechende Substantivgruppe im Akkusativ (§ 89.3β^{V}), $^{(β)}$eine β-Partikelgruppe (§ 93.3β^{IV}) oder $^{(γ)}$ein inflektivisches Volladjektiv (§ 84.4α^{IIε}) ist, oder $^{(II)}$von Koordinaten, konkret: $^{(α)}$Adverbationalien, genauer: Adverband-Adverbationalien (§ 53.2b) oder $^{(β)}$Transmissionalien (§ 61.2b).

- Zu § 82.5α^{Iα} HLR: Vollverben können als Amplifikate erscheinen; vgl. Abb. 41/1, S. 146 und Bsp. 91, S. 221.
- Zu § 82.5α^{Iβ} HLR: Vollverben können als Prädikate erscheinen; vgl. Bsp. 94a, S. 223.
- Zu § 82.5α^{Iγ} HLR: Vollverben können als Supprädikate erscheinen; vgl. Bsp. 98, S. 227, und Bsp. 99a, S. 228.
- Zu § 82.5α^{Iδ} HLR: Vollverben können als Adverbanden erscheinen; vgl. Bsp. 115d–f, S. 239).
- Zu § 82.5α^{Iε} HLR: Vollverben können als Transzesse erscheinen; vgl. Bsp. 175b, S. 274.
- Zu § 82.5α^{Iζ} HLR: Vollverben können als Anzepte erscheinen; vgl. Bsp. 195, S. 287.
- Zu § 82.5α^{Iη} HLR: Vollverben können als Subjunkte erscheinen; vgl. Bsp. 229a, S. 301.
- Zu § 82.5α^{Iθ} HLR: Vollverben können als Konjunkte erscheinen; vgl. Bsp. 234a, S. 305.
- Zu § 82.5α^{IIα} HLR: Vollverben können als Derivanden erscheinen; vgl. Abb. 112, S. 385.

- Zu § 82.5α^{IIIβ} HLR: Vollverben können als Subjekte erscheinen; vgl. Bsp. 95a, S. 224.
- Zu § 82.5α^{IIγ} HLR: Vollverben können als Objekte erscheinen; vgl. Bsp. 100a, S. 229.
- Zu § 82.5α^{IIδ} HLR: Vollverben können als Adverbialien erscheinen; vgl. Bsp. 101a, S. 229.
- Zu § 82.5α^{IIε} HLR: Vollverben können als Adverbate erscheinen; vgl. Bsp. 118a, S. 242.
- Zu § 82.5α^{IIζ} HLR: Vollverben können als Attribute erscheinen; vgl. Bsp. 138b, S. 258.
- Zu § 82.5α^{IIη} HLR: Vollverben können als Transzedenten erscheinen; vgl. Bsp. 178a, S. 276.
- Zu § 82.5α^{IIϑ} HLR: Vollverben können als Adponenden erscheinen; vgl. Bsp. 224a, S. 297.
- Zu § 82.5α^{IIIα} HLR: Vollverben können als Kojunkte erscheinen; vgl. Bsp. 234a, S. 305 (*erröten*).
- Zu § 82.5α^{IIIβ} HLR: Vollverben können als Prädikationalien erscheinen: als Prädikat-Prädikationalien (analog zur Verwendung als Prädikat bzw. Supprädikat), als Subjekt-Prädikationalien (analog zur Verwendung als Subjekt), als Objekt-Prädikationalien (analog zur Verwendung als Objekt) und als Adverbial-Prädikationalien (analog zur Verwendung als Adverbial).
- Zu § 82.5α^{IIIγ} HLR: Vollverben können als Adverbationalien erscheinen; als Adverband-Adverbationalien (analog zur Verwendung als Adverband) und als Adverbat-Adverbationalien (analog zur Verwendung als Adverbat).
- Zu § 82.5α^{IIIδ} HLR: Vollverben können als Attributionalien, genauer: Attributialien erscheinen; vgl. Bsp. 269c, S. 327.
- Zu § 82.5α^{IIIε} HLR: Vollverben können als Ektranszessionalien erscheinen; vgl. Bsp. 285a, S. 335.
- Zu § 82.5α^{IIIζ} HLR: Vollverben können als Entranszessionalien erscheinen; vgl. Bsp. 285a, S. 335.
- Zu § 82.5α^{IIIη} HLR: Vollverben können als Adponend-Adpositionalien erscheinen; vgl. Bsp. 292a, S. 339.
- Zu § 82.5α^{IIIϑ} HLR: Vollverben können als Subjunkt-Subjunktionalien erscheinen (analog zur Verwendung als Subjunkt).
- Zu § 82.5α^{IIIι} HLR: Vollverben können als Kojunktionalien erscheinen (analog zur Verwendung als Konjunkt).
- Zu § 82.5α^{IIIκ} HLR: Vollverben können – ebenso wie Vertreter jeder anderen Wortart und Wortgruppenart (§ 61.2b HLR) – als Transmissionalien erscheinen.

*

- Zu § 82.5β^{I} HLR: Infinitverben können als Konjunkte erscheinen; vgl. Bsp. 234b, S. 305.

- Zu § 82.5β^{IIα} HLR: Infinitverben können als Flektanden erscheinen; vgl. Abb. 71, S. 207.
- Zu § 82.5β^{IIβ} HLR: Infinitverben können als Flexionate erscheinen; vgl. Bsp. 247, S. 313.
- Zu § 82.5β^{IIIα} HLR: Infinitverben können als Kojunkte erscheinen; vgl. Bsp. 234b, S. 305 (*kommen*).
- Zu § 82.5β^{IIIβ} HLR: Infinitverben können als Kojunktionalien erscheinen (analog zur Verwendung als Konjunkt).
- Zu § 82.5β^{IIIγ} HLR: Infinitverben können – ebenso wie Vertreter jeder anderen Wortart und Wortgruppenart (§ 61.2b HLR) – als Transmissionalien erscheinen.

*

- Zu § 82.5γ^{Iα} HLR: Hilfsverben können als Flektoren erscheinen; vgl. Abb. 62, S. 201.
- Zu § 82.5γ^{Iβ} HLR: Hilfsverben können als Konjunkte erscheinen; vgl. Bsp. 234c, S. 305.
- Zu § 82.5γ^{Iγ} HLR: Hilfsverben können als Flexionare erscheinen; vgl. Bsp. 248, S. 314.
- Zu § 82.5γ^{IIα} HLR: Hilfsverben können als Kojunkte erscheinen (analog zur Verwendung als Konjunkt).
- Zu § 82.5γ^{IIβ} HLR: Hilfsverben können als Kojunktionalien erscheinen (analog zur Verwendung als Konjunkt).
- Zu § 82.5γ^{IIγ} HLR: Hilfsverben können – ebenso wie Vertreter jeder anderen Wortart und Wortgruppenart (§ 61.2b HLR) – als Transmissionalien erscheinen.

*

- Zu § 82.5δ^{Iα} HLR: Modalverben können als Supprädikate erscheinen; vgl. Bsp. 99b/c, S. 228.
- Zu § 82.5δ^{Iβ} HLR: Modalverben können als Konjunkte erscheinen; vgl. Bsp. 234d, S. 305.
- Zu § 82.5δ^{IIα} HLR: Modalverben können als Konjunkte erscheinen; vgl. Bsp. 234d, S. 305 (*können*).
- Zu § 82.5δ^{IIβ} HLR: Modalverben können als Prädikationalien, genauer: als Prädikat-Prädikationalien erscheinen (analog zur Verwendung als Supprädikat).
- Zu § 82.5δ^{IIγ} HLR: Modalverben können als Kojunktionalien erscheinen (analog zur Verwendung als Konjunkt).
- Zu § 82.5δ^{IIδ} HLR: Modalverben können – ebenso wie Vertreter jeder anderen Wortart und Wortgruppenart (§ 61.2b HLR) – als Transmissionalien erscheinen.

*

- Zu § 82.5ε^{Iα} HLR: Kopulaverben können als Transzesse erscheinen; vgl. Bsp. 175c, S. 274.
- Zu § 82.5ε^{Iβ} HLR: Kopulaverben können als Konjunkte erscheinen; vgl. Bsp. 234e, S. 305.

- Zu § 82.5ε^{IIα} HLR: Kopulaverben können als Kojunkte erscheinen; vgl. Bsp. 234e, S. 305 (*sein*).
- Zu § 82.5ε^{IIβ} HLR: Kopulaverben können als Kojunktionalien erscheinen (analog zur Verwendung als Konjunkt).
- Zu § 82.5ε^{IIγ} HLR: Kopulaverben können – ebenso wie Vertreter jeder anderen Wortart und Wortgruppenart (§ 61.2b HLR) – als Transmissionalien erscheinen.

*

- Zu § 82.5ζ^{Iα} HLR: Funktionsverben können als Adverbanden erscheinen; vgl. Bsp. 114b, S. 239.
- Zu § 82.5ζ^{IIα} HLR: Funktionsverben können als Adverband-Adverbationalien erscheinen; vgl. Bsp. 262b, S. 322.
- Zu § 82.5ζ^{IIβ} HLR: Funktionsverben können – ebenso wie Vertreter jeder anderen Wortart und Wortgruppenart (§ 61.2b HLR) – als Transmissionalien erscheinen.

5.2.2 Substantive

5.2.2.1 Allgemeines zur Wortart

---

§ 83.1 HLR: (a) Ein S u b s t a n t i v (Sb) ist ein zusammengesetztes (§ 12.II HLR) Zeichen mit Wortcharakter (§ 26 HLR), das als Gefüge konsistent (§ 15.Ib HLR) strukturiert ist und das besteht aus ^{(I)}einem Transfix (§ 76.1α HLR) und einem Substantivgrammativ (§ 70 HLR), ^{(II)}einem Konfix (§ 80.1c^{II} HLR) und einem Substantivsuffix (§ 78.1b^{IV} HLR), ^{(III)}einem Wort und einem Konfix, ^{(IV)}zwei Konfixen oder ^{(V)}zwei Wörtern.

(b) Ein Substantiv als Gefüge betrachtet, heißt S u b s t a n t i v g e b i l d e.

(c) Substantive können unterschiedliche Gliederstrukturen (§ 13.3β^{I} HLR) aufweisen: ^{(I)}die von Flexionsgefügen (§ 29.1b^{IIβ} HLR), ^{(II)}die von Aflexionsgefügen (§ 30.1b^{IIβ} HLR) – sofern sie als Bestandteile von Wortgebilden erscheinen –, ^{(III)}die von Derivationsgefügen (§ 32.1b^{IIβ} HLR), ^{(IV)}die von Amplifikationsgefügen (§ 33.1b^{II} HLR) oder ^{(V)}die von Attributionsgefügen (§ 39.1b^{Iα} HLR).

(d) Substantive gehören zu den deklinierbaren Wortarten (§ 81.1β^{I} HLR). Ihre Flexionsformen weisen die Aspekte grammatischer Bedeutung ›Kasus‹ und ›Numerus‹ auf. Durch das gesamte Formenparadigma konstant ist bei Substantiven (im Gegensatz zu Adjektiven, Pronomina und Artikeln) das Genus.

(e) Die Nennform (§ 3.2 HLR) von Substantiven ist normalerweise die Nominativ-Singular-Form.

(f) Als unmarkierter Numerus erscheint bei Substantiven der Singular. Der Plural bewirkt demgegenüber, dass ^{(I)}ein Substantiv, das primär eine Kategorie bezeichnet (§ 83.2β HLR), sekundär zu einer Individualbezeichnung wird (§ 83.2β^{3αb} HLR, Funktion des I n d i v i d u a l p l u r a l s) oder dass ^{(II)}ein Substantiv, das primär ein Individuum bezeichnet (§ 83.2α HLR), sekundär zu einer Kategorialbezeichnung wird (§ 83.2α^{3} HLR, Funktion des h y p e r t r o p h e n I n d i v i d u a l p l u r a l s).

Zu § 83.1 HLR: Substantive sind Wörter und als solche prinzipiell zusammengesetzte Zeichen (§ 26.1a HLR). Sie bestehen aus einem Transfix und einem Substantivgrammativ (vgl. Abb. 42, S. 148), aus einem Konfix und einem Substantivsuffix (vgl. Abb.

116, S. 398), aus einem Wort und einem Konfix (vgl. Abb. 65, S. 203), aus zwei Konfixen (vgl. Abb. 76, S. 211) oder aus zwei Wörtern (vgl. Abb. 44/2, S. 149); ihrer Gefügestruktur nach sind sie entweder Flexionsgefüge (z. B. *Ranken* in Abb. 78, S. 212) oder Aflexionsgefüge (z. B. *Beeren*, ebd.) oder weisen ebensolche als Kerne auf: dann, wenn sie im Ganzen als Derivationsgefüge (z. B. Abb. 51, S. 161), Amplifikationsgefüge (z. B. Abb. 41/2, S. 146) oder Attributionsgefüge (Abb. 44/2, S. 149) erscheinen. Sie sind immer konstistente Gefüge, selbst dann, wenn es sich um Phraseolexeme handelt: Eine feste Wortverbindung wie *alter Hase* (Bsp. 446a), die wir – vgl. Kap. 3.2.2.3, S. 155 ff. – ihrerseits als Wort, nämlich eben als Substantiv betrachten, hat nur als solche Wortcharakter. Erscheinen ihre beiden Bestandteile in Distanzstellung zueinander (Bsp. 446b), so handelt es sich nicht mehr um dasselbe Zeichen: *alter Hase* in Bsp. 446b kann nicht als Wort und nicht einmal als Wortgruppe, sondern nur als Wortverbund interpretiert werden.

Bsp. 446: a) „Reden wir ehrlich miteinander! Zwei so alte Hasen [›erfahrene Leute‹] wie wir brauchen sich keine Kindereien vorzumachen." (GANGHOFER, Schl. Hub. 1895, 418 f.)
b) „Auf zehn Schritte von ihm hatte ein alter blinder Hase sich hingepflanzt und machte ein Männchen." (EBNER-ESCHENBACH, Unsühnb. 1889, 466.)

Innerhalb der Kategorie ‚flektierbare Wörter' gehören Substantive zu den deklinierbaren Wörtern. Ihre Flexionsformen erscheinen als Ausdrücke jeweils bestimmter Kombinationen der grammatischen Wertaspekte ›Kasus‹ und ›Numerus‹.

– Das Kasus-Paradigma umfasst im Deutschen vier Aspekte: Nominativ, Genitiv, Dativ und Akkusativ. Eine Zuschreibung bestimmter semantischer Funktionen zu den vier Kasus ist problematisch. Ganz allgemein lässt sich für den Nominativ sagen, dass in ihm in aktivischen Prädikationsgefügen derjenige Ausdruck steht, der als Agens, als Vorgangs- oder Zustandssubjekt erscheint. Der Genitiv ist – abgesehen von bestimmten Ausnahmen, in denen er einem Objekt, Transzedenten oder Adverbial zukommt – auf Attribute und Komites beschränkt; er erfüllt dabei die Funktion der genaueren Spezifikation des Attribuenden bzw. des Komitats.[219] Bei der genitivischen Attribution ist ein substantivischer Attri-

---

[219] Die Frage, ob man dem Genitiv prinzipiell eine bestimmte semantische Qualität zuschreiben könne, wird unterschiedlich beantwortet. Erben (1972, 138) erläutert die Etymologie von *Genitiv* und weist darauf hin, dass lat. *casus genitivus* eine „unrichtige Lehnübersetzung von griech. γενικὴ πτῶσις" ist, das „von den lat. Grammatikern irrtümlich auf *genitus* (*gignere*) statt auf *genus* bezogen wurde". Die angemessene lateinische Entsprechung sei „*casus generalis*, d. h. Kasusform, welche die Gattung oder den Zugehörigkeitsbereich der näher bestimmten Größe angibt, bei adverbalem Gebrauch den Wirkungsbereich der Verbalhandlung" (ebd.). Während der adverbale Gebrauch – Objektsgenitiv (z. B. *jemandes gedenken*), transzedentischer Genitiv (z. B. *guter Dinge sein*) und adverbialer Genitiv (z. B. *meines Erachtens*) – in diesem Zusammenhang nicht weiter diskutiert werden muss, ist die Frage zu stellen, inwieweit die Einschätzung ‚Angabe der Gattung oder des Zugehörigkeitsbereichs der näher bestimmten Größe' als Funktion für den attributiven und komita-

buend durch eine nachgestellte Substantivgruppe im Genitiv determiniert. Diese Substantivgruppe kann einfach sein (d. h. lediglich durch einen Artikel determiniert, Bsp. 447a–b) oder zusammengesetzt (nämlich seinerseits attribuiert, Bsp. 447c–g, auch durch ein zusammengesetztes, nämlich wiederum seinerseits attribuiertes Attribut, Bsp. 447h).

Bsp. 447: a) „Praxis des Historikers" (WEBER, Krit. Stud. 1906, 217),
b) „Vergegenwärtigung eines Traumes" (NIETZSCHE, Menschl. I ²1886, 32),
c) „Geist strenger Gleichheit" (SIMMEL, Soz. Diff. 1890, 46),
d) „Seele irgend eines verstorbenen Scheichs" (MAY, Sklavenkaraw. 1889–90, 13),
e) „Emissionen der chinesischen Regierung in der Taiping-Rebellionszeit" (WEBER, Wirtsch. u. Gesellsch. I 1921, 97),
f) „Erfüllung des Versprechens, die deutsche Abrüstung solle nur der Beginn der allgemeinen sein" (TH. MANN, Dt. Anspr. ¹1930, 875),
g) „Schwelle des Tempels der höchsten irdischen Glückseligkeit" (AHLEFELD, Erna 1820, 41),
h) „Sinn der Bestimmung des Umkreises des Objekts" (WEBER, R. Stammler 1907, 343).

Während für die deutsche Sprache des frühen 21. Jahrhunderts eine „starke Tendenz" zu beobachten ist, „vorangestellte Genitivattribute" – das heißt nach unserer Auffassung: komitative genitivische Substantivgruppen – „auf [...] Eigennamen zu beschränken" (Duden 2005, 834), gilt dies für unseren Untersuchungszeitraum noch nicht in gleicher Weise:

Bsp. 448: a) „Des Tages erster Gedanke" (NIETZSCHE, Menschl. I ²1886, 338; im Original Sperrsatz),
b) „Des Menschen Seele ist manchmal schwankender als der Gang eines Betrunkenen durch einen Sturzacker" (BIERBAUM, Stilpe 1897, 32),
c) „Des Grafen Richter sprachen das Urteil" (FRANZOS, Jud. v. Barn. ⁷1905, 103),
d) „Des Jünglings Herz ergießt sich wie ein schäumender Bergstrom gegen die Welt" (HOFMANNSTHAL, Divan 1913, 161).

---

tiven Genitiv zutrifft. Betrachtet man z. B. das Syntagma *Praxis des Historikers* (Bsp. 447a) so zeigt sich, dass der im Genitiv stehende Attributkern gerade nicht die Gattung nennt, zu der die näher bestimmte Größe (der Attribuend) gehört, sondern eine Differentia specifica, durch die der Attribuend in seiner Eigenschaft als Gattungsbezeichnung näher bestimmt ist. Die im Beispiel genannte *Praxis* unterscheidet sich von allen anderen Vertretern der Gattung *Praxis* durch das mit dem Attributkern *Historiker* benannte Charakteristikum. Die allgemeine Bedeutung eines Attributionsgefüges $x\ y_{Gen}$ bzw. Komitationsgefüges $y_{Gen}\ x$ wäre demnach: ›das x Genannte hebt sich von der Gesamtheit aller x dadurch ab, dass das durch y Ausgedrückte gilt‹. Deutet man also den Genitiv als *casus generalis* im obigen Sinne, so ist dieser Terminus nicht zu übersetzen mit ›Kasus, der die Gattung angibt‹, sondern mit ›Kasus, der auf die Gattung bezogen ist‹, will sagen: ›der den Gattungsvertreter näher bestimmt‹. Somit könnte der Genitiv hinsichtlich seiner semantischen Funktion auch als ‚Spezifikativ' bezeichnet werden. Dabei kann das im Genitivattribut genannte Spezifikum durchaus ein ‚Zugehörigkeitsbereich' sein. Es gibt allerdings auch noch andere Möglichkeiten (vgl. Kap. 6.2).

Wenngleich genitivische Komites wie in Bsp. 448 in unserem Quellenkorpus deutlich seltener belegt sind als genitivische Attribute wie in Bsp. 447 und somit eine stilistische Markierung (Emphase; Gewählt-, Gehobenheit; Antiquiertheit[220]) bereits für den Untersuchungszeitraum angenommen werden kann, erscheinen sie unter semantischem Gesichtspunkt dennoch nur als Varianten der Genitivattribute. — Dativ und Akkusativ sind die üblichen Objektskasus. Der Dativ kennzeichnet propositional oft eine Größe, die durch eine Handlung, einen Vorgang oder Zustand tendenziell weniger stark oder nur indirekt affiziert ist: (z. B. den Adressaten (im Unterschied zum Gegenstand) einer Transferhandlung, die räumliche oder zeitliche Position eines Zustands oder den räumlichen oder zeitlichen Ausgangspunkt einer Bewegung (im Unterschied zum räumlichen oder zeitlichen Zielpunkt einer Bewegung). Der Akkusativ kennzeichnet eine demgegenüber häufig eine Größe, die durch eine Handlung, einen Vorgang oder Zustand tendenziell stärker oder unmittelbar betroffen ist. In diesem Kasus steht in aktivischen Prädikationsgefügen in aller Regel das Objekt, sofern das Prädikationsgefüge nur ein solches aufweist. Erben (1972, 138) macht darauf aufmerksam, dass die Bezeichnung *casus accusativus* ›die Anklage betreffender Fall‹ eine Fehlübersetzung lateinischer Grammatiker aus dem Griechischen (αἰτιατικὴ πτῶσις ›das Bewirkte betreffender Fall‹) gewesen sei; zutreffender wäre demnach die Übersetzung *casus effectivus* gewesen.

- Das Numerus-Paradigma umfasst im Deutschen zwei alternative Aspekte: Singular (das Substantiv oder Pronomen steht für eine einzelne Einheit) und Plural (das Substantiv oder Pronomen steht für mehrere Einheiten); der indoeuropäische Dual, soweit überhaupt noch vorhanden, spielt im Rahmen unserer Untersuchung keine Rolle. — Die Kategorie des Numerus ist nicht allein grammatisch, sondern auch semantisch relevant. Der Plural ist prinzipiell nur auf Kategorialbezeichnungen anzuwenden; erscheint es im Plural, so wird ein Substantiv (oder ein Pronomen), das p r i m ä r für eine Kategorie steht, s e k u n d ä r zu einer Individualbezeichnung. Das bedeutet dann umgekehrt für primäre Individualbezeichnungen – also Nomina propria und Nomina innumerabilia –, zweierlei: Erstens stehen sie in der Regel nur im Singular (so genannte Singulariatantum, Bsp. 449a/b). Zweitens erscheinen sie, wo sie dennoch im Plural stehen, zunächst als (sekundäre) Kategorialbezeichnungen, als solche dann allerdings erneut (gewissermaßen tertiär) als Individualbezeichnungen (Bsp. 449c/d). Der hypertroph wirkende Individualplural bei primären Individualbezeichnungen ist damit nicht redundant, sondern bringt eine andere Qualität der Individualität zum Ausdruck.

---

[220] Häufig kommen genitivische Komites in gebundener Rede oder in gehobenem, dithyrambischem Ton (z. B. bei NIETZSCHE, Zarathustra 1883–85) vor, ebenso in Fügungen wie *des Herrn Wege* (z. B. bei FREYTAG, Ahnen 1872–80, 1139), die dem auf das 16. Jh. zurückgehenden, im späten 19. und frühen 20. Jh. jedenfalls archaisch wirkenden Bibelstil nachempfunden sind.

Bsp. 449: a) „<u>Hans</u> nannte eine ziemlich ungeheuerliche Summe" (REVENTLOW, Tot 1911, 320).
b) „Es ist <u>Nacht</u>" (SCHEERBART, Tarub 1897, 112).
c) „<u>Bernhards</u>, <u>Hänse</u>, Weise, Toren, | Halbvollzogne Professoren, | Alle fängt der kleine Gott!" (WILBRANDT, Erinn. II 1907, 217.)
d) „Mag doch der Alte ein Werwolf sein, der alle <u>Nächte</u> den Mond anheult, das soll mich nicht abhalten!" (WILDENBRUCH, Riechb. 1885, 7.)

Die empirische Semantik kann den Beleg eines Wortes im Individualplural zum Anlass für einen eigenständigen Bedeutungsansatz nehmen, z. B. *Geist* ›Gesamtheit der intellektuellen Vermögen des Menschen; Seele‹ als Singularetantum (Nomen innumerabile) vs. *Geist* ›Dämon‹ (Nomen numerabile) mit Belegen für Individualplural; vgl. S. 61.

In der Regel haben Substantive acht Flexionsformen: vier Kasusformen im Singular und vier im Plural; es gibt jedoch, wie gesagt, auch Singulariatantium – Substantive wie *Milch* –, die nur Singular-Kasusformen, und ebenso Pluraliatantum – Substantive wie *Leute* –, die nur Plural-Kasusformen aufweisen.

Durch das gesamte Formenparadigma konstant ist bei Substantiven (im Gegensatz zu Adjektiven, Pronomina und Artikeln) das Genus, dessen Kategorien Maskulinum, Femininum und Neutrum daher nicht als Wortformenkategorien, sondern als Wortkategorien erscheinen (vgl. Eisenberg 2000, 18). D. h., es kommt jedem Substantiv in der Regel ein bestimmtes Genus zu, das nicht im Rahmen eines Wortformenparadigmas, sondern allenfalls im Rahmen eines – z. B. regionalen oder stilistischen – Variantenparadigmas veränderlich ist. Dem Genus eine semantische Funktion zuzuweisen ist für das Deutsche nicht möglich; die laienhafte Vorstellung, dass den Genera sexuelle Unterscheidungen – ›männlich‹, ›weiblich‹ und ›geschlechtsneutral‹ – zugrunde liegen, ist unzutreffend (vgl. Bär 2004).

Ein Substantiv ist als Lexem die (virtuelle) Gesamtheit aller seiner Flexionsformen. Als Nennform gilt die Form des Singular-Nominativs, bei Pluraliatantum die des Plural-Nominativs.

5.2.2.2 Semantische Substantivklassen

Substantive „benennen Gegenstände sowie Klassen von Gegenständen, z. B. Lebewesen, Sachen, Denkgegenstände" (Flämig 1991, 441). Hinsichtlich ihrer Bedeutung im engeren Sinne können Substantive zu verschiedenen Klassen zusammengefasst werden. Sie können zunächst untergliedert werden in Individualbezeichnungen und Kategorialbezeichnungen.

---

§ 83.2 HLR: Substantive stehen für konkrete oder abstrakte Gegenstände oder Klassen von Gegenständen, soweit sie Thema einer Aussage sein können, mit anderen Worten: Sie können Individualbezeichnungen oder Kategorialbezeichnungen sein.

(α) $^{(1)}$Unter einem I n d i v i d u u m wird eine räumlich und zeitlich bestimmbare kognitive Einheit verstanden, also alles, was im alltagssprachlichen Sinne als ein konkreter oder abstrakter Gegenstand, auch als ein bestimmtes Quantum eines Stoffes bezeichnet werden kann. Mehrere Individuen bilden eine I n d i v i d u e n m e n g e. $^{(2)}$Als Substantive, die Individuen bezeichnen, erscheinen primär Eigennamenwörter, so genannte N o m i n a   p r o p r i a (Sb-prp). Zu ihnen gehören $^{(α)}$N a m e n   r e a l e r,   f i k t i o n a l e r   o d e r   m e t a p h y s i s c h e r   P e r s o n e n (Nomina propria personae, Sb-prp-person), $^{(β)}$N a m e n   k o n k r e t e r   S a c h e n (Nomina propria rei, Sb-prp-rei), $^{(γ)}$O r t s n a m e n (Nomina propria loci, Sb-prp-loc) sowie $^{(δ)}$N a m e n   v o n   Z e i t p u n k t e n   o d e r   - r ä u m e n (Nomina propria temporis, Sb-prp-tp). $^{(ε)}$A l s   u n e c h t e   N o m i n a   p r o p r i a   k ö n n e n $^{(εα)}$bestimmte Nomina numerabilia (§ 83.2β^{3αbβα} HLR) oder $^{(εβ)}$bestimmte Nomina innumerabilia (§ 83.2β^{3βbβ} HLR) erscheinen. $^{(3)}$Nomina propria stehen per se für Individuen und bedürfen dazu keiner weiteren Determination, wie sie bei den Nomina appellativa (§ 83.2β HLR) durch Individualartikel (§ 85.2b^{I} HLR) oder Individualplural (§ 83.1f^{I} HLR) erfolgt. Sie erscheinen daher nur im Singular und mit Neutralartikel (§ 85.2b^{II} HLR). Wo sie gleichwohl im (dann hypertrophen) Individualplural (§ 83.1f^{II} HLR) und/oder mit (dann hypertrophem) Individualartikel (§ 85.2b^{Iβ} HLR) erscheinen, ändert sich dadurch ihre allgemeine Bedeutung – sie werden zu unechten Nomina appellativa, genauer: Nomina numerabilia (§ 83.2β^{3αbγ} HLR) – und ggf. auch ihre spezifische Bedeutung.

(β) $^{(1)}$Unter einer K a t e g o r i e wird eine qualitativ bestimmbare kognitive Größe verstanden. $^{(2)}$Als Substantive, die Kategorien bezeichnen, erscheinen primär Gattungswörter oder N o m i n a   a p p e l l a t i v a (Sb-appll). $^{(3αα)}$Manche Nomina appellativa bezeichnen Kategorien, die als Individuenmengen (§ 83.2α^{1} HLR) erscheinen. Jedes einzelne dieser Individuen gilt dann als ein Vertreter der jeweiligen Kategorie; jede (Teil-)Menge von Individuen ist exakt oder zumindest der Tendenz nach quantitativ bestimmbar; diese Substantive stehen also für zählbare Phänomene und heißen daher N o m i n a   n u m e r a b i l i a (Sb-num). $^{(αbα)}$Nomina numerabilia sind – als Nomina appellativa – primär Kategorialbezeichnungen (§ 83.2β^{2} HLR). Sie können mit Individualartikel (§ 85.2b^{I} HLR) und/oder im Individualplural (§ 83.1f^{I} HLR) gebraucht und dadurch zu sekundären Individualbezeichnungen werden. $^{(αbβ)}$Werden Nomina numerabilia mit Neutralartikel (§ 85.2b^{I} HLR) gebraucht, so erscheinen sie $^{(αbβα)}$als unechte primäre Individualbezeichnungen (unechte Nomina propria, § 83.2α^{2εα} HLR) oder $^{(αbβγ)}$als unechte Nomina innumerabilia (§ 83.2β^{3βbβ} HLR). $^{(αbγ)}$Als unechte Nomina numerabilia erscheinen $^{(αbγα)}$Nomina propria (§ 83.2α^{3} HLR), die im hypertrophen Individualplural (§ 83.1f^{II} HLR) und/oder mit hypertrophem Individualartikel (§ 85.2b^{Iβ} HLR) verwendet werden, oder $^{(αbγβ)}$Nomina innumerabilia, die im Individualplural (§ 83.1f^{I} HLR) und/oder mit Individualartikel (§ 85.2b^{Iα} HLR) verwendet werden (§ 83.2β^{3βbβ} HLR). $^{(αc)}$Zu den Nomina numerabilia gehören: $^{(αcα)}$Personenbezeichnungen oder N o m i n a   p e r s o n a e (Sb-person), mit unterschiedlicher Spezifizität, darunter auch Bezeichnungen für Institutionen oder N o m i n a   i n s t i t u t i o n i s (Sb-inst), die in der Regel als Bezeichnungen von Mengen von Personen (Nomina quantitatis personarum, § 83.2β^{3αcηα} HLR) angesehen werden können; $^{(αcβ)}$Bezeichnungen für Tiere oder N o m i n a   a n i m a l i s (Sb-anml) mit unterschiedlicher Spezifizität; $^{(αcγ)}$Bezeichnungen für konkrete Sachen oder N o m i n a   r e i (Sb-rei) mit unterschiedlicher Spezifizität; $^{(αcδ)}$Bezeichnungen für abstrakte Gegenstände oder N o m i n a   r e i   a b s t r a c t a e (Sb-rbstr) mit unterschiedlicher Spezifizität; $^{(αcε)}$Bezeichnungen für Orte oder N o m i n a   l o c i (Sb-loc) mit unterschiedlicher Spezifizität; $^{(αcζ)}$Bezeichnungen für Zeitpunkte bzw. -räume oder N o m i n a   t e m p o r i s (Sb-tp) mit unterschiedlicher Spezifizität; $^{(αcη)}$Bezeichnungen für (Teil-)Mengen oder N o m i n a   q u a n t i t a t i s (Sb-quant) mit unterschiedlicher Spezifizität. Nomina quantitatis können (Teil-)Mengen von Individuen einer bestimmten Kategorie bezeichnen, aber auch (Teil-)Mengen eines bestimmten Stoffs oder einer Gesamtheit von Individuen. Entsprechend lassen sich u. a. $^{(αcηα)}$N o m i n a   q u a n t i t a t i s   p e r s o n a r u m (Sb-quant-person), $^{(αcηβ)}$N o m i n a   q u a n t i t a t i s   a n i m a l i u m (Sb-quant-anml), $^{(αcηγ)}$N o m i n a   q u a n t i t a t i s   m a t e r i a e (Sb-quant-mat) unterscheiden. $^{(βα)}$Substantive, die einen Gegenstand oder Sachverhalt ohne Differenzierung einzelner Bestandteile oder Teilmengen bezeichnen, stehen für Unzählbares und heißen daher Nomina innumerabilia (Sb-innum). ⁽ᵝᵇᵅ⁾Nomina innumerabilia können nicht als Individualbezeichnungen und daher weder im Individualplural (§ 83.1f¹ HLR) noch mit Individualartikel (§ 85.2bᶦᵅ HLR) gebraucht werden. ⁽ᵝᵇᵝ⁾Wo Nomina innumerabilia im Individualplural (§ 83.1f¹) und/oder mit Individualartikel (§ 85.2bᶦᵅ HLR) erscheinen, ändert sich dadurch ggf. ihre spezifische Bedeutung, in jedem Fall aber ihre allgemeine Bedeutung: Sie werden zu unechten Nomina numerabilia (§ 83.2β³ᵃᵇʸᵝ HLR). ⁽ᵝᵇʸ⁾In bestimmten Fällen – z. B. dort, wo sie als Kerne von Korrelationalen nominativer Propositionsgefüge (§ 103.IIIbˣᵅ HLR) erscheinen – sind Nomina innumerabilia auch als unechte Nomina propria (§ 83.2α²ᵋᵝ HLR) deutbar. ⁽ᵝᶜ⁾Zu den Nomina innumerabilia gehören: ⁽ᵝᶜᵅ⁾Stoffbezeichnungen oder Nomina materiae (Sb-mat) mit unterschiedlicher Spezifizität; ⁽ᵝᶜᵝ⁾Bezeichnungen für abstrakte Beschaffenheiten oder Nomina principii (Sb-prncp) mit unterschiedlicher Spezifizität; ⁽ᵝᶜʸ⁾Bezeichnungen für Gesamtheiten oder Nomina collectiva (Sb-cllct) mit unterschiedlicher Spezifizität; ⁽ᵝᶜᵟ⁾Bezeichnungen für Maßeinheiten oder Nomina mensurae (Sb-mens).

Zu § 83.2α HLR: Als Substantive, die primär Individuen bezeichnen, erscheinen Nomina propria oder Eigennamen: u. a. solche von Personen (z. B. *Alberich* oder *Brigitta*), zu denen auch Tiernamen (z. B. *Waldi* oder *Mieze*) zählen, solche von Sachen (z. B. *Yggdrasil* oder *Balmung*), solche von Orten (z. B. *Zeulenroda* oder *Wipperfürth*) und solche von Zeitpunkten oder -räumen (z. B. *Ostern* oder *Pfingsten*).

Demgegenüber stehen Nomina appellativa primär für Kategorien, d. h. für qualitativ bestimmbare kognitive Größen. Manche Kategorien erscheinen als Mengen von Individuen gleicher Qualität (will sagen: alle kategorial zugehörigen Individuen haben – unbeschadet sonstiger Unterschiedlichkeiten – eine bestimmte Qualität bzw. ein Ensemble qualitativer Aspekte gemeinsam). Substantive, die für solche Kategorien stehen, sind Nomina numerabilia. Substantive, die einen Gegenstand oder Sachverhalt „ohne Scheidung in Einzelteile und ohne genauere Bestimmung hinsichtlich einer bestimmten Art und Ausführung" (Duden 1998, 321) bezeichnen, stehen demgegenüber für Unzählbares; sie sind Nomina innumerabilia.

Zu den Nomina numerabilia zählen wir beispielsweise die folgenden Substantivarten:

- Personenbezeichnungen mit unterschiedlicher Spezifizität (z. B. *Person, Mensch, Mann, Frau, Kind, Bruder, Tochter, Lehrer, Dichterin, Dieb, Betrügerin* ...), darunter auch Bezeichnungen für Mengen von Personen, u. a. für Institutionen (z. B. *Amt, Gericht, Firma, Haus, Hof, Parlament* ...).
- Bezeichnungen für Tiere mit unterschiedlicher Spezifizität (z. B. *Tier, Wirbeltier, Molluske, Säugetier, Insekt, Hund, Pferd, Biene* ...).
- Bezeichnungen für konkrete Sachen – darunter auch nicht-tierische Lebewesen – mit unterschiedlicher Spezifizität (z. B. *Ding, Sache, Gegenstand, Haus, Tisch, Wagen, Pflanze, Apfel, Stein, Gefäß, Sonne, Mond* ...).
- Bezeichnungen für abstrakte Gegenstände mit unterschiedlicher Spezifizität (z. B. *Ding, Gegenstand, Sache, Sachverhalt, Tat, Tatsache, Vorgang, Traum, Gedanke, Idee, Absicht, Gott, Teufel, Dämon, Gespenst* ...).

- Bezeichnungen für Orte mit unterschiedlicher Spezifizität (z. B. *Ort, Platz, Stelle, Land, Stadt, Haus, Saal, Zimmer, Wald, Berg, Fluss* ...).[221]
- Bezeichnungen für Zeitpunkte bzw. -räume mit unterschiedlicher Spezifizität (z. B. *Zeitpunkt, Zeitraum, Periode, Zeitalter, Epoche, Minute, Stunde, Tag, Abend, Woche, Monat, Jahr, Jahrhundert* ...).
- Bezeichnungen für (Teil-)Mengen mit unterschiedlicher Spezifizität: u. a. für Personengruppen (z. B. *Volk, Gruppe, Schar, Bataillon* ...), für Gruppen von Tieren (z. B. *Herde, Rudel, Schwarm* ...) und für Materialmengen (z. B. *Menge, Quantum, Stück* ...).

Zu den Nomina innumerabilia gehören u. a. die folgenden Arten von Substantiven:

- Stoffbezeichnungen[222] mit unterschiedlicher Spezifizität (z. B. *Stoff, Material, Brot, Fleisch, Holz, Leder, Metall, Gold, Luft, Wasser, Wein, Wolle, Zement, Glas, Getreide, Geld,* ...).
- Bezeichnungen für abstrakte Verfasstheiten mit unterschiedlicher Spezifizität (z. B. *Mut, Verstand, Furcht, Trauer, Müdigkeit, Vertrauen* ...).
- Bezeichnungen für Gesamtheiten – will sagen: zusammenfassende Bezeichnungen für Mengen von Individuen unterschiedlicher Art – mit unterschiedlicher Spezifizität (z. B. *Nahrung, Obst, Vieh, Kleidung, Gepäck, Spielzeug, Werkzeug* ...).
- Bezeichnungen für Maßangaben (z. B. *Gramm, Pfund, Fass, Glas* ...).

Die Einschränkung, dass Nomina propria p r i m ä r Individualbezeichnungen und Nomina appellativa p r i m ä r Kategorialbezeichnungen sind, ist hier deshalb erforderlich, weil Nomina propria sehr wohl auch sekundäre Kategorialbezeichnungen und Nomina appellativa sekundäre Individualbezeichnungen sein können.

Bsp. 450: a) „[A]ls die Sonne aufging, lag sie als eine Magdalena zu seinen Füßen" (KELLER, Leg. 1871, 383)
b) „Nachdem sie also in erhabenen Gefühlen geschwelgt, endeten sie logisch und naturgemäß mit dem schönen Triebe, einige Maria Magdalenen zu trösten. Eine blaue Laterne, als sie ziellos über die Straße schlenderten und sich in dem übelriechenden Gehege der weiblichen Asphaltblumen fortschoben, leuchtete ihnen freundlich zur gastlichen Herberge." (BLEIBTREU, Größenw. 1888, I, 109)

---

[221] Mit der Bedeutungsbasis ›Ort, der durch den vom Basissubstantiv bezeichneten Gegenstand oder Sachverhalt charakterisiert ist‹ kann zudem eine ganze Reihe von Nomina loci auf *-ei* von Substantiven abgeleitet werden. Beispiele: *Schulmeisterei* ›Ort, an dem der Schulmeister wohnt‹ (NIETZSCHE, III. Unzeit. Betr. 1874, 422), mit getilgtem *-e* (vgl. Fleischer/Barz 1995, 149) *Pfarrei* ›Ort, an dem der Pfarre(r) wohnt‹ (NIETZSCHE, III. Unzeit. Betr. 1874, 422) sowie mit euphonischem Interfix *-n-* (vgl. Fleischer/Barz 1995, 149) *Wüstenei* ›Ort von der Qualität einer Wüste‹ (NIETZSCHE, III. Unzeit. Betr. 1874, 417).
[222] Vgl. unten, S. 511.

c) „Dicht vor der Scharrnstraße zog sich eine Barrikade quer über die Breite Straße fort" (FONTANE, 20–30 1908, 340)

d) „In den ersten Reihen des Parterres saßen die Schüler der Polytechnischen Schule." (BÖRNE, Brf. Paris I 1832, 120.)

Nomina propria können, indem sie im Komitationsgefüge mit einem unbestimmten Individualartikel (Bsp. 450a) und/oder im Plural (Individualplural, Bsp. 450b) verwendet werden, als sekundäre Kategorialbezeichnungen (und dann wiederum als ‚Retro'-Individualbezeichnungen) erscheinen. Sie verhalten sich dann wie Ausdrücke für zählbare Größen und können daher als u n e c h t e N o m i n a n u m e r a b i l i a charakterisiert werden.

Nomina numerabilia können ohne weiteres als sekundäre Individualbezeichnungen – für einzelne Vertreter der in Rede stehenden Gattung – gebraucht werden; sie können mit Individualartikel (Bsp. 450c, Bsp. 451a) und/oder im Individalplural (Bsp. 450d) stehen. Eine Verwendung im Singular und mit Neutralartikel (in Form eines Nullartikels) lässt sie hingegen als unechte Nomina propria (Bsp. 451b) oder als unechte Nomina innumerabilia (Bsp. 451c) erscheinen.

Bsp. 451: a) „Er [...] begab sich mit geschlossenem Visir vor das Thor der Burg des alten Ritters und forderte Einlaß" (GRÄSSE, Sagenb. Preuß. I 1868, 596).

b) „Nach einer neunjährigen, für mich sehr unglücklichen Ehe mit dem Fabrikbesitzer A s t o n , aus England, gegenwärtig in B u r g , sah ich mich genöthigt, endlich eine Scheidung von demselben durchzusetzen." (ASTON, Emancip. 1846, 27.)

c) „Auf Sankt Luciä wird unsere Liebe von des Priesters Hand gesegnet. Dann sind wir Mann und Weib, und bauen uns ein eigenes Nestlein." (HEBEL, Schatzkästl. 1811, 292.)

Nomina innumerabilia erscheinen – wie Nomina propria, jedoch aus anderem Grund[223] – nur im Singular und nicht mit Individualartikel. Anders als echte Nomina propria können sie zwar ein Komitationsgefüge mit einem bestimmtem Artikel bilden (bestimmter Neutralartikel *der*, § 85.2c^{III} HLR), aber die Rolle des unbestimmten Artikels übernimmt bei ihnen der Nullartikel (unbestimmter Neutralartikel $\emptyset_{Art}$, § 85.2c^{IV} HLR): *die Müdigkeit*, aber nicht *eine Müdigkeit*, sondern nur *Müdigkeit*. In manchen Fällen – u. a. dort, wo sie Korrelational-Kerne im Rahmen nominativer Propositionsgefüge erscheinen (vgl. S. 691) – sind Nomina innumerabilia auch als unechte Nomina propria deutbar.

Bsp. 452: „Die Decke in der Kirche nennt man in Ertingen Himmel." BIRLINGER/BUCK, Sag. 1861, 382.)

---

[223] Nomina propria sind reine Individualbezeichnungen und bedürfen keiner individualisierenden Determination; Nomina innumerabilia sind reine Kategorialbezeichnungen und schließen eine individualisierende Determination aus.

Manche Substantive können sowohl Innumerabilien als auch Numerabilien sein, d. h. sie können in bestimmten Zusammenhängen nicht nur für eine Klasse im Ganzen, sondern auch für einzelne Bestandteile derselben – z. B. *Brot* (ohne Plural) vs. *ein Brot/Brote* – bzw. nicht nur für einen abstrakten Gegenstand oder Sachverhalt, sondern auch für eine bestimmte Art oder Erscheinungsform desselben – z. B. *Metall* (ohne Plural) vs. *ein Metall/Metalle* – stehen.

§ 83.3 HLR: Unabhängig von der Differenzierung gemäß § 83.2 HLR (aber teilweise mit Überlagerung der Spezifikationen) können Substantive nach ihrem propositiven Wert unterschieden werden.

Zu § 83.3 HLR: Substantive können nicht nur in konkreten Propositionsgefügen (§§ 103–105 HLR) – d. h. in der Parole – bestimmte semantische Rollen wie die des Agens oder des Patiens erfüllen, sondern sie können auch einen propositiven Langue-Wert aufweisen. Sie sind „geeignet, Geschehnisse, Eigenschaften und Beziehungen als Gegenstände sprachlich zu erfassen" (Flämig 1991, 441). Der Ausdruck *Gegenstand* ist hier als ›Aussagegegenstand‹ zu verstehen: Die Funktion von Substantiven im Satz

> „besteht [...] darin, mit dem dargestellten Geschehen/Sein zusammenhängende W e s e n h e i t e n , daran beteiligte oder als beteiligt gedachte G r ö ß e n zu benennen, d. h. ,H a n d l u n g s f a k t o r e n ' einer ,Ist- oder Tut-Prädikation' [...] namhaft zu machen" (Erben 1972, 124).

Mit anderen Worten: Substantive können für handlungs-, vorgangs- oder zustandsbeteiligte Größen stehen; zu ergänzen ist, dass sie auch für Handlungen, Vorgänge oder Zustände selbst stehen können. Die Unterscheidung einzelner Handlungen, Vorgänge und Zustände erfolgt dabei in Anlehnung an die Klassifizierung der Verben (vgl. Kap. 5.2.1.4) bzw. in Ergänzung derselben.

Die substantivischen Klassifikationskriterien ‚Zählbarkeit' und ‚propositiver Wert' schließen einander nicht aus. Vielmehr ist prinzipiell eine Kombination beider semantischer Aspekte möglich. So sind beispielsweise Nomina agentis oftmals Nomina personae, sie können aber auch Nomina animalis und (in hypostasierender Verwendung) Nomina quantitatis personarum oder animalium sowie Nomina principii sein. Nicht linguistisch, sondern vom ‚Weltwissen' her gedacht, entspricht diese Aussage der Tatsache, dass *Personen*, aber auch *Lebewesen* absichtsvoll *handeln* können, dass man aber auch von Gruppen von Personen, z. B. einem *Volk*, oder Gruppen von Lebewesen, z. B. einer *Herde*, und auch von abstrakten Prinzipien wie der *Seele* oder dem *Geist* sagen kann, dass sie willentlich *handeln*.

Nicht völlig ausgeschlossen, aber doch ungewöhnlich und daher allenfalls metaphorisch möglich wäre eine solche Redeweise beispielsweise bei unbelebten Gegenständen oder bei Materialien. Wieder in linguistischer Sicht: Es sind nicht alle Kombinationen von semantischen Aspekten gleich ‚typisch'; bestimmte, z. B. eben ›Person‹ + ›Agens‹, sind häufig, andere, z. B. ›abstraktes Prinzip‹ + ›Agens‹ sind nicht unüblich, aber doch ggf. bemerkenswert, wieder andere, z. B. ›Material‹ + ›Agens‹, erscheinen als außergewöhnlich und daher auffällig.

Eine über diese wenigen Andeutungen hinausgehende Behandlung von Aspektkombinationen bei Substantiven ist im Rahmen unserer Arbeit nicht möglich. Wichtig erscheint allerdings noch folgender Hinweis: Bei häufigen oder nicht unüblichen Kombinationen semantischer Aspekte können Substantive, die faktisch nur e i n e r semantischen Klasse angehören, in der syntaktischen Fügung doch eine F u n k t i o n haben, die ihnen genau genommen nur als Angehörigen einer anderen semantischen Klasse zukäme. So können beispielsweise reine Nomina personae wie *Mensch*, die per se keine Nomina agentis sind, doch in agentiven Propositionsgefügen die Rolle des Agens, reine Nomina rei wie *Stein*, die per se keine Nomina processui subiecti sind, in prozessiven Propositionsgefügen die Rolle des Prozesssubjekts übernehmen usw. Wir sprechen in solchen Fällen von p o t e n t i e l l e n Nomina agentis, processui subiecti usw.

‚Echte' propositionswertige Substantive sind insbesondere solche, die sich auf Verben zurückführen lassen. Die Verbvalenz wird dabei in der Regel auf die Substantivvalenz ‚vererbt' (Olsen 1986, 78 ff.): *eine Sache kritisieren → Kritiker einer Sache*.

---

§ 83.3α HLR: ⁽ᴵ⁾Substantive, die zum Ausdruck bringen, dass die Größe, für die sie stehen, Träger einer Handlung ist, heißen N o m i n a a g e n t i s (Sb-ags). Zu ihnen gehören ⁽ᵅ⁾Substantive der verrichtenden Größe oder N o m i n a f a c i e n t i s (Sb-facs), ⁽ᵝ⁾Substantive der hervorbringenden Größe oder N o m i n a p r o d u c e n t i s (Vb-prds), darunter ⁽ᵝᵅ⁾Substantive der etwas erschaffenden Größe oder N o m i n a c r e a n t i s (Sb-crs), ⁽ᵝᵝ⁾Substantive der sprachlich sich äußernden Größe oder N o m i n a d i c e n t i s (Sb-dics), ⁽ᵝᵞ⁾Substantive der mental hervorbringenden Größe oder N o m i n a c o n c i p i e n t i s (Sb-cncps) und ⁽ᵝᵟ⁾Substantive der etwas beginnenden Größe oder N o m i n a i n c i p i e n t i s (Sb-incps), ⁽ᵞ⁾Substantive der einflussnehmenden Größe oder N o m i n a i n f l u e n t i s (Sb-infls), darunter ⁽ᵞᵅ⁾Substantive der mental einflussnehmenden Größe oder N o m i n a i n f i c i e n t i s (Vb-infcs), ⁽ᵞᵝ⁾Substantive der absichtsvoll sinnlich wahrnehmbare Veränderungen bewirkenden Größe oder N o m i n a f o r m a n t i s (Sb-frms), ⁽ᵞᵞ⁾Substantive der (sich selbst oder Anderes) bewegenden bzw. eine Bewegung/Bewegungsfähigkeit/Bewegbarkeit beeinflussenden Größe oder N o m i n a m o v e n t i s (Sb-movs), ⁽ᵞᵟ⁾Substantive der sozial Einfluss nehmenden Größe oder N o m i n a s o c i a l i t e r i n f l u e n t i s (Sb-szs) und ⁽ᵞᵋ⁾Substantive der eine zeitliche Ausdehnung beeinflussenden Größe oder N o m i n a t e m p o r a l i t e r i n f l u e n t i s (Sb-tmps) sowie ⁽ᵟ⁾Substantive der bezugnehmenden Größe oder N o m i n a a d v e r t e n t i s (Sb-advns), darunter ⁽ᵟᵅ⁾Substantive der absichtsvoll wahrnehmenden Größe oder N o m i n a p e r c i p i e n t i s (Sb-pcps), ⁽ᵟᵝ⁾Substantive der bewusst etwas thematisierenden Größe oder N o m i n a p r o p o n e n t i s (Sb-prps), ⁽ᵟᵞ⁾Substantive der absichtlich etwas bezeichnenden Größe oder N o m i n a i n d i c a n t i s (Sb-idcs), ⁽ᵟᵟ⁾Substantive der etwas berührenden Größe oder N o m i n a t a n g e n t i s (Sb-tngs), ⁽ᵟᵋ⁾Substantive der soziokommunikativ Bezug nehmenden Größe oder N o m i n a i n v o l v e n t i s (Sb-invls), ⁽ᵟᶻ⁾Substantive der etwas erstrebenden Größe oder N o m i n a a p p e t e n t i s (Sb-apts) und ⁽ᵟᶯ⁾Substantive der etwas verwendenden Größe oder N o m i n a a d h i b e n t i s (Sb-adhs). ⁽ᴵᴵ⁾Substantive, die zum Ausdruck bringen, dass die Größe, für die sie stehen, eine Handlung (als aktuelle oder als vollzogene) ist, heißen N o m i n a a c t i o n i s (Sb-aktn). Zu ihnen gehören ⁽ᵅ⁾Substantive des Verrichtens oder N o m i n a f a c i e n d i (Sb-fac), ⁽ᵝ⁾Substantive des Hervorbringens oder N o m i n a p r o d u c e n d i (Sb-prd), darunter ⁽ᵝᵅ⁾Substantive des Hervorbringens konkreter Gegenstände oder N o m i n a c r e a n d i (Sb-cr), ⁽ᵝᵝ⁾Substantive des Hervorbringens sprachlicher Äußerungen oder Nomina dicendi (Sb-dic), ⁽ᵝᵞ⁾Substantive des Hervorbringens mentaler Größen oder Nomina concipiendi (Sb-cncp) und ⁽ᵝᵟ⁾Substantive des Beginnens oder Nomina incipiendi (Sb-incp), ⁽ᵞ⁾Substantive des Einflussnehmens oder Nomina influendi (Sb-infl), darunter ⁽ᵞᵅ⁾Substantive des mentalen Einflussnehmens oder Nomina inficiendi (Sb-infc), ⁽ᵞᵝ⁾Substantive des absichtlichen Bewirkens sinnlich wahrnehmbarer Veränderungen oder Nomina formandi (Sb-frmd), ⁽ᵞᵞ⁾Substantive des (sich selbst oder Anderes) Bewegens bzw. des Beeinflussens von Bewegung/Bewegungsfähigkeit/Bewegbarkeit oder Nomina movendi (Sb-mov), ⁽ᵞᵟ⁾Substantive des sozialen Einflussnehmens oder Nomina socialiter influendi (Sb-sz) und ⁽ᵞᵋ⁾Substantive der Beeinflussung einer zeitlichen Ausdehnung oder Nomina temporaliter influendi (Sb-tmp) sowie ⁽ᵟ⁾Substantive des Bezugnehmens oder Nomina advertendi (Sb-advn), darunter ⁽ᵟᵅ⁾Substantive des absichtsvollen Wahrnehmens oder Nomina percipiendi (Sb-pcp), ⁽ᵟᵝ⁾Substantive des bewussten Thematisierens oder Nomina proponendi (Sb-prp), ⁽ᵟᵞ⁾Substantive des absichtlichen Bezeichnens oder Nomina indicandi (Sb-idc), ⁽ᵟᵟ⁾Substantive des Berührens oder Nomina tangendi (Sb-tng), ⁽ᵟᵋ⁾Substantive der soziokommunikativen Bezugnahme oder Nomina involvendi (Sb-invl), ⁽ᵟᶻ⁾Substantive des Erstrebens oder Nomina appetendi (Sb-apt) und ⁽ᵟᵑ⁾Substantive des Verwendens oder Nomina adhibendi (Sb-adh). ⁽ᴵᴵᴵ⁾Substantive, die zum Ausdruck bringen, dass die Größe, für die sie stehen, eine handlungsbeteiligte Größe ist, heißen Nomina actioni involuti (Sb-aktinvlt). Zu ihnen gehören ⁽ᵅ⁾Substantive des Hervorgebrachten oder Nomina producti (Sb-prdt), darunter ⁽ᵅᵅ⁾Substantive des hervorgebrachten konkreten Gegenstandes oder Nomina creati (Sb-crt), ⁽ᵅᵝ⁾Substantive des Gesagten oder Nomina dicti (Sb-dict), ⁽ᵅᵞ⁾Substantive der hervorgebrachten mentalen Größe oder Nomina concepti (Sb-cncpt) und ⁽ᵅᵟ⁾Substantive des Begonnenen oder Nomina incepti (Sb-incpt), ⁽ᵝ⁾Substantive des Beeinflussten oder Nomina influcti (Sb-inflt), darunter ⁽ᵝᵅ⁾Substantive des mental Beeinflussten oder Nomina infecti (Sb-infct), ⁽ᵝᵝ⁾Substantive des absichtsvoll sinnlich wahrnehmbar Veränderten oder Nomina formati (Sb-frmt), ⁽ᵝᵞ⁾Substantive des Bewegten bzw. des in seiner Bewegung/Bewegungsfähigkeit/Bewegbarkeit Beeinflussten oder Nomina moti (Sb-mot), ⁽ᵝᵟ⁾Substantive des sozial Beeinflussten oder Nomina socialiter influcti (Sb-szt) und ⁽ᵝᵋ⁾Substantive des in seiner zeitlichen Ausdehnung Beeinflussten oder Nomina temporaliter influcti (Sb-ctnt) sowie ⁽ᵞ⁾Substantive des Bezugnahme Erfahrenden oder Nomina adversi (Sb-advs), darunter ⁽ᵞᵅ⁾Substantive des absichtsvoll Wahrgenommenen oder Nomina percepti (Sb-pcpt), ⁽ᵞᵝ⁾Substantive des bewusst Thematisierten oder Nomina propositi (Sb-prpt), ⁽ᵞᵞ⁾Substantive des absichtlich Bezeichneten oder Nomina indicati (Sb-idct), ⁽ᵞᵟ⁾Substantive des Berührten oder Nomina tacti (Sb-tct), ⁽ᵞᵋ⁾Substantive der soziokommunikativ Bezugnahme Erfahrenden oder Nomina involuti (Sb-invlt), ⁽ᵞᶻ⁾Substantive des Erstrebten oder Nomina appetiti (Sb-aptt) und ⁽ᵞᵑ⁾Substantive des Verwendeten oder Nomina adhibiti (Sb-adht).

Zu § 83.3α HLR: An Substantiven mit agentiven semantischen Aspekten unterscheiden wir:

- Substantive der verrichtenden Größe (z. B. *Handelnder*[224], *Täter*) und Substantive des Verrichtens (z. B. *Handeln, Handlung, Tat, Tun*).

---

[224] „Der tätige Mensch, der Handelnde, Wollende, Kämpfende, der sich täglich gegen die Macht der Tatsachen behaupten und sie sich dienstbar machen oder unterliegen muß, sieht auf bloße Wahrheiten als etwas Unbedeutendes herab." (SPENGLER, Unterg. d. Abendl. II 1922, 569.)

- Substantive der hervorbringenden Größe, Substantive des Hervorbringens und Substantive des Hervorgebrachten; darunter fallen
  - Substantive der erschaffenden Größe (z. B. *Erbauer, Erzeuger, Hersteller, Produzent, Schöpfer*), Substantive des Hervorbringens konkreter Gegenstände (z. B. *Bau(en), Erschaffung, Erzeugung, Schöpfungstat*) und Substantive des hervorgebrachten konkreten Gegenstandes (z. B. *Bau* ›Gebäude‹, *Erzeugnis, Gebäude, Geschöpf, Produkt, Schöpfung*),
  - Substantive der sprachlich sich äußernden Größe (z. B. *Schreiber, Sprecher*), Substantive des Hervorbringens sprachlicher Äußerungen (z. B. *Äußerung, Rede, Schwatzen*) und Substantive des Gesagten (z. B. *Ausspruch, Geschwätz, Text*),
  - Substantive der mental hervorbringenden Größe (z. B. *Denkender, Ideengeber*), Substantive des Hervorbringens mentaler Größen (z. B. *Denken, Ersinnen*) und Substantive der hervorgebrachten mentalen Größe (z. B. *Gedanke, Idee*) sowie
  - Substantive der etwas beginnenden Größe (z. B. *Beginner*[225]), Substantive des Beginnens (z. B. *Anbeginn, Anfang, Beginn*) und Substantive des Begonnenen (z. B. *Angefangenes*[226]).
- Substantive der einflussnehmenden Größe, Substantive des Einflussnehmens und Substantive des Beeinflussten; darunter fallen
  - Substantive der mental einflussnehmenden Größe (z. B. *Informant, Reformator, Tröster*), Substantive des mentalen Einflussnehmens (z. B. *Belustigung, Erheiterung, Reformation, Tröstung*) und Substantive des mental Beeinflussten (z. B. *Belustigter, Getrösteter, Informand*),
  - Substantive der absichtsvoll sinnlich wahrnehmbare Veränderungen bewirkenden Größe (z. B. *Mäher, Öffnender*[227], *Pflüger*), Substantive des ab-

---

[225] „Jetzt, in meinen spätern und reifern Tagen, wo das religiöse Gefühl wieder überwältigend in mir aufwogt, und der gescheiterte Metaphysiker sich an die Bibel festklammert: jetzt würdige ich den Protestantismus ganz absonderlich ob der Verdienste, die er sich durch die Auffindung und Verbreitung des heiligen Buches erworben. Ich sage die Auffindung, denn die Juden, die dasselbe aus dem großen Brande des zweiten Tempels gerettet, und es im Exile gleichsam wie ein portatives Vaterland mit sich herumschleppten, das ganze Mittelalter hindurch, sie hielten diesen Schatz sorgsam verborgen in ihrem Ghetto, wo die deutschen Gelehrten, Vorgänger und Beginner der Reformazion, hinschlichen um Hebräisch zu lernen, um den Schlüssel zu der Truhe zu gewinnen, welche den Schatz barg." (HEINE, Geständn. 1854, 43.)

[226] „Meine Bemerkungen über die Zinnformation schließlich zusammenzustellen, muß ich einen Anlauf nehmen, wie es immer geht, wenn man ein Angefangenes lange liegen ließ; das Nachzubringende will alsdenn nicht mehr passen, und man muß das Ganze wieder vornehmen, doch kann ich wohl hoffen, es dießmal zu Stande zu bringen." (GOETHE, an C. C. v. Leonhard [1. 5. 1815], WA IV, 25, 296.)

[227] „Auch hatte mir niemand gesagt, daß man sich dort an den verschlossenen Haustüren durch Klopfen, und als Gentleman durch starkes, schnell wiederholtes Klopfen anmelden müsse; ich zog daher nach deutscher Weise ganz bescheiden die Schelle, welche dort nur von Leuten, die Aufträge

sichtlichen Bewirkens sinnlich wahrnehmbarer Veränderungen (z. B. *Aufführung, Ausführung, Bemalung, Beschädigung, Durchführung, Lesung, Reparatur, Transformation*) und Substantive des absichtsvoll sinnlich wahrnehmbar Veränderten (z. B. *Rodung* ›gerodetes Stück Land‹, *Vorgelesenes*),

- Substantive der (sich selbst oder Anderes) bewegenden Größe (z. B. *Läufer, Wanderer, Werfer, Winkender, Zappelnder*) bzw. eine Bewegung/Bewegungsfähigkeit/Bewegbarkeit beeinflussenden Größe (z. B. *Fänger*), Substantive des (sich selbst oder Anderes) Bewegens (z. B. *Aufbruch, Auszug, Bewegung, Beugung, Flug, Gang, Kommen, Lauf, Verbeugung, Wanderung, Wurf*) bzw. des Beeinflussens von Bewegung/Bewegungsfähigkeit/Bewegbarkeit (z. B. *Anhalten, Ergreifung*) und Substantive des Bewegten (z. B. *Bewegtes, Geworfenes*) bzw. des in seiner Bewegung/Bewegungsfähigkeit/Bewegbarkeit Beeinflussten (z. B. *Arretierter, Ergriffenes, Gefangener, Gefesselter*),
- Substantive der sozial Einfluss nehmenden Größe (z. B. *Aufwiegler, Störenfried, Verführer*), Substantive des sozialen Einflussnehmens (z. B. *Aufwiegelung, Beförderung, Degradierung, Störung, Verführung*) und Substantive des sozial Beeinflussten (z. B. *Aufgewiegelter, Beförderter, Degradierter, Verführter*),
- Substantive der eine zeitliche Ausdehnung beeinflussenden (z. B. *Fortsetzer*) bzw. der etwas beendenden Größe (z. B. *Mörder, Zerstörer*), Substantive der Beeinflussung einer zeitlichen Ausdehnung (z. B. *Fortsetzung, Verkürzung, Verlängerung, Weiterführung*) bzw. des Beendens (z. B. *Beendigung, Ermordung, Tötung, Vernichtung, Vertilgung, Zerstörung*) und Substantive des in seiner zeitlichen Ausdehnung Beeinflussten (z. B. *Fortgesetztes, Weitergeführtes*) bzw. des Beendeten (z. B. *Beendetes, Ermordeter, Erschlagener, Zerstörtes*).
- Substantive der bezugnehmenden Größe, Substantive des Bezugnehmens und Substantive des Bezugnahme Erfahrenden; darunter fallen
  - Substantive der absichtsvoll wahrnehmenden Größe (z. B. *Zuhörer, Beobachter*), Substantive des absichtsvollen Wahrnehmens (z. B. *Anhörung, Beobachtung, Betrachtung*) und Substantive des absichtsvoll Wahrgenommenen (z. B. *Angehörter, Beobachtetes, Betrachtungsgegenstand*),
  - Substantive der bewusst etwas thematisierenden Größe (z. B. *Ankläger, Befehlsgeber, Denunziant, Erzähler, Informant, Lügner*), Substantive des bewussten Thematisierens (z. B. *Aussage, Bericht, Darlegung, Darstellung, Meldung, Mitteilung, Schilderung, Vortrag, Wiedergabe*) und Substantive des

---

in der Küche haben, benutzt wird, und wußte es mir daher auch nicht zu erklären, daß mich die Öffnenden stets mit Erstaunen betrachteten und nicht begreifen wollten, daß ich bei der Herrschaft angemeldet sein wolle." (SPOHR, Lebenserinn. *1847–58, II, 70 f.)

bewusst Thematisierten (z. B. *Gegenstand, Information* ›Gegenstand einer Mitteilung‹, *Postulat, Thema*),
- Substantive der absichtlich etwas bezeichnenden Größe (z. B. *Namengeber*[228]), Substantive des absichtlichen Bezeichnens (z. B. *Benennung, Namengebung*) und Substantive des absichtlich Bezeichneten (z. B. *Benanntes, Bezeichnetes*),
- Substantive der etwas berührenden Größe (z. B. *Schlagender*[229]), Substantive des Berührens (z. B. *Berührung, Schlag, Stoß*) und Substantive des Berührten (z. B. *Geschlagener*[229], *Gestoßener*),
- Substantive der soziokommunikativ Bezug nehmenden Größe (z. B. *Betender, Bittender, Flehender*), Substantive der soziokommunikativen Bezugnahme (z. B. *Anrede, Anruf, Bitte, Flehen, Gebet*) und Substantive der soziokommunikativ Bezugnahme Erfahrenden (z. B. *Angerufener, Angesprochener, Gebetener, Mitspieler*),
- Substantive der etwas erstrebenden Größe (z. B. *Suchender*), Substantive des Erstrebens (z. B. *Streben, Suche, Versuch*) und Substantive des Erstrebten (z. B. *Angestrebtes, Erreichtes, Errungenes, Erstrebtes, Gesuchtes*) sowie
- Substantive der etwas verwendenden Größe (z. B. *Anwender, Benutzer, Verwender*), Substantive des Verwendens (z. B. *Anwendung, Benutzung, Gebrauch, Verwendung*) und Substantive des Verwendeten (z. B. *Angewandtes, Benutztes, Gebrauchtes, Eingesetztes, Verwendetes*).

---

§ 83.3β HLR: [(I)]Substantive, die zum Ausdruck bringen, dass die Größe, für die sie stehen, ein Vorgangssubjekt ist, heißen N o m i n a   p r o c e s s u i   s u b i e c t i (Sb-przsbj). Zu ihnen gehören [(α)]Substantive des Geschehensträgers oder N o m i n a   p e r c u r r e n t i s (Sb-pcrs), [(β)]Substantive der erleidenden Größe oder N o m i n a   p a t i e n t i s (Sb-pats), [(γ)]Substantive der unabsichtlich hervorbringenden Größe oder N o m i n a   g e n e r a n t i s (Sb-gnrs), darunter [(γα)]Substantive des physisch Absondernden oder N o m i n a   e m i t t e n t i s (Vb-emtts), [(γβ)]Substantive des unabsichtlich Hervorrufenden oder N o m i n a   e v o c a n t i s (Vb-evcs) und [(γγ)]Substantive des Entstehenden oder N o m i n a   o r i e n t i s (Vb-ors), [(δ)]Substantive des unabsichtlich Einflussnehmenden oder

---

228 Nach Duden 2012 (s. v. *Namensgeber, (seltener:) Namengeber*), ist ein *Namen(s)geber* „jemand oder etwas, nach dem eine Sache, eine Einrichtung o. Ä. benannt wurde"; demgegenüber kann *Namengeber* – nach Ausweis des hier untersuchten Korpus im Unterschied zu *Namensgeber* – jedoch auch in der Bedeutung ›jemand, der jemanden oder etwas benennt, mit einem Namen versieht‹ verwendet werden: „Was ist Originalität? Etwas s e h e n, das noch keinen Namen trägt, noch nicht genannt werden kann, ob es gleich vor Aller Augen liegt. Wie die Menschen gewöhnlich sind, macht ihnen erst der Name ein Ding überhaupt sichtbar. – Die Originalen sind zumeist auch die Namengeber gewesen." (NIETZSCHE, Fröhl. Wiss. ²1887, 517).
229 „Das empfindliche Gemüt des lauschenden Mönches verwundete diese rohe Gleichstellung des Mißhandelns und des Leidens, der Schlagenden und der Geschlagenen" (C. F. MEYER, Hochz. 1883–84, 229).

Nomina fortuito influentis (Sb-frtinfls), darunter ⁽ᵟᵅ⁾Substantive des unabsichtlich mental Beeinflussenden oder Nomina fortuito inficientis (Sb-frtinfcs), ⁽ᵟᵝ⁾Substantive des Subjekts sinnlich wahrnehmbarer Veränderungsprozesse oder Nomina fortuito formantis (Sb-frtfrms), ⁽ᵟᵞ⁾Substantive des unabsichtlich (sich selbst oder Anderes) Bewegenden bzw. Bewegung/Bewegungsfähigkeit/Bewegbarkeit Beeinflussenden oder Nomina fortuito moventis (Sb-frtmovs), ⁽ᵟᵟ⁾Substantive des unabsichtlich soziale Veränderung Bewirkenden oder Nomina fortuito socialiter influentis (Sb-frtszs) und ⁽ᵟᵋ⁾Substantive des Subjekts vorgangsmäßiger Beeinflussung einer Zeitspanne oder Nomina fortuito temporaliter influentis (Sb-frttmps) sowie ⁽ᵋ⁾Substantive der unabsichtlich Bezug nehmenden Größe oder Nomina fortuito advertentis (Sb-frtadvns), darunter ⁽ᵋᵅ⁾Substantive des unabsichtlich Wahrnehmenden/Erkennenden oder Nomina fortuito percipientis (Sb-frtpcps), ⁽ᵋᵝ⁾Substantive des unabsichtlich Thematisierenden oder Nomina fortuito proponentis (Sb-frtprps), ⁽ᵋᵞ⁾Substantive des vorgangsmäßig Berührenden oder Nomina fortuito tangentis (Sb-frttngs) und ⁽ᵋᵟ⁾Substantive des unabsichtlich soziokommunikativ Bezugnehmenden oder Nomina fortuito involventis (Sb-frtinvls). ⁽ᴵᴵ⁾Substantive, die zum Ausdruck bringen, dass die Größe, für die sie stehen, ein (aktueller oder abgeschlossener) Vorgang, ein Geschehen ist, heißen Nomina processūs (Sb-prz). Zu ihnen gehören ⁽ᵅ⁾Substantive des Geschehens oder Nomina percurrendi (Sb-pcr), ⁽ᵝ⁾Substantive des Erleidens oder Nomina patiendi (Sb-pat), ⁽ᵞ⁾Substantive des nicht intendierten Hervorbringens oder Nomina generandi (Sb-gnr), darunter ⁽ᵞᵅ⁾Substantive physischer Absonderung oder Nomina emittendi (Sb-emtt), ⁽ᵞᵝ⁾Substantive des unabsichtlichen Hervorrufens oder Nomina evocandi (Sb-evc) und ⁽ᵞᵞ⁾Substantive des Entstehens oder Nomina oriendi (Sb-or), ⁽ᵟ⁾Substantive des nicht intendierten (zufälligen) Einflussnehmens oder Nomina fortuito influendi (Sb-frtinfl), darunter ⁽ᵟᵅ⁾Substantive der nicht intendierten mentalen Beeinflussung oder Nomina fortuito inficiendi (Sb-frtinfc), ⁽ᵟᵝ⁾Substantive des sinnlich wahrnehmbaren Veränderungsprozesses oder Nomina fortuito formandi (Sb-frtfrmd), ⁽ᵟᵞ⁾Substantive des nicht intendierten Bewegens oder Nomina fortuito movendi (Sb-frtmov), ⁽ᵟᵟ⁾Substantive der nicht willentlich kontrollierten sozialen Veränderung oder Nomina fortuito socialiter influendi (Sb-frtsz) und ⁽ᵟᵋ⁾Substantive der vorgangsmäßigen Beeinflussung einer Zeitspanne oder Nomina fortuito temporaliter influendi (Sb-frttmp) sowie ⁽ᵋ⁾Substantive des nicht intendierten (zufälligen) Bezugnehmens oder Nomina fortuito advertendi (Sb-frtadvn), darunter ⁽ᵋᵅ⁾Substantive für Kognitionsvorgänge oder Nomina fortuito percipiendi (Sb-frtpcp), ⁽ᵋᵝ⁾Substantive für Thematisierungsvorgänge oder Nomina fortuito proponendi (Sb-frtprp), ⁽ᵋᵞ⁾Substantive des vorgangsmäßigen Berührens oder Nomina fortuito tangendi (Sb-frttng) und ⁽ᵋᵟ⁾Substantive der nicht intentionalen soziokommunikativen Bezugnahme oder Nomina fortuito involvendi (Sb-frtinvl). ⁽ᴵᴵᴵ⁾Substantive, die zum Ausdruck bringen, dass die Größe, für die sie stehen, eine vorgangsbeteiligte Größe ist, heißen Nomina processui involuti (Sb-przinvlt). Zu ihnen gehören ⁽ᵅ⁾Substantive des Erlittenen oder Nomina passi (Sb-pss), ⁽ᵝ⁾Substantive des absichtslos Hervorgebrachten oder Nomina generati (Sb-gnrt), darunter ⁽ᵝᵅ⁾Substantive des physisch Abgesonderten oder Nomina emissi (Sb-emss) und ⁽ᵝᵝ⁾Substantive des unabsichtlichen Hervorrufens oder Nomina evocati (Sb-evct), ⁽ᵞ⁾Substantive des absichtslos Beeinflussten oder Nomina fortuito influcti (Sb-frtinflt), darunter ⁽ᵞᵅ⁾Substantive des absichtslos mental Beeinflussten oder Nomina fortuito infecti (Sb-frtinfct), ⁽ᵞᵝ⁾Substantive des unabsichtlich sinnlich wahrnehmbar Veränderten oder Nomina fortuito formati (Sb-frtfrmt), ⁽ᵞᵞ⁾Substantive des unabsichtlich Bewegten oder Nomina fortuito moti (Sb-frtmot), ⁽ᵞᵟ⁾Substantive des unabsichtlich sozial Veränderten oder Nomina fortuito socialiter influcti (Sb-frtszt) und ⁽ᵞᵋ⁾Substantive des absichtslos hinsichtlich einer Zeitspanne Beeinflussten oder Nomina fortuito temporaliter influcti (Sb-frttmpt) sowie ⁽ᵟ⁾Substantive des zufälligen Bezugsgegenstandes oder Nomina fortuito adversi (Sb-frtadvs), darunter ⁽ᵟᵅ⁾Substantive des unabsichtlichen Kognitionsgegenstandes oder

Nomina fortuito percepti (Sb-frtpcpt), ⁽ᵟᵝ⁾Substantive des vorgangsmäßig Thematisierten oder Nomina fortuito proposti (Sb-frtprpt), ⁽ᵟᵞ⁾Substantive des vorgangsmäßig Berührten oder Nomina fortuito tacti (Sb-frttct) und ⁽ᵟᵟ⁾Substantive der zufälligen soziokommunikativen Bezugsgröße oder Nomina fortuito involuti (Sb-frtinvlt).

Zu § 83.3β HLR: An Substantiven mit prozessiven semantischen Aspekten unterscheiden wir:

- Substantive des Geschehensträgers (z. B. *Kochendes*[230], *Tätiges*[231]) und Substantive des Geschehens (z. B. *Begebnis, Geschehen, Geschehendes, Geschehnis, Hagel, Regen, Schnee, Sturm, Vorgang, Vorgehendes*[232], *Widerfahrnis*), zu denen auch Substantive des in der Vergangenheit liegenden Geschehens zu zählen sind (z. B. *Geschehenes*),
- Substantive der erleidenden Größe (z. B. *Erleidender*[233], *Verunglückter*), Substantive des Erleidens (z. B. *Begegnis, Erlebnis*) und Substantive des Erlittenen (z. B. *Erlittenes*).
- Substantive der vorgangsmäßig hervorbringenden Größe, Substantive des vorgangsmäßigen Hervorbringens und Substantive des vorgangsmäßig Hervorgebrachten; darunter fallen
  - Substantive des physisch Absondernden (z. B. *Blutender, Kreisende* ›Gebärende‹[234]), Substantive der physischen Absonderung (z. B. *Absonderung, Blutung, Geburt, Husten*) und Substantive der physisch Abgesonderten (z. B. *Duft, Gestank, Schweiß, Sekret*),
  - Substantive des unabsichtlich Hervorrufenden (z. B. *Verursacher*), Substantive des unabsichtlichen Hervorrufens (z. B. *Bewirkung, Hervorrufung, Ver-*

---

[230] „Schön war Luisa nie gewesen, braungelben Gesichtes, ein wenig schmal und leicht welk. Etwas Kochendes, etwas Verzehrendes im Blicke nur." (HAUPTMANN, Einhart ⁶1915, I, 5.)
[231] „Im Begriff der Individualität allein ist ursprünglich vereinigt, was alle übrige Philosophie trennt, das Positive und das Negative, das Thätige und Leidende unserer Natur." (SCHELLING, Id. Phil. d. Nat. 1797, 37.)
[232] „[I]n den feingebildeten Zügen drückte sich eine gleichmütige Achtlosigkeit auf das umher Vorgehende aus" (JENSEN, Gradiva 1903, 23).
[233] „Es ist ein Charakteristikum des Maschinenzeitalters, daß die meisten Menschen glauben, etwas Gutes geleistet zu haben, wenn sie etwas geleistet haben. Sind die Regeln erfüllt, so sind alle befriedigt. Der Arzt hat operiert; der Richter hat terminmäßig ein Urteil gefällt; der Beamte hat das Gesuch geprüft – sie haben das Reglementmäßige getan. Was dabei herauskommt, ist ihnen völlig gleichgültig. ‚Das ist nicht mehr meine Sache …' Da keiner die Gesamtwirkung der kleinen Teilarbeiten übersieht und sie auch gar nicht übersehn will, so bleibt die Gesamtwirkung nur auf einem haften: auf dem Erleidenden. Die andern haben ihre Pflicht getan." (TUCHOLSKY, Schnipsel 1932, 103).
[234] „Die kluge, erfahrene Anna trat nun zu der Kreisenden, half ihr so gut sie es vermochte, und noch war keine halbe Stunde verflossen, so hielt sie ein kleines feingebildetes Knäbchen, einem Wachsbilde gleich, der glücklichen Mutter hin." (GRÄSSE, Sagenb. Preuß. I 1868, 566.)

ursachung) und Substantive des unabsichtlich Hervorgerufenen (z. B. *Verursachtes*) sowie
- Substantive des Entstehenden (z. B. *Entstehendes*, *Werdendes*), zu denen auch solche des bereits abgeschlossenen Entstehenden (z. B. *Entstandenes*, *Gewordenes*) zu zählen sind, und Substantive des Entstehens (z. B. *Entstehung*, *Werden*).
- Substantive der unabsichtlich Einfluss nehmenden Größe, Substantive des unabsichtlichen Einflussnehmens und Substantive des unabsichtlich Beeinflussten; darunter fallen
  - Substantive des unabsichtlich mental Beeinflussenden (z. B. *Betrübendes*, *Rührendes*[235]), Substantive der nicht intendierten mentalen Beeinflussung (z. B. *Grausen*[236]) und Substantive des absichtslos mental Beeinflussten (z. B. *Gerührter*[237]),
  - Substantive des Subjekts sinnlich wahrnehmbarer Veränderungsprozesse (z. B. *Wachsendes/Gewachsenes*[238]), Substantive des sinnlich wahrnehmbaren Veränderungsprozesses (z. B. *Erbleichen*) und Substantive des prozesshaft sinnlich wahrnehmbar Veränderten (z. B. *Gefärbtes*[239], *Wachsendes/Gewachsenes*[238]),
  - Substantive des unabsichtlich (sich selbst oder Anderes) Bewegenden bzw. Bewegung/Bewegungsfähigkeit/Bewegbarkeit Beeinflussenden (z. B. *Hindernis*, *Taumelnder*[238]), Substantive des nicht intendierten Bewegens bzw. Beeinflussens von Bewegung/Bewegungsfähigkeit/Bewegbarkeit (z. B. *Stolpern*,

---

235 „Der Oheim nahm mit verlegener Würde in seinem Lehnsessel mitten vor den übrigen Zuschauern Platz und bereitete sich, das Rührende, was seiner Meinung nach kommen mußte, in Empfang zu nehmen." (IMMERMANN, Mem. 1840–43, 125.)
236 „Den Menschen, welcher zufällig Zeuge von solch entsetzlichem Ereignis wird, erfaßt ein Grausen" (BREHM, Thierleb. III ²1883, 13).
237 „Der frische Morgen gibt dem Künstler Stärkung und in den Strahlen des Frührots regnet Begeisterung auf ihn herab: der Abend löst und schmelzt seine Gefühle, er weckt Ahndungen und unerklärliche Wünsche in ihm auf, der Gerührte fühlt dann näher, daß jenseit dieses Lebens ein andres kunstreicheres liege, und sein inwendiger Genius schlägt oft vor Sehnsucht mit den Flügeln, um sich frei zu machen und hineinzuschwärmen in das Land, das hinter den goldnen Abendwolken liegt." (TIECK, Sternbald 1798, 712.)
238 Substantive, denen relatorische Verben (§ 82.2c^II HLR) zugrunde liegen, lassen sich sowohl als Substantive der unabsichtlich Einfluss nehmenden Größe wie auch als Substantive des unabsichtlich Beeinflussten interpretieren: Vorgangssubjekt und vorgangsbeteiligte Größe sind identisch. Es kann sich um gegenwärtige ebenso wie um in der Vergangenheit liegende Vorgänge handeln.
239 „An heißen Orten [...] findet sich die ganze Mannichfaltigkeit der Farben. Was auch die Sonne mit ihren günstigen Strahlen bescheint, dieses nimmt sogleich eine angenehme und erfreuliche Färbung an. Findet sich auch in kalten Gegenden manchmal etwas Gefärbtes, so ist es doch nur selten und schwach, und deutet mehr auf ein Bestreben einer abnehmenden Natur, als ihre Macht und Gewalt an" (GOETHE, Farbenl. Hist. Thl. I 1810, 299).

Taumeln) und Substantive des unabsichtlich Bewegten (z. B. *Taumelnder*[238]),
- Substantive des unabsichtlich soziale Veränderung Bewirkenden (z. B. *Bankrotteur*, *Gewinner*, *Sieger*, *Verlierer*), Substantive der nicht willentlich kontrollierten sozialen Veränderung (z. B. *Bankrott*, *Sieg*) und Substantive des unabsichtlich sozial Veränderten (z. B. *Beförderter*, *Besiegter*, *Degradierter*) sowie
- Substantive des Subjekts vorgangsmäßiger Beeinflussung einer Zeitspanne (z. B. *Sterbender/Gestorbener*[238]), Substantive der vorgangsmäßigen Beeinflussung einer Zeitspanne (z. B. *Sterben*, *Tod*) und Substantive des absichtslos hinsichtlich einer Zeitspanne Beeinflussten (*Sterbender/Gestorbener*[238]).
- Substantive der unabsichtlich Bezug nehmenden Größe, Substantive des unabsichtlichen Bezugnehmens und Substantive des unabsichtlich Bezugnahme Erfahrenden; darunter fallen
  - Substantive des unabsichtlich Wahrnehmenden/Erkennenden (z. B. *Entdecker*), Substantive für Kognitionsvorgänge (z. B. *Entdeckung*, *Wahrnehmung*) und Substantive des unabsichtlichen Kognitionsgegenstandes (z. B. *Erblicktes*, *Erkanntes*, *Gesehenes*, *Wahrgenommenes*),
  - Substantive des unabsichtlich Thematisierenden (z. B. *Beweisendes*[240]), Substantive für Thematisierungsvorgänge (z. B. *Erweis*) und Substantive des vorgangsmäßig Thematisierten (z. B. *Erwiesenes*[241]),
  - Substantive des vorgangsmäßig Berührenden (z. B. *Berührendes*[242]), Substantive des vorgangsmäßigen Berührens (z. B. *Berührung*[243]) und Substantive des vorgangsmäßig Berührten (z. B. *Gestreifter*[244]) sowie

---

240 „Das wahrhaft Beweisende in den exakten Wissenschaften ist eben nicht der materiale Vorgang, das Experiment in seiner unmittelbaren Einwirkung auf die Sinne, sondern die ideelle Zusammenfassung der Resultate." (LANGE, Gesch. d. Mat. ²1875, 736.)

241 „Aber ich erzähle bekanntlich nur Wahrhaftiges und innerlich wirklich Geschehenes und Erwiesenes." (MAY, Ard. I 1909, 97.)

242 „Schon am Eingang unserer Betrachtung der Vernunft haben wir im Allgemeinen bemerkt, wie sehr das Thun und der Wandel des Menschen von dem des Thieres sich unterscheidet, und wie dieser Unterschied doch allein als Folge der Anwesenheit abstrakter Begriffe im Bewußtseyn anzusehen ist. Der Einfluß dieser auf unser ganzes Daseyn ist so durchgreifend und bedeutend, daß er uns zu den Thieren gewissermaßen in das Verhältniß setzt, welches die sehenden Thiere zu den augenlosen (gewisse Würmer und Zoophyten) haben: letztere erkennen durch das Getast allein das ihnen im Raum unmittelbar Gegenwärtige, sie Berührende; die Sehenden dagegen einen weiten Kreis von Nahem und Fernem. Eben so nun beschränkt die Abwesenheit der Vernunft die Thiere auf die ihnen in der Zeit unmittelbar gegenwärtigen anschaulichen Vorstellungen, d. i. realen Objekte: wir hingegen, durch die Erkenntniß *in abstracto*, umfassen, neben der engen wirklichen Gegenwart, noch die ganze Vergangenheit und Zukunft, nebst dem weiten Reiche der Möglichkeit: wir übersehn das Leben frei nach allen Seiten, weit hinaus über die Gegenwart und Wirklichkeit." (A. SCHOPENHAUER, Wille u. Vorst. 1819, 125 f.)

– Substantive des unabsichtlich soziokommunikativ Bezugnehmenden (z. B. *Begegnender*[245]), Substantive der nicht intentionalen soziokommunikativen Bezugnahme (z. B. *Begegnung*) und Substantive der zufälligen soziokommunikativen Bezugsgröße (z. B. *Betroffener* ›Angetroffener‹[246]).

---

§ 83.3γ HLR: [(I)]Substantive, die zum Ausdruck bringen, dass die Größe, für die sie stehen, als Träger eines Zustandes erscheint, heißen N o m i n a s t a t u i s u b i e c t i (Sb-statsbj). Zu ihnen gehören [(α)]Substantive des Seienden oder N o m i n a a d e n t i s (Sb-adnts), darunter [(αα)]Substantive des Existierenden oder N o m i n a e x i s t e n t i s (Sb-exsts) und [(αβ)]Substantive des Subjekts eines zeitweiligen Zustandes oder N o m i n a t r a n s i t o r i i (Sb-trnstr) sowie [(β)]Substantive der Verhältnisgröße oder N o m i n a c o r r e l a t i (Sb-crrlt), darunter [(βα)]Substantive des Identischen oder N o m i n a e i u s d e m (Sb-idm), [(ββ)]Substantive des Ähnlichen oder N o m i n a s i m i l i s (Sb-sims), [(βγ)]Substantive des Unterschiedlichen oder N o m i n a d i f f e r e n t i s (Sb-diffs), darunter [(βγα)]Substantive des Überlegenen oder N o m i n a s u p e r i o r i s (Sb-suprs) und [(βγβ)]Substantive des Unterlegenen oder N o m i n a i n f e r i o r i s (Sb-infrs), [(βδ)]Substantive des Gegensätzlichen oder N o m i n a o p p o s i t i (Sb-oppst), [(βε)]Substantive des Zugehörenden oder N o m i n a p e r t i n e n t i s (Sb-ptns), darunter [(βεα)]Substantive des Eigentums oder N o m i n a p r o p r i o p e r t i n e n t i s (Sb-prpptns), [(βεβ)]Substantive des sozial Angehörenden und/oder des sozial Untergeordneten: N o m i n a s o c i o p e r t i n e n t i s (Sb-sozptns), [(βεγ)]Substantive des Bereichs oder N o m i n a r e g i o n i s (Sb-rgn), [(βεδ)]Substantive des Bestandteils oder N o m i n a c o n s t i t u e n t i s (Sb-cstts) und [(βεε)]Substantive des begrifflich Untergeordneten oder N o m i n a c a d e n t i s (Sb-cads), [(βζ)]Substantive des Habenden oder N o m i n a d i s p o n e n t i s (Sb-dispns), darunter [(βζα)]Substantive des Besitzers oder N o m i n a p r o p r i o d i s p o n e n t i s (Sb-prpdispns), [(βζβ)]Substantive des sozial Übergeordneten oder N o m i n a s o c i o d i s p o n e n t i s (Sb-sozdispns), [(βζγ)]Substantive des Bereichsbeherrschenden oder N o m i n a r e g e n t i s (Sb-rgs), [(βζδ)]Substantive des Konstituts oder N o m i n a c o n s t i t u t i (Sb-cstt) und [(βζε)]Substantive des begrifflich Übergeordneten oder N o m i n a c o m p r e h e n d e n t i s (Sb-cmprns), [(βη)]Substantive des Bewirkenden oder N o m i n a e f f i c i e n t i s (Sb-effcs), [(βθ)]Substantive der Erscheinungsform oder N o m i n a m o n s t r a n t i s (Sb-mstrs), [(βι)]Substantive des Thematisierenden oder Nomina tractantis (Sb-trcts), [(βκ)]Substantive des Funktionsträgers oder N o m i n a f u n g e n t i s (Sb-fngs), [(βλ)]Substantive der Eigenschaft oder N o m i n a q u a l i t a t i s (Sb-qlt), darunter [(βλα)]Substantive des Materials oder N o m i n a m a t e r i a e (Sb-mat), [(βλβ)]Substantive der äußeren Form oder N o m i n a f o r m a e (Sb-frm), [(βλγ)]Substantive des Namens oder N o m i n a n o m i n i s (Sb-nom), [(βλδ)]Substantive des Ursprungs bzw. der Herkunft oder No-

---

243 „Sie reichte ihm Etwas dar; er griff darnach und dabei berührte er ihr Händchen. Es war nur eine leise, kaum bemerkbare Berührung, aber sie durchzuckte dennoch seinen Körper wie ein magnetisches Fluidum." (MAY, Waldröschen 1882–84, 1147.)
244 „Wie ein vom Blitz Gestreifter taumelte er hin und her" (GUTZKOW, Ritter 1850–51, 2364).
245 „Indem kamen zwei Maulthiere herbei, welche eine Sänfte trugen, in welcher jedenfalls eine vornehme Frau saß, denn zwei Läufer gingen ihr voran, laut ihr ‚Remalek' und ‚Schimalek' („rechts' und ‚links') rufend, um die Begegnenden zum Ausweichen anzuhalten." (MAY, Sc. u. Hamm. 1879–80, 354.)
246 „Der *Rechtsgrund* für die im einzelnen Falle stattfindende Freiheitsentziehung ist demnach kein anderer als derjenige, aus welchem beispielsweise die Polizeibehörde einen auf der Straße in trunkenem Zustande Betroffenen in Gewahrsam nimmt und bis zur Ernüchterung festhält." (SCHREBER, Denkw. 1903, 257.)

mina originis (Sb-orig) und ⁽ᵝᴧᵋ⁾Substantive des charakteristischen Tuns oder Nomina usūs (Sb-us), ⁽ᵝᵘ⁾Substantive des Eigenschaftsträgers oder Nomina qualificati (Sb-qlft), darunter ⁽ᵝᵘᵅ⁾Substantive des materiell Beschaffenen oder Nomina materiati (Sb-matr), ⁽ᵝᵘᵝ⁾Substantive des Trägers einer äußeren (Erscheinungs-)Form oder Nomina formati (Sb-frmt), ⁽ᵝᵘᵞ⁾Substantive des Namenträgers oder Nomina nominati (Sb-nomt), ⁽ᵝᵘᵟ⁾Substantive des Herstammenden oder Nomina originantis (Sb-origs) und ⁽ᵝᵘᵋ⁾Substantive des durch Tun Charakterisierten oder Nomina utentis (Sb-uts), ⁽ᵝᵛ⁾Substantive des Modalitätsträgers oder Nomina modalis (Sb-mods), darunter ⁽ᵝᵛᵅ⁾Substantive des Fähigkeitsträgers oder Nomina capabilis (Sb-cpbs), ⁽ᵝᵛᵝ⁾Substantive des Erlaubnisträgers oder Nomina licentiati (Sb-lzt), ⁽ᵝᵛᵞ⁾Substantive des Notwendigkeitsträgers oder Nomina coacti (Sb-ct) und ⁽ᵝᵛᵟ⁾Substantive des Verpflichtungsträgers oder Nomina obligati (Sb-oblt), ⁽ᵝᵋ⁾Substantive des Gesonnenen oder Nomina animati (Sb-anmt), darunter ⁽ᵝᵋᵅ⁾Substantive des emotiv und/oder moralisch Eingestellten: Nomina emoti (Sb-emt), ⁽ᵝᵋᵝ⁾Substantive des willensmäßig Eingestellten oder Nomina expetentis (Sb-expts) und ⁽ᵝᵋᵞ⁾Substantive des kognitiv Eingestellten oder Nomina credentis (Sb-crds) sowie ⁽ᵝᵒ⁾Substantive des Verorteten oder Nomina manentis (Sb-mnts). ⁽ᴵᴵ⁾Substantive, die zum Ausdruck bringen, dass die Größe, für die sie stehen, ein (aktueller oder abgeschlossener) Zustand ist, heißen insgesamt Nomina statūs (Sb-stat). Zu ihnen gehören ⁽ᵅ⁾Substantive des Seins oder Nomina adentiae (Sb-adnt), darunter ⁽ᵅᵅ⁾Substantive der Existenz oder Nomina existentiae (Sb-exst) und ⁽ᵅᵝ⁾Substantive des zeitweiligen Zustands oder Nomina transitūs (Sb-trns) sowie ⁽ᵝ⁾Substantive des Verhältnisses oder Nomina correlationis (Sb-crrl), darunter ⁽ᵝᵅ⁾Substantive der Identität oder Nomina identitatis (Sb-id), ⁽ᵝᵝ⁾Substantive der Ähnlichkeit oder Nomina similitudinis (Sb-sim), ⁽ᵝᵞ⁾Substantive der Unterschiedlichkeit oder Nomina differentiae (Sb-diff), darunter ⁽ᵝᵞᵅ⁾Substantive der Überlegenheit oder Nomina superioritatis (Sb-supr) und ⁽ᵝᵞᵝ⁾Substantive der Unterlegenheit oder Nomina inferioritatis (Sb-infr), ⁽ᵝᵟ⁾Substantive der Gegensätzlichkeit oder Nomina oppositionis (Sb-oppn), ⁽ᵝᵋ⁾Substantive des Zugehörens oder Nomina pertentionis (Sb-ptn), darunter ⁽ᵝᵋᵅ⁾Substantive des sozialen Angehörens und/oder der sozialen Unterordnung: Nomina sociopertentionis (Sb-sozptn) und ⁽ᵝᵋᵝ⁾Substantive der begrifflichen Unterordnung oder Nomina casionis (Sb-cas), ⁽ᵝᶻ⁾Substantive des Habens oder Nomina dispositionis (Sb-dispn), darunter ⁽ᵝᶻᵅ⁾Substantive des Besitzens oder Nomina propriodispositionis (Sb-prpdispn), ⁽ᵝᶻᵝ⁾Substantive der sozialen Überordnung oder Nomina sociodispositionis (sozdispn), ⁽ᵝᶻᵞ⁾Substantive des Bereichsverhältnisses oder Nomina rectionis (Sb-rct), ⁽ᵝᶻᵟ⁾Substantive des Konstituiertseins oder Nomina constitionis (Sb-cstn) und ⁽ᵝᶻᵋ⁾Substantive der begrifflichen Überordnung oder Nomina comprehensionis (Sb-cmprn), ⁽ᵝᶯ⁾Substantive des Auswirkunghabens oder Nomina effectionis (Sb-effcn), ⁽ᵝᶿ⁾Substantive des Bewirktseins oder Nomina resultationis (Sb-rsltn), ⁽ᵝᶥ⁾Substantive des In-Erscheinung-Treten-Lassens oder Nomina monstrationis (Sb-mstr), ⁽ᵝᵏ⁾Substantive des In-Erscheinung-Tretens oder Nomina manifestationis (Sb-mnfstn), ⁽ᵝᴧ⁾Substantive der Implikation eines Modalitätsträgers oder Nomina modalem implicandi (Sb-mdlimpl), darunter ⁽ᵝᴧᵅ⁾Substantive des Fähigseins oder Nomina capabilitatis (Sb-cpb), ⁽ᵝᴧᵝ⁾Substantive des Erlaubnishabens oder Nomina licentiae (Sb-lz), ⁽ᵝᴧᵞ⁾Substantive des Nötighabens oder Nomina coacturae (Sb-ctr) und ⁽ᵝᴧᵟ⁾Substantive des Verpflichtetseins oder Nomina debitionis (Sb-dbtn), ⁽ᵝᵘ⁾Substantive der Modalität oder Nomina modalitatis (Sb-mod), darunter ⁽ᵝᵘᵅ⁾Substantive des Möglichseins oder Nomina possibilitatis (Sb-pssb), ⁽ᵝᵘᵝ⁾Substantive des Erlaubtseins oder Nomina permissionis (Sb-pmn), ⁽ᵝᵘᵞ⁾Substantive des Nötigseins oder Nomina necessitatis (Sb-ncss) und ⁽ᵝᵘᵟ⁾Substantive des Aufgabe- oder Verpflichtungseins: Nomina obligationis (Sb-obln), ⁽ᵝᵛ⁾Substantive der Gesinnung oder Nomina animi (Sb-anm), darunter ⁽ᵝᵛᵅ⁾Substantive der emotiven und/oder moralischen Einstellung: Nomina emotionis (Sb-emtn), ⁽ᵝᵛᵝ⁾Substantive der willensmäßigen Einstellung oder Nomina expetitionis (Sb-exptn) und ⁽ᵝᵞ⁾Substantive der kognitiven Einstellung oder Nomina confidentiae (Sb-cnfd) sowie ⁽ᵝᵋ⁾Substantive der Verortung oder Nomina mansionis (Sb-mns). ⁽ᴵᴵᴵ⁾Substantive, die zum Ausdruck bringen, dass die Größe, für die sie stehen, zusätzlich zum Zustandssubjekt (§ 83.3γᶦ) an einem Zustand beteiligt ist, heißen Nomina statum participantis (Sb-statprt). Sie sind speziell Substantive, die im Rahmen einer binären oder pluralen Relation als zusätzliche Verhältnisgröße erscheinen, oder Nomina accrrelati (Sb-accrrlt). Zu ihnen gehören ⁽ᵅ⁾Substantive des Bewirkten oder Nomina resultati (Sb-rslt), ⁽ᵝ⁾Substantive des In-Erscheinung-Tretenden oder Nomina manifestati (Sb-mnfst), ⁽ᵞ⁾Substantive des Themas oder Nomina tractati (Sb-trct), ⁽ᵟ⁾Substantive der Funktion oder Nomina functionis (Sb-fnkt), ⁽ᵋ⁾Substantive der modalitätsbeteiligten Größe oder Nomina modalitate relati (Sb-mdlrlt), darunter ⁽ᵋᵅ⁾Substantive des Möglichen oder Nomina possibilis (Sb-pssbs), ⁽ᵋᵝ⁾Substantive des Erlaubten oder Nomina permissi (Sb-pmss), ⁽ᵋᵞ⁾Substantive des Notwendigen oder Nomina necessarii (Sb-ncssi) und ⁽ᵋᵟ⁾Substantive der Pflicht oder Nomina debiti (Sb-dbt) sowie ⁽ᶝ⁾Substantive des Gesinnungsgegenstandes oder Nomina animadversi (Sb-anmvs), darunter ⁽ᶝᵅ⁾Substantive des Gegenstandes emotiver und/oder moralischer Einstellung: Nomina emotionaliter relati (Sb-emrlt), ⁽ᶝᵝ⁾Substantive des Gegenstandes willensmäßiger Einstellung oder Nomina expetiti (Sb-expt) und ⁽ᶝᵞ⁾Substantive des Gegenstandes kognitiver Einstellung oder Nomina crediti (Sb-crdt).

Zu § 83.3γ HLR: An Substantiven mit stativen semantischen Aspekten unterscheiden wir:

- Substantive des Seienden und Substantive des Seins; darunter fallen
    - Substantive des Existierenden (z. B. *Seiendes, Existierendes*) und Substantive der Existenz (z. B. *Dasein, Existenz*).
    - Substantive des Subjekts eines zeitweiligen Zustandes (z. B. *Durstiger, Frierender, Hungriger, Schlafender, Schläfer*) und Substantive des zeitweiligen Zustands (z. B. *Alter, Blüte, Durst, Hunger, Jugend, Ruhe, Schlaf*).
- Substantive der Verhältnisgröße und Substantive des Verhältnisses; darunter fallen
    - Substantive des Identischen (z. B. *Identischer, Nämlicher*), Substantive der Identität (z. B. *Identität, Selbheit*),
    - Substantive des Ähnlichen (z. B. *Ähnliches, Gleichartiges*) und Substantive der Ähnlichkeit (z. B. *Ähnlichkeit, Gleichartigkeit*),
    - Substantive des Unterschiedlichen (z. B. *Andersartiges, Ungleiches, Verschiedenes*), insbesondere
        - Substantive des Überlegenen (z. B. *Besseres, Überlegener*) sowie
        - Substantive des Unterlegenen (z. B. *Schlechteres, Unterlegener*),
    und Substantive der Unterschiedlichkeit (z. B. *Andersheit, Differenz, Unterschiedlichkeit, Verschiedenheit*), insbesondere
        - Substantive der Überlegenheit (z. B. *Überlegenheit*) sowie
        - Substantive der Unterlegenheit (z. B. *Unterlegenheit*),
    - Substantive des Gegensätzlichen (z. B. *Entgegengesetztes, Gegensatz, Gegensätzliches, Gegenteil, Gegenteiliges*) und Substantive der Gegensätzlichkeit (z. B. *Gegensätzlichkeit, Gegenteiligkeit*),

- Substantive des Zugehörenden und die ihnen konversonymen Substantive des Habenden sowie Substantive des Zugehörens und die ihnen konversonymen Substantive des Habens; insbesondere
    - Substantive des Eigentums (z. B. *Besitz* ›Habe‹, *Besitztum, Eigen, Eigentum, Gebiet, Grundbesitz, Habe*) und die ihnen konversonymen Substantive des Besitzers (z. B. *Besitzer, Eigentümer*) sowie Substantive des Besitzens (z. B. *Besitz* ›Zustand des Besitzens‹, *Eigentümerschaft*)[247],
    - Substantive des sozial Angehörenden (z. B. *Bruder, Freund, Geliebte/r, Mutter, Schwester, Vater*), speziell Substantive des sozial Untergeordneten (z. B. *Diener, Knecht, Untergebener, Untertan*) und die ihnen konversonymen Substantive des sozial Übergeordneten und/oder Verfügungsfunktion Besitzenden (z. B. *Amtmann, Bürgermeister, Herr, König, Vorgesetzter*) sowie Substantive des sozialen Verhältnisses (z. B. *Angehörigkeit, Ehe, Freundschaft, Hierarchie, Rangfolge, Verwandtschaft, Zugehörigkeit*), speziell Substantive des Zustandes sozialer Unterordnung (z. B. *Dienst, Knechtschaft*) und die ihnen konversonymen Substantive des Zustandes sozialen Verfügens, sozialer Überordnung (z. B. *Befehlsgewalt, Herrschaft, Kommando* ›Befehlsgewalt‹),
    - Substantive der bereichsbeherrschenden Größe (z. B. *Gesetz, Macht, Regel*, ebenso jedoch auch Substantive des sozial Übergeordneten und/oder Verfügungsfunktion Besitzenden) und die ihnen konversonymen Substantive des Bereichs (z. B. *Bereich, Gebiet, Geltungsbereich, Reich, Reichweite, Sphäre*) sowie Substantive des Bereichsverhältnisses (z. B. *Beherrschung, Geltung*),
    - Substantive des Bestandteils (z. B. *Baustein, Bestandteil, Konstituente, Teil*) und die ihnen konversonymen Substantive des Konstituts (z. B. *Ganzes, Gebilde, Konstitut*) sowie Substantive des Konstituiertseins (z. B. *Bildung*[248])[249],
    - Substantive des begrifflich Untergeordneten (z. B. *Subkategorie*) und die ihnen konversonymen Substantive des begrifflich Übergeordneten (z. B. *Oberbegriff*) sowie Substantive der begrifflichen Unterordnung

---

[247] Substantive, die den Zustand des Gehörens, des Eigentum-Seins ausdrücken, lassen sich zwar konstruieren (z. B. *Gehören, Zu-Eigen-Sein*), sind aber in unserem Untersuchungskorpus nicht belegt.
[248] „Dr. Carus von Dresden besuchte mich; wir sprachen über den Schädel und dessen Bildung aus sechs Wirbeln." (GOETHE, Tageb. 1821, WA III, 8, 80.)
[249] Substantive, die den Zustand des Ein-Ganzes-Bildens zum Ausdruck bringen, lassen sich als okkasionelle Wortgebilde denken, sind aber in unserem Untersuchungskorpus nicht belegt.

(z. B. *Inhärenz*) und die ihnen konversonymen Substantive der begrifflichen Überordnung (z. B. *Umfassung*[250]),
- Substantive des Bewirkenden (z. B. *Erfordernis, Voraussetzung*), Substantive des Auswirkunghabens (z. B. *Bestimmung*) und die ihnen konversonymen Substantive des Bewirktseins (z. B. *Abhängigkeit*) sowie Substantive des Bewirkten (z. B. *Ergebnis, Folge, Konsequenz, Resultat*),
- Substantive der Erscheinungsform (z. B. *Erscheinung, Form, Gestalt, Manifestation*), Substantive des In-Erscheinung-Treten-Lassens (z. B. *Offenbarung*) und die ihnen konversonymen Substantive des In-Erscheinung-Tretens (z. B. *Auftritt, Zutagetreten*) sowie Substantive des In-Erscheinung-Tretenden (z. B. *Erscheinendes, Offenbartes*),
- Substantive des Thematisierenden (z. B. *Abbildung, Bild, Graphik, Text*), Substantive des Thematisierens (z. B. *Behandlung, Darstellung*) und die ihnen konversonymen Substantive des Themaseins (z. B. *Vorkommen*) sowie Substantive des Themas (z. B. *Dargestelltes, Gegenstand, Thema*),
- Substantive des Funktionsträgers (z. B. *Feuerzeug, Instrument, Schreibzeug, Türklopfer, Werkzeug*) und Substantive der Funktion (z. B. *Amt, Aufgabe, Funktion*),
- Substantive der Eigenschaft (z. B. *Eigenschaft, Qualität*) und die ihnen konversonymen Substantive des Eigenschaftsträgers, insbesondere
  - Substantive des Materials (z. B. *Gold, Holz, Material, Metall, Stein, Stoff*)[251] und die ihnen konversonymen Substantive des materiell Beschaffenen (z. B. *Goldenes, Hölzernes, Metallenes*),
  - Substantive der äußeren Form (z. B. *Bläue, Form, Größe, Kleinheit, Länge, Rundheit*) und die ihnen konversonymen Substantive des Trägers einer äußeren Form (z. B. *Blaues, Großer, Kleiner, Langer, Rundes, Eckiges*),
  - Substantive des Namens (z. B. *Bezeichnung, Name*) und die ihnen konversonymen Substantive des Namenträgers (z. B. *Namensvetter*),
  - Substantive des Ursprungs bzw. der Herkunft (z. B. *Herkunft, Herkunftsort, Ursprung*) und die ihnen konversonymen Substantive des Herstammenden (z. B. *Stammendes*[252]),
  - Substantive des charakteristischen Tuns (z. B. *Angeberei*[253], *Brauch, Gepflogenheit, Gewohnheit, Usus*) und die ihnen konversonymen Substan-

---

250 „Hierfür lag [...] kein classisches Muster von weiterer Umfassung vor." (RANKE, Lebensgesch.1890, 41.)
251 Vgl. oben, S. 495.
252 „Es ist ein [...] von Gott Stammendes, und man soll es nicht mißachten." (WASSERMANN, Wahnschaffe 1919, 84.)
253 Substantive auf *-(er)ei* können als iterative oder frequentative Nomina actionis erscheinen (vgl. Duden 1998, 517). Die Ableitung erfüllt „in der Regel die Aufgabe, den Abstraktbezeichnungen eine

tive des durch Tun Charakterisierten (z. B. *Bäcker, Denker, Säufer*[254], *Wissenschaftler*),
- Substantive des Modalitätsträgers, Substantive der Implikation eines Modalitätsträgers und die ihnen konversonymen Substantive der Modalität sowie Substantive der modalitätsbeteiligten Größe, insbesondere
  - Substantive des Fähigkeitsträgers (z. B. *Fähiger*), Substantive der Fähigkeit (d. h. des Möglichkeithabens: z. B. *Fähigkeit, Können, Möglichkeit*[255]) und der Möglichkeit (d. h. des Möglichseins: z. B. *Möglichkeit*[256]) sowie Substantive des Möglichen (z. B. *Mögliches*),

---

[...] Inhaltskomponente des wiederholten und andauernden Tuns zu geben" (ebd.), d. h. eine des typischen Verhaltens. Mit der Bedeutungsbasis ›für die als Agens des Basisverbs gedachte Person als typisch erachtetes Verhalten‹ (oft negativ konnotiert) können Substantive auf *-ei* zu iterativen oder frequentativen Verben auf *-eln* bzw. *-ern* gebildet werden – Beispiele: *Schmeichelei* (NIETZSCHE, III. Unzeit. Betr. 1874, 364), *Heuchelei* (NIETZSCHE, Menschl. I ²1886, 321, Nr. 504) –, wobei es sich auch um desubstantivische Verben handeln kann; Beispiele: *Prügelei* (NIETZSCHE, I. Unzeit. Betr. 1873, 189), *Hegelei und Schleiermacherei* (ebd., 191), *Deutschtümelei* (NIETZSCHE, Menschl. II ²1886, 369), *Vaterländerei* (NIETZSCHE, Fröhl. Wiss. ²1887, 582). — Analog zu den hier erläuterten Bildungen können iterative oder frequentative Nomina actionis auch von nicht iterativen bzw. frequentativen Verben abgeleitet werden; das Derivationssuffix ist dann *-erei*; Beispiele: *Leserei* (NIETZSCHE, I. Unzeit. Betr. 1873, 222), *Nachäfferei* (NIETZSCHE, II. Unzeit. Betr. 1874, 320), *Tierquälerei* (NIETZSCHE, III. Unzeit. Betr. 1874, 387), *Ziererei und Vornehmtuerei* (NIETZSCHE, Fröhl. Wiss. ²1887, 461), *Träumerei* (ebd., 480). — Mit der gleichfalls oft negativ konnotierten Bedeutungsbasis ›ein für das mit dem Basissubstantiv bezeichnete Agens als typisch erachtetes Verhalten‹ werden Nomina usūs auf *-ei* auch desubstantivisch von Nomina utentis auf *-er* abgeleitet; Beispiele: *Seeräuberei* (NIETZSCHE, I. Unzeit. Betr. 1873, 172), *Liebhaberei* (ebd., 198), *Giftmischerei* (NIETZSCHE, II. Unzeit. Betr. 1874, 264), *Feinschmeckerei* (ebd., 268), *Lügnerei* (NIETZSCHE, Fröhl. Wiss. 1882, 582). Analog dazu können Nomina usūs auf *-ei* – Beispiele: *Teufelei* (NIETZSCHE, Menschl. II ²1886, 408), *Tölpelei* (NIETZSCHE, Jenseits 1886, 35), *Eselei* (ebd., 231, Nr. 283), *Philisterei* (NIETZSCHE, I. Unzeit. Betr. 1873, 166), *Barbarei* (NIETZSCHE, I. Unzeit. Betr. 1873, 163), *Tyrannei* (NIETZSCHE, II. Unzeit. Betr. 1874, 311) – oder *-erei* – Beispiele: *Kinderei* (NIETZSCHE, Morgenr. 1881, 291), *Schelmerei* (NIETZSCHE, Morgenr. 1881, 266), *Schwindel-Geisterei* (NIETZSCHE, Gen. Moral 1887, 407) – auch von Substantiven abgeleitet werden, die keine Nomina utentis sind. In einigen Fällen – z. B. *Eselei, Tölpelei, Kinderei* – ist dann allerdings die Bedeutungsbasis nicht ›für das mit dem Basissubstantiv bezeichnete Agens als typisch erachtetes Verhalten‹, sondern ›Handlung, einem für das mit dem Basissubstantiv bezeichneten Agens als typisch erachteten Verhalten entspricht‹; die entsprechenden Substantive sind somit keine Nomina usūs, sondern Nomina actionis.

254 Nomina utentis dieser Art lassen sich mittels des Suffixes *-er* auch okkasionell von verschiedensten Verben oder Verbgruppen ableiten: „ich bin kein Übelnehmer und Spielverderber" (FONTANE, Jenny Treib. 1892, 345).
255 „Aus Ihnen hätte alles Mögliche werden können, Fräulein, eine Pianistin, eine Buchhalterin, eine Schauspielerin, es stecken so viele Möglichkeiten in Ihnen." (SCHNITZLER, Frl. Else 1924, 335.)
256 „Die Philosophie bedarf einer Wissenschaft, welche die Möglichkeit, die Principien und den Umfang aller Erkenntnisse *a priori* bestimme." (KANT, Crit. rein. Vern. ²1787, 6.)

- Substantive des Erlaubnisträgers (z. B. *Befugter, Bevollmächtigter*), Substantive des Erlaubnishabens (z. B. *Dürfen*[257]) und der Erlaubnis (z. B. *Befugnis, Erlaubnis, Lizenz, Permission, Vollmacht*) sowie Substantive des Erlaubten (z. B. *Erlaubtes*),
- Substantive des Notwendigkeitsträgers (z. B. *Bedürftiger, Gezwungener*[258]), Substantive des Nötighabens (z. B. *Bedürfnis*) und des Nötigseins (z. B. *Notwendigkeit*) sowie Substantive des Notwendigen (z. B. *Nötiges, Notwendiges*) und
- Substantive des Verpflichtungsträgers (z. B. *Pflichtiger, Schuldiger*), Substantive des Verpflichtetseins (z. B. *Sollen*[259]) und des Aufgabe- oder Verpflichtungseins (z. B. *Obligation, Verpflichtung*), sowie Substantive der Pflicht (z. B. *Aufgabe, Auftrag, Pflicht*),

- Substantive des Gesonnenen, Substantive der Gesinnung (z. B. *Einstellung, Gesinnung*) und Substantive des Gesinnungsgegenstandes, insbesondere
  - Substantive des emotiv und/oder moralisch Eingestellten (z. B. *Bewunderer, Liebender, Verehrer*), Substantive der emotiven und/oder moralischen Einstellung (z. B. *Abneigung, Affektion, Bewunderung, Hass, Liebe, Treue, Verehrung, Vertrauen, Wertschätzung, Zuneigung, Zutrauen*) und Substantive des Gegenstandes emotiver und/oder moralischer Einstellung (z. B. *Bewunderter, Geliebter, Verehrter, Verhasster*),
  - Substantive des willensmäßig Eingestellten (z. B. *Wollender*), Substantive der willensmäßigen Einstellung (z. B. *Absicht, Wille, Wunsch*) und Substantive des Gegenstandes willensmäßiger Einstellung (z. B. *Erwünschtes, Gewolltes, Gewünschtes*),
  - Substantive des kognitiv Eingestellten (z. B. *Kundiger, Überzeugter, Ungläubiger, Wissender*), Substantive der kognitiven Einstellung (z. B. *Glaube, Kenntnis* ›Zustand des Wissens‹[260], *Überzeugung, Wissen*) und Substantive des Gegenstandes kognitiver Einstellung (z. B. *Geglaubtes, Kenntnis* ›Gegenstand des Wissens, Wissensinhalt‹[261]),

- Substantive des Verorteten (z. B. *Anwesender*) und Substantive der Verortung (z. B. *Anwesenheit, Aufenthalt, Zugegensein*).

---

[257] „Die Frage vom Sollen und Dürfen, oder was, wie sich sogleich ergeben wird, das nemliche ist, die Frage vom Recht gehört gar nicht vor den Richterstuhl der Geschichte." (FICHTE, Urth. d. Publ. 1793, 58.)

[258] „[D]a erkannte ich ihn ... die wilde Bestimmung, die ihn hinhetzt ... diesen Gehetzten ... diesen Gezwungenen ... dem ich meine Seele hinwerfen muß ..." (HAUPTMANN, Gold. Straß. 1918, 117.)

[259] Vgl. Anm. 257.

[260] „Der Pfarrer [...] tat alles mögliche, um seine Kenntnis des Rechtes zur Geltung zu bringen." (FELDER, Reich u. arm 1868, 56.)

[261] „Seine Kenntnisse in ethnographischer Völkerkunde sind miserabel." (BLEIBTREU, Größenw. 1888, III, 66.)

5.2.2.3 Substantive als Glieder

§ 83.4 HLR: Substantive können folgende Gliedfunktionen erfüllen:

(α) die von Gefügekernen, konkret: [I]Amplifikaten (§ 33.2b[II] HLR), [II]Komitaten (§ 38.2b[I] HLR), [III]Attribuenden (§ 39.2b[IIα] HLR) – u. a. von Juxtaponenden (§ 41.2b[Iα] HLR) –, [IV]Transzessen (§ 42.2b[Iβ] HLR), [V]Anzepten (§ 43.2b[II] HLR), [VI]Konjunkten (§ 47.2b[Iβ] HLR),

(β) die von Satelliten, konkret: [I]Derivanden (§ 32.3b[IIβ] HLR) oder [II]Attributen (§ 39.3b[IIβ] HLR) oder

(γ) die von Koordinaten, konkret: [I]Kojunkten (§ 48.2b HLR), [II]Prädikationalien (§ 52.2b HLR), [III]Komitationalien (§ 54.2b[I] HLR), [IV]Attributionalien (§ 55.2b HLR), [V]Kojunktionalien (§ 59.2c HLR) oder [VI]Transmissionalien (§ 61.2b HLR).

- Zu § 83.4α[I] HLR: Substantive können als Amplifikate erscheinen; vgl. Abb. 41/2, S. 146.
- Zu § 83.4α[II] HLR: Substantive können als Komitate erscheinen; vgl. Bsp. 122a, S. 248.
- Zu § 83.4α[III] HLR: Substantive können als Attribuenden erscheinen; vgl. Bsp. 137a/b, S. 257.
- Zu § 83.4α[IV] HLR: Substantive können als Transzesse erscheinen; vgl. Bsp. 175i, S. 274.
- Zu § 83.4α[V] HLR: Substantive können als Anzepte erscheinen; vgl. Bsp. 196, S. 287.
- Zu § 83.4α[VI] HLR: Substantive können als Konjunkte erscheinen; vgl. Bsp. 234f, S. 305.

*

- Zu § 83.4β[I] HLR: Substantive können als Derivanden erscheinen; vgl. Abb. 86, S. 218.
- Zu § 83.4β[II] HLR: Substantive können als Attribute erscheinen; vgl. Bsp. 138c, S. 258.

*

- Zu § 83.4γ[I] HLR: Substantive können als Kojunkte erscheinen; vgl. Bsp. 239g, S. 308 (*Freund*).
- Zu § 83.4γ[II] HLR: Substantive können zwar nicht als Subjekte, Objekte oder Adverbialien, gleichwohl aber als Prädikationalien – genauer: als Subjekt-, Objekt- und Adverbial-Prädikationalien – erscheinen, da solche Prädikationalien nicht identisch sein müssen mit Zeichen in Subjekt-, Objekt- oder Adverbialfunktion, sondern auch Bestandteile solcher Zeichen sein können; vgl. Abb. 97, S. 319.
- Zu § 83.4γ[III] HLR: Substantive können als Komitationalien erscheinen: als Komitialien wie als Komitatialien (beides in Bsp. 265a, S. 324).
- Zu § 83.4γ[IV] HLR: Substantive können als Attributionalien erscheinen: – als Attribuendalien (Bsp. 269f, S. 327) wie als Attributialien (Bsp. 272b, S. 328).
- Zu § 83.4γ[V] HLR: Substantive können als Kojunktionalien erscheinen (analog zur Verwendung als Konjunkt).

– Zu § 83.4γ^{VI} HLR: Substantive können – ebenso wie Vertreter jeder anderen Wortart und Wortgruppenart (§ 61.2b HLR) – als Transmissionalien erscheinen.

Im Rahmen von Prädikationsgefügen und Supprädikationsgefügen haben Substantive für sich allein keine unmittelbare Gliedfunktion als Subjekte, Objekte oder Adverbialien; eine solche kommt (abgesehen von einer Reihe anderer Zeichen, vgl. § 34.3b, § 35.3b HLR) nur Substantivgruppen zu, die mindestens aus einem Artikel und einem Substantiv bestehen. Ebenso können nicht Substantive, sondern nur Substantivgruppen als Attribute erscheinen (ausgenommen dann, wenn es sich bei einem Attribut um das Erstglied eines Determinativkompositums handelt). Wo Substantive scheinbar allein – ohne Artikel – in Subjekt-, Objekt- oder Adverbialfunktion oder außerhalb der Wortbildungsattribution als Attribute fungieren, setzen wir prinzipiell einen Nullartikel an (vgl. S. 536).

Die Determination durch einen Artikel – Bsp. 453 – ist, abgesehen von Substantivgruppen, ausschließlich bei Substantiven möglich; was von einem Artikel begleitet wird und nicht als Wortgruppe erscheint, gilt daher als Substantiv (vgl. auch S. 248). Der Artikel ‚macht' dabei nicht das Substantiv, sondern zeigt es nur an; vgl. S. 387.

Bsp. 453: a) „Denn wessen Geist das Schöne überhaupt erfaßt, der kann auch nicht an irgendeiner Art des Schönen stumpf vorübergehen." (HOFMANNSTHAL, Jean Paul 1913, 155)

b) „Es ist kein Er; es ist eine Sie, Herr Justizrat." (RAABE, Fr. Salome 1875, 78)

c) „Kinder, in ihrer Einfalt, fragen immer und immer: Warum? Der Verständige tut das nicht mehr; denn jedes Warum, das weiß er längst, ist nur der Zipfel eines Fadens, der in den dicken Knäuel der Unendlichkeit ausläuft" (BUSCH, Schmetterl. 1895, 213)

d) „Ironie [...] ist immer Ironie nach beiden Seiten hin, etwas Mittleres, ein Weder-Noch und Sowohl-Alsauch" (TH. MANN, Betr. Unpol. 1918, 91)

Eine ähnliche Indikatorfunktion wie der Artikel kann dort, wo kein solcher zu sehen ist, nämlich im Falle von Nullartikeln (s. o.), eine Partikel mit Adpositfunktion erfüllen. Ein Adposit kann – abgesehen von Pronomina/Pronomengruppen, von adverbialfähigen Lokal- und Temporalpartikeln/-partikelgruppen, Vollverben oder Verbgruppen im *zu*-Infinitiv und inflektivischen Adjektiven/Adjektivgruppen ausschließlich von Substantivgruppen determiniert werden, die als Komitationsgefüge strukturiert sind.[262] Mit anderen Worten: Ein Adposit zeigt als seinen Adponenden eine als Komitationsgefüge strukturierte Substantivgruppe – und indirekt, als deren Kern, dann ein Substantiv an (Bsp. 454a), wenn es sich bei diesem Adponenden nicht um ein Exemplar einer anderen adponendenfähige Zeichenart handelt (Bsp. 454b/c).

---

[262] Zu möglichen Determinanten von Adpositen, zu den Regel- und Sonderfällen vgl. § 45.3 HLR, und die Erläuterungen (S. 297 f.).

Bsp. 454: a) „Ein ‚freier Geist' – dies kühle Wort thut [...] wohl, es wärmt beinahe. Man lebt, nicht mehr in den Fesseln von Liebe und Hass, ohne Ja, ohne Nein, freiwillig nahe, freiwillig ferne, am liebsten entschlüpfend, ausweichend, fortflatternd, wieder weg, wieder emporfliegend; man [...] ward zum Gegenstück Derer, welche sich um Dinge bekümmern, die sie nichts angehn." (NIETZSCHE, Menschl. I ²1886, 18)

b) „Es liegt dir [...] an dem Umgange mit drüben" (FONTANE, Grf. Petöfy 1884, 55)

c) „Aurelio ist der jüngere Sohn eines reichen Bäckermeisters. Ob der Vater Bedenken spürte über die Entstehung seines Vermögens und deshalb eine verwandtschaftliche Beziehung zum Himmel für gut hielt, oder ob er wollte, daß das Vermögen in der Hand des Ältesten zusammenblieb, oder endlich, ob die Mutter eine geheime Neigung zum Priesterstand hatte: genug, Aurelio wurde für die Kirche bestimmt." (ERNST, Komöd. 1928, 120.)

5.2.3 Adjektive

5.2.3.1 Allgemeines zur Wortart

§ 84.1 HLR: (a) Ein A d j e k t i v (Adj) ist ein zusammengesetztes (§ 12.II HLR) Zeichen mit Wortcharakter (§ 26 HLR), das als Gefüge in aller Regel konsistent (§ 15.Ib HLR) strukturiert ist und das besteht aus $^{(I)}$einem Transfix (§ 76.1α HLR) und einem Adjektivgrammativ (§ 71 HLR), $^{(II)}$einem Konfix (§ 80.1c^{II} HLR) und einem Adjektivsuffix (§ 78.1b^V HLR), $^{(III)}$einem Wort (§ 26 HLR) und einem Adjektivsuffix, $^{(IV)}$einer Wortgruppe (§ 27 HLR) und einem Adjektivsuffix oder $^{(V)}$einer Wortgruppe und einem Adjektivgrammativ.

(b) Adjektive können unterschiedliche Gliederstrukturen (§ 13.3β^I HLR) aufweisen: $^{(I)}$die von Flexionsgefügen (§ 29.1b^{IIγ} HLR: nur Volladjektive i. S. v. § 84.2α HLR), $^{(II)}$die von Aflexionsgefügen (§ 30.1b^{IIγ} HLR), $^{(III)}$die von Derivationsgefügen (§ 32.1b^{IIγ} HLR), $^{(IV)}$die von Amplifikationsgefügen (§ 33.1β^{III} HLR: nur Volladjektive i. S. v. § 84.2α HLR) oder $^{(V)}$die von Attributionsgefügen (§ 39.1b^{Iβ} HLR: nur Volladjektive i. S. v. § 84.2α HLR).

(c) Adjektive gehören zu den deklinierbaren Wortarten (§ 81.1β^{II} HLR). Wie Substantive haben sie Formen des Kasus und des Numerus; im Gegensatz zu Substantiven haben sie nicht nur ein einziges Genus, sondern weisen in der Regel Formen aller drei Genera auf. Zudem werden sie, anders als alle anderen flektierbaren Wörter, in der Regel zusätzlich nach den Kategorien der Komparation flektiert.

(d) Ein Adjektiv als Gefüge betrachtet, heißt A d j e k t i v g e b i l d e.

Zu § 84.1 HLR: Adjektive sind konsistente Wortgebilde; sie bestehen entweder aus einem Transfix und einem Adjektivgrammativ (Abb. 18, S. 111: *lieb*) oder aus einem Konfix und einem Adjektivsuffix (Bsp. 455) oder aus einem Wort und einem Adjektivsuffix (Abb. 18, S. 111: *herzlich*) oder aus einer Wortgruppe und einem Adjektivsuffix (Abb. 52, S. 161) oder aus einer Wortgruppe und einem Adjektivgrammativ (z. B. *einehandvoll*, S. 196).

Bsp. 455: „daß ein bei uns wohnender Engländer [...] die Strategie der Schlacht von Trafalgar, ihrem großen Sinn und kühner Ausführung nach, umständlich graphisch erklärte" (GOETHE, Tag- u. Jahres-Hefte I ⌈*1817..26; 1830⌉, 263).

Die Formen des Superlativ-Inflektivs (Bsp. 456) erscheinen als analytische Wortformen. Wir interpretieren sie als univerbierte Partikelgruppen, so dass sie gleichfalls unter § 84.1a^V HLR zu subsumieren sind (vgl. Abb. 126).

Bsp. 456: „In Bayern war in jenem Augenblick die Unzufriedenheit am größten" (LUISE BÜCHNER, Dt. Gesch. 1875, 232).

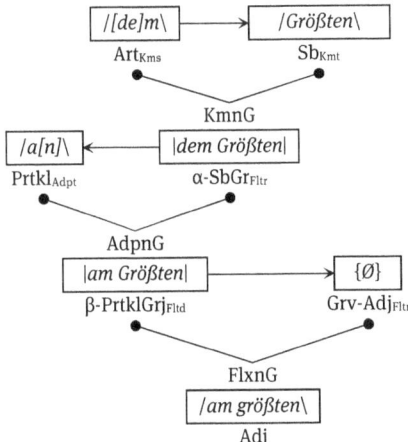

Abb. 126: Konstituentenstruktur eines Flexionsgefüges (Bsp. 456)

Adj = Adjektiv; Adpd = Adponend; AdpnG = Adpositionsgefüge; Adpt = Adposit; Art = Artikel; Fltd = Flektand; FlxnG = Flexionsgefüge; Fltr = Flektor; Grv-Adj = Adjektivgrammativ; KmnG = Komitationsgefüge; Kms = Komes; Kmt = Komitat; Prtkl = Partikel; β-PrtklGr = β-Partikelgruppe; Sb = Substantiv; α-SbGr = α-Substantivgruppe. — Zu den allgemeinen Notationsregeln vgl. Anhang II (S. 828 ff.).

Volladjektive i. S. v. § 84.2α HLR können als Flexionsgefüge (Abb. 66, S. 204; Abb. 126), als Aflexionsgefüge (Abb. 79, S. 213), als Derivationsgefüge (Abb. 64, S. 202), als Amplifikationsgefüge (Bsp. 90, S. 220) oder als Attributionsgefüge (Bsp. 132b, S. 253) strukturiert sein. Kein Aflexionsgefüge (sondern ein Flexionsgefüge) ist anzusetzen, wenn eine Inflektivform vorliegt (Bsp. 457): Vgl. Kap. 5.2.3.2, S. 519.

Bsp. 457: „Jung Siegfried, der den Amboß in den Grund schlug, und Wildtöter mit seiner unfehlbaren Büchse, d a s waren Vertreter der Männlichkeit, für die i c h schwärmte." (WILLE, Glasberg °1920, 54.)

Verbadjektive i. S. v. § 84.2β HLR sind hingegen immer Aflexionsgefüge, da sie nicht nur, wie das Volladjektiv *jung* in Bsp. 457, aktuell nach Kasus, Numerus und Genus unflektiert, sondern prinzipiell flexionslos sind, mit anderen Worten: da sie ein monohenadisches Formenparadigma aufweisen (§ 3.2β^{2β} HLR).

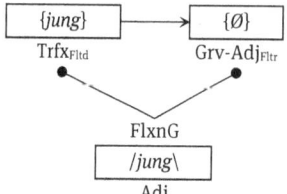

Abb. 127: Konstituentenstruktur eines Flexionsgefüges (Bsp. 457)

Adj = Adjektiv; Fltd = Flektand; Fltr = Flektor; FlxnG = Flexionsgefüge; Grv-Adj = Adjektivgrammativ; Trfx = Transfix. — Zu den allgemeinen Notationsregeln vgl. Anhang II (S. 828 ff.).

Adjektive zählen zu den deklinierbaren Wortarten. Hinsichtlich der grammatischen Bedeutung von Adjektivflektoren lassen sich zunächst, wie beim Substantiv, Kasus und Numerus unterscheiden (die im Rahmen von Attributionsgefügen von dem Substantiv abhängen, auf welches sich das Adjektiv attributiv bezieht), darüber hinaus, wie bei Pronomina der dritten Person, das Genus (im Rahmen von Attributionsgefügen ebenfalls in Abhängigkeit von dem Substantiv, auf welches sich das Adjektiv attributiv bezieht). Schließlich lässt die Adjektivflexion auch noch Aspekte der Komparation erkennen: Diese Kategorie eröffnet im Deutschen ein dreifaches Paradigma: Positiv (Bsp. 458a) – Komparativ (Bsp. 458b) – Superlativ (Bsp. 458c).

Bsp. 458:   a) „ein schön<u>es</u>, leichtsinniges Geschöpf" (DUNCKER, Mütter 1887, 4).
   b) „Sie war die schön<u>ere</u> von den beiden Schwestern" (BRAUN, Mem. I 1909, 36).
   c) „viele der schön<u>sten</u> Läden" (HEYKING, Tschun 1914, 320).

Kompariert werden können nicht alle Adjektive; ausgeschlossen sind erstens solche, die für eine nicht graduierbare Eigenschaft stehen, z. B. *schriftlich, mündlich, nackt, tot, schwanger, golden, einzig, maximal*; zweitens Adjektive, welche die Herkunft angeben, z. B. *deutsch, französisch, berlinisch*; drittens Partizipialadjektive wie *wachsend, denkend, gesungen, gedacht*; zudem einige weitere, hier nicht interessierende Arten (vgl. Duden 2005, 384 f.). Werden die genannten Adjektive doch kompariert – weisen sie Formen des Komparativs oder des Superlativs auf –, so hat dies Auswirkungen auf die Wortsemantik:

Bsp. 459:   a) „eine faustdicke, <u>goldene</u> Repetieruhr" (FRANÇOIS, Stufenj. 1877, 315); *golden* ›aus Gold bestehend‹ (Duden 1999, 1550) — „[S]tatt allmählich inne zu werden, in welch einer kläglichen Welt als eine der Bedauernswertesten sie dahinlebte, spann sie von Jahr zu Jahr sich in <u>goldenere</u> Träume ein" (SCHNITZLER, Weg 1908, 771); *golden* ›in hohem Maß als gut, schön, glücklich empfunden, ideal, herausgehoben‹ (vgl. Duden 1999, 1550).
   b) „Ein wissenschaftliches <u>deutsches</u> Journal" (DOHM, Frauen 1876); *deutsch* ›aus Deutschland stammend; in Deutschland befindlich und dorthin gehörig; deutschsprachig‹ — „das <u>deutscheste</u> Gesicht, das ich all mein Lebtag gesehen habe" (FONTANE, Quitt 1890, 392); *deutsch* ›deutschartig‹.

c) „Die drei warfen sich <u>bedeutende</u> Blicke zu" (DAHN, Rom 1876, 525); *bedeutend* ›andeutungsvoll; eine bestimmte Bedeutung habend‹ — „Die <u>bedeutendste</u> Erscheinung unter den jungen Dichterinnen" (MÜHSAM, Unpolit. Erinn. 1927–29, 519); *bedeutend* ›wichtig; hervorragend‹.

5.2.3.2 Allgemeine Arten von Adjektiven

§ 84.2 HLR: (α) ⁽¹⁾V o l l a d j e k t i v e (KmptAdj) sind als Wörter im Rahmen kompaxiver Gefüge (§ 17.I HLR) unmittelbare Konstituenten von Wörtern oder Wortgruppen. Ihr Wortformenparadigma kann sämtliche nach § 84.1c HLR möglichen Flexionsaspekte aufweisen oder nur bestimmte, ist aber in jedem Fall ein polyhenadisches Paradigma (§ 3.2β²ᵃ HLR). ⁽²⁾Als Nennform (§ 3.2 HLR) eines Adjektivs erscheint die Form des Positiv-Inflektivs.

(β) V e r b a d j e k t i v e (VbAdj) sind als Wörter im Rahmen kompaxiver Gefüge unmittelbare Konstituenten von Wörtern (genauer: von Wortformen, nämlich von analytischen Verbformen: § 82.1d^II HLR). Ihr Wortformenparadigma ist in jedem Fall ein monohenadisches Paradigma (§ 3.2β^{2β} HLR). ⁽ᴵ⁾V o l l v e r b a d j e k t i v e (Vb-kmptAdj) sind von Vollverben (§ 82.2d^I HLR) abgeleitete unflektierte präteritumpartizipiale Adjektive. ⁽ᴵᴵ⁾H i l f s v e r b a d j e k t i v e (Vb-auxAdj) sind von Hilfsverben (§ 82.2d^{IIβ} HLR) abgeleitete unflektierte präteritumpartizipiale Adjektive. ⁽ᴵᴵᴵ⁾K o p u l a v e r b a d j e k t i v e (Vb-kplAdj) sind von Kopulaverben (§ 82.2d^{IIδ} HLR) abgeleitete unflektierte präteritumpartizipiale Adjektive. ⁽ᴵⱽ⁾F u n k t i o n s v e r b a d j e k t i v e (Vb-fktAdj) sind von Funktionsverben (§ 82.2d^{IIε} HLR) abgeleitete unflektierte präteritumpartizipiale Adjektive.

Zu § 84.2 HLR: Volladjektive sind ‚normale' Adjektive, die als eigenständige Wörter im Rahmen von Wortgruppen vorkommen können. Ihr Wortformenparadigma umfasst immer die Formen des Positivs, und, sofern sie komparierbar sind, darüber hinaus auch die Formen des Komparativs und des Superlativs. Zu den Flexionsformen eines Volladjektivs gehören auch die so genannten „unflektierte[n] Formen" (Duden 2005, 345), die wir als I n f l e k t i v formen fassen. Wir greifen damit einen Terminus auf, den Teuber (1998) zur Beschreibung von Formen des Verbparadigmas eingeführt hat. Abgesehen von wenigen Ausnahmen (so Bsp. 460) spielen Verbinflektivformen im Rahmen der vorliegenden Arbeit keine Rolle; sie sind vor allem medien- bzw. textsortentypische Phänomene der jüngsten Sprachgeschichte bis in die Gegenwart hinein.

Bsp. 460: „mit dem ersten Schritt: <u>tapp</u>! <u>tapp</u>! erwacht der Hund" (KLEIST, Bettelw. v. Loc. 1810, 41).

Adjektivische Inflektivformen (*hoch – höher – am höchsten*) hingegen sind auch in unserem Untersuchungskorpus ubiquitär.

Verbadjektive sind syntaktisch auf eine einzige Verwendungsweise beschränkt: Sie sind Bestandteile analytischer Verbformen, analog zu Infinitverben. Der Wortbildung nach handelt es sich bei Verbadjektiven immer zugleich um Verbaladjektive, nämlich um Präteritumpartizipien. Ihr Wortformenparadigma weist nur eine einzige Form auf: die des Positiv-Inflektivs (*gemacht, gesagt, gegangen* usw.).

5.2.3.3 Semantische Adjektivklassen

---

§ 84.3 HLR: (a) Volladjektive können nach ihrem propositiven Wert unterschieden werden. § 82.4, § 83.2 und § 83.3 HLR gelten analog.

(b) Prototypisch stehen Volladjektive für Zustände.

Zu § 84.3a HLR: Volladjektive können durch Transposition oder Derivation unter anderem auf der Basis von Verben oder Substantiven gebildet sein. Sie können dann prinzipiell den gleichen propositiven Wert haben wie das Verb oder das Substantiv, das ihnen zugrunde liegt. Auch genuine (nicht durch Transposition oder Ableitung entstandene) Adjektive haben jedoch einen propositiven Wert. Unterscheiden lassen sich Adjektive im Zusammenhang von H a n d l u n g e n , V o r g ä n g e n und Z u s t ä n d e n . Die semantische Klassifikation der Verben und der Substantive gilt analog (womit allerdings nicht gesagt sein soll, dass ausnahmslos für jede semantische Verb- bzw. Substantivklasse eine Entsprechung bei den Adjektiven zu finden sein muss).

Völlig regelhaft können Adjektive nicht nur für Zustände (einige Fälle: Bsp. 461) stehen, sondern auch für Handlungen (Bsp. 462a: *verbrannte Rentierhaare*: ›jemand verbrennt/verbrannte Rentierhaare‹ bzw. ›Rentierhaare werden/wurden verbrannt‹) oder Vorgänge (Bsp. 462b/c: *brennendes Streichholz*: ›das Streichholz brennt‹; *grauender Tag*: ›der Tag graut‹).

Bsp. 461: a) A d i e c t i v u m   e x i s t e n t i a e : „Das Paar bewohnte zunächst ein noch heute vor handenes, vornehmes Haus im Empirestil und führte darin ein geistig angeregtes Leben." (M. WEBER, Lebensbild 1926, 59.)

b) A d i e c t i v u m   t r a n s i t ū s : „Die ganze Wiese war von fröhlichen Menschen bedeckt." (IMMERMANN, Epigon. 1836, 290.)

c) A d i e c t i v u m   i d e n t i t a t i s : „Die Forderung, die Aussenwelt als einen im Denken gegebenen, mit ihm gleichzeitigen, identischen Prozess anzusehen, ist für den Erfahrungsmenschen hart; sie ist aber unerbittlich; sie ist die einzige Möglichkeit, das tausendjährige Problem über die Art der Verbindung von Seele und Leib zu schlichten" (PANIZZA, Illusionism. 1895, 175).

d) A d i e c t i v u m   s i m i l i t u d i n i s : „Ein ähnlicher Fall dieser Art trug sich erst vor wenig Monaten zu." (PÜCKLER-MUSKAU, Brf. Verstorb. ²1831, II, 32.)

e) A d i e c t i v u m   d i f f e r e n t i a e : „In unterschiedliche Phonographen hatte er gejodelt zu Berlin und Paris." (BALL, Flamm. 1918, 19.)

f) A d i e c t i v u m   s u p e r i o r i t a t i s : „Doch verriet er dabei eine so überlegene Kraft, daß sie es für geraten hielten, ein Handgemenge mit ihm lieber zu vermeiden." (EBNER-ESCHENBACH, Agave 1903, 347.)

g) A d i e c t i v u m   n o m i n e m   h a b e n d i : „[W]enn einer [...] zur Vesper das ‚Storchnest' benannte Schmalzgebäck heimbrachte, verlangte er, daß es sorgfältig vor mir versteckt werden müsse" (SUDERMANN, Bilderb. 1922, 149).

h) A d i e c t i v u m   o r i g i n e m   h a b e n d i : „das aus der Umgegend von Bonn stammende Hausmädchen" (FONTANE, Effi Briest 1894, 261).

i) Adiectivum usum habendi: „ein ungezogener Knabe" (C. F. MEYER, Borgia 1891, 806).
j) Adiectivum capabilitatis: „eine große, nervige, feingegliederte, zu packen fähige [...] Hand" (WASSERMANN, Wahnschaffe 1919, 55).
k) Adiectivum emotionis: „einige romantisch gesinnte Deutsche" (LUISE BÜCHNER, Matr. 1878, 285)
ℓ) Adiectivum confidentiae: „Sie weinte – es waren die selbstbetrügerischen Thränen einer sich verkannt und nicht geliebt glaubenden Frau" (BOY-ED, Förster 1889, 21).

Bsp. 462: a) Adiectivum inficiendi: „Bei den Samojeden gelten die Frauen für unrein und haben im Alter ein hartes Loos. Sie müssen in der Hütte auf einer bestimmten Seite bleiben, berühren sie eine andere oder das Geräth der Männer, so werden Hütte und Geräthe durch verbrannte Rennthierhaare gereinigt." (DOHM, Frauen 1876, 78.)
b) Adiectivum percurrendi: „Der grauende Tag kroch durch die Fenster" (BRAUN, Mem. II 1911, 414).
c) Adiectivum fortuito influendi: „Da hielt ihm Leonie das brennende Streichholz hin" (BRAUN, Lebenssucher 1915, 185).

Ebenso können Adjektive auch für handlungs-, vorgangs- oder zustandsbeteiligte Größen stehen. Da *Graf* und *Mensch* Nomina personae (§ 83.2β$^{3α\alpha}$ HLR) sind, *Graf* zudem ein Nomen sociodisponentis (§ 83.3γ^{lγβ} HLR) ist, können die von diesen Substantiven abgeleiteten Adjektive *gräflich* und *menschlich* in Bsp. 463 dementsprechend als Adiectiva personae, *gräflich* kann zudem als Adiectivum sociodisponentis klassifiziert werden (*gräfliches Gefolge* ›Gefolge des/der Grafen‹; *menschliches Herz* ›Herz des/eines Menschen‹).

Bsp. 463: a) „Dieses geschah im Geleite des gräflichen Gefolges" (BECHSTEIN, Dt. Sag. 1853, 285).
b) „Ungern giebt das menschliche Herz einen Plan auf, von dem es sich Genuß versprach." (AHLEFELD, Ges. Erz. 1822, I, 27.)

Adjektive, die in dieser Weise – sei es kotextabstraktiv (Bsp. 463a) oder konkret-kotextuell (Bsp. 463b) – für eine handlungs-, vorgangs- oder zustandsbeteiligte Größe stehen, nennen wir partizipatorische Adjektive.

In nicht wenigen Fällen kann ein und dasselbe Adjektiv in partizipatorischer und in nicht partizipatorischer Lesart begegnen. So ist *königlich* in Bsp. 464a ein Adiectivum qualitatis: Es bedeutet ›reich, wertvoll, eines Königs würdig‹. Als partizipatorisches Adjektiv erscheint *königlich* hingegen in Bsp. 464b/c: Syntagmen wie *königlicher Eidbruch* oder *königlicher Hof* sind zu interpretieren als ›Eidbruch des Königs‹ bzw. ›Hof des Königs‹.

Bsp. 464: a) „Sie wußte es gar nicht, welch königliches Gastgeschenk der Fremde, der eine Stunde an ihrem Herde geruht, ihr dagelassen hatte" (JANITSCHEK, Lilienz. 1895, 78).
b) „in den furchtbaren Sekunden, in denen die Zukunft Frankreichs gewogen ward, bis die Schale voll Fesseln, Kerkern [...], voll hohler Worte, Versprechungen, Tafeln voll königlicher Eidbrüche, ungerechter Urteile, [...] dieser ungeheure Berg alles dessen,

mit dem die Jahrtausende Europa betrogen hatten, langsam zu sinken begann" (HEYM, Dieb 1913, 13).

c) „Wiebke Blunck lernte am <u>königlichen</u> Hofe Lafayette und Mirabeau kennen" (D. v. LILIENCRON, Leben 1900, 259).

*

Zu § 84.3b HLR: Prototypisch bringen Volladjektive Zustände im weitesten Sinne zum Ausdruck. Dies kann auch der Fall sein bei den Partizipialadjektiven, sofern das zugrunde liegende Verb nicht lediglich ein aktuelles Tun, Geschehen oder Sein ausdrückt, sondern ein usuelles.

Bsp. 465: a) „Überall geschäftig <u>hastende</u> Menschen, die ihrer Arbeit, ihrem Verdienst nachgingen" (DUNCKER, Mütter 1887, 118)

b) „Der [...] Träger neuer Ideen [...] versucht [...] so zu sprechen, dass er womöglich von allen <u>denkenden</u> Menschen verstanden wird" (HOLZ, Kunst N. F. 1892, 40 f.)

Während *denkende Menschen* in Bsp. 465b sich umformen lässt zu ›Menschen, die üblicherweise denken‹ bzw. ›Menschen, die zu denken gewöhnt sind‹, entspricht *hastende Menschen* in Bsp. 465a ›Menschen, die (gerade) hasten/in Hast sind‹; das grammatisch einem Adjektiv entsprechende Attribut könnte in diesem Fall ohne weiteres auch als Verbform interpretiert werden. Wir bleiben aber aufgrund ihrer Valenz dabei, solche Formen als Adjektive (jedoch eben nicht als prototypische) zu sehen.

5.2.3.4 Adjektive als Glieder

§ 84.4α HLR: Volladjektive können folgende Gliedfunktionen erfüllen: $^{(I)}$die von Gefügekernen, konkret: $^{(α)}$Amplifikaten (§ 33.2b^{III} HLR), $^{(β)}$Supprädikaten (§ 35.2b^{Iγα} HLR), $^{(γ)}$Attribuenden (§ 39.2b^{IIβ} HLR), $^{(δ)}$Transzessen (§ 42.2b^{IV} HLR), $^{(ε)}$Adpositen (§ 45.2b^{Iα} HLR), $^{(ζ)}$Subjunkten (§ 46.2b^{Iβ} HLR) oder $^{(η)}$Konjunkten (§ 47.2b^{Iγα} HLR), $^{(II)}$die von Satelliten, konkret: $^{(α)}$Flektanden (§ 29.3b^{IIβ} HLR), $^{(β)}$Derivanden (§ 32.3b^{IIγ} HLR), $^{(γ)}$Adverbialien (§ 35.3b^{IIαβ} HLR), $^{(δ)}$Kommentaren (§ 36.3b^{Iα} HLR), $^{(ε)}$Adverbaten (§ 37.3b^{Iβ} HLR), $^{(ζ)}$Attributen (§ 39.3b^{IIγ} HLR), u. a. Juxtaposten (§ 41.3b^{Iα} HLR), $^{(η)}$Transzedenten (§ 42.3c^{Iβ} HLR) oder $^{(θ)}$Adponenden (§ 45.3b^{Iβ} HLR) oder $^{(III)}$die von Koordinaten, konkret: $^{(α)}$Kojunkten (§ 48.2b HLR), $^{(β)}$Prädikationalien (§ 52.2b HLR), $^{(γ)}$Adverbationalien, genauer: Adverbat-Adverbationalien (§ 53.2b HLR), $^{(δ)}$Attributionalien (§ 55.2b HLR), $^{(ε)}$Entranszessionalien (§ 56.3b^{Iβ} HLR), $^{(ζ)}$Adpositionalien (§ 57.2b HLR), $^{(η)}$Subjunkt-Subjunktionalien (§ 58.2b HLR), $^{(θ)}$Kojunktionalien (§ 59.2c HLR) oder $^{(ι)}$Transmissionalien (§ 61.2b HLR).

– Zu § 84.4α^{Iα} HLR: Volladjektive können als Amplifikate erscheinen.

Bsp. 466: „Les gens amoureux, sagt die super<u>kluge</u> Gemahlinn des unvergleichlichen Schah Bahams, ne dorment gueres, a moins qu'ils ne soi[en]t favorisés." (GOETHE, an A. L. Karsch (28. 8. 1775), WA IV, 2, 283

- Zu § 84.4α^{Iβ} HLR: Volladjektive können als Supprädikate erscheinen. Es ist möglich, dass sie „als Valenzträger von Ergänzungsbestimmungen auftreten" (Flämig 1991, 112), d. h., sie können die Kerne von Gefügen bilden, deren Satelliten nicht beliebig sind bzw. wegfallen können. Das Adjektiv kann etwa ein Dativobjekt (Bsp. 467) oder ein Adpositionalobjekt (Bsp. 468) fordern. Insbesondere bei Partizipialadjektiven bleibt die Valenz des zugrundeliegenden Verbs erhalten (Bsp. 467, Bsp. 468c/d).

    Bsp. 467: „Das fünfte Buch ist der spezielleren Ausführung der Entstehungsgeschichte des Vorhandenen [...] gewidmet" (LANGE, Gesch. d. Mat. ²1875, 119).

    Bsp. 468: a) „Auch für sein Denken ist der Mensch verantwortlich" (LANGE, Gesch. d. Mat. ²1875, 77).
    b) „Das Publikum ist nicht reif für den Verkehr mit den Behörden" (TUCHOLSKY/POLGAR, Traum 1927, 422).
    c) „Deshalb ist der Gedankenweg, den verschiedene Forscher hierbei einschlagen, [...] von Zufälligkeiten beeinflußt (MACH, Erk. u. Irrt. ³1917, 270).
    d) „Mit Blumen und Kränzen ist der Wagen des Dionysus überschüttet" (NIETZSCHE, Geb. d. Trag ³1886, 29).

- Zu § 84.4α^{Iγ} HLR: Volladjektive können als Attribuenden erscheinen; vgl. Bsp. 132h, S. 254.
- Zu § 84.4α^{Iδ} HLR: Volladjektive – genauer: deverbale Volladjektive – können als Transzesse erscheinen; vgl. Bsp. 177a, S. 275.
- Zu § 84.4α^{Iε} HLR: Volladjektive können als Adposite erscheinen; vgl. Bsp. 201, S. 291, und

    Bsp. 469: „Unsere Kultur ist der Barbarei [...] nahe" (MACH, Erk. u. Irrt. ³1917, 99).

- Zu § 84.4α^{Iζ} HLR: Volladjektive können als Subjunkte erscheinen; vgl. Bsp. 229b, S. 301.
- Zu § 84.4α^{Iη} HLR: Volladjektive können als Konjunkte erscheinen: *ehrlich* in Bsp. 233f, S. 304.
- Zu § 84.4α^{IIα} HLR: Volladjektive können als Flektanden erscheinen: dann, wenn sie Basis einer Transposition, beispielsweise einer Substantivierung sind.

    Bsp. 470: „Die Geschichte weckt den Sinn für das Wahre, die klassische Literatur die Liebe und Begeisterung für das Schöne." (LUISE BÜCHNER, Frauen ⁴1872, 58.) – Vgl. Abb. 128 (S. 524).

- Zu § 84.4α^{IIβ} HLR: Volladjektive können als Derivanden erscheinen; vgl. Abb. 106, S. 380.
- Zu § 84.4α^{IIγ} HLR: Volladjektive können als Adverbialien erscheinen; vgl. Bsp. 101b, S. 229.

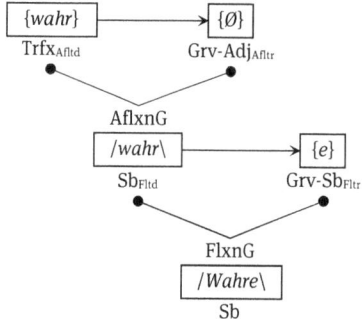

Abb. 128: Konstituentenstruktur eines Flexionsgefüges (Bsp. 470)

Adj = Adjektiv; Afltd = Aflektand; Afltr = Aflektor; AflxnG = Aflexionsgefüge; Fltd = Flektand; Fltr = Flektor; FlxnG = Flexionsgefüge; Grv-Adj = Adjektivgrammativ; Grv-Sb = Substantivgrammativ; Sb = Substantiv; Trfx = Transfix. — Zu den allgemeinen Notationsregeln vgl. Anhang II (S. 828 ff.).

- Zu § 84.4α^{IIδ} HLR: Volladjektive können als Kommentare erscheinen; vgl. Bsp. 110a, S. 236.
- Zu § 84.4α^{IIε} HLR: Volladjektive können als Adverbate erscheinen; vgl. Bsp. 118b, S. 242.
- Zu § 84.4α^{IIς} HLR: Volladjektive können als Attribute, u. a. Juxtaposite erscheinen; vgl. Bsp. 138d–f, S. 258.
- Zu § 84.4α^{IIη} HLR: Volladjektive können als Transzedenten erscheinen; vgl. Bsp. 187a, S. 283.
- Zu § 84.4α^{IIθ} HLR: Volladjektive können als Adponenden erscheinen; vgl. Bsp. 224b, S. 297.
- Zu § 84.4α^{IIIα} HLR: Volladjektive können als Kojunkte erscheinen; *arm* in Bsp. 233f, S. 304.
- Zu § 84.4α^{IIIβ} HLR: Volladjektive können als Prädikationalien erscheinen: als Prädikatialien (analog zur Verwendung als Supprädikat) oder als Adverbiatialien (analog zur Verwendung als Adverbial).
- Zu § 84.4α^{IIIγ} HLR: Volladjektive können als Adverbationalien, genauer: Adverbat-Adverbationalien erscheinen; vgl. Bsp. 263a, S. 323.
- Zu § 84.4α^{IIIδ} HLR: Volladjektive können als Attributionalien erscheinen; vgl. Bsp. 269c, S. 327.
- Zu § 84.4α^{IIIε} HLR: Volladjektive können als Entranszessionalien erscheinen; vgl. Bsp. 286a, S. 336.
- Zu § 84.4α^{IIIς} HLR: Volladjektive können als Adpositionalien erscheinen: als Adposit-Adpositionalien (Bsp. 291a/b, S. 338) oder als Adponend-Adpositionalien (Bsp. 292b, S. 339).
- Zu § 84.4α^{IIIη} HLR: Volladjektive können als Subjunkt-Subjunktionalien erscheinen; vgl. Bsp. 296a, S. 341.

- Zu § 84.4α$^{III\beta}$ HLR: Volladjektive können als Kojunktionalien erscheinen (analog zur Verwendung als Konjunkt).
- Zu § 84.4α$^{III\iota}$ HLR: Volladjektive können – ebenso wie Vertreter jeder anderen Wortart und Wortgruppenart (§ 61.2b HLR) – als Transmissionalien erscheinen.

§ 84.4β HLR: Verbadjektive können folgende Gliedfunktionen erfüllen: $^{(I)}$die von Gefügekernen, konkret: $^{(\alpha)}$Supprädikaten (§ 35.2b$^{I\nu\beta}$ HLR: nur Vollverbadjektive i. S. v. § 84.2β^I HLR) oder $^{(\beta)}$Konjunkten (§ 47.2b$^{I\nu\beta}$ HLR: nur Vollverbadjektive i. S. v. § 84.2β^I HLR), $^{(II)}$die von Satelliten, konkret: $^{(\alpha)}$Flektanden (§ 29.3b$^{II\beta}$ HLR) oder $^{(\beta)}$Flexionaten (§ 51.3b^{II} HLR) oder $^{(III)}$die von Koordinaten, konkret: $^{(\alpha)}$Kojunkten (§ 48.2b HLR: nur Vollverbadjektive i. S. v. § 84.2β^I HLR), $^{(\beta)}$Kojunktionalien (§ 59.2c HLR: nur Vollverbadjektive i. S. v. § 84.2β^I HLR) oder $^{(\gamma)}$Transmissionalien (§ 61.2b HLR).

- Zu § 84.4β$^{I\alpha}$ HLR: Verbadjektive können als Supprädikate erscheinen; vgl. Bsp. 99d, S. 228.
- Zu § 84.4β$^{I\beta}$ HLR: Verbadjektive können als Konjunkte erscheinen; vgl. Bsp. 234g, S. 305.
- Zu § 84.4β$^{II\alpha}$ HLR: Verbadjektive können als Flektanden erscheinen; vgl. Abb. 62, S. 201.
- Zu § 84.4β$^{II\beta}$ HLR: Verbadjektive können als Flexionate erscheinen; vgl. Bsp. 249, S. 314.
- Zu § 84.4β$^{III\alpha}$ HLR: Verbadjektive können als Kojunkte erscheinen (*gekommen* in Bsp. 234g, S. 305).
- Zu § 84.4β$^{III\beta}$ HLR: Verbadjektive können als Kojunktionalien erscheinen (analog zur Verwendung als Konjunkt).
- Zu § 84.4β$^{III\gamma}$ HLR: Verbadjektive können – ebenso wie Vertreter jeder anderen Wortart und Wortgruppenart (§ 61.2b HLR) – als Transmissionalien erscheinen.

5.2.4 Artikel und Pronomina

5.2.4.1 Zur Problematik der Wortartbestimmung

Die Frage, was unter einem Artikel zu verstehen ist, lässt sich nur in Abgrenzung gegen die Wortart Pronomen beantworten und umgekehrt. Häufig werden in der Grammatikographie Artikel und Pronomen zusammen behandelt, was in mehrfacher Hinsicht gerechtfertigt erscheint. Zum einen lässt sich historisch gesehen der Artikel auf das Pronomen zurückführen (Hentschel/Weydt 2003, 226), zum anderen ist, was als Artikel und was als Pronomen zu gelten habe, umstritten (ebd., 227), woraus sich erkennen lässt, dass eine Abgrenzung Probleme bereitet.

Mindestens drei Grundpositionen sind in der Forschung erkennbar. Erstens kann – in einem engen Verständnis – als Artikel jedes Wort bestimmt werden, das syntaktisch als Kopfeinheit einer Substantivgruppe fungiert und die Funktion der

„Aktualisierung" hat (Hentschel/Weydt 2003, 227), d. h. die Funktion, ein Substantiv als Individual- oder Kategorialbezeichnung zu determinieren. Als Artikel gelten damit nur der bestimmte, der unbestimmte sowie der Nullartikel (ebd.). Entsprechend weit ist der Begriff des Pronomens: Er umfasst alle anderen Wörter mit deiktischer Funktion[263], und zwar sowohl in prosubstantivischem als auch proadjektivischem Gebrauch (ebd., 237 f.), will sagen: als Stellvertreter oder als Begleiter eines Substantivs. Ein Wort wie *mein* wäre damit immer ein Pronomen, sowohl in Fällen wie *das ist meines* als auch in solchen wie *das ist mein Buch*; es läge ein einziges Lexem *mein* vor.

Zweitens kann – in einem weiten Verständnis – als Artikel jedes Wort bestimmt werden, das syntaktisch als Kopfeinheit einer Substantivgruppe fungiert (so bei Helbig/Buscha 2001, 320 ff., wo statt *Artikel* der Terminus *Artikelwort* gebraucht wird). Zu den Artikeln zählen dann auch solche Wörter, die in anderen grammatikographischen Ansätzen als adnominale Pronomina[264] beschrieben werden, z. B. *dieser, jener, jeder, derselbe, mein* und *kein* (ebd., 322). Mit diesem weiten Artikelverständnis geht ein enger Begriff des Pronomens einher: Als Pronomina gelten nur solche Wörter, die syntaktisch als Stellvertreter von Substantivgruppen fungieren und semantisch „nicht über eine ausgeprägte lexikalische Bedeutung verfügen" (ebd. 205 ff.).

Drittens kann die Unterscheidung von Artikel und Pronomen so vorgenommen werden, dass die Beschaffenheit des jeweiligen Flexionsparadigmas den Ausschlag gibt (so bei Eisenberg 1999, 139). Versteht man ein (flektierbares) Lexem ausdrucksseitig als ein Flexionsformenparadigma, so liegen bei unterschiedlichen Formenparadigmata auch unterschiedliche Lexeme vor; gestaltseitig gleiche Flexionsformen, die verschiedenen Paradigmata zugeordnet werden können, werden als homonyme Formen angesehen, d. h., sie sind typverschieden (zu Ausnahmen vgl. allerdings oben, S. 93). Unter diesem Aspekt wird dann unterschieden zwischen Lexemen, die nur adnominal, solchen, die sowohl adnominal als auch pronominal, und solchen, die nur pronominal gebraucht werden können, wobei ausschließlich die der erstgenannten Kategorie als Artikel, die der beiden letztgenannten als Pronomina gelten (Eisenberg 1999, 139). So bleibt die Wortart Artikel beschränkt auf die Lexeme *der, ein, kein, mein, dein* und *sein* (ebd.), weil die Einheiten ihrer Flexionsformenparadigmata nur in adnominaler Verwendung vorkommen.[265] Zu den Pronomina zählen

---

[263] Damit ist sowohl Text- als auch Situationsdeixis gemeint; Bezugsgröße eines Lexems kann sowohl eine kotextuelle Einheit als auch eine situative Gegebenheit (der Autor, der Adressat oder jemand/etwas Drittes) sein.
[264] Statt von adnominalen Pronomina ist auch von Pronomina in adsubstantivischer Verwendung (z. B. Eisenberg 1999, 139), von attributiv gebrauchten Pronomina (z. B. Duden 1998, 326) oder von Proadjektiven (z. B. Hentschel/Weydt 2003, 238) die Rede.
[265] Vorsichtigerweise sollte es heißen: „i n d e r R e g e l nur in adnominaler Verwendung vorkommen", denn es lassen sich, wie kaum anders zu erwarten, auch Ausnahmen konstatieren. So kann die Genitivform des bestimmten Artikels (*des*) auch pronominal, als Variante der Pronominal-

demgegenüber Lexeme wie *dieser*, deren Paradigmata im adnominalen wie im pronominalen Gebrauch gestaltseitig identisch sind, und Lexeme wie *einer, keiner* usw., die nicht adnominal verwendet werden können (z. B. *hier ist <u>keiner</u>*, aber nicht **hier ist <u>keiner</u> Mensch; ich habe <u>kein(e)s</u>*, aber nicht **ich habe <u>keines</u> Geld*).

Will man in der zuletzt erläuterten Weise klassifizieren, so muss man allerdings einräumen, dass die ausdrucksseitige Unterschiedlichkeit der Formenparadigmata nicht offensichtlich zu sein braucht. Zumindest in der neuhochdeutschen Schriftsprache unterscheidet sich das ‚adnominal verwendete Demonstrativpronomen' *der* vom bestimmten Artikel *der* nicht flexematisch, sondern ausschließlich durch seine stärkere Betonung:

(1) bestimmter Artikel: *Die Lehrerin gibt <u>den</u> Kindern gute Noten* [d. h. allen Kindern der Klasse].
(2) ‚adnominales Pronomen': *Die Lehrerin gibt <u>dén</u> Kindern gute Noten, die fleißig sind* [d. h. nur diesen, den andren aber nicht].
(3) ‚pronominales Pronomen': *Die Lehrerin gibt <u>denen</u> gute Noten, die fleißig sind.*

Will man behaupten, dass es sich nicht bei (1) und (2) um dieselbe Wortart, nämlich einen Artikel, sondern – trotz der morphologischen Verschiedenheit – bei (2) und (3) um dieselbe Wortart, nämlich um ein Pronomen handelt, so würde dies flexematisch erst erkennbar, wenn man die Zeichengestalt in der Schriftsprache mit der in bestimmten regionalen Varietäten des Deutschen vergleicht. So gibt es beispielsweise im kurpfälzischen Dialekt einen klar erkennbaren Unterschied zwischen (1') und (2'), hingegen flexematische Übereinstimmung zwischen (2') und (3'):

(1') bestimmter Artikel: *Die Lehrerin gibt <u>de</u> Kinner gude Node* [d. h. allen Kindern der Klasse].
(2') ‚adnominales Pronomen': *Die Lehrerin gibt <u>dene</u> Kinner gude Node, wo fleißisch sin* [d. h. nur diesen, den andren aber nicht].
(3') ‚pronominales Pronomen': *Die Lehrerin gibt <u>dene</u> gute Node, wo fleißisch sin.*

Ob allerdings ein solcher Ausflug in die Dialektologie für die strukturelle Beschreibung der Standardsprache methodisch zulässig ist, erscheint fraglich.

Besser als mit dem engen Kriterium der Verschiedenheit von Flexionsformen scheint daher die angestrebte Unterscheidung von Artikel und Pronomen zu gelingen, wenn man überhaupt auf gestaltliche Verschiedenheit abhebt. Zudem wird man – nicht nur aus allgemein zeichentheoretischen Erwägungen, um nämlich die Prämisse der Bilateralität des sprachlichen Zeichens nicht zu vernachlässigen, sondern auch zur Vermeidung ganz konkreter Probleme: angesichts der gestaltlichen

---

form *dessen* erscheinen: „[S]eien Sie sicher, mein Fluch begleitet Sie auf Tritt und Schritt! Und der blutige Schatten *des*, dem Sie sein frühes Grab gegraben haben." (SPIELHAGEN, Zeitvertr. 1897, 264.)

Verschiedenheit des ‚adnominalen Demonstrativpronomens' *der* in (2) und des ‚pronominalen' in (3) – kaum umhinkommen, auch die (syntaktische) F u n k t i o n der fraglichen lexikalischen Einheiten zu betrachten.

Freilich lassen sich gegen (ebenso wie auch für) jede der dargestellten Sichtweisen Argumente finden. Sie werden an den zitierten Stellen der Forschungsliteratur benannt, sind hier aber nicht weiter von Belang. Worauf es gegenwärtig nur ankommt, ist die Tatsache, dass je nach theoretischem Hintergrund und Beschreibungsinteresse die Phänome so oder anders gedeutet und klassifiziert werden können. Dementsprechend gilt es anzugeben und zu begründen, was im Rahmen unserer Arbeit unter Artikeln und Pronomina verstanden werden soll.

5.2.4.2 Artikel

5.2.4.2.1 Allgemeines zur Wortart

§ 85.1 HLR: (a) Ein A r t i k e l (Art) ist ein Zeichen mit Wortcharakter (§ 26 HLR), das als Gefüge konsistent (§ 15.1b HLR) strukturiert ist und aus einem Transfix (§ 76.1α HLR) und einem Artikelgrammativ (§ 72 HLR) besteht.

(b) Artikel können unterschiedliche Gliederstrukturen (§ 13.3β^I HLR) aufweisen: $^{(I)}$die von Flexionsgefügen (§ 29.1bIIδ HLR), $^{(II)}$die von Aflexionsgefügen (§ 30.1b^{IIδ} HLR) oder $^{(III)}$die von Interzeptionsgefügen (§ 50.1b^{Iα} HLR).

(c) Artikel können im Rahmen eines Komitationsgefüges (§ 38 HLR) für sich allein als Komites fungieren. Sie gehören in der Regel zu den deklinierbaren Wortarten (§ 81.1β^{III} HLR) und sind flektierbar nach Kasus, Numerus und Genus, Propositivartikel (§ 85.3α HLR) zudem nach Person.

(d) Ein Artikel als Gefüge betrachtet, heißt A r t i k e l g e b i l d e .

Zu § 85.1 HLR: Die Exemplarstruktur (§ 13.3β^{II} HLR) von Artikeln sowie die Tatsache, dass sie als Flexions- und als Aflexionsgefüge gedeutet werden können, wurde bereits in Kap. 5.1.1.7 (S. 390 f.) behandelt. Im Fall bestimmter zusammengesetzter Artikel wie *derselbe* können sie zudem als Interzeptionsgefüge erscheinen (vgl. Bsp. 246a, S. 311).

Ein Artikel tritt prototypischerweise zusammen mit einem Substantiv auf und bilden mit diesem ein Komitationsgefüge (vgl. Bsp. 471a). Der Artikel erfüllt die Komesfunktion, eine Verwendung, die ebenfalls – für die Komesfunktion – als prototypisch bezeichnet werden kann (vgl. S. 250). Allerdings können auch Pronomina als Komites erscheinen (§ 38.3b^{Iβ} HLR; Bsp. 471b).

Bsp. 471: a) „Aber <u>alle</u> Blicke hingen mit Angst an dem Gesicht des Königs" (ASTON, Rev. 1849, II, 111).

b) „Im kaiserlichen Rom richteten sich schnell <u>aller</u> Blicke nach dem Hofe und dem ihm zunächst stehenden Kreise" (WEBER/SCHWABE, Weltgesch. 1919, 657).

Ausgenommen nicht flektierbare Einheiten wie *etwas, jemand* oder *nichts* (Bsp. 126, S. 250) gehören Artikel in der Regel zu den deklinierbaren Wortarten und haben Flexionsformen in den vier Kasus, zwei Numeri und drei Genera; der Propositivartikel (vgl. hierzu S. 539 f.), hat zudem ein Formenparadigma der Person, von denen aber nur die dritte eine Genusdifferenzierung aufweist (*mein, dein, sein/ihr/sein*), die wir als P e r s o n a l g e n u s bezeichnen. Ebenso wie bei einigen Pronomina (vgl. hierzu Kap. 5.2.4.3) entfaltet der Deklinationsaspekt ›Person‹ beim Propositivartikel sechs Alternativen in Analogie zur Kategorie ›Person‹ bei Verben: drei Personen im Singular und drei im Plural; die Numerusunterscheidung hinsichtlich der Personen lässt sich als P e r s o n a l n u m e r u s – Singular *mein/dein/sein* vs. Plural *unser/euer/ihr* – im Gegensatz zum K a s u a l n u m e r u s – Singular *mein/meines/meinem/meinen* vs. Plural *meine/meiner/meinen/meine* – fassen. Propositivartikel ebenso wie Pronomina sind Pro-Zeichen i. S. v. § 9.3 HLR; als erste, zweite oder dritte ›Person‹ erscheint jeweils eine Sicht auf diejenige Größe, der eine zugehörige Größe zugeordnet wird (das Disponens i. S. v. § 105.IIIb^V HLR): Der Artikel bzw. das Pronomen bezieht sich in der ersten Person auf den Sprecher oder Schreiber der jeweiligen Äußerung oder auf eine Gruppe von Personen, zu denen der Sprecher/Schreiber sich zählt, in der zweiten Person auf den bzw. die Adressaten, in der dritten Person auf eine Größe oder mehrere Größen, die weder Sprecher/Schreiber noch Adressat der Äußerung sind.

5.2.4.2.2 Arten von Artikeln

Funktional können Artikel als Wörter beschrieben werden, „die im Text die Aufgabe haben, Nomina zu begleiten" und dem Rezipienten Hinweise zu geben, ob und wo „im Text Determinanten für diese Nomina zu finden sind" (Weinrich 2003, 406). Artikel haben also (nicht anders als auch Pronomina) zunächst ganz allgemein die Funktion von Nektoren: sie verbinden als Determinante ihr Determinat mit der Determinationsleistung anderer Determinanten. Daneben sind sie auf verschiedene Art, hinsichtlich deren sich „Artikel im engeren Sinne" und „Artikel im weiteren Sinne" (Duden 1998, 309) bzw. „einfache" und „spezifische" Artikel (Weinrich 2003, 406) unterscheiden lassen, eigenständig determinativ. Wir verwenden im Folgenden Weinrichs Termini.

Die Funktionen des einfachen Artikels sind in der Grammatikographie sehr unterschiedlich gefasst.[266] Da die Divergenz der Meinungen eine Diskussion derselben unweigerlich zu einer aufwendigen Angelegenheit werden ließe, beziehen wir ohne Auseinandersetzung mit der Forschung folgende Position, die Anleihen bei verschie-

---

[266] Vgl. z. B. Duden 1998, 313 ff.; Duden 2005, 299 ff. und 337 ff.; Eisenberg 1999, 143 ff.; Helbig/Buscha 2001, 329 ff.; Hentschel/Weydt 2003, 228 ff.; Weinrich 2003, 407 ff.

denen Auffassungen, insbesondere bei Bickerton (1981, 146 ff.) und Weinrich (2003, 406 ff.) macht:

---

§ 85.2 HLR: (a) Der Artikel zeigt an, ob kotextuell weitere Determinanten für das Substantiv zu finden sind, das er als Komes (§ 38.3b^{Iα} HLR) begleitet. Diese determinationsindikatorische Funktion kann positiv oder negativ erfüllt sein: Der Artikel gibt zu erkennen, $^{(I)}$dass für sein Komitat textintern oder -extern m i n d e s t e n s ein weiterer Determinant gesucht werden kann oder soll (Funktion des b e s t i m m t e n A r t i k e l s, dfArt), oder $^{(II)}$dass für das Komitat textintern oder -extern kein weiterer Determinant zu suchen ist (Funktion des u n b e s t i m m t e n A r t i k e l s, idfArt).

(b) Der Artikel kann anzeigen, ob die als Komitationsgefüge strukturierte (§ 38.1b HLR) oder einem Komitationsgefüge entsprechende (§ 89.2β^{III} HLR) Substantivgruppe, in deren Rahmen er als Satellit fungiert, als Individualbezeichnung (§ 83.2α^{1} HLR) anzusehen ist. $^{(Iα)}$Ein Artikel, der dies anzeigt, erfüllt die Funktion des I n d i v i d u a l a r t i k e l s (Art-idv). $^{(β)}$Determiniert ein Individualartikel ein Substantiv oder eine Substantivgruppe, das/die eine primäre Individualbezeichnung ist (Funktion des h y p e r t r o p h e n I n d i v i d u a l a r t i k e l s), so erscheint es/sie als sekundäre Kategorialbezeichnung (§ 83.2α^{3} HLR). $^{(II)}$Ein Artikel, der dies nicht anzeigt, erfüllt die Funktion des N e u t r a l a r t i k e l s (Art-ntr).

(c) Hat ein Artikel nur die in § 85.2a HLR beschriebene determinationsindikatorische und die in § 85.2b HLR beschriebene individualitätsanzeigende Funktion, so heißt er e i n f a c h e r A r t i k e l. Einfache Artikel sind *der*, *ein* und der Nullartikel (Ø$_{Art}$). Die beiden Funktionen treten jeweils in Kombination auf; man kann unterscheiden: $^{(I)}$den bestimmten Individualartikel (dfArt-idv: *der*), $^{(II)}$den unbestimmten Individualartikel (idfArt-idv: *ein* – im Plural Ø$_{Art}$), $^{(III)}$den bestimmten Neutralartikel (dfArt-ntr: *der*) und $^{(IV)}$den unbestimmten Neutralartikel (idfArt-ntr: Ø$_{Art}$).

Zu § 85.2 HLR: Die Artikelleistung der B e s t i m m t h e i t s a n z e i g e ist die einer Anzeige von Unikalität: Der bestimmte Artikel determiniert ein Substantiv als Bezeichnung für eine unikale Größe. Unikal sind Individuen oder Mengen von Individuen, die es für denjenigen, der etwas über sie aussagt, nur ein einziges Mal gibt. Die Gründe für diese Unikalität können in der Aussage mitgeteilt werden, der Autor kann ihre Kenntnis jedoch auch beim Rezipienten voraussetzen. Der bestimmte Artikel hat in beiden Fällen eine deontische Funktion (vgl. Hermanns 1995b): Er gibt dem Rezipienten zu verstehen, dass eine Kenntnis bezüglich der Unikalität des Komitats von ihm erwartet wird, die er dadurch gewinnen oder überprüfen kann, dass er entweder textintern (kotextuell, Bsp. 472–Bsp. 487) oder textextern (intertextuell bzw. in seinem systematischen Sprachregelwissen, Bsp. 488–Bsp. 490) nach weiteren Determinanten für das Komitat sucht. Der bestimmte Artikel ist gleichsam die Gewähr dafür, dass sich mindestens einer finden lässt. Handelt es sich um Determinanten, die dem Artikel im Text vorangehen (Bsp. 472–Bsp. 483), so kann von einem anaphorischen Verweis oder einer „Vorerwähnung" (Duden 1998, 315), die explizit (Bsp. 472–Bsp. 475) oder implizit (Bsp. 476–Bsp. 483) sein kann, die Rede sein, bei ihm nachfolgenden Determinanten (Bsp. 484–Bsp. 487) von einem kataphorischen Verweis des Artikels. Bei Determinanten, die textextern, in der Kenntnis des Rezipienten zu suchen sind (Bsp. 488–Bsp. 490), kann von „Vorinformation" (Duden 1998, 315) gesprochen werden. Eine explizite Vorerwähnung liegt vor,

- wenn ein Determinant als dem Determinat prokurrent (Bsp. 472; vgl. 4.2.11.2) oder partiell prokurrent (Bsp. 473; vgl. ebd.) erscheint oder
- wenn es sich beim Determinanten um eine primäre Individualbezeichnung – ein Nomen proprium – handelt, die als Attribuend, genauer: als Apponend von dem Gefüge determiniert wird, dessen Kern das Determinat ist (Bsp. 474), oder
- wenn es sich beim Determinanten um eine mit dem Determinat gleichbedeutende Bezeichnung handelt (Bsp. 475).

Eine implizite Vorerwähnung liegt dann vor, wenn durch die Bedeutung des Determinanten die des Determinats mitgesetzt ist. Dies ist beispielsweise der Fall, wenn

- der Determinant für den Besitzer dessen steht, was das Determinat bezeichnet (Bsp. 476), für einen Bestandteil dessen, was das Determinat bezeichnet (Bsp. 477), oder für das Material, aus welchem der Gegenstand ist, den das Determinat bezeichnet (Bsp. 478), oder
- der Determinant für den Träger der Eigenschaft steht, die das Determinat bezeichnet (Bsp. 479), oder
- die Bedeutung des Determinanten extensional und/oder intensional enger gefasst ist als die des Determinats (Bsp. 480), so dass dasjenige, wofür der Determinant steht, als demjenigen, wofür das Determinat steht, kategorial untergeordnet angesehen werden kann[267], oder
- der Determinant für den Träger der Handlung, des Vorgangs oder Zustandes steht, die oder den das Determinat ausdrückt (Bsp. 481), oder
- der Determinant für eine beteiligte Größe der Handlung, des Vorgangs oder Zustandes steht, die bzw. den das Determinat indirekt (Bsp. 482) oder unmittelbar (Bsp. 483) zum Ausdruck bringt.

Bsp. 472: „Ein Netz von Adern schnürten sich Straßen über das Land [...]. [...] Die [...] Straßen waren des Landes Bewegung, Leben und Odem und Herzschlag." (FEUCHTWANGER, Jud Süß 1925, 5.)

Bsp. 473: „So hatte der Graf erzählt. Die Erzählung selbst aber [...]" (FONTANE, Sturm II 1878, 161).

Bsp. 474: „Selbst ein so heller und weitblickender Kopf wie Friedrich der Große wurde zeitlebens der melancholischen Anwandlungen und Todesgedanken nicht los." (PANIZZA, Gen. u. Wahns. 1891, 103.)

---

[267] Vgl. Weinrich (2003, 411 f.): „Ist ein Nomen textuell eingeführt, so gilt auch sein Oberbegriff (also ein bedeutungsverwandtes Nomen mit einem weiteren Bedeutungsumfang und vagerem Bedeutungsinhalt, ein ‚Hyperonym') als miteingeführt und erhält den anaphorischen Artikel."

Bsp. 475: „Als der Doktor [...] nach Hause kam, fand er eine Gestalt auf der Treppe sitzen. Die Erscheinung machte Platz, stieg aber hinter ihm die Stufen herauf." (FREYTAG, Ahnen VI 1880, 109 f.)

Bsp. 476: „[D]ie Alcantaradragoner [...] mußten sich an einem niedrigen ledernen Czako und einem langen blauen Rock mit Regimentsnummer und Messingknöpfen genügen lassen. Die Bewaffnung war ein sehr langer Degen [...], dazu Karabiner und Pistole." (FONTANE, Sturm III 1878, 100.)

Bsp. 477: „Mein Rappe [...] sträubte die Mähne [...]." (MAY, Wüste 1908, 461 f.)

Bsp. 478: „Er trug auf dem Spaziergang ihre Jacke. [...] Der Duft der Seide berauschte ihn, wiegte ihn ein [...]." (ALTENBERG, Wie ich es sehe ⁴1904, 12.)

Bsp. 479: [D]as ganze [...] Treiben drüben erscheint [...] und schwindet wieder. Die Entfernung ist groß genug, um jeden Lärm zu verschlingen [...]." (FONTANE, Wand. III 1873, 310.)

Bsp. 480 „[D]er Nationalsozialismus hätte als Massen-Gefühls-Überzeugung nicht die Macht und den Umfang gewinnen können, die er jetzt erwiesen, wenn ihm nicht [...] aus geistigen Quellen ein Sukkurs käme, der [...] eine relative Wahrheit, Gesetzlichkeit und logische Notwendigkeit besitzt und davon an die populäre Wirklichkeit der Bewegung abgibt." (TH. MANN, Dt. Anspr. ¹1930, 876 f.)

Bsp. 481: „Bald darauf traten beide in B. vor ihre Richter. | Die Amtshandlung, durch keinen Zwischenfall gestört, ging rasch vorwärts." (EBNER-ESCHENBACH, Gemeindek. 1887, 11.)

Bsp. 482: „Unter hohen [...] Linden lag ein [...] Bangalo [...]. Der Dschinnistani war der Erbauer." (MAY, Ard. I 1909, 303.)

Bsp. 483: „Es gelang den Damen [...] nicht [...], ihre Renommee aufrechtzuerhalten. Die Hochachtung schwand." (BALL, Flamm. 1918, 143.)

Bsp. 484: „der jugendliche Goethe" (NIETZSCHE, Geb. d. Trag. ³1886, 67).

Bsp. 485: „Der Gesang [...] solcher [...] Schwärmer" (NIETZSCHE, Geb. d. Trag. ³1886, 33).

Bsp. 486: „Darstellung der [...] Ansichten von K n i e s" (WEBER, Roscher u. Knies Vorbem. 1903, 2)

Bsp. 487: „die Begriffe, in denen Handeln erfaßt wird" (WEBER, Kateg. Soziolog. 1913, 439).

> Sprachregelwissen: Was aktuell oder prinzipiell einziges Exemplar seiner Gattung ist, ist per se unikal (exklusive Definitheit)

Bsp. 488: „Die Reichsregierung hat einen Finanzreformplan aufgestellt" (TH. MANN, Dt. Anspr. ¹1930, 872).

> Sprachregelwissen: Was als Exemplar prototypisch für seine Gattung
> als solche steht, ist per se unikal (prototypische Definitheit)

Bsp. 489: „<u>Dem</u> Wilden sind die Tiere fast seinesgleichen, seine ‚jüngeren Brüder', mit denen er, wie die Kinder, spricht" (MACH, Erk. u. Irrt. ³1917, 101)

> Sprachregelwissen: Wenn eine Menge von Exemplaren die Gesamtheit aller
> Exemplare der Gattung darstellt, ist sie per se unikal (generelle Definitheit)

Bsp. 490: „So besitzen <u>die</u> Fische und auch niedere, im Wasser lebende Wirbeltiere eigentümliche Sensillen in der Haut, welche mit besonderen Sinnesnerven in Verbindung stehen" (HAECKEL, Welträtsel ¹¹1919, 306)

Die Artikelleistung der Individualisierung steht in Wechselwirkung mit zwei Eigenschaften des Substantivs, das der Artikel determiniert. Diese Eigenschaften sind erstens die semantische Klasse, der das Substantiv angehört, und zweitens der Numerus, in dem es erscheint bzw. erscheinen kann.

Nomina appellativa – mit Ausnahme der Nomina innumerabilia – stehen per se für Gattungen, sind also primär Kategorialbezeichnungen. Eben als solche erscheinen sie (Bsp. 491a), wenn sie durch einen bestimmten oder unbestimmten Neutralartikel attribuiert und nicht durch eine individualisierende Pluralform (§ 83.1f¹ HLR, vgl. S. 492) modifiziert sind. — Werden sie hingegen durch einen Individualartikel attribuiert, so erscheinen sie als sekundäre Individualbezeichnungen: als Bezeichnungen eines Exemplars (Gattungsvertreters). Prinzipiell wird in solchen Fällen (s. o.) entweder als bekannt vorausgesetzt, um welches Exemplar es sich handelt, weil irgendwo im Kotext (intratextuell oder intertextuell) oder im Kontext mindestens ein weiterer Determinant zu finden ist (bestimmter Individualartikel *der*, Bsp. 491b), oder als unbekannt, weil ein solcher weiterer Determinant nicht zu finden ist bzw. im linearen Textverlauf bis dahin nicht zu finden war (unbestimmter Individualartikel *ein*, Bsp. 491c). In bestimmten Fällen attribuiert allerdings der Individualartikel nicht irgendein – sei es ein näher bestimmtes oder ein nicht näher bestimmtes – Exemplar, sondern ein prototypisches, das für die Gattung als solche steht. Wir nennen dieses Phänomen Prototypisierung[268]: *der Künstler/Denker* bzw. *ein Hund* (Bsp. 491d) entspricht ›der prototypische Künstler/Denker/Hund‹. Erscheint das Komitat im Plural und ist somit bereits als sekundäre Individualbezeichnung gekennzeichnet (§ 83.1f¹ HLR), so hat der Artikel Neutralfunktion und fungiert nur als positiver oder negativer Bestimmtheitsanzeiger (bestimmter Neutralartikel *der*, Bsp. 491e, bzw. unbestimmter Neutralartikel $\emptyset_{Art}$, Bsp. 491f). Bei pluralischen Attribuenden ist übrigens – semantisch analog zur Prototypisierung bei Singularformen, weil in bei-

---

[268] Duden (2005, 303 f.) u. a. sprechen von extensionaler bzw. exemplarischer Generalisierung.

den Fällen Exemplare genannt, aber die Gattungen gemeint sind – Generalisierung möglich: *die Frauen* sowohl wie *Frauen* (Bsp. 491g) entspricht ›alle Frauen‹.

Bsp. 491: a) „Unvermerkt geht die Pflanze in das Tier, das Tier in den Menschen über." (LUDW. BÜCHNER, Kraft u. Stoff 1885, 73.) – „Das Weib ist weder [Ø_{Art}] Spielzeug noch [Ø_{Art}] Zerstörerin, es ist [Ø_{Art}] Mensch" (MEISEL-HESS, Sex. Krise 1909, 147).
b) „Der Offizier [...] setzte seine Reise fort." (FONTANE, Wand. IV 1882, 288.)
c) „Hat dein Herr auch eine Frau?" (EBNER-ESCHENBACH, Kreisph. 1883, 301.)
d) „Der Künstler hat in Hinsicht auf das Erkennen der Wahrheiten eine schwächere Moralität, als der Denker" (NIETZSCHE, Menschl. I ²1886, 142). — „Ein Hund lernt leicht ein Gittertor öffnen, indem er den Kopf unter den Riegel schiebt und diesen hebt." (MACH, Erk. u. Irrt. ³1917, 72.)
e) „Daraufhin gaben die Soldaten eine Salve" (LUISE BÜCHNER, Dt. Gesch. 1875, 372).
f) „Sie nahm nur dunkel wahr, daß um sie [Ø_{Art}] Frauen bemüht waren, daß ein Mann ihren Puls fühlte, und daß die Gestalt ihrer Mutter über sie gebeugt war" (SUTTNER, Martha 1902, 301).
g) „Nehmen wir [...] einmal an, der Professor hätte Recht und die Frauen wären außer Stande, der Wissenschaft eine wesentliche Förderung zu bringen, so müßten sie dennoch studieren. Die Grenzen der Wissenschaft zu erweitern, der Menschheit neue Gesichtskreise zu eröffnen, ist nur außergewöhnlichen Menschen gegönnt, die wir als Genies zu bezeichnen pflegen. [...] Geister ersten Ranges findet man auch unter den Männern nur in einzelnen Exemplaren." (DOHM, Emancip. 1874, 63.) — „Ich reise [...] aus Liebe zu Gottes schöner Natur, zum deutschen Vaterlande, in reiner, fröhlicher Wanderlust und – um mindestens mir selbst und auch womöglich Andern beweisen zu können, daß auch [Ø_{Art}] Frauen dazu ein Recht hätten und nicht erst nöthig haben sollten, zu warten, bis ein Bruder oder später der Gemahl die Güte hätte, unter seinem Schirm sie mitzunehmen." (OTTO, Frauenl. 1876, 137.)

Bei Nomina propria und Nomina innumerabilia als Attribuenden von Artikeln verhalten sich die Dinge umgekehrt: Solche Substantive sind primär Individualbezeichnungen. Sollen sie als solche erscheinen, so können sie nur durch einen Neutralartikel determiniert werden, ebenso wie sie nur im Singular stehen können (Bsp. 492a). Werden sie hingegen durch einen Individualartikel determiniert, so gibt das Determinat seine Eigenschaft als Individualbezeichnung auf und verhält sich statt dessen wie eine Kategorialbezeichnung, die dann ihrerseits wiederum (rück)individualisiert wird; es steht dann nicht mehr für ein Individuum per se, sondern für ein Exemplar, bei Nomina innumerabilia: für eine Sorte oder Portion (bestimmter Individualartikel *der*, Bsp. 492b, bzw. unbestimmter Individualartikel *ein*, Bsp. 492c). Wir sprechen in solchen Fällen vom hypertrophen Individualartikel, analog zum hypertrophen Individualplural (§ 83.1f^{II} HLR, vgl. S. 492), der denselben Effekt hat: Nomina propria bzw. innumerabilia im Plural sind unabhängig vom Artikel sekundäre Individualbezeichnungen; der Artikel hat bei ihnen nur die Funktion des Bestimmtheitsanzeigers (bestimmter Neutralartikel, Bsp. 492d, bzw. unbestimmer Neutralartikel, Bsp. 492e).

Bsp. 492: a) „'Kennt ihr mich nicht?' rief er, ‚ich bin ja der Hans.'" (BARTSCH, Sag. Meklenb. I 1879, 487.) — „[Ø_Art] Johannes hielt sie zurück." (JANITSCHEK, Ninive 1896, 175.) — „Wir haben uns nicht darum bemüht zu erfahren, [...] daß die Flamme brennt, daß das Wasser abwärts fließt, daß nach dem Blitz der Donner folgt u. s. w." (MACH, Erk. u. Irrt. ³1917, 165.) — „[I]ch [...] trinke vier Wochen lang [Ø_Art] Milch und atme [Ø_Art] Heideluft [...]." (MARLITT, Heidepr. 1871, 400 f.)

b) „Silvie, die reizende, kindliche, unschuldige Silvie ist gestern gestorben" (ERNST, Komöd. 1928, 147) — „einmal, als sie so hoch über allem Thälerqualm im Angesicht der Felskuppen und der Abendröthe den Wein ihrer Feldflaschen schlürften" (BLEIBTREU, Größenw. 1888, I, 52).

c) „[M]an muß nicht alles nur so hinnehmen, was einem ein Peter sagt, man muß es selbst probieren." (SPYRI, Heidi I 1880, 172.) — „Der Fremdling kostete, sagte aber, das sei noch nichts. Fern im Süden habe er [...] einen Wein gefunden, der wie Feuer durch die Adern der Menschen rolle und mit dem sich der Wein in dieser Kanne [...] nicht vergleichen könne." (PRÖHLE, Rheinl. Sag. 1886, 2.)

d) „Der [...] in Hingebung zerfließenden Kätchen und Gretchen ist man müde geworden [...]." (MEISEL-HESS, Sex. Krise 1909, 148.) — „So ging er denn hinaus, nachdem er die Weine bezeichnet, die man bereit zu halten habe." (SPIELHAGEN, Zeitvertr. 1897, 216.)

e) „mit seiner Galerie von [Ø_Art] Magdalenen (selbstverständlich von [Ø_Art] Magdalenen *vor* dem Bußestadium)" (FONTANE, Cécile 1886, 356) — „Sie [...] liebt englisch gebratenes, blutiges Beefsteak mit englischem Senf, und [Ø_Art] starke Weine liebt sie auch, besonders Yquem und Burgunder" (DOHM, Ruland 1902, 132).

In Analogie zur Verwendung des Nullartikels bei Nomina propria können auch Nomina appellativa im unmarkierten Singular, die keine Nomina innumerabilia sind, durch Artikel-Determination zu (sekundären) Bezeichnungen für Individuen gemacht werden; der Nullartikel hat dann ausnahmsweise individualisierende Funktion.

Bsp. 493: „[I]ch gräme mich gar nicht, daß [Ø_Art] Vater tot ist" (JANITSCHEK, Frauenkr. 1900, 241). — „Es waren 70 Kronen vorhanden für [Ø_Art] Schicksals unberechenbare Wege!" (ALTENBERG, Tag ²1902, 217.)

*

Einfache Artikel sind *der* (Bsp. 494a), *ein* (Bsp. 494b) sowie der Nullartikel (Ø_Art), der die Funktion der nicht vorhandenen Pluralformen von *ein* erfüllt (Bsp. 494c), darüber hinaus jedoch auch als eigenständiger Artikel erscheint (Bsp. 494d).

Bsp. 494: a) „Das Thürschloß entglitt ihrer Hand [...]." (MARLITT, Karfunk. 1885, 322.)

b) „Gibt es eine Logik der Geschichte?" (SPENGLER, Unterg. d. Abendl. I 1923, 3.)

c) „Kirkcaldy hat eine dünne Bevölkerung, dicke Magistrate, nur drei Gefangenzellen [sic] und etliche ‚unverbesserliche Trunkenbolde'. Ich genoß die Ehre, einem der letzteren in einer der besagten Zellen (bei vorübergehender Besichtigung, um [Ø_Art] Irrthümer zu vermeiden!) vorgestellt zu werden." (BLEIBTREU, Größenw. 1888, I, 146.)

d) „Herr Graumann hatte in knappen Zeiten ein Mittel erfunden gegen [Ø_Art] Insektenstich. | ‚Man nehme', sprach er, ‚[Ø_Art] Urin und [Ø_Art] Brombeersäure, füge dazu ein Fünftel Salzwasser, das durch die Kiemen von [Ø_Art] Klippfisch ging. Schüttle das Ganze.'" (BALL, Flamm. 1918, 129.)

Ein Substantiv o h n e Artikel kommt als Kommentat, Subjunkt, Subjekt, Objekt, Adverbial, Kommentar, Adverbat, Komes, Transzedent, Anzeps oder Adponend nicht vor (§ 83.4 HLR); wo er zu fehlen scheint, ist es eben die Leerstelle, die für das Komitat determinativ ist.[269] Wir vertreten die Auffassung, dass auch vermeintliche „Artikel-Ellipsen" (Bisle-Müller 1991, 6), bei denen ein Artikel tatsächlich zu fehlen scheint, sich als regelhafte Fälle von Nullartikelverwendung erklären lassen.

Freilich mag die Entscheidung, einen Nullartikel anzusetzen, eben jene Bedenken hervorrufen, die prinzipiell gegen Nullzeichen jeder Art (z. B. Nullmorpheme) erhoben werden: Es sei problematisch, den „Unterschied zwischen Null und Nichts zu bestimmen" (Eichinger 2000, 48). Bei näherer Betrachtung scheint aber der Unterschied doch einigermaßen deutlich bestimmbar: ‚Nichts' hat keinen sprachlichen Wert und ist immer dasselbe, nämlich eben nichts; ein sprachliches ‚Null' hat hingegen immer einen Wert, und je nach Zusammenhang einen ganz unterschiedlichen. Denn zwar haben Nullzeichen keine objektsprachliche Realität, aber sie sind metasprachliche Größen: Hilfsmittel grammatisch-semantischer Beschreibung. Sie werden nur dort angesetzt, wo in einem Gefüge aufgrund allgemein angenommener Strukturprinzipien regelhaft ein Zeichen einer bestimmten Art zu erwarten stünde, und wo die Leerstelle auf ihre Weise ebenso signifikant ist, wie es auf seine Weise das zu erwartende Zeichen wäre. Die Regel wird also – nach dem wissenschaftstheoretischen Parsimonitätsprinzip, auch bekannt als ‚Ockham'sches Rasiermesser', wonach die Regel mit der am weitesten reichenden Gültigkeit als die beste angesehen werden kann – als ohne Ausnahme geltend angenommen.

Nullartikel werden demnach, ebenso wie alle anderen Nullzeichen, nur dann angesetzt, wenn sich dadurch eine effizientere oder einfachere (mit weniger Regeln bzw. Ausnahmen auskommende) systematische Beschreibung der Struktur eines bestimmten Zeichengefüges erreichen lässt. Aus diesem Grund ist es auch nur dann nötig, sie mittels eines Nullzeichensymbols zur Darstellung zu bringen, wenn es um die Struktur eines solchen Gefüges geht (oder wenn es explizit darum geht, ihren konkreten Wert zu bestimmen). Soll ein Zeichen nicht intern als Gefüge betrachtet werden, so kann die Darstellung der in ihm anzusetzenden Nulleinheiten unterbleiben – etwa in

Bsp. 495: „die Kleinen trinken frische Milch" (SUDERMANN, Lit. Gesch. 1917, 151),

wo, wenn es lediglich um die Frage des Objekts geht, die Substantivgruppe /frische Milch\ genannt werden kann. Hingegen müsste dieselbe Substantivgruppe als /$\emptyset_{Art}$

---

[269] Es versteht sich, dass eine solche Position in der Forschung nicht unumstritten ist. Bisle-Müller (1991, 4 ff.) gibt einen Überblick über Beiträge, in denen mit Termini wie *Artikellosigkeit, Ausbleiben/Fortfall des Artikels* u. ä. gearbeitet wird. Er selbst hält es gleichfalls für sinnvoll, „vom ‚artikellosen Substantiv' oder vom ‚Substantiv ohne Artikel' [zu] sprechen, um [...] terminologisch klarzumachen, daß wir da nichts ansetzen, wo nichts wahrzunehmen ist" (ebd., 6).

frische Milch erscheinen, wenn sie als Komitationsgefüge (§ 38 HLR) erläutert werden oder wenn der grammatikosemantische Unterschied zu analogen Syntagmen mit bestimmtem oder unbestimmtem Artikel thematisiert werden soll.

*

Der einfache Artikel hat individualisierende Funktion im Zusammenwirken mit der semantischen Wortklasse und mit dem Numerus seines Komitats; die Frage, ob ein Individualartikel oder ein Neutralartikel vorliegt, lässt sich mit Blick auf die beiden anderen Individualitätsfaktoren beantworten. Erscheint ein Komitat, das für ein Individuum steht, per se als Individualbezeichnung, oder ist es zwar eine primäre Kategorialbezeichnung, erscheint aber schon qua Individualplural als (sekundäre) Individualbezeichnung, so muss die Individualisierung nicht mehr durch den Artikel vollzogen werden; er erscheint dann als Neutralartikel – oder aber (nämlich bei Komitaten im unmarkierten Singular, die per se Individualbezeichnungen sind) als hypertropher Individualartikel, der eine sekundäre Kategorialisierung und im selben Schritt dann eine Rückindividualisierung bewirkt (Bsp. 492c).

Fasst man die grammatikosemantischen Funktionen der drei einfachen Artikel *der*, *ein* und Ø$_{Art}$ zusammen, so ergibt sich folgende Verteilung:

Der Artikel *der* kann als bestimmter Individualartikel oder bestimmter Neutralartikel erscheinen.

- Er macht ein nicht als Nomen innumerabile erscheinendes Nomen appellativum im Singular (als bestimmter Individualartikel, Bsp. 491b) oder im Plural (als bestimmter Neutralartikel, Bsp. 491d) zu einer definiten relativen Individualbezeichnung; wir nennen ihn dann Exemplarartikel. Von einem Prototypenartikel sprechen wir in diesem Zusammenhang, wenn der Artikel ein Substantiv determiniert, das exemplarisch für eine Gattung steht (nur bei Komitaten im Singular, als bestimmter Individualartikel, Bsp. 491d [1]). Von einem Totalartikel sprechen wir, wenn der Artikel ein Substantiv determiniert, das für eine mit der Gesamtmenge von Exemplaren einer Gattung identischen Menge von Exemplaren steht (nur bei Komitaten im Plural, als bestimmter Neutralartikel, Bsp. 491g [1]).
- Als Exemplarartikel kann *der* auch ein Nomen proprium oder innumerabile im Singular (als bestimmter Individualartikel, Bsp. 492b) oder Plural (als bestimmter Neutralartikel, Bsp. 492d) determinieren. Ist das Komitat ein Nomen innumerabile, speziell ein Nomen materiae, so erscheint es in der Lesart ›bestimmte Teilmenge von x‹ bzw. ›bestimmte Sorte von x‹; wir nennen den Exemplarartikel in diesem Zusammenhang Portions- bzw. Sortenartikel.
- Als bestimmter Neutralartikel gibt *der* an, dass ein singularisches Nomen appellativum, das kein Nomen innumerabile ist, definit ist (Bsp. 491a [1]). Das Komitat erscheint in diesem Zusammenhang als Kategorialbezeichnung, so dass wir den Artikel Kategorialartikel nennen.

– Er lässt als bestimmter Neutralartikel ein singularisches Nomen proprium oder innumerabile, d. h. eine primäre Individualbezeichnung, als definit erscheinen. Wir sprechen folglich vom U n i k a l a r t i k e l (Bsp. 492a [1]), der dort, wo das Komitat ein Nomen innumerabile, speziell ein Nomen materiae ist, als K o m p l e t - a r t i k e l erscheint, will sagen: Das Komitat steht für die Gesamtmenge (Bsp. 492a [3]).

Der Artikel *ein* kann als unbestimmter Individualartikel erscheinen.

– Er macht ein Nomen appellativum im Singular, das kein Nomen innumerabile ist, zu einer indefiniten sekundären Individualbezeichnung (Bsp. 491c), ebenso ein Nomen proprium oder innumerabile im Singular (Bsp. 492c). Der Artikel *ein* kann also ebenfalls Exemplarartikel sein. Bei nicht als Nomina innumerabilia erscheinenden ein Nomina appellativa kann er auch die Funktion des Prototypenartikels haben (Bsp. 491d [2]), bei Nomina innumerabilia, speziell Nomina materiae, die des Portions- bzw. Sortenartikels (Bsp. 492c [2]).

Der Nullartikel kann als unbestimmter Neutralartikel und ausnahmsweise auch als unbestimmter Individualartikel erscheinen.

– Er gibt als unbestimmter Neutralartikel an, dass ein singularisches (prototypischerweise Transzedentenfunktion aufweisendes) Nomen appellativum, das kein Nomen innumerabile ist, und das somit per se als Kategorialbezeichnung erscheint, indefinit ist (Bsp. 491a [2]). Der Nullartikel kann also Kategorialartikel sein.
– Er gibt als unbestimmter Neutralartikel an, dass ein Nomen appellativum, das kein Nomen innumerabile ist und das im Individualplural und damit als sekundäre Individualbezeichnung erscheint, indefinit ist (Bsp. 491f); der Nullartikel kann also die Funktion des Exemplarartikels erfüllen. Dabei ist Generalisierung möglich (Bsp. 491g [2]), so dass der Nullartikel auch als Totalartikel zu interpretieren sein kann.
– Determiniert der Nullartikel als unbestimmter Neutralartikel ein singularisches Nomen proprium oder innumerabile, das per se als Individualbezeichnung erscheint, so hat er bei einem Nomen proprium die Funktion des Unikalartikels (Bsp. 492a [2]), bei einem Nomen innumerabile, speziell einem Nomen materiae hingegen die Funktion des Portions- oder Sortenartikels (Bsp. 492a [4]). Bei pluralischen Nomina propria hat der Nullartikel die Funktion des Exemplarartikels (Bsp. 492f [1]), bei pluralischen Nomina innumerabilia, speziell Nomina materiae, wiederum die Funktion des Portions- oder Sortenartikels (Bsp. 492f [2]).
– Als Individualartikel, der ein singularisches (prototypischerweise Aktantenfunktion aufweisendes) Nomen appellativum, das kein Nomen innumerabile ist,

zu einer sekundären Individualbezeichnung macht (Bsp. 493), fungiert der Nullartikel erneut als Unikalartikel.

---

§ 85.3 HLR: Artikel, die über die in § 85.2a/b HLR beschriebenen Funktionen hinaus einen eigenständigen kollokativen Wert erkennen lassen (eine Bedeutung im engeren Sinne), heißen s p e z i f i s c h e A r t i k e l. Dabei sind zu unterscheiden

(α) P r o p o s i t i v a r t i k e l (Art-ptn), d. h. Artikel, die eine Zugehörigkeit des Komitats zum Sprecher, zum Adressaten oder zu einer in Rede stehenden Größe konstatieren. Propositivartikel sind Pro-Zeichen (§ 9.3 HLR); ihr Substitut erscheint als die über das Zugehörige ‚verfügende' Größe (Zugehörigkeitsträger: § 105.IIε HLR).

(β) D e m o n s t r a t i v a r t i k e l (Art-dmstr) haben die Funktion des textuellen Zeigens (vorwärts zeigende oder anadeiktische bzw. rückwärts zeigende oder katadeiktische Funktion) oder des situativen Zeigens (ekdeiktische Funktion).

(γ) Q u a l i t a t i v a r t i k e l (Art-qual) verweisen affirmativ oder – direkt oder indirekt – interrogativ auf die individuelle oder kategoriale Beschaffenheit des Komitats.

(δ) Q u a n t i t a t i v a r t i k e l (Art-quant) nehmen eine exakte (b e s t i m m t e r Quantitativartikel) oder tendenzielle (u n b e s t i m m t e r Quantitativartikel) Quantifizierung des von ihnen begleiteten Substantivs vor.

Zu § 85.3 HLR: Zusätzlich zu den allgemeinen Artikelfunktionen der Bestimmtheitsanzeige und der Individualisierung können einige Artikel weitere Funktionen aufweisen.

Artikel, die eine Zugehörigkeit des Komitats zum Sprecher (*mein*, Bsp. 496a), zum Adressaten (*dein*, Bsp. 496b) oder zu einer in Rede stehenden Größe (*sein*, Bsp. 496c) zum Ausdruck bringen, nennen wir P r o p o s i t i v a r t i k e l.

Bsp. 496: a) „etwas, das mich seit meiner Jugend verfolgt und angezogen hatte" (SPENGLER, Unterg. d. Abendl. I 1923, 70).

b) „Vergiß nicht dein Abendgebet täglich zu sprechen" (JANITSCHEK, Ninive 1896, 24).

c) „Der W i r k e r (Prophet oder Täter, Gestalter oder Lehrer) hat die Zeichen zu schaffen die des Ewigen Sinns heutige Stunde ‚erlösen' oder ‚erfüllen': das kann durch Bindung oder Befreiung geschehen, durch Gestaltung oder Zersetzung, durch Ernte oder durch Saat, durch Krönung des Zeitgeistes oder durch seine Entthronung, durch Segnung oder durch Fluch" (GUNDOLF, George ³1930, 3).

Auf den in der Grammatikographie verbreiteten Terminus *Possessivartikel* verzichten wir, um anzudeuten, dass *mein*, *dein* und *sein* „nicht nur ‚Besitz' (lat. *possessio*) im wörtlichen Sinn ausdrücken" können (Duden 2005, 285), sondern auch andere Verhältnisse – letztlich alle propositiven Relationen, die sich auch durch eine attributive Substantivgruppe im Genitiv ausdrücken lassen (vgl. Kap. 6).

Eine vergleichbare propositive Funktion kann auch das als Komes verwendete genitivische Demonstrativpronomen *der* erfüllen.

Bsp. 497: „Der römische Staat dieser Epoche gleicht einem gewaltigen Baum, um <u>dessen</u> im Absterben begriffenen Hauptstamm mächtige Nebentriebe rings emporstreben" (MOMMSEN, Röm. Gesch. V 1885, 3);

Demonstrativartikel „dienen dem rückwärts oder vorwärts weisenden (ana- bzw. katadeiktischen) Zeigen im Text, außerdem werden sie zum Verweisen auf Sprecher oder Hörer sowie auf Gegenstände der dargestellten Welt benutzt" (Duden 2005, 288). Zu den Demonstrativartikeln gehören betontes *der* (Bsp. 498a), *derjenige* (Bsp. 498b), *derselbe* (Bsp. 498c), *dieser* (Bsp. 498d) und *jener* (Bsp. 498e).

Bsp. 498: a) „Wogegen das Tiefste in mir, mein nationaler Instinkt sich erbittern mußte, war der Schrei nach ‚Politik' in <u>der</u> Bedeutung des Wortes, die ihm in geistiger Sphäre gebührt: Es ist die ‚Politisierung des Geistes', die Umfälschung des Geist-Begriffes in den der besserischen Aufklärung, der revolutionären Philanthropie, was wie Gift und Operment auf mich wirkt." (TH. MANN, Betr. Unpol. 1918, 31.)
b) „Er ist wundervoll, dachte sie entzückt, ihrer alten Schwäche untertan, immer am begeistertsten von <u>demjenigen</u> Sohn zu sein, der gerade bei ihr war." (BOY-ED, Ehe 1915, 58.)
c) „Also überall <u>derselbe</u> Standpunkt." (OTTO, Frauenl. 1876, 134.)
d) „In <u>diesem</u> Buche wird zum erstenmal der Versuch gewagt, Geschichte vorauszubestimmen." (SPENGLER, Unterg. d. Abendl. I 1923, 3.)
e) „Und abermals sandte mir das Schicksal eine <u>jener</u> Begegnungen, die eine schöne Spur im Leben zurücklassen [...]." (MEYSENBUG, Lebensabend 1898, 475.)

Der Demonstrativartikel hat die Funktion, die Bestimmtheit des Attribuenden in besonders hervorgehobener Weise anzuzeigen. Darüber hinaus haben die unterschiedlichen Artikellexeme besondere Funktionen.

1. „Mit dem Demonstrativ *dieser* weist der Sprecher oder Schreiber identifizierend auf eine Person oder Sache hin, die ihm räumlich oder zeitlich näher liegt; mit *jener* verweist er auf etwas Ferneres" (Duden 2005, 295). Neben der räumlichen und zeitlichen Nähe bzw. Distanz wäre auch noch eine emotive oder attitudinale zu erwähnen: Mit *dieser* nimmt der Sprecher oder Schreiber auf etwas Bezug, das ihn im Positiven oder Negativen näher betrifft, angeht, berührt o. Ä., mit *jener* auf etwas, das er eher neutral anspricht.

Bsp. 499: a) „Herr Dühring [...] ist einer der bezeichnendsten Typen <u>dieser</u> vorlauten Pseudowissenschaft, die sich heutzutage in Deutschland überall in den Vordergrund drängt und alles übertönt mit ihrem dröhnenden – höhern Blech." (ENGELS, Dühring 1878, 6.)
b) „Nun ist von Robert Walser eine Sammlung der ‚*Aufsätze*' erschienen – bei Kurt Wolff in Leipzig – <u>jener</u> Aufsätze, die fast alle in der ‚*Schaubühne*' gestanden haben." (TUCHOLSKY, Dreisch. 1913, 94.)

2. „*Derjenige* [...] verweist auf ein folgendes Attribut, zum Beispiel eine Präpositionalphrase oder einen restriktiven Relativsatz" (Duden 2005, 296). Die gleiche Funk-

tion kann der Demonstrativartikel *der* haben; hier wird aber der Unterschied zum einfachen Artikel *der* nur in der gesprochenen Sprache hinreichend deutlich. Da der einfache Artikel nicht nur auf extensional restriktive, sondern auch auf extentional nichtrestriktive Relativsätze (vgl. Duden 2005, 1043 f.[270]) verweisen kann, sind hier Missverständnisse möglich. So ist in Bsp. 500a nicht mit Sicherheit zu entscheiden, ob mit *die Anarchisten* und *die Attentäter* a l l e derartigen Personen gemeint sind (der Artikel wäre dann als Totalartikel zu deuten und der Relativsatz als appositiv) oder nur diejenigen, auf welche die Aussage des Relativsatzes zutrifft (was hieße, den Artikel als Exemplarartikel und den Relativsatz als restriktiv zu lesen). — Eindeutig ist demgegenüber Bsp. 500b: Hier kommt nur die letztere Lesart in Frage; es geht nicht um a l l e *Goten*, sondern nur um einige, im Relativsatz näher bestimmte.

Bsp. 500: a) „<u>Die</u> Anarchisten, <u>die</u> Attentäter, die angeblich ihren ‚inneren Stimmen' gehorchen, sind heut bloß die Nachfolger ähnlicher Schwachmatikusse in der Renaissance, wo man, wenn nicht Cäsar, durchaus Tyrannenmörder Brutus oder Anarchist Catilina werden wollte." (BLEIBTREU, Größenw. 1888, I, 269.)

b) „Die Volksversammlung zu Regeta hatte gegen <u>diejenigen</u> Goten, die zu den Byzantinern übergingen, ein Gesetz erlassen, das schimpflichen Tod drohte." (DAHN, Rom 1876, 537.)

3. Mit *derselbe* wird ausgesagt, dass zwischen dem durch den Attribuenden Bezeichneten und einem an anderer Stelle erwähnten Individuum Identität besteht (Bsp. 501). Damit wird zwar prinzipiell nicht mehr geleistet als eine Bestimmtheitsanzeige; die dabei gegenüber dem einfachen Artikel *der*, aber auch gegenüber dem Demonstrativartikel *dieser* deutlicher ausgeprägte Betonung lässt aber darauf schließen, dass die beiden identisch gesetzten Individuen nach Auffassung des Sprechers oder Schreibers kontrastiv, vielleicht sogar widersprüchlich bestimmt sind.

Bsp. 501: „Den 15. Juli sagte mir Ollivier, den ich auf der place de la concorde antraf: ‚Der Friede ist gesichert – eher gäbe ich meine Demission.' Woher nun kam es, daß <u>derselbe</u> Mann einige Tage später, statt seine Demission zu geben, den Krieg selbst d'un coeur léger, wie er in der Kammer sagte, erklärte?" (SUTTNER, Waffen II 1889, 262.)

Daneben hat *derselbe* die Funktion, dort Klarheit zu schaffen, wo fraglich sein könnte, ob es sich beim Attribuenden um eine einzige Bezugsgröße handelt oder um mehrere verschiedene. So ist in Bsp. 502a zwar nicht wahrscheinlich, aber auch nicht mit Sicherheit auszuschließen, dass von einem einzigen *Käfig* die Rede ist, wohingegen dies in Bsp. 502b eindeutig der Fall ist.

---

[270] Extensional nichtrestriktive Relativsätze werden dort in der Tradition der IDS-Grammatik (Zifonun/Hoffmann/Strecker 1997, 2035) als *appositiv* bezeichnet. Nicht alle Apposite sind jedoch extensional nichtrestriktiv (vgl. S. 264); beides ist daher nicht gleichzusetzen.

Bsp. 502: a) „Das wäre so, als ob man Wesen, die mit Ketten an den Beinen oder in <u>einem</u> Käfig geboren werden, auffordern wollte, mit solchen, die mit unbeschwerten Gliedern draußen im freien Felde stehen, wettzulaufen." (MEISEL-HESS, Sex. Krise 1909, 313.)

b) „Die besten Freunde müssen einander unerträglich werden, wenn sie Tag und Nacht in <u>denselben</u> Käfig gesperrt sind[.]" (BRAUN, Mem. II 1911, 350)

Das alte, aber bis in jüngste Auflagen eines Standardwerks (Duden 2005, 298) erhalten gebliebene normgrammatische Postulat, einen Unterschied zu machen zwischen *derselbe* und *der gleiche* und jenes dem Ausdruck der Identität von Individuen, dieses dem Ausdruck der Identität von Klassen vorzubehalten, ist tatsächlich nur dies: ein Postulat. In unserem Untersuchungskorpus jedenfalls finden sich sowohl *derselbe*-Belege für Individualidentität (Bsp. 502b) als auch für Klassenidentität (Bsp. 503).

Bsp. 503: „Mein Vater hatte mir zur Pflicht gemacht, seinen [bürgerlichen] Offizieren ebenso freundlich entgegenzukommen, wie den andern: ‚Daß sie Müller und Schultze heißen, muß dich nicht stören; sie tragen alle <u>denselben</u> Rock, und heiraten brauchst du sie ja nicht!'" (BRAUN, Mem. I 1909, 166.)

Qualitativartikel geben ana-, kata- oder ekdeiktische Hinweise auf Informationen zur Beschaffenheit des Komitats: affirmativ (Bsp. 504a/b) oder – direkt oder indirekt – interrogativ (Bsp. 504c–e) zur individuellen (bestimmt: Bsp. 504a/c, unbestimmt: Bsp. 504d) oder kategorialen (Bsp. 504b/e) Beschaffenheit.

Bsp. 504: a) „Wie kommt es nun, daß zu <u>solch</u> hoher Einschätzung der Kunst im schroffsten Gegensatze die Geltung der Person des Künstlers steht?" (BALL, Künstler 1926, 107.) — „Deshalb fuhr er gleich in die Stadt zu dem Wucherer und erzählte dem alles, der heftig erschrak und nach Art <u>solcher</u> gemeinen Menschen in häßlichen Worten ihm Vorwürfe machte." (ERNST, Glück 1904, 225.)

b) „‚Komm heim, Vater', mahnte er begütigend, ‚<u>solcherlei</u> Hantierung taugt nichts mehr für dich', und suchte ihn wegzuschieben." (SPITTELER, Conrad 1898, 213.)

c) „Nun aber sollt ich so recht erfahren, <u>welch</u> unwiderstählich wohltätige Wirkungen eine gute Musik hat." (BUSCH, Eduard 1891, 176.) — „Aber unsre Zeit braucht practische Menschen, und <u>welche</u> Garantie gibt uns dafür unsre Jugend?" (LUISE BÜCHNER, Dichter 1878, 223.)

d) „Ein Mensch ohne <u>irgendwelches</u> sittliche Bedenken, jeder menschlichen Rücksicht fremd, jede Pflicht der Treue und Dankbarkeit mit Füßen tretend, besticht und imponiert uns Jenatsch dennoch durch die wilde Größe seines Wesens, durch den idealen Zug, der ihn von den glücklichen Abenteurern, an denen seine Zeit reich war, unterscheidet." (PAOLI, Jenatsch 1877, 225 f.)

e) „Er lag auf Moos in einer alten Klosterruine. | Der Tau netzte seine Wangen. | Ihn fröstelte. | Von den Nonnen war nichts mehr zu erblicken, und traurig wanderte Bracke heim, gewitzt und bereit, künftig das Gute zu *glauben,* damit es bestehen bleibe und nicht in eine Ruine verfalle wie dieses Kloster: in <u>welcherlei</u> Gestalt es ihm auch entgegentrete, und sei es selbst in der Gestalt von Nonnen." (KLABUND, Bracke 1918, 53.)

Der Qualitätsartikel *solch* (und übrigens auch die Artikelgruppe *solch ein*: Bsp. 645a [2], S. 622) zeigt an, dass sein Komitat von einem anderen Determinanten in der Weise bestimmt wird, dass seine Qualität als besonders stark ausgeprägt erscheint.

Bsp. 505: „Der Staatsmann, der zum Retter und Befreier von der Unnatur des Bestehenden werden soll, muß den Staat in seiner Hand haben, wie der Maler seine Tafel, auf daß er die Umrisse des Neubaues ganz nach dem göttlichen Urbild entwerfen und dies Abbild dann im einzelnen [...] frei ausgestalten könne. | Nur im Besitze solch absoluter Autorität kann er auch der Hindernisse Herr werden, welche die Gemüter der Menschen vernunftgemäßer Belehrung unzugänglich macht, und so das Volksleben mit einem neuen sittlichen Geist erfüllen, ohne welchen die beste staatliche Organisation keinen Bestand hätte." (PÖHLMANN, Gesch. d. soz. Fr. II ³1925, 114.)

Das interrogative *welch* determiniert einerseits die Definitheit des Komitats als Gegenstand einer direkten oder indirekten Frage (Bsp. 506a/b), andererseits – in emphatischen Aussagesätzen – die Qualität, die das vom Attribuenden Bezeichnete näher bestimmt, als besonders stark ausgeprägt (Bsp. 506c).

Bsp. 506: a) „[U]m welchen Betrag handelt es sich denn eigentlich, Fräulein Else?" (SCHNITZLER, Frl. Else 1924, 342.)
b) „Hie und da kam starker Blütenduft, man wusste nicht von welcher Stelle und von welchen Blumen." (ALTENBERG, Tag ²1902, 225.) — „Reitunterricht hatte Kai [...] bei dem dänischen Rittmeister a. D. von Jensen, dem Universitätsreitlehrer, der aus Gott weiß welchen Gründen von den Studenten die kranke Aff genannt wurde." (D. v. LILIENCRON, Leben 1900, 67.)
c) „Welch wunderschöner Klang | Tönt durch die Straß' entlang!" (BALL, Flamm. 1918, 86.)

Demgegenüber zeigt *irgendwelch* an, dass ein weiterer Determinant für den Attribuenden nicht gesucht werden muss, weil die qualitative Bestimmung des durch den Attribuenden Bezeichneten unbekannt ist und/oder nicht weiter interessiert.

Bsp. 507: „[...] weil der Vater notwendig nach Südamerika reisen mußte, um dort auf irgendwelchen besonders begnadeten Wiesen irgendwelche Schmetterlinge zu fangen, die sich darauf kaprizieren, just und nur dort ihr Dasein hinzubringen, und die deshalb noch immer nicht in die ihnen gebührende Klasse der wissenschaftlichen Schmetterlingsordnung eingetragen waren." (BIERBAUM, Stilpe 1897, 8.)

Als Quantitativartikel fassen wir hier alle Artikel, die eine Quantifizierung des von ihnen komitativ determinierten Substantivs bewirken. Bestimmte Quantitativartikel geben die genaue Anzahl der durch das Substaniv bezeichneten Individuen an, unbestimmte hingegen machen keine genaue Angabe hinsichtlich der Anzahl bzw. der Menge. Als bestimmte Quantitätsartikel können erscheinen:

- betontes *ein* (Bsp. 508a), *jemand* (Bsp. 508b [1]), *irgendjemand* (Bsp. 508b [2]), *etwas* (Bsp. 508c [1]), *irgendetwas* (Bsp. 508c [2]), *einerlei* (Bsp. 508d) zur Kennzeichnung der Einzahl,
- *zwei* (Bsp. 508e), *drei*, *vier* ..., *zweierlei*, *dreierlei* (Bsp. 508f), *viererlei* ..., jeweils zur Kennzeichnung der entsprechenden Anzahl,
- *beide* (Bsp. 508g), *beiderlei* (Bsp. 508h) zur Kennzeichnung der als vollständig und nicht mehr vergrößerbar zu apostrophierenden Zweizahl,
- *kein* (Bsp. 508i), *nichts* (Bsp. 508j), *keinerlei* (Bsp. 508k) zur Kennzeichnung der nicht vorhandenen Anzahl oder Nullzahl;

als unbestimmte Quantitätsartikel können erscheinen:

- *jeder* (Bsp. 508ℓ), *jeglicher* (Bsp. 508m), *jedweder* (Bsp. 508n) zur Kennzeichnung einer als vollständig und nicht mehr vergrößerbar zu apostrophierenden unbestimmten Anzahl sowie *aller* (Bsp. 508o) zur Kennzeichnung einer als vollständig und nicht mehr vergrößerbar zu apostrophierenden unbestimmten Anzahl oder Menge,
- *vieler* (Bsp. 508p) zur Kennzeichnung einer als groß zu apostrophierenden unbestimmten Anzahl oder Menge,
- *etwas* (Bsp. 508q) zur Kennzeichnung einer als gering zu apostrophierenden unbestimmten Menge sowie *weniger* (Bsp. 508r) zur Kennzeichnung einer als gering zu apostrophierenden unbestimmten Anzahl oder Menge,
- *mancher* (Bsp. 508s) zur Kennzeichnung einer als nicht groß zu apostrophierenden unbestimmten Anzahl sowie *einige* (Bsp. 508t), *mehrere* (Bsp. 508u) zur Kennzeichnung einer als nicht groß zu apostrophierenden unbestimmten Anzahl oder Menge,
- *allerlei* (Bsp. 508v) zur Kennzeichnung einer als nicht gering zu apostrophierenden unbestimmten Anzahl sowie *etlicher* (Bsp. 508w), *etwelcher* (Bsp. 508x) zur Kennzeichnung einer als nicht gering zu apostrophierenden unbestimmten Anzahl oder Menge.

Bsp. 508: a) „Er las ihr doch sonst jeden Wunsch von den Augen ab, und gar auf einen ausgesprochenen einzugehen, hatte er noch niemals auch nur <u>einen</u> Augenblick gezögert." (DUNCKER, Großstadt 1900, 93.)

b) „Als wir eintraten, schwieg alles ein paar Minuten lang – ich merkte später, daß es jedesmal so war, wenn <u>jemand</u> Neues kam." (REVENTLOW, Dame 1913, 129.) — „Was aus der Mode kommen kann, war nie wert, getragen zu werden von <u>irgend jemand</u> Kultiviertem, auch nur eine Stunde lang!" (ALTENBERG, Märchen ³1911, 70.)

c) „Sein Gesicht war von grünlich-weißer Färbung und ein roter Bart floß mager um Wangen und Kinn, so daß er nur eigentlich eine Art von Rahmen bildete und dem Gesicht <u>etwas</u> Fremdes, <u>etwas</u> erschreckend Deutliches verlieh." (WASSERMANN, Juden 1897, 13.) — „Wenn dieser Kohlrausch wirklich mit Kathi in Berlin großartig auftreten will, so muß er nach dem vielen vergangenen Skandal <u>irgendetwas</u> Mohrenwäsche verüben, sich mit ihr, der verleumdeten Jungfrau, in die Brust werfen[.]" (BLEIBTREU, Größenw. 1888, II, 31.)

d) „Ich wette, es macht ihm schon wieder Leibweh, daß die Jungen <u>einerlei</u> Kappen tragen!" (LUISE BÜCHNER, Dichter 1878, 201.)

e) „Die Großmutter [...] erzählte, wie ihr [...] vor vierzig Jahren die Arbeiter ihren Mann auf <u>zwei</u> jungen Tannen tot nach Hause gebracht, mitten durch die Brust geschossen[.]" (ERNST, Glück 1904, 6.)

f) „Die Ausscheidungen aus dem Körper sind <u>dreierlei</u> Art: gasförmig, flüssig und fest." (PANIZZA, Dämmr. 1890, 113.)

g) „<u>Beide</u> weisse süsse Kinderseelen waren ihm zugeflogen." (ALTENBERG, Wie ich es sehe ⁴1904, 5.)

h) „An seinem Arm trat sie in den Saal [...] ein und fand sich alsbald umringt von einer Menge Bekannter <u>beiderlei</u> Geschlechtes[.]" (MEYSENBUG, Liebe 1905, 268.)

i) „Es war gerade <u>kein</u> Unglück, aber doch recht peinlich." (FRANZOS, Pojaz 1905, 323.)

j) „Die Hinterstehenden reckten die Hälse, obwohl <u>nichts</u> Sehenswertes da vorne zu bemerken war." (MÜLLER, Rose 1914, 28.)

k) „Frau Rehorst kannte in dieser Welt <u>keinerlei</u> Dinge mehr, an die sich ihr Fuß hätte stoßen können." (HAUPTMANN, Einhart ⁶1915, I, 229.)

l) „[J]eder Mensch und <u>jedes</u> Volk braucht je nach seinen Zielen, Kräften und Nöthen eine gewisse Kenntnis der Vergangenheit[.]" (NIETZSCHE, II. Unzeit. Betr. 1874, 271.)

m) „Jeder Laut, der in der Welt der Gegenwart erklingt, hat viele Echos, wie <u>jegliches</u> Ding einen großen Schatten hat und viele kleine Schatten[.]" (MEYRINK, Golem 1915, 21)

n) „Große Mode war der Ästhetizismus, die Müdigkeit, der Absinth, das Morphium, die Blasiertheit und in Liebesdingen <u>jedwede</u> Anomalie." (MÜHSAM, Unpolit. Erinn. 1927–29, 555)

o) „Es freut mich, daß du so frei von <u>aller</u> falschen Sentimentalität bist!" (HARTLEBEN, Knopf 1892, 82.)

p) „Der Künstler begrüßte ihn mit übertriebener Herzlichkeit und <u>vielem</u> Geschwätz, das offenbar irgend etwas verdecken sollte." (BRAUN, Lebenssucher 1915, 344.)

q) „Ihr wird so leicht, wie immer, wenn sie <u>etwas</u> Wein getrunken hat[.]" (SCHNITZLER, Garlan 1901, 470.)

r) „Das Diktat, welches nunmehr zum Vortrag gebracht wurde, enthielt nur <u>wenige</u> schlichte Worte[.]" (FRANÇOIS, Stufenj. 1877, 212.)

s) „<u>Manche</u> Bücher, die auf meinem Arbeitstische lagen, enthielten handschriftliche Bemerkungen meines teuren Lehrers Jakob [sic] Grimm." (PRÖHLE, Rheinl. Sag. 1886, VIII.)

t) „[H]iebei fiel auf Fanny alle Glorie und auf die Gräfin nur <u>einiges</u> notgedrungene Lob." (BOY-ED, Förster 1889, 250.) – „<u>Einige</u> Fotos zieren den Band – aber das schadet nichts." (TUCHOLSKY, Kürschner 1928, 99.)

u) „[D]er Fürst streckte sich, die ruhebedürftigen Glieder zu schonen, auf <u>mehreren</u> Stühlen aus[.]" (WILBRANDT, Erinn. I 1905, 243.)

v) „[E]s gaudierte ihn, [...] sie [...] zu <u>allerlei</u> Unfug aufzustiften[.]" (ANZENGRUBER, Sternst. 1884, 268)

w) „Mit <u>etlichem</u> Zagen machte ich meiner Freundin Mathilde Mitteilung von dem getanen Schritt." (SUDERMANN, Bilderb. 1922, 329.)

x) „Für die Speise, so Ihr bedürftigen Seelen gespendet, danken wir [...] und möchten Euch gern <u>etwelche</u> Wohltat erweisen." (WILLE, Abendburg 1909, 432.)

5.2.4.2.3 Artikel als Glieder

§ 85.4 HLR: Artikel können folgende Gliedfunktionen erfüllen:

(α) die von Gefügekernen, konkret: Konjunkten (§ 47.2b^{Iδ} HLR) oder

(β) die von Satelliten, konkret: Komites (§ 38.3b^{Iα} HLR) oder

(γ) die von Koordinaten, konkret: $^{\text{(I)}}$Kojunkten (§ 48.2b HLR), $^{\text{(II)}}$Interzepten (§ 50.2b^{I} HLR), $^{\text{(III)}}$Komitationalien (§ 54.2b^{II} HLR: nur von Komitialien, § 54.3α HLR), $^{\text{(IV)}}$Ektranszessionalien (§ 56.2c^{Iβ} HLR: nur Propositivartikel i. S. v. § 85.3α HLR), $^{\text{(V)}}$Kojunktionalien (§ 59.2c HLR) oder $^{\text{(VI)}}$Transmissionalien (§ 61.2b HLR).

- Zu § 85.4α HLR: Artikel können als Konjunkte erscheinen; vgl. Bsp. 233g, S. 304.

*

- Zu § 85.4β HLR: Artikel können als Komites erscheinen (vgl. oben).

*

- Zu § 85.4γ^{I} HLR: Artikel können als Kojunkte erscheinen: *diese* in Bsp. 233g, S. 304.
- Zu § 85.4γ^{II} HLR: Artikel können als Interzepte erscheinen: *der, dieser* in Bsp. 246, S. 311.
- Zu § 85.4γ^{III} HLR: Artikel können als Komitationalien, genauer: als Komitialien erscheinen; vgl. Bsp. 264b, S. 324.
- Zu § 85.4γ^{IV} HLR: Artikel können als Ektranszessionalien erscheinen; vgl. Bsp. 280b, S. 333. Dies gilt allerdings nur für Propositivartikel i. S. v. § 85.3α HLR, insofern diese Pro-Zeichen i. S. v. § 9.3 HLR sind. Das Ektranszessional, das bereits durch sein Entranszessional nur auf indirektem Wege determiniert wird, ist somit noch gar nicht die endgültige Determinationsadresse, sondern verweist die determinative Leistung des Entranszessionals weiter: an sein Substitut (§ 9.3 HLR).
- Zu § 85.4γ^{V} HLR: Artikel können als Kojunktionalien erscheinen; vgl. Bsp. 300d, S. 345.
- Zu § 85.4γ^{VI} HLR: Artikel können – ebenso wie Vertreter jeder anderen Wortart und Wortgruppenart (§ 61.2b HLR) – als Transmissionalien erscheinen. Handelt es sich bei dem Artikel um einen Qualitätsartikel, so kann der externe Transmissionsadressat (§ 61.2a HLR) auch textextern – im Falle des affirmativen Qualitätsartikels in einem vorausgesetzten Wissen, im Falle des interrogativen in der tatsächlich oder auch nur vorgeblich erwarteten Antwort – zu suchen sein.

5.2.4.3 Pronomina

5.2.4.3.1 Allgemeines zur Wortart

§ 86.1 HLR: (a) Ein P r o n o m e n (Prn) ist ein Zeichen mit Wortcharakter (§ 26 HLR), das als Gefüge konsistent (§ 15.1b HLR) strukturiert ist und aus einem Transfix (§ 76.1α HLR) und einem Pronomengrammativ (§ 73 HLR) besteht.

(b) Pronomina können die Gliederstruktur (§ 13.3β^I HLR) von $^{(I)}$Flexionsgefügen (§ 29.1b^{IIε} HLR) oder $^{(II)}$Aflexionsgefügen (§ 30.1b^{IIε} HLR) aufweisen.

(c) Pronomina gehören zu den deklinierbaren Wortarten (§ 81.1β^{IV} HLR) und sind flektierbar nach Kasus und in der Regel Numerus und Genus, Personalpronomina (§ 86.2α HLR) und Propositivpronomina (§ 86.2β HLR) zudem nach Person.

(d) $^{(1)}$Pronomina können als Pro-Zeichen (§ 9.3 HLR) vertreten: $^{(α)}$in der Gliedfunktion des Subjekts (§ 86.3β^I HLR) syntaktisch die Stelle $^{(αα)}$eines Vollverbs im *zu*-Infinitiv (§ 34.3b^{Iβ} HLR), $^{(αβ)}$eines Satzes (§ 34.3b^{IIα} HLR), $^{(αγ)}$einer Periode (§ 34.3b^{IIαβ} HLR), $^{(αδ)}$einer Verbgruppe im *zu*-Infinitiv (§ 34.3b^{IIβ} HLR) oder $^{(αε)}$einer als Komitationsgefüge erscheinenden Substantivgruppe (§ 34.3b^{IIγ} HLR), $^{(β)}$in der Gliedfunktion eines Objekts (§ 86.3β^{II} HLR) syntaktisch die Stelle $^{(βα)}$eines Vollverbs im Infinitiv (§ 35.3b^{Iαα} HLR), $^{(ββ)}$eines Satzes (§ 35.3b^{Iβα} HLR), $^{(βγ)}$einer Periode (§ 35.3b^{Iββ} HLR), $^{(βδ)}$einer Verbgruppe im Infinitiv (§ 35.3b^{Iβγ} HLR) oder $^{(βε)}$einer als Komitationsgefüge erscheinenden Substantivgruppe (§ 35.3b^{Iβδ} HLR), $^{(γ)}$in der Gliedfunktion des Komes (§ 86.3β^V HLR) syntaktisch die Stelle einer als Komitationsgefüge erscheinenden Substantivgruppe (§ 38.3b^{II} HLR), $^{(δ)}$in der Gliedfunktion des Attribuenden (§ 86.3α^{II} HLR) syntaktisch die Stelle einer als Komitationsgefüge erscheinenden Substantivgruppe (§ 39.2b^{IIIα} HLR), $^{(ε)}$in der Gliedfunktion des Attributs (§ 86.3β^{VI} HLR) syntaktisch die Stelle einer als Komitationsgefüge erscheinenden Substantivgruppe (§ 39.3b^{IIβ} HLR), $^{(ζ)}$in der Gliedfunktion des Transzedenten (§ 86.3β^{III} HLR) syntaktisch die Stelle $^{(ζα)}$eines Adjektivs (§ 42.3c^{Iα} HLR), $^{(ζβ)}$eines Satzes (§ 42.3c^{IIαα} HLR), $^{(ζγ)}$einer Periode (§ 42.3c^{IIαβ} HLR), $^{(ζδ)}$einer Substantivgruppe (§ 42.3c^{IIβ} HLR) oder $^{(ζε)}$einer Adjektivgruppe (§ 42.3c^{IIγ} HLR), $^{(η)}$in der Gliedfunktion des Transzesses (§ 86.3α^I HLR) syntaktisch die Stelle $^{(ηα)}$eines Substantivs (§ 42.2b^{Iβ} HLR) oder $^{(ηβ)}$einer Substantivgruppe (§ 42.2b^{IIβ} HLR), $^{(θ)}$in der Gliedfunktion des Adponenden (§ 86.3β^{IV} HLR) syntaktisch die Stelle einer als Komitationsgefüge erscheinenden Substantivgruppe (§ 45.3b^{IIβ} HLR), $^{(ι)}$in der Gliedfunktion des Subjunkts (§ 86.3α^{III} HLR) syntaktisch die Stelle $^{(ια)}$eines Adjektivs (§ 46.2b^{Iβ} HLR), $^{(ιβ)}$eines Satzes (§ 46.2b^{IIαα} HLR), $^{(ιγ)}$einer Periode (§ 46.2b^{IIαβ} HLR), $^{(ιδ)}$einer Verbgruppe (§ 46.2b^{IIαγ} HLR), $^{(ιε)}$einer als Komitationsgefüge erscheinenden Substantivgruppe (§ 46.2b^{IIβ} HLR) oder $^{(ιζ)}$einer Adjektivgruppe (§ 46.2b^{IIγ} HLR), $^{(κ)}$in der Gliedfunktion des Konjunkts (§ 86.3α^{IV} HLR) syntaktisch die Stelle $^{(κα)}$eines Satzes (§ 47.2b^{IIαα} HLR), $^{(κβ)}$einer Periode (§ 47.2b^{IIαβ} HLR), $^{(κγ)}$einer Verbgruppe (§ 47.2b^{IIαγ} HLR) oder $^{(κδ)}$einer als Komitationsgefüge erscheinenden Substantivgruppe (§ 47.2b^{IIβ} HLR), $^{(λ)}$in der Gliedfunktion eines Kojunkts syntaktisch die Stelle einer als Komitationsgefüge erscheinenden Substantivgruppe (§ 48.2b, § 47.2b^{IIβ} HLR). $^{(μ)}$Ein Pronomen kann syntaktisch auch die Stelle $^{(μα)}$eines Pronomens oder $^{(μβ)}$einer Pronomengruppe (§ 92 HLR) oder $^{(μβ)}$einer Miszellangruppe (§ 94.2a HLR) vertreten. $^{(2)}$Die ‚vertretene' Einheit heißt pronominales Substitut (§ 9.3 HLR). $^{(3)}$Das Pronomen hat, sofern sein Formenparadigma es zulässt (§ 86.1c HLR), den Kasus, den Numerus und das Genus, der dem pronominalen Substitut im Syntagma zukäme.

(e) Ein Pronomen als Gefüge betrachtet, heißt P r o n o m e n g e b i l d e.

Zu § 86.1 HLR: Die Tatsache, dass wir Pronomina von Artikeln prinzipiell unterscheiden, führt dazu, dass wir beide als unterschiedlich strukturiert betrachten. Ein Pronomen besteht aus einem Transfix und einem Pronomengrammativ; selbst dann, wenn zwischen Artikel und Pronomen ausdrucksseitige Gleichheit (Homonymie) besteht, lässt sich dadurch in der grammatischen Notation die Wortartzugehörigkeit eindeutig zum Ausdruck bringen: /{dies}·{Grv-Art}\ (Bsp. 509a) vs. /{dies}·{Grv-Prn}\ (Bsp. 509b).

Bsp. 509: a) „Aber die geistreichen, eiskalten Tiraden dieser eleganten Priester machten sie nicht froher." (JANITSCHEK, Ninive 1896, 61.)
b) „Er hatte einen Sohn, dieser war mit meiner Schwester verlobt." (Ebd., 32.)

Pronomina sind prototypischerweise Flexionsgefüge – so in Bsp. 509b: /{dies$_{Trfx\cdot Fltd}$}·{er$_{Grv\cdot Prn\cdot Fltr}$}\ –, können aber auch als Aflexionsgefüge erscheinen, insbesondere dann, wenn sie als Erstglieder von Komposita begegnen, wie beispielsweise in diesbezüglich (Abb. 81, S. 214).

Pronomina sind deklinierbar; ihre Flexionsformen weisen folgende Aspekte auf: ›Kasus‹ sowie in einigen Fällen ›Numerus‹ (Ausnahmen: Personalpronomina, Reflexivpronomina, Reziprokpronomina, Quantitativpronomina und Singulariatantum wie man, jemand oder wer) und ›Genus‹ (Ausnahmen: Personalpronomina der 1. und 2. Person, genuslose Pronomina wie man oder genusdifferierende Pronomina, die nicht die drei üblichen Aspekte ›Maskulinum‹, ›Femininum‹ und ›Neutrum‹, sondern abweichende Aspekte – bei wer/was z. B. ›Utrum‹ und ›Neutrum‹ – erkennen lassen). Die Kategorie der Person (vgl. S. 529) weisen Personalpronomina (ich/du/er) und Propositivpronomina (mein/dein/sein) auf. Personalpronomina haben anstatt des Kasualnumerus (vgl. S. 529), den Demonstrativpronomina zeigen (z. B. dieser$_{NomSg}$ vs. diese$_{NomPl}$) einen Personalnumerus (vgl. S. 529): Für die drei singularischen Personen ich, du, er ebenso wie die drei pluralischen Personen wir, ihr, sie gibt es jeweils nur Kasusformen des Singulars. Andere hingegen, nämlich die Propositivpronomina, haben beide Numeruskategorien (für meiner, deiner, seiner und unserer, eurer, ihrer gibt es jeweils Kasusformen des Singulars und des Plurals). In der singularischen 3. Person lassen sich bei den Propositivpronomina zudem drei genusspezifische Formen (er/sie/es) unterscheiden, die wir, in Analogie zum Propositivartikel (vgl. S. 529), als Formen des P e r s o n a l g e n u s bezeichnen.

Pronomina sind Pro-Zeichen i. S. v. § 9.3 HLR; sie als solche für Zeichen unterschiedlicher Art stehen:

– Das pronominale Substitut kann ein infinitivisches Vollverb (Bsp. 510) oder eine Verbgruppe im engeren Sinne (Bsp. 511) sein, wenn das Pronomen als Subjekt (Bsp. 510a, Bsp. 511a) oder Objekt (Bsp. 510b, Bsp. 511b) erscheint.
– Das pronominale Substitut kann ein Satz sein, wenn das Pronomen als Subjekt (Bsp. 512b), Objekt (Bsp. 512b), Transzedent (Bsp. 512c), Subjunkt (Bsp. 512d) oder Konjunkt (Bsp. 512e) erscheint. – In Analogie dazu kann das pronominale Substitut auch eine Periode sein (so in Bsp. 513).

- Das pronominale Substitut kann ein Substantiv oder eine nicht als Komitationsgefüge strukturierte Substantivgruppe sein, wenn das Pronomen als Transzess erscheint.[271]
- Das pronominale Substitut kann eine als Komitationsgefüge strukturierte Substantivgruppe sein, wenn das Pronomen als Subjekt (Bsp. 514a), Objekt (Bsp. 514b), Komes (Bsp. 514c), Transzess, Transzedent (Bsp. 514d), Attribuend (Bsp. 514e), Attribut[272], Adponend (Bsp. 514f), Subjunkt (Bsp. 514g), Konjunkt (Bsp. 514h: *jener*) oder Kojunkt (Bsp. 514h: *dieser*) erscheint. — In Analogie dazu kann auch eine Substantivgruppe erscheinen, die einem Komitationsgefüge entspricht (z. B. eine α-Substantivgruppe i. S. v. § 89.2α^{III} HLR: Bsp. 515).
- Das pronominale Substitut kann ein Adjektiv sein, wenn das Pronomen als Transzedent (Bsp. 516a) oder Subjunkt (Bsp. 516b) erscheint. — In Analogie dazu kann das pronominale Substitut auch eine Adjektivgruppe sein (so in Bsp. 517).

Das Pronomen hat, sofern sein Formenparadigma es zulässt (vgl. oben), den Kasus, den Numerus und das Genus, der dem pronominalen Substitut im Syntagma zukäme. Ist das Substitut eine Einheit, die per se keine Kasus-, Numerus- und/oder Genusformen aufweist – beispielsweise ein Verb oder ein Satz –, so richtet sich der Kasus des Pronomens nach demjenigen Kasus, den eine kasusfähige Einheit – beispielsweise eine als Komitationsgefüge strukturierte Substantivgruppe – an derselben Stelle hätte. Sein Numerus ist in diesen Fällen der Singular, sein Genus das Neutrum.

Bsp. 510: a) „Es machte ihm Schmerzen, zu stehen." (MAY, Satan III 1911, 346.)
b) „[D]u könntest wohl lachen, aber tu es nicht, Hans!" (STORM, Bek. 1887, 206.)

Bsp. 511: a) „Doch lange blieb es ihm nicht vergönnt, sich in ihrem Anschauen zu verlieren" (AHLEFELD, Erna 1820, 12).
b) „Türken, Spanier, Juden sind der Freiheit viel näher als der Deutsche. Sie sind Sklaven, sie werden einmal ihre Ketten brechen, und dann sind sie frei. Der Deutsche aber ist Bedienter, er könnte frei sein, aber er will es nicht; man könnte ihm sagen: ‚Scher' dich zum Teufel und sei ein freier Mann!' – er bliebe und würde sagen: ‚Brot ist die Hauptsache.'" (BÖRNE, Brf. Paris II 1832, 243 f.)

Bsp. 512: a) „Es ist wahr, daß ich nicht seine Mutter bin, aber ich habe ihn doch auferzogen, und gepflegt" (C. DE LA MOTTE FOUQUÉ, Rodrich II 1807, 256)

---

[271] Dieser Fall ist in unserem Untersuchungskorpus nicht belegt (vgl. S. 275).
[272] Hierbei handelt es sich um Sonderfälle, bei denen ein unflektiertes Pertentivpronomen der ersten Person als Juxtaposit erscheint (Bsp. 138h, S. 258); das pronominale Substitut lässt sich dann als eine Substantivgruppe interpretieren, die als Komitationsgefüge erscheint und den Sprecher/Autor bezeichnet (in Bsp. 138h: *der Minister*).

b) „[E]r will es nicht denken, daß es seine Tochter ist, die ihn so beleidigen kann" (BLANCKENBURG, Roman 1774, 106)

c) „Die See draussen rauscht weiter, und die Wellen schlagen gegen den Strand – ganz so wie vorhin in der blassfernen Zeit, da ich die Worte noch nicht vernommen. Er wird das Rauschen nie mehr hören. Bedeutet es das, wenn sie sagen, dass er tot ist?" (HEYKING, Briefe 1903, 259.)

d) „Was ist klarer als dies. Donna Laura Tortosi und Laura von Tortheim, der Schweizer Kapitän Tannensee und dein Vater sind dieselben." (HAUFF, Bettlerin 1827, 376.)

e) „Wir kennen einige treffliche Sprichwörter, nach denen wir uns richten werden: Geld kommt vor allen Tugenden der Welt. Oder dieses: Hast du von jemand Geld bekommen, so handle ihm zu Nutz und Frommen." (KLABUND, Kreidekr. 1925, 498.)

Bsp. 513: „Ich kann es dir nicht ausdrücken, wie mir alles in der Welt immer mehr Eins wird, wie ich gar keine Unterschiede von Räumen oder Zeiten mehr statuiren kann" (Tieck, an F. Schlegel [Mitte März 1801], L, 57).

Bsp. 514:
a) „[B]itte, gebt nur das Büchschen, Herr; ich weiß, wem es gehört!" (WILDENBRUCH, Riechb. 1885, 5.)

b) „Im Teiche bei Müggenburg, wo früher ein kleines Gehöft stand, wäscht in der Johannisnacht eine Frau. Etliche haben sie gesehen, Andere nur das Geräusch des Waschens vernommen." (BARTSCH, Sag. Meklenb. I 1879, 212.)

c) „die Achtsamkeit, mit der sie ihren Kummer schonten, ohne nach dessen Ursach zu forschen" (AHLEFELD, Marie Müller ²1814, 211).

d) „Nun wurde er selbst König, und blieb es, so lange er lebte." (LÖHR, Buch d. Mährch. °1820, I, 288.)

e) „Er stieß noch dem letzten viehischen Mordknecht, der ihren schlanken Leib umfaßt hielt, mit dem Griff des Degens ins Gesicht, daß er, mit aus dem Mund vorquellendem Blut, zurücktaumelte; bot dann der Dame, unter einer verbindlichen, französischen Anrede den Arm, und führte sie, die von allen solchen Auftritten sprachlos war, in den anderen, von der Flamme noch nicht ergriffenen, Flügel des Pallastes, wo sie auch völlig bewußtlos niedersank." (KLEIST, Marquise ²1810, 219 f.)

f) „so daß sie bis in einen engen, dunklen Hof gelangten, über den als einziges Licht der Schein einer kleinen Lampe lag, die im Erdgeschoß hinter rot verhangenem Fenster brannte." (BRAUN, Lebenssucher 1915, 368.)

g) „Endlich kam seine Frau vor's Bett und sagte: ‚lieber Herr König, ihr habt mir befohlen, ich sollte das Liebste und Beste aus dem Schloß mitnehmen, nun hab' ich nichts besseres und lieberes als dich, da hab' ich dich mitgenommen.'" (J. GRIMM/W. GRIMM, Kinder- u. Hausm. II 1815, 67.)

h) „Da machte es denn einen eigenartigen Eindruck, wenn Würkert, der soeben noch unter den Gästen sich bewegt und diesem und jenem ein Glas Bier verabreicht hatte, auf dem Treppenpodest Platz nahm, der vom oberen in das untere Lokal führte, und von dort allen sichtbar seinen Vortrag hielt." (BEBEL, Leben I 1910, 53.)

Bsp. 515: „‚Das wäre so etwas für einen Mann, wie du bist,' dachte das Schneiderlein, ‚eine schöne Königstochter und ein halbes Königreich wird einem nicht alle Tage angeboten.'" (J. GRIMM/W. Grimm, Kinder- u. Hausm. ³1837, 148.)

Bsp. 516:
a) „Unsre Liebe küttete [›kittete‹] sich nun fester – und blieb es bis auf diesen Augenblick." (LA ROCHE, Brf. Rosal. ²1797, II, 143.)

b) „Es gibt ja bekanntlich eine Menge Irrer, die rational denken, und nichts als dies – aber vom Standpunkt eines gesunden Menschen ist ihr Tun eben wahnsinnig." (TUCHOLSKY, Beamt. II 1928, 278.)

Bsp. 517: „Der Herzog ist von seiner Dresdner Reise sehr zufrieden zurückgekommen, man ist es auch von ihm und alles sonst gut abgelaufen." (GOETHE, an C. L. v. Knebel [20. 10. 1782], WA IV, 6, 72.)

Das pronominale Substitut kann auch eine ihrerseits schon stellvertretende Einheit sein – ein Pronomen (etwa dann, wenn ein Pronomen als Vorfeldplatzhalter erscheint und auf ein zweites im Mittelfeld verweist: Bsp. 518) oder eine Pronomengruppe.

Bsp. 518: „Es giebt Millionen Menschen, welche durch das Leben gehen, ohne nach Klarheit zu ringen; ob Gott oder nicht, das ist ihnen gleich; es ist das ein Leichtsinn, über den man weinen könnte." (MAY, Old Surehand I 1909, 406.)

Auch spezifische Pronomina, z. B. *alles* (Bsp. 519) können als pronominale Substitute erscheinen.

Bsp. 519: „Wie du mir gegenwärtig alles bist so bist du es auch in der Abwesenheit." (GOETHE, an Ch. v. Stein [25. 12. 1782], WA IV, 6, 112.)

Angesichts der Tatsache, dass Miszellangruppen – als Kojunktionsgefüge strukturierte Wortgruppen, deren Kojunkte unterschiedlichen Wort- und/oder Wortgruppenarten angehören (§ 94.1a HLR) – jede kompaxive Gliedfunktion erfüllen können, die ihre unmittelbaren Konstituenten (die Kojunkte) für sich allein ihrerseits erfüllen könnten (§ 94.2a HLR), sind auch Miszellangruppen als pronominale Substitute möglich.

Bsp. 520: „Auf diesen Standpunkt könnte auch die Philosophie des Bruno und die des Spinoza denjenigen führen, dem ihre Fehler und Unvollkommenheiten die Ueberzeugung nicht störten oder schwächten." (A. SCHOPENHAUER, Wille u. Vorst. 1819, 407.)

5.2.4.3.2 Arten von Pronomina

§ 86.2α HLR: [1]Personalpronomina (Prn-person) gibt es für jede der drei grammatischen Personen. Jedes Personalpronomen weist ein Formenparadigma mit Kasus- und Numerusformen, das der dritten Person darüber hinaus auch mit Genusformen auf. Im Kasusparadigma aller Personalpronomina fehlt die Genitivform; anstatt dieser erscheint als eigenständiges Lexem das Propositivpronomen (§ 86.2β HLR). [2α]Die Substitute (§ 86.1d² HLR) von Personalpronomina der 1. und der 2. Person sind [αα]der Name des Sprechers, [αβ]die Namen der Mitglieder der Personengruppe, zu der sich der Sprecher zählt. [β]Die Substitute von Personalpronomina der 2. Person sind der Name/die Namen des/der Adressaten. [γ]Bei Personalpronomina der 3. Person – mit Ausnahme des pluralischen

Höflichkeits-Anredepronomens und des historischen singularischen Anredepronomens, die sich wie Pronomina der 2. Pers. verhalten – ist das Substitut jeweils eine subjektfähige (§ 34.3b HLR) Einheit des Kotextes, auf die sie in der Regel anaphorisch verweisen.

Zu § 86.2α HLR: Das Personalpronomen ist nicht danach benannt, dass es Substantivgruppen ersetzen kann, die für Personen stehen – in der Tat können die ersetzbaren Substantivgruppen jede Art von konkretem oder abstraktem Gegenstand bezeichnen –, sondern danach, dass es für jede der drei grammatischen Personen ein eigenes Pronomen gibt (*ich, du, er*). Wir interpretieren jede dieser Einheiten, die jeweils für ein Formenparadigma mit den Kasusformen Nominativ, Dativ und Akkusativ und den Numerusformen Singular und Plural, *er* darüber hinaus auch mit Genusformen (*er/sie/es*) steht, als ein eigenes Lexem. Die Funktion der im Kasusparadigma fehlenden Genitivform erfüllt das Propositivpronomen (*meines, deines, seines/ihres/seines*).

Personalpronomina der 1. und der 2. Person haben deiktische Funktion (Duden 1998, 330): Sie fungieren als ana-, kata- oder ekdeiktische Verweise. Diejenigen der 1. Person substituieren (real oder hypothetisch) den Namen des Sprechers – das singularische Personalpronomen der 1. Person (Bsp. 521a), ggf. auch, im so genannten Pluralis maiestatis (Bsp. 521b) oder auch im Pluralis modestiae, das pluralische Personalpronomen der 1. Person – oder die Namen der Mitglieder der Personengruppe, zu der sich der Sprecher zählt: das pluralische Personalpronomen der 1. Person (Bsp. 521c). Personalpronomina der 2. Person substituieren (real oder hypothetisch) den/die Namen des/der Adressaten: das Personalpronomen der 2. Person im Singular (Bsp. 521d) oder Plural (Bsp. 521e), wobei die historische Höflichkeitsanrede mit *Ihr* auch singularische Funktion haben, also eine einzelne Person adressieren kann (Bsp. 521f).

Bsp. 521: a) „Seit vier Wochen war <u>ich</u> in G e n u a." (MEREAU, Blüth. d. Empf. 1794, 3.)

b) „Albertus aber war indes in tiefe Armut gefallen und nahete als Bettler dem Könige, dem er einst wohlgetan, und erinnerte ihn an dieses Einst und flehte, seine Not zu mildern. Der König aber rief: Ei seh <u>Uns</u> einer solchen frechen Lump und Strolch! Viel hätten <u>Wir</u> zu tun, sollten <u>Wir</u> <u>Uns</u> jeden Vagabunden und Fechtbruders erinnern, da wollten <u>Wir</u> viel lieber nimmer König sein!" (BECHSTEIN, Dt. Sag. 1853, 619.)

c) „<u>Wir</u> müssen <u>uns</u> alle mehr oder minder in das Leben schicken." (REVENTLOW, Olestj. 1903, 49.)

d) „Was liest <u>du</u> denn da?" (JANITSCHEK, Ninive 1896, 8.)

e) „Über Entstehung und Geschichte der bayerischen Räterepublik werden so einseitige und falsche Darstellungen verbreitet, daß ich als einer von denen, die die Revolution in München vom ersten Tage an mit erlebt und zum Teil wohl auch in ihrem Verlauf beeinflußt haben, hohen Wert darauf lege <u>Euch</u> russischen Genossen ein Bild zu zeichnen, das die Begebenheiten in einem Licht weniger getrübter Färbung zeigen mag." (MÜHSAM, Eisner 1929, 240.)

f) „Um seinetwillen kommt <u>Ihr</u>, Herr Guidi?" (EBNER-ESCHENBACH, Agave 1903, 334.)

Personalpronomina der 3. Person – mit Ausnahme des pluralischen Höflichkeits-Anredepronomens *Sie*, das dazu dient, eine (Bsp. 522a) oder auch mehrere Personen (Bsp. 522b) zu adressieren, und des historischen sozial distanzierenden[273] Anredepronomens der 3. Person im Maskulinum (Bsp. 522c [1]) und Femininum (Bsp. 522c [2]) des Singulars, das dazu dient, eine einzelne Person zu adressieren – fungieren als Platzhalter für subjektfähige Einheiten des näheren oder weiteren Kotextes, auf die sie in der Regel anaphorisch (Bsp. 523), bisweilen auch kataphorisch (Bsp. 524) verweisen.

Bsp. 522: a) „Erlauben Sie, gnädige Frau! daß ich an allen Ihren Worten zweifle." (LEWALD, Clem. 1843, 57.)

b) „Genehmigen Sie, meine Herren, die hochachtungsvolle Empfehlung Ihres sehr betrübten, aber ergebenen Gottfried Jammer." (WEERTH, Fragm. Rom. *1843–47, 316.)

c) „,Hör' Er', sagte der Physikus, ,Er ist ein Mensch, ein kleiner Mensch. Weshalb will Er ein Tier werden? Wer hat Ihm diesen gottlosen Unfug eingegeben?'" (KLABUND, Bracke 1918, 33.) – „Ich will nicht nach Ihrem Kummer forschen, Jungfer! antwortete der ehrliche Kärner. Es weiß ein jeder, wo ihn der Schuh drückt! Aber ich sollte meinen, ein so junges Blut, wie Sie, könnte unmöglich schon viel Herzeleid in der Welt erlebt haben. – H i e r kann Sie doch mein' Seel' nicht bleiben, es mag Ihr gegangen seyn, wie es will. Hat Sie Lust, so setze Sie sich in meinen Karrn, ich fahre eben ledig nach Hause, und will Sie umsonst mitnehmen, so lang bis es Ihr beliebt auszusteigen. Da, fuhr er fort, und holte aus seiner Tasche ein Stück schwarz Brod und eine kleine Flasche mit Brandtewein, welches er ihr hingab, – erquicke Sie Sich mit Speise und Trank, und hernach, wenn Sie mit will, soll's fort gehn." (AHLEFELD, Marie Müller ²1814, 192 f.)

Bsp. 523: „Eduard – so nennen wir einen reichen Baron im besten Mannesalter – Eduard hatte in seiner Baumschule die schönste Stunde eines Aprilnachmittags zugebracht, um frisch erhaltene Pfropfreiser auf junge Stämme zu bringen. Sein Geschäft war eben vollendet; er legte die Gerätschaften in das Futteral zusammen und betrachtete seine Arbeit mit Vergnügen [...]." (GOETHE, Wahlverw. 1809, 3.)

Bsp. 524: „Tragödie
Sie war 12 Jahre alt, hiess Piróska.
   Er geleitete sie bis zu dem Garten-Gitter.
   Da sagte das Kind: ,Schreiben Sie mir morgen einen schönen langen Brief! Aber nicht so einen für Kinder. Einen, Sie wissen schon   .'" (ALTENBERG, Tag ²1902, 77.)

Als interrogatives Personalpronomen, dessen Substitut das Nennzeichen des Sprechers, die Nennzeichen der Mitglieder der Personengruppe, zu der sich der Sprecher zählt, das/die Nennzeichen des/der Adressaten oder eine subjektfähige Einheit des Kotextes – jeweils als Gegenstand einer Frage – sein kann, erscheint *wer*, das für Maskulinum und Femininum identische (Utrum-)Formen aufweist.

---

[273] Die soziale Distanzierung kann von oben nach unten (Bsp. 522c [1]) oder auf einer grundsätzlich gleichen Ebene (Bsp. 522c [2]) erfolgen.

§ 86.2β HLR: Propositivpronomina (Prn-prpv) haben zwei Substitute (§ 86.1d² HLR), zwischen denen sie eine Sachverhaltsbeziehung i. S. v. § 102 HLR herstellen: erstens den Proponenden (§ 102.2a² HLR), dessen Ausdruck personalnumerus- und personalgenuskongruent ist, zweitens das Propositionsinvolut (§ 102.2a³ HLR), dessen Ausdruck kasualnumerus- und kasualgenuskongruent ist.

Zu § 86.2β HLR: Propositivpronomina – auf den traditionellen Terminus *Possessivpronomen* verzichten wir aus dem gleichen Grund wie beim Propositivartikel auf den Terminus *Possessivartikel* (vgl. S. 539) – haben zwei Substitute, zwischen denen sie eine Handlungs-, Vorgangs- oder Zustandsbeziehung herstellen: Zum einen stehen sie für eine Größe, die i. S. v. § 102.2a² HLR als der Träger der Handlung, des Vorgangs oder Zustandes (der Proponend) bezeichnet werden kann, zum anderen für eine weitere sachverhaltsbeteiligte Größe (das Propositionsinvolut i. S. v. § 102.2a³ HLR).

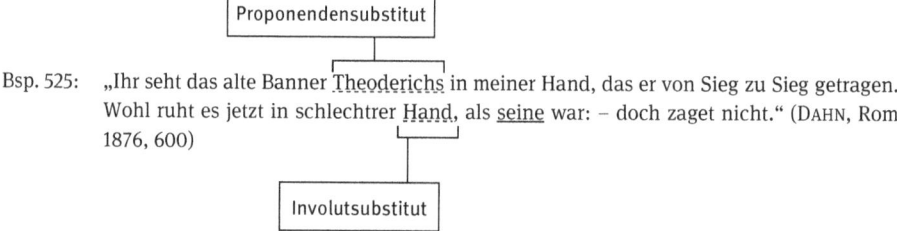

Bsp. 525: „Ihr seht das alte Banner Theoderichs in meiner Hand, das er von Sieg zu Sieg getragen. Wohl ruht es jetzt in schlechter Hand, als seine war: – doch zaget nicht." (DAHN, Rom 1876, 600)

Das Propositivpronomen der ersten Person (*meiner, unserer*) hat als Proponendensubstitut ein Personalpronomen der ersten Person oder das Nennzeichen des Sprechers bzw. der Gruppe, der sich der Sprecher zugehörig fühlt; das der zweiten Person (*deiner, eurer*) dementsprechend als Proponendensubstitut ein Personalpronomen der zweiten Person oder das Nennzeichen des Adressaten bzw. der Gruppe, welcher der Adressat vom Sprecher zugeordnet wird; als Involutsubstitut haben beide eine in Rede stehende (im Text zuvor genannte) Größe, deren Ausdruck mit dem Propositivpronomen im Numerus und Genus kongruiert. Das Propositivpronomen der dritten Person (*seiner*) hat als Proponenden- wie als Involutsubstitut jeweils einen im Text vorab erschienenen Ausdruck (vgl. Bsp. 525), mit dessen Genus es im Personalgenus (vgl. S. 548) und mit dessen Numerus es im Personalnumerus (vgl. S. 548) kongruiert; mit dem Ausdruck des Involutsubstituts kongruiert das Propositivpronomen im Genus.

Als interrogatives Propositivpronomen erscheint die Genitivform des interrogativen Personalpronomens *wer* (*wessen*).

Bsp. 526: „Wer bist Du, Unglückliche, und wessen ist dies Kind?" (SPINDLER, Jude 1827, III, 172.)

§ 86.2γ HLR: Das Reflexivpronomen (Prn-rflx) hat als Substitut ein Pronomen oder auch (nur bei Reflexivpronomina der 3. Person) eine als Komitationsgefüge strukturierte (§ 38.1b¹ HLR) oder einem Komitationsgefüge entsprechende (§ 89.2α^{III} HLR) Substantivgruppe, mit dem bzw. mit der es im Personalgenus und im Personalnumerus übereinstimmt.

§ 86.2γ HLR: Das Reflexivpronomen, das Formen der Person und mithin auch des Personalnumerus aufweist (*mir/mich – dir/dich – sich – uns – euch – sich*), hat anaphorisch verweisende Funktion: Es kann auf ein Pronomen oder eine Substantivgruppe (nur bei Reflexivpronomina der 3. Person) verweisen, mit dem bzw. der es im Personalgenus und im Personalnumerus übereinstimmt. Dasjenige, wofür der Verweisadressat-Ausdruck steht, ist identisch mit dem, wofür das Pronomen oder die Substantivgruppe steht, deren Stelle das Reflexivpronomen syntaktisch einnimmt.

Das Reflexivpronomen „stimmt in der 1. und 2. Person mit den Formen des Personalpronomens überein [...], in der 3. Person wird im Dativ und Akkusativ *sich* gebraucht, und im Nominativ kommt es gar nicht vor" (Duden 1998, 333).

Bsp. 527: a) „Ehe ich an die Betrachtung dieses Buches gehe, muß ich noch eine Parenthese mir gönnen [...]." (Boy-Ed, Zauberbg. 1925, 155.)

b) „Aber du schonst dich ja auch gar nicht [...]." (Holz/Schlaf, Papa Hamlet 1892, 79.)

c) „Die Vergnügungen, in denen er sich ehemals berauschte, ekelten ihn jetzt an [...]." (Ahlefeld, Erna 1820, 95.)

d) „Dann wird dir auch die Situation klar werden, in der ich mich befinde." (Saar, Nov. 1893, XII, 79.)

e) „Das mußtest du wissen, und wenn du es nicht gewußt hast, mußtest du dich benehmen, als wüßtest dus." (Wassermann, Wahnschaffe 1919, 326.)

f) „Wie es in neuerer Zeit sich verhält, ist mir unbekannt." (Grässe, Sagensch. Sachs. 1855, II, 100.)

Reflexivpronomina können die Gliedfunktion von Objekten erfüllen (Bsp. 527a–c); dann erscheinen sie als Determinanten korrelativer Verben (§ 82.2c^{III} HLR) und werden **korrelative Reflexivpronomina** genannt. Sie können im konkreten syntagmatischen Zusammenhang bei gleichem Sinn durch *selbst* ergänzt werden. Korrelative Reflexivpronomina lassen sich durch Personal- oder Demonstrativpronomina ersetzen, ohne dass (ungeachtet des veränderten Sinns) das Syntagma ungrammatisch würde.

Reflexivpronomina können auch die Gliedfunktion von Adverbaten (§ 37.3b^{IV} HLR) erfüllen (Bsp. 527d–f); dann erscheinen sie als Determinanten relatorischer Verben (§ 82.2c^{II} HLR) und werden **relatorische Reflexivpronomina** genannt. Sie können im konkreten syntagmatischen Zusammenhang nicht durch *selbst* ergänzt werden. Relatorische Reflexivpronomina lassen sich nicht durch Personal- oder Demonstrativpronomina ersetzen, ohne dass das Syntagma ungrammatisch würde.

Hat das Reflexivpronomen die Gliedfunktion eines Objekts (Bsp. 527a–c), der satellitischen Konstituente einer β-Partikelgruppe (§ 93.2β^{I} HLR) in Objektfunktion (Bsp. 528a) oder der mittelbaren Konstituente eines Supprädikats (§ 35.2b^{IIαβ} HLR:

Bsp. 528b), so ist sein Substitut die Einheit mit Subjektfunktion im unmittelbar übergeordneten Prädikationsgefüge.

Bsp. 528: a) „Was ich für mich nicht thue, das thue ich auch nicht um den Lohn, und wenn er auch königlich ist." (A. L. GRIMM, Lina's Mährchenb. 1816, II, 26.)

b) „Vor diesem Schranke hatte Lobgott Piepsam buchstäblich schon auf den Knien gelegen und sich die Zunge zerbissen" (TH. MANN, Weg z. Friedh. 1900, 190; vgl. Bsp. 335, S. 369.)

§ 86.2δ HLR: (1)Das R e z i p r o k p r o n o m e n (Prn-rzprk) hat als Substitut (§ 86.1d² HLR) eine als Komitationsgefüge strukturierte (§ 38.1b¹ HLR) oder einem Komitationsgefüge entsprechende (§ 89. 2α^III HLR) Substantivgruppe im Plural oder mit pluralischem Sinn, ein Pronomen im Plural oder das Indefinitpronomen *man*. Als Reziprokpronomen kann *sich* oder das unflektierbare *einander* erscheinen.

Zu § 86.2δ HLR: Als Reziprokpronomen bezeichnen wir hier mit Helbig/Buscha (2001, 57)[274] ein Pronomen, das sich syntaktisch wie ein korrelatives Reflexivpronomen (vgl. S. 555) verhält und erscheinen kann

- als Objekt eines durch ein reziprokes Verb besetzten Supprädikats (Bsp. 529a–e), wobei das Subjekt entweder eine Substantivgruppe im Plural (Bsp. 529c) oder mit pluralischem Sinn (Bsp. 529d–e), ein Pronomen im Plural (Bsp. 529a–b) oder das Indefinitpronomen *man* (Bsp. 529f) ist, oder
- als Attribut eines substantivierten, von einem reziproken Verb abgeleiteten Adjektivs im Plural (Bsp. 529g) oder
- als Objekt eines Supprädikats, das durch ein von einem reziproken Verb abgeleitetes Adjektiv besetzt ist, mit dem zusammen es eine Adjektivgruppe bildet, die attributiv (Bsp. 529h) oder adverbial (Bsp. 529i) auf einen pluralischen Kern bezogen ist.

Als Reziprokpronomen gilt üblicherweise das indeklinierbare *einander* (Duden 2005, 259 u. 280; Helbig/Buscha 2001, 57). Wir verstehen darunter hier jedoch auch das mit dem Reflexivpronomen der 3. Person homonyme *sich* (dem im Gegensatz zum Reflexivpronomen keine Pronomina der ersten und zweiten Person entsprechen). Es kann zur Unterscheidung vom Reflexivpronomen durch *gegenseitig* (Bsp. 529b) oder *wechselseitig* (Bsp. 529e), bisweilen auch durch ein zweites Reziprokpronomen, nämlich *einander* (Bsp. 529j), ergänzt werden.

Bsp. 529: a) „Gegensätze, die sich anziehen" (REVENTLOW, Selbstmordverein 1925, 440).

b) „Indem sie sich gegenseitig ihren Traum mitteilten" (PRÖHLE, Rheinl. Sag. 1886, 35).

---

[274] Ebenfalls ist die Rede von *reziprokem Pronomen* (Duden 2005, 280) und *Proterm mit reziproker Interpretation* (Zifonun/Hoffmann/Strecker 1997, 1355 ff.).

c) „[R]athlos blickten die Freunde einander an" (LUISE BÜCHNER, Vagab. 1878, 300).
d) „[D]er weibliche Teil der Gäste überbot einander [...] an hinterwälderischer Toilettenpracht" (BRAUN, Lebenssucher 1915, 214).
e) „daß Geist und Gehirn sich wechselseitig aufs notwendigste bedingen" (LUDW. BÜCHNER, Kraft u. Stoff 1885, 123).
f) „Man geht umher, berührt sich, stößt einander" (TUCHOLSKY, Affenkäfig 1924, 481).
g) „Er beteiligte sich nicht an dem Gespräche, welches sich natürlich um das endliche Zusammenfinden der so lange Zeit von einander Getrennten drehte" (MAY, Weg z. Glück 1886–88, 1271).
h) „zwei einander aufhebende Prinzipien" (SUTTNER, Waffen I 1889, 307).
i) „Da fangen sie, einander zuzwinkernd, die Verführung an" (RILKE, Aufzeichn. 1910, 878).
j) „Liebe und Geist schauen sich einander an, denn sie sind in sich allein und können nur sich sehen" (B. v. ARNIM, Briefw. Kind 1835, III, 66).

Das reziprokpronominale Substitut ist eine als Komitationsgefüge strukturierte Substantivgruppe im Plural (so *die Freunde* in Bsp. 529c), eine Substantivgruppe, die einem Komitationsgefüge entspricht, weil sie zwei Komitationsgefüge kojunktional (vgl. Kap. 4.2.9) verbindet und also auch dann, wenn die Bestandteile für sich genommen im Singular stehen, pluralischen Sinn hat (so *Geist und Gehirn* in Bsp. 529e), ein Pronomen im Plural (so *sie* in Bsp. 529b) oder das Indefinitpronomen *man* (Bsp. 529f).

Der in Bsp. 529j vorliegende Fall ist zu unterscheiden von Fällen, in denen das Reziprokpronomen *einander* als Dativobjekt zusammen mit einem Reflexivpronomen *sich* als Akkusativobjekt vorkommt.

Bsp. 530: „Zwei weiße Schmetterlinge fliegen herbei, nähern sich einander, suchen sich, haschen sich" (FRAPAN, Wir Frauen 1899, 53).

§ 86.2ε HLR: Das **Demonstrativpronomen** (Prn-dmstr) verhält sich wie das Personalpronomen (§ 86.2α HLR) der dritten Person, verweist aber auf sein Substitut (§ 86.1d² HLR) mit stärkerer Betonung als jenes, und häufiger auch kataphorisch.

Zu § 86.2ε HLR: Demonstrativpronomina – *der, derjenige, derselbe, dieser, jener* – sind Pronomina, die keine Kategorie ›Person‹ aufweisen; sie entsprechen Personalpronomina der dritten Person und haben Genusformen wie diese. Sie weisen „in besonderer Weise" (Duden 1998, 337), d. h. nachdrücklicher, mit stärkerer Betonung als das vergleichbare Personalpronomen, „auf eine Person, Sache oder einen Sachverhalt hin. Der Verweis kann anaphorischer (= rückverweisend im Text), kataphorischer (= vorausweisend im Text) oder deiktischer (= situationsverweisend) Natur sein" (ebd.). Mit *der* (Bsp. 531a) wird „identifizierend auf etwas voraus- oder zurückgewiesen, ohne dass über die Lage in Bezug auf den Sprecher/Schreiber (sei es Nähe, sei es Ferne) etwas ausgesagt wird: sie sind lagemäßig neutral" (ebd., 338 f.).

Bsp. 531: a) „Die Geschichte der Stadt Rom hat sich zu <u>der</u> des Landes Italien, <u>diese</u> zu <u>der</u> der Welt des Mittelmeers erweitert" (MOMMSEN, Röm. Gesch. V 1885, 3).

b) „In dem Kabinet des Kurfürsten waren nur der Krämer Hedderich und der Fürst. <u>Dieser</u> stand mit untergeschlagenen Armen; <u>jener</u> lag ausgestreckt auf dem Boden vor ihm." (ALEXIS, Bredow 1846, II, 75.)

Mit *dieser* „weist der Sprecher/Schreiber identifizierend auf eine Person, Sache u. Ä. hin, die ihm räumlich oder zeitlich näher ist bzw. im Text zuletzt genannt worden ist" (ebd., 341; Bsp. 531a), mit *jener* auf eine solche, die räumlich oder zeitlich entfernter ist. Diese Antithese gilt insbesondere dann, wenn beide Pronomina nebeneinander in einem Satz oder einer Satzfolge erscheinen (Bsp. 531b). Ansonsten kann *jener* auch eine größere innere Distanz des Sprechers zum Gegenstand der Aussage zum Ausdruck bringen, während *dieser* diesbezüglich neutral ist.

Das Demonstrativpronomen *derjenige* steht für ein Substitut, das in einem nachfolgenden Attribut, zumeist einem Relativsatz, aber auch z. B. einem Adpositionalattribut, näher bestimmt wird. Diese Funktion kann auch das Demonstrativpronomen *der* haben. Dabei impliziert *derjenige* eine extensional restriktive Lesart des Attributs, während *der* diesbezüglich nicht festgelegt ist; *derjenige* kann hier also im Zweifelsfall für Eindeutigkeit sorgen. (Vgl. die analogen Ausführungen zum Demonstrativartikel *derjenige*: S. 540).

Zu dem Demonstrativpronomen *derselbe* vgl. die analogen Ausführungen zum Demonstrativartikel *derselbe* (S. 541 f.)

Als interrogatives Demonstrativpronomen, durch welches das Substitut zum Gegenstand einer Frage gemacht wird, erscheint *welcher*.

Bsp. 532: „,Diese seidenen Tücher gefallen mir.' | ,<u>Das beste</u> ist dein. <u>Welches</u> möchtest du haben?'" (VULPIUS, Rinald. ⁵1824, 491.)

---

§ 86.2ζ HLR: Das Qualitativpronomen (Prn-qual) nimmt Bezug auf die Beschaffenheit des durch das Substitut (§ 86.1d² HLR) Bezeichneten. Damit können insgesamt zwei Substitute angesetzt werden: das des Eigenschaftsträgers (§ 105.IIk HLR: Qualifikatssubstitut) und das der Eigenschaft (§ 105.IIk HLR: Qualitätssubstitut); ersteres kann als anaphorischer oder auch kataphorischer Verweisadressat, letzteres muss nicht unbedingt als Verweisadressat erscheinen, sondern kann als kontextuell bekannt vorausgesetzt werden (beim interrogativen Qualitativpronomen ist es Gegenstand der direkten oder indirekten Frage).

Zu § 86.2ζ HLR: Das Qualitativpronomen *solcher* nimmt affirmativ, das Qualitativpronomen *welcher* interrogativ Bezug auf die Beschaffenheit des durch das Substitut Bezeichneten. Damit können insgesamt zwei Substitute angesetzt werden: das des Eigenschaftsträgers (Qualifikatssubstitut) und das der Eigenschaft (Qualitätssubstitut).

Bsp. 533: „Es waren viele deutsche Offiziere hier, teils schon im russischen Heere angestellte, teils solche, die erst ins Getümmel mit hinein wollten, Sachsen, Österreicher, Preußen, die ihre Herzen und Schwerter auf die Franzosen gewetzt hatten." (ARNDT, Erinn. 1840, 138.)

[Diagramm: „deutsche Offiziere" = Qualifikatssubstitut; „solche, die erst ins Getümmel mit hinein wollten, Sachsen, Österreicher, Preußen, die ihre Herzen und Schwerter auf die Franzosen gewetzt hatten" = Qualitätssubstitut]

Das Qualifikatssubstitut kann als anaphorischer (Bsp. 533) oder auch kataphorischer Verweisadressat erscheinen, das Qualitätssubstitut muss nicht unbedingt als Verweisadressat erscheinen, sondern kann als kontextuell bekannt vorausgesetzt werden. Beim interrogativen Qualitativpronomen ist es Gegenstand der direkten oder indirekten Frage. Wie Bsp. 534 zeigt, können beide Substitute auch zusammenfallen.

Bsp. 534: a) „‚Und welche Folgen hat bei Euch der Ehebruch, Samson Adukuè?!?' | ‚Wie meinst Du es, Herr?!?' | ‚Nun, prügelt er sie, schickt er sie zurück zu den Eltern, tödtet er sie sogar?!?' | ‚Weshalb sollte er solches unternehmen, Herr?!? Er hat sie ja geheiratet, weil er sie lieb hat!?' | ‚Nun, irgend welche Folgen muss es dennoch nach sich ziehen?!?' | ‚Oh ja, Herr, schreckliche Folgen. Bis dahin hat er die g r o s s e L i e b e zu ihr gehabt, von da an hat er nur mehr die k l e i n e L i e b e!'" (ALTENBERG, Wie ich es sehe ⁴1904, 324.)

b) „Sie werden sich erinnern, lieber Herebrecht, daß ich Ihnen versprach, für Sie nach einer auskömmlichen Stellung Umschau zu halten, damit Sie Ihr kleines Bräutchen baldigst vor der Welt als solches verkünden und heimführen könnten." (BOY-ED, Förster 1889, 262.)

Solcher kann in Texten des Frühneuhochdeutschen und des älteren Neuhochdeutschen oder in historisierenden Texten auch die Funktion eines Demonstrativpronomens, analog zu *dieser* oder *derselbe* haben.

Bsp. 535: „Andern dort Schlafenden ist es passirt, daß sie durch Abziehen ihres Deckbettes geweckt wurden, und wenn sie sich solches wieder hinaufgezogen, ists ihnen immer wieder weggerissen worden, und zwar mit immer größerer Kraft und Gewalt." (BARTSCH, Sag. Meklenb. I 1879, 179.)

---

§ 86.2η HLR: Q u a n t i t a t i v p r o n o m i n a (Prn-quant) sind solche Pronomina, die eine Quantifizierung ihres Substituts bewirken. Dabei geben b e s t i m m t e Q u a n t i t ä t s p r o n o m i n a die genaue Anzahl der durch das Substitut bezeichneten Individuen an, u n b e s t i m m t e hingegen machen diesbezüglich keine genaue Angabe.

Zu § 86.2η HLR: Quantitativpronomina sind für uns solche Pronomina, die eine Quantifizierung ihres Substituts bewirken. Als bestimmte Quantitätspronomina können erscheinen:

- *einer* (Bsp. 536a), *jemand* (Bsp. 536b), *irgendjemand* (Bsp. 536c), *etwas* (Bsp. 536d), *irgendetwas* (Bsp. 536e) zur Kennzeichnung der Einzahl,
- *beide* (Bsp. 536f) zur Kennzeichnung der als vollständig und nicht mehr vergrößerbar zu apostrophierenden Zweizahl,
- *keiner* (Bsp. 536g), *niemand* (Bsp. 536h), *nichts* (Bsp. 536i) zur Kennzeichnung der nicht vorhandenen Anzahl oder Nullzahl;

als unbestimmte Quantitätspronomina können erscheinen:

- *jeder* (Bsp. 536j), *jeglicher* (Bsp. 536k), *jedweder* (Bsp. 536ℓ) zur Kennzeichnung einer als vollständig und nicht mehr vergrößerbar zu apostrophierenden unbestimmten Anzahl sowie *aller* (Bsp. 536ℓ) zur Kennzeichnung einer als vollständig und nicht mehr vergrößerbar zu apostrophierenden unbestimmten Anzahl oder Menge,
- *mancher* (Bsp. 536m), *einige* (Bsp. 536n) zur Kennzeichnung einer als nicht groß zu apostrophierenden unbestimmten Teilmenge,
- *etlicher* (Bsp. 536o), *etwelcher* (Bsp. 536p) zur Kennzeichnung einer als nicht gering zu apostrophierenden unbestimmten Anzahl oder (Teil-)Menge)
- Das Indefinitpronomen *man* (Bsp. 536q) steht für eine unbestimmte Person oder eine unbestimmte Menge von Personen.
- In quantitiver Lesart kann auch *welcher* (Bsp. 536r) erscheinen und steht dann für eine unbestimmte Teilmenge.

Bsp. 536: a) „Sie kamen aber bald wieder gelaufen und sagten, ich sollte hinein spazieren, es würde ihrer Herrschaft sehr angenehm sein, daß <u>einer</u> aus fremden Landen sie eines Zuspruchs würdigte." (A. v. ARNIM, Wintergart. 1809, 339 f.)
b) „Sie gab daher Margariths Bitten nach und bewachte blos den Gang, um, wenn sich etwa <u>Jemand</u> nähern würde, sogleich es anzeigen zu können." (PAALZOW, Godw.-Castle III 1836, 141.)
c) „In alter Zeit hat man oft von dem alten Schloße zu Volmarstein herab eine herrliche Musik gehört, ohne daß <u>irgendjemand</u> die Musikanten gesehen hätte." (KUHN, Sag. Westf. 1859, I, 136.)
d) „Die Sachen selbst aber müssen nie <u>Etwas</u> bedeuten sollen." (BLANCKENBURG, Roman 1774, 475.)
e) „Es liegt in diesen Tagen <u>irgendetwas</u> auf Ihnen." (BOY-ED, Ehe 1915, 372.)
f) „Frau Rosine verfügte über einen vollen Wirtschaftssäckel, Frau Hanna über einen knappen; <u>beide</u> halfen gern; die letztere mit ihrem offnen Kopf, die erstere mit ihrer offnen Hand [...]." (FRANÇOIS, Stufenj. 1877, 33.)
g) „Mein Vater hat das Recht, mir eine Heirath zu verbieten, die ihm mißfällt, versetzte Edmund, aber er kann mich zu <u>keiner</u> zwingen, die meinem Herzen widerstrebt." (AHLEFELD, Ges. Erz. 1822, I, 84.)
h) „Schuldig bleiben wollte er <u>niemandem</u> etwas." (DUNCKER, Jugend ²1907, 86.)
i) „Der fremde Matrose erwiderte <u>nichts</u>." (RINGELNATZ, Woge 1922, 104.)
j) „Über die öffentlichen Angelegenheiten wird in Wien fast nichts geäußert, und Du kannst vielleicht monatelang auf öffentliche Häuser gehen, ehe Du ein einziges Wort hörst, das auf Politik Bezug hätte; so sehr hält man mit alter Strenge ebensowohl auf

Orthodoxie im Staate wie in der Kirche. Es ist überall eine so andächtige Stille in den Kaffeehäusern, als ob das Hochamt gehalten würde, wo jeder kaum zu atmen wagt." (SEUME, Spaz. n. Syrakus 1803, 196.)

k) „Die Gäste verlassen den Tisch, sie gehen nach Hause, oder werden nach Hause geführt, so wie jeglicher getrunken hat." (BRENTANO, Godwi 1801, 97.)

ℓ) „Und sie imponirte ihm vor allem darum, weil seine eigene, sehr nervöse und unruhige Natur sich von Jedwedem in Anspruch nehmen ließ, was auf sie eindrängte, auf Alles eingehen mußte, was um sie herum athmete, lebte und sprach." (CONRADI, Adam 1889, 5.)

m) „Manchem geht in seinem Eifer, zu geben und zu erfreuen, beinahe der halbe Sommerlohn drauf." (FELDER, Reich u. arm 1868, 131.)

n) „Schon einige haben es versucht, auf mein Herz Ausfälle zu wagen, aber sie prellten ab." (EHRMANN, Amalie 1788, 76.)

o) „Etliche wollten das Thier tödten, etliche aber mahnten davon ab und sprachen: Wer weiß, was dahinter steckt?" (SCHÖPPNER, Sagenb. II 1853, 347.)

p) Mit großem Etonnement vernehme ich, daß der Caspar Hauser nunmehr in Ihrem Heim weilen wird, und ich fühle mich gedrungen, Ihnen zum Belehr etwelches über den Sonderling zu eröffnen." (WASSERMANN, Hauser 1907, 259.)

q) „Man redet der Frau ein, daß sie kränklich sei und schwach und daher des männlichen Schutzes bedürfe; denn ahnte sie die ihr angeborne Kraft und Gesundheit, so könnte der souveräne Mensch in ihr erwachen, und es könnte geschehen, daß eines Tages die Männererde der alten Germanen zur Menschenerde würde, gleichermaßen für Mann und Weib." (DOHM, Emancip. 1874, 152 f.)

r) „Ich habe deren sehr oft selbst welche gehabt" (MAY, Aqua ben. 1878, 334)

---

§ 86.29 HLR: Die Relativpronomina (Prn-rel) *der* und *welcher* dienen zur Anknüpfung von Attributsätzen (§ 39.3b^{IIIαα} HLR). Ihr Substitut (§ 86.1d² HLR) ist der Attribuend.

Zu § 86.29 HLR: Relativpronomina sind *der* (Bsp. 537a/b) und *welcher* (Bsp. 537c). Sie bilden das Subjekt von Attributsätzen (Bsp. 537a) oder ein Objekt in denselben (Bsp. 537b/c). Ihr pronominales Substitut ist der substantivische (Bsp. 537a/c) oder pronominale (Bsp. 537b) Attribuend des Attributsatzes.

Bsp. 537:
a) „Der Pfaffenstein, sonst auch der Jungfernstein genannt, ist ein hoher, mit Wald bewachsener Felsen, der sich ohngefähr eine halbe Stunde weit der Festung Königstein gegenüber befindet." (GRÄSSE, Sagensch. Sachs. 1855, I, 169.)

b) „Ich bin seit heute 2 Uhr nachmittag, 26. November, wie jemand, dem man sein Todesurteil verkündigt hat." (ALTENBERG, Märchen ³1911, 107.)

c) „Da begab sich's, daß ein Kohlenbrenner, der in der Nähe wohnte, mit einem kleinen Wagen voll Kohlen, welchen ein großer Hund zog, von ungefähr vorbeikam [...]." (COLSHORN/COLSHORN, Märch. Hann. 1854, 102.)

5.2.4.3.3 Pronomina als Glieder

§ 86.3 HLR: Pronomina können folgende Gliedfunktionen erfüllen:

(α) die von Gefügekernen, konkret: $^{(I)}$Attribuenden (§ 39.2b^{IV} HLR) – u. a. von Apponenden (§ 40.2b^{I} HLR) und Juxtaponenden (§ 41.2b^{Iβ} HLR) –, $^{(II)}$Transzessen (§ 42.2b^{Iδ} HLR), $^{(III)}$Anzepten (§ 43.2b^{III} HLR), $^{(IV)}$Subjunkten (§ 46.2b^{IV} HLR), $^{(V)}$Konjunkten (§ 47.2b^{Iε} HLR),

(β) die von Satelliten, konkret: $^{(I)}$Subjekten (§ 34.3b^{Iβ} HLR), $^{(II)}$Objekten (§ 35.3b^{Iαβ} HLR), $^{(III)}$Adverbaten (§ 37.3b^{IV} HLR), $^{(IV)}$Komites (§ 38.3b^{Iβ} HLR), $^{(V)}$Attributen (§ 39.3b^{IIδ} HLR) – u. a. von Juxtapositen (§ 41.3b^{Iβ} HLR) –, $^{(VI)}$Transzedenten (§ 42.3c^{IV} HLR) oder $^{(VII)}$Adponenden (§ 45.3b^{IV} HLR) oder

(γ) die von Koordinaten, konkret: $^{(I)}$Kojunkten (§ 48.2b HLR), $^{(II)}$Prädikationalien (§ 52.2b HLR), $^{(III)}$Adverbationalien, genauer: Adverbat-Adverbationalien (§ 53.2b HLR: nur relatorische Reflexivpronomina i. S. v. § 86.2γ^{2γ} HLR), $^{(IV)}$Attributionalien (§ 55.2b HLR), $^{(V)}$Ektranszessionalien (§ 56.2c^{IV} HLR), $^{(VI)}$Entranszessionalien (§ 56.3b^{IV} HLR), $^{(VII)}$Adponend-Adpositionalien (§ 57.2b HLR), $^{(VIII)}$Subjunkt-Subjunktionalien (§ 58.2b HLR), $^{(IX)}$Kojunktionalien (§ 59.2c HLR) oder $^{(X)}$Transmissionalien (§ 61.2b HLR).

- Zu § 86.3α^{I} HLR: Pronomina können als Attribuenden erscheinen (vgl. Bsp. 132k, S. 254), unter anderem als Apponenden (vgl. Bsp. 139a, S. 261) und Juxtaponenden (vgl. Bsp. 155b, S. 266).
- Zu § 86.3α^{II} HLR: Pronomina können als Transzesse erscheinen – eine Möglichkeit, die in unserem Untersuchungskorpus allerdings nicht belegt ist (vgl. S. 275).
- Zu § 86.3α^{III} HLR: Pronomina können als Anzepte erscheinen. Auch diese Möglichkeit ist in den unserer Arbeit zugrunde liegenden Quellen nicht belegt (vgl. Anm. 144, S. 287).
- Zu § 86.3α^{IV} HLR: Pronomina können als Subjunkte erscheinen; vgl. Bsp. 229d, S. 301.
- Zu § 86.3αV HLR: Pronomina können als Konjunkte erscheinen; vgl. Bsp. 233h (*ich*), S. 304.

*

- Zu § 86.3β^{I} HLR: Pronomina können als Subjekte erscheinen; vgl. Bsp. 95b, S. 224.
- Zu § 86.3β^{II} HLR: Pronomina können als Objekte erscheinen; vgl. Bsp. 100b, S. 229.
- Zu § 86.3β^{III} HLR: Pronomina können als Adverbate erscheinen; vgl. Bsp. 118c, S. 242.
- Zu § 86.3β^{IV} HLR: Pronomina können als Komites erscheinen; vgl. Bsp. 128a, S. 251.
- Zu § 86.3β^{V} HLR: Pronomina können als Attribute erscheinen (vgl. Bsp. 138g, S. 258), unter anderem als Juxtaposite (vgl. Bsp. 138h, S. 258).
- Zu § 86.3β^{VI} HLR: Pronomina können als Transzedenten erscheinen; vgl. Bsp. 187b, S. 283.

- Zu § 86.3β^{VII} HLR: Pronomina können als Adponenden erscheinen; vgl. Bsp. 224c, S. 297.

                                                             ★

- Zu § 86.3γ^{I} HLR: Pronomina können als Kojunkte erscheinen; vgl. Bsp. 233h (*du*), S. 304.
- Zu § 86.3γ^{II} HLR: Pronomina können als Prädikationalien erscheinen: als Subjektualien (Bsp. 256, S. 320), Objektualien (Bsp. 250, S. 316) oder Adverbiatialien (Bsp. 538).

> Bsp. 538: „Wie die Menschen hier, in Pfahlbauzeiten, im Gezweige gewohnt hatten, so wohnten sie jetzt unter dem Gezweig; aber in <u>ihm</u> oder unter <u>ihm</u>, sie blieben wie die Vögel, die Nester bauen." (FONTANE, Wand. IV 1882, 77.)

- Zu § 86.3γ^{III} HLR: Pronomina – und zwar relatorische Reflexivpronomina i. S. v. § 86.2γ^{2γ} HLR – können als Adverbationalien, genauer: Adverbat-Adverbationalien erscheinen; vgl. Bsp. 263b, S. 323.
- Zu § 86.3γ^{IV} HLR: Pronomina können als Attributionalien erscheinen; vgl. Bsp. 269d, S. 327.
- Zu § 86.3γ^{V} HLR: Pronomina können als Ektranszessionalien erscheinen; vgl. Bsp. 286b, S. 336.
- Zu § 86.3γ^{VI} HLR: Pronomina können als Entranszessionalien erscheinen; vgl. ebd.
- Zu § 86.3γ^{VII} HLR: Pronomina können als Adponend-Adpositionalien erscheinen; vgl. Bsp. 292c, S. 339.
- Zu § 86.3γ^{VIII} HLR: Pronomina können als Subjunkt-Subjunktionalien erscheinen; vgl. Bsp. 296b, S. 341.
- Zu § 86.3γ^{IX} HLR: Pronomina können als Kojunktionalien erscheinen; vgl. Bsp. 300e, S. 345.
- Zu § 86.3γ^{X} HLR: Pronomina können – ebenso wie Vertreter jeder anderen Wortart und Wortgruppenart (§ 61.2b HLR) – als Transmissionalien erscheinen.

5.2.5 Nicht flektierbare Wörter (Partikeln)

5.2.5.1 Allgemeines zur Wortart

§ 87.1 HLR: (a) Eine P a r t i k e l (Prtkl) ist ein Zeichen mit Wortcharakter (§ 26 HLR), das als Gefüge konsistent (§ 15.Ib HLR) strukturiert ist und $^{(I)}$aus einem Transfix (§ 76.1α HLR) und einem Partikelgrammativ (§ 74 HLR), $^{(II)}$aus einem Wort und einem Partikelgrammativ, $^{(III)}$aus einer Wortgruppe (§ 27 HLR) und einem Partikelgrammativ, $^{(IV)}$aus einem Wort und einem Suffix (§ 78 HLR), $^{(V)}$aus einer Wortgruppe und einem Suffix oder $^{(VI)}$aus zwei Wörtern besteht.

(b) Partikeln können die Gliederstruktur (§ 13.3β^{I} HLR) von $^{(I)}$Aflexionsgefügen (§ 30.1b^{IIζ} HLR), $^{(II)}$Derivationsgefügen (§ 32.1b^{Iδ} HLR) oder $^{(III)}$Interzeptionsgefügen (§ 50.1b^{Iβ} HLR) aufweisen.

(c) Partikeln sind **nicht flektierbare Wörter**. Sie erscheinen als monohenadische Paradigmata (§ 3.2β²ᵝ HLR) von Wortformen.

(d) Partikeln können Pro-Zeichen (§ 9.3), so genannte **Pro-Partikeln**, sein. Pro-Partikeln sind immer Vollpartikeln i. S. v. § 87.2α HLR.

(e) Eine Partikel als Gefüge betrachtet, heißt **Partikelgebilde**.

Zu § 87.1 HLR: Partikeln sind Wörter, die als Gefüge sehr unterschiedlich strukturiert sein können. Erscheinen sie als Aflexionsgefüge, sind sie gebildet

- aus einem Transfix und einem Partikelgrammativ (/{aus}·{Ø$_{Grv\text{-}Prtkl}$}\, Bsp. 539b; /{in}·{Ø$_{Grv\text{-}Prtkl}$}\, Bsp. 539d),
- aus einem Wort und einem Partikelgrammativ (//{dank}·{Ø$_{Grv\text{-}Sb}$}\·{Ø$_{Grv\text{-}Prtkl}$}\, Bsp. 539c; //{kraft}·{Ø$_{Grv\text{-}Sb}$}\·{Ø$_{Grv\text{-}Prtkl}$}\, Bsp. 539e; //{teil}·{Ø$_{Grv\text{-}Sb}$}\·{s$_{Grv\text{-}Prtkl}$}\, Bsp. 539f; //{zweck}·{Ø$_{Grv\text{-}Sb}$}\·{s$_{Grv\text{-}Prtkl}$}\, Bsp. 539g; vgl. auch *wohllaut*, Bsp. 354, S. 392, mit Abb. 115, S. 392) bzw.
- aus einer Wortgruppe und einem Partikelgrammativ (*anstatt*, Bsp. 539a, vgl. Abb. 129).

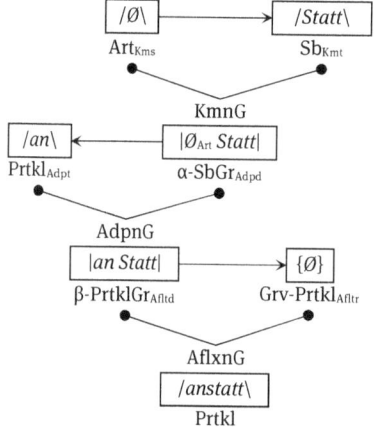

Abb. 129: Konstituentenstruktur von *anstatt* (Bsp. 539a)
Adpd = Adponend; AdpnG = Adpositionsgefüge; Adpt = Adposit; Afltd = Aflektand; Afltr = Aflektor; AflxnG = Aflexionsgefüge; Art = Artikel; Grv-Prtkl = Partikelgrammativ; KmnG = Komitationsgefüge; Kms = Komes; Kmt = Komitat; Prtkl = Partikel; β-PrtklGr = β-Partikelgruppe; Sb = Substantiv; α-SbGr = α-Substantivgruppe. — Zu den allgemeinen Notationsregeln vgl. Anhang II (S. 828 ff.).

Partikeln können auch durch Ableitung zustandekommen. Sie erscheinen dann als Derivationsgefüge und bestehen aus einem Wort und einem Suffix – so *wenigstens* (Abb. 75, S. 211), *ärschlings* (Abb. 107, S. 380) oder *gesprächsweise* (Bsp. 540a) – oder einer Wortgruppe und einem Suffix (so *hunderttausendmarkweise*, Bsp. 540b).

Sofern Partikeln als Interzeptionsgefüge strukturiert sind – *sodass* (Bsp. 245b, S. 311), *obwohl* (Bsp. 541a), *obgleich* (Bsp. 541b) usw. –, bestehen sie aus zwei Wörtern.

Bsp. 539: a) „Aber gleichwohl entspricht bei den Hellenen nichts so sehr der Macht unserer Presse wie die Macht ihrer gesprochenen Rede. Wir mögen uns wohl einmal die müßige Frage stellen, wie es gegangen wäre, wenn die alten Athener plötzlich nur noch hätten Zeitungen lesen müssen, anstatt Reden zu hören." (BURCKHARDT, Grch. Kulturgesch. III 1900, 303.)

b) „wie die *opera* aus war, so ist unter der zeit wo man still ist, bis der *ballet* anfängt, nichts als geglatscht und *bravo* geschryen worden; bald aufgehört, wieder angefangen, und so fort." (W. A. MOZART, an M. A. Mozart [14. 1. 1775], S 1, 50.)

c) „Diderots anregende Wirksamkeit war freilich, dank seinem seltnen schriftstellerischen Talente und der Energie seiner Darstellung eine ungemein große" (LANGE, Gesch. d. Mat. ²1875, 328).

d) „Es gab Zeiten in denen die Erstickung des heiligen Feuers drohte" (GUNDOLF, George ³1930, 36).

e) „Es ist immer eine entschiedene Minderheit, welche die welthistorische Tendenz eines Staates vertritt, und innerhalb dieser wieder eine mehr oder weniger geschlossene Minderheit, welche die Leitung kraft ihrer Fähigkeiten tatsächlich, und oft genug im Widerspruch mit dem Geist der Verfassung in Händen hat." (SPENGLER, Unterg. d. Abendl. II 1922, 1016 f.)

f) „Im Hause verkehren teils freundschaftlich, teils bei den üblichen ‚Gesellschaften' die Führer der nationalliberalen Partei" (M. WEBER, Lebensbild 1926, 41).

g) „Die Bewilligung von 6000 Talern aus der Schatulle des Königs an die Weberdeputation aus dem Reichenbach-Neuroder Kreis zwecks Errichtung einer Produktivgenossenschaft spricht auch dafür, daß ihm jedes Mittel recht war, einen Keil zwischen Arbeiterklasse und Bourgeoisie zu treiben, um nach dem Grundsatz ‚Teile und herrsche' sich in der Macht zu halten." (BEBEL, Leben I 1910, 67.)

Bsp. 540: a) „der Wirtschaftsadjunkt […] hatte die Inwohner einmal gesprächsweise die Troglodyten genannt" (SAAR, Nov. 1893, IX, 125)

b) „Warum steht nicht in jedem anständigen Blatt […] jeden Tag ein Kasten mit immer nur zwei Zahlen: Monatseinkommen eines Durchschnittslesers, eines Arbeiters, eines Angestellten – und: Monatsrente des Prinzen Heinrich; Monatsabfindung des Deserteurs in Doorn; Monatserträgnisse aus einem, einem einzigen Fürstengut? Das begreift jeder. Man muß nur die Zahlen auf sein Augenmaß zurückführen, den Hausfrauen, die mit Groschen rechnen, zeigen, wie das Geld stromweise, hunderttausendmarkweise in die Fürstenkassen marschiert …" (TUCHOLSKY, Hund 1926, 519.)

Bsp. 541: a) „Man hat das Gefühl, als befinde sich der ethische Sozialismus, obwohl ein ganzes Jahrhundert sich schon seiner Durchbildung widmete, noch heute nicht in der klaren, harten, resignierten Fassung, die seine endgültige sein wird." (SPENGLER, Unterg. d. Abendl. I 1923, 458.)

b) „Komm · schliess deinen alten deutschen kalender den du mit aufmerksamkeit liesest · obgleich er vor mehr als hundert jahren erschienen und die könige die er aufweist alle tot sind." (GEORGE, Tg. u. Tat. ²1925, 95.)

Als nicht flektierbare Wörter weisen Partikeln im Gegensatz zu den flektierbaren Wörtern monohenadische Formenparadigmata auf, d. h., sie haben (von ganz wenigen Ausnahmen abgesehen[275]) lediglich eine einzige Form.

Eine Reihe von Partikeln – beispielsweise *da, dort, hier,* und *so* sowie die in der traditionellen Grammatikographie so genannten „Präpositionaladverb[ien]" oder „Pronominaladverb[ien]" (Duden 2005, 585), z. B. *darauf, daraus, dorthin, hierüber* und *wofür* – erfüllen die Funktion von Pro-Zeichen. Sie bringen, anders als Partikeln wie *auf, aus, in, und* oder *weil,* nicht lediglich Verhältnisse zwischen zwei Größen zum Ausdruck und heißen im Rahmen unseres Regelsystems daher nicht, wie diese, V e r h ä l t n i s p a r t i k e l n (§ 87.2β HLR). Vielmehr stehen sie jeweils zugleich (1) für einen Sachverhalt – das räumliche, zeitliche, kausale usw. Verhältnis – und (2) eine sachverhaltsbeteiligte Größe: *dort* ›¹an ²dem bewussten Ort‹, *so* ›¹auf ²diese Weise‹, *darauf* ›¹auf bzw. ¹nach ²dem in Rede Stehenden‹ usw. – Partikeln dieser Art nennen wir, im Gegensatz zu den Verhältnispartikeln, V o l l p a r t i k e l n (§ 87.2α HLR).

---

§ 87.2 HLR: Allgemein unterscheiden lassen sich

(α) V o l l p a r t i k e l n mit der Funktion von Propositionsakzidenten (§ 102.2a⁴ HLR), die den propositionalen Wert von Propositionen haben, und

(β) V e r h ä l t n i s p a r t i k e l n, die den propositionalen Wert von Proponenten (§ 102.2a¹ HLR) haben und für Verhältnisse zwischen zwei Größen stehen.

Zu den Vollpartikeln gehören allerdings auch bestimmte „absolute" (vgl. Duden 2005, 578) Partikeln, also solche, die keine Pro-Zeichen sind: z. B. *morgens* ›¹an ²dem Morgen‹, *überhaupt* ›¹auf ²jede Art‹ usw.

*

Während manche Grammatiken, z. B. die Dudengrammatik, nur eine bestimmte Unterart der nicht flektierbaren Wörter *Partikeln* nennt, steht dieser Terminus in anderen Darstellungen (z. B. bei Hans Glinz oder Ulrich Engel) für die Unflektierbaren insgesamt – ein Sprachgebrauch, dem wir uns anschließen. Keine der in der Grammatikographie gängigen Subklassifikationen der Unflektierbaren ist nämlich sonderlich befriedigend. Dies nicht so sehr, weil die Unterscheidungskriterien unscharf sind, sondern vielmehr, weil anscheinend mit keinem Kriterium vermieden werden kann, dass eine große Zahl von Partikeln je nach ihrer konkreten kotextuellen Verwendung mehreren verschiedenen Zeichenarten zugerechnet werden muss. Nimmt man als Unterarten der Unflektierbaren, wie weithin verbreitet, Adverbien, Partikeln im engeren Sinn, Adpositionen, Konjunktionen und Subjunktionen an, so erscheint, um lediglich zwei Fälle zu nennen, *aber* als Konjunktion (Bsp. 542a), als (Konjunktional-)Adverb (Bsp. 542b) sowie als (Abtönungs-)Partikel (Bsp. 542c) und

---

[275] *Bald, gern(e), oft* und *sehr* sind zwar nicht deklinierbar, sie können aber gesteigert werden.

auch *so* als Konjunktion (Bsp. 543a), als (Konjunktional- bzw. Pro-)Adverb (Bsp. 543b bzw. c) sowie als (Abtönungs-)Partikel (Bsp. 543d).

Bsp. 542: a) „nach wenigen Schritten über den breiten, <u>aber</u> kurzen Gang stand er vor einer Türe, an welche er pochte" (ANZENGRUBER, Einsam 1881, 299).

b) „Der Herr Referent sagte mir, daß es in seinen Versammlungen nicht üblich ist, sich zur Diskussion zu melden. Er hat mir <u>aber</u> erlaubt, ihm eine Frage zu stellen [...]." (BRAUN, Mem. I 1909, 493.)

c) „Daß Sie mir <u>aber</u> nur meinem Ludwig nicht zu viel von Ihrer Dichterbegeisterung erzählen, erst muß der Junge etwas Tüchtiges lernen, ehe er daran denken darf!" (LUISE BÜCHNER, Dichter 1878, 185.)

Bsp. 543: a) „Die Silberfäden der Bergbäche verweben sich zu einem Schleier mit den bläulichen Dunstwölkchen um des Berges Kuppe – gemahnend an den Schleier um Jehovas Haupt, <u>so</u> er mit Erdgeborenen auf seinem Sinai redet" (BLEIBTREU, Größenw. 1888, I, 44 f.).

b) „Das Wort ‚Popo' oder Ähnliches ist tunlichst zu vermeiden. Ist das aber unmöglich, <u>so</u> soll es mehr oder weniger geflüstert vorgebracht werden!" (ALTENBERG, Märchen ³1911, 44.)

c) „<u>So</u> soll's sein!" (BUSCH, Eduard 1891, 178.)

d) „[E]s ist nicht <u>so</u> ganz leicht, hineinzukommen" (BOY-ED, Ehe 1915, 147).

Teils mit bedauerndem, teils mit apologetischem Unterton, teils auch neutral wird immer wieder darauf hingewiesen, dass beispielsweise die Adverbien „eine heterogene und deshalb auch schwierig zu definierende Wortart" (Duden 2005, 575) sind. Die Partikeln im engeren Sinn, „diese Zaunkönige und Läuse im Pelz der Sprache" (Eisenberg 1999, 207), werden als eine „Restklasse" (ebd., 227) gesehen, die nicht nur „nicht [...] homogen ist" (ebd.), sondern von deren Vertretern sogar pauschal behauptet wird, dass sie „immer auch als Vertreter anderer Klassen der Unflektierbaren" vorkommen (Duden 1998, 377).

Wir nehmen diese Beobachtungen zum Anlass, eine Subklassifikation der Zeichenart ‚Partikel' hier ganz zu unterlassen und stattdessen auf f u n k t i o n a l e Unterschiede hinzuweisen. Das heißt: Wir nehmen im Rahmen der vorliegenden Untersuchung zwar lediglich eine einzige Zeichenart an, in der wir alle Unflektierbaren zusammenfassen, unterscheiden dabei jedoch verschiedene Gliedfunktionen von Partikeln (Kap. 5.2.5.3). Wir schließen dabei selbstverständlich nicht aus, dass es eine Reihe von Partikeln gibt, die nur in einer einzigen Gliedfunktion vorkommen können. Mit unserer Entscheidung streben wir ausschließlich an, die mit unserem Untersuchungsanliegen in keinem Zusammenhang stehenden Schwierigkeiten zu vermeiden, wie sie sich bei der Unterscheidung von Zeichenarten wie Adverb, Partikel (im engeren Sinn), Konjunktion usw. prinzipiell ergeben. Ebenfalls dem Anliegen unserer Untersuchung geschuldet, nehmen wir im folgenden Abschnitt (Kap. 5.2.5.2) zusätzlich eine im engeren Sinne semantische Unterscheidung vor.

5.2.5.2 Arten von Partikeln

Eine Vollständigkeit anstrebende Klassifikation der Partikeln ist hier ebensowenig beabsichtigt wie die Beleuchtung der teilweise sehr komplexen Semantik einzelner Partikeln. Es geht lediglich um die Herausarbeitung einiger spezifischer semantischer Aspekte, die für die nachfolgend beabsichtigte Analyse propositiver Gefüge eine Rolle spielen können.

§ 87.3 HLR: Konkret unterscheiden lassen sich

(α) K o m p a r a t i v p a r t i k e l n (Prtkl-komp), die als Verhältnispartikeln erscheinen und ein Verhältnis der Gleichheit oder Ähnlichkeit zwischen zwei miteinander verglichenen Größen ausdrücken,

(β) O p p o s i t i v p a r t i k e l n (Prtkl-oppos), die als Verhältnispartikeln erscheinen und ein Verhältnis des partiellen gegenseitigen Ausschlusses zwischen zwei Größen zum Ausdruck bringen,

(γ) K o m p e n s i v p a r t i k e l n (Prtkl-kpsv), die als Verhältnispartikeln erscheinen und ein Verhältnis des vollständigen gegenseitigen Ausschlusses zwischen zwei Größen zum Ausdruck bringen,

(δ) P e r t e n t i v p a r t i k e l n (Prtkl-ptn), die als Verhältnispartikeln erscheinen und ein Verhältnis der Zugehörigkeit einer Größe zu einer anderen zum Ausdruck bringen – unterscheiden lassen sich [I] P r o p r i o p e r t e n t i v p a r t i k e l n (Prtkl-prpptn), [II] S o z i o p e r t e n t i v p a r t i k e l n (Prtkl-sozptn), [III] K o n s t i t u t i v p a r t i k e l n (Prtkl-cssttn) und [IV] S u b k l a s s i f i k a t i v p a r t i k e l n (Prtkl-cas) –,

(ε) D i s p o s i v p a r t i k e l n (Prtkl-dispn), die als Verhältnispartikeln erscheinen und ein Verhältnis des Verfügens einer Größe über eine andere zum Ausdruck bringen – unterscheiden lassen sich [I] P r o p r i o d i s p o s i v p a r t i k e l n (Prtkl-prpdispn), [II] S o z i o d i s p o s i v p a r t i k e l n (Prtkl-sozdispn), [III] K o n s t i t i v p a r t i k e l n (Prtkl-cstn) und [IV] S u p e r k l a s s i f i k a t i v p a r t i k e l n (Prtkl-cmprn) –,

(ζ) E f f e k t i o n s p a r t i k e l n (Prtkl-effctn), speziell [I] K a u s a l p a r t i k e l n (Prtkl-kaus), die als Verhältnispartikeln erscheinen und ein Verhältnis des Voraussetzung-Seins zum Ausdruck bringen, [II] K o n d i t i o n a l p a r t i k e l n (Prtkl-kond), die als Verhältnispartikeln erscheinen und ein Verhältnis des Bedingung-Seins zum Ausdruck bringen,

(η) K o n s e k u t i v p a r t i k e l n (Prtkl-ksk), die als Vollpartikeln erscheinen und ein Verhältnis des Folge-Seins zum Ausdruck bringen,

(ϑ) K o n g r u i t i v p a r t i k e l n (Prtkl-kgr), die als Verhältnispartikeln erscheinen und ein Verhältnis der inhaltlichen Übereinstimmung, der Entsprechung zum Ausdruck bringen,

(ι) T h e m a t i v p a r t i k e l n (Prtkl-them), die als Vollpartikeln oder Verhältnispartikeln erscheinen und den Gegenstand einer Aussage bzw. ein Verhältnis von Aussage und Aussagegegenstand zum Ausdruck bringen,

(κ) M e d i a t i v p a r t i k e l n (Prtkl-md), die als Vollpartikeln oder Verhältnispartikeln erscheinen und ein Verhältnis des Vermittlungsinstanz- oder Werkzeug-Seins zum Ausdruck bringen,

(λ) Q u a l i t a t i v p a r t i k e l n (Prtkl-qual), die als Vollpartikeln oder Verhältnispartikeln erscheinen und ein Qualitätsverhältnis zwischen zwei Größen zum Ausdruck bringen, speziell [I] M a t e r i a l p a r t i k e l n (Prtkl-mat), [II] F o r m a l p a r t i k e l n (Prtkl-frm), [III] N o m i n a l p a r t i k e l n (Prtkl-nomn) und [IV] O r i g i n a t i v p a r t i k e l n (Prtkl-orig),

(μ) E m o t i v p a r t i k e l n (Prtkl-emt), die als Vollpartikeln erscheinen und eine gefühlsmäßige Einstellung zum Ausdruck bringen, (ν) Expetitivpartikeln (Prtkl-exptn), die als Verhältnispartikeln erscheinen und ein Verhältnis des Beabsichtigtseins zum Ausdruck bringen – unterschieden lassen sich ⁽ᴵ⁾Finalpartikeln (Prtkl-fin), die eine Zweckrelation ausdrücken, und ⁽ᴵᴵ⁾Benefaktivpartikeln (Prtkl-bfkt), die ein Verhältnis der intendierten Nutznießerschaft zum Ausdruck bringen –,

(ξ) Kreditivpartikeln (Prtkl-crds), die als Vollpartikeln erscheinen und eine Annahme oder Überzeugung zum Ausdruck bringen,

(ο) räumliche Partikeln, genauer ⁽ᴵ⁾Lokalpartikeln (Prtkl-lok), die als Vollpartikeln oder Verhältnispartikeln erscheinen und einen Ort bzw. ein räumliches Positionsverhältnis zum Ausdruck bringen, und ⁽ᴵᴵ⁾Direktivpartikeln (Prtkl-dir), die als Vollpartikeln oder Verhältnispartikeln erscheinen und eine Richtung bzw. ein Verhältnis des Richtungsseins zum Ausdruck bringen, sowie

(π) Temporalpartikeln, genauer ⁽ᴵ⁾Simultanpartikeln (Prtkl-simult), die als Vollpartikeln oder Verhältnispartikeln erscheinen und einen als gleichzeitig angesetzten Zeitpunkt oder -raum bzw. ein Verhältnis der Gleichzeitigkeit zum Ausdruck bringen, ⁽ᴵᴵ⁾Prätemporalpartikeln (Prtkl-prtp), die als Vollpartikeln oder Verhältnispartikeln erscheinen und einen als vorzeitig angesetzten Zeitpunkt oder -raum bzw. ein Verhältnis der Vorzeitigkeit zum Ausdruck bringen, und ⁽ᴵᴵᴵ⁾Posttemporalpartikeln (Prtkl-pstp), die als Vollpartikeln oder Verhältnispartikeln erscheinen und einen als nachzeitig angesetzten Zeitpunkt oder -raum bzw. ein Verhältnis der Nachzeitigkeit zum Ausdruck bringen.

Zu § 87.3α HLR: Komparativpartikeln determinieren als Subnektoren (§ 22.1b HLR) Ausdrücke, die Vergleichsgrößen bezeichnen. Sie können erscheinen

- in Adverbialfunktion (§ 87.4β^{IV} HLR), u. a. *auch* (Bsp. 544a), *ebenso* (Bsp. 544b), *genauso* (Bsp. 544c), *anders* (Bsp. 544d),
- in Attributfunktion (§ 87.4β^{VII} HLR), u. a. *desto* (Bsp. 545a), *ebenso* (Bsp. 545b), *genauso* (Bsp. 545c), *je* (Bsp. 545d), *so* (Bsp. 545e), *umso* (Bsp. 545f), *zu* (Bsp. 545g),
- in Transzedentenfunktion (§ 87.4β^{VIII} HLR), u. a. *ebenso* (Bsp. 546a), *genauso* (Bsp. 546b), *anders* (Bsp. 546c),
- in Subjunktorfunktion (§ 87.4β^{IX} HLR): u. a. *als* (Bsp. 547a), *je* (Bsp. 547b), *desto* (Bsp. 547b [2]), *umso* (Bsp. 547b [3]), *wie* (Bsp. 547c).

Bsp. 544: a) „Ein Philosoph, der nicht auch die Wirklichkeit ergreift und beherrscht, wird **niemals** ersten Ranges sein." (SPENGLER, Unterg. d. Abendl. I 1923, 58.)

b) „Ganz besonders ist Eteokles in den Sieben eine völlig ideale Gestalt, und ebenso sind in der Antigone die beiden Schwestern ideal [...]." (BURCKHARDT, Grch. Kulturgesch. III 1900, 220.)

c) „Und mit dem Leben geht es mir genauso." (REVENTLOW, Selbstmordverein 1925, 514.)

d) „Daß es anders gekommen ist, als wir beide noch vor wenig Tagen vorausgesehen, das hat wohl sein müssen." (DUNCKER, Jugend ²1907, 38) — „Dann die Stimme: warum nennen Sie mich Mania? – Dann ich: weil ich diese Bestien Sie ‚Mascha' nennen hörte, ich wollte Sie anders nennen." (HEISELER, Wáwa 1928, 62.)

Bsp. 545: a) „Seine [...] Kleidungsstücke und Bücher lagen in einem Koffer unter Verschluß; es blieb ihm nur noch übrig, all jene teils nützlichen, teils notwendigen Gegenstände unterzubringen, die zwar einen sehr kleinen Raum einnehmen, aber für den augenblicklichen Bedarf im Hause wie auf der Reise eine <u>desto</u> größere Rolle spielen." (AN-ZENGRUBER, Einsam 1881, 297.) — „Je mehr sich aber meine Arbeit dem Ende näherte, <u>desto</u> ernstlicher hatte ich nun für mein ferneres Unterkommen zu sorgen." (WAGNER, Leben ⌜*1870–80; 1911⌝, 690.)

b) „Der demokratischen, d. h. korporativen Regelung eines Teiles des Erwerbslebens durch die Gesamtheit soll nach den Intentionen des Verfassers eine <u>ebenso</u> demokratische Verteilung der Produktionserträge folgen." (PÖHLMANN, Gesch. d. soz. Fr. I ³1925, 250.) — „Das Verzeichniß der römischen Monarchen ist ungefähr <u>ebenso</u> glaubwürdig wie das der Consuln der Republik [...]." (MOMMSEN, Röm. Gesch. V 1885, 3.) — „Es war einmal ein Dienstmädchen, die war <u>ebenso</u> schön, als sie ehrbar und fleißig war [...]." (STORM, Tonne 1919, 331.)

c) „Über eine kurze Scharlachjuppe wurde eine <u>genauso</u> lange schwarze angezogen [...]." (KELLER, Seldw. II 1874, 435.) — „Zu allen Zeiten war es im Grunde <u>genauso</u> gut und <u>genauso</u> schlecht um die Menschen bestellt als zu unsrer Zeit [...]." (SCHEERBART, Tarub 1897, 41.)

d) „‚Nun, dann je eher, <u>je</u> besser,‘ sagt er." (SUDERMANN, Lit. Gesch. 1917, 16.)

e) „Ach, sie war <u>so</u> weich wie heldenhaft [...]." (BLEIBTREU, Größenw. 1888, II, 129.) — „Ein Dichter ist einer eben nur <u>so</u> lange, als er kommende Ideale d u n k e l   t r ä u m t , v e r w o r r e n   s t a m m e l t in allzuvielen Worten! Wer aber w e i ß , wie man hinaufgelange, verliert die Poesie des T a p p e n d e n i m D u n k e l ! Mit knappen Worten verkündet er nüchtern das Heil –." (ALTENBERG, Märchen ³1911, 145.) — „Und wenn er auf der einen Seite faktisch für die 80 oder 100 strengreligiösen Mädchen <u>so</u> gut als wie *le bon Dieu* war, so war er dafür doch auch wieder *le bon père*, der auch das in dieser hohen Stellung liegende Wohlwollen zum Ausdruck brachte [...]." (PANIZZA, Vis. 1893, 240.)

f) „Nein, nein, erzähle nur, wenn es etwas Hübsches ist, werde ich <u>umso</u> besser danach schlafen." (DUNCKER, Großstadt 1900, 45.) — „Je verachteter Einer unter euch hier ist, <u>umso</u> heißer umarmt ihn meine Seele als Bruder [...]." (JANITSCHEK, Ninive 1896, 225.)

g) „Es ist ja doch <u>zu</u> spät zur Rache" (MAY, Waldröschen 1882–84, 2952)

Bsp. 546: a) „Er hat ein Gesicht wie 'ne Eule. Dabei so was Steifleinenes und zugleich Selbstbewußtes. Der richtige Lehrer. Meiner in Quaden-Hennersdorf war <u>ebenso</u>." (FONTANE, Stechlin 1897–98, 182)

b) „In dem reizenden Buche ‚Bismarck und seine Leute' kommt eine Stelle vor, wo Bismarck in Versailles auf offener Straße dem Geheimrat Abeken eine Depesche diktiert. Dieser ist ganz Dienst. Aber mit einem Male wahrnehmend, daß Prinz Karl die Straße herunter kommt, kommt Abeken ins Schwanken; er hat einerseits ein Gefühl von der Wichtigkeit der dienstlich politischen Situation, aber andererseits auch ein Gefühl von der Wichtigkeit einer Prinzenannäherung, und sich hin und her wendend, um, inmitten der Erfüllung seiner Amtspflichten gegen den Kanzler, doch auch die Honneurs gegen den Prinzen nicht zu versäumen, kommt er erst durch eine scharfe Bismarcksche Reprimande wieder zur Haltung und Ruhe. <u>Genauso</u> war Hensel. Eine Prinzenannäherung war doch immer die Hauptsache." (FONTANE, 20–30 1908, 265)

c) „Die empirische Forschung an der Hand des Kausalitätsbegriffes zeigt uns, daß [...] die Welt der *logischen Folgerungen* <u>anders</u> ist, als die der *unmittelbaren Anschauung*." (LANGE, Gesch. d. Mat. ²1875, 498.)

Bsp. 547: a) „Nur kein festes Programm! Nichts langweiliger <u>als</u> das." (BALL, Flamm. 1918, 24)

b) „Je weiter der Abend vorschritt, je ungezügelter wurde der Freudenrausch [...]." (WASSERMANN, Juden 1897, 44.) — „Je weiter er hinauskam zwischen den alten knospenden Bäumen, desto stiller wurde es um ihn [...]." (CHRISTEN, Spatz 1884, 38) — „Je näher sie der Heimat kam, umso freudiger pochte ihr Herz." (JANITSCHEK, Ninive 1896, 249)

c) „Auch hielt er das Papier wie ein Kurzsichtiger [...]." (LICHTENSTEIN, Selbstmord 1913, 26) — „Darüber, was Frauen ziemt, sind die Ansichten wohl noch nie so weit auseinander gegangen wie in unseren Tagen, wo die Emanzipation und gleichzeitig die Modernität auf erotischem Gebiet immer weitere Kreise zieht und diesen beiden gegenüber hartnäckiger wie je das Philistertum auf seinen Zopfanschauungen und Zopfgebräuchen beharrt [...]." (REVENTLOW, Virag. 1899, 468.)

*

Zu § 87.3β HLR: Oppositivpartikeln determinieren als Nektoren ihr Nekt (§ 20.1 HLR) als Ausdruck eines Tuns oder Geschehens, eines Zustands oder Dings, das in partiellem Gegensatz zu dem im transkompaxiven Nektional (§ 20.4 HLR) Ausgedrückten erscheint. Oppositivpartikeln können vorkommen

- in Adverbialfunktion, u. a. *dagegen* (Bsp. 548a), *hingegen* (Bsp. 548b) ...
- in Adpositfunktion (§ 87.4α^{II} HLR), u. a. *anstelle* (Bsp. 549a), *trotz* (Bsp. 549b),
- in Kommentarfunktion (§ 87.4β^V HLR): u. a. *aber* (Bsp. 550a), *indes(sen)* (Bsp. 550b), *jedoch* (Bsp. 550c),
- in Subjunktorfunktion: u. a. *anstatt* (Bsp. 551a), *indes* (Bsp. 551b), *obgleich* (Bsp. 551c), *obschon* (Bsp. 551d), *obwohl* (Bsp. 551e), *obzwar* (Bsp. 551f), *statt* (Bsp. 551g), *trotzdem* (Bsp. 551h), *während* (Bsp. 551i), *wenngleich* (Bsp. 551j), *wiewohl* (Bsp. 551k), *wohingegen* (Bsp. 551ℓ),
- in Konjunktorfunktion (§ 87.4β^x HLR): u. a. *aber* (Bsp. 552a), *doch* (Bsp. 552b), *sondern* (Bsp. 552c), *wenngleich* (Bsp. 552d), *wiewohl* (Bsp. 552e).

Bsp. 548: a) „So sehr er es in jeder andern Beziehung vermied, den Sonderling zu spielen, so konnte er sich doch nur schwer dazu entschließen, in einen Wagen zu steigen, wenn er eilig war. Denn ihm war nichts unerträglicher als körperliche Unthätigkeit, wenn sein Geist von dem Verlangen, irgend ein Ziel schnell zu erreichen, bewegt war. Kam es ihm dagegen weniger auf Schnelligkeit an, dann benutzte er schon ein Fuhrwerk." (ASTON, Lydia 1848, 151.)

b) „Ich wußte von ihm nicht mehr, als daß er einem in der Stadt befindlichen Stifte angehöre, mit seinem Ordensnamen Innocens heiße und der Sohn armer Landleute sei, die schon lange gestorben waren. Er hingegen mochte in mir den Menschen erkennen, der sich in einer ihm wenig zusagenden Lebensstellung befand, aber er vermied es, mich in dieser Hinsicht irgendwie auszuforschen." (SAAR, Nov. 1893, VII, 38.)

Bsp. 549: a) „1827 [...] wurde ihm die Breslauer Division anstelle der bisher kommandierten Brigade angeboten." (FONTANE, Wand. II 1863, 217.)

b) „Du glaubst nicht, wie mich diese Heftigkeit an Dir ängstigt, und es wird schlimmer damit, statt besser, trotz Deines Versprechens, Dich mäßigen zu wollen." (LUISE BÜCHNER, Dichter 1878, 234.) — „Wir haben einen naßkalten April, ich merk's an Deinem Brief, – der ist wie ein allgemeiner Landregen; der ganze Himmel überzogen von Anfang bis an's Ende; Du besitzest zwar die Kunst, in kleinen Formenzügen und Linien Dein Gefühl ahnen zu lassen, und in dem was Du unausgesprochen läßt, stiehlt sich die Versicherung in's Herz, daß man Dir nicht gleichgültig ist; ja ich glaub's, daß ich Dir lieb bin, trotz Deinem kalten Brief; aber wenn Deine schöne Mäßigung plötzlich zum Teufel ging', und Du bliebst ohne Kunst und ohne feines Taktgefühl, so ganz wie Dich Gott geschaffen hat Deinem Herzen, ich würde mich nicht vor Dir fürchten, wie jetzt, wenn ein so kühler Brief ankömmt, wo ich mich besinnen muß was ich denn gethan hab'." (B. v. Arnim, Briefw. Kind 1835, I, 209.)

Bsp. 550: a) „Der Wirth theilte ihm mit, daß es darin nicht geheuer sei; der Herr aber lachte und sagte, der Wirth solle ihm nur ein Bett darin aufmachen lassen." (Bartsch, Sag. Meklenb. I 1879, 221.)

b) „Da sagten die Leute erst recht, sie sei eine Menschenfreßerin; der König indes wollte es noch immer nicht glauben und that ihr nichts." (Colshorn/Colshorn, Märch. Hann. 1854, 97 f.) – „In diesem Augenblick fuhren beide Frauen erschreckt zusammen, denn in der Stube nebenan fiel etwas mit dumpfem Schlage zur Erde. Der Schreck indessen währte nicht lange." (Fontane, Quitt 1890, 296.)

c) „Die Erinnerung an Marien riß jedoch eine brennende Wunde in sein Herz." (Ahlefeld, Marie Müller ²1814, 158.)

Bsp. 551: a) „Es giebt einen gewissen Gesichtspunkt, aus dem man die strafbarsten und lasterhaftesten Neigungen und Leidenschaften zeigen kann, so daß sie den Leser vergnügen. Sie erlangen ein Ansehn von Erhabenheit und Würde, wenn sie mit einer gewissen Größe der Seele, mit einer gewissen Zuversicht ausgeübt werden, als ob die Personen, welche sie ausüben, sich in ihrem Besitz glücklich, und sie selbst für rechtmäßig erkenneten. Anstatt unsern Abscheu zu erregen, können sie alsdann unsre Verführer werden." (Blanckenburg, Roman 1774, 464.)

b) „Indes er seine alten Freunde nach alter Gewohnheit fortwährend hänselte, hat er nie auch nur ein Wort des Spottes an mich gerichtet." (Grillparzer, Selbstbiogr. ⌐*1853; 1872⌐, 49.)

c) „Sein Gesicht ist eben so vornehm als schön, und obgleich es nicht ein großes Genie verräth, hat es doch den Ausdruck eines klugen, im äußern Anstand würdevollen und kräftigen Mannes." (Pückler-Muskau, Brf. Verstorb. ²1831, III, 285.)

d) „Es war Posttag und in dem Comptoir arbeiteten die Gehülfen noch still und schweigend an ihren Pulten, obschon es später als gewöhnlich war." (Lewald, Geschl. 1864, V, 297 f.)

e) „Dieser Affe erregte die allgemeine Aufmerksamkeit aller Beschauer, obwohl er nicht das Geringste that, um die Blicke der Leute auf sich zu ziehen." (Brehm, Thierleb. I ²1883, 108.)

f) „Sie ließ sie unaufhörlich scheuern und putzen, obzwar alles in Küche und Haus vor Sauberkeit glänzte." (Janitschek, Ninive 1896, 21.)

g) „Aber wird sie nicht auch schmälen, daß ich in einem fremden Hause einschlafe, statt ihr zu helfen auf dem Markte?" (Hauff, Märchen II 1827, 118.)

h) „Aber sein Gesicht war bewölkt, trotzdem er von bedeutenden Bestellungen sprach, die erheblichen Gewinn verhießen." (Boy-Ed, Ehe 1915, 392.)

i) „Ihn erwärmte bei so unwürdigen Unternehmungen nicht jene reine Flamme wahrer Empfindung, die selbst Verirrungen adelt, welche sich auf ihre Innigkeit gründen, sondern es war ein eingeheiztes Feuer, mit dem er sich und andern in thörichter

Verblendung weis machte, daß er glühe, während er eigentlich sehr oft nur kalte Geringschätzung fühlte." (AHLEFELD, Erna 1820, 8.)

j) „Es ist noch nicht so gar lange her, daß wir nur mit dem Beisatze: Bürgercanaille, genannt wurden, wenngleich das jetzt schon wie veraltet klingt." (IMMERMANN, Epigon. 1836, 272.)

k) „Elsbeth hatte er seit seinem Einsegnungstage nicht wieder gesehen, wiewohl inzwischen ein ganzes Jahr vergangen war." (SUDERMANN, Sorge 1887, 73 f.)

ℓ) „Er kehrte [...] nach Berlin zurück, was er in seiner Eigenschaft als fremder Gesandter konnte, wohingegen ich erst abwarten mußte, wie man den ganzen Hergang aufnehmen werde." (FONTANE, Wand. V 1889, 165.)

Bsp. 552: a) „Auf dem Wege von Benniehausen nach Niedeck kommt man durch die Helle, ein kleines, aber tiefes Thal." (SCHAMBACH/MÜLLER, Niedersächs. Sag. 1855, 114.)

b) „Frau Dalling trat allein zu dem Baron herein, um vom Erfolg der Reise ihm Rechenschaft abzulegen und ihn auf Gabrielens Ankunft vorzubereiten, doch er ließ sie nicht zum Worte kommen." (J. SCHOPENHAUER, Gabriele 1821, I, 356.)

c) „Denn nicht nur ist die Affaire in dieser Form in ganz Tirol bekannt, nicht nur wird sie in Meran jedem Fremden erzählt, sondern sie ist in alle möglichen Bücher über Meran und Tirol übergegangen." (BLEIBTREU, Größenw. 1888, II, 94.)

d) „In der dramatischen Schule in Wien galt sie nur erst als das, was sie war: als ein noch unentwickeltes, wenngleich hochbegabtes Geschöpf." (FRAPAN, Elbe ³1908, 83.)

e) „Jener hatte eine feiste, derbe Figur, breite Schultern, ein dickes Bäuchlein und joviale kleine, wiewohl eben nicht geistreiche Augen in einem glutroten Gesicht, ja die Nase ließ von ihrer Kupferfarbe und den vielerlei Tinten darin auf eine vertraute Gemeinschaft mit dem einzigen heidnischen Gott schließen, den auch gute Christen verehren, mit Bacchus." (WAIBLINGER, Brit. in Rom 1829–30, 417.)

*

Zu § 87.3γ HLR: Kompensivpartikeln bringen zum Ausdruck, dass die Geltung des Nekt-Ausdrucks die Geltung des transkompaxiven Nektionals ausschließt. Sie können in Konjunktorfunktion erscheinen: z. B. *beziehungsweise* (Bsp. 553a), *entweder* (Bsp. 553b), *oder* (Bsp. 553b).

Bsp. 553: a) „Wenn man beim Essen viel spricht, bekommt man einen närrischen Mann, beziehungsweise ein närrisches Weib." (BIRLINGER/BUCK, Sag. 1861, 495.)

b) „Wenn Jung [...] zur ‚Charakterspaltung‘ bemerkt, daß ein solcher Mensch ‚überhaupt keinen wirklichen Charakter habe, d. h. überhaupt nicht individuell sei, sondern kollektiv‘, und wenn dann dieses wieder heißt: ‚den allgemeinen Umständen, den allgemeinen Erwartungen entsprechend‘, dann befinden wir uns mitten in der somatischen Sphäre, und der Begriff der Persönlichkeit verschwindet entweder ganz, oder er sinkt zum proteischen Symptom der Anpassung herab." (BALL, Künstler 1926, 130.)

*

Zu § 87.3δ HLR: Pertentivpartikeln determinieren als Subnektoren ihr Subnekt als einen Ausdruck, der eine in Zugehörigkeitsrelation zu dem im transkompaxiven Nektional Angegebenen stehende Größe bezeichnet. Sie können erscheinen als Partikeln in Adpositfunktion: u. a. *einschließlich* (Bsp. 554a), *mit* (Bsp. 554b), *ohne* (Bsp. 554c). Unterscheiden lassen sich propriopertentive (Eigentumsrelationen anzeigende: Bsp. 554b [1]), soziopertentive (Sozialrelationen anzeigende: Bsp. 554c), konstitutive (Relationen des Bestandteil-Seins anzeigende: Bsp. 554a [1], Bsp. 554b [2]) und subklassifikative (Relationen der kategorialen Unterordnung anzeigende: Bsp. 554a [2]) Pertentivpartikeln.

Bsp. 554: a) „Sie wissen, daß am 5. die Einschiffungen begannen, am 9. trafen wir die vorausgegangene französische Flotte [...] und das Gros ist seitdem vereint geblieben, 150 Kriegsschiffe <u>einschließlich</u> 32 Linienschiffe [...] und 80 Dampfer, dazu 600 Transportschiffe." (GOEDSCHE, Sebastopol 1856, III, 354.) — „Waldkulturen, <u>einschließlich</u> einer großen Baumschule, waren geschaffen [...]." (FONTANE, Wand. I 1862, 494.)

b) „Die Alten fürchteten überhaupt das Zusammenhäufen großer Güter und Besitzungen in wenigen Familien als der Tugend und Freiheit der Bürger gefährlich: denn wo wenige Männer <u>mit</u> ungeheurem Reichtum sind, findet man gewöhnlich eine Menge blutarmer Menschen nach der Regel: d i e   t i e f s t e n   S ü m p f e   u n t e r   d e n   h ö c h s t e n   B e r g e n." (ARNDT, Erinn. 1840, 258.) — „Sie kamen an ein Haus <u>mit</u> gewölbter, auf mächtigen Pfeilern ruhender Loggia." (BRAUN, Lebenssucher 1915, 287.)

c) Es lebte vor ungefähr zehn Jahren ein Edelmann, Henn von Wehrdorf, zu Essershausen an der Weil, ein einsamer Mann <u>ohne</u> Verwandte, <u>ohne</u> Freunde." (RIEHL, Kult. Nov 1862, I, 296.)

*

Zu § 87.3ε HLR: Disposivpartikeln verhalten sich zu den Pertentivpartikeln propositiv reziprok. Sie determinieren als Subnektoren ihr Subnekt als einen Ausdruck für eine Größe, die über die im transkompaxiven Nektional genannte Größe verfügt, sie ‚hat'. Erscheinen können sie

- in Adpositfunktion: u. a. *von* (Bsp. 555) und
- in Subjunktorfunktion: u. a. *als* (Bsp. 556a), *für* (Bsp. 556b).

Unterscheiden lassen sich propriodispositive (Besitzer- oder Eigentümerrelationen anzeigende: Bsp. 555a), soziodispositive (Relationen des sozialen Verfügens über jemanden oder etwas anzeigende: Bsp. 555b), konstitive (Relationen des Bestehens aus Teilen anzeigende: Bsp. 555c) und superklassifikative (Relationen der kategorialen Überordnung anzeigende: Bsp. 556) Disposivpartikeln.

Bsp. 555: a) „[D]en Nachmittag fuhren wir auf das Landhaus <u>von</u> Herrn Plürs [...]." (A. v. ARNIM, Wintergart. 1809, 173.)

b) „Man war der Diener <u>von</u> tausend beliebigen Leuten." (POLENZ, Büttnerb. 1885, 464.)

c) „Der Herr der drei Hunde aber merkte nicht, daß nur noch einer <u>von</u> den dreien bei ihm war." (BECHSTEIN, N. dt. Märchenb. 1856, 569.)

Bsp. 556: a) „Ich habe <u>als</u> Dichter, dann <u>als</u> Gatte einer Schauspielerin, dann <u>als</u> Direktor, Übersetzer, Bearbeiter mit dem Burgtheater gelebt." (WILBRANDT, Erinn. I 1905, 2.)

b) „[E]r galt <u>für</u> eine interessante Erscheinung [...]." (ASTON, Lb. Frau 1847, 101.)

*

Zu § 87.3ζ HLR: Effektionspartikeln haben Subnektorfunktion; sie determinieren ihr Subnekt als Ausdruck, der für die Voraussetzung oder Bedingung des im transkompaxiven Nektional Bezeichneten steht. Unterscheiden lassen sich Kausalpartikeln und Konditionalpartikeln.

Kausalpartikeln determinieren ihr Subnekt als Ausdruck, der für die Voraussetzung des im transkompaxiven Nektional Bezeichneten steht. Sie können erscheinen

– in Adpositfunktion, u. a. *aus* (Bsp. 557a), *dank* (Bsp. 557b), *durch* (Bsp. 557c), *ob* (Bsp. 557c), *wegen* (Bsp. 557e), oder
– in Subjunktorfunktion, u. a. *da* (Bsp. 558a), *weil* (Bsp. 558a).

Bsp. 557: a) „Jeder Mensch mußte dieß Kind lieben, und doch sprach meine Mutter immer so, als ob es eine besondere Tugend von mir wäre, daß ich mein Schwesterchen so liebte, und die gute Mutter wurde aus Dankbarkeit dafür noch zärtlicher gegen mich." (TIECK-BERNHARDI, Evremont 1836, I, 278.)

b) „Und ebenso vermag der Dichter, dank seiner Intuition und seines Wortschatzes, ganz anders alle Besetzungen der libidinösen und der romantischen Irrwege aufzustören und dingfest zu machen, als [...] der Arzt, der nur in seltenen Fällen und nicht ex officio über die Sprache verfügt." (BALL, Künstler 1926, 116 f.)

c) „Die schwere Last fiel von meinem Herzen durch diese augenscheinliche Hülfe des Himmels." (WOLZOGEN, A. v. Lilien 1798, I, 322 f.)

d) „Allein ihr Bräutigam fand sich ob dieses Mißtrauens schwer beleidigt und schwor ihr bei allen Heiligen, daß er nie ein anderes Mädchen als sie lieben werde." (GRÄSSE, Sagenb. Preuß. I 1868, 621.)

e) „Seilberg, ein Mann von 65 Jahren, der, wegen des Podagra nicht von der Stelle kommen konnte" (MILLER, Siegwart 1776, 249) – „[I]mmer habe ich dich geliebet, wegen dem schönen reinen und richtigen Deutsch, das du sprichst" (BRENTANO, Mährch. v. Rhein *1810–12, 281).

Bsp. 558: a) „Da sie sich übermüdet fühlte, ging die Herzogin früh zur Ruhe." (D. v. LILIENCRON, Leben 1900, 285.)

b) „Du schlägst meine Hand aus, weil ich Dir gleichgültig, oder wohl gar zuwider bin." (LEWALD, Jenny 1843, 225.)

Konditionalpartikeln determinieren das Subnekt als Ausdruck, der eine Bedingung des im transkompaxiven Nektional Angegeben bezeichnet. Sie können in Subjunktorfunktion erscheinen: u. a. *falls* (Bsp. 559a), *so* (Bsp. 559b), *sofern* (Bsp. 559c), *wenn* (Bsp. 559d).

Bsp. 559: a) „Er forderte sein Geld. Und drohte mir, er werde, falls er es nicht sofort erhielte, sich an meine Mutter wenden." (MÜLLER-JAHNKE, Ich bekenne ²1921, 188.)

b) „Wir hoffen, so Gott will, gegen Ende der Woche wieder in Biesterberg einzutreffen." (KNIGGE, Reise n. Braunschw. 1792, 33.)

c) „Das Gericht ist befugt, mit 1 bis 1000 Thaler zu bestrafen, sofern der Verurtheilte eine Umwandlung in Geldstrafe verlangt [...]." (BIRLINGER, Sitt. u. Gebr. 1862, 35.)

d) „[W]ir wissen [...], daß die Herrschsucht der süßeste Trieb ist, daß die meisten unsers Geschlechts die Willkür schlimm gebrauchen, wenn sie von der Gewalt des Gesetzes nicht zurückgehalten werden; und wir wissen auch, daß alle unklare und unbestimmte Verhältnisse von der Willkür gemißbraucht werden." (ARNDT, Erinn. 1840, 283.)

*

Zu § 87.3η HLR: Konsekutivpartikeln determinieren das Subnekt als Ausdruck, der eine Folge oder Wirkung der im transkompaxiven Nektional angegebenen Ursache oder Bedingung bezeichnet. Sie können erscheinen

– in Adverbialfunktion: u. a. *also* (Bsp. 560a), *daher* (Bsp. 560b), *demnach* (Bsp. 560c), *demzufolge* (Bsp. 560d), *deshalb* (Bsp. 560e), *deswegen* (Bsp. 560f), *infolgedessen* (Bsp. 560g), *so* (Bsp. 560h), oder
– in Subjunktorfunktion: *dass* (Bsp. 561a), *sodass* (Bsp. 561b).

Bsp. 560: a) „Aus den kleinen altmodischen Häusern flimmerte Licht, sie trat <u>also</u> an das erste beste erleuchtete Fenster, klopfte an und fragte nach dem Wege und wo sie sei und bat auch, da sie hungrig und durstig sei, um ein Stückchen Brod und einen Trunk Wasser." (GRÄSSE, Sagensch. Sachs. 1855, II, 348.)

b) „Astralis war nicht wol und kam <u>daher</u> nicht zum Vorschein." (HAHN-HAHN, Sibylle 1846, II, 86.)

c) „Eine gesunde Frau oder auch nur eine nicht ganz kränkliche Frau weiß Gott Lob nichts von einer merklichen Beeinträchtigung ihrer geistigen und körperlichen Kräfte während dieser Tage; ich bin unter sieben Schwestern aufgewachsen, und mir fehlt es <u>demnach</u> nicht an Erfahrung." (DOHM, Emancip. 1874, 143.)

d) „Safur [...] bestellte [...] einen dicken Schlauch mit Wein. | <u>Demzufolge</u> war die Gesellschaft sehr bald wieder betrunken – – –" (SCHEERBART, Tarub 1897, 103.)

e) „Auf dem Trebelsee waren zwei Fischer einst damit beschäftigt, seine Tiefe zu messen, und befestigten <u>deshalb</u> an mehreren zusammengebundenen Stricken einen Stein, den sie hinabließen [...]." (KUHN, Märk. Sag. 1843, 63. f.)

f) „Nun begab es sich eines Tages, daß der Herzog einem Wilde nachjagete, und kam auf einen Morgen zu ferne von seinen Dienern, bis er sich in dem Walde verirrte. Er ritt <u>deswegen</u> auf einen Berg, und sah sich mit allem Fleiß um, ob er etwa ein Dorf ersehen möchte." (BÜSCHING, Volks-Sag. 1812, 125.)

g) „Er stotterte und war <u>infolgedessen</u> scheu und ängstlich [...]." (BRAUN, Mem. I 1909, 36.)

h) „Wenn du denkst wie wir, <u>so</u> sprich auch du, Teja." (DAHN, Rom 1876, 12.)

Bsp. 561: a) „Wer bin ich, <u>daß</u> man mich wirklich lieb haben dürfte?!?" (ALTENBERG, Märchen ³1911, 149.)

b) „Darüber geriet Alfred außer sich, er nahm die ganze Schüssel und warf sie durchs geschlossene Fenster auf den Hof hinab, <u>sodaß</u> die Scheiben lustig klirrten." (ESSIG, Taifun 1919, 273 f.)

*

Zu § 87.3θ HLR: Kongruitivpartikeln haben Subnektorfunktion. Sie determinieren ihr Subnekt als einen Ausdruck, der für eine Entsprechungsinstanz (in der Regel eine sinntragende Größe, z. B. eine Aussage, Willensbekundung o. Ä., oder explizit den zum Ausdruck gebrachten Sinn selbst) steht. Sie können erscheinen als Partikeln in Adpositfunktion: u. a. *entgegen* (Bsp. 562a), *gemäß* (Bsp. 562b), *laut* (Bsp. 562c), *zufolge* (Bsp. 562d).

Bsp. 562: a) „Wie üblich war das Kränzchen in den Wiener Zeitungen liberaler Richtung angekündigt worden, doch fand sich, entgegen dem Komiteebeschluß, eine Anzeige auch in dem christlichsozialen ‚Deutschen Volksblatt' [...]." (SCHNITZLER, Jugend ⌐*1915–18; 1968⌐, 313.)

b) „Statt mit nachlässiger Insolenz sie zu übersehen, oder mit spöttischen und beleidigenden Blicken sie zu messen, beeiferten sich die Bedienten jetzt auf's sorgfältigste, sie, Edmunds Befehlen gemäß, mit der größten Ehrerbietung zu empfangen." (AHLEFELD, Ges. Erz. 1822, I, 72.

c) „[...] wie bisweilen ja auch in der wirklichen Welt, laut dem Sprichworte, die Strafe der Missetat auf dem Fuße folgt [...]." (C. F. MEYER, Borgia 1891, 844.)

d) „Jetzt bedurfte es keiner Ueberredung, um mich von Neapel zu entfernen, und schon am folgenden Tage waren wir auf dem Wege nach Rom, wo wir uns gleichwohl, der Vorschrift des Arztes zufolge, nur kurze Zeit verweilen durften." (FISCHER, Gust. Verirrg. 1801, 179.)

*

Zu § 87.3t HLR: Themativpartikeln fungieren als Subnektoren; sie determinieren ihr Subnekt als Ausdruck, der das Thema der im transkompaxiven Nektional genannten Aussage oder Frage bezeichnet. Sofern sie als Vollpartikeln erscheinen, haben sie als Bestandteile ein Pro-Zeichen und eine Verhältnispartikel; letztere determiniert ersteres ebenfalls als Ausdruck, der das Thema einer Aussage oder Frage bezeichnet. — Themativpartikeln können erscheinen als

- Verhältnispartikeln in Adpositfunktion: u. a. *betreffs* (Bsp. 563a), *über* (Bsp. 563b), *von* (Bsp. 563c),
- Vollpartikeln in Objektfunktion (§ 87.4β^{III} HLR): u. a. *darüber* (Bsp. 564a), *davon* (Bsp. 564b),
- Vollpartikeln in Attributfunktion: u. a. *darüber* (Bsp. 565a), *davon* (Bsp. 565b),
- Verhältnispartikeln in Subjunktorfunktion: u. a. *dass* (Bsp. 566a), *ob* (Bsp. 566b),

Bsp. 563: a) „Ich habe die letzten Anweisungen des gnädigen Herrn Barons betreffs des Jagdarrangements erhalten." (MAY, Verl. Sohn 1884–86, 12.

b) „Ich habe heut früh an meiner Abhandlung über den Granit dicktirt, und dazwischen immer an meine Geliebte gedacht [...]." (GOETHE, an Ch. v. Stein [18. 1. 1784], WA IV, 6, 236.)

c) „Eine Überlieferung, die sich in Ciceros Buch vom Staate finden soll [...]." (PÖHLMANN, Gesch. d. soz. Fr. II ³1925, 328.)

Bsp. 564: a) „Diese Geschichte machte ringsum vieles Aufsehen und wurde viel darüber geschrieben und in Druck gegeben." (BECHSTEIN, Dt. Sag. 1853, 408.)

b) „Sie selbst konnte sich zu keiner zweyten Verbindung entschließen. Jedesmal, wenn ihre Freunde <u>davon</u> sprachen, suchte Reinhold die Einsamkeit [...]." (Fischer, Honigm. 1802. II, 199.)

Bsp. 565: a) „Man wußte damals im April 1898 in Madagaskar ganz genau, daß eine französische Expedition am Nil angekommen sein müsse oder in nächster Zeit ankommen werde – man erwartete eigentlich jeden Tag die Nachricht <u>darüber</u>." (Suttner, Mem. 1909, 425.)

b) „Die Nachricht <u>davon</u> erfüllte mich mit unbeschreiblichem Entzükken!" (Ehrmann, Amalie 1788, 17.)

Bsp. 566: a) „Ein ‚Staat' hört z. B. soziologisch zu ‚existieren' dann auf, sobald die C h a n c e , daß bestimmte Arten von sinnhaft orientiertem sozialem Handeln ablaufen, geschwunden ist. [...] Ein anderer k l a r e r Sinn ist mit der Aussage: daß z. B. ein bestimmter ‚Staat' noch oder nicht mehr ‚existiere', schlechthin nicht zu verbinden." (Weber, Soziolog. Grdbegr. 1921, 568.)

b) „Don Giovanni muß selbst gehen um zu öffnen und kommt mit dem steinernen Gast zurück. Dieser lehnt jede Bewirthung ab und richtet an Don Giovanni die Frage, <u>ob</u> er seiner Einladung zu folgen bereit sei; auf die bejahende Antwort faßt er ihn bei der Hand und fordert ihn auf Buße zu thun." (O. Jahn, Mozart IV 1859, 359 f.)

*

Zu § 87.3κ HLR: Mediativpartikeln fungieren als Subnektoren; sie determinieren ihr Subnekt als Ausdruck, der für ein Mittel (eine Vermittlungsinstanz oder ein Werkzeug) des im transkompaxiven Nektional Ausgedrückten steht. Sofern sie als Vollpartikeln erscheinen, haben sie als Bestandteile ein Pro-Zeichen und eine Verhältnispartikel; letztere determiniert ersteres ebenfalls als Ausdruck, der eine Vermittlungsinstanz oder ein Werkzeug bezeichnet. — Mediativpartikeln können erscheinen als

– Verhältnispartikeln in Adpositfunktion: u. a. *durch* (Bsp. 567a), *mit* (Bsp. 567b), *mittels* (Bsp. 567c),
– Vollpartikeln in Adverbialfunktion: u. a. *dadurch* (Bsp. 567a).

Bsp. 567: a) „Aber was ist denn das, wird man fragen, für ein Schatz, den wir der Nachkommenschaft, mit einer solchen <u>durch</u> Critik geläuterten, <u>dadurch</u> aber auch in einen beharrlichen Zustand gebrachten Metaphysik, zu hinterlassen gedenken?" (Kant, Crit. rein. Vern. ²1787, XXIV.)

b) „[E]s gab einen Ton, wie wenn jemand eine Nuß <u>mit</u> einem Hammer entzweihaut." (Heym, Dieb 1913, 21.)

c) „die aus Erfindersehnsucht entstandene industrielle Produktion <u>mittels</u> der Technik des Dampfes, der Elektrizität und der Chemie" (Spengler, Heut. Verhältn. 1926, 320).

*

Zu § 87.3λ HLR: Qualitativpartikeln determinieren als Verhältnispartikeln einen Ausdruck, der für eine Qualität steht, oder stehen als Vollpartikeln selbst für eine Qualität. Spezifischer unterscheiden lassen sich Qualitäten wie ›Material‹ (Bsp.

569c), ›Gestalt‹ bzw. ›Gestaltaspekt‹ (Bsp. 569b), ›Name‹ (Bsp. 568) und ›Herkunft‹ (Bsp. 569a). Qualitativpartikeln können erscheinen als

- Verhältnispartikeln in Attribuendenfunktion (§ 87.4α^I HLR): so *namens* (Bsp. 568),
- Verhältnispartikeln in Adpositfunktion: u. a. *aus* (Bsp. 569a), *mit* (Bsp. 569b), *von* (Bsp. 569c),
- Vollpartikeln in Adverbialfunktion: u. a. *blindlings* (Bsp. 570a), *flugs* (Bsp. 570b), *insgeheim* (Bsp. 570c), *sehr* (Bsp. 570d), *so* (Bsp. 570e),
- Vollpartikeln in Attributfunktion: u. a. *gar* (Bsp. 571a), *sehr* (Bsp. 571b), *so* (Bsp. 571c).

Bsp. 568: „Ein geckiger Franzose <u>namens</u> D'aujourd'hui, der am Hofe des Kurfürsten eine Hofmeisterstelle versah, war wegen seines hochfahrenden Wesens allgemein unbeliebt." (Klabund, Bracke 1918, 78.)

Bsp. 569: a) „Das Theater ist aus. Karl Häusser <u>aus</u> München hat den Falstaff gegeben, und trotz des abscheulichen Wetters ist es den Leuten, die aus dem Theater kommen, behaglich zu Mute." (Bierbaum, Stilpe 1897, 284.)
b) „Um acht Uhr Abends erschien ein junger Mann, <u>mit</u> einem Antlitz wie Hölderlin." (Altenberg, Wie ich es sehe ^{4}1904, 193.)
c) „F r a n s e [...], zur Verzierung dienender Besatz aus Fäden <u>von</u> Gold, Silber, Seide, Wolle etc., die oben an einem Saume oder Bande zusammengewirkt sind und dicht herabhängen." (Brockhaus, Kl. Konv.-Lex. I 1911, 610.)

Bsp. 570: a) „So ging er <u>blindlings</u> in sein Verderben [...]." (Luise Büchner, Dt. Gesch. 1875, 188.)
b) „Zugleich aber sah ich drei bewaffnete Reiter mir entgegentraben, lenkte daher mein Pferd <u>flugs</u> vom Wege ab, hinter Gebüschen mich zu bergen." (Wille, Abendburg 1909, 271.)
c) „Und er erkundigte sich <u>insgeheim</u> beim Polizeirat nach der Dame." (Essig, Taifun 1919, 133.)
d) „Vor einigen Nächten träumte mir, Du seist gestorben, ich weinte <u>sehr</u> darüber und hatte den ganzen Tag einen traurigen Nachklang davon in meiner Seele." (B. v. Arnim, Günder. 1840, I, 4.)
e) „Vater, sprich nicht <u>so</u>!" (Dahn, Rom 1876, 412.)

Bsp. 571: a) „Ich will dir eine Geschichte erzählen, woraus erhellt, wie ein <u>gar</u> großes Laster die Trunkenheit sei." (Aurbacher, Volksbüchl. I 1827, 82.)
b) „In einer der besten Straßen von Rom steht ein stattliches Haus, das einen schönen Mietsertrag abwirft. Es gehört einer <u>sehr</u> alten Dame von über achtzig Jahren." (Ernst, Komöd. 1928, 326.)
c) „Warum ist die christliche Mythologie <u>so</u> arm an guten Bildern?" (Börne, Schild. Paris XIX 1823, 94.)

*

Zu § 87.3μ HLR: Emotivpartikeln sind Vollpartikeln, die eine gefühlsmäßige Einstellung des – realen oder fiktionalen – Sprechers bzw. Schreibers zu seinem Redegegenstand zum Ausdruck bringen. Sie erscheinen in Kommentarfunktion: u. a. *bedauerlicherweise* (Bsp. 572a), *erfreulicherweise* (Bsp. 572b), *glücklicherweise* (Bsp. 572c), *leider* (Bsp. 572d).

Bsp. 572: a) „Sein Tagebuch [...] vergaß bedauerlicherweise, Namen und geographische Bestimmung des eigenartigen Landes anzugeben [...]." (RINGELNATZ, Nerv. 1921, 224.)

b) „Nach dem Tode des so Testierenden kam es zum Ehebündnis zwischen Vetter und Muhme, was dann erfreulicherweise das kaum geteilte Gesamtvermögen wieder zusammenbrachte." (FONTANE, Wand. V 1889, 397.)

c) „Glücklicherweise hat die Vorsehung es so eingerichtet, daß die Männer selten die geistige Superiorität ihrer Frauen, wenn solche vorhanden ist, gewahr werden, sonst würde es noch mehr unglückliche Ehen geben, als es ohnedies schon gibt." (DOHM, Frauen 1876, 31 f.)

d) „Nach einer Weile kam ein Brief, meiner Mutter Antwort; leider hab' ich ihn nicht mehr" (WILBRANDT, Erinn. II 1907, 12).

*

Zu § 87.3v HLR: Finalpartikeln determinieren als Subnektoren ihr Subnekt als Ausdruck, der den Zweck der im transkompaxiven Nektional Ausgedrückten bezeichnet: dasjenige, was mit ihm beabsichtigt wird, dem es dienen soll. Finalpartikeln können erscheinen

– in Adpositfunktion: u. a. *behufs* (Bsp. 573a), *für* (Bsp. 573b), *halber* (Bsp. 573c), *wegen* (Bsp. 573a/d), *zu* (Bsp. 573d), *zwecks* (Bsp. 573e),
– in Subjunktorfunktion: u. a. *damit* (Bsp. 574a), *um* (Bsp. 574b).

Bsp. 573: a) „Mit den Unterschieden in der Verteilung [...] treten die K l a s s e n u n t e r s c h i e d e auf. Die Gesellschaft teilt sich in bevorzugte und benachteiligte, ausbeutende und ausgebeutete, herrschende und beherrschte Klassen, und der Staat, zu dem sich die naturwüchsigen Gruppen gleichstämmiger Gemeinden zunächst nur behufs der Wahrnehmung gemeinsamer Interessen (Berieselung im Orient z. B.) und wegen des Schutzes nach außen fortentwickelt hatten, erhält von nun an ebensosehr den Zweck, die Lebens- und Herrschaftsbedingungen der herrschenden gegen die beherrschte Klasse mit Gewalt aufrechtzuerhalten." (ENGELS, Dühring 1878, 137 f.)

b) „G.[e l a s i u s] I., der Heilige, 492–496, arbeitete für die Befestigung des röm. Primats, suchte die Disziplinargewalt des röm. Bischofs über die ganze Kirche zu erweitern." (BROCKHAUS, Kl. Konv.-Lex. I 1911, 657.)

c) „Man hat mich nicht der Courage wegen hierhergestellt, sondern der Vorsicht halber. Wenn zu viele kommen soll ich schreyen." (HEINE, Rabbi v. Bacherach 1840, 127.)

d) „Wegen des Griechischen nahm ich noch die Bücher mit, die nicht in der Bibliothek auf dem Gute sich befanden; und er das nötige Gerät zum Malen und Zeichnen." (HEINSE, Ardinghello 1787, 24.)

e) „Es begab sich aber, daß auch zwei Detektivs erschienen, eines Nachmittags – schon wieder, Kreuzdonnerkeil! –, an die Türe klopften, ganz sachte, und Flametti zu sprechen wünschten, zwecks einer Auskunft." (BALL, Flamm. 1918, 59.)

Bsp. 574:   a) „<u>Damit</u> man ihm glaube, möge er seinen Ring mitnehmen." (SCHAMBACH/MÜLLER, Niedersächs. Sag. 1855, 422.)
           b) „Sie setzte sich, <u>um</u> zu lesen." (WOLZOGEN, Erz. 1826, I, 39.)

Benefaktivpartikeln verhalten sich semantisch ähnlich wie Finalpartikeln, allerdings determinieren sie als Subnektoren ihr Subnekt als Ausdruck, der für den intendierten Nutznießer einer im externen Nektat benannten oder implizierten Größe steht. Sie können erscheinen als Partikeln in Adpositfunktion: u. a. *für* (Bsp. 575a), *zugunsten* (Bsp. 575a/b), *zuliebe* (Bsp. 575c).

Bsp. 575:   a) „Diese B o u r g e o i s s o z i a l i s t e n werden ebenfalls von den Kommunisten fortwährend bekämpft werden müssen, denn sie arbeiten <u>für</u> die Feinde der Kommunisten und verteidigen die Gesellschaft, welche die Kommunisten gerade stürzen wollen." (ENGELS, Grds. d. Komm. *1847, 378.)
           b) „Da machte der reiche Mann sogleich ein Testament <u>zugunsten</u> des ‚Vereins <u>für</u> mißhandelte Kinder' –." (ALTENBERG, Märchen ³1911, 150.)
           c) „Wenn es sich so weiter macht, hoffe ich in zwei Jahren meiner Mutter das Kapital herauszahlen zu können, das sie mir <u>zuliebe</u> hineingesteckt hat." (DUNCKER, Großstadt 1900, 12.)

*

Zu § 87.3ξ HLR: Kreditivpartikeln sind Vollpartikeln, die eine Vermutung oder Überzeugung des – realen oder fiktionalen – Sprechers bzw. Schreibers bezüglich seines Redegegenstandes zum Ausdruck bringen. Sie erscheinen in Kommentarfunktion: u. a. *kaum* ›vermutlich nicht‹ (Bsp. 576a), *wohl* ›vermutlich‹ (Bsp. 576b).

Bsp. 576:   a) „Überhaupt, wenn ich nicht zurückgestellt worden, wäre <u>kaum</u> eine Untersuchung eingeleitet worden." (BROMME, Lebensgesch. 1905, 212.)
           b) „Ihr seid <u>wohl</u> von weiter Ferne zugereist, dass Ihr das nicht wisst?" (U. JAHN, Volksm. 1891, 193.)

*

Zu § 87.3o HLR: Partikeln des Orts oder Lokalpartikeln determinieren als Verhältnispartikeln mit Subnektorfunktion einen Ausdruck als im eigentlichen oder übertragenen Sinn für den Punkt, die Stelle, das Gebiet oder den Raum stehend, wo etwas stattfindet, etwas oder jemand ist. Als Vollpartikeln stehen sie selbst für eine solche räumliche Position. — Lokalpartikeln können erscheinen:

– in Adpositfunktion: u. a. *abseits* (Bsp. 577a), *außerhalb* (Bsp. 577b), *bei* (Bsp. 577c), *gegenüber* (Bsp. 577d), *in* (Bsp. 577b/e), *vor* (Bsp. 577e),
– in Adverbialfunktion: u. a. *abseits* (Bsp. 578a), *auswärts* (Bsp. 578b), *außen* (Bsp. 578c), *außerhalb* (Bsp. 578d), *da* (Bsp. 578e), *daheim* (Bsp. 578f), *gegenüber* (Bsp. 578g), *jenseits* (Bsp. 578d), *nebenan* (Bsp. 578h), *rechts* (Bsp. 578i), *vorn* (Bsp. 578j),
– in Adverbatfunktion: u. a. *bei* (Bsp. 579a), *gegenüber* (Bsp. 579b),

- in Attributfunktion: u. a. *auswärts* (Bsp. 580a), *außen* (Bsp. 580b), *außerhalb* (Bsp. 580c), *daheim* (Bsp. 580d), *gegenüber* (Bsp. 580e), *links* (Bsp. 580g), *nebenan* (Bsp. 580f), *rechts* (Bsp. 580g),
- in Transzedentenfunktion (§ 87.4β^{VIII} HLR): u. a. *auswärts* (Bsp. 581a), *hier* (Bsp. 581b).

Bsp. 577: a) „Abseits der Straße irrte blökendes Vieh über die zertretenen Felder [...]." (FLEX, Wanderer 1916, 241.)
b) „so habe ich oftmals in dem großen Kreise bedeutender Frauen umhergeblickt, mit denen mein Leben mich in unserem Vaterlande und außerhalb der Grenzen desselben in Verbindung gebracht hat [...]." (LEWALD, Frauen 1870, 139.)
c) „Drei Tage blieb Plattner bei seiner Tochter [...]" (FRAPAN, Arbeit 1903, 27.)
d) „Er setzte sich dem Tulpenbeete gegenüber, welches unerhörte Pracht ausströmte, Extrakt von Prächten und welches man, obzwar es einem nicht gehörte, ganz und leidenschaftlich geniessen durfte." (ALTENBERG, Tag ²1902, 65.)
e) „In einer kleinen Stadt, in Thüringen etwa, würden wir wohnen, in einem Häuschen vor dem Thore, mit einem Garten und einer breiten Linde vor den Fenstern." (DOHM, Dalmar ²1897, 171.)

Bsp. 578: a) „Er und seine Frau wurden umringt, ich stand abseits und musterte mit heimlichem Naserümpfen die Gesellschaft [...]." (BRAUN, Mem. I 1909, 126.)
b) „Man wollte auswärts essen." (BOY-ED, Ehe 1915, 126.)
c) „Er lehnte sich außen an die Mauer [...]" (C. F. MEYER, Jenatsch ²1882, 498.)
d) „[D]a brauchten wir nicht außerhalb und jenseits stehen [...]." (SACK, Stud. 1917, 202.)
e) „Rosie sass da und blickte auf den See hinaus [...]." (ALTENBERG, Wie ich es sehe ⁴1904, 4.)
f) „Als er das breite Trottoir von Piccadilly behaglich hinunterschlenderte, um seinen ersten Abend auszunutzen, machte ein hinter ihm gehender Herr ihn mit höflichem Ernst darauf aufmerksam, daß seine Cravatte sich verschoben habe, nickte aber nur freundlich, als Krastinik dankend den Hut zog. Erst stutzte dieser – gewöhnte sich aber durch Beobachtung bald an den englischen Gruß des nicht-Hutziehens, statt dessen man den unentbehrlichen Regenschirm, der selbst bei schönstem Wetter hier nie daheim bleibt, zur Hutkrempe erhebt." (BLEIBTREU, Größenw. 1888, I, 6 f.)
g) „Jetzt bemerkte Leisenbogh, daß ein Vorhängeschloß an der Türe angebracht war. – Was sollte das bedeuten? war er fehlgegangen? ... Sie hatte zwar kein Täfelchen an der Tür, aber gegenüber las er wie gewöhnlich: ‚Oberstleutnant von Jeleskowits ...' Kein Zweifel: er stand vor ihrer Wohnung, und ihre Wohnung war versperrt ..." (SCHNITZLER, Leisenb. 1904, 589.)
h) „Plötzlich hörte er nebenan laut sprechen [...]." (BOY-ED, Förster 1889, 243.)
i) „In einem engen, ein wenig dunstigen Gebüschwege waren rechts die Gitter der Zwerghirsche von den Sundainseln [...]." (ALTENBERG, Märchen ³1911, 157.)
j) „Kamilla saß vorn, nahe dem Schnabel des Kahns [...]." (DAHN, Rom 1876, 126.)

Bsp. 579: a) „Es ist auch der Polizei ein Päckchen zugestellt worden [...], [...] das der Sterbende für dich bestimmte und dem Aufzeichnungen beiliegen, die er kurz vor seinem Tode noch diktierte." (WÖRISHÖFFER, Robert 1877, 465.)
b) „Siehst du, das ist der Mann, der mir immer im Schillercafé gegenüber gesessen hat." (ESSIG, Taifun 1919, 212.)

Bsp. 580: a) „ein Mädchen, das eine gute Anstellung in einer feinen Familie auswärts hatte" (ERNST, Komöd. 1928, 279).

b) „[E]s waren lauter runde, außen rotgefärbte, kindskopfgroße, holländische Käse, wie sie jetzt auch in Deutschland viel gegessen werden." (PANIZZA, Dämmr. 1890, 85.)

c) „Weil die Beschränktheit unseres Erkenntnisvermögens der Hilfsmittel von Raum und Zeit bedürfe, so hätten wir doch nicht das Recht, das außerhalb Liegende transzendental zu nennen, nur unsere Wahrnehmungsfähigkeit reiche nicht daran." (MEYSENBUG, Lebensabend 1898, 247.)

d) „[D]a dachte er an seine Eltern daheim [...]." (BARTSCH, Sag. Meklenb. I 1879, 487.)

e) „Er ging ein paarmal auf dem Treppenflur hin und her. Er las das Schild gegenüber." (HEYM, Dieb 1913, 29.)

f) „Eulenburg, der bisher am Tisch nebenan überlaut geschwatzt und gelacht hatte, verstummte [...]." (BRAUN, Lebenssucher 1915, 52.)

g) „Die Schwester links breitete ihren braunen Fächer aus wie ein welkes Kastanienblatt. Die Schwester rechts hielt den gelben Fächer geschlossen an die Lippen." (ALTENBERG, Wie ich es sehe ⁴1904, 41.)

Bsp. 581: a) „Er kam zuletzt gar nicht mehr nach Hause, oder höchstens einmal im geheimen, wenn er den Vater auswärts wußte, um die Mutter zu sehen, an der ihm das Herz hing." (EBNER-ESCHENBACH, Hand 1885–86, 241.)

b) „Der Panther hat eine förmliche Haussuchung abgehalten, da er Konstantin hier vermutete." (REVENTLOW, Dame 1913, 234)

Partikeln der Richtung oder Direktivpartikeln (Prtkl-dir) verhalten sich im Wesentlichen wie Lokalpartikeln, determinieren allerdings einen Ausdruck als im eigentlichen oder übertragenen Sinn für den Punkt, die Stelle, das Gebiet oder den Raum stehend, wohin ein Tun bzw. Vorgang oder der Träger desselben gerichtet ist. Als Vollpartikeln stehen sie selbst für einen solchen Richtungspunkt. Beispiele sind u. a. Partikeln mit Adpositfunktion wie *an, auf, in* usw. (im Gegensatz zu Lokalpartikeln erscheint ihr Adponend im Akkusativ) und Partikeln mit Adverbial- oder Attributfunktion wie *bergab, bergauf, dahin, dorthin* usw. sowie die meisten Bildungen auf *-wärts*.

*

Zu § 87.3π HLR: Partikeln der Zeit oder Temporalpartikeln haben immer Subnektorfunktion. Der Ausdruck, den sie als Nekt determinieren, steht für eine Größe, die zu dem im transkompaxiven Nektional Ausgedrückten gleichzeitig, vorzeitig oder nachzeitig ist.

Gleichzeitigkeit wird angedeutet durch Simultanpartikeln. Sie können erscheinen als

– Partikeln in Adpositfunktion: u. a. *an* (Bsp. 582a), *mit* (Bsp. 582f), *mitsamt* (Bsp. 582g), *samt* (Bsp. 582h), *zu* (Bsp. 582ℓ). — Eine ungefähre Gleichzeitigkeit wird u. a. durch *gegen* (Bsp. 582d), ggf. auch durch *um* (Bsp. 582j), Gleichzeitigkeit innerhalb eines im Adponenden angegebenen Zeitraums u. a. durch *binnen* (Bsp. 582b), *innerhalb* (Bsp. 582e), *während* (Bsp. 582k) und *zwischen* (Bsp. 582a) ausgedrückt (bei *zwischen* muss das Adposit ein Kojunktionsgefüge sein, die Kojunkte desselben stehen für Anfangs- und Endpunkt des Zeitraums). Zu einem im transkompaxiven Nektional benannten Zeitraum kann das Subnekt einen Anfangspunkt angeben, wenn es u. a. durch *seit* (Bsp. 582i), einen Endpunkt, wenn es durch *bis* (Bsp. 582c) determiniert ist.

- aussagedeiktische Partikeln in unterschiedlicher Gliedfunktion, deren implizites externes Nektat die Aussage als solche ist und deren Bedeutung daher mit ›zum Zeitpunkt der Aussage‹ angegeben werden kann: u. a. *eben* (Bsp. 583a), *gerade* (Bsp. 583b), *jetzt* (Bsp. 583f), *just* (Bsp. 583g), *soeben* (Bsp. 583h). — Gleichzeitigkeit innerhalb eines Zeitrahmens von einem Tag wird durch *heute* (Bsp. 583d), von einem Jahr durch *heuer* (Bsp. 583c) ausgedrückt. Dem Ausdruck prinzipieller Gleichzeitigkeit dienen u. a. *immer* (Bsp. 583e) und *stets* (Bsp. 583i).
- (Pro-)Partikeln in Adverbialfunktion: u. a. *dabei* ['daːbaɪ] (Bsp. 584a), *damals* (Bsp. 584b).
- Partikeln in Subjunktorfunktion: u. a. *als* (Bsp. 585a), *da* (Bsp. 583b, Bsp. 585a), *indem* (Bsp. 585b), *sobald* (Bsp. 585e); ein Aspekt der Usualität ist im Spiel bei *sooft* (Bsp. 585f). Ein durch *seit* (Bsp. 585c) oder *seitdem* (Bsp. 585d) verknüpftes Subnekt benennt zu einem im transkompaxiven Nektional angegebenen Zeitraum einen Anfangspunkt.
- Partikeln in Konjunktorfunktion: *und* (Bsp. 586a), *sowie* (Bsp. 586b), *sowohl … als* (Bsp. 586c).

Bsp. 582: a) „Im Jahr 1840 kam am Anatholiatag und <u>an</u> Weihnachten, jedesmal nachts <u>zwischen</u> elf und zwölf, die weiße Frau zu einem Zieglergesellen in Langensteinbach und eröffnete ihm, daß er sie, die schon seit vielen Jahrhunderten umgehe, erlösen und dabei reich werden könne, wenn er thue, was sie ihm später sagen werde." (BAADER, Volkss. 1851, 167.)

b) „In seinem Busen zuckte die tigerhafte Gier, den Menschen <u>binnen</u> fünf Minuten abzuschlachten." (ESSIG, Taifun 1919, 135.)

c) „<u>Bis</u> Morgen bleibt dieser Brief noch ungesiegelt; hernach das Weitere." (EHRMANN, Amalie 1788, 238.)

d) „Ich fuhr den 14. Januar <u>gegen</u> Abend aus dem Minsker Thor des Wegs nach Grodno." (ARNDT, Erinn. 1840, 176.)

e) „Jeder meiner Bürger hat ein staatlich verbrieftes Recht auf zehn Stunden Schlaf <u>innerhalb</u> 24 Stunden!" (ALTENBERG, Pròdromos 1906, 142.)

f) „Ein Ackerbauer kam <u>mit</u> seinem Knecht von der Arbeit [...]." (BECHSTEIN, Dt. Sag. 1853, 223.)

g) „Sie wollten ihm das Bild fortnehmen, er hielt es fest. Sie wollten ihn <u>mitsamt</u> dem Bilde heraustragen, er stieß sie mit seinen Füßen in ihren Bauch." (HEYM, Dieb 1913, 96.)

h) „Aber da kommt auch schon der Weidhofer und der Ochsenbub von der Seite her, wo die Haustür ist, und sie tragen die Mutter und das Kind <u>samt</u> dem Strohsack; zwar ohne Besinnung, doch von dem Feuer unversehrt." (CHRIST, Bichler 1914, 329.)

i) „Julius ist hoffnungsvoller <u>seit</u> gestern [...]." (WOLZOGEN, A. v. Lilien 1798, I, 237.)

j) „Die beiden in der Laube dachten nichts anderes, als der Teufel käme herab und wolle sie holen; denn es war <u>um</u> die Mitternacht, und sie liefen auf und davon [...]." (U. Jahn, Volksm. 1891, 64.)

k) „Ich malte im Museum zu Madrid <u>während</u> dreier Monate eine Anzahl Skizzen nach Tizian, Velasquez, Ribera, Alonso Cano usw." (Fontane, Wand. I 1862, 139.)

ℓ) „<u>Zu</u> Pfingsten waren vierzig der kühnsten Männer dort beisammen [...]." (A. v. Arnim, Wintergart. 1809, 309.)

Bsp. 583: a) „<u>Eben</u> kamen der Kellner und das Dienstmädchen die Treppe herauf, das heftige Klingeln hatte sie endlich herbeigezogen." (Ad. Schopenhauer, Anna 1845, II, 9 f.)

b) „<u>Gerade</u> wollte ich einen der sinnlosen Schreier und Läufer nach Ziel und Ursache dieser Volksbewegung fragen, <u>da</u> quoll Musik aus dem Trichter der langen Straße herauf." (Klabund, Market. 1915, 12.)

c) „Der Prinz war aus dienstlichen wie vergnüglichen Gründen schon manches Jahr in seinem Dominium nicht eingekehrt und kehrte auch <u>heuer</u> nicht darin ein." (François, Katzenj. 1879, 60.)

d) „Sie war viel milder <u>heute</u>." (Braun, Mem. II 1911, 50.)

e) „Noch vor der Reformation stand hier ein Wirthshaus, die ‚Tannenschenke' genannt. Hier ging es <u>immer</u> lustig her, namentlich an Sonn- und Festtagen wurde hier wild gezecht und getanzt." (Bartsch, Sag. Meklenb. I 1879, 289.)

f) „Aber <u>jetzt</u> war sie in einer ihr selbst unerklärlichen tiefen Bewegung." (Aston, Lydia 1848, 202.)

g) „Die Mutter [...] stand am Herd und hielt <u>just</u> einen Bunzlauer Kaffeetopf und ein Stück Streuselkuchen in Händen, als Lehnert unter Kopfnicken eintrat." (Fontane, Quitt 1890, 356.)

h) „Es war zwischen zwei und drei Uhr. Der Himmel ließ <u>soeben</u> sein starres, gebundenes Schwarz in die erste hellere, mehr dunkelblaue Farbenwellung hinüberschlüpfen." (Conradi, Adam 1889, 175.)

i) „<u>Stets</u> hatte ich das Gefühl, als läge ein Alp auf der Stadt, wie der Schatten kommenden Unheils!" (Heyking, Briefe 1903, 22.)

Bsp. 584: a) „Er sah [...] eine kleine weibliche, zitternde Gestalt neben einem taumelnden Mann, welcher ihren Schleier mit der einen Hand wegzog, und mit der andern ihren Arm hielt – <u>dabei</u> lachte er, und führte unanständige Reden." (Otto, Schloß u. Fabr. 1846, I, 156.)

b) „<u>Damals</u> hatte Rother darauf nicht geachtet; es widersprach seiner nobeln Natur, gleich das Schlimmste zu glauben." (Bleibtreu, Größenw. 1888, I, 276.)

Bsp. 585: a) „<u>Als</u> einst am Eingange der Höhle Heu gemacht wurde, hatte eine Frau ihr Kind in einen Korb gesetzt. <u>Da</u> sie es aber wieder holen wollte, war es verschwunden und an seiner Stelle lag das Kind eines Wichtelmännchens." (Lyncker, Sag. u. Sitt. 1854, 47.)

b) „Seine trüben Augen glühten, <u>indem</u> er dies sprach [...]." (Huber, Fam. Seldorf I 1795, 223.)

c) „Was bot das Leben ihm? Kränkungen waren ihm geworden, <u>seit</u> er zum ersten Bewußtsein erwacht war; weder Mühe noch Fleiß war ihm vergolten worden, wie er es gewünscht hatte und zu hoffen berechtigt war." (Lewald, Jenny 1843, 69.)

d) „Wir haben uns lange nicht gesehen, sagte der Pfarrer nach einem kurzen Schweigen, um das Gespräch zu eröffnen; wie geht's, <u>seitdem</u> Sie das Schloß verlassen haben?" (Tieck-Bernhardi, Evremont 1836, I, 91.)

e) „Sobald sie jedoch die Schritte des Arztes vernahm, glätteten sich ihre Züge und die frühere Ruhe breitete sich wieder auf ihnen aus." (ASTON, Lydia 1848, 285.)

f) „Sooft er in der Nacht eingeschlafen war, hatten ihn verwunderlich grausende Träume verstört von Gespenstern, die sich heimlich grinzend in schöne Frauen zu verkleiden strebten, von schönen Frauen, die mit einem Male Drachenangesichter bekamen." (F. DE LA MOTTE FOUQUÉ, Undine 1811, 70.)

Bsp. 586: a) „Eine hochwüchsige und schlanke Gestalt, deren leichtgewelltes Haar ein faltiges Kopftuch beinahe völlig umschlungen hielt [...]." (JENSEN, Gradiva 1903, 23.)

b) Und durch die Initiative des Herrn Tristan Tzara führten die Herren Tzara, Huelsenbeck und Janco (zum ersten Mal in Zürich und in der ganzen Welt) simultanistische Verse der Herren Henri Barzun und Fernand Divoire auf, sowie ein Poème simultan eigener Composition, das auf der sechsten und siebenten Seite abgedruckt ist." (BALL, Cab. Volt. 1916, 37 f.)

c) „Sie sagte ihm nämlich, daß sie nie getanzt, und auch nie Unterricht in dieser Kunst gehabt habe, weil die auf dem Lande so seltene Gelegenheit, sie zu erlernen, sich gerade zu einer Epoche getroffen, als ihre Mutter besonders leidend gewesen sei, daher es ihr sowohl an Zeit als an Lust gemangelt habe." (AHLEFELD, Erna 1820, 22.)

Vorzeitigkeit des im Nekt Ausgedrückten gegenüber dem im transkompaxiven Nektional Ausgedrückten wird angedeutet durch Prätemporalpartikeln. Sie können erscheinen

- in Adpositfunktion: *nach* (Bsp. 587),
- als aussagedeiktische Partikeln in unterschiedlicher Gliedfunktion, deren implizites transkompaxives Nektional die Aussage als solche ist und deren Bedeutung daher mit ›vor dem Zeitpunkt der Aussage‹ angegeben werden kann: u. a. *gestern* (Bsp. 588a), *vorgestern* (Bsp. 588b), *vorhin* (Bsp. 588c),
- als Pro-Partikeln in unterschiedlicher Gliedfunktion: u. a. *vorher* (Bsp. 589a), *zuvor* (Bsp. 589b),
- in Subjunktorfunktion: u. a. *nachdem* (Bsp. 590).

Bsp. 587: „Am Morgen nach dieser Begebenheit bekam ich einen [...] Brief [...]." (HAUFF, Mem. d. Sat. II 1827, 498.)

Bsp. 588: a) „Jetzt hat sie ihr Herz einem gelben Dachshund geschenkt, Herrn von Bergmann. Sie hatte das Glück, ihm gestern vorgestellt zu werden." (ALTENBERG, Wie ich es sehe ⁴1904, 3.)

b) „Meine kurze Meldung an dich von vorgestern muß ich leider heute bestätigen." (FRAPAN, Arbeit 1903, 349.)

c) „[W]eißt du, der Pierrot vorhin, mit dem ich die Tarantella tanzte, das war der Graf de Faast [...]." (MEYRINK, Wunderh. 1913, I, 164.)

Bsp. 589: a) „Wir hatten beschlossen, in Gesellschaft einiger Freunde, eines der merkwürdigsten Gebürge dieser Gegend zu besteigen. Zwar fühlte ich vorher, einige Anwandlung von Krankheit, doch verbarg ich sie vor den andern und vergaß sie über den Freuden und der wohlthätigen Anspannung der Reise bald selbst." (MEREAU, Amd. u. Ed. 1803, II, 198.)

b) „Paul war nun so klug wie zuvor." (SUDERMANN, Sorge 1887, 44.) — „Das Jahr zuvor hatten zwei Männer [...] die Bildung einer interparlamentarischen Union in Angriff genommen." (SUTTNER, Mem. 1909, 184.)

Bsp. 590: „Nachdem er in London [...] beinahe gehenkt worden wäre, gieng er nach Bretagne [...]." (GÖRRES, Tt. Volksb. 1807, 202.)

Nachzeitigkeit des im Nekt Ausgedrückten gegenüber dem im transkompaxiven Nektional Ausgedrückten wird angedeutet durch Posttemporalpartikeln. Sie können erscheinen

- in Adpositfunktion: *vor* (Bsp. 591),
- als aussagedeiktische Partikeln in unterschiedlicher Gliedfunktion, deren implizites transkompaxives Nektional die Aussage als solche ist und deren Bedeutung daher mit ›nach dem Zeitpunkt der Aussage‹ angegeben werden kann: u. a. *demnächst* (Bsp. 592a), *morgen* (Bsp. 592b/c), *übermorgen* (Bsp. 592c), *überübermorgen* (Bsp. 592c),
- als Pro-Partikeln in unterschiedlicher Gliedfunktion: u. a. *danach* (Bsp. 593a), *dann* (Bsp. 593b), *darauf* (Bsp. 593c), *nachher* (Bsp. 593d),
- in Subjunktorfunktion: u. a. *bevor* (Bsp. 594a), *ehe* (Bsp. 594b),
- in Konjunktorfunktion: *und* (Bsp. 595).

Bsp. 591: „Auf allen meinen Reisen bin ich um ein Land herumgefahren, das oft am Wege lag, nämlich Belgien. Erst unmittelbar vor meinem siebzigsten Geburtstag sollte ich diesen vielgerühmten Boden betreten." (WITKOWSKI, Erzähltes *1937–38. 321.)

Bsp. 592: a) „Auch i c h habe mich [...] der Kunst gewidmet und werde demnächst als Schauspielerin auftreten." (SAAR, Nov. 1893, X, 71.)

b) „Wenn Sie zu müde oder zu aufgeregt sind um noch heute ein ernstes Gespräch führen zu können, so wollen wir es auf morgen verschieben." (HAHN-HAHN, Sibylle 1846, II, 275.)

c) „Er geht. Ob er nicht wiederkommen wird? Heute nicht; aber morgen, übermorgen, überübermorgen?" (LUDWIG, Himm. u. Erd. 1856, 529.)

Bsp. 593: a) „Ein paar Tage danach wurde Dorothea wieder besorgt, und Philippine mußte den Schwur erneuern. Philippine schwor mit einer Leichtigkeit und Gefälligkeit, als wünsche sie gute Mahlzeit. Im Innern erteilte sie sich während des Eides Absolution für den Meineid." (WASSERMANN, Gänsemännchen 1915, 543.)

b) „Anton dachte einen Augenblick nach, dann sprach er: [...]." (A. v. ARNIM, Kronenwächt. II *1812–17, 941.)

c) „Das Ehepaar, zwei Lichter auf dem Tisch, die Marquise unausgezogen, der Marchese Degen und Pistolen, die er aus dem Schrank genommen, neben sich, setzen sich, gegen eilf Uhr, jeder auf sein Bett; und während sie sich mit Gesprächen, so gut es sein kann, zu unterhalten suchen, legt sich der Hund, Kopf und Beine zusammengekauert, in der Mitte des Zimmers nieder, und schläft ein. Drauf, in dem Augenblick der Mitternacht, läßt sich das entsetzliche Geräusch wieder hören; jemand, den kein Mensch mit Augen sehen kann, hebt sich, auf Krücken, im Zimmerwinkel empor; man hört das Stroh, das unter ihm rauscht; und mit dem ersten Schritt: tapp! tapp! erwacht der Hund, hebt sich plötzlich, die Ohren spitzend, vom Boden empor, und knurrend und bellend, grad' als ob ein Mensch auf ihn eingeschritten käme, rückwärts gegen den Ofen, weicht er aus." (KLEIST, Bettelw. v. Loc. 1810, 41.)

d) „So kam das Jahr 1833 heran; es war das bewegteste, verhängnisvollste in G. Sands Leben und noch lange _nachher_ machten sich seine Nachwirkungen fühlbar." (PAOLI, Sand 1882. 126.)

Bsp. 594: a) „Ich wagte keinen Schritt aus meiner Tür und ließ abends vierzig Wachskerzen in meinem Saal anzünden, _bevor_ ich aus dem Dunkel heraus kam." (CHAMISSO, Schlemihl 1814, 25.)

b) „Aber _ehe_ er so weit hergestellt war, um reisen zu können, waren Unruhen [...] ausgebrochen." (MEYSENBUG, Mem. I 1876, 17.)

Bsp. 595: „Er setzte an _und_ trank _und_ setzte die leere Kanne nieder." (ALEXIS, Bredow 1846, I, 327.)

5.2.5.3 Partikeln als Glieder

§ 87.4 HLR: Partikeln können folgende Gliedfunktionen erfüllen:

(α) die von Gefügekernen, konkret: $^{(I)}$Attribuenden (§ 39.2b$^{II\delta}$ HLR), $^{(II)}$Adpositen (§ 45.2b$^{I\beta}$ HLR), $^{(III)}$Subjunkten (§ 46.2b$^{I\delta}$ HLR) oder $^{(IV)}$Konjunkten (§ 47.2b$^{I\zeta}$ HLR),

(β) die von Satelliten, konkret: $^{(I)}$Derivanden (§ 32.3b$^{II\delta}$ HLR), $^{(II)}$Amplifikatoren (§ 33.3b^{II} HLR), $^{(III)}$Objekten (§ 35.3b$^{I\alpha\gamma}$ HLR), $^{(IV)}$Adverbialien (§ 35.3b$^{II\alpha\gamma}$ HLR), $^{(V)}$Kommentaren (§ 36.3b$^{I\beta}$ HLR), $^{(VI)}$Adverbaten (§ 37.3b$^{I\delta}$ HLR), $^{(VII)}$Attributen (§ 39.3b^{IIe} HLR), $^{(VIII)}$Transzedenten (§ 42.3c$^{I\delta}$ HLR), $^{(IX)}$Adponenden (§ 45.3b$^{I\delta}$ HLR), $^{(X)}$Subjunktoren (§ 46.3b^{I} HLR) oder $^{(XI)}$Konjunktoren (§ 47.3b^{I} HLR) oder

(γ) die von Koordinaten, konkret: $^{(I)}$Kojunkten (§ 48.2b HLR), $^{(II)}$Interzepten (§ 50.2b^{II} HLR), $^{(III)}$Prädikationalien (§ 52.2b HLR), $^{(IV)}$Adverbationalien, genauer: Adverbat-Adverbationalien (§ 53.2b HLR), $^{(V)}$Attributionalien (§ 55.2b HLR), $^{(VI)}$Entranszessionalien (§ 56.3b$^{I\delta}$ HLR), $^{(VII)}$Adpositionalien (§ 57.2b HLR), $^{(VIII)}$Subjunktionalien (§ 58.2b HLR) $^{(IX)}$Kojunktionalien (§ 59.2c HLR), $^{(X)}$Transmissionalien (§ 61.2b HLR).

– Zu § 87.4α^{I} HLR: Partikeln können als Attribuenden erscheinen; vgl. Bsp. 132k, S. 254, und Bsp. 568, S. 579.

– Zu § 87.4α^{II} HLR: Partikeln können als Adposite erscheinen.

Bsp. 596: a) „Wir wollen nicht so grausam sein, den Mädchen alle Puppen zu entziehen, die Puppen überhaupt ganz _aus_ der Welt zu schaffen, wie neuerdings _von_ denkenden Frauen und Müttern vorgeschlagen ward; aber wir wollen doch _zur_ Vorsicht rathen _bei_ der Wahl der Puppen und _auf_ den Einfluß aufmerksam machen, den _auf_ die weibliche Charakterentwickelung gerade die Puppe hat" (OTTO, Frauenl. 1876, 193).

b) „Es war beinahe, als ob sie wisse, dass man sie _seitens_ der Aufsichtsbeamten heute besonders scharf _aufs_ Korn genommen habe" (DUNCKER, Großstadt 1900, 82).

- Zu § 87.4α^{III} HLR: Partikeln können als Subjunkte erscheinen; vgl. Bsp. 229d, S. 301.
- Zu § 87.4α^{IV} HLR: Partikeln können als Konjunkte erscheinen; vgl. Bsp. 233i [1], S. 304.

*

- Zu § 87.4β^{I} HLR: Partikeln können als Derivanden erscheinen; vgl. Bsp. 89a, S. 220.
- Zu § 87.4β^{II} HLR: Partikeln können als Amplifikatoren erscheinen; vgl. Abb. 41/2, S. 146.
- Zu § 87.4β^{III} HLR: Pro-Partikeln können als Objekte erscheinen, sofern sie anstelle einer β-Partikelgruppe (§ 93.2β^{I} HLR) mit Objektfunktion stehen.

    Bsp. 597:   a) „Erst wollte man Coriolan geben. Ich sprach <u>dagegen</u> und riet zu Schillers ‚Tell', bei dem die jugendliche Begeisterung halbwegs zu ersetzen vermag, was dem Dilettantismus an theatralischem Können abgeht." (GANGHOFER, Lebensl. III 1911, 123.)
    b) „Eines Morgens [...] erwacht Tragy und hat eine Weltanschauung. Wirklich. Sie läßt sich gar nicht leugnen, sie ist da, alle Anzeichen sprechen <u>dafür</u>." (RILKE, E. Tragy 1929, 553.)

- Zu § 87.4β^{IV} HLR: Partikeln können als Adverbialien erscheinen.

    Bsp. 598:   a) „Wir sind <u>gestern</u> ohne Aussprache voneinander gegangen" (HARTLEBEN, Knopf 1892, 82).
    b) „ein dicker alter Mann [...], der um jeden Preis <u>vorn</u> am Quairand stehen wollte" (BOY-ED, Förster 1889, 22).
    c) „<u>Sehr</u> interessierten ihn die verschiedenen Heiraten in der Société" (SUTTNER, Mem. 1909, 19).
    d) „Nach einer Weile kam sie <u>heraus</u>, mit einem harten, finstern Ausdruck in den Mienen." (DROSTE-HÜLSHOFF, Judenbuche 1842, 399.)

- Zu § 87.4β^{V} HLR: Partikeln können als Kommentare erscheinen; vgl. Bsp. 572, S. 580.
- Zu § 87.4β^{VI} HLR: Partikeln können als Adverbate erscheinen.

    Bsp. 599:   a) „diese Sprache [Altgriechisch] ist nicht bloß ein Handwerkszeug, das man sich allmählich <u>anschaffte</u>, sondern sie ist schon Philosophie" (BURCKHARDT, Grch. Kulturgesch. III 1900, 279)
    b) „Die Sonne stand nun prächtig über dem Gebirg, die Spitze des Vesuv ragte über die Wolkenschicht <u>heraus</u>, die noch den Fuß umzogen hielt, und die Häuser auf der Ebene von Sorrent blickten weiß aus den grünen Orangengärten hervor." (HEYSE, L'Arrab. 1855, 236.)

- Zu § 87.4β^{VII} HLR: Partikeln können als Attribute erscheinen.

Bsp. 600: a) „Haben Sie den Mann <u>dort</u> mit dem hageren Gesicht und dem weiten Mund schon beobachtet?" (JANITSCHEK, Ninive 1896, 140.)
b) „wegen des <u>gestern</u> geleisteten Eides" (DAHN, Rom 1876, 483).
c) „<u>Erst</u> gestern bei grauendem Tage trat ich die Postfahrt nach meiner Anstalt an" (FRANÇOIS, Reckenb. 1870, 243).

- Zu § 87.4β^{VIII} HLR: Partikeln können als Transzedenten erscheinen.

Bsp. 601: a) „Das war <u>anders</u> geworden." (ESSIG, Taifun 1919, 149.)
b) „Pape ist mir <u>piepe</u> – ich pfeife auf Pape." (TUCHOLSKY, Museum 1926, 363.)

- Zu § 87.4β^{IX} HLR: Partikeln können als Subjunktoren erscheinen.

Bsp. 602: a) „Er weinte nur, <u>weil</u> er einen Reim nicht finden konnte, den er schon lange suchte" (ERNST, Komöd. 1928, 107)
b) „Ja, die Geschichte [...] endet mit einer Katastrofe, und es wird Sache des Lesers sein, <u>nachdem</u> er Näheres darüber erfahren, sich sein Urteil zu bilden" (PANIZZA, Dämmr. 1890, 128 f.)
c) „Sebald Eidotter kam <u>als</u> Dauerbrandofen auf die Welt" (KLABUND, Kunterb. 1922, 23)
d) „Diese Alten, die [...] frech <u>wie</u> Geschmeiß auf Gestorbenen auf deinen Brücken stehen, auf deinen Höfen, an deinen Mauern herumlungern" (SACK, Stud. 1917, 285 f.)

- Zu § 87.4β^{X} HLR: Partikeln können als Konjunktoren erscheinen.

Bsp. 603: a) „In seinem Hause <u>oder</u> in seinem kleinen Königreich [...] ließ er sich von keinem Menschen etwas drein reden" (ESSIG, Wetterfr. 1919, 5).
b) „Er wurde rasch nacheinander Unteroffizier, Feldwebel <u>und</u> Leutnant. Mit seinen Aufgaben fand er sich glatt <u>und</u> sicher ab, <u>und</u> an den Verdrießlichkeiten und Kleinlichkeiten, wie sie der Friedensdrill mit sich bringt, ging er mit lässigem Hochmut vorüber." (FLEX, Wanderer 1916, 196.)

*

- Zu § 87.4γ^{I} HLR: Partikeln können als Kojunkte erscheinen.

Bsp. 604: „Diese Handlung, schloß er endlich mit Pathos, bindet mein Geschick an das Ihrige für <u>jetzt</u> und <u>immer</u>." (TIECK-BERNHARDI, Evremont 1836, I, 211.)

- Zu § 87.4γ^{II} HLR: Partikeln können als Interzepte erscheinen: /so\ und /dass\ in Bsp. 245, S. 311.
- Zu § 87.4γ^{III} HLR: Partikeln können als Prädikationalien erscheinen: analog zur Objektfunktion als Objektual (Bsp. 605) und analog zur Adverbialfunktion als Adverbiatial (Bsp. 258b, S. 320).

Bsp. 605: „Aber mein Reich [...] muß ich beschützen [...], und weh der Hand, ^{1}<u>die</u> sich ^{2}<u>dawider</u> hebt." (DAHN, Rom 1876, 125); ^{1}Subjektual; ^{2}Objektual.

- Zu § 87.4γ^{IV} HLR: Partikeln können als Adverbationalien, genauer: Adverbat-Adverbationalien erscheinen; vgl. Bsp. 263c, S. 323.
- Zu § 87.4γ^{V} HLR: Partikeln können als Attributionalien erscheinen; vgl. Bsp. 269e, S. 327.
- Zu § 87.4γ^{VI} HLR: Partikeln können als Entranszessionalien erscheinen; vgl. Bsp. 286c, S. 336.
- Zu § 87.4γ^{VII} HLR: Partikeln können als Adpositionalien erscheinen; vgl. Bsp. 289, S. 337.
- Zu § 87.4γ^{VIII} HLR: Partikeln können als Subjunktionalien erscheinen; vgl. Bsp. 295a, S. 341.
- Zu § 87.4γ^{IX} HLR: Partikeln können als Kojunktionalien erscheinen; vgl. Bsp. 300f, S. 345.
- Zu § 87.4γ^{X} HLR: Partikeln können – ebenso wie Vertreter jeder anderen Wortart und Wortgruppenart (§ 61.2b HLR) – als Transmissionalien erscheinen.

5.3 Wortgruppenarten

Die Grenze zwischen Wörtern und Wortgruppen erscheint als fließender Übergang (vgl. S. 143 ff. und 155 ff.). Dies zeigt sich auch daran, dass beide Zeichenarten sowohl strukturell wie funktional viele Gemeinsamkeiten aufweisen. Gleichwohl gibt es Eigentümlichkeiten, durch die sich jede von ihnen für sich auszeichnet, so dass auf eine gesonderte Behandlung der Wortgruppen nicht verzichtet werden kann.

5.3.1 Verbgruppen

5.3.1.1 Allgemeines zur Struktur

§ 88.1 HLR: (a) $^{(I)}$Eine V e r b g r u p p e (VbGr) ist ein zusammengesetztes (§ 12.II HLR) Zeichen mit Wortgruppencharakter (§ 27 HLR), das als Gefüge dissolut (§ 15.IIb HLR) und subordinativ (§ 18 HLR) strukturiert und dessen unmittelbarer Kern $^{(α)}$ein Verb (§ 82; § 18.1b^{2α} HLR) oder $^{(β)}$eine (untergeordnete) Verbgruppe (§ 18.1b^{2β} HLR) ist. $^{(II)}$Ebenso gelten Wortgruppen, die als Koordinationsgefüge (§ 19 HLR) strukturiert und deren unmittelbare Konstituenten sämtlich Verbgruppen sind, als Verbgruppen (§ 19.1b^{Iα} HLR).

(b) $^{(I)}$Je nach der spezifischen Verbart, welcher der Kern einer Verbgruppe zuzurechnen ist, wird deren spezifische Art näher bestimmt. $^{(αα)}$Erscheint der Kern einer Verbgruppe als Vollverb (§ 822d^{I} HLR), so heißt sie V o l l v e r b g r u p p e. $^{(αβ)}$§ 881a^{II} HLR gilt entsprechend. $^{(βα)}$Erscheint der Kern einer Verbgruppe als Infinitverb (§ 822d^{IIα} HLR), so heißt sie I n f i n i t v e r b g r u p p e. $^{(ββ)}$§ 88.1a^{II} HLR gilt entsprechend. $^{(γα)}$Erscheint der Kern einer Verbgruppe als Hilfsverb (§ 82.2d^{IIβ} HLR), so heißt sie H i l f s v e r b g r u p p e. $^{(γβ)}$§ 88.1a^{II} HLR gilt entsprechend. $^{(δα)}$Erscheint der Kern einer Verbgruppe als Modalverb (§ 82.2d^{IIγ} HLR), so heißt sie M o d a l v e r b g r u p p e. $^{(δβ)}$§ 88.1a^{II} HLR gilt entsprechend. $^{(εα)}$Erscheint der Kern einer Verbgruppe als Kopulaverb (§ 82.2d^{IIδ} HLR), so heißt sie K o -

p u l a v e r b g r u p p e. ⁽ᵋᵝ⁾§ 88.1aᴵᴵ HLR gilt entsprechend. ⁽ᶻᵅ⁾Erscheint der Kern einer Verbgruppe als Funktionsverb (§ 82.2dᴵᴵᵉ HLR), so heißt sie F u n k t i o n s v e r b g r u p p e. ⁽ᶻᵝ⁾§ 88.1aᴵᴵ HLR gilt entsprechend. ⁽²⁾Verbgruppen, die als Koordinationsgefüge dergestalt strukturiert sind, dass sie Koordinativgruppen i. S. v. § 19.1bᴵᴵᴵ HLR sind, können durch Angabe ihrer relevanten Konstituenten näher bestimmt werden.

(c) Eine Verbgruppe als Gefüge betrachtet, heißt V e r b s y n t a g m a.

Zu § 88.1 HLR: Wortgruppen sind immer zusammengesetzte Zeichen (§ 27.1 HLR); Verbgruppen sind als Wortgruppenart daher per se zusammengesetzt. Sie sind dissolut: Verbgruppen im engeren Sinne können durch nicht zu ihnen gehörige Einheiten unterbrochen werden, etwa dann, wenn sie als Prädikate ein Subjekt umschließen (Bsp. 606a), Nebensätze können durch die Hauptsätze, von denen sie abhängig sind, unterbrochen werden (Bsp. 606b), und auch Hauptsätze durch andere Hauptsätze, die in Parenthese erscheinen (Bsp. 167, S. 270). Selbst Perioden können als dissolut erscheinen (Bsp. 606c/d).

Bsp. 606: a) „Über Helmspitze und Gewehrlauf hin sang und pfiff es schneidend, schrill und klagend" (FLEX, Wanderer 1916, 187).

b) „Ihre Sache, gnädige Frau, sprach er ehrerbietig zu der Mutter, wird, wie ich von meinem Vater höre, ganz gewiß zu Ihrem Vorrheil entschieden werden." (AHLEFELD, Ges. Erz. 1822, I, 75.)

c) „Fasse dich! – sprach sie – und sag was du meinest." (FISCHER, Marg. 1812, 24.)

d) „Wenn aus dem Buben nichts wird, wenn er heranwächst zu einer Last und sogar Schande der Eltern – Müßiggang ist aller Laster Anfang –, wenn er elend untergeht, fällt die Verantwortung dafür auf ihr Gewissen, und sie wird einst zur Rechenschaft gezogen werden." (EBNER-ESCHENBACH, Vorzugssch. 1898, 534.)

Verbgruppen sind subordinativ oder koordinativ strukturiert: Im ersteren Fall ist ihr Kern ein Verb (Bsp. 606b: *entscheiden*) oder eine Verbgruppe (Bsp. 606a: *singen und pfeifen*) ist; im letzteren Fall handelt es sich um Koordinationsgefüge, deren Koordinate ausschließlich Verbgruppen sind (Bsp. 606d: *wenn ..., wenn ...* ⊗‹und› *wenn ...*).

Je nachdem, ob der unmittelbare oder mittelbare Kern einer Verbgruppe ein Vollverb, ein Infinitverb, ein Hilfsverb, ein Modalverb, ein Kopulaverb oder ein Funktionsverb ist, lässt sich die Verbgruppe (gemäß § 18.1b HLR) als Vollverb-, Infinitverb-, Hilfsverb-, Modalverb-, Kopulaverb- oder Funktionsverbgruppe klassifizieren. Dasselbe gilt jeweils, wenn sämtliche Koordinate und/oder unmittelbaren bzw. mittelbaren Koordinatkerne einer als Koordinationsgefüge strukturierten Verbgruppe derselben Verbart angehören. Bei koordinativ strukturierten Verbgruppen, deren Koordinate bzw. (un)mittelbare Koordinatkerne Vertreter unterschiedlicher Verbarten sind, richtet sich die Klassifikation gleichberechtigt nach allen relevanten Bestandteilen; sie erscheinen dann beispielsweise als Hilfsverb-Modalverb-Gruppen (Bsp. 200, S. 289). Ist, wie bei Anzeptionsgefügen möglich, e i n u n d d a s s e l b e Verb als Vertreter unterschiedlicher Verbarten zu bestimmen, sprechen wir von v e r -

schränkenden Verbgruppen, so etwa von verschränkenden Vollverb-Funktionsverb-Gruppen (Bsp. 199, S. 288).

5.3.1.2 Sätze

Sätze nehmen – als die prototypische Form der Aussage – traditionell eine herausgehobene Stellung unter den Verbgruppen ein. Aus der Sicht einer hermeneutisch orientierten Sprachtheorie, die vom Grundsatz her alle Zeichenarten zu betrachten hat, lässt sich eine Sonderstellung des Satzes nicht rechtfertigen. Allerdings behalten wir die vertraute Perspektive insofern bei, als wir als Grundmuster der Proposition (i. S. v. § 102 HLR), auf das sich jedes konkrete Interpretandum zurückführen lässt, das des Aussagesatzes annehmen. Die Relevanz von Sätzen ist damit allerdings eine Angelegenheit der philologischen Beschreibungssprache, nicht der historischen Objektsprache; in der letzteren – für die Deutung und Auslegung von Texten und Textmengen – ist der Satz ein Phänomen neben anderen.

Das in der Grammatikographie herkömmlich verbreitete Interesse an Sätzen bringt es mit sich, dass diese Zeichenart besonders eingehend untersucht worden ist. Es kann deshalb hier genügen, einige prinzipielle Fakten in Erinnerung zu rufen.

§ 88.2 HLR: (a) [1]Eine Verbgruppe, deren unmittelbarer oder mittelbarer Kern ein sprachliches Zeichen mit Prädikatfunktion ist (§ 34.2b HLR), heißt S a t z (S). [2]Sätze können [α]Prädikationsgefüge (§ 34.1b HLR), [β]Kommentationsgefüge (§ 36 HLR), [γ]Subjunktionsgefüge (§ 46.1b[α] HLR) oder [δ]Konjunktionsgefüge (§ 47.1b[α] HLR) sein.

Zu § 88.2a HLR: Sätze mögen prototypischerweise als Prädikationsgefüge erscheinen (Bsp. 607), sind aber keineswegs per se Prädikationsgefüge. Diese Gliedergefügeart stellt nur gewissermaßen das Grundmuster des Satzes dar.

Bsp. 607: „Der Baron lachte." (ASTON, Lydia 1848, 10.)

Auch Wortgruppen, die ein Prädikationsgefüge als Kern beinhalten, sind Sätze: Sie können als Kommentationsgefüge (Bsp. 608a), Subjunktionsgefüge (Bsp. 608b) oder Konjunktionsgefüge (Bsp. 608c) erscheinen.

Bsp. 608: a) „Leider <u>erkrankte der junge Mann dort von Neuem</u>." (AD. SCHOPENHAUER, Anna 1845, I, 92.)
b) „Nicht lange, so überzeugte ich mich, daß <u>der Hofrat schlief</u>." (KOTZEBUE, Merkw. Jahr 1801, 61.)
c) „Da erschrak der alte König und <u>die Tochter weinte</u>." (J. GRIMM/W. GRIMM, Kinder- u. Hausm. ³1837, 601.)

Wie Bsp. 608b und noch besser Bsp. 226b (S. 299) zeigt, ist die herkömmliche Unterscheidung von H a u p t s ä t z e n und N e b e n s ä t z e n nicht unmittelbar eine Frage der Gliedfunktion: Es ist nicht zwingend dann von einem Nebensatz die Rede, wenn der Satz als satellitische Konstituente einer subordinativ strukturierten Wortgruppe interpretiert werden kann. Zwar ist |daß der Hofrat schlief| (Bsp. 608b) als Subjunktionsgefüge offensichtlich ein satellitischer Satz, aber im Rahmen dieses Gefüges erscheint der Satz |der Hofrat schlief| als Kern (nämlich als Subjunkt: § 46.2b$^{II\alpha\alpha}$ HLR). Gleichwohl erschiene es absurd, ihn als Hauptsatz zu deuten, da man sonst annähme, dass in Nebensätzen Hauptsätze als Kerne stecken können.

*

Die Kategorien ‚Hauptsatz' und ‚Nebensatz' sind nicht gleichzusetzen mit Gliedfunktionen, sondern (§ 88.2d HLR) mit Wortstellungsmustern, die durch das bekannte Stellungsfelder-Modell (vgl. z. B. Dürscheid 2007, 89 ff.) beschrieben werden.

---

§ 88.2 HLR: (b) Sätze sind strukturiert durch die Position des Verbs, welches das einfache Prädikat (§ 34.2b^I HLR) bzw. den Kern des zusammengesetzten Prädikats (§ 34.2b^{II} HLR) bildet: Es erscheint in Form einer Klammer auf zwei unterschiedliche Stellen im Satzgefüge verteilt. Demnach besteht ein Satzgefüge $^{(1)}$aus einem V o r f e l d (VF), d. h. der Position links von der linken Satzklammer, $^{(2)}$der l i n k e n S a t z k l a m m e r (lkSK), $^{(3)}$einem M i t t e l f e l d (MF), d. h. der Position zwischen der linken und der rechten Satzklammer, $^{(4)}$der r e c h t e n S a t z k l a m m e r (rSK) und $^{(5)}$einem N a c h f e l d (NF), d. h. der Position rechts von der rechten Satzklammer. $^{(6)}$Noch vor dem Vorfeld findet sich das so genannte V o r - V o r f e l d (VVF), das $^{(\alpha)}$Interjektionspartikeln, $^{(\beta)}$Substantivgruppen im Anredenominativ, die $^{(\beta\alpha)}$als Komitationsgefüge erscheinen (§ 38.1b^I HLR) oder $^{(\beta\beta)}$Komitationsgefügen entsprechen (§ 89.2α^{III} HLR), $^{(\gamma)}$Substantivgruppen, die im weiteren Satzverlauf durch ein Pronomen (§ 86 HLR) oder eine Pro-Partikel (§ 87.1d HLR) wiederaufgenommen werden, $^{(\delta)}$Kommentare (§ 36.3 HLR), $^{(\epsilon)}$Subjunktoren (§ 46.3c HLR) oder $^{(\zeta)}$Konjunktoren (§ 47.3c HLR) einnehmen können.

(c) Nicht jede der genannten Positionen muss besetzt sein; es kann leere Felder (Nullfelder) und auch eine leere linke oder rechte Klammer (Nullklammer) geben.

(d) $^{(I)}$Bei H a u p t s ä t z e n besetzt das flektierte Verb, welches das einfache Prädikat bzw. den Kern des zusammengesetzten Prädikats bildet, die linke Satzklammer (so genannte Verbzweitstellung). $^{(II)}$Bei N e b e n s ä t z e n erscheint es am äußersten rechten Rand der rechten Satzklammer (so genannte Verbletztstellung).

Zu § 88.2b/c HLR: Die formale Gestalt von Sätzen nach dem Stellungsfeldermodell lässt verschiedene Ausprägungen erkennen:
1. Vollständiges Modell: Beide Satzklammern sowie alle drei Felder sind besetzt (Bsp. 609a). Dabei liegt die so genannte Verbzweitstellung vor, die typisch für direkte Aussagesätze (Hauptsätze) ist. Das Nachfeld ist durch ein Gefügeglied besetzt, das auch im Mittelfeld stehen könnte (so genannte Ausklammerung). In der Regel im Nachfeld stehen Gliedsätze (Bsp. 609b); auch sie können jedoch im Mittelfeld erscheinen (Bsp. 609e).
2. Reduzierte Modelle:
a) Nicht vollständig realisiert sein kann lediglich die Satzklammer, will sagen: Die rechte Satzklammer ist unbesetzt (Bsp. 609c). Es liegt ebenso Verbzweitstellung und Nachfeld-Ausklammerung vor wie beim vollständigen Modell.

b) Unbeschadet der Verbzweitstellung kann das Nachfeld unbesetzt sein; besetzt sind das Vorfeld, die linke Satzklammer, und das Mittelfeld (Bsp. 609d) bzw. das Vorfeld, die linke und rechte Satzklammer und das Mittelfeld (Bsp. 609e).
c) Ein prinzipiell unbesetztes Vorfeld hat die so genannte Verberststellung, typisch für direkte Fragesätze (Bsp. 609f), Befehlssätze (Bsp. 609g), uneingeleitete, d. h. nicht subjunktional verbundene Konditionalsätze (Bsp. 609h), Wunschsätze (Bsp. 609i) sowie Affirmativsätze mit der Partikel *doch* (Bsp. 609j). Besetzt sind die linke Satzklammer und das Mittelfeld (Bsp. 609f), die beiden Satzklammern und das Mittelfeld (Bsp. 609h–j) oder die beiden Satzklammern, das Mittelfeld und das Nachfeld (Bsp. 609g).
d) Bei der so genannten Verbletztstellung (typisch für subjunktional determinierte Gliedsätze) sind prinzipiell die linke Prädikatklammer und das Nachfeld unbesetzt. Realisiert sind nur das Vorfeld, das Mittelfeld und die rechte Satzklammer (Bsp. 609k).

Bsp. 609: a) „¹[E]r ²habe ³sich eine lustige Jagd ⁴ausgedacht ⁵für diesen Abend" (ERNST, Glück 1904, 8); ¹Vorfeld, ²linke Satzklammer, ³Mittelfeld, ⁴rechte Satzklammer, ⁵Nachfeld.
b) „¹Da ²schaute ³sie ⁴auf, ⁵weil es so still geworden war" (ALTENBERG, Wie ich es sehe 1904, 19); ¹Vorfeld, ²linke Satzklammer, ³Mittelfeld, ⁴rechte Satzklammer, ⁵Nachfeld.
c) „¹Er ²war ³mir völlig fremd ⁴diesen Abend" (BRAUN, Mem. I 1909, 157); ¹Vorfeld, ²linke Satzklammer, ³Mittelfeld, ⁴Nachfeld.
d) „¹[D]er berühmte Marcello Malpighi in Bologna, gleich bahnbrechend in der Zoologie wie in der Botanik, ²gab ³1687 die erste zusammenhängende Darstellung von der Entstehung des Hühnchens im bebrüteten Ei." (HAECKEL, Welträtsel ¹¹1919, 62); ¹Vorfeld, ²linke Prädikatklammer, ³Mittelfeld.
e) „¹Der Meyringer ²hat, ³weil sich kein anderer gefunden hat, die Sache selbst ⁴in die Hand genommen" (FRANZOS, Pojaz 1905, 48); ¹Vorfeld, ²linke Satzklammer, ³Mittelfeld, ⁴rechte Satzklammer (Funktionsverbgefüge).
f) „¹Gibt ²es eine Logik der Geschichte?" (SPENGLER, Unterg. d. Abendl. I 1923, 3); ¹linke Satzklammer, ²Mittelfeld.
g) „¹Wende ²dich ³ab ⁴von der Bahn, die zur Teufelsmette führt." (WILLE, Abendburg 1909, 379 f.); ¹linke Satzklammer, ²Mittelfeld, ³rechte Satzklammer, ⁴Nachfeld.
h) „¹Hättest ²du von jeher anders von mir ³gedacht: – es wäre vielleicht manches besser." (DAHN, Rom 1876, 706); ¹linke Satzklammer, ²Mittelfeld, ³rechte Satzklammer.
i) „¹Hättest ²Du mir doch ³zur Seite gestanden!" (FONTANE, Wand. V 1889, 212); ¹linke Satzklammer, ²Mittelfeld, ³rechte Satzklammer.
j) „¹Hat ²doch Simonides die Frage, ob Reichtum oder Bildung vorzuziehen sei, zugunsten des Reichtums ³beantwortet! Denn er sehe die Weisen vor den Türen der Reichen!" (PÖHLMANN, Gesch. d. soz. Fr. I ³1925, 204); ¹linke Satzklammer, ²Mittelfeld, ³rechte Satzklammer.

k) „Dem ‚Völkerrecht' ist bekanntlich die Qualität als ‚Recht' immer wieder bestritten worden, weil ¹es ²an einer überstaatlichen Zwangsgewalt ³fehle." (WEBER, Soziolog. Grdbegr. 1921, 578); ¹Vorfeld, ²Mittelfeld, ³rechte Satzklammer.[276]

Fälle wie die in Bsp. 609b/e/h/j/k, in denen Sätze als Konstituenten von Sätzen erscheinen, lassen erkennen, dass das Stellungsfeldermodell auf unterschiedlichen Ebenen angesetzt werden kann (vgl. Dürscheid 2007, 93). So lässt sich etwa Bsp. 609k in folgender Weise analysieren: <u>ᴵDem „Völkerrecht"</u> ᴵᴵ<u>ist</u> ᴵᴵᴵ<u>bekanntlich die Qualität als „Recht" immer wieder</u> ᴵⱽ<u>bestritten worden,</u> ⱽ<u>weil</u> ¹<u>es</u> ²<u>an einer überstaatlichen Zwangsgewalt</u> ³<u>fehle</u> (ᴵVorfeld erster Ordnung, ᴵᴵlinke Satzklammer erster Ordnung, ᴵᴵᴵMittelfeld erster Ordnung, ᴵⱽrechte Satzklammer erster Ordnung, ⱽNachfeld erster Ordnung, ¹Vorfeld zweiter Ordnung, ²Mittelfeld zweiter Ordnung, ³rechte Satzklammer zweiter Ordnung).

Einheiten des Vorfeldes zeichnen sich dadurch aus, dass sie prinzipiell – sei es beim gleichen positionalen Modell, indem ihre Position mit der einer Mittelfeld-Einheit vertauscht wird, sei es bei unterschiedlichen Modellen – auch im Mittelfeld erscheinen können.[277] Dies bedeutet, dass hinsichtlich bestimmter Einheiten links von der linken Prädikatklammer eine Position noch v o r dem Vorfeld anzusetzen ist, da sie auf keinen Fall im Mittelfeld erscheinen können. Die Rede ist dabei insbesondere von bestimmten Partikeln in konnektierender Kommentarfunktion (§ 36.3bᴵᵝ, § 36.3cᴵᴵᴵ HLR).

---

276 Diese Interpretation des Prädikationsgefüges unterscheidet sich von der auf Erich Drach zurückgehenden, in der Forschung verbreiteten Deutung, wie sie z. B. von Duden (2005, 877) und Dürscheid (2007, 94) vertreten wird. Demnach gehört in Subjunktionalsätzen die Subjunktion zur Satzklammer: Sie bildet die linke, das Verb bzw. der Verbkomplex bildet die rechte Klammer des Satzes. – Wir interpretieren in dieser Arbeit die Subjunktorpartikel nicht als unmittelbaren Bestandteil des Satzes, sondern als unmittelbaren Bestandteil eines Subjunktionsgefüges, dessen z w e i t e r unmittelbarer Bestandteil der fragliche Satz ist. Dies schließt es für uns aus, die Subjunktorpartikel zur Klammer (als einem Phänomen i n n e r h a l b des Satzes) zu rechnen. Wir interpretieren sie vielmehr als zum Vor-Vorfeld gehörig; die linke Prädikatklammer erscheint demnach als nicht besetzt.

277 Diese Sichtweise legt es nahe, in einem Fall wie Bsp. 609h den vorangestellten uneingeleiteten Gliedsatz als Vorfeld-Komponente zu interpretieren. Das Vorfeld hat in diesem Fall zwei Bestandteile: den adverbialen Nebensatz und den Vorfeld-Platzhalter *es*. In anderen Beispielen kann anstelle des letzteren auch das Subjekt stehen („Hättest Du mich angesprochen, <u>ich</u> würde Dir freundlich geantwortet haben", DOHM, Schicks. 1899, 269), ein Objekt („Hättest Du mich damals in Berlin gekannt, <u>an der kleinen linkischen Person</u> wärst Du sicher auch vorübergegangen", DOHM, Schicks. 1899, 170 f.) oder ein Adverbial („Hättest du mirs gesagt, <u>dann</u> wäre ich nach Hause gegangen", ESSIG, Wetterfr. 1919, 39). In wieder anderen Beispielen kann das Vorfeld auch nur aus dem adverbialen Nebensatz allein bestehen: „<u>Hätte er eine wohlkonditionierte Uniform auf seinem Leibe gewußt</u>, würde er spornstreichs nach dem Schlosse aufgebrochen und ohne Scheu vor Fräulein Hardine und ihre vornehme Tafelrunde getreten sein" (FRANÇOIS, Reckenb. 1870, 47).

Bsp. 610: „Von dem Individuum wird nicht bloß im Felde und auf Augenblicke, sondern jederzeit die Hingebung der ganzen Existenz verlangt, <u>denn</u> es verdankt dem Ganzen alles" (BURCKHARDT, Grch. Kulturgesch. I 1898, 74).

Die Partikel *denn* kann, wie die Verschiebeprobe zeigt, bei gleichem Sinn nicht im Mittelfeld erscheinen (**es verdankt denn dem Ganzen alles*, **es verdankt dem Ganzen denn alles*); vielmehr ist sie auf die Vor-Vorfeld-Position fixiert.

§ 88.2 HLR: (e) Sätze können folgende Gliedfunktionen erfüllen: $^{(I)}$die von Gefügekernen, konkret: $^{(\alpha)}$Kommentaten (§ 36.2b$^{I\alpha}$ HLR), $^{(\beta)}$Subjunkten (§ 46.2b$^{II\alpha\alpha}$ HLR) oder $^{(\gamma)}$Konjunkten (§ 47.2b$^{II\alpha\alpha}$ HLR), $^{(II)}$die von Satelliten, konkret: $^{(\alpha)}$Flektanden (§ 29.3b$^{III\beta}$ HLR), $^{(\beta)}$Subjekten (§ 34.3b$^{II\alpha\alpha}$ HLR), $^{(\gamma)}$Objekten (§ 35.3b$^{I\beta\alpha}$ HLR), $^{(\delta)}$Adverbialien (§ 35.3b$^{II\beta\alpha\alpha}$ HLR), $^{(\epsilon)}$Kommentaren (§ 36.3b$^{II\alpha\alpha}$ HLR), $^{(\zeta)}$Attributen (§ 39.3b$^{III\alpha\alpha}$ HLR) oder $^{(\eta)}$Transzedenten (§ 42.3c$^{II\alpha\alpha}$ HLR), $^{(III)}$die von Koordinaten, konkret: $^{(\alpha)}$Kojunkten (§ 48.2b HLR), $^{(\beta)}$Kostrikten (§ 49.2b^{I} HLR), $^{(\gamma)}$Prädikationalien (§ 52.2b HLR), $^{(\delta)}$Attributionalien, genauer: Attributialien (§ 55.2b HLR), $^{(\epsilon)}$Ektranszessionalien (§ 56.2c$^{II\alpha\alpha}$ HLR), $^{(\zeta)}$Entranszessionalien (§ 56.3b$^{II\alpha\alpha}$ HLR), $^{(\eta)}$Subjunkt-Subjunktionalien (§ 58.2b HLR), $^{(\theta)}$Kojunktionalien (§ 59.2c HLR), $^{(\iota)}$Kostriktionalien (§ 60.2c HLR), $^{(\kappa)}$Transmissionalien (§ 61.2b HLR) oder $^{(\lambda)}$Interkompaxalien (§ 62.2a^{I} HLR).

- Zu § 88.2e$^{I\alpha}$ HLR: Sätze können als Kommentate erscheinen; vgl. Abb. 91, S. 235.
- Zu § 88.2e$^{I\beta}$ HLR: Sätze können als Subjunkte erscheinen; vgl. Bsp. 226b, S. 299. Subjunkt-Sätze sind immer Nebensätze i. S. v. § 88.2d^{II} HLR: Sie weisen Verbletztstellung auf.
- Zu § 88.2e$^{I\gamma}$ HLR: Sätze können als Konjunkte erscheinen; vgl. Bsp. 233a/b, S. 304.
- Zu § 88.2e$^{II\alpha}$ HLR: Sätze können als Flektanden erscheinen; vgl. Abb. 73, S. 208.
- Zu § 88.2e$^{II\beta}$ HLR: Sätze können als Subjekte erscheinen; vgl. Bsp. 95c, S. 224.
- Zu § 88.2e$^{II\gamma}$ HLR: Sätze können als Objekte erscheinen; vgl. Bsp. 100d, S. 229.
- Zu § 88.2e$^{II\delta}$ HLR: Sätze können als Adverbialien erscheinen; vgl. Bsp. 101d, S. 229.
- Zu § 88.2e$^{II\epsilon}$ HLR: Sätze können als Kommentare erscheinen; vgl. Bsp. 110c, S. 236.
- Zu § 88.2e$^{II\zeta}$ HLR: Sätze können als Attribute erscheinen; vgl. Bsp. 138k, S. 258 f.
- Zu § 88.2e$^{II\eta}$ HLR: Sätze können als Transzedenten erscheinen; vgl. Bsp. 187d, S. 283.
- Zu § 88.2e$^{III\alpha}$ HLR: Sätze können als Kojunkte erscheinen; vgl. Bsp. 239a, S. 308.
- Zu § 88.2e$^{III\beta}$ HLR: Sätze können als Kostrikte erscheinen; vgl. Bsp. 243, S. 310.
- Zu § 88.2e$^{III\gamma}$ HLR: Sätze können – analog zur Verwendung als Konjunkt: § 52.2b HLR – als Prädikationalien erscheinen; ausgenommen sind Prädikatialien.
- Zu § 88.2e$^{III\delta}$ HLR: Sätze können als Attributialien erscheinen; vgl. Bsp. 272e, S. 328.
- Zu § 88.2e$^{III\epsilon}$ HLR: Sätze können als Ektranszessionalien erscheinen; vgl. Bsp. 285b, S. 335.

- Zu § 88.2e^{IIIζ} HLR: Sätze können als Entranszessionalien erscheinen; vgl. Bsp. 286d, S. 336.
- Zu § 88.2e^{IIIη} HLR: Sätze können als Subjunkt-Subjunktionalien erscheinen; vgl. Bsp. 296c, S. 341. Sätze mit dieser Gliedfunktion sind (analog zu solchen mit Subjunkt-Funktion) immer Nebensätze i. S. v. § 88.2d^{II} HLR, weisen also Verbletztstellung auf.
- Zu § 88.2e^{IIIϑ} HLR: Sätze können – analog zur Verwendung als Konjunkt: § 59.2c HLR – als Kojunktionalien erscheinen.
- Zu § 88.2e^{IIIι} HLR: Sätze können als Kostriktionalien erscheinen; vgl. Bsp. 303, S. 347.
- Zu § 88.2e^{IIIκ} HLR: Sätze können können – ebenso wie Vertreter jeder anderen Wortart und Wortgruppenart (§ 61.2b HLR) – als Transmissionalien erscheinen.
- Zu § 88.2e^{IIIλ} HLR: Sätze können als Interkompaxalien erscheinen; vgl. Bsp. 330e/f, S. 365.

5.3.1.3 Perioden

§ 88.3 HLR: (a) Eine Verbgruppe heißt P e r i o d e (Pd), ^{(I)}wenn sie als Konektionsgefüge (§ 23.3 HLR) strukturiert ist und ihre Konektate sämtlich ^{(α)}Sätze (§ 88.2a, § 19.1b^{II} HLR) oder ^{(β)}Perioden (§ 19.1b^{Iα} HLR) oder ^{(γ)}Sätze und Perioden (§ 19.1b^{II} HLR) sind oder ^{(II)}wenn sie als Subordinationsgefüge strukturiert ist und ihr Kern eine Periode i. S. v. .3a^{I} HLR ist (§ 18.1b^{2β} HLR).

(b) Zu unterscheiden sind ^{(I)}Nebensatzperioden, deren unmittelbare Konstituenten ^{(α)}sämtlich Nebensätze (§ 88.2d^{II} HLR) oder ^{(β)}Nebensatzperioden i. S. v. § 88.3b^{Iα} HLR sind, und ^{(II)}Hauptsatzperioden, ^{(α)}deren unmittelbare Konstituenten sämtlich Hauptsätze (§ 88.2d^{I} HLR) oder ^{β)}Hauptsatzperioden i. S. v. § 88.3b^{IIα} HLR sind.

Zu § 88.3a HLR: Als Perioden sehen wir zunächst Abfolgen von Sätzen an, die als Kojunktionsgefüge (Bsp. 239a, S. 308) oder als Kostriktionsgefüge (Bsp. 243, S. 310) strukturiert sind; des weiteren sind ebensolche Abfolgen von Perioden selbst Perioden (Bsp. 611a: ein Kostriktionsgefüge, das zwei jeweils als Kojunktionsgefüge strukturierte Perioden verbindet), und auch ebensolche Abfolgen, zu deren Konekten sowohl Sätze als auch Perioden gehören (Bsp. 611b: ein Kojunktionsgefüge, das einen Satz und eine ihrerseits als Kojunktionsgefüge strukturierte Periode verbindet).

Bsp. 611: a) „⌈Es ward ein Landtag ausgeschrieben, und im Namen ihres Königs versammelt, wollten die Stände den General York zu ihrem Präsidenten wählen⌉; ⌈er aber lehnte das weise ab, und bald stand Alexander Dohna als ihr Präsident da⌉." (ARNDT, Erinn. 1840, 146.)

b) „⌈^{1}⌈^{2}Nur auf den Spuren, wo sie einst gewandelt war, hatte das Schicksal Rosen gestreut, ^{1}⌈aber ²ihr Duft war verflogen ²und ihre Dornen blieben dem verlassenen Herzen zurück.⌉⌉." (AHLEFELD, Marie Müller ²1814, 217); ¹Periode, ²Satz.

Schließlich gilt auch ein Subordinationsgefüge als Periode, dessen Kern ebenfalls eine Periode ist – so das Kommentationsgefüge |er aber lehnte das weise ab, und bald stand Alexander Dohna als ihr Präsident da| in Bsp. 611a, in dem die die Partikel /aber\ als Satellit (Kommentar), die Periode |er lehnte das weise ab, und bald stand Alexander Dohna als ihr Präsident da| als Kern (Kommentat) erscheint.

*

Zu § 88.3b HLR: Analog zur Unterscheidung von Haupt- und Nebensätzen unterscheiden wir Hauptsatzperioden (solche Perioden, deren Bestandteile die Wortstellung von Hauptsätzen aufweisen: Bsp. 611) und Nebensatzperioden (solche Perioden, deren Bestandteile Verbletztstellung aufweisen: Bsp. 612).

Bsp. 612: „Ich fand noch andre Fremde am Hofe, an welche ich mich bald schloß, weil sie mir ausnehmend gefielen, und weil sie, so wie ich, Beruf zu haben schienen, die lächerlichen Sachen von einer lächerlichen Seite anzusehen." (KNIGGE, Roman m. Leb. I 1781, 168.)

§ 88.3 HLR: (c) Perioden können folgende Gliedfunktionen erfüllen: $^{(I)}$die von Gefügekernen, konkret: $^{(\alpha)}$Kommentaten (§ 36.2b$^{I\beta}$ HLR), $^{(\beta)}$Subjunkten (§ 46.2b$^{II\alpha\beta}$ HLR) oder $^{(\gamma)}$Konjunkten (§ 47.2b$^{II\alpha\beta}$ HLR), $^{(II)}$die von Satelliten, konkret: $^{(\alpha)}$Subjekten (§ 34.3b$^{II\alpha\beta}$ HLR), $^{(\beta)}$Objekten (§ 35.3b$^{II\beta\beta}$ HLR), $^{(\gamma)}$Adverbialien (§ 35.3b$^{II\beta\alpha\beta}$ HLR), $^{(\delta)}$Kommentaren (§ 36.3b$^{II\alpha\beta}$ HLR), $^{(\epsilon)}$Attributen (§ 39.3b$^{II\alpha\beta}$ HLR), $^{(\zeta)}$Transzedenten (§ 42.3c$^{II\alpha\beta}$ HLR), oder $^{(III)}$die von Koordinaten, konkret: $^{(\alpha)}$Kojunkten (§ 48.2b$^{II\alpha\beta}$ HLR), $^{(\beta)}$Kostrikten (§ 49.2b^{II} HLR), $^{(\gamma)}$Prädikationalien (§ 52.2b HLR), $^{(\delta)}$Ektranszessionalien (§ 56.2c$^{II\alpha\beta}$ HLR), $^{(\epsilon)}$Entranszessionalien (§ 56.3b$^{II\alpha\beta}$ HLR), $^{(\zeta)}$Subjunkt-Subjunktionalien (§ 58.2b HLR), $^{(\eta)}$Kojunktionalien (§ 59.2c HLR), $^{(\vartheta)}$Kostriktionalien (§ 60.2c HLR) oder $^{(\iota)}$Transmissionalien (§ 61.2b HLR).

– Zu § 88.3c$^{I\alpha}$ HLR: Perioden können als Kommentate erscheinen; vgl. Bsp. 611a und die Erläuterung, S. 598.
– Zu § 88.3c$^{I\beta}$ HLR: Perioden können als Subjunkte erscheinen (nur Nebensatzperioden i. S. v. § 88.3b^{I} HLR); vgl. Bsp. 229g, S. 301.
– Zu § 88.3c$^{I\gamma}$ HLR: Perioden können als Konjunkte erscheinen; vgl. Bsp. 233d, S. 304.
– Zu § 88.3c$^{II\alpha}$ HLR: Perioden können als Subjekte erscheinen; vgl. Bsp. 95e, S. 224.
– Zu § 88.3c$^{II\beta}$ HLR: Perioden können als Objekte erscheinen; vgl. Bsp. 100f, S. 229.
– Zu § 88.3c$^{II\gamma}$ HLR: Perioden können als Adverbialien erscheinen; vgl. Bsp. 101f, S. 229. Als ein Adverbial interpretieren wir auch Fälle wie

Bsp. 613: „Er grämte sich, daß man ihm nichts zu essen gab und weil alle seiner vergaßen wie eines abgebrauchten Hausrats." (WASSERMANN, Juden 1897, 106.)

Will man die beiden Bestandteile des Adverbials jeweils für sich in den Blick nehmen, so hat man die Möglichkeit, sie als Adverbial-Kojunktionalien i. S. v. § 59.3δ HLR zu interpretieren.

– Zu § 88.3c$^{II\delta}$ HLR: Perioden können als Kommentare erscheinen; vgl. Bsp. 110d, S. 236.

- Zu § 88.3c^{IIε} HLR: Perioden können als Attribute erscheinen; vgl. Bsp. 138m, S. 259.
- Zu § 88.3c^{IIζ} HLR: Perioden können als Transzedenten erscheinen; vgl. Bsp. 187e, S. 283.
- Zu § 88.3c^{IIIα} HLR: Perioden können als Kojunkte erscheinen; vgl. Bsp. 233d, S. 304.
- Zu § 88.3c^{IIIβ} HLR: Perioden können als Kostrikte erscheinen; vgl. Bsp. 611a, S. 598.
- Zu § 88.3c^{IIIγ} HLR: Perioden können – analog zur Verwendung als Konjunkt (§ 52.2b HLR) – als Prädikationalien erscheinen; ausgenommen sind Prädikatialien.
- Zu § 88.3c^{IIIδ} HLR: Perioden können als Ektranszessionalien erscheinen; vgl. Bsp. 285c, S. 335.
- Zu § 88.3c^{IIIε} HLR: Perioden können als Entranszessionalien erscheinen; vgl. Bsp. 187e, S. 283.
- Zu § 88.3c^{IIIζ} HLR: Perioden können – analog zur Verwendung als Subjunkt (§ 58.2 HLR) – als Subjunkt-Subjunktionalien erscheinen (nur Nebensatzperioden i. S. v. § 88.3b^{I} HLR).
- Zu § 88.3c^{IIIη} HLR: Perioden können – analog zur Verwendung als Konjunkt (§ 59.2c HLR) – als Kojunktionalien erscheinen.
- Zu § 88.3c^{IIIϑ} HLR: Perioden können – analog zur Verwendung als Kostrikt (§ 60.2c^{II} HLR) – als Kostriktionalien erscheinen.
- Zu § 88.3c^{IIIι} HLR: Perioden können – ebenso wie Vertreter jeder anderen Wortart und Wortgruppenart (§ 61.2b HLR) – als Transmissionalien erscheinen.

5.3.1.4 Verbgruppen im engeren Sinn

§ 88.4a HLR: Eine Verbgruppe, die kein Satz (§ 88.2 HLR) und keine Periode (§ 88.3 HLR) ist, heißt Verbgruppe im engeren Sinn.

Zu § 88.4a HLR: Als Verbgruppen im engeren Sinn erscheinen infinitivische Verbgruppen, aber auch Verbgruppen, deren Kern ein finites Verb ist, wenn sie – in der Funktion des Prädikats – Bestandteile von Sätzen sind. Wo im weiteren Kapitel 5.3.1.4 von *Verbgruppen* die Rede ist, sind Verbgruppen im engeren Sinn gemeint; ebenso ist dies der Fall in allen graphischen Darstellungen von Gefügestrukturen, in denen eine Wortgruppe als *Verbgruppe* (*VbGr*) bezeichnet wird: Sätze und Perioden werden jeweils (mit dem Kürzel *S* bzw. *Pd*) als solche gekennzeichnet.

Hinsichtlich ihrer Gliederstruktur (§ 13.3β^{I} HLR) lassen sich acht verschiedene Typen von Verbgruppen unterscheiden, die wir als α-, β-, γ-, δ-, ε-, ζ-, η- und ϑ-Verbgruppen bezeichnen. Dabei gelten zugleich durchweg die in § 18.1b und § 19.1b HLR formulierten Grundsätze, nach denen sich die Zeichenart von Subordinations- bzw.

Koordinationsgefügen bestimmen lässt: Subordinativ gefügte Verbgruppen, die eine α-, β-, γ-, δ-, ε-, ζ- oder η-Verbgruppe als Kern haben, sind ihrerseits jeweils ebensolche Verbgruppen; sofern sie koordinativ gefügt sind und Verbgruppen einer und derselben der genannten Arten als Koordinate oder unmittelbare oder mittelbare Koordinatkerne aufweisen, sind sie ihrerseits Verbgruppen derselben Art, und ebenso dann, wenn die Koordinate oder oder unmittelbaren oder mittelbaren Koordinatkerne Verbgruppen einer und derselben Art und weitere Koordinate Verben sind. Bei Koordinaten unterschiedlicher Verbgruppenart sind die Koordinationsgefüge Verbgruppen eigener Art (ϑ-Verbgruppen). Mit anderen Worten: Es spielt für die nähere Bestimmung einer Verbgruppe als Wortgruppe nicht in erster Linie eine Rolle, welche Gliederstruktur (§ 13.3β^I HLR), sondern welche Exemplarstruktur (§ 13.3β^{II} HLR) sie erkennen lässt.

5.3.1.4.1 α-Verbgruppen

§ 88.4b^I HLR: Eine Verbgruppe heißt α - V e r b g r u p p e (α-VbGr), $^{(\alpha)}$wenn sie als Flexionsgefüge strukturiert ist (§ 29.1b^{III} HLR) und ihr Flektand $^{(\alpha\alpha)}$eine Infinitverbgruppe (§ 88.1b$^{I\beta\beta}$ HLR) oder $^{(\alpha\beta)}$eine Verbadjektivgruppe (§ 90.1b$^{II\beta}$ HLR), $^{(\beta)}$wenn sie als Subordinationsgefüge strukturiert und ihr Kern eine α-Verbgruppe ist (§ 18.1b$^{2\beta}$ HLR) oder $^{(\gamma)}$wenn sie als Kojunktionsgefüge strukturiert ist (§ 48.1b$^{I\beta}$ HLR) und ihre Kojunkte $^{(\gamma\alpha)}$ausnahmslos α-Verbgruppen (§ 19.1b$^{I\beta}$ HLR) oder $^{(\gamma\beta)}$Verben und α-Verbgruppen (§ 19.1b^V HLR) sind.

Zu § 88.4b^I HLR: Verbgruppen, die Flexionsgefüge sind und bei denen ein Hilfsverb mehrere Infinitverben (Bsp. 83, S. 207) oder mehrere Verbadjektive (Bsp. 614a) flektiert, nennen wir α-Verbgruppen. Dasselbe gilt für komplexere Gefüge, bei denen die Konstituenten des Flektanden teilweise oder sämtlich Infinitverbgruppen (Bsp. 614b) oder Verbadjektivgruppen (Abb. 63, S. 202) sind.

Bsp. 614: a) „Er bemühte sich, seinen Jammer zu besaufen und zu befressen, es half nicht. Nachdem er einige Stunden <u>gegessen und getrunken hatte</u>, war er geisteskrank." (LICHTENSTEIN, Café 1919, 60.)

b) „Ein großer Held <u>wird kommen und die Prinzessin befreien</u>!" (BRAUN, Mem. II 1911, 352.)

§ 88.4b$^{I\alpha}$ HLR gilt auch in solchen Fällen, bei denen der Flektor kein einfaches Hilfsverb, sondern eine Hilfsverbgruppe ist (Abb. 70, S. 206): Da Hilfsverben immer in der von ihnen ko-konstituierten Vollverb-Form oder Vollverbgruppe aufgehen (vgl. § 82.2d$^{II\beta\alpha}$ HLR), wird nicht (nach § 18.1b$^{2\beta}$ HLR) durch eine Hilfsverbgruppe als Flektor – d. h. als Kern eines Verbsyntagmas – wiederum eine H i l f s verbgruppe gebildet.

Ist der Kern einer Verbgruppe eine α-Verbgruppe, so erscheint das Konstitut (nach § 18.1b$^{2\beta}$ HLR) seinerseits als α-Verbgruppe: Da *gesucht und gefunden zu haben*

(Bsp. 99f, S. 228) eine α-Verbgruppe ist, so ist es auch die Verbgruppe *eine Freundin gesucht und gefunden zu haben*, als deren Kern sie (ebd.) fungiert.

Ebenso gilt eine Verbgruppe als α-Verbgruppe, die als Kojunktionsgefüge strukturiert ist und deren Kojunkte ausnahmslos α-Verbgruppen sind.

Bsp. 615: „Solcher Becher von unbekannter Materie, einer seltsamen und ungewöhnlichen Farbe und Form, ist Heinrich, dem alten Könige von Engeland, als ein Geschenk dargebothen und darnach der Königin Bruder David, König von Schottland, überschickt worden und ward viele Jahre in dem Schatze des Königs behalten, dann aber dem König Heinrich dem zweiten, so solchen zu sehen begehrte, wiederum vom König Wilhelm aus Schottland zugeschickt." (Büsching, Volks-Sag. 1812, 379 f.)

Das Prädikat dieses komplexen Satzes (*ist Heinrich ... zugeschickt*) ist ein solches Kojunktionsgefüge. Seine beiden Kojunkte (*ist Heinrich ... überschickt worden* und *und ward viele Jahre ... zugeschickt*) sind α-Verbgruppen: Sie weisen jeweils eine Hilfsverbform (*ist worden* bzw. *ward*) auf, die als Flektor zwei – ihrerseits kojunktiv gefügte – Verbadjektivgruppen verbindet: erstens *Heinrich ... dargeboten* und *und darnach ... überschickt*, zweitens *viele Jahre ... behalten* und *dann aber dem König Heinrich ... zugeschickt*.

Handelt es sich schließlich bei einer Verbgruppe um ein Kojunktionsgefüge, dessen Kojunkte Verben und α-Verbgruppen sind (Bsp. 616), so ist das Kojunktionsgefüge im Ganzen nach § 19.1b^V HLR gleichfalls eine α-Verbgruppe.

Bsp. 616: „Sie sind gesessen und haben gelesen und geweint" (Franzos, Pojaz 1905, 70).

5.3.1.4.2 β-Verbgruppen

§ 88.4b^{II} HLR: Eine Verbgruppe – in Frage kommen alle spezifischen Verbgruppenarten (§ 88.1b^1 HLR) mit Ausnahme von Hilfsverbgruppen (§ 88.1b^{IV} HLR) – heißt β - V e r b g r u p p e (β-VbGr), $^{(α)}$wenn sie als Supprädikationsgefüge strukturiert (§ 35.1b^I HLR) und ihr Kern ein Verb (§ 18.1b^{2α}; § 82.5α^{Iγ}, § 82.5δ^I HLR) ist, $^{(β)}$wenn sie als Subordinationsgefüge strukturiert und ihr Kern eine β-Verbgruppe ist (§ 18.1b^{2β} HLR) oder $^{(γ)}$wenn sie als Kojunktionsgefüge strukturiert ist (§ 48.1b^{Iβ} HLR) und ihre Kojunkte ausnahmslos $^{(γα)}$β-Verbgruppen (§ 19.1b^{Iβ} HLR) oder $^{(γβ)}$Verben und β-Verbgruppen (§ 19.1b^V HLR) sind.

Zu§ 88.4b^{II} HLR: Von β-Verbgruppen ist die Rede, wenn eine Verbgruppe, ohne dass ihr Kern wiederum eine Verbgruppe ist, als Supprädikationsgefüge strukturiert ist (Bsp. 97a, S. 226) – mit anderen Worten: wenn es keine Möglichkeit gibt, dass eine Verbgruppe anderer Art als Kern (gemäß § 18.1b^{2β} HLR) ihre Zeichenart an das Konstitut ‚vererbt'. Liegt eine β-Verbgruppe als Kern einer anderen Verbgruppe vor, so ‚vererbt' sie ihrerseits ihre Zeichenart an das Konstitut – das dann allerdings seiner Gliederstruktur nach nicht seinerseits ein Supprädikationsgefüge ist.

Bsp. 617: „Dem verschmähten Reginald aber wandte der Rachegeist das Herz im Busen, und er ging <u>und ermordete die Liebenden in ihrem Brautbette</u>." (BECHSTEIN, Dt. Sag. 1853, 105.)

In diesem Beispiel ist die β-Verbgruppe |ermordete die Liebenden in ihrem Brautbette| Kern eines Konjunktionsgefüges, das aufgrund der Zeichenart seines Kerns ebenfalls als β-Verbgruppe erscheint. Berücksichtigt man, dass (§ 19.1b^V HLR) eine Verbgruppe, die als Kojunktionsgefüge strukturiert ist und zu ihren Kojunkten ein Verb und eine Verbgruppe zählt, der Zeichenart nach identisch ist mit der Zeichenart ihres Verbgruppen-Kojunkts, so kann man auch |ging und ermordete die Liebenden in ihrem Brautbette| in Bsp. 617 als β-Verbgruppe klassifizieren. β-Verbgruppen dieser Art – und auch solche, die β-Verbgruppen sind, weil sie ausschließlich β-Verbgruppen als Kojunkte aufweisen (§ 19.1b^{Iβ}: Bsp. 618) –, sind zwar keine Supprädikationsgefüge, können aber dieselben Gliedfunktionen erfüllen wie Supprädikationsgefüge; sie können beispielsweise Prädikate (Bsp. 617) oder Objekte (Bsp. 618) sein.

Bsp. 618: „Aber sie bat Maria, <u>nach Hause zu gehen und sich ins Bett zu legen</u>, sie wäre ja krank." (DOHM, Ruland 1902, 146.)

5.3.1.4.3 γ-Verbgruppen

§ 88.4b^{III} HLR: Eine Verbgruppe heißt γ - V e r b g r u p p e (γ-VbGr), $^{(α)}$wenn sie als Adverbationsgefüge strukturiert (§ 37.1b^{II} HLR) und ihr Kern ein Verb ist (§ 18.1b^{2α}; § 37.2b^{I} HLR), $^{(β)}$wenn sie als Subordinationsgefüge strukturiert und ihr Kern eine γ-Verbgruppe ist (§ 18.1b^{2β} HLR) oder $^{(γ)}$wenn sie als Kojunktionsgefüge strukturiert ist (§ 48.1b^{Iβ} HLR) und ihre Kojunkte $^{(γα)}$ausnahmslos γ-Verbgruppen (§ 19.1b^{Iβ}) oder $^{(γβ)}$Verben und γ-Verbgruppen (§ 19.1b^V HLR) sind.

Zu § 88.4b^{III} HLR: Eine unmittelbar durch ihre Gliederstruktur bestimmte γ-Verbgruppe weist ein Verb als Kern auf und ist als Adverbationsgefüge strukturiert (Bsp. 115f, S. 239). Durch ‚Vererbung' der Zeichenart ihres Kerns kommen des weiteren γ-Verbgruppen zustande, die eine γ-Verbgruppe eben als ihren Kern aufweisen.

Bsp. 619: „Sie <u>befand sich in ihrem Schlafgemach</u>." (AHLEFELD, Erna 1820, 213.)

Eine solche ‚Vererbung' findet auch statt, wenn eine Verbgruppe als Kojunktionsgefüge strukturiert ist und ihre Kojunkte sämtlich γ-Verbgruppen sind.

Bsp. 620: „Es war nach der Schlacht bei Leuthen, wo unsere Lazarette <u>sich in schlechtem Zustande befanden, und sich</u> wahrhaftig noch in schlechterem Zustande <u>befunden hätten</u>, wäre Breme nicht damals ein junger rüstiger Bursche gewesen." (GOETHE, Aufger. ⌜*1793; 1817⌝, 17.)

Sind die Kojunkte sowohl Verben als auch γ-Verbgruppen (Bsp. 621), so liegt keine ‚Vererbung' im obigen Sinne vor; nach § 19.1b^V HLR sind solche Verbgruppen jedoch ebenfalls γ-Verbgruppen, weil sich bei Kojunkten, die unterschiedlichen Zeichenarten-Hierarchieebenen im Sinne von § 24.2 HLR angehören, dasjenige Kojunkt als zeichenartbestimmend für das Kojunktionsgefüge im Ganzen ‚durchsetzt', das auf der gleichen Hierarchieebene angesiedelt ist wie das Kojunktionsgefüge im Ganzen.

Bsp. 621: „Eines Nachmittags, als er <u>nach Hause kam</u> und <u>sich an seinen Schreibtisch begab</u>" (JANITSCHEK, Frauenkr. 1900, 59).

5.3.1.4.4 δ-Verbgruppen

§ 88.4b^{IV} HLR: Eine Verbgruppe heißt δ - V e r b g r u p p e (δ-VbGr), $^{(α)}$wenn sie als Transzessionsgefüge strukturiert (§ 42.1b^I HLR) und ihr Kern ein Verb ist (§ 18.1b^{2α}; § 42.2b^{Iα} HLR), $^{(β)}$wenn sie als Subordinationsgefüge strukturiert und ihr Kern eine δ-Verbgruppe ist (§ 18.1b^{2β} HLR) oder $^{(γ)}$wenn sie als Kojunktionsgefüge strukturiert ist (§ 48.1b^{Iβ} HLR) und ihre Kojunkte $^{(γα)}$ausnahmslos δ-Verbgruppen (§ 19.1b^{Iβ} HLR) oder $^{(γβ)}$Verben und δ-Verbgruppen (§ 19.1b^V HLR) sind.

Zu § 88.4b^{IV} HLR: Eine Verbgruppe, die als Transzessionsgefüge strukturiert und deren Kern ein Verb ist, heißt δ-Verbgruppe. Da (§ 42.2b^{Iα} HLR) als derartige Kerne nur Vollverben (Bsp. 175b, S. 274) oder Kopulaverben (Bsp. 175c, ebd.) in Betracht kommen, sind δ-Verbgruppen dieser Art immer Vollverbgruppen (§ 88.1b^{1α} HLR) oder Kopulaverbgruppen (§ 88.1b^{1ε} HLR).

Eine Verbgruppe, deren Kern eine δ-Verbgruppe ist, gilt ebenfalls als δ-Verbgruppe (Bsp. 622a), nicht anders als eine solche, die als Kojunktionsgefüge strukturiert ist und nur δ-Verbgruppen (Bsp. 622b) oder Verben und δ-Verbgruppen (Bsp. 622c) zu ihren Kojunkten zählt.

Bsp. 622: a) „*Carneades* hielt zu Rom öffentlich zwei Reden, die eine für, die andere wider die Gerechtigkeit, und – ward 90 Jahre alt. Hufeland hat es in seiner Makrobiotik zu bemerken vergessen, daß man, <u>um alt zu werden</u>, keine Grundsätze haben dürfe." (BÖRNE, Aph. u. Misz. 1829, 236.)

b) „Eine große und tiefe Menschenseele, ein fliegender Geist, der gebannt war in einen schwachen, kranken und belasteten Körper, sang uns das funkelnde Lied vom Übermenschen. Dieses Lied wird Dichtung bleiben für alle Zeiten. Was es verhieß, wird nie Erfüllung werden – der Mensch <u>ist Erde und wird Erde bleiben</u>." (GANGHOFER, Lebensl. II 1910, 581 f.)

c) „Förster <u>ging und ward Mitbegründer des Berliner Deutschen Theaters, das er vor allem groß gemacht hat</u>." (WILBRANDT, Erinn. I 1905, 77.)

5.3.1.4.5 ε-Verbgruppen

§ 88.4b^V HLR: Eine Verbgruppe heißt ε - V e r b g r u p p e (ε-VbGr), $^{(α)}$wenn sie als Anzeptionsgefüge strukturiert (§ 43.1b^I HLR) und ihr Kern ein Verb ist (§ 18.1b^{2α} HLR), $^{(β)}$wenn sie als Subordinationsgefüge strukturiert und ihr Kern eine ε-Verbgruppe ist (§ 18.1b^{2β} HLR) oder $^{(γ)}$wenn sie als Kojunktionsgefüge strukturiert ist (§ 48.1b^{Iβ} HLR) und ihre Kojunkte $^{(γα)}$ausnahmslos ε-Verbgruppen (§ 19.1b^{Iβ} HLR) oder $^{(γβ)}$Verben und ε-Verbgruppen (§ 19.1b^{V} HLR) sind.

Zu § 88.4b^{V} HLR: Wenn Verbgruppen als Anzeptionsgefüge strukturiert sind und Verben als Kerne aufweisen (Bsp. 195, S. 287), so heißen sie ε-Verbgruppen. Erscheinen sie als Kerne von Subordinationsgefügen – etwa von Supprädikationsgefügen (gleichfalls Bsp. 195) –, so sind diese Subordinationsgefüge ihrerseits als ε-Verbgruppen zu klassifizieren. Denkbar, allerdings in unserem Untersuchungskorpus nicht belegt, sind auch Fälle, in denen als Kojunkte ausschließlich ε-Verbgruppen (*er kam bereitwillig und als erster von allen und handelte umsichtig und als wahrer Freund) oder Verben und ε-Verbgruppen erscheinen (*er kam und handelte umsichtig und als wahrer Freund); auch Kojunktionsgefüge dieser Art gelten als ε-Verbgruppen.

5.3.1.4.6 ζ-Verbgruppen

§ 88.4b^{VI} HLR: Eine Verbgruppe – faktisch immer eine Vollverbgruppe (§ 88.1b^{Iα} HLR) – heißt ζ - V e r b g r u p p e (ζ-VbGr), $^{(α)}$wenn sie als Subjunktionsgefüge strukturiert (§ 46.1b^{Iβ} HLR) und ihr Kern ein Verb ist (§ 18.1b^{2α}; § 46.2b^{Iα} HLR), $^{(β)}$wenn sie als Subordinationsgefüge strukturiert und ihr Kern eine ζ-Verbgruppe ist (§ 18.1b^{2β} HLR) oder $^{(γ)}$wenn sie als Kojunktionsgefüge strukturiert ist (§ 48.1b^{Iβ} HLR) und ihre Kojunkte ausnahmslos ζ-Verbgruppen (§ 19.1b^{Iβ} HLR) sind.

Zu § 88.4b^{VI} HLR: Verbgruppen, die als Subjunktionsgefüge strukturiert und deren Kerne Verben sind (Bsp. 229a, S. 301), nennen wir ζ-Verbgruppen. Da als Subjunkte nur Vollverben in Betracht kommen (§ 46.2b^{Iα} HLR), sind ζ-Verbgruppen prinzipiell Vollverbgruppen (§ 88.1b^{Iα} HLR).

Subordinationsgefüge, deren Kerne ζ-Verbgruppen sind (Bsp. 623a), und Kojunktionsgefüge, deren Kojunkte sämtlich ζ-Verbgruppen (Bsp. 623b), gelten ebenfalls als ζ-Verbgruppen.

Bsp. 623: a) „Er machte eine Bewegung mit dem Munde, wie um zu rufen." (HAUPTMANN, Einhart ^{6}1915, II, 23.)
b) „Bin ich hier um zu sterben oder um zu leben?" (LAUDE, Jg. Europ. I 1833, 159.)

5.3.1.4.7 η-Verbgruppen

§ 88.4b^{VII} HLR: Eine Verbgruppe heißt η - V e r b g r u p p e (η-VbGr), $^{(α)}$wenn sie als Konjunktionsgefüge strukturiert (§ 47.1b^{Iγ} HLR) und ihr Kern ein Verb ist (§ 18.1b^{2α}; § 47.2b^{Iα} HLR), $^{(β)}$wenn sie als Subordinationsgefüge strukturiert ist und ihr Kern eine η-Verbgruppe ist (§ 18.1b^{2β} HLR) oder $^{(γ)}$wenn sie als Kojunktionsgefüge strukturiert ist (§ 48.1b^{Iβ} HLR) und ihre Kojunkte $^{(γα)}$ausnahmslos η-Verbgruppen (§ 19.1b^{Iβ} HLR) oder $^{(γβ)}$Verben und η-Verbgruppen (§ 19.1b^{V} HLR) sind.

Zu § 88.4b^VII HLR: Verbgruppen, die als Konjunktionsgefüge strukturiert sind und Verben als Konjunkte haben (Bsp. 234, S. 305), nennen wir η-Verbgruppen. Ebenso gilt als η-Verbgruppe eine Verbgruppe, die als Subordinationsgefüge strukturiert ist und eine η-Verbgruppe als Kern aufweist (Bsp. 624a), die als Kojunktionsgefüge nur η-Verbgruppen-Kojunkte aufweist (Bsp. 624b) oder die als Kojunktionsgefüge Verben und η-Verbgruppen zu Kojunkten hat (Bsp. 624c).

Bsp. 624: a) „Neugierig, wartete das Mädchen nur den Sonntag ab, als Bauer und Bäuerin in die Kirche waren, um zu stöbern und zu suchen, und richtig, sie fand den Schlüssel zum Koffer in seinem Versteck und schloß auf." (BECHSTEIN, Dt. Sag. 1853, 145.)

b) „So blieb ihr nur die Wahl: entweder dienen oder heiraten." (CHRIST, Mad. Bäurin 1920, 686.)

c) „Ich bin der Cäsar der Lügen; ich kann von mir sagen, wie ‚der krummnasige Kerl von Rom': Ich kam, sah und – log!" (IMMERMANN, Münchh. 1838–39, 617.)

5.3.1.4.8 ϑ-Verbgruppen

§ 88.4b^VIII HLR: Eine Verbgruppe heißt ϑ - V e r b g r u p p e (ϑ-VbGr), wenn sie ^(α)als Kojunktionsgefüge strukturiert (§ 48.1b^Iβ HLR) und keine Verbgruppe i. S. v. § 88.4b^IV, § 88.4b^IIV, § 88.4b^IIIV, § 88.4b^IVV, § 88.4b^VV oder § 88.4b^VIβ HLR ist oder ^(β)wenn sie als Subordinationsgefüge strukturiert und ihr Kern eine ϑ-Verbgruppe i. S. v. § 88.4b^VIIIα HLR ist (§ 18.1b^2β HLR).

Zu § 88.4b^VIII HLR: Als ϑ-Verbgruppen bezeichnen wir alle Verbgruppen, die keine α-, β-, γ-, δ-, ε-, ζ- oder η-Verbgruppen sind. Eine ϑ-Verbgruppe kann als Kojunktionsgefüge strukturiert sein und Verbgruppen verschiedener Art zu ihren Kojunkten zählen, beispielsweise α- und β-Verbgruppen.

Bsp. 625: a) „Sie vergoß heiße Thränen bey der harten Strafpredigt, fiel vor ihm nieder, betheuerte und schwur: sie $^{3^r 1}$sey von einer guten Freundin gereizt und verleitet worden, ^{2}und werde es nie wieder thun$^\rceil$." (HEINSE, H. v. Hohenth. I 1795, 41); ^{1}α-Verbgruppe, ^{2}β-Verbgruppe, ^{3}ϑ-Verbgruppe.

b) „Dieses Florentiner Kunsthistorische Institut $^{3^r 1}$war namentlich auf Bayersdorfers Betreiben in Aussicht genommen und vorbereitet worden ^{2}und wurde dann dem Professor Heinrich Brockhaus übergeben$^\rceil$, der seiner Gesundheit wegen in Florenz lebte und seine ganze Tätigkeit dem Institut widmete." (BODE, Leb. II 1930, 135); ^{1}α-Verbgruppe, ^{2}β-Verbgruppe, ^{3}ϑ-Verbgruppe.

c) „Ihr Bräutigam $^{3^r 1}$war bei Bau verwundet und gefangen worden ^{2}und wurde angeblich mit den übrigen Gefangenen auf dem Kriegsschiff ‚Droning Maria' von den Dänen schlecht behandelt$^\rceil$." (SIEMENS, Leb. 1892, 53); ^{1}α-Verbgruppe, ^{2}β-Verbgruppe, ^{3}ϑ-Verbgruppe.

Erscheint eine solche ϑ-Verbgruppe als Kern eines Subordinationsgefüges (Bsp. 626), so handelt es sich auch bei letzterem um eine ϑ-Verbgruppe.

Bsp. 626: „Dübois entfernte sich, ³ʳum ³ʳ¹diesen Auftrag zu besorgen ²und sich dann zur Ruhe zu begeben"." (TIECK-BERNHARDI, Evremont 1836, I, 44 f.); ¹α-Verbgruppe, ²β-Verbgruppe, ³ϑ-Verbgruppe.

5.3.1.4.9 Verbgruppen im engeren Sinn als Glieder

§ 88.4c HLR: Verbgruppen im engeren Sinn können folgende Gliedfunktionen erfüllen: ⁽ᴵ⁾die von Gefügekernen, konkret: ⁽ᵅ⁾Flektoren (§ 29.2bᴵᴵᴵ HLR), ⁽ᵝ⁾Prädikaten (§ 34.2bᴵᴵ HLR), ⁽ᵞ⁾Supprädikaten (§ 35.2bᴵᴵ HLR), ⁽ᵟ⁾Kommentaten (§ 36.2bᴵⱽ HLR), ⁽ᵋ⁾Adverbanden (§ 37.2bᴵᴵ HLR), ⁽ᶻ⁾Transzessen (§ 42.2bᴵᴵᵅ HLR), ⁽ⁿ⁾Subjunkten (§ 46.2bᴵᴵᵅᵞ HLR) oder ⁽ᶿ⁾Konjunkten (§ 47.2bᴵᴵᵅᵞ HLR), ⁽ᴵᴵ⁾die von Satelliten, konkret: ⁽ᵅ⁾Flektanden (§ 29.3bᴵᴵᴵᵅᵅ HLR), ⁽ᵝ⁾Subjekten (§ 34.3bᴵᴵᵅᵞ HLR), ⁽ᵞ⁾Objekten (§ 35.3bᴵᵝᵞ HLR), ⁽ᵟ⁾Adverbialien (§ 35.3bᴵᴵᵝᵅᵞ HLR), ⁽ᵋ⁾Adverbaten (§ 37.3bᴵᴵᵅ HLR), ⁽ᶻ⁾Attributen (§ 39.3bᴵᴵᵅᵞ HLR), ⁽ⁿ⁾Transzedenten (§ 42.3cᴵᴵᵅᵝ HLR) oder ⁽ᶿ⁾Adponenden (§ 45.3bᴵᴵᵅ HLR) oder ⁽ᴵᴵᴵ⁾die von Koordinaten, konkret: ⁽ᵅ⁾Kojunkten (§ 48.2b HLR), ⁽ᵝ⁾Prädikationalien (§ 52.2b HLR), ⁽ᵞ⁾Ektranszessionalien (§ 56.2cᴵᴵᵞ HLR), ⁽ᵟ⁾Entranszessionalien (§ 56.3bᴵᴵᵅᵞ HLR), ⁽ᵋ⁾Adponend-Adpositionalien (§ 57.2b HLR), ⁽ᶻ⁾Subjunkt-Subjunktionalien (§ 58.2b HLR), ⁽ⁿ⁾Kojunktionalien (§ 59.2c HLR) oder ⁽ᶿ⁾Transmissionalien (§ 61.2b HLR).

- Zu § 88.4cᴵᵅ HLR: Verbgruppen im engeren Sinn – allerdings nur Hilfsverbgruppen – können als Flektoren erscheinen; vgl. Abb. 70, S. 206.
- Zu § 88.4cᴵᵝ HLR: Verbgruppen im engeren Sinn können als Prädikate erscheinen; vgl. Bsp. 94b–i, S. 223.
- Zu § 88.4cᴵᵞ HLR: Verbgruppen im engeren Sinn können als Supprädikate erscheinen; vgl. Bsp. 99e–k, S. 228.
- Zu § 88.4cᴵᵟ HLR: Verbgruppen im engeren Sinn können als Kommentate erscheinen; vgl. Bsp. 109b, S. 236.
- Zu § 88.4cᴵᵋ HLR: Verbgruppen im engeren Sinn können als Adverbanden erscheinen; vgl. Bsp. 116, S. 240.
- Zu § 88.4cᴵᶻ HLR: Verbgruppen im engeren Sinn können als Transzesse erscheinen; vgl. Bsp. 175a, S. 274, und Bsp. 177b–d, S. 275.
- Zu § 88.4cᴵⁿ HLR: Verbgruppen im engeren Sinn können als Subjunkte erscheinen; vgl. Bsp. 229f, S. 301.
- Zu § 88.4cᴵᶿ HLR: Verbgruppen im engeren Sinn können als Konjunkte erscheinen; vgl. Bsp. 233c, S. 304.
- Zu § 88.4cᴵᴵᵅ HLR: Verbgruppen im engeren Sinn – allerdings nur Infinitverbgruppen – können als Flektanden erscheinen; vgl. Abb. 72, S. 207.
- Zu § 88.4cᴵᴵᵝ HLR: Verbgruppen im engeren Sinn können als Subjekte erscheinen; vgl. Bsp. 95d, S. 224.
- Zu § 88.4cᴵᴵᵞ HLR: Verbgruppen im engeren Sinn können als Objekte erscheinen; vgl. Bsp. 100e, S. 229.
- Zu § 88.4cᴵᴵᵟ HLR: Verbgruppen im engeren Sinn können als Adverbialien erscheinen; vgl. Bsp. 101e, S. 229.

- Zu § 88.4c^{IIε} HLR: Verbgruppen im engeren Sinn können als Adverbate erscheinen; vgl. Bsp. 118e, S. 242.
- Zu § 88.4c^{IIζ} HLR: Verbgruppen im engeren Sinn können als Attribute erscheinen; vgl. Bsp. 138ℓ, S. 259.
- Zu § 88.4c^{IIη} HLR: Verbgruppen im engeren Sinn können als Transzedenten erscheinen; vgl. Bsp. 178d, S. 276.
- Zu § 88.4c^{IIθ} HLR: Verbgruppen im engeren Sinn können als Adponenden erscheinen; vgl. Bsp. 224e, S. 297.
- Zu § 88.4c^{IIIα} HLR: Verbgruppen im engeren Sinn können als Kojunkte erscheinen; vgl. Bsp. 239b, S. 308.
- Zu § 88.4c^{IIIβ} HLR: Verbgruppen im engeren Sinn können – insofern sie Konjunkte sein können (§ 52.2b HLR) – als Prädikationalien erscheinen: als Subjektualien analog der Subjekt-Funktion, als Prädikatialien analog der Prädikat-Funktion, als Objektualien analog der Objekt-Funktion und als Adverbiatialien analog der Adverbial-Funktion.
- Zu § 88.4c^{IIIγ} HLR: Verbgruppen im engeren Sinn können als Ektranszessionalien erscheinen; vgl. Bsp. 285d, S. 335.
- Zu § 88.4c^{IIIδ} HLR: Verbgruppen im engeren Sinn können als Entranszessionalien erscheinen; vgl. ebd.
- Zu § 88.4c^{IIIε} HLR: Verbgruppen im engeren Sinn können als Adponend-Adpositionalen erscheinen; vgl. Bsp. 292e–g, S. 339.
- Zu § 88.4c^{IIIζ} HLR: Verbgruppen im engeren Sinn können als Subjunkt-Subjunktionalien erscheinen.

Bsp. 627: „Sobald der eintretende Winter die hohen Kuppen mit Schnee umhüllt, steigen die Böcke zu den Ziegen herab, [1]um [2]sich zu paaren und [2]in ihrer Gesellschaft die ärmere Jahreszeit zu verleben." (BREHM, Thierleb. III ²1883, 317); [1]Subjunktor-Subjunktional; [2]Subjunkt-Subjunktional.

- Zu § 88.4c^{IIIη} HLR: Verbgruppen im engeren Sinn können – analog zur Verwendung als Konjunkt (§ 59.2c HLR) – als Kojunktionalien erscheinen.
- Zu § 88.4c^{IIIθ} HLR: Verbgruppen im engeren Sinn können – ebenso wie Vertreter jeder anderen Wortart und Wortgruppenart (§ 61.2b HLR) – als Transmissionalien erscheinen.

5.3.2 Substantivgruppen

5.3.2.1 Allgemeines zur Struktur

§ 89.1 HLR: (a) [0]Eine S u b s t a n t i v g r u p p e (SbGr) ist ein zusammengesetztes (§ 12.II HLR) Zeichen mit Wortgruppencharakter (§ 27 HLR), das als Gefüge dissolut (§ 15.IIb HLR) und subordinativ (§ 18 HLR) strukturiert und dessen unmittelbarer Kern [a]ein Substantiv (§ 83; § 18.1b^{2α} HLR) oder

⁽ᵝ⁾eine (untergeordnete) Substantivgruppe (§ 18.1b²ᵝ HLR) ist. ⁽ᴵᴵ⁾Ebenso gelten Wortgruppen, die als Kojunktionsgefüge (§ 48.1b^II HLR) strukturiert und deren unmittelbare Konstituenten ⁽ᵅ⁾sämtlich Substantivgruppen sind (§ 19.1b^Iᵝ HLR) oder ⁽ᵝ⁾Substantive und Substantivgruppen sind (§ 19.1b^V HLR), als Substantivgruppen.

(b) Eine Substantivgruppe als Gefüge betrachtet, heißt S u b s t a n t i v s y n t a g m a.

Zu § 89.1 HLR: Wortgruppen sind immer zusammengesetzte Zeichen (§ 27.1 HLR); Substantivgruppen sind als Wortgruppenart daher per se zusammengesetzt. Sie sind dissolut, da sie durch nicht zu ihnen gehörige Einheiten unterbrochen werden können – etwa dann, wenn sie als Attributionsgefüge strukturiert sind (Bsp. 131b/c, S. 252). Sind sie subordinativ strukturiert, so ist ihr Kern ein Substantiv (Bsp. 628a) oder eine Substantivgruppe (Bsp. 628b); sind sie koordinativ strukturiert, so erscheinen sie als Kojunktionsgefüge, deren Kojunkte durchweg ihrerseits Substantivgruppen (Bsp. 628c) oder Substantive und Substantivgruppen (Bsp. 628d) sind.

Bsp. 628: a) „Das Leben ist ein Born der Lust; aber wo das Gesindel mit trinkt, da sind alle Brunnen vergiftet." (NIETZSCHE, Zarathustra II 1883, 124.)
b) „Die dümmsten Bauern ernten die größten Kartoffeln." (MAY, Old Surehand I 1909, 448.)
c) „Als sie an der Tafel saßen, erblickte Jan seinen Vater und seine Brüder unter den Zuschauern." (STRACKERJAN, Abergl. ²1909, II, 451.)
d) „Ich stellte mein vollendetes Bild dem Prinzen vor, welcher darüber seine Zufriedenheit und große Freude äußerte." (ADAM, Leb. 1886, 123.)

5.3.2.2 Allgemeine Arten von Substantivgruppen

Hinsichtlich ihrer Gliederstruktur (§ 13.3β^I HLR) lassen sich sechs verschiedene Typen von Substantivgruppen unterscheiden, die wir als α-, β-, γ-, δ-, ε- und ζ-Substantivgruppen bezeichnen. Dabei gelten, ebenso wie in analoger Weise bei den Verbgruppen im engeren Sinn, die in § 18.1b und § 19.1b HLR formulierten Grundsätze: Subordinativ gefügte Substantivgruppen, die eine α-, β-, γ-, δ- oder ε-Substantivgruppe als Kern haben, sind ihrerseits jeweils ebensolche Substantivgruppen. Sind sie koordinativ gefügt und weisen ebensolche Substantivgruppen einer und derselben Art als Koordinate oder unmittelbare oder mittelbare Koordinatkerne auf, so gelten sie ihrerseits als Substantivgruppen derselben Art. Weisen sie als Koordinate Substantive und zudem Substantivgruppen einer einzigen der genannten Arten als weitere Koordinate oder unmittelbare oder mittelbare Koordinatkerne auf, so sind sie gleichfalls Substantivgruppen ebendieser Art. Bei Koordinaten unterschiedlicher Substantivgruppenart sind sie Substantivgruppen einer eigenen Art (ζ-Substantivgruppen).

5.3.2.2.1 α-Substantivgruppen

§ 89.2 HLR: (α) Eine Substantivgruppe heißt α - S u b s t a n t i v g r u p p e (α-SbGr), $^{(I)}$wenn sie als Komitationsgefüge strukturiert und ihr Kern ein Substantiv ist (§ 18.1b^{2α}; § 38.2α HLR), $^{(II)}$wenn sie als Subordinationsgefüge strukturiert und ihr Kern eine α-Substantivgruppe ist (§ 18.1b^{2β} HLR), oder $^{(III)}$wenn sie als Kojunktionsgefüge strukturiert ist und ihre Kojunkte ausnahmslos α-Substantivgruppen sind (§ 19.1b^{Iβ}; § 48.1b^{IIβ} HLR). Die α-Substantivgruppen i. S. v. § 89.2α^{III} HLR entsprechen Komitationsgefügen (§ 38 HLR), d. h., sie können syntaktisch die gleichen Funktionen erfüllen wie Substantivgruppen, die als Komitationsgefüge erscheinen (§ 38.1b HLR).

Zu § 89.2α HLR: Hat eine Substantivgruppe als Kern ein Substantiv und ist als Komitationsgefüge strukturiert (Bsp. 628a), so heißt sie α-Substantivgruppe. Sie gilt ebenso als α-Substantivgruppe, wenn sie subordinativ gefügt ist und als Kern ebenfalls eine α-Substantivgruppe aufweist (Bsp. 629), und wenn sie als Kojunktionsgefüge strukturiert ist und nur α-Substantivgruppen als Kojunkte aufweist (Bsp. 239d, S. 308).

Bsp. 629: „Schau her, hier liefere ich dir Alles, was du auf der Tronkenburg gewaltsamer Weise eingebüßt, und was ich, <u>als dein Landesherr</u>, dir wieder zu verschaffen, schuldig war, zurück: Rappen, Halstuch, Reichsgulden, Wäsche, bis auf die Kurkosten sogar für deinen bei Mühlberg gefallenen Knecht Herse." (KLEIST, Kohlhaas ²1810, 211 f.)

5.3.2.2.2 β-Substantivgruppen

§ 89.2 HLR: (β) Eine Substantivgruppe heißt β - S u b s t a n t i v g r u p p e (β-SbGr), $^{(I)}$wenn sie als Attributionsgefüge strukturiert ist und ihr Kern ein Substantiv ist (§ 18.1b^{2α}; § 39.1b^{IIαβ} HLR), $^{(II)}$wenn sie als Subordinationsgefüge strukturiert und ihr Kern eine β-Substantivgruppe ist (§ 18.1b^{2β} HLR) oder $^{(III)}$wenn sie als Kojunktionsgefüge strukturiert ist und ihre Kojunkte ausnahmslos $^{(α)}$β-Substantivgruppen (§ 19.1b^{Iβ}; § 48.1b^{IIβ} HLR) oder $^{(β)}$Substantive und β-Substantivgruppen (§ 19.1b^{V} HLR) sind.

Zu § 89.2β HLR: β-Substantivgruppen, die als Attributionsgefüge strukturiert sind und ein Substantiv als Kern haben, können u. a. Adjektive als Satelliten aufweisen (Bsp. 138d–f, S. 258). Eine β-Substantivgruppe als Kern einer anderen β-Substantivgruppe ist ebenfalls auf unterschiedliche Weise denkbar, beispielsweise dann, wenn eine β-Substantivgruppe Kern eines Komitationsgefüges ist (Bsp. 122b, S. 248). Handelt es sich bei den Kojunkten eines Kojunktionsgefüges ausschließlich um β-Substantivgruppen (Bsp. 239e, S. 308) oder ausschließlich um Substantive und β-Substantivgruppen (Bsp. 628d, S. 609), so gilt das Kojunktionsgefüge im Ganzen seinerseits als β-Substantivgruppe.

5.3.2.2.3 γ-Substantivgruppen

§ 89.2 HLR: (γ) Eine Substantivgruppe heißt γ-S u b s t a n t i v g r u p p e (γ-SbGr), ⁽ᴵ⁾wenn sie als Transzessionsgefüge strukturiert und ihr Kern ein Substantiv ist (§ 18.1b²ᵃ; § 42.1b^{IIβ} HLR), ⁽ᴵᴵ⁾wenn sie als Subordinationsgefüge strukturiert und ihr Kern eine γ-Substantivgruppe ist (§ 18.1b²ᵝ HLR) oder ⁽ᴵᴵᴵ⁾wenn sie als Kojunktionsgefüge strukturiert ist und ihre Kojunkte ausnahmslos γ-Substantivgruppen sind (§ 19.1b^{Iβ}; § 48.1b^{IIv} HLR).

Zu § 89.2γ HLR: Allein durch ihre Gefügestruktur – die Tatsache, dass sie Transzessionsgefüge sind – bestimmt sind γ-Subsantivgruppen, deren Kern ein Substantiv ist (Bsp. 175i, S. 274). In ihrer Zeichenart durch die Zeichenart ihres Kerns bestimmt ist eine γ-Substantivgruppe, deren Kern seinerseits eine γ-Substantivgruppe ist (Bsp. 122c, S. 248); durch die Zeichenart ihrer Kojunkte bestimmt ist eine solche, deren Kojunkte ihrerseits durchweg γ-Substantivgruppen sind (Bsp. 239f, S. 308).

5.3.2.2.4 δ-Substantivgruppen

§ 89.2 HLR: (δ) Eine Substantivgruppe heißt δ-S u b s t a n t i v g r u p p e (δ-SbGr), ⁽ᴵ⁾wenn sie als Anzeptionsgefüge strukturiert und ihr Kern ein Substantiv ist (§ 18.1b²ᵃ; § 43.1b^{II} HLR) oder ⁽ᴵᴵ⁾wenn sie als Subordinationsgefüge strukturiert und ihr Kern eine δ-Substantivgruppe ist (§ 18.1b²ᵝ).

Zu § 89.2δ HLR: Eine Substantivgruppe, deren Kern ein Substantiv und die als Anzeptionsgefüge strukturiert ist (d. h., ihr Satellit ist eine Miszellangruppe i. S. v. § 94.2b HLR, in der mindestens ein Kojunkt als Transzedent (§ 42.3 HLR) und mindestens ein Kojunkt als Attribut (§ 39.3 HLR) des Kerns erschiene, wenn es jeweils allein als Satellit fungierte), gilt als δ-Substantivgruppe qua Gefügestruktur: Bsp. 196, S. 287. Hat eine subordinativ strukturierte Substantivgruppe eine δ-Substantivgruppe als Kern (Bsp. 122d, S. 248), so ist sie ihrerseits eine solche aufgrund der Zeichenart dieses Kerns.

5.3.2.2.5 ε-Substantivgruppen

§ 89.2 HLR: (ε) Eine Substantivgruppe heißt ε-S u b s t a n t i v g r u p p e (ε-SbGr), ⁽ᴵ⁾wenn sie als Konjunktionsgefüge strukturiert ist, dessen Konjunkt ein Substantiv ist (§ 18.1b²ᵃ, § 47.1b^{II} HLR), ⁽ᴵᴵ⁾wenn sie als Subordinationsgefüge strukturiert und ihr Kern eine ε-Substantivgruppe ist (§ 18.1b²ᵝ HLR) oder ⁽ᴵᴵᴵ⁾wenn sie als Kojunktionsgefüge strukturiert ist (§ 48.1b^{IIδ} HLR) und ihre Kojunkte ausnahmslos ε-Substantivgruppen und Substantive (§ 19.1b^V HLR) sind.

- Zu § 89.2ε^I HLR: Bsp. 234f, S. 305.
- Zu § 89.2ε^{II} HLR: Bsp. 122e, S. 248.
- Zu § 89.2ε^{III} HLR: Bsp. 239g, S. 308.

5.3.2.2.6 ζ-Substantivgruppen

§ 89.2 HLR: (ζ) Eine Substantivgruppe heißt ζ-Substantivgruppe (ζ-SbGr), ⁽ᴵ⁾wenn sie als Kojunktionsgefüge strukturiert und keine α-Substantivgruppe i. S. v. § 89.2α^III HLR, β-Substantivgruppe i. S. v. § 89.2β^III HLR, γ-Substantivgruppe i. S. v. § 89.2γ^III HLR oder ε-Substantivgruppe i. S. v. § 89.2ε^III HLR ist, ihre Kojunkte aber gleichwohl ausschließlich Substantivgruppen oder ausschließlich Substantivgruppen und Substantive sind (§ 19.1b^III HLR), oder ⁽ᴵᴵ⁾wenn sie als Subordinationsgefüge strukturiert und ihr Kern eine ζ-Substantivgruppe ist (§ 18.1b^{2β} HLR).

Zu § 89.2ζ HLR: Unter der Kategorie der ζ-Substantivgruppen fassen wir alle Substantivgruppen zusammen, die nicht in eine der fünf zuvor behandelten Kategorien gehören. So liegt eine ζ-Substantivgruppe vor, wenn ein Kojunktionsgefüge als Kojunkte nur Substantivgruppen verschiedener Art – etwa α-Substantivgruppen und β-Substantivgruppen (Bsp. 239h, S. 308, und Bsp. 630) – aufweist.

Ebenso gilt ein Subordinationsgefüge als ζ-Substantivgruppe, wenn auch sein Kern eine ζ-Substantivgruppe ist (so |als ^{α-SbGr}*ein Schwelger* [§ 89.2α^I HLR] ^{β-SbGr}*und ein entsetzlicher Tyrann* [§ 89.2β^II HLR]|, Bsp. 296d, S. 341, und Bsp. 630).

Bsp. 630: „Er ist aus dem aktiven Leben ³ʳals ³ʳ¹akademischer Lehrer ²und Politiker" in das Kontemplative der stillen Studierstube verbannt." (M. Weber, Lebensbild 1926, 585); ¹β-Substantivgruppe, ²α-Substantivgruppe, ³ζ-Substantivgruppe.

5.3.2.3 Substantivgruppen als Glieder

§ 89.3 HLR: Substantivgruppen können folgende Gliedfunktionen erfüllen:

(α) die von Gefügekernen, konkret: ⁽ᴵ⁾Kommentaten (§ 36.2b^II HLR), ⁽ᴵᴵ⁾Komitaten (§ 38.2b^II HLR), ⁽ᴵᴵᴵ⁾Attribuenden (§ 39.2b^{IIα} HLR) – u. a. Apponenden (§ 40.2b^{IIα} HLR) und Juxtaponenden (§ 41.2b^II HLR) –, ⁽ᴵⱽ⁾Transzessen (§ 42.2b^{IIβ} HLR), ⁽ⱽ⁾Subjunkten (§ 46.2b^{IIβ} HLR) oder ⁽ⱽᴵ⁾Konjunkten (§ 47.2b^{IIβ} HLR),

(β) die von Satelliten, konkret: ⁽ᴵ⁾Subjekten (§ 34.3b^{IIβ} HLR), ⁽ᴵᴵ⁾Objekten (§ 35.3b^{Iβδ} HLR), ⁽ᴵᴵᴵ⁾Adverbialien (§ 35.3b^{IIβ} HLR), ⁽ᴵⱽ⁾Kommentaren (§ 36.3b^{IIβ} HLR), ⁽ⱽ⁾Adverbaten (§ 37.3b^{IIβ} HLR), ⁽ⱽᴵ⁾Komites (§ 38.3b^{IIα} HLR), ⁽ⱽᴵᴵ⁾Attributen (§ 39.3b^{IIβ} HLR) – u. a. Appositen (§ 40.3b^I HLR) und Juxtapositen (§ 41.3b^{IIα} HLR) –, ⁽ⱽᴵᴵᴵ⁾Transzedenten (§ 42.3c^{IIβ} HLR), ⁽ᴵˣ⁾Anzipien (§ 43.3b^I HLR) oder ⁽ˣ⁾Adponenden (§ 45.3b^{IIβ} HLR) oder

(γ) die von Koordinaten, konkret: ⁽ᴵ⁾Kojunkten (§ 48.2b HLR), ⁽ᴵᴵ⁾Prädikationalien (§ 52.2b HLR), ⁽ᴵᴵᴵ⁾Adverbationalien, genauer: Adverbat-Adverbationalien (§ 53.2b HLR), ⁽ᴵⱽ⁾Komitationalien (§ 54.2b^III HLR), ⁽ⱽ⁾Attributionalien (§ 55.2b HLR), ⁽ⱽᴵ⁾Ektranszessionalien (§ 56.2c^{IIβ} HLR), ⁽ⱽᴵᴵ⁾Entranszessionalien (§ 56.3b^{IIβ} HLR), ⁽ⱽᴵᴵᴵ⁾Adponend-Adpositionalien (§ 57.2b HLR), ⁽ᴵˣ⁾Subjunkt-Subjunktionalien (§ 58.2b HLR), ⁽ˣ⁾Kojunktionalien (§ 59.2c HLR), ⁽ˣᴵ⁾Transmissionalien (§ 61.2b HLR) oder ⁽ˣᴵᴵ⁾Interkompaxalien (§ 62.2a^II HLR).

- Zu § 89.3α^I HLR: Substantivgruppen können Kommentate sein; vgl. Bsp. 109c, S. 236.

- Zu § 89.3α^{II} HLR: Substantivgruppen können Komitate sein; vgl. Bsp. 122b–e, S. 248.
- Zu § 89.3α^{III} HLR: Substantivgruppen können Attribuenden sein (vgl. Bsp. 132c–g, S. 253 f.), unter anderem Apponenden (vgl. Bsp. 139b, S. 261) und Juxtaponenden (vgl. Bsp. 156e, S. 267).
- Zu § 89.3α^{IV} HLR: Substantivgruppen können Transzesse sein; vgl. Bsp. 175j, S. 274.
- Zu § 89.3α^{V} HLR: Substantivgruppen können Subjunkte sein; vgl. Bsp. 229h, S. 301.
- Zu § 89.3α^{VI} HLR: Substantivgruppen können Konjunkte sein; vgl. Bsp. 233e, S. 304.

*

- Zu § 89.3β^{I} HLR: Substantivgruppen können Subjekte sein, sofern sie im Nominativ stehen und gemäß § 38.Ib HLR als Komitationsgefüge erscheinen (vgl. Bsp. 95f, S. 224) oder gemäß § 89.2α^{III} HLR Komitationsgefügen entsprechen (vgl. Bsp. 239d, S. 308).
- Zu § 89.3β^{II} HLR: Substantivgruppen können Objekte sein. Sie müssen auch in diesem Fall gemäß § 38.Ib HLR als Komitationsgefüge erscheinen (vgl. Bsp. 100g, S. 229) oder gemäß § 89.2α^{III} HLR Komitationsgefügen entsprechen (vgl. Bsp. 631), können allerdings nicht im Nominativ – dafür aber in jedem anderen Kasus – stehen.

Bsp. 631: „Bereits den 8. Mai finden wir den Meister und seine Gemahlin wieder in Leipzig" (GLASENAPP, Wagner ^{4}1905, IV, 358).

- Zu § 89.3β^{III} HLR: Substantivgruppen können Adverbialien sein; vgl. Bsp. 101g, S. 230. Es gelten die gleichen Bestimmungen wie für Substantivgruppen, die Objekte sein können – allerdings gibt es keine adverbialen Substantivgruppen im Dativ.
- Zu § 89.3β^{IV} HLR: Substantivgruppen können Kommentare sein; vgl. Bsp. 110e, S. 236. Es gelten die gleichen Bestimmungen wie für Substantivgruppen, die Objekte sein können; Substantivgruppen, die Kommentare sind, begegnen allerdings nur im Genitiv.
- Zu § 89.3β^{V} HLR: Substantivgruppen können Adverbate sein; vgl. Bsp. 118f, S. 242. Es gelten die gleichen Bestimmungen wie für Substantivgruppen, die Objekte sein können.
- Zu § 89.3β^{VI} HLR: Substantivgruppen können Komites sein; vgl. Bsp. 128b, S. 251. Es gelten die gleichen Bestimmungen wie für Substantivgruppen, die Kommentare sein können.
- Zu § 89.3β^{VII} HLR: Substantivgruppen können Attribute sein. Es gelten die gleichen Bestimmungen wie für Substantivgruppen, die Subjekte sein können, al-

lerdings ohne die Beschränkung, dass sie im Nominativ stehen müssen; zu näheren Bestimmungen und zu Beispielen vgl. S. 257.
- Zu § 89.3β^{VIII} HLR: Substantivgruppen können Transzedenten sein, sofern sie gemäß § 38.Ib HLR als Komitationsgefüge erscheinen oder gemäß § 89.2α^{III} HLR Komitationsgefügen entsprechen oder Komitationsgefüge bzw. Komitationsgefügeentsprechungen dieser Art als Kerne aufweisen. Sie erscheinen im Nominativ (Bsp. 187f, S. 284) oder im Genitiv (Bsp. 190, S. 284).
- Zu § 89.3β^{IX} HLR: Substantivgruppen können Anzipien sein; vgl. S. 288.
- Zu § 89.3β^{X} HLR: Substantivgruppen können Adponenden sein; vgl. Bsp. 224f, S. 297. Es gelten die gleichen Bestimmungen wie für Substantivgruppen, die Objekte sein können.

*

- Zu § 89.3γ^{I} HLR: Substantivgruppen können Kojunkte sein; vgl. Bsp. 239h, S. 308.
- Zu § 89.3γ^{II} HLR: Substantivgruppen können Prädikationalien – bis auf Prädikatialien – sein; vgl. u. a. Bsp. 255c und Bsp. 256b, S. 320.
- Zu § 89.3γ^{III} HLR: Substantivgruppen können – in Analogie zu ihrer Adverbat-Funktion – Adverbat-Adverbationalien sein; vgl. Bsp. 263d, S. 323.
- Zu § 89.3γ^{IV} HLR: Substantivgruppen können Komitationalien sein; vgl. Bsp. 265b, S. 324. Sie können als Komitationsgefüge oder als Attributionsgefüge strukturiert sein, wobei Substantivgruppen, die als Komitationsgefüge strukturiert sind, nur als Komitialien fungieren können.
- Zu § 89.3γ^{V} HLR: Substantivgruppen können Attributionalien sein; vgl. Bsp. 276b, S. 330.
- Zu § 89.3γ$^{VI/VII}$ HLR: Substantivgruppen können Ektranszessionalien und Entranszessionalien sein; vgl. Bsp. 282, S. 334. In beiden Fällen gilt: Sie erscheinen gemäß § 38.Ib HLR als Komitationsgefüge oder entsprechen gemäß § 89.2α^{III} HLR Komitationsgefügen.
- Zu § 89.3γ^{VIII} HLR: Substantivgruppen können – in Analogie zu ihrer Adponenden-Funktion – Adponend-Adpositionalien sein; vgl. Bsp. 293a, S. 340.
- Zu § 89.3γ^{IX} HLR: Substantivgruppen können – in Analogie zu ihrer Subjunkt-Funktion – Subjunkt-Subjunktionalien sein; vgl. Bsp. 296d, S. 341.
- Zu § 89.3γ^{X} HLR: Substantivgruppen können – in Analogie zu ihrer Konjunkt-Funktion – Kojunktionalien sein; vgl. Bsp. 302b, S. 346.
- Zu § 89.3γ^{XI} HLR: Substantivgruppen können – ebenso wie Vertreter jeder anderen Wortart und Wortgruppenart (§ 61.2b HLR) – als Transmissionalien erscheinen.
- Zu § 89.3γ^{XII} HLR: Substantivgruppen können Interkompaxalien sein; vgl. Bsp. 329b/c, S. 365.

5.3.3 Adjektivgruppen

5.3.3.1 Allgemeines zur Struktur

§ 90.1 HLR: (a) [I]Eine A d j e k t i v g r u p p e (AdjGr) ist ein zusammengesetztes (§ 12.II HLR) Zeichen mit Wortgruppencharakter (§ 27 HLR), das als Gefüge dissolut (§ 15.IIb HLR) und subordinativ (§ 18 HLR) strukturiert und dessen unmittelbarer Kern [α]ein Adjektiv (§ 84; § 18.1b^{2α}HLR) oder [β]eine (untergeordnete) Adjektivgruppe (§ 18.1b^{2β} HLR) ist. [II]Ebenso gelten Wortgruppen, die als Kojunktionsgefüge (§ 48.1b^{III} HLR) strukturiert und deren unmittelbare Konstituenten [α]sämtlich Adjektivgruppen sind (§ 19.1b^{Iβ} HLR) oder [β]Adjektive und Adjektivgruppen sind (§ 19.1b^{V} HLR), als Adjektivgruppen.

(b) Je nach der spezifischen Adjektivart, welcher der Kern einer Adjektivgruppe zuzurechnen ist, wird deren Art näher bestimmt. [Iα]Erscheint der Kern einer Adjektivgruppe als Volladjektiv (§ 84.2α HLR), so heißt sie V o l l a d j e k t i v g r u p p e. [β]§ 90.1a^{II} HLR gilt entsprechend. [IIα]Erscheint der Kern einer Adjektivgruppe als Verbadjektiv (§ 84.2β HLR), so heißt sie Verbadjektivgruppe. [β]§ 90.1a^{II} HLR gilt entsprechend.

(c) Eine Adjektivgruppe als Gefüge betrachtet, heißt A d j e k t i v s y n t a g m a.

Zu § 90.1 HLR: Wortgruppen sind immer zusammengesetzte Zeichen (§ 27.1 HLR); Adjektivgruppen sind als Wortgruppenart daher per se zusammengesetzt. Sie sind dissolut, da sie durch nicht zu ihnen gehörige Einheiten – etwa einen Kommentar – unterbrochen werden können (Bsp. 632a). Sind sie subordinativ strukturiert, so ist ihr Kern ein Adjektiv (Bsp. 632a/b) oder eine Adjektivgruppe (Bsp. 632c); sind sie koordinativ strukturiert, so erscheinen sie als Kojunktionsgefüge, deren Kojunkte durchweg ihrerseits Adjektivgruppen (Bsp. 632d) oder Adjektive und Adjektivgruppen (*schön und klug* in Bsp. 632c) sind.

Bsp. 632: a) „Von den beiden Scarlatti, wie es heißt, begleitet, ging Händel nach Neapel." (LA MARA, Mus. Stud. IV 1880, 153.)
b) „Heute ist gar schönes Wetter, darum wollen wir ein wenig auf dem Teichdamme spazieren gehen." (PRÖHLE, Kind. u. Volksm. 1853, 163.)
c) „Ein Bauer hatte einen Ochsen, ein gar schönes und kluges Thier." (BARTSCH, Sag. Meklenb. I 1879, 494.)
d) „Er war sehr gebildet und sehr wohlerzogen." (ALTENBERG, Lebensabend 1919, 10.)

Die Unterscheidung von Adjektiven nach Volladjektiven und Verbadjektiven (§ 84.2 HLR) wirkt sich auch auf die Klassifikation von Adjektivgruppen aus. Wir unterscheiden Volladjektivgruppen, die Volladjektive unmittelbar oder mittelbar zum Kern haben (Bsp. 632c) oder deren (un)mittelbare Kojunktkerne und/oder Kojunkte Volladjektive sind (*schön und klug* in Bsp. 632c), und Verbadjektivgruppen, die ebenfalls subordinativ (*und ausgepocht* in Bsp. 633) oder kojunktiv (*gepfiffen und ausgepocht*, ebd.) strukturiert sein können.

Bsp. 633: „Gepfiffen und ausgepocht zu werden, hätten sie beide verdient." (SCHULZE-KUMMERFELD, Leb. *^{nach}1782, II, 152.)

5.3.3.2 Allgemeine Arten von Adjektivgruppen

Für die Subklassifikation von Adjektivgruppen gelten die gleichen Prinzipien wie für die von Verbgruppen (vgl. S. 600) und Substantivgruppen (vgl. S. 609). Wir unterscheiden sieben Arten von Adjektivgruppen: α-, β-, γ-, δ-, ε-, ζ- und η-Adjektivgruppen, wobei die letztere – analog zu den ϑ-Verbgruppen und den ζ-Substantivgruppen – als ‚Restkategorie' erscheint.

5.3.3.2.1 α-Adjektivgruppen

§ 90.2 HLR: (α) Eine Adjektivgruppe heißt α - A d j e k t i v g r u p p e (α-AdjGr), $^{(I)}$wenn sie als Supprädikationsgefüge strukturiert ist und ihr Kern ein Adjektiv ist (§ 18.1b^{2α}; § 35.1b^{II} HLR), $^{(II)}$wenn sie als Subordinationsgefüge strukturiert und ihr Kern eine α-Adjektivgruppe ist (§ 18.1b^{2β} HLR) oder $^{(III)}$wenn sie als Kojunktionsgefüge strukturiert ist und ihre Kojunkte $^{(α)}$ausnahmslos α-Adjektivgruppen sind (§ 19.1b^{Iβ}; § 48.1b^{III} HLR) oder $^{(β)}$ausnahmslos Adjektive und α-Adjektivgruppen sind (§ 19.1b^{V} HLR).

Zu § 90.2α HLR: α-Adjektivgruppen sind Verbadjektivgruppen. Sie lassen sich dort finden, wo mindestens eine als Supprädikationsgefüge strukturierte Adjektivgruppe als Kokunkt und das Kojunktionsgefüge im Ganzen als Flektand eines Hilfsverbs erscheint.

Bsp. 634: „[W]enn ich <u>gegessen und mein Glas Wein getrunken</u> habe, brauche ich nichts mehr." (STIFTER, Nachkomm. 1864, 34.)

Hier sind nach § 90.2α HLR drei unterschiedliche α-Adjektivgruppen anzusetzen: |mein Glas Wein getrunken| (§ 90.2α^{I} HLR), |und mein Glas Wein getrunken| (§ 90.2α^{II} HLR) sowie |gegessen und mein Glas Wein getrunken| (§ 90.2α^{IIIβ} HLR). Ebenfalls α-Adjektivgruppen sind (§ 90.2α^{IIIα} HLR) Kojunktionsgefüge, deren sämtliche Kojunkte als α-Adjektivgruppen zu klassifizieren sind.

Bsp. 635: „als ich <u>den Sarong angezogen und den Hut aufgesetzt</u> hatte" (MAY, Ocean 1911, 590).

5.3.3.2.2 β-Adjektivgruppen

§ 90.2 HLR: (β) Eine Adjektivgruppe heißt β - A d j e k t i v g r u p p e (β-AdjGr), wenn sie $^{(I)}$als Attributionsgefüge strukturiert ist und ihr Kern ein Adjektiv ist (§ 18.1b^{2α}; § 39.1b^{IIβα} HLR), $^{(II)}$als Subordinationsgefüge strukturiert ist und ihr Kern eine β-Adjektivgruppe ist (§ 18.1b^{2β} HLR) oder $^{(III)}$als Kojunktionsgefüge strukturiert ist und ihre Kojunkte $^{(α)}$ausnahmslos β-Adjektivgruppen sind (§ 19.1b^{Iβ}; § 48.1b^{III} HLR) oder $^{(β)}$ausnahmslos Adjektive und β-Adjektivgruppen sind (§ 19.1b^{V} HLR).

§ 90.2β HLR: Die minimale β-Adjektivgruppe besteht aus einem Adjektiv als Kern und einer weiteren Einheit, die diesen Kern attributiv determiniert. Dabei kann es sich u. a. um ein inflektivisches Adjektiv (Bsp. 636a), eine Partikel (Bsp. 636b) oder eine β-Partikelgruppe (Bsp. 636c) handeln.

Bsp. 636: a) „Es war ein <u>mäßig großes</u> Gemach mit einem weit ausspringenden Erker" (SAAR, Nov. 1893, X, 239).
b) „Und nach einer halben Stunde ging er wiederum <u>sehr langsam</u> die Treppe zu Irmers Wohnung hinauf" (CONRADI, Adam 1889, 323).
c) „Als Musterhausfrau war meine Mutter natürlich auch <u>über die Maßen sparsam</u>. Jede alte Semmel schloß sie in ihr Herz und in ihre Speisekammer." (DOHM, Schicks. 1899, 18.)

Sind β-Adjektivgruppen dieser Art Kerne von Gefügen, so sind diese Gefüge ihrerseits β-Adjektivgruppen.

Bsp. 637: „Carl Maria machte am 19. August 1807 seinen ersten Besuch beim Herzoge in Ludwigsburg. Wahrscheinlich haben sich die beiden Männer vom ersten Augenblicke ihres Zusammenseins abgestoßen, aber Carl Maria war dem Herzoge <u>als sehr klug</u> gerühmt worden und diesem blieb keine Wahl." (M. M. v. WEBER, Weber I 1864, 131.)

Gleichfalls als β-Adjektivgruppen gelten Kojunktionsgefüge, die nur β-Adjektivgruppen als Kojunkte aufweisen (Bsp. 239i, S. 308) oder deren Kojunkte nur Adjektive und β-Adjektivgruppen sind (Bsp. 239j, ebd.)

5.3.3.2.3 γ-Adjektivgruppen

---

§ 90.2 HLR: (γ) Eine Adjektivgruppe heißt γ - A d j e k t i v g r u p p e (γ-AdjGr), [I]wenn sie als Transzessionsgefüge strukturiert und ihr Kern ein Adjektiv ist (§ 42.1b[III] HLR), [II]wenn sie als Subordinationsgefüge strukturiert und ihr Kern eine γ-Adjektivgruppe ist (§ 18.1b[2β] HLR) oder [III]wenn sie als Kojunktionsgefüge strukturiert ist und ihre Kojunkte [(α)]ausnahmslos γ-Adjektivgruppen sind (§ 19.1b[Iβ]; § 48.1b[III] HLR) oder [(β)]ausnahmslos Adjektive und γ-Adjektivgruppen sind (§ 19.1b[V] HLR).

Zu § 90.2γ HLR: Da γ-Adjektivgruppen Transzessionsgefüge sind (Bsp. 177a, S. 275) oder als Kerne (|immer <u>als Mann geltend</u>|, ebd.) oder Kojunkte bzw. Kojunktkerne (Bsp. 638) enthalten, kommen als derartige Adjektivgruppen nur Verbadjektivgruppen in Betracht.

Bsp. 638: a) „<u>Heiß werdend</u> <u>und verlegen</u>, streichelte er wieder den Hund" (KELLER, Gr. Heinr. 1853–55, 863); γ-Adjektivgruppe gemäß § 90.2γ[IIIα] HLR.[278]

---

[278] Bsp. 638a ist, da es auf unterschiedliche Weise erklärt werden kann, zweifellos kein ideales Beispiel für eine γ-Adjektivgruppe gemäß § 90.2γ[IIIα] HLR. Es als solche einordnen zu können, setzt voraus, dass man eine Ellipse des Kopulaverbadjektivs *seiend* annimmt (vgl. hierzu S. 281 ff.): *Heiß werdend und verlegen* ⊗›seiend‹. Eine alternative Deutungsmöglichkeit wäre, die Adjektivgruppe als γ-Adjektivgruppe nach § 90.2γ[I] HLR zu deuten. Das Kopulaverbadjektiv *werdend* bezöge sich dann als

b) „In diesem Lichtstrome fortgeleitet schwebt der Gedanke, <u>unaufgehalten und derselbe bleibend</u> von Seele zu Seele" (FICHTE, Best. d. Menschen 1800, 316); γ-Adjektivgruppe gemäß § 90.2γ[IIIβ] HLR.

5.3.3.2.4 δ-Adjektivgruppen

§ 90.2 HLR: (δ) Eine Adjektivgruppe heißt δ - A d j e k t i v g r u p p e (δ-AdjGr), [(I)]wenn sie als Adpositionsgefüge strukturiert und ihr Kern ein Adjektiv ist (§ 45.1b[II] HLR), [(II)]wenn sie als Subordinationsgefüge strukturiert und ihr Kern eine δ-Adjektivgruppe ist (§ 18.1b[2β] HLR) oder [(III)]wenn sie als Kojunktionsgefüge strukturiert ist und ihre Kojunkte ausnahmslos δ-Adjektivgruppen sind (§ 19.1b[Iβ]; § 48.1b[III] HLR).

§ 90.2δ HLR: Erfüllt ein Adjektiv die Funktion eines Adposits (Bsp. 639a), so nennen wir das dadurch zustande kommende Adpositionsgefüge eine δ-Adjektivgruppe. Adpositfähig sind nur Volladjektive, so dass δ-Adjektivgruppen immer als Volladjektivgruppen erscheinen. Dort, wo sie als Gefügekerne (so *östlich der mittleren Rhone* in Bsp. 639b als Konjunkt) oder als Kojunkte (Bsp. 639b) auftreten, sprechen wir hinsichtlich der konstituierten Subordinations- bzw. Kojunktionsgefüge gleichfalls von δ-Adjektivgruppen.

Bsp. 639: a) „Am Boden <u>nahe dem Eingang</u> lagen gebunden und geknebelt zwei Menschen."
(GOEDSCHE, Sebastopol 1856, IV, 360.)

b) „das Land <u>nördlich der Isère und östlich der mittleren Rhone</u>" (MOMMSEN, Röm. Gesch. V 1885, 79).

5.3.3.2.5 ε-Adjektivgruppen

§ 90.2 HLR: (ε) Eine Adjektivgruppe heißt ε - A d j e k t i v g r u p p e (ε-AdjGr), [(I)]wenn sie als Subjunktionsgefüge strukturiert und ihr Kern ein Adjektiv ist (§ 18.1b[2α]; § 46.1b[IIIδ] HLR), [(II)]wenn sie als Subordinationsgefüge strukturiert und ihr Kern eine ε-Adjektivgruppe ist (§ 18.1b[2β] HLR) oder [(III)]wenn sie als Kojunktionsgefüge strukturiert ist und ihre Kojunkte ausnahmslos ε-Adjektivgruppen sind (§ 19.1b[Iβ]; § 48.1b[III] HLR).

Zu § 90.2ε HLR: Begegnet ein Adjektiv als Kern eines Subjunktionsgefüges (Bsp. 640a), so nennen wir das Gefüge im Ganzen eine ε-Adjektivgruppe. Zur selben Kat-

---

Transzess auf eine dissolute ζ-Adjektivgruppe (§ 90.2ζ[IIIβ] HLR): *heiß ... und verlegen.* — Welche der beiden Interpretationsmöglichkeiten die plausiblere wäre, lässt sich anhand kotextueller Indizien nicht entscheiden. Damit bleibt freilich die erste Lesart eine Option, und in Ermangelung eindeutigerer Belege für den Fall ‚γ-Adjektivgruppe gemäß § 90.2γ[IIIα] HLR' mag das Beispiel hier seinen Platz finden.

egorie gehören Subordinationsgefüge, deren Kerne ε-Adjektivgruppen (Bsp. 640b), und Kojunktionsgefüge, deren Kojunkte ε-Adjektivgruppen (Bsp. 640c) sind.

Bsp. 640: a) „Es gibt keinen einzigen Menschen unter ihnen, den man <u>als klug</u> bezeichnen könnte." (May, Ard. I 1909, 168.)

b) „Uebrigens haben diese vier Jahre ihn sehr verändert: ich hatte ihn als einen hübschen, jungen Europäer verlassen, und finde ihn als Türken <u>und als häßlich</u> wieder; denn als Angestellter vom Pascha muß er sich türkisch kleiden, welches ihm sehr schlecht steht." (Burdach, Rückbl. 1848, 519 f.)

c) „In einem anderen Sinne müsste das Ich gesetzt seyn als *unendlich*, in einem anderen als *endlich*. Wäre es in einem und ebendemselben Sinne <u>als unendlich und als endlich</u> gesetzt, so wäre der Widerspruch unauflösbar, das Ich wäre nicht Eins, sondern zwei" (Fichte, Grundl. WL 1794–95, 255).

5.3.3.2.6 ζ-Adjektivgruppen

§ 90.2 HLR: (ζ) Eine Adjektivgruppe heißt ζ - A d j e k t i v g r u p p e (ζ-AdjGr), [I]wenn sie als Konjunktionsgefüge strukturiert und ihr Kern ein Adjektiv ist (§ 18.1b²ᵅ; § 47.1b[III] HLR), [II]wenn sie als Subordinationsgefüge strukturiert und ihr Kern eine ζ-Adjektivgruppe ist (§ 18.1b²ᵝ HLR) oder [III]wenn sie als Kojunktionsgefüge strukturiert ist (§ 48.1b[III] HLR) und ihre Kojunkte [α]ausnahmslos ζ-Adjektivgruppen (§ 19.1b[β] HLR) oder [β]ζ-Adjektivgruppen und Adjektive (§ 19.1b[V] HLR) sind.

Zu § 90.2ζ HLR: Wo Adjektive Kerne von Konjunktionsgefügen sind (Bsp. 641a), sind die Konjunktionsgefüge ihrer Zeichenart nach ζ-Adjektivgruppen. Auch Subordinationsgefüge, deren Kerne ζ-Adjektivgruppen sind (Bsp. 641b), und Kojunktionsgefüge, deren Kojunkte ζ-Adjektivgruppen (Bsp. 641c) oder ζ-Adjektivgruppen und Adjektive (Bsp. 641d) sind, werden als ζ-Adjektivgruppen betrachtet.

Bsp. 641: a) „Was ich nur immer machte, wurde gekauft, und alles fand man schön <u>und gut</u>." (Adam, Leb. 1886, 289.)

b) „Wählt der Künstler einen Gegenstand, der keine von diesen Kräften hat; stellt er das nicht Vollkommene, nicht Schöne, nicht Gute, <u>als vollkommen, schön und gut</u> vor; so ist er ein Sophist" (Sulzer, Allg. Theor. II 1774, 1267).

c) „[S]ie wissen es <u>weder schön noch gut, noch heilig</u> zu machen" (A. v. Arnim, Dolores 1810, 308.)

d) „Mein Gott, das ist alles recht <u>schön und gut,</u> aber was geht es mich an?" (Meysenbug, Mem. III 1876, 48.)

5.3.3.2.7 η-Adjektivgruppen

§ 90.2 HLR: (η) Eine Adjektivgruppe heißt η - A d j e k t i v g r u p p e (η-AdjGr), [I]wenn sie als Kojunktionsgefüge (§ 48.1b[III] HLR) strukturiert und keine α-Adjektivgruppe i. S. v. § 90.2α[III] HLR, β-Adjektivgruppe i. S. v. § 90.2β[III] HLR, γ-Adjektivgruppe i. S. v. § 90.2γ[III] HLR, δ-Adjektivgruppe i. S. v. § 90.

2δ^{III} HLR, ε-Adjektivgruppe i. S. v. § 90.2ε^{III} HLR oder ζ-Adjektivgruppe i. S. v. § 90.2ζ^{III} HLR ist, ihre Kojunkte aber gleichwohl ausschließlich Adjektivgruppen oder ausschließlich Adjektivgruppen und Adjektive sind (§ 19.1b^{III} HLR), oder $^{(I)}$wenn sie als Subordinationsgefüge strukturiert und ihr Kern eine η-Adjektivgruppe ist (§ 18.1b^{2β} HLR).

Zu § 90.2η HLR: Unter der Kategorie der η-Adjektivgruppen fassen wir alle Adjektivgruppen zusammen, die nicht als eine der sechs vorstehend erläuterten Adjektivgruppenarten gelten können. Unter anderem liegen dann η-Adjektivgruppen vor, wenn ein Kojunktionsgefüge Adjektivgruppen unterschiedlicher Art als Kojunkte aufweist.

Bsp. 642:   a) „Plötzlich ^{3r1}unruhig werdend ^{2}und die Herzogin verlassend` schien er irgend etwas zu suchen" (PAALZOW, Godw.-Castle 1836, I, 32); ^{1}γ-Adjektivgruppe (§ 90.2γ^I HLR), ^{2}β-Adjektivgruppe (§ 90.2β^{II} HLR), ^{3}η-Adjektivgruppe (§ 90.2η^I HLR).

b) „Ein anderes aber ist es, wenn das Abstrahierte, Endliche oder Unendliche bleibt, was es ist, und jedes in die Form des Entgegengesetzten aufgenommen werden soll; hier ist eins bestimmt als nicht seiend, was das andere ist, und jedes [ist bestimmt] ^{3r1}als gesetzt und nicht gesetzt, ^{2}als dies Bestimmte seiend ^{2}und als seiend ein Anderes`, und ein so Gesetzes läuft in die empirische Unendlichkeit hinaus." (HEGEL, Glaub. u. Wiss. 1802, 346); ^{1}β-Adjektivgruppe (§ 90.2β^{II} HLR), ^{2}γ-Adjektivgruppe (§ 90.2γ^{II} HLR), ^{3}η-Adjektivgruppe (§ 90.2η^I HLR).

Belege für η-Adjektivgruppen die subordinativ strukturiert sind und eine η-Substantivgruppe als Kern aufweisen, sind in unserem Untersuchungskorpus nicht auffindbar. Sie sind hypothetisch gleichwohl denkbar und sollen daher als Möglichkeit nicht ausgeschlossen werden.

5.3.3.3 Adjektivgruppen als Glieder

§ 90.3 HLR: Adjektivgruppen können folgende Gliedfunktionen erfüllen:

(α) die von Gefügekernen, konkret: $^{(I)}$Kommentaten (§ 36.2b^{III} HLR), $^{(II)}$Attribuenden (§ 39.2b^{IIIβ} HLR), $^{(III)}$Adpositen (§ 45.2b^{IIα} HLR), $^{(IV)}$Subjunkten (§ 46.2b^{IV} HLR) oder $^{(V)}$Konjunkten (§ 47.2b^{IV} HLR),

(β) die von Satelliten, konkret: $^{(I)}$Flektanden (§ 29.3b^{IIIαβ} HLR), $^{(II)}$Adverbialien (§ 35.3b^{IIβγ} HLR), $^{(III)}$Kommentaren (§ 36.3b^{IV} HLR), $^{(IV)}$Attributen (§ 39.3b^{IV} HLR) – u. a. Juxtapositen (§ 41.3b^{IIβ} HLR) –, $^{(V)}$Transzedenten (§ 42.3c^{IV} HLR) oder $^{(VI)}$Adponenden (§ 45.3b^{IV} HLR) oder

(γ) die von Koordinaten, konkret: $^{(I)}$Kojunkten (§ 48.2b HLR), $^{(II)}$Prädikationalien (§ 52.2b HLR), $^{(III)}$Attributionalien (§ 55.2b HLR), $^{(IV)}$Entranszessionalien (§ 56.3b^{IV} HLR), $^{(V)}$Adpositionalien (§ 57.2b HLR), $^{(VI)}$Subjunkt-Subjunktionalien (§ 58.2b HLR), $^{(VII)}$Kojunktionalien (§ 59.2c HLR) oder $^{(VIII)}$Transmissionalien (§ 61.2b HLR).

- Zu § 90.3α^I HLR: Adjektivgruppen können Kommentate sein; vgl. Bsp. 109d, S. 236.
- Zu § 90.3α^{II} HLR: Adjektivgruppen können Attribuenden sein; vgl. Bsp. 132i, S. 254.

- Zu § 90.3α^{III} HLR: Adjektivgruppen können Adposite sein; vgl. Bsp. 204, S. 293.
- Zu § 90.3α^{IV} HLR: Adjektivgruppen können Subjunkte sein; vgl. Bsp. 229i, S. 301.
- Zu § 90.3α^{V} HLR: Adjektivgruppen können Konjunkte sein; vgl. Bsp. 234h, S. 305.

*

- Zu § 90.3β^{I} HLR: Adjektivgruppen – nur Verbadjektivgruppen – können Flektanden sein; vgl. Abb. 63, S. 202.
- Zu § 90.3β^{II} HLR: Adjektivgruppen – nur inflektivische Volladjektivgruppen – können Adverbialien sein; vgl. Bsp. 101h, S. 230.
- Zu § 90.3β^{III} HLR: Adjektivgruppen – nur inflektivische Volladjektivgruppen – können Kommentare sein; vgl. Bsp. 110f, S. 236.
- Zu § 90.3β^{IV} HLR: Adjektivgruppen können Attribute sein (vgl. Abb. 26, S. 127), unter anderem Juxtaposite (vgl. Bsp. 156e, S. 267).
- Zu § 90.3β^{V} HLR: Adjektivgruppen – nur inflektivische Volladjektivgruppen – können Transzedenten sein; vgl. Bsp. 178f, S. 276, und Bsp. 187g, S. 284.
- Zu § 90.3β^{VI} HLR: Adjektivgruppen – nur inflektivische Volladjektivgruppen – können Adponenden sein; vgl. Bsp. 224g, S. 297.

*

- Zu § 90.3γ^{I} HLR: Adjektivgruppen können Kojunkte sein; vgl. Bsp. 239i, S. 308.
- Zu § 90.3γ^{II} HLR: Adjektivgruppen können – in Analogie zu ihrer Adverbial-Funktion (§ 52.2b HLR) – Prädikationalien, genauer: Adverbiatialien sein.
- Zu § 90.3γ^{III} HLR: Adjektivgruppen können Attributionalien, genauer: Attributialien sein; vgl. Bsp. 272f, S. 328.
- Zu § 90.3γ^{IV} HLR: Adjektivgruppen können Entranszessionalien sein; vgl. Bsp. 286f, S. 336.
- Zu § 90.3γ^{V} HLR: Adjektivgruppen können Adpositionalien sein: Adposit-Adpositionalien (in Analogie zu ihrer Adposit-Funktion, § 57.2b HLR) ebenso wie Adponend-Adpositionalien (in Analogie zu ihrer Adponenden-Funktion, § 57.2b HLR: vgl. Bsp. 292h, S. 339).
- Zu § 90.3γ^{VI} HLR: Adjektivgruppen können Subjunkt-Subjunktionalien sein; vgl. Bsp. 296e, S. 341.
- Zu § 90.3γ^{VII} HLR: Adjektivgruppen können Kojunktionalien sein; vgl. Bsp. 300c, S. 345.
- Zu § 90.3γ^{VIII} HLR: Adjektivgruppen können – ebenso wie Vertreter jeder anderen Wortart und Wortgruppenart (§ 61.2b HLR) – als Transmissionalien erscheinen.

5.3.4 Artikelgruppen

§ 91.1 HLR: (a) $^{(I)}$Eine A r t i k e l g r u p p e (ArtGr) ist ein zusammengesetztes (§ 12.II HLR) Zeichen mit Wortgruppencharakter (§ 27 HLR), das als Gefüge dissolut (§ 15.IIb HLR) und subordinativ (§ 18 HLR) strukturiert und dessen unmittelbarer Kern $^{(α)}$ein Artikel (§ 85; § 18.1b^{2α} HLR) oder $^{(β)}$eine Artikelgruppe (§ 18.1b$^{2\beta}$ HLR) ist. $^{(II)}$Ebenso gelten Wortgruppen, die $^{(\alpha)}$als Kojunktionsgefüge (§ 48.1b^{IV} HLR) oder $^{(\beta)}$Interzeptionsgefüge (§ 50.1b$^{II\alpha}$ HLR) strukturiert und deren unmittelbare Konstituenten oder (potentiell bei Kojunkten) Konstituentenkerne Artikel sind, als Artikelgruppen (§ 19.1b$^{I\alpha}$; § 19.1b^{V} HLR).

(b) Eine Artikelgruppe, als Gefüge betrachtet, heißt A r t i k e l s y n t a g m a .

§ 91.2 HLR: (α) Eine Artikelgruppe heißt α - A r t i k e l g r u p p e (α-ArtGr), wenn sie $^{(I)}$als Konjunktionsgefüge strukturiert und ihr Kern ein Artikel ist (§ 18.1b$^{2\alpha}$; § 47.1b^{IV} HLR), $^{(II)}$wenn sie als Subordinationsgefüge strukturiert und ihr Kern eine α-Artikelgruppe ist (§ 18.1b$^{2\beta}$ HLR) oder $^{(III)}$als Kojunktionsgefüge struktuiriert ist (§ 19.1b^{V}; § 48.1b^{IV} HLR).

(β) Eine Artikelgruppe heißt β - A r t i k e l g r u p p e (β-ArtGr), wenn sie als Interzeptionsgefüge strukturiert ist (§ 50.1b$^{II\alpha}$ HLR).

Zu § 91.1/2 HLR: Da Wortgruppen zusammengesetzte Zeichen (§ 27.1 HLR) und Artikelgruppen Wortgruppen sind, kommen als Artikelgruppen per se nur zusammengesetzte Zeichen in Betracht. Artikelgruppen sind dissolute Wortgruppen, da sich Beispiele finden lassen, in denen das Syntagma durch ein nicht unmittelbar zu ihm gehörendes – nämlich Kommentarfunktion aufweisendes – Zeichen geteilt wird.

Bsp. 643: „Und ich denke, auch mancher weimarische Freund verlebte ganz gerne ein – <u>oder auch mehrere</u> – Stündchen bei mir im Eunikeschen Hause." (STEINER, Lebensgang 1925, 207.)

Als Artikelgruppen gelten Subordinationsgefüge mit einem Artikel als Kern (Bsp. 644a: eine α-Artikelgruppe i. S. v. § 91.2α^{I} HLR), mit einer Artikelgruppe als Kern (Bsp. 643: eine als Kommentationsgefüge – § 36.1b^{IV} HLR – strukturierte α-Artikelgruppe i. S. v. § 91.2α^{II} HLR), aber auch Kojunktionsgefüge mit Artikeln und/oder Artikelgruppen als Kojunkten (Bsp. 644b: eine α-Artikelgruppe i. S. v. § 91.2α^{II} HLR) und Interzeptionsgefüge, deren Interzepte Artikel sind (Bsp. 644c: eine β-Artikelgruppen i. S. v. § 91.2β HLR).

Bsp. 644: a) „Der <u>oder die</u> G r o ß t r a p p e , hier und da auch wohl T r a p p g a n s genannt [...], ist der größte europäische Landvogel." (BREHM, Thierleb. VI ^{2}1882, 228.)

b) „Hier in meinem Elend ist's der Tagesschimmer, den ich sehe, das körperliche Leben, das ich in <u>dieser und jener</u> Wendung oder Regung einmal empfinde [...]; diese Freudenatome halten auch mich am Leben." (LAUBE, Europ. III 1837, 54 f.)

c) „<u>Diese selbe</u> Anordnung kehrt dann [...] in der zweiten Deduktion wieder." (NATORP, Plat. Ideenl. ^{2}1921, 249.)

Als β-Artikelgruppen erscheinen insbesondere Quantitativartikelgruppen (analog zu Quantitativartikeln (§ 85.3γ HLR): *solch ein, irgend solch ein* und *welch ein*.

Bsp. 645: a) „Denk immer, daß jedes Weltstück ebenso gut ein gordischer Knoten ist wie die Welt selbst – und daß jeder Mensch auch <u>solch ein</u> gordischer Knoten ist." (SCHEERBART, Mutig 1902, 189.) — „Ein Staatsanwalt ist da, der sieht so scheinheilig auf zum lieben Gott, daß der Himmel erröten müßte, weil es <u>solch einen</u> Schwindler gibt." (TUCHOLSKY, Barreau 1913, 124.)

b) „Daß Casimir untergehen würde auf <u>irgend solch eine</u> Weise, habe ich mir längst gedacht." (WILLKOMM, Europamüd. 1838, 225.)

c) „<u>Welch eine</u> Genugthuung, daß das fette Laster sein Teil kriegt." (BIERBAUM, Stilpe 1897, 287.)

Nicht als Artikelgruppen erscheinen vermeintliche Kombination von Artikeln wie der Demonstrativartikel *dieser* und ein Propositivartikel (Bsp. 646a), der Quantitätsartikel *all* und ein Demonstrativartikel (Bsp. 646b) oder die in unserem Korpus nicht belegte und auch sonst unübliche Kollokation zweier Propositivartikel (Bsp. 646c).

Bsp. 646:
a) „Wie noch in <u>dieser meiner</u> letzten, meiner heiligsten Stunde der Stachel der Weltreize in meine zusammenschauernde Seele sticht!" (CONRADI, Adam 1889, 353)

b) „<u>All diese</u> Gesichter kann man auch zum Sitzen benutzen" (TUCHOLSKY, Grosz 1921, 43)

c) „König Carl Gustaf von Schweden, der seit dreißig Jahren neben <u>seiner unserer</u> deutschen Silvia durchs Leben schreitet" (*FASoZ*, 4. 7. 2007, S. 62)

Es handelt sich hierbei vielmehr um Fälle, in denen ein Artikel als Komes eine ihrerseits als Komitationsgefüge strukturierte Substantivgruppe determiniert. Allenfalls Bsp. 646c ließe sich als Artikelgruppe mit der Struktur eines asyndetischen Kojunktionsgefüges (*seine Ø⟩und⟨ unsere deutsche Silvia*) interpretieren.

§ 91.3 HLR: Artikelgruppen können folgende Gliedfunktionen erfüllen:

(α) die von Kernen, konkret: Kommentaten (§ 36.2b^{IV} HLR),

(β) die von Satelliten, konkret: Komites (§ 38.3b^{IIβ} HLR) oder

(γ) die von Koordinaten, konkret: $^{(I)}$Kojunkten (§ 48.2b HLR) oder $^{(II)}$Transmissionalien (§ 61.2b HLR).

- Zu § 91.3α HLR: Artikelgruppen können Kommentate sein; vgl. Bsp. 109e, S. 236.
- Zu § 91.3β HLR: Artikelgruppen können Komites sein; vgl. Bsp. 127, S. 250 sowie Bsp. 644.
- Zu § 91.3γ^I HLR: Artikelgruppen können Kojunkte sein (*und jener* in Bsp. 239k, S. 308; *oder die* in Bsp. 644a). – In Analogie zu dieser Verwendungsweise könnten (§ 59.2c HLR) solche Artikelgruppen auch als Kojunktionalien, genauer: als Komes-Kojunktionalien (§ 59.3η HLR) interpretiert werden; da diese Möglichkeit jedoch gegenüber der Deutung des K e r n s e i n e r derartigen Artikelgruppe als Komes-Kojunktional, also des Artikels allein, keinen erkennbaren Mehrwert bieten dürfte, lassen wir sie hier unberücksichtigt.
- Zu § 91.3γ^{II} HLR: Artikelgruppen können – ebenso wie Vertreter jeder anderen Wortart und Wortgruppenart (§ 61.2b HLR) – als Transmissionalien erscheinen.

5.3.5 Pronomengruppen

5.3.5.1 Allgemeines zur Struktur

§ 92.1 HLR: (a) $^{(I)}$Eine P r o n o m e n g r u p p e (PrnGr) ist ein zusammengesetztes (§ 12.II HLR) Zeichen mit Wortgruppencharakter (§ 27 HLR), das als Gefüge dissolut (§ 15.IIb HLR) und subordinativ (§ 18 HLR) strukturiert und dessen unmittelbarer Kern $^{(α)}$ein Pronomen (§ 86; § 18.1b^{2α} HLR) oder $^{(β)}$eine (untergeordnete) Pronomengruppe (§ 18.1b^{2β} HLR) ist. $^{(II)}$Ebenso gelten Wortgruppen, die als Kojunktionsgefüge (§ 48.1b^V HLR) strukturiert und deren unmittelbare Konstituenten $^{(α)}$sämtlich Pronomengruppen sind (§ 19.1b^{Iβ} HLR) oder $^{(β)}$Pronomina und Pronomengruppen sind (§ 19.1b^V HLR), als Pronomengruppen.

(b) Eine Pronomengruppe als Gefüge betrachtet, heißt P r o n o m e n s y n t a g m a.

Zu § 92.1 HLR: Pronomengruppen sind als Wortgruppen (§ 27.1 HLR) zusammengesetzte Zeichen. Sie sind dissolut, da es Fälle gibt, in denen sie sich um eine nicht zu ihren unmittelbaren Konstituenten gehörende Zeicheneinheit herum gruppieren: dann wenn sie als Kommentate fungieren und der sie determinierende Kommentar in sie eingebettet ist (vgl. Bsp. 109f, S. 236). Pronomengruppen können subordinativ oder koordinativ strukturiert sein; im ersten Fall weisen sie entweder ein Pronomen (Bsp. 647a) oder eine Pronomengruppe (Bsp. 647b) als Kern auf, im zweiten Fall sind ihre Kojunkte Pronomengruppen (Bsp. 647c) oder Pronomina und Pronomengruppen (Bsp. 647d).

Bsp. 647: a) „Nicht ich, meine Herren, sondern *der da* hat Ihr Lob verdient." (DITTERS V. DITTERSDORF [SPAZIER], Lebensbeschr. 1801, 21.)

b) „Selbst S o k r a t e s, der berühmte Philosoph, wird in den Annalen der Päderastie stets <u>als einer von Denen</u> genannt werden, <u>welche sich durch ihre Hinneigung zu dieser widerwärtigen Ausübung des Geschlechtsactes hervorgethan haben</u>." (MAY, Buch d. Lb. III 1876, 349.)

c) „Einer von uns beyden, <u>entweder ich oder du</u> mußt es gewesen seyn." (ADELUNG, Gramm.-krit. Wb. III ²1798, 579.)

d) „Man trat so leise wie möglich auf, um sie ja nicht zu verscheuchen und – – um ja nicht etwa <u>derjenige oder diejenige</u> zu sein, <u>der oder die</u> mit ihnen in Kampf kommen werde." (MAY, Skipet. 1908, 24)

5.3.5.2 Allgemeine Arten von Pronomengruppen

Für die Subklassifikation von Pronomengruppen gelten die bereits an anderer Stelle (S. 600, S. 609) benannten Prinzipien.

5.3.5.2.1 α-Pronomengruppen

§ 92.2α HLR: Eine Pronomengruppe heißt α - P r o n o m e n g r u p p e (α-PrnGr), [I]wenn sie als Attributionsgefüge strukturiert und ihr Kern ein Pronomen ist (§ 18.1b^{2α}; § 39.1b^{IV} HLR), [II]wenn sie als Subordinationsgefüge strukturiert und ihr Kern eine α-Pronomengruppe ist (§ 18.1b^{2β} HLR) oder [III]wenn sie als Kojunktionsgefüge strukturiert ist und ihre Kojunkte [(α)]ausnahmslos α-Pronomengruppen sind (§ 19.1b^{Iβ}; § 48.1b^V HLR) oder [(β)]ausnahmslos Pronomina und Pronomengruppen sind (§ 19.1b^V HLR).

Zu § 92.2α HLR: Eine vorrangig aufgrund ihrer Gefügestruktur bestimmte α-Pronomengruppe hat einen pronominalen Kern und erscheint als Attributionsgefüge (Bsp. 647a). Vorrangig durch ihren Kern bestimmte α-Pronomengruppen haben ihrerseits α-Pronomengruppen als Kerne (Bsp. 647b). Als Kojunktionsgefüge bestimmte α-Pronomengruppen haben als Kojunkte entweder nur α-Pronomengruppen (Bsp. 648) oder Pronomina und α-Pronomengruppen (Bsp. 234i, S. 305).

Bsp. 648:   „Wir Minister und ihr Menschen, wir sind nun einmal nicht anders." (BÖRNE, Brf. Paris I 1832, 101.)

5.3.5.2.2 β-/γ-Pronomengruppen

§ 92.2 HLR: (β) Eine Pronomengruppe heißt β - P r o n o m e n g r u p p e (β-PrnGr), [I]wenn sie als Transzessionsgefüge strukturiert und ihr Kern ein Pronomen ist (§ 18.1b^{2α}; § 42.1b^{IV} HLR), [II]wenn sie als Subordinationsgefüge strukturiert und ihr Kern eine β-Pronomengruppe ist (§ 18.1b^{2β} HLR) oder [III]wenn sie als Kojunktionsgefüge strukturiert ist (§ 48.1b^V HLR) und ihre Kojunkte [(α)]ausnahmslos β-Pronomengruppen sind (§ 19.1b^{Iβ} HLR) oder [(β)]Pronomina und β-Pronomengruppen sind (§ 19.1b^V HLR).

(γ) Eine Pronomengruppe heißt γ - P r o n o m e n g r u p p e (γ-PrnGr), wenn sie als Anzeptionsgefüge strukturiert ist und ihr Kern ein Pronomen ist (§ 18.1b^{2α}; § 43.1b^{III} HLR), [II]wenn sie als Subordinationsgefüge strukturiert und ihr Kern eine γ-Pronomengruppe ist (§ 18.1b^{2β} HLR) oder [III]wenn sie als Kojunktionsgefüge strukturiert ist (§ 48.1b^V HLR) und ihre Kojunkte [(α)]ausnahmslos γ-Pronomengruppen sind (§ 19.1b^{Iβ} HLR) oder [(β)]Pronomina und γ-Pronomengruppen sind (§ 19.1b^V HLR).

Zu § 92.2β/γ HLR: Sowohl β- als auch γ-Pronomengruppen sind angesichts des empirischen Befundes hypothetische Größen: Sie sind in unserem Korpus nicht belegt (vgl. S. 274 und S. 287, Anm. 144). Sie werden hier dennoch als systematische Möglichkeit aufgeführt, weil die Vermutung naheliegt, dass die Beleglage zufällig ist und Phänomene dieser Art[279] ‚irgendwo da draußen', jenseits des Korpushorizontes

---

279 Eine β-Pronomengruppe (als Transzessionsgefüge strukturiert) wäre beispielsweise: *Eine Arbeit als Wissenschaftlerin könnte sie sich gut vorstellen, ¹eine ²als Sekretärin hingegen kaum* (¹Trans-

in den Weiten der sprachhistorischen Realität, dennoch vorkommen. Sollte sich irgendwann erweisen, dass die Vermutung zutrifft, so ist unser Regelwerk darauf vorbereitet und bedarf keiner nachträglichen Erweiterung. Solange es sich nicht erweist, werden die Alternativabsätze β und γ von § 92.2 HLR vielleicht als überflüssig, kaum aber als nennenswert störend empfunden werden.

5.3.5.2.3 δ-Pronomengruppen

§ 92.2 HLR: (δ) Eine Pronomengruppe heißt δ-Pronomengruppe (δ-PrnGr), $^{(I)}$wenn sie als Subjunktionsgefüge strukturiert und ihr Kern ein Pronomen ist (§ 18.1b^{2α}; § 46.1b^{IVγ} HLR), $^{(II)}$wenn sie als Subordinationsgefüge strukturiert und ihr Kern eine δ-Pronomengruppe ist (§ 18.1b^{2β} HLR) oder $^{(III)}$wenn sie als Kojunktionsgefüge strukturiert ist und ihre Kojunkte ausnahmslos δ-Pronomengruppen sind (§ 19.1b^{Iα}; § 48.1b^{V} HLR).

Zu § 92.2δ HLR: Vorrangig aufgrund ihrer Gefügestruktur bestimmte δ-Pronomengruppen haben Pronomina als Kerne und sind Subjunktionsgefüge (*wie du*, Bsp. 178g, S. 276). Sind die Kerne von Subordinationsgefügen δ-Pronomengruppen, so sind es die Gefüge im Ganzen ebenfalls (*und wie du*, Bsp. 649). Als Kojunktionsgefüge bestimmte δ-Pronomengruppen haben als Kojunkte ausschließlich α-Pronomengruppen (*wie ich und wie du*, Bsp. 649).

Bsp. 649:   „Die Agla war so klar wie ich und wie du, als sie ins Wasser ist ..." (RILKE, Ggw. 1898, 860.)

5.3.5.2.4 ε-Pronomengruppen

§ 92.2 HLR: (ε) Eine Pronomengruppe heißt ε-Pronomengruppe (ε-PrnGr), $^{(I)}$wenn sie als Konjunktionsgefüge strukturiert und ihr Kern ein Pronomen ist (§ 18.1b^{2α}; § 47.1b^{V} HLR), $^{(II)}$wenn sie als Subordinationsgefüge strukturiert und ihr Kern eine ε-Pronomengruppe ist (§ 18.1b^{2β} HLR) oder $^{(III)}$wenn sie als Kojunktionsgefüge strukturiert ist (§ 48.1b^{V} HLR) und ihre Kojunkte $^{(α)}$ausnahmslos ε-Pronomengruppen sind (§ 19.1b^{Iα} HLR) oder $^{(β)}$Pronomina und ε-Pronomengruppen sind (§ 19.1b^{V} HLR).

Zu § 92.2ε HLR: Als ε-Pronomengruppen gelten erstens Konjunktionsgefüge, deren Kern ein Pronomen ist (*oder ich*, Bsp. 233h, S. 304), zweitens Subordinationsgefüge, die eine ε-Pronomengruppe als Kern aufweisen (*wie ich und du*, Bsp. 229j, S. 301), drittens ein Kojunktionsgefüge, das ausschließlich ε-Pronomengruppen als Kojunkte aufweist (Bsp. 650), und viertens ein Kojunktionsgefüge, das ausschließlich Pro-

---

zess, ^{2}Transzedent). – Ein konstruiertes Beispiel für eine γ-Pronomengruppe (als Anzeptionsgefüge strukturiert) findet sich in Anm. 144 (S. 287).

nomina und ε-Pronomengruppen als Kojunkte aufweist (*ich und du*, Bsp. 229j, S. 301).

Bsp. 650: „Jetzt hab' ich's satt mit dieser Geheimniskrämerei! <u>Entweder e r oder i c h</u>! Deckst du den andern, der zweifellos mein Gegner ist, so bist zweifellos auch d u heimlich mein Gegner!" (CHLUMBERG, Führer 1919, 47.)

5.3.5.2.5 ζ-Pronomengruppen

§ 92.2 HLR: (ζ) Eine Pronomengruppe heißt ζ - P r o n o m e n g r u p p e (ζ-PrnGr), [(I)]wenn sie als Kojunktionsgefüge (§ 92.1a[IIα]; § 48.1b[V] HLR) strukturiert und keine α-Pronomengruppe i. S. v. § 92.2α[III] HLR, β-Pronomengruppe i. S. v. § 92.2β[III] HLR, γ-Pronomengruppe i. S. v. § 92.2γ[III] HLR, δ-Pronomengruppe i. S. v. § 92.2δ[III] HLR oder ε-Pronomengruppe i. S. v. § 92.2ε[III] HLR ist, ihre Kojunkte aber gleichwohl ausschließlich Pronomengruppen oder ausschließlich Pronomina und Pronomengruppen (§ 19.1b[III] HLR) sind, oder [(II)]wenn sie als Subordinationsgefüge strukturiert und ihr Kern eine ζ-Pronomengruppe ist (§ 18.1b[2β] HLR).

§ 92.2ζ HLR: Was sich an Pronomengruppen nicht unter die zuvor behandelten Kategorien bringen lässt, gilt als ζ-Pronomengruppe – so etwa ein Kojunktionsgefüge, dessen Kojunkte α-Pronomengruppen und ε-Pronomengruppen (Bsp. 651a) oder Pronomina, α-Pronomengruppen und ε-Pronomengruppen (Bsp. 651b)sind.

Bsp. 651: a) „Was will [3г1]<u>der dort</u> [2]<u>und der</u> [2]<u>und der</u>[?]?" (HOFMANNSTHAL, Rosenk. 1911, 81); [1]α-Pronomengruppe, [2]ε-Pronomengruppe, [3]ζ-Pronomengruppe.
b) „[4г1]<u>Das</u> – [2]<u>und das da</u> – [3]<u>und dies</u> [3]<u>und alles</u>[?]? das wußt' ich ja schon!" (JACOBI, Woldemar 1779, 192), [1]Pronomen, [2]α-Pronomengruppe, [3]ε-Pronomengruppe, [4]ζ-Pronomengruppe.

Eine ζ-Pronomengruppe kann auch ein Supprädikationsgefüge sein, das eine ζ-Pronomengruppe (möglicherweise eine wie in Bsp. 651) als Kern enthält; ein Beleg findet sich in unserem Untersuchungskorpus allerdings nicht.

5.3.5.3 Pronomengruppen als Glieder

§ 92.3 HLR: Pronomengruppen können folgende Gliedfunktionen erfüllen:

(α) die von Gefügekernen, konkret: [(I)]Kommentaten (§ 36.2b[V] HLR), [(II)]Attribuenden (§ 39.2b[IIIγ] HLR) – u. a. Apponenden (§ 40.2b[IIβ] HLR) –, [(III)]Transzessen (§ 42.2b[IIγ] HLR), [(IV)]Subjunkten (§ 46.2b[IIδ] HLR), [(V)]Konjunkten (§ 47.2b[IIδ] HLR),

(β) die von Satelliten, konkret: [(I)]Subjekten (§ 34.3b[IV] HLR), [(II)]Objekten (§ 35.3b[Iβε] HLR), [(III)]Attributen (§ 39.3b[IIδ] HLR) – u. a. Appositen (§ 40.3b[II] HLR) –, [(IV)]Transzedenten (§ 42.3c[IIδ] HLR), [(V)]Adponenden (§ 45.3b[IIδ] HLR), oder

(γ) die von Koordinaten, konkret: [(I)]Kojunkten (§ 48.2b HLR), [(II)]Prädikationalien (§ 52.2b HLR), [(III)]Attributionalien (§ 55.2b HLR), [(IV)]Ektranszessionalien (§ 56.2c[IIγ] HLR), [(V)]Entranszessionalien (§ 56.3b[IIδ]

HLR), $^{(VI)}$Adponend-Adpositionalien (§ 57.2b HLR), $^{(VII)}$Subjunkt-Subjunktionalien (§ 58.2b HLR), $^{(VIII)}$Kojunktionalien (§ 59.2c HLR) oder $^{(IX)}$Transmissionalien (§ 61.2b HLR).

- Zu § 92.3α^I HLR: Pronomengruppen können Kommentate sein; vgl. Bsp. 109f, S. 236.
- Zu § 92.3α^{II} HLR: Pronomengruppen können Attribuenden sein (vgl. Bsp. 137c, S. 257), u. a. Apponenden (vgl. Bsp. 139c, S. 261).
- Zu § 92.3α^{III} HLR: Pronomengruppen können Transzesse sein; vgl. S. 275.
- Zu § 92.3α^{IV} HLR: Pronomengruppen können Subjunkte sein; vgl. Bsp. 229j, S. 301.
- Zu § 92.3α^V HLR: Pronomengruppen können Konjunkte sein; vgl. Bsp. 234i, S. 305.

*

- Zu § 92.3β^I HLR: Pronomengruppen können Subjekte sein; vgl. Bsp. 95g, S. 224.
- Zu § 92.3β^{II} HLR: Pronomengruppen können Objekte sein; vgl. Bsp. 100h, S. 229.
- Zu § 92.3β^{III} HLR: Pronomengruppen können Attribute sein (vgl. Bsp. 138t, S. 259), u. a. Apposite (vgl. Bsp. 140b, S. 261).
- Zu § 92.3β^{IV} HLR: Pronomengruppen können Transzedenten sein; vgl. Bsp. 178g, S. 276.
- Zu § 92.3β^V HLR: Pronomengruppen können Adponenden sein; vgl. Bsp. 224h, S. 297.

*

- Zu § 92.3γ^I HLR: Pronomengruppen können Kojunkte sein; vgl. Bsp. 239ℓ, S. 308.
- Zu § 92.3γ^{II} HLR: Pronomengruppen können Prädikationalien sein: Subjektualien in Analogie zu ihrer Subjektfunktion (§ 52.3α^I HLR) oder Objektualien in Analogie zu ihrer Objektfunktion (§ 52.3γ^I HLR).
- Zu § 92.3γ^{III} HLR: Pronomengruppen können Attributionalien sein: Attribuendalien (vgl. Bsp. 271c, S. 328) oder Attributialien (in Analogie zu ihrer Attributfunktion: § 55.2b HLR).
- Zu § 92.3γ^{IV} HLR: Pronomengruppen können Ektranszessionalien sein; vgl. Bsp. 280d, S. 333.
- Zu § 92.3γ^V HLR: Pronomengruppen können Entranszessionalien sein; vgl. Bsp. 286g, S. 336.
- Zu § 92.3γ^{VI} HLR: Pronomengruppen können Adponend-Adpositionalien sein; vgl. Bsp. 292i, S. 339.
- Zu § 92.3γ^{VII} HLR: Pronomengruppen können Subjunkt-Subjunktionalien sein; vgl. Bsp. 296f, S. 341.
- Zu § 92.3γ^{VIII} HLR: Pronomengruppen können – in Analogie zu ihrer Konjunkt-Funktion (§ 59.2c HLR) – Kojunktionalien sein.
- Zu § 92.3γ^{IX} HLR: Pronomengruppen können – ebenso wie Vertreter jeder anderen Wortart und Wortgruppenart (§ 61.2b HLR) – als Transmissionalien erscheinen.

5.3.6 Partikelgruppen

5.3.6.1 Allgemeines zur Struktur

§ 93.1 HLR: (a) $^{(I)}$Eine P a r t i k e l g r u p p e (PrtklGr) ist ein zusammengesetztes (§ 12.II HLR) Zeichen mit Wortgruppencharakter (§ 27 HLR), das als Gefüge dissolut (§ 15.IIb HLR) und subordinativ (§ 18 HLR) strukturiert und dessen unmittelbarer Kern $^{(\alpha)}$eine Partikel (§ 87; § 18.1b$^{2\alpha}$ HLR) oder $^{(\beta)}$eine (untergeordnete) Partikelgruppe (§ 18.1b$^{2\beta}$ HLR) ist. $^{(II)}$Ebenso gelten Wortgruppen, die als Kojunktionsgefüge (§ 48.1b^{VI} HLR) strukturiert und deren unmittelbare Konstituenten $^{(\alpha)}$sämtlich Partikelgruppen sind (§ 19.1b$^{I\beta}$ HLR) oder $^{(\beta)}$Partikeln und Partikelgruppen sind (§ 19.1b^V HLR), als Partikelgruppen (§ 19.1b$^{I\alpha}$ HLR).

(b) Eine Partikelgruppe als Gefüge betrachtet, heißt P a r t i k e l s y n t a g m a .

Zu § 93.1 HLR: Partikelgruppen sind als Wortgruppen (§ 27.1 HLR) zusammengesetzte Zeichen. Sie sind dissolut, da sie u. a. als Kommentate mit eingebettetem Kommentar erscheinen können (Bsp. 109g, S. 236); aber auch β-Partikelgruppen (solche Partikelgruppen, die als Adpositionsgefüge strukturiert sind), können unterschiedliche Stellungen ihrer Glieder aufweisen (Bsp. 203, S. 292): Adpositionsgefüge sind dissolut (§ 45.1a HLR), und da Partikelgruppen als Adpositionsgefüge strukturiert sein können (§ 93.2β^I HLR), so sind Partikelgruppen dissolut (§ 15.IIb HLR, vgl. S. 103).

Partikelgruppen sind subordinativ strukturiert mit einer Partikel als Kern (Abb. 30, S. 130) oder subordinativ strukturiert mit einer Partikelgruppe als Kern (Bsp. 109g) oder koordinativ strukturiert mit Partikelgruppen als Kojunkten (Bsp. 239n, S. 309) oder oder koordinativ strukturiert mit Partikeln und Partikelgruppen als Kojunkten (Bsp. 239o, ebd.).

5.3.6.2 Allgemeine Arten von Partikelgruppen

Für die Subklassifikation von Partikelgruppen gelten die gleichen Prinzipien wie bei allen anderen Wortgruppenarten (vgl. S. 600 und 609).

5.3.6.2.1 α-Partikelgruppen

§ 93.2 HLR: (α) Eine Partikelgruppe heißt α- P a r t i k e l g r u p p e (α-PrtklGr), $^{(I)}$wenn sie als Attributionsgefüge strukturiert und ihr Kern eine Partikel ist (§ 18.1b$^{2\alpha}$; § 39.1b$^{II\delta\alpha}$ HLR), $^{(II)}$wenn sie als Subordinationsgefüge strukturiert und ihr Kern eine α-Partikelgruppe ist (§ 18.1b$^{2\beta}$ HLR) oder $^{(III)}$wenn sie als Kojunktionsgefüge strukturiert ist (§ 48.1b^{VI} HLR) und ihre Kojunkte $^{(\alpha)}$ausnahmslos α-Partikelgruppen sind (§ 19.1b$^{I\beta}$ HLR) oder $^{(\beta)}$Partikeln und α-Partikelgruppen sind (§ 19.1b^V HLR).

- Zu § 93.2α^I HLR: Abb. 30, S. 130.
- Zu § 93.2α^{II} HLR: Bsp. 652a.
- Zu § 93.2α^{IIIα} HLR: Bsp. 652b.
- Zu § 93.2α^{IIIβ} HLR: Bsp. 652c.

Bsp. 652:   a) „[I]hm entgeht kein Wort der ^{3r1}dort drüben ^{2}jenseits der Spree˺ sich abspielenden Szenen." (DUNCKER, Collegen 1894, 32); ^{1}α-Partikelgruppe (Attribuend), ^{2}β-Partikelgruppe (Attribut), ^{3}α-Partikelgruppe (Attributionsgefüge).

b) „Ob wir ^{3r1}hier oben ^{2}oder dort unten˺ mit ihren Köpfen zusammenrennen, das ist ja ganz egal." (MAY, Schut 1909, 519); ^{1}α-Partikelgruppe i. S. v. § 93.2α^I HLR (Kojunkt), ^{2}α-Partikelgruppe i. S. v. § 93.2α^{II} HLR (Kojunkt), ^{3}α-Partikelgruppe i. S. v. § 93.2α^{IIIα} HLR (Kojunktionsgefüge).

c) „Du liebes Kind, fasse Muth. Für Jeden, Jeden kommt die Stunde, wo er die Sterne preist – früher oder später, ^{3r1}hier ^{2}oder dort oben˺." (RAABE, Leute 1862–63, 595) — „Ich schäme mich dir zu wiederhohlen, ^{3r1}wie und ^{2}wie immer˺ ich an dich dencke." (GOETHE, an Ch. v. Stein [10. 10. 1782], WA IV, 5, 305); ^{1}Partikel (Kojunkt), ^{2}α-Partikelgruppe i. S. v. § 93.2α^{II} HLR (Kojunkt), ^{3}α-Partikelgruppe i. S. v. § 93.2α^{IIIβ} HLR (Kojunktionsgefüge).

5.3.6.2.2 β-Partikelgruppen

---

§ 93.2 HLR: (β) Eine Partikelgruppe heißt β - P a r t i k e l g r u p p e (β-PrtklGr), $^{(I)}$wenn sie als Adpositionsgefüge strukturiert und ihr Kern eine Partikel ist (§ 18.1b^{2α}; § 45.1b^{IV} HLR), $^{(II)}$wenn sie als Subordinationsgefüge strukturiert und ihr Kern eine β-Partikelgruppe ist (§ 18.1b^{2β} HLR) oder $^{(III)}$wenn sie als Kojunktionsgefüge strukturiert ist (§ 48.1b^{VI} HLR) und ihre Kojunkte $^{(α)}$ausnahmslos β-Partikelgruppen sind (§ 19.1b^{Iβ} HLR) oder $^{(β)}$Partikeln und β-Partikelgruppen sind (§ 19.1b^V HLR).

- Zu § 93.2β^I HLR: Bsp. 653a.
- Zu § 93.2β^{II} HLR: Bsp. 653b.
- Zu § 93.2β^{IIIα} HLR: Bsp. 239n, S. 309.
- Zu § 93.2β^{IIIβ} HLR: Bsp. 653c.

Bsp. 653:   a) „Das dicke Buch präsentiert sich in schmuckem, rotem Leineneinband, sehr empfindlich, also für die Redaktionsarbeit durchaus geeignet: man sieht jeden Hauch, jeden Fingerabdruck darauf, und eine Diskussion mit nasser Aussprache in der Nähe des Buches ist nicht gut möglich." (TUCHOLSKY, Kürschner 1928, 99.)

b) „Da mit einem Male machten unsere Mietgäule von selbst, wie auf Kommando: halbrechts!" (GOLDMARK, Erinn. 1922, 111.)

c) „Ich fühlte, daß ich durchaus bald einige Nahrung zu mir nehmen mußte, wenn ich nicht hier oder auf der Landstraße liegen bleiben wollte." (KOTZEBUE, Merkw. Jahr 1801, 75.)

5.3.6.2.3 γ-Partikelgruppen

§ 93.2 HLR: (γ) Eine Partikelgruppe heißt γ - P a r t i k e l g r u p p e (γ-PrtklGr), ⁽ᴵ⁾wenn sie als Subjunktionsgefüge strukturiert und ihr Kern eine Partikel ist (§ 18.1b²ᵅ; § 46.1bⱽᵞ HLR), ⁽ᴵᴵ⁾wenn sie als Subordinationsgefüge strukturiert und ihr Kern eine γ-Partikelgruppe ist (§ 18.1b²ᵝ HLR) oder ⁽ᴵᴵᴵ⁾wenn sie als Kojunktionsgefüge strukturiert ist und ihre Kojunkte ausnahmslos γ-Partikelgruppen sind (§ 19.1bᴵᵝ; § 48.1bⱽᴵ HLR).

– Zu § 93.2γᴵ HLR: Bsp. 227b, S. 300.
– Zu § 93.2γᴵᴵ HLR: Bsp. 654a.
– Zu § 93.2γᴵᴵᴵ HLR: Bsp. 654b.

Bsp. 654: a) „Sie küßte mich und versicherte, daß nun, da sie sich ausgesprochen habe, wieder alles gut ³ᵣ¹und ²wie sonst⁷ zwischen uns sei." (MEYSENBUG, Mem. III 1876, 120); ¹Partikel (Konjunktor), ²γ-Partikelgruppe i. S. v. § 93.2γᴵ HLR (Konjunkt), ³γ-Partikelgruppe i. S. v. § 93.2γᴵᴵ HLR (Konjunktionsgefüge).

b) „So gingen sie, so verrichteten sie ihre Geschäfte, ²ᵣ¹wie sonst, ¹wie immer⁷." (GRILLPARZER, Sendomir 1828, 135); ¹γ-Partikelgruppe i. S. v. § 93.2γᴵ HLR (Kojunkt), ²γ-Partikelgruppe i. S. v. § 93.2γᴵᴵᴵ HLR (Kojunktionsgefüge).

5.3.6.2.4 δ-Partikelgruppen

§ 93.2 HLR: (δ) Eine Partikelgruppe heißt δ - P a r t i k e l g r u p p e (δ-PrtklGr), ⁽ᴵ⁾wenn sie als Konjunktionsgefüge strukturiert und ihr Kern eine Partikel ist (§ 18.1b²ᵅ; § 47.1bⱽᴵ HLR), ⁽ᴵᴵ⁾wenn sie als Subordinationsgefüge strukturiert und ihr Kern eine δ-Partikelgruppe ist (§ 18.1b²ᵝ HLR) oder ⁽ᴵᴵᴵ⁾wenn sie als Kojunktionsgefüge strukturiert ist (§ 48.1bⱽᴵ HLR) und ihre Kojunkte ⁽ᵅ⁾ausnahmslos δ-Partikelgruppen sind (§ 19.1bᴵᵝ HLR) oder ⁽ᵝ⁾Partikeln und δ-Partikelgruppen sind (§ 19.1bⱽ HLR).

– Zu § 93.2δᴵ HLR: Bsp. 233i [1], S. 304.
– Zu § 93.2δᴵᴵ HLR: Bsp. 655a.
– Zu § 93.2δᴵᴵᴵᵅ HLR: Bsp. 655b.
– Zu § 93.2δᴵᴵᴵᵝ HLR: Bsp. 655c.

Bsp. 655 a) „Nachmittags ¹oder auch abends fuhr er dabei mit dem Linileren seiner Partitur fort, und ließ darin nur ausnahmsweise eine Unterbrechung eintreten." (GLASENAPP, Wagner ⁴1905, VI, 262); ¹δ-Partikelgruppe i. S. v. § 93.2δᴵᴵ HLR: Kommentationsgefüge mit δ-Partikelgruppe i. S. v. § 93.2δᴵ HLR (*oder abends*) als Kommentat und Partikel (*auch*) als Kommentar.

b) „²ᵣ¹Entweder jetzt ¹oder nie⁷." (May, Verl. Sohn 1884–86, 1645); ¹γ-Partikelgruppe i. S. v. § 93.2γᴵ HLR (Kojunkt), ²γ-Partikelgruppe i. S. v. § 93.2γᴵᴵᴵᵅ HLR (Kojunktionsgefüge).

c) „Das konnte, das mußte ihr genügen, ³ᵣ¹jetzt ²und immerdar⁷." (LEWALD, Clem. 1843, 131); ¹Partikel (Kojunkt), ²γ-Partikelgruppe i. S. v. § 93.2γᴵ HLR (Kojunkt), ³γ-Partikelgruppe i. S. v. § 93.2γᴵᴵᴵᵝ HLR (Kojunktionsgefüge).

5.3.6.2.5 ε-Partikelgruppen

§ 93.2 HLR: (ε) Eine Partikelgruppe heißt ε - P a r t i k e l g r u p p e (ε-PrtklGr), wenn sie als Interzeptionsgefüge (§ 50.1b^{IIβ} HLR) strukturiert ist.

Zu § 93.2ε HLR: Bsp. 203e/f, S. 292.

5.3.6.2.6 ζ-Partikelgruppen

§ 93.2 HLR: (ζ) Eine Partikelgruppe heißt ζ - P a r t i k e l g r u p p e (ζ-PrtklGr), $^{(I)}$wenn sie als Kojunktionsgefüge (§ 93.1a^{II}; § 48.1b^{VI} HLR) strukturiert und keine α-Partikelgruppe i. S. v. § 93.2α^{III} HLR, β-Partikelgruppe i. S. v. § 93.2β^{III} HLR, γ-Partikelgruppe i. S. v. § 93.2γ^{III} HLR oder δ-Partikelgruppe i. S. v. § 93.2δ^{III} HLR ist, ihre Kojunkte aber gleichwohl ausschließlich Partikelgruppen oder Partikeln und Partikelgruppen sind (§ 19.1b^{III} HLR), oder $^{(II)}$wenn sie als Subordinationsgefüge strukturiert und ihr Kern eine ζ-Partikelgruppe ist (§ 18.1b^{2β} HLR).

Zu § 93.2ζ HLR: Wie bei den meisten anderen Wortgruppenarten begegnen bei den Partikelgruppen gelegentlich Exemplare, die in eine Sonderkategorie fallen, weil sie als Kojunktionsgefüge strukturiert sind und Kojunkte unterschiedlicher Partikelgruppenart aufweisen.

Bsp. 656: a) „Wenn ich schweifend $^{3r⌐1}$im Olivenwäldchen, | ^{2}Oder dort am Seegestad¬ dich suche" (HEYSE, Italien 1880, 379); ^{1}β-Partikelgruppe i. S. v. § 93.2β^{I} HLR (Kojunkt), ^{2}α-Partikelgruppe i. S. v. § 93.2α^{II} HLR (Kojunkt), ^{3}ζ-Partikelgruppe i. S. v. § 93.2ζ^{I} HLR (Kojunktionsgefüge).

  b) „Ob Leibniz $^{4r⌐1}$durch ähnliche Betrachtungen ^{2}oder sprungweise, ^{3}oder wie immer¬ auf seine Lehre gekommen ist, fragen wir nicht." (LANGE, Gesch. d. Mat. ^{2}1875, 408); ^{1}β-Partikelgruppe i. S. v. § 93.2β^{I} HLR (Kojunkt), ^{2}δ-Partikelgruppe i. S. v. § 93.2δ^{I} HLR (Kojunkt), ^{3}γ-Partikelgruppe i. S. v. § 93.2γ^{II} HLR (Kojunkt), ^{4}ζ-Partikelgruppe i. S. v. § 93.2ζ^{I} HLR (Kojunktionsgefüge).

Subordinationsgefüge, die ζ-Partikelgruppen als Kerne aufweisen, gelten ihrerseits ebenfalls als ζ-Partikelgruppen.

Bsp. 657: „^{4r}Wie $^{3r⌐1}$in Mecklenburg ^{2}und anderswo¬¬, gibt es bei uns mehrere Orte, Hügel, einzelne Hufen etc., die den Namen Blocksberg führen" (MÜLLENHOFF, Sag. 1845, 229); ^{1}β-Partikelgruppe i. S. v. § 93.2β^{I} HLR (Kojunkt), ^{2}δ-Partikelgruppe i. S. v. § 93.2δ^{I} HLR (Kojunkt), ^{3}ζ-Partikelgruppe i. S. v. § 93.2ζ^{I} HLR (Subjunkt), ^{4}ζ-Partikelgruppe i. S. v. § 93.2ζ^{II} HLR (Subjunktionsgefüge).

5.3.6.3 Partikelgruppen als Glieder

§ 93.3 HLR: Partikelgruppen können folgende Gliedfunktionen erfüllen:

(α) die von Gefügekernen, konkret: $^{(I)}$Kommentaten (§ 36.2b^{VI} HLR), $^{(II)}$Attribuenden (§ 39.2b^{IIδ} HLR), $^{(III)}$Adpositen (§ 45.2b^{IIβ} HLR), $^{(IV)}$Subjunkten (§ 46.2b^{IIε} HLR) oder $^{(V)}$Konjunkten (§ 47.2b^{IIε} HLR),

(β) die von Satelliten, konkret: $^{(I)}$Objekten (§ 35.3b^{Iβζ} HLR), $^{(II)}$Adverbialien (§ 35.3b^{IIβδ} HLR), $^{(III)}$Kommentaren (§ 36.3b^{IIδ} HLR), $^{(IV)}$Adverbaten (§ 37.3b^{IIγ} HLR), $^{(V)}$Attributen (§ 39.3b^{IIIε} HLR), $^{(VI)}$Transzedenten (§ 42.3c^{IIε} HLR), $^{(VII)}$Anzipien (§ 43.3b^{II} HLR), $^{(VIII)}$Adponenden (§ 45.3b^{IIε} HLR), $^{(IX)}$Subjunktoren (§ 46.3b^{II} HLR) oder $^{(X)}$Konjunktoren (§ 47.3b^{II} HLR) oder

(γ) die von Koordinaten, konkret: $^{(I)}$Kojunkten (§ 48.2b HLR), $^{(II)}$Prädikationalien (§ 52.2b HLR), $^{(III)}$Adverbationalien, genauer: Adverbat-Adverbationalien (§ 53.2b HLR), $^{(IV)}$Attributionalien (§ 55.2b HLR), $^{(V)}$Entranszessionalien (§ 56.3b^{IIε} HLR), $^{(VI)}$Adpositionalien (§ 57.2b HLR), $^{(VII)}$Subjunktionalien (§ 58.2b HLR), $^{(VIII)}$Kojunktionalien (§ 59.2c HLR) oder $^{(IX)}$Transmissionalien (§ 61.2b HLR).

- Zu § 93.3α^{I} HLR: Partikelgruppen können Kommentate sein; vgl. Bsp. 109g, S. 236.
- Zu § 93.3α^{II} HLR: Partikelgruppen können Attribuenden sein; vgl. Bsp. 652a, S. 630.
- Zu § 93.3α^{III} HLR: Partikelgruppen können Adposite sein; vgl. Bsp. 203e/f, S. 292.
- Zu § 93.3α^{IV} HLR: Partikelgruppen können Subjunkte sein; vgl. Bsp. 229k, S. 301.
- Zu § 93.3α^{V} HLR: Partikelgruppen können Konjunkte sein; vgl. Bsp. 239n (2), S. 309.

*

- Zu § 93.3β^{I} HLR: Partikelgruppen können Objekte sein; vgl. Bsp. 100i, S. 229.
- Zu § 93.3β^{II} HLR: Partikelgruppen können Adverbialien sein; vgl. Bsp. 101i, S. 230.
- Zu § 93.3β^{III} HLR: Partikelgruppen können Kommentare sein; vgl. Bsp. 110g, S. 237.
- Zu § 93.3β^{IV} HLR: Partikelgruppen können Adverbate sein.

    Bsp. 658: „Die Chalifenburg mit ihren prächtigen Türmen, Kiosken und Galerieen hebt sich <u>hoch heraus</u> aus dem Häusergewirr der großen Stadt" (SCHEERBART, Tarub 1897, 19).

- Zu § 93.3β^{V} HLR: Partikelgruppen können Attribute sein; vgl. Abb. 30, S. 130.
- Zu § 93.3β^{VI} HLR: Partikelgruppen können Transzedenten sein.

    Bsp. 659: „Er war überhaupt <u>anders als die Leute im Dorfe</u>" (CHRIST, Erinn. 1912, 10).

- Zu § 93.3β^{VII} HLR: Partikelgruppen können Anzipien sein; vgl. Bsp. 199, S. 288.
- Zu § 93.3β^{VIII} HLR: Partikelgruppen können Adponenden sein; vgl. Bsp. 224i, S. 297.
- Zu § 93.3β^{IX} HLR: Partikelgruppen können Subjunktoren sein; vgl. Bsp. 230, S. 302.
- Zu § 93.3β^{X} HLR: Partikelgruppen können Konjunktoren sein; vgl. Bsp. 235, S. 306.

*

- Zu § 93.3γ^{I} HLR: Partikelgruppen können Kojunkte sein; vgl Bsp. 239n, S. 309.
- Zu § 93.3γ^{II} HLR: Partikelgruppen können Prädikationalien sein: Objektualien in Analogie zu ihrer Objektfunktion (§ 52.3γ^{I} HLR), Adverbiatialien in Analogie zu ihrer Adverbialfunktion (§ 52.3δ^{I} HLR; vgl. Bsp. 258a, S. 320).
- Zu § 93.3γ^{III} HLR: Partikelgruppen können Adverbat-Adverbationalien sein; vgl. Bsp. 262b, S. 322.
- Zu § 93.3γ^{IV} HLR: Partikelgruppen können Attributionalien sein: Attribuendalien (vgl. Bsp. 271e, S. 328) oder Attributialien:

> Bsp. 660: „In Gaius Wesen ist keine Ader von der Art seines Bruders, von jener etwas sentimentalen und $^{1)}$gar sehr ^{2}kurzsichtigen und ^{2}unklaren Gutmütigkeit, die den politischen Gegner mit Bitten und Thränen hätte umstimmen mögen; mit voller Sicherheit betrat er den Weg der Revolution und strebte er nach dem Ziel der Rache." (MOMMSEN, Röm. Gesch. II ^{4}1865, 106); ^{1}Attributial, ^{2}Attribuendal.

- Zu § 93.3γ^{V} HLR: Partikelgruppen können Entranszessionalien sein; vgl. Bsp. 286h, S. 336.
- Zu § 93.3γ^{VI} HLR: Partikelgruppen können Adpositionalien sein: Adposit-Adponentialien (vgl. Bsp. 291f/g, S. 338) oder Adponend-Adponentialien (vgl. Bsp. 292j, S. 339).
- Zu § 93.3γ^{VII} HLR: Partikelgruppen können Subjunktionalien sein: Subjunkt-Subjunktionalien (vgl. Bsp. 296g, S. 341) oder Subjunktor-Subjunktionalien (vgl. Bsp. 297, ebd.).
- Zu § 93.3γ^{VIII} HLR: Partikelgruppen können – in Analogie zu ihrer Konjunktfunktion (§ 59.2c HLR) – Konjunktionalien sein.
- Zu § 93.3γ^{IX} HLR: Partikelgruppen können – ebenso wie Vertreter jeder anderen Wortart und Wortgruppenart (§ 61.2b HLR) – als Transmissionalien erscheinen.

5.3.7 Miszellangruppen

§ 94.1 HSR: (a) Eine M i s z e l l a n g r u p p e (MszGr) ist ein zusammengesetztes (§ 12.II HLR) Zeichen mit Wortgruppencharakter (§ 27 HLR), das als Koordinationsgefüge (§ 19 HLR), genauer: als Kojunktionsgefüge (§ 48.1b^{VII} HLR) strukturiert ist und dessen Koordinate – genauer: Kojunkte – unterschiedlichen Zeichenarten (Wort- und/oder Wortgruppenarten) angehören, das also als Koordinationsgruppe erscheint (§ 19.1b^{III}, § 23.2c^{II} HLR).

(b) Eine subordinativ gefügte Wortgruppe, deren Kern eine Miszellangruppe ist, erscheint ebenfalls als Miszellangruppe (§ 18.1b^{2β} HLR).

(c) Eine Miszellangruppe als Gefüge betrachtet, heißt M i s z e l l a n s y n t a g m a .

§ 94.2 HSR: (a) Miszellangruppen können jede kompaxive Gliedfunktion erfüllen, die ihre unmittelbaren Konstituenten für sich allein ihrerseits erfüllen könnten.

(b) Zudem können sie in der Funktion eines Anzeps erscheinen (§ 43.3b^{III} HLR).

Zu § 94.1 HSR: Im Unterschied zu den Mischkategorien, die durch Koordination gleichartiger Wörter und/oder Wortgruppen zustande kommen, wobei die koordinierten Wortgruppen zwar einer und derselben Wortgruppenart, aber verschiedenen Unterarten angehören, – im Unterschied also zu ϑ-Verbgruppen, ζ-Substantivgruppen, η-Adjektivgruppen, ζ-Pronomengruppen und ζ-Partikelgruppen – gibt es auch die Möglichkeit, Wörter bzw. Wortgruppen völlig unterschiedlicher Art koordinativ zu fügen. In diesem Fall ist es hinsichtlich der Zeichenart des Gefüges nicht mit dem Ansatz einer besonderen Wortgruppen-Subkategorie getan, sondern es bedarf einer ganz eigenen Wortgruppenart, eben der Miszellangruppe, die unter den Wortarten kein Äquivalent findet (vgl. § 64.2 HLR: Miszellangruppen kommen hier nicht vor).

Als Miszellangruppen erscheinen Kojunktionsgefüge mit Kojunkten ganz unterschiedlicher Art, u. a. mit Partikelgruppen und Substantivgruppen (Bsp. 661a), Substantivgruppen und Pronomengruppen (Bsp. 661b) oder Adjektiven, Adjektivgruppen und Partikelgruppen (Bsp. 661c).

Bsp. 661: a) „Die übliche Dressur zur ‚Schneidigkeit' $^{3⌈1}$im Kouleurleben ^{2}und als Unteroffizier$^{⌉}$, hat zweifellos seiner Zeit stark auf mich gewirkt und die ausgeprägte innere Schüchternheit und Unsicherheit der Knabenjahre beseitigt." (M. WEBER, Lebensbild 1926, 75.) — „Nun solltest du zugleich begreifen, dass Raum und Materie [...] nur $^{3⌈1}$in einem Wissen ^{2}und als Wissen$^{⌉}$ möglich sind, – dass sie eben die e i g e n t l i c h e F o r m d e s W i s s e n s s e l b s t s i n d." (FICHTE, Darst. WL *1801, 103.) – ^{1}β-Partikelgruppe i. S. v. § 93.2β^{I} HLR (Kojunkt), ^{2}α-Substantivgruppe i. S. v. § 89.2α^{II} HLR (Kojunkt), ^{3}Miszellangruppe i. S. v. § 94.1a HSR (Kojunktionsgefüge).

b) „In $^{3⌈1}$den Stücken des Aeschylus ^{2}und denen des Sophokles$^{⌉}$ ist offenbar bey deren Eröffnung der Schauplatz leer" (A. W. SCHLEGEL, Dramat. Lit. I 1809, 89); ^{1}β-Substantivgruppe i. S. v. § 89.2β^{II} HLR (Kojunkt), ^{2}α-Pronomengruppe i. S. v. § 92.2α^{II} HLR (Kojunkt), ^{3}Miszellangruppe i. S. v. § 94.1a HSR (Kojunktionsgefüge).

c) „Er verlangt 50 Thaler dafür. Bey dem so hohen Preise ist nicht ausgesprochen, ob sie $^{4⌈1}$derb ^{2}oder crystallisirt ^{3}oder wie sonst$^{⌉}$ beschaffen sey." (GOETHE, an J. G. Lenz [19. 3. 1820], WA IV, 32, 196 f.); ^{1}Adjektiv (Kojunkt), ^{2}ζ-Adjektivgruppe i. S. v. § 90.2ζ^{I} HLR (Kojunkt), α-Partikelgruppe i. S. v. § 93.2α^{II} HLR (Kojunkt), ^{4}Miszellangruppe i. S. v. § 94.1a HSR (Kojunktionsgefüge).

Miszellangruppen liegen auch dort vor, wo ein Gefüge subordinativ strukturiert ist und eine Miszellangruppe als Kern aufweist.

Bsp. 662: „Wären nun die Objecte nicht selbst räumlich, sondern existirten in irgend einer anderen Form des Daseins, so wäre es höchst wunderbar, dass sie auf so verschiedenen Wegen so übereinstimmende räumliche Gestalten in der Seele erzeugen können, dass uns z. B. die gesehene Kugel niemals $^{4⌈}$als $^{2⌈1}$gefühlter Würfel ^{2}oder sonst Etwas$^{⌉⌉}$ erscheint, sondern als gefühlte Kugel." (HARTMANN, Phil. d. Unbew. 1869, I, 287); ^{1}β-Substantivgruppe i. S. v. § 89.2β^{II} HLR (Kojunkt), ^{2}α-Pronomengruppe i. S. v. § 92.2α^{II} HLR (Kojunkt), ^{3}Miszellangruppe i. S. v. § 94.1a HSR (Subjunkt), ^{4}Miszellangruppe i. S. v. § 94,1b HSR (Subjunktionsgefüge).

*

Zu § 94.2 HSR: Miszellangruppen erfüllen als Ganze in der Regel die gleiche Gliedfunktion, die eines ihrer Kojunkte (bzw. der Kern eines Kojunkts dort, wo das Kojunkt ein Konjunktionsgefüge ist) allein in einem ansonsten gleichen Gefüge erfüllen würde. So erscheint in Bsp. 661b die Miszellangruppe |die Stücke des Aeschylus und die des Sophokles| insgesamt als Adponend der Partikel /in\, so wie es auch allein bei |die Stücke des Aeschylus| oder bei |die des Sophokles| der Fall wäre.

Wenn die Kojunkte bzw. Kojunktkerne für sich genommen verschiedenartige Gliedfunktionen erfüllen würden (so in Bsp. 661a |im Kouleurleben| Attribut-, |als Unteroffizier| hingegen Transzedentenfunktion), mit anderen Worten: wenn ein Anzeptionsgefüge i. S. v. § 43 HLR vorliegt, so erfüllt die Miszellangruppe im Ganzen die Funktion eines Anzeps (vgl. hierzu Kap. 4.1.13, S. 286 ff.).

Keine Miszellangruppe liegt in einem Fall wie in Bsp. 663 vor, der nicht als Anzeptionsgefüge (und auch nicht als Dekussationsgefüge i. S. v. § 44 HLR) zu interpretieren ist.

Bsp. 663: „Dem Staate sollte eine seiner Hauptstützen, die Geistlichkeit, entzogen und der P a p s t d e r O b e r h e r r d e r W e l t, auch des Kaisers werden." WEBER/BALDAMUS, Weltgesch. 1919, 215.)

Vielmehr handelt es sich dabei um eine Periode – ein einfaches Kojunktionsgefüge, das aus zwei (jeweils elliptischen) Sätzen besteht: |Dem Staate sollte eine seiner Hauptstützen, die Geitlichkeit, entzogen ⊗‹werden› und der Papst ⊗‹sollte› der Oberherr der Welt, auch des Kaisers werden.|

5.4 Wortverbundarten

Einige allgemeine Erläuterungen zu unserem grammatisch-semantischen Konzept ‹Wortverbund› finden sich an anderer Stelle (Kap. 3.2.3); im Folgenden geht es um eine etwas eingehendere Betrachtung einzelner Wortverbundarten. Dabei erscheinen insbesondere Miszellanverbünde (Kap. 5.4.7) als leistungsfähige Beschreibungsmuster textueller Makrostrukturen. Worverbünde anderer Art sind in der Regel kotextuell kleinräumige Einheiten, die als diagnostische Kategorien verstanden werden können: als Hilfsmittel zur Fassung dessen, was entsteht, wenn man interpretativ Sinnbeziehungen zwischen Bestandteilen unterschiedlicher kompaxiver Gefüge herstellt. Da Anschauungen ohne Begriffe, wie es bei Kant heißt, blind sind (vgl. S. 18, Anm. 18), mit anderen Worten: da man nur sieht, was man weiß, und dasjenige gesicherter zu sehen weiß, wofür man über eine systematische Position (einhergehend mit der Möglichkeit, dieselbe terminologisch dingfest zu machen) verfügt, kann das Benennen von Wortverbundstrukturen dazu beitragen zu verstehen, was beim muttersprachlich kompetenten Verstehen grammatisch-semantischer Zusammenhänge üblicherweise intuitiv geschieht. Lesen (im wörtlichen Sinne: ›sammeln‹

bedeutet, einzelne, verstreut zwischen anderen aufzufindende sprachliche Zeichen aus ihren Umgebungen ‚herauszupflücken' und miteinander in Beziehung zu setzen. Methodisch fundiertes Lesen, d. h. die gezielte Anwendung von Erkenntnismustern, bietet zwar keine vollständige Gewähr (die es letztlich niemals geben kann), aber eine größere Sicherheit, dass man aus dem Wortlaub das Pflückenswerte herausfindet.

5.4.1 Verbverbünde

§ 95.1 HLR: (a) V e r b v e r b ü n d e (VbVd) sind dissolute (§ 15.IIb HLR) komplexive (§ 17.II HLR) Koordinationsgefüge (§ 19.1cII HLR), deren Koordinate sämtlich Verben und/oder Verbgruppen sind.

(b) Ein Verbverbund als Gefüge betrachtet, heißt V e r b k e t t e.

§ 89.2 HLR: Verbketten sind strukturiert als

(α) Prädikationalgefüge (§ 52.1bI HLR),

(β) Adverbationalgefüge (§ 53.1bI HLR),

(γ) Kojunktionalgefüge (§ 59.1bI HLR),

(δ) Kostriktionalgefüge (§ 60.1b HLR),

(ε) Transmissionalgefüge (§ 61.1b HLR) oder

(ζ) Interkompaxalgefüge (§ 62.1bI HLR).

Zu § 95 HLR: Dass Verbverbünde komplexive K o ordinationsgefüge sind, zu deren Koordinaten ausschließlich Verben und/oder Verbgruppen zählen, schließt nicht aus, dass es komplexive Subordinationsgefüge gibt, deren Koordinate ausschließlich Verben und/oder Verbgruppen sind – dies ist der Fall bei Flexionalgefügen i. S. v. § 51 HLR (vgl. Kap. 4.2.1) –, sondern nur, dass es sich bei letzteren um Verbverbünde handelt. Zwar könnte sich die Frage stellen, ob nicht auch Verbformen, die als Flexionalgefüge strukturiert sind, als Wortverbünde, d. h. Verbverbünde zu interpretieren wären. Ausschlaggebend für die Zeichenart eines Parole-Zeichens ist jedoch seine Typidentität i. S. v. § 2.2β[2α] HLR. Sobald etwas als belegspezifische Zeichenform eines bestimmten Korpuszeichens interpretiert wird, nehmen wir dafür die Zeichenart des betreffenden Korpuszeichens an. Mit anderen Worten: Wenn ein Zeichenphänomen mit guten Gründen als Erscheinungsform eines Lexems angesehen werden kann, das als Verb gilt, dann kommt ihm selbst eben dadurch gleichfalls die Zeichenart ‚Verb' zu. (Vgl. § 82.1b[VI] HLR sowie S. 150 f. und S. 409).

Verbverbünde können ihrer Gliederstruktur nach erscheinen als Prädikationalgefüge (Abb. 27, S. 128), Adverbationalgefüge (Bsp. 262a, S. 322), Kojunktionalgefüge (Bsp. 300a, S. 345), Kostriktionalgefüge (§ 60.1b HLR; vgl. S. 347), Transmissionalgefüge (Abb. 17, S. 108) oder Interkompaxalgefüge (Bsp. 329a, S. 365).

5.4.2 Substantivverbünde

§ 96.1 HLR: (a) S u b s t a n t i v v e r b ü n d e (SbVd) sind dissolute (§ 15.IIb HLR) komplexive (§ 17.II HLR) Koordinationsgefüge (§ 19.1c" HLR), deren Koordinate sämtlich Substantive und/oder Substantivgruppen sind.

(b) Ein Substantivverbund als Gefüge betrachtet, heißt S u b s t a n t i v k e t t e.

§ 96.2 HLR: Substantivketten sind strukturiert als

(α) Prädikationalgefüge (§ 52.1b" HLR),

(β) Komitationalgefüge (§ 54.1b' HLR),

(γ) Attributionalgefüge (§ 55.1b' HLR),

(δ) Transzessionalgefüge (§ 56.1b' HLR),

(ε) Kojunktionalgefüge (§ 59.1b" HLR),

(ζ) Transmissionalgefüge (§ 61.1b HLR) oder

(η) Interkompaxalgefüge (§ 62.1b" HLR).

Zu § 96.2 HLR: Substantivketten i. S. v. § 96.1b HLR können als Prädikationalgefüge (⟨*Schiller* · Lied „An die Freude'⟩ in Bsp. 251b, S. 316), Komitationalgefüge (Bsp. 264a und Bsp. 265a, S. 324), Attributionalgefüge (Abb. 28, S. 129), Transzessionalgefüge (Bsp. 280a/b, S. 333), Kojunktionalgefüge (vgl. Abb. 24, 123), Transmissionalgefüge (Bsp. 664) oder Interkompaxalgefüge (Bsp. 329b/c, S. 365) begegnen.

Bsp. 664: „Du bist es, o göttlicher Heiland, flüsterte sie vor dem Tabernakel niederknieend; und Du hast gesagt: ‚Gebet dem Kaiser, was des Kaisers ist und Gott, was Gottes ist.' Aber verwilderte, abtrünnige, ungläubige Menschen nehmen die Rechte, die den Fürsten gehören, und daß Du, gnadenreicher Herr, noch ganz andere Rechte habest – und daß sie diese mit Füßen treten: darauf sind sie stolz." (HAHN-HAHN, Mar. Reg. 1860, I, 294.)

5.4.3 Adjektivverbünde

§ 97. 1 HLR: (a) A d j e k t i v v e r b ü n d e (AdjVd) sind dissolute (§ 15.IIb HLR) komplexive (§ 17.II HLR) Koordinationsgefüge (§ 19.1c" HLR), deren Koordinate sämtlich (§ 19.1c" HLR) Adjektive und/ oder Adjektivgruppen sind.

(b) Ein Adjektivverbund als Gefüge betrachtet, heißt A d j e k t i v k e t t e.

§ 97. 2 HLR: Adjektivketten sind strukturiert als

(α) Prädikationalgefüge: (§ 52.1b''' HLR),

(β) Attributionalgefüge (§ 55.1b''' HLR),

(γ) Kojunktionalgefüge (§ 59.1b''' HLR) oder

(δ) Transmissionalgefüge (§ 61.1b HLR).

Zu § 97.2 HLR: Adjektivketten i. S. v. § 97.1b HLR können als Gliedergefüge Prädikationalgefüge (Bsp. 251c, S. 316), Attributionalgefüge (Bsp. 269b/c, S. 327), Kojunktionalgefüge (Bsp. 46b, S. 119; Bsp. 300c, 345) oder Transmissionalgefüge (Abb. 17, S. 108) sein.

5.4.4 Artikelverbünde

§ 98.1 HLR: (a) A r t i k e l v e r b ü n d e (ArtVd) sind dissolute (§ 15.IIb HLR) komplexive (§ 17.II HLR) Koordinationsgefüge (§ 19.1c[II] HLR), deren Koordinate sämtlich Artikel und/oder Artikelgruppen sind.

(b) Ein Artikelverbund als Gefüge betrachtet, heißt A r t i k e l k e t t e.

§ 98.2 HLR: Artikelketten sind strukturiert als

(α) Kojunktionalgefüge (§ 59.1b[IV] HLR) oder

(β) Transmissionalgefüge (§ 61.1b HLR).

Zu § 98.2 HLR: Artikelketten i. S. v. § 98.1b HLR können den Charakter von Kojunktionalgefügen (Bsp. 300d, S. 345) oder von Transmissionalgefügen (Bsp. 665a) haben. Letzteres kann als Ausnahme gelten, da es eher unwahrscheinlich ist, dass im Rahmen eines Transmissionalgefüges ausschließlich Artikel und/oder Artikelgruppen als Transmissionalien begegnen. In aller Regel wird, sobald man einen etwas weiteren Kotext betrachtet, mindestens ein Transmissional zum Vorschein kommen, das einer anderen Zeichenart zuzurechnen ist (Bsp. 665b), so dass dann das Transmissionalgefüge nicht mehr als Artikelverbund, sondern als Miszellanverbund zu klassifizieren ist.

Bsp. 665: a) „Weg! Weg! Ihr Alle seid mein Verderben! Meine Schwäche ist mein Elend!" (GUTZKOW, Ritter 1850–51, 1477.)

b) „O wären sie mit ihm gegangen! sagte Schlurck vernichtet. Wären sie in dem Schrein geblieben! Ich fühle mich nicht stark, solche Scenen zu ertragen! Ich bin kein Schurke! Ich bin kein Dieb! Weg von mir Bartusch! Weg! Weg! Ihr Alle seid mein Verderben! Meine Schwäche ist mein Elend! Ihr treibt mich auf schlimme Wege, die mir fremd sind. Ihr treibt mich in die Schande!" (Ebd.)

Ein Transmissionalgefüge muss jedoch durchaus nicht notwendig im Ganzen betrachtet werden, sondern kann – je nach Untersuchungsinteresse – auf bestimmte Ausschnitte reduziert werden. Dies kann insbesondere bei weitgespannten Transmissionalgefügen sinnvoll sein, die, als Ganze, zu umfängliche Untersuchungsgegenstände wären. Je nach Ausschnitt, will sagen: je nach Zeichenart der konkret in den Blick genommenen Transmissionalien, erscheint dann das Gefüge gegebenenfalls als ein Wortverbund anderer Art.

5.4.5 Pronomenverbünde

---

§ 99.1 HLR: (a) P r o n o m e n v e r b ü n d e (PrnVd) sind dissolute (§ 15.IIb HLR) komplexive (§ 17.II HLR) Koordinationsgefüge (§ 19.1c^{II} HLR), deren Koordinate sämtlich Pronomina und/oder Pronomengruppen sind.

(b) Ein Pronomenverbund als Gefüge betrachtet, heißt P r o n o m e n k e t t e.

§ 99.2 HLR: Pronomenketten sind strukturiert als

(α) Prädikationalgefüge (§ 52.1b^{IV} HLR),

(β) Attributionalgefüge (§ 55.1b^{III} HLR),

(γ) Transzessionalgefüge (§ 56.1b^{II} HLR),

(δ) Kojunktionalgefüge (§ 59.1b^{V} HLR) oder

(ε) Transmissionalgefüge (§ 61.1b HLR).

Zu § 99.2 HLR: Pronomenketten i. S. v. § 99.1 HLR können als Prädikationalgefüge (Abb. 96, S. 317), Attributionalgefüge (Bsp. 269d, S. 327), Transzessionalgefüge (Bsp. 280f, S. 333; Bsp. 286b, S. 336), Kojunktionalgefüge (Bsp. 300e, S. 345) oder Transmissionalgefüge (Bsp. 666a) strukturiert sein. Zu Transmissionalgefügen, die als Pronomenverbünde erscheinen, ist das Gleiche zu sagen wie in Kap. 5.4.4 zu Artikelverbünden ausgeführt: Wählt man den Fokus anders, so kann der Wortverbund als Miszellanverbund erscheinen, weil seine unmittelbaren Konstituenten unterschiedlichen Zeichenarten angehören (so in Bsp. 666b, wo neben Pronomina auch Artikel als Transmissionalien vorkommen).

Bsp. 666: a) „Wie? unterbrach er mich voll Erstaunen, ist es Irrthum oder Verläumdung, die so lieblos über mich urtheilt.
 Die Welt sagt es, erwiederte ich, und der Schein ist gegen dich. Daher wenn du dich schuldlos fühlst, so befreie mich von dem bittern Argwohn, den die allgemeine Stimme unwillkührlich in mir geweckt hat, und gieb mir den schönen Glauben an Dich wieder." (AHLEFELD, Ges. Erz. 1822, I, 67

b) „Wie? unterbrach er mich voll Erstaunen, ist es Irrthum oder Verläumdung, die so lieblos über mich urtheilt.
 Die Welt sagt es, erwiederte ich, und der Schein ist gegen dich. Daher wenn du dich schuldlos fühlst, so befreie mich von dem bittern Argwohn, den die allgemeine Stimme unwillkührlich in mir geweckt hat, und gieb mir den schönen Glauben an Dich wieder.
 Das Urtheil der Menschen ist mir gleichgültig, sagte er, aus der momentanen Aufregung, in die mein Vorwurf ihn versetzt hatte, in seinen tiefen, Trübsinn zurücksinkend. Aber daß Du, der Du mich so genau kennest, der Schmähsucht dein Ohr leihen konntest, das schmerzt mich, und ich will suchen, durch eine treue Darstellung meines traurigen Schicksals deine gute Meinung wieder zu gewinnen." (Ebd.)

5.4.6 Partikelverbünde

§ 100.1 HLR: (a) P a r t i k e l v e r b ü n d e (PrtklVd) sind dissolute (§ 15.IIb HLR) komplexive (§ 17.II HLR) Koordinationsgefüge (§ 19.1c^{II} HLR), deren Koordinate sämtlich Partikeln und/oder Partikelgruppen sind.

(b) Ein Partikelverbund als Gefüge betrachtet, heißt P a r t i k e l k e t t e.

§ 100.2 HLR: Partikelketten sind strukturiert als

(α) Attributionalgefüge (§ 55.1b^{IV} HLR),

(β) Adpositionalgefüge (§ 57.1b^{I} HLR),

(γ) Subjunktionalgefüge (§ 58.1b^{I} HLR),

(δ) Kojunktionalgefüge (§ 59.1b^{VI} HLR) oder

(ε) Transmissionalgefüge (§ 61.1b HLR).

Zu § 100.2 HLR: Partikelketten i. S. v. § 100.1b HLR können die Gliederstruktur von Attributionalgefügen (Bsp. 269e, S. 327), Adpositionalgefügen (Bsp. 289, S. 337), Subjunktionalgefügen (Bsp. 295a, S. 341), Kojunktionalgefügen (Abb. 17, S. 108; Bsp. 300f, S. 345) oder Transmissionalgefügen (Bsp. 667) haben. — Das in Kap. 5.4.4 zu Transmissionalgefügen Gesagte gilt für Transmissionalgefüge, die als Partikelketten erscheinen, entsprechen.

Bsp. 667 „Wie der Knabe die Augen geschlossen, zeigte sie schweigend zum Fenster hinaus, nach <u>rechts</u>.
Ich verstand sie: <u>dort</u> stand des Mörders Haus." (Dahn, Rom 1876, 533.)

5.4.7 Miszellanverbünde

§ 101.1 HLR: (a) M i s z e l l a n v e r b ü n d e (MszVd) sind dissolute (§ 15.IIb HLR) komplexive (§ 17.II HLR) Koordinationsgefüge (§ 19.1c^{III} HLR), deren Koordinate unterschiedlichen Zeichenarten angehören.

(b) Ein Miszellanverbund als Gefüge betrachtet, heißt M i s z e l l a n k e t t e.

§ 101.2 HLR: Miszellanketten sind strukturiert als

(α) Prädikationalgefüge (§ 52.1b^{V} HLR),

(β) Adverbationalgefüge (§ 53.1b^{II} HLR),

(γ) Komitationalgefüge (§ 54.1b^{II} HLR),

(δ) Attributionalgefüge (§ 55.1b^{V} HLR),

(ε) Transzessionalgefüge (§ 56.1b^{III} HLR),

(ζ) Adpositionalgefüge (§ 57.1b^{II} HLR),

(η) Subjunktionalgefüge (§ 58.1b^{II} HLR),

(ϑ) Kojunktionalgefüge (§ 59.1b^{VII} HLR),

(ı) Transmissionalgefüge (§ 61.1b HLR) oder

(κ) Nodalgefüge (§ 63.1b HLR)

Zu § 101.2 HLR: Miszellanketten i. S. v. § 101.1b HLR können erscheinen als Prädikationalgefüge (Abb. 31, S. 130; Abb. 96, S. 317; Abb. 97, S. 319), als Adverbationalgefüge (Bsp. 262b, S. 322), als Komitationalgefüge (Bsp. 264b, S. 324), als Attributionalgefüge (Abb. 30, S. 130; Bsp. 269f, S. 327), als Transzessionalgefüge (Abb. 17, S. 108; Abb. 54, S. 170), als Adpositionalgefüge (Bsp. 288a, S. 337), als Subjunktionalgefüge (Bsp. 295b, S. 341), als Kojunktionalgefüge (Abb. 20, 116; Bsp. 300g, S. 345), als Transmissionalgefüge (Bsp. 15, S. 55; Bsp. 77, S. 170; Bsp. 665b, S. 639) oder als Nodalgefüge (vgl. die Beispiele und Erläuterungen S. 368 ff.).

6 Aspekte des Wertes in Gefügen

Es ist eine bekannte, insbesondere im Zusammenhang der Kasussemantik beleuchtete Tatsache, dass sich Sachverhalte auf unterschiedliche Weise ausdrücken lassen. Semantische ‚Tiefenstrukturen' – z. B. Handlungsrollen wie Agens und Patiens – können an der ‚Textoberfläche' in verschiedener Form – will sagen: in verschiedenen grammatischen Konstruktionen, z. B. einem Prädikationsgefüge oder einem Attributionsgefüge – erscheinen.[280] Umgekehrt lassen sich grammatische Gefügestrukturen in semantisch ganz verschiedener Weise deuten. So gehört es beispielsweise zu den Standards der Grammatikographie, genitivische Substantivgruppen – solche, die unserer Interpretation zufolge komitativ (§ 38.3β^{IIa} HLR) oder attributiv (§ 39.3b$^{III\beta\alpha}$ HLR) verwendet werden – nach ihrem propositionalen Wert zu unterscheiden. Man kann diese Unterscheidung, je nach Beschreibungsanliegen, unterschiedlich differenziert vornehmen; je ausgeprägter das semantische Interesse ist, desto detaillierter wird man verfahren. Üblicherweise werden zwischen etwa einem halben Dutzend und einem Dutzend Genitiv-Typen angesetzt (vgl. S. IX), man kann aber auch, wie im Folgenden zu zeigen, eine sehr viel größere Zahl sinnvoll finden.

Zur Beschreibung der semantischen Entsprechungen zwischen grammatisch verschieden strukturierten Gliedergefügen scheint nach dem Vorbild der semantischen Kasustheorie oder Rollentheorie die Herausarbeitung von idealtypischen semantischen F u n k t i o n e n oder R e l a t i o n e n sinnvoll, die ihren Konstituenten zugeschrieben werden können.

6.1 Propositionsgefüge und ihre Glieder

Die folgenden Überlegungen basieren auf der Annahme eines allgemeinen semantischen Grundmusters, das zur Beschreibung des Wertes strukturell ganz unterschiedlicher Gefüge dienen kann.

---

[280] Die in der semantischen Kasustheorie verbreitete, der generativen Grammatik entlehnte Rede von semantischer ‚Oberflächenstruktur' (bezogen auf die syntaktisch unterschiedlichen Determinationsgefüge) und ‚Tiefenstruktur' (bezogen auf die analogen semantischen Strukturen) erfolgt hier, wie die Anführungszeichen erkennen lassen, nur bezugsweise, nicht adaptiv: Wir machen sie uns nicht zu eigen, da wir den Eindruck vermeiden wollen, es handle sich bei den analogen Strukturen, um die es uns geht, um etwas ‚Zugrundeliegendes'. Damit stellen wir den Sinn des generativistischen Ansatzes keineswegs in Frage, sondern bleiben lediglich bei der Position des empirischen Semantikers, für den der Ausgangs- und Orientierungspunkt seiner Arbeit, wie anderer Stelle ausgeführt, immer die Realität seiner Quellentexte, d. h. der dort belegten konkreten sprachlichen Äußerungen bleibt. Bildet er von dieser Realität zum Zweck der Beschreibung Abstraktionen, so sind diese sekundär und stellen weit eher einen ‚Überbau' als einen verborgenen Untergrund dar.

§ 102.1 HLR: (a) Lässt sich der kotextuelle oder Belegsinn (§ 9.2α' HLR) eines Zeichens als Sachverhalt interpretieren, konkret: ⁽ᴵ⁾als Vollzug einer Handlung (§ 103 HLR), ⁽ᴵᴵ⁾als Sichereignen eines Vorgangs (§ 104 HLR) oder ⁽ᴵᴵᴵ⁾als Bestehen eines Zustandes (§ 105 HLR), so heißt er P r o p o s i t i o n (PRPN).

(b) Ein Zeichen, dessen Belegsinn als Proposition erscheint, heißt P r o p o s i t i o n a r (PRPR).

(c) Ein Propositionar, der als Gefüge betrachtet wird, heißt P r o p o s i t i o n s g e f ü g e (PRPNG).

§ 102.2 HLR: (a) Je nach spezifischem Einzelsachverhalt kommen bei einer Proposition unterschiedliche Wertaspekte in Betracht, nämlich ⁽¹⁾in allen Fällen obligatorisch die Sache (Handlung, Vorgang oder Zustand) selbst – ein Zeichen, das sie ausdrückt, heißt P r o p o n e n t (PRPNT) –, ⁽²⁾zusätzlich in aller Regel obligatorisch eine sachverhaltsbeteiligte Größe: der Sachverhaltsträger – ein Zeichen, das ihn ausdrückt, heißt P r o p o n e n d (PRPND) –, ⁽³⁾darüber hinaus in vielen Fällen obligatorisch eine weitere sachverhaltsbeteiligte Größe: das Sachverhaltsbetroffene – ein Zeichen, das dieses ausdrückt, heißt P r o p o s i t i o n s i n v o l u t (PRPINV) –, oder auch deren mehrere, sowie ⁽⁴⁾in allen Fällen fakultativ ein Sachverhaltsumstand – ein Zeichen, das ihn ausdrückt, heißt P r o p o s i t i o n s a k z i d e n t (PRPAKZ) –, oder auch deren mehrere; konkret beispielsweise der Ort (PRPAKZ-LOK), die Zeit (PRPAKZ-TP), der Grund (PRPAKZ-KAUS) und/oder der Zweck (PRPAKZ-FIN).

(b) Proponent, Proponend, Propositionsinvolute und Propositionsakzidenten heißen zusammenfassend P r o p o s i t i o n s k o n s t i t u e n t e n.

Zu § 102.1/2 HLR: Die Differenzierung von Sachverhalten nach den Kriterien ›Handlung‹, ›Vorgang‹ und ›Zustand‹, die auch im Folgenden (Kap. 6.2) wiederaufgenommen wird, entspricht der Unterscheidung spezifischer Zeichenarten im Bereich des Wortschatzes (vor allem bei Verben). Unter einem Propositionar ist jedes Zeichen zu verstehen, das einen Sachverhalt der genannten Art ausdrückt. Dies können Sätze sein (z. B. *jemand tut etwas*), aber auch sonstige Wortgruppen (*jemand, der etwas tut*) und sogar Wörter (z. B. *Täter* ›jemand, der etwas tut‹).

Die gegebenen Beispiele zeigen, dass bei Propositionen unterschiedliche Wertaspekte zu beobachten sind und dass diese Aspekte in Ausdrücken mit propositionalem Wert (Propositionaren) in unterschiedlicher Weise explizit werden können. So steht das Substantiv *Attacke* in Bsp. 668a allein für die Handlung des Angreifens, erscheint also als Proponent; wer angreift, ist einem anderen, kotextuellen Ausdruck zu entnehmen: *Husaren vom Regiment Fürst von Warschau* (mithin der Proponend). Demgegenüber wird in einem Kompositum wie *Reiterattacke* (Bsp. 668b) sowohl die handelnde Größe als auch die Handlung erkennbar; der Ausdruck erscheint mithin selbst als Propositionar.

Ein Propositionar wie *die Neapolitaner sahen den Feind im Rücken* (Bsp. 669a) weist neben dem Proponenden (*die Neapolitaner*) und dem Proponenten (*sahen*) noch ein Propositionsinvolut auf (*den Feind*) und einen Propositionsakzidenten (*im Rücken*) auf; ein Propositionar wie *die Dame gab dem Kinde eine Krone* (Bsp. 669b) besteht aus dem Proponenden (*die Dame*), dem Proponenten (*gab*) und zwei Propositionsinvoluten (*dem Kinde* und *eine Krone*).

Bsp. 668: a) „Der Oberst schwenkte das Tuch, – die Trompeter bliesen zur Attaque und gleich einer Windsbraut galoppirte der Rest der Schwadron Husaren vom Regiment Fürst von Warschau die Straße entlang und stürzte sich in die Schlucht zur Linken." (GOEDSCHE, Sebastopol 1856, II, 294.)
b) „Es gab dann noch eine formidable Reiterattacke [...]." (BRAUN, Mem. I 1909, 290.)

Bsp. 669: a) „Die Neapolitaner sahen den Feind im Rücken und liefen über Hals und Kopf nach Kajeta." (SEUME, Spaz. n. Syrakus 1803, 316.)
b) „Die Dame gab dem Kinde eine Krone." (ALTENBERG, Wie ich es sehe ⁴1904, 307.)

§ 102.3 HLR: (α) Ein Propositionsgefüge heißt p r o p o s i t i o n a l v o l l s t ä n d i g, wenn es sämtliche obligatorischen Propositionskonstituenten aufweist, d. h. wenn alle für den betreffenden Sachverhalt obligatorisch in Betracht kommenden Wertaspekte ausdrucksseitig realisiert sind.

(β) [1]Ein Propositionsgefüge, in dem die Stelle einer Propositionskonstituente unbesetzt, d. h. in dem ein für den betreffenden Sachverhalt obligatorisch in Betracht kommender Wertaspekt ausdrucksseitig nicht realisiert ist, ist, erscheint als hinsichtlich dieser Propositionskonstituente r e d u z i e r t. [2]Ein Propositionsgefüge kann hinsichtlich mehr als einer Propositionskonstituente reduziert sein.

Zu § 102.3 HLR: Jedes konkrete Propositionsgefüge lässt sich an einer prototypischen Sinnstruktur messen. Ein adversives Propositionsgefüge beispielsweise erfordert neben dem Proponenden und dem Proponenten ein Propositionsinvolut (Bsp. 670a-b). Ist eine Propositionskonstituente nicht ausgedrückt, so erscheint das Propositionsgefüge hinsichtlich dieser Konstituente reduziert (Bsp. 670c).

Bsp. 670: a) V o l l s t ä n d i g e s a d v e r s i v e s P r o p o s i t i o n s g e f ü g e: „Warum [1]schlägst [2]du [3]meine Hunde?" (MAY, Ard. I 1909, 324); [1]Proponent, [2]Proponend, [3]Propositionsinvolut.
b) V o l l s t ä n d i g e s a d v e r s i v e s P r o p o s i t i o n s g e f ü g e: „Auch Anton war still und in sich gekehrt; offenbar dachte er darüber nach, daß [3]er fortan nicht mehr betteln gehen, nicht mehr von [2]seinem Bruder [1]geschlagen werden sollte." (MÖLLHAUSEN, Mandan. 1865, II, 888); [1]Proponent, [2]Proponend, [3]Propositionsinvolut.
c) P r o p o n e n d e n r e d u z i e r t e s a d v e r s i v e s P r o p o s i t i o n s g e f ü g e: „[3]Sie [1]wird geschlagen. Das muß aufhören!" (MAY, Weg z. Glück 1886–88, 3125); [1]Proponent, [3]Propositionsinvolut.

In Fällen von reduzierten Propositionsgefügen lässt sich die vollständige Struktur herstellen, indem man die Leerstelle unspezifisch (mit einer Variablen, d. h. mit einem Indefinitpronomen) besetzt denkt. *Sie wird geschlagen* entspricht ›j e m a n d s c h l ä g t s i e‹. — Der Vergleich eines konkreten Propositionsgefüges mit der als prototypisch angesetzten vollständigen Struktur stellt ein einfaches Hilfsmittel dar, bestimmten Präsuppositionen bzw. impliziten Aspekten von Aussagen interpretativ auf die Spur zu kommen, beispielsweise einem passivisch oder durch Subjektsschub (vgl. v. Polenz 1985, 186 ff.) „zurückgedrängte[n]" (ebd., 183) Agens.

> **§ 102.4 HLR:** Propositionsformen heißen unterschiedliche grammatische Konstruktionen, in denen Propositionsgefüge konkret vorliegen können.

Zu § 102.4 HLR: An Propositionsformen lassen sich mindestens, d. h. ohne Anspruch auf Vollständigkeit, die nachfolgenden unterscheiden:

1. Prädikationalgefüge (§ 52 HLR), deren Subjektualien potentielle Nomina agentis, processui subiecti bzw. statui subiecti (vgl. S. 498) oder semantisch entsprechende Zeichen – ggf. pronominal substituiert – und deren Prädikatialien aktivische Verba actionis, processūs bzw. statūs sind oder – als Verbgruppen (z. B. Adverbationsgefüge oder Transzessionsgefüge) – solchen semantisch entsprechen: Bsp. 674 (S. 652), Bsp. 685 (S. 654), Bsp. 699 (S. 659), Bsp. 713 (S. 666), Bsp. 734 (S. 673), Bsp. 738 (S. 674), Bsp. 744 (S. 675), Bsp. 755 (S. 680), Bsp. 769 (S. 683), Bsp. 780 (S. 686), Bsp. 787 (S. 694);
2. Prädikationalgefüge mit Pseudoaktant *es* (vgl. S. 224) als Subjektual und unpersönlichem Verb (§ 82.2c^i HLR; vgl. S. 416) oder semantisch entsprechender Verbgruppe als Prädikatial: Bsp. 735 (S. 673), Bsp. 781 (S. 687);
3. Prädikationalgefüge mit *haben* als Prädikatial, und einer Substantivgruppe als Objektual, deren Kern ein Nomen actionis, processūs oder statūs ist: Bsp. 770 (S. 684), Bsp. 782 (S. 687), Bsp. 788 (S. 698);
4. Prädikationalgefüge, deren Prädikatialien passivische Verba actionis bzw. processūs und deren Objektualien potentielle Nomina agentis bzw. processui subiecti als Satellitenkonstituenten von Adpositionsgefügen oder potentielle Nomina agentis bzw. processui subiecti substituierende Pronomina als Satelliten oder Satellitenkonstituenten von Adpositionsgefügen sind: Bsp. 675 (S. 652), Bsp. 686 (S. 654), Bsp. 700 (S. 660), Bsp. 714 (S. 666), Bsp. 745 (S. 676), Bsp. 756 (S. 680), Bsp. 771 (S. 684);
5. Prädikationalgefüge mit reflexivem Verb als Prädikatial und einem Objektual, das Satellit oder Satellitenkern eines Adpositionsgefüges ist: Bsp. 757 (S. 681);
6. Prädikationalgefüge mit Verbum processūs als Prädikatial und einem potentiellen Nomen agentis bzw. processui subiecti – ggf. pronominal substituiert – oder seiner adjektivischen Entsprechung als Attributial eines Ausdrucks, der als Konstituente des Satelliten eines Adpositionsgefüges das Objektual des Prädikationalgefüges bildet: Bsp. 687 (S. 654), Bsp. 701 (S. 660), Bsp. 758 (S. 681), Bsp. 822c (S. 730);
7. Prädikationalgefüge mit einer Verbgruppe als Prädikatial, die ein Adverbationalgefüge (§ 53 HLR) enthält, bei dem als Adverband-Adverbational *haben* erscheint : Bsp. 688 (S. 655), Bsp. 789 (S. 699);
8. Prädikationalgefüge, deren Prädikatialien Verba casionis (§ 82.4γ^{IIϵϵ} HLR, vgl. S. 474) und deren Objektualien potentielle Nomina agentis bzw. processui subiecti sind: Bsp. 746 (S. 676);

9. Prädikationalgefüge, deren Prädikatialien Verba processūs bzw. statūs und deren Subjektualien Nomina actionis, processūs oder statūs sind: Bsp. 772 (S. 684), Bsp. 790 (S. 699);
10. Prädikationalgefüge, deren Prädikatialien Verba processūs und deren Objektualien potentielle Nomina actionis bzw. processūs sind: Bsp. 715 (S. 666);
11. Prädikationalgefüge, deren Prädikatialien Verba originem habendi (§ 82.4γ^{IIoy} HLR, vgl. S. 475) und deren Subjektualien potentielle Nomina producti (§ 83.3$\alpha^{\text{IIIα}}$ HLR, vgl. S. 500) bzw. generati (§ 83.3$\beta^{\text{IIIβ}}$ HLR, vgl. S. 504) sind: Bsp. 689 (S. 655), Bsp. 747 (S. 676);
12. Komitationalgefüge (§ 54 HLR), deren Komitatialien Nomina actionis sind oder als Kern haben und deren Komitialien potentielle Nomina agentis oder Nomina actioni involuti im Genitiv als Kern haben (oder Substitutionen von genitivischen Substantivgruppen mit entsprechendem Kern durch Artikel oder Pronomina sind): Bsp. 676 (S. 652), Bsp. 690 (S. 655);
13. Attributionalgefüge (§ 55 HLR), deren Attribuendalien potentielle Nomina agentis und deren Attributialien Adiectiva faciendi sind: Bsp. 677 (S. 652);
14. Attributionalgefüge, deren Attributialien sich als Supprädikationsgefüge mit perfektpartizipialem, von einem Verbum actionis abgeleitetem Supprädikat und einem Adpositionsgefüge als Objekt deuten lassen, wobei das Supprädikat zugleich als Prädikatial i. S. v. § 52.2b^{Vα} HLR und der Satellit bzw. eine Satellitenkonstituente des Objekts – ein potentielles Nomen agentis (ggf. pronominal substituiert) – als Objektual i. S. v. § 52.2c^{Vγ} HLR erscheint: Bsp. 691 (S. 655), Bsp. 702 (S. 660), Bsp. 716 (S. 666);
15. Attributionalgefüge, deren Attribuendalien (potentielle) Nomina actionis oder actioni involuti, (potentielle) Nomina processūs oder processui involuti bzw. (potentielle) Nomina statūs oder statui subiecti – ggf. pronominal substituiert – und deren Attributialien (potentielle) Nomina agentis oder actioni involuti, (potentielle) Nomina processui subiecti oder processui involuti bzw. (potentielle) Nomina statui subiecti oder statui involuti sind: Bsp. 678 (S. 653), Bsp. 736 (S. 673), Bsp. 739 (S. 674), Bsp. 748 (S. 676), Bsp. 759 (S. 681), Bsp. 764 (S. 681), Bsp. 783 (S. 687), Bsp. 791 (S. 700);
16. Attributionalgefüge, deren Attribuendalien (potentielle) Nomina agentis oder actioni involuti bzw. (potentielle) Nomina processui subiecti oder processui involuti bzw. (potentielle) Nomina statui subiecti oder statui involuti – ggf. pronominal substituiert – und deren Attributialien Nomina actionis, Nomina processūs bzw. Nomina statūs sind: Bsp. 679 (S. 653), Bsp. 792 (S. 701);
17. Attributionalgefüge, deren Attribuendalien Nomina agentis und deren Attributialien Nomina actionis im Genitiv oder als Kerne von Adpositionsgefügen sind: Bsp. 680 (S. 653);
18. Attributionalgefüge, deren Attribuendalien (potentielle) Nomina actionis oder actioni involuti bzw. (potentielle) Nomina processus oder processui involuti und deren Attributialien partizipatorische Adjektive sind: Bsp. 760 (S. 681);

19. Attributionalgefüge, die als substantivische Komposita erscheinen, wobei die Attributialien – die Kompositumserstglieder – Nomina actionis oder processūs, die Attribuendalien – die Kompositumszweitglieder – (potentielle) Nomina agentis oder processui subiecti sind: Bsp. 681 (S. 653), Bsp. 774 (S. 684);
20. Attributionalgefüge, die als substantivische Komposita erscheinen, wobei die Attributialien – die Kompositumserstglieder – potentielle Nomina agentis, processui subiecti bzw. statui subiecti, die Attribuendalien – die Kompositumszweitglieder – Nomina actionis, processūs bzw. statūs sind: Bsp. 682 (S. 653), Bsp. 737 (S. 673), Bsp. 761 (S. 681), Bsp. 784 (S. 688), Bsp. 793 (S. 701);
21. Transzessionalgefüge, deren Entranszessional eine Substantivgruppe ist und die mit dem Kopulaverb *sein* als Transzess verknüpft sind: Bsp. 794 (S. 701);
22. Transzessionalgefüge, deren Entranszessional als Konjunktionalgefüge mit *als* erscheint: Bsp. 795 (S. 701);
23. Transzessionsgefüge, deren Transzedent oder Transzedentenkern ein Adjektiv und deren Transzess das Kopulaverb *werden* oder ein Verbum processūs ist: Bsp. 762 (S. 681);
24. Transzessionsgefüge, deren Transzedent oder Transzedentenkern ein Verb oder eine Verbgruppe im Infinitiv, eine Substantivgruppe, ein Adjektiv oder ein Pronomen und deren Transzess das Kopulaverb *sein*, das Kopulaverb *bleiben* oder ein Verbum statūs ist: Bsp. 683 (S. 653), Bsp. 796 (S. 701);
25. Transzessionalgefüge, deren Entranszessionalkern ein Nomen agentis bzw. processui subiecti ist, das von einem Propositivartikel oder einem bestimmten Artikel oder einem Pronomen als Komes oder von einem genitivischen Attribut determiniert wird: Bsp. 692 (S. 656), Bsp. 703 (S. 661), Bsp. 725b (S. 670), Bsp. 749 (S. 677), Bsp. 763 (S. 681), Bsp. 764 (S. 681), Bsp. 775 (S. 684);
26. Transzessionalgefüge, deren Entranszessionalkern ein (potentielles) Nomen actioni involuti bzw. processui involuti ist, das von einem Propositivartikel einem Pronomen oder einer genitivischen Substantivgruppe als Komes oder von einem Attribut determiniert wird: Bsp. 693 (S. 656), Bsp. 704 (S. 661), Bsp. 750 (S. 677), Bsp. 774 (S. 684);
27. Transzessionalgefüge, deren Entranszessional ein Supprädikationsgefüge mit perfektpartizipialem, von einem Verbum actionis abgeleitetem Supprädikat und einem Adpositionsgefüge als Objekt ist, wobei das Supprädikat zugleich als Prädikatial i. S. v. § 52.2b$^{V\alpha}$ HLR und der Satellit bzw. eine Satellitenkonstituente des Objekts – ein potentielles Nomen agentis – als Objektual i. S. v. § 52.2c$^{V\gamma}$ HLR erscheint: Bsp. 694 (S. 656).

6.2 Arten von Propositionsgefügen

Im Deutschen wie in etlichen anderen Sprachen sind Propositionsgefüge prototypisch als Prädikationsgefüge strukturiert. Zwar sind nach unserer Auffassung Prädikationsgefüge eine Art Gliedergefüge neben anderen, und zunächst und per se gibt es keinen Grund, irgendeine Sonderstellung für sie zu postulieren. Dennoch ist die Tatsache nicht zu übersehen, dass in Prädikationsgefügen besonders viele unterschiedliche semantische Relationen konstituiert werden, weshalb man, wenn es darum geht, sich einen Überblick über diese Relationen zu verschaffen, insbesondere an eine Betrachtung dieser Art von Determinationsgefüge verwiesen ist. Darüber hinaus wird sowohl in der grammatischen wie in der sematischen Theorie traditionellerweise der Prädikation mit ihrem Dreh- und Angelpunkt, dem Verb, eine besondere Rolle zugeschrieben. In der Dependenzgrammatik nach Lucien Tesnière ebenso wie in den verschiedenen Ausformungen der Valenztheorie steht das Verb im Mittelpunkt des Interesses; in der Prädikatenlogik und der ihr verpflichteten semantischen Kasustheorie, insbesondere nach Gerhard Helbig, gilt der Satz als das Grundmuster der „im Bewußtsein wiedergespiegelten Sachverhalte der Wirklichkeit" (Helbig 1992, 7; vgl. auch Helbig/Buscha 2001, 19). Man muss diese Sichtweise, in der ein recht ungebrochener erkenntnistheoretischer Realismus zum Ausdruck kommt, nicht teilen, um den Ansatz gleichwohl brauchbar zu finden. Auch wenn wir nicht der Meinung sind, dass Sätze die Realität unmittelbarer ‚abbilden' als andere Wortgruppen und dass sie deshalb als logische Grundmuster, gleichsam als Tiefenstrukturen anderer Phrasen anzusehen seien, halten wir doch den Gedanken für hilfreich, semantische Entsprechungen zwischen unterschiedlich strukturierten komplexen Zeichen mittels einer Transformationsprobe zu überprüfen. Zwei komplexe Zeichen unterschiedlicher Struktur gelten demnach dann als semantisch einander entsprechend, wenn sie sich metasprachlich jeweils in denselben semantisch äquivalenten Satz überführen lassen.[281] Beispielsweise entsprechen handlungs- oder vorgangsgenitivische Attributionalgefüge Handlungs- oder Vorgangsprädikationalgefügen – wobei, wenn es sich um Prädikationalgefüge mit mehreren Aktantenstellen handelt, in der Regel nur eine davon als besetzt erscheint, die andere(n) hingegen als unbesetzt bzw. mit einer Variablen besetzt. So etwa entspricht ein produktsgenitivisches Attributionalgefüge wie *die Gründung Roms* einem produktiven Prädikationalgefüge, das hinsichtlich der Produzensrolle reduziert oder unspezifisch ist: *die Gründung*

---

[281] Die Unterscheidung zwischen der konkreten Ausdrucksform von Propositionsgefügen und der logisch-abstrakten metasprachlichen Form, auf welche sie sich reduzieren lassen, entspricht gängigen Differenzierungen. Nach Helbig/Buscha (2001, 59, Anm. 1) kann unterschieden werden zwischen semantischen Prädikaten und „Lexikalisierungen dieser Prädikate"; letztere sind offensichtlich als sekundär verstanden. – Der von uns prinzipiell eingeschlagene Weg von der Realität der sprachlichen Phänomene zu den Deutungen impliziert hier selbstverständlich eine entgegengesetzte Auffassung: Primär sind die unterschiedlichen Erscheinungsformen von Propositionsgefügen; durch abstrahierenden Vergleich können diese unterschiedlichen Erscheinungsformen dann auf eine bestimmte logische Form reduziert werden. Nur in diesem Sinne ist es zu verstehen, wenn im Folgenden von den logischen Formen von Propositionsgefügen die Rede ist, die sich in unterschiedlichen Satzmustern manifestieren.

Roms lässt sich nicht überführen in ›Romulus gründet(e) Rom‹, sondern nur in ›Rom wird/wurde gegründet‹ bzw. ›jemand gründet(e) Rom‹.

Es muss kaum betont werden, dass die semantischen Äquivalenzen nicht als vollständige, sondern nur als mehr oder weniger weitgehende Entsprechungen zu sehen sind. So erscheinen zwar

Bsp. 671: „[A]ls Aristoteles seine berühmte Kritik der spartanischen Verfassung [...] schrieb" (BURCK-HARDT, Grch. Kulturgesch. I 1898, 126)

und

Bsp. 672: „[D]er Verfasser von über hundert Stücken ist Menander von Athen" (BURCKHARDT, Grch. Kulturgesch. III 1900, 266)

jeweils als produktive Propositionsgefüge (6.2.1.2) – ›Aristoteles schrieb die berühmte Kritik der spartanischen Verfassung‹ bzw. ›Menander von Athen verfasste über hundert Stücke‹ –, aber im ersten Fall steht die Produktionshandlung deutlicher im Vordergrund, im zweiten die Qualität des Verfasser-Seins bzw. die Zugehörigkeit zur Kategorie ‚Verfasser'.

Die Differenzierung lässt sich bei Bedarf noch mehr verfeinern. So ist es semantisch ein Unterschied – einer der Perspektive –, ob *jemand* der *Verfasser* von *etwas* ist (Bsp. 672) oder ob *etwas* von *jemandem verfasst* ist (Bsp. 673), auch wenn sich beide Fälle unter dem Aspekt einer (jeweils präteritiven, als Qualität verstandenen) Produktionshandlung subsumieren lassen.

Bsp. 673: „Dann verteilte Kathi den Text zu einem Simplizissimuslied, das vom Freiherrn von Osten-Sacken verfaßt war." (RINGELNATZ, Leben 1931, 222.)

Bei dem in Bsp. 673 greifbar werdenden syntaktischen Gefüge, bei dem als Transzedent ein von einem transitiven Verb abgeleitetes Adjektiv, genauer: ein Präteritumpartizip vorliegt, handelt es sich um das so genannte Zustandspassiv oder *sein*-Passiv (Duden 1998, 183 ff.; Duden 2005, 558). Gegenüber dem semantischen Aspekt der Produktionshandlung tritt hier deutlicher der Aspekt des Zustands hervor, in den das Produkt durch die Produktionshandlung gekommen ist.

An Fällen wie diesem zeigt sich, dass unser Versuch, syntaktische Gefüge unterschiedlicher Art zu semantischen Kategorien („Propositionsgefügearten") zusammenzufassen, auf einer relativ hohen Abstraktionsebene stattfindet und von etlichen semantischen Aspekten absieht, die für die Interpretation eines konkreten Einzelbelegs relevant scheinen mögen. Nicht anders, als man das semantische Feld eines Lexems gliedern und dann Einzelbelege einer der angesetzten Einzelbedeutungen, aber eben auch mehreren zuweisen kann (Phänomen der Polytaxe, vgl. § 10.3β HLR sowie die Erläuterungen hierzu, S. 85 ff.), lassen sich konkrete Aussagesätze in unterschiedlicher Weise interpretieren. Polysemie bzw. Polytaxe ist ein Phänomen, mit dem nicht allein die Wort-, sondern auch die Satzsemantik zu rechnen hat. Jede

Gliederung eines semantischen Feldes, jeder Ansatz konkreter Einzelbedeutungen oder Deutungsmuster sollte daher nach unserer Überzeugung nicht den Anspruch erheben, eine sprachliche ‚Realität' durch klare Grenzziehungen ‚angemessen' zu beschreiben, sondern bietet lediglich ein Raster, das es erlaubt, bestimmte Fälle als eindeutig, bestimmte andere aber eben auch als unklar oder in einen Überlappungsbereich fallend zu benennen (und dadurch nicht selten überhaupt erst als Gegenstand zu erkennen).

6.2.1 Agentive Propositionsgefüge

§ 103 HLR: Als a g e n t i v werden solche Propositionsgefüge bezeichnet, deren Proponent (§ 102. 2a^1 HLR) als H a n d l u n g bzw. A k t i o n (A$_{KTN}$) erscheint; entsprechend lassen sich der Proponend (§ 102.2a^2 HLR) als H a n d l u n g s t r ä g e r bzw. Agens (A$_{GS}$) und das/die Propositionsinvolut(e) (§ 102.2a^3 HLR) als h a n d l u n g s b e t r o f f e n e G r ö ß e (n) bzw. Aktionsinvolut(e) (A$_{KTN}$ I$_{NV}$) deuten. – Unterschieden werden vier Arten agentiver Propositionsgefüge: faktive (§ 103.I HLR), produktive (§ 103.II HLR), influktive (§ 103.III HLR), adversive (§ 103.IV HLR), addirektive (§ 103.V HLR), themative (§ 103.VI HLR) und instrumentative (§ 103.VII HLR).

Zu § 103 HLR: In einem agentiven Propositionsgefüge wird einem Handlungsträger eine Handlung, also eine bewusst ausgeübte, absichtsvolle Tätigkeit zugeschrieben, bei der ggf. eine weitere handlungsbeteiligte Größe (das von der Handlung Betroffene), in Betracht kommt, in bestimmten Fällen (§ 103.V–VII HLR) auch mehrere solcher Größen. Wir notieren die logische Form eines solchen agentiven Propositionsgefüges folgendermaßen: A$_{KTN}$-N(A$_{GS}$-N) bzw. A$_{KTN}$-N(A$_{GS}$-N, A$_{KTN}$I$_{NV}$-N), A$_{KTN}$-N(A$_{GS}$-N, ^{1}A$_{KTN}$I$_{NV}$-N, ^{2}A$_{KTN}$I$_{NV}$-N) usw.

Die Variable N zeigt an, dass im Einzelfall durch eine Indizierung angegeben werden kann, um welche Art Handlung (und dem entsprechend auch Handlungsträger und handlungsbetroffener Größe) es konkret geht: Unterscheidungen, die im Folgenden vorgestellt werden. Zusätzlich kann die konkrete Besetzung der Propositionskonstituenten mittels einer tiefgestellten Indizierung dargestellt werden: A$_{KTN}$-N$_y$ (A$_{GS}$-N$_x$) ›das x der Agensart N vollzieht die Handlung y der Aktionsart N‹.

6.2.1.1 Faktive Propositionsgefüge

§ 103.I HLR: In f a k t i v e n (im engeren Sinne agentiven) Propositionsgefügen wird einem Agens eine Handlung zugeschrieben, bei der keine weiteren handlungsbeteiligten Größen in Betracht kommen.

Zu § 103.I HLR: Faktive Propositionsgefüge sind agentiv im engeren Sinne; eine terminologische Spezifizierung der Propositionskonstituenten gegenüber der übergeordneten Kategorie erscheint nicht nötig, da es bei faktiven Propositionsgefügen tatsächlich nur um Handlungen als solche geht. Sie haben daher die logische Form AKTN$_n$(AGS$_x$): ›x tut n‹. Einige Erscheinungsformen:

Bsp. 674: P r o p o s i t i o n s f o r m 1 (vgl. S. 646) mit Verbum faciendi oder semantisch entsprechender Verbgruppe als Prädikatial:
   a) „¹Meine Mutter ²handelte ganz impulsiv" (DOHM, Schicks. 1899, 27); ¹Handlungsträger, ²Handlung.
   b) „So ²handelt ¹man wahrhaft standesgemäß" (BLEIBTREU, Größenw. 1888, III, 572); ¹Handlungsträger, ²Handlung.
   c) „als ob ¹Jemand mit einem Gewehre ²geschossen habe" (MAY, Dt. Herzen 1885–87, 1541); ¹Handlungsträger, ²Handlung.
   d) „[S]o wird *Italien*, nachdem ¹Preußen ²die Initiative ergriffen hat, ebenfalls den Krieg an Oestreich erklären" (LUISE BÜCHNER, Dt. Gesch. 1875, 609); ¹Handlungsträger, ²Handlung.
   e) „Auch der ¹Diener ²war [...] in Aktion" (FONTANE, Stechlin 1897–98, 95); ¹Handlungsträger, ²Handlung.

Bsp. 675: P r o p o s i t i o n s f o r m 4 (vgl. S. 646) mit Verbum faciendi oder semantisch entsprechender Verbgruppe als Prädikatial:
   a) „Nicht nur alle Edle, Priester und übrige Einwohner von Scheschian, sondern auch der König und seine Nachfolger, sollen schwören, daß sie dieses Gesetzbuch nach allen seinen Artikeln unverletzlich in Ausübung bringen, und weder selbst demselben entgegen handeln, noch, so viel an ihnen ist, zugeben wollen, daß von ¹jemand dagegen ²gehandelt werde." (WIELAND, Gold. Spiegel 1795, 245); ¹Handlungsträger, ²Handlung.
   b) „Hier ²῾wurde᾿ von ¹Zimmerleuten rege ῾⁽²⁾῾gearbeitet᾿" (GUTZKOW, Ritter 1850–51, 2418); ¹Handlungsträger, ²Handlung.

Bsp. 676 P r o p o s i t i o n s f o r m 12 (vgl. S. 647) mit Nomen faciendi als Komitatial oder als Kern des Komitatials:
   a) „Der [...] Fischer setzte [...] ¹seine ²Arbeit fort" (BARTSCH, Sag. Meklenb. I 1879, 413); ¹Handlungsträger, ²Handlung.
   b) „Und er konnte sie nur brauchen, solange sie sein willenloses Werkzeug und Echo war, Löcher wühlte, wo er Bäume pflanzen wollte, ihm die Bälle aufsammelte oder auch nur dabeistand und ¹seine ²Taten bewunderte" (REVENTLOW, Olestj. 1903, 17); ¹Handlungsträger, ²Handlung.
   c) „Des ¹Wirtes ²Tun segnete nicht." (BECHSTEIN, N. dt. Märchenb. 1856, 647); ¹Handlungsträger (Genitivus facientis), ²Handlung.
   d) „Gottes Langmut ließ ¹des Königs ²schlimmes Tun noch gewähren." (BECHSTEIN, Dt. Sag. 1853, 643); ¹Handlungsträger, ²Handlung.

Bsp. 677: P r o p o s i t i o n s f o r m 13 (vgl. S. 647) mit Adiectivum faciendi als Attributial:
   a) „Hans [...] eilte [...] auf den [...] Stighof, wo die schon wieder ²tätige ¹Dorothee ihm einen guten Tag wünschte." (FELDER, Reich u. arm 1868, 156); ¹Handlungsträger, ²Handlung.
   b) „[W]enn er an der offenen Thür vorüberkam, hob er den Kopf, und ein prüfender Blick fiel auf das ²arbeitende ¹Mädchen in der Hausflur." (MARLITT, Geheimn. 1867, 231); ¹Handlungsträger, ²Handlung.

Bsp. 678: Propositionsform 15 (vgl. S. 647) mit Nomen faciendi als Attribuendal und potentiellem Nomen agentis als Attributial (Genitivus facientis):
a) „das ²Tun des ¹Vaters" (WILDENBRUCH, Riechb. 1885, 11); ¹Handlungsträger, ²Handlung.
b) „Die Zustimmung des Reichstages ist zu allen Gesetzen und ²Handlungen des ¹Bundesrathes erforderlich" (LUISE BÜCHNER, Dt. Gesch. 1875, 622); ¹Handlungsträger, ²Handlung.
c) „Es war eine große ²That von ¹August Varnhagen, daß er [...] jene Briefe veröffentlichte, worin sich Rahel mit ihrer ganzen Persönlichkeit offenbart." (HEINE, Buch d. Lied. ²1837, 565); ¹Handlungsträger, ²Handlung.
d) „daß ich das als eine ²Tat von ¹Ihnen zu betrachten hätte" (WASSERMANN, Wahnschaffe 1919, 158); ¹Handlungsträger, ²Handlung.

Bsp. 679: Propositionsform 16 (S. 647) mit potentiellem Nomen facientis als Attribuendal und Nomen faciendi als Attributial (Genitivus factionis):
a) „¹Träger der ²Handlung" (MEISEL-HESS, Intellekt. 1911, 500); ¹Handlungsträger, ²Handlung.
b) „Die verschiedenen ¹Träger des ²Schaffens sind zu weiteren gesellschaftlich-geschichtlichen Zusammenhängen verwoben; solche sind Nationen, Zeitalter, historische Perioden." (DILTHEY, Aufb. gesch. Welt 1910, 188); ¹Handlungsträger, ²Handlung.

Bsp. 680: Propositionsform 17 (vgl. S. 647) mit Nomen facientis als Attribuendal und Nomen faciendi als Attributial:
„[Ich] habe mich doch nicht selber angehen können als den ¹Täter von der ²Tat" (RAABE, Stopfk. 1891, 193); ¹Handlungsträger, ²Handlung.

Bsp. 681: Propositionsform 19 (vgl. S. 648) mit Nomen faciendi als Kompositumserstglied:
„Die Einteilung der Tätigkeitsreihen [...] in rhythmisch wiederholte Perioden dient zunächst der Kraftersparnis. Durch den Wechsel innerhalb der einzelnen Periode werden die ²Tätigkeits¹träger [...] abwechselnd geschont [...]." (SIMMEL, Phil. d. Geld. ²1907, 552 f.); ¹Handlungsträger, ²Handlung.

Bsp. 682: Propositionsform 20 (vgl. S. 648) mit Nomen faciendi als Kompositumszweitglied:
„nach vollbrachter ¹Helden²tat" (EBNER-ESCHENBACH, Kinderj. 1904–05, 793); ¹Handlungsträger, ²Handlung.

Bsp. 683: Propositionsform 24 (S. 648) mit Adiectivum actionis als Transzedent:
„¹Papa ²war [...] tätig" (BRAUN, Mem. I 1909, 30); ¹Handlungsträger, ²Handlung.

Von einem reduzierten faktiven Propositionsgefüge gemäß § 102.3β HLR lässt sich sprechen, wenn das Faziens unbesetzt ist (Bsp. 684).

Bsp. 684: „Gemäß dieser Anordnung ¹wurde [...] verfahren" (FONTANE, Wand. V 1889, 197); ¹Handlung.

6.2.1.2 Produktive Propositionsgefüge

§ 103.II HLR: In produktiven Propositionsgefügen wird einem Agens, konkret: dem Hervorbringenden oder Produzens (AGS-PRD), eine Handlung der Produktion (AKTN-PRD) zugeschrieben, hinsichtlich deren eine handlungsbetroffene Größe, das Hervorgebrachte oder Produkt (AKTNINV-PRD), als ein – unmittelbar oder mittelbar – aktiv Erzeugtes, zur Existenz Gebrachtes erscheint.

Zu § 103.II HLR: An Produktionshandlungen lassen sich mindestens unterscheiden: kreative (solche des Hervorbringens konkreter Gegenstände), diktive (solche des Hervorbringens sprachlicher Äußerungen), konzeptive (solche des Hervorbringens mentaler Größen, z. B. Gedanken, Pläne, Konzepte) und inzeptive (solche des Anfangens, des Beginnens von oder mit etwas). Produktive Propositionsgefüge haben die logische Form AKTN-PRDn(AGS-PRDx, AKTNINV-PRDy): ›x schafft, produziert y auf n-Art, bringt y auf n-Art hervor‹. Einige Erscheinungsformen:

Bsp. 685:   Propositionsform 1 (vgl. S. 646) mit Verbum producendi oder semantisch entsprechender Verbgruppe als Prädikatial:
a) „¹[J]emand ²sagte ³‚sst'" (RILKE, Aufzeichn. 1910, 840); ¹hervorbringend, ²Produktion, ³hervorgebracht.
b) „[A]ußer ihnen ²ʳhat⁻ [...] ¹kaum jemand ³etwas ⁻⁽²⁾ʳgesagt⁻" (RILKE, Worpsw. 1903, 49); ¹hervorbringend, ²Produktion, ³hervorgebracht.
c) „³Den Brief [...] ²ʳhat⁻ [...] ¹jemand ⁻⁽²⁾ʳgeschrieben⁻" (FONTANE, Unwiederbr. 1891, 30); ¹hervorbringend, ²Produktion, ³hervorgebracht.
d) „als ¹Zoroaster ³seine herrliche Kampflehre ²schuf" (BLEIBTREU, Größenw. 1888, III, 52); ¹hervorbringend, ²Produktion, ³hervorgebracht.

Bsp. 686:   Propositionsform 4 (vgl. S. 646) mit Verbum producendi oder semantisch entsprechender Verbgruppe als Prädikatial:
a) „³Die großen Reformen des Hinduismus ²ʳsind⁻ von ¹brahmanisch gebildeten, vornehmen Intellektuellen ⁻⁽²⁾ʳgeschaffen worden⁻" (WEBER [WINCKELMANN], Wirtsch. u. Gesellsch. II ʳ*1911–13; ⁵1972ʾ, 305); ¹hervorbringend, ²Produktion, ³hervorgebracht.
b) „Und nun sangen sie jene Melodie, die so rätselhaft ist daß man nicht glauben kann, ³sie ²ʳsei⁻ von ¹Menschen ⁻⁽²⁾ʳerdacht worden⁻" (STORM, Imm. 1850, 516); ¹hervorbringend, ²Produktion, ³hervorgebracht.
c) „Sie ist ein Geschöpf Gottes [...]; ³sie ²ʳwurde⁻ von ¹ihm ⁻⁽²⁾ʳerschaffen⁻ in seiner Weisheit und Güte." (MAY, Silb. Löw. IV 1909, 553); ¹hervorbringend, ²Produktion, ³hervorgebracht.

Bsp. 687:   Propositionsform 6 (vgl. S. 646) mit Verbum oriendi als Prädikatial:
a) „Inzwischen aber ging das Trinkhorn um, und auf der Rückseite der Tischkarte [...] ²entstanden ³Bildnisse von ¹Künstlerhand, halb Genre halb Porträt, bis der Kaffee gereicht ward" (FONTANE, Wand. V 1889, 347); ¹hervorbringend, ²Produktion, ³hervorgebracht.
b) „[...] während an der langen, weißgetünchten Decke hin [...] von der Hand desselben ¹Meisters [...] ³eine halb mythologische Darstellung ²entstand" (FONTANE, Kinderjahre 1894, 44); ¹hervorbringend, ²Produktion, ³hervorgebracht.

Bsp. 688: Propositionsform 7 (vgl. S. 646) mit Nomen producentis als Adponendenkern des Adverbats:
„³Das Buch ²ʳhat⁻⁻⁻ ¹einen russischen Ingenieur ⁻⁻⁽²⁾ʳzum Verfasser¹" (TUCHOLSKY, Nachttisch 1928, 126); ¹hervorbringend, ²Produktion (präteritiv), ³hervorgebracht.

Bsp. 689: Propositionsform 11 (vgl. S. 647) mit potentiellem Nomen producti oder entsprechendem Zeichen als Subjektual:
a) „daß nur wenig mehr als ³die Hälfte des Buches von ¹Rahel selbst ²herrührt" (PAOLI, Rahel 1877, 47); ¹hervorbringend, ²Produktion (präteritiv), ³hervorgebracht.
b) „Nämlich nicht ich habe zu beweisen, daß ³diese unsittlichen Stellen nicht von ¹mir ²stammen, sondern man hat mir zu beweisen, daß ich ihr Verfasser bin." (MAY, Mein Leben 1910, 220); ¹hervorbringend, ²Produktion (präteritiv), ³hervorgebracht.
c) „Diese kurzen ³Worte des Lobes ²stammen aus der Feder ¹Laubes" (SCHÖNE, Schausp. °1903, 115); ¹hervorbringend, ²Produktion (präteritiv), ³hervorgebracht.
d) „daß die betreffenden ³Unsittlichkeiten aus keiner anderen als nur aus ¹meiner Feder ²stammen" (MAY, Mein Leben 1910, 296); ¹hervorbringend, ²Produktion (präteritiv), ³hervorgebracht.
e) „Alle diese ³Berichte ²stammen aus dem Munde von ¹Gebirgsbewohnern" (BREHM, Thierleb. V ²1882, 17); ¹hervorbringend, ²Produktion (präteritiv), ³hervorgebracht.

Bsp. 690: Propositionsform 12 (S. 647) mit Nomen producendi als Komitatial oder als Kern des Komitatials:
a) „Deutschland besitzt [...] sehr reichhaltige Lager der für ¹seine ³Thomasstahl²produktion wichtigen phosphorhaltigen Minetteerze in Lothringen." (BROCKHAUS, Kl. Konv.-Lex. I 1911, 185); ¹hervorbringend, ²Produktion, ³hervorgebracht.
b) „Die Gedichte von Roberts B u r n s und Robert R e i n i c k waren es, die ¹Schumanns ³Lieder²komposition um einen neuen, charakteristischen Zug bereicherten." (ABERT, Schumann 1903, 71); ¹hervorbringend (Genitivus producentis), ²Produktion, ³hervorgebracht.

Bsp. 691: Propositionsform 14 (vgl. S. 647) mit einem von einem Verbum producendi abgeleiteten Attributialkern:
a) „Das Licht ist eine der ursprünglichen, von ¹Gott ²erschaffenen ³ᵃKräfte und ³ᵇTugenden" (GOETHE, Farbenl. Hist. Thl. I 1810, 157); ¹hervorbringend, ²Produktion (präteritiv), ³hervorgebracht.
b) „da steckte der Teufel seinen Kopf durch das von ¹ihm ²gemachte ³Mauerloch" (BECHSTEIN, Dt. Sag. 1853, 272); ¹hervorbringend, ²Produktion (präteritiv), ³hervorgebracht.
c) „Die Außenseiten dieses Heiligtums sind mit verschiedenen Bildern von Göttern und Göttinnen, die, soviel man sehen kann, mit bewundernswerter Kunst in das Holz hineingemeißelt sind, verziert; inwendig aber stehen von ¹Menschenhand ²gemachte ³Götzenbilder, mit ihren Namen am Fußgestell, furchtbar anzuschauen." (FONTANE, Wand. III 1873, 28); ¹hervorbringend, ²Produktion (präteritiv), ³hervorgebracht.
d) „Aus dem Frau-Hollen-Teiche, der sein Wasser aus seinen eigenen Quellen nimmt, zieht sich ein durch ¹Menschenhand ²gemachter ³Graben an der Seite des Schlachtrasens entlang auf den über den Teufelslöchern befindlichen Felsrücken zu [...]." (GRÄSSE, Sagenb. Preuß. II 1871, 755); ¹hervorbringend, ²Produktion (präteritiv), ³hervorgebracht.

Bsp. 692: Propositionsform 25 (vgl. S. 648) mit Nomen producentis als Entranszessionalkern:

a) „Nämlich nicht ich habe zu beweisen, daß diese unsittlichen Stellen nicht von mir stammen, sondern man hat mir zu beweisen, daß ¹ich ³ihr ²Verfasser bin." (MAY, Mein Leben 1910, 220); ¹hervorbringend, ²Produktion (präteritiv), ³hervorgebracht.

b) Bsp. 482 (S. 532).

c) „Am vorletzten Abend des Abschiedstages sollte die schon längst angekündigte Aufführung eines Lustspiels seyn. ¹Allwill ²′war¨ ³dessen ⁽²⁾′Verfasser¨" (J. SCHOPENHAUER, Gabriele 1821, II, 51); ¹hervorbringend, ²Produktion (präteritiv), ³hervorgebracht.

d) „¹Die Städte ²sind [...] die Schöpfer ³der eigentlichen geistigen Kultur" (TROELTSCH, Historism. 1922, 750); ¹hervorbringend, ²Produktion (präteritiv), ³hervorgebracht.

e) „¹Er wendete sich von da an rein künstlerischen Produktionen zu und ²wurde der Schöpfer ³des modernen Tendenzdrama" (LUISE BÜCHNER, Dt. Gesch. 1875, 276); ¹hervorbringend, ²Produktion (präteritiv), ³hervorgebracht.

Bsp. 693: Propositionsform 26 (S. 648) mit Nomen producti als Entranszessionalkern:

a) „‚Bin ich kein Kind Gottes, Signor?' | ‚Doch, Signora, denn ³Sie ²′sind¨ ¹sein ⁽²⁾′Geschöpf' – und zu jedem seiner Geschöpfe hat er gesagt durch den Mund des Propheten: Mit ewiger Liebe lieb' ich dich; darum habe ich dich zu mir gezogen aus lauter Güte. [...]'" (HAHN-HAHN, Mar. Reg. 1860, II, 290 f.); ¹hervorbringend, ²Produktion (präteritiv), ³hervorgebracht.

b) „[V]on der doppelten [...] Militärstraße an den beiden Ufern des Flusses ²′ist¨ wenigstens ³die rechtsuferige sicher [...] ⁽²⁾′das Werk¨ ¹des Drusus" (MOMMSEN, Röm. Gesch. V 1885, 31); ¹hervorbringend (mittelbar), ²Produktion (präteritiv), ³hervorgebracht.

c) „³Sie ²ist ein Geschöpf ¹Gottes [...]; sie wurde von ihm erschaffen in seiner Weisheit und Güte." (MAY, Silb. Löw. IV 1909, 553); ¹hervorbringend, ²Produktion (präteritiv), ³hervorgebracht.

Bsp. 694: Propositionsform 27 (S. 648) mit einem von einem Verbum producendi abgeleiteten Entranszessionalkern:

a) „³Das Schreiben [...] ²′war¨ von ¹ihrem älteren Sohne ⁽²⁾′verfaßt¨" (EBNER-ESCHENBACH, Kl. Roman 1881, 57); ¹hervorbringend, ²Produktion (präteritiv), ³hervorgebracht.

b) „¹Der Brief ²′war¨ von der ¹Klara Sesemann ⁽²⁾′geschrieben¨." (SPYRI, Heidi I 1880, 253); ¹hervorbringend, ²Produktion (präteritiv), ³hervorgebracht.

c) „Kam etwas angeschwommen, ³was von ¹Menschenhand ²gemacht war, ein Reisigbündel, ein Bret, eine Haushür, dann ging ein Summen durch die Zuschauer." (FREYTAG, Handschr. 1864, 7, 457); ¹hervorbringend, ²Produktion (präteritiv), ³hervorgebracht.

d) „³Die weißen Gestalten aus Stein ²′waren¨ von ¹Menschenhand ⁽²⁾′geschaffen¨" (SCHEERBART, Mutig 1902, 148); ¹hervorbringend, ²Produktion (präteritiv), ³hervorgebracht.

e) „Und er griff in die Tasche und warf ein offenes Schreiben vor mir auf den Tisch. | Ich nahm es auf und las; ³es ²′war¨ von schulmäßiger ¹Mädchenhand ⁽²⁾′geschrieben¨ [...]." (STORM, Königsk. 1884–85, 620); ¹hervorbringend, ²Produktion (präteritiv), ³hervorgebracht.

Von einem reduzierten produktiven Propositionsgefüge lässt sich sprechen, wenn mindestens eine der Propositionskonstituenten (Produzens, Produktion oder Produkt) als unbesetzt erscheint (u. a. bei Komites oder Attributen im Genitivus producentis[282] oder im Genitivus producti[283]). Vier Fälle sind zu unterscheiden:

a) produzens- und produktreduzierte produktive Propositionsgefüge: Bsp. 695;
b) produzensreduzierte produktive Propositionsgefüge: Bsp. 696;
c) produktionsreduzierte produktive Propositionsgefüge: Bsp. 697;
d) produktreduzierte produktive Propositionsgefüge: Bsp. 698;

Bsp. 695: [E]s ¹wurde gebacken, als solle eine ganze Compagnie heißhungriger Soldaten vom Manöver einrücken" (MARLITT, Karfunk. 1885, 127); ¹Produktion

Bsp. 696: a) „Als vor Jahrzehnten ²die Uferstraßen am Arno ¹geschaffen wurden" (BRAUN, Lebenssucher 1915, 252); ¹Produktion, ²hervorgebracht.
b) „aus Gründen, über die niemals ²etwas ¹verlautete" (SCHNITZLER, Weg 1908, 646); ¹Produktion, ²hervorgebracht.
c) „Was helfen alle Theorien, wenn man nicht Hand anlegt und in rastloser Tätigkeit Stein auf Stein fügt; nur so ¹entsteht ²das Haus" (MEYSENBUG, Unerfüllt 1907, 53); ¹Produktion, ²hervorgebracht.
d) „Der Ungläubige [...] vergißt, daß ²er ¹einen Schöpfer hat" (MAY, Sklavenkaraw. 1889–90, 164); ¹Produktion (präteritiv), ²hervorgebracht.
e) „²Sie [literarische Werke] ¹waren [...] ein Produkt der letzten drei Jahre" (FONTANE, Wand. IV 1882, 143); ¹Produktion (präteritiv), ²hervorgebracht.
f) „²die Kirche des heiligen Geistes [...] ¹war erbaut auf den Trümmern des alten Dianatempels" (DAHN, Rom 1876, 488); ¹Produktion (präteritiv), ²hervorgebracht.
g) „²[D]ie Burg ¹ʳʿwarʾ" von weißem Gyps- oder Kalkstein ʾʾ⁽¹⁾ʾerbautʾ, den die Sonne je länger je mehr ausblich." (GOTTSCHALCK, Sag. u. Volksm. 1814, 68); ¹Produktion (präteritiv), ²hervorgebracht.
h) „mit der ¹Abfassung ²eines Briefes" (EBNER-ESCHENBACH: Boẑena 1876, 121); ¹Produktion, ²hervorgebracht.

---

282 Von Komites im Genitivus producentis (Propositionsform 12, S. 647) oder Attributen im Genitivus producentis (Propositionsform 15, S. 647) sprechen wir, wenn entweder das Komitat oder der Attribuend ein Nomen producendi (Bsp. 698d) oder producti (Bsp. 697a) und der Komes oder Komeskern, der Attribuend oder der satellitische Bestandteil des Attribuenden ein potentielles Nomen producentis ist oder das Komitat bzw. der Attribuend ein potentielles Nomen producti und der Kern des Komes bzw. des Attributs ein Nomen producentis ist (Bsp. 697b, Bsp. 698e) oder das Komitat bzw. der Attribuend ein Nomen producti und der Kern des Komes bzw. des Attributs ein Nomen producentis ist (Bsp. 697c) oder das Komitat bzw. der Attribuend ein potentielles Nomen producti und der Kern des Komes bzw. des Attributs ein potentielles Nomen producentis (Bsp. 697d) ist.

283 Von Komites im Genitivus producti (Propositionsform 12, S. 647) oder Attributen im Genitivus producti (Propositionsform 15, S. 647) sprechen wir, wenn entweder das Komitat oder der Attribuend ein Nomen producendi und der Komes oder Komeskern, der Attribuend oder der satellitische Bestandteil des Attribuenden ein potentielles Nomen producentis ist (Bsp. 696h) oder wenn das Komitat oder der Attribuend ein Nomen producentis und der Komes oder Komeskern, das Attribut oder der satellitische Bestandteil des Attributs ein potentielles Nomen producti ist (Bsp. 697e).

i) „die ¹Schöpfung von ²ᵃBünden, ²ᵇGesellschaften, ²ᶜGilden, ²ᵈfreien Städten, ²ᵉKommunen" (RUBINER, Mitmensch 1917, 308); ¹Produktion, ²hervorgebracht.

j) „Er wollte die Luxus- und Spekulationsindustrie absolut unterbinden, glaubte dadurch den Kohlen- und Kraftbedarf für die ²ᵃErnährungs-, ²ᵇTextil-, ²ᶜWerkzeug¹produktion etc. decken zu können, wollte die Übernahme der Großbetriebe und des Großgrundbesitzes in die Hände der Gesellschaft ohne Ablösung bewirken und stellte also sozialistische Forderungen auf, mit denen das Proletariat an und für sich sehr zufrieden sein konnte" (MÜHSAM, Eisner 1929, 282); ¹Produktion, ²hervorgebracht.

Bsp. 697: a) „[S]o bitte ich Sie, Ihrer Dame auszurichten, sie möchte sich doch von ¹meinen ²Werken selber einen Eindruck verschaffen" (ESSIG, Taifun 1919, 102) — „¹Raphaels ²Schöpfungen" (PAOLI, Pecht I 1877, 244) — „²Schöpfungen ¹seines Vaters" (FONTANE, Sturm I/II 1878, 146) — „²Schöpfungen ¹des Mittelalters" (LUISE BÜCHNER, Dt. Gesch. 1875, 92) — „eins der vornehmsten ²Produkte ¹der Zivilisation" (DOHM, Antifem. 1902, 50) — „das ungeheure ²Werk ¹Giottos" (RUBINER, Inhalt 1917, 305) — „die ²Werke ¹des Genius" (MEYSENBUG, Lebensabend 1898, 323) — „jedes ²Werk der ¹Menschenhand" (EBNER-ESCHENBACH, Tod 1881, 70); ¹hervorbringend, ²hervorgebracht.

b) „das nächste ²Buch ¹des Dichters" (KLABUND, Kunterb. 1922, 5); ¹hervorbringend, ²hervorgebracht.

c) „²Schöpfungen ¹des Dichters" (BOY-ED, Lübeck 1926, 167) — „das ²Werk ¹des Künstlers" (BALL, Künstler 1926, 108); ¹hervorbringend, ²hervorgebracht.

d) „eine ²Statue ¹des Phidias" (BURCKHARDT, Grch. Kulturgesch. IV 1902, 134, Anm. 1) — „ein ²Adagio ¹Beethovens" (ALTENBERG, Märchen ³1911, 13); ¹hervorbringend, ²hervorgebracht.

e) „die ¹Erbauer ²der großen Kathedralen" (RILKE, Rodin II 1907, 224) — „die ¹Verfasserin ²des Gedichts" (DOHM, Schicks. 1899, 69) — „der ¹Schöpfer ²der interparlamentarischen Konferenzen" (SUTTNER, Mem. 1909, 316); ¹hervorbringend, ²hervorgebracht.

f) „das neue ²Werk von ¹Thomas Mann" (BOY-ED, Betr. Unpolit. 1918, 145); ¹hervorbringend, ²hervorgebracht.

g) „Dido, die K ö n i g i n , die ²Städte|¹gründerin, die herrlich Selbsteigene, – die ein zu Tode frierendes Weib ward, da der Held sie verließ" (MEISEL-HESS, Intellekt. 1911, 472); ¹hervorbringend, ²hervorgebracht.

h) „Wie kann man hier eine ¹Beethoven|²sonate spielen!" (SCHNITZLER, Frl. Else 1924, 337); ¹hervorbringend, ²hervorgebracht.

Bsp. 698: a) „¹Niemand ²sprach. Dann aber ²sprach ¹jemand" (TUCHOLSKY, Brot 1926, 538); ¹hervorbringend, ²Produktion.

b) „Wenn ¹jemand mit gestohlener Tinte ²schreibt, so wird die Tinte rot" (BARTSCH, Sag. Meklenb. II 1880, 315); ¹hervorbringend, ²Produktion.

c) „¹Daniel ²war [...] ein Schöpfer" (DOHM, Ruland 1902, 293); ¹hervorbringend, ²Produktion.

d) „die künstlerische und gewerbliche ²Produktion ¹des Idealstaates" (PÖHLMANN, Gesch. d. soz. Fr. II ³1925, 57); ¹hervorbringend, ²Produktion.

e) „Eine tiefe Ehrfurcht vor dem ²Schaffen ¹der Dichter erfüllte mich von je her" (BRAUN, Mem. I 1909, 364); ¹hervorbringend, ²Produktion.

f) „Ich kehrte zu meinen Büchern und zu meiner ¹Dichter²arbeit zurück" (FREYTAG, Erinn. 1887, 590); ¹hervorbringend, ²Produktion.

6.2.1.3 Influktive Propositionsgefüge

§ 103.III HLR: In influktiven Propositionsgefügen wird einem Agens, konkret: dem B e e i n -
f l u s s e n d e n oder I n f l u e n s (AGS-INFL), eine Handlung der B e e i n f l u s s u n g oder I n f l u k -
t i o n (AKTN-INFL) zugeschrieben, hinsichtlich deren eine handlungsbetroffene Größe, das B e e i n -
f l u s s t e oder I n f l u k t (AKTNINV-INFL), als ein von Auswirkungen Betroffenes erscheint.

Zu § 103.III HLR: An Beeinflussungshandlungen lassen sich mindestens unterscheiden: i n f e k t i v e (solche der mentalen Einflussnahme), f o r m a t i v e (solche der absichtlichen Bewirkung sinnlich wahrnehmbarer Veränderungen), m o t i v e (solche des Bewegens), s o z i a l i n f l u k t i v e (solche der sozialen Einflussnahme, der Beeinflussung der sozialen Existenz von jemandem) und t e m p o r a l i n f l u k t i v e (solche der Beeinflussung von etwas in seiner zeitlichen Ausdehnung). Influktive Propositionsgefüge haben die logische Form AKTN-INFL$_n$(AGS-INFL$_x$, AKTNINV-INFL$_y$): ›x beeinflusst, modifiziert y auf n-Art, bewirkt absichtsvoll, gezielt eine Veränderung n bei y‹ oder auch AKTN-INFL$_{n\alpha/\beta}$(AGS-INFL$_x$, AKTNINV-INFL$_y$, AKTNINV-INFL$_z$): ›x beeinflusst, modifiziert y auf nα-Art und damit zugleich z auf nβ-Art‹ . Einige Erscheinungsformen:

Bsp. 699: P r o p o s i t i o n s f o r m 1 (S. 646) mit Verbum influendi oder semantisch entsprechender Verbgruppe als Prädikatial:

a) „Die anderen benutzten die Gelegenheit, um sich zu verpusten, während ¹der Vater ³die Sense ²schärfte." (POLENZ, Büttnerb. 1885, 134); ¹beeinflussend, ²Beeinflussung, ³beeinflusst.

b) „Freilich bin ich egoistisch, wenn ¹ich ³jemanden ²betrüge, insofern ich unmöglich wollen kann, dass mir das gleiche von Anderen geschehe" (SIMMEL, Einl. Moralwss. I 1892, 137); ¹beeinflussend, ²Beeinflussung, ³beeinflusst.

c) „¹[M]an ²ʳzieht⁻⁻⁻ ³jemanden ⁻⁻⁽²⁾ʳauf", verspottet ihn" (TUCHOLSKY, Aufgez. 1919, 197); ¹beeinflussend, ²Beeinflussung, ³beeinflusst.

d) „[E]s war ihr, als ²würfe ¹jemand ³etwas gegen ihr Fenster" (KEYSERLING, Abendl. Häuser 1914, 153); ¹beeinflussend, ²Beeinflussung, ³beeinflusst.

e) „²Störte ¹man ³mich, so konnte ich unwirsch werden" (SUDERMANN, Bilderb. 1922, 327); ¹beeinflussend, ²Beeinflussung, ³beeinflusst.

f) „da ²ʳhat⁻⁻⁻ ¹jemand ³eine Apfelsinenschale ⁻⁻⁽²⁾ʳhingeworfen‚" (ERNST, Komöd. 1928, 71); ¹beeinflussend, ²Beeinflussung, ³beeinflusst.

g) „'Meine Herren,' erklärt jetzt ¹der Lehrer und ²ʳläßt⁻⁻⁻ umständlich ³den Silberdeckel seiner Uhr ⁻⁻⁽²⁾ʳspringen‚, ‚wir haben jetzt genau fünf Uhr und neunundfünfzig drei Viertel Minuten!' (FEDERER, Lachw. Gesch. 1911, 380) — „¹Er [...] entkorkte die Flaschen langsam, andachtsvoll, und ²ʳließ⁻⁻⁻ ³den dunkelgoldenen Wein feierlich in die Gläser ⁻⁻⁽²⁾ʳfließen‚" (BRAUN, Lebenssucher 1915, 106); ¹beeinflussend, ²Beeinflussung, ³beeinflusst.

h) „¹Machen ²Sie ³ihn ¹eifersüchtig" (DOHM, Werde 1894, 62) — „Sobald es Abend wurde und er genötigt war, Pinsel und Palette wegzulegen, ²ʳputzte⁻⁻⁻ ¹er ³beides erst ⁻⁻⁽²⁾ʳsauber‚, rieb sich noch einige Farben fein und setzte die Palette für den anderen Morgen in besten Stand." (L. A. RICHTER, Leb. 1885, 147); ¹beeinflussend, ²Beeinflussung, ³beeinflusst.

Bsp. 700: Propositionsform 4 (S. 646) mit Verbum influendi oder semantisch entsprechender Verbgruppe als Prädikatial:
  a) „³Eine ungeduldige Antwort Belisars ²ʳward abgeschnitten‘ durch ¹den Velarius" (Dahn, Rom 1876, 211); ¹beeinflussend, ²Beeinflussung, ³beeinflusst.
  b) „Nur ³der [...] Bannspruch des Papstes ²ʳward⁻‘ von ¹dem Sänger [...] energisch ⁻⁻⁽²⁾ʳzum Anhören gebracht⁻‘" (Wagner, Leben ʳ*1870-80; 1911⁻‘, 324); ¹beeinflussend, ²Beeinflussung, ³beeinflusst.
  c) „¹Sie [...] ²ʳwurde⁻‘ [...] von ³jemand ⁻⁻⁽²⁾ʳfortgeschoben⁻‘" (May, Ölprinz 1893-94, 156); ¹beeinflussend, ²Beeinflussung, ³beeinflusst.
  d) „³Er, der die Bemannung der Jacht hatte ermorden wollen, ²ʳwar⁻‘ von der Hand ¹des verachteten Basuto ⁻⁻⁽²⁾ʳniedergestreckt worden⁻‘." (May, Ocean 1911, 571); ¹beeinflussend, ²Beeinflussung, ³beeinflusst.
  e) „³[D]er Vogel ²ʳward⁻‘ von ¹neidischer Hand ⁻⁻⁽²⁾ʳvergiftet⁻‘." (Brehm, Thierleb. V ²1882, 186); ¹beeinflussend (adjektivisch ausgedrückt), ²Beeinflussung, ³beeinflusst.

Bsp. 701: Propositionsform 6 (vgl. S. 646) mit Verbum patiendi (Bsp. 701a-c) oder Verbum fortuito inficiendi (Bsp. 701d) als Prädikatial:
  a) „Frau v. Sch..., die nicht mehr daran zweifelte, daß es ihr Sohn gewesen sei, der mit Ludmilla zusammen gesehen worden war, war äußerst unwohl von der tiefen, schmerzlichen Erschütterung, die ihr dieser erste Betrug, ²ʳden⁻‘ ³sie von ¹ihm ⁻⁻⁽²⁾ʳerlitten hatte⁻‘, verursachte." (Meysenbug, Zu spät 1907, 236); ¹beeinflussend, ²Beeinflussung (Ausdruck durch Wortgruppenverb), ³beeinflusst.
  b) „[M]it der Liebe zu ihr war die Erinnerung an das Leid erloschen, ²ʳdas⁻‘ ³er durch ¹sie ⁻⁻⁽²⁾ʳerfahren [hatte]⁻‘" (Ebner-Eschenbach, Gemeindek. 1887, 191); ¹beeinflussend, ²Beeinflussung (Ausdruck durch Wortgruppenverb), ³beeinflusst.
  c) „In Frankreich, in dessen Dienst er nunmehr tritt, ²ʳwird⁻‘ ³er vor Courtrai verwundet und bald danach ein ⁻⁻⁽²⁾ʳGegenstand der Auszeichnungen⁻‘ seitens ¹König Ludwigs XIV." (Fontane, Wand. V 1889, 116); ¹beeinflussend, ²Beeinflussung (Ausdruck durch Wortgruppenverb), ³beeinflusst.
  d) Da in Rom damals Anarchie war, fand er nirgends ernstlichen Widerstand, aber seine Soldaten brachten einander um und ³Ardasches ²fiel von der Hand ¹seiner Leute." (Mommsen, Röm. Gesch. II ⁴1865, 304, Anm.) — „³ᵃHector ²fiel von ¹ᵃAchilles Hand, ³ᵃParis durch ¹ᵃPhiloktet's vergiftete Pfeile" (Herloßsohn, Dam. Conv. Lex. V 1835, 228) — „Er ²starb von der Hand ¹seines Neffen." (Herloßsohn, Dam. Conv. Lex. VII 1836, 487); ¹beeinflussend, ²Beeinflussung, ³beeinflusst.

Bsp. 702: Propositionsform 14 (S. 647) mit einem von einem Verbum inficiendi abgeleiteten Attributialkern:
  a) „Kassandros kam auf die Ebene Boiotiens; hier bei den Trümmern des vor zwanzig Jahren von ¹Alexander ²zerstörten ³Theben erließ er das Dekret zur Wiederherstellung, sich ‚unsterblichen Ruhm' zu gewinnen." (Droysen, Gesch. Hell. II 1877, 206); ¹beeinflussend, ²Beeinflussung (präteritiv), ³beeinflusst.
  b) „Mit diesem von ¹ihm ²verbesserten ³Teleskop entdeckte er eine Menge bisher ganz unbekannter Fixsterne, gegen 2000 Nebelflecke und 1781 einen ganz neuen Planeten, der unter dem Namen U r a n u s bekannt ist." (Brockhaus, Conv.-Lex. II 1809, 2086); ¹beeinflussend, ²Beeinflussung (präteritiv), ³beeinflusst.
  c) „Jede von ¹meiner Hand ²abgesendete ³Büchsenkugel, welche während meiner zweiten Reise im Sûdân die Panzerhaut eines dieser Ungethüme durchbrochen hat, war nur

ein Werkzeug meiner Rache." (BREHM, Thierleb. VII ²1883, 120); ¹beeinflussend, ²Beeinflussung (präteritiv), ³beeinflusst.

d) „Durch solche und ähnliche Schriften [...] war in Deutschland die materialistische Frage mächtig angeregt worden, als plötzlich der homme machine wie eine von ¹unbekannter Hand ²geschleuderte ³Bombe auf die literarische Bühne fuhr." (LANGE, Gesch. d. Mat. ²1875, 414); ¹beeinflussend (adjektivisch ausgedrückt: ›ein Unbekannter‹), ²Beeinflussung (präteritiv), ³beeinflusst.

Bsp. 703: Propositionsform 25 (S. 648) mit Nomen influentis als Entranszessionalkern:
a) „Wittelsbach ist tod, das Schicksal ließ uns ihn am Ufer der Donau sterbend treffen. ¹Kalatin, von der Gerechtigkeit zu der blutigen That authorisirt, ²ʳwar⁻ ³sein ⁻⁽²⁾ʳMörder⁻." (NAUBERT, A. v. Dülmen 1791, 340); ¹beeinflussend, ²Beeinflussung, ³beeinflusst.
b) „Soliman fiel in die Schlinge, mit welcher das trügerische Weib ihn umgeben hatte; in einem Anfall von Zorn über die angeblichen Frevel seines Sohnes, ²ʳward⁻ ¹er ³dessen ⁻⁽²⁾ʳMörder⁻." (HERLOßSOHN, Dam. Conv. Lex. VIII 1837, 497); ¹beeinflussend, ²Beeinflussung, ³beeinflusst.
c) „¹[E]r ²war der Mörder ³dieses Kindes" (DUNCKER, Mütter 1887, 82); ¹beeinflussend, ²Beeinflussung, ³beeinflusst.

Bsp. 704: Propositionsform 26 (S. 648) mit Nomen influcti als Entranszessionalkern:
„¹Unsere Art, die Straße, die Trottoirs als ‚Mistgrube' zu betrachten, ²ʳist ein⁻ ‚³hygienisches⁻ ⁻⁽²⁾ʳVerbrechen⁻'!" (ALTENBERG, Lebensabend 1919, 102); ¹beeinflussend, ²Beeinflussung, ³beeinflusst (adjektivisch ausgedrückt).

Wird die Beeinflussung durch ein aktivisches relatorisches (Bsp. 705a) oder reziprokes (Bsp. 705c) Verbum influendi oder eine entsprechende Verbgruppe (Bsp. 705b) ausgedrückt, so sind beeinflussende und beeinflusste Größe identisch.[284] Dasselbe gilt auch, wenn die Beeinflussung durch ein substantiviertes Verbum influendi ausgedrückt wird (Bsp. 705d).

Bsp. 705: a) „Da ¹fliegt ein ²Zitronenfalter" (FRAPAN, Wir Frauen 1899, 76); ¹Beeinflussung, ²beeinflussend-beeinflusst.
b) „¹[D]ie kleinen Teufel ²ergriffen die Flucht" (DOHM, Schicks. 1899, 270); ¹Beeinflussung, ²beeinflussend-beeinflusst.
c) „²Sie ¹trösteten ²einander mit der Hoffnung, es würde sich auch schon mit ihrem Schicksal zum Besten fügen" (NAUBERT, H. v. Unna 1788, II, 348); ¹Beeinflussung, ²beeinflussend-beeinflusst.
d) „eines geistlichen Herrn, welcher während der ‚²Kaiser¹reise' in Konstantinopel war" (MAY, Silb. Löw. II 1908, 476); ¹Beeinflussung, ²beeinflussend-beeinflusst.[285]

---

[284] Zwar können relatorische Verba influctionis im Passiv stehen, jedoch liegt dann ein reduziertes influktives Propositionsgefüge vor, bei dem die Rollen der beeinflussenden und der beeinflussten Größe unbesetzt bleiben; vgl. Bsp. 706a. Dasselbe gilt für entsprechende Verbgruppen; vgl. Bsp. 706b.
[285] Gemeint ist die Orientreise Kaiser Wilhelms II. (1898).

Von einem reduzierten influktiven Propositionsgefüge lässt sich sprechen, wenn mindestens eine der Propositionskonstituenten (Influens, Influktion oder Influkt) als unbesetzt erscheint (u. a. bei Komites oder Attributen im Genitivus influentis[286], im Genitivus influctionis[287] oder im Genitivus influcti[288]). Vier Fälle sind zu unterscheiden:

a) influens- und influktreduzierte influktive Propositionsgefüge: Bsp. 706;
b) influensreduzierte influktive Propositionsgefüge: Bsp. 707;
c) influktionsreduzierte influktive Propositionsgefüge: Bsp. 708;
d) influktreduzierte influktive Propositionsgefüge: Bsp. 709.

Bsp. 706: a) „Von Haus zu Haus ¹wurde gezogen" (BARTSCH, Sag. Meklenb. II 1880, 292); ¹Beeinflussung.
b) „Nie ¹ward höhere Hochzeit gehalten!" (ALTENBERG, Tag ²1902, 271); ¹Beeinflussung.
c) „dieses Haus des ¹Mordes" (MAY, Skipet. 1908, 430); ¹Beeinflussung.[289]

---

[286] Von Komites im Genitivus influentis (Propositionsform 12, S. 647) oder Attributen im Genitivus influentis (Propositionsform 15, S. 647) sprechen wir, wenn entweder das Komitat oder der Attribuend ein Nomen influendi (Bsp. 709d) oder influcti (Bsp. 708a, Bsp. 711) und der Komes oder Komeskern, der Attribuend oder der satellitische Bestandteil des Attribuenden ein potentielles Nomen influentis ist oder das Komitat bzw. der Attribuend ein potentielles Nomen influendi und der Kern des Komes bzw. des Attributs ein Nomen influentis ist (Bsp. 709g) oder das Komitat bzw. der Attribuend ein Nomen influcti und der Kern des Komes bzw. des Attributs ein Nomen influentis ist (Bsp. 708d).

[287] Von Komites im Genitivus influctionis (in unserem Korpus nicht belegt; Bsp. 709e weist eine pronominale Entsprechung auf) oder Attributen im Genitivus influctionis ist die Rede, wenn entweder das Komitat oder der Attribuend ein potentielles Nomen influentis und der Komes oder Komeskern, der Attribuend oder Attribuendenkern ein Nomen influendi ist (Bsp. 709f) oder das Komitat bzw. der Attribuend ein Nomen influcti und der Kern des Komes bzw. des Attributs ein potentielles Nomen influendi ist (Bsp. 707f).

[288] Von Komites im Genitivus influcti (Propositionsform 12, S. 647) oder Attributen im Genitivus influcti (Propositionsform 15, S. 647) sprechen wir, wenn entweder das Komitat oder der Attribuend ein Nomen influendi und der Komes oder Komeskern, der Attribuend oder der satellitische Bestandteil des Attribuenden ein potentielles Nomen influcti ist (Bsp. 707g) oder das Komitat oder der Attribuend ein Nomen influentis und der Komes oder Komeskern, der Attribuend oder der satellitische Bestandteil des Attribuenden ein potentielles Nomen influcti ist (Bsp. 708c).

[289] Aktions- und auch prozessgenitivische Attributionalgefüge und ihre Entsprechungen (z. B. Komposita mit Determinans actionis bzw. processūs) können im Rahmen der Transformationsprobe in der Regel in Prädikationalgefüge überführt werden, die hinsichtlich Subjektual und Objektual unspezifisch sind. Erscheint, wie in Bsp. 706c - ebenso auch in „Gegenden des Mainfeldzuges" (FONTANE, 20–30 1908, 258), „nach einem Jahr Reglementierens, Paragraphierens, Regierens" (TUCHOLSKY, Unterg. Land 1919, 116) oder „die Stunde des Todes" (HOFMANNSTHAL, Dichter 1907, 293) –, als Attribuendal ein Nomen loci oder temporis, so sind argumentunspezifische Prädikationalgefüge anzusetzen, die durch eine Angabe des Ortes oder der Zeit erweitert sind: dieses Haus des Mordes entspricht ›in diesem Haus ermordete jemand jemanden‹, Stunde des Todes entspricht ›in der Stunde stirbt jemand‹ usw. Attributial und Attribuendal verhalten sich also zueinander als Bezeichnungen einer Handlung bzw. eines Vorgangs einerseits und andererseits eines äußeren Umstandes des

d) „Die Herren Gelehrten kommen oft auf sonderbare Einfälle – ²der Mensch ¹soll ²ursprünglich ein Orang-Utang gewesen sein!" (SUTTNER, Waffen I 1889, 97); ¹Beeinflussung/Befassung (Mitteilung), ²befasst (mitgeteilt).

e) „Da ²Hugo ¹angeblich ²einen Ausflug unternommen [...] hatte, fand sich Beate allein zu Hause" (SCHNITZLER, Fr. Beate 1913, 84); ¹Beeinflussung/Befassung (Mitteilung), ²befasst (mitgeteilt).

Bsp. 707: a) „²Zwei unbekannte Leute ¹waren ermordet worden. Wann? wer weiß es. Von wem? wer weiß es." (HEISELER, Wáwa 1928, 56); ¹Beeinflussung, ²beeinflusst.

b) „²Schulz ¹wurde zur Verantwortung gezogen" (LUISE BÜCHNER, Dt. Gesch. 1875, 246); ¹Beeinflussung, ²beeinflusst.

c) „²Bismarck ²ist entlassen" (BRAUN, Mem. I 1909, 365); ¹Beeinflussung, ²beeinflusst.

d) „²Man ¹wurde gestört" (BALL, Flamm. 1918, 97); ¹Beeinflussung, ²beeinflusst.

e) „Thomas, da draußen ⌈¹ʳist⌉ heute Nacht ²jemand ⌈⁽¹⁾ʳermordet worden⌉" (MAY, Sc. u. Hamm. 1879–80, 54); ¹Beeinflussung, ²beeinflusst.

f) „das ²Opfer ¹eines Verbrechens" (EBNER-ESCHENBACH, Unsühnb. 1889, 414); ¹Beeinflussung, ²beeinflusst.

g) „die ¹Ermordung der ²Kaiserin" (HEYKING, Tschun 1914, 202) – „die ¹Eroberung ²Britanniens" (MOMMSEN, Röm. Gesch. V 1885, 7) – „diese ¹Beschönigung des ²Verbrechens" (PANIZZA, Psichop. 1898, 66); ¹Beeinflussung, ²beeinflusst.

h) „Sein Ansehen würde mit den Jahren gestiegen sein, wenn er nicht die P o m p a d o u r mit einem witzigen Einfalle beleidigt und dadurch ²seine ¹Entfernung vom Hofe bewirkt hätte." (BROCKHAUS, Conv.-Lex. III 1809, 97); ¹Beeinflussung, ²beeinflusst.

i) „Man glaubt den armseligen Wiener Lügen, nach denen alle diese letzten Treffen ebensoviele Verluste für die Preußen sind, man erzählt sich von einer ¹Gefangennahme von ²15000 Mann Preußen. Das glaube der Teufel." (NIETZSCHE, an F. und E. Nietzsche [Anf. Jul. 1866], KSA 2, 136); ¹Beeinflussung, ²beeinflusst.

j) „Sie dachten vielleicht an ihre eigene schuldlose Jugend, an den langen Weg der Verbrechen, an den ersten Fehltritt, der sie weiter geführt hatte auf abschüssiger Bahn, immer weiter bis zu ¹Raub und Mord an ²wehrlosen Menschen" (WÖRISHÖFFER, Robert 1877, 148); ¹Beeinflussung, ²beeinflusst.

k) „Nun würden ja schon die Aermsten zur Gründung des Staates genügen, ja sie sind das tüchtigste Menschenmaterial für eine ²Land¹nahme, weil man zu grossen Unternehmungen ein bisschen Verzweiflung in sich haben muss" (HERZL, Judenstaat 1896, 100); ¹Beeinflussung, ²beeinflusst.

ℓ) „²Was Brüssel an Spitzen erfinden konnte, ⌈¹ʳwurde⌉ um ³die Katze ⌈⁽¹⁾ʳgewickelt⌉." (ESSIG, Taifun 1919, 6); ¹Beeinflussung, ²beeinflusst-1, ³beeinflusst-2.

m) „In einer weißen, an den Rändern gesprungenen, unförmigen Tasse ¹bekam ²sie ³ihren Frühstückskaffee" (SCHNITZLER, Therese 1928, 670); ¹Beeinflussung (Gebehandlung), ²beeinflusst-1 (Adressat), ³beeinflusst-2 (zugedachte Größe).

n) „[W]er Schnurren liebt, ⌈¹ʳbekommt⌉ ³sie ⌈⁽¹⁾ʳaufgetischt⌉" (FRANZOS, Pojaz 1905, 10); ¹Beeinflussung/Befassung (Mitteilung), ²beeinflusst (Adressat), ³befasst (mitgeteilt).

o) „[E]s ⌈¹ʳist⌉ ²uns ja ⌈⁽¹⁾ʳgesagt worden⌉, ³er sei Offizier gewesen" (MARLITT, Heidepr. 1871, 255); ¹Beeinflussung/Befassung (Mitteilung), ²beeinflusst (Adressat), ³befasst (mitgeteilt).

---

mit dem Attributkern genannten Tuns oder Ereignisses; das Attribuendal steht mithin nicht für ein Propositionsinvolut, sondern für einen Propositionsakzidenten.

Bsp. 708: a) „der ²Gesegnete des ¹Geistes" (RUBINER, Kampf 1917, 142) — „Hat sich ein Herdenthier von den übrigen getrennt, so wird es gewöhnlich die ²Beute des lauernden ¹Bären" (BREHM, Thierleb. II ²1883, 162); ¹beeinflussend, ²beeinflusst.
b) Bsp. 711 (S. 665).
c) „die ¹Mörder des ¹Herrn Pompejus Planta" (C. F. MEYER, Jenatsch ²1882, 419) — „die ¹Eroberer der ²Welt" (C. F. MEYER, Pescara 1887, 720); ¹beeinflussend, ²beeinflusst.
d) „die ²Opfer des ¹Mörders" (MAY, Winnetou II 1909, 439); ¹beeinflussend, ²beeinflusst.

Bsp. 709: a) „¹Der Mann ²schob. Die Frau half drücken." (BALL, Flamm. 1918, 38); ¹beeinflussend, ²Beeinflussung.
b) „[I]n der Judenstadt, ¹ich ²mache aufmerksam: ist nicht mehr viel los" (MEYRINK, Golem 1915, 338); ¹beeinflussend, ²Beeinflussung.
c) „Wenn [...] ¹man [...] ²ᵃbestellt, ²ᵇanmeldet oder ²ᶜeinträgt" (TUCHOLSKY, Beamt. III 1928, 283); ¹beeinflussend, ²Beeinflussung.
d) „durch den ²Einfluß ¹seines [...] Bruders Heinrich" (BOY-ED, Th. Mann 1925, 176); ¹beeinflussend, ²Beeinflussung.
e) „[D]ie Unglückliche lebt noch neunzehn Tage und vollendet in den Armen ihres Gemahls, den Himmel um Vergebung anflehend für den schrecklichsten Mord, ²dessen ¹Thäter entkommen waren." (HERLOSSOHN, Dam. Conv. Lex. IV 1835, 306); ¹beeinflussend, ²Beeinflussung.
f) „den ¹Thäter eines ²Mordes" (MAY, Verl. Sohn 1884–86, 2048) — „Ein guter Beamter setzt alle Hebel an, den ¹Täter eines solchen ²Verbrechens zu entdecken" (MAY, Skipet. 1908, 20) — „Herr Charles May [...] wurde heute von einer Jury als der ¹Verüber vieler, schwerer ²Verbrechen in der Gebirgsgegend des südlichen Sachsens, wo er vor 40 Jahren eine Räuberbande anführte, gebrandmarkt." (MAY, Mein Leben 1910, 290); ¹beeinflussend, ²Beeinflussung.
g) „Übrigens war das Attentat nicht die selbständige ²Tat des ¹Mörders" (MÜHSAM, Eisner 1929, 263); ¹beeinflussend, ²Beeinflussung.
h) „¹Gutgeartete Kinder ²geben ja so gern, und die kleine Hardine war ein gutgeartetes Kind" (FRANÇOIS, Reckenb. 1870, 350); ¹beeinflussend (gebend), ²Beeinflussung (Gebehandlung).
i) „Dann ²ʳteilte¨¨¨ ¹er ³ein ausführliches Rezept zu bayerischen Knödeln ¨¨⁽²⁾ʳmit¨" (FRAPAN, Elbe ³1908, 37); ¹beeinflussend/befassend (mitteilend), ²Beeinflussung/Befassung (Mitteilung), ³befasst (mitgeteilt).
j) „Wie ist denn das – ¹ᐟ³der Kutscher ²will ³gestern abend auch in dem Gange etwas gesehen haben?" (MARLITT, Karfunk. 1885, 11); ¹beeinflussend/befassend (mitteilend), ²Beeinflussung/Befassung (Mitteilung), ³befasst (mitgeteilt).²⁹⁰

Nicht entschieden zu beantworten ist die Frage, ob als influensgenitivische Attributionsgefüge auch Fälle zu deuten sind wie

---

290 Die implizite mitteilende Größe lässt sich häufig aus dem Kotext erschließen (so in Bsp. 706d *die Herren Gelehrten*, in Bsp. 706e möglicherweise *Hugo*). Prinzipiell z w e i f e l s f r e i erschließen lässt es sich im Fall von Propositionsgefügen, bei denen die Mitteilungshandlung mit *wollen* ausgedrückt wird, weil es sich in diesem Fall immer um eine „Rede des syntaktischen Subjekts [...] über sich selbst" handelt (Helbig/Buscha 2001, 122). In Bsp. 709j ist die mitteilende Größe folglich *der Kutscher*: Er *will etwas gesehen haben*, d. h. er ›behauptet, dass er etwas gesehen hat‹.

Bsp. 710: a) „als ²Beauftragter ¹des Brandenburger Bischofs" (FONTANE, Wand. III 1873, 64); ¹beeinflussend, ²beeinflusst (?).

b) „der ²Gesandte ¹des Königs von Persien" (HOFMANNSTHAL, Märchen 1895, 22); ¹beeinflussend, ²beeinflusst (?).

Offenbar ist hier der Idiomatizitätsgrad der Substantivierungen ausschlaggebend, die in der Position des Attribuenden erscheinen. Sofern für ihre Bedeutung der Handlungsaspekt zentral ist, den das ihnen zugrunde liegende Verb zum Ausdruck bringt, wird man eine Handlungsproposition ansetzen dürfen. Sind, wie bei *Gesandter* und *Beauftragter*, zusätzliche semantische Aspekte relevant – ein *Beauftragter* ist nicht jemand mit einem beliebigen Auftrag, sondern erfüllt hinsichtlich dieses Auftrags die Rechtsfunktion eines Stellvertreters; ein *Gesandter* ist nicht nur ›jemand, den jemand gesendet hat‹, sondern ist in diplomatischer Mission unterwegs –, so dürfte es plausibler sein, eine andere – hier konkret: eine sozial disposive (vgl. hierzu S. 690) – anzunehmen. — Eindeutiger sind in dieser Hinsicht wohl Belege wie

Bsp. 711: „ein ²Gesalbter ¹des Herrn" (DOHM, Schicks. 1899, 254); ¹beeinflussend, ²beeinflusst

oder Bsp. 708a, die ohne Bedenken als influensgenitivische Attributionsgefüge zu klassifizieren sein dürften. Es ist offensichtlich, dass in Fällen wie diesen Anspielungen auf bestimmte, nämlich biblische Traditionszusammenhänge vorliegen bzw. dass Bibelstellen wörtlich wiedergegeben werden.

Bsp. 712: a) „Das lasse der HERR ferne von mir sein / das ich das thun solte / vnd meine hand legen an meinen Herrn den ²gesalbten des ¹HERRN / Denn er ist der ²gesalbte des ¹HERRN" (LUTHER, Hl. Schr. 1545, 1. Sam. 24,7); ¹beeinflussend, ²beeinflusst

b) „Du aber bist nu der ²gesegnete des ¹HERRN" (LUTHER, Hl. Schr. 1545, Gen. 26,29); ¹beeinflussend, ²beeinflusst

Influensgenitivische Attributionsgefüge sind aber anscheinend bereits in frühneuhochdeutscher Zeit selten – in der *Frühneuhochdeutschen Grammatik* (Reichmann/Wegera 1993) werden sie nicht berücksichtigt – und werden zugunsten des *von*-Attributphrase vermieden: Jes. 66,16 übersetzt Luther (Hl. Schr. 1545) mit „der Getödteten vom HERRN wird viel sein". Die Fassung von 1912 bevorzugt hier jedoch interessanterweise den Influensgenitiv: „der Getödteten des HERRN wird viel sein" (BIBEL 1912, Jes. 66,16).

6.2.1.4 Adversive Propositionsgefüge

§ 103.IV HLR: In adversiven Propositionsgefügen wird einem Agens, konkret: dem B e f a s s e n d e n oder A d v e r t e n s (AGS-ADVS), eine Handlung der B e f a s s u n g oder A d v e r s i o n (AKTN-ADVS) zugeschrieben, hinsichtlich deren eine handlungsbetroffene Größe, das B e f a s s t e oder Advers (AKTNINV-ADVS), als nicht modifizierter, in seiner Seinsweise unbeeinflusster Gegenstand erscheint.

Zu § 103.IV HLR: An Befassungshandlungen lassen sich mindestens unterscheiden: perzeptive (solche der willentlichen Wahrnehmung, Kognition oder Deutung), taktive (solche der unmittelbaren oder mittelbaren Berührung), involtive (solche der Einbeziehung in eine soziokommunikative Situation) und appetitive (solche des Strebens nach Kontakt mit einer handlungsbetroffenen Größe, nach Macht oder Gewalt über dieselbe oder ihrer Realisierung). Adversive Propositionsgefüge haben die logische Form $\text{AKTN-ADVS}_n(\text{AGS-ADVS}_x, \text{AKTNINV-ADVS}_y)$: ›x bezieht sich auf y gewollt, absichtlich in der Weise n‹. Einige Erscheinungsformen:

Bsp. 713: Propositionsform 1 (S. 646) mit Verbum advertendi als Prädikatial:
  a) „Schon als Kind ^{2r}hatte$^{\urcorner\cdots}$ ^{1}sie durchs Schlüsselloch die ^{3}Zimmerherrn ihrer Mutter $^{\cdots(2)r}$beobachtet$^\urcorner$" (BRAUN, Mem. I 1909, 100); ^{1}befassend, ^{2}Befassung, ^{3}befasst.
  b) „^{1}Jemand ^{2}besucht ^{3}etwas mit seinem Kind" (TUCHOLSKY, Kind 1925, 58); ^{1}befassend, ^{2}Befassung, ^{3}befasst.
  c) „[D]er närrische kleine Jedek [...] irrte mit riesigen Augen unter den Leuten umher, als wenn ^{1}er ^{3}jemanden ^{2}suchte" (SCHNITZLER, Lied 1905, 624); ^{1}befassend, ^{2}Befassung, ^{3}befasst.
  d) „ob ^{3}uns ^{1}Jemand ^{2}bemerken würde" (MAY, Dt. Herzen 1885–87, 678); ^{1}befassend, ^{2}Befassung, ^{3}befasst.
  e) Und schon ^{2r}hat$^{\urcorner\cdots}$ ^{1}er ^{2}den $^{\cdots(2)r}$Versuch getan$^\urcorner$ zur ^{3}Ausführung dieses [...] Verbrechens" (DAHN, Rom 1876, 500); ^{1}befassend, ^{2}Befassung (Ausdruck durch Wortgruppenverb), ^{3}befasst.

Bsp. 714: Propositionsform 4 (S. 646) mit Verbum advertendi oder semantisch entsprechender Verbgruppe als Prädikatial:
  a) „Am anderen Morgen ^{2r}ward$^{\urcorner\cdots}$ ^{3}der Riese von ^{1}seiner Frau $^{\cdots(2)r}$gesucht$^\urcorner$" (BARTSCH, Sag. Meklenb. I 1879, 31); ^{1}befassend, ^{2}Befassung, ^{3}befasst.
  b) „Sachte schlich Miks sich aus ihrer Nähe, denn er wollte sie nicht wissen lassen, daß ^{3}sie von ^{1}ihm ^{2}belauscht worden war." (SUDERMANN, Lit. Gesch. 1917, 73); ^{1}befassend, ^{2}Befassung, ^{3}befasst.
  c) „^{3}Benvenuto ^{2r}wird$^{\urcorner\cdots}$ schließlich von der ^{1}Mutter und dem ^{1}Stab der besorgten Nachbarinnen $^{\cdots(2)r}$ausfindig gemacht$^\urcorner$." (ERNST, Komöd. 1928, 88); ^{1}befassend, ^{2}Befassung, ^{3}befasst.

Bsp. 715: Propositionsform 10 (vgl. S. 647) mit Verbum patiendi (Bsp. 715a) bzw. Verbum fortuito advertendi (Bsp. 715b) als Prädikatial:
  a) „1520 erwählte man ihn [...] zum Bischofe von Havelberg, in welche Wahl jedoch Kurfürst Joachim, als Landesherr nicht willigte, trotzdem die ^{3}Wahl bereits die ^{1}päpstliche ^{2}Bestätigung erfahren hatte." (FONTANE, Wand. IV 1882, 47); ^{1}befassend (adjektivisch ausgedrückt), ^{2}Befassung (Ausdruck durch Wortgruppenverb), ^{3}befasst.
  b) „Die beste ^{2}Hilfe fand ^{3}ich wieder bei ^{1}meinem Schwiegervater." (SPRINGER 1892, 263); ^{1}befassend, ^{2}Befassung (Ausdruck durch Wortgruppenverb), ^{3}befasst.

Bsp. 716: Propositionsform 14 (S. 647) mit einem von einem Verbum advertendi abgeleiteten Attributialkern:

a) „Gleichgesinnte müssen zusammentreten unter gefälligern Formen, als Tabacksdampf und offene, von ¹Spionen ²belauschte ³Sitzungen sind." (GUTZKOW, Ritter 1850–51, 163); ¹befassend, ²Befassung, ³befasst.

b) „Verfolgen wir jetzt die weitere Entwickelung des von ¹uns ²betrachteten ³Werkes." (WASIELEWSKI, Schumann ³1880, 186); ¹befassend, ²Befassung, ³befasst.

Bsp. 717: Propositionsform 15 (S. 647) mit Nomen advertendi als Attribuendal und potentiellem Nomen adversi als Attributial:
„Und wieder zurück auf das Kissen fallend, von dem er sich eben erst etwas erhoben hatte, begann er ¹sein ²Pfeifen des neuen ³Stückes aus Leibeskräften." (GERSTÄCKER, Reg. 1846, 135); ¹befassend, ²Befassung, ³befasst.

Von einem reduzierten adversiven Propositionsgefüge lässt sich sprechen, wenn mindestens eine der Propositionskonstituenten (Advertens, Adversion oder Advers) als unbesetzt erscheint (was u. a. bei Komites oder Attributen der Fall ist, die im Genitivus advertentis[291], im Genitivus adversionis[292] oder im Genitivus adversi[293] stehen). Wiederum sind vier Fälle zu unterscheiden:

a) advertens- und adversreduzierte adversive Propositionsgefüge: Bsp. 718;
b) advertensreduzierte adversive Propositionsgefüge: Bsp. 719;
c) adversionsreduzierte adversive Propositionsgefüge: Bsp. 720;
d) adversreduzierte adversive Propositionsgefüge: Bsp. 721.

Bsp. 718: a) „in drei Vierteln aller Lustspiele ¹wird gehorcht [›gelauscht‹]" (FONTANE, Grf. Petöfy 1884, 116); ¹Befassung.

b) „Nun ¹ward der Bund geschlossen" (LUISE BÜCHNER, Fee 1878, 328); ¹Befassung.

Bsp. 719: a) „Da ¹ʳward⁻⁻⁻ ²sein Haus ⁻⁻⁽¹⁾ausfindig gemacht⁻" (BALL, Tend. ⌈*1914\20; 1967⌉, 389); ¹Befassung, ²befasst.

b) „Nur ein bißchen mehr ins Freie möchte ich; hier sind die vielen Leute, ²man ¹ʳwird⁻⁻⁻ so ⁻⁻⁽¹⁾ʳbeobachtet⁻!" (FRAPAN, Elbe ³1908, 202); ¹Befassung, ²befasst.

---

291 Von Komites im Genitivus advertentis (Propositionsform 12, S. 647) oder Attributen im Genitivus advertentis (Propositionsform 15, S. 647) sprechen wir u. a., wenn das Komitat oder der Attribuend ein Nomen advertendi und der Komes oder Komeskern, der Attribuend oder der satellitische Bestandteil des Attribuenden ein potentielles Nomen advertentis ist.

292 Von Komites im Genitivus adversionis oder Attributen im Genitivus adversionis (Propositionsform 16, S. 647) ist die Rede, wenn entweder das Komitat oder der Attribuend ein potentielles Nomen advertentis und der Komes oder Komeskern, der Attribuend oder Attribuendenkern ein Nomen advertendi ist oder das Komitat bzw. der Attribuend ein potentielles Nomen adversi und der Kern des Komes bzw. des Attributs ein Nomen advertendi ist (Bsp. 719d).

293 Von Komites im Genitivus adversi (Propositionsform 12, S. 647) oder Attributen im Genitivus adversi (Propositionsform 15, S. 647) sprechen wir, wenn entweder das Komitat oder der Attribuend ein Nomen advertendi und der Komes oder Komeskern, der Attribuend oder der satellitische Bestandteil des Attribuenden ein potentielles Nomen adversi ist (Bsp. 717) oder das Komitat oder der Attribuend ein Nomen advertentis und der Komes oder Komeskern, der Attribuend oder der satellitische Bestandteil des Attribuenden ein potentielles Nomen adversi ist (Bsp. 720).

c) „Nach alter Tradition wurde bei diesen Konzerten regelmäßig ein ²ᵃOratorium und eine ²ᵇSymphonie ¹zur Anhörung gebracht" (GLASENAPP, Wagner ⁴1905, II, 24); ¹Befassung, ²befasst.

d) „ein ²Gegenstand der ¹Beobachtung" (MÜLLER, Tropen 1915, 193) — „ein ²Gegenstand der ¹Anbetung" (DOHM, Werde 1894, 215); ¹Befassung, ²befasst.

e) „In diesem Buche wird zum erstenmal der ¹Versuch gewagt, ²Geschichte vorauszubestimmen" (SPENGLER, Unterg. d. Abendl. I 1923, 3); ¹Befassung, ²befasst.

g) „Sie reisten nach Amerika zu Studienzwecken, und schon auf der Fahrt diente ihnen alles und jeder als ¹Beobachtungs²objekt" (HEYKING, Briefe 1903, 11 f.); ¹Befassung, ²befasst.

Bsp. 720: „Nur daß die schwarzen Wolken immer größer wachsen, immer höher sich aufthürmen, ohne doch sichtlich weiter von ihrer Stelle zu rücken, ihre dunkeln Massen mit schneehellen Spitzen schmücken, mit rothschillernden Streifen durchziehen – so daß der ¹Beobachter des ²Wetters wohl sieht: das ist mehr als ein Gewitter, das mit vorübergehenden Schrecken der Erde Segen bringt – das verkündet schlimmen Hagel, das wird sich nicht eher entladen, als im gräßlichen Wolkenbruch." (OTTO, Schloß u. Fabr. 1846, III, 26 f.); ¹befassend, ²befasst.

Bsp. 721: a) „¹Einhart ²horchte" (HAUPTMANN, Einhart ⁶1915, II, 214); ¹befassend, ²Befassung.

b) „Man sprach nicht viel – ¹man ²lauschte mit gespannten Nerven" (BRAUN, Lebenssucher 1915, 357); ¹befassend, ²Befassung.

6.2.1.5 Komplexere Propositionsgefüge

§ 103.V HLR: In a d d i r e k t i v e n Propositionsgefügen wird einem Agens, konkret: dem G e b e n d e n o d e r M i t t e i l e n d e n (AGS-ADRG) eine Handlung des G e b e n s o d e r d e r M i t t e i l u n g (AKTN-ADRG) zugeschrieben, hinsichtlich deren eine handlungsbetroffene Größe, der A d r e s s a t (AKTNINV-ADRG-1) als ins Auge gefasster Nehmer und eine zweite handlungsbetroffene Größe, das Z u g e d a c h t e / M i t g e t e i l t e (AKTNINV-ADRG-2) als Gegenstand erscheint.

§ 103.VI HLR: In t h e m a t i v e n Propositionsgefügen wird einem Agens, konkret: dem A u s s a g e n d e n / B e h a u p t e n d e n (AGS-ASCR) eine Handlung der A u s s a g e / B e h a u p t u n g (AKTN-ASCR) zugeschrieben, hinsichtlich deren eine handlungsbetroffene Größe, der A u s s a g e g e g e n s t a n d (AKTNINV-ASCR-1) als Thema und eine zweite handlungsbetroffene Größe, das A u s g e s a g t e / B e h a u p t e t e (AKTNINV-ASCR-2) als Rhema einer Aussage erscheint.

§ 103.VII HLR: In i n s t r u m e n t a t i v e n Propositionsgefügen wird einem Agens, konkret: dem V e r w e n d e n d e n (AGS-ADHB) eine Handlung der V e r w e n d u n g (AKTN-ADHB) zugeschrieben, hinsichtlich deren eine handlungsbetroffene Größe, das I n s t r u m e n t o d e r M i t t e l (AKTNINV-ADHB-1) als Gebrauchsgegenstand und eine zweite handlungsbetroffene Größe, das d u r c h V e r w e n d u n g B e h a n d e l t e (AKTNINV-ADHB-2) als Gegenstand der instrumentellen Behandlung erscheint.

Zu § 103.V–VII HLR: In bestimmten agentiven Propositionsgefügen liegt mehr als eine beeinflusste Größe vor, insbesondere dann, wenn addirektive Handlungen – im weitesten Sinne: u. a. auch Gebehandlungen (Bsp. 722) oder Mitteilungshandlungen

(Bsp. 723) –, themative Handlungen (Zuschreibungshandlungen: Bsp. 724) oder instrumentelle Handlungen (Bsp. 725) ausgedrückt werden. Komplexere Propositionsgefüge dieser Art haben die logische Form AKTN-ADRG(AGS-ADRG$_x$, ^{1}AKTNINV-ADRG$_y$, ^{2}AKTNINV-ADRG$_z$,): ›x gibt/sendet/übermittelt z an y‹ oder ›x teilt y z mit‹ bzw. AKTN-ASCR(AGS-ASCR$_x$, ^{1}AKTNINV-ASCR$_y$, ^{2}AKTNINV-ASCR$_z$,): ›x schreibt y z zu, behauptet z von/über y‹ bzw. AKTN-ADHB$_n$(AGS-ADHB$_x$, ^{1}AKTNINV-ADHB$_y$, ^{2}AKTNINV-ADHB-2$_z$,): ›x behandelt z mittels y auf n-Art‹.

Komplexere Propositionsgefüge dieser Art können als Verschränkungen von Propositionsgefügen interpretiert werden. Diese können als gleichartig oder als unterschiedlich erscheinen. Ein addirektives Propositionsgefüge verschränkt zwei influktive Propositionsgefüge: Das Zugedachte oder Mitgeteilte wird ggf. räumlich bewegt und/oder geht in den Besitz oder das Eigentum oder das Wissen usw. eines anderen über; der Adressat erfährt hinsichtlich seines Besitzes oder Eigentums oder Wissens usw. eine Modifikation. Ein themative Propositionsgefüge verschränkt zwei adversive Propositionsgefüge: Weder der Aussagegegenstand noch der über ihn ausgesagte oder behauptete Sachverhalt wird durch die Thematisierung verändert. Dies ist allerdings nur dann der Fall, wenn man davon ausgeht, dass ein Sachverhalt unabhängig davon, dass über ihn gesprochen wird, ‚in der Welt ist', und wenn man des weiteren davon ausgeht, dass ein Aussagegegenstand durch eine Zuschreibung unbeeinträchtigt bleibt (was zumindest bei übler Nachrede, Denunziation o. Ä. bezweifelt werden muss). Die Grenzen zwischen influktiven und adversiven Propositionsgefügen sind hier also fließend. Und bei instrumentativen Propositionsgefügen – gesetzt, man darf zumindest davon ausgehen, dass das Instrument oder Mittel durch seine Verwendung keiner Veränderung unterworfen ist – lassen sich letztlich alle von uns unterschiedenen Arten der Behandlung eines Gegenstandes denken: instrumentelle Produktion (z. B. die Herstellung von etwas mittels einer Maschine), Influktion (z. B. die Reparatur von etwas mit einem Werkzeug) oder auch Adversion (z. B. die Betrachtung von etwas durch ein Mikroskop).

Bsp. 722: a) „^{1}Sie lud sie ein, im Herbst die Versammlungen des ‚Bundes' zu besuchen, und ^{2}gab ^{3}ihr ^{4}die Eintrittskarte für das nächste Jahr" (MEISEL-HESS, Intellekt. 1911, 210) — „^{1}Der Sägemühlenbesitzer ^{2}schenkt ^{3}ihm zum Abschied ^{4}zehn Mark" (SUDERMANN, Lit. Gesch. 1917, 151); ^{1}gebend, ^{2}Gebehandlung, ^{3}Adressat, ^{4}zugedachte Größe.

b) „Nun ^{2}bekam ^{3}ich dieser Tage [...] von ^{1}ihm ^{4}einen Brief" (SAAR, Nov. 893, VII, 96), ^{1}gebend, ^{2}Gebehandlung, ^{3}Adressat, ^{4}zugedachte Größe.

c) „Wie sie noch so im Klagen war, kam die Tochter nach Hause und trug einen neuen Hut und fragte ihre Mutter, wie der ihr stehe; die schlug die Hände zusammen und jammerte über den Hut, da antwortete das Mädchen, ^{4}den ^{2}habe ^{3}sie ^{2}geschenkt bekommen von ^{1}einem Herrn, und was sie treibe, das gehe die Mutter gar nichts an." (ERNST, Glück 1904, 97); ^{1}gebend, ^{2}Gebehandlung, ^{3}Adressat, ^{4}zugedachte Größe.

Bsp. 723: a) „[F]lüsternd und bedeutsam $^{2'}$teilte$^{'''}$ ^{3}ihr ^{1}Reinhart $^{'''(2')'}$mit', daß ^{4}er sie infolge eines heiligen Gelübdes ohne Widerrede küssen müsse" (KELLER, Sinnged. 1882–84, 389); ^{1}mitteilend, ^{2}Mitteilung, ^{3}Adressat, ^{4}mitgeteilt.

b) „Über ⁴meine Beziehung zu Blohm ²ʳgebe⁾··· ¹ich ³dir keine ⁻⁽²⁾ʳAuskunft⁾" (MÜHSAM, Samml. 1928, 256); ¹mitteilend), ²Mitteilung, ³Adressat, ⁴mitgeteilt.

c) „Es war einmal ein Jüngling, der schwur seiner Geliebten keine ewige Treue, sondern ¹er ²ʳließ⁾··· ³sie ⁻⁽²⁾ʳwissen⁾: ⁴er werde sie demnächst betrügen" (KLABUND, Bracke 1918, 70); ¹mitteilend, ²Mitteilung, ³Adressat, ⁴mitgeteilt.

d) „Gleich zu Anfang ²ʳgaben⁾··· ¹Sie ³mir recht deutlich ⁻⁽²⁾ʳzu verstehen⁾, daß ⁴Sie das Klavierspielen nicht ausstehen könnten" (MARLITT, Magd 1881, 194); ¹mitteilend, ²Mitteilung, ³Adressat, ⁴mitgeteilt.

e) „¹Du ²ʳhast⁾··· ³mir [...] ⁴drei Dinge ⁻⁽²⁾ʳzu wissen getan⁾" (DAHN, Rom 1876, 727); ¹mitteilend, ²Mitteilung, ³Adressat, ⁴mitgeteilt.

f) „¹[D]iese ²ʳmachte⁾··· ⁴das in Erfahrung Gebrachte ³der Kleebinderin ⁻⁽²⁾ʳzu wissen⁾" (ANZENGRUBER, Sternst. 1884, 67); ¹mitteilend, ²Mitteilung, ³Adressat, ⁴mitgeteilt.

Bsp. 724: a) „¹Die [...] Presse [...] ²bezichtigte ³ihn ⁴der Verschleuderung öffentlicher Gelder" (ERNST, Komöd. 1928, 226) — „wenn ¹sie ³dich ²bezichtigen, ⁴falsches Gold zu fabrizieren" (BRAUN, Mem. II 1911, 522) — „¹[S]ie [...] ²ʳklagte⁾··· ³den Priester ⁻⁽²⁾ʳan⁾, ⁴er habe zauberische Schändlichkeiten an ihr verübt" (WASSERMANN, Wahnschaffe 1919, 263) — „¹Ich ²ʳklage⁾··· ³diese Herren ⁻⁽²⁾ʳan⁾, daß ⁴sie durch solche Aussprüche die Würde der Wissenschaft verletzen – ¹ich ²ʳklage⁾··· ³sie ⁻⁽²⁾ʳan⁾ der ⁴Frivolität" (DOHM, Emancip. 1874, 53); ¹aussagend/behauptend, ²Aussage/Behauptung, ³Aussagegegenstand, ⁴ausgesagt/behauptet.

b) „Und ¹dieser Mann ²bezeichnet ³andere Leute als ⁴‚Scharlatans'!" (ENGELS, Dühring 1878, 52); ¹aussagend/behauptend, ²Aussage/Behauptung, ³Aussagegegenstand, ⁴ausgesagt/behauptet.

c) „Zuerst ²ʳgab⁾··· ¹der [...] Schriftsteller ³dem [...] Kaiser ⁻⁽²⁾ʳden Namen⁾ ⁴eines apokalyptischen Ungeheuers" (C. F. MEYER, Hochz. 1883–84, 202) — „Eines Tages ²ʳmachte⁾··· ¹die Mutter ³ihr ⁻⁽²⁾ʳden Vorwurf⁾, daß ⁴sie sich überhaupt nicht mehr um sie bekümmere" (SCHNITZLER, Therese 1928, 635); ¹aussagend/behauptend, ²Aussage/Behauptung, ³Aussagegegenstand, ⁴ausgesagt/behauptet.

Bsp. 725: a) „Der ¹Nubier ²ᵃʳschlug⁾··· mit dem ³ᵃHammer von Ebenholz, den ihm Ganymedes reichte, sorgfältig den ⁴ᵃGips ⁻⁽²ᵃ⁾ʳherunter⁾, ²ᵇʳhob⁾··· mit ³ᵇsilberner Zange den ⁴ᵇVerschluß von Palmenrinde ⁻⁽²ᵇ⁾ʳheraus⁾, schüttete die Schicht Öl hinweg, die oben schwamm, und füllte die Pokale." (DAHN, Rom 1876, 192); ¹verwendend, ²Verwendung, ³Instrument/Mittel, ⁴durch Verwendung behandelt.

b) „Ich hoffe, Herr Emil Devrient gestattet mir, solchen Gruß der Erkenntlichkeit an seinen Namen zu richten. ¹/³Er ²ʳwar der⁾··· erste und vollendetste ⁻⁽²⁾ʳDarsteller⁾ des ⁴Struensee, welchen ich gesehn" (LAUBE, Struensee 1846, 145); ¹verwendend, ²Verwendung, ³Instrument/Mittel, ⁴durch Verwendung behandelt.

Von reduzierten komplexeren Propositionsgefügen lässt sich sprechen, wenn zumindest eine der Propositionskonstituenten als unbesetzt erscheint. Mindestens folgende Fälle sind zu unterscheiden:

a) hinsichtlich des Agens reduzierte Propositionsgefüge: Bsp. 726;
b) hinsichtlich des Agens und des ersten Aktionsinvoluts reduzierte Propositionsgefüge: Bsp. 727;

c) hinsichtlich des Agens und des zweiten Aktionsinvoluts reduzierte Propositionsgefüge: Bsp. 728;
d) hinsichtlich des Agens und beider Aktionsinvolute reduzierte Propositionsgefüge: Bsp. 729;
e) hinsichtlich der Aktion und des zweiten Aktionsinvoluts reduzierte Propositionsgefüge: Bsp. 730;
f) hinsichtlich des ersten Aktionsinvoluts reduzierte Propositionsgefüge: Bsp. 731;
g) hinsichtlich des zweiten Aktionsinvoluts reduzierte Propositionsgefüge: Bsp. 732;
h) hinsichtlich beider Aktionsinvolute reduzierte Propositionsgefüge: Bsp. 733.

Bsp. 726: a) „am Ende ⌈¹ʳwürde⌉⁻⁻⁻ ²ich noch ³sträflicher Beziehungen mit ihm ⌐⁻⁽¹⁾ʳverdächtigt⌐" (SCHNITZLER, Traumnov. 1925–26, 446); ¹Aussage/Behauptung, ²Aussagegegenstand, ³ausgesagt/behauptet.
b) „Eine Stunde darauf trat, durch einen ²Boten ¹herbeigerufen, der ³Capitain der Corvette in Begleitung eines seiner Offiziere bei dem Consul ein" (GOEDSCHE, Sebastopol 1856, I, 69); ¹Verwendung, ²Instrument/Mittel, ³durch Verwendung behandelt.

Bsp. 727: „Die ¹Mitteilung des ²tatsächlichen Inhaltes wäre hier um so weniger am Platze, je entschiedener die Bedeutung und der Reiz der in Rede stehenden Novelle in der feinen Charakteristik der handelnden Personen und ihrer Zeit liegen." (PAOLI, Amulet 1874, 210.)

Bsp. 728: a) „¹Kritik der ²Moral" (BALL, Junge Lit. in Dtdl. 1915, 32); ¹Zuschreibung, ²Zuschreibungsadressat.
b) „Es hat, wie gesagt, wenn man Nietzsche beiseite nimmt, in Deutschland nie eine ²Wagner-¹Kritik gegeben" (TH. MANN, Betr. Unpol. 1918, 76); ¹Aussage/Behauptung, ²Aussagegegenstand.

Bsp. 729: „Hier ¹wurde sofort Meldung gemacht. Der Rittmeister ließ 100 Husaren aufsitzen, requirierte 26 Jäger vom 3. Jägerbataillon, und fort ging es, wieder dem Wäldchen zu." (FONTANE, Wand. I 1862, 462); ¹Mitteilung.

Bsp. 730: a) „die ¹Kritiker der [...] ²Wirtschaftsordnung" (SIMMEL, Phil. d. Geld. ²1907, 555); ¹aussagend/behauptend, ²Aussagegegenstand.
b) „das böse Ende der drei ¹Ankläger des ²Sokrates, denen ihre Mitbürger eine solche Verachtung bezeugt haben sollen, daß sie sich schließlich erhängten" (BURCKHARDT, Grch. Kulturgesch. III 1900, 398); ¹aussagend/behauptend, ²Aussagegegenstand.

Bsp. 731: „Ich gab ihm [...] ein paar Zeilen an Stein und Chasot mit, worin ¹ich ³meine baldige Ankunft ²meldete." (ARNDT, Erinn. 1840, 384); ¹mitteilend, ²Mitteilung, ³mitgeteilt.

Bsp. 732: a) „Von den späteren Schicksalen des Thukydides wissen wir nichts Sicheres [...]. Satyros' Angabe [...], ⌈¹er ²ʳsei der Ankläger⌉⁻⁻⁻ des ³Anaxagoras ⌐⁻⁽²⁾ gewesen⌐, ist [...] vielleicht richtig." (E. MEYER, Gesch. d. Alterth. IV 1901); ¹aussagend/behauptend, ²Aussage/Behauptung, ³Aussagegegenstand.
b) „Das ³Land ¹deiner ²Verheißung hat auf Erden keine Stätte. Begnüge dich damit, unsere Sehnsucht nach ihm erweckt zu haben." (EBNER-ESCHENBACH, Kreisph. 1883, 291); ¹aussagend/behauptend, ²Aussage/Behauptung, ³Aussagegegenstand.

Bsp. 733: a) „nicht ohne die ¹väterliche ²Einwilligung" (C. F. Meyer, Schuß 1877, 102); ¹mitteilend (adjektivisch ausgedrückt), ²Mitteilung.

a) „keiner von uns Weißen fühlte das unerläßliche Material in sich, die ²Anklage des ¹Osagen zu entkräften oder gar zu widerlegen" (May, Old Surehand III 1909, 110); ¹aussagend/behauptend, ²Aussage/Behauptung.

c) „das ¹Subjekt der ²Aussage" (Natorp, Plat. Ideenl. ²1921, 127); ¹aussagend/behauptend, ²Aussage/Behauptung.

d) „Doch klagte ¹sie nicht und ²ʳklagte⁻ʳ nicht ⁻⁽²⁾ʳan⁻ʳ." (Ebner-Eschenbach, Kinderj. 1904–05, 847); ¹aussagend/behauptend, ²Aussage/Behauptung.

e) „¹Der Mann ²ʳsprach⁻ʳ da ⁻⁽²⁾ʳeinen Verdacht aus, welcher sehr zu berücksichtigen war⁻ʳ" (May, Schatz 1890–91, 316); ¹aussagend/behauptend, ²Aussage/Behauptung.

6.2.2 Prozessive Propositionsgefüge

§ 104 HLR: Als p r o z e s s i v werden solche Propositionsgefüge bezeichnet, deren Proponent (§ 102.2a¹ HLR) als V o r g a n g bzw. P r o z e s s (Prz) erscheint; entsprechend lassen sich der Proponend (§ 102.2a² HLR) als vorgangsartiges G e s c h e h e n bzw. P r o z e s s (Prz) erscheint; entsprechend lassen sich der Proponend (§ 102.2a²) als G e s c h e h e n s t r ä g e r bzw. P r o z e s s s u b j e k t (PrzSbj), d. h. als die einem Vorgang unterworfene Größe, und das/die Propositionsinvolut(e) (§ 102.2a³) als g e s c h e h e n s b e t r o f f e n e G r ö ß e (n) bzw. Prozessinvolut(e) (Prz Inv) deuten. – Unterschieden werden fünf Arten prozessiver Propositionsgefüge: perkursive (§ 104.I HLR), patientive (§ 104.II HLR), generative (§ 104.III HLR), illative (§ 104.IV HLR) und adlative (§ 104.V HLR).

Zu § 104 HLR: In einem prozessiven Propositionsgefüge wird einem Vorgangsträger ein Vorgang, also etwas, das ihm widerfährt oder mit ihm geschieht und bei dem ggf. eine weitere vorgangsbeteiligte Größe (das von dem Vorgang Betroffene), in Betracht kommt, in bestimmten Fällen auch mehrere solcher Größen. Wir notieren die logische Form eines solchen prozessiven Propositionsgefüges in Analogie zu der unter 6.2.1 erläuterten Praxis folgendermaßen: Prz-n(PrzSbj-n) bzw. Prz-n(PrzSbj-n, PrzInv-n), Prz-n(PrzSbj-n, ¹PrzInv-n, ²PrzInv-n) usw.

6.2.2.1 Perkursive Propositionsgefüge

§ 104.I HLR: In p e r k u r s i v e n Propositionsgefügen wird einem Geschehensträger allgemein ein Prozess des Geschehens (ein Sichereignen, ein Stattfinden als solches oder ein näher spezifiziertes Geschehen) zugeschrieben, hinsichtlich dessen es als unbetroffen von Auswirkungen erscheint und bei dem keine weiteren Geschehensbeteiligten in Betracht kommen.

Zu § 104.I HLR: Perkursive Propositionsgefüge sind prozessiv im engeren Sinne; eine nähere Spezifikation der Propositionskonstituenten ist daher nicht nötig. Perkursive Propositionsgefüge haben die logische Form $Prz_n(PrzSbj_x)$: ›an x geschieht, vollzieht sich n‹. Einige Erscheinungsformen:

Bsp. 734: Propositionsform 1 (S. 646) mit Verbum percurrendi als Prädikatial:
- a) „In der Stube [...] ¹begab sich ²das Unerhörte" (EBNER-ESCHENBACH, Vorzugssch. 1898, 544) — „Es ¹begab sich ²dieser einzigartige Traum" (HAUPTMANN, Einhart ⁶1915, II, 7) — „Und es ¹begab sich, daß ²uns der Einfall kam, Franz Blei zu propagieren" (BALL, Totenrede 1915, 26); ¹Geschehen; ²Geschehensträger.
- b) „[D]a ¹geschah ²ein fürchterlicher Knall, und das ganze Haus knisterte und krachte" (COLSHORN/COLSHORN, März. Hann. 1854, 57); ¹Geschehen; ²Geschehensträger.

Bsp. 735: Propositionsform 2 (S. 646), wo möglich (Bsp. 735d) mit Nomen actionis oder processūs als Objektual oder Objektualkern:
- a) Bsp. 96a (S. 224).
- b) Bsp. 410d (S. 455).
- c) „Die ganze Luft ist grau. Es ¹/²regnet." (MÜLLER-JAHNKE, Ich bekenne ²1921, 128) — „Es ¹/²regnete die ganze Nacht hindurch" (ALTENBERG, Lebensabend 1919, 326); ¹Geschehen; ²Geschehensträger.²⁹⁴
- d) „Wieder ¹gab es ²Tumult." (REVENTLOW, Olestj. 1903, 140); ¹Geschehen; ²Geschehensträger.

Bsp. 736: Propositionsform 15 (S. 647) mit Nomen percurrendi als Attribuendal:
- a) „die stille ¹Arbeit der ²Natur" (FRANÇOIS, Reckenb. 1870, 136); ¹Geschehen; ²Geschehensträger.
- b) „das unbewußte ¹Arbeiten ²des Genies" (LANGE, Gesch. d. Mat. ²1875, 888); ¹Geschehen; ²Geschehensträger.
- c) „das ¹Walten des ²Geistes" (HOFMANNSTHAL, Zürch. Red. 1920, 75); ¹Geschehen; ²Geschehensträger.
- d) „Wie unser Körper, trotzdem er ein Ganzes bildet, dieses Ganze doch erst durch die vereinigte ¹Thätigkeit der verschiedenen ²Organe ist, [...] so auch jener grosse, noch bei Weitem complicirtere Körper, der die Gesellschaft ausmacht" (HOLZ, Kunst 1891, 92); ¹Geschehen; ²Geschehensträger.

Bsp. 737: Propositionsform 20 (vgl. S. 648) mit Nomen generandi als Kompositumszweitglied:
„Für mein Denken bleibt gar keine andere Wahl, als dieses Reich des Ausgedehnten *in mich, in mein Denken*, zu verlegen, und den illusorischen Akt des Ausser-mir-Seins auf Rechnung der eigentümlichen Fähigkeit meiner Sinne zu sezen: sobald sie sich rühren, sobald sie induzirt werden, Körperliches zu schaffen, Ausgedehntes mir – oder sich – zu illudiren, mir – oder sich – die Tarnkappe der Aussenweltprojekzion als Resultat dieser ¹Sinnes|²arbeit aufzustülpen" (PANIZZA, Illusionism. 1895, 187); ¹verursachend, ²Verursachung.

---

294 Rein unpersönliche Verben (§ 82.2c¹ HLR; vgl. S. 416) bzw. ihnen entsprechende Verbgruppen, d. h. solche, die nur mit Pseudoaktant *es* (vgl. S. 224) auftreten, determinieren grammatisch keine Größe, der man den durch sie zum Ausdruck gebrachten Vorgang zuschreiben könnte. Daher bleibt nur die Möglichkeit, sie semantisch als ›x ereignet sich‹ – also beispielsweise *es regnet* als ›Regen ereignet sich‹ – zu interpretieren. Das Vorgangssubjekt ist mithin gewissermaßen im Verb selbst ausgedrückt.

6.2.2.2 Patientive Propositionsgefüge

§ 104.II HLR: In patientiven Propositionsgefügen wird einem Prozesssubjekt, konkret: der erleidenden Größe oder dem Patiens (PRZSBJ-PASS), ein Vorgang der Erleidung oder der Passion (PRZ-PASS) zugeschrieben, in dem es als passiver Gegenstand einer ihrerseits als Handlung oder als Vorgang erscheinenden geschehensbetroffenen Größe – des Widerfahrnisses (PRZINV-PASS) – fungiert.

Zu § 104.II HLR: Patientive Propositionsgefüge perspektivieren Handlungen oder Vorgänge von einer handlungs- oder vorgangsbetroffenen Größe her. Hinsichtlich ihrer, der die Handlung oder der Vorgang passiv zuteilwird, erscheint das Zuteilwerden selbst in jedem Fall als Vorgang. Patientive Propositionsgefüge haben die logische Form PRZ-PASS(PRZSBJ-PASS$_x$, PRZINV-PASS$_y$): ›x erleidet y‹. Einige Erscheinungsformen:

Bsp. 738:   Propositionsform 1 (S. 646) mit Verbum patiendi als Prädikatial:
         a) „^{1}Ich ^{2r}hatte$^{7\ldots}$" zwar ^{3}erniedrigende Begegnungen genug $^{\ldots(2)r}$erfahren^7, allein ich hatte sie mir doch nicht selbst zugezogen" (WOBESER, Elisa ^{4}1799, 155); ^{1}erleidende Größe, ^{2}Erleidung, ^{3}Widerfahrnis.
         b) „Es ist übrigens zu bemerken, daß ^{1}die beschriebene Ordnung des Zuges nicht in allen Dörfern die gleiche ist, sondern öfter ^{3}Abänderungen ^{2}erleidet" (BARTSCH, Sag. Meklenb. II 1880, 271); ^{1}erleidende Größe, ^{2}Erleidung, ^{3}Widerfahrnis.
         c) Bsp. 411 (S. 456).

Bsp. 739:   Propositionsform 15 (S. 647) mit Nomen patiendi als Attribuendal und potentiellem Nomen passi als Attributial (Genitivus passi):
   „Dort sehe ich mich am Fenster stehen – fünf Jahre alt – und auf den ‚großen Platz' hinausschauen, wo eine lärmende Menge sich wälzt. Ein neues Wort schlägt an mein Ohr: Revolution. Alle schauen zum Fenster hinaus, alle wiederholen das neue Wort und sind sehr aufgeregt. Was ich empfunden habe, weiß ich nicht mehr, jedenfalls war ich auch erregt, sonst hätten das Bild und das Wort sich dem Geiste nicht eingeprägt. Daneben ist aber nichts. Das Bild weckt kein Verständnis, das Wort hat keinen Sinn. So sieht ^{1}meine erste ^{2}Erfahrung eines ^{3}historischen Ereignisses aus." (SUTTNER, Mem. 1909, 16 f.); ^{1}erleidende Größe, ^{2}Erleidung, ^{3}Widerfahrnis.

Ein reduziertes patientives Propositionsgefüge liegt vor, wenn mindestens eine der Propositionskonstituenten, erleidende Größe, Erleidung oder Widerfahrnis, als unbesetzt erscheint. Vier Fälle sind zu unterscheiden:

a) patiens- und widerfahrnisreduzierte patientive Propositionsgefüge: Bsp. 740;
b) patiensreduzierte patientive Propositionsgefüge: Bsp. 741;
c) passionsreduzierte patientive Propositionsgefüge: Bsp. 742;
d) widerfahrnisreduzierte patientive Propositionsgefüge: Bsp. 743.

Bsp. 740:   a) „Für wen ^{1}wird gelitten? Für wen gehungert? Für wen auf Bänken gepennt, während die Banken verdienen?" (TUCHOLSKY, Wirtschaftsführer 1931, 262); ^{1}Erleidung.

b) „Die Grunddogmen des Christentums sind erfüllte Herzenswünsche – das Wesen des Christentums ist das Wesen des Gemüts. Es ist gemütlicher, ¹zu leiden als zu handeln, gemütlicher, durch einen andern erlöst und befreit zu werden als sich selbst zu befreien, gemütlicher, von einer Person als von der Kraft der Selbsttätigkeit sein Heil abhängig zu machen" (FEUERBACH, Wes. d. Chr. ³1849, I, 226); ¹Erleidung.

Bsp. 741: „[V]on aller Schönheit der Erde übertrifft keine das ¹Erlebnis der ²Liebe" (MEISEL-HESS, Sex. Krise 1909, 360); ¹Erleidung, ²Widerfahrnis.

Bsp. 742: „Darum auch bindet ein durch unmittelbare körperliche Gewaltthätigkeit abgezwungenes Versprechen durchaus nicht; weil der ²solchen Zwang ¹Erleidende, mit vollem Recht, sich durch Tödtung, geschweige durch Hintergehung, der Gewältiger befreien kann." (A. SCHOPENHAUER, Wille u. Vorst. 1819, 490); ¹erleidende Größe, ²Widerfahrnis.

Bsp. 743: „Die Apotheose ist der Incarnation entgegengesetzt; in dieser, der Menschwerdung, steigt ¹der Gott vom Himmel, nimmt Menschengestalt an, liebt und ²leidet, Menschen gleich, dort steigt der Mensch von Erdenschlacken geläutert, zum Himmel empor." (HERLOSSOHN, Dam. Conv. Lex. I 1834, 252); ¹erleidende Größe, ²Erleidung.

Propositionsgefüge mit Verbum patiendi als Proponent, bei denen zusätzlich zur Rolle des Widerfahrnisses auch die Rolle eines Agens der widerfahrenden Handlung besetzt ist, deuten wir nicht als patientiv, sondern als agentiv (Propositionsform 5, S. 646; Bsp. 701a–c, S. 660). Ebenso interpretieren wir agentive Propositionsgefüge mit passivischem Proponenten (Propositionsform 4, S. 646) nicht als patientiv.

6.2.2.3 Generative (effektionsprozessive) Propositionsgefüge

§ 104.III HLR: In generativen oder effektionsprozessiven Propositionsgefügen wird einem Prozesssubjekt, konkret: dem Verursachenden oder Kausans (PRZSBJ-KAUS), ein Vorgang der Verursachung oder Kausation (PRZ-KAUS) zugeschrieben, durch den eine vorgangsbetroffene Größe, das Verursachte oder Kausat (PRZINV-KAUS) hervorgebracht oder -gerufen wird.

Zu § 104.III HLR: An Effektionsvorgängen lassen sich mindestens unterscheiden: emissive (solche der physischen Absonderung), evokative (solche des Hervorrufens oder Bewirkens eines Gegenstandes oder Sachverhaltes: wobei, da es sich um Vorgänge handelt, die Verursachung auch im Fall von Kausanten, die absichtsvoll handeln könnten, immer unabsichtlich erfolgt) und oritive (solche des Werdens oder Entstehens, des Eintretens in die Existenz). Generative Propositionsgefüge haben die logische Form PRZ-KAUS$_n$(PRZSBJ-KAUS$_x$, PRZINV-KAUS$_y$): ›x verursacht y auf n-Art, bringt oder ruft y auf n-Art unabsichtlich hervor‹. Einige Erscheinungsformen:

Bsp. 744: Propositionsform 1 (S. 646) mit Verbum generandi als Prädikatial:
a) „¹[D]ie Zärtlichkeiten meines Mannes ²verursachten mir ³körperlichen Schmerz" (CHRIST, Erinn. 1912, 230); ¹verursachend, ²Verursachung, ³verursacht.

b) „¹Sie ²ʳhaben⁻"· schon ³genug ⁻⁽²⁾ʳangerichtet⁻" (FRAPAN, Arbeit 1903, 68); ¹verursachend, ²Verursachung, ³verursacht.

c) „¹Man ²/³hustete und ²/³räusperte sich im Zimmer" (ESSIG, Taifun 1919, 9) — „Auf dem Tische ²/³dufteten ¹die Rosen" (ALTENBERG, Wie ich es sehe ⁴1904, 9) — „Hier ²/³duftete ¹etwas gar nicht nur wie Reseda" (HAUPTMANN, Einhart ⁶1915, I, 163); ¹verursachend, ²Verursachung, ³verursacht.

d) „Das leere Wollen ist noch nicht [...]; wenn wir das richtige Prädicat anwenden wollen, so können wir nur sagen: ¹/³das leere Wollen ²wird, – das Werden in jenem eminenten Sinne gebraucht, wo es nicht Uebergang aus einer Form in eine andere, sondern *aus dem absoluten Nichtsein* [...] *in's Sein* bedeutet" (HARTMANN, Phil. d. Unbew. 1869, II, 433) — „ob wir wollen, daß ¹/³etwas ²werde" (BRAUN, Mem. I 1909, 377) — „Auch ich will, daß ¹/³etwas ²wird" (Ebd., 437); ¹verursachend, ²Verursachung, ³verursacht.

Bsp. 745:   P r o p o s i t i o n s f o r m 4 (S. 646) mit Verbum generandi als Prädikatial:

a) „diejenigen deprimierenden Gemütsaffekte, ³die notwendig von ¹einem allzulange innegehaltenen erzwungenen Zölibat ²hervorgerufen werden" (MEISEL-HESS, Sex. Krise 1909, 407); ¹verursachend, ²Verursachung, ³verursacht.

b) „in politischen Streitigkeiten, ³welche durch ¹die Julirevolution und die Ereignisse in Polen selbst in den engsten Kreisen ²hervorgerufen waren" (LUISE BÜCHNER, Dichter 1878, 225); ¹verursachend, ²Verursachung (präteritiv), ³verursacht.

c) „wie ³das tragische Kunstwerk der Griechen wirklich aus ¹dem Geiste der Musik ²herausgeboren ist" (NIETZSCHE, Geb. d. Trag. ³1886, 109); ¹verursachend, ²Verursachung (präteritiv), ³verursacht.

Bsp. 746:   P r o p o s i t i o n s f o r m 8 (S. 646) mit Nomen generantis als Objektual:
„Gleichwohl ²ʳgehört⁻"· ¹die Störung der Persönlichkeit ⁻⁽²⁾ʳzu den Ursachen⁻ ³der Neurose" (BALL, Künstler 1926, 132); ¹verursachend, ²Verursachung (präteritiv), ³verursacht.

Bsp. 747:   P r o p o s i t i o n s f o r m 11 (S. 647) mit potentiellem Nomen generati oder entsprechendem Zeichen als Subjektual:

a) „weil ³die Idee [...] von ¹Onkel Eberhard ²herrührt" (FONTANE, Poggenp. 1885–86, 391); ¹verursachend, ²Verursachung, ³verursacht.

b) „³Alles Übel ²kommt von ¹Susanne", (ESSIG, Taifun 1919, 322); ¹verursachend, ²Verursachung, ³verursacht.

Bsp. 748:   P r o p o s i t i o n s f o r m 15 (S. 647) mit Nomen generandi als Attribuendal und potentiellem Nomen generantis als Attributial (Genitivus causantis[295]):

---

[295] Das Verhältnis von Genitivus producentis (vgl. S. 657) und Genitivus causantis ist das gleiche wie das zwischen Produktion und Verursachung: Erstere ist eine H a n d l u n g , durch die etwas hervorgebracht wird, will sagen: als konkreter oder abstrakter Gegenstand (im weitesten Sinne) Existenz gewinnt, letztere ein V o r g a n g , durch den ebendies geschieht. Entsprechend gilt: Produzent ist eine Person, die etwas b e w u s s t - a b s i c h t l i c h hervorbringt, sei es in unmittelbarer oder in mittelbarer Täterschaft, Verursacher demgegenüber eine Person, die etwas u n g e w o l l t hervorbringt. So kann der Architekt ein Haus *bauen*, auch wenn er das nicht mit seinen eigenen Händen tut; er ist dabei ebenso mittelbarer Produzent wie jemand, der einem anderen eine Produktionshandlung *befiehlt* oder ihn dazu *anstiftet*. Wer aber beispielsweise *blutet* oder *stinkt*, der bringt

a) „das [...] ²/³Duften ¹der Frühlingswiese" (WILDGANS, Kindh. 1928, 119); ¹verursachend, ²Verursachung, ³verursacht.
b) „die ²Entstehung ¹/³der Tier- und Pflanzenarten" (HAECKEL, Welträtsel ¹¹1919, 78 f.); ¹verursachend, ²Verursachung, ³verursacht.²⁹⁶

Bsp. 749: Propositionsform 25 (S. 648) mit Nomen generantis als Entranszessionalkern:
a) „[A]ußer ihm selbst ²seien die Verursacher ³seines Unterganges ¹ªsein Vater und ¹ᵇseine Mutter" (ERNST, Glück 1904, 151); ¹verursachend, ²Verursachung (präteritiv), ³verursacht.
b) „¹[E]r ²war der unschuldige Urheber ³ihrer Qual" (EBNER-ESCHENBACH, Vorzugssch. 1898, 542); ¹verursachend, ²Verursachung (präteritiv), ³verursacht.
e) „¹wir ²würden Mitschuldige ³des Mordes" (KAFKA, Betracht. 1913, 26); ¹verursachend, ²Verursachung (präteritiv), ³verursacht.

Bsp. 750: Propositionsform 26 (S. 648) mit Nomen generati als Entranszessionalkern:
a) „³Schrecken und Sorge [...] ²waren die [...] Wirkung ¹des [...] Anblickes" (KELLER, Sinnged. 1882–84, 534); ¹verursachend, ²Verursachung, ³verursacht.
b) „daß dadurch der weibliche Charakter von vielen der schlechten Eigenschaften gereinigt wird, ³die jetzt nur ²ᵣeine Folge⁻ ¹der niederdrückenden Verhältnisse ⁻⁽²⁾ʳsind⁻, ¹unter welchen die Frauen auferzogen werden" (OTTO, Frauenl. 1876, 264); ¹verursachend, ²Verursachung, ³verursacht.
c) „²ʳWar⁻ ³das, was eben vor ihm gestanden, ⁻⁽²⁾ʳein Erzeugnis⁻ ¹seiner Phantasie oder Wirklichkeit ⁻⁽²⁾ʳgewesen⁻?" (JENSEN, Gradiva 1903, 48); ¹verursachend, ²Verursachung, ³verursacht.
d) „Bis ins kleinste beichtete er den klaren braunen Augen seine Erlebnisse auf der Insel, nur die Vision der Türkin weglassend, ³die ja ²ʳeine Ausgeburt⁻ ¹seines erhitzten Gehirns ⁻⁽²⁾ʳgewesen war⁻." (C. F. MEYER, Schuß 1877, 96); ¹verursachend, ²Verursachung, ³verursacht.
e) „Man sieht es den Arbeiten L o b a t s c h e f s k i j s an, daß ³sie ²ʳdas Ergebnis⁻ ¹langen und angestrengten Nachdenkens⁻ ⁻⁽²⁾ʳsind⁻" (MACH, Erk. u. Irrt. ³1917, 414); ¹verursachend, ²Verursachung, ³verursacht.
f) „daß ³ªFunken und ³ᵇRauch ²ʳProdukte⁻ ¹des Feuers⁻ ⁻⁽²⁾ʳsind⁻" (WASSERMANN, Gänsemännchen 1915, 23 f.); ¹verursachend, ²Verursachung, ³verursacht.

---

zwar gleichfalls etwas hervor, wird aber kaum als Produzent angesehen. Dasselbe gilt dann, wenn das Existentwerden von etwas nicht auf eine Person, sondern auf eine Sache (im weitesten Sinn), also eine Ursache, zurückzuführen ist. Somit ist ein Attributionsgefüge wie *Spuren des Mörders* (Bsp. 753a) nicht als produzensgenitivisch, sondern als kausansgenitivisch zu deuten: Der *Mörder* bringt durch seine Handlung ›Mord‹ nicht absichtlich, sondern nur als ungewollte Begleiterscheinung dieser Handlung die *Spuren* hervor: Er ‚produziert' sie nicht, sondern ‚verursacht' sie. Als produzensgenitivisches Attributionsgefüge wäre das Syntagma hingegen zu deuten, wenn es Hinweise gäbe, dass der *Mörder* absichtlich *Spuren* hinterlassen hat (z. B. um jemanden in die Irre zu führen).

296 Da *Entstehung* von einem relatorischen Verb abgeleitet ist, dessen Argumentstruktur es ‚erbt', sind Verursachendes (hier: Entstehendes) und Verursachtes (hier: Entstandenes) identisch. Das Beispiel kann folglich nicht nur als eines für einen Genitivus causantis, sondern ebenso gut als eines für einen Genitivus causati interpretiert werden.

g) „^{2r}Bin$^{T^{\prime\prime\prime}}$ ^{3}ich gleichsam nur $^{\prime\prime\prime(2)r}$ein chemisches Produkt$^{\prime}$ von ^{1}Substanzen und Kräften, über die ich keine Macht habe, willenlos souveränen Schicksalsgewalten überantwortet, so bin und bleibe ich ein Wurm" (DOHM, Ruland 1902, 286); ^{1}verursachend, ^{2}Verursachung, ^{3}verursacht.

Ein reduziertes generatives Propositionsgefüge liegt vor, wenn mindestens eine der Propositionskonstituenten, verursachende Größe, Verursachung oder verursachte Größe, als unbesetzt erscheint. Vier Fälle sind zu unterscheiden:

a) kausans- und kausatreduzierte generative Propositionsgefüge: Bsp. 751;
b) kausansreduzierte generative Propositionsgefüge: Bsp. 752;
c) kausationsreduzierte generative Propositionsgefüge: Bsp. 753;
d) kausatreduzierte generative Propositionsgefüge: Bsp. 754.

Bsp. 751: „Also, es ^{1}wird begonnen!" (MAY, Silb. Löw. II 1908, 149); ^{1}Verursachung.

Bsp. 752: a) „[E]s $^{1/2}$duftete so süß, so schmeichelnd" (FRAPAN, Arbeit 1903, 418); ^{1}Verursachung, ^{2}verursacht.
b) „Er macht eine Eingabe an das Ministerium, daß ihm sein Verlust ersetzt wird, da ^{2}er ja dienstlich ^{1}verursacht ist" (ERNST, Komöd. 1920, 229); ^{1}Verursachung, ^{2}verursacht.
c) „Eine volle Sexualgemeinschaft, die alles in uns befriedigt, ist das größte, aber auch das seltenste Glück, das Menschen erleben können. Da diese volle Lebens- und Seelengemeinschaft, um derentwillen alle materiellen und sozialen Vorteile, die eine andere Gemeinschaft mit sich bringen könnte, gern geopfert werden, aber nur selten ist / so ist schon die bloße Regung der Sympathie, wenn sie deutlich ist, überhaupt als ein Vorteil anzusehen in der Öde dieses Lebens, ein Lockmittel, ein frommer Betrug der Natur zwecks ^{1}Hervorbringung ^{2}neuer Exemplare." (MEISEL-HESS, Sex. Krise 1909, 317 f.); ^{1}Verursachung, ^{2}verursacht.

Bsp. 753: a) „^{2}Spuren des ^{1a}Mordes und des ^{1b}Mörders" (MAY, Old Surehand III 1909, 141); ^{1}verursachend, ^{2}verursacht.
b) „der ^{2}Schrei des ^{1}Entsetzens" (NIETZSCHE, Geb. d. Trag. ^{3}1886, 33); ^{1}verursachend, ^{2}verursacht.
c) „die ^{2}Tränen der ^{1}Freude" (FRANZOS, Pojaz 1905, 166); ^{1}verursachend, ^{2}verursacht.
d) „an solchen ^{2}Werken der ^{1}Barmherzigkeit" (DOHM, Emancip. 1874, 173); ^{1}verursachend, ^{2}verursacht.
e) „das ^{2}Elend [...] des ^{1}Krieges" (FONTANE, Sturm III 1878, 153); ^{1}verursachend, ^{2}verursacht.
f) „dem wissenschaftlichen ^{2}Ergebnis des ^{1}Sokrates" (DILTHEY, Einl. Geisteswss. 1883, 179); ^{1}verursachend, ^{2}verursacht.
g) „aus dem ^{2}Ergebnis des [...] ^{1}Buchs" (DILTHEY, Einl. Geisteswss. 1883, 123); ^{1}verursachend, ^{2}verursacht.[297]

---

[297] Auch Nomina rei lassen sich metonymisch als Nomina actionis deuten und können dann als Kerne kausansgenitivischer Attribute interpretiert werden. Das *Buch* ›hat‹ ein *Ergebnis*, sofern man *Buch* hier nicht versteht als ›in Buchform veröffentlichter literarischer, wissenschaftlicher o. ä. Text‹

g) „Auf der vierten Treppe gehen wilde Sachen in dem Besucher vor. Blitzschnell dieses: ‚Donnerwetter, ist das hoch! Ich werde zu dick, mich strengt das zu sehr an –‘, und sofort, automatisch, kehrt sich diese winzige Ohnmacht gegen den ¹Verursacher der ²Ohnmacht, er ist schuld, nur er! Dolchstößer! und nun, sehr allgemein: ‚Wie kommt es, daß dieser Kaspar eigentlich so hoch wohnt? Hat er kein Geld? Liebt er das? Was soll das?'" (Tucholsky, Trepp. 1927, 374); ¹verursachend, ²verursacht.

h) „sie sei ein [...] ¹Boden|²produkt dieser Gegenden" (Fontane, Sturm I 1878, 69) — „Das ist dort nicht bloß Pulverrauch, das ist ¹Brand|²qualm" (Raabe, Odfeld 1889, 138); ¹verursachend, ²verursacht.

i) „das Kind dürfen sie Dir nicht begraben, ehe nicht die ²Todes|¹ursache festgestellt ist" (Duncker, Mütter 1887, 86); ¹verursachend, ²verursacht.

Bsp. 754: a) „Daraus ist zu sehen, daß des Menschen Leben nur insofern etwas wert ist, als ¹es ²eine Folge hat" (Pröhle, Rheinl. Sag. 1886, 86); ¹verursachend, ²Verursachung.

b) „Indessen sollte ¹diese Sommerfrische auch noch ²ein edleres Ergebnis haben" (Wilbrandt, Erinn. II 1907, 81); ¹verursachend, ²Verursachung.

c) „²ʳIst¯ ¹unser Wille ¯⁽²⁾ʳUrheber¯ oder Begleiterscheinung?" (Müller, Tropen 1915, 151); ¹verursachend, ²Verursachung.

d) „Die von der Demagogie durchgesetzten regelmäßigen Kornverteilungen an die Bevölkerung Roms führten einen Teil der ²Produktion des gewissermaßen als Gemeingut des römischen Volkes betrachteten ¹Provinzialbodens jahraus, jahrein in die Hand der plebs urbana" (Pöhlmann, Gesch. d. soz. Fr. II ³1925, 346); ¹verursachend, ²Verursachung.

Nicht als reduzierte generative Propositionsgefüge deuten wir solche, die mit relatorischen Verba generandi gebildet sind (Bsp. 744c/d). Bei ihnen kann entweder das Verb sowohl die Kausation als auch das Kausat ausdrücken (Bsp. 744c) oder das Kausans erscheint zugleich als Kausat (Bsp. 744d).

6.2.2.4 Illative (affektionsprozessive) Propositionsgefüge

§ 104.IV HLR: In illativen oder affektionsprozessiven Propositionsgefügen wird einem Prozesssubjekt, konkret: der einwirkenden Größe oder dem Inferens (PrzSbj-ill), ein Vorgang der Einwirkung oder Illation (Prz-ill) zugeschrieben, hinsichtlich dessen eine vorgangsbetroffene Größe, die Einwirkung erfahrende Größe oder das Illat (PrzInv-ill), als ein von Auswirkungen Betroffenes erscheint.

Zu § 104.IV HLR: An Affektionsvorgängen lassen sich mindestens unterscheiden: Infektionsprozessive (solche der nicht intendierten mentalen Beeinflussung), formationsprozessive (solche nicht intendierten Bewirkens sinnlich wahr-

---

(Duden 1999, 674), sondern als die einem solchen Text zugrunde liegende Tätigkeit, im vorliegenden Beispiel: eine philosophisch-wissenschaftliche Untersuchung.

nehmbarer Veränderung), m o t i o n s p r o z e s s i v e (solche des nicht intendierten Bewegens), s o z i o p r o z e s s i v e (solche der nicht willentlich kontrollierten sozialen Veränderung) und t e m p o r a l p r o z e s s i v e (solche der vorgangsmäßigen Beeinflussung einer Zeitspanne). Illative Propositionsgefüge haben die logische Form PRZ-ILL$_n$(PRZSBJ-ILL$_x$, PRZINV-ILL$_y$): ›x beeinflusst y ungewollt, ohne Absicht auf n-Art‹. Einige Erscheinungsformen:

Bsp. 755: P r o p o s i t i o n s f o r m 1 (S. 646) mit Verbum fortuito influendi oder Entsprechung als Prädikatial:

a) „einer der Umstehenden, ³den ¹die improvisierte Straßenversammlung ²belustigte wie irgendein anderer Spektakel" (BRAUN, Lebenssucher 1915, 261); ¹einwirkend, ²Einwirkung, ³Einwirkung erfahrend.

b) „¹Die kleinen und großen Turnfahrten, die die Schule machte, ²erfreuten ³mein junges Herz" (WILBRANDT, Erinn. II 1907, 40); ¹einwirkend, ²Einwirkung, ³Einwirkung erfahrend.

c) „¹/³Der Seiler ²gähnte" (WÖRISHÖFFER, Robert 1877, 9) – „wenn ¹/³der Holzstoss schon ²brennt" (PANIZZA, Psichop. 1898, 46) – „¹/³[E]r ²blinzelte und gähnte" (HEYKING, Tag 1905); ¹einwirkend, ²Einwirkung, ³Einwirkung erfahrend.

d) „Ängstigt man sich [...], es ²ᵃ/ᵇʳsei⁷⁻ ¹/³jemand ⁽²ᵃ⁾ʳertrunken⁷ oder ⁽²ᵇ⁾ʳabgestürzt⁷, so kommt er sicher heil zurück, erwartet man ihn aber unbefangen zum Abendessen, so wird er womöglich vom Blitz erschlagen" (REVENTLOW, Geldkompl. 1916, 280); ¹einwirkend, ²Einwirkung, ³Einwirkung erfahrend.

e) „¹/³Er spielte unablässig mit seinen Fingern, ²schnitt Grimassen und lallte unverständliche Worte vor sich hin" (CHRIST, Erinn. 1912, 104); ¹einwirkend, ²Einwirkung, ³Einwirkung erfahrend.

f) „¹/³[D]er [...] Polizist [...] ²holte tief Athem" (PANIZZA, Verbr. 1891, 167); ¹einwirkend, ²Einwirkung, ³Einwirkung erfahrend.

g) „bis ¹ich endlich vom Heulen müde ward, mich auf die Bank streckte und ²in Schlaf verfiel" (FRANÇOIS, Reckenb. 1870, 9); ¹einwirkend, ²Einwirkung, ³Einwirkung erfahrend.

h) „Die neuen gegenstände missfallen dir· ³dir auch ²ʳmachen⁷⁻ ¹sie ⁽²⁾ʳangst⁷ mit ihrer schreienden anmaassung" (GEORGE, Tg. u. Tat. ²1925); ¹einwirkend, ²Einwirkung, ³Einwirkung erfahrend.

i) „¹Die apokalyptischen Predigten und düsteren Prophezeiungen des Fra Girolamo ²hatten eine gewaltige Wirkung auf ³das florentinische Volk" (KLABUND, Borgia 1928, 119) – „das Flugblatt [...], ¹das [...] ²ʳgroße Wirkung⁷⁻ bei ³den [...] Arbeitern ⁽²⁾ʳhatte⁷" (MÜHSAM, Eisner 1929, 247) – „¹Dieser stumme Religions-Unterricht ²hatte die ungeheuerlichste Wirkung unter ³den Zuschauern" (PANIZZA, Dämmr. 1890, 26); ¹einwirkend, ²Einwirkung, ³Einwirkung erfahrend.

j) „[E]r behauptete, daß ¹solch begehrliches Einheimsen ²ʳkeine gute Wirkung⁷⁻ auf ³den Charakter ⁽²⁾ʳausübe⁷" (FREYTAG, Erinn. 1887, 607); ¹einwirkend, ²Einwirkung, ³Einwirkung erfahrend.

Bsp. 756: P r o p o s i t i o n s f o r m 4 (S. 646) mit Verbum fortuito influendi als Prädikatial:

a) „³Die ältere Generation der Unterhaltungsschriftsteller ²ʳwar⁷⁻ stärker durch ¹die Engländer [...] ⁽²⁾ʳbeeinflußt worden⁷" (FREYTAG, Erinn. 1887, 553); ¹einwirkend, ²Einwirkung, ³Einwirkung erfahrend.

b) „Die Wissenschaft lehrt, daß ³die Eigenart eines Volkes [...] ²bedingt wird durch ¹Boden, Klima und Geschichte" (DOHM, Frauen 1876, 4); ¹einwirkend, ²Einwirkung, ³Einwirkung erfahrend.

Bsp. 757: Propositionsform 5 (S. 646) mit Verbum fortuito influendi als Prädikatial:
„die Besuche, für die man hereingerufen wurde und ³die einen drollig fanden, wenn man gerade traurig war, und ²ʳsich⁻ʹʹ an ¹einem ⁻ʹʹ⁽²⁾ʳbelustigten⁻ wie an dem betrübten Gesicht gewisser Vögel, die kein anderes haben" (ERNST, Komöd. 1928, 71); ¹einwirkend, ²Einwirkung, ³Einwirkung erfahrend.

Bsp. 758: Propositionsform 6 (vgl. S. 646) mit Verbum fortuito influendi als Prädikatial:
„[...] wie ³die Tragödie an ¹dem Entschwinden des Geistes der Musik ebenso gewiss ²zu Grunde geht, wie sie aus diesem Geiste allein geboren werden kann" (NIETZSCHE, Geb. d. Trag. ³1886, 102); ¹einwirkend, ²Einwirkung, ³Einwirkung erfahrend.

Bsp. 759: Propositionsform 15 (S. 647) mit Nomen fortuito influendi als Attribuendal und potentiellem Nomen fortuito influcti als Attributial:
„der ²Brand des ¹/³Capitols" (MOMMSEN, Röm. Gesch. V 1885, 96); ¹einwirkend, ²Einwirkung, ³Einwirkung erfahrend.

Bsp. 760: Propositionsform 18 (S. 647) mit Nomen fortuito influendi als Attribuendal:
„patriarchalistische Opposition gegen die ¹/³bürgerliche ²Entwicklung" (WEBER [WINCKELMANN], Wirtsch. u. Gesellsch. II ʳ*1911–13; ⁵1972ʾ, 287); ¹einwirkend (adjektivisch ausgedrückt), ²Einwirkung, ³Einwirkung erfahrend (adjektivisch ausgedrückt).

Bsp. 761: Propositionsform 20 (S. 648) mit Nomen fortuito influendi als Kompositumszweitglied:
„die durch den ¹/³Dorf|²brand verarmten Bauern" (FONTANE, Wand. V 1889, 16); ¹einwirkend, ²Einwirkung, ³Einwirkung erfahrend.

Bsp. 762: Propositionsform 23 (S. 648):
a) „¹/³Susanne ²wurde blaß" (ESSIG, Taifun 1919, 277); ¹einwirkend, ²Einwirkung, ³Einwirkung erfahrend.
b) „¹/³Mann, ²werde Gott-gleich!" (ALTENBERG, Wie ich es sehe ⁴1904, 166); ¹einwirkend, ²Einwirkung, ³Einwirkung erfahrend.
c) „¹Diese Erkenntnis ²ʳstimmte⁻ʹʹ ³mich plötzlich ganz ⁻ʹʹ⁽²⁾ʳfroh⁻" (SAAR, Nov. 1893, XII, 24); ¹einwirkend, ²Einwirkung, ³Einwirkung erfahrend.

Bsp. 763: Propositionsform 25 (S. 648) mit Nomen fortuito influentis als Entranszessionalkern:
„Die ¹Seele allein ²ist der Motor dieser ³zarten Lebensmaschine ‚moderner Mensch'" (ALTENBERG, Pròdromos 1906, 64); ¹einwirkend, ²Einwirkung, ³Einwirkung erfahrend.

Bsp. 764: Propositionsform 25 (S. 648) mit Nomen fortuito influentis als Entranszessionalkern; Einbettung von Propositionsform 15 (S. 647) mit Nomen fortuito influendi als Attribuendal und potentiellem Nomen fortuito influcti als Attributial:
„Diese ¹Sexualordnung selbst muß sich also die Forderungen der Rassenwohlfahrt zu eigen machen. Umgeht sie sie, so wird sie zur bloßen Formel sozialen Kalküls, anstatt der

²ʳTräger der ⁴Höherentwicklung⁻ʳ der ³/⁴/⁶Art ⁻⁽²⁾ʳzu sein⁻." (MEISEL-HESS, Sex. Krise 1909, 325); ¹/⁴einwirkend, ²/⁵Einwirkung, ³/⁶Einwirkung erfahrend.

Ein reduziertes illatives Propositionsgefüge liegt vor, wenn mindestens eine der Propositionskonstituenten, einwirkende Größe, Einwirkung oder Einwirkung erfahrende Größe, als unbesetzt erscheint. Vier Fälle sind zu unterscheiden:

a) inferens- und illatreduzierte illative Propositionsgefüge: Bsp. 765;
b) inferensreduzierte illative Propositionsgefüge: Bsp. 766;
c) illationsreduzierte illative Propositionsgefüge: Bsp. 767;
d) illatreduzierte illative Propositionsgefüge: Bsp. 768.

Bsp. 765:   a) „Sagt sie sich: Jetzt ¹ʳwird⁻ʳ so und so viel getrappt, ⁻⁽¹⁾ʳgrimassiert⁻, geäugelt, Zähne entblößt, Brüstchen herausgetrieben, Mundsalven entleert ...?" (PANIZZA, Tgb. Hund 1892, 217); ¹Einwirkung.
b) „Es ¹brennt in Péronne seit gestern Mittag" (D. v. LILIENCRON, Leben 1900, 142); ¹Einwirkung.
c) „In den Raaen der stationirten Kriegsschiffe ¹ward es lebendig wie in einem Spinnennest" (BOY-ED, Förster 1889, 23 f.); ¹Einwirkung.
d) „Er [...] ließ es als möglich gelten, daß bis zu einem gewissen Grad die ¹Entwicklungs|jahre [›Pubertät‹] an dem unerfreulichen Verhalten Franzens schuld sein mochten" (SCHNITZLER, Therese 1928, 807); ¹Einwirkung (vgl. Anm. 289, S. 662).

Bsp. 766:   a) „²Ich ¹ʳbin⁻ʳ einmal ⁻⁽¹⁾ʳerschreckt worden⁻, und das Entsetzen ist in mir haften geblieben" (JANITSCHEK, Frauenkr. 1900, 62 f.); ¹Einwirkung, ²Einwirkung erfahrend.
b) „Nun ¹ʳwar⁻ʳ ihr wieder einmal ²etwas ⁻⁽¹⁾ʳzerstört worden⁻" (EBNER-ESCHENBACH, Unsühnb. 1889, 407); ¹Einwirkung, ²Einwirkung erfahrend.
c) „Da kam der Brettlhupfer, jener dienstbeflissene Mann, der den Wagenschlag öffnet, ein jedes aus der Gesellschaft in den bestimmten Wagen bringt, acht hat, daß ²ᵃkein Zylinderhut ¹ᵃʳverdrückt⁻ʳ, ²ᵇkein Kleid ¹ᵇʳbeschädigt⁻ʳ und ²ᶜkeine Schleppe in die Wagentür ⁻⁽¹ᵃ/ᵇ⁾/¹ᶜʳeingezwickt wird⁻" (CHRIST, Erinn. 1912, 216); ¹Einwirkung, ²Einwirkung erfahrend.
d) „einer, ²der ¹ʳin seiner Ehre⁻ʳ also ⁻⁽¹⁾ʳbeschädigt [...] war⁻" (FRANÇOIS, Stufenj. 1877, 422); ¹Einwirkung (präteritiv), ²Einwirkung erfahrend.
e) „²Mir ¹graust" (BRAUN, Mem. II 1911, 120); ¹Einwirkung, ²Einwirkung erfahrend.

Bsp. 767:   „Wie kann der tapfere ¹Besieger des ²Ungarnvolkes von Gefahr sprechen?" (GOEDSCHE, Sebastopol 1856, I, 298); ¹einwirkend, ²Einwirkung erfahrend.

Bsp. 768:   a) „¹Diese wenigen Worte ²hatten eine seltsame Wirkung" (MARLITT, Heidepr. 1871); ¹einwirkend, ²Einwirkung.
b) „Aber ¹Naxens Verwandlungsscherze ²ʳerzielten⁻ʳ bald nicht mehr ⁻⁽²⁾ʳdie Wirkung⁻ wie bisher" (SCHEERBART, Lesab. 1913, 816); ¹einwirkend, ²Einwirkung.
c) „die ²Wirkung des ¹Champagners" (SUTTNER, Mem. 1909, 79); ¹einwirkend, ²Einwirkung.
d) „durch den ²Einfluß ¹seines [...] Bruders Heinrich" (BOY-ED, Th. Mann 1925, 176); ¹einwirkend, ²Einwirkung.

e) „durch den mäßigenden ²Einfluß von ¹Tzü Hsis drei Vertrauensmännern" (HEYKING, Tschun 1914, 130); ¹einwirkend, ²Einwirkung.

f) „die ²Verwüstung ¹eines sengenden Strahls" (FRANÇOIS, Reckenb. 1870, 212); ¹einwirkend, ²Einwirkung.

g) „der ²Ärger, ¹nichts zu erfahren" (MEISEL-HESS, Sex. Krise 1909, 119); ¹einwirkend, ²Einwirkung.

h) „Ellen Key lancirt nicht gewöhnliche Phrasen, die nur durch schöne ¹Klang|²wirkung blenden und bestechen. Ihre Phrasen kommen als Gedanken verkleidet, sie winken als Ethos aus der Höhe mit Palmen, sie haben Flügel, in Aether getauchte, oder in Sonnengold flimmernde. Sie kränzt sie wohl auch mit Rosen und flicht Passionsblumen hinein. Mit einem Wort: sie sehen ungeheuer nach etwas aus [...]." (DOHM, Antifem. 1902, 105); ¹einwirkend, ²Einwirkung.

6.2.2.5 Adlative (adversionsprozessive) Propositionsgefüge

§ 104.V HLR: In adlativen oder adversionsprozessiven Propositionsgefügen wird einem Prozesssubjekt, konkret: der bezugnehmenden Größe oder dem Afferens (PRZSBJ-ADL), ein Vorgang der Bezugnahme oder Adlation (PRZ-ADL) zugeschrieben, hinsichtlich dessen eine vorgangsbetroffene Größe, die Bezugnahme erfahrende Größe oder das Adlat (PRZINV-ADL), als ein von dem Vorgang unbeeinflusster Gegenstand desselben erscheint.

Zu § 104.V HLR: An Adversionsvorgängen lassen sich mindestens unterscheiden: perzeptionsprozessive (solche der Wahrnehmung, d. h. der nicht intendierten Erkenntnis), formationsprozessive (solche des nicht intendierten Bewirkens sinnlich wahrnehmbarer Veränderung), propositionsprozessive (solche des nicht intendierten Thematisierens), taktionsprozessive (solche des absichtslosen, zufälligen Berührens) und involutionsprozessive (solche der nicht intentionalen soziokommunikativen Bezugnahme). Adlative Propositionsgefüge haben die logische Form PRZ-ADL$_n$(PRZSBJ-ADL$_x$, PRZINV-ADL$_y$): ›x nimmt auf y ungewollt, ohne Absicht auf n-Art Bezug‹. Einige Erscheinungsformen:

Bsp. 769: Propositionsform 1 (S. 646) mit Verbum fortuito advertendi oder Entsprechung als Prädikatial:

a) „Ein ¹Mann ²sieht eine ³Frau auf der Straße" (MEISEL-HESS, Sex. Krise 1909, 139); ¹bezugnehmend, ²Bezugnahme, ³Bezugnahme erfahrend.

b) „¹[I]ch ²träume so ³Schönes" (FRAPAN, Arbeit 1903, 365); ¹bezugnehmend, ²Bezugnahme, ³Bezugnahme erfahrend.

c) „Seitdem ²ʳhat⁻⁻ ¹man dort nie wieder ³etwas ⁻⁽²⁾ʳgehört⁻" (BARTSCH, Sag. Meklenb. I 1879, 194); ¹bezugnehmend, ²Bezugnahme, ³Bezugnahme erfahrend.

d) „[N]ur ¹das leichte Zittern ihrer Finger ²verriet, daß ³eine Ahnung sie folterte" (BRAUN, Lebenssucher 1915, 26); ¹bezugnehmend, ²Bezugnahme, ³Bezugnahme erfahrend.

e) „wenn ¹ich dieses ³Nußbaums ²ansichtig werde" (HOFMANNSTHAL, Brf. 1902, 52); ¹bezugnehmend, ²Bezugnahme, ³Bezugnahme erfahrend.

Bsp. 770: **Propositionsform 3** (S. 646) mit Nomen fortuito advertendi als Kern des Objektuals:
„In Rom ²ʳhatte⁻ ¹sie auch ⁻⁽²⁾ʳeine Begegnung⁻ mit ³Pius VI." (BOY-ED, Schlözer 1915, 116); ¹bezugnehmend, ²Bezugnahme, ³Bezugnahme erfahrend.

Bsp. 771: **Propositionsform 4** (S. 646) mit Verbum fortuito advertendi als Prädikatial:
a) „Was würde aber aus u n s e r e r Geschichte geworden sein, wenn ³der junge Held gleich auf dem ersten Blatt unserer Niederschrift seiner Schicksale vor dem Feind totgeschlagen, begraben und von ¹der Braut ²betrauert worden wäre?" (RAABE, Hastenb. 1899, 10); ¹bezugnehmend, ²Bezugnahme, ³Bezugnahme erfahrend.
b) „Sie richtete einen durchdringenden Blick auf den Grafen, ³der aber von ¹diesem nicht ²bemerkt wurde" (TIECK-BERNHARDI, Evremont 1836, I, 136); ¹bezugnehmend, ²Bezugnahme, ³Bezugnahme erfahrend.

Bsp. 772: **Propositionsform 9** (vgl. S. 647) mit Verbum percurrendi als Prädikatial und Nomen fortuito advertendi als Subjektual:
a) „die Felsenspalte, in welcher heute ²ʳdas Zusammentreffen⁻ ¹der Weißen mit ³den Roten ⁻⁽²⁾ʳstattgefunden hatte⁻" (MAY, Schatz 1890–91, 503); ¹bezugnehmend, ²Bezugnahme, ³Bezugnahme erfahrend.
b) „Das erste ²ʳZusammentreffen⁻ zwischen ¹/³Vater und ¹/³Sohn ⁻⁽²⁾ʳfand⁻ am Morgen des 8. auf einem Rheinboot ⁻⁽²⁾ʳstatt⁻" (FONTANE, Wand. II 1863, 270); ¹bezugnehmend, ²Bezugnahme, ³Bezugnahme erfahrend.

Bsp. 773: **Propositionsform 15** (S. 647) mit Nomen fortuito advertendi als Attribuendal und potentiellem Nomen fortuito advertentis als Attributial (Genitivus afferentis):
„ein großes ³pantomimisches ⁴Verständnis der ¹Zuschauer" (BURCKHARDT, Grch. Kulturgesch. III 1900, 136); ¹bezugnehmend, ²Bezugnahme, ³Bezugnahme erfahrend (adjektivisch ausgedrückt).

Bsp. 774: **Propositionsform 26** (S. 648) mit potentiellem Nomen fortuito adversi (hier: *Objekt*) als Entranszessionalkern; Einbettung von **Propositionsform 19** (S. 648) mit Nomen fortuito advertendi (hier: *Erkenntnis*) als Kompositumserstglied (sowie mit determinativer Verschränkung – vgl. S. 157 ff. – von Kompositumserstglied und genitivischem Attribut):
„Um mit Kant zu reden, ²ʳist⁻ ³die Unsterblichkeit der Seele nicht ein ⁻⁽²⁾ʳErkenntnisobjekt⁻ der ¹reinen Vernunft, sondern ein ‚Postulat der praktischen Vernunft'" (HAECKEL, Welträtsel ¹¹1919, 210); ¹bezugnehmend, ²Bezugnahme, ³Bezugnahme erfahrend.

Bsp. 775: **Propositionsform 25** (vgl. S. 648) mit Nomen advertentis als Entranszessionalkern:
a) „¹ich ²ʳwurd'⁻ auch ⁻⁽²⁾ʳZeuge⁻ ³der verdrießlichsten Szenen" (FONTANE, Wand. V 1889, 252); ¹bezugnehmend, ²Bezugnahme, ³Bezugnahme erfahrend.
b) „Vielleicht, dachte ich mir, ²ʳbin⁻ ¹ich […] der einzige ⁻⁽²⁾ʳBeobachter⁻ ³eines unerhörten beispiellosen Naturvorgangs" (PANIZZA, Dämmr. 1890, 39); ¹bezugnehmend, ²Bezugnahme, ³Bezugnahme erfahrend.
c) „Uebrigens könnte man ebenso gut behaupten, daß die Ehe eine Versorgungsanstalt für Männer sei; denn was für einen anderen Sinn hat dieses Wettrennen nach der Hand von E r b i n n e n , von ³dem ¹wir täglich ²Zeuge sind?" (DOHM, Emancip. 1874, 25); ¹bezugnehmend, ²Bezugnahme, ³Bezugnahme erfahrend.

d) „Bis jetzt ²ʳbin⁻ʺ ¹ich stets ⁻ʺ⁽²⁾ʳZeuge⁻¹ vom ³Gegentheil ²gewesen" (DOHM, Frauen 1876, 18); ¹bezugnehmend, ²Bezugnahme (präteritiv), ³Bezugnahme erfahrend.

Ein reduziertes adlatives Propositionsgefüge liegt vor, wenn mindestens eine der Propositionskonstituenten, bezugnehmende Größe, Bezugnahme oder Bezugnahme erfahrende Größe, als unbesetzt erscheint. Vier Fälle sind zu unterscheiden:

a) afferens- und adlatreduzierte adlative Propositionsgefüge: Bsp. 776;
b) afferensreduzierte adlative Propositionsgefüge: Bsp. 777;
c) adlationsreduzierte adlative Propositionsgefüge: Bsp. 778;
d) adlatreduzierte adlative Propositionsgefüge: Bsp. 779.

Bsp. 776: a) „¹ʳDie Begegnung fand⁻ʺ an dem kleinen Stremmeflusse ⁻ʺ⁽¹⁾ʳstatt⁻¹" (FONTANE, Wand. V 1889, 50); ¹Bezugnahme.

b) „Sie bat noch, Figura möchte die schleunige Absendung des Briefes besorgen, damit ja kein ¹Zusammentreffen stattfinde" (KELLER, Zürch. Nov. I 1878, 188); ¹Bezugnahme.

Bsp. 777: a) „Nur ein Unrecht, ²das ¹begriffen wird, vermeidet sich leicht" (DOHM, Schicks. 1899, 66); ¹Bezugnahme, ²Bezugnahme erfahrend.

b) „²Der Name Fannys ¹wurde gehört" (BOY-ED, Förster 1889, 155); ¹Bezugnahme, ²Bezugnahme erfahrend.

c) „Vor allem würde ich mir an Ihrer Stelle ein Unterkommen in einem großen Konfektionshause suchen. Da sieht ²man und ¹wird gesehen." (JANITSCHEK, Amaz. 1897, 43); ¹Bezugnahme, ²Bezugnahme erfahrend.

Bsp. 778: a) „¹Frau von B.'s ²Traum" (REVENTLOW, Männchen 1917, 362); ¹bezugnehmend, ²Bezugnahme erfahrend.

b) „Wisse es, ²Verführter des ¹Lebens" (ALTENBERG, Tag ²1902, 11); ¹bezugnehmend, ²Bezugnahme erfahrend.

c) „¹Zeugen des ²Mordes" (MAY, Lb. Ulan. 1883–85, 1156); ¹bezugnehmend, ²Bezugnahme erfahrend.

d) „da fiel in irgendeinem Zusammenhang mein Name als eines der ²Gesprächs|¹zeugen" (MÜHSAM, Unpolit. Erinn. 1927–29, 651); ¹bezugnehmend, ²Bezugnahme erfahrend.

Bsp. 779: a) „Ja, ¹er ²verstand und kündigte" (ALTENBERG, Lebensabend 1919, 4); ¹bezugnehmend, ²Bezugnahme.

b) „Wir sahen, daß – nach der richtigen ²Beobachtung des ¹Aristoteles – der Entwurf des zweitbesten Staates unwillkürlich wieder in die Bahnen des Vernunftstaates einlenkt" (PÖHLMANN, Gesch. d. soz. Fr. II ³1925, 226); ¹bezugnehmend, ²Bezugnahme.

c) „ein [...] Zeichen dafür, wie wenig bloße ²Erkenntnisse des ¹Verstandes die ursprüngliche, nur auf die Einflüsse des Gefühls reagierende Natur des Menschen zu ändern vermögen" (BRAUN, Mem. II 1911, 338); ¹bezugnehmend, ²Bezugnahme.

d) „Man arbeitet schlecht im Frühling, gewiß, und warum? Weil man empfindet. Und weil der ein Stümper ist, der glaubt, der Schaffende dürfe empfinden. Jeder echte und aufrichtige Künstler lächelt über die Naivität dieses ¹Pfuscher|²irrtums, – melancholisch vielleicht, aber er lächelt." (TH. MANN, T. Kröger 1903, 295); ¹bezugnehmend, ²Bezugnahme.

6.2.3 Stative Propositionsgefüge

§ 105 HLR: Als s t a t i v werden solche Propositionsgefüge bezeichnet, deren Proponent (§ 102.2a^1 HLR) als Z u s t a n d bzw. S t a t u s (STAT) erscheint; entsprechend lassen sich der Proponend (§ 102.2a^2 HLR) als Z u s t a n d s t r ä g e r bzw. S t a t u s s u b j e k t (STATSBJ), d. h. als die in einem Zustand befindliche Größe, und das/die Propositionsinvolut(e) (§ 102.2a^3 HLR) als Z u s t a n d s - b e t r o f f e n e (r) bzw. S t a t u s i n v o l u t (e) (STATINV) deuten. — Unterschieden werden zwei Arten stativer Propositionsgefüge: adentive (§ 105.I HLR) und korrelative (§ 105.II HLR).

Zu § 105 HLR: In einem stativen Propositionsgefüge wird einem Zustandsträger ein Zustand, also eine Seinsweise, Situation oder Lage, in der er sich befindet, und bei der ggf. eine weitere zustandsbeteiligte Größe (das von dem Zustand Betroffene), in Betracht kommt, in bestimmten Fällen auch mehrere solcher Größen. Wir notieren die logische Form eines solchen stativen Propositionsgefüges in Analogie zu der unter 6.2.1 erläuterten Praxis folgendermaßen: STAT-N(STATSBJ-N) bzw. STAT-N(STATSBJ-N, STATINV-N), STAT-N(STATSBJ-N, ^{1}STATINV-N, ^{2}STATINV-N) usw.

6.2.3.1 Adentive Propositionsgefüge

§ 105.I HLR: In a d e n t i v e n Propositionsgefügen wird einem Zustandsträger ein dauerhafter oder temporärer Zustand zugeschrieben, bei dem keine weiteren Zustandsbeteiligten in Betracht kommen.

Zu § 105.I HLR: Adentive Propositionsgefüge sind stativ im engeren Sinne; eine nähere Spezifikation der Propositionskonstituenten ist daher nicht nötig. An Adentionszuständen lassen sich unterscheiden: e x i s t i v e (solche des unspezifischen, für sich betrachteten Seins oder Existierens) und t r a n s i t i v e (solche des aktuellen Sich-Befindens in einem temporären Zustand, z. B. einer bestimmten, für sich betrachteten Phase eines Entwicklungs- oder Veränderungsvorgangs). Adentive Propositionsgefüge haben die logische Form STAT(STATSBJ$_x$) – ›x existiert‹ – bzw. STAT$_n$(STATSBJ$_x$) ›x ist, befindet sich auf n-Art‹. Einige Erscheinungsformen:

Bsp. 780: P r o p o s i t i o n s f o r m 1 (S. 646) mit Verbum adentiae oder Entsprechung als Prädikatial:
    a) „Längst wissen wir, daß ^{1}Kampf ^{2}ist auf der Männerwelt und Kampf im Reiche der Götter" (FREYTAG, Ahnen I 1872, 416); ^{1}Zustandsträger, ^{2}Zustand.
    b) „Das Liebesleben und Liebesbedürfnis des Weibes ist von der Lüge der konventionellen Moral wie von einem dicken Wall umgeben, was aber nicht verhindert, daß es sich trotzdem gerade so fühlbar macht, als wäre es anerkannt. ^{1}Es ^{2}ist eben und daran ist nichts zu ändern." (MEISEL-HESS, Sex. Krise 1909, 106); ^{1}Zustandsträger, ^{2}Zustand.
    c) „Aber was geht uns dieses mystische ‚Ding an sich' überhaupt an, wenn wir keine Mittel zu seiner Erforschung besitzen, wenn wir nicht einmal klar wissen, ob ^{1}es

²existiert oder nicht?" (HAECKEL, Welträtsel ¹¹1919, 391) — „Schon der Cartesianismus hat einzelne Nachfolger dazu geführt, wirklich zu bezweifeln, daß außer ihrem eignen Wesen, welches Tun und Leiden, Lust und Weh, Kraft und Schwäche als seine eignen Vorstellungen aus sich hervorbringt, ¹irgend etwas auf der weiten Welt ²existiert" (LANGE, Gesch. d. Mat. ²1875, 409); ¹Zustandsträger, ²Zustand.

d) „Ob ¹eine eigne Literatur über den Aldebaran ²besteht, weiß ich nicht" (D. v. LILIENCRON, Leben 1900, 11); ¹Zustandsträger, ²Zustand.

e) „¹Dieser Thurm [...] ²steht noch heute" (BARTSCH, Sag. Meklenb. I 1879, 316); ¹Zustandsträger, ²Zustand.

f) „Der ¹Flieder ²blüht grade jetzt so schön" (DUNCKER, Großstadt 1900, 191); ¹Zustandsträger, ²Zustand.

g) „Ab und zu ²rasteten ¹wir" (DOHM, Dalmar ²1897, 225); ¹Zustandsträger, ²Zustand.

h) „[S]o ²schlief ¹sie, ohne bei seinem Kommen zu erwachen" (WASSERMANN, Gänsemännchen 1915, 236); ¹Zustandsträger, ²Zustand.

i) „Da rückten dann die Regimenter von der Salmannsdorfer oder Neuwaldegger Gegend her durch den Ort [...], und gerade gegenüber dem Hause Nr. 68 [...] ²ʳhielten⁻⁻⁻ ¹sie gewöhnlich ⁻⁻⁽²⁾ʳRast⁻" (WILDGANS, Kindh. 1928, 87); ¹Zustandsträger, ²Zustand.

j) „¹Bäume und Büsche ²ᵃ/ᵇʳstanden in⁻ ⁻⁽²ᵃ⁾ʳBlüte⁻ oder ⁻⁽²ᵇ⁾ʳjungem Grün⁻" (ANZENGRUBER, Sternst. 1884, 132); ¹Zustandsträger, ²Zustand.

Bsp. 781: Propositionsform 2 (S. 646) mit Verbum adentiae als Prädikatial und einem Substantiv (Ausnahme: Nomen actionis oder processūs) als Objektual oder Objektualkern: „Es gibt ¹höchst ‚politische' Völker, – Völker, die aus der politischen An- und Aufgeregtheit überhaupt nicht herauskommen und die es dennoch, kraft eines völligen Mangels an Staats- und Machtfähigkeit, auf Erden nie zu etwas gebracht haben noch bringen werden." (TH. MANN, Betr. Unpol. 1918, 30); ¹Zustandsträger, ²Zustand.

Bsp. 782: Propositionsform 3 (S. 646) mit Nomen adentiae als Kern des Objektuals:

a) „wie ¹der Schauspieler als solcher nur existiert, solange er eine Rolle trägt, außerhalb dieser Leistung aber überhaupt ²kein Dasein hat" (SIMMEL, Fragm. 1916–17, 32); ¹Zustandsträger, ²Zustand.

b) „das Seiende ist, das Nichtseiende ist nicht; der Irrtum ist in der entgegengesetzten Annahme begründet, daß ¹das Nichtseiende ²Existenz habe" (DILTHEY, Einl. Geisteswss. 1883, 155); ¹Zustandsträger, ²Zustand.

c) „als wenn ¹ich ²einen Rausch hätt'" (SCHNITZLER, Gustl 1900, 350); ¹Zustandsträger, ²Zustand.

d) „Wenn ¹einer ²eine Krankheit hat, dann kann er was erzählen" (TUCHOLSKY, Arzt 1928, 609); ¹Zustandsträger, ²Zustand.

Bsp. 783: Propositionsform 15 (vgl. S. 647) mit Nomen adentiae als Attribuendal und potentiellem Nomen adentis als Attributial:

a) Genitivus existentis: „Die ²Existenz einer ¹dämonischen Welt ist ausdrückliche Glaubenslehre" (BALL, Künstler 1926, 135); ¹Zustandsträger, ²Zustand.[298]

---

[298] Nicht in jedem Fall ist ein Nomen existentiae als Attribuendal ein Garant für ein existensgenitivisches Attributionsgefüge. In dem Beispiel „[S]o überliefern sie sich, ohne die Existenz Venedigs im geringsten zu bewältigen, der lohnenden Ohnmacht der Gondeln" (RILKE, Aufzeichn. 1910, 932) ist Existenz nicht als allgemeines oder kategoriales, sondern als spezifisches Nomen statūs (als No-

b) Genitivus existentis: „dass das gesamte ²Dasein des ¹Menschen in materiellen [sic] Vorgängen sich abspiele" (PANIZZA, Illusionism. 1895 154); ¹Zustandsträger, ²Zustand.

c) „Zunächst dürfen Sie nicht sagen, daß die ²Existenz von ¹Wohltätigkeitsvereinen ein Armutszeugnis für den Staat sei" (BRAUN, Mem. I 1909, 513); ¹Zustandsträger, ²Zustand.

d) Genitivus transitorii: „daß sich irgend ein müssiger Mensch den Spaß gemacht habe, die ²Ruhe der ¹Schlafenden zu stören" (MAY, Lb. Ulan. 1883–85, 365) — „Ich ertrug den ²Zorn des ¹Vaters" (FRANZOS, Jud. v. Barn. ⁷1905, 199) – „die ²Heiterkeit des ¹Mönchs" (FRANZOS, Pojaz 1905, 215) — „Eine kurze, großartige ²Blüte des ¹Handels begann" (BOY-ED, Schlözer 1915, 125); ¹Zustandsträger, ²Zustand.

e) „Am Ausgang dieser Periode wird Chichen Itza mit seinen Bauten für Jahrhunderte vorbildlich; daneben die prachtvolle ²Blüte von ¹Palenque und ¹Piedras Negras (im Westen)" (SPENGLER, Unterg. d. Abendl. II 1922, 608); ¹Zustandsträger, ²Zustand.

f) „Wärme ist ¹Licht in ²Ruhe, Licht ist Wärme in reißender Bewegung" (BLEIBTREU, Größenw. 1888, III, 543); ¹Zustandsträger, ²Zustand.

Bsp. 784: Propositionsform 20 (S. 648) mit Nomen statūs als Kompositumszweitglied:

a) „Die setzen wirklich wagemutig alles aufs Spiel – Leben, ¹Familien-|²existenz, Freiheit und Geld" (TUCHOLSKY, Rev. 1920, 121 f.); ¹Zustandsträger, ²Zustand.²⁹⁹

b) „Aus weitem Umkreis hatte hoch und gering den köstlichen Frühlingstag benutzt, um die ¹Flieder|²blüte [...] zu genießen" (FRANÇOIS, Stufenj. 1877, 262); ¹Zustandsträger, ²Zustand.³⁰⁰

Bsp. 785: Propositionsform 24 (S. 648) mit Adiectivum adentiae als Transzedent:

a) „Denke ich mir [...] meinen Geist, meine Gemütslage, als einen stets vorwärts drängenden Strom von Erregung, mit dem ¹ᵃKörperlichkeit, ¹ᵇAussenwelt, zugleich als Erscheinung ²gegeben ist, dann ist die Frage nach der Beeinflussung von Psiche durch Musik lediglich die nach der Ko-Existenz von Schallwellen und Gehirnmolukülen, deren Beantwortung der Erscheinungswelt zufällt" (PANIZZA, Illusionism. 1895, 182); ¹Zustandsträger, ²Zustand.

---

men qualitatis) zu deuten: *die Existenz Venedigs* entspricht nicht ›Venedig hat Existenz‹ bzw. ›Venedig existiert‹, sondern ›Venedig hat eine spezifische Existenz‹ bzw. ›Venedig existiert in einer bestimmten Weise‹. Man hat es in diesem Fall also nicht mit einem Genitivus existentis, sondern mit einem Genitivus qualificati zu tun.

299 Ein Determinativkompositum mit Nomen existentiae als Basis kann jedoch auch anders, nämlich als Bestandteil eines subklassifikativen Propositionsgefüges zu deuten sein: „ein Lebemann [...], ³der [...] eine ¹Förster|²existenz führte, von der noch jetzt gesprochen wird" (FONTANE, Wand. V 1889, 194); ¹übergeordnete Kategorie, ²Subklassifikation, ³Subkategorie. In Fällen wie diesem lässt sich das Kompositum nicht existiv auflösen (›der Förster existiert‹), sondern nur so: ›jemand führt die Existenz eines Försters, existiert/führt eine Existenz wie ein Förster/nach Art eines Försters‹. Die Basis des Kompositums erscheint also verschränkt mit einem Funktionsverbgefüge.

300 Erscheint das Zweitglied nicht als Nomen statūs, so ist ein anderes Propositionsgefüge als Entsprechung anzusetzen, z. B. ein konstitives: *Fliederblüte* im folgenden Beispiel kann nicht zu ›der Flieder blüht‹, sondern muss zu ›die in Rede stehende Blüte ist die eines Flieders‹ umgeformt werden: „Der Pater [...] reichte dem Jüngsten auf dem Arme der Mutter, da es mit den kleinen Händchen begehrlich danach langte, die duftige Fliederblüte" (SAAR, Nov. 1893 VII, 24).

b) „¹ᵃProduktionsmittel, ¹ᵇLebensmittel, ¹ᶜdisponible Arbeiter, ¹ᵈalle Elemente der Produktion und des allgemeinen Reichtums ²sind [...] vorhanden" (ENGELS, Dühring 1878, 258); ¹Zustandsträger, ²Zustand.

c) „etwas, ¹das nicht ²vorhanden ist" (C. F. MEYER, Heil. 1879, 631); ¹Zustandsträger, ²Zustand.

d) „Ich habe dir schon gesagt, [...] daß ¹beide Kinder ²stark erkältet sind" (SAAR, Nov. 1893, IX, 107); ¹Zustandsträger, ²Zustand.

Ein reduziertes adentives Propositionsgefüge liegt vor, wenn die Propositionskonstituente des Zustandsträgers als unbesetzt erscheint.

Bsp. 786: „Ohne weitere Fährlichkeiten gelangten wir nach Jena, wo mehrere Tage ¹gerastet wurde." (KÜGELGEN, Jugenderinn. 1870, 177); ¹Zustand.

6.2.3.2 Korrelative Propositionsgefüge

§ 105.II HLR: In korrelativen Propositionsgefügen wird einem Zustandsträger, konkret: dem Korrelational (STATSBJ-KRRL), ein Zustand der Korrelation (STAT-KRRL), d. h. des Im-Verhältnis-Stehens mit einer weiteren zustandsbeteiligten Größe, dem Korrelat (STATINV-KRRL), zugeschrieben.

Zu § 105.II HLR: Korrelative Propositionsgefüge haben die logische Form STAT-KRRL_n (STATSBJ-KRRL_x, STATINV-KRRL_y): ›x steht zu y im Verhältnis n‹. Mehrere Unterklassen können unterschieden werden.

- identifikative Korrelation (Gleichsetzungsverhältnis) mit der logischen Form $\text{STAT-KRRL:ID}(\text{STATSBJ-KRRL:ID}_x, \text{STATINV-KRRL:ID}_y)$: ›x ist identisch mit/dasselbe wie y‹. Das Verhältnis ist reziprok; Korrelational und Korrelat erscheinen jeweils als gleichgesetzte Größen. Bsp. 790a, Bsp. 791a/b, Bsp. 793a, Bsp. 794a, Bsp. 795a, Bsp. 796a.
- similiarische Korrelation (Ähnlichkeitsverhältnis) mit der logischen Form $\text{STAT-KRRL:SIM}(\text{STATSBJ-KRRL:SIM}_x, \text{STATINV-KRRL:SIM}_y)$: ›x ähnelt/gleicht y‹. Das Verhältnis ist reziprok; Korrelational und Korrelat erscheinen jeweils als ähnliche Größen.[301] Bsp. 787a, Bsp. 788a, Bsp. 790b, Bsp. 791c/d, Bsp. 794b, Bsp. 796b.
- differentielle Korrelation (Verschiedenheitsverhältnis) mit der logischen Form $\text{STAT-KRRL:DIFF}(\text{STATSBJ-KRRL:DIFF}_x, \text{STATINV-KRRL:DIFF}_y)$: ›x unterscheidet sich

---

[301] Ähnlichkeit verstehen wir als Übereinstimmung hinsichtlich eines Aspektes oder mehrerer Apekte, z. B. der äußeren Erscheinung, des Verhaltens, der Wesensart usw.; zu den similiarischen Prädikationsgefügen zählen wir daher auch solche, in denen eine Analogie (Bsp. 796f) oder Übereinstimmung (Bsp. 787c/f) prädiziert wird. Die Aspekte, hinsichtlich deren die Ähnlichkeit besteht, können ausdrücklich genannt werden, müssen es aber nicht.

von y‹. Das Verhältnis ist reziprok; Korrelational und Korrelat erscheinen jeweils als u n t e r s c h i e d e n e G r ö ß e n. Bsp. 787b, Bsp. 790c, Bsp. 791e, Bsp. 796c.
- oppositorische Korrelation (G e g e n s ä t z l i c h k e i t s verhältnis) mit der logischen Form STAT-KRRL:OPPOS(STATSBJ-KRRL:OPPOS$_x$, STATINV-KRRL:OPPOS$_y$): ›x ist y entgegengesetzt‹. Das Verhältnis ist reziprok; Korrelational und Korrelat erscheinen jeweils als e n t g e g e n g e s e t z t e G r ö ß e n. Bsp. 790d, Bsp. 791f/g, Bsp. 796d.
- dispositive Korrelation (Z u g e h ö r i g k e i t s verhältnis) mit der logischen Form STAT-KRRL:DISPN$_n$(STATSBJ-KRRL:DISPN$_x$, STATINV-KRRL:DISPN$_y$): ›x hat y als n‹ bzw. ›y gehört als n zu x‹. Das Korrelational erscheint als Z u g e h ö r i g k e i t s t r ä g e r, das Korrelat als z u g e h ö r i g e G r ö ß e. Dispositive Propositionsgefüge können speziell als possessive, soziokorrelative, rektive, konstitive oder subklassifikative erscheinen, d. h., es können durch sie Besitz-/Eigentumsverhältnisse[302], Sozialverhältnisse[303] (z. B. Amtsverhältnisse, Verwandtschaftsverhältnisse), Bereichsverhältnisse, Konstituiertheitsverhältnisse oder Subklassifikationsverhältnisse ausgedrückt werden. Im ersten Fall erscheint der Zugehörigkeitsträger als B e s i t z e r / E i g e n t ü m e r, das Zugehörige als B e s i t z / E i g e n t u m, im zweiten erscheinen beide als S o z i o k o r r e l a t e, im dritten erscheint der Zugehörigkeitsträger als b e r e i c h s b e h e r r s c h e n d e G r ö ß e, das Zugehörige als B e r e i c h o d e r S p h ä r e, im vierten der Zugehörigkeitsträger als K o n s t i t u t oder g r ö ß e r e s G a n z e s, das Zugehörige als (k o -) k o n s t i t u t i v e G r ö ß e, im fünften der Zugehörigkeitsträger als ü b e r g e o r d n e t e K a t e g o r i e, das Zugehörige als S u b k a t e g o r i e. Bsp. 787c–e, Bsp. 789a, Bsp. 790e, Bsp. 795b/c, Bsp. 796e–i.

---

[302] Die Unterscheidung erfolgt im Sinne des Bürgerlichen Gesetzbuchs: ‚Besitz' verstehen wir im Sinne von § 854 BGB als jemandes tatsächliche Möglichkeit, über etwas aktuell oder gewohnheitsmäßig frei zu verfügen, darüber hinaus die Tatsache, dass jemand etwas aktuell oder gewohnheitsmäßig in Gebrauch hat gemäß einem selbst oder von einer anderen Person bestimmten Zweck; unter ‚Eigentum' verstehen wir im Sinne von § 903 BGB jemandes Recht, im Rahmen gesetzlicher Bestimmungen nach Belieben mit etwas zu verfahren. Hinsichtlich des Besitzverhältnisses gehen wir somit (übereinstimmend z. B. mit Duden 1998, 668) von einem enger gefassten Besitzverständnis aus als beispielsweise Duden (2005, 833) oder Eisenberg (1999, 244), die Besitz auch im übertragenen Sinne verstehen und dann u. a. Teil-Ganzes-Verhältnisse und Verwandtschaftsverhältnisse darunter subsumieren.

[303] Dazu gehört u. a. ein Hierarchieverhältnis (Bsp. 787i, Bsp. 802a, d), ein amtliches oder juristisches Funktionsverhältnis (Bsp. 802b–c, e–h), ein ökonomisches Partnerschaftsverhältnis (Bsp. 802i) ein finanzielles Verpflichtungsverhältnis (Bsp. 802j), ein soziales Verpflichtungsverhältnis (Bsp. 802k), ein Lehr- oder Ausbildungsverhältnis (Bsp. 802ℓ–m), ein ärztliches oder geistliches Betreuungsverhältnis (Bsp. 802n–o), ein emotional motiviertes Interaktionsverhältnis (Bsp. 802p) oder ein Verwandtschaftsverhältnis (Bsp. 802q–u).

- konditionale Korrelation (Voraussetzungs-/Bedingungsverhältnis) mit der logischen Form STAT-KRRL:KOND(STATSBJ-KRRL:KOND$_x$, STATINV-KRRL:KOND$_y$): ›x bedingt y‹. Das Korrelational erscheint als vorausgesetzte/bedingende Größe, das Korrelat als voraussetzende/bedingte Größe. Bsp. 787f, Bsp. 789b.
- manifestative Korrelation (Verhältnis der Erscheinung) mit der logischen Form STAT-KRRL:MNFST(STATSBJ-KRRL:MNFST$_x$, STATINV-KRRL:MNFST$_y$): ›x manifestiert sich, tritt in Erscheinung in y‹.[304] Das Korrelational erscheint als erscheinende/manifestierte Größe, das Korrelat als Erscheinungsform/Manifestation. Bsp. 787g, Bsp. 796j.
- themative Korrelation (Verhältnis der Darstellung) mit der logischen Form STAT-KRRL:THEM(STATSBJ-KRRL:THEM$_x$, STATINV-KRRL:THEM$_y$): ›x hat y zum Thema‹. Das Korrelational erscheint als darstellende Größe, das Korrelat als dargestellte Größe. Bsp. 787h, Bsp. 796k.
- funktionale Korrelation (Verhältnis der Funktionalität, d. h. des Funktionhabens) mit der logischen Form STAT-KRRL:FKT(STATSBJ-KRRL:FKT$_x$, STATINV-KRRL:FKT$_y$): ›x hat y als Funktion‹. Das Korrelational erscheint als Funktionsträger, das Korrelat als Funktion. Bsp. 787i, Bsp. 789b, Bsp. 791h.
- qualitative Korrelation (Verhältnis der Qualitativität, d. h. des Eigenschafthabens) mit der logischen Form STAT-KRRL:QL$_n$(STATSBJ-KRRL:QL$_x$, STATINV-KRRL:QL$_y$): ›x hat y als Eigenschaft‹. Das Korrelational erscheint als Eigenschaftsträger, das Korrelat als Eigenschaft. Qualitative Propositionsgefüge können insbesondere als Relationen zwischen materialtragender Größe und Material (materiative Propositionsgefüge), von gestalttragender Größe und Gestalt/Gestaltaspekt (formative Propositionsgefüge), von Namensträger und Name (nominative Propositionsgefüge), von (räumlich, zeitlich oder sozial) herkünftiger Größe und (räumlicher, zeitlicher oder sozialer) Herkunft (originative Propositionsgefüge) sowie von zu tun pflegender Größe und Gepflogenheit[305] (utive Propositionsgefüge) erscheinen. Bsp. 787j, Bsp. 788c, Bsp. 792, Bsp. 796ℓ.

---

304 Manifestative Propositionsgefüge unterscheiden sich von den nachfolgend aufgeführten themativen dadurch, dass letztere sich auf eine Handlung (im Falle sprachlicher Äußerungen: eine Darstellung oder einen Appell im Sinne Karl Bühlers) zurückzuführen lassen, während erstere auf einen Vorgang oder ein Ähnlichkeitsverhältnis zurückgehen. Mit anderen Worten: Dem in manifestativen Propositionsverhältnissen ausgedrückten Zeichenverhältnis liegt keine Absicht zugrunde, es ist symptomhaft im Sinne Bühlers oder indexikalisch bzw. ikonisch im Sinne von Peirce.

305 Ein Habitualitätsaspekt liegt vor, wenn das Propositionsgefüge ein gewohnheitsmäßiges Verhalten beschreibt. „Dies wird oft nicht explizit ausgedrückt, sondern muss dem Zusammenhang entnommen werden" (Duden 2005, 416). Explizite Hinweise auf Habitualität können Habitualitätspartikeln (*regelmäßig, täglich, gern, gewöhnlich, üblicherweise*) oder eine Konstruktion mit dem infinitregierenden Verb *pflegen* sein (ebd., 416 f.).

– modale Korrelation (Verhältnis der Modalität, d. h. des Bestehens einer objektiv oder subjektiv motivierten Möglichkeit oder Notwendigkeit). In Anlehnung an das Theorem der Redehintergründe (Zifonun/Hoffmann/Strecker 1997, 1882 ff.) lassen sich verschiedene Gründe (KAUS) der Modalität unterscheiden. Sie kann gründen 1. in der Gesamtheit des Wissens, das dem Sprecher/Schreiber über den in der infiniten Verbform ausgedrückten Sachverhalt zur Verfügung steht (epistemischer Modalitätsgrund [KAUS-EPIST]; vgl. Zifonun/Hoffmann/Strecker 1997, 1882), insbesondere in der Gesamtheit des Wissens über seine übliche, ‚normale' Beschaffenheit (stereotypischer Modalitätsgrund; vgl. ebd.). Der Sinn ist dabei jeweils: ›nichts steht gegen die Möglichkeit/Notwendigkeit, dass ... getan wird/geschieht/ist‹: Bsp. 787k [1] und [2], Bsp. 787m [1], Bsp. 796m, Bsp. 798b. 2. in einem bestimmten Ausschnitt aus der Gesamtheit des Wissens, das dem Sprecher/Schreiber über den ausgedrückten Sachverhalt zur Verfügung steht (zirkumstantieller Modalitätsgrund [KAUS-ZRKST]; vgl. ebd., 1883). Der Sinn ist dabei jeweils: ›bestimmte Umstände eröffnen die Möglichkeit/Notwendigkeit, dass ... getan wird/geschieht/ist‹: Bsp. 787k [3] und [4], Bsp. 787m [2], Bsp. 788d. 3. in bestimmten Absichten oder Zielsetzungen des Redners oder einer in Rede stehenden Person oder Personengruppe (teleologischer Modalitätsgrund [KAUS-TEL]; vgl. ebd.). Der Sinn ist dabei jeweils: ›dass ... getan wird/geschieht/ist, steht dem Erreichen eines bestimmten Ziels nicht entgegen bzw. wird, um ein bestimmtes Ziel zu erreichen, erfordert‹: Bsp. 787k [5] und [6], Bsp. 787m [3], Bsp. 798c. Diesen ‚objektiven' Gründen stehen solche gegenüber, die sich als ‚personal' (abhängig von Personengruppen oder Einzelpersonen) bezeichnen lassen: Die Modalität ist 4. gegeben aufgrund eines kollektiven und/oder sozial institutionalisierten Wollens (normativer Modalitätsgrund [KAUS-NORM]; vgl. ebd., 1882), Bsp. 787ℓ [1] bis [3], Bsp. 788e, Bsp. 796n/o, Bsp. 798d/f, oder 5. aufgrund eines individuellen Wollens, dessen Subjekt – ein Individuum oder eine individuelle Personengruppe, auch eine als individuell-personal gedachte metaphysische Größe, z. B. ‚Gott'[306], ‚die Götter', ‚das Schicksal' usw. – mit dem Modalitätsträger nicht identisch ist (volitiver Modalitätsgrund [KAUS-VOL]; vgl. ebd.): Bsp. 787ℓ [4] und [5], Bsp. 787n [3] und [4], Bsp. 791j, Bsp. 815, Bsp. 816, Bsp. 817, Bsp. 818. Der Modalitätsgrund kann explizit genannt sein, muss aber ggf. auch (aus dem Kotext oder aus dem semantischen Wissen des Interpretierenden, vgl. S. 78) erschlossen werden. Häufig nicht genannt wird der epistemische Modalitätsgrund; er ist dann in der Regel in bestimmten allgemein gültigen Sachverhalten zu suchen, in deren Zusammenhang der im Propositionsgefüge ausgesagte Sachverhalt gesehen werden kann. Modale Propositionsgefüge erscheinen bei Vorliegen der Modalitäts-

---

306 „Gott, o Gott! Daß [1]ich noch [3]so etwas erleben [2]darf!" (MAY, Dt. Herzen 1885–87, 2934); [1]Erlaubnisträger, [2]Modalität, [3]erlaubt.

gründe 1, 2 oder 3 als potentiale mit der logischen Form STAT-KRRL:PSSB(STATSBJ-KRRL:PSSB$_x$, STATINV-KRRL:PSSB$_y$, KAUS$_n$): ›x hat y als Möglichkeit aufgrund von n‹ (das Korrelational erscheint als Möglichkeitsträger, das Korrelat als **mögliche Größe**) oder als nezessitive mit der logischen Form STAT-KRRL:NZSS(STATSBJ-KRRL:NZSS$_x$, STATINV-KRRL:NZSS$_y$, KAUS$_n$): ›x hat y als Notwendigkeit aufgrund von n‹ (das Korrelational erscheint als **Notwendigkeitsträger**, das Korrelat als **notwendige Größe**). Bei Vorliegen der Modalitätsgründe 4 oder 5 erscheinen modale Propositionsgefüge als approbative mit der logischen Form STAT-KRRL:APPRB(STATSBJ-KRRL:APPRB$_x$, STATINV-KRRL:APPRB$_y$, KAUS$_n$): ›x hat Anrecht auf/darf y aufgrund von n‹ (das Korrelational erscheint als **berechtigte/Erlaubnis habende Größe**, das Korrelat als **zukommende/erlaubte Größe**) oder als obligative mit der logischen Form STAT-KRRL:OBL(STATSBJ-KRRL:OBL$_x$, STATINV-KRRL:OBL$_y$, KAUS$_n$): ›x hat ist verpflichtet zu/soll y aufgrund von n‹ (das Korrelational erscheint als **Verpflichtungsträger**, das Korrelat als **Aufgabe/Pflicht**)[307]. Bsp. 787k/ℓ/m/n, Bsp. 788d/e, Bsp. 791j, Bsp. 796m–o, Bsp. 815, Bsp. 816, Bsp. 817, Bsp. 818.

- attitudinale Korrelation (Verhältnis der **Gesinnung** oder **Einstellung**) mit der logischen Form STAT-KRRL:ATTD$_n$(STATSBJ-KRRL:ATTD$_x$, STATINV-KRRL:ATTD$_y$): ›x hat gegenüber y die Einstellung n‹. Das Korrelational erscheint als **gesonnene Größe**, das Korrelat als **Gesinnungsgegenstand**. Attitudinale Propositionsgefüge können insbesondere als Relationen zwischen **wollender Größe** und **gewollter Größe**, zwischen **sich orientierender Größe** und **Orientierungsgröße** (Wertmaßstab) und zwischen **wissender/glaubender Größe** und **gewusster/geglaubter Größe** erscheinen. Bsp. 787o/p/q, Bsp. 788f/g/h, Bsp. 791k, Bsp. 796p–r.
- mansive Korrelation (Verhältnis der **räumlichen und/oder zeitlichen Verortung**) mit der logischen Form STAT-KRRL:LKTP(STATSBJ-KRRL:LKTP$_x$, STATINV-KRRL:LKTP$_y$): ›x ist in y räumlich und/oder zeitlich verortet‹. Das Korrelational erscheint als **räumlich und/oder zeitlich verortete Größe**, das Korrelat als **Ort und/oder Zeitraum**. Bsp. 787r.

---

[307] In obligativen Propositionsgefügen mit volitivem Modalitätsgrund wird der Wollende oft nicht genannt. Die Willensbekundung wird verborgen hinter einer behaupteten ‚objektiven' Notwendigkeit; die prinzipielle Subjektivität des Wollens (d. h. kommunikationspragmatisch: die Möglichkeit, die Verbindlichkeit des Anspruchs in Frage zu stellen) wird dadurch ausgeblendet. Ein obligatives Propositionsgefüge mit nicht explizitem volitivem Modalitätsgrund kann daher die Funktion der Verantwortungsvermeidung erfüllen, ähnlich wie eine Passivkonstruktion oder ein so genannter „Subjektschub" (v. Polenz 1985, 187 ff.), bei dem anstelle des Agens einer Handlung beispielsweise das Patiens oder das Instrument derselben an die Stelle des Subjekts ‚geschoben' wird (z. B. *der Seminarleiter beginnt das Seminar zu spät* → *das Seminar beginnt zu spät* oder *der Verfasser zeigt in seinem Bericht* → *der Bericht zeigt*).

Korrelative Propositionsgefüge können ebenso wie alle anderen Typen von Propositionsgefügen unterschiedliche Erscheinungsformen aufweisen; nachfolgend exemplarisch einige davon:

Bsp. 787: P r o p o s i t i o n s f o r m 1 (S. 646) mit Verbum correlationis oder Entsprechung als Prädikatial:

a) „Wie ¹Sie ³Slim ²ähneln!" (MÜLLER, Tropen 1915, 261) — „¹der eine Buchstabe ²gleicht ³dem anderen" (ERNST, Komöd. 1928, 82) — „Wenn ein Objekt der Betrachtung M die Merkmale a, b, c, d, e aufweist und ¹ein anderes Objekt N mit ³ersterem in den Merkmalen a, b, c ²übereinstimmt" (MACH, Erk. u. Irrt. ³1917, 225) — „¹die Geschöpfes eines Schöpfers ²ähneln ³sich wie die Kinder eines Vaters" (SCHEERBART, Mutig 1902, 104) — „da ²gleichen ¹die Gebäude [...] ³einander und selten gewahren wir einmal eine Spezialität" (OTTO, Frauenl. 1876, 108) — „die von der Analysis aufzufindenden Beziehungen, ¹welche ²sich mit ³den Ergebnissen der experimentellen Physik ²in ständiger Übereinstimmung befinden" (SPENGLER, Unterg. d. Abendl. I 1923, 122); ¹ähnlich, ²Ähnlichkeit, ³ähnlich.

b) „[I]n diesem iberischen Gebiet ²unterscheidet sich [...] ¹die südspanische Schrift deutlich von ³der der Nordprovinz" (MOMMSEN, Röm. Gesch. V 1885, 63) — „wie ²ʳsichˮ [...] ¹Figuren von ³einem leeren Hintergrunde [...] ⁽²⁾ʳabhebenˮ" (BOY-ED, Ehe 1915, 329) — „Wie ²unterscheiden sich ¹‚Empfindung' und ³‚Gefühl'?" (HAECKEL, Welträtsel ¹¹1919, 101) — „Man darf sich [...] nicht an die verschiedenen Mythologien und den sinnlichen Ausdruck der einzelnen Göttervorstellungen halten. ¹/³Diese ¹differieren [...] ganz außerordentlich" (TROELTSCH, Rel. 1909, 544); ¹unterschieden, ²Verschiedenheit³⁰⁸, ³unterschieden.

c) „wie man von Häuptlingen in der Südsee sagt, daß sie n i c h t s t e h l e n k ö n n e n , weil ¹ihnen von vornherein ²alles ³gehört" (SIMMEL, Phil. d. Geld. ²1907, 134) — „Außer diesen eingerahmten Bildern ²besitzt ¹die Familie Zimmermann noch ³eine ganze Anzahl von Zeichnungen, die als Vorlegeblätter benutzt werden" (FONTANE, Wand. III 1873, 249) — „²ᵃ[H]at ¹ᵃer ³ᵃEpauletten, ²ᵇhat ¹ᵇer ³ᵇeinen roten Streifen an den Hosen, einen roten Halskragen?" (SPITTELER, Mädchenf. 1907, 53) — „Solange ¹die Beamten [...] ²ʳim Besitzˮ von ³Geld, Häusern und Äckern ⁽²⁾ʳsindˮ, ist stets Gefahr vorhanden, daß sie sich mehr als Haus- und Landwirte, denn als Verwalter des Gemeinwesens fühlen" (PÖHLMANN, Gesch. d. soz. Fr. II ³1925, 13) — „Meistens ²ʳsindˮ [...] ³die Bilder mit nackten oder teilweise entblößten Frauen ⁽²⁾ʳim Besitzˮ von ¹vornehmen Herren" (ERNST, Komöd. 1928, 376); ¹Besitzer/Eigentümer, ²Besitz-/Eigentumsverhältnis, ³Besitz/Eigentum.

d) „¹Roeder ²kommandierte [...] ³die brandenburgische Brigade" (FONTANE, 20–30 1908, 126); ¹Sozialkorrelat, ²Sozialverhältnis, ³Sozialkorrelat.

e) „Dagegen zollte er direkt Ehrerbietung der ostpreußischen Bowle, ¹die aus ³Burgunder, Porterbier, Sekt und Cognac ²besteht" (BIERBAUM, Stilpe 1897, 232 f.) — „¹Die Knöpfe auf dem Kleide ²bestanden aus ³rötlichen Pailletten oder Flitterchen" (KELLER, Landvogt 1877, 192) — „¹Der Turm ²hatte ³eine verschlossene eiserne Tür" (WASSERMANN, Wahnschaffe 1919, 30) — „³[E]in paar Kisten ²bildeten ¹die ganze Einrichtung" (BRAUN, Mem. II 1911, 29) — „Mit Tagesgrauen ²bildeten ³die frommen Neugierigen ¹eine lange Reihe vor der Kirche" (LUISE BÜCHNER, Dt. Gesch. 1875, 295) — „³Ein Gum-

---

308 Im Falle von reflexivem *abheben, unterscheiden* usw. verstehen wir das Reflexivpronomen als Teil des Verbs (als Expletiv i. S. v. Duden 2005, 830, konkret zum Reflexivpronomen: ebd., 832).

miknüttel ²gehörte zu ¹ihrer Ausrüstung" (BALL, Flamm. 1918, 31); ¹Konstitut/größeres Ganzes, ²Konstituiertheit, ³(ko-)konstitutiv.

f) „Traurig genug, daß die klare Erkenntniß, nur ¹Selbstlosigkeit ²bedinge ³das wahre Glück, den dämonischen Trieb zur Selbstsucht auch beim Weisesten und Besten nicht zu brechen vermag." (BLEIBTREU, Größenw. 1888, III, 545) — „In Gegenden, wo es viele Buchen gibt, vermehrt sich der Bilch sehr stark, wie ³sein Wohlleben überhaupt von dem ¹Gedeihen der Früchte ²abhängt." (BREHM, Thierleb. II ²1883, 308); ¹vorausgesetzt/bedingend, ²Voraussetzung/Bedingung, ³voraussetzend/bedingt.

g) „¹Unser Weg ²erschien als ³dunkle Linie, die durch das Grün des Felsenmooses gezogen war." (MAY, Schut 1909, 433 f.) — „³Das Grün des Einbands ²bedeutete ¹etwas" (RILKE, Aufzeichn. 1910, 881) — „die bläulichen Rauchwölklein über unserem Dache, ³die uns ²anzeigten, daß ¹die Abendsuppe schon auf dem Feuer stand" (CHRIST, Erinn. 1912, 11); ¹erscheinende/manifestierte Größe, ²Erscheinung, ³Erscheinungsform/Manifestation.

h) „¹Dies erste Kapitel ²behandelte ³‚Wustrau', das am Ruppiner See gelegene Herrenhaus des alten Zieten" (FONTANE, Wand. IV 1882, 398) — „Die Gesten des Herrn Arista bezogen sich auf seinen Busen, ganz und gar nur auf seinen Busen, von ³dem ¹das Couplet von A bis Z ²handelte. Damen, Damen, Damen stellte er dar. Aber eben: man verstand ihn nicht." (BALL, Flamm. 1918, 103) — „Doch fesselte den Beschauer noch weit mehr der Gegenstand des Bildes, ¹welches ³ʳeinen ärmlich gekleideten Bauernjungen⁻ ²vorstellte, ⁻⁽³⁾ʳder mit kecken Augen aus dem Rahmen heraussah⁻" (LUISE BÜCHNER, Vagab. 1878, 312) — „wie in der [...] attischen Komödie, in ¹der [...] nur ³ʳT y p e n von Menschen und Situationen⁻ ²vorkommen, ⁻⁽³⁾ʳdenen man irgendeinen Namen gibt⁻" (SPENGLER, Unterg. d. Abendl. I 1923, 344); ¹darstellend, ²Darstellung, ³dargestellt.

i) „Die Pferde rennen in der Runde, und ¹derselbe Punkt ²dient zum ³ᵃAuslauf und ³ᵃZiel." (PÜCKLER-MUSKAU, Brf. Verstorb. ²1831, IV, 170); ¹Funktionsträger, ²Funktionalität, ³Funktion.

j) „¹Meine Freundin ²heißt ³Mieze Maier" (LICHTENSTEIN, Mieze 1910, 9); ¹Eigenschaftsträger (Namensträger), ²Qualitativität, ³Eigenschaft (Name) — „¹diese Verstimmung Christinens ²hatte Dauer [›dauerte lange‹]" (FONTANE, Unwiederbr. 1891, 177); ¹Eigenschaftsträger (gestalttragend), ²Qualitativität, ³Eigenschaft (Gestalt/Gestaltaspekt) — „‚Parbleu', sagte Stiselhäher, ‚hier ²hat die ¹Welt ein ³Ende. [...]'" (BALL, Tend. ⁻*1914\20; 1967⁻, 383); ¹Eigenschaftsträger (gestalttragend), ²Qualitativität, ³Eigenschaft (Gestalt/Gestaltaspekt) — „¹Das fünfzehnjährige Töchterchen ²hat ³ᵃbraunrothe Haare, ³ᵇbraune Augen und ³ᶜwunderbare Hände" (ALTENBERG, Wie ich es sehe ⁴1904, 25); ¹Eigenschaftsträger (gestalttragend), ²Qualitativität, ³Eigenschaft (Gestalt/Gestaltaspekt) — „Das ¹dumme Mädel ²kommt von einem ³reichen Bauerngut und heult nun über die leeren Schränke und den wusten Keller" (MARLITT, Magd 1881, 147); ¹Eigenschaftsträger (räumlich/zeitlich herkünftig), ²Qualitativität, ³Eigenschaft (räumliche/zeitliche Herkunft) — „Der beginnende Klassizismus des 18. Jahrhunderts, der an der Themse entstand und von dort auf das Festland übertragen wurde, so wie die ¹ossianische Romantik aus ³Schottland ²stammt, ist vom gleichzeitigen Rationalismus nicht zu trennen" (SPENGLER, Nietzsche 1924, 115); ¹Eigenschaftsträger (räumlich/zeitlich herkünftig), ²Qualitativität, ³Eigenschaft (räumliche/zeitliche Herkunft)

k) „²Kannst ¹du ³das Geschehene ungeschehen machen?" (MEYSENBUG, Unerfüllt 1907, 117); ¹Möglichkeitsträger, ²Modalität, ³möglich. — E p i s t e m i s c h e r   M o d a l i t ä t s g r u n d : Es handelt sich um eine rhetorische Frage, auf welche die Antwort *nein* erwartet wird. Der (Un-)Möglichkeitsgrund ist die allgemein gültige Tatsache, dass etwas Geschehenes nicht rückgängig gemacht werden kann. — „Es wird bald Frühling, aber ich fühle, daß ich ihn nicht mehr erleben werde, darum will ich schreiben, so lange ¹ich ³es noch ²vermag" (FRANZOS, Jud. v. Barn. ⁷1905, 210); ¹Möglichkeitsträger, ²Modalität, ³möglich. — Epistemischer Modalitätsgrund: die allgemein gültige Tatsache, dass jemand, der nicht mehr am Leben ist, nicht schreiben kann. — „¹Graf Ferdinando ²kann nicht ³kommen" (MAY, Waldröschen 1882–84, 2870); ¹Möglichkeitsträger, ²Modalität, ³möglich. — Zirkumstantieller Modalitätsgrund: bestimmte, nicht näher erläuterte Umstände, die das prinzipiell durchaus mögliche Kommen verhindern. — „Die Metaphysik ist [...] in erster Linie die Wissenschaft von den Substanzen [...]. Nur in uneigentlichem Sinne ²darf ¹man ³sagen, daß sie das Seiende in seinen weiteren Bedeutungen zum Gegenstande habe [...]." (DILTHEY, Einl. Geistesswss. 1883, 202 f.); ¹Möglichkeitsträger, ²Modalität, ³möglich. — Zirkumstantieller Modalitätsgrund: die uneigentliche Redeweise. — „Zweitens ²kann ¹das Denken, ohne Böcke zu schießen, nur ³diejenigen Bewußtseinselemente zu einer Einheit zusammenfassen, in denen oder in deren realen Urbildern diese Einheit schon vorher bestanden. Wenn ich eine Schuhbürste unter die Einheit Säugetier zusammenfasse, so bekommt sie damit noch lange keine Milchdrüsen." (ENGELS, Dühring 1878, 39); ¹Möglichkeitsträger, ²Modalität, ³möglich. — Teleologischer Modalitätsgrund: die Absicht, keine *Böcke zu schießen*. — „Wenn Ranke den Wunsch ausspricht, er möchte sein Selbst auslöschen, um die Dinge zu sehen, wie sie an sich gewesen sind, so würde die Erfüllung dieses Wunsches gerade seinen vorgestellten Erfolg aufheben. Nach ausgelöschtem Ich würde nichts übrig bleiben, wodurch man die Nicht-Ichs begreifen könnte. Die Einmischung des Ich ist nicht eine Unvollkommenheit, die eine ideale Erkenntnisart entbehren könnte; nur ³ʳ˺gewisse Seiten des Ich˺ ²mag ¹diese ˜⁽³⁾ʳ˺eliminieren˺, das Ich überhaupt aber auslöschen zu wollen, ist ein logischer Widerspruch, nicht nur weil es doch schließlich der Träger jedes Vorstellens überhaupt ist [...] sondern weil außerdem auch seine spezifischen Inhalte die unentbehrlichen Durchgangspunkte jedes Verständnisses Anderer sind." (SIMMEL, Geschichtsphil. 1892, 18); ¹Möglichkeitsträger, ²Modalität, ³möglich. — Teleologischer Modalitätsgrund: der Zweck, eine *ideale Erkenntnisart* zu erreichen.[309]

f) „[F]ür Kypros ist es bezeugt, daß [...] ¹kein Jude ³die Insel auch nur betreten ²durfte und selbst den schiffbrüchigen Israeliten dort der Tod erwartete" (MOMMSEN, Röm. Gesch. V 1885, 544); ¹berechtigt/Erlaubnis habend, ²Modalität, ³erlaubt. — Normativer Modalitätsgrund: der Wille des zyprischen Gesetzgebers. — „Wer draußen ist, ¹der ²mag [...] ³leben wie die Kyklopen, ohne Agora und ohne Gesetze [...]; in der Polis verhält es sich anders" (BURCKHARDT, Grch. Kulturgesch. I 1898, 72); ¹Möglichkeitsträger, ²Modalität, ³möglich. — Normativer Modalitätsgrund: die Billigung der *Polis*-Gesellschaft. — „³ʳ˺[D]en Kindern˺ ²ʳ˺muß˺ ¹man ˜⁽²⁾ʳnicht˺ ˜⁽³⁾ʳ˺allen Willen lassen˺" (MEYSENBUG, Zu spät 1907, 251); ¹berechtigt/Erlaubnis habend, ²Modalität, ³erlaubt. — Normativer Modalitätsgrund: opinio communis, in der Gesellschaft verankerte Werturteile. — „Man erlaubte ihr, alle Küchengeräte mitzunehmen – und auch ³ʳ˺ihre Ersparnisse˺ ²durfte ¹sie ˜⁽³⁾ʳ˺mitnehmen˺" (SCHEERBART, Tarub 1897, 170); ¹berechtigt/Erlaubnis habend, ²Modalität, ³erlaubt. — Volitiver

---

309 *Mögen* wird in potentialen oder auch in approbativen Propositionsgefügen häufig dann verwendet, wenn eine Möglichkeit eingeräumt wird, die zugleich als nicht sonderlich relevant charakterisiert werden soll.

Modalitätsgrund: das Einverständnis der plündernden Soldaten (*man*). – „Du bist hier immer zuhause, merk' dir das, – immer ²kannst ¹du ³kommen" (MEISEL-HESS, Intellekt. 1911, 25); ¹berechtigt/Erlaubnis habend, ²Modalität, ³erlaubt. – Volitiver Modalitätsgrund: die Einwilligung des Sprechers.³¹⁰

m) „¹[W]er den Schaden hat, ²ʳdarfʳ⁻⁻ ³ʳfür den Spottʳ ⁻⁻⁽²⁾ʳnichtʳ ⁻⁻⁽³⁾ʳsorgenʳ" (FONTANE, Cécile 1886, 334); ¹Notwendigkeitsträger, ²Modalität, ³notwendig. – Epistemischer Modalitätsgrund: die allgemeine, in der sprichwörtlichen Fassung sich dokumentierende Erfahrung.³¹¹ – „der Pappa ist gekommen, er ist aber krank, und ¹man ²muß ³ihn nicht stören" (FRAPAN, Arbeit 1903, 272); ¹Notwendigkeitsträger, ²Modalität, ³notwendig. – Zirkumstantieller Modalitätsgrund: die Krankheit des Vaters. – „ein infamer Kerl, ³ʳdemʳ⁻⁻ ¹man ⁻⁻⁽³⁾ʳnicht trauenʳ ²muß" (FONTANE, Wand. IV 1882, 158); ¹Notwendigkeitsträger, ²Modalität, ³notwendig. – Teleologischer Modalitätsgrund: der vorausgesetzte Zweck, sich von dem *infamen Kerl* nicht betrügen oder übervorteilen zu lassen. ³¹²

n) „[D]as einzige Ehrenvorrecht der [...] [spartanischen Könige] vor den übrigen Bürgern bestand darin, daß ¹sie, vorgeladen, erst ³auf die dritte Mahnung zu erscheinen ²brauchten, während sonst jeder Andere auf den ersten Wink eines Ephoren eiligst und eifrigst [...] über die Agora gelaufen kam" (BURCKHARDT, Grch. Kulturgesch. I 1898, 100); ¹Verpflichtungsträger, ²Modalität, ³Aufgabe/Pflicht. – Normativer Modalitätsgrund: die spartanischen Rechtsgepflogenheiten bzw. der Wille des spartanischen Gesetzgebers.³¹³ – „¹[D]u ²hast [...] ³zu gehorchen, und der Mann hat zu befehlen, so steht's im Gesetz" (EBNER-ESCHENBACH, Mašlan 1897, 469); ¹Verpflichtungsträger, ²Modalität, ³Aufgabe/Pflicht. – Normativer Modalitätsgrund: das *Gesetz*, d. h. der Wille des Gesetzgebers. – „Auch ¹Junker Hinrich ²ʳhatteʳ⁻⁻ auf des alten Herrn Geheiß ³sich [...] auf die Reise machen ⁻⁻⁽²⁾ʳmüssenʳ" (STORM, Gries-

---

310 Bei approbativen Propositionsgefügen mit *können* und *mögen* wird, wie Bsp. 787ℓ [5] zeigt, eine Konvergenz des die Möglichkeit eröffnenden Wollens mit dem davon unterschiedenen Wollen des Möglichkeitsträgers angenommen (vgl. auch S. 712). Lässt sich diese Erwartung nicht feststellen (vgl. Bsp. 815, S. 712), so spricht dies für eine Deutung des Propositionsgefüges nicht als approbativ, sondern als obligativ.

311 Bei der nezessitiven Verwendung von *dürfen* – z. B. auch in: „Uebrigens haben Sie nur ihre Degen, Sennores, ich dürfte nur den Revolver ziehen, so wären Sie verloren [...]" (MAY, Waldröschen 1882–84, 1595) – handelt es sich um ein sprachhistorisch älteres (nach EWD 1989, 322, bis ins 19. Jahrhundert belegtes) Phänomen, das im Spätneuhochdeutschen kein Analogon bzw. (so Duden 1999, 904) nur landschaftlich ein Analogon findet.

312 *Müssen* in nezessitiven oder auch obligativen Propositionsgefügen erscheint als tendenziell altertümlich und/oder regional-umgangssprachlich markiert. Nach Ausweis des Grimm'schen Wörterbuchs ist die Konstruktion bereits im Althochdeutschen (bei Notker von St. Gallen) bezeugt (DWB VI, 2750); sie wird seit der ersten Hälfte des 19. Jahrhunderts allmählich seltener und ist im 20. Jahrhundert – insbesondere nach 1950 – schriftsprachlich kaum noch belegt. Regional begrenzt begegnet sie beispielsweise im Ostoberdeutschen: „Und sie hat gesagt, ich muß den Reis nicht herumrühren, sondern ich muß ihn essen" (THOMA, Tante Frieda 1907, 139).

313 *Brauchen* erscheint nur verneint (mit Partikeln wie *nicht* oder *keineswegs*), in rhetorischen Fragen, auf die als Antwort eine verneinende Aussage erwartet wird, oder restringiert (mit Partikeln wie *nur, kaum, bloß, lediglich, erst*). Es handelt sich dabei um äußere Negation bzw. Restriktion: Verneint oder eingeschränkt wird der semantische Beitrag des Modalverbs zum Propositionsgefüge, hier: der Aspekt der Notwendigkeit (Duden 2005, 564).

huus 1884, 529); ¹Verpflichtungsträger, ²Modalität, ³Aufgabe/Pflicht. — V o l i t i v e r
M o d a l i t ä t s g r u n d : *des alten Herrn Geheiß*. — „Was setzt ihr euch in den Kopf?
³ʳzu fügen⁻⁻⁻ ²habt ¹ihr ⁻⁻⁽³⁾ʳeuch ⁻, und ihr werdet euch fügen, solange wir leben" (RE-
VENTLOW, Olestj. 1903, 107); ¹Verpflichtungsträger, ²Modalität, ³Aufgabe/Pflicht. —
V o l i t i v e r M o d a l i t ä t s g r u n d : der Wille des Sprechers.

o) „¹Er ²liebte, schon seit der Bart ihm sproßte, ³Gisa seines Vaterbruders Tochter"
(DAHN, Rom 1876, 296); ¹gesonnene Größe, ²Gesinnung/Einstellung, ³Gesinnungsgegenstand.

p) „Eine Krise wäre allen unbequem, drum ²will ³ʳsie⁻⁻⁻ ¹niemand ⁻⁻⁽³⁾ʳkommen sehen⁻"
(HEYKING, Briefe 1903, 117) — „Nun, wohlan! So ²will ¹ich ³Euer Gehilfe sein." (WILLE,
Abendburg 1909, 87) — „¹Er ²mag ³sich nicht schelten lassen, wo er sich doch im Recht
fühlt" (TROELTSCH, Rel. Ind. 1911, 116) — „¹Ich hatte dem Manne mein Leben zu ver-
danken und ²mochte ³ihn also nicht durch die Zurückweisung dieser freundlichen
Einladung betrüben oder gar beleidigen" (MAY, Rio 1911, 73) — „¹Er ²hatte beabsichtigt,
³dauernd in Neapel zu bleiben" (JENSEN, Gradiva 1903, 37) — „Es ist alles zu Ende. ¹Ich
werde mich [...] freiwillig zum Kriegsdienst melden und ²wünsche, daß ³mich die erste Kugel treffen möchte [...]." (WÖRISHÖFFER, Robert 1877, 460); ¹wollend, ²Wollen,
³gewollt.

q) „¹Sie ²glaubte ³ihn wachend und fing an zu reden" (SUDERMANN, Sorge 1887, 153) —
„Der Knabe, ¹der ³sich noch immer verfolgt ²wähnte, hielt nicht eher an, als bis er
sich in dem Kirchdorfe Biestow befand" (BARTSCH, Sag. Meklenb. I 1879, 61) — „¹Er
²hielt es für ³ganz unwichtig, Literatur zu machen" (BALL, Totenrede 1915, 28);
¹wissende/glaubende Größe, ²Wissen/Überzeugung, ³gewusst/geglaubt.

r) „¹Der Herr Rat ²ist in ³der Kasern" (FRANZOS, Pojaz 1905, 49) — „¹Lord James ²befindet
sich auf ³seiner Jacht" (WASSERMANN, Wahnschaffe 1919, 11) — „¹[W]ir ²bewohnten ein
³vornehmes Gebäude" (MÜLLER, Tropen 1915, 50) — „¹Am Freitag ²ist [...] ³Schule"
(FEDERER, Lachw. Gesch. 1911, 80) — „Wahrscheinlich ²fällt auch ¹die Erfindung erst
in die ³ᵃZeiten der Kreuzzüge, oder ins ³ᵇ12. Jahrhundert" (BROCKHAUS, Conv.-Lex. VI
1809, 332); ¹räumlich und/oder zeitlich verortet, ²räumliche und/oder zeitliche Verortung, ³Ort/Zeitraum.

Bsp. 788: P r o p o s i t i o n s f o r m 3 (S. 646) mit Nomen correlationis als Kern des Objektuals:
a) „¹Der Aufbau der Handlung ²ʳwird⁻⁻⁻ in jedem Roman, in welchem der Stoff künstle-
risch durchgearbeitet ist, mit ³dem Bau des Dramas ⁻⁻⁽²⁾ʳgroße Ähnlichkeit haben⁻"
(FREYTAG, Erinn. 1887, 600) — „¹das Unpersönliche ²hat eine innere Verwandtschaft
zum ³Sachlich-Rationalen" (WEBER [WINCKELMANN], Wirtsch. u. Gesellsch. II ⁻*1911–
13; ⁵1972⁻, 250); ¹ähnlich, ²Ähnlichkeit, ³ähnlich.

b) „Die Haut ist ein sehr wichtiges Organ für die Thätigkeit des Körpers, unendlich
wichtiger, als man dieß gewöhnlich glaubt; denn ¹sie ²hat die Funktion eines ³sehr
lebhaften Stoffwechsels mit der Außenwelt." (HERLOßSOHN, Dam. Conv. Lex. V 1835,
196); ¹Funktionsträger, ²Funktionalität, ³Funktion.

c) „Der ¹Geist ²hatte den Namen ³Mephistopheles" (PRÖHLE, Rheinl. Sag. 1886, 52);
¹Eigenschaftsträger (Namensträger), ²Qualitativität, ³Eigenschaft (Name).

d) „¹Hallwig ²ʳhat⁻⁻⁻ ja gewiß ⁻⁻⁽²⁾ʳeinige Anlagen⁻ zum ³Zaubern" (REVENTLOW, Dame
1913, 221); ¹Möglichkeitsträger, ²Modalität, ³möglich. — Z i r k u m s t a n t i e l l e r
M o d a l i t ä t s g r u n d : die dafür sprechenden Indizien.

e) „Lange Rübe erklärt, daß ¹man ²die Pflicht habe, ³Tromba beizustehen." (ERNST, Komöd. 1928, 241); ¹Verpflichtungsträger, ²Modalität, ³Aufgabe/Pflicht. — N o r m a t i -
v e r M o d a l i t ä t s g r u n d : sozialer Usus (Ehrenkodex).

Arten von Propositionsgefügen: stative (korrelative) — 699

f) „Ich glaube, ¹jedermann ²hat Angst vor dem ³Tode, und wer das Gegenteil behauptet, ist ein Lügner oder ein Prahler" (HEISELER, Wáwa 1928, 40) — „¹[E]r ²hat kein Erbarmen mit ³mir und ³meinen Kindern gehabt" (WASSERMANN, Juden 1897, 257); ¹gesonnene Größe, ²Gesinnung/Einstellung, ³Gesinnungsgegenstand.

g) „Schon ²ʳhatt¨¨¨ ¹ich ¨¨(²)ʳdie Absicht⌉, ³mich in die allergrößten Gedanken zu vertiefen, da ging der Spektakel los" (BUSCH, Eduard 1891, 175) — „Vornehmlich ²ʳhatte¨¨¨ ¹sie jetzt ¨¨(²)ʳden Wunsch⌉, daß ³sie etwas tun wollte" (ERNST, Glück 1904, 242); ¹wollend, ²Wollen, ³gewollt.

h) „¹Er ²ʳhatte¨¨¨ nun einmal ¨¨(²)ʳden Glauben⌉, daß ³von ihr die Rettung käme" (SUDERMANN, Sorge 1887, 67); ¹wissende/glaubende Größe, ²Wissen/Überzeugung, ³gewusst/geglaubt.

Bsp. 789: Propositionsform 7 (S. 646) mit Nomen correlationis als Kern des Adverbats:
a) „¹Sie [...] ²haben¨¨¨ [...] ³einen frommen Kandidaten ¨¨(²)ʳals Lehrer gehabt⌉" (FONTANE, Stechlin 1897–98, 113) — „Dafür ²ʳhaben¨¨¨ ¹Sie ja ³einen Nationalökonomen ¨¨(²)ʳzum Mann⌉" (BRAUN, Mem. II 1911, 192) — „Wehe dem, ¹der ³Sie ²zum Feinde hat" (MAY, Cord. 1911, 201); ¹Sozialkorrelat, ²Sozialverhältnis, ³Sozialkorrelat.

b) „Für den griechischen Geist ist alles *Erkennen* eine *Art von Erblicken*; für ihn beziehen sich ³theoretisches wie praktisches Verhalten auf ein der Anschauung gegenüberstehendes Sein und ²ʳhaben¨¨¨ ¹dasselbe ¨¨(²)ʳzur Voraussetzung⌉" (DILTHEY, Einl. Geisteswss. 1883, 188); ¹vorausgesetzt/bedingend, ²Voraussetzung/Bedingung, ³voraussetzend/bedingt.

Bsp. 790: Propositionsform 9 (vgl. S. 647) mit Verbum existentiae als Prädikatial und Nomen correlationis als Subjektual:
a) „Zwischen ¹mir und ³diesem Leben rings ³existiert [...] eine [...] Identität" (MÜLLER, Tropen 1915, 21) — „[F]erner ²besteht eine absolute innere Identität ¹der Interessen der Kleinbürger mit ³denen des Proletariats" (ENGELS, Wohn. ²1887, 268); ¹gleichgesetzt, ²Gleichsetzung, ³gleichgesetzt.

b) „Zwischen ¹/³den Schicksalen beider Männer ²bestand eine gewisse Ähnlichkeit" (EBNER-ESCHENBACH, Gemeindek. 1887, 162) — „ob zwischen ¹Lehnert und ³Lienhardt ²eine Ähnlichkeit sei" (FONTANE, Quitt 1890, 455) — „Es ²bestand viel Ähnlichkeit zwischen ¹/³beiden" (EBNER-ESCHENBACH, Kinderj. 1904–05, 896); ¹ähnlich, ²Ähnlichkeit, ³ähnlich.

c) „Zwischen ¹einem Pflegevater und ³einem Stiefvater ²ist [...] ein Unterschied" (FRANÇOIS, Stufenj. 1877, 196) — „[D]ie Saat ging auf, ohne daß Freund oder Feind – denn zwischen ¹/³beiden ²war längst ²kein Unterschied mehr – die jungen Halme zerstampft hätte" (FONTANE, Sturm I/II 1878, 20) — „²Welcher Unterschied besteht zwischen ¹Hogarth und ³mir?" (BIERBAUM, Stilpe 1897, 259) — „[E]s ²gibt einen Unterschied zwischen ¹besonnener Forschung und ³dem Ungestüm, der Gott versucht, indem er alle Schranken niederreißt und übermütig sagt: Ich will!" (WÖRISHÖFFER, Robert 1877, 286); ¹unterschieden, ²Verschiedenheit, ³unterschieden.

d) „²Ein tiefer Gegensatz [...] besteht zwischen ¹den Weißen und ³den Schwarzen" (PANIZZA, Dämmr. 1890, 43) — „den Gegensatz, ²ʳder¨¨¨ zwischen ¹Heiligkeit und ³Gemeinheit ¨¨(²)ʳklafft⌉" (WILLE, Glasberg °1920, 257) — „Und dabei ²gab es einen Gegensatz [...] zwischen ¹meiner außerordentlich fruchtbaren Phantasie und ³der Trockenheit und absoluten Poesielosigkeit des hiesigen Unterrichts" (MAY, Mein Leben 1910, 97); ¹entgegengesetzt, ²Gegensätzlichkeit, ³entgegengesetzt.

e) „[E]s ²bestand eine weitläufige Verwandtschaft zwischen ²seinem Vater und ²einem der Chefredakteure" (SCHNITZLER, Jugend ⌜*1915–18; 1968⌝, 285); ¹Sozialkorrelat, ²Sozialverhältnis, ³Sozialkorrelat.

Bsp. 791: Propositionsform 15 (vgl. S. 647) mit Nomen correlationis als Attribuendal oder (Bsp. 791i) mit Nomen actionis als Attribuendal und potentiellem Nomen fungentis als Attributial:

a) Genitivus identificati: „Die religiöse Phantasie will lange Zeit durchaus nicht an die ²Identität des ¹Gottes mit einem ³Bilde glauben" (NIETZSCHE, Menschl. II ²1886, 475); ¹gleichgesetzt, ²Gleichsetzung, ³gleichgesetzt.

b) „[M]an mag nun zugeben, daß das Bild des Körpers nicht der Körper selbst ist, oder man mag an der naiven Vorstellung ¹seiner ²Identität mit dem ³Objekte festhalten" (LANGE, Gesch. d. Mat. ²1875, 853 f.) — „die Frage nach der ²Identität von ¹Denken und ³Sein" (ENGELS, Feuerbach 1886, 275) — „Jene ²Identität zwischen der ¹Melodienlinie und der ³lebendigen Gestalt" (NIETZSCHE, Geb. d. Trag. ³1886, 138); ¹gleichgesetzt, ²Gleichsetzung, ³gleichgesetzt.

c) Genitivus similis: „die erstaunliche ²Ähnlichkeit ¹der Lage, in der SOKRATES hier vorgeführt wird, mit ³der, welcher PLATO selbst damals mit genauer Not entgangen ist" (NATORP, Plat. Ideenl. ²1921, 132); ¹ähnlich, ²Ähnlichkeit, ³ähnlich.

d) „eine ²Ähnlichkeit zwischen ¹ihm und dem ³Kanarienvogel" (JENSEN, Gradiva 1903, 32); ¹ähnlich, ²Ähnlichkeit, ³ähnlich.

e) „Wenn die eigentlichen Makedonier [...] ein ursprünglich griechischer Stamm sind, ¹dessen ²Verschiedenheit von den ³südlicheren Hellenen [...] keine Bedeutung [...] hat, [...] so ist dagegen das Binnenland der Provinz von einem Gewimmel ungriechischer Völker erfüllt" (MOMMSEN, Röm. Gesch. V 1885, 275) — „eine beliebige ²Verschiedenheit von ¹/³Inhalten" (SIMMEL, Phil. d. Geld. ²1907, 529) — „die ²Verschiedenheit von ¹Trauer und ³Schmerz" (SCHNITZLER, Weg 1908, 790) — „So sollen die Radikalen jede psychische und geistige ²Verschiedenheit zwischen ¹Frau und ³Mann leugnen" (DOHM, Antifem. 1902, 107); ¹unterschieden, ²Verschiedenheit, ³unterschieden.

f) Genitivus oppositi: „eine direkte ²Gegensätzlichkeit der ¹/³Wirkungen" (SIMMEL, Phil. d. Geld. ²1907, 273); ¹entgegengesetzt, ²Gegensätzlichkeit, ³entgegengesetzt.

g) „der ²Gegensatz von ¹Bild und ³Wort" (BALL, Künstler 1926, 140); ¹entgegengesetzt, ²Gegensätzlichkeit, ³entgegengesetzt.

h) Genitivus functionis: „Es ist nur durch ¹seine ²Funktion der ³Realisierung der Werte, daß das Handelskapital im Reproduktionsprozeß als Kapital fungiert und daher, als fungierendes Kapital, aus dem vom Gesamtkapital erzeugten Mehrwert zieht." (MARX [ENGELS], Kapital III 1894, 304 f.); ¹Funktionsträger, ²Funktionalität, ³Funktion.

i) Genitivus fungentis: „die ²Arbeit der ¹Axt, welche ³auf herrenlosem Grunde ein Heimwesen schafft" (FREYTAG, Ahnen I 1872, 217); ¹Funktionsträger, ²Funktionalität, ³Funktion.

j) Genitivus licentiati: „die ²Berechtigung der ¹Frauen zur ³Arbeit im Gewerbe" (LEWALD, Frauen 1870, 25); ¹berechtigt/Erlaubnis habend, ²Modalität, ³erlaubt. — Volitiver Modalitätsgrund: der Wille der Verfasserin.

k) Genitivus affecti: „die ²Abneigung [...] ¹des französischen Volkes gegen ³die neue Lehre" (PAOLI, Amulet 1874, 211); ¹gesonnen, ²Gesinnung/Einstellung, ³Gesinnungsgegenstand.

Bsp. 792: Propositionsform 16 (S. 647) mit potentiellem Nomen qualificati als Attribuendal:
   a) Genitivus qualitativitatis: „ein ¹Arbeitsmann ²Namens ³Rossow" (BARTSCH, Sag. Meklenb. I 1879, 175); ¹Eigenschaftsträger (Namensträger), ²Qualitativität, ³Eigenschaft (Name).
   b) Genitivus qualitativitatis: „Der junge ¹Literat ³bürgerlicher ²Herkunft" (BALL, Junge Lit. in Dtld. 1915, 34); ¹Eigenschaftsträger (sozial herkünftig), ²Qualitativität, ³Eigenschaft (soziale Herkunft: adjektivisch ausgedrückt).

Bsp. 793: Propositionsform 20 (S. 648) mit Nomen identitatis als Kompositumszweitglied:
   a) „Schlechte Reproduktion bei Haeckel von ¹Denken und ³Sein-²Identität" (ENGELS, Dial. Natur ʳ*1873\86; 1925ʾ, 534); ¹gleichgesetzt, ²Gleichsetzung, ³gleichgesetzt.

Bsp. 794: Propositionsform 21 (S. 648) mit einer Substantivgruppe als Ektranszessional, die als Individualbezeichnung fungiert; bei identifikativen Propositionsgefügen ist der Transzedent ebenfalls eine Individualbezeichnung (Bsp. 794a), bei similiarischen erscheint der Transzedent als ε-Substantivgruppe (§ 89.2ε¹ HLR) mit Konjunktor *wie*:
   a) „³Der Obrist ²ist ¹Herr Göcking" (FONTANE, Wand. III 1873, 220); ¹gleichgesetzt, ²Gleichsetzung, ³gleichgesetzt.
   b) „¹Du ²bist wie ³deine Mutter" (STORM, Haders1. 1884, 27); ¹ähnlich, ²Ähnlichkeit, ³ähnlich.

Bsp. 795: Propositionsform 22 (S. 648) mit einer Substantivgruppe als Ektranszessional, das als Individualbezeichnung fungiert; bei identifikativen Propositionsgefügen ist der Transzedent ebenfalls eine Individualbezeichnung (Bsp. 795a):
   a) „Haring rief nahe den Reisigen die Bürger zusammen, aber ehe er noch seinen Degen aus der Posaune ziehen konnte, stürzte ihn ein Reisiger auf die Posaune, diese schob sich zusammen und die Spitze des Degens in seine Kehle, so daß ¹er als ³der erste Tote ²fiel." (A. v. ARNIM, Kronenwächt I 1817, 795); ¹gleichgesetzt, ²Gleichsetzung, ³gleichgesetzt.
   b) „³Wadlers sehr energische ²Tätigkeit als ¹Wohnungskommissar" (MÜHSAM, Eisner 1929, 321); ¹übergeordnete Kategorie, ²Subklassifikation, ³Subkategorie.
   c) „Ich mietete also ein paar kleine Zimmer, tat den sehr unbedeutenden Rest, der von unserm Vermögen übrigblieb, auf Zinsen aus und beschloß, vorerst davon, und dann von ³meiner ²Arbeit als ¹Advokat, mich und meine Mutter, so gut es gehen wollte, zu unterhalten." (KNIGGE, Noldmann 1791, 110); ¹übergeordnete Kategorie, ²Subklassifikation, ³Subkategorie.

Bsp. 796: Propositionsform 24 (S. 648) mit Nomen correlationis, Adiectivum correlationis, Demonstrativpronomen *derselbe* oder Komparativpartikel (z. B. *anders*) als Transzedent oder Kern des Transzedenten:
   a) „Oder ist das nicht auch eine jener alle Natürlichkeit knechtenden Anschauungen, die wir armen Menschen uns von der Moral des Christentums einpauken ließen, einer Moral, für die ¹die Sinne und ³die Sünde ²identisch waren, der ihre Überwindung als der Tugend Krone erschien?!" (BRAUN, Mem. II 1911, 526) — „¹/³Das Verfahren ²ʳist⁻ʾ an beiden Orten ⁻⁽²⁾ʳdasselbe⁾" (FONTANE, Wand. III 1873, 182) — „daß ich in dem folgenden Aufsatz durchaus n i c h t behaupte, daß ¹die Eigenschaften des Weibes ²identisch seien mit ³denen des Mannes" (DOHM, Frauen 1876, 1) — „Trauer [...] ²ist dasselbe wie ³die Nacht" (HAUPTMANN, Einhart ⁶1915, I, 271); ¹gleichgesetzt, ²Gleichsetzung, ³gleichgesetzt.

b) „Mir ist, als sähe ich mich im Spiegel, so ²ähnlich ist ¹sein Gesicht ³dem meinigen" (MEYRINK, Golem 1915, 349) — „[D]araus also ist es erklärlich, warum Musik jedes Gemälde, ja jede Scene des wirklichen Lebens und der Welt, sogleich in erhöhter Bedeutsamkeit hervortreten lässt; freilich um so mehr, je ²ʳanaloger⁻⁻⁻ ¹ihre Melodie ³dem innern Geiste der gegebenen Erscheinung ⁻⁻⁽²⁾ʳist⁻" (NIETZSCHE, Geb. d. Trag. ³1886, 106); ¹ähnlich, ²Ähnlichkeit, ³ähnlich.

c) „¹Die Selbstverwundung der Priester der großen Göttin [...] ²war [...] verschieden von ³den Verwundungen, welche den erstarrten Hypnotisierten durch den Hypnotisierer beigebracht werden" (BURCKHARDT, Grch. Kulturgesch. II 1898, 270 f.) — „¹Das Auge, womit sie die Menschen ansah, ²war anders als ³das der andern" (FONTANE, Stechlin 1897–98, 386) — „[W]ir passen nicht zusammen, weil ¹/³unser Stand zu ²verschieden ist" (BLEIBTREU, Größenw. 1888, I, 243) — „Wir finden da ¹/³gewisse Eigenschaften, die [...] teils ²verschieden [...] sind" (ENGELS, Dühring 1878, 112) — „¹Hinfahrt und ³Rückfahrt ²ʳsind⁻⁻⁻ so ⁻⁻⁽²⁾ʳverschieden⁻ wie Tag und Nacht" (SUDERMANN, Lit. Gesch. 1917, 35); ¹unterschieden, ²Verschiedenheit, ³unterschieden.

d) „Das traurige, eintönige Leben, ¹das [...] ³dem innersten Grundzuge meiner Natur ²ganz entgegengesetzt war" (CONRADI, Adam 1889, 243) — „So ²ʳgegensätzlich⁻⁻⁻ ¹/³diese Typen auch ⁻⁻⁽²⁾ʳsind⁻, so sehr bedingen sie einander" (MEISEL-HESS, Sex. Krise 1909, 247) — „¹Tolstoi [...] ²ist der reinste Gegensatz von ³Nietzsche" (DOHM, Ruland 1902, 75) — „¹Musikalisch ²ist der Gegensatz zu ³Moralisch" (RUBINER, Anon. 1912, 189) — „Oder ²ʳsind⁻ ¹Natur und ³Gott ⁻⁻⁽²⁾ʳein Gegensatz⁻?" (BLEIBTREU, Größenw. 1888, III, 552); ¹entgegengesetzt, ²Gegensätzlichkeit, ³entgegengesetzt.

e) „¹Ihr Sohn ²ʳist⁻⁻⁻ nicht mehr ⁻⁻⁽²⁾ʳEigentümer⁻ von ³Rondsperg [...], [...] er hat es mir verkauft" (EBNER-ESCHENBACH, Božená 1876, 238) — „Freuet Euch, Fräulein Lucretia! ¹Ihr ²ʳseid⁻⁻⁻ wieder ⁻⁻⁽²⁾ʳHerrin⁻ von ³Riedberg." (C. F. MEYER, Jenatsch ²1882, 477) — „¹Dies Zimmer ²ʳist⁻⁻⁻ ¹dein ⁽²⁾ʳEigentum⁻ und der Hausherr hat da nur einzutreten, wenn du es ihm erlaubst" (MEYSENBUG, Unerfüllt 1907, 87) — „Ja, ²ʳbin⁻⁻⁻ ³ich denn ⁻⁻⁽²⁾ʳein Eigentum⁻ von ¹einem andern?" (WASSERMANN, Hauser 1907, 348); ¹Besitzer/Eigentümer, ²Besitz-/Eigentumsverhältnis, ³Besitz/Eigentum.

f) „¹Der Kriegsminister ²ᵃ/ᵇʳist⁻⁻⁻ [...] weder ³ᵃdem Reichskanzler ⁻⁻⁽²ᵃ⁾ʳunterstellt⁻ noch [...] ³ᵇdem Reichstag ⁻⁻⁽²ᵇ⁾ʳverantwortlich⁻" (WEBER, Parl. 1918, 409) — „¹Der Maler Karl Hübner ²ʳist⁻⁻⁻ ³mir seit drei Jahren ⁻⁻⁽²⁾ʳpersönlich befreundet⁻" (MÜHSAM, Samml. 1928, 259) — „¹Er ²ʳist⁻⁻⁻ mit ³einer Frau seines Glaubens ⁻⁻⁽²⁾ʳverheiratet⁻" (PAOLI, Erz. 1875, 66) — „¹/³Die Damen ²sind schon lange befreundet?" (MEYSENBUG, Äbtissin 1907, 148) — „[...] wie 1814 ¹Murat [...] ²ʳKönig⁻⁻⁻ von ³Neapel [...] ⁻⁻⁽²⁾ʳgeblieben wäre⁻, hätte er nicht auf's Neue die Waffen für Napoleon ergriffen" (LUISE BÜCHNER, Dt. Gesch. 1875, 144) — „¹Henning ²war [...] Kommandierender General ³des siebzigsten Armeekorps" (D. v. LILIENCRON, Leben 1900, 272) — „¹Ich ²bin [...] der Bruder ³der kleinen Milada" (EBNER-ESCHENBACH, Gemeindek. 1887, 153) — „¹Walter ²ʳsei⁻⁻⁻ ³mein ⁻⁻⁽²⁾ʳFeind⁻" (DOHM, Schicks. 1899, 236) — „¹Man ²war der Diener von ³tausend beliebigen Leuten" (POLENZ, Büttnerb. 1885, 464); ¹Sozialkorrelat, ²Sozialverhältnis, ³Sozialkorrelat.

g) „Unsre Spaziergänge bis weit in Surrey hinein dauerten durch das ganze Frühjahr siebenundfünfzig hin, und als wir endlich auch damit abschlossen, wandten wir uns d e m zu, ³was ¹Fauchers recht eigentlichste ²Domäne war, den über die ganze City hin verbreiteten ‚Debating Clubs'." (FONTANE, 20–30 1908, 44); ¹bereichsbeherrschend, ²Bereichsverhältnis, ³Bereich/Sphäre.

h) „³Dieser Laden ²ʳwar⁻⁻⁻ aber nur ⁻⁻⁽²⁾ʳein Teil⁻ ³des Geschäftes des alten Moses Diamant" (MEISEL-HESS, Intellekt. 1911, 24); ¹Konstitut/größeres Ganzes, ²Konstituiertheit, ³(ko-)konstitutiv.

i) „³Frau Simon [...] ²war eine ¹Heldin" (SUTTNER, Waffen II 1889, 93) — „bei dem bleichen, kinderreichen Weib, ³dessen Ehewirt ein ¹ªFlickschneider und ¹ᵇSäufer ²war" (CHRIST, Bichler 1914, 388) — „³Unvorsichtigkeit ²ist eine hervorragende ¹Eigenschaft derjenigen Menschen, welche morgen genau wissen, was sie heute zu tun haben" (BUSCH, Eduard 1891, 175); ¹übergeordnete Kategorie, ²Subklassifikation, ³Subkategorie.

j) „Es ²ist [...] das Kennzeichen ¹einer gewissen Sorte von Frauen, ³mit Ironie über Dinge herzufallen, die sich ihrer Urteilskraft entziehen" (JANITSCHEK, Amaz. 1897, 71) — „Die Adelsmenschen aber, die sind über den ganzen Erdkreis zerstreut, und an ³keinem Merkzeichen ²ʳsind⁻ ¹sie ⁻⁽²⁾ʳerkennbar⁻" (DOHM, Dalmar ²1897, 104); ¹erscheinende/manifestierte Größe, ²Erscheinung, ³Erscheinungsform/Manifestation.

k) „²ʳDie Zeichen⁻ für ³ªdie Zwischenlaute von aa und oo, ³ᵇvon ae und oe und für ³ᶜdas verdumpfte au ⁻⁽²⁾ʳsind⁻: ¹ªå, ¹ᵇæ und ¹ᶜåu" (U. JAHN, Volksm. 1891, XIX) — „[D]ie Geschichte von der verbotenen Frucht ²ist [...] das urewige Thema ¹der Poesie" (BOY-ED, Förster 1889, 137) — „²ʳDer einzige Gegenstand⁻ ³der Korrespondenz ⁻⁽²⁾ʳwar⁻ ¹die Literatur" (SUTTNER, Martha 1902, 196); ¹darstellend, ²Darstellung, ³dargestellt.

ℓ) „Die ¹Not ²ist ³groß" (POLENZ, Büttnerb. 1885, 366) — „¹ªSie ²ªist ³ªschön, ¹ᵇsie ²ᵇist ³ᵇklug, ¹ᶜsie ²ᶜist ³ᶜgut und ich liebe sie" (BLEIBTREU, Größenw. 1888, II, 91) — „¹Eidechsen ²sind ³gar glücklich" (BLEIBTREU, Größenw. 1888, II, 88); ¹Eigenschaftsträger, ²Qualitativität, ³Eigenschaft.

m) „³Ihr Hals ²ist für ¹eine Manneshand ³leicht zu umspannen" (MÜLLER, Tropen 1915, 101); ¹Möglichkeitsträger, ²Modalität, ³Möglichkeit. — E p i s t e m i s c h e r (s t e r e o -
t y p i s c h e r) M o d a l i t ä t s g r u n d : das Wissen über die ‚normale' Beschaffenheit von *Manneshänden*.

n) „An diesem Tage ²ʳist⁻ es ¹den Hirten ⁻⁽²⁾ʳerlaubt⁻, ³schon um 10 Uhr Morgens das Vieh in die Ställe zu treiben" (BARTSCH, Sag. Meklenb. II 1880, 272) — „Im Mittelalter ²ʳwar⁻ allerdings auch ³eine Scheidung für ¹Frauen ⁻⁽²⁾ʳzulässig⁻" (DOHM, Frauen 1876, 94); ¹berechtigt/Erlaubnis habend, ²Modalität, ³erlaubt. — N o r m a t i v e r
M o d a l i t ä t s g r u n d : geltendes (Gewohnheits-)Recht.

o) „¹Der Kantonist ²ʳwar⁻ zu ³lebenslänglichem Dienst ⁻⁽²⁾ʳverpflichtet⁻" (BALL, Preuß. u. Kant 1918, 182); ¹Verpflichtungsträger, ²Modalität, ³Aufgabe/Pflicht. — N o r -
m a t i v e r M o d a l i t ä t s g r u n d : geltendes Recht. — „¹Sie ²ʳsind⁻ als Pastor ⁻⁽²⁾ʳverpflichtet⁻, ³sich in die Angelegenheiten anderer Leute zu mischen" (KEYSER-LING, Dumala 1907; 79); ¹Verpflichtungsträger, ²Modalität, ³Aufgabe/Pflicht. — N o r -
m a t i v e r M o d a l i t ä t s g r u n d : sozialer Usus.

p) „²ʳBist⁻ du denn nicht ⁻⁽²⁾ʳeifersüchtig⁻ auf ³deinen Rivalen, zu dem ich reise?" (BRAUN, Mem. II 1911, 77); ¹gesonnene Größe, ²Gesinnung/Einstellung, ³Gesinnungsgegenstand.

q) „Der Kaplan griff das Blättchen auf und machte eine Bewegung, als ²ʳwäre⁻ ¹er
⁻⁽²⁾ʳwillens⁻, ³dasselbe in die Zimmerecke zum Kehricht zu werfen" (ANZENGRUBER, Einsam 1881, 298); ¹wollend, ²Wollen, ³gewollt.

r) „Ich ²bin der Meinung, ³daß wir in erster Linie volkstümlich sein müssen" (BIERBAUM, Stilpe 1897, 343); ¹wissende/glaubende Größe, ²Wissen/Überzeugung, ³gewusst/geglaubt.

Ein reduziertes korrelatives Propositionsgefüge liegt vor, wenn mindestens eine der Propositionskonstituenten, Korrelational, Korrelation oder Korrelat, als unbesetzt erscheint. Vier Fälle sind zu unterscheiden:

a) korrelational- und korrelatreduzierte korrelative Propositionsgefüge: Bsp. 797;
b) korrelationalreduzierte korrelative Propositionsgefüge: Bsp. 798;
c) korrelationsreduzierte korrelative Propositionsgefüge: Bsp. 799–Bsp. 813;
d) korrelatreduzierte korrelative Propositionsgefüge: Bsp. 814.

Bsp. 797: a) „⌜¹ʳEine Ähnlichkeit ist⌝⁓ freilich noch ⌜⁓⁽¹⁾ʳda⌝⁓" (FRANZOS, Pojaz 1905, 269); ¹Ähnlichkeit.

b) „Verschiedene Forscher schreiben den Negern ein kleineres Gehirn zu als den Europäern, während ebenso namhafte Gelehrte zu dem Ergebniß gekommen sind, daß ¹kein wesentlicher Unterschied bestehe" (DOHM, Emancip. 1874, 89 f.); ¹Verschiedenheit.

c) „Maulkörbe trägt hier niemand. | ¹Es wird auch wenig regiert." (HEYKING, Briefe 1903, 18); ¹Sozialkorrelation.

Bsp. 798: a) „[I]ch fühle deutlich, daß ²es mir ¹ein Zeichen ist und eine Fügung" (FONTANE, Irr. Wirr. 1887, 81); ¹Erscheinung, ²Erscheinungsform/Manifestation.

b) „⌜²ʳAus dem Wesen der Kunst⌝⁓ [...] ¹ist ⌜⁓⁽²⁾ʳdas Tragische [...] gar nicht abzuleiten⌝" (NIETZSCHE, Geb. d. Trag. ³1886, 108) — „[D]ie Fülle der Blumen, die uns gespendet wurden⌝⁓, ¹ließ sich kaum ⌜⁓⁽²⁾ʳfassen⌝" (BRAUN, Mem. I 1909, 301); ¹Modalität, ²möglich. — Epistemischer Modalitätsgrund: Da es sich bei *sein*_ModVb ebenso wie bei reflexivem *lassen*_ModVb um ein Passiväquivalent handelt (vgl. Duden 1998, 181 f.), muss die Position des Möglichkeitsträgers nicht besetzt sein; es liegen dann reduzierte potentiale Prädikationsgefüge vor, die eine Allgemeingültigkeit der Aussage implizieren: ›niemand kann das Tragische aus dem Wesen der Kunst ableiten‹, ›da kann niemand mehr etwas machen‹, ›niemand konnte die Fülle der Blumen fassen‹; ¹Modalität, ²möglich. — Epistemischer Modalitätsgrund: die Gesamtheit der historischen Rahmenbedingungen.

c) „Jetzt galt es [...], die richtige Art und Weise zu treffen, Cortejo in die Hand zu bekommen. [...] [S]owohl Sternau als auch Mariano [stimmte] dafür, direct dem Haziendero vor das Haus zu reiten und dann zu sehen, ²was weiter zu machen ¹sei." (MAY, Waldröschen 1882–84, 1352); ¹Modalität, ²möglich. — Teleologischer Modalitätsgrund: der Zweck, *Cortejo in die Hand zu bekommen*.

d) „daß ²jegliche Amtshandlung eines Beamten [...] durch ‚Geschenke' zu entgelten ¹war und gesetzliche Gebührentarife nicht existierten" (WEBER, Wirtschaftseth. I 1916, 344); ¹Modalität, ²Aufgabe/Pflicht. — Normativer Modalitätsgrund: die Rechtsgepflogenheiten der in Rede stehenden Gesellschaft (d. h. des alten China). —
„⌜²ʳ[E]ine Konkubinatsstrafe von hundertachtzig Franken⌝⁓ ¹war ⌜⁓⁽²⁾ʳzu zahlen⌝" (BALL, Flamm. 1918, 36); ¹Modalität, ²Aufgabe/Pflicht. — Normativer Modalitätsgrund: geltendes Recht.

e) „Wir ersuchen höflichst um Nachricht, ob es Ihnen möglich wäre, innerhalb der nächsten drei Tage bei uns einzutreffen. Doch ¹wolle ²diese Einladung vorläufig als für beide Teile unverbindlich hinsichtlich weiterer Entschließungen angesehen werden." (SCHNITZLER, Weg 1908, 883); ¹Modalität, ²Aufgabe/Pflicht. — Volitiver Modalitätsgrund: der Wille des Schreibers bzw. der Person, in deren Auftrag er schreibt.

f) „⌜²ʳKleine Kinder⌝⁓ ¹gehören ⌜⁓⁽²⁾ʳins Bett [gelegt/geschickt/gesteckt ...]⌝" (TUCHOLSKY, Theat. 1926, 562) — „Die vielgerühmten Genies, Newton ... waren feindliche Engländer, ²deren Denkmäler in den Kanal geworfen ¹gehörten" (ESSIG, Taifun 1919, 202) — „Wenn er [...] den Professor Julius Hirsch meint, [...] dann ¹gehört ²ihm eins auf die

Finger [gegeben]." (TUCHOLSKY, Neudt. Stil 1926, 402); ¹Modalität, ²Aufgabe/Pflicht. — Normativer Modalitätsgrund: (behauptete) opinio communis.

g) „Zuerst ¹war beabsichtigt, ²eine Regentschaft der Kaiserin für den kleinen Sohn Napoleon's, und Enkel des Kaisers von Oestreich, den König von Rom, einzusetzen" (LUISE BÜCHNER, Dt. Gesch. 1875, 24); ¹Wollen, ²gewollt.

Bsp. 799: a) Genitivus identificati³¹⁴: „[J]ede Parthei hoffte und wünschte [...] die *Herrschende* zu werden und suchte zu diesem Zwecke ¹die Person ¹des Kaisers vorzugsweise an sich zu knüpfen" (LUISE BÜCHNER, Dt. Gesch. 1875, 464); ¹gleichgesetzt, ²gleichgesetzt.

b) „²der Geist von ¹Hamlets Vater" (GORCH FOCK, Seefahrt 1913, 100) — „²Die dumme Person von ¹Julie hat mir lauter falsche Sachen geschickt" (SPIELHAGEN, Zeitvertr. 1897, 259); ¹gleichgesetzt, ²gleichgesetzt.

c) „¹Nadya, ²das schönste Mädchen der Stadt" (KLABUND, Bracke 1918, 126) — „¹sein Freund, ²der Künstler" (STORM, Psyche 1875, 572) — „¹Itzig Faitel Stern, ²mein bester Freund auf der Hochschule, war ein Phänomen" (PANIZZA, Vis. 1893, 265) — „Erlauben Sie mir, Ihnen ¹meinen Freund, ²Herrn Ralph Herbert vorzustellen" (HEYKING, Tag 1905, 145); ¹gleichgesetzt, ²gleichgesetzt.

d) „Ihn interessiert, was sie im Auftrage Dr. Tiezes berichtet. ¹Tieze|²freund erkundigt sich, ob Knobelsdorff etwas über Architektur publiziert habe." (RINGELNATZ, Apion 1912, 50); ¹gleichgesetzt, ²gleichgesetzt.

e) Genitivus differentis: „die ²Verschiedenheit der ¹äußeren Form" (SPENGLER, Unterg. d. Abendl. I 1923, 5); ¹unterschieden, ²Verschiedenheit.

Bsp. 800: Attribuendal bzw. Komitatial: Nomen possessi (Bsp. 800a) oder potentielles Nomen possessi (Bsp. 800b-j)³¹⁵; Bsp. 800a-j: Genitivus disponentis (hier: possidentis).

a) „das ²Eigentum des ¹Kapitäns" (WÖRISHÖFFER, Robert 1877, 199); ¹Besitzer/Eigentümer, ²Besitz/Eigentum.

b) „das ²Gebiet des ¹Großen Rates" (RILKE, Lb. Gott ²1904, 341); ¹Besitzer/Eigentümer, ²Besitz/Eigentum.

---

314 Ähnlich wie beim Genitivus subclassificati (Bsp. 807) liegt beim Genitivus identificati ein Gefüge vor, das sich in ein Prädikationalgefüge der Art ‚x ist y' transformieren lässt. Im Unterschied zum Genitivus subclassificati, bei dem das Attributial eine spezifischer gefasste Kategorie, eine Unterart dessen benennt, wofür das Attribuendal steht, bringt beim Genitivus identificati das Attributial ein Individuum zum Ausdruck. — Analog zu der Beobachtung Eisenbergs beim Genitivus subclassificati (vgl. Anm. 317, S. 708) gilt: Sofern der Satz mit idemgenitivischem Attribut wahr ist (*Jede Partei suchte die Person des Kaisers an sich zu knüpfen*), ist ein Satz allein mit dem Attributkern ebenfalls wahr (**Jede Partei suchte den Kaiser an sich zu knüpfen*).

315 Potentielle Nomina possessi sind u. a. Nomina rei (Bsp. 800d-h), Nomina territorii (Bsp. 800b-c), Nomina loci (Bsp. 800i) oder Nomen animalis (Bsp. 800j-k). — Handelt es sich beim Attribuendal um ein Nomen territorii, so kann auch metonymisch ein Besitzverhältnis zum Ausdruck gebracht werden: Das Attribuendal muss dann nicht als Bezeichnung der Sache gedeutet werden, über welche die durch das Attributial bezeichnete Person verfügen kann, sondern man kann ihn stattdessen auch als Bezeichnung des Bereichs interpretieren, in dem das Possidens über mindestens eine – dann allerdings nicht genannte – Sache Gewalt hat.

c) „auf dem ²Gebiete des ¹türkischen Reiches" (FONTANE, Wand. V 1889, 366); ¹Besitzer/Eigentümer, ²Besitz/Eigentum.

d) „das ²neue Kleid der ¹Frau Portier" (TUCHOLSKY, I. Grüning 1919, 137); ¹Besitzer/Eigentümer, ²Besitz/Eigentum.

e) „das ²Haus des ¹Fuhrmanns" (FRANZOS, Pojaz 1905, 191); ¹Besitzer/Eigentümer, ²Besitz/Eigentum.

f) „das ²Zimmer des ¹Generals" (MAY, Juweleninsel 1880–82, 520); ¹Besitzer/Eigentümer, ²Besitz/Eigentum.

g) „das ²Halsband des ¹Hundes" (FONTANE, Sturm I/II 1878, 248); ¹Besitzer/Eigentümer, ²Besitz/Eigentum.

h) „auf dem ²Acker des ¹Schulzen" (BARTSCH, Sag. Meklenb. I 1879, 417); ¹Besitzer/Eigentümer, ²Besitz/Eigentum.

i) „Des ¹Jägers ²Schimmel" (U. JAHN, Volksm. 1891, 16); ¹Besitzer/Eigentümer, ²Besitz/Eigentum.

j) „die ²Hunde des ¹alten Herrn" (RAABE, Alt. Nest. 1879, 257); ¹Besitzer/Eigentümer, ²Besitz/Eigentum.

k) „Das war wie das ²Haus von der ¹alten Hexe" (HOLZ/SCHLAF, Papa Hamlet 1892, 116); ¹Besitzer/Eigentümer, ²Besitz/Eigentum.

Bsp. 801: Attribuendal bzw. Komitatial: Nomen possidentis; Bsp. 801a–c: Genitivus pertinentis (hier: possessi).

a) „der ¹Herr des ²Hauses" (EBNER-ESCHENBACH, Božena 1876, 107); ¹Besitzer/Eigentümer, ²Besitz/Eigentum.

b) „der ¹Besitzer des ²Geschäfts" (JANITSCHEK, Ninive 1896, 32); ¹Besitzer/Eigentümer, ²Besitz/Eigentum.

c) „der ¹Eigenthümer des ²Thiers" (BARTSCH, Sag. Meklenb. II 1880, 447); ¹Besitzer/Eigentümer, ²Besitz/Eigentum.

d) „Du hast [...] einen so vollständig glücklichen Menschen aus mir gemacht [...], daß ich über alles, was Berauschung, was Lust, was Vergnügen ist, so erhaben bin, wie der ¹Besitzer von ²Goldbarren über den Gewinn von Kupfermünzen" (SUTTNER, Waffen I 1889, 268); ¹Besitzer/Eigentümer, ²Besitz/Eigentum.

Bsp. 802: Genitivus disponentis (hier: socialis); Attribuendal bzw. Komitatial: (potentielles) Nomen sociocorrelati.

a) „der [...] ¹Knecht des ²Chorherrn" (C. F. MEYER, Heil. 1879, 682); ¹Sozialkorrelat, ²Sozialkorrelat.

b) „ein ¹Bote des ²Generaldirektors" (WAGNER, Leben ⌜*1870–80; 1911⌝, 288); ¹Sozialkorrelat, ²Sozialkorrelat.

c) „der ¹Aufseher des ²Gartens" (MAY, Dt. Herzen 1885–87, 275); ¹Sozialkorrelat, ²Sozialkorrelat.

d) „in der ¹Schwadron des ²Rittmeisters" (FONTANE, Sturm I/II 1878, 31); ¹Sozialkorrelat, ²Sozialkorrelat.

e) „¹Bürgermeister der ²Stadt" (FONTANE, Wand. V 1889, 12); ¹Sozialkorrelat, ²Sozialkorrelat.

f) „ein alter ¹Häuptling des ²Gaues" (FREYTAG, Ahnen I 1872, 36); ¹Sozialkorrelat, ²Sozialkorrelat.

g) „dem ¹Vorstand der ²Eisenbahner-Kapelle" (BALL, Flamm. 1918, 63); ¹Sozialkorrelat, ²Sozialkorrelat.

h) „der ¹Vormund der ²kleinen Anna" (STORM, Curator 1878, 12); ¹Sozialkorrelat, ²Sozialkorrelat.
   i) „die ¹Kunden der ²Verleger" (WEBER, Prot. Eth. 1920, 51); ¹Sozialkorrelat, ²Sozialkorrelat.
   j) „der ¹Schuldner des ²Popen" (FRANZOS, Leib Weihn. 1896, 178); ¹Sozialkorrelat, ²Sozialkorrelat.
   k) „die ¹Gäste des ²ganzen Dorfes" (MAY, Kurd. 1909, 333); ¹Sozialkorrelat, ²Sozialkorrelat.
   ℓ) „der [...] ¹Schüler des ²seligen Kantors" (KELLER, Hadloub 1876, 44); ¹Sozialkorrelat, ²Sozialkorrelat.
   m) „¹Brunos ²Schule" (WILLE, Glasberg °1920, 19); ¹Sozialkorrelat, ²Sozialkorrelat.
   n) „der ¹Arzt des ²Feldherrn" (C. F. MEYER, Pescara 1887, 795); ¹Sozialkorrelat, ²Sozialkorrelat.
   o) „der [...] ¹Beichtiger der ²Frauen von Cazis" (C. F. MEYER, Jenatsch ²1882, 548); ¹Sozialkorrelat, ²Sozialkorrelat.
   p) „der ¹Freund des ²Hauses" (FONTANE, 20-30 1908, 295); ¹Sozialkorrelat, ²Sozialkorrelat.
   q) „der ¹Bruder eines gewissen ²Arthur Picard" (MARX, Bürgerkr. Frankr. ³1891, 322); ¹Sozialkorrelat, ²Sozialkorrelat.
   r) „den ¹Mann der ²Heldin" (WEBER, Wirtschaftseth. III 1917-19, 48); ¹Sozialkorrelat, ²Sozialkorrelat.
   s) „¹ehrlicher Leute ²Kind" (FONTANE, Ellernklipp 1881, 265); ¹Sozialkorrelat, ²Sozialkorrelat.
   t) „der ¹Vater der ²Familie" (RAABE, Vogelsang 1896, 277); ¹Sozialkorrelat, ²Sozialkorrelat.
   u) „eine ¹Tochter der ²gebildetsten Stände" (RAABE, Alt. Eis. 1887, 382); ¹Sozialkorrelat, ²Sozialkorrelat.

Bsp. 803: Genitivus disponentis (hier: regentis); Attribuendal bzw. Komitatial: Nomen regionis.
   a) „aus dem ²Bereich ¹seiner Augen" (FREYTAG, Ahnen I 1872, 455); ¹bereichsbeherrschend, ²Bereich/Sphäre.
   b) „im ²Bereich des ¹Geistes" (HOFMANNSTHAL, Zürch. Red. 1920, 85); ¹bereichsbeherrschend, ²Bereich/Sphäre.
   c) „im ²Gebiete des ¹preußischen Landrechts" (FONTANE, 20-30 1908, 194); ¹bereichsbeherrschend, ²Bereich/Sphäre.

Bsp. 804: Attribuendal bzw. Komitatial: Nomen regionis.
„¹Gesetze [...] von [...] ²generellerem Geltungsbereich" (WEBER, Roscher u. Knies I 1903, 14); ¹bereichsbeherrschend, ²Bereich/Sphäre.

Bsp. 805: Attribuendal bzw. Komitatial: (potentielles) Nomen constituentis oder quantitatis; Bsp. 805a-g Genitivus disponentis (hier: totius).
   a) „Als man nun diese Halbherme in den gegenwärtigen Stand versetzte [...], so glaubte man dieses Bildchen besser zu empfehlen, wenn man die ²nackten Theile des ¹Gesichts glättete." (GOETHE, an D. Friedländer [4. 1. 1813], WA IV, 23, 224); ¹Konstitut/größeres Ganzes, ²(ko-)konstitutiv.
   b) „Der Anblick der ²Rampe des ¹Universitätsgebäudes" (MACH, Erk. u. Irrt. ³1917, 21); ¹Konstitut/größeres Ganzes, ²(ko-)konstitutiv.

c) „Die weiten ²Ärmel des ¹Hemdes" (SCHEERBART, Tarub 1897, 36); ¹Konstitut/größeres Ganzes, ²(ko-)konstitutiv.

d) „²Faß ¹saurer Gurken" (MAY, Weg z. Glück 1886–88, 3225); ¹Konstitut/größeres Ganzes (hier: Gesamtmenge), ²(ko-)konstitutiv (hier: Teilmenge).

e) „ein ²Glas ¹guten alten Weines" (KELLER, Seldw. II 1874, 588); ¹Konstitut/größeres Ganzes (hier: Gesamtmenge), ²(ko-)konstitutiv (hier: Teilmenge).

f) „die ²Menge ¹des zu entleerenden Blutes" (PANIZZA, Vis. 1893, 276); ¹Konstitut/größeres Ganzes (hier: Gesamtmenge), ²(ko-)konstitutiv (hier: Teilmenge).

g) „dieses ¹Werk der ²Werke" (DOHM, Dalmar ²1897, 40); ¹Konstitut/größeres Ganzes, ²(ko-)konstitutiv.[316]

h) „die ²Beine von dem ¹Vogel" (FONTANE, Stechlin 1897–98, 378); ¹Konstitut/größeres Ganzes, ²(ko-)konstitutiv.

i) „die ²hellen Wände von ¹Schloß Tegel" (FONTANE, Wand. III 1873, 154); ¹Konstitut/größeres Ganzes, ²(ko-)konstitutiv.

Bsp. 806: Attributial bzw. Komital: (potentielles) Nomen constituentis.
a) „das einsame ¹Haus mit den ²kahlen Mauern und den ²dicht geschlossenen Fenstern" (EBNER-ESCHENBACH, Mašlan 1897, 478); ¹Konstitut/größeres Ganzes, ²(ko-)konstitutiv.

b) „ein erdbeerfarbenes ¹Kreppkleid mit ²ᵃschwarzen Stiefmütterchen und ²ᵇdunkelroten Rosen" (KEYSERLING, Beate 1903, 63); ¹Konstitut/größeres Ganzes, ²(ko-)konstitutiv.

Bsp. 807: Attribuendal und Attributial bzw. Komitatial und Komital gehören zur selben semantischen Klasse, wobei das Attributial bzw. Komital spezifischer gefasst sein muss.
a) G e n i t i v u s p e r t i n e n t i s (hier: s u b c l a s s i f i c a t i [317]): „die ¹Kunst des ²Tanzes" (BIERBAUM, Stilpe 1897, 358); ¹übergeordnete Kategorie, ²Subkategorie.

---

[316] Eine Sonderform des Genitivus totius stellt der so genannte paronomastische Intensitätsgenitiv oder „Genitiv der Steigerung" (Duden 2001, 351) dar, bei dem ein Vertreter einer Kategorie (bezeichnet durch das Attribuendal) in besonderer Weise – als prototypisch – gegenüber allen anderen Vertretern derselben Kategorie (bezeichnet durch das Attributial, das hier stets im Plural erscheint) hervorgehoben wird.

[317] Beim Genitivus subclassificati steht das Attributial „zum Bezugssubstantiv in einem ähnlichen Verhältnis wie die Bezeichnung der Art zur Bezeichnung der Gattung in Begriffsdefinitionen" (Eisenberg 1999, 244). Damit besteht die Möglichkeit der Transformation in ein subklassifikatives Prädikationalgefüge: *Kunst des Tanzes* (Bsp. 807a) entspricht ›der Tanz ist eine Kunst‹; *Tätigkeit des Mordens* (Bsp. 807b) entspricht ›das Morden ist eine Tätigkeit‹; *Werk der Befreiung* (Bsp. 807c) entspricht ›die Befreiung ist ein Werk‹; *Anlagen des Stadtparks* (Bsp. 807d) entspricht ›der Stadtpark ist [eine Gesamtheit von] Anlagen‹. — Eisenberg (1999, 244) weist darauf hin, dass, sofern der Satz mit subordinierendem Genitivattribut wahr ist (*Ich komme an den Anlagen des Stadtparks vorbei*), ein Satz allein mit dem Attributkern ebenfalls wahr ist (**Ich komme am Stadtpark vorbei*). Dies erklärt sich dadurch, dass durch eine Subkategorie die übergeordnete Kategorie immer impliziert ist (vgl. auch Anm 267, S. 531).

Auch als Attributial im G e n i t i v u s m e t a p h o r i c u s steht ein Substantiv für eine Subkategorie, als Attribuendal eines solchen für eine übergeordnete Kategorie. Allerdings liegt kein unmittelbares Unter- bzw. Überordnungsverhältnis vor, sondern eines, das nur indirekt, nämlich hinsichtlich eines nicht genannten, beiden Substantiven gemeinsamen Bedeutungsaspektes (Tertium comparationis) besteht. Mit anderen Worten: Die Kategorie, der das durch das Attributial Bezeichnete tatsächlich untergeordnet ist, wird verschwiegen; statt dessen wird eine Kategorie genannt, die

b) Genitivus subclassificati: „diese ¹Tätigkeit des ²Mordens" (TUCHOLSKY, Wofür? 1925, 293); ¹übergeordnete Kategorie, ²Subkategorie

c) Genitivus subclassificati: „ein [...] ¹Werk der ²Befreiung" (LEWALD, Frauen 1870, 90); ¹übergeordnete Kategorie, ²Subkategorie.

d) Genitivus subclassificati: „Ich komme an den ¹Anlagen des ²Stadtparks vorbei" (MACH, Erk. u. Irrt. ³1917, 20); ¹übergeordnete Kategorie, ²Subkategorie.

e) „‚Es ist im Gesellschaftlichen wie in der ²Koch|¹kunst,' pflegte er zu sagen; ‚zwischen zwei schwere, füllige Gerichte muß immer ein schaumiges und den Gaumen bloß oberflächlich reizendes placiert werden; sonst hat die Sache keinen Stil.'" (WASSERMANN, Wahnschaffe 1919, 363 f.); ¹übergeordnete Kategorie, ²Subkategorie.

Bsp. 808: Genitivus repraesentati; Attribuendal bzw. Komitatial: Nomen tractantis.

a) „das ¹Bildnis des ²Königs" (FONTANE, Wand. IV, 99); ¹darstellend, ²dargestellt.

b) „Bei andern Völkern ist das Verwünschen des Tages der Geburt ein nur sehr seltenes ¹Wort des ²äußersten Jammers" (BURCKHARDT, Grch. Kulturgesch. II 1898, 372); ¹darstellend, ²dargestellt.

Bsp. 809: Attribuendal bzw. Komitatial: (potentielles) Nomen qualitatis.

a) Genitivus qualificati: „den ²guten Verstand ¹der Norddeutschen" (FONTANE, Grf. Petöfy 1884, 76) — „die eigene ²Kraft des ¹Proletariats" (BRAUN, Mem. II 1911, 239) — „eine Frage des ²Charakters [...] der ¹Frau" (DOHM, Antifem. 1902, 151) — „vom ²Geiste der ¹Musik" (NIETZSCHE, Geb. d. Trag. ³1886, 51) — „die ²Ausdrucksweise ¹der orientalischen Völkerschaften" (MAY, Winnetou III 1909, 209); ¹Eigenschaftsträger, ²Eigenschaft.

b) Genitivus qualificati: „das ²blau und weiße Tuch der ¹Fahne" (FREYTAG, Ahnen IV 1876, 7); ¹Eigenschaftsträger (materialtragend), ²Eigenschaft (Material).

c) „das übliche hübsche Bild vorstürmender Soldaten, von denen einer im Vordergrunde links die hochgeschwungene Fahnenstange hält, während der ¹Fahnen|²stoff sich oben über das ganze Blatt in so großen Wellenlinien krümmt, daß man ihn ordentlich im Winde klatschen hört" (SUTTNER, Mem. 1909, 70); ¹Eigenschaftsträger (materialtragend), ²Eigenschaft (Material).

d) „Aber bald wurden sie recht vertraut, prüften mit den Händen den ²Stoff von ¹Luisens Kleid und fragten nach dem Preis" (ERNST, Glück 1904, 130); ¹Eigenschaftsträger (materialtragend), ²Eigenschaft (Material).

e) Genitivus qualificati: „die ²schlanke, aufrechte Gestalt des ¹Freundes" (FLEX, Wanderer 1916, 244); ¹Eigenschaftsträger (gestalttragend), ²Eigenschaft (Gestalt/Gestaltaspekt).

---

ihr unter einem bestimmten Aspekt vergleichbar ist: z. B. „Feuer der Leidenschaften" (RAABE, Fr. Salome 1875, 31) oder „das Licht eines guten Verstandes" (KELLER, Sinnged. 1882–84, 630). Das metaphorisch-genitivische Attributionsgefüge kann damit im Rahmen der Transformationsprobe folgendermaßen umgeformt werden: *Feuer der Leidenschaften* entspricht ›die Leidenschaften sind etwas wie ein Feuer‹, *Licht eines guten Verstandes* entspricht ›ein guter Verstand ist wie ein Licht‹. — Was wir hier *Genitivus metaphoricus* nennen, wird in der Grammatikographie bisweilen als *Genitivus explicativus* bezeichnet (z. B. bei Duden 1998, 669, oder Helbig/Buscha 2001, 498). Bei Duden 2005, 838 f., wo ein weiter gefasster Begriff des Explikativgenitivs zugrunde gelegt ist, erscheint der metaphorische Genitiv als Unterart desselben.

Bsp. 810: Attributial bzw. Komitial: (potentielles) Nomen qualitatis; Bsp. 810c–c: Genitivus qualitatis.

a) „eine ¹Tür von ²Eichenholz" (FONTANE, Wand. IV 1882, 234) — „Auf dem Tische lag von ²Seidenstoff, dicht wie Filz gewirkt, mit Goldfäden gestickt ein ¹Bild gleich dem Haupt des Wurms, den man Drachen nennt" (FREYTAG, Ahnen I 1872, 500); ¹Eigenschaftsträger (materialtragend), ²Eigenschaft (Material).

b) Genitivus qualitatis: „in dem aus bloß ¹drei Zimmern ²verschiedener Größe sich zusammensetzenden Kasino der Gardedragoner" (FONTANE, Stechlin 1897-98, 221); ¹Eigenschaftsträger (gestalttragend), ²Eigenschaft (Gestalt/Gestaltaspekt).

c) „ein vierzigjähriger ¹Mensch, ²ᵃgedunsenes Gesicht, ²ᵃwasserblaue Augen, ²ᵃrötlicher Schnurrbart, ²ᵃkein Hinterkopf" (FEUCHTWANGER, Jud Süß 1925, 229) — „Dies ¹Mädchen, mit ²ᵃschwarzen Locken, ²ᵃvielen Sommersprossen, [...] bemerkte ihn [...] nicht" (D. v. LILIENCRON, Leben 1900, 68); ¹Eigenschaftsträger (gestalttragend), ²Eigenschaft (Gestalt/Gestaltaspekt).

d) Genitivus qualitatis: „ein ¹Mann der ²Tat" (DILTHEY, Aufb. gesch. Welt 1910, 165) — „ein ¹Mann der ²Wissenschaft" (ALTENBERG, Wie ich es sehe ⁴1904, 140) — „der ¹Mann der ²Übergriffe" (FONTANE, Stine 1890, 193); ¹Eigenschaftsträger (zu tun pflegend), ²Eigenschaft (Gepflogenheit).

Bsp. 811: Genitivus afficientis; Attribuendal bzw. Komitatial: Nomen animati. „der [...] ¹Gegner des ²Krieges" (RUBINER, Voltaire 1919, 245); ¹gesonnen, ²Gesinnungsgegenstand.

Bsp. 812: Attributial bzw. Komitial: Nomen loci bzw. temporis.

a) Genitivus loci: „der berühmteste ¹Mann des ²Gebirges" (MAY, Verm. Inka 1891–92, 494) — „in der ¹Einsamkeit der ²Berge" (MAY, Silb. Löw. III 1908, 558) — „das ¹BISMARCK-Denkmal ²Hamburgs" (WEBER, Wahlrecht 1917, 271) — „die grause ¹Arbeit der ²Schlachtfelder" (FREYTAG, Erinn. 1887, 675) — „im ¹Staube des ²Zimmers" (HEYM, Dieb 1913, 79); ¹räumlich verortet, ²Ort.

b) „Ein ¹Mann in ²Barkow bei Plau hört eines Tages ein furchtbares Gepolter auf seinem Hausboden" (BARTSCH, Sag. Meklenb. I 1879, 176) — „¹Arbeit auf dem ²Felde" (MÜHSAM, Unpolit. Erinn. 1927-29, 482); ¹räumlich verortet, ²Ort.

c) Genitivus temporis: „Jeden Sonnabend erhielt Gustav den Lohn für die ¹Arbeit der ²Woche ausgezahlt" (POLENZ, Büttnerb. 1885, 326) — „in der hellen, heißen ¹Sonne des ²Mittags" (RAABE, Alt. Nest. 1879, 221) — „der ¹Gefeierte des ²Abends" (Suttner, Martha 1902, 278) — „Er hielt Lesseps für den größten ¹Mann des ²Jahrhunderts" (FONTANE, Quitt 1890, 425) — „daß eine Form der wirtschaftlichen Organisation, die einer entwickelten Volkswirtschaft gegenüber als das Höhere und Vollkommenere erscheinen soll, nicht an einen urwüchsigen Kommunismus, sondern unmittelbar an die ¹Produktion der ²Gegenwart anknüpfen muß" (PÖHLMANN, Gesch. d. soz. Fr. II ³1925, 297); ¹zeitlich verortet, ²Zeitraum.

d) „das ¹Ereignis [...] zu ²Weihnachten 1351" (KELLER, Narr 1877, 114) — „die ¹ununterbrochene Geselligkeit am ²Mittag und am ²Abend" (BRAUN, Mem. I 1909, 407); ¹zeitlich verortet, ²Zeitraum.

Bsp. 813: Attribuendal bzw. Komitatial: Nomen loci bzw. temporis.

a) Genitivus locati: „¹Land des ²Nebels" (BIERBAUM, Stilpe 1897, 129); ¹räumlich verortet, ²Ort.

b) Genitivus temporalis: „ein ²Morgen [...] der ¹Feindseligkeit" (EBNER-ESCHENBACH, Grillp. 1915–16, 914) — „die ²Jahre der ¹Zeugungsfähigkeit" (MEISEL-HESS, Sex. Krise 1909, 378) — „eine lange ²Zwischenzeit des ¹Unfriedens" (FONTANE, Sturm II 1878, 170) — „Was hast du zu dieser ²Zeit der ¹ᵃSpitzbuben und ¹ᵇRäuber auf der Straße zu suchen?" (KLABUND, Bracke 1918, 125); ¹zeitlich verortet, ²Zeitraum.

Bsp. 814: a) „¹Die Porträts, die er von ihr dutzendweise anfertigte, ²ʳbekamen⁻⁻⁻ allmählich treffliche ⁻⁻⁽²⁾ʳÄhnlichkeit"' (ESSIG, Taifun 1919, 273); ¹ähnlich, ²Ähnlichkeit.

b) „²Ähnlich ist ¹die Meinung des Origenes" (BALL, Künstler 1926, 136); ¹ähnlich, ²Ähnlichkeit.

c) „¹Gewisse Plastiken Karl Brendels ²ʳwürden sich⁻⁻⁻ in einer Ausstellung von Primitiven ⁻⁻⁽²⁾ʳnicht unterscheiden'" (BALL, Künstler 1926, 118); ¹unterschieden, ²Verschiedenheit.

d) „Zur Zeit des dreißigjährigen Krieges ²ʳwar⁻⁻⁻ in Waren ¹ein grausam harter Mann, namens Hörning, ⁻⁻⁽²⁾ʳBürgermeister'" (BARTSCH, Sag. Meklenb. I 1879, 168); ¹Sozialkorrelat, ²Sozialrelation.

e) „Das Gut ... ja, ¹man ²hatte einen neuen Inspektor, der frühere hatte Summen von bedrückender Größe unterschlagen" (REVENTLOW, Selbstmordverein 1925, 402) — „[...] daß ¹Ihr nie ²einen Lehrer gehabt habt" (FRANZOS, Pojaz 1905, 229); ¹Sozialkorrelat, ²Sozialrelation.

f) „unter der ²Präsidentschaft von ¹Madame Jules Simon" (LUISE BÜCHNER, Dt. Gesch. 1875, 184); ¹Sozialkorrelat, ²Sozialrelation.

g) Genitivus repraesentantis: „der heutigen ¹Bedeutung des ²Wortes König entspricht der altgriechische Basileus in keiner Weise" (ENGELS, Urspr. Fam. 1884, 105); ¹darstellend, ²Darstellung.

h) „In der Differenzierung des Lebens der Gesellschaft hat ein System wie die Poesie ¹seine ²Funktion stets modifiziert." (DILTHEY, Einl. Geisteswss. 1883, 373); ¹Funktionsträger, ²Funktionalität.

i) Genitivus qualificati: „Den Krug schmückte eine ähnliche Szene; das Geschirr war alt und kostbar, und der ²Name des ¹Künstlers stand darauf geschrieben" (CHRIST, Erinn. 1912, 91); ¹Eigenschaftsträger (Namensträger), ²Qualitativität.

j) Genitivus qualificati: „Sie brauchte nur einen Namen zu nennen, nur die ²Herkunft des ¹Waisenknaben zu erklären, und der Sturm im Wasserglase legte sich." (FRANÇOIS, Reckenb. 1870, 58 f.); ¹Eigenschaftsträger (räumlich/zeitlich herkünftig), ²Qualitativität.

k) Genitivus possibilis: „Alles Lebendige ist verhängt mit seinen Ahnen. Die Erbmassen, die es von ihnen übernommen hat, sind bestimmend für alle ²Möglichkeiten ¹seiner selbst." (MEISEL-HESS, Sex. Krise 1909, 282); ¹Möglichkeitsträger, ²Modalität.

ℓ) Genitivus licentiati: „In diesem Teil des Aufsatzes sind wir mit dem Verfasser vollkommen einverstanden, in demjenigen, welcher mehr von der ²Berechtigung der ¹Frauen in Zukunft spricht, sind wir es nicht mehr." (OTTO, Bücherschau 1850, 247); ¹berechtigt/Erlaubnis habend, ²Modalität.

m) „Wohl eine Stunde mochte so verflossen sein, als man sich gesättigt fühlte, und nun, weil das ²Bedürfnis des ¹Körpers nicht mehr drängte, auch dem geistigen Gehör verleihen konnte." (WAIBLINGER, Bl. Grotte 1830, 679); ¹Notwendigkeitsträger, ²Modalität.

n) „Der Moslem erfüllte wacker die ²Pflicht des ¹Gastfreundes." (GOEDSCHE, Sebastopol 1856, I, 159); ¹Verpflichtungsträger, ²Modalität.

o) „¹[S]ie ²hat keinen Ehrgeiz" (WILDENBRUCH, Tanagra 1880, 67) — „²ʳHast⁻⁻⁻ ¹du ⁻⁻⁽²⁾ʳHeimweh⁻?" (RILKE, Cornet 1906, 244) — „¹[D]er Herr ²war heute nicht guter Laune" (KEYSERLING, Abendl. Häuser 1914, 111 f.) — „¹Sie ²ist in Trauer" (DOHM, Dalmar ²1897, 181); ¹gesonnen, ²Gesinnung/Einstellung.

p) Genitivus affecti: „in Dortmund soll die ²Haltung der ¹Arbeiter eine drohende sein" (BRAUN, Mem. I 1909, 331) — „Auf ²Wunsch des ¹Zentralrats" (MÜHSAM, Eisner 1929, 309) — „die ²Absicht des ¹Malers" (RILKE, Worpsw. 1903, 93); ¹gesonnen, ²Gesinnung/Einstellung.

q) Genitivus affectionis: „der ¹Mann der [...] ²Ängstlichkeiten" (FONTANE, Cécile 1886, 489) — „¹Männer ²deines Glaubens" (FREYTAG, Ahnen I 1872, 291); ¹gesonnen, ²Gesinnung/Einstellung.

*

Die Frage, ob ein Propositionsgefüge als obligativ anzusehen sei, ist nicht immer ganz leicht zu beantworten. Beispielsweise ergibt sich das Problem bei *können* mit volitivem Modalitätsgrund. Hier lässt sich von einem obligativen Prädikationsgefüge sprechen, wenn sich nicht (wie bei der approbativen Verwendung von *können*: vgl. Anm. 310, S. 697) eine Übereinstimmung des die Möglichkeit begründenden Wollens mit dem Wollen des Möglichkeitsträgers, sondern eine Divergenz des Wollens andeutet.

Bsp. 815: „³ʳDeinen Gutenachtgruss⁻⁻⁻ ²kannst ¹du ⁻⁻⁽³⁾ʳin Zukunft unten besorgen⁻" (JANITSCHEK, Eva 1902, 127); ¹Verpflichtungsträger, ²Modalität, ³Aufgabe/Pflicht. — Volitiver Modalitätsgrund: der Wille der Sprecherin.

Da die prototypische potentiale Verwendung von *können* in solchen Fällen nie ganz ausgeblendet wird, handelt es sich dabei nicht um prototypische obligative Prädikationsgefüge, sondern um eine den Forderungs- oder Befehlston abschwächende Ausdrucksweise. Der Sinn ist aber unmissverständlich: ›jemand — die angesprochene oder eine in Rede stehende Person — soll etwas tun‹.

Ähnliche nicht prototypische obligative Propositionsgefüge sind auch mit *dürfen* und *mögen* möglich. Die Frage, wie sich entscheiden lässt, ob ein Prädikationsgefüge mit *dürfen* oder *mögen* als approbativ oder als obligativ zu interpretieren sei, kann folgendermaßen beantwortet werden: Eine Erlaubnis zu geben, setzt die Erwartung voraus, dass das Erlaubte in der Absicht dessen liegt, dem die Erlaubnis gilt. Eine solche Erwartung muss dabei keineswegs der Realität entsprechen (Bsp. 816), sondern nur überhaupt vorhanden sein.

Bsp. 816: „‚Don Timoteo [...] will Sie engagieren. ¹Sie ²dürfen ³hier bleiben.'
‚So? Ich darf also, darf, darf! Dieser Ausdruck ist wohl falsch. Ums Dürfen handelt es sich nicht, sondern darum, ob ich will.'" (MAY, Satan I 1911, 129 f.); ¹berechtigt/Erlaubnis habend, ²Modalität, ³erlaubt. — Volitiver Modalitätsgrund: die Einwilligung des *Don Timoteo*.

Lässt sich vermuten, dass der Sprecher/Schreiber diese Erwartung hat, so kann das bewusste Propositionsgefüge als approbativ gedeutet werden. Hat er sie vermutlich nicht bzw. gibt es Grund zu der Annahme, sie sei für ihn nicht relevant, so wird man das Propositionsgefüge als obligativ ansehen können. Es drückt dann eine indirekte, somit höflichere, zugleich aber auch (Bsp. 817) potentiell missverständliche Aufforderung aus, die zudem durch den immer mitschwingenden Sinnaspekt der Erlaubnis ein soziales Gefälle markiert bzw. (bei gleichem oder unklarem sozialem Status) herablassend wirken kann.

Bsp. 817: „,[...] Aimé, mein süßes Blümchen, ¹du ²darfst ³jetzt dem Herrn Kandidaten die Hand geben.'
Das süße Blümchen mußte die Aufforderung jedenfalls falsch verstanden haben. Statt dem Herrn Kandidaten die Hand zu geben, zeigte es ihm etwas anderes [...]; und als der Hauslehrer es wagte, sich ihm zu nähern, stieß es mit den Füßen nach seinen Schienbeinen, so daß er schmerzlich bewegt zurückwich und nur aus der Ferne die Hoffnung aussprach, daß Aimé und er bald vertrauter miteinander werden würden." (RAABE, Hungerp. 1863–64, 228); ¹Verpflichtungsträger, ²Modalität, ³Aufgabe/Pflicht. – V o l i t i v e r M o d a l i t ä t s g r u n d : der Wille der Sprecherin.

Als verbindlicher oder höflicher (nämlich mit Tendenz zur Bitte) wird die Konstruktion mit *mögen* empfunden, insbesondere dann, wenn das Modalverb erkennbar im Optativ erscheint (Bsp. 818c).

Bsp. 818 a) „¹Du ²magst nur ³dafür sorgen, daß ich mit Dir zufrieden bin!" (MAY, Nußb. 1876, 816); ¹Verpflichtungsträger, ²Modalität, ³Aufgabe/Pflicht. – V o l i t i v e r M o d a l i t ä t s g r u n d : der Wille der Sprecherin.

b) „Da bat ich den Vater, ¹er ²möge ³auf den Tanzplatz etliche kleine Tische stellen" (CHRIST, Erinn. 1912, 224); ¹Verpflichtungsträger, ²Modalität, ³Aufgabe/Pflicht. – V o l i t i v e r M o d a l i t ä t s g r u n d : der Wille der Sprecherin (Erzählerin).

c) „²Möge ¹Ihr Kind ³mir die Absolution nicht verweigern für eine Schuld, die ein wunderliches Geheimnis des Himmels ist" (JANITSCHEK, Kreuzf. 1897, 146 f.); ¹Verpflichtungsträger, ²Modalität, ³Aufgabe/Pflicht. – V o l i t i v e r M o d a l i t ä t s g r u n d : der Wille der Sprecherin (Erzählerin).

Noch deutlicher ausgeprägt ist die Tendenz zur höflichen Aufforderung bzw. zur Bitte in obligativen Propositionsgefügen mit *wollen*, das dabei prinzipiell im Optativ erscheint (Bsp. 798e). Mit derartigen Aussagen wird der Hoffnung Ausdruck verliehen, dass der im volitiven Modalitätsgrund verborgene Wille übereinstimme mit dem Willen der angesprochenen oder in Rede stehenden Person.

7 Semantische Relationen

Der Gedanke, dass sprachliche Zeichen hinsichtlich ihrer Bedeutungen in Relation zu einander stehen, ist alt, wurde aber kaum konsequent verfolgt. Bis heute operiert die Semantiktheorie in der Regel mit nur gut einem halben Dutzend solcher Relationen (vgl. Lyons 2002). *Synonymie, Antonymie, Hyponymie, Hyperonymie, Meronymie* (auch: *Partonymie*), *Holonymie* sowie *Konversheit/Konversonymie* können als eingeführte Termini gelten. In Analogie zu diesen Onymie-Relationen, die immer für den semantischen Vergleich gestaltseitig v e r s c h i e d e n e r Zeichen stehen[318], hat die neuere Semantiktheorie so genannte Semie-Relationen (Antisemie, Hyposemie, Hypersemie usw.) eingeführt, mit denen sich auch unterschiedliche Bedeutungen e i n e s u n d d e s s e l b e n Zeichens aufeinander beziehen lassen[319].

Ein Beispiel: Verhalten sich zwei Wörter wie *Literatur* und *Poesie* zueinander als Hyperonym und Hyponym, indem *Literatur* für eine Gesamtheit aller literarischen Werke, *Poesie* für eine bestimmte Unterklasse derselben (im Gegensatz zur *Prosa*) stehen kann, so kann *Poesie* im 18. und 19. Jahrhundert jedoch auch im Sinne von ›Gesamtheit von literarischen Werken (einschließlich der Prosa)‹ verwendet werden und erscheint in diesem Fall in ‚engerer' (hyposemer) und in ‚weiterer' (hypersemer) Bedeutung; vgl. Bär 1999a, 455.

Ein zweites Beispiel: *Kopf* ist meronym zu *Körper* (der Kopf ist ein Teil des Körpers), *Kiefer* meronym zu *Kopf* und *Hand* meronym zu *Arm* – zugleich sind aber *Körper, Kopf* und *Arm* auch merosem, d. h., sie erscheinen jeweils in einer weiteren Bedeutung, in der sie nur für einen Teil dessen stehen, was sie in ihrer umfassenderen Bedeutung bezeichnen:

> „Mein Körper reicht vom Scheitel bis zur Fußsohle; aber ich trage keine Mütze auf dem Körper. Mein Kopf reicht vom Scheitel bis zum Kinn; aber ich habe keine Zähne im Kopf. Mein Arm reicht von der Schulter bis zu den Fingerspitzen; aber ich habe keine Fingernägel am Arm." (Keller 1995, 97.)

Über Beobachtungen dieser Art hinaus ist das Modell der semantischen Relationen bislang offenbar nicht entwickelt worden, obwohl es Anregungen gegeben hat (z. B.

---

[318] Roelcke (1992a) spricht in diesem Zusammenhang vom *onomasiologischen Paradigma*.
[319] Nach Roelcke (ebd.) sind dies semantische Relationen im *semasiologischen Paradigma*. – Der Terminus *Semie* setzt sich in der Forschung erst seit der Mitte der 1990er Jahre allmählich durch. Bis in diese Zeit werden Relationen im onomasiologischen und im semasiologischen Paradigma terminologisch nicht unterschieden; beide werden als Onymierelationen bezeichnet. So spricht noch Keller (1995, 97) bei holosemen bzw. merosemen Wörtern wie *Kopf* oder *Arm*, die sowohl für eine Sache im Ganzen als auch einen Teil diese Sache stehen können, von Wörtern, die „sowohl als H o l o n y m als auch als M e r o n y m verwendet" werden, und Müller (1996, 289) redet bei Wörtern wie *sanktionieren* oder *Untiefe* statt von antisemen Einheiten von solchen, die „i n s i c h a n t o n y m i s c h " sind (Hervorhebungen jeweils von mir, jab).

Lutzeier 1995). Insbesondere überzeugende Brückenschläge zur Theorie der semantischen Kasus fehlen – wohl deswegen, weil diese in erster Linie eine s a t z semantische Theorie ist, konzipiert und geeignet für die Beschreibung der P a r o l e , während die semantischen Relationen in erster Linie der W o r t semantik angehören und vom linguistischen Strukturalismus, aus dem sie sich herleiten, zur Beschreibung von Phänomenen der L a n g u e gedacht waren. Die heuristisch sinnvolle Trennung von Langue und Parole ist jedoch für die empirische historische Semantik kein Selbstzweck. Parole und Langue sind für sie Positionen, die sie im hermeneutischen Rundgang bezieht, um verschiedene, einander ergänzende und qualitativ potenzierende Perspektiven auf ihren Gegenstand (ein Korpus sprachlicher Äußerungen) zu gewinnen. Die Langue, als ein hermeneutisches Konstrukt jenseits des alltäglichen, un- oder zumindest doch vorsystematischen Sprachregelwissens, ergibt sich erst aus der Interpretation der einzenen Parole-Akte – die ihrerseits nur dadurch interpretierbar werden, dass das Regelsystem einer Langue auf sie angewendet wird. Für sich allein erscheint jeder dieser Blickwinkel als ein toter Winkel – was nicht heißt, dass er gar nichts zu sehen erlaube, aber doch, dass manches (und gegebenenfalls Relevantes) aus ihm heraus nicht wahrzunehmen ist.

Dementsprechend sehen wir es als gerechtfertigt an, Instrumente der Parole-Linguistik für die Langue-Beschreibung einzusetzen – zumal dann, wenn diese Beschreibung empirisch fundiert sein, also aus der Analyse konkreter Belege heraus entstehen soll. Das Anliegen unserer Arbeit ist es, erstens systematische Klarheit bezüglich der Regeln zu gewinnen, die beim – intuitiv freilich oft auch ohne dies gelingenden, aber eben doch nur ‚irgendwie' gelingenden – Verständnis sprachlicher Äußerungen angewandt werden, und zweitens auf der Grundlage dieser Klarheit den Werkzeugkasten der empirischen Semantik mit einigen Spezialwerkzeugen auszustatten, die ihm bislang gefehlt haben. Dabei scheint ein Ausdruck des Bewusstseins angebracht, dass es sich nicht um eine völlig neue Erfindung, sondern lediglich um eine Adaption von Geräten aus anderen Werkzeugkästen handelt. Zudem sprechen wir selbstverständlich nicht von U n i v e r s a l werkzeugen. Etwas so Komplexes wie die Bedeutung sprachlicher Zeichen wird man a l l e i n mit Hilfe der Analyse semantischer Relationen weder erarbeiten können noch wollen.

Vergleicht man die aus unserem Ansatz resultierende Methode der relationalsemantischen Untersuchung mit anderen in der lexikalischen Semantik aktuell gängigen Methoden, so lässt sich das Verhältnis folgendermaßen skizzieren: Der Aufweis des Relationenfeldes, in dem ein sprachliches Zeichen – als Ausgangspunkt einer semantischen Untersuchung nennen wir es B a s i s z e i c h e n (vgl. S. 184) – den im Untersuchungskorpus verfügbaren Belegen zufolge steht, ist gleichbedeutend mit dem Aufweis seiner Bedeutung. Es versteht sich, dass dabei ein weit gefasstes Verständnis von Bedeutung zugrunde liegt, das von der Grammatik einerseits bis in die Pragmatik andererseits reicht. Es entspricht zum einen, wie bereits im einleitenden Kapitel (S. 1 ff.) erläutert, dem gebrauchssemantischen oder auch linguistischen Zeichenmodell (die Bedeutung eines sprachlichen Zeichens ist die Gesamtheit der Regeln, auf die seine Verwendung in einem Untersuchungskorpus sich beschreibungssprachlich bringen lässt), andererseits ist es der Versuch, Ansätzen wie insbesondere dem der distributiven Semantik (vgl. Heringer 1999), die bislang in der Regel rein oder zumindest vorwiegend nach Kollokationsqua n tit ä t e n fragen, um die Möglichkeit qua l i t a t i v e r Analysen zu erweitern.

Was wir vorschlagen, ist eine (im Sinne von S. 77) kumulativ-abstraktive Auswertung jeweils einer Reihe von Belegen – sei es der Gesamtheit aller in einem Korpus für ein sprachliches Zeichen vorhandenen Beleg oder einer wie auch immer begründeten Auswahl aus dieser Gesamtheit – hinsichtlich der im vorstehenden Kapitel entwickelten Sinnrelationen. Der Grundgedanke ist dabei: Wenn es gelingt, typische (potentiell in mehr als einem Beleg begegnende) Sinnrelationen herauszuarbeiten, so hat man damit einen unmittelbaren Zugriff auf einzelne Aspekte der Zeichenbedeutung (i. S. v. § 9.5 HLR, vgl. S. 77). Je nachdem, wie detailliert man vorgeht, lässt sich auf diese Weise eine mehr oder weniger große Menge semantischer Aspekte bestimmen und damit dann zugleich auch eine mehr oder weniger feine semantische Analyse bewerkstelligen.

Das Vorgehen, das mit der vorliegenden Arbeit seine theoretische und methodologische Begründung erhält, habe ich in Anlehnung an die lexikographietheoretischen Arbeiten Oskar Reichmanns (1983; 1989; 1993a u. ö.) seit Ende der 1990er Jahre in einer Reihe eigener Beiträge (Bär 1997; 1998a; 1999a; 2000a; 2001; 2008; 2011; 2013; 2014) erprobt und ausgebaut. In größerem Umfang praktisch angewendet wird es bei der Erstellung des Diskurswörterbuchs *Zentralbegriffe der klassisch-romantischen „Kunstperiode" (1760–1840). Wörterbuch zur Literatur- und Kunstreflexion der Goethezeit* (Bär 2010 ff.), kurz: *ZBK*, auf das in diesem Zusammenhang verwiesen sei.

Während empirische Arbeit eine beträchtliche Anzahl von Kombinationen semantischer Relationen nahelegt, weil sprachliche Zeichen auch dann füreinander signifikant erscheinen können, wenn sie sich nicht direkt, sondern nur mittelbar – über andere sprachliche Zeichen – aufeinander beziehen lassen, betrachten wir im Folgenden nur die Grundkategorien. Terminologisch orientieren wir uns dabei an dem Wortbildungsmuster ‚*x* + *-onymie*' (für die jeweilige Relation zwischen einem Ausgangszeichen und einem anderen Zeichen) bzw. ‚*x* + *-onym*' (für das mit einem Ausgangszeichen in der entsprechenden Relation stehende Zeichen), wie es den eingeführten Termini *Synonym(ie)*, *Antonym(ie)*, *Hyponym(ie)* usw. zugrunde liegt. Eine Etablierung dieser Vokabeln im Forschungsdiskurs halten wir für völlig unwahrscheinlich und auch gar nicht für nötig; allenfalls werden sich vielleicht einzelne Bezeichnungen brauchbar finden lassen. Ebenso gut lässt sich – wie das aus Gründen der Benutzerfreundlichkeit im ZBK-Wörterbuch, das sich zudem nicht vorrangig an ein linguistisches Fachpublikum richtet, auch geschieht – mit den deutschen Entsprechungen operieren, die gleichfalls terminologischen Charakter haben. Auch sie erklären sich freilich nicht in jedem Einzelfall selbst. Zumindest in der Online-Version des Wörterbuchs, die mit Hypertext-Technologie arbeitet, lassen sich aber kurze Erläuterungen in Form von Mouseover-Kommentaren mit den Ausdrücken verbinden, die jeweils automatisch erscheinen, wenn man mit dem Mauszeiger über einen Ausdruck fährt. Dies erscheint als eine praktikable Möglichkeit, die Fülle der Termini unproblematisch zu machen.

Im Bewusstsein der Tatsache, dass unser terminologisches Bacchanal für den wohlwollendsten Leser und die geduldigste Leserin trotz allem noch eine Zumutung darstellen muss, geben wir der leichteren Orientierung halber sowohl einen systematisch (Kap. 7.1 und 7.2) als auch einen alphabetisch (Kap. 7.3) geordneten Überblick über die von uns angesetzten semantischen Relationen. Es handelt sich dabei um eine prinzipiell offene Liste, die bei Bedarf – sofern die semantische Empirie es zur Erfassung konkreter determinativer Verhältnisse wünschenswert erscheinen lässt – jederzeit erweitert werden könnte.

7.1 Bedeutungsverwandtschaft

Das Thema ‚Gleichheit' bzw. ‚Gegensätzlichkeit' ist in den Theorien zur relationalen Semantik altbekannt und ausführlich diskutiert; die Rede ist in diesem Zusammenhang traditionell von Synonymie bzw. Antonymie. Im Zentrum steht dabei ein grundlegendes Problem:

> „To someone who has not given the topic much thought, synonyms are simply words that mean the same. However, some dictionaries define synonymy as 'sameness or similarity of meaning', thereby opening a can of worms: how similar do meanings have to be to constitute synonymy?" (Cruse 2001, 485);

Analoges gilt für Antonyme. Hinzu kommt noch die Tatsache, dass de Saussures Unterscheidung von Langue und Parole weitere Differenzierungsmöglichkeiten nicht nur eröffnet, sondern zugleich auch einfordert:

> „Es scheint nur einige wenige Ausdrücke natürlicher Sprachen zu geben, deren virtuelle (potentielle) Bedeutung (Systembedeutung) identisch ist. Aber es gibt viele Fälle, wo der Kontext die aktuelle Bedeutung [...] genügend determiniert, daß Synonymie gegeben scheint" (de Beaugrande/Dressler 1981, 62);

wiederum gilt für Antonymie Entsprechendes.

Um zunächst alle Probleme zu vermeiden, reden wir in Adaption eines von Oskar Reichmann eingeführten Terminus von positiver oder (im Falle des Gegensatzbereichs) negativer Bedeutungsverwandtschaft und subsumieren darunter ganz allgemein jede Art von semantischer Ähnlichkeit oder Verschiedenheit zwischen zwei Ausdrücken. Um bedeutungsverwandt in diesem Sinne zu sein, müssen zwei Ausdrücke also lediglich ‚mehr oder weniger das Gleiche' bzw. ‚mehr oder weniger Gegensätzliches' bedeuten, anders gesagt: sie müssen sich unter mindestens einem

Aspekt gegenseitig implizieren oder ausschließen; nochmals anders: Diejenigen Größen, für die sie jeweils stehen, müssen als einander unter mindestens einem Aspekt gleich oder entgegengesetzt konzipiert sein.

Will man in einem zweiten Schritt dann weiter differenzieren, so lassen sich verschiedene Grade von Gleichheit bzw. Gegensätzlichkeit auf einer Skala mit unscharfen Übergängen anordnen, die von der Gleichheit unter a l l e n Aspekten bis hin zur Gegenteiligkeit (was eines von beiden nicht ist, ist jeweils das andere) reicht.

Gleichheit   Ähnlichkeit   Verschiedenheit   Gegensätzlichkeit   Gegenteiligkeit

Abb. 130: Grade der Ähnlichkeit

Die Offenheit der Übergänge ist auch und gerade für Ähnlichkeit und Verschiedenheit zu konstatieren: Sie sind nur zwei Aspekte eines und desselben Sachverhaltes.

Zwar bedeutet ‚Offenheit der Übergänge' nicht, dass man nicht einigermaßen problemlos Gleichheit und Gegenteiligkeit unterscheiden könnte; aber zwischen Gleichheit und Ähnlichkeit, zwischen Ähnlichkeit und Verschiedenheit, zwischen Verschiedenheit und Gegensätzlichkeit und zwischen Gegensätzlichkeit und Gegenteiligkeit wird die Entscheidung im Einzelfall schwerfallen. Geht es beispielsweise (vgl. Bär 2014/15, 253–255) um die Bedeutung des Wortes *Geist* in einem Beleg wie

Bsp. 819:   „Die Verantwortlichkeit kann Geistern oder Göttern gegenüber bestehen" (WEBER, Wirtsch. u. Gesellsch. I 1921, 25),

so wird man zunächst aufgrund der Parallelität der Fügung ohne Schwierigkeiten *Gott* als bedeutungsverwandten Ausdruck identifizieren. Dann stellt sich jedoch die Frage, welche Art von Bedeutungsverwandtschaft hier anzusetzen sein könnte. Am unmittelbarsten einleuchtend – in der Redeweise der IDS-Grammatik: am ‚salientesten' – erscheint der Ansatz von Homoionymie: Ein *Geist* ist schon gemäß alltäglichem Sprachwissen – das sich nach einer Sichtung der *Geist*- und *Gott*-Belege bei Max Weber (vgl. Bär 2014/15) durchaus bestätigt – etwas einigermaßen Ähnliches wie ein *Gott*. Aber doch nur etwas e i n i g e r m a ß e n Ähnliches, und damit dann eben auch etwas einigermaßen A n d e r e s. Man muss sich fragen, welchen Aspekt man gerade besonders in den Vordergrund stellen will. Dass es dabei ein ‚Richtig' oder ‚Falsch' nicht geben kann, sondern allenfalls ein ‚Nachvollziehbar', versteht sich von selbst.

Ebenso, jedoch aus anderen Gründen, verhält es sich bei der Frage ‚gleich oder ähnlich?'. Zwar könnte man auf den Gedanken kommen, dass hier die Unterscheidungskriterien eindeutig seien, indem Gleichheit nur dort anzusetzen sei, wo zwei Ausdrücke für d i e s e l b e Kategorie stehen, d. h. zu einhundert Prozent semantisch übereinstimmen. Ähnlichkeit wäre dagegen überall dort gegeben, wo Abweichungen zu konstatieren sind, seien diese auch noch so gering. Dass dies bedeuten würde, die semantische Relation der Synonymie so gut wie abzuschaffen (hundertprozentige Bedeutungsübereinstimmung, selbst wenn man nur das Denotat zweier Ausdrücke berücksichtigt, kommt kaum vor[320]), muss kein Gegenargument sein. Allerdings scheint eine solche Auffassung nur für Belegausdrücke, d. h. für die Parole-Ebene sinnvoll. Unter Langue-Aspekt, also bei Korpusausdrücken, muss man immer mitberücksichtigen, dass Bedeutungen in der Regel durch A b s t r a k t i o n zustande kommen (vgl. S. 77). Das heißt, dass man die Bedeutungen ›a$_n$‹ und ›b$_n$‹ zweier Korpusausdrücke *a* und *b* ohne weiteres als gleiche modellieren kann, selbst dann, wenn man keine einzige B e l e g bedeutung ‚a' als hundertprozentig übereinstimmend mit irgendeiner Belegbedeutung ‚b' interpretieren würde. Anders gesagt: Selbst dann, wenn hinsichtlich aller Einzelbelege zwei Ausdrücke jeweils als Homoionyme erscheinen, kann es doch sinnvoll (will sagen: durch ein Untersuchungsinteresse gerechtfertigt) sein, sie als Korpusausdrücke zu Synonymen zu erklären. Letzteres ist dann der Fall, wenn aus der Sicht der interpretierenden Person die semantischen Unterschiede vernachlässigbar erscheinen. Wo es demgegenüber – textindiziert oder textinduziert – nötig scheint, sie hervorzuheben, wird nicht Übereinstimmung, sondern eben Bedeutungsähnlichkeit anzusetzen sein.

Das Fazit dieser Überlegungen ist dasjenige, was auch ohne sie schon allgemein bekannt war: Die empirische Semantik hat einigermaßen große Spielräume beim Ansatz unterschiedlicher Grade der Bedeutungsverwandtschaft. Wir schaffen also mit dieser Arbeit die hermeneutische Subjektivität keineswegs ab – wir verringern sie nicht einmal nennenswert. Was aber gelungen sein könnte: Mithilfe der getroffenen Unterscheidungen und ihrer terminologischen Fassung könnten die Voraussetzungen geschaffen sein für ein geschärftes Methodenbewusstsein. Das heißt nicht, dass ‚Intuition' in der praktischen semantischen Arbeit, beispielsweise in der Be-

---

[320] Es scheint nicht verfehlt, daran zu erinnern, dass Redeweisen wie *eine semantische Relation kommt vor/besteht/findet sich* usw. aus der Perspektive, die wir in dieser Arbeit durchgängig einnehmen, immer so viel bedeuten wie ›der Semantiker oder die Semantikerin sieht/vertritt eine semantische Relation, hält sie für plausibel‹. Das ändert aber nichts an der Gültigkeit der Aussage, denn auch wenn in dieser Weise die Beschaffenheit der Welt vom Auge der betrachtenden Person abhängt, muss in Erwägung gezogen werden: In einem dem Distinktheitsideal der Aufklärung verhafteten Kulturkreis wie dem mitteleuropäischen des 20. und frühen 21. Jahrhunderts gibt es so leicht keine Wahrnehmungsdispositionen, die für einen Ansatz von Synonymie günstig wären. Wem bereits in der Grundschule beigebracht wurde, dass man Dinge u n t e r s c h e i d e n muss, wenn es darum zu tun ist, sie genau zu betrachten und ihnen auf den Grund zu gehen, der wird bei unterschiedlichen Ausdrucksseiten ganz selbstverständlich auch Bedeutungsunterschiede zu suchen (und daher zu finden) geneigt sein, und er wird daher selbst bei Ausdrücken wie beispielsweise *Apfelsine* und *Orange* annehmen, dass diese für zwar vielleicht ähnliche, aber ‚eigentlich' doch verschiedene Dinge stehen. (Im Übrigen wird sich, selbst wenn die Allgemeinsprache für derlei Feinheiten keine Anhaltspunkte bieten sollte, leicht der eine oder andere fachsprachliche Wortgebrauch anführen lassen, der eine solche Sichtweise stützt.)

deutungslexikographie, keinen Platz und keine Berechtigung mehr habe. Aber sie könnte durch Reflexion bei Bedarf doch leichter einholbar und überprüfbar sein.

7.1.1 Gleichheit und Gegensätzlichkeit

§ 106.1 HLR: (α) $^{(I)}$Als Synonyme oder entsprechende Ausdrücke werden Ausdrücke bezeichnet, die eine vollständige oder zumindest weitgehende semantische Äquivalenz mit dem zu erläuternden Ausdruck aufweisen (so dass die beschreibungssprachlichen Fassungen der relationalen Beziehungen, in denen sie jeweils stehen, identisch oder weitgehend lauten können). $^{(II)}$Ausdrücke, die unterschiedlichen Sprachsystemen angehören und sich zueinander wie Synonyme verhalten, heißen Heteronyme oder in anderen Sprachen entsprechende Ausdrücke.

(β) $^{(I)}$Ausdrücke, die einander relativ ausschließende semantische Aspekte aufweisen, heißen Antonyme oder Ausdrücke für gegensätzliche Größen. $^{(II)}$Ausdrücke, die einander absolut ausschließende semantische Aspekte aufweisen, heißen Kompleonyme oder Ausdrücke für komplementäre Größen.

(γ) $^{(I)}$Ausdrücke für identische Individualgrößen und auch Ausdrücke für identisch gesetzte kategoriale Größen, die sich nicht als Synonyme i. S. v. § 106.1α^I HLR interpretieren lassen, heißen Isonyme oder Ausdrücke für gleichgesetzte Größen. $^{(II)}$Ausdrücke für Größen, die unter einem bestimmten Aspekt explizit oder implizit analog gesetzt werden, heißen Eikasionyme oder Ausdrücke für verglichene Größen.

(δ) $^{(I)}$Als Tekaionym oder Ausdruck für eine Gegensätzliches vermittelnde Größe wird ein Ausdruck bezeichnet, der den semantischen Gegensatz zwischen dem zu erläuternden Ausdruck und einem dritten Ausdruck zum Ausgleich bringt. $^{(II)}$Als Apisonyme oder Ausdrücke für vermittelte Größe erscheinen Antonyme, deren Gegensätzlichkeit in dem, wofür der zu erläuternde Ausdruck steht, als aufgehoben erscheint.

§ 106.2 HLR: (α) Bedeutungen, die i. S. v. § 106.1α HLR übereinstimmen, werden $^{(I)}$Homosememe bzw. $^{(II)}$Heterosememe genannt; ihr Unterschied besteht prinzipiell darin, dass sie verschiedenen Ausdrücken zugehören.

(β) $^{(I)}$Bedeutungen, die einander i. S. v. § 106.1β^I HLR ausschließen, werden Antisememe genannt. $^{(II)}$Bedeutungen, die einander i. S. v. § 106.1β^{II} HLR ausschließen, werden Kompleosememe genannt.

(γ) Bedeutungen, die Gegensätzliches zum Ausgleich bringen, werden Tekaisememe genannt.

§ 106.3 HLR: (α) Homosememe bzw. Heterosememe können als Bedeutungen in unterschiedliche semantische Aspekte (§ 9.5 HLR) gegliedert werden, die wir als Homoseme bzw. Heteroseme bezeichnen. Ein Homosem bzw. Heterosem ist ein semantischer Aspekt mit Entsprechung im semantischen Feld mindestens eines anderen Ausdrucks.

(β) Antisememe weisen als Bedeutungen unterschiedliche semantische Aspekte auf, von denen mindestens einer mit einem semantischen Aspekt im semantischen Feld eines anderen Ausdrucks in einem Verhältnis relativer Ausschließung steht. Einander in dieser Weise ausschließende semantische Aspekte heißen Antiseme. Bedeutungen, die sich zueinander als Antisememe verhalten, sind antisem; sie stehen im Verhältnis der Antisemie.

(γ) Kompleosememe weisen als Bedeutungen unterschiedliche semantische Aspekte auf, von denen mindestens einer mit einem semantischen Aspekt im semantischen Feld eines anderen Ausdrucks in einem Verhältnis absoluter Ausschließung steht. Einander in dieser Weise ausschließende semantische Aspekte heißen K o m p l e o s e m e.

(δ) ⁽ᴵ⁾Tekaisememe weisen antiseme Bedeutungsapekte und zudem den Aspekt der Aufhebung der Gegensätzlichkeit auf. Hinsichtlich der antisemen Bedeutungsaspekte (auch dann, wenn sie sich in anderen Sememen als dem Tekaisemem finden) steht der Aspekt der Aufhebung der Gegensätze im Verhältnis der T e k a i s e m i e. ⁽ᴵᴵ⁾Zwei antiseme Bedeutungsaspekte verhalten sich zu einem dritten Bedeutungsaspekt, der in der Aufhebung, der Vermittlung des Gegensatzes besteht, jeweils a p i s o s e m.

§ 106.4 HLR: (α) Haben zwei semantische Felder ›a_{1-n}‹ und ›b_{1-n}‹ lediglich je ein Homosemem (§ 106.2α¹ HLR), so heißen die Wörter a und b M o n o s y n o n y m e (sie werden m o n o s y n o n y m oder e i n f a c h s y n o n y m verwendet); weisen ihre semantischen Felder mehr als je ein Homosemem auf, so ist die Rede von P o l y s y n o n y m e n (die Wörter werden p o l y s y n o n y m oder m e h r f a c h s y n o n y m – und zwar entsprechend der Anzahl der Homoseme me: z w e i f a c h -, d r e i f a c h -, … n - f a c h s y n o n y m – verwendet).

(β) Haben zwei semantische Felder ›a_{1-n}‹ und ›b_{1-n}‹ lediglich je ein Heterosemem (§ 106.2α¹¹ HLR), so heißen die Wörter a und b M o n o h e t e r o n y m e (sie werden m o n o h e t e r o n y m oder e i n f a c h h e t e r o n y m verwendet); weisen ihre semantischen Felder mehr als je ein Heterosemem auf, so ist die Rede von P o l y h e t e r o n y m e n (die Wörter werden p o l y h e t e r o n y m oder m e h r f a c h h e t e r o n y m – und zwar entsprechend der Anzahl der Heterosememe: zweifach-, dreifach-, … n-fachheteronym – verwendet).

Zu § 106 HLR: Lässt sich die Tatsache, dass eine Kategorialbezeichnung y sich im Rahmen eines identifikativen Propositionsgefüges (vgl. S. 689) zu x (dem Basiszeichen – vgl. S. 715 –, ebenfalls einer Kategorialbezeichnung) als gleichgesetzte Größe verhält, als signifikant interpretieren, so erscheint y als Synonym zu x. Synonymie im hier erläuterten Verständnis besteht dann, wenn es möglich ist, ein sprachliches Zeichen durch ein anderes bei identischem Kotext zu ersetzen, ohne dass sich eine Modifikation des Sinns ergibt (Substitutionsprobe). Sind x und y Individualbezeichnungen oder lässt sich, obgleich sie Kategorialbezeichnungen sind, Synonymie in der Substitutionsprobe nicht feststellen, so erscheint y als Isonym zu x: Es handelt sich dann gewissermaßen um ein forciertes Homoionym (§ 107.1α HLR), bei dem die Aspekte der Unterschiedlichkeit vollständig ausgeblendet werden.

Beim Phänomen der Synonymie ist daran zu erinnern, dass (vgl. die Erläuterungen zu § 2.1 HLR, S. 43) Zeichengestalt und Bedeutung untrennbar zusammengehören. Eine Belegbedeutung ist daher nicht unabhängig von einem Belegausdruck, eine Einzelbedeutung nicht unabhängig von einem einzelbedeutungsspezifischen Ausdruck, ein semantisches Feld nicht unabhängig von einem Korpusausdruck zu konstatieren. Denn wenn die Bedeutung eines Zeichens die Gesamtheit der mit seiner Gestalt kotextuell nach bestimmten Regeln kookkurrierenden Zeichengestalten ist, so kann nicht davon abgesehen werden, dass solche Kotextmuster bei unterschiedlichen Zeichengestalten zwar vergleichbar, auch sehr ähnlich sein können, aber nie identisch sind. Das bedeutet: Unterschiedliche Ausdrücke können unter keinen Umständen d i e s e l b e Bedeutung haben, sondern nur ü b e r e i n s t i m m e n d e B e d e u t u n g e n.

Durch den Terminus *Homosemem* wird der Tatsache Rechnung getragen, dass eine bestimmte Wortbedeutung (Einzelbedeutung) nie unabhängig von den übrigen Einzelbedeutungen desselben Wortes ist, anders gesagt: dass die Tatsache der Verwendung eines Wortes in einem Text stets nur vor dem Hintergrund seines gesamten semantischen Feldes angemessen zu deuten ist. Es ist nicht gleichgültig, welches von zwei oder mehreren synonymen Wörtern in einem bestimmten Zusammenhang verwendet wird: Selbst wenn vom Denotat her kein Unterschied zu konstatieren ist, so spielen doch Konnotationen, stilistische Färbungen usw. eine Rolle, und zumindest konnotativ verbunden ist mit der konkreten Verwendung eines Wortes immer auch die G e s a m t h e i t seiner Verwendungsregeln, d. h. mittelbar auch diejenigen Regeln, die unmittelbar mit einer konkreten Wortverwendung nichts zu tun haben.

An einem Beispiel: In anderem Zusammenhang (Bär 1999a) angestellte Untersuchungen haben ergeben, dass in der deutschen Frühromantik die Wörter *Nation* und *Volk* synonym verwendet werden. Beide können unter anderem bedeuten: ›Gruppe von Menschen, die durch kollektives Zusammenwirken eine einheitliche, geschlossene, kohärente Kultur hervorbringen oder bereits hervorgebracht haben‹ (*Nation$_1$/Volk$_1$*; vgl. Bär 1999a, 413 und 507). Dabei handelt es sich jedoch nicht um dieselbe (Einzel-)Bedeutung, sondern um zwei Homosememe ›Nation$_1$‹ und ›Volk$_1$‹; der Unterschied wird anhand der verschiedenen kotextuellen Einheiten deutlich, die sich in den folgenden Syntagmen spiegeln:

a) *N a t i o n* : *in der Denkart seiner N. befangen sein; gebildete / feine / geistvolle / gesittete / unpoetische / wilde N.; Denkungsart der N., Lehrjahre einer N., Geschichte der N. und des Geistes, Heiliges der N.,* ⌜*unabsichtliche, allmähliche Dichtung einer N.*⌝*, Farbe* ›*Eigenart*‹ *einer N., Vorurteil einer N., geistige Hervorbringungen einer N., Schöpfungen des Geistes einer N., Theater einer N.* (Bär 1999a, 414).

b) *V o l k* : *kindliches / künstlerisches / praktisches / spekulatives / wildes V.; Bühne / Kultur eines V., geistige Einheit eines V.* (ebd. 507).

Abgesehen davon, dass *Nation* das in der angeführten Bedeutung in den untersuchten Texten häufiger verwendete Wort ist (was sich an der größeren Zahl unterschiedlicher Syntagmen ablesen lässt[321]), werden Gemeinsamkeiten ebenso wie spezifische Unterschiede bei einzelnen Syntagmen erkennbar: So ist es zwar möglich, ebenso wie von einer *wilden Nation* auch von einem *wilden Volk* zu sprechen, aber eine Fügung wie *feine Nation* ist nicht gleichermaßen für *Volk* denkbar, da einerseits konnotativ die Tatsache eine Rolle spielt, dass *Volk* im Gegensatz zu *Nation* auch in der dem Inhalt von *fein* zuwiderlaufenden Bedeutung ›Gesamtheit niederer Stände,

---

[321] Damit korreliert die größere Anzahl der Wortbelege für *Nation$_1$* im Vergleich zu *Volk$_1$* bei Bär (1999a).

Pöbel‹ verwendet werden kann (vgl. Bär 1999a, 512, s. v. *Volk*₈), und andererseits die zum Ausdruck zu bringende Feinheit (Kultiviertheit) durch das Fremdwort *Nation* zusätzlich unterstrichen wird.

Unter Gegensätzlichkeit verstehen wir hier eine partielle gegenseitige Negation von Kategorien, und zwar hinsichtlich gradierbarer Aspekte. Zwei Kategorialbezeichnungen bedeuten dann Gegensätzliches, wenn jeder Vertreter der einen Kategorie unter bestimmten Aspekten, die in ihrer idealtypischen Ausprägung als die Endpunkte einer Skala erscheinen, nicht Vertreter der anderen Kategorie ist und umgekehrt. So lassen sich beispielsweise die Bedeutungen von *schwarz* (›zu annähernd hundert Prozent schwarzfarbig‹) und *weiß* (›zu annähernd null Prozent schwarzfarbig‹) als gegensätzlich betrachten, weil zwischen ihnen beispielsweise die Bedeutungen von *dunkelgrau* (›zu einem beträchtlichen Teil – ca. fünfzig Prozent oder mehr – schwarzfarbig‹) und *hellgrau* (›zu einem geringen Teil von deutlich unter fünfzig Prozent schwarzfarbig‹) anzusetzen sind.

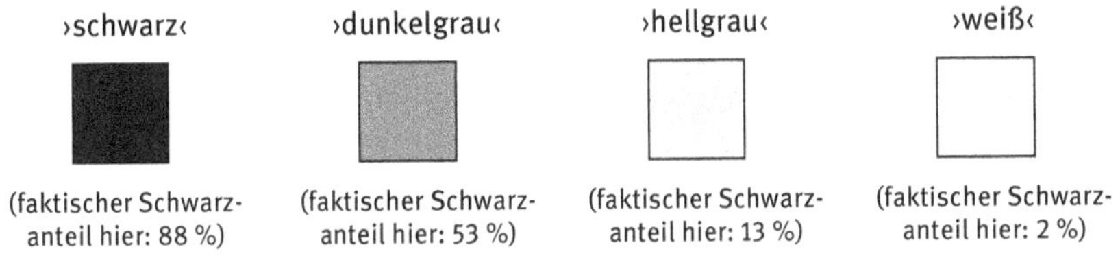

›schwarz‹	›dunkelgrau‹	›hellgrau‹	›weiß‹
(faktischer Schwarzanteil hier: 88 %)	(faktischer Schwarzanteil hier: 53 %)	(faktischer Schwarzanteil hier: 13 %)	(faktischer Schwarzanteil hier: 2 %)

Abb. 131: ›Schwarz‹ und ›weiß‹ als Bedeutungsgegensätze

Zwei antonyme Ausdrücke sind eben dies – Antonyme – hinsichtlich antisemer Bedeutungen. Das Antisemieverhältnis kann jedoch auch zwischen zwei Bedeutungen eines und desselben Ausdrucks bestehen (vgl. Bär 2012, 546). Eines der gängigsten Beispiele für Antisemie eines und desselben Ausdrucks ist *Untiefe*:

> „Das Substantiv *Untiefe* hat zwei Bedeutungen: Als Ableitung von *untief* ‚nicht tief' (*un-* ist Verneinungspräfix wie in *unhöflich, unecht, Unruhe*) hat es fachsprachlich die Bedeutung ‚flache Stelle im Wasser'. Als Präfigierung mit *Tiefe* (*Un-* ist Verstärkungspräfix wie in *Unmenge, Unmasse, Unkosten*) bezeichnet es allgemeinsprachlich dagegen eine sehr große Tiefe." (Duden 2011, s. v. *Untiefe*.)

Unter Komplementarität (Gegenteiligkeit) verstehen wir eine partielle gegenseitige Negation von Kategorien, und zwar hinsichtlich nicht gradierbarer Aspekte. Kategorialbezeichnungen bedeuten dann Gegenteiliges, wenn jeder Vertreter einer Kategorie unter bestimmten Aspekten nicht Vertreter einer anderen Kategorie ist und umgekehrt, wobei die Kategorien einander absolut ausschließen. Komplementarität in diesem Sinne besteht zwischen Größen, die zusammen (einander ergänzend) eine feste Einheit bilden, z. B. ein Gegensatzpaar wie *Bruder* und *Schwester* oder eine Triplizität wie *Vater, Sohn* und *heiliger Geist*.

Eine semantische Relation, die zweifellos nur bei der Beschreibung spezifischer Diskurszusammenhänge eine Rolle spielen dürfte, ist die der Tekaionymie (zu griechisch τέ ... καί ›sowohl ... als auch‹). Bei Ansätzen zu einer lexikographischen Beschreibung des frühromantischen Diskurses, die an anderer Stelle unternommen wurden (Bär 1999a; 2000a) erschienen einzelne Ausschnitte des Bedeutungsfeldes bestimmter Wörter als ein Abbild des dialektischen Dreischritts von These, Antithese und Synthese. Ein Ausdruck *y* kann dabei eine Bedeutung aufweisen, durch welche die gegensätzlichen Bedeutungen zweier anderer, zueinander antonymer Ausdrücke – des Basiszeichens *x* und eines weiteren Ausdrucks *z* – zum Ausgleich gebracht werden oder als aufgehoben erscheinen. Zum Beispiel: *klassisch* ›idealisch‹, *romantisch* ›realistisch-konkret‹ und *progressiv* ›Klassisches und Romantisches vereinigend‹; vgl. Bär 1999a, 482 sowie Bär 2012, 547): *progressiv* ist in diesem Fall tekaionym sowohl zu *klassisch* wie zu *romantisch*; die beiden letzteren sind ihrerseits Apisonyme zu *progressiv*. Entsprechend gibt es die semantische Relation der Tekaisemie, die darin besteht, dass zwei Bedeutungen eines und desselben Wortes einander entgegengesetzt sind (Antisemie), eine dritte aber den Gegensatz zum Ausgleich bringt – so im Fall von *romantisch* ›realistisch-konkret‹ (antonym zu *klassisch*), *romantisch* ›idealisch‹ (synonym zu *klassisch*) und *romantisch* ›Klassisches und Romantisches verschmelzend‹ (vgl. Bär 1999a, 498 ff.; Bär 2012, 546 f.).

Berücksichtigt man die Tatsache, dass es Bedeutungen nicht einfach ‚gibt', sondern dass sie immer das Ergebnis eines auf Deutung beruhenden Ansatzes sind, der im Einzelfall auch durchaus anders erfolgen könnte (vgl. S. 84 ff.), stellt sich die Frage, ob eine Relation wie Tekaisemie tatsächlich nur zwischen u n t e r s c h i e d l i c h e n Bedeutungen angesetzt werden kann: so, dass ein Wort zusätzlich zu einer Bedeutung ›ab‹ (‚a und b in Synthese') mindestens zwei weitere Bedeutungen ›a‹ und ›b‹ aufweist, die sich zueinander antisem verhalten (so bei Bär 2014, 45 f.).

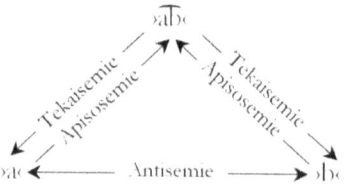

Abb. 132: Tekaisemieverhältnis

Es gäbe demgegenüber durchaus auch die Möglichkeit, die Bedeutung ›ab‹ auch für sich allein als tekaisem anzusehen, da in ihr eben antiseme Bedeutungsaspekte zum Ausgleich gebracht werden. Als Terminus dafür könnte der Ausdruck *autorelationa-*

le Tekaisemie (bei Bär 2014, 45: „Autosemie") dienen. Sie liegt beispielsweise bei der Verwendung des Lexems *Witz* in der Literatur- und Kunstreflexion des späten 18. und frühen 19. Jahrhunderts vor: *Witz* wird dort (unter anderem) als ein kognitives Vermögen gefasst, das sowohl als s y n t h e t i s c h e s Vermögen (die Fähigkeit, unterschiedliche, auf den ersten Blick völlig divergente Phänomene gedanklich zusammenzubringen, Zusammenhänge zwischen ihnen herzustellen) wie als a n a l y t i s c h e s Vermögen (Verstand, Spitzfindigkeit, Scharfsinn) erscheint (vgl. Bär 2014, 45).

7.1.2 Ähnlichkeit und Verschiedenheit

§ 107.1 HLR: (α) Als H o m o i o n y m e oder Ausdrücke für ä h n l i c h e Größen werden Ausdrücke bezeichnet, die unter bestimmten Aspekten semantische Analogien mit dem zu erläuternden Ausdruck aufweisen, unter anderen Aspekten aber differieren.

(β) Ausdrücke, die sich unter bestimmten Aspekten semantisch von dem zu erläuternden Ausdruck unterscheiden, unter anderen Aspekten jedoch auch Analogien aufweisen, heißen A l l o n y m e oder Ausdrücke für u n t e r s c h i e d l i c h e Größen.

§ 107.2 HLR: (α) Bedeutungen, die i. S. v. § 107.1α HLR partiell übereinstimmen, werden H o m o i o s e m e m e genannt; sie verhalten sich zueinander h o m o i o s e m.

(β) Bedeutungen, die i. S. v. § 107.1β HLR partiell differieren, werden A l l o s e m e m e genannt; sie verhalten sich zueinander a l l o s e m.

§ 107.3 HLR: Homoiosememe ebenso wie Allosememe können als Bedeutungen in unterschiedliche semantische Aspekte (§ 9.5 HLR) gegliedert werden. Mindestens ein semantischer Aspekt hat eine Entsprechung im semantischen Feld des relational verknüpften Ausdrucks – er ist ein Homosem (§ 106.3α HLR) –, mindestens ein weiterer hingegen nicht: Er heißt A l l o s e m.

Zu § 107 HLR: Lässt sich die Tatsache, dass ein sprachliches Zeichen *y* sich im Rahmen eines similiarischen Propositionsgefüges (vgl. S. 689) zu einem Basiszeichen *x* als ähnliche Größe verhält, als signifikant interpretieren, so erscheint *y* als Homoionym zu *x*. Gilt dasselbe für die Tatsache, dass ein sprachliches Zeichen *y* sich im Rahmen eines differentiellen Propositionsgefüges (vgl. ebd.) zu einem Basiszeichen *x* als unterschiedene Größe verhält, so erscheint *y* als Allonym zu *x*.

Unter Ähnlichkeit verstehen wir eine partielle Übereinstimmung von Kategorien. Zwei Kategorialbezeichnungen bedeuten dann Ähnliches, wenn jeder Vertreter der einen Kategorie unter bestimmten Aspekten auch ein Vertreter der anderen Kategorie ist und umgekehrt.

Unter Verschiedenheit verstehen wir eine partielle Nichtübereinstimmung von Kategorien. Zwei Kategorialbezeichnungen bedeuten dann Verschiedenes, wenn jeder Vertreter der einen Kategorie unter bestimmten Aspekten kein Vertreter der anderen Kategorie ist und umgekehrt.

Analog zu Homoiosememen bei Homoionymen lassen sich bei Allonymen Allosememe annehmen. Darunter verstehen wir nicht (Einzel-)Bedeutungen, die überhaupt keine gemeinsamen Bedeutungsaspekte (Homoseme) aufweisen, sondern solche, bei denen die unterschiedlichen Bedeutungsaspekte (Alloseme) im Vordergrund stehen. Die Formulierung „im Vordergrund stehen" gibt zu erkennen, dass es hier nicht um rein quantitative Kriterien geht oder gehen muss, sondern dass die Frage, ob zwei Ausdrücke als Allonyme oder doch eher als Homoionyme zu deuten sind, letztlich eine Frage subjektiver Gewichtung ist. Legt man größeren Wert auf die Hervorhebung der Bedeutungsunterschiede, so interpretiert man die Bedeutungen zweier Ausdrücke als Allosememe und damit die beiden Ausdrücke als Allonyme; ist eher an der Betonung der Gemeinsamkeiten gelegen, so setzt man bedeutungsseitig Homoiosememe, ausdrucksseitig Homoionyme an. Mit anderen Worten: Die Grenze zwischen Homoionymen und Allonymen erscheint als fließend. Ob ein Ausdruck als das eine oder als das andere einzuschätzen ist, kommt auf die interpretative Gewichtung an, das heißt darauf, ob man die semantischen Analogien zwischen zwei Ausdrücken für signifikanter hält oder die Differenzen.

7.1.3 Über- und Unterordnung

§ 108.1 HLR: (α) ⁽ᴵ⁾Als H y p e r o n y m e oder Ausdrücke für ü b e r g e o r d n e t e K a t e g o r i e n werden Ausdrücke bezeichnet, deren Bedeutung die Bedeutung des zu erläuternden Ausdrucks impliziert, ohne dass umgekehrt ebenfalls ein Verhältnis der Implikation vorliegt. ⁽ᴵᴵ⁾Handelt es sich bei dem zu erläuternden Ausdruck um eine Individualbezeichnung, so erscheint das Hyperonym als T y p o n y m o d e r A u s d r u c k f ü r e i n e G a t t u n g.

(β) ⁽ᴵ⁾Als H y p o n y m e oder Ausdrücke für S u b k a t e g o r i e n werden Ausdrücke bezeichnet, deren Bedeutung von der Bedeutung des zu erläuternden Ausdrucks impliziert wird, ohne dass umgekehrt ebenfalls ein Verhältnis der Implikation vorliegt. ⁽ᴵᴵ⁾Handelt es sich bei dem relational verknüpften Ausdruck um eine Individualbezeichnung, so heißt er I d i o n y m oder Ausdruck für ein E x e m p l a r.

§ 108.2 HLR: (α) Impliziert eine Bedeutung eine andere, ohne umgekehrt von ihr impliziert zu werden, so heißt sie im Verhältnis zu ihr H y p e r s e m e m. Sie verhält sich zu ihr h y p e r s e m, steht zu ihr im Verhältnis der H y p e r s e m i e.

(β) Wird eine Bedeutung von einer anderen impliziert, ohne umgekehrt diese zu implizieren, so heißt sie im Verhältnis zu ihr H y p o s e m e m. Sie verhält sich zu ihr h y p o s e m, steht zu ihr im Verhältnis der H y p o s e m i e.

Zu § 108 HLR: Zu Hyperonymie/Hyponymie sowie Hypersemie/Hyposemie vgl. S. 714 sowie Bär 2012, 546. Von Hyperonymie kann überall dort die Rede sein, wo sich die Tatsache, dass eine Kategorialbezeichnung *y* sich im Rahmen eines subklassifikativen Propositionsgefüges (vgl. S. 690) zu *x* (dem Basiszeichen, ebenfalls einer Kategorialbezeichnung) als übergeordnete Kategorie verhält, als signifikant interpretieren lässt; *y* erscheint dann als Hyperonym zu *x*. Umgekehrt liegt Hyponymie vor, wenn *y* sich zu *x* als Subkategorie verhält und dies als signifikant interpretiert wird. Deutet man *Organisation* in Bsp. 820 im Sinne von ›aus verschiedenen aufeinander bezogenen, untereinander nach inneren Gesetzmäßigkeiten in Wechselwirkung befindlichen Bestandteilen gebildete bzw. sich selbst bildende, übergeordnete Einheit; System aufeinander bezogener Größen‹, so kann man *episches Ganzes* als Hyponym dazu interpretieren. Man würde dann ein korrelationsreduziertes subklassifikatives Propositionsgefüge ansetzen, genauer: ein Attributionalgefüge mit Attributial im Genitivus subclassificati (vgl. S. 708, insbesondere Anm. 317): *Organisation eines epischen Ganzen* kann man in der Transformationsprobe umformen zu ›ein *episches Ganzes* ist eine *Organisation*‹.

Bsp. 820: „Zwar muss der geübte Tact des Kenners auch schon in dem einzelnen Theil, ja in wenigen Versen diese Tauglichkeit, ein Glied in der Organisation eines epischen Ganzen abzugeben, zu beurtheilen im Stande seyn, und wo sie so deutlich ins Auge fällt, wie z. B. in den grösseren Homerischen Hymnen, da wird sie nie, auch von dem minder Erfahrnen, verkannt werden." (W. v. HUMBOLDT, Herrm. u. Dor. 1799, 258.)

Ob diese Lesart zu überzeugen vermag oder nicht, ist hier ohne Belang. Relevant ist lediglich die Tatsache, dass man sie, sofern man sich für sie entscheidet, in der angegebenen Weise begründen kann. Wichtig ist dass Interpretation, wie immer sie im Einzelnen ausfällt, ü b e r p r ü f b a r gemacht wird. Nur dies ermöglicht es, sie nachzuvollziehen (und dann unter Umständen auch zu einer anderen Einschätzung zu kommen). Eben darin sehen wir die Aufgabe und auch das Potential einer Hermeneutik, die sich im Sinne des eingangs (S. 3) Gesagten als Hilfe beim Verstehen versteht.

Die Unterscheidung von Hyperonymie und Typonymie bzw. von Hyponymie und Idionymie erscheint sinnvoll, weil es durch sie möglich ist, auch Verhältnisse zwischen Gattungen und einzelnen Vertretern derselben in den Blick zu nehmen. Es liegt auf der Hand, dass es beispielsweise für die Semantik eines Wortes wie *Dichter* interessant sein kann, ob ein Individuum wie Goethe in die durch dieses Wort bezeichnete Gattung gerechnet wird oder nicht.

Bsp. 821: a) „Aber da ist noch ein Unterschied zwischen der gähnenden Goethe-Pfafferei und der innigen herzlichen Liebe der Schotten für ihre Dichter." (BLEIBTREU, Größenw. 1888, I, 148.)

b) „Aber Goethe ist auch kein Dichter; die Muse war ihm nie vermählt, sie war seine Dirne, die sich ihm hingab für Geld und Putz, und Bastarde sind die Kinder seines Geistes." (BÖRNE, B. v. Arnim [Brfw. Kind.] *1835, 864.)

Die Gesamtheit aller in einem Korpus belegten Idionyme lässt sich als die Extension der Bedeutung des Typonyms fassen. ‚Extension' erscheint dann selbstverständlich nicht, wie in formallogisch orientierten Semantikansätzen üblich, als eine ontische, sondern als eine pragmatische Größe: als Ergebnis interesse- und ideologiegeleiteten sprachlichen Handelns.

Hyperonymie/Typonymie und Hyponymie/Idionymie sind Relationen, in denen unterschiedliche Ausdrücke (hinsichtlich ihrer Bedeutungen) zueinander stehen.

Demgegenüber handelt es sich bei Hypersemie bzw. Hyposemie um Verhältnisse zwischen verschiedenen Bedeutungen. Handelt es sich um Bedeutungen verschiedener Ausdrücke, so lässt sich einfacher vom Verhältnis der Ausdrücke selbst sprechen, dass dann eben als Onymierelation erscheint: ‚x ist hyponym zu y' ist weniger umständlich als ‚die Bedeutung von x ist zu der Bedeutung von y hyposem'. Sinnvoller ist das Semieverhältnis dort anzusetzen, wo es um zwei verschiedene Bedeutungen d e s s e l b e n Ausdrucks geht: ‚›x₁‹ ist hyposem zu ›x₂‹'. Will man – beispielsweise dann, wenn man für ein nicht linguistisches Fachpublikum schreibt – die Termini vermeiden, so kann man statt von *Hyposemie* auch von *Spezialisierung* sprechen.

7.2 Kotextuell Charakteristisches

Kotextuell charakteristische Ausdrücke sind solche Ausdrücke, die als typischerweise mit einem zu erläuternden Ausdruck in semantischen Relationen stehend interpretiert werden können, ohne unter eine der in Kap. 7.1 erläuterten Kategorien von Bedeutungsverwandtschaft zu fallen.

7.2.1 Handlungsrelationen

§ 109.I HLR: (α) Als P r a x e o n y m e oder Ausdrücke für H a n d l u n g e n werden Ausdrücke bezeichnet, die im Rahmen eines agentiven Propositionsgefüges (§ 103 HLR) typischerweise als für Handlungen stehend interpretierbar sind, wenn der zu erläuternde Ausdruck für das Agens steht.

(β) Steht der zu erläuternde Ausdruck für ein Patiens, so erscheint der Ausdruck für die Handlung als P a t h e m a t o n y m oder Ausdruck für ein W i d e r f a h r n i s.

§ 109.II HLR: (α) Als A g o n t o n y m e oder Ausdrücke für h a n d e l n d e G r ö ß e n werden Ausdrücke bezeichnet, die im Rahmen eines agentiven Propositionsgefüges (§ 103 HLR) typischerweise als Agens interpretierbar sind, wenn der zu erläuternde Ausdruck für die Handlung oder das Patiens steht.

(β) Liegt ein produktives Propositionsgefüge (§ 103.II HLR) vor, so kann ein Agontonym spezifischer als P o i e t e t o n y m oder Ausdruck für eine h e r v o r b r i n g e n d e Größe bezeichnet werden.

(γ) Liegt ein influktives Propositionsgefüge (§ 103.III HLR) vor, so kann ein Agontonym spezifischer als E r g a s t e r o n y m oder Ausdruck für eine b e e i n f l u s s e n d e Größe bezeichnet werden.

(δ) Liegt ein adversives Propositionsgefüge (§ 103.IV HLR) vor, so kann ein Agontonym spezifischer als P r o s e c h o n t o n y m oder Ausdruck für eine b e f a s s e n d e Größe bezeichnet werden.

(ε) Liegt ein addirektives Propositionsgefüge (§ 103.V HLR) vor, so kann ein Agontonym spezifischer ⁽ᴵ⁾als D o t e r o n y m oder Ausdruck für eine g e b e n d e / m i t t e i l e n d e Größe (in Relation zu einer gegebenen/mitgeteilten Größe) oder ⁽ᴵᴵ⁾als E p i t r e p o n t o n y m oder Ausdruck für eine z u w e n d e n d e / i n f o r m i e r e n d e Größe (in Relation zu einem Adressaten) bezeichnet werden.

(ζ) Liegt ein thematives Propositionsgefüge (§ 103.VI HLR) vor, so kann ein Agontonym spezifischer ⁽ᴵ⁾als E p i p h a s k o n t o n y m oder Ausdruck für eine a u s s a g e n d e / b e h a u p t e n d e Größe (in

Relation zu einer ausgesagten/behaupteten Größe) oder ⁽ᴵᴵ⁾als A n a p h e r o n t o n y m oder z u -
s c h r e i b e n d e Größe (in Relation zu einem Aussagegegenstand) bezeichnet werden.

(η) Liegt ein instrumentatives Propositionsgefüge (§ 103.VII HLR) vor, so kann ein Agontonym spezifischer ⁽ᴵ⁾als M e s a g o n t o n y m oder i n s t r u m e n t e l l   b e h a n d e l n d e   G r ö ß e (in Bezug zu einer instrumentell behandelten Größe) oder ⁽ᴵᴵ⁾als C h r e s t i k o n y m oder Ausdruck für eine v e r -
w e n d e n d e   G r ö ß e (in Bezug zu einem Instrument oder Mittel) bezeichnet werden.

§ 109.III HLR: (α) Als P a t h i k o n y m e oder Ausdrücke für h a n d l u n g s b e t r o f f e n e   G r ö ß e n werden Ausdrücke bezeichnet, die im Rahmen eines agentiven Propositionsgefüges (§ 103 HLR) typischerweise als Patiens interpretierbar sind, wenn der zu erläuternde Ausdruck für die Handlung oder für das Agens steht.

(β) Liegt ein produktives Propositionsgefüge (§ 103.II HLR) vor, so kann ein Pathikonym spezifischer als E r g o n t o n y m oder Ausdruck für eine h e r v o r g e b r a c h t e   G r ö ß e bezeichnet werden.

(γ) Liegt ein influktives Propositionsgefüge (§ 103.III HLR) vor, so kann ein Pathikonym spezifischer als E r g a s m a t o n y m oder Ausdruck für eine b e e i n f l u s s t e   G r ö ß e bezeichnet werden.

(δ) Liegt ein adversives Propositionsgefüge (§ 103.IV HLR) vor, so kann ein Pathikonym spezifischer als P r o s m a t o n y m oder Ausdruck für eine b e f a s s t e   G r ö ß e bezeichnet werden.

(ε) Liegt ein addirektives Propositionsgefüge (§ 103.V HLR) vor, so kann es zwei verschiedene Pathikonyme geben. Sie erscheinen ⁽ᴵᵅ⁾als D o s e o n y m oder Ausdruck für eine g e g e b e n e / m i t -
g e t e i l t e   G r ö ß e (in Relation zu einer gebenden/mitteilenden Größe) oder ⁽ᵝ⁾als H a i r u m e n o -
n y m bzw. Ausdruck für eine e m p f a n g e n e   G r ö ß e (in Relation zu einem Empfänger) bzw. ⁽ᴵᴵᵅ⁾als P r o s o n y m oder Ausdruck für einen A d r e s s a t e n (in Relation zu einer zuwendenden oder informierenden Größe) oder ⁽ᵝ⁾als D o k o n y m oder Ausdruck für einen E m p f ä n g e r (in Relation zu einer gegebenen/mitgeteilten Größe).

(ζ) Liegt ein thematives Propositionsgefüge (§ 103.VI HLR) vor, so kann es zwei verschiedene Pathikonyme geben. Sie erscheinen ⁽ᴵᵅ⁾als R h e m a t o n y m oder Ausdruck für etwas A u s g e s a g t e s /
B e h a u p t e t e s (in Relation zu einer aussagenden/behauptenden Größe) oder ⁽ᵝ⁾als A n a p h e -
r o m e n o n y m bzw. Ausdruck für etwas Z u g e s c h r i e b e n e s (in Relation zu einem Aussagegegenstand) bzw. ⁽ᴵᴵᵅ⁾als P r o k e i m e n o n t o n y m oder Ausdruck für einen A u s s a g e g e g e n -
s t a n d (in Relation zu einer aussagenden/behauptenden Größe) oder ⁽ᵝ⁾als T h e m a t o n y m oder Ausdruck für einen Z u s c h r e i b u n g s g e g e n s t a n d (in Relation zum Ausgesagten/Behaupteten).

(η) Liegt ein instrumentatives Propositionsgefüge (§ 103.VII HLR) vor, so kann es zwei verschiedene Pathikonyme geben. Sie erscheinen ⁽ᴵᵅ⁾als M e s o p a t h i k o n y m oder Ausdruck für etwas i n -
s t r u m e n t e l l   B e h a n d e l t e s (in Relation zu einer instrumentell handelnden Größe) oder ⁽ᵝ⁾als C h r e o p a t h i k o n y m bzw. Ausdruck für etwas d u r c h   G e b r a u c h   B e h a n d e l t e s (in Relation zu einem Instrument oder Mittel) bzw. ⁽ᴵᴵᵅ⁾als C h r e m a t o n y m oder Ausdruck für ein verwendetes I n s t r u m e n t   o d e r   M i t t e l (in Relation zu einer verwendenden Größe) oder ⁽ᵝ⁾als P a -
t h o c h r e m a t o n y m oder Ausdruck für ein w i d e r f a h r e n e s   I n s t r u m e n t (in Relation zu dem mittels des Instrumentes Behandelten).

Zu § 109 HLR: Widerfahrnisse deuten wir als Vorgänge. Hinsichtlich der Tatsache, dass das, was ein Agens tut, einem Patiens widerfährt, überlagern sich also die Konzepte ‹Handlung› und ‹Vorgang›. Konsequenterweise müsste man jede passivische Perspektive auf eine Handlung als Vorgangsaspekt deuten und dementsprechend eine Reihe semantischer Relationen, insbesondere die Pathematonymie und die Pathikonymie, nicht im § 109 HLR einführen, der Handlungsrelationen, sondern im § 110, der Vorgangsrelationen behandelt. Wir entscheiden uns aber dafür, die konzeptuellen Zusammenhänge nach Möglichkeit nicht zu entflechten und stellen daher alles, was sich als Passivkonverse einer agentiven Relation deuten lässt, mit den agentiven Relationen zusammen. Die Relationen der Pathematonymie und der Pathikonymie begegnen jedoch auch im Zusammenhang mit Vorgängen (nämlich dann, wenn dabei vorgangsbetroffene Größen in den Blick kommen).

Da Ausdrücke für Handlungen in aller Regel spezifisch sind, erübrigt sich eine Spezifizierung dieser Relation. Es ist nicht nötig, Praxeonymie-Subkategorien zu unterscheiden, wenn durch den relational verknüpften Ausdruck als solchen erkennbar wird, welche Art von Handlung – Produktion, Influktion, Adversion usw. – vorliegt. Will man beispielsweise aus Belegen wie in Bsp. 822a/b herausarbeiten, dass als Handlungen eines *Pastors* u. a. *Predigten* und *Kindstaufen* genannt werden, so genügt zum Basislexem *Pastor* völlig die Angabe „Praxeonyme: *Kindstaufe, Predigt*" (ebenso wie umgekehrt zu den Basislexemen *Kindstaufe* und *Predigt* jeweils die Angabe „Agontonym: *Pastor*").

Bsp. 822: a) „Einst kommt der <u>Pastor</u> von Marin gefahren, welcher da eine <u>Kindtaufe</u> gehalten und sich bis nach elf Uhr aufgehalten hatte." (BARTSCH, Sag. Meklenb. I 1879, 461.)

b) „Oswald [...] erzählte dem Doctor die sonderbare Unterhaltung, die er mit Mutter Clausen gestern Morgen auf der Haide gehabt, und wie ihm die Rede der alten Frau so natürlich und wahr erschienen sei, wie der Gesang der Haidelerche, und welchen widerwärtigen Eindruck hernach die <u>Predigt</u> des eitlen <u>Pastors</u> auf ihn gemacht habe." (SPIELHAGEN, Probl. Nat. I 1861, 168.)

c) „S** wurde öffentlich zur Knute hinausgeführt. Auf dem halben Wege hieß man ihn noch einmal umkehren, um das <u>Abendmahl</u> aus der Hand des <u>Pastors</u> Reinbott zu empfangen. Dann trat er den schweren Gang zum Richtplatz aufs neue an." (KOTZEBUE, Merkw. Jahr 1801, 282.)

Demgegenüber erschiene es nicht als hinreichend, *Abendmahl* in Bsp. 822c lediglich allgemein als eine von der Handlung eines *Pastors* betroffene Größe anzugeben, da ohne den Vergleich mit dem Beleg nicht klar würde, in welchem Verhältnis *Pastor* und *Abendmahl* stehen. Weiß man hingegen, dass *Abendmahl* sich als Doseonym zu *Pastor* verhält – konkret liegt ein addirektives Propositionsgefüge (§ 103.V HLR) in der Propositionsform 6 (vgl. S. 646) vor –, so ist klar, dass der Pastor das Abendmahl nicht nimmt, schon gar nicht zu sich nimmt, sondern dass er es jemandem reicht oder spendet.

Die Frage, ob durch *Kindstaufe, Predigt* und die Reichung des *Abendmahls* t y - p i s c h e Handlungen eines *Pastors* bezeichnet sind, wird sich vermutlich kaum stellen. Nicht trivial ist hingegen die Frage, woher die interpretierende Person dies weiß. Denn selbst wenn in dem Korpus, das die Grundlage der Untersuchung darstellt, noch weitere Belege zu finden sind (eine Auswahl bietet Bsp. 823), lassen sich ohne weiteres auch Belege für andere Handlungen (Bsp. 824), unter anderem Gebehandlungen (Bsp. 824b), eines Pastors anführen.

Bsp. 823   a) „In Dorpat konnte die Messe der griechischen Kirche wegen der dabei hervortretenden handwerksmäßigen Gemeinheit und Rohheit ihr nur widerlich erscheinen, und da keine katholische Kirche da war, so nahm sie mit mir und einer ihr befreundeten Familie das heilige <u>Abendmahl</u> bei dem verehrten <u>Pastor</u> Lenz in der protestantischen Kirche." (BURDACH, Rückbl. 1848, 420.)

b) „An jenem Tage hatte ich das heilige <u>Abendmahl</u> genommen in der lutherischen schwedischen Gesandtschaftskapelle zu Paris, bei meinem würdigen Freunde, <u>Pastor</u> Gambs." (CHÉZY, Selbstbek. 1818, 122.)

c) „Nur ein oder ein paarmal im Jahre fuhr sie seit meiner Konfirmation mit mir nach Lausa, wo wir vom <u>Pastor</u> Roller das heilige <u>Abendmahl</u> empfingen." (KÜGELGEN, Jugenderinn. 1870, 365.)

d) „Da bittet er den <u>Pastor</u>, ihm das <u>Abendmahl</u> zu reichen, und als er es genommen, sinkt er als ein Häufchen Asche vor des Pastors Füßen zusammen." (BARTSCH, Sag. Meklenb. I 1879, 283.)

e) „Ein ehrlicher, unlängst angezogener Schäfer, welcher sonnabends keine Zeit gehabt hatte zu beichten, wollte dies sonntags früh, vor Anfang des Gottesdienstes, tun. Er trieb mit seiner Herde auf den Kirchhof und ging, als er die Kirche offen fand, in der Absicht hinein, seine Beichte gleich abzulegen. Als ihm aber der Pastor zu lange außen blieb, so ging er nach dem Altar, nahm einige Hostien von der Patina, tat einige derbe Züge Wein aus dem Kelche hintendrein und trieb mit der Herde wieder von dannen. Hierauf kömmt der Schulmeister in die Kirche, um ihm zu sagen, daß der Herr <u>Pastor</u> gleich dasein werde, aber fort ist der Schäfer. An einigen verschütteten Tropfen Wein vermutete der Schulmeister, daß der Schäfer sich das <u>Abendmahl</u> selbst gereicht habe, welches die fehlenden Hostien und der halb ausgeleerte Kelch bestätigten. Gegen Abend läßt der Pastor ihn rufen und setzt ihn zur Rede, warum er nicht auf ihn gewartet habe. ‚Herr Pastor', antwortete er, ‚Sie blieben mir zu lange, meine Schafe hungerten, und ich mußte sie weitertreiben; daher habe ich mir selbst ein paar Sakramenterchen genommen und wie Christus, Gott verzeih's mir, einen pommerschen Schluck darauf getrunken: davon ist mir's auch den ganzen Tag über so wohl gewesen, als ob ich neugeboren wäre.'" (SACHSE, Dt. Gil Blas 1822, 155.)

Bsp. 824:   a) „Sein <u>Bericht</u> reichte zwei Tage weiter als der des <u>Pastors</u>." (FONTANE, Sturm III/IV 1878, 256.)

b) „Da gab der <u>Pastor</u> dem Mann ein <u>gutes Trinkgeld</u> und ließ ihn laufen." (STRACKERJAN, Abergl. ²1909, II, 430.)

Sofern es bei der semantischen Analyse des Lexems *Pastor* nicht darum zu tun ist, herauszuarbeiten, dass ein *Pastor* überhaupt eine handelnde Größe sein kann, wird man darauf verzichten, *Bericht* als Praxeonym anzugeben. Sollte es aber darum gehen, den sozialen und pekuniären Status eines *Pastors* deutlich werden zu lassen, so ist die Dokumentation der Tatsache, dass er jemandem *ein gutes Trinkgeld gibt*, durchaus von Interesse.

Synoptisch ergibt sich folgendes Bild der relationalen Verflechtung in Handlungsgefügen:

732 — Semantische Relationen

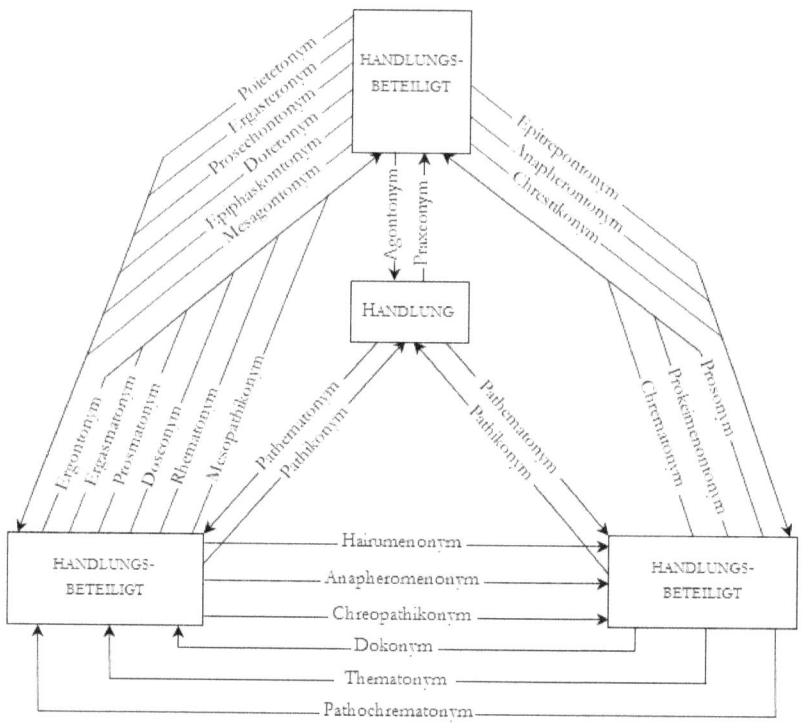

Abb. 133: Semantische Relationen unter dem Aspekt ‹Handlung›

7.2.2 Vorgangsrelationen

§ 110.I HLR: (α) Als S y m p h o r o n y m e oder Ausdrücke für G e s c h e h n i s s e werden Ausdrücke bezeichnet, die im Rahmen eines prozessiven Propositionsgefüges (§ 104 HLR) typischerweise als für Geschehen stehend interpretierbar sind, wenn der zu erläuternde Ausdruck für das Prozesssubjekt (den Geschehensträger) steht.

(β) Steht der zu erläuternde Ausdruck für eine vorgangsbetroffene Größe, so erscheint der Ausdruck für den Vorgang (analog zu § 109.Iβ HLR) als P a t h e m a t o n y m .

§ 110.II HLR: (α) Als H y p o k e i m e n o n t o n y m e oder Ausdrücke für G e s c h e h e n s t r ä g e r werden Ausdrücke bezeichnet, die im Rahmen eines prozessiven Propositionsgefüges (§ 104 HLR) typischerweise als Prozesssubjekt interpretierbar sind, wenn der zu erläuternde Ausdruck für das Geschehen oder die Passion (§ 104.II HLR) oder das Patiens (ebd.) steht.

(β) Liegt ein effektionsprozessives Propositionsgefüge (§ 104.III HLR) vor, so kann ein Hypokeimenontonym spezifischer als A i t i o n y m oder Ausdruck für eine v e r u r s a c h e n d e Größe bezeichnet werden.

(γ) Liegt ein affektionsprozessives Propositionsgefüge (§ 104.IV HLR) vor, so kann ein Hypokeimenontonym spezifischer als E n e r g o n y m oder Ausdruck für eine e i n w i r k e n d e Größe bezeichnet werden.

(δ) Liegt ein adversionsprozessives Propositionsgefüge (§ 104.V HLR) vor, so kann ein Hypokeimenontonym spezifischer als P h e r o n t o n y m oder Ausdruck für eine b e z u g n e h m e n d e Größe bezeichnet werden.

§ 110.III HLR: (α) Als P a t h i k o n y m e oder Ausdrücke für e r l e i d e n d e Größen werden (analog zu § 109.IIIα HLR) Ausdrücke bezeichnet, die im Rahmen eines prozessiven Propositionsgefüges (§ 104 HLR) typischerweise als Patiens interpretierbar sind, wenn der zu erläuternde Ausdruck für den Vorgang oder für das Prozesssubjekt steht.

(β) Liegt ein effektionsprozessives Propositionsgefüge (§ 104.III HLR) vor, so kann ein Pathikonym spezifischer als A i t i a t o n y m oder Ausdruck für eine v e r u r s a c h t e Größe bezeichnet werden.

(γ) Liegt ein affektionsprozessives Propositionsgefüge (§ 104.IV HLR) vor, so kann ein Pathikonym spezifischer als E n e r g e m a t o n y m oder Ausdruck für eine E i n w i r k u n g e r f a h r e n d e Größe bezeichnet werden.

(δ) Liegt ein adversionsprozessives Propositionsgefüge (§ 104.V HLR) vor, so kann ein Pathikonym spezifischer als P h e r o m e n o n y m oder Ausdruck für eine B e z u g n a h m e e r f a h r e n d e Größe bezeichnet werden.

Zu § 110 HLR:

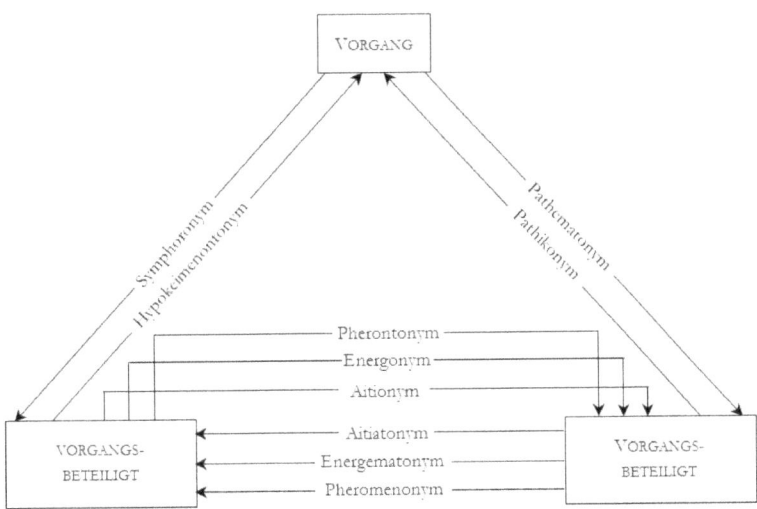

Abb. 134: Semantische Relationen unter dem Aspekt ‹Vorgang›

7.2.3 Zustandsrelationen

§ 89.2 HLR: (α) Als S t a s e o n y m e oder Ausdrücke für Z u s t ä n d e werden Ausdrücke bezeichnet, die im Rahmen eines stativen Propositionsgefüges (§ 105 HLR) typischerweise als für Zustände stehend interpretierbar sind, wenn der zu erläuternde Ausdruck für das Statussubjekt (den Zustandsträger) steht.

(β) Steht der zu erläuternde Ausdruck für eine zustandsbetroffene Größe, so erscheint der Ausdruck für den Zustand als P a t h o s t a s e o n y m (Ausdruck für einen B e t e i l i g u n g s z u s t a n d).

§ 111.II HLR: (α) Als S t a s i n e c h o n t o n y m e oder Ausdrücke für Z u s t a n d s s u b j e k t e werden Ausdrücke bezeichnet, die im Rahmen eines stativen Propositionsgefüges (§ 105) typischerweise als Statussubjekt interpretierbar sind, wenn der zu erläuternde Ausdruck für den Zustand steht.

(β) $^{(I)}$Liegt ein korrelatives Propositionsgefüge (§ 105.II) vor, das als Zugehörigkeitsverhältnis erscheint, so kann ein Stasinechontonym spezifischer als E c h o n t o n y m oder Ausdruck für einen Z u g e h ö r i g k e i t s t r ä g e r bezeichnet werden; der zu erläuternde Ausdruck steht dann für eine zustandsbetroffene Größe. $^{(α)}$Handelt es sich bei dem Zugehörigkeitsverhältnis speziell um ein Besitz- oder Eigentumsverhältnis, so kann das Echontonym speziell als K t e t o r o n y m (Ausdruck für einen E i g e n t ü m e r) erscheinen. $^{(β)}$Handelt es sich bei dem Zugehörigkeitsverhältnis speziell um eine Sozialkorrelation, so kann das Echontonym speziell als K o i n o n y m (Ausdruck für ein S o z i a l k o r r e l a t) erscheinen. (Vgl. auch § 111.IIIβ^{β}.) $^{(γ)}$Handelt es sich bei dem Zugehörigkeitsverhältnis speziell um ein Bereichsverhältnis, so kann das Echontonym speziell als M e d o n t o n y m (Ausdruck für eine b e r e i c h s b e h e r r s c h e n d e G r ö ß e) erscheinen. $^{(δ)}$Handelt es sich bei dem Zugehörigkeitsverhältnis speziell um ein Konstitutionsverhältnis, so kann das Echontonym speziell als H o l o n y m (Ausdruck für ein K o n s t i t u t oder g r ö ß e r e s G a n z e s) erscheinen. $^{(II)}$Erscheint ein korrelatives Propositionsgefüge als Konditionalverhältnis, so kann das Stasinechontonym speziell als A i t u m e n o n y m (Ausdruck für eine v o r a u s g e s e t z t e oder b e d i n g e n d e G r ö ß e) erscheinen. $^{(III)}$Erscheint ein korrelatives Propositionsgefüge als Manifestationsverhältnis, so kann das Stasinechontonym speziell als P h a s m a t o n y m (Ausdruck für eine E r s c h e i n u n g s f o r m oder M a n i f e s t a t i o n) erscheinen. $^{(IV)}$Erscheint ein korrelatives Propositionsgefüge als Darstellungsverhältnis, so kann das Stasinechontonym speziell als E i k o n o n y m (Ausdruck für eine d a r s t e l l e n d e G r ö ß e) erscheinen. $^{(V)}$Erscheint ein korrelatives Propositionsgefüge als Funktionalverhältnis, so kann das Stasinechontonym speziell als D i a k o n o n y m (Ausdruck für eine f u n k t i o n s t r a g e n d e G r ö ß e) erscheinen. $^{(VI)}$Erscheint ein korrelatives Propositionsgefüge als Eigenschaftsverhältnis, so kann das Stasinechontonym speziell als H e x i n e c h o n t o n y m (Ausdruck für eine e i g e n s c h a f t s t r a g e n d e G r ö ß e) erscheinen. $^{(α)}$Handelt es sich bei dem Eigenschaftsverhältnis speziell um ein Verhältnis der materiellen Beschaffenheit, so kann das Hexinechontonym speziell als H y l e n e c h o n t o n y m (Ausdruck für eine m a t e r i a l t r a g e n d e G r ö ß e) erscheinen. $^{(β)}$Handelt es sich bei dem Eigenschaftsverhältnis speziell um ein Verhältnis der gestaltlichen Beschaffenheit, so kann das Hexinechontonym speziell als M o r p h e n e c h o n t o n y m (Ausdruck für eine g e s t a l t t r a g e n d e G r ö ß e) erscheinen. $^{(γ)}$Handelt es sich bei dem Eigenschaftsverhältnis speziell um ein Verhältnis des Namentragens, so kann das Hexinechontonym speziell als O n o m a p h e r o n t o n y m (Ausdruck für eine n a m e n t r a g e n d e G r ö ß e) erscheinen. $^{(δ)}$Handelt es sich bei dem Eigenschaftsverhältnis speziell um ein Verhältnis der räumlichen oder zeitlichen Herkünftigkeit, so kann das Hexinechontonym speziell als G e n e t o n y m (Ausdruck für eine h e r k ü n f t i g e G r ö ß e) erscheinen. $^{(ε)}$Handelt es sich bei dem Eigenschaftsverhältnis speziell um ein Verhältnis des Gewohnheithabens, so kann das Hexinechontonym speziell als N o m i z o n t o n y m (Ausdruck für eine z u t u n p f l e g e n d e G r ö ß e) erscheinen. $^{(VIIα)}$Erscheint ein korrelatives Propositionsgefüge als Möglichkeitsverhältnis, so kann das Stasinechontonym speziell als D y n a t o n y m (Ausdruck für eine m ö g l i c h k e i t h a b e n d e G r ö ß e) erscheinen. $^{(β)}$Erscheint ein korrelatives Propositionsgefüge als Verhältnis des Erlaubnishabens, so kann das Stasinechontonym speziell als Exusiazonym (Ausdruck für eine erlaubnishabende Größe) erscheinen. ^(γ)Erscheint ein korrelatives Propositionsgefüge als Verhältnis des Nötighabens, so kann das Stasinechontonym speziell als Chrezontonym (Ausdruck für eine müssende Größe) erscheinen. ^(δ)Erscheint ein korrelatives Propositionsgefüge als Verhältnis des Sollens, so kann das Stasinechontonym speziell als Opheiletetonym (Ausdruck für eine sollende Größe) erscheinen. ^(VIIIα)Erscheint ein korrelatives Propositionsgefüge als Wollensverhältnis, so kann das Stasinechontonym speziell als Theletetonym (Ausdruck für eine wollende Größe) erscheinen. ^(β)Erscheint ein korrelatives Propositionsgefüge als Wertverhältnis, so kann das Stasinechontonym speziell als Timontonym (Ausdruck für eine sich orientierende Größe) erscheinen. ^(γ)Erscheint ein korrelatives Propositionsgefüge als Wissens- oder Glaubensverhältnis, so kann das Stasinechontonym speziell als Epistemonym (Ausdruck für eine wissende oder glaubende Größe) erscheinen. ^(IX)Erscheint ein korrelatives Propositionsgefüge als Verortungsverhältnis, so kann das Stasinechontonym speziell als Parontonym (Ausdruck für eine verortete Größe) erscheinen.

§ 111.III HLR: (α) Als Metochonyme oder Ausdrücke für zustandsbetroffene Größen werden Ausdrücke bezeichnet, die im Rahmen eines stativen Propositionsgefüges (§ 105) typischerweise als Statusinvolute interpretierbar sind, wenn der zu erläuternde Ausdruck für einen Beteiligungszustand steht.

(β) ^(I)Liegt ein korrelatives Propositionsgefüge (§ 105.II) vor, das als Zugehörigkeitsverhältnis erscheint, so kann ein Metochonym spezifischer als Synarthronym oder Ausdruck für eine zugehörige Größe bezeichnet werden; der zu erläuternde Ausdruck steht dann für ein Zustandssubjekt. ^(α)Handelt es sich bei dem Zugehörigkeitsverhältnis speziell um ein Besitz- oder Eigentumsverhältnis, so kann das Synarthronym speziell als Kteseonym (Ausdruck für ein Eigentum) erscheinen. ^(β)Handelt es sich bei dem Zugehörigkeitsverhältnis speziell um eine Sozialkorrelation, so kann das Synarthronym speziell als Koinonym (Ausdruck für ein Sozialkorrelat) erscheinen. (Vgl. auch § 111.IIβ^β.) ^(γ)Handelt es sich bei dem Zugehörigkeitsverhältnis speziell um ein Bereichsverhältnis, so kann das Synarthronym speziell als Archeonym (Ausdruck für einen Bereich, eine Sphäre) erscheinen. ^(δ)Handelt es sich bei dem Zugehörigkeitsverhältnis speziell um ein Konstitionsverhältnis, so kann das Synarthronym speziell als Meronym (Ausdruck für eine (ko-)konstitutive Größe) erscheinen. ^(II)Erscheint ein korrelatives Propositionsgefüge als Konditionalverhältnis, so kann das Metochonym speziell als Eponym (Ausdruck für eine voraussetzende oder bedingte Größe) erscheinen. ^(III)Erscheint ein korrelatives Propositionsgefüge als Manifestationsverhältnis, so kann das Metochonym speziell als Phänomenonym (Ausdruck für eine erscheinende/manifestierte Größe) erscheinen. ^(IV)Erscheint ein korrelatives Propositionsgefüge als Darstellungsverhältnis, so kann das Metochonym speziell als Eikasmatonym (Ausdruck für eine dargestellte Größe) erscheinen. ^(V)Erscheint ein korrelatives Propositionsgefüge als Funktionalverhältnis, so kann das Metochonym speziell als Diakonionym (Ausdruck für eine Funktion) erscheinen. ^(VI)Erscheint ein korrelatives Propositionsgefüge als Eigenschaftsverhältnis, so kann das Metochonym speziell als Hexeononym (Ausdruck für eine Eigenschaft) erscheinen. ^(α)Handelt es sich bei dem Eigenschaftsverhältnis speziell um ein Verhältnis der materiellen Beschaffenheit, so kann das Hexeonym speziell als Hylonym (Ausdruck für ein Material) erscheinen. ^(β)Handelt es sich bei dem Eigenschaftsverhältnis speziell um ein Verhältnis der gestaltlichen Beschaffenheit, so kann das Hexeonym speziell als Morphonym (Ausdruck für eine Gestalt oder einen Gestaltaspekt) erscheinen. ^(γ)Handelt es sich bei dem Eigenschaftsverhältnis speziell um ein Verhältnis des Namentragens, so kann das Hexeonym speziell als Onomatonym (Ausdruck für einen Namen) erscheinen. ^(δ)Handelt es sich bei dem Eigenschaftsverhältnis speziell um ein Verhältnis der räumlichen oder zeitlichen Herkünftigkeit, so kann das Hexeonym speziell als A p o n y m (Ausdruck für eine H e r k u n f t) erscheinen. ⁽ᵋ⁾Handelt es sich bei dem Eigenschaftsverhältnis speziell um ein Verhältnis des Gewohnheithabens, so kann das Hexeonym speziell als E t h o n y m (Ausdruck für eine G e w o h n h e i t oder einen B r a u c h) erscheinen. ⁽ⱽᴵᴵᵅ⁾Erscheint ein korrelatives Propositionsgefüge als Möglichkeitsverhältnis, so kann das Metochonym speziell als D y n a m o n y m (Ausdruck für eine M ö g l i c h k e i t) erscheinen. ⁽ᵝ⁾Erscheint ein korrelatives Propositionsgefüge als Verhältnis des Erlaubnishabens, so kann das Metochonym speziell als E x u s i o n y m (Ausdruck für etwas Z u k o m m e n d e s) erscheinen. ⁽ᵞ⁾Erscheint ein korrelatives Propositionsgefüge als Verhältnis des Nötighabens, so kann das Metochonym speziell als C h r e o n y m (Ausdruck für etwas N ö t i g e s) erscheinen. ⁽ᵟ⁾Erscheint ein korrelatives Propositionsgefüge als Verhältnis des Sollens, so kann das Metochonym speziell als D e o n t o n y m (Ausdruck für eine A u f g a b e / P f l i c h t) erscheinen. ⁽ⱽᴵᴵᴵᵅ⁾Erscheint ein korrelatives Propositionsgefüge als Wollensverhältnis, so kann das Metochonym speziell als T e l e o n y m (Ausdruck für etwas G e w o l l t e s) erscheinen. ⁽ᵝ⁾Erscheint ein korrelatives Propositionsgefüge als Wertverhältnis, so kann das Metochonym speziell als T i m i o n y m (Ausdruck für eine O r i e n t i e r u n g s g r ö ß e) erscheinen. ⁽ᵞ⁾Erscheint ein korrelatives Propositionsgefüge als Wissens- oder Glaubensverhältnis, so kann das Metochonym speziell als E i d e m a t o n y m (Ausdruck für etwas G e w u s s t e s oder G e g l a u b t e s) erscheinen. ⁽ᴵˣᵅ⁾Erscheint ein korrelatives Propositionsgefüge als Verortungsverhältnis, so kann das Metochonym speziell als T o p o n y m (Ausdruck für eine V e r o r t u n g) erscheinen. ⁽ᵝ⁾Ein Ausdruck für eine Größe, die mit einem Parontonym (§ 111.IIβ^IX) gemeinsam verortet ist, kann als S y m p a r o n t o n y m (Ausdruck für eine m i t a n w e s e n d e G r ö ß e) angegeben werden.

Zu § 111 HLR: Zustände des Seins lassen sich in das Relationenpaar Stasinechontonymie – Staseonymie fassen; weitere zustandsbeteiligte Größen kommen dabei nicht in Betracht.

An korrelativen Zuständen lassen sich in Analogie zu den in Kapitel 6.2.3.2 (S. 689 ff.) die folgenden unterscheiden: Zugehörigkeit, Konditionalität, Manifestation, Darstellung, Funktion, Eigenschaft, Modalität, Gesinnung und Verortung. Sie lassen sich näher spezifiziert in der Weise auf semantische Relationen bringen, die Abb. 135 zeigt. Die Frage, wie spezifisch eine semantische Relation benannt werden muss, um das Verhältnis zwischen den relational verknüpften Einheiten präzise zu benennen, hängt hier wie in allen anderen Fällen von der Spezifik der Einheiten ab. In einem Syntagma wie |*das einsame Haus mit den kahlen Mauern*| (Bsp. 806, S. 708) ist die Relation, in der |*einsames Haus*| und |*kahle Mauern*| stehen, nicht explizit; sie muss daher explizit gemacht werden, indem |*einsames Haus*| im Verhältnis zu |*kahle Mauern*| als Holonym (Ausdruck für ein Konstitut oder größeres Ganzes: § 111.IIβ^16 HLR) bzw. |*kahle Mauern*| im Verhältnis zu |*einsames Haus*| als Meronym (Ausdruck für eine ko-konstitutive Größe: § 111.IIIβ^16 HLR) bestimmt wird. In einem Syntagma wie |*die Beamten sind im Besitz von Geld, Häusern und Äckern*| (Bsp. 787c [2], S. 694) kann man entweder |*die Beamten*| und |*Geld, Häuser und Äcker*| als Ktetoronym (Ausdruck für einen Eigentümer: § 111.IIβ^Iα HLR) bzw. Kteseonym (Ausdruck für ein Eigentum: § 111.IIIβ^Iα HLR) zueinander in Relation setzen, oder man nutzt die Spezifik des Zustandsausdrucks und bestimmt |*die Beamten*| und |*im Besitz von Geld, Häusern und Äckern sein*| nur allgemein als Stasinechontonym (Ausdruck für ein Zustandssubjekt: § 111.IIα HLR) bzw. Staseonym (Ausdruck für einen Zustand: § 111.Iα HLR).

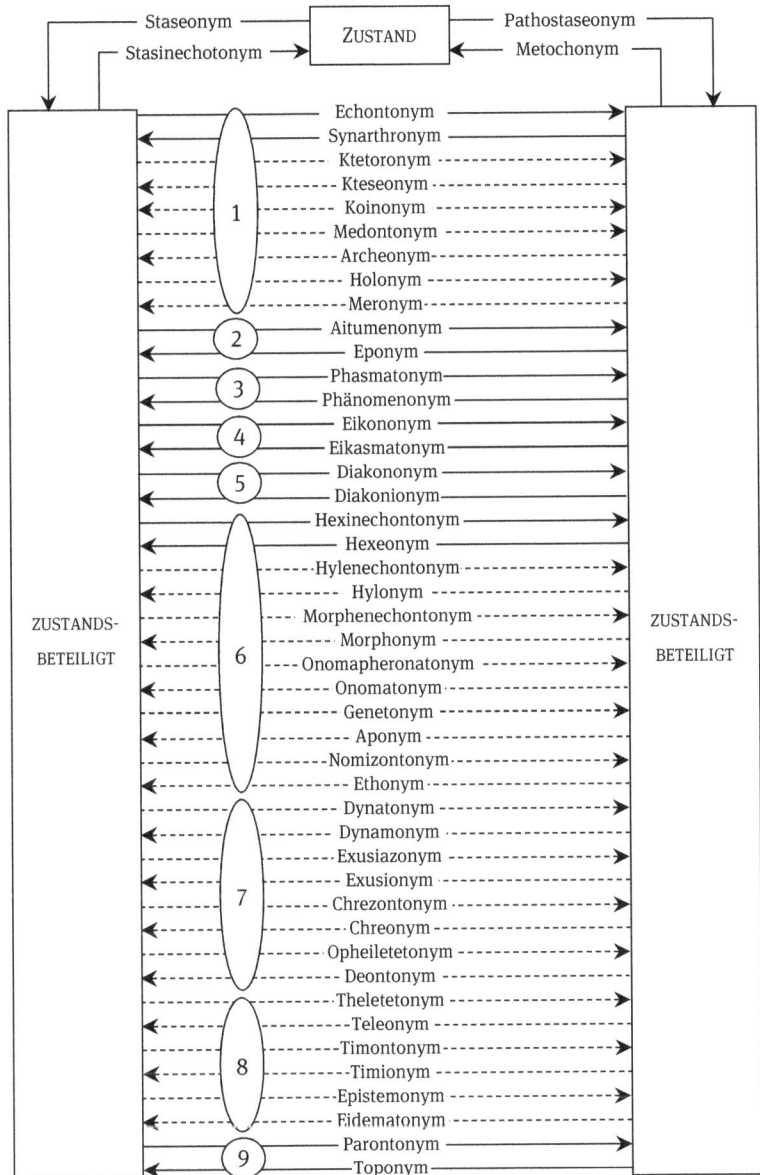

Abb. 135: Semantische Relationen unter dem Aspekt ‹Zustand›
(1) Zugehörigkeit, (2) Konditionalität, (3) Manifestation, (4) Darstellung, (5) Funktion, (6) Eigenschaft, (7) Modalität, (8) Gesinnung (9) Verortung

7.3 Semantische Relationen im Überblick

Agontonym (§ 109.IIα HLR), zu griechisch ἄγειν (›handeln, tun‹): ein Ausdruck, der charakteristischerweise die **handelnde** Größe (den Handlungsträger, das Agens) derjenigen Handlung bezeichnet, für die der zu erläuternde Ausdruck steht.

Aitiatonym (§ 110.IIIβ HLR), zu griechisch αἰτιατός (›verursacht‹): ein Ausdruck, der charakteristischerweise die von dem, wofür der zu erläuternde Ausdruck steht, **verursachte** Größe bezeichnet.

Aitionym (§ 110.IIβ HLR), zu griechisch αἴτιος (›schuld, ursächlich‹): ein Ausdruck, der charakteristischerweise die **verursachende** Größe dessen bezeichnet, wofür der zu erläuternde Ausdruck steht.

Aitumenonym (§ 111.IIβ^{II} HLR), zu griechisch αἰτούμενος (›gefordert‹), oder Ausdruck für eine **vorausgesetzte oder bedingende** Größe: der charakteristischerweise etwas bezeichnet, ohne das die Existenz dessen, wofür der zu erläuternde Ausdruck steht, nicht möglich oder so nicht möglich wäre.

Allonym (§ 107.1β HLR), zu griechisch ἄλλος (›anderer‹), oder Ausdruck für eine **unterschiedene** Größe: der sich unter bestimmten Aspekten semantisch von dem zu erläuternden Ausdruck unterscheidet, unter anderen Aspekten jedoch auch Analogien aufweist.

Anapheromenonym (§ 109.IIIζ^{Iβ} HLR), zu griechisch ἀναφερόμενος (›zugeschrieben‹), oder Ausdruck für etwas **Zugeschriebenes**: der etwas bezeichnet, das über jemanden oder etwas behauptet wird.

Anapherontonym (§ 109.IIζ^{II} HLR), zu griechisch ἀναφέρειν (›jemandem etwas zuschreiben‹), oder Ausdruck für eine **zuschreibende** Größe: der jemanden bezeichnet, der sich mit einer Aussage oder Behauptung auf einen Aussagegegenstand bezieht.

Antonym (§ 106.1β^{I} HLR), zu griechisch ἀντί (›gegen, hingegen, gegenüber‹), oder **semantisch gegensätzlicher** Ausdruck: der mit dem zu erläuternden Ausdruck in einem Verhältnis relativer semantischer Ausschließung steht.

Apisonym (§ 106.1δ^{II} HLR), zu griechisch ἄπισος (›ausgeglichen‹), oder Ausdruck für eine **vermittelte** Größe: der zusammen mit einem anderen, ihm antonymen Ausdruck für etwas steht, dessen Gegensätzlichkeit in dem, wofür der zu erläuternde Ausdruck steht, aufgehoben oder zum Ausgleich gebracht wird.

Aponym (§ 111.IIIβ^{VIδ} HLR), zu griechisch ἀπό (›von ... her‹), oder Ausdruck für eine **Herkunft**: der charakteristischerweise den Ort (im weitesten Sinne) und/oder Zeitraum bzw. -punkt bezeichnet, von dem die Größe, für die der zu erläuternde Ausdruck steht, ihren Ausgang genommen hat.

Archeonym (§ 111.IIIβ^{Iγ} HLR), zu griechisch ἀρχή (›Herrschaft‹), oder Ausdruck für einen **Bereich** oder eine **Sphäre**: der ein charakteristisches Gebiet (im weitesten Sinne) bezeichnet, in dem die Größe, für die das zu erläuternde Wort steht, eine bestimmte Wirkung entfalten kann, in dem sie bestimmte Ansprüche geltend machen kann o. Ä.

Chrematonym (§ 109.IIIη^{IIα} HLR), zu griechisch χρῆμα (›Gebrauchsgegenstand‹), oder Ausdruck für ein verwendetes Instrument oder Mittel: der etwas bezeichnet, das die Größe, für die der zu erläuternde Ausdruck steht, instrumentell (im weitesten Sinne) einsetzt.

Chreonym (§ 111.IIIβ^{VIIγ} HLR), zu griechisch χρέος (›Not, Notwendigkeit‹), oder Ausdruck für etwas Nötiges: der charakteristischerweise etwas bezeichnet, das dem, wofür der zu erläuternde Ausdruck steht, als Notwendigkeit zugeschrieben wird.

Chreopathikonym (§ 109.IIIη^{Iβ} HLR), zu griechisch χρέος (›Gebrauch, Verwendung‹) und παθικός (›sich leidend verhaltend‹), oder Ausdruck für eine durch Gebrauch behandelte Größe: der etwas bezeichnet, dem eine Behandlung mittels des Instrumentes (im weitesten Sinne), für das der zu erläuternde Ausdruck steht, widerfährt.

Chrestikonym (§ 109.IIη^{II} HLR), zu griechisch χρηστικός (›gebrauchend, verwendend‹), oder Ausdruck für eine verwendende Größe: der jemanden bezeichnet, der die Größe, für die der zu erläuternde Ausdruck steht, instrumentell (im weitesten Sinne) einsetzt.

Chrezontonym (§ 111.IIβ^{VIIγ} HLR), zu griechisch χρῄζων (›etwas müssend, nötig habend‹), oder Ausdruck für eine müssende Größe: der charakteristischerweise etwas bezeichnet, dem das, wofür der zu erläuternde Ausdruck steht, als Notwendigkeit zugeschrieben wird.

Deontonym (§ 111.IIIβ^{VIIδ} HLR), zu griechisch δέον (›Pflicht‹), oder Ausdruck für eine Aufgabe/Pflicht: der charakteristischerweise etwas bezeichnet, das dem, wofür der zu erläuternde Ausdruck steht, als Verpflichtung zugeschrieben wird, das die Größe, für die der zu erläuternde Ausdruck steht, tun oder erleiden soll.

Diakonionym (§ 111.IIIβ^{V} HLR), zu griechisch διακονία (›Dienst‹), oder Ausdruck für eine Funktion: der charakteristischerweise für eine Leistung (im weitesten Sinne) steht, die dem, wofür der zu erläuternde Ausdruck steht, als einem Instrument oder Medium zugeschrieben werden.

Diakononym (§ 111.IIβ^{V} HLR), zu griechisch διάκονος (›Diener‹), oder Ausdruck für eine funktionstragende Größe: der charakteristischerweise etwas bezeichnet, dem dasjenige, wofür der zu erläuternde Ausdruck steht, als Funktion zugeschrieben wird.

Dokonym (§ 109.IIIε^{IIβ} HLR), zu griechisch δόκος (›nehmend, annehmend‹), oder Ausdruck für einen Empfänger: der jemanden bezeichnet, der das, wofür der zu erläuternde Ausdruck steht, empfängt, an- oder entgegennimmt.

Doseonym (§ 109.IIIε^{Iα} HLR), zu griechisch δόσις (›Gabe‹), oder Ausdruck für eine gegebene/mitgeteilte Größe: der etwas bezeichnet, das von dem durch den zu erläuternden Ausdruck Bezeichneten einem Adressaten gegeben oder mitgeteilt wird.

Doteronym (§ 109.IIε^{I} HLR), zu griechisch δοτήρ (›Geber‹), oder Ausdruck für eine **gebende/mitteilende** Größe: der jemanden bezeichnet, der das, wofür der zu erläuternde Ausdruck steht, einem Adressaten gibt oder mitteilt.

Dynamonym (§ 111.IIIβ^{VIIα} HLR), zu griechisch δύναμις (›Möglichkeit‹), oder Ausdruck für eine **Möglichkeit**: der charakteristischerweise etwas bezeichnet, das demjenigen, wofür der zu erläuternde Ausdruck steht, als Möglichkeit oder Vermögen zugeschrieben wird.

Dynatonym (§ 111.IIβ^{VIIα} HLR), zu griechisch δυνατός (›der etwas kann‹), oder Ausdruck für eine **möglichkeithabende** Größe: der charakteristischerweise etwas bezeichnet, dem das, wofür der zu erläuternde Ausdruck steht, als Möglichkeit oder Vermögen zugeschrieben wird.

Echontonym (§ 111.IIβ^{I} HLR), zu griechisch ἔχων (›habend‹), oder Ausdruck für einen **Zugehörigkeitsträger**: der charakteristischerweise jemanden oder etwas bezeichnet, zu dem die Größe, die der zu erläuternde Ausdruck bezeichnet, in einer Relation der Zugehörigkeit (im weitesten Sinne) steht.

Eidematonym (§ 111.IIIβ^{VIIIγ} HLR), zu griechisch εἴδημα (›Gewusstes, Kenntnis‹), oder Ausdruck für etwas **Gewusstes oder Geglaubtes**: der charakteristischerweise etwas bezeichnet, das der Größe, für die der zu erläuternde Ausdruck steht, Gegenstand des Wissens oder Glaubens ist.

Eikasionym (§ 106.1γ^{II} HLR), zu griechisch εἰκασία (›Vergleich‹), oder Ausdruck für eine **verglichene** Größe: der etwas bezeichnet, das mit der Größe, für die der zu erläuternde Ausdruck steht, hinsichtlich eines bestimmten Aspektes explizit oder implizit analog gesetzt wird.

Eikasmatonym (§ 111.IIIβ^{IV} HLR), zu griechisch εἴκασμα (›Abbild‹), oder Ausdruck für eine **dargestellte** Größe: der etwas bezeichnet, das in der Größe, für die der zu erläuternde Ausdruck steht, durch einen bewussten Akt mimetisch oder symbolisch oder sprachlich-gedanklich (thematisierend) gefasst wurde.

Eikononym (§ 111.IIβ^{IV} HLR), zu griechisch εἰκών (›Bild‹), oder Ausdruck für eine **darstellende** Größe: der etwas bezeichnet, worin die Größe, für die der zu erläuternde Ausdruck steht, mittels eines bewussten Aktes mimetisch oder symbolisch oder sprachlich-gedanklich (thematisierend) gefasst wurde.

Energematonym (§ 110.IIIγ HLR), zu griechisch ἐνέργημα (›Bewirktes‹): ein Ausdruck, der charakteristischerweise die durch dasjenige, wofür der zu erläuternde Ausdruck steht, **Einwirkung erfahrende** Größe bezeichnet.

Energonym (§ 110.IIγ HLR), zu griechisch ἐνεργός (›wirksam‹): ein Ausdruck, der charakteristischerweise die auf dasjenige, wofür der zu erläuternde Ausdruck steht, **einwirkende** Größe bezeichnet.

Epiphaskontonym (§ 109.IIζ^{I} HLR), zu griechisch ἐπιφάσκειν (›aussagen, behaupen‹), oder Ausdruck für eine **aussagende/behauptende** Größe: der jemanden bezeichnet, der etwas aussagt oder behauptet.

Epistemonym (§ 111.IIβ^VIIIγ HLR), zu griechisch ἐπίστημος (›wissend‹), oder Ausdruck für eine wissende oder glaubende Größe: der charakteristischerweise jemanden bezeichnet, dem das, wofür der zu erläuternde Ausdruck steht, Gegenstand des Wissens oder Glaubens ist.

Epitrepontonym (§ 109.IIε^II HLR), zu griechisch ἐπιτρέπειν (›jemandem etwas zuwenden‹), oder Ausdruck für eine zuwendende/informierende Größe: der jemanden bezeichnet, der dem, für den der zu erläuternde Ausdruck steht, etwas gibt oder mitteilt.

Eponym (§ 111.IIIβ^II HLR), zu griechisch ἐπί (›nach‹), oder Ausdruck für eine vorausgesetzte oder bedingende Größe: der charakteristischerweise etwas bezeichnet, das ohne die Existenz dessen, wofür der zu erläuternde Ausdruck steht, nicht möglich oder so nicht möglich wäre.

Ergasmatonym (§ 109.IIIγ HLR), zu griechisch ἐργάσμα (›Bewirktes‹): ein Ausdruck, der charakteristischerweise die beeinflusste Größe der Beeinflussungshandlung oder des Beeinflussenden bezeichnet, für die bzw. das der zu erläuternde Ausdruck steht.

Ergasteronym (§ 109.IIγ HLR), zu griechisch ἐργαστήρ (›Wirkender, Arbeiter‹): ein Ausdruck, der charakteristischerweise die beeinflussende Größe dessen bezeichnet, wofür der zu erläuternde Ausdruck steht.

Ergontonym (§ 109.IIIβ HLR), zu griechisch ἔργον (›Werk, Erzeugnis‹): ein Ausdruck, der charakteristischerweise die hervorgebrachte Größe (das Produkt) der Produktionshandlung oder des Produzenten bezeichnet, für die bzw. den der zu erläuternde Ausdruck steht.

Ethonym (§ 111.IIIβ^VIε HLR), zu griechisch ἔθος (›Gewohnheit‹), oder Ausdruck für einen Brauch oder eine Gewohnheit: der charakteristischerweise etwas bezeichnet, das diejenige Größe, für die der zu erläuternde Ausdruck steht, üblicherweise tut.

Exusionym (§ 111.IIIβ^VIIβ HLR), zu griechisch ἐξουσία (›Erlaubnis‹), oder Ausdruck für etwas Zukommendes: der charakteristischerweise etwas bezeichnet, das dem, wofür der zu erläuternde Ausdruck steht, von jemandem erlaubt ist, was ihm gebührt oder worauf er Anspruch hat.

Exusiazonym (§ 111.IIβ^VIIβ HLR), zu griechisch ἐξουσιάζων (›die Erlaubnis zu etwas habend‹), oder Ausdruck für eine erlaubnishabende Größe: der charakteristischerweise jemanden bezeichnet, dem das, wofür der zu erläuternde Ausdruck steht, von jemandem erlaubt ist.

Genetonym (§ 111.IIβ^VIδ HLR), zu griechisch γεννητός (›erzeugt‹), oder Ausdruck für eine herkünftige Größe: der charakteristischerweise jemanden oder etwas bezeichnet, der/das von dem Ort (im weitesten Sinne) und/oder Zeitraum bzw. -punkt, für den der zu erläuternde Ausdruck steht, seinen Ausgang genommen hat.

Hairumenonym (§ 109.IIIε^Iβ HLR), zu griechisch αἱρούμενος (›genommen‹), oder Ausdruck für eine empfangene Größe: der etwas bezeichnet, das von dem durch den zu erläuternden Ausdruck bezeichneten Empfänger an-, entgegen- oder aufgenommen wird.

Heteronym (§ 106.1α^{II} HLR), zu griechisch ἕτερος (›ungleich, anders‹), oder entsprechender Ausdruck in einer anderen Sprache: der eine vollständige oder weitgehende semantische Äquivalenz mit dem zu erläuternden Ausdruck aufweist, aber eben einer anderen Sprache angehört. (Nicht gemeint sind Fremdwörter, also exogenes Wortmaterial der zu untersuchenden Sprache: Sie werden gegebenenfalls als Synonyme interpretiert.)

Hexeonym (§ 111.IIIβ^{VI} HLR), zu griechisch ἕξις (›Qualität, Eigenschaft‹), oder Ausdruck für eine Eigenschaft: der charakteristischerweise etwas bezeichnet, das dem, wofür der zu erläuternde Ausdruck steht, als Eigenschaft zugeschrieben wird.

Hexinechontonym (§ 111.IIβ^{VI} HLR), zu griechisch ἕξιν ἔχειν (›eine Qualität haben‹), oder Ausdruck für eine eigenschaftstragende Größe: der charakteristischerweise etwas bezeichnet, dem das, wofür der zu erläuternde Ausdruck steht, als Eigenschaft zugeschrieben wird.

Holonym (§ 111.IIβ^{16} HLR), zu griechisch ὅλος (›ganz‹), oder Ausdruck für ein Konstitut oder größeres Ganzes: der charakteristischerweise etwas bezeichnet, zu dem sich das, wofür der zu erläuternde Ausdruck steht, als Bestandteil verhält.

Homoionym (§ 107.1α HLR), zu griechisch ὅμοιος (›ähnlich‹), oder Ausdruck für eine ähnliche Größe: der unter bestimmten Aspekten semantische Analogien mit dem zu erläuternden Ausdruck aufweist, unter anderen Aspekten aber differiert.

Hylenechontonym (§ 111.IIβ^{VIα} HLR), zu griechisch ὕλην ἔχειν (›eine stoffliche Beschaffenheit haben‹), oder Ausdruck für eine materialtragende Größe: der charakteristischerweise etwas bezeichnet, das aus dem Stoff (im weiteren Sinne) ist, für den der zu erläuternde Ausdruck steht.

Hylonym (§ 111.IIIβ^{VIα} HLR), zu griechisch ὕλη (›Stoff‹), oder Ausdruck für ein Material: der charakteristischerweise den Stoff (im weiteren Sinne) bezeichnet, aus dem die Größe besteht, für die der zu erläuternde Ausdruck steht.

Hyperonym (§ 111.1α^{I} HLR), zu griechisch ὑπέρ (›über, oberhalb‹), oder Ausdruck für eine übergeordnete Kategorie: der für eine Klasse steht, die als Oberklasse der durch den zu erläuternden Ausdruck bezeichneten gelten kann.

Hypokeimenontonym (§ 110.IIα), zu griechisch ὑποκείμενον ›Unterworfenes, Subjekt‹ oder Ausdruck für einen Geschehensträger: der ein Subjekt des Vorgangs bezeichnet, für den der zu erläuternde Ausdruck steht.

Hyponym (§ 108.1β^{I} HLR), zu griechisch ὑπό (›unter, unterhalb‹), oder Ausdruck für eine Subkategorie: der für eine Klasse steht, die als Unterklasse der durch den zu erläuternden Ausdruck bezeichneten gelten kann.

Idionym (§ 108.1β^II HLR), zu griechisch ἴδιος (›einzeln, individuell‹), oder Ausdruck für eine Subkategorie: der für ein Individuum steht, das in die durch den zu erläuternden Ausdruck bezeichnete Kategorie gehört.

Isonym (§ 106.1γ^I HLR), zu griechisch ἴσος (›gleich‹), oder Ausdruck für eine gleichgesetzte Größe: der etwas bezeichnet, das mit der Größe, für die der zu erläuternde Ausdruck steht, vollständig oder hinsichtlich eines bestimmten Aspektes identifiziert wird.

Kompleonym (§ 106.1β^II HLR), zu lateinisch *complēre* (›vollständig machen, ausfüllen, erfüllen‹), oder semantisch komplementärer Ausdruck: der mit dem zu erläuternden Ausdruck in einem Verhältnis absoluter semantischer Ausschließung steht.

Koinonym (§ 111.IIβ^Iβ/IIIβ^Iβ HLR), zu griechisch κοινός (›gemeinschaftlich‹), oder Ausdruck für ein Sozialkorrelat: der charakteristischerweise jemanden bezeichnet, zu dem das durch den zu erläuternden Ausdruck Bezeichnete in einem Sozialverhältnis (im weiten Sinne: z. B. Amtsverhältnisse, Verwandtschaftsverhältnisse) steht.

Kteseonym (§ 111.IIIβ^Iα HLR), zu griechisch κτῆσις (›Eigentum, Besitz‹), oder Ausdruck für ein Eigentum: der charakteristischerweise etwas bezeichnet, das sich zu dem, wofür der zu erläuternde Ausdruck steht, als Eigentum oder Besitz verhält.

Ktetoronym (§ 111.IIβ^Iα HLR), zu griechisch κτήτωρ (›Besitzer‹), oder Ausdruck für einen Eigentümer: der charakteristischerweise jemanden bezeichnet, zu dem sich das, wofür der zu erläuternde Ausdruck steht, als Eigentum oder Besitz verhält.

Medontonym (§ 111.IIβ^Iγ HLR), zu griechisch μέδων (›Herrscher, Beherrscher‹), oder Ausdruck für eine bereichsbeherrschende Größe: der charakteristischerweise jemanden bezeichnet, zu dem sich das, wofür der zu erläuternde Ausdruck steht, als Reichweite, Wirkungskreis oder Aufgabengebiet verhält.

Mesagontonym (§ 109.IIη^I HLR), zu griechisch μέσος (›mittel, in der Mitte‹) und ἄγειν (›handeln, tun‹), oder Ausdruck für eine instrumentell behandelnde Größe: der jemanden bezeichnet, der die Größe, für die der zu erläuternde Ausdruck steht, mittels eines Instrumentes (im weitesten Sinne) behandelt.

Mesopathikonym (§ 109.IIIη^Iα HLR), zu griechisch μέσος (›mittel, in der Mitte‹) und παθικός (›sich leidend verhaltend‹), oder Ausdruck für eine instrumentell behandelte Größe: der etwas bezeichnet, das die Größe, für die der zu erläuternde Ausdruck steht, mittels eines Instrumentes (im weitesten Sinne) behandelt.

Meronym (§ 111.IIIβ^Iδ HLR), zu griechisch μέρος (›Teil‹), oder Ausdruck für eine (ko-)konstitive Größe: der charakteristischerweise etwas bezeichnet, das sich zu dem, wofür der zu erläuternde Ausdruck steht, als Bestandteil verhält.

Metochonym (§ 111.IIIα), zu griechisch μέτοχος (›teilhabend, teilnehmend‹) oder Ausdruck für eine zustandsbetroffene Größe: der jemanden oder etwas bezeichnet, der oder das (ohne Zustandssubjekt zu sein) an dem Zustand beteiligt ist, für den der zu erläuternde Ausdruck steht, oder der/das (ohne Zustandssubjekt zu sein) an einem Zustand beteiligt ist, für dessen Zustandssubjekt der zu erläuternde Ausdruck steht.

Morphenechontonym (§ 111.IIβ^{VIβ} HLR), zu griechisch μορφήν ἔχειν (›eine Gestalt haben‹), oder Ausdruck für eine gestalttragende Größe: der charakteristischerweise etwas bezeichnet, dem die äußere Gestalt oder der Einzelaspekt einer äußeren Gestalt zugeschrieben wird, für die oder den der zu erläuternde Ausdruck steht.

Morphonym (§ 111.IIIβ^{VIβ} HLR), zu griechisch μορφή (›Gestalt‹), oder Ausdruck für eine Gestalt/einen Gestaltaspekt: der charakteristischerweise die äußere Gestalt der Größe bezeichnet, für die das zu erläuternde Wort steht, oder einen einzelnen Aspekt dieser Gestalt.

Nomizontonym (§ 111.IIβ^{VIε} HLR), zu griechisch νομίζων (›eine Gewohnheit haben‹), oder Ausdruck für eine zu tun pflegende Größe: der charakteristischerweise jemanden bezeichnet, der das, wofür der zu erläuternde Ausdruck steht, üblicherweise tut.

Onomapherontonym (§ 111.IIβ^{VIγ} HLR), zu griechisch ὄνομα φέρειν (›einen Namen tragen‹), oder Ausdruck für eine namentragende Größe: der charakteristischerweise etwas bezeichnet, das den zu erläuternden Ausdruck als Namen trägt oder dem er beigelegt wird.

Onomatonym (§ 111.IIIβ^{VIγ} HLR), zu griechisch ὄνομα (›Name‹), oder Ausdruck für einen Namen: den charakteristischerweise die durch den zu erläuternden Ausdruck bezeichnete Größe trägt oder der ihr beigelegt wird.

Opheiletetonym (§ 111.IIβ^{VIIδ} HLR), zu griechisch ὀφειλέτης (›der etwas zu tun oder zu leisten schuldig ist‹), oder Ausdruck für eine sollende Größe: der charakteristischerweise etwas bezeichnet, dem das, wofür der zu erläuternde Ausdruck steht, als Verpflichtung zugeschrieben wird.

Parontonym (§ 111.IIβ^{IX} HLR), zu griechisch παρεῖναι (›dasein‹), oder Ausdruck für eine verortete Größe: der etwas bezeichnet, das an oder in dem Ort (im weitesten Sinne), Zeitraum oder Zeitpunkt, für den der zu erläuternde Ausdruck steht, sich signifikanterweise befindet.

Pathematonym (§ 109.Iβ/§ 110.Iβ HLR), zu griechisch πάθημα (›Leiden, Erlebnis‹): ein Ausdruck, der charakteristischerweise ein Widerfahrnis der Größe bezeichnet, für die der zu erläuternde Ausdruck steht.

Pathikonym (§ 109.IIIα/§ 110.IIIα HLR), zu griechisch παθικός (›sich leidend verhaltend‹): ein Ausdruck, der charakteristischerweise die erleidende Größe (das Patiens) dessen bezeichnet, wofür der zu erläuternde Ausdruck steht.

Pathochrematonym (§ 109.IIIη^{IIα} HLR), zu griechisch πάθος (›Leiden‹) und χρῆμα (›Gebrauchsgegenstand‹), oder Ausdruck für ein widerfahrenes Instrument oder Mittel: der etwas bezeichnet, womit die Größe, für die der zu erläuternde Ausdruck steht, instrumentelle Bearbeitung (im weitesten Sinne) erfährt.

Pathostaseonym (§ 111.Iβ HLR), zu griechisch πάθος (›Leiden‹) und στάσις (›Zustand‹): ein Ausdruck, der einen charakteristischen Beteiligungszustand bezeichnet: einen Zustand, an dem die Größe, für die der zu erläuternde Ausdruck steht, als zustandsbetroffene beteiligt ist.

Phänomenonym (§ 111.IIIβ^{III} HLR), zu griechisch φαινόμενον (›Erscheinendes‹), oder Ausdruck für eine erscheinende oder manifestierte Größe: der charakteristischerweise etwas bezeichnet, das in der Größe, für die der zu erläuternde Ausdruck steht, in Erscheinung tritt, d. h. sinnlich und/oder intellektuell erfassbar wird.

Phasmatonym (§ 111.IIβ^{III} HLR), zu griechisch φάσμα (›Erscheinung‹), oder Ausdruck für eine Erscheinungsform oder Manifestation: der charakteristischerweise etwas bezeichnet, worin die Größe, für die der zu erläuternde Ausdruck steht, in Erscheinung tritt, d. h. sinnlich und/oder intellektuell erfassbar wird.

Pherontonym (§ 110.IIδ HLR), zu griechisch φέρον (›berührend‹): ein Ausdruck, der charakteristischerweise die als bezugnehmend auf dasjenige, wofür der zu erläuternde Ausdruck steht, erscheinende Größe bezeichnet, (d. h. das Subjekt eines Vorgangs, in welchen das durch den zu erläuternden Ausdruck Bezeichnete involviert wird, ohne dabei in seiner Seinsweise modifiziert zu werden).

Pheromenonym (§ 110.IIIδ HLR), zu griechisch φερόμενος (›berührt‹): ein Ausdruck, der charakteristischerweise die als Bezugnahme erfahrend durch dasjenige, wofür der zu erläuternde Ausdruck steht, erscheinende Größe bezeichnet, (d. h. die durch einen Vorgang, durch den sie in ihrer Seinsweise nicht modifiziert wird, betroffene Größe).

Poietetonym (§ 109.IIβ HLR), zu griechisch ποιητής (›Schöpfer, Verfertiger‹): ein Ausdruck, der charakteristischerweise die hervorbringende Größe dessen bezeichnet, wofür der zu erläuternde Ausdruck steht.

Praxeonym (§ 109.Iα HLR), zu griechisch πρᾶξις (›Handlung‹): ein Ausdruck, der eine charakteristische Handlung der Größe bezeichnet, für die der zu erläuternde Ausdruck steht.

Prokeimenontonym (§ 109.IIIζ^{IIα} HLR), zu griechisch προκείμενον (›das, was vorliegt, der Gegenstand, von dem die Rede ist‹): ein Ausdruck, der charakteristischerweise einen Aussagegegenstand bezeichnet: dasjenige, wovon der durch den zu erläuternden Ausdruck Bezeichnete etwas aussagt oder behauptet.

Prosechontonym (§ 109.IIδ HLR), zu griechisch ἔχειν πρός (›etwas auf etwas richten‹): ein Ausdruck, der charakteristischerweise die als dasjenige, wofür der zu erläuternde Ausdruck steht, befassende Größe bezeichnet (d. h. als Agens einer Handlung, in welche das durch den zu erläuternden Ausdruck Bezeichnete involviert wird, ohne dabei in seiner Seinsweise modifiziert zu werden).

Prosmatonym (§ 109.IIIδ HLR), zu griechisch πρός (›zu, auf ... hin‹) und -μα (›Gegenstand einer Handlung‹): ein Ausdruck, der charakteristischerweise die befasste Größe der Befassungshandlung (eine Handlung, in welche eine handlungsbetroffene Größe involviert wird, ohne sie dabei in ihrer Seinsweise zu modifizieren) oder des Befassenden bezeichnet, für die bzw. das der zu erläuternde Ausdruck steht.

Prosonym (§ 109.IIIε^{IIα} HLR), zu griechisch πρός (›zu, auf ... hin‹): ein Ausdruck, der einen charakteristischen Adressaten desjenigen Agens einer Gebe- oder Mitteilungshandlung bezeichnet, für die der zu erläuternde Ausdruck steht.

Rhematonym (§ 109.IIIζ^{Iα} HLR), zu griechisch ῥῆμα (›Gesagtes‹), oder Ausdruck für etwas von jemandem Ausgesagtes/Behauptetes.

Staseonym (§ 111.Iα HLR), zu griechisch στάσις (›Zustand‹): ein Ausdruck, der einen charakteristischen Zustand bezeichnet, für dessen Zustandssubjekt der zu erläuternde Ausdruck steht.

Stasinechontonym (§ 111.IIα), zu griechisch στάσις (›Zustand‹) und ἔχειν (›haben‹) oder Ausdruck für ein Zustandssubjekt: der einen typischen Träger des Zustandes bezeichnet, für den der zu erläuternde Ausdruck steht.

Symparontonym (§ 111.IIIβ^{IXβ} HLR), zu σύν (›zusammen, gemeinsam, überein‹) und παρεῖναι (›dasein‹), oder Ausdruck für eine mitanwesende Größe: der etwas bezeichnet, das mit derjenigen Größe, für die das zu erläuternde Wort steht, räumlich und/oder zeitlich gemeinsam verortet ist, das zusammen mit ihr zur selben Zeit am selben Ort ist.

Symphoronym (§ 110.Iα HLR), zu griechisch συμφορά (›Ereignis‹): ein Ausdruck, der ein charakteristisches Geschehen bezeichnet, für dessen Vorgangssubjekt der zu erläuternde Ausdruck steht.

Synarthronym (§ 111.IIIβ^{I} HLR), zu griechisch σύναρθρος (›zusammenhängend‹), oder Ausdruck für eine zugehörige Größe: der charakteristischerweise etwas bezeichnet, das mit der Größe, die der zu erläuternde Ausdruck bezeichnet, in einer Relation der Zugehörigkeit (im weitesten Sinne) steht.

Synonym (§ 106.1α^{I} HLR), zu griechisch σύν (›zusammen, gemeinsam, überein‹), oder entsprechender Ausdruck: der eine vollständige oder weitgehende semantische Äquivalenz mit dem zu erläuternden Ausdruck aufweist.

Tekaionym (§ 106.1δ^{I} HLR), zu griechisch τέ ... καί (›sowohl ... als auch‹), oder Ausdruck für eine Gegensätze vermittelnde Größe: der für den Ausgleich der Gegensätzlichkeit steht, die durch den zu erläuternden Ausdruck und einen weiteren, ihm antonymen Ausdruck bezeichnet ist.

Teleonym (§ 111.IIIβ^{VIIIα} HLR), zu griechisch τέλος (›Ziel, Zweck‹), oder Ausdruck für etwas Gewolltes: der charakteristischerweise etwas bezeichnet, das die

Größe, für die der zu erläuternde Ausdruck steht, will, anstrebt, zu erreichen sucht, für relevant erachtet, wertschätzt o. Ä.

T h e l e t e t o n y m (§ 111.IIβ^{VIIIα} HLR), zu griechisch θελητής (›Wollender‹), oder Ausdruck für eine w o l l e n d e Größe: der charakteristischerweise jemanden bezeichnet, der das, wofür der zu erläuternde Ausdruck steht, will, anstrebt, zu erreichen sucht.

T h e m a t o n y m (§ 109.IIIζ^{IIβ} HLR), zu griechisch θέμα (›Gesetztes‹): ein Ausdruck, der charakteristischerweise einen Z u s c h r e i b u n g s g e g e n s t a n d bezeichnet: dasjenige, wovon das durch den zu erläuternden Ausdruck Bezeichnete ausgesagt oder behauptet wird.

T i m i o n y m (§ 111.IIIβ^{VIIIβ} HLR), zu griechisch τίμιος (›geschätzt, geehrt‹), oder Ausdruck für eine O r i e n t i e r u n g s g r ö ß e: der charakteristischerweise etwas bezeichnet, dem die Größe, für die der zu erläuternde Ausdruck steht, als leitendem Prinzip folgt oder auf das als Wertmaßstab sie ausgerichtet ist.

T i m o n t o n y m (§ 111.IIβ^{VIIIβ} HLR), zu griechisch τιμῶν (›wertschätzend‹), oder Ausdruck für eine s i c h o r i e n t i e r e n d e Größe: der charakteristischerweise jemanden bezeichnet, der dem, wofür der zu erläuternde Ausdruck steht, als leitendem Prinzip folgt oder darauf als Wertmaßstab ausgerichtet ist.

T o p o n y m (§ 111.IIIβ^{IXα} HLR), zu griechisch τόπος (›Ort, Stelle‹), oder Ausdruck für eine V e r o r t u n g: der den Ort (im weitesten Sinne), Zeitraum oder Zeitpunkt bezeichnet, an oder in dem die Größe, für die der zu erläuternde Ausdruck steht, sich signifikanterweise befindet.

T y p o n y m (§ 108.1β^{I} HLR), zu griechisch τύπος (›Modell, Muster‹), oder Ausdruck für eine G a t t u n g: der für eine Klasse steht, zu der das durch den zu erläuternden Ausdruck bezeichnete Individuum gehört.

*

Die vorstehend angegebenen semantischen Relationen reichen hin, um zumindest in Grundzügen den Gebrauchswert jedes zu erläuternden Ausdrucks zu fassen. Dieser Gebrauchswert kann jeweils für ein spezifisches Untersuchungskorpus bestimmt werden; er besteht in der Gesamtheit aller im Korpus belegten Ausdrücke, die in einer der genannten Relationen mit dem zu erläuternden Ausdruck erscheinen.

Grundsätzlich scheint es durchaus sinnvoll, bei der semantischen Analyse zunächst einmal alle semantischen Relationen, die sich überhaupt feststellen lassen, zu verzeichnen. Die Gesamtschau kann nach Durchsicht des Belegmaterials, sei es aller Belege oder einer wie auch immer begründeten Auswahl, Vorannahmen bezüglich der Semantik des Basislexems stützen (man wusste schon vorher, dass es zu den Amtspflichten eines *Pastors* gehört, das *Abendmahl* zu reichen, und findet dies in den Belegen bestätigt), sie kann sie aber ggf. auch korrigieren oder zu neuen, vorab nicht erwarteten Erkenntnissen führen. Unter diesem Aspekt haben die semantischen Relationen – und umso mehr, als sie nicht willkürlich angesetzt, sondern Resultat einer konsistenten Beschreibung grammatisch-semantischer Strukturen sind – heuristische Funktion. Erst die Gesamtschau zeigt, was semantisch mit einem Lexem in einem Korpus tatsächlich ‚los ist', und auf der Grundlage dieser Gesamtschau lässt sich dann das Beschreibungsanliegen justieren und entscheiden, welche relationalen Ausdrücke sinnvollerweise tatsächlich zu dokumentieren sind.

*

Die ausführliche empirische Erprobung der relationalsemantischen Beschreibung ist nicht mehr Gegenstand der vorliegenden Arbeit. Sie kann insofern hier unterbleiben, als sie in anderem Zusammenhang (Bär 2010 ff.) vorgenommen wurde und weiterhin wird. Dabei kann und wird sich früher oder später der Fall ergeben, dass eine Erweiterung der vorstehend eingeführten Menge semantischer Relationen sinnvoll scheint. Wenig wahrscheinlich ist allerdings, dass es sich dabei um eine umfangreiche Erweiterung handeln wird. Auf der Grundlage mehrjähriger praktischer Erfahrung darf angenommen werden, dass der Erkenntniszuwachs hinsichtlich der Menge R von Relationen, die zur semantischen Analyse von Belegstellen benötigt werden, in Abhängigkeit von der Menge B der analysierten Belegstellen verläuft, wie in Abb. 136 dargestellt.

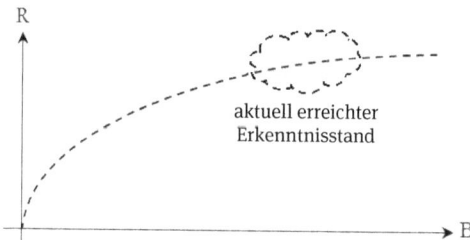

Abb. 136: Erkenntniszuwachs hinsichtlich semantischer Relationen.

Mit zurückhaltendem Optimismus gehen wir davon aus, dass der in dieser Arbeit referierte Erkenntnisstand irgendwo im gekennzeichneten Bereich liegt. Zu hoffen steht daher, dass es gelungen ist, ein Instrumentarium semantischer Beschreibung zu entwickeln, das sich in der Praxis weithin bewähren wird.

8 Nachbemerkung

Es muss nicht betont werden, dass kommunikationsbezogene Deutung von Texten nicht in der Weise funktioniert, dass man die referentiellen Bezüge von einem einzigen Zeichen aus feststellt. Beim landläufig-alltäglichen Verstehen einer sprachlichen Äußerung wird vielmehr die wechselseitige Bezogenheit der verschiedenen Zeichen im Textfluss aufgefasst. In einer Fügung wie *Der Rinder breitgestirnte, glatte Scharen kommen brüllend*[322] beispielsweise kann das unmittelbare Lese- oder Hörverstehen nicht beim Kern des Subjekts und auch nicht beim Prädikat beginnen, da beide relativ weit hinten im Satz stehen. Das Verstehen beginnt am Anfang, es nimmt die ersten Wörter wahr, stellt fest (im Normalfall unbewusst), dass Wort 1 als bestimmter Artikel und Wort 2 als Substantiv zusammenpassen, dass ihre gegenseitige Kongruenzrelation auf einen besonderen Kasus des Substantivs (und damit auch des Artikels), nämlich den Genitiv Plural schließen lässt, dass mithin der Satzanfang aus einem genitivischen Komes besteht und dass im Anschluss ein Wort oder eine Wortgruppe auf der Subjektskernposition folgen muss, wenn der Satz (der aufgrund des vorangestellten Genitivs im Übrigen als stilistisch markiert erkannt wird[323]) regelhaft gebaut sein soll. Über die beiden folgenden Adjektive, die sich vorerst nicht in den vermuteten Satzbauplan fügen wollen, geht der Verstehensprozess zunächst vertrauensvoll hinweg, erreicht endlich das schon erwartete Wort – ein Substantiv, dessen Kasusform es erlaubt, in ihm den Subjektskern zu sehen (und dessen Numerusform im Übrigen zugleich bestimmte Erwartungen hinsichtlich der des Prädikats oder Prädikatkerns weckt) – und kann nun erst die beiden übergangenen Wörter sinnvoll, nämlich als vorangestellte Adjektivattribute, miteinbeziehen. Rückblickend wird nun zugleich verifiziert, dass es sich beim Satzbeginn tatsächlich um einen genitivischen Komes handelt.

Das einfache Beispiel zeigt, dass sprachliche Verstehensprozesse in der Regel weitaus komplexer sind als sich mit den Mitteln einer basiszeichenzentrierten relationalen Semantik nachweisen ließe. Es ging hier aber gar nicht um die Erarbeitung eines brauchbaren Modells sprachlichen Verstehens überhaupt, sondern um die Begründung einer historisch-empirischen Deutungsmethode, die ihren Ausgang immer von einem einzelnen Zeichen nimmt und von ihm aus das Kotextgefüge zu analysieren sucht – nur um von dieser Analyse aus zu demselben Zeichen zurückzukommen, dessen Wert man auf diese Art bestimmt hat. Eine solche Wertbestimmung nennen wir Interpretation im hermeneutisch-linguistischen Sinne; wir implizieren damit, dass es selbstverständlich sowohl andere Arten der Interpretation als auch andere Arten der Hermeneutik gibt. Eine Auseinandersetzung mit ihnen ist

---

[322] „Blöckend ziehen | Heim die Schaafe, | Und der Rinder | Breitgestirnte | Glatte Schaaren kommen brüllend, | Die gewohnten Ställe füllend." (SCHILLER: Glocke 1800, 234 f.)
[323] Duden 1998, 670.

allerdings nicht Gegenstand unserer Untersuchung und muss es auch nicht sein, da es nicht unsere Absicht ist, unseren Ansatz gegen sie in Stellung zu bringen, sondern allenfalls, ihnen denselben – als Ergänzung oder als Alternative – zur Seite zu setzen.

Wir schließen darüber hinaus nicht aus, dass die hier entworfene hermeneutische Linguistik durch andere Richtungen der neueren Linguistik (insbesondere durch Modelle der Pragmalinguistik) sinnvoll ergänzt werden könnte, überlassen dies jedoch der schon seit einigen Jahren in bestimmten linguistischen Fachkreisen stattfindenden Diskussion über das Thema ‚Hermeneutik', zu der wir mit unserer Untersuchung nur beitragen wollen.

9 Anhang I: Literatur

9.1 Erläuterungen zum Korpus

Der Untersuchung liegt ein digitales Untersuchungskorpus zugrunde. Es handelt sich dabei erstens (Teilkorpus A) für den Zeitraum von 1760 bis 1840 um das Quellenkorpus der ZBK (vgl. Bär/von Consbruch 2012) sowie zweitens (Teilkorpus B) für den Zeitraum von 1750 bis 1760 und von 1840 bis 1950 um die Texte, die auf folgenden Datenträgern zur Verfügung stehen:

- CD-ROM *Philosophie von Platon bis Nietzsche. Ausgewählt und eingeleitet von Frank-Peter Hansen.* Berlin 1998 (Digitale Bibliothek 2).
- CD-ROM *Karl Marx. Friedrich Engels. Ausgewählte Werke. Zusammengestellt und eingerichtet von Mathias Bertram.* Berlin 1998 (Digitale Bibliothek 11).
- CD-ROM *Kurt Tucholsky. Werke – Briefe – Materialien.* 2. Ausgabe. Berlin 2000 (Digitale Bibliothek 15).
- CD-ROM *Friedrich Nietzsche. Werke. Herausgegeben von Karl Schlechta. Mit der Biographie von Curt Paul Janz.* 2. Ausgabe. Berlin 2000 (Digitale Bibliothek 31).
- CD-ROM *Brockhaus. Kleines Konversations-Lexikon. Elektronische Volltextedition der fünften Auflage von 1911.* Berlin 2004 (Digitale Bibliothek Band 50.)
- CD-ROM *Geschichte des Altertums. In Darstellungen von Johann Gustav Droysen, Theodor Mommsen, Jacob Burckhardt, Robert von Pöhlmann und Eduard Meyer. Mit Einführungen von Karl Christ.* Berlin 2001 (Digitale Bibliothek 55).
- CD-ROM *Max Weber. Gesammelte Werke. Mit der Biographie „Max Weber. Ein Lebensbild" von Marianne Weber.* Berlin 2001 (Digitale Bibliothek 58).
- CD-ROM *Brehms Tierleben. Allgemeine Kunde des Tierreichs. Kolorierte Ausgabe.* Berlin 2004. (Digitale Bibliothek Band 76.)
- CD-ROM *Karl Mays Werke. Herausgegeben von Hermann Wiedenroth. Für die Karl-May-Stiftung.* Berlin 2003 (Digitale Bibliothek 77).
- CD-ROM *Stefan George. Gesamtausgabe der Werke. Faksimile und Volltext.* Berlin 2004 (Digitale Bibliothek 99).
- CD-ROM *Deutsche Autobiographien 1690–1930. Arbeiter, Gelehrte, Ingenieure, Künstler, Politiker, Schriftsteller.* Hrsg. v. Oliver Simons. Berlin 2004 (Digitale Bibliothek Band 102.)
- DVD *Deutsche Komponisten von Bach bis Wagner. Musikbiographien des 19. Jahrhunderts.* Berlin 2005 (Digitale Bibliothek Band 113).
- DVD *Deutsche Literatur von Luther bis Tucholsky.* Berlin 2005 (Digitale Bibliothek 125).
- CD-ROM *Oswald Spengler. Der Untergang des Abendlandes. Ausgewählte Schriften.* Berlin 2007 (Digitale Bibliothek 152).

- CD-ROM *Troeltsch im Kontext. Gesammelte Werke.* Berlin 2006 (Literatur im Kontext 9).
- CD-ROM *Georg Simmel. Das Werk.* Hrsg. v. Martin Damken. Berlin 2001.

Insgesamt sind in den Korpora A und B etwa 100.000 Einzeltexte von mehr als 500 Autorinnen und Autoren – ca. 150 Millionen laufende Wortformen (Tokens) – erfasst. Neben Monographien, Essays, Vorträgen zu Philosophie, Literatur- und Kunsttheorie und Wissenschaft, Briefsammlungen und (in geringem Umfang) sonstigen Privata ist fiktionale Literatur breit und hinsichtlich verschiedener Textsorten berücksichtigt; für die grammatisch-semantischen Untersuchungen wurden allerdings hauptsächlich Prosatexte herangezogen.

Die Ausgaben, nach denen wir unsere Korpustexte zitieren (übereinstimmend mit der digitalen Fassung oder, falls es sich um eine wissenschaftlich nicht zitierfähige Textbasis handelt, abweichend von ihr), werden im Literaturverzeichnis nachgewiesen.

9.2 Zitierte Literatur

Wie die Überschrift deutlich macht, geben wir hier ein Verzeichnis der zitierten Literatur. Aufgeführt werden daher im Quellenteil (9.2.1) keineswegs alle Texte, die das unter 9.1 umrissene Untersuchungskorpus bilden, sondern nur diejenigen, die im Rahmen der Untersuchung an zumindest einer Stelle tatsächlich herangezogen wurden.

Die Zitierweise orientiert sich an einer in anderem Zusammenhang (Bär 1998a, 184 f.) vorgestellten und begründeten Methode. Autoren von Quellentexten werden in Kapitälchen gesetzt, Quellentexte durch Kurztitel und Angabe des Erscheinungsjahres zitiert:

> BÖLSCHE, Naturwss. Grundl. 1887

Autoren von Sekundärliteratur erscheinen im Normaldruck, Sekundärtexte werden allein durch Angabe des Erscheinungsjahres zitiert:

> Reichmann 1989

Zusätzlich angegeben wird die Seitenzahl (in arabischen Ziffern) sowie ggf. die Bandnummer oder Teilnummer (in römischen Ziffern):

> WEBER, Roscher u. Knies I 1903, 35
> BLEIBTREU, Größenw. 1888, II, 60

Erscheint die Band- oder Teilnummer als Bestandteil des Kurztitels (vor der Jahreszahl), so sind die anderen Bände oder Teile in anderen Jahren erschienen. Eine Jahreszahl vor der Band- oder Teilnummer zeigt an, dass alle Bände oder Teile im selben Jahr erschienen sind.

Zitiert wird üblicherweise nach der ersten Auflage. Spätere Auflagen werden durch hochgestellte Ziffern vor der Jahreszahl kenntlich gemacht:

> HAECKEL, Welträtsel ^{11}1919

Zitieren wir nach einer überarbeiteten Fassung, die nicht als Auflage im engeren Sinne anzusehen ist (z. B. bei mehrfach und in unterschiedlichen Zusammenhängen abgedruckten Aufsätzen) so wird dies durch ein hochgestelltes *ü* vor der Jahreszahl gekennzeichnet; in diesem Fall kann die ursprüngliche Fassung aus einem früheren Jahr stammen:

> WEBER, Dtld. Staatsform ^{ü}1919

Nicht genau bekannte Erscheinungsjahre werden durch einen hochgestellten Kreis (›ca.‹) gekennzeichnet:

> WILLE, Glasberg °1920

Entstehungsjahre von Texten werden durch vorangestellten Asterisk bezeichnet:

> NIETZSCHE, Wahrh. u. Lüge *1873

Dieser wird bei unsicheren Angaben mit Fragezeichen versehen:

> HITLER, Zweit. Buch *$^{?}$1928

Texte, die mündlich publik gemacht wurden, z. B. Vorlesungen, werden durch vorangestelltes Ausrufezeichen kenntlich gemacht; gemeint ist auch hier der Erstvortrag:

> BALL, Manifest $^{!}$1916

Bei Briefen erscheint (nach Möglichkeit) die genaue Datumsangabe in eckigen Klammern und ohne Asterisk:

> REVENTLOW, an E. Fehling [März 1890]

Weicht das Jahr der Entstehung und/oder des ersten mündlichen Vortrags vom Erscheinungsjahr ab, so werden ggf. beide Jahreszahlen genannt und durch Semikolon voneinander getrennt:

NIETZSCHE, Antichrist ⌜*1888; 1894⌝
BALL, Kandinsky ⌜¦1917; 1977⌝

Ein gegenläufiger Schrägstrich („Backslash"), der zwei Jahreszahlen voneinander trennt, kennzeichnet diese als Terminus post quem bzw. Terminus ante quem einer Produktionsphase:

BALL, Tend. ⌜*1914\20; 1967⌝ (›entstanden zwischen 1914 und 1920, zuerst publiziert 1967‹)

Sind nur Termini ante quem bzw. post quem bekannt, so werden die Asterisken entsprechend kommentiert:

BOY-ED, Lehrling ⌜*^{vor}1928; 1952⌝ (›entstanden vor 1928, zuerst publiziert 1952‹)

Der Asterisk in Kombination mit hochgestelltem *bis* bzw. *ab* kennzeichnet Entstehungsjahre als negative Termini ante quem bzw. post quem: Ausgedrückt werden soll, dass der jeweilige Text nicht nach bzw. nicht vor dem angegebenen Jahr entstanden ist.

ZELTER, ¦Selbstbiogr. *^{bis}1820 (›entstanden nicht nach/bis spätestens 1820‹).

Folgt eine weitere, unmarkierte Jahreszahl, so wurde der Text im Untersuchungszeitraum zudem schriftlich publiziert:

GOETHE, Rez. Tieck [Dram. Blätt.] ⌜*^{ab}1826; 1833⌝ (›entstanden nicht vor/frühestens 1826; gedruckt 1833‹).

Autoren erscheinen in alphabetischer Reihenfolge. Für die Quellen erscheinen die Titel pro Autor in alphabetischer Reihenfolge der Kurztitel; für die Sekundärliteratur pro Autor in chronologischer Reihenfolge nach Erscheinungsjahren, bei mehreren Titeln pro Erscheinungsjahr nach Indizierung (z. B. Hermanns 1995a, 1995b usw.). Titel, die ein Autor zusammen mit Koautoren verfasst hat, folgen im Anschluss an die Titel, die er allein verfasst hat. Bei wiedergegebenen Beiträgen eines Verfassers (v. a. bei Berichten über Redebeiträge, in denen die Grenze zwischen originalem Wortlaut und Paraphrase nicht deutlich erkennbar ist), wird der Name des referierten Verfassers durch einen vorangestellten Hoch-Doppelpunkt gekennzeichnet:

⸬WEBER, Neues Dtld. 1918

Texte dieser Art werden im Literaturverzeichnis unter dem Namen des referierten Verfassers gelistet.

9.2.1 Quellen

ABERT, Schumann 1903 = Hermann ABERT: *Robert Schumann*. Berlin 1903.
ADAM, Leb. 1886 = Albrecht ADAM: *Aus dem Leben eines Schlachtenmalers. Selbstbiographie nebst einem Anhange*. Hrsg. von H. HOLLAND. Stuttgart.
ADELUNG, Gramm.-krit. Wb. + Bd. ²1793–1801 = Johann Christoph ADELUNG: *Grammatisch-kritisches Wörterbuch der Hochdeutschen Mundart, mit beständiger Vergleichung der übrigen Mundarten, besonders aber der Oberdeutschen. Zweyte vermehrte und verbesserte Ausgabe*. Leipzig 1793 (Bd. 1); 1796 (Bd. 2); 1798 (Bd. 3); 1801 (Bd. 4).
AHLEFELD, Erna 1820 = Charlotte VON AHLEFELD: *Erna. Kein Roman*. Altona 1820.
AHLEFELD, Ged. v. Natalie (1808) = Charlotte VON AHLEFELD: *Gedichte von Natalie*. Berlin 1808.
AHLEFELD, Ges. Erz. 1822 + Bd. = Charlotte VON AHLEFELD: *Gesammelte Erzählungen*. Bd. 1; Bd. 2. Schleswig 1822.
AHLEFELD, Marie Müller ²1814 = Charlotte VON AHLEFELD: *Marie Müller*. 2., verm. u. verb. Aufl. Schleswig 1814. (1. Aufl. 1799.)
AHLEFELD, Nimph. d. Rh. 1822 [1812] = Charlotte VON AHLEFELD: *Die Nimphe des Rheins*. Zitiert nach: *Charlotte von Ahlefeld. Gesammelte Erzählungen*. Bd. 1. Schleswig 1822, 37–58.
AHLEFELD, Pilger 1814 = Charlotte von AHLEFELD: *Die beyden Pilger*. – Zitiert nach: *Charlotte von Ahlefeld. Gesammelte Erzählungen*. Schleswig 1822, Bd. 2, 1–24.
AHLEFELD, Selbstverl. 1813 = AHLEFELD, Charlotte von: *Selbstverleugnung*. – Zitiert nach: *Charlotte von Ahlefeld. Gesammelte Erzählungen*. Bd. 1. Schleswig 1822, 194–214.
ALEXIS, Bredow 1846 + Bd. = Willibald ALEXIS (d. i. Georg Wilhelm Heinrich HÄRING): *Die Hosen des Herrn von Bredow. Vaterländischer Roman in 2 Bänden*. Berlin 1846.
ALTENBERG, Lebensabend 1919 = Peter ALTENBERG: *Mein Lebensabend*. Berlin 1919.
ALTENBERG, Märchen ³1911 = Peter ALTENBERG: *Märchen des Lebens*. 3., verm. u. veränd. Aufl. Berlin 1911. (Erstdruck: Berlin 1908.)
ALTENBERG, Pròdromos 1906 = Peter ALTENBERG: *Pròdromos*. Berlin 1906.
ALTENBERG, Tag ²1902 = Peter ALTENBERG: *Was der Tag mir zuträgt*. 2., verm. u. veränd. Aufl. Berlin 1902. (Erstdruck: Berlin 1901.)
ALTENBERG, Wie ich es sehe ⁴1904 = Peter ALTENBERG: *Wie ich es sehe*. 4., verm. u. veränd. Aufl. Berlin 1904. (Erstdruck: Berlin 1896.)
ANSCHÜTZ, Erinn. 1866 = Heinrich ANSCHÜTZ: *Erinnerungen aus dessen Leben und Wirken. Nach eigenhändigen Aufzeichnungen und mündlichen Mittheilungen*. Wien 1866.
ANZENGRUBER, Einsam 1881 = Ludwig ANZENGRUBER: *Der Einsam*. – Zitiert nach: *Ludwig Anzengruber. Werke in zwei Bänden*. Ausgew. u. eingel. v. Manfred KUHNE. 2. Aufl. Berlin/Weimar 1977. Bd. 2, 282–331.
ANZENGRUBER, Sternst. 1884 = Ludwig ANZENGRUBER: *Der Sternsteinhof*. – Zitiert nach: *Ludwig Anzengruber. Werke in zwei Bänden*. Ausgew. u. eingel. v. Manfred KUHNE. 2. Aufl. Berlin/Weimar 1977. Bd. 2, 5–280.
ARNDT, Erinn. 1840 = Ernst Moritz ARNDT: *Erinnerungen aus dem äußeren Leben*. Hrsg. v. Robert GEERDS. Leipzig o. J.
ARNDT, Wand. Stein 1858 = Ernst Moritz ARNDT: *Meine Wanderungen und Wandlungen mit dem Reichsfreiherrn von Stein*. – Zitiert nach der Ausg. Leipzig o. J. [1910]. (Aus vergilbten Pergamenten 6.)
A. v. ARNIM, Dolores 1810 = Achim von ARNIM: *Armut, Reichtum, Schuld und Buße der Gräfin Dolores. Eine wahre Geschichte zur lehrreichen Unterhaltung armer Fräulein*. – Zitiert nach: *Achim von Arnim. Sämtliche Romane und Erzählungen*. Auf Grund der Erstdrucke hrsg. v. Walther MIGGE. Bd. 1. München 1962, 9–513.
A. v. ARNIM, Ged. + Einzeldatierung + Bd. = Achim von ARNIM: *Gedichte*. – Zitiert nach: *Ludwig Achim's von Arnim sämmtliche Werke* [sic]. Bd. 22: *Gedichte*. Hrsg. v. Wilhelm GRIMM. Weimar 1856 [Nach-

druck Bern 1970]; Bd. 23: *Gedichte von Ludwig Achim von Arnim. Zweiter Teil*. In Zusammenarb. mit dem Freien Deutschen Hochstift hrsg. v. Herbert R. Liedke/Alfred Anger. Tübingen 1976.

A. v. Arnim, Isabella 1812 = Achim von Arnim: *Isabella von Ägypten, Kaiser Karl des Fünften erste Jugendliebe. Erzählung.* – Zitiert nach: *Achim von Arnim. Sämtliche Romane und Erzählungen.* Auf Grund der Erstdrucke hrsg. v. Walther Migge. Bd. 2. München 1963, 451–557.

A. v. Arnim, Kronenwächt I 1817 = Achim von Arnim: *Die Kronenwächter. Erster Band. Bertholds erstes und zweites Leben.* – Zitiert nach: *Achim von Arnim. Sämtliche Romane und Erzählungen.* Auf Grund der Erstdrucke hrsg. v. Walther Migge. Bd. 1. München. 1962, 517–798.

A. v. Arnim, Kronenwächt. II *1812–17 = Achim von Arnim: *Die Kronenwächter. Zweiter Band. [Aus dem Nachlaß.]* – Zitiert nach: *Achim von Arnim. Sämtliche Romane und Erzählungen.* Auf Grund der Erstdrucke hrsg. v. Walther Migge. Bd. 1. München. 1962, 801–1055.

A. v. Arnim, Wintergart. 1809 = Achim von Arnim: *Der Wintergarten.* – Zitiert nach: *Achim von Arnim. Sämtliche Romane und Erzählungen.* Auf Grund der Erstdrucke hrsg. v. Walther Migge. Bd. 2. München. 1963, 123–435.

B. v. Arnim, Briefw. Kind 1835 + Bd. = Bettine von Arnim: *Goethes Briefwechsel mit einem Kinde. Seinem Denkmal*. Berlin 1835.

B. v. Arnim, Dies Buch 1843 = Bettine von Arnim: *Dies Buch gehört dem König*. Berlin 1843.

B. v. Arnim, Frühlingskr. 1844 = Bettine von Arnim: *Clemens Brentanos Frühlingskranz. Aus Jugendbriefen ihm geflochten, wie er selbst schriftlich verlangte*. Charlottenburg 1844.

B. v. Arnim, Gespr. Däm. 1852 = Bettine von Arnim: *Gespräche mit Dämonen. Des Königsbuches zweiter Band*. – Zitiert nach: *Bettina von Arnim. Werke und Briefe*. Hrsg. v. Gustav Konrad. Frechen 1959, Bd. 3, 258–407.

B. v. Arnim, Günder. 1840 + Bd. = Bettine von Arnim: *Die Günderode*. 2 Bde. Grünberg/Leipzig 1840.

Aston, Emancip. 1846 = Louise Aston: *Meine Emancipation, Verweisung und Rechtfertigung*. Brüssel 1846.

Aston, Lb. Frau 1847 = Louise Aston: *Aus dem Leben einer Frau*. Hamburg 1847.

Aston, Lydia 1848 = Louise Aston: *Lydia*. Magdeburg 1848.

Aston, Rev. 1849 + Bd. = Louise Aston: *Revolution und Contrerevolution*. 2 Bde. Mannheim 1849.

Auerbach, Schwarzw. Dorfg. I/II 1843 = Berthold Auerbach: *Schwarzwälder Dorfgeschichten. Erster Theil*. Mannheim 1843.

Auerbach, Schwarzw. Dorfg. III 1852 = Berthold Auerbach: *Schwarzwälder Dorfgeschichten*. – Zitiert nach: *Berthold Auerbach. Gesammelte Schriften*. 1. neu durchges. Gesammtausgabe Stuttgart/Augsburg 1857. Bd. 3.

Auerbach, Schwarzw. Dorfg. IV 1854 = Berthold Auerbach: *Schwarzwälder Dorfgeschichten*. – Zitiert nach: *Berthold Auerbach. Gesammelte Schriften*. 1. neu durchges. Gesammtausgabe Stuttgart/Augsburg 1857. Bd. 4.

Auerbach, Schwarzw. Dorfg. V 1857 = Berthold Auerbach: *Schwarzwälder Dorfgeschichten*. – Zitiert nach: *Berthold Auerbach. Gesammelte Schriften*. 1. neu durchges. Gesammtausgabe Stuttgart/Augsburg 1857. Bd. 5.

Aurbacher, Büchl. f. d. Jgd. 1834 = Ludwig Aurbacher: *Büchlein für die Jugend. Enthaltend die Legende von Placidus und seiner Familie, das Mährchen von Marien-Kind, die Volkssagen vom Untersberg, nebst vielen andern erbaulichen und ergötzlichen Historien*. Stuttgart/Tübingen/München 1834.

Aurbacher, Volksbüchl. I 1827 = Ludwig Aurbacher: *Ein Volksbüchlein. Erster Theil*. Aus dem Nachlaß vermehrt u. mit einem Nachwort ediert v. Joseph Sarreiter. Leipzig o. J.

Aurbacher, Volksbüchl. II 1829 = Ludwig Aurbacher: *Ein Volksbüchlein. Zweiter Theil*. Aus dem Nachlaß vermehrt u. mit einem Nachwort ediert v. Joseph Sarreiter. Leipzig o. J.

Baader, Volkss. 1851 = Bernhard Baader: *Volkssagen aus dem Lande Baden und den angrenzenden Gegenden*. Karlsruhe 1851.

BAADER, Neuges. Volkss. 1859 = Bernhard BAADER: *Neugesammelte Volkssagen aus dem Lande Baden und den angrenzenden Gegenden*. Karlsruhe 1859.
BALL, Aufg. dt. Phil. 1917 = Hugo BALL: *Aufgabe für einen deutschen Philologen. Zur Reformationsfeier*. – Zitiert nach: *Hugo Ball. Der Künstler und die Zeitkrankheit. Ausgewählte Schriften*. Frankfurt a. M. 1984, 170–171.
BALL, Cab. Volt. 1916 = Hugo BALL: *Als ich das Cabaret Voltaire gründete …* In: *Cabaret Voltaire. Eine Sammlung künstlerischer und literarischer Beiträge von Guillaume Apollinaire, Hans Arp, Hugo Ball u. a.* Hrsg. v. Hugo BALL. Zürich 1916.
BALL, Freunde 1919 = Hugo BALL: *An unsere Freunde und Kameraden*. In: *Die Freie Zeitung* (Bern), 1. 3. 1919.
BALL, Flamm. 1918 = Hugo BALL: *Flammetti oder Vom Dandysmus der Armen*. Berlin 1918.
BALL, Junge Lit. in Dtld. 1915 = Hugo BALL: *Die junge Literatur in Deutschland*. – Zitiert nach: *Hugo Ball. Der Künstler und die Zeitkrankheit. Ausgewählte Schriften*. Frankfurt a. M. 1984, 32–35.
BALL, Kandinsky ⌈1917; 1977⌉ = Hugo BALL: *Kandinsky. [Vortrag, gehalten am 7. 4. 1917 in der Galerie Dada, Zürich.]* Erstdruck in: *Deutsche Vierteljahrsschrift für Literaturwissenschaft und Geistesgeschichte* 51 (1977).
BALL, Künstler 1926 = Hugo BALL: *Der Künstler und die Zeitkrankheit*. – Zitiert nach: *Hugo Ball. Der Künstler und die Zeitkrankheit. Ausgewählte Schriften*. Frankfurt a. M. 1984, 102–149.
BALL, Manifest 1916 = Hugo BALL: *Das erste dadaistische Manifest*. [Vorgetragen beim ersten öffentlichen Dada-Abend am 14. 7. 1916 im Zunfthaus an der Waag in Zürich; Erstdruck mit abweichenden Lesarten in: Paul PÖRTNER: *Literatur-Revolution*. Neuwied 1960/61.] – Zitiert nach: *Hugo Ball. Der Künstler und die Zeitkrankheit. Ausgewählte Schriften*. Frankfurt a. M. 1984, 39–40.
BALL, MWR 1919 = Hugo BALL: *Die moralische und die Wirtschaftsrebellion*. In: *Die Freie Zeitung* (Bern), 15. 1. 1919.
BALL, Okk. 1917 = Hugo BALL: *Über Okkultismus, Hieratik und andere seltsam schöne Dinge*. In: *Berner Intelligenzblatt*, 15.11.1917.
BALL, Preuß. u. Kant 1918 = Hugo BALL: *Preußen und Kant*. – Zitiert nach: *Hugo Ball. Der Künstler und die Zeitkrankheit. Ausgewählte Schriften*. Frankfurt a. M. 1984, 180–183.
BALL, Psychologieth. 1914 = Hugo BALL: *Das Psychologietheater*. In: *Phöbus. Monatsschrift für Ästhetik und Kritik des Theaters* 1 (1914), H. 3.
BALL, Tend. ⌈*1914\20; 1967⌉ = Hugo BALL: *Tenderenda der Phantast. Roman*. – Zitiert nach: *Hugo Ball. Der Künstler und die Zeitkrankheit. Ausgewählte Schriften*. Frankfurt a. M. 1984, 379–417.
BALL, Totenrede 1915 = Hugo BALL: *Totenrede*. In: *Die weißen Blätter* 2 (1915), Nr. 4. – Zitiert nach: *Hugo Ball. Der Künstler und die Zeitkrankheit. Ausgewählte Schriften*. Frankfurt a. M. 1984, 25–28.
BALL, Universalstaat 1918 = Hugo BALL: *Vom Universalstaat*. In: *Die Freie Zeitung* (Bern), 30. 3. 1918.
BALL, Wedekind 1914 = Hugo BALL: *Wedekind als Schauspieler*. – Zitiert nach: *Hugo Ball. Der Künstler und die Zeitkrankheit. Ausgewählte Schriften*. Frankfurt a. M. 1984, 15–18.
BALL, Wirtsch. 1919 = Hugo BALL: *Die moralische und die Wirtschaftsrebellion*. Zitiert nach: *Hugo Ball. Der Künstler und die Zeitkrankheit. Ausgewählte Schriften*. Frankfurt a. M. 1984, 250–253.
BALL, Zürich 1915 = Hugo BALL: *Zürich*. In: *Die weißen Blätter* 2 (1915), Nr. 7.
BARTSCH, Sag. Meklenb. I 1879 = Karl BARTSCH: *Sagen, Märchen und Gebräuche aus Meklenburg*. Bd. 1. Wien 1879.
BARTSCH, Sag. Meklenb. II 1880 = Karl BARTSCH: *Sagen, Märchen und Gebräuche aus Meklenburg*. Bd. 2. Wien 1880.
BEBEL, Leben I 1910 = August BEBEL: *Aus meinem Leben. Erster Teil*. Stuttgart 1910.
BECHSTEIN, Dt. Märchenb. ^{13}1857 = Ludwig BECHSTEIN: *Deutsches Märchenbuch* (^{1}1845). – Zitiert nach: *Ludwig Bechstein. Sämtliche Märchen*. Mit Anmerkungen und einem Nachwort von Walter SCHERF. München 1971, 5–370.

BECHSTEIN, Dt. Sag. 1853 = Ludwig BECHSTEIN: *Deutsches Sagenbuch*. Hrsg. v. Karl Martin SCHILLER. Meersburg/Leipzig 1930.
BECHSTEIN, N. dt. Märchenb. 1856 = Ludwig BECHSTEIN: *Neues deutsches Märchenbuch*. – Zitiert nach: *Ludwig Bechstein. Sämtliche Märchen*. Mit Anmerkungen und einem Nachwort von Walter SCHERF. München 1971, 465–699.
BENZ, Lebensf. 1925 = Carl Friedrich BENZ: *Lebensfahrt eines deutschen Erfinders. Die Erfindung des Automobils. Erinnerungen eines Achtzigjährigen*. 17.–21. Tsd. Leipzig 1936.
BERGG [WELTER], Prolet. ²1913 = Franz BERGG: *Ein Proletarierleben*. Bearb. u. hrsg. v. Nikolaus WELTER. 2. Aufl. Frankfurt a. M. 1913.
BIBEL 1912 + Buch, Kap., Vers = *Die Bibel oder die ganze Heilige Schrift des Alten und Neuen Testaments. Revidierte Fassung der deutschen Übersetzung Martin Luthers*.
BIEDENBACH, Kelln. 1906 = Mieze BIEDENBACH: *Erlebnisse. Erinnerungen einer Kellnerin*. Berlin 1906.
BIERBAUM, Stilpe 1897 = Otto Julius BIERBAUM: *Stilpe. Ein Roman aus der Froschperspektive*. Berlin 1897.
BIRLINGER/BUCK, Sag. 1861 = Anton BIRLINGER/Michael Richard BUCK: *Sagen, Märchen und Aberglauben. Volksthümliches aus Schwaben 1*. Freiburg im Breisgau 1861.
BIRLINGER, Sitt. u. Gebr. 1862 = Anton BIRLINGER: *Sitten und Gebräuche. Volksthümliches aus Schwaben 2*. Freiburg im Breisgau 1862.
BISCHOFF, Jgdlb. 1905 = Charitas BISCHOFF: *Augenblicksbilder aus einem Jugendleben*. Leipzig 1905.
BLANCKENBURG, Roman 1774 = Friedrich von BLANCKENBURG: *Versuch über den Roman*. Leipzig/Liegnitz 1774. Nachdruck Stuttgart 1965.
BLEIBTREU, Größenw. 1888 + Bd. = Karl BLEIBTREU: *Größenwahn. Pathologischer Roman*. Bd. 1–3. Leipzig 1888.
BLOS, Denkw. I 1914 = Wilhelm BLOS: *Denkwürdigkeiten eines Sozialdemokraten*. Bd. 1. München 1914.
BLOS, Denkw. II 1919 = Wilhelm BLOS: *Denkwürdigkeiten eines Sozialdemokraten*. Bd. 2. München 1919.
BODE, Leb. + Bd. 1930 = Wilhelm von BODE: *Mein Leben*. 2 Bde. Berlin 1930.
BÖLSCHE, Naturwss. Grundl. 1887 = Wilhelm BÖLSCHE: *Die naturwissenschaftlichen Grundlagen der Poesie. Prolegomena einer realistischen Aesthetik*. Leipzig 1887. – Nachgewiesen in: *Wilhelm Bölsche. Die naturwissenschaftlichen Grundlagen der Poesie. Prolegomena einer realistischen Ästhetik*. Mit zeitgenössischen Rezensionen u. einer Bibliographie der Schriften Wilhelm Bölsches neu hrsg. v. Johannes J. BRAAKENBURG. Tübingen 1976. (Deutsche Texte 40.)
BORN, Erinn. 1898 = Stephan BORN: *Erinnerungen eines Achtundvierzigers*. Hrsg. u. eingel. v. Jans J. SCHÜTZ. Berlin/Bonn 1978.
BÖRNE, Aph. u. Misz. 1829 = Ludwig BÖRNE: *Aphorismen und Miszellen*. – Zitiert nach: *Ludwig Börne. Sämtliche Schriften*. Neu bearb. u. hrsg. v. Inge RIPPMANN/Peter RIPPMANN. 3 Bde. Düsseldorf 1964. Bd. 2, 193–378.
BÖRNE, B. v. Arnim [Brfw. Kind.] *1835 = Ludwig BÖRNE: *Goethes Briefwechsel mit einem Kinde*. – Zitiert nach: *Ludwig Börne. Sämtliche Schriften*. Neu bearb. u. hrsg. v. Inge RIPPMANN/Peter RIPPMANN. Bd. 2. Düsseldorf 1964, 854–869.
BÖRNE, Brf. Paris I 1832 = Ludwig BÖRNE: *Briefe aus Paris [Nr. 1–28]*. – Zitiert nach: *Ludwig Börne. Sämtliche Schriften*. Neu bearb. u. hrsg. v. Inge RIPPMANN/Peter RIPPMANN. Bd. 3. Düsseldorf 1964, 3–144.
BÖRNE, Brf. Paris II 1832 = Ludwig BÖRNE: *Briefe aus Paris [Nr. 29–48]*. – Zitiert nach: *Ludwig Börne. Sämtliche Schriften*. Neu bearb. u. hrsg. v. Inge RIPPMANN/Peter RIPPMANN. Bd. 3. Düsseldorf 1964, 144–276.

BÖRNE, Brf. Paris IV 1832 = Ludwig BÖRNE: *Briefe aus Paris [Nr. 64–79]*. – Zitiert nach: *Ludwig Börne. Sämtliche Schriften*. Neu bearb. u. hrsg. v. Inge RIPPMANN/Peter RIPPMANN. Bd. 3. Düsseldorf 1964, 422–593.
BÖRNE, Brf. Paris V 1834 = Ludwig BÖRNE: *Briefe aus Paris [Nr. 80–99]*. – Zitiert nach: *Ludwig Börne. Sämtliche Schriften*. Neu bearb. u. hrsg. v. Inge RIPPMANN/Peter RIPPMANN. Bd. 3. Düsseldorf 1964, 593–727.
BÖRNE, Brf. Paris VI 1834 = Ludwig BÖRNE: *Briefe aus Paris [Nr. 100–115]*. – Zitiert nach: *Ludwig Börne. Sämtliche Schriften*. Neu bearb. u. hrsg. v. Inge RIPPMANN/Peter RIPPMANN. Bd. 3. Düsseldorf 1964, 727–867.
BÖRNE, Eßkünstl. 1829 = Ludwig BÖRNE: *Der Eßkünstler. Ein artistischer Versuch*. – Zitiert nach: *Ludwig Börne. Sämtliche Schriften*. Neu bearb. u. hrsg. v. Inge RIPPMANN/Peter RIPPMANN. Bd. 1. Düsseldorf 1964, 920–931.
BÖRNE, Heine [Dtld.] *1835 = Ludwig BÖRNE: *Über Deutschland, von Heinrich Heine*. – Zitiert nach: *Ludwig Börne und Heinrich Heine. Ein deutsches Zerwürfnis*. Bearb. v. Hans Magnus ENZENSBERGER. Nördlingen 1986, 61–78.
BÖRNE, Krit. Vorr. 1829 = Ludwig BÖRNE: *Vorrede [zu Dramaturgische Blätter]*. – Zitiert nach: *Ludwig Börne. Sämtliche Schriften*. Neu bearb. u. hrsg. v. Inge RIPPMANN/Peter RIPPMANN. 3 Bde. Düsseldorf 1964. Bd. 1, 205–218.
BÖRNE, Immermann [Tirol] (1829) = Ludwig BÖRNE: *Das Trauerspiel in Tirol. Ein dramatisches Gedicht von Immermann*. – Zitiert nach: *Ludwig Börne. Sämtliche Schriften*. Neu bearb. u. hrsg. v. Inge RIPPMANN/Peter RIPPMANN. 3 Bde. Düsseldorf 1964. Bd. 1, 342–364.
BÖRNE, Menzel 1837 = Ludwig BÖRNE: *Menzel der Franzosenfresser*. – Zitiert nach: *Ludwig Börne. Sämtliche Schriften*. Neu bearb. u. hrsg. v. Inge RIPPMANN/Peter RIPPMANN. 3 Bde. Düsseldorf 1964. Bd. 3, 871–984.
BÖRNE, Schild. Paris XVII 1823 = Ludwig BÖRNE: *Gloire*. In: *Schilderungen aus Paris*. – Zitiert nach: *Ludwig Börne. Sämtliche Schriften*. Neu bearb. u. hrsg. v. Inge RIPPMANN/Peter RIPPMANN. 3 Bde. Düsseldorf 1964. Bd. 2, 78–84.
BÖRNE, Schild. Paris XIX 1823 = Ludwig BÖRNE: *Die Schwefelbäder bei Montmorency*. In: *Schilderungen aus Paris*. – Zitiert nach: *Ludwig Börne. Sämtliche Schriften*. Neu bearb. u. hrsg. v. Inge RIPPMANN/Peter RIPPMANN. 3 Bde. Düsseldorf 1964. Bd. 2, 86–100.
BÖRNE, Schild. Paris XXVI 1824 = Ludwig BÖRNE: *Die Industrieausstellung im Louvre*. In: *Schilderungen aus Paris*. – Zitiert nach: Ludwig Börne. Zitiert nach: *Ludwig Börne. Sämtliche Schriften*. Neu bearb. u. hrsg. v. Inge RIPPMANN/Peter RIPPMANN. 3 Bde. Düsseldorf 1964. Bd. 2, 131–190.
BÖRNE, Tageb. 1832 = Ludwig BÖRNE: *Aus meinem Tagebuche*. – Zitiert nach: *Ludwig Börne. Sämtliche Schriften*. Neu bearb. u. hrsg. v. Inge RIPPMANN/Peter RIPPMANN. 3 Bde. Düsseldorf 1964. Bd. 2, 765–845.
BOY-ED, Betr. Unpolit. 1918 = Ida BOY-ED: *Thomas Mann: Betrachtungen eines Unpolitischen*. – Zitiert nach: *Ida Boy-Ed. Eine Auswahl*. Von Peter DE MENDELSSOHN. Lübeck 1975, 145–153.
BOY-ED, Ehe 1915 = Ida BOY-ED: *Vor der Ehe. Roman*. Berlin/Wien 1915.
BOY-ED, Förster 1889 = Ida BOY-ED: *Fanny Förster*. Stuttgart/Leipzig/Berlin/Wien 1889.
BOY-ED, Ich selbst 1922 = Ida BOY-ED: *Ich selbst?* – Zitiert nach: *Ida Boy-Ed. Eine Auswahl*. Hrsg. v. Peter DE MENDELSSOHN. Lübeck 1975, 67–74.
BOY-ED, Lehrling ⌜*1928; 1952⌝ = Ida BOY-ED: *Lehrling in der Welt*. – Zitiert nach: *Ida Boy-Ed. Eine Auswahl*. Hrsg. v. Peter DE MENDELSSOHN. Lübeck 1975, 38–59.
BOY-ED, Lübeck 1926 = Ida BOY-ED: *Lübeck als Geistesform*. – Zitiert nach: *Ida Boy-Ed. Eine Auswahl*. Hrsg. v. Peter DE MENDELSSOHN. Lübeck 1975, 166–169
BOY-ED, Schlözer 1915 = Ida BOY-ED: *Dorothea Schlözer*. – Zitiert nach: *Ida Boy-Ed. Eine Auswahl*. Von Peter DE MENDELSSOHN. Lübeck 1975, 107–133.

Boy-Ed, Th. Mann 1925 = Ida Boy-Ed: *Thomas Mann. Versuch einer Deutung.* – Zitiert nach: *Ida Boy-Ed. Eine Auswahl.* Von Peter de Mendelssohn. Lübeck 1975, 170–178.
Boy-Ed, Zauberbg. 1925 = Ida Boy-Ed: *Thomas Mann: Der Zauberberg.* – Zitiert nach: *Ida Boy-Ed. Eine Auswahl.* Von Peter de Mendelssohn. Lübeck 1975, 154–165.
Bräker, Tockenb. 1788–89 = Ulrich Bräker: *Lebensgeschichte und Natürliche Ebentheur des Armen Mannes im Tockenburg.* – Zitiert nach: *Leben und Schriften Ulrich Bräkers, des Armen Mannes im Tockenburg.* Dargest. u. hrsg. v. Samuel Voellmy. Basel 1945. Bd. 1, 69–365.
Braun, Lebenssucher 1915 = Lily Braun: *Lebenssucher.* – Zitiert nach: *Lily Braun. Gesammelte Werke.* Bd. 4. Berlin 1922.
Braun, Mem. I 1909 = Lily Braun: *Memoiren einer Sozialistin.* Bd. I: *Lehrjahre.* – Zitiert nach: *Lily Braun. Gesammelte Werke.* Bd. 2. Berlin 1922.
Braun, Mem. II 1911 = Lily Braun: *Memoiren einer Sozialistin.* Bd. II: *Kampfjahre.* – Zitiert nach: *Lily Braun. Gesammelte Werke.* Bd. 3. Berlin 1922.
Brehm, Thierleb. I ^{2}1883 = Alfred Edmund Brehm: *Brehms Thierleben. Allgemeine Kunde des Thierreichs. Erster Band. Erste Abtheilung: Säugethiere. Erster Band: Affen und Halbaffen, Flatterthiere, Raubthiere.* 2. umgearb. u. verm. Aufl., kol. Ausg. Leipzig 1883.
Brehm, Thierleb. II ^{2}1883 = Alfred Edmund Brehm: *Brehms Thierleben. Allgemeine Kunde des Thierreichs. Zweiter Band. Erste Abtheilung: Säugethiere. Zweiter Band: Raubthiere, Kerfjäger, Nager, Zahnarme, Beutel- und Gabelthiere.* 2. umgearb. u. verm. Aufl., kol. Ausg. Leipzig 1883.
Brehm, Thierleb. III ^{2}1883 = Alfred Edmund Brehm: *Brehms Thierleben. Allgemeine Kunde des Thierreichs. Dritter Band. Erste Abtheilung: Säugethiere. Dritter Band: Hufthiere, Seesäugethiere.* 2. umgearb. u. verm. Aufl., kol. Ausg. Leipzig 1883.
Brehm, Thierleb. IV ^{2}1882 = Alfred Edmund Brehm: *Brehms Thierleben. Allgemeine Kunde des Thierreichs. Vierter Band. Zweite Abtheilung: Vögel. Erster Band: Papageien, Leichtschnäbler, Schwirrvögel, Spechte und Raubvögel.* Zweite umgearb. u. verm. Aufl., kol. Ausg. Leipzig 1882.
Brehm, Thierleb. V ^{2}1882 = Alfred Edmund Brehm: *Brehms Thierleben. Allgemeine Kunde des Thierreichs. Fünfter Band. Zweite Abtheilung: Vögel. Zweiter Band: Raubvögel, Sperlingsvögel und Girrvögel.* Zweite umgearb. u. verm. Aufl., kol. Ausg. Leipzig 1882.
Brehm, Thierleb. VI ^{2}1882 = Alfred Edmund Brehm: *Brehms Thierleben. Allgemeine Kunde des Thierreichs. Sechster Band. Zweite Abtheilung: Vögel. Dritter Band: Scharrvögel, Kurzflügler, Stelzvögel, Zahnschnäbler, Seeflieger, Ruderfüßler, Taucher.* Zweite umgearb. u. verm. Aufl., kol. Ausg. Leipzig 1882.
Brehm, Thierleb. VII ^{2}1883 = Alfred Edmund Brehm: *Brehms Thierleben. Allgemeine Kunde des Thierreichs. Siebenter Band. Dritte Abtheilung: Kriechthiere, Lurche und Fische. Erster Band: Kriechthiere und Lurche.* Zweite umgearb. u. verm. Aufl., kol. Ausg. Leipzig 1883.
Brehm, Thierleb. VIII ^{2}1884 = Alfred Edmund Brehm: *Brehms Thierleben. Allgemeine Kunde des Thierreichs. Achter Band. Dritte Abtheilung: Kriechthiere, Lurche und Fische. Zweiter Band: Fische.* Zweite umgearb. u. verm. Aufl., kol. Ausg. Leipzig 1884.
Brentano, Godwi 1801 = Clemens Brentano: *Godwi oder Das steinerne Bild der Mutter. Ein verwilderter Roman von Maria.* – Zitiert nach: *Clemens Brentano. Sämtliche Werke und Briefe. Historisch-kritische Ausgabe veranstaltet vom Freien Deutschen Hochstift.* Hrsg. v. Jürgen Behrens/Wolfgang Frühwald/Detlev Lüders. *Bd. 16: Prosa I. Text, Lesarten und Erläuterungen.* Hrsg. v. Werner Bellmann. Stuttgart/Berlin/Köln/Mainz 1978.
Brentano, Mährch. v. Rhein *1810–12 = Clemens Brentano: *[Die Mährchen vom Rhein].* – Zitiert nach: *Clemens Brentano. Sämtliche Werke und Briefe. Historisch-kritische Ausgabe veranstaltet vom Freien Deutschen Hochstift.* Hrsg. v. Jürgen Behrens u. a. Bd. 17: *Prosa II. Die Mährchen vom Rhein. Text. Lesarten und Erläuterungen.* Hrsg. v. Brigitte Schillbach. Stuttgart/Berlin/Köln/Mainz 1983, 13–331.

BROCKHAUS, Bild.-Conv.-Lex. + Bd. 1837–41 = *Bilder-Conversations-Lexikon für das deutsche Volk. Ein Handbuch zur Verbreitung gemeinnütziger Kenntnisse und zur Unterhaltung. In vier Bänden.* Leipzig 1837 (Bd. 1); 1838 (Bd. 2); 1839 (Bd. 3); 1841 (Bd. 4).
BROCKHAUS, Conv.-Lex. + Bd. 1809–11 = *Conversations-Lexikon oder kurzgefaßtes Handwörterbuch für die in der gesellschaftlichen Unterhaltung aus den Wissenschaften und Künsten vorkommenden Gegenstände mit beständiger Rücksicht auf die Ereignisse der älteren und neueren Zeit.* Amsterdam 1809 (Bde. 1–7); Leipzig 1811 (Bd. 8).
BROCKHAUS, Kl. Konv.-Lex. + Bd. 1911 = *Brockhaus' Kleines Konversations-Lexikon.* 5., vollst. neubearb. Aufl. In zwei Bänden. Leipzig 1911.
BROMME, Lebensgesch. 1905 = Moritz Theodor William BROMME: *Lebensgeschichte eines modernen Fabrikarbeiters.* Nachdr. der Ausg. v. 1905, mit einem Nachwort hrsg. v. Bernd NEUMANN. Frankfurt a. M. 1971. (Athenäum Paperbacks Germanistik 4.)
BRUGSCH, Leb. u. Wand. 1894 = Heinrich Ferdinand Karl BRUGSCH: *Mein Leben und mein Wandern.* 2. Aufl. Berlin 1894.
LUDW. BÜCHNER, Kraft u. Stoff 1885 = Ludwig BÜCHNER: *Kraft und Stoff. Empirisch-naturphilosophische Studien. In allgemein-verständlicher Darstellung.* Frankfurt a. M. 1885.
LUISE BÜCHNER, Dichter 1878 = Luise BÜCHNER: *Ein Dichter.* In: *Luise Büchner. Nachgelassene belletristische und vermischte Schriften.* Bd. 1. Frankfurt a. M. 1878, 181–262.
LUISE BÜCHNER, Dt. Gesch. 1875 = Luise BÜCHNER: *Deutsche Geschichte von 1815–1870. Zwanzig Vorträge, gehalten in dem Alice-Lyceum zu Darmstadt.* Leipzig 1875.
LUISE BÜCHNER, Fee 1878 = Luise BÜCHNER: *Die Fee von Argouges. Normännische Sage.* In: *Luise Büchner. Nachgelassene belletristische und vermischte Schriften.* Bd. 1. Frankfurt a. M. 1878, 325–332.
LUISE BÜCHNER, Frauen ⁴1872 = Luise BÜCHNER: *Die Frauen und ihr Beruf.* Leipzig ⁴1872 [Erstdruck 1855].
LUISE BÜCHNER, Matr. 1878 = Luise BÜCHNER: *Der Matrose von Alabama.* In: *Luise Büchner. Nachgelassene belletristische und vermischte Schriften.* Bd. 1. Frankfurt a. M. 1878, 265–286.
LUISE BÜCHNER, Vagab. 1878 = Luise BÜCHNER: *Der kleine Vagabund.* In: *Luise Büchner. Nachgelassene belletristische und vermischte Schriften.* Bd. 1. Frankfurt a. M. 1878, 289–322.
LUISE BÜCHNER, Weihn. 1868 = Luise BÜCHNER: *Weihnachtsmärchen für Kinder.* – Zitiert nach der Ausgabe *Luise Büchner. Weihnachtsmärchen aus Darmstadt und dem Odenwald.* Darmstadt 1980.
BURCKHARDT, Grch. Kulturgesch. I 1898 = Jakob BURCKHARDT: *Griechische Kulturgeschichte.* – Zitiert nach: *Jakob Burckhardt. Gesammelte Werke.* Bd. 5. Darmstadt 1962.
BURCKHARDT, Grch. Kulturgesch. II 1898 = Jakob BURCKHARDT: *Griechische Kulturgeschichte.* – Zitiert nach: *Jakob Burckhardt. Gesammelte Werke.* Bd. 6. Darmstadt 1962.
BURCKHARDT, Grch. Kulturgesch. III 1900 = Jakob BURCKHARDT: *Griechische Kulturgeschichte.* – Zitiert nach: *Jakob Burckhardt. Gesammelte Werke.* Bd. 7. Darmstadt 1962.
BURCKHARDT, Grch. Kulturgesch. IV 1902 = Jakob BURCKHARDT: *Griechische Kulturgeschichte.* – Zitiert nach: *Jakob Burckhardt. Gesammelte Werke.* Bd. 8. Darmstadt 1962.
BURDACH, Rückbl. 1848 = Karl Friedrich BURDACH: *Rückblick auf mein Leben. Selbstbiographie. Nach dem Tode des Verfassers herausgegeben.* Leipzig 1848.
BÜRGER, Münchhausen 1786 = Gottfried August BÜRGER: *Wunderbare Reisen zu Wasser und zu Lande. Feldzüge und lustige Abenteuer des Freiherrn von Münchhausen, wie er dieselben bei der Flasche im Zirkel seiner Freunde selbst zu erzählen pflegt.* Frankfurt a. M. 1976.
BUSCH, Eduard 1891 = Wilhelm BUSCH: *Eduards Traum.* – Zitiert nach: *Wilhelm Busch. Werke. Historisch-kritische Gesamtausgabe.* Bearb. u. hrsg. v. Friedrich BOHNE. Hamburg 1959. Bd. 4, 159–201.

Busch, Schmetterl. 1895 = Wilhelm Busch: *Der Schmetterling.* – Zitiert nach: *Wilhelm Busch. Werke. Historisch-kritische Gesamtausgabe.* Bearb. u. hrsg. v. Friedrich Bohne. Hamburg 1959. Bd. 4, 213–263.
Busch, Von mir *1894 = Wilhelm Busch: *Von mir über mich.* – Zitiert nach: *Wilhelm Busch. Werke. Historisch-kritische Gesamtausgabe.* Bearb. u. hrsg. v. Friedrich Bohne. Hamburg 1959. Bd. 4, 205–211.
Busch, Was mich betr. 1886 = Wilhelm Busch: *Was mich betrifft.* – Zitiert nach: *Wilhelm Busch. Werke. Historisch-kritische Gesamtausgabe.* Bearb. u. hrsg. v. Friedrich Bohne. Hamburg 1959. Bd. 4, 147–157.
Büsching, Volks-Sag. 1812 = Johann Gustav Büsching: *Volks-Sagen, Märchen und Legenden.* Leipzig 1812.
Chamisso, Schlemihl 1814 = Adelbert von Chamisso: *Peter Schlemihls wundersame Geschichte.* – Zitiert nach: *Adalbert von Chamisso. Sämtliche Werke.* Nach dem Text der Ausgaben letzter Hand u. den Handschriften. Textredaktion: Jost Perfahl. München 1975. Bd. 1, 13–15; 18–66.
Chézy, Selbstbek. 1818 = Helmina von Chézy: *Erinnerungen aus meinem Leben, bis 1811.* In: *Aurikeln. Eine Blumengabe von deutschen Händen.* Herausgegeben von Helmina von Chézy, geb. Freyin von Klencke. Berlin 1818, 1–190.
Chlumberg, Führer 1919 = Hans von Chlumberg: *Die Führer. Ein Schauspiel in vier Akten und einem Vorspiel.* Wien/Leipzig 1919.
Christ, Bauern 1919 = Lena Christ: *Bauern. Bayerische Geschichten.* – Zitiert nach: *Lena Christ. Werke.* München 1972, 809–919.
Christ, Bichler 1914 = Lena Christ: *Mathias Bichler.* München 1914. – Zitiert nach: *Lena Christ. Werke.* München 1972, 247–503.
Christ, Erinn. 1912 = Lena Christ: *Erinnerungen einer Überflüssigen.* – Zitiert nach: *Lena Christ. Werke.* München 1972, 9–246.
Christ, Mad. Bäurin 1920 = Lena Christ: *Madam Bäurin.* – Zitiert nach: *Lena Christ. Werke.* München 1972, 675–806.
Christen, Heimk. 1884 = Ada Christen: *Als er heimkehrte.* – Zitiert nach: *Ada Christen. Das Haus zur blauen Gans. Erzählungen und Gedichte.* Hrsg. v. Hanna-Heide Kraze. Berlin 1964, 59–82.
Christen, Jungf. Mutter 1892 = Ada Christen: *Jungfer Mutter.* – Zitiert nach: *Ada Christen. Das Haus zur blauen Gans. Erzählungen und Gedichte.* Hrsg. v. Hanna-Heide Kraze. Berlin 1964, 83–216.
Christen, Rahel 1876 = Ada Christen: *Rahel.* – Zitiert nach: *Ada Christen. Das Haus zur blauen Gans. Erzählungen und Gedichte.* Hrsg. v. Hanna-Heide Kraze. Berlin 1964, 21–32.
Christen, Spatz 1884 = Ada Christen: *Der einsame Spatz.* – Zitiert nach: *Ada Christen. Das Haus zur blauen Gans. Erzählungen und Gedichte.* Hrsg. v. Hanna-Heide Kraze. Berlin 1964, 33–47.
Chrysander, Händel 1867 = Friedrich Chrysander: *G.F. Händel.* Bd. 3,1. Leipzig 1867.
Claudius, Asmus VI 1798 = Matthias Claudius: *Asmus omnia sua secum portans. Sechster Teil.* – Zitiert nach: *Matthias Claudius. Werke in einem Band.* Hrsg. v. Jost Perfahl. München 1976, 413–493.
Claudius, Asmus VIII 1812 = Matthias Claudius: *Asmus omnia sua secum portans. Achter Teil.* – Zitiert nach: *Matthias Claudius. Werke in einem Band.* Hrsg. v. Jost Perfahl. München 1976, 603–700.
Colshorn/Colshorn, März. Hann. 1854 = Carl und Theodor Colshorn: *Märchen und Sagen aus Hannover.* Hannover 1854.
Conrad, Isar 1887–90 + Bd. = Michael Georg Conrad: *Was die Isar rauscht. Münchner Roman.* 2 Bde. Leipzig o. J.
Conradi, Adam 1889 = Hermann Conradi: *Adam Mensch.* Leipzig o. J. [1889].

DAHN, Rom 1876 = Felix DAHN: *Ein Kampf um Rom. Historischer Roman.* – Zitiert nach: *Felix Dahn. Gesammelte Werke. Erzählende und poetische Schriften.* Neue wohlfeile Gesamtausgabe. 1. Serie, Bd. 1. 52.–54. Tsd. Leipzig o. J.

DAUBE, Mus. Dilett. 1773 = Johann Friedrich DAUBE: *Der Musikalische Dilettant. Eine Abhandlung der Komposition, welche nicht allein die neuesten Setzarten der zwo- drey- und mehrstimmigen Sachen: sondern auch die meisten künstlichen Gattungen der alten Kanons: der einfachen und Doppelfugen, deutlich vorträgt, und durch ausgesuchte Beyspiele erkläret.* Wien 1773.

DEUSSEN, Leb. 1922 = Paul DEUSSEN: *Mein Leben.* Hrsg. v. Erika ROSENTHAL-DEUSSEN. Leipzig 1922.

DIEDERICHS, Leb. 1927 = Eugen DIEDERICHS: *Aus meinem Leben.* Sonderausgabe. Jena 1938.

DILTHEY, Einl. Geisteswss. 1883 = Wilhelm DILTHEY: *Einleitung in die Geisteswissenschaften. Versuch einer Grundlegung für das Studium der Gesellschaft und ihrer Geschichte.* Leipzig 1883. – Zitiert nach: *Wilhelm Dilthey: Gesammelte Schriften.* Hrsg. v. Bernhard GROETHUYSEN u. a. Leipzig u. a. 1914 ff., Bd. 1.

DILTHEY, Aufb. gesch. Welt 1910 = Wilhelm DILTHEY: *Der Aufbau der geschichtlichen Welt in den Geisteswissenschaften.* In: Abhandlungen der Preußischen Akademie der Wissenschaften. Philosophisch-Historische Klasse, Jg. 1910, Berlin 1910, 1–123. – Zitiert nach: *Wilhelm Dilthey: Der Aufbau der geschichtlichen Welt in den Geisteswissenschaften.* Eingel. v. Manfred RIEDEL, Frankfurt a. M. 1970.

DITTERS V. DITTERSDORF [SPAZIER], Lebensbeschr. 1801 = Karl DITTERS VON DITTERSDORF: *Lebensbeschreibung, Seinem Sohne in die Feder diktiert.* Hrsg. v. Norbert MILLER. München 1967.[324]

DOHM, Antifem. 1902 = Hedwig DOHM: *Die Antifeministen. Ein Buch der Verteidigung.* Berlin 1902.

DOHM, Dalmar ²1897 = Hedwig DOHM: *Sibilla Dalmar. Roman aus dem Ende unseres Jahrhunderts.* 2. Aufl. Berlin 1897.

DOHM, Emancip. 1874 = Hedwig DOHM: *Die wissenschaftliche Emancipation der Frau.* Berlin 1874.

DOHM, Frauen 1876 = Hedwig DOHM: *Der Frauen Natur und Recht.* Berlin 1876.

DOHM, Ruland 1902 = Hedwig DOHM: *Christa Ruland. Roman.* Berlin 1902.

DOHM, Schicks. 1899 = Hedwig DOHM: *Schicksale einer Seele. Roman.* Berlin 1899.

DOHM, Werde 1894 = Hedwig DOHM: *Wie Frauen werden. Werde, die du bist. Novellen.* Breslau 1894.

DROSTE-HÜLSHOFF, Judenbuche 1842 = Annette von DROSTE-HÜLSHOFF: *Die Judenbuche. Ein Sittengemälde aus dem gebirgigten Westphalen.* In: Morgenblatt für gebildete Leser 36 (1842), Nr. 96 (22. April) – 111 (10. Mai), 381–443. Online hrsg. u. komm. v. Jochen A. Bär. Vechta 2012 (http://www.baer-linguistik.de/droste/texte/jb.htm).

DROYSEN, Gesch. Hell. I–III 1877 = Johann Gustav DROYSEN: *Geschichte des Hellenismus.* – Zitiert nach: *Johann Gustav Droysen. Geschichte des Hellenismus.* Hrsg. v. Erich BAYER. Bd. 1–3. Tübingen 1952; 1953.

DUNCKER, Collegen 1894 = Dora DUNCKER: *Meine Herren Collegen! Moment-Aufnahmen von einer jungen Schriftstellerin.* Berlin 1894.

DUNCKER, Großstadt 1900 = Dora DUNCKER: *Großstadt. Roman.* Berlin 1900.

DUNCKER, Jugend ²1907 = Dora DUNCKER: *Jugend. Novellen.* Neue verm. Aufl. Berlin 1907.

DUNCKER, Mütter 1887 = Dora DUNCKER: *Mütter. Drei tragische Novellen.* Berlin 1887.

EBNER-ESCHENBACH, Agave 1903 = Marie von EBNER-ESCHENBACH: *Agave.* – Zitiert nach: *Marie von Ebner-Eschenbach. Das Gemeindekind. Novellen, Aphorismen.* Hrsg. v. Johannes Klein. München 1956, 324–453.

---

[324] Der Text wurde vom Herausgeber der Erstausgabe, Karl Spazier, überarbeitet. Wie weitreichend die Veränderungen sind, von denen Spazier behauptet, er habe sie vorgenommen „ohne dem Geiste des Werkes zu schaden", lässt sich nicht feststellen.

EBNER-ESCHENBACH, Božena 1876 = Marie von EBNER-ESCHENBACH: *Božena*. – Zitiert nach: *Marie von Ebner-Eschenbach. Kleine Romane*. Hrsg. v. Johannes KLEIN. München 1957, 75–252.
EBNER-ESCHENBACH, Frhr. 1879 = Marie von EBNER-ESCHENBACH: *Die Freiherren von Gemperlein*. – Zitiert nach: *Marie von Ebner-Eschenbach. Das Gemeindekind. Novellen, Aphorismen*. Hrsg. v. Johannes KLEIN. München 1956, 275–323.
EBNER-ESCHENBACH, Gemeindek. 1887 = Marie von EBNER-ESCHENBACH: *Das Gemeindekind*. – Zitiert nach: *Marie von Ebner-Eschenbach. Das Gemeindekind. Novellen, Aphorismen*. Hrsg. v. Johannes KLEIN. München 1956, 7–200.
EBNER-ESCHENBACH, Grillp. 1915–16 = Marie von EBNER-ESCHENBACH: *Meine Erinnerungen an Grillparzer*. – Zitiert nach: *Marie von Ebner-Eschenbach. Erzählungen. Autobiographische Schriften*. Hrsg. v. Johannes KLEIN. München 1958, 886–916.
EBNER-ESCHENBACH, Hand 1885–86 = Marie von EBNER-ESCHENBACH: *Er laßt die Hand küssen*. – Zitiert nach: *Marie von Ebner-Eschenbach. Das Gemeindekind. Novellen, Aphorismen*. Hrsg. v. Johannes KLEIN. München 1956, 230–248.
EBNER-ESCHENBACH, Hofr. 1915 = Marie von EBNER-ESCHENBACH: *Der Herr Hofrat. Eine Wiener Geschichte*. – Zitiert nach: *Marie von Ebner-Eschenbach. Erzählungen. Autobiographische Schriften*. Hrsg. v. Johannes KLEIN. München 1958, 442–463.
EBNER-ESCHENBACH, Kinderj. 1904–05 = Marie von EBNER-ESCHENBACH: *Meine Kinderjahre. Biographische Skizzen*. – Zitiert nach: *Marie von Ebner-Eschenbach. Erzählungen. Autobiographische Schriften*. Hrsg. v. Johannes KLEIN. München 1958, 747–885.
EBNER-ESCHENBACH, Kl. Roman 1881 = Marie von EBNER-ESCHENBACH: *Ein kleiner Roman*. – Zitiert nach: *Marie von Ebner-Eschenbach. Kleine Romane*. Hrsg. v. Johannes KLEIN. München 1957, 5–74.
EBNER-ESCHENBACH, Kreisph. 1883 = Marie von EBNER-ESCHENBACH: *Der Kreisphysikus*. – Zitiert nach: Marie von EBNER-ESCHENBACH: *Marie von Ebner-Eschenbach. Erzählungen. Autobiographische Schriften*. Hrsg. v. Johannes KLEIN. München 1958, 245–305.
EBNER-ESCHENBACH, Lotti 1880 = Marie von EBNER-ESCHENBACH: *Lotti, die Uhrmacherin*. – Zitiert nach: *Marie von Ebner-Eschenbach. Kleine Romane*. Hrsg. v. Johannes KLEIN. München 1957, 852–947.
EBNER-ESCHENBACH, Mašlan 1897 = Marie von EBNER-ESCHENBACH: *Mašlans Frau*. – Zitiert nach: *Marie von Ebner-Eschenbach. Das Gemeindekind. Novellen, Aphorismen*. Hrsg. v. Johannes KLEIN. München 1956, 454–488.
EBNER-ESCHENBACH, Mond 1884–85 = Marie von EBNER-ESCHENBACH: *Der gute Mond*. – Zitiert nach: *Marie von Ebner-Eschenbach. Das Gemeindekind. Novellen, Aphorismen*. Hrsg. v. Johannes KLEIN. München 1956, 249–274.
EBNER-ESCHENBACH, Spätgeb. 1875 = Marie von EBNER-ESCHENBACH: *Ein Spätgeborner*. – Zitiert nach: *Marie von Ebner-Eschenbach. Das Gemeindekind. Novellen, Aphorismen*. Hrsg. v. Johannes KLEIN. München 1956, 640–690.
EBNER-ESCHENBACH, Tod 1881 = Marie von EBNER-ESCHENBACH: *Nach dem Tode*. – Zitiert nach: *Marie von Ebner-Eschenbach. Erzählungen. Autobiographische Schriften*. Hrsg. v. Johannes KLEIN. München 1958, 7–74.
EBNER-ESCHENBACH, Traum 1887–88 = Marie von EBNER-ESCHENBACH: *Ihr Traum. Erlebnis eines Malers*. – Zitiert nach: *Marie von Ebner-Eschenbach. Erzählungen. Autobiographische Schriften*. Hrsg. v. Johannes KLEIN. München 1958, 75–101.
EBNER-ESCHENBACH, Unsühnb. 1889 = Marie von EBNER-ESCHENBACH: *Unsühnbar*. – Zitiert nach: *Marie von Ebner-Eschenbach. Kleine Romane*. Hrsg. v. Johannes Klein. München 1957, 365–530.
EBNER-ESCHENBACH, Vorzugssch. 1898 = Marie von EBNER-ESCHENBACH: *Der Vorzugsschüler*. – Zitiert nach: *Marie von Ebner-Eschenbach. Das Gemeindekind. Novellen, Aphorismen*. Hrsg. v. Johannes KLEIN. München 1956, 515–554.

EHRMANN, Amalie 1788 = Marianne EHRMANN: *Amalie. Eine wahre Geschichte in Briefen. Von der Verfasserin der Philosophie eines Weibs*. Bern 1788.
EHRMANN, Nina 1788 = Marianne EHRMANN: *Nina's Briefe an ihren Geliebten. Von der Verfasserinn der Geschichte Amaliens*. Erstdruck (anonym): Bern 1788.
EICHENDORFF, Ahn. u. Ggw. 1815 = Joseph von EICHENDORFF: *Ahnung und Gegenwart*. – Zitiert nach: *Sämtliche Werke des Freiherrn Joseph von Eichendorff*. Historisch-kritische Ausgabe begr. v. Wilhelm KOSCH/August SAUER, fortgef. u. hrsg. v. Hermann KUNISCH/Helmut KOOPMANN. Bd. 3: *Ahnung und Gegenwart*. Hrsg. v. Christiane BRIEGLEB/Clemens RAUSCHENBERG. Stuttgart 1984, 3–335.
ENGEL, L. Stark 1801 = Johann Jakob ENGEL: *Herr Lorenz Stark. Ein Charaktergemälde*. – Zitiert nach: *Johann Jakob Engel. Schriften*. Bd. 12. Berlin 1806 [Nachdr. Frankfurt a. M. 1971].
ENGELS, Dial. Natur ⌈*1873\86; 1925⌉ = Friedrich ENGELS: *Dialektik der Natur*. – Zitiert nach: MEW 20, 307–571.
ENGELS, Dühring 1878 = Friedrich ENGELS: *Herrn Eugen Dührings Umwälzung der Wissenschaft*. Leipzig 1878. – Zitiert nach: MEW 20.
ENGELS, Feuerbach 1886 = Friedrich ENGELS: *Ludwig Feuerbach und der Ausgang der klassischen deutschen Philosophie*. In: Die Neue Zeit 4 (1886), Nr. 4/5. – Zitiert nach: MEW 21.
ENGELS, Grds. d. Komm. *1847 = Friedrich ENGELS: *Grundsätze des Kommunismus*. – Zitiert nach: MEW 4, 361–380.
ENGELS, Urspr. Fam. 1884 = Friedrich ENGELS: *Der Ursprung der Familie, des Privateigentums und des Staats. Im Anschluß an Lewis H. Morgans Forschungen*. – Zitiert nach: MEW 21, 25–173.
ENGELS, Wohn. ²1887 = Friedrich ENGELS: *Zur Wohnungsfrage* (¹1872–73). – Zitiert nach: MEW 18, 1–287.
ERNST, Glück 1904 = Paul ERNST: *Der schmale Weg zum Glück*. Stuttgart 1904. – Zitiert nach der Ausgabe München 1937.
ERNST, Komöd. 1928 = Paul ERNST: *Komödianten- und Spitzbubengeschichten*. München 1928.
ESSIG, Taifun 1919 = Hermann ESSIG: *Der Taifun*. 1.–10. Tsd. Leipzig 1919.
ESSIG, Wetterfr. 1919 = Hermann ESSIG: *Der Wetterfrosch*. Leipzig 1919.
FEDERER, Lachw. Gesch. 1911 = Heinrich FEDERER: *Lachweiler Geschichten*. 27. Tsd. Berlin o. J.
FELDER, Reich u. arm 1868 = Franz Michael FELDER: *Reich und Arm*. – Zitiert nach: *Franz Michael Felder. Sämtliche Werke*. Bd. 3. Hrsg. v. Karl-Heinz HEINZLE. Bregenz 1973.
FEUCHTWANGER, Herzogin 1923 = Lion FEUCHTWANGER: *Die häßliche Herzogin Margarete Maultasch*. – Zitier nach: *Lion Feuchtwanger. Die häßliche Herzogin Margarete Maultasch. Roman*. Frankfurt a. M. 1982.
FEUCHTWANGER, Jud Süß 1925 = Lion FEUCHTWANGER: *Jud Süß. Roman*. – Zitiert nach: *Lion Feuchtwanger. Jud Süß. Roman*. Frankfurt a. M. 1976.
FEUERBACH, Wes. d. Chr. ³1849 + Bd. = Ludwig FEUERBACH: *Das Wesen des Christentums*. Ausg. in 2 Bden., hrsg. v. Werner SCHUFFENHAUER. Berlin 1956.
FICHTE, Anweisung 1806 = Johann Gottlieb FICHTE: *Die Anweisung zum seligen Leben, oder auch die Religionslehre*. – Zitiert nach: *Johann Gottlieb Fichtes sämmtliche Werke*. Hrsg. v. Immanuel Hermann FICHTE. Berlin 1845–46. Bd. 5, 397–574.
FICHTE, Best. d. Menschen 1800 = Johann Gottlieb FICHTE: *Die Bestimmung des Menschen*. – Zitiert nach: *Johann Gottlieb Fichtes sämmtliche Werke*. Hrsg. v. Immanuel Hermann FICHTE. Berlin 1845–46. Bd. 2, 167–318.
FICHTE, Darst. WL *1801 = FICHTE, Johann Gottlieb: *Darstellung der Wissenschaftslehre. Aus dem Jahre 1801*. – Zitiert nach: *Johann Gottlieb Fichtes sämmtliche Werke*. Hrsg. v. Immanuel Hermann FICHTE. Berlin 1845–46. Bd. 2, 1–162.

Fichte, Grundl. WL 1794–95 = Johann Gottlieb Fichte: *Grundlage der gesammten Wissenschaftslehre.* – Zitiert nach: *Johann Gottlieb Fichtes sämmtliche Werke.* Hrsg. v. Immanuel Hermann Fichte. Berlin 1845–46. Bd. 1, 83–328.

Fichte, Urth. d. Publ. 1793 = Johann Gottlieb Fichte: *Beitrag zur Berichtigung der Urtheile des Publicums über die französische Revolution.* – Zitiert nach: *Johann Gottlieb Fichtes sämmtliche Werke.* Hrsg. v. Immanuel Hermann Fichte. Berlin 1845–46. Bd. 6, 37–288.

Fischer, Günstling 1809 = Caroline Auguste Fischer: *Der Günstling. Von der Verfasserin von Gustavs Verirrungen und der Honigmonathe.* Posen/Leipzig 1809.

Fischer, Gust. Verirrg. 1801 = Caroline Auguste Fischer: *Gustavs Verirrungen. Ein Roman.* Leipzig 1801.

Fischer, Honigm. 1802 + Bd. = Caroline Auguste Fischer: *Die Honigmonathe. Von dem Verfasser von Gustavs Verirrungen.* 2 Bde. Posen/Leipzig 1802.

Fischer, Marg. 1812 = Caroline Auguste Fischer: *Margarethe. Ein Roman. Von der Verfasserin von Gustavs Verirrungen.* Heidelberg 1812, 1–354.

E. Fischer, Leb. 1922 = Emil Fischer: *Aus meinem Leben.* Hrsg. v. M. Bergmann. Berlin 1922.

Flex, Wanderer 1916 = Walter Flex: *Der Wanderer zwischen beiden Welten. Ein Kriegserlebnis.* In: *Walter Flex. Gesammelte Werke.* Bd. 4, 4. erw. Aufl., 16.–20. Tsd. München o. J., 185–265.

Fontane, Birnbaum 1885 = Theodor Fontane: *Unterm Birnbaum.* – Zitiert nach: *Theodor Fontane. Romane und Erzählungen in acht Bänden.* Hrsg. v. Peter Goldammer/Gotthard Erler/Anita Golz/Jürgen Jahn. 2. Auflage. Berlin/Weimar 1973. Bd. 4, 201–310.

Fontane, Cécile 1886 = Theodor Fontane: *Cécile. Roman.* – Zitiert nach: *Theodor Fontane. Romane und Erzählungen in acht Bänden.* Hrsg. v. Peter Goldammer/Gotthard Erler/Anita Golz/Jürgen Jahn. 2. Auflage. Berlin/Weimar 1973. Bd. 4, 313–498.

Fontane, Effi Briest 1894 = Theodor Fontane: *Effi Briest. Roman.* – Zitiert nach: *Theodor Fontane. Romane und Erzählungen in acht Bänden.* Hrsg. v. Peter Goldammer/Gotthard Erler/Anita Golz/Jürgen Jahn. 2. Auflage. Berlin/Weimar 1973. Bd. 7, 7–310.

Fontane, Ellernklipp 1881 = Theodor Fontane: *Ellernklipp. Nach einem Harzer Kirchenbuch.* – Zitiert nach: *Theodor Fontane. Romane und Erzählungen in acht Bänden.* Hrsg. v. Peter Goldammer/Gotthard Erler/Anita Golz/Jürgen Jahn. 2. Auflage. Berlin/Weimar 1973. Bd. 3, 253–371.

Fontane, Grf. Petöfy 1884 = Theodor Fontane: *Graf Petöfy. Roman.* – Zitiert nach: *Theodor Fontane. Romane und Erzählungen in acht Bänden.* Hrsg. v. Peter Goldammer/Gotthard Erler/Anita Golz/Jürgen Jahn. 2. Auflage. Berlin/Weimar 1973. Bd. 4, 5–199.

Fontane, Gr. Minde 1879 = Theodor Fontane: *Grete Minde. Nach einer altmärkischen Chronik.* – Zitiert nach: *Theodor Fontane. Romane und Erzählungen in acht Bänden.* Hrsg. v. Peter Goldammer/Gotthard Erler/Anita Golz/Jürgen Jahn. 2. Auflage. Berlin/Weimar 1973, Bd. 3, 7–107.

Fontane, Irr. Wirr. 1887 = Theodor Fontane: *Irrungen, Wirrungen. Roman.* – Zitiert nach: *Theodor Fontane. Romane und Erzählungen in acht Bänden.* Hrsg. v. Peter Goldammer/Gotthard Erler/Anita Golz/Jürgen Jahn. 2. Auflage. Berlin/Weimar 1973, Bd. 5, 7–171.

Fontane, Jenny Treib. 1892 = Theodor Fontane: *Frau Jenny Treibel oder „Wo sich Herz zum Herzen findt". Roman.* – Zitiert nach: *Theodor Fontane. Romane und Erzählungen in acht Bänden.* Hrsg. v. Peter Goldammer/Gotthard Erler/Anita Golz/Jürgen Jahn. 2. Auflage. Berlin/Weimar 1973, Bd. 6, 269–459.

Fontane, Kinderjahre 1894 = Theodor Fontane: *Meine Kinderjahre. Autobiographischer Roman.* – Zitiert nach: *Theodor Fontane: Sämtliche Werke.* Hrsg. v. Edgar Groß/Kurt Schreinert/Rainer Bachmann/Charlotte Jolles/Jutta Neuendorff-Fürstenau. Bd. 14. München 1959–1975, 5–185.

Fontane, L'Adultera 1880 = Theodor Fontane: *L'Adultera. Novelle.* – Zitiert nach: *Theodor Fontane. Romane und Erzählungen in acht Bänden.* Hrsg. v. Peter Goldammer/Gotthard Erler/Anita Golz/Jürgen Jahn. 2. Auflage. Berlin/Weimar 1973. Bd. 3, 111–251.

FONTANE, Poggenp. 1885–86 = Theodor FONTANE: *Die Poggenpuhls. Roman.* – Zitiert nach: *Theodor Fontane. Romane und Erzählungen in acht Bänden.* Hrsg, v. Peter GOLDAMMER/Gotthard ERLER/Anita GOLZ/Jürgen JAHN. 2. Auflage. Berlin/Weimar 1973. Bd. 7, 311–416.

FONTANE, Quitt 1890 = Theodor FONTANE: *Quitt. Roman.* – Zitiert nach: *Theodor Fontane. Romane und Erzählungen in acht Bänden.* Hrsg, v. Peter GOLDAMMER/Gotthard ERLER/Anita GOLZ/Jürgen JAHN. 2. Auflage. Berlin/Weimar 1973. Bd. 5, 271–526.

FONTANE, Schach 1882 = Theodor FONTANE: *Schach von Wuthenow. Erzählung aus der Zeit des Regiments Gensdarmes.* – Zitiert nach: *Theodor Fontane. Romane und Erzählungen in acht Bänden.* Hrsg, v. Peter GOLDAMMER/Gotthard ERLER/Anita GOLZ/Jürgen JAHN. 2. Auflage. Berlin/Weimar 1973, Bd. 3, 375–511.

FONTANE, Stechlin 1897–98 = Theodor FONTANE: *Der Stechlin. Roman.* – Zitiert nach: *Theodor Fontane. Romane und Erzählungen in acht Bänden.* Hrsg, v. Peter GOLDAMMER/Gotthard ERLER/Anita GOLZ/Jürgen JAHN. 2. Auflage. Berlin/Weimar 1973, Bd. 8, 7–414.

FONTANE, Stine 1890 = Theodor FONTANE: *Stine.* – Zitiert nach: *Theodor Fontane. Romane und Erzählungen in acht Bänden.* Hrsg, v. Peter GOLDAMMER/Gotthard ERLER/Anita GOLZ/Jürgen JAHN. 2. Auflage. Berlin/Weimar 1973. Bd. 5, 175–269.

FONTANE, Sturm I/II 1878 = Theodor FONTANE: *Vor dem Sturm. Roman aus dem Winter 1812 auf 13.* – Zitiert nach: *Theodor Fontane. Romane und Erzählungen in acht Bänden.* Hrsg, v. Peter GOLDAMMER/Gotthard ERLER/Anita GOLZ/Jürgen JAHN. 2. Auflage. Berlin/Weimar 1973. Bd. 1.

FONTANE, Sturm III/IV 1878 = Theodor FONTANE: *Vor dem Sturm. Roman aus dem Winter 1812 auf 13.* – Zitiert nach: *Theodor Fontane. Romane und Erzählungen in acht Bänden.* Hrsg, v. Peter GOLDAMMER/Gotthard ERLER/Anita GOLZ/Jürgen JAHN. 2. Auflage. Berlin/Weimar 1973. Bd. 2.

FONTANE, Unwiederbr. 1891 = Theodor FONTANE: *Unwiederbringlich. Roman.* – Zitiert nach: *Theodor Fontane. Romane und Erzählungen in acht Bänden.* Hrsg, v. Peter GOLDAMMER/Gotthard ERLER/Anita GOLZ/Jürgen JAHN. 2. Auflage. Berlin/Weimar 1973. Bd. 6, 7–265.

FONTANE, Wand. I 1862 = Theodor FONTANE: *Wanderungen durch die Mark Brandenburg. Die Grafschaft Ruppin.* – Zitiert nach: *Theodor Fontane: Sämtliche Werke.* Unter Mitw. v. Kurt SCHREINERT hrsg. v. Edgar GROß. Bd. 9. München 1960.

FONTANE, Wand. II 1863 = Theodor FONTANE: *Wanderungen durch die Mark Brandenburg. Das Oderland.* – Zitiert nach: *Theodor Fontane: Sämtliche Werke.* Unter Mitw. v. Kurt SCHREINERT hrsg. v. Edgar GROß. Bd. 10. München 1960.

FONTANE, Wand. III 1873 = Theodor FONTANE: *Wanderungen durch die Mark Brandenburg. Havelland.* – Zitiert nach: *Theodor Fontane: Sämtliche Werke.* Unter Mitw. v. Kurt SCHREINERT hrsg. v. Edgar GROß. Bd. 11. München 1960.

FONTANE, Wand. IV 1882 = Theodor FONTANE: *Wanderungen durch die Mark Brandenburg. Spreeland.* – Zitiert nach: *Theodor Fontane: Sämtliche Werke.* Unter Mitw. v. Kurt SCHREINERT hrsg. v. Edgar GROß. Bd. 12. München 1960.

FONTANE, Wand. V 1889 = Theodor FONTANE: *Wanderungen durch die Mark Brandenburg. Fünf Schlösser.* – Zitiert nach: *Theodor Fontane: Sämtliche Werke.* Unter Mitw. v. Kurt SCHREINERT hrsg. v. Edgar GROß. Bd. 13. München 1960.

FONTANE, 20–30 1908 = Theodor FONTANE: *Von Zwanzig bis Dreißig. Autobiographisches.* – Zitiert nach: *Theodor Fontane: Sämtliche Werke.* Hrsg. v. Edgar GROß/Kurt SCHREINERT/Rainer BACHMANN/Charlotte JOLLES/Jutta NEUENDORFF-FÜRSTENAU. Bd. 15. München 1967.

FORSTER, Ansichten 1791–94 = Georg FORSTER: *Ansichten vom Niederrhein, von Brabant, Flandern, Holland, England und Frankreich, im April, Mai und Junius 1790.* – Zitiert nach: *Georg Forster. Werke in vier Bänden.* Hrsg. v. Gerhard STEINER. Bd. 2: *Kleine Schriften zur Naturgeschichte, Länder- und Völkerkunde / Ansichten vom Niederrhein.* Frankfurt a. Main 1969, 369–869.

FORSTER, Cook 1789 = Georg FORSTER: *Cook, der Entdecker.* – Zitiert nach: *Georg Forster. Werke in vier Bänden.* Hrsg. v. Gerhard STEINER. Bd. 2: *Kleine Schriften zur Naturgeschichte, Länder- und Völkerkunde / Ansichten vom Niederrhein.* Frankfurt a. M. 1969, 105–224.

C. DE LA MOTTE FOUQUÉ, Fr. d. Falkenst. + Bd. 1810 = Caroline DE LA MOTTE FOUQUÉ: *Die Frau des Falkensteins. Ein Roman in zwei Bändchen von der Verfasserin des Rodrich.* 2 Bde. Berlin 1810.

C. DE LA MOTTE FOUQUÉ, Mag. d. Nat. 1812 = Caroline DE LA MOTTE FOUQUÉ: *Die Magie der Natur. Eine Revolutions-Geschichte.* Berlin 1812.

C. DE LA MOTTE FOUQUÉ, Resign. 1829 + Bd. = Caroline DE LA MOTTE FOUQUÉ: *Resignation. Ein Roman.* 2 Bde. Frankfurt a. M. 1829.

C. DE LA MOTTE FOUQUÉ, Rodrich I 1806 = Caroline DE LA MOTTE FOUQUÉ: *Rodrich. Ein Roman in zwei Theilen.* Bd. 1. Berlin 1806.

C. DE LA MOTTE FOUQUÉ, Rodrich II 1807 = Caroline DE LA MOTTE FOUQUÉ: *Rodrich. Ein Roman in zwei Theilen.* Bd. 2. Berlin 1807.

F. DE LA MOTTE FOUQUÉ, Galgenmännl. 1810 = Friedrich DE LA MOTTE FOUQUÉ: *Eine Geschichte vom Galgenmännlein.* – Zitiert nach: *Friedrich de la Motte Fouqué: Romantische Erzählungen.* Nach den Erstdrucken mit Anmerkungen, Zeittafel, Bibliographie und einem Nachwort hrsg. v. Gerhard SCHULZ. München 1977, 5–33.

F. DE LA MOTTE FOUQUÉ, Lebensgesch. 1840 = Friedrich DE LA MOTTE FOUQUÉ: *Lebensgeschichte des Baron Friedrich de La Motte Fouqué. Aufgezeichnet durch ihn selbst.* Halle 1840.

F. DE LA MOTTE FOUQUÉ, Undine 1811 = Friedrich DE LA MOTTE FOUQUÉ: *Undine. Eine Erzählung.* – Zitiert nach: *Friedrich de la Motte Fouqué: Romantische Erzählungen.* Nach den Erstdrucken mit Anmerkungen, Zeittafel, Bibliographie u. einem Nachwort hrsg. v. Gerhard SCHULZ. München 1977, 40–116.

FRANÇOIS, Judith 1862 = Louise von FRANÇOIS: *Judith, die Kluswirtin.* – Zitiert nach: *Louise von François. Gesammelte Werke.* Bd. 4. Leipzig 1918, 1–180.

FRANÇOIS, Katzenj. 1879 = Louise von FRANÇOIS: *Der Katzenjunker.* – Zitiert nach: *Louise von François. Gesammelte Werke.* Bd. 5. Leipzig 1918, 3–176.

FRANÇOIS, Ph. Holl. 1857 = Louise von FRANÇOIS: *Phosphorus Hollunder.* – Zitiert nach: *Louise von François. Gesammelte Werke.* Bd. 4. Leipzig 1918, 390–447.

FRANÇOIS, Reckenb. 1870 = Louise von FRANÇOIS: *Die letzte Reckenburgerin.* – Zitiert nach: *Louise von François. Gesammelte Werke.* Bd. 1. Leipzig 1918.

FRANÇOIS, Stufenj. 1877 = Louise von FRANÇOIS: *Stufenjahre eines Glücklichen.* – Zitiert nach: *Louise von François. Gesammelte Werke.* Bd. 3. Leipzig 1918.

FRANÇOIS, Urgroßv. 1855 = Louise von FRANÇOIS: *Die Geschichte meines Urgroßvaters.* – Zitiert nach: *Louise von François. Gesammelte Werke.* Bd. 5. Leipzig 1918, 177–305.

FRANZOS, Jud. v. Barn. [7]1905 = Karl Emil FRANZOS: *Die Juden von Barnow* (*1868–72; 1877). 7. Aufl. Stuttgart/Berlin 1905.

FRANZOS, Leib Weihn. 1896 = Karl Emil FRANZOS: *Leib Weihnachtskuchen und sein Kind.* – Zitiert nach: Karl Emil Franzos: *Galizische Erzählungen.* Berlin/Weimar 1980, 96–269.

FRANZOS, Pojaz 1905 = Karl Emil FRANZOS: *Der Pojaz.* Mit einem Nachwort von Jost HERMAND, Königstein/Ts. 1979.

FRAPAN, Arbeit 1903 = Ilse FRAPAN: *Arbeit. Roman.* Berlin 1903.

FRAPAN, Elbe [3]1908 = Ilse FRAPAN: *Zwischen Elbe und Alster. Hamburger Novellen.* 3. Aufl. Berlin 1908 (Erstdruck 1890).

FRAPAN, Wir Frauen 1899 = Ilse FRAPAN: *Wir Frauen haben kein Vaterland. Monologe einer Fledermaus.* Berlin 1899.

FREYTAG, Ahnen I 1872 = Gustav FREYTAG: *Die Ahnen. Roman. Erste Abtheilung. Ingo und Ingraban.* Leipzig 1872.

Freytag, Ahnen II 1873 = Gustav Freytag: *Die Ahnen. Roman. Zweite Abtheilung. Das Nest der Zaunkönige.* Leipzig 1873. (Zitiert nach der 34. Aufl. Leipzig 1909.)
Freytag, Ahnen III 1874 = Gustav Freytag: *Die Ahnen. Roman. Dritte Abtheilung. Die Brüder vom deutschen Hause.* Leipzig 1874.
Freytag, Ahnen IV 1876 = Gustav Freytag: *Die Ahnen. Roman. Vierte Abtheilung. Marcus König.* Leipzig 1876. (Zitiert nach der 23. Aufl. Leipzig 1908.)
Freytag, Ahnen V 1878 = Gustav Freytag: *Die Ahnen. Roman. Fünfte Abtheilung. Die Geschwister.* Leipzig 1878. (Zitiert nach der 22. Aufl. Leipzig 1908.)
Freytag, Ahnen VI 1880 = Gustav Freytag: *Die Ahnen. Roman. Sechste Abtheilung. Aus einer kleinen Stadt.* Leipzig 1873. (Zitiert nach der 19. Aufl. Leipzig 1908.)
Freytag, Erinn. 1887 = Gustav Freytag: *Erinnerungen aus meinem Leben.* Leipzig 1887. – Zitiert nach: *Gustav Freytag. Gesammelte Werke.* Bd. 1. Leipzig/Berlin o. J., 420–678.
Freytag, Handschr. 1864 + Bd. = Gustav Freytag: *Die verlorene Handschrift.* Zitiert nach: *Gustav Freytag. Gesammelte Werke.* Bd. 6; 7. Leipzig/Berlin o. J., 420–678.
Freytag, Soll u. Hab. 1855 = Gustav Freytag: *Soll und Haben.* Vollst. Text nach der Erstausgabe Leipzig 1855, durchges. v. Meinhard Hasenbein. Mit einem Nachw. v. Hans Mayer, Anm. v. Anne Anz sowie einer Zeittafel und Literaturhinweisen. München 1977.
Frölich, Virginia 1820 [1819] = Henriette Frölich: *Virginia oder Die Kolonie von Kentucky. Mehr Wahrheit als Dichtung.* Hrsg. v. Gerhard Steiner. Berlin 1963.
Ganghofer, Lebensl. I 1909 = Ludwig Ganghofer: *Lebenslauf eines Optimisten.* Bd. 1: *Buch der Kindheit.* Stuttgart 1909.
Ganghofer, Lebensl. II 1910 = Ludwig Ganghofer: *Lebenslauf eines Optimisten.* Bd. 2: *Buch der Jugend.* Stuttgart 1910.
Ganghofer, Lebensl. III 1911 = Ludwig Ganghofer: *Lebenslauf eines Optimisten.* Bd. 3: *Buch der Freiheit.* Stuttgart 1911.
Ganghofer, Ochsenkr. 1914 = Ludwig Ganghofer: *Der Ochsenkrieg. Roman aus dem 15. Jahrhundert.* – Zitiert nach der Ausg. Berlin/Darmstadt/Wien 1959.
Ganghofer, Schl. Hub. 1895 = Ludwig Ganghofer: *Schloß Hubertus. Roman.* – Zitiert nach der Ausg. Berlin o. J. [1917].
George, Tg. u. Tat. ²1925 = Stefan George: *Tage und Taten. Aufzeichnungen und Skizzen.* (¹1903). – Zitiert nach: *Stefan George. Gesamtausgabe der Werke. Endgültige Fassung.* Bd. 17. Berlin 1933.
Gerstäcker, Reg. 1846 = Friedrich Gerstäcker: *Die Regulatoren von Arkansas. Aus dem Waldleben Amerikas.* – Zitiert nach der 9. Aufl. Jena o. J.
Gervinus, Leben ⌜*1860; 1893⌝ = Georg Gottfried Gervinus: *G. G. Gervinus Leben. Von ihm selbst. 1860.* Leipzig 1893.
Glasenapp, Wagner ⁴1905 + Bd. = Carl Friedrich Glasenapp: *Das Leben Richard Wagners in 6 Büchern.* 4., neu bearb. Ausg. Leipzig 1905.
Goedsche, Sebastopol 1856 + Bd. = Herrmann Goedsche: *Sebastopol. Historisch-politischer Roman aus der Gegenwart.* 4 Bde. Berlin.
Goethe, an [Empfänger] + Einzeldatum + WA IV + Band = Johann Wolfgang Goethe: *[Briefe.]* – Zitiert nach: *Goethes Werke. Herausgegeben im Auftrage der Großherzogin Sophie von Sachsen.* Weimar 1887–1919. IV. Abt.: *Briefe.*
Goethe, Aufger. ⌜*1793; 1817⌝ = Goethe, Johann Wolfgang: *Die Aufgeregten. Politisches Drama in fünf Acten.* – Zitiert nach: *Goethes Werke. Herausgegeben im Auftrage der Großherzogin Sophie von Sachsen.* Weimar 1887–1919. I. Abt.: *Werke.* Bd. 18. Weimar 1895, 1–75.
Goethe, Camp. Frankr. 1822 = Johann Wolfgang Goethe: *Campagne in Frankreich 1792.* – Zitiert nach: *Goethes Werke. Herausgegeben im Auftrage der Großherzogin Sophie von Sachsen.* Weimar 1887–1919. I. Abt.: *Werke.* Bd. 33, Weimar 1898, 3–271.

GOETHE, Dicht. u. Wahrh. I 1811 = Johann Wolfgang GOETHE: *Aus meinem Leben. Dichtung und Wahrheit. Erster Theil.* – Zitiert nach: *Goethes Werke. Herausgegeben im Auftrage der Großherzogin Sophie von Sachsen.* Weimar 1887–1919. I. Abt.: *Werke.* Bd. 26. Weimar 1889.

GOETHE, Dicht. u. Wahrh. IV 1833 = Johann Wolfgang GOETHE: *Aus meinem Leben. Dichtung und Wahrheit. Vierter Theil.* – Zitiert nach: *Goethes Werke. Herausgegeben im Auftrage der Großherzogin Sophie von Sachsen.* Weimar 1887–1919. I. Abt.: *Werke.* Bd. 29. Weimar 1891.

GOETHE, Farbenl. Hist. Thl. I 1810 = Johann Wolfgang GOETHE: *Zur Farbenlehre. Historischer Theil I.* – Zitiert nach: *Goethes Werke. Herausgegeben im Auftrage der Großherzogin Sophie von Sachsen.* Weimar 1887–1919. II. Abt.: *Goethes Naturwissenschaftliche Schriften.* Bd. 3. Weimar 1893.

GOETHE, Faust I 1808 = Johann Wolfgang GOETHE: *Faust. Der Tragödie Erster Theil.* – Zitiert nach: *Goethes Werke. Herausgegeben im Auftrage der Großherzogin Sophie von Sachsen.* Weimar 1887–1919. I. Abt.: *Werke.* Bd. 14. Weimar 1887.

GOETHE, Faust II 1832 = Johann Wolfgang GOETHE: *Faust. Der Tragödie Zweiter Theil in fünf Acten.* – Zitiert nach: *Goethes Werke. Herausgegeben im Auftrage der Großherzogin Sophie von Sachsen.* Weimar 1887–1919. I. Abt.: *Werke.* Bd. 15.1. Weimar 1888.

GOETHE, Ged. + Einzeldatierung + WA I + Bd. = Johann Wolfgang GOETHE: *Gedichte.* – Zitiert nach: *Goethes Werke. Herausgegeben im Auftrage der Großherzogin Sophie von Sachsen.* Weimar 1887–1919. I. Abt.: *Werke.*

GOETHE, Ital. Reise II 1817 = Johann Wolfgang GOETHE: *Italiänische Reise. II.* – Zitiert nach: *Goethes Werke. Herausgegeben im Auftrage der Großherzogin Sophie von Sachsen.* Weimar 1887–1919. I. Abt.: *Werke.* Bd. 31. Weimar 1904.

GOETHE, Ital. Reise III 1829 = Johann Wolfgang GOETHE: *Italiänische Reise. III.* – Zitiert nach: *Goethes Werke. Herausgegeben im Auftrage der Großherzogin Sophie von Sachsen.* Weimar 1887–1919. I. Abt.: *Werke.* Bd. 32. Weimar 1906.

GOETHE, Rez. Tieck [Dram. Blätt.] ⌈*ᵃᵇ1826; 1833⌉ WA I, 40 = Johann Wolfgang GOETHE: *Ludwig Tiecks Dramaturgische Blätter.* – Zitiert nach: *Goethes Werke. Herausgegeben im Auftrage der Großherzogin Sophie von Sachsen.* Weimar 1887–1919. I. Abt.: *Werke.* Bd. 40, Weimar 1901, 178–182.

GOETHE, Tag- u. Jahres-Hefte I ⌈*1817..26; 1830⌉ = Johann Wolfgang GOETHE: *Tag- und Jahres-Hefte als Ergänzung meiner sonstigen Bekenntnisse. [1749–1806].* – Zitiert nach: *Goethes Werke. Herausgegeben im Auftrage der Großherzogin Sophie von Sachsen.* Weimar 1887–1919. I. Abt.: *Werke.* Bd. 35. Weimar 1892, 1–273.

GOETHE, Tageb. + Einzeldatierung + WA III + Bd. = Johann Wolfgang GOETHE: *[Tagebücher.]* – Zitiert nach: *Goethes Werke. Herausgegeben im Auftrage der Großherzogin Sophie von Sachsen.* Weimar 1887–1919. III. Abt.: *Tagebücher.* Bde. 1–15, Weimar 1887–1919.

GOETHE, Wahlverw. 1809 = Johann Wolfgang GOETHE: *Die Wahlverwandtschaften. Ein Roman.* – Zitiert nach: *Goethes Werke. Herausgegeben im Auftrage der Großherzogin Sophie von Sachsen.* Weimar 1887–1919. I. Abt.: *Werke.* Bd. 20. Weimar 1892.

GOETHE, Wanderjahre II 1829 = Johann Wolfgang Goethe: *Wilhelm Meisters Wanderjahre oder die Entsagenden. Teil 2.* – Zitiert nach: *Goethes Werke. Herausgegeben im Auftrage der Großherzogin Sophie von Sachsen.* Weimar 1887–1919. I. Abt.: *Werke.* Bd. 25.1, Weimar 1895.

GOETHE, Wilh. Meister I 1795 = Johann Wolfgang GOETHE: *Wilhelm Meisters Lehrjahre. Ein Roman. Erstes Buch.* – Zitiert nach: *Goethes Werke. Herausgegeben im Auftrage der Großherzogin Sophie von Sachsen.* Weimar 1887–1919. I. Abt.: *Werke.* Bd. 21, Weimar 1898, 1–113.

GOETHE, Wilh. Meister V 1795 = Johann Wolfgang GOETHE: *Wilhelm Meisters Lehrjahre. Ein Roman. Fünftes Buch.* – Zitiert nach: *Goethes Werke. Herausgegeben im Auftrage der Großherzogin Sophie von Sachsen.* Weimar 1887–1919. I. Abt.: *Werke.* Bd. 22, Weimar 1899, 134–256.

GOLDMARK, Erinn. 1922 = Karl GOLDMARK: *Erinnerungen aus meinem Leben*. Wien/Berlin/Leipzig/München 1922.

GORCH FOCK, Seefahrt 1913 = GORCH FOCK (d. i. Johann KINAU): *Seefahrt ist not!* – Zitiert nach: *Gorch Fock. Sämtliche Werke*. Bd 3. 9.–12. Tsd. Hamburg 1935.

GÖRRES, Tt. Volksb. 1807 = Joseph GÖRRES: *Die teutschen Volksbücher. Nähere Würdigung der schönen Historien-, Wetter- und Arzneybüchlein, welche theils innerer Werth, theils Zufall, Jahrhunderte hindurch bis auf unsere Zeit erhalten hat*. – Zitiert nach: *Joseph Görres. Gesammelte Schriften*. Bd. 3: *Geistesgeschichtliche und literarische Schriften I (1803–1808)*. Hrsg. v. Günther MÜLLER. Köln 1926, 170–293.

GOTTSCHALCK, Sag. u. Volksm. 1814 = Caspar Friedrich GOTTSCHALCK: *Die Sagen und Volksmährchen der Deutschen 1* [mehr nicht erschienen]. Halle 1814.

GRÄSSE, Sagenb. Preuß. I 1868 = Johann Georg Theodor GRÄSSE: *Sagenbuch des Preußischen Staates*. Bd. 1. Glogau 1868.

GRÄSSE, Sagenb. Preuß. II 1871 = Johann Georg Theodor GRÄSSE: *Sagenbuch des Preußischen Staates*. Bd. 2. Glogau 1871.

GRÄSSE, Sagensch. Sachs. 1855 + Bd. = Johann Georg Theodor GRÄSSE: *Der Sagenschatz des Königreichs Sachsen*. 2 Bde. Dresden 1855.

GRILLPARZER, Selbstbiogr. ⌜*1853; 1872⌝ = Franz GRILLPARZER: *Selbstbiographie*. – Zitiert nach: *Franz Grillparzer. Sämtliche Werke. Ausgewählte Briefe, Gespräche, Berichte*. Hrsg. v. Peter FRANK/Karl PÖRNBACHER. München 1960–1965. Bd. 4, 20–178.

GRILLPARZER, Sendomir 1828 = Franz GRILLPARZER: *Das Kloster bei Sendomir*. – Zitiert nach: *Franz Grillparzer. Sämtliche Werke. Ausgewählte Briefe, Gespräche, Berichte*. Hrsg. v. Peter FRANK/Karl PÖRNBACHER. München 1960–1965. Bd. 3, 119–145.

GRILLPARZER, Wellen 1840 = Franz GRILLPARZER: *Des Meeres und der Liebe Wellen. Trauerspiel in fünf Aufzügen*. – Zitiert nach: *Franz Grillparzer. Sämtliche Werke. Ausgewählte Briefe, Gespräche, Berichte*. Hrsg. v. Peter FRANK und Karl PÖRNBACHER. München 1960–1965, Bd. 2, 10–88.

A. L. GRIMM, Kindermährchen 1809 = Albert Ludwig GRIMM: *Kindermährchen. Mit Kupfern*. Heidelberg 1809.

A. L. GRIMM, Lina's Mährchenb. 1816 + Bd. = Albert Ludwig GRIMM, Albert Ludwig: *Lina's Mährchenbuch. Eine Weihnachtsgabe*. 2 Bde. Grimma ²1837.

J. GRIMM/W. GRIMM, Dt. Sagen I 1816/II 1818 = Jacob GRIMM/Wilhelm GRIMM: *Deutsche Sagen*. – Zitiert nach: *Jacob und Wilhelm Grimm. Deutsche Sagen*. Vollständige Ausgabe nach dem Text der dritten Auflage von 1891, mit der Vorrede der Brüder Grimm zur ersten Auflage 1816 u. 1818 u. mit einer Vorbemerkung v. Hermann GRIMM. 2 Bde. München 1965.

J. GRIMM/W. GRIMM, Kinder- u. Hausm. I 1812/II 1815 = Jacob GRIMM/Wilhelm GRIMM: *Kinder- und Hausmärchen*. Berlin. Bd. 1 1812; Bd. 2 1815.

J. GRIMM/W. GRIMM, Kinder- u. Hausm. ³1837 = Jacob GRIMM/Wilhelm GRIMM: *Kinder- und Hausmärchen*. – Zitiert nach: *Kinder- und Hausmärchen gesammelt durch die Brüder Grimm*. Vollständige Ausgabe auf der Grundlage der 3. Auflage (1837). Hrsg. v. Heinz Rölleke. Frankfurt a. M. 1985 (Lizenzausgabe Darmstadt 1999).

GUNDOLF, George ³1930 = Friedrich GUNDOLF: *George*. 3., erw. Aufl. Berlin 1930 (1. Aufl. 1920).

GUTZKOW, Kast. *1869 = Karl GUTZKOW: *Das Kastanienwäldchen in Berlin*. – Zitiert nach: *Berliner Erinnerungen und Erlebnisse*. Hrsg. v. Paul FRIEDLÄNDER. Berlin 1960, 265–315.

GUTZKOW, Knab. 1852 = Karl GUTZKOW: *Aus der Knabenzeit*. – Zitiert nach: *Berliner Erinnerungen und Erlebnisse*. Hrsg. v. Paul FRIEDLÄNDER. Berlin 1960, 27–264.

GUTZKOW, Ritter 1850–51 = Karl GUTZKOW: *Die Ritter vom Geiste. Roman in neun Büchern*. – Zitiert nach der dreibändigen Ausgabe von Thomas NEUMANN, Frankfurt a. M. 1998.

GUTZKOW, Zauberer 1858–61 + Bd. = Karl GUTZKOW: *Der Zauberer von Rom. Roman in neun Büchern*. Leipzig 1858–1861.

HABRICH, Päd. Psych. I 1921 = L. HABRICH: *Pädagogische Psychologie. Die wichtigsten Kapitel der Seelenlehre unter durchgängiger Anwendung auf Unterricht und Erziehung vom Standpunkte christlicher Philosophie anschaulich dargestellt.* Bd. 1: *Das Erkenntnisvermögen.* 6., verb. u. verm. Aufl. München 1921.

HACKLÄNDER, Europ. Sklav. 1854 + Bd. = Friedrich Wilhelm HACKLÄNDER: *Europäisches Sklavenleben.* Zitiert nach: *F. W. Hackländer's Werke. Erste Gesammt-Ausgabe.* 3. Aufl. Bd. 15–20, Stuttgart 1875.

HAECKEL, Welträtsel ^{11}1919 = Ernst HAECKEL: *Die Welträtsel. Gemeinverständliche Studien über monistische Philosophie.* Leipzig, 11. Aufl. 1919 (1. Aufl. Bonn 1899). – Zitiert nach: *Ernst Haeckel. Gemeinverständliche Werke.* Hrsg. v. Heinrich SCHMIDT-JENA. Leipzig/Berlin o. J. Bd. 3.

HAHN-HAHN, Faustine 1841 = Ida Gräfin HAHN-HAHN: *Gräfin Faustine.* Berlin 1841.

HAHN-HAHN, Mar. Reg. 1860 + Bd. = Ida Gräfin HAHN-HAHN: *Maria Regina. Eine Erzählung aus der Gegenwart.* – Zitiert nach: *Gesammelte Werke.* Bd. 1; 2. Regensburg 1900.

HAHN-HAHN, Sibylle 1846 + Bd. = Ida Gräfin HAHN-HAHN: *Sibylle. Eine Selbstbiographie.* 2 Bde. Berlin 1846.

HAMANN, Krzzg. d. Phlg. 1762 = Johann Georg HAMANN: *Kreuzzüge des Philologen.* – Zitiert nach: *Johann Georg Hamann. Sämtliche Werke.* Historisch-kritische Ausgabe von Josef NADLER. Bd. 2: *Schriften über Philosophie/Philologie/Kritik. 1758–1763.* Wien 1950, 114–240.

HAMMER-PURGSTALL, Erinn. *1841–52 = Josef VON HAMMER-PURGSTALL: *Erinnerungen aus meinem Leben. 1774–1852.* Bearb. v. Reinhart BACHOFEN VON ECHT. Wien/Leipzig 1940 (Fontes Rerum Austriacarum. Österreichische Geschichtsquellen, Zweite Abteilung: Diplomataria et Acta, 70).

HANSLICK, Leben 1894 = Eduard HANSLICK: *Aus meinem Leben.* Mit einem Nachwort hrsg. v. Peter Wapnewski. Kassel/Basel 1987.

HARTLEBEN, Pastor 1895 = Otto Erich HARTLEBEN: *Vom Gastfreien Pastor.* – Zitiert nach: *Otto Erich Hartleben. Ausgewählte Werke in drei Bänden.* Ausw. u. Einl. v. Franz Ferdinand HEITMÜLLER. Berlin 1913. Bd. 2, 117–144.

HARTLEBEN, Knopf 1892 = Otto Erich HARTLEBEN: *Die Geschichte vom abgerissenen Knopfe.* – Zitiert nach: *Otto Erich Hartleben. Ausgewählte Werke in drei Bänden.* Ausw. u. Einl. v. Franz Ferdinand HEITMÜLLER. Berlin 1913. Bd. 2, 43–88.

HARTMANN, Phil. d. Unbew. 1869 + Bd. = Eduard von HARTMANN: *Philosophie des Unbewußten.* Berlin 1869.

HAUFF, Bettlerin 1827 = Wilhelm HAUFF: *Die Bettlerin vom Pont des Arts.* – Zitiert nach: *Wilhelm Hauff. Sämtliche Werke in drei Bänden.* Nach den Originaldrucken u. Handschriften. Textredaktion u. Anmerkungen v. Sibylle VON STEINSDORFF. München 1970, Bd 2, 336–433.

HAUFF, Lichtenst. 1826 = Wilhelm, HAUFF: *Lichtenstein. Romantische Sage aus der württembergischen Geschichte.* – Zitiert nach: *Wilhelm Hauff. Sämtliche Werke in drei Bänden.* Nach den Originaldrucken u. Handschriften. Textredaktion u. Anmerkungen v. Sibylle VON STEINSDORFF. München 1970. Bd 1, 7–341.

HAUFF, Märchen I 1826 = Wilhelm HAUFF: *Märchen-Almanach auf das Jahr 1826 für Söhne und Töchter gebildeter Stände.* – Zitiert nach: *Wilhelm Hauff. Sämtliche Werke in drei Bänden. Nach den Originaldrucken u. Handschriften.* Textredaktion u. Anmerkungen v. Sibylle VON STEINSDORFF. München 1970, Bd 2, 7–103.

HAUFF, Märchen II 1827 = Wilhelm HAUFF: *Märchen-Almanach auf das Jahr 1827 für Söhne und Töchter gebildeter Stände.* – Zitiert nach: *Wilhelm Hauff. Sämtliche Werke in drei Bänden. Nach den Originaldrucken u. Handschriften.* Textredaktion u. Anmerkungen v. Sibylle VON STEINSDORFF. München 1970, Bd 2, 104–189.

HAUFF, Märchen III 1828 = Wilhelm HAUFF: *Märchen-Almanach auf das Jahr 1828 für Söhne und Töchter gebildeter Stände.* – Zitiert nach: *Wilhelm Hauff. Sämtliche Werke in drei Bänden. Nach den*

Originaldrucken u. Handschriften. Textredaktion u. Anmerkungen v. Sibylle VON STEINSDORFF. München 1970, Bd 2, 190–328.

HAUFF, Mem. d. Sat. I 1826 = Wilhelm HAUFF: *Mitteilungen aus den Memoiren des Satan. Erster Teil.* – Zitiert nach: *Wilhelm Hauff. Sämtliche Werke in drei Bänden. Nach den Originaldrucken u. Handschriften.* Textredaktion u. Anmerkungen v. Sibylle VON STEINSDORFF. München 1970, Bd 1, 351–479.

HAUFF, Mem. d. Sat. II 1827 = Wilhelm HAUFF: *Mitteilungen aus den Memoiren des Satan. Zweiter Teil.* – Zitiert nach: *Wilhelm Hauff. Sämtliche Werke in drei Bänden. Nach den Originaldrucken u. Handschriften.* Textredaktion u. Anmerkungen v. Sibylle VON STEINSDORFF. München 1970, Bd 1, 480–604.

HAUPTMANN, Einhart ^{6}1915 + Bd. = Carl HAUPTMANN: *Einhart der Lächler. Roman in zwei Bänden.* Berlin ^{6}1915 (^{1}1907).

HAUPTMANN, Gold. Straß. 1918 = Carl HAUPTMANN: *Die goldenen Straßen.* Leipzig 1918.

HEBEL, Schatzkästl. 1811 = Johann Peter HEBEL: *Schatzkästlein des rheinischen Hausfreundes.* Tübingen 1811.

HEGEL, Enzykl. III ^{3}1830 = Georg Wilhelm Friedrich HEGEL: *Enzyklopädie der philosophischen Wissenschaften im Grundrisse. Dritter Teil: Die Philosophie des Geistes.* – Zitiert nach: *Georg Wilhelm Friedrich Hegel. Werke. Auf der Grundlage der Werke von 1832–1845 neu edierte Ausgabe.* Redaktion Eva MOLDENHAUER/Karl Markus MICHEL. Frankfurt a. M. 1979. Bd. 10, 7–395.

HEGEL, Glaub. u. Wiss. 1802 = Georg Wilhelm Friedrich HEGEL: *Glauben und Wissen oder die Reflexionsphilosophie der Subjektivität in der Vollständigkeit ihrer Formen als Kantische, Jacobische und Fichtesche Philosophie.* – Zitiert nach: *Georg Wilhelm Friedrich Hegel. Werke. Auf der Grundlage der Werke von 1832–1845 neu edierte Ausgabe.* Redaktion Eva MOLDENHAUER/Karl Markus MICHEL. Frankfurt a. M. 1979. Bd. 2, 287–433.

HEGEL, Phän. d. Geist. 1807 = Georg Wilhelm Friedrich HEGEL: *System der Wissenschaft. Erster Theil, die Phänomenologie des Geistes.* Bamberg/Würzburg 1807.

HEGEL, Solger 1828 = Georg Wilhelm Friedrich HEGEL: *Solgers nachgelassene Schriften und Briefwechsel.* – Zitiert nach: *Georg Wilhelm Friedrich Hegel. Werke. Auf der Grundlage der Werke von 1832–1845 neu edierte Ausgabe.* Redaktion Eva MOLDENHAUER/Karl Markus MICHEL. Frankfurt a. M. 1979. Bd. 11, 205–274.

HEGEL, Wiss. d. Log. II 1816 = Georg Wilhelm Friedrich HEGEL: *Wissenschaft der Logik. Zweiter Band. Die subjektive Logik oder Lehre vom Begriff.* Nürnberg 1816.

HEINE, Buch d. Lied. ^{2}1837 = Heinrich HEINE: *Buch der Lieder.* – Zitiert nach: *Heinrich Heine. Historisch-kritische Gesamtausgabe der Werke.* Hrsg. [...] v. Manfred WINDFUHR. Bd. 1.1: *Buch der Lieder.* Bearbeitet v. Pierre GRAPPIN. Redaktion: Christiane KOHLHAAS (französische Teile). Hamburg 1975.

HEINE, Geständn. 1854 = Heinrich HEINE: *Geständnisse.* – Zitiert nach: *Heinrich Heine. Historisch-kritische Gesamtausgabe der Werke.* Hrsg. [...] v. Manfred WINDFUHR. Bd. 15: *Geständnisse, Memoiren und Kleinere autobiographische Schriften.* Bearb. v. Gerd HEINEMANN. Hamburg 1982, 9–57.

HEINE, Nords. 1827 = Heinrich HEINE: *Die Nordsee. 1826. Dritte Abteilung.* In: *Reisebilder. Zweyter Theil.* – Zitiert nach: *Heinrich Heine. Historisch-kritische Gesamtausgabe der Werke.* Hrsg. v. Manfred WINDFUHR. Bd. 6: *Briefe aus Berlin / Über Polen / Reisebilder I/II (Prosa).* Bearb. v. Jost HERMAND. Redaktion: Erhard WEIDL (deutsche Teile), Christiane KOHLHAAS (französische Teile). Hamburg 1973, 139–167.

HEINE, Rabbi v. Bacherach 1840 = Heinrich HEINE: *Der Rabbi von Bacherach. Ein Fragment.* – Zitiert nach: *Heinrich Heine. Historisch-kritische Gesamtausgabe der Werke.* Hrsg. [...] v. Manfred WINDFUHR. Bd. 5: *Almansor / William Ratcliff / Der Rabbi von Bacherach / Aus den Memoiren des Herren von Schnabelewopski / Florentinische Nächte.* Bearb. v. Manfred WINDFUHR. Redaktion:

Sabine Bierwirth/Marianne Tilch (deutsche Teile), Sylviane Meillat (französische Teile). Hamburg 1994, 107–145.

Heine, Reisebilder IV 1831 = Heinrich Heine: *Reisebilder. Vierter Theil.* – Zitiert nach: *Heinrich Heine. Historisch-kritische Gesamtausgabe der Werke.* Hrsg. [...] v. Manfred Windfuhr. Bd. 7.1: *Reisebilder III/IV.* Bearb. v. Alfred Opitz. Redaktion: Volkmar Hansen, Marianne Tilch (deutsche Teile), Bernd Füllner (französische Teile). Hamburg 1986, 153–273.

Heine, Schnabelewopski 1834 = Heinrich Heine: *Aus den Memoiren des Herren von Schnabelewopski. Erstes Buch.* – Zitiert nach: *Heinrich Heine. Historisch-kritische Gesamtausgabe der Werke.* Hrsg. [...] v. Manfred Windfuhr. Bd. 5: *Almansor / William Ratcliff / Der Rabbi von Bacherach / Aus den Memoiren des Herren von Schnabelewopski / Florentinische Nächte.* Bearb. v. Manfred Windfuhr. Redaktion: Sabine Bierwirth/Marianne Tilch (deutsche Teile), Sylviane Meillat (französische Teile). Hamburg 1994, 147–195.

Heinse, Ardinghello 1787 = Johann Jakob Wilhelm Heinse: *Ardinghello und die glückseligen Inseln. Eine Italiänische Geschichte aus dem sechzehnten Jahrhundert.* Leipzig ^{5}1961.

Heinse, H. v. Hohenth. I 1795 = Johann Jakob Wilhelm Heinse: *Hildegard von Hohenthal. Erster Theil.* – Zitiert nach: *Wilhelm Heinse. Sämmtliche Werke.* Hrsg. v. Carl Schüddekopf. Bd. 5. Leipzig 1903.

Heinse, H. v. Hohenth. II 1796 = Johann Jakob Wilhelm Heinse: *Hildegard von Hohenthal. Zweiter Theil.* – Zitiert nach: *Wilhelm Heinse. Sämmtliche Werke.* Hrsg. v. Carl Schüddekopf. Bd. 5. Leipzig 1903.

Heinse, H. v. Hohenth. III 1796 = Johann Jakob Wilhelm Heinse: *Hildegard von Hohenthal. Dritter Theil.* – Zitiert nach: *Wilhelm Heinse. Sämmtliche Werke.* Hrsg. v. Carl Schüddekopf. Bd. 6. Leipzig 1903.

Heiseler, Begl. 1919 = Henry von Heiseler: *Der Begleiter. Erzählung.* – Zitiert nach: *Henry von Heiseler. Gesammelte Werke.* Hrsg. v. Bernt von Heiseler. Leipzig 1938 [1937], Bd. 1, 7–27.

Heiseler, Wâwa 1928 = Henry von Heiseler: *Wâwas Ende. Ein Dokument.* – Zitiert nach: *Henry von Heiseler. Gesammelte Werke.* Hrsg. v. Bernt von Heiseler. Leipzig 1938 [1937], Bd. 1, 31–65.

Herder, Gesch. d. Menschh. I 1784 = Johann Gottfried Herder: *Ideen zur Philosophie einer Geschichte der Menschheit. Erster Theil.* – Zitiert nach: *Herders Sämmtliche Werke.* Hrsg. v. Bernhard Suphan. Bd. 13, Berlin 1887, 1–201.

Herder, Gesch. d. Menschh. III 1787 = Johann Gottfried Herder: *Ideen zur Philosophie einer Geschichte der Menschheit. Dritter Theil.* – Zitiert nach: *Herders Sämmtliche Werke.* Hrsg. v. Bernhard Suphan. Bd. 14, Berlin 1909, 3–252.

Herder, Gott ^{2}1800 = Johann Gottfried Herder: *Gott. Einige Gespräche.* – Zitiert nach: *Herders Sämmtliche Werke.* Hrsg. v. Bernhard Suphan. Bd. 16. Berlin 1887, 401–580.

Herder, Philos. Gesch. Bild. 1774 = Johann Gottfried Herder: *Auch eine Philosophie der Geschichte zur Bildung der Menschheit. Beytrag zu vielen Beyträgen des Jahrhunderts.* – Zitiert nach: *Herders Sämmtliche Werke.* Hrsg. v. Bernhard Suphan. Bd. 5. Berlin 1891, 475–593.

Herder, Krit. Wäld. I 1769 = Johann Gottfried Herder: *Kritische Wälder. Oder Betrachtungen, die Wissenschaft und Kunst des Schönen betreffend, nach Maasgabe neuerer Schriften. Erstes Wäldchen. Herrn Leßings Laokoon gewidmet.* [Riga] 1769.

Herder, Urspr. d. Spr. 1772 = Johann Gottfried Herder: *Abhandlung über den Ursprung der Sprache, welche den von der Königl. Academie der Wissenschaften für das Jahr 1770 gesetzten Preis erhalten hat.* – Zitiert nach: *Herders sämmtliche Werke.* Hrsg. v. Bernhard Suphan. Bd. 5. Berlin 1891, 1–147.

Herloßsohn, Dam. Conv. Lex. + Bd. 1834–38 = *Damen Conversations Lexikon. Herausgegeben im Verein mit Gelehrten und Schriftstellerinnen von C. Herloßsohn.* Bd. 1–2 Leipzig 1834; Bd. 3–5 Adorf 1835; Bd. 6–7 Adorf 1836; Bd. 8–9 Adorf 1837; Bd. 10 Adorf 1838.

HERZL, Judenstaat 1896 = Theodor HERZL: *Der Judenstaat. Versuch einer modernen Lösung der Judenfrage*. Neudruck der Erstausgabe von 1896 mit einem Vorwort von Henryk M. BRODER und einem Essay von Nike WAGNER. Augsburg 1986, 41–126.

HESSE, Siddh. 1922 = Hermann HESSE: *Siddhartha. Eine indische Dichtung.* – Zitiert nach: Hermann Hesse. Sämtliche Werke. Hrsg. v. Volker MICHELS. Bd. 3. Frankfurt a. M. 2001, 369–472.

HEYKING, Briefe 1903 = Elisabeth VON HEYKING: *Briefe, die ihn nicht erreichten*. Berlin 1903.

HEYKING, Tag 1905 = Elisabeth VON HEYKING: *Der Tag Anderer*. Berlin 1905.

HEYKING, Tschun 1914 = Elisabeth VON HEYKING: *Tschun. Eine Geschichte aus dem Vorfrühling Chinas*. Berlin/Wien 1914.

HEYM, Dieb 1913 = Georg HEYM: *Der Dieb. Ein Novellenbuch*. Leipzig 1913. – Zitiert nach: *Georg Heym. Dichtungen und Schriften. Gesamtausgabe*. Hrsg. v. Karl Ludwig SCHNEIDER. Bd. 2. Hamburg/München 1962, 5–97.

HEYSE, Italien 1880 = Paul HEYSE: *Verse aus Italien*. – Zitiert nach: *Paul Heyse. Gesammelte Werke*. Stuttgart 1924. Reihe 1, Bd. 5, 344–398.

HEYSE, L'Arrab. 1855 = Paul HEYSE: *L'Arrabbiata*. – Zitiert nach: *Paul Heyse. Werke. Mit einem Essay von Theodor Fontane*. Hrsg. v. Bernhard u. Johanna KNICK/Hildegard KORTH. 2 Bde. Frankfurt a. M. 1980, 233–250.

HIPPEL, Querzg. I 1793 = Theodor Gottlieb von HIPPEL: *Kreuz- und Querzüge des Ritters A. bis Z*. Leipzig 1860. Bd. 1 [Erstdruck: Berlin 1793].

HIPPEL, Querzg. II 1794 = Theodor Gottlieb von HIPPEL: *Kreuz- und Querzüge des Ritters A. bis Z*. Leipzig 1860. Bd. 2 [Erstdruck: Berlin 1794].

HITLER, Zweit. Buch *?1928 = *Hitlers zweites Buch. Ein Dokument aus dem Jahr 1928*. Eingel. u. komm. v. Gerhard L. WEINBERG. Mit einem Geleitwort von Hans ROTHFELS. Stuttgart 1961. (Quellen und Darstellungen zur Zeitgeschichte 7.)

HOFFMANN, Berganza 1814 = Ernst Theodor Amadeus HOFFMANN: *Nachricht von den neuesten Schicksalen des Hundes Berganza*. In: Ernst Theodor Amadeus Hoffmann: *Fantasiestücke in Callots Manier. Blätter aus dem Tagebuche eines reisenden Enthusiasten. Mit einer Vorrede von Jean Paul*. – Zitiert nach: *E. T. A. Hoffmann: Poetische Werke in sechs Bänden*. Berlin 1963, Bd. 1, 147–225.

HOFFMANN, Brambilla 1820 = Ernst Theodor Amadeus HOFFMANN: *Prinzessin Brambilla. Ein Capriccio nach Jakob Callot*. – Zitiert nach: *E. T. A. Hoffmann. Poetische Werke in sechs Bänden*. Bd. 5. Berlin 1963, 601–752.

HOFFMANN, Doge u. Dogar. 1818 = Ernst Theodor Amadeus HOFFMANN: *Doge und Dogaresse*. In: HOFFMANN, Ernst Theodor Amadeus: *Die Serapionsbrüder. Zweiter Band*. – Zitiert nach: *E. T. A. Hoffmann: Poetische Werke in sechs Bänden*. Berlin 1963, Bd. 3, 445–502.

HOFFMANN, Elix. d. Teuf. I 1815 = Ernst Theodor Amadeus HOFFMANN: *Die Elixiere des Teufels. Nachgelassene Papiere des Bruders Medardus, eines Kapuziners. Herausgegeben von dem Verfasser der Fantasiestücke in Callots Manier*. – Zitiert nach: *E. T. A. Hoffmann. Poetische Werke in sechs Bänden*. Bd. 2. Berlin 1963, 7–189.

HOFFMANN, Elix. d. Teuf. II 1816 = Ernst Theodor Amadeus HOFFMANN: *Die Elixiere des Teufels. Nachgelassene Papiere des Bruders Medardus, eines Kapuziners. Herausgegeben von dem Verfasser der Fantasiestücke in Callots Manier*. – Zitiert nach: *E. T. A. Hoffmann. Poetische Werke in sechs Bänden*. Bd. 2. Berlin 1963, 193–366.

HOFFMANN, Irrungen 1820 = Ernst Theodor Amadeus HOFFMANN: *Die Irrungen. Fragment aus dem Leben eines Fantasten*. – Zitiert nach: *E. T. A. Hoffmann: Poetische Werke in sechs Bänden*. Berlin 1963, Bd. 6, 276–325.

HOFFMANN, Magn. 1815 = Ernst Theodor Amadeus HOFFMANN: *Der Magnetiseur. Eine Familienbegebenheit*. In: Ernst Theodor Amadeus HOFFMANN: *Fantasiestücke in Callots Manier. Blätter aus* dem Tagebuche eines reisenden Enthusiasten. Mit einer Vorrede von Jean Paul. – Zitiert nach: E. T. A. Hoffmann: Poetische Werke in sechs Bänden. Berlin 1963, Bd. 1, 229–277.

HOFFMANN, Meister Floh 1822 = Ernst Theodor Amadeus HOFFMANN: *Meister Floh. Ein Märchen in sieben Abenteuern zweier Freunde.* – Zitiert nach: *E. T. A. Hoffmann: Poetische Werke in sechs Bänden.* Berlin 1963, Bd. 6, 7–187.

HOFFMANN, Murr I 1820 = Ernst Theodor Amadeus HOFFMANN: *Lebensansichten des Katers Murr nebst fragmentarischer Biographie des Kapellmeisters Johannes Kreisler in zufälligen Makulaturblättern.* Bd. 1. – Zitiert nach: *E. T. A. Hoffmann: Poetische Werke in sechs Bänden.* Berlin 1963, Bd. 5, 135–366.

HOFFMANN, Räuber 1821 = Ernst Theodor Amadeus HOFFMANN: *Die Räuber. Abenteuer zweier Freunde auf einem Schlosse in Böhmen.* – Zitiert nach: *E. T. A. Hoffmann: Poetische Werke in sechs Bänden.* Berlin 1963, Bd. 6, 441–488.

HOFMANNSTHAL, Andr. ⌜*1907–27; 1932⌝ = Hugo VON HOFMANNSTHAL: *Andreas.* – Zitiert nach: *Hugo von Hofmannsthal. Sämtliche Werke. Kritische Ausgabe. Bd. 30: Andreas. Der Herzog von Reichstadt. Philipp II. und Don Juan D'Austria.* Aus dem Nachlass hrsg. v. Manfred PAPE. Frankfurt a. M. 1982, 5–218.

HOFMANNSTHAL, Brf. 1902 = Hugo VON HOFMANNSTHAL: *Ein Brief.* – Zitiert nach: *Hugo von Hofmannsthal. Sämtliche Werke. Kritische Ausgabe. Bd. 31: Erfundene Gespräche und Briefe.* Hrsg. v. Ellen RITTER. Frankfurt a. M. 1991, 45–55.

HOFMANNSTHAL, d'Annunzio 1893 = Hugo von HOFMANNSTHAL: *Gabriele d'Annunzio.* – Zitiert nach: *Hugo von Hofmannsthal. Gesammelte Werke in zehn Einzelbänden. Reden und Aufsätze I.* Hrsg. v. Bernd SCHOELLER in Beratung mit Rudolf HIRSCH. Frankfurt a. M. 1979, 174–184.

HOFMANNSTHAL, Dichter 1907 = Hugo VON HOFMANNSTHAL: *Der Dichter und diese Zeit. Ein Vortrag.* – Zitiert nach: *Hugo von Hofmannsthal. Gesammelte Werke in Einzelausgaben. Prosa II.* Hrsg. v. Herbert STEINER. Frankfurt a. M. 1951, 264–298.

HOFMANNSTHAL, Divan 1913 = Hugo von HOFMANNSTHAL: *Goethes „West-Östlicher Divan".* – Zitiert nach: *Hugo von Hofmannsthal. Gesammelte Werke in Einzelausgaben. Prosa III.* Hrsg. v. Herbert STEINER. Frankfurt a. M. 1952, 159–164.

HOFMANNSTHAL, Fr. o. Sch. 1919 = Hugo VON HOFMANNSTHAL: *Die Frau ohne Schatten. Eine Erzählung.* – Zitiert nach: *Hugo von Hofmannsthal. Sämtliche Werke. Kritische Ausgabe. Bd. 28: Erzählungen 1.* Hrsg. v. Ellen RITTER. Frankfurt a. M. 1975, 107–196.

HOFMANNSTHAL, Grillparzer 1922 = Hugo VON HOFMANNSTHAL: *Rede auf Grillparzer. Für die deutsche Grillparzer-Gedenkfeier zu Hannover, den 7. Mai 1922.* – Zitiert nach: *Hugo von Hofmannsthal. Gesammelte Werke in zehn Einzelbänden. Reden und Aufsätze II.* Hrsg. v. Bernd SCHOELLER in Beratung mit Rudolf HIRSCH. Frankfurt a. M. 1979, 87–101.

HOFMANNSTHAL, Ibsen 1893 = Hugo VON HOFMANNSTHAL: *Die Menschen in Ibsens Dramen. Eine kritische Studie.* – Zitiert nach: *Hugo von Hofmannsthal. Gesammelte Werke in zehn Einzelbänden. Reden und Aufsätze I.* Hrsg. v. Bernd SCHOELLER in Beratung mit Rudolf HIRSCH. Frankfurt a. M. 1979, 149–159.

HOFMANNSTHAL, Jean Paul 1913 = Hugo VON HOFMANNSTHAL: *Blick auf Jean Paul. 1763–1913.* – Zitiert nach: *Hugo von Hofmannsthal. Gesammelte Werke in Einzelausgaben. Prosa III.* Hrsg. v. Herbert STEINER. Frankfurt a. M. 1952, 153–158.

HOFMANNSTHAL, Lessing 1929 = Hugo VON HOFMANNSTHAL: *Gotthold Ephraim Lessing. Zum 23. Januar 1929.* – Zitiert nach: *Hugo von Hofmannsthal. Gesammelte Werke in zehn Einzelbänden. Reden und Aufsätze III.* Hrsg. v. Bernd SCHOELLER in Beratung mit Rudolf HIRSCH. Frankfurt a. M. 1979, 138–142.

HOFMANNSTHAL, Märchen 1895 = Hugo VON HOFMANNSTHAL: *Das Märchen der 672. Nacht.* – Zitiert nach: *Hugo von Hofmannsthal. Sämtliche Werke. Kritische Ausgabe. Bd. 28: Erzählungen 1.* Hrsg. v. Ellen RITTER. Frankfurt a. M. 1975, 14–30.

HOFMANNSTHAL, Neue dt. Beitr. 1922 = Hugo VON HOFMANNSTHAL: *"Neue deutsche Beiträge". Ankündigung.* – Zitiert nach: *Hugo von Hofmannsthal. Gesammelte Werke in zehn Einzelbänden. Reden und Aufsätze II.* Hrsg. v. Bernd SCHOELLER in Beratung mit Rudolf HIRSCH. Frankfurt a. M. 1979, 197–199.

HOFMANNSTHAL, Österr. Bibl. 1915 = Hugo VON HOFMANNSTHAL: *Österreichische Bibliothek. Eine Ankündigung.* – Zitiert nach: *Hugo von Hofmannsthal. Gesammelte Werke in zehn Einzelbänden. Reden und Aufsätze II.* Hrsg. v. Bernd SCHOELLER in Beratung mit Rudolf HIRSCH. Frankfurt a. M. 1979, 432–442.

HOFMANNSTHAL, Phys. Lieb. 1891 = Hugo VON HOFMANNSTHAL: *Zur Physiologie der modernen Liebe.* – Zitiert nach: *Hugo von Hofmannsthal. Gesammelte Werke in zehn Einzelbänden. Reden und Aufsätze I.* Hrsg. v. Bernd SCHOELLER in Beratung mit Rudolf HIRSCH. Frankfurt a. M. 1979, 93–98.

HOFMANNSTHAL, Reitergesch. 1899 = Hugo VON HOFMANNSTHAL: *Reitergeschichte.* – Zitiert nach: *Hugo von Hofmannsthal. Sämtliche Werke. Kritische Ausgabe. Bd. 28: Erzählungen 1.* Hrsg. v. Ellen RITTER. Frankfurt a. M. 1975, 37–48.

HOFMANNSTHAL, Rosenk. 1911 = Hugo VON HOFMANNSTHAL: *Der Rosenkavalier. Komödie für Musik.* – Zitiert nach: *Hugo von Hofmannsthal. Gesammelte Werke in zehn Einzelbänden.* Hrsg. v. Bernd SCHOELLER in Beratung mit Rudolf HIRSCH. Frankfurt a. M. 1979, Bd. 5, 9–104.

HOFMANNSTHAL, Schrifttum 1927 = Hugo VON HOFMANNSTHAL: *Das Schrifttum als geistiger Raum der Nation.* – Zitiert nach: *Hugo von Hofmannsthal. Gesammelte Werke in zehn Einzelbänden. Reden und Aufsätze III.* Hrsg. v. Bernd SCHOELLER in Beratung mit Rudolf HIRSCH. Frankfurt a. M. 1979, 24–41.

HOFMANNSTHAL, Schwier. 1920 = Hugo VON HOFMANNSTHAL: *Der Schwierige. Lustspiel in drei Akten.* – Zitiert nach: *Hugo von Hofmannsthal. Sämtliche Werke. Kritische Ausgabe. Bd. 12: Dramen 10.* Hrsg. v. Martin STERN in Zusammenarbeit mit Ingeborg HAASE/Roland HALTMEIER. Frankfurt a. M. 1993, 5–144.

HOFMANNSTHAL, Shakesp. 1905 = Hugo VON HOFMANNSTHAL: *Shakespeares Könige und große Herren. Ein Festvortrag.* – Zitiert nach: *Hugo von Hofmannsthal. Gesammelte Werke in Einzelausgaben. Prosa II.* Hrsg. v. Herbert STEINER. Frankfurt a. M. 1951, 147–174.

HOFMANNSTHAL, Tgb. Willenskr. 1891 = Hugo VON HOFMANNSTHAL: *Das Tagebuch eines Willenskranken.* – Zitiert nach: *Hugo von Hofmannsthal. Gesammelte Werke in zehn Einzelbänden. Reden und Aufsätze I.* Hrsg. v. Bernd SCHOELLER in Beratung mit Rudolf HIRSCH. Frankfurt a. M. 1979, 106–117.

HOFMANNSTHAL, Verm. Ant. 1926 = Hugo VON HOFMANNSTHAL: *Vermächtnis der Antike. Rede anlässlich eines Festes der Freunde des humanistischen Gymnasiums.* – Zitiert nach: *Hugo von Hofmannsthal. Gesammelte Werke in zehn Einzelbänden. Reden und Aufsätze III. Buch der Freunde. Aufzeichnungen.* Hrsg. v. Bernd SCHOELLER in Beratung mit Rudolf HIRSCH. Frankfurt a. M. 1980, 13–16.

HOFMANNSTHAL, Zürch. Red. 1920 = Hugo VON HOFMANNSTHAL: *[Zürcher Rede auf Beethoven].* – Zitiert nach: *Hugo von Hofmannsthal. Gesammelte Werke in zehn Einzelbänden. Reden und Aufsätze II.* Hrsg. v. Bernd SCHOELLER in Beratung mit Rudolf HIRSCH. Frankfurt a. M. 1979, 69–86.

HÖLDERLIN, Ged. + Einzeldatierung + SW + Bd. = Friedrich HÖLDERLIN: *Gedichte.* – Zitiert nach: *Hölderlin. Sämtliche Werke.* Stuttgarter Hölderlin-Ausgabe, im Auftrag des württembergischen Kultusministeriums hrsg. v. Friedrich BEISSNER. Bd. 1.1: *Gedichte bis 1800.* Hrsg. v. Friedrich BEISSNER. Stuttgart 1946. Bd. 2.1: *Gedichte nach 1800.* Hrsg. v. Friedrich BEISSNER. Stuttgart 1951.

HOLTEI, Kalkbr. 1828 = Karl von HOLTEI: *Der Kalkbrenner. Liederposse in einem Akt.* – Zitiert nach: *Karl von Holtei. Theater.* Ausgabe letzter Hand in sechs Bänden. Breslau 1867. Bd. 3, 133–166.

HOLZ, Kunst 1891 = Arno HOLZ: *Die Kunst. Ihr Wesen und ihre Gesetze.* Berlin 1891.

HOLZ, Kunst N. F. 1892 = Arno HOLZ: *Die Kunst. Ihr Wesen und ihre Gesetze. Neue Folge.* Berlin 1892.

HOLZ/SCHLAF, Papa Hamlet 1892 = Arno HOLZ/Johannes SCHLAF: *Papa Hamlet.* – Zitiert nach: *Arno Holz und Johannes Schlaf. Papa Hamlet.* Hrsg. u. mit einem Nachwort v. Theo MEYER. Frankfurt a. M. 1979. (Erste Fassung unter dem Pseudonym Bjarne P. Holmsen, Leipzig 1889.)

HOVEN, Lebenserinn. 1840 = HOVEN, Friedrich Wilhelm von: *Biographie des Doktor Friedrich Wilhelm von Hoven, Königl.-Bayerschen Obermedizinalrats, Mitglieds mehrerer gelehrten Gesellschaften und Ehrenbürgers von Nürnberg, von ihm selbst geschrieben und wenige Tage vor seinem Tode noch beendiget, herausgegeben von einem seiner Freunde und Verehrer.* – Zitiert nach: *Friedrich Wilhelm von Hoven. Lebenserinnerungen.* Hrsg. v. Hans-Günther THALHEIM. Berlin 1984.

HUBER, E. Percy 1822 + Bd. = Therese HUBER: *Ellen Percy oder Erziehung durch Schicksale.* 2 Bde. Leipzig 1822.

HUBER, Fam. Seldorf 1795–96 + Bd. = Therese HUBER: *Die Familie Seldorf. Eine Geschichte.* 2 Bde. Tübingen 1795 [Bd. 1]; 1796 [Bd. 2].

HUBER, Holland 1811 = Therese HUBER: *Bemerkungen über Holland aus dem Reisejournal einer deutschen Frau.* Leipzig 1811.

HUBER, Luise 1796 = Therese HUBER: *Luise. Ein Beitrag zur Geschichte der Konvenienz.* Leipzig 1796.

HUFELAND, Selbstbiogr. *bis 1831 = Christoph Wilhelm HUFELAND: *Selbstbiographie.* – Zitiert nach: *Hufeland. Leibarzt und Volkserzieher. Selbstbiographie von Christoph Willhelm Hufeland.* Neu hrsg. u. eingel. v. Walter VON BRUNN, Stuttgart 1937. (Lutz' Memoiren-Bibliothek, 7. Reihe, 7. Band.)

W. v. HUMBOLDT, Einl. Kawiwerk *1830–35 = Wilhelm von HUMBOLDT: *Ueber die Verschiedenheit des menschlichen Sprachbaues und ihren Einfluss auf die geistige Entwicklung des Menschengeschlechts.* – Zitiert nach *Wilhelm von Humboldts Gesammelte Schriften.* Hrsg. von der Königlich Preußischen Akademie der Wissenschaften. 1. Abt.: *Werke.* Bd. VII.1: *Einleitung zum Kawiwerk.* Hrsg. v. Albert LEITZMANN. Berlin 1907, 1–344.

W. v. HUMBOLDT, Herrm. u. Dor. 1799 = Wilhelm von HUMBOLDT: *Aesthetische Versuche. Erster Theil. Ueber Göthes Herrmann und Dorothea.* – Zitiert nach: *Wilhelm von Humboldts Gesammelte Schriften.* Hrsg. von der Königlich Preußischen Akademie der Wissenschaften. 1. Abt.: *Werke.* Bd. II: *1796–1799.* Hrsg. v. Albert LEITZMANN. Berlin 1904, 113–323.

W. v. HUMBOLDT, Stud. Alterth. *1793 = Wilhelm von HUMBOLDT: *Über das Studium des Alterthums, und des griechischen insbesondere.* – Zitiert nach: *Wilhelm von Humboldts Gesammelte Schriften.* Hrsg. von der Königlich Preußischen Akademie der Wissenschaften. 1. Abt.: *Werke.* Bd. I: *1785–1795.* Hrsg. v. Albert LEITZMANN. Berlin 1903, 255–281.

W. v. HUMBOLDT, Versch. Sprachb. *?1827–29 = Wilhelm von HUMBOLDT: *Ueber die Verschiedenheiten des menschlichen Sprachbaues.* – Zitiert nach: *Wilhelm von Humboldts Gesammelte Schriften.* Hrsg. von der Königlich Preußischen Akademie der Wissenschaften. 1. Abt.: *Werke.* Bd. VI: *1827–1836. 1. Hälfte.* Hrsg. v. Albert LEITZMANN. Berlin 1907, 111–303.

IFFLAND, Theatr. Laufb. 1798 = August Wilhelm IFFLAND: *Über meine theatralische Laufbahn.* – Zitiert nach: *Deutsche Literaturdenkmale des 18. und 19. Jahrhunderts.* Bd. 24. Heilbronn 1886 [Nachdruck: Nendeln/Liechtenstein 1968].

IMMERMANN, Düsseld. Anf. 1840 = Karl IMMERMANN: *Düsseldorfer Anfänge. Maskengespräche.* In: *Deutsche Pandora. Gedenkbuch zeitgenössischer Zustände und Schriftsteller.* Bd. 3. Stuttgart 1840, 3–88.

IMMERMANN, Epigon. 1836 = Karl IMMERMANN: *Die Epigonen. Familienmemoiren in neun Büchern. 1823–1835.* – Zitiert nach: *Karl Immermann. Werke.* Hrsg. v. Benno VON WIESE. Band 1–5. Frankfurt a. M./Wiesbaden 1971–1977. Bd. 2, 7–652.

IMMERMANN, Mem. 1840–43 = Karl IMMERMANN: *Memorabilien.* – Zitiert nach der Ausg. München 1966.

IMMERMANN, Münchh. 1838–39 = Karl IMMERMANN: *Münchhausen. Eine Geschichte in Arabesken.* – Zitiert nach: *Karl Immermann. Werke.* Hrsg. v. Benno VON WIESE. Band 1–5. Frankfurt am Main/Wiesbaden 1971–1977. Bd. 3, 7–812.
JACOBI, Woldemar 1779 = Friedrich Heinrich JACOBI: *Woldemar. Eine Seltenheit aus der Naturgeschichte.* Faksimiledruck nach der Ausgabe von 1779. Mit einem Nachwort v. Heinz NICOLAI. Stuttgart 1969.
O. JAHN, Mozart + Bd. 1856–59 = Otto JAHN: W. A. Mozart. Bd. 1–2 Leipzig 1856; Bd. 3 Leipzig 1858; Bd. 4 Leipzig 1859.
U. JAHN, Volksm. 1891 = Ulrich JAHN: *Volksmärchen aus Pommern und Rügen.* Norden/Leipzig 1891.
JANITSCHEK, Amaz. 1897 = Maria JANITSCHEK: *Die Amazonenschlacht.* Leipzig 1897.
JANITSCHEK, Eva 1902 = Maria JANITSCHEK: *Die neue Eva.* Leipzig 1902.
JANITSCHEK, Frauenkr. 1900 = Maria JANITSCHEK: *Frauenkraft. Novellen.* Berlin 1900.
JANITSCHEK, Kreuzf. 1897 = Maria JANITSCHEK: *Kreuzfahrer.* Leipzig 1897.
JANITSCHEK, Lilienz. 1895 = Maria JANITSCHEK: *Lilienzauber.* Leipzig 1895.
JANITSCHEK, Ninive 1896 = Maria JANITSCHEK: *Ninive. Roman.* Leipzig 1896.
JEAN PAUL, Flegeljahre II 1804 = JEAN PAUL (d. i. Johann Paul Friedrich RICHTER): *Flegeljahre. Eine Biographie. Zweites Bändgen.* Tübingen 1804.
JEAN PAUL, Vorsch. Ästh. 1804 = JEAN PAUL (d. i. Johann Paul Friedrich RICHTER): *Vorschule der Aesthetik, nebst einigen Vorlesungen in Leipzig über die Parteien der Zeit.* Hamburg 1804.
JEAN PAUL, Vorsch. Ästh. ²1813 = JEAN PAUL (d. i. Johann Paul Friedrich RICHTER): *Vorschule der Aesthetik, nebst einigen Vorlesungen in Leipzig über die Parteien der Zeit.* 2., verb. u. verm. Aufl. Stuttgart/Tübingen 1813.
JENSEN, Gradiva 1903 = Wilhelm JENSEN: *Gradiva. Ein pompejanisches Phantasiestück.* – Zitiert nach: *Sigmund Freud. Der Wahn der Träume in W. Jensens „Gradiva" mit dem Text der Erzählung von Wilhelm Jensen.* Hrsg. u. eingel. v. Bernd URBAN/Johannes CREMERIUS. Frankfurt a. M. 1973, 23–86.
KAFKA, Betracht. 1913 = Franz KAFKA: *Betrachtung.* – Zitiert nach: *Franz Kafka. Drucke zu Lebzeiten.* Hrsg. v. Wolf KITTLER/Hans-Gerd KOCH/Gerhard NEUMANN. Frankfurt a. M. 1994, 7–40. (Franz Kafka. Schriften Tagebücher Briefe. Kritische Ausgabe.)
KAFKA, Prozeß 1925 = Franz KAFKA: *Der Prozeß.* – Zitiert nach: *Franz Kafka. Der Prozeß.* Hrsg. v. Malcolm PASLEY. Frankfurt a. M. 1990. (Franz Kafka. Schriften Tagebücher Briefe. Kritische Ausgabe.)
KAFKA, Schloß 1926 = Franz KAFKA: *Das Schloß.* – Zitiert nach: *Franz Kafka. Das Schloß.* Hrsg. v. Malcolm PASLEY. Frankfurt a. M. 1982. (Franz Kafka. Schriften Tagebücher Briefe. Kritische Ausgabe.)
KANT: Anthr 1798 = Immanuel KANT: *Anthropologie in pragmatischer Hinsicht.* Königsberg 1798. – Zitiert nach: *Kant's gesammelte Schriften.* Hrsg. von der Königlich Preußischen Akademie der Wissenschaften. Abt. 1: *Werke.* Bd. 7: *Der Streit der Fakultäten. Anthropologie in pragmatischer Hinsicht.* Berlin 1907, 107–333.
KANT, Crit. rein. Vern. ²1787 = Immanuel KANT: *Critik der reinen Vernunft. Zweyte hin und wieder verbesserte Auflage.* Riga 1787.
KANT, Geisterseher 1766 = Immanuel KANT: *Träume eines Geistersehers, erläutert durch Träume der Metaphysik.* – Zitiert nach: *Kant's gesammelte Schriften.* Hrsg. von der Königlich Preußischen Akademie der Wissenschaften. Abt. 1: *Werke.* Bd. 2: *Vorkritische Schriften II. 1757–1777.* Berlin 1907, 315–373.
KANT, Metaph. d. Sitt. 1797 = Immanuel KANT: *Die Metaphysik der Sitten.* – Zitiert nach: *Immanuel Kant. Werke in zwölf Bänden.* Hrsg. v. Wilhelm WEISCHEDEL. Frankfurt a. M. 1977. Bd. 8, 307–632.

Keller, Gr. Heinr. 1853–55 = Gottfried Keller: *Der grüne Heinrich [Erste Fassung]*. – Zitiert nach: Gottfried Keller: Sämtliche Werke in acht Bänden, Berlin 1961. Bd. 3.

Keller, Hadloub 1876 = Gottfried Keller: *Hadloub*. – Zitiert nach: Gottfried Keller: Sämtliche Werke in acht Bänden, Berlin 1961. Bd. 7, 23–108.

Keller, Leg. 1871 = Gottfried Keller: *Sieben Legenden*. – Zitiert nach: Gottfried Keller: Sämtliche Werke in acht Bänden, Berlin 1961. Bd. 5, 331–416.

Keller, Landvogt 1877 = Gottfried Keller: *Der Landvogt von Greifensee*. – Zitiert nach: Gottfried Keller: Sämtliche Werke in acht Bänden, Berlin 1961. Bd. 7, 133–237.

Keller, Narr 1877 = Gottfried Keller: *Der Narr auf Manegg*. – Zitiert nach: Gottfried Keller: Sämtliche Werke in acht Bänden, Berlin 1961. Bd. 7, 109–132.

Keller, Salander 1886 = Gottfried Keller: *Martin Salander*. – Zitiert nach: Gottfried Keller: Sämtliche Werke in acht Bänden, Berlin 1961. Bd. 5, 5–328.

Keller, Seldw. II 1874 = Gottfried Keller: *Die Leute von Seldwyla. Zweiter Band*. – Zitiert nach: Gottfried Keller: Sämtliche Werke in acht Bänden, Berlin 1961. Bd. 6, 289–612.

Keller, Sinnged. 1882–84 = Gottfried Keller: *Das Sinngedicht*. – Zitiert nach: Gottfried Keller: Sämtliche Werke in acht Bänden, Berlin 1961. Bd. 7, 387–684.

Keller, Ursula 1878 = Gottfried Keller: *Ursula*. – Zitiert nach: Gottfried Keller: Sämtliche Werke in acht Bänden, Berlin 1961. Bd. 7, 312–383.

Keller, Zürch. Nov. I 1878 = Gottfried Keller: *Zürcher Novellen*. – Zitiert nach: Gottfried Keller: Sämtliche Werke in acht Bänden, Berlin 1961. Bd. 7, 7–237.

Kerner, Heimatlos. 1816 = Justinus Kerner: *Die Heimatlosen*. – Zitiert nach: *Justinus Kerner. Werke. 6 Teile in 2 Bänden*. Hrsg. v. Raimund Pissin. Berlin 1914 [Nachdruck: Hildesheim/New York 1974], Bd. 2, 9–35.

Kerner, Reiseschatt. 1811 = Justinus Kerner: *Reiseschatten von dem Schattenspieler Luchs*. – Zitiert nach: *Justinus Kerner. Werke. 6 Teile in 2 Bänden*. Hrsg. v. Raimund Pissin. Berlin 1914 [Nachdruck: Hildesheim/New York 1974], Bd. 1, 12–147.

Keyserling, Abendl. Häuser 1914 = Eduard von Keyserling: *Abendliche Häuser*. – Zitiert nach: *Eduard von Keyserling. Gesammelte Erzähnungen in vier Bänden*. Berlin 1922. Bd. 4, 3–178.

Keyserling, Beate 1903 = Eduard von Keyserling: *Beate und Mareile*. – Zitiert nach: *Eduard von Keyserling. Gesammelte Erzähnungen in vier Bänden*. Berlin 1922. Bd. 1, 35–166.

Keyserling, Dumala 1907 = Eduard von Keyserling: *Dumala*. – Zitiert nach: *Eduard von Keyserling. Gesammelte Erzähnungen in vier Bänden*. Berlin 1922. Bd. 2, 3–128.

Keyserling, Schwüle Tage 1904 = Eduard von Keyserling: *Schwüle Tage*. – Zitiert nach: *Eduard von Keyserling. Gesammelte Erzähnungen in vier Bänden*. Berlin 1922. Bd. 1, 235–298.

Keyserling, Wellen 1911 = Eduard von Keyserling: *Wellen*. – Zitiert nach: *Eduard von Keyserling. Gesammelte Erzähnungen in vier Bänden*. Berlin 1922. Bd. 2, 131–302.

Klabund, Borgia 1928 = Klabund (d. i. Alfred Henschke): *Borgia. Roman einer Familie*. Wien 1928. – Zitiert nach der Ausgabe Wien 1931.

Klabund, Bracke 1918 = Klabund (d. i. Alfred Henschke): *Bracke*. – Zitiert nach: *Klabund. Der himmliche Vagant. Eine Auswahl aus dem Werk*. Hrsg. u. mit einem Vorwort v. Marianne Kesting. Köln 1968, 25–145.

Klabund, Gottesläst. 1925 = Klabund (d. i. Alfred Henschke): *Gotteslächerung? Offener Brief an die Nationalsozialistische Freiheitspartei Deutschlands*. – Zitiert nach: *Klabund. Der himmliche Vagant. Eine Auswahl aus dem Werk*. Hrsg. u. m. e. Vorw. v. Marianne Kesting. Köln 1968, 601–603.

Klabund, Kreidekr. 1925 = Klabund (d. i. Alfred Henschke): *Der Kreidekreis. Spiel in fünf Akten nach dem Chinesischen*. – Zitiert nach: *Klabund. Der himmliche Vagant. Eine Auswahl aus dem Werk*. Hrsg. u. m. e. Vorw. v. Marianne Kesting. Köln 1968, 462–528.

KLABUND, Kunterb. 1922 = KLABUND (d. i. Alfred HENSCHKE): *Kunterbuntergang des Abendlandes. Grotesken*. München 1922.
KLABUND, Market. 1915 = KLABUND (d. i. Alfred HENSCHKE): *Der Marketenderwagen. Ein Kriegsbuch*. Berlin 1915.
KLEIST, Bettelw. v. Loc. 1810 = Heinrich von KLEIST: *Das Bettelweib von Locarno*. In: *Berliner Abendblätter. 10tes Blatt. Den 11. October 1810*, 39–42.
KLEIST, Kohlhaas ²1810 = Heinrich von KLEIST: *Michael Kohlhaas*. In: *Erzählungen. Von Heinrich von Kleist*. [Bd. 1.] Berlin 1810, 1–215.
KLEIST, Marquise ²1810 = Heinrich von KLEIST: *Die Marquise von O....* In: *Erzählungen. Von Heinrich von Kleist*. [Bd. 1.] Berlin 1810, 216–306.
KLEIST, Zweikampf 1811 = Heinrich von KLEIST: *Der Zweikampf*. – Zitiert nach: *Heinrich von Kleist: Werke und Briefe in vier Bänden*. Hrsg. v. Siegfried STRELLER in Zusammenarb. mit Peter GOLDAMMER/Wolfgang BARTHEL/Anita GOLZ/Rudolf LOCH. Berlin/Weimar 1978, Bd. 3, 252–288.
KLINGEMANN, Nachtw. Bonavent. 1805 = August KLINGEMANN: *Die Nachtwachen des Bonaventura*. – Zitiert nach: *August Klingemann. Nachtwachen von Bonaventura*. Hrsg. und mit einem Nachwort vers. v. Jost SCHILLEMEIT. Frankfurt a.M. 1974.
KLINGER, Betr. u. Ged. 1809 = Friedrich Maximilian KLINGER: *Betrachtungen und Gedanken über verschiedene Gegenstände der Welt und der Literatur*. Berlin 1958 [nach der Ausgabe letzter Hand, Königsberg 1809].
KLINGER, Faust ²1794 = Friedrich Maximilian KLINGER: *Fausts Leben, Taten und Höllenfahrt*. – Zitiert nach: *Friedrich Maximilian Klinger. Werke in zwei Bänden*. Ausgewählt u. eingel. v. Hans Jürgen GEERTS. Berlin 1970, Bd. 2, 11–212.
KLINGER, Gesch. Teutsch. 1798 = Friedrich Maximilian KLINGER: *Geschichte eines Teutschen der neusten Zeit*. – Zitiert nach: *Friedrich Maximilian Klinger. Werke in zwei Bänden*. Ausgew. u. eingel. v. Hans Jürgen GEERTS. Berlin 1970. Bd. 2, 215–454.
KNIGGE, Roman m. Leb. + Bd. 1781–83 = Adolph Freiherr von KNIGGE: *Der Roman meines Lebens, in Briefen herausgegeben*. 4 Teile. Riga 1781 (Teil 1); 1781 (Teil 2); 1782 (Teil 3); 1783 (Teil 4). – Zitiert nach: *Adolph Freiherr Knigge. Sämtliche Werke*. In Zusammenarb. m. Ernst-Otto FEHN/ Manfred GRÄTZ/Gisela VON HANSTEIN/Claus RITTERHOFF hrsg. v. Paul RAABE. Abt. 1, Bde. 1; 2: München 1992 [Photomechanischer Nachdruck der Erstausgabe].
KNIGGE, Noldmann 1791 = Adolph Freiherr von KNIGGE: *Benjamin Noldmanns Geschichte der Aufklärung in Abyssinien oder Nachricht von seinem und seines Herrn Vetters Aufenthalte an dem Hofe des großen Negus oder Priesters Johannes*. – Zitiert nach: *Adolph Freiherr von Knigge. Der Traum des Herrn Brick. Essays, Satiren, Utopien*. Hrsg. v. Hedwig VOEGT. Berlin 1979, 103–425.
KNIGGE, Reise n. Braunschw. 1792 = Adolph Freiherr von KNIGGE: *Die Reise nach Braunschweig. Ein comischer Roman*. Nach der Erstausgabe hrsg. v. Paul RAABE, Kassel 1972.
KNIGGE, Undank 1796 = Adolph Freiherr von KNIGGE: *Ueber Eigennutz und Undank. Ein Gegenstück zu dem Buche: Ueber den Umgang mit Menschen*. Leipzig 1796; Nachdruck in: *Adolph Freiherr Knigge. Sämtliche Werke*. Bd. 2, Abt. 2. Hrsg. v. Paul RAABE. Nendeln/Liechtenstein 1978.
KOTZEBUE, Merkw. Jahr 1801 = August von KOTZEBUE: *Das merkwürdigste Jahr meines Lebens*. – Zitiert nach: *August von Kotzebue. Das merkwürdigste Jahr meines Lebens*. Hrsg. v. Wolfgang PROMIES. München 1965.
KÜGELGEN, Jugenderinn. 1870 = Wilhelm VON KÜGELGEN: *Jugenderinnerungen eines alten Mannes*. Mit einer Einführung von Gerhard DESZYK und einem Nachwort von Walter BREDENDIEK. 6. Aufl. der Neuausg. Leipzig 1959.
KUHN, Märk. Sag. 1843 = Adalbert Kuhn: *Märkische Sagen und Märchen nebst einem Anhange von Gebräuchen und Aberglauben*. Berlin 1843.

KUHN, Sag. Westf. 1859 + Bd. = Adalbert KUHN: *Sagen, Gebräuche und Märchen aus Westfalen und einigen andern, besonders den angrenzenden Gegenden Norddeutschlands.* 2 Bde. Leipzig 1859.

KUHN/SCHWARTZ, Norddt. Sag. 1848 = Adalbert KUHN/Wilhelm SCHWARTZ: *Norddeutsche Sagen, Märchen und Gebräuche aus Meklenburg, Pommern, der Mark, Sachsen, Thüringen, Braunschweig, Hannover, Oldenburg und Westfalen. Aus dem Munde des Volkes gesammelt und herausgegeben.* Leipzig 1848.

KURZ, Sonnenw. 1855 = Hermann KURZ: *Der Sonnenwirt. Eine schwäbische Volksgeschichte.* – Zitiert nach der Ausgabe Kirchheim/Teck 1980.

KURZ, Tubus 1859 = Hermann KURZ: *Die beiden Tubus.* – Zitiert nach: *Hermann Kurz. Sämtliche Werke in zwölf Teilen.* Hrsg. v. Hermann FISCHER. Teil 9. Leipzig o. J.

LA MARA, Mus. Stud. IV 1880 = LA MARA (d. i. Marie LIPSIUS): *Musikalische Studienköpfe.* Bd. 4: *Classiker.* Leipzig 1880.

LANGE, Gesch. d. Mat. ²1875 = Friedrich Albert LANGE: *Geschichte des Materialismus und Kritik seiner Bedeutung in der Gegenwart.* (¹1866.) – Zitiert nach: *Friedrich Albert Lange. Geschichte des Materialismus und Kritik seiner Bedeutung in der Gegenwart.* Hrsg. u. eingel. v. Alfred Schmidt. 2 Bde. Frankfurt a. M. 1974. (stw. 70.)

LA ROCHE, Brf. Rosal. ²1797 + Bd. = Sophie von LA ROCHE: *Rosaliens Briefe an ihre Freundin Mariane von St**. Von der Verfasserin des Fräuleins von Sternheim.* Neue verbesserte Auflage. 3 Bde. Altenburg 1797.

LAUBE, Jg. Europ. I 1833 = Heinrich LAUBE: *Das junge Europa. Erste Abtheilung. Die Poeten.* – Zitiert nach: *Heinrich Laube. Gesammelte Werke in fünfzig Bänden.* Unter Mitw. v. Albert HÄNEL hrsg. v. Heinrich Hubert HOUBEN. Leipzig 1908, Bd. 1.

LAUBE, Jg. Europ. II 1837 = Heinrich LAUBE: *Das junge Europa. Zweite Abtheilung. Die Krieger.* – Zitiert nach: *Heinrich Laube. Gesammelte Werke in fünfzig Bänden.* Unter Mitw. v. Albert HÄNEL hrsg. v. Heinrich Hubert HOUBEN. Leipzig 1908, Bd. 2.

LAUBE, Europ. III 1837 = Heinrich LAUBE: *Das junge Europa. Dritte Abtheilung. Die Bürger.* – Zitiert nach: *Heinrich Laube. Gesammelte Werke in fünfzig Bänden.* Unter Mitw. v. Albert HÄNEL hrsg. v. Heinrich Hubert HOUBEN. Leipzig 1908, Bd. 3.

LAUBE, Struensee 1846 = Heinrich LAUBE: *Struensee. Tragödie in fünf Akten.* – Zitiert nach: *Heinrich Laube. Gesammelte Werke in fünfzig Bänden.* Unter Mitw. v. Albert HÄNEL hrsg. v. Heinrich Hubert HOUBEN. Leipzig 1908–09, Bd. 24, 123–226.

LESSING, Gesch. 1919 = Theodor LESSING: *Geschichte als Sinngebung des Sinnlosen.* München 1919.

LEWALD, Clem. 1843 = Fanny LEWALD: *Clementine.* – Zitiert nach: *Fanny Lewald. Gesammelte Werke. Neue revidierte Ausgabe.* Bd. 8. Berlin 1871–72.

LEWALD, Frauen 1870 = Fanny LEWALD: *Für und wider die Frauen. Vierzehn Briefe.* Berlin 1870.

LEWALD, Geschl. 1864 + Bd. = Fanny LEWALD: *Von Geschlecht zu Geschlecht.* – Zitiert nach: *Fanny Lewald. Gesammelte Werke. Neue revidierte Ausgabe.* Bd. 4–7. Berlin 1871–72.

LEWALD, Jenny 1843 = Fanny LEWALD: *Jenny.* – Zitiert nach: *Fanny Lewald. Gesammelte Werke. Neue revidierte Ausgabe.* Bd. 9. Berlin 1871–72.

LEWALD, Lebensfrg. 1845 = Fanny LEWALD: *Eine Lebensfrage.* – Zitiert nach: *Fanny Lewald. Gesammelte Werke. Neue revidierte Ausgabe.* Bd. 10. Berlin 1871–72.

LEWALD, Lebensgesch. I.1 1861 = Fanny LEWALD: *Meine Lebensgeschichte. Erste Abtheilung. Im Vaterhause. Erster Theil.* Berlin 1861.

LEWALD, Lebensgesch. I.2 1861 = Fanny LEWALD: *Meine Lebensgeschichte. Erste Abtheilung. Im Vaterhause. Zweiter Theil.* Berlin 1861.

LEWALD, Lebensgesch. II.1 1862 = Fanny LEWALD: *Meine Lebensgeschichte. Zweite Abtheilung. Leidensjahre. Erster Theil.* Berlin 1862.

LEWALD, Lebensgesch. II.2 1862 = Fanny LEWALD: *Meine Lebensgeschichte. Zweite Abtheilung. Leidensjahre. Zweiter Theil.* Berlin 1862.
LICHTENSTEIN, Café 1919 = Alfred LICHTENSTEIN: *Café Klößchen.* – Zitiert nach: *Alfred Lichtenstein. Gesammelte Prosa.* Kritisch hrsg. v. Klaus KANZOG. Zürich 1966, 49–62.
LICHTENSTEIN, Fam. 1913 = Alfred LICHTENSTEIN: *Die Familie.* – Zitiert nach: *Alfred Lichtenstein. Gesammelte Prosa.* Kritisch hrsg. v. Klaus KANZOG. Zürich 1966, 21.
LICHTENSTEIN, Jungfr. 1919 = Alfred LICHTENSTEIN: *Die Jungfrau.* – Zitiert nach: *Alfred Lichtenstein. Gesammelte Prosa.* Kritisch hrsg. v. Klaus KANZOG. Zürich 1966, 66–71.
LICHTENSTEIN, K. Kohn 1910 = Alfred LICHTENSTEIN: *Kuno Kohn.* – Zitiert nach: *Alfred Lichtenstein. Gesammelte Prosa.* Kritisch hrsg. v. Klaus KANZOG. Zürich 1966, 12–13.
LICHTENSTEIN, Mieze 1910 = Alfred LICHTENSTEIN: *Mieze Maier.* – Zitiert nach: *Alfred Lichtenstein. Gesammelte Prosa.* Kritisch hrsg. v. Klaus KANZOG. Zürich 1966, 9–11.
LICHTENSTEIN, Selbstmord 1913 = Alfred LICHTENSTEIN: *Der Selbstmord des Zöglings Müller.* – Zitiert nach: *Alfred Lichtenstein. Gesammelte Prosa.* Kritisch hrsg. v. Klaus KANZOG. Zürich 1966, 25–32.
LICHTENSTEIN, Sieger 1912 = Alfred LICHTENSTEIN: *Der Sieger.* – Zitiert nach: *Alfred Lichtenstein. Gesammelte Prosa.* Kritisch hrsg. v. Klaus KANZOG. Zürich 1966, 33–49.
A. v. LILIENCRON, Krg. u. Fried. 1912 = Adda von LILIENCRON: *Krieg und Frieden. Erinnerungen aus dem Leben einer Offiziersfrau.* Berlin 1912.
D. v. LILIENCRON, Adjut. 1883 = Detlev VON LILIENCRON: *Adjudantenritte und andere Gedichte.* Leipzig 1883.
D. v. LILIENCRON, Leben 1900 = Detlev VON LILIENCRON: *Leben und Lüge. Biographischer Roman.* In: *Detlev von Liliencron. Sämtliche Werke.* Bd. 15. Berlin/Leipzig o. J. [1900].
D. v. LILIENCRON, Sommerschl. 1887 = Detlev VON LILIENCRON: *Eine Sommerschlacht.* – Zitiert nach: *Detlev von Liliencron. Kriegsnovellen.* 15. Aufl. Berlin/Leipzig o. J., 33–64.
LÖHR, Buch d. Mährch. °1820 + Bd. = Johann Andreas Christian LÖHR: *Das Buch der Maehrchen für Kindheit und Jugend, nebst etzlichen Schnaken und Schnurren, anmuthig und lehrhaftig.* 2 Bde. Leipzig ca. 1819/20.
LUDWIG, Himm. u. Erd. 1856 = Otto LUDWIG: *Zwischen Himmel und Erde.* – Zitiert nach: *Otto Ludwig. Ausgewählte Werke in zwei Bänden.* Hrsg. v. Wilhelm GREINER. Mit einer Einl. v. Johannes WENZEL. Leipzig o. J. [1956]. Bd. 1, 387–629.
LUTHER, Hl. Schr. 1545 + Buch, Kap., Vers = Martin LUTHER: *Biblia. Das ist: Die gantze Heilige Schrifft: Deudsch. Auffs new zugericht.* Wittenberg 1545.
LYNCKER, Sag. u. Sitt. 1854 = Karl LYNCKER: *Deutsche Sagen und Sitten in hessischen Gauen.* Kassel 1854.
MACH, Erk. u. Irrt. ³1917 = Ernst MACH: *Erkenntnis und Irrtum. Skizzen zur Psychologie der Forschung.* 3., durchges. Aufl. Leipzig 1917. (¹1905.)
H. MANN, Henri Quatre II 1958 = Heinrich MANN: *Die Vollendung des Königs Henri Quatre. Roman.* – Zitiert nach der Ausgabe Reinbek bei Hamburg 1964, 20. Aufl. 2002.
TH. MANN, Betr. Unpol. 1918 = Thomas MANN: *Betrachtungen eines Unpolitischen.* – Zitiert nach: *Thomas Mann. Gesammelte Werke in dreizehn Bänden*, Bd. 12, Frankfurt a. M. 1974, 7–589.
TH. MANN, Buddenbr. 1901 = Thomas MANN: *Buddenbrooks. Verfall einer Familie.* – Zitiert nach: *Thomas Mann. Gesammelte Werke in dreizehn Bänden*, Bd. 1, Frankfurt a. M. 1974.
TH. MANN, Dt. Anspr. ¹1930 = Thomas MANN: *Deutsche Ansprache. Ein Appell an die Vernunft.* In: *Thomas Mann. Gesammelte Werke in dreizehn Bänden*, Bd. 11, Frankfurt a. M. 1974, 870–890.
TH. MANN, Joseph 1948 = Thomas MANN: *Joseph und seine Brüder.* Stockholm 1948 (zuvor in vier Bänden: *Die Geschichten Jaakobs*, Berlin 1933; *Der junge Joseph*, Berlin 1934; *Joseph in Ägypten*, Wien 1936; *Joseph, der Ernährer*, Stockholm 1943). – Zitiert nach: *Thomas Mann. Gesammelte Werke in 13 Bänden*, Bd. 4–5, Frankfurt a. M. 1974.

TH. Mann, T. Kröger 1903 = Thomas Mann: *Tonio Kröger*. – Zitiert nach: *Thomas Mann. Gesammelte Werke in 13 Bänden*, Bd. 8, Frankfurt a. M. 1974, 271–338.

TH. Mann, Tod in Ven. 1912 = Thomas Mann: *Der Tod in Venedig*. – Zitiert nach: *Thomas Mann. Gesammelte Werke in 13 Bänden*, Bd. 8, Frankfurt a. M. 1974, 444–525.

TH. Mann, Weg z. Friedh. 1900 = Thomas Mann: *Der Weg zum Friedhof*. – Zitiert nach: *Thomas Mann. Gesammelte Werke in 13 Bänden*, Bd. 8, Frankfurt a. M. 1974, 187–196.

TH. Mann, Zauberb. 1924 = Thomas Mann: *Der Zauberberg. Roman*. – Zitiert nach: *Thomas Mann. Gesammelte Werke in 13 Bänden*, Bd. 3, Frankfurt a. M. 1974.

Marcuse, Grundl. Arb. 1933 = Herbert Marcuse: *Über die philosophischen Grundlagen des wirtschaftswissenschaftlichen Arbeitsbegriffes*. – Zitiert nach: *Herbert Marcuse. Schriften*. Bd. 1: *Der deutsche Künstlerroman. Frühe Aufsätze*. Frankfurt a. M. ²1981, 556–594.

Marlitt, Apost. 1865 = E. Marlitt (= Eugenie John): *Die zwölf Apostel*. – Zitiert nach: *E. Marlitt. Gesammelte Romane und Novellen*. 2. Aufl. Leipzig 1900. Bd. 10, 200–262.

Marlitt, Geheimn. 1867 = E. Marlitt (= Eugenie John): *Das Geheimnis der alten Mamsell*. – Zitiert nach: *E. Marlitt. Gesammelte Romane und Novellen*. 2. Aufl. Leipzig 1900. Bd. 1.

Marlitt, Heidepr. 1871 = E. Marlitt (= Eugenie John): *Das Heideprinzeßchen*. – Zitiert nach: *E. Marlitt. Gesammelte Romane und Novellen*. 2. Aufl. Leipzig 1900. Bd. 2.

Marlitt, Karfunk. 1885 = E. Marlitt (= Eugenie John): *Die Frau mit den Karfunkelsteinen*. – Zitiert nach: *E. Marlitt. Gesammelte Romane und Novellen*. 2. Aufl. Leipzig 1900. Bd. 6.

Marlitt, Magd 1881 = E. Marlitt (= Eugenie John): *Amtmanns Magd*. – Zitiert nach: *E. Marlitt. Gesammelte Romane und Novellen*. 2. Aufl. Leipzig 1900. Bd. 10, 5–199.

Marx, Bürgerkr. Frankr. ³1891 = Karl Marx: *Der Bürgerkrieg in Frankreich*. – Zitiert nach: *Karl Marx. Friedrich Engels. Werke*. Hrsg. vom Institut für Marxismus-Leninismus beim ZK der SED. Berlin 1956 ff. Bd. 16, 1–365.

Marx, Kapital I ⁴1890 = Karl Marx: *Das Kapital. Kritik der politischen Ökonomie. Erster Band: Der Produktionsprozeß des Kapitals*. 1. Aufl. 1867. – Zitiert nach: *Karl Marx. Friedrich Engels. Werke*. Hrsg. vom Institut für Marxismus-Leninismus beim ZK der SED. Berlin 1956 ff. Bd. 23.

Marx [Engels], Kapital II ²1893 = Karl Marx: *Das Kapital. Kritik der politischen Ökonomie. Zweiter Band: Der Zirkulationsprozeß des Kapitals*. Aus dem Nachlass hrsg. v. Friedrich Engels. 1. Aufl. 1885. – Zitiert nach: *Karl Marx. Friedrich Engels. Werke*. Hrsg. vom Institut für Marxismus-Leninismus beim ZK der SED. Berlin 1956 ff. Bd. 24.

Marx [Engels], Kapital III 1894 = Karl Marx: *Das Kapital. Kritik der politischen Ökonomie. Dritter Band: Der Gesamtprozeß der kapitalistischen Produktion*. Aus dem Nachlass hrsg. v. Friedrich Engels. – Zitiert nach: *Karl Marx. Friedrich Engels. Werke*. Hrsg. vom Institut für Marxismus-Leninismus beim ZK der SED. Berlin 1956 ff. Bd. 25.

Marx, Goth. Progr. ⌜*1875; 1890–91⌝ = Karl Marx: *Kritik des Gothaer Programms*. – Zitiert nach: *Karl Marx. Friedrich Engels. Werke*. Hrsg. vom Institut für Marxismus-Leninismus beim ZK der SED. Berlin 1956 ff. Bd. 19, 12–32.

May, Aqua ben. 1878 = Karl May (unter Pseudonym Emma Pollmer): *Aqua benedetta. Ein geschichtliches Räthsel*. In: Frohe Stunden. Unterhaltungsblätter für Jedermann 2. (1878), Nr. 20, 319; Nr. 21, 333–335; Nr. 22, 349–351; Nr. 23, 365–367; Nr. 24, 381–383.

May, Ard. I 1909 = Karl May: *Ardistan und Dschinnistan I. Reiseerzählung*. – Zitiert nach: *Karl Mays Werke. Historisch-kritische Ausgabe für die Karl-May-Stiftung*. Abt. V, Bd. 5. Hrsg. v. Hermann Wiedenroth. Bargfeld 2002.

May, Ard. II 1909 = Karl May: *Ardistan und Dschinnistan II. Reiseerzählung*. 1.–10. Tsd. Freiburg i. Br. 1909.

May, Buch d. Lb. + Abt. 1876 = Karl May: *Das Buch der Liebe. Wissenschaftliche Darstellung der Liebe nach ihrem Wesen, ihrer Bestimmung, ihrer Geschichte und ihren geschlechtlichen Folgen, nebst eingehender Besprechung aller Geschlechts-, Frauen- und Kinderkrankheiten mit *besonderer Berücksichtigung des Wochenbettes nebst Anleitung zur Heilung sämmtlicher Krankheiten. Geschrieben und herausgegeben nur für erwachsene und wissenschaftlich gebildete Leute.* Dresden o. J. [1876], 1. Abt.; 3. Abt.

MAY, Cord. 1911 = Karl MAY: *In den Cordilleren. Illustrierte Reiseerzählungen.* – Zitiert nach: *Karl Mays Werke. Historisch-kritische Ausgabe für die Karl-May-Stiftung.* Abt. IV, Bd. 8. Hrsg. von Hermann WIEDENROTH/Hans Wollschläger. Nördlingen 1988.

MAY, Dt. Herzen 1885–87 = Karl MAY: *Deutsche Herzen, deutsche Helden.* – Zitiert nach: *Karl Mays Werke. Historisch-kritische Ausgabe für die Karl-May-Stiftung.* Abteilung II, Bd. 20–25. Hrsg. von Hermann WIEDENROTH/Hans WOLLSCHLÄGER. Bargfeld 1996–1997.

MAY, Friede 1907 = Karl MAY: *Und Friede auf Erden! Reiseerzählung.* 16.–20. Tsd. Freiburg i. Br.: 1907 (Karl May's gesammelte Reiseerzählungen XXX.)

MAY, Frd. Pfad. 1910 = Karl MAY: *Auf fremden Pfaden. Illustrierte Reiseerzählungen.* 1.–5. Tsd. Freiburg i. Br. 1910 (Karl Mays Illustrierte Reiseerzählungen XVIII).

MAY, Fürst u. Leierm. 1881 = Karl MAY: *Fürst und Leiermann. Eine Episode aus dem Leben des „alten Dessauer".* In: *Großer Volks-Kalender des Lahrer Hinkenden Boten für das Jahr 1882.* 1. Jg. (1881), 79–89.

MAY, Husarenstr. 1878 = Karl MAY: *Husarenstreiche. Ein Schwank aus dem Jugendleben des alten „Feldmarschall Vorwärts".* In: *Frohe Stunden. Unterhaltungsblätter für Jedermann. Sammlung der neuesten und besten Romane und Novellen unserer beliebtesten Schriftsteller der Gegenwart.* 2. Jg. (1878), Nr. 32–39 (S. 503–504, 517–519, 533–536, 549–552, 565–568, 581–584, 597–600 u. 613–616).

MAY, Jenseits 1912 = Karl MAY: *Am Jenseits. Illustrierte Reiseerzählungen.* 1.–4. Tsd. Freiburg i. Br. 1912. (Karl Mays Illustrierte Reiseerzählungen XXV.)

MAY, Juweleninsel 1880–82 = Karl MAY: *Die Juweleninsel.* – Zitiert nach: *Karl Mays Werke. Historisch-kritische Ausgabe für die Karl-May-Stiftung.* Abt. II, Bd. 2. 2., verb. Aufl., hrsg. von Hermann WIEDENROTH. Bargfeld 1999.

MAY, Kindes Ruf 1879 = Karl MAY: *Des Kindes Ruf. Eine Geschichte aus dem Erzgebirge.* In: *Weltspiegel. Illustrirte Zeitschrift zur Unterhaltung und Belehrung für Jedermann.* 3. Jg. 1879. Heft 11–12. Nr. 21–23, 328–331, 345–348 u. 360–363.

MAY, Kong-Kh. 1888–89 = Karl MAY: *Kong-Kheou, das Ehrenwort.* – Zitiert nach: *Karl Mays Werke. Historisch-kritische Ausgabe für die Karl-May-Stiftung.* Abt. III, Bd. 2. Hrsg. von Hermann WIEDENROTH/Hans WOLLSCHLÄGER. Nördlingen 1988.

MAY, Kurd. 1909 = Karl MAY: *Durchs wilde Kurdistan.* – Zitiert nach: *Karl Mays Werke. Historisch-kritische Ausgabe für die Karl-May-Stiftung.* Abt. IV,. Bd. 2. Hrsg. v. Hermann WIEDENROTH und Hans WOLLSCHLÄGER. Nördlingen 1988.

MAY, Lb. Ulan. 1883–85 = Karl MAY: *Die Liebe des Ulanen. Original-Roman aus der Zeit des deutsch-französischen Krieges.* – Zitiert nach: *Karl Mays Werke. Historisch-kritische Ausgabe für die Karl-May-Stiftung.* Abt. II, Bd. 9–13. Hrsg. v. Hermann WIEDENROTH/Hans WOLLSCHLÄGER. Bargfeld 1994.

MAY, Mahdi I 1910 = Karl MAY: *Im Lande des Mahdi I. Illustrierte Reiseerzählungen.* 1.–7. Tsd. Freiburg i. Br. 1910. (Karl Mays Illustrierte Reiseerzählungen XIV.)

MAY, Mein Leben 1910 = Karl MAY: *Mein Leben und Streben. Selbstbiographie.* Freiburg i. Br. Reprint (Vorw., Anm., Nachw., Sach-, Personen- und geogr. Register v. Hainer PLAUL) Hildesheim/New York 1997.

MAY, Nußb. 1876 = Karl MAY: *Auf den Nußbäumen. Humoreske.* In: *Deutsches Familienblatt. Wochenschrift für Geist und Gemüth zur Unterhaltung für Jedermann* 1 (1876), Nr. 51, 815–816; Nr. 52, 821–829.

MAY, Ocean 1911 = Karl MAY: *Am Stillen Ocean. Reiseerzählungen.* 41.–42. Tsd. Freiburg i. Br. o. J. (1911). (Karl May's gesammelte Reiseerzählungen XI.)

MAY, Old Surehand I 1909 = Karl MAY: *Old Surehand. 1. Band. Illustrierte Reiseerzählungen.* 1.–7. Tsd. Freiburg i. Br. 1909. (Karl Mays Illustrierte Reiseerzählungen XI.)

MAY, Old Surehand III 1909 = Karl MAY: *Old Surehand. 3. Band. Illustrierte Reiseerzählungen.* 1.–7. Tsd. Freiburg i. Br. 1909 (Karl Mays Illustrierte Reiseerzählungen XIII.)

MAY, Ölprinz 1893–94 = Karl MAY: *Der Ölprinz.* In: *Der Gute Kamerad. Illustrierte Knaben- Zeitung.* 8. Jg. Nr. 1–52. (1893–94). Reprint mit einer Einführung von Christoph F. LORENZ. Hamburg 1990.

MAY, Or. u. Datt. 1910 = Karl MAY: *Orangen und Datteln. Reisefrüchte aus dem Oriente.* 41.–45. Tsd. Freiburg i. Br. 1910. (Karl May's gesammelte Reiseerzählungen X.)

MAY, Rio 1911 = *Am Rio de la Plata. Reiseerzählungen.* – Zitiert nach: *Karl Mays Werke. Historisch-kritische Ausgabe für die Karl-May-Stiftung.* Abt. IV, Bd. 7. Hrsg. von Hermann WIEDENROTH/Hans WOLLSCHLÄGER. Nördlingen 1988.

MAY, Satan I 1911 = Karl MAY: *Satan und Ischariot I. Illustrierte Reiseerzählungen.* 1.–5. Tsd. Freiburg i. Br. 1911. (Karl Mays Illustrierte Reiseerzählungen XXI.)

MAY, Satan III 1911 = Karl MAY: *Satan und Ischariot III. Illustrierte Reiseerzählungen.* 1.–5. Tsd. Freiburg i. Br. 1911. (Karl Mays Illustrierte Reiseerzählungen XXIII.)

MAY, Sc. u. Hamm. 1879–80 = Karl MAY: *Scepter und Hammer.* – Zitiert nach: *Karl Mays Werke. Historisch-kritische Ausgabe für die Karl-May-Stiftung.* Abt. II, Bd. 1. 2., verb. Aufl., hrsg. von Hermann WIEDENROTH. Bargfeld 1998.

MAY, Schatz 1890–91 = Karl MAY: *Der Schatz im Silbersee.* – Zitiert nach: *Karl Mays Werke. Historisch-kritische Ausgabe für die Karl-May-Stiftung.* Abt. III, Bd. 4. Hrsg. von Hermann WIEDENROTH/Hans WOLLSCHLÄGER. Nördlingen 1987.

MAY, Schut 1909 = Karl MAY: *Der Schut. Illustrierte Reiseerzählung.* 6.–7. Tsd. – Freiburg i. Br.: 1909. (Karl Mays Illustrierte Reiseerzählungen VI.)

MAY, Silb. Löw. I 1912 [1911] = Karl MAY: *Im Reiche des silbernen Löwen I. Illustrierte Reiseerzählungen von Karl May.* 1.–4. Tsd. Freiburg i. Br. 1912 [1911]. (Karl May's gesammelte Reiseerzählungen XXVI.)

MAY, Silb. Löw. II 1908 = Karl MAY: *Im Reiche des silbernen Löwen II. Reiseerlebnisse.* 31.–35. Tsd. Freiburg i. Br. o. J. [1908]. (Karl May's gesammelte Reiseerzählungen XXVII.)

MAY, Silb. Löw. III 1908 = Karl MAY: *Im Reiche des silbernen Löwen III. Reiseerlebnisse.* 21.–25. Tsd. Freiburg i. Br. o. J. [1908]. (Karl May's gesammelte Reiseerzählungen XXVIII.)

MAY, Silb. Löw. IV 1909 = Karl MAY: *Im Reiche des silbernen Löwen IV. Reiseerlebnisse.* 21.–25. Tsd. Freiburg i. Br. o. J. [1909]. (Karl May's gesammelte Reiseerzählungen XXIX.)

MAY, Skipet. 1908 = Karl MAY: *Durch das Land der Skipetaren. Illustrierte Reiseerzählung.* 6.–7. Tsd. Freiburg i. Br. 1908. – Zitiert nach: *Karl Mays Werke. Historisch-kritische Ausgabe für die Karl-May-Stiftung.* Abt. IV, Bd. 5. Hrsg. von Hermann WIEDENROTH/Hans WOLLSCHLÄGER. Nördlingen 1988.

MAY, Sklavenkaraw. 1889–90 = Karl MAY: *Die Sklavenkarawane.* – Zitiert nach: *Karl Mays Werke. Historisch-kritische Ausgabe für die Karl-May-Stiftung.* Abt. III, Bd. 3. Hrsg. von Hermann WIEDENROTH/Hans WOLLSCHLÄGER. Nördlingen 1987.

MAY, Verl. Sohn 1884–86 = Karl MAY: *Der verlorne Sohn oder Der Fürst des Elends.* – Zitiert nach: Karl Mays Werke. Historisch-kritische Ausgabe für die Karl-May-Stiftung. Abt. II, Bd. 14–19. Hrsg. v. Hermann WIEDENROTH/Hans WOLLSCHLÄGER. Bargfeld 1995–96.

MAY, Verm. Inka 1891–92 = Karl MAY: *Das Vermächtnis des Inka.* – Zitiert nach: *Karl Mays Werke. Historisch-kritische Ausgabe für die Karl-May-Stiftung.* Abt. III, Bd. 5. Hrsg. v. Hermann WIEDENROTH/Hans WOLLSCHLÄGER. Zürich 1990.

MAY, Wald u. Feld 1876 = Karl MAY: *Wald und Feld.* In: *Schacht und Hütte. Blätter zur Unterhaltung und Belehrung für Berg- Hütten- und Maschinenarbeiter.* 1. Jg. (1876), Nr. 22–24 (S. 173–174; 181–182; 189–190).

May, Waldröschen 1882–84 = Karl May: *Waldröschen oder Die Rächerjagd rund um die Erde. Großer Enthüllungsroman über die Geheimnisse der menschlichen Gesellschaft.* – Zitiert nach: *Karl Mays Werke. Historisch-kritische Ausgabe für die Karl-May-Stiftung.* Abt. II, Bd. 3–8 Hrsg. v. Hermann Wiedenroth/Hans Wollschläger (Bd. 3–6) bzw. Hermann Wiedenroth (Bd. 7–8). Bargfeld 1997–1999.

May, Weg z. Glück 1886–88 = Karl May: *Der Weg zum Glück. Roman aus dem Leben Ludwig des Zweiten.* – Zitiert nach: *Karl Mays Werke. Historisch-kritische Ausgabe für die Karl-May-Stiftung.* Abt. II, Bd. 26–31. Hrsg. v. Hermann Wiedenroth. Bargfeld 1999–2000.

May, Weihnacht 1911 = Karl May: *Weihnacht! Illustrierte Reiseerzählung.* 1.–4. Tsd. Freiburg i. Br. 1911. – Zitiert nach: *Karl Mays Werke. Historisch-kritische Ausgabe für die Karl-May-Stiftung.* Abt. IV, Bd. 21. Hrsg. von Hermann Wiedenroth/Hans Wollschläger. Nördlingen 1987.

May, Winnetou II 1909 = Karl May: *Winnetou III.* – Zitiert nach: *Karl Mays Werke. Historisch-kritische Ausgabe für die Karl-May-Stiftung.* Abt. IV, Bd. 13. Hrsg. v. Hermann Wiedenroth/Hans Wollschläger. Zürich 1991.

May, Winnetou III 1909 = Karl May: *Winnetou III.* – Zitiert nach: *Karl Mays Werke. Historisch-kritische Ausgabe für die Karl-May-Stiftung.* Abt. IV, Bd. 14. Hrsg. v. Hermann Wiedenroth. Bargfeld (erscheint).

May, Wüste 1908 = Karl May: *Durch die Wüste.* – Zitiert nach: *Karl Mays Werke. Historisch-kritische Ausgabe für die Karl-May-Stiftung.* Abt. IV,. Bd. 1. Hrsg. v. Hermann Wiedenroth und Hans Wollschläger. Nördlingen 1988.

Meier, Dt. Volksmärch. 1852 = Ernst Meier: *Deutsche Volksmärchen aus Schwaben. Aus dem Munde des Volks gesammelt und herausgegeben.* Stuttgart 1852.

Meisel-Hess, Intellekt. 1911 = Grete Meisel-Hess: *Die Intellektuellen. Roman.* Berlin 1911.

Meisel-Hess, Sex. Krise 1909 = Grete Meisel-Hess: *Die sexuelle Krise. Eine sozialpsychologische Untersuchung.* Jena 1909.

Mendelssohn, Morgenst. 1785 = Moses Mendelssohn: *Morgenstunden oder Vorlesungen über das Daseyn Gottes. Erster Theil.* – Zitiert nach: *Moses Mendelssohn. Gesammelte Schriften. Jubiläumsausgabe.* Hrsg. v. Ismar Elbogen/Julius Guttmann/Eugen Mittwoch, fortges. v. Alexander Altmann. Bd. 3,2: *Schriften zur Philosophie und Ästhetik.* Bearb. v. Leo Strauss. Stuttgart-Bad Cannstatt 1974, 1–66.

Mereau, Amd. u. Ed. 1803 + Bd. = Sophie Mereau: *Amanda und Eduard. Ein Roman in Briefen.* Bd. 1; 2. Frankfurt a. M. 1803.

Mereau, Blüth. d. Empf. 1794 = Sophie Mereau: *Das Blüthenalter der Empfindung.* Gotha 1794.

Mereau, Kl. Gemälde 1801 = Sophie Mereau: *Einige kleine Gemälde.* In: *Kalathiskos von Sophie Mereau. Erstes Bändchen.* Berlin 1801, 5–31. Faksimiledruck mit einem Nachwort von Peter Schmidt. Heidelberg 1968. (Deutsche Neudrucke, Reihe Goethezeit.)

Messer, Psych. 1920 = August Messer: *Psychologie.* 2., verb. Aufl. Stuttgart/Berling 1920.

C. F. Meyer, Amulett 1873 = Conrad Ferdinand Meyer: *Das Amulett.* – Zitiert nach: *Conrad Ferdinand Meyer. Sämtliche Werke in zwei Bänden. Vollständiger Text nach den Ausgaben letzter Hand.* Mit einem Nachwort von Erwin Laaths. München 1968. Bd. 1, 7–61.

C. F. Meyer, Borgia 1891 = Conrad Ferdinand Meyer: *Angela Borgia.* – Zitiert nach: *Conrad Ferdinand Meyer. Sämtliche Werke in zwei Bänden. Vollständiger Text nach den Ausgaben letzter Hand.* Mit einem Nachwort von Erwin Laaths. München 1968. Bd. 1, 798–907.

C. F. Meyer, Heil. 1879 = Conrad Ferdinand Meyer: *Der Heilige.* – Zitiert nach: *Conrad Ferdinand Meyer. Sämtliche Werke in zwei Bänden. Vollständiger Text nach den Ausgaben letzter Hand.* Mit einem Nachwort von Erwin Laaths. München 1968. Bd. 1, 574–691.

C. F. Meyer, Hochz. 1883–84 = Conrad Ferdinand Meyer: *Die Hochzeit des Mönchs.* – Zitiert nach: *Conrad Ferdinand Meyer. Sämtliche Werke in zwei Bänden. Vollständiger Text nach den Ausgaben letzter Hand.* Mit einem Nachwort von Erwin Laaths. München 1968. Bd. 1, 173–251.

C. F. Meyer, Jenatsch ²1882 = Conrad Ferdinand Meyer: *Jürg Jenatsch. Eine Bündnergeschichte* (1874; ²1882). – Zitiert nach: *Conrad Ferdinand Meyer. Sämtliche Werke in zwei Bänden. Vollständiger Text nach den Ausgaben letzter Hand*. Mit einem Nachwort von Erwin Laaths. München 1968. Bd. 1, 363–573.

C. F. Meyer, Knabe 1883 = Conrad Ferdinand Meyer: *Das Leiden eines Knaben*. – Zitiert nach: *Conrad Ferdinand Meyer. Sämtliche Werke in zwei Bänden. Vollständiger Text nach den Ausgaben letzter Hand*. Mit einem Nachwort von Erwin Laaths. München 1968. Bd. 1, 252–299.

C. F. Meyer, Page 1882 = Conrad Ferdinand Meyer: *Gustav Adolfs Page*. – Zitiert nach: *Conrad Ferdinand Meyer. Sämtliche Werke in zwei Bänden. Vollständiger Text nach den Ausgaben letzter Hand*. Mit einem Nachwort von Erwin Laaths. München 1968. Bd. 1, 132–172.

C. F. Meyer, Pescara 1887 = Conrad Ferdinand Meyer: *Die Versuchung des Pescara*. – Zitiert nach: *Conrad Ferdinand Meyer. Sämtliche Werke in zwei Bänden. Vollständiger Text nach den Ausgaben letzter Hand*. Mit einem Nachwort von Erwin Laaths. München 1968. Bd. 1, 300–362.

C. F. Meyer, Richt. 1885 = Conrad Ferdinand Meyer: *Die Richterin*. – Zitiert nach: *Conrad Ferdinand Meyer. Sämtliche Werke in zwei Bänden. Vollständiger Text nach den Ausgaben letzter Hand*. Mit einem Nachwort von Erwin Laaths. München 1968. Bd. 1, 692–797.

C. F. Meyer, Schuß 1877 = Conrad Ferdinand Meyer: *Der Schuß von der Kanzel*. – Zitiert nach: *Conrad Ferdinand Meyer. Sämtliche Werke in zwei Bänden. Vollständiger Text nach den Ausgaben letzter Hand*. Mit einem Nachwort von Erwin Laaths. München 1968. Bd. 1, 62–105.

E. Meyer, Gesch. d. Alterth. I 1884 = Eduard Meyer: *Geschichte des Alterthums*. Bd. 1: *Geschichte des Orients bis zur Begründung des Perserreichs*. Stuttgart 1884.

E. Meyer, Gesch. d. Alterth. IV 1901 = Eduard Meyer: *Geschichte des Alterthums*. Bd. 3: *Das Perserreich und die Griechen. Drittes Buch. Athen (vom Frieden von 446 bis zur Capitulation Athens im Jahre 404 v. Chr.* Stuttgart/Berlin 1901.

Meyrink, Golem 1915 = Gustav Meyrink: *Der Golem. Ein Roman*. – Zitiert nach: *Gustav Meyrink. Gesammelte Werke*. Bd. 1. Leipzig 1917.

Meyrink, Wunderh. 1913 + Bd. = Gustav Meyrink: *Des Deutschen Spiessers Wunderhorn*. – Zitiert nach: *Gustav Meyrink. Gesammelte Werke*. Bd. 4/1; 4/2; 4/3. Leipzig 1913.

Meysenbug, Äbtissin 1907 = Malwida von Meysenbug: *Der Pfad der Äbtissin*. – Zitiert nach: *Malwida von Meysenbug. Gesammelte Werke*. Hrsg. v. Berta Schleicher. Stuttgart/Berlin/Leipzig 1922. Bd. 5, 146–193.

Meysenbug, Lebensabend 1898 = Malwida von Meysenbug: *Der Lebensabend einer Idealistin. Nachtrag zu den Memoiren einer Idealistin*. – Zitiert nach: *Malwida von Meysenbug. Gesammelte Werke*. Hrsg. v. Berta Schleicher. Stuttgart/Berlin/Leipzig 1922. Bd. 2, 205–537.

Meysenbug, Liebe 1905 = Malwida von Meysenbug: *Himmlische und irdische Liebe*. – Zitiert nach: *Malwida von Meysenbug. Gesammelte Werke*. Hrsg. v. Berta Schleicher. Stuttgart/Berlin/Leipzig 1922. Bd. 5, 265–387.

Meysenbug, Hl. Michael 1907 = Malwida von Meysenbug: *Der heilige Michael*. – Zitiert nach: *Malwida von Meysenbug. Gesammelte Werke*. Hrsg. v. Berta Schleicher. Stuttgart/Berlin/Leipzig 1922. Bd. 5, 13–38.

Meysenbug, Mem. I 1876 = Malwida von Meysenbug: *Memoiren einer Idealistin. Erster Teil*. – Zitiert nach: *Malwida von Meysenbug. Gesammelte Werke*. Hrsg. v. Berta Schleicher. Stuttgart/Berlin/Leipzig 1922. Bd. 1, 1–258.

Meysenbug, Mem. II 1876 = Malwida von Meysenbug: *Memoiren einer Idealistin. Zweiter Teil*. – Zitiert nach: *Malwida von Meysenbug. Gesammelte Werke*. Hrsg. v. Berta Schleicher. Stuttgart/Berlin/Leipzig 1922. Bd. 1, 259–475.

Meysenbug, Mem. III 1876 = Malwida von Meysenbug: *Memoiren einer Idealistin. Dritter Teil*. – Zitiert nach: *Malwida von Meysenbug. Gesammelte Werke*. Hrsg. v. Berta Schleicher. Stuttgart/Berlin/Leipzig 1922. Bd. 2, 5–202.

MEYSENBUG, Unerfüllt 1907 = Malwida VON MEYSENBUG: *Unerfüllt.* – Zitiert nach: *Malwida von Meysenbug. Gesammelte Werke.* Hrsg. v. Berta SCHLEICHER. Stuttgart/Berlin/Leipzig 1922. Bd. 5, 39–145.

MEYSENBUG, Zu spät 1907 = Malwida VON MEYSENBUG: *Zu spät.* – Zitiert nach: *Malwida von Meysenbug. Gesammelte Werke.* Hrsg. v. Berta SCHLEICHER. Stuttgart/Berlin/Leipzig 1922. Bd. 5, 194–264.

MILLER, Siegwart 1776 = Johann Martin MILLER: *Siegwart. Eine Klostergeschichte.* Leipzig 1776 [Nachdruck Stuttgart 1971].

MÖLLHAUSEN, Mandan. 1865 + Bd. = Balduin MÖLLHAUSEN: *Die Mandanenwaise.* In: *Deutsche Roman-Zeitung.* 2. Jg., Bde. 2 und 3. Berlin 1865.

MOMMSEN, Röm. Gesch. I 1856 = Theodor MOMMSEN: *Römische Geschichte.* Bd. 1: *Bis zur Schlacht von Pydna.* Berlin 1856.

MOMMSEN, Röm. Gesch. II ⁴1865 = Theodor MOMMSEN: *Römische Geschichte.* Bd. 2: *Von der Schlacht bei Pydna bis auf Sullas Tod.* 4. Aufl. Berlin 1865.

MOMMSEN, Röm. Gesch. III 1856 = Theodor MOMMSEN: *Römische Geschichte.* Bd. 3: *Von Sullas Tod bis zur Schlacht von Thapsus.* Berlin 1856.

MOMMSEN, Röm. Gesch. V 1885 = Theodor MOMMSEN: *Römische Geschichte.* Bd. 5: *Die Provinzen von Caesar bis Diocletian.* Berlin 1885 (zitiert nach der Ausgabe Berlin 1927).

MÖRIKE, Maler Nolten 1832 = Eduard MÖRIKE: *Maler Nolten. Novelle in zwei Teilen.* – Zitiert nach: *Eduard Mörike. Sämtliche Werke in zwei Bänden.* Mit einem Nachwort v. Benno VON WIESE sowie Anmerkungen, Zeittafel u. Bibliographie v. Helga UNGER. München 1967, Bd. 1, 7–383.

MORITZ, Bild. Nachahm. 1788 = Karl Philipp MORITZ: *Über die bildende Nachahmung des Schönen.* – Zitiert nach: *Karl Philipp Moritz. Schriften zur Ästhetik und Poetik. Kritische Ausgabe.* Hrsg. v. Hans Joachim SCHRIMPF. Tübingen 1962, 63–93.

W. A. MOZART, an [Empfänger] + Einzeldatum + S + Band = Wolfgang Amadé MOZART: *[Briefe.]* – Zitiert nach: *Die Briefe W. A. Mozarts und seiner Familie. Erste kritische Gesamtausgabe.* Hrsg. v. Ludwig SCHIEDERMAIR. 5 Bde. München/Leipzig 1914.

MÜHSAM, Eisner 1929 = Erich MÜHSAM: *Von Eisner bis Leviné. Die Entstehung der bayerischen Räterepublik. Persönlicher Rechenschaftsbericht über die Revolutionsereignisse in München vom 7. November 1918 bis zum 13. April 1919.* – Zitiert nach: *Erich Mühsam. Ausgewählte Werke.* Bd. 2: *Publizistik. Unpolitische Erinnerungen.* Berlin 1978, 240–325.

MÜHSAM, Samml. 1928 = Erich MÜHSAM: *Sammlung 1898–1928.* – Zitiert nach: *Erich Mühsam. Ausgewählte Werke.* Bd. 1: *Gedichte. Prosa. Stücke.* Berlin 1978, 5–271.

MÜHSAM, Unpolit. Erinn. 1927–29 = Erich MÜHSAM: *Unpolitische Erinnerungen.* – Zitiert nach: *Erich Mühsam. Ausgewählte Werke.* Bd. 2: *Publizistik. Unpolitische Erinnerungen.* Berlin 1978, 476–670.

MÜLLENHOFF, Sag. 1845 = Karl MÜLLENHOFF: *Sagen, Märchen und Lieder der Herzogthümer Schleswig, Holstein und Lauenburg.* Kiel 1845.

MÜLLER, Rose 1914 = Robert MÜLLER: *Irmelin Rose. Die Mythe der großen Stadt.* Heidelberg 1914.

MÜLLER, Tropen 1915 = Robert MÜLLER: *Tropen. Der Mythos der Reise. Urkunden eines deutschen Ingenieurs.* München 1915.

MÜLLER-JAHNKE, Ich bekenne ²1921 = Clara MÜLLER-JAHNKE: *Ich bekenne. Die Geschichte einer Frau.* Neue Ausg. Stuttgart/Berlin 1921 (1. Aufl. Berlin 1904).

MUNDT, Dt. Prosa 1837 = Theodor MUNDT: *Die Kunst der deutschen Prosa. Aesthetisch, literargeschichtlich, gesellschaftlich.* Berlin 1837, Neudruck Göttingen 1969.

MUNDT, Madonna 1835 = Theodor MUNDT: *Madonna. Unterhaltungen mit einer Heiligen.* Leipzig 1835. [Nachdruck Frankfurt a. M. 1973.]

MUSÄUS, Grandison I 1760 = Johann Karl August MUSÄUS: *Grandison der Zweite, Oder Geschichte des Herrn v. N*** in Briefen entworfen. Erster Theil.* Eisenach 1760.

MUSÄUS, Grandison II 1761 = Johann Karl August MUSÄUS: *Grandison der Zweite, Oder Geschichte des Herrn v. N*** in Briefen entworfen. Zweiter Theil.* Eisenach 1761.

MUSÄUS, Grandison III 1762 = Johann Karl August MUSÄUS: *Grandison der Zweite, Oder Geschichte des Herrn v. N*** in Briefen entworfen. Dritter Theil.* Eisenach 1762.

MUSÄUS, Volksmärchen 1782–86 = Johann Karl August MUSÄUS: *Volksmärchen der Deutschen.* Nach dem Text der Erstausgabe von 1782–1786. Mit einem Nachwort u. Anmerkungen v. Norbert MILLER. München 1976.

MUSIL, Mann ohne Eigensch. I 1930 = Robert MUSIL: *Der Mann ohne Eigenschaften. [Erstes Buch.]* – Zitiert nach: *Robert Musil. Der Mann ohne Eigenschaften. Roman.* Hrsg. v. Adolf FRISÉ. Neu durchges. u. verb. Ausg. 1978. Reinbek bei Hamburg ^{12}2002, 5–665.

NACHTIGAL, Volcks-Sagen 1800 = Johann Carl Christoph NACHTIGAL [Erstdruck unter dem Pseudonym *Otmar*]: *Volcks-Sagen.* Bremen 1800.

NATORP, Plat. Ideenl. ^{2}1921 = Paul NATORP: *Platons Ideenlehre. Eine Einführung in den Idealismus.* 2., durchges. u. um einen metakritischen Anhang vermehrte Ausg. Leipzig 1921. (Erstdruck: Leipzig 1903.)

NAUBERT, A. v. Dülmen 1791 = Benedikte NAUBERT: *Alf von Dülmen. Oder Geschichte Kaiser Philipps und seiner Töchter. Aus den ersten Zeiten der heimlichen Gerichte.* Leipzig 1791.

NAUBERT, H. v. Unna 1788 + Bd. = Benedikte NAUBERT: *Herrmann von Unna. Eine Geschichte aus den Zeiten der Vehmgerichte.* Leipzig 1788.

NAUBERT, Volksmährch. II 1791 = Benedikte NAUBERT: *Neue Volksmährchen der Deutschen. Zweites Bändchen.* Leipzig 1791.

NICOLAI, Seb. Nothanker ^{4}1799 = Friedrich NICOLAI: *Leben und Meinungen des Herrn Sebaldus Nothanker.* [Nach der 4. Aufl. v. 1799.] Berlin 1960.

NIETZSCHE, an [Empfänger] + Einzeldatum + KSA + Band = Friedrich NIETZSCHE: *[Briefe.]* – Zitiert nach: *Friedrich Nietzsche. Sämtliche Briefe. Kritische Studienausgabe in 8 Bänden.* Hrsg. v. Giorgio COLLI/Mazzino MONTINARI. München 1986.

NIETZSCHE, Antichrist ⌐*1888; 1894⌐ = Friedrich NIETZSCHE: *Der Antichrist. Fluch auf das Christenthum.* – Zitiert nach: NIETZSCHE, KSA 6, 165–254.

NIETZSCHE, Contra Wagner ⌐*1888; 1895⌐ = Friedrich NIETZSCHE: *Nietzsche contra Wagner. Aktenstücke eines Psychologen.* – Zitiert nach: NIETZSCHE, KSA 6, 413–445.

NIETZSCHE, Dion.-Dithyr. ⌐*1888; 1891⌐ = Friedrich NIETZSCHE: *Dionysos-Dithyramben.* – Zitiert nach: NIETZSCHE, KSA 6, 375–411.

NIETZSCHE, Ecce homo ⌐*1888; 1908⌐ = Friedrich NIETZSCHE: *Ecce homo. Wie man wird, was man ist.* – Zitiert nach: NIETZSCHE, KSA 6, 255–374.

NIETZSCHE, Fall Wagner 1888 = Friedrich NIETZSCHE: *Der Fall Wagner. Ein Musikantenproblem.* – Zitiert nach: NIETZSCHE, KSA 6, 9–53.

NIETZSCHE, Fröhl. Wiss. ^{2}1887 = Friedrich NIETZSCHE: *Die fröhliche Wissenschaft* (^{1}1882). – Zitiert nach: NIETZSCHE, KSA 3, 343–651.

NIETZSCHE, Geb. d. Trag. ^{3}1886 = Friedrich NIETZSCHE: *Die Geburt der Tragödie. Oder: Griechenthum und Pessimismus.* [Überarb. Fassung von *Die Geburt der Tragödie aus dem Geiste der Musik,* ^{1}1872, ^{2}1874.] – Zitiert nach: NIETZSCHE, KSA 1, 9–156.

NIETZSCHE, Gen. Moral 1887 = Friedrich NIETZSCHE: *Zur Genealogie der Moral. Eine Streitschrift.* – Zitiert nach: NIETZSCHE, KSA 5, 245–412.

NIETZSCHE, Götz.-Dämm. 1889 = Friedrich NIETZSCHE: *Götzen-Dämmerung oder Wie man mit dem Hammer philosophirt.* – Zitiert nach: NIETZSCHE, KSA 6, 55–161.

NIETZSCHE, Id. Mess. 1882 = Friedrich NIETZSCHE: *Idyllen aus Messina.* – Zitiert nach: NIETZSCHE, KSA 3, 333–342.

NIETZSCHE, Jenseits 1886 = Friedrich NIETZSCHE: *Jenseits von Gut und Böse. Vorspiel einer Philosophie der Zukunft.* – Zitiert nach: NIETZSCHE, KSA 5, 9–243.

NIETZSCHE, KSA + Bd. = *Friedrich Nietzsche. Sämtliche Werke. Kritische Studienausgabe in 15 Einzelbänden.* Hrsg. v. Giorgio COLLI/Mazzino MONTINARI. Bd. 1: Die Geburt der Tragödie. Unzeitgemäße Betrachtungen I–IV. Nachgelassene Schriften 1870–1873. – Bd. 2: *Menschliches, Allzumenschliches I und II*. – Bd. 3: *Morgenröthe. Idyllen aus Messina. Die fröhliche Wissenschaft*. – Bd. 4: *Also sprach Zarathustra I–IV*. – Bd. 5: *Jenseits von Gut und Böse. Zur Genealogie der Moral*. – Bd. 6: *Der Fall Wagner. Götzen-Dämmerung. Der Antichrist. Ecce homo. Dionysos-Dithyramben. Nietzsche contra Wagner*. Berlin/New York ²1988.

Nietzsche, Menschl. I ²1886 = Friedrich Nietzsche: *Menschliches, Allzumenschliches. Ein Buch für freie Geister. Erster Band*. [Überarb. Fassung von *Menschliches, Allzumenschliches. Ein Buch für freie Geister*, ¹1878.] – Zitiert nach: Nietzsche, KSA 2, 9–366.

Nietzsche, Menschl. II ²1886 = Friedrich Nietzsche: *Menschliches, Allzumenschliches. Ein Buch für freie Geister. Zweiter Band*. [Überarb. Fassung von *Der Wanderer und sein Schatten*, ¹1880.] – Zitiert nach: Nietzsche, KSA 2, 367–704.

Nietzsche, Morgenr. 1881 = Friedrich Nietzsche: *Morgenröthe. Gedanken über die moralischen Vorurtheile*. – Zitiert nach: Nietzsche, KSA 3, 9–331.

Nietzsche, I. Unzeit. Betr. 1873 = Friedrich Nietzsche: *Unzeitgemässe Betrachtungen. Erstes Stück: David Strauss der Bekenner und der Schriftsteller*. – Zitiert nach: Nietzsche, KSA 1, 157–242.

Nietzsche, II. Unzeit. Betr. 1874 = Friedrich Nietzsche: *Unzeitgemässe Betrachtungen. Zweites Stück: Vom Nutzen und Nachtheil der Historie für das Leben*. – Zitiert nach: Nietzsche, KSA 1, 243–334.

Nietzsche, III. Unzeit. Betr. 1874 = Friedrich Nietzsche: *Unzeitgemässe Betrachtungen. Drittes Stück: Schopenhauer als Erzieher*. – Zitiert nach: Nietzsche, KSA 1, 335–427.

Nietzsche, IV. Unzeit. Betr. 1876 = Friedrich Nietzsche: *Unzeitgemässe Betrachtungen. Viertes Stück: Richard Wagner in Bayreuth*. – Zitiert nach: Nietzsche, KSA 1, 429–510.

Nietzsche, Wahrh. u. Lüge *1873 = Friedrich Nietzsche: *Ueber Wahrheit und Lüge im aussermoralischen Sinn*. – Zitiert nach: Nietzsche, KSA 1, 873–890.

Nietzsche, Zarathustra I 1883 = Friedrich Nietzsche: *Also sprach Zarathustra. Ein Buch für Alle und Keinen*. – Zitiert nach: Nietzsche, KSA 4, 9–102.

Nietzsche, Zarathustra II 1883 = Friedrich Nietzsche: *Also sprach Zarathustra. Ein Buch für Alle und Keinen. Zweiter Theil*. – Zitiert nach: Nietzsche, KSA 4, 103–190.

Nietzsche, Zarathustra III 1884 = Friedrich Nietzsche: *Also sprach Zarathustra. Ein Buch für Alle und Keinen. Dritter Theil*. – Zitiert nach: Nietzsche, KSA 4, 191–291.

Nietzsche, Zarathustra IV 1885 = Friedrich Nietzsche: *Also sprach Zarathustra. Ein Buch für Alle und Keinen. Vierter und letzter Theil*. – Zitiert nach: Nietzsche, KSA 4, 293–408.

Novalis, Allg. Brouill. *1798 = Friedrich von Hardenberg: *Das Allgemeine Brouillon*. [Materialien zur Enzyklopädistik 1798/99]. – Zitiert nach: *Novalis Schriften. Die Werke Friedrich von Hardenbergs*. Bd. 3: *Das philosophische Werk II*. Hrsg. v. Richard Samuel in Zusammenarb. m. Hans-Joachim Mähl/Gerhard Schulz. Stuttgart/Berlin/Köln/ Mainz ³1983, 205–478.

Novalis, Ofterdingen 1802 = Friedrich von Hardenberg: *Heinrich von Ofterdingen. Ein nachgelassener Roman von Novalis*. – Zitiert nach: *Novalis Schriften. Die Werke Friedrich von Hardenbergs*. Bd. 1: *Das dichterische Werk*. Hrsg. v. Paul Kluckhohn/Richard Samuel unter Mitarbeit von Heinz Ritter/Gerhard Schulz. Stuttgart ³1977, 181 334.

Ostwald, Lebenslinien I 1926 = Wilhelm Ostwald: *Lebenslinien. Eine Selbstbiographie*. 1. Teil. Berlin 1926.

Ostwald, Lebenslinien II 1927 = Wilhelm Ostwald: *Lebenslinien. Eine Selbstbiographie*. 2. Teil. Berlin 1927.

Ostwald, Lebenslinien III 1927 = Wilhelm Ostwald: *Lebenslinien. Eine Selbstbiographie*. 3. Teil. Berlin 1927.

Otto, Assoz. 1849 = Louise Otto: *Assoziation für alle!* – Zitiert nach: „Dem Reich der Freiheit werb' ich Bürgerinnen". Die Frauen-Zeitung von Louise Otto. Hrsg. u. komment. von Ute Gerhard/Elisabeth Hannover-Drück/Romina Schmitter. Frankfurt a. M. 1980, 59–61.

OTTO, Bücherschau 1850 = Louise OTTO: *Bücherschau.* – Zitiert nach: *„Dem Reich der Freiheit werb' ich Bürgerinnen". Die Frauen-Zeitung von Louise Otto.* Hrsg. u. komment. von Ute GERHARD/Elisabeth HANNOVER-DRÜCK/Romina SCHMITTER. Frankfurt a. M. 1980, 246–248.
OTTO, Frauenl. 1876 = Louise OTTO: *Frauenleben im Deutschen Reich: Erinnerungen aus der Vergangenheit mit Hinweis auf Gegenwart und Zukunft.* Leipzig 1876.
OTTO, Freiheit 1849 = Louise OTTO: *Die Freiheit ist unteilbar.* – Zitiert nach: *„Dem Reich der Freiheit werb' ich Bürgerinnen". Die Frauen-Zeitung von Louise Otto.* Hrsg. u. komment. von Ute GERHARD/Elisabeth HANNOVER-DRÜCK/Romina SCHMITTER. Frankfurt a. M. 1980, 40–41.
OTTO, Nürnb. ²1875 + Bd. = Louise OTTO: *Nürnberg. Culturhistorischer Roman aus dem 15. Jahrhundert.* 2. durchges. Aufl. Bremen 1875.
OTTO, Recht d. Fr. 1866 = Louise OTTO: *Das Recht der Frauen auf Erwerb. Blicke auf das Frauenleben der Gegenwart.* Hamburg 1866.
OTTO, Schloß u. Fabr. 1846 + Bd. = Louise OTTO: *Schloß und Fabrik. Roman.* Bd. 1–3. Leipzig 1846.
PAALZOW, Godw.-Castle + Bd. 1836 = Henriette von PAALZOW: *Godwie-Castle. Aus den Papieren der Herzogin von Nottingham.* – Zitiert nach: *Henriette von Paalzow. Der Verfasserin von Godwie-Castle sämmtliche Romane.* Bde. 1–3. Breslau 1855.
PANIZZA, Christus 1898 = Oskar Panizza: *Christus in psicho-patologischer Beleuchtung.* – Zitiert nach: *Oskar Panizza. Die kriminelle Psychose, genannt Psichopatia criminalis.* Mit Vorworten von Bernd MATTHEUS und mit einem Beitrag von Oswald WIENER, München 1978, 205–222.
PANIZZA, Dämmr. 1890 = Oskar Panizza: *Dämmrungsstücke.* – Zitiert nach: *Oskar Panizza. Der Korsettenfritz. Gesammelte Erzählungen.* Mit einem Beitrag von Bernd MATTHEUS. München 1981, 9–159.
PANIZZA, Gen. u. Wahns. 1891 = Oskar PANIZZA: *Genie und Wahnsinn.* – Zitiert nach: *Oskar Panizza. Die kriminelle Psychose, genannt Psichopatia criminalis.* Mit Vorworten von Bernd MATTHEUS und mit einem Beitrag von Oswald WIENER, München 1978, 85–116.
PANIZZA, Illusionism. 1895 = Oskar PANIZZA: *Der Illusionismus und Die Rettung der Persönlichkeit. Skizze einer Weltanschauung.* – Zitiert nach: *Oskar Panizza. Die kriminelle Psychose, genannt Psichopatia criminalis.* Mit Vorworten von Bernd MATTHEUS und mit einem Beitrag von Oswald WIENER, München 1978, 145–203.
PANIZZA, Psichop. 1898 = Oskar PANIZZA: *Psichopatia criminalis. Anleitung um die vom Gericht für notwendig erkanten Geisteskrankheiten psichjatrisch zu eruïren und wissenschaftlich festzustellen. Für Ärzte, Laien, Juristen, Vormünder, Verwaltungsbeamte, Minister etc.* – Zitiert nach: *Oskar Panizza. Die kriminelle Psychose, genannt Psichopatia criminalis.* Mit Vorworten von Bernd MATTHEUS und mit einem Beitrag von Oswald WIENER, München 1978, 29–82.
PANIZZA, Selbstbiogr. ¹1905 = Oskar PANIZZA: *Selbstbiographie.* In: *Tintenfisch* 13. Hrsg. v. Hans-Jürgen HEINRICHS/Michael KRÜGER/Klaus WAGENBACH. Berlin 1979, 13–22.
PANIZZA, Tgb. Hund 1892 = Oskar PANIZZA: *Aus dem Tagebuch eines Hundes.* – Zitiert nach: *Oskar Panizza: Aus dem Tagebuch eines Hundes.* Vorspann für den Leser von M. LANGBEIN und mit Zeichnungen von R. HOBERG. München 1977 (Faksimile der Erstausgabe: Leipzig [1892]), 143–244.
PANIZZA, Verbr. 1891 = Oskar PANIZZA: *Das Verbrechen in Tavistock-Square.* – Zitiert nach: *Oskar Panizza. Der Korsettenfritz. Gesammelte Erzählungen.* Mit einem Beitrag von Bernd MATTHEUS. München 1981, 160–168.
PANIZZA, Vis. 1893 = Oskar PANIZZA: *Visionen. Erzählungen und Skizzen.* – Zitiert nach: *Oskar Panizza. Der Korsettenfritz. Gesammelte Erzählungen.* Mit einem Beitrag von Bernd MATTHEUS. München 1981, 169–328.
PAOLI, Amulet 1874 = Betty PAOLI: *Das Amulet.* [Rezension von Conrad Ferdinand Meyers gleichnamiger Erzählung.] – Zitiert nach: *Betty Paoli. Gesammelte Aufsätze.* Eingel. u. hrsg. v. Helene BETTELHEIM-GABILLON. Wien 1908, 209–214.

PAOLI, Droste-Schlüter 1877 = Betty PAOLI: *Briefe der Freiin Annette v. Droste-Hülshoff an Professor Dr. Schlüter. Münster 1877.* – Zitiert nach: *Betty Paoli. Gesammelte Aufsätze.* Eingel. u. hrsg. v. Helene BETTELHEIM-GABILLON. Wien 1908, 26–36.
PAOLI, Ebner-Eschenbach 1881 = Betty PAOLI: *Neue Erzählungen von Marie von Ebner-Eschenbach.* – Zitiert nach: *Betty Paoli. Gesammelte Aufsätze.* Eingel. u. hrsg. v. Helene BETTELHEIM-GABILLON. Wien 1908, 91–111.
PAOLI, Erz. 1875 = Betty PAOLI: *Erzählungen – Leopold Kompert und Marie v. Ebner-Eschenbach.* – Zitiert nach: *Betty Paoli. Gesammelte Aufsätze.* Eingel. u. hrsg. v. Helene BETTELHEIM-GABILLON. Wien 1908, 60–78.
PAOLI, Ged. Droste 1852 = Betty PAOLI: *Gedichte von Annette v. Droste-Hülshoff.* – Zitiert nach: *Betty Paoli. Gesammelte Aufsätze.* Eingel. u. hrsg. v. Helene BETTELHEIM-GABILLON. Wien 1908, 1–11.
PAOLI, Jenatsch 1877 = Betty PAOLI: *Jörg Jenatsch. Leipzig 1876.* [Rezension von Conrad Ferdinand Meyers Erzählung *Jürg Jenatsch*] – Zitiert nach: *Betty Paoli. Gesammelte Aufsätze.* Eingel. u. hrsg. v. Helene BETTELHEIM-GABILLON. Wien 1908, 214–228.
PAOLI, Pecht I 1877 = Betty PAOLI: *Friedrich Pecht. Deutsche Künstler des neunzehnten Jahrhunderts. Studien und Erinnerungen. Teil 1.* – Zitiert nach: *Betty Paoli. Gesammelte Aufsätze.* Eingel. u. hrsg. v. Helene BETTELHEIM-GABILLON. Wien 1908, 239–251.
PAOLI, Pecht II 1879 = Betty PAOLI: *Friedrich Pecht. Deutsche Künstler des neunzehnten Jahrhunderts. Studien und Erinnerungen. Teil 2.* – Zitiert nach: *Betty Paoli. Gesammelte Aufsätze.* Eingel. u. hrsg. v. Helene BETTELHEIM-GABILLON. Wien 1908, 251–267.
PAOLI, Rahel 1877 = Betty PAOLI: *Aus Rahels Herzleben. Briefe und Tagebuchblätter.* – Zitiert nach: *Betty Paoli. Gesammelte Aufsätze.* Eingel. u. hrsg. v. Helene BETTELHEIM-GABILLON. Wien 1908, 46–60.
PAOLI, Sand 1882 = Betty PAOLI: *Briefe aus George Sands Jungendzeit.* – Zitiert nach: *Betty Paoli. Gesammelte Aufsätze.* Eingel. u. hrsg. v. Helene BETTELHEIM-GABILLON. Wien 1908, 112–130.
PETERS, Lebenserinn. 1918 = Carl PETERS: *Lebenserinnerungen.* Hamburg 1918.
PICHLER, Agathokles + Bd. 1808 = Caroline PICHLER: *Agathokles. Erstes bis Sechstes Bändchen. Schriften, Band 31–36.* Stuttgart 1828 [Erstdruck Wien 1808].
PICHLER, Denkw. 1844 + Bd. = Caroline PICHLER: *Denkwürdigkeiten aus meinem Leben. 1769–1843.* Mit einer Einleitung und zahlreichen Anmerkungen nach dem Erstdruck und der Urschrift neu hrsg. v. Emil Karl BLÜMML. 2 Bde. München 1914.
PLATEN, Rosensohn 1827 = August Graf von PLATEN: *Rosensohn. Ein Märchen in zwölf Kapiteln.* – Zitiert nach: *August Graf von Platens sämtliche Werke in zwölf Bänden.* Historisch-kritische Ausgabe mit Einschluss des handschriftlichen Nachlasses. Hrsg. v. Max KOCH/Erich PETZET. Leipzig 1910, Bd. 11, 38–53.
PÖHLMANN, Gesch. d. soz. Fr. I ³1925 = Robert von PÖHLMANN: *Geschichte der sozialen Frage und des Sozialismus in der antiken Welt.* 3. Auflage, durchges. u. um einen Anhang verm. v. Friedrich OERTEL. Bd. 1. München 1925 (1. Aufl.: 1893).
PÖHLMANN, Gesch. d. soz. Fr. II ³1925 = Robert von PÖHLMANN: *Geschichte der sozialen Frage und des Sozialismus in der antiken Welt.* 3. Auflage, durchges. u. um einen Anhang verm. v. Friedrich OERTEL. Bd. 2. München 1925 (1. Aufl.: 1901).
POLENZ, Büttnerb. 1885 = Wilhelm von POLENZ: *Der Büttnerbauer.* – Zitiert nach: *Gesammelte Werke von Wilhelm von Polenz.* Bd. 1. Berlin o. J.
PRÖHLE, Kind. u. Volksm. 1853 = Heinrich PRÖHLE: *Kinder- und Volksmärchen.* Leipzig 1853.
PRÖHLE, Rheinl. Sag. 1886 = Heinrich PRÖHLE: *Rheinlands schönste Sagen und Geschichten. Für die Jugend.* Berlin 1886.
PÜCKLER-MUSKAU, Brf. Verstorb. ²1831 + Bd. = Hermann VON PÜCKLER-MUSKAU: *Briefe eines Verstorbenen.* 4 Bde. Stuttgart ²1831.

RAABE, Alt. Eis. 1887 = Wilhelm RAABE: *Im alten Eisen. Eine Erzählung.* – Zitiert nach: *Wilhelm Raabe. Sämtliche Werke.* Im Auftrag der Braunschweigischen Wissenschaftlichen Gesellschaft hrsg. v. Karl HOPPE. Bd. 16, bearb. v. Hans OPPERMANN. Freiburg i. Br./Braunschweig 1961, 339–514.

RAABE, Alt. Nest. 1879 = Wilhelm RAABE: *Alte Nester. Zwei Bücher Lebensgeschichten.* – Zitiert nach: *Wilhelm Raabe. Sämtliche Werke.* Im Auftrag der Braunschweigischen Wissenschaftlichen Gesellschaft hrsg. v. Karl HOPPE. Bd. 14, bearb. v. Karl HOPPE. Freiburg i. Br./Braunschweig 1955, 5–269.

RAABE, Fr. Salome 1875 = Wilhelm RAABE: *Frau Salome.* – Zitiert nach: *Wilhelm Raabe. Sämtliche Werke.* Im Auftrag der Braunschweigischen Wissenschaftlichen Gesellschaft hrsg. v. Karl HOPPE. Bd. 12, bearb. v. Hans BUTZMANN/Hans OPPERMANN. Freiburg i. Br./Braunschweig 1955, 5–100.

RAABE, Hastenb. 1899 = Wilhelm RAABE: *Hastenbeck. Eine Erzählung.* – Zitiert nach: *Wilhelm Raabe. Sämtliche Werke.* Im Auftrag der Braunschweigischen Wissenschaftlichen Gesellschaft hrsg. v. Karl HOPPE. Bd. 20, bearb. v. Karl HOPPE. Göttingen 1968, 5–200.

RAABE, Hungerp. 1863–64 = Wilhelm RAABE: *Der Hungerpastor.* – Zitiert nach: *Wilhelm Raabe. Sämtliche Werke.* Im Auftrag der Braunschweigischen Wissenschaftlichen Gesellschaft hrsg. v. Karl HOPPE. Bd. 6, bearb. v. Hermann PONGS. Freiburg i. Br./Braunschweig 1953.

RAABE, Innerste 1876 = Wilhelm RAABE: *Die Innerste. Eine Erzählung.* In: Westermann's Illustrirte Monatshefte 40 (1876), 337–357, 449–473.

RAABE, Leute 1862–63 = Wilhelm RAABE: *Die Leute aus dem Walde, ihre Sterne, Wege und Schicksale. Ein Roman.* In: Westermann's Jahrbuch der Illustrirten Deutschen Monatshefte. Ein Familienbuch für das gesammte geistige Leben der Gegenwart. Bd. 13: Oktober 1862 – März 1863, 64–99, 197–224, 293–326, 405–438, 521–552, 571–602.

RAABE, Odfeld 1889 = Wilhelm RAABE: *Das Odfeld. Eine Erzählung.* – Zitiert nach: *Wilhelm Raabe. Sämtliche Werke.* Im Auftrag der Braunschweigischen Wissenschaftlichen Gesellschaft hrsg. v. Karl HOPPE. Bd. 17, bearb. v. Karl HOPPE/Hans OPPERMANN. Göttingen 1966, 5–220.

RAABE, Stopfk. 1891 = Wilhelm RAABE: *Stopfkuchen. Eine See- und Mordgeschichte.* – Zitiert nach: *Wilhelm Raabe. Sämtliche Werke.* Im Auftrag der Braunschweigischen Wissenschaftlichen Gesellschaft hrsg. v. Karl HOPPE. Bd. 18, bearb. v. Karl HOPPE. Freiburg i. Br./Braunschweig 1963, 5–207.

RAABE, Vogelsang 1896 = Wilhelm RAABE: *Die Akten des Vogelsangs.* – Zitiert nach: *Wilhelm Raabe. Sämtliche Werke.* Im Auftrag der Braunschweigischen Wissenschaftlichen Gesellschaft hrsg. v. Karl HOPPE. Bd. 19, bearb. v. Hans FINCK/Hans Jürgen MEINERTS. Freiburg i. Br./Braunschweig 1957, 211–408.

RANKE, Lebensgesch. 1890 = Leopold von RANKE: *Zur eigenen Lebensgeschichte.* Hrsg. v. Alfred DOVE. Leipzig 1890.

REHBEIN [GÖHRE], Landarb. 1911 = Franz REHBEIN: *Das Leben eines Landarbeiters.* Unveränd. Nachdr. der 1911 von Paul GÖHRE bearb. Ausg. Hrsg u. mit einem Nachwort v. Urs J. DIEDERICHS/Holger RÜDEL. Hamburg 1985.

REVENTLOW, an [Empfänger] + Einzeldatum = Fanny Gräfin zu REVENTLOW: *[Briefe.]* – Zitiert nach: *Franziska Gräfin zu Reventlow. Briefe 1890–1917.* Hrsg. v. Else REVENTLOW. Mit einem Nachwort von Wolfdietrich RASCH. München/Wien 1975.

REVENTLOW, Dame 1913 = Fanny Gräfin zu REVENTLOW: *Herrn Dames Aufzeichnungen oder Begebenheiten aus einem merkwürdigen Stadtteil.* – Zitiert nach: *Franziska Gräfin zu Reventlow. Romane. Von Paul zu Pedro. Herrn Dames Aufzeichnungen. Der Geldkomplex. Der Selbstmordverein.* Hrsg. v. Else REVENTLOW. München 1976, 105–250.

REVENTLOW, Geldkompl. 1916 = Fanny Gräfin zu REVENTLOW: *Der Geldkomplex. Meinen Gläubigern zugeeignet.* – Zitiert nach: *Franziska Gräfin zu Reventlow. Romane. Von Paul zu Pedro. Herrn*

Dames Aufzeichnungen. Der Geldkomplex. Der Selbstmordverein. Hrsg. v. Else REVENTLOW. München 1976, 253–356.

REVENTLOW, Krank 1925 = Fanny Gräfin zu REVENTLOW: *Krank.* – Zitiert nach: *Franziska Gräfin zu Reventlow. Autobiographisches. Ellen Olestjerne. Novellen, Schriften, Selbstzeugnisse.* Hrsg. v. Else REVENTLOW. Mit einem Nachwort von Wolfdietrich RASCH. München 1980, 310–316.

REVENTLOW, Männchen 1917 = Fanny Gräfin zu REVENTLOW: *Das polierte Männchen.* – Zitiert nach: *Franziska Gräfin zu Reventlow. Autobiographisches. Ellen Olestjerne. Novellen, Schriften, Selbstzeugnisse.* Hrsg. v. Else REVENTLOW. Mit einem Nachwort von Wolfdietrich RASCH. München 1980, 350–366.

REVENTLOW, Männerphantom 1898 = Fanny Gräfin zu REVENTLOW: *Das Männerphantom der Frau.* – Zitiert nach: *Franziska Gräfin zu Reventlow. Autobiographisches. Ellen Olestjerne. Novellen, Schriften, Selbstzeugnisse.* Hrsg. v. Else REVENTLOW. Mit einem Nachwort von Wolfdietrich RASCH. München 1980, 451–467.

REVENTLOW, Olestj. 1903 = Fanny Gräfin zu REVENTLOW: *Ellen Olestjerne.* – Zitiert nach: *Franziska Gräfin zu Reventlow. Autobiographisches. Ellen Olestjerne. Novellen, Schriften, Selbstzeugnisse.* Hrsg. v. Else REVENTLOW. Mit einem Nachwort von Wolfdietrich RASCH. München 1980, 13–233.

REVENTLOW, Paul 1912 = Fanny Gräfin zu REVENTLOW: *Von Paul zu Pedro.* – Zitiert nach: *Franziska Gräfin zu Reventlow. Romane. Von Paul zu Pedro. Herrn Dames Aufzeichnungen. Der Geldkomplex. Der Selbstmordverein.* Hrsg. v. Else REVENTLOW. München 1976, 11–98.

REVENTLOW, Selbstmordverein 1925 = Fanny Gräfin zu REVENTLOW: *Der Selbstmordverein.* – Zitiert nach: *Franziska Gräfin zu Reventlow. Romane. Von Paul zu Pedro. Herrn Dames Aufzeichnungen. Der Geldkomplex. Der Selbstmordverein.* Hrsg. v. Else REVENTLOW. München 1976, 360–527.

REVENTLOW, Silberw. 1917 = Fanny Gräfin zu REVENTLOW: *Die Silberwanze.* – Zitiert nach: *Franziska Gräfin zu Reventlow. Autobiographisches. Ellen Olestjerne. Novellen, Schriften, Selbstzeugnisse.* Hrsg. v. Else REVENTLOW. Mit einem Nachwort von Wolfdietrich RASCH. München 1980, 394–399.

REVENTLOW, Spirit. 1917 = Fanny Gräfin zu REVENTLOW: *Spiritismus.* – Zitiert nach: *Franziska Gräfin zu Reventlow. Autobiographisches. Ellen Olestjerne. Novellen, Schriften, Selbstzeugnisse.* Hrsg. v. Else REVENTLOW. Mit einem Nachwort von Wolfdietrich RASCH. München 1980, 376–388.

REVENTLOW, Tot 1911 = Fanny Gräfin zu REVENTLOW: *Tot.* – Zitiert nach: *Franziska Gräfin zu Reventlow. Autobiographisches. Ellen Olestjerne. Novellen, Schriften, Selbstzeugnisse.* Hrsg. v. Else REVENTLOW. Mit einem Nachwort von Wolfdietrich RASCH. München 1980, 316–322.

REVENTLOW, Virag. 1899 = Fanny Gräfin zu REVENTLOW: *Viragines oder Hetären.* – Zitiert nach: *Franziska Gräfin zu Reventlow. Autobiographisches. Ellen Olestjerne. Novellen, Schriften, Selbstzeugnisse.* Hrsg. v. Else REVENTLOW. Mit einem Nachwort von Wolfdietrich RASCH. München 1980, 468–481.

A. RICHTER, Glanzzt. *1913 = Alfred RICHTER: *Aus Leipzigs musikalischer Glanzzeit. Erinnerungen eines Musikers.* Hrsg. v. Doris MUNDUS. Leipzig 2004.

L. A. RICHTER, Leb. 1885 = Ludwig Adrian RICHTER: *Lebenserinnerungen eines deutschen Malers.* Hrsg. v. Max LEHRS. Berlin o. J. [1923].

RIEHL, Kult. Nov 1862 + Bd. = Wilhelm Heinrich RIEHL: *Kulturgeschichtliche Novellen.* – Zitiert nach: *Wilhelm Heinrich Riehl. Geschichten und Novellen. Gesamtausgabe.* 7 Bde. Stuttgart 1899.

RIEPEL, Sylbenmaß II 1776 = Joseph RIEPEL: *Harmonisches Syllbenmaß. Dichtern melodischer Werke gewiedmet, und angehenden Singcomponisten zur Einsichtmit platten Beyspielen gesprächweise abgefaßt. Zweyter Theil. Von Arien.* Regensburg 1776.

RIEPEL, Mus. Setzkunst V 1768 = Joseph RIEPEL: *Anfangsgründe zur musicalischen Setzkunst. Nicht zwar nach alt-mathematischer Einbildungs-Art der Zirkel-Harmonisten / Sondern durchgehends* mit sichtbaren Exempeln abgefasset. Fünftes Capitel. Unentbehrliche Anmerkungen zum Contrapunct, über die durchgehend- verwechselt- und ausschweifenden Noten etc. Regensburg 1768.

RILKE, Aufzeichn. 1910 = Rainer Maria RILKE: *Die Aufzeichnungen des Malte Laurids Brigge.* – Zitiert nach: *Rainer Maria Rilke. Sämtliche Werke*. Hrsg. vom Rilke-Archiv in Verbindung mit Ruth SIEBER-RILKE, bes. v. Ernst ZINN, Bd. 6, Wiesbaden/ Frankfurt a. M. 1987, 707–946. (it 1106.)

RILKE, Cornet 1906 = Rainer Maria RILKE: *Die Weise von Liebe und Tod des Cornets Christoph Rilke* (*1899; umgearb. publ. 1904; in nochmaliger Überarbeitung erneut publ. 1906). – Zitiert nach: *Rainer Maria Rilke. Sämtliche Werke*. Hrsg. vom Rilke-Archiv in Verbindung mit Ruth SIEBER-RILKE, bes. v. Ernst ZINN, Bd. 1, Wiesbaden/Frankfurt a. M. 1987, 233–248. (it 1101.)

RILKE, E. Tragy 1929 = Rainer Maria RILKE: *[Ewald Tragy.]* – Zitiert nach: *Rainer Maria Rilke. Sämtliche Werke*. Hrsg. vom Rilke-Archiv in Verbindung mit Ruth SIEBER-RILKE, bes. v. Ernst ZINN, Bd. 4, Wiesbaden/Frankfurt a. M. 1987, 512–567. (it 1104.)

RILKE, Ggw. 1898 = Rainer Maria RILKE: *Ohne Gegenwart. Drama in zwei Akten.* – Zitiert nach: *Rainer Maria Rilke. Sämtliche Werke*. Hrsg. vom Rilke-Archiv in Verbindung mit Ruth SIEBER-RILKE, bes. v. Ernst ZINN, Bd. 4, Wiesbaden/Frankfurt a. M. 1987, 829–866. (it 1104.)

RILKE, Lb. Gott ^{2}1904 = Rainer Maria RILKE: *Geschichten vom lieben Gott* (1900; ^{2}1904). – Zitiert nach: *Rainer Maria Rilke. Sämtliche Werke*. Hrsg. vom Rilke-Archiv in Verbindung mit Ruth SIEBER-RILKE, bes. v. Ernst ZINN, Bd. 4, Wiesbaden/Frankfurt a. M. 1987, 283–399. (it 1104.)

RILKE, Neue Ged. 1907 = Rainer Maria RILKE: *Neue Gedichte.* – Zitiert nach: *Rainer Maria Rilke. Sämtliche Werke*. Hrsg. vom Rilke-Archiv, in Verbindung mit Ruth SIEBER-RILKE bes. v. Ernst ZINN. Bd. 1. Frankfurt a. M. 1955, 478–554.

RILKE, Prag 1899 = Rainer Maria RILKE: *Zwei Prager Geschichten.* – Zitiert nach: *Rainer Maria Rilke. Sämtliche Werke*. Hrsg. vom Rilke-Archiv in Verbindung mit Ruth SIEBER-RILKE, bes. v. Ernst ZINN, Bd. 4, Wiesbaden/Frankfurt a. M. 1987, 97–220. (it 1104.)

RILKE, Rodin I 1903 = Rainer Maria RILKE: *Auguste Rodin. Erster Teil* – Zitiert nach: *Rainer Maria Rilke. Sämtliche Werke*. Hrsg. vom Rilke-Archiv in Verbindung mit Ruth SIEBER-RILKE, bes. v. Ernst ZINN, Bd. 5, Wiesbaden/Frankfurt a. M. 1987, 137–201. (it 1105.)

RILKE, Rodin II 1907 = Rainer Maria RILKE: *Auguste Rodin. Zweiter Teil* – Zitiert nach: *Rainer Maria Rilke. Sämtliche Werke*. Hrsg. vom Rilke-Archiv in Verbindung mit Ruth SIEBER-RILKE, bes. v. Ernst ZINN, Bd. 5, Wiesbaden/Frankfurt a. M. 1987, 203–246. (it 1105.)

RILKE, Turnstunde 1902 = Rainer Maria RILKE: *Die Turnstunde.* – Zitiert nach: *Rainer Maria Rilke. Sämtliche Werke*. Hrsg. vom Rilke-Archiv in Verbindung mit Ruth SIEBER-RILKE, bes. v. Ernst ZINN, Bd. 4, Wiesbaden/Frankfurt a. M. 1987, 601–609. (it 1104.)

RILKE, Wert d. Mon. II 1898 = Rainer Maria RILKE: *Noch ein Wort über den „Wert des Monologes".* [Offener Brief an Rudolf Steiner.] – Zitiert nach: *Rainer Maria Rilke. Sämtliche Werke*. Hrsg. vom Rilke-Archiv in Verbindung mit Ruth SIEBER-RILKE, bes. v. Ernst ZINN, Bd. 5, Wiesbaden/Frankfurt a. M. 1987, 439–442. (it 1105.)

RILKE, Worpsw. 1903 = Rainer Maria RILKE: *Worpswede.* – Zitiert nach: *Rainer Maria Rilke. Sämtliche Werke*. Hrsg. vom Rilke-Archiv in Verbindung mit Ruth SIEBER-RILKE, bes. v. Ernst ZINN, Bd. 5, Wiesbaden/Frankfurt a. M. 1987, 7–134. (it 1105.)

RINGELNATZ, Apion 1912 = Joachim RINGELNATZ: *Der tätowierte Apion.* – Zitiert nach: *Joachim Ringelnatz. Das Gesamtwerk in sieben Bänden*. Hrsg. v. Walter PAPE. Bd. 4: *Erzählungen*. Zürich 1994, 47–53.

RINGELNATZ, Kutscher 1912 = Joachim RINGELNATZ: *Gepolsterte Kutscher und Rettiche.* – Zitiert nach: *Joachim Ringelnatz. Das Gesamtwerk in sieben Bänden*. Hrsg. v. Walter PAPE. Bd. 4: *Erzählungen*. Zürich 1994, 33–39.

RINGELNATZ, Leben 1931 = Joachim RINGELNATZ: *Mein Leben bis zum Kriege.* – Zitiert nach: *Joachim Ringelnatz. Das Gesamtwerk in sieben Bänden*. Hrsg. v. Walter PAPE. Bd. 6. Zürich 1994.

RINGELNATZ, ...liner Roma... 1924 = Joachim RINGELNATZ: *...liner Roma...* [sc. *Berliner Romane*] – Zitiert nach: *Joachim Ringelnatz. Das Gesamtwerk in sieben Bänden*. Hrsg. v. Walter PAPE. Bd. 4: *Erzählungen*. Zürich 1994, 181–213.

RINGELNATZ, Nerv. 1921 = Joachim RINGELNATZ: *Nervosipopel. Elf Angelegenheiten.* – Zitiert nach: *Joachim Ringelnatz. Das Gesamtwerk in sieben Bänden*. Hrsg. v. Walter PAPE. Bd. 4: *Erzählungen*. Zürich 1994, 217–264.

RINGELNATZ, Phant. 1913 = Joachim RINGELNATZ: *Phantasie.* – Zitiert nach: *Joachim Ringelnatz. Das Gesamtwerk in sieben Bänden*. Hrsg. v. Walter PAPE. Bd. 4: *Erzählungen*. Zürich 1994, 71–100.

RINGELNATZ, Woge 1922 = Joachim RINGELNATZ: *Die Woge. Marine-Kriegsgeschichten.* – Zitiert nach: *Joachim Ringelnatz. Das Gesamtwerk in sieben Bänden*. Hrsg. v. Walter PAPE. Bd. 4: *Erzählungen*. Zürich 1994, 103–175.

ROSEGGER, Waldh. III 1914 = Peter ROSEGGER: *Waldheimat. Erzählungen aus der Jugendzeit* (1. Aufl. 1877). Bd. 3: *Der Schneiderlehrling*. Leipzig 1914.

RUBINER, Anon. 1912 = Ludwig RUBINER: *Die Anonymen.* – Zitiert nach: *Ludwig Rubiner. Der Dichter greift in die Politik*. Hrsg. u. mit einem Nachwort v. Klaus SCHUHMANN. Leipzig 1976, 187–191.

RUBINER, Aufruf 1913 = Ludwig RUBINER: *Aufruf an Literaten.* – Zitiert nach: *Ludwig Rubiner. Der Dichter greift in die Politik*. Hrsg. u. mit einem Nachwort v. Klaus SCHUHMANN. Leipzig 1976, 265–270.

RUBINER, F. Sollogub 1909 = Ludwig RUBINER: *Fjodor Sollogub.* – Zitiert nach: *Ludwig Rubiner. Der Dichter greift in die Politik*. Hrsg. u. mit einem Nachwort v. Klaus SCHUHMANN. Leipzig 1976, 179–184.

RUBINER, Inhalt 1917 = Ludwig RUBINER: *Neuer Inhalt.* – Zitiert nach: *Ludwig Rubiner. Der Dichter greift in die Politik*. Hrsg. u. mit einem Nachwort v. Klaus SCHUHMANN. Leipzig 1976, 302–305.

RUBINER, Kampf 1917 = Ludwig RUBINER: *Der Kampf mit dem Engel.* – Zitiert nach: Ludwig RUBINER: *Der Mensch in der Mitte*. 2. Aufl. Potsdam 1920, 141–172.

RUBINER, Mitmensch 1917 = Ludwig RUBINER: *Mitmensch.* – Zitiert nach: *Ludwig Rubiner. Der Dichter greift in die Politik*. Hrsg. u. mit einem Nachwort v. Klaus SCHUHMANN. Leipzig 1976, 306–309.

RUBINER, Voltaire 1919 = Ludwig RUBINER: *Dichter Voltaire.* – Zitiert nach: *Ludwig Rubiner. Der Dichter greift in die Politik*. Hrsg. u. mit einem Nachwort v. Klaus SCHUHMANN. Leipzig 1976, 241–247.

RUPPIUS, Vermächtn. 1859 = Otto RUPPIUS: *Das Vermächtnis des Pedlars*. Berlin 1859.

SAAR, Nov. 1893 + Bd. = Ferdinand von SAAR: *Novellen aus Österreich.* – Zitiert nach: *Ferdinand von Saar. Sämtliche Werke in zwölf Bänden*. Im Auftrage des Wiener Zweigvereins der Deutschen Schillerstiftung mit einer Biographie des Dichters von Anton BETTELHEIM hrsg. v. Jacob MINOR. Leipzig o. J. [1908].

SAAR, Tragik 1906 = Ferdinand von SAAR: *Tragik des Lebens.* – Zitiert nach: *Ferdinand von Saar. Sämtliche Werke in zwölf Bänden*. Im Auftrage des Wiener Zweigvereins der Deutschen Schillerstiftung mit einer Biographie des Dichters von Anton BETTELHEIM hrsg. v. Jacob MINOR. Bd. 12. Leipzig o. J. [1908].

SACHER-MASOCH, Autobiogr. 1879 = Leopold VON SACHER MASOCH: *Eine Autobiographie*. In: *Deutsche Monatsblätter. Centralorgan für das literarische Leben der Gegenwart* 2 (1879), 259–269.

SACHER-MASOCH, Venus 1870 = Leopold VON SACHER-MASOCH: *Venus im Pelz.* – Zitiert nach: H. Lorm: *Ein adeliges Fräulein*. Berlin o. O. [1910], 9–138.

SACHSE, Dt. Gil Blas 1822 = Johann Christoph SACHSE: *Der deutsche Gil Blas oder Leben, Wanderungen und Schicksale Johann Christoph Sachses, eines Thüringers. Von ihm selbst verfasst*. Hrsg. v. Jochen GOLZ. Berlin 1977.

SACK, Namenl. 1919 = Gustav SACK: *Ein Namenloser*. Berlin 1919.

SACK, Paralyse 1913–14 = Gustav SACK: *Paralyse. Romanfragment.* – Zitiert nach: *Gustav Sack: Paralyse. Der Refraktär*. Neuausg. mit einem Anhang v. Karl EIBL. München 1971.

SACK, Stud. 1917 = Gustav SACK: *Ein verbummelter Student.* Berlin 1917. – Zitiert nach der 21. u. 22. Aufl. Berlin 1929.

SCHAMBACH/MÜLLER, Niedersächs. Sag. 1855 = Georg SCHAMBACH/Wilhelm MÜLLER: *Niedersächsische Sagen und Märchen. Aus dem Munde des Volkes gesammelt und mit Anmerkungen und Abhandlungen herausgegeben.* Göttingen 1855.

SCHEERBART, Lesab. 1913 = Paul SCHEERBART: *Lesabéndio. Ein Asteroiden-Roman.* – Zitiert nach: *Paul Scheerbart. Dichterische Hauptwerke.* Hrsg. v. Else HARKE. Stuttgart 1962, 522–719.

SCHEERBART, Mutig 1902 = Paul SCHEERBART: *Immer mutig!* – Zitiert nach: *Paul Scheerbart. Immer mutig! Ein phantastischer Nilpferdroman mit 83 merkwürdigen Geschichten.* Frankfurt a. M. 1986.

SCHEERBART, Tarub 1897 = Paul SCHEERBART: *Tarub, Bagdads berühmte Köchin. Ein arabischer Kultur-Roman.* – Zitiert nach: *Paul Scheerbart. Dichterische Hauptwerke.* Hrsg. v. Else HARKE. Stuttgart 1962, 17–225.

SCHEFFEL, Ekkehard 1855 = Joseph Viktor von SCHEFFEL: EKKEHARD. – Zitiert nach: *Joseph Viktor von Scheffel. Kritische Ausgabe in 4 Bänden.* Htsg. v. Friedrich PANZER. Leipzig/Wien 1917. Bd. 3.

SCHEIBE, Musik. Compos. 1773 = Johann Adolph SCHEIBE: *Ueber die Musikalische Composition. Erster Theil. Die Theorie der Melodie und Harmonie.* Leipzig 1773.

SCHELLING, Bruno 1802 = Friedrich Wilhelm Joseph SCHELLING: *Bruno oder über das göttliche und natürliche Princip der Dinge. Ein Gespräch.* – Zitiert nach: *Friedrich Wilhelm Joseph von Schellings sämmtliche Werke.* I. Abt. Bd. 4. Stuttgart/Augsburg 1859, 213–332.

SCHELLING, Id. Phil. d. Nat. 1797 = Friedrich Wilhelm Joseph SCHELLING: *Ideen zu einer Philosophie der Natur als Einleitung in das Studium dieser Wissenschaft.* – Zitiert nach: *Friedrich Wilhelm Joseph von Schellings sämmtliche Werke.* I. Abt. Bd. 2. Stuttgart/Augsburg 1857, 1–343.

SCHELLING, Weltseele 1798 = Friedrich Wilhelm Joseph SCHELLING: *Von der Weltseele, eine Hypothese der höheren Physik zur Erklärung des allgemeinen Organismus.* Hamburg 1798.

SCHILLER, an [Empfänger], NA 30 = SCHILLER, Friedrich: *[Briefe].* – Zitiert nach: *Schillers Werke. Nationalausgabe.* Begründet v. Julius PETERSEN. Hrsg. [...] v. Lieselotte BLUMENTHAL/Benno VON WIESE. Bd. 30: *Briefwechsel. Schillers Briefe 1. 11. 1798 – 31. 12. 1800.* Hrsg. v. Lieselotte BLUMENTHAL. Weimar 1961, 1–225.

SCHILLER, Ästh. Erzieh. 1795 = Friedrich SCHILLER: *Ueber die ästhetische Erziehung des Menschen in einer Reihe von Briefen.* In: *Die Horen, eine Monatsschrift, herausgegeben von Schiller.* Bd. 1, Jg. 1, Stück 1; Stück 2; Bd. 2, Jg. 1, Stück 6. – Zitiert nach: *Schillers Werke. Nationalausgabe.* Begründet v. Julius PETERSEN. Hrsg. [...] v. Lieselotte BLUMENTHAL/Benno VON WIESE. Bd. 20: *Philosophische Schriften I.* Unter Mitw. v. Helmut KOOPMANN hrsg. v. Benno VON WIESE. Weimar 1962, 309–412.

SCHILLER, Glocke 1800 = Friedrich SCHILLER: *Das Lied von der Glocke.* In: *Musen-Almanach für das Jahr 1800*, 243–264. – Zitiert nach: *Schillers Werke. Nationalausgabe.* Bd. 2.1: *Gedichte in der Reihenfolge ihres Erscheinens 1799–1805.* Weimar 1983, 227–239.

SCHILLER, Naiv. u. sent. Dicht. 1795–96 = Friedrich SCHILLER: *Über naive und sentimentalische Dichtung.* In: *Die Horen. Eine Monatsschrift hrsg. v. [Friedrich] Schiller.* 4. Bd., 11. Stück (1795); 12. Stück (1795); 5. Bd., 1. Stück (1796). – Zitiert nach: *Schillers Werke. Nationalausgabe.* Begründet von Julius PETERSEN, hrsg. [...] v. Lieselotte BLUMENTHAL/Benno VON WIESE. Bd. 20: *Philosophische Schriften I.* Unter Mitwirkung von Helmut KOOPMANN hrsg. v. Benno VON WIESE. Weimar 1962, 413–503.

SCHILLER, Weibl. Rache 1785 = Friedrich SCHILLER: *Merkwürdiges Beispiel einer weiblichen Rache (aus einem Manuskript des verstorbenen Diderot gezogen).* In: *Thalia*, Bd. 1, Heft 1. – Zitiert nach: *Schillers Werke. Nationalausgabe.* Hrsg. [...] v. Julius PETERSEN/Hermann SCHNEIDER. Bd. 16: *Erzählungen.* Hrsg. v. Hans Heinrich BORCHERDT. Weimar 1954, 187–224.

A. W. Schlegel, Berl. Vorles. I ¹1801-02 = August Wilhelm Schlegel: *Vorlesungen über schöne Literatur und Kunst. Erster Teil: Die Kunstlehre.* – Zitiert nach: *August Wilhelm Schlegel. Kritische Ausgabe der Vorlesungen.* Hrsg. v. Ernst Behler in Zusammenarbeit mit Frank Jolles. Bd. 1: *Vorlesungen über Ästhetik I [1798–1803].* Paderborn/München/Wien/Zürich 1989, 181–472.

A. W. Schlegel, Brf. Poes. I–II 1795 = August Wilhelm Schlegel: *Briefe über Poesie, Silbenmaaß und Sprache. [Teil 1.]* In: *Die Horen. Eine Monatsschrift herausgegeben von [Friedrich] Schiller.* 4. Bd. [Jg. 1795], 11. Stück, 77–103.

A. W. Schlegel, Dramat. Lit. I/II.1 1809 = August Wilhelm Schlegel: *Ueber dramatische Kunst und Litteratur. Vorlesungen.* Teil 1; Teil 2.1. Heidelberg 1809.

A. W. Schlegel, Dramat. Lit. II.2 1811 = August Wilhelm Schlegel: *Ueber dramatische Kunst und Litteratur. Vorlesungen.* Teil 2.2. Heidelberg 1811.

A. W. Schlegel, Zeichn. 1799 = August Wilhelm Schlegel: *Ueber Zeichnungen zu Gedichten und John Flaxman's Umrisse.* In: *Athenaeum. Eine Zeitschrift von August Wilhelm Schlegel und Friedrich Schlegel. Zweiten Bandes Zweites Stück.* Berlin 1799, 193–246.

F. Schlegel, Ideen 1800 = Friedrich Schlegel: *Ideen.* In: *Athenaeum. Eine Zeitschrift von August Wilhelm Schlegel und Friedrich Schlegel. Dritten Bandes Erstes Stück.* Berlin 1800, 4–33.

F. Schlegel, Lucinde 1799 = Friedrich Schlegel: *Lucinde. Ein Roman.* Berlin 1799. – Zitiert nach: *Kritische Friedrich-Schlegel-Ausgabe.* Hrsg. v. Ernst Behler u. Mitw. v. Jean-Jacques Anstett/Hans Eichner. I. Abt., Bd. 5: *Dichtungen.* Hrsg. u. eingel. v. Hans Eichner. München/Paderborn/Wien/Zürich 1962, 1–82.

F. Schlegel, Philolog. II *1797 = Friedrich Schlegel: *Zur Philologie II.* – Zitiert nach: *Kritische Friedrich-Schlegel-Ausgabe.* Hrsg. v. Ernst Behler u. Mitw. v. Jean-Jacques Anstett/Hans Eichner. II. Abt., Bd. 16: *Fragmente zur Poesie und Literatur, Teil 1.* Mit Einleit. u. Kommentar hrsg. v. Hans Eichner. München/Paderborn/Wien/Zürich 1981, 57–81.

F. Schlegel, Stud. grch. Poes. ⌜*1795; 1797⌝ = Friedrich Schlegel: *Über das Studium der Griechischen Poesie.* In: *Die Griechen und Römer. Historische und kritische Versuche über das Klassische Alterthum, von Friedrich Schlegel. Erster Band.* Neustrelitz 1797, 1–250. – Zitiert nach: *Kritische Friedrich-Schlegel-Ausgabe.* Hrsg. v. Ernst Behler u. Mitw. v. Jean-Jacques Anstett/Hans Eichner. Bd. 1. München/Paderborn/Wien/Zürich 1979, 217–367.

Schleich, Bes. Verg. 1921 = Carl Ludwig Schleich: *Besonnte Vergangenheit. Lebenserinnerungen (1859–1919).* Berlin 1921.

Schleiermacher: Meth. d. Übers. ¹1813 = Friedrich Daniel Ernst Schleiermacher: *Ueber die verschiedenen Methoden des Uebersetzens.* – Zitiert nach: *Friedrich Schleiermacher's sämmtliche Werke.* 3. Abtheilung: *Zur Philosophie.* Bd. 2. Berlin 1838, 207–245.

Schmidt, Brehm X 1887 = *Brehms Thierleben. Allgemeine Kunde des Thierreichs. Neunter Band. Vierte Abtheilung: Wirbellose Thiere. Zweiter Band: Die Niederen Thiere.* Von Oscar Schmidt. 2. umgearb. u. verm. Aufl., kol. Ausg. Leipzig 1887.

Schnitzler, Casanova 1918 = Arthur Schnitzler: *Casanovas Heimfahrt.* – Zitiert nach: *Arthur Schnitzler. Gesammelte Werke. Die erzählenden Schriften.* Bd. 2. Frankfurt a. M. 1961, 231–323.

Schnitzler, Flucht 1931 = Arthur Schnitzler: *Flucht in die Finsternis.* – Zitiert nach: *Arthur Schnitzler. Gesammelte Werke. Die erzählenden Schriften.* Bd. 2. Frankfurt a. M. 1961, 902–985.

Schnitzler, Fr. Beate 1913 = Arthur Schnitzler: *Fräulein Else.* – Zitiert nach: *Arthur Schnitzler. Gesammelte Werke. Die erzählenden Schriften.* Bd. 2. Frankfurt a. M. 1961, 42–112.

Schnitzler, Fr. d. Richters 1925 = Arthur Schnitzler: *Die Frau des Richters.* – Zitiert nach: *Arthur Schnitzler. Gesammelte Werke. Die erzählenden Schriften.* Bd. 2. Frankfurt a. M. 1961, 382–433.

Schnitzler, Frl. Else 1924 = Arthur Schnitzler: *Fräulein Else.* – Zitiert nach: *Arthur Schnitzler. Gesammelte Werke. Die erzählenden Schriften.* Bd. 1. Frankfurt a. M. 1961, 324–381.

Schnitzler, Garlan 1901 = Arthur Schnitzler: *Frau Berta Garlan.* – Zitiert nach: *Arthur Schnitzler. Gesammelte Werke. Die erzählenden Schriften.* Bd. 1. Frankfurt a. M. 1961, 390–513.

SCHNITZLER, Geron. 1900–01 = Arthur SCHNITZLER: *Der blinde Geronimo und sein Bruder.* – Zitiert nach: *Arthur Schnitzler. Gesammelte Werke. Die erzählenden Schriften.* Bd. 1. Frankfurt a. M. 1961, 367–389.
SCHNITZLER, Gräsler 1917 = Arthur SCHNITZLER: *Doktor Gräsler, Badearzt.* – Zitiert nach: *Arthur Schnitzler. Gesammelte Werke. Die erzählenden Schriften.* Bd. 2. Frankfurt a. M. 1961, 113–205.
SCHNITZLER, Gustl 1900 = Arthur SCHNITZLER: *Leutnant Gustl.* – Zitiert nach: *Arthur Schnitzler. Gesammelte Werke. Die erzählenden Schriften.* Bd. 1. Frankfurt a. M. 1961, 337–366.
SCHNITZLER, Hirtenfl. 1911 = Arthur SCHNITZLER: *Die Hirtenflöte.* – Zitiert nach: *Arthur Schnitzler. Gesammelte Werke. Die erzählenden Schriften.* Bd. 2. Frankfurt a. M. 1961, 11–41.
SCHNITZLER, Jugend ⌈*1915–18; 1968⌉ = Arthur SCHNITZLER: *Jugend in Wien.* – Zitiert nach: *Arthur Schnitzler. Jugend in Wien. Eine Autobiographie.* Herausgegeben von Therese NICKL/Heinrich SCHNITZLER. Mit einem Nachwort von Friedrich TORBERG. Wien/München/Zürich 1968.
SCHNITZLER, Kl. Kom. 1895 = Arthur SCHNITZLER: *Die kleine Komödie.* – Zitiert nach: *Arthur Schnitzler. Gesammelte Werke. Die erzählenden Schriften.* Bd. 1. Frankfurt a. M. 1961, 176–207.
SCHNITZLER, Leisenb. 1904 = Arthur SCHNITZLER: *Das Schicksal des Herrn von Leisenbohg.* – Zitiert nach: *Arthur Schnitzler. Gesammelte Werke. Die erzählenden Schriften.* Bd. 1. Frankfurt a. M. 1961, 580–597.
SCHNITZLER, Lied 1905 = Arthur SCHNITZLER: *Das neue Lied.* – Zitiert nach: *Arthur Schnitzler. Gesammelte Werke. Die erzählenden Schriften.* Bd. 1. Frankfurt a. M. 1961, 620–634.
SCHNITZLER, Mörder 1911 = Arthur SCHNITZLER: *Der Mörder.* – Zitiert nach: *Arthur Schnitzler. Gesammelte Werke. Die erzählenden Schriften.* Bd. 1. Frankfurt a. M. 1961, 992–1010.
SCHNITZLER, Sohn 1892 = Arthur SCHNITZLER: *Der Sohn.* – Zitiert nach: *Arthur Schnitzler. Gesammelte Werke. Die erzählenden Schriften.* Bd. 2. Frankfurt a. M. 1961, 90–97.
SCHNITZLER, Spiel 1926–27 = Arthur SCHNITZLER: *Spiel im Morgengrauen.* – Zitiert nach: *Arthur Schnitzler. Gesammelte Werke. Die erzählenden Schriften.* Bd. 2. Frankfurt a. M. 1961, 505–581.
SCHNITZLER, Tageb. Red. 1911 = Arthur SCHNITZLER: *Das Tagebuch der Redegonda.* – Zitiert nach: *Arthur Schnitzler. Gesammelte Werke. Die erzählenden Schriften.* Bd. 1. Frankfurt a. M. 1961, 985–991.
SCHNITZLER, Therese 1928 = Arthur Schnitzler: *Therese. Chronik eines Frauenlebens.* – Zitiert nach: *Arthur Schnitzler. Gesammelte Werke. Die erzählenden Schriften.* Bd. 2. Frankfurt a. M. 1961, 625–881.
SCHNITZLER, Traumnov. 1925–26 = Arthur SCHNITZLER: *Traumnovelle.* – Zitiert nach: *Arthur Schnitzler. Gesammelte Werke. Die erzählenden Schriften.* Bd. 2. Frankfurt a. M. 1961, 434–504.
SCHNITZLER, Weg 1908 = Arthur SCHNITZLER: *Der Weg ins Freie. Roman.* – Zitiert nach: *Arthur Schnitzler. Gesammelte Werke. Die erzählenden Schriften.* Bd. 2. Frankfurt a. M. 1961, 635–958.
SCHNITZLER, Weit. Ld. 1910 = Arthur SCHNITZLER: *Das weite Land. Tragikomödie in fünf Akten.* – Zitiert nach: *Arthur Schnitzler. Die Dramatischen Werke.* Frankfurt a. M. 1962, Bd. 2, 217–320.
SCHÖNE, Schausp. °1903 = Hermann SCHÖNE: *Aus den Lehr- und Flegeljahren eines alten Schauspielers.* Leipzig o. J. (ca. 1903).
SCHÖNWERTH, Oberpfalz + Bd. 1857–59 = Franz SCHÖNWERTH: *Aus der Oberpfalz. Sitten und Sagen.* 3 Teile. Augsburg 1857; 1858; 1859.
A. SCHOPENHAUER, Wille u. Vorst. 1819 = Arthur SCHOPENHAUER: *Die Welt als Wille und Vorstellung: vier Bücher nebst einem Anhange, der die Kritik der kantischen Philosophie enthält.* Leipzig 1819.
AD. SCHOPENHAUER, Anna 1845 + Bd. = Adele SCHOPENHAUER: *Anna. Ein Roman aus der nächsten Vergangenheit.* 2 Bde. Leipzig 1845.
J. SCHOPENHAUER, Gabriele 1821 + Bd. = Johanna SCHOPENHAUER: *Gabriele. Ein Roman in drei Theilen.* Leipzig 1821.

J. Schopenhauer, Jugendlb. u. Wanderb. 1839 + Bd. = Johanna Schopenhauer: *Jugendleben und Wanderbilder*. In: *Johanna Schopenhauer's Nachlaß. Herausgegeben von ihrer Tochter* [Adele Schopenhauer]. 2 Bde. Braunschweig 1839.

J. Schopenhauer, R. Wood 1837 + Bd. = Johanna Schopenhauer: *Richard Wood. Roman*. 2 Bde. Leipzig 1837.

J. Schopenhauer, Tante 1823 + Bd. = Johanna Schopenhauer: *Die Tante. Ein Roman*. 2 Bde. Frankfurt a. M.

Schöppner, Sagenb. I 1852 = Alexander Schöppner: Sagenbuch der Bayer. Lande. Bd. 1. München 1852.

Schöppner, Sagenb. II 1853 = Alexander Schöppner: Sagenbuch der Bayer. Lande. Bd. 2. München 1853.

Schottelius: Ausf.. Arb. 1663 = Justus Georg Schottelius: *Ausführliche Arbeit Von der Teutschen HaubtSprache [...]*. Braunschweig 1663. Reprogr. Nachdr., hrsg. v. Wolfgang Hecht. 2 Teile. Tübingen 1967. (Deutsche Neudrucke, Reihe Barock 11; 12.)

Schreber, Denkw. 1903 = Daniel Paul Schreber: *Denkwürdigkeiten eines Nervenkranken*. – Zitiert nach: *Daniel Paul Schreber. Denkwürdigkeiten eines Nervenkranken. Bürgerliche Wahnwelt um Neunzehnhundert*. Mit Aufsätzen von Franz Baumayer, einem Vorwort, einem Materialanhang und sechs Abbildungen herausgegeben von Peter Heiligenthal/Reinhard Volk. Wiesbaden 1973.

Schubart, Leb. u. Gesinng. I 1791 = Christian Friedrich Daniel Schubart: *Leben und Gesinnungen. Von ihm selbst im Kerker aufgesetzt. Erster Theil*. Stuttgart 1791. Nachdruck, mit einem Nachwort von Claus Träger, Leipzig 1980.

Schubart, Leb. u. Gesinng. II 1793 = Christian Friedrich Daniel Schubart: *Leben und Gesinnungen. Von ihm selbst im Kerker aufgesetzt. Zweiter Theil*. Stuttgart 1793. Nachdruck, mit einem Nachwort von Claus Träger, Leipzig 1980.

Schulze-Kummerfeld, Leb. *nach1782 + Bd. = Karoline Schulze-Kummerfeld: *Lebenserinnerungen*. Hrsg. u. erl. v. Emil Benezé. 2 Bde. Berlin 1915.

Schurig, L. Mozart 1920 = *Leopold Mozart. Reiseaufzeichnungen 1763–1771. 27 faksimilierte handschriftliche Blätter. Im Auftrage des Mozarteums zu Salzburg zum ersten Male vollständig hrsg. u. erl. v. Artur Schurig*. Dresden 1920.

Seume, Spaz. n. Syrakus 1803 = Johann Gottfried Seume: *Spaziergang nach Syrakus im Jahre 1802*. – Zitiert nach: *Johann Gottfried Seume. Prosaschriften*. Mit einer Einleitung v. Werner Kraft. Köln 1962, 157–597.

Seume, Leb. 1811 = Johann Gottfried Seume: *Mein Leben*. – Zitiert nach: *Johann Gottfried Seume. Prosaschriften*. Mit einer Einleitung v. Werner Kraft. Köln 1962, 53–154.

Siemens, Leb. 1892 = Werner von Siemens: *Lebenserinnerungen*. Berlin 1892.

Simmel, Einl. Moralwss. I 1892 = Georg Simmel: *Einleitung in die Moralwissenschaft. Eine Kritik der ethischen Grundbegriffe*. Bd. 1. Berlin 1892.

Simmel, Einl. Moralwss. II 1893 = Georg Simmel: *Einleitung in die Moralwissenschaft. Eine Kritik der ethischen Grundbegriffe*. Bd. 2. Berlin 1893.

Simmel, Fragm. 1916–17 = Georg Simmel: *Der Fragmentcharakter des Lebens. Aus den Vorstudien zu einer Metaphysik*. In: *Logos. Internationale Zeitschrift für Philosophie der Kultur* 6 (1916/17), 29–40.

Simmel, Geschichtsphil. 1892 = Georg Simmel: *Die Probleme der Geschichtsphilosophie. Eine erkenntnistheoretische Studie*. Leipzig 1892.

Simmel, Lebensansch. 1918 = Georg Simmel: *Lebensanschauung. Vier metaphysische Kapitel*. München/Leipzig 1918.

Simmel, Phil. d. Geld. ²1907 = Georg Simmel: *Philosophie des Geldes*. 2., vermehrte Aufl. München/Leipzig 1907.

SIMMEL, Phil. d. Schausp. 1908 = Georg SIMMEL: *Zur Philosophie des Schauspielers*. In: *Der Morgen. Wochenschrift für deutsche Kultur*. Begr. u. hrsg. v. Werner SOMBART zus. m. Richard STRAUSS/ Georg BRANDES/Richard MUTHER unter Mitw. v. Hugo von HOFMANNSTHAL. 2. Jg. (1908), 1685–1689.

SIMMEL, Rel. ²1912 = Georg SIMMEL: *Die Religion*. Frankfurt am Main 1906, 2., veränd. u. verm. Aufl. 1912.

SIMMEL, Rembrandt 1916 = Georg SIMMEL: *Rembrandt. Ein kunstphilosophischer Versuch*. Leipzig 1916.

SIMMEL, Schopenh. 1907 = Georg SIMMEL: *Schopenhauer und Nietzsche. Ein Vortragszyklus*. Leipzig 1907.

SIMMEL, Soz. Diff. 1890 = Georg SIMMEL: *Über soziale Differenzierung. Soziologische und psychologische Untersuchungen*. Leipzig.

SPENGLER, Einf. Droem 1920 = Oswald SPENGLER: *Einführung zu Ernst Droems „Gesängen"*. – Zitiert nach: *Oswald Spengler. Reden und Aufsätze*. München 1937, 54–62.

SPENGLER, Einf. Korherr 1927 = Oswald SPENGLER: *Einführung zu einem Aufsatz Richard Korherrs über den Geburtenrückgang*. – Zitiert nach: *Oswald Spengler. Reden und Aufsätze*. München 1937, 135–136.

SPENGLER, Frankr. u. Europ. 1924 = Oswald SPENGLER: *Frankreich und Europa*. – Zitiert nach: *Oswald Spengler. Reden und Aufsätze*. München 1937, 80–88.

SPENGLER, Heraklit 1904 = Oswald SPENGLER: *Heraklit. Eine Studie über den energetischen Grundgedanken seiner Philosophie*. – Zitiert nach: *Oswald Spengler. Reden und Aufsätze*. München 1937, 1–47.

SPENGLER, Heut. Verhältn. 1926 = Oswald SPENGLER: *Das heutige Verhältnis zwischen Weltwirtschaft und Weltpolitik*. – Zitiert nach: *Oswald Spengler. Politische Schriften*. München 1933, 312–338.

SPENGLER, Nietzsche 1924 = Oswald SPENGLER: *Nietzsche und sein Jahrhundert*. – Zitiert nach: *Oswald Spengler. Reden und Aufsätze*. München 1937, 110–124.

SPENGLER, Polit. Pfl. 1924 = Oswald SPENGLER: *Politische Pflichten der deutschen Jugend. Rede, gehalten am 26. Februar 1924 vor dem Hochschulring deutscher Art in Würzburg*. München 1924.

SPENGLER, Unterg. d. Abendl. I 1923 = Oswald SPENGLER: *Der Untergang des Abendlandes. Umrisse einer Morphologie der Weltgeschichte*. Bd. 1: *Gestalt und Wirklichkeit*. Vollst. umgearb. Ausg. München 1923 (1. Aufl. Wien/Leipzig 1918). – Zitiert nach der vollständigen Ausgabe in 1 Bd. München 1963.

SPENGLER, Unterg. d. Abendl. II 1922 = Oswald SPENGLER: *Der Untergang des Abendlandes. Umrisse einer Morphologie der Weltgeschichte*. Bd. 2: *Welthistorische Perspektiven*. München 1922. – Zitiert nach der vollständigen Ausgabe in 1 Bd. München 1963.

SPENGLER, Weltpolit. 1924 = Oswald SPENGLER: *Neue Formen der Weltpolitik*. – Zitiert nach: *Oswald Spengler. Politische Schriften*. München 1933, 157–183.

SPIELHAGEN, Hamm. u. Amb. 1869 + Bd. = Friedrich SPIELHAGEN: *Hammer und Amboß*. 5 Bde. Schwerin 1869.

SPIELHAGEN, Probl. Nat. I 1861 = Friedrich SPIELHAGEN: *Problematische Naturen. Erste Abtheilung*. – Zitiert nach: *Friedrich Spielhagen. Sämtliche Werke. Neue, vom Verfasser revidierte Ausgabe*. Leipzig 1874 ff. Bd. 1.

SPIELHAGEN, Probl. Nat. II 1862 = Friedrich SPIELHAGEN: *Problematische Naturen. Zweite Abtheilung. (Durch Nacht zum Licht)*. – Zitiert nach: *Friedrich Spielhagen. Sämtliche Werke. Neue, vom Verfasser revidierte Ausgabe*. Leipzig 1874 ff. Bd. 4.

SPIELHAGEN, Zeitvertr. 1897 = Friedrich SPIELHAGEN: *Zum Zeitvertreib. Roman*. Leipzig.

SPINDLER, Jude 1827 + Bd. = Carl SPINDLER: *Der Jude. Deutsches Sittengemälde aus der ersten Hälfte des fünfzehnten Jahrhunderts*. 3 Bde. Stuttgart.

SPITTELER, Conrad 1898 = Carl SPITTELER: *Conrad der Leutnant*. – Zitiert nach: *Carl Spitteler: Gesammelte Werke*. Hrsg. v. Gottfried BOHNENBLUST/Wilhelm ALTWEG/Robert FAESI. Bd. 4. Zürich 1945, 109–264.
SPITTELER, Imago 1906 = Carl SPITTELER: *Imago*. – Zitiert nach: *Carl Spitteler: Gesammelte Werke*. Hrsg. v. Gottfried BOHNENBLUST/Wilhelm ALTWEG/Robert FAESI. Bd. 4. Zürich 1945, 267–436.
SPITTELER, Mädchenf. 1907 = Carl SPITTELER: *Die Mädchenfeinde*. – Zitiert nach: *Carl Spitteler. Gesammelte Werke*. Hrsg. v. Gottfried BOHNENBLUST/Wilhelm ALTWEG/Robert FAESI. Bd. 4. Zürich 1945, 9–106.
SPOHR, Lebenserinn. *1847–58 + Bd. = Louis SPOHR: *Lebenserinnerungen*. Erstmals ungekürzt nach den autographen Aufzeichnungen hrsg. v. Folker GÖTHEL. 2 Bde. Tutzing 1968.
SPRINGER 1892 = Anton SPRINGER: *Aus meinem Leben*. Mit Beiträgen von Gustav FREYTAG und Hubert JANITSCHEK. Berlin 1892.
SPYRI, Heidi I 1880 = Johanna SPYRI: *Heidis Lehr und Wanderjahre*. – Zitiert nach der Ausgabe Zürich 1978.
SPYRI, Heidi II 1881 = Johanna SPYRI: *Heidi kann brauchen, was es gelernt hat*. – Zitiert nach der Ausgabe Zürich 1978.
STAHL, Fab. 1818 = Karoline STAHL: *Fabeln, Mährchen und Erzählungen für Kinder*. Mit Kupfern. Nürnberg ²1821.
STEINER, Lebensgang 1925 = Rudolf STEINER: *Mein Lebensgang*. – Zitiert nach der 2. Aufl., Stuttgart 1975.
STIFTER, Nachkomm. 1864 = Adalbert STIFTER: *Nachkommenschaften*. – Zitiert nach: *Adalbert Stifter. Werke und Briefe. Historisch-kritische Gesamtausgabe*. Im Auftrag der Kommission für neuere deutsche Literatur der Bayerischen Akademie der Wissenschaften hrsg. v. Alfred DOPPLER/Hartmut LAUFHÜTTE. Bd. 3,2. Stuttgart 2003, 23–94.
STIFTER, Witiko II 1866 = Adalbert STIFTER: *Witiko*. – Zitiert nach: *Adalbert Stifter. Werke und Briefe. Historisch-kritische Gesamtausgabe*. Hrsg. v. Alfred DOPPLER/Wolfgang FRÜHWALD. Bd. 5,2. Stuttgart/Berlin/Köln/Mainz 1985.
STORM, Aquis Subm. 1876 = Theodor STORM: *Aquis Submersus*. – Zitiert nach: *Theodor Storm. Sämtliche Werke in vier Bänden*. Hrsg. v. Peter GOLDAMMER. 4. Aufl. Berlin/Weimar 1978. Bd. 2, 628–704.
STORM, Bek. 1887 = Theodor STORM: *Ein Bekenntnis*. – Zitiert nach: *Theodor Storm. Sämtliche Werke in vier Bänden*. Hrsg. v. Peter GOLDAMMER. Berlin/Weimar 1967. Bd. 4, 197–250.
STORM, Curator 1878 = Theodor STORM: *Carsten Curator*. – Zitiert nach: *Theodor Storm. Sämtliche Werke in vier Bänden*. Hrsg. v. Peter GOLDAMMER. 4. Aufl. Berlin/Weimar 1978. Bd. 3, 7–72.
STORM, Cypr. 1865 = Theodor STORM: *Der Spiegel des Cyprianus*. – Zitiert nach: *Theodor Storm. Sämtliche Werke in vier Bänden*. Hrsg. v. Peter GOLDAMMER. 4. Aufl. Berlin/Weimar 1978. Bd. 1, 450–474.
STORM, Grieshuus 1884 = Theodor STORM: *Zur Chronik von Grieshuus*. – Zitiert nach: *Theodor Storm. Sämtliche Werke in vier Bänden*. Hrsg. v. Peter GOLDAMMER. 4. Aufl. Berlin/Weimar 1978. Bd. 3, 502–596.
STORM, Hadersl. 1884 = Theodor STORM: *Ein Fest auf Haderslevhuus*. – Zitiert nach: *Theodor Storm. Sämtliche Werke in vier Bänden*. Hrsg. v. Peter GOLDAMMER. Berlin/Weimar 1967. Bd. 4, 7–76.
STORM, Imm. 1850 = Theodor STORM: *Immensee*. – Zitiert nach: *Theodor Storm. Sämtliche Werke in vier Bänden*. Hrsg. v. Peter GOLDAMMER. Berlin/Weimar 1967. Bd. 1, 491–523.
STORM, Kirch 1882 = Theodor STORM: *Hans und Heinz Kirch*. – Zitiert nach: *Theodor Storm. Sämtliche Werke in vier Bänden*. Hrsg. v. Peter GOLDAMMER. Berlin/Weimar 1967. Bd. 3, 364–435.
STORM, Königsk. 1884–85 = Theodor STORM: *„Es waren zwei Königskinder"*. – Zitiert nach: *Theodor Storm. Sämtliche Werke in vier Bänden*. Hrsg. v. Peter GOLDAMMER. Berlin/Weimar 1967. Bd. 3, 597–632.

STORM, Psyche 1875 = Theodor STORM: *Psyche*. – Zitiert nach: *Theodor Storm. Sämtliche Werke in vier Bänden*. Hrsg. v. Peter GOLDAMMER. 4. Aufl. Berlin/Weimar 1978. Bd. 2, 563–595.
STORM, Renate 1878 = Theodor STORM: *Renate*. – Zitiert nach: *Theodor Storm. Sämtliche Werke in vier Bänden*. Hrsg. v. Peter GOLDAMMER. 4. Aufl. Berlin/Weimar 1978. Bd. 3, 73–137.
STORM, Schimmelr. 1888 = Theodor STORM: *Der Schimmelreiter*. – Zitiert nach: *Theodor Storm. Sämtliche Werke in vier Bänden*. Hrsg. v. Peter GOLDAMMER. 4. Aufl. Berlin/Weimar 1978. Bd. 4, 251–372.
STORM, Söhne d. Sen. 1880 = Theodor Storm: *Die Söhne des Senators*. – Zitiert nach: *Theodor Storm. Sämtliche Werke in vier Bänden*. Hrsg. v. Peter GOLDAMMER. 4. Aufl. Berlin/Weimar 1978. Bd. 3, 271–314.
STORM, Tonne 1919 = Theodor Storm: *Geschichten aus der Tonne*. – Zitiert nach: *Theodor Storm. Sämtliche Werke in vier Bänden*. Hrsg. v. Peter GOLDAMMER. 4. Aufl. Berlin/Weimar 1978. Bd. 1, 329–338.
STRACKERJAN, Abergl. ^{2}1909 + Bd. = Ludwig STRACKERJAN: *Aberglaube und Sagen aus dem Herzogtum Oldenburg*. 2 Bde. Hrsg. v. K. WILLOH. 2. Aufl. Oldenburg 1909.
SUDERMANN, Bilderb. 1922 = Hermann SUDERMANN: *Das Bilderbuch meiner Jugend*. Mit einem Nachwort von Ernst Osterkamp. München/Wien 1981.
SUDERMANN, Lit. Gesch. 1917 = Hermann SUDERMANN: *Litauische Geschichten*. – Zitiert nach: *Hermann Sudermann. Romane und Novellen. Gesamtausgabe in sechs Bänden*. 21.–25. Tsd. Stuttgart/Berlin 1923, Bd. 6, 90–224.
SUDERMANN, Sorge 1887 = Hermann SUDERMANN: *Frau Sorge. Roman*. – Zitiert nach: *Hermann Sudermann. Romane und Novellen. Gesamtausgabe in sechs Bänden*. 21.–25. Tsd. Stuttgart/Berlin 1923, Bd. 1.
SULZER, Allg. Theor. I 1771 = Johann Georg SULZER: *Allgemeine Theorie der schönen Künste. In einzeln, nach alphabetischer Ordnung der Kunstwörter auf einander folgenden, Artikeln abgehandelt. Bd. 1: A–J*. Leipzig 1771.
SULZER, Allg. Theor. II 1774 = Johann Georg SULZER: *Allgemeine Theorie der schönen Künste. In einzeln, nach alphabetischer Ordnung der Kunstwörter auf einander folgenden, Artikeln abgehandelt. Bd. 2: K–Z*. Leipzig 1774.
SUTTNER, Martha 1902 = Bertha von SUTTNER: *Martha's Kinder. Fortsetzung zu „Die Waffen nieder!"*. Dresden 1902.
SUTTNER, Mem. 1909 = Bertha von SUTTNER: *Memoiren*. Stuttgart/Leipzig 1909.
SUTTNER, Waffen + Bd. 1889 = Bertha von SUTTNER: *Die Waffen nieder! Eine Lebensgeschichte*. 2 Bde. Dresden/Leipzig 1889.
TASCHENBERG, Brehm IX 1887 = *Brehms Thierleben. Allgemeine Kunde des Thierreichs. Neunter Band. Vierte Abtheilung: Wirbellose Thiere. Erster Band: Die Insekten, Tausendfüßler und Spinnen*. Von E. L. TASCHENBERG. 2. umgearb. u. verm. Aufl., kol. Ausg. Leipzig 1884.
TEMME, Volkssag. Pomm. 1840 = Jodocus Deodatus Hubertus TEMME: *Die Volkssagen von Pommern und Rügen*. Berlin.
THOMA, Tante Frieda 1907 = Ludwig THOMA: *Tante Frieda. Neue Lausbubengeschichten*. – Zitiert nach: *Ludwig Thoma. Gesammelte Werke in sechs Bänden*. Erw. Neuausg. (Textredaktion: Albrecht KNAUS). München 1968. Bd. 4, 71–146.
TIECK, an [Empfänger] + Einzeldatum + L = Ludwig TIECK: *[Briefe.]* – Zitiert nach: *Ludwig Tieck und die Brüder Schlegel. Briefe*. Auf der Grundlage der von Henry LÜDEKE besorgten Edition neu hrsg. u. kommentiert von Edgar LOHNER. München 1972.
TIECK, Aufr. Cevenn. 1826 = Ludwig TIECK: *Der Aufruhr in den Cevennen*. – Zitiert nach: *Ludwig Tieck. Werke in vier Bänden. Nach dem Text der Schriften von 1828–1854, unter Berücksichtigung der Erstdrucke*, hrsg. v. Marianne THALMANN. München 1963, Bd. 4, 7–203.

TIECK, Getr. Eckart 1799 = Ludwig TIECK: *Der Getreue Eckart und Der Tannenhäuser*. – Zitiert nach: *Ludwig Tieck. Werke in vier Bänden*. Nach dem Text der Schriften von 1828–1854, unter Berücksichtigung der Erstdrucke. Hrsg. v. Marianne THALMANN. München 1963, Bd. 2, 29–58.

TIECK, P. Lebrecht 1795–96 = Ludwig TIECK: *Peter Lebrecht. Eine Geschichte ohne Abenteuerlichkeiten.* – Zitiert nach: *Ludwig Tieck. Werke in vier Bänden.* Nach dem Text der Schriften von 1828–1854, unter Berücksichtigung der Erstdrucke, hrsg. v. Marianne THALMANN. München 1963, Bd. 1, 73–189.

TIECK, Schön. Magel. 1797 = Ludwig TIECK: *Liebesgeschichte der schönen Magelone und des Grafen Peter von Provence.* – Zitiert nach: *Ludwig Tieck. Werke in vier Bänden.* Nach dem Text der Schriften von 1828–1854, unter Berücksichtigung der Erstdrucke, hrsg. v. Marianne THALMANN. München 1963, Bd. 2, 113–161.

TIECK, Sternbald 1798 = Ludwig TIECK: *Franz Sternbalds Wanderungen. Eine altdeutsche Geschichte.* – Zitiert nach: *Ludwig Tieck. Werke in vier Bänden. Nach dem Text der Schriften von 1828–1854, unter Berücksichtigung der Erstdrucke.* Hrsg. v. Marianne THALMANN. München 1963. Bd. 1, 701–986.

TIECK, V. Accoromb. 1840 = Ludwig TIECK: *Vittoria Accorombona. Ein Roman in fünf Büchern.* – Zitiert nach: *Ludwig Tieck. Werke in vier Bänden. Nach dem Text der Schriften von 1828–1854, unter Berücksichtigung der Erstdrucke.* Hrsg. v. Marianne THALMANN. München 1963, Bd. 4, 541–814.

TIECK, Zerbino 1799 = Ludwig TIECK: *Prinz Zerbino oder die Reise nach dem guten Geschmack. Gewissermaßen eine Fortsetzung des Gestiefelten Katers. Ein deutsches Lustspiel in sechs Aufzügen.* – Zitiert nach: *Ludwig Tieck's Schriften. Zehnter Band.* Berlin 1828.

TIECK-BERNHARDI, Evremont 1836 + Bd. = Sophie TIECK-BERNHARDI: *Evremont Ein Roman.* Hrsg. v. Ludwig Tieck. 3 Bde. Breslau 1836.

TIECK-BERNHARDI, Reh 1802 = Sophie TIECK-BERNHARDI: *Die Stimme im Walde.* – Zitiert nach: *Sophie Tieck-Bernhardi. Wunderbilder und Träume.* 2. Ausg. Königsberg 1823, 255–288.

TIECK-BERNHARDI, St. i. Wld. 1802 = Sophie TIECK-BERNHARDI: *Die Stimme im Walde.* – Zitiert nach: *Sophie Tieck-Bernhardi. Wunderbilder und Träume.* 2. Ausg. Königsberg 1823, 27–55.

TISCHBEIN, Leb. *[ab]1815; 1861 = Heinrich Wilhelm TISCHBEIN: *Aus meinem Leben.* Hrsg., mit Anm. u. einem Nachwort versehen v. Kuno MITTELSTÄDT. Berlin 1956.

TRAKL, Trauml. 1906 = Georg TRAKL: *Traumland. Eine Episode.* – Zitiert nach: *Georg Trakl. Das dichterische Werk.* Auf Grund der historisch-kritischen Ausgabe von Walther KILLY und Hans SZKLENAR bearb. v. Friedrich KUR. München 1972, 109–112.

TROELTSCH, Historism. 1922 = Ernst TROELTSCH: *Der Historismus und seine Probleme. I. Buch: Das logische Problem der Geschichtsphilosophie.* Tübingen 1922 (*Gesammelte Schriften* 3).

TROELTSCH, Mod. Gesch. 1903 = Ernst TROELTSCH: *Moderne Geschichtsphilosophie.* – Zitiert nach: *Ernst Troeltsch. Zur religiösen Lage, Religionsphilosophie und Ethik.* Tübingen ²1922 (*Gesammelte Schriften* 2), 673–728.

TROELTSCH, M. Weber 1920 = Ernst TROELTSCH: *Max Weber. Nachruf vom 20. Juni 1920.* – Zitiert nach: *Ernst Troeltsch. Deutscher Geist und Westeuropa. Gesammelte kulturphilosophische Aufsätze und Reden.* Hrsg. v. Hans BARON. Tübingen 1925 (*Gesammelte Schriften* 2), 247–252.

TROELTSCH, Rel. 1909 = Ernst TROELTSCH: *Wesen der Religion und der Religionswissenschaft.* – Zitiert nach: *Ernst Troeltsch. Zur religiösen Lage, Religionsphilosophie und Ethik.* Tübingen ²1922 (*Gesammelte Schriften* 2), 452–551.

TROELTSCH, Rel. Ind. 1911 = Ernst TROELTSCH: *Religiöser Individualismus und Kirche. Vortrag im Badischen Wissenschaftlichen Predigerverein, nach dem Stenogramm gedruckt.* – Zitiert nach: *Ernst Troeltsch. Zur religiösen Lage, Religionsphilosophie und Ethik.* Tübingen ²1922 (*Gesammelte Schriften* 2), 109–133.

TROELTSCH, Spengler 1923 = Ernst TROELTSCH: *Der Untergang des Abendlandes. Von Oswald Spengler. Bd. 2. Welthistorische Perspektiven. 1.–15. Aufl. München, Beck. 1922. 635 S.* In: *Historische Zeitschrift* 128 (1923), 685–691.

TUCHOLSKY, Affenkäfig 1924 = Kurt TUCHOLSKY: *Affenkäfig.* – Zitiert nach: *Kurt Tucholsky. Gesammelte Werke in zehn Bänden.* Hrsg. v. Mary GEROLD-TUCHOLSKY/Fritz J. RADDATZ. Reinbek bei Hamburg 1975. Bd. 3, 480–482.

TUCHOLSKY, Anstalt 1929 = Kurt TUCHOLSKY: *Die Anstalt.* – Zitiert nach: *Kurt Tucholsky. Gesammelte Werke in zehn Bänden.* Hrsg. v. Mary GEROLD-TUCHOLSKY/Fritz J. RADDATZ. Reinbek bei Hamburg 1975. Bd. 7, 258–266.

TUCHOLSKY, Arzt 1928 = Kurt TUCHOLSKY: *Arzt und Patient.* – Zitiert nach: *Kurt Tucholsky. Deutsches Tempo. Texte 1911 bis 1932.* Hrsg. v. Mary GEROLD-TUCHOLSKY/Fritz J. RADDATZ. Reinbek bei Hamburg 1985, 609–613. (Gesammelte Werke, Ergänzungsband 1.)

TUCHOLSKY, Aufgez. 1919 = Kurt TUCHOLSKY: ‚Aufgezogen'. – Zitiert nach: *Kurt Tucholsky. Gesammelte Werke in zehn Bänden.* Hrsg. v. Mary GEROLD-TUCHOLSKY/Fritz J. RADDATZ. Reinbek bei Hamburg 1975. Bd. 2, 197.

TUCHOLSKY, Barreau 1913 = Kurt TUCHOLSKY: *Das Barreau.* – Zitiert nach: *Kurt Tucholsky. Gesammelte Werke in zehn Bänden.* Hrsg. v. Mary GEROLD-TUCHOLSKY/Fritz J. RADDATZ. Reinbek bei Hamburg 1975. Bd. 1, 123–124.

TUCHOLSKY, Beamt. II 1928 = Kurt TUCHOLSKY: *Die Beamtenpest III.* – Zitiert nach: *Kurt Tucholsky. Gesammelte Werke in zehn Bänden.* Hrsg. v. Mary GEROLD-TUCHOLSKY/Fritz J. RADDATZ. Reinbek bei Hamburg 1975. Bd. 6, 275–280.

TUCHOLSKY, Beamt. III 1928 = Kurt TUCHOLSKY: *Die Beamtenpest III.* – Zitiert nach: *Kurt Tucholsky. Gesammelte Werke in zehn Bänden.* Hrsg. v. Mary GEROLD-TUCHOLSKY/Fritz J. RADDATZ. Reinbek bei Hamburg 1975. Bd. 6, 280–285.

TUCHOLSKY, Bess. Herr 1929 = Kurt TUCHOLSKY: *Ein besserer Herr.* – Zitiert nach: *Kurt Tucholsky. Gesammelte Werke in zehn Bänden.* Hrsg. v. Mary GEROLD-TUCHOLSKY/Fritz J. RADDATZ. Reinbek bei Hamburg 1975. Bd. 7, 105–112.

TUCHOLSKY, Besuch 1927 = Kurt TUCHOLSKY: *Besuch bei J. V. Jensen.* – Zitiert nach: *Kurt Tucholsky. Gesammelte Werke in zehn Bänden.* Hrsg. v. Mary GEROLD-TUCHOLSKY/ Fritz J. RADDATZ. Reinbek bei Hamburg 1975. Bd. 5, 232–234.

TUCHOLSKY, Brief 1928 = Kurt TUCHOLSKY: *Herr Wendriner diktiert einen Brief.* – Zitiert nach: *Kurt Tucholsky. Gesammelte Werke in zehn Bänden.* Hrsg. v. Mary GEROLD-TUCHOLSKY/Fritz J. RADDATZ. Reinbek bei Hamburg 1975. Bd. 6, 95–99.

TUCHOLSKY, Brf. bess. Hrn. 1925 = Kurt TUCHOLSKY: *Brief an einen besseren Herrn.* – Zitiert nach: *Kurt Tucholsky. Gesammelte Werke in zehn Bänden.* Hrsg. v. Mary GEROLD-TUCHOLSKY/Fritz J. RADDATZ. Reinbek bei Hamburg 1975. Bd. 4, 65–70.

TUCHOLSKY, Brot 1926 = Kurt TUCHOLSKY: *Brot mit Tränen.* – Zitiert nach: *Kurt Tucholsky. Gesammelte Werke in zehn Bänden.* Hrsg. v. Mary GEROLD-TUCHOLSKY/Fritz J. RADDATZ. Reinbek bei Hamburg 1975. Bd. 4, 538.

TUCHOLSKY, Büchert. 1925 = Kurt TUCHOLSKY: *Büchertisch.* – Zitiert nach: *Kurt Tucholsky. Gesammelte Werke in zehn Bänden.* Hrsg. v. Mary GEROLD-TUCHOLSKY/Fritz J. RADDATZ. Reinbek bei Hamburg 1975. Bd. 4, 263–265.

TUCHOLSKY, Clem. 1930 = Kurt TUCHOLSKY: ‚Clemenceau spricht'. – Zitiert nach: *Kurt Tucholsky. Gesammelte Werke in zehn Bänden.* Hrsg. v. Mary GEROLD-TUCHOLSKY/Fritz J. RADDATZ. Reinbek bei Hamburg 1975. Bd. 8, 96–99.

TUCHOLSKY, Dada 1920 = Kurt TUCHOLSKY: *Dada.* – Zitiert nach: *Kurt Tucholsky. Gesammelte Werke in zehn Bänden.* Hrsg. v. Mary GEROLD-TUCHOLSKY/Fritz J. RADDATZ. Reinbek bei Hamburg 1975. Bd. 2, 382–383.

TUCHOLSKY, Dollar 1922 = Kurt TUCHOLSKY: *Dollar = 2000 Mark*. – Zitiert nach: *Kurt Tucholsky. Republik wider Willen*. Hrsg. v. Fritz J. RADDATZ. Reinbek bei Hamburg 1985 (Gesammelte Werke, Ergänzungsband 2), 217–220.
TUCHOLSKY, Dreisch. 1913 = Kurt TUCHOLSKY: *Der Dreischichtedichter*. – Zitiert nach: *Kurt Tucholsky. Gesammelte Werke in zehn Bänden*. Hrsg. v. Mary GEROLD-TUCHOLSKY/Fritz J. RADDATZ. Reinbek bei Hamburg 1975. Bd. 1, 94.
TUCHOLSKY, Dt. Kino. 1920 = Kurt TUCHOLSKY: *Deutsche Kinodämmerung*. – Zitiert nach: *Kurt Tucholsky. Gesammelte Werke in zehn Bänden*. Hrsg. v. Mary GEROLD-TUCHOLSKY/ Fritz J. RADDATZ. Reinbek bei Hamburg 1975. Bd. 2, 389–391.
TUCHOLSKY, Dt. Richter 1927 = Kurt TUCHOLSKY: *Deutsche Richter*. – Zitiert nach: *Kurt Tucholsky. Gesammelte Werke in zehn Bänden*. Hrsg. v. Mary GEROLD-TUCHOLSKY/Fritz J. RADDATZ. Reinbek bei Hamburg 1975. Bd. 5, 202–213.
TUCHOLSKY, Einbr. 1920 = Kurt TUCHOLSKY: *Zwei Einbrecher*. – Zitiert nach: *Kurt Tucholsky. Deutsches Tempo. Texte 1911 bis 1932*. Hrsg. v. Mary GEROLD-TUCHOLSKY/Fritz J. RADDATZ. Reinbek bei Hamburg 1985, 161–166. (Gesammelte Werke, Ergänzungsband 1.)
TUCHOLSKY, Felderlebn. 1922 = Kurt TUCHOLSKY: *Das Felderlebnis*. – Zitiert nach: *Kurt Tucholsky. Gesammelte Werke in zehn Bänden*. Hrsg. v. Mary GEROLD-TUCHOLSKY/Fritz J. RADDATZ. Reinbek bei Hamburg 1975. Bd. 3, 261–266.
TUCHOLSKY, Fotogr. 1925 = Kurt TUCHOLSKY: *Das Fotografie-Album*. – Zitiert nach: *Kurt Tucholsky. Gesammelte Werke in zehn Bänden*. Hrsg. v. Mary GEROLD-TUCHOLSKY/Fritz J. RADDATZ. Reinbek bei Hamburg 1975. Bd. 10, 163–171.
TUCHOLSKY, Frühl. 1924 = Kurt TUCHOLSKY: *Ein Frühling in Amerika*. – Zitiert nach: *Kurt Tucholsky. Gesammelte Werke in zehn Bänden*. Hrsg. v. Mary GEROLD-TUCHOLSKY/Fritz J. RADDATZ. Reinbek bei Hamburg 1975. Bd. 3, 375–376.
TUCHOLSKY, Gripsholm 1931 = Kurt TUCHOLSKY: *Schloß Gripsholm*. – Zitiert nach: *Kurt Tucholsky. Gesammelte Werke in zehn Bänden*. Hrsg. v. Mary GEROLD-TUCHOLSKY/Fritz J. RADDATZ. Reinbek bei Hamburg 1975. Bd. 3, 7–94.
TUCHOLSKY, Grosz 1921 = Kurt TUCHOLSKY: *Fratzen von Grosz*. – Zitiert nach: *Kurt Tucholsky. Gesammelte Werke in zehn Bänden*. Hrsg. v. Mary GEROLD-TUCHOLSKY/Fritz J. RADDATZ. Reinbek bei Hamburg 1975. Bd. 3, 41–43.
TUCHOLSKY, Hexenproz. 1920 = Kurt TUCHOLSKY: *Hexenprozesse in alter und neuer Zeit*. – Zitiert nach: *Kurt Tucholsky. Gesammelte Werke in zehn Bänden*. Hrsg. v. Mary GEROLD-TUCHOLSKY/ Fritz J. RADDATZ. Reinbek bei Hamburg 1975. Bd. 2, 412–415.
TUCHOLSKY, Hund 1926 = Kurt TUCHOLSKY: *Der Hund und der Blinde*. – Zitiert nach: *Kurt Tucholsky. Deutsches Tempo. Texte 1911 bis 1932*. Hrsg. v. Mary GEROLD-TUCHOLSKY/Fritz J. RADDATZ. Reinbek bei Hamburg 1985, 518–519. (Gesammelte Werke, Ergänzungsband 1.)
TUCHOLSKY, I. Grüning 1919 = Kurt TUCHOLSKY: *Ilka Grüning*. – Zitiert nach: *Kurt Tucholsky. Gesammelte Werke in zehn Bänden*. Hrsg. v. Mary GEROLD-TUCHOLSKY/Fritz J. RADDATZ. Reinbek bei Hamburg 1975. Bd. 2, 137–139.
TUCHOLSKY, Kasern. 1920 = Kurt TUCHOLSKY: *Deutschland – ein Kasernenhof!* – Zitiert nach: *Kurt Tucholsky. Gesammelte Werke in zehn Bänden*. Hrsg. v. Mary GEROLD-TUCHOLSKY/Fritz J. RADDATZ. Reinbek bei Hamburg 1975. Bd. 2, 373–376.
TUCHOLSKY, Keuschh. 1930 = Kurt TUCHOLSKY: *Die Keuschheitsgürteltiere*. – Zitiert nach: *Kurt Tucholsky. Republik wider Willen*. Hrsg. v. Fritz J. RADDATZ. Reinbek bei Hamburg 1985 (Gesammelte Werke, Ergänzungsband 2), 395–398.
TUCHOLSKY, Kind 1925 = Kurt TUCHOLSKY: *Jemand besucht etwas mit seinem Kind*. – Zitiert nach: *Kurt Tucholsky. Gesammelte Werke in zehn Bänden*. Hrsg. v. Mary GEROLD-TUCHOLSKY/Fritz J. RADDATZ. Reinbek bei Hamburg 1975. Bd. 4, 58–59.

TUCHOLSKY, Konf. 1923 = Kurt TUCHOLSKY: *Die Konferenz*. – Zitiert nach: *Kurt Tucholsky. Deutsches Tempo. Texte 1911 bis 1932*. Hrsg. v. Mary GEROLD-TUCHOLSKY/Fritz J. RADDATZ. Reinbek bei Hamburg 1985, 334–336. (Gesammelte Werke, Ergänzungsband 1.)

TUCHOLSKY, Kürschner 1928 = Kurt TUCHOLSKY: *Der neue Kürschner*. – Zitiert nach: *Kurt Tucholsky. Gesammelte Werke in zehn Bänden*. Hrsg. v. Mary GEROLD-TUCHOLSKY/Fritz J. RADDATZ. Reinbek bei Hamburg 1975. Bd. 6, 99–100.

TUCHOLSKY, Märchen 1907 = Kurt TUCHOLSKY: *Märchen*. – Zitiert nach: *Kurt Tucholsky. Gesammelte Werke in zehn Bänden*. Hrsg. v. Mary GEROLD-TUCHOLSKY/Fritz J. RADDATZ. Reinbek bei Hamburg 1975. Bd. 1, 29.

TUCHOLSKY, Moskau 1920 = Kurt TUCHOLSKY: *Aus Moskau zurück*. – Zitiert nach: *Kurt Tucholsky. Gesammelte Werke in zehn Bänden*. Hrsg. v. Mary GEROLD-TUCHOLSKY/ Fritz J. RADDATZ. Reinbek bei Hamburg 1975. Bd. 2, 422–425.

TUCHOLSKY, Museum 1926 = Kurt TUCHOLSKY: *Wir im Museum*. – Zitiert nach: *Kurt Tucholsky. Gesammelte Werke in zehn Bänden*. Hrsg. v. Mary GEROLD-TUCHOLSKY/ Fritz J. RADDATZ. Reinbek bei Hamburg 1975. Bd. 4, 360–364.

TUCHOLSKY, Nachttisch 1928 = Kurt TUCHOLSKY: *Auf dem Nachttisch*. – Zitiert nach: *Kurt Tucholsky. Gesammelte Werke in zehn Bänden*. Hrsg. v. Mary GEROLD-TUCHOLSKY/ Fritz J. RADDATZ. Reinbek bei Hamburg 1975. Bd. 6, 124–130.

TUCHOLSKY, Neudt. Stil 1926 = Kurt TUCHOLSKY: *Der neudeutsche Stil*. – Zitiert nach: *Kurt Tucholsky. Gesammelte Werke in zehn Bänden*. Hrsg. v. Mary GEROLD-TUCHOLSKY/Fritz J. RADDATZ. Reinbek bei Hamburg 1975. Bd. 4, 398–404.

TUCHOLSKY, Paganini 1914 = Kurt TUCHOLSKY: *Paganini oder Der Teufel auf der Tournee*. – Zitiert nach: *Kurt Tucholsky. Gesammelte Werke in zehn Bänden*. Hrsg. v. Mary GEROLD-TUCHOLSKY/Fritz J. RADDATZ. Reinbek bei Hamburg 1975. Bd. 1, 232–237.

TUCHOLSKY, Pyr. 1927 = Kurt TUCHOLSKY: *Ein Pyrenäenbuch*. – Zitiert nach: *Kurt Tucholsky. Gesammelte Werke in zehn Bänden*. Hrsg. v. Mary GEROLD-TUCHOLSKY/Fritz J. RADDATZ. Reinbek bei Hamburg 1975. Bd. 5, 7–135.

TUCHOLSKY, Rev. 1920 = Kurt TUCHOLSKY: *Revolutionswerkstatt*. – Zitiert nach: *Kurt Tucholsky. Republik wider Willen*. Hrsg. v. Fritz J. RADDATZ. Reinbek bei Hamburg 1985 (Gesammelte Werke, Ergänzungsband 2), 121–123.

TUCHOLSKY, Rheinsb. 1912 = Kurt TUCHOLSKY: *Rheinsberg. Ein Bilderbuch für Verliebte*. – Zitiert nach: *Kurt Tucholsky. Gesammelte Werke in zehn Bänden*. Hrsg. v. Mary GEROLD-TUCHOLSKY/Fritz J. RADDATZ. Reinbek bei Hamburg 1975. Bd. 1, 50–74.

TUCHOLSKY, Schnipsel 1932 = Kurt TUCHOLSKY: *Schnipsel*. – Zitiert nach: *Kurt Tucholsky. Gesammelte Werke in zehn Bänden*. Hrsg. v. Mary GEROLD-TUCHOLSKY/Fritz J. RADDATZ. Reinbek bei Hamburg 1975. Bd. 10, 102–104.

TUCHOLSKY, Soz. Horiz. 1925 = Kurt TUCHOLSKY: *Der soziologische Horizont*. – Zitiert nach: *Kurt Tucholsky. Gesammelte Werke in zehn Bänden*. Hrsg. v. Mary GEROLD-TUCHOLSKY/Fritz J. RADDATZ. Reinbek bei Hamburg 1975. Bd. 4, 246–248.

TUCHOLSKY, Stammt. 1926 = Kurt TUCHOLSKY: *Wie sich der deutsche Stammtisch Paris vorstellt*. – Zitiert nach: *Kurt Tucholsky. Gesammelte Werke in zehn Bänden*. Hrsg. v. Mary GEROLD-TUCHOLSKY/ Fritz J. RADDATZ. Reinbek bei Hamburg 1975. Bd. 4, 341–343.

TUCHOLSKY, Theat. 1926 = *Herr Wendriner geht ins Theater*. – Zitiert nach: *Kurt Tucholsky. Gesammelte Werke in zehn Bänden*. Hrsg. v. Mary GEROLD-TUCHOLSKY/Fritz J. RADDATZ. Reinbek bei Hamburg 1975. Bd. 4, 560–563.

TUCHOLSKY, Trepp. 1927 = Kurt TUCHOLSKY: *Vorgang beim Treppensteigen*. – Zitiert nach: *Kurt Tucholsky. Gesammelte Werke in zehn Bänden*. Hrsg. v. Mary GEROLD-TUCHOLSKY/Fritz J. RADDATZ. Reinbek bei Hamburg 1975. Bd. 5, 373–374.

Tucholsky, Umzug 1925 = Kurt Tucholsky: *Umzug* – Zitiert nach: *Kurt Tucholsky. Gesammelte Werke in zehn Bänden*. Hrsg. v. Mary Gerold-Tucholsky/Fritz J. Raddatz. Reinbek bei Hamburg 1975. Bd. 4, 129–132.

Tucholsky, Unterg. Land 1919 = Kurt Tucholsky: *Ein untergehendes Land.* – Zitiert nach: *Kurt Tucholsky. Gesammelte Werke in zehn Bänden*. Hrsg. v. Mary Gerold-Tucholsky/Fritz J. Raddatz. Reinbek bei Hamburg 1975. Bd. 2, 115–119.

Tucholsky, Verfass. 1922 = Kurt Tucholsky: *Verfassungstag.* – Zitiert nach: *Kurt Tucholsky. Gesammelte Werke in zehn Bänden*. Hrsg. v. Mary Gerold-Tucholsky/Fritz J. Raddatz. Reinbek bei Hamburg 1975. Bd. 3, 259–261.

Tucholsky, Vormärz 1914 = Kurt Tucholsky: *Vormärz.* – Zitiert nach: *Kurt Tucholsky. Gesammelte Werke in zehn Bänden*. Hrsg. v. Mary Gerold-Tucholsky/Fritz J. Raddatz. Reinbek bei Hamburg 1975. Bd. 1, 193–196.

Tucholsky, Wirtschaftsführer 1931 = Kurt Tucholsky: *Die Herren Wirtschaftsführer.* – Zitiert nach: *Kurt Tucholsky. Gesammelte Werke in zehn Bänden*. Hrsg. v. Mary Gerold-Tucholsky/Fritz J. Raddatz. Reinbek bei Hamburg 1975. Bd. 9, 260–263.

Tucholsky, Wofür? 1925 = Kurt Tucholsky: *Wofür?* – Zitiert nach: *Kurt Tucholsky. Gesammelte Werke in zehn Bänden*. Hrsg. v. Mary Gerold-Tucholsky/Fritz J. Raddatz. Reinbek bei Hamburg 1975. Bd. 4, 293–296.

Tucholsky, Zeisig 1930 = Kurt Tucholsky: *Der kranke Zeisig.* – Zitiert nach: *Kurt Tucholsky. Gesammelte Werke in zehn Bänden*. Hrsg. v. Mary Gerold-Tucholsky/Fritz J. Raddatz. Reinbek bei Hamburg 1975. Bd. 8, 252–257.

Tucholsky, Zeisig 1931 = Kurt Tucholsky: *Der kartellierte Zeisig.* – Zitiert nach: *Kurt Tucholsky. Deutsches Tempo. Texte 1911 bis 1932*. Hrsg. v. Mary Gerold-Tucholsky/Fritz J. Raddatz. Reinbek bei Hamburg 1985, 804–811. (Gesammelte Werke, Ergänzungsband 1.)

Tucholsky, Zeppelin 1924 = Kurt Tucholsky: *Zeppelin.* – Zitiert nach: *Kurt Tucholsky. Deutsches Tempo. Texte 1911 bis 1932*. Hrsg. v. Mary Gerold-Tucholsky/Fritz J. Raddatz. Reinbek bei Hamburg 1985, 388–393. (Gesammelte Werke, Ergänzungsband 1.)

Tucholsky/Polgar, Traum 1927 = Kurt Tucholsky/Alfred Polgar: *Der Traum – ein Leben.* – Zitiert nach: *Kurt Tucholsky. Gesammelte Werke in zehn Bänden*. Hrsg. v. Mary Gerold-Tucholsky/Fritz J. Raddatz. Reinbek bei Hamburg 1975. Bd. 5, 417–423.

Unger, Bekenntn. schön. Seele 1806 = Friederike Helene Unger: *Bekenntnisse einer schönen Seele. Von ihr selbst geschrieben*. Berlin 1806.

Unger, J. Grünthal ³1798 + Bd. = Friederike Helene Unger: *Julchen Grünthal*. 3. veränderte u. vermehrte Ausgabe. 2 Bde. Berlin 1798.

Ungern-Sternberg, Braun. Märch. 1850 = Alexander von Ungern-Sternberg: *Braune Märchen*. Berlin 1850.

Vulpius, Rinald. ⁵1824 = Christian August Vulpius: *Rinaldo Rinaldini, der Räuberhauptmann. Romantische Geschichte. Mit Illustrationen*. Hrsg. u. mit einem Nachwort versehen v. Karl Riha. [Der Text folgt der fünften neu v. Christian August Vulpius bearbeiteten Ausgabe von 1824.] Frankfurt a. M. 1980.

Wagner, Leben ⌈*1870–80; 1911⌉ = Richard Wagner: *Mein Leben.* – Zitiert nach: *Richard Wagner. Mein Leben. Erste authentische Veröffentlichung. Vollständiger Text unter Zugrundelegung der im Richard-Wagner-Archiv Bayreuth aufbewahrten Diktatniederschrift, ergänzt durch Richard Wagners Annalen 1864 bis 1868 und eine Zeittafel für die Jahre 1869 bis 1883*. Vorgelegt und mit einem Nachwort von Martin Gregor-Dellin. München 1963.

Waiblinger, Bl. Grotte 1830 = Wilhelm Waiblinger: *Das Märchen von der blauen Grotte.* – Zitiert nach: *Wilhelm Waiblinger. Werke und Briefe*. Textkritische und kommentierte Ausgabe in fünf Bänden. Hrsg. v. Hans Königer. Stuttgart 1981. Bd. 2, 675–728.

WAIBLINGER, Brit. in Rom 1829–30 = Wilhelm WAIBLINGER: *Die Briten in Rom. Novelle.* – Zitiert nach: *Wilhelm Waiblinger. Werke und Briefe*. Textkritische und kommentierte Ausgabe in fünf Bänden. Hrsg. v. Hans KÖNIGER. Stuttgart 1981. Bd. 2, 409–518.

WASIELEWSKI, Schumann ³1880 = Wilhelm Joseph von WASIELEWSKI: *Robert Schumann. Eine Biographie. Mit einer Porträtradierung*. 3., wesentlich vermehrte Aufl. Bonn 1880.

WASSERMANN, Gänsemännchen 1915 = Jakob WASSERMANN: *Das Gänsemännchen. Roman.* Berlin 1915. – Zitiert nach der 88.–91. Aufl. (Berlin 1929).

WASSERMANN, Hauser 1907 = Jakob WASSERMANN: *Caspar Hauser oder Die Trägheit des Herzens.* – Zitiert nach der 25.–29. Aufl. (Berlin o. J.)

WASSERMANN, Juden 1897 = Jakob WASSERMANN: *Die Juden von Zirndorf*. Paris/Leipzig/München 1897. – Zitiert nach der 6.–20. Aufl. (Berlin/Wien 1918).

WASSERMANN, Wahnschaffe 1919 = Jakob Wassermann: *Christian Wahnschaffe. Roman in zwei Bänden*. Berlin 1919. – Zitiert nach der 56.–59. Aufl. (Berlin 1928).

M. WEBER, Lebensbild 1926 = Marianne WEBER: *Max Weber. Ein Lebensbild*. Mit 13 Tafeln und 1 Faksimile. 3. Auflage, unveränd. Nachdr. der 1. Auflage 1926, ergänzt um Register und Verzeichnisse von Max WEBER-SCHÄFER. Tübingen 1984.

WEBER, A. Ploetz ⌈1910; 1911⌉ = Max WEBER: [Diskussionsrede zu dem Vortrag von A. Ploetz über „Die Begriffe Rasse und Gesellschaft".] – Zitiert nach: *Max Weber. Gesammelte Aufsätze zur Soziologie und Sozialpolitik*. Hrsg. v. Marianne WEBER. Tübingen ²1988 (¹1924), 456–462. (UTB 1494.)

WEBER, A. Voigt ⌈1910; 1911⌉ = Max WEBER: [Diskussionsrede zu dem Vortrag von A. Voigt über „Wirtschaft und Recht".] – Zitiert nach: *Max Weber. Gesammelte Aufsätze zur Soziologie und Sozialpolitik*. Hrsg. v. Marianne WEBER. Tübingen ²1988 (¹1924), 471–476. (UTB 1494.)

WEBER, Abänd. Reichsverf. 1917 = Max WEBER: *Die Abänderung des Artikel 9 der Reichsverfassung.* – Zitiert nach: *Max Weber. Gesammelte politische Schriften*. Hrsg. von Johannes WINCKELMANN. Tübingen ⁵1988 (¹1921), 222–225. (UTB 1491.)

WEBER, Agrarverh. 1897 = Max WEBER: *Agrarverhältnisse im Altertum.* – Zitiert nach: *Max Weber. Gesammelte Aufsätze zur Sozial- und Wirtschaftsgeschichte*. Hrsg. v. Marianne WEBER. Tübingen ²1988 (¹1924), 1–288. (UTB 1493.)

WEBER, Altgerm. Sozialverf. 1904 [1905] = Max WEBER: *Der Streit um den Charakter der altgermanischen Sozialverfassung in der deutschen Literatur des letzten Jahrzehnts.* – Zitiert nach: *Max Weber. Gesammelte Aufsätze zur Sozial- und Wirtschaftsgeschichte*. Hrsg. v. Marianne WEBER. Tübingen ²1988 (¹1924), 508–556. (UTB 1493.)

WEBER, Arbeiterpsych. ⌈1911; 1912⌉ = Max WEBER: [Diskussionsrede auf der Tagung des Vereins für Sozialpolitik in Nürnberg 1911 zum Thema: Probleme der Arbeiterpsychologie unter besonderer Rücksichtnahme auf Methode und Ergebnisse der Vereinserhebungen.] – Zitiert nach: *Max Weber. Gesammelte Aufsätze zur Soziologie und Sozialpolitik*. Hrsg. v. Marianne WEBER. Tübingen ²1988 (¹1924), 424–430. (UTB 1494.)

WEBER, Äuß. u. inn. Pol. 1917 = Max WEBER: *Deutschlands äußere und Preußens innere Politik.* – Zitiert nach: *Max Weber. Gesammelte politische Schriften*. Hrsg. von Johannes WINCKELMANN. Tübingen ⁵1988 (¹1921), 178–191. (UTB 1491.)

WEBER, Bayern 1917 = Max WEBER: *Bayern und die Parlamentarisierung im Reich.* – Zitiert nach: *Max Weber. Gesammelte politische Schriften*. Hrsg. von Johannes WINCKELMANN. Tübingen ⁵1988 (¹1921), 233–240. (UTB 1491.)

WEBER, Berl. Prof. 1916 = Max WEBER: *Der Berliner Professoren-Aufruf.* – Zitiert nach: *Max Weber. Gesammelte politische Schriften*. Hrsg. von Johannes WINCKELMANN. Tübingen ⁵1988 (¹1921), 155–156. (UTB 1491.)

WEBER, Bismarck 1917 = Max WEBER: *„Bismarcks Erbe in der Reichsverfassung".* [Rezension eines gleichnamigen Buchs von Erich Kaufmann.] – Zitiert nach: *Max Weber. Gesammelte politische Schriften*. Hrsg. von Johannes WINCKELMANN. Tübingen ⁵1988 (¹1921), 241–244. (UTB 1491.)

Weber, Bismarcks Außenpol. 1915 = Max Weber: *Bismarcks Außenpolitik und die Gegenwart.* – Zitiert nach: *Max Weber. Gesammelte politische Schriften.* Hrsg. von Johannes Winckelmann. Tübingen ⁵1988 (¹1921), 112–129. (UTB 1491.)

Weber, Börse 1894 = Max Weber: *Die Börse.* – Zitiert nach: *Max Weber. Gesammelte Aufsätze zur Soziologie und Sozialpolitk.* Hrsg. v. Marianne Weber. Tübingen ²1988 (¹1924), 256–322. (UTB 1494.)

Weber, Bürgerl. Demokr. Rußld. 1906 = Max Weber: *Zur Lage der bürgerlichen Demokratie in Rußland.* – Zitiert nach: *Max Weber. Gesammelte politische Schriften.* Hrsg. von Johannes Winckelmann. Tübingen ⁵1988 (¹1921), 33–68. (UTB 1491.)

Weber, Dtdl. 1916 = Max Weber: *Deutschland unter den europäischen Weltmächten.* – Zitiert nach: *Max Weber. Gesammelte politische Schriften.* Hrsg. von Johannes Winckelmann. Tübingen ⁵1988 (¹1921), 157–177. (UTB 1491.)

Weber, Dtld. Staatsform ⁽ⁱ⁾1919 = Max Weber: *Deutschlands künftige Staatsform.* [Umgearbeitete Fassung des Erstdrucks mit dem Titel *Die Staatsform Deutschlands* (1918).] – Zitiert nach: *Max Weber. Gesammelte politische Schriften.* Hrsg. von Johannes Winckelmann. Tübingen ⁵1988 (¹1921), 448–483. (UTB 1491.)

Weber, E. Troeltsch I ⌈¹1910; 1911⌉ = Max Weber: [Erste Diskussionsrede zu E. Troeltschs Vortrag über „Das stoisch-christliche Naturrecht".] – Zitiert nach: *Max Weber. Gesammelte Aufsätze zur Soziologie und Sozialpolitk.* Hrsg. v. Marianne Weber. Tübingen ²1988 (¹1924), 462–469. (UTB 1494.)

Weber, E. Troeltsch II ⌈¹1910; 1911⌉ = Max Weber: [Zweite Diskussionsrede zu E. Troeltschs Vortrag über „Das stoisch-christliche Naturrecht".] – Zitiert nach: *Max Weber. Gesammelte Aufsätze zur Soziologie und Sozialpolitk.* Hrsg. v. Marianne Weber. Tübingen ²1988 (¹1924), 469–470. (UTB 1494.)

Weber, Energ. Kulturth. 1909 = Max Weber: *„Energetische" Kulturtheorien.* – Zitiert nach: *Gesammelte Aufsätze zur Wissenschaftslehre von Max Weber.* 4., erneut durchges. Aufl., hrsg. v. Johannes Winckelmann. Tübingen 1973, 400–426.

Weber, F. Oppenheimer ⌈¹1912; 1913⌉ = Max Weber: [Diskussionsrede auf dem zweiten Deutschen Soziologentag in Berlin 1912 zum Vortrag von F. Oppenheimer über „Die rassen-theoretische Geschichtsphilosophie".] – Zitiert nach: *Max Weber. Gesammelte Aufsätze zur Soziologie und Sozialpolitk.* Hrsg. v. Marianne Weber. Tübingen ²1988 (¹1924), 488–491. (UTB 1494.)

Weber, F. Schmid ⌈¹1912; 1913⌉ = Max Weber: [Diskussionsrede auf dem zweiten Deutschen Soziologentag in Berlin 1912 zum Vortrag von F. Schmid über „Das Recht der Nationalitäten".] – Zitiert nach: *Max Weber. Gesammelte Aufsätze zur Soziologie und Sozialpolitk.* Hrsg. v. Marianne Weber. Tübingen ²1988 (¹1924), 487–488. (UTB 1494.)

Weber, Fideikomm. 1904 = Max Weber: *Agrarstatistische und sozialpolitische Betrachtungen zur Fideikommißfrage in Preußen.* – Zitiert nach: *Max Weber. Gesammelte Aufsätze zur Soziologie und Sozialpolitk.* Hrsg. v. Marianne Weber. Tübingen ²1988 (¹1924), 323–393. (UTB 1494.)

Weber, Flottenumfr. 1898 = Max Weber: [Stellungnahme zur Flottenumfrage der Allgemeinen Zeitung (München)]. – Zitiert nach: *Max Weber. Gesammelte politische Schriften.* Hrsg. von Johannes Winckelmann. Tübingen ⁵1988 (¹1921), 30–32. (UTB 1491.)

Weber, Friedenschl. ⌈*1915–16; 1921⌉ = Max Weber: *Zur Frage des Friedenschließens.* – Zitiert nach: *Max Weber. Gesammelte politische Schriften.* Hrsg. von Johannes Winckelmann. Tübingen ⁵1988 (¹1921), 130–141. (UTB 1491.)

Weber, G. Schmoller ⌈¹1905; 1906⌉ = Max Weber: [Debatterede zu dem Vortrag G. Schmollers über das Verhältnis der Kartelle zum Staat auf der Tagung des Vereins für Sozialpolitik in Mannheim 1905.] – Zitiert nach: *Max Weber. Gesammelte Aufsätze zur Soziologie und Sozialpolitk.* Hrsg. v. Marianne Weber. Tübingen ²1988 (¹1924), 399–406. (UTB 1494.)

Weber, Geschäftsber. 1911 = Max Weber: *Geschäftsbericht auf dem ersten Deutschen Soziologentage in Frankfurt 1910.* – Zitiert nach: *Max Weber. Gesammelte Aufsätze zur Soziologie und Sozialpolitk.* Hrsg. v. Marianne Weber. Tübingen ²1988 (¹1924), 431–449. (UTB 1494.)

Weber, Grenzn. 1908 = Max Weber: *Die Grenznutzlehre und das „psychophysische Grundgesetz".* – Zitiert nach: *Gesammelte Aufsätze zur Wissenschaftslehre von Max Weber.* 4., erneut durchges. Aufl., hrsg. v. Johannes Winckelmann. Tübingen 1973, 384–399.

Weber, Grundl. d. Musik ⌈*1911; 1921⌉ = Max Weber: *Die rationalen und soziologischen Grundlagen der Musik.* – Zitiert nach der Ausgabe Tübingen 1972.

Weber, H. Kantorowicz ⌈1910; 1911⌉ = Max Weber: [Diskussionsrede zu dem Vortrag von H. Kantorowicz, „Rechtswissenschaft und Soziologie".] – Zitiert nach: *Max Weber. Gesammelte Aufsätze zur Soziologie und Sozialpolitk.* Hrsg. v. Marianne Weber. Tübingen ²1988 (¹1924), 476–483. (UTB 1494.)

Weber, Handelsges. 1889 = Max Weber: *Zur Geschichte der Handelsgesellschaften im Mittelalter. Nach südeuropäischen Quellen.* – Zitiert nach: *Max Weber. Gesammelte Aufsätze zur Sozial- und Wirtschaftsgeschichte.* Hrsg. v. Marianne Weber. Tübingen ²1988 (¹1924), 312–443. (UTB 1493.)

Weber, Inn. Lage 1918 = Max Weber: *Innere Lage und Außenpolitik.* – Zitiert nach: *Max Weber. Gesammelte politische Schriften.* Hrsg. von Johannes Winckelmann. Tübingen ⁵1988 (¹1921), 292–305. (UTB 1491.)

Weber, Innerpol. Aufg. 1918 = Max Weber: *Die nächste innerpolitische Aufgabe.* – Zitiert nach: *Max Weber. Gesammelte politische Schriften.* Hrsg. von Johannes Winckelmann. Tübingen ⁵1988 (¹1921), 444–446. (UTB 1491.)

Weber, Kanzlerkrisis 1917 = Max Weber: *Die Lehren der deutschen Kanzlerkrisis.* – Zitiert nach: *Max Weber. Gesammelte politische Schriften.* Hrsg. von Johannes Winckelmann. Tübingen ⁵1988 (¹1921), 216–221. (UTB 1491.)

Weber, Kateg. Soziolog. 1913 = Max Weber: *Ueber einige Kategorien der verstehenden Soziologie.* – Zitiert nach: *Gesammelte Aufsätze zur Wissenschaftslehre von Max Weber.* 4., erneut durchges. Aufl., hrsg. v. Johannes Winckelmann. Tübingen 1973, 427–474.

Weber, Kriegsanl. 1917 = Max Weber: *Die siebente deutsche Kriegsanleihe.* – Zitiert nach: *Max Weber. Gesammelte politische Schriften.* Hrsg. von Johannes Winckelmann. Tübingen ⁵1988 (¹1921), 226–228. (UTB 1491.)

Weber, Kriegsschuld 1919 = Max Weber: *Zum Thema der „Kriegsschuld".* – Zitiert nach: *Max Weber. Gesammelte politische Schriften.* Hrsg. von Johannes Winckelmann. Tübingen ⁵1988 (¹1921), 488–497. (UTB 1491.)

Weber, Krit. Stud. 1906 = Max Weber: *Kritische Studien auf dem Gebiet der kulturwissenschaftlichen Logik.* – Zitiert nach: *Gesammelte Aufsätze zur Wissenschaftslehre von Max Weber.* 4., erneut durchges. Aufl., hrsg. v. Johannes Winckelmann. Tübingen 1973, 215–290.

Weber, Ländl. Arbeitsverf. 1893 = Max Weber: *Die ländliche Arbeitsverfassung.* – Zitiert nach: *Max Weber. Gesammelte Aufsätze zur Sozial- und Wirtschaftsgeschichte.* Hrsg. v. Marianne Weber. Tübingen ²1988 (¹1924), 444–469. (UTB 1493.)

Weber, Meth. Einl. 1908 = Max Weber: *Methodologische Einleitung für die Erhebungen des Vereins für Sozialpolitik über Auslese und Anpassung (Berufswahlen und Berufsschicksal) der Arbeiterschaft der geschlossenen Großindustrie.* – Zitiert nach: *Max Weber. Gesammelte Aufsätze zur Soziologie und Sozialpolitk.* Hrsg. v. Marianne Weber. Tübingen ²1988 (¹1924), 1–60. (UTB 1494.)

Weber, Nation.-soz. Partei 1896 = Max Weber: *Zur Gründung einer National-Sozialen Partei.* – Zitiert nach: *Max Weber. Gesammelte politische Schriften.* Hrsg. von Johannes Winckelmann. Tübingen ⁵1988 (¹1921), 26–29. (UTB 1491.)

Weber, Nationalstaat 1895 = Max Weber: *Der Nationalstaat und die Volkswirtschaftspolitik*. – Zitiert nach: *Max Weber. Gesammelte politische Schriften*. Hrsg. von Johannes Winckelmann. Tübingen ⁵1988 (¹1921), 1–25. (UTB 1491.)

Weber, Neues Dtld. 1918 = *Das neue Deutschland*. [Anonymer Zeitungsbericht (*Frankfurter Zeitung*, Sonderausgabe, 1. 12. 1918) über eine am 1. Dezember 1918 in Frankfurt a. M. gehaltene politische Rede Max Webers.] – Zitiert nach: *Max Weber. Gesammelte politische Schriften*. Hrsg. von Johannes Winckelmann. Tübingen ⁵1988 (¹1921), 484–487. (UTB 1491.)

Weber, Obj. soz. Erk. 1904 = Max Weber: *Die „Objektivität" sozialwissenschaftlicher und sozialpolitischer Erkenntnis*. – Zitiert nach: *Gesammelte Aufsätze zur Wissenschaftslehre von Max Weber*. 4., erneut durchges. Aufl., hrsg. v. Johannes Winckelmann. Tübingen 1973, 146–214.

Weber, Ostelb. Landarb. 1894 = Max Weber: *Entwickelungstendenzen in der Lage der ostelbischen Landarbeiter*. – Zitiert nach: *Max Weber. Gesammelte Aufsätze zur Sozial- und Wirtschaftsgeschichte*. Hrsg. v. Marianne Weber. Tübingen ²1988 (¹1924), 470–507. (UTB 1493.)

Weber, P. Barth ⌈1912; 1913⌉ = Max Weber: [Diskussionsrede auf dem zweiten Deutschen Soziologentag in Berlin 1912 zum Vortrag von P. Barth über „Die Nationalität in ihrer soziologischen Bedeutung".] – Zitiert nach: *Max Weber. Gesammelte Aufsätze zur Soziologie und Sozialpolitik*. Hrsg. v. Marianne Weber. Tübingen ²1988 (¹1924), 484–486. (UTB 1494.)

Weber, Parl. 1918 = Max Weber: *Parlament und Regierung im neugeordneten Deutschland. Zur politischen Kritik des Beamtentums und Parteiwesens*. – Zitiert nach: *Max Weber. Gesammelte politische Schriften*. Hrsg. von Johannes Winckelmann. 5. Aufl., Tübingen 1988, 306–443.

Weber, Pol. Beruf 1919 = Max Weber: *Politik als Beruf*. – Zitiert nach: *Max Weber. Gesammelte politische Schriften*. Hrsg. von Johannes Winckelmann. Tübingen ⁵1988 (¹1921), 505–560. (UTB 1491.)

Weber, Priv. Riesenbetr. ⌈1905; 1906⌉ = Max Weber: [Debatterede zu den Verhandlungen des Vereins für Sozialpolitik in Mannheim 1905 über das Arbeitsverhältnis in den privaten Riesenbetrieben.] – Zitiert nach: *Max Weber. Gesammelte Aufsätze zur Soziologie und Sozialpolitk*. Hrsg. v. Marianne Weber. Tübingen ²1988 (¹1924), 394–399. (UTB 1494.)

Weber, Prod. Volkswirtsch. ⌈1909; 1910⌉ = Max Weber: [Debatterede zu den Verhandlungen über die Produktivität der Volkswirtschaft auf der Tagung des Vereins für Sozialpolitik.] – Zitiert nach: *Max Weber. Gesammelte Aufsätze zur Soziologie und Sozialpolitik*. Hrsg. v. Marianne Weber. Tübingen ²1988 (¹1924), 416–423. (UTB 1494.)

Weber, Prot. Eth. 1920 = Max Weber: *Die protestantische Ethik und der Geist des Kapitalismus*. In: *Max Weber. Gesammelte Aufsätze zur Religionssoziologie*. 8., photomech. gedr. Aufl. Tübingen 1986 (1. Aufl. 1920), Bd. 1, 17–206.

Weber, Prot. Sekt. 1920 = Max Weber: *Die protestantischen Sekten und der Geist des Kapitalismus*. In: *Max Weber. Gesammelte Aufsätze zur Religionssoziologie*. 8., photomech. gedr. Aufl. Tübingen 1986 (1. Aufl. 1920), Bd. 1, 207–236.

Weber, Psychophys. 1908 = Max Weber: *Zur Psychophysik der industriellen Arbeit*. – Zitiert nach: *Max Weber. Gesammelte Aufsätze zur Soziologie und Sozialpolitik*. Hrsg. v. Marianne Weber. Tübingen ²1988 (¹1924), 61–255. (UTB 1494.)

Weber, R. Stammler 1907 = Max Weber: *R. Stammlers „Ueberwindung" der materialistischen Geschichtsauffassung*. – Zitiert nach: *Gesammelte Aufsätze zur Wissenschaftslehre von Max Weber*. 4., erneut durchges. Aufl., hrsg. v. Johannes Winckelmann. Tübingen 1973, 291–359.

Weber, R. Stammler (Nachtr.) 1922 = Max Weber: [Nachtrag zu dem Aufsatz R. Stammlers „Ueberwindung" der materialistischen Geschichtsauffassung]. – Zitiert nach: *Gesammelte Aufsätze zur Wissenschaftslehre von Max Weber*. 4., erneut durchges. Aufl., hrsg. v. Johannes Winckelmann. Tübingen 1973, 360–383.

Weber, Reichspräs. 1919 = Max Weber: *Der Reichspräsident*. – Zitiert nach: *Max Weber. Gesammelte politische Schriften*. Hrsg. von Johannes Winckelmann. Tübingen ⁵1988 (¹1921), 498–501. (UTB 1491.)

Weber, Röm. Agrargesch. 1891 = Max Weber: *Die römische Agrargeschichte in ihrer Bedeutung für das Staats- und Privatrecht. Mit zwei Tafeln*. Stuttgart 1891 (Reprint Amsterdam 1962).

Weber, Roscher u. Knies + Teil + Erscheinungsjahr [Vorbemerkung und Teil I: 1903; Teil II: 1905; Teil III: 1906] = Max Weber: *Roscher und Knies und die logischen Probleme der historischen Nationalökonomie.* – Zitiert nach: *Gesammelte Aufsätze zur Wissenschaftslehre von Max Weber*. 4., erneut durchges. Aufl., hrsg. v. Johannes Winckelmann. Tübingen 1973, 1–145.

Weber, Rußld. Scheindem.1917 = Max Weber: *Rußlands Übergang zur Scheindemokratie.* – Zitiert nach: *Max Weber. Gesammelte politische Schriften*. Hrsg. von Johannes Winckelmann. Tübingen ^{5}1988 (^{1}1921), 197–215. (UTB 1491.)

Weber, Rußld. Scheinkonst. 1906 = Max Weber: *Rußlands Übergang zum Scheinkonstitutionalismus.* – Zitiert nach: *Max Weber. Gesammelte politische Schriften*. Hrsg. von Johannes Winckelmann. Tübingen ^{5}1988 (^{1}1921), 69–111. (UTB 1491.)

Weber, Saargebiet 1919 = Max Weber: *Die wirtschaftliche Zugehörigkeit des Saargebiets zu Deutschland.* – Zitiert nach: *Max Weber. Gesammelte politische Schriften*. Hrsg. von Johannes Winckelmann. Tübingen ^{5}1988 (^{1}1921), 565–570. (UTB 1491.)

Weber, Schuldfrage 1919 = Max Weber: *Zur Untersuchung der Schuldfrage.* – Zitiert nach: *Max Weber. Gesammelte politische Schriften*. Hrsg. von Johannes Winckelmann. Tübingen ^{5}1988 (^{1}1921), 502–504. (UTB 1491.)

Weber, Sozialism. 1918 = Max Weber: *Der Sozialismus.* – Zitiert nach: *Max Weber. Gesammelte Aufsätze zur Soziologie und Sozialpolitk*. Hrsg. v. Marianne Weber. Tübingen ^{2}1988 (^{1}1924), 492–518. (UTB 1494.)

Weber, Soziolog. Grdbegr. 1921 = Max Weber: *Soziologische Grundbegriffe.* – Zitiert nach: *Gesammelte Aufsätze zur Wissenschaftslehre von Max Weber*. 4., erneut durchges. Aufl., hrsg. v. Johannes Winckelmann. Tübingen 1973, 541–581.

Weber, Typ. leg. Herrsch. 1922 = Max Weber: *Die drei reinen Typen der legitimen Herrschaft.* – Zitiert nach: *Gesammelte Aufsätze zur Wissenschaftslehre von Max Weber*. 4., erneut durchges. Aufl., hrsg. v. Johannes Winckelmann. Tübingen 1973, 475–488.

Weber, U-Bootkrieg ⌈*1916; 1921⌉ = Max Weber: *Der verschärfte U-Bootkrieg.* – Zitiert nach: *Max Weber. Gesammelte politische Schriften*. Hrsg. von Johannes Winckelmann. Tübingen ^{5}1988 (^{1}1921), 146–154. (UTB 1491.)

Weber, Unterg. ant. Kult. 1896 = Max Weber: *Die sozialen Gründe des Untergangs der antiken Kultur.* – Zitiert nach: *Max Weber. Gesammelte Aufsätze zur Sozial- und Wirtschaftsgeschichte*. Hrsg. v. Marianne Weber. Tübingen ^{2}1988 (^{1}1924), 289–311. (UTB 1493.)

Weber, Urh. d. Krieges 1919 = Max Weber: *Bemerkungen zum Bericht der Kommission der alliierten und assoziierten Regierungen über die Verantwortlichkeit der Urheber des Krieges.* – Zitiert nach: *Max Weber. Gesammelte politische Schriften*. Hrsg. von Johannes Winckelmann. Tübingen ^{5}1988 (^{1}1921), 571–586. (UTB 1491.)

Weber, Vaterld. 1917 = Max Weber: *Vaterland und Vaterlandspartei.* – Zitiert nach: *Max Weber. Gesammelte politische Schriften*. Hrsg. von Johannes Winckelmann. Tübingen ^{5}1988 (^{1}1921), 229–232. (UTB 1491.)

Weber, Verein f. Sozialpol. ⌈1905; 1906⌉ = Max Weber: [Debatterede auf der Tagung des Vereins für Sozialpolitik in Mannheim 1905.] – Zitiert nach: *Max Weber. Gesammelte Aufsätze zur Soziologie und Sozialpolitk*. Hrsg. v. Marianne Weber. Tübingen ^{2}1988 (^{1}1924), 406–407. (UTB 1494.)

Weber, Verf. d. Städte ⌈1907; 1908⌉ = Max Weber: [Diskussionsrede bei den Verhandlungen des Vereins für Sozialpolitik in Magdeburg 1907 über Verfassung und Verwaltungsorganisation der Städte.] – Zitiert nach: *Max Weber. Gesammelte Aufsätze zur Soziologie und Sozialpolitk*. Hrsg. v. Marianne Weber. Tübingen ^{2}1988 (^{1}1924), 407–412. (UTB 1494.)

Weber, Vorbem. Rel. 1920 = Max Weber: *Vorbemerkung.* In: *Max Weber. Gesammelte Aufsätze zur Religionssoziologie*. 8., photomech. gedr. Aufl. Tübingen 1986 (1. Aufl. 1920), Bd. 1, 1–16.

Weber, W. Sombart ⌐¹1910; 1911⌐ = Max Weber: [Diskussionsrede zu W. Sombarts Vortrag über Technik und Kultur.] – Zitiert nach: *Max Weber. Gesammelte Aufsätze zur Soziologie und Sozialpolitk.* Hrsg. v. Marianne Weber. Tübingen ²1988 (¹1924), 449–456. (UTB 1494.)

Weber, Waffenstillst. 1918 = Max Weber: *Waffenstillstand und Frieden.* – Zitiert nach: *Max Weber. Gesammelte politische Schriften.* Hrsg. von Johannes Winckelmann. Tübingen ⁵1988 (¹1921), 447. (UTB 1491.)

Weber, Wahlr. Reich 1917 = Max Weber: *Ein Wahlrechtsnotgesetz des Reichs.* – Zitiert nach: *Max Weber. Gesammelte politische Schriften.* Hrsg. von Johannes Winckelmann. Tübingen ⁵1988 (¹1921), 192–196. (UTB 1491.)

Weber, Wahlrecht 1917 = Max Weber: *Wahlrecht und Demokratie in Deutschland.* – Zitiert nach: *Max Weber. Gesammelte politische Schriften.* Hrsg. von Johannes Winckelmann. 5. Aufl., Tübingen 1988, 245–291.

Weber, Weltpol. Lage 1916 = Max Weber: *Deutschlands weltpolitische Lage.* – Zitiert nach: *Max Weber. Gesammelte politische Schriften.* Hrsg. von Johannes Winckelmann. Tübingen ⁵1988 (¹1921), 563–564. (UTB 1491.)

Weber, Wertfr. 1917–18 = Max Weber: *Der Sinn der „Wertfreiheit" der soziologischen und ökonomischen Wissenschaften.* – Zitiert nach: *Gesammelte Aufsätze zur Wissenschaftslehre von Max Weber.* 4., erneut durchges. Aufl., hrsg. v. Johannes Winckelmann. Tübingen 1973, 489–540.

Weber, Wirtsch. u. Gesellsch. + Teil, Erscheinungs-/Entstehungsjahr³²⁵ = *Max Weber. Wirtschaft und Gesellschaft. Grundriß der verstehenden Soziologie.* 5., revidierte Auflage. Besorgt von Johannes Winckelmann. Studienausgabe. Tübingen 1980.

Weber, Wirtsch. Untern. ⌐¹1909; 1910⌐ = Max Weber: [Debattereden auf der Tagung des Vereins für Sozialpolitik in Wien 1909 zu den Verhandlungen über „Die wirtschaftlichen Unternehmungen der Gemeinden".] – Zitiert nach: *Max Weber. Gesammelte Aufsätze zur Soziologie und Sozialpolitk.* Hrsg. v. Marianne Weber. Tübingen ²1988 (¹1924), 412–416. (UTB 1494.)

Weber, Wirtschaftseth. I 1916 = Max Weber: *Die Wirtschaftsethik der Weltreligionen. Vergleichende religionssoziologische Versuche.* In: *Max Weber. Gesammelte Aufsätze zur Religionssoziologie.* 8., photomech. gedr. Aufl. Tübingen 1986, Bd. 1, 237–573.

Weber, Wirtschaftseth. II 1916–17 = Max Weber: *Die Wirtschaftsethik der Weltreligionen. Vergleichende religionssoziologische Versuche.* In: *Max Weber. Gesammelte Aufsätze zur Religionssoziologie.* 8., photomech. gedr. Aufl. Tübingen 1986, Bd. 2.

Weber, Wirtschaftseth. III 1917–19 = Max Weber: *Die Wirtschaftsethik der Weltreligionen. Vergleichende religionssoziologische Versuche.* In: *Max Weber. Gesammelte Aufsätze zur Religionssoziologie.* 8., photomech. gedr. Aufl. Tübingen 1986, Bd. 3.

Weber, Wiss. Beruf. 1919 = Max Weber: *Wissenschaft als Beruf.* – Zitiert nach: *Gesammelte Aufsätze zur Wissenschaftslehre von Max Weber.* 4., erneut durchges. Aufl., hrsg. v. Johannes Winckelmann. Tübingen 1973, 582–613.

Weber, Zwei Gesetze 1916 = Max Weber: *Zwischen zwei Gesetzen.* – Zitiert nach: *Max Weber. Gesammelte politische Schriften.* Hrsg. von Johannes Winckelmann. Tübingen ⁵1988 (¹1921), 142 145. (UTB 1491.)

---

[325] Der erste Teil des Werkes entstand 1918–20 und erschien, von Max Weber noch selbst zum Druck vorbereitet, postum 1921. Der zweite Teil entstand bereits 1911–1913 (mit einigen späteren Einfügungen), blieb aber unabgeschlossen und erschien postum 1921–22 in einer durch Marianne Weber, die Erstherausgeberin, tiefgreifend bearbeiteten Fassung. Erst durch den Bearbeiter der 1956 erschienenen 4. Auflage, Johannes Winckelmann, wurde der Text den (z. T. konjizierten) Absichten Max Webers gemäß restituiert und in der 5. Auflage (1972) auf der Grundlage einiger wiedergefundener Manuskripte der vom Autor vorgesehenen Fassung weiter angenähert.

M. M. v. WEBER, Weber I 1864 = Max Maria von WEBER: *Carl Maria von Weber. Ein Lebensbild*. Bd. 1. Leipzig 1864.
M. M. v. WEBER, Weber II 1866 = Max Maria von WEBER: *Carl Maria von Weber. Ein Lebensbild*. Bd. 2. Leipzig 1866.
M. M. v. WEBER, Weber III 1866 = Max Maria von WEBER: *Carl Maria von Weber. Ein Lebensbild*. Bd. 3. Leipzig 1866.
WEBER/BALDAMUS, Weltgesch. 1919 = *Georg Webers Lehr- und Handbuch der Weltgeschichte*. 22. Aufl. (2. Abdr.). Bd. 2: *Mittelalter*. Unter Mitw. v. Richard FRIEDRICH u. a. vollst. neu bearb. v. Alfred BALDAMUS. Leipzig 1919.
WEBER/SCHWABE, Weltgesch. 1919 = *Georg Webers Lehr- und Handbuch der Weltgeschichte*. 22. Aufl. (2., verb. Abdr.). Bd. 1: *Altertum*. Bearb. v. E. SCHWABE. Leipzig 1919.
WEERTH, Fragm. Rom. *1843–47 = Georg WEERTH: *Fragment eines Romans*. – Zitiert nach: *Georg Weerth. Sämtliche Werke in fünf Bänden*. Hrsg. v. Bruno KAISER. Berlin 1956–57. Bd. 2, 147–346.
WEERTH, Hum. Skizz. *1847–48 = Georg WEERTH: *Humoristische Skizzen aus dem deutschen Handelsleben*. – Zitiert nach: *Georg Weerth. Sämtliche Werke in fünf Bänden*. Hrsg. v. Bruno KAISER. Berlin 1956–57. Bd. 2, 347–485.
WEERTH, Langew. 1849 = Georg WEERTH: *Die Langeweile, der Spleen und die Seekrankheit*. – Zitiert nach: *Georg Weerth. Sämtliche Werke in fünf Bänden*. Hrsg. v. Bruno KAISER. Berlin 1956–57. Bd. 4, 186–232.
WEERTH, Schnapph. 1849 = Georg WEERTH: *Leben und Taten des berühmten Ritters Schnapphahnski*. – Zitiert nach: *Georg Weerth. Sämtliche Werke in fünf Bänden*. Hrsg. v. Bruno KAISER. Berlin 1956–57. Bd. 4, 289–489.
WEZEL, Belphegor 1776 = Johann Karl WEZEL: *Belphegor oder Die wahrscheinlichste Geschichte unter der Sonne*. Frankfurt a.M. 1979.
WEZEL, Herm. u. Ulr. 1780 = Johann Karl WEZEL: *Hermann und Ulrike. Ein komischer Roman*. Mit einem Nachwort hrsg. u. erläutert v. Gerhard STEINER. Leipzig 1980, 5–822.
WEZEL, Kakerlak 1784 = Johann Karl WEZEL: *Kakerlak oder die Geschichte eines Rosenkreuzers aus dem vorigen Jahrhunderte*. Hrsg. v. Hans HENNING. Berlin 1984.
WIELAND, Abderit. (1774 [1781]) = WIELAND, Christoph Martin: *Geschichte der Abderiten*. – Zitiert nach: *Christoph Martin Wieland. Werke*. Hrsg. v. Fritz MARTINI/Hans Werner SEIFFERT. München 1964 ff. Bd. 2, 125–455.
WIELAND, Agath. 1766–67 = Christoph Martin Wieland: *Geschichte des Agathon*. – Zitiert nach: *Christoph Martin Wieland. Werke*. Hrsg. v. Fritz MARTINI/Hans Werner SEIFFERT. Bd. 1. München 1964, 375–866.
WIELAND, Gold. Spiegel 1795 = Christoph Martin WIELAND: *Der goldne Spiegel oder Die Könige von Scheschian. Eine wahre Geschichte aus dem Scheschianischen übersetzt*. – Zitiert nach: *Christoph Martin Wieland. Der goldne Spiegel und andere politische Dichtungen*. Nach dem Text der Ausgaben letzter Hand u. der historisch-kritischen Akademie-Ausgabe. Anm. u. Nachw. v. Herbert JAUMANN, München 1979. 7–329.
WIELAND, Rosalva 1772 = Christoph Martin WIELAND: *Der Sieg der Natur über die Schwärmerei oder Die Abenteuer des Don Sylvio von Rosalva. Eine Geschichte worin alles Wunderbare natürlich zugeht*. – Zitiert nach: *Christoph Martin Wieland. Werke*. Hrsg. v. Fritz MARTINI/Hans Werner SEIFFERT. Bd. 1. München 1964, 9–372.
WIENBARG, Aesth. Feldzg. 1834 = Ludolf WIENBARG: *Aesthetische Feldzüge. Dem jungen Deutschland gewidmet*. 2. Aufl. mit einem Vorwort von Alfred KERR. Hamburg/Berlin 1919.
WILAMOWITZ-MOELLENDORFF, Erinn. 1928 = Ulrich von WILAMOWITZ-MOELLENDORFF: *Erinnerungen 1848–1914*. Leipzig 1928.
WILBRANDT, Erinn. I 1905 = Adolf WILBRANDT: *Erinnerungen*. Stuttgart/Berlin ²1905.
WILBRANDT, Erinn. II 1907 = Adolf WILBRANDT: *Aus der Werdezeit. Erinnerungen*. Stuttgart/Berlin 1907.

WILDENBRUCH, Riechb. 1885 = Ernst von WILDENBRUCH: *Das Riechbüchschen. Eine Geschichte aus alter märkischer Zeit*. – Zitiert nach: *Ernst von Wildenbruch. Gesammelte Werke*. Hrsg. v. Berthold LITZMANN. Berlin 1911–1918, Bd. 1, 3–31.

WILDENBRUCH, Tanagra 1880 = Ernst von WILDENBRUCH: *Der Meister von Tanagra. Eine Künstlergeschichte aus Alt-Hellas*. – Zitiert nach: *Ernst von Wildenbruch. Gesammelte Werke*. Hrsg. v. Berthold LITZMANN. Berlin 1911–1918, Bd. 1, 35–120.

WILDERMUTH, Bild. u. Gesch. 1857 = Ottilie WILDERMUTH: *Bilder und Geschichten aus Schwaben*. – Zitiert nach: *Ottilie Wildermuth. Ausgewählte Werke*. Illustr. Ausg. in 4 Bden. Bd. 1. Stuttgart/Berlin/Leipzig 1924.

WILDERMUTH, Frauenlb. 1855–57 = Ottilie WILDERMUTH: *Aus dem Frauenleben*. – Zitiert nach: *Ottilie Wildermuth. Ausgewählte Werke*. Illustr. Ausg. in 4 Bden. Bd. 2. Stuttgart/Berlin/Leipzig 1924.

WILDGANS, Kindh. 1928 = Anton WILDGANS: *Musik der Kindheit. Ein Heimatbuch aus Wien*. Leipzig 1928.

WILLE, Abendburg 1909 = Bruno WILLE: *Die Abendburg. Chronika eines Goldsuchers in zwölf Abenteuern*. 1.–5. Tsd. Jena 1909.

WILLE, Glasberg °1920 = Bruno WILLE: *Der Glasberg. Roman einer Jugend, die hinauf wollte*. Berlin o. J. (ca. 1920).

WILLKOMM, Europamüd. 1838 = Ernst Adolf WILLKOMM: *Die Europamüden. Modernes Lebensbild*. Leipzig 1838 [Nachdruck Göttingen 1968. (*Deutsche Neudrucke. Reihe Texte des 19. Jahrhunderts*)].

WILLKOMM, Sclav. 1845 + Bd. = Ernst Adolf WILLKOMM: *Weisse Sclaven oder die Leiden des Volkes*. Theile 1–5, Leipzig 1845.

WINCKELMANN, Empf. d. Schön. 1763 = Johann Joachim WINCKELMANN: *Abhandlung von der Fähigkeit der Empfindung des Schönen in der Kunst und dem Unterrichte in derselben*. – Zitiert nach: *Winckelmanns Werke in einem Band*. Hrsg. v. Helmut HOLTZHAUER. Berlin/Weimar 1969, 138–165. (Bibliothek Deutscher Klassiker.)

WITKOWSKI, Erzähltes *1937–38 = Georg WITKOWSKI: *Erzähltes aus sechs Jahrzehnten 1863–1933*. – Zitiert nach: *Georg Witkowski. Von Menschen und Büchern. Erinnerungen 1863–1933*. Leipzig 2003.

WOBESER, Elisa ⁴1799 = Wilhelmine Karoline VON WOBESER: *Elisa oder das Weib wie es sein sollte*. 4. verbesserte Auflage. Leipzig 1799.

WOLF, Dt. Hausm. 1851 = Johann Wilhelm WOLF: *Deutsche Hausmärchen*. Göttingen/Leipzig 1851.

WOLZOGEN, A. v. Lilien 1798 + Bd. = WOLZOGEN, Caroline von: *Agnes von Lilien*. 2 Teile. Berlin 1798.

WOLZOGEN, Erz. 1826 + Bd. = Caroline VON WOLZOGEN: *Erzählungen*. 2 Bde. Stuttgart/Tübingen 1826.

WÖRISHÖFFER, Robert 1877 = Sophie WÖRISHÖFFER: *Robert des Schiffsjungen Fahrten und Abenteuer auf der deutschen Handels- und Kriegsflotte*. – Zitiert nach: *Sophie Wörishöffer. Robert der Schiffsjunge. Ungekürzte Originalausgabe*. 18., durchges. Aufl. Bielefeld/Berlin/Darmstadt: o. J. [1952].

ZELTER, ¹Selbstbiogr. *bis1820 = Carl Friedrich ZELTER: *[1. Niederschrift der Selbstbiographie]* – Zitiert nach: *Carl Friedrich Zelters Darstellungen seines Lebens. Zum ersten Male vollständig nach den Handschriften* hrsg. v. Johann-Wolfgang SCHOTTLÄNDER. Weimar 1931. Nachdr. Hildesheim/New York 1978, 7–197.

9.2.2 Wissenschaftliche Literatur

ADAMZIK, Kirsten (2002): *Zum Problem des Textbegriffs. Rückblick auf eine Diskussion*. In: Fix/Adamzik/Antos/Klemm (Hgg.), 163–182.

ADAMZIK, Kirsten (2004): *Textlinguistik. Eine einführende Darstellung.* Tübingen (Germanistische Arbeitshefte 40).

ÁGEL, Vilmos (2000): *Valenztheorie.* Tübingen.

ÁGEL, Vilmos/Roland KEHREIN (2002): *Das Wort – Sprech- oder Schreibzeichen? Ein empirischer Beitrag zum latenten Gegenstand der Linguistik.* In: Ágel/Gardt/Haß-Zumkehr/Roelcke (Hgg.), 3–28.

ÁGEL, Vilmos/Andreas GARDT/Ulrike HASS-ZUMKEHR/Thorsten ROELCKE, Hgg. (2002): *Das Wort. Seine strukturelle und kulturelle Dimension. Festschrift für Oskar Reichmann zum 65. Geburtstag.* Tübingen.

ARNOLD, Heinz Ludwig/Volker SINEMUS, Hgg. (1973): *Grundzüge der Sprach- und Literaturwissenschaft.* Bd. 1: *Literaturwissenschaft.* München.

AWOSUSI, Anita, Hg. (1998): *Stichwort: Zigeuner. Zur Stigmatisierung von Sinti und Roma in Lexika und Enzyklopädien.* Heidelberg (Schriftenreihe des Dokumentations- und Kulturzentrums Deutscher Sinti und Roma 8).

BALLMER, Thomas T./Waltraud BRENNENSTUHL (1986): *Deutsche Verben. Eine sprachanalytische Untersuchung des Deutschen Verbwortschatzes.* Tübingen (Ergebnisse und Methoden moderner Sprachwissenschaft 19).

BÄR, Jochen A. (1997): *... wofern das Detail keine Heiterkeit hat. Das Wortbildungsfeld -heiter- in der deutschen Frühromantik.* In: *Heiterkeit. Konzepte in Literatur und Geistesgeschichte.* Hrsg. v. Petra KIEDAISCH/Jochen A. BÄR. München, 161–202.

BÄR, Jochen A. (1998a): *Vorschläge zu einer lexikographischen Beschreibung des frühromantischen Diskurses.* In: *Wörterbücher in der Diskussion III. Vorträge aus dem Heidelberger Lexikographischen Kolloquium.* Hrsg. v. Herbert Ernst WIEGAND. Tübingen (Lexicographica Series Maior 84), 155–211.

BÄR, Jochen A. (1998b): *Die Rolle der Sprachgeschichte in Lexika und sonstigen Werken der Verbreitung kollektiven Wissens.* In: *Sprachgeschichte. Ein Handbuch zur Geschichte der deutschen Sprache und ihrer Erforschung.* Hrsg. v. Werner BESCH/Anne BETTEN/Oskar REICHMANN/Stefan SONDEREGGER. 2. Aufl. 1. Teilbd. Berlin/New York (Handbücher zur Sprach- und Kommunikationswissenschaft 2,1), 370–382.

BÄR, Jochen A. (1998c): *Kalokagathie. [B. II.: Nachantikes Fortleben.]* In: *Historisches Wörterbuch der Rhetorik.* Hrsg. v. Gert UEDING. Bd. 4: *Hu–K.* Tübingen, 864–869.

BÄR, Jochen A. (1998d): *Zigeunerstereotype in Dialekt- und Mundartwörterbüchern des Deutschen.* In: Awosusi (Hg.), 45–70.

BÄR, Jochen A. (1999a): *Sprachreflexion der deutschen Frühromantik. Konzepte zwischen Universalpoesie und Grammatischem Kosmopolitismus. Mit lexikographischem Anhang.* Berlin/New York (Studia Linguistica Germanica 50).

BÄR, Jochen A. (1999b): *Goethe und die Sprachkritik.* In: *Der Sprachdienst* 43, 223–234.

BÄR, Jochen A. (2000a): *Lexikographie und Begriffsgeschichte. Probleme, Paradigmen, Perspektiven.* In: *Wörterbücher in der Diskussion IV. Vorträge aus dem Heidelberger Lexikographischen Kolloquium.* Hrsg. v. Herbert Ernst WIEGAND. Tübingen (Lexicographica Series Maior 100), 29–84.

BÄR, Jochen A. (2000b): *Nation und Sprache in der Sicht romantischer Schriftsteller und Sprachtheoretiker.* In: *Nation und Sprache. Die Diskussion ihres Verhältnisses in Geschichte und Gegenwart.* Hrsg. v. Andreas GARDT. Berlin/New York, 199–228.

BÄR, Jochen A. (2001): *Polysemie als Problem der historischen Textlexikographie.* In: *Lexicographica* 17, 144–167.

BÄR, Jochen A. (2002): *Darf man als Sprachwissenschaftler die Sprache pflegen wollen? Anmerkungen zu Theorie und Praxis der Arbeit mit der Sprache, an der Sprache, für die Sprache.* In: *Zeitschrift für germanistische Linguistik* 30, 222–251.

BÄR, Jochen A. (2002b): *Die Konjunktion und. Zu Grammatik und Semantik*. In: *Der Sprachdienst* 46, 180–187.

BÄR, Jochen A. (2003): *Pathos. [B. IV–VII.: Barock, Aufklärung, Klassik, Romantik, Realismus, Moderne.]* In: *Historisches Wörterbuch der Rhetorik*. Hrsg. v. Gert UEDING. Bd. 6: *Must–Pop*. Tübingen, 706–717.

BÄR, Jochen A. (2004): *Genus und Sexus. Beobachtungen zur grammatischen Kategorie „Geschlecht"*. In: *Adam, Eva und die Sprache. Beiträge zur Geschlechterforschung*. Hrsg. v. Karin M. EICHHOFF-CYRUS. Mannheim/Leipzig/Wien/Zürich (Thema Deutsch 5), 148–175.

BÄR, Jochen A. (2007): *Kürze als grammatisches Problem: determinative Verschränkungen. Phänomene der Ersparung im Übergangsbereich von Wortbildung und Syntax*. In: *Sprachliche Kürze. Konzeptuelle, strukturelle und pragmatische Aspekte*. Hrsg. von Jochen A. BÄR/ Thorsten ROELCKE/ Anja STEINHAUER. Berlin/New York (Linguistik – Impulse und Tendenzen 27), 310–338.

BÄR, Jochen A. (2008): *Das Judenkonzept bei Achim von Arnim, Bettine von Arnim und Clemens Brentano*. In: *Dituria. Zeitschrift für Germanistische Sprach- und Literaturwissenschaft* 4, 7–23.

BÄR, Jochen A. (2009): *Die Zukunft der deutschen Sprache*. In: *Sprache*. Hrsg. v. Ekkehard FELDER. Berlin/Heidelberg 2009 (Heidelberger Jahrbücher 53), 59–106.

BÄR, Jochen A., Hg. (2010 ff.): *Zentralbegriffe der klassisch-romantischen „Kunstperiode" (1760–1840). Wörterbuch zur Literatur- und Kunstreflexion der Goethezeit*. http://www.zbk-online.de.

BÄR, Jochen A. (2011): *Frühneuhochdeutsche Sprachreflexion*. In: *Frühneuhochdeutsch – Aufgaben und Probleme seiner linguistischen Beschreibung*. Hrsg. v. Anja LOBENSTEIN-REICHMANN/Oskar REICHMANN. Hildesheim/Zürich/New York (Germanistische Linguistik 213–15/2011), 157–233.

BÄR, Jochen A. (2012): *Sprachtheorie und Sprachgebrauch der deutschen Romantik*. In: Bär/Müller (Hgg.), 497–564.

BÄR, Jochen A. (2013): *Rechtswortschatz in der Literatur. Ein Ansatz zu seiner Beschreibung am Beispiel Annette von Droste-Hülshoffs*. In: *Historische Rechtssprache des Deutschen*. Hrsg. v. Andreas DEUTSCH i. A. der Heidelberger Akademie der Wissenschaften, Akademie der Wissenschaften des Landes Baden-Württemberg. Mit einem Geleitwort v. Paul KIRCHHOF. Heidelberg, 455–479.

BÄR, Jochen A. (2014): *Das semantische Konzept ‹Witz› in der deutschen Literatur- und Kunstreflexion um 1800: Ansätze einer linguistischen Beschreibung*. In: *Kommunikation und Humor. Multidisziplinäre Perspektiven*. Hrsg. v. Christoph SCHUBERT. Berlin 2014 (Vechtaer Universitätsschriften 31), 37–59.

Bär, Jochen A. (2014/15): *Methoden historischer Semantik am Beispiel Max Webers*. Teil 1 in: *Glottotheory* 5.2, 243–298; die Fortsetzung erscheint in *Glottotheory* 6.

BÄR, Jochen A./Silke BÄR (1998): *Zur Verwendung des Wortes* zigeuner *in der Frühen Neuzeit. Dargestellt mit dem Belegmaterial und nach der Methode des* Frühneuhochdeutschen Wörterbuches. In: Awosusi (Hg.), 119–155.

BÄR, Jochen A./Barbara GÄRTNER/Marek KONOPKA/Christiane SCHLAPS (1999): *Das* Frühneuhochdeutsche Wörterbuch *als Instrument der Kulturgeschichtsschreibung. Vom kulturhistorischen Sinn lexikographischer arbeit*. In: Andreas GARDT/Ulrike HASS-ZUMKEHR/Thorsten ROELCKE (Hgg.): *Sprachgeschichte als Kulturgeschichte*. Berlin/New York 1999 (Studia Linguistica Germanica 54), 267–293.

BÄR, Jochen A./Kai RICHTER (2002): *„Und – und – und": der Befund. Ergebnisse einer* Sprachdienst-*Preisaufgabe*. In: *Der Sprachdienst* 46, 175–180.

BÄR, Jochen A./Benita VON CONSBRUCH (2012): *Korpora in der historischen Lexikographie (am Beispiel eines Diskurswörterbuchs zur Goethezeit)*. In: *Korpuspragmatik. Thematische Korpora als Basis diskurslinguistischer Analysen*. Hrsg. v. Ekkehard FELDER/Marcus MÜLLER/Friedemann VOGEL. Berlin/Boston 2012 (Linguistik – Impulse & Tendenzen 44), 451–487.

BÄR, Jochen A./Marcus MÜLLER, Hgg. (2012): *Geschichte der Sprache – Sprache der Geschichte. Probleme und Perspektiven der historischen Sprachwissenschaft des Deutschen. Oskar Reichmann zum 75. Geburtstag.* Berlin (Lingua Historica Germanica 3).

BBWB (1951): *Der Sprach-Brockhaus. Deutsches Bildwörterbuch für jedermann.* 7., verb. Aufl. Wiesbaden.

BEAUGRANDE, Robert-Alain de/Wolfgang Ulrich DRESSLER (1981): *Einführung in die Textlinguistik.* Tübingen (Konzepte der Sprach- und Literaturwissenschaft 28).

BEHRENS, Leila (2002): *Structuring of word meaning II: Aspects of polysemy.* In: Cruse/Hundsnurscher/Job/Lutzeier (Hgg.), 319–337.

BERGMANN, Rolf (1980): *Verregnete Feriengefahr und Deutsche Sprachwissenschaft. Zum Verhältnis von Substantivkompositum und Adjektivattribut.* In: Sprachwissenschaft 5, 234–265.

BICKERTON, Derek (1981): *Roots of Language.* Ann Arbor.

BIERE, Bernd Ulrich (1989): *Verständlich-machen. Hermeneutische Tradition, historische Praxis, sprachtheoretische Begründung.* Tübingen (Reihe Germanistische Linguistik 92).

BONDZIO, Wilhelm (1974): *Zu einigen Aufgaben der Bedeutungsforschung aus syntaktischer Sicht.* In: Zeitschrift für Phonetik, Sprachwissenschaft und Kommunikationsforschung 27, 42–51.

BONDZIO, Wilhelm (1976): *Abriß der semantischen Valenztheorie als Grundlage der Syntax.* [Teil 1]. In: Zeitschrift für Phonetik, Sprachwissenschaft und Kommunikationsforschung 29, 354–363.

BONDZIO, Wilhelm (1977): *Abriß der semantischen Valenztheorie als Grundlage der Syntax.* [Teil 2]. In: Zeitschrift für Phonetik, Sprachwissenschaft und Kommunikationsforschung 30, 261–273.

BONDZIO, Wilhelm (1978): *Abriß der semantischen Valenztheorie als Grundlage der Syntax.* [Teil 3]. In: Zeitschrift für Phonetik, Sprachwissenschaft und Kommunikationsforschung 31, 22–33.

BONDZIO, Wilhelm/B. GOLLMER (1976): *Wortbedeutung und syntaktische Realisierungsmodelle – Materialien zur semantischen Valenztheorie.* In: Wissenschaftliche Zeitschrift der Humboldt-Universität zu Berlin. Gesellschafts- und sprachwissenschaftliche Reihe 25, 699–706.

BRUGMANN, Karl (1889): *Grundriss der vergleichenden Grammatik der indogermanischen Sprachen.* Bd. 2, 1. Hälfte. Straßburg.

BRUNNER, Otto/Werner CONZE/Reinhart KOSELLECK (1972): *Geschichtliche Grundbegriffe. Historisches Lexikon zur politisch-sozialen Sprache in Deutschland.* Bd. 1. Stuttgart.

BÜHLER, Karl (1934): *Sprachtheorie. Die Darstellungsfunktion der Sprache.* Mit einem Geleitwort von Friedrich KAINZ. Ungekürzter Neudruck, Stuttgart/New York 1982 (UTB 1159).

BURGER, Harald (2003): *Phraseologie. Eine Einführung am Beispiel des Deutschen.* 2., überarb. Aufl. Berlin (Grundlagen der Germanistik 36).

BURKHARDT, Armin (1983): *Bedeutung und Begriff.* In: Zeitschrift für philosophische Forschung 37, 68–87.

BURKHARDT, Armin (1993): *Begriff.* In: Metzler-Lexikon Sprache. Hrsg. v. Helmut GLÜCK. Stuttgart/Weimar, 88.

BUSSE, Dietrich (1987): *Historische Semantik. Analyse eines Programms.* Stuttgart (Sprache und Geschichte 13).

BUSSE, Dietrich/Fritz HERMANNS/Wolfgang TEUBERT, Hgg. (1994): *Begriffsgeschichte als Diskursgeschichte. Methodenfragen und Forschungsergebnisse der historischen Semantik.* Opladen.

BUSSE, Dietrich/Wolfgang TEUBERT (1994): *Ist Diskurs ein sprachwissenschaftliches Objekt? Zur Methodenfrage der historischen Semantik.* In: Busse/Hermanns/Teubert (Hgg.), 10–28.

BUSSMANN, Hadumod (1990): *Lexikon der Sprachwissenschaft.* 2., völlig neu bearb. Auflage. Stuttgart.

COSERIU, Eugenio (1994): *Textlinguistik. Eine Einführung.* Hrsg. u. bearb. v. Jörn ALBRECHT. 3., überarb. u. erw. Aufl. Tübingen/Basel (UTB 1808).

CRUSE, D. Alan (2002): *Paradigmatic relations of inclusion and identity III: Synonymy.* In: Cruse/Hundsnurscher/Job/Lutzeier (Hgg.), 485–497.

CRUSE, D. Alan/Franz HUNDSNURSCHER/Michael JOB/Peter Rolf LUTZEIER, Hgg. (2002): *Lexikologie. Lexicology. Ein internationales Handbuch zur Natur und Struktur von Wörtern und Wortschätzen. An international handbook on the nature ans structure of words and vocabularies.* 1. Halbbd. Berlin/New York (Handbücher zur Sprach- und Kommunikationswissenschaft 21.1).

DRESSLER, Wolfgang (1979): *Zum Verhältnis von Wortbildung und Textlinguistik.* In: *Text vs. Sentence. Basic Questions of Text Linguistics.* Hrsg. v. János PETŐFI. Bd. 1. Hamburg, 96–106.

Dt. Rechtschr. = *Deutsche Rechtschreibung. Regeln und Wörterverzeichnis. Amtliche Regelung.* Hrsg. vom Ministerium für Schule und Weiterbildung des Landes Nordrhein-Westfalen. O. O. u. J. – Das Regelwerk (nicht das Wörterverzeichnis) ist abgedruckt in und wird in der vorliegenden Arbeit zitiert nach: Duden 2000, 1113–1152.

Duden (1998): *Duden. Grammatik der deutschen Gegenwartssprache.* 6., neu bearb. Aufl. Hrsg. v. der Dudenredaktion. Bearb. v. Peter EISENBERG/Hermann GELHAUS/ Helmut HENNE/Horst SITTA/Hans WELLMANN. Mannheim/Leipzig/Wien/Zürich (Duden 4).

Duden (1999): *Duden. Das große Wörterbuch der deutschen Sprache in zehn Bänden.* Hrsg. vom Wissenschaftlichen Rat der Dudenredaktion. 3., völlig neu bearb. u. erw. Aufl. Mannheim/Leipzig/Wien/Zürich.

Duden (2000): *Duden. Die deutsche Rechtschreibung.* Hrsg. v. der Dudenredaktion. 22., völlig neu bearb. u. erw. Aufl. Mannheim/Leipzig/Wien/Zürich (Duden 1).

Duden (2001): *Duden. Richtiges und gutes Deutsch. Wörterbuch der sprachlichen Zweifelsfälle.* Hrsg. v. der Dudenredaktion. 5., neu bearb. Aufl. Mannheim/Leipzig/Wien/Zürich (Duden 9).

Duden (2005): *Duden. Die Grammatik.* 7., völlig neu erarb. u. erw. Aufl. Hrsg. v. der Dudenredaktion (Duden 4).

Duden (2011): *Duden. Richtiges und gutes Deutsch. Das Wörterbuch der sprachlichen Zweifelsfälle.* 7., vollst. überarb. Aufl. (CD-ROM). Hrsg. u. überarb. von der Dudenredaktion unter Mitwirkung von Peter EISENBERG/Jan Georg SCHNEIDER. Mannheim.

Duden (2012): *Duden. Das große Wörterbuch der deutschen Sprache.* 4., vollst. überarb. Aufl. (CD-ROM). Hrsg. von der Dudenredaktion. Mannheim.

DÜRSCHEID, Christa (2007): *Syntax. Grundlagen und Theorien.* 4., überarb. u. erg. Aufl. Göttingen (Studienbücher zur Linguistik 3).

DWB + Bd.: *Deutsches Wörterbuch von Jacob Grimm und Wilhelm Grimm.* Leipzig 1854–1960.

EICHINGER, Ludwig M. (2000): *Deutsche Wortbildung. Eine Einführung.* Tübingen.

EICHINGER, Ludwig M./Hans-Werner EROMS, Hgg. (1995): *Dependenz und Valenz.* Hamburg.

EISENBERG, Peter (1998): *Grundriß der deutschen Grammatik.* Bd. 1: *Das Wort.* Stuttgart/Weimar, korr. Nachdr. 2000.

EISENBERG, Peter (1999): *Grundriß der deutschen Grammatik.* Bd. 2: *Der Satz.* Stuttgart/Weimar.

EWD (1989): *Etymologisches Wörterbuch des Deutschen.* Erarbeitet von einem Autorenkollektiv des Zentralinstituts für Sprachwissenschaft unter der Leitung von Wolfgang PFEIFER. Berlin 1989.

FELDER, Ekkehard (2007): *Text-Bild-Hermeneutik. Die Zeitgebundenheit des Bildverstehens am Beispiel der Medienberichterstattung.* In: *Linguistische Hermeneutik. Theorie und Praxis des Verstehens und Interpretierens.* Hrsg. v. Fritz HERMANNS/Werner HOLLY. Tübingen (Reihe Germanistische Linguistik 272), 357–385.

FIX, Ulla/Kirsten ADAMZIK/Gerd ANTOS/Michael KLEMM, Hgg. (2002): *Brauchen wir einen neuen Textbegriff? Antworten auf eine Preisfrage.* Frankfurt a. M. u. a. (Forum Angewandte Linguistik 40).

FLÄMIG, Walter (1991): *Grammatik des Deutschen. Einführung in Struktur- und Wirkungszusammenhänge. Erarbeitet auf der theoretischen Grundlage der „Grundzüge einer deutschen Grammatik".* Berlin 1991.

FLEISCHER, Wolfgang (1997): *Phraseologie der deutschen Gegenwartssprache.* 2., durchges. u. erg. Aufl. Tübingen.

FLEISCHER, Wolfgang/Irmhild BARZ (1995): *Wortbildung der deutschen Gegenwartssprache.* Unter Mitarb. v. Marianne SCHRÖDER. 2., durchges. u. erg. Aufl. Tübingen.

FREGE, Gottlob (1892): *Über Sinn und Bedeutung.* In: *Zeitschrift für Philosophie und philosophische Kritik.* N. F. 100, 25–50. – Zitiert nach: *Gottlob Frege. Funktion – Bgriff – Bedeutung.* Hrsg. v. Mark TEXTOR. Göttingen 2002 (Sammlung Philosophie 4), 23–46.

FRENZEL, Elisabeth (1988): *Motive der Weltliteratur. Ein Lexikon dichtungsgeschichtlicher Längsschnitte.* 3., überarb. u. erw. Aufl. Stuttgart.

FRITZ, Gerd (1981): *Kohärenz. Grundfragen der linguistischen Kommunikationsanalyse.* Tübingen (Tübinger Beiträge zur Linguistik 164).

FWB/1 (1989): *Frühneuhochdeutsches Wörterbuch.* Hrsg. v. Robert R. ANDERSON/Ulrich GOEBEL/Oskar REICHMANN. Bd. 1: *Einführung.* a – äpfelkern. Bearb. v. Oskar REICHMANN. Berlin/New York.

FWB/2 (1994): *Frühneuhochdeutsches Wörterbuch.* Hrsg. v. Ulrich GOEBEL und Oskar REICHMANN. Bd. 2: apfelkönig – barmherzig. Bearb. v. Oskar REICHMANN. Berlin/New York.

GADAMER, Hans-Georg (1977): *Die Aktualität des Schönen. Kunst als Spiel, Symbol und Fest.* Stuttgart (Reclams Universal-Bibliothek Nr. 9844).

GADAMER, Hans-Georg ([5]1986): *Wahrheit und Methode. Grundzüge einer philosophischen Hermeneutik.* Tübingen (Hans-Georg Gadamer, Gesammelte Werke 1).

GARDT, Andreas (1996): *‚Sprachtheorie in Barock und Aufklärung. Enzyklopädisches Wörterbuch'. Zum Stand eines lexikographischen Projekts.* In: *Theorie und Rekonstruktion. Trierer Studien zur Geschichte der Linguistik.* Hrsg. v. Klaus D. DUTZ/Hans-J. NIEDEREHE. Münster, 87–100.

GARDT, Andreas (1998): *Begriffsgeschichte als Methode der Sprachgeschichtsschreibung.* In: *Zeitschrift für deutsche Philologie* 117 (Sonderheft), 192–204.

GARDT, Andreas (2002): *Wort, Text und Bedeutung. Aspekte der semantischen Erschließung von Texten.* In: Ágel/Gardt/Haß-Zumkehr/Roelcke (Hgg.), 111–132.

GARDT, Andreas (2007a): *Diskursanalyse. Aktueller theoretischer Ort und methodische Möglichkeiten.* In: *Diskurslinguistik nach Foucault. Theorie und Gegenstände.* Hrsg. v. Ingo WARNKE. Berlin/New York, 28-52.

GARDT, Andreas (2007b): *Linguistisches Interpretieren. Konstruktivistische Theorie und realistische Praxis.* In: Hermanns/Holly (Hgg.), 263–280.

GARDT, Andreas (2008): *Kunst und Sprache. Beobachtungen anlässlich der documenta 12.* In: *Literatur – Kunst – Medien. Festschrift für Peter Seibert zum 60. Geburtstag.* Hrsg. v. Achim BARSCH/Helmut SCHEUER/Georg-Michael SCHULZ. München, 201–224.

GARDT, Andreas (2012): *Textsemantik. Methoden der Bedeutungserschließung.* In: Bär/Müller (Hgg.), 61–82.

GARDT, Andreas (2013): *Textanalyse als Basis der Diskursanalyse. Theorie und Methoden.* In: *Faktizitätsherstellung in Diskursen. Die Macht des Deklarativen.* Hrsg. v. Ekkehard FELDER. Berlin/Boston (Sprache und Wissen 13), 29-55.

GARDT, Andreas/Ingrid LEMBERG/Oskar REICHMANN/Thorsten ROELCKE (1991): *Sprachkonzeptionen in Barock und Aufklärung: Ein Vorschlag für ihre Beschreibung.* In: *Zeitschrift für Phonetik, Sprachwissenschaft und Kommunikationsforschung* 44, 17–33.

GARDT, Andreas/Klaus J. MATTHEIER/Oskar REICHMANN, Hgg. (1995): *Sprachgeschichte des Neuhochdeutschen. Gegenstände, Methoden, Theorien.* Tübingen (Reihe Germanistische Linguistik 156).

GÖTZ, Dieter/Günther HAENSCH/Hans WELLMANN, Hgg. (1998): *Langenscheidts Großwörterbuch Deutsch als Fremdsprache.* Berlin u. a. 1993; Neubearb. 1998.

GREIMAS, Algirdas Julien (1966): *Sémantique structurale.* Paris.

GRIMM, Jacob (1854): *[Vorrede.]* In: *Deutsches Wörterbuch von Jacob Grimm und Wilhelm Grimm.* Bd. 1: A–Biermolke. Leipzig, I–LXVIII.

HAGELSTANGE, Rudolf (1967): *Spielball der Götter. Aufzeichnungen eines trojanischen Prinzen. Roman*. Hamburg.
HEGER, Klaus (1976): *Monem, Wort, Satz und Text*. Tübingen.
HEIDEGGER, Martin (1930): *Vom Wesen der Wahrheit*. In: Martin HEIDEGGER: *Wegmarken*. 2., erw. u. durchges. Aufl. Frankfurt a. M. 1978, 175–199.
HEINEMANN, Margot/Wolfgang HEINEMANN (2002): *Grundlagen der Textlinguistik. Interaktion – Text – Diskurs*. Tübingen (Reihe Germanistische Linguistik 230).
HEINEMANN, Wolfgang/Dieter VIEHWEGER (1991): *Textlinguistik. Eine Einführung*. Tübingen (Reihe Germanistische Linguistik 115).
HELBIG, Gerhard (1973): *Die Funktionen der substantivischen Kasus in der deutschen Gegenwartssprache*. Halle/Saale.
HELBIG, Gerhard (1992): *Probleme der Valenz- und Kasustheorie*. Tübingen.
HELBIG, Gerhard/Joachim BUSCHA (2001): *Deutsche Grammatik. Ein Handbuch für den Ausländerunterricht*. Berlin/München/Wien/Zürich/New York.
HENNE, Helmut (1972): *Semantik und Lexikographie. Untersuchungen zur lexikalischen Kodifikation der deutschen Sprache*. Berlin/New York (Studia Linguistica Germanica 7).
HENTSCHEL, Elke/Harald WEYDT (2003): *Handbuch der deutschen Grammatik*. 3., vollst. neu bearb. Aufl. Berlin/New York.
HERINGER, Hans Jürgen (1999): *Das höchste der Gefühle. Empirische Studien zur distributiven Semantik*. Tübingen.
HERMANNS, Fritz (1987): *Begriffe partiellen Verstehens. Zugleich der Versuch einer Antwort auf die Frage nach der Relevanz einer linguistischen Hermeneutik für die interkulturelle Germanistik*. In: *Perspektiven und Verfahren interkultureller Germanistik. Akten des I. Kongresses der Gesellschaft für Interkulturelle Germanistik*. Hrsg. v. Alois WIERLACHER. München (Publikationen der Gesellschaft für interkulturelle Germanistik 3), 611–627.
HERMANNS, Fritz (1994a): *Schlüssel-, Schlag- und Fahnenwörter. Zur Begrifflichkeit und Theorie der lexikalischen ‚politischen Semantik'. Arbeiten aus dem Sonderforschungsbereich 245 Sprache und Situation*. Heidelberg/Mannheim.
HERMANNS, Fritz (1994b): *Linguistische Anthropologie. Skizze eines Gegenstandsbereiches linguistischer Mentalitätsgeschichte*. In: Busse/Hermanns/Teubert (Hgg.), 29–59.
HERMANNS, Fritz (1995a): *Sprachgeschichte als Mentalitätsgeschichte. Überlegungen zu Sinn und Form und Gegenstand historischer Semantik*. In: Gardt/Mattheier/Reichmann (Hgg.), 69–101.
HERMANNS, Fritz (1995b): *Kognition, Emotion, Intention. Dimensionen lexikalischer Semantik*. In: *Die Ordnung der Wörter. Kognitive und lexikalische Strukturen*. Hrsg. v. Gisela HARRAS. Berlin/New York (Institut für deutsche Sprache, Jahrbuch 1993), 138–178.
HERMANNS, Fritz (2002a): *Dimensionen der Bedeutung I: Überblick*. In: Cruse/Hundsnurscher/Job/Lutzeier (Hgg.), 343–350.
HERMANNS, Fritz (2002b): *Dimension der Bedeutung III: Aspekte der Emotion*. In: Cruse/Hundsnurscher/Job/Lutzeier (Hgg.), 356–362.
HERMANNS, Fritz (2003): *Linguistische Hermeneutik. Überlegungen zur überfälligen Einrichtung eines in der Linguistik bislang fehlenden Teilfaches*. In: *Sprache und mehr. Ansichten einer Linguistik der sprachlichen Praxis*. Hrsg. v. Angelika LINKE/Hanspeter ORTNER/Paul R. PORTMANN-TSELIKAS. Tübingen (Reihe Germanistische Linguistik 245), 125–163.
HERMANNS, Fritz/Werner HOLLY, Hgg. (2007): *Linguistische Hermeneutik. Theorie und Praxis des Verstehens und Interpretierens*. Tübingen (Reihe Germanistische Linguistik 272).
JAKOBSON, Roman (1974): *Poesie der Grammatik und Grammatik der Poesie*. In: *Roman Jakobson. Aufsätze zur Linguistik und Poetik*. Hrsg. v. Wolfgang RAIBLE. München, 260–274.
KÄMPER, Heidrun (2006): *Diskurs und Diskurslexikographie. Zur Konzeption eines Wörterbuchs des Nachkriegsdiskurses*. In: *Deutsche Sprache* 34, 334–353.

KÄMPER, Heidrun/Peter HASLINGER/Thomas RAITHEL, Hgg. (2014): *Demokratiegeschichte als Zäsurgeschichte. Diskurse der frühen Weimarer Republik.* Berlin (Diskursmuster – Discourse Patterns 5).
KAEMPFERT, Manfred (1984): *Wort und Wortverwendung. Probleme der semantischen Deskription anhand von Beobachtungen an der deutschen Gegenwartssprache.* Göppingen (Göppinger Arbeiten zur Germanistik 382).
KELLER, Rudi (1995): *Zeichentheorie. Zu einer Theorie semiotischen Wissens.* Tübingen/Basel (UTB 1849).
KELLER, Rudi/Ilja KIRSCHBAUM (2003): *Bedeutungswandel. Eine Einführung.* Berlin/New York.
KEMPCKE, Günter (2000): *Wörterbuch Deutsch als Fremdsprache.* Berlin/New York.
KEMPCKE, Günter (2001): *Polysemie oder Homonymie? Zur Praxis der Bedeutungsgliederung in den Wörterbuchartikeln synchronischer einsprachiger Wörterbücher der Deutschen* [sic] *Sprache.* In: *Lexicographica* 17, 61–68.
KIEDAISCH, Petra/Jochen A. BÄR (1997): *Heiterkeitskonzeptionen in der europäischen Literatur und Philosophie. Einführung in die Geschichte eines Begriffs und seine Erforschung.* In: *Heiterkeit. Konzepte in Literatur und Geistesgeschichte.* Hrsg. v. Petra KIEDAISCH/Jochen A. BÄR. München, 7–30.
KLEMM, Michael (2002): *Ausgangspunkte: Jedem seinen Textbegriff? Textdefinitionen im Vergleich.* In: Fix/Adamzik/Antos/Klemm (Hgg.), 17–29.
KNOBLOCH, Clemens (2000): *Grammatik.* In: *Metzler Lexikon Sprache.* Hrsg. v. Helmut GLÜCK. 2., überarb. u. erw. Aufl. Stuttgart/Weimar, 255–256.
KÖLLER, Wilhelm (1988): *Philosophie der Grammatik. Vom Sinn grammatischen Wissens.* Stuttgart.
KONERDING, Klaus-Peter (1993): *Frames und lexikalisches Bedeutungswissen. Untersuchungen zur linguistischen Grundlegung einer Frametheorie und zu ihrer Anwendung in der Lexikographie.* Tübingen (Reihe Germanistische Linguistik 142).
LEWANDOWSKI, Theodor (⁶1994): *Linguistisches Wörterbuch.* Bd. 1. Heidelberg/Wiesbaden (UTB 1518).
LOBENSTEIN-REICHMANN, Anja (1998): *Freiheit bei Martin Luther. Lexikographische Textanalyse als Methode historischer Semantik.* Berlin/New York (Studia Linguistica Germanica 46).
LOBENSTEIN-REICHMANN, Anja (2002): *Die Syntagmenangabe – ein Stiefkind der Bedeutungslexikographie.* In: Ágel/Gardt/Haß-Zumkehr/Roelcke (Hgg.), 71–88.
LOBENSTEIN-REICHMANN, Anja/Oskar REICHMANN (2001): *„... iederman wolt gen himl". Das Frühneuhochdeutsche Wörterbuch als Spiegel der Kulturgeschichte.* In: *Der Sprachdienst* 45, 134–141.
LUTZEIER, Peter Rolf (1995): *Lexikalische Felder – was sie waren, was sie sind und was sie sein könnten.* In: *Die Ordnung der Wörter. Kognitive und lexikalische Strukturen.* Hrsg. v. Gisela HARRAS. Berlin/New York (IDS-Jahrbuch 1993), 4–29.
LUTZEIER, Peter Rolf (2002): *Der Status der Lexikologie als linguistische Disziplin.* In: Cruse/Hundsnurscher/Job/Lutzeier (Hgg.), 1–14.
LYONS, John (1977): *Semantics.* Vol. 2. Cambridge/London/New York/Melbourne.
LYONS, John (2002): *Sense relations: An overview.* In: Cruse/Hundsnurscher/Job/Lutzeier (Hgg.), 466–472.
MARCUSE, Herbert (1933): *Über die philosophischen Grundlagen des wirtschaftswissenschaftlichen Arbeitsbegriffes.* – Zitiert nach: *Herbert Marcuse. Schriften.* Bd. 1: *Der deutsche Künstlerroman. Frühe Aufsätze.* Frankfurt a. M. ²1981, 556–594.
MARTINET, André (1960): *Éléments de linguistique générale.* Paris. Deutsch: *Grundzüge der allgemeinen Sprachwissenschaft.* Stuttgart 1963.
MATTHEIER, Klaus J. (1995): *Sprachgeschichte des Deutschen: Desiderate und Perspektiven.* In: Gardt/Mattheier/Reichmann (Hgg.), 1–18.
MÜLLER, Wolfgang (1996): *Antonymien, Gegenwortfeld-Wörterbücher und das Gegenwort-Wörterbuch. Begründung und Konzeption.* In: *Wörterbücher in der Diskussion II. Vorträge aus dem*

Heidelberger Lexikographischen Kolloquium. Hrsg. v. Herbert Ernst WIEGAND. Tübingen, 279–310.

OLSEN, Susan (1986): *Wortbildung im Deutschen. Eine Einführung in die Theorie der Wortstruktur.* Stuttgart.

PASCH, Renate/Ursula BRAUSSE/Eva BREINDL/Ulrich Hermann WASSNER (2003): *Handbuch der deutschen Konnektoren. Linguistische Grundlagen der Beschreibung und syntaktische Merkmale der deutschen Satzverknüpfer (Konjunktionen, Satzadverbien und Partikeln).* Berlin/New York (Schriften des Instituts für Deutsche Sprache 9).

PASTOR, Eckart/Robert LEROY (1979): *Die Brüchigkeit als Erzählprinzip in Kleists „Bettelweib von Locarno".* In: *Etudes Germaniques* 34, 164–175.

PAUL, Hermann (1958): *Deutsche Grammatik.* Bd. IV: *Syntax,* 2. Hälfte. 4. Aufl. Halle (Saale).

PAUL, Hermann (2002): *Deutsches Wörterbuch. Bedeutungsgeschichte und Aufbau unseres Wortschatzes.* 10., überarb. u. erw. Aufl. von Helmut HENNE/Heidrun KÄMPER/Georg OBJARTEL. Tübingen.

PAVLOV, V[ladimir] M. (1972): *Die substantivische Zusammensetzung im Deutschen als syntaktisches Problem.* München.

PLETT, Heinrich (1975): *Textwissenschaft und Textanalyse.* Heidelberg.

POLENZ, Peter von (1963): *Funktionsverben im heutigen Deutsch. Sprache in der rationalisierten Welt.* Düsseldorf (Wirkendes Wort, Beiheft 5).

POLENZ, Peter von (1985): *Deutsche Satzsemantik. Grundbegriffe des Zwischen-den-Zeilen-Lesens.* Berlin/New York (Sammlung Göschen 2226).

POLENZ, Peter von (1999): *Deutsche Sprachgeschichte vom Spätmittelalter bis zur Gegenwart.* Bd. 3. Berlin/New York.

REHBOCK, Helmut (2000a): *Semantik.* In: *Metzler Lexikon Sprache.* Hrsg. v. Helmut GLÜCK. 2., überarb. u. erw. Aufl. Stuttgart/Weimar, 618–619.

REHBOCK, Helmut (2000b): *Semiologie.* In: *Metzler Lexikon Sprache.* Hrsg. v. Helmut GLÜCK. 2., überarb. u. erw. Aufl. Stuttgart/Weimar, 623.

REICHMANN, Oskar (1983): *Möglichkeiten der Erschließung historischer Wortbedeutungen.* In: *In diutscher diute. Festschrift für Anthony van der Lee zum 60. Geburtstag.* Hrsg. v. M. A. VAN DEN BROEK/G. J. JASPERS. Amsterdam (Amsterdamer Beiträge zur älteren Germanistik 20), 111–140.

REICHMANN, Oskar (1989): *Lexikographische Einleitung.* In: *FWB* 1, 10–164.

REICHMANN, Oskar (1992): *Deutlichkeit in der Sprachtheorie des 17. und 18. Jahrhunderts.* In: *Verborum Amor. Studien zur Geschichte und Kunst der deutschen Sprache. Festschrift für Stefan Sonderegger zum 65. Geburtstag.* Hrsg. v. Harald BURGER/Alois M. HAAS/Peter von MATT. Berlin/New York, 448–480.

REICHMANN, Oskar (1993a): *Möglichkeiten der Bedeutungsdifferenzierung im historischen Bedeutungswörterbuch.* In: *Methoden zur Erforschung des Frühneuhochdeutschen. Studien des deutsch-japanischen Arbeitskreises zur Frühneuhochdeutschforschung.* Hrsg. v. Klaus J. MATTHEIER/Haruo NITTA/Mitsuyo ONO. München, 161–175.

REICHMANN, Oskar (1993b): *Europäismen im Wortschatz von Einzelsprachen.* In: *Aufbau, Entwicklung und Struktur des Wortschatzes in den europäischen Sprachen. Motive, Tendenzen, Strömungen und ihre Folgen. Beiträge zum lexikologischen Symposion in Heidelberg vom 7. bis 10. Oktober 1991.* Hrsg. v. Baldur PANZER. Frankfurt am Main u. a., 28–47.

REICHMANN, Oskar (2004a): *Die weltbildende Kraft der Sprache.* In: *Weltbilder.* Hrsg. v. Hans Gebhardt/Helmuth Kiesel. Berlin/Heidelberg (Heidelberger Jahrbücher 2003), 285–328.

REICHMANN, Oskar (2004b): *Der Diskurs von Mündlichkeit und Schriftlichkeit: seine Anwendung auf das Frühneuhochdeutsche.* In: *Sprachwandel und Gesellschaftswandel – Wurzeln des heutigen Deutsch. Studien des deutsch-japanischen Arbeitskreises für Frühneuhochdeutschforschung.* Hrsg. v. Klaus J. MATTHEIER/Haruo NITTA. München, 205–221.

REICHMANN, Oskar (2006): *Wörterbuchartikel zwischen Abbildung und Konstruktion*. In: *Strenae nataliciae. Neulateinische Studien. Wilhelm Kühlmann zum 60. Geburtstag*. Hrsg. v. Hermann WIEGAND. Heidelberg, 155–175.

REICHMANN, Oskar/Klaus-Peter WEGERA, Hgg. (1993): *Frühneuhochdeutsche Grammatik*. Tübingen (Sammlung kurzer Grammatiken germanischer Dialekte A. Hauptreihe Nr. 12).

ROELCKE, Thorsten (1992a): *Lexikalische Bedeutungsrelationen. Varietätenimmanenz und Varietätentranszendenz im onomasiologischen und im semasiologischen Paradigma*. In: *Zeitschrift für Dialektologie und Linguistik* 59, 183–189.

ROELCKE, Thorsten (1992b): *Lexikalische Konversen. Definition und Klassifikation*. In: *Zeitschrift für germanistische Linguistik* 20, 318–327.

ROELCKE, Thorsten (1994): *Wörterbuch zu den philosophischen Schriften Friedrich Schillers. Konzeption und Probeartikel*. In: *Lexicographica* 10, 43–60.

ROELCKE, Thorsten (1994): *Dramatische Kommunikation. Modell und Reflexion bei Dürrenmatt, Handke, Weiss*. Berlin/New York.

ROELCKE, Thorsten (1995): *Lexikalische Bedeutungsrelationen und Sprachwandel*. In: Gardt/Mattheier/Reichmann (Hgg.), 227–248.

ROELCKE, Thorsten (2002): *Paradigmatische Relationen der Exklusion und Opposition III: Konversivität*. In: Cruse/Hundsnurscher/Job/Lutzeier (Hgg.), 511–517.

SAUSSURE, Ferdinand de (^{5}1960): *Cours de Linguistique Générale*. Publié par Charles BALLY et Albert SECHEHAYE avec la collaboration de Albert RIEDLINGER. Paris. – Deutsche Übersetzung von Herman LOMMEL: *Grundfragen der allgemeinen Sprachwissenschaft*. 2. Aufl. mit einem neuen Register u. einem Nachwort v. Peter VON POLENZ. Berlin 1967.

SCHLAPS, Christiane (2000): *Das Konzept eines deutschen Sprachgeistes in der Geschichte der Sprachtheorie*. In: *Nation und Sprache. Die Diskussion ihres Verhältnisses in Geschichte und Gegenwart*. Hrsg. v. Andreas GARDT. Berlin/New York, 303–347.

SCHMIDT, Günter Dietrich (1982): *Kann ein „elementares Sprachzeichen" polysem sein? Bemerkungen zum polysemen Sprachzeichenmodell*. In: *Linguistische Berichte* 79, 1–11.

STORRER, Angelika (1992): *Verbvalenz. Theoretische und methodische Grundlagen ihrer Beschreibung in Grammatikographie und Lexikographie*. Tübingen (Reihe Germanistische Linguistik 126).

TEREICK, Jana (2008): *Eine synchrone und diachrone Untersuchung des Printmediendiskurses zum 11. September 2001 unter gramatischen, semantischen und pragmatischen Aspekten*. Unveröffentlichte Magisterarbeit (eingereicht bei der Neuphilologischen Fakultät der Universität Heidelberg, zugänglich über Prof. Dr. Ekkehard Felder, Germanistisches Seminar).

TEUBER, Oliver (1998): *fasel beschreib erwähn – Der Inflektiv als Wortform des Deutschen*. In: *Germanistische Linguistik* 141–142, 7–26.

TEUBERT, Wolfgang (1979): *Valenz des Substantivs. Attributive Ergänzungen und Angaben*. Düsseldorf (Sprache der Gegenwart 49).

TRIER, Jost (1931): *Der deutsche Wortschatz im Sinnbezirk des Verstandes. Die Geschichte eines sprachlichen Feldes*. Heidelberg.

VATER, Heinz (2000): *Begriff statt Wort – ein terminologischer Wirrwarr*. In: *Sprachreport* 16, Heft 4, 10–13.

VIEHWEGER, Dieter (1962): *Kommunikationstheoretische Untersuchung der Dialektik des Syntagmas*. Masch. Diss. Berlin.

VOGEL, Friedemann (2009): *„Aufstand" – „Revolte" – „Widerstand". Linguistische Mediendiskursanalyse der Ereignisse in den Pariser Vorstädten 2005*. Frankfurt a. M. u. a. (Europäische Hochschulschriften 343).

WAHRIG, Gerhard, Hg. (1966): *Das große deutsche Wörterbuch. Mit einem „Lexikon der deutschen Sprachlehre"*. Gütersloh.

WALTER, Tilmann (1998): *Unkeuschheit und Werk der Liebe. Diskurse über Sexualität am Beginn der frühen Neuzeit in Deutschland*. Berlin/New York (Studia Linguistica Germanica 48).
WDG (1964–77): *Wörterbuch der deutschen Gegenwartssprache*. Hrsg. v. Ruth Klappenbach/Wolfgang Steinitz. Berlin.
WEINRICH, Harald (2003): *Textgrammatik der deutschen Sprache*. Unter Mitarbeit von Maria THURMAIR, Eva BREINDL, Eva-Maria WILLKOP. 2., revid. Aufl. Hildesheim/Zürich/New York.
WELKE, Klaus (2000a): *Valenz*. In: *Metzler Lexikon Sprache*. Hrsg. v. Helmut GLÜCK. 2., überarb. u. erw. Aufl. Stuttgart/Weimar, 767–768.
WELKE, Klaus (2000b): *Valenzgrammatik*. In: *Metzler Lexikon Sprache*. Hrsg. v. Helmut GLÜCK. 2., überarb. u. erw. Aufl. Stuttgart/Weimar, 768–769.
WERLEN, Iwar (2002): *Sprachliche Relativität. Eine problemorientierte Einführung*. Tübingen/Basel (UTB 2319).
WIEGAND, Herbert Ernst (1993 [1994]): *Kritische Lanze für Fackel-Redensartenwörterbuch. Bericht und Diskussion zu einem Workshop der Österreichischen Akademie der Wissenschaften am 14. 2. 1994*. In: *Lexicographica* 9, 230–271.
ZIFONUN, Gisela/Ludger HOFFMANN/Bruno STRECKER (1997): *Grammatik der deutschen Sprache*. 3 Bde. Berlin/New York (Schriften des Instituts für deutsche Sprache 7).
ZÖFGEN, Ekkehard (1989): *Homonymie und Polysemie im allgemeinen einsprachigen Wörterbuch*. In: *Wörterbücher. Dictionaries. Dictionnaires. Ein internationales Handbuch zur Lexikographie. An International Encyclopedia of Lexicography. Encyclopédie internationale de lexicographie*. Hrsg. v. Franz Josef HAUSMANN/Oskar REICHMANN/Herbert Ernst WIEGAND/Ladislav ZGUSTA. 1. Teilbd. Berlin/New York, 779–787.

10 Anhang II: Zur Notation

Für die verdichtete Darstellung grammatisch-semantischer Zusammenhänge, wie sie sich beispielsweise im Rahmen von Abbildungen oder formelartigen Modellen der Übersichtlichkeit halber empfiehlt, verwenden wir eine Reihe von graphischen Markierungen, Symbolen, Abkürzungen und Notationsregeln.

Mit der Sigle *HLR* wird durchgängig verwiesen auf das in den Kapiteln 2–7 entwickelte hermeneutisch-linguistische Regelwerk (www.baer-linguistik.de/hlr).

10.1 Graphische Markierungen

Objektsprachliche Einheiten werden im Rahmen dieser Untersuchung, sofern es sich um Ausdrücke mit Langue-Status handelt, prinzipiell kursiv geschrieben: Wortelemente (z. B. *be-, ge-, -lich, -ung*), Wörter (z. B. *lesen, Buch, dick, ein*), Wortgruppen (z. B. *ein dickes Buch lesen*). Die Nennformen von Wortverbünden (§ 28.2α²/β² HLR) werden zusätzlich durch Kapitälchen markiert, z. B. GEIST, DAS ABSOLUTE, PROGRESSIVE UNIVERSALPOESIE. Bedeutungsangaben stehen bei Wortelementen, Wörtern und Wortgruppen in umgekehrten einfachen französischen Anführungszeichen (›...‹); bei Wortverbünden stehen sie in einfachen französischen Anführungszeichen (‹...›).

Zitate und Ausdrücke, die explizit als Parole-Einheiten gekennzeichnet werden sollen, erscheinen in doppelten deutschen Anführungszeichen, z. B. „das Wort war mit Anführungszeichen versehen" (SCHNITZLER, Therese 1928, 763). Bedeutungen solcher Ausdrücke werden durch einfache deutsche Anführungszeichen markiert (‚...').

10.2 Symbole

Ø   Nullzeichen, z. B. $Ø_{Art}$ (›Nullartikel‹),

⊗   Ellipsensymbol

Z   Variablensymbol für ein Zeichen, das an der betreffenden Stelle nicht näher bestimmt werden soll

{ }   Kennzeichnung einer ausdrucksseitigen Einheit als Wortelement (§ 25 HLR), z. B. {$Ø_{NomSg}$} (›Nullflexiv des Nominativs Singular‹). Erscheinen Wortelemente als Bestandteile komplexerer Wortelemente, so werden letztere je nach Komplexitätsebene mit mehrfachen geschweiften Klammern gekennzeichnet: {{*päd*}·{{*ie*}·{Flx-SbFem}}} (›Konfix *-pädie*, z. B. in *Logopädie*‹).

{ }{ }   Klammermarkierung bei Zirkumfixen (vgl. S. 140); Beispiel: {$ge^{)}$ ⁽Grv-SbNeutr} in *Gerede*: {$ge^{)}$·{*red*}·⁽Grv-SbNeutr}.

Anhang II: Zur Notation: Symbole — **829**

/ \ Kennzeichnung einer ausdrucksseitigen Einheit als Wort (§ 26 HLR), z. B. /{tag}·{Flx-SbMask}\ (›Substantiv *Tag*‹), /{licht}·{Flx-Adj}\ (›Adjektiv *licht*‹). Phraseolexeme können ebenfalls als Einheiten mit Wortcharakter gekennzeichnet werden, z. B. /*schwarzes Brett*\.

/ ˡ / \ Klammermarkierung bei Verbformen in Distanzstellung; Beispiel: /*habe*\ /*geredet*\.

~ Kommutationssymbol: Bei Wortformen in Klammerposition, die im Rahmen bestimmter syntaktischer Muster vertauscht werden können (Verberst- und Verbzweit- vs. Verbletztstellung), erscheint jede der beiden Formen mit einer einleitenden und einer schließenden Klammerformenmarkierung; beide Formen werden zusätzlich durch ein Kommuationssymbol (~) markiert: /{ha(b)}·{Flx-Vb$_{Präs/Prät}$}\~/{ge}·{red}·ˡ{et$_{Aflx-Vb}$}\·{Ø$_{Aflx-Adj}$}\.

| | Kennzeichnung mindestens zweier ausdrucksseitiger Einheiten als Wortgruppe (§ 27 HLR), z. B. |*ein Buch lesen*|

⟨ ⟩ Kennzeichnung mindestens zweier ausdrucksseitiger Einheiten als Wortverbund (§ 28 HLR); Beispiel: ein Miszellanverbund HAUS kann erscheinen als ⟨*das Haus · es · darin*⟩.

⌐ ¬ Skopusklammern kennzeichnen eine komplexe Einheit oder Einheit höherer Ordnung als zusammengehörige Größe.

⟶ Der unidirektionale lineare (nicht durchbrochene) Pfeil steht für intrakompaxive (§ 20.1 HLR) satellitische (§ 18.3 HLR) Wertdeterminativität: Die Konstituente, von welcher er ausgeht, ist im Rahmen eines Kompaxivgefüges (§ 17.I HLR) Satellit derjenigen, auf die er zeigt.

⟷ Der bidirektionale lineare (nicht durchbrochene) Pfeil steht für intrakompaxive (§ 20.1 HLR) koordinative (§ 19.2 HLR) Wertdeterminativität: Die Konstituenten, die durch einen solchen Pfeil verbunden sind, verhalten sich zueinander im Rahmen eines Kompaxivgefüges (§ 17.I HLR) als Koordinate.

--→ Der unidirektionale durchbrochene Pfeil steht für transkompaxive (§ 20.1 HLR) satellitische (§ 18.3 HLR) Wertdeterminativität: Die Konstituente, von welcher er ausgeht, ist im Rahmen eines Komplexivgefüges (§ 17.II HLR) Satellit derjenigen, auf die er zeigt.

←--→ Der bidirektionale durchbrochene Pfeil steht für transkompaxive (§ 20.1 HLR) koordinative (§ 19.2 HLR) Wertdeterminativität: Die Konstituenten, die durch einen solchen Pfeil verbunden sind, verhalten sich zueinander im Rahmen eines Komplexivgefüges (§ 17.II HLR) als Koordinate.

-·-·→ Der unidirektionale unregelmäßig durchbrochene Pfeil steht für transkompaxive Wertdeterminativität eines Nektors (§ 20.1 HLR); als Nektor fungiert diejenige Konstituente, von welcher er ausgeht.

10.3 Notationsregeln

Spezifiziert man Zeichenkategorien dadurch, dass man sie auf andere Zeichenkategorien bezieht, so kann diese Beziehung durch Koppelung der entsprechenden Abkürzungen mittels Bindestrich zum Ausdruck gebracht werden. Beispiele:

Grv-Sb ›Substantivgrammativ‹ (*Grv* ›Grammativ‹, *Sb* ›Substantiv‹); dementsprechend u. a.: Grv-SbMask ›maskulinisches Substantivgrammativ‹ (*Grv* ›Grammativ‹, *SbMask* ›maskulinisches Substantiv‹)
Sb-ags ›Nomen agentis‹
Vb-aktn ›Verbum actionis‹

Kotextuell bestimmte Subkategorien unterschiedlichen Abstraktionsgrades – z. B. die Gliedfunktion einer Zeichenart, die Flexionsform eines Lexems, aber auch der Sinn (die Bedeutung im engeren Sinn: § 9.2α HLR) eines Morphems oder Lexems – werden durch tiefgestellte Indizierungen angegeben. Beispiele:

- Prtkl$_{Advl}$: ›Partikel in Adverbialfunktion‹; entsprechend: Prtkl-bfkt$_{Advl}$, Prtkl-dir$_{Advl}$, Prtkl-disp$_{Advl}$ usw.
- Sb$_{NomSg}$: ›Substantiv im Nominativ Singular‹ (entsprechend in den übrigen Kasus, auch im Plural); entsprechend auch *SbGr*$_{NomSg}$ ›Substantivgruppe im Nominativ Singular‹
- Ø$_{Art}$: ›Nullartikel‹
- ⊗$_{›-leiden‹}$ ›elliptischer Wortbestandteil mit dem angegebenen Sinnwert‹: *Geschlechts-*⊗$_{›-leiden‹}$ *und Männerleiden* (Bsp. 59b, S. 136)

Wo ein ausdrucksseitig konkretes Zeichen hinsichtlich seiner Zeichenart und ggf. der Subkategorie zu bestimmen ist, kann dies durch tiefgestellte Indizierung erfolgen; dabei steht die allgemeine Zeichenart an erster Stelle, die Spezifikation wird durch einen Doppelpunkt abgesetzt. Beispiele:

- {*e*$_{Grv-Vb:3Sg-KonjI-Präs-Aktv}$} ›Verbgrammativ *-e* (3. Person Singular, Konjunktiv I, Präsens, Aktiv)‹
- {Ø$_{Grv-SbNeutr:NomSg}$} ›Null-Grammativ (Nominativ Singular) eines Neutrum-Substantivs‹ (z. B. *Herz*)
- {*sten*$_{Grv-Adj:Spl-swGenPl-Mask}$} ›Adjektivgrammativ *-sten* (Superlativ, Genitiv Plural des Maskulinums der schwachen Flexion)‹

Ein Hochpunkt steht prinzipiell zwischen der Angabe zur Zeichenart und der Angabe zur Gliedfunktion. Beispiele:

- SbGr$_{NomSg·Sbj}$ ›Substantivgruppe im Nominativ Singular, die als Subjekt fungiert‹

– *ging*~Vb:3Sg-Ind-Prät-Aktv-Prkt~ ›3. Person Singular, Indikativ, Präteritum, Aktiv des als Prädikat fungierenden Verbs *gehen*‹.

10.4 Verwendete Abkürzungen

Die Angaben von Paragraphen in diesem Abschnitt beziehen sich durchweg auf das hermeneutisch-linguistische Regelwerk (www.baer-linguistik.de/hlr).

1, 2, 3 ›1., 2. bzw. 3. Person‹ im Rahmen der Verbflexion (z. B. in 1Sg ›1. Person Singularis‹, 3Pl ›3. Person Pluralis‹).
Adj ›Adjektiv‹ (§ 84.1a). — Spezifikationen: ☞ KmptAdj, ☞ VbAdj.
AdjGr ›Adjektivgruppe‹ (§ 90.1a¹). — Spezifikationen: α-AdjGr (›α-Adjektivgruppe‹: § 90.2α), β-AdjGr (›β-Adjektivgruppe‹: § 90.2β), γ-AdjGr (›γ-Adjektivgruppe‹: § 90.2γ), δ-AdjGr (›δ-Adjektivgruppe‹: § 90.2δ), ε-AdjGr (›ε-Adjektivgruppe‹: § 90.2ε), ζ-AdjGr (›ζ-Adjektivgruppe‹: § 90.2ζ), η-AdjGr (›η-Adjektivgruppe‹: § 90.2η).
AdjVd ›Adjektivverbund‹ (§ 97.1a).
Adpd ›Adponend‹ (§ 45.1a).
AdpdAdpnl ›Adponend-Adpositional‹ (§ 57.3β).
AdpdKjktnl ›Adponend-Kojunktional‹ (§ 59.3ξ).
AdpnG ›Adpositionsgefüge‹ (§ 45.1a).
Adpnl ›Adpositional‹ (§ 57.1a).
AdpnlG ›Adpositionalgefüge‹ (§ 57.1a).
Adpt ›Adposit‹ (§ 45.1a).
AdptAdpnl ›Adposit-Adpositional‹ (§ 57.3α).
AdptKjktnl ›Adposit-Kojunktional‹ (§ 59.3γ).
Advd ›Adverband‹ (§ 37.1a).
AdvdAdvnl ›Adverband-Adverbational‹ (§ 53.3α).
AdvdKjktnl ›Adverband-Kojunktional‹ (§ 59.3ε).
Advl ›Adverbial‹ (§ 35.3b^II).
AdvlKjktnl ›Adverbial-Kojunktional‹ (§ 59.3δ).
AdvnG ›Adverbationsgefüge‹ (§ 37.1a).
Advnl ›Adverbational‹ (§ 53.1a).
AdvnlG ›Adverbationalgefüge‹ (§ 53.1a).
Advt ›Adverbat‹ (§ 37.1a).
AdvtAdvnl ›Adverbat-Adverbational‹ (§ 53.3β).
AdvtKjktnl ›Adverbat-Kojunktional‹ (§ 59.3ζ).
Advtl ›Adverbial-Prädikational oder Adverbiatial‹ (§ 52.3δ).
Afltd ›Aflektand‹ (§ 30.1a).
Afltr ›Aflektor‹ (§ 30.1a).
AflxnG ›Aflexionsgefüge‹ (§ 30.1a).

AGS ›Agens, Handlungsträger‹ (§ 103). — Spezifikationen: AGS-ADHB (›verwendende Größe‹: § 103.VII), AGS-ADRG (›gebende/mitteilende Größe‹: § 103.V), AGS-ADVS (›Advertens, befassende Größe‹: § 103.IV), AGS-ASCR (›aussagende/behauptende Größe‹: § 103.VI), AGS-INFL (›Influens, beeinflussende Größe‹: § 103.III), AGS-INFL (›Influens, beeinflussende Größe‹: § 103.III), AGS-PRD (›Produzens, hervorbringende Größe‹: § 103.II).
Akk ›Akkusativ‹; zu möglichen Spezifikationen ☞ Nom.
AKTN ›Aktion, Handlung‹ (§ 103). — Spezifikationen: AKTN-ADHB (›Verwendungshandlung‹: § 103.VII), AKTN-ADRG (›Gebe-/Mitteilungshandlung‹: § 103.V), AKTN-ADVS (›Befassungshandlung‹: § 103.IV), AKTN-ASCR (›Aussage-/Behauptungshandlung‹: § 103.VI), AKTN-INFL (›Beeinflussungshandlung‹: § 103.III), AKTN-PRD (›Produktionshandlung‹: § 103.II).
AKTNINV ›Aktionsinvolut, handlungsbetroffene Größe‹ (§ 103). — Spezifikationen: AKTNINV-ADHB-1 (›Instrument, Mittel‹: § 103.VII), AKTNINV-ADHB-2 (›durch Verwendung behandelte Größe, Gegenstand instrumenteller Behandlung‹: § 103.VII), AKTNINV-ADRG-1 (›Adressat‹: § 103.V), AKTNINV-ADRG-2 (›zugedachte/mitgeteilte Größe‹: § 103.V), AKTNINV-ADVS (›Advers, befasste Größe‹: § 103.IV), AKTNINV-ASCR-1 (›Aussagegegenstand, Thema‹: § 103.VI), AKTNINV-ASCR-2 (›Ausgesagtes/Behauptetes, Rhema‹: § 103.VI), AKTNINV-PRD (›Produkt, hervorgebrachte Größe‹: § 103.II).
Akt ›Aktiv‹.
AmpnG ›Amplifikationsgefüge‹ (§ 33.1a).
Ampt ›Amplifikat‹ (§ 33.1a).
Amptr ›Amplifikator‹ (§ 33.1a).

Appd ›Apponend‹ (§ 40.1a).
AppnG ›Appositionsgefüge‹ (§ 40.1a).
Appt ›Apposit‹ (§ 40.1a).
Art ›Artikel‹ (§ 85.1a). — Semantikogrammatische Spezifikationen: a) nach dem Sinn: ☞ Art-dmstr, ☞ Art-prpv, ☞ Art-qual, ☞ Art-quant. b) nach der Valenz: ☞ Art-idv, ☞ Art-ntr, ☞ dfArt, ☞ idfArt.
Art-dmstr ›Propositivartikel‹ (§ 85.3β).
ArtGr ›Artikelgruppe‹ (§ 91.1a'). — Spezifikationen: α-ArtGr (›α-Artikelgruppe‹: § 91.2α), β-ArtGr (›β-Artikelgruppe‹: § 91.2β).
Art-idv ›Individualartikel‹ (§ 85.2b$^{\text{I}\alpha}$). — Spezifikationen: dfArt-idv (›bestimmter Individualartikel‹: § 85.2c^{I}), idfArt-idv (›unbestimmter Individualartikel‹: § 85.2c^{II}).
Art-ntr ›Neutralartikel‹ (§ 85.2b^{II}). — Spezifikationen: dfArt-ntr (›bestimmter Neutralartikel‹: § 85.2c^{III}), idfArt-ntr (›unbestimmter Neutralartikel‹: § 85.2c^{IV}).
Art-prpv ›Propositivartikel‹ (§ 85.3α).
Art-qual ›Qualitativartikel‹ (§ 85.3γ).
Art-quant ›Quantitativartikel‹ (§ 85.3δ).
ArtVd ›Artikelverbund‹ (§ 98.1a).
Attrd ›Attribuend‹ (§ 39.1a).
AttrdKjktnl ›Attribuend-Kojunktional‹ (§ 59.3ι).
Attrdl ›Attribuendal‹ (§ 55.3α).
AttrnG ›Attributionsgefüge‹ (§ 39.1a).
Attrnl ›Attributional‹ (§ 55.1a).
AttrnlG ›Attributionalgefüge‹ (§ 55.1a).
Attrt ›Attribut‹ (§ 39.1a).
AttrtKjktnl ›Attribut-Kojunktional‹ (§ 59.3κ).
Attrtl ›Attributial‹ (§ 55.3β).
AuxVb ›Hilfsverb‹ (§ 82.2d$^{\text{II}\beta\text{a}}$).
AzpnG ›Anzeptionsgefüge‹ (§ 43.1a).
Azps ›Anzeps‹ (§ 43.1a).
AzpsAdvl ›Anzepsadverbial‹ (§ 43.3c^{II}).
AzpsAdvt ›Anzepsadverbat‹ (§ 43.3c^{III}).
AzpsAttrt ›Anzepsattribut‹ (§ 43.3c^{IV}).
AzpsObj ›Anzepsobjekt‹ (§ 43.3c^{I}).
AzpsTrzdt ›Anzepstranszedent‹ (§ 43.3c^{V}).
Azpt ›Anzept‹ (§ 43.1a).
Dat ›Dativ‹. — Spezifikation: fxDat ›fixierte, will sagen: idiomatisierte Dativform‹; zu weiteren Spezifikationen ☞ Nom.
dfArt ›bestimmter Artikel‹ (§ 85.2a^{I}). — Spezifikationen: dfArt-idv (›bestimmter Individualartikel‹: § 85.2c^{I}), dfArt-ntr (›bestimmter Neutralartikel‹: § 85.2c^{III}).
DknG ›Dekussationsgefüge‹ (§ 44.1a).

Dkt ›Dekussat‹ (§ 44.1a).
Dktr ›Dekussator‹ (§ 44.1a).
Drvd ›Derivand‹ (§ 32.1a).
DrvnG ›Derivationsgefüge‹ (§ 32.1a).
Drvtr ›Derivator‹ (§ 32.1a).
Eksbnktnl ›Eksubnektional‹ (§ 22.2a).
Ektrznl ›Ektranszessional‹ (§ 56.1a).
EktrznlKjktnl ›Ektranszessional-Kojunktional‹ (§ 59.3λ).
Ensbnktnl ›Ensubnektional‹ (§ 22.2a).
Entrznl ›Entranszessional‹ (§ 56.1a).
EntrznlKjktnl ›Entranszessional-Kojunktional‹ (§ 59.3μ).
Fem ›Genus Femininum‹.
FktVb ›Funktionsverb‹ (§ 82.2d$^{\text{II}\varepsilon\text{a}}$).
Fltd ›Flektand‹ (§ 29.1a).
Fltr ›Flektor‹ (§ 29.1a).
FlxnG ›Flexionsgefüge‹ (§ 29.1a).
FlxnlG ›Flexionalgefüge‹ (§ 51.1a).
Flxnr ›Flexionar‹ (§ 51.1a).
Flxnt ›Flexionat‹ (§ 51.1a).
G ›Grundebene eines Zeichengefüges‹ (§ 14.1α).
Gen ›Genitiv‹; zu möglichen Spezifikationen ☞ Nom.
Grv ›grammatisches Wortelement oder Grammativ‹. — Spezifikationen: Grv-Adj (›Adjektivgrammativ‹: § 71.1), Grv-Art (›Artikelgrammativ‹: § 72.1), Grv-Knfx (›Konfixgrammativ‹: § 68.1), Grv-Knfx(Adj) (›adjektivspezifisches Konfixgrammativ‹: § 68.1β), Grv-Knfx(Prtkl) (›partikelspezifisches Konfixgrammativ‹: § 68.1γ), Grv-Knfx(Sb) (›substantivspezifisches Konfixgrammativ‹: § 68.1α), Grv-Prfx (›Präfixgrammativ‹: § 66.1), Grv-Prn (›Pronomengrammativ‹: § 73.1), Grv-Prtkl (›Partikelgrammativ‹: § 74.1), Grv-Sb (›Substantivgrammativ‹: § 70.1), Grv-Sffx (›Suffixgrammativ‹: § 67.1), Grv-Sffx(Adj) (›adjektivspezifisches Suffixgrammativ‹: § 67.1ε), Grv-Sffx(Knfx) (›konfixspezifisches Suffixgrammativ‹: § 67.1β), Grv-Sffx(Knfx-Adj) (›adjektivkonfixspezifisches Suffixgrammativ‹: § 67.1β^{II}), Grv-Sffx(Knfx-Sb) (›substantivkonfixspezifisches Suffixgrammativ‹: § 67.1β^{I}), Grv-Sffx(Prtkl) (›partikelspezifisches Suffixgrammativ‹: § 67.1ζ), Grv-Sffx(Sb) (›substantivspezifisches Suffixgrammativ‹: § 67.1δ), Grv-Sffx(Vb) (›verbspezifisches Suffixgrammativ‹:

§ 67.1γ), Grv-Sffx(Zrkfx) ›zirkumfixspezifisches Suffixgrammativ‹: § 67.1α), Grv-Sffx(Zrkfx-Adj) (›adjektivzirkumfixspezifisches Suffixgrammativ‹: § 67.1α^{III}), Grv-Sffx(Zrkfx-Sb) (›substantivzirkumfixspezifisches Suffixgrammativ‹: § 67.1α^{II}), Grv-Sffx(Zrkfx-Vb) (›verbzirkumfixspezifisches Suffixgrammativ‹: § 67.1α^{I}), Grv-Vb (›Verbgrammativ‹: § 69.1).

idfArt ›unbestimmter Artikel‹ (§ 85.2a^{II}). — Spezifikationen: idfArt-idv (›unbestimmter Individualartikel‹: § 85.2c^{II}), idfArt-ntr (›unbestimmter Neutralartikel‹: § 85.2c^{IV}).

Ind ›Indikativ‹.

Inf ›Infinitiv‹. — Morphologische Spezifikationen: Inf1 ›Infinitiv I (einfacher Infinitiv)‹, Inf2 ›Infinitiv II (*zu*-Infinitiv)‹.

Infl ›Inflektiv‹ (Flexionsform).

IftVb ›Infinitverb‹ (§ 82.2d^{IIαa}). — Spezifikationen: IftVb-aux (›Infinithilfsverb‹: § 82.2d^{IIαβ}), IftVb-fkt (›Infinitfunktionsverb‹: § 82.2d^{IIαbε}), IftVb-kmpt (›Infinitvollverb‹: § 82.2d^{IIαbα}), IftVb-kpl (›Infinitkopulaverb‹: § 82.2d^{IIαbδ}), IftVb-mod (›Infinitmodalverb‹: § 82.2d^{IIαbγ}).

Ikpxl ›Interkompaxal‹ (§ 62.2a).

IkpxlG ›Interkompaxalgefüge‹ (§ 62.1a).

Itrfx ›Intrafix‹ (§ 75.1).

Izpt ›Interzept‹ (§ 50.1a).

IzptnG ›Interzeptionsgefüge‹ (§ 50.1a).

Jxpd ›Juxtaponend‹ (§ 41.1a).

JxpnG ›Juxtapositionsgefüge‹ (§ 41.1a).

Jxpt ›Juxtaposit‹ (§ 41a).

KAUS-EPIST ›epistemischer Modalitätsgrund‹ (§ 105.IIλ^{1α}).

KAUS-NORM ›normativer Modalitätsgrund‹ (§ 105.IIλ^{1δ}).

KAUS-TEL ›teleologischer Modalitätsgrund‹ (§ 105.IIλ^{1γ}).

KAUS-VOL ›volitiver Modalitätsgrund‹ (§ 105.IIλ^{1ε}).

KAUS-ZRKST ›zirkumstantieller Modalitätsgrund‹ (§ 105.IIλ^{1β}).

Kjkt ›Kojunkt‹ (§ 48.1a).

KjktnG ›Kojunktionsgefüge‹ (§ 48.1a).

Kjktnl ›Kojunktional‹ (§ 59.1a).

KjktnlG ›Kojunktionalgefüge‹ (§ 59.1a).

KmnG ›Komitationsgefüge‹ (§ 38.1a).

Kmnl ›Komitational‹ (§ 54.1a).

KmnlG ›Komitationalgefüge‹ (§ 54.1a).

KmntnG ›Kommentationsgefüge‹ (§ 36.1a).

Kmntr ›Kommentar‹ (§ 36.1a).

Kmntt ›Kommentat‹ (§ 36.1a).

KmptAdj ›Volladjektiv‹ (§ 84.2α^{1}).

KmptVb ›Vollverb‹ (§ 82.2d^{Iα}).

Kms ›Komes‹ (§ 38.1a).

KmsKjktnl ›Komes-Kojunktional‹ (§ 59.3η).

Kmt ›Komitat‹ (§ 38.1a).

KmtKjktnl ›Komitat-Kojunktional‹ (§ 59.3ϑ).

Kmtl ›Komitial‹ (§ 54.3α).

Kmttl ›Komitatial‹ (§ 54.3β).

Knfx ›Konfix‹ (§ 80.1a).

Knjkt ›Konjunkt‹ (§ 47.1a).

KnjktnG ›Konjunktionsgefüge‹ (§ 47.1a).

Knjktr ›Konjunktor‹ (§ 47.1a).

KnktnG ›Konektionsgefüge‹ (§ 23.3a).

KnktnGr ›Konektionsgruppe‹ (§ 23.3c).

Knktt ›Konektat‹ (§ 23.3a).

Knnkt ›Konnekt‹ (§ 23.1b).

KnnktnG ›Konnektionsgefüge‹ (§ 23.1a).

Knnktnl ›Konnektional‹ (§ 23.2a).

KnnktnlG ›Konnektionalgefüge‹ (§ 23.2a).

Knnktr ›Konnektor‹ (§ 23.1b).

Komp ›Komparativ‹.

KplVb ›Kopulaverb‹ (§ 82.2d^{Iδa}).

KstrnG ›Kostriktionsgefüge‹ (§ 49.1a).

Kstrnl ›Kostriktional‹ (§ 60.1a).

KstrnlG ›Kostriktionalgefüge‹ (§ 60.1a).

Kstrt ›Kostrikt‹ (§ 49.1a).

lkSK ›linke Satzklammer‹ (§ 88.2b^{2}).

Mask ›Genus Maskulinum‹.

MF ›Mittelfeld‹ (§ 88.2b^{3}).

MK ›mittelbare Konstituente(n) eines Zeichengefüges‹ (§ 14.1β).

ModVb ›Modalverb‹ (§ 82.2d^{IIγa}).

MszGr ›Miszellangruppe‹ (§ 94.1a).

MszVd ›Miszellanverbund‹ (§ 101.1a).

Ndl ›Nodal‹ (§ 63.2a).

NdlG ›Nodalgefüge‹ (§ 63.1a).

Neutr ›Genus Neutrum‹.

NF ›Nachfeld‹ (§ 88.2b^{5}).

Nkt ›Nekt‹ (§ 20.1).

NktnG ›Nektionsgefüge‹ (§ 20.2).

Nktnl ›Nektional‹ (§ 20.4).

NktnlG ›Nektionalgefüge‹ (§ 20.4).

Nktr ›Nektor‹ (§ 20.1).

Nom ›Nominativ‹. — Spezifikationen beim Substantiv: Nom^{r}Sg/Pl$^{\rceil}$ (›Nominativ Singularis/Pluralis‹); beim Artikel und Pronomen: Nomˈ Sg/Plˈ-ˈMask/Fem/Neutrˈ ›Nominativ Singularis/Pluralis des Maskulinums/Femininums/Neutrums‹; beim Adjektiv: Nomˈ Sg/Plˈ-ˈI/II/IIIˈ-ˈMask/Fem/Neutrˈ (die Deklinationsklassen I–III angesetzt nach Duden 1998, 281 ff.).

Obj ›Objekt‹ (§ 35.3b¹).
ObjKjktnl ›Objekt-Kojunktional‹ (§ 59.3γ).
Objtl ›Objekt-Prädikational oder Objektual‹ (§ 52.3γ).
Pass ›Passiv‹.
Pd ›Periode‹ (§ 88.3a).
Perf ›Perfekt‹.
Pl ›Plural‹. — Spezifikationen beim Verb: ˈ1/2/3ˈPl (›1./2./3. Person Pluralis‹); bei (Pro-)Nomina und Artikeln: ˈNom/Gen/Dat/Akkˈ Pl.
Präs ›Präsens‹.
Prät ›Präteritum‹.
Prfx ›Präfix‹ (§ 77.1).
PrknG ›Prädikationsgefüge‹ (§ 34.1a).
Prknl ›Prädikational‹ (§ 52.1a).
PrknlG ›Prädikationalgefüge‹ (§ 52.1a).
Prkt ›Prädikat‹ (§ 34.1a).
PrktKjktnl ›Prädikat-Kojunktional‹ (§ 59.3β).
Prktl ›Prädikat-Prädikational oder Prädikatial‹ (§ 52.3β).
Prn ›Pronomen‹ (§ 86.1a). — Spezifikationen: Prn-dmstr (›Demonstrativpronomen‹: § 86.2ε), Prn-person (›Personalpronomen‹: § 86.2α¹), Prn-prpv (›Propositivpronomen‹: § 86.2β), Prn-qual (›Qualitativpronomen‹: § 86.2ζ), Prn-quant (›Quantitativpronomen‹: § 86.2η), Prn-rel (›Relativpronomen‹: § 86.2ϑ), Prn-rflx (›Reflexivpronomen‹: § 86.2γ), Prn-rzprk (›Reziprokpronomen‹: § 86.2δ¹).
PrnGr ›Pronomengruppe‹ (§ 92.1a¹). — Spezifikationen: α-PrnGr (›α-Pronomengruppe‹: § 92.2α), β-PrnGr (›β-Pronomengruppe‹: § 92.2β), γ-PrnGr (›γ-Pronomengruppe‹: § 92.2γ), δ-PrnGr (›δ-Pronomengruppe‹: § 92.2δ), ε-PrnGr (›ε-Pronomengruppe‹: § 92.2ε), ζ-PrnGr (›ζ-Pronomengruppe‹: § 92.2ζ).
PrnVd ›Pronomenverbund‹ (§ 99.1a).
PRPAKZ ›Propositionsakzident‹ (§ 102.2a⁴). — Spezifikationen: PRPAKZ-FIN (›finale Angabe‹), PRPAKZ-KAUS (›kausale Angabe‹), PRPAKZ-LOK (›lokale Angabe‹), PRPAKZ-TP (›temporale Angabe‹).
PRPINV ›Propositionsinvolut‹ (§ 102.2a³).
PRPN ›Proposition‹ (§ 102.1a).
PRPND ›Proponend‹ (§ 102.2a²).
PRPNG ›Propositionsgefüge‹ (§ 102.1c).
PRPNT ›Proponent‹ (§ 102.2a¹).
PRPR ›Propositionar‹ (§ 102.1b).
PRPR ›Propositionar‹ (§ 102.1b).
Prtkl ›Partikel‹ (§ 87.1a). — Spezifikationen: Prtkl-bfkt (›Benefaktivpartikel: § 87.3vᴵᴵ), Prtkl-cas (›Subklassifikativpartikel: § 87.3δᴵⱽ), Prtkl-cmprn (›Superklassifikativpartikel: § 87.3εᴵⱽ), Prtkl-crds (›Kreditivpartikel: § 87.3ξ), Prtkl-cstn (›Konstitivpartikel: § 87.3εᴵᴵᴵ), Prtkl-csttn (›Konstitutivpartikel: § 87.3δᴵᴵᴵ), Prtkl-dir (›Direktivpartikel: § 87.3oᴵᴵ), Prtkl-dispn (›Dispositivpartikel: § 87.3ε), Prtkl-effctn (›Effektionspartikel: § 87.3ζ), Prtkl-emt (›Emotivpartikel: § 87.3µ), Prtkl-exptn (›Emotivpartikel: § 87.3v), Prtkl-fin (›Finalpartikel: § 87.3vⁱ), Prtkl-frm (›Formalpartikel: § 87.3λᴵᴵ), Prtkl-kaus (›Kausalpartikel: § 87.3ζⁱ), Prtkl-kgr (›Kongruitivpartikel: § 87.3ϑ), Prtkl-komp (›Komparativpartikel‹: § 87.3α), Prtkl-kond (›Konditionalpartikel: § 87.3ζᴵᴵ), Prtkl-kpsv (›Kompensivpartikel: § 87.3γ), Prtkl-ksk (›Konsekutivpartikel: § 87.3η), Prtkl-lok (›Lokalpartikel: § 87.3oⁱ), Prtkl-mat (›Materialpartikel: § 87.3λⁱ), Prtkl-md (›Mediativpartikel: § 87.3κ), Prtkl-nomn (›Nominalpartikel: § 87.3λᴵᴵᴵ), Prtkl-oppos (›Oppositivpartikel: § 87.3β), Prtkl-orig (›Originativpartikel: § 87.3λᴵⱽ), Prtkl-prpdispn (›Propriodispositivpartikel: § 87.3εⁱ), Prtkl-prpptn (›Propriopertentivpartikel: § 87.3δⁱ), Prtkl-prtp (›Prätemporalpartikel: § 87.3πᴵᴵ), Prtkl-pstp (›Posttemporalpartikel: § 87.3πᴵᴵᴵ), Prtkl-ptn (›Pertentivpartikel: § 87.3δ), Prtkl-qual (›Qualitativpartikel: § 87.3λ), Prtkl-simult (›Simultanpartikel: § 87.3πⁱ), Prtkl-sozdispn (›Soziodispositivpartikel: § 87.3εᴵᴵ), Prtkl-sozptn (›Soziopertentivpartikel: § 87.3δᴵᴵ), Prtkl-them (›Themativpartikel: § 87.3ι).
PrtklGr ›Partikelgruppe‹ (§ 93.1aⁱ). — Spezifikationen: α-PrtklGr (›α-Partikelgruppe‹:

§ 93.2α), β-PrtklGr (›β-Partikelgruppe‹:
§ 93.2β), γ-PrtklGr (›γ-Partikelgruppe‹:
§ 93.2γ), δ-PrtklGr (›δ-Partikelgruppe‹:
§ 93.2δ), ε-PrtklGr (›ε-Partikelgruppe‹:
§ 93.2ε), ζ-PrtklGr (›ζ-Partikelgruppe‹:
§ 93.2ζ).
PrtklVd ›Partikelverbund‹ (§ 100.1a).
PRZ ›Prozess, vorgangsartiges Geschehen‹ (§ 104). — Spezifikationen: PRZ-ADL (›Adlation, Vorgang der Bezugnahme‹: § 104.V), PRZ-ILL (›Illation, Vorgang des Einwirkens: § 104.IV), PRZ-KAUS (›Kausation, Vorgang des Verursachens: § 104.III), PRZ-PASS (›Passion, Vorgang des Erleidens‹: § 104.II).
PRZINV ›Prozessinvolut, vorgangsbetroffene Größe‹ (§ 104). — Spezifikationen: PRZINV-ADL (›Adlat, Bezugnahme erfahrende Größe‹: § 104.V), PRZINV-ILL (›Illat, Einwirkung erfahrende Größe‹ (§ 104.IV), PRZINV-KAUS (›Kausat, verursachte Größe‹: § 104.III), PRZINV-PASS (›Widerfahrnis‹: § 104.II).
PRZSBJ ›Prozesssubjekt, Geschehensträger‹ (§ 104). — Spezifikationen: PRZSBJ-ADL (›Afferens, bezugnehmende Größe‹ (§ 104.V), PRZSBJ-ILL (›Inferens, einwirkende Größe‹ (§ 104.IV), PRZSBJ-KAUS (›Kausans, verursachende Größe‹ (§ 104.III), PRZSBJ-PASS (›Patiens, erleidende Größe‹ (§ 104.II).
rSK ›rechte Satzklammer‹ (§ 88.2b^4).
S ›Satz‹ (§ 88.2a^I).
Sb ›Substantiv‹ (§ 83.1a). Morphologische Spezifikationen: SbMask (›Substantiv mit Genus Maskulinum‹), SbFem (›Substantiv mit Genus Femininum‹), SbNeutr (›Substantiv mit Genus Neutrum‹); zur näheren Bestimmung des Formenparadigmas kann durch römische Ziffern der Deklinationstyp (nach Duden 1998, 223 f.) angegeben werden: z. B. *SbNeutr-IV* (›Substantiv mit Genus Neutrum des Deklinationstyps IV gemäß Duden 1998, 223‹, so *Bild-Ø, Bild-(e)s, Bild-Ø (Bild-e), Bild-Ø, Bild-er, Bild-er, Bild-ern, Bild-er*). — Semantikogrammatische Spezifikationen: Sb-accrrlt (›Nomen accorrelati‹: § 83.3γ^{III}), Sb-actinvlt (›Nomen actioni involuti‹: § 83.3α^{III}), Sb-actn (›Nomen actionis‹: § 83.3α^{I}), Sb-adh (›Nomen adhibendi‹: § 83.3α^{IIδη}), Sb-adhs (›Nomen adhibentis‹: § 83.3α^{Iδη}), Sb-adht (›Nomen adhibiti‹: § 83.3α^{IIIγη}), Sb-adnt (›Nomen adentiae‹: § 83.3γ^{IIα}), Sb-adnts (›Nomen adentis‹: § 83.3γ^{Iα}), Sb-advn (›Nomen advertendi‹: § 83.3α^{IIδ}), Sb-advns (›Nomen advertentis‹: § 83.3α^{Iδ}), Sb-advs (›Nomen adversi‹: § 83.3α^{IIIγ}), Sb-ags (›Nomen agentis‹: § 83.3α^{I}), Sb-anm (›Nomen animi‹: § 83.3γ^{IIβν}), Sb-anml (›Nomen animalis‹: § 83.2β^{3αcβ}), Sb-anmt (›Nomen animati‹: § 83.3γ^{Iβξ}), Sb-anmvs (›Nomen animadversi‹: § 83.3γ^{IIIζ}), Sb-appll (›Nomen appellativum‹: § 83.2β^2), Sb-apt (›Nomen appetendi‹: § 83.3α^{IIδζ}), Sb-apts (›Nomen appetentis‹: § 83.3α^{Iδζ}), Sb-aptt (›Nomen appetiti‹: § 83.3α^{IIIγζ}), Sb-cads (›Nomen cadentis‹: § 83.3γ^{Iβεε}), Sb-cas (›Nomen casionis‹: § 83.3γ^{IIβεβ}), Sb-cllct (›Nomen collectivum‹: § 83.2β^{3βcγ}), Sb-cmprn (›Nomen comprehensionis‹: § 83.3γ^{IIβζε}), Sb-cmprns (›Nomen comprehendentis‹: § 83.3γ^{Iβζε}), Sb-cncp (›Nomen concipiendi‹: § 83.3α^{IIβγ}), Sb-cncps (›Nomen concipientis‹: § 83.3α^{Iβγ}), Sb-cncpt (›Nomen concepti‹: § 83.3α^{IIIαγ}), Sb-cnfd (›Nomen confidentiae‹: § 83.3γ^{IIβνγ}), Sb-cpb (›Nomen capabilitatis‹: § 83.3γ^{IIβλα}), Sb-cpbs (›Nomen capabilis‹: § 83.3γ^{Iβνα}), Sb-cr (›Nomen creandi‹: § 83.3α^{IIβα}), Sb-crds (›Nomen credentis‹: § 83.3γ^{Iβεγ}), Sb-crdt (›Nomen crediti‹: § 83.3γ^{IIIζη}), Sb-crrl (›Nomen correlationis‹: § 83.3γ^{IIβ}), Sb-crrlt (›Nomen correlati‹: § 83.3γ^{Iβ}), Sb-crs (›Nomen creantis‹: § 83.3α^{Iβα}), Sb-crt (›Nomen creati‹: § 83.3α^{IIIαα}), Sb-cstn (›Nomen constitionis‹: § 83.3γ^{IIβζδ}), Sb-cstt (›Nomen constituti‹: § 83.3γ^{Iβζδ}), Sb-cstts (›Nomen constituentis‹: § 83.3γ^{Iβεδ}), Sb-ct (›Nomen coacti‹: § 83.3γ^{Iβνγ}), Sb-ctr (›Nomen coacturae‹: § 83.3γ^{IIβλγ}), Sb-dbt (›Nomen debiti‹: § 83.3γ^{IIIεδ}), Sb-dbtn (›Nomen debitionis‹: § 83.3γ^{IIβλδ}), Sb-dic (›Nomen dicendi‹: § 83.3α^{IIββ}), Sb-dics (›Nomen dicentis‹: § 83.3α^{Iββ}), Sb-dict (›Nomen dicti‹: § 83.3α^{IIIαβ}), Sb-diff (›Nomen differentiae‹: § 83.3γ^{IIβγ}), Sb-diffs (›Nomen differentis‹: § 83.3γ^{Iβγ}), Sb-dispn (›Nomen dispositionis‹: § 83.3γ^{IIβζ}), Sb-dispns (›Nomen disponentis‹: § 83.3γ^{Iβζ}), Sb-effcn (›Nomen effectionis‹: § 83.3γ^{IIβη}), Sb-effcs (›Nomen efficientis‹: § 83.3γ^{Iβη}), Sb-emrlt

(›Nomen emotionaliter relati‹: § 83.3γ$^{III\zeta\alpha}$), Sb-emss (›Nomen emittendi‹: § 83.3β$^{III\beta\alpha}$), Sb-emt (›Nomen emoti‹: § 83.3γ$^{I\beta\xi\alpha}$), Sb-emtn (›Nomen emotionis‹: § 83.3γ$^{II\beta\nu\alpha}$), Sb-emtt (›Nomen emittendi‹: § 83.3β$^{II\gamma\alpha}$), Sb-emtts (›Nomen emittentis‹: § 83.3β$^{I\gamma\alpha}$), Sb-evc (›Nomen evocandi‹: § 83.3β$^{II\gamma\beta}$), Sb-evcs (›Nomen evocantis‹: § 83.3β$^{I\gamma\beta}$), Sb-evct (›Nomen evocandi‹: § 83.3β$^{III\beta\beta}$), Sb-expt (›Nomen expetiti‹: § 83.3γ$^{III\zeta\beta}$), Sb-exptn (›Nomen expetitionis‹: § 83.3γ$^{II\beta\nu\beta}$), Sb-expts (›Nomen expetentis‹: § 83.3γ$^{I\beta\xi\beta}$), Sb-exst (›Nomen existentiae‹: § 83.3γ$^{I\alpha\alpha}$), Sb-exsts (›Nomen existentis‹: § 83.3γ$^{I\alpha\alpha}$), Sb-fac (›Nomen faciendi‹: § 83.3α$^{II\alpha}$), Sb-facs (›Nomen facientis‹: § 83.3α$^{I\alpha}$), Sb-fngs (›Nomen fungentis‹: § 83.3γ$^{I\beta\kappa}$), Sb-fnkt (›Nomen functionis‹: § 83.3γ$^{II\delta}$), Sb-frm (›Nomen formae‹: § 83.3γ$^{I\beta\lambda\beta}$), Sb-frmd (›Nomen formandi‹: § 83.3α$^{II\gamma\beta}$), Sb-frms (›Nomen formantis‹: § 83.3α$^{I\gamma\beta}$), Sb-frmt (›Nomen formati‹: § 83.3α$^{III\beta\beta}$), Sb-frmt (›Nomen formati‹: § 83.3γ$^{I\beta\mu\beta}$), Sb-frtadvn (›Nomen fortuito advertendi‹: § 83.3β$^{II\epsilon}$), Sb-frtadvns (›Nomen fortuito advertentis‹: § 83.3β$^{I\epsilon}$), Sb-frtadvs (›Nomen fortuito adversi‹: § 83.3β$^{III\delta}$), Sb-frtfrmd (›Nomen fortuito formandi‹: § 83.3β$^{II\delta\beta}$), Sb-frtfrms (›Nomen fortuito formantis‹: § 83.3β$^{I\delta\beta}$), Sb-frtfrmt (›Nomen fortuito formati‹: § 83.3β$^{III\gamma\beta}$), Sb-frtinfc (›Nomen fortuito inficiendi‹: § 83.3β$^{II\delta\alpha}$), Sb-frtinfcs (›Nomen fortuito inficientis‹: § 83.3β$^{I\delta\alpha}$), Sb-frtinfct (›Nomen fortuito infecti‹: § 83.3β$^{III\gamma\alpha}$), Sb-frtinfl (›Nomen fortuito influendi‹: § 83.3β$^{II\delta}$), Sb-frtinfls (›Nomen fortuito influentis‹: § 83.3β$^{I\delta}$), Sb-frtinflt (›Nomen fortuito influcti‹: § 83.3β$^{III\gamma}$), Sb-frtinvl (›Nomen fortuito involvendi‹: § 83.3β$^{II\epsilon\delta}$), Sb-frtinvls (›Nomen fortuito involventis‹: § 83.3β$^{I\epsilon\delta}$), Sb-frtinvlt (›Nomen fortuito involuti‹: § 83.3β$^{III\delta\delta}$), Sb-frtmot (›Nomen fortuito moti‹: § 83.3β$^{III\gamma\gamma}$), Sb-frtmov (›Nomen fortuito movendi‹: § 83.3β$^{II\delta\gamma}$), Sb-frtmovs (›Nomen fortuito moventis‹: § 83.3β$^{I\delta\gamma}$), Sb-frtpcp (›Nomen fortuito percipiendi‹: § 83.3β$^{II\epsilon\alpha}$), Sb-frtpcps (›Nomen fortuito percipientis‹: § 83.3β$^{I\epsilon\alpha}$), Sb-frtpcpt (›Nomen fortuito percepti‹: § 83.3β$^{III\delta\alpha}$), Sb-frtprp (›Nomen fortuito proponendi‹: § 83.3β$^{II\epsilon\beta}$), Sb-frtprps (›Nomen fortuito proponentis‹: § 83.3β$^{I\epsilon\beta}$), Sb-frtprpt (›Nomen fortuito propositi‹: § 83.3β$^{III\delta\beta}$), Sb-frtsz (›Nomen fortuito socialiter influendi‹: § 83.3β$^{II\delta\delta}$), Sb-frtszs (›Nomen fortuito socialiter influentis‹: § 83.3β$^{I\delta\delta}$), Sb-frtszt (›Nomen fortuito socialiter influcti‹: § 83.3β$^{III\gamma\delta}$), Sb-frttct (›Nomen fortuito tacti‹: § 83.3β$^{III\delta\gamma}$), Sb-frttmp (›Nomen fortuito temporaliter influendi‹: § 83.3β$^{II\delta\epsilon}$), Sb-frttmps (›Nomen fortuito temporaliter influentis‹: § 83.3β$^{I\delta\epsilon}$), Sb-frttmpt (›Nomen fortuito temporaliter influcti‹: § 83.3β$^{III\gamma\epsilon}$), Sb-frttng (›Nomen fortuito tangendi‹: § 83.3β$^{II\epsilon\gamma}$), Sb-frttngs (›Nomen fortuito tangentis‹: § 83.3β$^{I\epsilon\gamma}$), Sb-gnr (›Nomen generandi‹: § 83.3β$^{II\gamma}$), Sb-gnrs (›Nomen generantis‹: § 83.3β$^{I\gamma}$), Sb-gnrt (›Nomen generandi‹: § 83.3β$^{III\beta}$), Sb-id (›Nomen identitatis‹: § 83.3γ$^{II\beta\alpha}$), Sb-idc (›Nomen indicandi‹: § 83.3α$^{II\delta\gamma}$), Sb-idcs (›Nomen indicantis‹: § 83.3α$^{I\delta\gamma}$), Sb-idct (›Nomen indicati‹: § 83.3α$^{III\gamma\gamma}$), Sb-idm (›Nomen eiusdem‹: § 83.3γ$^{I\beta\gamma}$), Sb-incp (›Nomen incipiendi‹: § 83.3α$^{II\beta\delta}$), Sb-incps (›Nomen incipientis‹: § 83.3α$^{I\beta\delta}$), Sb-incpt (›Nomen incepti‹: § 83.3α$^{III\alpha\delta}$), Sb-infc (›Nomen inficiendi‹: § 83.3α$^{II\gamma\alpha}$), Sb-infcs (›Nomen inficientis‹: § 83.3α$^{I\gamma\alpha}$), Sb-infct (›Nomen infecti‹: § 83.3α$^{III\beta\alpha}$), Sb-infl (›Nomen influendi‹: § 83.3α$^{II\gamma}$), Sb-infls (›Nomen influentis‹: § 83.3α$^{I\gamma}$), Sb-inflt (›Nomen influcti‹: § 83.3α$^{III\beta}$), Sb-infr (›Nomen inferioritatis‹: § 83.3γ$^{II\beta\gamma\beta}$), Sb-infrs (›Nomen inferioris‹: § 83.3γ$^{I\beta\gamma\beta}$), Sb-innum (›Nomen innumerabilis‹: § 83.2β$^{3\beta a}$), Sb-inst (›Nomen institutionis‹: § 83.2β$^{3\alpha c\alpha}$), Sb-invl (›Nomen involvendi‹: § 83.3α$^{II\delta\epsilon}$), Sb-invls (›Nomen involventis‹: § 83.3α$^{I\delta\epsilon}$), Sb-invlt (›Nomen involuti‹: § 83.3α$^{III\gamma\epsilon}$), Sb-loc (›Nomen loci‹: § 83.2β$^{3\alpha c\epsilon}$), Sb-lz (›Nomen licentiae‹: § 83.3γ$^{II\beta\lambda\beta}$), Sb-lzt (›Nomen licentiati‹: § 83.3γ$^{I\beta\nu\beta}$), Sb-mat (›Nomen materiae‹: § 83.2β$^{3\beta c\alpha}$, § 83.3γ$^{I\beta\lambda\alpha}$), Sb-matr (›Nomen materiati‹: § 83.3γ$^{I\beta\mu\alpha}$), Sb-mdlrlt (›Nomen modalitate relati‹: § 83.3γ$^{III\epsilon}$), Sb-mens (›Nomen mensurae‹: § 83.2β$^{3\beta c\delta}$), Sb-mnfst (›Nomen manifestati‹: § 83.3γ$^{III\beta}$), Sb-mnfstn (›Nomen manifestationis‹: § 83.

3γ^{IIβκ}), Sb-mns (›Nomen mansionis‹: § 83.
3γ^{IIβξ}), Sb-mnts (›Nomen manentis‹: § 83.
3γ^{Iβο}), Sb-mod (›Nomen modalitatis‹: § 83.
3γ^{IIβμ}), Sb-modlimpl (›Nomen modalem implicandi‹: § 83.3γ^{IIβλ}), Sb-mods (›Nomen modalis‹: § 83.3γ^{Iβν}), Sb-mot (›Nomen moti‹: § 83.3α^{IIIβγ}), Sb-mov (›Nomen movendi‹: § 83.3α^{IIγγ}), Sb-movs (›Nomen moventis‹: § 83.3α^{Iγγ}), Sb-mstr (›Nomen monstrationis‹: § 83.3γ^{IIβι}), Sb-mstrs (›Nomen monstrantis‹: § 83.3γ^{Iβθ}), Sb-ncss (›Nomen necessitatis‹: § 83.3γ^{IIβγ}), Sb-ncssi (›Nomen necessarii‹: § 83.3γ^{IIIεγ}), Sb-nom (›Nomen nominis‹: § 83.3γ^{Iβλ}), Sb-nomt (›Nomen nominati‹: § 83.3γ^{Iβμ}), Sb-num (›Nomen numerabilis‹: § 83.2β^{3αα}), Sb-obln (›Nomen obligationis‹: § 83.3γ^{IIβμδ}), Sb-oblt (›Nomen obligati‹: § 83.3γ^{Iβνδ}), Sb-oppn (›Nomen oppositionis‹: § 83.3γ^{IIβδ}), Sb-oppst (›Nomen oppositi‹: § 83.3γ^{Iβδ}), Sb-or (›Nomen oriendi‹: § 83.3β^{IIγγ}), Sb-orig (›Nomen originis‹: § 83.3γ^{Iβλδ}), Sb-origs (›Nomen originantis‹: § 83.3γ^{Iβμδ}), Sb-ors (›Nomen orientis‹: § 83.3β^{Iγγ}), Sb-pat (›Nomen patiendi‹: § 83.3β^{IIβ}), Sb-pats (›Nomen patientis‹: § 83.3β^{Iβ}), Sb-pcp (›Nomen percipiendi‹: § 83.3α^{IIδα}), Sb-pcps (›Nomen percipientis‹: § 83.3α^{Iδα}), Sb-pcpt (›Nomen percepti‹: § 83.3α^{IIIγα}), Sb-pcr (›Nomen percurrendi‹: § 83.3β^{IIα}), Sb-pcrs (›Nomen percurrentis‹: § 83.3β^{Iα}), Sb-person (›Nomen personae‹: § 83.2β^{3αcα}), Sb-pmn (›Nomen permissionis‹: § 83.3γ^{IIβμβ}), Sb-pmss (›Nomen permissi‹: § 83.3γ^{IIIεβ}), Sb-prd (›Nomen producendi‹: § 83.3α^{IIβ}), Sb-prds (›Nomen producentis‹: § 83.3α^{Iβ}), Sb-prdt (›Nomen producti‹: § 83.3α^{IIIα}), Sb-prncp (›Nomen principii‹: § 83.2β^{3βcβ}), Sb-prp (›Nomen proponendi‹: § 83.3α^{IIδβ}), Sb-prp (›Nomen proprium‹:§ 83.2α^2), Sb-prpdispn (›Nomen propriodispositionis‹: § 83.3γ^{IIβζα}), Sb-prpdispns (›Nomen propriodisponentis‹: § 83.3γ^{Iβζα}), Sb-prpptns (›Nomen propriopertinentis‹: § 83.3γ^{Iβεα}), Sb-prps (›Nomen proponentis‹: § 83.3α^{Iδβ}), Sb-prpt (›Nomen propositi‹: § 83.3α^{IIIγβ}), Sb-prp-loc (›Nomen proprium loci‹: § 83.2α^{2γ}), Sb-prp-person (›Nomen proprium personae‹: § 83.2α^{2α}), Sb-prp-rei (›Nomen proprium rei‹: § 83.

2α^{2β}), Sb-prp-tp (›Nomen proprium temporis‹: § 83.2α^{2δ}), Sb-prz (›Nomen processūs‹: § 83.3β^{II}), Sb-przinvlt (›Nomen processui involuti‹: § 83.3β^{III}), Sb-przsbj (›Nomen processui subiecti‹: § 83.3β^{I}), Sb-pss (›Nomen passi‹: § 83.3β^{IIIα}), Sb-pssb (›Nomen possibilitatis‹: § 83.3γ^{IIβμα}), Sb-pssbs (›Nomen possibilis‹: § 83.3γ^{IIIεα}), Sb-ptn (›Nomen pertentionis‹: § 83.3γ^{IIβε}), Sb-ptns (›Nomen pertinentis‹: § 83.3γ^{Iβε}), Sb-qlft (›Nomen qualificati‹: § 83.3γ^{Iβμ}), Sb-qlt (›Nomen qualitatis‹: § 83.3γ^{Iβλ}), Sb-quant (›Nomen quantitatis‹: § 83.2β^{3αcη}), Sb-quant-anml (›Nomen quantitatis animalium‹: § 83.2β^{3αcηβ}), Sb-quant-mat (›Nomen quantitatis materiae‹: § 83.2β^{3αcηγ}), Sb-quant-person (›Nomen quantitatis personarum‹: § 83.2β^{3αcηα}), Sb-rbstr (›Nomen rei abstractae‹: § 83.2β^{3αcδ}), Sb-rei (›Nomen rei‹: § 83.2β^{3αcγ}), Sb-rgn (›Nomen regionis‹: § 83.3γ^{Iβεγ}), Sb-rgs (›Nomen regentis‹: § 83.3γ^{Iβζγ}), Sb-rgt (›Nomen rectionis‹: § 83.3γ^{IIβζγ}), Sb-rslt (›Nomen resultati‹: § 83.3γ^{IIIα}), Sb-rsltn (›Nomen resultationis‹: § 83.3γ^{IIβθ}), Sb-sim (›Nomen similitudinis‹: § 83.3γ^{IIββ}), Sb-sims (›Nomen similis‹: § 83.3γ^{Iββ}), Sb-sozdispn (›Nomen sociodispositionis‹: § 83.3γ^{IIβζβ}), Sb-sozdispns (›Nomen sociodisponentis‹: § 83.3γ^{Iβζβ}), Sb-sozptn (›Nomen soziopertentionis‹: § 83.3γ^{IIβεβ}), Sb-sozptns (›Nomen soziopertinentis‹: § 83.3γ^{Iβεβ}), Sb-stat (›Nomen statūs‹: § 83.3γ^{II}), Sb-statprt (›Nomen statum participantis‹: § 83.3γ^{III}), Sb-statsbj (›Nomen statui subiecti‹: § 83.3γ^{I}), Sb-supr (›Nomen superioritatis‹: § 83.3γ^{IIβγα}), Sb-suprs (›Nomen superioris‹: § 83.3γ^{Iβγα}), Sb-sz (›Nomen socialiter influendi‹: § 83.3α^{IIγδ}), Sb-szs (›Nomen socialiter influentis‹: § 83.3α^{Iγδ}), Sb-szt (›Nomen socialiter influcti‹: § 83.3α^{IIIβδ}), Sb-tct (›Nomen tacti‹: § 83.3α^{IIIγδ}), Sb-tmp (›Nomen temporaliter influendi‹: § 83.3α^{IIγε}), Sb-tmps (›Nomen temporaliter influentis‹: § 83.3α^{Iγε}), Sb-tmpt (›Nomen temporaliter influcti‹: § 83.3α^{IIIβε}), Sb-tng (›Nomen tangendi‹: § 83.3α^{IIδδ}), Sb-tngs (›Nomen tangentis‹: § 83.3α^{Iδδ}), Sb-tp (›Nomen temporis‹: § 83.2β^{3αcζ}), Sb-trct (›Nomen tractati‹: § 83.3γ^{IIIγ}), Sb-trcts (›Nomen tractantis‹: § 83.3γ^(lβι)), Sb-trns (›Nomen transitūs‹: § 83.3γ^(llαβ)), Sb-trnstr (›Nomen transitorii‹: § 83.3γ^(lαβ)), Sb-us (›Nomen usūs‹: § 83.3γ^(lβλε)), Sb-uts ‹Nomen utentis‹: § 83.3γ^(lβμε)).

SbGr ›Substantivgruppe‹ (§ 89.1a^(l)). — Spezifikationen: α-SbGr (›α-Substantivgruppe‹: § 89.2α), β-SbGr (›β-Substantivgruppe‹: § 89.2β), γ-SbGr (›γ-Substantivgruppe‹: § 89.2γ), δ-SbGr (›δ-Substantivgruppe‹: § 89.2δ), ε-SbGr (›ε-Substantivgruppe‹: § 89.2ε), ζ-SbGr (›ζ-Substantivgruppe‹: § 89.2ζ).

Sbj ›Subjekt‹ (§ 34.1a).
SbjKjktnl ›Subjekt-Kojunktional‹ (§ 59.3α).
Sbjkt ›Subjunkt‹ (§ 46.1a).
SbjktKjktnl ›Subjunkt-Kojunktional‹ (§ 59.3o).
SbjktnG ›Subjunktionsgefüge‹ (§ 46.1a).
Sbjktnl ›Subjunktionalien‹ (§ 58.1a).
SbjktnlG ›Subjunktionalgefüge‹ (§ 58.1a)
Sbjktr ›Subjunktor‹ (§ 46.1a).
SbjktrKjktnl ›Subjunktor-Kojunktional‹ (§ 59.3π).
Sbjktr-Sbjktnl ›Subjunktor-Subjunktionalien‹ (§ 58.3β).
Sbjkt-Sbjktnl ›Subjunkt-Subjunktionalien‹ (§ 58.3α).
Sbjtl ›Subjekt-Prädikational oder Subjektual‹ (§ 52.3α).
Sbnkt ›Supernekt‹ (§ 22.1b).
SbnktnG ›Supernektionsgefüge‹ (§ 22.1a).
SbnktnlG ›Supernektionalgefüge‹ (§ 22.2a).
Sbnktr ›Supernektor‹ (§ 22.1b).
SbVd ›Substantivverbund‹ (§ 96.1a).
Sffx ›Suffix‹ (§ 78.1a). — Spezifikationen: Sffx-Adj (›adjektivspezifisches Suffix‹: § 78.1b^(V)), Sffx-Knfx (›konfixspezifisches Suffix‹: § 78.1b^(ll)), Sffx-Knfx(Adj) (›adjektivkonfixspezifisches Suffix‹: § 78.1b^(llβ)), Sffx-Knfx(Sb) (›substantivkonfixspezifisches Suffix‹: § 78.1b^(llα)), Sffx-Prtkl (›partikelspezifisches Suffix‹: § 78.1b^(Vl)), Sffx-Sb (›substantivspezifisches Suffix‹: § 78.1b^(V)), Sffx-Vb (›verbspezifisches Suffix‹: § 78.1b^(lll)), Sffx-Zrkfx (›zirkumfixspezifisches Suffix‹: § 78.1b^(l)), Sffx-Zrkfx(Adj) (›adjektivzirkumfixspezifisches Suffix‹: § 78.1b^(lV)), Sffx-Zrkfx(Sb) (›substantivzirkumfixspezifisches Suffix‹: § 78.1b^(lβ)), Sffx-Zrkfx(Vb)

(›verbzirkumfixspezifisches Suffix‹: § 78.1b^(lα)).

Sg ›Singular‹. — Spezifikationen beim Verb: ⌜1/2/3⌝Sg (›1./2./3. Person Singularis‹); bei (Pro-)Nomina und Artikeln: ⌜Nom/Gen/Dat/Akk⌝Sg.
Sgm ›Segment‹.
Spltv ›Superlativ‹.
Spnkt ›Supernekt‹ (§ 21.1b).
SpnktnG ›Supernektionsgefüge‹ (§ 21.1a).
SpnktnlG ›Supernektionalgefüge‹ (§ 21.2a).
Spnktr ›Supernektor‹ (§ 21.1b).
Sprkd ›Supprädikand‹ (§ 35.1a).
SprknG ›Supprädikationsgefüge‹ (§ 35.1a).
Sprkt ›Supprädikat‹ (§ 35.1a).
STAT ›Status, Zustand‹ (§ 105). — Spezifikationen: STAT-KRRL (›Korrelation‹: § 105.II), STAT-KRRL:APPRB (›Zustand des Berechtigung-/Erlaubnishabens‹: § 105.IIλ^(2γ)), STAT-KRRL:ATTD (›Gesinnung/Einstellung‹: § 105.IIμ), STAT-KRRL:DIFF (›Verschiedenheit‹: § 105.IIγ), STAT-KRRL:DISPN (›Zustand des Verfügens über etwas‹: § 105.IIε), STAT-KRRL:FKT (›Zustand des Funktionhabens‹: § 105.IIι), STAT-KRRL:ID (›Identität‹: § 105.IIα), STAT-KRRL:KOND (›Zustand des Voraussetzungseins/Bedingens‹: § 105.IIζ), STAT-KRRL:LKTP (›Zustand räumlicher/zeitlicher Verortung‹: § 105.IIν), STAT-KRRL:MNFST (›Zustand des In-Erscheinung-Tretens/Sich-Manifestierens‹: § 105.IIη), STAT-KRRL:NZSS (›Zustand des Notwendigkeithabens‹: § 105.IIλ^(2β)), STAT-KRRL:OBL (›Zustand des Verpflichtetseins‹: § 105.IIλ^(2δ)), STAT-KRRL:OPPOS (›Gegensätzlichkeit‹: § 105.IIδ), STAT-KRRL:PSSB (›Zustand des Möglichkeithabens‹: § 105.IIλ^(2α)), STAT-KRRL:QL (›Zustand des Eigenschafthabens‹: § 105.IIκ), STAT-KRRL:SIM (›Ähnlichkeit‹: § 105.IIβ), STAT-KRRL:THEM (›Zustand des Darstellens/Symbolseins‹: § 105.IIθ).

STATINV ›Statusinvolut, zustandsbetroffene Größe‹ (§ 105). — Spezifikationen: STATINV-KRRL (›Korrelat‹: § 105.II), STATINV-KRRL:APPRB (›Zukommendes/Erlaubtes‹: § 105.IIλ^(2γ)), STATINV-KRRL:ATTD (›Gesinnungsgegenstand‹: § 105.IIμ), STATINV-KRRL:DIFF (›unterschiedene Größe‹: § 105.IIγ), STATINV-KRRL:DISPN (›zugehörige Größe‹: § 105.IIε), STATINV-KRRL:FKT (›Funktion‹: § 105.IIι), STATINV-

KRRL:ID ›gleichgesetzte Größe‹: § 105.IIα), STATINV-KRRL:KOND (›voraussetzende/bedingte Größe‹: § 105.IIζ), STATINV-KRRL:LKTP (›Ort/Zeitraum‹: § 105.IIv), STATINV-KRRL:MNFST (›Erscheinungsform/Manifestation‹: § 105.IIη), STATINV-KRRL:NZSS (›Notwendiges‹: § 105.IIλ^{2β}), STATINV-KRRL:OBL (›Aufgabe/Pflicht‹: § 105.IIλ^{2δ}), STATINV-KRRL:OPPOS (›entgegengesetzte Größe‹: § 105.IIδ), STATINV-KRRL:PSSB (›Mögliches‹: § 105.IIλ^{2α}), STATINV-KRRL:QL (›Eigenschaft‹: § 105.IIκ), STATINV-KRRL:SIM (›ähnliche Größe‹: § 105.IIβ), STATINV-KRRL:THEM (›dargestellte Größe‹: § 105.IIϑ).

STATSBJ ›Statussubjekt, Zustandsträger‹ (§ 105). — Spezifikationen: STATSBJ-KRRL (›Korrelational‹: § 105.II), STATSBJ-KRRL:APPRB (›Berechtigung/Erlaubnis habende Größe‹: § 105.IIλ^{2γ}), STATSBJ-KRRL:ATTD (›Gesinnungsträger‹: § 105.IIμ), STATSBJ-KRRL:DIFF (›unterschiedene Größe‹: § 105.IIγ), STATSBJ-KRRL:DISPN (›Zugehörigkeitsträger‹: § 105.IIε), STATSBJ-KRRL:FKT (›Funktionsträger‹: § 105.IIι), STATSBJ-KRRL:ID (›gleichgesetzte Größe‹: § 105.IIα), STATSBJ-KRRL:KOND (›vorausgesetzte/bedingende Größe‹: § 105.IIζ), STATSBJ-KRRL:LKTP (›räumlich/zeitlich verortete Größe‹: § 105.IIv), STATSBJ-KRRL:MNFST (›erscheinende/manifestierte Größe‹: § 105.IIη), STATSBJ-KRRL:NZSS (›Notwendigkeitsträger‹: § 105.IIλ^{2β}), STATSBJ-KRRL:OBL (›Verpflichtungsträger‹: § 105.IIλ^{2δ}), STATSBJ-KRRL:OPPOS (›entgegengesetzte Größe‹: § 105.IIδ), STATSBJ-KRRL:PSSB (›Möglichkeitsträger‹: § 105.IIλ^{2α}), STATSBJ-KRRL:QL (›Eigenschaftsträger‹: § 105.IIκ), STATSBJ-KRRL:SIM (›ähnliche Größe‹: § 105.IIβ), STATSBJ-KRRL:THEM (›darstellende Größe‹: § 105.IIϑ).

Stg ›Syntagma‹.
Trfx ›Transfix‹ (§ 76.1).
TrlnG ›Transligationsgefüge‹ (§ 31.1a).
Trlt ›Transligat‹ (§ 31.1a).
Trltr ›Transligator‹ (§ 31.1a).
Trmnl ›Transmissional‹ (§ 61.2a).
TrmnlG ›Transmissionalgefüge‹ (§ 61.1a).
Trzdt ›Transzedent‹ (§ 42.1a).
TrznG ›Transzessionsgefüge‹ (§ 42.1a).
Trznl ›Transzessional‹ (§ 56.1a).
TrznlG ›Transzessionalgefüge‹ (§ 56.1a).
Trzss ›Transzess‹ (§ 42.1a).
UK ›unmittelbare Konstituente(n) eines Zeichengefüges‹ (§ 14.1).
Uml ›Umlaut‹.
Vb ›Verb‹ (§ 82.1a). Morphologische Spezifikationen: stVb ›starkes (ablautend konjugiertes) Verb‹, swVb ›schwaches (der regelmäßigen Konjugation folgendes) Verb‹; vgl. Duden 1998, 123 ff; ebd., 114 ff.), ☞ WGrVb. — Semantikogrammatische Spezifikationen: a) nach dem Sinn: Vb-actn (›Verbum actionis‹: § 82.2a^I), Vb-adh (›Verbum adhibendi‹: § 82.4α^{IVη}), Vb-adnt (›Verbum adentiae‹: § 82.4γ^I), Vb-advn (›Verbum advertendi‹: § 82.4α^{IV}), Vb-anm (›Verbum animi‹: § 82.4γ^{IIσ}), Vb-apt (›Verbum appetendi‹: § 82.4α^{IVζ}), Vb-cas (›Verbum casionis‹: § 82.4γ^{IIεε}), Vb-cmprh (›Verbum comprehensionis‹: § 82.4γ^{IIζε}), Vb-cncp (›Verbum concipiendi‹: § 82.4α^{IIγ}), Vb-cnfd (›Verbum confidentiae‹: § 82.4γ^{IIασ}), Vb-cpb (›Verbum capabilitatis‹: § 82.4γ^{IIπα}), Vb-cr (›Verbum creandi‹: § 82.4α^{IIα}), Vb-crrl (›Verbum correlationis‹: § 82.4γ^{II}), Vb-cstn (›Verbum constitionis‹: § 82.4γ^{IIζδ}), Vb-csttn (›Verbum constitutionis‹: § 82.4γ^{IIεδ}), Vb-ctr (›Verbum coacturae‹: § 82.4γ^{IIπγ}), Vb-dbtn (›Verbum debitionis‹: § 82.4γ^{IIπδ}), Vb-dic (›Verbum dicendi‹: § 82.4α^{IIβ}), Vb-diff (›Verbum differentiae‹: § 82.4γ^{IIγ}), Vb-dispn (›Verbum dispositionis‹: § 82.4γ^{IIζ}), Vb-effctn (›Verbum effectionis‹: § 82.4γ^{IIη}), Vb-emtn (›Verbum emotionis‹: § 82.4γ^{IIσα}), Vb-emtt (›Verbum emittendi‹: § 82.4β^{IIIα}), Vb-evc (›Verbum evocandi‹: § 82.4β^{IIIβ}), Vb-exptn (›Verbum expetitionis‹: § 82.4γ^{IIσβ}), Vb-exst (›Verbum existentiae‹: § 82.4γ^{Iα}), Vb-fac (›Verbum faciendi‹: § 82.4α^I), Vb-fng (›Verbum fungendi‹: § 82.4γ^{IIv}), Vb-frmb (›Verbum formam habendi‹: § 82.4γ^{IIσα}), Vb-frmd (›Verbum formandi‹: § 82.4α^{IIIβ}), Vb-frmn (›Verbum formationis‹: § 82.4γ^{IIεα}), Vb-frtadvn (›Verbum fortuito advertendi‹: § 82.4β^V), Vb-frtfrmd (›Verbum fortuito formandi‹: § 82.4β^{IVβ}), Vb-frtinfc (›Verbum fortuito inficiendi‹: § 82.4β^{IVα}), Vb-frtinfl (›Verbum fortuito influendi‹: § 82.4β^{IV}), Vb-frtinvl (›Verbum fortuito involvendi‹:

§ 82.4β^{Vδ}), Vb-frtmov (›Verbum fortuito movendi‹: § 82.4β^{IVγ}), Vb-frtpcp (›Verbum fortuito percipiendi‹: § 82.4β^{Vα}), Vb-frtprp (›Verbum fortuito proponendi‹: § 82.4β^{Vβ}), Vb-frtsz (›Verbum fortuito socialiter influendi‹: § 82.4β^{IVδ}), Vb-frttmp (›Verbum fortuito temporaliter influendi‹: § 82.4β^{IVε}), Vb-frttng (›Verbum fortuito tangendi‹: § 82.4β^{Vγ}), Vb-gnr (›Verbum generandi‹: § 82.4β^{III}), Vb-id (›Verbum identitatis‹: § 82.4γ^{IIα}), Vb-idc (›Verbum indicandi‹: § 82.4α^{IVγ}), Vb-incp (›Verbum incipiendi‹: § 82.4α^{IIδ}), Vb-indc (›Verbum indicationis‹: § 82.4γ^{III}), Vb-infc (›Verbum inficiendi‹: § 82.4α^{IIIα}), Vb-infl (›Verbum influendi‹: § 82.4α^{III}), Vb-infr (›Verbum inferioritatis‹: § 82.4γ^{IIγβ}), Vb-invl (›Verbum involvendi‹: § 82.4α^{IVε}), Vb-lz (›Verbum licentiae‹: § 82.4γ^{IImβ}), Vb-mans (›Verbum mansionis‹: § 82.4γ^{IIτ}), Vb-mdl (›Verbum modalitatis‹: § 82.4γ^{IIρ}), Vb-mdlimpl (›Verbum modalem implicandi‹: § 82.4γ^{IIm}), Vb-mnfstn (›Verbum manifestationis‹: § 82.4γ^{IIκ}), Vb-mov (›Verbum movendi‹: § 82.4α^{IIIγ}), Vb-nomhb (›Verbum nominem habendi‹: § 82.4γ^{IIoβ}), Vb-nomn (›Verbum nominationis‹: § 82.4γ^{IIξβ}), Vb-nzss (›Verbum necessitatis‹: § 82.4γ^{IIργ}), Vb-obln (›Verbum obligationis‹: § 82.4γ^{IIρδ}), Vb-oppn (›Verbum oppositionis‹: § 82.4γ^{IIδ}), Vb-or (›Verbum oriendi‹: § 82.4β^{IIIγ}), Vb-orighb (›Verbum originem habendi‹: § 82.4γ^{IIoγ}), Vb-pat (›Verbum patiendi‹: § 82.4β^{II}), Vb-pcp (›Verbum percipiendi‹: § 82.4α^{IVα}), Vb-pcr (›Verbum percurrendi‹: § 82.4β^{I}), Vb-pmn (›Verbum permissionis‹: § 82.4γ^{IIρβ}), Vb-prd (›Verbum producendi‹: § 82.4α^{II}), Vb-prp (›Verbum proponendi‹: § 82.4α^{IVβ}), Vb-prpdispn (›Verbum propriodispositionis‹: § 82.4γ^{IIζα}), Vb-prpptn (›Verbum propriopertentionis‹: § 82.4γ^{IIεα}), Vb-prz (›Verbum processūs‹: § 82.2a^{II}), Vb-pssb (›Verbum possibilitatis‹: § 82.4γ^{IIρα}), Vb-ptn (›Verbum pertentionis‹: § 82.4γ^{IIε}), Vb-qlfn (›Verbum qualificationis‹: § 82.4γ^{IIξ}), Vb-qlhb (›Verbum qualitatem habendi‹: § 82.4γ^{IIo}), Vb-rctn (›Verbum rectionis‹: § 82.4γ^{IIζγ}), Vb-rctr (›Verbum recturae‹: § 82.4γ^{IIεγ}), Vb-rsltn (›Verbum resultationis‹: § 82.4γ^{IIδ}), Vb-sim (›Verbum similitudinis‹: § 82.4γ^{IIβ}), Vb-sozdispn (›Verbum sociodispositionis‹: § 82.4γ^{IIζβ}), Vb-sozptn (›Verbum sociopertentionis‹: § 82.4γ^{IIεβ}), Vb-stat (›Verbum statūs‹: § 82.2a^{III}), Vb-supr (›Verbum superioritatis‹: § 82.4γ^{IIγα}), Vb-sz (›Verbum socialiter influendi‹: § 82.4α^{IIδ}), Vb-tmp (›Verbum temporaliter influendi‹: § 82.4α^{IIIε}), Vb-tng (›Verbum tangendi‹: § 82.4α^{IVδ}), Vb-trctn (›Verbum tractionis‹: § 82.4γ^{IIλ}), Vb-trctr (›Verbum tracturae‹: § 82.4γ^{IIμ}), Vb-trns (›Verbum transitus‹: § 82.4γ^{Iβ}), Vb-ushb (›Verbum usum habendi‹: § 82.4γ^{IIoδ}). b) nach der Valenz: ☞ AuxVb, ☞ FktVb, ☞ IftVb, ☞ KmptVb, ☞ KplVb, ☞ ModVb.

VbAdj ›Verbadjektiv‹ (§ 84.2β). — Spezifikationen: ☞ Vb-auxAdj, ☞ Vb-fktAdj, ☞ Vb-kmptAdj, ☞ Vb-kplAdj.

Vb-auxAdj ›Hilfsverbadjektiv‹ (§ 84.2β^{II}).

Vb-fktAdj ›Funktionsverbadjektiv‹ (§ 84.2β^{IV}).

VbGr ›Verbgruppe‹ (§ 88.1a^I). — Spezifikationen: α-VbGr (›α-Verbgruppe‹: § 88.4b^I), β-VbGr (β-Verbgruppe‹: § 88.4b^{II}), γ-VbGr (›γ-Verbgruppe‹: § 88.4b^{III}), δ-VbGr (›δ-Verbgruppe‹: § 88.4b^{IV}), ε-VbGr (›ε-Verbgruppe‹: § 88.4b^V), ζ-VbGr (›ζ-Verbgruppe‹: § 88.4b^{VI}), η-VbGr (›η-Verbgruppe‹: § 88.4b^{VII}), ϑ-VbGr (ϑ-Verbgruppe‹: § 88.4b^{VIII}).

Vb-kmptAdj ›Vollverbadjektiv‹ (§ 84.2β^I).

Vb-kplAdj ›Kopulaverbadjektiv‹ (§ 84.2β^{III}).

VbVd ›Verbverbund‹ (§ 95.1a).

VF ›Vorfeld‹ (§ 88.2b^1).

VVF ›Vor-Vorfeld‹ (§ 88.2b^6).

W ›Wort‹.

WEmt ›Wortelement‹.

WGb ›Wortgebilde‹.

WGr ›Wortgruppe‹.

WGrVb ›Wortgruppenverb‹ (§ 82.3a).

WVd ›Wortverbund‹.

Zrkfx ›Zirkumfix‹ (§ 79.1a). — Spezifikationen: Zrkfx-Adj (›adjektivspezifisches Zirkumfix‹: § 79.1c^{III}), Zrkfx-Sb (›substantivspezifisches Zirkumfix‹: § 79.1c^{II}), Zrkfx-Vb (›verbspezifisches Zirkumfix‹: § 79.1c^I).

11 Anhang III: Register

Das nachfolgende Register versteht sich als Ergänzung zum Inhaltsverzeichnis (S. XIII ff). Termini, denen sich ein eigenes (Unter-)Kapitel widmet und die sich daher über das Inhaltsverzeichnis auffinden lassen, werden im Register nicht gelistet.

Agontonym 728–730, 738
Aitiatonym, Aitionym 732 f., 738
Aitumenonym 734, 738
Akkusativ 491
Allonym 718, 725 f., 738
Ambiguität 105, 322
Anapheromenonym, Anapherontonym 729, 738
Antisemie 714, 720, 723 f.
Antonym 363, 714, 716 f., 720, 723 f., 738, 746
Apisonym 720, 724, 738
Aponym 736, 738
Archeonym 735, 738
Artikulation, doppelte 99
Auslegung 5 f., 18, 181, 185, 358, 370 f., 593
Autosemantikon 112
Autosemie 725
Bedeutung VII f., 6, 8, 10–12, 14, 25, 29 f., 33–35, 37 f., 47, 70–81, 83–90, 99, 104 f., 111 f., 132, 145, 162, 169–171, 175 f., 180, 182–185, 196, 352, 356, 359, 363, 367, 429, 458, 492, 665, 714–715, 717–719, 721–726
Bedeutungsdifferenzierung 458
Bedeutungsfeld ☞ Feld, semantisches
Begriff 33, 55, 175–187
Begriffsausdruck 181–184, 186 f.
Beschreibungssprache 56–59, 70 f., 78, 173, 179–184, 186 f., 194 f., 593, 716, 720
Binnenflexion 144, 159, 311, 389
Bühler, Karl 9, 30 f. 50
Chrematonym 729, 739
Chreonym 736, 739
Chreopathikonym, Chrestikonym 729, 739
Chrezontonym 735, 739
Deontonym 736, 739
Determinationsverschränkung 157–159, 256, 286, 289, 322, 684
Determinativkompositum 113, 140, 148, 156, 252–257, 330, 358, 515
Diakonionym 735, 739
Diakononym 734, 739
Diskurs 164 f.
Diversbildung 80, 94
Dokonym 729, 739
Doseonym 729 f., 739
Doteronym 728, 740
Dynamonym 736, 740
Dynatonym 734, 740
Echontonym 734, 740
Eidematonym 736, 740
Eikasionym 720, 740
Eikasmatonym 735, 740
Eikononym 734, 740
Ellipse 107, 136, 261 f., 270, 281, 285, 288 f., 307, 309, 329, 349, 356 f., 361, 415, 439, 536, 636
Energematonym 733, 740
Energonym 732, 740
Epiphaskontonym 728, 740
Epistemonym 735, 741
Epitrepontonym 728, 741
Eponym 735, 741
Ergasmatonym 729, 741
Ergasteronym 728, 741
Ergontonym 729, 741
Ethonym 736, 741
Etymologie 3, 8, 94 f., 97, 147, 168, 211, 221, 385, 395, 489
Exegese ☞ Auslegung
Extension 264 f., 349, 354 f., 359, 531, 541, 558, 727
Exusiazonym 735, 741
Exusionym 736, 741
Feld
– lexikalisches ☞ Wortfeld
– onomasiologisches ☞ Wortfeld
– semantisches 79–81, 84–90, 184, 458, 650 f., 720–722, 724 f.
Frühneuhochdeutsch 53, 56, 58, 559, 665
Gadamer, Hans-Georg 22–24
Genetonym 734, 741
Genitiv 489 f.
– Genitivus adversi 667
– Genitivus adversionis 667

- Genitivus advertentis 667
- Genitivus affecti 700, 712
- Genitivus affectionis 712
- Genitivus afferentis 684
- Genitivus afficientis 710
- Genitivus causantis 676 f.
- Genitivus causati 677
- Genitivus differentis 705
- Genitivus disponentis 705–707
- Genitivus existentis 687 f.
- Genitivus explicativus 709
- Genitivus facientis 652 f.
- Genitivus factionis 653
- Genitivus functionis 700
- Genitivus fungentis 700
- Genitivus identificati 700, 705
- Genitivus influcti 662
- Genitivus influctionis 662
- Genitivus influentis 662
- Genitivus licentiati 700, 711
- Genitivus locati 710
- Genitivus loci 710
- Genitivus metaphoricus 708 f.
- Genitivus oppositi 700
- Genitivus passi 674
- Genitivus pertinentis 706, 708
- Genitivus possessi 706
- Genitivus possibilis 711
- Genitivus possidentis 705
- Genitivus producentis 655, 657, 676
- Genitivus producti 657
- Genitivus qualificati 688, 709, 711
- Genitivus qualitatis 710
- Genitivus qualitativitatis 701
- Genitivus regentis 707
- Genitivus repraesentantis 711
- Genitivus repraesentati 709
- Genitivus similis 700
- Genitivus socialis 706
- Genitivus subclassificati 705, 708 f., 727
- Genitivus temporalis 711
- Genitivus temporis 710
- Genitivus totius 707 f.
- Genitivus transitorii 688

Grammatik-Semantik-Kontinuum IX f., 10, 16, 40–42, 47, 73, 413, 428 f.
Hairumenonym 729, 741
Hegemann, Helene 164
Heteronym 59, 720 f., 742
Hexeonym 735 f., 742
Hexinechontonym 734, 742
Hintergrund 37
Holonym 714, 734, 736, 742
Homoionym 180, 367 f., 719, 721, 725 f., 742
Homoiosemie 184 f.
Homonym 82, 94 f.
Homonymie 14, 84, 91–98, 147, 375, 391, 396, 526, 548, 556
Homonymenfusion 94
Homonymentrennung 95
Homosemie 184 f.
Hylenechontonym 734, 742
Hylonym 735, 742
Hyperonym 62, 291, 714, 726 f., 742
Hypersemie 714, 726, 728
Hypokeimenontonym 732 f., 742
Hyponym 62, 356, 412, 714, 716, 726–728, 742
Hyposemie 714, 726, 728
Idealismus
- deutscher 176
- sprachlich-kognitiver VII, 163

Idiomatizität 105, 144, 149, 155 f., 170, 177, 196, 238 f., 245, 428 f., 433 f., 665
Idionym 726 f., 743
Individualartikel 167, 493 f., 496, 530, 533 f., 537 f.
Inflektiv 54, 82, 110, 225, 229, 234, 236, 238, 241, 252, 257 f., 266, 271, 283, 292, 297, 323, 332, 335, 338 f., 353, 375, 485, 515, 517, 519, 617, 621
Intension 264, 354, 357–359, 531
Interpretation 7 f., 21–23, 38 f., 44, 50–53, 57, 60, 71, 74, 79, 88–90, 97, 169, 176, 181, 186, 194, 196, 198 f., 232, 317, 321, 340, 358, 363, 645, 650, 715, 726 f., 749
- textimmanente VII
- textindizierte 77–79, 119, 362, 370, 439, 719
- textinduzierte 77–79, 356, 439, 719

Isonym 720 f., 743
Isotopie 356
Kasus 489–491
Kasussemantik 643, 649, 715
Koinonym 734–735, 743
Kompleonym 720, 743
Konstruktionsgrammatik IX
Konversonym 472, 714
Konversosemie 472 f.

Konzept, semantisches 174 f.
Kopulativkompositum 140, 156, 159 f., 254, 358
Kteseonym 735 f., 743
Ktetoronym 734, 736, 743
Langue 2, 19–22, 37, 44 f., 47, 51–54, 60, 70–72, 75, 77, 81, 83–86, 91, 102 f., 138, 171, 354, 408, 497, 715, 717, 719, 828
Leitmotiv, sprachliches 359 f.
Medontonym 734, 743
Meronym 714, 735 f., 743
Mesagontonym, Mesopathikonym 729, 743
Metochonym 735 f., 744
Metonymie 678, 705
Mittelfeld (Syntax) 232, 238, 242–244, 551, 594–597
Mittelhochdeutsch 3, 7 f., 53, 57 f.
Monosemie 84
Morphem, freies 111 f., 394
Morphenechontonym 734, 744
Morphonym 735, 744
Motiv (literarisches) 55, 361, 368
Nachfeld (Syntax) 232 f., 594–596
Nennform 52, 54 f., 70, 82, 171, 173 f., 180, 183, 186, 350, 361 f., 370, 411 f., 488, 492, 519
Nominativ 491
Nomizontonym 734, 744
Numerus 491
Nullzeichen 15, 50, 139, 147, 222, 224, 241, 262, 264, 267, 269, 289, 323, 349, 353, 361–363, 375, 496, 515, 526, 530, 535 f., 538 f., 594
Objektsprache 37, 43 f., 48–54, 57–59, 62, 70 f., 159, 173, 179, 181–184, 186 f., 194, 361, 434, 536, 593, 828
Offenheit, semantische 83, 88, 718
Onomapherontonym 734, 744
Onomatonym, Opheiletetonym 735, 744
Paradigmatik 13
Parole 2, 19–22, 37, 44 f., 47, 52, 54, 60, 70, 72, 75, 77, 83–86, 90, 103, 171, 354, 497, 637, 715, 717, 719, 828
Parontonym 735 f., 744
Partonym 714
Pathematonym 728–730, 732, 744
Pathikonym 729 f., 733, 744
Pathochrematonym 729, 744
Pathostaseonym 734, 745
Phänomenonym 735, 745
Phasmatonym 734, 745

Pheromenonym 733, 745
Pherontonym 733, 745
Plural
– Kontinenzplural 93
– Separatplural 93
– Individualplural 61, 167, 488, 491–494, 496, 534, 537 f.
Poietetonym 728, 745
Polysemie 21, 77, 81, 83 f., 89–92, 94–98, 650
Polytaxe 85, 87, 89 f., 650
Präsupposition 645
Praxeonym 728, 730 f., 745
Prokeimenontonym 729, 745
Prosechontonym 728, 745
Prosmatonym, Prosonym 729, 746
Pseudoaktant 96, 224, 417, 646
Realismus, erkenntnistheoretischer 649, 651
Realität vs. Wirklichkeit 166
Regelwissen 19, 36–39, 43, 52 f., 57, 60, 181, 183, 530, 715
Reichmann, Oskar VII f., X f., 13, 54, 80, 88, 90, 149, 162 f., 183, 665, 716, 717
Relativismus
– hermeneutischer 22, 29
– sprachlicher VII, 26
Rhematonym 729, 746
Rolle, semantische 416, 497, 498, 643, 649, 675
Satzklammer 242–244, 594–596
Saussure, Ferdinand de VII, 2, 6, 9 f., 12, 26, 44, 48, 171, 180, 717
Schlegel, August Wilhelm 173
Schlegel, Friedrich 4
Schleiermacher, Friedrich 38
Semantik
– linguistische VII f., 12, 25–27, 30, 715
– mentalistische VII, 11, 25, 27, 56, 177
– referentielle VII, 11, 25, 27, 30, 56, 77
– relationale VII, 12, 41, 44, 52 f., 56–59, 61–64, 71–73, 75, 77, 99, 132, 142, 152–154, 172, 714, 748
Signifiant, Signifié VII, 6, 18, 171, 180, 721
Spätneuhochdeutsch 39 f., 53, 57 f., 194 f.
Staseonym 734, 736, 746
Stasinechontonym 734–736, 746
Subjektsschub 645
Symparontonym 736, 746
Symphoronym 732, 746
Synarthronym 735, 746

Synonym 14, 59, 76, 175 f., 180, 182, 184, 367, 714, 716 f., 719–722, 724, 742, 746
Synsemantikon 11, 112
Syntagmatik 13
Tekaionym 720, 724, 746
Tekaisemie 721, 724
Teleonym 736, 746
Text 166, 167, 168
Theletetonym 735, 747
Thematonym 729, 747
Tiefenstruktur 643, 649
Timionym 736, 747
Timontonym 735, 747
Toponym 736, 747
Transposition 92, 200, 214, 248 f., 298, 375, 381 f., 384–388, 392, 408, 520, 523
Typonym 726 f., 747
Univerbierung 196, 311, 434, 517

Valenz 16, 70, 73–75, 77, 79, 84, 92, 95–99, 112, 172 f., 188, 406, 432, 498, 518, 522, 523
Vorfeld (Syntax) 232, 237, 242–244, 594, 595, 596
Vorfeldplatzhalter 224, 551
Vor-Vorfeld (Syntax) 234, 237, 299, 303, 309 f., 594, 596 f.
Wertbestimmung 5, 65, 68 f., 350, 749yyy
Wittgenstein, Ludwig VII, 12, 27, 34, 60, 72, 80
Wirklichkeit ☞ Realität vs. Wirklichkeit
Wortbildungsattribution 255, 388, 515
Wortbildung-Syntax-Kontinuum 105, 143, 160, 254 f.
Wortfeld 26, 175 f., 183 f., 361
Zeichen, unikales 76, 102, 401, 404
Zirkel, hermeneutischer 25, 40, 57, 78, 181
Zustandspassiv 431 f., 440, 672